D1724291

Süß/Ring (Hrsg.)

Eherecht in Europa

- 709 -

AnwaltsPraxis

Eherecht in Europa

mit Eingetragene Lebenspartnerschaft und Adoption

3. Auflage 2017

Herausgegeben von

Rechtsanwalt **Dr. Rembert Süß,**
Würzburg
und
Prof. **Dr. Gerhard Ring,**
Freiberg

DeutscherAnwaltVerlag

Zitiervorschlag:
Bearbeiter, Länderbeitrag in Süß/Ring, Eherecht in Europa, Rdn 1

Hinweis
Die Formulierungsbeispiele in diesem Buch wurden mit Sorgfalt und nach bestem Wissen erstellt. Sie stellen jedoch lediglich Arbeitshilfen und Anregungen für die Lösung typischer Fallgestaltungen dar. Die Eigenverantwortung für die Formulierung von Verträgen, Verfügungen und Schriftsätzen trägt der Benutzer. Herausgeber, Autoren und Verlag übernehmen keinerlei Haftung für die Richtigkeit und Vollständigkeit der in dem Buch enthaltenen Ausführungen und Formulierungsbeispiele.

Anregungen und Kritik zu diesem Werk senden Sie bitte an
kontakt@anwaltverlag.de
Herausgeber, Autoren und Verlag freuen sich auf Ihre Rückmeldung.

Lizenzausgabe des zerb verlags, Bonn
ISBN 978-3-95661-062-2

Copyright 2017 by zerb verlag, Bonn
Satz: Cicero Computer GmbH, Bonn
Druck: Kösel GmbH & Co. KG, Krugzell
Umschlaggestaltung: gentura, Holger Neumann, Bochum
Deutscher Anwaltverlag
ISBN 978-3-8240-1495-8

Bibliografische Information der Deutschen Nationalbibliothek
Die Deutsche Nationalbibliothek verzeichnet diese Publikation in der Deutschen Nationalbibliografie; detaillierte bibliografische Daten sind im Internet über http://dnb.d-nb.de abrufbar.

Vorwort

Das vorliegende Handbuch enthält einen auf die anwaltliche und notarielle Tätigkeit bezogenen Überblick über das Eherecht der wichtigsten europäischen Staaten.

Die schon für die zweite Auflage festzustellenden Tendenzen haben sich weiter verstärkt: Die Regelungen für Ehen und eingetragene Partnerschaften für gleichgeschlechtliche Beziehungen gelten mittlerweile in der Mehrheit der europäischen Staaten. Der Europäische Zug der Kollisionsrechtsvereinheitlichung hat mittlerweile auch das Güterrecht erfasst. Ab dem 29. Januar 2019 gelten für Ehen und eingetragene Partnerschaften vereinheitlichte Regeln. Dass diese nun nur in einem Teil der Union gelten, zeigt die Begrenzung der Vereinheitlichung durch nationale Eigenheiten auf.

Für die aktuelle Auflage ist der Länderbericht Bulgarien neu hinzugekommen. Herr Rechtsanwalt Guedjev aus Nürnberg hat die Bearbeitung dieses Beitrags übernommen. Wir freuen uns, dass der Kreis der behandelten Rechtsordnungen damit weiter abgerundet wird.

Wir freuen uns, folgende neue Autoren begrüßen zu dürfen: Herr Říha aus Pilsen hat für die vorliegende Auflage die Neubearbeitung des Berichts zum tschechischen Eherecht übernommen. Dieses ist im neuen Zivilkodex komplett neu kodifiziert. Frau Mikulić und Herr Schön aus München haben den Länderbeitrag Kroatien überarbeitet. Für den Länderbeitrag Polen sind Herr Dr. Margonski und für den Länderbericht Litauen Frau Zupkauskaitė und Frau Goldammer zum Team gestoßen. Frau Brefin hat den Länderbericht Schweiz mitverfasst. Ihnen allen ein herzliches Willkommen bei unserem Werk.

Für den aktiven unermüdlichen Einsatz danken wir Frau Andrea Albers und Frau Marita Blaschko vom Verlag. Ohne deren Einsatz wäre das Werk in dieser Form nicht vorstellbar.

Freiberg und Würzburg im Oktober 2016
Prof. Dr. Gerhard Ring
Dr. Rembert Süß

Vorwort zur 2. Auflage

Seit dem Erscheinen der 1. Auflage des Handbuches im Jahr 2006 haben sich zahlreiche Änderungen im nationalen und internationalen Familienrecht ergeben. Damals schon erkennbare Ansätze zu Entwicklungen – wie die Schaffung formalisierter familienrechtlicher Institute für gleichgeschlechtliche Paare (bis hin zur Einführung der geschlechtsneutralen Ehe) und die Europäisierung des ehelichen Kollisionsrechts (etwa infolge der Rom III-VO, der UnterhaltsVO samt der Übernahme des Haager Unterhaltsprotokolls und des Haager Unterhaltsvollstreckungsübereinkommens 2007) – haben erheblich an Fahrt gewonnen. In den einleitenden Beiträgen blieb kaum ein Abschnitt von tiefgreifenden Änderungen verschont.

Besonders freut uns, dass wir den Kreis der Länderberichte um Rumänien und Slowenien ergänzen können. Für ihren unermüdlichen Einsatz danken wir Frau Rechtsanwältin Andrea Albers vom Verlag und Frau Rechtsanwältin Gertrud Vorbuchner im Lektorat.

Freiberg und Würzburg, im August 2012
Prof. Dr. Gerhard Ring
Dr. Rembert Süß

Vorwort zur 1. Auflage

Das vorliegende Handbuch enthält einen auf die anwaltliche und notarielle Tätigkeit bezogenen Überblick über das Eherecht der wichtigsten europäischen Staaten. Der einleitende Allgemeine Teil enthält nicht nur eine Einführung in das deutsche Internationale Familienrecht, sondern auch eine – quasi vor die Klammer gezogene – Darstellung des bereits erreichten Bestands eines europäischen internationalen Familienrechts (EU-Verordnungen und multilaterale Übereinkommen). Es folgen kompakte und situationsbezogene Darstellungen des Eherechts in über 20 Ländern von Belgien bis zur Türkei. Der Schwerpunkt der Länderberichte liegt auf den Ehewirkungen und Scheidungsfolgen, einschließlich der vertraglichen Gestaltungsmöglichkeiten sowie Hinweisen auf die nichteheliche Lebensgemeinschaft und die gleichgeschlechtliche Partnerschaft. Dargestellt wird das materielle Recht einschließlich der praktisch bedeutsamen Aspekte des Verfahrensrechts, des IPR und des internationalen Verfahrensrechts.

Das Buch ist vorrangig für die Praxis geschrieben. Diese benötigt bei der ständig wachsenden Zahl „internationaler" Ehen immer häufiger aktuelle Übersichten zum ausländischen Familienrecht. Zugleich wird die Rechtsvergleichung in einem zusammenwachsenden Europa auch im Familienrecht immer dringender. Sie kann Anstöße vermitteln, das eigene Recht zu reformieren. Darüber hinaus vermag sie einen Kernbestand eines gemeinsamen europäischen Familienrechts herauszuschälen, um zu überprüfen, ob und inwieweit eine Harmonisierung und Rechtsangleichung in Europa möglich ist. Wenn auch die Vereinheitlichung des europäischen Familienrecht zunächst nicht im materiellen Recht erfolgen wird, zeichnet sich in den aktuellen Bestrebungen der Vereinheitlichung des internationalen Zivilverfahrensrechts und vor allem des IPR schon eine bedeutsame qualitative Veränderung ab: Das internationale Familienrecht wird von einem klassischen wertneutralen Koordinationsrecht in ein inhaltlich Einfluss nehmendes und von materiellen Zielvorstellungen geleitetes Kollisionsrecht der europäischen Integration transformiert. Die Darstellung versucht, auch dieser ständig steigenden Bedeutung des europäischen und internationalen Familienrechts gerecht zu werden.

Freiberg und Würzburg, im September 2006   *Prof. Dr. Gerhard Ring*
                                                            Dr. Rembert Süß

Inhaltsübersicht

Autoren

MLaw Nathalie Brefin
Zivilistisches Seminar der Universität Bern, Schanzeneckstr. 1, 3001 Bern, Schweiz, Tel.:
0041/31/6313795, SCHWEIZ

Prof. Dr. Suzana Bubić
Sarceva 3, 88000 Mostar, Bosnien-Herzegowina, E-Mail: suzana_bubic@hotmail.com,
suzana.bubic@unmo.ba, Tel.: 00387/61276694, BOSNIEN-HERZEGOWINA

JUDr. Zuzana Chudáčková, advokátka
bnt attorneys-at-law, s.r.o., Cintorínska 7, 81108 Bratislava, Slowakische Republik,
Tel.: 00421/2 57880088, Fax: 00421/2 57880089, E-Mail: zuzana.chudackova@bnt.eu,
SLOWAKISCHE REPUBLIK

Prof. Dr. Maria Giovanna Cubeddu Wiedemann
Piazzale Europa 1, Dipartimento di Scienze Giuridiche, Università degli Studi di Trieste,
34100 Triest, Italien, Tel.: 0039/040/5583203, Fax: 0049/9433/9000110, E-Mail:
mgcubeddu@units.it; cubeddu@me.com, ITALIEN

Notar Dr. Christoph Döbereiner
Hofgartenpalais, Marstallstraße 11, 80539 München, Tel.: 089/2421478–0, Fax: 089/
2421478–22, E-Mail: cd@pd-notare.de, FRANKREICH

Prof. Dr. Susanne Ferrari
Karl-Franzens-Universität, Institut für Zivilrecht, Ausländisches und Internationales
Privatrecht, Universitätsstr. 15/D4, 8010 Graz, Österreich, Tel.: 0043/316/3803323,
E-Mail: susanne.ferrari@uni-graz.at, ÖSTERREICH

Prof. Dr. Josep Ferrer Riba
Universitat Pompeu Fabra, Facultat de Dret, Ramon Trias Fargas 25–27, 08005 Barcelona,
Spanien, Tel.: 0034/93/5422909, E-Mail: josep.ferrer@upf.edu, KATALONIEN

Rechtsanwältin Yvonne Goldammer
Attorney-at-law, Partner, bnt Heemann Klauberg Krauklis APB, Embassy House, Kali-
nausko 24, 4th floor, 03107 Vilnius, Litauen, Tel.: 00370/52121–627, Fax: 00370/52121–
630, E-Mail: yvonne.goldammer@bnt.eu, LITAUEN

Rechtsanwalt Lubomir N. Guedjev
Rechtsanwaltskanzlei Lubomir N. Guedjev, Feldgasse 22/24, 90489 Nürnberg,
Tel.: 0049/176/64758920, E-Mail: ra-guedjev@t-online.de, BULGARIEN

Antje Himmelreich
Wissenschaftliche Referentin für russisches, ukrainisches und das Recht der sonstigen
GUS-Staaten, Institut für Ostrecht München e.V. (IOR München), Landshuter Str. 4,
93047 Regensburg, Tel.: 0941/943–5450, Fax: 0941/943–5465, E-Mail:
antje.himmelreich@ostrecht.de, RUSSLAND und UKRAINE

Notar Dr. Volker Hustedt
Erftstr. 72, 41460 Neuss, Tel.: 02131/220960, Fax: 02131/21841, E-Mail:
kanzlei@notare-h-b.de, BELGIEN

Prof. Dr. jur. Erhard Huzel
Ratzeburger Landstr. 4, 23562 Lübeck, Tel.: 0451/2031734, Fax: 0451/2031709,
E-Mail: eehuzel@aol.com, PORTUGAL und SPANIEN

Notar Dr. Malte Ivo
Neuer Wall 41, 20354 Hamburg, Tel.: 040/369899–0, E-Mail: malte.ivo@nw41.de, DEUTSCHLAND

Rechtsanwalt Prof. h.c. Ernst Johansson
LAW Kiel – Rechtsanwaltskanzlei Bruck Goerke Johansson, Holstenbrücke 2, 24103 Kiel, Tel.: 0431/997076, Fax: 0431/9970777, E-Mail: mail@law-kiel.de, SCHWEDEN

Avukat Memet Kiliç, LL.M. (Heidelberg)
Mitglied der Rechtsanwaltskammern Ankara/Türkei und Karlsruhe, Anwaltskanzlei Kiliç & Kiliç, Jahnstr. 9, 69120 Heidelberg, Tel.: 06221/7969455, Fax: 06221/7969456, E-Mail: kanzlei.kilic@gmail.com, TÜRKEI

Dr. Marion Koch-Hipp
Zernattostrasse 2, 9800 Spittal/Drau, Österreich, Tel.: 0043/0664/1274464, E-Mail: hippm@yahoo.de, ÖSTERREICH

Dr. Martin Margonski
Kancelaria Notarialna, ul. Wojska Polskiego 169, 69–100 Słubice, Polen, Tel.: 0048/957588410, E-Mail: notariat@m-margonski.eu, POLEN

Rechtsanwältin Ivana Mikulić, LL.M.
Schön Mikulić Rechtsanwälte, Cuvilliésstraße 14, 81679 München, Tel: 089/410796–06, Fax: 089/410796–07, E-Mail: mikulic@eu-law.biz, KROATIEN

Avocat Raluca Oancea
Str. Stirbei Voda nr. 95, Bl. 25 B, Sc. 1, Et. 2, Ap. 5, 010108 Bukarest 1, Rumänien, Tel.: 0040/21/3122810, Fax: 0040/21/3120810, E-Mail: raluca.oancea@omc-legal.eu, RUMÄNIEN

Notar Dr. Felix Odersky
Sparkassenplatz 9, 85221 Dachau, Tel.: 08131/569918–0, Fax: 08131/569918–29, E-Mail: notare@dachau-sparkassenplatz.de, GROSSBRITANIEN: ENGLAND, SCHOTT-LAND, WALES

Prof. Dr. Line Olsen-Ring, LL.M.
Abraham-von-Schönberg-Str. 36, 09599 Freiberg, E-Mail: olsenring@gmx.de, § 1 – QUELLEN DES EUROPÄISCHEN UND INTERNATIONALEN FAMILIENRECHTS und DÄNEMARK; § 4 – DIE EUROPÄISCHE MENSCHENRECHTSKONVENTION UND DIE EUROPÄISCHE GRUNDRECHTECHARTA IN FAMILIENRECHTLICHEN ANGELEGENHEITEN

Rechtsanwalt Dr. Stefan Pürner
Leiter der Projektbereiche Bosnien und Herzegowina, Mazedonien, Montenegro und Serbien bei der Deutschen Stiftung für internationale rechtliche Zusammenarbeit e.V. (IRZ-Stiftung), Ubierstraße 92, 53134 Bonn, Tel.: 0228/9555–103, Fax: 0228/9555–100, E-Mail: office@stefanpuerner.de, BOSNIEN-HERZEGOWINA

Notar Mgr. Martin Říha
náměstí Republiky 236/37, 30100 Plzeň 1 – Vnitřní Město, Tschechische Republik, Tel: 00420/371141192, E-Mail: kancelar@rihanotar.cz, TSCHECHISCHE REPUBLIK

Rechtsanwältin Sandra Rimša, LL.M. (Riga Graduate School of Law)
Rechtsanwaltskanzlei Rusanonvs & Partneri, Pulkveža Brieža Straße 15–7, Riga, LV-1010, Tel. 00371/67273267, Fax. 00371/67317724, E-Mail: rimsa@rusanovs.lv, LETTLAND

Prof. Dr. iur. Gerhard Ring
Lehrstuhl für Bürgerliches Recht, Deutsches und Europäisches Wirtschaftsrecht, TU Bergakademie Freiberg, Schloßplatz 1, 09596 Freiberg, Tel: 03731/39–2026/-2749 (Sekr.); Fax: 03731/39–2733, E-Mail: ring@rewi.tu-freiberg.de, § 1 – QUELLEN DES EUROPÄISCHEN UND INTERNATIONALEN FAMILIENRECHTS, § 3 – EHEVERTRAG MIT AUSLANDSBEZUG, § 4 – DIE EUROPÄISCHE MENSCHENRECHTSKONVENTION UND DIE EUROPÄISCHE GRUNDRECHTECHARTA IN FAMILIENRECHTLICHEN ANGELEGENHEITEN; DÄNEMARK

Notarin Dr. Claudie Rombach
Königsallee 70, 40212 Düsseldorf, Tel.: 0211/863272–0, Fax: 0211/863272–20, E-Mail: mail@notare-rombach.de, TSCHECHISCHE REPUBLIK

ao. Univ.-Prof. Dr. Claudia Rudolf
Rechtswissenschaftliche Fakultät Wien, Abteilung für Rechtsvergleichung, Einheitsrecht und IPR, Schottenbastei 10–16, 1010 Wien, Österreich, Tel.: 0043/01/427735124, Fax: 0043/01/427735999, E-Mail: claudia.rudolf@univie.ac.at, SLOWENIEN

Rechtsanwalt Daniel Schön
Schön Mikulić Rechtsanwälte, Cuvilliésstraße 14, 81679 München, Tel: 089/410796–06, Fax: 089/410796–07, E-Mail: schoen@eu-law.biz, KROATIEN

Rechtsanwalt Rüdiger Schulze
Fasanenstraße 32, 16761 Hennigsdorf, Tel: 03302/207441, Fax: 0331/2759456, E-Mail: raschulze@aol.com, LETTLAND

Notar Gido Schür
Wiesenbachstraße 1, 4780 Saint-Vith, Belgien, Tel.: 0032/80/228669, Fax: 0032/80/227738, E-Mail: gido.schur@belnot.be, BELGIEN

Rechtsanwalt Prof. Dr. Dimitrios Stamatiadis
Vosporou 37, 17124 Athen, Griechenland, Tel.: 0030/2109330637, E-Mail: stamd@hol.gr, GRIECHENLAND

Rechtsanwalt Dr. Rembert Süß
Gerberstr. 19, Deutsches Notarinstitut, 97070 Würzburg, Tel.: 0931/3557635, Fax: 0931/35576225, E-Mail: r.suess@dnoti.de, § 2 – DEUTSCHES INTERNATIONALES FAMILIENRECHT

Rechtsanwalt Prof. Dr. Spyros Tsantinis
KPST Lawfirm, 77, Solonos str., 10679 Athen, Griechenland, Tel.: 0030/2107255290, E-Mail: spyros@tsantinis.com, GRIECHENLAND

Rechtsanwalt Karl-Friedrich v. Knorre
Heinemann von Knorre Rechtsanwälte, Luisenstraße 3, 63067 Offenbach, Tel.: 069/26494–800, Fax: 069/26494–803, E-Mail: welcome@hvko.de, FINNLAND

Prof. Dr. Paul Vlaardingerbroek
Tilburg Law School, Tilburg University, PO Box 90153, 5000 LE Tilburg, Niederlande, Tel.: 0031/13/4662281, Fax: 0031/13/4662323, E-Mail: p.vlaardingerbroek@tilburguniversity.edu, NIEDERLANDE

Avocat Monique Watgen
Étude Monique Watgen, 40, avenue Victor Hugo, 1750 Luxembourg, Luxemburg, Tel.: 00352/473782, Fax: 00352/463426, E-Mail: watgenm@pt.lu, LUXEMBURG

Notar Dr. Anton Wiedemann
Unterer Markt 4, 92507 Nabburg, Tel.: 09433/9000–10, Fax: 09433/9000–110, E-Mail:
notar.wiedemann@notariat-nabburg.de, ITALIEN

Prof. Dr. iur. Stephan Wolf
Fürsprecher und Notar, Zivilistisches Seminar der Universität Bern, Professur für Privat-
recht sowie Notariatsrecht, Schanzeneckstr. 1, 3001 Bern, Schweiz, Tel.: 0041/31/6313795,
E-Mail: stephan.wolf@ziv.unibe.ch, SCHWEIZ

Jolanta Zupkauskaité
Associate-Attorney, bnt Heemann Klauberg Krauklis APB, Embassy House, Kali-
nausko 24, 4th floor, 03107 Vilnius, Litauen, Tel: 00370/52121–627, Fax: 00370/52121–630,
E-Mail: jolanta.zupkauskaite@bnt.eu, LITAUEN

Allgemeines Literaturverzeichnis

Andrae, Internationales Familienrecht, Praxishandbuch, 3. Aufl. 2014

Bamberger/Roth, Kommentar zum Bürgerlichen Gesetzbuch, Band 3: §§ 1297–2385, Rom I-VO, Rom II-VO, EGBGB, 3. Aufl. 2012

von Bar, Internationales Privatrecht, Band 2: Besonderer Teil, 1991

von Bar/Mankowski, Internationales Privatrecht, Band 1: Allgemeine Lehren, 2. Aufl. 2003

Bartl, Die neuen Rechtsinstrumente zum IPR des Unterhalts auf internationaler und europäischer Ebene, 2012

Bergmann/Ferid/Henrich, Internationales Ehe- und Kindschaftsrecht mit Staatsangehörigkeitsrecht, Loseblatt, 6. Aufl. 1983 ff. (2012)

Bergschneider (Hrsg.), Familienvermögensrecht, 3. Aufl. 2016

Brand (Hrsg.), Formularbuch zum Europäischen und Internationalen Zivilprozessrecht – Zuständigkeit, Streitverfahren und Freiwillige Gerichtsbarkeit, Zustellung, Anerkennung und Vollstreckung, 2011

Brödermann/Rosengarten, Internationales Privat- und Zivilverfahrensrecht (IPR/IZVR), 7. Aufl. 2015

Dietz, Das Erbrecht des Adoptivkindes im Internationalen Privatrecht, Schriften zum deutschen und ausländischen Familienrecht und Staatsangehörigkeitsrecht, Band 15, 2006

Erman, Handkommentar zum BGB, 2 Bände, 14. Aufl. 2014

Ferid/Böhmer, Internationales Privatrecht, 3. Aufl. 1986

Ferid/Firsching/Dörner/Hausmann (Hrsg.), Internationales Erbrecht, Quellensammlung mit systematischen Darstellungen des materiellen Erbrechts sowie des Kollisionsrechts der wichtigsten Staaten, Loseblatt, 97. Aufl. 2016 (zitiert: *Ferid/Firsching*)

Geimer, Internationales Zivilprozessrecht, 7. Aufl. 2014

Gernhuber/Coester-Waltjen, Familienrecht, 6. Aufl. 2010

Gottwald/Laborde/Pirrung/Pfister/Martiny/Pintens/Gbaguidi/Krüger/Leible/Kohler/ Sonnenberger, Internationales Familienrecht für das 21. Jahrhundert, Symposium zum 65. Geburtstag von Professor Dr. Ulrich Spellenberg, 2006

Gottwald/Schwab/Büttner, Family & Succession Law in Germany, 2001

Heiß/Born (Hrsg.), Unterhaltsrecht, Loseblatt-Handbuch, 49. Aufl. 2016

Henrich, Deutsches, ausländisches und internationales Familien- und Erbrecht – Ausgewählte Beiträge, 2006

Henrich, Internationales Scheidungsrecht – einschließlich Scheidungsfolgen, FamRZ-Buch 10, 2. Aufl. 2005

Henrich, Internationales Familienrecht, 3. Aufl. 2012

Henrich/Schwab (Hrsg.), Eheliche Gemeinschaft, Partnerschaft und Vermögen im europäischen Vergleich, 1999

Hepting, Deutsches und Internationales Familienrecht im Personenstandsrecht, 2010

Hofer/Schwab/Henrich, Scheidung und nachehelicher Unterhalt im europäischen Vergleich, 2003

Hofer/Schwab/Henrich, From Status to Contract? – Die Bedeutung des Vertrages im europäischen Familienrecht, 2005

von Hoffmann/Thorn, Internationales Privatrecht, 9. Aufl. 2007

Hohloch, Internationales Scheidungs- und Scheidungsfolgenrecht – Griechenland/Italien/Österreich/Polen/Türkei, 1998

Jayme/Hausmann, Internationales Privat- und Verfahrensrecht, Textausgabe, 18. Aufl. 2016

Johannsen/Henrich, Familienrecht – Scheidung, Unterhalt, Verfahren, Kommentar, 6. Aufl. 2015

Jonas/Stein (Hrsg.), Kommentar zur Zivilprozessordnung, Band 10: Europäisches Zivilprozessrecht, 22. Aufl. 2011

Junker, Internationales Zivilprozessrecht, 3. Aufl. 2016

Junker, Internationales Privatrecht, 1998

Kegel/Schurig, Internationales Privatrecht, 9. Aufl. 2004

Kieninger/Remien, Europäische Kollisionsrechtsvereinheitlichung, 2012

Kienle, Internationales Privatrecht, 2. Aufl. 2010

Kropholler, Internationales Privatrecht, 6. Aufl. 2006

Kropholler/von Hein, Europäisches Zivilprozessrecht, Kommentar zu EuGVO, Lugano-Übereinkommen 2007, EuVTVO, EuMVVO und EuGFVO, 9. Auf. 2011

Looschelders, Internationales Privatrecht, Art. 3–46 EGBGB, Kommentar, 2013

Lorenz, Das intertemporale internationale Ehegüterrecht nach Art. 220 Abs. 3 EGBGB und die Folgen eines Statutenwechsels, 1991

Motzer/Kugler, Kindschaftsrecht mit Auslandsbezug, 2003

Münch, Ehebezogene Rechtsgeschäfte, Handbuch der Vertragsgestaltung, 4. Aufl. 2015

Münchener Kommentar zum Bürgerlichen Gesetzbuch, Band 10: Internationales Privatrecht, Rom I-Verordnung, Rom II-Verordnung, Einführungsgesetz zum Bürgerlichen Gesetzbuch (Art. 1–24), 6. Aufl. 2013

Münchener Kommentar zum FamFG, §§ 1–491, IZVR, EuZVR, 2. Aufl. 2013

Nagel/Gottwald, Internationales Zivilprozessrecht, 7. Aufl. 2013

Palandt, Bürgerliches Gesetzbuch, Kommentar, 75. Aufl. 2016

Pasche, Familiensachen mit Auslandsbezug, 3. Aufl. 2013

Rahm/Künkel, Handbuch Familien- und Familienverfahrensrecht – mit ausführlichem Auslandsteil, Loseblatt, 72. Aktualisierung 2016

Rauscher, Internationales Privatrecht – Mit internationalem und europäischem Verfahrensrecht, 4. Aufl. 2012

Rauscher (Hrsg.), Europäisches Zivilprozess- und Kollisionsrecht (EuZPR und EuIPR), Kommentar, 4. Aufl. 2015

Reithmann/Martiny (Hrsg.), Internationales Vertragsrecht, 8. Aufl. 2015

Rieck, Ausländisches Familienrecht – Eine Auswahl von Länderdarstellungen, 14. Aufl. 2016

Rieks, Anerkennung im Internationalen Privatrecht, 2012

Schack, Internationales Zivilverfahrensrecht, 6. Aufl. 2014

Scherpe/Yassari, Die Rechtsstellung nichtehelicher Lebensgemeinschaften – The Legal Status of Cohabitants, 2005

Schlosser, EU-Zivilprozessrecht – EuGVVO, AVAG, VTVO, MahnVO, BagatellVO, HZÜ, EuZVO, HBÜ, EuBVO, Kommentar, 4. Aufl. 2015

Schmidt (Hrsg.), Internationale Unterhaltsrealisierung – Rechtsgrundlagen und praktische Anwendung, 2011

Schotten/Schmellenkamp, Das Internationale Privatrecht in der notariellen Praxis, 2. Aufl. 2007

Schütze, Das internationale Zivilprozessrecht in der ZPO, Kommentar, 2. Aufl. 2011

Schulz/Hauß, Vermögensauseinandersetzung bei Trennung und Scheidung, 6. Aufl. 2015

Schwab, Familienrecht, 24. Aufl. 2016

Schwab (Hrsg.), Handbuch des Scheidungsrechts, 7. Aufl. 2013

Soergel, Bürgerliches Gesetzbuch mit Einführungsgesetz und Nebengesetzen, Band 24: EGBGB Art. 1–26, Band 25: EGBGB Art. 27–237, 13. Aufl. 2012

von Staudinger, Kommentar zum Bürgerlichen Gesetzbuch – EGBGB/IPR

– Art. 3–6 EGBGB (Internationales Privatrecht – Allgemeiner Teil), 15. Neubearb. 2013

– Art. 13–17b EGBGB (Internationales Eherecht), Neubearb. 2010

– Art. 18 EGBGB; Anhang I, II, III zu Art. 18; Vorbem. zu Art. 19 (Internationales Unterhaltsrecht, Internationales Kindschaftsrecht 1), 14. Neubearb. 2003

– Vorbem. C–H zu Art. 19 EGBGB (Internationales Kindschaftsrecht 2), 14. Neubearb. 2009

– IntVerfREhe (Internationales Verfahrensrecht in Ehesachen), 15. Neubearb. 2015

Süß (Hrsg.), Erbrecht in Europa, 3. Aufl. 2016

Truniger, Internationales Privatrecht, 2011

Veith, Das neue Auslands-Unterhaltsrecht, Textausgabe mit Einführung, 2011

Völker/Clausius, Das familienrechtliche Mandat – Sorge- und Umgangsrecht, 6. Aufl. 2014

Walter, Familienzusammenführung in Europa – Völkerrecht, Gemeinschaftsrecht, Nationales Recht, 2009

Wendl/Dose, Das Unterhaltsrecht in der familienrichterlichen Praxis – Die neueste Rechtsprechung des Bundesgerichtshofs und die Leitlinien der Oberlandesgerichte zum Unterhaltsrecht und zum Verfahren in Unterhaltsprozessen, 9. Aufl. 2015

Zimmermann/Dorsel, Eheverträge, Scheidungs- und Unterhaltsvereinbarungen, Anwalt-Formulare, 5. Aufl. 2010

Zöller, Zivilprozessordnung, Kommentar, 31. Aufl. 2016

§ 1 Quellen des Europäischen und Internationalen Familienrechts

Prof. Dr. Gerhard Ring, Freiberg, Sachsen
Prof. Dr. Line Olsen-Ring, LL.M., Freiberg, Sachsen

A. Vorbemerkung

Aufgrund der vielfältigen Unterschiede der Rechtsordnungen im Hinblick auf das nationale   1
Familienrecht hat es die Staatengemeinschaft unternommen, durch die Schaffung internationaler Verträge[1] eine Kooperation und Koordination in Bezug auf entsprechende grenzüberschreitende Sachverhalte zu schaffen, die in nicht wenigen Fällen auch in den Nationalstaaten vielfältige Reformen nach sich gezogen haben. Eine Gleichförmigkeit der nationalen Familienrechte geht damit jedoch nicht einher.

Insbesondere der Brüssel IIa-Verordnung (EheVO 2003; siehe Rdn 3 ff.) kommt in diesem   2
Zusammenhang eine entscheidende Bedeutung zu („bedeutsamstes verfahrensrechtliches Regelungswerk im internationalen Familienrecht").[2] Sie vereinheitlicht in nicht unerheblichem Umfang die Regelungen über das anwendbare Verfahrens- und Vollstreckungsrecht in Familiensachen sowie die Anerkennung von familienrechtlichen Entscheidungen innerhalb Europas.

Auch die VO (EU) Nr. 606/2013 des Europäischen Parlaments und des Rates vom 12.6.2013 über die gegenseitige Anerkennung von Schutzmaßnahmen in Zivilsachen schützt das Familienleben flankierend.

B. Quellen des Europäischen und Internationalen Familienrechts

I. Die Brüssel IIa-Verordnung (EheVO 2003)

Literatur

Andrae, Zur Anwendbarkeit der EheVO auf staatliche Maßnahmen zum Schutz des Kindes, Eur.L.F. 2008, II-92; *Becker-Eberhardt*, Die Sinnhaftigkeit der Zuständigkeitsverordnung der EG-VO Nr. 1347/2000, in: FS für Beys, 2003, S. 93; *Coester-Waltjen*, Die Berücksichtigung der Kindesinteressen in der neuen EU-Verordnung „Brüssel IIa", FamRZ 2005, 241; *Dilger*, Die Regelungen zur internationalen Zuständigkeit in Ehesachen in der Verordnung (EG) Nr. 2201/2003, 2004; *Dilger*, Erläuterungen zur Verordnung (EG) Nr. 2201/2203, in: Geimer/Schütze, Internationaler Rechtsverkehr in Zivil- und Handelssachen, Loseblatt, 42. Aufl. 2011; *Dornblüth*, Die europäische Regelung der Anerkennung und Vollstreckbarerklärung von Ehe- und Kindschaftsentscheidungen, 2003; *Europäische Kommission*, Leitfaden zur Anwendung der neuen Verordnung Brüssel II, aktualisierte Fassung vom 1.6.2005; *Fuchs/Tölg*, Die einstweiligen Maßnahmen nach der EheVO (EuGVVO II), ZfRV 2002, 95; *Gröschl*, Internationale Zuständigkeit im europäischen Eheverfahrensrecht, 2007; *Gruber*, Die neue EheVO und die deutschen Ausführungsgesetze, IPRax 2005, 293; *Gruber*, Das neue Internationale Familienrechtsverfahrensgesetz, FamRZ 2005, 1603; *Gruber*, Das HKÜ, die Brüssel IIa-Verordnung und das Internationale Familienrechtsverfahrensgesetz, FPR 2008, 214; *Gruber*, Effektive Antworten des EuGH auf Fragen der Kindesentführung, IPRax 2009, 413; *Gruber*, Internationale Zuständigkeit und Vollstreckung bei Kindesentführungen, GPR 2011, 153; *Gruber*, Kommentierung der EheVO 2003, Anhang I zum III. Abschnitt EGBGB, in: NK-BGB, Bd. 1, Allgemeiner Teil/ EGBGB, 3. Aufl. 2016; *Hajnczyk*, Die Zuständigkeit für Entscheidungen in Ehesachen und in anderen Familiensachen aus Anlass von Ehesachen sowie deren Anerkennung und Vollstreckung in der EG und in der Schweiz, 2003; *Hau*, Das System der internationalen Entscheidungszuständigkeit im europäischen Eheverfahrensrecht, FamRZ 2000, 1333; *Hausmann*, Neues internationales Eheverfahrensrecht in der Europäischen Union, EuLF 2000/01, 275; *Hausmann*, Internationales und Europäisches Ehescheidungsrecht, 2013; *Heiderhoff*, Der gewöhnliche Aufenthalt von Säuglingen, IPRax 2012, 523; *Heindler*, Vorrang des Haager KSÜ vor der EuEheVO bei Wegzug, IPRax 2014, 201; *Helms*,

---

1 Vgl. dazu grundsätzlich *Schulze*, Die EU-Verordnungen unter dem Arbeitstitel „Rom", AD LEGENDUM 3/2015, 184.
2 NK-BGB/*Gruber*, EheVO 2003, Vorbem. Rn 1.

Internationales Verfahrensrecht für Familiensachen in der Europäischen Union, FamRZ 2002, 1593; *Holzmann*, Brüssel IIa-VO: Elterliche Verantwortung und internationale Kindesentführungen, 2008; *Janzen/Gärtner*, Kindschaftsrechtliche Spannungsverhältnisse im Rahmen der EuEheVO – die Entscheidung des EuGH in Sachen Detiček, IPRax 2011, 158; *Kohler*, Internationales Verfahrensrecht für Ehesachen in der Europäischen Union, NJW 2001, 10; *Looschelders*, Scheidungsfreiheit und Schutz des Antragsgegners im internationalen Privat- und Prozessrecht, in: FS für Kropholler, 2008, S. 329; *Magnus/Mankowski* (Hrsg.), Brussels IIbis Regulation, 2012, *Martiny*, Kindesentführung, vorläufige Sorgerechtsregelung und einstweilige Maßnahmen nach der Brüssel IIa-VO, FPR 2010, 493; *Niklas*, Die europäische Zuständigkeitsordnung in Ehe- und Kindschaftssachen, 2003; *Pirrung*, Auslegung der Brüssel IIa-Verordnung in Sorgerechtssachen – zum Urteil des EuGH in der Rechtssache C vom 27.11.2007, in: FS für Kropholler, 2008, S. 399; *Pirrung*, Erste Erfahrungen mit dem Eilverfahren des EuGH in Sorgerechtssachen, in: FS für Spellenberg, 2010, S. 467; *Pirrung*, Gewöhnlicher Aufenthalt des Kindes bei internationalem Wanderleben und Voraussetzungen für die Zulässigkeit einstweiliger Maßnahmen in Sorgerechtssachen nach der EuEheVO, IPRax 2011, 50; *Roth*, Zur Anfechtbarkeit von Zwischenentscheidungen nach Art. 15 Abs. 1 lit. b EuEheVO, IPRax 2009, 56; *Schack*, Das neue internationale Eheverfahrensrecht in Europa, RabelsZ 65 (2001), 615; *Schulz*, Die Zeichnung des Haager Kinderschutz-Übereinkommens von 1996 und der Kompromiss zur Brüssel IIa-Verordnung, FamRZ 2003, 1351; *Schulz*, Die Verordnung (EG) Nr. 2201/2003 (Brüssel IIa) – eine Einführung, NJW 2004, Beilage zu Heft 18, 2 und FPR 2004, Beilage zu Heft 6, 2; *Schulz*, Das Haager Kindesentführungsübereinkommen und die Brüssel IIa-Verordnung, in: FS für Kropholler, 2008, S. 435; *Solomon*, „Brüssel IIa" – Die neuen europäischen Regeln zum internationalen Verfahrensrecht in Fragen der elterlichen Verantwortung, FamRZ 2004, 1409; *Spellenberg*, Der Anwendungsbereich der EheGVO („Brüssel II") in Statussachen, in: FS für Schumann, 2001, S. 423; *Spellenberg*, Die Zuständigkeit für Eheklagen nach der EheGVO, in: FS für Geimer, 2002, S. 1257; *Spellenberg*, Einstweilige Maßnahmen nach Art. 12 EheGVO, in: FS für Beys, 2003, S. 1583; *Staudinger/Pirrung*, Brüssel IIa-VO, Internationales Kindschaftsrecht 2, Vorb. C zu Art. 19 EGBGB, Bearb. 2009; *Staudinger/Spellenberg*, Internationales Verfahrensrecht in Ehesachen 1 (Europäisches Recht: Brüssel IIa-VO), Neubearbeitung 2015; *Weller*, Der „gewöhnliche Aufenthalt" – Plädoyer für einen willenszentrierten Aufenthaltsbegriff, in: Leible/Unberath (Hrsg.), Brauchen wir eine Rom O-Verordnung?, 2013, 293; *Winkel*, Grenzüberschreitendes Sorge- und Umgangsrecht und dessen Vollstreckung, 2001.

1. Historie: Vom Brüssel II-Abkommen über die Brüssel II-Verordnung zur Brüssel IIa-Verordnung

3   Am 28.5.1998 war das EU-Übereinkommen über die Zuständigkeit und die Anerkennung und Vollstreckung von Entscheidungen in Ehesachen (sog. **Brüssel II-Abkommen**)[3] unterzeichnet worden. Dieses wurde jedoch aufgrund des Inkrafttretens der Brüssel II-Verordnung (siehe Rdn 4) nie ratifiziert.

4   Ihm folgte die Verordnung (EG) Nr. 1347/2000 des Rates über die Zuständigkeit und die Anerkennung und Vollstreckung von Entscheidungen in Ehesachen und in Verfahren betreffend die elterliche Verantwortung für die gemeinsamen Kinder der Ehegatten vom 29.5.2000 (sog. **Brüssel II-Verordnung – Europäische Ehe- und Sorgerechts-Verordnung – EheVO 2000**),[4] die am **1.3.2001 in Kraft trat** und in der Kontinuität der bei den Verhandlungen über das Brüssel II-Abkommen erzielten Ergebnisse stand (vgl. Erwägungsgrund Nr. 6 der Brüssel II-Verordnung). Das Brüssel II-Abkommen und die Brüssel II-Verordnung wiesen inhaltlich keine relevanten Unterschiede auf.[5]

5   Die Brüssel II-Verordnung hatte jedoch selbst auch keinen langen Bestand: Sie ist Ende Februar 2005 außer Kraft getreten und durch die „Verordnung (EG) Nr. 2201/2003 des

---

3 ABl EG Nr. C 221 vom 16.7.1998, S. 1.
4 ABl EG Nr. L 160 vom 30.5.2000, S. 19. Vgl. auch den Vorschlag der Kommission zum Erlass der Brüssel II-Verordnung in ABl EG Nr. C 247 vom 31.8.1999, S. 1.
5 Dazu NK-BGB/*Gruber*, EheVO 2003, Vorbem. Rn 2 unter Bezugnahme auf Erwägungsgrund 6 zur Verordnung.

Rates vom 27.11.2003 über die Zuständigkeit und Anerkennung und Vollstreckung von Entscheidungen in Ehesachen und in Verfahren betreffend die elterliche Verantwortung und zur Aufhebung der Verordnung (EG) Nr. 1347/2000" (sog. **Brüssel IIa-Verordnung [Europäische Ehe- und Sorgerechts-Verordnung]** – fortan: **EheVO 2003**)[6] ersetzt worden (vgl. Art. 71 Abs. 1 EheVO 2003 und deren Erwägungsgrund Nr. 28).

Die EheVO 2003 (die zum 1.8.2004 in Kraft getreten ist, Art. 72 S. 1) findet gem. Art. 72   6
S. 2 i.V.m. Art. 64 grundsätzlich auf Verfahren und öffentliche Urkunden/Vereinbarungen Anwendung, die nach dem 1.3.2005 eingeleitet, aufgenommen oder getroffen wurden. Ausnahmsweise ermöglicht Art. 64 Abs. 2 und 3 EheVO 2003 nach Maßgabe der dort normierten Voraussetzungen eine Anwendung der Verordnung auch auf die Vollstreckung von Entscheidungen, die in vor dem eigentlichen Inkrafttreten eingeleiteten oder abgeschlossenen Verfahren ergangen sind.

Am 1.3.2005 ist in Deutschland (mit Ausnahme der §§ 12 Abs. 3 und 47 Abs. 2 IntFamRVG,   7
die bereits zum 1.2.2005 in Kraft getreten sind) das am 31.1.2005 verkündete „Gesetz zur Aus- und Durchführung bestimmter Rechtsinstrumente auf dem Gebiet des internationalen Familienrechts (**Internationales Familienrechtsverfahrensgesetz – IntFamRVG**)" vom 26.1.2005[7] in Kraft getreten. Es dient nach seinem § 1 Nr. 1 u.a. der Durchführung der EheVO 2003 (vgl. auch § 56 IntFamRVG, der Übergangsvorschriften zur EheVO 2003 trifft).

Die EheVO 2003 erweitert gegenüber der **Brüssel II-Verordnung** nur den **sachlichen**   8
Anwendungsbereich. Sie erfasst über die Zuständigkeit und Anerkennung von Entscheidungen in Ehesachen (Art. 1 Abs. 1 lit. a – Ehescheidung, Trennung ohne Auflösung des Ehebandes und Ungültigerklärung einer Ehe, entsprechend Brüssel II-Verordnung) auch alle Verfahren betreffend die elterliche Verantwortung (Ausübung, Übertragung sowie vollständige oder teilweise Entziehung der elterlichen Verantwortung) über eheliche oder nichteheliche Kinder (Art. 1 Abs. 1 lit. b EheVO 2003, wohingegen die Brüssel II-Verordnung sich auf Verfahren beschränkte, die hinsichtlich der gemeinsamen Kinder von Ehegatten aus Anlass einer Ehesache durchgeführt wurden). Neben der Erweiterung des sachlichen Anwendungsbereichs bringt die EheVO 2003 folgende weitere wesentliche Neuerungen:
– Schaffung gemeinschaftsspezifischer Regeln über die internationale Zuständigkeit im Falle einer Kindesentführung (vgl. Art. 10 EheVO 2003) sowie
– Abschaffung der Vollstreckungserklärung bei der Anerkennung und Vollstreckung von Entscheidungen über die Rückgabe des Kindes nach einer Entführung sowie von Entscheidungen über das Umgangsrecht (vgl. Art. 11 Abs. 8 und Art. 40 ff. EheVO 2003).

2. Anwendungsbereich der EheVO 2003

a) Örtlicher Anwendungsbereich

Der **örtliche Anwendungsbereich** der (kompetenzrechtlich auf der Grundlage des IV. Titel   9
EGV [nunmehr Titel V AEUV] erlassenen)[8] EheVO 2003 umfasst gem. ihrem Art. 72 S. 3 seit 1.3.2005 alle gegenwärtigen EU-Mitgliedstaaten mit Ausnahme Dänemarks (vgl. Art. 2

---

6 ABl EG Nr. L 338 vom 23.12.2001, S. 1.
7 Verkündet als Art. 1 des Gesetzes zum internationalen Familienrecht (BGBl I, 162). Dazu *Gruber*, FamRZ 2005, 1603.
8 Womit sich die Geltung der EheVO 2003 für das Vereinigte Königreich, Irland und Dänemark nach Maßgabe des Protokolls über die Position dieser Staaten nach Art. 81 AEUV (ex-Art. 69 EGV) bestimmt. Beachte: Das Vereinigte Königreich und Irland haben erklärt, dass sie sich an der Anwendung der EheVO 2003 beteiligen wollen (vgl. Erwägungsgrund Nr. 30).

Nr. 3 EheVO 2003[9] und deren Erwägungsgrund Nr. 31[10]). **Dänemark** ist wie ein sonstiger Nichtmitgliedstaat zu behandeln, da es auch an staatsvertraglichen Übereinkommen zwischen der EU und Dänemark fehlt.[11]

b) Sachlicher Anwendungsbereich

10   Die EheVO 2003 gilt im Hinblick auf ihren **sachlichen Anwendungsbereich** nach Art. 1 (ungeachtet der Art der Gerichtsbarkeit) für Zivilsachen – in all ihren Teilen verbindlich und unmittelbar (Art. 72 S. 3 EheVO 2003) – mit folgenden Gegenstandsbereichen:
- Ehescheidung, Trennung ohne Auflösung des Ehebandes und Ungültigerklärung einer Ehe (**Ehesachen** – Art. 1 Abs. 1 lit. a EheVO 2003) sowie
- Zuweisung, Ausübung, Übertragung sowie vollständige oder teilweise Entziehung der elterlichen Verantwortung (**Verfahren über die elterliche Verantwortung** – Art. 1 Abs. 1 lit. b EheVO 2003). Entsprechende Verfahren über die elterliche Verantwortung betreffen nach Art. 1 Abs. 2 EheVO 2003 insbesondere das Sorgerecht und das Umgangsrecht (lit. a), die Vormundschaft, die Pflegschaft und entsprechende Rechtsinstitute (lit. b), die Bestimmung und den Aufgabenbereich jeder Person oder Stelle, die für die Person oder das Vermögen des Kindes verantwortlich ist, es vertritt oder ihm beisteht (lit. c), die Unterbringung des Kindes in einer Pflegefamilie oder in einem Heim (lit. d) sowie die Maßnahmen zum Schutz des Kindes im Zusammenhang mit der Verwaltung und Erhaltung seines Vermögens oder der Verfügung darüber (lit. e).

c) Ausschlüsse

11   Nach Art. 1 Abs. 3 gilt die EheVO 2003 hingegen **nicht** für Folgesachen, betreffend die Feststellung und die Anfechtung des Eltern-Kind-Verhältnisses (lit. a), Adoptionsentscheidungen und Maßnahmen zur Vorbereitung einer Adoption sowie die Ungültigerklärung und den Widerruf der Adoption (lit. b), Namen und Vornamen des Kindes (lit. c), die Volljährigkeitserklärung (lit. d), Unterhaltspflichten (lit. e), Trusts und Erbschaften (lit. f) sowie Maßnahmen infolge von Straftaten, die von Kindern begangen wurden (lit. g).

d) Verhältnis zu staatsvertraglichem Recht

12   Für **Unterhaltsfragen** ist die EuGVO (siehe Rdn 32 ff.) vorrangig bzw. das Haager Übereinkommen vom 2.10.1973 über die Anerkennung und Vollstreckung von Unterhaltsentscheidungen (**HUntÜ**; siehe Rdn 247 ff.) oder das Haager Übereinkommen vom 15.4.1958 über die Anerkennung und Vollstreckung von Entscheidungen auf dem Gebiet der Unterhaltspflicht gegenüber Kindern (**HKindUntÜ**; siehe Rdn 261 ff.), die seit dem 18.6.2011 allerdings, hinsichtlich **Unterhaltssachen** (Unterhaltspflichten, die auf einem Familien-, Verwandtschafts- oder eherechtlichen Verhältnis oder auf Schwägerschaft beruhen), mithin
- den Ehegattenunterhalt während der Ehe und nach der Scheidung und
- den Kindesunterhalt (gegenüber minder- und volljährigen Kindern)

---

9   „Mitgliedstaat" ist definiert als jeder Mitgliedstaat mit Ausnahme Dänemarks.

10 Gemäß den Art. 1 und 2 des dem Vertrag über die EU und dem Vertrag zur Gründung der EG beigefügten Protokolls über die Position Dänemarks beteiligt sich Dänemark nicht an der Annahme der EheVO 2003, die für Dänemark nicht bindend oder anwendbar ist.

11 Dazu näher *Heß*, NJW 2000, 23, 28; *Jayme/Kohler*, IPRax 1999, 401. Nur die VO Nr. 44/2001 (EuGVO/EuGVVO/Brüssel I-VO) und die VO Nr. 1393/2007 (EuZVO) gelten seit dem 1.7.2007 aufgrund des Übereinkommens der EG mit dem Königreich Dänemark auch für Dänemark (ABl EU 2007 Nr. L 94, S. 70).

durch die UnterhaltsVO (siehe Rdn 132 ff.) bzw. das HUntProt (siehe Rdn 210 ff.) abgelöst worden sind.

Im Rahmen ihres sachlichen Anwendungsbereichs (siehe Rdn 10) **verdrängt** die EheVO 2003 die in Art. 60 EheVO 2003 genannten **Abkommen**, mithin

— das Haager Übereinkommen vom 5.10.1961 über die Zuständigkeit der Behörden und das anzuwendende Recht auf dem Gebiet des Schutzes von Minderjährigen (**MSA**; siehe Rdn 291 ff.) im Verhältnis zwischen den Mitgliedstaaten – nach Art. 61 lit. a) EheVO 2003 hingegen die Regelungen des Haager Übereinkommens vom 19.10.1996 über die Zuständigkeit, das anzuwendende Recht, die Anerkennung, Vollstreckung und Zusammenarbeit auf dem Gebiet der elterlichen Verantwortung und der Maßnahmen zum Schutz von Kindern (**KSÜ**; siehe Rdn 322), soweit sich das Kind in einem EU-Mitgliedstaat aufhält;

— das Luxemburger Übereinkommen vom 8.9.1967 über die Anerkennung von Entscheidungen in Ehesachen;

— das Haager Übereinkommen vom 1.6.1970 über die Anerkennung von Scheidungen und der Trennung von Tisch und Bett (siehe Rdn 84 ff.);

— das Europäische Übereinkommen vom 20.5.1980 über die Anerkennung und Vollstreckung von Entscheidungen über das Sorgerecht für Kinder und die Wiederherstellung des Sorgerechtsverhältnisses; sowie

— das Haager Übereinkommen vom 25.10.1980 über die zivilrechtlichen Aspekte internationaler Kindesentführung (**HKEntfÜ**; siehe Rdn 353 ff.).

Nach Art. 61 EheVO 2003 wird grundsätzlich auch das Haager Übereinkommen vom 19.10.1996 über die Zuständigkeit, das anzuwendende Recht, die Anerkennung, Vollstreckung und Zusammenarbeit auf dem Gebiet der elterlichen Verantwortung sowie der Maßnahmen zum Schutz von Kindern (**KSÜ**; siehe Rdn 322 ff.) **verdrängt**. Letzteres bleibt nur anwendbar, wenn das betreffende Kind seinen gewöhnlichen Aufenthalt in einem Drittstaat hat. Doch erfolgt eine Anerkennung und Vollstreckung von Entscheidungen von Drittstaaten nach der EheVO 2003 auch dann, wenn das Kind seinen gewöhnlichen Aufenthalt in einem Drittstaat hat.

Hinweis: Der Vorrang nach den Art. 60 f. EheVO 2003 betrifft nur die in der Verordnung geregelten Fragen der **internationalen Zuständigkeit** und der **Anerkennung und Vollstreckung**. Der Vorrang erfasst **nicht** Fragen der kollisionsrechtlichen Anknüpfung, weshalb bei Verfahren über die elterliche Verantwortung auch weiterhin auf das MSA und das KSÜ zurückzugreifen ist.[12]

e) Verhältnis zu nationalem Recht

Die EheVO 2003 geht im Rahmen ihres sachlichen Anwendungsbereichs (d.h. vor allem der internationalen Zuständigkeit sowie der Anerkennung und Vollstreckung, soweit die EheVO 2003 hier Einzelheiten der Ausführung dem nationalen Gesetzgeber überlässt) entgegenstehendem **nationalem Recht** vor. Jedoch gelangt nationales Recht dann zur Anwendung, wenn die EheVO 2003 Lücken (z.B. im Bereich der Anerkennung und Voll-

13

14

15

16

---

12 Umstr., vgl. NK-BGB/*Gruber*, EheVO 2003, Vorbem. Rn 16; *ders.*, Art. 8 Rn 9 ff. und Art. 61 Rn 10 ff. Für einen Rückgriff auf das MSA sprechen sich aus: *v. Hoffmann*, Internationales Privatrecht, § 8 Rn 68j; *Jayme/Kohler*, IPRax 2000, 454, 457 f. Für einen Vorrang des KSÜ: *Helms*, FamRZ 2002, 1593, 1601. „Da jedoch die VO nur Zuständigkeit und Anerkennung, nicht aber das anwendbare Recht regelt, kommt es in EG-Binnenfällen zu einem Nebeneinander von VO und – abhängig vom Ratifikationsstand – MSA bzw. KSÜ (*Rauscher*, Einl. Brüssel IIa-Verordnung Rn 9).

streckung) aufweist bzw. Detailfragen der Regelungskompetenz dem nationalen Gesetzgeber überlässt. Eine ergänzende Anwendbarkeit nationalen Rechts kommt damit in Ehesachen (Art. 6 und 7 EheVO), für Verfahren über die elterliche Verantwortung (Art. 14 EheVO) sowie für einstweilige Maßnahmen einschließlich Schutzmaßnahmen (Art. 20 EheVO) in Betracht.[13] Insoweit hat der deutsche Gesetzgeber im Rahmen des Gesetzes zum internationalen Familienrecht vom 26.1.2005[14] mit Art. 1 das „Gesetz zur Aus- und Durchführung bestimmter Rechtsinstrumente auf dem Gebiet des internationalen Familienrechts (**Internationales Familienrechtsverfahrensgesetz – IntFamRVG**)" erlassen,[15] das u.a. der Durchführung der EheVO 2003 dient (§ 1 Nr. 1 IntFamRVG)[16] und zum 1.3.2005 in Kraft getreten ist (vgl. zum Übergangsrecht in Bezug auf die EheVO 2003 § 55 IntFamRVG).

17 **Hinweis:** Die EheVO 2003 begründet **keine Verbundzuständigkeit** für Folgesachen,[17] womit nationales Zuständigkeitsrecht zur Anwendung gelangen kann – bspw. in Deutschland (vorbehaltlich des Eingreifens gemeinschaftsrechtlicher oder staatsvertraglicher Regelungen) § 98 Abs. 2 i.V.m. § 137 Abs. 2 und 3 FamFG[18] (etwa § 137 Abs. 2 Nr. 1 FamFG für Fragen des Versorgungsausgleichs, wenn diese im Verbund zu behandeln sind).

3. Zuständigkeit sowie Anerkennung und Vollstreckung von Entscheidungen

a) Regelungsgehalt der EheVo 2003

18 Die EheVO 2003 regelt:
– grundsätzlich abschließend die Frage der **internationalen Zuständigkeit** (beachte: allein die Art. 6 f. EheVO 2003 lassen für Ehesachen und Art. 14 EheVO 2003 für Verfahren über die elterliche Verantwortung unter bestimmten Voraussetzungen eine ergänzende Anwendung staatsvertraglichen oder nicht vereinheitlichten nationalen Zuständigkeitsrechts zu);
– das Problem mehrerer konkurrierender Verfahren sowie (das Prozesshindernis einer) **ausländischen Rechtshängigkeit** (vgl. Art. 16, 19 EheVO 2003 – **Prioritätsprinzip**);[19] sowie
– die **Anerkennung und Vollstreckung** von Urteilen anderer Mitgliedstaaten in Ehesachen bzw. in Fragen der elterlichen Verantwortung im Inland (Art. 21 ff. EheVO 2003). Dabei spielt es keine Rolle, auf welche Zuständigkeitsvorschriften sich das ausländische Gericht gestützt hat;[20] es ist irrelevant, ob das Gericht ggf. sogar international unzuständig war bzw. die internationale Zuständigkeit sich über die Art. 6 f. bzw. Art. 14 EheVO 2003 aus staatsvertraglichen oder autonomen nationalen Zuständigkeitsvorschriften ergibt.

19 **Hinweis:** Die Art. 21 ff. EheVO 2003 finden jedoch **keine Anwendung** auf Entscheidungen von Nichtmitgliedern (bzw. von Dänemark, das als Nichtmitgliedstaat zu behandeln ist; siehe Rdn 9). Im Hinblick auf Ehesachen werden aber nur sog. **positive Entscheidungen**

---

13 NK-BGB/*Gruber*, EheVO 2003, Vorbem. Rn 17.
14 BGBl I, 162.
15 Dazu näher *Gruber*, FamRZ 2005, 1603.
16 Darüber hinaus aber auch der Durchführung des HKÜ und des Europäischen Sorgerechtsübereinkommen (ESÜ), vgl. § 1 Nr. 2 und 3 IntFamRVG.
17 *Spellenberg*, in: FS für Geimer, 2002, S. 1257, 1273.
18 So NK-BGB/*Gruber*, EheVO 2003, Vorbem. Rn 18.
19 NK-BGB/*Gruber*, EheVO 2003, Vorbem. Rn 11.
20 *Hase*, FamRZ 2000, 1333, 1340; *Wagner*, IPRax 2001, 73, 77.

(d.h. dem Antrag auf Scheidung, Trennung ohne Auflösung des Ehebandes oder Ungültiger-klärung der Ehe stattgebende, nicht jedoch den Antrag abweisende Entscheidungen) anerkannt (vgl. Erwägungsgrund Nr. 15 zur Brüssel II-Verordnung).[21]

Die Vorschriften der EheVO 2003 über die **internationale Zuständigkeit** setzen   20
- keinen persönlich-räumlichen Anwendungsbereich voraus (d.h. der zu entscheidende Streitgegenstand braucht keinen Bezug zu mehreren Mitgliedstaaten zu haben);[22]
- nicht voraus, dass an einem Rechtsstreit solche Personen beteiligt sein müssen, die Staatsangehörige eines EU-Mitgliedstaates sind.[23]

Hinweis: Nach h.M. setzt eine **Anwendbarkeit** der EheVO 2003 noch nicht einmal voraus,   21
dass überhaupt ein Auslandsbezug besteht.[24]

Beachte weiterhin: Die EheVO 2003 trifft hingegen keine Regelungen hinsichtlich der   22
kollisionsrechtlichen Anknüpfung der
- Scheidung bzw. der
- Fragen elterlicher Verantwortung,
womit es hier bei der Anwendung staatsvertraglichen oder nicht vereinheitlichten nationalen Kollisionsrechts verbleibt. „Die EheVO 2003 enthält keine Kollisionsnormen. Seit dem 21.6.2012 ist allerdings für die Scheidung die sog. Rom III-VO (dazu Rn 92 ff.) anzuwenden"[25]

b) Zuständigkeit

Die EheVO 2003 regelt u.a. die Frage der **gerichtlichen Zuständigkeit**, wenn in derselben   23
Rechtssache mehrere Gerichte in verschiedenen EU-Staaten angerufen werden.

Zuständigkeitsregelungen für die **Ehescheidung**, die **Trennung ohne Auflösung** des Ehe-   24
bandes oder die **Ungültigerklärung** einer Ehe finden sich in
- Art. 3 EheVO 2003 (Allgemeine Zuständigkeit);
- Art. 4 EheVO 2003 (Zuständigkeit für Gegenanträge);
- Art. 5 EheVO 2003 (Zuständigkeit bei Umwandlung einer Trennung ohne Auflösung des Ehebandes in eine Ehescheidung);
- Art. 6 EheVO 2003 (Fixierung einer ausschließlichen Zuständigkeit nach den Art. 3 bis 5 EheVO 2003);
- Art. 7 EheVO 2003 (Restzuständigkeit).

Zuständigkeitsregelungen für die **elterliche Verantwortung** finden sich in   25
- Art. 8 EheVO 2003 (Allgemeine Zuständigkeit);
- Art. 9 EheVO 2003 (Aufrechterhaltung der Zuständigkeit des früheren gewöhnlichen Aufenthaltsortes des Kindes);
- Art. 10 EheVO 2003 (Zuständigkeit in Fällen von Kindesentführung);
- Art. 11 EheVO 2003 (Zuständigkeit bei Anträgen auf Rückgabe des Kindes);
- Art. 12 EheVO 2003 (Zuständigkeitsvereinbarung);
- Art. 13 EheVO 2003 (Zuständigkeit aufgrund der Anwesenheit des Kindes);
- Art. 14 EheVO 2003 (Restzuständigkeit).

---

21 NK-BGB/*Andrae*, EheVO 2003, Art. 21 Rn 6; NK-BGB/*Gruber*, EheVO 2003, Vorbem. Rn 12.
22 *Rauscher*, Europäisches Zivilprozessrecht, 2004, Vorbem. Rn 12.
23 *Gruber*, FamRZ 2000, 1129, 1131; *Rauscher*, Europäisches Zivilprozessrecht, Vorbem. Rn 13.
24 *Rauscher*, Europäisches Zivilprozessrecht, Vorbem. Rn 13.
25 NK-BGB/*Gruber*, EheVO 2003, Vorbem. Rn 13.

26   Wurden bei Gerichten mehrerer EU-Mitgliedstaaten
– Anträge auf Ehescheidung, Trennung ohne Auflösung des Ehebandes oder Ungültigerklärung der Ehe zwischen denselben Parteien gestellt bzw.
– Verfahren bezüglich der elterlichen Verantwortung für ein Kind wegen desselben Anspruchs anhängig gemacht (**Anrufung mehrerer Gerichte**),
so setzt das später angerufene Gericht (jeweils) das Verfahren von Amts wegen aus, bis die
Zuständigkeit des zuerst angerufenen Gerichts geklärt ist (Art. 19 Abs. 1 und 2 EheVO
2003). Sobald die Zuständigkeit des zuerst angerufenen Gerichts feststeht, erklärt sich nach
Art. 19 Abs. 3 S. 1 EheVO 2003 das später angerufene Gericht zugunsten dieses Gerichts
für unzuständig. In diesem Fall kann der Antragsteller, der den Antrag bei dem später
angerufenen Gericht gestellt hat, diesen Antrag gem. Art. 19 Abs. 3 S. 2 EheVO 2003 dem
zuerst angerufenen Gericht vorlegen.

c) Anerkennung und Vollstreckung von Entscheidungen

27   In einem EU-Mitgliedstaat ergangene Entscheidungen (bspw. sorgerechtlicher Natur) wer-
den nach Art. 21 Abs. 1 EheVO 2003 grundsätzlich in den anderen Mitgliedstaaten **aner-
kannt**, ohne dass es hierfür eines besonderen Verfahrens bedarf. Davon normieren als
Ausnahmetatbestände
– Art. 22 EheVO 2003 Gründe für die Nichtanerkennung einer Entscheidung über eine
Ehescheidung, Trennung ohne Auflösung des Ehebandes oder Ungültigerklärung der
Ehe und
– Art. 23 EheVO 2003 Gründe für die Nichtanerkennung einer Entscheidung über die
elterliche Verantwortung.

28   Die Zuständigkeit des Gerichts des Ursprungsmitgliedstaates darf nach Art. 24 S. 1 EheVO
2003 nicht überprüft werden (**Verbot einer Nachprüfung der Zuständigkeit**). Dabei darf
sich auch eine Überprüfung der Vereinbarkeit mit der öffentlichen Ordnung (**ordre-public-
Vorbehalt**) nach
– Art. 22 lit. a EheVO 2003 bzw.
– Art. 23 lit. a EheVO 2003
nicht auf die Zuständigkeitsvorschriften der Art. 3 bis 14 EheVO 2003 (siehe Rdn 24 f.)
erstrecken (Art. 24 S. 2 EheVO 2003).

29   Die Anerkennung einer Entscheidung darf nach Art. 25 EheVO 2003 nicht deshalb abgelehnt werden, weil eine Ehescheidung, Trennung ohne Auflösung des Ehebandes oder
Ungültigerklärung einer Ehe nach dem Recht des Mitgliedstaates, in dem die Anerkennung
beantragt wird, unter Zugrundelegung desselben Sachverhalts (wegen Unterschiede beim
anzuwendenden Recht) nicht zulässig wäre.

30   Art. 26 EheVO 2003 normiert den **Ausschluss einer Nachprüfung in der Sache:** Eine (in
einem anderen Mitgliedstaat ergangene) Entscheidung darf daher keinesfalls in der Sache
selbst nachgeprüft werden.

31   Nach Art. 28 Abs. 1 EheVO 2003 ist für die **Vollstreckung** einer in einem anderen Mitgliedstaat ergangenen sorgerechtlichen Entscheidung eine Vollstreckungserklärung erforderlich.

II. Die Brüssel I-Verordnung und das EuGVÜ

1. Die Brüssel I-Verordnung

Literatur

Bajons, Der Gerichtsstand des Erfüllungsortes: Rück- und Ausblick auf eine umstrittene Norm. Zu Art. 5 Nr. 1 EuGVÜ und seiner revidierten Fassung in der Brüssel I-VO, in: FS für Geimer, 2002, S. 15; *Boehm*, Auswirkungen des neuen europäischen Verfahrensrechts auf Unterhaltsstreitigkeiten – ein Überblick, JAmt 2002, 333; *Eltzschig*, Art. 5 Nr. 1b EuGVO: Ende oder Fortführung von forum actoris und Erfüllungsortbestimmung lege causae?, IPRax 2002, 491; *Geimer*, Salut für die Verordnung (EG) Nr. 44/2001 (Brüssel I-VO). Einige Betrachtungen zur „Vergemeinschaftung" des EuGVÜ, IPRax 2002, 69; *Gsell*, Autonom bestimmter Gerichtsstand am Erfüllungsort nach der Brüssel I-Verordnung, IPRax 2002, 484; *Homann*, Das zuerst angerufene Gericht – Art. 21 EuGVÜ und Art. 28, 30 EuGVVO, IPRax 2002, 502; *Junker*, Vom Brüsseler Übereinkommen zur Brüsseler Verordnung – Wandlungen des Internationalen Zivilprozessrechts, RIW 2002, 569; *Koenig/Pechstein/Sander*, EU/EG-Prozessrecht, 2002; *Kohler*, Vom EuGVÜ zur EuGVVO, in: FS für Geimer, 2002, S. 461; *Micklitz*, Vergemeinschaftung des EuGVÜ in der Verordnung (EG) Nr. 44/2201, EWS 2002, 15; *Münzberg*, Berücksichtigung oder Präklusion sachlicher Einwendungen im Exequaturverfahren trotz Art. 45 Abs. 1 VO (EG) Nr. 44/2001, in: FS für Geimer, 2002, S. 745; *Piltz*, Vom EuGVÜ zur Brüssel I-Verordnung, NJW 2002, 789; *Schlosser*, EU-Zivilprozessrecht, 2002; *Stoppenbrink*, Systemwechsel im internationalen Anerkennungsrecht: Von der EuGVVO zur geplanten Abschaffung des Exequaturs, Eur.Rev.Priv.L. 2002, 641; *Wagner*, Die geplante Reform des Brüsseler und des Lugano-Übereinkommens, IPRax 1998, 241; *Wagner*, Vom Brüsseler Übereinkommen über die Brüssel I-Verordnung zum Europäischen Vollstreckungstitel, IPRax 2002, 75; *Wagner*, Internationale und örtliche Zuständigkeit in Verbrauchersachen im Rahmen des Brüsseler Übereinkommens und der Brüssel I-Verordnung, WM 2003, 116.

Seit dem 1.3.2002 wurde das Brüsseler EWG-Übereinkommen über die gerichtliche Zuständigkeit und die Vollstreckung gerichtlicher Entscheidungen in Zivil- und Handelssachen vom 27.9.1968[26] (**EuGVÜ**; siehe Rdn 40 ff.) für seit diesem Zeitpunkt erhobene Klagen (vgl.   32

---

26 Das Brüsseler EWG-Übereinkommen über die gerichtliche Zuständigkeit und die Vollstreckung gerichtlicher Entscheidungen in Zivil- und Handelssachen vom 27.9.1968 (BGBl 1972 II, 774; nunmehr i.d.F. des **Vierten Beitrittsübereinkommens vom 29.11.1996** – BGBl 1998 II, 1412) mit Protokoll (GVÜ) sowie einem Zusatzprotokoll von 1971 galt in seiner ursprünglichen Fassung für die Bundesrepublik Deutschland seit dem 1.2.1973 im Verhältnis zu Belgien, Dänemark, Frankreich, Italien, Luxemburg und den Niederlanden (vgl. Bekanntmachung vom 12.1.1973 – BGBl II, 60); abgedr. in dieser Fassung im ABl EG 1972 Nr. L 299, S. 32. In der Fassung des **Ersten Beitrittsübereinkommens vom 1.10.1978** (BGBl 1983 II, 803) galt das Übereinkommen für die Bundesrepublik Deutschland seit dem 1.11.1986 im Verhältnis zu Belgien, Dänemark, Frankreich, Italien, Luxemburg und den Niederlanden (Bekanntmachung vom 14.11.1986 – BGBl II, 1020) und darüber hinaus seit dem 1.6.1988 auch für Irland (BGBl II, 610); abgedr. in dieser Fassung im ABl EG 1978 Nr. C 304, S. 97. In der Fassung des **Zweiten Beitrittsübereinkommens vom 25.10.1982** (BGBl 1988 II, 453) galt das Übereinkommen für die Bundesrepublik Deutschland seit dem 1.4.1989 im Verhältnis zu Belgien, Dänemark, Frankreich, Griechenland, Irland, Italien, Luxemburg und den Niederlanden (Bekanntmachung vom 15.2.1989 – BGBl II, 752) und darüber hinaus – seit dem 1.10.1989 – auch im Verhältnis zum Vereinigten Königreich (Bekanntmachung vom 24.8.1989 – BGBl II, 752); abgedr. ist das Übereinkommen in dieser Fassung im ABl EG 1983 Nr. C 97, S. 2. In der **Fassung des Dritten Beitrittsübereinkommens vom 26.5.1989 (BGBl 1994 II, 519)** galt das Übereinkommen für die Bundesrepublik Deutschland seit dem 1.12.1994 im Verhältnis zu Frankreich, Griechenland, Irland, Italien, Luxemburg, den Niederlanden, Portugal, Spanien und dem Vereinigten Königreich (Bekanntmachung vom 25.10.1994 – BGBl II, 3707) und darüber hinaus seit dem 1.3.1996 für Dänemark (BGBl II, 380) und seit dem 1.10.1997 für Belgien (BGBl 1998 II, 230); abgedr. ist die Fassung des Dritten Beitrittsübereinkommens im ABl EG 1990 Nr. C 187, S. 2. Das Übereinkommen ist in der Fassung des **Vierten Beitrittsübereinkommens vom**

Art. 66 Abs. 1)[27] durch die „Verordnung (EG) Nr. 44/2001 des Rates vom 22.12.2000 über die gerichtliche Zuständigkeit und die Anerkennung und Vollstreckung von Entscheidungen in Zivil- und Handelssachen"[28] (kurz **EuGVO, EuGVVO bzw. Brüssel I-VO**) ersetzt (bis zum 1.7.2007 galt das EuGVÜ nur noch gegenüber Dänemark). Die EuGVO wurde für **Unterhaltspflichten** durch die „Verordnung (EG) Nr. 4/2009 des Rates vom 18.12.2008 über die Zuständigkeit, das anwendbare Recht, die Anerkennung und Vollstreckung von Entscheidungen und die Zusammenarbeit in Unterhaltssachen"[29] (**UnterhaltsVO**) abgelöst und erfasst daher seit dem 18.6.2011 keine Unterhaltspflichten mehr.[30] Seit dem 10.1.2015 ist die Brüssel I-VO durch die VO (EU) Nr. 1215/2012 des Europäischen Parlaments und des Rates vom 12.12.2012 über die gerichtliche Zuständigkeit und die Anerkennung und Vollstreckung von Entscheidungen in Zivil- und Handelssachen (kurz: EuGVO, EuGVVO bzw. **Brüssel Ia-VO**)[31] neu gefasst worden. Im Vergleich zur Brüssel I-VO bringt die Brüssel Ia-VO als Neuerungen außer dem Versuch, sog. Torpedoklagen im Kontext mit Gerichtsstandsvereinbarungen zu verhindern, der Abschaffung des Exequaturverfahrens und der ausdrücklichen Ausnahme staatlicher Hoheitsakte nach Art. 1 Abs. 1 vom Anwendungsbereich der VO im hier interessierenden Zusammenhang die – unter dem Regime der Brüssel I-VO teilweise noch umstrittene – Ausnahme von Güterständen mit vergleichbarer Wirkung wie eheliche Güterstände vom Geltungsbereich der Brüssel Ia-VO.

33   Seit dem Inkrafttreten der EuGVO (siehe Rdn 32) wird das **EuGVÜ** nach Art. 68 EuGVO im Verhältnis der Mitgliedstaaten zueinander durch die EuGVO ersetzt. Das EuGVÜ galt dann zunächst **nur noch** im Verhältnis der Mitgliedstaaten zu **Dänemark**, das an der EuGVO nicht teilnahm: „Dänemark beteiligt sich gemäß den Art. 1 und 2 des im Vertrag über die Europäische Union und dem Vertrag zur Gründung der Europäischen Gemeinschaft beigefügten Protokolls über die Position Dänemarks nicht an der Annahme dieser Verordnung, die daher für Dänemark nicht bindend und ihm gegenüber nicht anwendbar ist. Da in den Beziehungen zwischen Dänemark und den durch diese Verordnung gebundenen Mitgliedstaaten das Brüsseler Übereinkommen in Geltung ist, ist dieses sowie das Protokoll von 1971 im Verhältnis zwischen Dänemark und den durch diese Verordnung gebundenen Mitgliedstaaten weiterhin anzuwenden" (vgl. Erwägungsgründe Nr. 21 und 22 zur EuGVO). Aufgrund des Abkommens zwischen der Europäischen Gemeinschaft und dem Königreich Dänemark zur Ausdehnung der Verordnung (EG) Nr. 44/2001 des Rates über die gerichtliche Zuständigkeit und die Anerkennung und Vollstreckung von Entscheidungen in Zivil- und Handelssachen (EuGVO) auf Dänemark und eines entsprechenden Abkommens zur Ausdehnung der Verordnung (EG) Nr. 1348/2000 des Rates über die Zustellung gerichtlicher und außergerichtlicher Schriftstücke in Zivil- oder Handelssachen in den Mitgliedstaaten auf Dänemark[32] ist es dann gleichwohl auch zu einer Erstreckung auf Dänemark gekommen. **Dänemark** versteht nunmehr die UnterhaltsVO (siehe Rdn 32) als Änderung

---

29.11.1996 **(BGBl 1998 II, 1412)** für die Bundesrepublik Deutschland am 1.1.1999 im Verhältnis zu Dänemark (ohne die Faröer-Inseln und Grönland), den Niederlanden, Österreich und Schweden in Kraft getreten (BGBl 1999 II, 419 und 697). Es galt in dieser Fassung ferner bis zum 28.2.2002 im Verhältnis zu Finnland und Spanien (seit dem 1.4.1999 – BGBl II, 697), Italien (seit dem 1.6.1999 – BGBl II, 697), Griechenland und Portugal (jeweils seit dem 1.10.1999 – BGBl 2000 II, 828), Irland (seit dem 1.12.1999 – BGBl II, 1154) und dem Vereinigten Königreich (seit dem 1.1.2001 – BGBl II, 40).

27 Dazu BGH ZIP 2003, 213, 214.
28 ABl EG Nr. L 12 vom 16.1.2001, S. 1.
29 ABl EU Nr. L 7 vom 10.1.2009, S. 1.
30 So Bamberger/Roth/*Heiderhoff*, Art. 18 EGBGB Rn 130.
31 ABl EU Nr. L 351/01, S. 1.
32 KOM (2005) 145 endg. und KOM (2005) 146 endg.

der EuGVO und hat deshalb – gestützt auf Art. 3 Abs. 2 des Abkommens zwischen der
EG und dem Königreich Dänemark über die gerichtliche Zuständigkeiten und die Anerkennung und Vollstreckung von Entscheidungen in Zivil- und Handelssachen[33] – am 14.1.2009
die **Annahme der UnterhaltsVO** erklärt:[34] Dänemark hat mit Art. 3 Abs. 2 des Abkommens zwischen der EG und dem Königreich Dänemark über die gerichtlichen Zuständigkeiten und die Anerkennung und Vollstreckung von Entscheidungen in Zivil- und Handelssachen am 19.10.2005 völkerrechtlich vereinbart,[35] dass die EuGVO (Brüssel I-VO) auch für
und im Verhältnis zu Dänemark Anwendung finden soll. Diese völkerrechtliche Vereinbarung ist am 1.7.2007 in Kraft getreten,[36] womit spätere Änderungen und Abkommen, die
auf der Grundlage der EuGVO geschlossen werden, für Dänemark erst nach einem erneuten
Abschluss eines Abkommens Verbindlichkeit erlangen. Nachdem Dänemark der Kommission am 14.1.2009 mitgeteilt hat, dass es die mit der UnterhaltsVO vorgenommenen Änderungen der EuGVO (Brüssel I-VO) umzusetzen gedenkt,[37] wird dies von der EU-Kommission als Einbeziehung der verfahrensrechtlichen Teile der UnterhaltsVO in das Abkommen
zwischen der EG und Dänemark qualifiziert.[38]

Art. 66 EuGVO trifft **Übergangsvorschriften:** Die Vorschriften der EuGVO sind nur auf   34
solche Klagen und öffentliche Urkunden anzuwenden, die erhoben bzw. aufgenommen
worden sind, nachdem die EuGVO in Kraft getreten ist. Ist die Klage im Ursprungsmitgliedstaat vor Inkrafttreten der EuGVO erhoben worden, so werden nach diesem Zeitpunkt
erlassene Entscheidungen nach Maßgabe des Kapitels III der EuGVO anerkannt und zur
Vollstreckung zugelassen,
– wenn die Klage im Ursprungsmitgliedstaat erhoben wurde, nachdem das Brüsseler Übereinkommen (siehe Rdn 32) oder das Übereinkommen von Lugano (siehe Rdn 53) sowohl
  im Ursprungsmitgliedstaat als auch in dem Mitgliedstaat, in dem die Entscheidung geltend gemacht wird, in Kraft getreten war;
– in allen anderen Fällen, wenn das Gericht aufgrund von Vorschriften zuständig war, die
  mit den Zuständigkeitsvorschriften des Kapitels II der EuGVO oder eines Abkommens
  übereinstimmen, das im Zeitpunkt der Klageerhebung zwischen dem Ursprungsmitgliedstaat und dem Mitgliedstaat, in dem die Entscheidung geltend gemacht wird, in
  Kraft war.

Die EuGVO gilt für die zehn osteuropäischen Beitrittsstaaten seit dem 1.5.2004.   35

Hinweis: Die EuGVO weicht nur in wenigen Punkten vom **EuGVÜ** (bzw. dem LugÜ;   36
siehe Rdn 53) ab.[39] Im Zusammenhang mit der Darstellung des EuGVÜ wird daher jeweils
zugleich auch auf die Parallelvorschriften der EuGVO Bezug genommen.

Die EuGVO erweitert in ihren Art. 26 bis 37 die Pflicht zur Anerkennung ausländischer   37
Entscheidungen und beschleunigt gem. Art. 38 bis 52 das **Exequaturverfahren.**

Für die EuGVO ist (ebenso wie für das EuGVÜ, siehe Rdn 40 ff.; anders aber als für das   38
LugÜ, siehe Rdn 53) der **EuGH** oberste Auslegungsinstanz.

---

33 ABl EU 2005 Nr. L 299, S. 62.
34 Bamberger/Roth/*Heiderhoff*, Art. 18 EGBGB Rn 19; *Rauscher/Andrae*, EuZPR/IPR, Bd. 2, Art. 1 Eu-
    UnthVO Rn 50.
35 Abl Nr. L 299 vom 16.11.2005, S. 62.
36 Abl Nr. L 94 vom 4.4.2007, S. 70.
37 ABl Nr. L 149/2009, 80.
38 *Rauscher/Pabst*, GPR 2009, 294, 298.
39 So bspw. bei den Gerichtsständen des Erfüllungsortes (Art. 5 Nr. 1), für Verbraucherverträge (Art. 15
    Abs. 1) sowie für Arbeitsverträge (Art. 18 bis 21).

39   **Hinweis:** Anders als nach dem Protokoll über die Auslegung des EuGVÜ vom 3.6.1971 (siehe Rdn 52) dürfen bei der EuGVO gem. Art. 68 Abs. 1 EGV (Art. 73p Abs. 1 gem. Art. 2 Nr. 15 des Amsterdamer Vertrages)[40] allerdings nur letztinstanzliche Gerichte der Mitgliedstaaten dem EuGH Auslegungsfragen vorlegen.

2. Das EuGVÜ

Literatur

Fricke, Europäisches Gerichtsstands- und Vollstreckungsabkommen revidiert, VersR 1999, 1055; *Gottwald* (Hrsg.), Revision des EuGVÜ, Neues Schiedsverfahrensrecht, 2000; *Hausmann*, Die Revision des Brüsseler Übereinkommens von 1968, EurLF 2000, 40; *Kropholler/von Hein*, Europäisches Zivilprozessrecht, Kommentar zu EuGVO, Lugano-Übereinkommen 2007, EuVTVO, EuMVVO und EuGFVO, 9. Aufl. 2011; *Saenger*, Wirksamkeit internationaler Gerichtsstandsvereinbarungen, in: FS für Sandrock, 2000, S. 807.

a) Das EuGVÜ und das Haager Abkommen über die Anerkennung und Vollstreckung ausländischer Urteile in Zivil- und Handelssachen

40   Da die EU- (vormals EWG-) Länder sich näher stehen als die Mitglieder der Haager Konferenz, vereinheitlicht das EuGVÜ bspw. mehr als das Haager Abkommen vom 1.2.1971 über die Anerkennung und Vollstreckung ausländischer Urteile in Zivil- und Handelssachen und sein Zusatzprotokoll[41] (das von Deutschland nicht gezeichnet und nur in den Niederlanden, in Portugal und Zypern in Kraft ist). Während das Haager Abkommen das gesamte Familienrecht ausnimmt, erfasst das **EuGVÜ** nach seinem Art. 5 Nr. 2 (Klägergerichtsstand am Wohnsitz des gewöhnlichen Aufenthalts des Unterhaltsberechtigten) zumindest **familienrechtliche Unterhaltsansprüche** (nicht jedoch nach Art. 1 das Recht der natürlichen Personen, das Ehegüterrecht und das Erbrecht). Andererseits gilt das EuGVÜ auch für Ansprüche der öffentlichen Hand gegen Unterhaltspflichtige auf Erstattung von Sozialhilfe (die die öffentliche Hand Unterhaltsberechtigten gezahlt hat).[42]

Das nachstehend (siehe Rdn 53 ff.) noch darzustellende Luganer Übereinkommen über die gerichtliche Zuständigkeit und die Vollstreckung gerichtlicher Entscheidungen in Zivil- und Handelssachen vom 16.9.1988[43] (LugÜ) mit drei Protokollen und drei Erklärungen hat mit wenigen Abweichungen die Regeln des EuGVÜ übernommen.

b) Regelungsgehalt des EuGVÜ

41   Die Entstehungsgeschichte des EuGVÜ spricht gegen eine Geltung des Übereinkommens in **reinen Inlandsfällen**.[44] Das EuGVÜ regelt (über das Haager Abkommen hinausgehend; siehe Rdn 58) die internationale Zuständigkeit nicht nur als **Anerkennungs-**, sondern **auch** als **Entscheidungszuständigkeit** (selbst gegenüber Klägern aus Nichtvertrags-, d.h. Drittstaaten).[45] Die Entscheidungszuständigkeit wird nach Art. 2 Abs. 1 EuGVÜ/Art. 2 Abs. 1 EuGVO primär durch den Wohnsitz des Beklagten in dem Vertragsstaat bestimmt, dessen Gerichte entscheiden (bei juristischen Personen nach Art. 53 EuGVÜ/Art. 60 EuGVO

---

40 BGBl II, 386, 398.
41 *Kegel/Schurig*, Internationales Privatrecht, § 22 V. 2.3.
42 Vgl. EuGH FamRZ 2003, 85.
43 BGBl 1994 II, 2660.
44 BGH FamRZ 2001, 412 = IPRax 2001, 454; *Kropholler*, Europäisches Zivilprozessrecht, vor Art. 2 Rn 7. Offen gelassen von BGH DAVorm 1992, S. 214.
45 EuGH IPRax 2000, 520.

durch deren Sitz). Art. 3 Abs. 2 EuGVÜ/Art. 3 Abs. 2 EuGVO verbietet exorbitante Gerichtsstände (bspw. die deutsche Regelung des § 23 ZPO): Gegen Personen, die ihren Wohnsitz im Hoheitsgebiet eines Mitgliedstaates haben, können insbesondere nicht (die in Anhang I aufgeführten) innerstaatliche Zuständigkeitsvorschriften geltend gemacht werden. Sofern der Beklagte außerhalb der EU (ex EWG) wohnhaft ist, gilt das Zuständigkeitsrecht des Gerichtsstaates, es sei denn, das EuGVÜ/die EuGVO schreibt in Art. 16 EuGVÜ/Art. 22 und 23 EuGVO eine ausschließliche Zuständigkeit vor (wobei nach Art. 4 EuGVÜ/Art. 4 EuGVO hier auch exorbitante Gerichtsstände zulässig sind).[46] Für Beklagte innerhalb der EU (ex EWG) statuiert Art. 5 EuGVÜ/Art. 5 EuGVO neben der Wohnsitz- bzw. Sitzzuständigkeit (bei juristischen Personen) auch **Sondergerichtsstände** – so bei Unterhaltsklagen den Wohnsitz oder gewöhnlichen Aufenthalt des Unterhaltsberechtigten[47] (vgl. Art. 5 Nr. 2 EuGVÜ/Art. 5 Nr. 2 EuGVO).

Art. 6 EuGVÜ/Art. 6 EuGVO begründet eine **Zuständigkeit kraft Sachzusammenhangs**. Ein ausschließlicher Gerichtsstand besteht nach Art. 16 EuGVÜ/Art. 22 Nr. 5 EuGVO für Vollstreckungssachen im Vollstreckungsstaat.[48] Art. 17 EuGVÜ/Art. 23 EuGVO gestattet grundsätzlich eine Prorogation. Eine Zuständigkeit des Gerichts kann sich gem. Art. 18 EuGVÜ/Art. 24 EuGVO auch aus der Einlassung des Gegners ergeben. Nach Art. 19 und 20 EuGVÜ/Art. 25 und 26 EuGVO werden internationale Unzuständigkeit und mangelhafte Ladung des Beklagten z.T. von Amts wegen berücksichtigt. Gemäß Art. 21 bis 23 EuGVÜ/Art. 27 bis 30 EuGVO (die nicht für die Anerkennung und Vollstreckung von Entscheidungen aus Drittstaaten gelten)[49] muss die Rechtshängigkeit[50] in einem anderen Vertragsstaat beachtet werden, ein Sachzusammenhang mit einem Verfahren in einem anderen Vertragsstaat kann beachtet werden. | 42

Art. 24 EuGVÜ/Art. 31 EuGVO gestattet überall **einstweilige Maßregeln**. | 43

Nach Art. 25 EuGVÜ/Art. 32 EuGVO werden außer Urteile auch Entscheidungen aller Art **anerkannt** (mithin auch solche der freiwilligen Gerichtsbarkeit, zudem z.B. Kostentitel), ohne dass es dafür ein besonderes Anerkennungsverfahren gibt (vgl. Art. 26 EuGVÜ/Art. 33 EuGVO). Fraglich ist aber, ob dies auch für die Anerkennung rein prozessualer Entscheidungen (wie z.B. Anordnungen einer Beweisaufnahme) gilt.[51] Eine Entscheidung wird gem. Art. 27 i.V.m. Art. 34 Abs. 2 EuGVÜ/Art. 34 EuGVO in folgenden Fällen, d.h. bei | 44
– Verstoß gegen den ordre public des Anerkennungsstaates;
– Nichteinlassung des Beklagten im Falle fehlender oder mangelhafter Zustellung des verfahrenseinleitenden Schriftstücks oder zu kurzer Einlassungsfrist;
– ergangener widersprechender Entscheidung im Anerkennungsstaat; sowie bei der
– Entscheidung über eine Vorfrage des Rechts der natürlichen Personen, des Ehegüter- und Erbrechts entgegen dem internationalen Privatrecht des Anerkennungsstaates
nicht anerkannt sowie nach Art. 28 i.V.m. Art. 34 Abs. 2 EuGVÜ/Art. 35 EuGVO bei Verletzung der internationalen Zuständigkeit in bestimmten gravierenden Fällen.

Gemäß Art. 29 i.V.m. Art. 34 Abs. 3 EuGVÜ/Art. 36 EuGVO ist eine „**revision au fond**" ausgeschlossen. | 45

---

46 BGH NJW-RR 1988, 172; 1990, 604.
47 Dazu BGH FamRZ 2002, 21.
48 OLG Hamm NJW-RR 2001, 1575 = IPRax 2001, 339.
49 EuGH EuZW 1994, 278.
50 EuGH NJW 1992, 3221 = IPRax 1993, 24; EuGH EuZW 1998, 443.
51 Ablehnend OLG Hamm RIW 1989, 566.

46 Eine **Aussetzung der Anerkennung** noch nicht rechtskräftiger Entscheidungen ist nach Art. 30 i.V.m. Art. 38 Abs. 1 EuGVÜ/Art. 37 Abs. 1 EuGVO möglich.

47 Art. 31 bis 45 EuGVÜ/Art. 38 bis 52 EuGVO regeln eingehend die Ingangsetzung der **Vollstreckung** anerkannter Entscheidungen. Die Art. 46 bis 49 EuGVÜ/Art. 53 bis 56 EuGVO treffen gemeinsame Vorschriften hinsichtlich Urkunden, die für die Anerkennung oder Vollstreckung einer Entscheidung beizubringen sind.

48 **Hinweis: Unterhaltsentscheidungen,** die in den Anwendungsbereich des EuGVÜ fallen, können nach Maßgabe des Römischen Übereinkommens über die Vereinfachung des Verfahrens zur Geltendmachung von Unterhaltsansprüchen vom 6.11.1990 erleichtert durchgesetzt werden. Insoweit **ergänzt** das **Abkommen für Unterhaltsentscheidungen** das EuGVÜ. Bei der Durchsetzung sollen gem. Art. 2 und 3 des Abkommens „Zentrale Behörden" helfen. Das Übereinkommen ist für Deutschland jedoch nicht in Kraft getreten. Sofern der ordre public dem nicht entgegensteht, sind gem. Art. 52 und 53 EuGVÜ/Art. 57 und 58 EuGVO vollstreckbare Urkunden und Prozessvergleiche eines Vertragsstaates auch in den anderen Vertragsstaaten vollstreckbar.

49 Der **Wohnsitz** einer natürlichen (oder juristischen) Person findet eine eingehende Regelung in den Art. 52 f. EuGVÜ/Art. 59 f. EuGVO.

c) Konkurrenzen

50 Nach Art. 55 und 56 EuGVÜ genießt das EuGVÜ **Vorrang** vor bestehenden zweiseitigen Verträgen zwischen den Vertragsstaaten über die Anerkennung von Entscheidungen[52] (wovon die Bundesrepublik Deutschland solche mit Belgien, Griechenland, Großbritannien und Nordirland, Israel, Italien, den Niederlanden, Norwegen, Österreich, der Schweiz, Spanien und Tunesien eingegangen ist).[53] Früheren oder künftigen Verträgen über Spezialmaterien geht das EuGVÜ gem. Art. 57 EuGVÜ nach.[54]

51 Nach Art. 59 EuGVÜ hindert das Übereinkommen keine **Abkommen mit Nichtvertragsstaaten,** dass Entscheidungen (vor allem aus Vertragsstaaten) gegen Beklagte mit Wohnsitz oder gewöhnlichem Aufenthalt im Nichtvertragsstaat nicht anerkannt werden, sofern sie auf exorbitanter Zuständigkeit beruhen. Ein entsprechendes Abkommen ist das **Haager Protokoll** (Zusatzprotokoll des für Deutschland nicht in Kraft getretenen Haager Abkommens vom 1.2.1971 über die Anerkennung und Vollstreckung ausländischer Urteile in Zivil- und Handelssachen; siehe Rdn 40), das sich in seinem Art. 4 gegen die Begründung einer internationalen Zuständigkeit durch exorbitante Gerichtsstände (bspw. ein Vermögensgegenstand des Beklagten im Gerichtsstaat, vergleichbar § 23 ZPO) wendet.

d) Das Zusatzprotokoll von 1971

52 Das Zusatzprotokoll vom 3.6.1971 überträgt die **Auslegung** des EuGVÜ – vergleichbar Art. 208 AEUV (vormals Art. 177 EGV, siehe Rdn 39) – auf Vorlage der Rechtsmittelgerichte der Vertragsstaaten dem **EuGH.**

---

52 Dazu *Cramer-Frank*, Auslegung und Qualifikation bilateraler Anerkennungs- und Vollstreckungsverträge mit Nicht-EG-Staaten, 1987.

53 „Die Abkommen mit Belgien, Großbritannien, Italien und den Niederlanden sind im Wesentlichen überholt durch das GVÜ (Art. 55, 56 GVÜ)", so *Kegel/Schurig*, Internationales Privatrecht, § 22 V. 2.9.

54 Vgl. näher OLG München FamRZ 2003, 462.

III. Das Luganer Übereinkommen (LugÜ)

Literatur

Wagner/Jansen, Das Lugano-Übereinkommen vom 30.10.2007, IPRax 2010, 308.

1. Inkrafttreten und Anwendungsbereich

Das Luganer Übereinkommen über die gerichtliche Zuständigkeit und die Vollstreckung   53
gerichtlicher Entscheidungen in Zivil- und Handelssachen vom 16.9.1988[55] (LugÜ) mit drei
Protokollen und drei Erklärungen, das mit wenigen Abweichungen die Regeln des EuGVÜ
übernommen hat,[56] ist für die Bundesrepublik Deutschland am **1.3.1995** im Verhältnis zu
Finnland, Frankreich, Irland, Italien, Luxemburg, den Niederlanden, Norwegen, Portugal,
Schweden, der Schweiz, Spanien und dem Vereinigten Königreich **in Kraft getreten**.[57]
Heute gilt es darüber hinaus für Island (seit dem 1.12.1995),[58] Dänemark (ohne Erstreckung
auf die Faröer-Insel und Grönland; seit dem 1.3.1996),[59] Österreich (seit dem 1.9.1996),[60]
Griechenland (seit dem 1.9.1997),[61] Belgien (seit dem 1.10.1997)[62] und Polen (seit dem
1.2.2000).[63]

Das LugÜ wurde am 30.10.2007 dergestalt – als Übereinkommen über die gerichtliche
Zuständigkeit und die Anerkennung und Vollstreckung von Entscheidungen in Zivil- und
Handelssachen – revidiert, dass es jetzt weitgehend den Bestimmungen der EuGVO entspricht. Das LugÜ ist[64] in seiner revidierten Fassung am 1.1.2011 zwischen der Europäischen
Union und der Schweizerischen Eidgenossenschaft sowie am 1.5.2011 zwischen der Europäischen Union und Island in Kraft getreten. Es trat in seiner neuen Form in Norwegen zum
1.1.2010 und auf Island zum 1.5.2011 in Kraft.[65]

Vgl. auch das deutsche „Gesetz zur Ausführung zwischenstaatlicher Verträge und zur
Durchführung von Abkommen der Europäischen Union auf dem Gebiet der Anerkennung
und Vollstreckung in Zivil- und Handelssachen (**Anerkennungs- und Vollstreckungsausführungsgesetz – AVAG**)" vom 19.2.2001.[66] Dem AVAG unterliegen nach seinem § 1
Abs. 1 die Ausführung folgender zwischenstaatlicher Verträge (Anerkennungs- und Vollstreckungsverträge):
– Übereinkommen vom 27.9.1968 über die gerichtliche Zuständigkeit und die Vollstreckung gerichtlicher Entscheidungen in Zivil- und Handelssachen;[67]
– Übereinkommen vom 16.9.1988 über die gerichtliche Zuständigkeit und die Vollstreckung gerichtlicher Entscheidungen in Zivil- und Handelssachen;[68]

---

55 BGBl 1994 II, 2660.
56 Unter Beibehaltung der Bezifferung – Art. 58 LugÜ.
57 Vgl. Bekanntmachung vom 8.2.1995 (BGBl II, 221).
58 BGBl 1996 II, 223.
59 BGBl II, 377.
60 BGBl II, 2520.
61 BGBl 1998 II, 56.
62 BGBl II, 1825.
63 BGBl II, 1246.
64 Gemäß seinem Art. 69 Abs. 5.
65 *Ring/Olsen-Ring*, Einführung in das skandinavische Recht, 2. Aufl. 2014, Rn 924.
66 I.d.F. der Bekanntmachung vom 30.11.2015 (BGBl I, 2146).
67 BGBl 1972 II S. 773.
68 BGBl 1994 II S. 2658.

–   Vertrag vom 17.6.1977 zwischen der Bundesrepublik Deutschland und dem Königreich
    Norwegen über die gegenseitige Anerkennung und Vollstreckung gerichtlicher Entschei-
    dungen und anderer Schuldtitel in Zivil- und Handelssachen;[69]
–   Vertrag vom 20.7.1977 zwischen der Bundesrepublik Deutschland und dem Staat Israel
    über die gegenseitige Anerkennung und Vollstreckung gerichtlicher Entscheidungen in
    Zivil- und Handelssachen;[70]
–   Vertrag vom 14.11.1983 zwischen der Bundesrepublik Deutschland und Spanien über
    die Anerkennung und Vollstreckung von gerichtlichen Entscheidungen und Vergleichen
    sowie vollstreckbaren öffentlichen Urkunden in Zivil- und Handelssachen.[71]

Weiterhin nach § 1 Abs. 2 die Durchführung folgender Verordnungen und Abkommen der
EU:
–   des Übereinkommens vom 30.10.2007 über die gerichtliche Zuständigkeit und die Aner-
    kennung und Vollstreckung von Entscheidungen in Zivil- und Handelssachen[72] und
–   des Haager Übereinkommens vom 30.6.2005 über Gerichtsstandsvereinbarungen.

2. Konkurrenzen

54 **Hinweis:** Das LugÜ lässt nach seinem Art. 64 Abs. 1 die Anwendung folgender Rechtsakte
    durch die Mitgliedstaaten der Europäischen Gemeinschaft unberührt:
    –   der EuGVO[73] (einschließlich deren Änderungen),
    –   des EuGVÜ,
    –   des Luxemburger Protokolls vom 3.6.1971 über die Auslegung des EuGVÜ (vorstehende
        Rdn 52) durch den EuGH i.d.F. der Übereinkommen, mit denen die neuen Mitglieder der
        Europäischen Gemeinschaften jenem Übereinkommen und dessen Protokoll beigetreten
        sind, sowie
    –   des am 19.10.2005 in Brüssel unterzeichneten Abkommens zwischen der Europäischen
        Gemeinschaft und dem Königreich Dänemark über die gerichtliche Zuständigkeit und
        Vollstreckung von Entscheidungen in Zivil- und Handelssachen.

    Seit dem 18.6.2011 ist die EuGVO durch die UnterhaltsVO für Unterhaltspflichten abgelöst
    worden (siehe Rdn 32). Vor diesem Hintergrund beschränkt sich die Bedeutung des Luganer
    Übereinkommens somit auf Sachverhalte mit Berührungspunkten zu **Island, Norwegen**
    und der **Schweiz.** Hier bestimmt Art. 5 Nr. 2 lit. a) LugÜ den Klägergerichtsstand am
    Wohnsitz oder am gewöhnlichen Aufenthalt des Unterhaltsberechtigten.

55 Das LugÜ räumt also dem **EuGVÜ** und der **EuGVO** einen **Vorrang** ein und weicht von
    ihnen nur geringfügig ab. **Abweichungen** finden sich vor allem in den Regelungen über die
    internationale Zuständigkeit. Weiterhin ist der gesetzliche Wohnsitz nicht mehr erheblich.

56 In Bezug auf die **Protokolle zum LugÜ** gilt Folgendes: Nr. 1 (über bestimmte Zuständig-
    keits-, Verfahrens- und Vollstreckungsfragen) begünstigt durch einige Sondervorschriften
    verschiedene Mitgliedstaaten. Nr. 2 (über die einheitliche Auslegung des Übereinkommens
    und den Ständigen Ausschuss) regelt die einheitliche Auslegung des LugÜ (anders als das
    EuGVÜ und die EuGVO ohne Begründung einer EuGH-Zuständigkeit durch Berücksich-
    tigung der Entscheidungen anderer Vertragsstaaten, weshalb deren Entscheidungen auszu-
    tauschen sind; zudem war ein ständiger Beratungsausschuss zu gründen). Nr. 3 (über die

---

69 BGBl 1981 II S. 341.
70 BGBl 1980 II S. 925.
71 BGBl 1987 II S. 34.
72 ABl EU Nr. L 339 S. 3.
73 ABl EG 2001 Nr. L 12, S. 1.

Anwendung von Art. 67 des Übereinkommens) normiert einen Vorbehalt dergestalt, dass EG-Regelungen auf Sondergebieten den gleichen Vorrang genießen wie – nach Art. 67 Abs. 1 LugÜ – Staatsverträge zwischen EU-Mitgliedstaaten.

Hinsichtlich der **Erklärungen zum LugÜ** findet sich in der Ersten Erklärung eine Versicherung der damaligen EG- (nunmehr EU-) Mitgliedstaaten, dass sie bei der Ausarbeitung von Sonderregelungen (i.S.d. Dritten Protokolls zum LugÜ) das Ihre tun werden, die Regeln des LugÜ zu respektieren. Die Zweite Erklärung beinhaltet eine Versicherung der EG-Mitgliedstaaten, in der sie es für angemessen halten, dass der EuGH bei der Auslegung der EuGVO (siehe Rdn 52) die Judikatur zum LugÜ berücksichtigen soll. Die Dritte Erklärung enthält eine Versicherung der Mitgliedstaaten der Europäischen Freihandelszone, dass sie es für angemessen halten, dass die Gerichte bei der Auslegung des LugÜ (soweit es sich mit dem EuGVÜ deckt) die Rechtsprechung des EuGH und der EU-Mitgliedstaaten zum EuGVÜ berücksichtigen. **57**

IV. Die Haager Übereinkommen über die Eheschließung und die Anerkennung der Gültigkeit von Ehen von 1902 und 1978 sowie weitere Abkommen auf dem Gebiet der Eheschließung

1. Das Haager Übereinkommen vom 12.6.1902

Das Haager Übereinkommen über die Regelung des Geltungsbereichs der Gesetze auf dem Gebiete der **Eheschließung vom 12.6.1902**[74] war für das Deutsche Reich am 31.7.1904 **in Kraft getreten.**[75] Bis zum Zweiten Weltkrieg galt es im Verhältnis zu Italien, Luxemburg, den Niederlanden, Polen, Rumänien, Schweden, der Schweiz und Ungarn. Nach Kündigungen des Abkommens durch Schweden (1959), die Schweiz (1974), die Niederlande (1979) und Luxemburg (1989) gilt es **heute** nur noch im Verhältnis zwischen **Deutschland** und **Italien,**[76] darüber hinaus aber auch im Verhältnis Deutschlands zu **Rumänien**[77] und (aufgrund fehlender Kündigung) zu **Portugal.**[78] **58**

Hinweis: In der Judikatur wird – obgleich von einer völkerrechtlichen Fortgeltung der vor den beiden Weltkriegen abgeschlossenen Staatsverträge ausgegangen wird – zur Wiederanwendung entsprechender Abkommen gleichwohl, der Klarheit für die Gerichte wegen, eine die Suspendierung oder Anwendungshemmung beendende Regierungserklärung gefordert.[79] **59**

Das Haager Abkommen 1902 zielt zum einen auf eine **Erleichterung der Eheschließung** zwischen Angehörigen der Vertragsstaaten und zum anderen auf eine **Begrenzung der Wirkungsbereiche religiöser Ehehindernisse.** Da Letzteres im innerstaatlichen Recht der **60**

---

74 RGBl 1904, 221. Verbindlich ist nur der französische Text. Zum Übereinkommen siehe näher die Kommentierungen von Bamberger/Roth/*Mörsdorf-Schulte*, Art. 13 EGBGB Rn 4; MüKo-BGB/ *Coester,* Anhang Art. 13 EGBGB Rn 1 ff.; Staudinger/*Mankowski*, Art. 13 EGBGB Rn 3 bis 13; Soergel/*Schurig*, Art. 13 EGBGB Rn 133 bis 143.

75 Bekanntmachung vom 24.6.1904 (RGBl S. 249).

76 So MüKo-BGB/*Coester,* Anhang Art. 13 EGBGB Rn 1; Staudinger/*Mankowski*, Art. 13 EGBGB Rn 4. Vgl. Bekanntmachung vom 4.2.1955 (BGBl II, 188).

77 *Kegel/Schurig*, Internationales Privatrecht, § 20 IV. 5. a).

78 Bamberger/Roth/*Mörsdorf-Schulte*, Art. 13 EGBGB Rn 4.

79 So Bamberger/Roth/*Mörsdorf-Schulte*, Art. 13 EGBGB Rn 4 unter Bezugnahme auf BGHZ 70, 268, 271; 31, 374, 380; BGH NJW 1969, 980; 1954, 837.

europäischen Staaten heute konsequenter als im Übereinkommen verwirklicht ist, kommt ihm „inhaltlich teilweise keine Bedeutung" mehr zu.[80]

61 Das Abkommen findet nach seinem Art. 8 Abs. 1 nur auf solche Ehen **Anwendung**, welche im Gebiet eines der Vertragsstaaten[81] (**Deutschland, Rumänien und Italien**) zwischen Personen geschlossen worden sind, von denen mindestens eine Angehöriger eines dieser Staaten ist. Dabei darf der Eheschließungsstaat nicht identisch mit dem Vertragsstaat sein, dem die Person angehört.[82]

62 Umstritten ist, ob das Abkommen auch auf Ehen zwischen Deutschen und Angehörigen eines **Drittstaates** anwendbar ist.[83]

63 Das Recht zur Eingehung der Ehe bestimmt sich nach Art. 1 in Ansehung eines jeden der Verlobten nach dem Gesetz des Staates, dem er angehört (Recht des Heimatstaates), soweit nicht eine Vorschrift des Übereinkommens auf ein anderes Gesetz verweist (weshalb Rück- und Weiterverweisungen zu beachten sind). Art. 2 regelt Eheverbote des Ortsrechts, Art. 3 Eheverbote des Heimatrechts (womit ein Vorbehalt auf religiöse Ehehindernisse beschränkt ist).[84] Art. 4 bestimmt das Recht jedes Vertragsstaates, ein Ehefähigkeitszeugnis zu verlangen. Art. 5 Abs. 1 regelt die Formwirksamkeit einer Ehe, die nach Maßgabe des Ortsrechts geschlossen wurde. Diplomatische und konsularische Eheschließungen regelt Art. 6, Art. 7 die Wirksamkeit einer Eheschließung, die der Form des Heimatrechts genügt. Die Regeln des Abkommens entsprechen („angesichts der modernen Eheschließungsrechte")[85] im Wesentlichen dem deutschen internationalen Privatrecht.[86]

64 In ihrem Anwendungsbereich **verdrängen** die Kollisionsnormen des Abkommens die Regelungen des Art. 13 Abs. 1 und Art. 11 Abs. 1 EGBGB.[87]

2. Das Haager Übereinkommen vom 14.3.1978

65 An die Stelle des Haager Übereinkommens über die Eheschließung und die Anerkennung der Gültigkeit von Ehen vom 12.6.1902 (das von den meisten Vertragsstaaten gekündigt worden ist, vgl. Rdn 58) ist das **Haager Übereinkommen** über die Eheschließung und die Anerkennung der Gültigkeit von Ehen **vom 14.3.1978**[88] getreten (vgl. Art. 22). Dieses wurde bisher von Deutschland nicht gezeichnet, ist aber am 1.5.1991 im Verhältnis zwischen Australien, Luxemburg und den Niederlanden in Kraft getreten. Es differenziert zwischen Inlandsheirat (Art. 1 ff. – Sach- oder Kollisionsrecht des Heiratsstaates) und Auslandsheirat

---

80 NK-BGB/*Andrae*, Anhang III zu Art. 13 EGBGB Rn 1.

81 Dazu BGH NJW 1997, 2114: Zur Wirksamkeit einer 1970 geschlossenen Ehe einer Deutschen mit einem in der Bundesrepublik lebenden Italiener, dessen frühere Ehe mit einer Deutschen durch rechtskräftiges Urteil eines deutschen Gerichts geschieden worden war.

82 Bamberger/Roth/*Mörsdorf-Schulte*, Art. 13 EGBGB Rn 4 unter Bezugnahme auf Staudinger/*Mankowski*, Art. 13 EGBGB Rn 13 – arg.: Frühere IPR-Abkommen wollen kein *loi uniforme* schaffen, sondern gingen vom Gegenseitigkeitsprinzip aus.

83 Ablehnend RGZ 78, 235; Staudinger/*Mankowski*, Art. 13 EGBGB Rn 12 f.; bejahend AG Memmingen IPRax 1983, 300; Palandt/*Thorn*, Art. 13 EGBGB Rn 3: allerdings verpflichte Art. 8 Abs. 2 des Abkommens nicht zur Anwendung des Rechts eines Nichtvertragsstaates.

84 Bamberger/Roth/*Mörsdorf-Schulte*, Art. 13 EGBGB Rn 4.

85 Bamberger/Roth/*Mörsdorf-Schulte*, Art. 13 EGBGB Rn 4.

86 *Kegel/Schurig*, Internationales Privatrecht, § 20 IV. 5. a).

87 *Jayme*, NJW 1965, 13, 16; vgl. auch KG FamRZ 1999, 1130.

88 Abgedruckt in StAZ 1977, 202 mit Erläuterung *Böhmer*, StAZ 1977, 185. Dazu auch *Kegel/Schurig*, Internationales Privatrecht, § 20 IV. 5. b); *v. Bar*, RabelsZ 37 (1993), 66, 81 ff., 106 f.

(Art. 7 ff.).[89] Auslandsheiraten werden nach Art. 8 nicht geregelt hinsichtlich Trauungen durch Militärbehörden, auf Schiffen, in Flugzeugen, für Handschuhehen, nachträgliche und formlose Eheschließungen. Trauungen durch Diplomaten und Konsule sind gem. Art. 9 Abs. 2 dann anzuerkennen, wenn der Heiratsstaat solche Trauungen nicht verbietet. Nach Art. 9 Abs. 1 ist eine Auslandsheirat grundsätzlich dann anzuerkennen, wenn sie nach dem Recht des Heiratsstaates gültig geschlossen wurde oder später geheilt worden ist. Eine Vermutung für eine gültige Heirat schafft die Heiratsurkunde (Art. 10). Nur bei schweren Mängeln (nach Maßgabe des eigenen Rechts) darf gem. Art. 11 S. 1 ein Vertragsstaat die Anerkennung einer Ehe verweigern (womit inländische Rechtsvorstellungen bis an die Grenze des ordre public zurücktreten)[90] – wozu eine Doppelehe dann nicht zu rechnen ist, wenn sie durch Wegfall der ersten Ehe geheilt wurde (Art. 11 S. 2). Nach Art. 13 hindert das Abkommen die Anerkennung nicht, wenn das internationale Privatrecht des Vertragsstaates, in dem über die Anerkennung zu entscheiden ist, anerkennungsfreundlicher ist als das Abkommen.

3. Staatsverträge zur Erleichterung der Eheschließung im Ausland

Durch zwei Staatsverträge, ausgearbeitet durch die *Commission Internationale de l'Etat Civil* (Internationale Kommission für das Zivilstandswesen – CIEC), wurde die Eheschließung im Ausland erleichtert: **66**

– **CIEC-Abkommen** (Pariser Übereinkommen) **Nr. 7 über die Erleichterung der Eheschließung im Ausland vom 10.9.1964**[91] (dessen Vertragsstaaten – in Kraft seit dem **67** 15.7.1969 zwischen Deutschland, den Niederlanden [einschließlich Surinam] und der Türkei[92] – seit dem 15.1.1977 auch Spanien[93] und seit dem 21.2.1987 auch Griechenland[94] sind [darüber hinaus haben aber auch Belgien und Frankreich das Abkommen gezeichnet]): Dessen Art. 1 bis 3 und 6 schaffen die Möglichkeit, dass die Behörden einen Heiratswilligen, der einem Vertragsstaat angehört oder dessen Recht als Personalstatut hat und sich in einem anderen Vertragsstaat gewöhnlich aufhält und dort heiratet, von den Ehehindernissen befreit, von denen sein Personalstatut Befreiung erlaubt. (Beachte: Deutschland hat diese Regelung [Titel I des Akommens] im Hinblick auf § 1309 BGB nicht gezeichnet.) Das Aufgebot unterliegt nach Art. 4 nur dem Recht des Heiratsortes. Art. 5 erleichtert für den Fall einer verpflichtenden religiösen Eheschließung die diplomatische bzw. konsularische Eheschließung für Angehörige der Vertragsstaaten.[95]

– **CIEC-Abkommen** (Münchener Abkommen) **Nr. 20 über die Ausstellung von Ehefähigkeitszeugnissen vom 5.9.1980**,[96] das für Deutschland im Verhältnis zu Italien, Luxemburg, den Niederlanden, Österreich, Portugal, der Schweiz, Spanien und der Türkei seit dem 1.11.1997 in Kraft ist.[97] Dessen Ziel ist die Vereinheitlichung von Form und Inhalt der Ehefähigkeitszeugnisse, es regelt allerdings kein Kollisionsrecht.[98]

---

89 Kritisch dazu *Kegel/Schurig*, Internationales Privatrecht, § 20 IV. 5. b).
90 Bamberger/Roth/*Mörsdorf-Schulte*, Art. 13 EGBGB Rn 5.
91 BGBl 1969 II, 451; dazu Staudinger/*Mankowski*, Art. 13 EGBGB Rn 14 ff.
92 Bekanntmachung vom 22.9.1969 (BGBl II, 2054).
93 BGBl II, 105.
94 BGBl II, 364.
95 Bamberger/Roth/*Mörsdorf-Schulte*, Art. 13 EGBGB Rn 6.
96 Abgeduckt auf deutsch in StAZ 1997, 256; dazu *Gaaz*, StAZ 1996, 289.
97 BGBl 1999 II, 486.
98 Bamberger/Roth/*Mörsdorf-Schulte*, Art. 13 EGBGB Rn 7.

4. UN-Übereinkommen über die Erklärung des Ehewillens

68   Das für die Bundesrepublik Deutschland seit dem 7.10.1969 in Kraft getretene **UN-Über-einkommen über die Erklärung des Ehewillens, des Heiratsmindestalters und die Registrierung von Eheschließungen** vom 7.11.1962[99] gewährleistet mit nur mittelbarem Einfluss auf das Kollisionsrecht in seinen Art. 1 und 2 sachrechtlich die Eheschließungsfreiheit.[100]

5. Haager Ehewirkungsabkommen vom 17.7.1905

69   Mit Kündigung vom 23.8.1987[101] ist hingegen das **Haager Ehewirkungsabkommen** vom 17.7.1905[102] – das Regelungen hinsichtlich der allgemeinen Ehewirkungen und des Ehegüterrechts traf – für die Bundesrepublik Deutschland außer Kraft getreten.[103]

V.   Das Haager Übereinkommen über das auf die Ehegüterstände anzuwendende Recht

Literatur

v. Bar, Die eherechtlichen Konventionen der Haager Konferenz(en), RabelsZ 57 (1993), 63, 107 ff.; *Beitzke*, Die 13. Haager Konferenz und der Abkommensentwurf zum ehelichen Güterrecht, RabelsZ 41 (1977), 456.

1. Inkrafttreten

70   Das Haager Übereinkommen über das auf **Ehegüterstände** anzuwendende Recht vom 14.3.1978[104] ist in Frankreich,[105] Luxemburg und den Niederlanden am 1.9.1992 **in Kraft getreten**. Weitere Vertragsstaaten sind Österreich und Portugal, die das Abkommen jedoch noch nicht ratifiziert haben. Das Abkommen sucht einen Mittelweg zwischen Staatsangehörigkeits- und Domizilrecht und wird damit recht kompliziert. Außerdem – so *Kegel*[106] – ist die Anknüpfung an den Parteiwillen rechtspolitisch bedenklich, wenn auch von Art. 15 Abs. 2 und 3 EGBGB angenommen. **Deutschland** ist bisher **nicht** Vertragsstaat.[107] Das Übereinkommen gewinnt daher aus deutscher Sicht nur dann an Bedeutung, wenn eine Gesamtverweisung auf das Recht eines der genannten Staaten (für das das Abkommen bereits in Kraft getreten ist) stattfindet.[108]

---

99   BGBl 1969 II, 161.

100   Vgl. zum UN-Übereinkommen *Maschwitz*, Die Form der Eheschließung, 2013, S. 426 ff.

101   Grund für die Kündigung war die in Art. 2 dieses Abkommens geregelte Anknüpfung des gesetzlichen Güterstands an die Staatsangehörigkeit des Mannes – was der BGH (NJW 1987, 583) als Verstoß gegen Art. 3 Abs. 2 GG qualifiziert hatte.

102   RGBl 1912, 457.

103   Bamberger/Roth/*Mörsdorf-Schulte*, Art. 14 EGBGB Rn 3.

104   Zum Vorentwurf vom 16.6.1975 vgl. *Beitzke*, Wandelbarkeit des Güterrechtsstatuts, in: FS für Bosch, 1976, S. 65. Abgedruckt in RabelsZ 41 (1977), 554.

105   Mit Gesetz vom 28.10.1997 wurde der Code Civil an das Übereinkommen angepasst, vgl. Revue crit. dr. i. p. 1998, S. 131.

106   *Kegel/Schurig*, Internationales Privatrecht, § 20 VI. 6.

107   Soergel/*Schurig*, Art. 15 EGBGB Rn 82. Und sollte nach Ansicht von *Kegel/Schurig*, Internationales Privatrecht, § 20 VI. 6. das Abkommen aus den genannten Gründen (siehe Rdn 70) auch nicht ratifizieren.

108   Vgl. OLG Düsseldorf FGPrax 2000, 5.

2. Rechtswahl

Das Übereinkommen erfasst nach seinem Art. 1 allein das für **Ehegüterstände** maßgebende Recht, nicht jedoch Unterhaltspflichten zwischen den Eheleuten, Erbrechte des überlebenden Ehegatten bzw. den Einfluss der Ehe auf die Geschäftsfähigkeit. Als *loi uniforme* gilt es gem. Art. 2 auch gegenüber Angehörigen von Drittstaaten.[109] Art. 3 gestattet den Verlobten die **Wahl des maßgeblichen materiellen Rechts** (das für das gesamte Vermögen der späteren Ehegatten gilt – mit Ausnahme aller oder einzelner Grundstücke, für die – unabhängig, ob ansonsten eine Rechtswahl erfolgt oder nicht – auch für künftig zu erwerbende Grundstücke das Belegenheitsrecht gewählt werden kann) in Gestalt

71

- des Heimatrechts,
- des Rechts des gewöhnlichen Aufenthalts eines von ihnen im Zeitpunkt der Wahl oder
- des Rechts des ersten gewöhnlichen Aufenthalts eines Ehegatten nach der Heirat.

Treffen die Verlobten **keine Rechtswahl** hinsichtlich des für sie maßgeblichen Güterrechts, gelangt nach Art. 4 Abs. 1 das materielle Recht ihres ersten gewöhnlichen Aufenthalts während der Ehe zur Anwendung, über das nach Art. 4 Abs. 2 jedoch das materielle Recht ihrer gemeinsamen Staatsangehörigkeit dann herrscht, wenn

72

- ein Staat sich dies für seine Staatsangehörigen vorbehalten hat (Art. 5) – Nr. 1;
- die Ehegatten einem Nichtvertragsstaat angehören, der sein eigenes materielles Recht auf sie anwendet, und sie ihren ersten gewöhnlichen Aufenthalt während der Ehe in einem Staat nehmen, der den genannten Vorbehalt (Art. 5) gemacht hat, bzw. sie ihren ersten gemeinsamen Aufenthalt während der Ehe in einem Nichtvertragsstaat nehmen, der das Recht ihrer gemeinsamen Staatsangehörigkeit entscheiden lässt – Nr. 2; bzw. wenn
- die Ehegatten ihren ersten gemeinsamen Aufenthalt während der Ehe nicht in demselben Staat nehmen – Nr. 3.

Der Güterstand unterliegt nach Art. 4 Abs. 3 dem materiellen Recht des Staates, mit dem die Ehegatten „am engsten verbunden sind", wenn sie unterschiedliche Staatsangehörigkeiten besitzen und sich gewöhnlich in unterschiedlichen Staaten aufhalten.

73

Die **Voraussetzungen** gültiger Rechtswahl bestimmt nach Art. 10 das gewählte Recht, wobei das maßgebende Recht ausdrücklich auch in einem Ehevertrag stillschweigend gewählt werden kann (Art. 11). Nach Art. 12 S. 1 ist ein Ehevertrag dann formgültig, wenn die Form dem für den Güterstand maßgebenden materiellen Recht oder dem Recht des Abschlussortes genügt. Zwingend muss ein Ehevertrag jedoch mindestens schriftlich abgeschlossen, datiert und von beiden Ehegatten unterschrieben werden (Art. 2 S. 2). Formgültig ist eine ausdrückliche Rechtswahl dann, wenn sie nach Art. 13 S. 1 der Form des Ehevertrages im gewählten materiellen Recht oder im materiellen Recht des Abschlussortes genügt, wobei (auch hier) zumindest Schriftform, Datum und die Unterschrift beider Ehegatten erforderlich sind (Art. 13 S. 2).

74

3. (Un-)Wandelbarkeit des anwendbaren Rechts

Eine **Änderung des anwendbaren Rechts** ist während der Ehe nach Art. 6 nur durch die Wahl des materiellen Rechts des Heimatstaates oder des gewöhnlichen Aufenthalts eines Ehegatten möglich. Ansonsten ist gem. Art. 7 Abs. 1 das maßgebende Recht grundsätzlich

75

---

109 Bamberger/Roth/*Mörsdorf-Schulte*, Art. 15 EGBGB Rn 9 – weshalb es auch (so OLG Düsseldorf FGPrax 2000, 5) infolge einer Gesamtverweisung auf das Recht eines Abkommenstaates anwendbar sein könne.

unwandelbar. Allerdings gilt die Ausnahme nach Art. 7 Abs. 2, dass (sofern weder eine Rechtswahl getroffen noch ein Ehevertrag abgeschlossen wurde) das materielle Recht des Staates, in dem sich beide Ehegatten gewöhnlich aufhalten, dann anwendbar ist, wenn
- der Aufenthaltsstaat zugleich ihr Heimatstaat ist (von der Aufenthaltsnahme an, ansonsten vom Erwerb der Staatsangehörigkeit dieses Staates an);
- der gewöhnliche Aufenthalt während der Ehe zehn Jahre gedauert hat; oder
- vorher mangels gewöhnlichen Aufenthalts in demselben Staat das gemeinsame Heimatrecht gegolten hat.

76   Allerdings erfolgt die Änderung des maßgeblichen Rechts nach Art. 7 Abs. 2 gem. Art. 8 Abs. 1 nur mit ex-nunc-Wirkung und nicht für vorher erworbenes Vermögen. Eine Unterstellung des gesamten Vermögens unter das neue Recht durch die Ehegatten ist möglich (mit Abwandlungen für Grundstücke vergleichbar Art. 3 Abs. 4 und Art. 6 Abs. 3) nach Maßgabe von Art. 8 Abs. 2, wobei jedoch Rechte Dritter unberührt bleiben.

4. Wirkungen des Güterstands gegenüber Dritten

77   Das Abkommen gilt nach Art. 9 Abs. 1 auch für die Wirkungen des **Güterstands** gegenüber Dritten, wobei das Recht eines Vertragsstaates aber nach Art. 9 Abs. 2 bestimmen kann, dass sich ein Ehegatte gegenüber einem Dritten auf das für den Güterstand geltende Recht nur dann berufen darf, wenn sich der Ehegatte oder der Dritte in diesem Staat gewöhnlich aufhält und
- die von diesem Staat verlangte Veröffentlichung oder Eintragung erfolgt ist oder
- der Dritte bei der Entstehung seiner Rechtsbeziehungen zum Ehegatten das für den Güterstand maßgebende Recht kannte oder kennen musste.

5. Sonstiger Regelungsgehalt

78   Eine Anwendung des maßgebenden Rechts ist nach Art. 14 nur dann verboten, wenn es offenbar gegen den **ordre public** verstößt.

79   Knüpft das Abkommen an die „**gemeinsame Staatsangehörigkeit**" der Ehegatten an, muss diese nach Art. 15 Abs. 1
- vor der Heirat bestanden haben oder
- nach der Heirat von beiden Ehegatten freiwillig erworben worden sein bzw.
- dadurch entstanden sein, dass bei der Heirat oder danach ein Ehegatte freiwillig die Staatsangehörigkeit des anderen Ehegatten erworben hat.

80   Besonderheiten bestehen nach Art. 15 Abs. 2, wenn die Ehegatten mehr als eine gemeinsame Staatsangehörigkeit besitzen.

81   Das Abkommen entfaltet nach Art. 21 grundsätzlich nur dann **Wirkungen**, wenn nach seinem Inkrafttreten geheiratet oder das maßgebende Recht gewählt worden ist. Als *loi uniforme* (vorstehende Rdn 71) gilt es nach seinem Art. 2 auch gegenüber Angehörigen von Drittstaaten, d.h. für den Fall, dass die Verlobten oder Ehegatten einem Nichtvertragsstaat angehören bzw. sich in einem solchen gewöhnlich aufhalten oder wenn das Abkommen das Recht eines Nichtvertragsstaates beruft.

6. Die neuen EU-Güterrechtsverordnungen (Rom IVa- und Rom IVb-VO)

Literatur

Martiny, Das Grünbuch zum internationalen Ehegüterrecht – Erste Regelungsvorschläge, FPR 2008, 206; *Martiny*, Die Kommissionsvorschläge für das internationale Ehegüterrecht sowie für das internationale Güterrecht eingetragener Partnerschaften, IPRax 2011, 437.

Die Europäische Union hegte bereits seit langem mit dem Ziel einer Europäisierung des internationalen Familien- und Erbrechts den Wunsch, Rechtsakte betreffend das anwendbare Recht in Güterstandssachen zu schaffen[110] (**Aktionsplan** des Rates und der Kommission vom 3.12.1998;[111] vgl. auch das **Grünbuch** der Kommission vom 17.7.2006 zu den Kollisionsnormen im Güterrecht unter besonderer Berücksichtigung der gerichtlichen Zuständigkeit und der Anerkennung).[112]   82

Vgl. weiterhin das **Vierjahresprogramm** des Europäischen Rates mit der Aufgabenstellung einer Vereinheitlichung des internationalen Güterrechts vom Dezember 2009[113] mit korrespondierendem Aktionsplan.   83

Die von der Kommission bereits 2011 erarbeiteten Vorschläge zur Harmonisierung des internationalen Güterrechts der Mitgliedstaaten wurden im Rahmen des Verfahrens der verstärkten Zusammenarbeit als[114]
- **VO (EU) 2016/1103 des Rates vom 24.6.2016 zur Durchführung einer Verstärkten Zusammenarbeit im Bereich der Zuständigkeit, des anzuwendenden Rechts und der Anerkennung und Vollstreckung von Entscheidungen in Fragen des ehelichen Güterstands**[115] **(Rom IVa-Verordnung zum ehelichen Güterrecht, EUGüterR-VO)**[116] **und als**
- **VO (EU) 2016/1104 des Rates vom 24.6.2016 zur Durchführung der Verstärkten Zusammenarbeit im Bereich der Zuständigkeit, des anzuwendenden Rechts und der Anerkennung und Vollstreckung von Entscheidungen in Fragen güterrechtlicher Wirkungen eingetragener Partnerschaften (Rom IVb-Verordnung zum Güterrecht eingetragener Lebenspartnerschaften und äquivalenter Institute, EUPartner-VO)**[117]
von 18 „willigen" Mitgliedstaaten (darunter Deutschland) angenommen (wohingegen Dänemark, Großbritannien, Irland, Estland, Lettland und Litauen, Polen, Rumänien, die Slowakei und Ungarn die Verordnungen ablehnten).[118]

Die Rom IVa- und IVb-VO treten jeweils nach ihrem Art. 70 Abs. 2 ab dem 29.1.2019 in Kraft. Die Kollisionsnormen der Verordnungen (jeweils die Art. 20 ff.)[119] gelten nur, wenn die Ehegatten bzw. die registrierten Partner nach diesem Stichtag geheiratet haben oder sich haben registrieren lassen bzw. danach eine Rechtswahl getroffen haben – womit „das alte nationale Güterrechts-IPR ... daher neben der VO noch lange Zeit erhebliche Bedeutung"

---

110 Dazu näher *Jayme*, IPRax 2000, 165, 166; *Kohler*, FamRZ 2002, 709; *Sonnenberger*, ZVglRWiss 100 (2001), 107, 121, 135; kritisch dazu Palandt/*Heldrich*, Art. 3 EGBGB Rn 13.
111 Abgedruckt in IPRax 1999, 288.
112 Grünbuch KOM (2006), 400. Dazu näher *Jayme/Kohler*, IPRax 2006, 541; *Martiny*, FPR 2008, 206; *Wagner*, FamRZ 2009, 269.
113 Ratsdokument 5731/10.
114 Näher *Coester*, IPRax 2013, 114; *Martiny*, IPRax 2011, 437.
115 ABl EU Nr. L 183/1 vom 8.7.2016.
116 Dazu bereits KOM (2011), 126.
117 Näher dazu KOM (2011), 127.
118 Näher dazu siehe § 2 Rdn 10 ff.
119 Dazu siehe § 3 Rdn 1.

behalten wird.[120] Die beiden Verordnungen harmonisieren in Güterrechtsfragen außer dem Kollisionsrecht auch das Zuständigkeits- und Anerkennungsrecht.[121] Der Erlass der Verordnungen bereitete zunächst insbesondere im Hinblick auf die geplante Rom IVb-VO Schwierigkeiten, da nach Art. 81 Abs. 3 AEUV über „Maßnahmen zum Familienrecht mit grenzüberschreitendem Bezug" der Rat grundsätzlich einstimmig zu beschließen hat (weswegen für die beiden Regelungsbereiche – Ehe einerseits und Lebenspartnerschaft andererseits – auch zwei getrennte Verordnungsvorschläge präsentiert wurden).[122] Erst die Durchführung des Verfahrens einer Verstärkten Zusammenarbeit ermöglichte den Erlass der Verordnungen.

7. Das Abkommen zwischen der Bundesrepublik Deutschland und der Französischen Republik über den Güterstand der Wahl-Zugewinngemeinschaft

Literatur

Amann, Die Verfügungsbeschränkung über die Familienwohnung im Güterstand der Wahl-Zugewinngemeinschaft, DNotZ 2013, 252; *Braun*, Die Wahl-Zugewinngemeinschaft: Ein neuer Güterstand im deutschen (und französischen) Recht, MittBayNot 2012, 89; *Dethloff*, Der deutsch-französische Wahlgüterstand, RabelsZ 2012, 509; *Heinemann*, Die Wahl-Zugewinngemeinschaft als neuer Güterstand, FamRB 2012, 129; *Jäger*, Der neue deutsch-französische Güterstand der Wahl-Zugewinngemeinschaft, DNotZ 2010, 804; *Jünemann*, Der neue Güterstand der Wahl-Zugewinngemeinschaft: Familienrechtliche Grundlagen und erbrechtliche Wirkungen, ZEV 2013, 353; *Klippstein*, Der deutsch-französische Wahlgüterstand der Wahl-Zugewinngemeinschaft, FPR 2010, 510; *Martiny*, Der neue deutsch-französische Wahlgüterstand – ein Beispiel optionaler bilateraler Familienrechtsvereinheitlichung, ZEuP 2011, 576; *Meyer*, Der neue deutsch-französische Wahlgüterstand, FamRZ 2010, 612; *Schaal*, Der neue Güterstand der Wahl-Zugewinngemeinschaft, ZNotP 2010, 162; *Stürner*, Der deutsch-französische Wahlgüterstand als Rechtsvereinheitlichungsmodell, JZ 2011, 545; *Süß*, Der deutsch-französische Güterstand der Wahl-Zugewinngemeinschaft als erbrechtliches Gestaltungsmittel, ZErb 2010, 281.

84   Die Bundesrepublik Deutschland und Frankreich haben am 4.2.2010[123] mit dem Abkommen über den Güterstand der Wahl-Gütergemeinschaft einen gemeinsamen Güterstand geschaffen. Dieser tritt in beiden Staaten als nationales Recht jeweils neben die bereits bestehenden Wahlgüterstände:[124] Nach Art. 1 des Abkommens steht der Güterstand der Wahl-Zugewinngemeinschaft Ehegatten zur Verfügung, deren Güterstand dem Sachrecht eines der beiden Vertragsstaaten unterliegt. Der Inhalt dieses gemeinsamen Wahlgüterstandes ist in den Art. 2–18 des Abkommens geregelt. In diesem Wahlgüterstand bleibt das Vermögen der Ehegatten getrennt. Zugewinn ist der Betrag, um den das Endvermögen eines Ehegatten sein Anfangsvermögen übersteigt. Bei Beendigung des Güterstandes ergibt sich die Zugewinnausgleichsforderung aus dem Vergleich der erzielten Zugewinne der Ehegatten.

---

120 Siehe § 2 Rdn 10.
121 Bamberger/Roth/*Mörsdorf-Schulte*, Art. 15 EGBGB Rn 11.
122 *Degen*, Kommissionsvorschlag zur Klärung der Vermögensverhältnisse bei internationalen Paaren und mögliche Folgen, Juridica International 2013, No. 1, S. 112 ff.
123 BGBl 2012 II S. 178.
124 MüKo/*Koch*, Vorbem. zum WahlZugAbk-F Rn 1.

VI. Das Haager Übereinkommen über die Anerkennung von Scheidungen und Trennungen von Tisch und Bett

Das am 1.6.1970 beschlossene Haager Übereinkommen über die Anerkennung von Schei-   85
dungen und Trennungen von Tisch und Bett[125] ist (bei 17 Vertragsstaaten) in folgenden
europäischen Staaten **in Kraft getreten:** Albanien, Dänemark, Estland, Finnland, Italien,
Luxemburg, der Republik Moldau, den Niederlanden, Norwegen, Polen (seit dem 24.6.1996
u.a. im Verhältnis zur Schweiz und zu Norwegen), Portugal, Schweden, Schweiz, der
Slowakischen Republik, der Tschechischen Republik, dem Vereinigten Königreich und Zypern.[126] Das Übereinkommen ist von der Bundesrepublik bisher noch nicht gezeichnet
worden.

Es gilt nach seinem Art. 1 Abs. 1 für **Scheidungen** und **Trennungen von Tisch und Bett,** die
in einem Vertragsstaat – dem Entscheidungsstaat – in einem gerichtlichen oder anerkannten
anderen Verfahren wirksam ausgesprochen worden sind, erfasst nach Art. 1 Abs. 2 aber
weder
- Schuldaussprüche noch
- Nebenentscheidungen (bspw. über den Unterhalt oder die elterliche Sorge).

Die **internationale Anerkennungszuständigkeit** findet eine detaillierte Regelung in den   86
Art. 2 bis 5.

Nach Art. 6 Abs. 1 dürfen, wenn der Beklagte im Verfahren aufgetreten ist, die tatsächlichen   87
Feststellungen, auf deren Grundlage die internationale Entscheidungszuständigkeit angenommen wurde, **nicht mehr nachgeprüft** werden. Art. 6 Abs. 2 verbietet eine Verweigerung der Anerkennung mit der Begründung, dass nach dem materiellen Recht des Anerkennungsstaates (d.h. des Staates, in dem die Anerkennung begehrt wird) eine Scheidung oder
Trennung nicht erlaubt ist – gleichermaßen weil der Entscheidung ein materielles Recht
zugrunde liegt, das vom IPR des Anwendungsstaates nicht berufen war. Nach Art. 6 Abs. 3
ist zudem eine **revison au fond** (mithin eine tatsächliche oder rechtliche Nachprüfung der
Scheidung oder Trennung von Tisch und Bett) ausgeschlossen.

Eine Anerkennung der Scheidung darf gem. Art. 7 nur dann verweigert werden, wenn beim   88
Ausspruch der Scheidung *beide* Ehegatten Staaten angehörten, die keine Scheidung kennen.
Eine Verweigerung der Anerkennung ist zudem statthaft, wenn
- der Beklagte nicht ordnungsgemäß geladen bzw. im Verfahren behindert wurde (Art. 8)
  oder
- die Scheidung (bzw. die Trennung von Tisch und Bett) mit einer früheren Entscheidung
  im Widerspruch steht, die im Anerkennungsstaat erlassen bzw. anerkannt worden ist
  (Art. 9).

Unter Bezugnahme auf den **ordre public** sind Anerkennungen nur bei offenbaren Verlet-   89
zungen des ordre public verweigerbar (Art. 10). Die Verweigerung einer Wiederheirat in
einem Staat, der eine Scheidung anerkennen muss, ist gem. Art. 11 nicht deshalb statthaft,
weil ein anderer Staat die Scheidung nicht anerkennt. Wird in einem anderen Vertragsstaat
über den Ehestatus eines Ehegatten ein Prozess geführt, darf nach Art. 12 ein Scheidungs-
oder Trennungsverfahren ausgesetzt werden. Konstellationen einer räumlichen oder persön-

---

125 Dazu *Kegel/Schurig*, Internationales Privatrecht, § 22 V. 6.
126 Dabei haben einige der Mitgliedstaaten Vorbehalte gegen die Anwendung gewisser Teile des Überein-
    kommens erklärt; diese sind im Einzelnen der Statusliste der Haager Konventionen unter
    www.hcch.net zu entnehmen.

lichen Rechtsspaltung in einem Vertragsstaat finden in den Art. 13 ff. eine detaillierte Regelung.

90   **Hinweis:** Ein sich in Vorbereitung befindendes entsprechendes **neues Abkommen**[127] – Überarbeitung der EuGVO mit dem Ziel der Schaffung einheitlicher kollisionsrechtlicher Regelungen für das Eherecht in Gestalt des Vorschlags einer Verordnung des Rates zur Änderung der Verordnung (EG) Nr. 220/2003 (Brüssel IIa-VO) im Hinblick auf die Zuständigkeit in Ehesachen und zur Änderungen von Vorschriften betreffend das anwendbare Recht in diesem Bereich[128] (Einführung einheitlicher kollisionsrechtlicher Normen für die Scheidung in der EU) – ist am Widerstand einiger EU-Staaten **gescheitert.**[129]

91   Auch das **Haager Ehescheidungsabkommen** (Haager Abkommen zur Regelung des Gestaltungsbereichs der Gesetze und der Gerichtsbarkeit auf dem Gebiete der Ehescheidung und der Trennung von Bett und Tisch) vom 12.6.1902[130] ist im Verhältnis zu Deutschland seit dem 1.6.1934 **außer Kraft.**[131]

VII. Die Rom III-Verordnung

Literatur

Althammer, Das europäische Scheidungskollisionsrecht der Rom III-VO unter Berücksichtigung aktueller deutscher Judikatur, NZFam 2015, 9; *Becker*, Die Vereinheitlichung von Kollisionsnormen im europäischen Familienrecht – Rom III, NJW 2011, 1543; *Coester-Waltjen*, Fernwirkungen der Europäischen Verordnungen auf die international-familienrechtlichen Regelungen des EGBGB, FamRZ 2013, 170; *Coester-Waltjen*, Rechtswahlmöglichkeiten im Europäischen Kollisionsrecht, FS für Schurig, 2012, 33; *Dethloff*, Die Europäische Ehe, StAZ 2006, 253; *Dimmler/Bißmaier*, „Rom III" in der Praxis, FamRBint 2012, 66; *Finger*, Neues Kollisionsrecht der Ehescheidung und der Trennung ohne Auflösung des Ehebandes, VO Nr. 1259/2010 (Rom III) – vorrangig: Rechtswahl der Beteiligten, FuR 2013, 305; *Gruber*, Scheidung auf Europäisch – die Rom III-Verordnung, IPRax 2012, 381; *Gruber*, Die konkludente Rechtswahl im Familienrecht, IPRax 2014, 53; *Hau*, Zur Durchführung der Rom III-VO in Deutschland, FamRZ 2013, 249; *Helms*, Konkludente Wahl des auf die Ehescheidung anwendbaren Rechts, IPRax 2014, 334; *Helms*, Reform des internationalen Scheidungsrechts durch die Rom III-Verordnung, FamRZ 2011, 1765; *Helms*, Neues europäisches Familienkollisionsrecht, in FS für Pintens, 2012, Bd. 1, S. 681; *Henrich*, Zur Parteiautonomie im europäisierten internationalen Familienrecht, in FS für Pintens, 2012, Bd. 1, S. 701; *Kemper*, Das neue Internationale Scheidungsrecht – eine Übersicht über die Regelungen der Rom III-VO, FamRBint 2012, 63; *Kemper*, Die Umsetzung des neuen Internationalen Scheidungsrechts in Deutschland – Rom III und ihre Folgen, FamRBint 2013, 12; *Kohler*, Zur Gestaltung des europäischen Kollisionsrechts für Ehesachen: der steinige Weg zu einheitlichen Vorschriften über das anwendbare Recht für Scheidung und Trennung, FamRZ 2008, 1673; *Kohler*, Einheitliche Kollisionsnormen für Ehesachen in der Europäischen Union: Vorschläge und Vorbehalte, FPR 2008, 193; *Kohler/Pintens*, Entwicklungen im europäischen Familien- und Erbrecht, FamRZ 2009, 1529, 1539; *Mankowsky*, Die Europäisierung des Internationalen Ehescheidungsrechts durch die Rom III-Verordnung, GPR 2012, 266; *Mansel/Thorn/Wagner*, Europäisches Kollisionsrecht 2009: Hoffnungen durch den Vertrag von Lissabon, IPRax 2009, 2; *Martiny*, Ein Internationales Scheidungsrecht für Europa – Konturen einer Rom III-Verordnung, in FS für Spellenberg, 2006, S. 119; *Martiny*, Die Entwicklung des Europäischen Internationalen Familienrechts – ein juristischer Hürdenlauf, FPR 2008, 187; *Mörsdorf-Schulte*, Europäisches Internationales Scheidungsrecht (Rom III-VO), RabelsZ 77 (2013), 786; *Nitsch*, Scheidungsrecht – International: Die Rom III-VO, ZfRV 2012, 264; *Pietsch*, Rechtswahl für Ehesachen nach „Rom III", NJW 2012, 1768;

---

127 Dazu näher *Baumgartner*, The proposed Hague Convention on Jurisdiction and Foreign Judgements, 2003; *v. Mehren*, FamRZ 2000, 465.
128 KOM (2006) 399, Ratsdokument 11818/06.
129 Bamberger/Roth/*Heiderhoff*, Art. 17 EGBGB Rn 7.
130 RGBl 1904, 231, 249.
131 RGBl II, 26.

Pfütze, Die Inhaltskontrolle von Rechtswahlvereinbarungen im Rahmen der Verordnungen Rom I bis III, ZEUS 2011, 35; *Rauscher*, Anpassung des IPR an die Rom III-VO, FPR 2013, 257; *Rieck*, Möglichkeiten und Risiken der Rechtswahl nach supranationalem Recht bei der Gestaltung von Eheverträgen, NJW 2014, 257; *Rösler*, Rechtswahlfreiheit im Internationalen Scheidungsrecht der Rom III-VO, RabelsZ 78 (2014), 155; *Rühl*, Der Schutz des „Schwächeren" im europäischen Kollisionsrecht, in FS für von Hoffmann, 2011, S. 364; *Schall/Weber*, Die vorsorgende Wahl des Scheidungsstatuts nach der Rom III-VO, IPRax 2014, 381; *Stürner*, Rom III-VO – ein neues Scheidungskollisionsrecht, JURA 2012, 708; *Wagner*, Die Vereinheitlichung des Internationalen Privat- und Zivilverfahrensrechts zehn Jahre nach Inkrafttreten des Amsterdamer Vertrages, NJW 2009, 1911; *Winkler von Mohrenfels*, Die Rom III-VO und die Parteiautonomie, in FS für von Hoffmann, 2011, S. 527; *Winkler von Mohrenfels*, Die Rom III-VO – Teilvereinheitlichung des europäischen internationalen Scheidungsrechts, ZEuP 2013, 699.

1. Regelungsgehalt und Mitgliedstaaten

Die „Verordnung (EU) Nr. 1259/2010 des Rates vom 20.12.2010 zur Durchführung einer Verstärkten Zusammenarbeit im Bereich des auf die **Ehescheidung und Trennung ohne Auflösung des Ehebandes** anzuwendenden Rechts"[132] (**Rom III-VO**)[133] ersetzt für **Verfahren** und **Rechtswahlvereinbarungen**, die seit dem 21.6.2012 eingeleitet oder abgeschlossen wurden (so die Übergangsregelung des Art. 18 Abs. 1 Rom III-VO – wobei eine Rechtswahlvereinbarung, die vor dem 21.6.2012 geschlossen wurde, auch wirksam ist [sofern sie die Voraussetzungen der Art. 6 und 7 Rom III-VO erfüllt]) das **nationale Kollisionsrecht** der nach ihrem Art. 3 an der Rom III-VO teilnehmenden Mitgliedstaaten. Somit verbleibt für das nationale IPR im sachlichen Anwendungsbereich der Rom III-VO grundsätzlich kein eigenständiger Anwendungsbereich mehr.[134]   **92**

Mitgliedstaaten sind augenblicklich (aufgrund des Ratsbeschlusses vom Juli 2010 über die Ermächtigung zur Verstärkten Zusammenarbeit im Bereich des auf die Ehescheidung und Trennung ohne Auflösung des Ehebandes anzuwendenden Rechts[135] – ohne Beteiligung der anderen Mitgliedstaaten [isolierte Lösung])[136] neben Deutschland (hier wird seit dem 21.6.2012 für gemischt-nationale Ehen Art. 17 EGBGB verdrängt) auch Belgien, Bulgarien, Frankreich, Italien, Lettland, Litauen,[137] Luxemburg, Malta, Österreich, Portugal, Rumänien, Slowenien, Spanien und Ungarn. Griechenland hatte nach Erwägungsgrund Nr. 6 der Rom III-VO seinen Antrag am 3.3.2010 zurückgezogen, entschied aber später, dass es doch noch die Rom III-VO anwenden möchte. Die EU-Kommission hat der neuen Entscheidung Griechenlands zugestimmt, und die Rom III-VO findet nunmehr seit dem 29.7.2015 auch in Griechenland Anwendung.[138]   **93**

2. Anwendungsbereich

Die Rom III-VO gilt nach Art. 1 Abs. 1 für die **Ehescheidung** (nicht jedoch für eine Privatscheidung)[139] und die **Trennung ohne Auflösung des Ehebandes** (wobei im Hinblick auf diese Begrifflichkeiten ein Gleichklang mit Art. 1 Abs. 1 lit. a EheVO 2003 [siehe   **94**

---

132 ABl Nr. L 343 vom 29.12.2010, S. 10.
133 Dazu auch Grünbuch über das anzuwendende Recht und die gerichtliche Zuständigkeit in Scheidungssachen vom 14.3.2005, KOM (2005) 87.
134 NK-BGB/*Gruber*, Rom III-Verordnung Vor Art. 1 Rn 3; zu Restbereichen *ders.*, a.a.O., Rn 61 ff.
135 ABl EG Nr. L 183 vom 17.7.2010, S. 12.
136 Bamberger/Roth/*Heiderhoff*, Art. 17 EGBGB Rn 8.
137 Mit Wirkung ab dem 22.5.2014.
138 Vgl. Beschluss der Kommission vom 27.1.2014, ABl Nr. 23 vom 28.1.2014, S. 14.
139 NK-BGB/*Gruber*, Rom III-Verordnung, Vor Art. 1 Rn 32 und Art. 1 Rn 62 ff.

Rdn 10] intendiert ist)[140] in Fällen, die eine **Verbindung zum Recht verschiedener Staaten** aufweisen. Die Rom III-VO gilt **hingegen nicht** für die folgenden Regelungsgegenstände, auch wenn diese sich nur als Vorfragen im Zusammenhang mit einem Verfahren betreffend die Ehescheidung oder Trennung ohne Auflösung des Ehebandes stellen: die Rechts- und Handlungsfähigkeit natürlicher Personen, das Bestehen, die Gültigkeit oder die Anerkennung einer Ehe, die Ungültigerklärung einer Ehe (womit es hier beim nationalen Kollisionsrecht verbleibt),[141] die Namen der Ehegatten, die vermögensrechtlichen Folgen der Ehe, die elterliche Verantwortung, die Unterhaltspflichten[142] sowie Trusts und Erbschaften (Art. 1 Abs. 2 Rom III-VO).

95   Die Rom III-VO lässt nach ihrem Art. 2 die Anwendung der Verordnung (EG) Nr. 2201/2003 vom 27.11.2003 über die Zuständigkeit und die Anerkennung und Vollstreckung von Entscheidungen in Ehesachen und in Verfahren betreffend die elterliche Verantwortung (**Europäische Ehe- und Sorgerechts-Verordnung**) unberührt (zur EheVO siehe Rdn 5 ff.).

96   Das nach der Rom III-VO bezeichnete Recht ist auch dann anzuwenden, wenn es nicht das Recht eines teilnehmenden Mitgliedstaates ist (Art. 4 Rom III-VO), sondern auf das Recht eines nicht teilnehmenden Mitgliedstaates oder eines Drittstaates verweist (**universelle Geltung der Rom III-VO**).[143] Die Rom III-VO erfasst – ausweislich ihres Art. 13 2. Alt. sowie ihres 26. Erwägungsgrunds – auch **gleichgeschlechtliche Ehen**,[144] nicht jedoch hetero- bzw. homosexuelle Lebenspartnerschaften.[145]

3. Rechtswahl

97   Die Ehegatten können nach Art. 5 Abs. 1 Rom III-VO das auf die Ehescheidung oder die Trennung ohne Auflösung des Ehebandes anzuwendende Recht durch Vereinbarung weitgehend frei bestimmen (**umfassende Rechtswahlmöglichkeit der Parteien i.S.d. Möglichkeit, ein „möglichst scheidungs-/trennungsfreundliches Recht" zu wählen**),[146] sofern es sich dabei um das Recht eines der folgenden Staaten handelt:

---

140 NK-BGB/*Gruber*, Rom III-Verordnung, Vor Art. 1 Rn 27.

141 NK-BGB/*Gruber*, Rom III-Verordnung, Art. 1 Rn 2.

142 NK-BGB/*Gruber*, Rom III-Verordnung, Art. 1 Rn 55 f. diskutiert (allerdings ablehnend unter Bezug auf den 10. Erwägungsgrund der Rom III-VO) die Frage, ob „bestimmte Nebenfolgen, die de lege lata scheidungsrechtlich qualifiziert und dem Statut des Art. 17 EGBGB kraft Sachzusammenhangs unterstellt werden und nicht von vorrangigen Verordnungen usw. erfasst sein dürften", der Rom III-VO unterstellt sind – bspw. die „Ersatzpflicht des an der Scheidung schuldigen Ehegatten für aus dem Ehebruch resultierende immaterielle und ggf. materielle Schäden oder die Möglichkeit eines Schenkungswiderrufs".

143 NK-BGB/*Gruber*, Rom III-Verordnung, Art. 4 Rn 1.

144 So NK-BGB/*Gruber*, Rom III-Verordnung, Art. 1 Rn 21 ff.: Scheidung gleichgeschlechtlicher Ehen nach belgischem, französischem, luxemburgischen, niederländischem, norwegischem (dazu *Ring/Olsen-Ring*, Gemeinsames Ehegesetz für hetero- und homophile Paare in Norwegen, StAZ 2008, 304), portugiesischem, schwedischem und spanischem Recht. Wobei allerdings Staaten, die eine entsprechende Ehe nicht als gültig ansehen, nicht verpflichtet sind, „eine Ehescheidung in Anwendung dieser Verordnung auszusprechen", so Art. 13 Rom III-VO. Allerdings in der deutschen Literatur umstritten, vgl. die Hinweise bei NK-BGB/*Gruber*, Rom III-Verordnung, Art. 1 Rn 22 Fußn. 24.

145 NK-BGB/*Gruber*, Rom III-Verordnung, Art. 1 Rn 37 ff., auch sofern im nationalen Recht – wie bei der deutschen eingetragenen Lebenspartnerschaft nach dem LPartG – keine Gleichstellung mit der „Ehe" erfolgt ist.

146 So NK-BGB/*Gruber*, Rom III-Verordnung, Art. 5 Rn 8: „Begünstigung der Ehescheidung". Eine scheidungsfreundliche Grundtendenz betont auch Bamberger/Roth/*Heiderhoff*, Art. 17 EGBGB Rn 8.

– das Recht des Staates, in dem die Ehegatten zum Zeitpunkt der Rechtswahl[147] ihren **gewöhnlichen (gemeinsamen) Aufenthalt** haben (lit. a – in Anlehnung an Art. 3 Abs. 1 lit. a 1. Spiegelstrich EheVO 2003), oder
– das Recht des Staates, in dem die Ehegatten **zuletzt** ihren **gewöhnlichen (gemeinsamen) Aufenthalt** hatten, sofern einer von ihnen zum Zeitpunkt der Rechtswahl dort noch seinen gewöhnlichen Aufenthalt hat (lit. b – in Anlehnung an Art. 3 Abs. 1 lit. a 2. Spiegelstrich EheVO 2003),[148] oder
– das Recht des Staates, dessen Staatsangehörigkeit[149] einer der Ehegatten zum Zeitpunkt der Rechtswahl besitzt (lit. c – **Heimatrecht**), oder
– das Recht des Staates des **angerufenen Gerichts** (lit. d – „Gericht" i.S.d. Begriffsbestimmung in Art. 3 Nr. 2 Rom III-VO – womit ein „Gleichlauf" zwischen Zuständigkeit und anwendbarem Scheidungsrecht erreicht werden kann[150]).

Eine **Rechtswahlvereinbarung** kann grundsätzlich jederzeit, spätestens jedoch zum Zeitpunkt der Anrufung des Gerichts, geschlossen oder auch geändert werden (Art. 5 Abs. 2 Rom III-VO – **Zeitpunkt der Rechtswahl**). Sieht das Recht des Staates des angerufenen Gerichts dies vor, so können die Ehegatten nach Art. 5 Abs. 3 Rom III-VO die Rechtswahl vor Gericht auch im Laufe des Verfahrens vornehmen. Das Zustandekommen und die Wirksamkeit der Rechtswahlvereinbarung oder einer ihrer Bestimmungen bestimmen sich nach Art. 6 Abs. 1 Rom III-VO (in Anlehnung an Art. 10 EheVO 2003) nach dem Recht, das nach der Rom III-VO anzuwenden wäre, wenn die Vereinbarung oder die Bestimmung wirksam wäre. Die Rechtswahlvereinbarung nach Art. 5 Abs. 1 und 2 Rom III-VO bedarf der **Schriftform**, der Datierung sowie der Unterzeichnung durch beide Ehegatten (Art. 7 Abs. 1 S. 1 Rom III-VO); strengere Formvorgaben sind gem. Art. 7 Abs. 2 bis 4 Rom III-VO nach dem Recht der Mitgliedstaaten möglich.

98

Das **in Ermangelung einer Rechtswahl** nach Art. 5 Rom III-VO anzuwendende Recht (**objektive Anknüpfung**) bestimmt sich gemäß der Anknüpfungsleiter des Art. 8 Rom III-VO wie folgt: Es gelangt
– das Recht des Staates zur Anwendung, in dem die Ehegatten zum Zeitpunkt der Anrufung des Gerichts ihren **gewöhnlichen (gemeinsamen) Aufenthalt** haben (lit. a – in Anlehnung an Art. 3 Abs. 1 lit. a 1. Spiegelstrich EheVO 2003), hilfsweise
– das Recht des Staates zur Anwendung, in dem die Ehegatten **zuletzt** ihren **gewöhnlichen (gemeinsamen) Aufenthalt** hatten, sofern dieser nicht vor mehr als einem Jahr vor Anrufung des Gerichts endete und einer der Ehegatten zum Zeitpunkt der Anrufung des Gerichts[151] dort noch seinen gewöhnlichen Aufenthalt hat (lit. b – in Anlehnung an Art. 3 Abs. 1 lit. a 2. Spiegelstrich EheVO 2003), hilfsweise

99

---

147 NK-BGB/*Gruber*, Rom III-Verordnung, Art. 3 Rn 31: Ein nachfolgender Statutenwechsel soll unschädlich sein – umgekehrt trete allerdings auch keine „Heilung" einer ursprünglich unwirksamen Rechtswahl ein – NK-BGB/*Gruber*, Rom III-Verordnung, Art. 3 Rn 32 (Notwendigkeit einer erneuten Vornahme der Rechtswahl).
148 Wobei allerdings im Unterschied zu Art. 3 Abs. 1 lit. a EheVO 2003 nicht nur das Recht eines Mitgliedstaates (des gewöhnlichen Aufenthalts), sondern auch das Recht eines Drittstaates (des gewöhnlichen Aufenthalts) gewählt werden kann, dazu näher NK-BGB/*Gruber*, Rom III-Verordnung, Art. 3 Rn 42 f.
149 Zur Frage, wie im Falle einer mehrfachen Staatsangehörigkeit zu verfahren ist, siehe näher NK-BGB/*Gruber*, Rom III-Verordnung, Art. 5 Rn 45 f.
150 „Die Anwendung der lex fori dient typischerweise der Beschleunigung und verbessert die Richtigkeitsgewähr der Rechtsanwendung": so NK-BGB/*Gruber*, Rom III-Verordnung, Art. 5 Rn 48.
151 Zur Bestimmung NK-BGB/*Gruber*, Rom III-Verordnung, Art. 8 Rn 12 und 8 sowie Art. 5 Rn 37 ff.

- das Recht des Staates zur Anwendung, dessen **Staatsangehörigkeit**[152] beide Ehegatten zum Zeitpunkt der Anrufung des Gerichts besitzen (lit. c), hilfsweise
- das Recht des Staates des **angerufenen Gerichts** (*lex fori* – lit. d).[153]

4. Umwandlung einer Trennung ohne Auflösung des Ehebandes in eine Scheidung

100 Bei Umwandlung einer Trennung ohne Auflösung des Ehebandes in eine Ehescheidung ist nach der Sonderregelung des Art. 9 Abs. 1 Rom III-VO (entsprechend dem international-verfahrensrechtlichen Gegenstück des Art. 5 EheVO 2003) im Kontinuitätsinteresse der Parteien das auf die Ehescheidung anzuwendende Recht das Recht, das auf die Trennung ohne Auflösung des Ehebandes angewendet wurde[154] (womit also nachfolgende Statuten-wechsel bedeutungslos sind), sofern die Parteien nicht gem. Art. 5 Rom III-VO etwas anderes vereinbart haben. Sieht das nach Art. 5 oder Art. 8 Rom III-VO anzuwendende Recht eine Ehescheidung nicht vor (scheidungsfeindliche Rechte)[155] oder gewährt es einem der Ehegatten aufgrund seiner Geschlechtszugehörigkeit[156] keinen gleichberechtigten Zugang zur Ehescheidung oder zur Trennung ohne Auflösung des Ehebandes,[157] so ist das Recht des Staates des angerufenen Gerichts (*lex fori*) anzuwenden (Art. 10 Rom III-VO).

5. Rück- und Weiterverweisung, ordre public und Unterschiede beim nationalen Recht

101 Art. 11 Rom III-VO (wonach in allen Konstellationen eine **Sachnormverweisung** vorliegt) schließt eine **Rück- und Weiterverweisung** aus: Unter dem nach der Rom III-VO anzu-wendenden Recht eines Staates sind die in diesem Staat geltenden Rechtsnormen unter Ausschluss derjenigen des Internationalen Privatrechts zu verstehen.

102 Die Anwendung einer Vorschrift des nach der Rom III-VO bezeichneten Rechts kann nur versagt werden, wenn ihre Anwendung mit der öffentlichen Ordnung (allgemeiner **ordre public-Vorbehalt**) des Staates des angerufenen Gerichts offensichtlich unvereinbar ist.

103 Nach der Rom III-VO sind die Gerichte eines teilnehmenden Mitgliedstaates, nach dessen Recht die Ehescheidung nicht vorgesehen ist (wie bspw. Malta, das vor der Volksabstim-mung 2011 das Rechtsinstitut der Scheidung nicht kannte) oder die betreffende Ehe für die

---

152 Die Frage, wie im Falle mehrfacher Staatsangehörigkeit zu entscheiden ist, regelt weiterhin das natio-nale Recht (ebenso, ob auch eine gemeinsame nicht-effektive Staatsangehörigkeit für lit. c ausreicht): so NK-BGB/*Gruber*, Rom III-Verordnung, Art. 8 Rn 19 ff.

153 Kritisch *Kohler*, FamRZ 2008, 1673, 1679 – zum Rom III-E, weil damit ggf. die Anwendung eines Rechts möglich ist, mit dem keine enge Verbindung besteht. Es hätte sich angeboten – so NK-BGB/ *Gruber*, Rom III-Verordnung, Art. 8 Rn 21 f. –, auf den engsten Bezug abzustellen – Problem: deutliche Erweiterung des Kreises potenziell anwendbarer Rechte.

154 Näher NK-BGB/*Gruber*, Rom III-Verordnung, Art. 9 Rn 14 ff.

155 Fraglich ist die Anwendbarkeit auch auf den Fall, in dem die Ehe im konkreten Einzelfall – d.h. „in casu" – (noch) nicht scheidbar ist, dazu NK-BGB/*Gruber*, Rom III-Verordnung, Art. 10 Rn 8.

156 Zur Ungleichbehandlung aufgrund der Geschlechtszugehörigkeit (bspw. im islamischen aber auch im jüdischen Recht) siehe NK-BGB/*Gruber*, Rom III-Verordnung, Art. 10 Rn 23 – wobei abzuwarten bleibe, ob schon die abstrakte und nicht nur eine konkrete (wofür *Gruber*, a.a.O., Rn 28, der sich gegen eine abstrakte materielle „Qualitätskontrolle" des ausländischen Rechts ausspricht, plädiert; überzeu-gender erscheine es, die Norm als spezielle ordre public-Klausel zu begreifen „und die Regelung nur dann zur Anwendung zu bringen, wenn einem der Ehegatten die diskriminierenden Vorschriften des primären Trennungs- oder Scheidungsstatuts zum Nachteil gereichen") Ungleichbehandlung von Mann und Frau als solche ausreichen soll, über Art. 10 Rom III-VO die Anwendung des ausländischen Rechts auszuschließen.

157 Zur Widersprüchlichkeit der Rom III-VO in diesem Punkt *Kohler/Pintens*, FamRZ 2011, 1425, 1433.

Zwecke des Scheidungsverfahrens nicht als gültig angesehen wird (Fälle der gleichge-schlechtlichen Ehe),[158] nicht verpflichtet, eine Ehescheidung in Anwendung der Rom III-VO auszusprechen (Art. 13 Rom III-VO).

VIII. Nordische Konventionen

Literatur

Bloch, Die Nordische Konvention über international-privatrechtliche Bestimmungen auf dem Gebiet des Ehe-, Adoptions- und Vormundschaftsrechts, RabelsZ 8 (1934), 627; *Carsten*, Europäische Integration und nordische Zusammenarbeit auf dem Gebiet des Zivilrechts, ZEuP 1993, 335; *Korkisch*, Der Anteil der nordischen Länder an den Fragen des internationalen Privatrechts, RabelsZ 23 (1958), 599, 618 ff.; *Philip*, The Scandinavian Conventions on Private International Law, Rec 1959 I, 241.

Zwei Nordische Konventionen zwischen Dänemark, Finnland, Island, Norwegen und Schweden betreffen   104
- die Ehe, Adoption und Vormundschaft vom 6.2.1931 i.d. Neufassung vom 26.3.1953, 3.11.1969, 6.2.2001 und 26.1.2006 sowie
- die Beitreibung von Unterhaltsbeiträgen vom 10.2.1931 i.d.F. vom 23.3.1962.

1. Die Konvention betreffend Ehe, Adoption und Vormundschaft vom 6.2.1931

a) Regelungsgehalt

Die Konvention regelt in ihrem Kapitel 1 (Art. 1 bis 10) die **Ehe**, in Kapitel 2 (Art. 11 bis   105
13) die **Adoption** und in Kapitel 3 (Art. 14 bis 21) die **Vormundschaft**. Die zentrale Rege-lung des Art. 22 bestimmt, dass sowohl administrative als auch rechtskräftige Gerichtsent-scheidungen, die in einem der Vertragsstaaten in Übereinstimmung mit den Art. 5, 7, 8, 11, 13, 14, 15, 19 oder 21 ergangen sind, Gültigkeit in anderen Staaten haben, mithin gegenseitig anzuerkennen sind (**Bindungswirkung**) – ohne dass es einer besonderen Bestätigung, einer Überprüfung der Richtigkeit der Entscheidung oder ihrer Voraussetzungen (was Wohnsitz oder Staatsangehörigkeit anbelangt) in dem einen oder anderen der Vertragsstaaten bedarf. Dasselbe gilt für rechtskräftige Gerichtsentscheidungen, die in einem der Vertragsstaaten ergangen sind und die Ungültigkeit oder die Nichtigkeitserklärung einer Ehe zwischen Staatsbürgern in einem Vertragsstaat betreffen.

b) Überprüfung der Ehevoraussetzungen

Beantragt der Staatsangehörige eines der Vertragsstaaten bei den Behörden eines anderen   106
Vertragsstaates die **Überprüfung der Ehevoraussetzungen** oder das **Aufgebot**, so wird gem. Art. 1 Abs. 1 die Frage, ob die Voraussetzungen zur Eingehung der Ehe erfüllt sind, nach Maßgabe des Rechts dieses Staates überprüft, sofern einer der Ehepartner in diesem Staat wohnhaft ist. Ansonsten erfolgt die Überprüfung nach dem Recht des Staates, dessen Staatsbürger er ist. Dieses Recht ist jedoch stets anzuwenden, wenn der Antragsteller dies wünscht. Müssen in dem Staat, dessen Staatsangehöriger der Antragsteller ist, die Vorausset-zungen zur Eingehung der Ehe überprüft werden, kann die zuständige Behörde verlangen, dass die Eheschließungsvoraussetzungen durch ein von den Behörden des Staates, dessen

---

158 NK-BGB/*Gruber*, Rom III-Verordnung, Art. 13 Rn 9 ff. – bspw. die Scheidung einer „gleichge-schlechtlichen Ehe" in Deutschland, das nur die eingetragene Lebenspartnerschaft anerkennt (*Gruber*, a.a.O., Rn 10). Zur Anwendbarkeit des Art. 13 auf die Vorfrageanknüpfung, ob eine Ehe schon nicht als existent oder wirksam anzusehen ist: *Gruber*, (a.a.O., Rn 11 ff.).

Staatsangehörigkeit der Antragsteller hat, ausgestelltes Eheattest bewiesen werden. Verlangt einer der Vertragsstaaten im Rahmen der Prüfung der Ehevoraussetzungen **keine Einwilligung** des gesetzlichen Vertreters, so muss nach Art. 1 Abs. 2 die Prüfung in Bezug auf einen Ehepartner, der in einem anderen Vertragsstaat wohnhaft ist, unter Berücksichtigung der Regelungen des Wohnortstaates im Hinblick auf diese Fragestellung erfolgen. Ansonsten gelten hinsichtlich der Ehevoraussetzungen und des Aufgebots die Vorgaben des Staates, vor dessen Behörden die Prüfung erfolgt (Art. 1 Abs. 3).

107 Hat die entsprechende Prüfung in einem Vertragsstaat stattgefunden, kann die Eheschließung – solange die Überprüfung gültig ist – (unabhängig von der Staatsangehörigkeit der Ehegatten) nach Art. 2 ohne erneute Prüfung durch die Behörde eines anderen Vertragsstaates vollzogen werden. Ansonsten gilt für die Eheschließung das Recht des Eheschließungsstaates.

c) Rechtswirkungen

108 Die Rechtswirkungen der Ehe zwischen Personen, die Staatsangehörige der Vertragsstaaten sind und dies bei Eingehung ihrer Ehe bereits waren, werden nach Art. 3 im Hinblick auf die **vermögensrechtlichen Wirkungen** nach dem Recht des Staates beurteilt, in dem die Ehegatten sich bei Eheschließung niederließen. Haben beide Ehegatten sich später in einem anderen Vertragsstaat niedergelassen (und dort mindestens zwei Jahre gelebt), gelangt hingegen dessen Recht zur Anwendung. Sind beide Ehegatten früher während ihrer Ehe dort wohnhaft gewesen oder sind beide Staatsangehörige dieses Vertragsstaates, gelangt das Recht dieses Staates jedoch bereits dann zur Anwendung, sobald die Ehegatten sich in diesem Staat niederlassen.

d) Rechtswahl

109 Nach Art. 3a (**Rechtswahlmöglichkeiten**) können von Art. 3 erfasste Ehegatten vereinbaren, dass das Recht eines Vertragsstaates, in dem einer von ihnen im Zeitpunkt des Vertragsabschlusses wohnhaft gewesen ist oder dessen Staatsangehörigkeit er hatte, auf ihre Vermögensverhältnisse Anwendung finden soll. Eine solche Rechtswahlvereinbarung kann auch vor Eingehung der Ehe getroffen werden. Hat einer der Ehegatten oder haben beide während der Ehe sich in einem anderen Vertragsstaat niedergelassen, können sie auch vereinbaren, dass das Recht des Vertragsstaates, in dem sie beide zuletzt gemeinsam ihren Wohnsitz hatten, Anwendung finden soll.

110 Das Recht eines Ehegatten, über eine **Immobilie** oder ein damit gleichgestelltes Recht bzw. eine Wohnung zu verfügen, muss bei Belegenheit der Immobilie in einem Vertragsstaat stets nach dem Recht des Belegenheitsstaates erfolgen (Art. 3 lit. b).

111 Eine Änderung des auf die Vermögensverhältnisse anwendbaren Rechts hat nach Art. 3 lit. e keine Bedeutung für die Rechtswirkungen von Rechtshandlungen, die vor der Rechtsänderung vorgenommen wurden. Die Gültigkeit von Regelungen in einem Ehevertrag werden nach dem Recht des Vertragsstaates beurteilt, das auf die Vermögensverhältnisse der Ehegatten Anwendung finden soll, wenn die Frage aktuell wird.

112 Ein **Ehevertrag** oder eine **Rechtswahlabsprache** – die von Art. 3 und Art. 3 lit. a erfasst werden – sind in Bezug auf ihre **Form** in allen Vertragsstaaten als wirksam anzusehen, wenn sie im Zeitpunkt ihres Abschlusses die Formerfordernisse
– des Rechts, das nach Art. 3 bzw. Art. 3 lit. a für die Vermögensverhältnisse galt, oder
– des Rechts eines Vertragsstaates, in dem beide oder einer der Ehegatten Staatsbürger war oder waren,

entspricht. Enthält das Recht keine Formerfordernisse für eine Rechtswahlabsprache, wird die Frage der Gültigkeit einer solchen nach den Formerfordernissen für Eheverträge bestimmt. Jeder Vertragsstaat kann einem Dritten gegenüber die Gültigkeit einer Rechtswahlvereinbarung bzw. eines Ehevertrages davon abhängig machen, dass die Vereinbarung oder der Ehevertrag in Übereinstimmung mit dem im Vertragsstaat geltenden Recht **registriert** worden ist.

Wenn die von Art. 3 erfassten Ehegatten sich später in einem **Nichtvertragsstaat** niedergelassen haben, finden die Regelungen der Konvention über die Vermögensverhältnisse der Ehegatten keine Anwendung (Art. 4 lit. a).   113

e) Staatliche Entscheidungszuständigkeit

Ein Antrag auf **Güterteilung** zwischen Ehegatten, die von Art. 4 erfasst werden, ist gem. Art. 5 in dem Staat zu entscheiden, in dem beide Ehegatten wohnhaft sind; im Falle unterschiedlicher Wohnsitze ist in dem Staat zu befinden, in dem der Ehegatte, gegen den der Antrag auf Güterteilung gerichtet ist, wohnhaft ist. Ist dieser Ehegatte in Finnland wohnhaft, ist über den Antrag in dem Staat zu entscheiden, dessen Recht nach Art. 3 für die Vermögensverhältnisse der Ehegatten maßgeblich ist.   114

Fragen der **Trennung von Tisch und Bett** sowie der **Scheidung** zwischen Ehegatten, die Staatsangehörige der Vertragsstaaten sind und dort ihren gewöhnlichen Aufenthalt haben, sind gem. Art. 7 in dem Staat zu entscheiden, in dem   115
- die Ehegatten ihren gewöhnlichen Aufenthalt haben oder
- die Ehegatten zuletzt ihren gemeinsamen Aufenthalt hatten (sofern einer von ihnen dort immer noch wohnhaft ist) oder
- die Ehegatten Staatsangehörige sind oder
- der Beklagte seinen gewöhnlichen Aufenthalt hat oder
- einer der Ehegatten seinen gewöhnlichen Aufenthalt hat, sofern beide Ehegatten die Trennung oder die Scheidung gemeinsam beantragen, oder
- der Kläger seinen gewöhnlichen Aufenthalt hat, wenn er sich dort mindestens ein Jahr unmittelbar vor der Einreichung der Klage ständig aufgehalten hat, oder
- der Kläger seinen gewöhnlichen Aufenthalt hat, wenn er sich dort mindestens sechs Monate unmittelbar vor der Einreichung der Klage ständig aufgehalten hat und er Staatsbürger des betreffenden Staates ist.

Die Behörden eines Vertragsstaates, in dem eine Entscheidung über die Trennung von Tisch und Bett erfolgt ist, sind befugt, auf der Grundlage einer entsprechenden Trennung eine **Scheidung** auszusprechen.   116

Im Zusammenhang mit Fragen hinsichtlich Trennung und Scheidung kann dieselbe oder eine andere Behörde nach Art. 8 Abs. 1 auch Fragen über eine **vorübergehende Aufhebung des Zusammenlebens** und die **Vermögensteilung** entscheiden. Sie kann ebenso Entscheidungen treffen über die **elterliche Personensorge**, den **Wohnsitz des Kindes** sowie das **Umgangsrecht**, sofern das Kind   117
- ein gemeinsames Kind der Ehegatten ist und es
- seinen gewöhnlichen Aufenthalt in dem Staat hat, in dem die Frage über Trennung oder Scheidung entschieden wird.

Ist Letzteres nicht der Fall, ist gem. Art. 8 Abs. 2 eine Entscheidung der betreffenden Behörde gleichwohl möglich, wenn   118
- das Kind seinen gewöhnlichen Aufenthalt in einem Vertragsstaat hat,
- das Kind ein gemeinsames Kind der Ehegatten ist und mindestens einer der Ehegatten die elterliche Personsorge innehat,

- die Ehegatten zugestimmt haben, dass die Behörde dieses Staates die Frage entscheidet und
- es dem Kindeswohl am besten entspricht, dass die Frage in diesem Staat entschieden wird.

119   In Verfahren über die elterliche Sorge, den Wohnsitz des Kindes und das Umgangsrecht ist die Zuständigkeit nach Art. 8 Abs. 1 und 2 in Übereinstimmung mit dem Haager Kindesentführungsübereinkommen vom 25.10.1980 (siehe Rdn 353 ff.) auszuüben (insbesondere mit dessen Art. 3 und 16), so Art. 8 Abs. 3 der Konvention.

120   Wird die Entscheidung über eine Frage nach Art. 7 oder 8 vor den Behörden unterschiedlicher Vertragsstaaten beantragt, muss die Behörde, der der Antrag später vorgelegt wird, ex officio die Entscheidung zugunsten der zuerst angerufenen Behörde abweisen und der zuerst angerufenen Behörde vorlegen (Art. 8a). Dabei werden Verfahren über Trennung und Scheidung als „**einheitliches Verfahren**" angesehen.

121   Bei Entscheidungen nach Art. 7 und 8 findet gem. Art. 9 in jedem Vertragsstaat das dort geltende Recht Anwendung. Eine Entscheidung über die **Vermögensteilung** ist jedoch immer nach dem Recht zu treffen, das nach Art. 3 maßgeblich ist. Eine Entscheidung über die **Trennung von Tisch und Bett** in einem Vertragsstaat verleiht in allen anderen Vertragsstaaten ein **Recht auf Scheidung** (wie wenn die Trennung dort bewilligt worden wäre). Trifft ein Vertragsstaat keine Regelung über die Trennung von Tisch und Bett in seiner Rechtsordnung, ist die Scheidung aber in bestimmten Fällen von einer besonderen Bedenkzeit abhängig, steht Ehegatten, die in einem anderen Vertragsstaat eine Trennung erwirkt und die danach in einem Zeitraum, der dieser Bedenkzeit entspricht, getrennt gelebt haben, sofern sie das Zusammenleben danach nicht wieder aufgenommen haben, ein Recht auf unmittelbare Scheidung zu (ohne nochmals eine vorangehende Bedenkzeit abwarten zu müssen).

122   Ist Ehegatten eine Trennung von Tisch und Bett bewilligt worden und sind die vermögensrechtlichen Verhältnisse zwischen ihnen in einem Vertragsstaat zu behandeln, der keine Trennung von Tisch und Bett kennt, dann ist gem. Art. 10 Vermögen, das ein Ehegatte nach der Trennung erwirbt, sein **Sondervermögen** und die **Haftung** für Schulden beurteilt sich nach den Verhältnissen im Zeitpunkt der Trennung. I.Ü. finden die Bestimmungen des betreffenden Staates über Güterteilung nach der Scheidung entsprechende Anwendung. Stirbt ein Ehegatte nach dem Ausspruch der Trennung, steht die Trennung einer Scheidung in Bezug auf das Recht des überlebenden Ehegatten, gesetzlicher oder testamentarischer Erbe zu werden, gleich, wenn das Recht eines Vertragsstaates Anwendung findet, in dem keine Vorschriften über die Trennung von Tisch und Bett bestehen.

123   Will der Staatsangehörige eines Vertragsstaates, der auch in einem Vertragsstaat wohnhaft ist, eine Person **adoptieren**, die Staatsangehörige eines Vertragsstaates ist, muss der Antrag auf Adoption nach Art. 11 in dem Staat gestellt werden, in dem der Annehmende wohnhaft ist. Bei der Entscheidung über den Antrag ist in jedem Vertragsstaat gem. Art. 12 das dort geltende Recht maßgeblich. Ist der zu Adoptierende unter 18 Jahre und nicht in dem Staat wohnhaft, dessen Staatsangehöriger er ist, darf der Antrag nicht in einem anderen Vertragsstaat entschieden werden, bevor der für Kinder zuständigen Behörde des Staates, dessen Staatsbürgerschaft er hat, die Möglichkeit zur Äußerung gegeben wurde. Fragen über die **Aufhebung von Adoptionsverhältnissen**, die zwischen Staatsangehörigen der Vertragsstaaten bestehen und in einem dieser Staaten begründet worden sind, müssen nach Art. 13 in dem Staat entschieden werden, in dem der Annehmende wohnhaft ist. Wenn der Annehmende nicht in einem Vertragsstaat wohnhaft ist, wird die Frage in dem Staat

entschieden, in dem der Adoptierte wohnt. Bei der Entscheidung wird in jedem Staat das dort geltende Recht angewendet.

f) Ausnahmen für Grönland und die Faröer

Im Hinblick auf die Anwendung der Konvention auf **Grönland** und auf den **Faröer** kann   124
der dänische Justizminister nach Verhandlungen mit den Justizministern der übrigen Vertragsstaaten solche Ausnahmen festlegen, die den besonderen Verhältnissen auf Grönland und den Faröer gerecht werden.

2. Die Konvention betreffend Beitreibung von Unterhaltsbeiträgen vom 10.2.1931

a) Anerkennungs- und Vollstreckungspflicht

Ein rechtskräftiges Urteil, eine Verwaltungsentscheidung oder eine von einer Verwaltungs-   125
behörde genehmigte Vereinbarung, wonach jemand in einem Vertragsstaat verpflichtet ist,
Unterhaltsbeiträge an einen Ehegatten, einen früheren Ehegatten, ein Kind, ein Stiefkind
oder an die Mutter des Kindes zu zahlen, ist nach Art. 1 in den anderen Vertragsstaaten
unmittelbar anzuerkennen (**Anerkennungspflicht**). Die genannten Urteile, Verwaltungs-
entscheidungen und Vereinbarungen sowie auch andere schriftliche Vereinbarungen, wonach jemand in einem Vertragsstaat verpflichtet ist, Unterhaltsbeiträge an den genannten
Personenkreis zu zahlen, und die in diesem Staat vollstreckt werden können, müssen auf
Antrag hin in einem anderen Vertragsstaat unmittelbar vollstreckt werden (**Vollstreckungs-
pflicht**). Dasselbe gilt für ein noch nicht rechtskräftiges Urteil bzw. einen gerichtlichen
Beschluss, der nach den Regeln über rechtskräftige Urteile vollstreckt werden kann.

b) Vollstreckung

Ein **Antrag auf Vollstreckung** ist bei den Behörden des Vertragsstaates, in dem der Bei-   126
tragsberechtigte seinen Aufenthalt hat, bzw. in dem Staat, in dem das Urteil oder der
Beschluss ergangen bzw. die schriftliche Entscheidung eingegangen ist, einzureichen. Soll
die Vollstreckung in einem anderen Vertragsstaat als dem, in dem der genannte Antrag
eingereicht worden ist, erfolgen, wird der Antrag an den erstgenannten Staat weitergereicht.
In diesem Fall wird der Antrag von folgenden Behörden weitergeleitet bzw. empfangen:
– in **Dänemark**: die staatliche Aufsichtsbehörde (gegenwärtig noch *statsamtet*; sofern unklar ist, welches *statsamt* zuständig ist, das Justizministerium);
– in **Finnland**: der zuständige *utmätningsman* (bei Unklarheit das Justizministerium);
– in **Island**: das Justizministerium;
– in **Norwegen**: das folketrygdkontoret for utenlandssaker;
– in **Schweden**: die zuständige *kronofogdemyndighet* (bei Unklarheit das *riksskatteverket*).

Die Behörde, die die Beitreibung bewerkstelligen soll, kann – sofern es notwendig er-   127
scheint – gem. Art. 3 einen **Nachweis** dafür verlangen, dass das Urteil, der Beschluss oder
die Vereinbarung die in Art. 1 genannten **Vollstreckungsvoraussetzungen** erfüllt. Der
Nachweis wird von der in Art. 2 festgesetzten Behörde in dem Staat, in dem das Urteil, der
Beschluss oder die Vereinbarung ergangen ist, ausgefertigt. Ist der Unterhaltsbeitrag in dem
Dokument nicht mit einer bestimmten Summe festgesetzt oder wird ein höherer Betrag
verlangt, kann die Höhe des Unterhaltsbeitrags in derselben Weise attestiert verlangt werden.

Die Vollstreckung wird nach Art. 4 in jedem Vertragsstaat nach dem dort geltenden Recht   128
vollzogen. Sie erfolgt **ohne Kosten für den Beitragsberechtigten**, es sei denn, sie wird
nach den Regeln über die Zwangsvollstreckung in Immobilien vollstreckt. Die vollstreckte

Summe wird an denjenigen, der die Vollstreckung beantragt hat, oder an denjenigen, den dieser bestimmt, weitergeleitet. Die Regelungen über Unterhaltsbeiträge umfassen auch Ausgaben im Zusammenhang mit der Geburt sowie solche für eine weitere Ausbildung des Kindes bzw. dessen Taufe, Konfirmation, Krankheit und Bestattung bzw. aus einem anderen besonderen Anlass.

129   Auch die **Verfahrenskosten**, die dem Schuldner im Zusammenhang mit der Beitragspflicht auferlegt worden sind, können gem. Art. 6 nach den Regeln der Konvention vollstreckt werden.

c) Konkurrenzen

130   Die Konvention hindert nach Art. 6a nicht eine Anerkennung oder Vollstreckung, die ihre Rechtsgrundlage in einem **anderen internationalen Abkommen** findet, das zwischen den betreffenden Staaten gilt oder im Recht des Staates, in dem die Frage der Anerkennung oder Vollstreckung entsteht.

d) Ausnahmen für Grönland und die Faröer

131   Was die Anwendung des Abkommens auf **Grönland** und den **Faröer** anbelangt, kann das dänische Justizministerium nach Verhandlungen mit den Justizministerien der anderen Konventionsstaaten Ausnahmen festlegen, die den Besonderheiten auf Grönland und den Faröer gerecht werden.

IX. Die Unterhaltsverordnung

Literatur

Andrae, Das neue Auslandsunterhaltsgesetz, NJW 2011, 2545; *Andrae*, Der Unterhaltsregress öffentlicher Einrichtungen nach der EuUntVO, dem HUÜ 2007 und dem HUP, FPR 2013, 38; *Andrae*, Zum Verhältnis der Haager Unterhaltskonvention 2007 und des Haager Protokolls zur geplanten EU-Unterhaltsverordnung, FPR 2008, 196; *Bartl*, Die neuen Rechtsinstrumente zum IPR des Unterhalts auf internationaler und europäischer Ebene, 2011; *Behrens*, Gesamtschuldnerausgleich und sonstiger Regressausgleich im Europäischen Kollisionsrecht nach der Rom I-, Rom II- und EG-Unterhaltsverordnung, 2013; *Boele-Woelki/Mom*, Vereinheitlichung des internationalen Unterhaltsrechts in der Europäischen Union – ein historischer Schritt, FPR 2010, 485; *Conti*, Grenzüberschreitende Durchsetzung von Unterhaltsansprüchen in Europa, 2011; *Dörner*, Der Vorschlag für eine europäische Verordnung zum Internationalen Unterhalts- und Unterhaltsverfahrensrecht, in FS für Yamauchi, 2006, 81; *Dörner*, Vorschlag für eine Unterhaltspflichtenverordnung – Vorsicht bei Gebrauch der deutschen Fassung, IPRax 2006, 550; *Finger*, Die Europäische Unterhaltsverordnung und das Haager Unterhaltsprotokoll, FuR 2014, 83; *Finger*, Verordnung EG Nr. 4/2009 des Rates (EU-UnterhaltsVO), FuR 2011, 254; *Gottwald*, Prozessuale Zweifelsfragen der geplanten EU-Verordnung in Unterhaltssachen, in FS für Lindacher, 2007, 13; *Gruber*, Die neue EG-Unterhaltsverordnung, IPRax 2010, 128; *Gsell/Netzer*, Vom grenzüberschreitenden zum potenziell grenzüberschreitenden Sachverhalt – Art. 19 EuUnthVO als Paradigmenwechsel im Europäischen Zivilverfahrensrecht, IPRax 2010, 403; *Hau*, Das Zuständigkeitssystem der Europäischen Unterhaltsverordnung – Überlegungen der Perspektive des deutschen Rechts, in Lipp/Schumann/Veit, Europäisches Unterhaltsrecht, 2010, S. 57; *Hau*, Die Zuständigkeitsgründe der Europäischen Unterhaltsverordnung, FamRZ 2010, 516; *Heger*, Die europäische Unterhaltsverordnung, ZKJ 2010, 52; *Heger/Selg*, Die europäische Unterhaltsverordnung und das neue Auslandsunterhaltsgesetz, FamRZ 2011, 1011; *Junker*, Das Internationale Zivilverfahrensrecht der Europäischen Unterhaltsverordnung, in FS für Simotta, 2012, S. 263; *Martiny*, Grenzüberschreitende Unterhaltsdurchsetzung nach europäischem und internationalem Recht, FamRZ 2008, 1681; *Motzer*, Anwendungsbeginn der EU-Unterhaltsverordnung, FamRBint 2011, 56; *Reuß*, Unterhaltsregreß revisited – Die internationale gerichtliche Zuständigkeit für Unterhaltsregressklagen nach der EuUntVO, in FS für Simotta, 2012, S. 483; *Veit*, Die Rolle der Zentralen Behörde und des Jugendamts bei der Geltendmachung und Durchsetzung von Unterhaltsforderungen, FPR 2013, 46.

1. Vorbemerkung

a) Neuregelung des internationalen Unterhaltsverfahrensrechts

Das internationale Unterhaltsverfahrensrecht hat – weswegen die EuGVO seit dem 18.6.2011 ebenso wie die EheVO 2003 (siehe Rdn 12) nicht mehr für Unterhaltspflichten gilt (siehe Rdn 32) – mit der 132
- Verordnung (EG) Nr. 4/2009 des Rates vom 18.12.2008 über die Zuständigkeit, das anwendbare Recht, die Anerkennung und Vollstreckung von Entscheidungen und die Zusammenarbeit in Unterhaltssachen[159] (fortan: **UnterhaltsVO**) – die im Kollisionsrecht eine Unterordnung unter das HUntProt vollzieht – und dem
- Übereinkommen über die internationale Geltendmachung der Unterhaltsansprüche von Kindern und anderen Familienangehörigen vom 23.11.2007[160] (**Haager Unterhaltsvoll-streckungsübereinkommen 2007** – fortan: **HUntVollstrÜbk**) – hinsichtlich Kindesunterhaltsansprüchen bis zum vollendeten 21. Lebensjahr des Kindes sowie Unterhaltsansprüchen zwischen (auch geschiedenen) Ehegatten –
eine umfassende Neuregelung erfahren.

Die **UnterhaltsVO** regelt im Hinblick auf alle Formen des familienrechtlichen Unterhalts neben der Anerkennung und der Vollstreckung ausländischer Entscheidungen auch die **internationale Zuständigkeit**. Bedeutsam ist Art. 17 Abs. 2 UnterhaltsVO, wonach EU-Mitgliedstaaten, die auch durch das HUntProt gebunden sind (nicht erfasst werden damit das Vereinigte Königreich und Dänemark), eine Vollstreckung ohne Vollstreckbarerklärung ermöglicht wird.[161] 133

Für Verfahren, die **ab dem 18.6.2011 eingeleitet** wurden, gilt hinsichtlich der internationalen Zuständigkeit **allein** noch die **UnterhaltsVO**. 134

Hinweis: Das LugÜ 2007 soll der UnterhaltsVO gegenüber den Restmitgliedern – d.h. Island, Norwegen und der Schweiz – vorgehen.[162] 135

b) Verhältnis der UnterhaltsVO zu nationalen Regelungen

Die **am 30.1.2009 in Kraft getretene** Verordnung (EG) Nr. 4/2009 des Rates vom 18.12.2008 über die Zuständigkeit, das anwendbare Recht, die Anerkennung und Vollstreckung von Entscheidungen und die Zusammenarbeit in Unterhaltssachen[163] (**UnterhaltsVO**) gilt **seit dem 18.6.2011** in allen EU-Mitgliedstaaten – einschließlich des Vereinigten Königreichs[164] 136

---

159 ABl EG Nr. L 7 vom 10.1.2009, S. 1.
160 ABl EG Nr. L 192 vom 22.7.2011, S. 51.
161 Bamberger/Roth/*Heiderhoff*, Art. 18 EGBGB Rn 125 und 141.
162 Bamberger/Roth/*Heiderhoff*, Art. 18 EGBGB Rn 126 – arg.: Art. 4 Abs. 4 UnterhaltsVO modifiziert im Falle einer Gerichtsstandsvereinbarung die LugÜ-Regelungen, was kaum nötig wäre, „wenn nicht von dessen grundsätzlicher Geltung auszugehen wäre" (unter Bezugnahme auf *Rauscher/Andrae*, EuZPR/EuIPR, Art. 15 EuUnthVO Rn 59).
163 ABl EG L Nr. 7 vom 10.1.2009, S. 1.
164 Da Großbritannien nicht am HUntProt teilnimmt, gelangt Kap. III (Vollstreckung) der UnterhaltsVO nicht zur Anwendung.

(und Irlands, vgl. Präambel Nr. 46 f. der UnterhaltsVO) und in Teilen auch für Dänemark.[165] Sie löst im Hinblick auf unterhaltsrechtliche Ansprüche die **Brüssel I-VO** (sowie die EuGVVO) ab (siehe Rdn 32).[166] Seit diesem Zeitpunkt gilt die UnterhaltsVO für alle familienrechtlichen Unterhaltsansprüche und **verdrängt als vorrangiges EU-Recht** alle nationalen Regelungen.[167]

2. Regelungsgehalt

a) Kein eigenständiges Kollisionsrecht

137   Die UnterhaltsVO beinhaltet – der vollständige Name mag insoweit in die Irre führen – **kein eigenständiges Kollisionsrecht**, sondern verweist nach ihrem Art. 15 diesbezüglich auf das **HUntProt**[168] (siehe Rdn 210 ff.). Diesen Vorrang bestätigt auch Art. 3 Nr. 1 Buchst. c EGBGB (Anwendungsbereich; Verhältnis zu Regelungen der EG und zu völkerrechtlichen Vereinbarungen). Danach gilt, dass, sofern nicht unmittelbar anwendbare Regelungen der EG in ihrer jeweils geltenden Fassung, etwa auch der Beschluss des Rates vom 30.11.2009 über den Abschluss des Haager Protokolls vom 23.11.2007 über das auf Unterhaltpflichten anzuwendende Recht durch die EG,[169] maßgeblich sind, sich das anzuwendende Recht bei Sachverhalten mit einer Verbindung zu einem ausländischen Staat nach den Vorschriften des Ersten Kapitels des EGBGB (IPR) bestimmen.

b) Verhältnis der UnterhaltsVO und des HUntProt zum HUntÜ 1973

138   Nach Ansicht des deutschen Gesetzgebers ist das **Verhältnis der UnterhaltsVO und des HUntProt** (siehe Rdn 210 ff.) **zum früheren HUntÜ 1973** (siehe Rdn 247 ff.) nicht eindeutig erklärt:[170] Grundsätzlich gelte, dass bestehende völkerrechtliche Verpflichtungen unberührt bleiben. Nach Art. 19 HUntProt bleibt die UnterhaltsVO unberührt. Gemäß Art. 24 Abs. 5 HUntProt gilt die EU als Vertragsstaat i.S.d. Art. 19 HUntProt. Der Ratsbeschluss vom 30.11.2009 sei indes „wohl" als „gegenteilige Erklärung" i.S.d. Art. 19 HUntProt anzusehen. Dem HUntProt komme damit Anwendungsvorrang zu (siehe Rdn 142). Für die Praxis sei das Verhältnis der UnterhaltsVO zum HUntProt wegen der inhaltlichen Übereinstimmungen der Kollisionsregeln letztlich nachrangig.

139   Art. 15 UnterhaltsVO verweise – so der deutsche Gesetzgeber[171] – auf das HUntProt insgesamt und damit auch auf dessen Art. 18. Diese Vorschrift regelt das Verhältnis zum

---

165 Das die UnterhaltsVO als Änderung der EuGVO versteht und deshalb – gestützt auf Art. 3 Abs. 2 des Abkommens zwischen der EG und dem Königreich Dänemark über die gerichtliche Zuständigkeiten und die Anerkennung und Vollstreckung von Entscheidungen in Zivil- und Handelssachen (ABl EU 2005 Nr. L 299, S. 62) – am 14.1.2009 erklärt hat, dass Dänemark die UnterhaltsVO so weit anwenden wird, so weit die EuGVO durch die UnterhaltsVO geändert wird. Dies bedeutet konkret, dass die Bestimmungen der UnterhaltsVO mit Ausnahme der Bestimmungen in Kapitel III und VII auf die Beziehungen zwischen der Europäischen Gemeinschaft und Dänemark Anwendung finden. Die Bestimmungen des Art. 2 und jene in Kapitel IX der UnterhaltsVO sind nur insoweit anwendbar, als sie die gerichtliche Zuständigkeit, die Anerkennung, Vollstreckbarkeit und die Vollstreckung von Entscheidungen und den Zugang zum Recht betreffen, vgl. ABl EG L Nr. 149 vom 12.6.2009, S. 80.
166 Die für das Unterhaltsrecht keine Bedeutung mehr hat, so Bamberger/Roth/*Heiderhoff*, Art. 18 EGBGB Rn 144.
167 So Bambergerger/Roth/*Heiderhoff*, Art. 18 EGBGB Rn 5.
168 So Bambergerger/Roth/*Heiderhoff*, Art. 18 EGBGB Rn 5.
169 ABl EG Nr. L 331 vom 16.12.2009, S. 17.
170 Näher RegE, BT-Drucks 17/4887, S. 53.
171 RegE, BT-Drucks 17/4887, S. 53.

HUntÜ 1973. Sowohl das HUntProt – und damit auch die UnterhaltsVO – als auch das HUntÜ 1973 differenzieren nicht danach, ob durch die Anwendung der jeweiligen Kollisionsvorschriften Vertrags- oder Nichtvertragsstaaten betroffen sind. Auf die Gegenseitigkeit werde bewusst verzichtet. Sowohl die Kollisionsregelungen des HUntProt als auch die Vorschriften des HUntÜ 1973 beanspruchen weltweite Geltung. Es liege daher nahe, das HUntProt auch gegenüber Staaten, die nur dem HUntÜ 1973 angehören (das keine **Gegenseitigkeitsklausel** und somit auch keine Verpflichtung zur weiteren Anwendung gegenüber anderen Vertragsstaaten enthält), anzuwenden. Völkerrechtlich sei dies wohl zulässig, zumal Art. 19 HUntÜ 1973 den Anwendungsvorrang anderer internationaler Übereinkünfte mit kollisionsrechtlichen Regelungen, denen die Vertragsparteien angehören oder angehören werden, anerkennt.[172] Auch der Erläuternde Bericht zum HUntProt, der zur Auslegung des Art. 18 HUntProt herangezogen werden kann, räumt im Zweifel dem neuen Übereinkommen den Vorrang ein.[173] Art. 19 HUntProt steht dieser Lösung nicht entgegen, da sich diese Vorschrift, wie sich aus einem Vergleich mit Art. 18 HUntProt ergibt, nicht auf das HUntÜ 1973 bezieht.

c) Verhältnis der UnterhaltsVO und des HUntProt zum HKindUntÜ 1956

Das **HKindUntÜ 1956** ist hingegen – so der deutsche Gesetzgeber[174] – nur dann anzuwenden, wenn auf das Recht eines Vertragsstaates verwiesen wird. Damit ist dieses Übereinkommen nur noch im Verhältnis zu **Liechtenstein** und **China/Macao** bedeutsam. Primärer Anknüpfungspunkt ist nicht die Staatsangehörigkeit, sondern der **gewöhnliche Aufenthalt des Kindes**. Hat ein aus Liechtenstein stammendes Kind z.B. seinen gewöhnlichen Aufenthalt in Deutschland, so sind die gemeinschaftsrechtlichen Kollisionsregelungen anzuwenden. Nicht eindeutig ist, wonach sich das anwendbare Recht bestimmt, wenn der Verpflichtete in Liechtenstein seinen gewöhnlichen Aufenthalt hat. Für die Anwendung des HKindUntÜ 1956 spricht, dass die völkerrechtliche Verpflichtung der Bundesrepublik Deutschland gegenüber Liechtenstein aus diesem völkerrechtlichen Vertrag fortbesteht und sowohl die UnterhaltsVO als auch das HUntProt die bestehenden völkerrechtlichen Pflichten unberührt lassen.

140

d) Geltung des HUntProt und der UnterhaltsVO im Verhältnis zu Dänemark und dem Vereinigten Königreich

Die Ratifizierung des HUntProt durch die EU bindet **Dänemark** und das **Vereinigte Königreich** nicht. Wegen der Ausgestaltung des **HUntProt** und damit auch der **UnterhaltsVO** als *loi uniforme* sind nach Ansicht des deutschen Gesetzgebers[175] aber die Kollisionsregeln des HUntProt auch im Verhältnis zu diesen Staaten anzuwenden (siehe Rdn 136).[176]

141

---

172 Kritisch dazu Bamberger/Roth/*Heiderhoff*, Art. 18 EGBGB Rn 6 (unter Bezugnahme auf *Andrae*, GPR 2010, 196, 200): Diese Lesart sei bei einem nur völkerrechtlichen Blick auf das HUntÜ 1973 vertretbar – doch lege Art. 18 HUntProt „deutlich das Gegenteil nahe", da die Regelung „gerade für das HUntÜ 1973 ausdrücklich bestimmt, dass es nur im Verhältnis, zwischen den Vertragsstaaten ersetzt werden soll", mit praktischer Relevanz wegen der Betroffenheit der Türkei, der Schweiz und von Japan. Der BGH hat diese Frage sowohl für die Schweiz (IPRax 2014, 345) als auch für die Türkei (NJW 2014, 1458) offen gelassen.
173 Vgl. Erläuternder Bericht, Art. 18 Ziffer 197.
174 RegE, BT-Drucks 17/4887, S. 53.
175 RegE, BT-Drucks 17/4887, S. 53.
176 So RegE, BT-Drucks 17/4887, S. 53.

142   *Heiderhoff*[177] meint zu Recht, dass die Auffassung des deutschen Gesetzgebers nur aufgrund des Beschlusses des Rates vom 30.11.2009 (d.h. den Beschluss über den Abschluss des Haager Protokolls vom 23.11.2007 über das auf Unterhaltspflichten anzuwendende Recht durch die EG)[178] haltbar sei: Dieser Beschluss gilt nämlich nach Art. 19 HUntProt vorrangig, womit er auch Art. 18 HUntProt überlagern kann. „Nun lässt sich in dem Beschluss eine ausdrückliche Abkehr vom HUntÜ 1973 nicht finden. Sie dient aber in hohem Maße der Vereinfachung, dass es wohl sinnvoll wäre, den Beschluss ergänzend in der Weise auszulegen, dass für die Mitgliedstaaten der EU (mit Ausnahme Großbritanniens und Dänemarks) das HUntÜ 1973 keine Geltung mehr hat."[179]

143   Im Hinblick auf das **HKindUntÜ 1956** gilt hingegen wegen der dort bestehenden **Gegenseitigkeitsklausel**, dass es gegenüber allen Vertragsstaaten anwendbar bleibt, die selbst noch nicht das HUntProt ratifiziert haben – was für Liechtenstein und im Hinblick auch auf die VR China für das Verwaltungsgebiet Macao der Fall ist.[180]

3. Anwendungsbereich

144   Die **universell anwendbare UnterhaltsVO** (die also alle internationalen Unterhaltsverfahren vor deutschen Gerichten erfasst)[181] findet nach ihrem Art. 1 Abs. 1 Anwendung auf Unterhaltspflichten, die auf einem
       – Familien-,
       – Verwandtschafts- oder
       – eherechtlichen Verhältnis[182] bzw. auf
       – Schwägerschaft
       beruhen.

4. Begriffsbestimmungen

145   Im Sinne der UnterhaltsVO bezeichnet nach deren Art. 2 der Begriff
       – „**Entscheidung**" eine von einem Gericht eines Mitgliedstaates in Unterhaltssachen erlassene Entscheidung ungeachtet ihrer Bezeichnung wie Urteil, Beschluss, Zahlungsbefehl oder Vollstreckungsbescheid, einschließlich des Kostenfestsetzungsbeschlusses eines Gerichtsbediensteten. Für die Zwecke der Kapitel VII und VIII der UnterhaltsVO bezeichnet der Begriff „Entscheidung" auch eine in einem Drittstaat erlassene Entscheidung in Unterhaltssachen (Nr. 1);
       – „**gerichtlicher Vergleich**" einen von einem Gericht gebilligten oder vor einem Gericht im Laufe eines Verfahrens geschlossenen Vergleich in Unterhaltssachen (Nr. 2);
       – „**öffentliche Urkunde**" ein Schriftstück in Unterhaltssachen, das als öffentliche Urkunde im Ursprungsmitgliedstaat förmlich errichtet oder eingetragen worden ist und dessen Beweiskraft sich auf die Unterschrift und den Inhalt der öffentlichen Urkunde bezieht und durch eine Behörde oder eine andere hierzu ermächtigte Stelle festgestellt worden

---

177 Bamberger/Roth/*Heiderhoff*, Art. 18 EGBGB Rn 6.
178 2009/941/EG.
179 So Bamberger/Roth/*Heiderhoff*, Art. 18 EGBGB Rn 6. A.A. hingegen *Mankowski*, NZFam 2014, 267, 268.
180 Bamberger/Roth/*Heiderhoff*, Art. 18 EGBGB Rn 7 und 12.
181 Bamberger/Roth/*Heiderhoff*, Art. 18 EGBGB Rn 127: Schwierigkeit bereitet nur die Bestimmung des „hinreichenden Auslandsbezugs".
182 Einschließlich gleichgeschlechtlicher Verbindungen: so *Gruber*, IPRax 2007, 128, 130; NK-BGB/*Andrae*, Art. 1 HUntProt Rn 9 ff.

ist (Nr. 3 lit. a); oder eine mit einer Verwaltungsbehörde des Ursprungsmitgliedstaates geschlossene oder von ihr beglaubigte Unterhaltsvereinbarung (Nr. 3 lit. b);
- „**Ursprungsmitgliedstaat**" den Mitgliedstaat, in dem die Entscheidung ergangen, der gerichtliche Vergleich gebilligt oder geschlossen oder die öffentliche Urkunde ausgestellt worden ist (Nr. 4);
- „**Vollstreckungsmitgliedstaat**" den Mitgliedstaat, in dem die Vollstreckung der Entscheidung, des gerichtlichen Vergleichs oder der öffentlichen Urkunde betrieben wird (Nr. 5);
- „**ersuchender Mitgliedstaat**" den Mitgliedstaat, dessen Zentrale Behörde einen Antrag nach Kapitel VII der UnterhaltsVO übermittelt (Nr. 6);
- „**ersuchter Mitgliedstaat**" den Mitgliedstaat, dessen Zentrale Behörde einen Antrag nach Kapitel VII der UnterhaltsVO erhält (Nr. 7);
- „**Vertragsstaat des Haager Übereinkommens von 2007**" einen Vertragsstaat des Haager Übereinkommens vom 23.11.2007 über die internationale Geltendmachung der Unterhaltsansprüche von Kindern und anderen Familienangehörigen („Haager Übereinkommen von 2007"), soweit dieses Übereinkommen zwischen der Gemeinschaft und dem betreffenden Staat anwendbar ist (Nr. 8);
- „**Ursprungsgericht**" das Gericht, das die zu vollstreckende Entscheidung erlassen hat (Nr. 9);
- „**berechtigte Person**" jede natürliche Person, der Unterhalt zusteht oder angeblich zusteht (Nr. 10);
- „**verpflichtete Person**" jede natürliche Person, die Unterhalt leisten muss oder angeblich leisten muss (Nr. 11).

Im Sinne der UnterhaltsVO schließt nach deren Art. 2 Abs. 2 der Begriff „**Gericht**" auch die Verwaltungsbehörden der Mitgliedstaaten mit Zuständigkeit in Unterhaltssachen ein, sofern diese Behörden ihre Unparteilichkeit und das Recht der Parteien auf rechtliches Gehör garantieren und ihre Entscheidungen nach dem Recht des Mitgliedstaates, in dem sie ihren Sitz haben, vor Gericht angefochten oder von einem Gericht nachgeprüft werden können und eine mit einer Entscheidung eines Gerichts zu der gleichen Angelegenheit vergleichbare Rechtskraft und Wirksamkeit haben. Die betreffenden Verwaltungsbehörden sind in Anhang X der UnterhaltsVO aufgelistet. | 146

Im Sinne der Art. 3, 4 und 6 UnterhaltsVO tritt der Begriff „**Wohnsitz**" nach Art. 2 Abs. 3 UnterhaltsVO in den Mitgliedstaaten, die diesen Begriff als Anknüpfungspunkt in Familiensachen verwenden, an die Stelle des Begriffs „Staatsangehörigkeit". | 147

5. Zuständigkeit

a) Allgemeine Bestimmungen

Zuständig für Entscheidungen in Unterhaltssachen in den Mitgliedstaaten ist nach Art. 3 UnterhaltsVO grundsätzlich | 148
- das Gericht des Ortes, an dem der Beklagte seinen gewöhnlichen Aufenthalt hat (lit. a – **Beklagtengerichtsstand**), oder
- das Gericht des Ortes, an dem die berechtigte Person ihren gewöhnlichen Aufenthalt hat (lit. b – **Klägergerichtsstand**), oder
- das Gericht, das nach seinem Recht für ein Verfahren in Bezug auf den Personenstand zuständig ist, wenn in der Nebensache zu diesem Verfahren über eine Unterhaltssache zu entscheiden ist, es sei denn, diese Zuständigkeit begründet sich einzig auf der Staatsangehörigkeit einer der Parteien (lit. c – **Annexgerichtsstand für personenstandsrechtliche Verfahren**), oder

– das Gericht, das nach seinem Recht für ein Verfahren in Bezug auf die elterliche Verantwortung zuständig ist, wenn in der Nebensache zu diesem Verfahren über eine Unterhaltssache zu entscheiden ist, es sei denn, diese Zuständigkeit beruht einzig auf der
Staatsangehörigkeit einer der Parteien (lit. d – **Annexgerichtsstand für sorgerechtliche
Verfahren**).

149   Notwendig ist ein „qualifizierter Bezug" mit der Folge, dass es auf den **gewöhnlichen
Aufenthalt** eines Betroffenen im Ausland ankommt.[183]

b) Gerichtsstandsvereinbarungen

150   Art. 4 UnterhaltsVO ermöglicht **Gerichtsstandsvereinbarungen**. So können nach Art. 4
Abs. 1 UnterhaltsVO die Parteien vereinbaren, dass das folgende Gericht oder die folgenden
Gerichte eines Mitgliedstaates zur Beilegung von zwischen ihnen bereits entstandenen oder
künftig entstehenden Streitigkeiten betreffend Unterhaltspflichten zuständig ist bzw. sind:
– ein Gericht oder die Gerichte eines Mitgliedstaates, in dem eine der Parteien ihren
gewöhnlichen Aufenthalt hat (lit. a);
– ein Gericht oder die Gerichte des Mitgliedstaates, dessen Staatsangehörigkeit eine der
Parteien besitzt (lit. b);
– hinsichtlich Unterhaltspflichten zwischen Ehegatten oder früheren Ehegatten das Gericht, das für Streitigkeiten zwischen den Ehegatten oder früheren Ehegatten in Ehesachen zuständig ist, oder aber ein Gericht oder die Gerichte des Mitgliedstaates, in
dem die Ehegatten mindestens ein Jahr lang ihren letzten gemeinsamen gewöhnlichen
Aufenthalt hatten (lit. c).

151   Die in Art. 4 Abs. 1 lit. a, b oder c UnterhaltsVO genannten Voraussetzungen müssen
zum Zeitpunkt des Abschlusses der Gerichtsstandsvereinbarung oder zum Zeitpunkt der
Anrufung des Gerichts erfüllt sein. Die durch Vereinbarung festgelegte Zuständigkeit ist
ausschließlich, sofern die Parteien nichts anderes vereinbaren.

152   Eine Gerichtsstandsvereinbarung bedarf nach Art. 4 Abs. 2 UnterhaltsVO der **Schriftform**.
Elektronische Übermittlungen, die eine dauerhafte Aufzeichnung der Vereinbarung ermöglichen, erfüllen die Schriftform.

153   Art. 4 UnterhaltsVO gilt nach seinem Abs. 3 nicht bei einer Streitigkeit über eine Unterhaltspflicht gegenüber einem Kind, das noch nicht das 18. Lebensjahr vollendet hat.

154   Haben die Parteien vereinbart, dass ein Gericht oder die Gerichte eines Staates, der dem
am 30.10.2007 in Lugano unterzeichneten Übereinkommen über die gerichtliche Zuständigkeit und die Anerkennung und Vollstreckung von Entscheidungen in Zivil- und Handelssachen (LugÜ, siehe Rdn 53 ff.) angehört und bei dem es sich nicht um einen Mitgliedstaat
– nach Art. 1 Abs. 2 UnterhaltsVO bezeichnet der Begriff „Mitgliedstaat" alle Mitgliedstaaten, auf die die UnterhaltsVO anwendbar ist – handelt, ausschließlich zuständig sein soll
bzw. sollen, so ist dieses Übereinkommen anwendbar, außer für Streitigkeiten nach Art. 4
Abs. 3 UnterhaltsVO.

c) Durch rügelose Einlassung begründete Zuständigkeit

155   Durch **rügelose Einlassung** kann nach Art. 5 UnterhaltsVO eine Zuständigkeit begründet
werden: Sofern das Gericht eines Mitgliedstaates nicht bereits nach anderen Vorschriften
der UnterhaltsVO zuständig ist, wird es zuständig, wenn sich der Beklagte auf das Verfahren

---

183 Rauscher/*Andrae*, EuZPR/EuIPR, Art. 3 UnterhaltsVO Rn 41 f.

einlässt. Dies gilt nicht, wenn der Beklagte sich einlässt, um den Mangel der Zuständigkeit geltend zu machen.

d) Auffangzuständigkeit

Ergibt sich weder eine Zuständigkeit eines Gerichts eines Mitgliedstaates gem. Art. 3, 4 und 5 UnterhaltsVO noch eine Zuständigkeit eines Gerichts eines Staates, der dem Übereinkommen von Lugano (LugÜ, siehe Rdn 53 ff.) angehört und der kein Mitgliedstaat ist, gemäß der Bestimmungen des Übereinkommens, so sind nach Art. 6 UnterhaltsVO – der eine **Auffangzuständigkeit** begründet – die Gerichte des Mitgliedstaates der gemeinsamen Staatsangehörigkeit der Parteien zuständig.

156

e) Notzuständigkeit

Ergibt sich keine Zuständigkeit eines Gerichts eines Mitgliedstaates nach den Art. 3, 4, 5 und 6 UnterhaltsVO, so können die Gerichte eines Mitgliedstaates gem. Art. 7 UnterhaltsVO in Ausnahmefällen über den Rechtsstreit entscheiden, wenn es nicht zumutbar ist oder es sich als unmöglich erweist, ein Verfahren in einem Drittstaat, zu dem der Rechtsstreit einen engen Bezug aufweist, einzuleiten oder zu führen (**Notzuständigkeit – forum necessitatis**). Der Rechtsstreit muss einen ausreichenden Bezug zu dem Mitgliedstaat des angerufenen Gerichts aufweisen.

157

6. Anwendbares Recht

Art. 15 UnterhaltsVO **bindet** – da die UnterhaltsVO von der Schaffung eigener „europäischer" (Sonder-)Kollisionsnormen abgesehen hat[184] – die EU-Mitgliedstaaten im Hinblick auf das auf Unterhaltspflichten anwendbare Recht an das **Haager Protokoll von 2007** (HUntProt; siehe Rdn 210 ff.).

158

7. Anerkennung, Vollstreckbarkeit und Vollstreckung von Entscheidungen

Das Kapitel IV (Art. 16 bis 43) der UnterhaltsVO regelt die Anerkennung, die Vollstreckbarkeit und die Vollstreckung der unter die UnterhaltsVO fallenden Entscheidungen (Art. 16 Abs. 1 UnterhaltsVO) dergestalt, dass
– Abschnitt 1 (Art. 17 bis 22) der UnterhaltsVO für Entscheidungen gilt, die in einem Mitgliedstaat, der durch das Haager Protokoll von 2007 (HUntProt, siehe Rdn 210 ff.) gebunden ist, ergangen sind (Art. 16 Abs. 2 UnterhaltsVO);
– Abschnitt 2 (Art. 23 bis 38) der UnterhaltsVO für Entscheidungen gilt, die in einem Mitgliedstaat, der nicht durch das Haager Protokoll von 2007 (HUntProt, siehe Rdn 210 ff.) gebunden ist, ergangen sind (Art. 16 Abs. 3 UnterhaltsVO); und
– Abschnitt 3 (Art. 39 bis 43) der UnterhaltsVO für alle Entscheidungen gilt (Art. 16 Abs. 4 UnterhaltsVO).

159

a) Mitgliedstaaten, die durch das Haager Protokoll 2007 gebunden sind

Eine in einem Mitgliedstaat, der durch eine Ratifikation des Haager Protokolls von 2007 (HUntProt, siehe Rdn 210 ff.) gebunden ist (mithin nicht Großbritannien und Dänemark), ergangene Entscheidung wird nach Art. 17 Abs. 1 UnterhaltsVO in einem anderen Mitgliedstaat **anerkannt, ohne** dass es hierfür eines besonderen Verfahrens bedarf und ohne dass

160

---

184 Zustimmend NK-BGB/*Gruber*, Haager Unterhaltsprotokoll, Vorbem. Rn 5 f.

die Anerkennung angefochten werden kann (**Abschaffung des Exequaturverfahrens und Anordnung der sofortigen Vollstreckbarkeit**). Eine in einem entsprechenden Mitgliedstaat ergangene Entscheidung, die in diesem Staat vollstreckbar ist (vgl. Art. 18 UnterhaltsVO, wonach eine vollstreckbare Entscheidung von Rechts wegen die Befugnis umfasst, alle auf eine Sicherung gerichteten Maßnahmen zu veranlassen, die im Recht des Vollstreckungsmitgliedstaates vorgesehen sind), ist gem. Art. 17 Abs. 2 UnterhaltsVO in einem anderen Mitgliedstaat **vollstreckbar, ohne** dass es einer Vollstreckbarerklärung bedarf (mithin, ohne dass es noch Versagungsgründe für eine Anerkennung gibt).

161 Ein **gesondertes Anerkennungs- und Vollstreckungsverfahren** ist demnach für die Vollstreckung von Unterhaltstiteln nach Maßgabe der UnterhaltsVO **seit dem 18.6.2011 nicht** mehr erforderlich: Der Kläger kann einen entsprechenden Titel schon im **Ausgangsverfahren** beantragen und – so seine Klage erfolgreich ist – sich mit diesem unmittelbar an die Vollstreckungsorgane im Vollstreckungsstaat wenden[185] (wobei sich auch Rechtsbehelfe gegen die Vollstreckung dann mit den aus Art. 21 UnterhaltsVO resultierenden Modifikationen nach Maßgabe des Rechts des Vollstreckungsstaates ergeben; vgl. im Hinblick auf Deutschland die §§ 30 ff. AUG).[186]

162 **Hinweis:** Für Entscheidungen, die **vor dem 18.6.2011** ergangen sind (oder noch unter der Geltung der EuGVO, vgl. Art. 75 Abs. 2 UnterhaltsVO) – bzw. im Hinblick auf die Rechtslage in Großbritannien und Dänemark –, gilt das **allgemeine Anerkennungsverfahren** nach Maßgabe der Art. 23 ff. UnterhaltsVO (sog. **automatische (ipso jure-) Anerkennung**): Es gelten die Versagungsgründe nach Art. 24 UnterhaltsVO. Zudem kann sich der Verpflichtete gem. Art. 32 UnterhaltsVO gegen die Vollstreckbarerklärung wehren.[187]

163 **Weiterer Hinweis:** Demhingegen kann einer Anerkennung und Vollstreckung von Titeln außerhalb des Anwendungsbereichs des Art. 17 UnterhaltsVO mit dem Einwand eines Verstoßes gegen den verfahrensrechtlichen ordre public begegnet werden.[188]

164 Ein Antragsgegner, der sich im Ursprungsmitgliedstaat nicht auf das Verfahren eingelassen hat, hat nach Art. 19 Abs. 1 UnterhaltsVO (**Recht auf Nachprüfung**) das Recht, eine Nachprüfung der Entscheidung durch das zuständige Gericht dieses Mitgliedstaates zu beantragen, wenn
– ihm das verfahrenseinleitende Schriftstück oder ein gleichwertiges Schriftstück nicht so rechtzeitig und in einer Weise zugestellt worden ist, dass er sich verteidigen konnte (lit. a), oder
– er aufgrund höherer Gewalt oder aufgrund außergewöhnlicher Umstände ohne eigenes Verschulden nicht in der Lage gewesen ist, Einspruch gegen die Unterhaltsforderung zu erheben (lit. b),
es sei denn, er hat gegen die Entscheidung keinen Rechtsbehelf eingelegt, obwohl er die Möglichkeit dazu hatte.

165 Die **Frist** für den **Antrag auf Nachprüfung** der Entscheidung beginnt nach Art. 19 Abs. 2 UnterhaltsVO mit dem Tag, an dem der Antragsgegner vom Inhalt der Entscheidung

---

185 Auch Rechtsbehelfe gegen die Vollstreckung bemessen sich (mit den Einschränkungen nach Art. 21 EuUnthVO) nach dem Recht des Vollstreckungsstaats: Rauscher/*Andrae*, EuZPR/EuIPR, Art. 17 EuUnthVO Rn 1 ff.
186 Bamberger/Roth/*Heiderhoff*, Art. 18 EGBGB Rn 141.
187 Bamberger/Roth/*Heiderhoff*, Art. 18 EGBGB Rn 142.
188 So Bamberger/Roth/*Heiderhoff*, Art. 18 EGBGB Rn 140 unter Bezugnahme auf BGH NJW 2009, 3306: Im Verfahren über Kindesunterhalt sei die Abstammung (Vaterschaft) nicht ordnungsgemäß geklärt.

tatsächlich Kenntnis genommen hat und in der Lage war, entsprechend tätig zu werden, spätestens aber mit dem Tag der ersten Vollstreckungsmaßnahme, die zur Folge hatte, dass die Vermögensgegenstände des Antragsgegners ganz oder teilweise dessen Verfügung entzogen wurden. Der Antragsgegner wird unverzüglich tätig, in jedem Fall aber innerhalb einer Frist von 45 Tagen. Eine Verlängerung dieser Frist wegen weiter Entfernung ist ausgeschlossen.

Weist das Gericht den Antrag auf Nachprüfung nach Art. 19 Abs. 1 UnterhaltsVO mit der Begründung zurück, dass keine der Voraussetzungen für eine Nachprüfung nach jenem Absatz erfüllt ist, bleibt die Entscheidung in Kraft (Art. 19 Abs. 3 UnterhaltsVO). Entscheidet das Gericht, dass eine Nachprüfung aus einem der in Art. 19 Abs. 1 UnterhaltsVO genannten Gründe gerechtfertigt ist, so wird die Entscheidung für nichtig erklärt. Die berechtigte Person verliert jedoch nicht die Vorteile, die sich aus der Unterbrechung der Verjährungs- oder Ausschlussfristen ergeben, noch das Recht, im ursprünglichen Verfahren möglicherweise zuerkannte Unterhaltsansprüche rückwirkend geltend zu machen. 166

Die im Recht des Vollstreckungsmitgliedstaates vorgesehenen Gründe für die Verweigerung oder Aussetzung der Vollstreckung gelten (**Verweigerung oder Aussetzung der Vollstreckung**), sofern sie nicht mit der Anwendung der Abs. 2 und 3 des Art. 21 UnterhaltsVO unvereinbar sind (Art. 21 Abs. 1 UnterhaltsVO). Die zuständige Behörde des Vollstreckungsmitgliedstaates verweigert gem. Art. 21 Abs. 2 UnterhaltsVO auf Antrag der verpflichteten Person die Vollstreckung der Entscheidung des Ursprungsgerichts insgesamt oder teilweise, wenn das Recht auf Vollstreckung der Entscheidung des Ursprungsgerichts entweder nach dem Recht des Ursprungsmitgliedstaates oder nach dem Recht des Vollstreckungsmitgliedstaates verjährt ist, wobei die längere Verjährungsfrist gilt. Darüber hinaus kann die zuständige Behörde des Vollstreckungsmitgliedstaates auf Antrag der verpflichteten Person die Vollstreckung der Entscheidung des Ursprungsgerichts insgesamt oder teilweise verweigern, wenn die Entscheidung mit einer im Vollstreckungsmitgliedstaat ergangenen Entscheidung oder einer in einem anderen Mitgliedstaat oder einem Drittstaat ergangenen Entscheidung, die die notwendigen Voraussetzungen für ihre Anerkennung im Vollstreckungsmitgliedstaat erfüllt, unvereinbar ist. Eine Entscheidung, die bewirkt, dass eine frühere Unterhaltsentscheidung aufgrund geänderter Umstände geändert wird, gilt nicht als unvereinbare Entscheidung. Die zuständige Behörde des Vollstreckungsmitgliedstaates kann nach Art. 21 Abs. 3 UnterhaltsVO auf Antrag der verpflichteten Person die Vollstreckung der Entscheidung des Ursprungsgerichts insgesamt oder teilweise aussetzen, wenn das zuständige Gericht des Ursprungsmitgliedstaates mit einem Antrag auf Nachprüfung der Entscheidung des Ursprungsgerichts nach Art. 19 UnterhaltsVO befasst wurde. Darüber hinaus setzt die zuständige Behörde des Vollstreckungsmitgliedstaates auf Antrag der verpflichteten Person die Vollstreckung der Entscheidung des Ursprungsgerichts aus, wenn die Vollstreckbarkeit im Ursprungsmitgliedstaat ausgesetzt ist. 167

Die Anerkennung und Vollstreckung einer Unterhaltsentscheidung aufgrund der UnterhaltsVO bewirkt nach ihrem Art. 22 in keiner Weise die Anerkennung von Familien-, Verwandtschafts- oder eherechtlichen Verhältnissen oder Schwägerschaft, die der Unterhaltspflicht zugrunde liegen, die zu der Entscheidung geführt hat (**keine Auswirkung auf das Bestehen eines Familienverhältnisses**). 168

b) Mitgliedstaaten, die nicht durch das Haager Protokoll 2007 gebunden sind

Die in einem Mitgliedstaat, der **nicht durch das Haager Protokoll von 2007** (HUntProt, siehe Rdn 210 ff.) **gebunden** ist, ergangenen Entscheidungen werden nach Art. 23 Abs. 1 UnterhaltsVO in den anderen Mitgliedstaaten anerkannt (**Anerkennung**), **ohne** dass es 169 hierfür eines besonderen Verfahrens bedarf. Bildet die Frage, ob eine Entscheidung anzuerkennen ist, als solche den Gegenstand eines Streites, so kann gem. Art. 23 Abs. 2 UnterhaltsVO jede Partei, welche die Anerkennung geltend macht, in dem Verfahren nach diesem Abschnitt 2 der UnterhaltsVO die Feststellung beantragen, dass die Entscheidung anzuerkennen ist. Wird die Anerkennung in einem Rechtsstreit vor dem Gericht eines Mitgliedstaates, dessen Entscheidung von der Anerkennung abhängt, verlangt, so kann dieses Gericht über die Anerkennung entscheiden (Art. 23 Abs. 3 UnterhaltsVO).

170   Eine Entscheidung wird nach Art. 24 UnterhaltsVO **nicht anerkannt (Gründe für die Versagung der Anerkennung)**,
- wenn die Anerkennung der öffentlichen Ordnung (*ordre public*) des Mitgliedstaates, in dem sie geltend gemacht wird, offensichtlich widersprechen würde. Die Vorschriften über die Zuständigkeit gehören nicht zur öffentlichen Ordnung (*ordre public*) (lit. a);
- wenn dem Antragsgegner, der sich in dem Verfahren nicht eingelassen hat, das verfahrenseinleitende Schriftstück oder ein gleichwertiges Schriftstück nicht so rechtzeitig und in einer Weise zugestellt worden ist, dass er sich verteidigen konnte, es sei denn, der Antragsgegner hat gegen die Entscheidung keinen Rechtsbehelf eingelegt, obwohl er die Möglichkeit dazu hatte (lit. b);
- wenn sie mit einer Entscheidung unvereinbar ist, die zwischen denselben Parteien in dem Mitgliedstaat, in dem die Anerkennung geltend gemacht wird, ergangen ist (lit. c); bzw.
- wenn sie mit einer früheren Entscheidung unvereinbar ist, die in einem anderen Mitgliedstaat oder in einem Drittstaat zwischen denselben Parteien in einem Rechtsstreit wegen desselben Anspruchs ergangen ist, sofern die frühere Entscheidung die notwendigen Voraussetzungen für ihre Anerkennung in dem Mitgliedstaat erfüllt, in dem die Anerkennung geltend gemacht wird (lit. d).

171   Eine Entscheidung, die bewirkt, dass eine frühere Unterhaltsentscheidung aufgrund geänderter Umstände geändert wird, gilt nicht als unvereinbare Entscheidung i.S.v. Art. 24 lit. c oder d UnterhaltsVO.

172   Das Gericht eines Mitgliedstaates, vor dem die Anerkennung einer Entscheidung geltend gemacht wird, die in einem Mitgliedstaat ergangen ist, der nicht durch das Haager Protokoll von 2007 (HUntProt, siehe Rdn 210 ff.) gebunden ist, setzt nach Art. 25 UnterhaltsVO **(Aussetzung des Anerkennungsverfahrens)** das Verfahren aus, wenn die Vollstreckung der Entscheidung im Ursprungsmitgliedstaat wegen der Einlegung eines Rechtsbehelfs einstweilen eingestellt ist.

173   Eine Entscheidung, die in einem Mitgliedstaat ergangen ist, der nicht durch das Haager Protokoll von 2007 (HUntProt, siehe Rdn 210 ff.) gebunden ist, die in diesem Staat vollstreckbar ist, wird in einem anderen Mitgliedstaat gem. Art. 26 UnterhaltsVO **(Vollstreckbarkeit)** vollstreckt, wenn sie dort auf Antrag eines Berechtigten für vollstreckbar erklärt worden ist.

174   Der Antrag auf Vollstreckbarerklärung ist nach Art. 27 Abs. 1 UnterhaltsVO an das Gericht oder an die zuständige Behörde des Vollstreckungsmitgliedstaates zu richten, das bzw. die der Kommission von diesem Mitgliedstaat gem. Art. 71 UnterhaltsVO notifiziert wurde. Die **örtliche Zuständigkeit** wird durch den Ort des gewöhnlichen Aufenthalts der Partei, gegen die die Vollstreckung erwirkt werden soll, oder durch den Ort, an dem die Vollstreckung durchgeführt werden soll, bestimmt (Art. 27 Abs. 2 UnterhaltsVO).

175   Sobald die in Art. 28 UnterhaltsVO im Detail vorgesehenen Förmlichkeiten erfüllt sind, spätestens aber 30 Tage, nachdem diese Förmlichkeiten erfüllt sind, es sei denn, dies erweist sich aufgrund außergewöhnlicher Umstände als nicht möglich, wird die Entscheidung nach

Art. 30 UnterhaltsVO (**Vollstreckbarerklärung**) für vollstreckbar erklärt, ohne dass eine Prüfung gem. Art. 24 UnterhaltsVO erfolgt. Die Partei, gegen die die Vollstreckung erwirkt werden soll, erhält in diesem Abschnitt des Verfahrens keine Gelegenheit, eine Erklärung abzugeben.

Gegen die Entscheidung über den Antrag auf Vollstreckbarerklärung kann jede Partei nach Art. 32 UnterhaltsVO (**Rechtsbehelf gegen die Entscheidung über den Antrag**) einen Rechtsbehelf einlegen. Der Rechtsbehelf wird bei dem Gericht eingelegt, das der betreffende Mitgliedstaat der Kommission nach Art. 71 UnterhaltsVO notifiziert hat. Über den Rechtsbehelf wird nach den Vorschriften entschieden, die für Verfahren mit beiderseitigem rechtlichen Gehör maßgebend sind. Lässt sich die Partei, gegen die die Vollstreckung erwirkt werden soll, in dem Verfahren vor dem mit dem Rechtsbehelf des Antragstellers befassten Gericht nicht ein, so ist Art. 11 UnterhaltsVO (**Prüfung der Zulässigkeit**) auch dann anzuwenden, wenn die Partei, gegen die die Vollstreckung erwirkt werden soll, ihren gewöhnlichen Aufenthalt nicht im Hoheitsgebiet eines Mitgliedstaates hat. Der Rechtsbehelf gegen die Vollstreckbarerklärung ist innerhalb von 30 Tagen nach ihrer Zustellung einzulegen. Hat die Partei, gegen die die Vollstreckung erwirkt werden soll, ihren gewöhnlichen Aufenthalt im Hoheitsgebiet eines anderen Mitgliedstaates als dem, in dem die Vollstreckbarerklärung ergangen ist, so beträgt die Frist für den Rechtsbehelf 45 Tage und beginnt von dem Tage an zu laufen, an dem die Vollstreckbarerklärung ihr entweder in Person oder in ihrer Wohnung zugestellt worden ist. Eine Verlängerung dieser Frist wegen weiter Entfernung ist ausgeschlossen. | 176

Die über den Rechtsbehelf ergangene Entscheidung kann nach Art. 33 UnterhaltsVO (**Rechtsmittel gegen die Entscheidung über den Rechtsbehelf**) nur im Wege des Verfahrens angefochten werden, das der betreffende Mitgliedstaat der Kommission nach Art. 71 UnterhaltsVO notifiziert hat. | 177

Die Vollstreckbarerklärung darf von dem mit einem Rechtsbehelf nach Art. 32 oder 33 UnterhaltsVO befassten Gericht nur aus einem der in Art. 24 UnterhaltsVO aufgeführten Gründe versagt oder aufgehoben werden (Art. 34 UnterhaltsVO; **Versagung oder Aufhebung der Vollstreckbarerklärung**). Das mit einem Rechtsbehelf nach Art. 33 UnterhaltsVO befasste Gericht erlässt seine Entscheidung unverzüglich. | 178

Das mit einem Rechtsbehelf nach Art. 32 oder 33 UnterhaltsVO befasste Gericht setzt auf Antrag der Partei, gegen die die Vollstreckung erwirkt werden soll, das Verfahren nach Art. 35 UnterhaltsVO (**Aussetzung des Verfahrens**) aus, wenn die Vollstreckung der Entscheidung im Ursprungsmitgliedstaat wegen der Einlegung eines Rechtsbehelfs einstweilen eingestellt ist. | 179

Ist eine Entscheidung entsprechend anzuerkennen, so ist der Antragsteller nach Art. 36 UnterhaltsVO nicht daran gehindert, **einstweilige Maßnahmen** einschließlich solcher, die auf eine **Sicherung** gerichtet sind, nach dem Recht des Vollstreckungsmitgliedstaates in Anspruch zu nehmen, ohne dass es einer Vollstreckbarerklärung nach Art. 30 UnterhaltsVO bedarf. Die Vollstreckbarerklärung umfasst von Rechts wegen die Befugnis, solche Maßnahmen zu veranlassen. | 180

c) Gemeinsame Bestimmungen

Das Ursprungsgericht kann die Entscheidung ungeachtet eines etwaigen Rechtsbehelfs nach Art. 39 UnterhaltsVO **für vorläufig vollstreckbar erklären**, auch wenn das innerstaatliche Recht keine Vollstreckbarkeit von Rechts wegen vorsieht. | 181

182   Eine Partei, die in einem anderen Mitgliedstaat eine i.S. des Art. 17 Abs. 1 oder des Abschnitt 2 UnterhaltsVO anerkannte Entscheidung geltend machen will, hat nach Art. 40
UnterhaltsVO (**Durchsetzung einer anerkannten Entscheidung**) eine **Ausfertigung** der
Entscheidung vorzulegen, die die für ihre Beweiskraft erforderlichen Voraussetzungen erfüllt. Das Gericht, bei dem die anerkannte Entscheidung geltend gemacht wird, kann die
Partei, die die anerkannte Entscheidung geltend macht, ggf. auffordern, einen vom Ursprungsgericht erstellten Auszug unter Verwendung des Formblatts in Anhang I bzw. in
Anhang II der UnterhaltsVO vorzulegen. Das Ursprungsgericht erstellt diesen Auszug
auch auf Antrag jeder betroffenen Partei. Ggf. übermittelt die Partei, die die anerkannte
Entscheidung geltend macht, ein Transskript oder eine Übersetzung des Inhalts des Formblatts in die Amtssprache des betreffenden Mitgliedstaates. Jeder Mitgliedstaat kann angeben, welche Amtssprache oder Amtssprachen der Organe der EU er neben seiner eigenen
für das Ausfüllen des Formblatts zulässt.

183   Vorbehaltlich der Bestimmungen der UnterhaltsVO gilt für das Verfahren zur Vollstreckung
der in einem anderen Mitgliedstaat ergangenen Entscheidungen nach Art. 41 UnterhaltsVO
(**Vollstreckungsverfahren und Bedingungen für die Vollstreckung**) das Recht des Vollstreckungsmitgliedstaates. Eine in einem Mitgliedstaat ergangene Entscheidung, die im
Vollstreckungsmitgliedstaat vollstreckbar ist, wird dort unter den gleichen Bedingungen
vollstreckt wie eine im Vollstreckungsmitgliedstaat ergangene Entscheidung. Von der Partei,
die die Vollstreckung einer Entscheidung beantragt, die in einem anderen Mitgliedstaat
ergangen ist, kann nicht verlangt werden, dass sie im Vollstreckungsmitgliedstaat über eine
Postanschrift oder einen bevollmächtigten Vertreter verfügt, außer bei den Personen, die
im Bereich der Vollstreckungsverfahren zuständig sind.

184   Eine in einem Mitgliedstaat ergangene Entscheidung darf nach Art. 42 UnterhaltsVO (**Verbot der sachlichen Nachprüfung**) in dem Mitgliedstaat, in dem die Anerkennung, die
Vollstreckbarkeit oder die Vollstreckung beantragt wird, in der Sache selbst nicht nachgeprüft werden.

8. Den berechtigten und verpflichteten Personen zustehende Anträge

185   Eine **berechtigte Person**, die Unterhaltsansprüche nach der UnterhaltsVO geltend machen
will, kann nach Art. 56 Abs. 1 UnterhaltsVO Folgendes beantragen (wobei sich der Inhalt
ihres Antrags nach Art. 57 UnterhaltsVO bemisst):
– Anerkennung oder Anerkennung und Vollstreckbarerklärung einer Entscheidung (lit. a);
– Vollstreckung einer im ersuchten Mitgliedstaat ergangenen oder anerkannten Entscheidung (lit. b);
– Herbeiführen einer Entscheidung im ersuchten Mitgliedstaat, wenn keine Entscheidung
vorliegt, einschließlich, soweit erforderlich, der Feststellung der Abstammung (lit. c);
– Herbeiführen einer Entscheidung im ersuchten Mitgliedstaat, wenn die Anerkennung
und Vollstreckbarerklärung einer Entscheidung, die in einem anderen Staat als dem
ersuchten Mitgliedstaat ergangen ist, nicht möglich ist (lit. d);
– Änderung einer im ersuchten Mitgliedstaat ergangenen Entscheidung (lit. e); bzw.
– Änderung einer Entscheidung, die in einem anderen Staat als dem ersuchten Mitgliedstaat
ergangen ist (lit. f).

186   Eine **verpflichtete Person**, gegen die eine Unterhaltsentscheidung vorliegt, kann gem.
Art. 56 Abs. 2 UnterhaltsVO Folgendes beantragen:
– Anerkennung einer Entscheidung, die die Aussetzung oder Einschränkung der Vollstreckung einer früheren Entscheidung im ersuchten Mitgliedstaat bewirkt (lit. a);
– Änderung einer im ersuchten Mitgliedstaat ergangenen Entscheidung (lit. b); bzw.

– Änderung einer Entscheidung, die in einem anderen Staat als dem ersuchten Mitgliedstaat ergangen ist (lit. c).

Bei Anträgen nach Art. 56 UnterhaltsVO werden nach dessen Abs. 3 der Beistand und die Vertretung nach Art. 45 lit. b UnterhaltsVO durch die **Zentrale Behörde** des ersuchten Mitgliedstaates entweder unmittelbar oder über öffentliche Aufgaben wahrnehmende Einrichtungen oder andere Stellen oder Personen geleistet. Sofern in der UnterhaltsVO nichts anderes bestimmt ist, werden Anträge gem. Art. 56 Abs. 1 und 2 UnterhaltsVO nach dem Recht des ersuchten Mitgliedstaates behandelt und unterliegen den in diesem Mitgliedstaat geltenden Zuständigkeitsvorschriften (Art. 56 Abs. 4 UnterhaltsVO).   187

9. Bestimmung und Aufgaben der Zentralen Behörden

Jeder Mitgliedstaat **bestimmt** nach Art. 49 Abs. 1 UnterhaltsVO eine Zentrale Behörde, welche die ihr durch die UnterhaltsVO übertragenen Aufgaben wahrnimmt. Er unterrichtet gem. Art. 49 Abs. 3 UnterhaltsVO die Kommission im Einklang mit Art. 71 UnterhaltsVO über die Bestimmung der Zentralen Behörde.   188

Art. 50 UnterhaltsVO bestimmt die **allgemeinen Aufgaben** der Zentralen Behörden: Die Zentralen Behörden arbeiten zusammen, insbesondere durch den Austausch von Informationen, und fördern die Zusammenarbeit der zuständigen Behörden ihrer Mitgliedstaaten, um die Ziele der UnterhaltsVO zu verwirklichen. Zudem suchen sie, soweit möglich, nach Lösungen für Schwierigkeiten, die bei der Anwendung dieser Verordnung auftreten. Die Zentralen Behörden ergreifen weiterhin Maßnahmen, um die Anwendung der UnterhaltsVO zu erleichtern und die Zusammenarbeit untereinander zu stärken. Hierzu wird das mit der Entscheidung 2001/470/EG eingerichtete Europäische Justizielle Netz für Zivil- und Handelssachen genutzt.   189

Besondere Aufgaben der Zentralen Behörden sind nach Art. 51 Abs. 1 UnterhaltsVO die Hilfeleistung bei Anträgen nach Art. 56 UnterhaltsVO (siehe Rdn 185 ff.), indem sie insbesondere   190
– diese Anträge übermitteln und entgegennehmen (lit a) bzw.
– Verfahren bezüglich dieser Anträge einleiten oder die Einleitung solcher Verfahren erleichtern (lit. b).

In Bezug auf diese Anträge treffen die Zentralen Behörden gem. Art. 51 Abs. 2 UnterhaltsVO alle angemessenen Maßnahmen, um   191
– Prozesskostenhilfe zu gewähren oder die Gewährung von Prozesskostenhilfe zu erleichtern, wenn die Umstände es erfordern (lit. a);
– dabei behilflich zu sein, den Aufenthaltsort der verpflichteten oder der berechtigten Person ausfindig zu machen, insbesondere in Anwendung der Art. 61, 62 und 63 UnterhaltsVO (lit. b);
– die Erlangung einschlägiger Informationen über das Einkommen und, wenn nötig, das Vermögen der verpflichteten oder der berechtigten Person einschließlich der Belegenheit von Vermögensgegenständen zu erleichtern, insbesondere in Anwendung der Art. 61, 62 und 63 UnterhaltsVO (lit. c);
– gütliche Regelungen zu fördern, um die freiwillige Zahlung von Unterhalt zu erreichen, wenn angebracht durch Mediation, Schlichtung oder ähnliche Mittel (lit. d);
– die fortlaufende Vollstreckung von Unterhaltsentscheidungen einschließlich der Zahlungsrückstände zu erleichtern (lit. e);
– die Eintreibung und zügige Überweisung von Unterhalt zu erleichtern (lit. f);
– unbeschadet der Verordnung (EG) Nr. 1206/2001 die Beweiserhebung, sei es durch Urkunden oder durch andere Beweismittel, zu erleichtern (lit. g);

- bei der Feststellung der Abstammung Hilfe zu leisten, wenn dies zur Geltendmachung von Unterhaltsansprüchen notwendig ist (lit. h);
- Verfahren zur Erwirkung notwendiger vorläufiger Maßnahmen, die auf das betreffende Hoheitsgebiet beschränkt sind und auf die Absicherung des Erfolgs eines anhängigen Unterhaltsantrags abzielen, einzuleiten oder die Einleitung solcher Verfahren zu erleichtern (lit. i); bzw.
- unbeschadet der Verordnung (EG) Nr. 1393/2007 die Zustellung von Schriftstücken zu erleichtern (lit. j).

192   Die Aufgaben, die nach Art. 51 UnterhaltsVO der Zentralen Behörde übertragen sind, können in dem vom Recht des betroffenen Mitgliedstaates vorgesehenen Umfang von öffentliche Aufgaben wahrnehmenden Einrichtungen oder anderen der Aufsicht der zuständigen Behörden dieses Mitgliedstaates unterliegenden Stellen wahrgenommen werden (Art. 51 Abs. 3 UnterhaltsVO). Der Mitgliedstaat teilt der Kommission gem. Art. 71 UnterhaltsVO die Bestimmung solcher Einrichtungen oder anderen Stellen sowie deren Kontaktdaten und Zuständigkeit mit.

10. Konkurrenzen

193   Im **Verhältnis zu anderen Rechtsinstrumenten der Gemeinschaft** gilt Folgendes:
- Vorbehaltlich des Art. 75 Abs. 2 UnterhaltsVO wird mit der UnterhaltsVO die Verordnung (EG) Nr. 44/2001 des Rates vom 22.12.2000 über die gerichtliche Zuständigkeit und die Anerkennung und Vollstreckung von Entscheidungen in Zivil- und Handelssachen[189] dahin gehend geändert, dass deren für Unterhaltssachen geltende Bestimmungen ersetzt werden (Art. 68 Abs. 1 UnterhaltsVO).
- Die UnterhaltsVO tritt hinsichtlich Unterhaltssachen an die Stelle der Verordnung (EG) Nr. 805/2004 des Europäischen Parlaments und des Rates vom 21.4.2004 zur Einführung eines europäischen Vollstreckungstitels für unbestrittene Forderungen,[190] außer in Bezug auf Europäische Vollstreckungstitel über Unterhaltspflichten, die in einem Mitgliedstaat, der nicht durch das Haager Protokoll von 2007 gebunden ist, ausgestellt wurden (Art. 68 Abs. 2 UnterhaltsVO).
- Im Hinblick auf Unterhaltssachen bleibt die Anwendung der Richtlinie 2003/8/EG vorbehaltlich des Kapitels V von der UnterhaltsVO unberührt (Art. 68 Abs. 3 UnterhaltsVO).
- Ebenfalls bleibt die Anwendung der Richtlinie 95/46/EG von der UnterhaltsVO unberührt (Art. 68 Abs. 4 UnterhaltsVO).

194   Das **Verhältnis zu bestehenden internationalen Übereinkommen und Vereinbarungen** gestaltet sich wie folgt:
- Die UnterhaltsVO berührt nicht die Anwendung der Übereinkommen und bilateralen oder multilateralen Vereinbarungen, denen ein oder mehrere Mitgliedstaaten zum Zeitpunkt der Annahme der UnterhaltsVO angehören und die die in der UnterhaltsVO geregelten Bereiche betreffen, unbeschadet der Verpflichtungen der Mitgliedstaaten gem. Art. 307 des Vertrages (Art. 69 Abs. 1 UnterhaltsVO).
- Ungeachtet des Art. 69 Abs. 1 UnterhaltsVO und unbeschadet des Art. 69 Abs. 3 UnterhaltsVO hat die UnterhaltsVO im Verhältnis der Mitgliedstaaten untereinander jedoch Vorrang vor Übereinkommen und Vereinbarungen, die sich auf Bereiche, die in der

---

189 ABl Nr. L 12 vom 16.1.2011, S. 1.
190 ABl EU Nr. L 143/5.

UnterhaltsVO geregelt sind, erstrecken und denen Mitgliedstaaten angehören (Art. 69 Abs. 2 UnterhaltsVO).
– Die UnterhaltsVO steht der Anwendung des Übereinkommens vom 23.3.1962 zwischen Schweden, Dänemark, Finnland, Island und Norwegen über die Geltendmachung von Unterhaltsforderungen durch die ihm angehörenden Mitgliedstaaten (Nordische Konvention betreffend Beitreibung von Unterhaltsbeiträgen, siehe Rdn 124 ff.) nicht entgegen, da dieses Übereinkommen in Bezug auf die Anerkennung, die Vollstreckbarkeit und die Vollstreckung von Entscheidungen Folgendes vorsieht (Art. 69 Abs. 3 UnterhaltsVO):
  – vereinfachte und beschleunigte Verfahren für die Vollstreckung von Entscheidungen in Unterhaltssachen (lit. a) und
  – eine Prozesskostenhilfe, die günstiger ist als die Prozesskostenhilfe nach Kapitel V der UnterhaltsVO (lit. b).

Die Anwendung des genannten Übereinkommens darf jedoch nicht bewirken, dass dem Antragsgegner der Schutz nach den Art. 19 und 21 UnterhaltsVO entzogen wird.

11. Auslandsunterhaltsgesetz (AUG)

Das „Gesetz zur Geltendmachung von Unterhaltsansprüchen im Verkehr mit ausländischen Staaten (**Auslandsunterhaltsgesetz – AUG**)" vom 23.5.2011[191] regelt in Deutschland die Ausführung der UnterhaltsVO und der anderen verfahrensrechtlichen Übereinkommen einheitlich.   195

X. Das Haager Unterhaltsvollstreckungsübereinkommen von 2007 (HUntVollstrÜbk)

1. Regelungsziel

Im Jahre 2007 wurde – parallel zum HUntProt 2007 (siehe Rdn 210 ff.) hinsichtlich des Verfahrensrechts – das „Übereinkommen über die internationale Geltendmachung der Unterhaltsansprüche von Kindern und anderen Familienangehörigen" vom 23.11.2007 (fortan: Haager Unterhaltsvollstreckungsübereinkommen 2007 – fortan: **HUntVollstrÜbk**) geschlossen, das im Unterschied zur UnterhaltsVO (siehe Rdn 132 ff.) die Zuständigkeitsregeln nicht vereinheitlicht, sondern sich vor allem auf die **Anerkennung** und **Vollstreckung von Unterhaltstiteln** beschränkt.   196

Ziel des HUntVollstrÜbk ist nach dessen Art. 1, die wirksame internationale Geltendmachung der Unterhaltsansprüche von Kindern und anderen Familienangehörigen sicherzustellen, insbesondere dadurch, dass   197
– ein umfassendes System der Zusammenarbeit zwischen den Behörden der Vertragsstaaten geschaffen wird (lit. a),
– die Möglichkeit eingeführt wird, Anträge zu stellen, um Unterhaltsentscheidungen herbeizuführen (lit. b),
– die Anerkennung und Vollstreckung von Unterhaltsentscheidungen sichergestellt wird (lit. c) und
– wirksame Maßnahmen im Hinblick auf die zügige Vollstreckung von Unterhaltsentscheidungen gefördert werden (lit. d).

Vorbehaltlich der Bestimmungen des HUntVollstrÜbk richten sich die **Anerkennungs- und Vollstreckungsverfahren** gemäß dessen Art. 23 nach dem Recht des Vollstreckungs-   198

---

191 BGBl I, 898.

staates. Bei der **Auslegung** dieses Übereinkommens ist nach Art. 53 HUntVollstrÜbk seinem internationalen Charakter und der Notwendigkeit, seine einheitliche Anwendung zu fördern, Rechnung zu tragen.

2. Anwendungsbereich

199 Das HUntVollstrÜbk ist nach Art. 2 Abs. 1 HUntVollstrÜbk anzuwenden
- auf Unterhaltspflichten aus einer Eltern-Kind-Beziehung gegenüber einer Person, die das 21. Lebensjahr noch nicht vollendet hat (lit. a),
- auf die Anerkennung und Vollstreckung oder die Vollstreckung einer Entscheidung über die Unterhaltspflichten zwischen Ehegatten und früheren Ehegatten, wenn der Antrag zusammen mit einem in den Anwendungsbereich des lit. a fallenden Anspruch gestellt wird (lit. b), und
- (mit Ausnahme der Kapitel II und III) auf Unterhaltspflichten zwischen Ehegatten und früheren Ehegatten (lit. c).

200 Jeder Vertragsstaat kann sich gem. Art. 2 Abs. 2 HUntVollstrÜbk nach Art. 62 HUntVollstrÜbk das Recht **vorbehalten**, die Anwendung des HUntVollstrÜbk in Bezug auf Art. 2 Abs. 1 lit. a HUntVollstrÜbk auf Personen zu beschränken, die das 18. Lebensjahr noch nicht vollendet haben. Ein Vertragsstaat, der einen solchen Vorbehalt anbringt, ist nicht berechtigt, die Anwendung des HUntVollstrÜbk auf Personen der Altersgruppe zu verlangen, die durch seinen Vorbehalt ausgeschlossen wird. Gemäß Art. 2 Abs. 3 HUntVollstrÜbk kann jeder Vertragsstaat nach Art. 63 HUntVollstrÜbk auch erklären, dass er die Anwendung des gesamten HUntVollstrÜbk oder eines Teiles davon auf andere Unterhaltspflichten aus Beziehungen der Familie, Verwandtschaft, Ehe oder Schwägerschaft, einschließlich insbesondere der Pflichten gegenüber schutzbedürftigen Personen, erstrecken wird. Durch eine solche Erklärung werden Verpflichtungen zwischen zwei Vertragsstaaten nur begründet, soweit ihre Erklärungen dieselben Unterhaltspflichten und dieselben Teile des Übereinkommens betreffen. Das HUntVollstrÜbk ist nach seinem Art. 2 Abs. 4 unabhängig vom Zivilstand der Eltern auf die Kinder anzuwenden.

3. Regelungsgehalt

201 Das 2. Kapitel (Art. 4 bis 8) des HUntVollstrÜbk regelt die **Zusammenarbeit auf Verwaltungsebene** durch die Zentralen Behörden, das 3. Kapitel (Art. 9 bis 17) des HUntVollstrÜbk die **Anträge über die Zentralen Behörden** – nämlich (Art. 10 bis 31 HUntVollstrÜbk) auf
- Anerkennung oder Anerkennung und Vollstreckung einer Entscheidung;
- Vollstreckung einer im ersuchten Staat ergangenen oder anerkannten Entscheidung;
- Herbeiführen einer Entscheidung im ersuchten Staat, wenn keine Entscheidung vorliegt, einschließlich, soweit erforderlich, der Feststellung der Abstammung;
- Herbeiführen einer Entscheidung im ersuchten Staat, wenn die Anerkennung und Vollstreckung einer Entscheidung nicht möglich ist oder mangels Grundlage für eine Anerkennung und Vollstreckung nach Art. 20 oder aus den in Art. 22 lit. b oder e HUntVollstrÜbk genannten Gründen verweigert wird;
- Änderung einer im ersuchten Staat ergangenen Entscheidung; bzw.
- Änderung einer Entscheidung, die in einem anderen als dem ersuchten Staat ergangen ist.

202 Das 4. Kapitel (Art. 18) des HUntVollstrÜbk regelt die **Einschränkungen bei der Verfahrenseinleitung**, das 5. Kapitel (Art. 19 ff.) des HUntVollstrÜbk die **Anerkennung und**

Vollstreckung. Dabei wird nach Art. 20 Abs. 1 HUntVollstrÜbk (**Grundlagen für die Anerkennung und Vollstreckung**) eine in einem Vertragsstaat („Ursprungsstaat") ergangene Entscheidung in den anderen Vertragsstaaten anerkannt und vollstreckt, wenn
– der Antragsgegner zur Zeit der Einleitung des Verfahrens seinen gewöhnlichen Aufenthalt im Ursprungsstaat hatte (lit. a);
– sich der Antragsgegner der Zuständigkeit der Behörde entweder ausdrücklich oder dadurch unterworfen hatte, dass er sich, ohne bei der ersten sich dafür bietenden Gelegenheit die Unzuständigkeit geltend zu machen, in der Sache selbst eingelassen hatte (lit. b);
– die berechtigte Person zur Zeit der Einleitung des Verfahrens ihren gewöhnlichen Aufenthalt im Ursprungsstaat hatte (lit. c);
– das Kind, für das Unterhalt zugesprochen wurde, zur Zeit der Einleitung des Verfahrens seinen gewöhnlichen Aufenthalt im Ursprungsstaat hatte, vorausgesetzt, dass der Antragsgegner mit dem Kind in diesem Staat zusammenlebte oder in diesem Staat seinen Aufenthalt hatte und für das Kind dort Unterhalt geleistet hat (lit. d);
– über die Zuständigkeit eine schriftliche Vereinbarung zwischen den Parteien getroffen worden war, sofern nicht der Rechtsstreit Unterhaltspflichten gegenüber einem Kind zum Gegenstand hatte (lit. e); oder
– die Entscheidung durch eine Behörde ergangen ist, die ihre Zuständigkeit in Bezug auf eine Frage des Personenstands oder der elterlichen Verantwortung ausübt, es sei denn, diese Zuständigkeit ist einzig auf die Staatsangehörigkeit einer der Parteien gestützt worden (lit. f).

Die Anerkennung und Vollstreckung können nach Art. 22 HUntVollstrÜbk nur **verweigert**   203
werden, wenn
– die Anerkennung und Vollstreckung der Entscheidung mit der öffentlichen Ordnung (*ordre public*) des Vollstreckungsstaates offensichtlich unvereinbar sind (lit. a);
– die Entscheidung das Ergebnis betrügerischer Machenschaften im Verfahren ist (lit. b);
– ein denselben Gegenstand betreffendes Verfahren zwischen denselben Parteien vor einer Behörde des Vollstreckungsstaates anhängig und als erstes eingeleitet worden ist (lit. c);
– die Entscheidung unvereinbar ist mit einer Entscheidung, die zwischen denselben Parteien über denselben Gegenstand entweder im Vollstreckungsstaat oder in einem anderen Staat ergangen ist, sofern diese letztgenannte Entscheidung die Voraussetzungen für die Anerkennung und Vollstreckung im Vollstreckungsstaat erfüllt (lit. d);
– in den Fällen, in denen der Antragsgegner im Verfahren im Ursprungsstaat weder erschienen noch vertreten worden ist, der Antragsgegner, sofern das Recht des Ursprungsstaates eine Benachrichtigung vom Verfahren vorsieht, nicht ordnungsgemäß vom Verfahren benachrichtigt worden ist und nicht Gelegenheit hatte, gehört zu werden, oder der Antragsgegner, sofern das Recht des Ursprungsstaates keine Benachrichtigung vom Verfahren vorsieht, nicht ordnungsgemäß von der Entscheidung benachrichtigt worden ist und nicht die Möglichkeit hatte, in tatsächlicher und rechtlicher Hinsicht diese anzufechten oder ein Rechtsmittel dagegen einzulegen (lit. e); oder
– die Entscheidung unter Verletzung des Art. 18 HUntVollstrÜbk ergangen ist.

4. Konkurrenzen

Im Verhältnis zwischen den Vertragsstaaten ersetzt das HUntVollstrÜbk nach seinem   204
Art. 48 vorbehaltlich des Art. 56 Abs. 2 HUntVollstrÜbk das **Haager Übereinkommen vom 2.10.1973** über die Anerkennung und Vollstreckung von Unterhaltsentscheidungen (HUntÜ, siehe Rdn 247 ff.) und das **Haager Übereinkommen vom 15.4.1958** über die Anerkennung und Vollstreckung von Entscheidungen auf dem Gebiet der Unterhaltspflicht

gegenüber Kindern (HKindUntÜ, siehe Rdn 261 ff.), soweit ihr Anwendungsbereich zwischen diesen Staaten mit demjenigen des HUntVollstrÜbk übereinstimmt.

205 Im Verhältnis zwischen den Vertragsstaaten ersetzt das HUntVollstrÜbk nach seinem Art. 49 das **Übereinkommen der Vereinten Nationen vom 20.6.1956** über die Geltendmachung von Unterhaltsansprüchen im Ausland, soweit sein Anwendungsbereich zwischen diesen Staaten dem Anwendungsbereich dieses Übereinkommens entspricht.

206 Nach Art. 51 HUntVollstrÜbk lässt das Übereinkommen vor dem Übereinkommen geschlossene **internationale Übereinkünfte** unberührt, denen Vertragsstaaten als Vertragsparteien angehören und die Bestimmungen über im HUntVollstrÜbk geregelte Angelegenheiten enthalten. Jeder Vertragsstaat kann mit einem oder mehreren Vertragsstaaten Vereinbarungen, die Bestimmungen über in diesem Übereinkommen geregelte Angelegenheiten enthalten, schließen, um die Anwendung des HUntVollstrÜbk zwischen ihnen zu verbessern, vorausgesetzt, dass diese Vereinbarungen mit Ziel und Zweck des HUntVollstrÜbk in Einklang stehen und die Anwendung des Übereinkommens im Verhältnis zwischen diesen Staaten und anderen Vertragsstaaten unberührt lassen. Dies gilt auch für **Gegenseitigkeitsvereinbarungen** und **Einheitsrecht**, die auf besonderen Verbindungen zwischen den betroffenen Staaten beruhen. Das HUntVollstrÜbk lässt die Anwendung von nach dem Abschluss des HUntVollstrÜbk angenommenen **Rechtsinstrumenten einer Organisation der regionalen Wirtschaftsintegration**, die Vertragspartei des HUntVollstrÜbk ist, in Bezug auf im Übereinkommen geregelte Angelegenheiten unberührt, vorausgesetzt, dass diese Rechtsinstrumente die Anwendung des Übereinkommens im Verhältnis zwischen den Mitgliedstaaten der Organisation der regionalen Wirtschaftsintegration und anderen Vertragsstaaten unberührt lassen.

207 Nach dem in Art. 52 HUntVollstrÜbk zum Ausdruck kommenden **Grundsatz der größten Wirksamkeit** steht das HUntVollstrÜbk der Anwendung von Abkommen, Vereinbarungen oder sonstigen internationalen Übereinkünften, die zwischen einem ersuchenden Staat und einem ersuchten Staat in Kraft sind, oder im ersuchten Staat in Kraft befindlichen Gegenseitigkeitsvereinbarungen nicht entgegen, in denen Folgendes vorgesehen ist:
- weitergehende Grundlagen für die Anerkennung von Unterhaltsentscheidungen (unbeschadet des Art. 22 lit. f HUntVollstrÜbk);
- vereinfachte und beschleunigte Verfahren in Bezug auf einen Antrag auf Anerkennung oder Anerkennung und Vollstreckung von Unterhaltsentscheidungen;
- eine günstigere juristische Unterstützung als die in den Art. 14 bis 17 HUntVollstrÜbk vorgesehene; oder
- Verfahren, die es einem Antragsteller in einem ersuchenden Staat erlauben, einen Antrag unmittelbar bei der Zentralen Behörde des ersuchten Staates zu stellen.

208 Das HUntVollstrÜbk hat für EU-Mitgliedstaaten, sofern sie diesem beitreten, vornehmlich Bedeutung im Verhältnis zu Drittstaaten (vgl. Art. 69 Abs. 2 UnterhaltsVO).

5. Inkrafttreten

209 Nach seinem Art. 60 tritt das HUntVollstrÜbk drei Monate nach Hinterlegung der entsprechenden Ratifikations-, Annahme- oder Genehmigungsurkunde von zwei Vertragsstaaten in Kraft. Zum 1.8.2014 trat das Übereinkommen für alle EU-Staaten außer Dänemark in Kraft. Es ist weiterhin in den Vertragsstaaten Albanien, Bosnien und Herzegowina, Norwegen sowie in der Ukraine in Kraft getreten und tritt zum 1.1.2017 auch für Montenegro in Kraft. Weiterer Unterzeichnerstaat sind die USA.

XI. Das Haager Unterhaltsprotokoll (HUntProt)

Literatur

Andrae, Zum Beitritt der Europäischen Gemeinschaft zum Haager Protokoll über Unterhaltsrecht, GPR 2010, 196; *Andrae*, Zum Verhältnis der Haager Unterhaltskonvention 2007 und des Haager Protokolls zur geplanten EU-Unterhaltsverordnung, FPR 2008, 196; *Andrae*, Kommentierung des HUntStProt 2007, in: Rauscher, Europäisches Zivilprozess- und Kollisionsrecht, EuZPR/EuIPR, 4. Aufl. 2015; *Arnold*, Entscheidungseinklang und Harmonisierung im internationalen Unterhaltsrecht, IPRax 2012, 311; *Boele-Woelki/Mom*, Vereinheitlichung des internationalen Unterhaltsrechts in der Europäischen Union – ein historischer Schritt, FPR 2010, 485; *Bonomi*, Rapport explicatif sur le Protocole de La Haye du 23 novembre 2007 sur la loi applicable aux obligations alimentaires (abrufbar unter http://www.hcch.net/index_fr.php?act=publications.detail&pid=4898); *Conti/Biß-maier*, Das neue Haager Unterhaltsprotokoll von 2007, FamRBint 2011, 62; *Eßer*, Der Erlass weitge-hender Formvorschriften im Rahmen des Haager Unterhaltsprotokolls durch die Mitgliedstaaten der EU, IPRax 2013, 399; *Gruber*, Das Haager Protokoll zum internationalen Unterhaltsrecht, in FS für Spellenberg, 2010, S. 296; *Gruber*, Kommentierung des Haager Unterhaltsprotokolls, in: NK-BGB, Rom-Verordnungen (hrsg. von Hüßtege/Mansel), Bd. 6, 2. Aufl. 2015, S. 741 ff.; *Henrich*, Rechtswahl im Unterhaltsrecht nach dem Haager Protokoll, in Roth (Hrsg.), Die Wahl ausländischen Rechts im Familien- und Erbrecht, 2013, 53; *Hirsch*, Neues Haager Unterhaltsübereinkommen – Erleichterte Geltendmachung und Durchsetzung von Unterhaltsansprüchen über Ländergrenzen hinweg, FamRBint 2008, 70; *Hirsch*, Das neue Haager Unterhaltsübereinkommen und das Haager Protokoll über das auf Unterhaltspflichten anzuwendende Recht, in: Europäisches Unterhaltsrecht – 8. Göttin-ger Workshop zum Familienrecht 2009, 2010; *Janzen*, Die neuen Haager Übereinkünfte zum Unter-haltsrecht und die Arbeiten an einer EG-Unterhaltsverordnung, FPR 2008, 218; *Lehmann*, Das neue Unterhaltskollisionsrecht – im Irrgarten zwischen Brüssel und Den Haag, GPR 2014, 342; *Looschel-ders/Boos*, Das grenzüberschreitende Unterhaltsrecht in der internationalen und europäischen Ent-wicklung, FamRZ 2006, 374; *Mankowski*, Hängepartie dank Kodifikationspolitik, FamRZ 2010, 1487; *Martiny*, Grenzüberschreitende Unterhaltsdurchsetzung nach europäischem und internationalem Recht, FamRZ 2008, 1681; *Ring*, Das auf die Unterhaltspflicht gegenüber Kindern anzuwendende Recht nach dem HKindUntÜ, ZFE 2008, 130; *Ring*, Materiell-rechtliche Berücksichtigung des Aus-landsbezugs bei Geltendmachung von Kindesunterhalt nach dem HUP, FPR 2013, 15.

1. Regelungsgehalt und Konkurrenzen

Das „Haager Protokoll über das auf Unterhaltspflichten anzuwendende Recht vom 23.11.2007" (**Haager Unterhaltsprotokoll** – fortan: **HUntProt**)[192] – in der Begrifflichkeit missverständlich, da es sich in Bezug auf das Haager Übereinkommen 2007 um ein **eigen-ständiges Abkommen** (und keinen bloßen Annex) handelt[193] (und dem HUntProt nach Art. 23 Abs. 3 HUntProt auch Staaten und Organisationen beitreten können, die das Haager Übereinkommen 2007 nicht gezeichnet haben)[194] – hat seit dem 18.6.2010 das Haager Übereinkommen über das auf Unterhaltspflichten anzuwendende Recht vom 2.10.1973 (**HUntÜ 1973**; siehe Rdn 247 ff.),[195] das teilweise auf Kritik gestoßen war,[196] **abgelöst**.

210

---

192 ABl EG Nr. L 331 vom 16.12.2009, S. 19.

193 NK-BGB/*Gruber*, Haager Unterhaltsprotokoll, Vor Art. 1 Rn 7: Gleichwohl soll mit der Begrifflich-keit der enge Kontext mit dem Haager Übereinkommen 2007 aufgezeigt werden.

194 Bamberger/Roth/*Heiderhoff*, Art. 18 EGBGB Rn 1: Bezeichnung soll nur andeuten, dass ein Zusam-menwirken mit dem parallel verabschiedeten HUntVollstrÜbk erwünscht ist.

195 BGBl 1986 II, 837.

196 Dazu näher NK-BGB/*Gruber*, Haager Unterhaltsprotokoll, Vor Art. Rn 2: zu starke Fokussierung auf den gewöhnlichen Aufenthalt und die Staatsangehörigkeit anstelle einer primären – oder gar ausschließ-lichen – Anknüpfung an die lex fori; nicht mehr sachgerechte Sonderanknüpfung für den Nachschei-dungsunterhalt; bzw. Rechtswahl werde kein Raum gewährt.

211　Das HUntProt regelt als EU-Recht („Teilstück der EU-UnterhaltsVO")[197] umfassend die **Anknüpfung des Unterhaltsstatuts** zwischen dem Unterhaltsberechtigten (Anspruchsteller) und dem Unterhaltsverpflichteten (Anspruchsgegner) und verdrängt damit bspw. Art. 17 und Art. 21 EGBGB.

212　Der Europäische Rat hat mit Beschl. v. 30.11.2009 von der Möglichkeit des Art. 24 HUntProt (Möglichkeit des Beitritts von Organisationen der regionalen Wirtschaftsintegration) Gebrauch gemacht. Die Zeichnung hat am 8.4.2010 stattgefunden, womit das Protokoll (mit Ausnahme des Vereinigten Königreichs und Dänemarks) für alle EU-Mitgliedstaaten Geltung beanspruchen kann, die aber auch noch separat beitreten oder von einem Beitritt Abstand nehmen können. Wenngleich das HUntProt in **Dänemark** und **Großbritannien** nicht gilt, ist es (da es Gegenseitigkeit nicht voraussetzt) auch im Verhältnis zu Dänemark und Großbritannien anzuwenden.[198]

213　Nach Art. 76 Abs. 3 UnterhaltsVO ist ihre Anwendbarkeit vom 18.6.2011 davon abhängig gemacht worden, dass spätestens zu diesem Zeitpunkt auch das HUntProt in der EU anwendbar ist (Kopplung). Da am 18.6.2011 aber neben der EU (als Vertragsstaat in diesem Kontext)[199] noch kein einziger weiterer Staat dem HUntProt beigetreten war – dieses damit nach seinem Art. 25 noch nicht in Kraft getreten war (Voraussetzung für ein Inkrafttreten ist die Ratifikation durch zwei Vertragsstaaten) –, hat die EU von der vorsorglich geschaffenen Möglichkeit Gebrauch gemacht, das HUntProt nach Art. 4 des EU-Ratsbeschlusses vom 30.11.2009 **vorläufig ab dem 18.6.2011** (nicht nur im Verhältnis zwischen den EU-Mitgliedstaaten, sondern „allseitig"[200]) **in Kraft zu setzen** (vorläufige interne Geltung in der EU). Infolge Art. 5 des Ratsbeschlusses wurde auch die **zeitliche Anwendbarkeit** des Protokolls, die sich nach Art. 22 HUntProt richtet, vorverlagert mit der Folge, dass für Unterhaltsverfahren, die **nach dem 18.6.2011 eingeleitet** werden, auch für vorher entstandene Unterhaltsansprüche in den EU-Mitgliedstaaten das HUntProt zur Anwendung gelangt.[201] Das HUntProt ist für die EU-Staaten – einschließlich Großbritannien, aber mit Ausnahme von Dänemark – zum 1.8.2014 endgültig in Kraft getreten. Weitere Vertragsstaaten, in denen das HUntProt zwischenzeitlich in Kraft getreten ist, sind Albanien, Bosnien und Herzegowina, Norwegen und die Ukraine. In Montenegro tritt das HUntProt zum 1.1.2017 in Kraft. Weiterer Unterzeichnerstaat sind die USA. Augrund eines bilateralen Abkommens ist das HUntProt zum 1.8.2013 zwischen der EU und Serbien in Kraft getreten.

214　**Hinweis:** Unter Berücksichtigung von Art. 22 HUntProt (Übergangsregelung) und Art. 5 des Ratsbeschlusses gilt für **vor dem 18.6.2011 eingeleitete Verfahren** – wobei für die Einleitung die Einreichung des verfahrenseinleitenden Schriftstücks beim Gericht (vgl. Art. 9 UnterhaltsVO) maßgeblich ist[202] – Folgendes: Das HUntProt gilt für Unterhaltspflichten, die nach seinem Inkrafttreten entstehen. Für vorher entstandene Unterhaltspflichten gilt das alte Kollisionsrecht – d.h. das HUntÜ 1973 (siehe Rdn 247 ff.) – fort.[203]

197　Bamberger/Roth/*Heiderhoff*, Art. 17 EGBGB Rn 8.
198　Bamberger/Roth/*Heiderhoff*, Art. 18 EGBGB Rn 9.
199　*Mankowski*, FamRZ 2010, 1497.
200　Bamberger/Roth/*Heiderhoff*, Art. 18 EGBGB Rn 8.
201　NK-BGB/*Gruber*, Haager Unterhaltsprotokoll, Art. 22 Rn 2: womit, sofern das Haager Protokoll ein anderes Recht zur Anwendung gelangen lässt als das früher geltende Kollisionsrecht, eine Unterhaltspflicht zwar entfallen, nicht aber nachträglich neu entstehen kann; kritsch dazu *Andrae*, GPR 2010, 196, 199.
202　Bamberger/Roth/*Heiderhoff*, Art. 18 EGBGB Rn 11.
203　Bamberger/Roth/*Heiderhoff*, Art. 18 EGBGB Rn 11; *Andrae*, Art. 15 UnterhaltsVO Rn 20.

Durch den Beitritt der EU zum HUntProt ist dieses Bestandteil des europäischen Gemein-   215
schaftsrechts geworden mit der Folge, dass die Möglichkeit von **Vorabentscheidungsver-
fahren** nach Art. 267 AEUV zum EuGH eröffnet ist.[204]

Durch den in Art. 15 UnterhaltsVO (siehe Rdn 158) erfolgten Verweis sind die EU-Mit-   216
gliedstaaten im Hinblick auf das auf Unterhaltspflichten anwendbare Recht an das HUnt-
Prot **gebunden (Inkorporation in das EU-Recht**[205] [Teilstück der UnterhaltsVO][206] – mit
der Folge, dass es in Deutschland wie EU-Recht zu behandeln ist)[207] – womit die EU von
einer eigenständigen Regelung des Unterhaltskollisionsrechts Abstand genommen hat.[208]

Im „**Verhältnis zwischen den Vertragsstaaten**" ersetzt das HUntProt nach seinem **Art. 18**   217
das Haager Übereinkommen vom 2.10.1973 über das auf Unterhaltspflichten anzuwen-
dende Recht (**HUntÜ 1973**, siehe Rdn 247 ff.) und das Haager Übereinkommen vom
24.10.1956 über das auf Unterhaltsverpflichtungen gegenüber Kindern anzuwendende
Recht (**HKindUntÜ**, siehe Rdn 261 ff.).

Thorn[209] weist darauf hin, dass das Protokoll die beiden alten Haager Übereinkommen   218
– sowohl das HUntÜ (1973, siehe Rdn 247 ff.) als auch das HKindUntÜ (1956, siehe
Rdn 261 ff.) – aufgrund völkerrechtlicher Bindungen aber nur im Verhältnis zu den Vertragsstaaten verdrängt, die auch das Protokoll ratifiziert haben. Ansonsten bleiben HUntÜ
und HKindUntÜ für die Übergangszeit anwendbar.[210] Im Unterschied zum HUntÜ ist das
HUntProt stärker auf die Anwendbarkeit der *lex fori* ausgerichtet,[211] wohingegen es zu
einer Zurückdrängung der hilfsweisen Anknüpfung an der Staatsangehörigkeit gekommen
ist.[212] *Heiderhoff*[213] bewertet daher das HUntProt als „**unterhaltsfreundlich**", weshalb es
auch in diesem Sinne **auszulegen** sei.

Der **Anwendungsbereich** des HUntProt ist im Interesse einer Zusammenfassung aller   219
familienrechtlicher Unterhaltsansprüche in einer Regelung umfassend, was auch im **weiten
Unterhalts-**[214] **und Familienbegriff**[215] (unter Einbeziehung gleichgeschlechtlicher und
nichtehelicher Lebensgemeinschaften) zum Ausdruck kommt.[216]

---

204 NK-BGB/*Gruber*, Anhang zu Art. 18 EGBGB: Haager Unterhaltsprotokoll, Vor Art. 1 Rn 14.
205 Womit für die Auslegung in allen EU-Mitgliedstaaten nach Art. 267 AEUV allein der EuGH zuständig
    ist, Bamberger/Roth/*Heiderhoff*, Art. 18 EGBGB Rn 10 – der (zwecks Eröffnung einer weltweiten
    Vereinheitlichung) gem. Art. 20 HUntProt konventionsautonom auszulegen hat.
206 Bamberger/Roth/*Heiderhoff*, Art. 18 EGBGB Rn 5.
207 Bamberger/Roth/*Heiderhoff*, Art. 18 EGBGB Rn 5.
208 Bamberger/Roth/*Heiderhoff*, Art. 18 EGBGB Rn 2.
209 Palandt/*Thorn*, HUntProt Rn 53.
210 Palandt/*Thorn*, HUntProt Rn 53 unter Bezugnahme auf Unklarheiten bei *Bonomi*, Report zum Haager
    Unterhaltsprotokoll vom 23.11.2007, Rn 196 f.; a.A. *Gruber*, FamRZ 2013, 1374, 1375 unter Bezug-
    nahme auf Art. 19 HUntÜ.
211 Bamberger/Roth/*Heiderhoff*, Art. 18 EGBGB Rn 3: „sehr viel deutlicher".
212 Dies begrüßend *Andrae*, in: Rauscher, Europäisches Zivilprozessrecht/Europäisches Internationales
    IPR, Art. 5 HUntProt Rn 7.
213 Bamberger/Roth/*Heiderhoff*, Art. 18 EGBGB Rn 3.
214 Dazu Bamberger/Roth/*Heiderhoff*, Art. 18 EGBGB Rn 22 ff.
215 Dazu Bamberger/Roth/*Heiderhoff*, Art. 18 EGBGB Rn 31 ff.
216 Bamberger/Roth/*Heiderhoff*, Art. 18 EGBGB Rn 20.

220   **Hinweis:** Nach Art. 19 HUntProt geht die Kollisionsregel des Art. 8 Abs. 3 (i.V.m. Ziff. 1 Abs. 3 des Schlussprotokolls)[217] des immer noch geltenden[218] **deutsch-iranischen Niederlassungsabkommens**[219] (Niederlassungsabkommen zwischen dem Deutschen Reich und dem Kaiserreich Persien vom 17.2.1929)[220] – das allerdings die gleiche Staatsangehörigkeit der Beteiligten im Hinblick auf die Ehescheidung rein iranischer Ehen in Deutschland und rein deutscher Ehen im Iran (wobei ein Verweis auf das jeweilige Heimatrecht [Sachrecht] der Beteiligten erfolgt)[221] voraussetzt[222] (mithin dass beide sich in Deutschland aufhaltende Ehegatten nur die iranische bzw. umgekehrt beide sich im Iran aufhaltende Ehegatten nur die deutsche Staatsangehörigkeit besitzen) – dem HUntProt vor. Art. 8 Abs. 3 S. 1 des deutsch-iranischen Niederlassungsabkommens normiert eine Kollisionsregel – auch hinsichtlich des **Güterstatuts**, wobei eine Anknüpfung an das gemeinsame Heimatrecht erfolgt. Unterliegen die Beteiligten hingegen einem unterschiedlichen Personalstatut (gemischtnationale Ehen), gilt das HUntProt.[223] Im Falle einer mehrfachen Staatsangehörigkeit ist die effektive Staatsangehörigkeit maßgeblich.[224] Nach Art. 8 Abs. 3 S. 2 des Abkommens kann die Anwendung des Heimatrechts der Ehepartner vom Aufenthaltsstaat nur ausnahmsweise und nur dann ausgeschlossen werden, wenn der Ausschluss allgemein gegenüber einem jeden anderen fremden Staat erfolgt (z.B. bei Verletzung des deutschen *ordre public*).

2. Anwendungsbereich

221   Das HUntProt bestimmt nach seinem Art. 1 Abs. 1 das auf solche Unterhaltspflichten anzuwendende Recht, die sich aus Beziehungen der Familie, Verwandtschaft, Ehe[225] oder Schwägerschaft (Begriffe, die weit auszulegen sind)[226] ergeben, einschließlich der Unterhaltspflichten gegenüber einem Kind, ungeachtet des Familienstands seiner Eltern[227] (**sachlicher Anwendungsbereich**).

---

217 „Die vertragsschließenden Staaten sind sich darüber einig, dass das Personen-, Familien- und Erbrecht, das heißt das Personalstatut, die folgenden Angelegenheiten umfasst: Ehe, eheliche Abstammung, Annahme an Kindes statt, Geschäftsfähigkeit, Volljährigkeit, Vormundschaft und Pflegschaft, Entmündigung, testamentarische und gesetzliche Erbfolge, Nachlassabwicklungen und Erbauseinandersetzungen, ferner alle anderen Angelegenheiten des Familienrechts unter Einschluss aller den Personenstand betreffenden Fragen."

218 Bekanntmachung vom 15.8.1955 (BGBl II, 829).

219 Näher *Finger*, FuR 1999, 58 ff., 198 ff., 215 ff.; *Schotten/Wittkowski*, FamRZ 1995, 264.

220 RGBl 1930 II, 1002, 1006; BGBl 1955 II, 899.

221 Bamberger/Roth/*Heiderhoff*, Art. 17 EGBGB Rn 6.

222 BGH NJW 1990, 636.

223 Bamberger/Roth/*Heiderhoff*, Art. 18 EGBGB Rn 17 unter Bezugnahme auf *Andrae*, Art. 18 HUntProt Rn 5.

224 Bamberger/Roth/*Heiderhoff*, Art. 18 EGBGB Rn 17.

225 Das HUntProt ist im Hinblick auf gleichgeschlechtliche Lebenspartnerschaften und Ehen (anders noch als das HUntÜ) offen mit der Folge, dass die Staaten das HUntProt auf entsprechende Ansprüche anwenden können oder auch nicht, so NK-BGB/*Gruber*, Haager Unterhaltsprotokoll, Art. 1 Rn 9 ff. Vgl. auch Bamberger/Roth/*Heiderhoff*, Art. 18 EGBGB Rn 33: „Denn jedenfalls innerhalb der EU lässt das Diskriminierungsverbot einen Ausschluss der Ansprüche gleichgeschlechtlicher Partner aus dem Anwendungsbereich des HUntProt nicht zu." Erfasst werden auch Unterhaltsansprüche in nichtehelichen Lebensgemeinschaften: so Bamberger/Roth/*Heiderhoff*, Art. 18 EGBGB Rn 35 f.

226 *Andrae*, Art. 1 HUntProt Rn 5 ff.

227 Unterhaltsansprüche aus ehelicher und nichtehelicher Abstammung, Adoption, auch solche des Pflegekindes: so Bamberger/Roth/*Heiderhoff*, Art. 18 EGBGB Rn 32.

Das Protokoll erfasst **Unterhaltsvereinbarungen**[228] nur, wenn sie sich auf die gesetzliche Unterhaltspflicht beziehen,[229] d.h. wenn eine vertraglich vereinbarte Unterhaltsverpflichtung an die Stelle eines gesetzlichen familienrechtlichen Anspruchs tritt.[230] **Vorfragen** im Hinblick auf familienrechtliche Verhältnisse können entweder nach Maßgabe des HUntProt oder auch weiterhin selbstständig (national) entschieden werden.[231] Die in Anwendung des HUntProt ergangenen Entscheidungen lassen gem. Art. 1 Abs. 2 HUntProt die Frage des Bestehens einer der in Abs. 1 genannten Beziehungen unberührt (keine Präjudizwirkung für spätere Statusklagen).[232]   222

Das HUntProt ist nach seinem Art. 2 **allseitig**, d.h. auch dann anzuwenden, wenn das darin bezeichnete Recht dasjenige eines Nichtvertrags-(Dritt-)Staates ist (**universelle Anwendung**).   223

3. Anzuwendendes Recht

Zentrale Kollisionsnormen sind Art. 3 Abs. 1 und Art. 4 Abs. 3 HUntProt. Soweit im HUntProt nichts anderes bestimmt ist, ist nach Art. 3 Abs. 1 HUntProt (ebenso wie schon nach dem HUntÜ, siehe Rdn 247 ff.) als **Grundnorm für die Anknüpfung** für Unterhaltspflichten (allerdings vorbehaltlich der Sonderanknüpfungsregel des Art. 4 Abs. 3 HUntProt: *lex fori* bei Vorliegen der Vorausetzungen des Art. 4 Abs. 1 HUntProt, d.h. wenn ein Unterhaltsberechtigter [i.S.d. in Art. 4 HUntProt genannten berechtigten Personen – **qualifizierte Unterhaltsberechtigte**] im Aufenthaltsstaat des Unterhaltspflichtigen klagt) das (materielle Unterhalts-)Recht des Staates maßgebend (**Sachnormverweisung**),[233] in dem die berechtigte Person ihren **gewöhnlichen Aufenthalt** hat (**Regelanknüpfung**).   224

Von der Grundnorm des Art. 3 Abs. 1 HUntProt besteht   225
- die Möglichkeit einer **Ersatzanknüpfung** nach Maßgabe von Art. 4 Abs. 2 und 4 HUntProt (*lex fori* bzw. Recht des Staates, dem die berechtigte und die verpflichtete Person gemeinsam angehören),
- im Hinblick auf Unterhaltsansprüche zwischen Ehegatten die **Auflockerungsregel** des Art. 5 HUntProt,
- die **Einrede** nach Art. 6 HUntProt bzw.
- die Möglichkeit einer **Rechtswahl** nach Art. 7 oder 8 HUntProt.

---

228 Wohingegen vertragliche Unterhaltsansprüche vom HUntProt grundsätzlich nicht erfasst werden: so Bamberger/Roth/*Heiderhoff*, Art. 18 EGBGB Rn 37.
229 NK-BGB/*Gruber*, Haager Unterhaltsprotokoll, Art. 1 Rn 12.
230 Bamberger/Roth/*Heiderhoff*, Art. 18 EGBGB Rn 38. Vor allem gilt dies für Unterhaltsansprüche in Scheidungsvereinbarungen: Staudinger/*Mankowski*, Anhang I, Rn 26.
231 Zur Anknüpfung von Vorfragen: NK-BGB/*Gruber*, Haager Unterhaltsprotokoll, Art. 1 Rn 30 ff. Teilweise wird – so Bamberger/Roth/*Heiderhoff*, Art. 18 EGBGB Rn 113 – auf der Grundlage von Art. 1 Abs. 3 HUntProt sowie wegen des staatsvertraglichen Charakters des Protokolls für Vorfragen eine unselbstständige Anknüpfung vertreten, was für Vorfragen zur Anwendung des vom IPR des Unterhaltsstatuts zur Anwendung berufenen Rechts führt (vgl. etwa OLG Frankfurt/M. FamRZ 2012, 502, 503). Teils soll es für das HUntProt zu einer selbstständigen Anknüpfung kommen – dies präferierend Bamberger/Roth/*Heiderhoff*, Art. 18 EGBGB Rn 117 ff.: „Für diese spricht der Aspekt des internationalen Entscheidungsgleichklangs bzw. das Interesse an Gleichbehandlung familienrechtlicher Beziehungen in unterschiedlichen Kontexten" Bamberger/Roth/*Heiderhoff*, Art. 18 EGBGB Rn 113) – ebenso wie dies auch dem außerhalb von Staatsverträgen Üblichen entspricht.
232 NK-BGB/*Gruber*, Haager Unterhaltsprotokoll, Art. 1 Rn 28.
233 Bamberger/Roth/*Heiderhoff*, Art. 18 EGBGB Rn 41.

226   Bei der **Auslegung** der Begriffs „**gewöhnlicher Aufenthalt**" ist nach Art. 20 HUntProt dem internationalen Charakter und der Notwendigkeit, seine einheitliche Anwendung zu fördern, Rechnung zu tragen (**autonome Auslegung**). „Gewöhnlicher Aufenthalt" ist i.S.d. faktischen Lebensmittelpunkts zu verstehen.[234] Wechselt die berechtigte Person ihren gewöhnlichen Aufenthalt, so ist vom Zeitpunkt des Aufenthaltswechsels an (d.h. ex nunc) das Recht des Staates (Unterhaltsstatut) des neuen gewöhnlichen Aufenthalts anzuwenden (Art. 3 Abs. 2 HUntProt – Wechsel des anwendbaren Rechts).

227   Art. 4 HUntProt trifft **Sonderregelungen** zugunsten bestimmter berechtigter Personen in Bezug auf Unterhaltspflichten der Eltern gegenüber ihren Kindern sowie anderer Personen als der Eltern gegenüber Personen, die das 21. Lebensjahr noch nicht vollendet haben (mit Ausnahme der Unterhaltspflichten aus den in Art. 5 HUntProt genannten Beziehungen), ferner der Kinder gegenüber ihren Eltern (wobei das Gericht das für die Parteien günstigere Recht von Amts wegen anzuwenden hat)[235] – und zwar
– in Abs. 2 und 4 eine **Ersatzanknüpfung** zugunsten des Berechtigten; bzw.
– in Abs. 3 eine **Sonderanknüfungsregel** bei einer Klage am gewöhnlichen Aufenthalt des Verpflichteten.

228   Unterhaltsansprüche aus der **Ehe** unterfallen vorrangig auch dann Art. 5 HUntProt, wenn der Ehegatte jünger als 21 Jahre ist.[236]

229   Kann eine entsprechende nach Art. 4 Abs. 1 HUntProt berechtigte Person nach dem in Art. 3 HUntProt vorgesehenen Recht (des gewöhnlichen Aufenthalts) von der verpflichteten Person keinen Unterhalt erhalten, so ist als **Ersatzanknüpfung** das am Ort des angerufenen Gerichts geltende Recht anzuwenden (**Art. 4 Abs. 2 HUntProt** – *lex fori* als Ausweichsrechtsordnung).[237] Kann die berechtigte Person nach dem in Art. 3 HUntProt (Aufenthaltsstatut) und in Art. 4 Abs. 2 und 3 HUntProt vorgesehenen Recht (*lex fori*) von der verpflichteten Person keinen Unterhalt erhalten, so ist gemäß der **Ersatzanküpfung** nach **Art. 4 Abs. 4 HUntProt** ggf. das Recht des Staates anzuwenden, dem die berechtigte und die verpflichtete Person gemeinsam angehören (Anknüpfung an die gemeinsame Staatsangehörigkeit – gemeinsames Heimatrecht als Ausweichsrechtsordnung).[238] Bei Mehrstaatlern ist (weil Ziel ein verbesserter Schutz des Unterhaltsberechtigten ist) nicht auf die effektive Staatsangehörigkeit abzustellen.[239] Bei Staatenlosen ist an den Aufenthalt anzuknüpfen.[240] Gegen eine Ersatzanknüpfung kann die **Einrede** nach Art. 6 HUntProt erhoben werden (außer bei Unterhaltspflichten gegenüber einem Kind, die sich aus einer Eltern-Kind-Bezie-

---

234   Bamberger/Roth/*Heiderhoff*, Art. 18 EGBGB Rn 41 – wobei sich dieser bei Kindern nicht notwendig von dem der Eltern ableiten lässt. Vielmehr sei bei Kindern auf die familiäre und soziale Integration des Kindes abzustellen, die an die Dauer und die Umstände des Aufenthalts anknüpfen kann (bspw. auch Sprache, Schulbesuch und Staatsangehörigkeit des Kindes).

235   So Bamberger/Roth/*Heiderhoff*, Art. 18 EGBGB Rn 44.

236   Bamberger/Roth/*Heiderhoff*, Art. 18 EGBGB Rn 46; Rauscher/*Andrae*, EuZPR/EuIPR, Art. 4 HUntStProt 2007 Rn 10.

237   Nach NK-BGB/*Bach*, Haager Unterhaltsprotokoll, Art. 4 Rn 11 ist die Ersatzanknüfung in den Fällen fehlender Bedürftigkeit des Unterhaltsschuldners bzw. fehlender Leistungsfähigkeit des Unterhaltsgläubigers ausgeschlossen. Ebenso Rauscher/*Andrae*, EuZPR/EuIPR, Art. 4 HUntStProt 2007 Rn 18. Näher auch Bamberger/Roth/*Heiderhoff*, Art. 18 EGBGB Rn 52 ff. – Kaskadenregelung und Tatbestandsvoraussetzung „Kein Unterhalt".

238   Näher Bamberger/Roth/*Heiderhoff*, Art. 18 EGBGB Rn 57 f.

239   Bamberger/Roth/*Heiderhoff*, Art. 18 EGBGB Rn 58. Um den Schutz der Unterhaltsberechtigten zu verbessern: MüKo/*Siehr*, UntProt, Art. 4 Rn 28; *Andrae*, GPR 2010, 196, 203; Palandt/*Thorn*, HUntProt Rn 18.

240   Bamberger/Roth/*Heiderhoff*, Art. 18 EGBGB Rn 58.

hung ergeben). Zudem bleibt die **Rechtswahlmöglichkeit** nach Art. 7 oder 8 HUntProt bestehen, die – sofern wirksam – eine Ersatzanknüpfung ausschließt.

Hat die berechtigte Person[241] (i.S.v. Art. 4 Abs. 1 HUntProt) die zuständige Behörde des Staates angerufen, in dem die verpflichtete Person ihren gewöhnlichen Aufenthalt hat, so ist nach der **Sonderanknüpfung** des Art. 4 Abs. 3 S. 1 HUntProt ungeachtet der Regelanknüpfung des Art. 3 HUntProt das am Ort des angerufenen Gerichts geltende Recht anzuwenden (**Vorrang des lex fori**).[242] Kann die berechtigte Person jedoch nach diesem Recht von der verpflichteten Person keinen Unterhalt erhalten,[243] so ist das Recht des Staates des gewöhnlichen Aufenthalts der berechtigten Person anzuwenden (Art. 4 Abs. 3 S. 2 HUntProt – **Rechtsausweichklausel**).

230

Eine besondere Regel normiert Art. 5 HUntProt als „**Auflockerungsklausel**"[244] (besondere Ausweichklausel)[245] in Bezug auf **Unterhaltspflichten zwischen Ehegatten,**[246] früheren Ehegatten oder Personen, deren Ehe für ungültig erklärt wurde: Auch hier gelangt grundsätzlich Art. 3 HUntProt (gewöhnlicher Aufenthalt des unterhaltsberechtigten früheren Ehegatten) zur Anwendung, jedoch keine Ersatzanknüpfung nach Art. 4 HUntProt (der frühere Ehegatten nicht privilegiert). Auch die Einrede nach Art. 6 HUntProt findet keine Anwendung. Art. 3 HUntProt findet jedoch dann keine Anwendung, wenn eine der Parteien sich (trotz des Wortlauts – einredeweise)[247] gegen eine Anwendung des Rechts des Aufenthaltsorts nach Art. 3 HUntProt wendet (i.S. eines Einbringens in den Prozess)[248] und das Recht eines anderen Staates, insbesondere (d.h. bspw.) des Staates ihres letzten gemeinsamen gewöhnlichen Aufenthalts i.S. eines in der Ehezeit liegenden Aufenthalts[249] (als Indiz oder Regelvermutung),[250] zu der die betreffende Ehe eine „engere Verbindung" aufweist (engerer Bezug zu einer anderen Rechtsordnung). In diesem Fall ist das Recht dieses anderen Staates anzuwenden.

231

Außer[251] bei Unterhaltspflichten gegenüber einem Kind, die sich aus einer Eltern-Kind-Beziehung ergeben, und den in Art. 5 HUntProt vorgesehenen Unterhaltspflichten (früherer Ehegatten) kann die verpflichtete Person gemäß der im Prozess geltend zu machenden **Einrede des Art. 6 HUntProt** (besondere Mittel der Verteidigung) dem Anspruch der berechtigten Person entgegenhalten, dass für sie weder nach dem Recht des Staates des gewöhnlichen Aufenthalts der verpflichteten Person noch ggf. nach dem Recht des Staates,

232

---

241 Nicht eine öffentliche Aufgaben wahrnehmende Einrichtung, die Erstattung der einer berechtigten Person gewährten Leistungen begehrt, so NK-BGB/*Bach*, Haager Unterhaltsprotokoll, Art. 4 Rn 19.

242 Näher Bamberger/Roth/*Heiderhoff*, Art. 18 EGBGB Rn 48 ff.

243 Zu diesen Voraussetzungen, die entsprechend Art. 7 HUntÜ eng auszulegen seien, näher Bamberger/Roth/*Heiderhoff*, Art. 18 EGBGB Rn 53 ff.: Nichtgewährung von Unterhalt, nicht hingegen die Gewährung von Unterhaltsansprüchen in nur geringer oder geringerer Höhe.

244 So NK-BGB/*Gruber*, (2. Aufl. 2012), Anhang zu Art. 18 EGBGB: Haager Unterhaltsprotokoll, Art. 5 Rn 3.

245 Näher Bamberger/Roth/*Heiderhoff*, Art. 18 EGBGB Rn 59 f.

246 NK-BGB/*Bach*, Haager Unterhaltsprotokoll, Art. 5 Rn 8. Vgl. auch *Gruber*, in: FS für Spellenberg, 2010, S. 177, 188; Bamberger/Roth/*Heiderhoff*, Art. 18 EGBGB Rn 64.

247 NK-BGB/*Gruber*, Voraufl., Anhang zu Art. 18 EGBGB: Haager Unterhaltsprotokoll, Art. 54 Rn 7: einredeweise im Prozess bis zum Schluss der letzten mündlichen Verhandlung geltend machbar.

248 Bamberger/Roth/*Heiderhoff*, Art. 18 EGBGB Rn 66; Rauscher/Andrae, EuZPR/EuIPR, Art. 5 HUntStProt 2007 Rn 12.

249 Bamberger/Roth/*Heiderhoff*, Art. 18 EGBGB Rn 65: wobei ein früherer, langer gewöhnlicher Aufenthalt bspw. einen kürzeren gewöhnlichen Aufenthalt am Ende der Ehe verdrängen könne.

250 So NK-BGB/*Bach*, Haager Unterhaltsprotokoll, Art. 5 Rn 15: Erfordernis einer Gesamtabwägung.

251 Zu den Ausnahmefällen *Andrae*, FPR 2008, 196, 202.

dem die Parteien gemeinsam angehören, eine solche Pflicht besteht. Wird die Einrede wirksam geltend gemacht, entfällt die Unterhaltspflicht.[252] Art. 6 HUntProt schützt (wie auch Art. 5 HUntProt) den Unterhaltsverpflichteten vor einem „**Unterhaltsshopping**".[253]

233   Ein Staat, der den Begriff des „**Wohnsitzes**" als **Anknüpfungspunkt** in Familiensachen kennt, kann nach Art. 9 HUntProt das Ständige Büro der Haager Konferenz für Internationales Privatrecht davon unterrichten, dass für die Zwecke der Fälle, die seinen Behörden vorgelegt werden, in Art. 4 Abs. 4 HUntProt der Satzteil „dem die berechtigte und die verpflichtete Person gemeinsam angehören" durch „in dem die berechtigte und die verpflichtete Person gemeinsam ihren Wohnsitz haben" und in Art. 6 HUntProt der Satzteil „dem die Parteien gemeinsam angehören" durch „in dem die Parteien gemeinsam ihren Wohnsitz haben" ersetzt wird, wobei „Wohnsitz" so zu verstehen ist, wie es in dem betreffenden Staat definiert wird (**Ersetzungsmöglichkeit des Tatbestandsmerkmals „gemeinsame Staatsangehörigkeit" durch „gemeinsamen Wohnsitz"** [*„domicile"*]).

4. Rechtswahl

234   Art. 7 HUntProt eröffnet im Interesse der Parteiautonomie und mit dem Ziel einer gesteigerten Rechtssicherheit[254] hinsichtlich aller Unterhaltsverhältnisse[255] eine (eingeschränkte) Rechtswahlmöglichkeit im Hinblick auf ein einzelnes konkret bevorstehendes Verfahren, die Regelung des Art. 8 HUntProt in umfassenderer Weise.

a) Rechtswahl für die Zwecke eines einzelnen Verfahrens

235   Im Hinblick auf ein **einzelnes** Verfahren[256] gestattet Art. 7 Abs. 1 HUntProt auch im voraus (mithin „auf Vorrat"),[257] ungeachtet der Art. 3 bis 6 HUntProt der berechtigten und der verpflichteten Person (mithin sowohl dem Unterhaltsberechtigten als auch dem Unterhaltsverpflichteten) – allerdings „allein für die Zwecke eines einzelnen Verfahrens in einem bestimmten Staat" – **ausdrücklich** (i.S. einer ausdrücklichen Rechtswahl)[258] das Recht dieses (bestimmten) Staates[259] als das auf eine Unterhaltspflicht anzuwendende Recht zu bestim-

---

252 Bamberger/Roth/*Heiderhoff*, Art. 18 EGBGB Rn 74.

253 Bamberger/Roth/*Heiderhoff*, Art. 18 EGBGB Rn 40 und 69: Zweck der Norm sei es, die Ausnutzung von länderspezifischen (ungewöhnlichen) unterhaltsrechtlichen Besonderheiten – wie etwa Geschwisterunterhalt – zu verhindern. Zu den damit hauptsächlich angesprochenen Unterhaltspflichten Bamberger/Roth/*Heiderhoff*, Art. 18 EGBGB Rn 69.1.

254 Bamberger/Roth/*Heiderhoff*, Art. 18 EGBGB Rn 76.

255 NK-BGB/*Gruber*, (2. Aufl. 2012), Anhang zu Art. 18 EGBGB: Haager Unterhaltsprotokoll, Art. 7 Rn 4: nicht nur solche früherer Ehegatten.

256 In nachfolgenden Verfahren richte sich das anzuwendende Recht – sofern keine erneute Rechtswahl getroffen wird – allerdings nach den Art. 3 bis 6 HUntProt, so NK-BGB/*Bach*, Haager Unterhaltsprotokoll, Art. 7 Rn 18 ff.

257 So NK-BGB/*Bach*, Haager Unterhaltsprotokoll, Art. 7 Rn 7 f.: da keine Befristung der Rechtswahlmöglichkeit angeordnet ist in dem Sinne, dass das Verfahren innerhalb einer bestimmten Frist nach der getroffenen Rechtswahl einzuleiten ist. Es muss aber erkennbar sein, „für welches Verfahren in welchem konkreten Staat" die vorsorgliche Rechtswahl vereinbart wurde: Bamberger/Roth/*Heiderhoff*, Art. 18 EGBGB Rn 79.

258 Mithin nicht konkludent oder als bloße Gerichtsstandsvereinbarung: NK-BGB/*Gruber*, (2. Aufl. 2012), Anhang zu Art. 18 EGBGB: Haager Unterhaltsprotokoll, Art. 7 Rn 6. Allerdings ohne Beachtung von Formvorschriften: Bamberger/Roth/*Heiderhoff*, Art. 18 EGBGB Rn 77.

259 NK-BGB/*Bach*, Anhang zu Art. 18 EGBGB: Haager Unterhaltsprotokoll, Art. 7 Rn 12 regt an, die Rechtswahl mit einer Gerichtsstandsvereinbarung (Art. 4 UnterhaltsVO) zu verbinden, wobei Letztere allerdings nicht Voraussetzung für die Rechtswahl ist.

men (**lex fori**). Erfolgt die Rechtswahl vor der Einleitung des Verfahrens, so geschieht dies nach Art. 7 Abs. 2 HUntProt (als Mindestschutz)[260] durch eine von beiden Parteien unterschriebene Vereinbarung in Schriftform (Papierform)[261] oder erfasst auf einem Datenträger, dessen Inhalt für eine spätere Einsichtnahme zugänglich ist.

b) Allgemeine Rechtswahl

Ungeachtet der Art. 3 bis 6 HUntProt können die berechtigte und die verpflichtete Person (geschäftsfähige Erwachsene)[262] aber auch jederzeit – mit ex tunc-Wirkung[263] – nach Art. 8 Abs. 1 HUntProt eine über einen einzelnen Rechtsstreit i.S.v. Art. 7 HUntProt hinausgehende Rechtswahl treffen (auch i.S. einer Änderung einer einmal bereits schon getroffenen Rechtswahl),[264] indem sie eine der folgenden Rechtsordnungen als das auf eine Unterhaltspflicht anzuwendende Recht bestimmen (**allgemeine Rechtswahl**): 236
- das Recht eines Staates, dem eine der Parteien im Zeitpunkt der Rechtswahl angehört (lit. a; wobei auch eine nicht-effektive Staatsangehörigkeit ausreichend sein soll[265]);
- das Recht des Staates, in dem eine der Parteien im Zeitpunkt der Rechtswahl ihren gewöhnlichen Aufenthalt hat (lit. b);[266]
- das Recht, das die Parteien als das auf ihren Güterstand anzuwendende Recht bestimmt haben, oder das tatsächlich darauf angewandte Recht (lit. c); bzw.
- das Recht, das die Parteien als das auf ihre Ehescheidung oder Trennung ohne Auflösung der Ehe anzuwendende Recht bestimmt haben, oder das tatsächlich auf diese Ehescheidung oder Trennung angewandte Recht (lit. d).

Eine solche Vereinbarung ist gem. Art. 8 Abs. 2 HUntProt (analog Art. 7 Abs. 2 HUntProt) schriftlich zu erstellen oder auf einem Datenträger zu erfassen, dessen Inhalt für eine spätere Einsichtnahme zugänglich ist, und von beiden Parteien zu unterschreiben.[267] 237

Art. 8 Abs. 1 HUntProt findet keine Anwendung auf Unterhaltspflichten betreffend eine Person, die (im Zeitpunkt des Zustandekommens der Rechtswahl)[268] das 18. Lebensjahr noch nicht vollendet hat, oder einen Erwachsenen, der aufgrund einer Beeinträchtigung oder der Unzulänglichkeit seiner persönlichen Fähigkeiten nicht in der Lage ist, seine Interessen zu schützen (i.S.v. Art. 1 Abs. 1 des Haager Übereinkommens vom 13.1.2000 über den internationalen Schutz von Erwachsenen[269]), so Art. 8 Abs. 3 HUntProt (von einer Rechtswahl nach Art. 8 HUntProt ausgeschlossener Personenkreis). Dann kommt allein eine Rechtswahl nach Art. 7 HUntProt in Betracht. 238

---

260 NK-BGB/*Bach*, Anhang zu Art. 18 EGBGB: Haager Unterhaltsprotokoll, Art. 7 Rn 17.
261 Bamberger/Roth/*Heiderhoff*, Art. 18 EGBGB Rn 78.
262 Bamberger/Roth/*Heiderhoff*, Art. 18 EGBGB Rn 80.
263 NK-BGB/*Bach*, Haager Unterhaltsprotokoll, Art. 8 Rn 32.
264 NK-BGB/*Bach*, Haager Unterhaltsprotokoll, Art. 8 Rn 9.
265 So NK-BGB/*Bach*, Haager Unterhaltsprotokoll, Art. 8 Rn 11.
266 Fallen Staatsangehörigkeit (lit. a) bzw. gewöhnlicher Aufenthalt (lit. b) nach der Rechtswahl weg, hat die Rechtswahl Bestand, so NK-BGB/*Bach*, Haager Unterhaltsprotokoll, Art. 8 Rn 14.
267 Für das Zustandekommen der Rechtswahl gelangt das gewählte nationale Recht zur Anwendung, so NK-BGB/*Gruber*, (2. Aufl. 2012), Anhang zu Art. 18 EGBGB: Haager Unterhaltsprotokoll, Art. 8 Rn 3 – „Die Vorfragen nach der Geschäftsfähigkeit sowie der Vertretung werden gesondert angeknüpft" (*Gruber*, a.a.O.). Nicht erforderlich ist, dass die Rechtswahl ausdrücklich erfolgt ist – möglich ist somit auch, dass sie konkludent in einer schriftlichen Erklärung enthalten ist: so Bamberger/Roth/*Heiderhoff*, Art. 18 EGBGB Rn 84.
268 NK-BGB/*Bach*, Haager Unterhaltsprotokoll, Art. 8 Rn 2; Bamberger/Roth/*Heiderhoff*, Art. 18 EGBGB Rn 87.
269 NK-BGB/*Bach*, Haager Unterhaltsprotokoll, Art. 8 Rn 2.

239   Ungeachtet des von den Parteien nach Art. 8 Abs. 1 HUntProt bestimmten Rechts ist gem. Art. 8 Abs. 4 HUntProt (**Missbrauchskontrolle**)[270] das Recht des Staates, in dem die berechtigte Person im Zeitpunkt der Rechtswahl[271] ihren gewöhnlichen Aufenthalt hat, dafür maßgebend, ob die berechtigte Person auf ihren Unterhaltsanspruch **verzichten** kann[272] – wobei die Wahl eines Rechts, das für den Berechtigten im konkreten Fall keinen Anspruch vorsieht, erweiternd einem „Verzicht" gleichstehen soll.[273] Da es Ziel der Regelung ist, den Berechtigten vor einem Verlust des Rechts zu schützen, das mangels Rechtswahl anwendbar gewesen wäre, soll § 8 Abs. 4 HUntProt restriktiv auszulegen sein: nicht i.S.d. am gewöhnlichen Aufenthalt des Berechtigten anwendbaren Rechts, sondern allgemein das nach Art. 3 bis 5 HUntProt „objektiv berufene Recht".[274]

240   Das von den Parteien bestimmte Recht ist nach Art. 8 Abs. 5 HUntProt (**allgemeine Billigkeitskontrolle**)[275] i.S.d. Schaffung von Einzelfallgerechtigkeit nicht anzuwenden (wodurch den Gerichten ein Beurteilungsspielraum eingeräumt wird),[276] wenn seine Anwendung für eine der Parteien offensichtlich unbillige oder unangemessene Folgen hätte (was sich durch einen Vergleich der Ergebnisse einerseits bei Anwendung des gewählten Rechts und andererseits des bei objektiver Anknüpfung anzuwendenden Rechts ergibt),[277] es sei denn, dass die Parteien im Zeitpunkt der Rechtswahl umfassend unterrichtet und sich der Folgen ihrer Wahl vollständig bewusst waren.

5. Geltungsbereich des anzuwendenden Rechts

241   Das auf die Unterhaltspflicht anzuwendende Recht (d.h. das nach den Art. 3 ff. HUntProt zu bestimmende **Unterhaltsstatut**) bestimmt nach Art. 11 HUntProt, der den Umfang der sachlichen Verweisung regelt, insbesondere,
   – ob, in welchem Umfang und von wem die berechtigte Person Unterhalt verlangen kann (lit. a; Anspruchsvoraussetzungen);
   – in welchem Umfang die berechtigte Person Unterhalt für die Vergangenheit verlangen kann (lit. b; Anspruchsvoraussetzungen);
   – die Grundlage für die Berechnung (Bemessung) des Unterhaltsbetrags und für die Indexierung (lit. c; vgl. auch Art. 14 HUntProt, der Art. 11 lit. a HUntProt verdrängt[278]);

---

270 Näher Bamberger/Roth/*Heiderhoff*, Art. 18 EGBGB Rn 88 ff.
271 Kritisch zu diesem Zeitpunkt NK-BGB/*Bach*, Haager Unterhaltsprotokoll, Art. 8 Rn 33 ff., der bei einem zeitlichen Auseinanderfallen von Rechtswahl und materieller Verzichtserklärung auf den Zeitpunkt der Letzteren abstellen möchte.
272 Nach *Andrae*, Art. 8 HUntProt Rn 20 bestimmt Abs. 4, dass für einen explizit erklärten Unterhaltsverzicht stets das Recht des gewöhnlichen Aufenthalts gilt; a.A. *Gruber*, in: FS für Spellenberg, 2010, S. 177, 191: Abs. 4 greife immer, wenn eine Rechtswahl dazu führt, dass der Berechtigte bewusst oder unbewusst auf seinen Unterhaltsanspruch verzichtet.
273 NK-BGB/*Gruber*, (2. Aufl. 2012), Anhang zu Art. 18 EGBGB: Haager Unterhaltsprotokoll, Art. 8 Rn 8. Dem Art. 8 Abs. 4 soll hingegen nicht die Konstellation unterfallen, dass der Berechtigte gegen Zahlung einer Kapitalabfindung auf seinen Unterhaltsanspruch verzichtet; *ders.*, in: FS für Spellenberg, 2010, S. 177, 191; a.A. hingegen *Rauscher/Andrae*, EuZPR/EuIPR, Art. 8 HUntStProt 2007 Rn 36.
274 So NK-BGB/*Bach*, Haager Unterhaltsprotokoll, Art. 8 Rn 44: das nach Art. 3 bis 5 ermittelte objektive Unterhaltsstatut".
275 Bamberger/Roth/*Heiderhoff*, Art. 18 EGBGB Rn 90.
276 NK-BGB/*Bach*, Haager Unterhaltsprotokoll, Art. 8 Rn 39 f.
277 So NK-BGB/*Gruber* (2. Aufl. 2012), Anhang zu Art. 18 EGBGB: Haager Unterhaltsprotokoll, Art. 8 Rn 12.
278 Bamberger/Roth/*Heiderhoff*, Art. 18 EGBGB Rn 96.

– wer zur Einleitung des Unterhaltsverfahrens berechtigt ist, unter Ausschluss von Fragen der Prozessfähigkeit und der Vertretung im Verfahren (lit. d);
– die Verjährungsfristen oder die für die Einleitung eines Verfahrens geltenden Fristen (lit. e); bzw.
– den Umfang der Erstattungspflicht der verpflichteten Person, wenn eine öffentliche Aufgaben wahrnehmende Einrichtung (siehe Rdn 242) die Erstattung der der berechtigten Person anstelle von Unterhalt erbrachten Leistungen verlangt (lit. f).

Im Hinblick auf die Erstattung von Unterhalt bestimmt Art. 10 HUntProt (**öffentliche Aufgaben wahrnehmende Einrichtungen**)[279] Folgendes: Für das Recht einer öffentliche Aufgaben wahrnehmenden Einrichtung, die Erstattung einer der berechtigten Person anstelle von Unterhalt erbrachten Leistung zu verlangen, ist das Recht maßgebend, dem diese Einrichtung untersteht. Erst wenn ein Erstattungsanspruch besteht, gelangt Art. 11 lit. f HUntProt zur Anwendung.[280]   242

6. Ausschluss der Rückverweisung; ordre public

Der Begriff „**Recht**" i.S.d. HUntProt bedeutet nach Art. 12 HUntProt das in einem Staat geltende Recht mit Ausnahme des Kollisionsrechts.   243

Von der Anwendung des nach dem HUntProt bestimmten Rechts darf gem. Art. 13 HUntProt – der restriktiv auszulegen ist[281] – nur abgesehen werden, soweit seine Wirkungen der öffentlichen Ordnung (*ordre public*) des Staates des angerufenen Gerichts offensichtlich widersprechen.[282]   244

7. Bemessung des Unterhaltsbetrags

Nach Art. 14 HUntProt sind bei der Bemessung des Unterhaltsbetrags – auch bei Anwendung der *lex fori*[283] – die Bedürfnisse der berechtigten Person und die wirtschaftlichen Verhältnisse der verpflichteten Person sowie etwaige der berechtigten Person anstelle einer regelmäßigen Unterhaltszahlung geleistete Entschädigungen zu berücksichtigen, selbst wenn das anzuwendende Recht etwas anderes bestimmt.   245

8. Konkurrenzen

Das HUntProt lässt nach seinem Art. 19 Abs. 1 **internationale Übereinkünfte** unberührt, denen Vertragsstaaten als Vertragsparteien angehören oder angehören werden und die Bestimmungen über im Protokoll geregelte Angelegenheiten enthalten, sofern die durch eine solche Übereinkunft gebundenen Staaten keine gegenteilige Erklärung abgeben – womit auch weiterhin das **deutsch-iranische Niederlassungsabkommen** (siehe Rdn 220) vorrangig anzuwenden ist.[284] Art. 19 Abs. 1 HUntProt gilt gem. Art. 19 Abs. 2 HUntProt auch   246

---

279 Womit Art. 10 HUntProt nicht entsprechend auf Erstattungsansprüche Privater anwendbar ist, so Bamberger/Roth/*Heiderhoff*, Art. 18 EGBGB Rn 109.
280 Bamberger/Roth/*Heiderhoff*, Art. 18 EGBGB Rn 106.
281 NK-BGB/*Gruber*, Haager Unterhaltsprotokoll, Art. 13 Rn 1.
282 Näher Bamberger/Roth/*Heiderhoff*, Art. 18 EGBGB Rn 121 f.
283 NK-BGB/*Gruber*, Haager Unterhaltsprotokoll, Art. 14 Rn 3.
284 So NK-BGB/*Gruber*, Haager Unterhaltsprotokoll, Art. 19 Rn 2.

für Einheitsrecht, das auf besonderen Verbindungen insbesondere regionaler Art zwischen den betroffenen Staaten beruht – womit auch Einheitsrecht der EU möglich bleibt.[285]

XII. Das Haager Unterhaltsabkommen 1973 (HUntÜ)

1. Regelungsgehalt und Konkurrenzen

247   Das Haager Übereinkommen über das auf Unterhaltspflichten anzuwendende Recht vom 2.10.1973[286] (**HUntÜ**) regelte das Kollisionsrecht (unabhängig vom Erfordernis der Gegenseitigkeit, auch wenn es das Recht eines Nichtvertragsstaates ist, Art. 3 HUntÜ) nur auf dem Gebiet der **Unterhaltspflicht** (Art. 2 Abs. 1 HUntÜ), die sich aus Beziehungen der Familie, der Ehe oder der Schwägerschaft ergibt, einschließlich der Unterhaltspflicht gegenüber einem nichtehelichen Kind (Art. 1 HUntÜ). Es enthielt umfassende Anknüpfungsregeln für familienrechtliche Unterhaltspflichten.[287]

248   Das HUntÜ war für die Bundesrepublik Deutschland ursprünglich am 1.4.1987 im Verhältnis zu Frankreich, Italien, Japan, Luxemburg, den Niederlanden, Portugal, der Schweiz, Spanien und der Türkei **in Kraft getreten**[288] – später zudem im Verhältnis zu Polen (seit dem 1.5.1996),[289] Litauen (seit dem 1.9.2001),[290] Estland (seit dem 1.1.2002),[291] Griechenland (seit dem 1.9.2003)[292] und Albanien (seit dem 1.11.2011). Wegen des **Vorrangs des Haager Unterhaltsprotokolls** (HUntProt, siehe Rdn 210 ff.) gilt es seit dem 18.6.2011 nur noch im Verhältnis zu den Vertragsstaaten, die nicht Vertragsparteien des HUntProt geworden sind, mithin zu Japan, der Schweiz und der Türkei.[293] Mit dem Inkrafttreten des HUntProt war in der Bundesrepublik Deutschland für eine autonome kollisionsrechtliche Unterhaltsregelung kein Raum mehr.[294]

249   **Hinweis:** Das HUntÜ ist nach seinem Art. 3 auch bei einem gewöhnlichen Aufenthalt des Berechtigten in einem **Nichtvertragsstaat** anwendbar. Es handelt sich also um eine sog. *loi uniforme*.[295] Das HUntÜ wird daher von den Vertragsstaaten auch im Verhältnis zu Nichtvertragsstaaten angewendet.

250   Nach Art. 15 HUntÜ kann jeder Vertragsstaat gem. Art. 24 HUntÜ einen **Vorbehalt** machen, dass seine Behörden sein innerstaatliches Recht anwenden werden, wenn sowohl der Berechtigte als auch der Verpflichtete Staatsangehörige dieses Staates sind und der Verpflichtete dort seinen gewöhnlichen Aufenthalt hat. Einen Vorbehalt nach Art. 15

---

285   So NK-BGB/*Gruber* (2. Aufl. 2012), Anhang zu Art. 18 EGBGB: Haager Unterhaltsprotokoll, Art. 19 Rn 2.

286   BGBl 1986 II, 837.

287   NK-BGB/*Gruber*, Art. 18 EGBGB Rn 1.

288   Bekanntmachung vom 26.3.1987 (BGBl II, 225).

289   BGBl II, 664.

290   BGBl II, 791.

291   BGBl II, 957.

292   BGBl II, 2169.

293   Palandt/*Thorn*, HUntProt Rn 55. A.A. Bamberger/Roth/*Heiderhoff*, Art. 18 EGBGB Rn 16: „Das HUntÜbK 1973 ist nach der vom Gesetzgeber vertretenen, hier übernommenen Ansicht ab dem 18.6.2011 nicht mehr anzuwenden" – arg.: Das HUntÜbK 1973 enthalte keine Gegenseitigkeitsklausel und damit auch keine Verpflichtung, es gegenüber den anderen Vertragsstaaten anzuwenden (BT-Drucks 17/4887, S. 53) und Rn 6.

294   NK-BGB/*Gruber*, Art. 18 EGBGB Rn 1.

295   Vgl. OLG Hamm NJW-RR 1995, 520 = FamRZ 1995, 886; Staudinger/*Mankowski*, Art. 18 EGBGB Anhang I Rn 9.

HUntÜ hatte die Bundesrepublik Deutschland bezüglich aller Deutschen i.S.d. Grundgesetzes gemacht – ebenso wie Italien, Litauen, Luxemburg, die Niederlande, Polen, Portugal, die Schweiz, Spanien und die Türkei.

2. Anzuwendendes Recht

Die **kollisionsrechtlichen Regelungen** der Art. 4 bis 10 und Art. 11 Abs. 2 HUntÜ waren – mit geringen redaktionellen Abweichungen – im deutschen Recht in Art. 18 EGBGB a.F. (nunmehr aufgehoben) eingestellt worden. Im Hinblick auf das **anzuwendende Recht** gilt Folgendes: Für die in Art. 1 genannten Unterhaltspflichten ist nach Art. 4 HUntÜ (entsprechend Art. 18 Abs. 1 S. 1 EGBGB) das am gewöhnlichen Aufenthalt des Unterhaltsberechtigten geltende innerstaatliche Recht maßgebend (**Aufenthaltsrecht**). Wechselt der Unterhaltsberechtigte seinen gewöhnlichen Aufenthalt, so ist vom Zeitpunkt des Aufenthaltswechsels an nach Art. 4 Abs. 2 HUntÜ das innerstaatliche Recht des neuen gewöhnlichen Aufenthalts anzuwenden. Kann der Berechtigte nach dem in Art. 4 HUntÜ vorgesehenen (Aufenthalts-)Recht vom Verpflichteten keinen Unterhalt erhalten, so ist nach Art. 5 HUntÜ (entsprechend Art. 18 Abs. 1 S. 2 EGBGB) das Recht des Staates, dem sie gemeinsam angehören (**Heimatstaat**), (subsidiär) anzuwenden. Kann der Berechtigte nach den in den Art. 4 HUntÜ (Aufenthaltsrecht) und Art. 5 HUntÜ (Heimatrecht) vorgesehenen Rechten keinen Unterhalt erhalten, so ist nach Art. 6 HUntÜ (entsprechend Art. 18 Abs. 2 EGBGB) das innerstaatliche Recht der angerufenen Behörde (**lex fori**) anzuwenden.   251

Bei Unterhaltspflichten zwischen **Verwandten in der Seitenlinie** oder **Verschwägerten** kann nach Art. 7 HUntÜ (entsprechend Art. 18 Abs. 3 EGBGB) der Verpflichtete dem Anspruch des Berechtigten entgegenhalten, dass nach dem Recht des Staates, dem sie gemeinsam angehören, oder, mangels einer gemeinsamen Staatsangehörigkeit, nach dem innerstaatlichen Recht am gewöhnlichen Aufenthalt des Verpflichteten eine solche Pflicht nicht besteht.   252

Abweichend von Art. 4 (Aufenthaltsrecht), Art. 5 (Heimatrecht) und Art. 6 (*lex fori*) HUntÜ ist in einem Vertragsstaat, in dem eine Ehescheidung ausgesprochen oder anerkannt worden ist, für die **Unterhaltspflichten zwischen den geschiedenen Ehegatten** und die Änderung von Entscheidungen über diese Pflichten nach Art. 8 HUntÜ das auf die **Ehescheidung** angewandte Recht maßgebend, was auch im Fall einer **Trennung ohne Auflösung des Ehebandes** und im Fall einer **für nichtig oder als ungültig erklärten Ehe** gilt.   253

Für das Recht einer **öffentliche Aufgaben wahrnehmenden Einrichtung** auf Erstattung der dem Unterhaltsberechtigten erbrachten Leistungen ist nach Art. 9 HUntÜ das Recht maßgebend, dem die Einrichtung untersteht.   254

Das auf eine Unterhaltspflicht anzuwendende Recht bestimmt nach Art. 10 HUntÜ insbesondere, ob, in welchem Ausmaß und von wem der Berechtigte **Unterhalt** verlangen kann, wer zur Einleitung des Unterhaltsverfahrens berechtigt ist und welche Fristen für die Einleitung gelten sowie das Ausmaß der Erstattungspflicht des Unterhaltsverpflichteten, wenn eine öffentliche Aufgabe wahrnehmende Einrichtung die Erstattung der dem Berechtigten erbrachten Leistungen verlangt.   255

Nach Art. 11 Abs. 2 HUntÜ sind bei der **Bemessung des Unterhaltsbetrags** die Befugnisse des Berechtigten und die wirtschaftlichen Verhältnisse des Unterhaltsverpflichteten zu berücksichtigen – selbst wenn das anwendbare Recht etwas anderes bestimmt.   256

3. Konkurrenzen

257   Wegen des **Vorrangs des Haager Unterhaltsprotokolls** (HUntProt; siehe Rdn 210 ff.) gilt das HUntÜ seit dem 18.6.2011 nur noch im Verhältnis zu den Vertragsstaaten, die nicht Vertragsparteien des HUntProt geworden sind (siehe auch Rdn 248).

258   Das HUntÜ ersetzte nach seinem Art. 18 im Verhältnis der Vertragsstaaten zueinander das **Haager Kindesunterhaltsabkommen (HKindUntÜ;** siehe Rdn 261 ff.) vom 24.10.1956 (das nur noch im Verhältnis zu Belgien, Liechtenstein und Österreich Bedeutung hatte, die das HUntÜ nicht ratifiziert haben).[296] Die praktische Bedeutung des HKindUntÜ ist damit gering.[297]

259   Vorrangig gegenüber dem HUntÜ war in Fragen des internationalen Unterhaltsrechts in Bezug auf die Bundesrepublik Deutschland das nach wie vor in Kraft befindliche **deutsch-iranische Niederlassungsabkommen** vom 17.12.1929[298] (siehe Rdn 220), da nach Art. 19 HUntÜ dieses nicht andere internationale Übereinkünfte berührte, deren Vertragspartei ein Vertragsstaat des HUntÜ ist oder wird.[299]

260   Über das HUntÜ hinaus waren für Fragen der internationalen Zuständigkeit, der Anerkennung und Vollstreckung ausländischer Entscheidungen sowie der internationalen Rechtshilfe auch die **EuGVO** (siehe Rdn 32 ff.) bzw. das **EuGVÜ** (siehe Rdn 40 ff.) oder das **LugÜ** (siehe Rdn 53 ff.) maßgeblich, ferner auch
   – das **Haager Übereinkommen vom 2.10.1973** über die Anerkennung und Vollstreckung von Unterhaltsentscheidungen (siehe Rdn 270 ff.) und
   – das **Haager Übereinkommen vom 15.4.1958** über die Anerkennung und Vollstreckung von Entscheidungen auf dem Gebiet der Unterhaltspflicht gegenüber Kindern (siehe Rdn 278 ff.).

XIII.   Das Haager Kinderunterhaltsabkommen (HKindUntÜ)

261   Nach Art. 1 Abs. 1 des Haager Übereinkommens über das auf Unterhaltsverpflichtungen gegenüber Kindern anzuwendende Recht vom 24.10.1956[300] (HKindUntÜ) bestimmt sich die Frage,
   – ob,
   – in welchem Ausmaß und
   – von wem

ein Kind (mithin i.S.d. Art. 1 Abs. 4 HKindUntÜ jedes eheliche, uneheliche oder an Kindes statt angenommene Kind, das **unverheiratet** ist und das **21. Lebensjahr noch nicht vollendet** hat – ohne Rücksicht auf die Staatsangehörigkeit[301]) Unterhalt verlangen kann (mithin allein die Frage nach dem anwendbaren Recht für die Kindesunterhaltspflicht),[302] nach dem

---

296   NK-BGB/*Gruber*, (2. Aufl. 2012), Art. 18 EGBGB Rn 4.
297   NK-BGB/*Gruber*, (2. Aufl. 2012), Art. 18 EGBGB Rn 96.
298   RGBl II 1930, 1006. Bestätigung der Weitergeltung mit Wirkung vom 4.11.1954 (BGBl II 1955, 8). Dazu NK-BGB/*Gruber*, (2. Aufl. 2012), Art. 18 EGBGB Rn 88 ff.
299   Vgl. bspw. BGH IPRax 1986, 382, 383 = FamRZ 1986, 345.
300   BGBl 1961 II, 1013.
301   Bamberger/Roth/*Heiderhoff*, Art. 18 EGBGB Rn 13.
302   Keine Regelung erfährt hingegen die Zuständigkeit: OLG Düsseldorf FamRZ 1979, 313.

Recht des Staates, in dem das Kind seinen **gewöhnlichen Aufenthalt**[303] hat[304] (bzw. sofern der frühere Aufenthalt entscheidet, gehabt hat – vgl. Art. 6 und Art. 1 Abs. 1 HKindUntÜ). Das Kind muss also nach Art. 1 und 6 HKindUntÜ seinen gewöhnlichen Aufenthalt in einem Vertragsstaat des Abkommens haben. Wechselt das Kind seinen gewöhnlichen Aufenthalt, wird nach Art. 1 Abs. 2 HKindUntÜ vom Zeitpunkt des **Aufenthaltswechsels** an das Recht des Staates angewendet, in dem das Kind seinen gewöhnlichen neuen Aufenthalt hat. Das dergestalt bestimmte Recht gilt auch für die Frage, wer die Unterhaltsklage erheben kann und welche Fristen für die Klageerhebung gelten (Art. 1 Abs. 3 HKindUntÜ).

Allein ein deutlicher Verstoß gegen den *ordre public* führt nach der **Vorbehaltsklausel** des Art. 4 HKindUntÜ zur Nichtanwenbarkeit des HKindUntÜ.

262

Das HKindUntÜ war für die Bundesrepublik Deutschland am 1.1.1962 im Verhältnis zu Italien, Luxemburg und Österreich **in Kraft getreten**.[305] Später galt es außerdem im Verhältnis zu den Niederlanden (seit dem 14.12.1962),[306] zu Frankreich (seit dem 1.7.1963),[307] der Schweiz (seit dem 17.1.1965),[308] Portugal (seit dem 3.2.1969),[309] Belgien (seit dem 25.10.1970),[310] der Türkei (seit dem 28.4.1972),[311] Liechtenstein (seit dem 18.2.1973),[312] Spanien (seit dem 25.5.1974)[313] und Japan (seit dem 19.9.1977).[314]

263

Wegen des **Vorrangs des Haager Unterhaltsprotokolls** (**HUntProt**; siehe Rdn 210 ff.) gilt das HKindUntÜ heute nur noch im Verhältnis zu **China** (Sonderverwaltungsgebiet Macau) und zu **Liechtenstein**.[315] Bei der Geltendmachung von nicht dem Geltungsbereich der HKindUntÜ unterfallenden Ansprüchen – bspw. nachehelichen Unterhalts – gilt nach *Heiderhoff*[316] auch im Verhältnis zu Macau und Liechtenstein das HUntProt.

264

Aufgrund von Art. 18 des Haager Übereinkommens über das auf Unterhaltspflichten anzuwendende Recht vom 2.10.1973 (**HUntÜ**; siehe Rdn 258) ging dieses Übereinkommen dem HKindUntÜ vor. Das HKindUntÜ war somit nur im Verhältnis zu solchen Vertragsstaaten anwendbar, die selbst nicht das HUntÜ ratifiziert hatten, womit die praktische Bedeutung des Abkommens gering war.[317]

265

---

303 BGH FamRZ 2001, 412: „Daseinsmittelpunkt" als gewöhnlicher Aufenthalt – womit im umgekehrten Fall (Kind lebt in Deutschland und Unterhaltsverpflichteter in einem Vertragsstaat) das HKindUntÜ nicht anwendbar ist, so Bamberger/Roth/*Heiderhoff*, Art. 18 EGBGB Rn 13; Staudinger/*Mankowski*, Art. 18 EGBGB Rn 9.

304 Erfordernis des gewöhnlichen Aufenthalts im Vertragsstaat, so OGH ZfRV 2004, 157.

305 Bekanntmachung vom 27.12.1961 (BGBl 1962 II, 16).

306 BGBl 1963 II, 42.

307 BGBl II, 911.

308 BGBl II, 40.

309 BGBl 1970 II, 205.

310 BGBl 1971 II, 23.

311 BGBl II, 1460.

312 BGBl II, 716.

313 BGBl II, 1109.

314 BGBl II, 1157.

315 Palandt/*Thorn*, HUntProt Rn 54.

316 Bamberger/Roth/*Heiderhoff*, Art. 18 EGBGB Rn 15.

317 NK-BGB/*Gruber*, (2. Aufl. 2012), Art. 18 EGBGB Rn 96.

266 Abweichend von den Bestimmungen des Art. 1 HKindUntÜ kann nach Art. 2 HKindUntÜ (entsprechend Art. 15 HUntÜ; siehe Rdn 250) jeder Vertragsstaat sein eigenes Recht für anwendbar erklären (**Vorbehaltsklausel – kumulativer Vorrang**),
– wenn der Unterhaltsanspruch vor einer Behörde dieses Staates erhoben wird,
– wenn die Person, gegen die der Anspruch erhoben wird, und das Kind die Staatsangehörigkeit dieses Staates besitzen und
– wenn die Person, gegen die der Anspruch erhoben wird, ihren gewöhnlichen Aufenthalt in diesem Staat hat.

267 Den Vorbehalt nach Art. 2 HKindUntÜ hatten außer der Bundesrepublik Deutschland Belgien, Italien, Liechtenstein, Luxemburg, Österreich, die Schweiz und die Türkei erklärt. So bestimmte Art. 1 lit. a des deutschen Zustimmungsgesetzes vom 24.10.1956 i.d.F. des Ergänzungsgesetzes vom 2.6.1972,[318] dass auf Unterhaltsansprüche deutscher Kinder deutsches Recht Anwendung findet, wenn die Voraussetzungen des Art. 2 HKindUntÜ vorliegen, mithin der Verpflichtete gleichermaßen deutscher Staatsangehöriger ist und seinen Aufenthalt in Deutschland hat.

268 Art. 3 HKindUntÜ normiert eine Verweisung auf die „**innerstaatlichen Kollisionsnormen**" (IPR des Forumstaates)[319] für den Fall, dass das Recht am „gewöhnlichen Aufenthalt" des Kindes keinen Anspruch vorsieht.

269 **Hinweis:** Allerdings ergibt sich ein Unterschied im Falle der **Vorfragenanknüpfung**, da die Vorfrage nach der „Vaterschaft" nach dem HKindUntÜ nicht gesondert angeknüpft wird.[320] Die Vorfrage nach der Vaterschaft ist vielmehr Teil der Hauptfrage nach der Unterhaltsberechtigung und beurteilt sich damit unmittelbar nach dem auch für den Unterhaltsanspruch maßgeblichen Recht.[321]

XIV. Das Haager Übereinkommen über die Anerkennung und Vollstreckung von Unterhaltsentscheidungen 1973 (HUnthVÜ)

1. Anwendungsbereich

270 Das Haager Übereinkommen über die Anerkennung und Vollstreckung von Unterhaltsentscheidungen vom 2.10.1973[322] (**HUnthVÜ**) – das nach Inkrafttreten des HUntVollstrÜbK 2007 (siehe Rdn 196 ff.) nur noch im Verhältnis zu den Staaten weiter gilt, die nur dieses (d.h. das HUntVÜ 1973 und noch nicht das HUntVollstrÜbK 2003) ratifiziert haben und nicht EU-Mitgliedstaat sind[323] – ist nach seinem Art. 1 **anzuwenden** auf **Entscheidungen über Unterhaltspflichten** aus Beziehungen der Familie, Verwandtschaft, Ehe oder Schwägerschaft, einschließlich der Unterhaltspflicht gegenüber einem nichtehelichen Kind

---

318 BGBl II, 589.
319 Bamberger/Roth/*Heiderhoff*, Art. 18 EGBGB Rn 13.
320 So BGHZ 90, 129; BGH IPRax 1987, 22 f. – zum Namensrecht. A.A. Bamberger/Roth/*Heiderhoff*, Art. 18 EGBGB Rn 14: Im Rahmen des Unterhaltsanspruchs könne es nicht sein, dass eine isolierte Feststellung der Vaterschaft erfolge.
321 BGHZ 90, 129 – unselbstständige Anknüpfung, da vom materiellen Recht des Unterhaltsstatuts mitbeherrscht.
322 BGBl 1986 II, 826.
323 Bamberger/Roth/*Heiderhoff*, Art. 18 EGBGB Rn 145.

(d.h. auf alle Formen des Familienunterhalts), die von Gerichten oder Verwaltungsbehörden eines Vertragsstaates erlassen worden sind, entweder
– zwischen einem Unterhaltsberechtigten und einem Unterhaltsverpflichteten oder
– zwischen einem Unterhaltsverpflichteten und einer – öffentliche Aufgaben wahrnehmenden – Einrichtung, die die Erstattung der einem Unterhaltsberechtigten erbrachten Leistung verlangt.

Das Übereinkommen ist auch **anzuwenden** auf **Vergleiche** auf diesem Gebiet,[324] die vor diesen Behörden und zwischen diesen Personen geschlossen worden sind. Es ist nach Art. 2 HUnthVÜ auch auf Entscheidungen und Vergleiche ohne Rücksicht auf ihre Bezeichnung anzuwenden, ebenso wie auf Entscheidungen oder Vergleiche, durch die eine frühere Entscheidung oder ein früherer Vergleich geändert worden ist, selbst wenn diese Entscheidung oder dieser Vergleich aus einem Nichtvertragsstaat stammt. Das HUnthVÜ ist ohne Rücksicht darauf, ob der Unterhaltsanspruch international oder innerstaatlich ist, und unabhängig von der Staatsangehörigkeit oder dem gewöhnlichen Aufenthalt der Parteien anzuwenden. Betrifft die Entscheidung oder der Vergleich nicht nur die Unterhaltspflicht, so bleibt nach Art. 3 HUnthVÜ die Wirkung des Übereinkommens auf die Unterhaltspflicht beschränkt.

    271

2. Anerkennung und Vollstreckung

Die in einem Vertragsstaat ergangene Entscheidung ist nach Maßgabe von Art. 4 Abs. 1 HUnthVÜ in einem anderen Vertragsstaat **anzuerkennen** oder **für vollstreckbar zu erklären** bzw. zu **vollstrecken**. Die Anerkennung oder Vollstreckung einer Entscheidung darf nur bei Vorliegen eines der in Art. 5 HUnthVÜ normierten Gründe **versagt** werden.

    272

Nach Art. 13 HUnthVÜ richtet sich das **Verfahren der Anerkennung oder Vollstreckung** der Entscheidung nach dem Recht des Vollstreckungsstaates, sofern das Übereinkommen nicht etwas anderes bestimmt.

    273

Die im Ursprungsstaat vollstreckbaren **Vergleiche** sind unter denselben Voraussetzungen wie Entscheidungen anzuerkennen und für vollstreckbar zu erklären bzw. zu vollstrecken, soweit diese Voraussetzungen auf sie anwendbar sind (Art. 21 HUnthVÜ). Das HUnthVÜ schließt nach seinem Art. 23 nicht aus, dass eine **andere internationale Übereinkunft** zwischen dem Ursprungsstaat und dem Vollstreckungsstaat oder das nicht vertragliche Recht des Vollstreckungsstaates angewendet wird, um die Anerkennung oder Vollstreckung einer Entscheidung oder eines Vergleichs zu erwirken. Jeder Vertragsstaat kann gem. Art. 25 HUnthVÜ jederzeit erklären, dass er in seinen Beziehungen zu den Staaten, die dieselbe Erklärung abgegeben haben, alle vor einer Behörde oder einer Urkundsperson errichteten öffentlichen Urkunden, die im Ursprungsstaat aufgenommen und vollstreckbar sind, in das Übereinkommen einbezieht, soweit sich dessen Bestimmungen auf solche Urkunden anwenden lassen. Eine entsprechende Erklärung nach Art. 25 HUnthVÜ zur **Einbeziehung öffentlicher Urkunden** auf der Grundlage der **Gegenseitigkeit** hatten die Bundesrepublik Deutschland, die Niederlande und Schweden abgegeben.

    274

---

324 A.A. Bamberger/Roth/*Heiderhoff*, Art. 18 EGBGB Rn 145 unter Bezugnahme auf OLG Dresden NJW-RR 2007, 82: „gilt aber grundsätzlich nicht für Vergleiche." Vgl. auch *Looschelders/Boos*, FamRZ 2006, 374, 380 f.

275   Nach Art. 26 Abs. 1 HUnthVÜ kann jeder Vertragsstaat sich nach Art. 34 HUnthVÜ das Recht **vorbehalten**, weder anzuerkennen noch für vollstreckbar zu erklären bzw. zu vollstrecken:
– Entscheidungen und Vergleiche über Unterhaltsleistungen, die ein Unterhaltsverpflichteter, der nicht der Ehegatte oder der frühere Ehegatte des Unterhaltsberechtigten ist, für die Zeit nach der Eheschließung oder nach dem vollendeten 21. Lebensjahr des Unterhaltsberechtigten schuldet (Nr. 1); von einem Vorbehalt nach Nr. 1 hatten Dänemark, Finnland, Portugal, Schweden und die Schweiz Gebrauch gemacht;
– Entscheidungen und Vergleiche in Unterhaltssachen (Nr. 2) zwischen Verwandten in der Seitenlinie (lit. a; bzw. zwischen Verschwägerten lit. b); einen Vorbehalt zu Nr. 2 lit. a *und* b hatten die Bundesrepublik Deutschland und Australien, Dänemark, Estland, Finnland, Luxemburg, Norwegen, Schweden, die Schweiz, die Slowakei, die Tschechische Republik, die Türkei und das Vereinigte Königreich erklärt. Die Niederlande hatten lediglich einen Vorbehalt nach Nr. 2 lit. a, Portugal nur hinsichtlich Nr. 2 lit. b erklärt. Zudem hatte die Schweiz ihren Vorbehalt wieder mit Wirkung vom 1.6.1993 zurückgenommen;[325]
– Entscheidungen und Vergleiche, die die Unterhaltsleistung nicht durch regelmäßig wiederkehrende Zahlungen vorsehen (Nr. 3); einen entsprechenden Vorbehalt zu Nr. 3 hatten Estland, Italien, Luxemburg, Polen, die Türkei und das Vereinigte Königreich erklärt.

3. Inkrafttreten

276   Das Übereinkommen war für die Bundesrepublik Deutschland am 1.4.1987 im Verhältnis zu Finnland, Frankreich, Italien, Luxemburg, den Niederlanden, Norwegen, Portugal, Schweden, der Schweiz, der ehemaligen Tschechoslowakei, der Türkei und dem Vereinigten Königreich **in Kraft getreten**.[326] Es galt später zudem im Verhältnis zu Spanien (seit dem 1.9.1987),[327] Dänemark (seit dem 1.1.1988),[328] der Tschechischen Republik (seit dem 1.1.1993),[329] der Slowakei (seit dem 1.1.1993),[330] Polen (seit dem 1.7.1996),[331] Estland (seit dem 1.4.1998),[332] Australien (seit dem 1.2.2002),[333] Litauen (seit dem 1.10.2003)[334] sowie Griechenland (seit dem 1.2.2004), Ukraine (seit dem 1.8.2008), Albanien (seit dem 1.11.2012), Andorra (seit dem 1.11.2012). Für die Bundesrepublik Deutschland wurden für das Übereinkommen Ausführungsvorschriften erlassen, die sich in den §§ 37 ff. des Anerkennungs- und Vollstreckungsausführungsgesetzes (**AVAG**) vom 19.2.2001[335] finden.

4. Konkurrenzen

277   Das HUnthVÜ **ersetzte** nach seinem Art. 29 im Verhältnis der Vertragsstaaten zueinander das Haager Übereinkommen über die Anerkennung und Vollstreckung von Entscheidungen auf dem Gebiet der Unterhaltspflicht gegenüber Kindern vom 15.4.1958 (**HKindUnthVÜ**; siehe Rdn 261 ff.).

---

325 Bekanntmachung vom 23.6.1993 (BGBl II, 1008).
326 Bekanntmachung vom 25.3.1987 (BGBl II, 220).
327 BGBl II, 404.
328 BGBl II, 98.
329 BGBl II, 1008.
330 BGBl II, 2170.
331 BGBl II, 1073.
332 BGBl II, 684.
333 BGBl II, 751.
334 BGBl II, 1376.
335 BGBl I, 288.

XV. Das Haager Übereinkommen über die Anerkennung und Vollstreckung von Unterhaltsentscheidungen gegenüber Kindern (HKindUnthVÜ)

Das Haager Übereinkommen über die Anerkennung und Vollstreckung von Entscheidungen auf dem Gebiet der Unterhaltspflicht gegenüber Kindern vom 15.4.1958[336] (**HKind-UnthVÜ**) – das nach dem Inkrafttreten des HUntVollstrÜbk 2007 (siehe Rdn 196 ff.) nur noch im Verhältnis zu jenen Staaten weitergilt, die nur das HKindUnthVÜ und noch nicht das HUntVollstrÜbk ratifiziert haben und auch nicht EU-Mitgliedstaaten sind (d.h. nur noch gegenüber **Macao** und **Liechtenstein**)[337] – zielt nach seinem Art. 1 Abs. 1 darauf ab, in den Vertragsstaaten die gegenseitige Anerkennung und Vollstreckung von Entscheidungen über Klagen internationalen oder innerstaatlichen Charakters sicherzustellen, die den **Unterhaltsanspruch eines ehelichen, unehelichen oder an Kindes statt angenommenen Kindes** zum Gegenstand haben (sofern es unverheiratet ist und das 21. Lebensjahr noch nicht vollendet hat). Erfasst werden nur Kindesunterhaltsansprüche. Unterhaltsentscheidungen, die in einem der Vertragsstaaten ergangen sind, sind nach Maßgabe von Art. 2 HKindUnthVÜ in den anderen Vertragsstaaten **anzuerkennen** und **für vollstreckbar zu erklären**, ohne dass sie auf ihre Gesetzmäßigkeit nachgeprüft werden dürfen.

278

Die Partei, die sich auf eine Entscheidung beruft oder ihre Vollstreckung beantragt, hat nach Art. 4 HKindUnthVÜ folgende **Unterlagen** beizubringen:
- eine Ausfertigung der Entscheidung, welche die für ihre Beweiskraft erforderlichen Voraussetzungen erfüllt;
- die Urkunden, aus denen sich ergibt, dass die Entscheidung vollstreckbar ist;
- im Fall einer Versäumnisentscheidung eine beglaubigte Abschrift der das Verfahren einleitenden Ladung oder Verfügung und die Urkunden, aus denen sich die ordnungsgemäße Zustellung dieser Ladung oder Verfügung ergibt.

279

Die **Prüfung der Vollstreckungsbehörde** beschränkt sich gem. Art. 5 HKindUnthVÜ auf die in Art. 2 HKindUnthVÜ (siehe Rdn 266) genannten Voraussetzungen und die in Art. 4 HKindUnthVÜ aufgezählten Urkunden.

280

Das Übereinkommen war für die Bundesrepublik Deutschland am 1.1.1962 im Verhältnis zu Belgien, Italien und Österreich **in Kraft getreten**.[338] Es galt zudem für die Niederlande (seit dem 28.4.1964),[339] Ungarn (seit dem 19.12.1964),[340] die Schweiz (seit dem 17.1.1965),[341] Norwegen (seit dem 1.11.1965),[342] Dänemark (seit dem 1.1.1966),[343] Schweden (seit dem 1.3.1966),[344] Frankreich (seit dem 25.7.1966),[345] Finnland (seit dem 24.8.1967),[346] Liechtenstein (seit dem 7.12.1972),[347] der Türkei (seit dem 25.6.1973),[348] Spanien (seit dem

281

---

336 BGBl 1961 II, 1006.
337 Bamberger/Roth/*Heiderhoff*, Art. 18 EGBGB Rn 146.
338 Bekanntmachung vom 15.12.1961 (BGBl 1962 II, 15).
339 BGBl II, 784.
340 BGBl 1965 II, 123.
341 BGBl II, 1164.
342 BGBl II, 1584.
343 BGBl II, 56.
344 BGBl II, 156.
345 BGBl II, 1810.
346 BGBl II, 2311.
347 BGBl 1973 II, 74.
348 BGBl II, 1280.

9.11.1973),[349] Portugal (seit dem 24.2.1974),[350] Suriname (seit dem 25.11.1975),[351] die Slowakei und die Tschechischen Republik (jeweils seit dem 1.1.1993).[352]

282   **Hinweis:** Wegen des in Art. 29 HUnthVÜ angeordneten **Vorrangs** des Haager Übereinkommens über die Anerkennung und Vollstreckung von Unterhaltsentscheidungen (siehe Rdn 270 ff.) war – auch vor Inkrafttreten des HUntVollstrÜ – das HKindUnthVÜ nur noch im Verhältnis zu Belgien, Liechtenstein, Österreich, Suriname, Ungarn und den überseeischen französischen Departements und Hoheitsgebieten anzuwenden.

283   Nach Art. 6 Abs. 1 HKindUnthVÜ richtet sich – soweit in diesen Übereinkommen nichts anderes bestimmt ist – das **Verfahren der Vollstreckbarerklärung** nach dem Recht des Staates, dem die Vollstreckungsbehörde angehört.

XVI.   Das New Yorker-Übereinkommen über die Geltendmachung von Unterhaltsansprüchen

Literatur

Katsanou, Übereinkommen über die Geltendmachung von Unterhaltsansprüchen im Ausland – „New Yorker Unterhaltsübereinkommen", FPR 2006, 255.

284   Das New Yorker-Übereinkommen über die Geltendmachung von Unterhaltsansprüchen im Ausland vom 20.6.1956[353] verfolgt nach seinem Art. 1 den **Zweck**, die Geltendmachung eines Unterhaltsanspruchs (aus familienrechtlichen Beziehungen)[354] zu erleichtern, den eine Person (d.h. der Unterhaltsberechtigte), die sich im Hoheitsgebiet einer Vertragspartei befindet (i.S. eines zumindest einfachen Aufenthalts),[355] gegen eine andere Person (d.h. den Verpflichteten), die der Gerichtsbarkeit einer anderen Vertragspartei untersteht, erheben zu können glaubt (wenn also Unterhaltsberechtigter und Unterhaltsverpflichteter ihren gewöhnlichen Aufenthalt in unterschiedlichen Vertragsstaaten haben). Weiterhin soll die internationale Durchsetzung von Unterhaltsansprüchen über **Zentralbehörden** (Übermittlungs- und Empfangsstellen)[356] erleichtert werden.[357] Die in dem Abkommen vorgesehenen Möglichkeiten des Rechtsschutzes treten zu den Möglichkeiten, die nach nationalem oder internationalem Recht ansonsten bestehen, hinzu. Sie treten allerdings nicht an deren Stelle. Es ist ein reines **Rechtshilfeabkommen**.[358]

285   Das New Yorker Unterhaltsübereinkommen ist für die Bundesrepublik Deutschland am 19.8.1959 im Verhältnis zu China (Taiwan), Dänemark, Guatemala, Haiti, Israel, Italien, Jugoslawien (SVR), Marokko, Norwegen, Pakistan, Schweden, Sri Lanka, der Tschechoslowakei und Ungarn **in Kraft getreten**.[359] Das Übereinkommen gilt heute für 64 weitere Staaten[360] (nicht jedoch für die USA und Kanada; siehe Rdn 290).

---

349 BGBl II, 1592.
350 BGBl II, 1123.
351 BGBl 1977 II, 467 und 1980 II, 1416.
352 BGBl 1995 II, 909.
353 BGBl 1959 II, 150.
354 Zur Beschränkung auf Ansprüche familienrechtlicher Art *Katsanou*, FPR 2006, 255, 256.
355 Bamberger/Roth/*Heiderhoff*, Art. 18 EGBGB Rn 136 – ohne Rücksicht auf die Staatsangehörigkeit.
356 Vgl. zu deren Praxis *Harten/Jäger-Maillet*, JAmt 2008, 413, 414.
357 Bamberger/Roth/*Heiderhoff*, Art. 18 EGBGB Rn 136.
358 NK-BGB/*Gruber*, (2. Aufl. 2012), Art. 18 EGBGB Rn 125.
359 Bekanntmachung vom 20.11.1959 (BGBl II, 1377).
360 Vgl. Fundstellennachweis B zum BGBl 2003 II, 389.

Zur **Erleichterung der Realisierung gesetzlicher Unterhaltsansprüche** bestimmt jede   286
Vertragspartei nach Art. 2 des Übereinkommens in dem Zeitpunkt, zu dem sie ihre Ratifika-
tions- oder Beitrittsurkunde hinterlegt,
- eine oder mehrere Gerichts- oder Verwaltungsbehörden, die in ihrem Hoheitsgebiet als
  Übermittlungsstellen tätig werden (Abs. 1), sowie
- eine öffentliche oder private Stelle, die in ihrem Hoheitsgebiet als **Empfangsstelle** tätig
  wird (Abs. 2).

Die Übermittlungs- und Empfangsstellen dürfen mit den Übermittlungs- und Empfangs-   287
stellen anderer Vertragsstaaten gem. Art. 2 Abs. 4 des Übereinkommens unmittelbar verkeh-
ren. Diese „**Zentralen Behörden**" bemühen sich in Vertretung der Unterhaltsberechtigten
um die praktische Durchsetzung von Unterhaltsansprüchen im Inland[361] – zunächst durch
den Versuch einer **Einigung auf gütlichem Weg** (Art. 6 Abs. 1 des Übereinkommens),
sollte dies nicht möglich sein (als ultima ratio), aber auch in Vertretung des Unterhaltsberechtigten durch **Klageerhebung** oder **Vollstreckung** einer Entscheidung bzw. Betreibens
eines anderen gerichtlichen Titels.

Nach Art. 3 Abs. 1 des Übereinkommens kann der Unterhaltsberechtigte **Gesuche** (mit   288
denen er seinen Unterhaltsanspruch geltend macht) bei den Behörden seines Aufenthaltsstaates (**Übermittlungsstellen**) einreichen, die den Vorgang an die im Ausland eingerichtete
Empfangsstelle weiterleiten (Art. 4 des Übereinkommens). Das Gesuch muss nicht tituliert
sein. Nach einer Erfolgsaussichtsprüfung gem. Art. 4 Abs. 3 des Übereinkommens wird das
Gesuch mit entsprechenden Übersetzungen und Bescheinigungen über die Übermittlungs-
stelle an die zuständige Empfangsstelle im Ausland übersandt, die nach Art. 6 Abs. 1 des
Übereinkommens geeignete Schritte einleiten muss, um die Unterhaltsleistung zu realisieren.

§ 4 AUG bestimmt in Deutschland für alle Ersuche aus dem Ausland das **Bundesamt für**   289
Justiz als Zentrale Behörde, die als ermächtigt gilt, im Namen des Antragstellers selbst
außergerichtlich oder gerichtlich tätig zu werden, und die auch einen Unterhaltsantrag
stellen und die Vollstreckung eines Unterhaltstitels betreiben kann. Nach § 7 AUG ist für
die Entgegennahme von Gesuchen von Unterhaltsberechtigten in Deutschland das **Amtsge-**
richt am Sitz des Oberlandesgerichts zuständig, in dessen Bezirk der Antragsteller seinen
gewöhnlichen Aufenthalt hat.

Hinweise: Dem New Yorker Unterhaltsübereinkommen sind die **USA** und **Kanada nicht**   290
beigetreten; für sie kann seit dem 1.1.1987 allerdings auf das Gesetz zur Geltendmachung
von Unterhaltsansprüchen im Verkehr mit ausländischen Staaten (AUG)[362] zurückgegriffen
werden, das sich inhaltlich an das UN-Abkommen anlehnt.[363] Für die Entgegennahme von
Gesuchen unterhaltsberechtigter Personen ist im Hinblick auf die USA und Kanada nach
§ 3 Abs. 1 AUG das Amtsgericht als Justizverwaltungsbehörde zuständig.[364]

Das Haager Unterhaltsvollstreckungsübereinkommen von 2007 ersetzt gemäß seinem
Art. 49 das New Yorker Unterhaltsübereinkommen, soweit der Anwendungsbereich des
New Yorker Abkommens dem des HUntVollstrÜbk entspricht (vgl. vorstehende Rdn 205).
Beachte auch den Vorrang der europäischen Unterhaltsverordnung im Verhältnis der Mit-
gliedstaaten letzterer Verordnung (vorstehende Rdn 132 ff., 194).

---

361 NK-BGB/*Gruber*, (2. Aufl. 2012), Art. 18 EGBGB Rn 125.
362 BGBl 1986 I, 2563.
363 NK-BGB/*Gruber*, (2. Aufl. 2012), Art. 18 EGBGB Rn 127.
364 Dazu *Bach*, FamRZ 1996, 1250; *Finger*, FuR 2001, 97, 103; *Uhlig/Berand*, NJW 1987, 1521.

XVII. Das Haager Minderjährigenschutzabkommen (MSA)

Literatur

Allinger, Das Haager Minderjährigenschutzabkommen – Probleme, Tendenzen und Perspektiven, 1988; *Andrae*, Zur Abgrenzung des räumlichen Anwendungsbereichs von EheVO, MSA, KSÜ und autonomem IZPR/IPR, IPRax 2006, 82; *Boelck*, Reformüberlegungen zum Haager Minderjährigenschutzabkommen von 1961, 1994; *Finger*, Zuständigkeiten nach dem MSA und anderen kindschaftsrechtlichen Übereinkommen, FPR 2002, 621; *Jaspersen*, Die vormundschaftsgerichtliche Genehmigung in Fällen mit Auslandsberührung, FamRZ 1996, 393; *Kropholler*, Das Haager Abkommen über den Schutz Minderjähriger, 1977; *Mitzkus*, Internationale Zuständigkeit im Vormundschafts-, Pflegschafts- und Sorgerecht, 1982, S. 51 ff.; *Mottl*, Aufenthalts- und Gefährdungszuständigkeit nach dem Haager Minderjährigenschutzabkommen im Vergleich, IPRax 1994, 60; *Oberloskamp*, Haager Minderjährigenschutzabkommen, 1983; *Schulz*, Internationale Regelungen zum Sorge- und Umgangsrecht, FamRZ 2003, 336; *Siehr*, Die Rechtslage der Minderjährigen im internationalen Recht und die Entwicklung in diesem Bereich, FamRZ 1996, 1047.

1. Konkurrenzen

291   Das Haager Abkommen über die Zuständigkeit der Behörden und das anzuwendende Recht auf dem Gebiet des Schutzes von Minderjährigen (**MSA**) vom 5.10.1961[365] **verdrängt** – in seinem Anwendungsbereich – die Vorschriften des autonomen deutschen internationalen Privat- und Verfahrensrechts. Damit richtet sich die internationale Zuständigkeit der deutschen Gerichte ebenso wie das anwendbare Recht zur Regelung der elterlichen Sorge nach den Vorgaben des MSA, sofern sie vom sachlichen, personellen und räumlichen Geltungsbereich des Schutzabkommens erfasst werden.[366] Das MSA führt in der Praxis wegen der Trennung von gesetzlichen Gewaltverhältnissen und Maßregeln zu erheblichen Schwierigkeiten. Kritisch wird auch die Einführung des Aufenthaltsrechts neben dem Heimatrecht des Minderjährigen angesehen, darüber hinaus das Abgehen vom Personalstatut der Eltern.[367]

2. Anwendungsbereich

292   Die Behörden (Gerichte oder Verwaltungsbehörden) des Staates, in dem ein Minderjähriger (**persönlicher Anwendungsbereich**) seinen gewöhnlichen Aufenthalt[368] (in einem Vertragsstaat zum Zeitpunkt des Erlasses der Schutzmaßnahme – **territorialer Anwendungsbereich**) hat, sind nach Art. 1 MSA (internationale Zuständigkeit) grundsätzlich (vorbehaltlich der Bestimmungen der Art. 3, 4 und 5 Abs. 3 MSA) zuständig, Maßnahmen zum Schutz der Person und des Vermögens (**sachlicher Anwendungsbereich**) des Minderjährigen zu treffen.

---

365 BGBl 1971 II, 217.

366 *Andrae*, Internationales Familienrecht, § 6 Rn 17 ff.

367 Vgl. *Kegel/Schurig*, Internationales Privatrecht, § 20 XI. 5. a) a.E.

368 Der im MSA nicht definierte und selbstständig zu ermittelnde (d.h. nicht vom Aufenthaltsort des Sorgerechtsberechtigten her zu definierende) Begriff des „gewöhnlichen Aufenthalts" ist als der Ort zu verstehen, an dem für eine gewisse Dauer der Schwerpunkt der sozialen Bindungen (i.S. einer Eingliederung durch familiäre, schulische oder berufliche Beziehungen) des Minderjährigen (mithin sein Daseinsmittelpunkt) liegt: BGH NJW 1975, 1068; OLG Stuttgart FamRZ 1997, 51, 52; Staudinger/ *Kropholler*, Vorbem. zu Art. 19 EGBGB Rn 122 ff. Ein Aufenthaltswechsel begründet ggf. einen neuen gewöhnlichen Aufenthalt, so BGH NJW 1981, 520.

Unter „**Schutzmaßnahmen**" – als autonom zu qualifizierende Begrifflichkeit[369] – fallen in weiter Auslegung behördliche wie gerichtliche Einzelakte zum Schutz eines bestimmten Minderjährigen, unabhängig davon, ob es sich um privatrechtliche oder öffentlich-rechtliche Maßnahmen handelt (insbesondere Fragen des Rechtsverhältnisses zwischen Eltern und Kindern).[370] Erfasst wird also der gesamte Schutz des Minderjährigen, neben der Vormundschaft (vgl. dazu Art. 18 MSA; siehe Rdn 320) auch die elterliche Sorge und der öffentlich-rechtliche Minderjährigenschutz.[371] Minderjähriger ist gem. Art. 12 MSA, wer sowohl nach seinem Heimatrecht als auch nach dem Recht seines gewöhnlichen Aufenthalts „minderjährig" ist mit der Folge, dass wer nach einem der beiden Rechte volljährig ist, dem MSA nicht mehr unterfällt. Seinem Anwendungsbereich nach erfasst das MSA nach Art. 13 Abs. 1 alle Minderjährigen, „die ihren gewöhnlichen Aufenthalt in den Vertragsstaaten haben" – gewöhnlicher Aufenthalt verstanden (wie im deutschen Recht) als Daseinsmittelpunkt.[372]   293

Die **Zuständigkeiten**, die nach dem MSA den Behörden eines Staates zukommen, dem der Minderjährige angehört, bleiben nach Art. 13 Abs. 2 MSA jedoch den Vertragsstaaten vorbehalten, d.h., auch wenn das MSA die Behörde des Heimatstaates für zuständig erklärt, wirkt es nur zugunsten von Vertragsstaaten.   294

Nach Art. 13 Abs. 3 MSA kann sich jeder Vertragsstaat auch vorbehalten, die Anwendung des Übereinkommens auf Minderjährige zu **beschränken**, die einem der Vertragsstaaten angehören. Den **Vorbehalt** nach Art. 13 Abs. 3 MSA haben Luxemburg, die Niederlande, Österreich und Spanien, nicht jedoch die Bundesrepublik Deutschland erklärt. Die Niederlande haben ihren Vorbehalt mit Wirkung vom 30.3.1982[373] wieder zurückgenommen, Österreich mit Wirkung vom 7.8.1990[374] und Spanien mit Wirkung vom 19.8.1995.[375]   295

Das MSA trifft eine Differenzierung zwischen   296
- **gesetzlichen Gewaltverhältnissen** (d.h. der elterlichen Sorge und der gesetzlichen Vormundschaft) einerseits sowie
- **Gewaltverhältnissen aufgrund von Maßregeln der Behörden** (z.B. die Verteilung der elterlichen Sorge nach §§ 1671 f., 1696 BGB,[376] Anordnung der Kindesherausgabe gem. § 1632 Abs. 2 BGB,[377] Vormundschafts- oder Pflegschaftsanordnung[378] bzw. die Anordnung von Heimerziehung) andererseits.

Behörden sind nach Art. 1 MSA sowohl Gerichte als auch Verwaltungsbehörden.   297

---

369 Dazu näher MüKo-BGB/*Siehr*, Art. 19 EGBGB Anhang I Rn 41 ff.; Palandt/*Thorn*, Anhang I zu Art. 24 EGBGB Rn 13 f.; Staudinger/*Kropholler*, Vorben. zu Art. 19 EGBGB Rn 38 ff.
370 Beispiele bei *Andrae*, Internationales Familienrecht, § 8 Rn 17 ff.
371 Bspw. die Vollzeitpflege (Pflegekindschaft) nach § 33 SGB VIII und die Heimerziehung (Fürsorgeerziehung) nach § 34 SGB VIII.
372 Vgl. BGHZ 78, 293, 295; BGH FamRZ 2002, 1182, 1183 = IPRax 2003, 145; OLG Nürnberg FamRZ 2003, 163 = IPRax 2003, 149 = NJW-RR 2002, 1515.
373 BGBl II, 410.
374 BGBl 1991 II, 696.
375 BGBl II, 863.
376 Vgl. dazu BGHZ 78, 293, 301; BGH NJW 1984, 2761 = IPRax 1985, 40; BGH NJW-RR 1986, 1130 = IPRax 1987, 317; BGH NJW 2002, 2955 = FamRZ 2002, 1182; BayObLG NJW 1997, 901.
377 Dazu OLG Zweibrücken OLGZ 1981, 146.
378 BayObLGZ 1981, 246, 252.

3. Internationale Zuständigkeit und anwendbares Recht

298   Im Hinblick auf Schutzmaßnahmen normiert das MSA sowohl
- die internationale Zuständigkeit als auch
- das maßgebliche Recht und
- die Anerkennung von Schutzmaßnahmen, die von Behörden anderer Mitgliedstaaten getroffen worden sind.[379]

299   **Hinweis:** Dem MSA unterfallen **nicht** unmittelbar aus einer gesetzlichen Regelung zum Schutz von Minderjährigen resultierende Rechtsfolgen (die keiner behördlichen Umsetzungsmaßnahmen bedürfen).

a) Grundsatz: Zuständigkeit der Behörden am gewöhnlichen Aufenthaltsort

300   Nach Art. 1 MSA sind für Maßregeln grundsätzlich die Behörden (siehe Rdn 304) des Staates **international zuständig**, in dem der Minderjährige seinen gewöhnlichen Aufenthalt (siehe Rdn 292) hat. Die dergestalt international zuständigen Behörden wenden nach Art. 2 Abs. 1 MSA ihr eigenes materielles Recht (*lex fori*) an, das nach Art. 2 Abs. 2 MSA die Voraussetzungen für die Anordnung, die Änderung und die Beendigung dieser Maßnahmen bestimmt und auch deren Wirkungen sowohl im Verhältnis zwischen dem Minderjährigen und den Personen oder den Einrichtungen, denen er anvertraut ist, regelt als auch im Verhältnis zu Dritten. In diesem Zusammenhang bestehen Probleme bei **Kindesentführungen**.[380] Die Durchführung der von den Behörden des Aufenthaltsstaates angeordneten Maßregeln kann nach Art. 6 Abs. 2 MSA einvernehmlich den Behörden eines Staates übertragen werden, in dem der Minderjährige Vermögen hat (Übertragung der Durchführung von Maßnahmen). Nach Art. 3 MSA richten sich gesetzliche Gewaltverhältnisse (siehe Rdn 296) nach dem Heimatrecht des Minderjährigen.[381]

301   Ist der Minderjährige **Mehrstaater**, ist die effektive Staatsangehörigkeit maßgeblich, mithin primär jene – auch anders als Art. 5 Abs. 1 S. 2 EGBGB, wenn eine Staatsangehörigkeit die eigene ist – des gewöhnlichen Aufenthaltsstaates des Minderjährigen[382] mit der Folge, dass dann bspw. auf Kinder eines deutschen und eines ausländischen Elternteils deutsches Recht anwendbar ist, wenn die Kinder in Deutschland leben.

302   Nach Art. 12 Abs. 1 des Genfer Abkommens von 1951 ist für diesem unterfallende **Flüchtlingskinder** das Recht ihres Wohnsitzes maßgeblich.[383]

303   Ist auf einen Minderjährigen nach der vorab erfolgten Darstellung ausländisches Recht anwendbar, darf nach h.M.[384] in gesetzliche Gewaltverhältnisse nach Art. 1 und 2 MSA zuständigkeitshalber nicht eingegriffen werden, es sei denn, es besteht gem. Art. 8 Abs. 1 MSA eine ernsthafte Gefahr (sog. **Schrankentheorie**). A.A. ist hingegen die sog. Anerkennungstheorie, die Eingriffsmöglichkeiten nach Art. 1 und 2 MSA bejaht,[385] bzw. die sog.

---

379   *Andrae*, Internationales Familienrecht, § 8 Rn 17 ff.
380   Vgl. OLG Celle IPRax 1989, 390; *Kegel/Schurig*, Internationales Privatrecht, § 20 XI. 5. a) Fn 752.
381   Vgl. AG Korbach FamRZ 2002, 633.
382   *Kegel/Schurig*, Internationales Privatrecht, § 20 XI. 5. a).
383   Dazu LG München I FamRZ 1997, 1354 (LS).
384   So BGHZ 60, 68, 73 f.; BGH IPRax 1985, 40; BGH NJW-RR 1986, 1130 = IPRax 1987, 317; OLG Frankfurt/M. IPRax 1982, 22; OLG Stuttgart DAVorm 1986, 556, 557.
385   OLG Hamburg FamRZ 1972, 514; OLG Stuttgart NJW 1985, 566. Zudem *Kropholler*, Das Haager Abkommen über den Schutz Minderjähriger, 1977, S. 72 ff.; Staudinger/*Henrich*, Vorbem. zu Art. 19 EGBGB Rn 3 ff.

Heimatrechtstheorie,[386] nach der nur solche Maßnahmen zulässig sein sollen, die das Heimatrecht zulässt. Diese sind dann aber nach dem Recht des gewöhnlichen Aufenthalts zu treffen.

b) Zuständigkeit der Behörden des Heimatstaates des Minderjährigen

Auch die Behörden des Heimatstaates des Minderjährigen (sofern dieser Vertragsstaat ist, vgl. Art. 13 Abs. 2 MSA) sind nach Art. 4 Abs. 1 MSA international zuständig, Maßregeln zu ergreifen. Voraussetzung dafür ist jedoch, dass sie die Behörden des Aufenthaltsstaates darüber vorher verständigt haben. Die **Behörden des Heimatstaates** wenden dabei ihr eigenes materielles Recht (*lex fori*) an, das nach Art. 4 Abs. 2 MSA die Voraussetzungen für die Anordnung, die Änderung und die Beendigung der ergriffenen Maßnahmen bestimmt. Die getroffenen Maßnahmen des Heimatstaates gehen nach Art. 4 Abs. 4 MSA früheren und späteren Maßregeln der Behörden des Aufenthaltsstaates vor.[387] Praktisch gerät der Heimatstaat gegenüber dem Aufenthaltsstaat jedoch meist ins Hintertreffen.[388] Auch für die Durchführung der getroffenen Maßnahmen haben nach Art. 4 Abs. 3 MSA die Behörden des Heimatstaates zu sorgen, wobei sie jedoch gem. Art. 6 Abs. 1 MSA die Durchführung im Einvernehmen mit den Behörden des Aufenthaltsstaates oder des Staats, in dem der Minderjährige Vermögen hat, übertragen können. Im Falle einer räumlichen oder persönlichen Spaltung des Rechts im Heimatstaat entscheidet über das anwendbare Recht und die Zuständigkeit einheitliches interlokales oder interpersonales Privat- und Verfahrensrecht des Heimatstaates, hilfsweise die engste Verbindung des Minderjährigen mit einem der Teilrechtsgebiete (vgl. Art. 14 MSA – Uneinheitlichkeit des Heimatrechts des Minderjährigen).

304

Bei einer **Verlegung des gewöhnlichen Aufenthalts** des Minderjährigen von einem Vertragsstaat in einen anderen verlieren die Behörden des alten Staates ihre Zuständigkeit.[389] Allerdings bleiben die von den Behörden des alten Staates ergriffenen Maßnahmen nach Art. 5 Abs. 1 MSA so lange in Kraft, bis sie von den Behörden des neuen Staates geändert oder aufgehoben werden. Art. 5 Abs. 2 MSA fordert zudem, dass sich die Behörden des neuen Staates vor dem Ergreifen eigener Maßnahmen mit den Behörden des alten Staates verständigen müssen. Nach Art. 5 Abs. 3 MSA bleiben allerdings die Maßnahmen des Heimatstaates – die gem. Art. 4 Abs. 4 MSA in jedem Fall den Maßnahmen der Behörden des Aufenthaltsstaates vorgehen – uneingeschränkt in Kraft.

305

Hinweis: Nach Art. 7 MSA werden Maßnahmen, die eine international zuständige Behörde ergriffen hat, in allen Vertragsstaaten anerkannt: Die Maßnahmen, die die nach dem MSA zuständigen Behörden getroffen haben, sind in allen Vertragsstaaten **anzuerkennen**. Erfordern diese Maßnahmen jedoch **Vollstreckungshandlungen** in einem anderen Staat als in dem, in welchem sie getroffen worden sind, so bestimmen sich ihre Anerkennung und ihre Vollstreckung entweder nach dem innerstaatlichen Recht des Staates, in dem die Vollstreckung beantragt wird, oder nach zwischenstaatlichen Übereinkünften.

306

---

386 So OLG Hamm NJW 1972, 1628; OLG Hamm FamRZ 1979, 743, 744; BayObLG FamRZ 1983, 92, 93.

387 Bspw. wenn im Heimatstaat das Sorgerecht nach der Scheidung anders als im Aufenthaltsstaat verteilt wird, womit der Heimatstaat das „letzte Wort" habe, so *Kegel/Schurig*, Internationales Privatrecht, § 20 XI. 5. a).

388 *Kegel/Schurig*, Internationales Privatrecht, § 20 XI. 5. a).

389 OLG Nürnberg NJW-RR 2002, 1515: keine perpetuatio fori.

Ring/Olsen-Ring

c) Zuständigkeit bei einer Gefährdung des Minderjährigen

307   Die Behörden des Aufenthaltsstaates können nach Art. 8 Abs. 1 MSA ungeachtet
– eines gesetzlichen Gewaltverhältnisses nach Heimatrecht (Art. 3 MSA) bzw.
– vorrangiger Maßnahmen der Behörden des Heimatstaates (Art. 4, 5 Abs. 3 MSA)

Maßnahmen unter Anwendung ihres eigenen materiellen Rechts[390] ergreifen, wenn die Person oder das Vermögen des Minderjährigen „ernstlich gefährdet" ist.[391]

308   **Hinweis:** Die Behörden der anderen Vertragsstaaten sind jedoch nach Art. 8 Abs. 2 MSA nicht verpflichtet, diese Maßnahmen anzuerkennen.

d) Eilzuständigkeit

309   In allen (anderen) **dringenden Fällen** können nach Art. 9 Abs. 1 MSA die Behörden jedes Vertragsstaates, in dessen Hoheitsgebiet sich der Minderjährige oder ihm gehörendes Vermögen befindet, die „notwendigen Schutzmaßnahmen" treffen. Die Regelung schweigt hinsichtlich der Frage des **anzuwendenden Rechts**, weshalb das jeweilige internationale Privatrecht des Vertragsstaates dafür maßgeblich ist. Die aufgrund einer Eilzuständigkeit getroffenen Maßnahmen treten jedoch gem. Art. 9 Abs. 2 MSA, soweit sie keine endgültigen Wirkungen hervorgebracht haben, außer Kraft, sobald die nach dem MSA international zuständigen Behörden (eines anderen Vertragsstaates) die durch die Umstände gebotenen Maßnahmen getroffen haben (ex-nunc Unwirksamkeit).

e) Allgemeine Grundsätze der Zuständigkeit

310   Nach Art. 10 MSA haben die Behörden eines Vertragsstaates, um die Fortdauer der dem Minderjährigen zuteil gewordenen Betreuung zu sichern, nach Möglichkeit Maßnahmen erst dann zu treffen, nachdem sie einen Meinungsaustausch mit den Behörden der anderen Vertragsstaaten gepflogen haben (**Abstimmung**), deren Entscheidungen noch wirksam sind. Weiterhin haben gem. Art. 11 Abs. 1 MSA die Behörden, die aufgrund des MSA Maßnahmen getroffen haben, dies unverzüglich den Behörden des Staates, dem der Minderjährige angehört, und ggf. den Behörden des Staates seines gewöhnlichen Aufenthalts **mitzuteilen**. Jeder Vertragsstaat bezeichnet nach Art. 11 Abs. 2 MSA die Behörden, die die in Art. 11 Abs. 1 MSA erwähnten Mitteilungen unmittelbar geben und empfangen können. Jeder Vertragsstaat notifiziert diese Bezeichnung dem Ministerium für Auswärtige Angelegenheiten der Niederlande.

311   Der **ordre public** richtet sich einerseits gegen das Recht, das aufgrund des MSA anzuwenden ist. Er erfasst aber auch das Verfahren (d.h. die Anerkennung ausländischer Maßregeln).[392]

f) Internationale Zuständigkeit deutscher Gerichte

312   Eine **internationale Zuständigkeit deutscher Gerichte** besteht in folgenden Fällen:
– **gewöhnlicher Aufenthalt** des Minderjährigen im Inland (Art. 1 MSA);

---

390 So Staudinger/*Henrich*, Vorbem. zu Art. 19 EGBGB Rn 458 f.
391 Bspw. vorläufige Maßregeln nach §§ 1666, 1666a, 1671, 1672 oder 1696 BGB ergreifen, so *Kegel/Schurig*, Internationales Privatrecht, § 20 XI. 5. a).
392 Nach *Kegel/Schurig*, Internationales Privatrecht, § 20 XI. 5. a), soll die Regel des ägyptischen (islamischen) Rechts nicht gegen den deutschen *ordre public* verstoßen, nach der nach der Scheidung dem Vater die elterliche Gewalt, der Mutter die Personensorge zugesprochen wird – wohl aber der Stichentscheid des Vaters während der Ehe nach türkischem Recht.

– der Minderjährige hat die **deutsche Staatsangehörigkeit** (konkurrierende Zuständigkeit zu Art. 1 MSA): Nach der Ausnahmeregelung des Art. 4 MSA (Eingreifen der Heimatbehörden) können die Behörden des Staates, dem der Minderjährige angehört, wenn sie der Auffassung sind, dass das Wohl des Minderjährigen es erfordert, die nach ihrem innerstaatlichen Recht zum Schutz der Person oder des Vermögens des Minderjährigen notwendigen Maßnahmen treffen, nachdem sie die Behörden des Staates verständigt haben, in dem der Minderjährige seinen gewöhnlichen Aufenthalt hat;
– **Gefährdungszuständigkeit** nach Art. 8 Abs. 1 MSA (ernstliche Gefährdung der Person oder des Vermögens des Minderjährigen);
– **Eilzuständigkeit** nach Art. 9 MSA in dringenden Fällen, sofern der Minderjährige seinen schlichten Aufenthalt im Inland hat oder sich hier Vermögen befindet.

Hinweis: Das MSA geht der internationalen **Verbundzuständigkeit** für die Sorgerechtsentscheidung im Scheidungsverfahren (§ 98 Abs. 2 FamFG) vor (da die Bundesrepublik Deutschland von der Möglichkeit eines Vorbehalts in Eheverfahren nach Art. 15 Abs. 1 EGBGB keinen Gebrauch gemacht hat). 313

Besteht dergestalt eine internationale Zuständigkeit deutscher Gerichte, sind die Entscheidungen nach deutschem Sachrecht zu treffen (sog. **Gleichlaufprinzip**). Die danach zuständigen Behörden haben gem. Art. 2 MSA die nach ihrem innerstaatlichen Recht vorgesehenen Maßnahmen zu ergreifen. Dieses Recht bestimmt die Voraussetzungen für die Anordnung, die Änderung und die Beendigung dieser Maßnahmen. Zudem regelt es auch deren Wirkungen sowohl im Verhältnis zwischen dem Minderjährigen und den Personen oder den Einrichtungen, denen er anvertraut ist, als auch im Verhältnis zu Dritten. 314

Hinweis: Der **Gleichlauf** von internationaler Zuständigkeit der deutschen Gerichte und Anwendbarkeit deutschen Sachrechts gilt auch für die Fälle der Gefährdungszuständigkeit nach Art. 8 Abs. 1 MSA sowie der Eilzuständigkeit gem. Art. 9 MSA. 315

Die internationale Zuständigkeit (des Heimatstaates des Minderjährigen und des Staates seines gewöhnlichen Aufenthalts) *und* die Anwendung von Heimat- und Aufenthaltsrecht werden verbunden unter Einräumung eines Vorrangs zugunsten des Aufenthaltsstaates und des Aufenthaltsrechts. Zu Art. 4 MSA bestimmt Art. 2 des deutschen Zustimmungsgesetzes vom 30.4.1971,[393] dass für die in Art. 4 Abs. 1 (sowie Art. 5 Abs. 2, Art. 10 und Art. 11 Abs. 1) des Übereinkommens vorgesehenen **Mitteilungen** die deutschen Gerichte und Behörden zuständig sind, bei denen ein Verfahren nach dem Übereinkommen anhängig ist oder in den Fällen des Art. 5 Abs. 2 zur Zeit des Aufenthaltswechsels des Minderjährigen anhängig war. Ist ein Verfahren im Geltungsbereich des deutschen Ausführungsgesetzes nicht anhängig, so ist für den Empfang der Mitteilungen nach Art. 4 Abs. 1 (und Art. 11 Abs. 1) MSA das **Jugendamt** zuständig, in dessen Bezirk der Minderjährige seinen gewöhnlichen Aufenthalt hat. Für den Empfang der Mitteilungen, die nach Art. 11 Abs. 1 MSA an die Behörden des Staates zu richten sind, dem der Minderjährige angehört, wenn im Geltungsbereich des Ausführungsgesetzes weder ein Verfahren anhängig ist noch der Minderjährige seinen gewöhnlichen Aufenthalt hat, ist das **Landesjugendamt Berlin** zuständig. Die Mitteilungen können unmittelbar gegeben und empfangen werden. Die in den anderen Vertragsstaaten für die Mitteilungen nach dem Übereinkommen zuständigen Behörden sind im Bundesanzeiger bekannt zu geben. 316

---

393 BGBl II, 217.

4. Inkrafttreten und Konkurrenzen

317   Das Übereinkommen ist für die Bundesrepublik Deutschland am 17.9.1971 im Verhältnis zu Luxemburg, Portugal und der Schweiz **in Kraft getreten.**[394] Es gilt heute zudem für die Niederlande (seit dem 18.9.1971),[395] Frankreich (seit dem 10.11.1972),[396] Österreich (seit dem 11.5.1975),[397] die Türkei (seit dem 16.4.1984),[398] Spanien (seit dem 21.7.1987),[399] Polen (seit dem 13.11.1993),[400] Italien (seit dem 23.4.1995),[401] Lettland (seit dem 11.9.2001)[402] und Litauen (seit dem 8.3.2002).[403]

318   Das MSA wird im Rahmen des sachlichen Anwendungsbereichs des Haager Übereinkommens über die zivilrechtlichen Aspekte internationaler **Kindesentführung** vom 25.10.1980 (siehe Rdn 353 ff.) nach dessen Art. 34 im Verhältnis der Vertragsstaaten zueinander durch die Vorschriften des Übereinkommens von 1980 ersetzt. Das MSA wird im Verhältnis der Vertragsstaaten, die dem neuen Haager Übereinkommen zum Schutz von Kindern vom 19.10.1996 (siehe Rdn 322) beitreten, gem. Art. 51 des Übereinkommens vom 19.10.1956 durch das neue Übereinkommen ersetzt. Das MSA wird im Verhältnis der Mitgliedstaaten der Europäischen Union (mit Ausnahme von Dänemark) durch die **Brüssel II-Verordnung** und die **EheVO 2003** in deren sachlichem Anwendungsbereich von diesen verdrängt[404] (Art. 37 Brüssel II-VO bzw. Art. 60 EheVO 2003). In seiner Abgrenzung zum Anwendungsbereich der EheVO 2003 gelangt Art. 1 MSA allerdings dann zur Anwendung, wenn der Minderjährige seinen gewöhnlichen Aufenthalt in einem Vertragsstaat hat, der nicht EU-Mitgliedstaat ist (d.h. augenblicklich in der Türkei und Macau).

319   Im Hinblick darauf, dass in vielen Vertragsstaaten im Ehe- bzw. Scheidungsprozess auch die elterliche Sorge (oder die Personen- bzw. Vermögenssorge) geregelt wird, das MSA hierfür aber keine internationale Zuständigkeit vorgibt, trifft Art. 15 MSA (**Vorbehalt zugunsten der Ehegerichte**) hierzu die Möglichkeit eines Vorbehalts: Jeder Vertragsstaat, dessen Behörden dazu berufen sind, über ein Begehren auf Nichtigerklärung, Auflösung oder Lockerung des zwischen den Eltern eines Minderjährigen bestehenden Ehebandes zu entscheiden, kann sich nach Art. 15 Abs. 1 MSA die Zuständigkeit dieser Behörden für Maßnahmen zum Schutz der Personen oder des Vermögens des Minderjährigen vorbehalten, wobei aber die anderen Vertragsstaaten nach Art. 15 Abs. 2 MSA nicht verpflichtet sind, diese Maßnahmen anzuerkennen. Den Vorbehalt nach Art. 15 Abs. 1 MSA haben Frankreich, Litauen, Luxemburg, die Niederlande, Polen, die Schweiz, Spanien und die Türkei (nicht jedoch die Bundesrepublik Deutschland)[405] erklärt. Er wurde inzwischen wieder zurückgenommen von den Niederlanden mit Wirkung vom 30.3.1982,[406] von Frank-

---

394 Bekanntmachung vom 11.10.1971 (BGBl II, 1150).
395 BGBl 1972 II, 15.
396 BGBl II, 1558.
397 BGBl II, 699.
398 BGBl II, 460.
399 BGBl II, 449.
400 BGBl 1994 II, 388.
401 BGBl II, 330.
402 BGBl II, 1221.
403 BGBl II, 747.
404 Näher Bamberger/Roth/*Heiderhoff*, Art. 21 EGBGB Rn 22.
405 Vgl. BGH NJW 2002, 2955 = FamRZ 2002, 1182 = IPRax 2003, 145; OLG Nürnberg NJW-RR 2002, 1515, 1516 = FamRZ 2003, 163 = IPRax 2003, 147.
406 BGBl II, 410.

reich mit Wirkung vom 28.4.1984,[407] von der Schweiz mit Wirkung vom 28.5.1993[408] und von Spanien mit Wirkung 19.8.1995.[409]

Das MSA tritt nach seinem Art. 18 Abs. 1 im Verhältnis der Vertragsstaaten zueinander an die Stelle des am 12.6.1902 in Den Haag unterzeichneten Abkommens zur Regelung der Vormundschaft über Minderjährige[410] (und umfasst den gesamten Schutz des Minderjährigen, nicht nur die Vormundschaft). Das Übereinkommen ist daher mit Wirkung vom 17.9.1971 im Verhältnis zwischen der Bundesrepublik Deutschland, Luxemburg und Portugal an die Stelle des **Haager Vormundschaftsabkommens**[411] getreten. Das Vormundschaftsabkommen gilt nur noch im Verhältnis zu den Staaten, die das MSA nicht ratifiziert haben (d.h. Belgien[412] und Rumänien[413]). Das MSA lässt nach seinem Art. 18 Abs. 2 aber die Bestimmungen anderer zwischenstaatlicher Übereinkünfte unberührt, die im Zeitpunkt seines Inkrafttretens zwischen den Vertragsstaaten gelten. Unberührt bleiben demnach auch **zwischenstaatliche Übereinkünfte** zwischen Vertragsstaaten und Drittstaaten. Aus deutscher Sicht gehen daher insbesondere das **Niederlassungsabkommen mit dem Iran** vom 17.2.1929 (siehe Rdn 220) und das **Vormundschaftsabkommen mit Österreich** vom 5.2.1927 dem Übereinkommen vor.

320

Nach Art. 22 Abs. 1 MSA kann jeder Staat bei der Unterzeichnung, bei der Ratifizierung oder beim Beitritt erklären, dass das Haager Minderjährigenschutzabkommen auf alle oder auf einzelne der Hoheitsgebiete ausgedehnt werden soll, deren internationale Beziehungen er wahrnimmt. Eine solche **Erklärung** wird wirksam, sobald das Übereinkommen für den Staat, der sie abgegeben hat, in Kraft tritt. Die Niederlande haben das Übereinkommen gem. Art. 22 Abs. 1 MSA auf die Niederländischen Antillen erstreckt.[414]

321

XVIII. Das Haager Kinderschutzübereinkommen (KSÜ)

Literatur

Andrae, Zur Abgrenzung des räumlichen Anwendungsbereichs von EheVO, MSA, KSÜ und autonomem IZPR/IPR, IPRax 2006, 82; *Baetke*, Zum gewöhnlichen Aufenthalt bei Kindesentführungen, IPRax 2001, 573; *Benicke*, Haager Kinderschutzübereinkommen, IPRax 2013, 44; *Coester-Waltjen*, Die Berücksichtigung der Kindesinteressen in der neuen EU-Verordnung „Brüssel IIa", FamRZ 2005, 241; *Gruber*, Das HKÜ, die Brüssel IIa-Verordnung und das Internationale Familienrechtsverfahrensgesetz, FPR 2008, 214; *Gruber*, Die perpetuatio fori im Spannungsfeld von EuEheVO und den Haager Kinderschutzabkommen, IPRax 2013, 409; *Heindler*, Vorrang des Haager KSÜ vor der EuEheVO bei Wegzug, IPRax 2014, 201; *Holl*, Funktion und Bestimmung des gewöhnlichen Aufenthalts bei Kindesentführungen, 2001; *Krah*, Das Haager Kinderschutzübereinkommen, 2004; *Kropholler*, Das Haager Kinderschutzübereinkommen von 1996 – Wesentliche Verbesserungen und Minderjährigenschutz, in: Liber Amicarum Siehr, 2000, S. 379; *Oberloskamp*, Reformüberlegungen zum Haager Minderjährigenschutzabkommen von 1961, in FS für Schnyder, 1995, S. 918; *Pirrung*, Das Haager

---

407 BGBl II, 460.
408 BGBl 1994 II, 388.
409 BGBl II, 863.
410 RGBl 1904 240, 249.
411 Literatur: *Eek*, Die Erfüllung von Verpflichtungen aus zwischenstaatlichen Konventionen im Bereiche des IPR, in: FS für Schätzel, 1960, S. 117; *Huber*, Die Vormundschaft im IPR der Schweiz unter besonderer Berücksichtigung der Haager Abkommen, 1970, S. 49 ff.; *Jayme*, Die Wiederanwendung der Haager Familienrechtsabkommen von 1902 und 1905, NJW 1965, 13; *Knöpfel*, Das Haager Vormundschaftsabkommen und das Sorgerecht der Eltern aus geschiedener Ehe, FamRZ 1959, 483.
412 Wiederanwendung vereinbart mit Wirkung vom 1.5.1952 (BGBl 1955 II, 188).
413 Wiederanwendung nicht vereinbart, aber wiederaufgelebt nach der Differenzierungstheorie.
414 BGBl 1972 II, 15.

Kinderschutzübereinkommen vom 19.10.1996, in FS für Rolland, 1999, S. 277; *Pirrung*, Haager Kinderschutzübereinkommen und Verordnungsentwurf „Brüssel IIa", in FS für Jayme, Bd. 1, 2004, S. 701; *Roth/Döring*, Das Haager Abkommen über den Schutz von Kindern, ÖstJur. Bl. 1999, 758; *Schulz*, Die Zeichnung des Haager Kinderschutz-Übereinkommens von 1996 und der Kompromiss zur Brüssel IIa-Verordnung, FamRZ 2003, 1351; *Schulz*, Haager Kinderschutzübereinkommen von 1996: Im Westen nichts Neues, FamRZ 2006, 1309; *Schulz*, Inkrafttreten des Haager Kinderschutzübereinkommens vom 19.10.1996 für Deutschland am 1.1.2011, FamRZ 2011, 156; *Schwander*, Der Internationale Vermögensschutz zugunsten Erwachsener – Überlegungen anlässlich der Reformbemühungen um eine Erweiterung des Anwendungsbereichs des Haager Minderjährigenschutzabkommens auf den Erwachsenenschutz, in FS für Schnyder, 1995, S. 659; *Siehr*, Die Rechtslage der Minderjährigen im internationalen Recht und die Entwicklung in diesem Bereich – zur Revision des Haager Minderjährigenschutzabkommens, in: FS für Schnyder, 1995, S. 1047; *Siehr*, Das neue Haager Übereinkommen von 1996 über den Schutz von Kindern, RabelsZ 62 (1998), 464; *Sturm*, Stellungnahme zum Vorentwurf eines Übereinkommens über den Schutz von Kindern, IPRax 1997, 10; *Volken*, Die internationale Vermögenssorte für Minderjährige, in FS für Schnyder, 1995, S. 817; *Wagner*, Die Haager Übereinkommen zum Schutz von Kindern, ZKJ 2008, 272.

1. Regelungsziel und Inkrafttreten

322 Das Haager Übereinkommen über die Zuständigkeit, das anzuwendende Recht, die Anerkennung, Vollstreckung und Zusammenarbeit auf dem Gebiet der elterlichen Verantwortung und der Maßnahmen zum Schutz von Kindern (**Haager Kinderschutzübereinkommen – fortan: KSÜ**) vom 19.10.1996 zielt gemäß seinem Art. 1 darauf ab,
– den Staat zu bestimmen, dessen Behörden zuständig sind, Maßnahmen zum Schutz der Personen oder des Vermögens des Kindes zu treffen;
– das von diesen Behörden bei der Ausübung ihrer Zuständigkeit anzuwendende Recht zu bestimmen;
– das auf die elterliche Verantwortung (d.h. nach Art. 1 Abs. 2 KSÜ die elterliche Sorge und jedes andere entsprechende Sorgeverhältnis, das die Rechte, Befugnisse und Pflichten der Eltern, des Vormunds oder eines anderen gesetzlichen Vertreters in Bezug auf die Person oder das Vermögen des Kindes bestimmt) anzuwendende Recht zu bestimmen;
– die Anerkennung und Vollstreckung der Schutzmaßnahmen in allen Vertragsstaaten sicherzustellen;
– die zur Verwirklichung der Ziele des Übereinkommens notwendige Zusammenarbeit zwischen den Behörden der Vertragsstaaten einzurichten.

323 Das KSÜ verbessert zwar einerseits die Regeln des MSA (siehe Rdn 353 ff. – bspw. durch Aufhebung der Trennung von gesetzlichen Gewaltverhältnissen und Maßregeln) und dient durch eine Stärkung der internationalen Zusammenarbeit dem Kindeswohl. Andererseits verfehlt es – so *Kegel*[415] – das rechtspolitisch Richtige, indem es das Recht des Staates zur Anwendung gelangen lässt, in dem sich das Kind gewöhnlich aufhält. Das KSÜ umfasst (wie das MSA; siehe Rdn 353 ff.) unter der Begrifflichkeit der „**elterlichen Verantwortung**"[416] (Art. 1 Abs. 2 KSÜ) den gesamten (mithin auch den öffentlich-rechtlichen) **Kinderschutz**.

---

415 *Kegel/Schurig*, Internationales Privatrecht, § 20 XI. 5. e) – zudem weist es (in den Art. 11 Abs. 3, 12 Abs. 3, 15 Abs. 2 bzw. Art. 21 Abs. 2 KSÜ) „technische Mängel" auf.

416 Eine Begrifflichkeit, entnommen Art. 18 des New Yorker Abkommens über die Rechte des Kindes vom 20.11.1989 (BGBl 1992 II, 121, 990; vgl. BGBl Teil II Fundstellennachweis B [abgeschlossen am 31.12.2002], 670) und gleichermaßen verwendet in Art. 26 Abs. 1 lit. b des Haager Adoptionsübereinkommens (siehe Rdn 415 ff.). Ersteres normiert materielles Recht, nicht internationales Privatrecht und gewährt bspw. Rechte auf Leben, Gesundheit oder Familie – so *Kegel/Schurig*, Internationales Privatrecht, § 20 XI. 5. d).

Das KSÜ ist von der Bundesrepublik Deutschland am 1.4.2003 gezeichnet, aber erst mit Wirkung zum 1.1.2011 für Deutschland **in Kraft getreten,**[417] wodurch es weitgehend das MSA abgelöst hat.[418] Es ist am 1.1.2002 für Monaco, die Slowakei und die Tschechische Republik in Kraft getreten. Es gilt inzwischen weiterhin für Marokko (seit dem 1.12.2002), Lettland (seit dem 1.4.2003), Estland (seit dem 1.6.2003), Australien (seit dem 1.8.2003), Ecuador (seit dem 1.9.2003) Litauen (seit dem 1.9.2004), Slowenien (seit dem 1.2.2005), Ungarn (seit dem 1.5.2006), Bulgarien (seit dem 1.2.2007), Albanien (seit dem 1.4.2007), Ukraine (seit dem 1.2.2008), Armenien (seit dem 1.5.2008), Schweiz (seit dem 1.7.2009), Kroatien (seit dem 1.1.2010), Uruguay (seit dem 1.3.2010), Polen (seit dem 1.9.2010), die Dominikanische Republik (seit dem 1.10.2010), Zypern und Irland (seit dem 1.11.2010), Luxemburg (seit dem 1.12.2010), Rumänien und Spanien (seit dem 1.1.2011), Frankreich (seit dem 1.2.2011), Finnland (seit dem 1.3.2011), Österreich (seit dem 1.4.2011), Niederlande (seit dem 1.5.2011), Portugal (1.8.2011), Dänemark (seit dem 1.10.2011), Malta (seit dem 1.1.2012), Griechenland (seit dem 1.6.2012), Großbritannien und Nordirland (seit dem 1.11.2012), Montenegro und Schweden (seit dem 1.1.2013), Russland (seit dem 1.5.2013), Lesotho (seit dem 1.6.2013), Belgien (seit dem 1.9.2014), Georgien (seit dem 1.3.2015) und Italien (seit dem 1.1.2016). Das KSÜ wird am 1.11.2016 noch für Serbien in Kraft treten. Außer der Bundesrepublik Deutschland haben auch andere EU-Mitgliedstaaten, die das Übereinkommen nicht schon früher gezeichnet oder ratifiziert hatten, dieses am 1.4.2003 gezeichnet.

324

2. Anwendungsbereich

Entsprechende Maßregeln des Kinderschutzes können nach Art. 3 KSÜ (mit seiner im Unterschied zu Art. 1 MSA beispielhaften und nicht abschließenden Aufzählung)[419] insbesondere (klarstellend) Folgendes umfassen (**sachlicher Anwendungsbereich**; „Maßnahmen zum Schutz der Person und des Vermögens des Kindes"[420]):

325

- die Zuweisung, die Ausübung und die vollständige oder teilweise Entziehung der **elterlichen Verantwortung** sowie deren Übertragung;
- das (elterliche) **Sorgerecht** einschließlich der Sorge für die Person des Kindes und insbesondere des Rechts, den **Aufenthalt** des Kindes zu bestimmen, sowie das Recht zum persönlichen **Umgang** einschließlich des Rechts, das Kind für eine begrenzte Zeit an einen anderen Ort als den seines gewöhnlichen Aufenthalts zu bringen;
- die **Vormundschaft**, die **Pflegschaft** und entsprechende Einrichtungen;
- die Bestimmung und den Aufgabenbereich jeder Person oder Stelle, die für die Person oder das Vermögen des Kindes verantwortlich ist, das Kind vertritt oder ihm beisteht;
- die **Unterbringung** des Kindes in einer Pflegefamilie oder einem Heim oder seine Betreuung durch Kafala oder eine entsprechende Einrichtung;
- die behördliche **Aufsicht** über die Betreuung eines Kindes durch jede Person, die für das Kind verantwortlich ist; bzw.
- die **Verwaltung** und Erhaltung des **Vermögens des Kindes** oder die Verfügung darüber.

Das KSÜ ist – anders als das MSA – auf **Kinder** von ihrer Geburt **bis zur Vollendung des 18. Lebensjahres** anzuwenden (Art. 2 KSÜ; **persönlicher Anwendungsbereich**; d.h. keine Beschränkung auf Minderjährige).

326

---

417 BGBl 2009 II, 603.
418 Bamberger/Roth/*Heiderhoff*, Art. 21 EGBGB Rn 4.
419 Bamberger/Roth/*Heiderhoff*, Art. 21 EGBGB Rn 5.
420 Bamberger/Roth/*Heiderhoff*, Art. 21 EGBGB Rn 5. Dazu näher Staudinger/*Pirrung*, EGBGB, Art. 19 Rn G 25.

327   Nicht anzuwenden ist das Übereinkommen (**Ausschluss des KSÜ**) nach Art. 4 KSÜ
- auf die Feststellung und Anfechtung des Eltern-Kind-Verhältnisses;
- auf Adoptionsentscheidungen und Maßnahmen zur Vorbereitung einer Adoption sowie auf die Ungültigerklärung und den Widerruf der Adoption;
- auf Namen und Vornamen des Kindes;
- auf die Volljährigerklärung;
- auf Unterhaltspflichten;
- auf Trusts und Erbschaften;
- auf die soziale Sicherheit;
- auf öffentliche Maßnahmen allgemeiner Art in Angelegenheiten der Erziehung und Gesundheit;
- auf Maßnahmen infolge von Straftaten, die von Kindern begangen wurden; bzw.
- auf Entscheidungen über Asylrecht und Einwanderung.

3. Internationale Zuständigkeit

328   Die internationale Zuständigkeit ist in den Art. 5 bis 14 KSÜ geregelt. International zuständig sind nach der Grundregel des Art. 5 Abs. 1 KSÜ (unabhängig von der Staatsangehörigkeit)[421] grundsätzlich und an erster Stelle die „**Behörden**" (Gerichte oder Verwaltungsbehörden) des Vertragsstaates, in dem das Kind seinen gewöhnlichen Aufenthalt hat (oder in dem sich das Flüchtlingskind aufhält, vgl. Art. 6 KSÜ), sog. **Aufenthaltszuständigkeit**. Sie sind zuständig, Maßnahmen zum Schutz der Person oder des Vermögens des Kindes zu treffen.

329   Art. 7 Abs. 1 KSÜ regelt eingehend die Zuständigkeit im Falle eines **widerrechtlichen Verbringens oder Zurückhaltens des Kindes** i.S.v. Art. 7 Abs. 2 KSÜ, der gesetzlichen Fiktion der Widerrechtlichkeit des Verbringens oder Zurückhaltens eines Kindes (**Kindesentführung**). Danach bleiben die Behörden des Vertragsstaates, in dem das Kind unmittelbar vor dem Verbringen oder Zurückhalten seinen gewöhnlichen Aufenthalt hatte, so lange international zuständig (und die Behörden des neuen Vertragsstaates auf dringliche Maßnahmen beschränkt, vgl. Art. 7 Abs. 3 KSÜ), bis das Kind einen gewöhnlichen Aufenthalt in einem anderen Staat erlangt hat und
- jede sorgeberechtigte Person, Behörde oder sonstige Stelle das Verbringen oder Zurückhalten genehmigt hat, oder
- das Kind sich in diesem anderen Staat mindestens ein Jahr aufgehalten hat, nachdem die sorgeberechtigte Person, Behörde oder sonstige Stelle seinen Aufenthaltsort kannte oder hätte kennen müssen, kein während dieses Zeitraums gestellter Antrag auf Rückgabe mehr anhängig ist und das Kind sich in seinem neuen Umfeld eingelebt hat.

330   Eine **Lockerung der Aufenthaltszuständigkeit** (nach Art. 5, 6 bzw. 7 KSÜ) erfolgt gem. Art. 8 Abs. 2 KSÜ in vier Fällen zugunsten einer eingeschränkten Zuständigkeit der Behörden jenes Staates,
- dem das Kind angehört (**Staatsangehörigkeitszuständigkeit**);
- in dem sich Vermögen des Kindes befindet (**Belegenheitszuständigkeit**);
- in dem ein Scheidungs- oder Eheverfahren der Eltern anhängig ist (**Verbundzuständigkeit**); bzw.
- zu dem das Kind eine „enge Verbindung" hat.

331   In den genannten Fällen können die kraft **Aufenthalts** zuständigen Behörden im Einzelfall im Interesse des Kindeswohls entweder selbst oder über die Parteien die Behörden des

---

421 Bamberger/Roth/*Heiderhoff*, Art. 21 EGBGB Rn 6.

anderen Vertragsstaates bitten, die Zuständigkeit zu übernehmen (Art. 8 Abs. 1 KSÜ – **Übernahme des Verfahrens durch ein sachnäheres Gericht**). Die Behörden des anderen Vertragsstaates können aber auch selbst oder über die Parteien um Überlassung der Zuständigkeit bitten (Art. 9 Abs. 1 KSÜ). Sind die in Art. 8 Abs. 2 KSÜ genannten Behörden eines Vertragsstaates der Auffassung, dass sie besser in der Lage sind, das Wohl des Kindes im Einzelfall zu beurteilen, so können sie

– entweder die zuständige Behörde des Vertragsstaates des gewöhnlichen Aufenthalts des Kindes unmittelbar oder mit Unterstützung der Zentralen Behörde dieses Staates ersuchen, ihnen zu gestatten, die Zuständigkeit auszuüben, um die von ihnen für erforderlich gehaltenen Schutzmaßnahmen zu treffen,
– oder die Parteien einladen, bei der Behörde des Vertragsstaates des gewöhnlichen Aufenthalts des Kindes einen solchen Antrag zu stellen.

Eine **Verbundzuständigkeit** regelt Art. 10 KSÜ (**Annexzuständigkeit im Scheidungsverfahren**). Danach können (unbeschadet der Art. 5 bis 9 KSÜ) die Behörden eines Vertragsstaates, in dem eine Ehesache der Eltern anhängig ist oder ein Elternteil sich aufhält, sofern die Eltern (und wer sonst die elterliche Verantwortung trägt) einverstanden und das Kindeswohl gewahrt ist, Maßnahmen zum Schutz der Person oder des Vermögens des Kindes treffen, auch wenn dieses sich in einem anderen Vertragsstaat gewöhnlich aufhält.   **332**

Art. 11 Abs. 1 KSÜ trifft schließlich eine Regelung für „dringende Fälle" (**Eilzuständigkeit**): Entsprechende Maßnahmen treten nach Art. 11 Abs. 2 KSÜ jedoch wieder außer Kraft, sobald die normalerweise nach den Art. 5 bis 10 KSÜ zuständigen Behörden „die durch die Umstände gebotenen Maßnahmen getroffen haben" (mithin das Nötige veranlasst haben). Sofern das Kind in einem Nichtvertragsstaat lebt, treten die nach Art. 11 Abs. 1 KSÜ getroffenen Maßnahmen in jedem Vertragsstaat außer Kraft, „sobald dort die durch die Umstände gebotenen und von den Behörden eines anderen Staates getroffenen Maßnahmen anerkannt werden" (Art. 11 Abs. 3 KSÜ).   **333**

Art. 12 Abs. 1 KSÜ gestattet **vorläufige Maßnahmen** zum Schutz der Person oder des Vermögens eines Kindes durch Behörden eines Vertragsstaates, in dem sich das Kind aufhält oder Vermögen hat. Entsprechende vorläufige Maßregeln sind – beschränkt auf das eigene Staatsgebiet – zulässig, wenn sie nicht solchen zuwiderlaufen, die von den normalerweise (d.h. den gem. Art. 5 bis 10 KSÜ) zuständigen Behörden eines Vertragsstaates getroffen worden sind. Entsprechende vorläufige Maßnahmen treten nach Art. 12 Abs. 2 KSÜ dann außer Kraft, sobald eine normalerweise zuständige Behörde das Notwendige unternommen hat. Art. 12 Abs. 3 KSÜ trifft eine Art. 11 Abs. 3 KSÜ vergleichbare Regelung:[422] Maßnahmen nach Art. 12 Abs. 1 KSÜ, die in Bezug auf ein Kind mit gewöhnlichem Aufenthalt in einem Nichtvertragsstaat getroffen wurden, treten in dem Vertragsstaat außer Kraft, in dem sie getroffen worden sind, sobald dort die durch die Umstände gebotenen und von den Behörden eines anderen Staates getroffenen Maßnahmen anerkannt werden.   **334**

Das **Konkurrenzverhältnis** zwischen den normalerweise (d.h. den nach den Art. 5 bis 10 KSÜ) zuständigen Behörden löst Art. 13 KSÜ dahingehend, dass ein Vorrang der Behörde jenes Vertragsstaates gebührt, die zuerst angerufen wird (i.S.d. Einleitung des Verfahrens) – „eine Art Rechtshängigkeit".[423]   **335**

Selbst wenn durch eine Änderung der Umstände die Grundlage der Zuständigkeit wegfällt (**Wegfall der zuständigkeitsbegründenden Umstände**), bleiben gem. Art. 14 KSÜ die nach den Art. 5 bis 10 KSÜ getroffenen Maßnahmen innerhalb ihrer Reichweite so lange in   **336**

---

422 Die so „dunkel" sei wie Art. 11 Abs. 3 KSÜ: *Kegel/Schurig*, Internationales Privatrecht, § 20 XI. 5. b).
423 *Kegel/Schurig*, Internationales Privatrecht, § 20 XI. 5. b).

Ring/Olsen-Ring

Kraft, bis die nach dem KSÜ zuständigen Behörden sie ändern, ersetzen oder aufheben – eine Art perpetuatio fori.[424]

4. Anzuwendendes Recht

a) Verfahrensrecht

337   Nach der kollisionsrechtlichen Norm des Art. 15 Abs. 1 KSÜ wenden die Behörden der Vertragsstaaten bei der Ausübung ihrer internationalen Zuständigkeit (da auf Art. 3 KSÜ aufbauend) im Hinblick auf alle gerichtlichen oder behördlichen Umgangs- und Sorgerechtsregelungen ihr **eigenes Verfahrensrecht** (*lex fori*) an – i.d.R. das **Aufenthaltsrecht** (da nach Art. 5 KSÜ regelmäßig das Gericht am Ort des gewöhnlichen Aufenthalts zuständig ist).[425]

338   Problematisch ist, ob eine Anwendung der Kollisionsnorm des Art. 15 Abs. 1 KSÜ – wobei das KSÜ, anders als das MSA (siehe Rdn 291 ff.), neben der EheVO 2003 (siehe Rdn 5 ff.) anwendbar ist – überhaupt in Betracht kommt, wenn sich die Zuständigkeit nicht nach dem KSÜ, sondern nach den Art. 8 ff. EheVO 2003 richtet, wofür drei Lösungswege angeboten werden:[426]
  - Folgt man dem Gleichlaufprinzip (Zweck des Art. 15 Abs. KSÜ ist es, den *lex fori* zur Anwendung zu bringen), soll sich Art. 15 Abs. 1 KSÜ (über seinen Wortlaut hinaus) auch auf sich aus der EheVO 2003 ergebende Zuständigkeiten erstrecken.[427]
  - Ist Zweck des Art. 15 Abs. 1 KSÜ, das Recht am Ort des gewöhnlichen Aufenthalts des Kindes für anwendbar zu erklären (vgl. Art. 5 KSÜ), ist die Regelung nicht auf weitere Zuständigkeitsbereiche übertragbar.[428]
  - Art. 15 Abs. 1 KSÜ soll nach einer dritten Ansicht nur dann anwendbar sein, wenn sich im Falle einer fiktiven Anwendung aus den Art. 5 ff. KSÜ gleichermaßen eine Zuständigkeit ergäbe.[429]

339   **Wechselt** der gewöhnliche Aufenthalt des Kindes von einem Vertragsstaat in einen anderen, so bestimmt nach Art. 15 Abs. 3 KSÜ das Recht dieses anderen Staates vom Zeitpunkt des Wechsels an (d.h. ex nunc) die Bedingungen, unter denen die im Staat des früheren gewöhnlichen Aufenthalts getroffenen Maßnahmen angewendet werden. Ausnahmsweise (i.S. einer **Ausweichklausel**)[430] kann nach Art. 15 Abs. 2 KSÜ zum Schutz der Person oder des Vermögens des Kindes auch ein fremdes Verfahrensrecht angewendet oder berücksichtigt werden, wenn der Sachverhalt zu dem fremden Staat eine „enge Verbindung" aufweist.

b) Materielles Recht

340   Die **materiell-rechtliche Frage** nach der Zuweisung, der Entziehung bzw. der Ausübung der „elterlichen Verantwortung" (i.S.v. Art. 3 KSÜ; zum Begriff siehe Rdn 325) beurteilt sich nach dem Recht des gewöhnlichen Aufenthalts des Kindes (vgl. Art. 16 Abs. 1 und 2 bzw. Art. 17 S. 1 KSÜ – d.h. der Daseinsmittelpunkt des Kindes). Erfolgt ein **Statutenwechsel** durch Verlegung des gewöhnlichen Aufenthalts in einen anderen Staat, so wirkt das grundsätzlich ex nunc (vgl. Art. 16 Abs. 3 und 4 bzw. Art. 17 KSÜ).

---

424 *Kegel/Schurig*, Internationales Privatrecht, § 20 XI. 5. b).
425 Bamberger/Roth/*Heiderhoff*, Art. 21 EGBGB Rn 11.
426 Dazu Bamberger/Roth/*Heiderhoff*, Art. 21 EGBGB Rn 12.
427 *Andrae*, IPRax 2006, 82, 87.
428 So *Gruber*, Rpfleger 2002, 545, 549 zum MSA.
429 So *Solomon*, FamRZ 2004, 1409, 1415 f.
430 *Kegel/Schurig*, Internationales Privatrecht, § 20 XI. 5. b).

Art. 19 Abs. 1 KSÜ schützt beim Vorliegen bestimmter Voraussetzungen den **guten Glauben an die gesetzliche Vertretungsmacht:** Die Gültigkeit eines Rechtsgeschäfts zwischen einem Dritten und einer anderen Person, die nach dem Recht des Staates, in dem das Rechtsgeschäft abgeschlossen wurde, als gesetzlicher Vertreter zu handeln befugt wäre, kann nicht allein deswegen bestritten und der Dritte nicht nur deswegen verantwortlich gemacht werden, weil die andere Person nach dem in den Art. 15 ff. KSÜ (Anzuwendendes Recht) bestimmten Recht nicht als gesetzlicher Vertreter zu handeln befugt war. Etwas anderes gilt dann, wenn der Dritte wusste oder hätte wissen müssen, dass sich die elterliche Verantwortung nach diesem Recht bestimmte. Die Regelung des Art. 19 Abs. 1 KSÜ ist aber nur anzuwenden, wenn das Rechtsgeschäft unter Anwesenden im Hoheitsgebiet desselben Staates geschlossen wurde (Art. 19 Abs. 2 KSÜ).

341

Nach Art. 20 KSÜ sind die Vorgaben über das anwendbare Recht selbst dann anzuwenden, wenn das darin bestimmte Recht das eines Nichtvertragsstaates ist (Wirkung des KSÜ als **loi uniforme**).[431]

342

Nach Art. 21 Abs. 1 KSÜ ist eine **Rück- und Weiterverweisung** grundsätzlich ausgeschlossen (Ausschluss des *renvoi*), womit Vereinbarungen nach dem KSÜ **Sachnormverweisungen** sind.[432] Der Begriff „Recht" i.S.d. Art. 15 ff. KSÜ (Anzuwendendes Recht) meint das in einem Staat geltende Recht mit Ausnahme des Kollisionsrechts. Davon macht jedoch Art. 21 Abs. 2 KSÜ im Hinblick auf die Weiterverweisung insoweit eine Ausnahme[433] für den Fall, dass das nach Art. 16 KSÜ anzuwendende Recht das eines Nichtvertragsstaates (Drittstaates) ist und das Kollisionsrecht dieses Staates auf das Recht eines anderen Nichtvertragsstaates verweist, der sein eigenes Recht anwenden würde.[434] Dann ist das Recht dieses anderen Staates anzuwenden. Betrachtet sich das Recht dieses anderen Nichtvertragsstaates als nicht anwendbar, so ist das nach Art. 16 KSÜ bestimmte Recht anzuwenden.

343

Die Anwendung des nach Maßgabe der Art. 15 ff. KSÜ anzuwendenden Rechts darf gem. Art. 22 KSÜ nur versagt werden, wenn sie der öffentlichen Ordnung (**ordre public**) „offensichtlich widerspricht", wobei das Wohl des Kindes zu berücksichtigen ist.

344

Bei der Ausübung ihrer Zuständigkeit wenden die Behörden der Vertragsstaaten nach Art. 15 Abs. 1 KSÜ ihr **eigenes Recht** an. Soweit es der Schutz der Person oder des Vermögens des Kindes erfordert, können sie jedoch ausnahmsweise nach Art. 15 Abs. 2 KSÜ auch das Recht eines anderen Staates anwenden oder berücksichtigen, zu dem der Sachverhalt eine enge Verbindung hat. Wechselt der gewöhnliche Aufenthalt des Kindes in einen anderen Vertragsstaat, so bestimmt gem. Art. 15 Abs. 3 KSÜ das Recht dieses anderen Staates vom Zeitpunkt des Wechsels an die Bedingungen, unter denen die im Staat des früheren gewöhnlichen Aufenthalts getroffenen Maßnahmen angewendet werden. Vorbehaltlich des Art. 7 KSÜ sind nach Art. 5 Abs. 2 KSÜ bei einem Wechsel des gewöhnlichen Aufenthalts des Kindes in einen anderen Vertragsstaat die Behörden des Staates des neuen gewöhnlichen Aufenthalts zuständig.

345

---

431 So *Kegel/Schurig*, Internationales Privatrecht, § 20 XI. 5. b).
432 Bamberger/Roth/*Heiderhoff*, Art. 21 EGBGB Rn 16.
433 „Seltsame Ausnahme", die schon in Art. 4 des Haager Erbrechtsabkommens von 1988 benutzt worden ist: *Kegel/Schurig*, Internationales Privatrecht, § 20 XI. 5. b).
434 Näher *Gruber*, StAZ 2011, 65, 68.

5. Anerkennung und Vollstreckung

346   Die Art. 23 bis 28 KSÜ regeln detailliert die Anerkennung und Vollstreckung von Maßnahmen, die in einem Vertragsstaat getroffen worden sind, in einem anderen Vertragsstaat. Die von den Behörden eines Vertragsstaates getroffenen Maßnahmen werden gem. Art. 23 Abs. 1 KSÜ **kraft Gesetzes** in den anderen Vertragsstaaten **anerkannt**. Die Anerkennung kann nur nach Maßgabe von Art. 23 Abs. 2 KSÜ versagt werden (**Versagungsgründe**), bspw. wenn die entscheidende Behörde international unzuständig war (lit. a; siehe Rdn 328 ff.), die Anerkennung dem ordre public des ersuchten Staates „offensichtlich widerspricht" (lit. d) bzw. kein rechtliches Gehör gewährt worden war (lit. b und c). Die Anerkennung erfolgt zwar **ipso iure** (vgl. den Wortlaut des Art. 23 Abs. 2 KSÜ), doch kann nach Art. 24 KSÜ jede betroffene Person bei den zuständigen Behörden eines Vertragsstaates beantragen, dass über die Anerkennung oder Nichtanerkennung einer in einem anderen Vertragsstaat getroffenen Maßnahme entschieden wird (**Antrag auf Entscheidung über die Anerkennung**). Das Verfahren bestimmt sich dann nach dem Recht des ersuchten Staates. Nach Art. 25 und 27 KSÜ **bindet** die Tatsachenfeststellung der Behörde, die entschieden hat.

347   Die **Vollstreckung** richtet sich nach dem *lex fori* (vgl. Art. 26 Abs. 1 und Art. 28 KSÜ).

6. Zentrale Behörde

348   Gemäß Art. 29 Abs. 1 KSÜ bestimmt jeder Vertragsstaat (zwecks Verwirklichung der von Art. 11 MSA angestrebten Zusammenarbeit der Behörden der Vertragsstaaten) eine **Zentrale Behörde**, welche die ihr durch das KSÜ übertragenen Aufgaben wahrnimmt. Das Zusammenwirken der Zentralen Behörden ist in den Art. 30 bis 39 KSÜ eingehend geregelt.

7. Allgemeine Bestimmungen

349   Die Art. 40 bis 56 KSÜ treffen allgemeine Bestimmungen hinsichtlich des **Datenschutzes** (Art. 41 f. KSÜ), der Befreiung vom Erfordernis der Legalisation ausländischer Urkunden (Art. 43 KSÜ), der Möglichkeit einer Rechtsspaltung in einem Vertragsstaat (Art. 46 bis 49 KSÜ), des Übergangsrechts (Art. 53 KSÜ, wonach das KSÜ in dem Staat in Kraft getreten ist, in welchem die Maßnahme erfolgt) sowie möglicher Vorbehalte der Vertragsstaaten für im eigenen Land belegenes Kindervermögen (Art. 55 KSÜ).

8. Konkurrenzen

350   Nach seinem Art. 51 **ersetzt** das KSÜ das Übereinkommen vom 5.10.1961 über die Zuständigkeit der Behörden und das anzuwendende Recht auf dem Gebiet des Schutzes von Minderjährigen (**MSA**, siehe Rdn 353 ff.; für Kinder aus Staaten, die das MSA – nicht aber das KSÜ – ratifiziert haben, bleibt die Bindung an das MSA, bspw. türkische Kinder oder Kinder aus Macau[435]). Das KSÜ ersetzt ferner das Übereinkommen vom 12.6.1902 zur Regelung der **Vormundschaft** über Minderjährige.

351   Demgegenüber hat gem. Art. 50 KSÜ das **Haager Entführungsabkommen** Vorrang. Nach Art. 52 KSÜ gebührt auch anderen Abkommen ein Vorrang, womit es beim **Luxemburger Sorgerechtsübereinkommen** (siehe Rdn 384 ff.) und beim **deutsch-iranischen Niederlassungsabkommen** bleibt[436] (siehe Rdn 220).

---

435 Bamberger/Roth/*Heiderhoff*, Art. 21 EGBGB Rn 6.
436 *Kegel/Schurig*, Internationales Privatrecht, § 20 XI. 5. b).

Das KSÜ wird im Verhältnis der Mitgliedstaaten der Europäischen Union (mit Ausnahme Dänemarks) hinsichtlich verfahrensrechtlicher Fragen durch die **Brüssel II-Verordnung** und die **EheVO 2003** (siehe Rdn 5 ff.) im sachlichen Anwendungsbereich der Ehe-Verordnungen durch diese verdrängt bzw. ergänzt (Art. 37 Brüssel II-VO bzw. Art. 61 EheVO 2003), wohingegen es für kollisionsrechtliche Fragen (die von der EheVO 2003 nicht geregelt werden) bei einer Anwendung des KSÜ bleibt.[437] Die Art. 5 ff. KSÜ gelangen damit aber in Abgrenzung zum Anwendungsbereich der EheVO 2003 uneingeschränkt zur Anwendung auf Minderjährige, die ihren gewöhnlichen Aufenthalt in einem Vertragsstaat, der nicht EU-Mitgliedstaat ist, haben – gegenwärtig bspw. auf Kinder aus Albanien, Armenien, Australien, der Dominikanischen Republik, Ecuador, Marokko, Monaco, der Schweiz, der Ukraine und Uruguay.

352

XIX. Das Haager Kindesentführungsübereinkommen (HKEntfÜ)

Literatur

Bach, Das Haager Kindesentführungsübereinkommen in der Praxis, FamRZ 1997, 1051; *Baetge*, Haager Kindesentführungsübereinkommen – Sorgerechtsverletzung und Widerrechtlichkeit der Entführung, in: GS für Lüderitz, 2000, S. 146; *Baetge*, Haager Kinderentführungsabkommen – Sorgerechtsverletzung und Widerrechtlichkeit der Entführung, IPRax 2000, 146; *Baetge*, Zum gewöhnlichen Aufenthalt bei Kindesentführungen, IPRax 2001, 573; *Bruch*, Erfahrungen mit dem Haager Übereinkommen über die zivilrechtlichen Aspekte internationaler Kindesentführung, FamRZ 1993, 745; *Bruch*, Das Haager Kindesentführungsübereinkommen: Erreichte Fortschritte, künftige Herausforderungen, DEuFamR 1999, 40; *Bucher*, Das Kindeswohl im Haager Entführungsabkommen, in: FS für Kropholler, 2008, S. 263; *Coester-Waltjen*, „Brüssel II" und das „Haager Kindesentführungsübereinkommen", in: FS für B. Lorenz, 2001, S. 305; *Coester-Waltjen*, Die Bedeutung des „gewöhnlichen Aufenthalts" im Haager Entführungsabkommen, in: Aufbruch nach Europa (FS Max-Planck-Institut für Privatrecht), 2001, S. 543; *Dutta/Scherpe*, Die Durchsetzung von Rückführungsansprüchen nach dem Haager Kindesentführungsabkommen durch deutsche Gerichte, FamRZ 2006, 901; *Ehrle*, Anwendungsprobleme des Haager Übereinkommens über die zivilrechtlichen Aspekte internationaler Kindesentführung vom 25.10.1980 in der Rechtsprechung, 2000; *Finger*, Haager Übereinkommen über die zivilrechtlichen Aspekte internationaler Kindesentführung vom 25.10.1980, ZfJ 1999, 15; *Finger*, HKÜ: Die Kindesentführung durch die Mutter – die praktische Regel, FamRBint 2009, 34; *Finger*, Haager Übereinkommen über die zivilrechtlichen Aspekte internationaler Kindesentführung, FamFR 2012, 316; *Fleige*, Die Zuständigkeit für Sorgerechtsentscheidungen und die Rückführung von Kindern nach IZVR, 2006; *Gärtner*, Elterliche Sorge bei Personenstandsfällen mit Auslandsbezug – Änderungen durch das Inkrafttreten des Kinderschutzübereinkommens, StAZ 2011, 65; *Gruber*, Das HKÜ, die Brüssel IIa-Verordnung und das Internationale Familiensrechtsverfahrensgesetz, FPR 2008, 214; *Gruber*, Effektive Antworten des EuGH auf Fragen der Kindesentführung, IPRax 2009, 413; *Gruber*, Internationale Zuständigkeit und Vollstreckung bei Kindesentführungen, GPR 2011, 153; *Gutdeutsch/Rieck*, Kindesentführung: ins Ausland verboten – im Inland erlaubt?, FamRZ 1998, 1488; *Holzmann*, Brüssel IIa-VO: Elterliche Verantwortung und internationale Kindesentführungen, 2008; *Hüßtege*, Kindesentführung ohne Ende?, IPRax 1992, 369; *Klein*, Kindesentführung, Kindeswohl und Grundgesetz, IPRax 1997, 106; *Limbrock*, Das Umgangsrecht im Rahmen des Haager Kindesentführungsübereinkommens und des Europäischen Sorgerechtsübereinkommens, FamRZ 1999, 1631; *Mäsch*, „Grenzüberschreitende" Undertakings und das Haager Kindesentführungsabkommen aus deutscher Sicht, FamRZ 2002, 1069; *Niethammer-Jürgens*, Das Haager Kindesentführungsabkommen in der anwaltlichen Praxis, DAVorm 2000, 1071; *Oelkers/Kraft*, Die Herausgabe des Kindes nach dem Haager Kindesentführungsabkommen (HKiEntÜ), FuR 2002, 299 und 355; *Pirrung*, Das Haager Kindesentführungsübereinkommen vor dem Bundesgerichtshof, IPRax 2002, 197; *Ripke*, Erste Erfahrungen bei Mediationen in internationalen Kindschaftskonflikten, FPR 2004, 199; *Roth*, Internationale Kindesentführung und Zwangsvollstreckung nach § 33 FGG, IPRax 2003, 231; *Schulz*, Der Europäische Gerichtshof für Menschenrechte, das Haager Kindesentführungs-

---

437 Bamberger/Roth/*Heiderhoff*, Art. 21 EGBGB Rn 4 und Rn 12.

übereinkommen und das Sorge- und Umgangsrecht, IPRax 2001, 91; *Schulz*, Bestärkung des Haager Kindesentführungsübereinkommens durch den Europäischen Gerichtshof für Menschenrechte, FamRZ 2001, 1420; *Schulz*, Zum Aufenthaltswechsel des Antragstellers im Rahmen des Haager Kindesentführungsübereinkommens, IPRax 2002, 201; *Schweppe*, Kindesentführungen und Kindesinteressen, Die Praxis des Haager Übereinkommens in England und Deutschland, 2001; *Schweppe*, Das Haager Übereinkommen über die zivilrechtlichen Aspekte internationaler Kindesentführungen und die Interessen der betroffenen Kinder, ZfJ 2001, 169; *Schweppe*, Die Beteiligung des Kindes am Rückführungsverfahren nach dem HKÜ, FPR 2001, 203; *Siehr*, Internationale Kindesentführung und Kindesschutzübereinkommen – Zur Koordination von Staatsverträgen, in FS für B. Lorenz, 2001, S. 579; *Siehr*, Desavouierung des Haager Kindesentführungsübereinkommens, IPRax 2002, 199; *Staudinger*, Die neuen Karlsruher Leitlinien zum Haager Kindesentführungsübereinkommen, IPRax 2000, 194; *Vomberg/Mehls*, Rechtsfragen der internationalen Kindesentführung, 2002; *Weitzel*, 10 Jahre Haager Kindesentführungsabkommen, DAVorm 2000, 1059; *Winkler v. Mohrenfels*, Von der Konfrontation zur Kooperation – Das Europäische Kindesentführungsrecht auf neuem Wege, IPRax 2002, 372; *Zürcher*, Kindesentführung und Kinderrechte, 2005.

1. Regelungsziel und Inkrafttreten

353   Das Haager Übereinkommen über die zivilrechtlichen Aspekte internationaler Kindesentführung vom 25.10.1980[438] (**HKEntfÜ** – das im Rahmen seines sachlichen Anwendungsbereichs gem. Art. 34 S. 1 im Verhältnis der Vertragsstaaten zueinander dem Haager Übereinkommen über den Minderjährigenschutz (MSA) vom 5.10.1961 vorgeht – jedoch nach Art. 50 des neuen Haager Übereinkommens über den Schutz von Kindern (KSÜ) vom 19.10.1996 neben diesem Übereinkommen weiter anwendbar ist) zielt nach seinem Art. 1 auf zweierlei:
   – die Sicherstellung einer sofortigen Rückgabe „widerrechtlich" (i.S.d. Art. 3 Abs. 1 lit. a und b HKEntfÜ – ein Verbringen oder Zurückhalten ist dann „widerrechtlich", wenn dadurch die Alleinsorge oder die gemeinsame Sorge einer Person oder Behörde verletzt worden ist)[439] in einen Vertragsstaat verbrachter oder dort zurückgehaltener Kinder (unter 16 Jahren);
   – die Gewährleistung der tatsächlichen Beachtung des in einem Vertragsstaat bestehenden **Sorgerechts** (i.S.d. Art. 5 lit. a HKEntfÜ – mithin der Personensorge einschließlich des Rechts auf Bestimmung des Kindesaufenthalts) und des Rechts zum persönlichen Umgang (**Besuchsrecht** – i.S.d. Art. 5 lit. b HKEntfÜ – d.h. dem Recht, das Kind für eine begrenzte Zeit an einen anderen Ort als seinen gewöhnlichen Aufenthaltsort zu bringen) in den anderen Vertragsstaaten.

354   Im Hinblick auf diese Zielsetzungen sollen die Vertragsstaaten gem. Art. 2 HKEntfÜ alle **geeigneten Maßnahmen** treffen, um in ihrem Hoheitsgebiet die Ziele des Übereinkommens zu verwirklichen, und dazu ihre „schnellstmöglichen Verfahren" anwenden: reibungslose und schnelle Rückführung durch eine enge Zusammenarbeit der Behörden und eine sofortige Herausgabe.[440]

---

438 Zustimmungsgesetz vom 5.4.1990 (BGBl II, 206). Vgl. auch das Ausführungsgesetz vom 5.4.1990 (BGBl I, 701), zuletzt geändert durch Gesetz vom 19.2.2001 (BGBl I, 288 – Art. 2 Abs. 6).
439 Dazu näher OLG Zweibrücken DAVorm 2000, 1153: Verletzung eines tatsächlich ausgeübten Mitsorgerechts; OLG Rostock NJW-RR 2001, 1448 = IPRax 2002, 218. Vgl. zudem OLG Düsseldorf FamRZ 2008, 1775; OLG Rostock FamRZ 2003, 959; BVerfG ZBlJR 2003, 194: Nur der Elternteil hat ein Rechtsschutzbedürfnis an der Verfahrensdurchführung, der sich vor der Entführung darum bemüht hat, Bindungen zum Kind zu schaffen (zu Art. 3 Abs. 1 lit. b).
440 Bamberger/Roth/*Heiderhoff*, Art. 21 EGBGB Rn 7.

Das Haager Kindesentführungsübereinkommen ist für die Bundesrepublik Deutschland[441]   355
am 1.12.1990[442] im Verhältnis zu Australien, Belize, Frankreich, Kanada, Luxemburg, den
Niederlanden, Norwegen, Österreich, Portugal, Schweden, der Schweiz, Spanien, Ungarn,
den Vereinigten Staaten und dem Vereinigten Königreich **in Kraft getreten.**[443] Heute gilt
es zudem im Verhältnis zu Argentinien (seit dem 1.6.1991), Dänemark (seit dem 1.7.1991),
Irland (seit dem 1.10.1991), Israel (seit dem 1.12.1991), Kroatien (seit dem 1.12.1991),
Mazedonien (seit dem 1.12.1991), Mexiko und Neuseeland (jeweils seit dem 1.2.1992),
Bosnien und Herzegowina (seit dem 6.3.1992), Serbien und Montenegro (seit dem
27.4.1992), Ecuador (seit dem 1.9.1992), Burkina Faso (seit dem 1.1.1993), Polen (seit dem
1.2.1993), Griechenland (seit dem 1.6.1993), Monaco (seit dem 1.7.1993), Rumänien (seit
dem 1.7.1993), Mauritius (seit dem 1.12.1993), Bahamas (seit dem 1.5.1994), Finnland und
Honduras (jeweils seit dem 1.8.1994), Italien, St. Kitts und Nevis und Zypern (jeweils seit
dem 1.5.1995), Chile, Panama und Slowenien (jeweils seit dem 1.6.1995), Kolumbien (seit
dem 1.11.1996), Venezuela (seit dem 1.1.1997), Simbabwe (seit dem 1.2.1997) und Island
(seit dem 1.4.1997), Südafrika (seit dem 1.2.1998), Georgien (seit dem 1.3.1998) und Turkme-
nistan (seit dem 1.8.1998), Weißrussland (seit dem 1.2.1999), der Tschechischen Republik
(seit dem 1.3.1998) und Belgien (seit dem 1.5.1999), der Republik Moldau (seit dem
1.5.2000), der Türkei (seit dem 1.8.2000), der Slowakei (seit dem 1.2.2001), Uruguay (seit
dem 1.10.2001), Estland und Paraguay (jeweils seit dem 1.12.2001), Brasilien (seit dem
1.5.2002), El Salvador, Lettland und Malta (jeweils seit dem 1.11.2002), Guatemala (seit
dem 1.1.2003), Sri Lanka (seit dem 1.1.2003), Bulgarien und Litauen (seit dem 1.12.2004),
Montenegro (seit dem 1.6.2006), Thailand (seit dem 1.6.2007), San Marino, Nicaragua, Peru,
Trinidad und Tobago (seit dem 1.9.2007), Albanien (seit dem 1.10.2007), Costa Rica (seit
dem 1.12.2007), Ukraine (seit dem. 1.1.2008), die Dominikanische Republik und Fidschi
(seit dem 1.4.2008), Seychellen (seit dem 1.4.2009), Usbekistan (seit dem 1.10.2009), Armenien (seit dem 1.10.2009), Marokko (seit dem 1.10.2010), Singapur (seit dem 1.6.2011),
Andorra (seit dem 1.9.2011), Ukraine (seit dem 1.9.2006), (Gabun Inkrafttreten am 1.9.2011,
aber noch keine Geltung im Verhältnis zu Deutschland), (Russland Inkrafttreten am
1.10.2011, aber noch nicht im Verhältnis zu Deutschland), (Guinea Inkrafttreten am
1.2.2012, aber noch nicht im Verhältnis zu Deutschland), (Lesotho Inkrafttreten am
1.9.2012, aber noch nicht im Verhältnis zu Deutschland), die Koreanische Republik (seit
dem 1.3.2013), (Kasachstan Inkrafttreten am 1.9.2013, aber noch nicht im Verhältnis zu
Deutschland), Japan (seit dem 1.4.2014), Irak (seit dem 1.6.2014), (Sambia Inkrafttreten am
1.11.2014, aber noch nicht im Verhältnis zu Deutschland), Philippinen (seit dem 1.7.2016),
(Irak inkraftgetreten, aber noch nicht im Verhältnis zu Deutschland), (Korea inkraftgetreten,
aber noch nicht im Verhältnis zu Deutschland).

In der Bundesrepublik Deutschland dient das Internationale Familienrechtsverfahrensgesetz   356
(**IntFamRVG**) vom 26.1.2005[444] u.a. auch der **Umsetzung des HKEntfÜ.**

2. Anwendungsbereich

Der Anwendungsbereich des HKEntfÜ erfasst nur Kinder, die noch nicht 16 Jahre alt sind   357
(vgl. Art. 4 S. 2 HKEntfÜ) und die sich gem. Art. 4 S. 1 HKEntfÜ unmittelbar vor dem
Verbringen oder Zurückbehalten in einem Vertragsstaat gewöhnlich (i.S. ihres **Daseinsmit-**

---

441 BGBl Teil II, Fundstellennachweis B (abgeschlossen am 31.12.2002), 628.
442 BGBl 1991 II, 329.
443 Bekanntmachung vom 11.12.1990 (BGBl 1991 II, 329).
444 BGBl I, 162.

Ring/Olsen-Ring

telpunkts)[445] aufgehalten haben[446] (womit grundsätzlich ein Aufenthalt von sechs Monaten erforderlich ist).[447] Lag ein mehrfach wechselnder Aufenthalt von weniger als sechs Monaten vor, nimmt die Judikatur[448] mehrfachen gewöhnlichen Aufenthalt an, womit das HKEntfÜ nicht anwendbar ist.[449]

358   **Hinweis:** Ein Kind unter 16 Jahren unterfällt (anders als nach Art. 1 lit. a des Luxemburger Sorgerechtsübereinkommens; siehe Rdn 384 ff.) dem HKEntfÜ auch dann, wenn es seinen Aufenthalt selbst bestimmen darf.[450]

359   Regelungsgegenstand des HKEntfÜ ist also die **Sorgerechtsverletzung** (allein) im Falle einer **Entführung ins Ausland** mit dem Ziel einer schnelleren Hilfeleistung (ohne das doch schwerfällige Procedere einer Anerkennung und Vollstreckung von Entscheidungen nach dem Luxemburger Sorgerechtsübereinkommen).[451] Das Abkommen schafft (in Anlehnung an den possessorischen Besitzschutz gegen verbotene Eigenmacht) **einheitliches materielles Recht** für internationale Sachverhalte in Gestalt von Kindesentführungen ins Ausland, wobei eine abschließende Entscheidung (petitorisch) in dem Staat erfolgt, aus dem das Kind entführt worden ist. Daneben kann das Abkommen wegen seiner organisatorischen Regelungen aber auch der „**internationalen Rechtshilfe in Zivilsachen**" zugerechnet werden.

3. Zentrale Behörden

360   Verfahrensmäßig sind nach Art. 6 Abs. 1 HKEntfÜ (entsprechend Art. 1 und 2 des Luxemburger Sorgerechtsübereinkommens) die von jedem Vertragsstaat zu bestimmenden „**Zentralen Behörden**" zuständig, die nach Art. 7 HKEntfÜ zur Zusammenarbeit verpflichtet (Abs. 1) und denen dabei eine Vielzahl von **Aufgaben** (gem. Abs. 2) zugewiesen sind.

4. Verfahren

361   Macht eine Person, Behörde oder sonstige Stelle geltend, ein Kind sei unter Verletzung des Sorgerechts entführt oder zurückbehalten worden, so kann sie sich gem. Art. 8 Abs. 1 HKEntfÜ aufgrund eines **Antrags** nach Maßgabe von Art. 8 Abs. 2 HKEntfÜ (unter Anführung bestimmter Tatsachen und Beifügung von Schriftstücken) entweder an die für den gewöhnlichen Aufenthalt des Kindes zuständige Zentrale Behörde oder an die Zentrale Behörde eines anderen Vertragsstaates (i.S.d. Art. 6 f. HKEntfÜ) wenden, um mit deren Unterstützung die Rückgabe des Kindes sicherzustellen. Hat die Zentrale Behörde, bei der ein Antrag nach Art. 8 HKEntfÜ eingeht, Grund zu der Annahme, dass sich das Kind in einem anderen Vertragsstaat befindet, so übermittelt sie gem. Art. 9 HKEntfÜ den Antrag unmittelbar und unverzüglich der Zentralen Behörde dieses Staates. Sie unterrichtet davon auch die ersuchende Zentrale Behörde oder ggf. den Antragsteller (**Abgabenachricht**). Die Zentrale Behörde des Staates, in dem sich das Kind befindet, trifft oder veranlasst gem. Art. 10 HKEntfÜ alle **geeigneten Maßnahmen**, um die freiwillige Rückgabe des Kindes zu bewirken. Bei einer **Einschaltung von Gerichten oder Verwaltungsbehörden** haben

---

445 So OLG Karlsruhe FamRZ 2003, 955; 2003, 956; OLG Stuttgart FamRZ 2003, 959, 960.
446 Vgl. dazu BVerfG NJW 1999, 631 = FamRZ 1999, 85 (unter C. III. 2. a. bb.).
447 So OLG Karlsruhe FamRZ 2003, 956; OLG Stuttgart FamRZ 2003, 959, 960.
448 OLG Karlsruhe FamRZ 2003, 956.
449 So OLG Karlsruhe FamRZ 2003, 955. Vgl. zudem *Kegel*, in: FS für Rehbinder, 2002, S. 701, 705 f.; a.A. hingegen OLG Stuttgart FamRZ 2003, 959, 960: wechselnder einfacher gewöhnlicher Aufenthalt.
450 So *Kegel/Schurig*, Internationales Privatrecht, § 20 XI. 5. c) bb).
451 *Kegel/Schurig*, Internationales Privatrecht, § 20 XI. 5. c) bb).

diese „mit der gebotenen Eile" zu entscheiden (Art. 11 Abs. 1 HKEntfÜ). Steht auch noch nach sechs Wochen eine Entscheidung aus, statuiert Art. 11 Abs. 2 HKEntfÜ einen Anspruch auf Begründung der Verzögerung.

Im Falle eines bei einem zuständigen **Gericht** oder einer zuständigen **Verwaltungsbehörde** eingegangenen **Rückgabeantrags** und sofern seit der Entführung noch kein Jahr vergangen ist, verpflichtet Art. 12 Abs. 1 HKEntfÜ zur **Anordnung der „sofortigen Rückgabe des Kindes"**. Dies geschieht auch dann, wenn zwar die Entführung schon länger zurückliegt, aber nicht der Nachweis geführt werden kann, dass sich das Kind in seine neue Umgebung eingelebt hat (Art. 12 Abs. 2 HKEntfÜ). Art. 12 Abs. 1 HKEntfÜ gelangt entsprechend zur Anwendung, wenn das Kind nach Ablauf der Ein-Jahres-Frist im neuen Staat umgezogen, sich am neuen Ort aber noch nicht eingelebt hat.[452] Das HKEntfÜ soll hingegen dann überhaupt nicht anwendbar sein, wenn das Kind nach Rückgabe im neuen Staat verbleiben soll.[453]

362

Art. 12 HKEntfÜ als zentrale Regelung des Abkommens („Kernstück")[454] erfährt eine Ergänzung durch Art. 16 HKEntfÜ:[455] Ist den Gerichten oder Verwaltungsbehörden des Vertragsstaates, in den das Kind verbracht oder in dem es zurückgehalten wurde, das widerrechtliche Verbringen oder Zurückhalten des Kindes i.S.d. Art. 3 HKEntfÜ **mitgeteilt** worden, so dürfen sie eine **Sachentscheidung über das Sorgerecht** erst treffen, wenn entschieden ist,
– dass das Kind aufgrund des HKEntfÜ nicht zurückzugeben ist oder
– wenn innerhalb angemessener Frist nach der Mitteilung kein Antrag nach dem Übereinkommen gestellt wird.

363

Eine Sachentscheidung ist nicht mehr möglich, nachdem die Rückgabe angeordnet worden ist und der Antragsteller die Vollstreckung der Anordnung (bspw. nach deutschem Recht gem. § 89 Abs. 1 FamFG mittels Ordnungsgeld bzw. Ordnungshaft oder nach § 90 FamFG Anwendung unmittelbaren Zwangs[456] betreibt).[457]

364

---

452 So AG Schleswig FamRZ 2001, 933 = IPRax 2002, 220.
453 *Kegel/Schurig*, Internationales Privatrecht, § 20 XI. 5. c) bb) unter Bezugnahme auf AG Schleswig FamRZ 2001, 933 = IPRax 2002, 220.
454 So *Kegel/Schurig*, Internationales Privatrecht, § 20 XI. 5. c) bb).
455 Vgl. dazu BGHZ 147, 97 = NJW 2000, 3349 = FamRZ 2000, 1502 = IPRax 2002, 215; zudem OLG Hamm FamRZ 2002, 44, 45.
456 Dazu OLG Karlsruhe FamRZ 2002, 1141; OLG Stuttgart FamRZ 2002, 1138 = IPRax 2003, 249; OLGR Stuttgart 2009, 402: einschränkend zum Einwand der Nichtausübung der Sorge.
457 So BGHZ 147, 97.

365   Eine **Ablehnung der Rückgabe** (des Kindes) ist nach Maßgabe von Art. 13 Abs. 1 HK-EntfÜ[458] möglich, wenn die Person, Behörde oder sonstige Stelle, die sich der Rückgabe des Kindes widersetzt, nachweist,
– dass die Person, Behörde oder sonstige Stelle, der die Sorge für die Person des Kindes zustand, das Sorgerecht zur Zeit des Verbringens oder Zurückhaltens tatsächlich nicht ausgeübt, dem Verbringen oder Zurückhalten zugestimmt oder dieses nachträglich genehmigt hat (lit. a), oder
– dass die Rückgabe mit der schwerwiegenden Gefahr eines körperlichen oder seelischen Schadens für das Kind verbunden ist oder das Kind auf andere Weise in eine unzumutbare Lage bringt (lit. b).

366   Zudem ist eine **Ablehnung der Rückgabe** gem. Art. 13 Abs. 2 HKEntfÜ möglich,[459] wenn sich das Kind der Rückgabe widersetzt und es ein Alter und eine Reife erreicht hat, angesichts deren es angebracht erscheint, seine Meinung zu berücksichtigen – was (trotz bestandskräftiger Herausgabeanordnung) auch für dessen Vollstreckung gelten soll.[460] Eine Rückgabe des Kindes kann nach Art. 20 HKEntfÜ[461] auch dann abgelehnt werden, wenn sie nach den im ersuchten Staat geltenden Grundwerten über den Schutz der Menschenrechte und Grundfreiheiten unzulässig ist.

367   **Hinweis:** Art. 11 Abs. 4 EheVO erweitert und ergänzt das HKEntfÜ dahingehend, dass das Kind selbst dann herauszugeben ist, wenn die durch die Herausgabe entstehenden Gefahren durch angemessene staatliche Vorkehrungen beseitigt werden können – wobei entsprechende Auflagen zum Schutz des Kindes angeordnet werden können.

368   **Beachte zudem:** Nach Art. 11 Abs. 6 EheVO können die Gerichte des ursprünglichen Aufenthaltsstaates die örtliche Zuständigkeit für das Herausgabeverfahren zurückerhalten,

---

458   Näher BVerfG NJW 1996, 1402 = IPRax 1997, 123; BVerfG NJW 1996, 3945 = IPRax 1997, 124. Dazu *Klein*, IPRax 1997, 106. BVerfG NJW 1999, 631 = FamRZ 1999, 85 (unter C. III. 2. a. cc.); BVerfG NJW 1999, 2175 = FamRZ 1999, 777; BVerfG 1999, 2173 = FamRZ 1999, 641 (unter II. 1., 2. c.). Zudem BVerfG FamRZ 1999, 642: vorbeugender Vollstreckungsschutz gegen eine noch nicht ergangene OLG-Entscheidung; OLG Zweibrücken DAVorm 2000, 1151, 1154: Entführer muss auf sich nehmen, mit dem Kind zurückzukehren; OLG Karlsruhe NJW 2000, 3361 = FamRZ 2000, 1428: rückgabeberechtigter Vater wegen Diamantenraubs in Südafrika angeklagt; OLG Schleswig FamRZ 2000, 1426: Verdacht eines sexuellen Missbrauchs des Kindes durch den Vater; OLG Zweibrücken FamRZ 2001, 643, 644: An die Ausübung des Sorgerechts durch den Rückgabe fordernden Elternteil sind keine hohen Anforderungen zu stellen; OLG Rostock NJW-RR 2001, 1448 = IPRax 2002, 218: Eine Rückgabe kann dann abgelehnt werden, wenn dem Entführer im Lande, aus dem entführt worden ist, das Sorgerecht übertragen werden würde und er dann das Kind in das Land bringen würde, in das bereits entführt hat; OLG Hamm FamRZ 2002, 44, 45: Für die Ausübung des Sorgerechts durch den rückfordernden Elternteil genügt, dass er Umgang mit dem Kind pflegt und dessen Umzug ins Ausland ablehnt; OLG Karlsruhe FamRZ 2002, 1141: Eine Hinnahme des Rechtsbruchs ist nur bei ungewöhnlich schwerwiegender Beeinträchtigung des Kindeswohls gerechtfertigt; OLG Dresden FamRZ 2002, 1136: An die Ausübung des Sorgerechts durch den Rückgabe fordernden Elternteil sind keine hohen Anforderungen zu stellen; OLG Karlsruhe FamRZ 2003, 956, 958: Art. 13 HKEntfÜ sei eng auszulegen, womit der Rückführung des Kindes schwerwiegende Gründe entgegenstehen müssen; OLG Rostock FamRZ 2003, 959: Gemäß Art. 13 HKEntfÜ müssten der Rückführung des Kindes schwerwiegende Gründe entgegenstehen.
459   Dazu OLG Brandenburg NJW-RR 1997, 902 (11- und 12-jährige Kinder); BVerfG NJW 1999, 3622 = FamRZ 1999, 1053 (ohne feste Altersgrenzenangabe); OLG Celle FamRZ 2002, 569, 570 (13-jähriges Kind).
460   So OLG Zweibrücken FamRZ 2001, 1536.
461   Dazu BVerfG NJW 1999, 631 = FamRZ 1999, 85 (unter C. III. 2. b.): Das entführte Kind muss nach Art. 103 Abs. 1 i.V.m. Art. 6 Abs. 2 GG nur ausnahmsweise gehört werden.

wenn die Gerichte des Staates, in den das Kind entführt worden ist, nicht die Herausgabe anordnen.[462] Die Entscheidung dieses Gerichts ist nach Art. 11 Abs. 8 EheVO vollstreckbar.

Art. 14 HKEntfÜ gestattet bei der **Prüfung der „Widerrechtlichkeit"** der Entführung oder des Zurückbehaltens die formlose Berücksichtigung von Rechtssätzen und Entscheidungen des Staates, in dem sich das Kind gewöhnlich aufhält (wobei – sofern dies möglich ist – allerdings nach Art. 15 HKEntfÜ auch Entscheidungen und Bescheinigungen aus diesem Staat verlangt werden können).   369

Hinweis: Nach Art. 17 HKEntfÜ bildet der Umstand, dass im ersuchten Staat eine Sorgerechtsentscheidung ergangen oder anzuerkennen ist, keinen Grund zur Ablehnung der Rückgabe.[463] Allerdings können die Entscheidungsgründe berücksichtigt werden.   370

Nach Art. 19 HKEntfÜ ist eine aufgrund des Übereinkommens getroffene Entscheidung über die Rückgabe des Kindes nicht als „Entscheidung über das Sorgerecht" anzusehen.   371

Der **Schutz des Besuchsrechts** erfolgt in Art. 21 HKEntfÜ, wobei die Zentralen Behörden dabei Hilfestellung zu leisten haben. Nach Art. 21 Abs. 1 HKEntfÜ kann der Antrag auf Durchführung oder wirksame Ausübung des **Rechts zum persönlichen Umgang** in derselben Weise an die Zentrale Behörde eines Vertragsstaates gerichtet werden wie ein Antrag auf Rückgabe des Kindes (siehe Rdn 362).   372

Art. 23 HKEntfÜ **verbietet** das Erfordernis einer **Legalisation** oder einer ähnlichen Förmlichkeit. Nach Art. 24 Abs. 1 HKEntfÜ sind Anträge und Schriftstücke in der Ursprache mit Übersetzung in der **Sprache** des ersuchten Staates (bzw. wenn eine solche Übersetzung schwer erhältlich ist, in französisch oder englisch) zu fertigen.   373

Gemäß Art. 22 und 26 Abs. 1 und 2 HKEntfÜ ist das Verfahren grundsätzlich (mit Ausnahme der Kosten, die durch die Rückgabe des Kindes entstehen) **auslagen- und kostenfrei.** Ausländern wird nach Art. 25 HKEntfÜ unentgeltlich Rechtshilfe und Rechtsberatung in jedem Vertragsstaat gewährt wie Inländern. Gemäß Art. 26 Abs. 4 HKEntfÜ können demjenigen, der das Kind entführt oder zurückbehalten bzw. das Besuchsrecht vereitelt hat, die Kosten des Antragstellers (einschließlich der Kosten der Rückgabe des Kindes) auferlegt werden.   374

5. Vorbehalte

Gemäß Art. 39 HKEntfÜ hat **Frankreich** erklärt, dass das Haager Kindesentführungsübereinkommen auf die Gesamtheit des Hoheitsgebiets der Französischen Republik angewendet wird. **Dänemark** hat erklärt, dass das Übereinkommen auf die Hoheitsgebiete Faröer und Grönland keine Anwendung findet.   375

Das **Vereinigte Königreich** hat das Übereinkommen gem. Art. 39 Abs. 2 HKEntfÜ auf die Isle of Man (seit dem 1.9.1991), Hongkong (seit dem 1.9.1997), die Falklandinseln (seit dem 1.6.1998), die Kaimaninseln (seit dem 1.8.1998), Montserrat (seit dem 1.2.1998) und Bermuda (seit dem 1.3.1999) erstreckt. **Portugal** hat das Übereinkommen entsprechend auf Macao (seit dem 1.3.1999) erstreckt. **Argentinien** hat eine Gegenerklärung zur Erstreckung des Übereinkommens durch das Vereinigte Königreich auf die Falklandinseln abgegeben. Für die chinesische Sonderverwaltungsregion **Hongkong** gilt das Übereinkommen auch nach dem 1.7.1997 weiter. Gemäß Art. 40 HKEntfÜ hat die **kanadische Regierung** die Erstreckung des Übereinkommens auf sämtliche kanadische Provinzen erklärt.   376

---

462 Dazu auch EuGH Slg. 2008, I-5271.
463 So BVerfG NJW 1999, 631 = FamRZ 1999, 85 (unter C. III. 2. b.).

377   Vorbehalte sind nur in der **Sprachen- und Kostenfrage** erlaubt: Nach Art. 24 Abs. 2 HKEntfÜ kann Französisch oder Englisch als Übersetzungssprache ausgeschlossen werden. Die Übernahme von Anwalts- und Gerichtskosten kann gem. Art. 26 Abs. 3 HKEntfÜ auf das beschränkt werden, was nach dem eigenen Prozesskostenrecht zu tragen ist.

6. Konkurrenzen

378   Das HKEntfÜ wird im sachlichen Anwendungsbereich **der Brüssel II-Verordnung** und der **EheVO 2003** (siehe Rdn 5 ff.) im Verhältnis der Mitgliedstaaten durch diese EG-Verordnungen verdrängt (Art. 39 Brüssel II-VO bzw. Art. 60 EheVO 2003).

379   Das Haager Europäische Übereinkommen über die Rückführung Minderjähriger vom 28.5.1970 ist von der Bundesrepublik Deutschland (sowie weiteren sieben Staaten) zwar gezeichnet, bisher aber nur von der Türkei und Italien ratifiziert worden (womit es noch nicht in Kraft getreten ist).

380   Sofern Staaten Vertragsstaaten sowohl des HKEntfÜ als auch des **MSA** sind, geht nach Art. 34 S. 1 HKEntfÜ Ersteres vor. Ein Staat kann sowohl dem HKEntfÜ als auch dem Luxemburger Sorgerechtsübereinkommen (siehe Rdn 384 ff.) beitreten (wie dies bspw. Deutschland, Frankreich, Portugal oder die Schweiz getan haben), um damit in verstärktem Umfang Entführungen zu begegnen.[464]

381   **Hinweis:** Das **Europäische Übereinkommen über die Anerkennung und Vollstreckung von Entscheidungen über das Sorgerecht für Kinder und die Wiederherstellung des Sorgerechtsverhältnisses (ESÜ)** vom 20.5.1990 als bloßes Rechtshilfeabkommen – ohne eigene Kollisionsnormen hinsichtlich des Sorgerechts und ohne Kompetenznorm für die angerufenen Gerichte, über das Sorgerecht selbst zu entscheiden[465] – gilt für die Bundesrepublik Deutschland seit dem 1.2.1991.[466] Das ESÜ wird im Verhältnis zu Nicht-EU-Staaten (bspw. Montenegro, die Schweiz, Serbien oder Norwegen) von der EheVO (siehe unter Rdn 5 ff.) verdrängt.[467]

382   Das deutsch-iranische Niederlassungsabkommen vom 17.2.1929 (siehe Rdn 122) geht der KSÜ vor.[468]

383   Noch nicht in Kraft getreten ist das Übereinkommen des Europarats vom 15.5.2003 über den Umgang von und mit Kindern.[469]

XX.   Das Luxemburger Sorgerechtsübereinkommen (LSÜ)

Literatur

Pirrung, Wiederherstellung des Sorgeverhältnisses – Erste deutsche OLG-Entscheidungen über die Herausgabe von Kindern nach dem Europäischen Übereinkommen über die Anerkennung von Sorgerechtsentscheidungen, IPRax 1997, 182.

---

464 *Kegel/Schurig*, Internationales Privatrecht, § 20 XI. 5. c) bb).
465 Bamberger/Roth/*Heiderhoff*, Art. 21 EGBGB Rn 8.
466 BGBl II, 392.
467 Bamberger/Roth/*Heiderhoff*, Art. 21 EGBGB Rn 8.
468 Bamberger/Roth/*Heiderhoff*, Art. 21 EGBGB Rn 10.
469 Näher *Mansel/Thorn/Wagner*, IPRax 2009, 11.

1. Inkrafttreten

Das Luxemburger Europäische Übereinkommen über die Anerkennung und Vollstreckung   384
von Entscheidungen über das Sorgerecht für Kinder und die Wiederherstellung des Sorgeverhältnisses (fortan: **LSÜ**) vom 20.5.1980[470] ist für die Bundesrepublik Deutschland am
1.2.1991 im Verhältnis zu Belgien, Frankreich, Luxemburg, den Niederlanden (wobei die
Niederlande zu dem Übereinkommen erklärt haben, dass die in dem Übereinkommen
vorgesehene Genehmigung der Zwangsrückgabe des Kindes jederzeit mit der Begründung
abgelehnt werden könne, dass eine solche Maßnahme den Grundsätzen der am 4.11.1950
in Rom unterzeichneten Konvention zum Schutz der Menschenrechte und Grundfreiheiten
widerspreche), Norwegen, Österreich, Portugal, Schweden, der Schweiz, Spanien, dem
Vereinigten Königreich und Zypern **in Kraft getreten.**[471] Es gilt heute darüber hinaus für
Dänemark,[472] Irland,[473] Griechenland,[474] Finnland,[475] Italien,[476] Polen,[477] Island,[478] Liechtenstein,[479] Malta,[480] die Türkei,[481] die Tschechische Republik,[482] die Slowakei,[483] Estland,[484]
Serbien und Montenegro,[485] Lettland,[486] Mazedonien,[487] Litauen,[488] Bulgarien,[489] die Republik Moldau,[490] Ungarn,[491] Rumänien,[492] Montenegro,[493] Ukraine[494] und Andorra.[495]

In der Bundesrepublik Deutschland dient das Internationale Familienrechtsverfahrensgesetz   385
(**IntFamRVG**) vom 26.1.2005[496] u.a. der **Umsetzung des LSÜ.**

Während ursprünglich lediglich ein Abkommen über die Anerkennung und Vollstreckung   386
von Sorgerechtsentscheidungen geplant war (wodurch hinsichtlich der Vollstreckung eine

---

470 BGBl 1990 II, 220.
471 Bekanntmachung vom 19.12.1990 (BGBl 1991 II, 392).
472 Seit dem 1.8.1991 – BGBl II, 832.
473 Seit dem 1.10.1991 – BGBl II, 1076.
474 Seit dem 1.7.1993 – BGBl II, 1274.
475 Seit dem 1.8.1994 – BGBl II, 3538.
476 Seit dem 1.6.1995 – BGBl II, 460.
477 Seit dem 1.3.1996 – BGBl II, 541.
478 Seit dem 1.11.1996 – BGBl II, 2539.
479 Seit dem 1.8.1997 – BGBl II, 2136.
480 Seit dem 1.2.2000 – BGBl II, 1207.
481 Seit dem 1.6.2000 – BGBl II, 1207.
482 Seit dem 1.7.2000 – BGBl II, 871.
483 Seit dem 1.9.2001 – BGBl II, 871.
484 Seit dem 1.9.2001 – BGBl II, 1066.
485 Seit dem 1.5.2002 – BGBl II, 2844.
486 Seit dem 1.8.2002 – BGBl II, 2844.
487 Seit dem 1.10.2003 – BGBl II, 424.
488 Seit dem 1.5.2003 – BGBl II, 424.
489 Seit dem 1.10.2003 – BGBl II, 1543.
490 Seit dem 1.5.2004 – BGBl II, 570.
491 Seit dem 1.6.2004 – BGBl II, 570.
492 Seit dem 1.9.2004.
493 Seit dem 6.6.2006 – BGBl 2008 II, 3.
494 Seit dem 1.11.2008 – BGBl 2009 II, 401.
495 Seit dem 1.7.2011 – BGBl 2011 II, 622.
496 BGBl I, 162.

Lücke gefüllt werden sollte, die durch Art. 7 MSA verblieben war),[497] wurde im Rahmen der weiteren Verhandlungen auch die „Kindesentführung" (vgl. Art. 1 lit. b, 8, 9 und 12 LSÜ) in das LSÜ einbezogen. Der Nutzen des LSÜ wird z.T. kritisch beurteilt, da das Verfahren im Anerkennungsstaat wegen der Last, bestimmte Urkunden vorzulegen (vgl. Art. 4 Abs. 2 i.V.m. Art. 13 LSÜ), in Entführungsfällen (wo Schnelligkeit zähle) zu schwerfällig sei, wenn „jeder Tag des Kindes im neuen Land droht, Unrecht in Recht zu verwandeln".[498]

2. Begriffsbestimmungen

387 Art. 1 LSÜ trifft Begriffsbestimmungen:

388 **Kind** i.S.d. LSÜ ist jede Person, gleich welcher Staatsangehörigkeit, die das 16. Lebensjahr noch nicht vollendet hat und die noch nicht berechtigt ist, nach dem Recht ihres gewöhnlichen Aufenthalts, dem Recht des Staates, dem sie angehört, oder dem innerstaatlichen Recht des ersuchten Staates ihren eigenen Aufenthalt zu bestimmen (Art. 1 lit. a LSÜ).

389 **Behörde** ist jedes Gericht oder jede Verwaltungsbehörde (Art. 1 lit. b LSÜ).

390 **Sorgerechtsentscheidung** ist die Entscheidung einer Behörde, allerdings nur, soweit sie die Sorge für die Person des Kindes, einschließlich des Rechts auf Bestimmung seines Aufenthalts oder des Rechts zum persönlichen Umgang mit ihm, betrifft (Art. 1 lit. c LSÜ).

391 **Unzulässiges Verbringen** (Entführung) ist das Verbringen eines Kindes über eine internationale Grenze, wenn dadurch eine Sorgerechtsentscheidung verletzt wird, die in einem Vertragsstaat ergangen und in einem solchen Staat vollstreckbar ist (Verbringen ins Ausland entgegen einer vollstreckbaren Entscheidung, die in einem Vertragsstaat ergangen ist; Art. 1 lit. d LSÜ). Als **unzulässiges Verbringen** gilt auch der Fall, in dem
- das Kind am Ende einer Besuchszeit im Rahmen eines Besuchsrechts – d.h. (entsprechend dem Haager Kindesentführungsübereinkommen) das Recht des nicht sorgeberechtigten Elternteils, das Kind vorübergehend bei sich zu haben oder eines sonstigen vorübergehenden Aufenthalts in einem anderen Hoheitsgebiet als dem, in dem das Sorgerecht ausgeübt wird – nicht über eine internationale Grenze zurückgebracht wird; bzw.
- das Verbringen des Kindes ins Ausland oder das Behalten dort, wenn dies erst nachträglich nach Art. 12 LSÜ in einem Vertragsstaat durch Entscheidung für widerrechtlich erklärt wird.

3. Zentrale Behörden

392 Jeder Vertragsstaat bestimmt nach Art. 2 LSÜ (wie nach dem Haager Entführungsabkommen) eine Zentrale Behörde (**Zentralstelle**), welche die im LSÜ vorgesehenen Aufgaben wahrnimmt. Die Zentralen Behörden der Vertragsstaaten sollen nach Art. 3 Abs. 1 LSÜ zusammenarbeiten und die Zusammenarbeit der zuständigen Behörden ihrer Staaten fördern. Sie haben mit aller gebotenen Eile zu handeln. Um die Durchführung des LSÜ zu erleichtern, werden die Zentralen Behörden der Vertragsstaaten gem. Art. 3 Abs. 2 LSÜ
- die Übermittlung von Auskunftsersuchen sicherstellen, die von zuständigen Behörden ausgehen und sich auf Rechts- und Tatsachenfragen in anhängigen Verfahren beziehen;

---

497 Nach Art. 7 S. 2 MSA bestimmen sich – sofern Maßnahmen Vollstreckungshandlungen in einem anderen Staat als in dem, in welchem sie getroffen worden sind – ihre Anerkennung und ihre Vollstreckung entweder nach dem innerstaatlichen Recht des Staates, in dem die Vollstreckung beantragt wird, oder nach zwischenstaatlichen Übereinkünften.

498 So *Kegel/Schurig*, Internationales Privatrecht, § 20 XI. 5. c) aa).

– einander auf Ersuchen Auskünfte über ihr Recht auf dem Gebiet des Sorgerechts für Kinder und über dessen Änderungen erteilen;
– einander über alle Schwierigkeiten unterrichten, die bei der Anwendung des Übereinkommens auftreten können, und Hindernisse, die seiner Anwendung entgegenstehen, so weit wie möglich ausräumen.

4. Verfahren

Wer in einem Vertragsstaat eine Sorgerechtsentscheidung erwirkt hat und sie in einem anderen Vertragsstaat anerkennen oder vollstrecken lassen will, kann gem. Art. 4 Abs. 1 LSÜ zu diesem Zweck einen **Antrag** an die Zentrale Behörde jedes beliebigen Vertragsstaates richten. Dem Antrag sind bestimmte Urkunden (nämlich die in Art. 13 LSÜ genannten Schriftstücke) beizufügen (Art. 4 Abs. 2 LSÜ). Ist die Zentrale Behörde, bei der der Antrag eingeht, nicht die Zentrale Behörde des ersuchten Staates, so übermittelt sie nach Art. 4 Abs. 3 LSÜ die Schriftstücke unmittelbar und unverzüglich der letztgenannten Behörde. Die Zentrale Behörde, bei der der Antrag eingeht, unterrichtet gem. Art. 4 Abs. 5 LSÜ den Antragsteller unverzüglich über den Fortgang seines Antrags. Die Zentrale Behörde des ersuchten Staates trifft oder veranlasst nach Art. 5 Abs. 1 LSÜ unverzüglich alle Vorkehrungen, die sie für geeignet hält, und leitet erforderlichenfalls ein Verfahren vor den zuständigen Behörden ein, um

– den Aufenthaltsort des Kindes ausfindig zu machen;
– zu vermeiden, insbesondere durch alle erforderlichen vorläufigen Maßnahmen, dass die Interessen des Kindes oder des Antragstellers beeinträchtigt werden;
– die Anerkennung oder Vollstreckung der Entscheidung sicherzustellen;
– die Rückgabe des Kindes an den Antragsteller sicherzustellen, wenn die Vollstreckung der Entscheidung bewilligt wird; bzw.
– die ersuchende Behörde über die getroffenen Maßnahmen und deren Ergebnisse zu unterrichten. 393

Der Antragsteller hat nach Art. 5 Abs. 3 LSÜ nur die **Kosten einer Rückführung** des Kindes zu tragen: Jeder Vertragsstaat verpflichtet sich, vom Antragsteller keine Zahlung für Maßnahmen zu verlangen, die für den Antragsteller aufgrund von Art. 5 Abs. 1 LSÜ von der Zentralen Behörde des betreffenden Staates getroffen werden. Darunter fallen auch die **Verfahrenskosten** und ggf. die Kosten für einen Rechtsanwalt, nicht aber die Kosten für die Rückführung des Kindes. 394

Wird die **Anerkennung oder Vollstreckung versagt** und ist die Zentrale Behörde des ersuchten Staates der Auffassung, dass sie dem Ersuchen des Antragstellers stattgeben sollte, in diesem Staat eine Entscheidung in der Sache selbst herbeizuführen, so bemüht sich diese Behörde gem. Art. 5 Abs. 4 LSÜ nach besten Kräften, die Vertretung des Antragstellers in dem Verfahren unter Bedingungen sicherzustellen, die nicht weniger günstig sind als für eine Person, die in diesem Staat ansässig ist und dessen Staatsangehörigkeit besitzt. Zu diesem Zweck kann sie insbesondere ein Verfahren vor dessen zuständigen Behörden einleiten. 395

Eine eingehende Regelung über die **Verkehrssprache** trifft Art. 6 LSÜ: Vorbehaltlich besonderer Vereinbarungen zwischen den beteiligten Zentralen Behörden müssen Mitteilungen an die Zentrale Behörde des ersuchten Staates in der **Amtssprache** oder einer der Amtssprachen dieses Staates abgefasst oder von einer **Übersetzung** in diese Sprache begleitet sein. Zudem muss die Zentrale Behörde des ersuchten Staates aber auch Mitteilungen annehmen, die in englischer oder französischer Sprache abgefasst oder von einer Übersetzung in eine dieser Sprachen begleitet sind. Mitteilungen, die von der Zentralen Behörde des ersuchten 396

Staates ausgehen, einschließlich der Ergebnisse von Ermittlungen, können in der Amtssprache oder einer der Amtssprachen dieses Staates oder in englischer oder französischer Sprache abgefasst sein.

397 **Hinweis:** Ein Vertragsstaat kann die Anwendung der Vorgabe (dass die Zentrale Behörde des ersuchten Staates auch Mitteilungen annehmen muss, die in englischer oder französischer Sprache abgefasst oder von einer Übersetzung in eine dieser Sprachen begleitet sind) ganz oder teilweise ausschließen. Hat ein Vertragsstaat diesen **Vorbehalt** angebracht, so kann jeder andere Vertragsstaat ihm gegenüber den Vorbehalt auch anwenden. Den Vorbehalt nach Art. 6 Abs. 3 LSÜ haben die Bundesrepublik Deutschland, Griechenland, Liechtenstein, die Slowakei und Spanien uneingeschränkt, Dänemark, Estland, Finnland, Island, Lettland, Malta und Norwegen nur in Bezug auf Mitteilungen in französischer Sprache erklärt. Bulgarien und Polen verlangen eine Übersetzung in die eigene Sprache nur, wenn der übermittelnde Staat von dem Vorbehalt nach Art. 6 Abs. 3 LSÜ Gebrauch gemacht und beide Amtssprachen ausgeschlossen hat. Vgl. zudem § 4 Abs. 1 des IntFamRVG (siehe Rdn 385), wonach in Bezug auf die Bundesrepublik Deutschland die Zentrale Behörde, bei der ein Antrag aus einem anderen Vertragsstaat des Europäischen Übereinkommens eingeht, es ablehnen kann, tätig zu werden, solange Mitteilungen oder beizufügende Schriftstücke nicht in deutscher Sprache abgefasst oder von einer Übersetzung in dieser Sprache begleitet sind.

398 **Sorgerechtsentscheidungen,** die in einem Vertragsstaat ergangen sind, werden in jedem anderen Vertragsstaat gem. Art. 7 LSÜ **anerkannt** und, wenn sie im Ursprungsstaat vollstreckbar sind, auch **für vollstreckbar erklärt.**

399 Im Falle eines **unzulässigen Verbringens** hat die Zentrale Behörde des ersuchten Staates nach Art. 8 Abs. 1 LSÜ umgehend die **Wiederherstellung des Sorgerechtsverhältnisses** zu veranlassen, wenn
– zur Zeit der Einleitung des Verfahrens in dem Staat, in dem die Entscheidung ergangen ist, oder zur Zeit des unzulässigen Verbringens, falls dieses früher erfolgte, das Kind und seine Eltern nur Angehörige dieses Staates waren und das Kind seinen gewöhnlichen Aufenthalt im Hoheitsgebiet dieses Staates hatte, und
– der Antrag auf Wiederherstellung innerhalb von sechs Monaten nach dem unzulässigen Verbringen bei einer Zentralen Behörde gestellt worden ist.

400 Können nach dem Recht des ersuchten Staates die genannten Voraussetzungen nicht ohne ein gerichtliches Verfahren erfüllt werden, so finden in diesem Verfahren nach Art. 8 Abs. 2 LSÜ die in dem Übereinkommen genannten Versagungsgründe keine Anwendung. Ist in einer von einer zuständigen Behörde genehmigten Vereinbarung zwischen dem Sorgeberechtigten und einem Dritten diesem das Recht zum persönlichen Umgang eingeräumt worden und ist das ins Ausland gebrachte Kind am Ende der vereinbarten Zeit dem Sorgeberechtigten nicht zurückgegeben worden, so wird das Sorgeverhältnis gem. Art. 8 Abs. 3 LSÜ nach Maßgabe von Art. 8 Abs. 1 lit. b und Abs. 2 LSÜ wiederhergestellt. Dasselbe gilt, wenn durch Entscheidung der zuständigen Behörde ein solches Recht einer Person zuerkannt wird, die nicht sorgeberechtigt ist.

401 Ist in anderen als den in Art. 8 LSÜ genannten Fällen eines unzulässigen Verbringens ein Antrag innerhalb von sechs Monaten nach dem Verbringen bei einer Zentralen Behörde gestellt worden, so kann die **Anerkennung und Vollstreckung** gem. Art. 9 Abs. 1 LSÜ nur in folgenden Fällen **versagt** werden:
– wenn bei einer Entscheidung, die in Abwesenheit des Beklagten oder seines gesetzlichen Vertreters ergangen ist, dem Beklagten das das Verfahren einleitende Schriftstück oder ein gleichwertiges Schriftstück weder ordnungsgemäß noch so rechtzeitig zugestellt

worden ist, dass er sich verteidigen konnte. Die Nichtzustellung kann jedoch dann kein Grund für die Versagung der Anerkennung oder Vollstreckung sein, wenn die Zustellung deswegen nicht bewirkt worden ist, weil der Beklagte seinen Aufenthaltsort der Person verheimlicht hat, die das Verfahren im Ursprungsstaat eingeleitet hatte (lit. a);
- wenn bei einer Entscheidung, die in Abwesenheit des Beklagten oder seines gesetzlichen Vertreters ergangen ist, die Zuständigkeit der die Entscheidung treffenden Behörde im Hinblick auf den gewöhnlichen Aufenthalt des Beklagten bzw. den letzten gemeinsamen gewöhnlichen Aufenthalt der Eltern des Kindes (sofern wenigstens ein Elternteil seinen gewöhnlichen Aufenthalt noch dort hat) oder den gewöhnlichen Aufenthalt des Kindes nicht gegründet war (lit. b);
- wenn die Entscheidung mit einer Sorgerechtsentscheidung unvereinbar ist, die im ersuchten Staat vor dem Verbringen des Kindes vollstreckbar wurde, es sei denn, das Kind hat während des Jahres vor seinem Verbringen den gewöhnlichen Aufenthalt im Hoheitsgebiet des ersuchenden Staates gehabt (lit. c).

Ist kein Antrag bei einer Zentralen Behörde gestellt worden, so findet § 9 Abs. 1 LSÜ auch dann Anwendung, wenn innerhalb von sechs Monaten nach dem unzulässigen Verbringen die Anerkennung und Vollstreckung beantragt wird (Art. 9 Abs. 2 LSÜ). Auf keinen Fall darf die ausländische Entscheidung inhaltlich nachgeprüft werden (Art. 9 Abs. 3 LSÜ).   402

In allen übrigen Fällen können **Anerkennung und Vollstreckung** nach Art. 10 Abs. 1 LSÜ nur **versagt** werden,   403
- wenn die Wirkungen der Entscheidung mit den Grundwerten des Familien- und Kindschaftsrechts (Grundprinzipien des Familienrechts) im ersuchten Staat offensichtlich unvereinbar sind (lit. a);
- wenn aufgrund einer Änderung der Verhältnisse (wozu auch der Zeitablauf, nicht aber der bloße Wechsel des Aufenthaltsorts des Kindes infolge eines unzulässigen Verbringens zählt) die Wirkungen der ursprünglichen Entscheidung offensichtlich nicht mehr dem Wohl des Kindes entsprechen (lit. b);
- wenn zur Zeit der Einleitung des Verfahrens im Ursprungsstaat das Kind Angehöriger des ersuchten Staates war oder dort seinen gewöhnlichen Aufenthalt hatte und keine solche Beziehung zum Ursprungsstaat bestand bzw. das Kind sowohl Angehöriger des Ursprungsstaates als auch des ersuchten Staates war und seinen gewöhnlichen Aufenthalt im ersuchten Staat hatte (lit. c); oder
- wenn die Entscheidung mit einer im ersuchten Staat ergangenen oder mit einer dort vollstreckbaren Entscheidung eines Drittstaates unvereinbar ist. Die Entscheidung muss in einem Verfahren ergangen sein, das eingeleitet wurde, bevor der Antrag auf Anerkennung oder Vollstreckung gestellt wurde, und die Versagung muss dem Wohl des Kindes entsprechen (lit. d).

Weiterhin kann nach Art. 10 Abs. 2 LSÜ das Anerkennungs- und Vollstreckungsverfahren in folgenden Fällen **ausgesetzt** werden: 404
- wenn gegen die ursprüngliche Entscheidung ein ordentliches Rechtsmittel eingelegt worden ist (lit. a);
- wenn im ersuchten Staat ein Verfahren über das Sorgerecht für das Kind anhängig ist und dieses Verfahren vor Einleitung des Verfahrens im Ursprungsstaat eingeleitet wurde (lit. b); bzw.
- wenn eine andere Entscheidung über das Sorgerecht für das Kind Gegenstand eines Verfahrens auf Vollstreckung oder eines anderen Verfahrens auf Anerkennung der Entscheidung ist (lit. c).

405   Nach Art. 11 Abs. 1 LSÜ werden Entscheidungen über das **Besuchsrecht** und **Besuchsregeln** in Sorgerechtsentscheidungen anerkannt und vollstreckt wie Sorgerechtsentscheidungen. Die zuständige Behörde des ersuchten Staates kann jedoch gem. Art. 11 Abs. 2 LSÜ die Bedingungen für die Durchführung und Ausübung des Rechts zum persönlichen Umgang festlegen, wobei insbesondere die von den Parteien eingegangenen diesbezüglichen Verpflichtungen berücksichtigt werden. Ist keine Entscheidung über das Recht zum persönlichen Umgang ergangen oder ist die Anerkennung oder Vollstreckung der Sorgerechtsentscheidung versagt worden, so kann sich die Zentrale Behörde des ersuchten Staates gem. Art. 11 Abs. 3 LSÜ auf Antrag der Person, die das Recht zum persönlichen Umgang beansprucht, an die zuständige Behörde ihres Staates wenden, um eine solche Entscheidung zu erwirken.

406   Liegt zu dem Zeitpunkt, in dem das Kind über eine internationale Grenze verbracht wird, keine in einem Vertragsstaat ergangene vollstreckbare Sorgerechtsentscheidung vor, so ist das LSÜ gemäß seinem Art. 12 auf jede spätere in einem Vertragsstaat ergangene Entscheidung anzuwenden, mit der das Verbringen auf Antrag eines Beteiligten für widerrechtlich erklärt wird.

407   Verfahrensvereinfachende Regelungen treffen die Art. 13 bis 16 LSÜ.

5. Vorbehalte

408   Vorbehalte treffen die Art. 17 und 18 LSÜ: Nach Art. 17 Abs. 1 LSÜ kann jeder Vertragsstaat sich vorbehalten, dass in den von den Art. 8 und 9 LSÜ oder von einem dieser Artikel erfassten Fällen die Anerkennung und Vollstreckung von Sorgerechtsentscheidungen aus den in Art. 10 LSÜ genannten Gründe versagt werden kann, die in dem Vorbehalt bezeichnet sind. Den Vorbehalt nach Art. 17 Abs. 1 LSÜ haben die Bundesrepublik Deutschland, Bulgarien, Dänemark, Finnland, Griechenland, Irland, Island, Liechtenstein, Malta, Norwegen, Polen, Schweden, die Schweiz, Spanien, die Tschechische Republik, Ungarn und das Vereinigte Königreich erklärt, womit die Anerkennung und Vollstreckung von Sorgerechtsentscheidungen in den von Art. 8 und 9 LSÜ erfassten Fällen in diesen Staaten versagt werden kann. I.Ü. kann die Anerkennung und Vollstreckung von Sorgerechtsentscheidungen in der Bundesrepublik Deutschland nur aus den in Art. 10 Abs. 1 lit. a und b LSÜ vorgesehenen Gründen verweigert werden.[499] Spanien hat seinen Vorbehalt mit Wirkung vom 28.7.1996 wieder zurückgenommen.[500]

409   Die Anerkennung und Vollstreckung von Entscheidungen, die in einem Vertragsstaat ergangen sind, der den in Art. 17 Abs. 1 LSÜ vorgesehenen Vorbehalt angebracht hat, können in jedem anderen Vertragsstaat aus einem der in diesem Vorbehalt bezeichneten zusätzlichen Gründe versagt werden (Art. 17 Abs. 2 LSÜ).

410   Nach Art. 18 LSÜ kann jeder Vertragsstaat sich vorbehalten, durch Art. 12 LSÜ nicht gebunden zu sein. Auf die in Art. 12 LSÜ genannten Entscheidungen, die in einem Vertragsstaat ergangen sind, der einen solchen Vorbehalt angebracht hat, ist dieses Übereinkommen nicht anwendbar. Den nach Art. 18 LSÜ zunächst erklärten Vorbehalt hat Spanien mit Wirkung vom 5.2.1991 wieder zurückgenommen.[501]

---

499 In Liechtenstein nur aus den in Art. 10 Abs. 1 lit. a, b und d vorgesehenen Gründen, in der Schweiz nur aus dem in Art. 10 Abs. 1 lit. d vorgesehenen Grund, in Spanien nur aus den in Art. 10 Abs. 1 lit. a, c und d vorgesehenen Gründen, in Ungarn nur aus dem in Art. 10 Abs. 1 lit. a vorgesehenen Grund und im Vereinigten Königreich aus allen in Art. 10 Abs. 1 vorgesehenen Gründen.
500 BGBl 1996 II, 268.
501 BGBl II, 668.

Jeder Staat kann bei der Unterzeichnung oder bei der Hinterlegung seiner Ratifikations-, 411
Annahme-, Genehmigungs- oder Beitrittsurkunde gem. Art. 24 Abs. 1 LSÜ einzelne oder
mehrere Hoheitsgebiete bezeichnen, auf die das LSÜ Anwendung findet. Zu Art. 24 Abs. 1
LSÜ hat Dänemark erklärt, dass das Übereinkommen auf die Färöer und Grönland keine
Anwendung findet. Das Vereinigte Königreich hat die Geltung des Übereinkommens mit
Wirkung vom 1.11.1991[502] auf die Isle of Man, mit Wirkung vom 1.3.1997[503] auf die Falk-
landinseln, mit Wirkung vom 1.9.1998[504] auf die Kaimaninseln und mit Wirkung vom
1.2.1999[505] auf Montserrat erstreckt.

6. Konkurrenzen

Das LSÜ schließt nach seinem Art. 19 nicht aus, dass eine **andere internationale Überein-** 412
kunft zwischen dem Ursprungsstaat und dem ersuchten Staat oder das nicht vertragliche
Recht des ersuchten Staates angewendet wird, um die Anerkennung oder Vollstreckung
einer Entscheidung zu erwirken.

Das LSÜ lässt nach seinem Art. 20 Abs. 1 Verpflichtungen unberührt, die ein Vertragsstaat 413
gegenüber einem Nichtvertragsstaat aufgrund einer internationalen Übereinkunft hat, die
sich auf im LSÜ geregelte Angelegenheiten erstreckt. Dazu gehören vor allem die sich aus
dem Haager Übereinkommen über die zivilrechtlichen Aspekte internationaler Kindesentführung (**HKEntfÜ**) vom 25.10.1980 (siehe Rdn 353 ff.) ergebenden Verpflichtungen. Das
Vereinigte Königreich hat dies in einer Erklärung zu Art. 20 Abs. 1 LSÜ ausdrücklich
klargestellt.

Haben zwei oder mehr Vertragsstaaten auf dem Gebiet des Sorgerechts für Kinder einheitli- 414
che Rechtsvorschriften erlassen oder ein besonderes System zur Anerkennung oder Vollstreckung von Entscheidungen auf diesem Gebiet geschaffen oder werden sie dies in Zukunft
tun, so steht es ihnen nach Art. 20 Abs. 2 LSÜ frei, **anstelle** des LSÜ oder eines Teiles
davon diese Rechtsvorschriften oder dieses System untereinander anzuwenden. Um von
dieser Bestimmung Gebrauch machen zu können, müssen diese Staaten ihre Entscheidung
dem Generalsekretär des Europarats notifizieren. Jede Änderung oder Aufhebung dieser
Entscheidung ist gleichfalls zu notifizieren. Zu Art. 20 Abs. 2 LSÜ haben Dänemark, Finnland, Norwegen und Schweden erklärt, dass die zwischen den skandinavischen Staaten
abgeschlossenen Abkommen über die Anerkennung und Vollstreckung von Sorgerechtsentscheidungen im Verhältnis zwischen diesen Staaten anstelle des Luxemburger Sorgerechtsübereinkommens angewandt werden.

XXI. Das Haager Adoptionsübereinkommen (HAdÜ)

Literatur

Busch, Das Haager Übereinkommen über internationale Adoptionen – Hinweise und Erfahrungen
aus der Praxis der internationalen Adoptionsvermittlung, DAVorm 1997, 659; *Marx*, Zur Perspektive
eines neuen Haager Übereinkommens über die internationale Zusammenarbeit und den Schutz von
Kindern auf dem Gebiet der grenzüberschreitenden Adoption, StAZ 1993, 1; *Marx*, Das Haager
Übereinkommen über internationale Adoptionen, StAZ 1995, 315; *Pirrung*, Sorgerechts- und Adoptionsübereinkommen der Haager Konferenz und des Europarats, RabelsZ 57 (1993), 142; *Rudolf*, Das

---

502 BGBl II, 1076.
503 BGBl II, 894.
504 BGBl II, 2959.
505 BGBl II, 291.

Haager Übereinkommen über die internationale Adoption, ZfRV 2001, 183; Staudinger/*Henrich*, Vorbem. zu Art. 22 EGBGB Rn 11 ff., Neubearb. 2008; *Weitzel*, Das Haager Adoptionsübereinkommen vom 29.5.1993, NJW 2008, 186.

1. Regelungsziel

415   Das Haager Übereinkommen über den Schutz von Kindern und die Zusammenarbeit auf dem Gebiet der internationalen Adoption vom 29.5.1993 (fortan: **HAdÜ**; in Kraft getreten am 1.5.1995 nach der Ratifikation durch drei Staaten)[506] zielt – ohne die Normierung von Kollisionsnormen – auf die **Einführung von Schutzvorschriften** (materielle Voraussetzungen und Anforderungen an das Adoptionsverfahren),[507] um **internationale Adoptionen** zum Wohl des Kindes und unter Wahrung seiner völkerrechtlich anerkannten Grundrechte stattfinden zu lassen (Art. 1 lit. a HAdÜ – Schutz vor missbräuchlichen Adoptionen). Zudem soll ein **System der Zusammenarbeit** zwischen den Vertragsstaaten etabliert werden, um die Einhaltung der Schutzvorschriften sicherzustellen und dadurch die Entführung und den Verkauf von Kindern sowie den Kinderhandel zu verhindern (Art. 1 lit. b HAdÜ). Auch soll die Anerkennung der in den Vertragsstaaten nach Maßgabe der Konvention zustande gekommenen Adoptionen gesichert werden (Art. 1 lit. c HAdÜ).

416   Die Bundesrepublik Deutschland – die seit dem 1.3.2002 Vertragsstaat des HAdÜ ist – hat als Art. 1 des Gesetzes zur Regelung von Rechtsfragen auf dem Gebiet der internationalen Adoption und zur Weiterentwicklung des Adoptionsvermittlungsrechts vom 5.11.2000[508] das „Gesetz zur Ausführung des Haager Übereinkommens vom 29.5.1993 über den Schutz von Kindern und die Zusammenarbeit auf dem Gebiet der internationalen Adoption (Adoptionsübereinkommens-Ausführungsgesetz – **AdÜbAG**)" erlassen.

417   **Europäische Vertragsstaaten** sind gegenwärtig neben der Bundesrepublik Deutschland Albanien, Andorra, Belgien, Bulgarien, Dänemark, Estland, Finnland, Frankreich, Griechenland, Großbritannien und Nordirland, Irland, Island, Italien, Kroatien, Litauen, Luxemburg, Malta, Mazedonien, die Republik Moldau, Monaco, Montenegro, die Niederlande, Norwegen, Österreich, Polen, Rumänien, Schweden, die Schweiz, Serbien, die Slowakei, Slowenien, Spanien, die Tschechische Republik, Ungarn und Zypern.

2. Anwendungsbereich

418   Das HAdÜ findet (ohne Rücksicht auf die Staatsangehörigkeit der Beteiligten) nach seinem Art. 2 Anwendung, wenn ein (minderjähriges) Kind mit gewöhnlichem Aufenthalt in einem Vertragsstaat (d.h. seinem Heimatstaat, in dem das Kind seinen gewöhnlichen Aufenthalt hat) in einen anderen Vertragsstaat (den Aufnahmestaat des bzw. der Annehmenden, in dem diese(r) seinen/ihren gewöhnlichen Aufenthalt hat/haben) gebracht worden ist, wird oder werden soll. Es spielt keine Rolle, ob das Verbringen nach der Adoption (wobei nur Adoptionen erfasst werden, die ein dauerhaftes – nicht unauflösliches[509] – Eltern-Kind-Verhältnis [nicht bloße Pflegekindschaften] begründen (Adoption oder adoptionsähnliches Rechtsinstitut)[510] – jedoch nicht nur Volladoptionen [vgl. Art. 26 HAdÜ] im Heimatstaat durch Ehegatten oder eine [Einzel-]Person [ausdrücklich nicht gleichgeschlechtliche Part-

506 BGBl 2001 II, 1034.
507 Bamberger/Roth/*Heiderhoff*, Art. 22 EGBGB Rn 4; Weitzel, NJW 2008, 186.
508 BGBl I, 2950.
509 Staudinger/*Henrich*, Vorbem. zu Art. 22 EGBGB Rn 22.
510 Bamberger/Roth/*Heiderhoff*, Art. 22 EGBGB Rn 5.

ner][511] mit gewöhnlichem Aufenthalt im Aufnahmestaat) oder im Hinblick auf eine solche Adoption im Aufnahme- oder Heimatstaat erfolgt. Das Übereinkommen findet nach seinem Art. 3 keine Anwendung (mehr), wenn die Zentralen Behörden des Heimatstaates des Kindes und des Aufnahmestaates nicht vor Vollendung des 18. Lebensjahres (abgestellt wird allein auf eine Minderjährigenadoption) als Adoptionsvoraussetzung ihre Zustimmung erteilt haben.

3. Voraussetzungen einer internationalen Adoption

Die **Voraussetzungen** einer internationalen Adoption sind im Zweiten Kapitel (Art. 4 und 5) HAdÜ geregelt. Eine internationale Adoption setzt nach Art. 4 HAdÜ folgende Mindestbedingungen voraus, die in der Person des Kindes bzw. des oder der Annehmenden erfüllt sein müssen: Die zuständigen Behörden des Heimatstaates haben   419
- festgestellt, dass das Kind adoptiert werden kann;
- (nach gebührender Prüfung der Unterbringungsmöglichkeiten für das Kind im Heimatstaat) entschieden, dass eine internationale Adoption dem Kindeswohl dient;
- sich vergewissert,
  - dass die Personen, Institutionen und Behörden, deren Zustimmung zur Adoption notwendig ist, soweit erforderlich, beraten und gebührend über die Wirkungen ihrer Zustimmung unterrichtet worden sind, insbesondere darüber, ob die Adoption dazu führen wird, dass das Rechtsverhältnis zwischen dem Kind und seiner Herkunftsfamilie erlischt oder weiterbesteht;
  - dass diese Personen, Institutionen und Behörden ihre Zustimmung unbeeinflusst in der gesetzlich vorgeschriebenen Form erteilt haben und diese Zustimmung schriftlich gegeben oder bestätigt worden ist;
  - dass die Zustimmungen nicht durch irgendeine Zahlung oder eine andere Gegenleistung herbeigeführt worden sind und nicht widerrufen wurden und
  - dass die Zustimmung der Mutter (sofern erforderlich) erst nach der Geburt des Kindes erteilt worden ist; und
- sich – unter Berücksichtigung des Alters und der Reife des Kindes – vergewissert,
  - dass das Kind beraten und gebührend über die Wirkungen der Adoption und seiner Zustimmung zur Adoption, soweit diese Zustimmung notwendig ist, unterrichtet worden ist;
  - dass die Wünsche und Meinungen des Kindes berücksichtigt worden sind;
  - dass das Kind seine Zustimmung zur Adoption, soweit diese Zustimmung notwendig ist, unbeeinflusst in der gesetzlich vorgeschriebenen Form erteilt hat und diese Zustimmung schriftlich gegeben oder bestätigt worden ist und
  - dass diese Zustimmung nicht durch irgendeine Zahlung oder andere Gegenleistung herbeigeführt worden ist.

Die zuständigen Behörden des Aufnahmestaates müssen **zudem** nach Art. 5 HAdÜ   420
- entschieden haben, dass die künftigen Adoptiveltern für eine Adoption in Betracht kommen (d.h. der Adoption keine in ihrer Person begründeten Hindernisse entgegenstehen, was sich aus dem aus Sicht der Behörden des Aufnahmestaates maßgebenden Recht ergibt) und dazu geeignet sind (d.h. die notwendigen sozio-psychologischen Voraussetzungen erfüllen);

---

511 Staudinger/*Henrich*, Vorbem. zu Art. 22 EGBGB Rn 21: In einem solchen Fall seien die anderen Vertragsstaaten berechtigt, die Anerkennung der Adopiton aus ordre public-Gründen zu verweigern.

- sich vergewissert haben, dass die künftigen Adoptiveltern (soweit erforderlich) beraten worden sind;
- entschieden haben, dass dem Kind die Einreise in diesen Staat und der ständige Aufenthalt dort bewilligt worden ist oder wird.

421 **Hinweis:** Das Adoptionsverfahren kann nur im Konsens der Zentralen Behörden der beiden Staaten seinen Fortgang nehmen (vgl. Art. 17c HAdÜ).[512]

4. Weitere Regelungen

422 Das Dritte Kapitel (Art. 6 bis 13) HAdÜ trifft Regelungen hinsichtlich der **Zentralen Behörden** und der zugelassenen Organisationen, das 4. Kapitel (Art. 14 bis 22) HAdÜ **verfahrensrechtliche** Voraussetzungen der internationalen Adoption.

5. Anerkennung und Wirkungen der internationalen Adoption

423 Das Fünfte Kapitel (Art. 23 bis 27) HAdÜ regelt das Kernstück der Konvention: Eine nach Maßgabe des Übereinkommens vollzogene Adoption wird in den anderen Vertragsstaaten nach Art. 23 Abs. 1 HAdÜ **kraft Gesetztes anerkannt**, wenn die zuständige Behörde des Staates, in dem sie durchgeführt worden ist, bescheinigt, dass sie gemäß dem Übereinkommen zustande gekommen ist. Diese Anerkennung einer in einem Vertragsstaat vollzogenen Adoption macht (sicherheitshalber erfolgte) Zweitadoptionen im Aufnahmestaat entbehrlich[513] – unabhängig von dem dort angewandten Recht. Die Bescheinigung gibt an, wann und von wem die Zustimmungen nach Art. 17 lit. c HAdÜ (der Zentralen Behörde sowohl von Heimat- wie Aufnahmestaat) erteilt worden sind (mithin, dass die Adoption nach Maßgabe der Konvention zustande gekommen ist).

424 Art. 23 Abs. 2 HAdÜ schließt Zweifel über die Zuständigkeit der Behörde aus. Danach notifiziert jeder Vertragsstaat dem Verwahrer des Übereinkommens (d.h. gem. Art. 43 Abs. 2 HAdÜ dem Ministerium für Auswärtige Angelegenheiten der Niederlande) bei Unterzeichnung, Ratifikation, Annahme, Genehmigung oder Beitritt zur Konvention Identität und Aufgaben der Behörden, die in diesem Staat für die Ausstellung der Bescheinigung zuständig sind und jede Art der Änderung in der Bezeichnung dieser Behörden.

425 Die **Anerkennung** kann in einem Vertragsstaat gem. Art. 24 HAdÜ nur noch **versagt** werden, wenn die Adoption seiner öffentlichen Ordnung offensichtlich widerspricht, wobei das Wohl des Kindes zu berücksichtigen ist (**ordre-public-Klausel**).

426 Art. 26 HAdÜ umschreibt vor dem Hintergrund, dass die **Adoptionswirkungen** nicht in allen Staaten gleich sind, die **Reichweite der internationalen Adoption**. Sie umfasst die Anerkennung
- des Eltern-Kind-Verhältnisses zwischen dem Kind und seinen Adoptiveltern;
- der elterlichen Verantwortlichkeit der Adoptiveltern für das Kind; sowie
- der Beendigung des früheren Rechtsverhältnisses zwischen dem Kind und seiner Mutter und seinem Vater, wenn die Adoption dies in dem Vertragsstaat bewirkt, in dem sie durchgeführt worden ist.

427 Bewirkt die Adoption die **Beendigung des früheren Eltern-Kind-Verhältnisses** (sog. **Volladoption**), so genießt das Kind im Aufnahmestaat und in jedem anderen Vertragsstaat (in dem die Adoption anerkannt wird) Rechte entsprechend denen, die sich aus Adoptionen

---

512 Staudinger/*Henrich*, Vorbem. zu Art. 22 EGBGB Rn 28.
513 Staudinger/*Henrich*, Vorbem. zu Art. 22 EGBGB Rn 46.

mit dieser Wirkung in jedem dieser Staaten ergeben. Dabei bietet die Konvention lediglich eine **Minimallösung**[514] (vgl. Art. 26 Abs. 3 HAdÜ, wonach die vorab umschriebenen Regelungen die Anwendung für das Kind günstigerer Bestimmungen unberührt lassen, die in einem Vertragsstaat gelten, der die Adoption anerkennt), überlässt ansonsten aber die Beantwortung der Frage nach den Adoptionswirkungen dem nationalen Kollisionsrecht.

Nach deutschem Recht erfährt Art. 26 HAdÜ eine Ergänzung durch das Adoptionswirkungsgesetz (**AdWirkG**) als Art. 2 des Gesetzes zur Regelung von Rechtsfragen auf dem Gebiet der internationalen Adoption und zur Weiterentwicklung des Adoptionsvermittlungsrechts vom 5.11.2001.[515] Nach § 2 Abs. 1 AdWirkG stellt in Deutschland das Familiengericht auf Antrag hin fest, ob eine Annahme als Kind i.S.d. § 1 AdWirkG (Anwendungsbereich) anzuerkennen oder wirksam und ob das Eltern-Kind-Verhältnis des Kindes zu seinen bisherigen Eltern durch die Annahme erloschen ist.

428

Bewirkt eine im Heimatstaat durchgeführte Adoption nicht die Beendigung des früheren Eltern-Kind-Verhältnisses (sog. **schwache Adoption**), so kann sie gem. Art. 27 Abs. 1 HAdÜ im Aufnahmestaat, der die Adoption nach dem Übereinkommen anerkennt, in eine Adoption mit einer derartigen Wirkung (mithin in eine **Volladoption**) umgewandelt werden (ohne dass es einer Wiederholung der Adoption bedürfte), wenn
– das Recht des Aufnahmestaates dies gestattet und
– die in Art. 4 lit. c und d HAdÜ vorgesehenen Zustimmungen zum Zweck einer solchen Adoption (d.h. einer Volladoption) erteilt worden sind oder werden.

429

Wenn deutsche Adoptiveltern eine im Heimatstaat des Kindes vollzogene schwache Adoption in eine Volladoption **umwandeln** wollen, so müssen im Geltungsbereich der Konvention gem. § 3 AdWirkG weder die Zustimmungserfordernisse des deutschen Rechts (Adoptionsstatut) noch die Zustimmungserfordernisse des Staates, dem das Kind angehört (Art. 23 EGBGB), beachtet werden.[516]

430

Gemäß Art. 29 HAdÜ (**Kontaktverbot**) darf zwischen den künftigen Adoptiveltern und den Eltern des Kindes oder jeder anderen Person, welche die Sorge für das Kind hat, kein Kontakt stattfinden, solange die Erfordernisse des Art. 4 lit. a bis c und des Art. 5 lit. a HAdÜ nicht erfüllt sind, es sei denn, die Adoption findet innerhalb einer Familie statt oder der Kontakt entspricht den von der zuständigen Behörde des Heimatstaates aufgestellten Bedingungen.

431

Nach Art. 30 HAdÜ haben die zuständigen Behörden eines Vertragsstaates dafür zu sorgen, dass die ihnen vorliegenden Angaben über die Herkunft des Kindes (insbesondere über die Identität seiner Eltern sowie über die Krankheitsgeschichte des Kindes und seiner Familie) **aufbewahrt** werden. Sie gewährleisten, dass das Kind oder sein Vertreter unter angemessener Anleitung Zugang zu diesen Angaben hat, soweit das Recht des betreffenden Staates dies zulässt. Diese Regelung liegt letztlich in Art. 7 der UN-Konvention über die Rechte des Kindes vom 20.11.1989 begründet, wonach das Kind – soweit möglich – ein **Recht** darauf hat, **seine Eltern zu kennen**. Diesem Recht des Kindes auf Kenntnis seiner Abstammung können jedoch Rechte der (leiblichen) Eltern entgegenstehen, die aus plausiblen Gründen unerkannt bleiben wollen.[517]

432

---

514 Staudinger/*Henrich*, Vorbem. zu Art. 22 EGBGB Rn 50.
515 BGBl I, 2950.
516 Vgl. Staudinger/*Henrich*, Vorbem. zu Art. 22 EGBGB Rn 61.
517 Staudinger/*Henrich*, Vorbem. zu Art. 22 EGBGB Rn 66.

433   **Hinweis:** Das gleichermaßen kollisionsrechtliche Regelungen enthaltende **Abkommen über die Zuständigkeit der Behörden, das anwendbare Recht und die Anerkennung von Entscheidungen auf dem Gebiet der Adoption** vom 15.11.1965 ist von Deutschland nicht gezeichnet worden – und es steht auch kein Inkrafttreten mehr in Rede.[518]

---

518 Bamberger/Roth/*Heiderhoff*, Art. 22 EGBGB Rn 6.

§ 2 Deutsches Internationales Familienrecht

Dr. Rembert Süß, Rechtsanwalt, Würzburg

Süß

A. Allgemeiner Teil des Internationalen Familienrechts

Literatur

Baetge, Der gewöhnliche Aufenthalt im IPR, 1994; *Benicke*, Auswirkungen des neuen Staatsangehörigkeitsrechts auf das deutsche IPR, IPRax 2000, 489; *Dörner*, Die Qualifikation im IPR – Ein Buch mit sieben Siegeln?, StAZ 1988, 345; *Fuchs*, Neues Staatsangehörigkeitsgesetz und Internationales Privatrecht, NJW 2000, 489; *Gottschalk*, Allgemeine Lehren des IPR in kollisionsrechtlichen Staatsverträgen, 2002; *Hailbronner/Renner/Maaßen*, Staatsangehörigkeitsrecht, 5. Aufl. 2010; *Kohler/Pintens*, Entwicklungen im europäischen Personen- und Familienrecht 2010–2011, FamRZ 2011, 1433; *Leible/Unberath*, Brauchen wir eine Rom 0-Verordnung, 2013; *Mansel*, Personalstatut, Staatsangehörigkeit und Effektivität, 1988; *Rabel*, Das Problem der Qualifikation, RabelsZ 5 (1931), 241; *Schotten/Wittkowski*, Das deutsch-iranische Niederlassungsabkommen im Familien- und Erbrecht, FamRZ 1995, 264; *Schurig*, Kollisionsnorm und Sachrecht, 1981; *Spickhoff*, Grenzpendler als Grenzfälle: Zum „gewöhnlichen Aufenthalt" im IPR, IPRax 1995, 185; *Sonnenberger*, Sackgassen des hypothetischen Renvoi, Mélanges Fritz Sturm, 1999, S. 1683; *Voltz*, Menschenrechte und ordre public im Internationalen Privatrecht, 2002; *Wagner*, Zur Vereinheitlichung des Internationalen Privat- und Zivilverfahrensrechts sechs Jahre nach Inkrafttreten des Amsterdamer Vertrags, NJW 2005, 1754.

I. Eigenart und Quellen des Internationalen Familienrechts

1. Eigenart des Internationalen Familienrechts

Die Geltung des Rechts ist territorial beschränkt. Der deutsche Richter ist an die Bundesverfassung und deutsches Gesetzesrecht gebunden. Deutsches Recht hingegen hat jenseits der

1

Landesgrenzen keine Wirkung. Diese **Territorialität des Rechts**, würde man sie absolut durchführen, würde in der Praxis bei grenzüberschreitenden Sachverhalten jedoch zu unzuträglichen Folgen führen:

2 – So wären die Beteiligten enttäuscht, würde man die von Deutschen im Ausland erfolgte Eheschließung in Deutschland nicht anerkennen, weil nicht das „Standesamt", sondern eine andere, nach den dort geltenden Vorschriften zuständige Behörde gehandelt und hierbei nicht das deutsche Recht eingehalten hat.

– Erwerben in Eupen lebende verheiratete Belgier einen Reithof in Vechta, so würden sich Probleme ergeben, wenn aus belgischer Sicht hierfür der gesetzliche Güterstand der Errungenschaftsgemeinschaft des belgischen Rechts gelten würde, im Grundbuch die Erwerber aber jeweils als Alleinberechtigte eingetragen wären.

3 Zur Behebung dieser Probleme ergeben sich mehrere Möglichkeiten:

– Zunächst könnte man ein **international vereinheitlichtes Recht** schaffen, das entsprechende Divergenzen ausschließt. Ein Beispiel hierfür ist das deutsch-französische Abkommen über den Güterstand der Wahl-Zugewinngemeinschaft vom 4.2.2010, das in sämtlichen Beitrittsstaaten einen einheitlich geregelten Güterstand schaffen soll. Vergleichbares gilt aber auch für die Haager Adoptionskonvention vom 29.5.1993, die für grenzüberschreitende Adoptionen ein einheitliches Verfahren schafft. Im europäischen Bereich erfolgt durch die MRK und ihre Auslegung durch den EuGH-MRK eine inhaltliche Angleichung der Rechtsordnungen, z.B. auf dem Gebiet des Nichtehelichenrechts durch einheitliche Auslegung der Europäischen Menschenrechtscharta und der europarechtlichen Freizügigkeitsregeln. Eine Initiative von Professoren arbeitet sogar an einem Entwurf für ein künftiges einheitliches Familienrecht in Europa.[1] Freilich wäre es nach den aktuellen Verhältnissen nicht unbedingt wünschenswert, dass alle Bürger von Helsinki bis Heraklion unter demselben Familienrecht leben; ungeklärt ist zudem, wie ein solches einheitliches Rechtssystem die gerade für das Familienrecht charakteristische fortlaufende Anpassung an geänderte gesellschaftliche Verhältnisse erfahren kann. Diese verlangt gerade, dass einzelne kleinere Einheiten mit neuen Regelungen Erfahrungen sammeln, bevor diese dann sich langsam verbreiten können.

– Zu trennen sind hiervon im deutschen Gesetzes- und Richterrecht vorhandene vereinzelt verstreute, materiellrechtliche Regeln, also ein **Sonderrecht für grenzüberschreitende Sachverhalte**, also z.B. für die Einbeziehung ausländischer Rentenanwartschaften in den Versorgungsausgleich, die Bemessung von Unterhalt für im Ausland lebende Unterhaltsberechtigte und die Vorlage eines Ehefähigkeitszeugnisses durch Heiratswillige mit ausländischer Staatsangehörigkeit.

– Schließlich gibt es auch zivilverfahrensrechtliche Sonderregeln für grenzüberschreitende Fälle, wie für die internationale Zuständigkeit deutscher Gerichte, die Zustellung von Klagen und anderen Schriftstücken im Ausland, die Ermittlung ausländischen Rechts im Prozess und die Anerkennung und Vollstreckung aus ausländischen Titeln. Dieser Komplex wird als **Internationales Zivilprozessrecht** (IZPR) bezeichnet.

– Das klassische und weiterhin dominierende Mittel zur Bewältigung der genannten Situation stellt das **Kollisionsrecht** dar, das man auch als IPR im engeren Sinne bezeichnen kann. Das deutsche Recht enthält zur angemessenen Behandlung der Fälle „mit Auslandsberührung" (Art. 3 EGBGB) im EGBGB Sondervorschriften, die bestimmen, welche Rechtsordnung zur Entscheidung dieses Sachverhalts berufen ist. Da diese Vorschriften den Geltungsbereich der Regeln des deutschen und des ausländischen Zivilrechts voneinander abgrenzen, spricht man von „**Kollisionsnormen**". Charakteristisch für das

---

1 Die European Family Law Studies Group unter Leitung von Prof. *Katharina Boele-Woelki.*

Kollisionsrecht ist, dass die sich stellende rechtliche Frage (beispielsweise in den in Rdn 2 geschilderten Einleitungsfällen: Ist die Ehe wirksam geschlossen? Wer ist Eigentümer des Grundstücks?) nicht einer materiellen Lösung zugeführt wird (etwa: für die Eheschließung ist das Standesamt zuständig), sondern nur bezeichnet wird, aus welchem Recht sich diese Lösung ergeben soll (also: die Frage, welche Behörde für die Eheschließung zuständig ist, beantwortet das Recht des Ortes, an dem die Eheschließung stattfindet (Art. 11 Abs. 1 Fall 2 EGBGB); die Zuordnung des Vermögens aufgrund Ehe unterliegt dem Recht des Staates, dem beide Eheleute bei Eheschließung angehörten (Art. 15 Abs. 1, Art. 14 Abs. 1 Nr. 1 EGBGB).

Anders als der Name es anzeigt, ist das internationale Familienrecht kein internationales Recht. International sind allein die Sachverhalte. Das internationale Familienrecht war bis vor kurzem wie das übrige Familienrecht weit überwiegend **nationales Recht**. Daher ergeben sich bei der inhaltlichen Ausgestaltung des internationalen Familienrechts nationale Eigenheiten ebenso wie beim materiellen Recht – wenngleich es schon seit langem Bestrebungen zur Vereinheitlichung gibt. Erst in den letzten Jahren haben diese dazu geführt, dass ein rasch zunehmender Teil des in Deutschland geltenden internationalen Familienrechts nicht mehr aus den autonomen Regeln des nationalen Rechts gebildet wird, sondern aus EG-Verordnungen und multilateralen Abkommen.

4

2. Überblick über die Quellen des Internationalen Familienrechts

a) Gesetzgebungsakte der EU-Kommission

Darüber hinaus wird auch der Rat der Europäischen Gemeinschaften zunehmend auf dem Gebiet des internationalen Familienrechts gesetzgeberisch tätig. Im sog. **Stockholmer Programm** des Europäischen Rates vom 11.12.2009 wurde beschlossen, auch auf dem Bereich des internationalen Familien- und Erbrechts innerhalb der Europäischen Union die **Rechtsangleichung** zu betreiben. Die entsprechenden Maßnahmen werden gem. Art. 81 Abs. 3 AEUV vom Rat der Union nach Anhörung des Europäischen Parlaments getroffen.

5

aa) Brüssel II-VO und Brüssel IIa-VO

Die Verordnung über die gerichtliche Zuständigkeit und Anerkennung und Vollstreckung von Entscheidungen in Ehesachen und in Verfahren betreffend die elterliche Verantwortung für die gemeinsamen Kinder der Ehegatten (**Brüssel II-VO**)[2] brach als erster Gesetzgebungsakt der EU gezielt in das Familienrecht ein. Sie trat am 1.3.2001 in Kraft. Die Brüssel II-VO wurde zum 1.3.2005 schon wieder durch die „Verordnung (EG) Nr. 2201/2003 des Rates vom 27.11.2003 über die Zuständigkeit und Anerkennung und Vollstreckung von Entscheidungen in Ehesachen und in Verfahren betreffend die elterliche Verantwortung und zur Aufhebung der Verordnung (EG) Nr. 1347/2000" (**Brüssel IIa-VO**)[3] ersetzt, welche nun die internationale Zuständigkeit und Anerkennung von Entscheidungen in Sorgerechtsstreitigkeiten umfassender regelt. Damit verdrängt sie in ihrem Anwendungsbereich insbesondere auch das Haager MSA bzw. das Haager KSÜ. Ausgenommen ist insoweit allein das Königreich Dänemark, das von seinem Recht zum Opt-out für diese Maßnahmen Gebrauch gemacht hat.[4] Die Durchführungsbestimmungen zur Brüssel IIa-VO in Deutschland wurden in das **„Internationale Familienrechtsverfahrensgesetz (IntFamRVG)"** auf-

6

---

2 Verordnung (EG) Nr. 1347/2000 vom 29.5.2000 (ABl EG L 160/19).

3 ABl EG L 338/1 vom 23.13.2003; Text mit Einführung von *Andrea Schulz* z.B. in der Beilage zu NJW-Heft 18/2004 und FPR-Heft 6/2004.

4 Sog. Dänemark-Protokoll, vgl. Art. 61 lit. c i.V.m. Art. 65 AEUV.

genommen.[5] Außer zivilprozessualen Normen, die die Zuweisung der internationalen Zuständigkeit aus der EG-Verordnung im nationalen Bereich im erforderlichen Maße ausfüllen, enthält dieses Gesetz allerdings keine Vorschriften des materiellen internationalen Familienrechts.

bb) Rom III-VO

7 Ein Versuch der EU, die Regeln der Brüssel IIa-VO durch ein einheitliches Kollisionsrecht für die Scheidung zu ergänzen, war zunächst gescheitert.[6] Daher wurde ein zweiter Versuch im Wege der verstärkten Zusammenarbeit i.S.v. Art. 328 AEUV gestartet. Der „Verordnung (EU) Nr. 1259/2010 des Rates vom 20.122010 zur Durchführung einer Verstärkten Zusammenarbeit im Bereich des auf die Ehescheidung und Trennung ohne Auflösung des Ehebandes anzuwendenden Rechts" (sog. **Rom III-VO**)[7] haben sich dann 14 europäische Staaten angeschlossen. Seit dem 21.6.2012 gilt die Rom III-VO auch in Deutschland.

cc) EU-UnterhaltsVO

8 Für die internationale Zuständigkeit der Gerichte in Unterhaltssachen, die Anerkennung und Vollstreckung von Unterhaltsentscheidungen der anderen Mitgliedstaaten,[8] die Gewährung von Prozesskostenhilfe für Vertragsparteien, die in einem anderen Mitgliedstaat ansässig sind, die Vollstreckung von öffentlichen Urkunden und gerichtlichen Vergleichen auf dem Gebiet des Unterhaltsrechts und die Kooperation der Behörden der Mitgliedstaaten auf dem Gebiet des Unterhaltsrechts gilt seit dem 18.6.2011 die Europäische Verordnung (EG) Nr. 4/2009 des Rates vom 18.12.2008 über die Zuständigkeit, das anwendbare Recht, die Anerkennung und Vollstreckung von Entscheidungen und die Zusammenarbeit in Unterhaltssachen[9] (**EU-UnterhaltsVO**).

dd) Haager Unterhaltsprotokoll (HUntProt)

9 Zur Bestimmung des auf die Unterhaltspflichten anzuwendenden Rechts enthält die EU-UnterhaltsVO keine eigenen Kollisionsnormen. Stattdessen bestimmt Art. 15 EU-UnterhaltsVO, dass sich das auf Unterhaltspflichten anwendbare Recht nach dem **Haager Protokoll** vom 23.11.2007 über das auf Unterhaltspflichten anzuwendende Recht (**HUntProt**) bestimme. Da dieses mangels Erreichens der erforderlichen Anzahl von Ratifikationen völkerrechtlich noch nicht in Kraft getreten ist (siehe Rdn 13 Ziff. 17), gilt dieses seit dem 18.6.2011 nun in Deutschland und den anderen EU-Mitgliedstaaten (ausgenommen Dänemark und das Vereinigte Königreich) als europäisches Verordnungsrecht.

ee) Die EUGüterR-VO

10 Zur Regelung des internationalen Güterrechts hatte die Europäische Kommission am 16.3.2011 einen Vorschlag für eine Verordnung über die gerichtliche Zuständigkeit, das anzuwendende Recht, die Anerkennung und die Vollstreckung von Entscheidungen im

---

5 BGBl 2005 I, 162. Verkündet als Art. 1 des Gesetzes zum internationalen Familienrecht vom 31.1.2005 (BGBl I, 162).

6 Interessanterweise nicht am Widerstand der scheidungsfeindlichen Staaten (z.B. Malta, das keine Scheidung kennt, aber auch Irland mit einer Trennungszeit von mindestens fünf Jahren), sondern an dem scheidungsliberalen Schweden.

7 ABl EG L 323/10 vom 29.12.2010. Siehe dazu unten Rdn 283 ff.

8 Ausgenommen ist insoweit allein das Königreich Dänemark.

9 ABl EG L 7/1 vom 10.1.2009.

Bereich des **Ehegüterrechts**[10] (**Güterrechtsverordnung** bzw. **EUGüterR-VO**[11]) vorgelegt. Dieser Vorschlag war Gegenstand erbitterten Widerstands einiger Mitgliedstaaten der EU, da die Umsetzung als Verordnung dazu geführt hätte, dass in sämtlichen EU-Staaten quasi durch die Hintertür die allgemeine Anerkennung einer in einem anderen Mitgliedstaat oder einem Drittstaat geschlossenen gleichgeschlechtlichen Ehe eingeführt würde. Daher hat man sich in der Entscheidung des Rates am 3.12.2015 auf eine „Kompromisslösung" geeinigt, die dem Mitgliedstaat die eigenständige Beurteilung der Vorfrage vorbehält, ob es sich überhaupt um eine „Ehe" handelt. Da aber auch diese Lösung nicht durchführbar erschien, verständigten sich 17 Mitgliedstaaten (darunter auch die Bundesrepublik Deutschland) darauf, den Rechtsakt im Rahmen einer verstärkten Zusammenabeit zu realisieren. Am 3.3.2016 übermittelte die Kommission einen entsprechenden Entwurf, gemeinsam mit einem entsprechenden Entwurf für einen Rechtsakt zum Güterrecht eingetragener Partnerschaften. Dieser wurde am 24.6.2016 von 18 Mitgliedstaaten angenommen. Abgelehnt wurden die Vorschläge von Dänemark, Großbritannien, Irland, Estland, Lettland, Litauen, Polen Rumänien, der Slowakei und Ungarn.

Die EUGüterR-VO regelt neben verfahrensrechtlichen Aspekten, wie die internationale Zuständigkeit der Gerichte, die Anerkennung und Vollstreckung von Entscheidungen und die Anerkennung öffentlicher Urkunden und gerichtlicher Vergleiche, auch die kollisionsrechtlichen Fragen des internationalen Güterrechts. So bestimmt Kapitel III der EUGüterR-VO das auf die güterrechtlichen Verhältnisse der Eheleute anwendbare Recht. Die internationale Zuständigkeit wird in Scheidungsfällen und Nachlassverfahren als Annexkompetenz ausgestaltet. Die internationale Zuständigkeit ergibt sich dann also mittelbar aus der Brüssel IIa-VO (siehe Rdn 262 und *Ring*, § 1) bzw. den Art. 4 ff. EU-ErbVO. Für die anderen Fälle sind gem. Art. 5 Abs. 1 EUGüterR-VO die Gerichte des Mitgliedstaates zuständig, in dem die Eheleute ihren gewöhnlichen Aufenthalt haben. Die Eheleute können gem. Art. 7 Abs. 1 EUGüterR-VO auch eine **Gerichtsstandsvereinbarung** treffen. Diese kann im Zuge eines strengen Gleichlaufprinzips ausschließlich zugunsten der Gerichte des Mitgliedstaates erfolgen, dessen Recht die Eheleute gem. Art. 22 EUGüterR-VO als das auf ihren ehelichen Güterstand anzuwendende Sachrecht gewählt haben. Für die **Vollstreckung** gerichtlicher Entscheidungen sieht die EUGüterR-VO – anders noch als der Entwurf von 2011 – nicht mehr die Durchführung eines **Exequaturverfahrens** vor.

Die EU-GüterR-VO ist erst ab dem 29.1.2019 anwendbar. Die Kollisionsnormen der VO gelten nur, wenn die Eheleute nach diesem Stichtag geheiratet haben oder nach diesem Stichtag eine Rechtswahl getroffen haben. Das alte nationale Güterrechts-IPR wird daher neben der VO noch lange Zeit erhebliche Bdeutung beibehalten.

Zur Bestimmung des anwendbaren Rechts enthält Art. 26 EUGüterR-VO eine an die Haager Güterrechtskonvention von 1978 angelehnte Anknüpfungsleiter. Diese führt zunächst zur Geltung des Rechts des Staates, in dem die Ehegatten nach der Eheschließung ihren ersten gemeinsamen gewöhnlichen Aufenthalt hatten. Ersatzweise gilt das Recht des Staates, dessen Staatsangehörigkeit beide Ehegatten zum Zeitpunkt der Eheschließung besaßen. Rück- und Weiterverweisungen bleiben unbeachtet, Art. 32 EUGüterR-VO. Gemäß Art. 22 EUGüterR-VO bestimmt sich das **Güterstatut** vorrangig anhand einer von den Eheleuten getroffenen **Rechtswahl**. Die Eheleute können das Recht des Staates wählen, in dem sie beide oder einer von ihnen seinen gewöhnlichen Aufenthalt hat, oder das Recht des Staates, dessen Staatsangehörigkeit einer der Ehegatten oder künftigen Ehegatten zum Zeitpunkt der

11

---

10 KOM(2011) 126 endg.; einsehbar unter http://eur-lex.europa.eu/LexUriServ/LexUriServ.do?uri= COM:2011:0126:FIN:DE:PDF.
11 Ausführlicher dazu siehe unten Rdn 211.

Rechtswahl besitzt. Eine statutenspaltende Rechtswahl für den Grundbesitz oder einzelne Grundstücke, wie sie gem. Art. 15 Abs. 2 Nr. 3 EGBGB zulässig ist, ist dann nicht mehr möglich.

ff) Die EUPartner-VO

12   Zeitgleich mit dem Vorschlag zur Güterrechtsverordnung am 2.3.2016 (siehe Rdn 10) hat die Kommission einen Vorschlag für eine Verordnung des Rates über die Verstärkte Zusammenarbeit über die gerichtliche Zuständigkeit, das anzuwendende Recht, die Anerkennung und die Vollstreckung von Entscheidungen im Bereich des Güterrechts **eingetragener Partnerschaften**[12] (**EUPartner-VO**) vorgelegt. Der Entwurf der EUPartner-VO spiegelt – was internationale Zuständigkeit, Anerkennung und Vollstreckung von Urteilen sowie von Urkunden etc. angeht – weitgehend den Vorschlag zur EUGüterR-VO. Auf kollisionsrechtlicher Ebene erklärt Art. 26 EUPartner-VO für den Güterstand einer eingetragenen Partnerschaft das Recht des Staates für maßgebend, in dem die Partnerschaft eingetragen ist. Das entspricht dem Registerortsprinzip in Art. 17b EGBGB. Anders als im Entwurf vom März 2011 ist nun aber auch eine Rechtswahlmöglichkeit für die Partner einer eingetragenen Lebenspartnerschaft vorgesehen, Art. 23 EUPartner-VO. Auch diese Verordnung ist nur im Rahmen der „verstärkten Zusammenarbeit" von den 18 „willigen Staaten" der Union angenommen worden und in 10 Mitgliedstaaten nicht in Kraft. Sie wird ab dem 29.1.2019 anwendbar werden.

b) Multilaterale Übereinkommen

13   Daneben gilt mittlerweile aber auch eine Reihe von internationalen Übereinkommen auf dem Gebiet des Familienrechts. Für Deutschland von besonderer Bedeutung sind folgende internationalen Abkommen:
1. Das Haager Abkommen zur Regelung des Geltungsbereichs der Gesetze auf dem Gebiet der Eheschließung vom 12.6.1902 (**Haager Eheschließungsabkommen**)[13] entspricht inhaltlich den Art. 13 Abs. 1 und Art. 11 Abs. 1 EGBGB. Es gilt heute nur noch im Verhältnis zu Italien; im Verhältnis zu Rumänien ist die Geltung wohl abzulehnen.[14]
2. Das Haager Abkommen zur Regelung der Vormundschaft über Minderjährige vom 12.6.1902 (**Haager Vormundschaftsabkommen**)[15] ist im Verhältnis zu den meisten Ratifikationsstaaten durch das Haager Minderjährigenschutzabkommen (MSA) (siehe Ziff. 8) und das Haager Kinderschutzübereinkommen (KSÜ) (siehe Ziff. 16) ersetzt worden. Daher gilt es heute nur noch im Verhältnis zu Belgien, das weder dem MSA noch dem KSÜ beigetreten ist. Im Verhältnis zu Rumänien ist die Geltung wohl abzulehnen.[16]

---

12 KOM(2011) 125.
13 RGBl 1904, 221.
14 So NK-BGB/*Andrae*, 2. Aufl. 2012, Anh. III zu Art. 13 EGBGB Rn 5; Staudinger/*v. Bar*, 12. Aufl. 1992, Vorbem. zu Art. 13 EGBGB Rn 84, da die Wiederanwendung nach dem Krieg nicht vereinbart wurde. Für die Fortgeltung aber *Kegel/Schurig*, Internationales Privatrecht, 9. Aufl. 2004, S. 232 auf der Basis der sog. Differenzierungstheorie. Freilich kann auch die Differenzierungstheorie nicht verhindern, dass das Abkommen aufgrund faktischer Nichtanwendung (*desuetudo*) seine Verbindlichkeit verloren hat (vgl. *Kropholler*, Internationales Privatrecht, 6. Aufl. 2006, S. 58 Fn 7).
15 RGBl 1904, 240.
16 Die Wiederanwendung wurde nach dem Krieg nicht vereinbart. Für die Geltung aber *Kegel/Schurig*, Internationales Privatrecht, 9. Aufl. 2004, S. 232.

3. Das Genfer Abkommen über die Rechtsstellung der Flüchtlinge vom 28.7.1951 (**Genfer Flüchtlingskonvention**)[17] erhält seine Bedeutung im internationalen Familienrecht dadurch, dass es auch eine Regelung zum Personalstatut der Flüchtlinge enthält (siehe Rdn 90).

4. Das **New Yorker Abkommen über die Rechtsstellung der Staatenlosen** vom 28.9.1954[18] enthält in gleicher Weise eine Vorschrift zum Personalstatut der Staatenlosen, die freilich durch die entsprechende Vorschrift in Art. 5 Abs. 2 EGBGB überlagert wird (siehe Rdn 87).

5. Das **New Yorker Übereinkommen über die Geltendmachung von Unterhaltsansprüchen im Ausland** vom 20.6.1956[19] erleichtert durch Einrichtung zentraler Übermittlungs- und Empfangsstellen etc. die Geltendmachung von Unterhaltsansprüchen.

6. Das **Haager Übereinkommen über das auf Unterhaltsverpflichtungen gegenüber Kindern anzuwendende Recht** vom 24.10.1956[20] ist inhaltlich weitgehend durch das nachgenannte Unterhaltsabkommen von 1973 (siehe Ziff. 10) überlagert worden. Weil das Abkommen von 1973 gemäß seinem Art. 18 im Verhältnis der Beitrittsstaaten zueinander Vorrang genießt, galt das Abkommen von 1956 zunächst nur noch im Verhältnis zu Belgien, Liechtenstein, Österreich und Frankreich (Überseegebiete), die dem Abkommen von 1973 nicht beigetreten sind. Spätestens seit Inkrafttreten des Haager Unterhaltsprotokolls (siehe Ziff. 17) für die EU-Mitgliedstaaten dürfte es aber nur noch im Verhältnis zu Liechtenstein und Frankreich (Überseegebiete) fortgelten.

7. Für das **Haager Übereinkommen über die Anerkennung und Vollstreckung von Entscheidungen auf dem Gebiet der Unterhaltsverpflichtung gegenüber Kindern** vom 15.4.1958[21] gilt im Wesentlichen das Gleiche wie für das vorgenannte Abkommen über das Unterhaltsstatut.

8. Das Haager Übereinkommen über die Zuständigkeit der Behörden und das anzuwendende Recht auf dem Gebiet des Schutzes von Minderjährigen vom 5.10.1961 (**Minderjährigenschutzabkommen – MSA**)[22] ist mit Wirkung vom 1.1.2011 an durch das Haager Kinderschutzübereinkommen vom 19.10.1996 (KSÜ; siehe Ziff. 16) ersetzt worden. Es gilt daher nur noch, wenn der Minderjährige einem Staat, der das MSA, nicht aber das KSÜ ratifiziert hat, angehört oder dort seinen gewöhnlichen Aufenthalt hat (z.B. in der Türkei).[23] Darüber hinaus wird das MSA im Bereich der EU durch die Brüssel IIa-VO verdrängt.

9. Das Brüsseler Übereinkommen über die gerichtliche Zuständigkeit und die Vollstreckung gerichtlicher Entscheidungen in Zivil- und Handelssachen vom 27.9.1968 (**EuGVÜ**)[24] betraf aus dem Familienrecht immerhin die Unterhaltsklagen und -entscheidungen. Das Abkommen ist weitgehend durch die Brüssel I-VO[25] und dieses wiederum durch die EU-UnterhaltsVO ersetzt worden.

10. Das **Haager Übereinkommen über das auf Unterhaltspflichten anzuwendende Recht** vom 2.10.1973[26] hat das Abkommen über die Unterhaltspflichten gegenüber Kindern von 1956 (siehe Ziff. 6) in sich aufgenommen, behandelt aber auch die Unter-

---

17 Vgl. BGBl 1954 II, 619.
18 BGBl 1976 II, 473.
19 BGBl 1959 II, 1377.
20 BGBl 1961 II, 1012; ausf. *Ring*, § 1 Rdn 261 ff.
21 BGBl 1961 II, 1005; ausf. *Ring*, § 1 Rdn 278 ff.
22 BGBl 1971 II, 217; ausf. *Ring*, § 1 Rdn 100 ff.
23 Vgl. NK-BGB/*Benicke*, 2. Aufl. 2012, Anh. I zu Art. 24 EGBGB Rn 8.
24 BGBl 1972 II, 773.
25 Verordnung (EG) Nr. 44/2001 vom 22.12.2000 (ABl EG L 12/1).
26 BGBl 1986 II, 825; ausf. *Ring*, § 1 Rdn 277 ff.

haltspflichten gegenüber Erwachsenen. Die kollisionsrechtlichen Vorschriften des **Unterhaltsabkommens** waren mit der IPR-Reform 1986 in Art. 18 EGBGB inkorporiert worden (zu diesem Verfahren vgl. Rdn 31). Im Verhältnis zu den anderen EU-Mitgliedstaaten (ausgenommen das Vereinigte Königreich und Dänemark) ist es durch das Haager Unterhaltsprotokoll von 2007 (siehe Ziff. 17) ersetzt worden. Das Abkommen von 1973 gilt daher nun nur noch im Verhältnis zur Schweiz, zur Türkei und zu Japan.

11. Das **Haager Abkommen über die Anerkennung und Vollstreckung von Unterhaltsentscheidungen** vom 2.10.1973[27] hat ebenfalls das entsprechende Abkommen über den Kindesunterhalt in sich aufgenommen. Die deutschen Ausführungsbestimmungen zu diesem Abkommen befanden sich in §§ 37 ff. AVAG. Im Verhältnis zu den anderen EU-Mitgliedstaaten gehen hier die Regeln der EU-UnterhaltsVO vor.

12. Das Haager Abkommen über die zivilrechtlichen Aspekte internationaler Kindesentführung vom 25.10.1980[28] (**Kindesentführungsabkommen**) ist mittlerweile für 55 Länder in Kraft.

13. Das Luxemburger Europäische Übereinkommen über die Anerkennung und Vollstreckung von Entscheidungen über das Sorgerecht für Kinder und die Wiederherstellung des Sorgeverhältnisses vom 20.5.1980[29] (**Luxemburger Sorgerechtsübereinkommen**) betrifft ebenfalls die sog. Kindesentführungsfälle und wurde im Verhältnis zu den EU-Staaten (außer Dänemark) durch die Brüssel IIa-VO ersetzt.

14. Mit dem Brüsseler EuGVÜ wörtlich weitgehend identisch ist das **Luganer Übereinkommen** über die gerichtliche Zuständigkeit und die Vollstreckung gerichtlicher Entscheidungen in Zivil- und Handelssachen vom 16.9.1988,[30] das zwischen den EG-Staaten und den EFTA-Staaten abgeschlossen wurde. Es gilt daher im Verhältnis zu Island, Norwegen und zur Schweiz. Es ist auf dem Bereich des Unterhaltsrechts zu beachten. Ausführungsvorschriften hierzu befinden sich in dem AVAG. Das Abkommen würde am 30.7.2007 durch ein neues Abkommen (**Lugano II**) ersetzt. Die Neufassung ist mittlerweile im Verhältnis zu sämtlichen EFTA-Staaten in Kraft.

15. Das **Haager Übereinkommen über den Schutz von Kindern und die Zusammenarbeit bei internationaler Adoption** vom 29.5.1993[31] enthält im Wesentlichen Vorschriften über das Verfahren bei grenzüberschreitenden Adoptionen, um den Kinderhandel zu unterbinden. Die Ratifikation des Abkommens hat in Deutschland insbesondere zum Erlass des **Adoptionswirkungsgesetzes (AdWirkG)** geführt (siehe Rdn 435).

16. Das Haager Übereinkommen über die Zuständigkeit, das anzuwendende Recht, die Anerkennung, Vollstreckung und Zusammenarbeit auf dem Gebiet der elterlichen Verantwortung und der Maßnahmen zum Schutz von Kindern (sog. **Haager Kinderschutzübereinkommen – KSÜ**) vom 19.10.1996 (KSÜ)[32] hat mit Wirkung vom 1.1.2011 an im Verhältnis zu den anderen Abkommensstaaten das MSA (siehe Ziff. 8) ersetzt. Im Verhältnis zu den EU-Mitgliedstaaten ist die Brüssel IIa-VO vorrangig (Art. 53 KSÜ).

---

27 BGBl 1986 II, 825; ausf. *Ring*, § 1 Rdn 270 ff.
28 BGBl 1990 II, 206; ausf. *Ring*, § 1 Rdn 353 ff.
29 BGBl 1990 II, 206; ausf. *Ring*, § 1 Rdn 381 ff.
30 BGBl 1994 II, 2658.
31 BGBl 2001 II, 1034; ausf. *Ring*, § 1 Rdn 415 ff.
32 Hierzu *Schulz*, FamRZ 2003, 1351; *Kegel/Schurig*, Internationales Privatrecht, 9. Aufl. 2004, S. 938 ff.

17. Das **Haager Protokoll vom 23.11.2007 über das auf Unterhaltspflichten anzuwendende Recht (HUntProt)** hat die Europäische Union als „Organisation der regionalen Wirtschaftsintegration i.S.v. Art. 24 HUntProt mit Wirkung für die Mitgliedstaaten der EU ratifiziert.[33] Der Haken an der Ratifikation des HUntProt durch die EU liegt darin, dass diese als eine einzige Ratifikation i.S.v. Art. 25 HUntProt gezählt wird, so dass die gem. Art. 25 Abs. 1 HUntProt für das Inkrafttreten des HUntProt erforderliche Mindestzahl von zwei Ratifikationen nicht erreicht wird – obgleich das HUntProt nun in 25 EU-Mitgliedstaaten anzuwenden ist. Stattdessen bestimmt Art. 4 des Beschlusses des Rates zum HUntProt vom 23.2.2009,[34] dass das HUntProt ab dem 18.6.2011 in der Gemeinschaft anzuwenden sei. Damit gilt das HUntProt seit dem 18.6.2011 für alle Mitgliedstaaten der EU – ausgenommen das Königreich Dänemark und das Vereinigte Königreich – quasi als „autonomes Recht" der EU.

c) Bilaterale Abkommen

Von den bilateralen Übereinkommen spielt auf familienrechtlichem Gebiet im Wesentlichen nur noch das **deutsch-iranische Niederlassungsabkommen** vom 17.2.1929[35] eine Rolle.[36] Art. 8 Abs. 3 des Abkommens lautet wie folgt: **14**

> „*In Bezug auf das Personen-, Familien- und Erbrecht bleiben die Angehörigen jedes der vertragsschließenden Staaten im Gebiet des anderen Staates jedoch den Vorschriften ihrer heimischen Gesetze unterworfen. Die Anwendung dieser Gesetze kann von den anderen vertragsschließenden Staaten ausnahmsweise nur insoweit ausgeschlossen werden, als ein solcher Ausschluss allgemein gegenüber jedem anderen Staat erfolgt.*"

Das Schlussprotokoll ergänzt diese Vorschrift wie folgt: **15**

> „*Die vertragsschließenden Staaten sind sich darüber einig, dass das Personen-, Familien- und Erbrecht, d.h. das Personalstatut, die folgenden Angelegenheiten umfasst: Ehe, eheliches Güterrecht, Scheidung, Aufhebung der ehelichen Gemeinschaft, Mitgift, Vaterschaft, Abstammung, Annahme an Kindes Statt, Geschäftsfähigkeit, Volljährigkeit, Vormundschaft und Pflegschaft, Entmündigung, testamentarische und gesetzliche Erbfolge, Nachlassabwicklungen und Erbauseinandersetzungen, ferner alle anderen Angelegenheiten des Familienrechts unter Einschluss aller den Personenstand betreffenden Fragen.*"

Wie sich aus dem Schlussprotokoll ergibt, ist damit weitgehend der gesamte Bereich des Familienrechts erfasst.[37] Rück- und Weiterverweisungen sind schon deswegen ausgeschlossen, weil sich bei Verweisung auf das iranische Recht dort ebenfalls die staatsvertragliche Kollisionsnorm ergibt.   **16**

Das Abkommen erfasst nur deutsche oder iranische Staatsangehörige.[38] Es gilt nicht für Personen, die keine der beiden oder zugleich beide Staatsangehörigkeiten (deutsch-iranische   **17**

---

33 Aufgrund Beschluss des Rates vom 23.2.2009 (ABl EU L 331/17).
34 Beschluss des Rates vom 23.2.2009 (ABl EU L 331/17).
35 RGBl 1930 II, 1006. Nach dem Krieg für wieder anwendbar erklärt durch Protokoll vom 4.11.1954 (BGBl 1955 II, 829).
36 Ausf. *Schotten/Wittkowski*, Das deutsch-iranische Niederlassungsabkommen im Familien- und Erbrecht, FamRZ 1995, 264; *Yassari/Rastin-Tehrani*, Scheidungs- und Scheidungsfolgenrecht – Länderbericht Iran, FamRBint 2005, 87.
37 So zum Ausschluss des Versorgungsausgleichs in einer iranisch-iranischen Ehe ausdr. BGH, Beschl. v. 6.7.2005 – XII ZB 50/03.
38 OLG Hamm FamRZ 1993, 112, 113; *Schotten/Wittkowski*, FamRZ 1995, 264, 265.

Süß

Doppelstaater) haben.[39] Sind die Betroffenen iranischen Staatsangehörigen Flüchtlinge i.S.d. Genfer Flüchtlingskonvention vom 28.7.1951[40] oder Asylberechtigte (siehe Rdn 91 ff.),[41] so geht die Bestimmung des Personalstatuts nach der Flüchtlingskonvention als *lex posterior* vor, die Anwendung des iranischen Heimatrechts weicht also der Verweisung auf das am gewöhnlichen Aufenthalt geltende Recht. Ebenfalls keine Anwendung findet das Abkommen auf die Rechtsbeziehungen zwischen Ehegatten, wenn diese nicht beide (ausschließlich) iranische bzw. deutsche Staatsangehörige sind, es gilt also nur für beiderseits rein deutsche bzw. rein iranische Ehen.[42]

18   Das **deutsch-österreichische Vormundschaftsabkommen** von 1927 ist mit Ablauf des 30.6.2003 außer Kraft gesetzt worden.[43]

19   Das **deutsch-polnische Vormundschaftsübereinkommen** vom 5.3.1924 ist mit der Besetzung Polens durch das Deutsche Reich nach allgemeinen völkerrechtlichen Grundsätzen hinfällig geworden[44] und ist auch nach dem Kriege nicht wieder in Kraft gesetzt worden.

d) Autonomes (Gesetzes-)Recht

20   Der Rest des autonomen internationalen Familienrechts in Deutschland ist überwiegend im **EGBGB** enthalten. Insbesondere die Art. 13–24 EGBGB decken nahezu alle Bereiche des Familienrechts ab. Hinzu kommen Art. 10 EGBGB (Name) und Art. 11 EGBGB (Form) sowie die allgemeinen Lehren des Kollisionsrechts in den Art. 3–6 EGBGB. Die jetzige Fassung des internationalen Familienrechts im EGBGB geht im Wesentlichen auf die große IPR-Reform aus dem Jahre 1986 zurück. Diese hatte gerade im Familienrecht eine umfassende Modernisierung gebracht.

21   Freilich reißt die Vereinheitlichung des internationalen Familienrechts in der EU immer weitere Lücken in diesen Normbestand: Art. 18 EGBGB ist bereits Opfer der **EU-Unterhaltsverordnung** geworden. Art. 17 Abs. 1 und 2 EGBGB ist seit dem 21.6.2012 durch die **Rom III-VO** gegenstandslos geworden. Art. 24 EGBGB hat neben den beiden Haager Abkommen **KSÜ** und **ESÜ** kaum noch einen praktischen Anwendungsbereich. Art. 15 und 16 EGBGB werden vermutlich schon in Kürze durch eine EUGüterR-VO (siehe dazu unten Rdn 211) ersetzt werden. Weitere Projekte sind zu erwarten.

22   Die einschlägigen Vorschriften des **internationalen Familienverfahrensrechts** fanden sich zunächst eingestreut in der ZPO und dem FGG. Der Erlass des FamFG hat hier eine systematische Zusammenfassung gebracht. Daneben ist das „Gesetz zur Ausführung zwischenstaatlicher Verträge und zur Durchführung von Verordnungen der Europäischen Gemeinschaft auf dem Gebiet der Anerkennung und Vollstreckung in Zivil- und Handelssachen (Anerkennungs- und Vollstreckungsausführungsgesetz – **AVAG**)"[45] zu beachten. Als

---

39 *Schotten/Schmellenkamp*, Das IPR in der notariellen Praxis, 2. Aufl. 2007, Rn 109; *Schotten/Wittkowski*, FamRZ 1995, 264, 265; Erman/*Hohloch*, 14. Aufl. 2014, Art. 14 EGBGB Rn 5; Bamberger/ *Roth/Lorenz*, 3. Aufl. 2012, Art. 25 EGBGB Rn 11; a.A. MüKo-BGB/*Dutta*, 6. Aufl. 2015, Art. 25 EGBGB Rn 295.
40 BGH FamRZ 1990, 32 = IPRax 1991, 54.
41 OLG Hamm FamRZ 1993, 111, 113; *Schotten/Wittkowski*, FamRZ 1995, 264, 266.
42 BGH FamRZ 1986, 346; *Schotten/Schmellenkamp*, Das IPR in der notariellen Praxis, 2. Aufl. 2007, Rn 109.
43 BGBl 2003 II, 824.
44 So z.B. NK-BGB/*Benicke*, 2. Aufl. 2012, Art. 24 EGBGB Rn 5; Staudinger/*Kropholler*, Vorbem. zu Art. 24 EGBGB Rn 7; a.A. wohl allein *Kegel/Schurig*, Internationales Privatrecht, 9. Aufl. 2004, S. 994 unter Berufung auf die „Differenzierungstheorie".
45 In der Fassung der Bekanntmachung vom 3.12.2009 (BGBl I, 3830).

Ausführungsgesetz zur Brüssel IIa-VO (siehe Rdn 16) hat der Bundesgesetzgeber am 26.1.2005 das Internationale Familienrechtsverfahrensgesetz beschlossen.[46] Auch zur Europäischen Unterhaltsverordnung (siehe Rdn 18) ist mit dem **Auslandsunterhaltsgesetz (AUG)** vom 23.5.2011[47] ein Ausführungsgesetz erlassen worden.

e) Besonderheiten bei der Anwendung internationaler Abkommen

aa) Verhältnis zum innerstaatlichen Recht

In Staatsverträgen enthaltene „internationale" Kollisionsnormen erhalten im Inland Geset- **23** zeskraft, wenn das von der Bundesregierung gezeichnete Abkommen vom inländischen Gesetzgeber ratifiziert wird.[48] Die Vorschriften gelten dann im Verhältnis zu den Vertragsstaaten wohl schon als *„lex specialis"* vorrangig vor den allgemeinen Kollisionsnormen des EGBGB, selbst wenn das Abkommen zeitlich vor den autonomen Normen ratifiziert worden sein soll.[49] Art. 3 EGBGB stellt den **Vorrang** vor dem innerstaatlichen Recht nochmals ausdrücklich klar.

bb) Inter partes und universell geltendes Recht

Bei den Staatsverträgen kann man danach unterscheiden, ob diese nur im Verhältnis zu den **24** anderen Vertragsstaaten (**inter partes**) gelten, oder ob diese universell anwendbares Recht (**loi uniforme**) schaffen. Zur ersten Sorte gehören regelmäßig die bilateralen Abkommen (siehe Rdn 9 ff.) und die Abkommen auf dem Bereich des internationalen Zivilverfahrensrechts. Aber auch einige multilaterale Abkommen enthalten eine entsprechende Beschränkung, insbesondere wenn sie auch verfahrensrechtliche Vorschriften enthalten. So gelten z.B. einige Regeln des KSÜ nur dann, wenn der Mündel seinen gewöhnlichen Aufenthalt in einem Staat hat, in dem das Abkommen gilt, andere verweisen auf das Aufenthaltsrecht auch dann, wenn das Kind seinen gewöhnlichen Aufenthalt in einem Drittstaat hat, der dem Abkommen nicht beigetreten ist. Die neueren, rein kollisionsrechtlichen Abkommen dagegen gelten als *loi uniforme*, so z.B. das Haager Unterhaltsabkommen von 1973 bzw. das Haager Unterhaltsprotokoll vom 23.11.2007 oder das Testamentsformabkommen von 1961.

cc) Grundrechtskontrolle internationaler Normen

Da die Abkommensnormen im Inland den Rang einfachen Gesetzesrechts haben, insbeson- **25** dere auch nicht zu den allgemeinen Grundsätzen des Völkerrechts i.S.v. Art. 25 GG gehören, unterliegen sie, wie jedes andere Gesetz, den Regeln des **Grundgesetzes**, insbesondere müssen sie sich eine **Normenkontrolle** durch das BVerfG gefallen lassen.

Beispiel: Auf diese Weise ist Art. 2 des Haager Ehewirkungsabkommens vom 17.7.1905, welches von der Bundesregierung mit Wirkung zum 23.8.1987 gekündigt worden ist (siehe Rdn 209), nicht mit Art. 3 Abs. 2 GG vereinbar gewesen, weil die güterrechtlichen Wirkungen einer Ehe von Eheleuten unterschiedlicher Staatsangehörigkeit in Art. 2 des Abkom-

---

46 BGBl 2005 I, 162.

47 Verkündet als Art. 1 des Gesetzes zur Durchführung der Verordnung (EG) Nr. 4/2009 und zur Neuordnung bestehender Aus- und Durchführungsbestimmungen auf dem Gebiet des internationalen Unterhaltsverfahrensrechts (BGBl I, 898).

48 Zu diesem Verfahren einführend *Schweitzer*, Staatsrecht III, 10. Aufl. 2010, Rn 100 ff.

49 Erman/*Hohloch*, 14. Aufl. 2014, Art. 3 EGBGB Rn 13; *Kropholler*, Internationales Privatrecht, 6. Aufl. 2006, S. 57.

mens dem Heimatrecht des Ehemannes unterstellt wurden. Nachdem das BVerfG die inhaltliche Verfassungswidrigkeit der gleichlautenden Verweisungsnorm in Art. 15 EGBGB a.F. festgestellt hatte,[50] konnte der BGH die Anwendung der Abkommensvorschrift ohne Vorlage zum BVerfG verwerfen, da es sich um praekonstitutionelles Recht handelte, das nicht dem Verwerfungsprivileg des BVerfG unterfällt. Für die Übergangsfälle gilt Art. 220 Abs. 3 EGBGB entsprechend.[51]

26   **Hinweis:** Freilich ist zu berücksichtigen, dass die Korrektur anhand des Verfassungsrechts nur intern die Dinge richtet. Im Außenverhältnis führt die Nichtanwendung der Abkommensnorm zu einem völkerrechtlichen Vertragsverstoß.

dd) Autonome Auslegung

27   International vereinheitlichtes Kollisionsrecht dient der Herbeiführung eines internationalen Entscheidungseinklangs. Daher ist bei der Auslegung darauf zu achten, dass dieser Zusammenhang nicht durch eine zu starke Einbindung in das nationale Rechtsdenken wieder zerrissen wird.[52] Bei der Auslegung der im Abkommen verwandten Begriffe soll daher vorrangig eine **abkommensautonome Auslegung** erfolgen. In erster Linie ist daher die Auslegung auf eine ggf. im Abkommen enthaltene Legaldefinition zu stützten. Fehlt eine solche, sind zur Auslegung
– der Zusammenhang mit den anderen Vorschriften des Abkommens,
– die anderen Sprachfassungen des Abkommens (dies gilt insbesondere bei den Haager Übereinkommen, bei denen allein die englische und die französische Fassung „authentisch" sind; die deutsche Übersetzung wird zwar mit den anderen deutschsprachigen Staaten abgestimmt, ist aber letztlich im Verhältnis zu den anderen Abkommensstaaten unverbindlich) und
– die dem Abkommen zugrunde liegenden offiziellen Materialien heranzuziehen.
– Von Bedeutung mag auch die Auslegung in den anderen Abkommensstaaten sein[53] – freilich aber wohl nur dann, wenn es sich nicht um den „nationalen Sprachgebrauch" handelt, sondern sich insoweit eine einheitliche Auslegung des Abkommens bzw. von vergleichbaren Abkommensvorschriften ähnlicher Abkommen in mehreren Ländern bereits herausgebildet hat.

ee) Beachtung von Rück- und Weiterverweisungen

28   Allgemein wird angenommen, dass abkommensrechtliche Verweisungen stets als **Sachnormverweisungen** auszulegen seien, eine **Rück- oder Weiterverweisung** sei ausgeschlossen.[54] Praktisch wird dieser Rechtssatz jedoch kaum einmal bedeutsam. Bei einem *inter partes* geltenden Abkommen sind Rück- und Weiterverweisungen schon deswegen logisch ausgeschlossen, weil die mit dem Abkommen herbeigeführte Kollisionsrechtsvereinheitlichung solche im Verhältnis der Beitrittsstaaten zueinander beseitigt hat. Die als *loi uniforme* geltenden Abkommen dagegen enthalten regelmäßig eine ausdrückliche Regelung über die Behandlung der Vorschriften als Sachnormverweisungen (z.B. Art. 12 Haager Unterhaltsprotokoll vom 23.11.2007 und das Haager Testamentsformabkommen von 1961). Teilweise enthalten sie sogar auch eine ausdrückliche Regelung dazu, wann Rück- oder Weiterverwei-

---

50 BVerfGE 63, 181 = NJW 1983, 1968.
51 BGH NJW 1987, 583; NJW 1988, 638; einschr. Soergel/*Schurig*, 12. Aufl. 1996, Anh. Art. 16 EGBGB Rn 5 ff.
52 BGH NJW 1969, 2083; NJW 1976, 1583.
53 So Bamberger/Roth/*Lorenz*, 3. Aufl. 2012, Einl. IPR Rn 19.
54 Vgl. *v. Bar/Mankowski*, Internationales Privatrecht I, 2. Aufl. 2003, § 3 Rn 115.

sungen (durch das Recht von Nicht-Abkommensstaaten) zu beachten sind (vgl. z.B. Art. 21 Abs. 2 KSÜ).[55]

ff) Vorfragenanknüpfung

Vorfragen werden auch von vielen Anhängern der selbstständigen Vorfragenanknüpfung (siehe Rdn 37) unselbstständig angeknüpft, soweit sich die Anknüpfung der Hauptfrage aus einer Abkommensvorschrift ergibt.[56] Hierdurch soll verhindert werden, dass die Gerichte der Abkommensstaaten letztlich doch abweichend urteilen, indem sie die für den geltend gemachten Anspruch entscheidende Vorfrage (z.B. die Feststellung der Abstammung bei einer Klage auf Kindesunterhalt) nach einem anderen Recht beurteilen. Freilich wird von den Gegnern dieser Ansicht vorgetragen, sie weite den inhaltlichen Geltungsbereich des Abkommens sinnwidrig über Gebühr aus.[57] Damit bleibt es auch hier bei der selbstständigen Vorfragenanknüpfung.   29

gg) Behandlung von Mehrstaatern

Fraglich ist, ob der pauschale Vorrang der inländischen vor der ausländischen Staatsangehörigkeit bei **Mehrstaatern** (Art. 5 Abs. 1 S. 2 EGBGB) auch bei der Anwendung international vereinheitlichter Kollisionsnormen Platz hat. In bilateralen Abkommen ist es akzeptabel, dass jeder Staat eine Person mit beiden Staatsangehörigkeiten als seinen Bürger behandelt. Multilaterale Abkommen mit *loi uniforme*-Charakter dagegen verlieren ihren auf allgemeine Rechtsvereinheitlichung angelegten Zweck, wenn die maßgebliche Staatsangehörigkeit in jedem Staat anders bestimmt wird. Daher sollte auch dann die „effektive" Staatsangehörigkeit (siehe Rdn 85) herangezogen werden, wenn das Abkommen keine ausdrückliche Kollisionsnorm zur Entscheidung des Nationalitätenkonflikts enthält. Hier ergibt die Auslegung des Abkommens nach Sinn und Zweck in den meisten Fällen die **Vorrangstellung der tatsächlich effektiven Staatsangehörigkeit**, so dass – entgegen der deutschen Rspr. – für die ersatzweise Bezugnahme auf Art. 5 Abs. 1 S. 2 EGBGB kein Raum bleibt.[58]   30

Steht die Anknüpfung an die Staatsangehörigkeit alternativ neben anderen Anknüpfungen (wie z.B. bei Art. 1 Ziff. 2 des Haager Testamentsformübereinkommens von 1961) oder soll das Heimatrecht der Beteiligten zur Wahl stehen, so soll die Anknüpfung an jede der Staatsangehörigkeiten gleichberechtigt nebeneinander stehen.[59]   31

II. Qualifikation und Anknüpfung von Vorfragen

1. Die Qualifikation

Das EGBGB enthält in den Art. 13–24 eine Vielzahl von Kollisionsnormen für die einzelnen Bereiche des Familienrechts. Diese verwenden unterschiedliche Systembegriffe (z.B. „allge-   32

---

55 Ausf. *Kropholler*, in: FS Henrich, 2000, S. 398 ff.
56 OLG Karlsruhe FamRZ 2003, 956; NK-BGB/*Freitag*, 2. Aufl. 2012, Art. 3 EGBGB Rn 56; Palandt/ *Thorn*, 71. Aufl. 2011, Einl. vor Art. 3 EGBGB Rn 30; Erman/*Hohloch*, 14. Aufl. 2014, Einl. zu Art. 3 EGBGB Rn 55; Bamberger/Roth/*Lorenz*, 3. Aufl. 2012, Einl. IPR Rn 19.
57 *V. Bar/Mankowski*, Internationales Privatrecht I, § 7 Rn 208 f.; NK-BGB/*Freitag*, 2. Aufl. 2012, Art. 3 EGBGB Rn 30, 72; *Kropholler*, Internationales Privatrecht, 6. Aufl. 2006, S. 230; Staudinger/*Sturm/ Sturm*, 2003, Einl. IPR Rn 249; *Kegel/Schurig*, Internationales Privatrecht, 9. Aufl. 2004, S. 895.
58 Ebenso: *v. Bar/Mankowski*, Internationales Privatrecht I, 2. Aufl. 2003, § 7 Rn 120; *Kegel/Schurig*, Internationales Privatrecht, 9. Aufl. 2004, S. 934 (zu Art. 3 MSA); a.A. BGH NJW 1997, 3024.
59 Staudinger/*Blumenwitz*, 2003, Art. 5 EGBGB Rn 30; *Kropholler*, Internationales Privatrecht, 6. Aufl. 2006, S. 267.

Süß

meine Wirkungen der Ehe" in Art. 14 EGBGB), die den Gegenstand der kollisionsrechtlichen Anknüpfung bezeichnen. Die Zuweisung einer auftretenden rechtlichen Frage zu einer bestimmten familienrechtlichen Kollisionsnorm (die **Qualifikation**) ist regelmäßig so unproblematisch, dass die juristische Subsumtion kaum bemerkt wird. Bisweilen bereitet sie aber erhebliche Probleme. Das gilt z.B. dann, wenn die betreffenden Fragen in zwei verschiedenen Systembegriffen verankert sind.

33   Dies gilt umso mehr, als die kollisionsrechtlichen Systembegriffe sich mit den Begriffen des materiellen Rechts nicht unbedingt decken müssen (wie z.B. die Frage nach den erbrechtlichen Wirkungen einer Adoption oder die Qualifikation des Verbots von Gesellschaftsverträgen unter Eheleuten im französischen Recht als allgemeine oder güterrechtliche Wirkung der Ehe) oder aber es sich um dem deutschen Recht unbekannte Erscheinungen handelt (z.B. Trennung von Tisch und Bett, Morgengabe).

34   Im methodischen Vorgehen ist hier noch vieles streitig, in einzelnen Fragen ist man von gemeinsamen Ergebnissen noch weit entfernt. Mittlerweile ist dabei aber zumindest theoretisch allgemein anerkannt, dass die **Systembegriffe autonom auszulegen** seien. Die Auslegung der deutschen Kollisionsnormen folgt den Ordnungskriterien des deutschen Rechts also auch dann, wenn ausländisches materielles Recht in Rede steht und diese ausländische Rechtsordnung die entsprechende Frage unter einen anderen Systembegriff fassen würde (die Qualifikation erfolgt also als **lege fori-Qualifikation** und nicht nach der *lex causae*).[60]

Beispiel: Im niederländischen Recht ist die Ehe auch gleichgeschlechtlichen Paaren geöffnet worden. Daraus folgt für den niederländischen Richter die Zuordnung zur eherechtlichen Kollisionsnorm. Da nach dem System des deutschen IPR aber die heterosexuelle Ehe unter Art. 13 EGBGB, die homosexuelle eheähnliche registrierte Verbindung aber unter den kollisionsrechtlichen Begriff der eingetragenen Lebenspartnerschaft fällt, gilt aus deutscher Sicht – ohne Rücksicht auf das Etikett, das ihr aufgeklebt worden ist – das gem. Art. 17b EGBGB bestimmte Recht (siehe im Einzelnen Rdn 344).[61]

35   Die Qualifikation erfolgt aber auch in der Weise autonom, als sie sich von den Begriffen und der systematischen Einordnung des materiellen deutschen Rechts (also im BGB) löst. Man gesteht dem Internationalen Privatrecht zu, dass es seine eigene Systematik entwickelt (sog. **funktionelle Qualifikation**), damit eng zusammengehörende Fragen nach demselben Recht abgehandelt werden können und die notwendige Flexibilität erreicht wird, um auch dem deutschen materiellen Recht unbekannte oder neu hinzugefügte Institute erfassen zu können.[62] Der BGH hatte dies einmal dahingehend ausgedrückt, dass es „die dem deutschen Richter obliegende Aufgabe sei, die Vorschriften des ausländischen Rechts nach ihrem Sinn und Zweck zu erfassen, ihre Bedeutung vom Standpunkt des ausländischen Rechts zu würdigen und sie mit Einrichtungen der deutschen Rechtsordnung zu vergleichen. Auf der

---

60 Für Letztes dagegen insb. *Martin Wolff*, Internationales Privatrecht, 3. Aufl. 1954, S. 54 ff.
61 Str., wie hier Erman/*Hohloch*, 14. Aufl. 2014, Art. 17b EGBGB Rn 6; *Henrich*, FamRZ 2002, 138; *Kropholler*, Internationales Privatrecht, 6. Aufl. 2006, S. 343; und nun auch: OLG München FamRZ 2011, 1506; BFH IPRax 2006, 287. Eine Qualifikation *lege causae* verfolgen in diesem Zusammenhang aber *Staudinger/Gebauer*, IPRax 2002, 277; *Röthel*, IPRax 2002, 497.
62 Siehe z.B. BGHZ 47, 336; *v. Bar/Mankowski*, Internationales Privatrecht I, 2. Aufl. 2003, § 7 Rn 173; *Kropholler*, Internationales Privatrecht, 6. Aufl. 2006, S. 127; *Rauscher*, Internationales Privatrecht, 3. Aufl. 2009, Rn 463; *Kegel/Schurig*, Internationales Privatrecht, 9. Aufl. 2004, S. 346 ff.; MüKo-BGB/ *von Hein*, 6. Aufl. 2015, Einl. IPR Rn 118 ff.

so gewonnenen Grundlage sei sie den aus den Begriffen und Abgrenzungen der deutschen Rechtsordnung aufgebauten Merkmalen der deutschen Kollisionsnorm zuzuordnen."[63]

Beispiel: Die Zuständigkeit des Standesbeamten für die Eheschließung oder die Höchstpersönlichkeit der Abgabe der Willenserklärung bei der Eheschließung wird im deutschen internationalen Privatrecht als Frage der Form behandelt, so dass Deutsche in Italien nach dem dort geltenden Ortsrecht (Art. 11 Abs. 1 Fall 2 EGBGB) auch vor dem Priester bzw. unter Einschaltung eines Boten heiraten können. Im deutschen materiellen Recht hingegen werden diese Fragen als materielle Voraussetzungen für die Wirksamkeit einer Eheschließung behandelt.

2. Anknüpfung von Vorfragen

Mit der Qualifikation hängt die Anknüpfung der Vorfrage eng zusammen. Bei der Anwendung der materiellrechtlichen Rechtssätze können nämlich sog. **vorgreifliche Rechtsfragen** auftreten, die unter den Systembegriff einer anderen Kollisionsnorm fallen.[64]   36

Beispiel: So unterliegt die Prüfung der Wirksamkeit einer Eheschließung durch zwei Italiener dem gem. Art. 13 Abs. 1 EGBGB bestimmten italienischen Recht; dieses wiederum wirft die Frage auf, ob eine zuvor in Deutschland in kanonischer Form eingegangene Ehe des Ehemannes wirksam geschlossen worden und durch das italienische Gericht wieder wirksam geschieden worden ist. Diese Fragen werden von der Verweisung des anhand der zweiten Eheschließung angewandten Art. 13 EGBGB nicht mehr erfasst. Vielmehr wäre für die damalige Eheschließung und die damalige Scheidung jeweils gesondert das Eheschließungsstatut bzw. das Scheidungsstatut zu bestimmen.

Bei diesen präjudiziellen Rechtsverhältnissen handelt es sich um sog. **Vorfragen**.[65] Es ist   37
allgemein anerkannt, dass diese nicht unmittelbar vom für die „Hauptfrage" maßgeblichen Recht zu beantworten sind, sondern das einschlägige Recht durch eine weitere Anknüpfung zu bestimmen ist. In diesem Zusammenhang ist erstmalig von *Melchior*[66] und *Wengler*[67] die Frage aufgeworfen worden, ob die Verweisung für die Hauptfrage auf ein ausländisches Recht zugleich bedeute, dass auch das auf die von diesem Recht aufgeworfenen Vorfragen anwendbare Recht nach dem Kollisionsrecht des Rechtssystems zu bestimmen ist, das für die Entscheidung der Hauptfrage zuständig ist. Es wäre so dasselbe Recht anzuwenden, das die Gerichte des Staates anwenden würden, auf dessen Recht wir für die Entscheidung der Hauptfrage verwiesen haben (sog. **unselbstständige Anknüpfung der Vorfrage**).[68]

---

63 BGHZ 29, 137, 139; BGH NJW 1967, 1177; später: BGH NJW 1999, 574 (Qualifikation einer Morgengabe).
64 Soergel/*Kegel*, 12. Aufl. 1996, Vor Art. 3 EGBGB Rn 128 ff.
65 In der Literatur wird teilweise eine weitergehende Differenzierung in „Erstfrage" und „Vorfrage" vorgenommen (MüKo-BGB/*von Hein*, 6. Aufl. 2015, Einl. IPR Rn 161; Bamberger/Roth/*Lorenz*, 3. Aufl. 2012, Einl. IPR Rn 65; *Kropholler*, Internationales Privatrecht, 6. Aufl. 2006, S. 130), wobei freilich das Ergebnis nicht differiert (Staudinger/*Sturm/Sturm*, 2003, Einl. IPR Rn 251 sprechen daher kritisch von „Irrlichtern").
66 Die Grundlagen des deutschen Internationalen Privatrechts, 1932, S. 245 ff.
67 RabelsZ 8 (1934), 148 f.
68 *Siehr*, Internationales Privatrecht, 2001, S. 473; MüKo-BGB/*von Hein*, 6. Aufl. 2015, Einl. IPR Rn 171.

Süß

Vorteil wäre, dass die Hauptfrage im Ergebnis tatsächlich so entschieden würde, wie ein Gericht des Staates entscheiden würde, auf dessen Recht das deutsche IPR verwiesen hat („**äußerer Entscheidungseinklang**").

Beispiel (Fortsetzung): Im o.a. Beispiel wäre dann das Bestehen der ersten Ehe nicht anhand des gem. Art. 13 EGBGB bestimmten Rechts, sondern ausgehend vom italienischen IPR zu prüfen. Gemäß Art. 13 Abs. 3 S. 1 EGBGB wäre die Ehe wohl formnichtig, da sie nicht vor dem Standesbeamten geschlossen wurde. Aus italienischer Sicht mag die Beachtung der vom italienischen Heimatrecht verlangten Form ausreichend gewesen sein. Folge wäre dann, dass die erste Ehe aus deutscher Sicht zwar nicht besteht, also auch nicht geschieden werden könnte, aber dennoch einer erneuten Eheschließung in Deutschland entgegenstände.

38   Um einen derartigen Widerspruch zu vermeiden, wird daher von der weit überwiegenden Ansicht in der Lehre die **selbstständige Vorfragenanknüpfung** vertreten. Vorfragen sind daher auch dann, wenn sie im Rahmen der Anwendung einer ausländischen Vorschrift auftauchen, stets nach dem vom deutschen IPR bestimmten Recht zu entscheiden.[69] Die Rspr. folgt dem grundsätzlich.[70] Freilich ist die Linie hier nicht ganz einheitlich. Wo es „sachgerecht" bzw. „sachnäher" erscheint, wird hier auch einmal unselbstständig angeknüpft.[71]

39   Ausnahmen von der selbstständigen Vorfragenanknüpfung:
   – Soll der gesetzliche Erwerb einer ausländischen Staatsangehörigkeit geprüft werden, so sind die vom ausländischen Staatsangehörigkeitsrecht verlangten Statusverhältnisse unter Zugrundelegung des IPR dieses ausländischen Staates zu prüfen.[72] Freilich ist diese Ausnahme keine, denn die Vorfrage taucht im Rahmen einer öffentlich-rechtlichen Hauptfrage auf.
   – Umstritten ist, ob dies auch bei der Anwendung des ausländischen Heimatrechts im Namensrecht gilt (Art. 10 Abs. 1 EGBGB). Nur so kann man den Gleichklang mit den Eintragungen in den ausländischen Ausweispapieren etc. erreichen.[73]
   – Vielfach wird auch vorgetragen, in internationalen Abkommen bzw. bei Anwendung einer der europäischen Verordnungen zum IPR sei stets unselbstständig anzuknüpfen, um die gewünschte Einheitlichkeit zu erreichen – auch dies ist allerdings heftig umstritten.
   – Ein weiterer Fall ergibt sich daraus, dass der deutsche Gesetzgeber mit dem KindRG 1997 die nichteheliche Abstammung in seiner Gleichsetzungseuphorie gleich auch aus

---

69 *V. Bar/Mankowski*, Internationales Privatrecht I, 2. Aufl. 2003, § 7 Rn 194 f.; *Erman/Hohloch*, 14. Aufl. 2014, Einl. Art. 3 EGBGB Rn 52; *Kegel/Schurig*, Internationales Privatrecht, 9. Aufl. 2004, S. 379 ff.; *Bamberger/Roth/Lorenz*, 3. Aufl. 2012, Einl. IPR Rn 71 f.

70 BGHZ 43, 213, 218 f.; 78, 288, 289; BayObLG ZEV 2003, 1595, 1597 (Abstammung für die Frage der Erbberechtigung); OLG Zweibrücken FamRZ 2003, 1697, 1699 (Frage der wirksamen Eheschließung); OLG Koblenz IPRax 1996, 278.

71 Vgl. die Nachweise bei *Kegel/Schurig*, Internationales Privatrecht, 9. Aufl. 2004, S. 378 Fn 146; *Staudinger/Sturm/Sturm*, 2003 Einl. IPR Rn 239.

72 Allgemeine Ansicht, vgl. Staudinger/*Sturm/Sturm*, 2003, Einl. IPR Rn 246; *Kegel/Schurig*, Internationales Privatrecht, 9. Aufl. 2004, S. 382.

73 BayObLG StAZ 2003, 13; Palandt/*Thorn*, 71. Aufl. 2011, Art. 10 EGBGB Rn 2; *Henrich*, Internationales Familienrecht, 2. Aufl. 2000, S. 257; *Erman/Hohloch*, 14. Aufl. 2014, Art. 10 EGBGB Rn 7a. Für selbstständige Vorfragenanknüpfung auch hier aber: *v. Bar/Mankowski*, Internationales Privatrecht I, 2. Aufl. 2003, § 7 Rn 211 f.; *Kegel/Schurig*, Internationales Privatrecht, 9. Aufl. 2004, S. 383 f.

dem EGBGB verbannt hat. Differenziert ein ausländisches Gesetz nach ehelicher und nichtehelicher Abstammung, so haben wir es daher mit einer Vorfrage zu tun, für die im deutschen IPR eine Kollisionsnorm fehlt. Erwogen wird daher, diesen Mangel durch Heranziehen der entsprechenden Kollisionsnorm des ausländischen Rechts zu reparieren.[74]

III. Anknüpfungspunkte im internationalen Familienrecht

1. Der gewöhnliche Aufenthalt

a) Bedeutung

Der gewöhnliche Aufenthalt erlangt als Anknüpfungspunkt für die persönlichen Verhältnisse **zunehmend an Bedeutung**. Seinen Siegeszug begann er nach dem Zweiten Weltkrieg, als er in den neu geschaffenen Konventionen der Haager Konferenz die bis dahin dominierende Anknüpfung an die Staatsangehörigkeit ablöste. Im deutschen autonomen Kollisionsrecht war er zunächst im Wesentlichen als subsidiäres Anknüpfungsmerkmal bedeutsam, wenn die Anknüpfung an die Staatsangehörigkeit versagte, wie z.B. bei Staatenlosen (Art. 5 Abs. 2 EGBGB)[75] oder später bei Eheleuten mit unterschiedlicher Staatsangehörigkeit (vgl. Art. 14 Abs. 1 Nr. 2 EGBGB). Im Rahmen der Reform des internationalen Kindschaftsrechts 1998 fand er auch als „primäres Anknüpfungsmerkmal" Eingang in das deutsche IPR (Art. 19, 20, 24 EGBGB).

40

Die **Gründe** für die zunehmende Akzeptanz sind vielfältig. Auf der Haager Konferenz lag sicherlich ein besonderer Reiz dieses Anknüpfungspunktes darin, dass er sich als Kompromiss – gewissermaßen als goldener Mittelweg – zwischen Staatsangehörigkeitsanknüpfung auf der einen und Domizil- bzw. Wohnsitzanknüpfung auf der anderen Seite insbesondere dazu anbot, die Staaten mit angloamerikanischem Recht zur Ratifikation der Konventionen auf familien- und erbrechtlichem Gebiet zu bewegen. Ausschlaggebend mag aber wohl die Vorstellung gewesen sein, dass im Gefolge der für die Nachkriegszeit typischen Migration innerhalb Europas (Gastarbeiterfälle) die Fälle zunahmen, in denen die Anknüpfung an die Staatsangehörigkeit nicht mehr zwangsläufig zu dem Recht führt, mit dem der Betroffene wirklich am engsten verbunden ist. Das gilt umso mehr, als nach dem Zweiten Weltkrieg gesellschaftlich bedingte und weitgehende Umwandlungen im Familienrecht einsetzten, die dauerhaft im Ausland lebende Personen nicht unbedingt mit nachvollziehen konnten. Vielmehr war davon auszugehen, dass diese Gruppe eher an den gesellschaftlichen Prozessen partizipieren, die in ihrem Aufenthaltsstaat zu entsprechenden Umwälzungen führen bzw. diese begleiten.

41

Freilich zeigt sich in neuerer Zeit eine vermehrte internationale Mobilität in vielfältigen Formen, bei der die Verlagerung des Lebensmittelpunkts in einen anderen Staat mit der Beibehaltung der Verbundenheit zum Recht des „Heimatstaates" verbunden ist (berufliche

42

---

74 Palandt/*Thorn*, 71. Aufl. 2011, Art. 19 EGBGB Rn 8; Erman/*Hohloch*, 14. Aufl. 2014, Art. 19 EGBGB Rn 24; *Henrich*, FamRZ 1998, 1405; Staudinger/*Henrich*, 2001, Art. 19 EGBGB Rn 99; *Hepting*, StAZ 1999, 97; *Kropholler*, Internationales Privatrecht, 6. Aufl. 2006, S. 406; Bamberger/Roth/*Heiderhoff*, 3. Aufl. 2012, Art. 19 EGBGB Rn 32; MüKo-BGB/*von Hein*, 6. Aufl. 2015, Einl. IPR Rn 198. Zur Gegenansicht: *v. Bar/Mankowski*, Internationales Privatrecht I, 2. Aufl. 2003, § 7 Rn 213; *Dörner*, in: FS Henrich, 2000, S. 119, 126; Staudinger/*Dörner*, Art. 25 EGBGB Rn 158, 565; *Sturm*, StAZ 1998, 313.

75 Vgl. die Empfehlung der Haager Konferenz von 1928; Hinweise bei *Kropholler*, Internationales Privatrecht, 6. Aufl. 2006, S. 279.

Versetzung, konjunkturell bedingte Arbeitsaufnahme im Ausland mit Rückkehrwillen bei Besserung der wirtschaftlichen Situation, Studium im Ausland, Altersruhesitz in Mallorca ohne soziale Integration etc.). Damit stellt sich die Frage, ob die Anknüpfung an den gewöhnlichen Aufenthalt auch im Europa des 21. Jahrhunderts noch für alle familienrechtlichen Verhältnisse angemessen ist.[76]

43   Im deutschen autonomen IPR hat der gewöhnliche Aufenthalt bislang nur zögerlich Eingang gefunden. Die subsidiäre Geltung in Art. 5 und Art. 14 EGBGB spricht eher für als gegen die Dominanz des Staatsangehörigkeitsprinzips. Die Aufnahme als vollwertiges Anknüpfungsmoment in Art. 18 Abs. 1 EGBGB (IPR-Reform 1986) und in Art. 19 Abs. 1 S. 1, Art. 19 Abs. 1, Art. 20 S. 2, Art. 21 durch das KindRG 1998 war durch die Ratifikation des Haager Unterhaltsabkommens bzw. weitgehend durch eine Angleichung des Kindschafts-Kollisionsrechts an das MSA und nicht durch einen Paradigmenwechsel bedingt. Dennoch darf nicht verkannt werden, dass auf diese Weise die Anknüpfung an die **Staatsangehörigkeit zumindest schleichend als Prinzip verliert.**

44   Eine zunehmende Bedeutung wird der gewöhnliche Aufenthalt voraussichtlich durch die einsetzende **Vereinheitlichung des internationalen Familienrechts** aus Brüssel erlangen. Auch wenn die Anknüpfung an die Staatsangehörigkeit für die persönlichen Rechtsverhältnisse in Bezug auf die Europäischen Grundfreiheiten keinen durchgreifenden Bedenken begegnet,[77] erscheint es vor dem Hintergrund der Unionsbürgerschaft vorteilhaft, statt an die Staatsangehörigkeit an den gewöhnlichen Aufenthalt anzuknüpfen. Letzterer war bereits für die Begründung der internationalen Zuständigkeit in der Brüssel IIa-VO (siehe Rdn 262) vorrangig entscheidender Faktor. Die Rom III-VO, die Unterhaltsverordnung, die EUPartner-VO und schließlich auch die EU-ErbVO vom 4.7.2012 gehen ebenfalls vom gewöhnlichen Aufenthalt als Anknüpfungspunkt aus. Für alle weiteren künftigen einheitlichen Maßnahmen auf dem Gebiet des internationalen Familien- und Erbrechts ist gleichermaßen damit zu rechnen, dass der gewöhnliche Aufenthalt eine dominante Rolle spielen wird.

45   Von Verfechtern des gewöhnlichen Aufenthalts wird gerne auf die **Probleme** verwiesen, die die Anknüpfung an die Staatsangehörigkeit bei mehrfacher Staatsangehörigkeit oder Schwierigkeiten bei der Ermittlung der Staatsangehörigkeit mit sich bringe.[78] Freilich lassen sich diese Fälle – auch wenn die Mehrstaatigkeit nun zunehmend hingenommen wird – gut lösen. Die Hilfskollisionsnormen in Art. 5 EGBGB – die es in ähnlicher Weise auch in anderen Rechtsordnungen gibt – verhelfen hier zu einem eindeutigen Ergebnis. Verbleibende Dissonanzen ließen sich dadurch beseitigen, dass alle Länder auf den pauschalen Vorrang der inländischen Staatsangehörigkeit verzichteten (Art. 5 Abs. 1 S. 2 EGBGB). Zudem ergeben die Fälle des mehrfachen Aufenthalts auch Probleme bei der Bestimmung des gewöhnlichen Aufenthalts (siehe Rdn 60). Der rasche Statutenwechsel, der sich bei einer Anknüpfung an den gewöhnlichen Aufenthalt ergeben kann, ist für einige Rechtsgebiete unangemessen (z.B. im Ehegüterrecht) und mag die europaweite Freizügigkeit beeinträchtigen – zumal hier kein Schutz für wohlerworbene Rechte und Erwartungen eingreift. Dies wird auch von den Befürwortern dieser Anknüpfung erkannt. Dem Problem solle – nach

---

76 Zumindest soweit nicht ordnungspolitische Gesichtspunkte (einfache Rechtsfindung, schnelles Verfahren, Durchsetzung familienpolitischer Vorstellungen) überwiegen.

77 So die mittlerweile h.M., vgl. z.B. *Kegel/Schurig*, Internationales Privatrecht, 9. Aufl. 2004, S. 191; *v. Bar/Mankowski*, Internationales Privatrecht I, § 3 Rn 41; Staudinger/*Dörner*, Art. 25 EGBGB Rn 961.

78 Z.B. *Henrich*, Abschied vom Staatsangehörigkeitsprinzip?, in: FS Stoll, 2001, S. 437 ff.; *Kropholler*, Internationales Privatrecht, 6. Aufl. 2006, S. 272; *Neuhaus/Kropholler*, RabelsZ 44 (1980), 335; *Neuhaus*, FamRZ 1962, 415.

Kundgabe einzelner Autoren – durch eine nach Rechtsgebieten differenzierte Auslegung des Begriffs begegnet werden.[79]

Dieser Ansatz weist in die richtige Richtung. Die **differenzierte Bestimmung des gewöhnlichen Aufenthalts** gibt jedoch einen einheitlichen Begriff des gewöhnlichen Aufenthalts auf und führt damit zu Rechtsunsicherheit und überbordender Einzelfallrechtsprechung.

46

Beispiel: In derselben Angelegenheit wäre dann der Aufenthalt zur Begründung der internationalen Zuständigkeit der Gerichte anders zu bestimmen als für die Anknüpfung des anwendbaren Rechts, Letzteres möglicherweise auch abhängig davon, ob die Anknüpfung als objektive Anknüpfung oder auf Basis einer Rechtswahl erfolgt. Diese Differenzierung mag im Einzelnen eine sachgerechte Anknüpfung ermöglichen. Im Ergebnis überträgt sie aber die Bestimmung des Anknüpfungspunktes aus der Regie des Gesetzgebers in das einzelfallbezogene Ermessen der Gerichte.

Überlegenswert erscheint daher der in einigen Haager Konventionen[80] bereits beschrittene Weg, den gewöhnlichen Aufenthalt **mit weiteren Anknüpfungspunkten** zu **kombinieren** – also der **Dauer des Aufenthalts**, der **Staatsangehörigkeit** etc. – auch wenn dies bisweilen als „kompliziert" kritisiert wird. Vor dem Hintergrund der an Zahl und Komplexität zunehmenden internationalen Lebenssachverhalte erscheint eine differenzierte Kollisionsnorm angemessen, soweit sie eindeutig bleibt und zu Ergebnissen führt, die den Erwartungen der Beteiligten entsprechen oder zumindest vernünftig nachvollziehbar sind. Der Vorwurf gegen eine derartige mehrschichtige Kollisionsnorm reduziert sich damit auf das ästhetische Moment.

47

Trotz aller ungelöster Probleme und Bedenken liegt aber die Anknüpfung an den gewöhnlichen Aufenthalt im Trend. Es ist auch in Deutschland mit einem Bedeutungszuwachs zu rechnen.

48

b) Bestimmung des gewöhnlichen Aufenthalts

aa) Definition

Anders als die Stellungnahmen gegen die Anknüpfung an die Staatsangehörigkeit vermuten lassen, ist die Bestimmung des gewöhnlichen Aufenthalts nicht einfacher als die Feststellung der maßgeblichen Staatsangehörigkeit. Grund dafür ist unter anderem schon, dass es eine gesetzliche Definition des gewöhnlichen Aufenthalts für das Internationale Privatrecht (anders als z.B. im Steuerrecht, vgl. § 9 AO) nicht gibt. Daher sind viele Einzelfragen, zum Teil sogar grundsätzliche Fragen, immer noch umstritten. Die bislang ergangene Rspr. ist nur eingeschränkt verwertbar, da sie sich bislang weit überwiegend auf den gewöhnlichen Aufenthalt von Minderjährigen im Rahmen des MSA bzw. der Brüssel IIa-VO bezog und daher nicht direkt auf Erwachsene, die ihren Aufenthalt autonom bestimmen, übertragen werden kann. So versuchte der EuGH, den gewöhnlichen Aufenthalt in einer Entscheidung vom 2.4.2009[81] wie folgt allgemeinverbindlich zu definieren:

49

> *„Unter dem gewöhnlichen Aufenthalt ist der Ort zu verstehen, der Ausdruck einer gewissen sozialen und familiären Integration des Kindes ist. Hierfür sind insbesondere die Dauer, die Regelmäßigkeit und die Umstände des Aufenthalts in einem Mitgliedstaat*

---

79 So *Kropholler*, Internationales Privatrecht, 6. Aufl. 2006, S. 285 und die Rechtsprechung des EUGH zur Auslegung des Begriffs des gewöhnlcihen Aufenthalts im rahmen der Brrüssel IIa-VO..

80 Z.B. der Haager Güterrechtskonvention von 1978 (in Art. 7 Abs. 2 für den Statutenwechsel) und in der Erbrechtskonvention von 1989 für die Anknüpfung des objektiv bestimmten Erbstatuts.

81 EuGH Rs. C 523/07 – Rechtssache „A", FamRZ 2009, 843.

Süß

sowie die Gründe für diesen Aufenthalt und den Umzug der Familie in diesen Staat, die Staatsangehörigkeit des Kindes, Ort und Umstände der Einschulung, die Sprachkenntnisse sowie die familiären und sozialen Bindungen des Kindes in dem betreffenden Staat zu berücksichtigen. Es ist Sache des nationalen Gerichts, unter Berücksichtigung aller tatsächlichen Umstände des Einzelfalls den gewöhnlichen Aufenthalt des Kindes festzustellen."

50   Die Begründung eines gewöhnlichen Aufenthalts verlangt nach allgemeiner Ansicht die Erfüllung zweier Voraussetzungen:

bb) Auf Dauer angelegter Aufenthalt

51   Der BGH stellt in seiner Rspr. darauf ab, dass der gewöhnliche Aufenthalt als Anknüpfungskriterium an die Stelle der Staatsangehörigkeit getreten ist. Daher müsse ein Aufenthalt von einer **Dauer** verlangt werden, die im Unterschied von dem einfachen oder schlichten Aufenthalt nicht nur gering oder vorübergehend sein dürfe.[82] Dies freilich bedeutet nicht, dass bei **Wechsel des Aufenthalts** der gewöhnliche Aufenthalt erst nach einer gewissen Zeitdauer eintreten kann. Vielmehr führt die Begründung des neuen Aufenthalts schon dann zur Begründung eines gewöhnlichen Aufenthalts, wenn sich aus den Umständen ergebe, dass der Aufenthalt an diesem Ort **auf längere Dauer angelegt** ist und der neue Aufenthaltsort künftig an die Stelle des bisherigen Daseinsmittelpunkts treten solle.[83]

52   Das **Zeitmoment** spielt regelmäßig nur eine untergeordnete, allenfalls **indizierende Rolle**. Zwar wird als Faustformel davon ausgegangen, dass regelmäßig eine Dauer von **sechs Monaten** erforderlich sei.[84] Zu beachten ist jedoch, dass diese Rspr. zum MSA ergangen ist. Bei Minderjährigen, die u.U. schon nach einem halben Jahr die Sprache ihres neuen Wohnortes sprechen, geht jedoch die Integration besonders schnell vor sich. Bei Erwachsenen gilt hier anderes. Allerdings dürfte ein zweijähriger Aufenthalt regelmäßig genügen, um die Vermutung für einen neuen gewöhnlichen Aufenthalt zu begründen.[85]

53   Einen umstrittenen Spezialfall stellen die Ausländer dar, die sich im Inland **ohne einen Aufenthaltstitel aufhalten** (z.B. unberechtigte oder abgelehnte Asylbewerber; aus Osteuropa, China oder Afrika illegal „Eingeschleuste"). Hier wird vertreten, wegen der bevorstehenden Abschiebung könne im Inland kein gewöhnlicher Aufenthalt entstehen.[86] Allerdings überwiegt im Rahmen des gewöhnlichen Aufenthalts die normative Kraft des Faktischen: Leben die Beteiligten mehrere Jahre im Inland und sind sie hier in die soziale Umwelt integriert, liegt ein gewöhnlicher Aufenthalt vor, der auch nicht mehr dadurch entfällt, dass die Ausweisung angeordnet wurde. Dies gilt zumindest dann, wenn sie bislang durch die Ausländerbehörde im Inland geduldet wurden oder sich erfolgreich im „Untergrund" der Wahrnehmung durch die staatlichen Stellen entzogen haben.[87] Wie will man hier auch die Beteiligten auf den Staat verweisen, dem sie – möglicherweise schon vor einigen Jahren – endgültig den Rücken gekehrt haben?

---

82 BGH NJW 1975, 1068; NJW 1993, 2049.
83 BGH NJW 1981, 520.
84 BGH NJW 1997, 3024; OLG Hamm NJW 1992, 637; OLG Frankfurt/M. FamRZ 1996, 1749.
85 Z.B. *Spickhoff*, IPRax 1995, 187, der betont, dass einer Aufenthaltsdauer von sechs Monaten noch keine Indizwirkung für die soziale Integration zukomme.
86 OLG Bremen FamRZ 1992, 962; OLG Karlsruhe FamRZ 1990, 1351.
87 So OLG Nürnberg FamRZ 2003, 324; OLG Hamm NJW 1990, 651; OLG Karlsruhe FamRZ 1992, 316; Erman/*Hohloch*, 14. Aufl. 2014, Art. 5 EGBGB Rn 50; Palandt/*Thorn*, 71. Aufl. 2011, Art. 5 EGBGB Rn 10.

cc) Familiäre und soziale Integration

Zusätzlich zu dem Aufenthalt von längerer Dauer wird das Vorhandensein weiterer Beziehungen – speziell in familiärer, beruflicher oder sonstiger Hinsicht – zum Aufenthaltsort verlangt, aus denen insbesondere im Vergleich mit anderen Orten, an denen ein Aufenthalt begründet ist, der Schwerpunkt der Bindungen der betreffenden Person erkannt werden kann.[88] Mit dem gewöhnlichen Aufenthalt ist also der Ort gemeint, an dem der **Lebensmittelpunkt** einer Person liegt.[89] Nach der Rspr. des BGH dürfen an die Feststellung des gewöhnlichen Aufenthalts keine zu geringen Anforderungen gestellt werden.[90] Vor allem wird allgemein auch eine **soziale Integration** verlangt.[91]

Beispiel: Dementsprechend hat der BGH bei einem fünfjährigen Kind, das von der spanischen Mutter als „Notlösung" in einem spanischen Internat untergebracht worden ist, weiterhin einen gewöhnlichen Aufenthalt bei der Mutter in Hannover angenommen.[92] Bei einem Volljährigen, der sich für ein vierjähriges Studium in die USA begeben hatte, kann man dagegen eine Verlagerung des gewöhnlichen Aufenthalts annehmen. Das ist naheliegend, denn während ein minderjähriges Kind notwendigerweise nur dort zu Hause ist, wo seine wichtigste bzw. einzige Bezugsperson wohnt, kann ein Student sein eigenes Umfeld bilden.

dd) Kein subjektives Element erforderlich

Ein Wille, den Aufenthaltsort zum Mittelpunkt oder Schwerpunkt der Lebensinteressen zu machen, ist nicht erforderlich.[93] Hierin liegt der wesentliche **Unterschied zum Wohnsitz**, der sowohl in der „kontinentalen" Form als auch – und das dort in ganz besonderem Maße – in der Form des englischen *domicile* einen Willen zur Niederlassung verlangt. Natürlich wird man in der Regel nur dann bejahen können, dass der Aufenthalt auf Dauer *angelegt* ist, wenn aus den Umständen hervorgeht, dass die betroffene Person sich auf Dauer einrichtet, weil dieser Ort künftiger Daseinsmittelpunkt sein soll. Dies setzt nicht nur die Aufgabe eines bisher bestehenden gewöhnlichen Aufenthalts in einem anderen Gebiet voraus, sondern auch einen entsprechenden Willen zum Bleiben. Auch wenn ein „subjektiver Tatbestand" nicht vorausgesetzt oder geprüft wird, wird dieser also dennoch meist gegeben sein.[94]

Hinweis: In **beweisrechtlicher Hinsicht** jedoch bringt der gewöhnliche Aufenthalt hier erhebliche Erleichterungen: Während der Nachweis des Willenselements beim Wohnsitz erhebliche Schwierigkeiten bereitet und regelmäßig erfolgen muss, indem mittelbar aus den objektiven Umständen auf eine entsprechende Absicht des Betroffenen geschlossen wird, sind beim gewöhnlichen Aufenthalt die objektiven Umstände allein schon ausreichend, können also unmittelbar das Bestehen des gewöhnlichen Aufenthalts begründen.

Umstritten ist, ob ein gewöhnlicher Aufenthalt **auch gegen den Willen des Betroffenen** begründet werden kann. Einige Autoren verweisen auf die Maßgeblichkeit ausschließlich

54

55

56

57

---

88 BGH NJW 1975, 1068.
89 BGH NJW 1975, 1068.
90 BGH NJW 1997, 3024.
91 *Kropholler*, Internationales Privatrecht, 6. Aufl. 2006, S. 284.
92 BGH NJW 1975, 1068.
93 BGHZ 78, 293; BGH NJW 1993, 2048.
94 Für eine stärkere Berücksichtigung des subjektiven Elements spricht sich z.B. *Weller* aus, Der „gewöhnliche Aufenthalt" – Plädoyer für einen willenszentrierten Aufenthaltsbegriff, in *Leible/Unberath*, Brauchen wir eine Rom 0-Verordnung, 2013, S. 293 ff.

Süß

der objektiven Umstände und bejahen dies.[95] Andere wollen insoweit den entgegenstehenden Willen respektieren.[96] Freilich wird jemand, der sich im Ausland als Soldat in einer geschlossenen Kaserne, als Kriegsgefangener in einem Gefangenenlager, als Sträfling im Gefängnis oder als Patient in einer Heilanstalt aufhält, schon wegen seiner Eingeschlossenheit regelmäßig keinerlei Möglichkeit zur Integration haben, so dass er dort auch keinen gewöhnlichen Aufenthalt begründen kann (vgl. Rdn 49).[97] Solange daher noch Beziehungen zum alten Aufenthaltsort, die eine Anknüpfung hieran für gerechtfertigt erscheinen lassen, fortbestehen, ist daher vom Fortgelten des alten gewöhnlichen Aufenthalts auszugehen.

ee) Sonderregelung bei verschleppten Minderjährigen

58   Gemäß Art. 5 Abs. 3 EGBGB führt bei einer nicht voll geschäftsfähigen Person die Verlagerung des Aufenthalts ohne den Willen ihres gesetzlichen Vertreters allein noch nicht zur Anwendung eines anderen Rechts. Eine „Entführung" oder „Verschleppung" soll also nicht – quasi durch die normative Kraft des Faktischen – zu einem rechtlichen Statutenwechsel führen können. Vielmehr sind für die Begründung eines neuen gewöhnlichen Aufenthalts weitere Merkmale zu erfüllen, wie z.B. die dauerhafte Eingliederung in die neue Umgebung – wobei sich aus dem gegen die Verlagerung des gewöhnlichen Aufenthalts gerichteten Willen des sorgeberechtigten Elternteils freilich ein deutliches Indiz gegen die Verlagerung ergibt.[98] Die Frage, ob der Betreffende minderjährig ist, stellt eine Vorfrage dar, die nach dem gem. Art. 7 EGBGB bestimmten Recht zu beurteilen ist (sog. selbstständige Vorfragenanknüpfung, siehe Rdn 38). Freilich ist die praktische Bedeutung dieser Bestimmung gering. Die einschlägigen Fälle sind im Wesentlichen nach den Vorschriften des Haager Minderjährigenschutzabkommens oder des Haager Kindesentführungsübereinkommens zu beurteilen. Im Rahmen dieser Abkommen ist der gewöhnliche Aufenthalt jedoch abkommensautonom zu bestimmten, so dass Art. 5 Abs. 3 EGBGB nicht beachtet werden kann.[99]

ff) Kein „gesetzlicher" gewöhnlicher Aufenthalt

59   Anders als beim Wohnsitz gibt es beim gewöhnlichen Aufenthalt keinen rechtlich konstruierten gewöhnlichen Aufenthalt, wie z.B. bei Soldaten oder Minderjährigen (§§ 9 Abs. 1, 11 BGB). Daher wird auch bei Minderjährigen und anderen Geschäftsunfähigen der gewöhnliche Aufenthalt allein nach den **tatsächlichen Umständen** bestimmt; einen vom sorgeberechtigten Elternteil abgeleiteten gewöhnlichen Aufenthalt etc. gibt es nicht.[100] Aus diesem Grunde hat man den gewöhnlichen Aufenthalt schon verschiedentlich als „faktischen Wohnsitz" bezeichnet.

---

95 *Raape/Sturm*, Internationales Privatrecht I, 6. Aufl. 1977, S. 131.

96 *Kropholler*, Internationales Privatrecht, 6. Aufl. 2004, S. 286.

97 Vgl. auch Bamberger/Roth/*Lorenz*, 3. Aufl. 2012, Art. 5 EGBGB Rn 15.

98 BGH NJW 1981, 520; OLG Hamm NJW 1992, 636; NJW-RR 1997, 6; Palandt/*Thorn*, 71. Aufl. 2011, Art. 5 EGBGB Rn 11; NK-BGB/*Schulze*, 2. Aufl. 2012, Art. 5 EGBGB Rn 44.

99 So die Kritik von *Kropholler*, Internationales Privatrecht, 6. Aufl. 2006, S. 290.

100 BGH NJW 1981, 520; AG Nürnberg FamRZ 2008, 1777; OLG Düsseldorf FamRZ 1999, 112; KG FamRZ 1998, 441; *Looschelders*, Internationales Privatrecht, 2003, Art. 5 EGBGB Rn 11.

gg) Mehrfacher gewöhnlicher Aufenthalt

Während nach deutschem Recht ein mehrfacher Wohnsitz zulässig ist, ist umstritten, ob eine Person zur gleichen Zeit einen gewöhnlichen Aufenthalt **an mehreren Orten** haben kann.[101] M.E. ist der „Lebensmittelpunkt" als maßgebliches Element des gewöhnlichen Aufenthalts weder teilbar noch vermehrbar, so dass eine Person zur selben Zeit auch nur einen einzigen gewöhnlichen Aufenthalt haben kann. Zuzugeben ist jedoch, dass zunehmende Permeabilität der Landesgrenzen in Europa und die erleichterte Mobilität vermehrt zu Sachverhalten führen, in denen Beteiligte Niederlassungen vergleichbarer Bedeutung in verschiedenen Staaten haben, so dass die Bestimmung des gewöhnlichen Aufenthalts schwierig werden kann.[102] Beispiele:

– Fährt ein Schweizer jeden Tag zur Arbeit nach Deutschland, wohnt aber in der Schweiz, liegt sein gewöhnlicher Aufenthalt weiterhin in der Schweiz, weil er hier seinen familiären und gesellschaftlichen Hintergrund hat.

– Arbeitet ein Pole in Westdeutschland, um mit den besseren Verdienstmöglichkeiten das Haus in Kattowitz zu finanzieren, in dem seine Frau und Kinder leben, so wird er seinen gewöhnlichen Aufenthalt in Polen beibehalten, auch wenn er nur ein Mal im Monat seine Familie besucht (**Wochenendheimfahrer**). Zweifelhaft wird diese Einordnung aber, wenn er seine Familie nur noch zu den Festtagen, im Urlaub und an vereinzelten Wochenenden besucht oder in Deutschland mit einer Lebensgefährtin zusammenlebt. Ein Teil der Literatur will im letzteren Fall im Zweifel den Schwerpunkt am Arbeitsort annehmen.[103] Zwar muss ein Aufenthalt nicht dauerhaft sein, auch ein vorübergehender Aufenthalt kann einen gewöhnlichen Aufenthalt begründen. Soweit der Wochenendheimfahrer jedoch am Arbeitsort fremd bleibt und keine Wurzeln schlägt, wird man den Mittelpunkt seiner Lebensinteressen weiterhin am Familienwohnsitz ansiedeln müssen.[104]

– Bezieht dagegen eine niederländische Familie nahe der niederländischen Grenze ein Haus in Deutschland, weil die Grundstücke hier billiger sind, so bleibt der gewöhnliche Aufenthalt in den Niederlanden erhalten, solange die Eltern dort arbeiten und dort ihre Freunde wohnen.[105] Die Situation mag sich dann ändern, wenn die Kinder hier in die Schule und den Kindergarten gehen und die Familie zunehmend in Deutschland gesell-

60

---

101 Für die Möglichkeit eines mehrfachen gewöhnlichen Aufenthalts: *Raape/Sturm*, Internationales Privatrecht I, 6. Aufl. 1977, S. 131; *Erman/Hohloch*, 14. Aufl. 2014, Art. 5 EGBGB Rn 55; *Staudinger/Blumenwitz*, Art. 5 EGBGB Rn 48; *Spickhoff*, IPRax 1995, 189. **Gegen die Möglichkeit eines mehrfachen gewöhnlichen Aufenthalts** im Kollisionsrecht (anders ggf. im internationalen Verfahrensrecht): OLG Stuttgart FamRZ 2003, 959; *Baetge*, Der gewöhnliche Aufenthalt im Internationalen Privatrecht, S. 142; *Henrich*, Internationales Familienrecht, 2. Aufl. 2000, S. 62; *Kropholler*, Internationales Privatrecht, 6. Aufl. 2006, S. 287; *Palandt/Thorn*, 71. Aufl. 2011, Art. 5 EGBGB Rn 10; Bamberger/Roth/*Lorenz*, 3. Aufl. 2012, Art. 5 EGBGB Rn 13; *v. Bar/Mankowski*, Internationales Privatrecht I, 2. Aufl. 2003, § 7 Rn 24; MüKo-BGB/*von Hein*, 6. Aufl. 2015, Art. 5 EGBGB Rn 160; *Looschelders*, Internationales Privatrecht, 2003, Art. 5 Rn 8, der darauf hinweist, dass die Möglichkeit eines doppelten gewöhnlichen Aufenthalts dieses Anknüpfungskriterium untauglich macht.

102 Der Fall, dass die Niederlassungen sich im selben Staat befinden, kann zwar auch für die Bestimmung des gewöhnlichen Aufenthalts maßgeblich sein, ist kollisionsrechtlich aber nur dann bedeutsam, wenn sie in verschiedenen Rechtsgebieten eines Staates mit interterritorialer Rechtsspaltung angesiedelt sind.

103 So z.B. *Spickhoff*, IPRax 1995, 187; NK-BGB/*Schulze*, 2. Aufl. 2012, Art. 5 EGBGB Rn 17.

104 So auch *Kropholler*, Internationales Privatrecht, 6. Aufl. 2006, S. 287; vgl. auch *v. Bar/Mankowski*, Internationales Privatrecht I, 2. Aufl. 2003, § 7 Rn 23; Staudinger/*Mankowski*, 2010, Art. 14 EGBGB Rn 56: ebenso auch für Montagearbeiter und Saisonarbeiter.

105 Vgl. hierzu AG Nürnberg FamRZ 2008, 1777 (Umzug an einen Ort kurz hinter der Grenze nach Frankreich aus ausschließlich steuerlichen Gründen).

Süß

schaftlich eingebunden wird (Sportverein, Freundeskreis etc.). Eindeutige Ergebnisse sind hier in der Übergangsphase kaum zu erreichen. Die „Eindeutigkeit" freilich ist das Opfer, das man für die Aufgabe der Anknüpfung an die Staatsangehörigkeit erbracht hat.

61 Einige Nordeuropäer behalten ihre Wohnung in der kalten Heimat zwar bei, verbringen aber die dunkle Hälfte des Jahres im Süden („Mallorca-Rentner"). Hier mag selbst dann, wenn sie im Süden mehr als 180 Tage des Jahres verbringen und dort über eigene vier Wände verfügen, immer noch eine gewisse Vermutung für den Lebensmittelpunkt in dem Land sprechen, in dem sie immerhin sechzig Jahre oder mehr ihres Lebens verbracht haben, in dem die Familie und Freunde leben und dessen Sprache und Kultur sie verinnerlicht haben. Hinzu kommt eine mit dem Alter zunehmende innere „Trägheit", die das erforderliche Zeitelement verlängert. Angemessen dürfte es hier sein, eine Verlagerung des gewöhnlichen Aufenthalts erst dann anzunehmen, wenn der Schwerpunkt eindeutig nach Süden verlagert ist und die jährlichen Aufenthalte in der alten Heimat nur noch „Besuchscharakter" haben.

62 Im äußersten Fall kann man in einem solchen Fall einen „**alternierenden gewöhnlichen Aufenthalt**" annehmen.[106] Freilich erscheint dies in der genannten Konstellation gekünstelt, da eine halbjährliche Verlagerung des *gewöhnlichen* Aufenthalts einem gewaltigen Wechselbad gleichkäme. Die unterschiedliche rechtliche Behandlung der Ereignisse, je nachdem, ob sich der Betreffende gerade an seinem Winter- oder seinem Sommeraufenthalt befunden hat, mag dem Beteiligten zufällig erscheinen. Eine vorzugswürdige Lösung liegt darin, einen vorschnellen Statutenwechsel durch eine stärkere Berücksichtigung des Integrationsfaktors zu verhindern.[107]

63 Dagegen wird allgemein bejaht, dass eine Person **ohne gewöhnlichen Aufenthalt** sein könne.[108] Das tritt z.B. dann ein, wenn sie ihren bisherigen Aufenthalt ohne Rückkehrabsicht aufgegeben, aber noch keinen neuen begründet hat, wie dies bei einem Flüchtling der Fall ist oder einem Auswanderer der Fall wäre, der seinen Zielort noch nicht erreicht hat.

2. Die Anknüpfung an die Staatsangehörigkeit

a) Allgemeines

64 Die Anknüpfung an die Staatsangehörigkeit hat sich insoweit bewährt, als sie regelmäßig zu der Rechtsordnung führt, mit der der Betroffene am engsten verbunden ist. Die Zuordnung ist dauerhaft und regelmäßig auch **leicht feststellbar**.

65 Die Anknüpfung an die Staatsangehörigkeit führt dennoch in einigen Fällen noch nicht zu einem eindeutigen Ergebnis. Das gilt für folgende Fälle:
– Der Betroffene gehört zugleich zwei oder noch mehreren Staaten an (**Doppel- bzw. Mehrstaater**).
– Der Betroffene gehört keinem Staat mehr an (**Staatenloser**).

---

106 So von OLG Stuttgart FamRZ 2003, 959; *v. Bar/Mankowski*, Internationales Privatrecht I, 2. Aufl. 2003, S. 564 Rn 83.
107 So *Kropholler*, Internationales Privatrecht, 6. Aufl. 2006, S. 286.
108 So z.B. BGH NJW 1993, 2047; a.A. *Kropholler*, Internationales Privatrecht, 6. Aufl. 2006, S. 288, der vom Fortwirken des alten gewöhnlichen Aufenthalts ausgeht.

– Der Heimatstaat enthält kein einheitliches Rechtssystem, sondern in einzelnen Regionen abweichende Rechtsordnungen (**interlokale Rechtsspaltung**). In Europa trifft dies für das Familienrecht in Spanien, Großbritannien, Bosnien und Herzegowina (Republik Srpska), Serbien (Kosovo) und in Griechenland (Mazedonien) zu.

Für diese Fälle des **technischen Versagens der Anknüpfung an die Staatsangehörigkeit** enthält das EGBGB ergänzende Vorschriften in Art. 5 Abs. 1, 2 und Art. 4 Abs. 3 EGBGB.

Hält sich eine Person dauerhaft in einem Staat auf, dessen Staatsangehörigkeit sie nicht besitzt, mag sie vielfach enger mit dem dort geltenden Recht verbunden sein; ggf. kennt sie sogar ihr „Heimatrecht" nicht. Das gilt insbesondere für solche Personen, die im „Ausland" aufgewachsen sind oder so lange im Ausland gelebt haben, dass sie die aktuellen rechtlichen Entwicklungen in ihrem Heimatstaat nicht mehr nachvollziehen können. Hier mag es nicht mehr gerechtferig sein, sie dem Recht ihres „Heimatstaates" zu unterstellen (**teleologisches Versagen der Anknüpfung an die Staatsangehörigkeit**). Eine gesetzliche Ausweichlösung gibt es hier allein für Flüchtlinge, Asylanten und andere Personengruppen mit besonderem Status. In anderen Fällen schafft die Möglichkeit zu einer Rechtswahl des am gewöhnlichen Aufenthalt geltenden Rechts eine Erleichterung (Art. 10, 15 Abs. 2 etc. EGBGB; siehe Rdn 93). Eine „Effektivitätsprüfung" bei der Anknüpfung an die Staatsangehörigkeit, wie sie in den Niederlanden gilt, kennt das deutsche Recht aber nicht.

66

Die Staatsangehörigkeit ist ein **öffentlich-rechtliches Rechtsverhältnis**. Maßgeblich ist das Staatsangehörigkeitsrecht jeweils des Staates, dessen Staatsangehörigkeit im Raume steht. Theoretisch wären daher stets die Gesetze sämtlicher Staaten dieser Erde daraufhin zu überprüfen, ob sie nicht den Betreffenden auch zu den ihren zählen. In der Praxis kann man sich auf die Staaten beschränken, zu denen effektive Beziehungen bestehen, da daneben bestehende Zugehörigkeiten zu weiteren Staaten – zumindest aus deutscher Sicht – gem. Art. 5 Abs. 2 S. 1 EGBGB ohnehin unberücksichtigt blieben (siehe Rdn 85 ff.).

67

Soweit eine ausländische Staatsangehörigkeit geprüft wird, ist zu berücksichtigen, dass **vorgreifliche zivilrechtliche Rechtsverhältnisse** (Abstammung, Eheschließung) nicht wie zivilrechtliche Vorfragen nach dem deutschen IPR zu prüfen sind, sondern dass vom IPR des Staates auszugehen ist, dessen Staatsangehörigkeit in Rede steht. Eine Ausnahme von der Regel der selbstständigen Vorfragenanknüpfung (siehe Rdn 39) im IPR liegt hierin nicht, denn mit der Hauptfrage bewegen wir uns nicht im privaten, sondern im öffentlichen Recht.

68

b) Erwerb der deutschen Staatsangehörigkeit

Im Folgenden wird ein Überblick über die Erwerbstatbestände für die deutsche Staatsangehörigkeit gegeben, soweit sie für die Beurteilung und Beratung im internationalen Familienrecht bedeutsam sein können.

69

aa) Erwerb der deutschen Staatsangehörigkeit durch Abstammung

Die deutsche Staatsangehörigkeit wird regelmäßig durch Abstammung erworben (*ius sanguinis*). Wer als Kind einer deutschen Mutter oder eines deutschen Vaters geboren worden ist, ist gem. § 4 Abs. 1 Staatsangehörigkeitsgesetz (StAG; vormals Reichs- und Staatsangehörigkeitsgesetz vom 22.7.1913) ebenfalls deutscher Staatsangehöriger. Dies gilt unabhängig davon, ob aufgrund der Abstammung vom anderen Elternteil oder aus anderen Gründen zugleich eine weitere Staatsangehörigkeit erworben wird. Insoweit wurde Mehrstaatigkeit auch schon in dem vor 1999 geltenden Staatsangehörigkeitsrecht hingenommen. Ist das Kind außerehelich geboren worden und hat nur der Vater die deutsche Staatsangehörigkeit, bedarf es zur Geltendmachung des Erwerbs der deutschen Staatsangehörigkeit durch das

70

Kind der Feststellung der Abstammung vom deutschen Vater durch eine „nach den deutschen Gesetzen wirksamen" Anerkennung oder Vaterschaftsfeststellung. Die „deutschen
Gesetze" umfassen in diesem Zusammenhang auch das IPR. Es gilt daher das gem. Art. 19
EGBGB bestimmte Abstammungsstatut für die Frage, ob und wie die Anerkennung und
Vaterschaftsfeststellung erfolgt.[109] Der Erwerb der Staatsangehörigkeit durch Abstammung
ist nicht davon abhängig, dass dieser irgendwie angemeldet, amtlich bestätigt oder verlautbart wird. Daher ist eine im Ausland als Kind einer deutschen Mutter geborene und aufge-
wachsene Person Deutscher, selbst wenn sie sich der deutschen Staatsangehörigkeit niemals
bewusst geworden ist.

bb) Erwerb der deutschen Staatsangehörigkeit durch Geburt im Inland

71   Durch die Änderung des Staatsangehörigkeitsgesetzes vom 15.7.1999 wurde erstmalig der
Staatsangehörigkeitserwerb durch Geburt im Inland (*ius soli*) in das deutsche Staatsangehörigkeitsrecht eingeführt. Gemäß § 4 Abs. 3 StAG erwirbt ein Kind von Eltern, von denen
kein Teil die deutsche Staatsangehörigkeit besitzt, die deutsche Staatsangehörigkeit, wenn
es im Inland geboren wird und zumindest ein Elternteil sich seit mindestens acht Jahren
legal im Inland aufhält (gewöhnlicher Aufenthalt), wobei er einen entsprechenden Aufenthaltstitel in Form der unbefristeten Aufenthaltsberechtigung, einer Niederlassungserlaubnis
oder einer Aufenthaltserlaubnis-EG vorweisen muss (Letztere erhalten die Staatsanghörigen
eines EU-Mitgliedstaates bzw. EWR-Mitgliedstaates, ungeachtet ihres schon durch das
Unionsrecht gewährleisteten materiellen Aufenthaltsrechts). Da diese Kinder in der Praxis
nahezu ausnahmslos bereits die Staatsangehörigkeit(en) ihrer Eltern erwerben, wird durch
diese Maßnahme gezielt die Mehrstaatigkeit in Deutschland lebender Ausländer gefördert.[110]

72   Freilich wird die deutsche Staatsangehörigkeit nur „provisorisch" verliehen. Der Betroffene
muss nach Erreichen der Volljährigkeit und bis zur Vollendung des 23. Lebensjahres erklären, ob er die deutsche oder die ausländische Staatsangehörigkeit aufgeben will. Weist er
den Verlust der ausländischen Staatsangehörigkeit nicht bis zum angegebenen Termin nach,
so geht die deutsche Staatsangehörigkeit automatisch verloren (§ 29 Abs. 3 S. 1 StAG). Folge
ist, dass in allen Rechtsverhältnissen, bei denen das maßgebliche Recht an die Staatsangehörigkeit angeknüpft wird, ein Statutenwechsel eintritt.

73   **Hinweis:** Eine Streichung von Art. 5 Abs. 1 S. 2 EGBGB (siehe Rdn 85)[111] dürfte in den
meisten Fällen zu keiner Lösung führen: Da die betroffenen Personen in Deutschland nicht
nur geboren, sondern auch aufgewachsen sind, wäre die deutsche Staatsangehörigkeit dann
als „effektive Staatsangehörigkeit" über Art. 5 Abs. 1 S. 1 EGBGB maßgeblich.

cc) Erwerb der deutschen Staatsangehörigkeit durch Adoption

74   Die von einem Deutschen vorgenommene Annahme als Kind führt gem. § 6 S. 1 StAG nur
dann zum Erwerb der deutschen Staatsangehörigkeit durch den Angenommenen, wenn
dieser das 18. Lebensjahr noch nicht vollendet hat. Die Adoption muss „nach deutschem
materiellen Recht wirksam" sein. Dies verlangt nicht, dass die Adoption nach deutschem
Recht vorgenommen worden ist. Ist die Adoption nach ausländischem materiellen Recht
vorgenommen worden – etwa weil gem. Art. 22 EGBGB ein ausländisches Recht Adoptionsstatut ist oder weil die Heimatbehörden des Kindes tätig geworden sind und diese das

---

109 *Renner/Maaßen*, in: Hailbronner/Renner/Maaßen, StAG, 5. Aufl. 2010, § 4 Rn 8 ff..
110 Dies betont *Schulz*, NJW 2000, 490.
111 So der Vorschlag von *Schulz*, NJW 2000, 491.

ausländische Heimatrecht des Kindes bzw. ihre *lex fori* angewandt haben –, tritt der Erwerb der deutschen Staatsangehörigkeit ebenfalls ein, soweit die Adoption im Inland anzuerkennen ist und zu einer verwandtschaftlichen Beziehung führt, die im Wesentlichen mit einer Volladoption des deutschen Rechts vergleichbar ist. Die Praxis der Verwaltungsgerichte legt dabei besonderen Wert darauf, dass keine Vertragsadoption vorliegt, sondern diese vom Gericht oder von einer staatlichen Behörde begründet worden ist (**Dekretadoption**).[112]

dd) Erwerb der deutschen Staatsangehörigkeit durch Eheschließung

Die Eheschließung führt in einigen Rechtsordnungen immer noch zum gesetzlichen Erwerb der Staatsangehörigkeit. In Deutschland gilt dies seit 1953 nicht mehr. Der in Deutschland lebende ausländische Ehegatte eines Deutschen kann aber unter erleichterten Gründen eingebürgert werden.[113]   75

ee) Erwerb der deutschen Staatsangehörigkeit durch Einbürgerung

Der Ehegatte eines deutschen Staatsangehörigen hat Anspruch auf Einbürgerung gem. § 9 StAG („soll"), wenn er die ausländische Staatsangehörigkeit aufgibt und gewährleistet ist, dass er sich in die deutschen Lebensverhältnisse einordnet. Letzteres wird regelmäßig angenommen, wenn er sich seit mindestens drei Jahren im Inland aufhält und die Ehe bereits seit zwei Jahren besteht.[114] Weitere Einbürgerungstatbestände enthalten die §§ 8, 10 ff. StAG.   76

ff) Erwerb der Staatsangehörigkeit durch Aufnahme als volksdeutscher Vertriebener im Inland

Deutsche Volkszugehörige, die die deutsche Staatsangehörigkeit nicht besitzen, gelten gem. Art. 116 GG mit Aufnahme in Deutschland als Flüchtling oder (volksdeutsche) Vertriebene deutscher Volkszugehörigkeit als deutsche Staatsangehörige. Der formelle Erwerb der deutschen Staatsangehörigkeit tritt gem. § 7 StAG erst mit Ausstellung der Spätaussiedlerbescheinigung gem. § 15 Abs. 1 oder 2 des Bundesvertriebenengesetzes ein.[115] Gemäß Art. 9 Abs. 2 Nr. 5 des Familienrechtsänderungsgesetzes vom 11.8.1961[116] gelten sie aber bereits mit Aufnahme in Deutschland kollisionsrechtlich als deutsche Staatsangehörige. Es tritt dann also ein Statutenwechsel ein. Dieser erfasst wegen der Unwandelbarkeit zwar nicht das gem. Art. 15 Abs. 1 EGBGB bestimmte Güterstatut. Zur Änderung des Güterstands ist aber das Gesetz über den gesetzlichen Güterstand von Vertriebenen und Flüchtlingen erlassen worden (siehe Rdn 236).   77

Hinweis: Zu beachten ist, dass die Zugehörigkeit zum bisherigen Aufenthaltsstaat nach Maßgabe seines Staatsangehörigkeitsrechts erhalten bleiben kann. Dies ist aus deutscher Sicht gem. Art. 5 Abs. 1 S. 1 EGBGB unbeachtlich; der ausländische Staat wird regelmäßig jedoch weiterhin seine Staatsangehörigkeit für maßgeblich halten und damit bei Anknüpfung an die Staatsangehörigkeit von der Fortgeltung des bisherigen Heimatrechts ausgehen.   78

---

112 *Renner*, in: Hailbronner/Renner/Maaßen, StAG, 5. Aufl. 2010, § 6 Rn 22.
113 Siehe hierzu *Ivo*, Länderbericht Deutschland Rdn 49.
114 So Nr. 9.1.2.1 der Verwaltungsvorschriften zum Staatsangehörigkeitsrecht.
115 Ausgenommen sind gem. § 40a StAG die Personen, die vor dem 1.8.1999 Aufnahme gefunden haben: Diese erwarben kraft Gesetzes die deutsche Staatsangehörigkeit.
116 Hierzu Erman/*Hohloch*, 14. Aufl. 2014, Art. 5 EGBGB Rn 39; Palandt/*Thorn*, 71. Aufl. 2011, Art. 5 EGBGB Anh. Rn 11.

c) Behandlung von Doppel- und Mehrstaatern

79 Die Gründe für das Auftreten deutscher Mehrstaater sind vielfältig: Mehrstaatigkeit tritt nicht nur dann auf, wenn ein Kind deutscher Eltern in einem Staat geboren wurde, der dem *ius soli*-Grundsatz folgt (z.B. USA). Auch der *ius sanguinis*-Erwerb bringt Mehrstaatigkeit mit sich, wenn die Eltern verschiedenen Staaten angehören bzw. einer von ihnen schon mehreren Staaten angehört. Volksdeutsche Aussiedler erwerben die deutsche Staatsangehörigkeit, ohne die alte Staatsangehörigkeit zuvor aufzugeben (siehe Rdn 76) mit Aufnahme in Deutschland. Schließlich führt der *ius soli*-Erwerb gem. § 4 Abs. 3 StAG zur Mehrstaatigkeit bei in Deutschland geborenen Jugendlichen.

80 Für die Kollision von Staatsangehörigkeiten enthält Art. 5 Abs. 1 EGBGB eine kollisionsrechtliche Hilfsnorm. Diese unterscheidet zwischen **Mehrstaatern mit auch deutscher Staatsangehörigkeit** und **sonstigen Mehrstaatern**.

81 Hat der Betroffene neben seiner oder seinen ausländischen Staatsangehörigkeiten **auch die deutsche**, so ist aus deutscher Sicht stets und allein die deutsche Staatsangehörigkeit zu beachten. Dies gilt auch dann, wenn der Betreffende keinerlei tatsächliche Beziehungen mehr nach Deutschland hat.[117] Die Regelung wird daher in der Literatur kritisiert.[118] Freilich werden solche Fälle in der Praxis zumeist nicht vor dem deutschen Gericht landen, sondern dort entschieden werden, wo der Betreffende seine tatsächlichen Interessen hat, so dass im Ergebnis doch die effektive Staatsangehörigkeit entscheidet.[119]

82 Umstritten ist, ob Art. 5 Abs. 1 S. 2 EGBGB auch bei **abkommensrechtlichen Kollisionsnormen** zum Zuge kommt. Die deutsche Rspr. greift auf Art. 5 EGBGB zurück, wenn das Abkommen die Anknüpfung bei Mehrstaatern nicht ausdrücklich regelt.[120] Den (multilateralen) Abkommen dürfte sich in den meisten Fällen durch Auslegung die Maßgeblichkeit der effektiven Staatsangehörigkeit entnehmen lassen, weil der primäre Zweck des Abkommens, eine einheitliche Rechtsanwendung herbeizuführen, ansonsten verfehlt würde.[121] Im Übrigen spielt die Staatsangehörigkeit in neueren multilateralen Abkommen aber kaum noch eine Rolle.

83 **Hinweis:** Gemäß § 25 Abs. 1 StAG **verliert** ein Deutscher seine **deutsche Staatsangehörigkeit**, wenn er auf eigenen Antrag hin eine ausländische Staatsangehörigkeit erwirbt, ohne dass er eine entsprechende Ausnahmegenehmigung erhalten hat (ausgenommen ist nun der Fall, dass der Deutsche die Staatsangehörigkeit eines Mitgliedstaates der EU oder der Schweiz erwirbt). Die deutsche Staatsangehörigkeit ist dann auch kollisionsrechtlich nicht mehr zu beachten – selbst wenn der Betreffende neben seinem neuen ausländischen Reisepass noch einen deutschen vorweisen kann.

---

117 Der eindeutige Gesetzeswortlaut ist insoweit bindend. Für eine Nichtanwendung bei Fehlen jeglicher weiterer Beziehung zu Deutschland dennoch aber: *v. Bar/Mankowski*, Internationales Privatrecht I, 2. Aufl. 2003, § 7 Rn 120; *MüKo-BGB/von Hein*, 6. Aufl. 2015, Art. 5 EGBGB Rn 64; *Mansel*, Personalstatut, Staatsangehörigkeit und Effektivität, 1988, Rn 416.

118 Z.B. *v. Bar/Mankowski*, Internationales Privatrecht I, 2. Aufl. 2003, § 7 Rn 118 f.; *Kegel/Schurig*, Internationales Privatrecht, 9. Aufl. 2004, S. 455; *Kropholler*, Internationales Privatrecht, 6. Aufl. 2006, S. 266.

119 *Kropholler*, Internationales Privatrecht, 6. Aufl. 2006, S. 266.

120 Z.B.: BGH FamRZ 1997, 1070; OLG Nürnberg FamRZ 2003, 163; OLG Hamm NJW 1992, 636; BayObLG FamRZ 1991, 216; anders aber OLG München IPRax 1988, 32.

121 So in der Literatur z.B.: *v. Bar*, Internationales Privatrecht II, 1991, § 3 Rn 120; *Jayme*, IPRax 1989, 107; *Kegel/Schurig*, Internationales Privatrecht, 9. Aufl. 2004, S. 932; *Mansel*, IPRax 1985, 209 ff.; *NK-BGB/Benicke*, 2. Aufl. 2012, Anh. II zu Art. 24 EGBGB sowie Art. 3 MSA Rn 12.

Da auch die meisten anderen Staaten, die das Personalstatut an die Staatsangehörigkeit   84
anknüpfen, auf dem Vorrang ihrer eigenen Staatsangehörigkeit beharren,[122] ist diese Regel,
verbunden mit einer in neuerer Zeit zunehmenden Hinnahme von Mehrstaatigkeit, einer
der Hauptgründe für einen internationalen Entscheidungsdissens.

Mehrstaater ohne deutsche Staatsangehörigkeit unterliegen gem. Art. 5 Abs. 1 S. 1   85
EGBGB dem Recht desjenigen Heimatstaates, mit dem sie am engsten verbunden sind (sog.
effektive Staatsangehörigkeit). Regelmäßig – aber nicht zwingend – ist dies der Staat, in
dem sie ihren gewöhnlichen Aufenthalt haben.[123] Aber auch die Sprache, die kulturelle
Prägung, die Betätigung von staatsbürgerlichen Rechten und Pflichten und der bisherige
sowie der geplante Lebensverlauf sind zu berücksichtigen.

In der Praxis kann die Feststellung der maßgeblichen Staatsangehörigkeit schwierig werden   86
in den Fällen der **im Inland geborenen nicht-deutschen Mehrstaater** ohne besondere
Beziehung zu irgendeinem der Heimatstaaten. Die Entscheidung für den einen oder anderen
Staat ist dann nicht eindeutig und das Ergebnis erscheint dann nicht unbedingt überzeugend.
Hier sollte man einschlägige Bekundungen des Betroffenen akzeptieren – denen dann mittelbar die Funktion einer Rechtswahl zukäme.[124] Lässt sich kein eindeutiger Schwerpunkt
ausmachen, ist es besser, statt einer fragwürdigen Zuordnung zu einem dieser Staaten über
Art. 5 Abs. 2 EGBGB ersatzweise das Recht des Staates anzuwenden, in dem der Betreffende seinen gewöhnlichen Aufenthalt hat.[125]

d) Behandlung von Staatenlosen

Bei **Staatenlosen** geht die Anknüpfung an die Staatsangehörigkeit „ins Leere". Art. 12   87
Abs. 1 des New Yorker UN-Übereinkommens über die Rechtsstellung der Staatenlosen
vom 28.9.1954[126] bestimmt als Personalstatut eines Staatenlosen die Geltung der Gesetzes
des Landes seines **Wohnsitzes**, mangels eines solchen seines Aufenthaltslands. Nach Art. 5
Abs. 2 EGBGB dagegen ist vorrangig das Recht des Staates anzuwenden, in dem die staatenlose Person ihren **gewöhnlichen Aufenthalt** hat. Dieser Widerspruch löst sich freilich auf,
wenn man berücksichtigt, dass das UN-Übereinkommen keine Definition des Wohnsitzes
enthält. Daher ist insoweit lückenfüllend auf das nationale Recht, die *lex fori*, zurückzugreifen. Da das deutsche Recht den Wohnsitz als Anknüpfungspunkt nicht verwendet, sondern
hierfür im IPR den gewöhnlichen Aufenthalt setzt, wird die Gleichsetzung mit dem gewöhnlichen Aufenthalt allgemein für zulässig gehalten,[127] so dass sich insoweit inhaltlich
keine Differenzen ergeben.

Nach einem Teil der Lehre soll die Verweisung aufgrund von Art. 12 der Staatenlosenkon-   88
vention stets **Sachnormverweisung** sein, ein **Renvoi** dürfe nicht beachtet werden.[128] Dies

---

122 Zusammenstellung bei *v. Bar/Mankowski*, Internationales Privatrecht I, 2. Aufl. 2003, S. 624 Fn 539.
123 Vgl. bereits BGHZ 75, 39; AG Freiburg FamRZ 2002, 888; *v. Bar/Mankowski*, Internationales Privat-
      recht I, 2. Aufl. 2003, § 7 Rn 117; Erman/*Hohloch*, 14. Aufl. 2014, Art. 5 EGBGB Rn 5.
124 BayObLGZ 1984, 164; Palandt/*Thorn*, 71. Aufl. 2011, Art. 5 EGBGB Rn 2; Erman/*Hohloch*, 14. Aufl.
      2014, Art. 5 EGBGB Rn 5.
125 OLG Frankfurt FamRZ 1994, 716; Erman/*Hohloch*, 14. Aufl. 2014, Art. 5 EGBGB Rn 5; *Kropholler*,
      Internationales Privatrecht, 6. Aufl. 2006, S. 265.
126 BGBl 1976 II, 474; s.a. Palandt/*Thorn*, 71. Aufl. 2011, Anh. zu Art. 5 EGBGB Rn 1.
127 BT-Drucks 10/504, S. 41; Palandt/*Thorn*, 71. Aufl. 2011, Anh. zu Art. 5 EGBGB Rn 2; Erman/*Hohloch*,
      14. Aufl. 2014, Art. 5 EGBGB Rn 65; MüKo-BGB/*von Hein*, 6. Aufl. 2015, Art. 5 EGBGB Anh. I
      Rn 8.
128 Palandt/*Thorn*, 71. Aufl. 2011, Anh. zu Art. 5 EGBGB Rn 25; Erman/*Hohloch*, 14. Aufl. 2014, Art. 5
      EGBGB Rn 16.

ist aber abzulehnen, zumal Art. 12 der Staatenlosenkonvention gar keine eigene Verweisungsnorm enthält, sondern nur eine „Hilfsnorm" für die Fälle, dass die deutschen Kollisionsnormen an das Personalstatut anknüpfen.[129]

89 Da regelmäßig alle Staatenlosen der Konvention unterfallen, hat Art. 5 Abs. 2 EGBGB praktische Bedeutung eigentlich nur noch für die Personen, bei denen eine Staatsangehörigkeit nicht festgestellt werden kann (Art. 5 Abs. 2 Fall 2 EGBGB). Zu denken ist hierbei an die Fälle der **Asylbewerber**, die ihre wahre Herkunft verschleiern, sowie an Personen aus Staaten, in denen die Rechtslage aufgrund Bürgerkriegs, Staatenaufspaltungen o.Ä. trotz aller Bemühungen undurchsichtig bleibt (z.B. bei Palästinensern).[130]

3. Das Personalstatut von Flüchtlingen und Asylberechtigten

90 Bei **Flüchtlingen** wird die Anknüpfung an die Staatsangehörigkeit gem. Art. 12 Abs. 1 des Übereinkommens über die Rechtsstellung der Flüchtlinge vom 28.7.1951 (**Genfer Flüchtlingskonvention**)[131] durch die Anknüpfung an den Wohnsitz ersetzt. Wie bei der Staatenlosenkonvention (siehe Rdn 87) wird auch hier der Begriff „Wohnsitz" als „**gewöhnlicher Aufenthalt**" i.S.d. des deutschen Rechts ausgelegt.[132] Umstritten ist, ob das Abkommen dazu führt, dass die Verweisungen auf das Wohnsitzrecht als Sachnormverweisungen anzusehen sind, Rück- und Weiterverweisungen also ausgeschlossen sind. Überwiegend wird aber angenommen, dass **Rückverweisungen** des ausländischen Wohnsitzrechts nach Maßgabe des deutschen IPR zu beachten seien, da lediglich im Wege einer Hilfskollisionsnorm der Anknüpfungspunkt ausgewechselt werde.[133]

91 Eine Ausweitung des Anwendungsbereiches von Art. 12 Flüchtlingskonvention ergibt sich daraus, dass diese gem. § 2 AsylverfahrensG für **Asylberechtigte** und gem. § 3 AsylverfahrensG für **anerkannte politisch Verfolgte** gilt. Damit braucht bei diesen Personen der Status eines Flüchtlings nach den Vorschriften der Genfer Flüchtlingskonvention nicht mehr geprüft zu werden. Vielmehr genügt hier die Vorlage des Anerkennungsbecheids. Eine Erstreckung gem. § 1 Abs. 2 des Gesetzes über Maßnahmen für im Rahmen humanitärer Hilfsaktion aufgenommene Flüchtlinge auf die sog. **Kontingentflüchtlinge** ist mit dem 1.1.2005 durch Aufhebung des Gesetzes beendet worden. Sie gilt also nur für vor diesem Stichtag nach Deutschland gekommene Personen.

92 Freilich kann die Genfer Flüchtlingskonvention weiterhin für solche Flüchtlinge gelten, die kein Asylrecht haben. Insbesondere ist hier an die Bürgerkriegsflüchtlinge aus dem Kosovo oder anderen Teilen des Balkans zu denken.

---

129 Vgl. Staudinger/*Blumenwitz*, Art. 5 EGBGB Rn 70; Bamberger/Roth/*Lorenz*, 3. Aufl. 2012, Art. 5 EGBGB Rn 33; MüKo-BGB/*von Hein*, 6. Aufl. 2015, Art. 5 EGBGB Anh. I Rn 11 (für Nichtanwendung des *Renvoi* aber dann, wenn der Staatenlose zugleich auch Flüchtling sei); *Raape/Sturm*, Internationales Privatrecht I, 6. Aufl. 1977, S. 132.

130 Vgl. auch die Fälle der Mehrstaater ohne effektive Staatsangehörigkeit (siehe Rdn 86).

131 Text mit Kommentierung z.B. bei NK-BGB/*Schulze*, 2. Aufl. 2012, Anh. II zu Art. 5 EGBGB Rn 1; Palandt/*Thorn*, 71. Aufl. 2011, Anh. zu Art. 5 EGBGB Rn 18.

132 NK-BGB/*Schulze*, 2. Aufl. 2012, Anh. II zu Art. 5 EGBGB Rn 3; Staudinger/*Blumenwitz*, Art. 5 EGBGB Rn 63; MüKo-BGB/*von Hein*, 6. Aufl. 2015, Anh. II zu Art. 5 EGBGB Rn 62.

133 Für Sachnormverweisung: Palandt/*Thorn*, 71. Aufl. 2011, Anh. zu Art. 5 EGBGB Rn 25; Erman/*Hohloch*, 14. Aufl. 2014, Art. 5 EGBGB Rn 65. Für Beachtung einer Rückverweisung: Staudinger/*Blumenwitz*, Art. 5 Rn 70; Bamberger/Roth/*Lorenz*, 3. Aufl. 2012, Art. 5 EGBGB Rn 33; NK-BGB/*Schulze*, 2. Aufl. 2012, Anh. II zu Art. 5 EGBGB Rn 27. Für die Beachtlichkeit nur dann, wenn diese nicht zur Geltung des Heimatrechts führt: MüKo-BGB/*von Hein*, 6. Aufl. 2015, Anh. II zu Art. 5 EGBGB Rn 69.

4. Bestimmung des anwendbaren Rechts durch Rechtswahl

Die Möglichkeit der Bestimmung des anwendbaren Rechts durch Rechtswahl (Parteiautonomie) findet sich insbesondere in solchen Verhältnissen, in denen es um vertragliche Rechtsverhältnisse geht. Dies betrifft schon traditionell das Schuldvertragsrecht (Art. 3 Rom I-VO). Seit der IPR-Reform 1986 gilt dies aber auch in eingeschränktem Maße bei den **Allgemeinen Ehewirkungen** (Art. 14 Abs. 2 und 3 EGBGB), im **Ehegüterrecht** (Art. 15 Abs. 2 EGBGB sowie Art. 16 der EUPartner-VO zum ehelichen Güterrecht) und im **Namensrecht** (Art. 10 Abs. 2 und 3 EGBGB). Darüber hinaus sind die Möglichkeit der Parteiautonomie im Familienrecht durch die einschlägigen EU-Verordnungen ausgeweitet worden, wie z.B. im Scheidungs- und Unterhaltsrecht[134] sowie im Erbrecht.[135] Der Gedanke, dass der Erblasser durch eine Rechtswahl einseitig zwingende gesetzliche Rechtspositionen Dritter ausschalten kann, hat allerdings bislang die meisten Staaten davon abgehalten, im Erbrecht wie auch in anderen Rechtsgebieten eine Rechtswahl anzuerkennen.[136]   93

Anders als im Schuldvertragsrecht ist im **Erb- und Familienrecht** die Rechtswahl in der Weise beschränkt, dass nur solche Rechtsordnungen gewählt werden können, die eine bestimmte Beziehung zum Sachverhalt haben.   94

Die materielle **Wirksamkeit der Rechtswahl** ist regelmäßig nach dem gewählten Recht zu beurteilen (z.B. Art. 6 Abs. 1 Rom III-VO, Art. 22 Abs. 3 EU-ErbVO). Selbstverständlich betrifft dies nicht die Frage, ob die Rechtswahl überhaupt zulässig ist. Auch die erforderliche Form ist häufig im EGBGB ausdrücklich bestimmt (z.B. Art. 14 Abs. 4 EGBGB).   95

Da die Rechtswahl auf familienrechtlichem Gebiet – abgesehen vom Ehegüterrecht – im internationalen Vergleich erst seit Kurzem gesetzlich anerkannt wird, ergibt sich aus ihr die besondere Gefahr, dass eine auf der Rechtswahl basierende Rechtsfolge nur in Deutschland bzw. der an dem jeweiligen europäischen Rechtsakt teilnehmenden Mitgliedstaaten anerkannt wird, nicht aber ein einem Staat, mit dem die Eheleute eng verbunden sind (sog. international hinkende Rechtswahl). Die besondere Kunst des Kautelarjuristen liegt daher darin, von ihr zurückhaltend Gebrauch zu machen und sie in erster Linie dazu einzusetzen, ein in allen Staaten, in denen eine gerichtliche Zuständigkeit gegeben wäre, übereinstimmendes kollisionsrechtliches Ergebnis herbeizuführen, um über die Rechtswahl zu einem internationalen Entscheidungseinklang zu gelangen.   96

IV. Rück- und Weiterverweisungen

1. Allgemeines

Die Verweisung auf ein ausländisches Recht erfasst gem. Art. 4 Abs. 1 S. 1 EGBGB grundsätzlich auch das ausländische Kollisionsrecht. Bevor also die Vorschriften des ausländischen materiellen Familienrechts (die Sachnormen) angewandt werden, sind vorrangig die ausländischen Kollisionsnormen zu prüfen. Ergibt sich aus dem ausländischen IPR, dass die Frage nach dem deutschen Recht zu beurteilen ist, ist dies als „**Rückverweisung**" gem. Art. 4 Abs. 1 S. 2 EGBGB, also als Verweisung unmittelbar auf deutsches Sachrecht (**Sachnormverweisung**), zu behandeln. Im Ergebnis wird also deutsches Recht angewandt.   97

---

134 Siehe Art. 7, 8 HUntProt und Art. 5 Rom III-VO.
135 Vgl. Art. 22, 24 und 25 EU-ErbVO.
136 Die Haager Erbrechtskonvention ist beispielsweise – nicht zuletzt auch aus diesem Grunde – bislang ausschließlich von den Niederlanden und Argentinien gezeichnet worden.

Süß

Beispiel: Heiraten zwei in Deutschland lebende Franzosen, so verweist Art. 15 Abs. 1 i.V.m. Art. 14 Abs. 1 Nr. 1 EGBGB für die güterrechtlichen Wirkungen der Ehe auf das französische Recht als deren gemeinsames Heimatrecht. In Frankreich freilich wird – gem. Art. 4 Abs. 1 der Haager Ehegüterrechtskonvention vom 14.3.1978[137] – das Güterstatut danach bestimmt, in welchem Staat die Eheleute ihren ersten ehelichen gewöhnlichen Aufenthalt hatten.[138] Aus französischer Sicht ist also deutsches Recht anzuwenden.[139] Damit gilt aus deutscher Sicht gem. Art. 4 Abs. 1 S. 2 EGBGB das deutsche materielle Güterrecht. Freilich ist zu beachten, dass aus französischer Sicht eine Rückverweisung des deutschen IPR auf das französische Heimatrecht der Eheleute vorläge.[140]

98 Möglich ist auch, dass das verwiesene Recht auf das Recht eines dritten Staates verweist – im Beispiel (siehe Rdn 97) z.B. dann, wenn die französischen Eheleute in Cardiff leben, wo sie beide an einer Schule als Sprachlehrer beschäftigt sind (**Weiterverweisung**). In diesem Fall entscheidet das französische Recht, ob auf diese Verweisung unmittelbar das materielle Recht oder aber das IPR des Landesteils England und Wales anzuwenden ist – welches z.B. für in Deutschland belegene Immobilien auf das deutsche Belegenheitsrecht verweisen würde. Gelangt man auf diese Weise wieder zum deutschen Recht, ist hier in entsprechender Anwendung von Art. 4 Abs. 1 S. 2 EGBGB abzubrechen (**mittelbare Rückverweisung**). Handelt es sich bei der Verweisung durch das französische Recht um eine Sachnormverweisung, bleibt es bei der Geltung des englischen Rechts.

2. Unbeachtliche Rück- und Weiterverweisungen

99 Grundsätzlich sind alle Verweisungen im EGBGB als **Gesamtverweisung** zu behandeln, die das ausländische Kollisionsrecht erfassen. Folgende **Ausnahmen** sind jedoch allgemein anerkannt:
- Bezeichnet die Verweisung ausdrücklich das fremde Sachrecht, ist die Beachtung eines Renvoi ausgeschlossen (Art. 3a Abs. 1 S. 2 EGBGB). Beispiel hierfür ist z.B. Art. 17b Abs. 1 EGBGB („… sind die Sachvorschriften des … Rechts anzuwenden").
- Im Rahmen der europäischen Verordnungen zum Internationalen Privatrecht ist der ausdrückliche Ausschluss der Anwendbarkeit ausländischen Kollisionsrechts sogar die Regel (z.B. Art. 11 Rom III-VO und Art. 24 der EUPartner-VO; anders allein Art. 34 EU-ErbVO).[141]
- Wo die Beteiligten das Recht durch Rechtswahl bestimmt haben, ist unmittelbar das Sachrecht der gewählten Rechtsordnung anzuwenden (Art. 4 Abs. 2 EGBGB).
- Bei einer alternativen Verweisung auf mehrere nebeneinander anwendbare Rechtsordnungen (z.B. Art. 11 Abs. 1, 19 Abs. 1 EGBGB) zur Begünstigung eines bestimmten materiellen Ergebnisses (Formwirksamkeit, Feststellung der Abstammung) würde die

---

137 Ausf. *Ring*, § 1 Rdn 70 ff.
138 Art. 4 Abs. 1 der Güterrechtskonvention 1978.
139 Die fehlende Ratifikation der Konvention durch Deutschland berührt die Verweisung auf das deutsche Recht hier nicht, da diese für Frankreich als *loi uniforme* (siehe Rdn 24) auch im Verhältnis zu Nicht-Abkommensstaaten gilt.
140 In concreto würde diese Rückverweisung aus französischer Sicht dennoch nicht beachtet, da das Haager Güterrechtsübereinkommen die Beachtung einer Rückverweisung in dieser Konstellation ausdrücklich ausschließt.
141 Ausführlich *Solomon*, Die Renaissance des Renvoi im Europäischen Internationalen Privatrecht, FS Schurig 2012, S. 237 ff.; *van Hein*, Der Renvoi im europäischen Kollisionsrecht, in Leible/Unberath, Brauchen wie eine Rom 0-VO, 2013, S. 341 ff.

Beachtung des ausländischen Kollisionsrechts dem Sinn der Verweisung (Art. 4 Abs. 1 S. 1 Hs. 2 EGBGB) widersprechen, soweit dadurch die Anzahl der anwendbaren Rechtsordnungen wieder reduziert werden würde. Es wird daher allgemein angenommen, dass hier das weiterverwiesene Recht anwendbar bleibt und sich durch die Weiterverweisung daher der Kreis der anwendbaren Rechte möglicherweise weiter vergrößert.[142]

In folgenden Fällen wird das Vorliegen einer **Sachnormverweisung** (wegen Sinnwidrigkeit gem. Art. 4 Abs. 1 S. 1 EGBGB) verbreitet angenommen: **100**
- Kollisionsnormen in einem internationalen Abkommen (siehe Rdn 28).
- Bei Anknüpfung an die „engste Verbindung" (Art. 14 Abs. 1 Nr. 3 EGBGB) wird angenommen, es sei sinnwidrig, nach eingehender Ermittlung der engsten Verbindung dann doch auf ein anderes Recht auszuweichen.[143] Freilich macht Art. 14 Abs. 1 Nr. 3 EGBGB durch die Verwendung der Worte „auf andere Weise am engsten verbunden sind" deutlich, dass auch die Anknüpfung an die gemeinsame Staatsangehörigkeit und den gemeinsamen gewöhnlichen Aufenthalt der Eheleute auf die Anwendung des Rechts abzielt, mit dem die Beteiligten am engsten verbunden sind. Wenn nun auf der untersten Stufe anhand der Sammlung von weit weniger aussagekräftigen Indizien die engste Verbindung bestimmt wird, so ist die Verweisung weniger überzeugend und sollte daher noch viel eher einen Renvoi zulassen.[144]
- Teilweise wird angenommen, die Beachtung des Renvoi verstoße gegen den Sinn der Verweisung, wenn die ausländische Kollisionsnorm gleichheitswidrig anknüpft (also z.B. für die ehelichen Wirkungen an die Staatsangehörigkeit des Ehemannes oder für die Abstammung an die Staatsangehörigkeit des Vaters).[145] Dies ist freilich verfehlt, denn hier verstößt nicht die Beachtung der Rück- bzw. Weiterverweisung gegen den Sinn der Verweisung, sondern die ausländische Anknüpfung verstößt gegen unsere Auffassung von der Gleichheit der Geschlechter.[146] Möglicherweise greift aber Art. 6 EGBGB ein. Zwar ist nicht der Weg, sondern nur das materielle Ergebnis der Rechtsanwendung Gegenstand einer Prüfung nach Art. 6 EGBGB. Möglicherweise kann man die Benachteiligung aber auch in einem bestimmten kollisionsrechtlichen Ergebnis erkennen, so z.B. wenn die Ehefrau den güterrechtlichen Bestimmungen eines Staates unterworfen ist, zu dem sie nie eine eigene Beziehung hatte.[147]
- Umstritten ist das Vorliegen einer Gesamtverweisung ebenfalls im Rahmen von Art. 23 EGBGB (siehe Rdn 433).

3. Versteckte Rückverweisung

Gerade im Familienrecht gibt es eine Reihe von Rechtsordnungen, deren Recht keinerlei   **101**
ausdrückliche Vorschriften zur Rechtsanwendung bzw. zur Anwendung ausländischen
Rechts enthält. Sei es aufgrund ausdrücklicher oder aufgrund fehlender Kollisionsnorm –
stets wird eigenes Recht angewandt. Dafür gibt es genaue Regeln darüber, in welchen Fällen

---

142 Vgl. OLG Stuttgart FamRZ 2001, 246; Bamberger/Roth/*Lorenz*, 3. Aufl. 2012, Art. 4 EGBGB Rn 8; MüKo-BGB/*von Hein*, 6. Aufl. 2015, Art. 4 EGBGB Rn 31.
143 Z.B. *Henrich*, Internationales Familienrecht, 2. Aufl. 2000, S. 63.
144 So z.B. Staudinger/*Mankowski*, 2010, Art. 14 EGBGB Rn 97; *v. Bar*, IPR II, 1991, Rn 208; *Rauscher*, NJW 1988, 2151; Palandt/*Thorn*, 71. Aufl. 2011, Art. 4 EGBGB Rn 8 m.w.N.
145 So aber BGH NJW 1988, 638; MüKo-BGB/*Siehr*, 6. Aufl. 2015, Art. 15 EGBGB Rn 116.
146 *Henrich*, Internationales Familienrecht, 2. Aufl. 2000, S. 103; Bamberger/Roth/*Lorenz*, 3. Aufl. 2012, Art. 4 EGBGB Rn 8; MüKo-BGB/*von Hein*, 6. Aufl. 2015, Art. 4 EGBGB Rn 94; Palandt/*Thorn*, 75. Aufl. 2015, Art. 4 EGBGB Rn 8.
147 Vgl. hierzu auch die Begründung des BVerfG FamRZ 2003, 361.

die inländischen Gerichte zuständig sind und in welchen Fällen das von einem ausländischen Gericht in einer Sache gefällte Urteil anerkannt wird.

Beispiel: Dies gilt z.B. im englischen Scheidungs- und Scheidungsfolgenrecht sowie in anderen Staaten mit angloamerikanischen Rechtssystemen, wie den Staaten der USA. Im Ergebnis entsprach dem aber auch das Ehe- und Familienrecht der ehemaligen Sowjetunion, wie es in einigen der Nachfolgestaaten immer noch fortgilt.

102 Aus dieser Koppelung der internationalen Zuständigkeit mit der Geltung der *lex fori* wird dann für den Fall der Zuständigkeit der Gerichte eines bestimmten anderen Staates eine materielle Kollisionsnorm **„interpoliert"**. Man spricht daher von einer **„versteckten" Rückverweisung**.[148] Geht man gedanklich von dem Richter des Staates aus, auf dessen Recht unsere Verweisung zielt, und unterstellt man, wie dieser entscheiden würde, wenn er den Fall im Inland zu entscheiden hätte, so spricht man von einer **„hypothetischen Rückverweisung"**.[149]

103 Nach wohl überwiegender Ansicht gilt dies nicht nur, wenn die Gerichte jenes Staates sich für international unzuständig erklären würden (Abweisung) oder gar unseren inländischen Gerichten eine ausschließliche Zuständigkeit zuerkennen würden, sondern auch dann, wenn die inländischen Gerichte nach dem ausländischen Zivilprozessrecht nur konkurrierend zuständig wären und ein hier unter Zugrundelegung inländischen materiellen Rechts gefälltes Urteil dort anerkannt werden würde.[150]

104 Die Anwendung des inländischen Rechts kann auch darauf beruhen, dass man für alle Fälle mit Inlandsberührung die Anwendung des inländischen Familienrechts sicherstellen will (**territorialistisches Prinzip**) oder zumindest in all den Fällen die Geltung inländischen Rechts sicherstellen will, in denen die eigenen Gerichte zuständig wären. Dennoch nimmt man auch in den Fällen der (nach dem ausländischen Recht) konkurrierenden Zuständigkeit ebenfalls eine versteckte Rückverweisung an, selbst wenn das ausländische Gericht den Fall annehmen und nach seinem eigenen Recht entscheiden würde.[151]

4. Rückverweisung aufgrund abweichender Qualifikation

105 Bei Anwendung der ausländischen Kollisionsnormen sind diese entsprechend den Maßstäben des dort geltenden Rechts auszulegen. Dies gilt auch für die Qualifikation. Ist der Inhalt der verwandten Systembegriffe anders zugeschnitten als im deutschen IPR, so können sich daher trotz gleichlautender Anknüpfung Rück- und Weiterverweisungen schon allein daraus ergeben, dass die einschlägige Rechtsfrage dort unter eine andere Kollisionsnorm fällt:

---

148 *V. Bar/Mankowski*, Internationales Privatrecht I, 2. Aufl. 2003, § 7 Rn 218; *Kropholler*, Internationales Privatrecht, 6. Aufl. 2006, S. 177; *Henrich*, Internationales Familienrecht, 2. Aufl. 2000, S. 128 ff.

149 OLG Hamburg FamRZ 2001, 916; OLG Zweibrücken NJW-RR 1999, 948; *Kegel/Schurig*, Internationales Privatrecht, 9. Aufl. 2004, S. 410.

150 Im Verhältnis zum englischen Recht ergibt sich ein Problem daraus, dass die internationale Zuständigkeit und Anerkennung von Entscheidungen durch die Brüssel IIa-VO geregelt wird. Da das Kollisionsrecht durch diese VO unberührt bleiben sollte, ist daher weiterhin wohl aus der internationalen Zuständigkeit noch nicht die Rechtsanwendung zu folgern, sondern erst dann, wenn die internationale Zuständigkeit der deutschen Gerichte auch nach dem „autonomen" englischen Recht gegeben wäre.

151 So *v. Bar/Mankowski*, Internationales Privatrecht I, 2. Aufl. 2003, § 7 Rn 219; Staudinger/*Hausmann*, Art. 4 EGBGB Rn 81; Erman/*Hohloch*, 14. Aufl. 2014, Art. 4 EGBGB Rn 6; *Kegel/Schurig*, Internationales Privatrecht, 9. Aufl. 2004, S. 412; *Kropholler*, Internationales Privatrecht, 6. Aufl. 2004, S. 179; differenzierend: *Henrich*, Internationales Familienrecht, 2. Aufl. 2000, S. 129 ff.; MüKo-BGB/*von Hein*, 6. Aufl. 2015, Art. 4 EGBGB Rn 68.

Beispiel: Im englischen Recht ist die Gütertrennung gesetzlicher Güterstand. Im Rahmen der Scheidung wird vom Gericht aber eine großzügige Teilung des ehelichen Vermögens vorgenommen (Sec. 25 Abs. 1 *Matrimonial Causes Act*).[152] Daher kann auch dann, wenn in Deutschland lebende Engländer sich in Deutschland scheiden lassen und für sie aufgrund fortdauernden *domicile* in England englisches Recht Güterstatut ist, in Bezug auf den Aspekt „Vermögensauseinandersetzung bei Beendigung der Ehe durch Scheidung" eine (versteckte) Rückverweisung auf das deutsche Recht erfolgen, mit der Folge, dass ein Zugewinnausgleich nach deutschem Recht durchzuführen ist.[153]

V. Ergebniskorrekturen durch den ordre public

Ein „unangemessenes" Ergebnis der Anwendung ausländischen Rechts kann gem. Art. 6 EGBGB (Vorbehaltsklausel, *ordre public*) korrigiert werden, wenn das Ergebnis offensichtlich mit den wesentlichen Grundsätzen des deutschen Rechts, insbesondere den Grundrechten unvereinbar ist. Eine gleichartige Regelung enthalten auch alle europäischen Rechtsakte zum internationalen Kollisionsrecht (z.B. Art. 21 Rom I-VO, Art. 26 Rom II-VO, Art. 12 Rom III-VO, Art. 35 EU-ErbVO, Art. 23 der EUPartner-VO). Solche Fälle tauchen insbesondere im Familienrecht auf.[154] Das Bedürfnis nach einer derartigen „Notbremse" gegen ausländisches Recht besteht z.B. bei der einseitigen Verstoßung der Ehefrau durch den Ehemann nach islamischen Recht, bei Ehehindernissen aus rassischen oder religiösen[155] Gründen, der gesetzlichen Vertretung der Ehefrau durch den Ehemann etc.

Dabei ergeben sich für den Einsatz des *ordre public* folgende allgemeinen Voraussetzungen:

106

1. Nur das Ergebnis der Rechtsanwendung ist Prüfungsgegenstand

Allein das **Ergebnis der Rechtsanwendung** ist Gegenstand der Kontrolle. Da der ausländische Gesetzgeber nicht deutschem Verfassungsrecht unterliegt, ist eine abstrakte Kontrolle der Regeln des ausländischen Erbrechts anhand der deutschen Grundrechte nicht möglich. „Ergebnis der Rechtsanwendung" bedeutet insbesondere, dass sämtliche Möglichkeiten des ausländischen Sachrechts wie auch des deutschen IPR auszuschöpfen sind: Die einseitige Verstoßung der deutschen Ehefrau durch ihren muslimischen Ehemann (*talaq*) ist daher anzuerkennen, wenn die Ehefrau ebenfalls mit der Scheidung einverstanden war oder aber wegen Zerrüttung der Ehe auch nach deutschem Recht auf einseitigen Antrag des Ehemannes die Ehe hätte geschieden werden müssen.[156] In gleicher Weise hat das OLG Celle das Fehlen eines Betreuungsunterhalts nach iranischem Familienrecht für nicht *ordre public*-widrig gehalten in einem Fall, in dem das Kind so alt war, dass es schon zur Schule ging.[157]

107

---

152 Hierin sieht man keine Folge des ehelichen Güterstands, sondern eine allgemeine Scheidungsfolge. Sie fällt daher unter das Scheidungsstatut.

153 *Henrich*, Internationales Familienrecht, 2. Aufl. 2000, S. 103 (zur entsprechenden Situation in Österreich) – andererseits wird auf S. 120 für die Scheidung von Engländern trotz Bejahung einer versteckten Rückverweisung im Scheidungsrecht die Geltung englischen Sachrechts für die Verteilung unterstellt.

154 Ausführlicher Nachweis der umfangreichen Kasuistik z.B. bei Erman/*Hohloch*, 14. Aufl. 2014, Art. 6 EGBGB Rn 30–45.

155 Vgl. das Verbot der Eheschließung islamischer Frauen mit nicht-islamischen Männern, KG FamRBint 2005, 69 (Bangladesch).

156 *Kegel/Schurig*, Internationales Privatrecht, 9. Aufl. 2004, S. 463; OLG München IPRax 1989, 238 m. Anm. *Jayme*, S. 223 f.; AG Kulmbach FamRZ 2004, 631 = JuS 2004, 726 m. Anm. *Hohloch*; OLG Zweibrücken NJW-RR 2002, 581.

157 OLG Celle FamRZ 2011, 455.

2. Unvereinbarkeit mit wesentlichen Grundsätzen des deutschen Rechts

108 Das Ergebnis muss mit wesentlichen Grundsätzen des deutschen Rechts **offensichtlich unvereinbar** sein. Es genügt also nicht, dass das Ergebnis nach deutschem Recht anders oder entgegengesetzt lauten würde (also z.B. die geschiedene Ehefrau keinen Unterhaltsanspruch erhält oder die Volljährigenadoption ausgeschlossen ist). Das Ergebnis muss vielmehr „so anstößig sein und mit den deutschen Gerechtigkeitsvorstellungen in so starkem Widerspruch stehen, dass es **untragbar** erscheint".[158] Damit ist der *ordre public* gerade im Familienrecht einem starken zeitlichen Wandel ausgesetzt. Was vor zwanzig Jahren noch zu den tragenden Säulen der deutschen Rechtsordnung zählte, hat man jetzt vielleicht schon stillschweigend aufgegeben.[159]

Beispiele: Der BGH hat es nun für inakzeptabel gehalten, wenn zwei in Deutschland lebende syrische Staatsangehörige katholischen Glaubens entsprechend den Grundsätzen des für sie geltenden kanonischen Eherechts nicht geschieden werden können.[160] Im Ausland ausgesprochene Adoptionen werden nunmehr im Inland nur noch dann anerkannt, wenn nachgewiesen werden kann, dass das Gericht auch das Kindeswohl geprüft hat.[161]

109 In anderen Bereichen ist man sensibler geworden.[162] Erfahrungsgemäß ist gerade nach neuen Rechtsentwicklungen die Toleranz gegen abweichende Regelungen besonders gering.

110 Im Verhältnis zu anderen Staaten der EU wird der *ordre public* wohl nicht mehr eingesetzt werden. So ist das Fehlen eines Versorgungsausgleichs im ausländischen Recht nach einer Entscheidung des OLG Frankfurt kein Grund zum Einsatz des *ordre public*.[163]

3. Örtliche, zeitliche und sachliche Relativität

111 Will ein marokkanischer Moslem in Deutschland vor dem deutschen Standesamt eine zweite Frau ehelichen, muss der Standesbeamte dies auch dann zurückweisen, wenn das Heimatrecht der Verlobten dies zulässt und die erste Ehefrau zustimmt. Haben sie allerdings in ihrer Heimat geheiratet, so muss man dies anerkennen und beiden Frauen einen ehelichen Unterhaltsanspruch zusprechen.

4. Keine vorrangige Spezialnorm

112 Das internationale Familienrecht besteht zunehmend aus Vorschriften, die keine „ergebnisoffene Verweisung" auf ausländisches Recht enthalten, sondern in „sensiblen" Bereichen deutschem Recht einseitig zum Vorrang verhelfen, wenn eine bestimmte Form der Inlandsbeziehung gegeben ist. In der Sache handelt es sich hierbei um *ordre public*-Vorschriften, die zu **Art. 6 EGBGB** im Verhältnis der **Spezialität** stehen. Dies gilt insbesondere für folgende Normen, die die allgemeine Verweisung auf ausländisches Recht durchbrechen:
– Art. 13 Abs. 2 EGBGB: Verdrängung von Ehehindernissen nach ausländischem Recht durch das deutsche Recht;

158 BGHZ 50, 375; 104, 243; 118, 330; 123, 270.
159 Vgl. BGHZ 28, 275 (zur Versagung des „Kranzgeldes").
160 BGH NJW-RR 2007, 145.
161 Z.B. OLG Düsseldorf FamRZ 2010, 575 (siehe Rdn 437).
162 Vgl. AG Hamburg StAZ 1984, 42 (zum Eheverbot der Geschlechtsumwandlung nach malaysischem Recht).
163 OLG Frankfurt FamRZ 2011, 1065. Die Entscheidung betraf zwar das iranische Recht. Da die meisten europäischen Rechte aber ebenfalls keinen Versorgungsausgleich kennen, dürfte die Entscheidung auf die europäischen Rechte übertragbar sein.

- Art. 13 Abs. 3 EGBGB: Eheschließung im Inland grundsätzlich nur vor dem Standesbeamten;
- Art. 17 Abs. 2 EGBGB: Ehescheidung im Inland nur durch ein deutsches Gericht;
- Art. 17a EGBGB: Wohnungszuweisung im Inland nach deutschem Recht, auch wenn die Eheleute Ausländer sind;
- Art. 17b Abs. 4 EGBGB: Begrenzte Wirkungen einer nach ausländischem Recht begründeten, eingetragenen Lebenspartnerschaft.
- Nach Art. 23 S. 2 EGBGB kann bei der Zustimmungserklärung zur Adoption vom Heimatrecht des Kindes auf das deutsche Recht ausgewichen werden.

Durch diese pauschalen Regelungen wird in vielen Bereichen der Rückgriff auf die allgemeine *ordre public*-Klausel entbehrlich.   113

B. Eheschließung

Literatur

Hausmann, Kollisionsrechtliche Schranken von Scheidungsurteilen, 1980; *Henrich*, Probleme des internationalen Familienrechts, in: *Schwab/Hahne*, Familienrecht im Brennpunkt, 2004, S. 259 ff.; *Hohloch*, Eheschließung bei unterschiedlicher Staatsangehörigkeit, FPR 2011, 422; *Klein*, Dänisches Eherecht vor deutschen Oberverwaltungsgerichten, StAZ 2008, 33; *Sturm*, Die Wirksamkeit im Ausland geschlossener Ehen mit deutscher Beteiligung, StAZ 2009, 197; *Sturm*, Eheschließung im Ausland – Nachweis, Wirksamkeit und Folgen von Rechtsverletzungen, StAZ 2005, 1; *Voit*, „Heilung durch Statutenwechsel" im internationalen Eheschließungsrecht, 1997.

I. Rechtsquellen

Eine staatsvertragliche Sonderregelung ergibt sich aus dem **Haager Eheschließungsabkommen von 1902**, welches noch im Verhältnis zu Italien fortgilt (siehe Rdn 13).[164] Dessen Regelung entspricht jedoch weitgehend Art. 13 Abs. 1 EGBGB. Im Verhältnis zum Iran ist das **deutsch-persische Niederlassungsabkommen** mit seiner Verweisung auf das Heimatrecht zu beachten (siehe Rdn 14). Bei Heirat von zwei Italienern bzw. zwei Iranern gilt daher insbesondere Art. 13 Abs. 2 EGBGB nicht.   114

II. Materielle Voraussetzungen der Eheschließung

1. Maßgeblichkeit des Heimatrechts

Gemäß Art. 13 Abs. 1 EGBGB sind die Voraussetzungen für die Eheschließung auf Seiten eines jeden der Verlobten nach seinem Personalstatut (regelmäßig also das anhand der Staatsangehörigkeit bestimmte Heimatrecht; siehe im Einzelnen Rdn 64 ff.) zu bestimmen. Bei unterschiedlichem Personalstatut der Verlobten gilt das für einen von ihnen geltende Personalstatut grundsätzlich nur für die Voraussetzungen auf seiner Seite.   115

Beispiel: Will ein 23 Jahre alter Deutscher eine 15-jährige Iranerin heiraten, so ergibt sich für den Bräutigam die Ehemündigkeit aus seinem deutschen Heimatrecht; für die Braut gilt das iranische Recht, das Mädchen die Eheschließung bereits mit 13 Jahren erlaubt.[165] Unbeachtlich bleibt, dass das deutsche Recht den Verlobten die Eheschließung nicht ermög-

---

164 S. *Ring*, § 1 Rdn 39 ff.; Text z.B. in NK-BGB/*Andrae*, 2. Aufl. 2012, Anh. III zu Art. 13 EGBGB Rn 3.
165 Ausf. NK-BGB/*Yassari*, Familienrecht, Bd. 4, 2. Aufl. 2010, Länderbericht Iran Rn 1.

Süß

lichen würde, denn dieses Recht gilt für die Verlobte nicht. Für den Ehemann gilt es zwar, es verbietet ihm aber nicht die Eheschließung mit einer Minderjährigen (sog. **einseitiges Ehehindernis**).[166]

116 Insoweit werden die Voraussetzungen also **distributiv angeknüpft**. Diese Distribution der Eheschließungsvoraussetzung auf die Personalstatuten beider Eheleute wird dort durchkreuzt, wo die für einen Verlobten geltenden Vorschriften auf den anderen Bezug nehmen. Im Gegensatz zu dem oben genannten Beispiel handelt es sich hier um sog. **zweiseitige Ehehindernisse** bzw. **beidseitige Ehevoraussetzungen**. Im deutschen Recht zählt man hierzu § 1306 BGB.

Beispiel: Eine deutsche Frau darf also gem. § 1306 BGB keinen Mann heiraten, der bereits verheiratet ist. Dies gilt ohne Rücksicht darauf, ob dieser nach dem für ihn maßgeblichen Recht mehrfach heiraten kann oder nicht.

117 Die Feststellung, ob es sich um ein einseitiges oder zweiseitiges Ehehindernis handelt, ergibt sich aus der **Auslegung** der ausländischen Vorschrift. So stellt nach englischem Recht das Verbot der Eheschließung mit Minderjährigen ein zweiseitiges Ehehindernis dar, mit der Folge, dass ein volljähriger Engländer die 15-jährige Iranerin nicht heiraten könnte – obwohl sie nach ihrem Heimatrecht heiraten dürfte.[167]

118 **Rück- und Weiterverweisungen** sind auch hier zu beachten. Diese können auftreten, wenn der Heimatstaat des betreffenden Verlobten auf dessen Wohnsitzrecht verweist (wie z.B. in Dänemark, Brasilien[168] oder [„*domicile*"] England[169]). Das IPR einiger Länder verweist auf den Eheschließungsort (so z.B. bis 2011 in der VR China).

2. Qualifikation der materiellen Voraussetzungen

119 Dem Eheschließungsstatut unterliegen die **Ehemündigkeit** und das Erfordernis von Zustimmungen Dritter, der erforderliche Wille, eine eheliche Lebensgemeinschaft zu begründen (vgl. § 1314 Abs. 2 Nr. 5 BGB), und die Auswirkungen von Willensmängeln wie Irrtum, Täuschung oder Zwang. Desgleichen ergeben sich aus ihm die **Ehehindernisse**, wie Verwandtschaft, Adoption oder Schwägerschaft, bestimmte Gebrechen oder Krankheiten, Wartefristen nach vorangegangener Ehe und das Verbot der Polygamie.

120 **Vorfragen**, wie die im Rahmen der Ehemündigkeit aufgeworfene Frage nach der Geschäftsfähigkeit der Verlobten oder die Wirksamkeit einer zuvor eingegangenen Ehe, unterliegen nicht dem Eheschließungsstatut, sondern sind anhand des Rechts zu beurteilen, das die hierfür jeweils maßgebliche Kollisionsnorm bestimmt. Wegen der selbstständigen Vorfragenanknüpfung ist dabei auch auf Seiten eines ausländischen Verlobten stets auf die einschlägige Kollisionsnormen des deutschen Rechts (im Beispiel also Art. 7 Abs. 1 EGBGB) zurückzugreifen. Hier ist die Wirksamkeit nach dem gem. Art. 13 und Art. 11 EGBGB bestimmten Recht zu ermitteln.

121 **Hinweis:** Umstritten ist in diesem Zusammenhang, wie die **Wirksamkeit der Scheidung einer Vor-Ehe** zu behandeln ist. In der Literatur wird vielfach angenommen, wenn das Scheidungsurteil aus deutscher Sicht unmittelbar wirksam sei, z.B. weil es von einem deut-

---

166 Im Einzelfall kann freilich statt einer Minderjährigenehe auch eine Kinderehe vorliegen, deren Eingehung den deutschen *ordre public* (Art. 6 EGBGB) verletzt, so *v. Bar*, Internationales Privatrecht II, 1991, Rn 147 Fn 254.

167 Beispiel aus *Kegel/Schurig*, Internationales Privatrecht, 9. Aufl. 2004, S. 805.

168 OLG Celle StAZ 1969, 16.

169 Siehe hierzu *Odersky*, Länderbericht Großbritannien: England und Wales.

schen Gericht gefällt worden ist, weil es auf Basis der Brüssel IIa-VO unmittelbar im Inland wirkt oder weil es – soweit notwendig – gem. § 107 FamFG (vormals: Art. 7 § 1 Abs. 1 S. 3 FamRÄndG) von der Landesjustizverwaltung förmlich anerkannt worden ist, so seien die Eheleute entsprechend den Grundsätzen der selbstständigen Vorfragenanknüpfung als ledig zu behandeln. Dies gelte selbst dann, wenn der ausländische Heimatstaat die Scheidung nicht anerkennt und deswegen die neue Eheschließung als Doppelehe werten würde.[170] Ein anderer Teil der Literatur, vor allem aber die Rechtsprechung verlangen dagegen, dass die Vor-Ehe auch aus Sicht des Eheschließungsstatuts als aufgelöst gilt. Wie bei der unselbstständigen Vorfragenanknüpfung liegt danach ein Ehehindernis vor, wenn eine nach dem Heimatrecht verlangte förmliche Anerkennung der (z.B. durch ein deutsches Gericht erfolgten) Ehescheidung noch nicht erfolgt ist.[171] Der deutsche Standesbeamte muss danach den ausländischen Verlobten also auch nach rechtskräftiger Scheidung durch ein deutsches Gericht für die Beurteilung der Ehefähigkeit weiterhin als verheiratet behandeln.[172]

Aus dem Heimatrecht ergibt sich grundsätzlich auch, ob die Heirat aufgrund **Transsexualität** ausgeschlossen ist. Freilich wird mittlerweile zunehmend anerkannt, dass es gegen die Eheschließungsfreiheit und damit gegen den deutschen *ordre public* verstößt, wenn einem Mann nach einer zulässigen Geschlechtsumwandlung in eine Frau die Eheschließung mit einem Mann versagt wird.[173] Zumindest muss dies nach einer Änderung seiner diesbezüglichen Rechtsprechung durch den EuGH MR gelten.[174]   **122**

Bei der **Abgrenzung** zu den **formellen Voraussetzungen** der Eheschließung ist zu beachten, dass der kollisionsrechtliche Begriff der Form weiter ist als im materiellen Recht.[175] Zur **Form** zählen daher auch das Erfordernis des Aufgebots, die Frage, welche Stelle für die Entgegennahme der Erklärungen und die Registrierung zuständig ist, das Erfordernis einer priesterlichen Mitwirkung und die Höchstpersönlichkeit der Erklärung, also die Möglichkeit, einen Boten einzuschalten (**Handschuhehe**; siehe Rdn 130). Keine Frage der Form, sondern der materiellen Wirksamkeit ist dagegen die Heirat durch Einschaltung eines Vertreters im Willen, der dann also die Braut aussuchen darf.[176]   **123**

---

170 Erman/*Hohloch*, 14. Aufl. 2014, Art. 13 EGBGB Rn 31; *Kegel/Schurig*, Internationales Privatrecht, 9. Aufl. 2004, S. 801.

171 OLG München FamRZ 2011, 1506 (eine von einem deutschen Gericht geschiedene philippinische Braut wurde vom deutschen Standesamt mangels Anerkennung der Scheidung auf den Philippinen als „verheiratet" behandelt und konnte daher nicht erneut heiraten). Vergleichbar BGH FamRZ 1997, 543, denn dort wurde die Eheschließung eines Italieners nach Scheidung durch ein deutsches Gericht nur deswegen zugelassen, weil die Nichtanerkennung durch die italienischen Behörden den italienischen *ordre public* verletze; OLG Hamm StAZ 2003, 169; OLG München IPRax 1988, 354; NK-BGB/*Andrae*, 2. Aufl. 2012, Art. 13 EGBGB Rn 41; *v. Bar*, Internationales Privatrecht II, 1991, Rn 154; Staudinger/ *Mankowski*, 2010, Art. 13 EGBGB Rn 117 ff.; monographisch: *Hausmann*, Kollisionsrechtliche Schranken von Scheidungsurteilen, 1980.

172 Diese seltsame Konsequenz war auch Anlass dafür, dass das BVerfG in der sog. Spanier-Entscheidung hierin einen Verstoß gegen das Grundrecht der Eheschließungsfreiheit erkannte (BVerfGE 31, 58 = NJW 1971, 1509). Verweigert der Heimatstaat die Anerkennung, kommt eine Eheschließung in Deutschland seit der IPR-Reform 1986 daher ausnahmsweise gem. Art. 13 Abs. 2 EGBGB in Betracht (siehe Rdn 125). Aus der Einfügung dieser Vorschrift gewinnt die Lehre ein Argument dafür, dass der Gesetzgeber die Ansicht der Rspr. gebilligt habe.

173 AG Hamburg StAZ 1984, 42; LG Stuttgart StAZ 1999, 15; *Looschelders*, Internationales Privatrecht, 2003, Art. 13 EGBGB Rn 41; Staudinger/*Mankowski*, 2010, Art. 13 EGBGB Rn 185. Restriktiv: OLG Karlsruhe StAZ 2003, 139; KG StAZ 2002, 307.

174 EuGH-MR FamRZ 2004, 173.

175 Ausf. *v. Bar*, Internationales Privatrecht II, 1991, Rn 162 ff.

176 *Kegel/Schurig*, Internationales Privatrecht, 9. Aufl. 2004, S. 811.

3. Dispens von ausländischen Ehehindernissen

124 Lässt das ausländische Heimatrecht die Eheschließung auf Seiten eines (oder beider) Verlobten nicht zu, so kann über Art. 13 Abs. 2 EGBGB zur Wahrung des Grundrechts auf **Eheschließungsfreiheit** ausnahmsweise auf das deutsche Recht zurückgegriffen werden. Hierbei handelt es sich um eine spezielle Ausformung der allgemeinen Vorbehaltsklausel (*ordre public*) in Art. 6 EGBGB.[177] Voraussetzung für das Eingreifen ist zunächst, dass zumindest ein Verlobter Deutscher ist oder wenigstens seinen gewöhnlichen Aufenthalt in Deutschland hat (Inlandsberührung). Hauptanwendungsfall ist der Fall, dass eine in Deutschland ergangene oder hier anzuerkennende Ehescheidung nach dem Heimatrecht des betreffenden Verlobten nicht anerkannt wird (Art. 13 Abs. 2 Nr. 3 Hs. 2 EGBGB). Freilich müssen die Verlobten alle zumutbaren Schritte unternommen haben, um das sich aus dem anwendbaren ausländischen Recht ergebende Hindernis für die Eheschließung zu beheben. Die Anforderungen der Gerichte sind hier relativ hoch, da sie die Möglichkeit einer „hinkenden Eheschließung", die nur in Deutschland, nicht aber im Heimatstaat eines oder gar beider Verlobter anerkannt wird, möglichst gering halten wollen.[178] Sollten die Voraussetzungen des Art. 13 Abs. 2 EGBGB nicht gegeben sein, kommt in „Extremfällen" immer noch das Eingreifen des allgemeinen *ordre public* aus Art. 6 EGBGB in Betracht.

4. Abgrenzung der Ehe zu anderen Rechtsformen

125 Der Inhalt des Begriffs „Ehe" galt zumindest im europäischen Rechtskreis lange Zeit als eindeutig. Freilich entstehen immer wieder neue Rechtsschöpfungen, die rechtlich bislang unbedeutende Lebensformen der Ehe weitgehend gleichstellen:
- die Geltung zahlreicher gesetzlicher Ehewirkungen auch für nichteheliche Lebensgemeinschaften von Mann und Frau im kroatischen und slowenischen Recht;
- registrierte nichteheliche Lebensgemeinschaften zwischen Mann und Frau (Partnerschaften) z.B. im niederländischen und brasilianischen Recht;
- die gleichgeschlechtliche Ehe im belgischen, spanischen, englischen, luxemburgischen, kalifornischen und niederländischen Recht;
- Anerkennung des einvernehmlichen Zusammenwohnens als formlose Eheschließung im schottischen Recht (*common law*-Ehe).

126 Damit stellt sich die Frage nach dem **Umfang des kollisionsrechtlichen Ehebegriffs**. Eindeutig ist hier allein, dass dieser sich mit dem Begriff der Ehe des materiellen deutschen Rechts nicht decken muss. Daher fällt auch eine polygame Ehe unter Art. 13 EGBGB oder eine formlos geschlossene Ehe nach dem schottischen Recht oder dem Recht einiger US-Staaten (*common law*-Ehe). **Gleichgeschlechtliche Verbindungen** aber, selbst wenn sie der Ehe in ihrer Bezeichnung und ihren materiellen Wirkungen gleichstehen, unterfallen nicht Art. 13 EGBGB (str.). Dies ergibt sich schon aus Art. 17b EGBGB, der insoweit als *lex specialis* fungiert (siehe im Einzelnen Rdn 344).[179] Bei den „informellen Eheschließungen" hingegen kommt es darauf an, ob sie die Geltungen des gesamten Programms der Ehefolgen (Güterrecht, gesetzliches Erbrecht, Auflösung nur durch gerichtliche Scheidung etc.) nach sich ziehen (wie die schottische *common law*-Ehe) oder ob es sich um eine „Ehe light"

---

177 *Kropholler*, Internationales Privatrecht, 6. Aufl. 2006, S. 332.
178 Vgl. OLG Hamm StAZ 2003, 169 (Anerkennung eines deutschen Ehescheidungsurteils im Kosovo).
179 OLG München FamRZ 2011, 1526; BFH IPRax 2006, 287; MüKo-BGB/*Coester*, 6. Aufl. 2015, Art. 17b EGBGB Rn 139.

handelt (wie die *sambo* nach schwedischem Recht oder die nichteheliche Lebensgemeinschaft im kroatischen Recht).[180]

III. Formelle Voraussetzungen der Eheschließung

1. Eheschließung im Ausland

Für die Formwirksamkeit der Eheschließung im Ausland gelten die allgemeinen Formvor-   127
schriften. Gemäß Art. 11 Abs. 1 EGBGB ist daher die Einhaltung der Formerfordernisse
des Ortsrechts (*lex loci celebrationis*), also des **Eheschließungsortes**, ausreichend.

Beispiel: „Heiraten" zwei ausgelassene Deutsche auf einem Betriebsausflug in Las Vegas in
einer der dort zahlreich eingerichteten Kapellen vor einem methodistischen Geistlichen
oder gar im Wege der *„drive through wedding"* im Auto, ohne erst auszusteigen, so ist
dies entsprechend dem Eherecht von Arizona auch aus deutscher Sicht als eine wirksame
Eheschließung zu behandeln, soweit nur die nach deutschem Recht (Art. 13 Abs. 1 EGBGB)
bestimmten materiellen Voraussetzungen vorgelegen haben. Die Folgen dieses Spaßes könnten dann nur durch eine Scheidung oder Eheanfechtungsklage in Deutschland beseitigt
werden.

Es genügt für die Formwirksamkeit auch die Beachtung des **Geschäftsrechts** (Art. 11 Abs. 1   128
Fall 2 EGBGB). Geschäftsrecht ist das gem. Art. 13 Abs. 1 EGBGB auf die Wirksamkeit der
Eheschließung anwendbare Recht. Bei unterschiedlicher Staatsangehörigkeit der Eheleute
wären dann – vorbehaltlich einer Rück- bzw. Weiterverweisung – beide Rechte zugleich
(kumulativ) zu beachten.

Es bedarf keiner großen Vorstellungsgabe, um zu erkennen, dass die Beachtung der Form   129
des Heimatrechts bei der Eheschließung im Ausland sehr umständlich ist (wenn man nicht
eine konsularische Eheschließung in Kauf nimmt); erst recht gilt dies bei unterschiedlicher
Staatsangehörigkeit der Eheleute. Praktisch ist daher die Anwendung der *lex loci celebrationis* der Regelfall.

Zur Form zählt auch die Frage, ob die Einschaltung eines Boten möglich ist, wie dies z.B.   130
im italienischen Recht vorgesehen ist (**Handschuhehe**).[181] Maßgeblicher Ort ist dann der
Ort, an dem der Bote die Erklärung abgibt (Art. 11 Abs. 3 EGBGB). Daher kann z.B. ein
in Deutschland lebender pakistanischer Flüchtling durch Einschaltung eines entsprechenden
Vertreters seine Kusine in Karachi heiraten. Keine Frage der Form, sondern der materiellen
Wirksamkeit ist die Heirat durch Einschaltung eines echten Vertreters, der auch die Braut
aussuchen darf.[182]

2. Eheschließung im Inland

a) Standesamtliche Eheschließung

Eine Eheschließung kann in Deutschland gem. Art. 13 Abs. 3 EGBGB grundsätzlich nur   131
in der vom deutschen Recht vorgesehenen standesamtlichen Form vorgenommen werden.
Die **standesamtliche Trauung** ist in **Deutschland** also grundsätzlich **zwingend**. Mit der

---

180 Vgl. *Henrich*, Internationales Familienrecht, 2. Aufl. 2000, S. 21.
181 BGHZ 29, 137; BayObLGZ 2000, 335.
182 *Kegel/Schurig*, Internationales Privatrecht, 9. Aufl. 2004, S. 811.

Süß

zwingenden Ortsform ist auch die Handschuhehe im Inland ausgeschlossen – selbst wenn diese von den Heimatrechten beider Eheleute gestattet sein sollte.[183]

132 Ausländische Beteiligte benötigen bei Eheschließung im Inland regelmäßig ein sog. **Ehefähigkeitszeugnis** ihrer Heimatbehörde,[184] § 1309 BGB.[185] Die Formulierung „wer hinsichtlich der Voraussetzungen der Eheschließung ausländischem Recht unterliegt" bedeutet, dass es genügt, dass Art. 13 Abs. 1 EGBGB hier auf ausländisches Recht verweist. Ein entsprechendes Zeugnis ist daher auch dann erforderlich, wenn letztlich doch deutsches Recht gilt, weil das Heimatrecht eine Rückverweisung auf deutsches Recht ausspricht.[186] Als „ausländisches Recht" wird hier also auch das ausländische IPR verstanden. Verweist dagegen Art. 13 Abs. 1 EGBGB trotz ausländischer Staatsangehörigkeit unmittelbar auf das deutsche Recht (wegen deutschen Personalstatuts aus anderen Gründen, z.B. bei Flüchtlingen, Mehrstaatern), ist ausländisches Recht nicht anwendbar, so dass kein Ehefähigkeitszeugnis einzuholen ist.

133 Freilich wird die ausländische Behörde das Zeugnis nach den Vorschriften des aus ihrer Sicht anwendbaren Rechts ausstellen. Dies muss nicht unbedingt das Recht sein, welches aus deutscher Sicht anzuwenden wäre. Insoweit führt die zusätzliche Beachtung der ausländischen Perspektive zur Verhinderung aus deutscher Sicht wirksamer und nur aus Sicht des Heimatstaats unwirksamer Ehen (sog. **hinkende Ehen**).[187] Freilich ist dieses Argument an dieser Stelle höchst irreführend: Besteht das Ehehindernis aus der Sicht des Heimatstaates wie auch zugleich aus deutscher Sicht, wäre die Ehe auch aus deutscher Sicht nichtig, eine hinkende Ehe entstände nicht; besteht das Hindernis nur aus ausländischer, nicht aber aus deutscher Sicht, muss der Standesbeamte die Ehe auf Antrag der Eheleute dennoch schließen, auch wenn sie nach dem Heimatrecht nichtig wäre, denn er ist nur an das deutsche Recht – bzw. das aus deutscher Sicht anwendbare ausländische Recht – gebunden. Eine Rechtsgrundlage für die Beachtung von Ehehindernissen, die sich aus einem aus deutscher Sicht nicht anwendbaren Recht ergeben, gibt es nicht. Aus Art. 13 Abs. 2 EGBGB folgt vielmehr das Gegenteil.

134 In vielen Fällen klappt es mit dem Ehefähigkeitszeugnis nicht, z.B. weil die Heimatbehörden keine entsprechenden Zeugnisse ausstellen.[188] Zu diesen Staaten gehört die Mehrzahl der Staaten, z.B. auch Frankreich. In diesem Fall ist beim Präsidenten des OLG eine **Befreiung** vom Erfordernis der Vorlage des **Ehefähigkeitszeugnisses** zu beantragen.

135 **Hinweis:** Wer sich den damit verbundenen Aufwand an Bürokratie und Zeit sparen will, heiratet im Ausland. Dies erklärt, wieso so viele Ehen zwischen Deutschen und vor der Abschiebung stehenden Ausländern in **Dänemark** geschlossen werden (sog. **Tondern-**

---

183 Staudinger/*Mankowski*, 2010, Art. 13 EGBGB Rn 758.

184 Ehefähigkeitszeugnisse, die von einem der Vertragsstaaten nach dem Muster der Übereinkommen der Internationalen Kommission für das Zivil- und Personenstandswesen (CIEC) vom 5.9.1980 über die Ausstellung von mehrsprachigen Ehefähigkeitszeugnissen (BGBl 1997 II, 1086) ausgestellt werden, sind in Deutschland von Legalisation und Apostille befreit. Vertragsstaaten sind außer Deutschland auch Italien, Luxemburg, die Niederlande, Österreich, Portugal, Schweiz, Spanien und die Türkei. Es fehlt aber z.B. Frankreich.

185 International erfolgt die Ausstellung auf der Basis des vorgenannten CIEC-Abkommens vom 5.9.1980.

186 H.M., siehe z.B. BT-Drucks 13/4898, S. 15; Palandt/*Brudermüller*, 71. Aufl. 2011, § 1309 BGB Rn 6; *Hepting*, FamRZ 1998, 718. A.A.: NK-BGB/*Andrae*, 2. Aufl. 2012, Art. 13 EGBGB Rn 152; Palandt/*Thorn*, 71. Aufl. 2011, Art. 13 EGBGB Rn 22.

187 Vgl. Palandt/*Brudermüller*, 71. Aufl. 2011, § 1309 BGB Rn 2.

188 Aufstellung der Staaten, die entsprechende Zeugnisse ausstellen, in Nr. 166 der Dienstanweisung für Standesbeamte.

Ehen). Die Ehe ist dann als nach der Ortsform gültig geschlossen im Inland anzuerkennen. Die Umgehung des § 1309 BGB wird anerkannt.[189]

b) Eheschließung nach „Auslandsform" im Inland

Unter besonderen Voraussetzungen ist auch im Inland die Eheschließung in der vom Heimatrecht der Eheleute bzw. eines von ihnen vorgesehenen Form möglich. Art. 13 Abs. 3 S. 2 EGBGB lässt die Eheschließung vor einer zur Eheschließung nach dem Recht eines der Heimatstaaten der Eheleute ordnungsgemäß ermächtigten Person zu, wenn **keiner der Verlobten Deutscher** (auch kein ausländisch-deutscher Mehrstaater) ist.

Beispiel: Hierfür sind zunächst die konsularischen Eheschließungen (z.B. von in Deutschland lebenden Türken) anzuführen. Es sind aber auch Eheschließungen durch die Archimandriten der griechisch-orthodoxen Kirche,[190] spanische und italienische Geistliche oder den Pastor der schwedischen Seemannskirche[191] möglich. Die Heirat eines englischen Soldaten mit seiner deutschen Verlobten vor dem britischen Truppenoffizier ist in Deutschland allerdings Nicht-Ehe, da hier schon die Voraussetzung verletzt ist, dass keiner der Verlobten Deutscher sein darf.

Die Befugnis zur Vornahme von Eheschließungen setzt zunächst die allgemeine gesetzliche Ermächtigung nach dem Recht des Heimatstaates der **Trauungsperson** voraus. Daneben müssen die entsprechenden in Deutschland tätigen Personen aber auch offiziell durch die Regierung des ausländischen Staates den zuständigen deutschen Regierungsstellen notifiziert werden.[192]

Der **Nachweis** einer ordnungsgemäßen Eheschließung erfolgt gem. Art. 13 Abs. 3 S. 2 Hs. 2 EGBGB durch eine beglaubigte Abschrift der Eintragung in das ausländische Standesregister, das von der dazu ermächtigten Person geführt wird. Die ordnungsgemäße Ermächtigung des im Inland trauenden Geistlichen kann man beim Bundesverwaltungsamt in Köln erfahren.[193]

3. Konsularische Eheschließung Deutscher im Ausland

Eine Sonderform der Eheschließung war die konsularische Eheschließung. Gemäß § 8 Abs. 1 S. 1 KonsG konnte der deutsche Konsul in bestimmten Konsularbezirken die Eheschließung vornehmen, wenn mindestens einer der Nupturienten Deutscher und keiner von ihnen Angehöriger des Empfangsstaates ist. Diese Vorschrift wurde allerdings zum 1.1.2009 durch das Personenstandsreformgesetz (PStRG)[194] aufgehoben, so dass deutsche Konsuln nunmehr im Ausland nicht mehr zur Trauung befugt sind.[195]

Marginal numbers: 136, 137, 138, 139

---

189 Insoweit aus zivilrechtlicher Sicht unzutreffend daher OVG Münster FamRZ 2007, 1553.
190 Zu dem Fall eines nicht ermächtigten griechisch-orthodoxen Geistlichen BGH NJW-RR 2003, 850 = JuS 2003, 921 m. Anm. *Hohloch.*
191 Hierzu AG Hamburg FamRZ 2000, 821.
192 BGHZ 43, 213; BGH NJW 1980, 1229; Staudinger/*Mankowski*, 2010, Art. 13 EGBGB Rn 642. Ausf. hierzu Fachausschuss, StAZ 2005, 111 bei einer Eheschließung in einem Islamischen Zentrum in Deutschland.
193 *Hohloch*, JuS 2000, 1024 – Bundesverwaltungsamt, Referat III B 2, 50728 Köln.
194 Vom 19.2.2007 (BGBl I, 122).
195 Erman/*Hohloch*, 14. Aufl. 2014, Art. 13 EGBB Rn 60.

Süß

IV. Auswirkungen von Mängeln der Eheschließung

140   Nicht nur die materiellen Ehevoraussetzungen ergeben sich aus dem gem. Art. 13 Abs. 1 EGBGB bestimmten Recht, auch die Auswirkungen ihres Fehlens auf die Ehe. Gelten für die Verlobten verschiedene Rechte, so entscheidet das „**verletzte Recht**" darüber, welche Folgen sich aus dem Verstoß ergeben (also z.B. *ipso iure*-Nichtigkeit, Anfechtbarkeit, gerichtliche Aufhebbarkeit). Sind beide Rechte verletzt, so entscheidet das Recht, welches die schärferen Auswirkungen auf den Bestand der Ehe anordnet (das „**ärgere Recht**"). Es gilt für die Aufhebung einer solchen Ehe also auch dann, wenn sie konstitutiv ist, das Eheschließungs- und nicht das Scheidungsstatut.

141   Umstritten ist, inwieweit ein **Wechsel der Staatsangehörigkeit** der Eheleute dazu führen kann, dass eine nach dem Heimatrecht der Eheleute bei Eheschließung nichtige Ehe später, also unter Zugrundelegung des neuen Heimatrechts der Eheleute, als wirksam behandelt werden kann. Das Problem wird unter dem Sichtwort „Heilung durch Statutenwechsel" behandelt.[196] Der Wortlaut von Art. 13 Abs. 1 EGBGB schließt einen solchen Statutenwechsel aus, indem die Umstände zur Zeit der Eheschließung entscheiden (Unwandelbarkeit).[197]

142   Die Folgen der **Verletzung von Formerfordernissen** unterliegen dem **Eheschließungs-Formstatut**. Dies ist bei einer Eheschließung im Inland das deutsche Recht (siehe Rdn 127). Bei einer Eheschließung im Ausland geraten das Ortsrecht auf der einen Seite und das Heimatrecht der Eheleute (bei unterschiedlicher Staatsangehörigkeit beide Rechte kumulativ) auf der anderen Seite in Anwendung. Hier setzt sich das Günstigkeitsprinzip in der Weise fort, dass bei Verletzung eines der beiden Rechte die Ehe nach dem anderen Recht wirksam ist; bei Verletzung beider Rechte gilt nicht das „ärgere Recht", sondern das „**mildere Recht**", also von beiden Alternativen diejenige Rechtsordnung, die für den Bestand die weniger einschneidenden Wirkungen hat.

143   Im deutschen Sachrecht ist dabei § 1310 Abs. 3 BGB zu beachten. Diese Vorschrift ist vor allem für die Heilung wegen Formverstoßes unbeachtlicher Nichtehen von Ausländern oder ausländisch-deutschen Paaren gedacht.[198] Eine **Heilung der formnichtigen Ehe** kommt danach zustande, wenn die Eheleute vor einer unzuständigen Person erklärt haben, die Ehe eingehen zu wollen, mindestens 10 Jahre lang als Eheleute miteinander gelebt haben und zugleich ein formaler Vertrauenstatbestand durch den Standesbeamten gesetzt worden ist (Eintragung der Eheschließung in das Heiratsbuch, in das Familienbuch oder anlässlich der Beurkundung der Geburt eines Kindes in das Geburtenbuch etc.).

144   Soweit für die Anfechtung bzw. Nichtigerklärung der Ehe eine **gerichtliche Entscheidung** erforderlich ist, gelten für die **internationale Zuständigkeit** der Gerichte bzw. die **Anerkennung** ausländischer gerichtlicher Entscheidungen die gleichen Regeln wie für die Scheidung (siehe Rdn 262). Insbesondere ist insoweit vorrangig die Brüssel IIa-VO zu beachten, hilfsweise gelten die „autonomen" Vorschriften in § 98 FamFG.

---

196   Vgl. z.B. *Siehr*, IPRax 1987, 19.
197   Siehe z.B. *Rauscher*, Internationales Privatrecht, 3. Aufl. 2009, Rn 690; *Kegel/Schurig*, Internationales Privatrecht, 9. Aufl. 2004, S. 808; *Voit*, „Heilung durch Statutenwechsel" im internationalen Eheschließungsrecht, 1997.
198   So RegBegr., BT-Drucks 13/4898, S. 17.

V. Verlöbnis

Das auf die Begründung des Verlöbnisses **anwendbare Recht** ist gesetzlich nicht bestimmt. Es wird in Deutschland weit überwiegend durch eine entsprechende Anwendung der eherechtlichen Kollisionsnormen (**Art. 13 Abs. 1 EGBGB analog**) angeknüpft.   145

Für die **materiellen Voraussetzungen** gilt auf Seiten der Verlobungswilligen ihr jeweiliges Personalstatut, regelmäßig also ihr Heimatrecht.[199] Gehören die Beteiligten verschiedenen Staaten an, sind also mehrere Rechtsordnungen nebeneinander zu beachten, sollte es nicht schon durch Rück- oder Weiterverweisung auf beiden Seiten zur Geltung desselben Rechts kommen.   146

Hinweis: Problematisch ist hier der Fall, dass das für einen der beiden Beteiligten geltende Recht **kein Verlöbnis mehr kennt** – wie dies z.B. in den vormals sozialistischen Rechtsordnungen regelmäßig weiterhin der Fall ist. Überwiegend nimmt man an, das Zustandekommen werde hierdurch nicht gehindert.[200]   147

Für die **Formwirksamkeit** des Verlöbnisses gilt das allgemeine Formstatut aus Art. 11 Abs. 1–3 EGBGB. Hier kommt Art. 13 Abs. 3 EGBGB auch nicht analog zur Anwendung.[201]   148

Was die **Folgen des Verlöbnisbruchs**, also insbesondere den berüchtigten **Kranzgeldanspruch** und andere Ansprüche bei Beendigung des Verlöbnisses angeht, so ist die Rechtslage weniger eindeutig.[202] Die Rspr. wendet das Heimatrecht des in Anspruch Genommenen an.[203] Das ist unausgewogen, denn so könnte bei unterschiedlicher Staatsangehörigkeit der Verlobten u.U. der eine straffrei das Verlöbnis brechen, während der andere bei Bruch desselben Verlöbnisses nach seinem Heimatrecht zahlen müsste. Es wären also im Wege der „Angleichung" dann die Folgen stets auf das Niveau des Heimatrechts des Anspruchstellers abzusenken. In der Lehre wird daher vielfach für die Anwendung des am gewöhnlichen Aufenthalt der Beteiligten geltenden Rechts plädiert.[204] Für die Anwendbarkeit des Aufenthaltsrechts gibt es gute Gründe, denn dies ist das „Umweltrecht" der Beteiligten. Freilich müsste man, wenn man sich diesen Argumenten anschlösse, auch für die allgemeinen Folgen einer Ehe – vor der Anknüpfung an die Staatsangehörigkeit – das gemeinsame Aufenthaltsrecht vorziehen. Art. 14 Abs. 1 Nr. 1 EGBGB gibt aber hier einer gemeinsamen Staatsangehörigkeit den Vorrang. Diese Abwägung des Gesetzgebers zwischen Heimatrecht und Aufenthaltsrecht sollte man auch für das Verlöbnis, welches ja in die Ehe einmünden soll,   149

---

199 BGHZ 28, 375; *v. Bar*, Internationales Privatrecht II, 1991, Rn 111; *Henrich*, Internationales Familienrecht, 2. Aufl. 2000, S. 42; *Kropholler*, Internationales Privatrecht, 6. Aufl. 2004, S. 341.

200 *Henrich*, Internationales Familienrecht, 2. Aufl. 2000, S. 43; Staudinger/*Mankowski*, 2010, Anh. Art. 13 EGBGB Rn 13; NK-BGB/*Andrae*, 2. Aufl. 2012, Anh. I zu Art. 13 EGBGB Rn 8; Erman/*Hohloch*, 14. Aufl. 2014, Vor Art. 13 EGBGB Rn 5.

201 BGHZ 28, 375; *Henrich*, Internationales Familienrecht, 2. Aufl. 2000, S. 42; *Kropholler*, Internationales Privatrecht, 6. Aufl. 2004, S. 341.

202 *Mankowski* zählt hier zehn „Theorien" auf (Staudinger/*Mankowski*, 2010, Anh. Art. 13 EGBGB Rn 24).

203 BGHZ 132, 105; bestätigt durch BGH, Urt. v. 13.4.2005 – XII ZR 296/00, FamRBint 2005, 77; BGHZ 28, 378; vgl. auch *Kegel/Schurig*, Internationales Privatrecht, 9. Aufl. 2004, S. 795; *Rauscher*, Internationales Privatrecht, 3. Aufl. 2009, Rn 716.

204 NK-BGB/*Andrae*, 2. Aufl. 2012, Anh. I zu Art. 13 EGBGB Rn 178; *Henrich*, Internationales Familienrecht, 2. Aufl. 2000, S. 43; Erman/*Hohloch*, 14. Aufl. 2014, Vor Art. 13 EGBGB Rn 13.

Süß

respektieren. Überzeugend ist daher die entsprechende Anwendung von Art. 14 Abs. 1 EGBGB.[205]

150 **Rückverweisungen** sind auch hier uneingeschränkt zu beachten, z.b. wenn das ausländische Recht auch bei gemeinsamer Staatsangehörigkeit der Beteiligten vorrangig das Aufenthaltsrecht gelten lässt.

151 **Hinweis:** Eine kollisionsrechtliche Spezialität ergibt sich, wenn im ausländischen Heimatrecht der Verlobten (wie beispielsweise im französischen) die Folgen des Verlöbnisbruchs nicht nur materiell als unerlaubte Handlung behandelt werden, sondern auch kollisionsrechtlich deliktsrechtlich qualifiziert werden. Hier folgt dann bei gewöhnlichem Aufenthalt der Verlobten in Deutschland aus der deliktsrechtlichen Kollisionsnorm im ausländischen Heimatrecht der Verlobten regelmäßig die Verweisung auf das deutsche Tatortrecht. Auch ein solcher **Renvoi kraft abweichender Qualifikation** führt aus deutscher Sicht gem. Art. 4 Abs. 1 S. 2 EGBGB zur Geltung deutschen Verlöbnisrechts.[206]

C. Allgemeine Wirkungen der Ehe

I. Das allgemeine Ehewirkungsstatut

1. Objektive Bestimmung des allgemeinen Ehewirkungsstatuts

152 Das auf die allgemeinen Ehewirkungen anwendbare Recht bestimmt Art. 14 EGBGB. Eine vorrangige Abkommensvorschrift ergibt sich hier allein aus Art. 8 Abs. 3 des **deutsch-persischen Niederlassungsabkommens** (siehe Rdn 14). Praktische Auswirkungen ergeben sich hieraus allerdings nicht, da das Abkommen auf das Heimatrecht verweist und nach allgemeiner Ansicht nur einschlägig ist, wenn beide Eheleute ausschließlich iranische Staatsangehörige sind.[207]

153 Bis zur Neuregelung des IPR im Jahre 1986 wurde das auf die allgemeinen Ehewirkungen anwendbare Recht entsprechend dem Staatsangehörigkeitsprinzip an die gemeinsame Staatsangehörigkeit der Eheleute, hilfsweise – also bei unterschiedlicher Staatsangehörigkeit – an die des Ehemannes angeknüpft.[208] Da dies mit Art. 3 Abs. 2 GG nicht vereinbar war, wurde eine Prüfung in Stufen geschaffen (**Kegel'sche Leiter**).[209] Hiernach ist im Wege der **Kaskadenanknüpfung** ausgehend von der ersten Stufe an zu prüfen, ob die Kollisionsnorm der jeweils vorrangigen Stufe zu einem Ergebnis führt. Ist dies nicht der Fall, greift die jeweils subsidiäre nächstniedrigere Stufe ein. Bei genauerer Ausdifferenzierung des Art. 14 Abs. 1 EGBGB stellt sich diese Stufenanknüpfung wie folgt dar:

---

205 *Mankowski*, IPRax 1997, 179; *Kropholler*, Internationales Privatrecht, 6. Aufl. 2004, S. 341; ebenso auch LG Berlin FamRZ 1990, 198; LG Krefeld FamRZ 1990, 1351.

206 Vgl. MüKo-BGB/*von Hein*, 6. Aufl. 2015, Art. 4 EGBGB Rn 70; Erman/*Hohloch*, 14. Aufl. 2014, Vor Art. 13 EGBGB Rn 14; i.E. auch Staudinger/*Mankowski*, 2010, Anh. Art. 13 EGBGB Rn 36 ff. – allerdings dort als „Qualifikationsrückverweisung" bezeichnet.

207 Vgl. NK-BGB/*Andrae*, 2. Aufl. 2012, Art. 14 EGBGB Rn 1. Da die Genfer Flüchtlingskonvention Vorrang vor dem Niederlassungsabkommen hat, gilt dieses darüber hinaus auch dann nicht, wenn einer der Beteiligten Flüchtling ist und daher sein Personalstatut sich nicht nach seiner iranischen Staatsangehörigkeit bestimmt (BGH NJW 1990, 636).

208 Vgl. nur BGH NJW 1965, 552.

209 Vgl. *Kegel*, Internationales Privatrecht, 5. Aufl. 1985, 478 ff.

1. Stufe: Das gemeinsame Personalstatut der Eheleute (Art. 14 Abs. 1 Nr. 1 Fall 1 EGBGB). Das Gesetz spricht von dem „Recht des Staates, dem beide Eheleute angehören", also dem **gemeinsamen Heimatrecht**. Diese Formulierung ist jedoch irreführend. Zunächst ist zu beachten, dass bei einem **Mehrstaater** nur die gem. Art. 5 Abs. 1 EGBGB maßgebliche Staatsangehörigkeit berücksichtigt werden darf.[210] Dabei wird eine durch Eheschließung vom Ehegatten erworbene Staatsangehörigkeit nicht unbedingt schon sofort die effektive sein.[211]

Beispiel: Heiratet also eine Deutsche einen Schweizer und wird sie daraufhin Schweizer Bürgerin, so gilt sie für die Anknüpfung gem. Art. 5 Abs. 1 S. 2 EGBGB aus deutscher Sicht weiterhin ausschließlich als Deutsche. Die Anknüpfung auf dieser ersten Stufe scheitert.[212] Die Eheleute können aber zumindest für die Wirkungen der Ehe das Schweizer Recht gem. Art. 14 Abs. 2 EGBGB (siehe Rdn 167) wählen.

Wird bei einem oder beiden Eheleuten die Anknüpfung an die Staatsangehörigkeit verdrängt (z.B. bei **Flüchtlingen** i.S.d. Genfer Flüchtlingskonvention und bei Asylberechtigten), so gilt bei ihnen das an ihrem gewöhnlichen Aufenthalt geltende Recht als Heimatrecht (vgl. Rdn 90). Bei Staatenlosen kann nicht sofort auf die Aufenthaltsanknüpfung in Art. 14 Abs. 1 Nr. 2 EGBGB zurückgegriffen werden. Vielmehr ist auch hier zunächst die Staatsangehörigkeit im Rahmen von Art. 14 Abs. 1 Nr. 1 EGBGB durch das gem. Art. 5 Abs. 2 EGBGB bzw. die Staatenlosenkonvention ermittelte Personalstatut zu ersetzen.

2. Stufe: Das letzte gemeinsame Personalstatut der Eheleute (Art. 14 Abs. 1 Nr. 1 Fall 2 EGBGB). Hat einer der Eheleute die Staatsangehörigkeit nach der Eheschließung gewechselt, seine alte Staatsangehörigkeit verloren oder ist wegen Flüchtlingseigenschaft auf andere Weise nach der Eheschließung ein Wechsel des Personalstatuts eingetreten, bleibt das davor geltende gemeinsame Personalstatut der Eheleute weiterhin anwendbar (**Trägheitsgrundsatz**). Es verliert seine Geltung erst dann, wenn auch der andere Ehegatte das vormals gemeinsame Personalstatut aufgibt. Dann gilt entweder ein neues gemeinsames Personalstatut (Abs. 1 Nr. 1 Fall 1) oder die Anknüpfung an den gewöhnlichen Aufenthalt (3. Stufe, siehe Rdn 158) kommt zum Zuge.

Hinweis: Diese 2. Stufe wird in der Praxis leicht übersehen. Sie führt dazu, dass für in Deutschland lebende Eheleute unterschiedlicher Staatsangehörigkeit nicht das Recht des deutschen Aufenthalts (Art. 14 Abs. 1 Nr. 2 EGBGB), sondern ausländisches Eherecht gilt. Das gilt z.B. wenn von zwei ursprünglich türkischen Eheleuten der eine erst nach der Eheschließung die deutsche Staatsangehörigkeit erworben hat.[213] Freilich kann es in diesem Fall letztlich dennoch zur Geltung deutschen Eherechts kommen, wenn nämlich das ausländische ehemalige Heimatrecht bei der Anknüpfung des Ehewirkungsstatuts diese Zwischenstufe nicht kennt und daher auf das deutsche Aufenthaltsrecht verweist, so dass deutsches Recht kraft Rückverweisung zur Anwendung gelangt.[214]

3. Stufe: Das am gewöhnlichen Aufenthalt beider Eheleute geltende Recht (Art. 14 Abs. 1 Nr. 2 Fall 1 EGBGB). Der gewöhnliche Aufenthalt der Eheleute bestimmt sich nach den

---

210 Vgl. AG Freiburg FamRZ 2002, 888: Libanesischer Ehemann und libanesisch-französische Ehefrau mit effektiver französischer Staatsangehörigkeit. Es gilt deutsches Recht, da die Eheleute hier ihren gewöhnlichen Aufenthalt haben.

211 *Kropholler*, Internationales Privatrecht, 6. Aufl. 2004, S. 347.

212 BGH FamRZ 1994, 434; *Dethloff*, JZ 1995, 67.

213 Vgl. OLG Düsseldorf OLG-Report 2005, 40; LG Hamburg FamRZ 1999, 254.

214 So OLG Frankfurt IPRax 2005, 353; OLG Düsseldorf OLG-Report 2005, 40; *Odendahl*, IPRax 2005, 320.

allgemeinen Regeln (siehe Rdn 40). Zu beachten ist, dass die Eheleute nicht unbedingt einen gemeinsamen Aufenthalt haben oder gehabt haben müssen. Es genügt, dass dieser jeweils irgendwo im selben Staat liegt (die deutsche Ehefrau in Hamburg, ihr polnischer Ehemann in Frankfurt/Oder). Ziehen Eheleute mit unterschiedlichem Personalstatut gemeinsam in einen anderen Staat, wechselt das Ehewirkungsstatut mit Wirkung *ex nunc*. Es tritt ein Statutenwechsel ein.

159 **4. Stufe:** Das am letzten gewöhnlichen Aufenthalt beider Eheleute geltende Recht (Art. 14 Abs. 1 Nr. 2 Fall 2 EGBGB). Auch bei der Anknüpfung an den gewöhnlichen Aufenthalt gilt der „**Trägheitsgrundsatz**" und bleibt die Kontinuität erhalten: Heiraten eine Engländerin und ein Franzose, die in Deutschland leben, so gilt das deutsche Recht weiter, auch wenn der Ehemann nach Scheitern der Ehe nach Frankreich zurückkehrt. Kehrt allerdings auch die Ehefrau in ihre Heimat zurück, entfällt die Anknüpfung an den ehemals gemeinsamen gewöhnlichen Aufenthalt. Diese kann dann allenfalls über Art. 14 Abs. 1 Nr. 3 EGBGB – 5. Stufe – noch Bedeutung behalten.

160 **5. Stufe:** Das Recht des Staates, mit dem beide Eheleute auf andere Weise am engsten verbunden sind (Art. 14 Abs. 1 Nr. 3 EGBGB). Hauptanwendungsfall für diese letzte Stufe ist, dass die Eheleute bei Heirat noch nicht im selben Staat leben, sondern erst später zusammenziehen wollen, z.B. weil die Ehefrau vor der Heirat noch nicht ihre Heimat verlassen will oder kann. Bisweilen kommt es auch vor, dass Personen im vorgerückten Alter eine „grenzüberschreitende Wochenendehe" schließen und jeder seinen Wohnsitz beibehält.

161 Die **Schwerpunktfindung** erfolgt in einer Betrachtung sämtlicher Aspekte des Einzelfalls. Dies wird noch dadurch betont, dass der Gesetzgeber auf jegliche Beispiele oder Anhaltspunkte (wie z.B. Eheschließungsort) für die Bewertung der einzelnen Faktoren verzichtet hat. Regelmäßig wird nicht ein Faktor alleine den Ausschlag geben, sondern der Umstand, dass auf beiden Seiten verschiedene Umstände zu einem bestimmten Recht führen (*grouping of contacts*).[215] In der Gesetzesbegründung wurde eine Vielzahl von möglichen Faktoren genannt, wie der gemeinsame schlichte Aufenthalt (der freilich nicht nur vorübergehend – wie ein Urlaubsaufenthalt – sein darf), ein letzter gemeinsamer gewöhnlicher Aufenthalt, der nicht mehr über Art. 14 Abs. 1 Nr. 2 Fall 2 EGBGB berücksichtigt werden kann, weil ihn auch der andere Ehegatte aufgegeben hat, eine beabsichtigte gemeinsame Staatsangehörigkeit und schließlich auch der Eheschließungsort – sofern er nicht rein zufällig gewählt wurde. Von Bedeutung können hier gemeinsame Sprache, gemeinsame Kultur, gemeinsame Herkunft sowie soziale Bindungen durch berufliche Tätigkeit etc. sein; in den meisten Fällen stellen die Gerichte zu Recht darauf ab, **in welchem Land die Eheleute die Ehe führen** wollen.[216] Das ist insbesondere dann zielweisend, wenn einer der Eheleute Angehöriger dieses Staates ist oder dort eine Berufstätigkeit ausübt, die dem Paar und später der Familie den Lebensunterhalt gewährleisten soll. Die Fälle, in denen die Eheleute weder bei noch nach der Eheschließung einen gewöhnlichen Aufenthalt in demselben Land begründen wollen, sind schwierig zu lösen, kommen aber nur selten vor.

162 Das **subsidiäre** Zurückgreifen auf das **Sachrecht** der *lex fori* ist äußerst kritisch zu beurteilen, zumal die Verbundenheit zum Gerichtsstaat nicht eine gemeinsame sein muss, sondern vom Kläger einseitig – gerade auch im Hinblick auf die Erschleichung eines bestimmten Rechtsanwendungsergebnisses – geschaffen werden kann.[217]

---

215 Vgl. die Entscheidung BGH NJW 1993, 2047, 2049.
216 OLG Köln FamRZ 1998, 1590; AG Hannover FamRZ 2000, 1576.
217 Vgl. *Spickhoff*, JZ 1993, 341 f.

2. Beachtlichkeit von Rück- und Weiterverweisungen

Auch im Rahmen einer Verweisung nach Art. 14 Abs. 1 EGBGB sind Rück- und Weiterverweisung des ausländischen Rechts gem. Art. 4 Abs. 1 EGBGB grundsätzlich zu beachten. Freilich ergeben sich hier **zwei Zweifelsfragen:** 163

Ergibt sich die Rück- oder Weiterverweisung im ausländischen IPR aus einer einseitigen Anknüpfung an die Staatsangehörigkeit oder ein anderes Merkmal allein des Ehemannes, stellt sich die Frage, ob diese **gleichheitswidrig angeknüpfte Verweisung** beachtlich ist oder gegen Art. 6 EGBGB verstößt.[218] Überwiegend wird die Beachtlichkeit der Rückverweisung bejaht, da die Geltung deutschen Rechts die Ehefrau nicht im Ergebnis benachteilige (siehe Rdn 108).[219] Freilich kann sich eine Benachteiligung u.U. unabhängig vom Inhalt des Rechts schon daraus ergeben, dass sie sich nach einem Recht richten muss, zu dem die Ehefrau u.U. keinerlei tatsächliche Beziehungen hat. 164

Das zweite Problem ergibt sich nach einer Verweisung aufgrund von Art. 14 Abs. 1 Nr. 3 EGBGB. Hier wird teilweise die Ansicht vertreten, eine Rück- oder Weiterverweisung dürfe nach Ermittlung der **engsten Verbindung** nicht mehr beachtet werden. Sie laufe der gesetzgeberischen Wertung zuwider, das für den konkreten Fall sachnächste Recht zur Anwendung zu bringen, und sei daher „sinnwidrig" i.S.v. Art. 4 Abs. 1 S. 1 Hs. 2 EGBGB.[220] Des Rätsels Lösung ergibt sich hier m.E. bereits aus einer genauen Lektüre der Vorschrift: Maßgeblich ist das Recht des Staates, mit dem die Eheleute *auf andere Weise* am engsten verbunden sind. Dies macht deutlich, dass auch die Anknüpfung an die gemeinsame Staatsangehörigkeit und den gemeinsamen gewöhnlichen Aufenthalt in Art. 14 Abs. 1 Nr. 1 und 2 EGBGB das Ziel verfolgen, das Recht zu bestimmen, mit dem die Eheleute am engsten verbunden sind. Greifen diese typisierten Tatbestände nicht durch, muss sich der Rechtsanwender selber auf die Suche nach dem angemessenen Anknüpfungspunkt machen. Da dieser regelmäßig eine weniger enge Verbindung als die gemeinsame Staatsangehörigkeit etc. indizieren wird, sollte man hier – mit der zunehmend vertretenen Ansicht – „erst recht" die Rückverweisung befolgen.[221] 165

---

218 Verfehlt ist es in diesem Zusammenhang, die Unbeachtlichkeit der Rückverweisung an Art. 4 Abs. 1 „Sinn der Verweisung" festzumachen (so z.B. BGH NJW 1988, 638), denn eine Rückverweisung beruht immer darauf, dass der Kollisionsnorm des anwendbaren Rechts abweichende Grundsätze zugrunde liegen, so dass es zu einer abweichenden Verweisung kommt.

219 Z.B. NK-BGB/*Andrae*, 2. Aufl. 2012, Art. 14 EGBGB Rn 55; anders Erman/*Hohloch*, 14. Aufl. 2014, Art. 14 EGBGB Rn 8.

220 *Henrich*, Internationales Familienrecht, 2. Aufl. 2000, S. 63; Erman/*Hohloch*, 14. Aufl. 2014, Art. 14 EGBGB Rn 6.

221 So auch *v. Bar*, Internationales Privatrecht II, 1991, Rn 208; Staudinger/*Hausmann*, Art. 4 EGBGB Rn 103, 177; *Kropholler*, Internationales Privatrecht, 6. Aufl. 2004, S. 348; Bamberger/Roth/*Lorenz*, 3. Aufl. 2012, Art. 4 EGBGB Rn 8; *Rauscher*, NJW 1988, 2151; MüKo-BGB/*von Hein*, 6. Aufl. 2015, Art. 4 EGBGB Rn 32; Soergel/*Schurig*, 12. Aufl. 1996, Art. 14 EGBGB Rn 70; Palandt/*Thorn*, 75. Aufl. 2015, Art. 14 EGBGB Rn 3, 9, Art. 4 EGBGB Rn 8.

3. Möglichkeiten der Rechtswahl

166   Art. 14 EGBGB enthält **drei außergewöhnliche Konstellationen**, in denen eine Rechtswahl möglich ist:[222]

167   **Konstellation 1:** Haben die Eheleute zwar eine Staatsangehörigkeit gemeinsam, kann diese aber über Art. 14 Abs. 1 Nr. 1 EGBGB nicht berücksichtigt werden, z.B. weil ein oder beide Ehegatten daneben auch die deutsche Staatsangehörigkeit haben[223] oder weil die gemeinsame Staatsangehörigkeit wegen schwächerer Verbindung zu diesem Staat gem. Art. 5 Abs. 1 S. 2 EGBGB nicht berücksichtigt werden kann (**Mehrstaater**), so können die Eheleute durch ehevertragliche Vereinbarung Art. 5 Abs. 1 EGBGB insoweit ausschalten und das Recht dieses Staates wählen, auch wenn diese Staatsangehörigkeit auf Seiten eines Ehegatten nicht seine „effektive" Staatsangehörigkeit darstellt (Art. 14 Abs. 2 EGBGB).

168   **Konstellation 2:** Haben die Eheleute keine gemeinsame Staatsangehörigkeit i.S.v. Art. 14 Abs. 1 Nr. 1 EGBGB und ist zugleich keiner von ihnen Angehöriger des Staates, in dem sie beide ihren gewöhnlichen Aufenthalt haben, so können sie eines ihrer Heimatrechte wählen (Art. 14 Abs. 3 Nr. 1 EGBGB). Anlass für diese Wahlmöglichkeit sind vor allem die Fälle des **kulturellen Gefälles:** Heiraten eine Tunesierin und ein Algerier in Deutschland und sind sie beide Moslems, mag ihr Interesse darauf gerichtet sein, eher im maghrebinischen Rechtskreis und unter der Herrschaft des islamischen Rechts zu verbleiben, als dass für sie – trotz gemeinsamer Sprache und Kultur – unerwarteterweise das deutsche Recht gilt. Ähnlich wird es einem Deutschen und seiner österreichischen Verlobten ergehen, die beide für eine Ölfirma in Saudi Arabien arbeiten und nicht der Shariah unterfallen wollen.

169   **Konstellation 3:** Sie können auch eines ihrer Heimatrechte wählen, wenn sie keine gemeinsame Staatsangehörigkeit i.S.v. Art. 14 Abs. 1 Nr. 1 EGBGB haben und zugleich keinen gewöhnlichen Aufenthalt im selben Staat haben (Art. 14 Abs. 3 Nr. 2 EGBGB – **Distanzehe**). Haben die Eheleute bei Eheschließung noch keinen gewöhnlichen Aufenthalt im selben Staat, wollen sie einen solchen aber baldmöglichst nach Eheschließung begründen, mag dies bereits über Art. 14 Abs. 1 Nr. 3 EGBGB zur Geltung dieses Rechts führen. In manchen Fällen – regelmäßig bei Eheleuten in fortgeschrittenerem Alter ohne Absicht zur Familiengründung – ist aber ein dauerhaftes Zusammenziehen gar nicht gewollt (Beispiel: italienischer Tenor mit Engagement in München heiratet russische Ballerina mit Engagement in Wien). Hier ist die Schwerpunktfindung nach Art. 14 Abs. 1 Nr. 3 EGBGB zu schwach, so dass eine Rechtswahl der Beteiligten wünschenswert ist.

170   Die Rechtswahl muss bei Vornahme im **Inland notariell beurkundet** werden (Art. 14 Abs. 4 S. 1 EGBGB). Darüber hinaus wird in der Literatur überwiegend auch die Einhaltung der weiteren Erfordernisse des BGB für den Abschluss eines Ehevertrages verlangt – z.B. die gleichzeitige Anwesenheit beider Eheleute vor dem Notar.[224] Wird die Rechtswahl im **Ausland** vorgenommen, muss sie die **Form eines Ehevertrages** einhalten, und zwar entweder nach der am Abschlussort stipulierten Ehevertragsform oder (alternativ) nach der vom gewählten Recht verlangten Form (Art. 14 Abs. 4 S. 2 EGBGB). Die Rechtswahl kann

---

222 Sind beide Eheleute iranische Staatsangehörige, so ist das deutsch-iranische Niederlassungsabkommen vorrangig anwendbar (siehe Rdn 9), welches eine Rechtswahl nicht anerkennt. Allerdings ist bei übereinstimmender Staatsangehörigkeit der Eheleute ohnehin auch schon nach Art. 14 Abs. 3 EGBGB die Rechtswahl ausgeschlossen.
223 S. OLG Karlsruhe OLG-Report 2006, 260.
224 *V. Bar,* Internationales Privatrecht II, 1991, Rn 201; Palandt/*Thorn,* 71. Aufl. 2011, Art. 14 EGBGB Rn 14; Staudinger/*Mankowski,* 2010, Art. 14 EGBGB Rn 120; a.A. *Ferid/Böhmer,* Internationales Privatrecht, 3. Aufl. 1986, Rn 8–87.

jederzeit vorgenommen und geändert werden – vorausgesetzt, dass die in Art. 14 Abs. 2 oder 3 EGBGB genannten Voraussetzungen zum Zeitpunkt der Rechtswahl vorliegen. Treten die Voraussetzungen für die Wirksamkeit der Rechtswahl erst später ein, kann die Rechtswahl dennoch schon vorher vorsorglich für diesen Fall getroffen werden.[225] Einfluss auf das **Güterstatut** hat die Rechtswahl über Art. 15 Abs. 1 EGBGB aber nur dann, wenn sie schon vor der Eheschließung getroffen wird und bei Eheschließung wirksam ist.[226]

Die Rechtswahl **verliert** ihre **Wirkungen**, wenn sie in der Form des Art. 14 Abs. 4 EGBGB aufgehoben[227] oder eine neue Rechtswahl getroffen wird. Die gem. Art. 14 Abs. 3 EGBGB getroffene Rechtswahl wird darüber hinaus unwirksam, wenn die Eheleute eine gemeinsame „effektive" Staatsangehörigkeit (unter Berücksichtigung von Art. 5 Abs. 1 EGBGB)[228] erwerben. Die Verweisung aufgrund einer Rechtswahl der Ehegatten erfasst nur die Sachvorschriften der gewählten Rechtsordnung (Art. 4 Abs. 2 EGBGB). Damit ist das Kollisionsrecht der gewählten Rechtsordnung nicht anwendbar (Art. 3 Abs. 1 S. 2 EGBGB), eine **Rück- oder Weiterverweisung** i.S.v. Art. 4 Abs. 1 EGBGB bleibt unbeachtet.

171

4. Regelungsbereich des allgemeinen Ehewirkungsstatuts

Die für die Praxis wichtigsten Rechtsfolgen der Ehe unterliegen nicht Art. 14 EGBGB, sondern **speziellen Kollisionsnormen**, die dieser Norm vorgehen. Dies gilt z.B. für den Ehenamen (Art. 10 Abs. 1 und 2 EGBGB), den Güterstand (Art. 15 EGBGB – künftig EUPartner-VO), den ehelichen Unterhalt (Art. 3 HUntProt) und den Versorgungsausgleich. Die besondere Bedeutung von Art. 14 EGBGB liegt aber nicht in seinem eigenen, sehr beschränkten Regelungsbereich, sondern darin, dass er weiterhin ein **allgemeines „Familienstatut"** begründet und eine **Grundnorm des familienrechtlichen Kollisionsrechts** darstellt, auf die die anderen eherechtlichen Kollisionsnormen, wie für das Güterrecht (Art. 15 EGBGB), die Ehescheidung (Art. 17 Abs. 1 EGBGB a.F.) und den Versorgungsausgleich (Art. 17 Abs. 3 EGBGB mit Bezugnahme auf Art. 17 Abs. 1 EGBGB a.F.), sowie einige kindschaftsrechtliche Kollisionsnormen, wie für die Abstammung (Art. 19 Abs. 1 S. 2 EGBGB) und die Adoption (Art. 22 Abs. 1 S. 2 EGBGB), Bezug nahmen. Freilich haben einige spätere Änderungen des EGBGB und die Verlagerung der Kollisionsnormen in die Gesetzgebungsakte des Europäischen Rates diesen Zusammenhang aufgehoben.

172

Im Anknüpfungsgegenstand von Art. 14 EGBGB verbleiben damit insbesondere folgende Rechtsfragen:
– Zunächst sind dem allgemeinen Ehewirkungsstatut die Regeln über die **eheliche Lebensgemeinschaft** zu entnehmen. Dies betrifft die Pflicht zum gemeinsamen Zusammenleben bzw. das Recht zum Getrenntleben und ihre einzelnen Inhalte, auch die Pflicht zur Beiwohnung sowie das Recht des Ehemannes, den Wohnsitz der Ehefrau zu bestimmen.[229] Ob ein sich hieraus ergebender Anspruch auf eheliche Gemeinschaft etc. eingeklagt und anschließend auch vollstreckt werden kann, beurteilt sich dann freilich zusätz-

173

---

225 *Schotten/Schmellenkamp*, Das IPR in der notariellen Praxis, 2. Aufl. 2007, Rn 120.

226 *Schotten/Schmellenkamp*, Das IPR in der notariellen Praxis, 2. Aufl. 2007, Rn 126.

227 So die h.M., z.B. Staudinger/*Mankowski*, 2010, Art. 14 EGBGB Rn 147; *Lichtenberger*, DNotZ 1986, 658; *Schotten/Schmellenkamp*, Das IPR in der notariellen Praxis, 2. Aufl. 2007, Rn 122; a.A. *Ferid/Böhmer*, Internationales Privatrecht, 3. Aufl. 1986, Rn 8–87.

228 *V. Bar*, Internationales Privatrecht II, 1991, Rn 203; *Kühne*, IPRax 1987, 72.

229 Freilich bestimmt sich auch im letzteren Fall dann der Wohnsitz der Ehefrau nicht nach dem Ehewirkungsstatut, sondern nach dem Recht, welches den Wohnsitzbegriff verwendet.

lich als prozessual zu qualifizierende Frage nach der jeweiligen *lex fori* – bei Klage bzw. Vollstreckungsantrag in Deutschland also nach dem deutschen Zivilprozessrecht.[230]

– Auch die gegenseitige Vertretungsbefugnis bzw. Verpflichtungsermächtigung der Ehegatten (**Schlüsselgewalt**) ist allgemeine Ehewirkung i.S.v. Art. 14 EGBGB.[231]

– Ehebedingte **Beschränkungen der Vertragsfreiheit**, insbesondere bei der Eingehung von schuldrechtlichen Verpflichtungen, können ebenfalls erfasst werden. So verlangt Art. 494 des schweizerischen Obligationenrechts für die Bürgschaft einer verheirateten Person die Zustimmung des Ehegatten. Ähnliches ergibt sich aus Art. 1:88 des niederländischen BW. Zwar hatte der BGH einmal angenommen, diese Vorschrift sei schuldvertraglich zu qualifizieren.[232] Freilich wird diese Ansicht in der Literatur einhellig abgelehnt.[233] Gleichartige Beschränkungen gibt es für **Schenkungen** durch einen Ehegatten (Art. 224 § 1 Ziff. 3 belg. CC) und Abzahlungsgeschäfte.

– Ehebedingte **Verfügungsbeschränkungen** können allgemeine Ehewirkungen darstellen. Hier ist die Abgrenzung zu den güterrechtlichen Wirkungen nicht einfach. Fest steht, dass z.B. die Beschränkungen bei der Verfügung über der Familienwohnung dienende Immobilien, wie sie z.B. im türkischen und im Schweizer Recht bestehen, als allgemeine Ehewirkungen zu qualifizieren sind. Zumeist wird dies entsprechend auf den Mietvertrag für die **Miete der ehelichen Wohnung** erstreckt. Hier ergibt sich die Qualität als allgemeine Ehewirkung daraus, dass die Beschränkung unabhängig davon ist, in welchem Güterstand die Eheleute leben.[234] Das Gleiche gilt für Beschränkungen der Verfügung über Grundstücke oder ein Handelsgeschäft des Ehegatten, wenn diese unabhängig vom Güterstand der Eheleute gelten.[235]

– Wird aufgrund der Eheschließung der Eintritt der **Geschäftsfähigkeit vorverlegt** („Heirat macht mündig"), so handelt es sich zwar um eine allgemeine Folge der Ehe. Kollisionsrechtlich wird diese Folge aber nicht eherechtlich qualifiziert, sondern ist gem. Art. 7 Abs. 1 S. 2 EGBGB nach dem allgemeinen Geschäftsfähigkeitsstatut (Art. 7 Abs. 1 S. 1 EGBGB), also – vorbehaltlich von Rück- und Weiterverweisungen – nach dem Heimatrecht des minderjährigen Ehegatten zu beurteilen.[236]

– Das – im Wesentlichen wohl nur noch im portugiesischen Recht bestehende – Verbot der **Ehegattengesellschaft** soll nach allgemeiner Ansicht ehegüterrechtlichen Charakter haben, da es verhindern soll, dass der Güterstand durch andere Vermögensordnungen unterlaufen wird, und unterfällt damit Art. 15 EGBGB.[237]

– Beschränkungen für **Verträge zwischen Eheleuten** existieren in verschiedenen Rechtsordnungen. So wird das Verbot von Schenkungen und Kaufverträgen zwischen Eheleuten untereinander, einschließlich eines ggf. bestehenden gesetzlichen Rechts zum jederzeitigen Widerruf, zumeist als allgemeine Ehewirkung qualifiziert.[238]

230 Erman/*Hohloch*, 14. Aufl. 2014, Art. 14 EGBGB Rn 29.
231 BGH NJW 1992, 909.
232 BGH NJW 1977, 1011; ebenso OLG Köln RIW 1998, 198.
233 Siehe *Hausmann*, in: Reithmann/Martiny, Internationales Vertragsrecht, 7. Aufl. 2010, Rn 6044; Staudinger/*Mankowski*, 2010, Art. 14 EGBGB Rn 235 m.w.N.
234 *Hausmann*, in: Reithmann/Martiny, Internationales Vertragsrecht, 7. Aufl. 2010, Rn 5870.
235 *Hausmann*, in: Reithmann/Martiny, Internationales Vertragsrecht, 7. Aufl. 2010, Rn 5871.
236 *Hausmann*, in: Reithmann/Martiny, Internationales Vertragsrecht, 7. Aufl. 2010, Rn 5862; Palandt/*Thorn*, 71. Aufl. 2011, Art. 14 EGBGB Rn 18; *Looschelders*, Internationales Privatrecht, 2003, Art. 7 EGBGB Rn 24; Soergel/*Schurig*, Art. 14 EGBGB Rn 64.
237 Palandt/*Thorn*, 71. Aufl. 2011, Art. 15 EGBGB Rn 25.
238 Palandt/*Thorn*, 71. Aufl. 2011, Art. 14 EGBGB Rn 18; Soergel/*Schurig*, Art. 14 EGBGB Rn 63.

- Auch **gesetzliche Sicherungsrechte** dinglicher Art eines Ehegatten am unbeweglichen Vermögen des anderen Ehegatten (Legalhypothek) werden als allgemeine Ehewirkung qualifiziert. Soweit deutsche Grundstücke betroffen sind, wird aber vielfach behauptet, ein solches, kraft Gesetzes entstehendes Grundpfandrecht sei mit dem deutschen Sachenrecht nicht vereinbar.[239] Zwingend erscheint dieses Argument nicht, denn leben die Ehegatten in Gütergemeinschaft, führt die Eheschließung sogar zum Übergang des Eigentums außerhalb des Grundbuchs. Jedenfalls wird man dem begünstigten Ehegatten aber – auch nach der h.M. – einen gerichtlich durchsetzbaren Anspruch auf Bestellung einer entsprechenden Hypothek zuerkennen müssen.[240]
- Von prozessualer Bedeutung sind zunächst der **Prozesskostenvorschuss** (den man auch dem Unterhaltsstatut zuordnen könnte) sowie die eherechtlichen **Auskunftsansprüche**. Letztere werden ebenfalls dem allgemeinen Güterrecht zugeordnet, soweit sie nicht ausschließlich auf das Güterrecht bezogen sind.[241]

II. Das Statut des ehelichen Namens

Literatur

Benicke, Aktuelle Probleme des internationalen Namensrechts unter besonderer Berücksichtigung spanisch-deutscher Fälle, StAZ 1996, 97; *Bornhofen*, Das Gesetz zur Reform des Personenstands-rechts, StAZ 2007, 33; *Frank*, Die Entscheidung des EuGH in Sachen Garcia Avello und ihre Auswirkung auf das internationale Namensrecht, StAZ 2005, 161; *Henrich*, Die Rechtswahl im internationalen Namensrecht und die Folgen, StAZ 1996, 129; *Henrich*, Das internationale Namensrecht auf dem Prüfstand des EuGH, FamRZ 2004, 173; *Mäsch*, Art. 47 EGBGB und die neue Freiheit im internationalen Namensrecht – oder Casanovas Heimfahrt, IPRax 2008, 17; *Sturm*, Namensführung in gemischt-nationalen Ehen, StAZ 1995, 255.

1. Objektive Anknüpfung des Namensstatuts

Anders als die anderen Ehewirkungen unterliegt der eheliche Name der Eheleute nicht einem gemeinsamen Recht, sondern für jeden der Eheleute grundsätzlich seinem jeweiligen eigenen Heimatrecht. Bei Mehrstaatern ist die einschlägige Staatsangehörigkeit gem. Art. 5 Abs. 1 EGBGB zu bestimmen. Für Staatenlose, Flüchtlinge etc. tritt das nach den allgemeinen Regeln bestimmte Personalstatut an die Stelle des Heimatrechts. Zu beachten sind allerdings zwei Besonderheiten: 174

Zunächst hat der EuGH in der Entscheidung *Avello*[242] entschieden, dass bei einem **Mehrstaater**, der mehreren Mitgliedstaaten der EU angehört, die Namensführung nach jedem dieser Heimatrechte anerkannt werden muss. Der Beteiligte hat dann also wohl ein **Wahlrecht**[243] und kann sogar das Recht eines Staates wählen, mit dem ihn – außer dem formalen   175

---

239 *Hausmann*, in: Reithmann/Martiny, Internationales Vertragsrecht, 7. Aufl. 2010, Rn 5872; Palandt/ *Thorn*, 71. Aufl. 2011, Art. 14 EGBGB Rn 18; Erman/*Hohloch*, 14. Aufl. 2014, Art. 14 Rn 32; a.A. Soergel/*Schurig*, Art. 14 EGBGB Rn 57.

240 *V. Bar*, Internationales Privatrecht II, 1991, Rn 191.

241 BGH FamRZ 1984, 465. Für unterhaltsrechtliche Qualifikation jetzt: Erman/*Hohloch*, 14. Aufl. 2014, Art. 14 Rn 31.

242 Entscheidung vom 2.10.2003, FamRZ 2004, 173.

243 So die Schlussfolgerung bei NK-BGB/*Mankowski*, 2. Aufl. 2012, Art. 10 EGBGB Rn 13.

Band der Staatsangehörigkeit – nichts weiter verbindet.[244] Dieses Recht steht ihm aber in Deutschland gem. Art. 10 Abs. 2 S. 1 Nr. 1 EGBGB zu (siehe Rdn 176).

176   Umstritten ist des Weiteren, ob der Name auch an eine **erst durch die Eheschließung erworbene Staatsangehörigkeit** angeknüpft werden kann. Vielfach wird dies unter Berufung auf eine Entscheidung des BGH[245] abgelehnt.[246] Freilich lebten in jener Entscheidung die Beteiligten in Deutschland, so dass die von der Ehefrau mit Eheschließung erworbene italienische Staatsangehörigkeit jedenfalls nicht die effektive war.[247] Die Ansicht der Mehrheit würde dann dazu führen, dass für die Anknüpfung des Namensstatuts der Ehefrau nach der Eheschließung die Umstände vor der Heirat weiterhin maßgeblich bleiben. Daher ist m.E. die erst mit Eheschließung erworbene Staatsangehörigkeit maßgeblich, wenn sie schon sofort die „effektive" i.S.v. Art. 5 EGBGB darstellen würde.[248]

177   Die Verweisung ist keine Sachnormverweisung, **Rück- und Weiterverweisungen** durch das Heimatrecht sind also zu beachten. Dies gilt insbesondere auch dann, wenn das ausländische Kollisionsrecht den Ehenamen nicht dem Namensstatut, sondern dem Ehewirkungsstatut unterstellt. So kann es trotz gleichlautender Kollisionsnormen – allein aufgrund einer (aus dem Gesetzestext nicht unbedingt erkennbaren) abweichenden Qualifikation – zu Rück- und Weiterverweisungen kommen.

2. Bestimmung des Namensstatuts durch Rechtswahl

178   Art. 10 Abs. 2 EGBGB sieht für Eheleute einige Wahlmöglichkeiten vor:
- Sie können das Recht irgendeines Staates wählen, dem einer der Eheleute angehört (Art. 10 Abs. 2 S. 1 Nr. 1 EGBGB). Die Ausschaltung von Art. 5 Abs. 1 EGBGB ermöglicht dabei auch die Wahl eines nicht effektiven Heimatrechts eines Ehegatten mit mehrfacher Staatsangehörigkeit. Das bedeutet eine praktische Erleichterung, weil sich bei der Ausübung der Rechtswahl die Feststellung der Effektivität erübrigt.
- Die Eheleute können das deutsche Recht wählen, soweit nur einer der Eheleute seinen gewöhnlichen Aufenthalt im Inland hat (Art. 10 Abs. 2 S. 1 Nr. 2 EGBGB).
- Zunehmend wird vertreten, Art. 10 Abs. 2 S. 1 Nr. 2 EGBGB sei dahingehend erweiternd auszulegen, dass die Eheleute auch das Recht eines ausländischen Staates wählen können, in dem einer von ihnen seinen gewöhnlichen Aufenthalt hat.[249] Andere verweisen auf die abschließende Formulierung und lehnen die Ausweitung der Wahlmöglichkeiten *de lege lata* ab.[250]
- Eine weitere Wahlmöglichkeit ergibt sich daraus, dass der geschiedene deutsche Ehegatte die Rechtswahl nach der Scheidung wieder beseitigen kann.[251]

---

244   Krit. daher z.B. *Pintens*, FamRZ 2004, 1422. *Frank* (StAZ 2005, 161), weist darauf hin, dass wegen der im deutschen IPR ohnehin bestehenden Wahlmöglichkeiten sich für Deutschland regelmäßig keine Änderungen ergäben, macht aber einige Sonderfälle für den Namen von Kindern aus.
245   BGHZ 72, 163.
246   Z.B. Palandt/*Thorn*, 71. Aufl. 2011, Art. 10 EGBGB Rn 12.
247   Darauf beruft sich auch der BGH in BGHZ 72, 163, 166.
248   So z.B. *Henrich*, Internationales Familienrecht, 2. Aufl. 2000, S. 77; Bamberger/Roth/*Mäsch*, 3. Aufl. 2012, Art. 10 EGBGB Rn 33.
249   NK-BGB/*Mankowski*, 2. Aufl. 2012, Art. 10 EGBGB Rn 102; Soergel/*Schurig*, Art. 10 EGBGB Rn 63d; *Sturm*, in: FS Henrich, 2000, S. 616.
250   *Kropholler*, Internationales Privatrecht, 6. Aufl. 2004, S. 329; Bamberger/Roth/*Mäsch*, 3. Aufl. 2012, Art. 10 EGBGB Rn 43; Palandt/*Thorn*, 71. Aufl. 2011, Art. 10 EGBGB Rn 15.
251   OLG Frankfurt StAZ 2005, 47; Bamberger/Roth/*Mäsch*, 3. Aufl. 2012, Art. 10 EGBGB Rn 54.

Haben die Eheleute im Ausland geheiratet, so werden sie zumeist keine Rechtswahl ausgeübt haben. Die meisten ausländischen Rechte kennen eine solche Rechtswahl nicht, so dass der Standesbeamte die Eheleute auf diese Möglichkeiten nicht hingewiesen hat. Daher können sie die Rechtswahl in Deutschland durch Erklärung in öffentlich beglaubigter Form **nachholen** (Art. 10 Abs. 2 S. 2 EGBGB, § 15 PStG). Praktisch wird dies am ehesten bei der Anlegung eines Familienbuchs im Inland vorkommen. **179**

Hinweis: Der besondere **Vorteil** einer Rechtswahl liegt darin, dass für Eheleute mit unterschiedlicher Staatsangehörigkeit der „Ehename" dann nicht mehr für jeden Ehegatten nach einem anderen Recht bestimmt werden muss, sondern einheitlich nach dem gewählten Recht bestimmt werden kann. Dabei erhält die Rechtswahl nach Art. 10 Abs. 2 Nr. 1 EGBGB nicht nur dann Bedeutung, wenn die Eheleute verschiedenen Staaten angehören.[252] Ein gemeinsames Heimatrecht wäre zwar schon aufgrund der „objektiven" Verweisung in Art. 10 Abs. 1 EGBGB anwendbar. Diese Verweisung würde jedoch gem. Art. 4 Abs. 1 EGBGB eine Rück- bzw. Weiterverweisung umfassen, während die Eheleute durch eine Rechtswahl sicherstellen können, dass unmittelbar das Sachrecht ihres Heimatstaates anzuwenden ist (Art. 4 Abs. 2 EGBGB). **180**

Die Ausübung der Rechtswahl ist **gründlich zu bedenken**. Dies gilt insbesondere bei der Rechtswahl gem. Art. 10 Abs. 2 Nr. 2 EGBGB, wenn keiner der Eheleute Deutscher ist. Verfügt der ausländische Heimatstaat der Eheleute über ein ähnlich strenges Namensrecht wie Deutschland und kennt er keine Rechtswahl im Namensrecht bzw. kommt er auch nicht auf andere Weise zur Geltung deutschen Namensrechts, wird er den Namen nicht anerkennen. Seine Behörden werden eine entsprechende Änderung der Ausweispapiere ablehnen (sog. **hinkender Ehename**). Der entsprechende Ehegatte kann sich dann im Inland nur noch unter Zuhilfenahme einer Heiratsurkunde richtig ausweisen – u.U. sogar auch noch, nachdem die Ehe wieder geschieden ist. Eine Korrektur der Namensänderung durch verwaltungsrechtliche Namensänderung ist den deutschen Behörden nicht möglich, da das Namensänderungsgesetz nur für deutsche Staatsangehörige gilt. Einzige Lösung zur **Rückgängigmachung einer unüberlegten Rechtswahl** ist daher, im ausländischen Heimatstaat einen Antrag auf öffentlich-rechtliche Namensänderung auf den nach dem gewählten Recht (und aus deutscher Sicht bereits) bestehenden Namen zu stellen.[253] **181**

Hinweis: Eine entsprechende Rechtswahl sollte daher nicht mit dem Ziel ausgeübt werden, „exotische" Kombinationen zu erlangen, sondern eher der Angleichung an das Umweltrecht dienen, um im internationalen Verkehr auftretende Differenzen bei der Rechtsanwendung möglichst zu nivellieren. **182**

Wählen die Eheleute deutsches Recht, kann mit der Rechtswahl auch ein gemeinsamer Ehename gem. § 1355 Abs. 3 BGB gewählt werden. Haben die Eheleute bei Heirat bereits einen anderen Namen als Ehenamen gewählt, kann aufgrund der Rechtswahl aber keine erneute Namensbestimmung erfolgen. Das nach deutschem Recht **einmalige Wahlrecht** ist dann „verbraucht".[254] **183**

---

252 So aber *Henrich*, Internationales Familienrecht, 2. Aufl. 2000, S. 80.
253 Anders *Henrich*, Internationales Familienrecht, 2. Aufl. 2000, S. 80, der hier nur noch die Scheidung und erneute Heirat als Lösung sieht.
254 OLG Hamm FamRZ 1999, 1426.

3. Regelungsbereich des Namensstatuts

184 Dem Namensstatut unterliegt die Frage, ob die Eheleute ihren bisherigen Namen behalten oder einen gemeinsamen Namen erwerben und wie ein solcher dann zu bilden ist. Dies betrifft z.B. die Frage, ob ein **Doppelname** gebildet werden muss oder kann und ob die Ehegatten irgendwelche **Beinamen** führen können oder müssen. Das Namensstatut entscheidet auch, welche **Wahlmöglichkeiten** bestehen. Es bestimmt, wann die Wahlmöglichkeit besteht und ob sie mehrmals ausgeübt werden kann. Dem Namensstatut ist auch zu entnehmen, ob der Name für weibliche Namensträger eine besondere Endung enthält (wie z.B. die Endung -ová für Frauen im tschechischen Recht) oder andere Namenszuätze erfolgen.

185 Schließlich ergibt sich aus dem Namensstatut auch, ob die **Ehescheidung** dazu führt, dass die Eheleute ihren Ehenamen behalten, den vor der Ehe geführten Namen wieder erwerben oder ein Wahlrecht haben. Beruht der Ehename auf einer Rechtswahl der Eheleute, behält dieses Recht auch nach der Ehe seine Geltung für den Namen der Eheleute.[255] Den Ehegatten soll es aber – jedem für sich – freistehen, die Rechtswahl wieder aufzuheben, so dass das gem. Art. 10 Abs. 1 EGBGB objektiv bestimmte Recht wieder Namensstatut wird.[256]

186 Die Anknüpfung des Namensstatuts an die jeweils aktuelle Staatsangehörigkeit bringt es mit sich, dass bei **Wechsel der Staatsangehörigkeit** – z.B. bei Einbürgerung des ausländischen Ehegatten eines Deutschen – ein Statutenwechsel eintritt. Aufgrund des im deutschen materiellen Namensrecht geltenden Grundsatz des **Namenskontinuität** wird dann aber nicht die Eheschließung namensrechtlich neu bewertet, sondern es bleibt bei dem bislang nach dem ausländischen Heimatrecht geführten Namen.[257] Dies gilt auch für die Endung bei weiblichen Namen: Heiratet eine Tschechin den Deutschen Herrn Meier, heißt sie also auch nach Erwerb der deutschen Staatsangehörigkeit weiterhin Frau Meierová.[258]

187 Die Unterstellung unter das jeweilige Personalstatut bereitet keine Probleme, wenn beide Eheleute die gleiche Staatsangehörigkeit haben oder aufgrund von Rück- und Weiterverweisung auf beiden Seiten das gleiche Recht gilt bzw. verschiedene Rechtsordnungen gelten, diese aber die gleiche Rechtsfolge vorsehen. Dann ergibt sich auf beiden Seiten übereinstimmend, dass z.B. die Eheleute einen gemeinsamen Namen wählen müssen, sie den Namen des anderen ihrem eigenen Namen anhängen können oder den alten Namen behalten.

188 Gelten unterschiedliche Regelungen, kann es zu **Regelungswidersprüchen** kommen. Behalten z.B. nach dem Heimatrecht des Ehemannes beide Ehegatten ihren bisherigen Namen, während das Recht der Ehefrau vorsieht, dass sie den Namen ihres Ehemannes erwirbt, so trägt er seinen Namen weiterhin als Geburtsnamen, sie trägt den Mannesnamen als Familiennamen.[259] Die Wahl eines gemeinsamen Familiennamens ist also nur dann möglich, wenn beide Rechte die Wahl zulassen und die gewählte Form anerkennen.

189 Die **Vorfrage** der wirksamen Eheschließung wird – anders als bei den übrigen Ehewirkungen – von der h.M. nicht selbstständig, sondern unselbstständig angeknüpft. Die für den Namen einschlägige Rechtsordnung entscheidet also mit ihrem IPR auch, welches Recht in

---

255 *Looschelders*, Internationales Privatrecht, 2003, Art. 10 EGBGB Rn 51.

256 OLG Frankfurt FamRBint 2005, 77; OLG Hamm StAZ 1999, 370; *Henrich*, IPRax 1996, 132; *Kropholler*, Internationales Privatrecht, 6. Aufl. 2004, S. 329.

257 NK-BGB/*Mankowski*, 2. Aufl. 2012, Art. 10 EGBGB Rn 21; Bamberger/Roth/*Mäsch*, 3. Aufl. 2012, Art. 10 EGBGB Rn 14.

258 Bamberger/Roth/*Mäsch*, 3. Aufl. 2012, Art. 10 EGBGB Rn 21.

259 Vgl. *Henrich*, Internationales Familienrecht, 2. Aufl. 2000, S. 77; Bamberger/Roth/*Mäsch*, 3. Aufl. 2012, Art. 10 EGBGB Rn 34.

diesem Zusammenhang die Wirksamkeit der Eheschließung bestimmt.[260] Auf diese Weise kann es also vorkommen, dass wir den Ehenamen von Leuten akzeptieren, die aus unserer Sicht (z.B. wegen einer unwirksamen religiösen Eheschließung im Inland) gar nicht verheiratet sind,[261] bzw. dass Personen, die hier geheiratet haben, die eheliche Namensführung verweigert wird.

III. Der eheliche Unterhalt

1. Rechtsquellen für die Anknüpfung des Unterhaltsstatuts

Maßgeblich für die Bestimmung des Unterhaltsstatuts ist seit dem 18.6.2011 im Wesentlichen das **Haager Unterhaltsprotokoll** (**HUntProt**; siehe Rdn 13 Ziff. 17). Sonderregelungen gelten für **iranische Staatsangehörige**. Zwischen iranischen Staatsangehörigen unterliegen die Unterhaltsbeziehungen auf der Basis des deutsch-iranischen Niederlassungsabkommens von 1929 dem iranischen Recht.

190

Das **Unterhaltsübereinkommen von 1973** ist weiterhin von Deutschland ratifiziert und gilt ebenfalls in **Albanien, Japan**, der **Schweiz** und der **Türkei**. Hier stellt sich dann die Frage, wie der Anwendungsbereich zum Haager Unterhaltsprotokoll abzugrenzen ist, das ebenfalls für Deutschland verbindlich ist. Gerade im Verhältnis zur Schweiz und zur Türkei hat diese Frage eine ganz besondere quantitative praktische Bedeutung.

191

Von einem Teil der Autoren wird hier ein Anwendungsvorrang des späteren Abkommens *(lex posterior)* angenommen.[262] Nach Ansicht anderer Autoren[263] ist im Verhältnis zu den Mitgliedstaaten des Abkommens von 1973 von einem Anwendungvorrang des alten Übereinkommens auszugehen *(pacta sunt servanda)*. Folgt man letzterer Ansicht, so ist unklar, wie hier der Anwendungsbereich der Übereinkommen gegeneinander abzugrenzen ist. Nach wohl besserer Ansicht ist hier nicht auf den gewöhnlichen Aufenthalt oder gar die Staatsangehörigkeit des Unterhaltsberechtigten abzustellen, sondern darauf, ob nach den Vorschriften des „alten" Abkommens von 1973 das Recht eines dieser drei Staaten anzuwenden wäre. Da allerdings auch nach dem Abkommen von 1973 das Recht am gewöhnlichen Aufenthalt des Unterhaltsgläubigers auf den Unterhalt zwischen Eheleuten anzuwenden ist und Ausnahmen allenfalls für den Fall bestehen, dass dieses Recht keinen Unterhaltsanspruch vorsieht, dürfte es selten zu divergierenden Lösungen kommen. Stärker sind freilich die Auswirkungen in Bezug auf den Scheidungsunterhalt, da hier Art. 8 des Abkommen von 1973 (vormals: Art. 18 Abs. 4 EGBGB) die Geltung des auf die Scheidung angewandten Rechts vorsieht.

Die Lösung des Konflikts ergibt sich wohl aus Art. 19 des Übereinkommens von 1973: *„This Convention shall not affect any other international instrument containing provisions on matters governed by this Convention to which a Contracting State is, or becomes, a*

---

260 BGH NJW 1986, 984; BayObLG FamRZ 2000, 700; BayObLGZ 2002, 299; Erman/*Hohloch*, 14. Aufl. 2014, Art. 10 EGBGB Rn 7a; Bamberger/Roth/*Mäsch*, 3. Aufl. 2012, Art. 10 EGBGB Rn 10; Palandt/ Thorn71. Aufl. 2011, Art. 10 EGBGB Rn 2.

261 Für die selbstständige Anknüpfung auch hier z.B. NK-BGB/*Mankowski*, 2. Aufl. 2012, Art. 10 EGBGB Rn 17; Soergel/*Schurig*, Art. 10 EGBGB Rn 87 ff.

262 Z.B. NK-BGB/*Gruber*, Anh. zu Art. 18 EGBGB, Art. 8 HUntProt Rn 5; Bamberger/Toth/*Heiderhoff*, Art. 18 EGBGB Rn 6; *Kroll-Ludwigs*, IPRax 2016, 38 ff. Für Anwendungsvorrang des HUP „im Zweifel": *Bonomi*, Explanatory Report Rn 149.

263 *Andrae*, in: Rauscher, Europäisches Zivilprozess- und Kollisionsrecht, 4. Aufl. 2016, Art. 8 HUntProt Rn 15; MüKo-BGB/*Siehr*, 6. Aufl. 2015, Einl UntProt Rn 14.

Party." Danach hat ein von einem Mitgliedstaat abgeschlossenes Abkommen mit einem an dem Übereinkommen von 1973 nicht beteiligten Staat selbst dann Vorrang vor dem Übereinkommen von 1973, wenn der weitere Abschluss erst nach Ratifikation des Übereinkommens von 1973 erfolgt. Das Übereinkommen von 1973 ist also nachgiebiges Recht. Damit dürfte das HUntProt von Deutschland generell vorrangig zum 1973er Abkommen angewandt werden dürfen, und zwar nach den insoweit maßgeblichen Regeln im Abkommen von 1973 auch im Verhältnis zur Türkei und Schweiz, zu Albanien und Japan.

2. Objektive Anknüpfung des Unterhaltsstatuts

192   Gemäß Art. 3 Abs. 1 HUntProt unterliegt der Unterhalt dem Recht des Staates, in dem die unterhaltsbedürftige Person ihren gewöhnlichen Aufenthalt hat. Hierbei handelt es sich um eine **wandelbare Anknüpfung.** Wechselt die berechtigte Person ihren gewöhnlichen Aufenthalt, so ist gem. Art. 3 Abs. 2 HUntProt vom Zeitpunkt des Aufenthaltswechsels an das Recht des Staates des neuen gewöhnlichen Aufenthalts anzuwenden. Der unterhaltsberechtigte Ehegatte könnte sich also nach einer Trennung durch internationalen Umzug ein Unterhaltsrecht „erwandern", das ihn besonders günstig stellt (*law shopping*), bzw. seinen Unterhaltsanspruch verlieren, wenn er in seine ausländische Heimat zurückkehrt und das dort geltende Recht für ihn keinen Trennungsunterhalt vorsieht. Hiergegen schützt Art. 5 HUntProt. In Bezug auf Unterhaltspflichten zwischen Ehegatten findet danach das Aufenthaltsrecht des Unterhaltsbedürftigen nicht gem. Art. 3 HUntProt Anwendung, wenn eine der Parteien sich dagegen wendet und das Recht eines anderen Staates, insbesondere des Staates ihres letzten gemeinsamen gewöhnlichen Aufenthalts, zu der betreffenden Ehe eine engere Verbindung aufweist. In diesem Fall ist das Recht dieses anderen Staates – also z.B. das am letzten gemeinsamen gewöhnlichen Aufenthalt geltende Recht – anzuwenden.

193   Darüber hinaus können Eheleute auch schon für den **Trennungsunterhalt** eine Rechtswahl gem. Art. 8 oder Art. 7 HUntProt treffen und damit z.B. die Fortgeltung des bislang geltenden Aufenthaltsrechts festschreiben oder die Geltung des gemeinsamen Heimatrechts vereinbaren (Art. 8 Abs. 1 lit. b und lit. a HUntProt).

194   Die Verweisungen des HUntProt sind ausdrücklich als **Sachnormverweisungen** zu behandeln (Art. 12 HUntProt). Rück- und Weiterverweisungen durch ein ausländisches IPR bleiben also unbeachtet.

3. Bestimmung des Unterhaltsstatuts durch allgemeine Rechtswahl

195   Gemäß Art. 8 Abs. 1 HUntProt können die berechtigte und die verpflichtete Person eine der folgenden Rechtsordnungen als das auf eine Unterhaltspflicht anzuwendende Recht bestimmen. Ausgeschlossen von der Rechtswahl sind Unterhaltsansprüche einer Person, die das 18. Lebensjahr noch nicht vollendet hat, und eines Erwachsenen, der „aufgrund einer Beeinträchtigung oder der Unzulänglichkeit seiner persönlichen Fähigkeiten nicht in der Lage ist, seine Interessen zu schützen". Praktischer **Hauptanwendungsfall** für die Rechtswahl ist daher die ehevertragliche Vereinbarung über den Unterhalt zwischen getrennt lebenden oder geschiedenen Ehegatten und eingetragenen Lebenspartnern:
- das Recht eines Staates, dem eine der Parteien im Zeitpunkt der Rechtswahl angehört (**Heimatrecht eines des Ehegatten**);
- das Recht des Staates, in dem eine der Parteien im Zeitpunkt der Rechtswahl ihren gewöhnlichen Aufenthalt hat (**Aufenthaltsrecht eines des Ehegatten**);
- das Recht, das die Parteien als das auf ihren Güterstand anzuwendende Recht gewählt haben, oder das tatsächlich darauf angewandte Recht (**Güterstatut**). Die Ankopplung

des Unterhaltsstatuts an das Güterstatut vermeidet insbesondere dort Probleme, wo – wie z.B. im englischen Recht – beide Bereiche durch eine einheitliche Maßnahme geregelt werden. Problematisch an dieser Anknüpfung ist, dass noch nicht alle Staaten der EU eine güterrechtliche Rechtswahl zulassen und die objektive Anknüpfung des Güterstatuts noch recht uneinheitlich ist. Dementsprechend kann die Ankopplung an das Güterstatut also bei Gerichten verschiedener Länder zu unterschiedlichen Ergebnissen führen. Zuverlässige Wirkungen lassen sich mit dieser Rechtswahlklausel daher erst dann erreichen, wenn auch das internationale Güterrecht in der EU vereinheitlicht sein wird;
– das Recht, das die Parteien als das auf ihre Ehescheidung anzuwendende Recht gewählt haben, oder das tatsächlich auf die Ehescheidung angewandte Recht (**Scheidungsstatut**). Insoweit gilt dann also in den Ländern, die an der „Verstärkten Zusammenarbeit" teilnehmen, das nach den Regeln der Rom III-Verordnung bestimmte Recht.

Die Rechtswahl muss gem. Art. 8 Abs. 2 HUntProt in **Schriftform** erfolgen und ist von beiden Parteien zu unterschreiben. Umstritten ist hier, ob das nationale Recht an die Rechtswahl weitergehende formelle Anforderungen stellen kann. Der deutsche Gesetzgeber hat von dieser Option keinen Gebrauch gemacht,[264] so dass es für die deutschen Gerichte bei dem einfachen Schriftformerfordernis bleibt. Das HUntProt verlangt zwar keine **ausdrückliche** Rechtswahl,[265] so dass diese auch „konkludent" erfolgen könnte – insbesondere durch Bezugnahme auf Regeln oder Rechtsinstitute, die nur einer einzigen Rechtsordnung bekannt sind.[266] Bei professionell gestalteten Verträgen dürfte es aber selbstverständlich sein, dass eine Rechtswahl dann, wenn sie beabsichtigt war, auch ausdrücklich getroffen wird.

196

Gerade dann, wenn nach dem aktuellen Wohnsitzrecht ein Unterhaltsverzicht zulässig ist, kann sich eine Rechtswahl zugunsten dieses Rechts empfehlen, um zu verhindern, dass infolge eines Umzugs des Unterhaltsberechtigten ein Recht zur Anwendung gelangt, wonach sich die Unterhaltvereinbarung auf den Unterhaltsanspruch nicht mehr oder zumindest nicht mehr in diesem Maße auswirkt. Es gilt also quasi, das aktuelle vereinbarungsfreundliche Unterhaltsstatut „einzufrieren".

197

Herbeiwählen kann man die Verzichtsmöglichkeit aber nicht: Gemäß Art. 8 Abs. 4 HUntProt bleibt nämlich trotz Rechtswahl das Recht des Staates, in dem die berechtigte Person im Zeitpunkt der Rechtswahl ihren gewöhnlichen Aufenthalt hat, weiterhin dafür maßgebend, ob sie auf ihren Unterhaltsanspruch **verzichten** kann. Das betrifft dann nicht nur den Totalverzicht auf Unterhalt, sondern auch solche Vereinbarungen, die den Unterhalt im Ergebnis reduzieren, also einen teilweisen Verzicht konstituieren. Unklar ist insoweit insbesondere, ob der Vorbehalt daher auch für eine Rechtswahl gilt, die zur Geltung eines Rechts führt, das dem Ehegatten im Ergebnis einen Unterhalt versagt oder wesentlich reduziert.[267]

198

Das von den Parteien gewählte Recht ist gem. Art. 8 Abs. 5 HUntProt ebenfalls nicht anzuwenden, wenn seine Anwendung für eine der Parteien **offensichtlich unbillige oder unangemessene Folgen** hätte. Das ist allerdings ausdrücklich dann nicht anzunehmen, wenn die Parteien im Zeitpunkt der Rechtswahl umfassend unterrichtet und sich der Folgen

199

---

264 Der Bundesrat hatte angeraten, insoweit das Erfordernis der notariellen Beurkundung der Rechtswahl einzuführen, BR-Drucks 30/06, S. 7 – dazu *Conti*, Grenzüberschreitende Durchsetzung von Unterhaltsansprüchen, S. 105.
265 Anders z.B. in Art. 7 Abs. 1 HUntProt, wo die „ausdrückliche" Bestimmung des anzuwendenden Rechts verlangt wird.
266 So *Andrae*, in: Rauscher, Europäisches Zivilprozess- und Kollisionsrecht, 2010, Art. 8 HUntProt Rn 6.
267 Vgl. NK-BGB/*Gruber*, Anh. zu Art. 18 EGBGB, Art. 8 HUntProt Rn 10 unter Verweisung auf *Bonomi*, Explanatory Report Rn 149.

ihrer Wahl vollständig bewusst waren. Das ist der Fall, wenn die Ehegatten bei Beurkundung des Ehevertrages vom Notar über die Unterscheide zwischen dem gewählten und dem abbedungenen Recht umfassend informiert und beraten worden sind.[268] Geht es – wie wohl in den meisten Fällen – allein darum, das geltende Recht festzuschreiben, und ist nicht vorhersehbar, welche Rechtsordnung später über Art. 3 HUntProt zur Anwendung gelangen könnte, so dürfte aber wohl – mangels konkret erkennbarer Alternativrechtsordnung – m.E. eine Aufklärung über das gewählte Recht allein genügen.

4. Auf ein bestimmtes Unterhaltsverfahren bezogene Rechtswahl

200 Gemäß Art. 7 HUntProt können die Beteiligten für die Zwecke eines einzelnen Unterhaltsverfahrens in einem bestimmten Staat ausdrücklich das Recht dieses Staates als das auf eine Unterhaltspflicht anzuwendende Recht bestimmen. Diese Rechtswahl unterscheidet sich in einigen Punkten von der vorgenannten Rechtswahlmöglichkeit:

– Gewählt werden kann ausschließlich die **lex fori**. Theoretisch könnten daher auch über den Kreis der in Art. 8 HUntProt genannten Rechte hinausgehende Rechte gewählt werden. Faktisch reduziert sich die Wahl aber auf die **lex fori** solcher Staaten, deren Gerichte nach Art. 3 ff. EU-UnterhaltsVO zuständig sind und später auch tatsächlich mit dem Unterhaltsverfahren befasst sind.

– Die Rechtswahl muss **ausdrücklich** erfolgen. Vor der Einleitung des Verfahrens muss sie in Schriftform oder auf einem Datenträger, dessen Inhalt für eine spätere Einsichtnahme zugänglich ist, erfolgen. Nach Einleitung des Verfahrens kann sie in jeder Form erfolgen, also z.B. durch Erklärung vor Gericht.

– Die Rechtswahl muss in Bezug auf ein bestimmtes **Verfahren** erfolgen. Dabei ergibt sich aus Art. 7 Abs. 2 HUntProt, dass dieses noch nicht eingeleitet sein muss.

– Die Rechtswahl muss sich auf das Verfahren **in einem bestimmten Staat** beziehen. Ist dieses noch nicht eingeleitet worden, geht sie daher ins Leere, wenn das Verfahren anschließend in einem anderen Staat eingeleitet wird. Sicherheitshalber ist sie in diesem Fall daher entweder zusätzlich auf Art. 8 HUntProt zu stützen oder aber mit einer Gerichtsstandsvereinbarung zu verbinden.

IV. Wohnungszuweisung, Hausratsverteilung

Literatur

Finger, Rechtsverhältnisse an Ehewohnung und Hausrat bei Auslandsbezug, Art. 17a EGBGB, FuR 2002, 196; *Schumacher*, Mehr Schutz bei Gewalt in der Familie, FamRZ 2002, 645.

201 Art. 17a EGBGB, eingefügt durch das sog. Gewaltschutzgesetz vom 11.12.2001, enthält für die Zuweisung der Nutzungsbefugnis an der im Inland belegenen **Ehewohnung** und dem im Inland belegenen **Hausrat** sowie für damit verbundene **Betretungs-, Näherungs- und Kontaktverbote** eine Verweisung auf die „deutschen Sachvorschriften". Dies gilt zum einen für die Ansprüche aus §§ 1, 2 GewSchG, zum anderen aber auch für die Hausratsverteilung und die Zuweisung der ehelichen Wohnung bei getrennt lebenden Ehegatten nach §§ 1361a und 1361b BGB.

202 Umstritten ist, ob auch die Ansprüche auf Hausratsteilung und Wohnungszuweisung aus § 1361a und 1361b BGB von Art. 17a EGBGB umfasst werden. Überwiegend wird dies

---

268 *Andrae*, in: Rauscher, Europäisches Zivilprozess- und Kollisionsrecht, 2010, Art. 8 HUntProt Rn 26.

bejaht.[269] *Mankowski* führt dagegen aus, die Verweisung auf das deutsche Recht sei hier dadurch bedingt, dass die Wohnungszuweisung etc. während der Ehe in Eilverfahren erfolgen müsse, im Scheidungsverfahren jedoch würde die Entscheidung nicht im Eilverfahren getroffen.[270] Dem ist zu folgen. Die Durchbrechung der personenbezogenen Anknüpfung der persönlichen Rechtsverhältnisse durch eine territorialistische Sondernorm sollte nicht weiter greifen, als dies durch die besondere Situation (vorläufige Regelung bei Trennung der Eheleute, Schwierigkeiten bei der Feststellung des ausländischen Ehe- und Ehekollisionsrechts etc.) geboten ist.

Die Verweisung auf deutsches Recht schließt **Rück- und Weiterverweisungen** denklogisch   203
schon aus.[271] Überflüssigerweise wird dies in Art. 17a EGBGB nochmals ausdrücklich betont („Sachvorschriften"). Die Fixierung des Gesetzgebers auf das deutsche GewSchG hat leider insoweit eine kollisionsrechtliche Lücke gerissen, als bei im Ausland belegenen Wohnungen – man könnte insoweit auch an eine **im Ausland belegene Nebenwohnung**[272] der Eheleute denken – die Rechtslage unklar ist.[273]

Insoweit käme in Betracht, die Hausratsteilung und Wohnungszuweisung bei Trennung der   204
Eheleute unter Art. 14 EGBGB (Allgemeines Ehewirkungsstatut)[274] und bei Scheidung unter das Scheidungsstatut (Art. 17 Abs. 1 EGBGB) zu subsumieren. Eine bislang wohl überwiegende Ansicht qualifizierte diese Ansprüche als eine Art Naturalunterhalt unterhaltsrechtlich.[275] Anwendbar wären damit dann die Regeln des HUntProt. Machte man freilich mit der unterhaltsrechtlichen Qualifikation ernst, so wäre auch die Wohnungszuweisung im Inland aufgrund des Vorrangs des HUntProt vor den nationalen autonomen Kollisionsnormen (Art. 3 EGBGB) nach dem HUntProt zu entscheiden. Art. 17a EGBGB verlöre dann weitgehend seinen Anwendungsbereich.

Art. 17a EGBGB gilt über die Verweisung in Art. 17b Abs. 2 S. 1 EGBGB auch für entsprechende   205
chende Streitigkeiten im Rahmen einer gleichgeschlechtlichen **eingetragenen Lebenspartnerschaft**. Die Verwendung des Begriffs „Ehewohnung" in Art. 17a EGBGB freilich versperrt die entsprechende Anwendung auch auf **nichteheliche Lebensgemeinschaften** mit gemeinsamer Wohnung, obgleich diese im GewSchG ausdrücklich einbezogen sind.[276]

---

269 So *Kropholler*, Internationales Privatrecht, 6. Aufl. 2004, S. 361; Palandt/*Thorn*, 71. Aufl. 2011, Art. 17a EGBGB Rn 2; Erman/*Hohloch*, 14. Aufl. 2014, Art. 17a EGBGB Rn 6; *Kegel/Schurig*, Internationales Privatrecht, 9. Aufl. 2004, S. 889; *Looschelders*, Internationales Privatrecht, 2003, Art. 17a EGBGB Rn 4; *Rauscher*, Internationales Privatrecht, 3. Aufl. 2009, Rn 754 – mit rechtspolitischer Kritik S. 170. Bamberger/Roth/*Heiderhoff*, 3. Aufl. 2012, Art. 17a EGBGB Rn 4.
270 Staudinger/*Mankowski*, 2010, Art. 17a EGBGB Rn 16.
271 Vgl. bereits den Wortlaut von Art. 4 Abs. 1 S. 1 EGBGB: Verweisung auf das Recht „eines anderen Staates".
272 Freilich ist umstritten, ob es mehrere Ehewohnungen i.S.v. § 1361b BGB geben kann. Vgl. z.B. NK-BGB/*Boden*, 2. Aufl. 2010, § 1361b BGB Rn 5; *Brudermüller*, FamRZ 2003, 1705. Ablehnend: Staudinger/*Mankowski*, 2010, Art. 17a EGBGB Rn 6.
273 Krit. zu dieser Gesetzgebungstechnik auch *Kropholler*, Internationales Privatrecht, 6. Aufl. 2004, S. 361 Fn 56.
274 OLG Stuttgart FamRZ 1990, 1354; Palandt/*Thorn*, 71. Aufl. 2011, Art. 17a EGBGB Rn 2.
275 OLG Düsseldorf NJW 1990, 3092; OLG Hamm FamRZ 1993, 191; *Kropholler*, Internationales Privatrecht, 6. Aufl. 2004, S. 346; *Henrich*, Internationales Familienrecht, 2. Aufl. 2000, S. 68, 190.
276 Auf diesen Widerspruch weist z.B. *Finger*, FuR 2002, 342 hin. Ebenso Bamberger/Roth/*Heiderhoff*, 3. Aufl. 2012, Art. 17a EGBGB Rn 13.

D. Güterrechtliche Folgen der Ehe

Literatur

Bardy, Das Ehegüterrecht der Vereinigten Staaten von Amerika aus der Sicht des deutschen Notars, RNotZ 2005, 137; *Deutsches Notarinstitut*, Verabschiedung der Europäischen Güterrechtsverordnung, DNotIReport 2016, 109; *Döbereiner*, Der Kommissionsvorschlag für das internationale Ehegüterrecht, MittBayNot 2011, 463; *Finger*, Güterrechtliche Rechtsbeziehungen mit Auslandsbezug, FuR 2012, 10; *Henrich*, Europäische Aspekte des ehelichen Güterrechts, FF 2004, 173; *Henrich/Schwab*, Eheliche Gemeinschaft, Partnerschaft und Vermögen im europäischen Vergleich, 1999; *Hohloch*, Ehegattenerbrecht und § 1371 I BGB bei Erbfällen „Vertriebener", FamRZ 2009, 1216; *Kemp*, Grenzen der Rechtswahl im Internationalen Ehegüter- und Erbrecht, 1999; *Kleinheisterkamp*, Rechtswahl und Ehevertrag – Zum Formerfordernis nach Art. 15 III EGBGB, IPRax 2004, 399; *Kohler/Pintens*, Entwicklungen im europäischen Personen- und Familienrecht 2010–2011, FamRZ 2011, 1433; *Krug*, Internationales Güterrecht und seine Auswirkungen auf das Erbrecht, ZErb 2002, 221; *Lorenz*, Das intertemporale internationale Ehegüterrecht nach Art. 220 III EGBGB, 1991; *Ludwig*, Zur Anwendbarkeit des Art. 3 Abs. 3 EGBGB im Internationalen Ehegüterrecht bei der Berechnung des Zugewinnausgleichs nach deutschem Recht, DNotZ 2000, 663; *Martiny*, Die Kommissionsvorschläge für das internationale Ehegüterrecht sowie für das internationale Güterrecht eingetragener Partnerschaften, IPRax 2011, 437; *Martiny*, Auf dem Weg zu einem europäischen Internationalen Ehegüterrecht, in: Die richtige Ordnung, FS Kropholler, 2009, S. 374; *Nordmeier*, Die Reform des brasilianischen Ehegüterrechts und ihre Bedeutung für deutsch-brasilianische Sachverhalte, insbesondere in Scheidungsfällen, StAZ 2009, 71; *Scheugenpflug*, Güterrechtliche und erbrechtliche Fragen bei Vertriebenen, Aussiedlern und Spätaussiedlern, MittRhNotK 1999, 372; *Schmellenkamp*, Ermittlung des Güterstatuts nach Staatenzerfall, RNotZ 2011, 530; *Schotten*, Die Konstituierung des neuen sowie die Beendigung und Abwicklung des alten Güterstands nach einer Rechtswahl, DNotZ 1999, 326; *Schotten/Schmellenkamp*, Die Übergangsregelung in Art. 220 Abs. 3 EGBGB zur Bestimmung der güterrechtlichen Wirkungen einer gemischtnationalen Ehe – eine weithin gegenstandslose Regelung?, DNotZ 2009, 518; *Siehr*, Güterrechts- und Erbstatut im deutsch-schweizerischen Rechtsverkehr – Zur Theorie der rechtsfortbildenden Koordination von IPR-Systemen, in: FS Geimer, 2002, S. 1097; *Süß*, Die Wahl deutschen Güterrechts für inländische Grundstücke, ZNotP 1999, 385; *Süß*, Das Grünbuch der EG zum ehelichen Güterrecht, ZErb 2006, 216; *Wagner*, Konturen eines Gemeinschaftsinstruments zum internationalen Güterrecht unter besonderer Berücksichtigung des Grünbuchs der Europäischen Kommission, FamRZ 2009, 269.

I. Rechtsvergleichender Überblick

206 Im **materiellen Güterrecht** herrscht nach wie vor große Vielfalt in Europa.[277] In den westeuropäischen Ländern, die dem frz. *code civil* folgen, gilt fast ausnahmslos die sog. **Errungenschaftsgemeinschaft:** Die Eheleute leben in einer Gütergemeinschaft, die auf das während der Ehe erworbene Vermögen beschränkt ist. Ausgenommen davon ist das ererbte und das durch Geschenk erworbene Vermögen. In den vormals sozialistischen Staaten gilt ein ähnliches System, welches dort zur Förderung der Gleichberechtigung in Bezug auf die Verfügungsbefugnis und vertragliche Gestaltungsmöglichkeiten vielfach immer noch erheblich strenger ist. Im deutschsprachigen Raum und einigen skandinavischen Ländern gilt die **Gütertrennung** mit Ausgleich des während der Ehe erzielten Zuerwerbs auf schuldrechtlicher Basis nach Scheidung, u.U. auch nach Auflösung der Ehe durch Tod. In England gilt zwar die Gütertrennung, bei Scheidung aber erfolgt eine richterliche Teilung des Vermögens der Eheleute nach freiem Ermessen (*property distribution*), die auch die künftige Versorgung der Ehegatten berücksichtigen soll. Die vollständige Gütergemeinschaft gilt nur in den Niederlanden – wenngleich sie dort in den letzten Jahren in die Kritik geraten ist.

---

277 Übersicht bei *Henrich/Schwab*, Eheliche Gemeinschaft, Partnerschaft und Vermögen im europäischen Vergleich, 1999; *Schotten/Schmellenkamp*, Das IPR in der notariellen Praxis, 2. Aufl. 2007, Anh. II; *Staudinger/Mankowski*, 2010, Art. 15 EGBGB Rn 235–252.

Süß

Große Unterschiede bestehen auch in den Möglichkeiten zur **vertraglichen Modifikation**   207
des Güterstands. In manchen Rechten gibt es keine (Serbien) oder nur sehr eingeschränkte
(Griechenland) Möglichkeiten der Abänderung. Teilweise bedarf es der richterlichen Genehmigung von Eheverträgen (Frankreich) zum Schutz der Familienmitglieder.

II. Rechtliche Grundlagen

1. Internationale Abkommen

Derzeit einziges für Deutschland einschlägiges Abkommen ist das **deutsch-persische Nie-**   208
derlassungsabkommen (siehe Rdn 13). Aus dessen Art. 8 Abs. 3 ergibt sich die Geltung
iranischen Rechts, wenn beide Eheleute die iranische Staatsangehörigkeit besitzen und
keiner von ihnen zugleich Deutscher oder Flüchtling i.S.d. Genfer Flüchtlingskonvention
ist. Eine Rechtswahl gem. Art. 15 Abs. 2 EGBGB scheidet dann aus.[278]

Das **Haager Ehewirkungsabkommen vom 17.7.1905** ist durch Deutschland mit Wirkung   209
zum 23.8.1987 gekündigt worden (siehe Rdn 25). Es gilt zwar formal für davor geschlossene
Ehen fort, soweit die Eheleute einem damaligen Abkommensstaat angehörten. Wegen der
verfassungswidrigen Verweisung auf das Heimatrecht des Ehemannes in Art. 2 Abs. 1 des
Abkommens ergibt sich jedoch wegen der Heranziehung von Art. 220 Abs. 3 EGBGB
(siehe Rdn 228) zur Lückenfüllung[279] im Ergebnis nichts anderes als bei Geltung des autonomen IPR.[280]

2. Die Europäische Güterrechtsverordnung (EUGüterR-VO)

Am 2.3.2016 hat die Europäische Kommission den Vorschlag für eine Verordnung im   210
Rahmen der verstärkten Zusammenarbeit über die Zuständigkeit, das anzuwendende Recht,
die Anerkennung und die Vollstreckung von Entscheidungen im Bereich des Ehegüterrechts[281] vorgelegt („**EUGüterR-VO**"). Diese wurde vom Rat am 24.6.2016 im Rahmen
der verstärkten Zusammenarbeit angenommen und wird daher ab dem 29.1.2019 in 19 EU-
Mitgliedstaaten (vgl. dazu oben Rdn 10) anwendbar sein. Die EUGüterR-VO regelt neben
verfahrensrechtlichen Aspekten, wie die internationale Zuständigkeit der Gerichte, die Anerkennung und Vollstreckung von Entscheidungen und die Anerkennung öffentlicher Urkunden und gerichtlicher Vergleiche, auch die kollisionsrechtlichen Fragen des internationalen Güterrechts.

Die Bestimmung des **anwendbaren Rechts** erfolgt nach den in Frankreich entwickelten   211
Grundsätzen, die auch den Inhalt der Haager Güterrechtskonvention von 1978 bilden und
in gewisser Weise auch Art. 15, 14 EGBGB entsprechen. Art. 26 Abs. 1 EUGüterR-VO
enthält zur Bestimmung des Güterstatuts eine **Anknüpfungsleiter**. Diese führt
1. zunächst zur Geltung des Rechts des Staates, in dem die Ehegatten nach der Eheschließung ihren ersten gemeinsamen gewöhnlichen Aufenthalt hatten.
2. Haben sie einen solchen nicht binnen kurzer Zeit nach der Eheschließung begründet –
   diese Fälle dürften in der Praxis selten sein – gilt das Recht des Staates, dessen Staatsangehörigkeit beide Ehegatten zum Zeitpunkt der Eheschließung besaßen.

---

278 *Schotten/Wittkowski*, FamRZ 1995, 268.
279 So BGH NJW 1987, 584.
280 Vgl. NK-BGB/*Sieghörtner*, 2. Aufl. 2012, Anh. I zu Art. 15 EGBGB Rn 2; Palandt/*Thorn*, 71. Aufl.
     2011, Anh. zu Art. 15 EGBGB Rn 1; Staudinger/*Mankowski*, 2010, Art. 14 EGBGB Rn 6b; *Schotten/*
     Schmellenkamp, Das IPR in der notariellen Praxis, 2. Aufl. 2007, Rn 133.
281 KOM(2016) 106 endg.; einsehbar unter http://eur-lex.europa.eu. Dazu siehe bereits oben Rdn 10.

Süß

3. Besaßen sie keine gemeinsame Staatsangehörigkeit oder besaßen sie mehrere gemeinsame Staatsangehörigkeiten, so gilt höchst hilfsweise das Recht des Staates, mit dem die Ehegatten unter Berücksichtigung aller Umstände, insbesondere des Ortes der Eheschließung, auf andere Weise gemeinsam am engsten verbunden sind.

Da die gemeinsame Staatsangehörigkeit der Eheleute, die gem. Art. 15 EGBGB aktuell vorrangig zu berücksichtigen ist, nach der EUGüterR-VO erst in zweiter Linie maßgeblich ist, ergibt sich für künftig geschlossene Ehen eine Änderung in Bezug auf die aktuelle Rechtslage (sog. Sprossenwechsel).

Da die Anknüpfung auf den Beginn der Ehe fixiert ist, ergibt sich nach dem Verordnungsvorschlag ein **unwandelbares Güterstatut**. Eine Wandelbarkeit kann sich allerdings aus Art. 26 Abs. 3 EUGüterR-VO ergeben, wenn die Eheleute schon erheblich länger in einem anderen Staat gelebt haben und sich beide Eheleute auf das Recht dieses anderen Staates bei der Gestaltung ihrer Vermögensangelegenheiten verlassen haben.

212 Unter dem anzuwendenden Recht eines Staates sind gem. Art. 32 EUGüterR-VO die in diesem Staat geltenden materiellen Rechtsnormen unter Ausschluss derjenigen des Internationalen Privatrechts zu verstehen. **Rück- und Weiterverweisungen** bleiben also unbeachtet.

213 Gemäß Art. 22 **EUGüterR-VO** bestimmt sich das Güterstatut vorrangig anhand einer von den Eheleuten getroffenen **Rechtswahl**. Die Eheleute, aber auch die Verlobten können das Recht des Staates wählen,
1. in dem sie beide oder einer von ihnen seinen gewöhnlichen Aufenthalt hat, oder
2. das Recht des Staates, dessen Staatsangehörigkeit einer der Ehegatten oder künftigen Ehegatten zum Zeitpunkt der Rechtswahl besitzt.

Eine statutenspaltende Rechtswahl für den Grundbesitz oder einzelne Grundstücke, wie sie gem. Art. 15 Abs. 2 Nr. 3 EGBGB zulässig ist, ist nicht vorgesehen. Eine Rechtswahl kann gem. Art. 22 Abs. 2 EUGüterR-VO sowohl vor als auch nach der Heirat getroffen werden. Dabei stehen die gleichen Rechtsordnungen zur Wahl. Die während der Dauer der Ehe getroffeneRechtswahl hat grundsätzlich nur Wirkung *ex nunc* (Art. 22 Abs. 2 EUGüterR-VO). Die Eheleute können allerdings – unter Vorbehalt zugunsten wohlerworbener Rechte Dritter – ihr auch Rückwirkung verleihen, Art. 22 Abs. 3 EUGüterR-VO.

214 Die Rechtswahl kann nur **ausdrücklich** erfolgen (Art. 23 Abs. 1 der EUGüterR-VO). Sie muss die **Formerfordernise** einhalten, die das Recht des Staates, in dem die Eheleute beide ihren gewöhnlichen Aufenthalt haben, für den Abschluss eines Ehevertrages vorschreibt (Art. 19 Abs. 1 der EUGüterR-VO). Zumindest aber ist Schriftform einzuhalten. Die Berufung auf eine großzügigere Ortsform ist ausgeschlossen. Die gleichen formalen Anforderungen gelten für den Abschluss eines Ehevertrages, Art. 25 EUGüterR-VO. Heiraten also in Deutschland lebende Eheleute in in einer Kirche in London oder in den Niederlanden bzw. in Frankreich lebende Eheleute in Las Vegas, so ist die Eheschließung hier zwar anzuerkennen, nicht aber der Abschluss eines Ehevertrages über den Ausschluss des Zugewinnausgleichs bzw. der gesetzlichen Gütergemeinschaft, selbst wenn jeder der Eheleute durch einen eigenen Rechtsanwalt beraten war, der Vertrag aber nicht vollständig beurkundet worden ist.

Was den Anwendungszeitraum angeht, so bestimmt Art. 69 Abs. 3 EUGüterR-VO, dass diese erstmalig auf solche Ehen anwendbar ist, die nach dem Anwendungsstichtag geschlossen wurden oder in denen nach dem Anwendungsstichtag das anwendbare Recht gewählt wurde. Es wird also noch sehr lange Zeit das aktuelle nationale Güterrrechts-Kollisionsrecht anwendbar bleiben.

III. Bestimmung des Güterstatuts nach nationalem Recht

1. Objektive Anknüpfung des Güterstatuts nach Art. 15 EGBGB

Für alle nach dem 8.4.1983 und vor dem 29.1.2019 geschlossenen Ehen gilt weiterhin Art. 15 EGBGB. Art. 15 Abs. 1 EGBGB verweist für die Bestimmung des Güterstatuts auf das zum **Zeitpunkt der Eheschließung** für die allgemeinen Wirkungen der Ehe geltende Recht. Dabei fallen wegen der Fixierung auf den Beginn der Ehe logischerweise die zweite und vierte Sprosse der Leiter weg. Im Übrigen gilt aber das Gleiche wie bei der Anknüpfung des auf die allgemeinen Ehewirkungen anwendbaren Rechts.[282] Aus Art. 15 Abs. 1 i.V.m. Art. 14 EGBGB ergibt sich daher – haben die Eheleute **keine Rechtswahl** getroffen – folgende **Anknüpfungsleiter:**

– In erster Linie (**1. Stufe**) gilt das Recht des Staates, dem beide Eheleute bei Eheschließung angehörten (Art. 15 Abs. 1 i.V.m. Art. 14 Abs. 1 Nr. 1 EGBGB). Bei Mehrstaatern ist zuvor die effektive Staatsangehörigkeit zu bestimmen, bei Staatenlosen, Flüchtlingen etc. ist das Personalstatut an den gewöhnlichen Aufenthalt anzuknüpfen (siehe Rdn 90).

– Hilfsweise (**2. Stufe**) ist das Recht des Staates anzuwenden, in dem beide Eheleute bei Eheschließung ihren gewöhnlichen Aufenthalt hatten (Art. 15 Abs. 1 i.V.m. Art. 14 Abs. 1 Nr. 2 EGBGB).

– Höchst hilfsweise (**3. Stufe**) verweist Art. 15 Abs. 1 i.V.m. Art. 14 Abs. 1 Nr. 3 EGBGB auf das Recht des Staates, mit dem die Eheleute bei Eheschließung auf andere Weise gemeinsam am engsten verbunden waren.[283] Bei der Anknüpfung an die engste Verbindung wird man wegen der Unwandelbarkeit des Güterstatuts, die dazu führt, dass dieses grundsätzlich für die gesamte Dauer der Ehe fortdauert, angemessenerweise noch eher die konkreten Zukunftsplanungen bei Eheschließung der Eheleute berücksichtigen müssen und vergangenheitsbezogene Aspekte außer Acht lassen.[284]

Diese Fixierung auf die Umstände bei Eheschließung führt dazu, dass spätere Änderungen der für die Anknüpfung maßgeblichen Umstände sich auf das Güterstatut nicht mehr auswirken (sog. **Unwandelbarkeit des Güterstatuts**) und **kein unbeabsichtigter Wechsel des Güterstands** eintreten kann. Dies hat Vor- und Nachteile. Freilich werden die Nachteile im Wesentlichen dadurch aufgehoben, dass die Eheleute das Güterstatut erforderlichenfalls durch Rechtswahl gem. Art. 15 Abs. 2 EGBGB (siehe Rdn 221) während der Ehe jederzeit anpassen können. Ein Wechsel des Güterstatuts (**Statutenwechsel**)[285] ist auch noch aus anderen Gründen möglich (siehe Rdn 256).

Hinweis: Mit der Unwandelbarkeit nicht verwechselt werden darf die sog. **Versteinerung.** Hiermit hatte die Rspr. der Nachkriegszeit bei Flüchtlingen aus Osteuropa den zum Zeitpunkt der Flucht geltenden materiellen Güterstand „eingefroren" und die Einführung neuer Güterstände im ehemaligen gemeinsamen Heimatstaat[286] ignoriert. Zwar hatte man auf diese Weise den Eheleuten unverständliche Rechtsänderungen zunächst abgewehrt. Andererseits blieben sie aber in einem historischen Rechtszustand gefangen, so dass das Problem allenfalls kurzfristig, nicht aber auf Dauer gelöst wurde. Die Versteinerungstheorie ist daher heute

215

216

217

---

282 Vgl. die Darstellung der „Kegelschen Leiter" (siehe Rdn 154).
283 Soergel/*Schurig*, Art. 15 EGBGB Rn 8; *Hausmann*, in: Reithmann/Martiny, Internationales Vertragsrecht, 7. Aufl. 2010, Rn 5945.
284 OLG Köln FamRZ 1998, 1590; Palandt/*Thorn*, 71. Aufl. 2011, Art. 15 EGBGB Rn 19; Soergel/*Schurig*, Art. 15 EGBGB Rn 12 m.w.N.
285 Zu den Folgen des Statutenwechsels siehe Rdn 259.
286 BGHZ 40, 32; OLG Hamm NJW 1977, 1591.

überwunden.[287] Für die genannten Fälle ist eine Lösung durch ein Sondergesetz geschaffen worden.[288]

2. Beachtlichkeit von Rück- und Weiterverweisungen

218 Bei der Verweisung aufgrund der objektiven Anknüpfung ist eine Rück- oder Weiterverweisung durch das IPR der ausländischen Rechtsordnung zu beachten.[289] Maßgeblich für die **Rückverweisung** ist dabei ausschließlich die für das Güterrecht maßgebliche ausländische Kollisionsnorm; eine Rückverweisung durch die für die allgemeinen Ehewirkungen maßgebliche Kollisionsnorm bleibt unbeachtlich.[290]

219 Rück- und Weiterverweisungen spielen im internationalen Güterrecht eine große Rolle. Grund dafür ist die durch die Anknüpfung an die Staatsangehörigkeit bedingte häufige Verweisung auf ausländisches Recht und die besondere Vielfalt bei der Anknüpfung im Ausland:
- So wird in vielen Ländern (Belgien, Frankreich, Dänemark) auch bei gleicher Staatsangehörigkeit der Eheleute vorrangig an den gemeinsamen Wohnsitz bzw. gemeinsamen gewöhnlichen Aufenthalt der Eheleute angeknüpft.
- Trotz vorrangiger Anknüpfung an die Staatsangehörigkeit wird auf die jeweils aktuellen Verhältnisse abgestellt (Wandelbarkeit), so dass ein Wechsel der Staatsangehörigkeit der Ehegatten nach der Eheschließung, u.U. auch schon auf Seiten eines von ihnen, einen Statutenwechsel bewirken kann (z.B. in Italien, Polen, Ungarn).
- Für die güterrechtlichen Verhältnisse wird in Bezug auf Immobilien auf das jeweilige Belegenheitsrecht verwiesen (USA, wohl auch England), so dass für in Deutschland belegene Grundstücke unabhängig von Staatsangehörigkeit und Wohnsitz der Eheleute stets deutsches Güterrecht gilt (Spaltung des Güterstatuts).
- Schließlich kann eine Rückverweisung auch dadurch erfolgen, dass das ausländische Recht bei Eheleuten ohne gemeinsame Staatsangehörigkeit (immer noch) die Staatsangehörigkeit des Ehemannes entscheiden lässt (Thailand, arabische Länder). Auch dies ist aus deutscher Sicht zu beachten (vgl. Rdn 100).[291]

220 In manchen Rechtsordnungen hat der Wechsel des Anknüpfungspunktes einen **rückwirkenden Statutenwechsel** (auf den Zeitpunkt der Eheschließung) zur Folge.[292] Auch diesen vollziehen wir über den Renvoi nach. Allein dann, wenn die Verweisung des deutschen Rechts auf einer nach deutschem Recht beachtlichen **Rechtswahl** zugunsten ausländischen Rechts beruht, bleibt das ausländische Kollisionsrecht unbeachtet.[293]

---

287 Hierzu *v. Bar*, Internationales Privatrecht II, 1991, Rn 216; Palandt/*Thorn*, 71. Aufl. 2011, Art. 15 EGBGB Rn 3; Soergel/*Schurig*, 12. Aufl. 1996, Art. 15 EGBGB Rn 29.

288 Zum Gesetz über den gesetzlichen Güterstand von volksdeutschen Flüchtlingen siehe Rdn 238.

289 Bestritten wird hier allein die Beachtlichkeit eines Renvoi im Fall der Anknüpfung an die „sonstige engste Verbindung" auf der 3. Stufe; siehe dazu Rdn 100, 166 sowie NK-BGB/*Sieghörtner*, 2. Aufl. 2012, Art. 15 EGBGB Rn 29; *v. Hoffmann/Thorn*, Internationales Privatrecht, 9. Aufl. 2007, § 8 Rn 25.

290 OLG Hamm FamRZ 1992, 963; Erman/*Hohloch*, 14. Aufl. 2014, Art. 15 EGBGB Rn 7.

291 So die h.M., vgl. *Lorenz*, in: FS Sturm, Liège 1999, S. 1569; *Henrich*, Internationales Familienrecht, 2. Aufl. 2000, S. 103.

292 Z.B. in Ungarn und in der Schweiz.

293 Allerdings ist hier umstritten, ob die Rückverweisung auch dann ausgeschlossen ist, wenn die Verweisung nicht auf einer güterrechtlichen, sondern auf einer Rechtswahl gem. Art. 14 Abs. 2 oder 3 EGBGB beruht (vgl. NK-BGB/*Sieghörtner*, 2. Aufl. 2012, Art. 15 EGBGB Rn 32) M.E. ist dieser Streit praktisch bedeutungslos, da die Eheleute, die eine auf die allgemeinen Ehewirkungen bezogene Rechtswahl treffen, die Geltung dieses Rechts stets auch für die güterrechtlichen Wirkungen wollen, insoweit dann also auch eine Rechtswahl gem. Art. 15 Abs. 2 EGBGB vorliegt.

Süß

3. Bestimmung des Güterstatuts durch Rechtswahl

Vorrangig vor der objektiven Anknüpfungsleiter ist eine nach Art. 15 Abs. 2 EGBGB getroffene **Rechtswahl** zu beachten.[294] Folgende Möglichkeiten stehen zur Wahl, wobei die Voraussetzungen zum Zeitpunkt der Ausübung der Rechtswahl gegeben sein müssen. Ein späterer Wegfall berührt die Wirksamkeit der Wahl nicht mehr:

221

- Das **Heimatrecht eines der Ehegatten**, Art. 15 Abs. 2 Nr. 1 EGBGB. Der Vergleich zu Art. 14 Abs. 2 sowie Art. 10 Abs. 2 Nr. 1 EGBGB ergibt hier, dass ein Mehrstaater nicht jedes seiner Heimatrechte wählen kann, sondern ausschließlich die gem. Art. 5 Abs. 1 EGBGB effektive Staatsangehörigkeit entscheidet. Berücksichtigt man allerdings, dass – anders als im allgemeinen Eherecht – im Güterrecht der Vertragsfreiheit ein erheblich größerer Stellenwert zukommt und die Möglichkeit, zwischen mehreren Heimatrechten zu wählen, insoweit der Klarstellung dient, als die Beteiligten selber festlegen können, welches der Heimatrechte gelten soll. Die unter Umständen sehr schwierige und unsichere Prüfung, welches Heimatrecht „effektiv" i.S.v. Art. 5 Abs. 1 EGBGB ist, kann dann unterbleiben.[295]
- Das Recht des Staates, in dem (zumindest) einer der Ehegatten bei Ausübung der Rechtswahl seinen **gewöhnlichen Aufenthalt** hat, Art. 15 Abs. 2 Nr. 2 EGBGB.
- Für **unbewegliches Vermögen** das Recht des Staates, in dem dieses belegen ist, Art. 15 Abs. 2 Nr. 3 EGBGB. Dies gilt auch dann, wenn das unbewegliche Vermögen im Ausland belegen ist. Die Rechtswahl zieht eine Spaltung des Güterstatuts nach sich. Umstritten ist, inwieweit außer Grundstückseigentum, Gebäuden, Wohnungseigentum, Erbbaurechten etc. auch für weitere Rechte (Hypotheken, schuldrechtliche Ansprüche auf Grundstück) das Belegenheitsrecht gewählt werden kann.[296] Dass die Rechtswahl auch gegenständlich beschränkt für ein einzelnes (von mehreren in demselben Staat belegenen) Grundstück getroffen werden kann, wird in der neueren Literatur kaum noch bestritten. Entgegen mancherseits geäußerter Befürchtungen ergeben sich besondere Schwierigkeiten aus einer derartigen „objektbezogenen Rechtswahl" nicht.[297] Bei mehrfacher Ausübung der Rechtswahl zugunsten desselben Rechts würde nämlich aus den betroffenen Gegenständen und Rechten eine einheitliche Vermögensmasse entstehen, für die güterrechtliche Vereinbarungen nur einheitlich getroffen werden können.[298]

---

294 Vorrangig sind auch hier internationale Abkommen zu beachten, wie für iranisch-iranische Ehen das deutsch-iranische Niederlassungsabkommen (siehe Rdn 9). Das zuletzt im Verhältnis zu Italien noch bis zum 23.8.1987 geltende Haager Ehewirkungsabkommen vom 17.7.1905 wird nach überwiegender Ansicht für ab dem 31.3.1953 geschlossene Ehen durch Art. 220 Abs. 3 S. 1 EGBGB verdrängt,

295 Umstritten: Für die enge Auslegung: *Henrich*, Internationales Familienrecht, 2. Aufl. 2000, S. 98; Staudinger/*Mankowski*, 2010, Art. 15 EGBGB Rn 133 ff. Für eine Wahl auch des „ineffektiven" Heimatrechts dagegen z.B.: Palandt/*Thorn*, 71. Aufl. 2011, Art. 15 Rn 22; *Mansel*, Personalstatut, Staatsangehörigkeit und Effektivität, 1988, Rn 412; *Rauscher*, Internationales Privatrecht, 3. Aufl. 2009, Rn 768; Soergel/*Schurig*, Art. 15 EGBGB Rn 18.

296 Insoweit gilt weitgehend das Gleiche wie zur erbrechtlichen Rechtswahl im ehemaligen Art. 25 Abs. 2 EGBGB (hierzu *Haas*, in: Süß, Erbrecht in Europa, 2. Aufl. 2008, § 3 Rn 38; *Süß*, ZErb 2001, 84 ff.).

297 Für die Zulässigkeit z.B.: LG Mainz Rpfleger 1993, 280; Erman/*Hohloch*, 14. Aufl. 2014, Art. 15 EGBGB Rn 29; *Kegel/Schurig*, Internationales Privatrecht, 9. Aufl. 2004, S. 847; *Kropholler*, Internationales Privatrecht, 6. Aufl. 2004, S. 357; MüKo-BGB/*Siehr*, 6. Aufl. 2015, Art. 15 EGBGB Rn 41; Palandt/*Thorn*, 71. Aufl. 2011, Art. 15 EGBGB Rn 22; Soergel/*Schurig*, 12. Aufl. 1996, Art. 15 EGBGB Rn 21; ausführliche Widerlegung der Einwände bei Staudinger/*Mankowski*, 2010, Art. 15 EGBGB Rn 218 ff. Gegen die Zulässigkeit: *Langenfeld*, BWNotZ 1986, 153; ausführliche Begründung bei *Schotten/Schmellenkamp*, Das IPR in der notariellen Praxis, 2. Aufl. 2007, Rn 163.

298 Vgl. NK-BGB/*Sieghörtner*, 2. Aufl. 2012, Art. 15 Rn 42.

Hinweis: Deutlich muss vor der mancherorts noch verbreiteten Praxis gewarnt werden, bei Erwerb eines inländischen Grundstücks ausländische Eheleute quasi formularmäßig stets das deutsche Güterrecht wählen zu lassen, ohne weitere güter- und erbrechtliche Vereinbarungen zu treffen. Der Preis für die vermeintlichen Erleichterungen beim Grundstückserwerb sind unübersehbare und bislang in der Rspr. nicht einheitlich gelöste güterrechtliche und erbrechtliche Folgeprobleme aus der Spaltung des Vermögens (z.B. Berechnung des Zugewinnausgleichs beschränkt auf ein einzelnes Grundstück; Anwendbarkeit von § 1371 Abs. 1 BGB für die Erbfolge eines einzelnen Grundstücks).[299]
- Wird der Ehevertrag vor der Eheschließung geschlossen, kann das Güterstatut mittelbar auch über eine Rechtswahl gem. Art. 14 Abs. 2, 3 EGBGB bestimmt werden. Zu diesem Zeitpunkt ergibt sich dann ggf. die Möglichkeit, ein nicht gem. Art. 5 Abs. 1 EGBGB effektives Heimatrecht zu wählen.
- Noch weiter reichende Möglichkeiten ergeben sich ggf., wenn das kraft objektiver Anknüpfung anwendbare Recht weitere Rechtsordnungen zur Wahl stellt, wie z.B. das österreichische IPR. Eine hiernach getroffene Rechtswahl wäre aus deutscher Sicht im Wege der Weiterverweisung (siehe Rdn 98)[300] zu beachten.

222   Die Rechtswahl muss **notariell beurkundet** werden (Art. 15 Abs. 3 i.V.m. Art. 14 Abs. 4 S. 1 EGBGB). Bei Vornahme im Ausland genügt die Einhaltung der für den Abschluss eines Ehevertrages vom Ortsrecht vorgesehenen Form. Kennt das ausländische Ortsrecht aber eine güterrechtliche Rechtswahl und stipuliert es hierfür eine Form, die hinter den für den Abschluss eines Ehevertrages geltenden Formerfordernissen zurückbleibt, so muss über Art. 11 Abs. 1 Fall 2 EGBGB auch die Einhaltung dieser vom Ortsrecht für die güterrechtliche Rechtswahl vorgesehenen Form genügen.[301]

223   Vielfach wird eine **konkludente Rechtswahl**[302] für möglich gehalten. Freilich sollte man in der Unterstellung einer konkludenten Rechtswahl äußerst zurückhaltend sein. Leben deutsche Eheleute in Paris und haben sie dort einen Ehevertrag beurkunden lassen, so wird der dortige Notar, ausgehend vom französischen IPR,[303] das französische Güterrecht zugrunde gelegt, möglicherweise auch im Urkundsentwurf auf französische Gesetze Bezug genommen haben. Dagegen wird man kaum eine Absicht der Eheleute annehmen können, aus dem deutschen in das französische Recht zu wechseln, zumal dann, wenn niemand auf diese Möglichkeit hingewiesen hat. Aus deutscher Sicht liegt insoweit eine verfehlte Vertragsgestaltung vor, die als „Handeln unter falschem Recht" zu behandeln wäre.[304]

224   Da die Verweisung aufgrund der Rechtswahl unmittelbar zum gewählten Recht führt, ist es unbeachtlich, ob eine aus deutscher Sicht wirksame Rechtswahl auch vom Heimatrecht der Eheleute bzw. von dem bis zur Rechtswahl geltenden Güterstatut anerkannt wird.[305]

---

299 *Süß*, ZNotP 1999, 385.
300 Art. 4 Abs. 1 S. 1 EGBGB.
301 Vgl. NK-BGB/*Sieghörtner*, 2. Aufl. 2012, Art. 15 EGBGB Rn 52; Staudinger/*Mankowski*, 2010, Art. 15 EGBGB Rn 101 unter Hinweis darauf, dass in der Schweiz die Schriftform genügt. Ausdrücklich gegen die Anwendung der für eine Rechtswahl vorgesehenen Ortsform dagegen *Rauscher*, Internationales Privatrecht, 3. Aufl. 2009, Rn 772.
302 So vor allem *Sonnenberger*, in: FS Geimer, 2002, S. 1246; MüKo-BGB/*Siehr*, 6. Aufl. 2015, Art. 15 EGBGB Rn 33.
303 Anknüpfung an den gewöhnlichen Aufenthalt, siehe hierzu *Döbereiner*, Länderbericht Frankreich.
304 NK-BGB/*Sieghörtner*, 2. Aufl. 2012, Art. 15 EGBGB Rn 48; Staudinger/*Mankowski*, 2010, Art. 15 EGBGB Rn 106.
305 Einzelheiten zur güterrechtlichen Rechtswahl können der oben angegebenen Literatur sowie den einschlägigen Kommentaren entnommen werden.

Beispiel: Nach griechischem Recht ist ein Ausschluss des Zugewinnausgleichs im gesetzlichen Güterstand und die Vereinbarung der Gütertrennung nicht möglich. Aus deutscher Sicht können in Deutschland lebende griechische Eheleute den Zugewinnausgleich daher dennoch ausschließen, indem sie deutsches Güterrecht wählen und anschließend die Zugewinngemeinschaft deutschen Rechts durch die Gütertrennung deutschen Rechts ersetzen („Flucht" in das deutsche Güterrecht). Aus griechischer Sicht freilich würde schon die Rechtswahl nicht anerkannt werden (Art. 14, 15 griech. ZGB), so dass eine in Griechenland erhobene Klage auf Zugewinn Erfolg hätte (**hinkender Ehevertrag**).

Die Rechtswahl ist zu jedem Zeitpunkt, also **auch nach der Eheschließung** möglich. Insbesondere kann sie jederzeit aufgehoben und abgeändert werden. Wird sie nach der Eheschließung getroffen, kann sie nach in Deutschland wohl überwiegender Auffassung nur mit Wirkung *ex nunc* getroffen werden, hat also **keine Rückwirkung**.[306] Es tritt somit ein Statutenwechsel mit Wirkung *ex nunc* ein (siehe Rdn 256). **Rück- und Weiterverweisungen** durch das IPR der gewählten Rechtsordnung bleiben gem. Art. 4 Abs. 2 EGBGB unbeachtet.[307]

225

Fallen die Voraussetzungen für die Rechtswahl fort – z.B. weil die Eheleute nach Wahl des Rechts des Aufenthaltsstaates in ihren gemeinsamen Heimatstaat ziehen –, so bleibt die Rechtswahl so lange wirksam, bis die Eheleute eine neue Rechtswahl treffen, deren Zulässigkeit sich dann freilich anhand der Umstände (Staatsangehörigkeit, gewöhnlicher Aufenthalt) zum Zeitpunkt der Rechtswahl richtet.[308]

226

Hinweis: Besondere Bedeutung kommt der Rechtswahl als Instrument zu, einen **internationalen Entscheidungsdissens** zu **verhindern**. Beispielsweise werden in der Schweiz lebende deutsche Eheleute dort nach ihrem schweizerischen Wohnsitz- und hier nach ihrem deutschen Heimatrecht beurteilt. Wählen sie das Schweizer Recht als das an ihrem gewöhnlichen Aufenthalt geltende Recht, würden sie auch aus deutscher Sicht nach schweizerischem Recht beurteilt werden. Die Wahl deutschen Rechts andererseits wäre aus deutscher Sicht überflüssig, würde aber die Schweizer Gerichte dazu zwingen, die güterrechtlichen Verhältnisse der Eheleute trotz Wohnsitzes in der Schweiz nach deutschem Recht zu beurteilen.[309] Auch die Abstimmung von Erb- und Güterstatut kann wegen der beschränkten Wahlmöglichkeiten im Erbrecht nur durch eine güterrechtliche Rechtswahl erfolgen.

227

4. Übergangsregelung für vor dem 1.9.1986 geschlossene Ehen

Durch Urteil, bekanntgemacht am 9.4.1983, hatte das BVerfG festgestellt, dass die Anknüpfung des Güterstatuts an die Staatsangehörigkeit des Ehemannes in Art. 15 EGBGB a.F. gegen Art. 3 Abs. 2 GG verstößt und daher für ab dem 1.4.1953 geschlossene Ehen unwirksam war. Der Gesetzgeber hat in der IPR-Reform 1986 eine hochkomplexe Übergangsnorm geschaffen, die – ihrerseits hart an der Grenze zur Verfassungswidrigkeit – einen Schutz

228

---

306 Str., *Henrich*, Internationales Familienrecht, 2. Aufl. 2000, S. 101; *Schotten/Schmellenkamp*, Das IPR in der notariellen Praxis, 2. Aufl. 2007, Rn 167. Für eine Rückwirkung aber: *Osthaus/Mankowski*, DNotZ 1997, 21 f.; MüKo-BGB/*Siehr*, 6. Aufl. 2015, Art. 15 EGBGB Rn 46.

307 Beruht die Verweisung auf fremdes Recht auf der mittelbaren Güterrechtswahl über Art. 14 Abs. 2 bzw. 3 EGBGB, soll nach einer Ansicht ein Renvoi zu beachten sein (so *Kühne*, Internationales Privatrecht, 1987, S. 73). Freilich wird dies – zu Recht – überwiegend abgelehnt (z.B. Erman/*Hohloch*, 14. Aufl. 2014, Art. 15 EGBGB Rn 21; Staudinger/*Mankowski*, 2010, Art. 15 EGBGB Rn 87).

308 *Kropholler*, Internationales Privatrecht, 6. Aufl. 2004, S. 355.

309 Ausf. *Siehr*, Güterrechts- und Erbstatut im deutsch-schweizerischen Rechtsverkehr, FS Geimer, 2002, S. 1097.

Süß

der Parteierwartungen sucht. Die Rspr. des BGH und des BVerfG hat dieses dogmatische Labyrinth um weitere Korridore ergänzt, in denen sich nur noch der Kundige nicht verläuft. Die folgende Übersicht sollte zumindest den richtigen Einstieg erleichtern:

a) Vor dem 1.4.1953 geschlossene Ehen (Uralt-Ehen)

229   Für vor dem 1.4.1953 geschlossene Ehen gilt über Art. 15 EGBGB a.F., Art. 220 Abs. 3 S. 6 EGBGB weiterhin das **Heimatrecht des Ehemannes** bei Eheschließung. Gemäß Art. 117 GG gilt für diese Fälle Art. 3 Abs. 2 GG noch nicht. Es ist aber ab dem 9.4.1983 eine **Rechtswahl** gem. Art. 15 Abs. 2 EGBGB n.F. zulässig.

b) Nach dem 31.3.1953 und vor dem 9.4.1983 geschlossene Ehen

230   Hier ist wie folgt zu unterscheiden: Hatten die Eheleute bei Eheschließung eine **gemeinsame Staatsangehörigkeit**, so gilt das damalige gemeinsame Heimatrecht als Güterstatut. Für die Zeit nach dem 8.4.1983 ergeben sich ferner die Rechtswahlmöglichkeiten aus Art. 15 Abs. 2 EGBGB.

231   Hatten die Eheleute bei Eheschließung **keine gemeinsame Staatsangehörigkeit**, so gilt grundsätzlich das Heimatrecht des Ehemannes bei Eheschließung, Art. 220 Abs. 3 S. 1 Nr. 3 EGBGB. Dieser Grundsatz wird allerdings in zweifacher Hinsicht so stark **eingeschränkt**, dass er kaum noch Bedeutung hat:

232   **Einschränkung 1:** Haben sich die Eheleute bis zum 8.4.1983 gemeinsam einem bestimmten Recht „**unterstellt**" oder sind sie „**von dessen Anwendung gemeinsam ausgegangen**", so gilt dieses Recht, Art. 220 Abs. 3 S. 1 Nr. 2 EGBGB. Dieser Tatbestand wird von der Rspr. sehr weit ausgelegt, um die subsidiäre Anknüpfung an die Staatsangehörigkeit des Ehemannes in Nr. 3 möglichst weit zurückzudrängen.[310] Es bedürfe einer Gesamtbetrachtung, in die alle äußeren Umstände einzubeziehen seien, wie etwa gewöhnlicher Aufenthalt der Ehegatten, der Erwerb von Immobilien zur Schaffung eines Familienheims, Grundbucheintragungen und andere gemeinsame Erklärungen gegenüber Behörden oder Handlungen, die ohne Bezug zu einer bestimmten Güterrechtsordnung nicht denkbar wären. Es reiche, dass die Eheleute „wie selbstverständlich von der ihnen am nächsten liegenden Rechtsordnung ausgegangen sind".[311] Beispiele sind der Abschluss eines Ehevertrages auf der Grundlage eines bestimmten Rechts, Anhaltspunkte in einer gemeinsamen Verfügung von Todes wegen oder gemeinsame Erklärungen in Grundstückserwerbsverträgen.[312]

233   Hier hat das BVerfG klarstellen müssen, dass das gemeinsame Ausgehen von der Geltung des Mannesrechts wegen Vertrauens auf Art. 15 EGBGB a.F. – z.B. aufgrund anwaltlicher oder notarieller Beratung auf der Basis der damals allgemein anerkannten Rechtslage – **keine Perpetuierung der gleichheitswidrigen Anknüpfung** bedürfe. Daher dürfe sie nicht über Art. 220 Abs. 3 S. 1 Nr. 2 EGBGB beachtet werden.[313] So hatten in dem zum BVerfG vorgelegten Fall der österreichische Ehemann und seine deutsche Ehefrau stets in Deutschland gelebt, so dass außer der Staatsangehörigkeit des Ehemannes keinerlei Bezugspunkte zum österreichischen Recht bestanden und sich damit auch kein schutzwürdiges Vertrauen auf die Geltung des österreichischen Rechts ergab. Als mit dem gemeinsamen Unterstellen

---

310 Z.B. BGH NJW 1987, 584 = DNotZ 1987, 296; BGHZ 119, 400.

311 BGHZ 119, 400; BGH NJW 1988, 639; FamRZ 1993, 292; OLG Köln FamRZ 1996, 1480; OLG Frankfurt/M. FamRZ 1987, 1147; Palandt/*Thorn*, 71. Aufl. 2011, Art. 15 EGBGB Rn 9; krit. *Schotten/Schmellenkamp*, Das IPR in der notariellen Praxis, 2. Aufl. 2007, Rn 184.

312 Aufstellung in NK-BGB/*Sieghörtner*, 2. Aufl. 2012, Anh. III zu Art. 15 EGBGB Rn 20.

313 BVerfG NJW 2003, 1656; siehe auch *Süß*, ZErb 2003, 148.

bzw. dem Vertrauen konkludent und formlos gewähltes Recht **gilt dieses** über den Stichtag des 8.4.1983 hinaus unter den materiellen Voraussetzungen des Art. 15 Abs. 2 EGBGB **fort**.[314] Entgegen dem Wortlaut von Art. 220 Abs. 3 S. 2 EGBGB findet also keine rückwirkende Anknüpfung des Güterstatuts nach Art. 15 Abs. 1 EGBGB n.F. statt. Rück- und Weiterverweisungen werden nicht beachtet, da ein der Rechtswahl i.S.v. Art. 4 Abs. 2 EGBGB vergleichbarer Fall vorliege.[315]

Einschränkung 2: Liegt kein Fall des Unterstellens oder des Ausgehens von einem bestimmten Recht vor, kommt es dennoch nicht zur Geltung des Heimatrechts des Ehemannes, wenn der „güterrechtsrelevante Vorgang" – z.B. die Beendigung des Güterstands durch Scheidung der Ehe oder durch Tod eines Ehegatten – nach dem 8.4.1983 eingetreten ist. In diesem Fall bestimmt der BGH das Güterstatut **mit Rückwirkung** nach Art. 15 EGBGB n.F. Dabei sind statt des Zeitpunkts der Eheschließung die Umstände (gemeinsame Staatsangehörigkeit, hilfsweise gewöhnlicher Aufenthalt der Eheleute) zum 9.4.1983 zugrunde zu legen (Art. 220 Abs. 3 S. 2, 3 EGBGB).[316]   234

c) Nach dem 9.4.1983 und vor dem 1.9.1986 geschlossene Ehen

Hier ist das Güterstatut bereits nach dem erst 1986 erlassenen Art. 15 EGBGB n.F. zu bestimmen, der so gem. Art. 220 Abs. 3 S. 5 EGBGB rückwirkende Geltung entfaltet.   235

5. Sonderregelung für den gesetzlichen Güterstand von Aussiedlern und Spätaussiedlern

Für Vertriebene i.S.v. §§ 1, 3 und 4 des Bundesvertriebenengesetzes,[317] die in einem gesetzlichen Güterstand ausländischen Rechts leben, tritt mit Beginn des vierten Monats, nachdem beide ihren gewöhnlichen Aufenthalt im Inland genommen haben, das eheliche Güterrecht des BGB in Kraft (§ 1 Abs. 1, § 3 des Gesetzes über den ehelichen Güterstand von Vertriebenen und Flüchtlingen, Art. 15 Abs. 4 EGBGB).[318] Hier findet also ein **Statutenwechsel** aus dem ausländischen zum deutschen Güterrecht statt. Die Eigenschaft als Vertriebener lässt sich regelmäßig sehr einfach durch Vorlage des Vertriebenenausweises nachweisen.   236

Umstritten ist, ob auch die **Spätaussiedler** i.S.v. § 4 BVFG in der seit 1993 geltenden Fassung, die erst nach dem 31.12.1992 nach Deutschland gekommen sind, von dieser Regelung erfasst werden. Teils wird argumentiert, dass die Verweisung in § 1 des oben genannten Gesetzes nur die in der alten Fassung von § 4 BVFG genannten Sowjetzonenflüchtlingen gleichgestellten Personen erfasse.[319] Weit überwiegend wird aber zumindest die analoge Anwendung des Statutenwechsels auch auf die Spätaussiedler bejaht.[320] Vielfach kommt es   237

---

314 BGH FamRZ 1986, 1202; *Lichtenberger*, DNotZ 1987, 299.
315 BGH NJW 1988, 640; *v. Bar*, Internationales Privatrecht II, 1991, Rn 230; *Schurig*, IPRax 1988, 93.
316 BGH NJW 1987, 584; 1988, 639; OLG Hamm FamRZ 1993, 115; Palandt/*Thorn*, 71. Aufl. 2011, Art. 15 EGBGB Rn 12; a.A. *Rauscher*, NJW 1987, 532; *Schurig*, IPRax 1988, 93.
317 BVFG, abgedr. z.B. bei NK-BGB/*Sieghörtner*, 2. Aufl. 2012, Anh. II zu Art. 15 EGBGB Rn 3 ff.
318 Gesetz vom 4.8.1969 (BGBl I, 1067). Text z.B. bei Palandt/*Thorn*, 71. Aufl. 2011, Anh. zu Art. 15 EGBGB.
319 So Palandt/*Thorn*, 71. Aufl. 2011, Anh. Art. 15 EGBGB Rn 2.
320 So z.B. Erman/*Hohloch*, 14. Aufl. 2014, Art. 15 EGBGB Rn 51b; *Looschelders*, Internationales Privatrecht, 1. Aufl. 2004, Art. 15 EGBGB Rn 43; *Ludwig*, in: jurisPraxiskommentar-BGB, 5. Aufl. 2010, Art. 15 EGBGB Rn 153; Staudinger/*Mankowski*, 2010, Art. 15 EGBGB Rn 440; Bamberger/Roth/*Mörsdorf-Schulte*, 3. Aufl. 2012, Art. 15 EGBGB Rn 76; *Scheugenpflug*, MittRhNotK 1999, 377; *Schotten/Schmellenkamp*, Das IPR in der notariellen Praxis, 2. Aufl. 2007, Rn 143a; NK-BGB/*Sieghörtner*, 2. Aufl. 2012, Anh. II zu Art. 15 EGBGB Rn 10; MüKo-BGB/*Sonnenberger*, 5. Aufl. 2010, Einl. IPR Rn 647; *Wandel*, BWNotZ 1994, 87.

Süß

auf diese Frage nicht mehr an, weil dem Statutenwechsel aus dem vorgenannten Gesetz eine Rückverweisung durch das ehemalige Heimatrecht zuvorkommt, z.B. weil dieses das Güterstatut wandelbar anknüpft und daher das deutsche Recht als neues Wohnsitzrecht oder unter Anknüpfung an die deutsche Staatsangehörigkeit gelten lässt.[321] Freilich ist hier zu beachten, dass der Erwerb der deutschen Staatsangehörigkeit durch die Spätaussiedler dann noch nicht zu einer Rückverweisung auf das deutsche Recht führt, wenn das ausländische IPR zwar auf die jeweils aktuelle Staatsangehörigkeit der Eheleute abstellt, aufgrund Beibehaltung der ehemaligen Staatsangehörigkeit aber weiterhin diese der Anknüpfung des Güterstatuts vorrangig zugrunde legt (wie z.B. Polen, Tschechische Republik, früher auch Rumänien).

IV. Umfang des Güterstatuts

1. Gesetzlicher und vertraglicher Güterstand

238   Dem Güterstatut unterliegen die Sonderordnung für das Vermögen von Mann und Frau aufgrund der Ehe und die Abwicklung dieser Sonderordnung.[322] Dazu gehören beispielsweise die Fragen, in welchem **gesetzlichen Güterstand** die Eheleute leben, welche Folgen sich daraus für die dingliche Zuordnung des von den Eheleuten in die Ehe eingebrachten und während der Ehe erworbenen Vermögens ergeben, die Verfügungsbefugnis hierüber und die Haftung für Verbindlichkeiten des anderen Ehegatten.[323] Schließlich entscheidet das Güterstatut, wann und auf welche Weise der Güterstand **beendet** wird (ob durch Scheidung, gerichtliche Trennung von Tisch und Bett,[324] tatsächliche Trennung der Eheleute) und ob und wie bei Beendigung des Güterstands aus einem bestimmten Grund ein Vermögensausgleich (Zugewinnausgleich) oder die gerichtliche Teilung ehelichen Vermögens (*property distribution*) aufgrund unterschiedlicher Entwicklung des Vermögens bei den Eheleuten während der Ehe erfolgt.

239   Nach dem Güterstatut ist zu entscheiden, welche **vertraglichen Güterstände** zur Verfügung stehen, wann ein **Ehevertrag** geschlossen werden kann (z.B. nur vor Eheschließung oder auch danach), das Erfordernis einer gerichtlichen Genehmigung für den Abschluss der güterrechtlichen Vereinigung nach Eheschließung, auf welche Weise der gesetzliche Güterstand durch einen vertraglichen Güterstand ersetzt werden kann und welche Wirkungen die Ersetzung hat.

240   Güterrechtlich ist auch § 1414 S. 2 BGB zu qualifizieren:[325] Der Ausschluss des **Versorgungsausgleichs** hat nach dieser Vorschrift, unabhängig vom auf den Versorgungsausgleich anwendbaren Recht, nur dann die Gütertrennung zur Folge, wenn deutsches Recht Güterstatut ist.

241   Für die **Formwirksamkeit eines Ehevertrages** freilich gilt das über Art. 11 Abs. 1 bis 3 EGBGB bestimmte Recht, so dass auch die Beachtung der Ortsform genügt. Die in man-

---

321 Z.B. OLG Hamm MittBayNot 2010, 223.

322 Vgl. RegBegr., BT-Drucks 10/504, S. 57.

323 Beachte aber, dass die Schlüsselgewalt dem allgemeinen Ehewirkungsstatut zuzuordnen ist (siehe Rdn 174).

324 Kennt die für die güterrechtlichen Folgen maßgebliche Rechtsordnung keine Trennung von Tisch und Bett, so sind die bei einer Trennung von Tisch und Bett eintretenden güterrechtlichen Folgen nach dem Trennungsstatut, ggf. in Kombination mit den vom Güterstatut für die Scheidung vorgesehenen Regeln, zu bestimmen, Staudinger/*Mankowski*, 2010, Art. 15 EGBGB Rn 289.

325 *V. Bar*, Internationales Privatrecht II, 1991, Rn 240.

chen Rechten gesetzlich vorgesehene Eintragung der güterrechtlichen Vereinbarung in die Heiratsurkunde oder in ein Register ist in aller Regel aber weder Voraussetzung für die formelle noch die materielle Wirksamkeit des Vertrages, sondern Voraussetzung für die Wirkung im Verhältnis zu Dritten (Publizität).

Beispiel: Daher können deutsche Eheleute in Italien Gütertrennung vereinbaren, indem sie bei Eheschließung dem Standesbeamten gegenüber diesen Willen formlos erklären.[326] Italienische Eheleute können in Deutschland wirksam die Gütertrennung vereinbaren, indem sie die Vereinbarung notariell beurkunden lassen. Der vom italienischen Recht vorgesehenen Eintragung in die Heiratsurkunde bedarf es nicht. Solange die Eheleute in Italien auch weder Immobilien besitzen noch dort leben bzw. dort ein Geschäft betreiben, besteht hierzu auch kein Anlass.

Güterrechtlich sind schließlich auch auf den Vermögensbestand bezogene **Auskunftspflichten** zu qualifizieren,[327] denn sie beziehen sich auf den Ausgleichsanspruch. Gleiches gilt für das Verbot der **Ehegattengesellschaft**, weil dieses Verbot eine Umgehung der Regeln für die Eheverträge verhindern soll (siehe Rdn 173).   242

2. Dingliche Zuordnung von Sachen, Rechten und Gesellschaftsanteilen

Die Konkurrenz von Vermögensstatut (hier des Güterstatuts) und Einzelstatut (also des für die einzelnen Rechte maßgeblichen Sachen-, Gesellschafts- oder Schuldstatuts) wirft immer wieder Probleme auf.[328] Dabei ist das grundsätzliche Verhältnis relativ einfach: Der dingliche Erwerb des Rechts durch einen oder auch beide Ehegatten vollzieht sich nach dem **Einzelstatut** (also bei beweglichen und unbeweglichen Sachen gem. Art. 43 EGBGB nach dem an die Belegenheit des jeweiligen Gegenstands angeknüpften Sachenstatut). Dem **Güterstatut** ist zu entnehmen, ob der Erwerb durch den Ehegatten oder beide zu alleiniger oder gemeinschaftlicher Berechtigung der Eheleute führt und wie diese gemeinsame Berechtigung ausgestaltet ist. Dies ist insbesondere gem. § 47 GBO auch entsprechend ins Grundbuch einzutragen.[329] Ob freilich eine bestimmte Form der gemeinschaftlichen Berechtigung überhaupt möglich ist, beurteilt wiederum das „Einzelstatut".[330]   243

Beispiele: Das deutsche Sachenrecht verträgt sich nicht mit der Vorschrift des niederländischen Ehegüterrechts, welches eine Berechtigung des Ehegatten am Vermögen des anderen vorsieht, die weder als Bruchteilsgemeinschaft noch als gesamthänderische Beteiligung eingeordnet werden kann, weil das deutsche Sachenrecht wegen des *numerus clausus* der Sachenrechte derartige „Zwischenformen" nicht akzeptiert.

---

326 Art. 162 Abs. 2 ital. Codice Civile. Es mag in der Praxis Fälle geben, in denen die Ehegatten irrtümlich davon ausgingen, bei Heirat in Italien sei die Erklärung erforderlich, um zu verhindern, dass sie in der gesetzlichen Gütergemeinschaft italienischen Rechts leben. Zweifelhaft ist allerdings, ob ein Ehegatte durch entsprechende Anfechtung einen Zugewinnausgleichsanspruch nach deutschem Recht wiederherstellen kann.

327 BGH FamRZ 1986, 1200; *Kerameus*, IPRax 1990, 228; *Rauscher*, Internationales Privatrecht, 3. Aufl. 2009, Rn 757. Zu den Angleichungsfragen, die sich ergeben, wenn das Güterstatut keinen Auskunftsanspruch vorsieht, weil im dortigen Recht prozessual der Amtsermittlungsgrundsatz gilt: *Henrich*, Internationales Familienrecht, 2. Aufl. 2000, S. 122; Staudinger/*Mankowski*, 2010, Art. 15 EGBGB Rn 287.

328 Zum Zusammenwirken der Einzelstatute mit dem Erbrecht als Vermögensstatut siehe *Süß*, in: Süß, Erbrecht in Europa, 3. Aufl. 2015, § 3 Rn 103 ff.

329 Ausf. zu den Problemen: *Amann*, Rpfleger 1986, 117; *Jayme*, IPRax 1986, 290; *Rauscher*, Rpfleger 1986, 119; *Roth*, IPRax 1991, 320; *Süß*, Rpfleger 2003, 53.

330 *Hausmann*, in: Reithmann/Martiny, Internationales Vertragsrecht, 7. Aufl. 2010, Rn 6034.

Das deutsche Gesellschaftsrecht akzeptiert für Anteile an einer GbR bzw. OHG keine weitere gesamthänderische Beteiligung. Daher steht das deutsche Gesellschaftsstatut auch einer gesamthänderisch gebundenen Mitberechtigung des anderen Ehegatten an einem Personengesellschaftsanteil entgegen, wenn sich diese aus einer gesetzlichen Güter- bzw. Errungenschaftsgemeinschaft ausländischen Rechts herleitet.[331]

Umgekehrt muss man es aus deutscher Sicht akzeptieren, wenn das für ein ausländisches Grundstück geltende Sachenrecht, da es die Gesamthand nicht kennt, die aus deutscher Sicht entstehende gesamthänderische Beteiligung in vertraglicher Gütergemeinschaft lebender Eheleute nicht anerkennt, sondern ggf. in eine Berechtigung zu ideellen Anteilen umdeutet.

3. Verfügungsbefugnis und Verfügungsbeschränkungen

244   Ergibt sich in einem vergemeinschaftenden Güterstand eine ausschließlich **gemeinschaftliche Verfügungsbefugnis über das Gesamtgut** in allen Fällen oder zumindest in bestimmten, für die Eheleute bedeutenden Fällen, so handelt es sich hierbei um eine güterrechtlich zu qualifizierende Regelung. Dies gilt auch für die Regelung des schwedischen Rechts, wonach die Verfügung über die Ehewohnung der Zustimmung des anderen Ehegatten bedarf, wenn das Eigentum in die eheliche Gütergemeinschaft fällt. Denn in diesen Fällen ist die Verfügungsbeschränkung von der Geltung eines bestimmten Güterstands abhängig. Gleiches gilt für § 1365 BGB. Zwar wäre die Anwendung dieser Vorschriften auch bei Geltung der Gütertrennung sinnvoll. § 1365 BGB soll aber vorrangig den Zugewinnausgleich schützen und nicht auch die Grundlage der ehelichen Lebensgemeinschaft. Anderenfalls würde er auch für in Gütertrennung deutschen Rechts lebende Ehegatten gelten.[332]

245   Beschränkungen bei der **Verfügung über Hausratsgegenstände und Ehewohnung**[333] sind i.Ü. regelmäßig Fragen des allgemeinen Ehewirkungsstatuts (siehe Rdn 173).[334] Gleiches gilt für Beschränkungen des Rechts zur Kündigung der Ehewohnung, da diese lediglich eine Erweiterung der Regel auf den Fall darstellen, dass die Eheleute nicht Eigentümer ihrer Wohnung sind. Soweit für die Abgrenzung zwischen allgemeinem Ehewirkungsstatut und Güterstatut die systematische Stellung im ausländischen materiellen Recht bzw. die Eingliederung im Gesetzestext berücksichtigt werden soll,[335] birgt dies die Gefahr einer Qualifikation *lege causae* (siehe Rdn 34) mit den daraus folgenden Normenlücken etc. Der Vorschlag, im Zweifel gleichzeitig dem allgemeinen Ehewirkungsstatut und dem Ehegüterstatut zuzuordnen (Doppelqualifikation),[336] schützt zwar den anderen Ehegatten. Diese Lösung verlässt aber den Weg der materiellen Neutralität des Kollisionsrechts, indem es ein bestimmtes Ergebnis – nämlich die Verfügungsbeschränkung – bevorzugt. Es fragt sich, weshalb – ohne gesetzliche Grundlage – gerade die Gestattung der Verfügung durch den Ehegatten allein aufgrund des allgemeinen Ehewirkungsstatuts unbeachtet bleiben soll und die Interessen des verfügenden Ehegatten und des erwerbenden Dritten nicht schützenswert sind.

---

331 *Hausmann*, in: Reithmann/Martiny, Internationales Vertragsrecht, 7. Aufl. 2010, Rn 6034, 6038; RG JW 1938, 325. Anders insoweit, da auf die Veräußerungsbeschränkungen abstellend, *Riering*, IPRax 1998, 325 f.

332 Staudinger/*Mankowski*, 2010, Art. 15 EGBGB Rn 262; *Münch*, Ehebezogene Rechtsgeschäfte, 3. Aufl. 2010, Rn 121. (güterstandsspezifische Regelung); ausf. *Jayme*, in: FS Henrich, 2000, S. 338 f.; für die Qualifikation als allgemeine Ehewirkung: Soergel/*Schurig*, 12. Aufl. 1996, Art. 14 EGBGB Rn 64.

333 Z.B. Art. 215 Abs. 3 frz. CC., aber auch § 1369 BGB – obgleich im BGB bei der Zugewinngemeinschaft geregelt (so Staudinger/*Mankowski*, 2010, Art. 15 EGBGB Rn 261).

334 *V. Bar*, Internationales Privatrecht II, 1991, Rn 241.

335 MüKo-BGB/*Siehr*, 6. Aufl. 2015, Art. 14 EGBGB Rn 76.

336 So *Henrich*, Internationales Familienrecht, 2. Aufl. 2000, S. 75.

Süß

4. Schutz des inländischen Rechtsverkehrs bei Verfügungsbeschränkungen

Gegen sich aus einem ausländischen Güterstatut ergebende **Verfügungsbeschränkungen** werden gutgläubige Dritte gem. Art. 16 Abs. 1 EGBGB durch die entsprechende Anwendung von § 1412 BGB geschützt, wenn zumindest einer der Ehegatten seinen gewöhnlichen Aufenthalt im Inland hat oder hier ein Gewerbe betreibt. Die **Gutgläubigkeit** ist gegeben, wenn der ausländische Güterstand nicht im Güterrechtsregister des Amtsgerichts eingetragen war und der Erwerber nicht wusste, dass der Veräußerer in einem ausländischen Güterstand lebt.[337] Dabei schadet es dem guten Glauben noch nicht, wenn der Dritte wusste, dass ausländisches Recht Güterstatut ist, er den sich daraus ergebenden Güterstand aber nicht kannte.[338]

246

Des Weiteren sind im Inland – bei entsprechender Gutgläubigkeit des Dritten – auf ein im Inland vorgenommenes Rechtsgeschäft § 1357 BGB (**Schlüsselgewalt**) und § 1362 BGB (**Eigentumsvermutung**) sowie bei Betreiben eines Gewerbes im Inland die §§ 1431 und 1456 BGB (**Zustimmung des anderen Ehegatten**) anzuwenden, soweit deren Anwendung für den Dritten günstiger ist (Art. 16 Abs. 2 EGBGB). In diesem Fall steht nicht einmal die Eintragung des Güterstands im Güterrechtsregister dem guten Glauben entgegen.[339]

247

Schließlich gewährt § 892 Abs. 1 BGB einen **grundbuchrechtlichen** Gutglaubensschutz.[340] Ist also einer der Eheleute als Alleineigentümer im Grundbuch eingetragen, kann selbst ein dritter Erwerber, der weiß, dass jener in einer Gütergemeinschaft ausländischen Rechts lebt, annehmen, es handele sich um Vorbehaltsgut, über welches jener allein verfügen könne.

248

5. Verhältnis zum Erbstatut

Im Erbfall geht die güterrechtliche Auseinandersetzung der erbrechtlichen Nachlassteilung grundsätzlich voran. Qualifikationsprobleme ergeben sich dann, wenn die Eheleute güterrechtliche Verfügungen getroffen haben, die letztlich eine vertragsmäßige Alleinerbeinsetzung des überlebenden Ehegatten bewirken sollen (vgl. die *clause d'attribution intégrale* nach Art. 1524 frz. CC).[341] Bei deutschem Güterrecht ist umstritten, ob und ggf. wie § 1371 Abs. 1 BGB und § 1931 Abs. 4 BGB neben einem ausländischen Erbstatut anzuwenden sind.[342]

249

---

337 Beachte, dass im Gegensatz zu Art. 12 EGBGB hier eine fahrlässige Unkenntnis den guten Glauben noch nicht zerstört.

338 So z.B. *Amann*, MittBayNot 1986, 226; Palandt/*Thorn*, 71. Aufl. 2011, Art. 16 EGBGB Rn 2; *Böhringer*, Rpfleger 1990, 339; a.A. *Schotten*, DNotZ 1994, 677; NK-BGB/*Sieghörtner*, 2. Aufl. 2012, Art. 16 EGBGB Rn 11.

339 *Rauscher*, Internationales Privatrecht, 3. Aufl. 2009, Rn 787.

340 § 892 BGB bleibt neben §§ 1412, 1422 BGB und damit auch neben Art. 16 EGBGB anwendbar: RGZ 177, 189; Palandt/*Brudermüller*, 71. Aufl. 2011, § 1422 BGB Rn 5; MüKo-BGB/*Kanzleiter*, 6. Aufl. 2013, § 1412 BGB Rn 10; *Schöner/Stöber*, Grundbuchrecht, 14. Aufl. 2008, Rn 3397; MüKo-BGB/*Siehr*, 6. Aufl. 2015, Art. 15 EGBGB Rn 97; *Hausmann*, in: Reithmann/Martiny, Internationales Vertragsrecht, 7. Aufl. 2010, Rn 5937; a.A. Staudinger/*Thiele*, 13. Bearb. 2000, § 1412 BGB Rn 48.

341 Ausf. *Döbereiner*, Länderbericht Frankreich, in diesem Werk; s. auch *ders.*, in: Süß, Erbrecht in Europa, 3. Aufl. 2015, Länderbericht Frankreich, Rn 161 ff.

342 Vgl. OLG Köln, ZEV 2012, 205 mit abl. Anm. *Lange*; *Süß*, in: Süß, Erbrecht in Europa, 3. Aufl. 2015, § 3 Rn 85 ff.; Staudinger/*Dörner*, 2007, Art. 25 EGBGB Rn 30 ff.; NK-BGB/*Sieghörtner*, 2. Aufl. 2012, Art. 15 EGBGB Rn 90 ff.

6. Besonderheiten bei gespaltenem Güterstatut

250 Aus der Anknüpfung an die Person der Eheleute ergibt sich die **Einheitlichkeit des Güterstatuts:** Dieses gilt grundsätzlich für das gesamte Vermögen der Eheleute, gleich welcher Art und wo belegen. Dennoch können sich **Durchbrechungen** ergeben:

251 Gemäß Art. 15 Abs. 2 Nr. 3 EGBGB können die Eheleute für **Immobilien** die Geltung des am Belegenheitsort geltenden Güterrechts anordnen. Im Gegensatz zu Art. 25 Abs. 2 EGBGB gilt dies auch für Auslandsimmobilien, so dass also auch deutsche Eheleute von dieser Option zugunsten des ausländischen Rechts Gebrauch machen könnten. In manchen Gegenden Deutschlands sind solche Klauseln in Grundstückskaufverträgen unter Beteiligung ausländischer Eheleute nahezu standardmäßig vorgesehen, um die Abwicklung des Grundstückserwerbs zu beschleunigen. Von den güter- und erbrechtlichen Problemen, die hierbei aufgeworfen werden,[343] machen sich die Beteiligten in den seltensten Fällen Vorstellungen; diese sind bereits an anderer Stelle dargestellt worden.

252 **Hinweis:** Zur Bestimmung des Güterstatuts bei Ausländern mit Grundbesitz im Inland ist es daher unverzichtbar, die entsprechenden **Erwerbsverträge** einzusehen.

253 **Weiterer Hinweis:** Rück- und Weiterverweisungen durch das Recht eines Staates, der das Güterstatut nicht einheitlich anknüpft, können aus deutscher Sicht zur **Vermögensspaltung** führen.

254 Für im Ausland belegenes Vermögen kann sich ein über Art. 3a Abs. 2 EGBGB zu beachtendes **vorrangiges Einzelstatut** ergeben. So setzt sich in vielen Ländern des angloamerikanischen Rechtskreises (England, Schottland, USA, Kanada) für die Eigentumsverhältnisse der Eheleute am Vermögen das jeweilige Belegenheitsrecht durch.[344]

Beispiel: Erwirbt ein italienischer Ehemann, der mit seiner italienischen Ehefrau im gesetzlichen Güterstand der *communione legale* italienischen Rechts lebt, ein Grundstück in Wales, so wird dieses aus englischer Sicht nicht Teil der Gütergemeinschaft, sondern steht entsprechend englischem Recht (Gütertrennung) dem Ehemann allein zu. Über Art. 3a Abs. 2 EGBGB wird diese Durchbrechung des güterrechtlichen Gesamtstatuts auch aus deutscher Sicht berücksichtigt.[345]

255 **Folge** der Spaltung ist, dass einzelne Teile des Vermögens einem anderen Güterstatut unterliegen als der Rest des Vermögens. Daher sind diesbezüglich die güterrechtlichen Folgen (die güterrechtliche Zuordnung der Vermögensgegenstände, die Haftung für die Verbindlichkeiten des anderen, die Wirksamkeit einer güterrechtlichen Vereinbarung und schließlich auch die Auseinandersetzung bei Beendigung des gesetzlichen Güterstands durch Scheidung oder Tod etc.) gesondert zu beurteilen. Insbesondere führt die Spaltung auch zu einer Art „isolierten Betrachtungsweise", bei der jeder Teil so zu behandeln ist, als ob es den anderen Teil nicht gäbe. Ein **wechselseitiger Ausgleich** findet also **nicht** statt:

---

343 Siehe hierzu *Süß*, ZNotP 1999, 385.

344 So zumindest die h.M., z.B. BGH NJW 1993, 1921; *Rauscher*, Internationales Privatrecht, 3. Aufl. 2009, Rn 761; ausführlicher Überblick bei *Bosch*, Die Durchbrechung des Gesamtstatuts im internationalen Ehegüterrecht, 2002, S. 191 ff.; zur Gegenansicht insb. Soergel/*Schurig*, 12. Aufl. 1996, Art. 15 EGBGB Rn 66.

345 Freilich ist zu berücksichtigen, dass diese Durchbrechung nicht für die güterrechtlichen Ausgleichsansprüche der Ehefrau bei Beendigung der Ehe durch Scheidung gilt, weil der „Zugewinnausgleich" nach dem in England und Wales geltenden System nicht der *lex situs*, sondern der *lex fori* unterstellt wird (s. *Odersky*, Länderbericht Großbritannien: England und Wales).

Beispiel: Bei der Anwendung von § 1365 BGB gilt die Verfügung über das deutschem Güterstatut unterliegende Vermögen als Verfügung über das Vermögen im Ganzen – selbst wenn der betroffene Gegenstand nur einen geringen Teil des gesamten Vermögens des Verfügenden ausmacht, aber eben der einzige Gegenstand ist, der dem deutschen Güterrecht unterliegt (z.B. das einzige Grundstück, das aufgrund Rechtswahl gem. Art. 15 Abs. 2 Nr. 3 EGBGB deutschem Güterrecht unterliegt). Auch bei der Berechnung eines Zugewinnausgleichs ist ausschließlich das dem deutschen Güterstatut unterstehende Vermögen zu betrachten, gleichsam als ob die Eheleute kein weiteres Vermögen besäßen. Das vorgenannte Grundstück wäre demnach, da der Ehemann bei Vereinbarung der Rechtswahl kein deutschem Güterrecht unterliegendes weiteres Vermögen besitzt, bei einer Scheidung insgesamt als ehelicher Zugewinn zu behandeln und zu teilen. Das kann zu Verwerfungen führen, wenn für das übrige Vermögen Gütertrennung gilt.

7. Folgen eines Statutenwechsels

Auch wenn im deutschen internationalen Güterrecht der Grundsatz der Unwandelbarkeit 256
des Güterstatuts gilt, ist für eine Reihe von Fällen ein güterrechtlicher Statutenwechsel anerkannt:
– Treffen die Eheleute nach der Eheschließung ehevertraglich eine **Rechtswahl** gem. Art. 15 Abs. 2 EGBGB, gilt mit Wirkung *ex nunc* das gewählte Recht (siehe Rdn 225).
– Für im gesetzlichen Güterstand ihres Herkunftsstaates lebende **volksdeutsche Vertriebene** und **Aussiedler** tritt drei Monate nach Übersiedlung nach Deutschland ein Wechsel zur Zugewinngemeinschaft deutschen Rechts ein (siehe Rdn 236).[346]
– Schließlich kann die **Rück- bzw. Weiterverweisung** durch das aus deutscher Sicht anwendbare ausländische Recht zu einem Statutenwechsel führen, wenn dieses das Güterstatut wandelbar anknüpft (siehe Rdn 220).[347]
– Art. 220 Abs. 3 S. 2 EGBGB führt nach h.M. zu einem besonderen Statutenwechsel, da nach h.M. das neu bestimmte Recht rückwirkend auf den Zeitpunkt der Eheschließung anzuwenden ist (siehe Rdn 234).[348]

---

346 Art. 15 Abs. 4 EGBGB, Art. 1 des Gesetzes über den ehelichen Güterstand von Vertriebenen und Flüchtlingen vom 4.8.1969; Palandt/*Thorn*, 71. Aufl. 2011, Anh. Art. 15 EGBGB Rn 2; *Firsching*, FamRZ 1970, 134. Umstritten ist die Anwendung auf Spätaussiedler, wobei aber die überwiegende Ansicht dieses Gesetz zumindest entsprechend anwendet, so z.B.: Erman/*Hohloch*, 14. Aufl. 2014, Art. 15 EGBGB Rn 51b; *Looschelders*, IPR – Art. 3–46 EGBGB, 1. Aufl. 2004, Art. 15 EGBGB Rn 43; *Ludwig*, in: jurisPraxiskommentar-BGB, 5. Auf. 2010, Art. 15 EGBGB Rn 153; Staudinger/*Mankowski*, 2010, Art. 15 EGBGB Rn 440; Bamberger/Roth/*Mörsdorf-Schulte*, 3. Aufl. 2012,, Art. 15 EGBGB Rn 76; *Scheugenpflug*, MittRhNotK 1999, 377; *Schotten/Schmellenkamp*, Das IPR in der notariellen Praxis, 2. Aufl. 2007, Rn 143a; NK-BGB/*Sieghörtner*, 2. Aufl. 2012, Anh. II zu Art. 15 EGBGB Rn 10; MüKo-BGB/*Sonnenberger*, 5. Aufl. 2010, Einl. IPR Rn 647; *Wandel*, BWNotZ 1994, 87; a.A. Palandt/*Thorn*, 71. Aufl. 2011, Anh. Art. 15 EGBGB Rn 2.
347 S. z.B. *Schotten/Schmellenkamp*, Das IPR in der notariellen Praxis, 2. Aufl. 2007, Rn 144 m.w.N.; a.A. OLG Frankfurt IPRax 2001, 40 m. Anm. *Henrich*, IPRax 2001, 113 zu dem Sonderfall einer zunächst rein jugoslawischen Ehe, die durch den Zerfall der Jugoslawischen Föderation nachträglich zu einer gemischt-nationalen slowenisch-kroatischen Ehe wurde.
348 BGH NJW 1988, 639; BGHZ 119, 399; Palandt/*Thorn*, 71. Aufl. 2011, Art. 15 EGBGB Rn 13; MüKo-BGB/*Sonnenberger*, 5. Aufl. 2010, Art. 220 EGBGB Rn 29. Ablehnend (also für einen Statutenwechsel mit dem 9.4.1983): Staudinger/*Dörner*, Art. 220 EGBGB Rn 136; NK-BGB/*Sieghörtner*, 2. Aufl. 2012, Anh. III zu Art. 15 EGBGB Rn 34; MüKo-BGB/*Siehr*, 6. Aufl. 2015, Art. 15 EGBGB Rn 179.

Süß

257   Kommen die Eheleute aus der Gütertrennung in die Zugewinngemeinschaft, so ergibt sich bei der Ermittlung des Zugewinns der Tag des Statutenwechsels als Stichtag für die Berechnung des Werts des Anfangsvermögens.

258   Kommen dagegen die Eheleute aus der Güter- oder Errungenschaftsgemeinschaft, so sind die Rechtsfolgen ungeklärt. Mangels Rückwirkung des Statutenwechsels ist das bisherige gemeinschaftliche Vermögen der Eheleute als gemeinsames Vermögen fortzuführen. Es unterliegt – da der Wechsel des Güterstatuts das gesamte Vermögen der Eheleute umfasst – m.E. aber nicht mehr dem alten, sondern dem neuen Güterstatut.[349] Die sich ggf. aus dem alten Recht ergebenden Ansprüche auf Ausgleich bzw. Auseinandersetzung gehen als Anfangsvermögen in den Güterstand nach dem neuen Güterstatut ein.[350] Aufgrund der Beendigung des alten Güterrechtsregimes endet auch eine ggf. bislang bestehende Gesamthand, das Eigentumsverhältnis zerfällt zu Bruchteilseigentum. Nach der Gegenansicht ist auf die Abwicklung des alten Güterstands das vormals geltende Güterstatut weiterhin anwendbar.

259   Bei einem **Statutenwechsel durch Rechtswahl** ist es erforderlich, auch das Verhältnis der beiden Güterstände zueinander zu regeln. Ist keine sofortige Abfindung gewollt, kann z.B. ein Abfindungsanspruch festgelegt und für den Fall der Scheidung gestundet werden. Alternativ kann eine schuldrechtliche Rückwirkung neuen Güterstands vereinbart werden – so dass z.B. zur Berechnung eines Zugewinnausgleichs auf die Umstände nicht zum Zeitpunkt der Rechtswahl, sondern bei Eheschließung abzustellen wäre.[351]

E.   Scheidung und Folgen der Scheidung

Literatur

Andrae, Kollisionsrecht nach dem Lissabonner Vertrag, FuR 2010, 505; *Becker*, Die Vereinheitlichung von Kollisionsnormen im europäischen Familienrecht – Rom III, NJW 2011, 1543; *Finger*, Versorgungsausgleich mit Auslandsberührung, Art. 17 III EGBGB, FF 2002, 154; *Finger*, Vollstreckung ausländischer Unterhaltstitel in Deutschland, FamRBInt 2006, 38 und 61; *Geimer*, Standesamtsscheidung (vormals) in Litauen, IPRax 2005, 325; *Gutdeutsch*, Versorgungsausgleich bei Fällen mit Auslandsbezug, FamRBInt 2006, 54; *Haecker*, Die Anerkennung ausländischer Entscheidungen in Ehesachen, 2. Aufl. 2000; *Hausmann*, Ausgleichsansprüche zwischen Ehegatten aus Anlass der Scheidung im IPR, in: FS Jayme, 2004, S. 305; *Helms*, Reform des internationalen Scheidungsrechts durch die Rom III-Verordnung, FamRZ 2011, 1765; *Hofer/Henrich/Schwab*, Scheidung und nacheheliche Unterhalt im europäischen Vergleich, 2003; *Jayme*, Zur Scheidung von Doppelstaatern mit verschiedener effektiver Staatsangehörigkeit, IPRax 2002, 209; *Klattenhoff*, Das Internationale Privatrecht und der Versorgungsausgleich, FuR 2000, 49 ff. und 108 ff.; *Looschelders/Boos*, Das grenzüberschreitende Unterhaltsrecht in der internationalen und europäischen Entwicklung, FamRZ 2006, 374; *Motzer*, Unterhaltsbemessung in Fällen mit Auslandsbezug, FamRBint 2005, 32; *Niethammer-Jürgens*, Ehescheidung und Folgesachen mit Auslandsbezug, FuR 2011, 440; *Nishitani*, Privat- und Schlichtungsscheidung deutscher Staatsangehöriger in Japan und die Scheidungsanerkennung in Deutschland, IPRax 2002, 49; *Schall/Weber*, Die vorsorgliche Rechtswahl des Scheidungsstatuts nach der Rom III-VO, IPRax 2014, 381; *Schulz*, Die Verordnung (EG) Nr. 2201/2003 (Brüssel IIa) – Eine Einführung, NJW-Beilage zu Heft 18/2004 = FPR-Beilage zu Heft 6/2004; *Sonnenberger*, Sackgassen des versteckten hypothetischen Renvoi, Mélanges Fritz Sturm, Liège 1999, S. 1683; *Wagner*, Versorgungsausgleich mit Auslandsberührung, 1999; *Wagner*, Anerkennung und Wirksamkeit ausländischer familienrechtlicher Rechts-

---

349 *Henrich*, Internationales Familienrecht, 2. Aufl. 2000, S. 101.

350 *V. Bar*, Internationales Privatrecht II, 1991, Rn 220; *Schotten/Schmellenkamp*, Das IPR in der notariellen Praxis, 2. Aufl. 2007, Rn 173a.

351 Bei einem Wechsel in die Zugewinngemeinschaft würde sich dieses Ergebnis ohnehin zumeist über die gesetzlichen Vermutungsregeln in § 1377 Abs. 3 BGB ergeben.

akte nach autonomem deutschen Recht, FamRZ 2006, 744; *Wagner*, Aktuelle Entwicklungen in der justiziellen Zusammenarbeit in Zivilsachen, NJW 2011, 1404.

I. Rechtsvergleichender Überblick

Nachdem auch in Irland die Scheidung zugelassen worden ist, ist mittlerweile in nahezu allen europäischen Staaten (ausgenommen nur noch Malta und Vatikanstaat) die Scheidung anerkannt.[352] Allerdings bestehen noch erhebliche Differenzen in den Voraussetzungen für die **Scheidung** (in Irland beträgt die Trennungszeit fünf Jahre, vielfach existiert die Verschuldensscheidung zumindest koexistent mit der Zerrüttungsscheidung und mit besonderen Rechtsfolgen fort), den **Scheidungsfolgen** (so findet in Österreich und Großbritannien eine vom Güterstand und von vertraglichen Vereinbarungen weitgehend unabhängige Aufteilung des ehelichen Vermögens statt; verschuldensabhängige Scheidungsfolgen gibt es in Italien und in der Türkei) sowie den **Unterhalt** (während Deutschland und Schweiz den lebenslänglichen Unterhalt nach den ehelichen Lebensverhältnissen kennen, wird die geschiedene Ehefrau in Skandinavien und Osteuropa weitgehend auf sich allein gestellt).[353]

260

Bei diesen Differenzen kommt in internationalen Ehen der Bestimmung des auf die Scheidung und die Scheidungsfolgen anwendbaren Rechts für die Beteiligten eine erhebliche Bedeutung zu. Da auch das Scheidungs-Kollisionsrecht in den einzelnen Staaten aufgrund der unterschiedlichen Traditionen und Rechtssysteme weiterhin ebenfalls erheblich differiert, muss der Anwalt genau beachten, vor welchem Gericht er – bei mehrfacher internationaler Zuständigkeit – Klage erhebt.[354] Freilich hat in der Zwischenzeit auch die EU-Kommission dieses Rechtsgebiet für sich entdeckt. Nach der internationalen Zuständigkeit ist nun zumindest im Rahmen der verstärkten Zusammenarbeit in vierzehn Mitgliedstaaten der Union auch das Scheidungskollisionsrecht vereinheitlicht (Rom III-VO).

261

II. Internationale Zuständigkeit

1. Ausspruch der Scheidung bzw. Trennung von Tisch und Bett

a) Zuständigkeit nach der Brüssel IIa-VO

Vorrangig ist hier die Brüssel IIa-VO zu beachten, die gem. Art. 1 Abs. 1 lit. a die Ehescheidung, die Trennung ohne Auflösung des Ehebandes und die Ungültigerklärung der Ehe umfasst.[355] Hat keiner der Eheleute einen gewöhnlichen Aufenthalt innerhalb der EU, gehören die Eheleute nicht gemeinsam einem EU-Mitgliedstaat und ist auch aus einem anderen der in Art. 3 Abs. 1 lit. a Brüssel IIa-VO genannten Gründe die Zuständigkeit der Gerichte keines anderen EU-Mitgliedstaates gegeben, kommen die autonomen Regeln zur internationalen Zuständigkeit zum Zuge (**Restzuständigkeit**, Art. 7 Abs. 1 Brüssel IIa-VO).

262

---

352 Ausnahme noch Andorra und Vatikanstadt (nach *Hohloch*, JuS 2004, 828) – Malta hat vor wenigen Jahren die Scheidung eingeführt.

353 Instruktiv hierzu die Länderstudien in *Hofer/Henrich/Schwab*, Scheidung und nachehelicher Unterhalt im europäischen Vergleich, 2003.

354 Der häufig von Personen aus dem Staat, in dem die Klage nicht erhoben wurde, vorgebrachte Vorwurf des *„forum shopping"* diffamiert das ausländische Recht und verschleiert, dass die Rechtsordnungen gleichberechtigt nebeneinander stehen. Letztlich erfüllt nur der Anwalt seine Pflichten gut, der auch die Aussichten einer Klage im Ausland erwägt und den Mandanten entsprechend berät (vgl. auch *Kropholler*, Internationales Privatrecht, 6. Aufl. 2004, S. 635).

355 Hierzu ausf. *Ring*, § 1 Rdn 3.

Süß

b) Zuständigkeit nach dem autonomen Recht

263 § 98 FamFG eröffnet eine sehr weitgehende internationale Zuständigkeit der deutschen Gerichte, die u.U. sogar über die nach der Brüssel IIa-VO gewährte Zuständigkeit hinausgehen kann. So genügt es – anders als in der Brüssel IIa-VO –, dass nur einer der Eheleute Deutscher ist oder bei Eheschließung war (§ 98 Abs. 1 Nr. 1 FamFG). Ebenso genügt der gewöhnliche Aufenthalt eines Ehegatten im Inland, also auch des Klägers, wenn dieser noch nicht ein Jahr angedauert hat. Dies gilt allerdings dann nicht mehr, wenn die Entscheidung offensichtlich in keinem der Heimatstaaten der Eheleute anerkannt würde (§ 98 Abs. 1 Nr. 4 FamFG). Diese extensive Zuständigkeit lässt durchaus Fälle offen, in denen die „Restzuständigkeit" praktisch bedeutsam wird, z.B. ein deutscher Ehegatte, der mit seinem ausländischen Ehegatten außerhalb der EU lebt und nun vom Ausland aus in Deutschland die Scheidungsklage anstrengt.[356]

2. Zuständigkeit für die güterrechtliche Auseinandersetzung

264 Die Brüssel IIa-VO gilt hier nicht, da diese nur die Ehescheidung, außer der Verteilung der elterlichen Sorge aber keine Scheidungsfolgesachen erfasst. Auch die Brüssel I-VO gilt gem. ihrem Art. 1 Abs. 2 lit. a ausdrücklich nicht für „die ehelichen Güterstände". Damit kann insoweit weiterhin auf die autonomen Zuständigkeitsnormen des **FamFG** zurückgegriffen werden.[357] Insbesondere ergibt sich somit – bei Anhängigkeit eines Scheidungsverfahrens in Deutschland – die internationale Zuständigkeit der deutschen Gerichte als **Verbundzuständigkeit gem. § 98 Abs. 2 FamFG.** Außerhalb des Verbunds greifen die allgemeinen Zuständigkeitsregeln in den §§ 12 ff. ZPO (Wohnsitz des Beklagten in Deutschland etc.). Ggf. ergibt sich bei fehlendem Wohnsitz im Inland eine Zuständigkeit aus § 23 ZPO wegen Vermögens im Inland. Künftig erfasst diese Fälle Art. 5 ff. EUGüterR-VO.

265 **Hinweis:** Eine Einschränkung ergibt sich freilich daraus, dass der **Begriff** der (früher unter die Brüssel I-VO fallenden, nun von der EU-UnterhaltsVO erfassten, siehe Rdn 269) **Unterhaltssachen** vom EuGH sehr weit ausgelegt wird und daher z.B. auch die *property distribution* nach englischem Recht umfasst – obgleich mit dieser auch güterrechtliche Ausgleichsgedanken realisiert werden.[358]

266 Die Europäische Güterrechtsverordnung vom 2.3.2016 (**EUGüterR-VO**) sieht für die internationale Zuständigkeit in Erbfällen oder Scheidungssachen wie eine Verbundzuständigkeit vorrangig die Annexkompetenz des mit der Scheidung bzw. mit dem Erbfall befassten Gerichts vor. In anderen Fällen sind gem. Art. 5 Abs. 1 der EUGüterR-VO die Gerichte des Mitgliedstaates zuständig, in dem die Eheleute ihren gewöhnlichen Aufenthalt haben. Die Eheleute können gem. Art. 7 der EUGüterR-VO nun aber auch eine Gerichtsstandsvereinbarung treffen. Diese kann ausschließlich zugunsten der Gerichte des Mitgliedstaates erfolgen, dessen Recht gem. Art. 22 oder 26 der EUGüterR-VO auf ihren ehelichen Güterstand kraft Rechtswahl oder kraft „objektiver" Anknüpfung anwendbar ist.

---

356 Beispiel bei *Kropholler*, Internationales Privatrecht, 6. Aufl. 2004, S. 633.
357 Etwas Anderes mag sich ergeben, wenn der Rat einen umfassenden Akt über das internationale Güterrecht erlässt, der auch die internationale Zuständigkeit und das Kollisionsrecht umfasst. Vgl. hierzu das Grünbuch der Kommission über das anzuwendende Recht in Scheidungssachen vom 14.3.2005, KOM(2005), 82 und die EUGüterR-VO, siehe oben Rdn 211.
358 EuGH vom 22.7.1997 – C-220/95.

3. Zuständigkeit für die Durchführung des Versorgungsausgleichs

Eine internationale oder europäische Norm über die internationale gerichtliche Zuständigkeit für den Versorgungsausgleich gibt es nicht. Daher ergibt sich die internationale Zuständigkeit für die Durchführung des Versorgungsausgleichs aus dem autonomen Recht. Wegen der engen Verknüpfung mit der Scheidung lehnt diese sich an die Zuständigkeitsvorschriften für die Scheidung an. Soweit daher ein deutsches Gericht im Rahmen der Zuständigkeit nach der Brüssel IIa-VO über die Scheidung entscheidet, ist es gem. § 98 Abs. 2 FamFG auch für die Durchführung des Versorgungsausgleichs international zuständig (**internationale Verbundzuständigkeit**).[359]

Ist die Scheidung bereits im Ausland erfolgt, ohne dass dort über den Versorgungsausgleich entschieden wurde, kann im Inland der Versorgungsausgleich nachgeholt werden (**isolierter Versorgungsausgleich**). Erforderlich ist dafür ein Antrag, eine Durchführung erfolgt – anders als im Verbund – nicht von Amts wegen.[360] Aus § 102 FamFG ergibt sich eine internationale Zuständigkeit der deutschen Gerichte für die Durchführung eines Versorgungsausgleichs, wenn der Antragsteller oder der Antragsgegner seinen gewöhnlichen Aufenthalt im Inland hat, wenn über inländische Anrechte zu entscheiden ist oder wenn ein deutsches Gericht die Ehe zwischen Antragsteller und Antragsgegner geschieden hat.[361]

4. Zuständigkeit für Klagen auf Scheidungsunterhalt

Die Brüssel IIa-VO erfasst den Scheidungsunterhalt nicht. Art. 1 Abs. 3 lit. e Brüssel IIa-VO bestimmt ausdrücklich, dass Unterhaltspflichten nicht erfasst werden. Diese wurden zunächst durch die Brüssel I-VO geregelt. Seit dem 18.6.2011 ergibt sich die internationale Zuständigkeit der Gerichte in Unterhaltssachen aus der **EU-UnterhaltsVO**.

Die **autonomen Bestimmungen** des deutschen Rechts über die internationale Zuständigkeit greifen nun **nicht** mehr ein, weil die EU-UnterhaltsVO die **internationale Zuständigkeit in Unterhaltssachen abschließend** auch für die Fälle regelt, die keinen Bezug zu einem anderen EU-Mitgliedstaat haben.[362] Lediglich im Verhältnis zu Island, Norwegen und zur Schweiz gelten die Regeln des erneuerten Lugano-Übereinkommens (LugÜ-II) auch für die Zuständigkeit in Unterhaltssachen.

Gemäß Art. 3 EU-UnterhaltsVO hat der Unterhaltskläger in Scheidungssachen die Wahl zwischen mehreren Gerichten, vor welchem er Klage erheben kann:
– das Gericht des Ortes, an dem der **Beklagte seinen gewöhnlichen Aufenthalt** hat;
– das Gericht des Ortes, an dem die **unterhaltsberechtigte Person ihren gewöhnlichen Aufenthalt** hat;
– das Gericht, das nach seinem autonomen Recht für das **Scheidungsverfahren** zuständig ist, wenn in der Nebensache zu diesem Verfahren über den Unterhalt zu entscheiden ist, es sei denn, diese Zuständigkeit begründet sich einzig auf der Staatsangehörigkeit einer der Parteien.

Ist danach kein Gericht der EU oder eines Mitgliedstaates des Luganer Übereinkommens (siehe Rdn 270) zuständig, so sind gem. Art. 6 EU-UnterhaltsVO die Gerichte eines Mit-

267

268

269

270

271

272

359 BGH FamRZ 1993, 176; BGH FamRZ 2006, 322.
360 OLG Hamm OLG-Report 2005, 339; OLG München FamRZ 1990, 186.
361 BGH NJW 1990, 638; FamRZ 1993, 798; Zöller/*Geimer*, 29. Aufl. 2012, § 102 FamFG Rn 1; *Klattenhoff*, FuR 2000, 50 Fn 21.
362 *Andrae*, in: Rauscher, Europäisches Zivilprozess- und Kollisionsrecht, 2010, Vorbem. zu Art. 3 ff. EG-UntVO Rn 2.

gliedstaates zuständig, dessen Staatsangehörigkeit beide Parteien besitzen (**Auffangzuständigkeit**).

273 Ist nach diesen Regeln kein Gericht in einem EU-Staat zuständig, sieht Art. 7 EU-UnterhaltsVO eine **Notzuständigkeit** der EU-Gerichte (*forum necessitatis*) vor, wenn es in einem Ausnahmefall unzumutbar ist oder es sich als unmöglich erweist, ein Verfahren in einem Drittstaat, zu dem der Rechtsstreit einen engen Bezug aufweist, einzuleiten oder zu führen.

274 Schließlich kann die internationale Zuständigkeit eines Gerichts eines Mitgliedstaates durch **rügelose Einlassung** begründet werden (Art. 5 EU-UnterhaltsVO).

275 Schließlich können die Ehegatten gem. Art. 4 EU-UnterhaltsVO auch eine **Gerichtsstandsvereinbarung** in Unterhaltssachen treffen.

5. Zuständigkeit für Entscheidungen über die elterliche Sorge

276 Für Entscheidungen über die elterliche Verantwortung ergibt sich die Zuständigkeit vorrangig aus der **Brüssel IIa-VO**. Zuständig sind danach die Gerichte des Staates, in dem das Kind seinen gewöhnlichen Aufenthalt hat. Wo die Brüssel IIa-VO nicht einschlägig ist (Restzuständigkeit gem. Art. 14 Abs. 1 Brüssel IIa-VO), kommt das KSÜ bzw. (im Verhältnis zu den verbliebenen MSA-Staaten, wie der Türkei) das MSA zum Tragen. Das KSÜ (bzw. MSA) gilt also dann, wenn das Kind seinen gewöhnlichen Aufenthalt nicht in der EU (außer Dänemark) hat, sondern in einem Nicht-EU-Staat, der Mitgliedstaat des KSÜ (bzw. des MSA) ist.[363] Die Gerichte des Staates, in dem das Kind seinen gewöhnlichen Aufenthalt hat, sind dann ausschließlich zuständig.[364]

277 In den übrigen Fällen – also wenn auch das KSÜ bzw. das MSA nicht einschlägig ist – ergibt sich die Zuständigkeit des die Scheidung aussprechenden deutschen Gerichts aus dem autonomen Recht. Gemäß § 98 Abs. 2 FamFG bereits aus dem **Scheidungsverbund**. Ist dagegen ein ausländisches Gericht mit der Scheidung erfasst, so ergibt sich kein „Scheidungsverbund" für das ausländische Gericht.[365] Vielmehr bleibt eine konkurrierende internationale Zuständigkeit der deutschen Gerichte gem. § 99 FamFG bestehen, wenn das Kind deutscher Staatsangehöriger ist, seinen gewöhnlichen Aufenthalt in Deutschland hat oder der Fürsorge durch ein deutsches Gericht bedarf.

III. Anwendbares Recht

1. Vorrangige Abkommen

278 Als vorrangiges Abkommen ist auch im Scheidungsrecht das **deutsch-iranische Niederlassungsabkommen** von 1929 zu beachten.[366] Soweit beide Eheleute ausschließlich iranische Staatsangehörige sind, ist gem. Art. 8 Abs. 3 des Abkommens ausschließlich iranisches Recht

---

363 *Solomon*, FamRZ 2004, 1214 f.

364 Vgl. OLG Frankfurt/M. OLG-Report 2005, 621 – bei Aufenthalt der Kinder in den Niederlanden. Das erstinstanzliche Urteil war noch vor Erlass der Brüssel IIa-VO erlassen worden, weshalb es auf Art. 1 MSA zu stützen war.

365 *Maurer/Borth*, in: Schwab, Scheidungsrecht, I Rn 1083 ff.

366 Vgl. BGH, Beschl. v. 6.7.2005 – XII ZB 50/03, MDR 2006, 27 (zum Ausschluss des Versorgungsausgleichs, wenn beide Eheleute ausschließlich iranische Staatsangehörige sind; Art. 17 Abs. 3 EGBGB ist dann gesperrt).

anzuwenden.[367] Insbesondere entfallen die Rechtswahlmöglichkeiten aus Art. 14 Abs. 2, 3 und 15 Abs. 2 EGBGB sowie die unwandelbare Anknüpfung an die Verhältnisse bei Eheschließung (Art. 15 Abs. 1 EGBGB).

2. Auf die Zulässigkeit der Scheidung anwendbares Recht

a) Bestimmung des Scheidungsstatuts durch Rechtswahl

Das auf die Scheidung anwendbare Recht bestimmt sich seit dem 21.6.2012 anhand der Regeln in der Verordnung (EU) Nr. 1259/2010 des Rates vom 20.12.2010 zur Durchführung einer Verstärkten Zusammenarbeit im Bereich des auf die Ehescheidung und Trennung ohne Auflösung des Ehebandes anzuwendenden Rechts (**Rom III-VO**).[368]   **279**

Das Scheidungsstatut bestimmt sich vorrangig anhand einer von den Ehegatten vertraglich vereinbarten **Rechtswahl**. Gemäß Art. 6 Rom III-VO können die Eheleute das auf die Ehescheidung oder die Trennung anzuwendende Recht durch einvernehmliche Vereinbarung bestimmen. Dabei stehen die folgenden Rechtsordnungen zur Wahl: **280**
- das Recht des Staates, in dem die Ehegatten zum Zeitpunkt der Rechtswahl ihren gewöhnlichen Aufenthalt haben;
- das Recht des Staates, in dem die Ehegatten zuletzt ihren gewöhnlichen Aufenthalt hatten, sofern einer von ihnen zum Zeitpunkt der Rechtswahl dort noch seinen gewöhnlichen Aufenthalt hat;
- das Recht des Staates, dessen Staatsangehörigkeit einer der Ehegatten zum Zeitpunkt der Rechtswahl besitzt;
- die *lex fori* (das Recht des Staates des angerufenen Gerichts).

Gemäß Art. 6 Abs. 1 Rom III-VO unterliegen **Zustandekommen** und die **Wirksamkeit** einer Rechtswahlvereinbarung dem gewählten Recht. Gegen die unerwartete Unterstellung einer „konkludenten" Rechtswahl oder die Herleitung einer Rechtswahl aus einem „rügelosen Einlassen" schützt Art. 6 Abs. 2 Rom III-VO: Ergibt sich aus den Umständen, dass es nicht gerechtfertigt wäre, die Wirkung des Verhaltens eines Ehegatten nach dem angeblich vereinbarten Recht zu bestimmen, so kann sich dieser Ehegatte für die Behauptung, er habe der Vereinbarung nicht zugestimmt, auf das Recht des Staates berufen, in dem er zum Zeitpunkt der Anrufung des Gerichts seinen gewöhnlichen Aufenthalt hat.   **281**

Die Rechtswahl muss gem. Art. 5 Abs. 2 Rom III-VO noch vor der Anrufung des Gerichts vereinbart oder geändert werden. Sieht das Recht des angerufenen Gerichts dies vor, so können die Ehegatten die Rechtswahl jedoch auch noch im Laufe des Verfahrens vornehmen. Da es im deutschen Scheidungsverfahren für die Sach- und Rechtslage regelmäßig auf den Stand zum Zeitpunkt der letzten mündlichen Verhandlung ankommt, dürfte wohl auch eine während der mündlichen Verhandlung zustande gekommene Rechtswahl der Eheleute anerkannt werden – vor allem dann, wenn die Beteiligten das deutsche Recht wählen.   **282**

Die Rechtswahlvereinbarung ist gem. Art. 7 Rom III-VO **formwirksam**, wenn sie unter Einhaltung der **Schriftform** getroffen wurde, **datiert** und durch beide Ehegatten **unterzeichnet** wurde. Elektronische Übermittlungen, die eine dauerhafte Aufzeichnung der Vereinbarung ermöglichen, erfüllen die Schriftform. Das Recht des teilnehmenden Mitgliedstaates, in dem beide Ehegatten zum Zeitpunkt der Rechtswahl ihren gewöhnlichen Aufent-   **283**

---

367 BGH, Urt. v. 6.10.2004 – XII ZR 225/01, MDR 2005, 149; BGH FamRZ 1986, 345 – dort auch ausf. zu den Fragen, die sich bei der Anwendung iranischen Scheidungsrechts durch deutsche Gerichte ergeben; *Schotten/Wittkowski*, FamRZ 1995, 266.
368 ABl EU 2010, Nr. L 43, S. 10.

Süß

halt hatten, kann zusätzliche Formvorschriften für solche Vereinbarungen vorsehen (Art. 7 Abs. 2 Rom III-VO). Haben die Ehegatten zum Zeitpunkt der Rechtswahl ihren gewöhnlichen Aufenthalt in verschiedenen teilnehmenden Mitgliedstaaten und sieht das Recht beider Staaten unterschiedliche Formvorschriften vor, so ist die Vereinbarung gem. Art. 7 Abs. 3 Rom III-VO formgültig, wenn sie den Vorschriften des Rechts eines einzigen dieser Mitgliedstaaten genügt. Hat zum Zeitpunkt der Rechtswahl nur einer der Ehegatten seinen gewöhnlichen Aufenthalt in einem teilnehmenden Mitgliedstaat und sind in diesem Staat zusätzliche Formanforderungen für die Rechtswahl vorgesehen, sind diese Formanforderungen anzuwenden; die schwächere Form eines nicht teilnehmenden Drittstaates genügt also nicht zur Formwirksamkeit der Rechtswahl. In Deutschland soll nach dem Refentenentwurf zu einem Umsetzungsgesetz zur Rom III-VO vom Mai 2012 ein entsprechendes Beurkundungserfordernis in Art. 43d EGBGB aufgenommen werden. Das ist konsequent, denn es entspricht der in Art. 14 Abs. 4 EGBGB vorgegebenen allgemeinen Systematik.[369] Insoweit ist abzuwarten, ob der Bundesgesetzgeber in den Ausführungsvorschriften zur Rom III-VO ein entsprechendes Beurkundungserfordernis aufnehmen wird.

284 **Hinweis:** Gemäß Art. 18 Abs. 1 S. 2 Rom III-VO ist eine Rechtswahlvereinbarung, die vor dem Inkrafttreten der Rom III-VO am 21.6.2012 geschlossen wurde, wirksam, sofern sie nur die Voraussetzungen nach den Art. 6 und 7 Rom III-VO erfüllt. Eine entsprechende Rechtswahlklausel konnte also bereits damals in einen notariellen Ehevertrag vorsorglich für den Fall aufgenommen werden, dass die Scheidung erst nach dem 21.6.2012 rechtshängig gemacht wird.

b) Objektive Anknüpfung des Scheidungsstatuts

285 Gemäß Art. 8 Rom III-VO ist mangels einer wirksamen Rechtswahl der Ehegatten das auf die Ehescheidung und die Trennung ohne Auflösung des Ehebandes anwendbare Recht nach einer **Anknüpfungsleiter** anzuknüpfen. Die Anknüpfungstechnik entspricht Art. 14 EGBGB, wobei allerdings nicht mehr die gemeinsame Staatsangehörigkeit der Eheleute, sondern der **gewöhnliche Aufenthalt** das vorrangige Anknüpfungskriterium darstellt (sog. **Sprossentausch**). Es gilt danach folgende Rangfolge:
– das Recht des Staates, in dem die Ehegatten zum Zeitpunkt der Anrufung des Gerichts ihren gewöhnlichen Aufenthalt haben, ersatzweise
– das Recht des Staates, in dem die Ehegatten zuletzt ihren gewöhnlichen Aufenthalt hatten, sofern dieser nicht vor mehr als einem Jahr vor Anrufung des Gerichts endete und einer der Ehegatten zum Zeitpunkt der Anrufung des Gerichts dort noch seinen gewöhnlichen Aufenthalt hat, ersatzweise
– das Recht des Staates, dessen Staatsangehörigkeit beide Ehegatten zum Zeitpunkt der Anrufung des Gerichts besitzen, und schließlich als letzter Nothelfer
– die *lex fori* (das Recht des Staates des angerufenen Gerichts).

286 Es handelt sich hierbei um **Sachnormverweisungen**. Rück- und Weiterverweisungen durch das IPR des berufenen ausländischen Rechts bleiben gem. Art. 11 Rom III-VO unbeachtet.

287 **Hinweis:** Der Übergang vom Staatsangehörigkeitsprinzip auf die Geltung des Aufenthaltsrechts wird in der gerichtlichen Praxis – auch wenn die Beachtung des *Renvoi* ausgeschlossen ist – dazu führen, dass erheblich seltener als bisher ausländisches Recht anzuwenden ist.

288 Soll dagegen die Ehe wegen anfänglicher materieller oder formeller **Fehler bei der Eheschließung angefochten** oder **für nichtig erklärt** werden, so gilt nicht das Scheidungsstatut.

---

369 Ebenso *Becker*, NJW 2011, 1545.

Die Folgen eines Mangels bei der Eheschließung ergeben sich aus dem Recht, nach dem
der Fehler vorliegt (also das „ärgere" der gem. Art. 13 Abs. 1 EGBGB bestimmten Rechte
für die materiellen Voraussetzungen und Art. 13 Abs. 3 S. 1 EGBGB bzw. das günstigere
der gem. Art. 11 Abs. 1 bis 3 EGBGB bestimmten Rechte für die formellen Voraussetzungen; siehe Rdn 140, 142).

Die **Auflösung** einer **gleichgeschlechtlichen Ehe** unterliegt nicht dem Scheidungsstatut.   **289**
Diese Rechtsbeziehungen sind ungeachtet der Etikettierung durch einen ausländischen Gesetzgeber im deutschen IPR als „eingetragene Lebenspartnerschaften" zu qualifizieren, so
dass die Auflösung dem gem. Art. 17b Abs. 1 S. 1 EGBGB bestimmten Recht unterliegt
(siehe Rdn 344).

c) Regelungsumfang des Scheidungsstatuts

Dem Scheidungsstatut unterliegt zunächst die Frage, ob eine Scheidung überhaupt zulässig   **290**
ist. Dem Scheidungsstatut unterliegt des Weiteren, wann eine Scheidung zulässig ist (z.B.
bei Zerrüttung), unter welchen Voraussetzungen das Vorliegen eines entsprechenden Tatbe-
standes vermutet wird und wann der Scheidungsgrund wieder entfällt.

Aus dem Scheidungsstatut ergibt sich auch, ob das Gericht das **Verschulden** der Scheidung   **291**
feststellen muss. Dies gilt unabhängig davon, dass die deutschen Gerichte hiervon nach
Einführung der Zerrüttungsscheidung in das BGB befreit worden sind.[370] Der Schuldausspruch ist dann nicht nur in den Scheidungsgründen zu erwähnen, sondern auch in den
Tenor aufzunehmen.[371] Das ist selbst dann sehr wichtig, wenn die Scheidungsklage unabhängig von der Schuld begründet wäre, weil viele ausländische Rechte gewisse Rechtsfolgen
(Unterhaltsansprüche nach geschiedener Ehe, Fortbestehen eines gesetzlichen Erbrechts
etc.) weiterhin davon abhängig machen, dass ein Verschulden bzw. kein Verschulden vorlag.
Soweit nach dem Scheidungsstatut auch die Möglichkeit einer reinen Zerrüttungsscheidung
besteht (wie z.B. im österreichischen und im italienischen Recht – dort ist dieser Fall sogar
die Regel), ist freilich das Verschulden nur auf Antrag hin festzustellen.[372]

Auch eine Reihe von **Scheidungsfolgen** wurde bislang im deutschen IPR dem Scheidungs-   **292**
statut unterstellt und damit nach dem gem. Art. 17 Abs. 1 EGBGB bestimmten Recht
beurteilt. Da die Rom III-VO diese Gegenstände nicht regelt, ergibt sich die entsprechende
Verweisung auf das Scheidungsstatut nun aus Art. 17 Abs. 1 EGBGB. Dies gilt vor allem
für folgende Scheidungsfolgen:
– **Schadensersatzansprüche** wegen Auflösung der Ehe zur Kompensation immaterieller
  Schäden.[373] Diese ist z.B. im türkischen und im japanischen Recht bekannt. Abgrenzungsprobleme zum Unterhaltsstatut ergeben sich dann, wenn ein fehlender Anspruch
  auf Unterhalt kompensiert werden soll. An eine unterhaltrechtliche Qualifikation wäre
  z.B. dann zu denken, wenn zur Bemessung im Wesentlichen auf die Bedürftigkeit und
  die Leistungsfähigkeit abgestellt wird, die Zahlung in Form einer Rente erfolgt etc.[374]

---

370 BGH FamRZ 1982, 795; OLG Karlsruhe FamRZ 1995, 738; Staudinger/*Mankowski*, Art. 17 EGBGB
     Rn 236; *Henrich*, Internationales Familienrecht, 2. Aufl. 2000, S. 145.
371 BGH NJW 1988, 638.
372 Vgl. OLG Karlsruhe NJW 1990, 777.
373 OLG Karlsruhe NJW-RR 2003, 725; OLG Stuttgart FamRZ 1993, 974.
374 NK-BGB/*Gruber*, 2. Aufl. 2012, Art. 17 EGBGB Rn 77; *Henrich*, Internationales Familienrecht,
     2. Aufl. 2000, S. 1.

– Vielfach wird auch ein Recht zum **Widerruf von Schenkungen** unter Ehegatten dem Scheidungsstatut unterstellt, soweit es nicht allgemein besteht, sondern speziell auf die Scheidung gestützt ist. Dem für die Schenkung maßgeblichen Vertragsstatut dagegen sei zu entnehmen, ob es daneben noch allgemeine Gründe (grober Undank, Wegfall der Geschäftsgrundlage) gebe.[375] Davon zu trennen ist die allgemeine Widerruflichkeit von Schenkungen unter Eheleuten, die als eine Frage des allgemeinen Ehewirkungsstatuts (zum Zeitpunkt des Abschlusses des Vertrages) zu qualifizieren ist (siehe Rdn 17); die unbenannte bzw. ehebezogene Zuwendung beurteilt sich nach dem Güterstatut.

293   Umstritten ist, ob auch die Zuweisung der **Nutzung der ehelichen Wohnung** und des **Hausrats** nach der Scheidung dem Scheidungsstatut unterliegt oder nach dem gem. Art. 17a EGBGB bestimmten Recht zu beurteilen ist. Vielfach wird dies bejaht.[376] Die Gegenmeinung führt dagegen aus, die Verweisung auf das deutsche Recht sei hier dadurch bedingt, dass die Wohnungszuweisung etc. während der Ehe in Eilverfahren erfolgen müsse, im Scheidungsverfahren jedoch würde die Entscheidung nicht im Eilverfahren getroffen.[377] Dem ist zu folgen (siehe Rdn 202). Erfolgt die Scheidung nicht nach dem unter Bezugnahme auf das allgemeine Ehewirkungsstatut bestimmten Recht (Art. 17 Abs. 1 S. 1 i.V.m. Art. 14 EGBGB), sondern aufgrund des Deutschenprivilegs in Art. 17 Abs. 1 S. 2 EGBGB, so unterliegen auch die allgemeinen Scheidungsfolgen dem deutschen Recht.

294   Vom Scheidungsstatut **ausgenommen** sind folgende Rechtsfolgen, die anderen Kollisionsnormen zuzuordnen sind:

– Soll die Ehe wegen anfänglicher materieller oder formeller **Fehler bei der Eheschließung** angefochten oder für nichtig erklärt werden, so gilt nicht das Scheidungsstatut (Art. 1 Abs. 2 lit. c Rom III-VO). Die Folgen eines Mangels bei der Eheschließung ergeben sich aus dem Recht, nach dem der Fehler vorliegt (also das „ärgere" der gem. Art. 13 Abs. 1 EGBGB bestimmten Rechte für die materiellen Voraussetzungen und Art. 13 Abs. 3 S. 1 EGBGB bzw. das günstigere der gem. Art. 11 Abs. 1–3 EGBGB bestimmten Rechte für die formellen Voraussetzungen) (siehe Rdn 140).

– Die **Auflösung** einer **gleichgeschlechtlichen Ehe** unterliegt nicht dem Scheidungsstatut. Diese Rechtsbeziehungen sind ungeachtet der Etikettierung durch einen ausländischen Gesetzgeber im deutschen IPR als „eingetragene Lebenspartnerschaften" zu qualifizieren, so dass die Auflösung dem gem. Art. 17b Abs. 1 S. 1 EGBGB bestimmten Recht unterliegt (siehe Rdn 344).

– Der **Zugewinnausgleich** und die **Vermögensauseinandersetzung** unterliegen nicht dem Scheidungsstatut (Art. 1 Abs. 2 lit. e Rom III-VO), sondern dem Güterstatut (Art. 15 EGBGB) (siehe Rdn 206).

– Für den **Scheidungsunterhalt** gilt gem. Art. 1 Abs. 2 lit. g Rom III-VO ebenfalls nicht die Rom III-VO, sondern das nach den Regeln des HUntProt bestimmte Unterhaltsstatut.

– Der **Versorgungsausgleich** unterliegt dem gem. Art. 17 Abs. 3 EGBGB bestimmten Recht (siehe Rdn 306).

---

375 NK-BGB/*Gruber*, 2. Aufl. 2012, Art. 17 EGBGB Rn 79; *Kegel/Schurig*, Internationales Privatrecht, 9. Aufl. 2004, S. 880.

376 So *Kropholler*, Internationales Privatrecht, 6. Aufl. 2006, S. 361; Palandt/*Thorn*, 71. Aufl. 2011, Art. 17a EGBGB Rn 2; NK-BGB/*Gruber*, 2. Aufl. 2012, Art. 17 EGBGB Rn 81; *Johannsen/Henrich*, Art. 17a EGBGB Rn 3; *Kegel/Schurig*, Internationales Privatrecht, 9. Aufl. 2004, S. 889; *Rauscher*, Internationales Privatrecht, 3. Aufl. 2009, Rn 754 – mit rechtspolitischer Kritik S. 170; Bamberger/Roth/*Heiderhoff*, 3. Aufl. 2012, Art. 17a EGBGB Rn 15.

377 Staudinger/*Mankowski*, Art. 17a EGBGB Rn 16; Erman/*Hohloch*, 14. Aufl. 2014, Art. 17a EGBGB Rn 9.

- Dingliche **Herausgabeansprüche** in Bezug auf sein Eigentum, insbesondere auch in Bezug auf vom anderen oder von Dritten zugewandter Hochzeitsgeschenke, unterliegen dem Sachenstatut (Art. 43 Abs. 1 EGBGB).
- Der **Name:** Hier gilt gem. Art. 10 Abs. 1 EGBGB das Heimatrecht auch für die Auswirkungen der Scheidung auf den Namen, soweit nicht eine abweichende Rechtswahl getroffen worden ist (Art. 1 Abs. 2 lit. d Rom III-VO).
- Die **Verteilung der elterlichen Sorge** für die gemeinsamen Kinder unterliegt gem. Art. 1 Abs. 2 lit. f Rom III-VO nicht dem Scheidungsstatut, sondern dem gem. Art. 15 KSÜ bestimmten Recht.

3. Güterrechtlicher Ausgleich bei Scheidung

Der **Zugewinnausgleich** bzw. die Teilung des Vermögens aus der ehelichen Gütergemeinschaft unterliegt dem Ehegüterstatut (zu dessen Bestimmung siehe Rdn 206 ff.). Ebenfalls güterrechtlich zu qualifizieren ist in diesem Zusammenhang die unbenannte bzw. **ehebedingte Zuwendung,** so dass auch das Güterstatut darüber entscheidet, ob die Zuwendung bei Scheidung Bestand hat, auf güterrechtlichem Wege abgewickelt wird oder über den Weg des Wegfalls der Geschäftsgrundlage oder in ähnlicher Weise angepasst wird.   295

Die „**Ehegatteninnengesellschaft**" ist weniger Ausdruck einer Korporationsfreude unter Eheleuten als der Konstruktionsfreude der Gerichte und dient dazu, unerwartete oder unzumutbare Härten aus der Gütertrennung zu kompensieren. Diese Kopplung an einen bestimmten Güterstand legt die güterrechtliche Qualifikation nahe. Das allerdings hat zur Folge, dass die gesellschaftsrechtlichen Ausgleichsmechanismen nur bei der deutschen, nicht aber z.B. bei einer Gütertrennung tunesischen Rechts zum Zuge kämen. Alternativ wäre eine gesellschaftsrechtliche Qualifikation, bei der man über die Sitztheorie zum Recht des Staates käme, in dem die Eheleute gemeinsam leben.[378] Der BGH hat hier eine schuldvertragliche Qualifikation angenommen, über die akzessorische Anknüpfung dann aber den Umweg zum Güterstatut gefunden.[379] Das Familienrecht wäre insoweit zu berücksichtigen, als sich aus dem allgemeinen Ehewirkungsstatut ergäbe, ob der Ehegatte nicht ohnehin schon zur (unentgeltlichen) Mitarbeit verpflichtet war, und aus dem Güterstatut, inwieweit er nicht doch am gemeinsam erwirtschafteten Gewinn partizipiert. In beiden Fällen wäre dann der Anspruch aus der unterstellten Innengesellschaft ggf. zu reduzieren.   296

In einigen Rechtsordnungen wird die Vermögensteilung anlässlich der Scheidung nicht güterrechtlich, sondern scheidungsrechtlich qualifiziert (Österreich) und damit dem Scheidungsstatut bzw. der *lex fori* (England) unterstellt. Im ersteren Fall kommt es dann bei Scheidung durch ein deutsches Gericht zur Durchführung des Zugewinnausgleichs nach deutschem Recht, soweit nach dem ausländischen IPR deutsches Recht Scheidungsstatut ist (**Rückverweisung aufgrund abweichender Qualifikation**). Im Verhältnis zu England kommt es zu einer **versteckten Rückverweisung,** soweit für die deutschen Rechte nach englischem Recht eine internationale Zuständigkeit besteht.[380]   297

---

378 Vgl. *Hausmann,* in: FS Jayme, 2004, S. 320; zur kollisionsrechtlichen Behandlung der Innengesellschaft s. Staudinger/*Großfeld,* Internationales Gesellschaftsrecht, 13. Bearb. 1998, Rn 708.
379 BGH DNotZ 2015, 686.
380 Ausf. z.B. *Henrich,* Internationales Familienrecht, 2. Aufl. 2000, S. 120; IPG 1999 Nr. 24 (Hamburg), 229, 237 ff.; siehe auch *Odersky,* Länderbericht Großbritannien: England und Wales Rdn 39.

4. Versorgungsausgleich

a) Allgemeines

298 Der Versorgungsausgleich ist ein Rechtsinstitut, das bislang immer noch international äußerst wenig verbreitet ist. Dies macht eine kollisionsrechtliche Behandlung schwierig. Art. 17 Abs. 3 EGBGB enthält ein komplexes Kompromisspaket aus der grundsätzlichen Maßgeblichkeit des Scheidungsstatuts mit einer Ausnahme und einer Gegenausnahme mit Billigkeitsklausel.[381] Wegen der geringen Zahl ausländischer Rechtsordnungen, die einen Versorgungsausgleich i.S.d. deutschen Rechts durchführen, stellt sich die Situation im Endeffekt trotz der allseitig gehaltenen Form in den meisten Fälle (plakativ verkürzt) als Abwägung zwischen Durchführung des Versorgungsausgleichs nach deutschem Recht und Verwehrung des Versorgungsausgleichs nach dem ausländischen Heimatrecht der Eheleute dar. Dies ist durch eine weitere Einfügung im Rahmen des Gesetzes zur Strukturreform des Versorgungsausgleichs (VAStrRefG) vom 3.4.2009[382] auch gesetzlich klargestellt worden.

b) Anwendung deutschen Rechts von Amts wegen

299 Nachdem nunmehr der Versorgungsausgleich durch ein deutsches Gericht nur noch nach deutschem Recht durchgeführt werden kann (sog. Exklusivnorm), stellt sich für den Rechtsanwender nicht mehr die Frage, nach welchem Recht der Versorgungsausgleich durchzuführen ist, sondern es gilt allein festzustellen, ob deutsches Recht anwendbar ist oder nicht. Ausgangspunkt ist die **Unterordnung als Scheidungsfolge** unter das **Scheidungsstatut**. Dies ergabt sich bis zum 20.6.2012 aus einer Verweisung auf Art. 17 Abs. 3, 1 EGBGB. Mittelbar galt daher die in Art. 14 Abs. 1 EGBGB normierte **Anknüpfungsleiter** auch für den Versorgungsausgleich. Gleichermaßen wirkte sich eine gem. Art. 14 Abs. 2 oder 3 EGBGB getroffene **Rechtswahl** mittelbar auf das Statut des Versorgungsausgleichs aus. Durch das Umsetzungsgesetz zur Rom III-VO wurde aber die Verweisung auf Art. 17 Abs. 1 EGBGB durch eine Verweisung auf die Rom III-VO ersetzt. Daher kann nun durch eine scheidungsrechliche Rechtswahl nach Rom III-VO (siehe oben Rdn 279) auch auf die Durchführung des Versorgungsausgleichs Einfluss genommen werden. Ohne Auswirkungen ist es aber, ob die Scheidung im Inland tatsächlich nach dem deutschen Recht erfolgt ist. Umso weniger spielt es bei Durchführung des (isolierten) Versorgungsausgleichs im Inland (siehe Rdn 268) eine Rolle, nach welchem Recht die Ehe im Ausland geschieden worden ist – soweit nur die Anerkennung der Scheidung im Inland erfolgt bzw. möglich ist.

300 **Hinweis:** Der EuGH hatte einmal zu entscheiden, ob es eine **Diskriminierung** darstelle, wenn einem deutschen EU-Beamten im Fall der Scheidung seine Rentenanwartschaften halbiert werden, während seine Brüsseler Kollegen ungeschoren davonkämen. Der EuGH hat in dieser „Ungleichbehandlung" aufgrund der Staatsangehörigkeit des Beamten (und seiner Ex) keine Diskriminierung i.S.v. Art. 9 AEUV (ex-Art. 12 EGV) erkannt.[383]

---

381 Sehr krit. *Kropholler*, Internationales Privatrecht, 6. Aufl. 2004, S. 367: „unausgereiftes, prinzipienloses Gemisch von Anknüpfungspunkten, das mit einer materiellrechtlichen Korrekturmöglichkeit durch die „Billigkeit" endet – ein Dokument gesetzgeberischer Hilflosigkeit". Auf die vom Gesetzgeber zu bewältigenden Schwierigkeiten verweist dagegen Staudinger/*Mankowski*, 2010, Art. 17 EGBGB Rn 279 ff.
382 BGBl I, 700.
383 „Fall Johannes" EuGH FamRZ 2000, 83; Anm. *Rigaux*, IPRax 20000, 287; *Pirrung*, in: FS Henrich, 2000, S. 461.

Bei dieser Verweisung ist auch eine **Rückverweisung** durch das ausländische Recht zu beachten. Soweit das ausländische Recht den Versorgungsausgleich kennt, wird es auch eine entsprechende Kollisionsnorm enthalten, die dann zur Prüfung eine Rückverweisung herangezogen werden kann. In einigen Staaten, insbesondere in Einzelstaaten der USA und Neuseeland, erfolgt ein dem Versorgungsausgleich nahekommender Ausgleich von Versorgungsanwartschaften im Rahmen der allgemeinen Vermögensteilung bei Scheidung. Hier ist dann die dafür maßgebliche Kollisionsnorm (regelmäßig die güterrechtliche) auch zur Feststellung der Rückverweisung heranzuziehen (**Fall der Rückverweisung aufgrund abweichender Qualifikation**). Kennt der ausländische Staat keinen Versorgungsausgleich und ist damit die kollisionsrechtliche Behandlung dort unklar, so kann man dennoch eine Rückverweisung unterstellen, wenn dieser für die Scheidungsfolgen insgesamt auf das deutsche Recht verweist.[384]

301

c) Ausnahmsweise Nicht-Durchführung (Heimatrechtsklausel)

Eine Einschränkung für die Durchführung des Versorgungsausgleichs von Amts wegen ergibt sich zumeist für Ehen, bei denen keiner der Eheleute deutscher Staatsangehöriger ist. Die Durchführung soll **ausgeschlossen** sein, wenn das Heimatrecht auch nicht eines der Ehegatten den Versorgungsausgleich kennt. Diese Vorschrift soll mit ihrer kumulativen Anknüpfung die Beteiligten vor der Konfrontation mit einem völlig unerwarteten und ihnen unbekannten Rechtsinstitut bewahren,[385] bezweckt also einen **Vertrauensschutz**. Dementsprechend wird diese Bezugnahme auf das Heimatrecht vielfach als Bezugnahme ausschließlich auf das ausländische Sachrecht unter Ausschluss des ausländischen IPR gewertet.[386] Überzeugen kann das nicht, denn verweist das ausländische Heimatrecht auf den deutschen Versorgungsausgleich, ist dies ein Grund mehr, diesen auch nach deutschem Recht durchzuführen.[387]

302

Haben freilich die Eheleute das deutsche Recht für die Scheidung gem. Art. 6 Rom III-VO gewählt, so geht man davon aus, dass die Geltung der deutschen Bestimmungen über den Versorgungsausgleich über die Verweisungskette in Art. 17 Abs. 3 S. 1, Abs. 1 EGBGB beabsichtigt ist. Hier soll dann die „Heimatrechtsklausel" im Wege der teleologischen Reduktion entfallen.[388]

303

Die besonderen Probleme bei der Anwendung dieser Klausel ergeben sich aus der Bewertung, ob das ausländische Recht einen Versorgungsausgleich „kennt". Dabei sind die Anforderungen an die **Kenntnis** relativ hoch. Insbesondere ist erforderlich, dass der Ausgleich nicht rein schuldrechtlich, sondern auch mit Außenwirkung erfolgt.[389] Damit scheiden die Systeme aus, die einen Ausgleich vornehmen, indem sie die Anwartschaften in einem güterrechtlichen oder sonstigen Ausgleich im Wege der Anrechnung berücksichtigen, die

304

---

384 Wohl zu weitgehend: NK-BGB/*Gruber*, 2. Aufl. 2012, Art. 17 Rn 117, der dann stets eine Qualifikation als „allgemeine Scheidungsfolge" im ausländischen Recht unterstellt.
385 BT-Drucks 10/504, S. 62.
386 *Henrich*, Internationales Familienrecht, 2. Aufl. 2000, S. 162; *Klattenhoff*, FuR 2000, 54; *Kartzke*, IPRax 1988, 12; *Kropholler*, Internationales Privatrecht, 6. Aufl. 2004, S. 368.
387 *Kegel/Schurig*, Internationales Privatrecht, 9. Aufl. 2004, S. 879.
388 NK-BGB/*Gruber*, 2. Aufl. 2012, Art. 17 Rn 123; *Klattenhoff*, FuR 2000, 56.
389 So NK-BGB/*Gruber*, 2. Aufl. 2012, Art. 17 Rn 128 ff.; *Henrich*, Internationales Familienrecht, 2. Aufl. 2000, S. 162; Erman/*Hohloch*, 14. Aufl. 2014, Art. 17 EGBGB Rn 35; Staudinger/*Mankowski*, 2010, Art. 17 EGBGB Rn 305 ff.

Anwartschaften i.Ü. aber unberührt lassen.[390] In den Staaten, in denen das Sozialrecht eine Witwenrente auch für den geschiedenen Ehegatten vorsieht oder allen Rentnern eine staatliche Volksrente gezahlt wird, ist ein „Versorgungsausgleich" schon deswegen unbekannt, weil hier keine Teilung von Anwartschaften eines der Ehegatten erfolgt.

305 Vielfach tendiert die Lehre dazu, hohe Ansprüche an das „Kennen" zu stellen und damit im Zweifel die Durchführung des Versorgungsausgleichs abzulehnen.[391] Dementsprechend kann vom „Kennen" des Versorgungsausgleichs nur für **Neuseeland, die Schweiz und Südafrika**, mittlerweile wohl auch in **England**,[392] ausgegangen werden sowie bei einer zunehmenden Anzahl von Einzelstaaten der USA[393] und Kanadas.[394] Für die Niederlande wird überwiegend angenommen, dass kein Versorgungsausgleich vorliege, da dort keine beitragsbezogene Altersrente, sondern eine steuerfinanzierte Versorgung gezahlt wird.[395] Die Prüfung dieser Frage erweist sich in den Fällen als überflüssig, wenn nach Art. 17 Abs. 3 S. 2 EGBGB ohnehin in den meisten Fällen wieder der Weg zum Versorgungsausgleich nach deutschem Recht aufgestoßen würde.

d) Anwendung deutschen Rechts auf Antrag

306 Kann kein Versorgungsausgleich erfolgen, weil entweder ausländisches Recht anwendbar wäre oder die Heimatrechtsklausel aber seine Durchführung wieder ausschließt, so kann dennoch der Versorgungsausgleich gem. Art. 17 Abs. 3 S. 2 EGBGB ausnahmsweise erfolgen, wenn drei Voraussetzungen nebeneinander (kumulativ) erfüllt sind:
1. Einer der Ehegatten stellt einen **Antrag** auf Durchführung des Versorgungsausgleichs – wobei er diesen nicht unbedingt im Scheidungsverbund stellen muss, sondern auch später noch in einem isolierten Verfahren geltend machen kann. Dies gilt selbst dann, wenn die Scheidung durch ein deutsches Gericht (nach ausländischem Recht) vorgenommen worden ist.[396]
2. Der Antragsgegner hat während der Dauer der Ehe im Inland eine Versorgungsanwartschaft erworben (die alternative Bedingung, dass während der Ehe wenigstens zu einem Zeitpunkt deutsches Recht oder ein anderes Recht, das den Versorgungsausgleich kennt, allgemeines Ehewirkungsstatut war, wurde mit Wirkung zum 21.6.2012 gestrichen).
3. Die Durchführung des Versorgungsausgleichs nach deutschem Recht ist im Hinblick auf die wirtschaftlichen Verhältnisse beider Eheleute auch während einer im Ausland verbrachten Zeit nicht unbillig.

307 Dabei liegt ein Fall, dass „**ein Versorgungsausgleich nicht erfolgt**", noch nicht vor, wenn das Statut des Versorgungsausgleichs den Versorgungsausgleich im konkreten Fall geringer ausfallen lässt, weil es bei der Berechnung abweicht. Eine „Aufbesserung" durch das deut-

---

390 So bei der „*prestation compensatoire*" französischen Rechts, bei der zur Berechnung einer Ausgleichszahlung nach Scheidung auch berücksichtigt wird, ob der andere Ehegatte infolge der Scheidung Versorgungsanspüche einbüßt (vgl. *Henrich*, Internationales Familienrecht, 2. Aufl. 2000, S. 162).

391 So *Henrich*, Internationales Familienrecht, 2. Aufl. 2000, S. 164; *Wagner*, Versorgungsausgleich mit Auslandsberührung, Rn 28; krit. Staudinger/*Mankowski*, 2010, Art. 17 EGBGB Rn 340.

392 S. *Odersky*, Länderbericht Großbritannien: England und Wales Rn 56.

393 Vgl. hierzu *Wagner*, Versorgungsausgleich bei deutsch/US-amerikanischer Ehe, IPRax 1999, 94.

394 Vgl. *Klattenhoff*, FuR 2000, 55 f.

395 So OLG Köln FamRZ 2001, 1460; OLG Hamm FamRZ 2001, 31; *Borth*, Versorgungsausgleich, 6. Aufl. 2012, Rn 1026; Staudinger/*Eichenhofer*, 2004., § 1587 BGB Rn 26; *Rahm/Künkel/Paetzold*, Handbuch des Familiengerichtsverfahrens, Teil VIII Rn 1073. A.A. OLG Oldenburg FamRZ 2002, 961; *Gutdeutsch*, FamRBInt 2006, 58.

396 OLG Hamburg FamRZ 2000, 842; OLG Düsseldorf FamRZ 1999, 1210; OLG München FamRZ 2000, 165.

sche Recht kommt hier also nicht in Betracht. Freilich muss das ausländische Recht den Anforderungen genügen, die schon im Rahmen der Heimatrechtsklausel (siehe Rdn 302) aufgestellt wurden (und praktisch in Europa gegenwärtig nur von der Schweiz und England erfüllt werden). Bei der dritten Voraussetzung ist insbesondere zu berücksichtigen, wie sich die Teilung der in Deutschland begründeten ausgleichsfähigen Versorgungsanwartschaften mit ggf. anderen, im Ausland begründeten Anwartschaften verhält. Insbesondere soll vermieden werden, dass ein Ehegatte, der allein inländische Anwartschaften erworben hat, diese teilen muss, während der andere Ehegatte seine ausländischen Anwartschaften gänzlich behalten kann.[397]

e) Besonderheiten bei der Durchführung

Bei der Durchführung eines internationalen Versorgungsausgleichs ist zu berücksichtigen, dass das deutsche Gericht auf ausländische öffentlich-rechtliche Versorgungsanwartschaften nicht zugreifen kann. Daher können und müssen diese zunächst bei der Ermittlung der während der Ehe erworbenen Anwartschaftsrechte einberechnet werden. Ausgenommen sind die steuerfinanzierten Volksrenten, da diese nicht auf einer Beitragszahlung beruhen.[398] Ergibt sich auf Seiten eines Ehegatten mit ausschließlich ausländischen Anwartschaftsrechten eine Ausgleichspflicht, so kann diese nicht im Wege des Splitting oder Quasi-Splitting, sondern ausschließlich im Wege des sog. schuldrechtlichen Versorgungsausgleichs vollzogen werden.[399] Praktische Probleme ergeben sich weiter daraus, dass der ausländische Rententräger die erforderlichen Berechnungen voraussichtlich nicht vornehmen wird, möglicherweise dem Gericht nicht einmal Auskunft über das Konto erteilen wird. Hier muss dann dem betreffenden Ehegatten aufgegeben werden, selber eine Auskunft einzuholen. Notfalls ist das Verfahren auszusetzen, sofern das Gericht nicht den Weg der „Schätzung"[400] beschreiten will.

308

5. Scheidungsunterhalt

Die in den einzelnen Ländern **unterschiedlichen Lebenshaltungskosten** werden grundsätzlich nicht auf kollisionsrechtlicher Basis berücksichtigt, sondern auf sachrechtlicher Ebene bei der Ermittlung der Leistungsfähigkeit und des Unterhaltsbedarfs länderspezifisch eingerechnet.[401]

309

Versagt das ausländische Recht den Scheidungsunterhalt, so kann dies bei erheblicher Inlandsberührung (beide Eheleute leben im Inland) in besonderen Fällen (z.B. weil ein Ehegatte wegen der Erziehung eines gemeinsamen Kindes nicht oder nicht ausreichend berufstätig ist) den deutschen **ordre public** verletzen und damit über Art. 13 HUntProt zu korrigieren sein.[402] Dies soll auch schon dann gelten, wenn das Unterhaltsstatut eine zweijährige Ausschlussfrist für die Geltendmachung des Scheidungsunterhalts vorsieht.[403]

310

---

397 Vgl. bereits BT-Drucks 10/5632, S. 42; OLG Koblenz FamRZ 1998, 1599.
398 So in Dänemark, Finnland, Schweden und den Niederlanden, vgl. OLG Köln FamRZ 2001, 1461 – s. aber ebda. 1460; OLG Hamm FamRZ 2001, 31.
399 BGH FamRZ 1982, 473.
400 So BGH FamRZ 1988, 273; *Henrich*, Internationales Familienrecht, 2. Aufl. 2000, S. 168 f. unter Hinweis auf § 1587a Abs. 5 BGB a.F.
401 Hierzu *Motzer*, Unterhaltsbemessung in Fällen mit Auslandsbezug, FamRBint 2005, 32.
402 OLG Zweibrücken FamRZ 2000, 32; OLG Hamm FamRZ 2000, 31, jeweils noch zu Art. 6 EGBGB.
403 OLG Koblenz FamRZ 2004, 454.

6. Elterliche Sorge

311 Soweit das deutsche Gericht auf der Basis der Brüssel IIa-VO auch über die Verteilung der elterlichen Sorge entscheidet, so gilt – mangels eines einheitlichen EU-Aktes auch zum Kindschaftsrecht – weiterhin das bislang geltende Kollisionsrecht (Art. 62 Abs. 1 Brüssel IIa-VO). Soweit das Kind seinen gewöhnlichen Aufenthalt in Deutschland oder einem anderen Mitgliedstaat des KSÜ[404] hat, gelangt insoweit freilich nicht die autonome Kollisionsnorm in Art. 21 EGBGB zur Anwendung. Vielmehr haben die deutschen Gerichte – bei Aufenthalt des Kindes im Inland – ihre Entscheidung gem. Art. 2 Abs. 1 MSA bzw. Art. 15 Abs. 1 KSÜ auf der Grundlage der deutschen *lex fori* zu treffen.[405] Die Probleme, die sich unter der Geltung des MSA aufgrund der umstrittenen Heimatrechtsklausel in Art. 3 MSA ergaben, stellen sich unter dem KSÜ nicht mehr. Sie bleiben daher dem Verhältnis zur Türkei vorbehalten, in dem weiterhin das MSA gilt. Soweit das MSA bzw. KSÜ nicht anwendbar ist (also bei gewöhnlichem Aufenthalt des Kindes in einem ausländischen Staat, der nicht einem der beiden Abkommen beigetreten ist), dennoch aber über die Brüssel IIa-VO die internationale Zuständigkeit der deutschen Gerichte begründet worden ist, kommt gem. Art. 21 EGBGB das **Aufenthaltsrecht des Kindes** zur Anwendung.

7. Vereinbarungen über die Scheidungsfolgen

312 Die materielle Wirksamkeit und die Wirkungen einer vertraglichen Vereinbarung der Eheleute über die Folgen der Scheidung[406] unterliegen dem für die jeweilige Scheidungsfolge maßgeblichen Recht. Daher unterliegt eine **güterrechtliche Vereinbarung**, wie z.B. eine vertragliche Pauschalisierung, Modifikation oder ein Ausschluss des Zugewinnausgleichs, dem Güterstatut. Dies gilt dann für die Frage, ob der Zugewinnausgleich überhaupt einer vertraglichen Modifikation zugänglich ist (vereinbarungsresistent z.B. das Recht in Griechenland und England) oder ob zur Wirksamkeit weitere Erfordernisse bestehen, wie z.B. eine gerichtliche Genehmigung. Gegen eine abweichende Anknüpfung des Güterstatuts (z.B. wandelbar oder primär an den Wohnsitz) versichert in vielen Ländern eine güterrechtliche **Rechtswahl**.

313 Für eine **Vereinbarung über den Unterhalt nach Scheidung** ist wie folgt zu unterscheiden: Soweit durch die Vereinbarung eine Unterhaltspflicht begründet werden soll (Novation),[407] gilt das Schuldvertragsstatut, so dass die Eheleute gem. Art. 3 Rom I-VO für das hierauf anwendbare Recht eine Rechtswahl treffen können. Soll es dagegen um die Bestätigung, die Modifikation oder den Ausschluss einer kraft Gesetzes bestehenden Unterhaltspflicht bzw. einen Unterhaltsverzicht gehen, so unterliegt die Wirksamkeit dieser Vereinbarung dem gem. Art. 3 ff. HUntProt bestimmten Unterhaltsstatut. Es kommt dann also für die Wirksamkeit der Vereinbarung darauf an, in welchem Staat der Unterhaltsberechtigte bei Geltendmachung des Unterhaltsanspruchs seinen gewöhnlichen Aufenthalt haben wird. Insoweit bedarf es für die Beurteilung der Wirksamkeit der Vereinbarung einer gewissen Prognose über die künftigen Entwicklungen. Eine gewisse Sicherheit gegen unerwartete Auswirkungen eines grenzüberschreitenden Umzugs auf den Unterhaltsanspruch ergibt sich aus Art. 5 HUntProt, der den Beteiligten eine Einrede und die Verweisung auf ein Recht, mit dem beide erheblich enger verbunden sind, gewährt (siehe Rdn 192).

---

404 Vgl. *Ring*, § 1 Rdn 340.
405 Vgl. *Kropholler*, Internationales Privatrecht, 6. Aufl. 2004, S. 397.
406 Siehe hierzu auch *Ring*, § 3.
407 Vgl. *Henrich*, Internationales Familienrecht, 2. Aufl. 2000, S. 187.

Die vorgenannten Unsicherheiten lassen sich nun vermeiden, indem die Beteiligten in ihrem Ehevertrag für den Scheidungsunterhalt eine **Rechtswahl** treffen. Insoweit wird auf die Ausführungen zur Rechtswahl für den Trennungsunterhalt verwiesen (siehe Rdn 195).

314

In Bezug auf **Vereinbarungen über den Versorgungsausgleich** wird vielfach überlegt, aus Gründen des Vertrauensschutzes die Wirksamkeit nach dem Recht zu beurteilen, das zum Zeitpunkt der Vereinbarung Scheidungsstatut gewesen wäre. Da ein Versorgungsausgleich durch ein deutsches Gericht praktisch ohnehin nur nach deutschem Recht durchgeführt wird, dürfte dieser Frage kaum einmal praktische Relevanz zukommen.

315

Die **Formwirksamkeit der Scheidungsfolgenvereinbarung** unterliegt dem **Formstatut** aus Art. 11 EGBGB. Neben der Einhaltung des auf die Ansprüche anwendbaren Rechts (Geschäftsrecht) genügt also auch die Einhaltung des Ortsrechts. Probleme ergeben sich hier für die Vereinbarung über den Versorgungsausgleich, wenn das Ortsrecht einen solchen nicht kennt und damit für diese Vereinbarung keine besondere Form vorsieht (sog. **Fall der Formenleere**). Man könnte hier überlegen, die Einhaltung der für den Abschluss von Eheverträgen allgemein vorgesehenen Ortsform genügen zu lassen. Zum einen wäre es unverständlich, wenn man für eine Vereinbarung über den Versorgungsausgleich eine strengere Form verlangt als für die Vereinbarung einer Gütertrennung; zum anderen verweist § 1408 Abs. 2 S. 1 BGB selbst auf die „Form eines Ehevertrages". Sicherheitshalber sollte man aber stets nach der Einhaltung der vom deutschen Recht verlangten Form, also der notariellen Beurkundung, streben. Sollte es im Land keine Möglichkeit zur Beurkundung geben (wie im angloamerikanischen Raum) oder sollte das vor Orte bestehende Notariat in seinen Grundzügen so erheblich vom deutschen Recht abweichen (keine Verpflichtung des Notars zur Verlesung der Urkunde und zur Beratung der Beteiligten, wie z.B. in einigen Kantonen der Schweiz), so kommt zur Not der konsularische Dienst oder die Beurkundung in Deutschland unter Einschaltung von Bevollmächtigten in Betracht. Ob der Ausschluss des Versorgungsausgleichs die Gütertrennung zur Folge hat, entscheidet nicht das für den Versorgungsausgleich maßgebliche Recht, sondern das Güterstatut.[408]

316

IV. Anerkennung ausländischer Entscheidungen in Scheidungs- und Folgesachen

1. Anerkennung ausländischer Scheidungen

a) Scheidungen in einem anderen EU-Mitgliedstaat

Gemäß Art. 21 Abs. 1 **Brüssel IIa-VO** sind in einem anderen Mitgliedstaat der EU ergangene **Scheidungsurteile** in jedem anderen Mitgliedstaat ohne Weiteres anzuerkennen, soweit nicht einer der Gründe für die Nichtanerkennung in Art. 22 lit. a–d Brüssel IIa-VO vorliegt. Dies gilt auch für die **Trennung von Tisch und Bett** unter Aufrechterhaltung des Ehebandes. Scheidungen aus Dänemark werden hiervon nicht erfasst, da die Brüssel IIa-VO für das Königreich Dänemark nicht gilt.

317

Da der Begriff „Gericht" alle Arten von zuständigen Behörden (Art. 2 Ziff. 1 Brüssel IIa-VO) und der Begriff „Entscheidung" gem. Art. 2 Ziff. 4 Brüssel IIa-VO jede Entscheidung über die Ehescheidung erfasst, unterfallen dem Abkommen nicht nur **gerichtliche Scheidungen** durch Urteil, sondern es werden auch in entsprechenden **Verwaltungsverfahren ergangene Scheidungen** erfasst. Damit gilt die Brüssel IIa-VO für reine Privatscheidungen ohne Mitwirkung hoheitlicher Rechtsträger nicht. Umstritten ist aber, ob die Brüssel IIa-

318

---

408 Staudinger/*Mankowski*, 2010, Art. 17 EGBGB Rn 352; *Rauscher*, IPRax 1988, 346.

VO nicht wenigstens dann gilt, wenn ein Hoheitsträger zwar nicht in konstitutiver, wohl aber in deklaratorischer Weise an der Scheidung „mitgewirkt" hat.[409]

b) Gerichtliche Scheidungen aus einem Nicht-EU-Mitgliedstaat oder Dänemark

aa) Anerkennungsverfahren für ausländische Scheidungsurteile

319   Nach den allgemeinen Regeln des deutschen internationalen Zivilprozessrechts wirkt ein ausländisches Gestaltungsurteil im Inland *ipso iure*, soweit es im Urteilsstaat – nach dem dort geltenden Zivilverfahrensrecht – wirksam ist und nicht einer der in § 109 FamFG genannten Versagungsgründe (siehe Rdn 326) gegeben ist. Freilich gilt diese Regel für ausländische Scheidungsurteile nicht (es sei denn, die Anerkennung ergibt sich aus der Brüssel IIa-VO oder es ergibt sich eine Ausnahme von der Anerkennungspflicht aus § 107 Abs. 1 S. 2 FamFG). Hier hat § 107 FamFG für die meisten Fälle ein besonderes Anerkennungsverfahren geschaffen. **Zuständig** für die Durchführung des Anerkennungsverfahrens ist das Justizministerium des Bundeslandes, in dem einer der Ehegatten seinen Wohnsitz hat (§ 107 Abs. 2 FamFG). In vielen Bundesländern ist diese Aufgabe gem. § 107 Abs. 3 FamFG auf den Präsidenten des OLG delegiert worden.[410] Die Entscheidung gem. § 107 FamFG, ist für alle inländischen Behörden und Gerichte bindend (§ 107 Abs. 9 FamFG).

320   **Hinweis:** Solange die Entscheidung über die Anerkennung nicht ergangen ist, kann die ausländische Scheidung im Inland nicht beachtet werden. Insoweit besteht also für die Justizverwaltung ein sog. **Anerkennungsmonopol**, das zu einer sogar die **Gerichte bindenden Entscheidung** der Verwaltung führt.

321   Solange die (erforderliche) Anerkennung nicht erfolgt ist, können die Eheleute nicht als geschieden angesehen werden. Es kann sogar erneut Scheidungsklage im Inland erhoben werden.[411] Taucht also in einem gerichtlichen Verfahren die Frage nach der Wirksamkeit der Scheidung als Hauptfrage oder als Vorfrage (z.B. bei einem Antrag des Ehegatten auf Durchführung des Versorgungsausgleichs) auf, so muss das **Gericht das Verfahren aussetzen** und den Ausgang des Feststellungsverfahrens abwarten. Freilich hat die Entscheidung für die Auflösung der Ehe keine konstitutive Wirkung. Nach Anerkennung gelten die Eheleute auch im Inland als im Zeitpunkt des Wirksamwerdens des anerkannten Urteils geschieden, die **Anerkennung** hat also „**Rückwirkung**".

322   Der besondere **Vorteil** des Verfahrens liegt darin, dass durch die Konzentration bei einer zentralen Stelle eine Spezialisierung der damit betrauten Personen ermöglicht wird, so dass eine kompetente Bearbeitung gefördert wird. Des Weiteren braucht die Anerkennung nur ein Mal durchgefochten zu werden und erspart den Beteiligten, dass bei jeder relevanten Entscheidung – bis zum Nachlassverfahren – die Anerkennung inzidenter und mit ungewissem Ausgang von neuem aufzurollen ist.

323   **Ausgenommen** von der Feststellungspflicht sind Entscheidungen durch ein **Gericht des gemeinsamen Heimatstaates der Eheleute** (§ 107 Abs. 1 S. 2 FamFG). Hier unterstellt man (freilich ohne dass dies der Wirklichkeit entspricht), dass die Anerkennungsfähigkeit regelmäßig unbedenklich ist. Wegen der besonderen Feststellungswirkungen können allerdings auch dann, wenn sich die Eheleute in ihrem gemeinsamen Heimatstaat haben scheiden

---

409 Ablehnend Zöller/*Geimer*, 29. Aufl. 2012, EG-VO Ehesachen Art. 1 Rn 1; NK-BGB/*Gruber*, 2. Aufl. 2012, Art. 1 EheVO 2003 Rn 14; Rauscher/*Rauscher*, Art. 1 Brüssel II-VO Rn 6; dafür: z.B. *Hau*, FamRZ 1999, 485.

410 Übersicht bei NK-BGB/*Andrae*, 2. Aufl. 2012, Anh. II zum III. Abschnitt EGBGB Rn 83.

411 Hierfür ist dann sogar Prozesskostenhilfe zu gewähren: OLG Karlsruhe NJW-RR 2001, 5.

lassen, die Eheleute das Anerkennungsverfahren fakultativ durchführen lassen. Die Wirkungen entsprechen dann denen eines obligatorischen Anerkennungsverfahrens.[412] Diese Annahme soll aber nicht eingreifen, wenn die Eheleute im gemeinsamen Heimatstaat nicht gerichtlich durch Urteil, sondern durch Verwaltungsakt geschieden worden sind.[413]

Es bleibt damit bei der Feststellungspflicht für alle Ehescheidungen durch ein Gericht außerhalb der EU, wenn in der Ehe   324
- (mindestens) ein deutscher Ehegatte[414] beteiligt war oder
- die Eheleute unterschiedlichen Staaten angehörten oder
- die Eheleute eine gemeinsame Staatsangehörigkeit hatten, sich aber nicht in ihrem gemeinsamen Heimatstaat scheiden ließen.

bb) Anerkennung nach bilateralen Abkommen

Bei der Anerkennung sind grundsätzlich **bilaterale Abkommen** über die Anerkennung   325
vorrangig zu beachten. Die meisten dieser Abkommen bestehen zu EU-Mitgliedstaaten und sind daher zwischenzeitlich durch die Brüssel IIa-VO überlagert worden.[415] Anderes gilt allein für das Abkommen mit der **Schweiz** vom 2.11.1929[416] und mit **Tunesien** vom 19.7.1966.[417] Freilich geht die Anerkennungsverpflichtung nach den dort vorgesehenen Bestimmungen über die Anerkennungfähigkeit nach dem deutschen autonomen Recht (§§ 108, 109 FamFG) regelmäßig nicht hinaus, so dass diese Abkommen praktisch nicht geprüft zu werden brauchen, wenn sich die Anerkennung schon aus §§ 108, 109 FamFG ergibt.

cc) Anerkennungsvoraussetzungen nach autonomem Recht

§ 108 FamFG geht davon aus, dass die ausländische Entscheidung im Inland grundsätzlich   326
anzuerkennen ist und nur unter bestimmten Voraussetzungen die Anerkennung verweigert werden darf. Diese **Ablehnungsgründe** lauten wie folgt:
- Das Urteilsgericht war aus deutscher Sicht **international nicht zuständig** (§ 109 Abs. 1 Nr. 1 FamFG). Dabei wird die internationale Zuständigkeit in entsprechender Projektion der internationalen Zuständigkeit deutscher Gerichte aus § 98 Abs. 1 FamFG auf den Urteilsstaat begründet, so dass es z.B. genügt, wenn einer der Ehegatten dem Urteilsstaat angehörte (vgl. § 98 Abs. 1 Nr. 1 FamFG) oder zumindest einer von ihnen dort seinen gewöhnlichen Aufenthalt hatte – ohne dass es auf die Anerkennung des Urteils im Heimatstaat ankommt (vgl. § 98 Abs. 1 Nr. 2 bzw. 4 FamFG). Bei der Feststellung der Staatsangehörigkeit in diesem Rahmen gilt nicht Art. 5 Abs. 1 EGBGB, so dass die ausländische Staatsangehörigkeit eines der Ehegatten selbst dann genügt, wenn dieser daneben auch die deutsche Staatsangehörigkeit hatte.[418] Die Anerkennungszuständigkeit wird schließlich angenommen, wenn das Scheidungsurteil in den Heimatstaaten der Eheleute anerkannt wird, ohne dass es darauf ankommt, aus welchem Grund sich die Zuständigkeit herleitet (§ 109 Abs. 2 S. 2 FamFG).[419]

---

412 BGHZ 112, 127 = FamRZ 1990, 1228 = NJW 1990, 3081.
413 *Geimer*, IPRax 2005, 325.
414 Dem steht gleich jede Person mit deutschem Personalstatut aus anderen Gründen (siehe Rdn 87, 90).
415 Siehe hierzu *Ring*, § 1 Rdn 27 ff.
416 RGBl 1930 II, 1066.
417 BGBl 1969 II, 889. Hierzu auch Staudinger/*Spellenberg*, IntVerfREhe, 2005, § 328 ZPO Rn 18.
418 Staudinger/*Spellenberg*, IntVerfREhe, 2005, § 328 ZPO Rn 333 mit Hinweisen auf die früher abweichende Rechtsprechung.
419 Vgl. *Kropholler*, Internationales Privatrecht, 6. Aufl. 2004, S. 653.

Süß

- Die Scheidungsklage ist dem Beklagten **nicht ordnungsgemäß zugestellt** worden (§ 109 Abs. 1 Nr. 2 FamFG). Dieser Grund wird freilich nur berücksichtigt, wenn der Beklagte sich auf das Scheidungsverfahren nicht eingelassen hat und nun selber die Verletzung dieses Rechts rügt.

- Dem Urteil steht die **Rechtskraft einer zuvor ergangenen** und in Deutschland anzuerkennenden rechtskräftigen ausländischen **Entscheidung** oder einer Entscheidung eines deutschen Gerichts entgegen. Dabei muss die inländische Entscheidung nicht vor dem ausländischen Urteil ergangen sein, dessen Anerkennung nun begehrt wird. Ähnliches gilt, wenn das ausländische Verfahren erst nach Rechtshängigkeit der Sache im Inland anhängig geworden ist (§ 109 Abs. 1 Nr. 3 FamFG). Freilich wird in einem solchen Fall der Beklagte die Rechtshängigkeit im Ausland schon der in Deutschland eingereichten Klage entgegenhalten.

- Die Anerkennung des ausländischen Urteils führt zu einem Ergebnis, das mit wesentlichen Grundsätzen des deutschen Rechts (*ordre public*) offensichtlich unvereinbar ist (§ 109 Abs. 1 Nr. 4 FamFG). Dieser **verfahrensrechtliche ordre public** ist vom kollisionsrechtlichen *ordre public* in Art. 6 EGBGB zu trennen, denn manch eine Entscheidung, die ein deutsches Gericht so nicht fällen dürfte, kann man dennoch in ihren Wirkungen als *fait accompli* im Inland ohne größere Probleme hinnehmen.[420] Freilich kann sich der Verstoß nicht nur aus dem materiellen Inhalt, sondern auch aus der Verletzung wesentlicher rechtsstaatlicher Verfahrungsgrundsätze ergeben, soweit diese nicht bereits in § 109 Abs. 1 Nr. 2 und 3 FamFG niedergelegt sind. Insoweit ist der Anwendungsbereich des verfahrensrechtlichen *ordre public* also weiter.

327 Die Anerkennung ist ausdrücklich nicht davon abhängig, dass die **Gegenseitigkeit** (vgl. § 109 Abs. 4 FamFG) verbürgt ist. Auch hängt sie nicht davon ab, dass dem ausländischen Urteil das aus deutscher Sicht geltende Scheidungsstatut zugrunde gelegt wurde[421] bzw. die Scheidung danach zumindest möglich gewesen wäre, denn dieses Erfordernis aus § 328 Abs. 1 Nr. 3 ZPO a.F. (**IPR-Vorbehalt**) ist 1986 gestrichen worden (vgl. jetzt ausdrücklich § 109 Abs. 5 FamFG: keine *revision au fond*).[422]

dd) Anerkennung einer durch eine Verwaltungsbehörde ausgesprochenen Scheidung

328 In einer zunehmenden Zahl von Ländern (traditionell schon Japan,[423] China und Korea, seit längerem Russland, neuerdings auch Dänemark) wird die Vornahme unstreitiger Scheidungen staatlichen Verwaltungsbehörden übertragen, die nach Prüfung bestimmter (formaler) Voraussetzungen die Scheidung aussprechen bzw. registrieren (so z.B. bei Scheidung durch Akt einer Verwaltungsbehörde, Standesbeamte etc.[424]). Hier gilt ebenfalls das Verfahren nach Art. 107 FamFG, die Voraussetzungen aus § 109 FamFG gelten mit entsprechenden Anpassungen.[425]

---

420 Staudinger/*Spellenberg*, IntVerfREhe, 2005, § 328 ZPO Rn 445.
421 OLG Köln FamRZ 1998, 1304; *Wagner*, FamRZ 2006, 747.
422 Vgl. *Kropholler*, Internationales Privatrecht, 6. Aufl. 2004, S. 676.
423 Ausf. *Nishitani*, IPRax 2002, 49.
424 Anders freilich dann, wenn Geistliche oder religiöse Gerichte als nichtstaatliche Stellen tätig werden.
425 BGHZ 82, 34; BGH FamRZ 1990, 2194; BayObLG FamRZ 1998, 1594; *Looschelders*, Internationales Privatrecht, 2003, Art. 17 EGBGB Rn 73; Zöller/*Geimer*, 29. Aufl. 2012, § 107 FamFG Rn 22: „Begriff ist weit auszulegen".

c) Anerkennung von Privatscheidungen

Eine **Privatscheidung im Inland** war bislang wegen Art. 17 Abs. 2 EGBGB (Scheidungs-   329
monopol der deutschen Gerichte) stets unwirksam, auch wenn ausschließlich ausländische
Eheleute beteiligt waren und deren Scheidungsstatut die Privatscheidung zuließ. Dies galt
auch dann, wenn die Beteiligten die Erklärungen in einem inländischen Konsulat ihres
Heimatstaates abgegeben haben. Etwas anderes war allein dann denkbar, wenn der eigentliche konstitutive Akt dann doch im Ausland erfolgt ist.[426]

Noch nicht ganz klar ist, was sich hier aus der **Rom III-VO** ergibt, die Art. 17 Abs. 1 und   330
2 EGBGB ersetzt. Für die meisten Fälle wird sich das Problem dadurch lösen, dass für im
Inland lebende Ausländer dann ohnehin nicht mehr das ausländische Heimatrecht gilt,
welches die Privatscheidung zulässt, sondern das deutsche Aufenthaltsrecht, welches die
gerichtliche Entscheidung verlangt. Bei gewöhnlichem Aufenthalt der Beteiligten im Ausland hingegen ist davon auszugehen, dass diese die Privatscheidung auch dort durchführen
werden, so dass Art. 17 Abs. 2 EGBGB nicht berührt wäre. Freilich könnten in Deutschland
lebende ausländische Eheleute versuchen, das die Privatscheidung ermöglichende ausländische Heimatrecht durch Rechtswahl zur Anwendung zu bringen.[427] Ob sich der Vorrang
der Rom III-VO hier durch eine „verfahrensrechtliche Qualifikation" des Art. 17 Abs. 2
EGBGB umgehen lässt, erscheint mir dabei fraglich.

Bei einer **Privatscheidung im Ausland** fehlt es an einem anerkennungsfähigen Urteil oder   331
sonstigen staatlichen Akt. Daher gelten nicht die Regeln für die Anerkennung ausländischer
Akte, die regelmäßig eine materielle Prüfung der Scheidung erübrigen. Vielmehr sind in
diesem Fall die materiellen und formellen Voraussetzungen für die Scheidung anhand des
nach den Regeln der Rom III-VO (für vor deren Inkrafttreten ergangene Scheidungen:
Art. 17 Abs. 1 EGBGB) ermittelten Scheidungsstatuts vollständig nachzuprüfen.[428] § 107
FamFG greift nicht ein, so dass die Anerkennung der Scheidung im Inland von einer
vorherigen Feststellung der Landesjustizverwaltung nicht abhängig ist, sondern die Gerichte
und Behörden jeweils für sich und eigenständig beurteilen müssen, ob sie die Scheidung
für wirksam halten.[429] Wegen der damit verbundenen Unsicherheiten und des mit einer ggf.
mehrfachen Prüfung verbundenen Aufwands wird mittlerweile allgemein angenommen,
dass das Verfahren nach § 107 FamFG auch dann auf Antrag zur Anwendung komme,
wenn zwar eine Privatscheidung vorliegt, eine ausländische staatliche Behörde – wenn schon
nicht konstitutiv, so aber doch mindestens mit klarstellender Funktion – mitgewirkt hat.[430]
Hat eine Behörde des gemeinsamen Heimatstaates mitgewirkt, so ist die Entscheidung dann
gem. § 107 Abs. 1 S. 2 FamFG nicht zwingend. Eine im Vordringen befindliche Meinung
möchte darüber hinaus die Feststellungsmöglichkeit auch auf die reine Privatscheidung
erstrecken, bei der keine Behörde mitgewirkt hat.[431]

---

426 Vgl. BGH FamRZ 1982, 44; im Einzelnen umstr.
427 Dazu *Süß*, Anmerkung zum Urteil des OLG München, MittBayNot Heft 4/2012.
428 BGH NJW 1990, 2194.
429 BGH NJW 1990, 2194; OLG Celle FamRZ 1998, 686; Palandt/*Thorn*, 71. Aufl. 2011, Art. 17 EGBGB
     Rn 36: Feststellungsklage notwendig;; *Looschelders*, Internationales Privatrecht, 2003, Art. 17 EGBGB
     Rn 72.
430 BGH FamRZ 1982, 44; BGHZ 110, 167; BayObLG FamRZ 2003, 381; KG FamRZ 2002, 840; OLG
     Düsseldorf FamRZ 2003, 381; Keidel/*Zimmermann*, 17. Aufl. 2011, § 107 Rn 13 ff.
431 So z.B. *Andrae/Heidrich*, FamRZ 2004, 1626; *Kropholler*, Internationales Privatrecht, 6. Aufl. 2004,
     S. 375; *Nishitani*, IPRax 2002, 52; Staudinger/*Spellenberg*, IntVerfREhe, 2005, Art. 7 § 1 FamRÄndG
     Rn 39; Keidel/*Zimmermann*, 17. Aufl. 2011, § 107 Rn 16.

Süß

2. Entscheidungen über die güterrechtlichen Folgen der Scheidung

332   Für die Anerkennung güterrechtlicher Entscheidungen besteht aktuell noch **keine einheitliche europäische Norm**, da die Brüssel I und IIa-Verordnungen jeweils diesen Gegenstand von der Regelung ausnehmen. Allerdings sieht die EUGüterR-VO Art. 36 ff. EUGüterR-VO (siehe Rdn 10, 211) Regeln für die gegenseitige Anerkennung von nach dem 29.1.2019 in einem anderen Mitgliedstaat im Sinne der Verordnung ergangenen Entscheidungen mit güterrechtlichem Gegenstand vor. Hier ist dann ein Anerkennungsverfahren (Exequatur) durchzuführen.

333   Regelmäßig kann die Anerkennung aber auf der Basis der relativ großzügigen Regelung in § 328 ZPO bzw. § 108 FamFG erfolgen. Voraussetzung für die Anerkennung ist lediglich die internationale Zuständigkeit des ausländischen entscheidenden Gerichts nach dem sog. Spiegelbildprinzip und die Einhaltung gewisser verfahrensrechtlicher Mindeststandards (siehe Rdn 326).

3. Entscheidung über den Versorgungsausgleich

334   Die Anerkennung erfolgt hier nach den Regeln in § 108 FamFG. Damit gilt im Wesentlichen das Gleiche wie für den Bereich der güterrechtlichen Entscheidungen. Freilich erscheint es unwahrscheinlich, dass ein ausländisches Gericht überhaupt eine Entscheidung über den Versorgungsausgleich fällt, da dieser nur in sehr wenigen Rechtsordnungen bekannt ist (vgl. Rdn 305). Zudem ist nicht damit zu rechnen, dass die Gerichte dieser Staaten mit ihrer Entscheidung in die Versorgungsanwartschaften bei einem deutschen Versorgungsträger eingreifen werden.

4. Unterhaltsentscheidungen

335   Aufgrund der Vielzahl von internationalen Übereinkommen und Regeln auf dem Gebiet der Anerkennung von Entscheidungen auf dem Gebiet des Unterhaltsrechts ist vorrangig zu prüfen, welche **Rechtsgrundlage** im Verhältnis zu dem ausländischen Staat gilt, aus dem die Unterhaltsentscheidung stammt:

336   a) Entscheidungen aus einem anderen **Mitgliedstaat der EU**, der durch das HUntProt gebunden ist, werden gem. Art. 17 ff. EU-UnterhaltsVO anerkannt und vollstreckt, ohne dass es eines vorherigen Anerkennungsverfahrens (Exequatur) bedarf. Eine Nachprüfung der Entscheidung ist gem. Art. 19 EU-UnterhaltsVO ausschließlich im Ursprungsstaat möglich. Insoweit besteht nun absolute Freizügigkeit der Titel. Es darf nicht einmal die Übersetzung der Entscheidung verlangt werden (Art. 20 Abs. 2 EU-UnterhaltsVO). Auch eine Apostille kann nicht verlangt werden (Art. 65 EU-UnterhaltsVO). Zusätzliches Erfordernis im Vergleich zur Inlandsvollstreckung ist allein die Anbringung eines vom Ursprungsmitgliedstaat ausgefüllten Formblatts nach Anhang I zur EU-UnterhaltsVO.

337   b) Entscheidungen aus einem Mitgliedstaat der EU, der nicht durch das HUntProt gebunden ist – gegenwärtig sind das **Dänemark** und das **Vereinigte Königreich** –, werden auf der Basis der Art. 23 ff. EU-UnterhaltsVO anerkannt. Allerdings gilt hier das Erfordernis des Exequatur weiter (Art. 26 EU-UnterhaltsVO). Auch kann der Entscheidung die Anerkennung versagt werden, wenn sie dem *ordre public* des Anerkennungsstaates widersprechen würde (Art. 24 lit. a EU-UnterhaltsVO). Zur Vollstreckung deutscher Titel in diesen Staaten kann auch nach der EG-VO über den Europäischen Vollstreckungstitel (EUVTVO) vorgegangen werden.[432]

---

432 Vgl. auch Zöller/*Geimer*, 29. Aufl. 2012, Art. 1 UntVO Rn 9.

c) Für Urteile aus **Island, Norwegen** und der **Schweiz** gilt das sog. Luganer Abkommen   338
II vom 30.10.2007 (LugÜ-II). Das bedeutet, dass Unterhaltsentscheidungen gegenseitig
anerkannt und vollstreckt werden. Allerdings ist vor der Vollstreckung eine Vollstreckbarerklärung (Exequatur) gem. Art. 38 ff. LugÜ-II erforderlich.

d) Entscheidungen aus **anderen Staaten** (also weder EU- noch Lugano II-Staaten) werden   339
in Deutschland auf der Basis von § 108 FamFG anerkannt und nach Exequatur gem. § 110
FamFG vollstreckt.[433]

5. Entscheidungen über die elterliche Sorge

Für die Anerkennung ausländischer Entscheidungen über die Verteilung der elterlichen   340
Sorge gilt vorrangig die **Brüssel IIa-VO**, also in allen Fällen, in denen die Entscheidung
vom Gericht eines anderen EU-Staates (außer Dänemark) gefällt wurde. Wo die Brüssel
IIa-VO nicht gilt (z.B. Türkei), ergibt sich die Anerkennung aus Art. 7 MSA bzw. dem
KSÜ.[434] Gilt im Verhältnis zum Urteilsstaat weder die Brüssel IIa-VO noch das MSA bzw.
das KSÜ, greift die Anerkennung nach § 108 FamFG bzw. § 328 ZPO.

F. Gleichgeschlechtliche Ehe/Eingetragene Lebenspartnerschaft

Literatur

Bruns/Kemper, LPartG, Handkommentar, 2. Aufl. 2006; *Coester*, Die kollisionsrechtliche Bedeutung
des Bundesverfassungsgerichtsurteils zur Lebenspartnerschaft, in: FS Sonnenberger, 2004, S. 321;
Dörner, Grundfragen der Anknüpfung gleichgeschlechtlicher Partnerschaften, in: FS Erik Jayme,
2004, Band I, S. 143; *Forkert*, Eingetragene Lebenspartnerschaft im deutschen IPR: Art. 17b EGBGB,
2003; *Frank*, Die eingetragene Lebenspartnerschaft unter Beteiligung von Ausländern, MittBayNot
2001 Sonderheft Lebenspartnerschaften, S. 35; *Gebauer/Staudinger*, Registrierte Lebenspartnerschaft
und die Kappungsregel des Art. 17b Abs. 4 EGBGB, IPRax 2002, 275; *Henrich*, Kollisionsrechtliche
Fragen der eingetragenen Lebenspartnerschaft, FamRZ 2002, 137; *Henrich*, Probleme des internationalen Familienrechts, in: *Schwab/Hahne*, Familienrecht im Brennpunkt, 2004, S. 259; *Jakob*, Die eingetragene Lebenspartnerschaft im internationalen Privatrecht, 2002; *Martiny*, Internationales Privatrecht,
in: *Hausmann/Hohloch*, Handbuch der nichtehelichen Lebensgemeinschaft, S. 773 ff.; *Rigaux*, The
Law Applicable to Non Traditional Families, Liber Amicorum Kurt Siehr, 2000, S. 647; *Röthel*,
Registrierte Partnerschaften im internationalen Privatrecht, IPRax 2000, 74; *Röthel*, Gleichgeschlechtliche Ehe und ordre public, IPRax 2002, 496; *Scherpe/Yassari*, Die Rechtsstellung nichtehelicher
Lebensgemeinschaften – The Legal Status of Cohabitants, 2005; *Schümann*, Nichteheliche Lebensgemeinschaften und ihre Einordnung im internationalen Privatrecht, 2001; *Striewe*, Ausländisches und
Internationales Privatrecht der nichtehelichen Lebensgemeinschaft, 1986; *Süß*, Notarieller Gestal-
tungsbedarf bei Eingetragenen Lebenspartnerschaften mit Ausländern, DNotZ 2001, 168; *Wagner*,
Das neue internationale Privat- und Verfahrensrecht zur eingetragenen Lebenspartnerschaft, IPRax
2001, 281; *Wasmuth*, Eheschließung unter Gleichgeschlechtlichen in den Niederlanden und deutscher
ordre public, in: Liber amicorum Gerhard Kegel, 2002, S. 237.

---

433 *Dose*, in: Coester-Waltjen/Lipp/Schumann/Veit, Europäisches Unterhaltsrecht, 2009, S. 83.
434 Siehe hierzu *Ring*, § 1 Rdn 112 a.E.

Süß

I. Rechtsvergleichender Überblick

341 Während lange Zeit die Ehe die einzige rechtlich anerkannte gleichberechtigte Verbindung mit familienrechtlichen Wirkungen war, entwickeln sich seit einigen Jahren auf diesem Gebiet zahlreiche juristische Alternativangebote. Grob kann man diese aktuell wie folgt einordnen:

- Zunächst ist die **faktische Lebensgemeinschaft** von Mann und Frau zu nennen. Diese ist zwar noch nicht in Deutschland, wohl aber in immer mehr anderen Ländern gesetzlich geregelt, bis zur Erstreckung einzelner zivilrechtlicher Ehewirkungen auf die faktische Gemeinschaft (Kroatien, Slowenien, Ungarn, Spanien).
- Dazu gesellt sich die **registrierte Partnerschaft**, die sich von der klassischen nichtehelichen Lebensgemeinschaft durch eine gewisse Formalisierung und eine weitergehende Annäherung an die Rechtswirkungen einer Ehe unterscheidet, in ihren familienrechtlichen und sonstigen Wirkungen jedoch einen gewissen Abstand zur Ehe wahrt, also evt. kein gesetzliches Erb- und Güterrecht kennt (was aber nicht zwingend ist) und jederzeit ohne besonderes Verfahren aufgelöst werden kann („Ehe light", wie z.B. PACS nach französischem Recht, die *cohabitation legale* in Belgien oder die eingetragene Partnerschaft nach niederländischem, luxemburgischen und maltesischem Recht). Diese nichteheliche registrierte Lebensgemeinschaft wird in manchen Ländern nicht nur heterosexuellen, sondern auch homosexuellen Paaren zur Verfügung gestellt (so z.B. in Frankreich und den Niederlanden).
- Es wird ein spezielles Rechtsinstitut geschaffen, das nur **gleichgeschlechtlichen Partnern** offensteht, von Begründung, Wirkungen und der Auflösung her aber weitgehend der Ehe angeglichen ist (**eingetragene Lebenspartnerschaft** in Deutschland, Dänemark, Griechenland, Ungarn, Slowenien, der Schweiz, Österreich, Kroatien, in der Tschechischen Republik und in Spanien, *civil union* in England und Irland etc.).
- Schließlich wird in immer mehr Ländern die **Ehe homosexuellen Paaren** geöffnet (wie z.B. in den Niederlanden, Frankreich, Spanien, Luxemburg, Portugal, den USA, Brasilien, Irland, England, Island, Norwegen, Portugal, Schweden und Belgien).

II. Qualifikation

342 Die oben aufgefächerte Vielfalt von neuartigen Rechtsformen wirft in Deutschland kollisionsrechtliche Qualifikationsprobleme auf. Als kodifizierte **Kollisionsnormen** stehen Art. 13 EGBGB (Ehe) und Art. 17b EGBGB (Eingetragene Lebenspartnerschaft) zur Verfügung. Damit ergeben sich für die kollisionsrechtliche Behandlung grundsätzlich vier Optionen: die unmittelbare Zuordnung zu Art. 13 EGBGB, zu Art. 17b EGBGB, eine Analogie zu den Art. 13 ff. EGBGB, die Herausbildung einer eigenen Kollisionsnorm und schließlich die Verbannung aus dem internationalen Familienrecht in das internationale Schuldvertragsrecht (Art. 27 ff. EGBGB a.F. bzw. Rom I-VO).

343 Der **Begriff** der „**eingetragenen Lebenspartnerschaft**" in Art. 17b EGBGB entstammt dem deutschen Lebenspartnerschaftsgesetz, welches am 1.4.2001 in Kraft getreten ist. Der Begriff ist insoweit singulär, als er sich damals ausschließlich im deutschen Recht wiederfand. Von der politischen Zielsetzung her war beabsichtigt, die gleichgeschlechtliche eingetragene Partnerschaft so weit wie möglich – ausgenommen ist im Wesentlichen das Feld der Kindschaft und der Adoption – der heterosexuellen Ehe gleichzustellen. Zu künstlichen Abgrenzungen zur Ehe kam es zunächst, weil man nicht wusste, wie das BVerfG auf das Gesetz reagieren würde. Diese Bedenken sind jedoch hinfällig geworden, nachdem das

BVerfG mit Urt. v. 17.7.2002[435] insoweit keine Kollision mit dem Abstandsgebot erkannt hat. Nicht zuletzt durch die neuere Änderung des LPartG[436] hat auch der Gesetzgeber den Versuch aufgegeben, die Lebenspartnerschaft als Institut mit – wenn auch nur mit marginal und im Wesentlichen formal abweichenden – Wirkungen unterhalb der Ehe zu etablieren.

Vor diesem historischen Hintergrund ergibt die funktionelle Analyse, dass Art. 17b EGBGB (zumindest) **alle der Ehe gleichgestellten**, ihr weitgehend angenäherten oder zumindest mit **familienrechtlichen Wirkungen ausgestatteten registrierten Verbindungen zwischen Mann und Mann bzw. Frau und Frau** erfasst. Eine nach dem Recht des Registrierungsortes als „Ehe" bezeichnete und mit den Wirkungen einer Ehe ausgestattete gleichgeschlechtliche Verbindung könnte man bei entsprechend weitgehender Auslegung des Begriffs „Ehe" in Art. 13 EGBGB als „Ehe" i.S.d. EGBGB qualifizieren oder ihr gleichstellen – auch wenn dies allen materiellen Wertungen des deutschen Rechts widerspräche.[437] Freilich stellt sich nun Art. 17b EGBGB für die institutionalisierten gleichgeschlechtlichen Verbindungen – und damit auch für die **gleichgeschlechtliche Ehe** – als *lex specialis* dar, die Art. 13 EGBGB insoweit verdrängt.[438] Es besteht bei nahezu identischer inhaltlicher und struktureller Vergleichbarkeit der ausländischen Rechtsinstitute mit der Lebenspartnerschaft deutschen Rechts kein Grund mehr, nur wegen der abweichenden Bezeichnung und Kodifikationstechnik eine abweichende Qualifikation als „Ehe" vorzunehmen. Wer dennoch weiterhin Art. 13 EGBGB anwendet, kann sich daher kaum noch auf eine „funktionelle Qualifikation" berufen, sondern muss sich dem Vorwurf einer Qualifikation *lege causae* stellen und all die Verwerfungen in Kauf nehmen, die diese zur Folge hat (siehe Rdn 34).

344

Freilich ist die Gleichstellung mit der Ehe oder die weitgehende Annäherung an die Wirkungen einer Ehe nicht unabdingbare Voraussetzung für die kollisionsrechtliche Einordnung als eingetragene Lebenspartnerschaft: Auch eine formell begründete **gleichgeschlechtliche Partnerschaft**, die hinter den ehelichen Wirkungen bzw. den Wirkungen des deutschen LPartG zurückbleibt, wäre unter Art. 17b EGBGB zu packen. Dies ergibt sich aus Art. 17b Abs. 4 EGBGB, wonach die Wirkungen einer Lebenspartnerschaft nach deutschem Recht die Obergrenze darstellen, also nur ein „Weniger" akzeptiert wird. Dies betrifft dann z.B. den PACS nach französischem Recht, der kein Erbrecht gewährt, oder die niederländische eingetragene Partnerschaft, soweit sie gleichgeschlechtlich begründet worden ist.[439]

345

Besteht eine **homosexuelle Lebensgemeinschaft, ohne** dass diese in formeller Weise durch **Eintragung** begründet worden ist, so könnte man mit einer direkten oder indirekten Anwendung von Art. 17b EGBGB liebäugeln. Freilich ist hier die Anknüpfung an den

346

435 BVerfG NJW 2002, 2543.
436 Dazu z.B. *Stüber*, FamRZ 2005, 574.
437 So noch in der 4. Aufl. 2006: MüKo-BGB/*Coester*, Art. 17b EGBGB Rn 147; NK-BGB/*Gebauer*, 2. Aufl. 2012, Art. 17b EGBGB Rn 18; *Gebauer/Staudinger*, IPRax 2002, 277; *Kiel*, in: Bruns/Kemper, LPartG, 2001, Art. 17a EGBGB Rn 2, 68; *Röthel*, IPRax 2002, 497; *v. Hoffmann/Thorn*, Internationales Privatrecht, 9. Aufl. 2007, § 8 Rn 73b offenbar davon ausgehend, dass die Lebenspartnerschaft eine „Ehe minderen Rechts" bzw. ein „aliud" zur Ehe darstelle.
438 OLG München v. 7.2.2011 – 31 Wx 278/10; BFH IPRax 2006, 287; AG Münster IPRax 2011, 269; VG Berlin IPRax 2011, 270 m. Anm. *Mankowski/Höffmann*; MüKo-BGB/*Coester*, 6. Aufl. 2015, Art. 17b EGBGB Rn 139; *Dörner*, in: FS Jayme, 2004, S. 150; *Henrich*, FamRZ 2002, 138; *ders.*, in: Schwab/Hahne, Familienrecht im Brennpunkt, 2004, S. 260; Erman/*Hohloch*, 14. Aufl. 2014, Art. 17b EGBGB Rn 6; *Kropholler*, Internationales Privatrecht, 6. Aufl. 2004, S. 343; *Martiny*, in: Hausmann/Hohloch, Nichteheliche Lebensgemeinschaft, 2. Aufl. 2004, Kap. 12 Rn 62; *Rauscher*, Internationales Privatrecht, 3. Aufl. 2009, Rn 841; *Wasmuth*, in: FS Kegel, 2002, S. 237, 241.
439 *Dörner*, in: FS Jayme, 2004, S. 150.

Registrierungsstaat weder möglich noch sinnvoll. Vielmehr sollten hier die gleichen Regeln wie für die heterosexuelle faktische Lebensgemeinschaft gelten (siehe Rdn 384 ff.).[440]

347 Wird schließlich eine **heterosexuelle Lebensgemeinschaft in institutioneller Form** begründet (also als PACS oder als eingetragene Partnerschaft niederländischen Rechts), so stellt sich die Frage nach der Abgrenzung der Art. 13 ff. EGBGB analog (siehe Rdn 387 ff.) zu Art. 17b EGBGB analog. Begrifflich liegt es zunächst nahe, Art. 17b EGBGB entsprechend anzuwenden, denn die Lebensgemeinschaft stellt auch dann, wenn sie institutionalisiert ist, ja gerade keine Ehe, sondern ein Alternativangebot hierzu dar. Vielfach wird daher in der Literatur in der Tat eine entsprechende Anwendung von Art. 17b EGBGB bevorzugt.[441] Von den kollisionsrechtlichen Interessen und der funktionellen Abgrenzung zwischen beiden Vorschriften nach der sexuellen Orientierung sollte man daher die Regeln über die faktische heterosexuelle Lebensgemeinschaft anwenden. Da die Eintragung sehr unterschiedliche Wirkungen hat und z.B. in einigen Ländern nur deklaratorische Wirkungen erzielt, wäre die Abgrenzung zwischen eingetragenen und nicht eingetragenen faktischen Lebensgemeinschaften ansonsten zu schwierig zu ziehen und würde die Beteiligten auch mit von ihnen schwer nachvollziehbaren Schlussfolgerungen konfrontieren.

348 Den Rechtsanwender entlastet diese Gleichbehandlung von Ehe und eingetragener Lebenspartnerschaft von zu erwartenden **Qualifikationsproblemen** bei der Abgrenzung von Ehe und eingetragener heterosexueller Lebenspartnerschaft. Diese sind mittelfristig zu erwarten, da in manchen Ländern zwischen einer Ehe und einer eingetragenen heterosexuellen Lebenspartnerschaft keine grundsätzlichen, sondern nur graduelle Unterschiede bestehen werden.[442] Selbst wenn – wie im niederländischen oder französischen Recht – die Ehe weiterhin als Rechtsinstitut existiert, so wird es dennoch zunehmend schwieriger werden, einheitliche Maßstäbe dafür zu ermitteln, ab welchem Mindeststandard eine familienrechtliche Zweierbindung „noch" als eingetragene Partnerschaft oder „schon" als Ehe mit abgeschwächten Wirkungen zu qualifizieren ist. Insoweit gilt das Gleiche wie bei der Abgrenzung von homosexueller Lebensgemeinschaft und homosexueller Ehe, die von einigen Autoren ausschließlich aufgrund der Bezeichnung und damit nicht nach materiellen Wirkungen, sondern nach der „Form" erfolgt.

III. Grundlinien der Anknüpfung

349 Gemäß Art. 17b Abs. 1 S. 1 EGBGB unterliegen die Begründung wie Auflösung und die güterrechtlichen Wirkungen der eingetragenen Lebenspartnerschaft dem **Recht des registerführenden Staates** (*lex loci celebrationis* bzw. *lex libri*).[443] Diese Verweisung ist ausdrücklich Sachnormverweisung. Gemäß Art. 3 Abs. 1 S. 2 EGBGB bleiben daher **Rück- und Weiterverweisungen** entgegen dem in Art. 4 Abs. 1 EGBGB begründeten Grundsatz unbeachtet. Die auf den Zeitpunkt der Begründung der Lebenspartnerschaft bezogene Anknüp-

---

440 *Dörner*, in: FS Jayme, 2004, S. 152; Palandt/*Thorn*, 71. Aufl. 2011, Art. 17b EGBGB Rn 12; *Martiny*, in: Hausmann/Hohloch, Nichteheliche Lebensgemeinschaft, 2. Aufl. 2004, Kap. 12 Rn 112; *Kegel/Schurig*, Internationales Privatrecht, 9. Aufl. 2004, S. 889.

441 MüKo-BGB/*Coester*, 6. Aufl. 2015, Art. 17b EGBGB Rn 141; *Dörner*, in: FS Jayme, 2004, S. 151; NK-BGB/*Gebauer*, 2. Aufl. 2012, Art. 17b EGBGB Rn 8 ff.; *v. Hoffmann/Thorn*, IPR, 9. Aufl. 2007, § 8 Rn 73b; Bamberger/Roth/*Heiderhoff*, 3. Aufl. 2012, Art. 17b EGBGB Rn 146; *Rauscher*, Internationales Privatrecht, 3. Aufl. 2009, Rn 829; *Wagner*, IPRax 2001, 292.

442 So wie im niederländischen Recht, wo die Rechtswirkungen identisch sind und nur die Auflösung anders geregelt ist.

443 Plastisch *Rauscher* (Internationales Privatrecht, 3. Aufl. 2009, Rn 842) mit einem Begriff des internationalen Arbeitsrechts: „Flaggenstaatsprinzip".

fung sorgt für kollisionsrechtliche Stabilität, da spätere Änderungen sich nicht mehr auswirken (**Unwandelbarkeit**).

Durch diese **ortsbezogene Anknüpfung** des Lebenspartnerschaftsstatuts soll die Registrierung einer Partnerschaft allen Personen eröffnet werden, ohne Rücksicht auf Staatsangehörigkeit und gewöhnlichen Aufenthalt im Inland.[444] Diese „universelle" Anwendung[445] des Ortsrechts unter Durchbrechung bisheriger Anknüpfungsgrundsätze kann sich für ausländische Beteiligte allerdings verhängnisvoll auswirken: Ausländische Beteiligte mögen nach Registrierung in Deutschland später überrascht feststellen, dass die Registrierung und die vom deutschen Recht vorgesehenen Folgen der Registrierung allein von deutschen Behörden anerkannt werden (**hinkende Lebenspartnerschaft**), in ihrer Heimat aber nicht gelten, sie sich dort evt. sogar strafbar machen.[446]

350

Hinweis: Wichtig ist daher die vorherige Prüfung, welche Wirkungen im Ausland eintreten sollen. Treten diese nicht kraft Gesetzes ein, können durch Vereinbarungen schuldrechtlicher Art und letztwillige Verfügungen die aus deutscher Sicht kraft Gesetzes eintretenden Rechtsfolgen so nachgezeichnet werden, dass sie im ausländischen Staat zumindest aufgrund dieser autonomen Gestaltung weitgehend anerkannt werden.

351

Eine ausdrückliche vertragliche **Rechtswahl** (wie für Eheleute in Art. 14 Abs. 2, 3 und Art. 15 Abs. 2 EGBGB) ist für die Lebenspartner nicht vorgesehen. Es bliebe mithin allenfalls eine Rechtswahl im Unterhaltsrecht gem. Art. 7, 8 HUntProt. Jedoch haben die Lebenspartner die Möglichkeit einer **mittelbaren Rechtswahl**. Mit der Auswahl des Registerstaates können sie bestimmen, nach welchem Recht sich Zulässigkeit und Wirkungen der Lebenspartnerschaft beurteilen. Hierbei kommt es aus deutscher Sicht nicht einmal darauf an, ob sie zu diesem Land durch Staatsangehörigkeit, gewöhnlichen Aufenthalt oder in sonstiger Weise verbunden sind.

352

Diese Möglichkeit besteht auch noch nach Begründung der Lebenspartnerschaft: Wird die Lebenspartnerschaft sukzessive in mehreren Staaten eingetragen, so ist für ihre Wirkungen das Recht des Staates, der die letzte Eintragung vorgenommen hat, maßgeblich (Art. 17b Abs. 3 EGBGB). Mit der Neuregistrierung werden also die Wirkungen nach dem Recht des ursprünglichen Eintragungsortes beendet und mit Wirkung *ex nunc* auf ein neues Partnerschaftsstatut übergeleitet (**Statutenwechsel**).

353

Hinweis: Lebenspartner, denen das Scheidungsverfahren nach deutschem Recht zu aufwendig ist, können ihre deutsche Lebenspartnerschaft durch erneute Eintragung in Colmar oder in Enschede in eine Lebenspartnerschaft nach niederländischem Recht oder einen PACS nach französischem Recht umwandeln und einen Tag später durch erneute einvernehmliche Erklärung vor dem zuständigen Amt das Verhältnis auflösen.

354

Beeinträchtigungen bei der freien Rechtswahl ergeben sich faktisch daraus, dass die meisten anderen Staaten die Zulässigkeit der Begründung von einem inländischen Wohnsitz o.ä. Inlandsbeziehungen abhängig machen. Rechtliche Hindernisse entstehen aus der Kappung der Wirkungen im Inland durch die umstrittene Regelung in Art. 17b Abs. 4 EGBGB (siehe Rdn 356).

355

---

444 So die Gesetzesbegründung zum Koalitionsentwurf, BT-Drucks 14/3751, S. 157.
445 Beabsichtigt war, die Eintragung allen Ausländern, selbst solchen ohne Aufenthalt im Inland, zu ermöglichen, um auch diese am deutschen Recht teilhaben zu lassen, BT-Drucks 14/3751, S. 60.
446 Zum hinkenden Rechtsverhältnis: *Schotten/Schmellenkamp*, Das IPR in der notariellen Praxis, 2. Aufl. 2007, Rn 52.

IV. Kappungsgrenze

356   Problematisch ist Art. 17b Abs. 4 EGBGB, der die Wirkungen einer im Ausland begründeten eingetragenen Lebenspartnerschaft auf das Maß des deutschen Rechts beschneidet (**Kappungsklausel**). Technisch gesehen handelt es sich um eine konkrete *ordre public*-Klausel. Sie wird in der Lehre einhellig kritisiert, da sie von Zielsetzung, Umfang und Ausgestaltung unklar und rechtspolitisch verfehlt ist.[447] In der Praxis ergeben sich Unsicherheiten daraus, dass die Klausel einen quantitativen Vergleich der Rechtsfolgen verlangt. In der Wirklichkeit lassen sich güterrechtliche, erbrechtliche und andere familienrechtliche Rechtsfolgen und Rechtspositionen nicht auf einer Skala von Null bis Hundert einsortieren und vergleichen. Wie soll man z.B. eine Gütergemeinschaft zu einer Zugewinngemeinschaft zurückschneiden?[448]

357   **Hinweis:** Wegen der sich hieraus ergebenden rechtlichen Unsicherheiten sollten daher in Deutschland lebende Lebenspartner, die ihre Lebenspartnerschaft im Ausland begründet haben, überlegen, ob sie nicht durch **Neuregistrierung im Inland** sich dem deutschen Lebenspartnerschaftsrecht unterwerfen (Art. 17b Abs. 3 EGBGB; siehe Rdn 352 f.). Dies gilt vor allem für Lebenspartner mit deutscher Staatsangehörigkeit und solche Ausländer, die sich dauerhaft im Inland niedergelassen haben.

358   Hauptanwendungsgebiet der Kappungsklausel sollte es wohl offenbar sein, die **Adoptionsbefugnis** und die gemeinsame Elternschaft auszuschließen.[449] Insoweit ist die Klausel freilich missglückt, denn hier handelt es sich um Fragen, die nicht dem Partnerschaftsstatut unterliegen, sondern dem Adoptionsstatut (Art. 22 EGBGB) bzw. dem für die Abstammung und elterliche Sorge maßgeblichen Recht (Art. 19, 21 EGBGB).[450]

V. Ausländische Lebenspartnerschaften im deutschen Sachrecht (Substitution)

359   Gilt für die Beteiligten ein **ausländisches Partnerschaftsstatut**, unterliegt die in Anspruch genommene Rechtsfolge (Unterhaltsanspruch, Erbrecht) aber deutschem Recht, so stellt sich die Frage, inwieweit die ausländische Beziehung eine „Lebenspartnerschaft" i.S.d. deutschen Rechts darstellt. Dies ist vor allem dann fraglich, wenn die ausländische Regelung nicht – wie das deutsche LPartG oder die gleichgeschlechtliche Ehe – eine weitgehende Annäherung an den Status der Ehe sucht, sondern absichtlich deutlich dahinter zurückbleibt (wie beispielsweise die registrierte Partnerschaft niederländischen Rechts, die auch gleichgeschlechtlichen Partnern als Alternative zur Ehe bereitsteht, oder der PACS des französischen Rechts, der weitgehend als vertragliches Verhältnis konzipiert ist). Diese Subsumtion der Erscheinungen ausländischen Rechts unter die Tatbestandsmerkmale einer deutschen

---

447   *Gebauer/Staudinger*, IPRax 2002, 275 ff.; *Kegel/Schurig*, Internationales Privatrecht, 8. Aufl., Nachtrag S. 6; MüKo-BGB/*Coester*, 6. Aufl. 2015, Art. 17b EGBGB Rn 82; *Kemper*, FPR 2003, 2; *Jakob*, Die eingetragene Lebenspartnerschaft, S. 232.

448   Staudinger/*Mankowski*, 2010, Art. 17b EGBGB Rn 88.

449   Vgl. *Henrich*, FamRZ 2002, 140.

450   NK-BGB/*Gebauer*, 2. Aufl. 2012, Art. 17b EGBGB Rn 76; Staudinger/*Mankowski*, 2010, Art. 17b EGBGB Rn 93 ff. Nach Ansicht von *Henrich*, FamRZ 2002, 140 schließt die Kappungsklausel aber offenbar auch bei ausländischem Adoptionsstatut eine Adoption im Inland aus. Kommt man bei einer Adoption durch beide Lebenspartner über Art. 22 Abs. 1 S. 2 EGBGB zum ausländischen Partnerschaftsstatut (so MüKo-BGB/*Coester*, 6. Aufl. 2015, Art. 17b EGBGB Rn 103), so kommt es auf die Kappungsgrenze ebenfalls nicht an, da dann das ausländische Recht nicht als Partnerschafts-, sondern als Adoptionsstatut berufen ist.

Sachnorm (**Substitution**)[451] ist im Einzelfall sehr schwierig. Als Indiz dafür, dass keine „Lebenspartnerschaft" i.S.d. deutschen Rechts vorliegt, mag gelten, dass das ausländische Lebenspartnerschaftsstatut selbst keine derartigen Wirkungen kennt.[452] Freilich würden diese Indizwirkungen wieder entfallen, wenn das Partnerschaftsstatut auch für die Ehe keine derartigen Wirkungen vorsieht.

VI. Regelungsbereich des Partnerschaftsstatuts

1. Begründung der Lebenspartnerschaft

Die Voraussetzungen für die Begründung einer Lebenspartnerschaft unterliegen dem Part-   360
nerschaftsstatut. Daher können insbesondere auch solche Personen eine Lebenspartnerschaft begründen, deren Heimatrecht keine eingetragene Lebenspartnerschaft kennt. Vorfragen, wie z.B. das Nichtbestehen einer Ehe bzw. Lebenspartnerschaft mit einer anderen Person, deren wirksame Auflösung oder die Volljährigkeit, sind gesondert nach dem vom deutschen IPR bestimmten Recht (also z.B. dem Eheschließungsstatut aus Art. 13 EGBGB, dem Scheidungsstatut nach Art. 17 Abs. 1 EGBGB bzw. dem Anerkennungsrecht nach § 107 FamFG) zu beurteilen.[453] Insoweit gilt das Gleiche wie bei Art. 13 EGBGB (siehe Rdn 120).

2. Allgemeine Wirkungen der eingetragenen Lebenspartnerschaft

Dem Partnerschaftsstatut unterliegen zunächst die allgemeinen Wirkungen der eingetrage-   361
nen Lebenspartnerschaft. Hier gilt für die Qualifikation Vergleichbares wie zu Art. 14 EGBGB (siehe Rdn 152). Ausgenommen sind jedoch – wie bei der Ehe – der Partnerschaftsname (siehe Rdn 362) sowie die Nutzung der Partnerschaftswohnung etc., wofür gem. Art. 17b Abs. 2 S. 1 EGBGB bei Belegenheit im Inland das deutsche Recht gilt (Art. 17a EGBGB).

3. Partnerschaftsname

Der Name unterliegt nicht dem Partnerschaftsstatut, sondern bleibt wie im internationalen   362
Eherecht Gegenstand des eigenständigen **Namensstatuts**. Für den Namen gilt daher weiterhin das Heimatrecht des jeweiligen Partners (Art. 10 Abs. 1 EGBGB). Daher kann in einer deutsch-ausländischen Lebenspartnerschaft dann, wenn das Heimatrecht des ausländischen Partners keine Lebenspartnerschaft bzw. keinen Partnerschaftsnamen kennt und auch nicht auf das deutsche Recht zurückverweist, kein gemeinsamer Partnerschaftsname gewählt werden. Allenfalls eine **Rechtswahl** über Art. 17b Abs. 2 S. 1, Art. 10 Abs. 2 Nr. 1 EGBGB (Heimatrecht eines der Lebenspartner) oder Art. 10 Abs. 2 Nr. 2 EGBGB (deutsches Recht, wenn einer der beiden seinen gewöhnlichen Aufenthalt im Inland hat) kann hier den Weg in das deutsche Partnerschafts-Namensrecht eröffnen.

Hinweis: So elegant die Rechtswahl als Gestaltungsmittel erscheint, so intensiv ist sie doch   363
für einen ausländischen Lebenspartner zu überdenken. Da die Lebenspartnerschaft bzw. die Namensänderung im Heimatstaat des ausländischen Partners in den meisten Fällen nicht anerkannt werden wird, wird er keine Ausweispapiere auf den neuen Namen erhalten.

---

451 Hierzu z.B. MüKo-BGB/*von Hein*, 6. Aufl. 2015, Einl. IPR Rn 227 ff.
452 So zum Erbrecht MüKo-BGB/*Coester*, 6. Aufl. 2015, Art. 17b EGBGB Rn 55; *Henrich*, FamRZ 2002, 143.
453 *Henrich*, FamRZ 2002, 137; BT-Drucks 14/3751, S. 60.

Süß

Den neuen Namen hat er also nur aus Sicht der deutschen Instanzen. Zum Nachweis muss er dann zusammen mit dem Ausweis die Partnerschaftsurkunde vorweisen, was stets umständlich, unter manchen Umständen aber auch nicht gewünscht sein kann. Möglicherweise ergibt sich aber im Heimatstaat ein großzügiges Namensänderungsverfahren, durch das sich die Namensänderung im Heimatstaat nachvollziehen lässt.

4. Nutzung von Wohnung und Hausrat

364 Für die Zuteilung von Wohnung und Hausrat gilt bei Belegenheit der Wohnung im Inland das deutsche Recht in gleicher Weise wie für Eheleute (Art. 17b Abs. 2 S. 1 EGBGB).[454]

5. Unterhalt

365 Das Statut des Unterhalts bestimmt nach dem Haager Unterhaltsprotokoll vom 23.1.2007 (HUntProt – vgl. oben Rdn 13 Ziff. 17). Beim Haager Unterhaltsübereinkommen 1973 war es umstritten, ob dieses auch für eingetragene Lebenspartnerschaften einschlägig ist.[455] Zweifelhaft war insbesondere, ob für den **nachpartnerschaftlichen Unterhalt** statt der Verweisung auf das Aufenthaltsrecht des Unterhaltsbedürftigen Art. 18 Abs. 4 EGBGB entsprechend angewandt werden sollte.[456] Hierfür sprach die durch die Ankoppelung an das Auflösungsstatut erreichte Unwandelbarkeit, die verhindert, dass ein Unterhaltsanspruch durch Umzug des Berechtigten entsteht, erlischt oder seinen Umfang ändert. Darüber hinaus gewährleistete diese Anknüpfung, dass der Anspruch einem Recht unterliegt, das die Lebenspartnerschaft kennt. Das HUntProt enthält keinerlei ausdrückliche Regeln für eingetragene Lebenspartnerschaften und gleichgeschlechtliche Ehen. Die Anwendbarkeit des neuen HUntProt auf Partner einer eingetragenen Lebenspartnerschaft wird nun aber wohl mehrheitlich und zu Recht bejaht.[457] Freilich stellt sich auch hier dann die Frage, ob gleichgeschlechtliche Ehegatten und Partner einer eingetragenen Lebenspartnerschaft als „Ehegatten" oder als „sonstige Familienangehörige" zu behandeln sind.

6. Güterrechtliche Wirkungen der eingetragenen Lebenspartnerschaft

366 Für die güterrechtlichen Verhältnisse der Lebenspartner gilt nicht Art. 15 EGBGB, insbesondere können die Lebenspartner im Partnerschaftsvertrag **keine Rechtswahl** treffen. Gemäß Art. 17b Abs. 1 S. 1 EGBGB ist das Recht des Registrierungsstaates anwendbar. Ein Wechsel des anwendbaren Rechts kann jedoch über Art. 17b Abs. 3 EGBGB jederzeit durch

---

454 Zu Art. 17a EGBGB s. Rdn 202.
455 Str. Gegen die Geltung: *Martiny*, in: Hausmann/Hohloch, Nichteheliche Lebensgemeinschaft, 2. Aufl. 2004, Kap. 12 Rn 94; *Henrich*, FamRZ 2002, 139; *Jakob*, Lebenspartnerschaft, S. 316. Für die Anwendbarkeit des Unterhaltsabkommens (Tatbestandsmerkmal „Familie") bzw. des HUntProt aber z.B.: Staudinger/*Mankowski*, 2010, Art. 17b EGBGB Rn 55; MüKo-BGB/*Coester*, 6. Aufl. 2015, Art. 17b EGBGB Rn 47; Palandt/*Thorn*, 71. Aufl. 2011, Art. 17b EGBGB Rn 8 und *Kegel/Schurig*, Internationales Privatrecht, 9. Aufl. 2004, S. 894.
456 Für die entsprechende Anwendung z.B.: MüKo-BGB/*Coester*, 6. Aufl. 2015, Art. 17b EGBGB Rn 46; *Henrich*, FamRZ 2002, 141; *Martiny*, in: Hausmann/Hohloch, Nichteheliche Lebensgemeinschaft, 2. Aufl. 2004, Kap. 12 Rn 108; *Jakob*, Eingetragene Lebenspartnerschaft, S. 319; Erman/*Hohloch*, 13. Aufl. 2011, Art. 17b EGBGB Rn 16; *Wagner*, IPrax 2003, 290; *Looschelders*, Internationales Privatrecht, 2003, Art. 18 EGBGB Rn 19 – Letzterer sogar unter Bezugnahme auf Art. 8 des Haager Unterhaltsübereinkommens. Abl. Staudinger/*Mankowski*, 2010, Art. 17b EGBGB Rn 54.
457 Vgl. *Andrae*, in: Rauscher, Europäisches Zivilprozess- und Kollisionsrecht, 2010, Art. 6 HUntProt Rn 3 m.w.N.

Neuregistrierung in einem anderen Staat erfolgen (siehe Rdn 353). Diese Verweisung steht unter dem Vorbehalt des Art. 3a Abs. 2 EGBGB: Für außerhalb des Registrierungsstaates belegenes Vermögen gilt das Recht des Registrierungsstaates nicht, soweit der Belegenheitsstaat dieses Vermögen allein aufgrund seiner Belegenheit seinem inländischen Recht unterstellt (sog. **vorrangiges Einzelstatut**).[458] Gemäß Art. 17b Abs. 2 S. 2 EGBGB gelten für im Inland belegene Mobilien § 8 Abs. 1 LPartG (Eigentumsvermutung) und für hier vorgenommene Rechtsgeschäfte § 8 Abs. 2 LPartG (Schlüsselgewalt) entsprechend, so dass der inländische Rechtsverkehr vergleichbar wie bei Eheleuten mit ausländischem Güterstatut über Art. 16 Abs. 2 EGBGB geschützt wird (siehe Rdn 246).

Unklar ist, inwieweit die **Kappungsgrenze** in Art. 17b Abs. 4 EGBGB der Anerkennung eines in seinen Wirkungen gegenüber der deutschen Zugewinngemeinschaft gem. § 6 LPartG hinausgehenden ausländischen Güterstands, wie der gesetzlichen Gütergemeinschaft niederländischen Rechts, entgegensteht. In der Lehre wird – wenn auch mit unterschiedlichen Begründungen – zu Recht vertreten, die Gütergemeinschaft sei auch dann hinzunehmen, wenn sie nach dem ausländischen Lebenspartnerschaftsstatut als gesetzlicher Güterstand gelte, da die Gütergemeinschaft auch nach deutschem Recht als Güterstand von eingetragenen Lebenspartnern – wenn auch als vertraglicher Güterstand – zur Verfügung stehe.[459] Solange freilich die Kappungsklausel mit dieser undurchsichtigen Formulierung fortbesteht, bleiben auch die mit ihr verbundenen Unsicherheiten bestehen.

367

Die Europäische Kommission hat am 2.3.2016 gemeinsam mit dem Vorschlag zu einer Güterrechtsverordnung auch einen Vorschlag zur Regelung des Güterrechts eingetragener Lebenspartnerschaften im Rahmen einer verstärkten Zusammenarbeit vorgestellt (**EUPartner-VO**).[460] Dieser wurde am 24.6.2016 vom Rat der Europäischen Union angenommen (ABl. EU L 183 vom 8.7.2016). Art. 26 EUPartner-VO knüpft das Güterstatut ebenfalls an den Ort an, an dem die eingetragene Lebenspartnerschaft registriert worden ist. Die sich – ebenso wie aus Art. 17b EGBGB – ergebende fehlende Rechtswahlmöglichkeit war bislang vielfach Gegenstand von Kritik an dem Vorschlag gewesen. Diese Differenzierung führt im Ergebnis zu willkürlich erscheinenden Differenzierungen, da die gleichgeschlechtliche eingetragene Lebenspartnerschaft, die nach den Regeln über die Ehe begründet worden ist, nicht dieser Regelung, sondern der Verordnung über das Güterrecht von Ehegatten (EUGüterR-VO) unterliegen soll und damit der güterrechtlichen Rechtswahl zugänglich ist. Nach Art. 22 **EUPartner-VO** können nun aber die Partner der eingetragenen Lebenspartnerschaft das auf ihren Güterstand anwendbare Recht wählen, vorausgesetzt, dass das Recht dieses Staates für eine eingetragene Lebenspartnerschaft güterrechtliche Folgen vorsieht. Wählbar ist hier das Recht des Staates,
1. in dem einer von beiden seinen gewöhnlichen Aufenthalt hat, oder
2. dessen Staatsangehörigkeit einer von beiden besitzt, oder
3. das Recht des Staates, nach dessen Recht die eingetragene Partnerschaft begründet wurde.

368

Voraussetzungen und Folgen der Rechtswahl entsprechen weitgehend den Regelungen der EUGüterR-VO (siehe dazu oben Rdn 211).

---

458 *Martiny*, in: Hausmann/Hohloch, Nichteheliche Lebensgemeinschaft, 2. Aufl. 2004, Kap. 12 Rn 88.
459 MüKo-BGB/*Coester*, 6. Aufl. 2015, Art. 17b EGBGB Rn 99 für Kappung. Dagegen: *Staudinger/Gebauer*, IPRax 2001, 280; *Henrich*, FamRZ 2002, 140.
460 Vorschlag für eine Verordnung des Rates über die Zuständigkeit, das anzuwendende Recht, die Anerkennung und die Vollstreckung von Entscheidungen im Bereich des Güterrechts eingetragener Partnerschaften, KOM(2011) 127/2.

Süß

7. Erbrecht

369 Für die Erbfolge belässt es Art. 17b Abs. 1 S. 2 EGBGB grundsätzlich bei der Anwendbarkeit des nach der EU-ErbVO bestimmten Rechts.[461] Gewährt das so ermittelte Erbstatut dem Lebenspartner kein gesetzliches Erbrecht, so galt nach Art. 17b EGBGB in der ursprünglichen Fassung ersatzweise „insoweit" das Recht des Registrierungsstaates. Es kam also auch dann zum gesetzlichen Partnererbrecht, wenn das Erbstatut kein solches kennt.[462] Mit dem Inkrafttreten der EU-ErbVO ist diese Sonderanknüpfung des gesetzlichen Partnererbrechts beseitigt worden.[463]

370 Weitere Probleme seien hier nur angedeutet:
– Für im Ausland belegenes Vermögen besteht die Gefahr, dass dort das Erbstatut anders angeknüpft wird und nach der *lex rei sitae* ein Erbrecht des eingetragenen Partners nicht anerkannt wird.
– Im Verhältnis zur Türkei,[464] zum Iran[465] und zu den Nachfolgestaaten der ehemaligen Sowjetunion[466] ist das Erbrecht vorrangig nach zweiseitigen Abkommen zu beurteilen, so dass gem. Art. 75 Abs. 1 EU-ErbVO die Anwendbarkeit des deutschen Erbrechts aufgrund gewöhnlichen Aufenthalts im Inland gem. Art. 22 EU-ErbVO ausscheidet.
– Fraglich ist, ob eine mit schwächeren Wirkungen ausgestattete Lebenspartnerschaft nach ausländischem Recht (z.B. ein PACS) im deutschen Erbrecht die vollen Wirkungen einer Lebenspartnerschaft nach deutschem Recht hat (Substitutionsproblem; siehe Rdn 348).

371 **Hinweis:** Schützen können sich die Beteiligten gegen die Auswirkungen dieser Rechtslage nur, indem sie die Erbfolge autonom regeln, also nach Maßgabe des Erb- und Errichtungsstatuts Testamente, ein gemeinschaftliches Testament oder einen Erbvertrag errichten bzw. auf andere Instrumente der internationalen Nachlassgestaltung zurückgreifen.

8. Auflösung der eingetragenen Lebenspartnerschaft

372 Auch die Auflösung einer eingetragenen Lebenspartnerschaft unterliegt gem. Art. 17b Abs. 1 S. 1 EGBGB dem an den Registrierungsort angeknüpften Partnerschaftsstatut. Bei einer im Ausland registrierten Lebenspartnerschaft erfolgt die Auflösung nach dem ausländischen Partnerschaftsstatut. Dieses schreibt dann auch vor, aus welchem Grund die Auflösung erfolgen kann und in welchem Verfahren sie durchzuführen ist. Dabei gilt Art. 17 Abs. 2 EGBGB nicht, auch nicht entsprechend.[467] Lässt das Recht des ausländischen Registrierungsstaates dies zu, so kann die Lebenspartnerschaft daher auch im Inland einvernehm-

---

461 Zur Ermittlung des Erbstatuts nach einem ausländischen Erblasser ausf. *Süß*, Erbrecht in Europa, § 2.
462 Daher greift das Recht des Registrierungsstaates noch nicht ein, wenn das Erbstatut eine andersartige oder mindere Beteiligung des Lebenspartners am Nachlass vorsieht (z.B. die Erbquote anders bestimmt oder den überlebenden Lebenspartner nur Vorerbe bzw. Nießbraucher werden lässt) oder nur im konkreten Fall eine solche ganz versagt (z.B. weil es ein gesetzliches Erbrecht, aber kein Pflichtteilsrecht vorsieht). Vielmehr wird zum Eingreifen des Rechts am Registrierungsort erforderlich sein, dass das Erbstatut generell kein gesetzliches Partnererbrecht kennt, weil es die Lebenspartnerschaft nicht kennt oder aber dem Lebenspartner keinerlei gesetzliche Beteiligung am Nachlass zugesteht.
463 MüKo-BGB/*Coester*, 6. Aufl. 2015, Art. 17b EGBGB Rn 52; *Coester*, ZEV 2013, 115; ausführlich *Süß*, Erbrecht in Europa, § 3 Rn 29 ff.
464 Art. 14 Abs. 1 der Anlage zu Art. 20 des Deutsch-Türkischen Konsularvertrages vom 28.5.1929 (Nachlassabkommen), RGBl 1930 II, 758.
465 Art. 8 des Deutsch-Persischen Niederlassungsabkommens vom 17.2.1929, RGBl 1930 II, 1006.
466 *Süß*, Erbrecht in Europa, § 2 Rn 193.
467 MüKo-BGB/*Coester*, 6. Aufl. 2015, Art. 17b EGBGB Rn 34; *Henrich*, FamRZ 2002, 137.

lich durch schriftlichen Vertrag etc. beendet werden, der dann bei der zuständigen Behörde hinterlegt wird etc.[468]

Sollte freilich die eingetragene gleichgeschlechtliche Lebenspartnerschaft nach dem Recht des Eintragungsortes als **„gleichgeschlechtliche Ehe"** begründet worden sein, so stellt sich hier die Frage, ob nicht die Regeln der **Rom III-VO** ebenfalls einschlägig sind und dann den Art. 17b EGBGB als europäisches Einheitsrecht gem. Art. 3 Nr. 2 EGBGB verdrängen. Anders als bei der EUPartner-VO war diese Frage bei Annahme der Rom III-VO allerdings noch kein Thema. Nicht ausgeschlossen bleibt freilich, dass der EuGH im Rahmen seiner „Anerkennungsrechtsprechung" aus dem EU-Vertrag auch für gleichgeschlechtliche Ehen eine europaweit geltende Verpflichtung zur Anerkennung nach der *lex loci celebrationis* und damit einen neuen Eheschließungstourismus für gleichgeschlechtliche Paare ermöglicht, da diese keine „Ehe" i.S.d. Art. 13–15 EGBGB darstellt. Die Gegenansicht, die die Auflösung der Lebenspartnerschaft der *lex fori* unterstellen will,[469] hat zwar insoweit Recht, als der *lex fori* die Frage unterliegt, welche Behörde zuständig ist und wie das Verfahren durchzuführen ist. Ob allerdings überhaupt ein Gericht oder eine öffentliche Stelle entscheiden muss, entscheidet das Partnerschaftsstatut (*lex causae*).[470]

373

Bei einer im Inland eingetragenen Lebenspartnerschaft ist die Auflösung durch gerichtliches Urteil zwingend (§ 15 LPartG), selbst dann, wenn die Beteiligten Ausländer sind und nicht im Inland leben. Freilich muss die Auflösung nicht durch ein deutsches Gericht, sondern kann auch durch ein ausländisches Gericht erfolgen, soweit dieses aus deutscher Sicht international zuständig ist.

374

9. Versorgungsausgleich

Lange Zeit wäre ein nach ausländischem Partnerschaftsstatut angeordneter Versorgungsausgleich Opfer der Kappungsgrenze geworden. Seit 2005 ordnet § 20 LPartG diesen nun selber im deutschen Partnerschaftsrecht an. Zugleich ist eine (unabhängig davon erforderliche) kollisionsrechtliche Regelung in Art. 17b Abs. 1 S. 3 f. EGBGB nachgeholt worden. Diese Regelung verweist auf das allgemeine Partnerschaftsstatut und stellt i.Ü. eine Kopie von Art. 17 Abs. 3 EGBGB dar. Es wird daher für die Einzelheiten auf die obigen Ausführungen (siehe Rdn 298 ff.) verwiesen.

375

VII. Internationales Verfahrensrecht in Lebenspartnerschaftssachen

Lebenspartnerschaften und gleichgeschlechtliche Ehen unterfallen nicht dem Begriff der „Ehe" i.S.v. Art. 1 Abs. 1 lit. a Brüssel IIa-VO, so dass insoweit ausschließlich das autonome IZPR zur Anwendung gelangt.[471]

376

Aus § 103 Abs. 1 FamFG ergibt sich die Zuständigkeit deutscher Gerichte für die **Aufhebung** einer eingetragenen Lebenspartnerschaft, wenn entweder ein Lebenspartner Deutscher ist oder bei Begründung der Lebenspartnerschaft Deutscher war oder einer der Lebenspartner seinen gewöhnlichen Aufenthalt im Inland hat. Die globale Zuständigkeit deutscher Standesämter für die Begründung der Lebenspartnerschaft nach deutschem Recht bringt die Möglichkeit mit sich, dass Ausländer im Inland eine Lebenspartnerschaft einge-

377

---

468 *Henrich*, FamRZ 2002, 141.
469 Palandt/*Thorn*, 71. Aufl. 2011, Art. 17b EGBGB Rn 6.
470 NK-BGB/*Gebauer*, Art. 17b EGBGB Rn 48; *Henrich*, FamRZ 2002, 140; Staudinger/*Mankowski*, 2010, Art. 17b EGBGB Rn 44, 45.
471 Staudinger/*Spellenberg*, 2005, Art. 1 EheGVO Rn 11; *Wagner*, IPRax 2001, 282.

hen können (z.B. zwei Saudis auf einer Geschäftsreise nach Deutschland), ohne dass in ihrer Heimat die Möglichkeit bestände, diese Verbindung wieder aufzulösen. § 103 Abs. 1 Nr. 3 FamFG schafft daher für derartige Fälle eine zusätzliche Zuständigkeit der deutschen Gerichte für die Aufhebung aller Lebenspartnerschaften, die von einer deutschen Stelle begründet worden sind.

378   Das besondere Anerkennungsverfahren für im Ausland erfolgte Scheidungsentscheidungen in § 107 FamFG gilt für die Auflösung von Lebenspartnerschaften nicht. Über die **Anerkennung** der ausländischen Entscheidung kann und muss daher jede Stelle inzidenter befinden. Dabei werden bei ausländischen Gerichtsurteilen die Voraussetzungen der §§ 108, 109 FamFG regelmäßig erfüllt sein (siehe Rdn 327).

379   Problematisch sind die Fälle, in denen eine in Deutschland eingetragene Lebenspartnerschaft im Ausland nicht durch Urteil geschieden worden ist ("**Privatscheidung**"). Wie bei der Ehescheidung wird auch bei der Auflösung einer nach deutschem Recht begründeten Lebenspartnerschaft das Erfordernis eines gerichtlichen Urteils nicht als Formerfordernis, sondern als materielles Erfordernis behandelt werden. Daher kann man bei Auflösung im Ausland nicht auf die "Ortsform" zurückgreifen, so dass eine Beendigung der Lebenspartnerschaft durch notariellen Vertrag o.Ä. unwirksam sein wird, selbst wenn dieser behördlich registriert worden ist. Auch eine behördliche Entscheidung über die Auflösung der Lebenspartnerschaft dürfte nicht genügen.[472]

380   **Hinweis:** Leben die Beteiligten im Ausland und sieht das dort geltende Recht die Auflösung der Lebenspartnerschaft durch Verwaltungsakt oder Vertrag vor, so sollten sie also dann, wenn sie die eingetragene Lebenspartnerschaft in Deutschland begründet haben, vorsichtshalber vorab die Lebenspartnerschaft dort registrieren lassen und damit aus deutscher Sicht die Lebenspartnerschaft dem dort geltenden Partnerschaftsrecht unterstellen (siehe Rdn 353), bevor sie die Lebenspartnerschaft dort auflösen.

G. Nichteheliche Lebensgemeinschaft

Literatur

Buschbaum, Kollisionsrecht der Partnerschaften außerhalb der traditionellen Ehe – Teil 1, RNotZ 2010, 73; Teil 2, RNotZ 2010, 149; *Henrich*, Kollisionsrechtliche Fragen der eingetragenen Lebenspartnerschaft, FamRZ 2002, 137; *Henrich*, Probleme des internationalen Familienrechts, in: *Schwab/Hahne*, Familienrecht im Brennpunkt, 2004, S. 259 ff.; *Martiny*, Internationales Privatrecht, in: *Hausmann/Hohloch*, Handbuch der nichtehelichen Lebensgemeinschaft, 2. Aufl. 2004, S. 773 ff.; *Martiny*, Europäische Vielfalt – Paare, Kulturen und das Recht, FF 2011, 345; *Rigaux*, The Law Applicable to Non Traditional Families, in: Liber Amicorum Kurt Siehr, 2000, S. 647; *Röthel*, Registrierte Partnerschaften im internationalen Privatrecht, IPRax 2000, 74; *Schaal*, International-Privatrechtliche Probleme der nichtehelichen Lebensgemeinschaft in der notariellen Praxis – Teil I, ZNotP 2009, 290; Teil II, ZNotP 2010, 207 + 246; *Scherpe/Yassari*, Die Rechtsstellung nichtehelicher Lebensgemeinschaften – The Legal Status of Cohabitants, 2005; *Schümann*, Nichteheliche Lebensgemeinschaften und ihre Einordnung im internationalen Privatrecht, 2001; *Striewe*, Ausländisches und Internationales Privatrecht der nichtehelichen Lebensgemeinschaft, 1986; *Thorn*, Entwicklung des internationalen Privatrechts 2000/2001, IPRax 2002, 349; *Wagner*, Das neue Internationale Privat- und Verfahrensrecht zur eingetragenen Lebenspartnerschaft, IPRax 2001, 281.

---

472 *Kiel*, in: Bruns/Kemper, Art. 17a EGBGB Rn 88.

Süß

I. Kollisionsrechtlicher Begriff der nichtehelichen Lebensgemeinschaft

Die nichteheliche Lebensgemeinschaft ist im deutschen Recht sowohl im materiellen Recht wie auch im IPR **nicht gesetzlich geregelt.** Dennoch gilt auch hier: Das EGBGB mag Lücken haben, das IPR jedoch nicht.[473] Daher sind auch für die Behandlung der nichtehelichen Lebensgemeinschaft Kollisionsnormen zu bilden. Umstritten ist allein, zu welchen der bestehenden anderen Kollisionsnormen Parallelen gezogen werden können (Art. 14 ff. EGBGB bzw. Art. 17b EGBGB oder Art. 27 ff. EGBGB) oder ob gar völlig neuartige Anknüpfungen zu schaffen sind.

381

Nach dem oben Gesagten (siehe Rdn 343) sind unter den Begriff der „nichtehelichen Lebensgemeinschaft" i.S.d. deutschen IPR zweifelsfrei nur solche Gemeinschaften zu qualifizieren, die **heterosexuell und nicht institutionalisiert** sind – denn in diesem Bereich gilt Art. 17b EGBGB ganz eindeutig nicht.

382

Umstritten ist die Qualifikation von **eingetragenen heterosexuellen Partnerschaften,** wie sie in einigen Ländern als Alternative zur Ehe zur Verfügung gestellt werden („Ehe light", z.B. in den Niederlanden, des PACS in Frankreich etc.; vgl. die Übersicht in Rdn 341). Einige Rechtsordnungen (z.B. die Niederlande, Frankreich) sehen das Institut der eingetragenen Lebenspartnerschaft unterschiedslos für zwei Personen gleichen wie auch ungleichen Geschlechts vor. Da die homosexuelle Lebenspartnerschaft dem Lebenspartnerschaftsstatut unterliegt, böte sich an, wegen der inhaltlich gleichartigen Ausgestaltung der Rechtsinstitute sie auch dann Art. 17b EGBGB zu unterstellen, wenn die Beteiligten verschiedenen Geschlechts sind (vgl. Rdn 347).[474] Wie bei der Qualifikation *lege causae* wird hier die Einheitlichkeit des ausländischen Rechtsinstituts auch in das IPR verlängert. Dennoch ist diesem Ansatz nicht zu folgen, denn die **Gleichbehandlung der eingetragenen heterosexuellen Partnerschaften mit der formlosen nichtehelichen Lebensgemeinschaft** bringt einige erhebliche praktische Vorteile: Zunächst unterliegt dann die Anknüpfung denselben Regeln, wenn die Beteiligten zwischen den verschiedenen Rechtsformen für ihr Zusammenleben wechseln. Auf diese Weise wird vermieden, dass sie bei einer Modifikation des rechtlichen Rahmens für ihr Lebensverhältnis wegen des Wechsels der Anknüpfungsnorm auch in ein anderes Rechtssystem wechseln. Zum anderen vermeidet man schwierige Abgrenzungsprobleme.

383

Eine weitere umstrittene Fallgruppe ist die **nicht eingetragene gleichgeschlechtliche Lebensgemeinschaft.** Hier könnte man eine analoge Anwendung von Art. 17b EGBGB in Betracht ziehen. Wie bei der nicht eingetragenen heterosexuellen Lebensgemeinschaft ist aber auch hier die Analogie nicht durchführbar, weil die Anknüpfung an den Registrierungsort nicht möglich ist. Zielführend ist daher einzig die Anknüpfung nach den für die heterosexuelle nichteheliche Lebensgemeinschaft (siehe Rdn 387 ff.) geltenden Grundsätzen.[475]

384

II. Qualifikation

Umstritten ist zunächst die grundlegende Entscheidung, ob die Rechtsfolgen der nichtehelichen Lebensgemeinschaft schuldrechtlich oder familienrechtlich zu qualifizieren seien. Teilweise wird in der deutschen Literatur noch die Ansicht vertreten, die nichteheliche Lebens-

385

---

473 *V. Bar,* Internationales Privatrecht II, 1991, Rn 121; *Siehr,* Internationales Privatrecht, 2001, S. 79.

474 So z.B. – statt vieler – *Rauscher,* Internationales Privatrecht, 3. Aufl. 2009, Rn 840.

475 *Martiny,* in: Hausmann/Hohloch, Nichteheliche Lebensgemeinschaft, 2. Aufl. 2004, Kap. 12 Rn 11, S. 112; *Wagner,* IPRax 2001, 292; *Kegel/Schurig,* Internationales Privatrecht, 9. Aufl. 2004, S. 889; Staudinger/*Mankowski,* 2010, Art. 17b EGBGB Rn 96 f.

Süß

gemeinschaft sei **schuldrechtlich** zu qualifizieren.[476] Dieser Auffassung folgt scheinbar auch der **BGH**, wenn er einen Ausgleichsanspruch wegen Vermögenszuwendungen nach Auflösung einer nichtehelichen Lebensgemeinschaft auf der Basis eines Wegfalls der Geschäftsgrundlage bzw. § 812 Abs. 1 S. 1 Fall 2 BGB vorrangig dem Statut unterstellt, dem die Zuwendung unterlag, und – bei Fehlen eines entsprechenden vertraglichen Kausalverhältnisses für die Zuwendung – dem Bereicherungsstatut, also gem. Art. 38 Abs. 3 EGBGB dem Recht des Staates, in dem das Vermögen des einen Partners durch Leistungen des anderen vermehrt worden ist und damit die Bereicherung eingetreten ist.[477]

386   Hintergrund dieser Ansicht ist offensichtlich die Rspr. zum deutschen materiellen Recht, die bei Abwicklung einer nichtehelichen Lebensgemeinschaft für einen Ausgleich ausschließlich auf schuldrechtliche Institute (ungerechtfertigte Bereicherung, Darlehen, Schenkung, Dienstvertrag, Gesellschaft etc.)[478] zurückgreift. Freilich ist zu berücksichtigen, dass diese Rspr. letztlich nur „Randfälle" betrifft. Diese Instrumente wurden für den Ausgleich von Leistungen geschaffen, die über den Rahmen einer normalen nichtehelichen Lebensgemeinschaft hinausgehen. Dies verdeckt damit die eigentliche zentrale Regelung des deutschen Rechts zur nichtehelichen Lebensgemeinschaft, die lautet, dass die Aufnahme eheähnlicher Beziehungen keine Ansprüche der Partner gegeneinander begründe, namentlich keine Unterhaltsansprüche.[479] Diesem Grundsatz hingegen kann man schwerlich die familienrechtliche Qualität versagen. Ebenso würde man ja auch nicht die Gütertrennung unter Berufung darauf schuldrechtlich qualifizieren, dass die deutschen Gerichte hier zur Vermeidung unangemessener Härten in atypischen Situationen zur Schaffung eines Leistungsausgleichs auf schuldrechtliche Institute wie faktische Arbeitsverhältnisse, konkludent vereinbarte Ehegatteninnengesellschaften[480] etc. zurückgreift.[481] Die mittlerweile wohl weit überwiegende Ansicht favorisiert daher im Hinblick auf die personenbezogene Rechtsnatur eine **familienrechtliche Qualifikation.**[482]

387   Auch hier ergeben sich aber zwei verschiedene Varianten: Nach der einen Ansicht gelten die **Art. 14 ff. EGBGB analog** für die allgemeinen, güterrechtlichen und unterhaltsrechtlichen Folgen der nichtehelichen Lebensgemeinschaft. Vorrangig ist also an die **gemeinsame Staatsangehörigkeit, nur hilfsweise den gewöhnlichen Aufenthalt anzuknüpfen.**[483] Die Gegenansicht meint, bei der nichtehelichen Lebensgemeinschaft stehe die „Faktizität der Partnerschaft" so sehr im Vordergrund, dass eine Parallele zum Eherecht unangemessen sei.

---

476 Palandt/*Thorn*, 71. Aufl. 2011, Art. 17 EGBGB Rn 14; *Hohloch*, in: Hausmann/Hohloch, Nichteheliche Lebensgemeinschaft, 2. Aufl. 2004, Kap. 1 Rn 19.
477 BGH, Urt. v. 13.4.2005 – XII ZR 296/00, MDR 2005, 1231.
478 Ausf. *Hausmann*, in: Hausmann/Hohloch, Nichteheliche Lebensgemeinschaft, 2. Aufl. 2004, Kap. 4.
479 BGH NJW 1980, 124.
480 Vgl. BGH DNotZ 2000, 514.
481 Hierzu z.B. *Hohloch*, Familienrecht, 2001, S. 585 ff., insb. S. 592; ausf. *Hausmann*, in: Hausmann/Hohloch, Nichteheliche Lebensgemeinschaft, 2. Aufl. 2004, Kap. 4, S. 225 ff.
482 *V. Bar*, Internationales Privatrecht II, 1991, Rn 121; MüKo-BGB/*Coester*, 6. Aufl. 2015, Art. 13 EGBGB Rn 5, 9; *Henrich*, Internationales Familienrecht, 2. Aufl. 2000, S. 46 ff.; *v. Hoffmann/Thorn*, Internationales Privatrecht, 9. Aufl. 2007, § 8 Rn 18; *Kegel/Schurig*, Internationales Privatrecht, 9. Aufl. 2004, S. 796; *Kropholler*, Internationales Privatrecht, 6. Aufl. 2004, S. 376; Staudinger/*Mankowski*, 2010, Anh. zu Art. 13 EGBGB Rn 59; *Rauscher*, Internationales Privatrecht, 3. Aufl. 2009, Rn 823; *Striewe*, IPRax 1983, 249.
483 *V. Bar*, Internationales Privatrecht II, 1991, S. 122; *Looschelders*, Internationales Privatrecht, 2003, Art. 13 EGBGB Rn 87; *Martiny*, in: Hausmann/Hohloch, Nichteheliche Lebensgemeinschaft, 2. Aufl. 2004, Kap. 12 Rn 23; Staudinger/*Mankowski*, 2010, Anh. zu Art. 13 EGBGB Rn 67; *Scherpe*, in: Scherpe/Yassari, Die Rechtsstellung nichtehelicher Lebensgemeinschaften, S. 602.

Vielmehr sei stets auf den **gewöhnlichen Aufenthalt** der Lebenspartner abzustellen.[484] Dem wird man mittlerweile schon aus dem Grund folgen müssen, als die Staatsangehörigkeit im Laufe der zunehmenden Internationalisierung und Europäisierung des internationalen Familienrechts zumindest bei den Ehefolgen weitgehend die Anknüpfung an die Staatsangehörigkeit verdrängt hat. Es gilt also das Recht des Staates, in dem beide Lebensgefährten ihren gewöhnlichen Aufenthalt haben bzw. – im Fall der Trennung – zuletzt gehabt haben.

III. Zustandekommen der Lebensgemeinschaft

Die Anforderungen an das Zustandekommen einer nichtehelichen Lebensgemeinschaft sind in den Rechten der Staaten, die der Lebensgemeinschaft besondere familienrechtliche Wirkungen zuweisen, sehr unterschiedlich. So werden in einigen lateinamerikanischen Staaten fünf Jahre Zusammenleben verlangt,[485] in Kroatien geht die Rspr. von drei Jahren aus, in manchen Ländern wiederum wird auf eine fixierte Mindestdauer verzichtet. Hierbei stellt sich dann die Frage, ob bei der Prüfung der einzelnen Rechtsfolgen das Bestehen der nichtehelichen Lebensgemeinschaft nach einem gesondert anzuknüpfenden Begründungsstatut zu prüfen ist, welches analog Art. 13 Abs. 1 EGBGB an die Staatsangehörigkeit der Ehegatten anzuknüpfen ist (Vorfrage). Die Alternative besteht darin, die Voraussetzungen jeweils **unmittelbar dem für die Hauptfrage maßgeblichen materiellen Recht** zu entnehmen, quasi als unselbstständige Frage, die im Wege der Qualifikation vom Statut der Hauptfrage erfasst wird.[486] Vorteil ersteren Verfahrens wäre, dass das Bestehen der nichtehelichen Lebensgemeinschaft einheitlich für sämtliche Rechtsbeziehungen und einheitlich für beide Partner feststände. So könnte z.B. bei der gegenseitigen Erbfolge auf beiden Seiten das Bestehen der nichtehelichen Lebensgemeinschaft – so sie denn nach beiden Erbstatuten zur gesetzlichen Erbfolge führt – einheitlich festgestellt werden.[487]

388

Freilich ist die „nichteheliche Lebensgemeinschaft" anders als z.B. die Ehe noch kein allgemein anerkannter und austauschbarer Typusbegriff. Dazu sind die Voraussetzungen (Dauer der Lebensgemeinschaft, Registrierung etc.) und Wirkungen in den einzelnen Rechtsordnungen noch zu unterschiedlich. Darüber hinaus stehen die Rechtsfolgen und die Anforderungen an das Vorliegen einer nichtehelichen Lebensgemeinschaft häufig in einem inneren Zusammenhang. Je stärker die Wirkungen sind, desto höher sind oft die Anforderungen an das Zustandekommen der nichtehelichen Lebensgemeinschaft. Dieser Zusammenhang würde durch die Verweisung auf unterschiedliche Rechtsordnungen (*depeçage*) zerrissen. Demgemäß verzichtet in Deutschland ein anderer Teil der Lehre auf ein besonderes Statut für die Feststellung des Bestehens der nichtehelichen Lebensgemeinschaft.[488]

389

---

484 So Erman/*Hohloch*, 14. Aufl. 2014, Vor Art. 13 EGBGB Rn 19; *Siehr*, Internationales Privatrecht, 2001, S. 80; NK-BGB/*Andrae*, 2. Aufl. 2012, Anh. II zu Art. 13 EGBGB Rn 2; ebenso *Scherpe*, in: Scherpe/Yassari, Die Rechtsstellung nichtehelicher Lebensgemeinschaften, S. 602 – *de lege ferenda*.

485 Vgl. die Übersicht bei *Siehr*, Internationales Privatrecht, 2001, S. 80.

486 Zu diesem Verfahren s. *v. Bar/Mankowski*, Internationales Privatrecht I, 2. Aufl. 2003, S. 767.

487 So *Siehr*, Internationales Privatrecht, 2001, S. 80 – wenngleich dieser nicht Art. 13 EGBGB analog anwendet, sondern für die Entstehung auf das Recht des Staates abstellt, in dem die Lebensgefährten bei Begründung der nichtehelichen Lebensgemeinschaft ihren gewöhnlichen Aufenthalt gehabt haben; für die Anwendung von Art. 13 EGBGB analog aber: *Looschelders*, Internationales Privatrecht, 2003, Art. 13 EGBGB Rn 87; Staudinger/*Mankowski*, 2010, Anh. zu Art. 13 EGBGB Rn 79.

488 So *Rauscher*, Internationales Privatrecht, 3. Aufl. 2009, Rn 837; NK-BGB/*Andrae*, 2. Aufl. 2012, Anh. II zu Art. 13 EGBGB Rn 7; MüKo-BGB/*Coester*, 6. Aufl. 2015, Art. 17b EGBGB Rn 148; *Kropholler*, Internationales Privatrecht, 6. Aufl. 2004, S. 376; *Martiny*, in: Hausmann/Hohloch, Nichteheliche Lebensgemeinschaft, 2. Aufl. 2004, Kap. 12 Rn 18.

390 Etwas anderes gilt hier selbst dann nicht, wenn die Lebensgemeinschaft nicht rein faktisch ist, sondern durch Registrierung, notariellen Vertragsabschluss o.Ä. in einem institutionalisierten Verfahren begründet wird. Auch eine **institutionalisierte heterosexuelle Lebensgemeinschaft** erleidet daher mit einer Verlegung des gewöhnlichen Aufenthalts der Lebenspartner einen Statutenwechsel.

IV. Güterrecht

391 Verfolgt man den oben dargelegten Grundsatz der Analogie zum internationalen Eherecht (siehe Rdn 387), so gilt grundsätzlich Art. 15 EGBGB. Art. 15 Abs. 1 i.V.m. Art. 14 Abs. 1 Nr. 1 EGBGB führt in erster Linie zu dem Recht des Staates, dem beide Lebenspartner angehören. Hilfsweise gilt gem. Art. 15 i.V.m. Art. 14 Abs. 1 Nr. 2 EGBGB das Recht des Staates, in dem beide ihren gewöhnlichen Aufenthalt haben. Wegen der Maßgeblichkeit des gewöhnlichen Aufenthalts für die nichteheliche Lebensgemeinschaft wird man freilich hier die Anknüpfung an den gemeinsamen gewöhnlichen Aufenthalt an die erste Rangstelle stellen.

392 Umstritten ist, ob auch die **unwandelbare Anknüpfung** an die Umstände zum Zeitpunkt der Begründung der nichtehelichen Lebensgemeinschaft in Analogie zu Art. 15 Abs. 1 EGBGB vollzogen werden soll.[489] Dies ist vor allem für Lebenspartner unterschiedlicher Nationalität von Bedeutung, wenn diese zwischendurch ihren Aufenthaltsstaat gewechselt haben oder aber einer von ihnen die Staatsangehörigkeit des anderen erworben hat – ohne dass es sich hierbei um die Zugehörigkeit zum Aufenthaltsstaat handelt. Die besondere Schwierigkeit bei der unwandelbaren Anknüpfung ergibt sich bei der nichtehelichen Lebensgemeinschaft daraus, dass nicht auf die Eheschließung abgestellt werden kann, sondern ein bestimmter Zeitpunkt für die Begründung der Lebensgemeinschaft nachträglich ermittelt werden muss. Die wandelbare Anknüpfung[490] vereinfacht die Abwicklung hier nicht unbedingt, denn sie führt u.U. dazu, dass verschiedene Vermögensmassen bzw. Ausgleichsansprüche aus vergangenen Perioden nebeneinander berechnet und aufgelöst werden müssen, was noch komplizierter wäre.

393 Vorzugswürdig ist daher die Ansicht, die Art. 15 EGBGB quasi auf den Kopf stellt und das bei Auflösung der Lebensgemeinschaft gem. Art. 14 EGBGB ermittelte Recht **rückwirkend anwendet**.[491] Dies gilt in besonderer Weise deshalb, als es bei der nichtehelichen Lebensgemeinschaft regelmäßig nicht um die Rechtsbeziehungen während des (einträchtigen) Bestands der Lebensgemeinschaft geht, sondern um Ausgleichs- und sonstige Ansprüche nach Beendigung des Konkubinats.[492] Ausgenommen hiervon ist freilich auch hier die durch einen formellen Akt begründete **institutionalisierte nichteheliche Lebensgemeinschaft**. Wird diese durch die Registereintragung, einen Vertragsschluss in öffentlicher Urkunde oder in anderer Weise begründet, so verleiht die unwandelbare Anknüpfung Sicherheit bei der vertraglichen Ausgestaltung und schützt die vernünftigen Erwartungen der Beteiligten. Auch bereitet es keine Probleme, den Zeitpunkt der Begründung und die dann für die Anknüpfung maßgeblichen Umstände wie Staatsangehörigkeit und gewöhnlichen Aufent-

---

489 So z.B. Staudinger/*Mankowski*, 2010, Anh. zu Art. 13 EGBGB Rn 84; *Looschelders*, Internationales Privatrecht, 2003, Art. 13 EGBGB Rn 87; MüKo-BGB/*Coester*, 6. Aufl. 2015, Art. 17b EGBGB Rn 148.
490 MüKo-BGB/*Coester*, 6. Aufl. 2015, Art. 17b EGBGB Rn 148.
491 So z.B. NK-BGB/*Andrae*, 2. Aufl. 2012, Anh. II zu Art. 13 EGBGB Rn 14; *Henrich*, Internationales Familienrecht, 2. Aufl. 2000, S. 47; *Kropholler*, Internationales Privatrecht, 6. Aufl. 2004, S. 376. Für unwandelbare Anknüpfung aber z.B. Staudinger/*Mankowski*, 2010, Anh. zu Art. 13 EGBGB Rn 84.
492 Hierauf weist auch *Kropholler*, Internationales Privatrecht, 6. Aufl. 2004, S. 376 hin.

halt später noch festzustellen. Hier ist die unwandelbare Anknüpfung an die gemeinsame Staatsangehörigkeit oder den gewöhnlichen Aufenthalt der Beteiligten bei Begründung gerechtfertigt.

Schließlich bedingt die Anwendbarkeit von Art. 15 EGBGB auch die **beschränkte Rechtswahl** nach Art. 15 Abs. 2 EGBGB.[493] In der Literatur freilich ist diese Konsequenz umstritten.[494] Problematisch ist hier die erforderliche **Form für die Rechtswahl**. Art. 15 Abs. 3, Art. 14 Abs. 4 EGBGB verlangen hier bei Abschluss des Vertrages in Deutschland die notarielle Beurkundung. Die Anwendung dieser Formvorschrift auf die nichteheliche Lebensgemeinschaft ist deswegen umstritten, weil der Abschluss eines Lebenspartnerschaftsvertrages – anders als des Ehevertrages – in Deutschland formfrei möglich ist. Teilweise wird daher verlangt, auch die Rechtswahl durch die nichtehelichen Lebenspartner sei formfrei möglich.[495] Andere verweisen auf die sich daraus ergebenden Probleme und verlangen zumindest Schriftform zu Beweiszwecken.[496] Rechtliche Grundlagen für beide Ansichten finden sich aber nicht. Daher ist m.E. gem. Art. 15 Abs. 3, Art. 14 Abs. 4 EGBGB die notarielle Form erforderlich. Bei Abschluss des Vertrages im Ausland kann die ausländische Ortsform für Lebenspartnerschaftsverträge sowie die vom gewählten Recht für Lebenspartnerschaftsverträge vorgesehene Form alternativ Anwendung finden.

394

Hinweis: Die Verweisung auf ein bestimmtes Recht gilt unabhängig davon, ob dieses Recht die nichteheliche Lebensgemeinschaft als familienrechtliches Institut kennt oder nicht. Gilt also für den Vermögensausgleich das deutsche Recht, so ist nicht das eheliche Vermögensrecht heranzuziehen, sondern es gelten die Regeln, die die Rspr. für die gesetzlichen Folgen im Schuldrecht (Arbeitsrecht, Gesellschaftsrecht, Geschäftsführung ohne Auftrag etc.) herausgebildet hat. Haben die Lebenspartner eine **ausdrückliche schuldrechtliche Vereinbarung** getroffen wie unter Dritten (also z.B. einen Arbeitsvertrag, einen internen Ausgleich für die Anschaffung gemeinsam genutzter Gegenstände, Aufwendungen auf eine Immobilie des anderen etc.), so handelt es sich um keine gesetzlichen oder güterrechtlichen Ausgleichsansprüche. Vielmehr gilt dann – wie bei Verträgen unter Eheleuten – das **Schuldvertragsstatut**, welches gem. Art. 3 Rom I-VO grundsätzlich frei vereinbart werden kann (siehe Rdn 398 ff.).

395

V. Unterhalt

Das auf gesetzliche Unterhaltsansprüche anwendbare Recht ergibt sich nun aus dem **HUntProt**. Ob dieses aber auch auf Partner einer nichtehelichen Lebensgemeinschaft anzuwenden ist, ist umstritten. Das Abkommen regelt gem. Art. 1 Abs. 1 HUntProt den Unterhalt aus „Familie, Verwandtschaft, Ehe und Schwägerschaft". Schon beim Vorgängerabkommen, dem Haager Unterhaltsabkommen 1973, war umstritten, ob Unterhaltsansprüche einer nichtehelichen Lebensgemeinschaft „Ansprüche aus Ehe oder Familie" i.S.v. Art. 1 des

396

---

493 So die wohl allgemeine Auffassung, vgl. *Martiny*, in: Hausmann/Hohloch, Nichteheliche Lebensgemeinschaft, 2. Aufl. 2004, Kap. 12 Rn 27; *Henrich*, Internationales Familienrecht, 2. Aufl. 2000, S. 44; Staudinger/*Mankowski*, 2010, Anh. zu Art. 13 EGBGB Rn 85.
494 Vgl. *v. Bar*, Internationales Privatrecht II, 1991, Rn 122.
495 *Martiny*, in: Hausmann/Hohloch, Nichteheliche Lebensgemeinschaft, 2. Aufl. 2004, Kap. 12 Rn 28.
496 Staudinger/*Mankowski*, 2010, Anh. zu Art. 13 EGBGB Rn 86.

Haager Unterhaltsabkommens 1973 darstellen.[497] Wegen der zwischenzeitlich erfolgten, erheblich weiteren Verbreitung von Regelungen zur faktischen Lebensgemeinschaft wird man allerdings im Rahmen des HUntProt wohl allgemein die faktischen Lebensgemeinschaften unter den Begriff „Beziehungen der Familie" subsumieren können.[498]

397   Damit ergibt sich für die Dauer der nichtehelichen Lebensgemeinschaft ein Unterhaltsanspruch gem. Art. 3 HUntProt aus dem Recht des Landes, in dem der unterhaltsbedürftige Teil seinen gewöhnlichen Aufenthalt hat. Das wird regelmäßig das Recht des Staates sein, in dem die nichteheliche Lebensgemeinschaft stattfindet. Im Fall der Auflösung der Lebensgemeinschaft besteht die Gefahr, dass der unterhaltsbedürftige Teil in ein Land zieht, welches ihm aus der beendeten Lebensgemeinschaft einen Unterhaltsanspruch zuspricht, bzw. dass der auf Unterhalt in Anspruch genommene Teil in ein Land „flieht", welches aus der Beendigung einer nichtehelichen Lebensgemeinschaft keine Unterhaltpflichten herleitet. Im ersten Fall kann sich der in Anspruch Genommene auf Art. 6 HUntProt berufen: Dieser sieht für die in Anspruch genommene Person das Recht vor, dem Anspruch gegenüber einzuwenden, dass für sie weder nach dem Recht des Staates des gewöhnlichen Aufenthalts der verpflichteten Person noch ggf. nach dem Recht des Staates, dem die Parteien gemeinsam angehören, eine solche Pflicht besteht.

VI. Schuldrechtliche Ausgleichsansprüche

398   Haben die Eheleute ihre Beziehungen untereinander ausdrücklich durch Vertrag geregelt, so soll auf diese das Vertragsstatut (früher Art. 27 EGBGB, nunmehr Rom I-VO) anwendbar sein. Vorrangig gilt also das von ihnen einverständlich festgelegte Recht.[499] Haben sie keine Rechtswahl getroffen, gilt über Art. 4 Rom I-VO das Recht des Staates, in dem sie beide bei Abschluss dieses Vertrages ihren gewöhnlichen Aufenthalt hatten. Wenn sich nach dem nach den familienrechtlichen Kollisionsnormen anwendbaren Recht bereits gewisse Rechtsfolgen ergeben (also aus dem Güterstatut gem. Art. 15 EGBGB güterrechtliche Folgen, aus dem HUntP ein Unterhaltsanspruch etc.), so entscheidet das so bestimmte Recht auch darüber, welche Folge die getroffene vertragliche Vereinbarung auf den gesetzlichen Anspruch bzw. die gesetzliche Rechtsfolgen, insb. ob diese und auf welche Weise diese vertraglich modifiziert oder abbedungen werden können.

399   Bei der von der **Rspr.** immer noch verfolgten schuldrechtlichen Qualifikation (siehe Rdn 385) gelten auch für die Ansprüche, die auf ein „konkludent abgeschlossenes Vertragsverhältnis" bzw. einen gesetzlichen schuldrechtlichen Ausgleichsanspruch gestützt werden, nicht die familienrechtlichen Kollisionsnormen, sondern es gilt das jeweilige schuldvertragliche IPR. Soll daher sich ein Ausgleichsanspruch aus einem Wegfall der Geschäftsgrundlage oder aus ungerechtfertigter Bereicherung ergeben, so stellt der BGH auf das Bereicherungsstatut gem. Art. 10 Abs. 2 Rom II-VO ab, also vorrangig auf das Statut, dem die Zuwendung unterlag. Bei Fehlen eines entsprechenden vertraglichen Kausalverhältnisses gilt hilfsweise gem. Art. 10 Abs. 3 Rom II-VO das Recht des Staates, in dem das Vermögen des einen

---

497 Für die Anwendbarkeit des Unterhaltsabkommens 1973 z.B.: Erman/*Hohloch*, 14. Aufl. 2014, Art. 18 EGBGB a.F. Rn 41; Staudinger/*Mankowski*, 2010, Art. 18 EGBGB Rn 9 und Art. 13 EGBGB Rn 51; *Martiny*, in: Hausmann/Hohloch, Nichteheliche Lebensgemeinschaft, 2. Aufl. 2004, Kap. 12 Rn 30; *Rauscher*, Internationales Privatrecht, 3. Aufl. 2009, Rn 836. Für Analogie: *v. Bar*, Internationales Privatrecht II, 1991, Rn 120. Gegen die Anwendung: Palandt/*Thorn*, 71. Aufl. 2010, HUntProt Rn 7.

498 *Andrae*, in: Rauscher, Europäisches Zivilprozess- und Kollisionsrecht, 2010, Art. 1 HUntProt Rn 5.

499 *Henrich*, Internationales Familienrecht, 2. Aufl. 2000, S. 45 f.

Partners durch Leistungen des anderen vermehrt worden ist und damit die Bereicherung eingetreten ist.[500]

Diese Rspr. ist mit der weit überwiegenden Ansicht der Literatur **abzulehnen**. Sie ignoriert,   400
dass die nichteheliche Lebensgemeinschaft in vielen Ländern bereits gesetzlich geregelt ist und ein komplexes Verhältnis darstellt, das sich nicht bewältigen lässt, indem einzelne Ansprüche unterschiedlichen Verweisungsnormen aus dem Bereich des Vermögensrechts zugeordnet werden. Daher sind die Ansprüche auch dann, wenn sie letztlich auf schuldrechtliche Anspruchsgrundlagen gestützt werden, weiterhin grundsätzlich dem in entsprechender Anwendung von Art. 14 Abs. 1 EGBGB ermittelten Recht zu unterstellen. Eine Ausnahme ergibt sich nur dann, soweit die Partner durch autonomen, ausdrücklichen und eindeutigen Akt über das allgemeine Gemeinschaftsverhältnis hinausgehende Sonderverbindungen (Abschluss eines schuldrechtlichen Austauschvertrages, Errichtung einer Gesellschaft etc.) begründet haben.[501]

H. Abstammung, elterliche Sorge und Adoption

I. Abstammung

Literatur

Dethloff, Konkurrenz von Vaterschaftsvermutung und Anerkennung der Vaterschaft, IPRax 2005, 326; *Dörner*, Probleme des neuen Internationalen Kindschaftsrechts, in: FS Henrich, 2000, S. 119; *Gärtner*, Elterliche Sorge bei Personenstandsfällen mit Auslandsbezug – Änderungen durch das Inkrafttreten des Kinderschutzübereinkommens, StAZ 2011, 65; *Henrich*, Kindschaftsrechtsreformgesetz und IPR, FamRZ 1998, 1401; *Henrich*, Legitimationen nach ausländischem Recht: Sind sie noch zu beachten?, in: Mélanges Fritz Sturm, Liège 1999, S. 1505; *Hepting*, Konkurrierende Vaterschaften in Auslandsfällen, StAZ 2000, 33; *Rauscher*, Haager Kinderschutzübereinkommen und Auswanderungsmotive in der Sorgerechtsregelung, NJW 2011, 2332; *Vomberg*, Sorgerecht, Umgangsrecht, Kindesentzug bei Trennung und Scheidung der Eltern, FPR 2011, 444; *Wagner/Janzen*, Die Anwendung des Haager Kinderschutzübereinkommens in Deutschland, FPR 2011, 110; *Walburg*, Anpassungsprobleme im internationalen Abstammungsrecht, 2001; *Wedemann*, Konkurrierende Vaterschaft und doppelte Mutterschaft im internationalen Abstammungsrecht, 2006.

1. Anknüpfung des Abstammungsstatuts

a) Rechtsgrundlagen

Das Abstammungsrecht ist zum 1.7.1998 nicht nur im BGB neu geregelt worden, sondern   401
auch im Kollisionsrecht neu verfasst worden. Gemäß Art. 224 § 1 Abs. 1 EGBGB bleiben für vor diesem Stichtag geborene Kinder die bisherigen Vorschriften (Art. 19, 20 EGBGB) in Kraft, so dass die aktuelle Vorschrift **nur für ab dem 1.7.1998 Zeitpunkt geborene Kinder** gilt.[502]

Eine vorrangige staatsvertragliche Norm ergibt sich allein im Verhältnis zum Iran aus dem   402
deutsch-persischen Niederlassungsabkommen vom 17.12.1929 (siehe Rdn 14).

---

500 BGH, Urt. v. 13.4.2005 – XII ZR 296/00, FamRZ 2005, 1151.
501 NK-BGB/*Andrae*, 2. Aufl. 2012, Anh. II zu Art. 13 EGBGB Rn 17; Soergel/*Schurig*, 12. Aufl. 1996, vor Art. 13 EGBGB Rn 30; teilweise anders: *Henrich*, Internationales Familienrecht, 2. Aufl. 2000, S. 50.
502 Für die davor geltende Rechtslage siehe Rdn 421.

b) Anknüpfungspunkte

403 Art. 19 Abs. 1 EGBGB sieht, um die Feststellung der Abstammung zu begünstigen, drei Anknüpfungspunkte vor, die also im Einzelfall zur Geltung von bis zu drei Rechtsordnungen führen können, die nebeneinander gelten (**alternative Anknüpfung**):

aa) Gewöhnlicher Aufenthalt des Kindes

404 Zunächst unterliegt die Abstammung gem. Art. 19 Abs. 1 S. 1 EGBGB dem Recht des Ortes, an dem das Kind seinen gewöhnlichen Aufenthalt hat. Der gewöhnlicher Aufenthalt ist **wandelbar**, z.B. wenn das Kind mit seiner Mutter ins Ausland zieht oder zu dem im Ausland lebenden Vater verbracht wird. Da die Anknüpfung nicht auf den Zeitpunkt der Geburt fixiert ist (so aber bei akzessorischer Anknüpfung an das Ehewirkungsstatut gem. Art. 19 Abs. 1 S. 3 EGBGB; siehe Rdn 407), kann sich aus dem Wechsel des gewöhnlichen Aufenthalts auch eine Änderung des Abstammungsstatuts (**Statutenwechsel**) ergeben, mit der Folge, dass auch die Vaterschaftsvermutungen neu entstehen, entfallen oder wechseln. Ist die Abstammung des Kindes durch Anerkennung oder durch gerichtliches Urteil festgestellt worden, so ist der bei Abgabe der Anerkennungserklärung bzw. zum Zeitpunkt der letzten mündlichen Verhandlung im Abstammungsprozess bestehende gewöhnliche Aufenthalt des Kindes maßgeblich. Soweit danach die Anerkennung bzw. das Urteil die Abstammung begründet, soll sich eine spätere Verlegung des gewöhnlichen Aufenthalts auf die Abstammung nicht mehr auswirken können (Unwandelbarkeit). Der Status des Kindes bleibt erhalten.[503]

405 Problematisch freilich ist der Fall, dass der Status nur *ex lege* begründet war – beispielsweise durch eine gesetzliche Abstammungsvermutung. Für diesen Fall wird in der Literatur vertreten, auch hier verlange der Schutz wohlerworbener Recht, dass die Abstammung weiterhin nach dem ehemaligen Aufenthaltsrecht bestimmt werden könne.[504] Faktisch wird der Kreis der alternativ anwendbaren Rechte dadurch über den gesetzlich vorgegebenen Rahmen u.U. erheblich erweitert.[505]

bb) Heimatrecht der Eltern

406 Alternativ kann die Abstammung zu Vater oder Mutter auch nach dessen/deren jeweiligem Heimatrecht bestimmt werden (Art. 19 Abs. 1 S. 2 EGBGB). Sollte die Staatsangehörigkeit gewechselt haben, so ist auch hier auf den Zeitpunkt der Anerkennung bzw. der letzten mündlichen Verhandlung im Abstammungsprozess abzustellen. Naturgemäß sorgt die Anknüpfung an die Staatsangehörigkeit jedoch für erheblich stabilere Verhältnisse, als dies beim gewöhnlichen Aufenthalt der Fall wäre.

---

503 S. z.B. *Kropholler*, Internationales Privatrecht, 6. Aufl. 2004, S. 407; NK-BGB/*Bischoff*, 2. Aufl. 2012, Art. 19 Rn 15.

504 So NK-BGB/*Bischoff*, 2. Aufl. 2012, Art. 19 Rn 15; *Dörner*, in: FS Henrich, S. 124; *Kropholler*, Internationales Privatrecht, 6. Aufl. 2004, S. 408; *Looschelders*, IPRax 1999, 423; *v. Hoffmann/Thorn*, Internationales Privatrecht, 9. Aufl. 2007, § 8 Rn 125.

505 Für Wandelbarkeit auch mit diesen Folgen: Palandt/*Thorn*, 71. Aufl. 2011, Art. 19 EGBGB Rn 4; *Henrich*, Internationales Familienrecht, 2. Aufl. 2000, S. 224; Erman/*Hohloch*, 14. Aufl. 2014, Art. 19 EGBGB Rn 9.

cc) Verweisung auf das Ehewirkungsstatut

Gemäß Art. 19 Abs. 1 S. 3 EGBGB kann die Abstammung schließlich auch nach dem Recht   407
bestimmt werden, dem die allgemeinen Wirkungen der Ehe der verheirateten Mutter bei
der Geburt unterlagen. Hierbei handelt es sich um eine auf den Zeitpunkt der Geburt
fixierte Anknüpfung. Grund für diese Fixierung ist wohl nicht so sehr die Vermeidung des
Statutenwechsels als die Möglichkeit, dass die Ehe bei Feststellung bereits beendet sein
kann. In diesem Fall ist das Bestehen der Ehe nach Art. 13 EGBGB „selbstständig" anzuknüpfen. Das allgemeine Ehewirkungsstatut ist ausschließlich gem. Art. 14 Abs. 1 EGBGB
zu bestimmen.[506] Eine ausnahmsweise zulässige, auf das allgemeine Ehewirkungsstatut bezogene Rechtswahl gem. Art. 14 Abs. 2 bzw. Abs. 3 EGBGB bleibt also für das Abstammungsstatut unbeachtet. War die Ehe bei Geburt bereits aufgelöst, so ist der Rückgriff auf
das allgemeine Ehewirkungsstatut ausgeschlossen. Ausgenommen ist hier allein der Fall,
dass die Ehe durch Tod des Ehemannes der Mutter vor der Geburt aufgelöst wurde (Art. 19
Abs. 1 S. 3 Hs. 2 EGBGB).

c) Beachtung von Rückverweisungen

Auch die Verweisungen des Art. 19 EGBGB sind IPR-Verweisungen. Rück- und Weiterver-   408
weisungen sind also gem. Art. 4 Abs. 1 EGBGB beachtlich. Freilich könnte die Beachtung
des **Renvoi** im Rahmen von Art. 19 Abs. 1 EGBGB dazu führen, dass letztlich sämtliche
Verweisungen in Satz 1, 2, und 3 im Ergebnis zum deutschen Recht führen. Die Auffächerung in die verschiedenen Anknüpfungsalternativen würde dann wieder in sich zusammen-
fallen. Daher wird allgemein die Ansicht vertreten, die Befolgung der Rückverweisung
verstoße dann gegen den Sinn der Verweisung (Art. 4 Abs. 1 S. 1 EGBGB), wenn sie dazu
führe, dass der Kreis der anwendbaren Rechtsordnungen verringert werde.[507] Sie wird also
nur dann beachtet, wenn sich hierdurch der Kreis der Rechtsordnungen erweitert.

d) Rangverhältnis der Anknüpfungen

Die einzelnen Verweisungen in Art. 19 Abs. 1 EGBGB sind grundsätzlich **gleichberechtigt**.   409
Ist nach einer der so bestimmten Rechtsordnungen die Vaterschaft festgestellt, so ist dies
das verbindlich gewordene Abstammungsstatut (**Prioritätsgrundsatz**). Erst dann, wenn die
nach diesem Recht begründete Abstammung durch Anfechtung oder auf andere Weise
wieder beseitigt worden ist, kann wieder auf die anderen Rechte zurückgegriffen werden.[508]
Auf diese Weise geht die gesetzliche Abstammungsvermutung der Abstammung durch
Anerkennung vor – soweit die Anerkennung nicht schon pränatal erfolgt ist; die frühere
Anerkennung schließt die spätere aus etc.[509]

Ungeklärt ist das Verfahren, wenn **mehrere Vaterschaften zeitgleich nebeneinander** exis-   410
tieren, z.B. bei widersprechenden Vaterschaftsvermutungen oder der Konkurrenz einer
gesetzlichen Vaterschaftsvermutung mit einem pränatal abgegebenen Vaterschaftsaner-

506 Zur selbstständigen Vorfragenanknüpfung siehe Rdn 36.
507 *Kropholler*, Internationales Privatrecht, 6. Aufl. 2004, S. 410; Staudinger/*Henrich*, Art. 19 EGBGB
     Rn 25.
508 OLG Schleswig FamRZ 2003, 781; BayObLG FamRZ 2002, 686; OLG Frankfurt FamRZ 2002, 688;
     Palandt/*Thorn*, 71. Aufl. 2011, Art. 19 EGBGB Rn 6; *Hepting*, StAZ 2000, 38; Erman/*Hohloch*,
     14. Aufl. 2014, Art. 19 EGBGB Rn 17; Staudinger/*Henrich*, Art. 19 EGBGB Rn 22; *Kropholler*, Interna-
     tionales Privatrecht, 6. Aufl. 2004, S. 409; *Looschelders*, IPRax 1999, 421.
509 NK-BGB/*Bischoff*, 2. Aufl. 2012, Art. 19 EGBGB Rn 23 f.; Erman/*Hohloch*, 14. Aufl. 2014, Art. 19
     EGBGB Rn 17.

kenntnis. Unter Berufung auf das Kindeswohl wird hier die dem Kind „günstigere" Vaterschaft propagiert.[510] Eine dritte Ansicht schließlich gibt – um die mit der zweiten Ansicht verbundene übermäßige Vermischung materiellrechtlicher und kollisionsrechtlicher Grundsätze zu vermeiden – der Anknüpfung an den gewöhnlichen Aufenthalt des Kindes Vorrang, so dass sich die nach dem dort geltenden Recht begründete Abstammung durchsetzt und die anderen Anknüpfungen erst subsidiär zum Zuge kommen, wenn sich nach dem Aufenthaltsrecht keine Abstammung ergibt.[511]

2. Feststellung der Ehelichkeit

411   Schwierigkeiten ergeben sich, wenn eine ausländische Rechtsordnung weiterhin zwischen ehelichen und nichtehelichen Abkömmlingen differenziert. Da das deutsche Kollisionsrecht für seit dem 1.7.1998 geborene Kinder keine Kollisionsnorm für die Feststellung der ehelichen Abstammung enthält,[512] besteht für diese Fälle eine kollisionsrechtliche Regelungslücke. Insbesondere kann die Verweisung aus Art. 19 Abs. 1 EGBGB hier nicht immer weiterhelfen, da u.U. die verschiedenen Anknüpfungen zu mehreren Rechtsordnungen führen, die für die Ehelichkeit zu gegensätzlichen Ergebnissen kommen.

412   Das Vorgehen in diesen Fällen ist umstritten: Nach einer Ansicht seien die Voraussetzungen für die eheliche bzw. nichteheliche Abstammung sowie die Legitimation dem **Sachrecht** zu entnehmen, das die Differenzierung zwischen der ehelichen und nichtehelichen Kindschaft treffe, also dem Kindschaftsrecht des Staates, dessen Recht z.B. die Erbfolge unterliegt. In diesem Zusammenhang auftauchende weitere Vorfragen, wie z.B. die Abstammung des Kindes und die wirksame Eheschließung der Mutter, seien nach deutschem IRP (Art. 19 Abs. 1, Art. 13 Abs. 1 EGBGB) anzuknüpfen.[513] Die mittlerweile wohl überwiegende abweichende Ansicht befürwortet hier dagegen ausnahmsweise eine sog. unselbstständige Vorfragenanknüpfung. Das heißt, dass das **auf die Ehelichkeit anwendbare Recht** nach dem Internationalen Privatrecht des Staates bestimmt werden soll, dessen Recht die Frage der Ehelichkeit aufgeworfen hat, also das IPR aus dem Rechtssystem, das die Hauptfrage entscheidet.[514] Weitere Vorfragen, wie z.B. das Bestehen einer Ehe der Mutter, seien freilich auch hier wieder nach deutschem IPR anzuknüpfen. Kommt man auf diese Weise zum deutschen Kindschaftsrecht, welches nur eine einheitliche Kindschaft kennt, ist das Kind als ehelich zu behandeln.[515]

---

510 *Henrich*, FamRZ 1998, 1402; *Kegel/Schurig*, Internationales Privatrecht, 9. Aufl. 2004, S. 910; *Looschelders*, Internationales Privatrecht, 2003, Art. 19 EGBGB Rn 19.

511 *Andrae*, Internationales Familienrecht, Rn 458; *Dethloff*, IPRax 2005, 326; *v. Hoffmann/Thorn*, Internationales Privatrecht, 9. Aufl. 2007, § 8 Rn 132; *Siehr*, Internationales Privatrecht, 2001, § 7 II 2.

512 Für vor dem 1.7.1998 geborene Kinder bleiben Art. 19 f. EGBGB a.F. anwendbar, Art. 224 § 1 EGBGB.

513 *Dörner*, in: FS Henrich, 2000, S. 119, 126; Staudinger/*Dörner*, Art. 25 EGBGB Rn 158, 565; *Sturm*, StAZ 1998, 313; *Looschelders*, Internationales Privatrecht, 2003, Art. 19 EGBGB Rn 5.

514 NK-BGB/*Bischoff*, 2. Aufl. 2012, Art. 19 EGBGB Rn 13; Palandt/*Thorn*, 71. Aufl. 2011, Art. 19 EGBGB Rn 8; Erman/*Hohloch*, 14. Aufl. 2014, Art. 19 EGBGB Rn 24; *Henrich*, FamRZ 1998, 1405; Staudinger/*Henrich*, 2001, Art. 19 EGBGB Rn 99; *Hepting*, StAZ 1999, 97; *Kropholler*, Internationales Privatrecht, 6. Aufl. 2004, S. 406; MüKo-BGB/*Helms*, 6. Aufl. 2015, Art. 19 EGBGB Rn 54; Bamberger/Roth/*Heiderhoff*, 3. Aufl. 2012, Art. 19 EGBGB Rn 32; MüKo-BGB/*von Hein*, 6. Aufl. 2015, Einl. IPR Rn 189.

515 So z.B. auch Bamberger/Roth/*Heiderhoff*, 3. Aufl. 2012, Art. 19 EGBGB Rn 32.

3. Zustimmung zur Vaterschaftsanerkennung

Die Zustimmung des Kindes, seiner Mutter und anderer Personen zu einer Anerkennung   413
oder Abstammungserklärung unterliegt kumulativ zum Abstammungsstatut dem Heimat-
recht des Kindes. Sich aus diesem Recht ggf. ergebende zusätzliche Zustimmungserfordernisse sind also ebenfalls zu beachten. Das Gleiche gilt für eine nach dem Abstammungsstatut
erfolgende Legitimation – auch wenn diese in Art. 23 EGBGB nicht mehr erwähnt wird.[516]

Zur umstrittenen Beachtlichkeit von Rück- und Weiterverweisungen auf die Verweisung   414
durch Art. 23 EGBGB siehe Rdn 433.

4. Anfechtung der Abstammung

Würde man die Anfechtung der Abstammung wie die Abstammung selber behandeln, so   415
müsste der Anfechtende, um die Abstammung wirksam anzufechten, diese nach sämtlichen
Rechtsordnungen wirksam zustande bringen, die aus dem Strauß der gem. Art. 19 EGBGB
anwendbaren Rechte eine Abstammung begründen. Da über die Verlegung des gewöhnlichen Aufenthalts in eine andere Rechtsordnung gem. Art. 19 Abs. 1 S. 1 EGBGB jederzeit
neue Rechtsordnungen ins Spiel kommen können, die an die Anfechtung neue Anforderungen stellen, wäre dies eine Sisyphosarbeit.

Art. 20 EGBGB schafft hier eine Erleichterung: Ähnlich wie bei der Begründung der Ab-   416
stammung (vgl. Rdn 403 ff.) stellt diese Vorschrift eine **alternative Anknüpfung** zur Begünstigung der Anfechtung zur Verfügung. Die Abstammung kann gem. Art. 20 S. 1
EGBGB nach jedem Recht angefochten werden, aus dem sich die Voraussetzungen für eine
Abstammung ergeben. Anders als es sich bei Anwendung von Art. 19 EGBGB ergeben
würde, ist hier also nicht die Anfechtung nach sämtlichen Rechten erforderlich, aus denen
sich die Abstammung ergibt. Vielmehr genügt es, dass die Anfechtung nach einem einzigen
von ihnen wirksam ist. Eine Einschränkung des Kreises der in Art. 19 Abs. 1 EGBGB
aufgeführten Rechtsordnungen ergibt sich allein dahingehend, dass die Anfechtung nach
einer der dort genannten Rechtsordnungen nur dann möglich und wirksam ist, wenn sich
aus ihr auch die angefochtene Abstammung ergibt. Dem Anfechtungsstatut unterliegt die
Anfechtung durch den Ehemann der Mutter, zugunsten dessen die Abstammungsvermutung
spricht, insgesamt, einschließlich der Fristen und des Kreises der anfechtungs- und klageberechtigten Personen.

Die Verweisungen des Art. 20 EGBGB umfassen gem. Art. 4 Abs. 1 EGBGB auch das   417
ausländische IPR, **Rück- und Weiterverweisungen** sind also beachtlich. Sobald jedoch die
Befolgung des **Renvoi** dazu führen würde, dass die Auffächerung in die verschiedenen
Anknüpfungsalternativen sich wieder reduzieren würde, wird allgemein vertreten, die Befolgung der Rückverweisung verstoße dann gegen den Sinn der Verweisung (Art. 4 Abs. 1
S. 1 EGBGB). Rück- und Weiterverweisungen sind daher auch hier nur insoweit zu beachten, als sie den Kreis der anwendbaren Rechtsordnungen erweitern.[517]

Soweit das berufene Recht für die Anfechtung zwischen ehelicher und nichtehelicher Ab-   418
stammung unterscheidet, wird die hierfür maßgebliche Frage nach der ehelichen bzw. nichtehelichen Abstammung nach wohl h.M. als **Vorfrage** nach dem Recht behandelt, welches

---

516 *Kegel/Schurig*, Internationales Privatrecht, 9. Aufl. 2004, S. 912.
517 NK-BGB/*Bischoff*, 2. Aufl. 2012, Art. 20 EGBGB Rn 14; *Kropholler*, Internationales Privatrecht, 6. Aufl. 2004, S. 406.

das IPR des für die Anfechtung maßgeblichen Rechts insoweit für anwendbar erklärt (unselbstständige Vorfragenanknüpfung; vgl. Rdn 41).[518]

5. Besonderheiten bei Geburt des Kindes vor dem 1.7.1998

419 Für **vor dem 1.7.1998 geborene Kinder** ist nicht Art. 19 EGBGB in der aktuellen Fassung anwendbar, sondern es gelten die Art. 19 und 20 EGBGB in der bis dahin geltenden Fassung (Art. 224 § 1 Abs. 1 EGBGB).[519] Gemäß Art. 19 Abs. 1 EGBGB a.F. unterlag die **eheliche Abstammung** eines Kinder dem Recht, das bei Geburt des Kindes nach Art. 14 Abs. 1 EGBGB für die allgemeinen Wirkungen der Ehe der Mutter des Kindes Maß gab. Alternativ dazu konnte die Ehelichkeit auch nach dem Heimatrecht eines der Eheleute festgestellt werden. War die Ehe noch vor der Geburt des Kindes aufgelöst worden, so war der Zeitpunkt der Auflösung maßgebend. Das Kind konnte aber in jedem Fall die Ehelichkeit auch nach dem Recht des Staates anfechten, in dem es seinen gewöhnlichen Aufenthalt hatte.

420 Die eheliche Abstammung durch **Legitimation** infolge nachfolgender Eheschließung unterlag gem. Art. 21 Abs. 1 EGBGB a.F. dem bei der Eheschließung nach Art. 14 Abs. 1 EGBGB für die allgemeinen Wirkungen der Ehe maßgeblichen Recht. Alternativ dazu trat die Legitimation auch nach dem Heimatrecht eines jeden der Eheleute ein. Die Legitimation auf andere Weise als durch nachfolgende Eheschließung unterlag gem. Art. 21 Abs. 2 EGBGB a.F. dem Heimatrecht des Elternteils, dem gegenüber die Legitimationswirkungen eintreten sollten.

421 Die Abstammung eines **nichtehelichen Kindes** dagegen unterlag gem. Art. 20 Abs. 1 S. 1 EGBGB a.F. dem Heimatrecht der Mutter bei Geburt des Kindes. Zusätzlich konnte die Vaterschaft nach dem Heimatrecht des Vaters zum Zeitpunkt der Geburt oder dem Recht des Staates festgestellt werden, in dem das Kind (aktuell) seinen gewöhnlichen Aufenthalt hatte (Art. 20 Abs. 1 S. 3 EGBGB a.F.). Allerdings gilt diese Regelung auch nur dann, wenn die Geburt nach dem 31.8.1986 stattgefunden hat.

422 Für die Abstammung, ihre Anfechtung etc. von **vor dem 1.9.1986 geborenen Kindern**[520] gilt gem. Art. 220 Abs. 1 EGBGB das Kindschaftsrecht in der vor der sog. IPR-Reform geltenden Ur-Fassung der Art. 18 und 20 des EGBGB aus dem Jahre 1996.[521]

6. Internationale Zuständigkeit deutscher Gerichte

423 Auf dem Bereich der Abstammung ergibt sich keine vorrangige verfahrensrechtliche Vorschrift in internationalen Abkommen oder auf EU-Ebene. Demgemäß kommt es ausschließlich auf die Zuständigkeitsregeln des autonomen Zivilverfahrensrechts an. Aus § 100 FamFG ergibt sich hier die internationale Zuständigkeit der deutschen Gerichte dann, wenn entweder das Kind, die Mutter, der Vater oder der Mann, der an Eides statt versichert, der Mutter

---

518 Palandt/*Thorn*, 71. Aufl. 2011, Art. 20 EGBGB Rn 1; *Kropholler*, Internationales Privatrecht, 6. Aufl. 2004, S. 406.

519 Bamberger/Roth/*Heiderhoff*, 3. Aufl. 2012, Art. 19 EGBGB Rn 2, 41.

520 BGH FamRZ 1991, 325; FamRZ 1994, 1027; Staudinger/*Henrich*, 2008, Art. 19 Rn 6; Staudinger/*Dörner*, 2004, Art. 220 EGBGB Rn 36. Ob hier ausschließlich der Zeitpunkt der Geburt ausschlaggebend ist oder nicht z.B. der Feststellung der Feststellung der Abstammung bzw. ihrer Anfechtung, ist freilich umstr. (so z.B. OLG Karlsruhe FamRZ 1998, 1370).

521 Text z.B. in: *Raape/Sturm*, Internationales Privatrecht I, 6. Aufl. 1977, Anh. I; Staudinger/*Henrich*, Art. 19 EGBGB Rn 2.

während der Empfängniszeit beigewohnt zu haben, Deutscher ist oder seinen gewöhnlichen Aufenthalt in Deutschland hat.

II. Elterliche Sorge

1. Anwendbares Recht

Das Eltern-Kind-Verhältnis unterliegt gem. Art. 21 EGBGB dem Recht des Ortes, an dem das Kind seinen gewöhnlichen Aufenthalt hat. Dabei ist der Inhalt des Eltern-Kind-Statuts umfassend zu sehen. Er umfasst den gesamten Bereich der elterlichen Sorge. Dies betrifft das Entstehen, ihre Ausübung – die persönliche Sorge wie die Vermögenssorge, die Person des bzw. der Sorgeberechtigten, die Grenzen der Sorge und die Notwendigkeit der Bestellung eines Ergänzungspflegers, die gerichtliche Überwachung – und schließlich die Schutzmaßnahmen zugunsten des Kindes. Letzteres gilt dann insb. für die Entziehung der elterlichen Sorge oder die Verteilung der elterlichen Sorge im Rahmen der Scheidung der Eltern.

424

Der sachliche Anwendungsbereich des Art. 21 EGBGB wird durch eine Reihe von **Sonderregeln** eingeschränkt:
- Für den **Namen des Kindes** gilt nicht Art. 21 EGBGB, sondern gem. Art. 10 Abs. 1 EGBGB das Heimatrecht des Kindes.
- Der **Unterhaltsanspruch des Kindes** unterliegt gem. Art. 3 HUntProt bzw. Art. 4 des Haager Unterhaltübereinkommens 1973 bzw. Art. 1 des Haager Kindesunterhaltsübereinkommens grundsätzlich dem am gewöhnlichen Aufenthalt des Kindes geltenden Recht. Ist nach dem durch Art. 3 HUntProt bestimmten Recht kein Anspruch gegeben, so greifen verschiedene subsidiäre Anknüpfungen ein (siehe ausführlicher *Ring*, § 1 in diesem Buch).
- Eine erhebliche Einschränkung des Anwendungsbereichs von Art. 21 EGBGB ergibt sich aus Art. 15 ff. KSÜ bzw. Art. 3 MSA. Danach haben die nach dem KSÜ (bzw. nach Art. 1 MSA) zuständigen Behörden für die Anordnung, die Änderung und die Beendigung der **Schutzmaßnahmen** ihr innerstaatliches Recht (*lex fori*) anzuwenden. Dieses Recht gilt auch für die Wirkungen der Maßnahmen im Verhältnis der Beteiligten zueinander und im Verhältnis zu Dritten. Zwar ist das KSÜ im Verhältnis zu den meisten Mitgliedstaaten des KSÜ durch die Brüssel IIa-VO verdrängt worden. Da die Brüssel IIa-VO jedoch allein die Zuständigkeit und Anerkennung regelt, nicht aber die Rechtsanwendung, bleiben nach – mittlerweile wohl überwiegender – Ansicht die Art. 15 ff. KSÜ im Verhältnis zu den Beitrittsstaaten des KSÜ anwendbar, soweit also das Kind seinen gewöhnlichen Aufenthalt in einem der Beitrittsstaaten hat und die Zuständigkeit des Gerichts auch nach den Regeln des KSÜ gegeben wäre.[522]

425

Durch die Verweisung auf das Aufenthaltsrecht wird die Verweisung instabil. Ein Wechsel des gewöhnlichen Aufenthalts durch Umzug in einen anderen Staat führt mit Wirkung *ex nunc* zu einem Wechsel des Statuts des Eltern-Kind-Verhältnisses. Soweit allein der Umfang der elterlichen Sorge und die Befugnisse der Vormundschaftsgerichte und sonstigen Behörden betroffen ist, ist dies regelmäßig angemessen, denn der **Statutenwechsel** fördert die rechtliche Assimilation an die neue Umwelt und erleichtert die Durchführung eines Verfahrens, da das Gericht seine *lex fori* anwenden kann. Gravierender sind allerdings die Auswirkungen des Statutenwechsels, wenn sie auch zu einem Wechsel des Sorgeberechtigten füh-

426

---

522 BGH MDR 2011, 486; *Henrich*, Internationales Familienrecht, 2. Aufl. 2000, S. 279; NK-BGB/*Gruber*, 2. Aufl. 2012, Anh. I zum II. Abschnitt EGBGB, Art. 8 EheVO 2003 Rn 10 m.w.N.; *Solomon*, FamRZ 2004, 1416 m.w.N. A.A. Rauscher/*Rauscher*, Art. 3 Brüssel II-VO Rn 3.

ren, z.B. weil das ausländische neue Statut kein gemeinsames Sorgerecht nicht verheirateter Eltern aufgrund einer Sorgerechtserklärung i.S.v. § 1626a Abs. 1 BGB kennt oder aber das deutsche Recht als neues Statut ein gemeinsames Sorgerecht nicht verheirateter Eltern – anders als das belgische Recht – nur dann anerkennt, wenn zuvor eine Sorgerechtserklärung abgegeben worden ist.[523]

427   Umstritten ist, ob und inwieweit hier eine Kontinuität bewahrt werden kann. Wohl überwiegend wird hier angenommen, dass mit dem Statutenwechsel auch die damit einhergehenden Änderungen der Sorgeberechtigten hinzunehmen seien. Kenne das neue Statut eine Sorgeerklärung, sei eine unter dem alten Statut abgegebene Sorgeerklärung aber auch dann unter dem neuen Statut zu akzeptieren, wenn die Erklärung in Bezug auf Form etc. nur dem alten, nicht aber dem neuen Statut entspreche.[524] Eine andere, weitergehende Ansicht will eine nach dem alten Statut wirksame gemeinsame Sorgeerklärung unter dem neuen Statut selbst dann fortgelten lassen, wenn das neue Statut eine derartige gemeinsame Sorge nicht kennt.[525] Jedenfalls würde aber die nunmehr vorrangige Vorschrift in Art. 16 KSÜ hier die Fortgeltung sicherstellen.

2. Anerkennung ausländischer Entscheidungen in Sorgerechtssachen

428   Was die **Anerkennung** und **Vollstreckung** von Entscheidungen in Bezug auf die elterliche Sorge aus anderen Staaten der EU (außer Dänemark) angeht, so gilt für Deutschland die Brüssel IIa-VO[526] und – soweit es um Entscheidungen aus Staaten geht, die das KSÜ ratifiziert haben, der EU (ausgenommen Dänemark) aber nicht angehören – das KSÜ. Für die Wiederherstellung der elterlichen Sorge in sog. Kindesentführungsfällen ist für Deutschland sowohl das **Haager Übereinkommen über die zivilrechtlichen Aspekte internationaler Kindesentführung vom 25.10.1980**[527] in Kraft wie auch das – neben dem Kindesentführungsabkommen in der Praxis an Bedeutung verlierende – Luxemburger Europäische Übereinkommen über die Anerkennung und Vollstreckung von Entscheidungen über das Sorgerecht für Kinder und die Wiederherstellung des Sorgeverhältnisses vom 20.5.1980.[528]

III. Adoption

Literatur

Busch, Adoptionswirkungsgesetz und Haager Adoptionsübereinkommen – von der Nachadoption zur Anerkennung und Wirkungsfeststellung, IPRax 2003, 13; *Frank*, Neuregelungen auf dem Gebiet des Internationalen Adoptionsrechts unter besonderer Berücksichtigung der Anerkennung von Auslandsadoptionen, StAZ 2003, 257; *St. Lorenz*, Adoptionswirkungen, Vorfragenanknüpfung und Substitution im Internationalen Adoptionsrecht nach der Umsetzung des Haager Adoptionsabkommens vom 29.5.1993, in: FS Sonnenberger, 2004, S. 497; *Ludwig*, Internationales Adoptionsrecht in der notariellen Praxis nach dem Adoptionswirkungsgesetz, RNotZ 2002, 253; *Müller/Sieghörtner/*

---

523 Vgl. die Beispiele zum italienischen und belgischen Recht in *Henrich*, Internationales Familienrecht, 2. Aufl. 2000, S. 283.

524 NK-BGB/*Benicke*, 2. Aufl. 2012, Art. 21 EGBGB Rn 41; *Henrich*, Internationales Familienrecht, 2. Aufl. 2000, S. 283; *ders.*, FamRZ 1998, 1410; *Sturm/Sturm*, StAZ 1998, 313.

525 *Kropholler*, Internationales Privatrecht, 6. Aufl. 2004, S. 413 unter Berufung auf – den zwischenzeitlich in Kraft getretenen – Art. 16 Abs. 2 KSÜ; *Looschelders*, IPRax 1999, 424; Bamberger/Roth/*Heiderhoff*, 3. Aufl. 2012, Art. 21 EGBGB Rn 8.

526 Siehe hierzu *Ring*, § 1 Rdn 3 ff.

527 Siehe hierzu *Ring*, § 1 Rdn 353 ff.

528 Siehe hierzu *Ring*, § 1 Rdn 384 ff.

Emmerling de Oliveira, Adoptionsrecht in der notariellen Praxis – einschließlich Auslandsbezug, 3. Aufl. 2016; *Parra-Aranguren*, Explanatory Report on the Convention on Protection of Children and Cooperation in Respect of Intercountry Adoption, www.hcch.net; *Reinhardt*, Gewollt oder nicht: Die private Adoption von Kindern aus dem Ausland, ZRP 2006, 244; *Staudinger/Winkelsträter*, Grenzüberschreitende Adoptionen in Deutschland, FamRBint 2005, 84; *Steiger*, Im alten Fahrwasser zu neuen Ufern, DNotZ 2002, 184; *Steiger*, Das neue Recht der internationalen Adoption, 2002; *Süß*, Ratifikation der Haager Adoptionskonvention – Folgen für die notarielle Praxis, MittBayNot 2002, 88; *Süß*, Die örtliche Zuständigkeit bei Adoptionen mit Auslandsberührung, MittBayNot 2008, 183; *Wandel*, Auslandsadoption, Anerkennung und erbrechtliche Auswirkungen im Inlandserbfall, BWNotZ 1992, 17; *Weitzel*, Das Haager Adoptionsübereinkommen vom 29.5.1993 – Zur Interaktion der zentralen Behörden, NJW 2008, 186; *Zimmermann*, Das Adoptionsverfahren mit Auslandsberührung, NZFam 2016, 150.

1. Zustandekommen der Adoption

a) Adoptionsstatut

Für die Bundesrepublik Deutschland gilt das Haager Adoptionsübereinkommen vom 29.5.1993. Es regelt im Wesentlichen die internationale Zusammenarbeit bei grenzüberschreitenden Minderjährigenadoptionen, nicht aber das anzuwendende Recht. Auch das Europäische Übereinkommen vom 24.4.1967, das am 27.11.2008 revidiert wurde, regelt nicht das anzuwendende Recht, sondern setzt Mindeststandards für das nationale Adoptionsrecht und bewirkt daher lediglich eine Angleichung des materiellen Adoptionsrechts.[529] **429**

Die Wirksamkeit einer Adoption unterliegt gem. Art. 22 Abs. 1 S. 1 EGBGB dem **Heimatrecht des Annehmenden**. Ist der Annehmende verheiratet oder nehmen Eheleute gemeinsam ein Kind an (Ehegattenadoption), unterliegt die Adoption dem auf die allgemeinen Wirkungen ihrer Ehe anwendbaren Recht. Es gilt dann zunächst das gemeinsame Heimatrecht, bei unterschiedlicher Staatsangehörigkeit gem. Art. 23 Abs. 1 S. 2, Art. 14 Abs. 1 Nr. 2 EGBGB das Recht des Staates, in dem die Eheleute beide zum Zeitpunkt der Vornahme der Adoption aktuell ihren gewöhnlichen Aufenthalt haben. Dies gilt auch dann, wenn ein Ehegatte allein das Kind des anderen Ehegatten adoptiert. Auch in diesem Fall gilt nicht die Verweisung auf das Heimatrecht des Annehmenden, sondern die Verweisung auf das Recht, das Ehewirkungsstatut ist.

Diese Verweisung ist sog. Gesamtverweisung, es ist also auch das ausländische Internationale Privatrecht anzuwenden und gem. Art. 4 Abs. 1 S. 2 EGBGB eine **Rückverweisung** durch das ausländische internationale Adoptionsrecht zu beachten. Für die Rückverweisung sind ausschließlich die ausländischen adoptionsrechtlichen Kollisionsnormen zu beachten. Auf die Vorschriften zum Ehewirkungsstatut kommt es dagegen nicht an. Eine Rückverweisung kann sich nicht nur ergeben, wenn das ausländische Recht vorrangig auf den Wohnsitz oder gewöhnlichen Aufenthalt der Beteiligten abstellt. Vielfach kommt sie dann in Betracht, wenn der ausländische Staat unabhängig von Staatsangehörigkeit und Wohnsitz der Beteiligten stets sein eigenes Recht als *lex fori* anwendet. Bei Tätigwerden eines deutschen Gerichts kann dann hieraus eine **versteckte Rückverweisung** (siehe Rdn 101) abgeleitet werden. Eine besonders weitgehende Ansicht vertritt hier *Henrich*,[530] der eine versteckte Rückverweisung in Adoptionssachen schon dann annimmt, wenn die deutschen Behörden aus **430**

---

529 Zu den Auswirkungen des Beitritts der Bundesrepublik Deutschland zum 1.7.2015 *Maurer*, FamRZ 2015, 1937.
530 Staudinger/*Henrich*, Art. 22 EGBGB Rn 19; *Henrich*, Internationales Familienrecht, 2. Aufl. 2000, S. 305 ff.; ebenso Bamberger/Roth/*Heiderhoff*, 3. Aufl. 2012, Art. 22 EGBGB Rn 47.

Süß

ausländischer Sicht zwar international unzuständig wären, die in Deutschland ausgesprochene Adoption jedoch in dem anderen Staat anerkannt werden würde.[531]

431   Manche Rechte lassen eine Adoption nicht zu. Dies kann darauf beruhen, dass sie die Adoption generell nicht kennen (wie das islamische Recht). Dies kann aber auch darauf beruhen, dass sie die Adoption abstrakt kennen und nur im Einzelfall nicht zulassen, da sie die Adoption nur bei minderjährigen Anzunehmenden zulassen oder gar noch niedrigere Altersgrenzen statuieren. Soweit das ausländische Recht gem. Art. 22 EGBGB Adoptionsstatut ist, sind diese Grenzen hinzunehmen; eine Verletzung des **ordre public** liegt hierin nach allgemeiner Ansicht grundsätzlich nicht – zumindest dann nicht, wenn das Ergebnis mit dem Wohl des Kindes nicht unvereinbar ist[532] oder wenn das ausländische Recht ein vergleichbares Institut vorsieht.[533] In Sonderfällen wird jedoch eine Ausnahme gemacht, beispielsweise wenn das ausländische Recht die Adoption nur Kinderlosen gestattet und auch kein vergleichbares Rechtsverhältnis zur Verfügung stellt.[534]

b) Zustimmungsstatut

432   Art. 23 EGBGB begründet zusätzlich zum Adoptionsstatut ein besonderes **Zustimmungsstatut**. Zusätzlich zu den Zustimmungserfordernissen für die Adoption, die sich aus dem Adoptionsstatut ergeben, ist ein Zustimmungserfordernis nach dem Heimatrecht des Anzunehmenden zu beachten. Insoweit verweist das deutsche Recht auf das Heimatrecht des Anzunehmenden.

433   Ob eine **Rückverweisung** im Rahmen der Anknüpfung des Zustimmungsstatuts nach Art. 23 EGBGB zu beachten ist, ist umstritten. Ein Teil der Lehre und Rspr. vertritt weiterhin die Ansicht, dass Rück- und Weiterverweisungen durch das Heimatrecht nicht zu beachten seien, da Art. 23 S. 1 EGBGB die spezifischen Interessen des Kindes schützen soll, so dass die Beachtung des **Renvoi** dem Sinn der Verweisung widerspreche.[535] Die mittlerweile wohl überwiegende Ansicht in der Literatur dagegen will auch im Rahmen des Zustimmungsstatuts Rück- und Weiterverweisungen beachten, wie es Art. 4 Abs. 1 S. 2 EGBGB allgemein vorsieht.[536] Dem ist zu folgen, da kein zwingender Grund dafür vorliegt, auf der Anwendbarkeit der Zustimmungserfordernisse des Heimatrechts auch dann noch zu bestehen, wenn dieses sich selber nicht mehr für zuständig hält und auf das deutsche Recht zurückverweist. Vielmehr sollte hier durch Befolgung der Rückverweisung versucht werden, den Entscheidungseinklang mit dem Heimatrecht zu finden. Kennt das ausländische Heimatrecht des Anzunehmenden kein gesondertes Statut für die Zustimmung zur

531   Gegen eine derartige „Ausweitung" des Begriffs der versteckten Rückverweisung aber Staudinger/ *Hausmann*, 2003, Art. 4 EGBGB Rn 237.
532   *Looschelders*, Internationales Privatrecht, 2003, Art. 22 EGBGB Rn 15.
533   OLG Karlsruhe FamRZ 1998; *Jayme*, IPRax 1996, 237.
534   Vgl. *Henrich*, Internationales Familienrecht, 2. Aufl. 2000, S. 307; NK-BGB/*Benicke*, 2. Aufl. 2012, Art. 22 EGBGB Rn 61; *Müller/Sieghörtner/Emmerling de Oliveira*, Adoptionsrecht, 2. Aufl. 2011, Rn 250.
535   BayObLG FamRZ 1988, 868; Palandt/*Thorn*, 71. Aufl. 2011, Art. 23 EGBGB Rn 2; *Kropholler*, Internationales Privatrecht, 6. Aufl. 2004, S. 423; *Rauscher*, Internationales Privatrecht, 3. Aufl. 2009, Rn 938.
536   Soergel/*Lüderitz*, Art. 23 EGBGB Rn 24; Bamberger/Roth/*Heiderhoff*, 3. Aufl. 2012, Art. 23 EGBGB Rn 19; Staudinger/*Henrich*, Art. 23 EGBGB Rn 6; *v. Bar*, Internationales Privatrecht II, 1991, Rn 323; Staudinger/*Hausmann*, 2003, Art. 4 EGBGB Rn 240; *Looschelders*, Internationales Privatrecht, 2003, Art. 23 EGBGB Rn 7; *Schotten/Schmellenkamp*, Das IPR in der notariellen Praxis, 2. Aufl. 2007, Rn 249a Fn 688; Bamberger/Roth/*Heiderhoff*, 3. Aufl. 2012, Art. 23 EGBGB Rn 45; *v. Hoffmann/ Thorn*, Internationales Privatrecht, 9. Aufl. 2007, § 8 Rn 148.

Adoption, so ist auf die für die Voraussetzungen der Adoption geltende ausländische Kollisionsnorm zurückzugreifen.

Besondere Vorschriften für die Adoption, insbesondere die Vermittlung des Kindes und die Prüfung der Adoptionseignung, ergeben sich, wenn und soweit das **Haager Adoptionsübereinkommen vom 29.5.1993 (HAdÜ)** anwendbar ist. Das ist immer dann der Fall, wenn das anzunehmende Kind minderjährig ist und im Rahmen der Adoption seinen gewöhnlichen Aufenthalt von einem Abkommensstaat in einen anderen Abkommensstaat verlegt.[537]

434

2. Anerkennung im Ausland erfolgter Adoptionen

a) Anerkennungsfeststellung

Eine **im Ausland vorgenommene Adoption** kann gem. § 2 Adoptionswirkungsgesetz[538] durch gerichtlichen Akt im Inland mit Wirkung *erga omnes* gerichtlich anerkannt werden (**Anerkennungsfeststellung**).[539] Gemäß § 2 Abs. 1 AdWirkG wird dabei wie folgt unterschieden:

435

– Eine **in einem anderen Konventionsstaat des Haager Adoptionsabkommens erfolgte Adoption** ist ohne Weiteres anzuerkennen, wenn in dem anderen Staat das konventionsgerechte Zustandekommen der Adoption bescheinigt worden ist (Art. 23 Abs. 1 HAdÜ).[540] Dies gilt für Dekretadoptionen ebenso wie für sog. Vertragsadoptionen, die ohne behördlichen Akt zustande gekommen sind.
– Eine **Dekretadoption**,[541] für die keine Bescheinigung der Konventionskonformität erteilt wird, z.B. weil für den ausländischen Staat das Abkommen nicht gilt oder weil es sich um keine grenzüberschreitende Adoption i.S.d. Konvention handelt, muss anerkannt werden, soweit keiner der Anerkennungsversagungsgründe in § 109 FamFG gegeben ist. Die im FamFG aufgeführten Ausschlussgründe werden in der Praxis restriktiv ausgelegt und werden kaum einmal praktisch relevant. Freilich reagieren die deutschen Gerichte bei grenzüberschreitenden Adoptionen zunehmend sensibel und lehnen die Anerkennung einer ausländischen Adoptionsentscheidung zunehmend dann als mit dem deutschen *ordre public* unvereinbar ab, wenn das ausländische Gericht keine Prüfung des Kindeswohls vorgenommen hat. Eine Nachholung der Kindeswohlprüfung im Anerkennungsverfahren wird abgelehnt.[542] Auf diese Weise entpuppt sich eine von den

---

537 Vgl. *Steiger*, DNotZ 2002, 184 ff.; *Süß*, MittBayNot 2002, 88; ebenso *Ring*, § 1 Rdn 418. Das Abkommen ist mittlerweile weltweit von 87 Staaten ratifiziert worden.

538 Gesetz über Wirkungen der Annahme als Kind nach ausländischem Recht (Adoptionswirkungsgesetz – AdWirkG) vom 5.11.2001 (BGBl I, 2950). Durch dieses Gesetz wurde die Haager Konvention vom 19.5.1993 über die internationale Adoption umgesetzt, allerdings mit der Besonderheit, dass die entsprechenden Anerkennungs- und Umwandlungsmöglichkeiten nach dem autonomen Recht nun auch für Adoptionen gelten, die in einem Nicht-Konventionsstaat vorgenommen wurden.

539 Zu beachten ist, dass eine im Ausland vorgenommene Vertragsadoption dann nicht anerkannt werden kann, wenn gem. Art. 23 Abs. 1 EGBGB deutsches Recht Adoptionsstatut ist. Ausgenommen sind nur die Fälle, in denen die Adoption in einem Staat erfolgt ist, der der Haager Adoptionskonvention von 1993 beigetreten ist und über die Adoption die entsprechende Bescheinigung ausgestellt hat, s. *Süß*, MittBayNot 2002, 90.

540 Grenze ist ein erheblicher Verstoß gegen den *ordre public* des Anerkennungsstaates, Art. 24 Konvention: *„if the adoption is manifestly contrary to its public policy"*.

541 Also eine Adoption, die durch einen gerichtlichen oder staatlichen behördlichen Akt (konstitutiv) begründet oder zumindest bestätigt (deklaratorisch) worden ist.

542 Einhellige Auffassung in der Rechtsprechung der deutschen Oberlandesgerichte, vgl. zuletzt OLG Köln v. 19.1.2016 – 4 UF 4/15 (nigerianische Adoption).

Adoptierenden erschlichene Umgehung des von der Haager Adoptionskonvention vor-geschriebenen bürokratischen und in der Praxis restriktiven Verfahrens regelmäßig als „Pyrrhussieg", indem später jahrelang und nervenaufreibend um die Anerkennung der ausländischen Adoption bzw. die Neuvornahme in Deutschland prozessiert werden muss.

– Eine **Vertragsadoption**, für die nicht durch einen Konventionsstaat die Konventions-konformität bescheinigt wurde, ist aus deutscher Sicht nur dann wirksam, wenn sie nach dem gem. Art. 22 EGBGB bestimmten Adoptionsstatut wirksam ist und die gem. Art. 23 EGBGB ggf. erforderlichen weiteren Zustimmungen vorliegen. Bei deutschem Adopti-onsstatut (deutsche Staatsangehörigkeit des Annehmenden bzw. deutsches Ehewirkungs-statut des annehmenden Ehepaares[543]) ist eine in einem Nicht-Konventionsstaat vorge-nommene Vertragsadoption also nichtig und nicht anerkennungsfähig. Hier muss die Adoption dann im Inland „wiederholt" werden.

b) Wirkungen einer ausländischen Volladoption

436 Hat die Adoption nach dem Recht, nach dem sie vorgenommen wurde, die Beendigung der familienrechtlichen Beziehungen zur leiblichen Familie zur Folge (**Volladoption**), so hat das Gericht dies gemeinsam mit der Anerkennung festzustellen. Damit wird dem Ange-nommenen gem. § 2 Abs. 2 Nr. 1 AdWirkG die Stellung eines nach deutschem Recht ange-nommenen Kindes verliehen (**Wirkungsfeststellung**).

c) Wirkungen einer ausländischen schwachen Adoption

437 Hat die Adoption nach dem Recht, nach dem sie im Ausland vorgenommen wurde, die Beziehungen zur leiblichen Familie bestehen lassen (**schwache Adoption**), so hat die Adop-tion selbst dann nur diese schwachen Wirkungen im Inland, wenn sie nach dem aus deut-scher Sicht einschlägigen Adoptionsstatut als eine Volladoption hätte ausgesprochen werden müssen. In diesem Fall muss das deutsche Gericht jedenfalls gem. § 2 Abs. 2 Nr. 2 AdWirkG feststellen, dass das Kind im Hinblick auf die elterliche Sorge und die Unterhaltspflicht einem nach deutschem Recht angenommenen Kind gleichsteht (**Anerkennungs- und Wir-kungsfeststellung**).[544]

438 Das Vormundschaftsgericht kann aber auf Antrag gem. § 3 Abs. 1 AdWirkG durch sog. **Umwandlungsausspruch** dem Kind die Rechtsstellung eines nach deutschem Recht ange-nommenen Kindes verleihen.[545] Wegen der damit einhergehenden Änderung der Abstam-mungsverhältnisse sind hierfür ggf. noch fehlende Einwilligungen der Eltern etc. nachzuho-len, soweit man nicht ausnahmsweise in der Zustimmung zu der bereits vorgenommenen „schwachen" Adoption bereits eine Einwilligung in die Umwandlung erkennt.[546]

439 **Hinweis:** Dies geht nicht nur bei ausländischen, sondern auch bei inländischen Adoptionen. Hat ein deutsches Gericht nach ausländischem Adoptionsstatut (Art. 22 EGBGB) eine schwache Adoption ausgesprochen, weil das ausländische Recht die Volladoption nicht zulässt, so kann dennoch eine Volladoption zustande kommen, indem anschließend bei Gericht ein Umwandlungsausspruch beantragt wird.[547]

---

543 Aufgrund der Verweisung auf Art. 14 Abs. 1 EGBGB in Art. 22 Abs. 1 S. 2 EGBGB bleibt eine Rechts-wahl gem. Art. 14 Abs. 3 EGBGB unbeachtlich.

544 § 2 Abs. 2 S. 1 Nr. 2 AdWirkG.

545 Für Konventionsadoptionen gilt das gem. Art. 27 der Konvention, für andere Adoptionen gem. § 3 AdWirkG.

546 Siehe hierzu NK-BGB/*Benicke*, 2. Aufl. 2012, Anh. I zu Art. 22 EGBGB Rn 25.

547 So *Busch*, IPRax 2003, 18.

d) Weitere Zulässigkeit der Nachadoption?

Bis zur Ratifikation des Haager Adoptionsübereinkommens hat man in der Praxis, da es   440
kein Verfahren zur förmlichen Anerkennung ausländischer Adoptionen gab, die Adoption
im Inland einfach wiederholt. Die inländische Adoption hatte dann mit ihrer eindeutigen
Wirksamkeit und ihren starken Wirkungen faktisch die ausländische Adoption soweit überlagert, dass es auf deren Wirksamkeit und Wirkungen nicht mehr ankam. Soweit nach der
jetzigen Rechtslage eine Wirkungsfeststellung oder ein Umwandlungsausspruch beantragt
werden kann, ist für eine derartige **Wiederholungsadoption** nun weitgehend das Rechtsschutzbedürfnis entfallen. Es verbleiben damit die Fälle, in denen Zweifel an der Wirksamkeit der ausländischen Adoption verbleiben.[548]

3. Gerichtliche Zuständigkeit

Die internationale Zuständigkeit für die Vornahme von Adoptionen wird auch in dem   441
Haager Adoptionsübereinkommen nicht ausdrücklich geregelt. Gemäß § 101 FamFG besteht eine weitreichende – nicht ausschließliche – Zuständigkeit der deutschen Gerichte,
wenn auch nur einer der Beteiligten Deutscher ist oder in Deutschland seinen gewöhnlichen
Aufenthalt hat. In den meisten Fällen wird freilich die Adoption im ausländischen Herkunftsstaat des Kindes ausgesprochen werden, bevor dieses die Möglichkeit zur Ausreise
erhält. Zur Zuständigkeit der deutschen Gerichte kann es aber auch in Fällen kommen,
die unter das Haager Adoptionsabkommen fallen, z.B. wenn das Kind im Rahmen einer
Stiefkindadoption oder aus anderen Anlässen bereits nach Deutschland verbracht worden
ist.

Örtlich ist dann, wenn ausländische Sachvorschriften zur Anwendung gelangen, die Zustän-   442
digkeit beim **Amtsgericht am Sitz des zuständigen OLG** konzentriert (§ 197 Abs. 4
FamFG, § 5 Abs. 1 S. 1 AdWirkG). Dies gilt auch dann, wenn deutsches Recht Adoptionsstatut ist, zusätzlich aber wegen der ausländischen Staatsangehörigkeit des Anzunehmenden
ausländisches Recht für die Zustimmungen zur Adoption anzuwenden ist[549] oder sich die
Geltung deutschen Adoptionsrechts nach Anwendung ausländischen Rechts erst aus einer
Rückverweisung ergibt.[550] Streitig ist, ob dies auch im Fall der Erwachsenenadoption gilt.[551]

---

548 Bamberger/Roth/*Heiderhoff*, 3. Aufl. 2012, Art. 22 EGBGB Rn 69.
549 BayObLG StAZ 2005, 297; OLG Stuttgart FamRZ 2004, 1124; OLG Zweibrücken StAZ 2005, 298 =
     OLG-Report 2005, 213; NK-BGB/*Benicke*, 2. Aufl. 2012, Art. 22 EGBGB, Rn 70. A.A.: OLG Hamm
     FamRZ 2003, 1042; OLG Karlsruhe OLG-Report 2004, 125.
550 OLG Karlsruhe v. 15.3.2005 – 5 WF 36/05.
551 So NK-BGB/*Benicke*, 2. Aufl. 2012, Art. 22 EGBGB Rn 71 mit Hinweisen auf die Rspr., die wohl
     auch nach dem Inkrafttreten des FamFG der Gegenansicht folgt, die eine Zuständigkeitskonzentration
     ablehnt.

Süß

§ 3 Ehevertrag mit Auslandsbezug

Prof. Dr. Gerhard Ring, Freiberg in Sachsen

Literatur

Andrae, Internationales Familienrecht, 2. Aufl. 2006; *Baetge*, Der gewöhnliche Aufenthalt im IPR, 1994; *v. Bar*, Internationales Privatrecht, Bd. 2, 1991; *v. Bar/Ipsen*, Die Durchsetzung des Gleichberechtigungsgrundsatzes im internationalen Ehegüterrecht, NJW 1985, 2849; *v. Bar/Mankowski*, Internationales Privatrecht, Bd. 1, 2. Aufl. 2003; *Beitzke*, Zur Reform des Kollisionsrechts des Ehegüterrechts, in: Beitzke (Hrsg.), Vorschläge und Gutachten zur Reform des deutschen internationalen Personen-, Familien- und Erbrechts, 1981, S. 146; *Beitzke*, Zur Reform des Ehegüterrechts im deutschen IPR, in: Lauterbach (Hrsg.), Vorschläge und Gutachten zur Reform des deutschen internationalen Eherechts, 1962, S. 89; *Beitzke/Lüderitz*, Familienrecht, 2. Aufl. 1999; *Böhme/Siehr/Finger*, Das gesamte Familienrecht – das internationale Recht, 2002; *Böhringer*, Zu den grundbuchrechtlichen Problemen bei Grundstückserwerb mit Ausländerbeteiligung, BWNotZ 1987, 17; *Böhringer*, Die Rechtswahl nach Art. 220 Abs. 3 S. 1 Nr. 2 und 15 Abs. 2 Nr. 3 EGBGB und die Auswirkungen auf den Grundstückserwerb, BWNotZ 1987, 104; *Böhringer*, Grundstückserwerb mit Auslandsberührung aus der Sicht des Notars und des Grundbuchamts, BWNotZ 1988, 49; *Börner*, Die Anforderungen an eine konkludente Rechtswahl des auf die Ehewirkungen anwendbaren Rechts nach Art. 14 EGBGB, IPRax 1995, 309; *Braga*, Einheitliches Erb- und Ehegüterrechtsstatut, Multitudo legum ius unum, in: FS für Wengler, Bd. 2, 1973, S. 191; *Clausnitzer*, Die güter- und erbrechtliche Stellung des überlebenden Ehegatten nach den Kollisionsrechten der Bundesrepublik Deutschland und der USA, 1986; *Clausnitzer*, Nochmals „Zur Konkurrenz zwischen Erbstatut und Güterstatut", IPRax 1987, 102;

Clausnitzer/Schotten, Zur Anwendbarkeit des § 1371 Abs. 1 BGB bei ausländischem Erb- und deutschem Güterrechtsstatut, MittRhNotK 1987, 15; *Dörner*, Zur Beerbung eines in der Bundesrepublik verstorbenen Iraners, IPRax 1994, 33; *Dopffel*, Rechtswahl für persönliche Ehewirkungen, in: Reform des deutschen IPR, 1980, S. 45; *Ebenroth/Eyles*, Der Renvoi nach der Novellierung des Deutschen Internationalen Privatrechts, IPRax 1989, 1; *Elwan/Otto*, Das Zusammenspiel von Ehegüterrecht und Erbrecht in Namibia und Südafrika – Auswirkungen auf Abwicklung internationaler Erbfälle in Deutschland, IPRax 1995, 354; *Ferid*, Französisches Zivilrecht, Bd. 2, 1971; *Ferid*, Wichtige Neuerungen im italienischen Ehegüterrecht, MittBayNot 1982, 16; *Ferid/Böhmer*, Internationales Privatrecht, 1986; *Finger*, Familienrechtliche Rechtsanwendung im Verhältnis zum Iran, FuR 1999, 58, 158 und 215; *Firsching*, Der Ehe- und Erbvertrag im deutschen, österreichischen und schweizerischen Recht, DNotZ 1954, 229; *Gamillscheg*, Die Unwandelbarkeit im internationalen Ehegüterrecht, in: FS für Bötticher, 1969, S. 143; *Gernhuber/Coester-Waltjen*, Familienrecht, 6. Aufl. 2010; *Gollrad*, Staatsangehörigkeit und gewöhnlicher Aufenthalt als funktionelle Anknüpfungspunkte im Bereich des internationalen Eherechts (Art. 13–17 EGBGB), 1973; *Grundmann*, Zur Qualifikation von Verboten einer Güterstandsänderung während der Ehe, FamRZ 1984, 445; *Hausmann*, Ausgleichsansprüche zwischen Ehegatten aus Anlass der Scheidung im Internationalen Privatrecht – zur Abgrenzung zwischen Vertragsstatut, Ehewirkungsstatut und Ehegüterstatut, in: FS für Jayme, Bd. 1, 2004, S. 305; *Heldrich*, Das juristische Kuckucksei aus dem Morgenland, IPRax 1983, 64; *Henrich*, Das internationale Eherecht nach der Reform, FamRZ 1986, 841; *Henrich*, Anordnungen für den Todesfall in Eheverträgen und das IPR, in: FS für Schippel, 1996, S. 905; *Henrich*, Die Morgengabe und das Internationale Privatrecht, in: FS für Sonnenberger, 2004, S. 418; *Henrich*, Internationales Familienrecht, 2. Aufl. 2000; *Henrich*, Internationales Scheidungsrecht, 2. Aufl. 2005; *v. Hoffmann/Thorn*, Internationales Privatrecht, 10. Aufl. 2012; *Jayme*, Betrachtungen zur Reform des portugiesischen Ehegüterrechts, in: FS für Zajtay, 1982, S. 261; *Jayme*, Zum Güterstand in einer deutsch-italienischen Ehe, IPRax 1986, 361, 362; *Jayme*, Auflassungsvormerkung und ausländischer Güterstand, IPRax 1986, 290; *Jayme*, Intertemporales und Internationales Ehegüterrecht – einige vorläufige Betrachtungen, IPRax 1987, 93; *Jayme/Kohler*, Europäisches Kollisionsrecht 2006: Eurozentrismus ohne Kodifikationsidee?, IPRax 2006, 537; *Jeremias/Schäper*, Zugewinnausgleich nach § 1371 BGB bei Geltung ausländischen Erbrechts, IPRax 2005, 521; *Jessel*, Internationales Eherecht, in: Reform des deutschen IPR, 1980, S. 23; *Kartzke*, Renvoi und Sinn der Verweisung, IPRax 1988, 8; *Kegel*, Zur Reform des deutschen internationalen Rechts der persönlichen Ehewirkungen, in: Lauterbach (Hrsg.), Vorschläge und Gutachten zur Reform des deutschen internationalen Eherechts, 1962, S. 75; *Kegel*, Zur Reform des internationalen Rechts der persönlichen Ehewirkungen und des internationalen Scheidungsrechts in der Bundesrepublik Deutschland, in: FS für Schwind, 1978, S. 145; *Kegel/Schurig*, Internationales Privatrecht, 9. Aufl. 2004; *Kemp*, Grenzen der Rechtswahl im internationalen Ehegüter- und Erbrecht, 1999; *Kleinheisterkamp*, Rechtswahl und Ehevertrag – Zum Formerfordernis nach Art. 15 Abs. 3 EGBGB, IPRax 2004, 399; *Kowalczyk*, Spannungsverhältnis zwischen Güterrechtsstatut und Erbstatut nach den Kommissionsvorschlägen für das Internationale Ehegüter- und Erbrecht, GPR 2012, 212 und 258; *Kropholler*, Internationales Privatrecht, 16. Aufl. 2006, S. 343; *Krüger*, Ehe und Brautgabe, FamRZ 1977, 114; *Krüger*, Zur Rückforderung von Ehegeschenken nach türkischem Recht, in: Gedächtnisschrift für Lüderitz, 2000, S. 415; *Krüger*, Beharrung und Entwicklung im islamischen Recht (unter besonderer Berücksichtigung des ehelichen Vermögensrechts), in: Freitag/Leible/Sippel/Wanitzek (Hrsg.), Internationales Familienrecht für das 21. Jahrhundert – Symposium Spellenberg, 2006, S. 171; *Kühne*, Schenkungen unter Ehegatten, insbesondere ihre Rückabwicklung nach der Scheidung, im deutschen materiellen und Internationalen Privatrecht, FamRZ 1969, 376; *Kühne*, Die außerschuldvertragliche Parteiautonomie im neuen Internationalen Privatrecht, IPRax 1987, 69; *Langenfeld*, Hinweise zur Rechtswahl nach Art. 15 II EGBGB, BWNotZ 1986, 153; *Langenfeld*, Ehevertragsgestaltung nach Ehetypen, FamRZ 1987, 9; *Lewald*, Das deutsche IPR auf der Grundlage der Rechtsprechung, 1931; *Lichtenberger*, Zum Gesetz zur Neuregelung des Internationalen Privatrechts, DNotZ 1986, 644; *Lichtenberger*, Zu einigen Problemen des Internationalen Familien- und Erbrechts, in: FS für Ferid, 1988, S. 269; *Lichtenberger/Gebhard*, Hinweise zum Ehegüterrecht in Fällen mit Auslandsberührung, MittRhNotK 1978, 186; *Looschelders*, Anwendbarkeit des § 1371 Abs. 1 BGB nach Korrektur einer ausländischen Erbquote wegen Unvereinbarkeit mit dem ordre public, IPRax 2009, 505; *Ludwig*, Zur Anwendbarkeit des Art. 3 Abs. 3 EGBGB im Internationalen Ehegüterrecht bei der Berechnung des Zugewinnausgleichs nach deutschem Recht, DNotZ 2000, 663; *Ludwig*, Anwendung des § 1371 Abs. 1 BGB bei ausländischem Erbstatut?, DNotZ 2005, 586; *Lüderitz*, Internationales Privatrecht, 2. Aufl. 1992; *Malkoc/Han*, Das neue türkische Zivilgesetzbuch – der gesetzliche Güterstand der Errungenschaftsbeteiligung, FuR 2003, 347; *Mankowski/Osthaus*, Gestaltungsmöglichkeiten durch Rechtswahl beim Erbrecht des überlebenden Ehegatten in internationalen Fällen, DNotZ 1997, 10; *Mansel/Thorn/Wagner*, Europäisches Kollisionsrecht, 2010: Verstärkte Zusammenarbeit als Motor der Vereinheitlichung?, IPRax 2011, 1; *Mäsch/Gotsche*, Friktionen zwischen Erb- und Güterstatut, ZErb 2007, 43; *Merkt*, Die ehegüterrechtliche Auseinandersetzung nach New Yorker Recht, IPRax 1992, 197; *Mörsdorf-Schulte*, Anknüpfungszeitpunkt und Anpassung bei der Morgengabe, ZfRV 2010, 166; *Müller-Freienfels*, Zur kollisionsrechtlichen Abgrenzung von Ehegüterrecht und Erbrecht, in: Lauterbach (Hrsg.), Vorschläge und Gutachten zur Reform des deutschen internationalen Eherechts, 1962, S. 42; *Müller-Freienfels*, Gleichberechtigungsprinzip und eheliches Güterrecht, Familienrecht im In- und Ausland, Bd. 1, 1978, S. 125; *Neubecker*, Der Ehe- und Erbvertrag im internationalen Rechtsverkehr, 1914; *Neuhaus*, Postmortaler Wechsel des Güterstatuts?, RabelsZ 32 (1968), 542; *Ney*, Das Spannungsverhältnis zwischen dem Güter- und dem Erbstatut, 1993; *Nordmeier*, Die Reform des brasilianischen Ehegüterrechts und ihre Bedeutung für deutsch-brasilianische Sachverhalte, insbesondere in Scheidungsfällen, StAZ 2009, 71; *Otto*, Ehe- und Familiensachen mit Ausländerbeteiligung und nach ausländischem Recht, 1980; *Otto*, Güterrecht und IPR, IPRax 1981, 11; *Pakuscher*, Die Unwandelbarkeit des Ehegüterrechtsstatuts im Lichte der Reform des Internationalen Privatrechts, 1987; *Pintens*, Ehegüterstände in Europa, ZEuP 2009, 268; *Raape*, Internationales Privatrecht, 5. Aufl. 1961; *Raape/Sturm*, Internationales Privatrecht, Bd. 1, 6. Aufl. 1977; *Rauscher*, Sachnormverweisungen aus dem Sinn der Verweisung, NJW 1988, 2154; *Reinhart*, Die güterrechtlichen Wirkungen der auslandsbezogenen Ehe (Art. 15 und 16 IPR-Gesetzentwurf), in: Pirrung u.a. (Hrsg.), Die Familie im IPR, 1985, S. 21; *Reiß*, Das Zusammenwirken von Güterstatut und Erbstatut bei Beendigung von deutsch-italienischen Ehen durch Tod eines Ehegatten, ZErb 2005, 306; *Riering*, Gesellschaftsstatut und Ehegüterrechtsstatut, IPRax 1998, 322; *Schoppen*, Das Internationale Privatrecht in der notariellen Praxis, 1995; *Schotten*, Die Konstituierung des neuen sowie die Beendigung und Abwicklung des alten Güterstands nach einer Rechtswahl, DNotZ 1999, 326; *Schotten/Schmellenkamp*, Der Vorrang des Gesellschaftsrechts vor dem Güterrecht, DNotZ 2007, 729; *Schröder/Bergschneider/Mörsdorf-Schulte*, Familienvermögensrecht, 2. Aufl. 2007, 11. Abschnitt; *Schurig*, Das Verhältnis von Staatsangehörigkeitsprinzip und Wandelbarkeit im gegenwärtigen und künftigen deutschen internationalen Ehegüterrecht, JZ 1985, 559; *Schurig*, Erbstatut, Güterrechtsstatut, gespaltenes Vermögen und ein Pyrrhussieg, IPRax 1990, 389; *Siehr*, Internationalprivatrechtliche Probleme des Ehegüterrechts im Verhältnis zur Türkei, IPRax 2007, 353; *Sonnenberger*, IPR-Reform und Verfassungswidrigkeit von Art. 15 Abs. 1 EGBGB, IPRax 1984, 5; *Sonnenberger*, Der Erbfall X – Französisches Ehegüter- und Erbrecht vor dem deutschen Nachlassrichter, in: FS für Geimer, 2002, S. 1241; *Spickhoff*, Die engste Verbindung im interlokalen und internationalen Familienrecht, JZ 1993, 336; *Stoll*, Die Rechtswahl im Namens-, Ehe- und Erbrecht, 1991; *Trolldenier*, Vertragsgüterstand von Italienern in Deutschland, Rpfleger 1981, 2151; *Vékas*, Zur Konkurrenz zwischen Erbstatut und Güterrechtsstatut, IPRax 1985, 24; *Villela*, in: Villela/Correa de Oliveira/Dolemeyer/Samtleben, Güterrecht und Steuern in deutsch-brasilianischen Fällen, 1986; *Wegmann*, Rechtswahlmöglichkeiten im internationalen Familienrecht, NJW 1987, 1740; *Winkler v. Mohrenfels*, Ehebezogene Zuwendungen im Internationalen Privatrecht, IPRax 1995, 397; *Wochner*, Zum Güterrechtsstatut bei deutsch-amerikanischen Ehen, IPRax 1985, 90; *Wolff*, Das Internationale Privatrecht Deutschlands, 1954; *Wurmnest*, Die Brautgabe im Bürgerlichen Recht, FamRZ 2005, 1878; *Wurmnest*, Die Mär von der mahr – Zur Qualifikation von Ansprüchen aus Brautgabevereinbarungen, RabelsZ 71 (2007), 527; *Yassari*, Zwei Bemerkungen zur islamischen Brautgabe vor deutschen Gerichten, StAZ 2009, 366; *Yassari*, Die islamische Brautgabe im deutschen Kollisions- und Sachrecht, IPRax 2011, 63.

A. Einleitung

I. Die Frage nach dem anwendbaren Recht

1　Vorbemerkung:

Die nach ihrem Art. 70 Abs. 2 ab dem 29.1.2019 geltende VO (EU) 2016/1103 des Rates vom 24.6.2016[1] zur Durchführung einer Verstärkten Zusammenarbeit im Bereich der Zuständigkeit, des anzuwendenden Rechts und der Anerkennung und Vollstreckung von Entscheidungen in Fragen des ehelichen Güterstands (kurz: EUGüterR-VO oder Rom IVa-VO) normiert *als loi uniforme* (Art. 20) in Bezug auf das eheliche Güterrecht das Kollisionsrecht in jenen 18 „willigen" Mitgliedstaaten (darunter Deutschland), die die VO im Rahmen des Verfahrens der Verstärkten Zusammenarbeit angenommen haben.[2]

Die Kollisionsnormen der Rom IVa-VO in ihren Art. 20 ff. gelten ab dem 29.1.2019, wenn Ehegatten nach diesem Stichtag heiraten oder eine Rechtswahl treffen. Infolgedessen wird das alte nationale Güterrechts-IPR in Deutschland auch noch für lange Zeit neben der Rom IVa-VO seine Bedeutung beibehalten.[3]

Das mangels Rechtswahl der Parteien (Rechtswahlvereinbarung nach Art. 22 Rom IVa-VO) anzuwendende Recht orientiert sich nach der Anknüpfungsleiter des Art. 26 Abs. 1 Rom IVa-VO am Haager Übereinkommen über das auf Ehegüterstände anzuwendende Recht vom 14.3.1978.[4] Zunächst gilt das Recht des Staates,
- in dem die Ehegatten nach der Eheschließung ihren ersten gemeinsamen gewöhnlichen Aufenthalt haben (Buchst. a), oder andernfalls
- dessen Staatsangehörigkeit beide Ehegatten zum Zeitpunkt der Eheschließung besitzen (Buchst. b), oder andernfalls
- mit dem die Ehegatten unter Berücksichtigung aller Umstände zum Zeitpunkt der Eheschließung gemeinsam am engsten verbunden sind (Buchst. c).

Rück- und Weiterverweisungen sind nach Art. 32 Rom IVa-VO ausgeschlossen.

Vorrangig bestimmt sich der Güterstand gemäß Art. 22 Rom IVa-VO nach der von den Ehegatten getroffenen Rechtswahl. Die Ehegatten oder künftigen Ehegatten können das auf ihren ehelichen Güterstand anzuwendende Recht nach Art. 22 Abs. 1 Rom IVa-VO durch Vereinbarung bestimmen oder ändern, sofern es sich dabei um das Recht eines der folgenden Staaten handelt:
- das Recht des Staates, in dem die Ehegatten oder künftigen Ehegatten oder einer von ihnen zum Zeitpunkt der Rechtswahl ihren/seinen gewöhnlichen Aufenthalt haben/hat (Buchst. a) oder
- das Recht eines Staates, dessen Staatsangehörigkeit einer der Ehegatten oder künftigen Ehegatten zum Zeitpunkt der Rechtswahl besitzt (Buchst. b).

Beachte: Nach Art. 21 Rom IVa-VO ist eine statutenspaltende Rechtswahl für den Grundbesitz oder einzelne Grundstücke (vgl. Art. 15 Abs. 2 Nr. 3 EGBGB) nicht mehr möglich.

Die Rechtswahlvereinbarung nach Art. 22 Rom IVa-VO bedarf gemäß Art. 23 Abs. 1 Rom IVa-VO der Schriftform. Sieht das Recht eines Mitgliedstaats, in dem beide Ehegatten zum Zeitpunkt der Rechtswahl ihren gewöhnlichen Aufenthalt haben, zusätzliche Formvor-

---

1　ABl EU Nr. L 183/1 vom 8.7.2016.
2　Näher siehe § 1 Rdn 83.
3　Siehe § 2 Rdn 10.
4　Dazu siehe § 1 Rdn 70 ff.

schriften für Vereinbarungen über den ehelichen Güterstand vor (z.B. eine notarielle Beurkundung), so sind nach Art. 23 Abs. 2 Rom IVa-VO diese Formvorschriften anzuwenden.

Beim Abschluss eines Ehevertrages zwischen Ehegatten oder Verlobten stellt sich im Falle einer **Auslandsberührung**, die sich aus
– der Staatsangehörigkeit eines oder beider Vertragsschließenden,
– ihrem Wohnsitz oder
– ihrem gewöhnlichen Aufenthalt bzw. bei Immobilien aus deren Belegenheit
ergeben kann, stets die Frage nach dem **anwendbaren Recht.**

Neben dem in diesen Fällen meist maßgeblichen **Güterrechtsstatut** (siehe Rdn 5 ff.) kann ggf., sofern im Vertrag auch noch zusätzliche Anordnungen für den Todesfall getroffen werden sollen, auch noch das **Erbstatut** (siehe Rdn 37 f.) Relevanz erlangen. Zwischen Güterrechtsstatut und Erbstatut kann Deckungsgleichheit bestehen, beide können jedoch auch unterschiedlich sein. „Eine Verlegung des Wohnsitzes ins Ausland kann ungeahnte Folgen haben."[5]

II. Rechtsvergleichung

Die **Vertragsfreiheit** im Ehegüterrecht variiert in den Rechtsordnungen erheblich. Vier unterschiedliche Modelle sind erkennbar:[6]
– völlige Wahlfreiheit der Ehegatten (vgl. z.B. Art. 1387 des französischen Code civil, nachstehend CC),
– freie Ausgestaltung (mit allen Nuancierungsmöglichkeiten zwischen Gütertrennung und Gütergemeinschaft, z.B. Schweden und Dänemark),
– freie Wahl innerhalb eines numerus clausus vorgegebener vertraglicher Güterstände (Deutschland) bzw.
– Abschlusszwang unter fester Vorgabe von Wahlmöglichkeiten.

Darüber hinaus gibt es Rechtsordnungen, die den Ehegatten zwar **vor** der Eheschließung eine weitgehende Vertragsfreiheit einräumen, Eheverträge **nach** der Eheschließung aber (im Gläubigerinteresse, insbesondere in Ländern, die kein Güterrechtsregister kennen, bzw. im Interesse eines Schutzes der Ehegatten vor gegenseitiger Beeinflussung [Schutz des unterlegenen Ehegatten, vgl. Art. 1:114 des niederländischen *Burgerlijk Wetboek* – fortan: BW])[7] von einer gerichtlichen (vgl. Art. 1397 des französischen CC: frühestens nach Ablauf von zwei Jahren des Bestehens des Alt-Güterstands im Interesse der Familie) oder (vormundschafts-)behördlicher Genehmigung abhängig machen.

III. Rechtliche Qualifikation

Der Ehevertrag, der die güterrechtlichen Beziehungen zwischen den Ehegatten regelt, unterfällt den „güterrechtlichen Wirkungen der Ehe" i.S.v. Art. 15 EGBGB (künftig: Art. 22 und

---

5 Vgl. näher *Henrich*, Anordnungen für den Todesfall in Eheverträgen und das IPR, in: FS für Schippel, S. 905 im Hinblick auf die Konsequenzen eines bspw. von deutschen Ehegatten in Deutschland abgeschlossenen Ehe- und Erbvertrages, die ihren Wohnsitz nach Frankreich verlegen: Wenn auch der Ehevertrag nach deutschem Recht in Frankreich Bestand hat, beurteilt sich die Erbfolge nach französischem Recht (hinsichtlich des Mobiliarvermögens, da nach französischem Kollisionsrecht auf den letzten Wohnsitz der Eheleute abzustellen ist, hinsichtlich des Immobiliarvermögens nach der *lex rei sitae*).
6 Staudinger/*Mankowski*, Art. 15 EGBGB Rn 293.
7 Trotz bestehenden Güterrechtsregisters.

26 Rom IVa-VO).[8] Dies hat zur Folge, dass das **Güterrechtsstatut (Ehegüterstatut)** nach h.M.[9] und ständiger Judikatur[10] über die Zulässigkeit, die Gültigkeitsvoraussetzungen und den zulässigen Inhalt eines Ehevertrages entscheidet – mithin über die Frage, ob und mit welchem Inhalt die Ehegatten einen Ehevertrag und damit einen vertragsmäßig bestimmten Güterstand abschließen, ändern oder aufheben können[11] (aber auch darüber, ob ein Ehevertrag noch nach der Eheschließung geschlossen oder geändert werden darf). Das Güterrechtsstatut ist auch maßgeblich dafür, ob eine gerichtliche Genehmigung oder eine besondere Geschäftsfähigkeit erforderlich ist bzw. welche Form als Geschäftsrecht (i.S.d. Art. 11 Abs. 1 EGBGB) gewahrt werden muss. Daneben bleibt allerdings zu **Sonderanknüpfungen** von Teilfragen oder von deutschem Recht (zum Schutz des inländischen Rechtsverkehrs) noch Raum.[12]

6   Bei **deutschem Güterrechtsstatut** resultieren die **Schranken der Vertragsfreiheit** aus § 1409 BGB. Danach kann der Güterstand nicht durch Verweisung auf nicht mehr geltendes oder ausländisches Recht bestimmt werden. Dies bedeutet, dass im Rahmen der güterrechtlichen Vertragsfreiheit auf einen der Vertragstypen des BGB (d.h. Gütertrennung oder Gütergemeinschaft) im Ganzen verwiesen werden kann. Hingegen ist eine Verweisung auf nicht mehr geltendes Güterrecht – einschließlich desjenigen der früheren DDR – unzulässig (i.S. eines Gesetzesverstoßes nach § 134 BGB)[13] mit der Folge, dass dann der gesetzliche Güterstand der Zugewinngemeinschaft nach § 1363 Abs. 1 BGB zur Anwendung gelangen würde. Unabhängig davon ist jedoch die Aufnahme von Einzelregelungen eines früher geltenden Rechts in einen Ehevertrag statthaft.

7   Eine Verweisung auf **ausländisches Recht** ist nur nach Maßgabe von Art. 15 Abs. 2 EGBGB (künftig: Art. 22 Abs. 1 Rom IVa-VO) wirksam.[14]

8   Die Wirkung von Eheverträgen zwischen Ehegatten mit gewöhnlichem Aufenthalt im Inland und die Notwendigkeit entsprechender Eintragungen in das inländische Güterrechtsregister beurteilt sich **gutgläubigen Dritten** gegenüber nach Art. 16 EGBGB[15] (Schutz Dritter, künftig: Art. 28 Rom IVa-VO – Wirkung gegenüber Dritten) Unterliegen die güterrechtlichen Wirkungen dem Recht eines anderen Staates, hat aber einer der Ehegatten seinen gewöhnlichen Aufenthalt im Inland, so ist gem. Art. 16 Abs. 1 Hs. 1 EGBGB die Regelung des § 1412 BGB entsprechend anzuwenden mit der Folge, dass – sofern die Ehegatten

---

8   Staudinger/*Mankowski*, Art. 15 EGBGB Rn 298.
9   NK-BGB/*Sieghörtner*, Art. 15 EGBGB Rn 75; *v. Bar*, Internationales Privatrecht, Bd. 2, Rn 239; Erman/*Hohloch*, Art. 15 EGBGB Rn 33; *Henrich*, Internationales Familienrecht, Rn 85; *v. Hoffmann*, Internationales Privatrecht, § 8 Rn 33; *Jayme*, Zum Güterstand in einer deutsch-italienischen Ehe, IPRax 1986, 361, 362; *Kegel/Schurig*, Internationales Privatrecht, § 20 VI. 3.; *Lüderitz*, Internationales Privatrecht, Rn 347; MüKo-BGB/*Siehr*, Art. 15 EGBGB Rn 76 und 84; Palandt/*Thorn*, Art. 15 EGBGB Rn 30; Soergel/*Schurig*, Art. 15 EGBGB Rn 49; Staudinger/*Mankowski*, Art. 15 EGBGB Rn 298 und 304; a.A. *Grundmann*, Zur Qualifikation von Verboten einer Güterstandsänderung während der Ehe, FamRZ 1984, 445, 447: Ehewirkungsstatut.
10 KG DNotZ 1927, 288; KG HRR 1933 Nr. 205 = IPRspr 1933 Nr. 31; AG Wedel IPRspr 1972 Nr. 54; LG München I IPRspr 1977 Nr. 64 = FamRZ 1978, 364; AG Mannheim BWNotZ 1979, 12 = IPRspr 1978 Nr. 57; BayObLGZ 1979, 61 = DNotZ 1980, 109 = FamRZ 1979, 583 = IPRspr 1979 Nr. 47; LG Kempten IPRspr 1985 Nr. 53 (LS) = IPRax 1985, 167 (LS); BayObLGZ 1986, 1 = DNotZ 1986, 501 = IPRax 1986, 379 = IPRspr 1985 Nr. 57 = NJW-RR 1986, 1023.
11 Palandt/*Thorn*, Art. 15 EGBGB Rn 30.
12 Bamberger/Roth/*Mörsdorf-Schulte*, Art. 15 EGBGB Rn 22.
13 Palandt/*Brudermüller*, § 1409 BGB Rn 1.
14 Palandt/*Brudermüller*, § 1409 BGB Rn 2.
15 Bamberger/Roth/*Mörsdorf-Schulte*, Art. 15 EGBGB Rn 50.

den gesetzlichen Güterstand (durch Ehevertrag und Wahl des vertraglichen Güterrechts) ausgeschlossen oder geändert haben – die Ehegatten hieraus einem Dritten gegenüber Einwendungen gegen ein Rechtsgeschäft, das zwischen einem von ihnen und dem Dritten vorgenommen worden ist, nur dann herleiten können, wenn der Ehevertrag im Güterrechtsregister des zuständigen Amtsgerichts eingetragen (oder dem Dritten bekannt) war, als das Rechtsgeschäft vorgenommen wurde. Das Gleiche gilt, wenn die Ehegatten eine im Güterrechtsregister eingetragene Regelung der güterrechtlichen Verhältnisse durch Ehevertrag (wieder) aufheben oder ändern. Nach Art. 16 Abs. 1 Hs. 2 EGBGB steht der fremde gesetzliche Güterstand einem vertragsmäßigen gleich.

IV. Anknüpfungszeitpunkt

Maßgeblich ist jeweils das im **Zeitpunkt des Abschlusses des Ehevertrages** geltende Ehegü-   9
terrechtsstatut.[16] Wird der Ehevertrag bereits **vor der Heirat** abgeschlossen, ist das **erste Ehegüterstatut** während der Ehezeit maßgeblich.[17] Ist kein Güterrechtsstatut gewählt worden, entscheidet das Güterrechtsstatut im Zeitpunkt der Heirat über den Ehevertrag. Dies gilt auch dann, wenn der Ehevertrag bereits vor der Heirat abgeschlossen worden ist und das Güterrechtsstatut zwischenzeitlich gewechselt hat.[18] Im Hinblick auf die Geltung des Güterrechtsstatuts spielt es i.Ü. keine Rolle, ob der Ehevertrag vor oder nach der Hochzeit geschlossen wird. Es ist auch unerheblich, ob die Anknüpfung dieselbe wie bei der Heirat geblieben ist.[19] Zusammen mit dem Ehevertrag kann ggf. auch die Wahl eines (eventuell neuen) Güterrechtsstatuts verbunden sein (siehe Rdn 102 ff.) mit der Folge, dass dann dessen Sachnormen maßgeblich sind.[20]

V. Verkehrsschutz

Der inländische gutgläubige Rechtsverkehr wird durch Art. 16 EGBGB (Schutz Dritter,   10
künftig: Art. 28 Rom IVa-VO – Wirkung gegenüber Dritten) vor ausländischen gesetzlichen Güterständen geschützt, die nicht in das **Güterrechtsregister** des zuständigen Amtsgerichts eingetragen worden sind[21] (siehe Rdn 8).

B. Abgrenzungsfragen

Der Begriff „Ehevertrag" muss, da er in den einzelnen Sachrechten unterschiedlich ausgelegt   11
wird, im Zusammenhang mit Art. 15 EGBGB (künftig: Art. 22 Rom IVa-VO) vom deutschen Kollisionsrecht aus qualifiziert werden.[22]

Hinweis: Vor diesem Hintergrund sind sowohl Vereinbarungen über den Versorgungsaus-   12
gleich als auch Verträge mit Dritten kollisionsrechtlich keine „Eheverträge".[23]

---

16   NK-BGB/*Sieghörtner*, Art. 15 EGBGB Rn 77; Staudinger/*Mankowski*, Art. 15 EGBGB Rn 298.
17   RG Recht 1908 Nr. 2683.
18   *Kegel/Schurig*, Internationales Privatrecht, § 20 VI. 3.: bspw. belgische Verlobte, die bis zur Heirat Franzosen geworden sind.
19   Vgl. Soergel/*Schurig*, Art. 15 EGBGB Rn 27 f.
20   Soergel/*Schurig*, Art. 15 EGBGB Rn 48.
21   Bamberger/Roth/*Mörsdorf-Schulte*, Art. 15 EGBGB Rn 50.
22   NK-BGB/*Sieghörtner*, Art. 15 EGBGB Rn 75; Staudinger/*Mankowski*, Art. 15 EGBGB Rn 299 und 301.
23   NK-BGB/*Sieghörtner*, Art. 15 EGBGB Rn 75; Staudinger/*Mankowski*, Art. 15 EGBGB Rn 301 f.

Ring

13 Eheverträge sind von nichteherechtlichen Schuldverhältnissen zu unterscheiden. Eheverträge zeichnen sich dadurch aus, dass sie einen Güterstand
- schaffen,
- ändern (bspw. Änderungen von Gesamt- zu Vorbehaltsgut und umgekehrt nach § 1418 Abs. 1 Nr. 1 BGB oder Änderung in der Verwaltung des Gesamtgutes gem. § 1421 BGB)²⁴ oder
- beenden,
womit sie dem **Güterrechtsstatut** (siehe Rdn 6) unterworfen sind.

14 Demhingegen unterfallen **nichteherechtliche Schuldverhältnisse** (seien sie vertraglicher oder gesetzlicher Natur) zwischen einem (oder beiden) Ehegatten einerseits und **Dritten** andererseits der Rechtsordnung, die das einzelne Rechtsverhältnis beherrscht (mithin dem für sie jeweils maßgeblichen Recht).²⁵ Damit unterliegen bspw. **vertragliche schuldrechtliche Beziehungen** der Ehegatten untereinander (ebenso wie deren Rückabwicklung) dem **Schuldstatut**²⁶ (nach Maßgabe der Rom I-VO,²⁷ ex Art. 27 ff. EGBGB), ebenso wie Arbeitsverträge zwischen den Ehegatten. Dies bedeutet: Es gilt in diesen Fällen
- primär der Grundsatz der freien Rechtswahl nach Art. 3 Rom I-VO (ex Art. 27 EGBGB);
- sekundär, soweit das auf den Vertrag anzuwendende Recht nicht nach Art. 3 Rom I-VO (ex Art. 27 EGBGB) vereinbart worden ist, unterliegt der Vertrag gem. Art. 4 Abs. 4 Rom I-VO (ex Art. 28 Abs. 1 EGBGB) dem Recht des Staates, mit dem er die „engsten Verbindungen" aufweist (nach der früheren Vermutungsregel des ex Art. 28 Abs. 2 S. 1 EGBGB galt, dass der Vertrag die „engsten Verbindungen" mit dem Staat aufweist, in dem die Partei, welche die charakteristische Leistung zu erbringen hat, im Zeitpunkt des Vertragsabschlusses ihren gewöhnlichen Aufenthalt hatte). Nach Art. 4 Abs. 4 Rom I-VO gelangt das Recht des Staates, zu dem der Vertrag die engste Verbindung aufweist dann zur Anwendung, wenn das anzuwendende Recht nicht nach Art. 4 Abs. 1 Rom I-VO (ausdrückliche Anknüpfung der wichtigsten Vertragstypen) bzw. Art. 4 Abs. 2 Rom I-VO (Prinzip der charakteristischen Leistung) bestimmt werden kann.

15 **Gesetzliche Schuldverhältnisse** zwischen den Ehegatten (d.h. bspw. Fälle einer Geschäftsführung ohne Auftrag, einer ungerechtfertigten Bereicherung bzw. einer unerlaubten Handlung) unterfallen den dafür geltenden besonderen Schuldstatuten der Art. 38 bis 42 EGBGB²⁸ (Außervertragliche Schuldverhältnisse).

16 **Hinweis:** Vermögensrechtliche Fragen einer **nichtehelichen Lebensgemeinschaft** unterfallen nicht Art. 15 EGBGB (vgl. auch in Bezug auf das Güterrecht eingetragener gleichgeschlechtlicher Ehepartnerschaften künftig die Rom IVb-VO²⁹). Vielmehr beurteilen sie sich gleichermaßen jeweils nach dem Recht, das das einzelne Rechtsverhältnis beherrscht – maßgeblich sind hier das Vertrags- und das Gesellschaftsstatut.³⁰

17 Somit ist also in der Rechtsbeziehung zwischen zwei Ehegatten eine materielle Differenzierung zwischen Eheverträgen und (sonstigen) Rechtsgeschäften zwischen Ehegatten zu

---

24 Soergel/*Schurig*, Art. 15 EGBGB Rn 49.
25 BGHZ 119, 390 = NJW 1993, 385; Soergel/*Schurig*, Art. 15 EGBGB Rn 37.
26 BGH FamRZ 1993, 290 (zu unbenannten Zuwendungen unter den Ehegatten); Palandt/*Thorn*, Art. 15 EGBGB Rn 25; a.A. hingegen *Winkler v. Mohrenfels*, IPRax 1995, 397.
27 VO (EG) Nr. 593/2008 des Europäischen Parlaments und des Rates vom 17.6.2008 über das auf vertragliche Schuldverhältnisse anzuwendende Recht (ABl L 177 vom 4.7.2008, S. 6).
28 Palandt/*Thorn*, Art. 15 EGBGB Rn 25.
29 Näher siehe § 1 Rdn 83.
30 A.A. hingegen *Andrae*, Internationales Familienrecht, Rn 816 ff.; MüKo-BGB/*Siehr*, Art. 15 EGBGB Rn 192.

treffen.[31] So kann es bspw. Abgrenzungsprobleme bei **Gesellschaftsverträgen zwischen Ehegatten** geben.[32] Eigenem Recht (und somit nicht dem Güterrechtsstatut) sollen z.B. unterfallen: unbenannte Zuwendungen in der Ehe,[33] Schenkungen,[34] aber auch Gesellschaftsverträge.[35] Im Hinblick auf die **Abgrenzung** von Ehe- zu Gesellschaftsverträgen gilt als **Faustregel,** dass ein Vertrag dann als Ehevertrag zu qualifizieren ist, wenn er das gesamte Gütervermögen – und nicht nur einzelne Vermögenswerte – umfasst.[36]

Spezielle güterrechtliche Rechtsfolgen (bzw. Tatbestandsvoraussetzungen der Rechtsbeziehungen) werden güterrechtlich beurteilt.[37] So ist bspw. das Ehegüterrechtsstatut (und nicht das Gesellschaftsstatut) maßgeblich für die Beurteilung einer dinglichen Berechtigung von in Güter- oder Errungenschaftsgemeinschaft lebenden Ehegatten an einer Kapitalgesellschaft, da es hier um die vermögensrechtliche Zuordnung geht.[38]   18

Das **Güterrechtsstatut** soll infolgedessen folgende vom Güterstand abhängige Konstellationen beherrschen:[39]   19
– Auseinandersetzung nach Trennung oder Scheidung der Ehegatten;
– Ausgleichspflicht der Ehegatten untereinander;
– Erwerbsbeschränkungen oder Verfügungsbeschränkungen infolge des Güterstands;
– Haftung eines Ehegatten für die Verbindlichkeiten des anderen;
– Mitberechtigung des anderen Ehegatten an einem Bankkonto;
– Rückzahlungsverpflichtung einer Mitgift;
– Zugehörigkeit einer Forderung zum Vorbehaltsgut.

Zusammenfassung: Rechtsgeschäfte zwischen den Ehegatten oder solche zwischen diesen und Dritten unterliegen grundsätzlich dem **Geschäftsstatut.**[40]   20

Verbote von Geschäften zwischen den Ehegatten fallen jedoch z.T. (wieder) unter das Güterrechtsstatut nach Art. 15 EGBGB,[41] wenn sie zu den persönlichen Ehewirkungen oder zum Güterrecht gehören (das Güterrechtsstatut also eigene Regeln aufstellt)[42] – bspw. Regelungen, die Verkäufe und Schenkungen zwischen den Ehegatten verbieten (die meist   21

---

31 Vgl. bereits *Tuhr*, Bd. 1, S. 337 f. Zudem BGHZ 119, 390 = NJW 1993, 385; *Beitzke/Lüderitz*, Familienrecht, § 13 IV; *Gernhuber/Coester-Waltjen*, Familienrecht, § 32 1 V.
32 OLG Stuttgart NJW 1958, 1972: Es soll sich dann um einen Ehevertrag handeln, wenn nicht Einzelstücke, sondern das Gesamtvermögen erfasst wird. Zudem war im konkret entschiedenen Fall (nach Ansicht der Ehegatten) die Güterverteilung für den Bestand und die Führung der Ehe wesentlich.
33 BGHZ 119, 390 = NJW 1993, 385: Schuldrechtsstatut.
34 *Kühne*, FamRZ 1969, 376; Palandt/*Thorn*, Art. 15 EGBGB Rn 25; Staudinger/*v. Bar*, 12. Aufl. 1982/83, Art. 15 EGBGB Rn 76 (Schenkung); Staudinger/*Mankowski*, Art. 15 EGBGB Rn 267 f.
35 Erman/*Hohloch*, Art. 15 EGBGB Rn 36; *Henrich*, Internationales Familienrecht, Rn 81; Staudinger/*v. Bar*, 12. Aufl. 1982/83, Art. 15 EGBGB Rn 77 (Gesellschaftsverträge); Staudinger/*Mankowski*, Art. 15 EGBGB Rn 269.
36 OLG Stuttgart NJW 1958, 1972; NK-BGB/*Sieghörtner*, Art. 15 EGBGB Rn 75; Staudinger/*Mankowski*, Art. 15 EGBGB Rn 303.
37 Vgl. Soergel/*Schurig*, Art. 15 EGBGB Rn 37.
38 So *Kropholler*, Internationales Privatrecht, S. 343; *Riering*, Gesellschaftsstatut und Ehegüterrechtsstatut, IPRax 1998, 322.
39 Beispiele nach Bamberger/Roth/*Mörsdorf-Schulte*, Art. 15 EGBGB Rn 20.
40 *Kegel/Schurig*, Internationales Privatrecht, § 20 VI. 2. und § 20 V. 3.
41 *Kegel/Schurig*, Internationales Privatrecht, § 20 V. 3.
42 Soergel/*Schurig*, Art. 15 EGBGB Rn 49.

Ring

in den Kreis der persönlichen Ehewirkungen fallen[43] bzw. manchmal nach ihrem Zweck ins Güterrecht fallen[44]).

22   **Verbote von Rechtsgeschäften eines Ehegatten mit Dritten** sind meist als persönliche Ehewirkungen zu qualifizieren – bspw. an die Ehefrau gerichtete Verbote, sich für ihren Gatten zu verbürgen oder eine vergleichbare Schuldhilfe zu leisten (sog. Interzessionsverbote).[45] Das **Verbot von Gesellschaften zwischen Ehegatten**[46] soll nach seinem Zweck meist (aber nicht notwendig) ehegüterrechtlich sein.[47] Das Güterrechtsstatut kann auch bestimmte Geschäfte mit Dritten verbieten.[48]

23   In den genannten Fällen gehen die eigenständigen Regeln des Güterrechtsstatuts vor.[49] Bei „**unbenannten Zuwendungen**" zwischen Ehegatten können auch Ansprüche wegen Wegfalls der Geschäftsgrundlage von den Rechten abhängen, die das Güterrechtsstatut gewährt.[50] Geht es um die Beurteilung der Frage, wie eine vom Ehegüterrecht angeordnete Verfügung vollzogen wird (Frage des **Verfügungsvollzugs**), gilt das **Belegenheitsstatut** mit der Folge, dass der Eigentumserwerb, der Besitz, das Entstehen beschränkt dinglicher Rechte und der Übergang bzw. die Übertragung dinglicher Rechte oder die Voraussetzungen und Wirkungen sachenrechtlicher Rechtsgeschäfte[51] dem **Recht des Lageorts** der betreffenden Sache (*lex rei sitae*) unterliegen,[52] ebenso die Qualifikation der dinglichen Rechtslage[53] oder der Anspruch auf Herausgabe des persönlichen Eigentums nach der Scheidung.

24   Im Hinblick auf **Forderungen** gelangt das **Schuldstatut** (siehe Rdn 14 f.) zur Anwendung.[54]

25   **Hinweis:** Das die Sache oder die Forderung beherrschende Statut (siehe Rdn 14 f.) erfasst allein den Tatbestand und die Rechtsfolge der Verfügung, nicht aber güterrechtliche Einflüsse auf die Besitzlage, die Art des gemeinschaftlichen Eigentums der Ehegatten, die Zuordnung eines Gegenstandes in die Gütermasse oder die Frage nach der Verfügungsbefugnis eines Ehegatten,[55] wobei aber die güterrechtlich angeordnete Entstehung eines Rechts am Gegenstand und die Rechtsfolgen nicht dem die Einzelgegenstände beherrschenden Recht widersprechen dürfen.

---

43   Vgl. für Schenkungen Cass. Revue critique de droit international privé 1991, S. 104. Zudem *Kühne*, FamRZ 1969, 376.

44   So RGZ 163, 367, 375 = DR 1940, 1377: Das im früheren belgischen Recht normierte Verbot von Gesellschaften zwischen Ehegatten.

45   *Kegel/Schurig*, Internationales Privatrecht, § 20 V. 3. mit Kritik an BGH NJW 1979, 1011 (niederländisches Verbot gegenüber einem Ehemann, sich ohne die Zustimmung seiner Frau zu verbürgen – was unbeachtlich sei, so der BGH, weil die Bürgschaft deutschem Recht unterfalle) und OLG Köln RIW 1998, 148 (Schuldbeitritt).

46   Vgl. RGZ 163, 367 = DR 1940, 1377: Das im früheren belgischen Recht normierte Verbot von Gesellschaften zwischen Ehegatten.

47   *Erman/Hohloch*, Art. 14 EGBGB Rn 32; *Palandt/Thorn*, Art. 14 EGBGB Rn 18 und Art. 15 EGBGB Rn 25; *Soergel/Schurig*, Art. 14 EGBGB Rn 63.

48   *Soergel/Schurig*, Art. 15 EGBGB Rn 33.

49   *Kühne*, FamRZ 1969, 376 – für Schenkung; MüKo-BGB/*Siehr*, Art. 15 EGBGB Rn 94; *Palandt/Thorn*, Art. 15 EGBGB Rn 25; *Soergel/Schurig*, Art. 15 EGBGB Rn 49.

50   BGHZ 119, 390 = NJW 1993, 385; *Soergel/Schurig*, Art. 15 EGBGB Rn 49.

51   OLG Köln NJW-RR 1994, 200: Erwerb von Allein- oder Miteigentum der Ehegatten; a.A. hingegen LG Berlin FamRZ 1993, 198.

52   Bamberger/Roth/*Mörsdorf-Schulte*, Art. 15 EGBGB Rn 38; a.A. hingegen LG Berlin FamRZ 1993, 198; LG Tübingen NJW-RR 1992, 1096.

53   Bamberger/Roth/*Mörsdorf-Schulte*, Art. 15 EGBGB Rn 38.

54   Bamberger/Roth/*Mörsdorf-Schulte*, Art. 15 EGBGB Rn 38.

55   So Bamberger/Roth/*Mörsdorf-Schulte*, Art. 15 EGBGB Rn 39.

Dem **Ehewirkungsstatut** nach Art. 14 EGBGB (Allgemeine Ehewirkungen) unterfallen   26
Fragen[56] wie bspw. die Geschäfte zur Deckung des Lebensbedarfs bzw. den ehelichen
Hausrat (vor der Trennung) betreffend, zudem die Frage nach verbotenen Geschäften
zwischen den Ehegatten und Eigentumsvermutungen.[57]

Verfügungsbeschränkungen sind differenziert nach ihrer Funktion zu beurteilen und kön-   27
nen somit dem Ehewirkungsstatut (Art. 14 EGBGB, künftig: Art. 22 und 26 Rom IVa-VO)
oder dem Ehegüterrechtsstatut (Art. 15 EGBGB) unterfallen.[58]

Exkurs: Das **Scheidungsstatut** nach Art. 17 EGBGB ist maßgeblich für die Beurteilung   28
der **scheidungsrechtlichen Nebenfolgen** (bspw. die Zuweisung der Ehewohnung bzw. die
Hausratsverteilung).[59] Das **Verteilungsverfahren** selbst richtet sich nach der *lex fori*.[60]
Auf den **Versorgungsausgleich** findet das Scheidungsstatut Anwendung[61] (Art. 17 Abs. 3
EGBGB). Danach unterliegt der Versorgungsausgleich dem nach der VO Nr. 1259/2010
anzuwendenden Recht (so Art. 17 Abs. 3 S. 1 Hs. 1 EGBGB).

Ein **Auseinandersetzungsvertrag** (im Zusammenhang mit der Scheidung oder der Tren-   29
nung der Ehegatten ohne Auflösung des Ehebandes) wird gem. Art. 15 EGBGB (künftig:
Art. 22 und 26 Rom IVa-VO) **güterrechtlich** beurteilt.[62] Demhingegen erfolgt im Hinblick
auf **Unterhaltsvereinbarungen** (vor wie nach der Scheidung oder der Trennung ohne
Auflösung des Ehebandes und unabhängig davon, ob diese isoliert oder in Zusammenhang
mit Auseinandersetzungsvereinbarungen eingegangen werden) eine **unterhaltsrechtliche
Qualifikation**[63] – was Art. 18 Abs. 4 EGBGB a.F. für Ansprüche nach Scheidung oder
Trennung ausdrücklich auch so vorgab.[64] Wenn eine Ehescheidung im Inland ausgesprochen
oder anerkannt worden ist, ist für die Unterhaltspflichten zwischen den geschiedenen Ehegatten das auf die Ehescheidung anwendbare Recht (Art. 17 EGBGB – Scheidung) maßgeblich, was auch für den Fall einer Trennung ohne Auflösung des Ehebandes gilt.

C. Kombinierte Ehe- und Erbverträge

In der Praxis werden Ehe- und Erbverträge oft in einem Zusammenhang geschlossen, meist   30
sogar in einer einheitlichen Urkunde (sog. **kombinierte Ehe- und Erbverträge**).[65]

---

56 Beispielsfälle nach Bamberger/Roth/*Mörsdorf-Schulte*, Art. 15 EGBGB Rn 40.
57 Bamberger/Roth/*Mörsdorf-Schulte*, Art. 15 EGBGB Rn 40; Soergel/*Schurig*, Art. 15 EGBGB Rn 42.
58 Vgl. Bamberger/Roth/*Mörsdorf-Schulte*, Art. 15 EGBGB Rn 41.
59 So OLG Frankfurt/M. FamRZ 1989, 75, 77; KG FamRZ 1989, 74; OLG Köln NJW-RR 1989, 646;
    OLG Stuttgart FamRZ 1990, 1354; OLG Hamm FamRZ 1993, 211; Bamberger/Roth/*Mörsdorf-
    Schulte*, Art. 15 EGBGB Rn 42; Soergel/*Schurig*, Art. 17 EGBGB Rn 123; a.A. hingegen Soergel/
    Schurig, Art. 14 EGBGB Rn 37; bzw. für eine unterhaltsrechtliche Qualifikation sprechen sich aus:
    OLG Hamm FamRZ 1989, 621; *Kegel/Schurig*, Internationales Privatrecht, § 20 V. 3. Wenn das auslän-
    dische Scheidungsstatut allerdings keine Scheidung kennt, sind Hausrat und Ehewohnung nach dort
    geltendem Recht im Wege einer Angleichung auseinanderzusetzen: so Bamberger/Roth/*Mörsdorf-
    Schulte*, Art. 15 EGBGB Rn 43.
60 Bamberger/Roth/*Mörsdorf-Schulte*, Art. 15 EGBGB Rn 42.
61 BGH NJW 1993, 2049; Bamberger/Roth/*Mörsdorf-Schulte*, Art. 15 EGBGB Rn 42.
62 Bamberger/Roth/*Mörsdorf-Schulte*, Art. 15 EGBGB Rn 41; Soergel/*Schurig*, Art. 15 EGBGB Rn 45.
63 So Bamberger/Roth/*Mörsdorf-Schulte*, Art. 15 EGBGB Rn 41; MüKo-BGB/*Winkler v. Mohrenfels*,
    Art. 17 EGBGB Rn 172; Soergel/*Schurig*, Art. 15 EGBGB Rn 46.
64 Bamberger/Roth/*Mörsdorf-Schulte*, Art. 15 EGBGB Rn 41.
65 Dazu näher *Henrich*, Anordnungen für den Todesfall in Eheverträgen und das Internationale Privat-
    recht, in: FS für Schippel, S. 905.

I. Grundsatz: Rechtliche Qualifikation

31   Während die früher h.M.[66] kombinierte Ehe- und Erbverträge zumindest im Falle eines güterrechtlichen Schwerpunkts einheitlich dem **Güterrecht** zuordnete, verfolgt die heute h.A.[67] einen differenzierten Ansatz, da eine einheitlich güterrechtliche Qualifikation zum einen den Anlass der Kombination überbewerte und zum anderen Unterschiede unzulässigerweise einebne.[68] Es erfolgt eine **Unterscheidung** zwischen den **erbrechtlichen** und den **güterrechtlichen Elementen** des Vertrages. Hinsichtlich der erbrechtlichen Elemente des kombinierten Vertrages erfolgt eine erbvertragsrechtliche Anknüpfung.[69] Im Hinblick auf die güterrechtlichen Elemente eine güterrechtliche Anknüpfung.

32   **Hinweis:** Diese neuere Auffassung gilt gleichermaßen für bloß nominell als Eheverträge bezeichnete Vereinbarungen, die aber tatsächlich auch Anordnungen für den Todesfall mitenthalten (mithin erbvertragliche Elemente beinhalten). Auch bei ihnen kommt hinsichtlich der erbvertraglichen Elemente eine erbvertragliche Anknüpfung zum Tragen.[70]

33   Dieser differenzierte Neuansatz der heute h.M. hat zwingend zur Voraussetzung, dass sowohl den erb- als auch den güterrechtlichen Elementen des kombinierten Vertrages eine „hinreichende Bedeutung und (ein) hinreichendes Gewicht" zukommt.[71] Fehlt den Einzelelementen ein entsprechendes Gewicht bzw. eine solche Bedeutung, gilt für den Gesamtvertrag das Statut des Elements, das materiell den kombinierten Vertrag dominiert, mithin „das Statut des sachlich allein gewichtigen Komplexes".[72] Dies bedeutet konsequenterweise, dass ein kombinierter Ehe- und Erbvertrag, der sich allein in formeller Hinsicht als Güterrechtsvertrag darstellt, materiell (sachlich) jedoch ausschließlich als Verfügung von Todes wegen zu qualifizieren ist, nur dem Erbvertragsstatut unterfällt. Mithin ist die bloße Benennung eines Vertrages durch die Parteien für die rechtliche Qualifikation desselben nicht entscheidend.[73] Vielmehr ist der **materielle Gehalt** eines Vertrages maßgeblich. Der materielle Gehalt setzt sich dann auch gegen eine falsche (d.h. fehlerhafte) Bezeichnung durch die Parteien durch.[74] Ob die Vertragsschließenden einen Ehevertrag zur Umgehung des Erbvertrages eingehen, dieser also wegen **Gesetzesumgehung** unwirksam ist, ist kumulativ nach dem Ehegüterrechtsstatut *und* dem inländischen internationalen Privatrecht zu beurteilen.[75]

---

66 Vgl. *Raape*, Internationales Privatrecht, 5. Aufl. 1961, S. 335; Staudinger/*v. Bar*, 12. Aufl. 1982/83, Art. 15 EGBGB Rn 97; Staudinger/*Mankowski*, Art. 15 EGBGB Rn 337.

67 Dazu BayObLGZ 1981, 178; Erman/*Hohloch*, Art. 15 EGBGB Rn 39; *ders.*, Art. 25 EGBGB Rn 32; MüKo-BGB/*Birk*, Art. 26 EGBGB Rn 142; Palandt/*Thorn*, Art. 15 EGBGB Rn 29; Staudinger/*Mankowski*, Art. 15 EGBGB Rn 337; Staudinger/*Dörner*, Art. 25 EGBGB Rn 349.

68 So Staudinger/*Mankowski*, Art. 15 EGBGB Rn 338: Güter- und Erbrecht seien (zwei) trennende Teilkomplexe des Gesamtkomplexes „Vermögensrecht", wobei die Ehegatten jedoch in der Kombination von Ehe- und Erbvertrag diesen Gesamtkomplex in seinem Verhältnis zu den Teilkomplexen regeln wollten. Der Gesamtkomplex „Vermögensrecht" werde allerdings kollisionsrechtlich nicht einheitlich angeknüpft.

69 Bamberger/Roth/*Mörsdorf-Schulte*, Art. 15 EGBGB Rn 27.

70 *Henrich*, Anordnungen für den Todesfall in Eheverträgen und das IPR, in: FS für Schippel, S. 905, 914; Staudinger/*Mankowski*, Art. 15 EGBGB Rn 337.

71 Staudinger/*Dörner*, Art. 25 EGBGB Rn 349.

72 Staudinger/*Mankowski*, Art. 15 EGBGB Rn 339.

73 Staudinger/*Mankowski*, Art. 15 EGBGB Rn 339.

74 So LG München I FamRZ 1978, 364.

75 So Bamberger/Roth/*Mörsdorf-Schulte*, Art. 15 EGBGB Rn 27.

Hinweis: Zur Beantwortung der Frage, ob und ggf. in welchem Umfang durch einen   34
Ehegattenvertrag auch **Pflichtteilsrechte** Dritter eingeschränkt oder beeinträchtigt werden
können, ist allein das Erbrechtsstatut maßgeblich.[76]

II. Deutsches Güterrechtsstatut und ausländisches Erbstatut bei Wohnsitzverlegung ins Ausland

Nachstehend sollen beispielhaft einige Besonderheiten gestreift werden, die im Falle einer   35
Wohnsitzverlegung von Ehepaaren eintreten können, um daraus resultierende Gefahren
aufzuzeigen.

Sofern bei einer Wohnsitzverlegung deutscher Ehegatten ins Ausland das nunmehrige   36
Wohnsitzrecht Erbverträge (zwischen Ehegatten) anerkennt, gilt bspw. Folgendes:

Italien als Wohnsitzstaat unterstellt die Erbfolge (unter Nichtberücksichtigung des italieni-   37
schen *ordre public*) nach Art. 46 IPR-Gesetz dem Heimatrecht des Erblassers (trotz grundsätzlicher Unwirksamkeit des Erbvertrages nach Art. 458 des italienischen CC) – mit der
Folge einer Anwendbarkeit deutschen Rechts.

Frankreich als Wohnsitz-(Belegenheits-)Staat knüpft die Erbfolge an den Wohnsitz bzw.   38
die *lexreisitae* an. Trotz des grundsätzlichen Ehevertragsverbots (Eheverträge können nach
Art. 1395 des französischen CC nur *vor* der Eheschließung geschlossen werden) können
Eheleute sich zwar wechselseitig bedenken (vgl. Art. 1091, 1093 CC – *institution contractuelle*); die dergestalt getroffene Vereinbarung ist jedoch gem. Art. 1096 CC jederzeit widerruflich, wenn die Bedenkung nicht bereits schon vor dem Zeitpunkt der Eheschließung
erfolgt ist. Widerruft nun ein Ehegatte einseitig eine Verfügung des nach deutschem Recht
geschlossenen Ehe- und Erbvertrages, sind drei Fragen zu beantworten.[77]
1. Wirksamkeit des Ehevertrages? Deutsches Recht ist maßgeblich, wenn die Eheleute
   nach der Eheschließung ihren ersten gewöhnlichen Aufenthalt in Deutschland gehabt
   hatten.
2. Findet dafür das Zustandekommen des Ehevertrages maßgebliche Recht auch auf die
   im Ehevertrag enthaltenen Verfügungen von Todes wegen Anwendung? Letzteres ist
   umstritten: Teilweise wird bei gleicher Staatsangehörigkeit die Anwendbarkeit des gemeinsamen Heimatrechts befürwortet, teilweise wird eine Anwendung des Erbstatuts in
   Erwägung gezogen, z.T. soll für die Wirksamkeit die jeweils günstigste Rechtsordnung
   maßgeblich sein.[78]
3. Welches Recht ist für die Frage der Widerruflichkeit der Verfügung von Todes wegen
   maßgeblich? Auch diese Frage ist umstritten: Teilweise wird vertreten, dass auf das
   jeweilige Ehewirkungsstatut abzustellen sei, teilweise auf das Wohnsitzrecht des Schenkenden im Zeitpunkt des Vertragsschlusses, z.T. auf das Erbstatut.[79]

---

76 *Henrich*, Anordnungen für den Todesfall in Eheverträgen und das IPR, in: FS für Schippel, S. 905, 916;
    Staudinger/*Mankowski*, Art. 15 EGBGB Rn 339.
77 *Henrich*, Anordnungen für den Todesfall in Eheverträgen und das IPR, in: FS für Schippel, S. 905, 907.
78 Vgl. näher *Henrich*, Anordnungen für den Todesfall in Eheverträgen und das IPR, in: FS für Schippel,
    S. 905, 908.
79 Näher *Henrich*, Anordnungen für den Todesfall in Eheverträgen und das IPR, in: FS für Schippel,
    S. 905, 908.

III. Ausländisches Güterrechtsstatut und deutsches Erbstatut bei Wohnsitzverlegung ausländischer Ehepaare nach Deutschland

39 Auch bei der Übersiedlung eines ausländischen Ehepaares in die Bundesrepublik Deutschland, das zuvor nach seinem Heimatrecht einen Ehevertrag mit einer Verfügung von Todes wegen abgeschlossen hat, können Güterrechts- und Erbstatut auseinanderfallen. Das belgische (Art. 1451 Abs. 2 CC)[80] sowie das französische bzw. luxemburgische Recht (Art. 1520 ff. CC)[81] erkennen Klauseln an, nach denen im Todesfall eines Ehegatten der Überlebende alleiniger Inhaber des Gesamtgutes sein soll.

D. Problempunkte

40 Das (den Ehevertrag beherrschende) **Güterrechtsstatut** (siehe Rdn 5) ist u.a. maßgeblich für die Beantwortung folgender Fragen:

1. Dürfen die Eheleute überhaupt einen Ehevertrag abschließen? – Was z.B. in Brasilien[82] und Portugal[83] nach Vollendung des 60. Lebensjahres ausgeschlossen ist.

2. Dürfen die Ehegatten überhaupt – und wenn ja unter welchen Voraussetzungen[84] – ihren Güterstand noch nach der Eheschließung vertraglich **ändern**? Sofern ein ausländisches Ehegüterrechtsstatut den Abschluss eines nachträglichen Ehevertrages nicht vorsieht, besteht allenfalls die Möglichkeit (bei Vorliegen der entsprechenden Anknüpfungsvoraussetzungen), dies durch eine nachträgliche Rechtswahl zu eröffnen – bspw. durch die Wahl (des ganzen) deutschen Rechts nach Art. 15 Abs. 2 Nr. 1 oder 2 EGBGB für das gesamte eheliche Vermögen (siehe Rdn 48 ff.) bzw. (bei Vorliegen der Voraussetzungen des Art. 15 Abs. 2 Nr. 3 EGBGB) für das im Inland belegene Vermögen[85] (siehe

---

80 Zulässigkeit einer Vereinbarung für den Fall der Auflösung einer Ehe durch Tod eines Ehegatten, dass die Teilung des Gesamtgutes ungleich ausfallen kann bzw. es insgesamt einem Ehegatten zugewiesen werden kann.

81 Art. 1524 Abs. 1 S. 1 des französischen CC, nach dem im Überlebensfall das gesamte gemeinschaftliche Gut dem überlebenden Ehegatten zugewiesen werden kann.

82 *Villela*, in: Villela/Correa de Oliveira/Dolemeyer/Samtleben, Güterrecht und Steuern in deutsch-brasilianischen Fällen S. 1, 5.

83 *Jayme*, Betrachtungen zur Reform des portugiesischen Ehegüterrechts, in: FS für Zaytay, S. 261, 263.

84 Vgl. Art. 1397 des französischen CC: Eine Güterstandsänderung ist jeweils nur nach Ablauf von zwei Jahren zulässig, d.h. nachdem die Eheleute zwei Jahre in dem abzuändernden Güterstand gelebt haben. Die Abänderung bedarf zudem einer gerichtlichen Bestätigung – wohingegen das **französische Recht** ein Güterrechtsregister nicht kennt (vgl. Art. 1394 CC – dazu *Ferid*, Französisches Zivilrecht, 4 B 198). Fraglich ist, warum eine Güterstandsänderung im französischen Recht während der Ehe stärkeren Restriktionen unterliegt als eine solche in der Zeitspanne zwischen Abschluss des Ehevertrages und Eheschließung (wonach der Ehevertrag gem. Art. 1387 CC nur bei einem Verstoß gegen die guten Sitten nichtig ist). Zum Teil wird die Auffassung vertreten, Art. 1397 CC kompensiere das Fehlen eines Güterrechtsregisters, der Regelung komme daher in erster Linie drittschützender Charakter zu. *Grundmann* (Zur Qualifikation von Verboten einer Güterstandsänderung während der Ehe, FamRZ 1984, 445, 448) hält dagegen: Die Ehegatten können sich, wenn bestimmte Publizitätsvorschriften nicht beachtet worden sind, nicht auf eine Güterstandsänderung berufen (vgl. Art. 1397 Abs. 3 und 6 CC). Zudem wäre zum Schutz Dritter ein Verbot jeder Güterstandsänderung erforderlich, d.h. auch einer solchen, die durch ein *„interet de famille"* (Art. 1397 Abs. 1 CC) getragen wird, weshalb die Restriktion des französischen Rechts nur durch die Notwendigkeit eines Schutzes des schwächeren Ehepartners vor Übervorteilung durch den stärkeren erklärlich sei.

85 Vgl. Bamberger/Roth/*Mörsdorf-Schulte*, Art. 15 EGBGB Rn 23; Soergel/*Schurig*, Art. 15 EGBGB Rn 51.

Rdn 52). Nach Art. 21 Rom IVa-VO ist eine statutenspaltende Rechtswahl für den Grundbesitz oder einzelne Grundstücke aber künftig nicht mehr möglich.

3. Können die Ehegatten überhaupt – und wenn ja unter welchen Voraussetzungen – ihren Güterstand noch nach der Eheschließung zugunsten des gesetzlichen Güterstands wieder **aufgeben**?[86]

4. Welche **Güterstände** können überhaupt vereinbart werden?

5. Kann der Ehevertrag im Wege einer (sachrechtlichen) **Verweisung** auf ausländisches Recht geschlossen werden? Vgl. für das deutsche Recht die Verbotsregelung des § 1409 BGB (siehe Rdn 6), wonach der Güterstand nicht durch Verweisung auf nicht mehr geltendes oder ausländisches Recht bestimmt werden kann (vgl. Rdn 56). Hingegen verbietet bspw. Art. 161 des italienischen CC[87] nur eine Blankettverweisung auf ausländisches Recht.

6. Welche Gestaltungsmöglichkeiten bestehen hinsichtlich der Bestimmung von **Vorbehalts- und Gesamtgut**?[88]

7. Welchen **Inhalt** darf ein Ehevertrag haben? Darf bspw. auch von Todes wegen verfügt werden (Kombination von Ehe- und Erbvertrag; siehe im Einzelnen Rdn 30 ff.)?

8. Wird eine besondere **Fähigkeit** (i.S. einer „besonderen Geschäftsfähigkeit") für den Abschluss eines Ehevertrages gefordert? (siehe Rdn 66 ff.)

9. Welche **Form** muss für den Abschluss eines Ehevertrages gewahrt sein (Art. 11 Abs. 1 EGBGB, vorbehaltlich der dort auch eröffneten Ortsform)? (siehe Rdn 77 ff.)

10. Gibt es sonstige, besondere **Gültigkeitserfordernisse** (z.B. ein Zustimmungserfordernis durch die Vormundschaftsbehörde, vergleichbar Art. 181 Abs. 2 des schweizerischen ZGB a.F., wonach ein während der Ehe geschlossener Ehevertrag der vormundschaftsgerichtlichen Genehmigung bedurfte, wohingegen eine solche für den wirksamen Abschluss eines Ehevertrages bis zur Eheschließung nicht erforderlich war, vgl. Art. 181 Abs. 1 ZGB a.F.). Da das schweizerische Recht ein Güterrechtsregister zum Schutz Dritter kennt (Art. 248 ff. ZGB – Beweisregelung zur Eigentumsfrage bei ehelichen Vermögenswerten), wurde Art. 181 Abs. 2 des schweizerischen ZGB a.F. als eine Norm mit der Zielsetzung des Schutzes des schwächeren Ehepartners qualifiziert (siehe Rdn 65).

11. Wie werden Willensmängel beurteilt? Mithin was sind die Voraussetzungen und Folgen von Willensmängeln sowie deren Heilungsmöglichkeiten?[89] (siehe Rdn 94 ff.)

12. Besteht das Erfordernis einer **Registrierung**, insbesondere die Notwendigkeit einer Eintragung in ein Güterrechtsregister?[90]

E. Zulässigkeit von Eheverträgen

Ob ein Ehevertrag (überhaupt) **zulässig** ist, beurteilt sich nach dem gem. Art. 15 EGBGB (künftig: Art. 22 und 26 Rom IVa-VO) zu ermittelnden Recht, d.h. dem **Ehegüterrechts-**   41

---

86 Was unstreitig sein soll: so *v. Bar*, Internationales Privatrecht, Bd. 2, Rn 239 Fn 641.
87 Dazu OLG Hamburg IPRspr 1977 Nr. 17.
88 OLG Frankfurt/M. IPRax 1986, 239, 241.
89 NK-BGB/*Sieghörtner*, Art. 15 EGBGB Rn 76.
90 Dazu näher *Schoppen*, Das Internationale Privatrecht in der notariellen Praxis, 1995, Rn 208.

statut.[91] Die Beantwortung dieser Frage beurteilt sich somit nach „dem bei der Eheschließung für die allgemeinen Wirkungen der Ehe maßgebenden Recht" (so Art. 15 Abs. 1 EGBGB mit Bezugnahme auf Art. 14 EGBGB). Die objektive Anknüpfung nach Art. 15 Abs. 1 EGBGB orientiert sich primär an der Anknüpfungsleiter des Art. 14 EGBGB.

42   Nach Art. 14 Abs. 1 EGBGB unterliegen die **„allgemeinen Wirkungen der Ehe"**
– dem Recht des Staates, dem beide Ehegatten angehören oder während der Ehe zuletzt angehörten (wenn einer von ihnen diesem Staat noch angehört) – Nr. 1; sonst
– dem Recht des Staates, in dem beide Ehegatten ihren gewöhnlichen Aufenthalt haben oder während der Ehe zuletzt hatten (wenn einer von ihnen dort noch seinen gewöhnlichen Aufenthalt hat) – Nr. 2;
– hilfsweise dem Recht des Staates, mit dem die Ehegatten auf andere Weise gemeinsam am engsten verbunden sind – Nr. 3.

43   Sofern mit dem Abschluss des Ehevertrages die Wahl eines ggf. anderen Güterstands verbunden ist, beherrschen dessen Sachnormen dann auch die güterrechtlichen Wirkungen der Ehe.[92]

44   **Hinweis:** Lässt ein gewähltes ausländisches Güterrechtsstatut einen Ehevertrag nicht zu (**ausdrückliches Verbot eines Ehevertrages**) oder kennt es einen solchen nicht (**Fehlen eines Rechtsinstituts „Ehevertrag"**), so muss es dabei bleiben.[93] Das deutsche Recht hat dies zu respektieren.[94]

45   Ein Verstoß gegen den deutschen *ordre public* ist dann nicht anzunehmen, sofern ein zur Auswahl gestelltes Gesetz die von den Ehegatten in es gesetzten Erwartungen nicht erfüllt, weshalb *Siehr*[95] die Empfehlung gibt, dieses Recht aus diesem Grund nicht zu wählen.

46   **Hinweis:** Die Frage, ob ein Ehevertrag wegen **Gesetzesumgehung** unwirksam ist, beurteilt sich aber nicht nur nach dem
– Güterrechtsstatut (siehe Rdn 5 ff.), sondern auch nach dem
– inländischen internationalen Privatrecht.[96]

47   Eine Gesetzesumgehung kann vor allem dann angenommen werden, wenn durch einen Ehevertrag das maßgebliche Erbrecht umgangen werden soll[97] (zu kombinierten Ehe- und Erbverträgen vgl. Rdn 30 ff.).

---

91 Vgl. dazu KG HRR 1933 Nr. 205 = IPRspr 1933 Nr. 31; KG JW 1936, 2466 m. Anm. *Maßfeller* (Auseinandersetzungsvertrag); OLG Stuttgart NJW 1958, 1972; LG Köln IPRspr 1980 Nr. 67; LG Berlin IPRspr 1950/51 Nr. 69 = RabelsZ 17 (1952), 130; LG Kempten IPRax 1985, 167 (LS) = IPRspr 1984 Nr. 53 (LS); BayObLGZ 1986, 1 = DNotZ 1986, 501 = IPRax 1986, 379 = IPRspr 1986 Nr. 57 = NJW-RR 1986, 1023; OLG Hamm FamRZ 1988, 516 = IPRspr 1987 Nr. 55; OLG Karlsruhe DNotZ 1990, 790 (LS) = IPRax 1990, 407 = NJW 1990, 1420. Zudem *v. Bar*, Internationales Privatrecht, Bd. 2, Rn 239; *Erman/Hohloch*, Art. 15 EGBGB Rn 33; *Henrich*, Internationales Familienrecht, Rn 85; *Kegel/Schurig*, Internationales Privatrecht, § 20 6.3.; *Lüderitz*, Internationales Privatrecht, S. 347; MüKo-BGB/*Siehr*, Art. 15 EGBGB Rn 76; Palandt/*Thorn*, Art. 15 EGBGB Rn 30; Soergel/*Schurig*, Art. 15 EGBGB Rn 50.
92 Bamberger/Roth/*Mörsdorf-Schulte*, Art. 15 EGBGB Rn 24; Soergel/*Schurig*, Art. 15 EGBGB Rn 48.
93 MüKo-BGB/*Siehr*, Art. 15 EGBGB Rn 76.
94 Bamberger/Roth/*Mörsdorf-Schulte*, Art. 15 EGBGB Rn 25; MüKo-BGB/*Siehr*, Art. 15 EGBGB Rn 86.
95 MüKo-BGB/*Siehr*, Art. 15 EGBGB Rn 76.
96 MüKo-BGB/*Siehr*, Art. 15 EGBGB Rn 82.
97 So LG München I FamRZ 1978, 364 m. Anm. *Jayme*. Vgl. allgemein zur Rechtsumgehung: MüKo-BGB/*Siehr*, Einl. IPR, Rn 686 ff.

Sofern die Ehegatten aber zum Zeitpunkt der Eheschließung eine **zulässige Rechtswahl**   48
gem. Art. 14 Abs. 2 oder 3 EGBGB getroffen haben, nimmt Art. 15 Abs. 1 EGBGB auch
auf diese Rechtswahl Bezug (siehe Rdn 49). Eine zulässige Rechtswahl nach **Art. 14 Abs. 2
EGBGB** setzt voraus, dass ein Ehegatte mehreren Staaten angehört. Dann können die
Ehegatten (ungeachtet von Art. 5 Abs. 1 EGBGB [Personalstatut], wonach für den Fall,
dass auf das Recht des Staates verwiesen wird, dem eine Person angehört, die Staatsangehörige mehrerer Staaten ist, das Recht desjenigen dieser Staaten anzuwenden ist, mit dem die
Person am engsten verbunden ist, insbesondere durch ihren gewöhnlichen Aufenthalt oder
durch den Verlauf ihres Lebens) das Recht eines dieser Staaten wählen, falls ihm auch der
andere Ehegatte angehört.

Die Ehegatten können im Rahmen einer zulässigen Rechtswahl nach **Art. 15 Abs. 3 S. 1**   49
EGBGB aber auch das Recht des Staates wählen, dem **ein Ehegatte angehört**, wenn die
Voraussetzungen des Art. 15 Abs. 1 Nr. 1 EGBGB nicht vorliegen (Anwendbarkeit des
Rechts des Staates, dem beide Staatsangehörige angehören oder während der Ehe zuletzt
angehörten, wenn einer von ihnen diesem Staat noch angehört) und
– kein Ehegatte dem Staat angehört, in dem beide Ehegatten ihren gewöhnlichen Aufenthalt haben (Nr. 1), oder
– die Ehegatten ihren gewöhnlichen Aufenthalt nicht in demselben Staat haben (Nr. 2).

Die Wirkungen der Rechtswahl **enden** gem. Art. 15 Abs. 3 S. 2 EGBGB, wenn die Ehegatten
eine gemeinsame Staatsangehörigkeit erlangen.

Die objektive Anknüpfung ist durch ihre **Unwandelbarkeit** charakterisiert, wobei der   50
maßgebliche Beurteilungszeitpunkt fix der **Zeitpunkt der Eheschließung** ist. Spätere Änderungen der objektiven Anknüpfungspunkte oder eine spätere ehewirkungsrechtliche
Rechtswahl haben keinen Einfluss mehr.[98]

Hinweis: Den Ehegatten wird aber durch Art. 15 Abs. 2 EGBGB (siehe Rdn 102 ff., künftig: 51
Art. 22 Rom IVa-VO) eine sehr **weitgehende Rechtswahlmöglichkeit** eingeräumt: „Gerade
darin zeigt sich der vermögensrechtliche Charakter des Internationalen Ehegüterrechts im
Vergleich zum Internationalen Ehewirkungsrecht."[99]

Das **internationale Ehegüterrecht** ist grundsätzlich (mit Durchbrechungen) von **drei Prin-**   52
zipien beherrscht:[100]
– **Gleichlauf** des Ehegüterrechtsstatuts mit dem Ehewirkungsstatut (vgl. Wortlaut des
  Art. 15 Abs. 1 EGBGB, künftig: Art. 26 Abs. 1 Rom IVa-VO) – durchbrochen durch
  – das Abstellen auf den **Zeitpunkt der Eheschließung** (vgl. Art. 15 Abs. 1 EGBGB:
    „bei der Eheschließung für die allgemeinen Wirkungen der Ehe maßgebenden
    Recht");
  – den **Vorrang des Belegenheitsrechts** (Art. 3a Abs. 2 EGBGB: „Soweit Verweisun-
    gen … [im Familien- und Erbrecht] das Vermögen einer Person dem Recht eines
    Staates unterstellen, beziehen sie sich nicht auf Gegenstände, die sich nicht in diesem
    Staat befinden, und nach dem Recht des Staates, in dem sie sich befinden, besonderen
    Vorschriften unterliegen.");
– **Rechtswahlmöglichkeiten** nach Art. 15 Abs. 2 EGBGB (künftig: Art. 22 Rom IVa-
  VO) im Vergleich zu Art. 14 Abs. 2 und 3 EGBGB.

---

98 Staudinger/*Mankowski*, Art. 15 EGBGB Rn 1.
99 Staudinger/*Mankowski*, Art. 15 EGBGB Rn 1.
100 *V. Bar*, Internationales Privatrecht, Bd. 2, Rn 211; Staudinger/*Mankowski*, Art. 15 EGBGB Rn 2.

Ring

- Grundsatz der **Unwandelbarkeit** – durchbrochen durch
  - die Zulässigkeit der Rechtswahl und
  - eine wandelbare Anknüpfung im verwiesenen ausländischen Kollisionsrecht.
- **Einheit des Güterrechtsstatuts** (d.h. die einheitliche kollisionsrechtliche Behandlung des Gesamtvermögens aus Mobilien und Immobilien) – durchbrochen durch
  - ggf. eine kollisionsrechtliche Spaltung im verwiesenen ausländischen Kollisionsrecht;
  - den Vorrang des Belegenheitsrechts (Art. 3a Abs. 2 EGBGB) und
  - die Möglichkeit einer gegenständlich begrenzten Rechtswahl nach Art. 15 Abs. 2 Nr. 3 EGBGB. Letztere ist nach Art. 21 Rom IVa-VO künftig nicht mehr möglich.

53 **Zusammenfassung:** Über die **grundsätzliche Zulässigkeit** von Eheverträgen entscheidet also das dergestalt nach Art. 15 EGBGB (künftig: Art. 22 und 26 Rom IVa-VO) ermittelte Recht (**Ehegüterrechtsstatut**).[101] Dieses nach Art. 15 EGBGB ermittelte Recht entscheidet also bspw. darüber, ob der Abschluss eines Ehevertrages

- nur bis zur Heirat[102] (d.h. vor der Heirat – was eine abnehmende Anzahl von Rechtsordnungen vorgibt) oder
- auch noch nach der Eheschließung[103] zulässig ist;[104]
- ob zeitliche Beschränkungen bestehen (bspw. die Vorgabe einer bestimmten Mindestdauer des ersten Güterstands nach der Eheschließung bzw. die Zulässigkeit eines Ehevertragsabschlusses nur innerhalb einer bestimmten Frist nach der Eingehung der Ehe);[105] bzw.
- ob nach der Eheschließung nur noch bestimmte Änderungen des Ehevertrages zulässig sind.[106]

54 **Hinweis:** Verbietet eine ausländische Rechtsordnung Eheverträge mit Güterstandsvereinbarungen gänzlich,[107] so verstößt dies nicht gegen den deutschen *ordre public*,[108] da die ehegü-

---

101 NK-BGB/*Sieghörtner*, Art. 15 EGBGB Rn 76; *Henrich*, Internationales Familienrecht, Rn 118; Staudinger/*Mankowski*, Art. 15 EGBGB Rn 304; a.A. *Grundmann*, FamRZ 1984, 445, der für die Frage nach der Zulässigkeit von Eheverträgen *während* der Ehe das Ehewirkungsstatut für sachgerechter erachtet.

102 Hinweis: Wollen Eheleute, deren Güterrechtsstatut den Abschluss eines Ehevertrages nach der Eheschließung nicht (mehr) zulässt, einen solchen schließen, können sie bei gewöhnlichem Aufenthalt auch nur eines von ihnen in Deutschland (Art. 15 Abs. 2 Nr. 2 EGBGB) oder wenn wenigstens einer von ihnen Deutscher ist, nach Art. 15 Abs. 2 Nr. 1 EGBGB deutsches Güterrechtsstatut beschließen und (da dieses auch den Abschluss von Eheverträgen *nach* der Heirat gestattet) einen Ehevertrag eingehen. Aber: Das deutsche Ehegüterrecht gilt dann allerdings insgesamt. Fehlen aber entsprechende Anknüpfungen (Aufenthalt bzw. Staatsangehörigkeit), kann zumindest nach Art. 15 Abs. 2 Nr. 3 EGBGB noch für deutsches unbewegliches Vermögen deutsches Ehegüterrecht gewählt und ein auf dieses Vermögen beschränkter Ehevertrag geschlossen werden. Für diesen Fall können sich die Ehegatten selbst einen Weg zu einem Ehevertrag nach einem anderen (als deutschem) Recht eröffnen, wenn sie diese Rechtsordnung als Güterrechtsstatut wählen: dazu Soergel/*Schurig*, Art. 15 EGBGB Rn 51.

103 Bspw. Art. 162 Abs. 3 des italienischen CC; Art. 1397 Abs. 1 des französischen CC, wonach das französische Recht eine Änderung der güterrechtlichen Rechtslage frühestens nach zweijährigem Bestand des ersten Güterstands gestattet. Dazu auch *Sonnenberger*, Der Erbfall X, in: FS für Geimer, 2002, S. 1241, 1250.

104 KG HRR 1933 Nr. 205 = IPRspr 1933 Nr. 31; BayObLGZ 1979, 89; OLG Hamburg IPRspr 1977 Nr. 17.

105 *Henrich*, Internationales Familienrecht, Rn 118.

106 *Henrich*, Internationales Familienrecht, Rn 118.

107 Vgl. bspw. Art. 326 Abs. 2 des serbischen Gesetzes über die Ehe und die Familienbeziehungen vom 5.6.1980. Zudem AG Mannheim IPRspr 1978 Nr. 57.

108 MüKo-BGB/*Siehr*, Art. 15 EGBGB Rn 76.

terrechtliche Privatautonomie nicht zu dem von Art. 6 Abs. 1 GG gewährleisteten Kernbereich des Schutzes von Ehe und Familie zählt[109] (zu dieser Fragestellung siehe Rdn 45).

F. Der zulässige Inhalt eines (zulässigen) Ehevertrages

I. Anknüpfung an das Ehegüterrechtsstatut

Auch der zulässige Inhalt bzw. die Wirkungen eines (in Rdn 41 ff. behandelten zulässigen) Ehevertrages beurteilen sich (ebenso wie dessen Abänderung oder Ergänzung) nach dem **Ehegüterrechtsstatut**[110] des Art. 15 EGBGB (ebenso wie die Ersetzung des Ehevertrages durch vom Güterrechtsstatut vorgeschriebene ausländische Vertragstypen).[111] Zulässiger Inhalt eines Ehevertrages ist die
- Schaffung,
- Änderung oder
- Beendigung

eines Güterstands,[112] weshalb der Ehevertrag nicht bloßer Auseinandersetzungsvertrag ist[113] (siehe Rdn 29).

Regelungsmaterien der **Schaffung eines Güterstands** können deshalb bspw. die folgenden sein:
- welcher **Güterstand** gewählt werden darf (wobei Auswahlmöglichkeiten nur durch die Wahl eines anderen Güterrechtsstatuts möglich sind);[114]
- ob Eheverträge auf einen **bestimmten Typ** beschränkt sind (bzw. einzelne Typen sogar verboten sind);[115]
- ob Regelungen über **einzelne Gütermassen** zulässig sind, bspw. ob und wie **Vorbehalts-** oder **Gesamtgut** begründet werden darf[116] (einschließlich der Zulässigkeit ihrer Teilung);
- ob fortgesetzte Gütergemeinschaft zulässig ist;[117]
- ob **Zuwendungen an Dritte** im Ehevertrag erlaubt sind;[118]
- ob die Aufnahme von **Verfügungen von Todes wegen** in Eheverträgen gestattet sind[119] und welche Wirkungen dies auf den Ehevertrag hat[120] (wobei das Güterrechtsstatut lediglich darüber bestimmt, ob und welche Bedeutung es für den Ehevertrag hat, wenn in ihm von Todes wegen verfügt wird, wohingegen das Erbstatut über Art. 25 f. EGBGB – soweit die Rechtsnachfolge von Todes wegen nicht in den Anwendungsbe-

55

56

---

109 Staudinger/*Mankowski*, Art. 15 EGBGB Rn 305.
110 Staudinger/*Mankowski*, Art. 15 EGBGB Rn 306.
111 Bamberger/Roth/*Mörsdorf-Schulte*, Art. 15 EGBGB Rn 28.
112 Bamberger/Roth/*Mörsdorf-Schulte*, Art. 15 EGBGB Rn 29.
113 So Soergel/*Schurig*, Art. 15 EGBGB Rn 45.
114 Soergel/*Schurig*, Art. 15 EGBGB Rn 53.
115 Staudinger/*Mankowski*, Art. 15 EGBGB Rn 306.
116 RG JW 1938, 1718, 1719.
117 NK-BGB/*Sieghörtner*, Art. 15 EGBGB Rn 78; Staudinger/*Mankowski*, Art. 15 EGBGB Rn 306.
118 Bamberger/Roth/*Mörsdorf-Schulte*, Art. 15 EGBGB Rn 29.
119 Dazu NK-BGB/*Sieghörtner*, Art. 15 EGBGB Rn 78; *v. Bar*, Internationales Privatrecht, Bd. 2, Rn 240; *Kegel/Schurig*, Internationales Privatrecht, § 20 6.3.; *Lüderitz*, Internationales Privatrecht, Rn 347; Staudinger/*Mankowski*, Art. 15 EGBGB Rn 306; *Wolff*, Das Internationale Privatrecht Deutschlands, S. 203.
120 Bamberger/Roth/*Mörsdorf-Schulte*, Art. 15 EGBGB Rn 29.

reich der VO (EU) Nr. 650/2012 (EU-ErbVO)[121] fällt, gelten nach Art. 25 EGBGB die Vorschriften des Kapitels III EGBGB entsprechend – zur Beantwortung der Frage maßgeblich ist, ob und welche Bedeutung es für Verfügungen von Todes wegen hat, dass sie in einem Ehevertrag vorgenommen werden – vor allem, wenn der Ehevertrag nichtig ist;[122] zu kombinierten Ehe- und Erbverträgen siehe Rdn 30 ff.);

– die Zulässigkeit bzw. das Verbot bestimmter Arten von Eheverträgen (z.B. das Verbot von **Stichwortverträgen**,[123] d.h. einer Blanko- oder summarischen Verweisung auf den Kreis einer im Wege materiellrechtlicher Verweisung berufungsfähiger Rechtsordnungen; vgl. bspw. Art. 161 des italienischen CC bzw. § 1409 BGB, wonach der Güterstand nicht durch Verweisung auf nicht mehr geltendes oder ausländisches Recht bestimmt werden kann,[124] siehe Rdn 6);[125]

– die Zulässigkeit einer Änderung oder einer Aufhebung eines Gütervertrages;[126] bzw.

– ob eine Notwendigkeit der Zustimmung privater Dritter (bspw. der Kinder eines Ehegatten aus einer früheren Ehe) zur Wirksamkeit des Ehevertragsabschlusses besteht.[127]

57 Im Hinblick auf **Änderungen des Güterstands** gehören zum zulässigen Inhalt von Eheverträgen auch

– Veränderungen in der Verwaltung des Gesamtgutes bzw.

– Erklärungen von Vorbehaltsgut zu Gesamtgut und umgekehrt,

wobei hier im Einzelnen die Abgrenzung zu anderen, gesondert anzuknüpfenden nichteherechtlichen Rechtsverhältnissen zwischen den Ehegatten oder im Verhältnis zu Dritten zu beachten ist[128] (siehe Rdn 55).

58 Weiterhin ist das Ehegüterrechtsstatut maßgeblich für Vereinbarungen über die **Verwaltung** und **Nutznießung**,[129] ebenso wie für die **Schuldenhaftung** im Innen- und Außenverhältnis.[130] Für den Sonderfall des „inländischen Erwerbsgeschäfts" verhilft hier Art. 16 Abs. 2 EGBGB (künftig: Art. 28 Rom IVa-VO – Wirkungen gegenüber Dritten) zur Anwendung der §§ 1431 und 1456 BGB, sofern deren Inhalt günstiger ist.[131] Nach Art. 16 Abs. 2 EGBGB sind nämlich auf ein im Inland betriebenes Erwerbsgeschäft die genannten Regelungen des BGB dann sinngemäß anzuwenden, soweit diese Vorschriften für gutgläubige Dritte günstiger sind als das fremde Recht. Auch **Modifizierungen der güterrechtlichen Haftung** des einen Ehegatten für Folgen des anderen sowohl im Innen- als auch im Außenverhältnis

---

121 VO (EU) Nr. 650/2012 des Europäischen Parlaments und des Rates vom 4.7.2012 über die Zuständigkeit und das anwendbare Recht, die Anerkennung und Vollstreckung von Entscheidungen und die Annahme und Vollstreckung öffentlicher Urkunden in Erbsachen sowie zur Einführung eines Europäischen Nachlasszeugnisses (EU-ErbRVO) – Abl. EU Nr. L 201/107 vom 27.7.2012 (i.d.F. der Berichtigung vom 14.12.2012 – Abl. EU Nr. L 344/3).

122 Soergel/*Schurig*, Art. 15 EGBGB Rn 54; Staudinger/*Mankowski*, Art. 15 EGBGB Rn 306.

123 NK-BGB/*Sieghörtner*, Art. 15 EGBGB Rn 78.

124 NK-BGB/*Sieghörtner*, Art. 15 EGBGB Rn 78; MüKo-BGB/*Siehr*, Art. 15 EGBGB Rn 85. Vgl. auch *v. Bar*, Internationales Privatrecht, Bd. 2, Rn 209, der hervorhebt, dass § 1409 BGB sachrechtlicher Natur ist.

125 Staudinger/*Mankowski*, Art. 15 EGBGB Rn 306.

126 Staudinger/*Mankowski*, Art. 15 EGBGB Rn 306. Vgl. zum italienischen Recht *Ferid*, MittBayNot 1982, 16.

127 Staudinger/*Mankowski*, Art. 15 EGBGB Rn 306.

128 Bamberger/Roth/*Mörsdorf-Schulte*, Art. 15 EGBGB Rn 29.

129 NK-BGB/*Sieghörtner*, Art. 15 EGBGB Rn 78; MüKo-BGB/*Siehr*, Art. 15 EGBGB Rn 88.

130 NK-BGB/*Sieghörtner*, Art. 15 EGBGB Rn 78.

131 Bamberger/Roth/*Mörsdorf-Schulte*, Art. 15 EGBGB Rn 50.

unterfallen dem durch Art. 15 EGBGB (künftig: Art. 22 und 26 Rom IVa-VO) bestimmten Statut.[132]

II. Speziell: Qualifikation der Morgengabe (Brautgabe)

Umstritten ist seit langem die rechtliche Qualifikation der im Zusammenhang mit (d.h. vor, bei oder nach) einer Eheschließung nach Maßgabe des islamischen Rechts im Rahmen eines Ehevertrages versprochenen „**Braut- oder Morgengabe**" (*mahr*).[133]

59

Dabei wird die Auffassung vertreten, dass die Morgengabe dann **erbrechtlich** einzuordnen sein soll, wenn der Anspruch im Zeitpunkt des Todes des Mannes geltend zu machen ist.[134] Ist eine rechtliche Beurteilung im Zusammenhang mit einer Scheidung vorzunehmen, wird z.T. wegen der unterhaltssichernden Funktion eine **scheidungsrechtliche Qualifikation** nach Art. 17 EGBGB[135] (wonach die Scheidung grundsätzlich dem Recht unterliegt, das im Zeitpunkt des Eintritts der Rechtshängigkeit des Scheidungsantrags für die allgemeinen Wirkungen der Ehe maßgebend ist) befürwortet. Zum Teil wurde aber auch die Auffassung vertreten, dass die Morgengabe nach Maßgabe des Scheidungsunterhalts (gleichermaßen wegen der damit zum Ausdruck kommenden unterhaltssichernden Funktion) gem. Art. 18 Abs. 4 EGBGB a.F. (wonach – wenn die Ehescheidung im Inland ausgesprochen oder anerkannt worden ist – für die Unterhaltspflichten zwischen den geschiedenen Ehegatten das auf die Ehescheidung angewandte Recht maßgebend war) zu qualifizieren sei.[136] Im Übrigen soll die Morgengabe jedoch i.d.R. als allgemeine Ehewirkung nach Art. 14 EGBGB zu behandeln sein[137] – wenn sich auch in Judikatur[138] und Literatur[139] Stimmen finden, die die Morgengabe dem **Güterrechtsstatut** unterwerfen wollen.

60

Sieghörtner[140] plädiert zu Recht für eine **funktionale Betrachtungsweise**: Eine Entscheidung könne nur danach erfolgen, welche Funktion die Morgengabe im jeweiligen Zusammenhang haben soll und wie sie auch konkret ausgestaltet ist,[141] wonach Folgendes gilt:[142]
– Hängt die Wirksamkeit der Eheschließung von der Morgengabe ab, gilt Art. 13 EGBGB[143] (wonach die Voraussetzungen der Eheschließung für jeden Verlobten grundsätzlich nach Abs. 1 dem Recht des Staates unterliegen, dem er angehört).

61

---

132 NK-BGB/*Sieghörtner*, Art. 15 EGBGB Rn 78.
133 Dazu näher NK-BGB/*Sieghörtner*, Art. 15 EGBGB Rn 79.
134 Vgl. *Heldrich*, IPRax 1983, 64, 65; Palandt/*Thorn*, Art. 13 EGBGB Rn 9; a.A. hingegen Soergel/*Schurig*, Art. 15 EGBGB Rn 35.
135 So *v. Bar*, Internationales Privatrecht, Bd. 2, Rn 192, 269 und 297.
136 Vgl. etwa KG FamRZ 1988, 296.
137 So KG FamRZ 1980, 470. Ebenso Bamberger/Roth/*Mörsdorf-Schulte*, Art. 15 EGBGB Rn 44; Soergel/*Schurig*, Art. 15 EGBGB Rn 35 – jedenfalls dann, wenn die Morgengabe von unbedeutendem Wert oder nur symbolisch ist bzw. ausschließlich der Sicherung des laufenden Unterhalts dienen soll.
138 Vgl. OLG Bremen FamRZ 1980, 606; OLG Köln NJW-RR 1994, 200; LG Frankfurt/M. IPRspr 1987 Nr. 52. Vgl. zudem BGH FamRZ 1999, 217 für den Fall, dass das Versprechen einer Braut- oder Morgengabe erst in der Ehe gegeben wird.
139 So *Andrae*, Internationales Familienrecht, Rn 290; MüKo-BGB/*Siehr*, Art. 15 EGBGB Rn 87 – gleichermaßen für die „*kitubah*" des jüdischen Rechts. Zudem Soergel/*Schurig*, Art. 15 EGBGB Rn 35, sofern sich die Morgengabe als Ausgleich für die fehlende Beteiligung der Ehefrau an dem vom Ehemann erworbenen Vermögen darstellt.
140 NK-BGB/*Sieghörtner*, Art. 15 EGBGB Rn 79.
141 Ebenso MüKo-BGB/*Winkler v. Mohrenfels*, Art. 17 EGBGB Rn 173.
142 Dazu NK-BGB/*Sieghörtner*, Art. 15 EGBGB Rn 79.
143 Ebenso OLG Düsseldorf FamRZ 1993, 187, 188; *Heldrich*, IPRax 1983, 64; a.A. hingegen *Henrich*, in: FS für Sonnenberger, 2004, S. 389, 392: Anwendbarkeit des Formstatuts.

Ring

– Bei einer Geltendmachung des Anspruchs auf Morgengabe **vor** Eingehung der Ehe soll das Verlöbnisstatut Anwendung finden.[144]
– Im Regelfalle soll die Morgengabe jedoch als **allgemeine Ehewirkung** (Art. 14 EGBGB) zu qualifizieren sein.[145]

62 *Sieghörtner*[146] weist zudem darauf hin, dass eine Morgengabevereinbarung jedoch auf keinen Fall so verstanden werden könne, dass i.Ü. auf unterhaltsrechtliche bzw. güterrechtliche Ansprüche verzichtet werden soll.[147]

III. Sachrechtlicher Verweis und Inkorporation ausländischen Rechts

63 Im Hinblick auf die inhaltliche Zulässigkeit eines (an sich zulässigen) Ehevertrages bestimmt § 1409 BGB i.S. einer Beschränkung der Vertragsfreiheit (siehe Rdn 56), dass der Güterstand nicht durch Verweisung auf ausländisches Recht bestimmt werden darf (**inhaltliche Unzulässigkeit einer bloßen sachrechtlichen Verweisung auf einen Güterstand ausländischen Rechts**). Demhingegen ist die **Rechtswahl** durch Bestimmung ausländischen Güterrechtsstatuts nach den Vorgaben von Art. 15 Abs. 2 EGBGB (künftig: Art. 22 Rom IVa-VO) für den Ehevertrag insgesamt zulässig[148] (Abänderbarkeit/Wahl des Ehegüterrechtsstatuts, siehe Rdn 140 ff.). In einem solchen Fall ist dann der Ehevertrag auch entsprechend dem gewählten Recht abzuschließen.[149]

64 Auch die wortgetreue oder zumindest eingepasste **Inkorporation** ausländischer Bestimmungen in einen Ehevertrag ist zulässig, sofern die zwingenden Vorgaben des § 1408 Abs. 2 BGB sowie des § 1413 BGB beachtet werden.[150] Schließen die Ehegatten in einem Ehevertrag Vereinbarungen über den Versorgungsausgleich, so sind gemäß § 1408 Abs. 2 BGB insoweit die §§ 6 und 8 des Versorgungsausgleichsgesetzes anzuwenden: Danach können die Ehegatten gemäß § 6 Abs. 1 VersorgungsausgleichsG Vereinbarungen über den Versorgungsausgleich schließen. Sie können ihn insbesondere ganz oder teilweise
– in die Regelung der ehelichen Vermögensverhältnisse einbeziehen,
– ausschließen sowie
– Ausgleichsansprüchen nach der Scheidung gemäß den §§ 20 bis 24 VersorgungsausgleichsG vorbehalten.

Bestehen keine Wirksamkeits- und Durchsetzungshindernisse, ist das Familiengericht nach § 6 Abs. 2 VersorgungsausgleichsG an die Vereinbarung gebunden.

Die Vereinbarung über den Versorgungsausgleich muss gemäß § 8 Abs. 1 VersorgungsausgleichsG einer Inhalts- und Ausübungskontrolle standhalten. Durch die Vereinbarung können nach § 8 VersorgungsausgleichsG Anrechte nur übertragen oder begründet werden, wenn die maßgeblichen Regelungen dies zulassen und die betroffenen Versorgungsträger zustimmen.

Überlässt ein Ehegatte sein Vermögen der Verwaltung des anderen Ehegatten, so kann das Recht, die Überlassung jederzeit zu widerrufen, gem. § 1413 BGB nur durch Ehevertrag

---

144 So auch LG Bochum FamRZ 1990, 882, 883; Palandt/*Thorn*, Art. 13 EGBGB Rn 9.
145 NK-BGB/*Sieghörtner*, Art. 15 EGBGB Rn 79; *Henrich*, in: FS für Sonnenberger, 2004, S. 389.
146 NK-BGB/*Sieghörtner*, Art. 15, EGBGB Rn 79.
147 So auch BGH NJW 1987, 2161; OLG Frankfurt/M. FamRZ 1996, 1478, 1479; OLG Hamm FamRZ 1981, 875. Zudem *Henrich*, in: FS für Sonnenberger, 2004, S. 389, 395.
148 Bamberger/Roth/*Mörsdorf-Schulte*, Art. 15 EGBGB Rn 30.
149 Soergel/*Schurig*, Art. 15 EGBGB Rn 52.
150 MüKo-BGB/*Siehr*, Art. 15 EGBGB Rn 85.

ausgeschlossen oder eingeschränkt werden (wenngleich ein Widerruf aus „wichtigem Grund" immer zulässig bleibt).

G. Erfordernis einer gerichtlichen oder behördlichen Genehmigung

Die Frage nach der Notwendigkeit einer vormundschaftsgerichtlichen bzw. behördlichen   **65**
Genehmigung[151] eines nach der Eheschließung abgeschlossenen Ehevertrages bestimmt
gleichermaßen das **Ehegüterrechtsstatut**.[152] Sofern eine ausländische Rechtsordnung ausdrücklich ein entsprechendes Genehmigungserfordernis vorgibt, soll damit grundsätzlich
der Ehevertragsabschluss von einer Genehmigung der eigenen (und nicht etwa der deutschen) Gerichte oder Behörden abhängig gemacht werden. Dies schließt es aber nicht aus,
dass aus deutscher Sicht eine Substitution dieser Genehmigung durch das Vormundschaftsgericht ins Auge gefasst wird.[153] Voraussetzung dafür ist allerdings eine internationale Zuständigkeit der deutschen Gerichte.[154]

H. Abschlussfähigkeit

Eine besondere, im Zusammenhang mit dem jeweiligen Güterrecht eigens geregelte **Ge-**   **66**
schäftsfähigkeit zum Abschluss von Eheverträgen (die von den Vorgaben über die allgemeine Geschäftsfähigkeit abweicht) findet sich bspw. in
- § 1411 Abs. 1 S. 1 BGB (wonach ein in der **Geschäftsfähigkeit Beschränkter** einen
  Ehevertrag mit Zustimmung seines gesetzlichen Vertreters abschließen kann);
- § 1411 Abs. 2 S. 1 BGB (wonach für einen **geschäftsunfähigen Ehegatten** der gesetzliche
  Vertreter den Vertrag abschließt – 1. Hs., wobei er Gütergemeinschaft weder vereinbaren
  noch aufheben kann, 2. Hs.) bzw. in
- Art. 1398 des französischen CC.

Des Weiteren kann das jeweilige Güterrecht bspw. auch **obere Altersgrenzen** für den   **67**
Abschluss von Eheverträgen vorgeben.

Die Qualifikationsfrage gebietet es, entsprechende Erfordernisse einer **besonderen Ge-**   **68**
schäftsfähigkeit zum Abschluss eines Ehevertrages (i.S. spezieller Beschränkungen oder
Erleichterungen) nicht dem Bereich der allgemeinen Geschäftsfähigkeit zuzuordnen (mithin

---

151 MüKo-BGB/*Siehr*, Art. 15 EGBGB Rn 63 und 79. Bspw. des *Tribunal de Grand Instance* gem.
    Art. 1397 Abs. 1 des französischen CC: Erfordernis einer gerichtlichen Bestätigung (sog. Homologa-
    tion) der notariellen Änderungsurkunde beim Ehevertrag während der Ehe.
152 So BayObLGZ 1979, 89; LG Köln IPRspr 1962/63 Nr. 87; AG Wedel IPRspr 1972 Nr. 54; IPRspr.
    1979 Nr. 20 (S. 208) (Hamburg). Vgl. zudem *v. Bar*, Internationales Privatrecht, Bd. 2, Rn 239; *Henrich*,
    Internationales Familienrecht, Rn 118; MüKo-BGB/*Siehr*, Art. 15 EGBGB Rn 79; Palandt/*Thorn*,
    Art. 15 EGBGB Rn 30; Soergel/*Schurig*, Art. 15 EGBGB Rn 57; Staudinger/*Mankowski*, Art. 15
    EGBGB Rn 307.
153 Staudinger/*Mankowski*, Art. 15 EGBGB Rn 308.
154 So *Böhme/Siehr/Finger*, Das gesamte Familienrecht – das internationale Recht, 2002, Rn 65. Vgl. auch
    LG Köln IPRspr 1962/63 Nr. 87, allerdings mit unzutreffendem Ergebnis: so Staudinger/*Mankowski*,
    Art. 15 EGBGB Rn 308.

keine Anknüpfung über Art. 7 EGBGB vorzunehmen),[155] sondern die Frage einer besonderen Geschäftsfähigkeit gleichermaßen dem **Güterrechtsstatut** zuzuordnen und damit über Art. 15 EGBGB (künftig: Art. 22 und 26 Rom IVa-VO) anzuknüpfen[156] (mit der Ausnahme, dass allerdings eine vorausgesetzte oder verwiesene allgemeine Geschäftsfähigkeit wiederum nach Art. 7 EGBGB anzuknüpfen ist). Die **Anknüpfung über Art. 15 EGBGB** ist dadurch gerechtfertigt, dass Sonderregelungen über eine besondere Geschäftsfähigkeit zwar auf einen Schutz des Vertragsschließenden (Ausrichtung auf seine Person) zielen, aber nur einen eng umgrenzten und genau spezifizierten Bereich von Geschäften (nämlich in concreto: Eheverträge) erfassen (**limitierter Schutzzweck**): „Die Beschränkung erwächst aus der besonderen Bedeutung und dem besonderen Gewicht gerade dieses Typs Rechtsgeschäft."[157] Die ehevertraglichen Sonderregelungen über die Abschlussfähigkeit sollen nur und allein die Parteien beim Abschluss dieses Vertragstyps (dem die spezifische Schutznorm im Hinblick auf das Alterserfordernis ein besonderes Gewicht beilegt) schützen.

69   *Mankowski*[158] plädiert daher mit Recht dafür, in entsprechenden Konstellationen einer besonderen Geschäftsfähigkeit eine **Aufspaltung** und Qualifikation entsprechend der Art des konkret in Rede stehenden Rechtsgeschäfts vorzunehmen.

70   Bei Normen allerdings, die ausschließlich für kombinierte Güter- und Erbverträge gelten (siehe Rdn 30 ff.), bleibt es bei einer Doppelqualifikation.[159]

71   **Hinweis:** Dies schließt es nicht aus, doch wieder (anstelle über Art. 15 EGBGB, künftig: Art. 22 und 26 Rom IVa-VO) über Art. 7 EGBGB anzuknüpfen, wenn das Ehegüterrechtsstatut für die Fähigkeit zum Abschluss eines Ehevertrages die **allgemeine Geschäftsfähigkeit** ausreichen lässt[160] (mithin sich keine Sonderregelungen einer „besonderen Geschäftsfähigkeit" entwickelt haben – Qualifikationsfrage). Soweit sich also der Abschluss eines Ehevertrages nach der allgemeinen Geschäftsfähigkeit richtet, bleibt es bei Art. 7 EGBGB, wonach die Geschäftsfähigkeit einer Person dem Recht des Staates unterliegt, dem die Person angehört (Heimatrecht der Vertragsschließenden), was auch dann gilt, wenn die Geschäftsfähigkeit durch Eheschließung erweitert wird. Dabei gibt es aber (wegen Art. 12 S. 2 EGBGB – Unanwendbarkeit auf familienrechtliche Rechtsgeschäfte) **keinen besonderen Vertrauensschutz** im Hinblick auf die Geschäftsfähigkeit nach Art. 12 S. 1 EGBGB (Schutz des anderen Vertragsteils bei einem Vertragsabschluss zwischen Personen, die sich

---

155 Für eine ausnahmslose Anknüpfung an Art. 7 EGBGB plädieren: *Ferid/Böhmer*, Internationales Privatrecht, 1986, § 8 Rn 137; *Firsching*, Der Ehe- und Erbvertrag im deutschen, österreichischen und schweizerischen Recht, DNotZ 1954, 246; *Lewald*, Das deutsche IPR auf der Grundlage der Rechtsprechung, 1931, S. 102; *Lichtenberger/Gebhard*, MittRhNotK 1979, 1, 2; Staudinger/*v. Bar*, 12. Aufl. 1982/83, Art. 15 EGBGB Rn 134 f.; Staudinger/*Mankowski*, Art. 15 EGBGB Rn 309 f.; *Trolldenier*, Rpfleger 1982, 171; *Wolff*, Das internationale Privatrecht Deutschlands, 1954, S. 203. So auch OLG Hamburg IPRspr 1967/68 Nr. 23; OLG Hamburg IPRspr 1977 Nr. 16.

156 So Bamberger/Roth/*Mörsdorf-Schulte*, Art. 15 EGBGB Rn 26; *v. Bar*, Internationales Privatrecht, Bd. 2, Rn 239; *Böhmer/Siehr/Finger*, Das gesamte Familienrecht – das internationale Recht 2002, Rn 65; Erman/*Hohloch*, Art. 15 EGBGB Rn 33; *Kegel/Schurig*, Internationales Privatrecht, § 20 XI. 3.; MüKo-BGB/*Siehr*, Art. 15 EGBGB Rn 77; Palandt/*Thorn*, Art. 15 EGBGB Rn 30; Soergel/*Schurig*, Art. 15 EGBGB Rn 55; Staudinger/*Mankowski*, Art. 15 EGBGB Rn 310.

157 Staudinger/*Mankowski*, Art. 15 EGBGB Rn 311.

158 Staudinger/*Mankowski*, Art. 15 EGBGB Rn 311.

159 Staudinger/*Mankowski*, Art. 15 EGBGB Rn 311.

160 Staudinger/*Mankowski*, Art. 15 EGBGB Rn 311: „Die Qualifikation verläuft eben entlang der Grenzlinie zwischen allgemeiner und besonderer Rechtsfähigkeit und trennt beide voneinander". Vgl. zudem Bamberger/Roth/*Mörsdorf-Schulte*, Art. 15 EGBGB Rn 26; Erman/*Hohloch*, Art. 125 EGBGB Rn 33; Palandt/*Thorn*, Art. 15 EGBGB Rn 30; Soergel/*Schurig*, Art. 15 EGBGB Rn 55.

in demselben Staat befinden – dann kann sich nämlich eine natürliche Person, die nach den Sachvorschriften dieses Staates geschäftsfähig wird, nur dann auf ihre aus den Sachvorschriften des Rechts eines anderen Staates abgeleitete Geschäftsfähigkeit berufen, wenn der andere Vertragsteil bei Vertragsabschluss diese Geschäftsunfähigkeit kannte oder kennen musste). Als familienrechtliches Rechtsgeschäft wird der Ehevertrag nämlich nicht von Art. 12 S. 1 EGBGB erfasst.[161] Das heißt, über Art. 12 S. 1 EGBGB kommt den Eheleuten das inländische Recht nicht zu Gute, da ein **Ehevertrag** ein **familienrechtliches Rechtsgeschäft** ist und deshalb von der Vergünstigung des Art. 12 S. 1 EGBGB ausgeschlossen ist.[162]

Fazit: Über die Frage einer besonderen, eigens geregelten Fähigkeit (Geschäftsfähigkeit), einen Ehevertrag wirksam abschließen zu können, entscheidet also gleichermaßen grundsätzlich das **Güterrechtsstatut**.[163] Dem Ehegüterrechtsstatut unterliegt also bloß die Frage, ob eine **besondere Geschäftsfähigkeit** zum Abschluss eines Ehevertrages erforderlich oder ausreichend ist.[164] Dabei gilt eine **Einschränkung**, die auch in anderen Fällen zu berücksichtigen ist (sog. Qualifikationsfrage; d.h. es wird gewöhnlich, wenn ein ausländisches materielles Recht eine allgemeine Regel für einen Sonderfall abwandelt, nicht die deutsche Kollisionsnorm für den Sonderfall eingreifen;[165] Geschäftsfähigkeit und Ehevertragsfähigkeit). Das Güterrechtsstatut gelangt dann nur zur Anwendung, wenn sich im Hinblick auf die Fähigkeit zum wirksamen Abschluss eines Ehevertrages Sonderregelungen einer „besonderen Geschäftsfähigkeit"[166] ausgebildet haben.[167] Dies sind Fähigkeiten zur Vornahme bestimmter Geschäfte, die abweichend von der allgemeinen Geschäftsfähigkeit geregelt sind.[168] Orientiert sich diese Fähigkeit allein an der unbeschränkten oder beschränkten Geschäftsfähigkeit (d.h. haben sich **keine** ehevertragsspezifischen **Sonderregeln** hinsichtlich der Abschlussfähigkeit ausgebildet), gilt für jeden Vertragsteil Art. 7 EGBGB (Rechtsfähigkeit und Geschäftsfähigkeit): Die Rechtsfähigkeit und Geschäftsfähigkeit einer Person unterliegen gem. Art. 7 Abs. 1 EGBGB dem Recht des Staates, dem die Person angehört (Heimatrecht bei Vertragsschluss). Dies gilt auch, soweit die Geschäftsfähigkeit durch Eheschließung erweitert wird. Damit gilt für die **allgemeine Geschäftsfähigkeit** für den Abschluss von Eheverträgen Art. 7 Abs. 1 EGBGB (mit der Folge einer Anwendbarkeit des Heimatrechts der Vertragsschließenden).[169]

Rechtsfolge: Wenn das über Art. 15 EGBGB (künftig: Art. 22 und 26 Rom IVa-VO) anwendbare Recht allerdings eine **besondere Schutzvorschrift** (i.S. einer „besonderen Geschäftsfähigkeit") kennt, kann ein Ehevertrag scheitern – selbst dann, wenn das Heimatrecht der betreffenden Ehegatten (siehe Rdn 68) entsprechende Einschränkungen nicht kennt.[170]

Hinweis: Art. 6 EGBGB (Anwendbarkeit des deutschen *ordre public*) bleibt stets relevant.

72

73

74

---

161 Bamberger/Roth/*Mörsdorf-Schulte*, Art. 15 EGBGB Rn 26.
162 MüKo-BGB/*Siehr*, Art. 15 EGBGB Rn 77.
163 NK-BGB/*Sieghörtner*, Art. 15 EGBGB Rn 76; MüKo-BGB/*Siehr*, Art. 15 EGBGB Rn 77; Staudinger/ *Mankowski*, Art. 15 EGBGB Rn 311; a.A. hingegen *Firsching*, Der Ehe- und Erbvertrag im deutschen, österreichischen und schweizerischen Recht, DNotZ 1954, 229, 246 f.
164 MüKo-BGB/*Siehr*, Art. 15 EGBGB Rn 77; Soergel/*Schurig*, Art. 15 EGBGB Rn 55.
165 Soergel/*Kegel*, Vor Art. 3 EGBGB Rn 123.
166 *Kegel/Schurig*, Internationales Privatrecht, § 17 I. 2. b).
167 Soergel/*Schurig*, Art. 15 EGBGB Rn 55.
168 *Kegel/Schurig*, Internationales Privatrecht, § 17 I. 2. b).
169 MüKo-BGB/*Siehr*, Art. 15 EGBGB Rn 77.
170 Staudinger/*Mankowski*, Art. 15 EGBGB Rn 312.

75   Maßgeblicher **Zeitpunkt** für die Berücksichtigung der Erfordernisse einer „besonderen
     Geschäftsfähigkeit" ist der Zeitpunkt des Abschlusses eines Ehevertrages (und nicht der
     Zeitpunkt der Trauung).[171]

76   **Hinweis:** Ein **Vertrauen** auf die Geschäftsfähigkeit des Partners nach Art. 12 S. 1 EGBGB
     wird nicht geschützt (siehe Rdn 71).[172] Das Fehlen eines besonderen Vertrauensschutzes
     liegt darin begründet, dass Art. 12 S. 1 EGBGB nach Art. 12 S. 2 EGBGB auf familienrecht-
     liche Geschäfte – wie bspw. Eheverträge – keine Anwendung findet.[173]

I.   Form des Ehevertrages

77   Hinsichtlich der Form – als Teilfrage eines wirksamen Ehevertrages – gelangt Art. 11 Abs. 1
     bis 3 EGBGB (Form von Rechtsgeschäften) zur Anwendung,[174] da die Form nicht zu den
     „güterrechtlichen Wirkungen der Ehe" i.S.v. Art. 15 EGBGB (künftig: Art. 22 und 26 Rom
     IVa-VO) zu zählen ist. Geschäftsstatut ist das Ehegüterrechtsstatut.[175] Die Formerfor-
     dernisse des Ehevertrages beurteilen sich hingegen nach dem über Art. 11 Abs. 1 bis 3 EGBGB
     zu ermittelnden **Formstatut.**[176] Künftig sind die Schriftformvorgaben nach Art. 23 und 25
     Rom IVa-VO zu beachten.

I.   Art. 11 EGBGB

78   Eine Anwendung des Art. 11 EGBGB hat zur Folge, dass die Form des Ehevertrages
     entweder
     – dem Güterrechtsstatut oder (alternativ)
     – dem Ortsrecht (*lex loci*)
     genügen muss.[177]

79   Nach Art. 11 Abs. 1 EGBGB ist ein Rechtsgeschäft formgültig, wenn es die Formerfordern-
     nisse
     – des Rechts, das auf das seinen Gegenstand bildende Rechtsverhältnis (d.h. den Ehevertrag
       und damit das Güterrechtsstatut) anzuwenden ist (1. Alt.) oder
     – das Recht des Staates erfüllt, in dem es vorgenommen wird (2. Alt. – Form des am
       Abschlussort geltenden Rechts).

80   Wird ein (Ehe-)Vertrag zwischen Personen geschlossen, die sich in **verschiedenen Staaten**
     befinden, so ist er nach Art. 11 Abs. 2 EGBGB formgültig, wenn er die Formerfordernisse

---

171 Staudinger/*Mankowski,* Art. 15 EGBGB Rn 312.
172 Staudinger/*Mankowski,* Art. 15 EGBGB Rn 312.
173 MüKo-BGB/*Siehr,* Art. 15 EGBGB Rn 77.
174 AG Düsseldorf IPRspr 1995 Nr. 65; OLG Hamburg IPRspr 1979 Nr. 9; OLG Zweibrücken FamRZ
     1988, 623, 624; BayObLGZ 1986, 1 = DNotZ 1986, 501 = IPRax 1986, 379; AG Wedel IPRspr 1972
     Nr. 54; KG JW 1936, 2466 m. Anm. *Maßfeller;* KG HRR 1933 Nr. 205 = IPRspr 1933 Nr. 31 = DNotZ
     1933, 112. Dazu auch NK-BGB/*Sieghörtner,* Art. 15 EGBGB Rn 105; *v. Bar,* Internationales Privat-
     recht, Bd. 2, Rn 239; *Böhmer/Siehr/Finger,* Das gesamte Familienrecht – das internationale Recht, 2002,
     Rn 66; *Deimann,* BWNotZ 1979, 3, 5; *Lichtenberger/Gebhard,* MittRhNotK 1979, 1, 2; *Malkoc-Han,*
     FuR 2003, 347, 352 f.; MüKo-BGB/*Siehr,* Art. 15 EGBGB Rn 78; Soergel/*Schurig,* Art. 15 EGBGB
     Rn 56; Staudinger/*Mankowski,* Art. 15 EGBGB Rn 315.
175 MüKo-BGB/*Siehr,* Art. 15 EGBGB Rn 78.
176 Bamberger/Roth/*Mörsdorf-Schulte,* Art. 15 EGBGB Rn 32.
177 OLG Zweibrücken FamRZ 1988, 623, 624.

des Rechts, das auf das seinen Gegenstand bildende Rechtsverhältnis anzuwenden ist, oder des Rechts eines dieser Staaten erfüllt. Wird ein (Ehe-)Vertrag durch einen **Vertreter** geschlossen, so ist bei Anwendung von Art. 11 Abs. 1 und 2 EGBGB der Staat maßgebend, in dem sich der Vertreter befindet (Art. 11 Abs. 3 EGBGB).

Es spielt keine Rolle, ob das Güterrechtsstatut die Ortsform anerkennt oder nicht.[178] Die Beachtung des **Ortsrechts** hat sich an der gelebten Rechtswirklichkeit – und nicht am Buchstaben des Gesetzesrechts – zu orientieren.[179] Folglich entscheidet die Rechtspraxis, wenn sich nach ihr Liberalisierungen und Erleichterungen der Form des Ortsrechts entwickelt haben, die mit dem Wortlaut der Gesetzeslage nicht mehr übereinstimmen.[180] Beispielsweise soll bei einer Anwendbarkeit von türkischem Recht als *lex loci* notarielle Beglaubigung ausreichen und notarielle Beurkundung nicht erforderlich sein.[181]   **81**

Hinweis: Ist mit dem Ehevertrag eine Rechtswahl nach Art. 15 Abs. 2 EGBGB verbunden (siehe Rdn 63), ist im Zusammenhang mit Art. 11 Abs. 1 1. Alt. EGBGB auf das gewählte (neue) Güterrechtsstatut abzustellen.[182]   **82**

II. Beispielsfälle nach der Judikatur

Ein deutsch-französisches Ehepaar (mit deutschem Güterstand) kann somit einen Ehevertrag wirksam nach den Formvorschriften des französischen Rechts (Art. 1394 des französischen CC) vor einem französischen Notar schließen.[183]   **83**

Ein Deutscher und eine Deutsch-Italienerin können in Mexiko einen Ehevertrag wirksam nach mexikanischem Ortsrecht schließen.[184]   **84**

Unter niederländischem Güterstatut lebende Ehegatten können gem. § 1410 BGB in vertraglich wirksamer Form in Deutschland ihre güterrechtlichen Beziehungen gestalten.[185]   **85**

III. Problemlagen

Die wahlweise Anknüpfung an das Güterrechtsstatut und an das Ortsrecht nach Art. 11 EGBGB verursacht in zwei Fällen Probleme: **86**
- Was gilt, wenn das verwiesene Recht einen **formfreien Abschluss** von Eheverträgen gestattet? (siehe Rdn 87)
- Und was gilt, wenn Formvorschriften deshalb nicht existieren, weil das verwiesene Recht ein Rechtsinstitut „Ehevertrag" entweder
  - überhaupt nicht (aner-)kennt bzw.
  - Eheverträge verbietet?

---

178 So *Lichtenberger*, DNotZ 1986, 644, 658, 663; MüKo-BGB/*Siehr*, Art. 15 EGBGB Rn 78 (Hinweis auf Ortsform in Fn 120); Soergel/*Schurig*, Art. 15 EGBGB Rn 56.
179 Staudinger/*Mankowski*, Art. 15 EGBGB Rn 316.
180 AG Düsseldorf IPRspr 1995 Nr. 64 (S. 120 f.).
181 Staudinger/*Mankowski*, Art. 15 EGBGB Rn 316 unter Bezugnahme auf *Malkoc-Han*, FuR 2003, 347, 352 f.
182 Soergel/*Schurig*, Art. 15 EGBGB Rn 56.
183 So KG HRR 1933 Nr. 205 = IPRspr 1933 Nr. 31; OLG Hamburg IPRspr 1977 Nr. 16.
184 AG Düsseldorf IPRspr 1995 Nr. 64 (S. 120 f.).
185 So AG Wedel IPRspr 1972 Nr. 54.

1. Zulässiger formfreier Abschluss eines Ehevertrages

87 *Kühne*[186] hatte vorgeschlagen, für Eheverträge auch dann Schriftform zu verlangen, wenn das verwiesene Ortsrecht einen formfreien Abschluss von Eheverträgen zulässt: Aufnahme einer entsprechend unmittelbar anwendbaren Sachnorm in das deutsche IPR. Der deutsche Gesetzgeber ist diesem Vorschlag jedoch nicht gefolgt. Dies hat zur Folge, dass das Gütervertragsrecht – wenn das Ortsrecht Schriftform oder bloße Einigung voraussetzt – keine strengeren Anforderungen als im Eheschließungsrecht stellen darf (das ja auch erleichterte ausländische Eheschließungsformen akzeptiert). Folglich sind auch erleichterte Ehevertragsformen zu akzeptieren.[187]

88 *Gamillscheg*[188] hatte vorgeschlagen, Ortsrecht dann nicht zu akzeptieren, wenn das Güterstatut (im Unterschied zum deutschen IPR) keine Formanknüpfung zugunsten der *lex actus* kennt. Er lehnte diesen Vorschlag an Art. 6 Abs. 2 des Haager Ehewirkungsabkommens (vorstehend § 1 Rdn 69) aus dem Jahre 1905 an.

89 *Mankowski*[189] wandte sich gegen diesen Vorschlag von *Gamillscheg* mit dem Einwand, dass er auf einer dem geltenden Recht fremden theoretischen Grundüberlegung beruhe, „nämlich einem Primat der materiellen vor der formellen Qualifikation".[190]

90 **Fazit:** Die alternative Verweisung nach Art. 11 Abs. 1 EGBGB gelangt – als hinzunehmende Konsequenz der gesetzlich verankerten Anknüpfungstechnik[191] – auch dann zur Anwendung, wenn das verwiesene ausländische Recht einen formfreien Abschluss von Eheverträgen akzeptiert. Wenn der Gesetzgeber sich dafür entschieden hat, keine Sonderregelung für Eheverträge in Art. 11 EGBGB zu verankern (und damit im deutschen Recht niedergelegte formelle Mindestanforderungen auch in der Verweisungsnorm hinsichtlich der Form festzuschreiben), ist dies zu akzeptieren. Das heißt, die formelle Anwendbarkeit von Güterrechtsstatut oder Ortsrecht gilt auch dann, wenn die verwiesene Rechtsordnung einen formfreien Abschluss zulässt.[192]

2. Nichtanerkenntnis oder Verbot des Ehevertrages im verwiesenen Recht

91 Erkennt das verwiesene Recht weder nach dem *lex loci* noch nach dem Güterrechtsstatut ein Rechtsinstitut „Ehevertrag" überhaupt an, kann es diesbezüglich natürlich auch keine Formvorschriften vorgeben. Die Verweisung geht also ins Leere: Es fehlt eine Orts- oder Geschäftsform für Eheverträge.[193] Die im ausländischen Recht konsequenterweise fehlende Formvorschrift begründet einen „nicht behebbaren Normenmangel". Die h.A.[194] lehnt auch

---

186 IPR-Gesetzesentwurf, 1980, Art. 15 Abs. 3 S. 2 IPR-E.
187 So *Böhmer/Siehr/Finger*, Das gesamte Familienrecht – das internationale Recht, 2002, Rn 66.
188 Staudinger/*Gamillscheg*, 11. Aufl. 1973, Art. 15 EGBGB Rn 411.
189 Staudinger/*Mankowski*, Art. 15 EGBGB Rn 319.
190 Staudinger/*Mankowski*, Art. 15 EGBGB Rn 319: „Im Übrigen wäre jenes Modell zu kompliziert und praktisch kaum zu handhaben. Es würde das Novum einer kumulativen, teilweise unselbstständigen Teilfragenanknüpfung in das deutsche IPR einführen."
191 Staudinger/*Mankowski*, Art. 15 EGBGB Rn 320.
192 NK-BGB/*Sieghörtner*, Art. 15 EGBGB Rn 105.
193 Staudinger/*Mankowski*, Art. 15 EGBGB Rn 321: Dies sei konsequent, da für die Rechtswahl Art. 15 Abs. 3 EGBGB auf Art. 14 Abs. 4 S. 2 EGBGB verweist – „Für die Formanknüpfung eines nur sachrechtlichen Ehevertrages kann man aber keine anderen Grundsätze aufstellen". Vgl. zudem Staudinger/*Mankowski*, Art. 14 EGBGB Rn 131.
194 *Böhmer/Siehr/Finger*, Das gesamte Familienrecht – das internationale Recht, 2002, Rn 66; Staudinger/*Mankowski*, Art. 15 EGBGB Rn 322.

eine entsprechende Heranziehung der im verwiesenen Recht geltenden Formvorschriften für schuld- und sachenrechtliche Verträge als Ausweichlösung für Eheverträge ab. Eine analoge Anwendung sei unzulässig, weil sie die Qualifikationsentscheidung des deutschen IPR (für Schuldverträge erfolgt kein Verweis auf das Ehegüterrechtsstatut) konterkariert und es den Inhalt des ausländischen Rechts unzulässigerweise manipuliert (i.S. eines von diesem Recht nicht gewollten Oktroi des nicht anerkannten Rechtsinstituts „Ehevertrag").[195] Die Unzulässigkeit, dass es sich um einen Oktroi handeln würde, wird vor allem deutlich, wenn das ausländische Recht das Rechtsinstitut „Ehevertrag" ausdrücklich **verbietet** (und daher naturgemäß keine Formvorgaben trifft).

Fazit: Das heißt, wenn die verwiesene Rechtsordnung das Institut des Ehevertrages überhaupt nicht kennt (und damit konsequenterweise auch keine Formregelung vorsieht), geht die Verweisung insoweit ins Leere. Es gelten dann die Folgen, die die Rechtsordnung bei Formmängeln vorschreibt. Dies bedeutet, dass der Ehevertrag in diesen Fällen nach dieser Rechtsordnung in aller Regel **formunwirksam** sein wird.[196]

92

IV. Formmangel

Wenngleich über die Rechtsfolgen eines Formmangels bislang in der Judikatur noch nicht entschieden wurde, gelten hier dieselben Folgen, die das Güterrechtsstatut für Formmängel vorgibt. Dies bedeutet, dass der **gesetzliche Güterstand** eintritt i.S.v. fortgilt.[197] Diese Rechtsfolge eines Formmangels liegt darin begründet, dass das Recht, den ehelichen Güterstand privatautonom einer Regelung unterziehen zu können, einen **Ausnahmetatbestand** i.S. eines Abweichens vom gesetzlichen Regelfall statuiert. Scheitert nun eine zulässige Abänderung des gesetzlichen Regelfalls wegen Formmangels, besteht zwingend der gesetzliche Regelfall fort. Dies gilt gleichermaßen, wenn der bisherige Güterstand nicht der gesetzliche, sondern ein vertraglich vereinbarter Güterstand war: Fortgeltung des „älteren Güterstands"[198] (d.h. des vormaligen vertraglichen Güterstands), weil es an einer formwirksamen Änderung desselben fehlt.

93

J. Weitere Gültigkeitsvoraussetzungen (z.B. Willensmängel)

Sonstige Gültigkeitserfordernisse – insbesondere die Frage nach einer **Freiheit von Willensmängeln** – richten sich gleichermaßen nach dem maßgebenden **Güterrechtsstatut**[199] gem. Art. 15 EGBGB (künftig: Art. 22 und 26 Rom IVa-VO; i.S.d. Anwendbarkeit des Rechts, das für den Abschluss des Ehevertrages, dessen Zustandekommen und für dessen Wirkungen maßgeblich ist).[200] Dies beruht auf dem **Grundsatz der Einheit des Rechtsverhältnisstatuts** (mithin der Einheit von Begründungs- und Wirkungsstatut).[201] Der Grundsatz

94

---

195 Staudinger/*Mankowski*, Art. 15 EGBGB Rn 322.

196 NK-BGB/*Sieghörtner*, Art. 15 EGBGB Rn 105. Vgl. zum Parallelproblem bei Versorgungsausgleichsregelungen: OLG Bamberg NJW-RR 2002, 1153, 1154.

197 So *Böhmer/Siehr/Finger*, Das gesamte Familienrecht – das internationale Recht, 2002, Rn 66a; Staudinger/*Mankowski*, Art. 15 EGBGB Rn 323.

198 *Böhmer/Siehr/Finger*, Das gesamte Familienrecht – das internationale Recht, 2002, Rn 66a; Staudinger/ *Mankowski*, Art. 15 EGBGB Rn 323.

199 Soergel/*Schurig*, Art. 15 EGBGB Rn 57.

200 MüKo-BGB/*Siehr*, Art. 15 EGBGB Rn 80; Soergel/*Schurig*, Art. 15 EGBGB Rn 57.

201 MüKo-BGB/*Siehr*, Art. 15 EGBGB Rn 80; *Raape*, Internationales Privatrecht, 5. Aufl. 1961, S. 331; Staudinger/*Mankowski*, Art. 15 EGBGB Rn 313.

der Einheit des Rechtsverhältnisstatuts hatte in Art. 31 Abs. 1 EGBGB alt (Einigung und materielle Wirksamkeit) seinen gesetzlichen Niederschlag gefunden. Danach beurteilten sich das Zustandekommen und die Wirksamkeit des Vertrages (oder einer seiner Bestimmungen) nach dem Recht, das anzuwenden wäre, wenn der Vertrag (oder die Bestimmung) wirksam wäre. Vgl. jetzt Kapitel II der Rom I-VO (Einheitliche Kollisionsnormen – insbesondere Art. 12 [Anwendungsbereich des anzuwendenden Rechts] und Art. 13 Rom I-VO [Rechts-, Geschäfts- und Handlungsfähigkeit]). Der Grundsatz der Einheit des Rechtsverhältnisstatuts gilt gleichermaßen im internationalen Ehegüterrecht.[202]

95 **Rechtsfolge:** Somit sind sowohl die Voraussetzungen als auch die Folgen von Willensmängeln dem Recht zu entnehmen, das den Ehevertrag beherrschen würde, wenn dieser frei von Mängeln zustande gekommen wäre.[203]

96 **Hinweis:** Dieses maßgebliche Recht ist auch zur Beurteilung der Frage heranzuziehen, ob eine Möglichkeit besteht, Willensmängel wieder zu heilen.[204]

97 *Mankowski*[205] diskutiert zwar auch eine Analogie zu Art. 13 EGBGB (Eheschließung) mit einer Anwendung des Heimatrechts, was Schutzüberlegungen und einem eventuell vorhandenen Vertrauen auf die Anerkennung des jeweils eigenen Heimatrechts besser genügen könnte. Er schließt eine Analogie schließlich jedoch sowohl aus methodischen Gründen (Fehlen einer erforderlichen auszufüllenden Lücke) als auch aufgrund eines fehlenden schutzwürdigen Vertrauens aus (da güterrechtliche Verhältnisse geregelt werden, die auch bei nur laienhafter Vorstellung dem Güterrechtsstatut zuzurechnen sind).[206]

K. Aufhebung und Abänderung eines Ehevertrages

98 Die Aufhebung und Abänderung eines Ehevertrages unterliegt (ebenso wie die Frage einer Auseinandersetzung und Fortsetzung des Ehevertrages mit dem überlebenden Ehegatten und den gemeinsamen Abkömmlingen)[207] denselben Regeln wie sein Abschluss, weshalb auch hier das **Güterrechtsstatut** nach Art. 15 EGBGB (nach Maßgabe der vorab dargestellten Regeln und Sonderstatute; künftig: Art. 22 und 26 Rom IVa-VO) sowohl über die
– Zulässigkeit als auch über die
– Wirkungen entsprechender Maßnahmen
entscheidet, vor allem im Hinblick auf eine etwaige Überleitung des bisherigen Güterstands in einen neu vereinbarten.[208]

99 **Hinweis:** Soll jedoch der vertragliche Güterstand in den gesetzlichen (rück-)überführt werden, ist hierfür nicht das Ehegüterrechtsstatut, sondern das **Ehevertragsstatut** maßgeblich, da dieses den gesetzlichen Güterstand bestimmt.[209] Dies hat zur Folge, dass, wenn der

---

202 Staudinger/*Mankowski*, Art. 15 EGBGB Rn 313.
203 Staudinger/*Mankowski*, Art. 15 EGBGB Rn 313.
204 *Neubecker*, Der Ehe- und Erbvertrag im internationalen Verkehr, S. 270.
205 Staudinger/*Mankowski*, Art. 15 EGBGB Rn 314.
206 Staudinger/*Mankowski*, Art. 15 EGBGB Rn 314.
207 Bamberger/Roth/*Mörsdorf-Schulte*, Art. 15 EGBGB Rn 33.
208 NK-BGB/*Sieghörtner*, Art. 15 EGBGB Rn 82; MüKo-BGB/*Siehr*, Art. 15 EGBGB Rn 81; Soergel/*Schurig*, Art. 15 EGBGB Rn 49; Staudinger/*Mankowski*, Art. 15 EGBGB Rn 306; a.A. *Grundmann*, FamRZ 1984, 445, 448: Es gelangt das Statut der allgemeinen Ehewirkungen zur Anwendung.
209 Bamberger/Roth/*Mörsdorf-Schulte*, Art. 15 EGBGB Rn 33; MüKo-BGB/*Siehr*, Art. 15 EGBGB Rn 100.

vertragliche Güterstand während der Ehe aufgrund eines einseitigen Verlangens eines Ehegatten aufgelöst wird, an dessen Stelle nicht etwa der gesetzliche Güterstand tritt (den das objektiv angeknüpfte Ehegüterrechtsstatut vorsieht). Vielmehr gilt jener Güterstand, der sich aus dem Statut des Ehevertrages ergibt.[210]

Exkurs: In der Konstellation eines „**Handelns unter falschem Recht**" (in der die Ehegatten   100
sich bei der Regelung in ihrem Ehevertrag **irrtümlich** an einer anderen Rechtsordnung als dem tatsächlich anwendbaren Güterrechtsstatut orientiert haben) bestimmt das Güterrechtsstatut über die Wirkungen des Vertrages.[211] Dabei ist der im Ehevertrag niedergelegte Parteiwille, soweit zulässig und möglich, nach dem anwendbaren Güterrecht zu verwirklichen[212] und nur, wenn wesentliche Vertragsteile danach unwirksam sind (sofern anzunehmen ist, dass die Eheleute den gesamten Vertrag dann nicht abgeschlossen hätten), ist der Ehevertrag ungültig.[213]

Hinweis: Ein „Handeln unter fremdem Recht" (siehe Rdn 63) kann sich auch nachträglich   101
aufgrund eines Statutenwechsels ergeben.[214] Dann gilt Folgendes: Sofern sich das Güterrechtsstatut (bspw. wegen Rechtswahl nach Art. 15 Abs. 2 EGBGB; künftig: Art. 22 Rom IVa-VO) ändert, richten sich auch die Wirkungen des Ehevertrages für die Zukunft nach dem neuen Güterrecht – wobei (entsprechend dem Rechtsgedanken des Art. 26 Abs. 5 EGBGB) alt[215] (obsolet nach der umfassenden Rechtswahlfreiheit gemäß Art. 5 EU-ErbVO) jedoch für die Frage nach der Wirksamkeit der Errichtung des Ehevertrages das Güterrechtsstatut zum Zeitpunkt des Abschlusses des Ehevertrages maßgeblich bleibt.[216]

L. Das Ehegüterrechtsstatut

Die Regelung des Art. 15 EGBGB (künftig: Art. 22 und 26 Rom IVa-VO) bestimmt das   102
maßgebliche Recht für die Sonderordnung des Vermögens der Ehegatten während und aufgrund der Ehe.[217] Die **güterrechtlichen Wirkungen der Ehe (Ehegüterrechtsstatut)** unterliegen nach Art. 15 Abs. 1 EGBGB dem bei der Eheschließung für die allgemeinen Wirkungen der Ehe (mithin dem nach Art. 14 Abs. 1 EGBGB) maßgeblichen Recht.

I. Verweis auf das Ehewirkungsstatut

1. Gleichlauf von Güterrechtsstatut und Ehewirkungsstatut; Rechtswahl, Rück- und Weiterverweisung

Art. 15 Abs. 1 EGBGB verweist damit hinsichtlich des Ehegüterrechtsstatuts auf das **Ehe-**   103
wirkungsstatut nach Art. 14 Abs. 1 EGBGB, das entweder
– durch die gemeinsame Staatsangehörigkeit (Nr. 1) oder

---

210 So MüKo-BGB/*Siehr*, Art. 15 EGBGB Rn 90.
211 NK-BGB/*Sieghörtner*, Art. 15 EGBGB Rn 80.
212 Vgl. MüKo-BGB/*Siehr*, Art. 15 EGBGB Rn 86.
213 NK-BGB/*Sieghörtner*, Art. 15 EGBGB Rn 80; MüKo-BGB/*Siehr*, Art. 15 EGBGB Rn 96.
214 NK-BGB/*Sieghörtner*, Art. 15 EGBGB Rn 81.
215 Wonach die Gültigkeit der Errichtung einer Verfügung von Todes wegen und die Bindung an sie dem Recht unterliegen, das im Zeitpunkt der Verfügung auf die Rechtsnachfolge von Todes wegen anzuwenden wäre.
216 NK-BGB/*Sieghörtner*, Art. 15 EGBGB Rn 81; MüKo-BGB/*Siehr*, Art. 15 EGBGB Rn 86.
217 Palandt/*Thorn*, Art. 15 EGBGB Rn 24.

- (unbeschadet gleichlaufender Staatsangehörigkeit) durch den gemeinsamen gewöhnlichen Aufenthalt (Nr. 2) bzw.
- durch die gemeinsame engste Verbindung (Nr. 3)

bestimmt wird. Die güterrechtlichen Wirkungen der Ehe werden so (im Interesse einer einheitlichen Anknüpfung aller Rechtsbeziehungen zwischen den Ehegatten und im Verhältnis zu ihren Kindern [Familienstatut]) dem von der **Grundsatzkollisionsnorm** des Art. 14 EGBGB berufenen Recht unterstellt.[218] Damit wird ein **Gleichlauf von Güterrechtsstatut und Ehewirkungsstatut** herbeigeführt. Art. 14 EGBGB (Allgemeine Ehewirkungen) gibt das für die **allgemeine Ehewirkungen** (mithin mit Ausnahme insbesondere der güterrechtlichen Beziehungen und der Scheidungsfolgen) maßgebliche Recht vor, wobei die Regelung als Grundsatzkollisionsnorm auf die Anknüpfung anderer Teilbereiche des Ehe- und Kindschaftsrechts ausstrahlt, die im EGBGB durch einen Verweis auf Art. 14 EGBGB geregelt worden sind[219] (bspw. auch Art. 15 Abs. 1 EGBGB).[220]

104   Der **Gleichlauf** gilt auch für die Fälle, dass das Ehewirkungsstatut von den Ehegatten gem. Art. 14 Abs. 2 oder 3 EGBGB **vor** der Eheschließung durch **Rechtswahl** bestimmt worden ist – wobei Art. 15 Abs. 2 EGBGB den Ehegatten zudem eine auf die güterrechtlichen Beziehungen ihrer Ehe **beschränkte Rechtswahl** gestattet.

105   Sofern im Falle der Anknüpfung des Ehewirkungsstatuts nach Art. 14 EGBGB eine **Rück- oder Weiterverweisung** zu beachten ist (vgl. Art. 4 Abs. 1 EGBGB, wonach, sofern auf das Recht eines anderen Staates verwiesen wird, auch dessen Internationales Privatrecht anzuwenden ist, wenn dies nicht dem Sinn der Verweisung widerspricht; verweist das Recht des anderen Staates aber auf deutsches Recht zurück, so sind die deutschen Sachvorschriften anzuwenden), gilt dies somit **mittelbar** auch für die Anknüpfung des Ehegüterrechtsstatuts.[221] Art. 32 Rom IVa-VO schließt künftig eine Rück- und Weiterverweisung aus. Maßgeblich dafür ist die ehegüterrechtliche Kollisionsnorm des verwiesenen Rechts.[222] Wenn eine unterschiedliche Anknüpfung für bewegliches und unbewegliches Vermögen besteht, kann die Rückverweisung ggf. zu einer **Spaltung des Güterrechtsstatuts** führen.

106   Dies trifft auch dann zu, wenn Art. 14 Abs. 1 Nr. 2 EGBGB an den **gewöhnlichen Aufenthalt** anknüpft (nicht jedoch nach Art. 14 Abs. 1 Nr. 3 EGBGB bei einer Maßgeblichkeit des Rechts der gemeinsamen engsten Verbindung, da hier die Prüfung einer Rück- oder Weiterverweisung nach deren Internationalem Privatrecht dem Sinn der Verweisung widerspräche) bzw. im Falle von Art. 14 Abs. 4 S. 2 EGBGB (der Sachnormverweisungen enthält).

107   **Hinweis:** Wenn das Güterrechtsstatut jedoch durch **Rechtswahl** (**unmittelbar** nach Art. 15 Abs. 2 EGBGB (künftig: Art. 22 Rom IVa-VO) bzw. **mittelbar** nach Art. 14 Abs. 2 oder 3 EGBGB) bestimmt wird, ist nach Art. 4 Abs. 2 EGBGB (wonach, soweit die Parteien das Recht eines Staates wählen können, sie nur auf die Sachvorschriften verweisen können) eine **Rück- oder Weiterverweisung** überhaupt ausgeschlossen.[223] Dem **Belegenheitsstatut** gebührt Vorrang,[224] vgl. Art. 3a Abs. 2 EGBGB (wonach – sofern Verweisungen im Dritten

---

218   Palandt/*Thorn*, Art. 15 EGBGB Rn 1.
219   Palandt/*Thorn*, Art. 14 EGBGB Rn 1.
220   Vgl. zudem Art. 17 Abs. 1 EGBGB (Scheidungsstatut), Art. 19 Abs. 1 S. 3 EGBGB (Abstammungsstatut) bzw. Art. 22 EGBGB (Adoptionsstatut).
221   Vgl. OLG Koblenz NJW-RR 1994, 648; Palandt/*Thorn*, Art. 15 EGBGB Rn 2.
222   Staudinger/*Mankowski*, Art. 15 EGBGB Rn 39.
223   Umstr., so aber *Kartzke*, IPRax 1988, 10; Palandt/*Thorn*, Art. 14 EGBGB Rn 3; *ders.*, Art. 15 EGBGB Rn 2. Zum Teil a.A. sind *Kühne* (IPRax 1987, 73) und *Rauscher* (NJW 1988, 2154).
224   Palandt/*Thorn*, Art. 15 EGBGB Rn 2.

Abschnitt des EGBGB [Familienrecht] das **Vermögen** einer Person dem Recht eines Staates unterstellen – die Verweisungen sich nicht auf Gegenstände beziehen, die sich nicht in diesem Staat befinden und nach dem Recht des Staates, in dem sie sich befinden, besonderen Vorschriften unterliegen. Daraus kann sich also eine **Spaltung** des Güterrechtsstatuts ergeben [die auch für die Durchführung des Zugewinnausgleichs gilt]).[225]

2. Unwandelbarkeit des Güterrechtsstatuts

Da Art. 15 Abs. 1 EGBGB bei der Güterrechtsstatutsanknüpfung hinsichtlich der Grundanknüpfung (anders als beim Ehewirkungsstatut) expressis verbis (und damit **unwandelbar**) auf die Verhältnisse „bei der Eheschließung" (mithin auf den **Zeitpunkt der Eheschließung**) abstellt, ist für das Güterrechtsstatut grundsätzlich auch das zu diesem Zeitpunkt geltende Ehewirkungsstatut maßgeblich[226] (was auch für das Vorliegen einer Rückverweisung gelten soll).[227] Damit ist sowohl eine vor der Eheschließung bestehende, mit dieser aber verlorengegangene Gemeinsamkeit[228] als auch eine **nach** der Eheschließung erworbene Gemeinsamkeit[229] im Interesse von Rechtssicherheit und Rechtsklarheit[230] sowie des Erhalts wohlerworbener Rechte[231] unmaßgeblich[232] (sog. **Unwandelbarkeit des Güterrechtsstatuts**). Die Unwandelbarkeit des Güterrechtsstatuts bedeutet, dass spätere Änderungen der für die Anknüpfung des Ehewirkungsstatuts des Art. 15 EGBGB maßgeblichen Verhältnisse (z.B. ein Aufenthalts- oder Staatsangehörigkeitswechsel) i.S. einer späteren Rechtswahl für die gesetzliche Anknüpfung des Ehegüterrechtsstatuts unerheblich ist. In der Folge ist das Güterrechtsstatut – sieht man einmal von der Möglichkeit der besonderen güterrechtlichen Rechtswahl während der Ehe nach Art. 15 Abs. 2 EGBGB zwecks Anpassung des Güterrechtsstatuts an veränderte Vermögensverhältnisse (bzw. der Möglichkeit eines Anknüpfungswechsels nach Art. 220 Abs. 3 EGBGB; siehe Rdn 156) ab – **unwandelbar**.[233]

108

Eine weitere Ausnahme vom Grundsatz der Unwandelbarkeit normiert das nach Art. 15 Abs. 4 EGBGB fortgeltende (und auch vom Einigungsvertrag nicht tangierte) Gesetz vom 4.8.1969 über den ehelichen Güterstand von Vertriebenen und Flüchtlingen,[234] das für

109

---

225 So Palandt/*Thorn*, Art. 15 EGBGB Rn 2; a.A. hingegen *Ludwig*, DNotZ 2000, 663.

226 Womit ein kurz vor der Eheschließung eingetretener Anknüpfungswechsel (bspw. durch Ehevertrag) Berücksichtigung findet: *Kegel/Schurig*, Internationales Privatrecht, § 20 VI. 3.; Soergel/*Schurig*, Art. 15 EGBGB Rn 28.

227 So Palandt/*Thorn*, Art. 15 EGBGB Rn 3; a.A. hingegen AG Dortmund FamRZ 1999, 1507. Ebenso Erman/*Hohloch*, Art. 15 EGBGB Rn 11: Die Unwandelbarkeit könne im Falle einer Rück- oder Weiterverweisung durchbrochen werden, wenn das verweisende fremde Kollisionsrecht Wandelbarkeit vorsieht.

228 Anders aber die *anlässlich* einer Eheschließung erworbene gemeinsame Staatsangehörigkeit (*Kropholler*, Internationales Privatrecht, S. 344) bzw. ein erst während der Ehe begründeter Aufenthalt, sofern – unter den Voraussetzungen des Art. 14 Abs. 1 Nr. 3 EGBGB – eine entsprechende Planung belegbar ist: Bamberger/Roth/*Mörsdorf-Schulte*, Art. 15 EGBGB Rn 55.

229 Unerheblichkeit der Begründung neuer Anknüpfungspunkte (Änderungen durch Staatsangehörigkeits- oder Aufenthaltswechsel, engste Beziehungen zu einem Staat oder Wahl des Ehewirkungsstatuts) *während* der Ehe: Bamberger/Roth/*Mörsdorf-Schulte*, Art. 15 EGBGB Rn 53.

230 RegE, BT-Drucks 10/504, S. 58.

231 OLG Oldenburg Rpfleger 1985, 188; Soergel/*Schurig*, Art. 15 EGBGB Rn 28.

232 Bamberger/Roth/*Mörsdorf-Schulte*, Art. 15 EGBGB Rn 79.

233 OLG Düsseldorf FGPrax 2000, 5; Palandt/*Thorn*, Art. 15 EGBGB Rn 3.

234 BGBl I, 1067.

volksdeutsche Flüchtlinge (d.h. nur solche i.S.d. Art. 116 Abs. 1 GG)[235] deren gesetzlichen Güterstand in den geltenden gesetzlichen Güterstand (der Gütertrennung mit Zugewinnausgleich – Zugewinngemeinschaft) übergeleitet, wobei ehevertragliche Güterstände davon jedoch unberührt bleiben. Allein eine materiellrechtliche Weiterentwicklung des dergestalt feststehenden Güterrechtsstatuts ist möglich, da aus der Unwandelbarkeit des Statuts keine Unwandelbarkeit des Güterstands resultiert[236] (keine fortschrittsfeindliche „Versteinerung" des alten Rechtszustandes).[237]

3. Spaltung des anwendbaren Güterrechtsstatuts

110   Das Güterrechtsstatut ist grundsätzlich **einheitlich** und erfasst alle Vermögensgegenstände der Ehegatten (unabhängig davon, wo diese sich befinden). Nur ausnahmsweise kann sich eine **Spaltung** des anwendbaren Güterrechts wegen eines Vorrangs des Einzelstatuts nach Art. 3a Abs. 2 EGBGB ergeben[238] (siehe Rdn 107; bspw. bei einer kollisionsrechtlichen Spaltung des Güterrechtsstatuts für bewegliche und unbewegliche Sachen).[239] Eine Spaltung kann sich zudem im Falle einer Teilrückverweisung bzw. nach Art. 15 Abs. 2 Nr. 3 EGBGB ergeben (wonach die Möglichkeit einer Rechtswahl zugunsten der *lex rei sitae* für unbewegliches Vermögen eröffnet wird; siehe Rdn 107). Dies ist nach Art. 21 Rom IVa-VO künftig ausgeschlossen.

4. Vorfragenanknüpfung

111   Die **Vorfrage** des „Bestehens einer Ehe" ist (ebenso wie bei inländischer Eheschließung die Formgültigkeit nach Art. 13 Abs. 3 EGBGB, wohingegen die Nichtanerkennung der Gültigkeit einer Ehe durch das Güterrechtsstatut irrelevant ist)[240] selbstständig anzuknüpfen[241] (**Grundsatz der selbstständigen Anknüpfung des Bestehens einer Ehe**). Damit bestimmt sich die Frage der Gültigkeit einer Ehe als Vorfrage bei der Entscheidung über die in Rede stehende Hauptfrage nicht nach dem Internationalen Privatrecht des Heimatrechts, sondern nach deutschem Recht als *lex fori*[242] – bspw. die Frage nach der Formgültigkeit einer im Inland geschlossenen Ehe nach Art. 13 Abs. 3 EGBGB, womit eine Nichtanerkennung der Gültigkeit der Ehe nach dem anwendbaren Güterrechtsstatut unerheblich ist.[243]

5. Verkehrsschutz

112   Der inländische Rechts- und Geschäftsverkehr wird gem. Art. 16 EGBGB (künftig: Art. 28 Rom IVa-VO – Wirkungen gegenüber Dritten) in bestimmtem Umfang durch eine Anwendung deutschen Rechts geschützt.[244] Nach Art. 16 EGBGB (**Schutz Dritter**) gilt Folgendes: Unterliegen die güterrechtlichen Wirkungen einer Ehe dem Recht eines anderen Staates

---

235 Für alle anderen (vom Gesetz nicht erfassten Flüchtlinge) gilt der Grundsatz der Unwandelbarkeit: so Soergel/*Schurig*, Art. 15 EGBGB Rn 70.
236 Palandt/*Thorn*, Art. 15 EGBGB Rn 3.
237 Palandt/*Thorn*, Art. 15 EGBGB Rn 3.
238 Dazu Palandt/*Thorn*, Art. 15 EGBGB Rn 4.
239 BayObLGZ 1971, 34.
240 Bamberger/Roth/*Mörsdorf-Schulte*, Art. 15 EGBGB Rn 87.
241 Bamberger/Roth/*Mörsdorf-Schulte*, Art. 15 EGBGB Rn 87; Palandt/*Thorn*, Vor Art. 3 EGBGB Rn 29.
242 H.M., vgl. BGH NJW 1981, 1900. Vgl. zudem Erman/*Hohloch*, Einl. EGBGB Rn 42; *Kegel/Schurig*, Internationales Privatrecht, § 9 II.; Palandt/*Thorn*, Vor Art. 3 EGBGB Rn 29.
243 So OLG Stuttgart FamRZ 1978, 507.
244 Palandt/*Thorn*, Art. 15 EGBGB Rn 24.

und hat einer der Ehegatten seinen gewöhnlichen Aufenthalt im Inland oder betreibt er hier ein Gewerbe, so ist § 1412 BGB entsprechend anzuwenden. Der fremde gesetzliche Güterstand steht einem vertragsmäßigen gleich. Auf im Inland vorgenommene Rechtsgeschäfte ist § 1357 BGB, auf hier befindliche bewegliche Sachen § 1362 BGB, auf ein hier betriebenes Erwerbsgeschäft sind die §§ 1431 und 1456 BGB sinngemäß anzuwenden, soweit diese Vorschriften für gutgläubige Dritte günstiger sind als das fremde Recht.

6. Grundsatzanknüpfung

Fazit: Die nach Art. 15 Abs. 1 EGBGB erfolgte Anknüpfung an das Ehewirkungsstatut (**Grundsatzanknüpfung**; siehe Rdn 114), d.h. die Anknüpfung an die allgemeinen Ehewirkungen nach Maßgabe des bei Eingehung der Ehe maßgeblichen Rechts (mithin dem in diesem Zeitpunkt nach Art. 14 EGBGB zur Anwendung berufenen Recht),[245] ist **Gesamtverweisung**, womit aber eine unterschiedliche Anknüpfung von Ehewirkungen und Güterrecht (mithin eine unterschiedliche Geltung von Sachrecht) nicht ausgeschlossen ist.[246]   113

Die Grundsatzanknüpfung bezieht sich auf alle Anknüpfungen des Art. 14 EGBGB, einschließlich der dort eröffneten Rechtswahlmöglichkeiten nach Art. 14 Abs. 2 bzw. 3 EGBGB. Da allerdings auf den Zeitpunkt der Eheschließung abzustellen ist (siehe Rdn 9), müssen jeweils die vergangenheitsbezogenen Stufen der Anknüpfungsleiter (vgl. Art. 14 Abs. 1 Nr. 1 und 2 EGBGB – frühere gemeinsame Staatsangehörigkeit bzw. früherer gemeinsamer Aufenthalt) ausscheiden.[247]   114

7. Eheähnliche Institutionen

Art. 15 EGBGB gilt nicht für die vermögensrechtlichen Folgen **eheähnlicher Lebensgemeinschaften**.[248] Die vermögensrechtlichen Folgen beurteilen sich hier nach dem maßgeblichen Vertrags- oder Gesellschaftsrechtsstatut bzw. nach dem Belegenheitsstatut (im Hinblick auf die dingliche Rechtslage).   115

Für die **eingetragene gleichgeschlechtliche Lebenspartnerschaft** gilt hinsichtlich der güterrechtlichen Wirkungen die Sonderregelung des Art. 17b Abs. 1 EGBGB (künftig: Art. 22 und 26 Rom IVa-VO). Diese bestimmt, dass die Begründung, die allgemeinen und die güterrechtlichen Wirkungen sowie die Auflösung einer eingetragenen Lebenspartnerschaft den Sachvorschriften des registerführenden Staates unterliegen. Auf die unterhaltsrechtlichen Folgen der Lebenspartnerschaft ist das nach den allgemeinen Vorschriften geltende Recht anzuwenden. Begründet die Lebenspartnerschaft danach keine gesetzliche Unterhaltsberechtigung, so finden die Sachvorschriften des registerführenden Staates Anwendung.   116

Der **Versorgungsausgleich** unterliegt gleichermaßen den Sachvorschriften des registerführenden Staates. Er ist nur durchzuführen, wenn das Recht eines der Staaten, denen die Lebenspartner im Zeitpunkt der Rechtshängigkeit des Antrags auf Aufhebung der Lebenspartnerschaft angehören, einen Versorgungsausgleich zwischen Lebenspartnern kennt. Kann ein Versorgungsausgleich hiernach nicht stattfinden, so ist er auf Antrag eines Lebenspartners nach deutschem Recht durchzuführen, wenn der andere Lebenspartner während der Lebenspartnerschaftszeit eine inländische Versorgungsanwartschaft erworben hat, so-   117

---

245 Palandt/*Thorn*, Art. 15 EGBGB Rn 16.
246 Bamberger/Roth/*Mörsdorf-Schulte*, Art. 15 EGBGB Rn 89.
247 So BT-Drucks 10/5632, S. 41.
248 Umstr., so aber Palandt/*Thorn*, Art. 15 EGBGB Rn 24; a.A. hingegen *Andrae*, Internationales Familienrecht, 1999, S. 394. Ebenso MüKo-BGB/*Siehr*, Art. 15 EGBGB Rn 192.

weit die Durchführung des Versorgungsausgleichs im Hinblick auf die beiderseitigen wirtschaftlichen Verhältnisse auch während der nicht im Inland verbrachten Zeit der Billigkeit nicht widerspricht.

118 **Fazit:** Die güterrechtlichen Wirkungen einer eingetragenen Lebenspartnerschaft beurteilen sich also nach dem Recht des Registrierungsstaates – und damit u.a. auch die Gestaltung der vermögensrechtlichen Beziehungen.[249] Eine **Rechtswahl** ist somit **nicht** möglich.[250]

II. Die einzelnen Anknüpfungsmerkmale

119 Nachfolgend soll auf die einzelnen Anknüpfungsmerkmale nach Art. 14 Abs. 1 Nr. 1 bis 3 EGBGB (künftig: Art. 26 Abs. 1 Rom IVa-VO) im Hinblick auf die Feststellung des Ehewirkungsstatuts näher eingegangen werden.

1. Die gemeinsame Staatsangehörigkeit

120 Die allgemeinen Wirkungen der Ehe unterliegen nach Art. 14 Abs. 1 Nr. 1 EGBGB (künftig: Art. 26 Abs. 1 Buchst. b Rom IVa-VO) dem Recht des Staates, dem beide Ehegatten angehören oder während der Ehe zuletzt angehörten, wenn einer von ihnen diesem Staat noch angehört (Anknüpfung des Güterrechtsstatuts an die gemeinsame Staatsangehörigkeit der Ehegatten im Zeitpunkt der Eheschließung als **Primäranknüpfung**, Art. 15 Abs. 1 i.V.m. Art. 14 Abs. 1 Nr. 1 EGBGB). Nach Art. 15 Abs. 1 i.V.m. Art. 14 Abs. 1 Nr. 1 EGBGB beurteilt sich das eheliche Güterrecht damit vorrangig nach dem **gemeinsamen Heimatrecht** der Ehegatten (zum Zeitpunkt der Eheschließung).

121 Bei **Mehrstaatern** ist nur die in Art. 5 Abs. 1 EGBGB bezeichnete Staatsangehörigkeit zu berücksichtigen, d.h. die effektivere bzw. die deutsche: Art. 5 Abs. 1 EGBGB bestimmt im Hinblick auf das **Personalstatut**, dass, wenn auf das Recht des Staates verwiesen wird, dem eine Person angehört, und diese Person mehreren Staaten angehört (sog. Mehrstaater), das Recht desjenigen dieser Staaten anzuwenden ist, mit dem die Person am engsten verbunden ist, insbesondere durch ihren gewöhnlichen Aufenthalt oder durch den Verlauf ihres Lebens. Ist die Person „auch" Deutscher, so geht diese Rechtsstellung vor.

122 Im Falle von **Flüchtlingen** oder **Staatenlosen** ist (anstelle der Staatsangehörigkeit) ihr durch den gewöhnlichen Aufenthalt nach Art. 5 Abs. 2 EGBGB bestimmtes Personalstatut (wonach – wenn eine Person staatenlos ist oder ihre Staatsangehörigkeit nicht festgestellt werden kann – das Recht des Staates anzuwenden ist, in dem sie ihren gewöhnlichen Aufenthalt oder, mangels eines solchen, ihren Aufenthalt hat) maßgeblich,[251] wobei das Übereinkommen über die Rechtsstellung der Staatenlosen vom 28.9.1954[252] als Sonderregelung jedoch Art. 5 Abs. 2 EGBGB weitgehend verdrängt. „Staatenloser" i.S.d. Übereinkommens ist gem. dessen Art. 1 Abs. 1 eine Person, die kein Staat aufgrund seines Rechts als Staatsangehörigen ansieht. Das Personalstatut eines Staatenlosen bestimmt sich gem. Art. 12 des Übereinkommens nach den Gesetzen des Landes seines Wohnsitzes oder, wenn er keinen Wohnsitz hat, nach den Gesetzen seines Aufenthaltslands. Die von einem Staatenlosen früher erworbenen, sich aus seinem Personalstatut ergebenden Rechte, insbesondere die aus der Eheschließung, werden von jedem Vertragsstaat vorbehaltlich der nach seinen

---

249 Palandt/*Thorn*, Art. 17b EGBGB Rn 3.
250 *Henrich*, FamRZ 2002, 139; Palandt/*Thorn*, Art. 17b EGBGB Rn 3.
251 BGH NJW 2003, 3339; Palandt/*Thorn*, Art. 15 EGBGB Rn 17.
252 BGBl 1976 II, 474 – für die Bundesrepublik Deutschland in Kraft getreten am 24.1.1977 (vgl. die Bekanntmachung vom 10.2.1977, BGBl II, 235).

Gesetzen ggf. zu erfüllenden Förmlichkeiten beachtet. Hierbei wird vorausgesetzt, dass es sich um ein Recht handelt, das nach den Gesetzen dieses Staates anerkannt worden wäre, wenn der Berechtigte nicht staatenlos geworden wäre.

Fraglich ist, ob eine **erst durch die** (d.h. nach der) **Eheschließung** erworbene bzw. hinzu erworbene Staatsangehörigkeit als „**gemeinsame Staatsangehörigkeit**" qualifiziert werden kann – ein Problem, das sich allerdings bei deutschen Ehegatten wegen Art. 5 Abs. 1 S. 2 EGBGB nicht stellt (danach geht im Hinblick auf das Personalstatut, wenn eine Person auch Deutscher ist, diese Rechtsstellung immer vor). Bei Nicht-deutschen-Ehegatten wird dies – zu Recht – zum Teil (kategorisch) verneint[253] (arg: maßgeblicher Zeitpunkt für die Anknüpfung ist der **Zeitpunkt der Eheschließung**; siehe Rdn 9), zum Teil zumindest aber bei einem gleichzeitigen Verlust der alten (infolge des Erwerbs der neuen) Staatsangehörigkeit (durch die Eheschließung) bzw. bei bestehendem[254] oder bei der Eheschließung bereits angelegtem bzw. rasch absehbarem Erwerb einer entsprechenden effektiven Staatsangehörigkeit bejaht.[255]   123

Mörsdorf-Schulte[256] hält eine entsprechende Rückwirkung des gemeinsamen Personalstatuts auf den Zeitpunkt der Eheschließung für zulässig („vertretbar"), da es in den genannten Fallkonstellationen nicht um die Aufdrängung eines bestimmten Rechts gehe.   124

Jene Teile der Literatur, die diese „Rückwirkung" aber ablehnen, werden zumindest im Zusammenhang mit dem Tatbestandsmerkmal der „gemeinsamen engsten Verbindung" (i.S.d. Art. 14 Abs. 1 Nr. 3 EGBGB; künftig: Art. 26 Abs. 1 Buchst. c Rom IVa-VO) annehmen, dass dieses Tatbestandsmerkmal infolge der später erlangten gemeinsamen Staatsangehörigkeit erfüllt sein dürfte.[257]   125

Hinweis: Die Anknüpfung an eine **frühere** gemeinsame Staatsangehörigkeit kommt jedoch **nicht** in Betracht, da maßgeblich auf den Zeitpunkt der Eheschließung abzustellen ist.[258]   126

2. Der gemeinsame gewöhnliche Aufenthalt

Die allgemeinen Wirkungen der Ehe können weiterhin (in zweiter Linie) – wenn bei der Eheschließung keine gemeinsame (nach Art. 5 Abs. 1 EGBGB zu berücksichtigende) Staatsangehörigkeit i.S.d. Art. 14 Abs. 1 Nr. 1 EGBGB (künftig: Art. 26 Abs. 1 Buchst. b Rom IVa-VO) besteht (siehe Rdn 120 ff.) – nach Art. 14 Abs. 1 Nr. 2 EGBGB (künftig: Art. 26 Abs. 1 Buchst. a Rom IVa-VO) dem Recht des Staates unterliegen, in dem **beide Ehegatten** (im maßgeblichen Zeitpunkt der Eheschließung; siehe Rdn 9) ihren **gewöhnlichen Aufenthalt** (der sich natürlich nicht am selben Ort befinden muss)[259] haben (oder während der Ehe zuletzt hatten, wenn einer von ihnen dort noch seinen gewöhnlichen Aufenthalt hat): Anknüpfung des Güterrechtsstatuts an den gemeinsamen gewöhnlichen Aufenthalt im gleichen Staat im Zeitpunkt der Eheschließung, Art. 15 Abs. 1 i.V.m. Art. 14 Abs. 1 Nr. 2 EGBGB.   127

---

253 Vgl. Palandt/*Thorn*, Art. 15 EGBGB Rn 17.
254 Vgl. BayObLGZ 1986, 1; OLG Düsseldorf IPRax 1984, 156; OLG Karlsruhe NJW 1984, 570; a.A. hingegen KG IPRax 1987, 117.
255 So Bamberger/Roth/*Mörsdorf-Schulte*, Art. 15 EGBGB Rn 52; Soergel/*Schurig*, Art. 15 EGBGB Rn 5; a.A. hingegen Erman/*Hohloch*, Art. 15 EGBGB Rn 18.
256 Bamberger/Roth/*Mörsdorf-Schulte*, Art. 15 EGBGB Rn 52.
257 So Bamberger/Roth/*Mörsdorf-Schulte*, Art. 15 EGBGB Rn 52.
258 Palandt/*Thorn*, Art. 15 EGBGB Rn 17.
259 Palandt/*Thorn*, Art. 15 EGBGB Rn 18.

128   Der (vom EGBGB nicht definierte) **gewöhnliche Aufenthalt**[260] ist der Ort eines nicht
       nur vorübergehenden Verweilens, an dem der Schwerpunkt der Bindungen einer Person
       (insbesondere in familiärer oder beruflicher Hinsicht – mithin ihr **Daseinsmittelpunkt**)
       liegt.[261] Dabei kommt es zu dessen Feststellung primär auf die objektiven Merkmale der
       Dauer und Beständigkeit des Aufenthalts an, wohingegen subjektive Faktoren, wie der
       Wille, den Aufenthaltsort zum Daseinsmittelpunkt zu machen, nicht erforderlich sind.[262]
       Als faktischer Wohnsitz wird der gewöhnliche Aufenthalt auch durch eine zeitweilige
       Abwesenheit (bei bestehendem Rückkehrwillen) dann nicht aufgehoben, wenn parallel dazu
       der Schwerpunkt der Bindungen einer Person nicht verändert wird.[263] Ein zwangsweises
       Verbringen oder Verbleiben an einem Ort begründet hingegen **keinen** gewöhnlichen Auf-
       enthalt.[264] Ausgeschlossen ist ein **mehrfacher** gewöhnlicher Aufenthalt, da der Daseinsmit-
       telpunkt auf einen einzigen Ort verweist.[265]

129   **Hinweis:** Spätere Veränderungen (nach dem maßgeblichen Zeitpunkt der Eheschließung)
       des gemeinsamen gewöhnlichen Aufenthalts werden hingegen nach h.A. nicht berücksich-
       tigt[266] (bspw. ein erst im Anschluss an die Eheschließung begründeter gemeinsamer gewöhn-
       licher Aufenthalt im selben Staat).

130   Fraglich ist in diesem Zusammenhang die Beurteilung, wenn ein **gemeinsamer gewöhnli-
       cher Aufenthalt im Zeitpunkt der Eheschließung noch nicht** besteht. *Mörsdorf-Schulte*[267]
       ist der Auffassung, dass – sofern ein bereits zur Zeit der Eheschließung hinreichend konkret
       geplanter (was Beweisschwierigkeiten in sich birgt) und später auch tatsächlich aufgenom-
       mener Aufenthalt belegbar ist – dies (zumindest im Hinblick auf Art. 14 Abs. 1 Nr. 3
       EGBGB – „gemeinsame engste Verbindung") ein tauglicher Anknüpfungspunkt sein könne,
       ebenso (selbst entgegen dem Wortlaut von Art. 14 Abs. 1 Nr. 2 EGBGB), wenn zwar im
       Zeitpunkt der Eheschließung ein gemeinsamer Aufenthalt bestand, die späteren Ehegatten
       aber bereits einen gemeinsamen Aufenthaltswechsel planten und diesen nach der Eheschlie-
       ßung dann auch unverzüglich vornahmen.[268]

131   **Hinweis:** Ein früherer gemeinsamer Aufenthalt im selben Staat kann als Anknüpfung keine
       Berücksichtigung finden, da auf den Zeitpunkt der Eheschließung abzustellen ist.[269]

132   Art. 14 Abs. 1 Nr. 2 EGBGB setzt (seinem Wortlaut nach) nicht voraus, dass einer der
       Ehegatten auch die Staatsangehörigkeit des Staates, in dem sie ihren gemeinsamen Aufent-
       halt haben, besitzt.

---

260 Zum Begriff: *Baetge*, Der gewöhnliche Aufenthalt im IPR, 1994.
261 Vgl. BGH NJW 1993, 2047; BGH FamRZ 2001, 412; Palandt/*Thorn*, Art. 5 EGBGB Rn 10.
262 BGH NJW 1993, 2047; Palandt/*Thorn*, Art. 5 EGBGB Rn 10.
263 BGH NJW 1993, 2047; OLG Hamm FamRZ 2002, 54.
264 Umstr., so aber OLG Köln FamRZ 1996, 946; OLG Hamm FamRZ 1993, 69; OLG Hamburg NJW-
     RR 1993, 40; Palandt/*Thorn*, Art. 5 EGBGB Rn 10; a.A. hingegen *Raape/Sturm*, Internationales Privat-
     recht, § 9 A III 4.
265 Umstr., so aber OLG Stuttgart FamRZ 2003, 959; Bamberger/Roth/*Lorenz*, Art. 5 EGBGB Rn 13;
     v. Bar/Mankowski, Internationales Privatrecht, Bd. 1, § 7 Rn 24; Palandt/*Thorn*, Art. 5 EGBGB Rn 10;
     a.A. hingegen BayObLGZ 1980, 52; 1996, 122; KG FamRZ 1987, 603; Erman/*Hohloch*, Art. 5 EGBGB
     Rn 55.
266 Vgl. RegE, BT-Drucks 10/504, S. 58; Erman/*Hohloch*, Art. 15 EGBGB Rn 19; MüKo-BGB/*Siehr*,
     Art. 15 EGBGB Rn 21.
267 Bamberger/Roth/*Mörsdorf-Schulte*, Art. 15 EGBGB Rn 54.
268 Bamberger/Roth/*Mörsdorf-Schulte*, Art. 15 EGBGB Rn 54; Soergel/*Schurig*, Art. 15 EGBGB Rn 9.
269 Palandt/*Thorn*, Art. 15 EGBGB Rn 18.

3. Die gemeinsame engste Verbindung

Die allgemeinen Wirkungen der Ehe unterliegen i.Ü. – d.h. sofern die Ehegatten zum   133
Zeitpunkt der Eheschließung weder ein gemeinsames Heimatrecht (aufgrund einer gemein-
samen, nach Art. 5 Abs. 1 EGBGB zu berücksichtigenden Staatsangehörigkeit; siehe
Rdn 65) noch einen gemeinsamen gewöhnlichen Aufenthalt hatten (siehe Rdn 72) – nach
Art. 14 Abs. 1 Nr. 3 EGBGB (künftig: Art. 26 Abs. 1 Buchst. c Rom IVa-VO) hilfsweise
(d.h. in dritter Linie) dem Recht des Staates, mit dem die Ehegatten (im Zeitpunkt der
Eheschließung) auf andere Weise **gemeinsam am engsten verbunden** sind (Anknüpfung
des Güterrechtsstatuts an das Recht der „gemeinsamen engsten Verbindung", Art. 15 Abs. 1
i.V.m. Art. 14 Abs. 1 Nr. 3 EGBGB). Dabei soll auch hier der bereits im Zeitpunkt der
Eheschließung hinreichend konkret geplante und später aufgenommene gewöhnliche Aufenthalt entscheidend sein.[270]

Im Hinblick auf die Feststellung einer entsprechenden „gemeinsamen engsten Verbindung"   134
ist in jedem **Einzelfall** zu prüfen, zu welchem Staat (und damit zu welcher Rechtsordnung)
beide Ehegatten die stärkste Beziehung besitzen,[271] wobei (soweit dies nicht bereits im
Zusammenhang mit Art. 14 Abs. 1 Nr. 1 bzw. Nr. 2 EGBGB berücksichtigt wurde) auch
Staatsangehörigkeit und gewöhnlicher Aufenthalt für die Beurteilung relevant sein können.[272] Art. 14 Abs. 1 Nr. 3 EGBGB gewinnt damit bspw. – wie bereits ausgeführt (siehe
Rdn 130) – in den Fällen einer nach (bzw. mit) der Eheschließung erst erworbenen (gemeinsamen) Staatsangehörigkeit bzw. eines erst mit diesem Zeitpunkt (oder sogar später) begründeten gemeinsamen Aufenthalts an Bedeutung[273] (d.h. bspw. die letzte gemeinsame Staatsangehörigkeit oder der letzte gemeinsame Aufenthalt in einem Staat, die/den keiner der Ehegatten aufrechterhalten hat, sofern die Verbindungen zu diesem Staat weitergepflegt wurden
und nicht zwischenzeitlich abgerissen sind).[274] Die „gemeinsame engste Verbindung" kann
aber (unter Berücksichtigung sämtlicher Umstände des konkret in Rede stehenden Einzelfalles zur Zeit der Eheschließung) auch aus gemeinsamen sozialen Bindungen der Ehegatten
an einen Staat durch Herkunft, Kultur, Sprache oder berufliche Tätigkeit bzw. durch gemeinsame und nicht nur ganz kurzfristige gemeinsame (schlichte) Aufenthalte in einem
Staat oder durch gemeinsame, objektiv feststellbare Zukunftspläne der Ehegatten (bspw.
den gemeinsamen Wunsch des Erwerbs einer Staatsangehörigkeit oder die beabsichtigte
Begründung eines gemeinsamen gewöhnlichen Aufenthalts in einem bestimmten Staat im
Anschluss an die Eheschließung i.S. eines ersten ehelichen Wohnsitzes) bzw. den (nicht ganz
zufällig gewählten) Ort der Eheschließung hergeleitet werden.[275]

Hinweis: Für den Fall, dass im Eheschließungszeitpunkt gar keine Verbindung zu einem   135
gemeinsamen Staat feststellbar ist, kommt eine kumulative Anwendung beider Heimatrechte
der Ehegatten nach dem **Grundsatz des schwächeren Rechts** in Betracht.[276]

---

270 Bamberger/Roth/*Mörsdorf-Schulte*, Art. 15 EGBGB Rn 55.
271 BGH NJW 1993, 2047, 2049; OLG Celle FamRZ 1998, 686; KG FamRZ 2002, 840.
272 So Palandt/*Thorn*, Art. 14 EGBGB Rn 10.
273 Bamberger/Roth/*Mörsdorf-Schulte*, Art. 15 EGBGB Rn 56; *v. Bar*, Internationales Privatrecht, Bd. 2,
     Rn 208; MüKo-BGB/*Siehr*, Art. 15 EGBGB Rn 22.
274 Palandt/*Thorn*, Art. 14 EGBGB Rn 10.
275 Palandt/*Thorn*, Art. 15 EGBGB Rn 19; *ders.*, Art. 14 EGBGB Rn 10.
276 Vgl. Bamberger/Roth/*Mörsdorf-Schulte*, Art. 15 EGBGB Rn 56; Soergel/*Schurig*, Art. 15 EGBGB
     Rn 13.

Ring

III. Bestimmung des Ehegüterrechtsstatuts durch eine Wahl des Ehewirkungsstatuts

136   Treffen die Ehegatten **vor** ihrer Eheschließung (maßgeblich ist nach Art. 15 Abs. 1 EGBGB wegen der Grundsatzanknüpfung der Zeitpunkt „bei der Eheschließung"; siehe Rdn 9) eine zulässige **Rechtswahl des Ehewirkungsstatuts** nach Maßgabe des Art. 14 Abs. 2 bis 4 EGBGB (künftig beurteilt sich die Rechtswahl nach Art. 22 Rom IVa-VO), so erstreckt sich diese Rechtswahl **mittelbar** nach Art. 15 Abs. 1 EGBGB **auch auf ihren Güterstand**. Eine Rechtswahl des Ehewirkungsstatuts geht zudem den durch Art. 15 Abs. 1 EGBGB berufenen objektiven Anknüpfungen (gesetzliche Anknüpfung des Güterrechtsstatuts) nach Art. 14 Abs. 1 Nr. 1 bis 3 EGBGB vor.[277] Danach bestehen folgende Möglichkeiten einer **Rechtswahl des Ehewirkungsstatuts** mit damit korrespondierender **mittelbarer Rechtswahl des Güterrechtsstatuts** über Art. 15 Abs. 1 EGBGB:
   – Gehört ein Ehegatte mehreren Staaten an, so können die Ehegatten gem. Art. 14 Abs. 2 EGBGB ungeachtet des Art. 5 Abs. 1 EGBGB (Personalstatut)[278] das Recht eines dieser Staaten wählen, falls ihm auch der andere Ehegatte angehört.
   – Ehegatten können nach Art. 14 Abs. 3 EGBGB auch das Recht des Staates wählen, dem ein Ehegatte angehört, wenn die Voraussetzungen des Art. 14 Abs. 1 Nr. 1 EGBGB (gemeinsame Staatsangehörigkeit; siehe Rdn 65) nicht vorliegen und kein Ehegatte dem Staat angehört, in dem beide Ehegatten ihren gewöhnlichen Aufenthalt haben, oder die Ehegatten ihren gewöhnlichen Aufenthalt nicht in demselben Staat haben. Die Wirkungen der Rechtswahl enden dann, wenn die Ehegatten eine gemeinsame Staatsangehörigkeit erlangen.

137   Die Rechtswahl muss gem. Art. 14 Abs. 4 S. 1 EGBGB (künftig: Art. 23 Abs. 1 und 2 Rom IVa-VO) **notariell beurkundet** werden. Wird die Rechtswahl nicht im Inland vorgenommen, so genügt es nach Art. 14 Abs. 4 S. 2 EGBGB, wenn sie den Formerfordernissen für einen Ehevertrag nach dem gewählten Recht oder am Ort der Rechtswahl entspricht.

138   Möglich ist somit eine **mittelbare Bestimmung des Ehegüterrechtsstatuts** nach Art. 15 Abs. 1 EGBGB (künftig: Art. 22 Rom IVa-VO) durch eine Wahl des Ehewirkungsstatuts nach Art. 14 Abs. 2 bis 4 EGBGB. Die Rechtswahl ist als **Sachnormverweisung** zu qualifizieren, sofern man dem Sinn einer Rechtswahl auch im Einklang mit Art. 4 Abs. 1 S. 1 Hs. 2[279] und Abs. 2[280] EGBGB gerecht werden möchte.[281]

139   **Hinweis:** Allerdings lässt sich der mit der Gesamtverweisung ursprünglich auch beabsichtigte **Gleichlauf** von Güterrechtsstatut und Erbstatut nicht sicher erreichen. Dies werde – so *Mörsdorf-Schulte*[282] – von den Ehepartnern bei einer Wahl des Ehegüterrechtsstatuts nach Maßgabe von Art. 14 Abs. 2 bis 4 EGBGB auch weniger (als ein Gleichlauf von Ehewirkungsstatut und Ehegüterrechtsstatut) ins Auge gefasst. Eine Vermeidung dieser

---

277 Bamberger/Roth/*Mörsdorf-Schulte*, Art. 15 EGBGB Rn 57; Palandt/*Thorn*, Art. 15 EGBGB Rn 20.

278 Wird auf das Recht des Staates verwiesen, dem eine Person angehört, und gehört sie mehreren Staaten an, so ist das Recht desjenigen dieser Staaten anzuwenden, mit dem die Person am engsten verbunden ist, insbesondere durch ihren gewöhnlichen Aufenthalt oder durch den Verlauf ihres Lebens. Ist die Person Deutscher, so geht diese Rechtsstellung vor.

279 Wird auf das Recht eines anderen Staates verwiesen, so ist auch dessen Internationales Privatrecht anzuwenden, sofern dies nicht dem Sinn der Verweisung widerspricht.

280 Soweit die Parteien das Recht eines Staates wählen können, können sie nur auf die Sachvorschriften verweisen.

281 Dazu Bamberger/Roth/*Mörsdorf-Schulte*, Art. 15 EGBGB Rn 57; MüKo-BGB/*Siehr*, Art. 15 EGBGB Rn 119 ff. Vgl. aber auch Erman/*Hohloch*, Art. 15 EGBGB Rn 20: nicht Sachnormverweisung, sondern Gesamtverweisung.

282 Bamberger/Roth/*Mörsdorf-Schulte*, Art. 15 EGBGB Rn 57.

Unsicherheiten (i.S. eines Gleichlaufs von Güterrechtsstatut und Erbstatut) kann seitens der Ehegatten aber durch eine ausdrückliche Wahl des Güterrechtsstatuts nach Art. 15 Abs. 2 und 3 EGBGB (siehe Rdn 140 ff.) vermieden werden.[283]

M. Abänderbarkeit (Wahl) des Ehegüterrechtsstatuts

I. Bestimmung des Güterrechtsstatuts durch unmittelbare Rechtswahl

Neben einer Anknüpfung an das gewählte Ehewirkungsstatut (Art. 15 Abs. 1 i.V.m. Art. 14 Abs. 2 bis 4 EGBGB – **mittelbare Bestimmung des Ehegüterrechtsstatuts**) besteht im Hinblick auf das Güterrecht auch die Möglichkeit einer besonderen, d.h. speziell auf das Ehegüterrechtsstatut bezogenen (und begrenzt auf die „güterrechtlichen Wirkungen der Ehe") **Rechtswahl** gem. Art. 15 Abs. 2 EGBGB (künftig: Art. 22 Rom IVa-VO), die in einem weiteren Umfang möglich ist als hinsichtlich der allgemeinen Ehewirkungen (nach Art. 14 Abs. 2 bis 4 EGBGB) und die auch an keine besonderen Voraussetzungen geknüpft ist[284] (**Bestimmung des Güterrechtsstatuts durch unmittelbare Rechtswahl**).

140

II. Änderbarkeit des Ehevertragsstatuts

Das **Ehevertragsstatut** ist (ebenso wie das **Ehegüterrechtsstatut**) also auch **änderbar** – und zwar unabhängig von der Anknüpfung des Ehewirkungsstatuts (zum grundsätzlichen Gleichlauf von Güterrechtsstatut und Ehewirkungsstatut vgl. Rdn 103 f.), wenn die Ehegatten **später** (d.h. im Nachgang zur Eheschließung) eine Rechtswahl nach Art. 15 Abs. 2 EGBGB (künftig: Art. 22 Rom IVa-VO) treffen.[285] Die Ehegatten haben folgendes Wahlrecht:[286] Sie können
– das Recht des Staates, dem einer von ihnen angehört, wählen (Art. 15 Abs. 2 Nr. 1 EGBGB), künftig: Art. 22 Abs. 1 Buchst. b Rom IVa-VO
– das Recht des Staates wählen, in dem einer von ihnen seinen gewöhnlichen Aufenthalt hat (Art. 15 Abs. 2 Nr. 2 EGBGB, künftig: Art. 22 Abs. 1 Buchst. a Rom IVa-VO); oder sie können
– für unbewegliches Vermögen das Recht des Lageorts wählen (Art. 15 Abs. 2 Nr. 3 EGBGB). Dies ist künftig nach Art. 21 Rom IVa-VO ausgeschlossen.

141

1. Grundsatz einer freien Rechtswahl

Diese auf die güterrechtlichen Wirkungen ihrer Ehe beschränkte Rechtswahlmöglichkeit nach Art. 15 Abs. 2 EGBGB (künftig: Art. 22 Rom IVa-VO) ermöglicht es den Ehegatten, eine ihren speziellen Verhältnissen adäquate Vermögensrechtsordnung selbst zu bestim-

142

---

283 So Bamberger/Roth/*Mörsdorf-Schulte*, Art. 15 EGBGB Rn 57; *Kropholler*, Internationales Privatrecht, § 45 III 2; MüKo-BGB/*Siehr*, Art. 15 EGBGB Rn 121; Palandt/*Thorn*, Art. 15 EGBGB Rn 2.
284 Bamberger/Roth/*Mörsdorf-Schulte*, Art. 15 EGBGB Rn 58.
285 Staudinger/*Mankowski*, Art. 15 EGBGB Rn 296; a.A. *Grundmann*, FamRZ 1984, 445, 447: Anwendung des Ehewirkungsstatuts für nach der Eheschließung abgeschlossene Eheverträge.
286 Das Wahlrecht nach Art. 15 Abs. 2 EGBGB entspricht einem Vorschlag des Deutschen Rats für IPR und folgt grundsätzlich dem Haager Ehegüterstandsabkommen von 1976, nach dem gem. Art. 3, 6 und 7 aber grundsätzlich eine Rechtswahl nur *vor* der Ehe getroffen werden kann, weshalb Art. 15 Abs. 2 EGBGB „rechtspolitisch bedenklich" sei: *Kegel/Schurig*, Internationales Privatrecht, § 20 VI. 1. b).

men[287] (Anpassung ihres Güterrechtsstatuts an ggf. veränderte Lebens- und Vermögensverhältnisse). Die Rechtswahl nach Art. 15 Abs. 2 EGBGB ist an **keine Voraussetzungen** geknüpft. Einschränkungen ergeben sich nur im Hinblick auf den Kreis der zur Wahl gestellten Rechtsordnungen[288] mit der Folge, dass auch Ehegatten mit deutscher Staatsangehörigkeit bspw. ihre güterrechtlichen Beziehungen dem Recht eines ausländischen Staates unterstellen können. Voraussetzung dafür ist, dass z.B. einer von ihnen in diesem Staat gem. Art. 15 Abs. 2 Nr. 2 EGBGB seinen gewöhnlichen Aufenthalt hat bzw. dort nach Art. 15 Abs. 2 Nr. 3 EGBGB unbewegliches Vermögen besitzt.

143   Das Wahlrecht erstreckt sich auf das **Sachrecht**, wobei eine Rückverweisung nach Art. 4 Abs. 2 EGBGB nicht zu beachten ist. Künftig ist nach Art. 32 Rom IVa-VO eine Rück- und Weiterverweisung ausgeschlossen. Soweit die Parteien das Recht eines Staates wählen können, können sie nur auf die Sachvorschriften verweisen. Dadurch ist also der **Grundsatz der Einheit des Ehegüterrechtsstatuts** bei einer Wahl des Güterrechts nach Art. 15 Abs. 2 EGBGB nicht durch Kollisionsrecht des gewählten Rechts (bspw. im Wege des *renvoi*) angreifbar.[289]

144   **Hinweis:** Im Interesse einer höchstmöglichen Flexibilität und zwecks Eröffnung der Möglichkeit einer Anpassung an sich ändernde Verhältnisse ist die Rechtswahl **nicht an einen bestimmten Zeitpunkt geknüpft.**[290] Der Zeitpunkt der Rechtswahl ist nicht fixiert.[291] Sie kann folglich auch **jederzeit** wieder geändert oder aufgehoben werden. Erfolgt eine nachträgliche Aufhebung, lebt die objektive Anknüpfung nach Art. 15 Abs. 1 EGBGB wieder auf.

145   Die Änderungsbefugnis bei nach Art. 15 Abs. 2 EGBGB erlaubter Rechtswahl bestimmt sich allein nach deutschem IPR (anders als im Falle einer Verweisung kraft objektiver Anknüpfung), womit die Neuwahl einer Rechtsordnung auch dann noch möglich ist, wenn das Kollisionsrecht der bis zur Neuwahl maßgeblichen Rechtsordnung eine Änderung des Ehegüterrechtsstatuts nicht vorsieht bzw. diese sogar verbietet.[292]

146   **Hinweis:** Die Rechtswahlvoraussetzungen müssen nur im Zeitpunkt des beabsichtigten Eintritts der güterrechtlichen Wirkungen vorliegen.[293]

147   Bei Abschluss eines Ehevertrages **vor** der Eheschließung (sog. **vorgezogene Rechtswahl**) – was nach der Intention des Gesetzgebers möglich sein soll[294] – findet auf diesen das erste Ehegüterrechtsstatut während der Ehezeit Anwendung.[295] Da Güterrecht erst ab dem Zeitpunkt der Eheschließung greift, entfaltet der Ehevertrag allerdings auch erst ab diesem Zeitpunkt (Wirkung erst ab der Eheschließung) güterrechtliche Wirkungen.[296]

---

287 Bamberger/Roth/*Mörsdorf-Schulte*, Art. 15 EGBGB Rn 58 – „oder Pflicht auf bestimmte Regelungen des gewählten Rechts abzielen". Vgl. auch Palandt/*Thorn*, Art. 15 EGBGB Rn 21.
288 Palandt/*Thorn*, Art. 15 EGBGB Rn 21.
289 So Bamberger/Roth/*Mörsdorf-Schulte*, Art. 15 EGBGB Rn 58.
290 Bamberger/Roth/*Mörsdorf-Schulte*, Art. 15 EGBGB Rn 60.
291 Palandt/*Thorn*, Art. 15 EGBGB Rn 21.
292 So Bamberger/Roth/*Mörsdorf-Schulte*, Art. 15 EGBGB Rn 60; MüKo-BGB/*Siehr*, Art. 15 EGBGB Rn 53 und 25 f.
293 Bamberger/Roth/*Mörsdorf-Schulte*, Art. 15 EGBGB Rn 61.
294 Vgl. RegE, BT-Drucks 10/504, S. 58.
295 RG Recht 1908 Nr. 268.
296 Staudinger/*Mankowski*, Art. 15 EGBGB Rn 296: Zwecks Wahrung der Einheit von Abschluss- und Wirkungsstatut erfolgt hier eine fiktive Festschreibung des Vertragsschlusses auf den Zeitpunkt der Eheschließung.

Eine **Rechtswahl** ist auch (zu einem beliebigen Zeitpunkt) **während** einer **bestehenden**   148
Ehe (unter Einschluss bereits vorhandenen Vermögens)[297] möglich.[298] Damit kann das bisher
geltende Ehegüterrechtsstatut für die Zukunft (d.h. mit **ex nunc-Wirkung**) geändert werden[299] (so künftig ausdrücklich Art. 22 Abs. 2 Rom IVa-VO). In der Folge ist der alte
Güterstand abzuwickeln,[300] wobei sowohl die Abwicklung des alten als auch die Überleitung desselben in den neuen Güterstand sich dann nach dem neu gewählten Güterrechtsstatut bestimmt.[301] In der Konsequenz können die Ehegatten eine einmal getroffene Rechtswahl während ihrer Ehe mit Wirkung für die Zukunft (*ex nunc*) auch (immer wieder)
aufheben und ändern mit der Folge, dass dann entweder das
- gesetzliche (d.h. nach den Verhältnissen zum Zeitpunkt der Aufhebung sich bestimmende) Güterrechtsstatut bzw. das
- (neue frei) vereinbarte (andere) Güterrechtsstatut
zur Anwendung gelangt. Das gesetzliche bzw. das (von den Parteien frei) vereinbarte Güterrechtsstatut gilt vom Zeitpunkt der Aufhebung oder der Änderung (Zeitpunkt der Rechtswahl) auch für das **bereits vorhandene Vermögen**.[302] Eine rückwirkende Rechtswahl (mit
ex tunc-Wirkung) ist nicht möglich.[303]

Probleme können im Falle einer Rechtswahl des Güterstands deshalb auftreten, weil die   149
Rechtswahlmöglichkeit zwar nicht von der Staatsangehörigkeit bzw. Staatszugehörigkeit
der Ehegatten abhängig ist, ausländischen Rechtsordnungen gleichwohl aber die Anerkennung einer bspw. in Deutschland getroffenen Rechtswahl freisteht. Damit ist – trotz erfolgter Rechtswahl nach Art. 15 Abs. 3 EGBGB – in verschiedenen Staaten eine voneinander
abweichende Beurteilung der güterrechtlichen Eheverhältnisse möglich.[304] Jedenfalls kennen
außer dem deutschen Recht (nach Art. 15 Abs. 2 EGBGB) auch diverse ausländische Rechtsordnungen die **Möglichkeit einer Rechtswahl**.[305]

Fraglich ist, welche Folgen der **Wegfall der tatbestandsmäßigen Voraussetzungen einer**   150
Rechtswahl nach sich zieht. Die Rechtswahl soll in einer entsprechenden Konstellation
nicht *eo ipso*, sondern nur auf Betreiben der Ehegatten hinfällig sein. Diese können also
jederzeit (mit *ex-nunc*-Wirkung; siehe Rdn 148) ihre einmal getroffene Rechtswahl wieder
aufheben und in ein anderes Güterrechtsstatut ändern bzw. in den gesetzlichen Güterstand
zur Zeit der Aufhebung zurückkehren.[306]

Hinweis: Für vor dem 1.4.1953 geschlossene Ehen (deren güterrechtliche Wirkungen nach   151
Art. 220 Abs. 3 EGBGB unberührt bleiben) gestattet Art. 220 Abs. 3 S. 6 EGBGB ausdrücklich eine nachträgliche Rechtswahl.

---

297 RegE, BT-Drucks 10/504, S. 58.
298 Was nach Art. 220 Abs. 3 S. 6 EGBGB auch für Ehen gilt, die vor Inkrafttreten des Gleichberechti-
     gungsgesetzes am 1.4.1953 geschlossen worden sind: Palandt/*Thorn*, Art. 15 EGBGB Rn 21.
299 So Palandt/*Thorn*, Art. 15 EGBGB Rn 21; *Schotten*, DNotZ 1999, 327. Gegen eine ex nunc-Wirkung
     sprechen sich *Mankowski/Osthaus*, DNotZ 1997, 20 aus.
300 Dazu *Schotten*, DNotZ 1999, 326.
301 Bamberger/Roth/*Mörsdorf-Schulte*, Art. 15 EGBGB Rn 62; Palandt/*Thorn*, Art. 15 EGBGB Rn 21;
     a.A. hingegen *Wegmann*, NJW 1987, 1744: Abwicklung nach dem bisherigen Güterrechtsstatut.
302 So RegE, BT-Drucks 10/504, S. 58. Ebenso Palandt/*Thorn*, Art. 15 EGBGB Rn 21; *Schotten*, DNotZ
     1999, 327; a.A. hingegen Staudinger/*Mankowski*, Art. 15 EGBGB Rn 116, der für die Zulassung einer
     rückwirkenden Rechtswahl plädiert.
303 Bamberger/Roth/*Mörsdorf-Schulte*, Art. 15 EGBGB Rn 62.
304 Bamberger/Roth/*Mörsdorf-Schulte*, Art. 15 EGBGB Rn 63.
305 Vgl. dazu RegE, BT-Drucks 10/504, S. 57.
306 Bamberger/Roth/*Mörsdorf-Schulte*, Art. 15 EGBGB Rn 63; a.A. hingegen *Lichtenberger*, DNotZ 1986,
     660.

Ring

2. Wahlmöglichkeiten

152 Als Güterrechtsstatut sind den Ehegatten zur Wahl freigestellt:
- ihre jeweiligen Heimatrechte (siehe Rdn 153),
- das Recht des Staates des gewöhnlichen Aufenthalts (siehe Rdn 154) bzw.
- hinsichtlich des unbeweglichen Vermögens auch das Recht des Lageortes (siehe Rdn 155 ff.).

a) Heimatrecht eines Ehegatten

153 Gemäß Art. 15 Abs. 2 Nr. 1 EGBGB (künftig: Art. 22 Abs. 1 Buchst. b Rom IVa-VO) können die Ehegatten das Recht des Staates,[307] dem einer von ihnen angehört (womit eine übereinstimmende Staatsangehörigkeit der Ehegatten nicht erforderlich ist), für die güterrechtlichen Wirkungen ihrer Ehe wählen. Das dergestalt gewählte **Heimatrecht eines Ehegatten** (als getroffene Rechtswahl), das sich bspw. bei einem absehbaren Wechsel des Aufenthaltsstaates anbietet, erfasst einheitlich alle güterrechtlichen Beziehungen zwischen den Ehegatten.[308] Bei **mehrfacher Staatsangehörigkeit** (sog. Mehrstaatern) kann (wie nach Art. 14 Abs. 3 EGBGB) jedes der beteiligten Heimatrechte gewählt werden (und nicht nur ein nach Art. 5 Abs. 1 EGBGB zu berücksichtigendes).[309]

b) Gewöhnlicher Aufenthalt eines Ehegatten

154 Die Ehegatten können nach Art. 15 Abs. 2 Nr. 2 EGBGB (künftig: Art. 22 Abs. 1 Buchst. a Rom IVa-VO) für die güterrechtlichen Wirkungen ihrer Ehe aber auch das Recht des Staates wählen, in dem (wenigstens) einer von ihnen (unbeschadet der Staatsangehörigkeit beider Ehegatten) seinen **gewöhnlichen Aufenthalt** hat. Zum Begriff des gewöhnlichen Aufenthalts siehe Rdn 127 ff. Die Regelung, die gleichermaßen (wie Art. 15 Abs. 2 Nr. 1 EGBGB; siehe Rdn 153) alle güterrechtlichen Beziehungen der Ehegatten untereinander beherrscht, schließt naturgemäß nicht aus, dass die Ehegatten auch das Recht des Staates wählen können, in dem sie beide ihren gewöhnlichen Aufenthalt haben. Art. 15 Abs. 2 Nr. 2 EGBGB gestattet gerade Ausländern eine flexible und von ihrem Heimatrecht unabhängige Anpassung der güterrechtlichen Wirkungen ihrer Ehe an das Recht des Aufenthaltsstaates.[310]

c) Sonderfall: Immobilien

155 Nach Art. 15 Abs. 2 Nr. 3 EGBGB können die Ehegatten ausnahmsweise (da grundsätzlich nur *ein* Güterrechtsstatut insgesamt und nicht Teile verschiedener Rechtsordnungen gewählt werden können)[311] im Hinblick auf **unbewegliches Vermögen** (ohne Rücksicht auf die Heimatrechte und auch ohne Berücksichtigung ihres sonstigen nach Art. 15 Abs. 1 und Art. 15 Abs. 2 Nr. 1 und Nr. 2 EGBGB bestimmten Güterrechtsstatuts)[312] für die güterrecht-

---

307 Bei Doppelstaatern ist nicht die Wahl des effektiven Heimatrechts i.S.v. Art. 5 Abs. 1 S. 1 EGBGB oder gar das deutsche Recht i.S.v. Art. 5 Abs. 1 S. 2 EGBGB maßgeblich (was der Gesetzeswortlaut „Staat" nahelegen könnte). Vielmehr haben sie (je nach Art. 10 Abs. 2 S. 1 Nr. 1 und Art. 14 Abs. 2 EGBGB) eine freie Wahl: Art. 5 Abs. 1 EGBGB ist also nicht zu beachten – so Bamberger/Roth/*Mörsdorf-Schulte*, Art. 15 EGBGB Rn 65; Erman/*Hohloch*, Art. 15 EGBGB Rn 26; Palandt/*Heldrich* (67. Aufl.), Art. 15 EGBGB Rn 22 und Art. 5 EGBGB Rn 4; a.A. hingegen *v. Bar*, Internationales Privatrecht, Bd. 2, Rn 222; *Lichtenberger*, DNotZ 1986, 659; Palandt/*Thorn*, Art. 15 EGBGB Rn 22.
308 Bamberger/Roth/*Mörsdorf-Schulte*, Art. 15 EGBGB Rn 65.
309 Bamberger/Roth/*Mörsdorf-Schulte*, Art. 15 EGBGB Rn 65.
310 So Bamberger/Roth/*Mörsdorf-Schulte*, Art. 15 EGBGB Rn 66.
311 Bamberger/Roth/*Mörsdorf-Schulte*, Art. 15 EGBGB Rn 67.
312 LG Mainz NJW-RR 1994, 73 m. Anm. *Mankowski*.

lichen Wirkungen ihrer Ehe auch das Recht des **Lageorts** (d.h. das **Belegenheitsrecht**) wählen. Art. 15 Abs. 2 Nr. 3 EGBGB hat also (im Unterschied zu der durch Art. 15 Abs. 2 Nr. 1 und 2 EGBGB eröffneten Rechtswahl, die die gesamten güterrechtlichen Beziehungen der Ehegatten betrifft) i.d.R. eine **Spaltung des Güterrechtsstatuts**[313] im Hinblick auf das Gesamtvermögen zur Folge, womit unterschiedliche Vermögensgegenstände unterschiedlichen güterrechtlichen Regelungen unterworfen werden können.[314] Die Rechtswahl nach Art. 15 Abs. 2 Nr. 3 EGBGB beschränkt sich in ihren Wirkungen auf das von ihr erfasste Vermögen. In der Folge muss jeder Teil einer Vermögensmasse der Ehegatten nach den für ihn maßgeblichen güterrechtlichen Vorschriften gesondert beurteilt werden.[315] Dies wird nach Art. 21 Rom IVa-VO künftig nicht mehr möglich sein.

Problematisch ist, ob die dergestalt getroffene Rechtswahl das **gesamte** am Lageort belegene **Vermögen** erfasst oder ob auch hier eine differenzierte Rechtswahl im Hinblick auf einzelne Immobilien (mithin eine Beschränkung) möglich ist. Für eine entsprechende weitergehende Spaltung des Güterrechtsstatuts spricht sich die wohl h.M. aus[316] – jedenfalls dann, wenn die Spaltung hinreichend erkennbar gemacht wird.[317] Dann kann die Rechtswahl also auch auf ein einzelnes am Lageort belegenes Grundstück beschränkt werden, wohingegen für die übrigen, im selben Staat (d.h. dem Lageort) belegenen Grundstücke ein anderes Güterrechtsstatut gilt. Unter **„unbewegliches Vermögen"** (das unabhängig vom Lageort nach deutschem Recht zu bestimmen ist),[318] was eine autonome Qualifikation nicht ausschließen soll,[319] sind Grundstücke (einschließlich ihrer Bestandteile und des Zubehörs), das Erbbaurecht, das Wohnungs- und Stockwerkseigentum sowie sonstige beschränkt dingliche Rechte an Grundstücken[320] und grundstücksgleichen Rechten, **nicht** jedoch (bloße) Forderungen[321] (z.B. ein Rückgewähranspruch hinsichtlich eines nicht valutierten Teils einer Grundschuld),[322] Gesellschaftsanteile (z.B. Kommanditanteile an einem geschlossenen Immobilienfonds)[323] oder Registerrechte zu verstehen,[324] ebenso wenig wie Erbanteile an einem

156

---

313 Dazu Bamberger/Roth/*Mörsdorf-Schulte*, Art. 15 EGBGB Rn 67; Palandt/*Thorn*, Art. 15 EGBGB Rn 22.

314 Bamberger/Roth/*Mörsdorf-Schulte*, Art. 15 EGBGB Rn 67.

315 Palandt/*Thorn*, Art. 15 EGBGB Rn 22: So können bspw. bezüglich der einen Vermögensmasse Verfügungsbeschränkungen bestehen, bezüglich einer anderen hingegen nicht. Hinsichtlich einer Vermögensmasse kann bei Beendigung des Güterstands ein Zugewinnausgleich erforderlich werden, hinsichtlich einer anderen jedoch nicht.

316 Vgl. LG Mainz NJW-RR 1994, 73 = FamRZ 1994, 1457 m. zust. Anm. *Mankowski*. Ebenso *Henrich*, FamRZ 1986, 847; *Lichtenberger*, in: FS für Ferid, 1988, S. 269, 275 ff.; *ders.*, DNotZ 1986, 659; *ders.*, DNotZ 1987, 300; Palandt/*Thorn*, Art. 15 EGBGB Rn 22; a.A. hingegen *Kühne*, IPRax 1987, 73; *Langenfeld*, FamRZ 1987, 12; *Schotten*, DNotZ 1994, 566; *Wegmann*, NJW 1987, 1743.

317 So zutreffend Bamberger/Roth/*Mörsdorf-Schulte*, Art. 15 EGBGB Rn 68: Für verschiedene, einheitlichem Belegenheitsrecht unterstehende Grundstücke könne hingegen nicht ein jeweils anderer materiellrechtlicher Güterstand des Belegenheitsrechts gewählt werden.

318 So *Böhringer*, BWNotZ 1987, 109; *Lichtenberger*, in: FS für Ferid, 1988, S. 284; MüKo-BGB/*Siehr*, Art. 15 EGBGB Rn 28 f, g und h; Palandt/*Thorn*, Art. 15 EGBGB Rn 22; a.A. hingegen Soergel/*Schurig*, Art. 15 EGBGB Rn 18 und 22: Maßgeblich sei die rechtliche Qualifikation nach dem Recht des Lageortes. Ebenso Staudinger/*Mankowski*, Art. 15 EGBGB Rn 164 f.

319 Palandt/*Thorn*, Art. 15 EGBGB Rn 22.

320 MüKo-BGB/*Siehr*, Art. 15 EGBGB Rn 28g.

321 A.A. *Wegmann*, NJW 1987, 1743.

322 So Palandt/*Thorn*, Art. 15 EGBGB Rn 22; a.A. hingegen *Reithmann*, DNotZ 2004, 479.

323 Palandt/*Thorn*, Art. 15 EGBGB Rn 22; a.A. aber *Reithmann*, DNotZ 2004, 479.

324 Bamberger/Roth/*Mörsdorf-Schulte*, Art. 15 EGBGB Rn 70.

Nachlass (zu dem auch Grundstücke zählen)[325] bzw. der Anteil an einer Gesellschaft mit Grundbesitz.[326]

157 Ziel der Regelung des Art. 15 Abs. 2 Nr. 3 EGBGB (als erst durch den Rechtsausschuss in die Regelung aufgenommene zusätzliche Wahlmöglichkeit)[327] ist die Erleichterung des Erwerbs deutscher Grundstücke durch ausländische Ehegatten[328] – wobei dies natürlich gleichermaßen auch für den umgekehrten Fall des Erwerbs ausländischer Grundstücke durch deutsche Ehegatten gelten kann.[329] Einerseits vermag Art. 15 Abs. 2 Nr. 3 EGBGB Übereinstimmungen mit dem Erbstatut nach Art. 25 Abs. 2 EGBGB herbeizuführen, andererseits kann die Spaltung jedoch auch Anpassungsprobleme verursachen, sofern der gesetzliche Güterstand des deutschen Rechts nur für das in Deutschland belegene Immobiliarvermögen gilt.[330]

3. Formerfordernis der Rechtswahl

158 Die Form der Rechtswahl beurteilt sich über einen Verweis in Art. 15 Abs. 3 EGBGB nach der Regelung des Art. 14 Abs. 4 EGBGB, die entsprechend gilt. Danach muss die Rechtswahl **notariell beurkundet** werden (künftig: Art. 23 Abs. 1 und 2 Rom IVa-VO). Wird sie nicht im Inland vorgenommen, so genügt es, wenn sie den Formerfordernissen für einen Ehevertrag nach dem gewählten Recht oder am Ort der Rechtswahl entspricht. Im Falle einer im Ausland getroffenen Rechtswahl ist also die Einhaltung der deutschen Ehevertragsform (bzw. einer dieser gleichwertigen ausländischen Form) dann nicht erforderlich, wenn das Ortsrecht oder das gewählte Recht die Wahl des Güterrechtsstatuts anerkennt und eine weniger strenge Form vorschreibt, die auch eingehalten wird.[331] Entscheidend sind also auch nach Art. 15 Abs. 3 EGBGB für die **Begründung** einer Rechtswahl die **Formerfordernisse**, die für einen **Ehevertrag** gelten.[332] Diese Form verlangt auch bei einer **Aufhebung** der Rechtswahl Beachtung.[333]

159 *Mörsdorf-Schulte*[334] plädiert dafür, im Interesse der Rechtsklarheit eine **ausdrückliche Rechtswahl** zu treffen.[335]

160 **Hinweis:** Eine Wahl des Ehegüterrechtsstatuts resultiert weder aus der Rechtswahl für einen Grundstückskaufvertrag[336] (d.h. aus der Rechtswahl für einen Grundstückskaufvertrag können keine Rückschlüsse auf die ehegüterrechtliche Rechtswahl gezogen werden) noch aus

---

325 Staudinger/*Mankowski*, Art. 15 EGBGB Rn 202 ff.: Anteile an einer Erbengemeinschaft.

326 Arg.: Der Erbanteil bzw. der Gesellschaftsanteil ist nicht unbeweglich, so Bamberger/Roth/*Mörsdorf-Schulte*, Art. 15 EGBGB Rn 70 (vielmehr stünden hier Gesamthands- bzw. Gesellschaftsanteile im Vordergrund). So auch *v. Bar*, Internationales Privatrecht, Bd. 2, Rn 369; *Lichtenberger*, DNotZ 1986, 659; a.A. hingegen Erman/*Hohloch*, Art. 15 EGBGB Rn 28. Anders auch hinsichtlich einer Erbengemeinschaft an einem Grundstück bzw. im Falle reiner Grundstücksgesellschaften: Staudinger/*Dörner*, Art. 25 EGBGB Rn 485.

327 BT-Drucks 10/5632, S. 42.

328 Dazu BayObLG NJW-RR 1992, 1235.

329 Bamberger/Roth/*Mörsdorf-Schulte*, Art. 15 EGBGB Rn 71; Erman/*Hohloch*, Art. 15 EGBGB Rn 28; Palandt/*Thorn*, Art. 15 EGBGB Rn 22.

330 So Bamberger/Roth/*Mörsdorf-Schulte*, Art. 15 EGBGB Rn 71.

331 Bamberger/Roth/*Mörsdorf-Schulte*, Art. 15 EGBGB Rn 72; MüKo-BGB/*Siehr*, Art. 15 EGBGB Rn 31.

332 *Kleinheisterkamp*, IPRax 2004, 399; Palandt/*Thorn*, Art. 15 EGBGB Rn 23.

333 Palandt/*Thorn*, Art. 15 EGBGB Rn 23; Staudinger/*Mankowski*, Art. 15 EGBGB Rn 114.

334 Bamberger/Roth/*Mörsdorf-Schulte*, Art. 15 EGBGB Rn 72.

335 So auch OLG Hamburg FamRZ 2002, 459. Ebenso Palandt/*Thorn*, Art. 15 EGBGB Rn 23.

336 So LG Augsburg MittBayNot 1995, 233.

der Vereinbarung einer Morgengabe[337] (siehe Rdn 61) bzw. aus der Rechtswahl für eine Scheidungsfolgenvereinbarung.[338]

N. Resumée

Ob die Ehegatten ihre güterrechtlichen Beziehungen auch auf vertraglichem Wege regeln können, bestimmt das **Güterrechtsstatut** nach Art. 15 EGBGB (künftig: Art. 22 und 26 Rom IVa-VO). Dieses ist gleichermaßen maßgeblich für die Frage, ob entsprechende Verträge nicht nur vor, sondern auch noch nach der Eheschließung geschlossen werden können bzw. ob die Wirksamkeit eines Ehevertrages von einer Registereintragung oder von einer behördlichen bzw. gerichtlichen Genehmigung abhängig ist.[339] **Verbietet** eine Rechtsordnung generell **vertragliche Abweichungen** vom gesetzlichen Güterrechtsstatut, verlangt dieses Verbot im Inland für die Dauer der Geltung dieses Güterrechtsstatuts für eine Ehe Beachtung, d.h., das Verbot verliert erst dann seine Wirksamkeit, wenn die Ehegatten von der Rechtswahlmöglichkeit des Art. 15 Abs. 2 EGBGB (künftig: Art. 22 Rom IVa-VO) Gebrauch machen. Eine entsprechende Rechtswahl nach Art. 15 Abs. 2 EGBGB kann auch nicht durch das ursprünglich geltende Güterrechtsstatut verhindert werden.[340]

161

Sonstige Restriktionen, die eine Rechtsordnung aufstellt (z.B. zulässiger Abschluss von Eheverträgen nur vor der Eheschließung, Zulässigkeit nur noch bestimmter Änderungen nach der Eheschließung, Zulässigkeit von Änderungen nach dem Ablauf einer bestimmten Zeit im innegehabten Güterstand,[341] Notwendigkeit einer behördlichen oder gerichtlichen Genehmigung[342] für eine Vertragsabänderung bzw. Wirksamkeitserfordernis einer Registereintragung) sind gleichermaßen zu beachten. Jedoch eröffnet auch hier die Regelung des Art. 15 Abs. 2 EGBGB (künftig: Art. 22 Rom IVa-VO) die Wahlmöglichkeit eines anderen Güterrechtsstatuts.

162

Hinweis: Der Abschluss **anderer Verträge** (als Eheverträge) zwischen den Ehegatten beurteilt sich nach dem Statut der allgemeinen Ehewirkungen (Ehewirkungsstatut). Ist nach Art. 14 EGBGB ausländisches Recht anwendbar, so können sich – wenn das maßgebende Recht allgemeine Ehewirkungen kennt, die dem deutschen Recht entweder fremd sind oder im deutschen Recht ggf. eine andere Qualifikation erfahren – Qualifikationsprobleme ergeben.[343]

163

Verbietet die andere Rechtsordnung **Gesellschaftsverträge zwischen den Ehegatten**, so erfolgt gleichwohl wieder eine güterrechtliche Qualifikation.[344] Damit ist den Ehegatten, sofern sie ihren gewöhnlichen Aufenthalt im Inland haben, die Möglichkeit eröffnet, deutsches Güterrecht zu wählen. Durch diese Rechtswahl kann das Verbot der Ehegattengesellschaft nach einem ausländischen Recht ausgeschlossen werden.[345]

164

337 Bamberger/Roth/*Mörsdorf-Schulte*, Art. 15 EGBGB Rn 72 unter Bezugnahme auf OLG Frankfurt/M. NJW 1996, 1478.
338 OLG Hamm FamRZ 2002, 459.
339 *Henrich*, Internationales Familienrecht, § 3 II 3.
340 *Henrich*, Internationales Familienrecht, § 3 II 3; a.A. hingegen *Grundmann*, FamRZ 1984, 445.
341 Vgl. Art. 1397 des französischen CC (siehe Rn 40, Fn 79).
342 Art. 1397 des französischen CC: bestätigendes Gerichtsurteil (siehe Rn 40, Fn 79).
343 Näher *Henrich*, Internationales Familienrecht, § 2 II.
344 So *Henrich*, Internationales Familienrecht, § 3 II 2.
345 Vgl. *Ferid*, Internationales Privatrecht, Rn 8 ff.

§ 4 Die Europäische Menschenrechtskonvention und die Europäische Grundrechtecharta in familienrechtlichen Angelegenheiten

Prof. Dr. Gerhard Ring, Freiberg, Sachsen
Prof. Dr. Line Olsen-Ring, LL.M., Freiberg, Sachsen

Literatur

Christoph, Väterrechte vor dem Europäischen Gerichtshof für Menschenrechte, FPR 2005, 200; *Fahrenhorst*, Der Schutz elterlicher Rechte bei einer Trennung von Eltern und Kind und die Europäische Konvention zum Schutze der Menschenrechte und Grundfreiheiten, FamRZ 1996, 495; *Fahrenhorst*, Familienrechte und Europäische Menschenrechtskonvention, 1994; *Fahrenhorst*, Sorgerecht und Religion. Anmerkung vom EGMR-Urteil im Fall Ingrid Hoffmann gegen Österreich, EuGRZ 1996, 633; *Herzog*, Europäischer Grundrechtsschutz für Ehe und Familie, Bitburger Gespräche 2001, 7 ff.; *Hövelberndt*, Ehe, Familie und Erziehungsrecht als Thema internationaler Regelungen zum Schutze der Menschenrechte, der Verfassungen der EU-Mitgliedstaaten und der deutschen Bundesländer, FPR 2004, 117; *P. Hoffmann*, Darf oder muss man die Entscheidungen des Europäischen Gerichtshofs für Menschenrechte (EuGHMR) zu Pflegekindern ignorieren?, ZfJ 2005, 44; *Jakob*, Die eingetragene Lebenspartnerschaft im Familienrecht, FamRZ 2002, 501; *Jarass*, Charta der Grundrechte der EU, 2. Aufl. 2013, *Lenz/Baumann*, Umgangsrecht auf internationaler Ebene, insbesondere vor dem EGMR, FPR 2004, 303; *Meyer* (Hrsg.), Charta der Grundrechte der Europäischen Union, 4. Aufl. 2014; *Ranieri*, Rechtsvereinheitlichung und Rechtsangleichung im Familienrecht. Eine Rolle für die Europäische Union?, ZEuP 1998, 670; *Ranieri*, Von Konstantinidis bis Grant – Europa und das Familienrecht, ZEuP 1998, 843; *Schulz*, Ehe und Familie in Europa, ZRP 2001, 477; *Tettinger*, Die Charta der Grundrechte der Europäischen Union: Ein Diskussionsbeitrag zum gemeineuropäischen Grundrechtsschutz und hier speziell zum Schutz von Ehe und Familie, in: Kämper/Schlagheck (Hrsg.), Zwischen nationaler Identität und europäischer Harmonisierung, 2002, S. 137 ff.; *Tettinger/ Geerlings*, Der Schutz von Ehe und Familie in Europa nach der Rechtsprechung des EuGH und des EGMR, in: Tettinger/Stern (Hrsg.), Die Europäische Grundrechtecharta im wertenden Verfassungsvergleich, 2005, S. 125 ff.; *Tettinger/Geerlings*, Ehe und Familie in der europäischen Grundrechtsordnung, EuR 2005, 419; *Tomuschat*, Schutz der Familie durch die Vereinten Nationen, AöR 100 (1975), 402; *Vari*, Familie, nichteheliche und andere Lebensgemeinschaften im Recht der Mitgliedstaaten der Europäischen Union und im Gemeinschaftsrecht, in: Tettinger/Stern (Hrsg.), Europäische Verfassung im Werden, 2006, S. 82 ff.; *Wolff*, Ehe und Familie in Europa, 2005, S. 721 ff.

A. Grundlagen

Die Europäische Menschenrechtskonvention (EMRK) als erste rechtsverbindliche internationale Menschenrechtskodifikation wurde am 4.11.1950 in Rom unterzeichnet. Heute sind alle 44 Mitglieder des Europarats **Vertragsstaaten** der EMRK (da in der Praxis die Unterzeichnung und Ratifikation der EMRK eine Voraussetzung für den Beitritt zum Europarat ist, vgl. Art. 3 der Satzung des Europarats).   1

Hinweis: Gemäß Art. 11 Abs. 2 AEUV (ex-Art. 6 Abs. 2 EU-Vertrag) achtet die Europäische Union (EU) die Grundrechte, wie sie sich aus der EMRK ergeben, womit Letztere   2

Rechtserkenntnisquelle für die Grundrechte der EU ist.[1] In der Folge besteht zwar keine Bindung der EU an die EMRK, wohl aber eine **Bindung der EU-Mitgliedstaaten**. Was die Rechtsprechung anbelangt, erfolgt eine parallele Auslegung der Grundrechte durch den Europäischen Gerichtshof für Menschenrechte (EGMR) und den Europäischen Gerichtshof (EuGH).

3   Die **Europäische Grundrechtecharta**[2] (fortan GRC) bindet nach ihrem Art. 51 zum einen alle Organe, Einrichtungen und sonstigen Stellen der Europäischen Union (EU), zum anderen auch die EU-Mitgliedstaaten, soweit diese Unionsrecht umsetzen (z.B. europäische Richtlinien in ihr nationales Recht transformieren).[3] Die GRC ist damit dann anwendbar, wenn ein europäischer Bezug besteht. Sie findet hingegen auf rein nationale Sachverhalte keine Anwendung. Hier bilden bspw. in Deutschland die Grundrechte den alleinigen Prüfungsmaßstab.

4   Als „nichtverbindliches Soft law-Dokument"[4] normiert die GRC in enger Anlehnung an die EMRK unter Zusammenfassung der bisherigen EuGH-Judikatur in ihrem Kohärenzartikel, Art. 52 Abs. 2 der GRC, folgende Feststellung: „Soweit diese Charta Rechte enthält, die den durch die Europäische Konvention zum Schutz der Menschenrechte und Grundfreiheiten garantierten Rechten entsprechen, haben sie die gleiche Bedeutung und Tragweite, wie sie ihnen in der genannten Konvention verliehen wird. Diese Bestimmung steht dem nicht entgegen, dass das Recht der Union einen weitergehenden Schutz gewährt."

5   **Hinweis:** Bei Anwendung von EU-Recht durch die EU-Mitgliedstaaten sind diese an die EU-Grundrechte gebunden (vgl. Art. 51 GRC). Deren Einhaltung kann durch den EuGH überprüft werden. Andererseits haben die EU-Mitgliedstaaten als Europaratsmitglieder zugleich die EMRK zu beachten, wobei hier die Zuständigkeit des EGMR besteht. Damit „müsste dieser (d.h. der EGMR) indirekt Gemeinschaftsrecht am Maßstab der EMRK prüfen. Diese Konsequenz ist aber noch unklar".[5]

6   Art. 9 GRC gewährleistet das (einklagbare) (Abwehr-)Recht,[6] eine Ehe einzugehen (**Eheschließungsfreiheit** – wonach die Eheschließung nicht disponibel und in der freien Ent-

---

1 *Peters*, Einführung in die Europäische Menschenrechtskonvention, 2003, § 4 – zum Verhältnis der EMRK-Grundrechte zu den Unionsgrundrechten.

2 EuGRZ 2000, 554.

3 (1) Diese Charta gilt für die Organe, Einrichtungen und sonstigen Stellen der Union unter Wahrung des Subsidiaritätsprinzips und für die Mitgliedstaaten ausschließlich bei der Durchführung des Rechts der Union. Dementsprechend achten sie die Rechte, halten sie sich an die Grundsätze und fördern sie deren Anwendung entsprechend ihren jeweiligen Zuständigkeiten und unter Achtung der Grenzen der Zuständigkeiten, die der Union in den Verträgen übertragen werden.
   (2) Diese Charta dehnt den Geltungsbereich des Unionsrechts nicht über die Zuständigkeiten der Union hinaus aus und begründet weder neue Zuständigkeiten noch neue Aufgaben für die Union, doch ändert sie die in den Verträgen festgelegten Zuständigkeiten und Aufgaben.

4 *Peters*, Einführung in die Europäische Menschenrechtskonvention, § 4 III.

5 *Peters*, Einführung in die Europäische Menschenrechtskonvention, § 4 IV – Überlappungsbereich bei der Ausführung von EG/EU-Recht durch die EU-Mitgliedstaaten: Bindung an EU-Grundrechte und EMRK?

6 *Jarass*, Charta der Grundrechte der EU, 2. Aufl. 2013, Art. 9 Rn 2: kein bloßer Grundsatz i.S.d. Art. 52 Abs. 5 GRC.

scheidung der Betroffenen wurzelt),[7] und[8] das Recht, eine Familie zu gründen (**Familiengründungsfreiheit** – d.h. das Recht, Kinder zu zeugen [„wann immer und wie viele"] und in einem weiten Sinne auch zu „haben"),[9] nach Maßgabe der einzelstaatlichen Gesetze, die die Ausübung dieses Rechts regeln.

Die Rechte unterliegen Schranken und Begrenzungen – und soweit Art. 9 GRC mit Art. 12 EMRK „deckungsgleich" ist, gelten die Einschränkungen nach Art. 52 Abs. 1 und 3 GRC.[10] Nach Art. 52 Abs. 1 GRC muss jede Einschränkung der Ausübung der in der Charta anerkannten Rechte und Freiheiten gesetzlich vorgesehen sein und den Wesensgehalt der Rechte und Freiheiten achten. Unter Wahrung des Grundsatzes der Verhältnismäßigkeit dürfen Einschränkungen nur vorgenommen werden, wenn sie erforderlich sind und den von der Union anerkannten, dem Gemeinwohl dienenden Zielsetzungen oder den Erfordernissen des Schutzes der Rechte und Freiheiten anderer tatsächlich entsprechen. Gemäß Art. 52 Abs. 3 GRC haben – soweit die Charta Rechte enthält, die den durch die EMRK garantierten Rechten entsprechen – diese die gleiche Bedeutung und Tragweite, wie sie ihnen in der EMRK verliehen wird. Diese Bestimmung steht dem nicht entgegen, dass das Recht der Union einen weitergehenden Schutz gewährt. Folge ist, dass Art. 9 GRC nicht hinter Art. 12 EMRK zurückstehen darf.[11]

7

Nach der Erläuterung zur GRC stützt sich „dieser Artikel (d.h. Art. 9 GRC) … auf Art. 12 EMRK, der wie folgt lautet: ‚Männer und Frauen im heiratsfähigen Alter haben das Recht, nach den innerstaatlichen Gesetzen, welche die Ausübung dieses Rechts regeln, eine Ehe einzugehen und eine Familie zu gründen'. Die Formulierung dieses Rechts wurde (in der GRC) zeitgemäßer gestaltet, um Fälle zu erfassen, in denen nach den einzelstaatlichen Rechtsvorschriften andere Formen als die Heirat zur Gründung einer Familie anerkannt werden. Durch diesen Artikel wird es weder untersagt noch vorgeschrieben, Verbindungen von Menschen gleichen Geschlechts den Status der Ehe zu verleihen. Das Recht ist also dem von der EMRK vorgesehenen Recht ähnlich, es kann jedoch eine größere Tragweite haben, wenn die einzelstaatlichen Rechtsvorschriften dies vorsehen".[12]

8

Art. 9 GRC lässt – anders als Art. 12 EMRK – damit die Anerkennung gleichgeschlechtlicher Partnerschaften als „Ehe" zu.[13] Die Familie als geschlossener und die Vielfalt rechtsstaatlicher Freiheit schützende Institution soll in ihrer Autonomie erhalten bleiben.[14]

---

7 *Jarass*, Art. 9 GRC Rn 6; *Meyer*, Art. 9 Charta der Grundrechte der Europäischen Union, Rn 15: freie Partnerwahl und freie Festlegung des Zeitpunktes der Eheschließung – als negative Eheschließungsfreiheit beinhaltet die Norm das Verbot eines Ehezwangs bzw. geschlechtsspezifischer Diskriminierungen bei der Eingehung der Ehe (auch wegen der Rasse, der Staatsangehörigkeit bzw. der Religionszugehörigkeit). Nicht erfasst wird ein Recht auf Wiederheirat

8 Fraglich ist, ob Art. 9 GRC zwei Grundrechte normiert (vgl. Wortlaut: „Ausübung dieser Rechte") oder ein einheitliches Grundrecht (mit zwei Teilbereichen: Eheschließung und Familiengründung): *Jarass*, Art. 9 GRC Rn 1.

9 *Meyer*, Art. 9 GRC Rn 19 – und damit auch das „Recht auf Aufnahme von Kindern im Wege der Adoption, als Stief- oder Pflegekinder". Vgl. auch *Jarass*, § 9 GRC Rn 7.

10 *Meyer*, Art. 9 GRC Rn 17.

11 *Jarass*, Art. 9 GRC Rn 1 und Art. 52 GRC Rn 63.

12 Erläuterung zu Art. 9 GRC, C 303/22, ABl EU vom 14.12.2007.

13 *Meyer*, Art. 9 GRC Rn 16; *Jarass*, Art. 9 GRC Rn 5. Die GRC eröffnet den Mitgliedstaaten durch die sprachliche Trennung von Eheschließungsfreiheit und Freiheit der Familiengründung auch die Möglichkeit einer Anerkennung „anderer (nichtehelicher) Lebens- und Erziehungsgemeinschaften als Grundlage einer Familie anzuerkennen" (neben der Ehe): so *Meyer*, Art. 9 GRC Rn 20.

14 *Meyer*, Art. 9 GRC Rn 1.

9   Art. 9 GRC wird im Übrigen ergänzt durch **Art. 7 GRC**, wonach jede Person u.a. das Recht auf Achtung ihres Privat- und Familienlebens hat, und durch **Art. 33 Abs. 1 GRC**, der den rechtlichen, wirtschaftlichen und sozialen Schutz der Familie gewährleistet.

10   Die Gewährleistung der Eheschließungs- und Familiengründungsfreiheit nach Art. 9 GRC steht im Zusammenhang mit dem **internationalen Menschenrechtsschutz**, „dessen Vorgaben bei der Auslegung der Norm zu beachten sind"[15] – insbesondere mit Art. 23 Abs. 1 IPbgR, wonach die Vertragsstaaten verpflichtet sind, im Gesetzeswege eine Bestandsgarantie für die Familie zu übernehmen, Art. 23 Abs. 2 IPbgR mit der Anerkennung des Rechts von Männern und Frauen auf Eingehung einer Ehe und Gründung einer Familie, Art. 23 Abs. 3 IPbgR mit der Vorgabe, dass eine Ehe nur im vollen und freien Einverständnis der künftigen Ehegatten eingegangen wird und Art. 23 Abs. 4 IPbgR, dem Grundsatz der Gleichberechtigung von Mann und Frau in der Ehe (Verbot einer geschlechtsspezifischen Diskriminierung auch im Kontext mit der Eheschließung).

Vgl. zudem auch das **UN-Übereinkommen vom 10.12.1962 über die Erklärung des Ehewillens, das Heiratsmindestalter und die Registrierung von Eheschließungen**.[16]

11   Art. 9 GRC (mit seiner Bestands- bzw. Einrichtungsgarantie für Ehe und Familie)[17] ist eines der wenigen **Freiheitsrechte**, „denen materiell-rechtliche Kompetenzen der Union im Primärrecht nicht gegenüberstehen"[18] – weshalb der EuGH auch mit der Eheschließungs- und der Familiengründungsfreiheit nach Art. 9 GRC noch nicht befasst war. Hintergrund ist, dass der EGV (AEUV) keine spezifische Rechtsgrundlage zur Harmonisierung des materiellen Familienrechts statuiert.[19]

12   Die **EMRK** hat in den einzelnen Mitgliedstaaten des Europarats einen unterschiedlichen **Status**:[20]
     – Vorrang vor der nationalen Verfassung: in den Niederlanden, Belgien, Luxemburg und der Schweiz
     – Verfassungsrang: in Österreich
     – Zwischenrang zwischen Verfassung und einfachen Gesetzen: in Frankreich
     – Gesetzesrang: in Italien, Griechenland und Deutschland
     – In Großbritannien (dualistisches Verhältnis zwischen nationalem Recht und Völkervertragsrecht) ist die EMRK infolge Inkorporation durch den *Human Rights Act* von 1998 unmittelbar geltendes Recht.
     – **Beachte**: Neben Art. 8 EMRK (Schutz des Familienlebens) – ggf. i.V.m. dem Diskriminierungsverbot nach Art. 14 EMRK – kann im hier interessierenden Zusammenhang auch der nach Art. 6 Abs. 1 EMRK garantierte **Zugang zum Recht** Relevanz erlangen, bspw. dann, wenn öffentliche Behörden eines Mitgliedstaates des New Yorker Übereinkommen über die Geltendmachung von Unterhaltsansprüchen im Ausland bei der Voll-

---

15 *Meyer*, Art. 9 GRC Rn 3.
16 BGBl 1969 II, S. 162.
17 *Meyer*, Art. 9 GRC Rn 14.
18 *Meyer*, Art. 9 GRC Rn 12.
19 *Meyer*, Art. 9 GRC Rn 12. Außerhalb der GRC hat der EuGH allerdings bereits bspw. in folgenden affinen Bereichen schon entschieden: Gleichbehandlung von Frauen und Männern (Art. 141 AEUV) in Bezug auf eine Diskriminierung wegen des Geschlechts im Falle des Ausschlusses eines transsexuellen Partners vom Anspruch auf Hinterbliebenenrente, deren Gewährung auf den überlebenden Ehegatten beschränkt ist: EuGH Slg 2004, I-541 = NJW 2004, 1440 = FPR 2004, 276 – K.B., bzw. Aufenthaltsrecht des ledigen Partners eines Arbeitnehmers, der Angehöriger eines anderen Mitgliedstaates ist: EuGH Slg 1986, 1283.
20 Dazu *Peters*, Einführung in die Europäische Menschenrechtskonvention, § 1 II.

streckung eines Urteils (wobei das Recht auf Vollstreckung rechtskräftiger Gerichtsentscheidungen logische Folge des durch Art. 6 Abs. 1 EMRK garantierten Zugangs zum
Recht ist) nicht mit der gebotenen Sorgfalt handeln.[21]
- Im Übrigen bezieht sich das Recht der Eltern auf Achtung ihrer religiösen und weltanschaulichen Überzeugungen auch auf das Grundrecht auf Bildung.[22]
- Das **Diskriminierungsverbot** nach Art. 14 EMRK hat keine unabhängige Bedeutung,
sondern ergänzt die übrigen Gewährleistungen der EMRK. Greift bspw. die Einbenennung eines Kindes nicht in das Recht eines Elternteils auf Achtung seines Familienlebens
ein, kann er nicht behaupten, in dieser Hinsicht diskriminiert worden zu sein.[23]
- Eine **unterschiedliche Behandlung** ist dann „diskriminierend", wenn es für sie keine
objektive und angemessene Rechtfertigung gibt – d.h. wenn sie kein legitimes Ziel verfolgt oder wenn zwischen den eingesetzten Mitteln und dem angestrebten Zweck kein
angemessenes Verhältnis besteht. Dabei haben die EMRK-Vertragsstaaten einen **Beurteilungsspielraum** in Bezug auf die Frage, ob und in welchem Umfang Unterschiede bei
im Übrigen vergleichbaren Sachverhalten eine unterschiedliche Behandlung rechtfertigen. Doch nur sehr gewichtige Gründe können eine unterschiedliche Behandlung wegen
einer „außerehelichen Geburt" rechtfertigen.[24]
- Eine **Individualbeschwerde** nach Art. 25 EMRK – die grundsätzlich die **Opfereigen-
schaft** des Beschwerdeführers voraussetzt – kann auch mit der Behauptung erhoben
werden, dass der Beschwerdeführer durch ein Gesetz selbst in seinen Rechten verletzt
werde, wenn es an einem individuellen Vollzugsakt fehlt, er aber Gefahr läuft, durch die
Wirkungen eines Gesetzes unmittelbar betroffen zu sein. Allerdings ist bspw. der nicht
sorgeberechtigte Elternteil nicht befugt, im Falle eines Konflikts zwischen den Eltern
über ihre Rechte und Pflichten (konkret: Stiefvater-Einbenennung) auch im Namen
seines Kindes Beschwerde beim EGMR einzulegen.[25]

B. Schutz des Familienlebens

Literatur

Brötel, Schutz des Familienlebens, RabelsZ 63 (1999), 580; *Fahrenhorst*, Familienrecht und Europäische Menschenrechtskonvention, 1994; *Kopper-Reifenberg*, Kindschaftsreform und Schutz des Familienlebens nach Art. 8 EMRK, 2001; *Lenz*, Die Vorgaben der EMRK zum Umgangsrecht und ihre
Konkretisierung in der neueren Rechtsprechung des Gerichtshofs, FFR 2001, 190; *Matscher*, Die
Einwirkungen der EMRK auf das internationale Privat- und Zivilverfahrensrecht, in: FS für Schwind,
1993, S. 71.

I. Allgemeines

Nach Art. 8 Abs. 1 EMRK (**Schutz der persönlichen Lebensgestaltung**) hat (entsprechend   13
Art. 17 des Internationalen Pakts über bürgerliche und politische Rechte[26] – fortan: **Zivil-**

---

21 EGMR FamRZ 2010, 624.
22 EGMR NVwZ 2008, 1217 (zum Recht auf Befreiung vom Religionsunterricht) – wobei Art. 2 S. 1 des
    Zusatzprotokolls zur EMRK keine Differenzierung zwischen staatlichem und privatem Unterricht
    trifft.
23 EGMR NJW 2003, 1921 = FamRZ 2002, 1017 = FPR 2004, 102.
24 EGMR FamRZ 2002, 381. Dazu auch *Benda*, EuGRZ 2002, 1.
25 EGMR NJW 2003, 1921 = FamRZ 2002, 1017 = FPR 2004, 102.
26 Vom 19.12.1966 (BGBl 1973 II, S. 1534).

pakt – bzw. Art. 7 [Schutz des Privat- und Familienlebens][27] oder Art. 33 der Grundrechte-charta [Schutz des Privat- und Berufslebens]) jede Person u.a. das Recht auf Achtung ihres Familienlebens (**Schutz des Familienlebens**). Art. 8 EMRK schützt **bestehende Familien**[28] (deren Bestand vorausgesetzt wird,[29] d.h. Familienleben i.w.S. [als Beziehung „zwischen Partnern, ob ehelich oder nicht, also zwischen Elternteilen und ihren Kindern, einerlei, ob es sich um legitime oder nichtlegitime Familien handelt, also auch die Beziehungen zu Personen, die eine **De-facto-Familie** bilden, die zusammenleben und bei denen also eine enge persönliche Beziehung besteht"][30] unter Einschluss gleichgeschlechtlicher Partner-schaften[31] – ebenso wie Beziehungen eines zusammenlebenden gleichgeschlechtlichen Paa-res, das in einer stabilen de facto-Partnerschaft lebt[32]). Zwischen dem aus einer nichtehe-lichen Lebensgemeinschaft – mithin einer „facto-Beziehung" im gerade bezeichneten Sinne – hervorgegangenen Kind und seinen Eltern besteht kraft Gesetzes seit seiner Geburt eine Beziehung, die ein „Familienleben" gemäß Art. 8 Abs. 1 EMRK begründet.[33]

14   Die Regelung gewährt hingegen weder ein Recht
  – auf Gründung einer Familie, das eine Gewährleistung in Art. 12 EMRK (Recht auf Eheschließung) erfährt, wonach Männer und Frauen im heiratsfähigen Alter das Recht haben, nach den innerstaatlichen Gesetzen, welche die Ausübung dieses Rechts regeln, eine Ehe einzugehen und eine Familie zu gründen, noch ein Recht
  – auf Adoption.[34]

15   In die Ausübung dieses Rechts darf eine Behörde nur eingreifen, soweit der **Eingriff** gesetz-lich vorgesehen und in einer demokratischen Gesellschaft notwendig ist für die nationale oder öffentliche Sicherheit, für das wirtschaftliche Wohl des Landes, zur Aufrechterhaltung der Ordnung, zur Verhütung von Straftaten, zum Schutz der Gesundheit oder der Moral oder zum Schutz der Rechte und Freiheiten anderer. Die EGMR erkennt als eheliche und außereheliche Gemeinschaft nur heterosexuelle Beziehungen (die gelebt werden und eine gewisse Konstanz haben) an, wohingegen homosexuelle Beziehungen dem Schutz des Pri-

---

27 Die Art. 8 EMRK rezipiert, so Vedder/Heintschel v. Heinegg/*Folz*, Art. 7 GR-Charta Rn 1.
28 *Meyer-Ladewig*, Art. 8 EMRK Rn 48.
29 EGMR NJW 2009, 3637 (E.B. /. Frankreich).
30 EGMR NJW 1995, 2153 = FamRZ 1995, 110 = EuGRZ 1995, 113: In Fällen, in denen eine familiäre Beziehung zum Kind begründet wurde, muss der Staat so handeln, dass eine Weiterentwicklung dieser Beziehung möglich ist. Dazu auch *Brötel*, FamRZ 1995, 72; *Dörr*, JuS 1996, 257; *Fahrenhorst*, FuR 1995, 107; *Rudolf*, EuGRZ 1995, 110. Auch eine Beziehung, die sich aus einer „echten und rechtmäßi-gen Ehe" ergibt, selbst wenn eine „eheliche Lebensgemeinschaft" noch nicht begründet worden ist: EGMR NJW 1986, 3007. *Meyer-Ladewig*, Art. 8 EMRK Rn 49 unter Bezugnahme auf EGMR NJW 2003, 809 (K. u. T. /. Finnland).
31 EGMR vom 27.4.2010 (P.B. U/J.S. ./. Österreich). Das Zusammenleben eines gleichgeschlechtlichen Paares ist „Familienleben" i.S.v. Art. 8 EMRK, da die sexuelle Orientierung einer Person nicht Bestand-teil der mit dieser Norm geschützten Intimsphäre ist – weswegen eine unterschiedliche Behandlung einer Person aufgrund ihrer sexuellen Orientierung in den Anwendungsbereich des Art. 14 EMRK fallen kann: EGMR NJW 2013, 2171.
32 EGMR NLMR 2015, 338 = FamRZ 2015, 1785 = DÖV 2015, 891.
33 EGMR FamRZ 2002, 381. Dazu auch *Benda*, EuGRZ 2002, 1. Ebenso EGMR NJW 2001, 2315 = FamRZ 2001, 341. Dazu *Koeppel*, DAVorm 2000, 639; *Kodjoe*, DAVorm 2000, 641.
34 .Wobei jedoch eine bestehende Adoption „Familienbeziehungen" begründet: so EGMR NJW 2009, 3637 (E.B. ./. Frankreich). Eine Adoption beendet die Beziehungen zur ursprünglichen Familie: EGMR FamRZ 2003, 149 (Frette ./. Frankreich). Eine Adoption ohne Kenntnis bzw. Zustimmung eines Eltern-teils bedarf einer Rechtfertigung nach Art. 8 Abs. 2 EMRK: EGMR vom 25.1.2007 (Eski ./. Österreich).

vatlebens in Art. 8 Abs. 1 EMRK („Jede Person hat das Recht auf Achtung ihres Privatlebens") unterfallen.[35]

„Privatleben" i.S.v. Art. 8 Abs. 1 EMRK ist umfassend zu verstehen und schließt u.a. die geschlechtliche Identität, die sexuelle Orientierung und das Sexualleben mit ein.[36]   16

„Familienleben" i.S.v. Art. 8 Abs. 1 EMRK beschränkt sich zwar nicht auf eheliche Beziehungen – doch reicht eine (bloße) biologische Verwandtschaft zwischen einem leiblichen Elternteil und einem Kind allein (ohne weitere rechtliche oder tatsächliche auf eine enge persönliche Beziehung hinweisende Umstände) nicht aus, um das Tatbestandsmerkmal für sich zu reklamieren.[37]   17

Das **Zusammenleben von Eltern und Kind** ist ein grundlegender Bestandteil des „Familienlebens",[38] auch wenn die Beziehungen zwischen den Eltern nicht mehr bestehen.[39]   18

Die **gewillkürte Erbfolge** unterfällt dem Anwendungsbereich des Art. 8 EMRK.[40] Andererseits hat es der EGMR in folgendem Fall dahinstehen lassen, ob auch ein Verstoß gegen Art. 8 EMRK vorliegt: Eine gesetzliche Regelung, nach der „Ehebruchskindern" am Nachlass ihres natürlichen Elternteils – wenn sie zusammen mit ehelichen Kindern zu Erben berufen sind – nur die Hälfte eines Erbteils zusteht. Darin liege nämlich bereits ein Verstoß gegen die Eigentumsgarantie des Art. 1 des ersten Zusatzprotokolls zur EMRK i.V.m. dem Diskriminierungsverbot des Art. 14 EMRK.[41]   19

Art. 8 EMRK verfolgt die zentrale Zielrichtung, Einzelne gegen willkürliche Maßnahmen von Behörden zu schützen (**Schutz gegen Willkürmaßnahmen**). Im Übrigen können aber auch **positive Schutzpflichten** bestehen. Diese folgen aus der Verpflichtung zu einer wirksamen Beachtung des Familienlebens. Dies bedeutet, dass der Staat – wenn familiäre Bindungen entstanden sind – grundsätzlich so handeln muss, dass sich diese Bindungen entwickeln können. Er muss jedenfalls solche Maßnahmen treffen (ergreifen), die es sowohl den Eltern als auch dem Kind ermöglichen, wieder zusammenzukommen.[42]   20

---

35 *Peters*, Einführung in die Europäische Menschenrechtskonvention, § 26 I.
36 EGMR NVwZ 2011, 31 – weshalb auch eine über Jahre gelebte Gefühls- und Sexualbeziehung zweier Personen als Teil des „Privatlebens" geschützt ist.
37 EGMR NJW-RR 2009, 1585.
38 EGMR NJWE-FER 2001, 202.
39 Behördliche Maßnahmen, die das Zusammenleben hindern, stellen damit eine Verletzung des von Art. 8 Abs. 1 EMRK geschützten Rechts dar – es sei denn, sie sind „gesetzlich vorgeschrieben", verfolgen ein oder mehrere der in Art. 8 Abs. 2 EMRK genannten berechtigten Ziele und sind „notwendig in einer demokratischen Gesellschaft": so EGMR NJW 2001, 2315 = FamRZ 2001, 341. Dazu *Koeppel*, DAVorm 2000, 639; *Kodjoe*, DAVorm 2000, 641. Ebenso EGMR NJWE-FER 2001, 202. Im Hinblick auf die Frage, ob ein Eingriff in das Recht auf Achtung des Familienlebens in einer demokratischen Gesellschaft notwendig ist, sind sowohl die unterschiedlichen Einstellungen in den EMRK-Mitgliedstaaten zur Bedeutung der Familie und der Rolle des Staates als auch die Tatsache zu berücksichtigen, dass die nationalen Behörden unmittelbaren Kontakt zu den betroffenen Personen hatten, weshalb ihnen grundsätzlich ein weiter Ermessensspielraum einzuräumen ist: so EGMR FamRZ 2000, 1353 mit Anmerkung *Scherpe*, FamRZ 2000, 1354. Der Ermessensspielraum ist geringer, wenn staatliche Maßnahmen die Familienbeziehungen gänzlich unterbrechen könnten.
40 EGMR NJW 2005, 875 = FamRZ 2004, 1467 = ZEV 2005, 162. Dazu auch *Reimann*, ZEV 2013, 479; *Staudinger*, ZEV 2005, 140 und die Anmerkung von *Pintens*, FamRZ 2004, 1470.
41 EGMR FamRZ 2000, 1077. Dazu auch die Anmerkung von *Vanwinckelen*, FamRZ 2000, 1078.
42 EGMR NJW 2004, 3401 = FamRZ 2005, 585 = EuGRZ 2004, 715. Dazu auch die Anmerkung von *Motzer*, FamRB 2005, 196.

21   Den Vertragsstaat trifft eine positive Verpflichtung, bei der Normierung familienrechtlicher Verhältnisse so zu verfahren, dass den Betroffenen die Führung eines „normalen Familienlebens" ermöglicht wird. Dies bedingt, dass eine unterschiedliche Behandlung „nichtehelicher Kinder" gegenüber „ehelichen Kindern" Art. 8 i.V.m. Art. 14 EMRK verletzt, wenn und soweit sie nicht durch objektive und vernünftige Gründe gerechtfertigt ist.[43]

22   Das **Gebot der Achtung des Familienlebens** verpflichtet die innerstaatlichen Stellen zu einem gerechten Ausgleich der Kindes- mit den Elterninteressen – wobei dem „Wohl des Kindes" ein besonderes Gewicht beizumessen ist. Dabei hat jedoch ein Elternteil keinen Anspruch auf staatliche Maßnahmen, die die Gesundheit oder Entwicklung des Kindes schädigen könnten.[44]

23   Art. 8 EMRK schützt gleichermaßen das **Recht auf Identität und Entwicklung der Person** und darauf, Beziehungen zu anderen Personen und der Außenwelt anzuknüpfen. Für eine Achtung des Privatlebens ist die Erhaltung seelischer Ausgeglichenheit unabdingbare Voraussetzung. Zur Entwicklung der Person zählt auch das Recht, notwendige Informationen über wesentliche Aspekte der eigenen Identität oder die der Eltern (Geburt und Umstände, unter denen diese stattgefunden hat) zu erhalten. Dies hat zur Folge, dass in Bezug auf Regelungen über eine „anonyme Geburt" eine Interessenabwägung zwischen allen Beteiligten erfolgen muss (einschließlich der Adoptiveltern) – einschließlich einer Berücksichtigung öffentlicher Interessen (Schutz der Gesundheit von Mutter und Kind sowie Vermeidung von Abtreibungen und einem „wilden Aussetzen" von Kindern).[45]

24   Das **Diskriminierungsverbot** nach Art. 14 EMRK gilt nur für Rechte und Freiheiten, die die EMRK und die Protokolle selbst garantieren – mithin ein konkret in Rede stehender Sachverhalt muss wenigstens in den Anwendungsbereich einer der materiellen Gewährleistungen der EMRK fallen.[46]

25   Nach Art. 8 EMRK trifft einen Staat die **positive Verpflichtung**, die **effektive Achtung des Schutzes der persönlichen Lebensgestaltung** sicherzustellen, wobei die Staaten jedoch bei der Erfüllung dieser Verpflichtung einen gewissen Ermessensspielraum genießen, der aber in Bezug auf die Kernrechte eingeschränkt ist.[47]

26   Auch die Kündigung eines kirchlichen Arbeitnehmers wegen eines **außerehelichen Verhältnisses** kann im Hinblick auf Art. 8 EMRK Relevanz entfalten, weil die Arbeitsgerichte zur Gewährleistung eines ausreichenden Kündigungsschutzes im Falle der **Kündigung kirchlicher Arbeitnehmer** eine Abwägung zwischen dem Recht des Arbeitnehmers auf Achtung seines Privat- und Familienlebens (Art. 8 EMRK) einerseits und den Rechten des

---

43 EGMR NJW 1979, 2449 = JuS 1980, 219.
44 EGMR FPR 2004, 344 = EuGRZ 2004, 711.
45 EGMR NJW 2003, 2145 = FamRZ 2003, 1367 = FPR 2003, 368 = EuGRZ 2003, 584. Dazu *Garlicki*, EuGRZ 2006, 517; *Stürmann*, KJ 2004, 54; *Wittinger*, NJW 2003, 2138. Vgl. zudem die Anmerkung von *Henrich*, FamRZ 2003, 1370.
46 EGMR NVwZ 2011, 31.
47 EGMR NLMR 2015, 338 = FamRZ 2015, 1785 = DÖV 2015, 891, mit der Folge, dass – wenn die italienische Regierung es versäumt, ihre aus Art. 8 EMRK resultierende Verpflichtung zu erfüllen und sicherzustellen, dass für gleichgeschlechtliche Paare ein spezieller rechtlicher Rahmen verfügbar ist, der ihre Verbindung anerkennt und schützt – ein Verstoß gegen Art. 8 EMRK begründet ist.

kirchlichen Arbeitnehmers nach Art. 9 i.V.m. Art. 11 EMRK andererseits (Religions- und Vereinigungsfreiheit) vorzunehmen haben.[48]

Der **Schutzbereich der Achtung der Kindesverhältnisse** nach der EMRK ist weitreichend. Er erfasst sowohl

27

- eine de-facto-Familie[49] (da Art. 8 EMRK keine Differenzierung zwischen „ehelicher" und „nichtehelicher" Familie trifft),[50]
- Pflegeeltern[51] als auch den
- Schutz der Rechtsbeziehung zwischen dem nicht sorgeberechtigten (geschiedenen) Elternteil zum Kind.

Zudem die Rechtsbeziehung
- zwischen Großeltern und Enkelkindern sowie
- zwischen Eltern und nichtehelichem Kind und
- das Interesse der leiblichen Mutter am Umgang mit ihrem Kind nach dessen Adoption.[52]

Auf Art. 8 EMRK lassen sich weiterhin folgende Ansprüche stützen:[53]
- **freie Ausgestaltung des Familienlebens** nach eigenem Gutdünken sowie
- rechtliche Begründung eines biologisch bestehenden Kindesverhältnisses bzw.
- **Recht auf Zusammenleben und persönliche Kontakte** (auch nach Beendigung der Beziehung zwischen den Eltern)[54] mit korrespondierender Verpflichtung der Behörden, Maßnahmen zur Gewährleistung des Kontakts bzw. des Zusammenlebens zu treffen,[55]
- Gewährleistung einer normalen Entwicklung der Beziehungen zwischen den Familienmitgliedern[56] (auch nach der Scheidung),[57]

28

---

48 EGMR NZA 2011, 277 = EuGRZ 2010, 571 – Verfahren „Ost". Dazu *Fahrig*, EuZA 2012, 184; *Plum*, NZA 2011, 1194; *Reichold*, EuZA 2011, 320; *Risini*, DVBl 2011, 878. Vgl. auch EGMR NZA 2011, 279 = EuGRZ 2010, 560 – Verfahren „Schüth". Dazu *Edenharter*, NZA 2014, 1378; *Grabenwarter*, EuGRZ 2011, 229; *Sperber*, EuZA 2011, 407.

49 Vgl. *Keegan v. Irland*, Series A 240 (1994), Rn 44.

50 EGMR NJW 1979, 2449 = JuS 1980, 219.

51 EGMR FamRZ 2012, 429. Dazu *Vogel*, FF 2014, 434; *Büte*, FuR, 2013, 418 und die Anmerkung von *Wendenburg*, FamRZ 2012, 430.

52 EGMR 2015, 2319 = FamRZ 2014, 1351 mit Anmerkungen von *Botthof*, FamRZ 2014, 1353 und *Hammer*, FamRZ 2016, 151: Eine im Rahmen einer sog. halboffenen Adoption getroffene Absprache ist rechtlich aber nicht verbindlich, da ihrer Durchsetzung das Interesse der Adoptivfamilie an einem störungsfreien Familienleben entgegensteht.

53 *Peters*, Einführung in die Europäische Menschenrechtskonvention, § 26 II 1.

54 EGMR EuGRZ 1993, 547 (Berehab ./. Niederlande); EGMR NJW 2001, 547 (Chiliz ./. Niederlande).

55 EGMR NJW 1985, 2075 (X. u. Y. ./. Niederlande); EGMR Slg. 1998-VIII, S. 3159 (Osman ./. Vereinigtes Königreich).

56 EGMR NJW 2004, 3397 (Görgülü ./. Deutschland).

57 Dazu näher *Thym*, NJW 2006, 3249.

– Anspruch auf eine Durchsetzung von Entscheidungen über das **Umgangs**[58]**- und Sorgerecht**[59] (Sicherung einer schnellen Vollstreckung in Fällen einer **Kindesentführung**).[60]

58 Fehlt im deutschen Familienrecht ein Rechtsbehelf zur Beschleunigung überlanger Verfahren in Umgangsachen, ist dadurch das Recht auf wirksame Beschwerde nach Art. 13 i.V.m. Art. 8 EMRK verletzt: EMRK NJW 2015, 1433 = FamRZ 2015, 469 = EuGRZ 2015, 368 – dazu auch *Peschel-Gutzeit*, ZRP 2015, 170; *Steinbeiß-Winkelmann*, NJW 2015, 1437 und die Anmerkungen von *Kirchberg*, DVBl 2015, 675; *Fischer*, FamRB 2015, 210 sowie *Fischer*, FamRZ 2015, 1169. Umgangsstreitigkeiten sind nach der in Art. 8 EMRK begründeten ungeschriebenen besonderen Sorgfaltspflicht des Staates „zügig" zu entscheiden: EGMR FamRZ 2012, 429. Dazu *Vogel*, FF 2014, 434; *Büte*, FuR, 2013, 418 und die Anmerkung von *Wendenburg*, FamRZ 2012, 430 – arg.: Risiko einer faktischen Erledigung durch Zeitablauf. Die zukünftigen Beziehungen zwischen einem Elternteil und seinem Kind dürfen nur aufgrund der maßgeblichen Umstände und nicht durch bloßen Zeitablauf (überlange Dauer des Umgangsverfahrens) bestimmt werden: EGMR FamRZ 2012, 1123 mit Anmerkung *Rixe*, FamRZ 2012, 1125 – Ausschluss des Umgangsrechts des Vaters mit seinem Kind beruhte allein auf einem ineffektiven Gerichtsverfahren und bloßem Zeitablauf. Zu einer überlangen Dauer eines deutschen Umgangsverfahrens (über drei Instanzen, 77 Monate – davon 48 Monate beim OLG – und abschließender Entscheidung durch das BVerfG): EGMR FamRZ 2011, 1125 (zur „Angemessenheit" der Verfahrensdauer i.S.v. Art. 6 Abs. 1 EMRK). Zur Überprüfung eines Umgangsausschlussverfahrens mit einem nach der Zulässigkeitsentscheidung des Gerichts volljährig gewordenen Kind: EGMR NJW 2006, 2241. Zum Entzug der elterlichen Sorge und einem Umgangsverbot mit Kindern aus einer geschiedenen Ehe durch deutsche Gerichte: EGMR NJW 2004, 3401 = FamRZ 2005, 585 = EuGRZ 2004, 715. Dazu auch die Anmerkung von *Motzer*, FamRB 2005, 196. Die gerichtliche Ablehnung der von einem Elternteil begehrten Umgangsregelung stellt einen Eingriff in den Anspruch auf Achtung seines Familienlebens dar, der einer Rechtfertigung nach Art. 8 Abs. 2 EMRK bedarf – u.a. durch einschlägige und ausreichende Gründe. Bei der erforderlichen Abwägung der widerstreitenden Interessen kommt dem Kindeswohl besondere Bedeutung zu – in Sorge- und Umgangsrechtssachen steht den innerstaatlichen Gerichten ein weiter Beurteilungsspielraum zu, der bei Beschränkungen des Umgangsrechts eingeschränkt ist: EGMR FamRZ 2002, 381. Dazu auch *Benda*, EuGRZ 2002, 1. Zur Untersagung des elterlichen Umgangs mit dem Kind und einer behördlichen Obhut des Kindes auch EGMR NJW 1991, 2199.

59 Zu einem 13-monatigen Sorgerechtsverfahren vor einem rumänischen Gericht: EGMR, Asylmagazin 2015, 197: Verstoß gegen Art. 8 EMRK, wenn die Verfahrenslänge dazu führt, dass die familiären Bindungen des Elternteils zu seinem Kind zerbrechen. Zu konventionsrechtlichen Anforderungen an die Anordnung der Unterbringung eines Kindes oder Heranwachsenden bei Pflegeeltern: EGMR NJW 2013, 2495. Zum Sorge- und Umgangsrecht des Vaters eines in Adoptivpflege befindlichen Kindes: EGMR NJW 2004, 3397 = FamRZ 2004, 1456 = EuGRZ 2004, 700. Dazu auch *Eckertz-Höfer*, DÖV 2009, 729; *Stackmann*, JuS 2005, 495; *Krahnenpol*, ZfP 2013, 90. Zudem *Klein*, Der Fall Görgülü, 2010. EGMR NJW-RR 2007, 1225 (Bianci ./. Italien). Wobei auf einen Interessenausgleich abzustellen ist, weswegen Zwangsmaßnahmen ggf. unangemessen sein können: EGMR NJW 2006, 2241 (Süss ./. Deutschland). U.U. ist der Zeitfaktor zu berücksichtigen: EGMR ÖJZ 1995, 271 (Hokkanen ./. Finnland); EGMR NJW 1991, 2199 (W. ./. Vereinigtes Königreich).

60 Die Weigerung der Behörden eines Zufluchtmitgliedstaats, eine Rückführungsentscheidung des Gerichts eines anderen Mitgliedstaats nach Art. 11 Abs. 8 und Art. 42 der Brüssel IIa-VO zu vollstrecken, kann das Recht auf Achtung des Familienlebens des zurückbleibenden Elternteils nach Art. 8 EMRK verletzen: EGMR FamRZ 2015, 469 = NLMR 2015, 43. Zu einer fehlerhaft erteilten Rechtsmittelbelehrung in einem Verfahren internationaler Kindesentführung (Rückführung zweier Kinder aus der Schweiz zu ihrem in Mazedonien lebenden Vater): EGMR NLMR 2014, 397; zu einer Kindesentführung aus den USA nach Rumänien (Verstoß gegen Art. 8 EMRK wegen Nichtbeachtung von Vorgaben des HKÜ): EGMR NZFam 2015, 626; zur Vollstreckung einer Kindesrückgabeentscheidung als Eingriff in das geschützte Recht auf Familienleben in Österreich: EGMR FamRZ 2013, 1793. Auch wenn es nicht die Aufgabe des EGMR ist, an Stelle der zuständigen nationalen Behörden zu überprüfen, ob das Kind im Falle einer Rückführung dem gravierenden Risiko eines psychischen bzw. physischen Schadens i.S.v. Art. 14 HKindEntfÜ ausgesetzt worden ist, kann das Gericht entscheiden, ob die nationalen Gerichte bei Anwendung und Auslegung der Vorschriften der EMRK und der Brüssel IIa-VO die Garantien des Art. 8 EMRK gewährleistet haben – vor allem dem „Wohl des Kindes" hinreichend

Dem Staat ist aufgrund Art. 8 EMRK (Schutz des Familienlebens) die prozessrechtliche Verpflichtung auferlegt, die Behauptung einer „schwerwiegenden Gefahr" für das Kind effektiv zu prüfen und das Ergebnis in einer begründeten Entscheidung niederzulegen.[61]

- Eine **Trennung der Familie** durch behördliche Anordnung muss als sehr weitreichende Maßnahme aus „gewichtigen Gründen" im Kindesinteresse gerechtfertigt sein.[62] Die **Wegnahme eines Kindes gleich nach der Geburt** bedarf zur Rechtfertigung „außerordentlich zwingender Gründe".[63]

- Eine **Inpflegenahme von Kindern** – sei es in Heimen oder in Pflegefamilien – ist grundsätzlich nur als „vorübergehende Maßnahme" zu betrachten.[64] Sie ist im Übrigen als Eingriff nur zulässig, wenn sie „vom Gesetz vorgesehen" ist, zu den in Art. 8 Abs. 2 EMRK genannten Zwecken erfolgt und zum Schutz dieser Ziele notwendig ist.[65]

- Der vermeintliche **biologische Vater** darf zwar von der Möglichkeit, seine Vaterschaft feststellen zu lassen – solange keine erheblichen Gründe im Hinblick auf das Kindeswohl vorliegen – nicht ausgeschlossen werden. Doch korrespondiert damit keine aus der EMRK resultierende Verpflichtung, ihm das Recht einzuräumen, die Stellung des rechtlichen Vaters anzufechten oder eine getrennte Klage auf Feststellung der biologischen Vaterschaft zuzulassen.[66] Der vermeintliche biologische Vater darf also – wenn und soweit keine erheblichen Gründe in Bezug auf das Kindeswohl vorliegen – nicht vollständig von der Möglichkeit ausgeschlossen werden, seine Vaterschaft feststellen zu lassen.[67] Staatliche Behörden haben bei der Entscheidung darüber, was dem Kindeswohl am besten entspricht, einen Beurteilungsspielraum – bei Beschränkungen des Umgangsrechts der Eltern ist jedoch bspw. eine genaue Überprüfung durch den EGMR erforderlich.[68]

- **Überlange Dauer eines Ehescheidungsverfahrens.**[69]

Rechnung getragen worden ist: EGMR FamRZ 2011, 1482 – dazu auch die Anmerkung von *Henrich*, FamRZ 2011, 1484. EGMR ÖJZ 2004, 113 (Sylvester ./. Österreich).

61 EGMR NLMR 2013, 429 – weswegen es einen unverhältnismäßigen Eingriff in das Recht des widersprechenden Elternteils auf Achtung des Familienlebens darstellt (Nichterfüllung der prozessrechtlichen Anforderungen des Art. 8 EMRK), wenn die Gerichte keine effektive Überprüfung des Vorbringens des widersprechenden Elternteils i.S.v. Art. 13 Buchst. b HKÜ vornehmen.

62 EGMR Serie A, Bd. 130, S. 33 (Olsson ./. Schweden): weswegen i.d.R. nur zeitlich beschränkte Maßnahmen (Unterbringung des Kindes außerhalb der Familie) statthaft sind.

63 EGMR NJW 2003, 809 (K. u. T. ./. Finnland); EGMR NJW 2004, 3401 (Haase ./. Deutschland).

64 Und in der Folge sind die staatlichen Stellen nach Art. 8 EMRK verpflichtet, den Versuch einer erneuten Familienzusammenführung in die Wege zu leiten: EGMR FamRZ 2000, 1353.

65 EGMR EuGRZ 1988, 591 – Olsson gegen Schweden.

66 EGMR 2013, 1937: staatlicher Ermessensspielraum in Bezug auf die Zulassung einer Vaterschaftsanfechtung zugunsten des vermeintlichen biologischen Vaters, wobei es keinen Verstoß gegen Art. 14 i.V.m. Art. 8 EMRK darstellt, wenn das deutsche Recht der bestehenden familiären Beziehung zwischen Kind und rechtmäßigen Eltern einen Vorrang vor der Beziehung des vermeintlichen biologischen Vaters (im Interesse eines Schutzes des Kindes und seiner sozialen Familie vor äußeren Störeingriffen) einräumt. Dazu auch die Anmerkung von *Hilbig-Lugani*, FamRZ 2015, 212.

67 EGMR FF 2012, 263 = FPR 2012, 473 = FamRB 2012, 243 = DÖV 2012, 526. Dazu auch die Anmerkung von *Hilbig-Lugani*, FamRZ 2015, 212.

68 Dabei ist ein gerechter Ausgleich zwischen den Interessen des Kindes und denen des Elternteils herbeizuführen – wobei dem Kindeswohl eine besondere Bedeutung zukommt. Zudem müssen die Elternteile ausreichend am Entscheidungsprozess beteiligt werden: EGMR NJW 2001, 2315 = FamRZ 2001, 341. Dazu *Koeppel*, DAVorm 2000, 639; *Kodjoe*, DAVorm 2000, 641.

69 EGMR FamRZ 2011, 1557 – wegen der möglichen Folgen einer überlangen Verfahrensdauer sei vor allem in Bezug auf das Recht auf Achtung des Familienlebens eine besondere Zügigkeit geboten. Dazu auch *Keders*, NJW 2013, 1697.

29   Eine **Verletzung von (Art. 14 i.V.m.) Art. 8 EMRK** stellen folgende Konstellationen dar:
- Eine behördliche Weigerung, zwischen dem biologischen Vater und seinen im Rahmen einer Leihmutterschaft im Ausland gezeugten Kindern ein **rechtliches Vater-Kind-Verhältnis anzuerkennen**.[70]
- Die Regelung des griechischen Gesetzes 3719/2008, die Personen verschiedenen Geschlechts die Eingehung und Registrierung einer Partnerschaft ermöglicht – nicht jedoch gleichgeschlechtlichen Personen.[71]
- Die **Beschränkung des Umgangsrechts** eines getrennt lebenden Vaters mit seinem Kind aufgrund seiner Zugehörigkeit in der Sekte „Versammlung des Glaubens".[72]
- Eine gesetzliche Regelung, nach der es einem anonym geborenen Kind verwehrt wird, jemals **Informationen über seine leiblichen Eltern** zu erhalten.[73]
- Im Fall einer **Kindesentführung** müssen die nationalen Behörden des Staates, in den das Kind entführt worden ist – zwecks Vermeidung einer Verletzung von Art. 8 EMRK wegen Nicht- oder ungenügender Vornahme der Prüfungspflicht – prüfen, ob dem Kind die Gefahr eines schwerwiegenden körperlichen oder seelischen Schadens droht, wenn dessen Rückführung in den Herkunftsstaat gegen den Willen des Entführers angeordnet wird.[74]
- Die **Verweigerung eines Umgangs- und Auskunftsrechts** zugunsten eines mutmaßlichen leiblichen Vaters durch die nationalen Gerichte in Bezug auf ein Kind, das mit seiner Mutter und dem rechtlichen Vater zusammenlebt, wegen des „Fehlens einer sozialfamiliären Beziehung" (des Vaters zum Kind) – ohne dass eine Prüfung stattgefunden hat, ob der Umgang des leiblichen Vaters mit seinem Kind im Einzelfall dem „Kindeswohl" entspricht.[75]
- Die fehlende Möglichkeit eines Geschäftsunfähigen nach nationalem Recht, als Kindesvater ein **Vaterschaftsanerkenntnis** abzugeben.[76]
- Die Nichtanerkennung der Abstammung des Beschwerdeführers (trotz eindeutiger DNA-Analyse), weil es an der zur Durchführung der Analyse notwendigen Zustimmung des zwischenzeitlich verstorbenen leiblichen Vaters fehlte (Ablehnung einer aufgrund DNA-Analyse nachgewiesenen biologischen Vaterschaft durch französische Gerichte).[77]
- **Dauerhafter Ausschluss des Umgangsrechts** eines Vaters zu seinem Kind.[78]

---

70 Verstoß gegen das Recht der Kinder auf Achtung ihres Privatlebens nach Art. 8 EMRK: EGMR NJW 2015, 3211 = FamRZ 2014, 1525 = ZEuP 2015, 637. Dazu auch *Engels*, StAZ 2014, 353; *Helms*, FF 2015, 234; *Kohler*, FamRZ 2014, 1498 und die Anmerkungen von *Frank*, FamRZ 2014, 1527 und *Helms*, FamRZ 2015, 245.
71 Verstoß gegen das Diskriminierungsverbot nach Art. 14 i.V.m. Art. 8 EMRK: EGMR FamRZ 2014, 189.
72 EGMR NLMR 2013, 40 = OstEuR 2013, 234: Verstoß einer ungarischen familiengerichtlichen Entscheidung gegen Art. 8 i.V.m. Art. 14 EGMR – es sei denn, im Einzelfall verlangt das Kindeswohl eine Berücksichtigung der religiösen Verhältnisse.
73 EGMR FamRZ 2012, 1935 = FF 2013, 42: Konstellation, dass das Interesse der Mutter anonym zu bleiben, in jedem Fall höher prioritiert wird als das Kindesrecht auf Kenntnis seiner Abstammung.
74 EGMR FamRZ 2012, 692.
75 EGMR NJW 2012, 2781 = FamRZ 2011, 1715 = FPR 2013, 269 = EuGRZ 2011, 565: Die nationalen Gerichte können den leiblichen Vater nicht auf ein Vaterschaftsanfechtungsverfahren verweisen. Dazu *Clausius*, MDR 2013, 685; *Hoffmann*, FamRZ 2013, 1077; *Löhnig*, FamRZ 2015, 806 und 9; *Lang*, FPR 2013, 233; *Finger*, FuR 2011, 649; *Peschel-Gutzeit*, NJW 2013, 2465. Vgl. auch die Anmerkung von *Helms*, FamRZ 2011, 1717.
76 EGMR FamRZ 2011, 1485. Dazu auch *Binschus*, ZfR 2012, 257.
77 EGMR NJW 2012, 2018 und 2013, 3567.
78 Vielmehr ist eine Fallprüfung in regulären Abständen von höchstens einem Jahr erforderlich: EGMR FamRZ 2011, 1484.

- **Umgangsausschluss** bei beharrlicher Blockadehaltung des sorgeberechtigten Elternteils.[79]
- Ausschluss einer am Kindeswohlinteresse orientierten Einzelfallentscheidung im (österreichischen) Kindschaftsrecht.[80]
- Verletzung des Rechts schwangerer Frauen auf Achtung ihres Familien- und Privatlebens infolge der in Irland geltenden spezifischen **Abtreibungsregelung**.[81]
- Das Recht des einen Elternteils und des bei ihm lebenden Kindes auf **Schutz des Familienlebens** wird durch eine gerichtliche Sorgerechtsregelung verletzt, die das Sorgerecht für ein Kind dem Vater und das Sorgerecht für das andere Kind der Mutter zuspricht und darüber hinaus vorsieht, dass zu bestimmten Zeiten des Jahres die Kinder ausgetauscht werden, ohne zugleich ein regelmäßig wiederkehrendes Umgangsrecht vorzusehen.[82]
- Eine **erbrechtliche Ungleichbehandlung** von (vor dem 1.7.1949 geborenen) nichtehelichen Kindern und ehelichen Kindern. Nur sehr schwerwiegende Gründe können wegen der hohen Bedeutung einer zivilrechtlichen Gleichstellung ehelicher und nichtehelicher Kinder eine unterschiedliche Behandlung wegen nichtehelicher Geburt als konventionskonform erscheinen lassen.[83] Bereits 1979 hat der EGMR entschieden, dass die Regelung des damaligen (belgischen) Code Civil, wonach zwischen einem „nichtehelichen" Kind und seiner Mutter verwandtschaftliche Beziehungen im Rechtssinne erst mit der Anerkennung des Kindes durch die Mutter oder mit der gesetzlichen Mutterschaftsfeststellung zustande kommen, das Recht des Kindes und seiner Mutter aus Art. 8 EMRK allein und i.V.m. Art. 14 EMRK verletzt.[84] Im Fall *Vermeire gegen Belgien* hat der EGMR eine Diskriminierung nichtehelicher Kinder im damals geltenden belgischen Erbrecht konstatiert.[85]
- Eine **Übertragung der elterlichen Sorge auf das Jugendamt** begründet einen Eingriff in Art. 8 Abs. 1 EMRK (Recht auf Achtung des Familienlebens). Eine Verletzung ist nur dann ausgeschlossen, wenn der Eingriff gesetzlich vorgesehen und in einer demokratischen Gesellschaft notwendig ist. Dies ist dann der Fall, wenn der Eingriff einem dringenden sozialen Bedürfnis entspricht und vor allem in Bezug auf ein rechtmäßig verfolgtes Ziel verhältnismäßig ist.[86]

---

79 EGMR FamRZ 2011, 1125.
80 EGMR FamRZ 2012, 357: als Diskriminierung des Vaters des nichtehelichen Kindes i.S.v. Art. 14 i.V.m. Art. 8 EMRK.
81 EGMR NJW 2011, 2107. Dazu *Kretschmer*, GA 2011, 514; *Walter*, JÖR 63 (2015), 129.
82 EGMR FamRZ 2010, 1064 = FF 2010, 332 – arg.: Die Kinder werden einander entfremdet, weil sie sich zu keiner Zeit bei einem Elternteil begenen.
83 EGMR NJW-RR 2009, 1603 = FamRZ 2009, 1293 = ErbR 2009, 351 = ZEV 2009, 510. Dazu *Bäßler*, ZErb 2011, 92; *Krug*, ZEV 2010, 505; *Lieder*, FamRZ 2015, 1528; *Reimann*, FamRZ 2012, 604.
84 EGMR NJW 1979, 2449 = JuS 1980, 219.
85 EGMR EuGRZ 1992, 12.
86 Im konkret entschiedenen Fall – EGMR FamRZ 2010, 269 – hat das Gericht keinen Verstoß gegen Art. 8 Abs. 1 EMRK festgestellt, da die nationalen Behörden die elterliche Sorge auf das Jugendamt übertragen haben und die Kinder gegen den Willen ihrer Mutter nur deshalb unter behördliche Obhut stellen, will bei einem Kind ein seit längerem andauernder sexueller Missbrauch durch einen Freund des Vaters geduldet wurde und bei einem anderen Kind Zeichen eines Entwicklungsrückstandes zu beobachten waren.

- Auch die bloße Tatsache, dass ein Kind in einem für seine Erziehung günstigeren Umfeld untergebracht werden könnte, rechtfertigt es nicht, es durch eine **Zwangsmaßnahme** der Betreuung durch seine biologischen Eltern zu entziehen.[87]
- Die **Verweigerung der Anerkennung einer im Ausland erfolgten Volladoption** eines Kindes durch eine unverheiratete Frau (weil nach dem aus der Sicht des Anerkennungsstaates anwendbaren Recht die Volladoption nur Ehegatten gestattet ist).[88]
- Wenn ein Staat die **Frist für eine Vaterschaftsanfechtung** zu einem in der Ehe geborenen Kind nicht mit dem Zeitpunkt beginnen lässt, in dem der Berechtigte von den Umständen erfährt, die gegen seine Vaterschaft sprechen, sondern mit dem Zeitpunkt, in dem er von der Geburt des Kindes bzw. seiner Vaterschaftseintragung Kenntnis erlangt, sofern die Anfechtungsfrist in diesen Fällen auf ein Jahr begrenzt ist.[89]
- Die Verpflichtung nach türkischem Recht, dass verheiratete Frauen verpflichtet sind, im Namen einer Familieneinheit den **Namen ihres Ehemannes** zu führen, und nur berechtigt sind, ihren Geburtsnamen dem Ehenamen voranzustellen, verstößt gegen Art. 14 i.V.m. Art. 8 EMRK.[90]
- Wird ein aus dem Jahre 1939 stammendes Testament dahingehend, dass ein Adoptivkind einem ehelichen Kind nicht gleichgestellt wird, ausgelegt, verstößt die Anordnung gegen Art. 14 i.V.m. Art. 8 EGMR.[91]
- Eine Sorgerechtsentscheidung, die sich ausschließlich auf abstrakte Behauptungen einer angeblichen Erziehungsunfähigkeit eines Elternteils aufgrund seiner Religionszugehörigkeit stützt – ohne dass ein konkreter und unmittelbarer Beleg durch das tatsächliche Verhalten dieses Elternteils (einschließlich einer davon ausgehenden negativen Beeinflussung des Kindes) erfolgt.[92]
- Ein rechtliches **Festhalten eines Transsexuellen an seiner ursprünglichen Geschlechtszugehörigkeit** auch nach einer geschlechtsverändernden Operation.[93]
- Die (im Zeitpunkt der Entscheidung) fehlende Möglichkeit nach niederländischem Recht, die Erklärung der Kindesmutter in das Geburtsregister eintragen zu lassen, dass ihr geschiedener Ehemann nicht der Vater eines noch während der Ehe geborenen Kindes ist (mit der fehlenden korrespondierenden Möglichkeit für den biologischen Vater, das Kind als sein Kind anzuerkennen).[94] Ebenso wie das Erfordernis einer Mutterschaftsfeststellung eine Verletzung des Rechts auf Achtung des Familienlebens einer nicht verheirateten Mutter und ihres nichtehelichen Kindes darstellt.[95]

---

87 EGMR FamRZ 2008, 1319 – erforderlich sind dafür vielmehr andere, die Notwendigkeit eines Eingriffs in das Elternrecht rechtfertigende Umstände.
88 EGMR FamRZ 2007, 1529: eine Rechtfertigung nach Art. 8 Abs. 2 EMRK – „in einer demokratischen Gesellschaft notwendig" – mit dem Ziel eines Schutzes der Gesundheit, der Moral oder der Rechte und Freiheiten anderer scheidet aus, da das Wohl des Kindes Vorrang genießt. Dazu die Anmerkung von *Henrich*, FamRZ 2007, 1531.
89 EGMR FamRZ 2006, 181. Dazu auch die Anmerkungen von *Henrich*, FamRZ 2006, 182; *Motzer*, FamRBint 2006, 48.
90 EGMR FamRZ 2005, 427. Dazu auch die Anmerkung von *Wiegelmann*, FamRBint 2005, 52.
91 EGMR NJW 2005, 875 = FamRZ 2004, 1467 = ZEV 2005, 162. Dazu auch *Reimann*, ZEV 2013, 479; *Staudinger*, ZEV 2005, 140. Und die Anmerkung von *Pintens*, FamRZ 2004, 1470.
92 EGMR FF 2005, 36.
93 EGMR NJW-RR 2004, 289.
94 EGMR FamRZ 2003, 813. Dazu auch die Anmerkung von *Rixe*, FamRZ 2003, 815.
95 EGMR NJW 1979, 2449 = FamRZ 1979, 903 = EuGRZ 1979, 454.

– Die Entscheidung des österreichischen OGH, nach der einer Mutter das Sorgerecht entzogen und dem Vater übertragen wurde, stellt einen Eingriff in das „Familienleben" dar.[96]

– Der EGMR hat bereits 1981 festgestellt, dass – soweit die in Nordirland geltenden Strafgesetze die zwischen Erwachsenen im gegenseitigen Einverständnis begangenen **homosexuellen Handlungen** für strafbar erklären – sie das in Art. 8 EMRK garantierte Recht auf Achtung des Privatlebens verletzen.[97]

– **Exkurs:** Der EGMR hat die vormals bestehenden Bestimmungen des irischen Rechts, die es gestatteten, dass ein Kind kurz nach der Geburt ohne Wissen und Zustimmung seines biologischen Vaters zur Adoption freigegeben werden konnte, als Verstoß gegen Art. 6 Abs. 1 EMRK qualifiziert.[98]

Hingegen gewährt Art. 8 EMRK   30

– **kein Einreise- und Aufenthaltsrecht** (bzw. keinen besonderen Aufenthaltstitel)[99] und auch

– **kein Recht ausländischer Ehepartner, zusammenzuleben** (i.S. einer freien Wahl des Ortes, der ihnen am besten geeignet erscheint, ein Familienleben aufzubauen),[100] es sei denn (was im Kontext mit dem Abwägungsprozess nach Art. 8 Abs. 2 EMRK zu beachten ist), die Betroffenen haben „im Aufenthaltsstaat persönliche oder Familienbindungen, die ausreichend stark sind und durch eine Abschiebung beeinträchtigt würden".[101]

– Wenn auch Art. 8 EMRK kein Recht darauf begründet, sich in einem bestimmten Land aufzuhalten bzw. eine Aufenthaltserlaubnis gewährt zu bekommen, ist eine nationale Ausländerpolitik gleichwohl so zu regeln, dass sie mit den Grundrechten der Ausländer nach der EMRK vereinbar bleibt – wobei insbesondere auch das Recht auf Achtung des Privat- und Familienlebens (Art. 8 EMRK) und das Recht auf Nichtdiskriminierung (Art. 14 EMRK) zu gewährleisten ist.[102]

– Keine Verpflichtung, dem mutmaßlichen leiblichen Kindesvater zu gestatten, den Status des rechtlichen Vaters anzufechten bzw. eine separate Klage auf Feststellung der biologischen (im Unterschied zur rechtlichen) Vaterschaft zuzulassen.[103]

– U.U., wenn es dem Kindesvater allein aufgrund des Umstandes, dass er nicht mit der Kindesmutter verheiratet ist, verwehrt wird, an der elterlichen Sorge teilzuhaben[104] – wobei jedoch eine Verletzung von Art. 8 i.V.m. Art. 14 EMRK dann ausgeschlossen ist, wenn die Sorgerechtsverwehrung den „Schutz des Kindeswohls" bezweckt (wobei

---

96 EGMR EuGRZ 1997, 648.

97 EGMR NJW 1984, 541.

98 EGMR NJW 1995, 2153, 2153 = FamRZ 1995, 110 = EuGRZ 1995, 113.

99 Kein Anspruch auf Zuerkennung eines anderen Aufenthaltstitels: EGMR NVwZ 2008, 979 (Sisojeva u.a. ./. Lettland).

100 EGMR NVwZ 2005, 1043 (Dragan ./. Deutschland); EGMR NVwZ 2005, 1046 (Ghiban ./. Deutschland).

101 *Meyer-Ladewig*, Art. 8 EMRK Rn 65.

102 EGMR NVwZ 2012, 221 – wobei eine unterschiedliche Behandlung aufgrund des gesundheitlichen Zustandes einer Person (einschließlich einer HIV-Infektion) entweder als Form einer Behinderung oder daneben auch als „sonstiger Status" i.S.v. Art. 14 EMRK qualifiziert werden kann.

103 EGMR v. 2.12.2014 – 546/10: Ob dem biologischen Vater eine Vaterschaftsanfechtung gestattet wird, liegt innerhalb des staatlichen Ermessensspielraums.

104 Vgl. dazu BVerfGE 127, 132.

insoweit den nationalen Behörden und Gerichten ein Beurteilungsspielraum eingeräumt ist).[105]

31   **Keine Verletzung von Art. (14 i.V.m.) Art. 8 EMRK** begründen folgende Konstellationen:
- Dass ein Staat der bestehenden familiären Beziehung zwischen dem Kind und seinen rechtmäßigen Eltern einen **Vorrang vor der Beziehung zum vermeintlichen biologischen Vater** einräumt und diesem die Möglichkeit einer Vaterschaftsanfechtung versagt, um das Kind und seine soziale Familie vor äußeren Störeingriffen zu schützen.[106]
- Dass nach einer Regelung des griechischen ZGB (Art. 1483 Abs. 1 S. 2, Art. 255) das **Recht des Kindes auf gerichtliche Feststellung der Vaterschaft** ein Jahr nach Eintritt der Volljährigkeit erlischt (die Frist aber durch höhere Gewalt gehemmt ist, so lange das Kind noch keine Kenntnis von den Umständen hatte, die eine Vaterschaftsfeststellungsklage rechtfertigen).[107]
- Wenn deutsche Standesbehörden und Gerichte es ablehnen, im Falle einer nach § 9 Abs. 7 LPartG möglichen Adoption eines Kindes von der gleichgeschlechtlichen Lebenspartnerin die Lebenspartnerin der Kindesmutter als zweiten Elternteil im Rahmen der Berichtigung in die Geburtsurkunde des Kindes aufzunehmen.[108]
- Fehlurteile oder Fehleinschätzungen von Fachkräften im Rahmen von Entscheidungen über Maßnahmen der Kinderpersonensorge.[109]
- Ablehnung des Antrags eines nichtehelichen Vaters, für das von der Mutter zur Adoption freigegebene Kind einen Amtsvormund zu bestellen, damit er auf Vaterschaftsfeststellung klagen kann, wenn der Vater ausreichend angehört worden ist und dessen Argumente gegenüber dem Kindeswohl angemessen abgewogen worden sind.[110]
- Die Verpflichtung nach dem finnischen TranssexuellenG, wonach für die Anerkennung der Geschlechtsumwandlung eines verheirateten Mannes der Ehegatte oder Partner einer eingetragenen Lebenspartnerschaft höchstpersönlich seine Zustimmung erteilen muss, und dass sich die Ehe dann ohne Weiteres in eine eingetragene Lebenspartnerschaft bzw. umgekehrt umwandelt, soll weder gegen Art. 8 noch gegen Art. 14 EMRK verstoßen.[111]
- Die Regelungen des französischen Rechts, nach denen eine Stiefkindadoption bei unverheirateten gleichgeschlechtlichen Paaren (z.B. die Adoption eines durch künstliche Insemination im Ausland gezeugten Kindes einer Frau durch ihre Partnerin) ebenso unzuläs-

---

105 EGMR NJW 2013, 1055 = FamRZ 2012, 1863 = FPR 2013, 220. Zum behördlichen Ermessensspielraum bei der Regelung des Sorge- und Umgangsrechts unter Berücksichtigung des Kindeswohls und zu einer konventionswidrigen unverhältnismäßig langen Dauer eines Umgangsverfahrens auch EGMR FuR 2007, 410.
106 EGMR v. 2.12.2014 – 546/10 unter Bezugnahme auf EGMR NJW 2013, 1937.
107 EGMR FamRZ 2014, 823 – weswegen die Abweisung eines Antrags auf Vaterschaftsfeststellung dann Art. 8 EMRK nicht verletzt, wenn der Antragsteller erst vier Jahre nach Volljährigkeitseintritt und zwei Jahre nach Aufklärung über die Identität des Vaters durch die Mutter Vaterschaftsfeststellungsklage erhebt.
108 EGMR NJW 2014, 2561 = StAZ 2014, 10 = FamRZ 2014, 97 = EuGRZ 2013, 668 – keine in erheblichem Maße vergleichbare Situation wie bei Ehepartnern (vgl. § 1592 Nr. 1 BGB), womit keine Verletzung von Art. 14 i.V.m. Art. 8 EMRK begründet ist.
109 Gerichtliche Überprüfung des Kindesmisshandlungsvorwurfs in einem deutschen Verfahren der elterlichen Sorgeentziehung: EGMR NJW 2014, 2015 = FamRZ 2013, 845 = EuGRZ 2013, 384: keine per se-Unvereinbarkeit mit den Anforderungen nach Art. 8 EMRK. Dazu *Windel*, JR 2014, 365 und die Anmerkung von *Hufen*, JuS 2015, 1140.
110 EGMR OstEuR 2013, 234 – Art. 8 EMRK gewährleistet in einer entsprechenden Konstellation nicht mehr als die Einhaltung entsprechender Verfahrensrechte.
111 EGMR FamRZ 2014, 1529. Dazu auch die Anmerkung von *Henrich*, FamRZ 2013, 432.

sig ist wie eine Eheschließung und künstliche Befruchtung bei gleichgeschlechtlichen Paaren.[112]

- Die nicht bestehende Möglichkeit einer Heirat gleichgeschlechtlicher Paare nach nationalem Recht begegnet hingegen keinen konventionsrechtlichen Bedenken, da sich aus Art. 8 i.V.m. Art. 14 EMRK keine Verpflichtung ergibt, die Eheschließung gleichgeschlechtlicher Partner zu ermöglichen, wenn die rechtliche Anerkennung einer entsprechenden Verbindung durch die Möglichkeit der Eingehung einer eingetragenen Lebenspartnerschaft gesetzlich eröffnet ist.[113]
- Die **Verwehrung der Wiederaufnahme eines Vaterschaftsanfechtungsverfahrens,** wenn eine Vaterschaftsanfechtungsklage im Jahre 1969 (aufgrund des Standes der damaligen Wissenschaft: Blutgruppenuntersuchung) mangels eindeutiger Widerlegung der Vaterschaftsvermutung abgewiesen worden war – und der Kläger (Ehemann der Mutter eines Kindes) jetzt mit dem Antrag auf Wiederaufnahme des Verfahrens eine dem heutigen Stand der Wissenschaft gemäße Überprüfung (d.h. eine DNA-Analyse) begehrt.[114]
- Art. 8 EMRK gewährt keine Hinterbliebenenrente.[115]
- Die österreichische Regelung des § 44 AGBGB, die eine Ehe nur zwischen Personen verschiedenen Geschlechts gestattet, verletzt nicht das Diskriminierungsverbot nach Art. 14 i.V.m. Art. 8 EMRK, da auch Art. 12 EMRK (mit der Garantie der Eheschließungsfreiheit für Frauen und Männer) die Vertragsstaaten nicht dazu verpflichtet, auch gleichgeschlechtlichen Paaren eine Eheschließung zu ermöglichen.[116]
- Eine Anwendung der EMRK kann nicht zu einer Verpflichtung deutscher Gerichte führen, das deutsch-iranische Niederlassungsabkommen von 1929 zu missachten und den Versorgungsausgleich als Teil des deutschen ordre public zu qualifizieren.[117]
- Der **Name** einer Person ist Mittel zur persönlichen Identifikation und Zeichen der Zugehörigkeit (Verbindung) zu einer Familie. Damit zählt er zum „Privat- und Familienleben".[118] Da aber nicht jegliche Namensregelung einen Eingriff in Art. 8 EMRK darstellt, ist die **Verweigerung deutscher Behörden, einen Doppelnamen einzutragen,** für den Fall, dass der Beschwerdeführer seinen Doppelnamen bisher im gesellschaftlichen Leben verwenden konnte und dies auch weiterhin tun kann und der Gebrauch des nicht eingetragenen Doppelnamens somit im Alltag für ihn nicht zu ernsthaften praktischen Problemen oder Unannehmlichkeiten führt, nicht als Missachtung des Privat- und Familienlebens des Beschwerdeführers zu qualifizieren.[119] Ebenso liegt im deutschen **gesetzlichen Verbot von Doppelnamen für Kinder,** die sich aus den Familiennamen des Vaters

---

112 EGMR NJW 2013, 2171: keine konventionswidrige Diskriminierung gleichgeschlechtlicher Paare im Vergleich zu verschiedengeschlechtlichen Paaren aufgrund sexueller Orientierung – arg.: im Hinblick auf eine Stiefkindadoption seien gleichgeschlechtliche Partner zum einen aufgrund der besonderen durch Eheschließung verliehenen Rechtsstellung nicht mit einem verheirateten Paar vergleichbar, zum anderen träten bei allen gleichgeschlechtlichen Paaren (in einer eingetragenen Lebenspartnerschaft lebend) die gleichen Rechtswirkungen – nämlich Unmöglichkeit einer Stiefkindadoption – ein.
113 EGMR NJW 2013, 2171.
114 EGMR FamRZ 2012, 357.
115 EGMR NVwZ 2011, 31 – wenn das französische Recht einen entsprechenden Anspruch gleichwohl gewährt, geht Frankreich über Art. 8 EMRK hinaus, wozu Art. 53 EMRK berechtigt – womit zugleich Art. 8 EMRK in einem solchen Fall anwendbar ist und damit das Diskriminierungsverbot nach Art. 14 EMRK zur Anwendung gelangen kann.
116 EGMR NJW 2011, 1421 = EuGRZ 2010, 445. Dazu *Sanders,* StAZ 2011, 175; *Wiemann,* EuGRZ 2010, 408.
117 EGMR FamRZ 2011, 1037.
118 EGMR NJW 2003, 1921 = FamRZ 2002, 1017 = FPR 2004, 102.
119 EGMR FamRZ 2008, 1507. Dazu *Gaaz,* StAZ 2008, 365.

und der Mutter zusammensetzen, kein Verstoß gegen Art. 8 bzw. Art. 14 EMRK.[120] Die Entscheidung lettischer Behörden, den gemeinsam von der lettischen Ehefrau und ihrem deutschen Ehemann gewählten gemeinsamen deutschen Familiennamen (*Mentzen*) in den lettischen Pass der Ehefrau in lettischer Schreibweise (*Mencena*) einzutragen, verstößt nicht gegen Art. 8 EMRK.[121] In einer weiteren Entscheidung hat der EGMR[122] festgestellt, dass bei fehlender Namensidentität zwischen dem nicht sorgeberechtigten Elternteil und seinem Kind dessen Einbenennung keinen Eingriff in das Recht auf Achtung des Familienlebens des nicht sorgeberechtigten Elternteils darstellt – selbst wenn er mit dem anderen Elternteil den Geburtsnamen des Kindes gemeinsam ausgewählt hat.

32   Ein Eingriff in das Recht von Ehegatten auf Achtung ihres Familien- oder Privatlebens kann im Vollzug der **Ausweisung** eines mit einer Inländerin verheirateten Ausländers (mithin eines Familienmitglieds) liegen.[123] Bei der Ausweisung eines Familienmitglieds muss im Hinblick auf eine Rechtfertigung nach Art. 8 Abs. 2 EMRK geprüft werden, ob der Eingriff einem zwingenden sozialen Bedürfnis entspricht und verhältnismäßig ist.[124] Zulässiges Ziel einer gleichwohl erfolgten zulässigen, nicht gegen Art. 8 EMRK verstoßenden Ausweisung kann aber die Verteidigung der öffentlichen Ordnung und die Verhinderung von strafbaren Handlungen sein.[125] Das Recht der Ehegatten auf Achtung ihres Familienlebens bleibt auch dann geschützt, wenn sie wegen der Inhaftierung des Ehemannes über längere Zeit hinweg am Zusammenleben gehindert waren. Im *Fall Cruz Varas gegen Schweden* (Ausweisung eines sich auf Foltergefahr in Chile berufenden Auszuweisenden) hat der EGMR konstatiert, dass die Achtung des Familienlebens dann nicht verletzt ist, wenn es zu einer Trennung der Familie nur dann kommt, weil die gleichermaßen ausgewiesenen Familienmitglieder sich der Ausweisung durch Untertauchen entzogen haben.[126] Ein im Inland aufgewachsener 21-jähriger Ausländer – dessen Familienangehörige auch im Inland leben und der über keinerlei soziale Kontakte zum Land seiner Staatsangehörigkeit verfügt – kann aufgrund des damit einhergehenden schweren Eingriffs in das Familienleben weder ausgewiesen noch abgeschoben werden, wobei auch schwere Straftaten im Rahmen der Prüfung, ob die Maßnahme in einer demokratischen Gesellschaft notwendig ist (vgl. Art. 8 Abs. 2 EMRK, d.h. der Nachweis einer durch dringende soziale Notwendigkeit gebotenen Rechtfertigung und einer Verhältnismäßigkeit in Bezug auf ein legitimes Ziel), die Verhältnismäßigkeit nicht zu begründen vermag.[127] Auch die Ausweisung eines geschiedenen Vaters stellt dann einen Eingriff in das Familienleben dar, wenn dadurch tatsächlich regelmäßige Kontakte zwischen Vater und Kind verhindert werden.[128]

---

120 EMRK StAZ 2008, 375. Im Übrigen liegt auch kein Verstoß gegen das GG vor: BVerfG NJW 2002, 1256.
121 EGMR FamRZ 2005, 961.
122 NJW 2003, 1921 = FamRZ 2002, 1017 = FPR 2004, 102.
123 *Meyer-Ladewig*, Art. 8 EMRK Rn 69.
124 EGMR NJW 2003, 2595 (Adam ./. Deutschland).
125 EGMR EuGRZ 1993, 556 – Fall Beldjoudi ./. Frankreich (Ausweisung eines wiederholt straffällig gewordenen, in Frankreich aufgewachsenen und mit einer Französin verheirateten Ausländers): Unverhältnismäßigkeit der Ausweisung trotz wiederholter schwerer Eigentumsdelikte (mit 12 Jahren und 5 Monaten Gefängnis), weil die Ehegatten 20 Jahre miteinander verheiratet waren, ständig in Frankreich gelebt und zum Heimatstaat des auszuweisenden Ehegatten keine Beziehung haben.
126 EGMR NJW 1991, 3079 = EuGRZ 1991, 203.
127 EGMR EuGRZ 1993, 552 – Fall Moustaquim ./. Belgien.
128 EGMR EuGRZ 1993, 547 – Fall Berrehab ./. die Niederlande.

II. Rechtsprechung

So hat bspw. der EGMR entschieden:

33

Marckx v. Belgien (1979):[129] Das Recht auf Achtung des Familienlebens verpflichtet den Staat, sich so zu verhalten, dass sich Familienbande normal entwickeln können. Das Recht eines außerehelichen Kindes in Belgien wurde deshalb verletzt, weil die unverheiratete Mutter ihr Kind adoptieren musste, um bestimmte Rechte zu erlangen (wobei selbst nach vollzogener Adoption das Kind gegenüber väterlichen und mütterlichen Verwandten nicht erbberechtigt war und auch von den verwandtschaftlichen Unterstützungsverpflichtungen ausgenommen blieb). Die belgische Rechtsordnung verletzte Art. 8 EMRK insoweit, dass sie die volle Ausgestaltung des Familienlebens nicht sicherte.

Keegan v. Irland (1994):[130] Der EGMR stellte hier – Keegan war nichtehelicher Vater (d.h. De-facto-Familie; siehe Rdn 13) und das irische Recht gestattete der Mutter, das Kind (kurz nach der Geburt) ohne Wissen und Einwilligung des Vaters zur Adoption freizugeben – einen ungerechtfertigten Eingriff (Herbeiführung von Beziehungen zu den Adoptiveltern und Verhinderung der Entwicklung von Familienbanden zum leiblichen Vater, der wegen der Unumkehrbarkeit des Prozesses unverhältnismäßig war) in den Schutzbereich des Art. 8 EMRK fest.

34

Kutzner v. Deutschland (2002):[131] Der EGMR stellte für den Fall des Sorgerechtsentzugs (wegen Entwicklungsdefiziten der Kinder, wohingegen Misshandlungen durch die Eltern nicht stattgefunden hatten) und der Unterbringung der Kinder in Pflegefamilien (bei schwachbegabten Eltern) fest, dass dies einen ungerechtfertigten Verstoß gegen Art. 8 EMRK darstellt. Es handele sich um einen schwerwiegenden Eingriff in das Familienleben, da es zu keiner Vernachlässigung bzw. Misshandlung der Kinder durch ihre Eltern gekommen sei. Zudem hätten die deutschen Behörden nicht ausreichend geprüft, ob mildere Mittel (als der Sorgerechtsentzug) zur Verfügung standen.

35

III. Trennung der Familie durch ausländerrechtliche Maßnahmen

Art. 8 EMRK schützt im Falle der Trennung einer Familie durch ausländerrechtliche Maßnahmen[132] die gelebte und intakte Familie, die bereits schon vor dem Zeitpunkt begründet sein muss, zu dem mit der Ausweisung (bzw. der Auslieferung oder der Einreisesperre[133]) zu rechnen ist. Eingriffe in Art. 8 EMRK[134] sind nur auf gesetzlicher Grundlage (bspw. des Ausländerrechts) zur „Aufrechterhaltung der öffentlichen Sicherheit" bzw. zur „Verhütung von Straftaten" (vgl. Art. 8 Abs. 2 EMRK) zulässig. Zu berücksichtigen ist dann jedoch – so die ständige Judikatur des EGMR[135] – die Beachtung des **Verhältnismäßigkeitsgrundsatzes** im Einzelfall. Dabei haben die Staaten dem Grundsatz nach das Recht, den Aufenthalt von Ausländern in ihrem Staatsgebiet zu regulieren. Sie können Ausländer also grundsätz-

36

---

129 Series A 31 (1979), Rn 45 = EuGRZ 1979, 454.

130 Series A 290 (1994).

131 Urt. vom 26.2.2002, Rn 52 ff.

132 *Peters*, Einführung in die Europäische Menschenrechtskonvention, § 26 III.

133 Zum Nachzug von Familienangehörigen: EGMR vom 31.1.2006 (Rodrigues da Silva u.a. ./. Niederlande).

134 Näher *Meyer-Ladewig*, Art. 8 EMRK Rn 71 ff.

135 Vgl. bspw. *Gül v. Schweiz* (1996), Reports 1996-I, 159 ff., Rn 28 ff.; *Ahmut v. Niederlande*, Reports 1996-VI, 2033 ff.; *Dalia v. Frankreich*, Reports 1998-I, 76 ff.; *Bouchilkia v. Frankreich*, Reports 1997-I, 65 ff.; *Boughanemi v. Frankreich*, Reports 1996-II, 610 ff., Rn 43 ff.; *Miheni v. Frankreich*, Reports 1997-VI, 1959 ff.

lich nach einer **Verurteilung wegen einer Straftat ausweisen.** Die Staaten trifft nämlich keine Verpflichtung, die Wahl des Aufenthaltsortes einer Familie zu respektieren. Allerdings sind im Rahmen des **Abwägungsprozesses** auch folgende Faktoren zu berücksichtigen:

– Schwere der begangenen Tat bei der strafrechtlichen Verurteilung;
– Bindungen des Auszuweisenden an seinen Heimatstaat;
– zeitliche Aufenthaltsdauer des mit auszuweisenden Ehegatten;
– nach Begehung der Tat verstrichene Zeit und Verhalten des Ehepartners nach dieser Zeit;
– Staatsangehörigkeit der betroffenen Person (wenn dadurch die Möglichkeit besteht, dass die Ehe in einem Drittland fortgesetzt werden kann);
– familiäre Situation des Ehepartners (z.B. Dauer der Ehe, Alter, Zahl der gemeinsamen Kinder);
– Zumutbarkeit für den Ehepartner und die Kinder, den Auszuweisenden in dessen Heimatland zu folgen (Zumutbarkeit des Nachfolgens der im Gaststaat wohnenden Familienmitglieder, z.B. vorhandene Sprachkenntnisse). Dabei ist hinsichtlich der Kinder der Grad ihrer bereits erfolgten Integration, ein Schulbesuch usw. zu beachten.

37   **Hinweis:** Seit 1996 wird Art. 8 EMRK tendenziell allerdings restriktiv ausgelegt.[136]

C.   Die Ehe- und Familiengründungsfreiheit

I.   Allgemeines

38   Art. 12 EMRK schützt die **Ehe- und Familiengründungsfreiheit** mit der Zielsetzung, dass ein Volljähriger selbst das Recht haben soll, die Entscheidung zu treffen, ob und wen er heiraten will: Männer und Frauen im heiratsfähigen Alter haben das Recht, nach den innerstaatlichen Gesetzen, die die Ausübung dieses Rechts regeln, eine Ehe einzugehen und eine Familie zu gründen. Im Unterschied zu Art. 8 EMRK, der eine (auch nichteheliche) Familie (im Zeitraum vor der formellen Eheschließung) voraussetzt, schützt Art. 12 EMRK die **Familiengründung durch Heirat.** Art. 12 EMRK gibt jedoch **keinen Anspruch auf Scheidung.**[137] Die Freiheit der Eheschließung gegenüber einem Transsexuellen nach einer geschlechtsverändernden Operation wird durch die Verweigerung der Erlaubnis zur Eheschließung mit einem Angehörigen des nunmehr anderen Geschlechts verletzt.[138]

39   Da Art. 9 der Grundrechecharta allgemein das Recht gewährt, eine Ehe einzugehen und eine Familie zu gründen, geht die neuere Judikatur des EGMR (im Unterschied zur älteren Rechtsprechung)[139] davon aus, dass Art. 12 EMRK nicht zwingend auf eine Eheschließung zwischen Personen unterschiedlichen Geschlechts beschränkt ist.[140] Er gewährt aber auch keinen Anspruch auf rechtliche Anerkennung der Lebensgemeinschaft **homosexueller oder transsexueller Paare.**[141] Nach der EMRK sind die Staaten nicht verpflichtet, gleichgeschlechtlichen Paaren eine Ehe zu ermöglichen.[142] **Eingriffe** in die Ehe- und Familiengründungsfreiheit erfolgen im Rahmen der nationalen Rechtsordnung durch Vorgaben hinsichtlich der Eheschließung (wie bspw. Regelungen im Hinblick auf die Urteilsfähigkeit, das

---

136 *Peters,* Einführung in die Europäische Menschenrechtskonvention, § 26 III 1.
137 Vgl. *Johnston u.a. v. Irland,* Series A 112 (1986), Rn 51 ff. = EuGRZ 1987, 313.
138 EGMR NJW-RR 2004, 289.
139 Vgl. etwa EGMR vom 17.10.1986, Serie A, Bd. 106, S. 19 (Rees ./. Vereinigtes Königreich).
140 Näher *Meyer-Ladewig,* Art. 12 EMRK Rn 3.
141 Vgl. *Cossey v. VK,* Series 184 (1996), Rn 46.
142 EGMR vom 24.6.2010 (Schalk u. Kopf ./. Österreich).

Verbot der Bigamie oder den *ordre public*). Kein Eingriff bildet hingegen z.B. eine unterschiedliche Besteuerung von Ehepaaren und unverheirateten Paaren.[143]

II. Rechtsprechung

Bedeutende Entscheidungen des EGMR sind bspw.:   40

Johnston u.a. v. Irland (1986):[144] Aus Art. 12 EMRK lässt sich kein Recht auf Scheidung ableiten – mithin ist ein staatliches Scheidungsverbot mit Art. 12, 8 und 14 EMRK kompatibel **(kein Recht auf Auflösung der Ehe)**. Eine De-facto-Familie ist nach Art. 8 EMRK anzuerkennen. Aus der Achtungspflicht resultiert jedoch keine Verpflichtung des Staates, eine Formalisierung der De-facto-Familie zu ermöglichen.

Cossey v. Vereinigtes Königreich (1990):[145] Im Hinblick auf Transsexuelle sei der Schutzbereich von Art. 12 EMRK nicht berührt. Ein Verbot, nach einer Geschlechtsumwandlung einen Angehörigen seines früheren eigenen Geschlechts heiraten zu dürfen, verletze Art. 12 EMRK nicht, weil das traditionelle Konzept der Eheschließung einerseits gleichgeschlechtliche Ehen nicht umfasst und andererseits durch aktuelle Entwicklungen auch keine Änderungen erfahren habe. **Hinweis:** Der EGMR hat im Jahre 2002 diesbezüglich eine Änderung seiner Judikatur vollzogen: 41

I. v. Vereinigtes Königreich (2002) und Goodwin v. Vereinigtes Königreich (2002):[146] Es könne im Jahre 2002 – wegen der medizinischen Möglichkeiten einer Geschlechtsumwandlung und der Übernahme der sozialen Rolle des neuen Geschlechts nach der Operation durch Transsexuelle – nicht mehr davon ausgegangen werden, dass sich Art. 12 EMRK (seinem Wortlaut nach) nur auf von Geburt an biologische Männer oder Frauen bezieht. Infolgedessen ist im Rahmen des Art. 12 EMRK das neue Geschlecht maßgeblich mit der Konsequenz, dass die Verweigerung der Möglichkeit einer Eheschließung mit einem Partner des früheren eigenen Geschlechts als „Eingriff" in die Ehefreiheit nach Art. 12 EMRK zu qualifizieren ist. Da die Beschwerdeführer(innen) mit Männern zusammenlebten und auch nur einen Mann heiraten wollten, ihnen diese Möglichkeit aber nach der innerstaatlichen Gesetzgebung des Vereinigten Königreichs verwehrt war, verletzten diese nationalen Verbote den Kerngehalt von Art. 12 EMRK.[147]   42

D.   Exkurs: Art. 2 S. 2 des Ersten Zusatzprotokolls (Berücksichtigung der religiösen und weltanschaulichen Überzeugungen der Eltern)

Nach Art. 2 S. 2 des Ersten Zusatzprotokolls zur EMRK (**Berücksichtigung der religiösen und weltanschaulichen Überzeugungen der Eltern**) hat der Staat bei der Ausübung der von ihm auf dem Gebiet der Erziehung und des Unterrichts übernommenen Aufgaben das Recht der Eltern zu achten, die Erziehung und den Unterricht entsprechend ihrer eigenen religiösen und weltanschaulichen Überzeugungen sicherzustellen (Anspruch auf Achtung schlüssiger, ernster und wichtiger Elternüberzeugungen mit korrespondierender Verpflichtung des Staates, den Unterricht an seinen Schulen objektiv, kritisch und pluralistisch ohne   43

---

143 *Peters*, Einführung in die Europäische Menschenrechtskonvention, § 27 I 1.
144 Series A 112 (1986), Rn 51 ff. = EuGRZ 1987, 313.
145 Series A 184 (1990), Rn 43 ff.
146 Urt. vom 11.7.2002, Rn 100 ff. = NJW-RR 2004, 290. Vgl. auch EuGH NJW 2004, 1440.
147 Urt. vom 11.7.2002, Rn 101 ff. = NJW-RR 2004, 290.

staatliche Indoktrination zu gestalten).[148] Immanente Grundrechtsbeschränkungen (da diese explizit fehlen) resultieren aus dem Recht des Kindes auf Ausbildung und Erziehung nach Art. 2 S. 1 des Zusatzprotokolls sowie den Werten einer demokratischen Gesellschaft (deren legitime Ziele mit dem Elternrecht immer abgewogen werden müssen).

---

148 Dazu *Peters*, Einführung in die Europäische Menschenrechtskonvention, § 28 II 2.

Belgien

Dr. Volker Hustedt, Notar, Neuss (Abschnitt B.)
Gido Schür, Notar, St. Vith (Abschnitte A., C.–G.)

Literatur

Deutschsprachige Literatur

Becker, Das Gesetz über die gesetzliche Lebensgemeinschaft in Belgien, MittRhNotK 2000, 155; *Grothe*, Die Besteuerung deutsch-belgischer Erb- und Schenkungsfälle, 1999; *Gründler*, Die Obsorge nach Scheidung und Trennung der Eltern im europäischen Rechtsvergleich, Graz 2002; *Hustedt*, Grundzüge des belgischen Ehegüter- und Erbrechts, MittRhNotK 1996, 337; *Kemp*, Das belgische IPR-Gesetz vom 16.7.2004, RNotZ 2004, 595; *Liehner*, Rechtsgutachterliche Stellungnahme, Deutsches und belgisches Ehegüterrecht, Erbrecht, deutsches und belgisches internationales Privatrecht, MittRhNotK 1969, 465; *Pintens*, in: *Bergmann/Ferid/Henrich*, Internationales Ehe- und Kindschaftsrecht, Belgien (Stand 15.3.2011); *ders.*, Die Anwendung des belgischen, französischen und niederländischen Namensrechts durch den deutschen Standesbeamten, StAZ 1984, 189; *ders.*, Binationales Ehegüterrecht aus belgischer Sicht – Gestaltungsmöglichkeiten und Gefahren, Jahresheft der Internationalen Juristenvereinigung Osnabrück 1992/93, S. 1 ff.; *ders.*, Entwicklungen im belgischen Familien- und Erbrecht, FamRZ 2004, 1420; *ders.*, Privatautonomie im belgischen und französischen Familienrecht, in: *Hofer/Schwab/Henrich*, From Status to Contract? – Die Bedeutung des Vertrages im europäischen Familienrecht, 2005; *ders.*, Die belgische Reform des Scheidungsverfahrensrechts und des Rechts eines Kindes auf Anhörung, FamRZ 1995, 1043; *ders.*, Gleichgeschlechtliche Ehen in Belgien, StAZ 2003, 321; *ders.*, Partnerschaft im belgischen und niederländischen Recht, FamRZ 2000, 69; *ders.*, Die Entwicklung des belgischen Kindschaftsrechts, in: *Schwab/Henrich*, Entwicklungen des europäischen Kindschaftsrechts, 1994; *ders.*, Belgisches Familien- und Erbrecht 2006–2007, FamRZ 2007, 1491; *ders.*, Reform im belgischen Familienrecht, FamRZ 2006, 1311; *ders.*, Entwicklungen im belgischen Familienrecht 2008–2009, FamRZ 2009, 1535; *ders.*, Entwicklungen im belgischen Familienrecht 2009–2010, FamRZ 2010, 1488; *ders.*, Die Scheidung und ihre ehegüterrechtlichen Folgen im belgischen Familienrecht, FF 2011, 294; *ders.*, Entwicklung im belgischen Familien- und Erbrecht im Jahre 2013, FamRZ 2013, 1443; *ders.*, in: *Gottwald/Henrich/Schwab*, Beiträge zum europäischen Familienrecht, Bd. 12, 2009, Rechtsregeln für nichteheliches Zusammenleben, S. 281 ff.; *Schotten/Schmellenkamp*, Das Internationale Privatrecht in der notariellen Praxis, 2. Aufl. 2007; *dies.*, Der Vorrang des Gesellschaftsrechts vor dem Güterrecht, DNotZ 2007, 729; *Sielemann*, Das geltende belgische Ehegüterrecht, MittRhNotK 1969, 289; *van Themsche*, Notarielle Fragen des internationalen Rechtsverkehrs, 1995; *Wilfurth*, Die Institution Contractuelle nach belgischem Recht – Qualifikation und Handeln unter falschem Recht in deutsch-belgischen Erbfällen, 1982.

Literatur in französischer Sprache

Aughuet/Blitz/Brouwers u.v.m., La nouvelle procédure de liquidation-partage judiciaire, Limal/Brüssel, 2012; *Brouwers*, La nouvelle loi sur le divorce, coll. „Lois Actuelles", Waterloo 2007; *Brouwers*, La réforme du divorce, Rev. not. b. 2007; *Caré*, Le divorce par consentement mutuel, Waterloo, 2014;

Carlier/Saroléa, Droit des étrangers et nationalité, Liège 2005; *Dalcq*, La responsabilité délictuelle et quasi-délictuelle – Examen de jurisprudence (1980–1986), R.C.J.B., 1987; *Delnoy* (Hrsg.), Le couple sous toutes ses formes, Mariage, cohabitation légale et cohabitation de fait, Limal, 2013; *Delnoy/ Moreau*, Les libéralités et les successions, Précis de droit civil, 4. Aufl., Brüssel, 2013; *De Page*, Le régime matrimonial, Brüssel 2003; *De Page/Masson*, Traité élémentaire de droit civil belge, II. Teil, Les Personnes, 4. Aufl., Brüssel 1990; *De Page/Van Molle*, La procédure de mutation du régime matrimonial et les droits des tiers créanciers après la loi du 18 juillet 2008, J.T., 2009; *Fallon/Erauw*, La nouvelle loi sur le Droit International Privé, Brüssel 2004; *Leleu*, Droit des personnes et des familles, 2. Aufl., Brüssel 2010; *Leleu*, Droit patrimonial des couples, Brüssel 2015; *Leleu/Raucent*, Les régimes matrimoniaux, Bd. II, Contrat de mariage et modification du régime matrimonial, 1999; Bd. III, Le régime légal, 2001; Bd. IV, Les régimes conventionnels, le droit transitoire, 2002; *Leleu/ Raucent*, Répertoire Notarial, Bd. V, Les régimes matrimoniaux, II. Teil, L'autonomie de la volonté, le contrat de mariage, les modifications des conventions matrimoniales, Brüssel 2002; *Masson*, Un an d'application de la loi du 27 avril 2007 réformant le divorce, J.T., n°6318, 26/2008; *Masson*, La comparution personnelle, la tentative de conciliation et l'information sur la médiation en matière de divorce. La loi du 5 avril 2011 modifiant le Code Judiciaire, J.T., Nr. 6448, 28/2011; *Masson/De Page/ Hiernaux*, Démariage et coparentalité, Brüssel 1989; *Pire*, Divorce pour désunion irrémédiable, in: Chroniques notariales, Octobre 2010, vol. 52, Larcier, Brüssel; *Raucent*, Les régimes matrimoniaux, 3. Aufl., Leuven 1988; *Renchon*, La nouvelle réforme (précipitée) du droit belge du divorce: le „droit au divorce", RTDF, 2007; *Renchon/Tainmont* (Hrsg.), L'autonomie de la volonté et les conventions entre époux ou cohabitants, Brüssel 2015; *Rousseau*, Le nouveau divorce par consentement mutuel, Rev. not. b., 2008; *Sterckx*, Répertoire notarial, I. Teil, Bd. IX, Le mariage en droit civil; *Van Gysel* (Hrsg.), Précis de droit de la famille, Brüssel 2004; *Van Gysel* (Hrsg.), Conjugalité et décès, Limal, 2011.

Literatur in niederländischer Sprache

Baeteman/Gerlo, Personen- en familierecht – Overzicht van rechtspraak (1975–1980), T.P.R., 1981; *Printens/Van Der Meersch/Vanwinckelen*, Inleiding tot het familiaal vermogensrecht, Leuven 2001.

A. Eheschließung

Schür

I. Materielle Voraussetzungen

1. Verlöbnis

Das belgische Zivilgesetzbuch (im Folgenden: **ZGB**)[1] enthält keinerlei Regelungen über das Verlöbnis, d.h. das gegenseitige Eheversprechen. Nach belgischer Rechtslehre[2] und Rechtsprechung[3] hat das Verlöbnis keine rechtliche Bindung. Das Verlöbnis wird nicht als Vertrag anerkannt, so dass dadurch keine zivilrechtlichen Verpflichtungen entstehen und die Verlobten ihr Versprechen einseitig brechen können. Die **rechtliche Unwirksamkeit** des Verlöbnisses bezieht sich auch auf jede Vereinbarung, durch welche dem Verlöbnis

1

---

1 Belgisches Zivilgesetzbuch i.d.F. des Änderungsgesetzes vom 22.5.2014, Belg. Staatsblatt vom 20.3.2015, S. 17986. Eine Übersetzung der eherechtlichen Vorschriften findet sich bei *Pintens*, in: *Bergmann/ Ferid/Henrich*, Internationales Ehe- und Kindschaftsrecht, Länderteil Belgien, S. 60b ff. sowie auf den Internetseiten des Föderalen Öffentlichen Dienstes Justiz (www.just.fgov.be) und des Bezirkskommissariats Malmedy (http://www.scta.be/Malmedy/Uebersetzungen/downloads/18040321_ CodeCivil.doc).

2 *Gallus*, in: Précis de droit de la famille, S. 167 ff.; *Sterckx*, Répertoire notarial, S. 71 ff.; *De Page/Masson*, Traité élémentaire de droit civil belge, S. 516, 517.

3 Civ. Liège, 8.1.1990 und 1.6.1990, Rev.trim.dr.fam., 1992, S. 39 ff., R.G.A.R., 1992, Nr. 11991; Civ. Bruxelles, 15.12.1987, J.L.M.B., 1988, S. 280.

direkt oder indirekt die Bedeutung einer obligatorischen zivilrechtlichen Verpflichtung gegeben werden soll. Auch wenn mit dem Verlöbnis keine zivilrechtlichen Verpflichtungen verbunden sind, so entsteht dennoch eine moralische Verpflichtung, die laut Rechtsprechung[4] und Rechtslehre[5] dazu führt, dass derjenige, der das Verlöbnis einseitig beendet, unter Berücksichtigung der jeweiligen Umstände schadenersatzpflichtig sein kann, wenn der Rücktritt vom Verlöbnis als fehlerhaftes Verhalten anzusehen ist und dadurch ein Schaden entsteht.

2. Obligatorische Zivilehe

a) Zivilrechtliche Ehe

2 Nur mit der Zivilehe, die vor einem Standesbeamten zu schließen ist, sind alle rechtlichen Wirkungen der Ehe verbunden. Art. 21 Abs. 2 der belgischen Verfassung bestimmt den **Vorrang der Zivilehe:** „Die zivile Eheschließung muss stets der Einsegnung der Ehe vorangehen, vorbehaltlich der erforderlichenfalls durch das Gesetz festzulegenden Ausnahmen."[6] Die religiöse Eheschließung hat grundsätzlich keine rechtliche Wirkung.

b) Zivilrechtliche Wirksamkeit religiöser Eheschließung

3 Obschon die **religiöse Eheschließung** grundsätzlich keine rechtliche Wirkung hat (siehe Rdn 2), erkennt die belgische Rechtsprechung[7] dennoch der ausschließlich religiösen Eheschließung begrenzte rechtliche Folgen an. So wird auf ausschließlich kirchliche Trauungen, die in gutem Glauben erfolgten, die Theorie der putativen Heirat angewandt, wonach eine für nichtig erklärte Eheschließung dennoch Wirkungen in Bezug auf die Eheleute hat unter der Voraussetzung, dass sie (oder auch nur ein Ehegatte) guten Glaubens waren.[8]

3. Persönliche Voraussetzungen

a) Geschlecht

4 Die Ehe können nicht nur zwei Personen verschiedenen Geschlechts, sondern auch gleichgeschlechtliche Partner[9] eingehen.

b) Ehefähigkeit

5 Sowohl der Mann als auch die Frau sind grundsätzlich nicht vor Vollendung des 18. Lebensjahres ehemündig.[10] Aufgrund Art. 145 ZGB kann das Familiengericht jedoch aus schwer-

4 Cass., 17.3.1967, Pas., 1967, I, S. 869; Mons, 17.3.1998, Rev.trim.dr.fam., 1999, S. 252; *Baeteman/Gerlo*, Personen- en familierecht – Overzicht van rechtspraak (1975–1980), T.P.R., 1981, S. 791, Nr. 48; *Dalcq*, La responsabilité délictuelle et quasi-délictuelle – Examen de jurisprudence (1980–1986), R.C.J.B., 1987, S. 613, Nr. 13.
5 *Sterckx*, Répertoire notarial, S. 74 ff.
6 Siehe auch Art. 267 Strafgesetzbuch.
7 Cass., 3.3.1961, Pas., 1961, I, S. 767; Cass., 26.6.1967, Pas., 1967, I, S. 1290; Civ. Bruxelles, 21.3.1980, Pas., 1980, III, S. 28.
8 Art. 201 Abs. 1 ZGB; *Sterckx*, Répertoire notarial, S. 177 ff.
9 Gesetz vom 13.2.2003, in Kraft getreten am 1.6.2003. Vgl. hierzu *Pintens*, in: *Bergmann/Ferid/Henrich*, Internationales Ehe- und Kindschaftsrecht, Länderteil Belgien, S. 45.
10 Art. 144 ZGB.

wiegenden Gründen[11] eine Abweichung von diesem **Mindestalter** gewähren. Außerdem darf ein Minderjähriger keine Ehe ohne Einwilligung seiner Eltern eingehen.[12]

c) Zustimmung der Ehegatten

Die Eheschließung ist nur mit Einwilligung beider Ehegatten möglich.[13] Die Einwilligung muss persönlich,[14] aktuell,[15] wirklich und freiwillig erfolgen, d.h., dass die Zustimmung zur Eheschließung tatsächlich vorhanden sein muss und dass diese Zustimmung nicht mit einem Willensmangel (Gewalt oder Irrtum) behaftet sein darf. Personen, die durch das Gericht unter Schutz gestellt wurden und denen es grundsätzlich untersagt ist, eine Ehe einzugehen, können mittels einer besonderen Ermächtigung des Friedensgerichts dennoch ermächtigt werden, eine Ehe einzugehen.[16]

6

4. Gesetzliche Voraussetzungen

a) Verbot der Doppelehe

Eine zweite Ehe kann nicht vor Auflösung der ersten eingegangen werden.[17]

7

b) Verbot der Ehe bei Verwandtschaft oder Schwägerschaft

Zwischen allen **Verwandten in gerader aufsteigender und absteigender Linie** ist die Eheschließung absolut verboten.[18] Das Verbot einer Eheschließung gilt auch zwischen **Verschwägerten** in gerader Linie. Es endet nicht von Rechts wegen mit der Auflösung der Ehe, durch welche die Schwägerschaft entstanden ist,[19] kann aber bei Vorliegen schwerwiegender Gründe durch königlichen Erlass aufgehoben werden.[20] Durch eine gesetzliche Lebensgemeinschaft (siehe zum gesetzliches Zusammenwohnen Rdn 151 ff.) entsteht keine Schwägerschaft, so dass das entsprechende Verbot in diesem Fall nicht gilt. In der **Seitenlinie** gilt das Eheverbot bis zum dritten Verwandtschaftsgrad. Das Eheverbot gilt folglich für eine Heirat zwischen Geschwistern, zwischen Onkel und Nichte oder Neffe sowie zwischen Tante und Neffe oder Nichte. Das Verbot der Eheschließung zwischen Onkel und Nichte oder Neffe sowie zwischen Tante und Neffe oder Nichte kann jedoch ebenfalls durch einen königlichen

8

---

11 Meistens die Schwangerschaft der zukünftigen Ehefrau.
12 Art. 148 ZGB. Wenn die Eltern die Zustimmung verweigern, kann das Familiengericht die Ehe dennoch erlauben, wenn es die Verweigerung für missbräuchlich oder für unbegründet erachtet.
13 Art. 146 ZGB.
14 Ein Ehegatte kann nicht bei der Eheschließung durch einen Bevollmächtigten vertreten werden.
15 Die Zustimmung muss gemeinsam durch beide Ehegatten erfolgen. Die Eheschließung nach dem Tode (*mariage posthume*) ist nicht zulässig.
16 Art. 145/1 ZGB (siehe dazu auch die Reform der Regelungen in Sachen Handlungsunfähigkeit und zur Einführung eines neuen, die Menschenwürde wahrenden Schutzstatus durch das Gesetz vom 17.3.2013 (BS 14.8.2013).
17 Art. 147 ZGB und Art. 391 Strafgesetzbuch.
18 Art. 161 ZGB. Dieses Eheverbot gilt auch für einen Mann und ein Kind, zwischen denen keine Abstammung nachgewiesen ist, wenn der Mann zu Alimentenzahlungen zugunsten des Kindes verurteilt wurde (Art. 341 ZGB).
19 Z.B. darf der Schwiegervater nicht die Schwiegertochter (oder den Schwiegersohn) nach dem Tode seines Sohnes (oder seiner Tochter) oder nach deren Scheidung heiraten. Ein Mann darf auch nicht den Sohn oder die Tochter, die aus einer vorhergehenden Ehe seiner verstorbenen Frau hervorgegangen sind, heiraten.
20 Art. 164 ZGB.

Erlass aufgehoben werden, wenn schwerwiegende Gründe vorliegen. Eine Heirat zwischen Verschwägerten in der Seitenlinie ist seit dem Gesetz vom 27.3.2001[21] nicht mehr verboten.

II. Zuständige Behörde und Verfahren

1. Behörde

9   Die Ehe wird **öffentlich vor dem Standesbeamten** einer belgischen Gemeinde (oder – sofern die Heiratswilligen im Ausland leben und wenigstens einer der zukünftigen Ehegatten belgischer Staatsangehöriger ist – vor einem belgischen diplomatischen oder konsularischen Vertreter, der die Zuständigkeit eines Standesbeamten hat) geschlossen.[22] Wenigstens 14 Tage vor der Eheschließung müssen die Heiratswilligen bei diesem Standesbeamten eine Urkunde unterzeichnen, durch welche sowohl die Heiratsabsicht als auch die Hinterlegung der Dokumente, die vor der Eheschließung vorzulegen sind, erklärt wird. Die Anwesenheit von **zwei Zeugen** bei der Eheschließung ist seit der Gesetzesänderung vom 6.4.2010[23] **nicht** mehr vorgeschrieben.

2. Ehefähigkeitszeugnis

10   Der Standesbeamte kann von den zukünftigen Eheleuten verlangen, dass sie vor der Eheschließung alle Dokumente vorlegen, aus denen hervorgeht, dass sie die gesetzlichen Voraussetzungen für die Eheschließung erfüllen.[24] Es liegt im Ermessen des Standesbeamten, von **ausländischen Ehegatten** zu verlangen, dass diese eine von den Behörden ihres Heimatstaates ausgestellte Bescheinigung (*certificat de coutume*) über die dort gesetzlich vorgeschriebenen materiellen Voraussetzungen der Eheschließung und die Verfahrensvorschriften beibringen. Gegebenenfalls kann der Standesbeamte die Vorlage eines von der ausländischen Behörde ausgestellten Ehefähigkeitszeugnisses fordern.

III. Sanktionen der Nichtbeachtung von materiellen Erfordernissen und Formvorschriften

1. Fehlende Zustimmung

11   Das Fehlen der Zustimmung eines Ehegatten (siehe Rdn 6) hat die **absolute Nichtigkeit** der Ehe zur Folge. Dies ist bspw. bei Trunkenheit oder Geisteskrankheit der Fall. Am häufigsten ist jedoch der Fall der **Scheinehen**, die geschlossen werden, damit ein Ehegatte gewisse Vorteile erhält, ohne die Absicht, eine dauerhafte Lebensgemeinschaft zu bilden.[25]

2. Willensmängel

12   Die Nichtigkeit wegen eines Willensmangels ist eine **relative Nichtigkeit**, die nur vom geschädigten Ehegatten geltend gemacht werden kann. Arglistige Täuschung wird in Bezug auf die Eheschließung nicht als Willensmangel angesehen. Bei physischer oder moralischer Gewalt, welche die Einwilligung eines Ehegatten wesentlich beeinflusst hat, oder bei Irrtum

---

21 In Kraft getreten am 21.5.2001.
22 Art. 165 ZGB.
23 Belg. Staatsblatt vom 21.6.2010, S. 38335, in der deutschen Fassung vom 16.11.2010, S. 71175.
24 Art. 64, 7. ZGB.
25 Art. 146*bis* ZGB.

Schür

in der Person[26] kann die Eheschließung angefochten werden. Der Antrag auf Nichtigkeitserklärung ist nicht mehr zulässig, wenn das Zusammenwohnen der Eheleute sechs Monate angedauert hat, nachdem der betroffene Ehegatte seine völlige Freiheit erworben oder den Irrtum entdeckt hat.[27]

3. Verfahrensmängel

Die **absolute Nichtigkeit** der Eheschließung ist die Rechtsfolge des Verstoßes gegen die Vorschriften über die Heiratserklärung, die vor der Heirat zu erfolgen hat (siehe Rdn 9), oder gegen die Verpflichtung zur Eheschließung vor dem örtlich zuständigen Standesbeamten. In der Rechtsprechung[28] wird allgemein die Ansicht vertreten, dass der Richter einen Ermessensspielraum hat und beurteilen kann, ob die Schwere des Verstoßes die Nichtigkeit rechtfertigt.   13

4. Die gerichtliche Entscheidung

Die Nichtigkeitsentscheidung hat **rückwirkende Kraft**. Alle Ehewirkungen werden rückwirkend aufgehoben. Von diesem Prinzip weicht die **Theorie der Putativheirat** ab. Bei Ehegatten, die nachweisen, dass sie guten Glaubens waren, d.h., dass ihnen die Ursache der Nichtigkeit nicht bekannt war oder dass sie glaubten, eine gültige Ehe zu schließen, kann angeordnet werden, dass die Nichtigkeit keine Rückwirkung hat und nur für die Zeit gilt, die der Nichtigkeitsentscheidung folgt. Dies gilt nicht unbedingt für beide Eheleute. Nur der Ehegatte, der seinen guten Glauben nachweist, kann in den Genuss dieses Vorteils kommen, während gegenüber dem Ehegatten, der diesen Nachweis nicht erbringt, weiterhin Rückwirkung besteht.   14

IV. Kollisionsrecht

1. Das auf das Eheversprechen anwendbare Recht

Auf das Eheversprechen (Verlöbnis) ist gem. Art. 45 IPR-Gesetzbuchs[29] folgendes Recht anwendbar: 15
- das Recht des Staates, in dem beide zukünftige Ehegatten zum Zeitpunkt des Eheversprechens ihren gewöhnlichen Aufenthaltsort haben;
- wenn nicht beide zukünftige Ehegatten ihren gewöhnlichen Aufenthaltsort auf dem gleichen Staatsgebiet haben, gilt das Recht des Staates, dessen Staatsangehörigkeit beide zukünftige Ehegatten zum Zeitpunkt des Eheversprechens haben.

In allen anderen Fällen ist belgisches Recht anzuwenden.

---

26 Die Auslegung dieses Begriffs durch die Rechtslehre und Rechtsprechung ist restriktiv.
27 Art. 181 ZGB.
28 Siehe dazu *Sterckx*, Répertoire notarial, S. 153, Nr. 237 und 238 und S. 155, Nr. 243.
29 Moniteur Belge vom 27.7.2004, S. 57344 ff., auszugsweise übersetzt von *Kemp*, Das belgische IPR-Gesetz vom 16.7.2004, RNotZ 2004, 595 ff.; nunmehr auch vollständig übersetzt im Belg. Staatsblatt vom 10.11.2005, S. 48274 ff. (http://www.ejustice.just.fgov.be/mopdf/2005/11/10_1.pdf).

2. Auf die Form der Eheschließung anwendbares Recht

16 Gemäß Art. 47 IPRG ist im Hinblick auf die **Formvorschriften** der Eheschließung das Recht des Staates, auf dessen Territorium die Eheschließung stattfindet, anwendbar. Insbesondere regelt dieses Recht folgende Bereiche:
   – die Erklärungen und Bekanntmachungen, die ggf. vor der Eheschließung zu erfolgen haben;
   – die Beurkundung und Registrierung der Eheschließung;
   – die Frage, ob die religiöse Trauung rechtliche Folgen hat;
   – die Zulässigkeit einer Eheschließung mittels Vollmacht.

Gemäß Art. 44 IPRG kann die Eheschließung in Belgien stattfinden, sofern einer der zukünftigen Ehegatten die belgische Staatsangehörigkeit hat, in Belgien wohnhaft ist oder seit mehr als drei Monaten seinen gewöhnlichen Aufenthalt in Belgien hat.

3. Auf die materiellen Voraussetzungen der Eheschließung anwendbares Recht

17 Die **materiellen Voraussetzungen** für die Eheschließung unterliegen für jeden Ehegatten dem Recht des Staates, dessen Staatsangehörigkeit er zum Zeitpunkt der Eheschließung hat. Eine Rechtsvorschrift des Heimatstaates eines Ehegatten wird jedoch nicht berücksichtigt, wenn diese Vorschrift die Eheschließung zwischen gleichgeschlechtlichen Personen untersagt, sofern der andere Ehegatte die Nationalität eines Staates hat, der eine solche Eheschließung zulässt, oder in einem solchen Staat seinen gewöhnlichen Aufenthaltsort hat.[30]

B. Folgen der Eheschließung

Hustedt

18 Hinsichtlich der Rechtsfolgen der Eheschließung unterscheidet das belgische Recht zwischen den **allgemeinen Ehewirkungen** (*régime primaire*), die teilweise auch vermögensrechtliche Auswirkungen haben, und dem **Ehegüterrecht** (*régime secondaire*).

I. Allgemeine vermögensrechtliche Ehewirkungen gem. Art. 212 ff. ZGB

19 Neben den personenrechtlichen Rechtsfolgen enthält das Recht der allgemeinen Ehewirkungen in Art. 212 ff. ZGB eine Reihe von vermögensrechtlichen Bestimmungen, die ehevertraglich **nicht ausgeschlossen** werden können und daher auch **unabhängig davon gelten**, ob die Eheleute im gesetzlichen oder in einem ehevertraglich gewählten Güterstand (siehe im Einzelnen Rdn 44 f.) leben.[31] Hierzu zählen im Wesentlichen:

1. Verfügungsbeschränkungen

20 (1) Über die im Alleineigentum eines Ehegatten stehende und von beiden Eheleuten **selbst bewohnte Immobilie** und sein darin enthaltenes **Inventar** darf der Eigentümer ohne **Zu-**

---

30 Art. 46 IPRG. Siehe hierzu *Pintens*, Entwicklungen im belgischen Familien- und Erbrecht, FamRZ 2004, 1423.
31 *Brouwers*, in: *van Gysel*, Précis de droit de la famille, S. 203; vgl. auch *de Page*, Le régime matrimonial, S. 5 ff.

stimmung seines Ehepartners weder Verfügungen noch Belastungen mit Rechten Dritter vornehmen, Art. 215 § 1 Abs. 1 ZGB. Die **Zwangsvollstreckung** durch Gläubiger des Eigentümers in diese Vermögensgegenstände ist hierdurch jedoch nicht ausgeschlossen.[32] Wenn und soweit hiernach für eine Vermögensverfügung oder -belastung die Zustimmung des Ehepartners erforderlich ist, darf diese nicht ohne wichtigen Grund versagt werden. Anderenfalls besteht die Möglichkeit, die fehlende Zustimmung durch gerichtliche Entscheidung zu ersetzen, Art. 215 § 1 Abs. 3 ZGB. Verfügungen, die ohne die nach Art. 215 ZGB erforderliche Zustimmung von einem Ehegatten vorgenommen werden, sind nicht automatisch unwirksam. Auf Antrag können diese Verfügungen jedoch nach Art. 224 § 1 Ziff. 1 ZGB gerichtlich für unwirksam erklärt werden, wobei nur der übergangene Ehegatte oder seine Erben antragsberechtigt sind, vgl. Art. 224 § 2 ZGB.[33]

(2) **Schenkungen** eines Ehegatten sowie die Gewährung von persönlichen Sicherheiten können auf Antrag seines Ehepartners oder dessen Erben gem. Art. 224 § 1 Ziff. 3 und 4 ZGB gerichtlich ebenfalls für unwirksam erklärt werden, sofern durch die genannten Verfügungen die Familieninteressen gefährdet würden. 21

2. Mietrecht

Ist die eheliche Wohnung angemietet, so stehen beiden Ehegatten gemeinschaftlich die Rechte aus diesem Mietverhältnis zu, auch wenn der Mietvertrag nur von einem Ehegatten abgeschlossen wurde. Entgegenstehende Vereinbarungen sind unwirksam, Art. 215 § 2 ZGB. 22

3. Erwerbstätigkeit

Jeder Ehegatte ist berechtigt, ohne Zustimmung des anderen einen Beruf zu ergreifen, eigene Einkünfte hieraus zu beziehen und alleine darüber zu verfügen, Art. 217 ZGB. 23

4. Verfügung über Bankkonten

Jeder Ehegatte ist berechtigt, Bankkonten auf seinen Namen zu eröffnen und darüber alleine zu verfügen, Art. 218 ZGB. 24

5. Haftung für Verbindlichkeiten

Verbindlichkeiten, die ein Ehegatte zum Zwecke der **Haushaltsführung** oder **Kindererziehung** eingeht, verpflichten beide Eheleute, sofern sie einen angemessenen Rahmen nicht überschreiten, Art. 222 ZGB. 25

II. Ehegüterrecht

1. Allgemeines

Mit der grundlegenden **Reform** durch Gesetz vom 14.7.1976[34] wurde der bis dahin in Belgien nahezu unverändert geltende *code napoléon* aus dem Jahre 1804 abgelöst und damit 26

---

32 *Pintens*, Binationales Ehegüterrecht aus belgischer Sicht – Gestaltungsmöglichkeiten und Gefahren, Jahresheft der Internationalen Juristenvereinigung Osnabrück 1992/93, S. 3.
33 *Wilfurth*, Die Institution Contractuelle nach belgischem Recht, S. 41; *Raucent*, Les régimes matrimoniaux, S. 104, Nr. 106.
34 Belg. Staatsblatt vom 18.9.1976, S. 11697 ff.

Hustedt

die Gleichberechtigung zwischen Mann und Frau auch in den ehegüterrechtlichen Vorschriften hergestellt, und zwar insbesondere durch die Aufhebung der ausschließlichen Verwaltungsbefugnis des Ehemannes über das Vermögen der Ehefrau.[35] Das neue Ehegüterrecht gilt auch für Ehen, die vor Inkrafttreten der Reform geschlossen wurden, es sei denn, die Eheleute haben binnen Jahresfrist in notariell beurkundeter Erklärung bestimmt, dass die alten ehegüterrechtlichen Vorschriften[36] für ihre Ehe weiterhin Geltung behalten sollen. Das Vorhandensein einer solchen Vereinbarung ist vom Standesbeamten auf der Heiratsurkunde zu vermerken.[37]

2. Der gesetzliche Güterstand

a) Zuordnung des Vermögens

27 Der gesetzliche Güterstand des belgischen Zivilrechts – *communauté réduite aux acquêts* – ist eine **Errungenschaftsgemeinschaft mit Gesamthandsvermutung**. Er unterscheidet zwischen dem Eigenvermögen eines jeden Ehegatten und dem gemeinschaftlichen Vermögen beider Ehegatten, Art. 1398 ZGB.

aa) Eigenvermögen jedes Ehegatten

28 Zum **Eigenvermögen** eines jeden Ehegatten gehören im gesetzlichen Güterstand gem. Art. 1399–1401 ZGB insbesondere folgende **Aktiva:**
  – **Vermögen**, das er bereits **zum Zeitpunkt der Eheschließung** hatte, Art. 1399 Abs. 1 Alt. 1 ZGB;
  – **Erbschaften**, Vermächtnisse und **Schenkungen**, Art. 1399 Abs. 1 Alt. 2 ZGB;
  – Zubehör zu eigenem Grundbesitz, eigenen Grundstücksrechten sowie eigenen beweglichen Vermögensgegenständen, Art. 1400 Ziff. 1 und 2 ZGB;
  – Vermögen, das einem Ehegatten in Erfüllung einer entsprechenden eigenen oder einem Dritten gegenüber bestehenden Verbindlichkeit von einem Verwandten in aufsteigender Linie übertragen wurde, Art. 1400 Ziff. 3 ZGB;
  – Erwerb von Eigentum an Sachen, an denen der Ehegatte bereits Miteigentum hatte, Art. 1400 Ziff. 4 ZGB;
  – Eigengüter ersetzende Surrogate sowie Vermögen, das als Anlage oder Wiederanlage aus Mitteln des Eigenvermögens erworben wird.[38] Eine bewegliche Sache wird dabei zum Eigengut eines Ehegatten, wenn sie ausschließlich mit seinen Eigenmitteln bezahlt wird, Art. 1404 ZGB. Bei einer Immobilie ist hierfür ausreichend, dass diese zu mehr als 50 % aus Mitteln bezahlt werden, die nachweislich aus seinem Eigenvermögen stammen, und er erklärt, dass es sich um einen Ersatzerwerb handelt, Art. 1402 ZGB (*remploi*). Dabei reicht beim Eigenerwerb einer Immobilie aus, dass die erforderlichen Eigenmittel innerhalb von zwei Jahren nach Abschluss des Kaufvertrages aufgebracht werden, Art. 1403 ZGB. Insoweit wird auch der Eigenerwerb aus künftigen Eigenmitteln als vorweggenommener Ersatzerwerb zugelassen;

---

35 *Wilfurth*, Die Institution Contractuelle nach belgischem Recht, S. 34; *Sielemann*, Das geltende belgische Ehegüterrecht, MittRhNotK 1969, 298 f., 306 ff.
36 Vgl. hierzu *Sielemann*, Das geltende belgische Ehegüterrecht, MittRhNotK 1969, 298 ff. sowie *Liehner*, Rechtsgutachterliche Stellungnahme, MittRhNotK 1969, 465 ff.
37 *Hustedt*, Grundzüge des belgischen Ehegüter- und Erbrechts, MittRhNotK 1996, 338 Fn 12.
38 *Leleu/Raucent*, Répertoire Notarial, Bd. V, S. 723, Nr. 773.

- Ausstattung und Instrumente zur Berufsausübung, Art. 1400 Ziff. 6 ZGB. Die h.M. legt diese Vorschrift dahin gehend eng aus, dass hierunter nur körperliche Gegenstände fallen, die ausschließlich der Berufsausübung dienen;[39]
- unter Vorbehalt ggf. bestehende Rückvergütungsansprüche (*droits de récompense*) des Gemeinschaftsvermögens, Ansprüche aus Lebensversicherungen, die der Ehegatte selbst abgeschlossen hat und die er erst nach dem Tod seines Ehepartners oder nach Auflösung der Ehe erhalten soll, Art. 1400 Ziff. 7 ZGB. Diese Regelung wurde jedoch im Ergebnis durch die Bestimmungen des Gesetzes über den Landesversicherungsvertrag vom 25.6.1992[40] stillschweigend aufgehoben. Nach Art. 127 dieses Gesetzes fließt die Versicherungssumme aus einer Versicherung, die zugunsten eines Ehegatten abgeschlossen wurde, in jedem Falle seinem Eigenvermögen zu. Ein Ausgleich zugunsten des Gesamtgutes wird nur geschuldet, sofern die Prämienzahlungen, die zu Lasten des Gesamtgutes getätigt worden sind, dessen Möglichkeiten offensichtlich übersteigen (Art. 128 des besagten Gesetzes);[41]
- Gegenstände des persönlichen Gebrauchs, Art. 1401 Ziff. 1 ZGB;
- literarische, künstlerische sowie gewerbliche Rechte, Art. 1401 Ziff. 2 ZGB;
- Schadensersatzansprüche aus Körper- oder Ehrverletzung, Art. 1401 Ziff. 3 ZGB;
- Altersbezüge, die ein Ehegatte persönlich erworben hat, Art. 1401 Ziff. 4 ZGB;
- Mitgliedschaftsrechte (z.B. Informationsrecht, Stimmrecht, Recht auf Einziehung der Dividende, Ausübung des Vorkaufsrechts im Falle der Veräußerung von Geschäftsanteilen[42]) aus **Gesellschaftsbeteiligungen,** die zwar vermögensmäßig dem Gesamtgut beider Ehegatten zugeordnet sind, dabei aber auf den Namen nur eines Ehegatten lauten bzw. registriert sind,[43] Art. 1401 Ziff. 5 ZGB. Zu solchen Gesellschaftsbeteiligungen zählen auch Anteile an einer belgischen Privatgesellschaft mit beschränkter Haftung (*société privée à responsabilité limitée, S.P.R.L.*).[44] Aufgrund der strukturellen Vergleichbarkeit zwischen der belgischen S.P.R.L. und der deutschen GmbH[45] gilt Art. 1401 Ziff. 5 ZGB

---

39 *Leleu/Raucent*, Les régimes matrimoniaux, Bd. III, S. 65 m.w.N.; *de Page*, Le régime matrimonial, S. 72.

40 Belg. Staatsblatt vom 20.8.1993 i.d.F. des Änderungsgesetzes vom 21.5.2003, Belg. Staatsblatt vom 15.7.2003, S. 37970.

41 Der Verfassungsgerichtshof hat die Bestimmungen der Art. 127 und 128 des Gesetzes über den Landversicherungsvertrag allerdings bereits 1999 für verfassungswidrig erklärt (Entscheid Nr. 54/99, *M.B.*, 18.8.1999, S. 30783), jedoch nur, sofern diese Versicherungsprodukte betreffen, die mit einer Kapitalanlageabsicht abgeschlossen wurden und mittels gemeinschaftlicher Güter finanziert wurden. Zu den Folgen und zur Tragweite der vorerwähnten Entscheidung und seiner Auslegung siehe *Leleu/Raucent*, Répertoire Notarial, Bd. V, S. 642, Nr. 685 ff. Zur Behandlung von Gruppenversicherungen für Arbeitnehmer vgl. nunmehr die Entscheidung des Verfassungsgerichtshofes vom 27.7.2011, Revue du Notariat belge 2012, S. 211 mit Anm. *Casman*.

42 Vgl. *Leleu/Raucent*, Les régimes matrimoniaux, Bd. III, S. 91 sowie *Leleu/Raucent*, Répertoire Notarial, Bd. V, S. 663, Nr. 703.

43 Vgl. zu dieser Unterscheidung *de Page*, Le régime matrimonial, S. 66 ff.

44 *Leleu/Raucent*, Les régimes matrimoniaux, Bd. III, S. 91.

45 Vgl. Gutachten DNotI Nr. 24449.

Hustedt

auch für die Beteiligung an einer deutschen GmbH.[46] Art. 1401 Ziff. 5 ZGB deckt auch das Recht zur **entgeltlichen Veräußerung des Geschäftsanteils** allein durch den Gesellschafter, auf dessen Name der Anteil registriert ist, und verdrängt auch insoweit die ansonsten bestehende konkurrierende Verwaltungsbefugnis über gemeinschaftliches Vermögen. Der für den veräußerten Geschäftsanteil gezahlte Kaufpreis fließt dem Gesamtgut zu.[47] Die unentgeltliche Veräußerung solcher Geschäftsanteile bedarf hingegen der Zustimmung beider Ehegatten, vgl. Art. 1419 ZGB.

29   Zum **Eigenvermögen** eines jeden Ehegatten gehören im gesetzlichen Güterstand gem. Art. 1406 f. ZGB insbesondere folgende **Passiva:**
      – Verbindlichkeiten eines Ehegatten, die er bereits mit in die Ehe gebracht hat, und solche, die er anschließend von Todes wegen oder im Zusammenhang mit einer Schenkung erworben hat, Art. 1406 ZGB;
      – Verbindlichkeiten, die ein Ehegatte ausschließlich im Interesse seines Eigenvermögens eingegangen ist, Art. 1407 Alt. 1 ZGB. Wurde die Verbindlichkeit daneben auch nur teilweise im Interesse des Gesamtgutes begründet, so führt dies automatisch zu einer vollen Haftung des Gesamtgutes für diese Schuld;[48]
      – Verpflichtungen aus persönlichen oder dinglichen Sicherheiten, die ein Ehegatte ausschließlich im Interesse seines Eigenvermögens gewährt hat, Art. 1407 Alt. 2 ZGB;
      – Verbindlichkeiten aus bestimmtem rechtswidrigem oder strafbarem Verhalten, Art. 1407 Alt. 3 und 4 ZGB.

30   Ist hiernach eine Verbindlichkeit ausschließlich einem einzelnen Ehegatten zuzuordnen, so **haftet grundsätzlich** auch nur sein **Eigenvermögen** für diese Schuld. Von diesem in Art. 1409 ZGB normierten Grundsatz gibt es folgende **Ausnahmen:**
      – Reicht das aktive Eigenvermögen des Ehegatten zur Begleichung seiner Eigenverbindlichkeit nicht aus, so haftet auch sein Anteil am gemeinschaftlichen Vermögen (Gesamtgut) der Eheleute, Art. 1412 Abs. 2 ZGB.
      – Im Hinblick auf Eigenverbindlichkeiten eines Ehegatten, die er zum Zeitpunkt der Eheschließung bereits hatte oder später im Zusammenhang mit einer Schenkung oder von Todes wegen erworben hat, haftet neben seinem Eigengut das Gesamtgut beider Ehegatten in dem Umfang, in dem es durch ursprünglich eigenes Vermögen des haftenden Ehegatten vermehrt wurde (Beispiel: Einzahlung einer Geldsumme aus dem Eigenvermögen auf ein gemeinsames Bankkonto[49]), Art. 1410 ZGB.
      – Wenn und soweit das Gesamtgut beider Ehegatten durch rechtswidriges oder strafbares Verhalten eines Ehegatten bereichert wurde, haftet es ebenfalls für die hieraus folgende Eigenverbindlichkeit, Art. 1411 und 1412 Abs. 1 ZGB.

---

46 Im Ergebnis offen: Gutachten DNotI Nr. 24449, wobei als Begründung ausgeführt wird, dass Beteiligungen an belgischen S.P.R.L. im Gegensatz zu Beteiligungen an einer deutschen GmbH im Handelsregister eingetragen würden. Richtigerweise erfolgt die Eintragung der Beteiligungen jedoch nur im Anteilsregister der Gesellschaft, vgl. Art. 233 belg. Gesellschaftsgesetzbuch, und nicht im belgischen Handelsregister, was der Gesellschafterliste bei der GmbH nach deutschem Recht entspricht. Damit besteht insoweit kein wesentlicher Unterschied zwischen einer solchen deutschen und belgischen Gesellschaft. Eine deutsche Übersetzung des belgischen Gesellschaftsgesetzbuches findet sich unter http://www. juristax.be/documents/jur/CodeSocieteAllemand.htm. Zum Verhältnis zwischen Gesellschaftsrecht und Güterrecht vgl. *Schotten/Schmellenkamp,* DNotZ 2007, 729 ff.
47 Vgl. *Leleu/Raucent,* Les régimes matrimoniaux, Bd. III, S. 92 f.; *Leleu/Raucent,* Répertoire Notarial, Bd. V, S. 664 f., Nr. 704 sowie *de Page,* Le régime matrimonial, S. 67.
48 *Leleu/Raucent,* Les régimes matrimoniaux, Bd. III, S. 174, Nr. 803.
49 Vgl. *Leleu/Raucent,* Les régimes matrimoniaux, Bd. III, S. 187, Nr. 821 m.w.N.

bb) Gemeinschaftliches Vermögen der Ehegatten

Das gemeinschaftliche Vermögen der Eheleute setzt sich im gesetzlichen Güterstand belgi-   31
schen Rechts wie folgt zusammen:

Aktiva, vgl. Art. 1405 ZGB: 32
– Einkünfte aus Berufstätigkeit bzw. privaten oder öffentlichen Ämtern, Art. 1405 Ziff. 1
  ZGB;
– Zinsen, Erträge und Früchte aus Eigengütern, Art. 1405 Ziff. 2 ZGB;
– von dritter Seite unentgeltlich und mit der ausdrücklichen Bestimmung zugewendetes
  Vermögen, dass es zum Gesamtgut gehören soll, Art. 1405 Ziff. 3 ZGB, sowie
– das gesamte übrige Vermögen, wenn und soweit seine Zugehörigkeit zum Eigengut eines
  Ehepartners nicht nachgewiesen werden kann, Art. 1405 Ziff. 4 ZGB, wobei gegenüber
  Dritten als Beweismittel grundsätzlich nur öffentliche Urkunden zugelassen sind,
  Art. 1399 Abs. 2 ZGB.

Insgesamt lässt sich damit feststellen, dass grundsätzlich[50] alles, was in der Ehe im gesetzlichen Güterstand belgischen Rechts entgeltlich erworben wird, dem Gesamtgut zuzurechnen
ist.[51]

Passiva, vgl. Art. 1408 ZGB: 33
– Verbindlichkeiten, welche die Eheleute gemeinschaftlich oder gesamtschuldnerisch begründet haben;
– für Kindererziehung, Haushaltsführung oder für das Gesamtgut von einem Ehegatten
  eingegangene Verbindlichkeiten;
– Verbindlichkeiten, die im Zusammenhang mit einer gemeinschaftlich erhaltenen Schenkung zu übernehmen sind;
– Zinsen aus Verbindlichkeiten, die zum passiven Eigengut eines Ehepartners gehören;
– Unterhaltszahlungen an Abkömmlinge, auch nur eines Ehegatten; sowie
– alle übrigen Verbindlichkeiten, wenn und soweit ihre Zugehörigkeit zum passiven Eigengut eines Ehegatten nicht bewiesen werden kann.

Grundsätzlich **haften** für diese **gemeinschaftlichen Verbindlichkeiten** die Eheleute gem.   34
Art. 1413, 1414 Abs. 1 ZGB mit dem gemeinschaftlichen Vermögen und ihrem jeweiligen
Eigenvermögen (*dette commune ordinaire*). **Ausnahmsweise** haftet für bestimmte gemeinschaftliche Verbindlichkeiten neben dem gemeinschaftlichen Vermögen beider Eheleute nur
das Eigenvermögen des handelnden bzw. betroffenen Ehegatten (*dette commune impar-
faite*). Es handelt sich hierbei gem. Art. 1414 Abs. 2 ZGB um
– Schulden, die für Angelegenheiten der Haushaltsführung oder Kindererziehung von
  einem Ehegatten begründet wurden, sofern sie die verfügbaren Haushaltsmittel erheblich
  übersteigen;
– Zinsen aus Eigenverbindlichkeiten;
– Schulden eines Ehepartners, die er in Ausübung seines Berufs eingegangen ist; und
– Unterhaltsansprüche von Abkömmlingen nur eines Ehegatten.

---

50 Zu den Ausnahmen vgl. Art. 1400 f. ZGB und hierzu oben Rdn 28.
51 Siehe *van Themsche*, Notarielle Fragen des internationalen Rechtsverkehrs, S. 47; *Leleu/Raucent*, Les
    régimes matrimoniaux, Bd. III, S. 97; *Brouwers*, in: *van Gysel*, Précis de droit de la famille, S. 221.

b) Verwaltungs- und Verfügungsbefugnis

35　(1) Vorbehaltlich der sich aus den allgemeinen Ehewirkungen ergebenden Einschränkungen (siehe Rdn 20 f.) verwaltet jeder Ehegatte sein **Eigengut** selbst und ist befugt, hierüber zu verfügen, Art. 1425 ZGB.

36　(2) Grundsätzlich ist jeder Ehegatte nach Art. 1416 ZGB auch befugt, das **Gesamtgut** wie sein Eigengut allein zu verwalten (konkurrierende Verwaltungsbefugnis) und hierüber alleine zu verfügen, Art. 1415 Abs. 1 ZGB. Hierbei sind aber folgende **Ausnahmen** zu beachten:

37　(a) Soweit zur eigenen Berufsausübung erforderlich, verwaltet jeder Ehegatte das Gesamtgut ausschließlich alleine, Art. 1417 ZGB.

38　(b) Gemäß Art. 1418 ZGB bedürfen – vorbehaltlich der zuvor unter (a) beschriebenen Regelung des Art. 1417 ZGB – bestimmte, regelmäßig besonders risikoreiche oder weitreichende Rechtsgeschäfte der Zustimmung beider Ehegatten. Hierzu gehören:
- Verfügungen über Vermögen, das mit Hypotheken belastet werden kann;[52]
- Erwerb, Übertragung bzw. Verpfändung eines Handels- oder Gewerbebetriebes;[53]
- Abschluss, Verlängerung und Kündigung von Mietverträgen über eine Laufzeit von mehr als neun Jahren und der Abschluss von gewerblichen Miet- oder Landpachtverträgen;
- Verfügungen über hypothekarisch gesicherte Forderungen einschließlich deren Einziehung;
- Empfang des Erlöses aus einer Grundstücksveräußerung;
- Erteilung einer Löschungsbewilligung für eingetragene Rechte;
- Annahme oder Ablehnung einer beiden Ehegatten zugedachten unentgeltlichen oder von Todes wegen erfolgten Zuwendung;
- Abschluss eines Kreditvertrages;
- die Vereinbarung eines Verbraucherkredits bzw. Ratenzahlungskaufs, soweit dies nicht zur Haushaltsführung oder Kindererziehung notwendig ist.

Nach h.L. und Rspr. enthält Art. 1418 ZGB **keinen abschließenden Katalog** zustimmungsbedürftiger Rechtsgeschäfte. Eine am Zweck der Vorschrift orientierte Auslegung ergibt vielmehr, dass über seinen Wortlaut hinaus auch Rechtsgeschäfte der Zustimmung des Ehepartners bedürfen, die in ihren Auswirkungen mit den in Art. 1418 ZGB genannten Rechtsgeschäften vergleichbar sind.[54]

39　(c) **Schenkungen** können aus dem Gesamtgut nur mit Zustimmung beider Ehegatten vorgenommen werden, Art. 1419 ZGB.

40　(d) Fehlt die nach (b) oder (c) für die Vornahme eines Rechtsgeschäfts erforderliche Zustimmung eines Ehepartners, ist das Rechtsgeschäft gleichwohl **zunächst wirksam**, aber durch den übergangenen Ehepartner gerichtlich anfechtbar, wenn und soweit er hierfür ein berechtigtes Interesse geltend machen kann und der Dritte nicht gutgläubig war, Art. 1422 ZGB.

52　Vgl. Art. 45 des Gesetzes vom 16.12.1851, das an die Stelle der Art. 2092–2203 ZGB getreten ist. Zu dem mit Hypotheken belastbaren Vermögen gehören insbesondere Immobilien, Erbbaurechte, See- und Luftfahrzeuge sowie Nießbrauchrechte hieran, vgl. *Leleu/Raucent*, Les régimes matrimoniaux, Bd. III, S. 225.

53　Nicht von dieser Vorschrift erfasst sind Verfügungen über die Betriebsausstattung zur Ausübung eines freien Berufs und Verfügungen über Betriebe, die zum Unternehmen einer Gesellschaft gehören, vgl. *Leleu/Raucent*, Les régimes matrimoniaux, Bd. III, S. 227.

54　Beispiel: Abschluss einer Schiedsvereinbarung über einen in Art. 1418 ZGB genannten Bereich, vgl. *Leleu/Raucent*, Les régimes matrimoniaux, Bd. III, S. 203 m.w.H. zur Lit. und Rspr.

Andererseits kann ein Ehegatte gerichtlich auch zur alleinigen Vornahme des Rechtsgeschäfts ermächtigt werden, wenn der Ehepartner ohne sachlichen Grund seine Zustimmung verweigert, Art. 1420 ZGB.

c) Beendigung des gesetzlichen Güterstandes

Gemäß Art. 1427 ZGB wird der gesetzliche Güterstand durch den Tod eines Ehegatten, Scheidung, Trennung von Tisch und Bett sowie durch gerichtlich angeordnete Gütertrennung oder den ehevertraglichen Wechsel des Güterstandes beendet.　　41

aa) Auflösung des gesetzlichen Güterstandes zu Lebzeiten beider Ehegatten

Wenn und soweit keine abweichenden ehevertraglichen Vereinbarungen getroffen wurden, 　42
wird das **Gesamtgut** bei Auflösung des gesetzlichen Güterstandes zu Lebzeiten beider Eheleute **gleichmäßig** zwischen ihnen **aufgeteilt**. Falls gemeinsame Verbindlichkeiten nicht schon im Rahmen der Liquidation des Güterstandes beglichen wurden, **haften** die Eheleute hierfür anschließend gesamtschuldnerisch, Art. 1440 Abs. 1 ZGB.[55] Dies gilt uneingeschränkt, soweit es sich um Verbindlichkeiten handelt, für die vor der Liquidation des Güterstandes sowohl das gemeinschaftliche Vermögen als auch das Eigenvermögen jedes Ehegatten haftete (*dette commune ordinaire*) (vgl. Rdn 34). Handelt es sich jedoch um *dette commune imparfaite*, also um Verbindlichkeiten, die zuvor zwar aus dem Gesamtgut, aber daneben nur aus dem Eigengut eines Ehepartners befriedigt werden konnten, so haftet Letzterer weiter mit seinem gesamten Vermögen und daneben sein Ehepartner nur mit dem Vermögen, das diesem aus der Aufteilung des Gesamtgutes zugeflossen ist, Art. 1440 Abs. 2 ZGB. Wenn und soweit ein Ehegatte gemeinsame Verbindlichkeiten alleine befriedigt, steht ihm gegen seinen Ehepartner nach Art. 1441 ZGB ein Anspruch auf Erstattung in Höhe der Hälfte des Geleisteten zu.

bb) Auflösung des gesetzlichen Güterstandes durch Tod eines Ehegatten

Bei Beendigung des gesetzlichen Güterstandes durch Tod eines Ehegatten wird das Gesamt-　43
gut mit den Erben des Verstorbenen nach den Grundsätzen über die Beendigung des gesetzlichen Güterstandes zu Lebzeiten beider Ehegatten aufgeteilt (vgl. Art. 1431 ZGB; siehe Rdn 42), es sei denn, ehevertraglich wurde vereinbart, dass der Überlebende das Gesamtgut vollständig übernimmt (siehe Rdn 50 f.).[56]

3. Die Wahlgüterstände

Das belgische Zivilrecht kennt als vertragliche Güterstände die allgemeine Gütergemein-　44
schaft und die Gütertrennung.

a) Güterstand der allgemeinen Gütergemeinschaft

Gemäß Art. 1452 ff. ZGB kann ehevertraglich der Güterstand der allgemeinen Gütergemein-　45
schaft gewählt werden. In diesem wird das gesamte gegenwärtige und zukünftige Vermögen jedes Ehegatten einschließlich aller Verbindlichkeiten den Eheleuten gemeinsam zugeordnet. Ausgenommen hiervon ist nur das ganz persönliche Vermögen eines jeden Ehegatten, das in seinem jeweiligen Alleineigentum verbleibt. Hierzu zählen etwa die Ge-

---

55　Zur Schuldenverteilung bei Auflösung des gesetzlichen Güterstandes zu Lebzeiten beider Ehegatten vgl. *Hustedt*, Grundzüge des belgischen Ehegüter- und Erbrechts, MittRhNotK 1996, 340.
56　Vgl. *Hustedt*, in: *Süß*, Erbrecht in Europa, Länderbericht Belgien, 3. Aufl. 2015, Rn 80 ff.

genstände des persönlichen Gebrauchs und Schadensersatz- oder Rentenansprüche, vgl. Art. 1401 ZGB. Vom Gesetz abweichende Regelungen über die Verwaltung des Sonder- und Gesamtgutes (siehe Rdn 35 ff.) können ehevertraglich nicht getroffen werden, vgl. Art. 1451 Abs. 1 ZGB.

b) Gütertrennung

46 Wird ehevertraglich der Güterstand der Gütertrennung vereinbart, bleibt das Vermögen der Ehegatten getrennt. Jeder verwaltet sein Vermögen ausschließlich alleine und ist vorbehaltlich der Regelung des Art. 215 § 1 ZGB (siehe Rdn 20) berechtigt, hierüber Verfügungen vorzunehmen, Art. 1466 ZGB. Der Güterstand der Gütertrennung kann mit Regelungen verbunden werden, nach denen die in der Ehe erzielten Gewinne regelmäßig oder bei Beendigung des Güterstandes in Form eines „Zugewinnausgleichs" geteilt werden.[57]

III. Ehelicher Unterhalt

47 Jeder Ehegatte trägt gem. Art. 221 Abs. 1 S. 1 ZGB im Rahmen seiner Leistungsfähigkeit zu den Aufwendungen der Ehe bei. Diese Bestimmung kann ehevertraglich nicht abweichend geregelt werden, Art. 212 Abs. 2 ZGB.

IV. Name

48 Gesetzlich sind die Eheleute nicht verpflichtet, einen gemeinsamen Ehenamen zu bestimmen; die **Eheschließung** hat nach belgischem Recht keinen unmittelbaren Einfluss auf den Namen der Ehegatten. Art. 216 § 2 ZGB bestimmt lediglich, dass jeder Ehegatte im Zusammenhang mit seiner Berufsausübung den Namen des anderen nur mit dessen Zustimmung verwenden darf. Gewohnheitsrechtlich ist jedoch darüber hinaus anerkannt, dass jeder Ehegatte im privaten Bereich ohne Zustimmung seines Ehepartners berechtigt ist, den Namen des anderen zu verwenden und zwar in der Weise, dass die Ehefrau den Namen des Ehemannes und der Ehemann den eigenen Namen und den seiner Ehefrau als Doppelnamen führt. Mit **Scheidung** der Ehe endet jedes Recht, den Ehegattennamen zu führen.[58]

V. Sonstige allgemeine Ehewirkungen

49 Das belgische Recht der allgemeinen Ehewirkungen enthält neben vermögensrechtlichen Bestimmungen (siehe Rdn 19 ff.) weitere Regelungen personenrechtlicher Art. Die Eheleute sind einander wechselseitig zur **Treue und Hilfeleistung** sowie zum Beistand verpflichtet, Art. 213 ZGB. Den **ehelichen Wohnsitz** müssen sie gemeinsam und einvernehmlich festlegen, Art. 214 ZGB. Ehevertraglich kann von diesen Vorschriften nicht abgewichen werden, Art. 212 Abs. 2 ZGB.[59]

---

57 Vgl. hierzu ausf. *Leleu/Raucent*, Les régimes matrimoniaux, Bd. IV, S. 117 ff. sowie *Wilfurth*, Die Institution Contractuelle nach belgischem Recht, S. 62.

58 Vgl. hierzu insgesamt *Pintens*, in: *Bergmann/Ferid/Henrich*, Internationales Ehe- und Kindschaftsrecht, S. 59 f.; *ders.*, Die Anwendung des belgischen, französischen und niederländischen Namensrechts durch den deutschen Standesbeamten, StAZ 1984, 189 m.w.N. sowie *Brouwers*, in: *van Gysel*, Précis de droit de la famille, S. 231 f.

59 Vgl. hierzu ausf. *Pintens*, Privatautonomie im belgischen und französischen Familienrecht, S. 128 f.

VI. Möglichkeiten vertraglicher Gestaltung

1. Inhalt

Im belgischen Ehevertragsrecht gilt der Grundsatz der **Privatautonomie**,[60] d.h., die Beteiligten haben einen großen Spielraum, Änderungen der gesetzlichen Regelungen ehevertraglich vorzunehmen, vgl. Art. 1387 ZGB. So kann der Ehevertrag die Wahl des Güterstandes der Gütertrennung (siehe Rdn 46), der allgemeinen Gütergemeinschaft (siehe Rdn 45) oder auch einen ausländischen Güterstand[61] vorsehen. Verbreitet sind jedoch Eheverträge, die den **gesetzlichen Güterstand** beibehalten und diesen nur im Hinblick auf einzelne Teilbereiche abändern. Zu den häufigsten dieser **Modifikationen** zählen folgende Vereinbarungen vermögensrechtlicher Art:

– Einbringung von Vermögenswerten in das Gesamtgut;
– unentgeltliche Zuwendungen (*liberalités*) von gegenwärtigem oder künftigem Vermögen (*gains de survie*);[62] und
– Regelungen zur Vermögensverteilung bei der Liquidation des Güterstandes, insbesondere beim Tode eines Ehegatten (*avantages matrimoniaux*), wie etwa ein Vorwegentnahmerecht gem. Art. 1457 ff. ZGB (*préciput*) oder gem. Art. 1461 ff. ZGB eine ungleiche Teilung bei der Auseinandersetzung des Gesamtguts, die folgenden Inhalt haben könnte:[63]

Formulierungsvorschlag: Ehevertragliche Zuwendung des Gesamtguts auf den überlebenden Ehepartner

„(1) Für den Fall der Auflösung des Güterstandes durch den Tod eines der Ehepartner, und nur für diesen Fall, legen die Ehepartner fest, dass das Gemeinschaftsvermögen dem überlebenden Ehepartner rückwirkend zum Todestage gehört und zugeteilt wird, wobei es diesem Ehepartner überlassen bleibt, sich zu entscheiden[64]
– entweder für das volle Eigentumsrecht an der Gesamtheit des Gemeinschaftsvermögens
– oder für eine Hälfte Eigentumsrecht und das Nutznießungsrecht in Bezug auf die andere Hälfte.

Der überlebende Ehepartner kann auch entscheiden, dass er seine Ansprüche auf die Gesamtheit in vollem Eigentumsrecht nur auf bestimmte Güter geltend macht und dass er für andere Güter nur die Hälfte des vollen Eigentumsrechts und die Hälfte des Nutznießungsrechts erhalten möchte.

Der überlebende Ehepartner wird verpflichtet, innerhalb von vier Monaten nach dem Todestage des Vorverstorbenen seine Wahl in einer notariellen Urkunde zu äußern. Wenn er sich nicht innerhalb dieser Frist entschieden hat, wird er keine Wahl mehr treffen können und das gesamte gemeinschaftliche Vermögen wird ihm von Rechts wegen zur Hälfte in

50

51

60 *Wilfurth*, Die Institution Contractuelle nach belgischem Recht, S. 41; *Raucent/Leleu*, Les régimes matrimoniaux, Bd. II, S. 28; *Brouwers*, in: *van Gysel*, Précis de droit de la famille, S. 219 f.; *de Page*, Le régime matrimonial, S. 48. Vgl. hierzu ausf. *Pintens*, Privatautonomie im belgischen und französischen Familienrecht, S. 125 f.
61 *Pintens*, in: *Bergmann/Ferid/Henrich*, Internationales Ehe- und Kindschaftsrecht, S. 48.
62 *Raucent*, Les régimes matrimoniaux, S. 150 Nr. 174 und S. 159 Nr. 193.
63 Formulierungsvorschlag des Notars *Gido Schür*. Zu den steuerrechtlichen Folgen vgl. *Grothe*, Die Besteuerung deutsch-belgischer Erb- und Schenkungsfälle, Rn 81 ff.
64 Dieses Wahlrecht gibt dem überlebenden Ehegatten die Möglichkeit, die für ihn im Hinblick auf das belgische Erbschaftsteuerrecht günstigste Gestaltung zu wählen.

vollem Eigentum und zur Hälfte in Nutznießung zugeteilt.[65] Der überlebende Ehepartner wird in den Genuss obiger Verfügung, die in Ausführung des Art. 1461 ZGB getroffen wird, kommen, unabhängig vom Vorhandensein oder Nichtvorhandensein von Nachkommen in direkter Linie.

(2) Obige Verfügungen gelten nur unter der Voraussetzung, dass
– die Ehegatten am Todestage des Erstversterbenden nicht von Tisch und Bett oder faktisch getrennt sind;
– die Ehegatten nicht gleichzeitig oder infolge des gleichen Ereignisses versterben;
– der überlebende Ehegatte die Eigenschaft eines Erbberechtigten in Bezug auf den Nachlass des Erstverstorbenen geltend machen kann."

52   Obgleich durch eine solche Regelung erbrechtliche Ziele verfolgt werden sollen, handelt es sich um eine rein ehegüterrechtliche Vereinbarung,[66] die nicht gegen das Verbot des belgischen Rechts, Erbverträge abzuschließen, verstößt und nicht durch die **Noterbrechte** gemeinsamer[67] Abkömmlinge eingeschränkt wird.

53   Der Ehevertrag darf gem. Art. 1387 ZGB nicht gegen die **guten Sitten** oder den **ordre public** und auch nicht gegen sonstiges **zwingendes Recht** verstoßen. Hierzu zählen insbesondere die Vorschriften des *„régime primaire"* (siehe Rdn 19 ff.) und Art. 1388 ZGB, der ehevertragliche Regelungen über die gegenseitigen Rechte und Pflichten der Eheleute, Sorgerechts- und Vormundbestimmungen und Regelungen über die Erbfolge in Eheverträgen untersagt. Auch darf der Ehevertrag keine nachteiligen Auswirkungen auf das Noterbrecht von Abkömmlingen haben, die nicht ausschließlich von beiden Eheleuten abstammen, Art. 1465 ZGB.

2. Form- und Verfahrensvorschriften

54   aa) Eheverträge – sowohl jene, die vor Eheschließung vereinbart werden, als auch spätere Änderungen und solche, die nach Eheschließung eine Änderung der ehegüterrechtlichen Regelungen beinhalten – bedürfen nach belgischem Recht gem. Art. 1392 ZGB stets der **notariellen Beurkundung** bei gleichzeitiger Anwesenheit der Eheleute. Damit die getroffenen Vereinbarungen Dritten entgegengehalten werden können, bedurften solche Verträge bis zum 1.9.2015 einer **Eintragung auf der Heiratsurkunde** (vgl. Art. 76 Ziff. 10 ZGB a.F.[68]) und, sofern Kaufleute beteiligt sind, darüber hinaus auch der Hinterlegung bei der Kanzlei des zuständigen Handelsgerichts.[69] Ab dem 1.9.2015 beurkundete Eheverträge sind nur noch im Zentralen Eheregister zu registrieren, Art. 1391 und 1395 § 2 ZGB.

---

65 Gemäß den gesetzlichen Bestimmungen.
66 Vgl. zu Nachlassregelungen außerhalb des Erbrechts, insbesondere zu ehevertraglichen Nachlassregelungen, *Hustedt*, in: *Ferid/Firsching/Dörner/Hausmann*, Internationales Erbrecht, Länderbericht Belgien, Rn 214 ff.
67 Zu den Noterbrechten der Stiefkinder vgl. *Hustedt*, in: *Süß*, Erbrecht in Europa, Länderbericht Belgien, 2. Aufl. 2008, Rn 82 f.
68 Aufgehoben durch Art. 23 des Gesetzes vom 14.1.2013 (BS v. 1.3.2013) mit Wirkung zum 1.9.2015.
69 Vgl. *Raucent/Leleu*, Les régimes matrimoniaux, Bd. II, S. 100 f.

bb) Auch während der Ehe können die Ehegatten ihren ehelichen Güterstand frei abändern **55** oder wechseln, vgl. Art. 1394 ZGB. Seit der Rechtsänderung durch Gesetz vom 18.7.2008 ist hierfür eine gerichtliche Genehmigung nicht mehr erforderlich.[70]

Auf Wunsch eines der Ehegatten kann vor der Änderung des Güterstandes ein **notariell** **56** **beurkundetes Inventar** aller beweglichen und unbeweglichen Güter und der Schulden der Ehegatten[71] erstellt werden. Sofern beide Ehegatten damit einverstanden sind, kann in diesem Fall das Inventar auf Grundlage ihrer vor dem Notar abgegebenen Erklärungen erstellt werden. Die Errichtung eines Inventars ist also grundsätzlich **fakultativ**; sofern es errichtet wird, ist es unter Beachtung der Form- und Verfahrensvorschriften der Art. 1175 ff. des Gerichtsgesetzbuches[72] zu erstellen. Demgegenüber ist das notarielle Inventarverzeichnis **zwingend** vorgeschrieben bei Vereinbarungen, die eine Änderung des Güterstandes vorsehen und dabei eine Abwicklung des bisherigen Güterstandes erfordern oder eine sofortige Veränderung der Zusammensetzung des bisherigen Vermögens nach sich ziehen.[73] In diesem Fall ist die Errichtung des Inventars auf Grundlage der alleinigen Erklärungen der Eheleute – aus Gründen des Schutzes der Interessen der Gläubiger der Ehegatten – grundsätzlich nicht zulässig[74] und würde ggf. zur Unwirksamkeit des Ehevertrages führen.

Im Rahmen einer Änderung des Güterstandes, die eine Abwicklung des bisherigen Güter- **57** standes erfordert, können die Ehegatten **Regelungen über ihre wechselseitigen Rechte** treffen. Bei dieser Regelung sind die Ehegatten, unter Vorbehalt der Rechte Dritter, nicht zwingend an die gesetzlichen Regeln für die Auflösung des Güterstandes gebunden.

Die **Urkunde zur Güterstandsänderung** unterlag **bis zum 1.9.2015** folgenden Bekannt- **58** machungsvorschriften:
- Veröffentlichung eines analytischen Auszugs der notariellen Urkunde zur Güterstands-
  änderung im Staatsblatt innerhalb eines Monats nach Beurkundung.[75] Diese Veröffentlichung war nicht erforderlich bei Änderungen, die sich auf eine Bestimmung zur Änderung der Regeln zur Teilung des Gesamtgutes oder auf die vertraglichen Erbeinsetzungen
  bezogen.
- Binnen derselben Monatsfrist übermittelte der beurkundende Notar dem Standesbeamten der Gemeinde, in der die Ehe geschlossen wurde,[76] einen Auszug der Änderungsur-

---

70 Insoweit geändert durch Gesetz vom 18.7.2008, Belg. Staatsblatt vom 14.8.2008, S. 43560, in Kraft getreten am 1.11.2008. Vgl. hierzu auch *Pintens*, FamRZ 2009, 1535. Zur Rechtslage vor der Gesetzes-änderung vgl. die Ausführungen in der 1. Aufl. 2006, Rn 56. Zum Gläubigerschutz bei Güterstandsän-derungen vgl. *Pintens*, Die Scheidung und ihre ehegüterrechtlichen Folgen im belgischen Familienrecht, FF 2011, 299 f.
71 Gemeinschaftliche Güter und auch das Eigenvermögen jedes Ehegatten (siehe hierzu Cas., 15.6.1999, *Pas.*, I, p. 867).
72 Gerichtsgesetzbuch, zuletzt geändert durch Gesetz vom 15.5.2007, in der deutschen Fassung abgedr. im Belg. Staatsblatt vom 31.12.2010, S. 83672.
73 So z.B. die Änderung einer Gütergemeinschaft in eine Gütertrennung oder umgekehrt, die Auflösung einer begrenzten Errungenschaftsgemeinschaft (im Rahmen einer Gütertrennung), die zu einer Auftei-lung der diese Gemeinschaft bildenden Güter führt, aber auch die Übertragung eines gemeinschaftli-chen Gutes in das Eigenvermögen eines der Eheleute oder beider Eheleute. Siehe hierzu *de Page/van Molle*, La procédure de mutation du régime matrimonial et les droits du tiers créanciers après la loi du 18 juillet 2008, J.T., 2009, S. 186 ff.
74 Siehe Art. 1182 Gerichtsgesetzbuch.
75 Art. 1396 § 1 ZGB.
76 Oder, falls die Ehe nicht in Belgien geschlossen wurde, dem Standesbeamten des ersten Distrikts von Brüssel.

Hustedt

kunde.[77] Der Standesbeamte vermerkte die Änderung am Rande der Eheschließungsurkunde.

– Binnen derselben Monatsfrist übermittelte der Notar, der die Änderungsurkunde aufgenommen hat, dem Notar, der Inhaber der Urschrift des geänderten Ehevertrages war, denselben Auszug. Letztgenannter Notar vermerkte dies unten auf der Urschrift, so dass diese Änderung in zukünftigen Ausfertigungen der Urkunde erwähnt wurde.

– War einer der Ehegatten Kaufmann, war wiederum derselbe Auszug dem Handelsgericht, in dessen Amtsbereich dieser Ehegatte in der Zentralen Unternehmensdatenbank eingetragen ist, zu übermitteln.[78]

– Seit dem 1.9.2011[79] waren folgende Eintragungen zu veranlassen: die Eintragung dieser Änderung im Zentralen Register für Eheverträge[80] (C.R.H.) und, wenn die Änderungen die Regeln zur Teilung des Gesamtgutes bei Auflösung des Güterstandes durch Tod eines der Ehegatten betreffen oder eine vertragliche Erbeinsetzung oder eine Schenkung unter Eheleuten aller gegenwärtigen und zukünftigen Güter beinhalten, ebenfalls die Eintragung im Zentralen Register der Testamente[81] (C.R.T).

– Hat die Änderung eine Umschreibung immobiliarer Rechte der Ehegatten zur Folge, war die Urkunde ebenfalls beim zuständigen Hypothekenamt zu hinterlegen.[82]

59   Die Änderungen sind zwischen den Ehegatten ab dem Datum der Änderungsurkunde wirksam. Dritten gegenüber sind Änderungen, die **bis zum 1.9.2015** beurkundet wurden, erst ab dem Tage der Veröffentlichung im Belgischen Staatsblatt wirksam, es sei denn, die Ehegatten haben in ihren mit Dritten abgeschlossenen Vereinbarungen diese über die Änderung informiert.[83] Änderungen, die **ab dem 1.9.2015** beurkundet wurden, sind hingegen nur noch im Zentralen Register für Eheverträge zu registrieren und folglich gemäß Art. 1395 § 2 ZGB Dritten gegenüber mit dem Tage dieser Registrierung wirksam, es sei denn, die Ehegatten haben in ihren mit Dritten abgeschlossenen Vereinbarungen diese über die Änderung informiert.

VII. Kollisionsrecht der Ehefolgen und des Ehegüterrechts

1. Einführung

60   Mit Gesetz vom 16.7.2004 wurde in Belgien erstmals ein **IPR-Gesetz** (im Folgenden: **IPRG**) erlassen[84] (in Kraft getreten am 1.10.2004), das das bis dahin weitgehend auf Richterrecht und Lehrmeinungen basierende Kollisionsrecht abgelöst und grundlegend umgestaltet hat.[85] Ausdrücklich wurde dabei in Art. 21 IPRG der Vorbehalt des **ordre public** geregelt, wonach die Anwendung ausländischen Rechts ausgeschlossen ist, wenn dieses Recht gegen die grundlegenden Prinzipien der moralischen, politischen oder wirtschaftlichen Ordnung ver-

---

77 Art. 1395 ZGB.
78 Art. 12 Handelsgesetzbuch.
79 Erlass vom 21.6.2011, Belg. Staatsblatt vom 1.8.2011, S. 43882 und vom 24.8.2011, S. 54418.
80 Fédération Royale du Notariat Belge asbl, Rue de la Montagne 30–32, 1000 Brüssel, crh@fednot.be.
81 Fédération Royale du Notariat Belge asbl, Rue de la Montagne 30–32, 1000 Brüssel, crt@fednot.be.
82 Art. 1 Hypothekargesetz.
83 Art. 1396 § 2 ZGB.
84 Moniteur Belge vom 27.7.2004, S. 57344 ff., auszugsweise übersetzt von *Kemp*, Das belgische IPR-Gesetz vom 16.7.2004, RNotZ 2004, 595 ff.; nunmehr auch vollständig übersetzt im Belg. Staatsblatt vom 10.11.2005, S. 48274 ff. (http://www.ejustice.just.fgov.be/mopdf/2005/11/10_1.pdf).
85 Vgl. zum alten Recht *Buchholz*, in: *Schotten/Schmellenkamp*, Das Internationale Privatrecht in der notariellen Praxis, S. 391.

stößt.[86] Im Hinblick auf die Frage, ob eine Rückverweisung eines fremden Kollisionsrechts nach belgischem Recht zu beachten ist, hat das neue IPRG eine wesentliche Neuerung eingeführt: Wurde bis zu seinem Inkrafttreten ein **renvoi** von der h.L. und Rspr. zugelassen,[87] so bestimmt nunmehr Art. 16 IPRG ausdrücklich, dass die Bestimmungen dieses Gesetzes nur auf das ausländische Sachrecht und nicht auch auf das ausländische Kollisionsrecht verweisen, soweit nicht ausdrücklich etwas anderes bestimmt ist. Ein **renvoi** ist hiernach grundsätzlich ausgeschlossen, eine Ausnahme ist im IPRG für das Eherecht nicht vorgesehen.[88]

Schließlich sind unter der Geltung des IPRG folgende **Korrekturvorschriften** zu beachten: 61
– Ist es dem Richter offensichtlich unmöglich, den Inhalt des nach dem belgischen IPRG anwendbaren ausländischen Rechts innerhalb eines angemessenen Zeitraums festzustellen, so findet gem. Art. 15 § 2 IPRG belgisches Recht Anwendung.
– Weiter bleiben gem. Art. 18 IPRG bei der Bestimmung des anwendbaren Rechts – soweit keine Rechtswahl zugelassen ist – Tatsachen und Handlungen unberücksichtigt, die mit dem einzigen Ziel[89] herbeigeführt oder vorgenommen werden, ein anderes als vom Gesetz vorgesehenes nationales Recht zur Anwendung zu bringen (Umgehungshandlung).
– Schließlich bestimmt Art. 19 IPRG, dass das nach dem IPRG vorgesehene nationale Recht ausnahmsweise dann keine Anwendung findet, wenn nach den Gesamtumständen des Einzelfalles der Sachverhalt zu diesem Staat nur eine sehr schwache Beziehung aufweist und demgegenüber zu einem anderen Staat eine sehr starke Beziehung. In einem solchen Fall ist das Recht des letztgenannten Staates anwendbar.

2. Allgemeine Ehewirkungen

a) Überblick

Zu den **allgemeinen Ehewirkungen** gehören alle Ehefolgen, die nicht dem Ehegüterrecht   62
zuzuordnen sind. Art. 48 § 2 IPRG hebt insbesondere hervor:
– die Pflicht zum Zusammenwohnen und zur Treue;
– die Beteiligung an den Kosten der Haushaltsführung;
– die Einziehung der Einkünfte jedes Ehegatten und deren Zweckbestimmung;
– die Zulässigkeit von Verträgen und unentgeltlichen Zuwendungen zwischen Eheleuten und deren Aufhebung;
– die wechselseitige Vertretung;
– die Wirksamkeit der Handlung eines Ehegatten gegenüber dem anderen, die die Interessen der Familie berührt, und einen sich hieraus ergebenden Schadensersatzanspruch.

---

86 *Ekelmans*, in: *van Gysel*, Précis de droit de la famille, S. 627 f. Zum *ordre public* im belgischen Recht vgl. *Pintens*, Privatautonomie im belgischen und französischen Familienrecht, S. 126 f.
87 Vgl. *Hustedt*, Grundzüge des belgischen Ehegüter- und Erbrechts, MittRhNotK 1996, 350 m.w.N.
88 Vgl. auch *Pintens*, Entwicklungen im belgischen Familien- und Erbrecht, FamRZ 2004, 1421.
89 Vgl. Rundschreiben des Justizministeriums vom 28.9.2004 u.a. zu Art. 18 IPRG (abrufbar unter http://www.juridat.be/cgi_loi/legislation.pl, dort ist unter „nature juridique" „circulaire ministérielle" zu wählen und unter „mot(s)" der Begriff „droit international privé" einzugeben, anschließend auf „Recherche" und „Liste" klicken).

Hustedt

b) Anknüpfung nach dem IPRG

63 Gemäß Art. 48 § 1 IPRG richten sich die **allgemeinen Ehewirkungen** nach
- dem Recht des Ortes, an dem die Eheleute ihren gewöhnlichen Aufenthalt haben;
- besteht kein gemeinsamer gewöhnlicher Aufenthalt in einem Land, hilfsweise nach dem Recht des Staates, dem sie gemeinsam angehören, und
- in Ermangelung einer gemeinsamen Staatsangehörigkeit ganz hilfsweise nach belgischem Recht.

64 Das Recht der allgemeinen Ehewirkungen ist dabei wandelbar, da bei der Prüfung des Aufenthalts bzw. der Staatsangehörigkeit im Rahmen des Art. 48 § 1 IPRG auf die Situation zum **Zeitpunkt** der Berufung auf die allgemeinen Ehewirkungen abgestellt wird bzw. wenn Rechtsgeschäfte hiervon betroffen sind, auf den Zeitpunkt ihrer Vornahme. Ausgenommen von dieser Regelung sind die Rechte an der ehelichen Wohnung, die sich stets nach dem Recht des Lageortes richten, Art. 48 § 3 IPRG.

65 Eine **Rechtswahl** im Hinblick auf das Recht der allgemeinen Ehewirkungen sieht das belgische IPRG nicht vor.[90]

c) Anknüpfung bis zum Inkrafttreten des IPRG

66 Bis zum Inkrafttreten des IPRG unterlagen die **allgemeinen Ehewirkungen** dem Recht des Staates,
- dessen gemeinsame Staatsangehörigkeit die Eheleute hatten;
- beim Fehlen einer gemeinsamen Staatsangehörigkeit, dem Recht des Staates, in dem die Eheleute ihren letzten gemeinsamen Wohnsitz hatten;
- und fehlte auch ein solcher letzter gemeinsamer Wohnsitz, so kommt das am Ort des mit der Streitsache befassten Gerichts geltende Recht (*lex fori*) zur Anwendung.[91]

3. Ehegüterrecht

a) Anknüpfung nach dem IPRG

67 Bei der Bestimmung des anwendbaren **Ehegüterrechts** knüpft Art. 51 IPRG vorbehaltlich einer getroffenen Rechtswahl
- an das Recht des Staates an, in dem die Eheleute nach der Eheschließung erstmals ihren gemeinsamen gewöhnlichen Aufenthalt[92] haben;
- besteht kein gemeinsamer gewöhnlicher Aufenthalt in einem Land, hilfsweise an das Recht des Staates, dem sie gemeinsam angehören, und
- in Ermangelung einer gemeinsamen Staatsangehörigkeit ganz hilfsweise an das Recht des Staates, in dem die Ehe geschlossen wurde.

68 Das belgische IPRG hat in Art. 49, 50 und 52 IPRG[93] die Möglichkeit geschaffen, im Hinblick auf das anwendbare Ehegüterrecht eine **Rechtswahl** zu treffen. Die Eheleute können hiernach vor oder nach der Eheschließung das Ehegüterrecht des Staates wählen,
- in dem sie nach der Eheschließung ihren ersten gewöhnlichen Aufenthalt haben oder

---

90 Siehe hierzu *Fallon/Erauw*, La nouvelle loi sur le Droit International Privé, S. 128.
91 *Pintens*, Binationales Ehegüterrecht aus belgischer Sicht – Gestaltungsmöglichkeiten und Gefahren, Jahresheft der Internationalen Juristenvereinigung Osnabrück 1992/93, S. 10.
92 Vgl. hierzu Art. 4 § 2 IPRG, übersetzt bei *Kemp*, Das belgische IPR-Gesetz vom 16.7.2004, S. 595.
93 Übersetzt bei *Kemp*, Das belgische IPR-Gesetz vom 16.7.2004, S. 596.

– in dem ein Ehepartner zur Zeit der Rechtswahl seinen gewöhnlichen Aufenthalt hat oder

– dem einer von ihnen bei der Vornahme der Rechtswahl angehört.

Die getroffene Rechtswahl muss sich im Gegensatz zum deutschen Recht[94] nach Art. 50 § 2 S. 2 ZGB immer auf das **gesamte gegenwärtige und künftige Vermögen** der Eheleute erstrecken.[95] Entsprechend dieser Vorschriften kann auch eine bereits getroffene Rechtswahl geändert werden. Gemäß Art. 48 IPRG ergeben sich die Rechte an der **Ehewohnung** stets aus dem Recht des Lageortes. Dies kann durch eine Rechtswahl nicht abgeändert werden.[96]

69

Im Hinblick auf die **Form der Rechtswahl** muss entweder dem Recht entsprochen werden, das auf den ehelichen Güterstand zum Zeitpunkt der Rechtswahl anzuwenden ist, oder dem Recht des Staates, in dem die Rechtswahl vereinbart wird, Art. 52 Abs. 1 IPRG. Erfolgt hierbei jedoch auch eine **Änderung des Güterstandes**, so sind gem. Art. 52 Abs. 2 IPRG insoweit die Formalitäten nach dem Recht des Staates einzuhalten, in dem die Änderung vereinbart wird. Kommt hiernach belgisches Recht zur Anwendung, sind die Form- und Verfahrensvorschriften des Art. 1392 ZGB zu beachten (siehe Rdn 51 ff.), einschließlich der Veröffentlichungsvorschriften des Art. 1395 ZGB.[97]

70

b) Anknüpfung bis zum Inkrafttreten des IPRG

Nach der in Rspr. und Lehre bis zum Inkrafttreten des IPRG (1.10.2004) vertretenen Auffassung[98] galt im Hinblick auf das Ehegüterrecht das Recht des Staates,

71

– dem die Eheleute gemeinsam angehörten, und

– mangels einer gemeinsamen Staatsangehörigkeit hilfsweise das Recht des Staates, in dem sie ihren ersten gemeinsamen Wohnsitz genommen haben, und

– mangels eines solchen gemeinsamen Wohnsitzes ganz hilfsweise das Recht des Staates, mit dem sie in sonstiger Weise gemeinsam am engsten verbunden waren.

4. Übergangsregelung

Die Übergangsregelung des Art. 127 IPRG lautet:

72

§ 1 Das vorliegende Gesetz bestimmt das auf Rechtsgeschäfte und juristische Tatbestände anwendbare Recht, die nach seinem Inkrafttreten vorgenommen wurden bzw. eingetreten sind.

Das Gesetz legt auch das auf die Rechtsfolgen anwendbare Recht fest, die sich nach seinem Inkrafttreten aus Rechtsgeschäften und juristischen Tatbeständen ergeben, die vor seinem Inkrafttreten vorgenommen wurden bzw. eingetreten sind, mit Ausnahme der Rechtsfolgen aus den in Art. 98, 99, 104 und 105 vorgesehenen Rechtsgeschäften und juristischen Tatbeständen.

§ 2 Eine von den Beteiligten vor Inkrafttreten dieses Gesetzes vorgenommene Rechtswahl ist wirksam, wenn sie die Voraussetzungen des vorliegenden Gesetzes erfüllt.

---

94 Vgl. Art. 15 Abs. 2 Ziff. 3 EGBGB.

95 *Fallon/Erauw*, La nouvelle loi sur le Droit International Privé, S. 131.

96 *Buchholz*, in: *Schotten/Schmellenkamp*, Das Internationale Privatrecht in der notariellen Praxis, S. 414.

97 *Fallon/Erauw*, La nouvelle loi sur le Droit International Privé, S. 132.

98 Vgl. *Hustedt*, Grundzüge des belgischen Ehegüter- und Erbrechts, MittRhNotK 1996, 350 m.w.N.

Hieraus folgt, dass sich für Ehen, die ab dem 1.10.2004 geschlossen wurden, das **Ehegüterrecht** nach Art. 49 ff. IPRG bestimmt.[99] Auf früher geschlossene Ehen finden die beschriebenen Regelungen Anwendung, die Rechtsprechung und Lehre hervorgebracht haben. Ein **Statutenwechsel** findet nicht statt, da das Ehegüterstatut auch im belgischen Recht grundsätzlich unwandelbar ist[100] und das neue IPRG insoweit keine Ausnahme vorsieht.

73 Mit Inkrafttreten des IPRG wurde auch erstmals die Möglichkeit der **Wahl** eines Güterstatuts durch die Eheleute ausdrücklich geregelt, und zwar auch in Bezug auf Ehen, die vor dem 1.10.2004 geschlossen wurden.[101] Art. 127 § 2 ZGB erweitert die Möglichkeit der Anerkennung einer Rechtswahl dahingehend, dass auch eine vor Inkrafttreten des IPRG vereinbarte Rechtswahl rechtswirksam ist, sofern sie den Bestimmungen der Art. 49 ff. IPRG entspricht.

VIII. Auswirkungen der Ehe auf die Altersversorgung

74 Der Witwer oder die Witwe können eine **Hinterbliebenenrente** beantragen. Voraussetzung für die Gewährung der Rente ist grundsätzlich, dass der oder die Hinterbliebene mindestens 45 Jahre alt ist und die Eheleute mindestens ein Jahr verheiratet waren.[102] Bei Wiederverheiratung wird die Hinterbliebenenrente nicht mehr gezahlt.

75 Einen **Versorgungsausgleich** i.S.d. deutschen Rechts kennt das belgische ZGB nicht.[103] Vielmehr wird nach belgischem Recht im Scheidungsfall dem ausgleichsberechtigten Ehepartner im Wege einer sog. „**sozialrechtlichen Lösung**" eine **Einzelrente** zugeteilt, wenn sein Ehegatte als Einkommensbezieher zuvor für eine Familienrente optiert hat.[104] Ein Ausgleich einer Altersversorgung in Form von Zusatzversicherungen findet im Rahmen der „sozialrechtlichen Lösung" nicht statt.[105]

IX. Ausländerrechtliches Bleiberecht und Auswirkungen auf die Staatsangehörigkeit

76 Der ausländische Ehegatte eines Belgiers, eines Bürgers der EU sowie eines Ausländers mit Aufenthaltsrecht in Belgien hat ein **Bleiberecht** in Belgien und genießt Abschiebeschutz, vgl. Art. 9, 10 Ziff. 4, 15, 21 § 3 und 40 des Aufenthaltsgesetzes für Ausländer.[106]

---

99 *Fallon/Erauw*, La nouvelle loi sur le Droit International Privé, S. 194; *Buchholz*, in: *Schotten/Schmellenkamp*, Das Internationale Privatrecht in der notariellen Praxis, S. 413 Rn 391.
100 Vgl. Belg. Kassationshof, Revue Critique de Jurisprudence Belge 1994, 675; *Pintens*, Binationales Ehegüterrecht aus belgischer Sicht – Gestaltungsmöglichkeiten und Gefahren, Jahresheft der Internationalen Juristenvereinigung Osnabrück 1992/93, S. 13.
101 *Fallon/Erauw*, La nouvelle loi sur le Droit International Privé, S. 194.
102 Vgl. hierzu und zu den Ausnahmetatbeständen ausführlich die auch in deutscher Sprache abgefassten Informationen des belgischen Landespensionsamtes (www.onprvp.fgov.be).
103 Vgl. auch *Pintens*, Die Scheidung und ihre ehegüterrechtlichen Folgen im belgischen Familienrecht, FF 2011, 300.
104 Ein Verzicht auf Versorgungsausgleich nach deutschem Recht wäre bei Geltung des belgischen Rechts daher so auszulegen, dass von der Möglichkeit der Wahl einer Familienrente kein Gebrauch gemacht werden soll, vgl. Gutachten DNotI Nr. 15821 vom 10.4.2000.
105 Staudinger/*Mankowski*, Art. 17 EGBGB Rn 306 m.w.N.
106 Loi du 15.12 1980 relative à l'accès au territoire, au séjour, à l'établissement et à l'éloignement des étrangers (http://www.juridat.be); vgl. zum Bleiberecht des Ehegatten auch *Carlier/Saroléa*, Droit des étrangers et nationalité, insb. Rn 31, 34, 38, 48. Zum Gesetz zur Bekämpfung von Scheinehen und Scheinpartnerschaften vom 2.6.2013 vgl. *Pintens*, FamRZ 2013, 1444.

Die Eheschließung hat nach belgischem Recht keine unmittelbare Auswirkung auf die **77** **Staatsangehörigkeit** der Ehepartner, Art. 16 § 1 des Gesetzes über die belgische Staatsangehörigkeit[107] (im Folgenden: StaG). Heiratet ein Ausländer – gleich welchen Geschlechts – einen belgischen Staatsbürger, so kann er, solange er in Belgien wohnt und die Eheleute auch schon drei Jahre in Belgien[108] gemeinsam gewohnt haben, die belgische Staatsangehörigkeit beantragen, Art. 16 § 2 Ziff. 1 StaG. Ausnahmsweise genügt ein Zusammenleben von sechs Monaten in Belgien, wenn der Antragsteller bereits seit mindestens drei Jahren eine Aufenthaltserlaubnis in Belgien hatte, Art. 16 § 2 Ziff. 2 StaG.

X. Steuerliche Auswirkungen der Eheschließung

Seit dem Steuerjahr 2005 werden für die Ehegatten **getrennte Besteuerungsgrundlagen** **78** erstellt. Jede dieser Besteuerungsgrundlagen wird durch die eigenen Einkünfte des jeweiligen Ehegatten gebildet. Wenn ein Ehegatte über keine Berufseinkünfte verfügt oder die Einkünfte eines Ehepartners sehr gering sind, wird diesem Ehegatten ein Teil der Berufseinkünfte des anderen Ehepartners im Rahmen der Festlegung der Besteuerungsgrundlage angerechnet. Dieser sog. **Ehequotient** führt bei Einverdienerehen zu einem nicht unerheblichen Progressionsvorteil. Seit dem Steuerjahr 2005 (Besteuerung der Einkommen des Jahres 2004) werden **gesetzliche Lebensgemeinschaften** Ehepaaren steuerlich gleichgestellt.[109] Dies bedeutet, dass sie eine gemeinsame Steuererklärung ausfüllen müssen, und ihre Einkommensteuer nach den gleichen Regeln wie für Ehepartner berechnet wird.

C. Trennung von Tisch und Bett; Scheidung

Schür

I. Trennung von Tisch und Bett

Art. 308 ff. ZGB und Art. 1305 ff. des Gerichtsgesetzbuches regeln die Gründe, die Rechts- **79** wirkungen und das Verfahren für die Trennung von Tisch und Bett. Die **Gründe** und das **Verfahren** sind die Gleichen wie für die Scheidung (siehe Rdn 81 ff.). Die **Rechtsfolgen** der Trennung von Tisch und Bett unterscheiden sich jedoch von denjenigen der Scheidung:
- Die eheliche Bindung und die Treuepflicht bleiben bestehen.
- Die Verpflichtung des Zusammenwohnens wird aufgehoben.
- Die Fürsorgepflicht wird abgeschwächt in dem Sinne, dass nur noch eine passive Verpflichtung besteht, der Ehre und dem Ansehen des Ehegatten nicht zu schaden.
- Der eheliche Güterstand ändert sich durch die Trennung von Tisch und Bett in dem Sinne, dass von Rechts wegen eine **Gütertrennung** zwischen den Ehegatten entsteht,[110] was zur Liquidierung des vorherigen Güterstandes führt.

---

107 Gesetz vom 28.6.1984 i.d.F. des Änderungsgesetzes vom 22.12.1998, in deutscher Übersetzung abgedr. bei *Bergmann/Ferid/Henrich*, Länderbericht Belgien, S. 10 ff.

108 Ein Zusammenleben im Ausland kann ausnahmsweise angerechnet werden, sofern bewiesen werden kann, dass der Antragsteller eine ausreichende Beziehung zu Belgien hat, vgl. Art. 16 § 2 Ziff. 4 StaG.

109 Art. 2 Abs. 2 Einkommensteuergesetzbuch 1992 (www.traitements.fgov.be/interfisc/du/Publicaties/Wetboeken.htm).

110 Art. 311 ZGB.

- Die **Unterstützungspflicht** bleibt auch nach erfolgter Trennung von Tisch und Bett bestehen.[111] Beim Verfahren der Trennung von Tisch und Bett im gegenseitigen Einvernehmen wird diese Unterstützungspflicht in Form von Unterhaltszahlungen nach freiem Ermessen der Eheleute in den Trennungsvereinbarungen geregelt.
- Ein Antrag auf Trennung von Tisch und Bett kann jederzeit **in einen Scheidungsantrag** und umgekehrt **umgewandelt** werden.

80   Die Trennung von Tisch und Bett **endet**
- beim Tod eines Ehegatten; in diesem Fall ist der überlebende Ehegatte jedoch nicht erbberechtigt;[112]
- bei Versöhnung der Ehegatten;
- bei Scheidung.

II. Scheidung

1. Scheidungsgrund

81   Das belgische Scheidungsrecht wurde durch das Gesetz vom 27.4.2007 zur Reform der Ehescheidung, welches am **1.9.2007** in Kraft getreten ist, grundlegend erneuert. Durch diese tief greifende Reform– sowohl die Scheidungsgründe als auch das Scheidungsverfahren wurden erneuert – hat die **Schuldfrage** ihre zentrale Stellung im Scheidungsverfahren verloren und ein regelrechtes Recht auf Ehescheidung wurde eingeführt.[113] Der Akzent liegt nun eher auf dem **gemeinsamen Willen** der Eheleute, sich scheiden zu lassen.

82   Die Eheleute werden zudem im Laufe des Verfahrens noch mehr dazu ermuntert, **Vereinbarungen** im Hinblick auf vorläufig zu ergreifende Maßnahmen und auf die Scheidungsfolgen zu treffen, dies ggf. mit Unterstützung des Richters, welcher durch das Gesetz beauftragt ist, zu **schlichten** und die Parteien auf den Nutzen einer **Mediation** hinzuweisen.

83   So gibt es grundsätzlich nur einen einzigen **Scheidungsgrund**: die **unheilbare Zerrüttung der Ehe**. Diese genügt, um die Scheidung auszusprechen, und ist erwiesen, wenn „durch die Zerrüttung die Fortsetzung und die Wiederaufnahme des Zusammenlebens der Ehegatten nach vernünftigem Ermessen unmöglich geworden sind".[114] Die **Scheidung im gegenseitigen Einvernehmen** ist ebenfalls noch möglich.

Seit dem **1.9.2014** ist in allen Scheidungsangelegenheiten das **Familiengericht**, welches beim Gericht Erster Instanz eines Gerichtsbezirks angesiedelt ist, zuständig.[115]

2. Scheidung wegen unheilbarer Zerrüttung der Ehe

84   Der Richter kann die Scheidung nur dann aussprechen, wenn er feststellt, dass die Ehe **unheilbar zerrüttet** ist,[116] wobei es den Eheleuten obliegt, den **Nachweis** dieser Zerrüttung zu erbringen. Das Gesetz eröffnet hierzu drei Möglichkeiten:
- Der scheidungswillige Ehegatte (der Antragsteller) weist im Laufe des Gerichtsverfahrens die Zerrüttung der Ehe nach.

---

111   Art. 308 ZGB.
112   Art. 731 ZGB.
113   *Brouwers*, La réforme du divorce, Rev. not. b. 2007, S. 584; *Renchon*, La nouvelle réforme (précipitée) du droit belge du divorce: le „droit au divorce", RTDF, 2007, S. 925 ff.
114   Art. 229 § 1 ZGB.
115   Gesetz vom 30.7.2013 (BS 14.8.2014).
116   Art. 229 § 1 ZGB.

– Das Gesetz vermutet unwiderlegbar die unheilbare Zerrüttung, wenn der scheidungswillige Ehegatte (der Antragsteller) nachweist, dass die Ehegatten seit mehr als einem Jahr getrennt leben oder wenn dieser Ehegatte seinen Scheidungswunsch nach Ablauf einer gesetzlich festgelegten Frist vor dem Richter wiederholt.

– Die unheilbare Zerrüttung wird ebenfalls unwiderlegbar vermutet, wenn der Scheidungsantrag durch beide Ehegatten gemeinsam eingereicht wird und diese nachweisen, seit mehr als sechs Monaten getrennt zu leben oder beide Ehegatten ihren Scheidungswunsch nach Ablauf einer gesetzlich festgelegten Frist vor dem Richter wiederholen.

a) Nachweis der unheilbaren Zerrüttung der Ehe

Ist es – bei einem **einseitigen Antrag** auf Scheidung – der Wunsch des Antragstellers, **unverzüglich** geschieden zu werden, also ohne dass eine gewisse Dauer des Getrenntlebens der Eheleute verstrichen ist, so kann dieser versuchen, unter Einsatz aller Rechtsmittel nachzuweisen, dass die Ehe zerrüttet ist, d.h., dass sowohl die Fortsetzung der Ehe als auch die spätere Wiederaufnahme des Zusammenlebens der Ehegatten nach vernünftigem Ermessen unmöglich geworden ist. Wenn dieser Nachweis erbracht ist, kann der Richter die Ehescheidung unverzüglich verkünden.[117] **85**

Der Antragsteller kann also **nachweisen**, dass das Verhalten des anderen unweigerlich die unheilbare Zerrüttung verursacht hat, und hierdurch einen schnellen Ausspruch der Scheidung erwirken. Zu diesem Zweck können eine oder mehrere **Verletzungen der ehelichen Pflichten** geltend gemacht werden. In diesem Rahmen kann also die **Schuldfrage** wiederum Einkehr halten.[118] Hierzu hat die Rechtsprechung in den ersten Jahren der Anwendung dieser Reformgesetze eine **Kasuistik** entwickelt, die der der Rechtsprechung im Rahmen der früheren Schuldscheidung in Bezug auf Ausschreitungen, Misshandlungen und groben Beleidigungen in der Ehe sehr nahekommt[119] und oft sogar noch einen Schritt weitergeht. So wurde die Scheidung bspw. in folgenden Fällen ausgesprochen: **86**
– Verurteilung des Beklagten durch ein Strafgericht für Gewalt gegen seine Ehefrau;
– die Antragstellerin gibt an, dass das Kind, welches vor Kurzem geboren wurde, nicht durch den Ehemann gezeugt wurde und dass eine Vaterschaftsanfechtungsklage anhängig ist;
– der Nachweis des Ehebruchs als Beweis für die unheilbare Zerrüttung der Ehe;
– die Ehegatten geben an, dass das Zusammenleben nicht mehr vernünftigerweise möglich war, da beide bekennen, dass das Paar bereits seit mehreren Jahren entzweit war, dass sie sich kaum noch trafen, dass der Ehegatte bei einer anderen Frau leben würde und dass die Ehegattin ihrerseits auch nur wenig Hoffnung auf Versöhnung habe. Obwohl die Ehegattin den Scheidungsantrag formal ablehnte, hat das Gericht Erster Instanz in Nivelles in diesem Fall die Scheidung ausgesprochen;[120]
– der Nachweis durch das Vorlegen einer Haushaltszusammensetzungsbescheinigung, dass der Beklagte bereits seit fünf Monaten in „wilder Ehe" lebt.

Es scheint also, dass die Rechtsprechung den **Nachweis** der unheilbaren Zerrüttung eher **schnell als erbracht** sieht. Als weiterer Ausdruck dieser Kulanz der Rechtsprechung kann **87**

---

117 Art. 1255 § 4 Gerichtsgesetzbuch (GGB).
118 Zur Kritik im Hinblick auf die Möglichkeit, Ehebruch durch Gerichtsvollzieher nachzuweisen, vgl. *Pintens*, Belgisches Familien- und Erbrecht 2006–2007, FamRZ 2007, 1494.
119 *Pire*, Divorce pour désunion irrémédiable, in: Chroniques notariales, Octobre 2010, vol. 52, S. 59 ff.
120 Civ. Nivelles, 29 octobre 2008, J.L.M.B., 2009, S. 136.

auch gewertet werden, dass das **Geständnis** ebenfalls als **Beweismittel** zugelassen ist.[121] Ein Teil der Rechtsprechung erkennt sogar das Geständnis einer Pflichtverletzung durch den Antragsteller selbst an, um die Scheidung auszusprechen.[122]

b) Nachweis des Getrenntlebens

88   In Ermangelung eines Nachweises der unheilbaren Zerrüttung der Ehe – wie zuvor beschrieben (siehe Rdn 85 ff.) – oder wenn der Antragsteller sich sofort für diesen Weg entscheidet, kann die unheilbare Zerrüttung der Ehe unwiderruflich nachgewiesen werden, wenn die Ehepartner bereits seit einer bestimmten Zeit **getrennt leben**. Der **Nachweis des Getrenntlebens** kann durch den Antragsteller mit allen rechtlichen Mitteln, diesmal jedoch mit Ausnahme des Geständnisses und des Eides, erbracht werden. So gilt dieser Nachweis aufgrund von Art. 1255 § 4 des Gerichtsgesetzbuches (GGB) insbesondere als erbracht „durch die Beibringung von Wohnsitzbescheinigungen, die Eintragungen an verschiedenen Adressen aufzeigen".

89   Kann der **Antragsteller** nachweisen, dass die Ehegatten seit **mehr als einem Jahr getrennt leben**, spricht das Gericht die Scheidung aus. Ist diese Frist nicht erfüllt oder ist sie in den Augen des Gerichts nicht ausreichend erwiesen, wird eine neue Sitzung anberaumt, die unmittelbar nach Ablauf der Ein-Jahres-Frist, spätestens jedoch ein Jahr nach der ersten Sitzung, stattfindet. In dieser Sitzung verkündet der Richter die Ehescheidung, wenn eine der Parteien ihn darum ersucht.[123]

90   Bei einem **gemeinsamen Antrag** der Eheleute aufgrund von Art. 229 § 2 ZGB oder wenn der Beklagte im Laufe des Verfahrens der Scheidung zustimmt,[124] verkündet der Richter die Ehescheidung, wenn er feststellt, dass die Parteien seit **mehr als sechs Monaten getrennt leben**. Ist diese Frist nicht erfüllt oder ist sie in den Augen des Gerichts nicht ausreichend erwiesen,[125] wird eine neue Sitzung anberaumt, die unmittelbar nach Ablauf der sechsmonatigen Frist, spätestens jedoch drei Monate nach der ersten Sitzung, stattfindet. In dieser Sitzung verkündet der Richter die Ehescheidung, wenn beide Parteien ihre Scheidungsabsicht bestätigen.[126]

3. Einverständliche Scheidung

91   Diese Scheidung ist durch ein einvernehmliches Verfahren, bei dem die Ehegatten **gemeinsam** die gerichtliche Anerkennung ihrer Scheidungsvereinbarungen beantragen, gekennzeichnet. Materielle Voraussetzung der einverständlichen Scheidung ist die **beständige Scheidungsabsicht** der Eheleute, die in einer umfassenden **Vereinbarung** sowohl über die grundsätzliche Scheidungsabsicht als solche als auch über die Gesamtheit der Scheidungsfolgen (sowohl im Hinblick auf die persönlichen als auch auf die güterrechtlichen Folgen) in der gesetzlich vorgeschriebenen Form zum Ausdruck zu bringen ist. Andere Voraussetzungen sind in Bezug auf die Zulässigkeit nicht erforderlich.

---

121 *Masson*, Un an d'application de la loi du 27 avril 2007 réformant le divorce, J.T., n°6318, 26/2008, S. 466.
122 *Pire*, op.cit., S. 58 und 59.
123 Art. 1255 § 2 GGB.
124 Art. 1255 § 3 GGB.
125 Da die Eheleute noch nicht getrennt leben oder, obwohl sie bereits getrennt leben, nicht den notwendigen Nachweis erbringen können oder noch nicht seit sechs Monaten getrennt leben.
126 Art. 1255 § 1 GGB.

III. Scheidungsverfahren

Bei allen Scheidungsformen ist ein Verfahren vor dem **Gericht Erster Instanz** erforderlich.

92

1. Scheidung wegen unheilbarer Zerrüttung der Ehe

a) Einleitung des Scheidungsverfahrens

Die Einleitung erfolgt entweder mittels **Ladung** vor das Gericht Erster Instanz oder mittels eines sog. **kontradiktorischen Antrags**.[127] Die Ehescheidungsklage, die durch die Ehegatten gemeinsam gem. Art. 229 § 2 ZGB eingereicht wird, kann nur durch Antrag, der von jedem der Ehegatten oder von mindestens einem Rechtsanwalt oder einem Notar unterzeichnet ist, eingeleitet werden. Dagegen kann die Klage gem. Art. 229 § 1 ZGB nur durch Ladung per Gerichtsvollzieherurkunde eingeleitet werden.[128] Des Weiteren besteht die Möglichkeit, das Verfahren mittels eines von den beiden Ehegatten oder ihren Rechtsbeiständen unterschriebenen Protokolls über das freiwillige Erscheinen vor Gericht einzuleiten.[129]

93

Die **Klageschrift** umfasst ggf. eine detaillierte Beschreibung des Sachverhalts sowie – im Rahmen des Möglichen – alle Ersuchen in Bezug auf die Scheidungsfolgen.[130] Die Parteien sind aufgrund Art. 1254 § 5 GGB berechtigt, im Laufe des Verfahrens mittels kontradiktorischer Schlussanträge oder durch Schriftsätze, die dem anderen Ehegatten gültig übermittelt werden, zusätzliche klageerweiternde oder -ändernde Anträge zu stellen oder Widerklagen geltend zu machen.

94

Sofort nach Einreichung der Klage setzt der Greffier (die Gerichtskanzlei) die Parteien von der Möglichkeit einer **Vermittlung (Mediation)** in Kenntnis, indem er ihnen den anwendbaren Gesetzestext[131] zusendet, zusammen mit einer Informationsbroschüre des Justizministeriums über die Vermittlung und der Liste der zugelassenen ortsansässigen Vermittler, die in Familiensachen spezialisiert sind.[132] Ist der Scheidungsantrag unvollständig, fordert der Richter die Parteien auf, die erforderlichen Informationen mitzuteilen oder die Verfahrensakte zu vervollständigen.[133]

95

Befindet sich einer der Ehegatten im Zustand der Demenz oder einer schweren Geistesstörung, kann er einzig als Beklagter – nicht aber als Antragsteller[134] – auftreten und wird von seinem Vormund, seinem vorläufigen Verwalter oder, in deren Ermangelung, von einem Ad-hoc-Verwalter, der vorher vom Familiengericht auf Ersuchen der klagenden Partei bestellt wird, vertreten.[135]

96

Gemäß Art. 757 § 2 GGB findet das gesamte Scheidungsverfahren, insofern die Parteien persönlich erscheinen, unter **Ausschluss der Öffentlichkeit** in der Ratskammer statt.

97

---

127 Hierbei handelt es sich um eine vereinfachte Form der Verfahrenseinleitung. Dieser Antrag wird der Gegenpartei gem. Art. 32 und 1034*bis* GGB übermittelt (notifiziert) und nicht per Gerichtsvollzieher zugestellt.
128 Art. 1254 § 1 GGB.
129 Siehe Art. 706 ff. GGB.
130 Art. 1254 § 1 Abs. 5 GGB.
131 Siehe Art. 1730–1737 GGB.
132 Art. 1254 § 4/1 GGB.
133 Art. 1254 § 4 GGB.
134 *Brouwers*, op.cit., S. 589.
135 Art. 1255 § 7 GGB.

b) Scheidungsverfahren

aa) Scheidungsausspruch

98   Gelingt es dem Antragsteller, die unheilbare Zerrüttung schon bei der einleitenden Gerichts-
     sitzung zu beweisen, so verkündet der Richter die Ehescheidung in dieser Sitzung. Dies ist
     der Fall
     – bei **einseitigem Antrag:** wenn der Antragsteller die tatsächliche unheilbare Zerrüttung
       der Ehe gem. Art. 229 § 1 ZGB nachweist,[136] aber auch, wenn er den Nachweis erbringt,
       dass die Ehegatten seit mehr als einem Jahr tatsächlich getrennt leben;[137]
     – bei **gemeinsamem Antrag** oder wenn der Beklagte im Laufe des Verfahrens dem Antrag
       zustimmt: wenn die Ehegatten seit mehr als sechs Monaten getrennt leben.[138]

99   In Ermangelung eines ausreichenden Nachweises in den vorerwähnten Fällen (siehe Rdn 98)
     beraumt der Richter eine neue Sitzung an:
     – bei **einseitigem Antrag:** findet diese Sitzung unmittelbar nach Ablauf der einjährigen
       Trennungsfrist, spätestens jedoch ein Jahr nach der ersten Sitzung, statt. In dieser Sitzung
       verkündet der Richter die Ehescheidung, wenn eine der Parteien ihn darum ersucht;[139]
     – bei **gemeinsamen Antrag:** findet diese Sitzung unmittelbar nach Ablauf der sechsmona-
       tigen Trennungsfrist, spätestens jedoch drei Monate nach der ersten Sitzung, statt. In
       dieser Sitzung verkündet der Richter die Ehescheidung, wenn die Parteien ihre Schei-
       dungsabsicht bestätigen.[140]

100 Der Beweis der unheilbaren Zerrüttung der Ehe kann generell mit allen **Beweismitteln**
     erbracht werden, mit Ausnahme jedoch des Geständnisses und des für die Entscheidung
     maßgebenden Eides (*serment litisdécisoire*) für den Nachweis des Getrenntlebens (siehe
     Rdn 87 f.). Um den Nachweis der unheilbaren Zerrüttung zu erbringen, können als Beweis-
     mittel geltend gemacht werden:
     – strafrechtliche Urteile und Akten, z.B. Verurteilungen wegen Vernachlässigung der Fami-
       lienunterstützung, Kindesentziehung, Körperverletzung, Gerichtsverfahren wegen
       Diebstahls gegen den Ehepartner usw.;
     – Korrespondenz (auch E-Mail und SMS), persönliche Schriftstücke eines Ehegatten, Fo-
       tos, Video- und Tonaufzeichnungen, sofern nicht nachgewiesen wird, dass diese unrecht-
       mäßig in den Besitz des Antragstellers gelangt sind oder diese unrechtmäßig dem Gericht
       vorgelegt werden.
     – Der Beweis durch Zeugenaussagen ist grundsätzlich zulässig,[141] wird in der Praxis jedoch
       nur selten beantragt, da das diesbezügliche Verfahren meist mehrere Monate in Anspruch
       nimmt.[142]

101 Der Scheidungsrichter beurteilt souverän, ob die geltend gemachten Fakten die Fortsetzung
     und die Wiederaufnahme des Zusammenlebens der Ehegatten nach vernünftigem Ermessen
     unmöglich machen.

---

136 Art. 1255 § 3 GGB.
137 Art. 1255 § 2 GGB.
138 Art. 229 § 2 ZGB und Art. 1255 § 1 GGB.
139 Art. 1255 § 2 Abs. 2 GGB.
140 Art. 1255 § 1 Abs. 2 GGB.
141 Die Zeugen müssen wenigstens 15 Jahre alt sein. Gemeinsame Kinder oder Abkömmlinge der Ehegat-
     ten dürfen nicht als Zeugen vernommen werden (Art. 931 Abs. 2 GGB).
142 *Pire*, op.cit., S. 66 und 67.

Der Richter kann auf Antrag einer der Parteien oder der Staatsanwaltschaft oder wenn er es für zweckdienlich erachtet, anordnen, dass die Parteien **persönlich erscheinen**,[143] insbesondere um sie **auszusöhnen** oder um zu prüfen, ob eine Vereinbarung in Bezug auf die Person, den Unterhalt und das Vermögen der Kinder möglich ist.[144] Der Richter hat also den gesetzlichen Auftrag, die Aussöhnung der Parteien zu versuchen. Er erteilt ihnen alle zweckdienlichen Auskünfte in Bezug auf das Verfahren und weist insbesondere auf die Nützlichkeit und das Interesse einer **Mediation (Vermittlung)** hin. Wenn er feststellt, dass eine Annäherung möglich ist, kann er die Aufschiebung des Verfahrens anordnen, damit die Parteien die Möglichkeit bekommen, alle zweckdienlichen Auskünfte einzuholen und das Vermittlungsverfahren einzuleiten. Die Dauer der Aufschiebung darf jedoch nicht mehr als einen Monat betragen.[145]

102

Die Parteien können den Richter zu jeder Zeit ersuchen, ihre **Vereinbarungen** in Bezug auf die vorläufigen Maßnahmen hinsichtlich der Person, des Unterhalts und der Güter der Ehegatten oder ihrer Kinder zu homologieren. Der Richter kann diese **Homologierung** verweigern, wenn er feststellt, dass die Vereinbarung dem Interesse der Kinder schadet.[146] In Ermangelung einer Einigung über diese vorläufigen Maßnahmen oder wenn nur eine Einigung in Bezug auf gewisse Maßnahmen zustande kommt, werden die Streitpunkte auf Ersuchen einer der Parteien vor dem Gerichtspräsidenten im Eilverfahren verhandelt (siehe hierzu Rdn 104). Bei Verkündung der Scheidung kann der Richter auch alle Vereinbarungen der Parteien hinsichtlich der Teilung ihrer Güter oder der Scheidungsfolgen bestätigen.

103

bb) Vorläufige Maßnahmen und Eilverfahren

Für die Regelung aller **vorläufigen oder dringenden Maßnahmen**, die im Rahmen des Scheidungsverfahrens in Bezug auf die Person, den Unterhalt und die Güter der Ehegatten[147] oder in Bezug auf ihre Kinder[148] getroffen werden müssen, ist – in Ermangelung einer diesbezüglichen Einigung der Parteien vor dem Scheidungsrichter – das Familiengericht, das im **Eilverfahren** handelt, **zuständig**.[149] Diese Maßnahmen können entweder gleichzeitig mit der Ladung vor den Scheidungsrichter oder aber durch eine gesonderte Ladung infolge eines einseitigen oder gemeinsamen Scheidungsantrags beantragt werden (siehe Rdn 93). Das Familiengericht kann im Eilverfahren alle Maßnahmen zum Schutze der Interessen der Ehegatten und ihrer Kinder – evtl. nach Anhörung der Kinder in zurechnungsfähigem Alter und/oder nach Anordnung einer sozialen Untersuchung oder eines psychologischen Gutachtens – anordnen.

104

Wenn im Eilverfahren Maßnahmen in Bezug auf die Person, den Unterhalt und die Güter der Kinder verhandelt werden, müssen die Parteien, unter Androhung der Klageabweisung, **persönlich** vor dem Familiengericht **erscheinen**. Stellt das Gericht fest, dass eine Annähe-

105

---

143 Gemäß Art. 1263 GGB droht dem Ehegatten, der dieser Anordnung nicht Folge leistet, die Klageabweisung.

144 Art. 1255 § 6 GGB.

145 Siehe hierzu *Masson*, La comparution personnelle, la tentative de conciliation et l'information sur la médiation en matière de divorce. La loi du 5 avril 2011 modifiant le Code Judiciaire, J.T., Nr. 6448, 28/2011, S. 580 ff.

146 Art. 1256 GGB.

147 Z.B. die Benutzung des Familienwohnsitzes, die Berufsausübung eines Ehegatten, ein Vorschuss auf die Unterhaltszahlung und/oder die Verteidigungskosten zugunsten des wirtschaftlich schwächeren Ehegatten.

148 Z.B. das elterliche Sorgerecht, die Beherbergung der minderjährigen Kinder, der Beitrag der Ehegatten zu den Unterhalts-, Erziehungs- und Ausbildungskosten.

149 Art. 1280 GGB.

Schür

rung möglich ist, kann es mit dem Einverständnis der Parteien die Aufschiebung des Verfahrens anordnen.

106   Die einstweilige Verfügung des Familiengerichts ist vom Grunde her definitiv. Bei Eintritt neuer Umstände kann jedoch, solange das Scheidungsverfahren anhängig ist,[150] eine Änderung der getroffenen Maßnahmen im Eilverfahren von einem Ehegatten beantragt werden. Die vorläufigen Maßnahmen bleiben wirksam bis zu dem Zeitpunkt, in dem das Scheidungsurteil rechtskräftig wird. Die Maßnahmen in Bezug auf die Kinder bleiben hingegen auch nach diesem Zeitpunkt weiterhin wirksam.[151]

c) Eintragung in die Standesamtsregister

107   Durch das **Scheidungsurteil** wird die Scheidung ausgesprochen. Das Urteil ist in die **Standesamtsregister** einzutragen,[152] damit die Scheidung Dritten gegenüber rechtswirksam wird. Das Urteil ist zunächst auf Antrag einer Partei durch einen Gerichtsvollzieher der anderen Partei zuzustellen. Ab dieser Zustellung laufen die Berufungsfristen. Für einen Einspruch[153] oder eine Berufung ist eine Frist von einem Monat und für eine Revisionseinlegung beim Kassationshof ist eine Frist von drei Monaten zu beachten. Erfolgt keine Berufung gegen das Urteil des Gerichts Erster Instanz, wird das Urteil mit Ablauf der einmonatigen Frist **rechtskräftig**. Die Gerichtskanzlei übermittelt alsdann innerhalb eines Monats dem zuständigen Standesbeamten[154] einen Auszug aus dem Urteilstenor. Die Eintragung des Urteils in die Standesamtsregister hat innerhalb eines Monats nach dieser Übermittlung zu erfolgen.

2. Einverständliche Scheidung

108   Das einverständliche Scheidungsverfahren umfasst drei Phasen:

a) Scheidungsvereinbarungen

109   Ehegatten, die ein einverständliches Scheidungsverfahren durchzuführen beabsichtigen, müssen zunächst die Modalitäten der Scheidung unter sich aushandeln und in einem **Scheidungsvertrag**[155] festlegen. Grundsätzlich gilt diesbezüglich das Prinzip der Willensfreiheit, vorbehaltlich der Vereinbarungen in Bezug auf etwaige Kinder.[156]

---

150 Siehe diesbezüglich Cass., 12.1.2010 (www.juridat.be) und Cass., 19.4.2002, Pas., 2002, Nr. 238.
151 Art. 302 ZGB.
152 Art. 1275 und 1276 GGB.
153 Ist der Beklagte bei der Verhandlung weder persönlich anwesend noch durch einen Rechtsanwalt vertreten, kann der Antragsteller ein Säumnisurteil beantragen. Der säumige Beklagte kann innerhalb eines Monats ab Zustellung des Urteils Einspruch gegen das ergangene Urteil einlegen.
154 Standesbeamter der Gemeinde, in der die Eheschließung erfolgte, oder – wenn die Eheschließung im Ausland erfolgte – Standesbeamter der Hauptstadt Brüssel, erster Distrikt.
155 Sofern in den Vereinbarungen keine Regelungen über den Grundbesitz der Ehegatten getroffen werden, ist ein privatschriftlicher Vertrag ausreichend. Eine notarielle Urkunde ist erforderlich, wenn Änderungen in Bezug auf den Grundbesitz der Ehegatten festgelegt werden.
156 Die Vereinbarungen in Bezug auf Kinder werden im Hinblick auf die Wahrung der Interessen dieser Kinder von dem zuständigen Richter eingehend geprüft. Gegebenenfalls kann der Richter den Ehegatten diesbezügliche Änderungen der Vereinbarungen anheimlegen.

Die Scheidungsvereinbarungen müssen wenigstens folgende Regelungen enthalten:[157]   110
– Die **Auflösung des ehelichen Güterstandes.** Diese Regelung erfolgt auf dem Vergleichs-
  weg in dem Sinne, dass die Ehegatten nicht unbedingt die gesetzlichen Regeln bezüglich
  der Liquidierung ihres Güterstandes und der Teilung von gemeinschaftlichem Vermögen
  beachten müssen.
– Das **Erbrecht des überlebenden Ehegatten** für den Fall, dass ein Ehegatte während des
  Scheidungsverfahrens verstirbt. In den Vereinbarungen können die Ehegatten nach
  freiem Ermessen bestimmen, ob der überlebende Ehegatte weiterhin erbberechtigt sein
  soll oder ob die Erbansprüche eingeschränkt oder gar vollkommen aufgehoben werden.[158] Diese Regelungen erhalten jedoch erst Wirkung nach Einreichen des Scheidungsantrags beim Gericht Erster Instanz.[159]
– Die jeweiligen **Wohnsitze** der Ehegatten während des Scheidungsverfahrens. Die Ehegatten können eine rechtlich wirksame Vereinbarung treffen, durch welche die Verpflichtung des Zusammenwohnens aufgehoben wird. Die Ehegatten sind jedoch keineswegs
  verpflichtet, während des Scheidungsverfahrens getrennte Wohnsitze zu haben.[160]
– Die Modalitäten der **elterlichen Sorge** in Bezug auf die Person und die Güter der
  gemeinsamen minderjährigen Kinder oder die Ausübungsmodalitäten des Rechts auf
  persönliche Beziehungen zu diesen Kindern.
– Der Beitrag, den jeder Ehegatte für den **Unterhalt,** die **Erziehung** und die angemessene
  Ausbildung der Kinder zu leisten hat. Durch die entsprechenden Vereinbarungen wird
  lediglich im Innenverhältnis zwischen den Eltern der jeweils zu leistende Beitrag genau
  festgelegt. Diese Vereinbarungen beeinträchtigen nicht die generelle gesetzliche Verpflichtung, welche der Vater und die Mutter ihren Kindern gegenüber haben, im Verhältnis zu ihren jeweiligen Fähigkeiten für die Beherbergung, den Unterhalt, die Aufsicht,
  die Erziehung und Ausbildung der Kinder aufzukommen.[161] Die Regelungen in Bezug
  auf die ehelichen und/oder adoptierten Kinder der Eheleute sind sowohl für die Zeit des
  Scheidungsverfahrens als auch für die Zeit nach der Scheidung zu treffen.
– Die **Unterhaltszahlungen zwischen den Ehegatten.** In den Scheidungsvereinbarungen
  ist festzulegen, ob ein Ehegatte an den anderen während des Scheidungsverfahrens und
  nach erfolgter Scheidung Unterhaltszahlungen zu leisten hat und – falls Alimente zu
  zahlen sind – ob der Betrag indexiert wird oder nach der Scheidung revidiert werden
  kann. Außer wenn die Parteien ausdrücklich das Gegenteil vereinbart haben, kann das
  Gericht auf Antrag einer der Parteien den Unterhalt zu einem späteren Zeitpunkt erhöhen, reduzieren oder abschaffen, wenn infolge neuer, vom Willen der Parteien unabhängiger Umstände der Unterhaltsbetrag nicht mehr angepasst erscheint.[162]

Eine **gerichtliche Kontrolle** der getroffenen Scheidungsvereinbarungen ist grundsätzlich   111
auf den Verstoß gegen das Gesetz, die guten Sitten und den *ordre public* beschränkt. Eine
weitergehende richterliche Prüfung findet nur im Hinblick auf Regelungen bezüglich der
Kinder statt (siehe Rdn 114 ff.).[163]

---

157 Art. 1287 und 1288 GGB.
158 Vgl. *Hustedt,* in: *Süß,* Erbrecht in Europa, Länderbericht Belgien, 3. Aufl. 2015, Rn 73.
159 Cass., 6.3.2009 (www.juridat.be).
160 *Vieujean,* Conventions-procédure in Démariage et coparentalité, S. 76.
161 Art. 1288 Abs. 3 GGB.
162 Art. 1288 Abs. 3 GGB.
163 *Pintens,* Die Scheidung und ihre ehegüterrechtlichen Folgen im belgischen Familienrecht, FF 2011,
     295 f.

Schür

b) Gerichtsverfahren

112   Für das Scheidungsverfahren (Art. 1288*bis* ff. GGB) ist das **Familiengericht zuständig**. Die Ehegatten bestimmen nach freiem Ermessen den Gerichtsbezirk, in dem sie das Verfahren durchführen wollen.[164] Leben die Ehepartner am Tag der Hinterlegung des Scheidungsantrags bereits seit mehr als 6 Monaten getrennt und sieht das Gericht keinen Grund die Ehegatten dennoch vorzuladen, erfolgt das Verfahren schriftlich und ein persönliches Erscheinen der Eheleute ist nicht notwendig. In allen anderen Fällen legt die Gerichtskanzlei nach Hinterlegung des Antrags das Datum des Erscheinens der Eheleute vor dem Familiengericht fest. Dieses Erscheinen findet innerhalb eines Monats nach Hinterlegung des Antrags statt. Die Ehegatten müssen grundsätzlich **persönlich erscheinen**[165] und ihren Scheidungswillen äußern.[166] Bei diesem Termin erteilt das Gericht den Eheleuten die Ausführungen und Ermahnungen, die es für angemessen hält, und erläutert ihnen die Folgen des Verfahrens. Die Ehegatten werden alsdann befragt, ob sie nach wie vor die Scheidung zu den in den Scheidungsvereinbarungen festgelegten Bedingungen erwirken wollen. Wenn die Eheleute ihren Antrag bestätigen, wird die Scheidung ausgesprochen.

113   Im Laufe des Scheidungsverfahrens kann das Gericht den Ehegatten im Hinblick auf die Änderung der Vereinbarungen in Bezug auf die **minderjährigen Kinder** Vorschläge machen (sofern es den Eindruck hat, dass diese Vereinbarungen gegen die Interessen der Kinder verstoßen) oder gar Anordnungen geben (sofern die Vereinbarungen eindeutig gegen die Interessen der Kinder verstoßen). In diesem Zusammenhang kann das Gericht die **Anhörung** der betroffenen Kinder und ein **erneutes Erscheinen der Eheleute anordnen**. Die Parteien können alsdann die empfohlenen oder angeordneten Änderungen der Vereinbarungen bis zu diesem neuen Erscheinungstermin vertraglich festlegen. Wenn die Ehegatten diese Änderungen nicht vornehmen, kann das Gericht die Streichung oder Änderung der Bestimmungen, die offensichtlich gegen die Interessen der Kinder verstoßen, verfügen.[167]

114   Auch die Ehegatten können im Laufe des Scheidungsverfahrens ihre **Vereinbarungen ändern**. Wenn die Ehegatten diese mit neuen und unvorhersehbaren Umständen begründen, welche die Situation der Eheleute, eines Ehegatten oder der Kinder wesentlich verändern, sind die Ehegatten berechtigt, vor dem ersten Erscheinen dem Gericht eine Änderung der Vereinbarungen zu unterbreiten.[168]

115   Während des Verfahrens werden die Prozessakten jeweils der **Staatsanwaltschaft** übermittelt, damit diese eine Stellungnahme zur Einhaltung der Formvorschriften, zur Zulässigkeit der Scheidung und zu den Vereinbarungen in Bezug auf die **minderjährigen Kinder** abgeben kann. Vor dem Ausspruch der Scheidung prüft das Gericht die Einhaltung der gesetzlichen Bedingungen und Formerfordernisse sowie den Inhalt der Vereinbarungen in Bezug auf die minderjährigen Kinder. Sofern das Gericht diese Überprüfung als zufriedenstellend erachtet, wird das Urteil die Vereinbarungen in Bezug auf die minderjährigen Kinder bestätigen und die Scheidung aussprechen. Andernfalls wird das Urteil die Verweigerung der Scheidung begründen.[169]

---

164 Ein Verfahren in deutscher Sprache kann nur im Gerichtsbezirk Eupen durchgeführt werden.
165 Wegen außergewöhnlicher Umstände kann ein Ehegatte von der Verpflichtung des persönlichen Erscheinens befreit werden (z.B. wegen Krankheit, längeren Auslandsaufenthalts) und er kann sich durch einen Anwalt oder Notar vertreten lassen.
166 Art. 1289 GGB.
167 Art. 1290 Abs. 5 GGB.
168 Art. 1293 GGB.
169 Vgl. auch *Pintens*, Die Scheidung und ihre ehegüterrechtlichen Folgen im belgischen Familienrecht, FF 2011, 296.

Gegen das **Scheidungsurteil** kann innerhalb eines Monats nach der Urteilsverkündung 116
Berufung eingelegt werden. Die Staatsanwaltschaft kann gegen ein Urteil, welches die Scheidung ausspricht, und die Ehegatten können gegen ein Urteil, welches die Scheidung verweigert, beim zuständigen Appellationshof **Berufung** einlegen. Innerhalb von zehn Tagen nach der Hinterlegung der Schlussanträge muss der Appellationshof entscheiden. Gegen die Entscheidung des Appellationshofs ist innerhalb von drei Monaten nach der Entscheidung ein **Kassationsrekurs**[170] möglich.

c) Eintragung des Scheidungsurteils in die Standesregister

Innerhalb eines Monats, nachdem das Scheidungsurteil rechtskräftig geworden ist, stellt die 117
Gerichtskanzlei das Urteil dem Standesbeamten der Gemeinde, in welcher die Eheschließung erfolgt ist, oder – wenn die Eheschließung im Ausland erfolgt ist – dem Standesbeamten der Hauptstadt Brüssel zu. Der Urteilsspruch ist alsdann innerhalb eines Monats in die **Standesamtsregister** einzutragen. Erst mit der Eintragung des Scheidungsurteils in die Standesamtsregister werden die Scheidungsvereinbarungen Dritten gegenüber voll und ganz wirksam. Nach erfolgter Scheidung können die geschiedenen Eheleute ihre Vereinbarungen nach freiem Ermessen **einvernehmlich ändern**.[171] Eine gerichtliche Änderung auf Antrag einer Partei ist grundsätzlich nicht möglich.[172] Die Vereinbarungen in Bezug auf die Kinder können jedoch durch den zuständigen Richter revidiert werden, wenn eine wesentliche Veränderung der Situation der Eltern oder der Kinder infolge neuer, vom Willen der Eltern unabhängiger Umstände eintritt.[173]

IV. Internationale Zuständigkeit der Gerichte

Art. 42 IPRG regelt die internationale Zuständigkeit wie folgt: 118

> *Die belgischen Gerichte sind – außer in den durch die allgemeinen Bestimmungen dieses Gesetzes vorgesehenen Fällen – zuständig für alle Anträge bezüglich der Eheschließung und ihrer Folgen, des ehelichen Güterstands, der Scheidung oder Trennung von Tisch und Bett, wenn*
> 1. *bei einem gemeinsamen Antrag: einer der Ehegatten seinen gewöhnlichen Aufenthaltsort bei Antragstellung in Belgien hat,*
> 2. *der letzte gemeinsame gewöhnliche Aufenthaltsort der Eheleute sich weniger als zwölf Monate vor Antragstellung in Belgien befand,*
> 3. *der klagende Ehegatte bei Antragstellung seit wenigstens zwölf Monaten seinen gewöhnlichen Aufenthaltsort in Belgien hatte oder*
> 4. *die Eheleute bei Antragstellung Belgier sind.*

Außerdem sind belgische Gerichte gem. Art. 43 IPRG zuständig für Anträge 119
– zwecks Umwandlung einer Trennung von Tisch und Bett, die durch ein belgisches Gerichtsurteil entschieden wurde, in eine Scheidung;[174]

---

170 Revisionsverfahren beim Kassationshof.
171 Umstritten ist die Frage, ob eine Änderung der Vereinbarungen in Bezug auf die Kinder einer gerichtlichen Bestätigung bedarf, um rechtswirksam zu sein. Siehe hierzu *Van Gysel*, in: *Van Gysel*, Précis de droit de la famille, S. 329 und *Caré*, Le divorce par consentement mutuel, Waterloo, 2014, S. 171.
172 Außer in Bezug auf den nachehelichen Unterhalt (siehe Rdn 110).
173 Art. 1288 Absatz 2 GGB.
174 Obwohl diese Bestimmung noch in Kraft ist, findet sie keine praktische Anwendung mehr, da dieses Verfahren aus dem belgischen Gerichtsgesetzbuch gestrichen wurde.

Schür

– zwecks Revision eines belgischen Gerichtsurteils in Bezug auf eine Scheidung oder Trennung von Tisch und Bett.

120 **Vorrangig** ist die EheVO 2003 zu beachten.

V. Auf die Scheidung anwendbares Recht

121 Art. 56 IPRG regelt den **Umfang des Scheidungsstatuts:**

> *Das auf die Scheidung und die Trennung von Tisch und Bett anwendbare Recht bestimmt insbesondere*
> 1. *die Zulässigkeit der Trennung von Tisch und Bett;*
> 2. *die Gründe und Voraussetzungen der Scheidung oder der Trennung von Tisch und Bett oder – im Falle eines gemeinsamen Antrags – die Voraussetzungen der Einwilligung, ihren Äußerungsmodus inbegriffen;*
> 3. *die Notwendigkeit einer Einwilligung der Eheleute in Bezug auf die Maßnahmen, welche die Person, die Alimente und die Güter der Eheleute und der Kinder, für die sie Sorge zu tragen haben, betreffen.*
> 4. *Die Auflösung der ehelichen Bindung oder – im Falle der Trennung – der Umfang der Lösung dieser Bindung.*

122 Art. 55 IPRG legt das **anwendbare Recht** fest:

> *§ 1 Die Scheidung und die Trennung von Tisch und Bett werden geregelt*
> 1. *durch das Recht des Staates, auf dessen Territorium der eine und der andere Ehegatte seinen gewöhnlichen Aufenthalt bei Antragstellung hat;*
> 2. *in Ermangelung eines gewöhnlichen Aufenthalts auf dem Territorium desselben Staates: durch das Recht des Staates, auf dessen Territorium sich der letzte gemeinsame gewöhnliche Aufenthalt der Eheleute befand, sofern ein Ehegatte seinen gewöhnlichen Aufenthalt auf dem Territorium dieses Staates zum Zeitpunkt der Antragstellung hat;*
> 3. *in Ermangelung eines gewöhnlichen Aufenthalts eines Ehegatten auf dem Territorium des Staates, in dem sich der letzte gemeinsame gewöhnliche Aufenthalt befand: durch das Recht des Staates, dessen Nationalität der eine oder andere Ehegatte zum Zeitpunkt der Antragstellung hat;*
> 4. *in anderen Fällen: durch das belgische Recht.*
> *§ 2 Die Eheleute dürfen jedoch das auf die Scheidung oder die Trennung von Tisch und Bett anwendbare Recht wählen. Sie dürfen nur eines der folgenden Rechte wählen:*
> 1. *Das Recht des Staates, dessen Nationalität der eine und der andere Ehegatte bei Antragstellung hat.*
> 2. *Das belgische Recht.*
> *Dieses Recht muss beim ersten Erscheinen (vor Gericht) angegeben werden.*
> *§ 3 Die Anwendung des durch § 1 bezeichneten Rechts ist ausgeschlossen, sofern dieses Recht das Institut der Scheidung nicht kennt. In diesem Fall kommt das Recht zur Anwendung, das aufgrund des Kriteriums anwendbar ist, welches subsidiär durch § 1 festgelegt ist.*

Vorrangig ist die „Verordnung (EU) Nr. 1259/2010 des Rates vom 20.12.2010 zur Durchführung einer Verstärkten Zusammenarbeit im Bereich des auf die Ehescheidung und Trennung ohne Auflösung des Ehebandes anzuwendenden Rechts" (Rom III-VO) zu beachten (siehe dazu auch § 1 Rdn 92 ff.).

VI. Anerkennung im Ausland erfolgter Scheidungen

Die Anerkennung ausländischer Scheidungen wird durch Art. 57 IPRG geregelt, sofern   123
nicht die EheVO 2003 gilt:

> *§ 1 Eine im Ausland errichtete Urkunde, durch welche der Wille des Ehemannes, die
> Ehe aufzulösen, festgestellt wird, ohne dass die Ehefrau über ein gleiches Recht verfügte,
> darf in Belgien nicht anerkannt werden.*
>
> *§ 2 Eine solche Urkunde kann jedoch in Belgien anerkannt werden nach Prüfung der
> folgenden kumulativen Voraussetzungen:*
> 1. *die Urkunde wurde von einem Gericht des Staates, in dem sie errichtet wurde,
>   bestätigt;*
> 2. *zum Zeitpunkt der gerichtlichen Anerkennung hatte keiner der Ehegatten die Natio-
>   nalität eines Staates, dessen Recht nicht diese Form der Auflösung der Ehe kennt;*
> 3. *zum Zeitpunkt der gerichtlichen Anerkennung hatte keiner der Ehegatten seinen
>   gewöhnlichen Aufenthaltsort in einem Staat, dessen Recht nicht diese Form der
>   Auflösung der Ehe kennt;*
> 4. *die Ehefrau hat die Auflösung der Ehe mit Sicherheit und ohne Zwang angenommen;*
> 5. *keiner der durch Art. 25 vorgesehenen Verweigerungsgründe widerspricht der Aner-
>   kennung.*

D. Scheidungsfolgen

Schür

Die Scheidung hat deklaratorische Wirkung (*effet déclaratif*) in dem Sinne, dass sie zwischen   124
den Ehegatten nur für die Zukunft wirksam ist. Die Auflösung des ehelichen Güterstandes
erfolgt Dritten gegenüber ab Eintragung des Urteils in die Standesamtsregister, zwischen
Eheleuten jedoch rückwirkend. Alle Rechtsfolgen der Ehe werden aufgehoben, ausgenommen, was die Situation der aus der Ehe hervorgegangenen Kinder und gewisse vermögensrechtliche Wirkungen der Ehe angeht.[175]

I. Scheidung wegen unheilbarer Zerrüttung der Ehe

Die persönlichen Folgen der Eheschließung, insb. die Verpflichtung des Zusammenwoh-   125
nens, die Treue-, Sorge- und Unterstützungspflicht, **enden** mit dem Datum, an dem das
Scheidungsurteil rechtswirksam wird (siehe Rdn 107, 117).

1. Vermögensteilung

Die Auflösung des ehelichen Güterstandes wird Dritten gegenüber erst mit der Eintragung   126
des Scheidungsurteils in die Standesamtsregister und zwischen Ehepartnern rückwirkend
ab dem Datum des ersten Scheidungsantrags wirksam.[176] Auf Antrag einer Partei kann das
Gericht jedoch nach Billigkeit aufgrund außergewöhnlicher Umstände entscheiden, dass
einzelne Vermögenswerte und/oder Schulden oder alle Vermögenswerte und Schulden, die

---

175 Z.B. Gesamthaftung für Schulden und Widerrufbarkeit von Schenkungen, die zwischen Eheleuten
    während der Ehe erfolgt sind.
176 Art. 1278 GGB.

seit dem Datum der Trennung der Ehegatten erworben bzw. gemacht wurden, nicht bei der Vermögensteilung zu berücksichtigen sind. Auf Antrag einer Partei ordnet das Gericht entweder im Scheidungsurteil oder in einem späteren Urteil die Liquidation des ehelichen Güterstandes und die Teilung gemeinschaftlicher Vermögenswerte und Verbindlichkeiten an und bezeichnet einen Notar, der diese Liquidation vorzunehmen hat.[177] Das Liquidationsverfahren wird alsdann, entsprechend den durch das Gerichtsgesetzbuch vorgeschriebenen Regeln, durchgeführt.[178]

2. Nachehelicher Unterhalt

127   Der nacheheliche Unterhalt, der in Art. 301 ZGB geregelt ist, ersetzt die eheliche Sorgepflicht ab dem Zeitpunkt, in dem das Scheidungsurteil rechtskräftig wird. Nach Abschaffung der Schuldscheidung (siehe Rdn 81 ff.) ist nunmehr die **Bedürftigkeit** eines Ehegatten das Ausgangskriterium für die Bewilligung und Festlegung des nachehelichen Unterhalts.[179] In Ermangelung einer diesbezüglichen Einigung der Parteien kann das Gericht im Urteil, durch das die Ehescheidung ausgesprochen wird, oder durch eine spätere Entscheidung auf Ersuchen des bedürftigen Ehegatten diesem Unterhalt zu Lasten des anderen Ehegatten zuerkennen.[180] Dieser **Anspruch** ist jedoch nicht absolut: Das Gericht **kann** die Unterhaltszahlung verweigern, wenn der Beklagte nachweist, dass der Antragsteller einen schweren Fehler begangen hat, durch den die Fortsetzung des Zusammenlebens unmöglich gemacht wurde.[181] Das Gericht **muss** die Klage abweisen, wenn der Kläger wegen Gewalt gegen seinen Ehepartner verurteilt wurde.[182] Wenn der Beklagte nachweist, dass die Bedürftigkeit des Klägers aus einer einseitig von Letzterem getroffenen Entscheidung resultiert, ohne dass die Bedürfnisse der Familie diese Wahl notwendig gemacht haben, kann er von der Zahlung des Unterhalts befreit oder lediglich verpflichtet werden, einen reduzierten Unterhalt zu zahlen.[183]

128   Die **Höhe** des nachehelichen Unterhalts wird durch das Gericht festgelegt. Dabei soll der Unterhaltsberechtigte zumindest aus seiner Bedürftigkeit befreit werden unter Berücksichtigung der Einkünfte und Möglichkeiten der Ehegatten und einer evtl. bedeutsamen Verschlechterung der wirtschaftlichen Situation des Unterhaltsberechtigten. Das heißt, dass der Unterhaltsbetrag keinesfalls nur zur Abdeckung der Bedürftigkeit des Berechtigten dient, sondern auch der wirtschaftlichen Verschlechterung des Ehegatten durch die Scheidung

---

177 Wenn die Komplexität einer Akte dies rechtfertigt, kann das Gericht ausnahmsweise auch zwei Notare mit der Liquidation (Auseinandersetzung) des ehelichen Güterstandes der Eheleute beauftragen. Siehe dazu *Leleu*, Droit patrimonial des couples, Nummer 262.

178 Siehe dazu *Schür*, in: *Süß*, Erbrecht in Europa, Länderbericht Belgien, 3. Aufl. 2015, Rn 118 ff.

179 Vor der Scheidungsreform hatten die Unterhaltszahlungen einen hauptsächlich entschädigenden Charakter. Zur Fortgeltung von auf der Grundlage des alten Rechts rechtskräftigen gerichtlichen Unterhaltsentscheidungen vgl. *Pintens*, Entwicklungen im belgischen Familienrecht 2008–2009, FamRZ 2009, 1536 unter Hinweis auf eine Entscheidung des belg. Verfassungsgerichtshofes vom 3.12.2008, in deutscher Übersetzung auszugsweise abgedr. im Belg. Staatsblatt vom 24.12.2008, S. 68164.

180 Art. 301 § 2 ZGB.

181 In diesem Zusammenhang taucht die Schuldfrage auch nach Abschaffung der Schuldscheidung wieder auf. Schwere Fehler können, in den Augen der Rechtsprechung, sein: Ehebruch, Ausschreitungen, Misshandlungen und grobe Beleidigungen, aber auch Alkoholismus oder das Anzweifeln der Vaterschaft eines gemeinsamen Kindes. Wichtig ist jedoch, dass dieser schwere Fehler vor der Trennung begangen worden ist und letztlich Grund dieser Trennung war. Siehe hierzu *Pire*, op.cit., S. 75 ff.

182 Der Richter kann in Erwartung einer rechtskräftigen strafrechtlichen Entscheidung unter Berücksichtigung aller Umstände eine vorläufige Unterhaltszahlung zuerkennen (Art. 301 § 2 Abs. 4 ZGB).

183 Art. 301 § 5 ZGB. Siehe hierzu Civ. Arlon, 24.10.2008, Rev. trim. dr. fam., 2009, S. 444.

selbst Rechnung trägt.[184] Zur Beurteilung dieser Verschlechterung stützt der Richter sich u.a. auf die Dauer der Ehe, das Alter der Parteien, ihr Verhalten während der Ehe in Bezug auf die Organisation ihrer Bedürfnisse und die Betreuung der Kinder während des Zusammenlebens oder danach.[185] Der Richter kann ggf. entscheiden, dass der Unterhalt degressiv sein wird und in welchem Maße er es sein wird. Der Unterhaltsbetrag ist in jedem Fall auf ein Drittel der Nettoeinkünfte[186] des unterhaltspflichtigen Ehegatten beschränkt.[187] Der Unterhalt kann jederzeit aufgrund einer vom Gericht homologierten Vereinbarung der Parteien oder auf Antrag des unterhaltspflichtigen Ehegatten durch einen Kapitalbetrag ersetzt werden.[188]

Die **Dauer** der Unterhaltsverpflichtung darf die Dauer der Ehe nicht übersteigen. Im Falle außergewöhnlicher Umstände kann das Gericht diese Frist verlängern, wenn der Unterhaltsberechtigte nachweist, dass er nach Ablauf dieser Frist aus von seinem Willen unabhängigen Gründen noch immer bedürftig bleibt. In diesem Fall jedoch entspricht der Unterhaltsbetrag dem Betrag, der erforderlich ist, um den Unterhaltsberechtigten aus seiner Bedürftigkeit herauszuholen und ist folglich durch diese begrenzt.[189]   129

Das Gericht kann, wenn der Unterhaltspflichtige seiner **Zahlungsverpflichtung nicht** nachkommt, entscheiden, dass der Unterhaltsberechtigte ermächtigt wird, die Einkünfte des Unterhaltspflichtigen oder die Erträge aus den Gütern, die er aufgrund ihres ehelichen Güterstandes auch verwaltet, sowie alle anderen Beträge, die Dritte ihm schulden, zu vereinnahmen.[190]   130

Außer wenn die Parteien ausdrücklich das Gegenteil vereinbart haben, kann das Gericht auf Antrag einer der Parteien den Unterhalt zu einem späteren Zeitpunkt **erhöhen, reduzieren oder abschaffen**, wenn infolge neuer, vom Willen der Parteien unabhängiger Umstände der Unterhaltsbetrag nicht mehr angepasst scheint. Wenn sich infolge der Liquidierung und Teilung der gemeinschaftlichen Güter der Eheleute deren finanzielle Lage verändert, kann das Gericht den Unterhaltsbetrag entsprechend anpassen.[191]   131

Die Unterhaltspflicht **endet** von Rechts wegen mit dem Tod des Unterhaltspflichtigen, unbeschadet der Möglichkeit, für den Unterhaltsberechtigten ggf. einen Unterhalt vom Nachlass zu verlangen.[192] Der Unterhalt endet auf jeden Fall endgültig nach einer erneuten Eheschließung des Unterhaltsberechtigten oder zu dem Zeitpunkt, wo Letzterer eine Erklärung über das gesetzliche Zusammenwohnen abgibt, außer bei gegenteiliger Abmachung der Parteien. Bildet der Unterhaltsberechtigte mit einer anderen Person eine eheähnliche Gemeinschaft, kann die Unterhaltspflicht durch das Gericht aufgehoben werden.[193]   132

---

184 Cass., 12.10.2009 (www.juridat.be) und Liège, 4.11.2009 (www.juridat.be).
185 Bspw. wenn einer der Ehegatten seine berufliche Karriere aufgegeben hat, um sich um die Kinder zu sorgen.
186 Nach Abzug der Sozial- und Steuerabgaben.
187 Art. 301 § 3 ZGB.
188 Art. 301 § 8 ZGB.
189 Art. 301 § 4 ZGB.
190 Art. 301 § 11 ZGB.
191 Art. 301 § 7 ZGB.
192 Art. 301 § 10 Abs. 1 ZGB. Diese Unterhaltszahlung unterliegt den Vorschriften und Bedingungen von Art. 205*bis* § 1 und 3 bis 6 ZGB und ist auf die Bedürftigkeit des Berechtigten begrenzt.
193 Art. 301 § 10 Abs. 2 und 3 ZGB.

3. Regelung der Altersversorgung

a) Altersrente

133   Ein geschiedener Ehegatte kann neben der Altersrente, die ihm ggf. aufgrund seiner persönlichen Erwerbstätigkeit zusteht, eine Altersrente als geschiedener Ehegatte aufgrund der Erwerbstätigkeit seines früheren Ehegatten erhalten. Der geschiedene Ehegatte kann diese Rente beanspruchen, wenn folgende Voraussetzungen erfüllt sind:
- Der Berechtigte muss das Rentenalter erreicht haben.
- Er darf nicht der elterlichen Sorge enthoben worden sein.
- Er darf nicht wegen eines Angriffs auf das Leben seines Ehegatten verurteilt worden sein.
- Er darf nicht wiederverheiratet sein. Infolge der Auflösung der neuen Ehe durch Scheidung oder Tod entsteht kein Anspruch auf Wiedererlangung des durch die Wiederheirat verlorenen Rentenanspruchs.

b) Hinterbliebenenrente

134   Ein geschiedener Ehegatte hat keinerlei Anspruch auf eine Hinterbliebenenrente infolge des Todes seines nach der Scheidung verstorbenen Ehepartners. Den Anspruch auf die Altersrente, die dem geschiedenen Ehegatten zugestanden wurde, behält dieser jedoch auch nach dem Ableben seines früheren Partners.

4. Verteilung der elterlichen Sorge

135   Die Scheidung hat keine Auswirkungen auf das Eltern-Kind-Verhältnis und dessen Folgen, insbesondere die elterliche Sorge[194] und die Verpflichtungen in Bezug auf den Unterhalt, die Erziehung und die Ausbildung der Kinder. Das Prinzip der **gemeinsamen Ausübung der elterlichen Sorge** bleibt auch nach erfolgter Scheidung anwendbar, es sei denn, außergewöhnliche Umstände rechtfertigen die Zuteilung der elterlichen Sorge an einen Elternteil.[195] Auch bleiben die Eltern weiterhin verpflichtet, jeweils im Verhältnis zu ihren finanziellen Fähigkeiten, ihren Beitrag zu den Kosten des Unterhalts,[196] der Erziehung und Ausbildung der Kinder zu leisten. Die während des Scheidungsverfahrens durch den Scheidungsrichter (des Familiengerichts) festgelegten Regelungen bezüglich der elterlichen Sorge, der Beherbergung der Kinder und des Beitrags beider Elternteile zu den Kosten des Unterhalts, der Erziehung und Ausbildung der Kinder bleiben auch nach der Scheidung weiterhin wirksam, solange sie nicht durch das Familiengericht aufgrund neuer Gegebenheiten in Bezug auf die Situation der Eltern oder der ehelichen Kinder abgeändert werden.

5. Sonstige Scheidungsfolgen

136   Die Scheidung hat Auswirkungen auf die sog. **ehelichen Vorteile**, d.h. die unentgeltlichen Zuwendungen und Vergünstigungen, welche die Ehegatten sich entweder im Ehevertrag oder während der Ehe gewährten: Schenkungen, Testamente, vertragliche Erbeinsetzungen,

---

194 Hierzu *Gründler*, Die Obsorge nach Scheidung und Trennung der Eltern im europäischen Rechtsvergleich, S. 159 ff.

195 Vgl. auch *Pintens*, Reformen im belgischen Familienrecht 2006, FamRZ 2006, 1312.

196 Zur Berechnung des Kindesunterhalts vgl. Gesetz vom 19.3.2010, Belg. Staatsblatt vom 21.4.2010, S. 22362 sowie *Pintens*, Entwicklungen im belgischen Familienrecht 2009–2010, FamRZ 2010, 1488 f.

Vereinbarungen zwecks ungleicher Aufteilung, Vorausanteilsklauseln.[197] Die Ehegatten verlieren aufgrund Art. 299 ZGB von Rechts wegen die ehelichen Vorteile, sofern sie keine anders lautenden Vereinbarungen getroffen haben.

II. Einverständliche Scheidung

Bei der einverständlichen Scheidung werden die Scheidungsfolgen (Vermögensteilung, nacheheehelicher Unterhalt, eventuelle Regelung der Altersversorgung, Verteilung der elterlichen Sorge und andere Scheidungsfolgen) vertraglich geregelt. Der Vertrag wird diesbezüglich mit der Eintragung des Scheidungsurteils in die Standesregister wirksam.   137

Zwischen den Ehegatten wird die Scheidung wirksam   138
– hinsichtlich der persönlichen Scheidungsfolgen (Treue- und Sorgepflicht) zu dem Zeitpunkt, in dem das Scheidungsurteil rechtskräftig wird;[198]
– hinsichtlich des Vermögens rückwirkend zum Datum des Scheidungsantrags.

Dritten gegenüber wird die Scheidung erst mit der Eintragung des Scheidungsurteils in die Standesamtsregister wirksam.[199] Außer im Falle anders lautender Vereinbarungen verlieren die Ehegatten aufgrund von Art. 299 ZGB von Rechts wegen die ehelichen Vorteile (siehe Rdn 136).   139

III. Möglichkeiten vertraglicher Vereinbarungen für die Scheidung

1. Vor der Ehe

Vor der Ehe können in einem Ehevertrag nur die güterrechtlichen Auswirkungen der Scheidung geregelt werden. Ein Erb- und Pflichtteilsverzicht kann grundsätzlich nicht rechtsgültig vereinbart werden. Einzige Ausnahme bildet eine diesbezügliche Vereinbarung gem. Art. 1388 Abs. 2 ZGB für den Fall, dass mindestens einer der Ehegatten zum Zeitpunkt der Vereinbarung einen oder mehrere Nachkommen hat, die aus einer ihrer Ehe vorangehenden Beziehung stammen oder vor ihrer Ehe adoptiert wurden.[200] Ehevertragliche Regelungen in Bezug auf den nachehelichen Unterhalt, den Kindesunterhalt, die elterliche Sorge und das Umgangsrecht sowie generell alle persönlichen Folgen der Scheidung sind nicht zulässig. In diesem Sinne sind auch Scheidungsfolgenvereinbarungen vor der Ehe unzulässig.   140

---

197 Klauseln, die ausdrücklich nur für den Fall der Auflösung des Güterstandes durch den Tod eines Ehegatten vereinbart wurden, werden für beide Ehegatten unwirksam, falls die Ehe durch Scheidung aufgelöst wird (vgl. etwa das Formulierungsbeispiel in Rdn 51).
198 Ablauf der Berufungs- oder Revisionsfrist.
199 Wenn ein Ehegatte vor der Eintragung des rechtskräftigen Scheidungsurteils in die Standesamtsregister verstirbt, wird die Scheidung Dritten gegenüber ab dem Todestag wirksam.
200 In diesem Fall können die Ehegatten vollständig oder teilweise, selbst ohne Wechselseitigkeit, eine Vereinbarung hinsichtlich der Erbrechte am Nachlass des jeweils anderen Ehegatten treffen. Diese Vereinbarung beeinträchtigt jedoch nicht das Recht des einen, durch Testament oder durch Rechtsgeschäft unter Lebenden zugunsten des anderen zu verfügen, und kann auf keinen Fall dem hinterbliebenen Ehepartner das Recht auf Nutznießung am Familienwohnsitz und an dem darin vorhandenen Hausrat entziehen.

2. In der Ehe

141 In der Ehe haben die Ehegatten die Möglichkeit, ihren ehelichen Güterstand oder Vereinbarungen, die in ihrem vorehelichen Ehevertrag enthalten sind, abzuändern. Diese Änderungen dürfen jedoch nur die güterrechtlichen Folgen der Scheidung betreffen. Im Hinblick auf eine beabsichtigte einverständliche Scheidung müssen die Eheleute in Scheidungsvereinbarungen die Scheidungsfolgen regeln. Generelle Scheidungsfolgenvereinbarungen, die nicht im Rahmen eines einverständlichen Scheidungsverfahrens getroffen werden, sind nicht wirksam.

3. Während der Trennung

142 Während der Trennung können die Ehegatten **vorläufige Maßnahmen** vereinbaren, die i.d.R. durch den zuständigen Richter zu bestätigen und beurkunden zu lassen sind (siehe Rdn 103).

E. Gleichgeschlechtliche Ehe

Schür

I. Allgemeines

143 Seit dem Gesetz vom 13.2.2003, welches am 1.6.2003 in Kraft getreten ist, dürfen gleichgeschlechtliche Partner in Belgien heiraten.[201]

II. Rechtsfolgen

144 Die Eheschließung zwischen gleichgeschlechtlichen Partnern hat generell dieselben Rechtsfolgen wie eine Heirat zwischen Partnern verschiedenen Geschlechts. Einzige Ausnahme ist, dass bei gleichgeschlechtlichen Ehen keine Vaterschaftsvermutung besteht.[202]

III. Kollisionsrecht

1. Eheschließung in Belgien

145 Art. 46 IPRG regelt die Voraussetzungen der Heirat gleichgeschlechtlicher Partner: Vorbehaltlich des Art. 47 IPRG (der sich auf die Formalitäten der Eheschließung bezieht) werden die Gültigkeitsvoraussetzungen der Eheschließung für einen jeden Ehegatten vom Recht des Staates geregelt, dessen Staatsangehörigkeit er zum Zeitpunkt der Eheschließung hat (Abs. 1). Die Anwendung einer Vorschrift des aufgrund des ersten Absatzes anwendbaren Rechts ist ausgeschlossen, falls diese Vorschrift die Eheschließung von gleichgeschlechtlichen Personen untersagt, wenn eine dieser Personen die Staatsangehörigkeit eines Staates hat oder seinen ständigen Wohnsitz auf dem Territorium eines Staates hat, dessen Recht eine solche Eheschließung zulässt (Abs. 2).

201 Hierzu *Pintens*, Gleichgeschlechtliche Ehen in Belgien, StAZ 2003, 321.
202 Art. 143 und 315 ZGB.

2. Anerkennung einer im Ausland geschlossenen gleichgeschlechtlichen Ehe

Aus der Sicht des IPRG besteht kein Unterschied zwischen einer im Ausland geschlossenen Ehe zwischen gleichgeschlechtlichen Partnern und einer anderen im Ausland geschlossenen Ehe. Dies gilt auch für gleichgeschlechtliche Ehen, die vor dem 1.6.2003 im Ausland geschlossen wurden, sofern die Voraussetzungen des IPRG erfüllt sind.[203]

146

F. Nichteheliche Lebensgemeinschaft und registrierte Partnerschaft

Schür

I. Freie Lebensgemeinschaft

Die freie Lebensgemeinschaft ist in Belgien gesetzlich nicht geregelt. Eine analoge Anwendung des Eherechts auf diese Lebensgemeinschaften ist ausgeschlossen.[204] Die freie Lebensgemeinschaft hat **keinerlei rechtliche Folgen** hinsichtlich der persönlichen Beziehungen zwischen den Partnern. Ähnliche Pflichten wie bei Ehepartnern entstehen nicht durch die Lebensgemeinschaft (Zusammenwohnen, Treue, Hilfe und Beistand, Beitrag zu den Haushaltskosten usw.). In Ermangelung einer gesetzlichen Regelung wenden Rechtsprechung und Rechtslehre[205] diverse zivilrechtliche Regelungen insbesondere auf die finanziellen Aspekte der Lebensgemeinschaft an (Umwandlung einer Naturalobligation in eine zivilrechtliche Verpflichtung, zivilrechtliche Haftung, ungerechtfertigte Bereicherung, faktische Gesellschaft zwischen Lebenspartnern).

147

Zur Reglung der vermögensrechtlichen und finanziellen Aspekte der Partnerschaft empfiehlt sich der Abschluss eines **Partnerschaftsvertrages,**[206] der entweder privatschriftlich oder vor einem Notar geschlossen wird. Die persönlichen Folgen der Lebensgemeinschaft können in einem solchen Vertrag nicht geregelt werden, da diese Folgen den Regeln des *ordre public* obliegen. Die Partner können sich bspw. nicht rechtsgültig zum Zusammenwohnen oder zur gegenseitigen Treue verpflichten. Desgleichen können sie nicht von den unabdingbaren Vorschriften im Bereich des Erbrechts, der Vormundschaft oder des Sorgerechts vertraglich abweichen. Im Partnerschaftsvertrag kann allerdings bspw. geregelt werden, wie die Parteien
– ihren finanziellen Beitrag zur Deckung der Kosten der Lebensgemeinschaft leisten werden;
– die Eigentumsansprüche in Bezug auf ihr Vermögen beweisen können;
– zwischen ihnen entstehende Eigentumsgemeinschaften in Bezug auf Mobilien oder Immobilien und ggf. deren Auflösung regeln.

148

---

203 Art. 127 § 3 IPRG.
204 Siehe hierzu *Brat*, La vie commune hors mariage in Précis de droit de la famille, S. 362 ff.; *Pintens*, in: *Gottwald/Henrich/Schwab*, Beiträge zum europäischen Familienrecht, Bd. 12, S. 290 f.
205 Siehe *Brat*, Précis de droit de la famille, S. 362 ff.; *Leleu*, Droit des personnes et des familles, Nr. 375–380; *Leleu*, Droit patrimonial des couples, Nr. 429–455; *Printens/Van Der Meersch/Vanwinckelen*, Inleiding tot het familiaal vermogensrecht, S. 394 und die dort erwähnte Rechtsprechung.
206 *Verstraete*, Beschermingstechnieken (andere dan tontine- en aanwasbedingen) tussen ongehuwd samenwonende, in: Familie op maat, Kluwer, 2005, S. 25 ff; *Leleu*, Droit patrimonial des couples, Nr. 453–455..

Der Partnerschaftsvertrag ist nur im Innenverhältnis bindend. Dritten gegenüber ist er gemäß dem allgemeinen Vertragsrecht begrenzt wirksam.[207]

II. Gesetzliches Zusammenwohnen

1. Voraussetzungen für die Begründung

149   Durch das Gesetz vom 23.11.1998[208] wurde eine neue Form der Lebensgemeinschaft, nämlich eine rechtlich anerkannte, **registrierte Lebensgemeinschaft**, eingeführt, das sog. **gesetzliche Zusammenwohnen**. Dieses wird durch die Art. 1475 ff. ZGB geregelt.[209]

150   Diese Form der Lebensgemeinschaft kann von zwei Personen (verschiedenen oder gleichen Geschlechts), die zusammenleben,[210] begründet werden. Diese Personen müssen folgende Voraussetzungen erfüllen:
– Sie dürfen weder verheiratet noch durch gesetzliches Zusammenwohnen mit einem anderen Partner gebunden sein.
– Sie müssen entsprechend den Vorschriften der Art. 1123 und 1124 ZGB vertragsfähig sein.

151   Die Begründung des gesetzlichen Zusammenwohnens erfolgt durch eine **schriftliche, von beiden Parteien unterzeichnete Willenserklärung**, die dem **Standesbeamten** der Gemeinde, in welcher sich der gemeinsame Aufenthaltsort befindet (oder befinden wird), zu überreichen ist. Die Erklärung wird anschließend in den Einwohnerregistern der Gemeinde registriert.

152   Bevor die Erklärung des gesetzlichen Zusammenwohnens abgegeben wird, können die Parteien ergänzend zu den gesetzlichen Vorschriften die Modalitäten ihres Zusammenwohnens in einer **notariellen Urkunde**[211] regeln unter der Voraussetzung, dass der Vertrag nicht gegen die Vorschriften des Art. 1477 ZGB, die öffentliche Ordnung, die guten Sitten, die Vorschriften über die elterliche Gewalt und die Vormundschaft sowie die gesetzlichen Regeln über das Noterbrecht verstößt.[212] Im notariellen Partnerschaftsvertrag können bspw. güterrechtliche Vereinbarungen, die Beteiligung an den Kosten des Zusammenlebens, eine Trennungsentschädigung usw. festgelegt werden.[213] Der notarielle Vertrag ist Dritten gegenüber nicht wirksam. Dieser Vertrag ist genau wie seine späteren Änderungen durch den beurkundenden Notar im Zentralregister für Eheverträge eintragen zu lassen.

---

207 Im Gegensatz zu einem Ehevertrag, durch welchen ein Güterstand festgelegt wird, der Dritten gegenüber uneingeschränkt wirksam ist.
208 In Kraft getreten am 1.1.2000.
209 Hierzu *Pintens*, Partnerschaft im belgischen und niederländischen Recht, FamRZ 2000, 69 ff.; *Becker*, Das Gesetz über die gesetzliche Lebensgemeinschaft in Belgien, MittRhNotK 2000, 155.
210 Das gesetzliche Zusammenwohnen ist nicht nur für Lebensgemeinschaften, die sich durch eine innere, auf Dauer angelegte Bindung auszeichnet, vorgesehen. Personen, die eine reine Haushalts- und Wirtschaftsgemeinschaft ohne innere Bindung bilden, können sich auch für das gesetzliche Zusammenwohnen entscheiden, z.B. Geschwister, ein Elternteil mit einem Kind, zwei Freunde, die aus rein wirtschaftlichen Gründen zusammenleben.
211 Eine privatschriftliche Partnerschaftsvereinbarung ist nicht zulässig.
212 Art. 1478 ZGB.
213 Siehe dazu *Leleu*, Droit patrimonial des couples, Nr. 474–478.

2. Rechtsfolgen

Die gesetzlichen Rechtsfolgen der Erklärung des gesetzlichen Zusammenwohnens sind rein materieller Art und vergleichbar mit einigen allgemeinen Ehewirkungen (*régime primaire*).[214]

- Der Schutz der Art. 215, 220 § 1 und 224 § 1 ZGB ist auf die Wohnung, die Einrichtung und den Hausrat anwendbar (siehe Rdn 20 ff.).
- Die zusammenwohnenden Partner haben sich nach den jeweiligen Möglichkeiten an den Aufwendungen der Lebensgemeinschaft zu beteiligen.
- Die Partner haften gemeinsam für Verbindlichkeiten, die eine Partei allein zum Zwecke der Haushaltsführung und Kindererziehung eingeht, sofern diese Verbindlichkeiten in einem angemessenen Verhältnis zu den Mitteln der Zusammenwohnenden stehen.

153

Diese gesetzlichen Rechtsfolgen können vertraglich **nicht ausgeschlossen oder verändert** werden. Außerdem regelt das Gesetz die **güterrechtlichen Folgen** des gesetzlichen Zusammenwohnens im Sinne einer **Gütertrennung**, wobei die Parteien durch einen notariellen Vertrag von diesen gesetzlichen Vorschriften abweichen können. Nach der gesetzlichen Regelung bleibt jede Partei Eigentümer ihrer Einkünfte und der Güter, die sie nachweislich alleine erworben hat. Kann eine Partei diesen Nachweis nicht erbringen, so gilt eine gesetzliche Vermutung, dass es sich um gemeinschaftlichen Besitz handelt.

154

Seit dem 18.5.2007 sieht das Zivilgesetzbuch **gesetzliche Erbrechte** für den hinterbliebenen gesetzlich Zusammenwohnenden vor. Gemäß Art. 745*octies* ZGB erhält dieser das Nutznießungsrecht an der Immobilie, die während des Zusammenlebens der Familie als gemeinsamer Wohnsitz diente, und an dem darin befindlichen Hausrat. Lebten die gesetzlich Zusammenwohnenden in einem Miethaus oder einer Mietwohnung, erhält er, unter Ausschluss aller anderen Erben, alleine das Mietrecht an diesem Haus oder dieser Wohnung und das Nutznießungsrecht an dem darin befindlichen Hausrat. Darüber hinaus bedarf es einer testamentarischen Verfügung zugunsten des Partners. **Erbschaftsteuerlich** sind die gesetzlich Zusammenwohnenden mit Eheleuten gleichgestellt.

155

Das gesetzliche Zusammenwohnen hat keinerlei Auswirkungen auf die **persönlichen Rechte und Verpflichtungen** der Parteien. Eine Alimentenpflicht,[215] Auswirkungen auf das Statut der Kinder, eine Verpflichtung des Zusammenwohnens, Sorge- und Treuepflicht entstehen nicht. Ist das Einvernehmen zwischen den Parteien ernsthaft gestört, entscheidet das Familiengericht auf Antrag einer Partei über vorläufige und dringend zu ergreifende Maßnahmen in Bezug auf die Person und Güter der Zusammenwohnenden und der Kinder, die Benutzung der gemeinsamen Wohnung und die gesetzlichen und vertraglichen Verpflichtungen der Parteien.[216]

156

---

214 Art. 1477 ZGB.
215 Mit Ausnahme einer Unterhaltspflicht den Kindern des anderen Partners gegenüber, und zwar innerhalb der Grenzen dessen, was er aus dem Nachlass seines vorverstorbenen Partners erhalten hat, und dessen, was dieser ihm an Vorteilen durch Schenkungen, per Testament oder im Rahmen des Partnerschaftsvertrages eingeräumt hat, und mit Ausnahme einer Unterhaltspflicht gegenüber den Verwandten in aufsteigender Linie innerhalb der Grenzen dessen, was ihnen durch die unentgeltlichen Zuwendungen zugunsten des gesetzlich Zusammenwohnenden entgangen ist (Art. 1477 § 5 ZGB),
216 Art. 1479 ZGB und 1253ter bis 1253octies GGB.

Schür

3. Auflösung und Folgen

157 Das gesetzliche Zusammenwohnen **endet**
 – bei Tod einer Partei;
 – bei Heirat einer Partei;
 – durch eine Erklärung, die gemeinsam von den Parteien abgegeben wird;
 – durch eine Erklärung, die einseitig von einer der beiden Parteien bei dem Zivilstandsbeamten abgegeben wird und die der anderen Partei durch einen Gerichtsvollzieher zuzustellen ist.

Das Ende des gesetzlichen Zusammenwohnens wird vom zuständigen Standesbeamten in den Einwohnerregistern registriert.

4. Kollisionsrecht

158 Art. 60 IPRG bestimmt das auf registrierte Lebenspartnerschaften anwendbare Recht wie folgt:

> Die Zusammenlebensbeziehung unterliegt dem Recht des Staates, auf dessen Gebiet sie erstmals registriert worden ist. Dieses Recht bestimmt insbesondere die Bedingungen für die Feststellung der Beziehung, die Wirkungen der Beziehung auf das Vermögen der Parteien sowie die Gründe und die Bedingungen für die Beendigung der Beziehung. Art. 54[217] ist entsprechend anwendbar. Wenn das Recht, auf das verwiesen wird, eine Zusammenlebensbeziehung jedoch nicht kennt, ist das Recht des Staates, auf dessen Gebiet die Beziehung registriert worden ist, anwendbar.

159 Nach einem Rundschreiben des belgischen Justizministeriums vom 29.5.2007[218] findet auf nach deutschem Recht registrierte Lebenspartnerschaften aufgrund ihrer Eheähnlichkeit jedoch nicht Art. 60 IPRG, sondern Art. 46 ff. IPRG Anwendung.[219]

160 Art. 59 IPRG regelt die **internationale Zuständigkeit:**

> Art. 42 ist entsprechend anwendbar auf Anträge mit Bezug auf eine Zusammenlebensbeziehung. Die Registrierung der Schließung einer Zusammenlebensbeziehung darf nur dann in Belgien erfolgen, wenn die Parteien zum Zeitpunkt der Schließung einen gemeinsamen gewöhnlichen Wohnort in Belgien haben. Die Registrierung der Beendigung der Zusammenlebensbeziehung darf nur dann in Belgien erfolgen, wenn die Schließung der Beziehung in Belgien registriert worden ist.

---

217 Art. 54 IPRG bezieht sich auf den Schutz Dritter.
218 Belg. Staatsblatt vom 31.5.2007, S. 29469.
219 Vgl. hierzu *Pintens*, FamRZ 2007, 1495.

G. Abstammung und Adoption

Schür

I. Abstammung

Durch Gesetz vom 31.3.1987,[220] welches das belgische Abstammungsrecht[221] wesentlich erneuert hat, wurde die frühere Unterscheidung zwischen ehelicher und nichtehelicher Abstammung weitgehend aufgehoben. Diese Gleichstellung betrifft hauptsächlich die Wirkungen der Abstammung,[222] wobei jedoch Ausnahmeregeln für die Wirkungen der ehebrecherischen Abstammung bestehen. Die Feststellung der Abstammung erfolgt von Rechts wegen, durch Anerkennung oder aufgrund Gerichtsverfahrens.

1. Abstammung von Rechts wegen

Mutter eines Kindes ist die Frau, die als solche in der **Geburtsurkunde** bezeichnet ist[223] (*mater semper certa est*). Aufgrund Art. 57 ZGB ist der Name der Mutter obligatorisch in der Geburtsurkunde eines in Belgien geborenen Kindes einzutragen. Die Mutterschaft, die aus der Geburtsurkunde hervorgeht, kann angefochten werden. Eine Anfechtungsklage ist jedoch nicht zulässig, wenn das Kind einen mit der Geburtsurkunde übereinstimmenden, fortdauernden Statusbesitz[224] hat, d.h. wenn das Abstammungsverhältnis durch sozial affektive Tatsachen bewiesen wird.[225] **Vater** des Kindes ist von Rechts wegen der Ehemann der Mutter des Kindes, welches innerhalb der Ehe oder weniger als dreihundert Tage nach Auflösung oder Nichtigerklärung der Ehe oder nach dem Verschwinden des Ehemannes[226] geboren wird.[227] Wird das Kind nach einer erneuten Eheschließung der Mutter und weniger als dreihundert Tage nach Auflösung der vorherigen Ehe geboren, gilt der neue Ehemann als Vater des Kindes.[228] Der Ehemann, die Mutter, der Mann, der die Vaterschaft für sich in Anspruch nimmt, die Frau, die die Mitmutterschaft für sich in Anspruch nimmt,[229] oder

161

162

---

220 In Kraft getreten am 6.6.1987, zuletzt geändert durch Gesetz vom 1.7.2006, Belg. Staatsblatt vom 29.12.2006, S. 76040.
221 Art. 312 ff. ZGB. *Pintens*, in: *Schwab/Henrich*, Die Entwicklung des belgischen Kindschaftsrechts, S. 1 ff.
222 Art. 334 ff. ZGB.
223 Art. 312 ZGB.
224 Gemäß Art. 331*nonies* ZGB ergibt sich der fortdauernde Statusbesitz aus Tatsachen, die zusammen oder getrennt auf das Abstammungsverhältnis hindeuten. Diese Tatsachen sind u.a.: 1. dass das Kind stets den Namen der Person getragen hat, von der man sagt, dass es abstammt; 2. dass Letztgenannte es immer wie ihr eigenes Kind behandelt hat; 3. dass die Person in ihrer Eigenschaft als Vater bzw. Mutter für den Unterhalt und die Erziehung des Kindes gesorgt hat; 4. dass das Kind die Person wie seinen Vater bzw. wie seine Mutter behandelt hat; 5. dass es als Kind dieser Person von der Familie und in der Gesellschaft anerkannt wird; 6. dass die öffentlichen Behörden es als solches ansehen.
225 Art. 312 § 2 ZGB. Diese gesetzliche Regel verleiht also dem sozial-affektiven Mutter-Kind-Verhältnis Vorrang gegenüber der biologischen Wirklichkeit. Vgl. hierzu auch *Pintens*, in: *Bergmann/Ferid/Henrich*, Internationales Ehe- und Kindschaftsrecht, Länderteil Belgien, S. 55.
226 Festgestellt durch eine gerichtliche Verschollenheitsvermutung.
227 Art. 315 und 316 ZGB.
228 Art. 317 ZGB.
229 Diese Anfechtungsklage ist jedoch nur dann begründet, wenn seine Vaterschaft erwiesen ist (Art. 318 § 5 ZGB).

das Kind[230] können die vermutete Vaterschaft des Ehemannes mit allen Beweismitteln anfechten, es sei denn, das Kind hat dem Ehemann gegenüber einen fortdauernden Statusbesitz.[231]

Steht die Vaterschaft nicht aufgrund der vorangehenden Vermutung fest, kann gegebenenfalls eine Mitmutterschaftsvermutung aufgrund der Bestimmungen von Art. 325/1 ff. ZGB herangezogen werden.[232] Diese Mitmutterschaftsvermutung kann von der Mutter, dem Kind, der Mitmutter, hinsichtlich derer die Abstammung feststeht, der Frau, die die Mitmutterschaft für sich in Anspruch nimmt, und dem Mann, der die Vaterschaft für sich in Anspruch nimmt, angefochten werden. Die Mitmutterschaftsvermutung beruht auf der Annahme, dass im Rahmen einer Ehe zwischen zwei Frauen das Kind durch medizinisch assistierte Fortpflanzung gemäß Art. 7 des Gesetzes vom 6.7.2007 über die medizinisch assistierte Fortpflanzung gezeugt wurde.

2. Abstammung durch Anerkennung

163   Sofern die **Mutterschaft** nicht von Rechts wegen durch die Eintragung des Mutternamens in der Geburtsurkunde feststeht, kann die Mutter das Kind durch einseitige Erklärung in einer öffentlichen Urkunde vor einem Standesbeamten oder einem Notar unter der Voraussetzung anerkennen, dass durch diese Anerkennung kein absolutes Ehehindernis zwischen dem Vater und der Mutter des Kindes (Inzestabstammung) offenbar wird. Eine Anfechtungsklage gegen die Anerkennung ist unzulässig, wenn das Kind einen mit der Anerkennung übereinstimmenden, fortdauernden Statusbesitz (siehe Rdn 162) hat.[233] Steht die **Vaterschaft** nicht von Rechts wegen aufgrund der Ehe der Mutter fest, kann der Vater das Kind durch eine einseitige und außergerichtliche Erklärung, die von einem Standesbeamten oder Notar öffentlich zu beurkunden ist, anerkennen, sofern dadurch keine Inzestabstammung offenbar wird.[234] Steht die **Mitmutterschaft** nicht aufgrund der Mitmutterschaftsvermutung fest (siehe Rdn 162), kann die Mitmutter das Kind auf gleiche Weise anerkennen.

164   Sowohl für die Mutterschafts-, die Vaterschafts- oder die Mitmutterschaftsanerkennung verfügt das Zivilgesetzbuch, dass, wenn der/die Anerkennende verheiratet ist und ein Kind anerkennen möchte, das nicht dieser Ehe entstammt, sein Ehegatte von dieser Anerkennung in Kenntnis zu setzen ist.[235] Art. 329*bis* ZGB legt die Einwilligungs- und Genehmigungsregelungen fest, die für die Anerkennungsverfahren zu beachten sind. So ist die Einwilligung des volljährigen oder des für mündig erklärten Kindes oder, bei minderjährigen Kindern, des Elternteils, hinsichtlich dessen die Abstammung erwiesen ist, erforderlich. Im letztgenannten Fall ist außerdem die vorherige Einwilligung des Kindes erforderlich, wenn es das zwölfte Lebensjahr vollendet hat. In Ermangelung der erforderlichen Einwilligungen muss das Verfahren vor Gericht fortgesetzt werden. Die Klage wird von Rechts wegen abgewiesen, wenn der Kläger nicht der biologische Vater oder die biologische Mutter ist oder wenn erwiesen ist, dass die Klägerin nicht der Zeugung durch medizinisch assistierte Fortpflan-

---

230 Unter gewissen Voraussetzungen auch die Nachkommen und Vorfahren des verstorbenen Ehemanns, der als Vater gilt, und der geschiedene Gatte der wiederverheirateten Mutter.

231 Art. 318 ZGB. Zu den Anfechtungsfristen vgl. *Pintens*, Belgisches Familien- und Erbrecht 2006–2007, FamRZ 2007, 1491.

232 Gesetz vom 5.5.2014.

233 Art. 330 § 2 Abs. 2 ZGB.

234 Art. 319 ff. ZGB.

235 Art. 313 § 3 ZGB (Mutterschaftsanerkennung), Art. 319*bis* ZGB (Vaterschaftsanerkennung) und 325/6 ZGB (Mitmutterschaftsanerkennung).

zung zugestimmt hat oder dass die Zeugung nicht die Folge dieser Handlung sein kann. Die Anerkennung kann gem. Art. 330 ZGB[236] unter der Voraussetzung angefochten werden, dass das Kind nicht hinsichtlich des Anerkennenden einen Statusbesitz (siehe Rdn 162) hat.

3. Abstammung aufgrund Gerichtsverfahrens

Die **Mutterschaft** kann ausnahmsweise auf Antrag des Kindes, der Mutter oder des Vaters gerichtlich festgestellt werden, wenn der Name der Mutter nicht in der Geburtsurkunde vermerkt ist und das Kind nicht anerkannt wurde.[237] Sofern die **Vaterschaft** oder die **Mitmutterschaft** nicht von Rechts wegen oder infolge einer Anerkennung feststeht, kann diese Abstammung gemäß den Vorschriften der Art. 322 ff. oder 325/8 ff. ZGB gerichtlich erforscht und festgestellt werden. Die durch ein rechtskräftiges Urteil festgestellte Vaterschaft, Mitmutterschaft oder Mutterschaft kann nicht angefochten werden.

Gemäß Art. 332*quinquies* ZGB ist die Klage auf Ermittlung der Mutter-, Vater- oder Mitmutterschaft nicht zulässig, wenn das volljährige oder für mündig erklärte Kind dagegen Einspruch erhebt. Dagegen ist der Einspruch eines Minderjährigen, der das zwölfte Lebensjahr vollendet hat, oder des Elternteils, hinsichtlich dessen die Abstammung erwiesen hat, nur dann ein Abweisungsgrund, wenn sie ein Kind betrifft, das zum Zeitpunkt des Einreichens der Klage mindestens ein Jahr alt ist, und die Feststellung der Abstammung offensichtlich nicht im Interesse des Kindes wäre. In jedem Fall wird die Klage abgewiesen, wenn erwiesen ist, dass die Person, deren Abstammung ermittelt werden soll, nicht der biologische Vater bzw. die biologische Mutter des Kindes ist oder nicht der medizinisch assistierten Fortpflanzung zugestimmt hat oder die Zeugung nicht die Folge dieser Handlung sein kann.

4. Wirkung der Abstammung in Bezug auf die Namensgebung

Ein Kind, dessen Abstammung väterlicherseits und mütterlicherseits oder mütterlicherseits und mitmütterlicherseits gleichzeitig festgestellt wird, trägt entweder den Namen seines Vaters oder seiner Mitmutter oder den Namen seiner Mutter oder einen Namen, der sich aus ihren beiden Namen in der von ihnen gewählten Reihenfolge, aber mit nicht mehr als einem Namen eines jeden von ihnen, zusammensetzt.[238]

Die Eltern wählen den Namen des Kindes bei der Geburtsanmeldung. Der Standesbeamte beurkundet diese Wahl. Sind die Eltern sich nicht einig oder treffen sie keine Wahl, trägt das Kind den Namen seines Vaters oder seiner Mitmutter.[239] Wenn bei einem Kind nur die Abstammung mütterlicherseits oder väterlicherseits feststeht, trägt es den Namen dieser Person. Wird die Vaterschaft oder die Mitmutterschaft nach der Mutterschaft festgestellt, bleibt der Name des Kindes unverändert, außer gegenteiliger gemeinsamer Erklärung der Eltern vor dem Standesbeamten.

Der so festgelegte Name gilt auch für die anderen Kinder, deren Abstammung zu einem späteren Zeitpunkt denselben Eltern gegenüber festgestellt wird.[240]

165

166

167

---

236 Oder 325/4 ZGB in Bezug auf die Mitmutterschaft.
237 Art. 314 ZGB.
238 Art. 335 und 335ter ZGB.
239 Durch seinen Entscheid Nummer 2/2016 vom 14.1.2016, veröffentlicht im Belgischen Staatsblatt am 14.3.2016, S. 16842–16846, hat der Verfassungsgerichtshof diese Bestimmung für verfassungswidrig erklärt und die Wirkung der Regelung auf den 31.12.2016 begrenzt.
240 Art. 335bis ZGB.

II. Adoption

1. Allgemeines

168 Die Gesetze vom 24.4.2003[241] und 13.3.2003,[242] welche am 1.9.2005 in Kraft getreten sind, haben das belgische Adoptionsrecht grundlegend verändert. Die Adoption ist in den Art. 343–370 ZGB geregelt. Seit dem Inkrafttreten der Gesetzesreform ist die Grundlage der Adoption nicht mehr vertraglicher Art. Die Adoption wird vom **Familiengericht** ausgesprochen. Der einseitige **Adoptionsantrag** muss von dem/den Adoptierenden oder ihrem Rechtsanwalt eingereicht werden. Die Verhandlung findet in der Ratskammer statt; das Urteil wird in öffentlicher Sitzung erlassen.[243] Das **Adoptionsurteil** kann erst nach Ablauf einer Frist von wenigstens sechs Monaten nach Einreichen des Adoptionsantrags erlassen werden, es sei denn, das Kind ist seit mehr als sechs Monaten von dem/den Adoptierenden erzogen worden.[244]

169 Das belgische Recht unterscheidet zwischen der einfachen Adoption und der Volladoption: Die Wirkungen beider Adoptionstypen sind unterschiedlich, die Adoptionsvoraussetzungen und das Verfahren sind hingegen weitgehend gleich. Besondere Vorschriften gelten i.Ü. für die internationale Adoption.

2. Adoptionsvoraussetzungen

170 Eine Adoption kann von
– einer alleinstehenden Person,
– einem, seit 30.6.2006 auch gleichgeschlechtlichen,[245] Ehepaar oder
– einem zusammenlebenden, auch gleichgeschlechtlichen, Paar
vorgenommen werden.

Im Sinne der Adoptionsgesetzgebung gilt ein Paar als zusammenlebend, wenn die Partner
– entweder die Erklärung des gesetzlichen Zusammenwohnens abgegeben haben (siehe Rdn 149 ff.)
– oder die Partner seit mindestens drei Jahren ständig und affektiv zusammenleben.[246]

171 Die für eine Adoption zu erfüllenden Voraussetzungen sind folgende:
– Die Adoption muss auf rechtmäßigen Gründen beruhen.[247] Die Adoption eines Minderjährigen muss dem Wohl des Kindes dienen, die völkerrechtlich anerkannten Grundrechte des Kindes müssen gewahrt sein.[248]
– Personen, welche ein minderjähriges Kind zu adoptieren wünschen, müssen für die Adoption geeignet sein, d.h. die notwendigen sozialpsychologischen Eigenschaften nachweisen.[249] Die Adoptionskandidaten sind verpflichtet, an einem von der zuständigen Gemeinschaft organisierten Vorbereitungsseminar teilzunehmen. Im Anschluss an dieses Seminar bewertet das Familiengericht die Eignung der Kandidaten unter Berücksichti-

241 Reform der Bestimmungen des ZGB in Bezug auf die Adoption, in Kraft getreten am 1.9.2005.
242 Reform der Verfahrensregeln, die im Gerichtsgesetzbuch festgelegt sind.
243 Art. 757 GGB.
244 Art. 1231–13 Abs. 2 GGB.
245 Gesetz vom 18.5.2006, Belg. Staatsblatt vom 20.6.2006, S. 31128.
246 Sofern sie nicht durch ein Verwandtschaftsverhältnis miteinander verbunden sind, das zu einem Eheverbot führt.
247 Dies liegt ganz im Ermessen des Richters (siehe Entscheid des Kassationshofes vom 14.1.2013).
248 Art. 344–1 ZGB.
249 Art. 346–1 ZGB.

gung der Beweggründe und der persönlichen, familiären und medizinischen Situation des Betreffenden. Gegebenenfalls ordnet das Gericht eine Sozialuntersuchung an.
- Der Adoptierende muss mindestens 25 Jahre alt sein.[250] Dies gilt nicht bei Annahme eines leiblichen oder adoptierten Kindes des Ehepartners oder der Person, mit welcher der Annehmende zusammenlebt.[251]
- Der Adoptierende muss mindestens 15 Jahre älter sein als der Adoptierte. Bei Annahme eines leiblichen oder adoptierten Kindes des Ehepartners oder der Person, mit welcher der Annehmende zusammenlebt, reicht ein Altersunterschied von 10 Jahren aus.

Verschiedene **Einwilligungserklärungen** sind erforderlich,[252] und zwar insbesondere   172
- von dem zu Adoptierenden, wenn er älter als 12 Jahre ist;
- von den Eltern[253] oder dem gesetzlichen Vertreter des zu adoptierenden Minderjährigen oder Rechtsunfähigen;
- von dem/den Adoptierenden;
- von dem Ehepartner des Adoptierenden oder der Person, mit welcher der Adoptierende zusammenlebt;
- im Falle einer erneuten Adoption: von den vorherigen Adoptierenden.

Bei Verweigerung der Zustimmung können der Adoptierende und die Staatsanwaltschaft beantragen, dass diese Verweigerung als missbräuchlich erklärt und die Adoption zugelassen wird.

Außerdem sind von der Staatsanwaltschaft verschiedene **Stellungnahmen** einzuholen.[254]   173
- Die Stellungnahme der Mutter und des Vaters des Adoptierten, ggf. seines Vormunds, Gegenvormunds und des Friedensrichters;
- die Stellungnahme einer Vertrauensperson, wenn die zu adoptierende volljährige Person nicht in der Lage ist, ihren Willen zu bekunden und eine solche Vertrauensperson durch den zuständigen Friedensrichter bezeichnet wurde;
- die Stellungnahme der Verwandten ersten Grades in absteigender Linie des/der Adoptierenden, wenn diese mindestens 12 Jahre alt sind;
- die Stellungnahme der Person, die das Kind aufgenommen hat, um es anstelle der Mutter und des Vaters zu unterhalten und zu erziehen;
- die Stellungnahme der Personen, deren Zustimmung erforderlich ist und die sich geweigert haben, diese Zustimmung zu erteilen.

Die Voraussetzungen der **Volladoption** sind die gleichen wie die Voraussetzungen der   174
einfachen Adoption, außer dass die Volladoption nur zulässig ist, wenn der zu Adoptierende ein minderjähriges Kind ist.

3. Ende der Adoption

Ein Antrag auf Nichtigkeit der Adoption ist generell nicht zulässig. Wenn aufgrund ausrei-   175
chender Indizien festgestellt wird, dass die Adoption infolge einer Entführung, eines Verkaufs von Kindern oder eines Handels mit Kindern erfolgt ist, kann das zuständige Gericht auf Antrag der Staatsanwaltschaft oder einer Person, die bis zum dritten Grad der biologi-

---

250 Art. 345 ZGB.
251 In diesem Fall muss der Adoptierende mindestens 18 Jahre alt sein.
252 Art. 348–1 bis 348–11 ZGB.
253 Der Vater und die Mutter können der Adoption erst zwei Monate nach der Geburt des Kindes zustimmen.
254 Art. 1231–5 GGB.

Schür

schen Familie des Adoptierten angehört, die Revision des Adoptionsurteils beschließen.²⁵⁵ Die einfache Adoption kann auf Antrag des/der Annehmenden, des Adoptierten oder der Staatsanwaltschaft widerrufen werden, wenn sehr schwerwiegende Gründe vorliegen.²⁵⁶ Die Volladoption ist unwiderruflich. Der Adoption wird außerdem von Rechts wegen ein Ende gesetzt, wenn die Abstammung des Adoptierten vom Annehmenden festgestellt wird, nachdem das Adoptionsurteil rechtskräftig geworden ist.²⁵⁷

4. Wirkungen der Adoption

a) Einfache Adoption

176   Der einfach Adoptierte wird nicht vollständig einem biologischen Kind des Annehmenden gleichgestellt. Der Adoptierte behält eine gewisse Verbindung zu seiner Herkunftsfamilie, d.h. Rechte und Verpflichtungen gegenüber dieser Familie. Die rechtliche Bindung zur Adoptivfamilie endet bei den Familienmitgliedern in erstem Grad (außer hinsichtlich der Ehehindernisse). Die Adoptionsgesetzgebung regelt die Wirkungen der einfachen Adoption in Bezug auf den Namen und Vornamen des Adoptierten (Art. 353–1 bis 7 ZGB), die elterliche Gewalt, die Verwaltung des Vermögens und diesbezügliche Nutzungsrechte der Eltern, die Vormundschaft (Art. 353–8 bis 11 ZGB), die Ehehindernisse (Art. 353–13 ZGB), gegenseitige Unterhaltspflichten (Art. 353–14 ZGB) und die Erbrechte (Art. 353–15 bis 17 ZGB). Eine rechtskräftige einfache Adoption kann in eine Volladoption umgewandelt werden.²⁵⁸

b) Volladoption

177   Mit der Volladoption erhält das Adoptivkind die gleiche rechtliche Stellung wie ein leibliches Kind der Annehmenden.²⁵⁹ Das Kindschafts- und Verwandtschaftsverhältnis zur Herkunftsfamilie wird vollkommen aufgehoben. Der Adoptierte verliert seine Erbansprüche in dieser Familie. Die Ehehindernisse gegenüber der Herkunftsfamilie bleiben jedoch bestehen.

5. Internationale Adoption

178   Eines der wesentlichen Ziele der Reform des belgischen Adoptionsrechts im Jahre 2003 war die Schaffung der nötigen rechtlichen Voraussetzungen zur Ratifizierung des Haager Übereinkommens vom 29.5.1993. Die sog. internationale Adoption ist die Adoption, bei der „ein Kind von einem Land in ein anderes gebracht werden muss".²⁶⁰ Die internationale Adoption ist in den Art. 360–1 ff. ZGB geregelt.

---

255 Art. 351 ZGB.
256 Art. 354 ZGB.
257 Art. 350 ZGB.
258 Art. 347–3 ZGB.
259 Art. 356–1 ff. ZGB.
260 Titel des Abschnitts 2 der Adoptionsgesetzgebung, unmittelbar vor dem Art. 360–1 ZGB.

Bosnien und Herzegowina

Prof. Dr. Suzana Bubić, Professorin für Familienrecht an der Juristischen Fakultät der
Džemal Bijedić Universität Mostar
Dr. Stefan Pürner, Rechtsanwalt und Leiter der Projektbereiche Bosnien und
Herzegowina, Mazedonien, Montenegro und Serbien bei der Deutschen Stiftung für
internationale rechtliche Zusammenarbeit e.V. (IRZ-Stiftung), Bonn

Literatur

Bubić/Traljić, Roditeljsko i strateljsko pravo (Elternrecht und Vormundschaft, Sarajevo 2007; *Bubić*, Opšti trendovi u zaštiti najboljeg interesa djeteta – usvojenika (Allgemeine Tendezen zum Schutz besten Kindesinteresses Adoptierter) in: Zbornik radova „Prava djeteta i ravnopravnost polova – između normativnog i stvarnog, Univerzitet u Istočnom Sarajevu Pravni fakultet, 2012. S. 72–101; *diess.*, Sistem akontativnog plaćanja izdržavanja za djecu – moguće rješenje za smanjenje rizika od siromaštva (Das System der Vorschusszahlung auf den Kindesunterhalt – Eine mögliche Lösung für die Verminderung des Armutsrisikos), in: Aktualnosti građanskog i trgovačkog zakonodavstva i pravne prakse, Pravni fakultet Sveučilišta u Mostaru, Mostar, 2014, S. 155–164; *diess.*, Standard „najbolji interes djeteta" i njegova primjena u kontekstu ostvarivanja roditeljskog staranja (Der Standard des „besten Interesses des Kindes" und seine Anwendung im Kontext der Verwirklichung der elterlichen Fürsorge), in: Zbornik radova Drugi međunarodni naučni skup Najbolji interes djeteta u zakonodavstvu i praksi, Jahrgang II, Nr. II, Mostar 2014, S. 11–32; *diess.*, Ustanova porodičnog posredovanja u njemačkom, evropskom i domaćem pravu (Das Institut der Familienmediation in deutschen, europäischen und einheimischen Recht), Nova pravna revija (NPR), 2011; S. 16–29; *Ćeranić*, Usvojenje kao bijeg iz siromaštva ili kupovina djece (Adoption als Flucht aus der Armut oder Kauf von Kindern), in: Zbornik radova Treći međunarodni naučni skup Dani porodičnog prava, Jahrgang III, Nr. 3, 2015. godina, Mostar, S. 250–252; *Demirović*, Novi pravci u pravnom regulisanju vanbračne zajednice u bosanskohercegovačkom pravu (Neue Richtungen bei der rechtlichen Regelung der nichtehelichen Lebensgemeinschaft im bosnisch-herzegowinischen Recht), in: Zbornik radova Naučni skup Razvoj porodičnog prava – od nacionalnog do evropskog, Mostar, 2013, S. 113–134; *Duraković*, Međunarodno privatno pravo razvoda braka u Evropskoj uniji i Bosni i Hercegovini (Das Internationale Privatrecht der Ehescheidung in der Europäischen Union und in Bosnien und Herzegowina), Mostar 2016; *Jessel-Holst*, Neue Entwicklungen im Bereich des Familienrechts der jugoslawischen Nachfolgestaaten – Unter besonderer Berücksichtigung der Neukodifikation in der Republika Srpska (Bosnien und Herzegowina), FamRZ 2004, 847; *Morait*, Predgovor Porodičnom Zakonu RS (Vorwort zum Familiengesetz der RS), Banja Luka 2003; *Muminovic*, Procesno međunarodno privatno pravo (Internationales Zivilverfahrensrecht), Sarajevo 2006; *Radić*, Zajednička imovina kao mehanizam zaštite imovinskih prava i interesa supružnika (Gemeinsames Vermögen als Mechanismus zum Schutz der Vermögensrechte und -interessen von Ehegatten), in: Zbornik radova Četvrti međunarodni naučni skup Dani porodičnog prava, Jahrgang IV, Nr. 4, Mostar 2016, S. 263–278; *Pürner*, Lateinisches Notariat in Südosteuropa: Neue Bedrohungen, unbeantwortete Fragen und notar 2016, S. 96 f; *Softić Kadenić*, Bračni ugovor i ugovor o nasljeđivanju u pravu Federacije Bosne i Hercegovine kao instrumenti jačanja pravnog položaja nadživjelog bračnog partnera (Ehe- und Erbverträge im Recht der Föderation Bosnien und Herzegowina als Instrument der Stärkung der Rechtsposition des überlebenden Ehegatten), in: Zbornik radova Naučni skup Razvoj porodičnog prava – od nacionalnog do evropskog, Mostar, 2013, S. 137–138; *Traljić/Bubić*, Bračno pravo (Eherecht), Sarajevo 2007.

A. Einleitung

Bei **Bosnien und Herzegowina** (kurz: **BiH**) handelt es sich um ein komplexes staatliches   1
Gebilde, das durch eigentümliche föderale, wenn nicht sogar konföderal zu nennende
Merkmale gekennzeichnet ist. Diese sind nicht zuletzt Folge dessen, dass in der Verfassung
des Staates (die einen Annex zum Friedensvertrag von Dayton darstellt),[1] Zugeständnisse
an durch den Krieg geschaffene Tatsachen gemacht werden mussten. Dadurch entstanden
die beiden sog. Entitäten „**Föderation Bosnien und Herzegowina**" (kurz: **FBiH**) und
„**Republika Srpska**" (kurz: **RS**),[2] die weitgehende eigene Gesetzgebungskompetenz, beispielsweise auch im Bereich des Familienrechts, besitzen.

Neben den Entitäten besteht noch der Distrikt **Brčko** als Gebiet sui generis, der – ebenso   2
wie die Entitäten – eine eigene familien- und damit auch eherechtliche Gesetzgebung besitzt.
Diese **De-facto-Dreiteilung des Landes** Bosnien und Herzegowina macht eine einheitliche
Darstellung des dortigen Eherechts unmöglich.

Deshalb wird nachfolgend das Eherecht der beiden Entitäten getrennt dargestellt. Hierbei   3
wird zuerst auf die FBiH als größtem Landesteil eingegangen,[3] dann auf die RS, wobei sich
die Darstellung auf die wichtigsten Unterschiede zum Recht der Föderation beschränkt.[4]
Von einer Darstellung des Eherechts des Distrikt Brčko, der mit seinen gerade einmal 80.000
Einwohnern kleinster Landesteil ist, wird dagegen abgesehen.

B. Föderation Bosnien und Herzegowina (FBiH)

Gegenwärtig gilt in der FBiH das **Familiengesetz aus dem Jahr 2005** (im Folgenden: **FamG**   4
FBiH). Bedingt durch die geringe Größe der FBiH und der allgemeinen Situation dort
existieren neben dem Gesetzestext selbst kaum weitere Erkenntnisquellen zum Eherecht.
In gewissem Maße kann jedoch auf die bisherige Literatur und Rechtsprechung zurückgegriffen werden, nachdem vorher geprüft wurde, inwieweit die dortigen Ausführungen auch
noch unter dem neuen Gesetz Bestand haben.

---

1 Verfassung von Bosnien und Herzegowina, Annex 4 zum Friedensvertrag von Dayton vom 14.12.1995,
   offizielle Homepage des OHR, dort http://www.ohr.int/dpa/default.asp?content_id=372.
2 Die RS ist Bestandteil Bosnien und Herzegowinas und liegt vollständig auf deren Staatsgebiet. Sie ist
   nicht zu verwechseln mit der Anfang der 1990er Jahre zeitweilig ausgerufenen „Serbischen Republik
   Krajina", um die es in der Entscheidung OLG Hamm vom 27.7.1995, 4 UF 221/95, FamRZ 1996, 178 f
   ging.
3 Da die FBiH seit 2005 ein neues Familiengesetz besitzt (siehe Rdn 30), sind die Ausführungen zur
   Gesetzeslage in der FBiH bei *Jessel-Holst*, FamRZ 2004, 850 durch Zeitablauf überholt. Bezüglich der
   Republika Srpska sind sie jedoch im wesentlichen noch zutreffend.
4 Dies erscheint vertretbar, da es mit der Arbeit von *Jessel-Holst* (FamRZ 2004, 847 ff.) noch eine weitere
   deutschsprachige Arbeit über das in der RS geltende Familienrecht gibt (vgl. die vorstehende Anmerkung).

I. Eheschließung

1. Materielle Voraussetzungen

a) Obligatorische Zivilehe

5   Das FamG FBiH 2005 schreibt die **obligatorische Zivilehe vor**. Gemäß Art. 7[5] kann eine Ehe nämlich nur vor dem Standesamt als staatliche Stelle geschlossen werden. Art. 7 Abs. 3 stellt darüber hinaus klar, dass nach einer solchen standesamtlichen Eheschließung eine Eheschließung vor einer dafür zuständigen Person der eigenen Religionsgemeinschaft erfolgen kann.

b) Verlöbnis

6   Das Recht der FBiH kennt keine Regelungen über die Eingehung, die Rechtsfolgen oder die Auflösung eines **Verlöbnisses**. Ein solches wird lediglich in Art. 19 quasi „zwischen den Zeilen" erwähnt, der festlegt, dass zwischen der Bestellung des Aufgebots und der Eheschließung selbst mindestens 30 Tage liegen müssen.

c) Persönliche Voraussetzungen

aa) Zwei Personen verschiedenen Geschlechts

7   Gemäß Art. 6 kann die Ehe nur zwischen Personen **verschiedenen Geschlechts** eingegangen werden. Eine besondere, rechtlich geregelte Lebenspartnerschaft zwischen gleichgeschlechtlichen Partnern besteht nicht. Insbesondere gibt es auch kein Sondergesetz, das eine solche Lebensgemeinschaft regeln würde. Darüber hinaus ist auch die außereheliche Lebensgemeinschaft, die besonders gesetzlich geregelt ist (Art. 3; siehe Rdn 97 f.), nur verschiedengeschlechtlichen Partnern vorbehalten.

bb) Ehefähigkeit

8   Grundsätzlich kann eine Ehe dann **nicht** geschlossen werden, wenn einer der Ehegatten[6] das **18. Lebensjahr** noch nicht vollendet hat (Art. 15 Abs. 1). Bei jüngeren Personen, die das 16. Lebensjahr schon vollendet haben, kann das – dem deutschen Amtsgericht in etwa entsprechende – Gemeindegericht die Eheschließung genehmigen, wenn es feststellt, dass hierfür „rechtfertigende Gründe"[7] vorliegen, dass die entsprechende Person darüber hinaus körperlich und seelisch für die Ausübung der Rechte und Erfüllung der Verpflichtungen, die aus einer Ehe hervorgehen, geeignet ist und wenn die Ehe in ihrem Interesse liegt. Entschieden wird hierüber im sog. **Nichtstreitverfahren**, das weitgehend dem deutschen FamFG-Verfahren entspricht. Dem Gesetzeswortlaut ist eine Einschränkung, dass der andere Ehegatte das 18. Lebensjahr vollendet haben müsste, nicht zu entnehmen. Dementsprechend erscheint eine solche **Ausnahmegenehmigung** auch dann möglich, wenn auch der andere Ehegatte noch nicht das 18., aber bereits das 16. Lebensjahr vollendet hat.

---

5   Alle im Teil B. ohne Nennung des Gesetzestitels angesprochenen Vorschriften sind solche des FamG FBiH.

6   Die Familiengesetze beider Entitäten weichen in der Bezeichnung der in gemeinsamer Ehe befindlichen Personen voneinander ab: Während das FamG RS von *bračni drug* (wörtlich: „Ehegenosse") spricht, verwendet das FamG FBiH nun den Begriff *bračni partner* (Ehepartner). Im vorliegenden Beitrag wird, in Übereinstimmung mit der Terminologie des BGB, einheitlich von „Ehegatten" gesprochen.

7   Dieser Begriff wird in der Rechtsterminologie der Nachfolgestaaten des ehemaligen Jugoslawien meist in ähnlicher Bedeutung wie der deutsche Rechtsterminus „wichtiger Grund" gebraucht.

Im gerichtlichen Verfahren auf Erteilung einer solchen **Ausnahmegenehmigung** werden   9
die Eltern (soweit ihnen nicht das Sorgerecht entzogen wurde) oder der Vormund als
gesetzliche Vertreter der betreffenden minderjährigen Person sowie diese selbst **angehört**,
um Informationen über die Reife des betreffenden Minderjährigen und über mögliche
rechtfertigende Gründe zu erhalten. Soweit die Eltern ohne wichtigen Grund, der dies
rechtfertigen würde, das Sorgerecht nicht ausüben, bleibt es dem Gericht vorbehalten, sie
anzuhören oder nicht (Art. 342 Abs. 2). Da es sich nur um eine Anhörung handelt, ist die
Zustimmung des Sorgeberechtigten nicht erforderlich, um die Ausnahmegenehmigung zu
erhalten. Gegen die Erteilung, nicht jedoch gegen die Versagung der Erteilung dieser Ausnahmegenehmigung, kann der Sorgeberechtigte gem. Art. 342 Abs. 3 **Widerspruch** einlegen.
Gemäß Art. 11 kann eine Person, der die Geschäftsfähigkeit entzogen wurde oder die „zur
Beurteilung nicht fähig ist", keine Ehe schließen. Personen der zweitgenannten Gruppe
(der zur Beurteilung Nichtfähigen) kann das Gericht jedoch gem. Art. 11 Abs. 2 ausnahmsweise die Eheschließung gestatten, wenn es feststellt, dass diese fähig sind, die Bedeutung
der Ehe und die daraus fließenden Verpflichtungen zu erfassen, und die Ehe offensichtlich
in deren Interesse liegt.

cc) Ehehindernisse

Die Ehehindernisse lassen sich in beseitigbare und solche, die nicht beseitigt werden können,   10
unterteilen. Zu den **nicht beseitigbaren** Ehehindernissen gehört die **Blutsverwandtschaft**
und die durch **Volladoption** entstandene Verwandtschaft in gerader Linie und in der Seitenlinie bis einschließlich des vierten Verwandtschaftsgrades (Art. 12 Abs. 1 und 2). Im Fall
einer sog. **unvollständigen Adoption** (**Teiladoption**) dürfen der Adoptierte und der Annehmende keine Ehe miteinander eingehen (Art. 13). Die unvollständige Adoption führt also
nur im ersten Grad der direkten Linie zu einem Ehehindernis, während die Volladoption
in gerader Linie zu einem uneingeschränkten Ehehindernis in der Seitenlinie bis zum vierten
Verwandtschaftsgrad führt. Von den Ehehindernissen, die ihre Ursache darin haben, dass
die künftigen Ehegatten aufgrund einer Vorehe in bestimmter Weise miteinander verschwägert sind (Schwiegermutter, Schwiegervater, Schwiegertochter, Schwiegersohn), kann **Befreiung** erteilt werden. Das Gleiche gilt für eine Ehe mit dem Stiefvater oder der Stiefmutter
bzw. der Stieftochter und dem Stiefsohn (Art. 14 Abs. 1 und 2). Die Befreiung wird im
FamG-Verfahren erteilt. Materielle Voraussetzung ist wiederum, dass das Gericht vom
Vorliegen „rechtfertigender Gründe" ausgeht.

d) Rechtsfolgen von Verstößen

Auch im Recht der FBiH unterscheidet man zwischen Nichtehe und aufhebbarer Ehe.   11
Darüber hinaus wird auch die sog. fiktive Ehe, die der deutschen Scheinehe entspricht,
gesetzlich geregelt.

Eine **Nichtehe** liegt gem. Art. 8 Abs. 2 dann vor, wenn die Partner nicht geschlechtsverschie-   12
den sind, die Ehewillenserklärung eines Partners fehlt oder diese nicht vor dem Standesbeamten abgegeben wurden. Anders als nach der bis Anfang der 70er Jahre geltenden gesamt-
jugoslawischen Gesetzgebung entfaltet eine solche Nichtehe keinerlei Rechtswirkung, so
dass insbesondere auch aus einem solchen Verhältnis entstehende Kinder als nichtehelich
gelten.[8]

---

8 *Traljić/Bubić*, Bračno pravo (Eherecht), S. 44.

13   **Aufhebbar** ist eine Ehe gem. Art. 34 dann, wenn einer der folgenden, in Art. 10–16 genann-
      ten Gründe vorliegt:
      – Doppelehe;
      – fehlende Geschäftsfähigkeit oder mangelnde Urteilsfähigkeit (außer in Fällen, in denen
        wegen des letzten Punktes Befreiung erteilt wurde);
      – Blutsverwandtschaft;
      – Volladoption oder unvollständige Adoption;
      – Schwägerschaft oder Stiefverwandtschaft in der oben beschriebenen Art (soweit keine
        Befreiung erteilt wurde) sowie
      – Minderjährigkeit (es sei denn, eine Befreiung wurde erteilt).

14   Darüber hinaus führen auch **bestimmte Willensmängel** (Drohung, Irrtum über die Person
      des Ehegatten oder über eine seiner wesentlichen Eigenschaften) zur Aufhebbarkeit der
      Ehe (Art. 16).

15   Aufgelöst wird die Ehe gem. Art. 36 ff. durch **Gestaltungsurteil** mit Wirkung nur für die
      Zukunft.

16   Auf dieselbe Weise aufgelöst wird die in Art. 35 geregelte „fiktive Ehe" (**Scheinehe**), bei
      der die Ehe zu anderen Zwecken als der gemeinsamen Lebensführung eingegangen wurde.
      Wie in Deutschland spielen auch hier die diesbezüglich erstrebten Sekundärwirkungen der
      Ehe im Bereich des Ausländerrechts eine große Rolle. In der lokalen Literatur werden
      jedoch auch die mit der Ehe verbundenen Rechtswirkungen hinsichtlich Pensions- und
      Wohnraumfragen genannt.[9]

2. Zuständige Behörden und Verfahren

17   Die beiderseitigen Erklärungen, die Ehe miteinander eingehen zu wollen, müssen vor einem
      Standesbeamten in Gegenwart von zwei Zeugen abgegeben werden (Art. 23). Anders als
      nach § 1312 Abs. 1 S. 2 BGB ist die Anwesenheit dieser Zeugen hierbei nicht in das Belieben
      der zukünftigen Ehegatten gestellt. Ebenfalls anders als nach deutschem Recht ist auch die
      Möglichkeit einer **Ferntrauung**, bei der nur ein Ehegatte persönlich vor dem Standesbeam-
      ten erscheint, während der andere durch eine besonders bevollmächtigte Person vertreten
      wird, vorgesehen (Art. 24). Dies ist jedoch nur in „besonders gerechtfertigten Fällen" und
      mit Genehmigung des zuständigen Gemeindeorgans möglich. Darüber hinaus erlischt eine
      solche gesonderte Vollmacht automatisch nach 60 Tagen ab dem Tag ihrer Beglaubigung
      (Art. 24 Abs. 1–3).

18   Die **Bestellung des Aufgebots** ist im Regelfall mindestens 30 Tage vor der Eheschließung
      beim Standesamt anzuzeigen. Diese Regelung soll eine Mindestbedenkzeit garantieren und
      so vor übereilten Eheschließungen schützen. Der Standesbeamte kann in begründeten Fällen
      die Frist verkürzen (Art. 19). Bei der Aufgebotsbestellung sind ein Auszug aus dem Gebur-
      tenregister sowie ggf. sonstige erforderliche Unterlagen vorzulegen.

19   Ein **Ausländer**, der in der FBiH heiraten möchte, muss zum **Nachweis seiner Ehefähigkeit**
      seine Geburtsurkunde, einen Standesregisterauszug, aus dem hervorgeht, dass er noch nicht
      verheiratet ist, eine Bescheinigung über seine Staatsangehörigkeit sowie eine Bestätigung
      darüber, dass eine in BiH abgeschlossene Ehe auch in seinem Heimatstaat anerkannt würde,
      vorlegen. All diese Unterlagen müssen mit Apostille versehen und von einem zugelassenen
      Gerichtsübersetzer in eine der Amtssprachen von BiH übersetzt sein.

---

9 Vgl. *Traljić/Bubić*, Porodično pravo (Familienrecht), S. 46.

Bubić/Pürner

Eine bestimmte **örtliche Zuständigkeit** des Standesbeamten oder des Standesamtes ist nicht vorgesehen. Vielmehr entscheiden die Ehegatten unabhängig von ihrem Wohnsitz darüber, bei welchem Standesamt sie sich trauen lassen wollen (Art. 17 Abs. 1).[10] Ist nach der standesamtlichen Trauung noch eine religiösen Eheschließungszeremonie gewünscht, muss nach Art. 29 ein Auszug aus dem Heiratsbuch vorgelegt werden.

3. Kollisionsrecht der Eheschließung

Das für Fragen des IPR maßgebliche Gesetz in der FBiH ist das „Gesetz über die Lösung von Konflikten zwischen Gesetzen mit Vorschriften anderer Länder in bestimmten Verhältnissen".[11] Bei diesem Gesetz handelt es sich um ein früheres Bundesgesetz der damaligen Sozialistischen Föderativen Republik Jugoslawien,[12] das von sämtlichen Nachfolgestaaten als eigenes Gesetz übernommen wurde.[13] Gemäß dessen Art. 32 Abs. 1 ist hinsichtlich der Voraussetzungen für die Eheschließung bezüglich jedes einzelnen zukünftigen Ehegatten das Recht des Staates, dessen Staatsangehörigkeit er zum Zeitpunkt der Eheschließung besitzt, maßgeblich. Selbst wenn diese Voraussetzungen erfüllt sind, unterbleibt gem. Art. 32 Abs. 2 eine Eheschließung dann, wenn trotz der Erfüllung der Ehevoraussetzungen nach dem fremden Recht ein Ehehindernis nach dem Recht der FBiH vorliegt, das an das Bestehen einer früheren Ehe, an die Verwandtschaft oder die Urteilsfähigkeit anknüpft. Bezüglich der Form der Eheschließung gilt das Recht am Ort der Eheschließung (Art. 33).

II. Folgen der Ehe

1. Güterrecht

a) Allgemeines

Nach dem FamG FBiH 2005 sind, anders als früher, vertragliche Vereinbarungen zwischen den Ehegatten im Bereich des ehelichen **Güterrechts** möglich, wovon in der Praxis jedoch wenig Gebrauch gemacht wird.[14] Ohne eine solche unterscheidet das Gesetz zwischen **„ehelichen Erwerbungen" (Errungenschaftsgemeinschaft)** und **besonderem Vermögen**. Für den Fall einer ehevertraglichen Vereinbarung definiert das Gesetz jedoch keine Wahlgüterstände, die so vereinbart werden könnten. Es müssen also die jeweiligen Einzelheiten der gewünschten vermögensrechtlichen Verhältnisse im Einzelnen vereinbart werden, wobei die Grenzen des hierbei Zulässigen weder durch Gesetz und (zumindest bislang) auch noch nicht durch die Rechtsprechung definiert sind.

Paradox ist die Situation bezüglich der für einen Ehevertrag in der FBiH erforderlichen Form. Diesbezüglich ist bzw. war sowohl in Art. 73 Abs. 1 Ziff. 1 des Gesetzes über das Notariat der FBiH wie in Art. 258 Abs. 2 des FamG FBiH notarielle Beurkundung vorgesehen. Mit Entscheidung des Verfassungsgerichts der FBiH U-15/10 vom 2.12.2015 wurde jedoch die genannte Vorschrift des NotarG – nicht jedoch diejenige des FamG FBiH – für

20

21

22

10　Vgl. *Traljić/Bubić*, Bračno pravo (Eherecht), S. 60.

11　Wegen dieses Titels wird dieses Gesetz unter lokalen Juristen auch häufig lediglich als „Das Gesetz mit dem langen Namen" bezeichnet.

12　Službeni list SFRJ Nr. 43/1982, 72/1982.

13　Lediglich die Republik Slowenien hat sich zwischenzeitlich ein eigenständiges IPR-Gesetz gegeben. In Montenegro und in Serbien wird derzeit an einem neuen IPR-Gesetz gearbeitet.

14　Zu den Gründen vgl. *Softić Kadenić*, Bračni ugovor i ugovor o nasljeđivanju u pravu Federacije Bosne i Hercegovine kao instrumenti jačanja pravnog položaja nadživjelog bračnog partnera, Zbornik radova Naučni skup Razvoj porodičnog prava – od nacionalnog do evropskog, Mostar, 2013, S. 137–138).

verfassungswidrig erklärt. Obwohl viel dafür spricht, dass auf Grundlage der – schwer nachzuvollziehenden – Logik des Verfassungsgerichts (das in einer exklusiven Zuständigkeit von Notaren für solche Rechtsgeschäfte u.a. eine Verletzung des Rechtes auf Arbeit der Anwälte für gegeben ansieht) auch Art. 258 Abs. 2 FamG FBiH verfassungswidrig sein müsste, wird diese Vorschrift im Tenor der Verfassungsgerichtsentscheidung nicht erwähnt. Deshalb wird schon aus Gründen der Vorsicht dazu zu raten sein, solche Vereinbarungen weiterhin notariell abzuschließen. Da die Notarkammer der FBiH gegenwärtig versucht, das Urteil des Verfassunsgerichtes der FBiH vom Verfassungsgericht des Gesamtstaates Bosnien und Herzegowina aufheben zu lassen, sollte diesem Punkt besondere Aufmerksamkeit gewidmet werden, da aus dem genannten Grund weitere Entwicklungen nicht ausgeschlossen sind.

b) Errungenschaftsgemeinschaft („eheliche Erwerbungen") und Sondervermögen

23   Ohne gesonderte vertragliche Vereinbarung zwischen den Ehegatten teilt sich das Vermögen in **Sondervermögen** der jeweiligen Ehegatten und in die „**ehelichen Erwerbungen**". Sondervermögen der Ehegatten bleibt das Vermögen, das sie im Zeitpunkt der Eheschließung besaßen, sowie Vermögen, das sie während der Ehe auf andere Art als durch Arbeit oder die in Art. 251 genannte Art und Weise erworben haben (Art. 254).

24   Fraglich ist, ob eine etwaige **Mitgift** als Sondervermögen der Ehefrau gilt. Dies war nach der ausdrücklichen Festlegung des Art. 290 des vorherigen Gesetzes der Fall. Da eine solche ausdrückliche Regelung nun fehlt und gem. Art. 251 Abs. 2 „Geschenke dritter Personen während der Dauer der ehelichen Lebensgemeinschaft" in das Vermögen der Errungenschaftsgemeinschaft fallen sollen, spricht einiges dafür, dass dies vom Gesetzgeber nun nicht mehr gewollt ist. Zwingend ist dies jedoch nicht, da man auch argumentieren könnte, dass es sich bei einer Mitgift um ein Geschenk handelt, das nicht während der ehelichen Lebensgemeinschaft, sondern vorher zufließt.

25   Da der Erwerb durch Vererbung (anders als Geschenke unter bestimmten weiteren Voraussetzungen) nicht als Bestandteil der Erwerbsgemeinschaft genannt wird, ist davon auszugehen, dass **ererbtes Vermögen**[15] als Sondervermögen der Ehegatten gilt.

26   Auf Sondervermögen finden die allgemeinen Regelungen des bürgerlichen Rechts Anwendung, so dass die Ehegatten darüber **selbstständig verfügen** können. Die Ehegatten **haften** jedoch mit ihrem Sondervermögen ebenso wie mit dem zur Errungenschaftsgemeinschaft zählenden Vermögen für Verbindlichkeiten, die zur Befriedigung des laufenden Bedarfs der ehelichen bzw. Familiengemeinschaft übernommen wurden. In gleicher Weise haften sie für Verbindlichkeiten, für die beide Ehegatten von Gesetzes wegen gemeinsam haften.[16]

27   Als sog. **eheliche Erwerbung**, d.h. der **Errungenschaftsgemeinschaft** unterliegendes Vermögen, gilt Vermögen, das die Ehegatten während der Dauer der ehelichen Gemeinschaft erworben haben, sowie die Einkünfte aus solchem Vermögen (Art. 251 Abs. 1). Darüber hinaus stellt Art. 251 Abs. 2–4 klar, dass auch folgendes Vermögen hierzu zählt:
- Geschenke dritter Personen an einzelne Ehegatten, wenn sich aus Zweck und Umständen der Schenkung nicht ersehen lässt, dass der Schenker nur einen der Ehegatten beschenken wollte;
- Gewinne aus Glücksspielen;[17]
- Einkünfte aus gewerblichen Schutzrechten.

---

15   Vgl. *Traljić/Bubić*, Bračno pravo (Eherecht), S. 83.
16   Vgl. *Traljić/Bubić*, Bračno pravo (Eherecht), S. 84.
17   Dies war bisher anders, vgl. *Traljić/Bubić*, Porodično pravo (Familienrecht), S. 314, dort Fn 4.

Der Anteil der jeweiligen Ehegatten an diesem gemeinsamen Vermögen bestimmt sich nach   28
ihrem Beitrag zum Erwerb dieses Vermögens. Art. 252 Abs. 1 bestimmt, dass die Ehegatten
zu gleichen Teilen Miteigentümer an dem der Errungenschaftsgemeinschaft unterliegenden
Vermögen sind, soweit sie vertraglich nicht etwas anderes vereinbart haben. Gemäß dem
mit „Verwaltung der ehelichen Errungenschaften" überschriebenen Art. 253 finden auf
dieses Vermögen „die Bestimmungen des Sachen- und Schuldrechts Anwendung, wenn
durch dieses Gesetz nichts anderes bestimmt ist". Dies bedeutet, dass dieses Vermögen auch
gemeinschaftlich verwaltet wird.

c) Vertragliche Güterstände

Das Gesetz sieht **keine Wahlgüterstände** vor (vgl. Rdn 22). Diesbezüglich wird in den   29
mit „Eheverträge" überschriebenen Art. 258–260 lediglich geregelt, dass die Ehegatten ihre
vermögensrechtlichen Verhältnisse bei Eingehung der Ehe oder während dieser durch „notariell zu erstellenden" Ehevertrag regeln können (Art. 258). Weiter wird in Art. 260 die
Wahl eines fremden Rechts ausgeschlossen.

Das FamG BiH sieht (dasselbe gilt für die Republika Srpska, siehe Rdn 119) die Möglichkeit   30
zum **Abschluss eines Ehevertrages** is vor.

Noch nicht abschließend geklärt ist jedoch, welche Regelungen in einem solchen Vertrag   31
möglich sind und welche wohl unzulässig wären. Dies hat seine Ursache insbesondere in
einer gewissen „Kurzangebundenheit" der einschlägigen gesetzlichen Regelungen. Für die
Föderation bestimmt Art. 158 Abs. 1, dass mit solchen Verträgen die „vermögensrechtlichen
Beziehungen der Ehepartner" geregelt werden können. Art. 260 stellt darüber hinaus fest,
dass in solchen Verträgen die vertragliche Vereinbarung der Anwendung eines ausländischen
Rechts nicht zulässig ist.

Daraus lässt sich zum einen schließen, dass vom gesetzlichen Leitbild abweichende Regelun-   32
gen über den Güterstand während der Ehe möglich sind. Zulässig ist es beispielsweise, zu
vereinbaren, dass bestimmtes Vermögen, das eigentlich in Errungenschaftsgemeinschaft
fallen würde, Sondervermögen sein soll oder – umgekehrt – dass Vermögen, das eigentlich
Sondervermögen wäre, als von der Errungenschaftsgemeinschaft umfasst angesehen wird.
Auch sollen Regelungen über die Verwaltung und die Verfügung von Vermögen, das Gegenstand der Errungenschaftsgemeinschaft ist, zulässig sein. In dem Falle, dass beide Partner
ihren Wohnsitz in Bosnien und Herzegowina haben, soll die Vereinbarung eines anderen
Rechts aber nicht möglich sein. Dies gilt auch in den Fällen, in denen einer der Ehegatten
ausschließlich die Staatsangehörigkeit eines anderen Staates besitzt. Begründet wird dies
mit der Vorschrift des Art. 37 Abs. 2 des IPR-Gesetzes („Gesetz über die Lösung von
Konflikten zwischen Gesetzen mit Vorschriften anderer Länder in bestimmten Verhältnissen),[18] der die Anwendung eines von den Ehegatten gewählten Rechts auf vermögensrechtliche Fragen nur zulässt, wenn das Recht des Aufenthaltsstaates (Art. 36 Abs. 2 des IPR-
Gesetzes i.V.m. Art. 37 Abs. 1 des IPR-Gesetzes) eine solche Rechtswahl zulässt. Dies ist
jedoch im Recht Bosnien und Herzegowinas gerade nicht der Fall. Anders kann der Fall
bei Ehegatten mit verschiedener Staatsangehörigkeit, von denen eine diejenige Bosnien und
Herzegowinas ist, liegen, wenn das Recht, das zum Zeitpunkt des Vertragsabschlusses
anwendbar ist, eine solche Rechtswahl gestattet.

Als gesichert gelten kann auch, dass für Eheverträge die allgemeinen **Grenzen der Vertrags-**   33
freiheit gelten. Daraus ergibt sich, dass die Verträge, die der Verfassung, zwingenden Vorschriften oder der Moral der Gesellschaft widersprechen (so Art. 49 des Gesetzes über die

---

18 Službeni list SFRJ Nr. 43/1982.

Schuldverhältnisse[19]), unwirksam sind. Darüber hinaus stellt auch Art. 18 Art. 2 des Gesetzes über die grundlegenden Sachenrechtsverhältnisse eine Grenze für die Inhaltsfreiheit von Eheverträgen auf. Nach dieser Vorschrift ist ein Vertrag, durch den ein Miteigentümer dauernd auf sein Recht verzichtet, die Auseinandersetzung bezüglich eines im Miteigentum stehenden Vermögensgegenstandes zu verlangen, nichtig. Auf Eheverträge bezogen bedeutet dies, dass eine Vereinbarung, die für den Scheidungsfall den Verzicht auf die Auseinandersetzung der ehelichen Errungenschaften beinhaltet, nichtig wäre.

34   Aus dem Umstand, dass nach dem Gesetz durch einen Ehevertrag **nur vermögensrechtliche Beziehungen** der Ehepartner geregelt werden können sollen, wird gefolgert, dass in solchen Verträgen keine Regelungen beispielsweise über das Umgangsrecht gemeinsamer Kinder getroffen werden können. Auch Vereinbarungen über den Unterhalt sollen nichtig sein, da der Unterhaltsanspruch zwar (auch) vermögensrechtliche Natur sei, aber auch höchstpersönlichen Charakter besitze.

2. Ehelicher Unterhalt

a) Allgemeines

35   Gemäß Art. 224 hat ein Ehegatte, der nicht genügend Mittel besitzt, um seinen Lebensunterhalt zu bestreiten, der arbeitsunfähig ist oder keine Beschäftigung findet und seinen Lebensunterhalt auch nicht aus seinem Vermögen bestreiten kann, gegenüber dem anderen Ehegatten **Anspruch auf Unterhalt**, der dessen Möglichkeiten angemessen ist. Die Voraussetzungen, die in dieser Vorschrift normiert werden, sind gleichzeitig auch die Voraussetzungen, unter denen ein getrennt lebender Ehegatte und ein früherer Ehegatte nach der Scheidung oder Aufhebung der Ehe einen Unterhaltsanspruch gegen den anderen hat.

b) Anspruchsvoraussetzungen und Anspruchsumfang

36   Ein **Anspruch** besteht, wenn der betreffende Ehegatte nicht in der Lage ist, seinen Lebensunterhalt ausreichend aus seiner eigenen Arbeit oder aus seinem Vermögen zu bestreiten. Alleine die Tatsache, dass ein Ehegatte, der zur Sicherung seines Lebensunterhalts in der Lage ist, unter den Standard, der in der Ehe bestanden hat, fällt, gewährt also keinen Unterhaltsanspruch.[20] Dieser dient nämlich nur dazu, die Existenz des anspruchsberechtigten Ehegatten zu sichern, nicht aber der Sicherung seines ehelichen Lebensstandards. Der berechtigte Ehegatte, der keine Arbeit findet, ist nicht verpflichtet, ein Arbeitsverhältnis zu begründen, für das er eigentlich fachlich überqualifiziert ist.[21] Hinsichtlich der Bedürftigkeit hat das Gericht gem. Art. 235 Abs. 4 die vom Föderationsministerium für Arbeit und Sozialpolitik jährlich spätestens bis zum 1. März bekannt zu gebenden Tabellen über die durchschnittlichen Lebenshaltungskosten Unterhaltsbedürftiger zu berücksichtigen. Bezüglich der Leistungsfähigkeit wird gem. Art. 235 Abs. 3 – ausgenommen die tatsächlichen Bezüge des Unterhaltsschuldners sowie sein Eigenbedarf und seine anderweitigen gesetzlichen Unterhaltsverpflichtungen – auch dessen „tatsächliche Möglichkeit zum Erwerb eines erhöhten Lohns" berücksichtigt. Daraus wird zu folgern sein, dass ein Unterhaltsschuldner im Zweifel dazu verpflichtet ist, seine Erwerbstätigkeit auszuweiten, um seinen Unterhaltsverpflichtungen nachkommen zu können.

---

19   Diese Bestimmung entspricht in weiten Teilen dem deutschen Recht, das durch § 138 BGB geregelt wird.
20   So wohl auch *Traljić/Bubić*, Bračno pravo (Eherecht), S. 128.
21   Vgl. *Traljić/Bubić*, Bračno pravo (Eherecht), S. 128; vgl. auch Art. 235 Abs. 2.

Gemäß Art. 226 Abs. 1 kann das Gericht den an sich gegebenen Unterhaltsanspruch eines   37
geschiedenen Ehegatten ablehnen, wenn dieser dem Ehepartner gegenüber in der Ehe ein
grobes Fehlverhalten an den Tag gelegt hat oder wenn die Unterhaltsverpflichtung eine
offensichtliche Ungerechtigkeit für den verpflichteten Ehegatte darstellen würde. Der
letztgenannte Ausschlussgrund gilt auch im Falle einer Eheaufhebung. Gemäß Art. 227 ist
ein Unterhaltsanspruch auch dann nicht gegeben, wenn die Ehegatten während einer längeren Zeit des Getrenntlebens ihren eigenen Lebensunterhalt selbstständig bestritten haben
oder wenn der Berechtigte in den Fällen kurzer Ehedauer ohne Unterhaltsanspruch nicht
schlechter stünde als zum Zeitpunkt des Eheschlusses.[22] Soweit der unterhaltsverpflichtete
Ehegatte im Ausland lebt, werden bei der Ermittlung seiner Leistungsfähigkeit die Lebensverhältnisse in dem Land, in dem er lebt, zugrunde gelegt.

c) Zeitliche Begrenzung der Geltendmachung des Anspruchs

Gemäß Art. 225 Abs. 1 kann der **Antrag** auf nachehelichen Unterhalt nur bis zum Schluss   38
der Hauptverhandlung im Scheidungs- oder Aufhebungsverfahren gestellt werden. Gemäß
Art. 225 Abs. 3 kann das Gericht in (allerdings nicht näher definierten) Ausnahmefällen
eine isolierte Klage auf Unterhalt vor der Scheidung oder für die Zeit nach der Scheidung
oder Nichtigerklärung einer Ehe auch noch bis zu einem Jahr nach Beendigung der Ehe
zulassen. Hierzu müssen die Voraussetzungen für den Unterhaltsanspruch jedoch bereits
zum Zeitpunkt des Scheidungs- oder Aufhebungsverfahrens vorgelegen haben. Allein der
spätere Eintritt der Bedürftigkeit dürfte demnach hierfür nicht ausreichen. Wie bereits nach
bisherigem Recht kann der Unterhaltsanspruch, insbesondere in Fällen kurzer Ehe oder
wenn der Unterhaltsberechtigte in der Lage ist, in absehbarer Zeit für seinen eigenen
Lebensunterhalt zu sorgen, zeitlich begrenzt werden (Art. 228 Abs. 1). In „rechtfertigenden
Fällen" kann die Verlängerung einer solchen Begrenzung beantragt werden (Art. 228
Abs. 2). Der Antrag muss jedoch vor Ablauf der ursprünglichen Frist gestellt werden
(Art. 228 Abs. 3).

d) Erlöschen des Unterhaltsanspruchs

Wird eine neue Ehe geschlossen oder eine außereheliche Lebensgemeinschaft eingegangen,   39
so **erlischt** der Unterhaltsanspruch. Gleiches gilt in Fällen, in denen sich der Berechtigte als
„unwürdig" gezeigt hat, oder wenn die Bedürftigkeit entfällt (Art. 229). Zur Unwürdigkeit
führen hierbei grundsätzlich nur Handlungen, die eine gewisse Kontinuität besitzen, nicht
aber beispielsweise Einzelhandlungen, wie sie im Zusammenhang mit dem Ende einer
Ehe üblicherweise vorkommen, nicht jedoch äußerst schwere Einzelhandlungen, wie z.B.
schwere Körperverletzungen.[23]

3. Name

a) Ehename

Art. 31 gewährt den Ehegatten **größtmögliche Wahlfreiheit** hinsichtlich ihres Namens nach   40
der Eheschließung. Dies wird daran deutlich, dass Art. 31, anders als beispielsweise § 1355
Abs. 1 S. 1 BGB, es den Ehegatten nicht nahe legt, einen **gemeinsamen Ehenamen** zu

---

22 Für die Berechnung der kurzen Zeitdauer ist auf das rechtliche Ende der Ehe, nicht aber auf das
regelmäßig vorher liegende Ende des ehelichen Zusammenlebens abzustellen (Entscheidung des Obersten Gerichtes Bosnien und Herzegowina in der Sache 153/1988, zit. nach *Traljic/Bubic*, Bračno pravo
(Eherecht), S. 128, dort Fn 22).
23 Vgl. *Traljić/Bubić*, Bračno pravo (Eherecht), S. 137.

Bubić/Pürner

bestimmen. Als erste von insgesamt fünf möglichen Varianten wird dort vielmehr die Beibehaltung des bisherigen Familiennamens durch jeden der Ehegatten genannt. Weiter wird die Möglichkeit genannt, einen der bisherigen Familiennamen als gemeinsamen Ehenamen zu wählen. Außerdem bestehen sämtliche denkbaren Möglichkeiten zur Führung eines Doppelnamens. Die Ehegatten können entweder einen gemeinsamen Doppelnamen wählen, wobei sie sich über dessen Reihenfolge frei verständigen können, oder aber beide Ehegatten können nach Wahl den Familienamen des anderen dem eigenen voran- oder hintanstellen. Darüber hinaus ist es auch möglich, dass nur einer der Ehegatten einen Doppelnamen führt, wobei ihm wiederum die Festlegung der Reihenfolge selbst überlassen bleibt. Bestimmungen, durch die die Aneinanderreihung von Doppelnamen verhindert werden soll, enthält das Gesetz nicht.

b) Name des verwitweten oder geschiedenen Ehegatten

41   Ausdrücklich klargestellt wird durch Art. 33, dass ein Ehegatte im Falle der Scheidung oder Aufhebung der Ehe den Namen, den er zum Zeitpunkt des Eheendes getragen hat, beibehalten kann. Im Umkehrschluss ist aus dieser „Kann-Formulierung" zu entnehmen, dass auch die Wiederannahme des vor der Ehe geführten Familiennamens möglich ist.

c) Ehename bei Wiederverheiratung

42   Eine Vorschrift, nach der bei einer Wiederverheiratung der durch eine frühere Eheschließung erworbene Ehename nicht zum neuen Ehenamen bestimmt werden kann, enthält das Gesetz nicht.

d) Geburtsname gemeinsamer Kinder

43   Gemäß Art. 133 legen die Eltern einvernehmlich Namen und Vornamen des gemeinsamen Kindes fest. Soweit sie hierüber keine Einigung erzielen, entscheidet das zuständige Vormundschaftsorgan.

4. Sonstige Ehewirkungen

a) Pflicht zur ehelichen Lebensgemeinschaft

44   Anders als beispielsweise im deutsche Recht stellt das FamG FBiH bei der Regelung der Rechte und Pflichten der Ehegatte nicht die Pflicht zur **ehelichen Lebensgemeinschaft** an erste Stelle, sondern die Tatsache, dass beide Ehegatten **gleichberechtigt** sind (Art. 30 Abs. 1). Erst danach wird die Verpflichtung der Ehegatten, „einander treu zu sein, sich gegenseitig zu achten und zu helfen", mithin die Pflicht zur Führung der ehelichen Lebensgemeinschaft, normiert (Art. 30 Abs. 2).

b) Haftung für Rechtsgeschäfte, Zwangsvollstreckung

45   Die Ehegatten **haften gesamtschuldnerisch** mit den ehelichen Erwerbungen und ihrem jeweils eigenen Vermögen für Verbindlichkeiten, die ein Ehegatte zur Befriedigung des laufenden Bedarfs der Familie übernommen hat (Art. 262). Aus einem Titel gegen einen Ehegatten kann in dessen Sondervermögen sowie in die ehelichen Erwerbungen vollstreckt werden. Da das Gesetz keine Reihenfolge vorsieht, kann der Gläubiger hierbei wählen, in welches Vermögen er vollstrecken möchte.

c) Name

Zum **Ehenamen** siehe Rdn 41. Ein Ehegatte kann sich nicht verpflichten, im Falle der   46
Scheidung auf den als Ehenamen geführten Familiennamen des anderen Ehegatten zu
verzichten und seinen Geburtsnamen wieder anzunehmen. Begründet wird dies mit einem
Umkehrschluss aus Art. 31, der (nur) die Möglichkeit einer Vereinbarung über den gemeinsamen Ehenamen bei Verheiratung einräumt.

d) Sonstige Ehewirkungen

Das Gesetz überlässt die konkrete Ausgestaltung der **ehelichen Lebensgemeinschaft** den   47
Ehegatten selbst. Insbesondere wird in Art. 30 Abs. 4 die Verpflichtung der Ehegatten
festgelegt, einvernehmlich und gleichberechtigt darüber zu entscheiden, ob sie Kinder bekommen möchten, sowie über deren Erziehung.

5. Kollisionsrecht der Ehefolgen

Gemäß Art. 36 des IPR-Gesetzes ist für die **Ehefolgen** das Recht des Staates maßgeblich,   48
dessen **Staatsangehörigkeit** die Ehegatten haben. Besitzen beide Ehegatten verschiedene
Staatsangehörigkeiten, so kommt das Recht des gemeinsamen Wohnsitzes zur Anwendung
(Art. 36 Abs. 2). Besitzen die Ehegatten weder eine gemeinsame Staatsangehörigkeit noch
einen gemeinsamen Wohnsitz, so kommt das Recht des Staates, in dem sie den letzten
gemeinsamen Wohnsitz hatten, zur Anwendung (Art. 36 Abs. 3). Lässt sich auch danach
kein anwendbares Recht bestimmen, so gilt das Recht der FBiH für die Ehefolgen (Art. 36
Abs. 4).

Demgegenüber ist für vertragliche Vereinbarungen von Ehegatten über die **vermögens-**   49
rechtlichen Verhältnisse das Recht anwendbar, das zum Zeitpunkt des Vertragsschlusses
gem. Art. 36 auf die Ehefolgen anwendbar war (Art. 37 Abs. 1). Wenn das so ermittelte Recht
eine Rechtswahl zulässt, können die Ehegatten in einem solchen Vertrag auch wirksam das
anwendbare Recht wählen (Art. 37 Abs. 2). Gemäß Art. 38 gelten die Bestimmungen der
Art. 36 und 37 auch in den Fällen, in denen die Ehe unwirksam ist oder unwirksam wird.

6. Auswirkungen der Ehe auf die Altersversorgung und die gesetzliche Krankenversicherung

Das Gesetz über die Renten- und Invaliditätsversicherung der FBiH[24] (im Folgenden: 50
RentenG FBiH) gewährt dem Ehegatten im Falle des Todes des anderen Ehegatten, der
Versicherungsnehmer oder Bezieher einer Alters- oder Invaliditätsrente war, eine als Familienrente bezeichnete **Hinterbliebenenrente** (Art. 60 Abs. 1 RentenG FBiH), soweit die
Witwe das 45. Lebensjahr bzw. der Witwer das 60. Lebensjahr vollendet haben (Art. 62
Abs. 1 Ziff. 1 und Art. 64 Abs. 1 Ziff. 1 RentenG FBiH). Unabhängig vom Lebensalter wird
beim Tod des versicherten Ehegatten dem Überlebenden diese **Familienrente** gezahlt, wenn
er zum Zeitpunkt des Todes des Ehegatten oder innerhalb eines Jahres danach vollständig
arbeitsunfähig war oder wird, oder aber, wenn er ein oder mehrere Kinder des Ehegatten,
die selbst Anspruch auf eine Familienrente haben, versorgt (Art. 60 Abs. 1 Ziff. 2 und 3,
Art. 62 Abs. 1 Ziff. 2 und 3 RentenG FBiH). Eine Witwe, die jünger als 45 Jahre ist,
bzw. ein Witwer, der jünger als 60 Jahre ist, **verliert**, außer im Falle der vollständigen
Erwerbsunfähigkeit, den Rentenanspruch durch Eingehung einer neuen Ehe (Art. 109

---

24 SN FBiH Nr. 29/1998, 49/2000, 32/2001, 73/2005, 59/06, 4/2009.

Abs. 1 RentenG FBiH).[25] Der Rentenanspruch kann jedoch bei Beendigung der neuen Ehe wieder aufleben, wenn durch diese Ehe kein eigener Anspruch auf Familienrente erworben wurde und die weiteren Rentenvoraussetzungen zum Zeitpunkt der Beendigung der neuen Ehe noch vorliegen (Art. 109 Abs. 2 RentenG FBiH).

51   Nach dem Gesetz über die Gesundheitsversicherung der FBiH[26] sind folgende Personen gesetzlich **krankenversichert:**

- Ehegatten verstorbener Versicherter, die wegen der Nichterfüllung des erforderlichen Lebensalters keinen Anspruch auf Familienrente besitzen, wenn sie zum Zeitpunkt des Todes des Ehegatten älter als 40 (Frauen) bzw. 55 (Männer) Jahre waren;
- geschiedene Ehegatten, denen durch Gerichtsentscheidung ein Unterhaltsanspruch zuerkannt wurde, wenn sie zum Zeitpunkt der Scheidung älter als 45 (Frauen) bzw. 60 (Männer) Jahre waren;
- geschiedene Ehegatten, die jünger als 45 (Frauen) bzw. 60 (Männer) Jahre sind, denen durch Gerichtsentscheidung die Obhut für die Kinder übertragen wurde und die sich innerhalb von 90 Tagen nach dem Tod des Ehegatten beim Arbeitsamt als arbeitslos gemeldet haben, solange der Unterhaltsanspruch der Kinder besteht.

7. Staatsangehörigkeit und Bleiberecht

a) Staatsangehörigkeit

52   Das **Staatsangehörigenrecht** ist durch das „Gesetz des Gesamtstaates Bosnien und Herzegowina über die Staatsangehörigkeit"[27] geregelt (im Folgenden: StAngG BiH); daneben bestehen gesonderte Staatsangehörigkeitsgesetze auch der Entitäten.[28] Heiratet ein Staatsangehöriger Bosnien und Herzegowinas mit Wohnsitz in BiH einen Ausländer, so hat dies grundsätzlich keine Auswirkung auf die Staatsangehörigkeit des inländischen Ehegatten. Er verliert auch dann die Staatsangehörigkeit Bosnien und Herzegowinas nicht, wenn er nach dem Heimatrecht des ausländischen Ehegatten dessen Staatsangehörigkeit kraft Gesetzes (zusätzlich) erwirbt. Für ausländische Ehegatten bosnisch-herzegowinischer Staatsangehöriger sind in Art. 10 StAngG BiH erleichterte Voraussetzungen für die als „Naturalisation" bezeichnete Einbürgerung vorgesehen. Demnach ist der Erwerb der Staatsangehörigkeit Bosnien und Herzegowinas durch diesen Personenkreis möglich, wenn bei Einreichung des entsprechenden Antrags die Ehe seit mindestens fünf Jahren besteht und noch andauert und dem Betreffenden mindestens die letzten Jahre der ständige Aufenthalt auf dem Territorium Bosnien und Herzegowinas gestattet ist. Der ausländische Ehegatte muss vor Erwerb der Staatsangehörigkeit von Bosnien und Herzegowina auf seine bisherige Staatsangehörigkeit verzichten oder sie auf andere Weise verloren haben, es sei denn, durch ein bilaterales Abkommen ist etwas anderes geregelt, oder die Aufgabe der Staatsangehörigkeit ist nach dem Heimatrecht des Ehegatten nicht zulässig oder wenn der Verzicht von ihm verständiger Weise nicht erwartet werden kann. Ein Erwerb der Staatsangehörigkeit Bosnien und Herzegowinas ist auch bei Vorliegen der sonstigen Voraussetzungen ausgeschlossen, wenn sie zu einer Bedrohung der Sicherheit Bosnien und Herzegowinas führen würde.

53   Darüber hinaus wird gem. Art. 10 Ziff. 2 StAngG BiH weiterhin verlangt, dass der betreffende ausländische Staatsangehörige nach Erwerb der Staatsangehörigkeit Bosnien und Her-

---

25 Nach dem Entwurf eines neuen Gesetzes über die Renten- und Invaliditätsversicherung vom Februar 2016 soll zukünftig für Witwen die Vollendung des 50. statt des 45. Lebensjahres erforderlich sein.

26 SN FBiH Nr. 29/1997, 7/2002, 70/2008, 48/2011.

27 Amtsblatt Bosnien und Herzegowinas, Nr. 22/2016.

28 Auf nähere Ausführungen zu diesem Komplex wird hier verzichtet.

zegowinas auf seine bisherige Staatsangehörigkeit verzichtet bzw. diese auf sonstige Weise verliert. Dies ist nicht erforderlich, wenn ein bilaterales Abkommen mit dem Staat, dessen Staatsangehörigkeit dieser Ehegatte besitzt, etwas anderes vorsieht oder aber wenn die Aufgabe der bisherigen Staatsangehörigkeit nicht zulässig ist oder „vernünftigerweise nicht erwartet" werden kann.

b) Bleiberecht

Fragen des Ausländerrechts liegen in BiH in der Kompetenz des Dachstaates. Maßgeblich   54
ist das „Gesetz über die Bewegung und den Aufenthalt von Ausländern und das Asyl in Bosnien und Herzegowina".[29] Danach wird ein Ausländer, der mit einem Staatsangehörigen von BiH oder mit einem Ausländer, der eine Aufenthaltserlaubnis in BiH besitzt, verheiratet ist oder in nicht-ehelicher Gemeinschaft lebt, unter der Bedingung, dass die Ehe bzw. nicheheliche Gemeinschaft in BiH rechtswirksam ist, als Familienmitglied angesehen, und kann auf dieser Grundlage eine Erlaubnis zum vorübergehenden Aufenthalt zur Familienzusammenführung erhalten (Art. 57 Abs. 2a StAngG BiH. Einer Person, die mit einem Ausländer, dem der Status als Flüchtling anerkannt ist, verheiratet ist oder mit einer solchen Person in nicht-ehelicher Gemeinschaft lebt, wird in der Regel ebenfalls der Status eines Flüchtlings zuerkannt (Art. 120 Abs. 3 StAngG BiH).

Einem Ausländer, dem vor dem Tod des Ehegatten oder Partners einer nichtehelichen Gemeinschaft, der Staatsangehöriger von BiH war, der vorübergehende Aufenthalt nicht gestattet war, kann ein solcher zur Familienzusammenführung erlaubt werden, wenn er nach dem Tod des Partners die Ausübung des Sorgerechts für ein minderjähriges Kind, das Staatsangehöriger von BiH ist, und seinen Wohnsitz dort hat, übernimmt (Art. 58 Abs. 2 StAngG BiH).

Art. 58 Abs. 1 des Gesetzes über die Bewegung und den Aufenthalt von Ausländern und   55
das Asyl in Bosnien und Herzegowina (AuslAufG) regelt den Aufenthalt im Falle der Beendigung der Ehe oder der nichtehelichen Lebensgemeinschaft. Wenn eine dieser beiden Lebensgemeinschaften während eines vorübergehenden Aufenthaltes, der zum Ziel der Familienzusammenführung genehmigt wurde, endet, wird der vorübergehende Aufenthalt nicht verlängert. Eine Ausnahme besteht nur in drei Fällen, nämlich wenn dem Betreffenden das Sorgerechts für ein minderjähriges Kind, das die Staatsangehörigkeit Bosnien und Herzegowinas besitzt, zusteht, wenn der Ehegatte oder Partner, wegen dem ein vorübergehender Aufenthalt zum Ziel der Familienzusammenführung genehmigt wurde, stirbt, oder wenn der Betreffende einen Grund für die Erteilung eines vorübergehenden Aufenthalts aus humanitären Gründen im Sinne des Art. 54a vorbringt.

Die Erlaubnis zum **ständigen Aufenthalt** in Bosnien und Herzegowina erhält ein ausländi   56
scher Ehegatte dann, wenn er vor Einreichung des Antrags auf Genehmigung des ständigen Aufenthalts mindestens 5 Jahre ununterbrochen aufgrund einer Erlaubnis zum vorübergehenden Aufenthalt in Bosnien und Herzegowina gelebt hat (Art. 59 Abst.1 a) des genannten Gesetzes).

---

29 Službeni glasnik BiH (Gesetzblatt des Staates BiH) Nr. 36/2008, Gesetz über Änderungen und Ergänzungen des Gesetzes über die Bewegung und den Aufenthalt von Ausländern und das Asyl in Bosnien und Herzegowina, Službeni glasnik BiH 87/2012.

8. Steuerliche Folgen der Eheschließung

57   Gegenwärtig gilt das „Gesetz über die Steuer auf das Einkommen" (im Folgenden: EStG),[30] das in seiner ursprünglichen Form 2008 erlassen wurde. Es enthält steuerliche Vergünstigungen, die nicht an der Tatsache des Verheiratetseins, sondern an der tatsächlichen Unterhaltsgewährung an den bedürftigen Ehegatten und das Kind bzw. die Kinder[31] anknüpfen. Dies wird durch Erhöhung des nach Art. 24 Abs. 1 EStG jedem Steuerpflichtigen zustehenden Grundfreibetrages von 3.600 KM[32] umgesetzt. Dieser Grundfreibetrag erhöht sich bei Unterhaltsgewährung an den bedürftigen Ehegatten oder das erste Kind um jeweils 0,5 % (also 18 KM) (Art. 24 Abs. 1 i.V.m. Abs. 2 Ziff. 1 EStG bzw. Art. 24 Abs. 1 i.V.m. Abs. 2 Ziff. 2 EStG). Für Unterhaltsgewährung an das zweite Kind wird eine Erhöhung um 0,7 % gewährt (Art. 24 Abs. 1 Ziff. 3 EStG). Ab dem dritten Kind wird jeweils 0,9 % pro Kind gewährt (Art. 24 Abs. 1 Ziff. 4 EStG). Mehrere solcher Freibeträge werden addiert (Art. 24 Abs. 4 S. 1 EStG). Leisten mehrere Steuerpflichtige ein und derselben Person Unterhalt, so wird die Erhöhung des Grundfreibetrages insgesamt nur einmal gewährt und im Verhältnis der jeweiligen (Teil-)Zahlungen zwischen den betreffenden Steuerpflichtigen verhältnismäßig aufgeteilt (Art. 24 Abs. 4 S. 2 EStG), wobei die Möglichkeit besteht, dass sich die Steuerpflichtigen über eine andere Art der Aufteilung verständigen (Art. 24 Abs. 4 S. 2 aE EStG). Der Steuersatz ist gem. Art. 9 EStG mit 10 % einheitlich und vor allem für Spitzenverdiener mehr als moderat.

III.   Scheidung

1. Allgemeines

58   Das FamG FBiH 2005 folgt dem **Zerrüttungsprinzip**. In Art. 41 ist festgelegt, dass eine Ehe dann geschieden werden kann, wenn die ehelichen Verhältnisse „schwer und dauernd zerrüttet" sind. Anders als im deutschen Recht gibt es jedoch **keine Trennungsdauer**, die eine Zerrüttungsvermutung begründet. Da das Getrenntleben als solches somit keine ausdrücklich benannte Scheidungsvoraussetzung ist, fehlen auch spezielle Vorschriften hierzu.

59   Auch hinsichtlich des **Verfahrens** gibt es erhebliche Unterschiede zwischen dem Recht der FBiH und dem deutschen Recht. Insbesondere sind Ehegatten **mit Kindern** verpflichtet, vor Stellung eines Scheidungsantrags ein **Vermittlungsverfahren** (Schlichtungsverfahren) durchzuführen (Art. 45 Abs. 1). Seit der Änderung des Familiengesetzes im Jahre 2014[33] besteht diese Verpflichtung auch während einer Schwangerschaft der Frau. **Kinderlose Ehegatten** können nach eigener Wahl vor dem Scheidungsverfahren ein solches Verfahren anstrengen (Art. 45 Abs. 3). Hinsichtlich des Scheidungsverfahrens wird darüber hinaus zwischen einer **(streitigen) Scheidung** auf Antrag eines Ehegatten und einem gemeinsamen Antrag beider Ehegatten auf **einvernehmliche Ehescheidung** unterschieden.

---

30   SN FBiH Nr. 10/2008, 9/2010, 44/2011.
31   Darunter werden gem. Art. 24 Abs. 5 EStG auch nichteheliche Kinder und Adoptivkinder verstanden.
32   Konvertible Mark. Das Umtauschverhältnis der KM zum EUR entspricht demjenigen der (früheren) DM zum EUR.
33   *Zakon o izmjenama i dopunama Porodicnog Zakona*, SN FBiH Nr. 31/2014.

2. Ehescheidungsverfahren bei kinderlosen Eltern

a) Streitige Scheidung

Kinderlose Ehegatten können einen Antrag auf Scheidung durch **streitiges Urteil** oder auf **einvernehmliche** Scheidung stellen (Art. 42). Auf diese Verfahren finden die im 7. Teil (Art. 268–379 FamG) enthaltenen Vorschriften über das Gerichtsverfahren in Familiensachen Anwendung. Soweit durch diese Vorschrift nicht etwas anderes bestimmt ist, finden darüber hinaus die Vorschriften des Gesetzes über das zivilrechtliche Erkenntnisverfahren[34] des FGG[35] und des Vollstreckungsgesetzes[36] Anwendung (Art. 268 Abs. 2). Über die Ehescheidung entscheidet das **Amtsgericht**, wobei es keine gesonderten Abteilungen für Familiensachen gibt (Art. 275). Wird das Verfahren durch Klage nur eines Ehegatten eingeleitet, so hat dieser in seiner Klage die anspruchsbegründenden Tatsachen und die zu deren Feststellung geeigneten Beweise anzugeben. Das Gericht muss dann zu der Überzeugung gelangen, dass eine schwere und dauernde Zerrüttung der ehelichen Verhältnisse vorliegt, um die Ehe zu scheiden.   60

Örtlich zuständig ist nach Wahl des Klägers das Gericht, in dessen Bezirk die Ehegatten ihren letzten gemeinsamen Wohnsitz hatten, oder das Gericht des Bezirks, in dem der Kläger zum Zeitpunkt der Klageerhebung Wohnsitz oder Aufenthalt hat. Anders als in Deutschland besteht in Familiensachen **kein Anwaltszwang**.   61

Das Verfahren ist als **eilbedürftiges Verfahren** ausgestaltet. Insbesondere ist das Gericht verpflichtet, die Hauptverhandlung innerhalb einer **Frist von 15 Tagen ab Eingang des Scheidungsantrags** durchzuführen und das Urteil innerhalb einer weiteren Frist von ebenfalls 15 Tagen ab dem Schluss der Hauptverhandlung zu erlassen und abzusetzen (Art. 273 Abs. 2 und 3). Diese Fristen sind gerade einmal halb so lang wie die entsprechenden Fristen für normale Zivilverfahren. Praktisch betrachtet mögen diese Fristen unrealistisch sein. Sie sind jedoch im Einklang mit der allgemein zu beobachtenden Tendenz, die Richter in BiH durch enge Fristen zur Verfahrensbeschleunigung zu zwingen.   62

Eheverfahren sind, ebenso wie Verfahren zwischen Eltern und Kindern, **nichtöffentlich** (Art. 277). Wenn der beklagte Ehegatte spätestens bis zum Schluss der Hauptverhandlung ausdrücklich erklärt, dass er die Begründetheit des Klageantrags nicht bestreitet, wird das Verfahren als **einvernehmliche Scheidung** durchgeführt. In allen anderen Fällen wird das **streitige Scheidungsverfahren** durchgeführt.   63

Im Scheidungsverfahren hat das Gericht **von Amts wegen** über alle Fragen bezüglich der minderjährigen Kinder der Ehegatten zu entscheiden (Art. 304). Hinsichtlich sonstiger Scheidungsfolgen, wie z.B. **Unterhaltsfragen**, kann das Gericht nur auf entsprechenden Antrag hin entscheiden (Art. 205 Abs. 1). In diesem Zusammenhang ist zu berücksichtigen, dass der Antrag auf Unterhalt grundsätzlich im Scheidungsverfahren zu stellen und nach Rechtskraft des Scheidungsurteils nur noch ausnahmsweise zulässig ist (Art. 225 Abs. 2). Über die **Aufteilung des gemeinsamen Vermögens** (falls kein Ehevertrag abgeschlossen wurde) kann nicht im Scheidungsverfahren entschieden werden. Hierfür ist ein eigenes Verfahren, nach den Regeln des allgemeinen Erkenntnisverfahrens durchzuführen. Aus diesem Grund greift hier Art. 55 Abs. 2, der die Geltendmachung mehrerer Ansprüche in derselben Klage nur insoweit zulässt, als für alle Ansprüche dieselbe Verfahrensart vorgesehen ist, nicht.   64

---

34 *Zakon o parničnom postupku*, SN FBiH Nr. 53/2003, 19/2006, 98/2015.
35 *Zakon vanparničnom postupku*, SN FBiH Nr. 2/1998, 39/2004, 73/05.
36 *Zakon o izvršnom postupku*, SN FBiH Nr. 32/2003, 33/2006, 39/06 i 39/09.

65 Aufgrund einer Entscheidung des Verfassungsgerichtes von BiH[37] wurde Art. 43 aufgehoben, der vorsah, dass ein Ehemann **während der Schwangerschaft** der Frau und bis zum Ende des dritten Lebensjahres die Scheidung nicht beantragen kann. Begründet wurde dies mit dem Schutz von Mutter und Kind.[38] Das Verfassungsgericht sah hierin jedoch eine unzulässige geschlechtsspezifische Diskriminierung, da der Schutz von Mutter und Kind auch auf andere Weise gewährleistet werden kann.

66 Im Falle einer Scheidung auf Antrag nur eines Ehegatten trägt derjenige Ehegatte, der das Verfahren verliert, die Verfahrenskosten allein (Art. 386 Abs. 1 ZPO).

b) Einvernehmliche Scheidung

67 Beim Antrag auf einvernehmliche Scheidung entfällt die gesamte Feststellung der schweren und dauernden Zerrüttung, da in diesem Fall von einer solchen ausgegangen wird. Das Gericht prüft dann nur die in Art. 44 geregelten sonstigen Voraussetzungen. Nach dieser Vorschrift entscheidet im erstinstanzlichen Verfahren ein „auf Angelegenheiten dieser Art spezialisierter" Einzelrichter. In zweiter Instanz entscheidet eine aus drei Richtern bestehende Kammer, wobei eines der Mitglieder eine solche Spezialisierung aufweisen muss. Hierbei handelt es sich um eine durch das FamG FBiH eingeführte Neuerung, die den Nachteilen, die sich aus dem Nichtvorhandensein spezialisierter Familiengerichte oder spezialisierter familiengerichtlicher Kammern ergeben, begegnen soll. Eine einvernehmliche Scheidung erfolgt, wenn **beide Ehegatten gemeinsam die Scheidung beantragen** (Art. 42) oder der beklagte Ehegatte gem. Art. 287 Abs. 3 die **Begründetheit des Klageantrags nicht bestreitet**. Eine einvernehmliche Scheidung ist nach Art. 44 Abs. 1a grundsätzlich erst möglich, nachdem die Ehe **mindestens sechs Monate** bestanden hat. Im Falle einer einvernehmlichen Scheidung müssen sich die Parteien über die Kostentragung einigen.

3. Besonderheiten bei Ehegatten mit Kindern

68 Ehegatte mit Kindern können das Scheidungsverfahren erst nach Abschluss eines **Schlichtungsverfahrens** einleiten (Art. 45 Abs. 1).[39] Durchgeführt wird dieses von einer Person, die durch das Föderationsministerium für Sozialpolitik vorgeschriebene Voraussetzungen hierfür erfüllt (Art. 45 Abs. 2). Aufgabe des Schlichters ist es zu versuchen, in einem besonderen Schlichtungsverfahren die Zerrüttung der Ehe zu beseitigen, damit die Parteien die Ehe fortsetzen können (Art. 48) oder, falls dieser Versuch in einem solchen Verfahren gescheitert ist, zu versuchen, für den Fall der Scheidung eine Einigung der Ehegatten über Sorgerecht, Aufenthalt, Umgangsrecht und Unterhalt der Kinder, für die sie das Sorgerecht haben, herbeizuführen (Art. 49). Vor Beendigung dieses Schlichtungsverfahrens wird eine Klage oder ein Antrag auf einverständliche Scheidung als unzulässig zurückgewiesen (Art. 52). Scheitert das Schlichtungsverfahren (das innerhalb von zwei Monaten abgeschlossen sein sollte), so kann Antrag auf Scheidung im streitigen Verfahren gestellt werden.

---

37 Ap. Nr. 369/10, SG FBiH 51/2013.
38 Seite 2, dort letzter Absatz der Gesetzesbegründung.
39 Vgl. zum Schlichtungsverfahren *Bubić*, Ustanova porodičnog posredovanja u njemačkom, evropskom i domaćem pravu, Nova pravna revija (NPR) 2011, S. 16–29.

4. Internationale Zuständigkeit der Gerichte

Die internationale Zuständigkeit für Ehesachen ist in den Art. 61 ff. des IPR-Gesetzes   69
geregelt.[40] Danach sind die Gerichte der FBiH für Ehesachen zuständig,
– wenn der Beklagte seinen Wohnsitz in der FBiH hat oder
– unabhängig vom Wohnort, wenn beide Ehegatten Staatsangehörige Bosnien und Herzegowinas sind oder
– wenn der Kläger Staatsangehöriger Bosnien und Herzegowinas ist und seinen Wohnsitz
  in der Föderation hat oder
– wenn beide Ehegatten ihren letzten gemeinsamen Wohnsitz in der FBiH hatten und der
  Kläger zum Zeitpunkt der Klageeinreichung dort seinen Wohnsitz noch hat (Art. 61
  Abs. 1).

Wenn der beklagte Ehegatte Staatsangehöriger Bosnien und Herzegowinas ist und seinen   70
Wohnsitz in der FBiH hat, besteht eine ausschließliche Zuständigkeit der Gerichte der
FBiH (Art. 61 Abs. 2). Die Gerichte der FBiH sind darüber hinaus gem. Art. 63 für Scheidungsverfahren zuständig, für die nach Art. 61 keine Zuständigkeit gegeben wäre, wenn
das Recht des eigentlich zuständigen Staates das Rechtsinstitut der Scheidung nicht kennt
und der Kläger Staatsangehöriger von Bosnien und Herzegowina ist.

Für die Scheidung von Ehen, bei denen **beide Partner ausländische Staatsangehörige** sind,   71
kommt eine Zuständigkeit der Gerichte Bosnien und Herzegowinas dann in Frage, wenn
diese ihren letzten gemeinsamen Wohnsitz in der FBiH hatten oder wenn nur der Kläger
seinen Wohnsitz in der FBiH hat, jedoch nur in den Fällen, in denen der Beklagte der
Zuständigkeit der Gerichte der FBiH zustimmt und wenn die Vorschriften des Staates,
deren Staatsangehörige die Ehegatten sind, eine solche Zuständigkeit zulässt.

5. Auf die Scheidung anwendbares Recht

Auf die Scheidung ist gem. Art. 35 Abs. 1 des IPR-Gesetzes primär das Recht des Staates   72
anwendbar, deren Staatsangehörige beide Ehegatten im Zeitpunkt der Klageeinreichung
sind. Besitzen die Ehegatten zu diesem Zeitpunkt verschiedene Staatsangehörigkeiten, so
kommt kumulativ das Recht ihrer beiden Heimatstaaten zur Anwendung (Art. 35 Abs. 2).
Wäre in diesen Fällen nach dem so zu bestimmenden Recht eine Scheidung nicht möglich,
so kommt, wenn einer der Ehegatten zum Zeitpunkt der Klageeinreichung seinen Wohnsitz
in der FBiH hatte, deren Recht zur Anwendung (Art. 35 Abs. 3). Ebenfalls das Recht der
FBiH kommt in Fällen verschiedener Staatsangehörigkeiten der Ehegatten zur Anwendung,
in denen nach Art. 35 Abs. 2 keine Scheidung möglich wäre, wenn einer der Ehegatten aus
der FBiH stammender Staatsangehöriger Bosnien und Herzegowinas ist, ohne dass er in
der Föderation einen Wohnsitz haben muss.

6. Anerkennung im Ausland erfolgter Scheidungen

Die FBiH hat mit anderen Staaten keine Abkommen über die **Anerkennung von Scheidun-**   73
gen aus dem jeweils anderen Land. Deshalb richtet sich die Anerkennung im Ausland
erfolgter Scheidungen nach dem diesbezüglichen autonomen Recht der FBiH (bzw. der
RS). Gemäß Art. 86 Abs. 1 des IPR-Gesetzes ist hierfür eine förmliche Anerkennung erforderlich. Anders als bei normalen Zivilurteilen ist bei Entscheidungen in Ehesachen die

---

40 Vgl. dazu auch *Anita Duraković*, Međunarodno privatno pravo razvoda braka u Evropskoj uniji i
   Bosni i Hercegovini, Mostar 2016, S. 190 – 195 sowie Muminovic Edin, Procesno međunarodno privatno pravo, Sarajevo 2006, S. 90–91.

Gegenseitigkeit – die i.Ü. gem. Art. 92 Abs. 3 des IPR-Gesetzes bis zum Beweis des Gegen-teils vermutet wird – nicht erforderlich, wenn die Anerkennung dieser Entscheidung von einem Staatsangehörigen Bosnien und Herzegowinas beantragt wird. Ebenfalls anders als bei normalen Zivilurteilen ist das Bestehen der ausschließlichen Zuständigkeit der Gerichte oder eines sonstigen Organs der FBiH bei Entscheidungen in Ehesachen auch dann kein Hindernis, wenn sich der Beklagte der Anerkennung nicht widersetzt (Art. 89 Abs. 2).

74   Im Übrigen gelten die sonstigen, international wohl weitgehend üblichen Anerkenntnishin-dernisse (Nichtgewährung rechtlichen Gehörs, Verstoß gegen den *ordre public*;[41] Art. 88, 91 des IPR-Gesetzes).

75   Hinsichtlich des umgekehrten Falles einer Anerkennung von in BiH erfolgten Scheidungen in Deutschland ist hier aus deutscher Sicht jeweils gesondert zu prüfen, ob möglicherweise ein Fall vorliegt, in dem deshalb keine „Heimatentscheidung" i.S.v. Art. 7 § 1 Abs. 1 S. 3 FamRÄndG vorliegt, weil Ehegatten, die früher beide die Staatsangehörigkeit des ehemali-gen Gesamtjugoslawiens hatten, durch den Zerfall dieses Staates nun verschiedene Staatsan-gehörigkeiten haben.[42] Außerdem ist hinsichtlich bosnisch-herzegowinischer Scheidungsur-teile, die nach dem Abkommen von Dayton erlassen wurden, festzuhalten, dass es seither keine konkurrierenden Souveränitätsansprüche zwischen Dachstaat und Gebietseinheiten mehr gibt. Die in derselben Entscheidung angesprochene diesbezügliche Problematik stellt sich also heute nicht mehr.

IV. Scheidungsfolgen

1. Vermögensrechtliche Folgen

76   In vermögensrechtlicher Hinsicht führt die Ehescheidung zur **Aufteilung** desjenigen Ver-mögens, das zum sog. **ehelich Erworbenen** zählt, wobei diese Aufteilung nach der Intention des Gesetzgebers von den Ehegatten primär durch Vertrag vorgenommen werden sollte (Art. 255 Abs. 1). Können sich die Ehegatten über diese Aufteilung nicht einigen, so kann das Gericht die Aufteilung in eigenem Ermessen entweder auf Antrag eines Ehegatten oder des Gläubigers eines Ehegatten (Art. 255 Abs. 2) vornehmen. Ist die tatsächliche Aufteilung gewisser Vermögensgegenstände unmöglich oder nur unter Inkaufnahme eines bedeutenden Wertverlustes möglich, kann das Gericht den Verkauf anordnen, um den so erzielten Erlös leichter verteilen zu können. In diesem Fall haben die Ehegatten ein Vorkaufsrecht (Art. 257). Ehegatten, denen die Ausübung der elterlichen Sorge übertragen ist, haben außer ihrem Anteil an dem sog. ehelich Erworbenen auch Anspruch auf Zuteilung derjenigen Vermögensgegenstände, die unmittelbar für den Gebrauch des oder der Kinder erforderlich sind (Art. 256 Abs. 1).

77   Soweit die Ehegatten vertraglich nichts anderes vereinbart haben, haben sie am sog. ehelich Erworbenen **gleiche Anteile** (Art. 252 Abs. 1). Deshalb wird dieses Vermögen bei der Schei-dung **hälftig** aufgeteilt.

---

41 Im geltenden Gesetzestext ist diesbezüglich noch von der „durch die Verfassung der SFRJ festgelegten Grundlagen der gesellschaftlichen Ordnung" die Rede; vgl. z.B. die von *Krneta/Muminović/Bikić* he-rausgegebene Textausgabe „Temeljni Zakoni iz oblasti gradjanskog prava" (Grundlegende Gesetze aus dem Bürgerlichen Recht), Sarajevo 1997, S. 354.

42 Vgl. dazu Präsidentin des OLG Frankfurt/Main FamRZ 1996, 124 und *Hohloch*, Staatsexistenz und internationale Zuständigkeit, FamRZ 1996, 96 ff.

2. Scheidungsunterhalt

Zu den Unterhaltstatbeständen, zur Unterhaltshöhe und zum Erlöschen des Scheidungsun-   78
terhalts siehe Rdn 35 ff.

3. Verteilung der elterlichen Sorge

Im Scheidungsurteil entscheidet das Gericht auch darüber, bei welchem Elternteil ein min-   79
derjähriges oder nach Volljährigkeit noch dem **Sorgerecht** unterliegendes Kind leben wird,
sowie über das **Umgangsrecht** mit dem anderen Elternteil und über das Sorgerecht dieses
anderen Elternteils (Art. 304). Das Sorgerecht wird von dem Elternteil, bei dem das Kind
lebt, wahrgenommen (Art. 142 Abs. 1). Indessen hat das FamG FBiH eine bedeutende
Veränderung in der Regelung über die Ausübung des Sorgerechts im Verhältnis zu den
früheren Regelungen des FamG BiH eingeführt: Früher war es nur möglich, das Sorgerecht
einem Elternteil zuzusprechen, während nun ein gemeinsames Sorgerecht (das vom Gesetz
allerdings nicht ausdrücklich als solches bezeichnet wird) möglich ist. Durch diese Lösung
wird es – außer wenn dies gegen die Interessen des Kindes verstößt – dem Elternteil, bei
dem das Kind nicht lebt, ermöglicht, intensiver und unmittelbarer an der Sorge für das
Kind teilzuhaben. Das Gericht kann auch festlegen, dass dieser andere Elternteil einzelne
Verpflichtungen aufgrund des Sorgerechts selbstständig übernimmt und beispielsweise für
die Gesundheit und die Schulausbildung des Kindes Sorge trägt, es vertritt oder an wichtigen
Entscheidungen der Kindeserziehung teilnimmt oder auch das Vermögen des Kindes verwaltet (Art. 142 Abs. 3). Durch diese Möglichkeit wird sowohl dem Kindeswohl als auch
dem Recht der Eltern auf Führung eines gemeinsamen Familienlebens mit dem Kind Rechnung getragen. Diesem Ziel dient auch die Neuregelung des Art. 142 Abs. 4, der beiden
Elternteilen das Recht einräumt, vom anderen Elternteil über wichtige Angelegenheiten
bezüglich des Kindes informiert zu werden. Dasselbe gilt für die Verpflichtung eines Elternteils, der bestimmte Aufgaben aus dem Pflichtenkreis des Sorgerechts selbstständig wahrnimmt, den anderen vorab und rechtzeitig über Änderungen des Wohnsitzes oder des
Aufenthalts, die Einfluss auf die Ausübung dieser Verpflichtungen haben, zu informieren
(Art. 142 Abs. 8).

Im **Verfahren** auf Erlass einer Sorgerechtsentscheidung werden auch das **Vormundschafts-**   80
organ und zur Schlichtung berechtigte Personen beteiligt. Gemäß Art. 305 Abs. 1 ist das
Gericht verpflichtet, vor Erlass einer solchen Entscheidung eine Stellungnahme und einen
Vorschlag des Vormundschaftsorgans einzuholen. Dieses ist wiederum verpflichtet, die
Auffassung einer zur Schlichtung berechtigten Person zu berücksichtigen. Das Gericht
kann Vereinbarungen der Eltern über solche Fragen übernehmen, soweit dies im Interesse
des Kindes liegt (Art. 307).[43]

Im Sorgerechtsverfahren hat das **Kind** das Recht, seine **eigene Vorstellung** zu sämtlichen   81
diesbezüglichen Fragen zu äußern. Diese Meinung wird dann unter Berücksichtigung des
Alters und der Reife des Kindes berücksichtigt. Das Gesetz verpflichtet das zuständige
Organ in allen Verfahren, in denen über das Sorgerecht und damit zusammenhängende
Fragen entschieden wird, das Kind zu beraten, es mit den wichtigen Umständen des Falles
vertraut zu machen und ihm die Äußerung einer eigenen Meinung zu ermöglichen (Art. 149,
271 Abs. 2). Der Schutz des Kindes wird durch Art. 271 Abs. 5 ergänzt, der u.a. die Möglich-

---

43 Zur Ermittlung des Kindeswohls vgl. *Bubić*, Standard „najbolji interes djeteta" i njegova primjena u
    kontekstu ostvarivanja roditeljskog staranja, in Zbornik radova, Drugi međunarodni naučni skup Naj-
    bolji interes djeteta u zakonodavstvu i praksi, Jahrgang II, Nr. II, Mostar 2014, S. 11–32.

keit der Bestellung eines besonderen Pflegers in Fällen, in denen sich das Interesse des Kindes und das der Eltern widersprechen, vorsieht.

82   Das Gericht kann im Scheidungsurteil entscheiden, wo das Kind untergebracht werden soll oder dass dritte Personen oder Einrichtungen sich um das Kind kümmern und es ausbilden sollen, soweit dies zum Schutz der Interessen des Kindes erforderlich ist (Art. 304 Abs. 2).

4. Sonstige Scheidungsfolgen

a) Kindesunterhalt nach der Scheidung

83   Die Entscheidung über den Kindesunterhalt ist wesentlicher Bestandteil des Scheidungsurteils und vom Gericht **von Amts wegen** zu erlassen. **Unterhaltsberechtigt** sind minderjährige Kinder sowie volljährige Kinder bis zum 26. Lebensjahr, die sich noch in einer Ausbildung befinden oder keine ausreichenden eigenen Mittel für ihren Lebensunterhalt besitzen oder arbeitsunfähig sind bis zur Beendigung der Arbeitsunfähigkeit. Bei der Festsetzung der **Unterhaltshöhe** hat das Gericht neben den auch in sonstigen Unterhaltssachen zu berücksichtigenden Umständen auch das Lebensalter des Kindes sowie die Notwendigkeit seiner Ausbildung zu berücksichtigen (Art. 236 Abs. 1). Außerdem wird hierbei auch berücksichtigt, in welcher Weise derjenige Ehegatte, bei dem das Kind nicht lebt, zur Erziehung des Kindes beiträgt (Art. 236 Abs. 2). Das Vormundschaftsorgan soll darauf hinwirken, dass sich die Eltern über die Höhe des Unterhalts (und erforderlichenfalls auch über dessen Erhöhung) einigen. Eine solche Vereinbarung können die Eltern auch in notarieller Form abschließen. In beiden Fällen stellt eine solche Vereinbarung einen vollstreckbaren Titel dar (Art. 238). Am Unterhaltsverfahren ist das **Vormundschaftsorgan** zu beteiligen. Dieses hat insbesondere das Recht, ein Unterhaltsverfahren einzuleiten und im Interesse des Kindes zu führen (Art. 238–242). Soweit das Kind feststellt, dass die Eltern nicht in der Lage sind, den erforderlichen Unterhalt zu leisten, unterrichtet es das Vormundschaftsorgan, das dann verpflichtet ist, Unterhalt aus seinen eigenen Haushaltsmitteln zur Verfügung zu stellen (Art. 237[44]). Das Gericht kann im Unterhaltsverfahren auch einstweilige Maßnahmen auf Unterhaltsgewährung von Amts wegen anordnen.

b) Erb- und Pflichtteilsrecht nach der Scheidung

84   Ehegatten sind gegenseitige **gesetzliche Erben** und **pflichtteilsberechtigt** (Art. 10 und 28 des Erbgesetzes; im Folgenden: ErbG[45]). Durch Scheidung und Aufhebung der Ehe erlischt dieses Erbrecht jedoch (Art. 25 Abs. 1 ErbG). Dasselbe gilt dann, wenn der Erblasser stirbt, nachdem er einen Antrag auf Scheidung der Ehe gestellt hat und das Gericht feststellt, dass dieser Antrag begründet war (Art. 25 Abs. 2 ErbG). Zur Frage, wie sich die Scheidung auf die testamentarische Erbfolge auswirkt, äußert sich das Gesetz nicht. Hierzu werden in der Rechtsliteratur verschiedene Theorien vertreten. Nach einer Auffassung ist entscheidend, ob das Testament vor oder nach der Scheidung erstellt wurde. Im ersten Falle erlischt das Erbrecht, im zweiten Falle ist der Ehegatte als testamentarischer Erbe berufen. Nach einer anderen Auffassung ist der Zeitpunkt der Testamentserrichtung unerheblich, der geschiedene Ehegatte erbt immer, solange das Testament noch nicht widerrufen wurde.

---

44 Vgl. dazu *Bubić*, Sistem akontativnog plaćanja izdržavanja za djecu – moguće rješenje za smanjenje rizika od siromaštva, Aktualnosti građanskog i trgovačkog zakonodavstva i pravne prakse, Pravni fakultet Sveučilišta u Mostaru, Mostar, 2014, S. 155–164.
45 SN FBiH Nr. 80/2014.

Bubić/Pürner

Das ErbG stellt in seinem Art. 9 Abs. 1 den nicht-ehelichen Lebenspartner dem Ehegatten gleich, so dass dieser nun ebenfalls gesetzlicher Erbe ist. Als nicht-eheliche Lebensgemeinschaft gilt diesbezüglich eine Lebensgemeinschaft von Frau und Mann nach dem Familiengesetz, die durch den Tod des Erblassers beendet wurde.

5. Möglichkeiten vertraglicher Vereinbarungen für die Scheidung

a) Ehevertrag und Scheidungsvereinbarung

Das FamG FBiH sieht die Möglichkeit einer einvernehmlichen Scheidung vor. Voraussetzung hierfür ist, dass die Ehegatten sich über das **Sorgerecht**, den **Kindesunterhalt**, das **Umgangsrecht** des Elternteils, bei dem das Kind nicht lebt, und den **Ehegattenunterhalt** einig sind. Eine solche **Vereinbarung** muss, soweit sie das Kind betrifft, in dessen Interesse sein, anderenfalls wird das Gericht den Antrag auf einvernehmliche Scheidung ablehnen (Art. 44). Abgeschlossen werden kann eine solche Vereinbarung im Schlichtungsverfahren. Sie wird dann in der Niederschrift über dieses Verfahren protokolliert (Art. 44 Abs. 1b, 51).

b) Güterrechtliche Vereinbarungen

Das FamG FBiH hat den **Ehevertrag** eingeführt, durch den die Ehegatten ihre **vermögensrechtlichen Verhältnisse** regeln können (siehe Rdn 30). Durch einen solchen Vertrag kann insbesondere von den gesetzlichen Regelungen über das sog. ehelich Erworbene und dessen Verteilung (siehe Rdn 32) abgewichen werden (Art. 252 Abs. 2, 255 Abs. 1). Abgeschlossen werden kann ein solcher Vertrag, der der notariellen Form bedarf (Art. 258 Abs. 2), bei der Eheschließung und solange die eheliche Gemeinschaft noch besteht (Art. 258 Abs. 1). Nicht mehr möglich ist eine solche Vereinbarung nach Beendigung der ehelichen Gemeinschaft, insbesondere zwischen getrennt Lebenden während des Scheidungsverfahrens.

c) Vereinbarungen über den Unterhalt für den geschiedenen Ehegatten

Die Ehegatten können auch eine Vereinbarung über gegenseitigen Unterhalt abschließen. Eine solche Vereinbarung ist Voraussetzung für eine einvernehmliche Scheidung (Art. 44 Abs. 1), kann aber auch für den Fall einer streitigen Scheidung abgeschlossen werden. Da der Unterhaltsanspruch als solcher zwingend vorgeschrieben ist, können sich die Ehegatten nur über dessen Höhe und die Art und Weise, wie er erfüllt werden soll (z.B. in Geld oder als Naturalunterhalt), einigen. Aus Art. 213 Abs. 3, wonach „der Verzicht auf den Unterhaltsanspruch keine Rechtswirkung" hat, folgt, dass ein genereller Ausschluss des Unterhalts in Fällen, in denen ein solcher Anspruch besteht, nicht möglich ist.

d) Vereinbarungen bezüglich der Kinder

Auch eine Vereinbarung über die **Höhe des Kindesunterhalts** ist möglich. Diese kann entweder vor dem Vormundschaftsorgan oder vor einem Notar abgeschlossen werden. In beiden Fällen stellt die Vereinbarung eine vollstreckbare Urkunde dar (Art. 238). Auch Vereinbarungen über die **elterliche Sorge** und das **Umgangsrecht** sind möglich. Diese werden vom Gericht jedoch nur genehmigt, wenn ihr Inhalt auch tatsächlich im Interesse des Kindes liegt (Art. 307).

e) Name nach der Scheidung

Nach der Scheidung können die Ehegatten den bisherige Ehenamen weiterführen oder ihren Familiennamen, den sie vor der Ehe führten, wieder annehmen. Ein Ehegatte kann

85

86

87

88

89

nicht darauf verzichten, den als Ehenamen geführten Familiennamen im Falle einer Scheidung nicht weiterzuführen (siehe Rdn 46).

f) Altersversorgung und gesetzliche Krankenversicherung nach der Scheidung

90   Anspruch auf die **Familienrente** (siehe Rdn 50) hat auch ein geschiedener Ehegatte, wenn ihm durch Gerichtsurteil ein Unterhaltsanspruch zugesprochen wurde (Art. 60 Abs. 2 RentenG FBiH). Zur **Krankenversicherung** nach der Scheidung vgl. Rdn 51.

g) Bleiberecht nach der Scheidung

91   Siehe hierzu Rdn 55.

h) Steuerliche Auswirkungen nach der Scheidung

92   Das Steuerrecht der FBiH enthält nunmehr in gewissen Fällen auch Steuererleichterungen für Geschiedene. Diese haben seit der Novelle des EStG im Jahre 2010[46] wegen Unterhaltsleistungen an bedürftige frühere Ehegatten und Kinder aus früheren Ehen jetzt dieselben Rechte wie verheiratete Ehegatten (Art. 24 Abs. 2 EStG n.F.; siehe Rdn 57).

6. Kollisionsrecht der Scheidungsfolgen

93   Gemäß Art. 38 des IPR-Gesetzes kommen auf die Scheidungsfolgen die Bestimmungen des bereits dargestellten Art. 36 des IPR-Gesetzes (siehe Rdn 21) analog zur Anwendung.

7. Verfahren

94   Zum **Scheidungsverfahren** und insbesondere den Möglichkeiten, andere Entscheidungen im Verbund mit diesem zu treffen, siehe Rdn 58 ff.

8. Internationale Zuständigkeit

95   Zur internationalen Zuständigkeit siehe Rdn 69 ff.

V.   Eingetragene Lebenspartnerschaft

96   Eine eingetragene Lebenspartnerschaft gleichgeschlechtlicher Partner oder etwas Vergleichbares gibt es in der FBiH nicht (vgl. Rdn 7).

VI.   Nichteheliche Lebensgemeinschaft

97   Eine **nichteheliche Lebensgemeinschaft** im Rechtssinne liegt gem. Art. 3 FamG FBiH dann vor, wenn eine Lebensgemeinschaft von Frau und Mann, die nicht miteinander verheiratet sind und auch nicht mit einer anderen Person in einer nichtehelichen Lebensgemeinschaft leben, bereits drei Jahre andauert oder wenn die Partner einer solchen Gemeinschaft, auch bei kürzerem Zusammenleben, ein gemeinsames Kind haben.[47]

---

46 SN FBiH Nr. 9/2010.
47 Vgl. zur nichtehelichen Lebensgemeinschaft auch *Demirović*, Novi pravci u pravnom regulisanju vanbračne zajednice u bosanskohercegovačkom pravu, in: Zbornik radova Naučni skup Razvoj porodičnog prava – od nacionalnog do evropskog, Mostar, 2013, S. 113–134.

Ein Partner aus einer nichtehelichen Lebensgemeinschaft hat gem. Art. 230 Abs. 1 nach   98
Beendigung dieser Lebensgemeinschaft unter denselben materiellen Voraussetzungen Anspruch auf **Unterhalt** wie ein geschiedener Ehegatte (Art. 230 Abs. 1). Die Klage auf Unterhalt kann bis zu einem Jahr ab Beendigung der nichtehelichen Lebensgemeinschaft erhoben
werden (Art. 230 Abs. 1). Die Gründe für den Ausschluss eines solchen Unterhalts entsprechen im Wesentlichen denen beim Scheidungsunterhalt. Das Vermögen, das die Partner
einer nichtehelichen Lebensgemeinschaft i.S.d. Art. 3 während der Dauer dieser Gemeinschaft durch Arbeit erworben haben, wird als deren **gemeinsames Vermögen** angesehen.
Auf dieses finden die Bestimmungen über das „ehelich Erworbene" (Art. 263; vgl. Rdn 27)
entsprechende Anwendung.

VII. Abstammung und Adoption

1. Abstammung

Das FamG FBiH unterscheidet nicht zwischen ehelichen und nichtehelichen Kindern. Mehr   99
noch: Es verwendet diese Begriffe überhaupt nicht, sondern spricht nur allgemein von
„Kindern". Einziger Unterschied, der zwischen ehelichen und nichtehelichen Kindern besteht, liegt in der Art und Weise der Feststellung von Vater- und Mutterschaft. Außer
näheren Regelungen bezüglich der Vaterschaft, gibt es auch solche über die nähere Bestimmungen der Mutterschaft. Gemäß Art. 53 ist **Mutter** diejenige Frau, die ein Kind geboren
hat. Die **Vaterschaft** wird im Wege der Anwendung gesetzlicher Vermutungen, durch
Anerkennung oder gerichtlich festgestellt. Als **Vater** eines in einer Ehe oder im Zeitraum
von 300 Tagen ab Eheende geborenen Kindes gilt der Ehemann der Kindsmutter. Kann die
Vaterschaft auf diese Weise nicht festgestellt werden, wird sie durch Anerkennung oder
gerichtlich festgestellt (Art. 54 Abs. 1 und Art. 55).

Eine unter Anwendung der gesetzlichen Vermutung festgestellte Vaterschaft kann, ebenso   100
wie die Mutterschaft, angefochten werden. Klageberechtigt für die **Anfechtung der Mutterschaft** ist das Kind, die Frau, die als Mutter in das Geburtenbuch eingetragen ist, sowie
die Frau, die sich selbst für die Kindsmutter hält. Die Klagebefugnis für die **Anfechtung
der Vaterschaft** ist im Verhältnis zum früheren Gesetz erweitert worden. Nunmehr ist
hierzu neben dem Ehemann der Mutter, der Mutter und dem Kind auch ein Mann, der sich
selbst für den Kindsvater hält, berechtigt (Art. 79–84). Ein solcher vermeintlicher biologischer Vater ist jedoch nur dann klageberechtigt, wenn er während der Empfängniszeit des
Kindes mit der Kindsmutter zusammenlebte oder vor Geburt des Kindes mit dieser eine
Lebensgemeinschaft begründet hatte und darüber hinaus mit der Klage die Feststellung
seiner eigenen Vaterschaft begehrt. Der Grund dafür, nun auch dem natürlichen Kindsvater
die Anfechtung der Vaterschaft eines anderen zu gestatten, liegt zum einem im Schutz seines
eigenen Rechts auf Familienleben, aber vielmehr noch im Recht des Kindes, seine wahre
Abstammung auch dann zu erfahren, wenn die vermuteten Eltern die Vaterschaft nicht
anfechten möchten. Dass dieses Recht nur begrenzt eingeräumt wird, liegt darin, dass man
andererseits auch das Kind, die Mutter und den Mann, der als Vater gilt, davor schützen
will, dass sich Dritte unberechtigt in die familiären Beziehungen einmischen. Dieselben
Ziele wie durch die Einräumung des Anfechtungsrechts des natürlichen Vaters werden auch
damit verfolgt, dass man der natürlichen Mutter das Recht auf Anfechtung der Mutterschaft
zugesteht. Die **Klagen** aller genannten Personen sind **fristgebunden** (siehe Rdn 38).

Das Kind kann Mutter- und Vaterschaft bis zu seinem vollendeten 25. Lebensjahr anfechten   101
(Art. 79). Eine als Mutter eingetragene Frau kann ihre Mutterschaft innerhalb von sechs
Monaten nach Kenntniserlangung der die Anfechtung begründenden Umstände, spätestens

jedoch bis zum vollendeten zehnten Lebensjahr des Kindes anfechten (Art. 80 Abs. 2). Ein Mann, der sich für den Vater hält, kann die Vaterschaft des vermeintlichen Kindsvaters innerhalb einer Frist von einem Jahr ab Eintragung der Vaterschaft anfechten (Art. 87 Abs. 2).[48] Erben des Mannes der Kindsmutter bzw. Personen mit rechtlichem Interesse sind nur zur Fortsetzung eines vom Mann der Ehefrau eingeleiteten Verfahrens, nicht aber zu dessen Einleitung selbst berechtigt (Art. 85).

102   Zur **Anerkennung** der Mutter- und Vaterschaft ist allgemein festzustellen, dass nach den derzeitigen gesetzlichen Vorschriften das Standesamt und das Vormundschaftsorgan eine stärkere Rolle im Verfahren haben, als das früher der Fall war. Eine Erklärung, mit der eine Mutter- oder Vaterschaft anerkannt wird, muss beim Standesamt, dem Vormundschaftsorgan, einem Gericht, einem Notar oder in einem Testament abgegeben werden (Art. 56). Die Erklärung kann, außer von in der Geschäftsfähigkeit nicht beschränkt volljährigen Personen, auch von Minderjährigen, die älter als 16 Jahre sind, und von Personen, deren Geschäftsfähigkeit beschränkt ist, die aber die Bedeutung dieser Erklärung erkennen, abgegeben werden (Art. 57). Für die **Eintragung** der Anerkennung in das **Geburtenbuch** ist bei Kindern, die älter als 14 Jahre und fähig sind, die Bedeutung der Anerkennung zu verstehen, die Zustimmung dieses Kindes erforderlich. Für die Eintragung der Anerkennung der Mutterschaft ist auch die Zuständigkeit des Vormundschaftsorgans und für die Eintragung der Anerkennung der Vaterschaft auch die Zustimmung der Kindsmutter erforderlich. Erteilt diese ihre Zustimmung nicht, kann sie durch das Vormundschaftsorgan ersetzt werden (Art. 62 und 63). Mutter- und Vaterschaft können nach dem Tod des Kindes nur dann anerkannt werden, wenn das Kind selbst Nachkommen hat (Art. 58). Die Vaterschaft kann auch vor der Geburt des Kindes anerkannt werden. Rechtswirkung hat dies jedoch erst, wenn das Kind lebend geboren wird (Art. 61). Eine **anerkannte Mutter- und Vaterschaft** kann von der anerkennenden Person, von einer Person, die sich selbst für den betreffenden Elternteil hält, und vom Kind **angefochten** werden (Art. 79, 80 und 85).

103   Die **Klage auf Feststellung** von Mutter- oder Vaterschaft ist – außer, sie wird vom Kind erhoben – **fristgebunden**. Die Klage auf Feststellung von Mutter- und Vaterschaft kann vom Kind und vom Vormundschaftsorgan erhoben werden. Daneben ist eine Frau, die sich für die Mutter hält, und ein Mann, der sich für den Vater hält, zur Klageerhebung berechtigt. Zur Vaterschaftsfeststellungsklage ist auch die Mutter des Kindes berechtigt. Ein Mann, der sich selbst für den Vater hält, ist hierzu erst berechtigt, wenn er wegen der fehlenden Zustimmung der Mutter die Vaterschaft nicht anerkennen konnte und wenn ein anderer Mann die Vaterschaft des Kindes anerkannt hat. Die Klage muss erhoben werden, um die anerkannte Vaterschaft anzufechten und gleichzeitig die eigene feststellen zu lassen (Art. 72–76). Beide Feststellungsklagen können auch nach dem Tod des vermeintlichen Elternteils und gegen die Erben dieser Person erhoben werden (Art. 77). Soweit das Kind Nachkommen hinterlassen hat, kann die Klage auch nach dessen Tod erhoben werden (Art. 78).

104   Art. 89 und 90 regeln die Besonderheiten bezüglich der Mutter- und Vaterschaft von Kindern, die durch **künstliche Befruchtung** (die in der Sprache des FamG FBiH als „medizinisch unterstützte Befruchtung" bezeichnet wird) gezeugt wurden. Diese Vorschriften enthalten ein grundsätzliches Verbot der Anfechtung der Mutter- und Vaterschaft bezüglich solcher Kinder (Art. 89). In Ausnahme von diesem Grundsatz wird jedoch einer Frau, die

---

48 In diesem Zusammenhang sei daran erinnert, dass die kürzere Anfechtungsfrist eines ausländischen Rechts über Art. 19 Abs. 1 S. 2 EGBGB bei Anfechtung der Ehelichkeit eines Kindes, dessen Eltern verschiedenen Staaten angehören, der längeren Anfechtungsfrist des deutschen Rechts (§ 1600b BGB) vorgeht, da dies für die Ehelichkeit des Kindes günstiger ist; vgl. OLG Stuttgart vom 3.12.1992, 16 U 8/92, FamRZ 1993, 471 (zu § 1594 Abs. 2 BGB a.F.).

ein aus der Eizelle einer anderen Frau stammendes Kind ausgetragen und geboren hat, die Anfechtung ihrer eigenen Mutterschaft gestattet (Art. 90 Abs. 1). Gleiches gilt für den Ehemann einer Mutter, die ein Kind, das ohne Zustimmung des eigenen Ehemannes durch Befruchtung mit dem Samen eines anderen Mannes gezeugt wurde, geboren hat (Art. 90 Abs. 2). Beide eben genannten Klagen können nur innerhalb einer **Frist** von sechs Monaten ab Kenntniserlangung von der Art und Weise der Befruchtung, in jedem Falle aber längstens bis zum vollendeten zehnten Lebensjahr des Kindes, erhoben werden.

2. Adoption

a) Adoptionsformen und Voraussetzungen

Das FamG FBiH regelt zwei verschiedene Arten der Adoption, nämlich die sog. **Volladoption** und die sog. **unvollständige Adoption**. Unterschiede zwischen diesen beiden Adoptionsformen bestehen sowohl hinsichtlich der Bedingungen einer Adoption als auch bezüglich der Rechtsfolgen, die sie hervorrufen. Darüber hinaus besteht zwischen beiden Adoptionsformen aber auch eine Reihe von Gemeinsamkeiten. Eine Adoption von Volljährigen ist dagegen nicht möglich. | 105

Hinsichtlich der **Voraussetzungen einer Adoption** sei lediglich beispielhaft genannt, dass die Adoption immer **im Interesse des Adoptierten** liegen muss. Die Adoption insbesondere zwischen Blutsverwandten in gerader Linie und Brüdern und Schwestern ist ausgeschlossen (Art. 93). Die Adoption kann erst drei Monate nach Geburt des Kindes und grundsätzlich (Ausnahmen sind möglich) nur bei Kindern von volljährigen Eltern erfolgen. Auch ist eine Adoption grundsätzlich nur mit Zustimmung der leiblichen Eltern möglich (Art. 99). Beiden Adoptionsformen ist auch gemein, dass Annehmender grundsätzlich nur eine Person im Alter zwischen 25 und 45 Jahren sein kann, die mindestens 18 Jahre älter als der Adoptierte ist (Art. 96). Ausländer können nur dann adoptieren, wenn dies dem wohlverstandenen Interesse des Kindes dient, eine Adoption des Kindes durch einen bosnisch-herzegowinischen Staatsangehörigen nicht möglich ist und die vorherige Zustimmung des Föderationsministeriums für den Sozialschutz vorliegt (Art. 95). In beiden Fällen erfolgt die Adoption durch Beschluss des Vormundschaftsorgans (Art. 110). Das adoptierte Kind hat Anspruch darauf, spätestens bis zu seinem 7. Lebensjahr von seinen Eltern über die Tatsache, dass es adoptiert wurde, informiert zu werden (Art. 92).[49] | 106

b) Volladoption

Eine **Volladoption** ist nur bei Kindern, die jünger als 10 Jahre sind, möglich (Art. 110). Bisher lag dieses Alter bei 5 Jahren. Die Anhebung dient dazu, die Möglichkeiten zur Volladoption zu erhöhen. Annehmende können, wie früher, Ehegatten und seit Inkrafttreten des neuen FamG FBiH auch Partner einer nichtehelichen Lebensgemeinschaft, die mindestens 5 Jahre besteht, sein. Die Volladoption durch eine einzelne Person ist nur dann möglich, wenn es sich dabei um Stiefmutter oder Stiefvater handelt (Art. 102). Durch die Volladoption wird der Angenommene rechtlich voll in die Adoptivfamilie eingegliedert, die bisherigen Verwandtschaftsverhältnisse erlöschen, es sei denn, es handelt sich um die Adoption durch Stiefmutter oder -vater (Art. 113–116). | 107

---

49 Zu den Voraussetzungen einer Adoption vgl. auch *Bubić*, Opšti trendovi u zaštiti najboljeg interesa djeteta – usvojenika, u: Zbornik radova „Prava djeteta i ravnopravnost polova – između normativnog i stvarnog, Univerzitet u Istočnom Sarajevu Pravni fakultet, 2012, S. 72–101.

c) Unvollständige Adoption

108   Bei der **unvollständigen Adoption** (**Teiladoption**) darf der Adoptierte nicht älter als 18 Jahre sein. Ist er älter als 10 Jahre, ist seine Zustimmung erforderlich (Art. 103). Annehmende können Ehegatten gemeinschaftlich, einzelne Ehegatten mit Zustimmung des anderen, Stiefmutter oder -vater sowie, wenn hierfür besondere rechtfertigende Gründe bestehen, unverheiratete Einzelpersonen und Partner einer seit mindestens 5 Jahren bestehenden nichtehelichen Lebensgemeinschaft sein (Art. 104). Anders als die Volladoption, die unauflöslich ist, kann eine unvollständige Adoption unter bestimmten Voraussetzungen vom Vormundschaftsorgan wieder aufgehoben werden (Art. 120 und 121). Durch die unvollständige Adoption entsteht ein Verwandtschaftsverhältnis nur mit einem Personenkreis, der enger gefasst ist als bei der Volladoption, da zwischen dem Angenommenen und seinen Abkömmlingen nur ein Verwandtschaftsverhältnis zum Annehmenden, aber nicht zu dessen Verwandten begründet wird (Art. 117). Das Verwandtschaftsverhältnis zwischen dem Angenommenen und seinen leiblichen Eltern sowie den übrigen Verwandten wird durch die unvollständige Adoption nicht aufgehoben, die daraus resultierenden Rechte und Pflichten bestehen weiter fort (Art. 117 Abs. 2).

C. Republika Srpska (RS)

109   Das Familienrecht – und damit das Eherecht – innerhalb des Staates Bosnien und Herzegowina unterliegt der Zuständigkeit der Gebietseinheiten. Dies führt dazu, dass man in beiden Entitäten auf jeweils unterschiedliches Familienrecht trifft. Anders verhält es sich jedoch bei den Regelungen zum IPR. Da sämtliche Gebietseinheiten das diesbezügliche frühere jugoslawische Bundesgesetz als eigenes Recht übernommen haben, entsprechen sich die Regelungen zu Kollisionsfragen und zur internationalen Zuständigkeit inhaltlich. Deshalb wird bezüglich dieser Fragen pauschal auf die Ausführungen über die FBiH verwiesen. Im Übrigen werden nur die wichtigsten Abweichungen des Eherechts der RS angesprochen.[50]

I. Eheschließung

1. Materielle Voraussetzungen

a) Obligatorische Zivilehe

110   Das **FamG RS**[51] normiert – wie das FamG FBiH – die **obligatorische Zivilehe**, enthält aber keine Regelungen über die Eheschließung in religiöser Form. Die Möglichkeit, nach Eingehung einer Zivilehe auch in religiöser Form zu heiraten, ist jedoch in den gesetzlichen Vorschriften über die rechtliche Situation der Glaubensgemeinschaften vorgesehen.[52] Im Unterschied zum FamG FBiH wurde im FamG RS die frühere Lösung des FamG BiH über die sachliche Zuständigkeit beibehalten. Dies bedeutet, dass die Ehe vor dem gemeindlichen Verwaltungsorgan geschlossen wird (Art. 14[53]). Funktionell zuständig ist der Bürgermeister

---

50 Vgl. zum Eherecht in der Republika Srpska i.Ü. den bereits genannten Beitrag von *Jessel-Holst*, FamRZ 2004, 847.

51 Službeni glasnik RS 54/2002, 41/2008, 63/14.

52 So *Morait*, Predgovor Porodičnom Zakonu RS (Vorwort zum Familiengesetz der RS), S. 16.

53 Sämtliche im Teil C. ohne Nennung des Gesetzestitels angesprochene Vorschriften sind solche des FamG RS.

oder ein hierzu delegiertes Ausschussmitglied. Bei der Eheschließung muss auch der Standesbeamte anwesend sein (Art. 20).

b) Verlöbnis

Auch in der RS wird das **Verlöbnis** nicht normiert.   111

c) Persönliche Voraussetzungen

aa) Zwei Personen verschiedenen Geschlechts

Die diesbezügliche Regelung des Art. 14 entspricht der Rechtslage in der FBiH (siehe   112
Rdn 7).

bb) Ehefähigkeit

Die diesbezügliche Regelung entspricht weitgehend derjenigen in der FBiH. Im **Unter-**   113
schied dazu wird jedoch für die Erteilung der Zustimmung zur Ehe eines Minderjährigen
nicht gefordert, dass die Ehe „im Interesse des Minderjährigen" liegt (Art. 36). Auch die
Regelungen über die psychischen Voraussetzungen der Ehefähigkeit weichen von denjenigen des FamG FBiH ab. Art. 32 schreibt (genauso wie das frühere FamG BiH) vor, dass
eine Person, die wegen einer Geisteskrankheit, fehlender geistiger Entwicklung oder aus
anderen Gründen nicht zur Beurteilung fähig ist, eine Ehe nicht schließen kann.

cc) Ehehindernisse

Die Lösung hinsichtlich der Verwandtschaft als **Ehehindernis** entspricht fast derjenigen   114
des FamG FBiH. Ein Unterschied besteht jedoch hinsichtlich der Blutsverwandten, die
eine Ehe miteinander nicht eingehen können, da das FamG RS den diesbezüglichen Personenkreis in Art. 33 und 35 ausdrücklich definiert. Ein weiterer Unterschied besteht darin,
dass die durch unvollständige Adoption begründete Verwandtschaft (entsprechend der Regelung des FamG BiH) nicht als Ehehindernis, sondern als Eheverbot normiert wird.

d) Rechtsfolgen von Verstößen

Das FamG RS kennt **keine Nichtehe**.[54] Soweit bei Eheschließung eine in Art. 14 normierte   115
Voraussetzung (Geschlechtsverschiedenheit und freie Willensübereinstimmung vor dem
zuständigen Organ) fehlt, ist die Ehe **aufhebbar**, aber wirksam. Klagebefugt ist jede Person,
die ein rechtliches Interesse an der Aufhebung der Ehe besitzt, sowie das Vormundschaftsorgan (Art. 15 Abs. 1 und 2).

Ebenso kann eine Ehe aufgehoben werden, wenn bei Eheschließung ein **Ehehindernis**   116
vorlag (Art. 45). Abgesehen von in Rdn 114 angesprochenen Unterschieden, entsprechen
die Ehehindernisse in der RS denjenigen in der FBiH. Das Anfechtungsverfahren entspricht
demjenigen in der FBiH. Jedoch besteht ein Unterschied insoweit, als bei Ehen zwischen
Blutsverwandten oder Verwandten durch Volladoption auch die Staatsanwaltschaft klagebefugt ist (Art. 49). Anders als das FamG FBiH kennt das FamG RS Eheverbote in Form von
aufschiebend bedingten Eheverboten, weshalb ein Verstoß den Bestand der Ehe unberührt
lässt, aber zur Aufhebung des das Eheverbot begründenden Verhältnisses führt. Die ein
solches Eheverbot begründenden Umstände entsprechen den bereits im früheren FamG

---

54 Was in der Literatur heftig diskutiert wurde, vgl. *Morait*, Predgovor Porodičnom Zakonu RS (Vorwort
    zum Familiengesetz der RS), S. 14.

FBiH enthaltenen. Es handelt sich um Verwandtschaft aufgrund unvollständiger Adoption (Art. 37) und Vormundschaft (Art. 38), wobei in beiden Fällen aus rechtfertigenden Gründen im FGG-Verfahren die Eheschließung zugelassen werden kann.

2. Zuständige Behörden und Verfahren

117   Das Verfahren zur Eheschließung ist in den Art. 16–28 geregelt und entspricht weitgehend demjenigen in der FBiH. Im Unterschied hierzu wird jedoch **keine Frist**, die zwischen der Bestellung des **Aufgebots** und der Eheschließung liegen muss, normiert. Ebenso fehlt eine ausdrückliche Regelung über den Zeitpunkt, zu dem eine Ehe als geschlossen gilt. Anders als in der FBiH gilt eine **Vollmacht** zum Abschluss der Ehe (zur Ferntrauung siehe bereits Rdn 17), die bei Gericht oder durch einen Notar beglaubigt sein muss (Art. 23 Abs. 4 FamG RS n.F.), 90 Tage ab dem Tag der Beglaubigung. Bei der Eheschließung muss der Standesbeamte auf die Möglichkeit einer ehevertraglichen Regelung der Vermögensverhältnisse in der Ehe hinweisen (Art. 20 Abs. 2 FamG RS n.F.).

II. Folgen der Ehe

1. Güterrecht

118   Die **vermögensrechtlichen Beziehungen** zwischen Ehegatten sind im FamG RS teilweise anders geregelt als im FamG FBiH. Das Vermögen der Ehegatten kann entweder **Sondervermögen** oder **gemeinsames Vermögen** sein (Art. 269), wobei die in Art. 270 vorgenommene Abgrenzung auf dieselbe Weise wie im FamG FBiH vorgenommen wird. Der einzige Unterschied besteht darin, dass dort ausdrücklich festgelegt wird, dass Vermögen, das der Frau als **Mitgift** mitgegeben wurde, als besonderes Vermögen der Frau gilt. Über das gemeinsame Vermögen verfügen die Ehegatten gemeinsam. Über ihre Anteile an diesem Vermögen können sie weder selbstständig durch Rechtsgeschäft zwischen Lebenden verfügen noch diese belasten (Art. 271 Abs. 1 und 2).

119   Das Gesetz räumt den Ehegatten jedoch die Möglichkeit ein, durch **Ehevertrag** die vermögensrechtlichen Verhältnisse hinsichtlich des vorhandenen und zukünftigen gemeinsamen Vermögens abweichend zu regeln (Art. 271 Abs. 3 und 4). Die Regelungen über den möglichen Inhalt von Eheverträgen weichen in der Formulierung zwar von den bei der Föderation Bosnien-Herzegowina dargestellten Artikeln ab, entsprechen diesen aber inhaltlich im Wesentlichen (siehe daher Rdn 39 ff.). Insbesondere enthält der 2008 neu eingefügte Art. 271 Abs. 7 FamG RS nunmehr ebenfalls eine Regelung, wonach die Vereinbarung ausländischen Rechts (in Fällen ohne ausländischem Element) verboten ist. Der Ehevertrag muss **notariell beurkundet** werden (Art. 271 Abs. 5 n.F.).[55]

120   Ebenso wie nach dem FamG FBiH steht das **gemeinsame Vermögen** den Ehegatten **zu gleichen Teilen** zu (Art. 272 Abs. 1); anders als dort handelt es sich hier jedoch nur um eine gesetzliche Vermutung, so dass den Ehegatten die Möglichkeit eingeräumt ist, diese zu

---

55 Zu Vermeidung von Missverständnissen sei darauf hingewiesen, dass die unter Rdn 22 genannte Verfassungsgerichtsentscheidung vom Verfassungsgericht der FBiH erging und sich nicht auf die RS bezieht. Dort hat das Verfassungsgericht vielmehr bereits im Jahr 2005 in seiner Entscheidung U-18/05 festgestellt, dass neue notarielle Formerfordernisse, die der Gesetzgeber einführt, keineswegs verfassungswidrig sind.

Bubić/Pürner

widerlegen.[56] Ein Ehegatte, der der Auffassung ist, dass sein Beitrag zum Erwerb des gemeinsamen Vermögens offensichtlich höher ist als der Beitrag des anderen Ehegatten, kann im Falle der Aufteilung die Zuteilung eines Anteils, der die Hälfte übersteigt, beantragen (Art. 273 Abs. 1). Das Gericht bestimmt in diesem Falle die Anteile der Ehegatten nach ihrem Beitrag zum Erwerb des gemeinsamen Vermögens (Art. 273 Abs. 2).[57]

2. Ehelicher Unterhalt

Vgl. hierzu Rdn 35 ff. Einziger Unterschied zwischen dem FamG RS und dem FamG FBiH ist, dass Art. 247 die Begründung einer außerehelichen Lebensgemeinschaft nicht als Grund für den Ausschluss des Unterhaltsanspruchs normiert.   121

3. Name

a) Ehename

Hinsichtlich des Ehenamens behält das FamG RS die Bestimmungen des früheren FamG   122
BiH bei. Dies führt dazu, dass die Ehegatten im Ergebnis weniger Varianten zur Festlegung des Ehenamens haben, als dies nach dem FamG FBiH der Fall ist. Gemäß Art. 43 können sie sich darauf verständigen, dass Ehename der Familienname eines der beiden Ehegatten sein soll, jeder von ihnen kann seinen Familiennamen beibehalten oder an seinen Familiennamen denjenigen des Ehegatten anhängen.

b) Name des verwitweten oder geschiedenen Ehegatten

Das FamG RS legt fest, dass im Falle einer Scheidung jeder Ehegatte den Familiennamen,   123
den er zum Zeitpunkt der Scheidung führte, weiterführen kann. Diese Möglichkeit ist jedoch nicht für den Fall der Aufhebung der Ehe vorgesehen.

c) Ehename bei Wiederverheiratung

Diesbezüglich verhält es sich genauso wie in der FBiH (siehe Rdn 42).   124

d) Geburtsname gemeinsamer Kinder

Art. 43 Abs. 5 regelt, dass Ehegatten, die keinen gemeinsamen Ehenamen führen, den **Fami-**   125
liennamen des Kindes gemeinsam bestimmen. Gelingt ihnen dies nicht, so entscheidet das Vormundschaftsorgan über den Familiennamen des Kindes. Das Gesetz enthält keine Regelung über die Bestimmung des Vornamens des Kindes.

4. Sonstige Ehewirkungen

a) Pflicht zur ehelichen Lebensgemeinschaft; Haftung

Ebenso wie das FamG FBiH schreibt das FamG RS keine Verpflichtung der Ehegatten   126
zur **gemeinsamen Lebensführung** vor. Die persönlichen Rechte und Verpflichtungen der

---

56 Vgl. dazu auch *Morait*, Predgovor Porodičnom Zakonu RS (Vorwort zum Familiengesetz der RS), S. 44 sowie *Radić*, Zajednička imovina kao mehanizam zaštite imovinskih prava i interesa supružnika (Gemeinsames Vermögen als Mechanismus zum Schutz der Vermögensrechte und -interessen von Ehegatten), in: Zbornik radova Četvrti međunarodni naučni skup Dani porodičnog prava, Jahrgang IV, Nr. 4, Mostar 2016, S. 263–278.
57 Was in der Praxis natürlich erhebliche Probleme aufwerfen kann.

Ehegatten entsprechen denjenigen im FamG FBiH, wobei allerdings, anders als in diesem, die Treuepflicht und das Recht, über die Geburt von Kindern zu entscheiden, in den diesbezüglichen Art. 39–42 FamG RS nicht ausdrücklich erwähnt werden. Die Regelungen über eine etwaige **Haftung** für vom Ehegatten begründete Verbindlichkeiten in Art. 278 und 279 entsprechen denjenigen im FamG FBiH (siehe Rdn 45).

b) Name

127   Der Inhalt der Art. 43 und 56 entspricht den Regelungen in der FBiH (siehe Rdn 46).

5. Kollisionsrecht der Ehefolgen

128   Es bestehen keine Abweichungen zur Situation in der FBiH (siehe Rdn 48 f.).

6. Auswirkungen der Ehe auf die Altersversorgung und die gesetzliche Krankenversicherung

129   Das Gesetz über die Renten- und Invaliditätsversicherung der Republika Srpska[58] gewährt dem Ehegatten das Recht auf eine **Familienrente** (**Hinterbliebenenrente**) im Falle des Todes seines Ehegatten (Versicherter oder Bezieher einer Alters- oder Invaliditätsrente) und bei Scheidung der Ehe, soweit dem Berechtigten durch Urteil ein Unterhaltsanspruch zugesprochen wurde (Art. 138 Abs. 1 des Gesetzes über die Renten- und Invaliditätsversicherung der RS; im Folgenden: RentenG RS). Die Voraussetzungen für das Entstehen des Rechts auf eine solche Familienversicherung sind dieselben wie im entsprechenden Gesetz der FBiH (vgl. Rdn 50). Allerdings besteht ein Unterschied hinsichtlich des Lebensalters des Ehegatten: In der RS muss eine Witwe zum Zeitpunkt des Todes des Ehegatten das 45. Lebensjahr und ein Witwer das 55. Lebensjahr vollendet haben, um Anspruch auf eine solche Rente zu haben (Art. 144 und 148 Abs. 1 Ziff. 1 RentenG RS). Die Frage des Verlusts und des Wiederauflebens des Rentenanspruchs ist genauso geregelt wie im entsprechenden Gesetz der Föderation (Art. 153 RentenG RS).

130   Das Gesetz über die **Krankenversicherung** der RS[59] gibt einem Ehegatten der nicht selbst Versicherter ist (z.B. weil er in einem Arbeitsverhältnis steht), während der Ehedauer das Recht auf Inanspruchnahme von Versicherungsleistungen aufgrund der Tatsache, dass der Ehegatte versichert ist (Art. 14 Abs. 2 Ziff. 1, Art. 15 Abs. 2 Ziff. 1 des Gesetzes über die Krankenversicherung der RS). **Geschiedenen Ehegatten** steht dieses Recht zu, wenn ihnen durch Gerichtsentscheidung ein Unterhaltsanspruch zugebilligt wurde, sie zum Zeitpunkt der Scheidung älter als 45 (Frauen) bzw. 55 (Männer) Jahre alt sind oder wenn, unabhängig vom Lebensalter, zum Zeitpunkt der Scheidung ihre Erwerbsunfähigkeit im Sinne der Vorschriften über die Renten- und Invaliditätsversicherung festgestellt war (Art. 15 Abs. 2 Ziff. 2).

7. Staatsangehörigkeit und Bleiberecht

131   Staatsangehörigen- und Ausländerrecht (Bleiberecht) liegen in der Zuständigkeit des Gesamtstaates. Es gelten deshalb die Ausführungen zur FBiH (siehe Rdn 52 f.).

---

58 Službeni glasnik RS Nr. 106/2005, 2011.
59 Službeni glasnik RS Nr. 18/1999,

8. Steuerliche Folgen der Eheschließung

In der RS gilt das Gesetz über die **Steuer auf das Einkommen** (EStG RS).[60] Dieses sieht
in seinem Art. 9 Abs. 1 vor, dass die Besteuerungsgrundlage wegen eines jeden Familienangehörigen (Ehegatte, Kinder und Eltern des Steuerpflichtigen), für den Unterhalt gezahlt
wird, um 900 KM vermindert wird.

132

III. Scheidung

Im Unterschied zum FamG FBiH legt das FamG RS (wiederum in Übernahme der diesbezüglichen Regelungen des früheren FamG BiH) als **Scheidungsgründe** zum einen die
schwere und dauernde **Zerrüttung** der ehelichen Verhältnisse, in deren Folge das Zusammenleben unerträglich geworden ist (Art. 52), und zum anderen die **Verschollenheit** des
Ehegatten für die Dauer von mindestens zwei Jahren (Art. 53) fest. Was den ersten Scheidungsgrund angeht, besteht der Unterschied zu den Bestimmungen in der FBiH darin, dass
das Gericht verpflichtet ist, nicht nur die Zerrüttetheit der Ehe festzustellen, sondern auch
die dadurch verursachte Unerträglichkeit des gemeinsamen Zusammenlebens.

133

Das **Scheidungsverfahren** kann, wie in FBiH, durch Klage eines Ehegatten und Antrag
auf einvernehmliche Scheidung (in Fällen, in denen die Eltern für kein Kind das Sorgerecht
haben, Art. 55), aber auch durch einen gemeinsamen Scheidungsantrag **eingeleitet** werden
kann, und zwar dann, wenn die Ehegatten ein Kind haben, für das sie das Sorgerecht
ausüben (Art. 54).

134

Auch in der RS kann der Ehemann **während der Schwangerschaft** seiner Ehefrau und bis
zur Beendigung des ersten Lebensjahres des Kindes keinen Antrag auf Scheidung stellen
(Art. 52 Abs. 2). Wie in der FBiH entscheidet das Gericht von Amts wegen über den Schutz,
die Erziehung und den Unterhalt gemeinsamer Kinder. Über den Unterhalt des Ehegatten
entscheidet das Gericht nur auf Antrag (Art. 72). In der RS kann nur über die ausdrücklich
in dem vorerwähnten Art. 72 genannten Fragen hinsichtlich der Kinder von Amts wegen
entschieden werden. Nicht genannt werden beispielsweise Bestimmungen über den persönlichen Umgang des nichtsorgeberechtigten Elternteils mit den Kindern. Diese liegen gem.
Art. 93 Abs. 1 in der Zuständigkeit des Vormundschaftsorgans.

135

Wie in der RS müssen Eltern, die das Sorgerecht für ein Kind ausüben, vor Einleitung des
Scheidungsverfahrens ein **Schlichtungsverfahren** durchlaufen. Die Zuständigkeit für dieses
Verfahren liegt in der RS – wie nach dem früheren FamG BiH – beim Vormundschaftsorgan.
Anders als in der FBiH ist in der RS gem. Art. 63 dieses Verfahren dann nicht durchzuführen, wenn mindestens ein Ehegatte im Ausland lebt.

136

IV. Scheidungsfolgen

1. Vermögensrechtliche Folgen

Bei der Scheidung wird das **gemeinsame Vermögen** zu gleichen Teilen aufgeteilt, es sei
denn, ein Ehegatte verlangt die Zuteilung eines größeren Anteils, wofür er nachweisen
muss, dass sein Anteil am Erwerb dieses Vermögens offensichtlich größer war als der Anteil
des anderen Ehegatten (Art. 272 Abs. 1 und Art. 273 Abs. 1). Bei der Bestimmung dieses
Anteils berücksichtigt das Gericht nicht nur das persönliche Einkommen der Ehegatten,
sondern auch deren sonstigen Beiträge zum Familienleben, wie z.B. durch Führung des

137

---

60 Službeni glasnik RS, broj: 91/06, 128/06, 120/08, 71/10 i 1/11.

Haushalts, Kindererziehung oder Verwaltung, Erhaltung und Vermehrung des Vermögens (Art. 273 Abs. 2). Einzelne Gegenstände aus dem gemeinsamen Vermögen können bei der Verteilung durch das Gericht auf Antrag eines Ehegatten oder von Amts wegen „privilegiert" werden. Dann findet entweder eine Anrechnung auf den dem privilegierten Ehegatten zustehenden Anteil oder keine Anrechnung statt. Es handelt sich hierbei um Gegenstände, die für die Berufsausübung, den persönlichen Bedarf oder für den Schutz und die Erziehung anvertrauter Kinder benötigt werden (Art. 274 und 275). Bei der Bestimmung des den Ehegatten zustehenden Anteils werden auch Verbindlichkeiten, die aufgrund des Erwerbs des gemeinsamen Vermögens bestehen, berücksichtigt (Art. 276). Wird die Aufteilung durch **Zwangsvollstreckung** und Verteilung des Erlöses angeordnet, so haben die Ehegatten bezüglich dieser Gegenstände ein **Vorkaufsrecht** (Art. 277). **Wechselseitige Geschenke** sind im Scheidungsfalle nicht zurückzugewähren. Etwas anderes kann jedoch gelten, wenn ein Ehegatte dem anderen aus seinem eigenen Vermögen etwas zugewendet hat, dessen Wert im Verhältnis zum Wert seines gesamten Vermögens zum Zeitpunkt des Herausgabeverlangens unverhältnismäßig groß ist (Art. 282 Abs. 2).

2. Verteilung der elterlichen Sorge

138   Die Regelungen des **Sorgerechts** im Scheidungsfall nach dem Recht der RS unterscheiden sich von denjenigen nach dem FamG FBiH. Das FamG RS hat nämlich die früheren Regelungen des FamG BiH, wonach es nur das alleinige Sorgerecht eines Elternteils gibt (Art. 86 Abs. 3), unverändert übernommen. Hierbei kann das Gericht für einzelne Kinder das alleinige Sorgerecht auch verschiedenen Elternteilen zusprechen. Auch in der RS dienen verschiedene Vorschriften über die Beteiligung des Vormundschaftsorgans und die **Anhörung des Kindes** im Sorgerechtsverfahren (Art. 73, 92, 61) dem Schutz des Kindes.

Durch das Gesetz über die Änderungen und Ergänzungen des Familiengesetzes der RS[61] wird dem Kind im Einklang mit seinem Lebensalter und seiner Reife das Recht auf Äußerung einer eigenen Stellungnahme eingeräumt. Ebenso hat es danach Anspruch auf die hierfür erforderlichen Informationen. Diese Stellungnahme ist mit der erforderlichen Sorgfalt bei der Entscheidung über seine Rechte zu brücksichtigen (Art. 81b).

3. Sonstige Scheidungsfolgen

a) Kindesunterhalt nach der Scheidung

139   Die in Art. 233, 253–268 FamG RS enthaltenen Regelungen unterscheiden sich – abgesehen davon, dass eine notarielle Vereinbarung hierüber im FamG RS nicht vorgesehen ist (wohl deshalb, weil zum Zeitpunkt des Erlasses dieses Gesetzes die Einführung des Notariats noch nicht abzusehen war) – nicht von denjenigen des FamG FBiH (siehe Rdn 83).

b) Erb- und Pflichtteilsrecht nach der Scheidung

140   Die diesbezügliche Rechtslage entspricht derjenigen in der FBiH (siehe Rdn 84). Dies bedeutet, dass die Ehegatten gegenseitige **gesetzliche Erben** und **pflichtteilsberechtigt** sind (Art. 9 und 30 des Erbgesetzes; im Folgenden: ErbG[62]). Durch Scheidung und Aufhebung der Ehe erlischt dieses Erbrecht jedoch (Art. 24 Abs. 1 ErbG). Dasselbe gilt dann, wenn der Erblasser stirbt, nachdem er Antrag auf Scheidung der Ehe gestellt hat und das Gericht feststellt, dass dieser Antrag begründet war (Art. 24 Abs. 2 ErbG).

---

61 Službeni glasnik RS 63/14.
62 Službeni glasnik RS 1/09.

c) Name nach der Scheidung

Auch die diesbezügliche Rechtslage entspricht derjenigen in der FBiH (siehe Rdn 89).   141

d) Altersversorgung und gesetzliche Krankenversicherung nach der Scheidung

Geschiedene Ehegatten haben nach dem Tod des früheren Ehegatten dann Anspruch auf   142
Familienrente, wenn ihnen durch das Scheidungsurteil ein Unterhaltsanspruch zuerkannt
wurde, Art. 138 Abs. 1 Ziff. 3 des Gesetzes über die Renten- und Invaliditätsversicherung
der Republika Srpska (siehe Rdn 129). Zur Krankenversicherung nach der Scheidung vgl.
bereits Rdn 130.

e) Bleiberecht nach der Scheidung

Vgl. hierzu Rdn 55.   143

f) Steuerrechtliche Auswirkungen nach der Scheidung

Da die in Rdn 132 genannten steuerlichen Vergünstigungen (erhöhter Grundfreibetrag)   144
nicht an eine bestehende Ehe anknüpfen, sondern an der tatsächlichen Unterhaltsleistung,
ändert sich alleine durch die Scheidung steuerlich nichts.

4. Möglichkeiten vertraglicher Vereinbarungen für die Scheidung

a) Ehevertrag und Scheidungsvereinbarung

Im Unterschied zum Recht in der FBiH ist in der RS eine einvernehmliche Scheidung nur   145
möglich, wenn keine Kinder vorhanden sind, für die das Sorgerecht ausgeübt wird.

b) Güterrechtliche Vereinbarungen

Die diesbezügliche Rechtslage entspricht derjenigen in der FBiH (siehe Rdn 86).   146

c) Vereinbarungen über den Unterhalt für den geschiedenen Ehegatten

Auch diesbezüglich besteht weitgehende Ähnlichkeit mit der Situation in der FBiH (vgl.   147
Rdn 87). Allerdings bestehen Unterschiede beim Erlöschen der nachehelichen Unterhalts-
pflicht. So wird in der RS beispielsweise die Begründung einer anderweitigen nichtehelichen
Lebensgemeinschaft nicht als Beendigungsgrund genannt. Außerdem wird in der RS die
Unterhaltsverpflichtung als Prozentbetrag des monatlichen Einkommens festgesetzt
(Art. 253 FamG RS),[63] während in der FBiH feste Beträge festgesetzt werden (Art. 259
Abs. 2 FamG FBiH).

d) Vereinbarungen über sonstige Scheidungsfolgen

Für Vereinbarungen über den **Kindesunterhalt** und über die **elterliche Sorge** und das   148
Umgangsrecht gilt Entsprechendes wie in der FBiH (siehe Rdn 83).

---

63 Dies kann bei der Vollstreckung im Ausland zu Problemen führen.

Bubić/Pürner

V.   Eingetragene Lebenspartnerschaft

149   Auch in der RS besteht keine eingetragene Lebenspartnerschaft gleichgeschlechtlicher Partner oder etwas Vergleichbares.

VI.   Nichteheliche Lebensgemeinschaft

150   Wie in der FBiH ist die nichteheliche Lebensgemeinschaft im Hinblick auf die wechselseitigen **Unterhaltsverpflichtungen** und die vermögensrechtlichen Beziehungen der Ehe
gleichgestellt. Allerdings definiert das FamG RS nicht exakt, ab wann eine nichteheliche
Lebensgemeinschaft i.S.d. Gesetzes vorliegt, da insoweit nur allgemein von „**längerer Zeitdauer**" gesprochen wird.

VII.   Abstammung und Adoption

1. Abstammung

151   Die Feststellung der Abstammung eines Kindes ist im FamG RS ähnlich, aber nicht identisch
wie im FamG FBiH geregelt. Das FamG RS unterscheidet (abgesehen von der Feststellung
der Vaterschaft) auch nicht zwischen ehelichen und nichtehelichen Kindern. Hinsichtlich
der Mutterschaft legt dieses Gesetz nur fest, dass **Mutter** diejenige Frau ist, die ein Kind
geboren hat (Art. 109 Abs. 1). Hinsichtlich sämtlicher weiterer diesbezüglichen Fragen
sollen gem. Art. 126 und 134 die Bestimmungen über die Feststellung und die Anfechtung
der Mutter- bzw. Vaterschaft in analoger Weise zur Anwendung kommen.

152   Die **Anfechtung der Vaterschaft** ist in den Art. 127–131 entsprechend den Regelungen im
FamG FBiH ausgestaltet. Nicht vorgesehen ist jedoch eine Anfechtungsklage durch den
natürlichen Vater des Kindes. Die Regelungen bezüglich der Anerkennung der Vaterschaft
unterscheiden sich von den Regelungen im FamG FBiH dadurch, dass keine Anerkennung
vor einem Notar vorgesehen ist und dass der Standesbeamte und das Vormundschaftsorgan
geringere Verpflichtungen haben, auf die Abgabe einer Anerkennungserklärung hinzuwirken. Darüber hinaus besteht ein weiterer Unterschied darin, dass Kinder der Anerkennung
der Vaterschaft erst ab dem 16. Lebensjahr zustimmen müssen.

153   Die **gerichtliche Feststellung der Vaterschaft** ist in den Art. 123–125 FamG RS wie im
FamG FBiH geregelt. Unterschiede bestehen lediglich hinsichtlich der **Klagefrist**. Diese
endet bei einer Klage durch das Kind mit Vollendung des 25. Lebensjahres, bei einer Klage
durch das Vormundschaftsorgan ein Jahr nach Geburt des Kindes.

154   Die Feststellung der Abstammung eines durch **künstliche Befruchtung** gezeugten Kindes
ist auch im FamG RS nur durch zwei Bestimmungen geregelt. Durch diese wird die Feststellung der Vaterschaft eines solchen Kindes verboten (Art. 135). Darüber hinaus wird dem
Ehemann einer Frau, die ohne dessen Zustimmung ein mit dem Samen eines anderen
Mannes künstlich befruchtetes Kind geboren hat, das Recht zur Anfechtung der Vaterschaft
eingeräumt.

2. Adoption

Auch nach dem FamG RS wird zwischen Volladoption und unvollständige Adoption unterschieden. Die **allgemeinen Voraussetzungen** für diese beiden Arten der Annahme eines Kindes entsprechen weitgehend denjenigen im FamG FBiH (siehe Rdn 105).[64]

155

Hinsichtlich der **Volladoption** bestehen Unterschiede hinsichtlich der Voraussetzungen, die seitens des Adoptivkindes bestehen müssen. Dieses darf nicht älter als 5 Jahre sein. Darüber hinaus ist eine Volladoption nur möglich, wenn das Kind keine Eltern mehr hat, diese unbekannt sind, das Kind länger als ein Jahr verlassen haben, ohne dass ihr Aufenthalt bekannt wäre, oder einer Adoption zugestimmt haben (Art. 157). Anders als in der FBiH können keine Einzelpersonen oder Partner einer nichtehelichen Lebensgemeinschaft Annehmende sein.

156

Hinsichtlich der **unvollständigen Adoption** besteht ein Unterschied zur Rechtslage in der FBiH insoweit, als die Fälle, in denen die Zustimmung der leiblichen Eltern nicht erforderlich ist, enger gefasst sind. Die Zustimmung ist in der RS nur dann entbehrlich, wenn den leiblichen Eltern das Sorgerecht oder die Geschäftsfähigkeit aberkannt wurde oder wenn ihr Aufenthalt seit mindestens einem Jahr unbekannt ist und sie sich während dieser Zeit auch nicht um das Kind gekümmert haben.

157

---

64 Zu Unterschieden vgl. *Dimitrije Ćeranić*, Usvojenje kao bijeg iz siromaštva ili kupovina djece, in: Zbornik radova Treći međunarodni naučni skup Dani porodičnog prava, Jahrgang III, Nr. 3, Mostar, 2015, S. 250–252.

Bulgarien

Lubomir N. Guedjev, Rechtsanwalt, Nürnberg

Literatur

Deutschsprachige Literatur

Hertel, in: *Limmer/Baumann/Hertel/Frenz* (Hrsg.), Würzburger Notarhandbuch, 4. Aufl. 2015; *Jessel-Holst,* in: *Bergmann/Ferid/Henrich,* Internationales Ehe- und Kindschaftsrecht mit Staatsangehörigkeitsrecht, Loseblattsammlung, Landesteil Bulgarien, 199. Lieferung, Stand 2012; *Zidarova/ Stancheva-Mincheva,* Gesetzbuch über das Internationale Privatrecht der Republik Bulgarien, RabelsZ 71 (2007), S. 398–456.

Literatur in bulgarischer Sprache

Beshkov, Anleitung zu Scheidungsverfahren, Sofia 2005 (*Бешков,* Ръководство по дела за развод, София 2005); *Markov,* Familien- und Erbrecht, 5. Aufl., Sofia 2011 (*Марков,* Семейно и наследствено право, 5. издание, София 2011); *Nenova/Markov,* Familienrecht der Republik Bulgarien, 3. Aufl., Bd. I, Sofia 2009, Bd. II, Sofia 2010 (*Ненова/Марков,* Семейно право на Република България, 3. издание, книга първа София 2009, книга втора София 2010); *Nenova,* Familienrecht der Republik Bulgarien, 2. Aufl., Sofia 1994 (*Ненова,* Семейно право на Република България, 2. издание, София 1994); *Punev (Hrsg),* Zivilprozessordnung. Handkommentar. Probleme bei der Rechtsanwendung. Analyse der Gerichtspraxis, Sofia 2012 (*Пунев,* Граждански процесуален кодекс. Приложен коментар. Проблеми на правораздаването. Анализ на съдебната практика, София 2012); *Stancheva-Mincheva,* Kommentar des Kodex über das Internationale Privatrecht, Sofia 2010 (*Станчева-Минчева,* Коментар на Кодекса на Международното частно право, София 2010); *Tsankova,* (Hrsg), Kommentar des Familienkodex. Probleme der Rechtsanwendung. Analyse der Gerichtspraxis. Gesetzestext, Sofia, 1. Aufl. 2009; 2. Aufl. 2015 (*Цанкова,* Приложен коментар. Проблеми на правоприлагането. Анализ на съдебната практика. Нормативен текст, 1. издание, София 2009; 2. издание, София 2015); *Venedinov,* Fragen der Errungenschaftsgemeinschaft, Sofia 3. Aufl. 2010; zit.: *Venedikov,* SIO (*Венедиков,* Въпроси на съпружеска имуществена общност, 3. издание, София 2010).

Abkürzungsverzeichnis

AusländerG Закон за чужденците в Република България (Gesetz über die Ausländer in der Republik Bulgarien)

DV Държавен вестник (Staatsanzeiger)

EGBGB Einführungsgesetz zum Bürgerlichen Gesetzbuch

EigentumG Закон за собствеността (Eigentumsgesetz)

EUAusländerG Закон за влизането, пребиваването и напускането на Република България на гражданите на Европейския съюз и членовете на техните семейства (Gesetz über die Einreise, den Aufenthalt und die Ausreise aus der Republik Bulgarien von Angehörigen der Europäischen Union und ihren Familienmitgliedern)

ErbG Закон за наследството (Erbgesetz)

GmdeStAbgG Закон за местните данъци и такси (Gesetz über die Gemeindesteuer und Abgaben)

GPF Закон за лицата и семейството (Gesetz über die Personen und Familie)

GSV Закон за задълженията и договорите (Gesetz über Schuldverhältnisse und Verträge)

IPRGB Кодекс на международното частно право (Kodex über das Internationale Privatrecht)

KG Тарифа за държавните такси, събирани от съдилищата по Гражданския процецуален кодекс (Tarif über die staatlichen Taxen, verlangt von den Gerichten nach dem Kodex der Zivilprozessordnung)

PAG Закон за българските лични документи (Gesetz über die bulgarischen Personalausweise)

PAVO Правилник за издаване на българските лични документи (Verordnung über die Ausstellung der bulgarischen Personalausweise)

PStRegG Закон за гражданската регистрация (Gesetz über die zivile Registration)

RAHonorarOrdnung Наредба № 1 от 9. юли 2004 г. за минималните размери на адвокатските възнаграждения (Ordnung Nr. 1 vom 9. Juli 2004 über die Höhe der anwaltlichen Mindestgebühren)

SGB Кодекс за социалното осигуряване (Kodex über die Sozialversicherung)

StVG Закон за движението по пътищата (Straßenverkehrsgesetz)

StAG Закон за българското гражданство (Gesetz über die bulgarische Staatsangehörigkeit)
ZPO Граждански процесуален кодекс (Kodex der Zivilprozessordnung)

Nützliche Internetquellen

www.lex.bg (Rechtsvorschriften)
www.legalacts.justice.bg (Rechtsprechung)

A. Eheschließung

I. Materielle Voraussetzungen

1. Ehe zweier geschlechtsverschiedener Personen, Verlöbnis

Zulässig ist nur eine Ehe zwischen Personen beiderlei Geschlechts (Art. 5 FamKodex). Der   1
Verstoß führt zur Nichtigkeit. Das Verlöbnis ist dem bulgarischen Recht unbekannt.

2. Ehefähigkeit

Die Ehemündigkeit beginnt bei Frauen und Männern einheitlich mit Vollendung des 18.   2
Lebensjahres. Eine Ausnahme sieht Art. 6 Abs. 2 S. 1 FamKodex bei Jugendlichen über 16
Jahren vor. Erforderlich ist das Vorliegen eines wichtigen Grundes für die beabsichtigte
Eheschließung.[1] Zuständig für die Erteilung der Genehmigung zu einer solchen Ehe ist das
Rayongericht an der ständigen Adresse[2] des nichtvolljährigen („minderjährigen")[3] Nupturienten.[4] Dieses hört den ehewilligen Nichtvolljährigen und seine Eltern rein informatorisch
an; eine unterbliebene Anhörung löst darum keine Rechtsfolgen aus.[5] Eine Wahlgerichtszu-
ständigkeit besteht für den Fall beidseitiger Nichtvolljährigkeit von Nupturienten mit unterschiedlichen Anschriften: Zuständig ist das Rayongericht an der ständigen Adresse eines
der eheschließungswilligen Jugendlichen (Art. 6 Abs. 2 S. 3 FamKodex). Antragsberechtigt
ist in Analogie zu Art. 319 ZPO der Nichtvolljährige selbst bzw. einer der beiden jugendli-

---

1 Das Fehlen eines wichtigen Grundes für die Eheschließung begründet trotzdem keine Aufhebungs-
   möglichkeit nach Art. 46 Abs. 1 Nr. 1 Alt. 1 i.V.m. Art. 6 Abs. 3 FamKodex. Die bereits geschlossene
   Ehe gilt vielmehr als Grund genug, deren Bestand unangetastet zu lassen; vgl. *Markov*, in: *Tsankova*
   et al., Kommentar zum FamKodex, S. 150. Gleiches gilt, wenn der Nupturient nicht das 16. Lebensjahr
   vollendet hat; s. *Nenova/Markov*, Semeyno pravo (Familienrecht), Bd. I, S. 440 f.
2 Darunter versteht man den Ort, in dessen Personenstandsregister eine Person eingetragen werden will
   (Art. 93 Abs. 1 PStRegG). Sich im Ausland aufhaltende Bulgaren ohne Registereintrag werden amtswe-
   gig ins Personenstandsregister des Rayons „Sredez" in Sofia eingetragen (Art. 93 Abs. 3 PStRegG).
   Davon zu unterscheiden ist die *gegenwärtige* Adresse. Das ist der Wohnort einer Person (Art. 94 Abs. 1
   PStRegG). Die gegenwärtige Adresse eines bulgarischen Staatsangehörigen mit Wohnsitz im Ausland
   ist im Personenstandsregister unter Angabe der Wohnsitzstaates zu vermerken (Art. 94 Abs. 2
   PStRegG).
3 Personen bis Vollendung des 14. Lebensjahres sind minderjährig (*малолетни*), bis Vollendung des 18.
   Lebensjahres nichtvolljährig (*непълнолетни*), Art. 3 Abs. 1 und Art. 4 Abs. 1 GPF. An diesen Begriffen
   orientiert sich die nachfolgende Darstellung.
4 Die Genehmigung zur Eheschließung durch ein örtlich unzuständiges Rayongericht begründet keinen
   Eheaufhebungsgrund nach Art. 46 Abs. 1 Nr. 1 Alt. 1 i.V.m. Art. 6 Abs. 2 S. 1 bzw. S. 2 FamKodex; vgl.
   Nenova, Semeyno pravo (Familienrecht), S. 515.
5 *Tsankova*, in: *Tsankova* et al., Kommentar zum FamKodex, S. 38, 150.

chen Nupturienten.[6] Der stattgebende Beschluss ist unanfechtbar, der ablehnende binnen einer Woche ab Zustellung anfechtbar (Art. 538 Abs. 1 ZPO).

3   Die rayongerichtliche Genehmigung ist keine Wirksamkeitsvoraussetzung für die Eheschließung.[7] Fehlt sie, so kommt es trotzdem zu einer gültigen, wenn auch aufhebbaren Ehe (vgl. Art. 46 Abs. 1 Nr. 1 Alt. 1 i.V.m. Art. 6 Abs. 2, 3 FamKodex). Die Folge des Art. 6 Abs. 4 FamKodex tritt dennoch ein: der nichtvolljährige Ehegatte erlangt mit Eheschließung die Geschäftsfähigkeit. Die Aufhebung der Ehe lässt die einmal erlangte Geschäftsfähigkeit nicht nachträglich entfallen, selbst wenn der betreffende Ehegatte zur Zeit der Rechtskraft des Aufhebungsurteils nicht 18 Jahre alt, d.h. volljährig geworden ist.

3. Ehehindernisse

4   Ehehindernisse zählt Art. 7 FamKodex abschließend auf:[8]
– eine bestehende Vorehe (Verbot der Doppelehe),[9]
– die vollständige Entmündigung i.S. des Art. 5 Abs. 1 GPF,
– die eine vollständige Entmündigung rechtfertigende Geisteskrankheit oder Geistesschwäche,
– Krankheiten, welche die Gesundheit der Nachkommenschaft oder des anderen künftigen Ehepartners ernsthaft gefährden, außer jener ist über sie in Kenntnis gesetzt worden,
– schließlich bestimmte Verwandtschafts- und Adoptionsverhältnisse zwischen den Eheschließungswilligen.[10]

5   Der Verstoß gegen ein Ehehindernis kann mit der Eheaufhebungsklage geltend gemacht werden. Diese ist fristgebunden und binnen 6 Monaten (bei Verletzung des Art. 6 oder Art. 7 Abs. 1 Nr. 2 FamKodex) oder 1 Jahr zu erheben (bei Verletzung des Art. 46 Abs. 1 Nr. 2 FamKodex). Bei der Fristberechnung kommt es auf den Verstoß an. Art. 47 FamKodex enumeriert die antragsberechtigten Personen, je nach Verstoß:
– beide Ehegatten,
– der Staatsanwalt und
– bei Bigamie der Ehegatte aus erster Ehe.

6   Die Klageberechtigung kann nachträglich fortfallen, auf ihre Ausübung kann verzichtet werden. Es tritt dann Heilung einer solchen Ehe ein.[11] Das der Aufhebungsklage stattgebende (Gestaltungs-)Urteil wirkt *ex nunc* (Art. 48 Abs. 1 FamKodex).[12] Bis zu seiner

---

6   *Nenova/Markov*, Semeyno pravo (Familienrecht), Bd. I, S. 167, f.
7   *Nenova/Markov*, Semeyno pravo (Familienrecht), Bd. I, S. 440 f.
8   *Tsankova.*, in: *Tsankova* et al., Kommentar zum FamKodex, S. 39.
9   Eine Vorehe hindert die neue Ehe allerdings dann nicht, wenn diese nach erstinstanzlicher streitiger Scheidung der Vorehe geschlossen wird und das Scheidungsverfahren der Vorehe nur zur punktuellen Frage der Schuld am Scheitern der (Vor-)Ehe in der Berufungsinstanz schwebt; vgl. *Markov*, in: *Tsankova* et al., Kommentar zum FamKodex, S. 151. Gemäß Art. 47 Abs. 2 FamKodex tritt außerdem mit Scheidung oder Aufhebung einer Vorehe Heilung zugunsten einer neuen Ehe ein. Der Grund für die Auflösung der Vorehe ist ohne Belang.
10 Das Ehehindernis des Verwandtschaftsverhältnisses i.S. des Art. 7 Abs. 2 Nr. 1 und 2 FamKodex (Verwandte in gerader Linie, Geschwister und Verwandte in der Seitenlinie bis zum einschließlich 4. Grad) entfällt nicht bei einer Volladoption i.S.d. Art. 101 Abs. 1 S. 2 FamKodex.
11 *Markov*, in: *Tsankova* et al., Kommentar zum FamKodex, S. 153 f. m.w.N.
12 Vgl. auch *Markov*, in: *Tsankova* et al., Kommentar zum FamKodex, S. 148.

Rechtskraft gilt die Ehe trotz des Ehehindernisses als vollwirksam mit allen aus ihr erwachsenden Rechten und Pflichten.[13] Die aufhebbare Ehe ist auch scheidbar.[14]

Ebenfalls statthaft ist die Feststellungsklage gem. Art. 318 bulgZPO mit dem Begehr auf Bestehen oder Nichtbestehen einer Ehe.[15] Sie ist nicht fristgebunden;[16] dem Feststellungsurteil kommt nur deklaratorische Wirkung zu.[17] Antragsberechtigt ist jeder, der ein Interesse an der begehrten Feststellung bekunden kann.[18]   7

Auf die Folgen der Eheaufhebung finden die Vorschriften über die Wirkungen der Scheidung entsprechende Anwendung (Art. 48 Abs. 2 FamKodex).   8

II. Formelle Voraussetzungen

1. Zivilehe

Rechtswirkungen zeitigt nur die Zivilehe (Art. 4 Abs. 1 FamKodex). Gleichwohl stellt die traditionelle religiöse Trauung eine viel verbreitete Sitte dar, obschon sie keine Rechtsfolgen auszulösen vermag (Art. 4 Abs. 2 FamKodex).   9

Die Ehe ist vor dem Zivilstandsbeamten (Art. 5 FamKodex) derjenigen Gemeinde zu schließen, welche die Heiratswilligen nach ihrer freien Wahl bestimmt haben (Art. 8 Abs. 1 FamKodex). Entfallen ist das Aufgebot.

2. Formerfordernisse

Eine formgültige Eheschließung setzt die persönliche und gleichzeitige Anwesenheit beider Nupturienten vor dem Zivilstandsbeamten voraus. Art. 5 FamKodex verlangt ihr freies und ausdrückliches Einverständnis mit der Eheschließung. Die Einverständniserklärung ist bedingungsfeindlich.   10

Das geforderte ausdrückliche Einverständnis mit der Eheschließung wird durch die Unterschriften der Eheschließenden be-(ur-)kundet. Geschlossen ist die Ehe jedoch erst mit Unterzeichnung der Heiratsurkunde durch den Zivilstandsbeamten (Art. 11 Abs. 1 FamKodex). Die Unterschriften der zwei Zeugen stellen dagegen keine Wirksamkeitsvoraussetzungen dar, wiewohl sie gem. Art. 10 Abs. 3 FamKodex immer vorliegen sollten.   11

Die Rechtsinstitute der Nichtehe *(несъществуващ брак)* und der nichtigen Ehe *(нищожен брак)* sind gesetzlich nicht geregelt. Beide Begriffe werden meist synonym gebraucht.[19] Eine solche **(nichtige/Nicht-)Ehe** liegt beim Verstoß gegen Art. 4, Art. 5 oder Art. 11 Abs. 1 FamKodex vor: 12
- das Paar heiratet ausschließlich in religiöser Form;
- die Ehewilligen erklären ihren Ehewillen unter einer Bedingung, oder nicht gleichzeitig und persönlich;

---

13 Vgl. *Markov*, in: *Tsankova* et al., Kommentar zum FamKodex, S. 148.
14 *Markov*, in: *Tsankova* et al., Kommentar zum FamKodex, S. 149.
15 *Markov*, in: *Tsankova* et al., Kommentar zum FamKodex, S. 149.
16 *Markov*, in: *Tsankova* et al., Kommentar zum FamKodex, S. 149 m.w.N.
17 *Nenova/Markov*, Semeyno pravo (Familienrecht), Bd. I, S. 431 f.
18 *Markov*, in: *Tsankova* et al., Kommentar zum FamKodex, S. 149.
19 Vgl. *Nenova/Markov*, Semeyno pravo (Familienrecht), Bd. I S. 430, Fn 4.

- eine Heiratsurkunde wird nicht ausgestellt;
- die erforderlichen Unterschriften der Ehegatten und des Zivilstandsbeamten auf der Heiratsurkunde fehlen.

13   Die übrigen Gesetzesbestimmungen über die Formalitäten der Eheschließung (namentlich Ort der Eheschließung, Zeugentauglichkeit bzw. das an einen Zeugen gestellte Eignungsprofil, Zeugenzahl sowie -unterschriften) sind nur Ordnungsvorschriften, deren Fehlen die Wirksamkeit der Eheschließung nicht tangiert.[20]

III. Kollisionsrecht der Eheschließung

1. Sachliche Voraussetzungen der Eheschließung

a) Anknüpfungsregeln

14   Mittels einer IPR-Verweisung sind die sachlichen Voraussetzungen der Eheschließung für jeden Nupturienten dem Recht des Staates unterworfen, welchem er zur Zeit der Eheschließung angehört (Art. 76 Abs. 1 S. 1 IPRGB). Das Eheschließungsstatut ist starr. Eine *lege matrimonii* erworbene (zusätzliche) Staatsangehörigkeit ist ohne Bedeutung, vgl. Art. 42 bulgIPRGB.

b) Feststellung des Fehlens von Ehehindernissen

15   Zur Verhinderung fehlerhafter Ehen verlangt Art. 77 IPRGB jedem ehewilligen Ausländer zweierlei Nachweise[21] ab, nämlich dass sein Heimatrecht
- die Eheschließung vor dem bulgarischen Zivilstandsbeamten und ihm gleichgestellten Personen[22] anerkennt (sog. Eheanerkennungsnachweis nach Nr. 1)
  und
- keine konkreten, auf ihn individuell bezogenen materiellen Ehehindernisse aufstellt, mögliche bzw. einschlägige Befreiungstatbestände inbegriffen (sog. Ehefähigkeitsnachweis nach Nr. 2).

Die Nachweise muss die zuständige ausländische (Heimat-)Behörde ausgestellt haben. Aus der Kumulation der Verpflichtungstatbestände folgt die Geltung der Nachweispflichten unabhängig von der Anwendung ausländischen Eheschließungsstatuts.

16   Versagt die Heimatbehörde die Erteilung des Ehefähigkeitsnachweises,[23] so hat der bulgarische Zivilstandsbeamte das ausländische Recht zu überprüfen und ggf. das negative Ergebnis durch den bulgarischen positiven *ordre public* zu korrigieren.

---

20 *Nenova/Markov*, Semeyno pravo (Familienrecht), Bd. I, S. 138; *Jessel-Holst*, in: *Bergmann/Ferid/ Henrich*, Internationales Ehe- und Kindschaftsrecht, Landesteil Bulgarien, S. 26.

21 Bei gemeinsamer ausländischer Staatsangehörigkeit spricht nichts dagegen, einen gemeinschaftlichen Nachweis ausreichen zu lassen, wofern für jeden der Nupturienten die inhaltlichen Erfordernisse gewahrt werden.

22 Also auch vor dem Kapitän eines unter bulgarischer Flagge fahrenden Schiffes oder einem bulgarischen Konsul bzw. diplomatischen Vertreter Bulgariens im Ausland.

23 Ehefähigkeitszeugnisse für bulgarische Ehewilligen erteilt die Gemeinde oder das Bürgermeisteramt, in deren/dessen Gebiet der Nupturient seinen Wohnsitz hat oder hatte. Ist er im Ausland geboren und hatte er nie einen Wohnsitz in Bulgarien, so ist die Gemeinde „Sredez" in Sofia für die Erteilung des Ehefähigkeitszeugnisses zuständig.

2. Formelle Voraussetzungen der Eheschließung

Art. 75 Abs. 1 IPRGB unterwirft die Form der Ehe dem Recht des Staates, vor dessen   17
Organ sie geschlossen wird. Die höchstrichterliche Rechtsprechung entnimmt sie dem Recht
des Eheschließungsortes *(lex loci celebrationis)*.[24] Daraus folgt: **Inlandsehen** müssen den
bulgarischen Formvorschriften genügen. **Auslandsehen** haben den Formvorschriften am
Heiratsort zu entsprechen. Über die Folgen von Formverstößen entscheidet das verletzte
Recht.

3. Anerkennung von Auslandseheschließungen

Die Anerkennung einer Auslandsehe lässt Art. 75 Abs. 3 IPRGB – bis an die Grenzen des   18
heimischen *ordre public* i.S. des Art. 45 IPRGB – bei Beachtung der dortigen Ortsform
ausdrücklich zu.

B. Folgen der Eheschließung

I. Vermögensrechtliche Folgen

Das bulgarische Familienrecht kennt drei Güterstände: die Errungenschaftsgemeinschaft,   19
die Gütertrennung und seit Oktober 2009 den vertraglichen Güterstand (Art. 18 Abs. 1
FamKodex).

1. Gesetzlicher Güterstand

Gesetzlicher Güterstand ist die eheliche Vermögensgemeinschaft *(съпружеска*   20
имуществена общност), m.a.W. die **Errungenschaftsgemeinschaft.** Sie gilt von Gesetzes
wegen, wenn die Nupturienten bei der Eheschließung keinen Güterstand wählen. Bei jugendlichen Ehegatten (zwischen 16 und 18 Jahren) sowie beschränkt Entmündigten ist
sie dagegen zwingend (Art. 18 Abs. 2 Alt. 2 FamKodex). Die Errungenschaftsgemeinschaft
unterscheidet drei Vermögensmassen: das Eigengut des Mannes, das Eigengut der Frau und
das gemeinsame Gut.

a) Eigengut

Jeder Ehegatte bleibt Eigentümer seines zur Zeit der Eheschließung vorhandenen Vermö-   21
gens. Was er während der Ehe durch Schenkung[25] oder durch Erbschaft erhält, tritt ebenfalls
in sein Alleinvermögen *(лично имущество)*, sog. Eigengut oder Einhandsvermögen. Zum
Eigengut gehören außerdem Gegenstände, die während der Ehedauer ausschließlich mit
Mitteln des Eigenguts erworben werden oder deren Erwerb anstelle des Eigenguts tritt
(sog. **Transformation**). Wer das Geschäft tätigt, ist belanglos. Der Erwerbsgegenstand
wird entweder insgesamt oder nur teilweise in Alleinvermögen des Eigentümer-Ehegatten
transformiert (vgl. Art. 23 Art. 2 FamKodex). Die Transformation kann damit eine vollum-
fängliche oder nur eine punktuelle sein. Letzteres ist der Fall, wenn der Erwerb nur zum

---

24 Vgl. Oberster Kassationsgerichtshof, Beschluss N° 55 v. 18.1.2012 i.d.Rs. N° 675/2011; Oberster Admi-
     nistrativgerichtshof, Urteil N° 10751 v. 18.7.2011 i.d.Rs. N° 15504/2010. Diese Frage ist aber umstritten.
25 Bei Schenkung an beide Ehegatten gemeinsam ist die Art des Miteigentums umstritten; (für Errungen-
     schaftsvermögen) *Markov*, Semeyno i nasledstveno pravo (Familien- und Erbrecht), S. 48; (für Mit-
     eigentum nach Bruchteilen) *Venedikov*, SIO (Errungenschaftsgemeinschaft), S. 31 f.

Teil mit Mitteln des Eigenguts erfolgt. In Höhe dieser Beteiligung erwirbt der Ehegatte dann einen ideellen Anteil als Miteigentum, außer der transformierte Teil fällt im Vergleich zum Rest prozentual nur unwesentlich klein aus.[26] Der Rest zählt zum Errungenschaftsgut.[27] Bei nur teilweiser Transformation wird deshalb der betroffene Ehegatte Miteigentümer zu einem Bruchteil in Höhe seiner Beteiligung am Erwerb des konkreten Gegenstands und zugleich ist er Miteigentümer am fraglichen Erwerbsgegenstand.[28]

22   Auch Gegenstände des Errungenschaftsvermögens sind demjenigen Ehegatten als Eigengut zuzuordnen, der sie selbst erworben hat, wenn Gläubiger nur des anderen Ehegatten wegen dessen eigener schuldrechtlicher Verpflichtung in das Errungenschaftsvermögen **vollstrecken**. Zum Eigengut gehören ferner Gegenstände zum persönlichen Gebrauch, zur Ausübung eines Berufes und das Betriebsvermögen eines Einzelkaufmanns (Art. 22 Abs. 2 und 3 FamKodex). Schließlich zählen Urheber-, Marken- und Patentrechte sowie **Gesellschaftsanteile** an einer juristischen Person zum Eigengut.[29]

23   Über sein Eigengut kann jeder Ehegatte **frei verfügen** (Art. 25 FamKodex). Bei Verfügung über die Familienwohnung sieht Art. 26 FamKodex eine Ausnahme vor. Danach bedarf es der vorherigen Zustimmung des Nichteigentümer-Ehegatten.[30] Voraussetzung ist, dass eine weitere Wohnung nicht existiert – weder als Gesamtgut noch als Eigengut eines der Ehegatten. Die fehlende Einwilligung ist durch Genehmigung des Rayongerichts ersetzbar. Gerichtlicher Prüfungsmaßstab ist zweierlei: Die Verfügung über die Familienwohnung darf nicht zum Schaden noch nicht volljähriger Kinder und der Familie gereichen.

b) Gesamtgut

24   Was die Eheleute im Laufe ihrer Ehe durch gemeinsame Tätigkeit i.w.S. erwerben, das fällt in ihr (**besonderes**[31]) **Miteigentum** und wird gem. Art. 21 Abs. 1 FamKodex zur Errungenschaft (sog. Gesamtgut oder Errungenschaftsvermögen). Das gilt selbst dann, wenn der eine Ehegatte Eigengut des anderen Ehegatten erwirbt.[32] Ob eine Sache bzw. ein Recht während der Ehe zum Gesamtgut erworben wird, kommt es in erster Stelle auf das **Erwerbsgeschäft** an – und nicht darauf, ob und, wenn ja, zu welchem Zeitpunkt der erforderliche gemeinsame Beitrag i.S. des Art. 21 Abs. 2 FamKodex erfolgt. Letzteres ist nur bedeutsam für die Widerlegung der Vermutung, ein gemeinsamer Beitrag habe vorgelegen.[33] Wird z.B. eine Sache käuflich erworben, so ist darauf abzustellen, ob die notarielle (Kaufvertrags-)Urkunde nach der Eheschließung und vor der Beendigung der Errungenschaftsgemeinschaft ausgestellt ist.[34] Folgerichtig scheidet ein Erwerb zum Gesamtgut aus, wenn die Sache vor der Heirat

---

26 *Markov*, Semeyno i nasledstveno pravo (Familien- und Erbrecht), S. 51; nach ihm gehört zum Vergleichsmaßstab für die Beurteilung der Unwesentlichkeit des transformierten Teils auch der Wert der Surrogationssache, gemessen an den Vermögensverhältnissen der Eheleute.

27 *Venedikov*, SIO (Errungenschaftsgemeinschaft), S. 5.

28 *Venedikov*, SIO (Errungenschaftsgemeinschaft), S. 4 f.

29 *Markov*, Semeyno i nasledstveno pravo (Familien- und Erbrecht), S. 47.

30 Ob eine Heilung des Rechtsgeschäfts durch nachträgliche Zustimmung des Nichteigentümer-Ehegatten möglich ist, wird nicht einheitlich beantwortet; (dafür) Gemeinsamer Senat des Zivil- und Handelskollegiums, Auslegungsurteil Nº 5/2013; Oberster Kassationsgerichtshof, Urteil Nº 644 v. 10.7.2000 i.d.Rs. Nº 38/2000; *Staneva*, in: *Tsankova* et al., Kommentar zum FamKodex, S. 103 m.w.N.; (dagegen) Oberster Kassationsgerichtshof, Urteil Nº 378 v. 23.4.2002 i.d.Rs. Nº 925/2001; *Nenova*, Semeyno pravo (Familienrecht), S. 197 f.

31 *Markov*, Semeyno i nasledstveno pravo (Familien- und Erbrecht), S. 40.

32 *Staneva*, in: *Tsankova* et al., Kommentar zum FamKodex, S. 88, mit Nachweisen zur Gegenansicht.

33 Vgl. Oberster Kassationsgerichtshof, Urteil Nº 715/2010 i.d.Rs. Nº 432/2009.

34 *Staneva*, in: *Tsankova* et al., Kommentar zum FamKodex, S. 70.

gekauft, der Kaufpreis selbst nach der Heirat von den Ehegatten gemeinsam gezahlt wurde.[35] Konsequent sind die Gerichte auch in der umgekehrten Fallsituation: Hier schließt einer der Nupturienten einen **Vorvertrag über eine Immobilie**. Den Kaufpreis zahlt er vor der Eheschließung, der endgültige notarielle Kaufvertrag wird dagegen erst nach der Heirat abgeschlossen. Der Oberste Kassationsgerichtshof bejaht in dieser Konstellation die Widerlegung der Vermutung eines gemeinsamen Beitrags i.S. des Art. 21 Abs. 2 i.V.m. Abs. 3 FamKodex und nimmt damit im Ergebnis einen Erwerb zum Eigengut gem. Art. 23 Abs. 1 FamKodex an.[36]

Zum Gesamtgut gehören ferner die **Erträge des Eigenguts**, sofern sie nicht durch Zuwendungen Dritter entstanden sind und diese etwas anderes bestimmt haben. Werden mit solchen Erträgen Vermögensgegenstände im Verlauf der Ehe angeschafft, so fallen natürlich auch diese in das Errungenschaftsvermögen.   25

Das Kriterium des **gemeinsamen Beitrags** entscheidet über die endgültige Zuordnung zum Eigengut oder Gesamtgut. Art. 21 Abs. 2 FamKodex zählt beispielhaft auf, was den gemeinsamen Beitrag ausmachen kann: Einbringung von Mitteln oder von Arbeit, Sorge für die Kinder, Haushaltsführung. Gemäß Art. 21 Abs. 3 FamKodex wird ein gemeinsamer Beitrag bis zum Beweis des Gegenteils vermutet.[37] Die Trennung der Ehegatten führt nicht *per se* zur Widerlegung des gemeinsamen Beitrags. Der Rechtsgrund des Erwerbs ist ohne Bedeutung. Er kann z.B. in einem Vertrag, Gerichtsvergleich oder einer (Tabular-)Ersitzung[38] bestehen. Belanglos ist außerdem, ob beide Ehegatten nach außen hin handeln oder nur der eine von ihnen, ob beide im notariellen Vertrag als Erwerber erscheinen oder nur der eine.[39] Irrelevant ist zudem die mangelnde Kenntnis des Vertragspartners vom Bestand einer Ehe. Der Erwerb der Sache zum Errungenschaftsvermögen tritt *ex lege* ein und ist deshalb von einem anderweitigen, selbst ausdrücklich erklärten Willen der Vertragsschließenden unabhängig.[40]   26

Problematisch ist die Gesamtgutsfähigkeit von **Geldguthaben vor** der Anschaffung von Vermögensgegenständen. Nach altem Recht gehörte es ausdrücklich zum Errungenschaftsgut, wenn es denn während der Ehezeit mit Beiträgen beider Ehepartner erworben war (Art. 19 Abs. 1 S. 1 FamKodex a.F.); das Vorliegen solch gemeinsamer Beiträge hat Art. 19 Abs. 3 a.F. widerlegbar vermutet. Der neue Art. 21 Abs. 1 FamKodex erwähnt Bankeinlagen als Teil des Errungenschaftsvermögens nicht mehr explizit. Daraus leitet die wohl überwiegende Lehre eine Aufgabe dieser Zuordnung durch den Gesetzgeber ab.[41] Entsprechend rechnet der Arbeitslohn zum Einhandsvermögen des jeweiligen Arbeitnehmer-Ehegatten.[42]   27

---

35 Beschluss des Plenums des Obersten Gerichts N° 5/1972.
36 Oberster Kassationsgerichtshof, Urteil N° 737 v. 21.12.2002 i.d.Rs. N° 374/2002.
37 Statthaft ist die negative Feststellungsklage. Streitgegenstand ist ein *insgesamt fehlender* Beitrag des Antragsgegners; dazu Gemeinsamer Senat des Zivilkollegiums beim Obersten Gericht, Auslegungsurteil N° 35/1971.
38 Irrelevant ist, zu welchem Zeitpunkt die Berufung auf den gesetzlichen Eigentumserwerb kraft Ersitzung erfolgt; vgl. Gemeinsamer Senat des Zivilkollegiums beim Kassationsgerichtshof, Auslegungsurteil N° 4/2012.
39 Vgl. *Markov*, Semeyno i nasledstveno pravo (Familien- und Erbrecht), S. 39.
40 *Venedikov*, SIO (Errungenschaftsgemeinschaft), S. 42.
41 Vgl. *Jessel-Holst*, in: *Bergmann/Ferid/Henrich*, Internationales Ehe- und Kindschaftsrecht, Landesteil Bulgarien, S. 28; a.A. *Beshkov*, Rakovodstvo po razvodni dela (Anleitung zu Scheidungsverfahren), S. 32 f.; *Markov*, Semeyno i nasledstveno pravo (Familien- und Erbrecht), S. 38.
42 Bezirksgericht Stara Zagora, Urteil N° 101 v. 14.12.2009 i.d.Rs. N° 1028/2009;*Staneva*, in: *Tsankova* et al, Kommentar zum FamKodex, S. 71.

28 Das Besondere am Miteigentum der Eheleute in der Errungenschaftsgemeinschaft ist dessen **Anteilslosigkeit**. Denn im Gegensatz zum einfachen Miteigentum nach Art. 30 EigentumG (das mit Beendigung der Errungenschaftsgemeinschaft eintritt), steht das Gesamtgut im Eigentum beider Ehegatten, ohne dass es zu einer ideellen Teilung des Eigentums oder einzelner Rechte kommt.[43] Eine Verfügung über ideelle Anteile an einzelnen Gegenständen des Errungenschaftsvermögens ist deshalb während der Ehedauer oder vor der Beendigung der Errungenschaftsgemeinschaft nicht möglich (Art. 24 Abs. 1 S. 2 FamKodex). Gleiches gilt bezüglich des Vermögensanteils, das jeder Ehegatte bei Beendigung der Errungenschaftsgemeinschaft erhielte (Art. 24 Abs. 1 S. 2 FamKodex). Eine ideelle Teilung des Eigentums entsteht vielmehr erst mit der Beendigung der Errungenschaftsgemeinschaft, in der Regel also mit Scheidung.[44] Von nun an sind die (einst miteinander verheirateten) Ehegatten Miteigentümer nach Bruchteilen. Das Bruchteilseigentum fällt ihnen kraft Gesetzes zu gleichen Teilen zu (Art. 28 FamKodex), außer die (geschiedenen) Eheleute vereinbaren etwas anderes. Dafür bedarf es des Abschlusses eines Ehevertrags, einer Scheidungsfolgenvereinbarung i.S.d. Art. 49 Abs. 4 bzw. Art. 51 FamKodex oder eines Auseinandersetzungsvertrags.[45]

29 Die **Verwaltung des Errungenschaftsvermögens** obliegt jedem Ehepartner. Über das Gesamtgut verfügen die Eheleute hingegen gemeinsam (Art. 24 Abs. 2 und 3 FamKodex). Eine Verfügung des einen Ehegatten über Gegenstände des Errungenschaftsvermögens ohne Zustimmung des anderen macht die Veräußerung anfechtbar. Das Anfechtungsrecht steht ausschließlich dem übergangenen Ehegatten zu und ist vererblich. Seine Erben (freilich unter Ausschluss des überlebenden, verfügenden Ehepartners) können davon Gebrauch machen, falls der Tod des anfechtungsberechtigten Ehegatten vor Ablauf der **Anfechtungsfrist** des Art. 24 Abs. 4 S. 2 FamKodex eingetreten ist. Die Anfechtungsfrist differiert je nach Verfügungsgegenstand: Bei **unbeweglichen** Sachen erlischt das Anfechtungsrecht bei Kenntnis des übergangenen Ehegatten über eine erfolgte Verfügung nach 6 Monaten, spätestens aber mit Ablauf von 3 Jahren seit der Verfügung (Art. 24 Abs. 4 FamKodex). Bei **beweglichen** Sachen ist zu unterscheiden: Erfolgt die Veräußerung entgeltlich und ist der Erwerber gutgläubig hinsichtlich der fehlenden Einwilligung des anderen Ehegatten (bereits einfache Fahrlässigkeit schadet ihm), so erwirbt er wirksam Eigentum vom Nichtberechtigten.[46] Indes ist der Erwerber bei Unentgeltlichkeit weniger schutzwürdig. Der übergangene Ehegatte kann deshalb die Veräußerung binnen 6 Monaten ab Kenntnis, längst aber bis zum Ablauf von 3 Jahren seit der Veräußerung anfechten und die Sache vindizieren (Art. 24 Abs. 5 S. 2 Fall 1 i.V.m. Abs. 4 FamKodex). Gleiches gilt – ohne Rücksicht auf etwaige Entgeltlichkeit –, wenn die Veräußerung der notariellen Form bedarf (praktisch bedeutsam ist das v.a. beim Verkauf eines registrierten Kfz: gem. Art. 144 Abs. 2 Var. 1 StVG ist dafür die notarielle Beglaubigung der Unterschriften erforderlich).

30 Art. 32 Abs. 2 FamKodex ordnet die **solidarische Haftung** der Eheleute für Verbindlichkeiten zur Befriedigung familiärer Bedürfnisse an (Art. 32 Abs. 2 FamKodex).

2. Gütertrennung

31 Charakteristisch für diesen Güterstand ist der mit *gerichtlicher* Beendigung der Ehe entstehende Anspruch eines Ehegatten gegen den anderen auf **Ausgleich** des während der Ehe-

---

43 Allg. M.; s. nur *Staneva*, in: *Tsankova* et al., Kommentar zum FamKodex, S. 69.
44 *Staneva*, in: *Tsankova* et al., Kommentar zum FamKodex, S. 69.
45 *Markov*, Semeyno i nasledstveno pravo (Familien- und Erbrecht), S. 42 f.
46 Vgl. Oberster Kassationsgerichtshof, Urteil N° 414 v. 26.5.2010 i.d.Rs. N° 1083/2009.

dauer eingetretenen Vermögenszuwachses, soweit der anspruchstellende Ehepartner durch Arbeit, Sorge für die Kinder, Haushaltsführung oder auf sonstige Weise dazu beigetragen hat (Art. 33 Abs. 2 FamKodex).

Die Wahl der Gütertrennung erfordert (lediglich) die notarielle Beglaubigung der Unterschriften beider Ehegatten, weil deren Inhalt sich aus den zwingenden gesetzlichen Regelungen ergibt.[47] Der Güterstand der Gütertrennung kennt nur eine einzige **Verfügungsbeschränkung**. Sie betrifft die Familienwohnung (Art. 34 i.V.m. Art. 26 FamKodex).

Für Verbindlichkeiten zur Deckung laufender familiärer Bedürfnisse haften die Eheleute **solidarisch** (Art. 36 Abs. 2 FamKodex).

3. Vertragsgüterstand

Ein Novum stellt der vertragliche Güterstand dar, welcher durch Abschluss eines Ehevertrags eingeleitet wird. Er erfreut sich langsam wachsender Beliebtheit.   32

Den Ehevertrag können die Ehegatten **vor der Eheschließung bis hin zur Scheidung** abschließen; eine Vertretung scheidet dabei aus. Gemäß Art. 39 Abs. 1 bedarf er der notariellen Beurkundung. Die sachlichen Voraussetzungen der Eheschließung werden vom Notar nicht geprüft.[48] Einzige Ausnahme bildet die Geschäftsfähigkeit. Einem jugendlichen Ehegatten bleibt jedoch der Abschluss eines Ehevertrags verwehrt, obwohl er gem. Art. 6 Abs. 4 FamKodex mit Eingehung der Ehe mündig wird.[49]

Art. 9 Abs. 2 S. 2 FamKodex verlangt von den Eheschließungswilligen die Vorlage einer **notariellen Bescheinigung** über das Datum des Ehevertrags und dessen Eintragungsnummer, ferner über die Registernummer des beurkundenden Notars sowie den Rayon (Bezirk) seiner Tätigkeit. Der postnuptiale Ehevertrag wird in der Heiratsurkunde nachträglich vermerkt.   33

Einzutragen ist der Ehevertrag in das Register der Vermögensbeziehungen der Ehegatten bei der Agentur für Eintragungen, sog. **Güterrechtsregister** (vgl. Art. 19 FamKodex bzw. Art. 39 Abs. 4 i.V.m. Art. 19 Abs. 2 FamKodex). Die Eintragung ist keine Wirksamkeitsvoraussetzung. Das Register ist öffentlich. Wichtig ist sein Inhalt: Es verlautbart lediglich, ob die Eheleute einen Ehevertrag geschlossen oder einen bestimmten gesetzlichen Güterstand vereinbart haben. Den Inhalt des Ehevertrags gibt es hingegen nicht kund.[50] Bei den gesetzlichen Güterständen der Errungenschaftsgemeinschaft und der Gütertrennung ist das unbedenklich, weil diese der Disposition der Ehepartner nicht unterstehen; etwaige Verfügungsbeschränkungen ergeben sich aus dem Gesetz selbst. Bei einem Ehevertrag ist das anders. Seine Regelungen können Verfügungsbefugnissen der Ehegatten einschließen.[51] Das schafft Rechtsunsicherheit.

Regelungsgegenstand des Ehevertrags sind die Vermögensbeziehungen der Eheleute zueinander, die mit der Eheschließung, während der Ehedauer und/oder mit der Scheidung entstehen. Das bulgarische Familienrecht kennt den Grundsatz der **Einheitlichkeit des Güterrechts** nicht. Ehegatten können frei über ihr eheliches Vermögen disponieren; Gren-   34

---

47 *Jessel-Holst*, in: *Bergmann/Ferid/Henrich*, Internationales Ehe- und Kindschaftsrecht, Landesteil Bulgarien, S. 29.
48 *Staneva*, in: *Tsankova* et al., Kommentar zum FamKodex, S. 114.
49 *Staneva*, in: *Tsankova* et al., Kommentar zum FamKodex, S. 114.
50 *Jessel-Holst*, in: *Bergmann/Ferid/Henrich*, Internationales Ehe- und Kindschaftsrecht, Landesteil Bulgarien, S. 29.
51 *Staneva*, in: *Tsankova* et al., Kommentar zum FamKodex, S. 112.

zen setzt ihnen nur Art. 38 FamKodex. Die Eheleute können gar eheliches Vermögen bald dem gesetzlichen Güterstand der Errungenschaftsgemeinschaft, bald der Gütertrennung unterwerfen (Art. 38 Abs. 2 S. 1 FamKodex),[52] sie miteinander kombinieren, modifizieren und eigenverantwortlich ihren Bedürfnissen anpassen – bezogen auf das gesamte oder partielle gegenwärtige wie künftige eheliche Vermögen.[53] Beispielsweise können die Ehegatten ehevertraglich regeln, dass während der Ehedauer erworbenes unbewegliches Vermögen zum Errungenschaftsgut zählt, bewegliches Vermögen dagegen zum Eigengut des Erwerber-Ehegatten wird. Zulässig ist eine Klausel, wonach alles Vermögen – beweglich wie unbeweglich – über einem bestimmten (Verkaufs-)Wert dem Errungenschaftsgut zufällt, und alles Vermögen, was darunter liegt, dem Erwerber-Ehegatten als Eigengut gehört. Ferner können die Eheleute nach Art. 38 Abs. 2 S. 1 FamKodex auch auf einen der gesetzlichen Güterstände verweisen; dies können sie jedoch sowohl insgesamt zur Regelung ihrer Vermögensverhältnisse tun als nur teilweise für einzelne bereits vorhandene oder künftige Gegenstände.

35   Enthält der Ehevertrag keine Regelungen über die Zuordnung des gesamten – vorhandenen wie künftigen – Vermögens der Ehegatten, so sind diesbezüglich die Vorschriften über die Errungenschaftsgemeinschaft anzuwenden (Art. 38 Abs. 4 FamKodex).

4. Intertemporales Recht

36   Das dargestellte Ehegüterrecht gilt auch für Altehen. Indes haben die Ehegatten die Möglichkeit, für die Gütertrennung zu optieren oder einen Ehevertrag zu schließen (§ 4 Übergangs- und Schlussbestimmungen zum FamKodex).

II. Ehelicher Unterhalt

37   Unterhaltsberechtigt ist nur ein Ehegatte, der arbeitsunfähig ist und sich aus dem eigenen Vermögen nicht selbst zu unterhalten vermag (Art. 139 FamKodex). Die Höhe des Unterhalts richtet sich nach den Bedürfnissen des Berechtigten und der Leistungsfähigkeit des Verpflichteten (Art. 142 Abs. 1 FamKodex). Auf den Unterhalt kann nicht verzichtet, gegen ihn nicht aufgerechnet werden (Art. 147 f. FamKodex). Der Unterhalt für die Vergangenheit ist auf einen Jahr vor der Klageerhebung beschränkt (Art. 149 FamKodex).

38   Bei **Getrenntleben** der Ehegatten gelten die gleichen Grundsätze. Ob und, wenn ja, welchen Ehegatten die Schuld an der Trennung trifft, ist grundsätzlich ohne Bedeutung.[54] Eine Ausnahme sieht Art. 151 Abs. 1 FamKodex bei schwerer Verfehlung des unterhaltsberechtigten Ehepartners vor.

III. Namensrecht

39   Die Namensbildung und -führung sind in Art. 12 ff. PStRegG geregelt. Die Normen sind zwingend.

1. Namensbestandteile

40   Der Name bulgarischer Staatsbürger hat stets drei Bestandteile: Eigen-, Vaters- und Familienname, einerlei wo der Geburtsort liegt. Alle drei Namensbestandteile sind in die Geburtsurkunde einzutragen.

---

52 Vgl. *Staneva*, in: *Tsankova* et al., Kommentar zum FamKodex, S. 80, 121.
53 *Staneva*, in: *Tsankova* et al., Kommentar zum FamKodex, S. 112.
54 *Nenova/Markov*, Semeyno pravo (Familienrecht), Bd. II, S. 547.

2. Eigenname

Der Eigenname entspricht dem deutschen Vornamen.[55] Er wird im Einvernehmen der   41
Eltern bei Errichtung des Geburtenbuchs frei bestimmt.[56] Bei fehlender Einigung wählt der
Zivilstandsbeamte einen der ihm vorgeschlagenen Namen oder sucht mangels Vorschlags
einen nach eigenem Gutdünken aus. Doppelvornamen sind zulässig, mit oder ohne Bindestrich.

3. Vatersname

Der Vatersname[57] wird aus dem Eigennamen des Vaters unter Anfügung eines **geschlechts-**   42
bezogenen Suffixes gebildet: *-ov/-ev* für Jungen, *-ova/-eva* für Mädchen. Auch bei Einverständnis der Eltern ist er nicht austauschbar. Das Ordnungsinteresse überwiegt.

Nur bei einem **nichtehelichen Kind ohne festgestellten Vater** wird der Vatersname aus   43
dem Eigennamen der Mutter oder seiner Wurzel gebildet. Der Familienname entspricht
dann entweder dem der Mutter oder wird gebildet aus dem Eigen- oder Familiennamen
deren Vaters (in beiden Fällen freilich unter Beachtung des Kindesgeschlechts). Mit Zustimmung des Großvaters mütterlicherseits kann sein Eigenname als Vatersname bestimmt
werden; in diesem Fall muss der Familienname der Mutter stets der Familienname des
Kindes sein (vgl. Art. 15 PStRegG).

4. Familienname

Jedes Kind erhält entweder den Familiennamen des Vaters oder dessen Vatersnamen (d.h.   44
den Eigennamen seines Großvaters väterlicherseits). Nach Art. 14 Abs. 3 PStRegG sind
Kinder derselben Eltern mit gleichen Familiennamen einzutragen. Der Familienname wird
entsprechend dem **Kindesgeschlecht** mit dem Suffix *-ov(a)/-ev(a)* gebildet, außer familiäre,
ethnische oder religiöse Traditionen der Eltern erfordern etwas anderes. Einige Namen
lassen vom Namensklang her die Endung *-ski* für Männer und *-ska* für Frauen zu. Sie sind
– vom Gesetz stillschweigend vorausgesetzt – denselben Regeln unterworfen wie die Suffixe
-ov(a)/-ev(a). Gleiches gilt für Vaters- wie Familiennamen mit dem Suffix *-ich(a)* und
-ovich(a)/-evich(a). Auch eine doppelte Suffixbildung von *-ov(a)/-ev(a)* und *-ski/-ska* ist
möglich, also *-ovski/-evski* bzw. *-ovska/-evska*.

---

55 *Jessel-Holst*, in: *Bergmann/Ferid/Henrich*, Internationales Ehe- und Kindschaftsrecht, Landesteil Bul-
    garien, S. 39.
56 Die Freiheit der Bestimmung des Eigennamens findet dort ihre Grenzen, wo der gewählte Name
    lächerlich, herabwürdigend, gesellschaftlich unannehmbar oder unvereinbar ist mit den herrschenden
    Gesellschaftsvorstellungen (Art. 12 Abs. 3 PStRegG).
57 Lässt sich ein Bulgare unter Beibehaltung seiner bulgarischen Staatsangehörigkeit einbürgern, bleibt
    der nach seinem bisherigen Heimatrecht geführte Vatername als Zwischenname bestehen, wird also
    nicht zum bloßen Vornamen, sofern nicht eine Erklärung gem. Art. 47 Nr. 3 EGBGB abgegeben wird;
    vgl. OLG Nürnberg, StAZ 2012, 182.

Guedjev

5. Ehename

45 Bei der Ausstellung der Heiratsurkunde[58] kann jeder Ehegatte seinen Familiennamen entsprechend seinem Geschlecht durch Erklärung gegenüber dem Zivilstandsbeamten wie folgt bestimmen:
– Er behält seinen Familiennamen,
– er nimmt den Familiennamen seines Ehegatten an,
– er hängt den Familiennamen seines Ehepartners dem eigenen an,
– er nimmt den Namen des anderen Ehegatten oder hängt ihn dem eigenen Familiennamen an, mit welchem dieser in der Öffentlichkeit bekannt ist. Hauptanwendungsfall ist der **Vatersname** dieses Ehegatten (Art. 12 FamKodex).

Geben die Ehegatten keine Erklärung ab, dann behält jeder von ihnen seinen zu dieser Zeit geführten Familiennamen als Ehenamen bei.

6. Schreibweise

46 In den Ausweispapieren wird der Name in bulgarischer und lateinischer Schrift geführt. Die Umschrift von kyrillischen in lateinische Schriftzeichen erfolgt für bulgarische Staatsangehörige in **englischer Transliteration** nach einer Transliterationstabelle (Art. 19 Abs. 1 S. 1 PAG i.V.m. Art. 2 Abs. 1 i.V.m. Anhang I PAVO). Die Schreibweise der Namen von **Ausländern** wird im Gefolge ihres Personalstatuts dem Personalausweis oder dem Reisepass entnommen (Art. 6 Abs. 2 PAVO) und ist gem. Art. 21 Abs. 2 PAG ins Bulgarische zu transliterieren.

IV. Sonstige Ehewirkungen

1. Eheliche Lebensgemeinschaft

47 Ehegatten haben in der Ehe gleiche Rechte und Pflichten (Art. 13 FamKodex). Sie sind einander zum Respekt und gegenseitigen Verständnis, zur gemeinsamen Sorge für die Familie sowie zur ehelichen Lebensgemeinschaft verpflichtet (Art. 14 ff. FamKodex).

2. Heirat macht mündig

48 Mit Eheschließung erlangen Nichtvolljährige die Geschäftsfähigkeit (Art. 6 Abs. 4 FamKodex). Kollisionsrechtlich ist diese Qualifikationsfrage dem Ehewirkungsstatut gem. Art. 79 Abs. 1 bzw. Abs. 2 IPRGB zuzuschlagen. Denn auch vermögensrechtliche Einschränkungen als Folge der Eheschließung sind gem. Art. 79 Abs. 3 i.V.m. Abs. 1 bzw. 2 IPRGB dem Ehewirkungsstatut unterworfen.

Trotz erlangter Geschäftsfähigkeit kann ein Nichtvolljähriger über unbewegliches Vermögen nur mit gerichtlicher Genehmigung[59] verfügen (Art. 6 Abs. 4 Hs. 2 FamKodex).

---

58 Auch auf die nachträgliche Bestimmung eines (gemeinsamen/übereinstimmenden) Ehenamens findet Art. 19 Abs. 1 PStRegG Anwendung. Eine Namensänderung setzt danach einen wichtigen Grund voraus und erfolgt stets auf der Grundlage eines gerichtlichen Gestaltungsurteils; hierzu *Tsankova*, in: *Tsankova* et al., Kommentar zum FamKodex (2009), S. 45 f.
59 Zuständig ist wieder das Rayongericht an der ständigen Adresse des jugendlichen Ehegatten.

V. Kollisionsrecht der Ehefolgen

1. Ehewirkungen

Die persönlichen Beziehungen der Ehegatten unterliegen auf der ersten Stufe der Kaskaden-anknüpfung ihrem gemeinsamen Heimatrecht, auf der zweiten Stufe dem Recht des Staates, in welchem die Eheleute ihren gemeinsamen Aufenthalt haben, und auf der dritten Stufe dem Staatsrecht, mit welchem sie am engsten gemeinsam verbunden sind (Art. 79 Abs. 1 resp. 2 IPRGB). Das Ehewirkungsstatut ist wandelbar. Rück- und Weiterverweisungen sind zu befolgen (Art. 40 Abs. 1 IPRGB).

49

2. Güterrecht

a) Subjektives Güterstatut

Seit dem Inkrafttreten des IPRGB am 21.5.2005 haben Ehegatten die Möglichkeit zur Güterrechtswahl. Diese kann vor der Eheschließung bis hin zur rechtskräftigen Auflösung der Ehe getroffen, geändert oder aufgehoben werden (Art. 80 Abs. 3 S. 1 IPRGB) – und damit vor allem während eines einvernehmlichen Scheidungsverfahrens in der Scheidungs-folgenvereinbarung gem. Art. 51 FamKodex. Indes ist sie bedingt durch ihre Zulassung nach dem objektiven Ehegüterstatut (Art. 79 Abs. 4 IPRGB). Formgültig ist die Rechtswahl, wenn sie in Schriftform mit Datum und Unterschriften der Ehegatten erfolgt (Art. 80 Abs. 1 IPRGB). Einfache Form (z.B. Briefwechsel) reicht demnach aus. Die Abwahl bulgarischen Ehegüterrechts ist möglich, da andernfalls dem Art. 79 Abs. 4 IPRGB nur klarstellende Funktion zukäme.[60]

50

Sowohl die voreheliche Rechtswahl als die nachträgliche gelten ab Zeitpunkt der Eheschlie-ßung (Art. 80 Abs. 3 S. 3 IPRGB). Mit der **ex lege-Rückwirkung** der Güterrechtswahl sind die Eheleute auf der Grundlage des gewählten Güterrechts so zu behandeln, als ob dieses Recht von Anbeginn ihrer Ehe gegolten habe. Unberührt von der Rückwirkung bleiben freilich alle abgeschlossenen Sachverhalte (Art. 42 bulgIPRGB). Indessen steht es den Ehe-gatten frei, die Rückwirkung auszuschalten (Art. 80 Abs. 3 S. 3 a.E. bulgIPRGB). Die **Aus-schließungsvereinbarung** ist grundsätzlich in der Rechtswahl selbst zu treffen, die sie betrifft. Möglich ist zudem eine antizipierte Ausschließungsabrede (z.B. in einer früheren Güterrechtswahl oder einem Ehevertrag). Für die Form, den Abschluss und die Wirksam-keit einer Ausschließungsvereinbarung gilt Art. 80 Abs. 1 und 2 IPRGB entsprechend.

51

Bei der Wahl des Güterstatuts gem. Art. 79 Abs. 4 IPRGB handelt es sich um eine Sach-normverweisung.

52

b) Objektives Güterstatut

Mangels einer Güterrechtswahl richten sich die Vermögensbeziehungen der Ehegatten nach dem Recht des Staates, welches für die persönlichen Ehewirkungen maßgeblich ist (Art. 79 Abs. 3 IPRGB). In der stufenweise Reihenfolge sind folgende Anknüpfungspunkte vorgese-hen:
- gemeinsame Staatsangehörigkeit
- gemeinsamer gewöhnlicher Aufenthalt oder
- sonstiger gemeinsamer engster Konnex.

53

---

60 *Hertel*, in: *Limmer* et al., Würzburger Notar-Hdb, S. 3058, Rn 721.

Ein vorrangiger gemeinschaftlicher Anknüpfungspunkt verdrängt den nachrangigen. Das objektive Güterrechtsstatut ist wandelbar. Das kann Schwierigkeiten bereiten bei der **Überleitung** vom Alt-Statut ins Neu-Statut und dabei vom Alt-Güterstand in den Neu-Güterstand. Hier gilt es zu beachten: Neu erworbenes Vermögen fällt *eo ipso* dem gewählten Neustatut zu. Der Alt-Güterstand ist mit dem unter seiner Herrschaft erworbenen alten Vermögen abzuwickeln – jedoch nur dann, wenn und soweit ein Ehegatte die Abwicklung verlangt. Anders gesagt: Wenn anlässlich des Wechsels des Güterstatuts oder am Ende des neuen Güterstands der eine Ehegatte etwas vom anderen will, muss der Alt-Güterstand rechnerisch in den neuen transportiert und insofern nachträglich rechnerisch „abgewickelt" werden.

54   Die Verweisung in Art. 79 Abs. 3 i.V.m. Abs. 1 bzw. Abs. 2 IPRGB ist eine IPR-Verweisung; Rück- und Weiterverweisungen sind zu befolgen (Art. 40 Abs. 1 IPRGB).[61]

3. Namensrecht

55   Gemäß Art. 53 Abs. 1 IPRGB unterstehen der Name und seine Änderung dem Heimatrecht seines Trägers. Namenserwerb und -änderung sind bulgarischem Recht unterworfen, wenn eine Person mit gewöhnlichem Aufenthalt im Inland sie beantragt (Art. 53 Abs. 4 IPRGB). Die Frage einer Änderung des Namens durch Eheschließung ist gem. Art. 53 Abs. 1 Alt. 2 IPRGB namensrechtlich zu qualifizieren, und nicht den persönlichen Beziehungen der Ehegatten (Art. 79 Abs. 1 oder 2 IPRGB) zuzuordnen.[62] Denn die Eheschließung geht nicht notwendig mit einer Namensänderung einher.

VI. Altersversorgung

56   Versorgungsansprüche erwirbt jeder Ehegatte für sich selbst. Ein einmaliges **Sterbegeld** sehen Art. 11 Abs. 2, Art. 12 Abs. 2 und Art. 13 Abs. 2 SGB vor.

Dem überlebenden Ehegatten kommt eine **Hinterbliebenenrente** zu (Art. 80 Abs. 2 SGB). Der Anspruch entsteht 5 Jahre vor Erreichung des Rentenalters i.S. des Art. 68 Abs. 1 SGB, unabhängig davon bei Arbeitsunfähigkeit des überlebenden Ehegatten (Art. 82 Abs. 2 SGB). Sowohl das einmalige Sterbegeld als die Hinterbliebenenrente werden unter dem überlebenden Ehegatten, den Kindern und den Eltern des Verstorbenen gleichmäßig aufgeteilt (Art. 13g und Art. 81 Abs. 2 S. 1 SGB).

57   Eine Zulage aus der/n Rente/n des verstorbenen Ehegatten wird seinem überlebenden Ehepartner gewährt unter der Voraussetzung, dass er Rentner ist. Diese sog. **Witwenzulage** wird aus der Rente bzw. der Summe der Renten des verstorbenen Ehepartners berechnet. Hat dieser keine Rente erhalten, so wird die Zulage aus den Renten berechnet, die er erhielte, wenn er noch am Leben wäre. Der Bezug einer Hinterbliebenenrente schließt den Anspruch auf die Witwenzulage aus (Art. 84 SGB).

VII. Staatsangehörigkeit und Bleiberecht

58   Die Eheschließung führt aus Sicht des bulgarischen Rechts nicht zu einem Staatsangehörigkeitswechsel (Art. 5 StAG). Art. 12 ff. StAG regeln im Detail den Erwerb bulgarischer Staatsangehörigkeit.

---

61 A.A. *Stancheva-Mincheva*, Kommentar zum IPRGB, Art. 40 bulgIPRGB, S. 59 (Sachnormverweisung).
62 A.A. *Zidarova/Stancheva-Mincheva*, RabelsZ 71 (2007), S. 398, 415.

Ein EU-Bürger kann sich in Bulgarien für drei Monate ohne weiteres aufhalten. Für die   59
Dauer von bis zu fünf Jahren wird ihm nach Maßgabe des Art. 8 EUAusländerG eine
Aufenthaltsbestätigung erteilt. Der Staatsangehörige eines Drittstaates, dessen Ehegatte bulgarischer Staatsbürger ist, erhält zunächst ein 6-monatiges Visum. Danach kann er einen
Antrag auf Erteilung einer 1-jährigen Aufenthaltsgenehmigung stellen; Voraussetzung dafür
ist die Führung eines gemeinsamen Haushalts (Art. 24 Nr. 18 i.V.m. Art. 2 Abs. 6 Nr. 1
AusländerG). Mit Ablauf von fünf Jahren ununterbrochenen Aufenthalts in Bulgarien
erwächst grundsätzlich ein Anspruch auf Erteilung einer dauerhaften Aufenthaltsgenehmigung (Art. 24g Abs. 1 AusländerG).

VIII. Steuerliche Auswirkungen der Ehe

Ehegatten unterliegen der getrennten Besteuerung. Etwaige steuerliche Vergünstigungen   60
(z.B. Kinderfreibeträge gem. Art. 22w EStG) sind vom Bestand einer Ehe unabhängig. Eine
Ausnahme sieht Art. 22a EStG vor; sie betrifft den Fall, dass die Eheleute zum Zwecke des
Erwerbs von Wohnungseigentum ein hypothekarisch gesichertes Darlehen aufnehmen. Die
Raten mindern die Besteuerungsgrundlage, wenn die Wohnung im Veranlagungsjahr die
einzige bleibt und ein Ehepartner nicht älter als 35 Jahre ist.

C. Scheidung

I. Scheidungsgründe

Das bulgarische Recht kennt sowohl die streitige wie die einvernehmliche Scheidung.   61

II. Scheidungsverfahren

1. Zuständigkeit

Örtlich zuständig ist das Gericht, in dessen Bezirk der Antragsgegner seine ständige Adresse   62
hat (Art. 105 Alt. 1 ZPO), in derer Ermangelung die seines Vertreters, notfalls die des
Antragstellers selbst (Art. 107 Abs. 1 ZPO). Sachlich zuständig ist das Rayongericht
(Art. 103 i.V.m. Art. 104 ZPO).

2. Kontradiktorische Scheidung

Die kontradiktorische Scheidung setzt gem. Art. 49 Abs. 1 FamKodex eine tiefgreifende und   63
unheilbare Zerrüttung der Ehe voraus. Der Richter prüft nur die vorgebrachten Gründe.
Bis zum Schluss der letzten mündlichen Verhandlung nicht in den Prozess eingeführte
Zerrüttungsgründe unterliegen bei deren Kenntnis durch die Partei(en) der Präklusion
(Art. 322 Abs. 1 S. 2 ZPO).[63] Die Trennung der Ehegatten ist ein Indiz für die tiefgreifende
und unheilbare Zerrüttung der Ehe. Übereinstimmende Erklärungen der Ehegatten dage-

---

63 *Beshkov*, Rakovodstvo po razvodni dela (Anleitung zu Scheidungsverfahren), S. 43 f.; *Markov*,
   Semeyno i nasledstveno pravo (Familien- und Erbrecht), S. 80.

gen, ihre Ehe sei zerrüttet, binden nicht das Gericht;[64] indes fehlt dann das Rechtsschutzbedürfnis.[65] Allerdings ist ein Übergang zur einvernehmlichen Scheidung jederzeit möglich.[66]

64   Gemäß Art. 49 Abs. 3 FamKodex hat das Gericht auf Antrag eines Ehegatten über das Verschulden am Scheitern der Ehe zu entscheiden. Der **Schuldausspruch** wirkt sich in vielerlei Hinsicht aus: So hat nur derjenige Ehegatte einen Anspruch auf nachehelichen Unterhalt, der an der Scheidung der Ehe nicht schuld ist (Art. 145 Abs. 1 FamKodex). Auch für die Zuweisung des Nutzungsrechts an der Familienwohnung nach der Scheidung ist die Verschuldensfrage bedeutsam (Art. 56 Abs. 5 FamKodex). Die Kosten des Scheidungsverfahrens sind gem. Art. 329 ZPO dem schuldigen Ehegatten aufzuerlegen; dieser Teil des Urteils ist nicht allein anfechtbar.[67] Der Schuldausspruch entfällt bei einer einvernehmlichen Ehescheidung mit der Vorlage einer Scheidungsfolgenvereinbarung i.S. des Art. 51 FamKodex.[68]

65   Beurteilungsmaßstab für das Vorliegen eines Verschuldens am Scheitern der Ehe ist die (objektive wie subjektive) Einstellung der Ehegatten zueinander und zu den Kindern; Verstöße gegen den **Pflichtenkatalog** der Art. 15–17 FamKodex stehen dabei im Vordergrund. Eine Einigung der Ehegatten über die Verschuldensfrage ist gesetzlich nicht vorgesehen.

66   Das persönliche Erscheinen beider Prozessparteien im ersten Gerichtstermin ist zwingend. Liegen keine Entschuldigungsgründe für das Fernbleiben des Antragstellers vor, wird das Verfahren eingestellt (Art. 321 Abs. 1 S. 2 ZPO). Ob ein gewöhnlicher Aufenthalt des Antragstellers im Ausland ihn genügend entschuldigt, hängt stets von den Umständen des Einzelfalles ab.[69] Ist die Ehefrau schwanger oder das Kind jünger als 12 Monate, so wird das Verfahren auf ihren Antrag hin ausgesetzt (Art. 320 ZPO).

67   Stirbt der Antragsteller während des streitigen Scheidungsverfahrens, so können seine gesetzlichen Erben ersten und zweiten Grades den Prozess binnen zwei Wochen ab gerichtlicher Aufforderung **fortsetzen** (Art. 327 Abs. 1 S. 1 ZPO). Streitgegenstand ist dann die Feststellung des Verschuldens am Scheitern der Ehe durch den überlebenden Ehegatten (Art. 52 FamKodex). Etwaige Schuld des verstorbenen Ehegatten ist hingegen ohne Bedeutung. Wird dem Antrag stattgegeben, so verliert der überlebende Ehegatte sein gesetzliches Ehegattenerbrecht; ist er testamentarisch bedacht, so behalten die Verfügungen nur bei ausdrücklicher Anordnung des Testators ihre Gültigkeit (Art. 54 Abs. 2 i.V.m. Abs. 1 S. 2, Art. 52 Abs. 2 FamKodex).

Bei Tod des Antragsgegners dagegen können seine gesetzlichen Erben ersten und zweiten Grades das Verfahren nur dann fortführen, wenn ein Ehehindernis i.S. des Art. 7 FamKodex den Streitgegenstand bildet und der überlebende Ehegatte bei der Eheschließung bösgläubig gewesen ist (Art. 328 ZPO).

68   Gegen die Schuldfeststellung kann **isoliert Berufung** eingelegt werden. Der restliche, nicht angegriffene Teil des Scheidungsurteils erwächst in Rechtskraft (Art. 325 ZPO).

---

64   *Jessel-Holst*, in: *Bergmann/Ferid/Henrich*, Internationales Ehe- und Kindschaftsrecht, Landesteil Bulgarien, S. 30.

65   *Beshkov*, Rakovodstvo po razvodni dela (Anleitung zu Scheidungsverfahren), S. 39.

66   *Jessel-Holst*, in: *Bergmann/Ferid/Henrich*, Internationales Ehe- und Kindschaftsrecht, Landesteil Bulgarien, S. 30.

67   *Balevska*, in: *Punev* et al., Kommentar zur bulgZPO, Art. 318–330, S. 768; Oberster Kassationsgerichtshof, Urteil N° 140 v. 14.3.2011 i.d.Rs. N° 127/2011.

68   Oberster Kassationsgerichtshof, Urteil N° 8 v. 5.11.2011 i.d.Rs. N° 1289/2009; *Balevska*, in: *Punev* et al., Kommentar zur bulgZPO, Art. 318–330, S. 762 f.

69   Oberster Kassationsgerichtshof, Beschluss N° 52 v. 5.2.2010 i.d.Rs. N° 55/2010.

3. Einvernehmliche Scheidung

Die einvernehmliche Scheidung genießt stets Vorrang. Nach Art. 49 Abs. 2 FamKodex und   69
Art. 321 Abs. 2 ZPO muss das Gericht die Parteien ausdrücklich auf die Möglichkeit der
Streitbeilegung qua Mediation oder einvernehmlicher Scheidung hinweisen. Die Mediation
unterbricht das Scheidungsverfahren (Art. 321 Abs. 3 ZPO). Der Prozess endet, falls ihn
die Ehegatten binnen 6 Monaten nicht weiter betreiben. Die einvernehmliche Scheidung
erfordert die persönliche Anwesenheit der Ehegatten und ihren ernsthaften und unwiderruflichen Entschluss zur Scheidung, den sie durch Vorlage einer Scheidungsfolgenvereinbarung
i.S. des Art. 51 FamKodex dokumentieren. Die Beweggründe dazu sind unerheblich und
unterliegen nicht der gerichtlichen Nachprüfung (Art. 50 FamKodex). Einer bestimmten
Trennungszeit oder eine Mindestdauer der Ehe ist nicht (mehr) notwendig. Es genügt,
wenn die Ehegatten wesentliche Fragen für die Zeit nach der Scheidung im Wege der
Scheidungsfolgenvereinbarung regeln.[70]

Die einvernehmliche Scheidung verläuft in vier Phasen. Zunächst muss das Gericht sich   70
von der Ernsthaftigkeit und Unwiderruflichkeit des beiderseitigen Scheidungsentschlusses
überzeugen (Phase 1). Sodann prüft es die Gesetzmäßigkeit der ihm vorliegenden Schei-
dungsfolgenvereinbarung anhand des Prüfungskatalogs des Art. 51 Abs. 1 S. 1 FamKodex
(Phase 2). Vorrangiger Prüfungsmaßstab ist das Kindeswohl. Konkret geht es um sieben
Einigungskomplexe:
- Wohnsitz des Kindes,
- Ausübung der Elternrechte,
- persönliche Beziehungen zum Kind,
- Kindesunterhalt,
- Nutzung der Familienwohnung,
- nachehelicher Unterhalt und
- Familiennamen.

Haben die Eheleute darüber schon in einem Ehevertrag Regelungen getroffen, so ist eine   71
Bezugnahme hierauf zulässig.[71] Andere Bereiche – insbesondere die güterrechtliche Ausei-
nandersetzung – sind bei Bedarf einzuschließen;[72] dann unterliegen sie der gerichtlichen
Prüfungspflicht.

Wahrt die vorgesehene Vereinbarung nicht das Kindeswohl, so setzt das Gericht den Par-   72
teien eine Frist zur Änderung und/oder Ergänzung der Scheidungsfolgenvereinbarung
(Phase 3). Wird das Manko nicht behoben, ist die einvernehmliche Scheidung zu versagen.
Billigt das Gericht dagegen die Scheidungsfolgenvereinbarung, so lässt es die einvernehmliche Scheidung zu[73] und stellt die Scheidungsfolgenvereinbarung mit Beschluss fest (Art. 330
Abs. 3 ZPO). Damit ist diese grundsätzlich nicht mehr abänderbar bzw. aufhebbar;[74] dies
gilt selbst dann, wenn die Entscheidung hinsichtlich der Ausübung der elterlichen Sorge
nachträglich abgeändert wird.[75] Eine Ausnahme sieht Art. 51 Abs. 4 FamKodex vor.

---

70 Rayongericht Teteven, Urteil N° 60 v. 21.5.2013 i.d.Rs. N° 211/2013, S. 2.
71 *Markov*, Semeyno i nasledstveno pravo (Familien- und Erbrecht), S. 86.
72 *Jessel-Holst*, in: *Bergmann/Ferid/Henrich*, Internationales Ehe- und Kindschaftsrecht, Landesteil Bul-
    garien, S. 30.
73 Diese Entscheidung ist unanfechtbar (Art. 330 Abs. 5 ZPO).
74 *Beshkov*, Rakovodstvo po razvodni dela (Anleitung zu Scheidungsverfahren), S. 156.
75 *Beshkov*, Rakovodstvo po razvodni dela (Anleitung zu Scheidungsverfahren), S. 156 unter Verweis auf
    die Rspr. des Obersten Kassationsgerichtshofs.

73 In der Scheidungsfolgenvereinbarung können die Ehegatten ihre **güterrechtliche Ausei-nandersetzung** regeln. Erfasst diese nicht alle Gegenstände des Errungenschaftsvermögens, so können sie sich darüber, unabhängig vom anhängigen Verfahren der einvernehmlichen Scheidung, auseinandersetzen.[76]

74 Mit dem positiven Beschluss des Gerichts wechselt die Prozessart vom streitigen Schei-dungsverfahren in das Verfahren der einvernehmlichen Ehescheidung (Art. 321 Abs. 5 Alt. 2 ZPO). Von nun an (Phase 4) stehen nur solche Gründe der Scheidung entgegen, die nach Rechtskraft des Beschlusses über die Zulassung der einvernehmlichen Scheidung entstanden sind.

75 Das einvernehmliche Scheidungsverfahren kann bei **Tod** eines Ehegatten nicht von seinen Erben fortgesetzt werden.

4. Scheidungsverbund

76 Im Scheidungsurteil entscheidet das Gericht über das elterliche Sorgerecht, die persönlichen Beziehungen zu den Kindern, den Kindesunterhalt, die Nutzung der Familienwohnung, den nachehelichen Unterhalt und den Familiennamen (Art. 322 Abs. 2 S. 2 ZPO).

5. Anwaltszwang

77 Weder im streitigen noch im einvernehmlichen Scheidungsverfahren müssen die Eheleute sich anwaltlich vertreten lassen.

6. Verfahrensdauer und Kosten

78 Streitige Scheidungen dauern bis zu sechs Monate, einvernehmliche in der Regel einen Monat. Die Gerichtskosten des Scheidungsverfahrens sind in Art. 6 GK geregelt. Sie belau-fen sich bei einer streitigen Scheidung auf bis zu 75 BGN (ca. 40 EUR), bei einer einver-nehmlichen auf 65 BGN (ca. 35 EUR). Zusätzliche Gerichtskosten entstehen gem. Art. 7 GK:
   – bei einer Einigung über die güterrechtliche Auseinandersetzung: 2 von 100 gemäß dem Wert jedes Vermögensanteils;
   – bei einer Einigung über den Unterhalt: 2 von 100 gemäß dem Unterhalt für drei Jahre.

79 Bei einer kontradiktorischen Scheidung fallen Anwaltsgebühren von 600 BGN (ca. 300 EUR) an, bei einer einvernehmlichen in Höhe von 400 BGN (ca. 200 EUR). Ist der Anwalt (auch) wegen der güterrechtlichen Auseinandersetzung tätig, so richten sich seine Gebühren nach dem Gegenstandswert (Art. 7 Abs. 1 Nr. 2 i.V.m. Art. 6 Nr. 8 RAHonorar-Ordnung). Gemäß Art. 1 RAHonorarOrdnung können Rechtsanwälte Vergütungsverein-barungen schließen, welche die gesetzlichen Mindestgebühren nicht unterschreiten dürfen. Die Honorarvereinbarung bedarf der Schriftform.

---

76 *Beshkov*, Rakovodstvo po razvodni dela (Anleitung zu Scheidungsverfahren), S. 156, unter Verweis auf die Rspr. des Obersten Kassationsgerichtshofs.

III. Internationale Zuständigkeit der Gerichte/Behörden

Die internationale Zuständigkeit bulgarischer Gerichte richtet sich nach der Brüssel IIa-Verordnung.[77] Im autonomen Zivilverfahrensrecht sind bulgarische Gerichte in Ehesachen – soweit der Verordnung kein Vorrang zukommt – dann zuständig, wenn ein Ehegatte die bulgarische Staatsangehörigkeit oder den gewöhnlichen Aufenthalt in Bulgarien hat (Art. 7 IPRGB).

80

IV. Auf die Scheidung anwendbares Recht

Im Anwendungsbereich der Rom III-Verordnung[78] ist kein Raum für nationale Kollisionsnormen. Nach bulgarischem IPR unterliegt die Scheidung:

81

– bei gleicher ausländischer Staatangehörigkeit der Ehegatten zur Zeit der Antragstellung: ihrem gemeinsamen Heimatrecht (Art. 82 Abs. 1 IPRGB),
– bei unterschiedlicher Staatsangehörigkeit zur Zeit der Antragstellung: dem Recht des Staates, in dem sich der gemeinsame gewöhnliche Aufenthalt der Eheleute in diesem Augenblick befindet (Art. 82 Abs. 2 S. 1 IPRGB),
– mangels gemeinsamen Aufenthalts im maßgeblichen Zeitpunkt der Antragstellung: bulgarischem Recht (Art. 82 Abs. 2 S. 2 IPRGB).

Sofern das anzuwendende fremde Recht die Scheidung nicht zulässt oder im Augenblick der Stellung des Scheidungsantrags ein Ehepartner die bulgarische Staatsangehörigkeit innehatte oder sein gewöhnlicher Aufenthalt sich in Bulgarien befand, unterstellt Art. 82 Abs. 3 IPRGB die Scheidung ebenfalls dem bulgarischen Recht.

82

V. Anerkennung im Ausland erfolgter Scheidungen

Vorrangig anwendbar sind Art. 21 ff. Brüssel IIa-Verordnung. Entscheidungen von Gerichten und Behörden aus Drittstaaten oder Dänemark unterliegen dem Anerkennungsverfahren nach Art. 117–121 IPRGB. Danach gilt das Prinzip der inzidenten Anerkennung. Stehen die Voraussetzungen der Anerkennung im Streit, ist eine Feststellungsklage vor dem Sofioter Stadtgericht zu erheben (Art. 118 IPRGB). Entfallen ist das Gegenseitigkeitserfordernis.

83

D. Scheidungsfolgen

I. Vermögensteilung

1. Errungenschaftsgemeinschaft

Mit Rechtskraft des Scheidungsurteils wandelt sich das Errungenschaftseigentum der Ehegatten in einfaches Miteigentum zu gleichen Teilen, außer ein Ehevertrag oder eine Scheidungsfolgevereinbarung bestimmen etwas anderes. Ferner können die Geschiedenen in einem Auseinandersetzungsvertrag abweichende Regelungen treffen. Zudem kann jeder

84

---

77 Verordnung (EG) Nr. 2201/2003 über die Zuständigkeit und die Anerkennung und Vollstreckung von Entscheidungen in Ehesachen und in Verfahren betreffend die elterliche Verantwortung und zur Aufhebung der Verordnung (EG) Nr. 1347/2000 v. 27.11.2003, ABl EU 2003, Nr. L 338, S. 1.
78 Verordnung (EU) Nr. 1259/2010 des Rates zur Durchführung einer verstärkten Zusammenarbeit im Bereich des auf die Ehescheidung und Trennung ohne Auflösung des Ehebandes anzuwenden Rechts v. 20.12.2010, ABl. EU Nr. L 343, S. 10.

Geschiedene binnen einem Jahr ab Rechtskraft des Scheidungs- bzw. des Eheaufhebungsurteils[79] von seinem ehemaligen Ehepartner eine Erhöhung des gesetzlichen Hälfteanteils beanspruchen.[80] Notwendig ist die Durchführung eines Gerichtsverfahrens. Voraussetzung ist, dass sein Beitrag zum Erwerb des Errungenschaftsvermögens den des anderen wesentlich übersteigt (Art. 29 Abs. 3 Alt. 1 FamKodex). Die Wesentlichkeit des Beitrags ist anhand der Ehedauer und durch Gegenüberstellung der Beiträge beider Ehegatten zu beurteilen – bezogen auf die Gesamtheit des Errungenschaftsguts, und nicht auf einzelne Gegenstände aus ihm. Der Antrag auf Anteilserhöhung ist bis zum Schluss der ersten Phase des Vermögensauseinandersetzungsverfahrens zu stellen.[81] Dieses ist bei Tod einer Partei auf Antrag ihrer Erben fortzusetzen. Strittig ist dagegen die Konstellation, in welcher der Tod eines geschiedenen Ehegatten vor der Anhängigkeit eines Anteilserhöhungsanspruchs eintritt. Die Rechtsprechung billigt den Erben auch in diesem Fall das Recht zu, den Anspruch gerichtlich geltend zu machen.[82]

85   Außerdem kann derjenige Ehegatte einen größeren Anteil am Gesamtgut zuerkannt bekommen, welcher die elterliche Sorge ausübt (Art. 29 Abs. 1 FamKodex). Der Anspruch setzt eine Scheidung oder eine Eheauflösung voraus; bei sonstiger Beendigung der Errungenschaftsgemeinschaft während der Ehezeit entsteht er folglich nicht. Er ist fristgebunden und innerhalb eines Jahres ab Rechtskraft desjenigen Teils des Scheidungs- resp. Auflösungsurteils gerichtlich geltend zu machen, welches die elterliche Sorge betrifft (Art. 31 Var. 3 FamKodex). Aktivlegitimiert ist ausschließlich der (ehemalige) Ehegatte, dem die Ausübung der elterlichen Sorge zugesprochen worden ist.

86   Ferner kann jeder Geschiedene einen Wertausgleich aus dem Eigengut des anderen verlangen, sofern es sich um Sachen für dessen Berufsausübung oder Forderungen von erheblichem Wert handelt und der Antragsteller zum Erwerb dieser Gegenstände/Rechte beigetragen hatte (Art. 30 FamKodex). Es gilt die Jahresfrist ab Rechtskraft des Scheidungsurteils zu beachten (Art. 31 Var. 2 FamKodex).

2. Gütertrennung

87   Leben die Ehegatten in Gütertrennung, so behält jeder bei Scheidung das seinige Vermögen. Art. 33 Abs. 2 FamKodex gewährt allerdings einen Anspruch auf Wertausgleich, soweit der Antragsteller zur Vermögensmehrung des Antragsgegners beigetragen hat. Der Anspruch ist auf Geld gerichtet.

3. Vertragsgüterstand

88   Qua Ehevertrag können die Eheleute die vermögensrechtlichen Folgen ihrer Ehescheidung nach eigenem Gutdünken regeln (Art. 38 Abs. 1 Nr. 5 FamKodex).

---

79 Vgl. Art. 48 Abs. 3 i.V.m. Art. 29 Abs. 3 Alt. 1, Art. 31 Var. 1 FamKodex.
80 Der Anspruch auf Anteilserhöhung kann auch im anhängigen Scheidungsverfahren mittels objektiver Klagehäufung gem. Art. 210 Abs. 1 ZPO geltend gemacht werden, ferner im Verlauf der Ehe bei gerichtlicher Beendigung der Errungenschaftsgemeinschaft aus wichtigem Grund (Art. 29 Abs. 3 Alt. 2 i.V.m. Art. 27 Abs. 2 FamKodex). Im letzten Fall ist die Jahresfrist ab Rechtskraft des Urteils zu berücksichtigen, mit welchem die Errungenschaftsgemeinschaft aufgelöst wird (Art. 31 Var. 1 FamKodex).
81 *Markov*, Semeyno i nasledstveno pravo (Familien- und Erbrecht), S. 99. Die Vermögensauseinandersetzung richtet sich nach den allgemeinen Vorschriften der Art. 341 ff. ZPO.
82 Vgl. *Nenova/Markov*, Semeyno pravo (Familienrecht), Bd. I, S. 345 f.

II. Nachehelicher Unterhalt

Ist ein Ehegatte am Scheitern der Ehe unschuldig und nach der Scheidung arbeitsunfähig   89
sowie nicht imstande, sich durch eigenes Vermögen zu unterhalten, so kann er vom seinem
geschiedenen, leistungsfähigen Ehegatten nachehelichen Unterhalt verlangen (Art. 145
Abs. 1 FamKodex). Der Unterhaltsanspruch des tadellosen Ehegatten endet vorbehaltlich
einer anderen Vereinbarung spätestens mit Ablauf von **drei Jahren** nach Auflösung der
Ehe. Diese Frist ist unter engen Voraussetzungen (besonders schwierige Lage des Antrag-
stellers und erhöhte Leistungsfähigkeit des Antragsgegners) gerichtlich verlängerbar
(Art. 145 Abs. 2 S. 2 FamKodex). Die Unterhaltspflicht endet gem. Art. 145 Abs. 3 Fam-
Kodex stets mit der **Wiederheirat des Berechtigten**. Teile des Schrifttums sprechen sich
bei Begründung eines Konkubinats für eine analoge Anwendung dieser Vorschrift aus.[83]
Die **Arbeitsunfähigkeit** muss prinzipiell weder während der Ehe entstanden noch in der
Ehe selbst angelegt gewesen sein. Eine Einschränkung lässt die Literatur für den Fall zu,
dass die Arbeitsunfähigkeit während der 3-jährigen Unterhaltsdauer i.S. des Art. 145 Abs. 2
S. 1 FamKodex zutage tritt, soweit sie unter keinem rechtlichen Gesichtspunkt als ehebezo-
gen angesehen werden kann (z.B. Arbeitsunfähigkeit infolge eines Verkehrsunfalls).[84] Den
Ehegatten steht es natürlich frei, ehevertraglich etwas Gegenteiliges zu vereinbaren.[85]

III. Altersversorgung

Eine Teilung von Versorgungsanwartschaften findet nicht statt.   90

IV. Verteilung der elterlichen Sorge

Die elterliche Sorge umfasst die Personen- und Vermögenssorge (Art. 125 Abs. 1 Fam-   91
Kodex), ferner die gesetzliche Vertretung des Kindes (Art. 129 Abs. 1 FamKodex). Sie steht
den Eltern gemeinsam zu, kann aber von jedem Elternteil allein ausgeübt werden (Art. 123
Abs. 1 S. 1 FamKodex). Bei Meinungsverschiedenheiten über ihre Ausübung kann wahl-
weise ein Mediator eingeschaltet oder Klage zum Rayongericht an der gegenwärtigen
(Wohn-)Anschrift/Adresse des Kindes erhoben werden (Art. 123 Abs. 2 S. 2 FamKodex).

Bei einer streitigen Ehescheidung hat das Gericht gem. Art. 59 Abs. 2 FamKodex von Amts
wegen über die elterliche Sorge zu befinden, bei der einvernehmlichen Scheidung müssen
sich die Ehegatten darüber einig werden und muss das Gericht dies als mit dem Kindeswohl
vereinbart billigen (Art. 49 Abs. 5 S. 1 FamKodex). Bei Veränderung der Umstände kann die
gerichtlich angeordnete oder parteilich vereinbarte Ausübung des Sorgerechts nachträglich
abgeändert werden (Art. 59 Abs. 9 bzw. Art. 51 Abs. 4 FamKodex).

V. Sonstige Scheidungsfolgen

1. Familienwohnung

Im Scheidungsverfahren weist das Gericht die Familienwohnung einem Ehepartner zu,   92
wenn sie sich zur getrennten Nutzung durch beide Ehegatten nicht eignet.[86] Hierzu bedarf

---

83 *Markov*, in: *Tsankova* et al., Kommentar zum FamKodex (2009), S. 428.
84 *Nenova/Markov*, Semeyno pravo (Familienrecht), Bd. II, S. 549.
85 *Markov*, in: *Tsankova* et al., Kommentar zum FamKodex (2009), S. 428.
86 Der Begriff der Familienwohnung ist in § 1 der Schlussbestimmungen zum FamKodex legal definiert.
    Darunter zu verstehen ist eine Wohnung, welche beide Ehegatten gemeinsam mit ihren nicht volljähri-
    gen Kindern bewohnen.

es eines Antrags, es sei denn, aus der Ehe sind Kinder hervorgegangen, die noch nicht volljährig sind (Art. 56 Abs. 1 FamKodex). Für die Zuweisung der ehelichen Wohnung berücksichtigt das Gesetz die Eigentumsverhältnisse. Bei Miteigentum der Eheleute sind in erster Linie von Bedeutung die Interessen der nichtvolljährigen Kinder, das Verschulden am Scheitern der Ehe und der Gesundheitszustand der Parteien (Art. 56 Abs. 5 FamKodex).

Ehevertragliche Regelungen über die Behandlung der Familienwohnung im Scheidungsfalle haben stets Vorrang (Art. 58 FamKodex).

2. Kindesunterhalt

93 Nichtvolljährige Scheidungskinder haben gem. Art. 143 Abs. 2 i.V.m. Art. 59 Abs. 5 FamKodex einen Anspruch auf Kindesunterhalt entsprechend ihren vor der Scheidung herrschenden Lebensbedingungen, außer die Aufrechterhaltung dieses Standards ist für den unterhaltpflichtigen Elternteil mit besonderen Schwierigkeiten verbunden. Der Kindesunterhalt ist unabhängig von einer etwaigen Arbeitsunfähigkeit des Kindes oder dem Vorhandensein eines Kindesvermögens. Es kommt allein auf die Nichtvolljährigkeit an. Der Mindestunterhalt beläuft sich auf ein Viertel des Mindestarbeitslohns (Art. 142 FamKodex). Dieser wiederum beträgt im Jahr 2016 BGN 420;[87] das sind ca. 215 EUR, was ein Mindestunterhalt von 53 EUR bedeutet. Ab dem Jahr 2017 ist eine Erhöhung des Mindestarbeitslohns auf 460 BGN geplant, also auf ca. 235 EUR.

3. Familienname

94 Bei einer Scheidung kann demjenigen Ehegatten, den die Schuld am Scheitern der Ehe trifft, nicht mehr untersagt werden, den während der Ehe oder mit der Eheschließung bestimmten Ehenamen fortzuführen. Der geschiedene Ehegatte kann aber auch seinen alten Familiennamen, wie er ihn bis zur Eheschließung geführt hatte, wieder annehmen. Das Einverständnis des anderen Ehegatten dazu ist in beiden Fällen (Annahme des alten Familien- oder Fortführung des Ehenamens) nicht erforderlich (Art. 53 FamKodex). Gleiches sollte man für den Fall gelten lassen, dass die Ehe durch Tod endet.

4. Schenkungen

95 Zuwendungen zwischen (künftigen) Ehegatten oder Dritter an einen (späteren) Ehegatten behandelt das Gesetz stets als Schenkungen, wenn sie während der Ehe oder im Hinblick auf die Eheschließung gemacht werden (Art. 55 FamKodex). Bei einer Ehescheidung können sie widerrufen und zurückverlangt werden, sofern es sich nicht um übliche, der Sitte entsprechende Schenkungen zwischen den Ehegatten oder um entlohnende Schenkungen („възнаградителни darове") handelt. Das Widerrufsrecht setzt voraus, dass es im Schenkungsvertrag selbst oder in einem Ehevertrag vereinbart worden ist. Andernfalls kann die Schenkung nur nach den allgemeinen Vorschriften widerrufen werden, d.h. bei Beeinträchtigung des Pflichtteils (Art. 33 ErbG) oder schweren Verfehlungen des Beschenkten i.S. des Art. 227 Abs. 1 GSV. Das Widerrufsrecht ist nicht vertraglich abdingbar. Es ist binnen einem Jahr ab Rechtskraft des Scheidungs- bzw. Eheaufhebungsurteils klageweise auszuüben; sonst tritt Präklusion ein. Indessen steht es den Vertragsparteien frei, eine längere oder auch kürzere Frist festzulegen.[88]

---

87 Ministerratsverordnung N° 375 v. 28.12.2015.
88 *Markov*, in: *Tsankova* et al., Kommentar zum FamKodex, S. 217.

Der Widerruf bedarf der gerichtlichen Ausübung. Erfolgt er außergerichtlich, so zeitigt er 96 Wirkungen nur dann, wenn diese Form (ehe-)vertraglich vorgesehen ist. Bei Schenkung einer unbeweglichen Sache kann das Widerrufsrecht ausschließlich gerichtlich ausgeübt und durchgesetzt werden.[89]

5. Erbrecht

Geschiedene sind gegenseitig nicht erbberechtigt. Testamentarische Verfügungen werden 97 mit der Scheidung automatisch unwirksam, es sei denn, der Testator bestimmt ausdrücklich ihre Geltung auch für den Fall einer Scheidung (Art. 54 FamKodex).

6. Bleiberecht nach der Scheidung

Mit Rechtskraft des Scheidungsurteils entfällt der ehebedingte Aufenthaltsgenehmigungs- 98 grund für einen Drittstaatler. Die Aufenthaltsgenehmigung kann freilich auf einen anderen genehmigungsrelevanten Umstand i.S. des Art. 24g ff. AusländerG gestützt werden.

7. Altersversorgung

Mit Rechtskraft des Scheidungsurteils verliert jeder Ehegatte das Recht auf: 99
- einmaliges Sterbegeld (Art. 11 ff. SGB),
- Hinterbliebenenrente (Art. 80–82 SGB) und
- Witwenzulage (Art. 84 SGB).[90]

VI. Möglichkeit vertraglicher Vereinbarungen für die Scheidung

Gemäß Art. 38 Abs. 1 FamKodex können die Ehegatten ehevertraglich Regelungen insbe- 100 sondere vorsehen über:
- die Vermögenszuordnung aller oder einzelner vor oder während der Ehezeit erworbener Gegenstände,
- und die Verfügungsbefugnisse über solche,
- die Auseinandersetzung des (gewählten) gesetzlichen oder vertraglichen Güterstands,
- die Behandlung von Schenkungen,
- den nachehelichen Unterhalt,
- den Kindesunterhalt,
- die Zuweisung der Familienwohnung nach Scheidung,
- das Sorgerecht.

Einzelheiten dazu sind den bisherigen Ausführungen zu entnehmen.

Ehevertragliche Regelungen über den **Familiennamen** lehnt die Literatur ab. Denn dieser betreffe nicht das Vermögensverhältnis der Eheleute, sondern ihre persönliche Beziehung zueinander. Art. 38 Abs. 1 FamKodex gestatte aber ausdrücklich nur Einigungen über das Erstere.[91] Unzulässig sind ferner **Verfügungen für den Todesfall**. Der Verstoß führt zur Nichtigkeit der Klausel. Die Beschränkung erfasst allerdings nicht Verfügungen über Vermögensanteile der Eheleute bei Beendigung einer vereinbarten Errungenschaftsgemeinschaft (Art. 38 Abs. 3 FamKodex).

---

89 *Markov*, in: *Tsankova* et al, Kommentar zum FamKodex, S. 217.
90 *Markov*, Semeyno i nasledstveno pravo (Familien- und Erbrecht), S. 106.
91 *Tsankova*, in: *Tsankova* et al., Kommentar zum FamKodex, S. 51 f.

VII. Kollisionsrecht der Scheidungsfolgen

1. Güterrecht

101   Vermögensrechtliche (Auseinandersetzungs- und Ausgleichs-)Ansprüche im Zusammenhang einer Scheidung sind güterrechtlich zu qualifizieren (Art. 79 Abs. 3 bzw. Abs. 4 i.V.m. Abs. 1 oder 2 IPRGB).

2. Unterhaltsrecht

102   Im autonomen Kollisionsrecht handeln Art. 87 und Art. 88 IPRGB von Unterhalt, wobei Letzterer den Regelungsgegenstand des Unterhaltsstatuts bestimmt. Seit dem 18.6.2011 bestimmt sich das Unterhaltsstatut gem. Art. 15 EuUnterhVO[92] nach den Vorschriften des HUP[93] für alle Mitgliedsstaaten mit Ausnahme Dänemarks und des Vereinigten Königreichs. Das HUP geht Art. 87 f. IPRGB vor (Art. 3 Abs. 1 IPRGB).[94]

3. Elterliche Sorge

103   Bulgarien ist Vertragsstaat des Europäischen Sorgerechtsübereinkommens (EuSorgeRÜ),[95] des Haager Kindesentführungsübereinkommens (HKÜ)[96] und des Haager Kindesschutzübereinkommens (KSÜ).[97] Es ist jedoch **kein** Teilnehmerstaat des Haager Minderjährigenschutzabkommens[98] (**MSA**). Im autonomen Kollisionsrecht regelt Art. 85 PRGB das anwendbare Recht für die Beziehungen zwischen Kindern und Eltern. Seit dem EU-Beitritt Bulgariens am 1.1.2007 beansprucht die Brüssel IIa-Verordnung unmittelbare Geltung.

VIII. Verfahren

104   Über die Scheidung selbst und die Scheidungsfolgen ist im Verbund zu entscheiden (siehe Rdn 76).

---

92 Verordnung (EG) Nr. 4/2009 des Rates über die Zuständigkeit, das anwendbare Recht, die Anerkennung und Vollstreckung von Entscheidungen und die Zusammenarbeit in Unterhaltssachen v. 18.12.2008 (ABl. EU 2009 Nr. L 7, S. 1).

93 Haager Protokoll über das auf Unterhaltspflichten anzuwendende Recht v. 23.11.2007 (Abl. EU 2009 Nr. L 331, S. 19).

94 *Jessel-Holst*, in: *Bergmann/Ferid/Henrich*, Internationales Ehe- und Kindschaftsrecht, Landesteil Bulgarien, S. 23.

95 Luxemburger Europäisches Übereinkommen über die Anerkennung und Vollstreckung von Entscheidungen über das Sorgerecht für Kinder und die Wiederherstellung des Sorgerechts vom 20.5.1980, BGBl II 1990, S. 220. Für Bulgarien gilt dieses Übereinkommen seit dem 1.10.2003 (DV Nr. 104/2003), BGBl II, S. 1543.

96 Haager Übereinkommen über die zivilrechtlichen Aspekte internationaler Kindesentführung vom 25.10.1980, BGBl II 1990, S. 207. Für Bulgarien gilt dieses Übereinkommen seit dem 1.8.2003 (DV Nr. 82/2003), BGBl 2008 II, S. 56.

97 Haager Übereinkommen über die Zuständigkeit, das anzuwendende Recht, die Anerkennung, Vollstreckung und Zusammenarbeit bezüglich der elterlichen Verantwortung und Maßnahmen zum Schutz von Kindern vom 19.10.1996, BGBl II 1996, S. 1527. Für Bulgarien gilt es seit 1.2.2007 (DV Nr. 15/2007).

98 Haager Übereinkommen über die Zuständigkeit der Behörden und das anzuwendende Recht auf dem Gebiet des Schutzes von Minderjährigen vom 5.10.1961, BGBl II 1971, S. 219.

IX. Internationale Zuständigkeit

Auf § 2 des Allgemeinen Teils dieses Werkes Rdn 262 ff. wird Bezug genommen.   105

E. Eingetragene Lebenspartnerschaft

Das bulgarische Recht kennt die eingetragene Partnerschaft nicht.   106

F. Nichteheliche Lebensgemeinschaft

Gleiches gilt für nichteheliche Lebensgemeinschaften. Eherechtliche Regelungen sind nicht   107
analog anwendbar. Bei Beendigung der Lebensgemeinschaft entstehen darum keine gegenseitigen Unterhaltsansprüche.

Die elterliche Sorge bestimmt sich nach Art. 122 ff. FamKodex. Das setzt die Anerkennung
oder die gerichtliche Feststellung (meist) der Vaterschaft voraus. Die Ausübung des Sorgerechts können die Lebenspartner einvernehmlich regeln und ihre Einigung sogar gerichtlich
feststellen lassen (Art. 127 Abs. 1 FamKodex). In Ermangelung eines Konsenses ist der
Streit ggf. vor dem Rayongericht an der gegenwärtigen (Wohn-)Anschrift/Adresse des
Kindes auszutragen (Art. 127 Abs. 2 S. 1 FamKodex).

G. Abstammung und Adoption

I. Abstammung

Eheliche und uneheliche Kinder sind gleichgestellt. Anerkannt werden können gezeugte   108
Kinder wie verstorbene Kinder, falls sie Abkömmlinge hinterlassen haben (Art. 64 Abs. 1
S. 2 FamKodex).

1. Mutterschaftsfeststellung

Für die Feststellung der Mutterschaft gilt das Abstammungssystem: Mutter des Kindes ist   109
die Frau, die es geboren hat (Art. 60 Abs. 1 FamKodex). Die Geburtsurkunde liefert eine
widerlegbare Vermutung dafür (vgl. Art. 34 Abs. 2 PStRegG). Ihre Richtigkeit können
anfechten: das Kind, die in der Urkunde bezeichnete Mutter, deren Ehemann sowie die Frau,
die ihre eigene Mutterschaft behauptet, und deren Ehemann (Art. 60 Abs. 3 FamKodex).
Anfechtungsfristen sind nicht vorgesehen.[99]

War der Grundsatz *„mater semper certa est"* früher offenkundig richtig, schufen die Möglichkeiten der Reproduktionsmedizin mit **Leih- und Ersatzmutterschaft** Zweifelsfälle. Sie
werden gem. Art. 60 Abs. 2 FamKodex so gelöst, dass die Mutter stets diejenige Frau ist,
die das Kind geboren hat.

---

99 *Nenova/Markov*, Semeyno pravo (Familienrecht), Bd. II, S. 41.

2. Vaterschaftsfeststellung

110 Die Vaterschaft gründet sich auf einer Vermutungsregel, einer Anerkennung oder einer gerichtlichen Feststellung.

a) Vaterschaft des Ehemannes

111 Als Vater des Kindes gilt immer der **aktuelle Ehemann der Mutter**, sofern das Kind während der Ehe geboren wird (Art. 61 Abs. 1 Alt. 1 und Abs. 2 FamKodex); die Zeitspanne zwischen Eheschließung und Kindesgeburt ist ohne Belang. Kommt das Kind jedoch **vor Ablauf von 300 Tagen nach Ehescheidung** zur Welt, so wird es dem **gewesenen** Ehemann zugeordnet, es sei denn, die Mutter war zur Zeit der Geburt nicht bereits erneut verheiratet (Art. 61 Abs. 1 Alt. 2 und Abs. 2 FamKodex). Die Vermutung gilt nicht, wenn das Kind 300 Tage nach der letzten Nachricht des für verschollen erklärten Ehemannes oder nach dem vermuteten Todestag des für tot erklärten Ehemannes geboren wird. Gemäß Art. 62 Abs. 5 FamKodex gelten diese Grundsätze bei einer **assistierten Reproduktion** entsprechend.

112 Die durch solche Vermutung begründeten Vaterschaften sind binnen Jahresfrist **anfechtbar** – seit Geburt des Kindes für die Mutter, seit Kenntnisnahme von der Geburt desselben für den Vater. Obsiegt der als Vater vermutete neue Ehemann im Vaterschaftsanfechtungsprozess, so gilt nach Art. 62 Abs. 3 FamKodex rückwirkend zum Geburtszeitpunkt der ehemalige Ehemann als Kindesvater. Dem Kind steht neuerdings nach Art. 62 Abs. 4 FamKodex ein eigenes Anfechtungsrecht bezüglich der Vaterschaft zu, das es innerhalb eines Jahres nach Erreichung der Volljährigkeit ausüben kann.

113 Die Vermutung des *pater est quem nuptiae demonstrant* gilt gem. Art. 48 Abs. 2 FamKodex auch für die während der aufgehobenen Ehe empfangenen oder geborenen Kinder.[100]

b) Vaterschaftsanerkennung

114 Greift die Vermutungsregel des Art. 61 FamKodex nicht, kann ein Mann seine Vaterschaft anerkennen. Die Einwilligung der übrigen Beteiligten dazu ist nicht erforderlich. Die Anerkennung bedarf der **Schriftform** und ist gem. Art. 65 Abs. 1 FamKodex entweder vor dem Zivilstandsbeamten oder durch eine an ihn gerichtete Erklärung mit notarieller Beglaubigung der Unterschrift oder durch Vermittlung des Leiters der Entbindungsanstalt zu bewirken.[101]

Die Vaterschaftsanerkennung ist gem. Art. 64 Abs. 2 FamKodex schon **vor der Volljährigkeit** möglich, soweit der minderjährige Elternteil das 16. Lebensjahr vollendet hat. Der Zustimmung seines gesetzlichen Vertreters bedarf es hierzu nicht.

115 Die Vaterschaftsanerkennung können binnen drei Monaten seit Mitteilung der Erklärung **bestreiten**: die Mutter und das Kind, wenn es 14 Jahre alt ist (Art. 66 Abs. 1 FamKodex). In diesem Fall kann der Anerkennende innerhalb von drei Monaten auf gerichtliche Feststellung seiner Vaterschaft klagen (Art. 66 Abs. 2 FamKodex). Die Mutter kann im Falle einer Vaterschaftsanerkennung vor Ausstellung der Geburtsurkunde auf ihr Recht zur Bestreitung verzichten. Die Verzichtserklärung erfordert Schriftform.

116 Hatte das Kind zur Zeit der Anerkennung das 14. Lebensjahr noch nicht vollendet, dann kann es die Anerkennung innerhalb von drei Jahren nach Eintritt der Volljährigkeit bzw.

---

100 Vgl. *Jessel-Holst*, in: *Bergmann/Ferid/Henrich*, Internationales Ehe- und Kindschaftsrecht, Landesteil Bulgarien, S. 29 f.

101 *Jessel-Holst*, in: *Bergmann/Ferid/Henrich*, Internationales Ehe- und Kindschaftsrecht, Landesteil Bulgarien, S. 33.

nach Kenntniserlangung von der Anerkennung gerichtlich anfechten (Art. 66 Abs. 4 Fam-Kodex). Ein fristgebundenes **Anfechtungsrecht** (ein Jahr ab Anerkennung) kommt der Direktion für Sozialfürsorge und der Staatsanwaltschaft zu (Art. 66 Abs. 5 FamKodex).

c) Gerichtliche Vaterschaftsfeststellung

Aktivlegitimiert sind die Mutter und das Kind. Die Feststellungsklage ist **binnen drei Jahren** zu erheben – für die Mutter ab Entbindung, für das Kind ab Erreichung der Volljährigkeit (Art. 69 S. 1 FamKodex). 117

II. Adoption

Das bulgarische Recht kennt nur eine Adoptionsform: die Annahme nichtvolljähriger Kinder (Art. 77 Abs. 1 FamKodex). Sie kann eine Volladoption wie eine unvollständige („schwache") Adoption sein, die stets im Dekretsystem erfolgt. 118

1. Volladoption

Sie ist in Art. 101 Abs. 1 S. 1 FamKodex geregelt. Danach entsteht zwischen dem Adoptivkind und seinen Abkömmlingen einerseits und dem Adoptierenden und dessen Verwandten andererseits ein Rechtsverhältnis wie zwischen Blutsverwandten. Das bisherige Rechtsverhältnis zu den Blutsverwandten erlischt. Gleichwohl bleiben die Ehehindernisse nach Nr. 1 (Verwandte in gerader Linie) und Nr. 2 (Geschwister und Verwandte in der Seitenlinie bis zum einschließlich vierten Grade) des Art. 7 Abs. 2 FamKodex bestehen. 119

Zwingend ist die Volladoption gem. Art. 100 Abs. 2 FamKodex bei: 120
– Annahme eines Kindes unbekannter Eltern oder
– vorheriger Einwilligung der Eltern in die Volladoption,

ferner im Anwendungsbereich von:
– Art. 93 Abs. 2 und 3 FamKodex.

Außerhalb dieser Fälle kommt es auf die Einwilligung aller Beteiligter in eine Volladoption an. Fehlt sie, dann ist nur eine unvollständige Adoption zulässig.[102]

2. Unvollständige Adoption

Diese Adoptionsform ist in Art. 102 FamKodex vorgesehen. Hiernach entsteht ein Rechtsverhältnis nur zwischen dem Adoptierenden/den Adoptiveltern und dem Adoptivkind mitsamt seinen Verwandten. Das Rechtsverhältnis zu den Blutsverwandten wird aufrechterhalten. Indes gehen die elterlichen Rechte und Pflichten auf den Annehmenden über (Art. 102 Abs. 1 S. 2 FamKodex), wiewohl die leiblichen Eltern im Falle seiner Leistungsunfähigkeit unterhaltspflichtig werden. 121

3. Adoptionsvoraussetzungen auf Seiten des Adoptivkindes

Der Anzunehmende darf das **18. Lebensjahr nicht vollendet** haben. Ein trotz Heirat mündig gewordener Ehegatte ist Jugendlicher und kann deshalb an Kindes Statt angenommen werden. Da die Kindesmutter gem. Art. 89 Abs. 2 FamKodex ihre Einwilligung in die 122

---

102 *Jessel-Holst*, in: *Bergmann/Ferid/Henrich*, Internationales Ehe- und Kindschaftsrecht, Landesteil Bulgarien, S. 36.

Adoption frühestens 30 Tage nach der Geburt des Kindes erklären kann, scheidet die Adoption eines **Nasciturus** aus.

Der Bestand einer Adoption hindert eine weitere Kindesannahme (Art. 81 Abs. 2 Fam-Kodex). Das gilt jedoch nicht bei einer Adoption durch den Ehegatten des (Erst-)Annehmenden (Art. 81 Abs. 3 FamKodex).

123   Die Volladoption erfordert grundsätzlich die Eintragung des Wahlkindes und des Annehmenden ins sog. **Register für Volladoptionen** (Art. 82 Abs. 1 FamKodex). Ausnahmen davon sind vorgesehen bei einer Kindesannahme durch den Ehegatten, durch die Großeltern sowie durch einen Verwandten in der Seitenlinie dritten Grades (Art. 82 Abs. 2 FamKodex). Welche Kinder der Registereintragungspflicht unterliegen, regelt Art. 84 FamKodex.

124   Obschon **Zwillinge und Geschwister** gem. Art. 77 Abs. 2 bzw. 3 FamKodex im Prinzip gemeinsam angenommen werden sollten, berührt ein Verstoß nicht die Wirksamkeit der Adoption.[103]

4. Adoptionsvoraussetzungen auf Seiten des Annehmenden bzw. der Adoptiveltern

125   Zulässig ist nur die Einzeladoption, es sei denn, bei den Annehmenden handelt es sich um Eheleute (Art. 81 Abs. 3 i.V.m. Abs. 1 FamKodex). Ferner müssen die Wahleltern bzw. der Annehmende bei einer Einzeladoption **geschäftsfähig** sein und ihnen/ihm darf das **Sorgerecht** nicht entzogen worden sein (Art. 78 FamKodex). Ein Verstoß gegen die gem. Art. 85 FamKodex begründete Eintragungspflicht des Adoptierenden im Register für Volladoptionen lässt die Wirksamkeit der Kindesannahme unberührt.[104]

5. Beidseitige Adoptionsvoraussetzungen

126   Zwischen dem Annehmenden und dem Wahlkind muss gem. Art. 79 S. 1 FamKodex ein **Mindestaltersunterschied** von 15 Jahren bestehen; eine Ausnahme davon bildet die Stiefkindadoption (Art. 79 S. 2 FamKodex). Bei einer Kindesannahme durch Ehegatten genügt die Feststellung des erforderlichen Altersabstands zu einem der Ehepartner (Art. 79 S. 3 FamKodex). Einen Höchstaltersunterschied gibt es hingegen nicht. Geradlinige Verwandte und Geschwister können einander nicht adoptieren (Art. 80 Abs. 1 FamKodex). Gleiches gilt für Ehegatten.[105] Eine Ausnahme sieht Abs. 2 des Art. 80 FamKodex vor. Danach können die Großeltern ihr uneheliches oder verwaistes Enkel an Kindes Statt annehmen.

6. Einwilligungen

127   Die Wahlkindschaft erfordert die Einwilligungen von:
– dem Annehmenden und
– dem Anzunehmenden im Alter ab 14 Jahren sowie
– ihren Ehegatten,

ferner
– von den Eltern des Adoptivkindes (Art. 89 Abs. 1 FamKodex).

Sie stellen Wirksamkeitsvoraussetzungen dar, brauchen jedoch – mit Ausnahme der Einwilligung des Adoptivkindes – **nicht persönlich** kundgetan zu werden. In Betracht kommt die

---

103 *Markov*, Semeyno i nasledstveno pravo (Familien- und Erbrecht), S. 128.
104 *Markov*, Semeyno i nasledstveno pravo (Familien- und Erbrecht), S. 128.
105 *Markov*, Semeyno i nasledstveno pravo (Familien- und Erbrecht), S. 128.

Bevollmächtigung eines besonderen Vertreters oder die Abgabe in Schriftform mit notariell beglaubigter Unterschrift (Art. 91 Abs. 1 S. 1 FamKodex). Gemäß Art. 89 Abs. 6 FamKodex müssen alle einwilligungspflichtigen Personen eine notarielle Erklärung vorlegen, dass ihre Einwilligungen in die Adoption nicht mit einem materiellen Vorteil verbunden sind. **Widerrufsmöglichkeiten** samt -fristen sieht Art. 92 FamKodex vor.

7. Adoptionswirkungen

a) Volladoption

Das Wahlkind tritt mit allen Rechten und Pflichten in die neue Familie unter Lösung des alten Familienbandes ein. Es bedarf darum der Ausstellung einer neuen Geburtsurkunde. Dafür überlässt das Gericht von Amts wegen dem Zivilstandsbeamten an der ständigen Anschrift des Annehmenden den Adoptionsbeschluss. Der **Vaters- und Familienname** des Angenommenen sind nun gem. Art. 18 Abs. 2 PStRegG dem Vaters- und Familiennamen des Annehmenden anzupassen (siehe Rdn 42 und 44). Hierzu ist jedoch die Zustimmung des schon 14 Jahre alt gewordenen Adoptivkindes notwendig.   128

b) Unvollständige Adoption

Die Geburtsurkunde ist nicht neu auszustellen. Die unvollständige Adoption wird in ihr nur vermerkt. Der **Vaters- und Familienname** können auf Antrag des Annehmenden nach den Grundsätzen unter Rdn 42 und 44 an seinen Vaters- und Familiennamen gerichtlich angepasst werden (Art. 18 Abs. 3 S. 1 PStRegG); sofern der Adoptierte das 14. Lebensjahr bereits vollendet hat, bedarf es seiner Zustimmung. **Ehehindernisse** bestehen ausschließlich zwischen dem Annehmenden und dem Adoptivkind sowie zwischen dem letzteren und seinen Abkömmlingen.   129

Das Wahlkind beerbt sowohl seine leiblichen Eltern als den Annehmenden, nicht aber dessen Verwandten (Art. 5 Abs. 3 ErbG). Die Adoptiveltern wiederum beerben das Wahlkind (Art. 107 Abs. 2 FamKodex); die leiblichen Eltern können das nicht (Art. 102 Abs. 2 S. 2).[106]

c) Stiefkindadoption

Diese Adoptionsart hat in Art. 103 Abs. 1 FamKodex einen gesetzlichen Niederschlag erfahren. Bei ihr erlöschen lediglich die Rechtsbeziehungen zum anderen Elternteil und dessen Verwandten. Das Rechtsverhältnis zum Ehegatten des Annehmenden und dessen Verwandten bleibt dagegen bestehen. In die Geburtsurkunde einzutragen sind die Angaben des annehmenden Ehegatten (Art. 103 Abs. 2 FamKodex).   130

8. Adoptionsbeendigung

Von der **gerichtlichen** Beendigung einer Wahlkindschaft handelt Art. 106 FamKodex. Die Regelung ist detailliert. Erwähnt sei nur die Möglichkeit der Beendigung im **gegenseitigen Einverständnis** von Adoptiertem und Adoptierenden, wenn beide geschäftsfähig sind (Abs. 8).   131

---

106 *Markov*, Semeyno i nasledstveno pravo (Familien- und Erbrecht), S. 140.

Stirbt der Annehmende, so endet die unvollständige Adoption. Beim **Tod** des Adoptivkindes dagegen endet die unvollständige Adoption nur für den Fall, dass das Kind keine Nachkommen hinterlässt (Art. 107 Abs. 2 FamKodex).

Die Adoptionsbeendigung wirkt für die Zukunft (Art. 109 FamKodex).

Dänemark

Prof. Dr. Gerhard Ring, Freiberg, Sachsen
Prof. Dr. Line Olsen-Ring, LL.M., Freiberg, Sachsen

Literatur

Deutschsprachige Literatur

Carstensen, Kindergeld, Kindesunterhalt und Versorgungsausgleich im grenzüberschreitenden Rechtsverkehr mit Dänemark, SchlHA 2008, 117; *Carstensen/Schulze*, Unterhaltsberechnung über Grenzen. Problemstellungen am Beispiel Dänemark, SchlHA 2009, 9; *Dübeck*, Gütertrennungsreform in Dänemark und skandinavisches Güterstandsrecht, ZEuP 1995, 827; *Fötschl*, Das dänische Gesetz über künstliche Befruchtung – Ein Kurzüberblick, MedR 2010, 95; *Ders.*, Die neue Mitmutterschaft nach dänischem Recht, FamRZ 2013, 1445; *Giesen*, Dänemark, in Bergmann/Ferid (Hrsg.), Internationales Ehe- und Kindschaftsrecht (Loseblatt), Stand 2014; *Jayme/Krause*, Zur Eheschließung von Ausländern in Dänemark, IPRax 1983, 307; *Karisch*, Namensänderung von Dänen anlässlich der Eheschließung in Deutschland, StAZ 2008, 187; *Krause*, Die zeitliche Begrenzung des Unterhalts nach der Scheidung. Dänische Erfahrungen und deutsche Reform, 1990; *Kubitz*, Eintragung dänischer Zwischennamen in die deutschen Personenstandsbücher, StAZ 1993, 52; *Ders.*, Ist ein dänischer Zwischenname Familienname im Sinne von Art. 10 Abs. 3 EGBGB?, StAZ 1997, 244; *Olsen-Ring*, Eigenverantwortung und Solidarität unter Ehegatten im dänischen Familienrecht: Rollenleitbilder am Beispiel des Ehegüter- und Scheidungsfolgenrechts, in: Ministerium für Familie, Frauen und Jugend (Hrsg.), Eigenverantwortung, private und öffentliche Solidarität – Rollenleitbilder im Familien- und Sozialrecht im europäischen Vergleich, 2008, S. 359 ff.; *Otto*, Polygamie in Dänemark? Eine rechtspolitische Diskussion um einen „irakischen Dolmetscher", StAZ 2009, 238; *Rainel*, Länderbericht Dänemark, in: Rieck (Hrsg.), Ausländisches Familienrecht (Stand 2013); *Ring/Olsen-Ring*, in: Nomos-Kommentar BGB, Bd. 4, Familienrecht, 3. Aufl. 2014, Länderbericht Skandinavien, S. 2988 ff.; *Dies.*, Das neue dänische Namensgesetz, StAZ 2006, 286; *Dies.*, in: *Süß* (Hrsg.), Erbrecht in Europa, 3. Aufl. 2015, Länderbericht Dänemark, S. 341 ff.; *Dies.*, Dänemarks Vorreiterrolle bei der Etablierung des Instituts einer registrierten (Lebens-)Partnerschaft in Europa, ZRP 1999, 459; *Dies.*, Die registrierte Lebenspartnerschaft im Recht der nordischen Staaten, KJ 1999, 366; *Dies.*, Scheidung im Schnellverfahren – Reform des dänischen Scheidungsrechts, in: StAZ 2014, 170; *Scherpe*, Das neue dänische Gesetz über elterliche Verantwortung, FamRZ 2007, 1495; *Ders.*, Öffnung der Ehe für gleichgeschlechtliche Paare in Dänemark, FamRZ 2012, 1434; *Wacke*, Die Registrierung homosexueller Partnerschaften in Dänemark, FamRZ 1990, 347.

Literatur in dänischer und englischer Sprache

Agell (Hrsg.), Nordisk äktenskapsrätt, 2003; *Andersen/Danielsen*, Urimeligt stillede ægtefæller – samspillet mellem familieret og aftaleret, 2009; *Asland/Brattström/Lind/Lund-Andersen/Singer/Sverdrup*, Nordic Cohabitation Law, 2015; *Danielsen* (Hrsg.), Nordisk børneret I und II, 2003; *Godsk-Pedersen/ Godsk-Pedersen*, Familie- og Arveret, 8. udgave, 2013; *Karnov/Nielsen*, Ægteskabs indgåelse og opløsning/retsvirkninger, in: Karnovs Lovsamling, 30. udgave, 2014; *Gomard*, Civilprocessen, 6. udgave, 2007; *Kronborg/Nielsen*, Skilsmisseret – de økonomiske forhold, 2012; *Lund-Andersen/Godsk Pedersen*, Family Law in Denmark, 2. Aufl. 2011; *Lund-Andersen/Nørgaard*, Familieret, 2. udgave, 2012; (überblicksmäßig zur angedachten Reform des ehelichen Güterrechts) *Grønborg*, Oversigt over nogle af de nye regler i udkast til ny lov om ægtefællers økonomiske forhold, abrufbar unter www.themis.dk; *Lund-Andersen/Krabbe*, Grounds for Divorce and Maintenance between Former Spouses – National Report Denmark, Commission on European Family Law (2002), abrufbar unter http://ceflonline.net; *Lund-Andersen/Magnussen*, Property Relations – National Report Denmark, Commission on European Family Law (2008), abrufbar unter http://ceflonline.net; *Lund-Andersen*, Informal relationships – National Report Denmark, Commission on European Family Law (2015), abrufbar unter http://ceflonline.net; *Nielsen*, Familieretten, 6. udgave, 2013.

A. Eheschließung

I. Materielle Voraussetzungen der Eheschließung

1. Die einzelnen materiellen Voraussetzungen

1   Die materiellen **Voraussetzungen** für die Eheschließung finden sich im 1. Kapitel des Gesetzes über die Eingehung und Auflösung der Ehe (*lov om ægteskabs indgåelse og opløsning*; im Folgenden ÆL).[1] Nach § 1a i.V.m. § 13 ÆL darf eine Person, die noch nicht das 18. Lebensjahr vollendet hat, nur mit Zustimmung des Vorsitzenden des Gemeinderats als Prüfungsbehörde eine Ehe eingehen. Mit Eingehung der Ehe tritt Volljährigkeit ein. Bei der

---

1 In der Bekanntmachung Nr. 1818 vom 23.12.2015. Nähere Regelungen über die Überprüfung der Ehebedingungen sind in der Verordnung Nr. 585 vom 3.5.2014 über die Eingehung der Ehe (*bekendtgørelse om indgåelse af ægteskab*) sowie in der Richtlinie Nr. 11360 vom 30.12.2015 über die Bearbeitung von Ehesachen (*vejledning om behandling af ægteskabssager*) aufgestellt. Vgl. außerdem die Verordnung Nr. 547 vom 15.12.1969 und den Runderlass Nr. 258 vom 15.12.1969 über die Trauung in der dänischen Staatskirche. Vgl. ferner die Verordnung Nr. 548 vom 16.12.1969 und den Runderlass Nr. 260 vom 16.12.1969 über die kirchliche Trauung außerhalb der dänischen Staatskirche.

Bewilligungserteilung kann aber bestimmt werden, dass trotz Eingehung der Ehe die Minderjährigkeit fortbesteht und erst bei Vollendung des 18. Lebensjahres Volljährigkeit eintritt. War der Minderjährige nicht bereits schon früher verheiratet, bedarf er außerdem der Einwilligung seiner Eltern, wobei in gewissen Ausnahmefällen auch die Einwilligung eines der Elternteile ausreicht (§ 2 ÆL). Eine unter Vormundschaft stehende Person kann nur mit Zustimmung des Vormunds heiraten (§ 3 ÆL). Wird die Zustimmung nach den §§ 2 oder 3 ÆL verweigert, kann die Prüfungsbehörde trotzdem eine Eheschließung gestatten, wenn für die Verweigerung kein „angemessener Grund" besteht (§ 4 ÆL).

Beachte: Am 15.6.2012 trat das Gesetz zur Änderung des Eherechts[2] (Ehe zwischen zwei   2
Personen desselben Geschlechts – *ægteskab mellem to personer af samme køn*) in Kraft.
Damit erlangten Personen desselben Geschlechts die Möglichkeit, eine Ehe einzugehen
(**Eingehung der Ehe zwischen zwei Personen desselben Geschlechts**). Geändert wurde
das ÆL, das ÆRL und das Rechtspflegegesetz (RPL). Das Gesetz über die registrierte
Partnerschaft (*lov om registreret partnerskab*) wurde zeitgleich aufgehoben.

Nach § 1 ÆL findet das Gesetz Anwendung auf eine Ehe zwischen zwei Personen unterschiedlichen Geschlechts sowie auf eine Ehe zwischen zwei Personen desselben Geschlechts. Damit hat Dänemark das **Rechtsinstitut einer geschlechtsneutralen Ehe** eingeführt. § 66a ÆL bestimmt allerdings, dass Regelungen in internationalen Übereinkommen grundsätzlich keine Anwendung auf die Ehe zwischen zwei Personen desselben Geschlechts finden. Etwas anderes gilt nur dann, wenn die Vertragsparteien des Übereinkommens in eine entsprechende Anwendung einwilligen.

Nach § 53b Abs. 1 ÆRL finden die Vorschriften der dänischen Gesetzgebung, die besondere Regelungen hinsichtlich eines Ehegatten wegen dessen Geschlecht statuieren, keine Anwendung auf eine Ehe zwischen zwei Personen desselben Geschlechts. § 53b Abs. 2 ÆRL wiederholt den Regelungsgehalt des § 66a ÆL für den Anwendungsbereich des ÆRL.

Die international-prozessuale Neuregelung in § 448c Abs. 2 RPL[3] regelt eine Zuständigkeit dänischer Gerichte für Verfahren in Ehesachen zwischen zwei Personen desselben Geschlechts: Voraussetzung für eine Zuständigkeit ist zum einen die Eingehung der Ehe in Dänemark. Zum anderen darf keiner der Ehegatten in einem Staat wohnhaft sein, dessen Gesetzgebung Bestimmungen über die Ehe zwischen zwei Personen desselben Geschlechts aufstellt, die den dänischen entsprechen.

Eine Eheschließung zwischen **Verwandten** in gerader auf- oder absteigender Linie bzw.   3
zwischen Geschwistern ist verboten (§ 6 ÆL). Ist einer der Heiratswilligen mit einem Verwandten in gerader auf- oder absteigender Linie des anderen verheiratet gewesen, bedarf er zur Eingehung der Ehe der Zustimmung des u.a. für familienrechtliche Fragestellungen zuständigen staatlichen Sozialbeschwerdeamts (*Ankestyrelsen*, nachfolgend: Sozialbeschwerdeamt). Sind aus der früheren Ehe gemeinsame Kinder hervorgegangen, ist eine Zustimmung nur statthaft, wenn die Belange der Kinder nicht dagegen sprechen (§ 7 ÆL). Zwischen einem Adoptierten und dem Annehmenden ist eine Ehe während des Bestehens des Adoptionsverhältnisses ausgeschlossen (§ 8 ÆL).

---

2 Gesetz Nr. 532 vom 12.6.2012 zur Änderung des Gesetzes über die Eingehung und die Auflösung der Ehe, des Gesetzes über die Rechtswirkungen der Ehe und des Rechtspflegesgesetzes sowie zur Aufhebung des Gesetzes über die registrierte Partnerschaft (*lov om ændring af lov om ægteskabs indgåelse og opløsning, lov om ægteskabets retsvirkninger og retsplejeloven og om ophævelse af lov om registreret partnerskab*).

3 Rechtspflegegesetz (*retsplejeloven*) in der Bekanntmachung Nr. 1255 vom 16.11.2015 mit späteren Änderungen.

§ 9 ÆL statuiert ein **Verbot der Bigamie**. Nach § 9 ÆL kann derjenige, der früher eine Ehe bzw. eine registrierte Partnerschaft eingegangen ist, während des Fortbestands dieser Ehe oder der registrierten Partnerschaft (einschließlich einer der Scheidung bzw. der Auflösung der registrierten Partnerschaft vorausgehenden Trennungszeit) keine neue Ehe eingehen.

4 § 10 ÆL regelt die Frage, inwieweit das Nachlassverfahren nach dem **Tod eines Ehepartners** abgeschlossen sein muss, bevor der überlebende Ehegatte erneut heiraten kann. Ist eine Ehe durch Tod beendet worden, darf der überlebende Ehegatte eine neue Ehe grundsätzlich erst eingehen, wenn das Nachlassverfahren durch einen Nachlassverwalter oder ein öffentliches Auseinandersetzungsverfahren eingeleitet bzw. ein privates Auseinandersetzungsverfahren abgeschlossen worden ist.

5 Die Eingehung einer Ehe in Dänemark setzt voraus, dass die Ehewilligen dänische **Staatsbürger** sind bzw. sich nach den ausländerrechtlichen Bestimmungen ordnungsgemäß in Dänemark **aufhalten**. Damit soll vor allem der Eingehung von **Pro-forma-Ehen** zwischen einem Asylbewerber und einer in Dänemark wohnhaften Person mit dem Ziel der Erlangung eines Aufenthaltstitels begegnet werden.[4] Sprechen bei fehlender Erfüllung dieser Voraussetzungen ganz besondere Umstände für eine Erlaubnis zur Eheschließung (namentlich die Dauer des Aufenthalts des Ausländers in Dänemark), kann die Prüfungsbehörde diese trotzdem erteilen (§ 11a ÆL).

2. Rechtswirkungen bei fehlender Erfüllung der materiellen Voraussetzungen der Eheschließung

6 Vor der Trauung findet auf kommunaler Ebene (Gemeindeverwaltung) eine Überprüfung der materiellen **Voraussetzungen** einer Eheschließung statt (§§ 12 und 13 ÆL). Sind die Voraussetzungen einer Eheschließung nicht erfüllt, muss die Behörde (siehe Rdn 9), die die Eheschließung vornehmen soll, die Trauung ablehnen (§ 19 ÆL). Wird erst nach einer Eheschließung festgestellt, dass zum Zeitpunkt der Trauung Ehehindernisse vorlagen, gilt die Ehe als gültig eingegangen.

7 Eine **Nichtigerklärung** der Ehe (*omstødelse*) ist allerdings nach den Regelungen des 3. Kapitel ÆL in schwerwiegenden Fällen möglich. Ist eine Ehe unter Verstoß gegen § 6 oder § 9 ÆL eingegangen worden (siehe Rdn 2 f.), wird diese durch Urteil für nichtig erklärt. Verstößt die Eheschließung gegen § 9 ÆL, kann sie jedoch nicht aufgehoben werden, wenn die frühere Ehe vor Erhebung der gerichtlichen Klage aufgelöst worden ist. Klageberechtigt ist der Justizminister oder eine von ihm ermächtigte Behörde, einer der Ehegatten bzw. bei einem Verstoß gegen § 9 ÆL der Ehegatte der früheren Ehe (§ 23 ÆL). Eine Nichtigerklärung kann des Weiteren auf die Klage eines der Ehegatten hin (u.a. im Falle einer Zwangsehe, eines Irrtums oder einer Irreführung) ausgesprochen werden oder für den Fall, dass einer der Ehegatten sich im Zeitpunkt der Eheschließung in einem Zustand befand, der seine Fähigkeit, vernünftig zu handeln, ausgeschlossen hat (näher § 24 ÆL).

8 Eine **Nichtigerklärung** entfaltet grundsätzlich dieselben Rechtswirkungen wie eine Scheidung. Es kommen jedoch besondere Bestimmungen im Hinblick auf die Teilung des Gemeinschaftsgutes, Forderungen auf Entschädigung, Erbschaft und Versorgungsansprüche (§§ 25 bis 28 ÆL) zur Anwendung.

---

4 Vgl. Richtlinie Nr. 11360 vom 30.12.2015 über die Bearbeitung von Ehesachen (*vejledning om behandling af ægteskabssager*).

II. Sachlich zuständige Behörde

In Dänemark kann (wie in den übrigen skandinavischen Staaten) nach freier **Wahl** der
Heiratswilligen entweder eine **Ziviltrauung** oder eine kirchliche Trauung mit zivilrechtlicher Wirksamkeit stattfinden (§ 15 ÆL). Eine **kirchliche Trauung** innerhalb der dänischen
Staats-(Volks-)kirche (*Folkekirke*) ist dann möglich, wenn einer der künftigen Ehegatten
dieser Kirche angehört.[5] Daneben besteht die Möglichkeit einer Trauung innerhalb einer
anerkannten Glaubensgemeinschaft, wenn einer der Heiratswilligen dieser angehört bzw.
unter derselben Voraussetzung innerhalb anderer Glaubensgemeinschaften, wenn diese über
Geistliche verfügen, die vom Kirchenministerium die Genehmigung erhalten haben, Trauungen vorzunehmen (§ 16 ÆL).[6] Die Ziviltrauung steht allen offen. Sie wird grundsätzlich
von einem Mitglied der Gemeindeverwaltung als **Standesbeamter** vorgenommen. Sie kann
aber auch auf der Grundlage einer Ermächtigung seitens des Gemeinderats von einer oder
mehreren anderen Personen in eigener Verantwortung vollzogen werden (§ 18 ÆL).

III. Kollisionsrecht der Eheschließung

Eine Eheschließung in Dänemark beurteilt sich grundsätzlich – ohne Rücksicht auf die
Staatsangehörigkeit oder den Wohnsitz (Domizil) der Heiratswilligen – nach materiellem
dänischem Recht. Personen, die im Ausland wohnen und/oder ausländische Staatsbürger
sind, können in Dänemark heiraten, wenn sie den Nachweis führen, dass die materiellen
Voraussetzungen einer Eheschließung nach dänischem Recht erfüllt sind. Die Heiratswilligen müssen dabei ihr Eheversprechen in der Gemeinde abgeben, in der sie sich im Zusammenhang mit der Trauung aufhalten, und gleichzeitig dokumentieren, dass sie sich legal in
Dänemark aufhalten (Vorlage des Passes oder, falls nötig, eines Visums, einer Aufenthaltsgenehmigung bzw. eines anderen entsprechenden Nachweises). Des Weiteren muss eine Geburtsurkunde sowie ein Personenstandstestat vorgelegt werden. War ein ausländischer

---

5 Gleichgestellt mit Angehörigen der dänischen Staatskirche sind insoweit Mitglieder der evangelisch-lutherischen Kirche Finnlands, der Schwedischen Kirche bzw. der isländischen oder norwegischen Staatskirche. Erwähnt sei noch, dass es aus Rücksicht auf Gewissensentscheidungen einem/einer Pastor(in) der dänischen Staatskirche freisteht, die Vornahme einer kirchlichen Trauung von zwei Personen desselben Geschlechts abzulehnen, vgl. § 7a des Gesetzes über die Mitgliedschaft in der dänischen Staatskirche (Volkskirche), über kirchliche Leistungen und über die Möglichkeit, von der Gebundenheit von einem bestimmten Kirchenbezirk entbunden zu werden i.d.F. der Bekanntmachung Nr. 622 vom 19.6.2012 (*lov om medlemskab af folkekirken, kirkelig betjening og sognebåndsløsning*).
6 Anerkannte Glaubensgemeinschaften sind u.a.: *Svenska Gustavsförsamlingen i København* (schwedische Gemeinde), *Kong Haakon Kirken i København* (norwegische Gemeinde), *Skt. Albans i København* (englische Gemeinde), *Den reformerte Kirke i Fredericia*, *Det methodistiske Trossamfund*, eine lange Reihe islamischer Glaubensgemeinschaften – etwa *Det Islamiske Trossamfund*, *Baptistkirken i Danmark*, *Det ortodokse russiske Trossamfund i København*, *Den romersk-katolske Kirke*, *Det mosaiske Trossamfund*, *Den Fransk-reformerte menighed i København* und *Den tysk-reformerte menighed i København*. Eine vollständige Liste der (vielen) anderen Glaubensgemeinschaften, innerhalb derer Geistlichen die Ermächtigung zur Vornahme von Trauungen erteilt worden ist, findet sich auf der Homepage des dänischen Kirchenministeriums unter *http://www.km.dk/folkekirken/andre-trossamfund/trossamfund/anerkendte-og-godkendte-trossamfund-og-menigheder*. Als ausländerrechtliche Neuregelung gilt im Übrigen seit Oktober 2013, dass eine Verlängerung des Aufenthaltsrechts und der Arbeitserlaubnis für „religiöse Verkünder", die als Teil ihrer Tätigkeit Trauungen bereits vornehmen bzw. vornehmen werden (unabhängig davon, ob den Trauungen eherechtliche Wirkungen zukommen sollen oder nicht), voraussetzt, dass diese u.a. an einem Lehrgang zum dänischen Familienrecht teilnehmen (vgl. § 9f Abs. 5 des Ausländergesetzes i.d.F. der Bekanntmachung Nr. 1021 vom 19.9.2014 mit späteren Änderungen, *udlændingeloven*).

Ring/Olsen-Ring

Staatsbürger bereits zuvor verheiratet gewesen, muss außerdem das Scheidungsurteil bzw. die Sterbeurkunde des ehemaligen Ehepartners eingereicht werden. Ein Scheidungsurteil aus einem Nicht-Nordischen Land muss zur Prüfung vorgelegt werden.[7]

11   Die dänische **Prüfungsbehörde** darf keine Genehmigung zur Eheschließung erteilen, falls ihr bekannt ist, dass eine Eheschließung in dem Staat, in dem der/die Betroffene(n) Staatsbürger ist/sind bzw. ihren Wohnsitz hat/haben, verboten wäre. Die Bedingungen des betreffenden ausländischen Staates für eine Eheschließung müssen aber nicht erfüllt sein. Die Zustimmung der Eltern bzw. eines Vormunds (nach § 4 bzw. § 6 ÆL) zur Eheschließung ist nicht notwendig, falls eine solche nach ausländischem Recht nicht erforderlich ist. Personen über 18 Jahre müssen eine Zustimmung der Eltern, die ein ausländisches Recht ggf. verlangt, bei einer Eheschließung in Dänemark nicht einholen. Bei Staatsbürgern anderer nordischer Länder (Schweden, Finnland, Norwegen und Island) erfolgt die Überprüfung der Voraussetzungen für die Eheschließung nach dänischem Recht, wenn einer der Heiratswilligen in Dänemark wohnhaft ist. Ansonsten bzw. auf Antrag eines der Heiratswilligen findet das Recht des Staates Anwendung, dessen Staatsangehöriger er oder sie ist.

12   Das **Prüfungsverfahren** bei heiratswilligen ausländischen Paaren erfolgt in der Regel schnell und **unkompliziert**.[8] Viele dänische Standesämter verlangen keine Übersetzungen von Urkunden, die in englischer oder deutscher Sprache verfasst sind. Es ist daher nicht unüblich, dass ausländische Paare ihre Eheschließung im Rahmen eines kürzeren Urlaubsaufenthalts in Dänemark vornehmen.

13   Im **Ausland** vorgenommene **Eheschließungen** werden in Dänemark grundsätzlich **anerkannt**, wenn die Trauung in Übereinstimmungen mit den in dem betreffenden Staat geltenden materiellen und formellen Regeln erfolgt ist. Darüber hinaus darf die Ehe nicht gegen Grundprinzipien der dänischen Rechtsordnung verstoßen. Dies beinhaltet, dass beide Parteien bei der Trauung anwesend sein müssen und zu diesem Zeitpunkt nicht jünger als 15 Jahre alt sein dürfen. Über die Gültigkeit einer im Ausland erfolgten Eheschließung entscheidet mit deklaratorischer Wirkung die familienrechtliche Behörde *„Ankestyrelsen, familieretsafdelingen"*.

B.   Folgen der Eheschließung

I.   Auswirkungen auf das Eigentum

1.   Die allgemeine Gütergemeinschaft

14   Das gesamte Vermögen, das die Ehegatten bei Eingehung der Ehe besitzen oder später erwerben, geht nach § 15 Abs. 1 des Gesetzes über die Ehewirkungen (*lov om ægteskabets retsvirkninger*; im Folgenden **ÆRL**)[9] in eine allgemeine **Gütergemeinschaft** (*almindeligt formuefælleskab*) ein, soweit es nicht nach § 28 bzw. § 28a ÆRL zu Vorbehaltsgut (*særeje*) erklärt worden ist.

15   **Vorbehaltsgut** ist, was durch Ehevertrag zu Vorbehaltsgut erklärt worden ist, sowie eine Schenkung, die einem Ehegatten von einem Dritten unter der Bedingung zugewendet

---

7   Eine detaillierte Beschreibung der Vorlageerfordernisse findet sich etwa auf der Homepage der Gemeinde Tondern (Tønder Kommune): *http://www.toender.dk/Burger/Standesamt.aspx*.

8   Im Zusammenhang mit dem Prüfungsverfahren und der Trauung ist eine Verwaltungsgebühr von derzeit 500 dkr (ca. 68 EUR) zu entrichten.

9   I.d.F. der Bekanntmachung Nr. 1814 vom 23.12.2015..

wurde, dass sie Vorbehaltsgut sein soll, oder eine Erbschaft (selbst wenn es sich um den Pflichtteil des Erben handelt), wenn der Erblasser durch Testament eine solche Bestimmung getroffen hat. Darüber hinaus ist Vorbehaltsgut auch all das, was an die Stelle der gerade genannten Vermögenswerte getreten ist sowie aus diesen Vermögenswerten erzielte Einnahmen, es sei denn, etwas anderes ist in rechtlich wirksamer Weise bestimmt worden.

Des Weiteren finden die Regelungen über das **Gemeinschaftsgut** nach § 15 Abs. 2 ÆRL auf **„nicht übertragbare Rechte und Rechte sonstiger persönlicher Art"** nur in dem Umfang Anwendung, in dem dies mit den für diese Rechte geltenden besonderen Bestimmungen vereinbar ist. Die Palette möglicher Rechte nach § 15 Abs. 2 ÆRL ist breit. Inwieweit im Einzelfall tatsächlich vom Prinzip der allgemeinen Gütergemeinschaft abgewichen wird, hängt von der Auslegung anderer Gesetzesbestimmungen, privater Willenserklärungen und sonstiger Umstände ab. Eine enumerative Auflistung von Rechten, die nach § 15 Abs. 2 ÆRL Vorbehaltsgut begründen, lässt sich somit schwer erstellen. In Betracht kommen u.a. **Urheberrechte, Versorgungsrechte, Versicherungsleistungen** und **Ersatz oder Ersatzansprüche für Personenschäden.** Einnahmen und Surrogate von Rechten nach § 15 Abs. 2 ÆRL sind in der Regel Gemeinschaftsgut. Eine einschneidende Neuregelung gilt seit dem Jahre 2007 in Bezug auf die Teilung von **Rentenansprüchen** (§§ 16a bis 16h ÆRL). Danach bleibt jede „billige", d.h. gewöhnliche, Rente ein personengebundener Vorteil. Allein darüber hinausgehende Rentenansprüche werden von der Güterteilung erfasst. Bei Ehen von kurzer Dauer besteht kein Billigkeitserfordernis; sämtliche Rentenansprüche können im Voraus von der Güterteilung ausgenommen werden. (Kompliziert konzipierte) Kompensationsmöglichkeiten bestehen vor allem für den Fall, dass einer der Ehepartner aus Rücksicht auf die Gesamtsituation der Familie während der Ehe weniger als der andere Ehepartner in Rentensysteme einbezahlt hat, oder dass einer der Ehepartner nur eine geringe oder gar keine Rente bezieht und die Ehe 15 oder mehr Jahre bestanden hat (§§ 16d und 16e ÆRL).

16

Die allgemeine Gütergemeinschaft entfaltet sichtbar erst **Konsequenzen** bei **Beendigung des Güterstandes** im Falle einer Gütertrennung (bei Tod, Scheidung, einer der Scheidung vorausgehenden Trennung oder bei einem vorzeitigen Ausgleich – sog. *bosondring*). Gemäß § 16 Abs. 2 ÆRL übernimmt jeder Ehepartner oder dessen Erbe(n) bei der Beendigung der Ehe sowie im Falle eines vorzeitigen Ausgleichs oder einer Trennung die Hälfte des Gemeinschaftsgutes, es sei denn, etwas anderes geht aus einer anderen gesetzlichen Bestimmung hervor (vgl. Rdn 16; zur Gütertrennung siehe Rdn 51 und 81).

17

2. Verfügung und Haftung bei der allgemeinen Gütergemeinschaft

Während der Ehe besteht **kein gesamthandsgebundenes Sondervermögen** (i.S.v. Gesamtgut), da jeder Ehegatte nach § 16 Abs. 1 ÆRL grundsätzlich über alle von ihm eingebrachten Vermögenswerte **selbstständig verfügen** kann und für von ihm begründete Schulden gem. § 25 ÆRL auch **allein haftet.** Nach dem Wortlaut des § 25 ÆRL „haftet jeder Ehegatte mit dem Teil des Gemeinschaftsgutes, über den er verfügt, und mit seinem Vorbehaltsgut für die ihm obliegenden Verpflichtungen, unabhängig davon, ob sie vor oder während der Ehe entstanden sind". Ein Ehegatte haftet somit grundsätzlich nur für Verpflichtungen des anderen, wenn sich dies aus den allgemeinen haftungsrechtlichen Grundsätzen oder besonderen gesetzlichen Bestimmungen ergibt.

18

Ausnahmen vom Prinzip der alleinigen Haftung finden sich etwa im **Steuerrecht.** Ein Ehegatte haftet für die Abschlusszahlung von Steuern des anderen Ehegatten, falls die Steuerbehörden vergeblich versucht haben, die Steuerschuld bei Letzterem einzutreiben (siehe hierzu Rdn 64).

19

20 Der Grundsatz der alleinigen Haftung bereitet erhebliche **Beweisschwierigkeiten**, die insbesondere im Zusammenhang mit beweglichen Sachen (wie z.B. Hausrat) oder Bargeld sowie Geld auf einem gemeinsamen Konto der Ehegatten entstehen können.[10]

21 Eine wesentliche Ausnahme vom Prinzip der alleinigen Haftung statuiert das Gesetz über die Ehewirkungen selbst. § 11 ÆRL beinhaltet eine **gesetzliche Vollmacht** für beide Ehegatten. Nach § 11 Abs. 1 ÆRL ist jeder Ehegatte während des gemeinsamen Zusammenlebens berechtigt, gegenüber Dritten mit **Haftungswirkung** für beide Ehegatten Rechtsgeschäfte zur Erfüllung von **Bedürfnissen im Rahmen des täglichen Haushalts bzw. der Kinder** zu tätigen, die gewöhnlich zu diesen Zwecken eingegangen werden.[11] § 11 Abs. 1 ÆRL enthält weiterhin eine – im ansonsten modern ausgestalteten dänischen Eherecht – altmodisch anmutende Regelung, wonach (allein!) der Ehefrau das Recht eingeräumt wird, gewöhnliche Rechtsgeschäfte zur Erfüllung ihrer eigenen, besonderen Bedürfnisse abzuschließen.[12] Rechtsgeschäfte nach § 11 Abs. 1 ÆRL sind für beide Ehegatten verpflichtend, wenn nichts anderes aus den Umständen hervorgeht. Die genannte gesetzliche Vollmacht gilt auch für minderjährige Ehegatten (§ 11 Abs. 2 ÆRL).

22 Für Geschäfte, die die **Vollmachtsgrenzen** nach § 11 Abs. 1 und 2 ÆRL überschreiten, bestimmt § 11 Abs. 3 ÆRL Folgendes: Wenn derjenige, mit dem das Rechtsgeschäft eingegangen wurde, wusste oder hätte wissen müssen, dass das Rechtsgeschäft mit dem Ehegatten die Grenzen der Angemessenheit überschreitet, haftet der andere Ehegatte nicht. Wurde das Geschäft von einem minderjährigen Ehegatten abgeschlossen, haftet auch dieser selbst nicht.

23 **Missbraucht** ein Ehegatte sein Recht nach § 11 ÆRL, kann die Staatsverwaltung nach § 12 ÆRL auf Antrag des anderen Ehegatten Ersterem das gesetzliche Vertretungsrecht entziehen. Es ist ihm erneut zu gewähren, wenn sich die Umstände geändert haben oder der andere Ehegatte dies beantragt. Die Entscheidung der Staatsverwaltung kann gegenüber einem gutgläubigen Dritten nur dann geltend gemacht werden, wenn sie im Personenbuch des Gerichts (in das auch Eheverträge einzutragen sind) eingetragen worden ist.

24 Eine **Bindungswirkung für beide Ehegatten** statuiert § 14 ÆRL für Geschäfte über bewegliche Sachen, über die ein Ehegatte das Verfügungsrecht hat, die aber mit Einwilligung dieses Ehegatten dem anderen Ehegatten zur Nutzung **im Zusammenhang mit einer Erwerbstätigkeit** (die dieser ausübt) überlassen worden sind. Rechtsgeschäfte über solche beweglichen Sachen binden beide Ehegatten, es sei denn, der Dritte wusste oder hätte erkennen müssen, dass der handelnde Ehegatte nicht berechtigt war, das Rechtsgeschäft abzuschließen. § 14 ÆRL gilt allerdings nicht gegenüber allen Gläubigern des nutzungsberechtigten Ehegatten, sondern nur gegenüber einem Erwerber, der den Gegenstand im Rahmen eines Umsatzgeschäfts erwirbt.

---

10 Ein Gericht wird normalerweise eine übereinstimmende Erklärung der Ehegatten über die Vermögenszugehörigkeit zugrunde legen, wenn diese glaubwürdig und angemessen erscheint, jedenfalls aber dann, wenn die Ehegatten gewisse bestärkende Faktoren – unter Berücksichtigung des Wertes des Gegenstandes, des Zeitpunktes des Erwerbs sowie der wirtschaftlichen Verhältnisse der Ehegatten – haben vorbringen können.

11 Maßstab dafür, welche Rechtsgeschäfte „gewöhnlich" sind, ist die Situation von Familien mit einem ähnlichen sozialen und wirtschaftlichen Status.

12 „Besondere Bedürfnisse" umfassen etwa Kleider, Kosmetika, Arztrechnungen und Medikamente, nicht aber z.B. Ausgaben für Ausbildungsmaßnahmen. Auch hier gilt i.Ü. der vorgenannte Maßstab für den Begriff „gewöhnlich". Die „besonderen Bedürfnisse" des Ehemannes werden durch § 2 ÆRL mitberücksichtigt (siehe Rdn 33).

3. Erweiterung des Verfügungsrechts eines Ehegatten

§ 13 ÆRL enthält eine eherechtliche Variante des allgemeinen Grundsatzes der **negotiorum** 25 **gestio**. Ist ein Ehegatte während des gemeinsamen Zusammenlebens durch **Abwesenheit** oder **Krankheit** daran gehindert, für seine Angelegenheiten Sorge zu tragen, kann der andere Ehegatte, sofern keine andere Person hierzu ermächtigt ist, Maßnahmen ergreifen, wenn ein Zuwarten Nachteile mit sich bringen würde (z.B. Forderungen einziehen oder, falls dies für den Unterhalt der Familie unumgänglich notwendig ist, Veräußerungen oder Verpfändungen vornehmen). Immobilien können jedoch unter keinen Umständen ohne die Einwilligung der Staatsverwaltung veräußert oder verpfändet werden.

4. Beschränkungen des Verfügungsrechts über Gemeinschaftsgut

Das Gesetz statuiert in §§ 17 bis 20 ÆRL eine Reihe von **Beschränkungen des freien** 26 **Verfügungsrechts**. Nach § 17 ÆRL ist jeder Ehegatte verpflichtet, über Gemeinschaftsgut so zu verfügen, dass keine Gefahr einer Vermögensverringerung zu Ungunsten des anderen Ehegatten eintritt. Praktische Bedeutung entfaltet die Regel vor allem im Zusammenhang mit § 23 ÆRL, wonach ein Ehegatte vom anderen dann eine Entschädigung verlangen kann, wenn Letzterer seine wirtschaftlichen Angelegenheiten vernachlässigt hat (vgl. Rdn 30).

Eine Ausnahme vom freien Verfügungsrecht statuiert § 18 ÆRL im Hinblick auf **Immobi-** 27 **lien:** Ein Ehegatte darf unbewegliches Vermögen, das zum gemeinschaftlichen Vermögen gehört, nach § 18 Abs. 1 S. 1 und 3 ÆRL nur mit Zustimmung des anderen Ehegatten (die bei dessen Unmündigkeit durch den Vormund erteilt wird) **veräußern** oder **verpfänden**, wenn dieses der Familie zur Wohnung dient oder wenn die Erwerbstätigkeit beider Ehegatten oder die des anderen Ehegatten mit ihr verknüpft ist. Eine **Vermietung** oder **Verpachtung** erfordert ebenfalls die Zustimmung des anderen Ehegatten, sofern die Immobilie aufgrund der Verfügung nicht mehr als gemeinsame Wohnung oder als Grundlage der Erwerbstätigkeit dienen kann. Hat ein Ehegatte ein solches Rechtsgeschäft gleichwohl ohne die erforderliche Zustimmung vorgenommen, so kann der andere Ehegatte gem. § 18 Abs. 2 ÆRL dieses durch Urteil wieder aufheben lassen. Voraussetzung dafür ist, dass der Erwerber oder der Pfandgläubiger erkannte oder hätte erkennen müssen, dass der handelnde Ehegatte nicht berechtigt war, das Rechtsgeschäft vorzunehmen. Die Klage muss jedoch innerhalb von drei Monaten, nachdem der Ehegatte von dem Rechtsgeschäft Kenntnis erlangt hat, spätestens jedoch innerhalb eines Jahres nach seiner gerichtlichen Eintragung im Grundbuch, erhoben werden.

§ 19 ÆRL verbietet es einem Ehegatten, ohne Zustimmung des anderen Ehegatten **bewegli-** 28 **ches Gemeinschaftsgut** zu **veräußern** oder zu **verpfänden**, sofern dies zum Hausrat der gemeinsamen Wohnung oder zur notwendigen Arbeitsausstattung des anderen Ehegatten gehört bzw. dem persönlichen Gebrauch der Kinder dient. Wird ein solches Rechtsgeschäft ohne die erforderliche Zustimmung vorgenommen, kann der andere Ehegatte das Rechtsgeschäft durch Urteil aufheben lassen. Eine Aufhebung ist in jedem Fall dann ausgeschlossen, wenn der Erwerber oder der Pfandgläubiger in gutem Glauben war. An die Gutgläubigkeit werden in der Praxis strenge Anforderungen gestellt. Die Klage muss innerhalb von drei Monaten, nachdem der Ehegatte von dem Rechtsgeschäft Kenntnis erlangt hat, und spätestens innerhalb eines Jahres nach Übergabe des Gegenstands (bzw. bei einem besitzlosen Pfandrecht an beweglichem Eigentum nach der gerichtlichen Eintragung des Pfandes) erhoben werden. Verweigert der Ehegatte bzw. dessen Vormund die Zustimmung nach den §§ 18 oder 19 ÆRL, kann die Staatsverwaltung nach § 20 ÆRL auf Antrag des anderen Ehegatten die Vornahme des Rechtsgeschäfts gleichwohl gestatten, falls nach Ansicht der

Staatsverwaltung kein angemessener Grund für die **Verweigerung der Zustimmung** vorliegt.

5. Erstellung eines Vermögensverzeichnisses

29 Zwecks Herstellung vermögensrechtlicher Klarheit kann ein Ehegatte gem. § 22 ÆRL verlangen, dass der andere Ehegatte an der Aufstellung eines **Verzeichnisses** mitwirkt, aus dem hervorgeht, über welche Teile des Gemeinschaftsgutes jeder von ihnen verfügt und was zu ihrem jeweiligen Vorbehaltsgut zählt. Auf der Grundlage aller vorliegenden Umstände entscheidet das Gericht darüber, welche Beweiskraft dem Verzeichnis zukommen soll. Verweigert ein Ehegatte die Mitwirkung an der Ausarbeitung des Verzeichnisses, kann dieser Umstand bei einer eventuellen Gütertrennung gegen ihn verwendet werden.

6. Entschädigungsansprüche wegen missbräuchlicher Verfügungen über Gemeinschaftsgut

30 Hat ein Ehegatte durch Vernachlässigung seiner wirtschaftlichen Angelegenheiten, durch Missbrauch seiner Verfügungsmacht über Gemeinschaftsgut oder durch ein anderes unverantwortliches Verhalten in wesentlichem Umfang den Teil des Gemeinschaftsgutes verringert, über den er verfügt (also „sein" Vermögen vermindert), so kann der andere Ehegatte nach § 23 Abs. 1 S. 1 ÆRL aus dem verbleibenden Gemeinschaftsgut eine **Entschädigung** hierfür verlangen oder nötigenfalls die Hälfte des fehlenden Betrags aus dem Vorbehaltsgut des anderen Ehegatten fordern.[13] Nach § 23 Abs. 2 S. 1 ÆRL steht das Recht auf eine solche Entschädigung einem Ehegatten auch für den Fall zu, dass der andere Ehegatte Mittel aus dem Gemeinschaftsgut zum Erwerb oder zur Verbesserung seines Vorbehaltsgutes bzw. von Rechten nach § 15 Abs. 2 ÆRL verwendet hat.[14] Ein entsprechender Entschädigungsanspruch besteht hingegen nicht, wenn Gemeinschaftsgut zur Verbesserung von **Rentenansprüchen** nach §§ 16a bis 16c ÆRL verwendet worden ist (vgl. Rdn 16). Hat ein Ehegatte Mittel aus seinem Vorbehaltsgut zugunsten seines Anteils am Gemeinschaftsgut verwendet, kann er nach § 23 Abs. 3 S. 1 ÆRL einen entsprechenden Entschädigungsanspruch gegen den anderen Ehegatten geltend machen.[15] Entschädigungsansprüche nach § 23 ÆRL können erst im Zeitpunkt einer Trennung des Gemeinschaftsgutes geltend gemacht werden. Wird bei der Gütertrennung keine volle Deckung für die genannten Forderungen erreicht, kann der fehlende Betrag später nicht mehr nachgefordert werden (§ 24 ÆRL). Die genannten Entschädigungsansprüche sind außerdem **nachrangig** gegenüber Forderungen anderer Gläubiger.

7. Auseinandersetzung bei Tod eines Ehegatten

31 Der Ehegatte ist gesetzlicher Erbe. Neben Abkömmlingen erbt er nachlasssteuerfrei ½ des Nachlasses (§ 9 Abs. 1 des Erbgesetzes [*arvelov* – ARL]), neben Erben der zweiten oder dritten Ordnung das gesamte Vermögen (§ 9 Abs. 2 ARL).[16] Bei Gütergemeinschaft erhält er zudem im Voraus seinen Anteil am Gesamtgut (*boslod*), womit die Erbschaft nur noch den Anteil des Erblassers am Gesamtgut umfasst. Im Übrigen eröffnet Kapitel 4 ARL bei Gütergemeinschaft auch die Möglichkeit, diese ungeteilt fortzusetzen (*uskiftet bo*). Die fortgesetzte Gütergemeinschaft setzt allerdings die Zustimmung nicht gemeinsamer Ab-

---

13 Zum Entschädigungsrecht der Erben des verstorbenen Ehegatten vgl. näher § 23 Abs. 1 S. 2 ÆRL.
14 Zum Entschädigungsrecht der Erben des verstorbenen Ehegatten vgl. näher § 23 Abs. 2 S. 2 ÆRL.
15 Zum Entschädigungsrecht der Erben des verstorbenen Ehegatten vgl. näher § 23 Abs. 3 S. 2 ÆRL.
16 Näher *Ring/Olsen-Ring*, in: *Süß*, Erbrecht in Europa, 3. Aufl. 2015, Länderbericht Dänemark, Rn 20 ff.

kömmlinge (und bei Minderjährigen bis zur Volljährigkeit die gültige Zustimmung des Vormunds sowie des Nachlassgerichts) voraus. Bedingung ist weiterhin u.a., dass die Mittel des verstorbenen Ehegatten ausreichen, seine Schulden abzudecken. Der überlebende Ehegatte kann auch im Nachhinein noch jederzeit Teilung verlangen. Eine Teilung findet z.B. dann statt, wenn der überlebende Ehegatte erneut heiratet. Das Nachlassverfahren und die Nachlassabwicklung sind im Gesetz über das Nachlassverfahren (*lov om skifte af dødsboer*) Nr. 383 vom 22.5.1996 näher geregelt.[17]

8. Exkurs: Reformüberlegungen zu den wirtschaftlichen Folgen einer Ehe

Seit einigen Jahren wird in Dänemark darüber diskutiert, inwieweit das seit 1925 bestehende Gesetz über die Rechtswirkungen einer Ehe mit seinem Modell der „Gütergemeinschaft", das über die Jahrzehnte hinweg nur kleinere Änderungen erfahren hat, einer grundlegenden Reform bedarf. Eine ursprünglich vom Justizministerium eingesetzte Expertenkommission hat nach fünfjähriger Arbeit in ihrem Anfang 2015 vorgelegten Gutachten den Entwurf zu einem neuen „Gesetz über die Vermögensverhältnisse von Ehegatten" vorgelegt. Die Kommission ist der Auffassung, dass an der alten Idee der „Gütergemeinschaft" und einer grundsätzlichen Gleichteilung der Vermögenswerte im Falle von Tod oder Scheidung an sich festgehalten werden soll. Das Prinzip der Gleichteilung soll allerdings Einschränkungen erfahren. Eine Mehrheit der Kommission spricht sich dafür aus, die Gütergemeinschaft stufenweise – jährlich mit einem Achtel – dergestalt anwachsen zu lassen, dass eine Gleichteilung des gesamten Gemeinschaftsguts erst nach Ablauf von sieben Jahren Ehe erfolgt.[18] Eine Minderheit will statt dieses „Stufenmodells" – vergleichbar dem deutschen Modell der Zugewinngemeinschaft – Vermögen, das ein Ehepartner mit der Eingehung der Ehe in diese eingebracht hat, von der Gleichteilung ausnehmen. Ein weiterer Vertreter der Kommission schlägt vor, den bisherigen Grundsatz der Gleichteilung beizubehalten, allerdings mit der Möglichkeit zu entscheiden, dass ein Ehegatte den Wert seines eigenen Vermögens ganz oder teilweise behalten kann, wenn eine Gleichteilung unbillig erscheint.

Es bleibt abzuwarten, zu welcher Reform des ehelichen Güterrechts sich das Parlament ggf. entschließt. Gegenwärtig ist im Parlament noch kein Gesetzesvorschlag eingebracht worden. Eine Reform wird frühestens zum 1.1.2017 erwartet.[19]

II. Ehelicher Unterhalt

In § 2 ÆRL ist die gegenseitige **Unterhaltspflicht** der **Ehegatten** sowie deren Unterhaltspflicht gegenüber ihren **Kindern** geregelt.[20] Nach dem Wortlaut der Bestimmung sind beide Ehegatten verpflichtet, durch Geldleistungen, Tätigkeiten im Haushalt oder in sonstiger Weise entsprechend ihren Möglichkeiten zum Familienunterhalt beizutragen, der (gemessen an den Lebensverhältnissen der Ehepartner) als **angemessen** zu betrachten ist. Zum Unter-

32

33

---

17   Dazu *Ring/Olsen-Ring*, in: *Süß*, Erbrecht in Europa, 3. Aufl. 2015, Länderbericht Dänemark, Rn 114 ff.

18   Wird die Ehe nach weniger als einem Jahr ihres Bestehens geschieden, soll nach dieser Reformüberlegung nur ein Achtel des Gemeinschaftsguts der jeweiligen Partner in die Gleichteilung mit eingehen. Haben die Parteien vor der Eingehung der Ehe bereits zusammen gelebt, soll der Zuwachs allerdings schon nach zwei Jahren nach Beginn des Zusammenlebens beginnen.·

19   So *Grönborg*, a.a.O.

20   Die Versorgungspflicht gegenüber den Kindern ist jedoch hauptsächlich in § 13 des Gesetzes über die Versorgung von Kindern i.d.F. der Bekanntmachung Nr. 1815 vom 23.12.2015 (*lov om børns forsørgelse*) geregelt.

halt gehört das, was zum Haushalt und zur Erziehung der Kinder sowie zur Deckung der besonderen Bedürfnisse jedes Ehegatten erforderlich ist.[21]

34 Während § 2 ÆRL die gegenseitige Unterhaltspflicht regelt, bestimmt § 3 ÆRL die **Form des Unterhalts**. Können Ausgaben für die besonderen Bedürfnisse bzw. für Tätigkeiten eines Ehegatten, die dieser kraft Tradition und den Lebensverhältnissen der Ehegatten für den Unterhalt der Familie ausüben muss, nicht von seinem eigenen Unterhaltsbeitrag nach § 2 ÆRL gedeckt werden, ist der andere Ehegatte gem. § 3 ÆRL verpflichtet, ihm die nötigen Geldmittel hierfür (normalerweise durch laufenden Bezüge) zu überlassen. Dies gilt nicht, wenn eine andere Ausgestaltung erforderlich ist, weil der betreffende Ehegatte sich als ungeeignet erweist, das Geld zu verwalten, bzw. andere besondere Gründe vorliegen. **Unterhaltsberechtigt** nach § 3 ÆRL ist regelmäßig eine Hausfrau oder ein Hausmann. Die Bedeutung der Bestimmung wird allerdings dadurch eingeschränkt, dass das Gesetz **keine Sanktionen** zu ihrer Durchsetzung vorsieht. Mittel, die ein Ehegatte nach § 2 oder § 3 ÆRL erhält, werden so angesehen, als hätte dieser sie selbst in die Gütergemeinschaft eingeführt (§ 4 ÆRL). Solche Mittel werden also dem Anteil dieses Ehegatten am Gesamtgut zugerechnet.

35 Nach § 5 ÆRL kann die Staatsverwaltung einem Ehegatten, der seiner Unterhaltspflicht nach § 2 ÆRL nicht nachkommt, auf Antrag auferlegen, dem anderen Ehegatten einen nach den konkreten Umständen **angemessenen Unterhaltsbeitrag in Geld** zu leisten. Eine solche Sanktion kommt allerdings nur bei einer **groben Verletzung** der Unterhaltspflichten in Betracht.

36 In der Praxis bedeutungsvoller ist § 6 ÆRL, wonach eine Unterhaltspflicht nach § 2 ÆRL auch dann besteht, wenn die Ehegatten wegen Unstimmigkeiten **nicht zusammenleben**. § 6 ÆRL gilt bis zu dem Zeitpunkt, in dem ggf. eine Genehmigung zur Trennung oder Scheidung bzw. ein endgültiges Trennungs- oder Scheidungsurteil vorliegt. Der Beitrag, den ein Ehegatte zum Unterhalt des anderen Ehegatten und der Kinder, die sich bei Letzterem aufhalten, leisten muss, ist auf einen entsprechenden Antrag hin in Form eines Geldbetrags festzulegen.[22]

37 Der eheliche Unterhaltsbeitrag nach § 6 ÆRL wird von der **Staatsverwaltung festgelegt**, die bei ihrer Entscheidung (abgesehen vom Faktor „Dauer der Ehe", dem im Hinblick auf § 6 ÆRL wenig Bedeutung zukommt) dieselben Gründe wie bei der Festsetzung von Unterhaltsleistungen nach einer Scheidung berücksichtigt (§ 50 ÆL; siehe hierzu Rdn 87 f.). Befinden sich die Ehegatten in der einer Scheidung vorausgehenden gesetzlichen Trennungsperiode oder ist bereits eine Scheidung erfolgt, bestimmt sich die Frage eines eventuellen Unterhaltsanspruchs nach den §§ 49 bis 51 ÆL.

38 Nach § 7 ÆRL kann die Staatsverwaltung auf Antrag in den in § 6 ÆRL genannten Fällen in dem Umfang, in dem es, gemessen an den Lebensverhältnissen der Ehegatten und der übrigen Umstände, billig ist, einen Ehegatten dazu verpflichten, dem anderen den **Gebrauch beweglicher Sachen** zu überlassen, die bei Beendigung des Zusammenlebens zum gemeinsamen Hausrat oder zu den Arbeitsgegenständen des anderen Ehegatten gehörten. Ein zuer-

---

21 Zu den besonderen Bedürfnissen der Ehegatten zählen u.a. Kleidung, Medikamente, Arztrechnungen, Mitgliedsbeiträge in Vereinen, Urlaubs- und Taschengeld.
22 Neben § 6 ÆRL beinhaltet Kapitel 2 des Gesetzes über die Versorgung von Kindern eine gesetzliche Grundlage für die Festsetzung von Unterhaltsbeiträgen gegenüber Kindern in allen Situationen. Der Regelung des § 6 ÆRL kommt deswegen nur eine selbstständige Bedeutung für Unterhaltsbeiträge an Ehegatten zu. Sie bildet vermutlich auch keine Anspruchsgrundlage für die Festsetzung von Unterhaltsbeiträgen gegenüber Stiefkindern.

kanntes Gebrauchsrecht kann nicht durch eine anderweitige Vereinbarung zwischen dem überlassenden Ehegatten und einem Dritten angetastet werden.[23]

Eine Unterhaltsentscheidung nach den §§ 5 oder 6 ÆRL kann durch die Staatsverwaltung jederzeit auf Antrag eines der Ehegatten **geändert** werden, wenn die Umstände sich wesentlich verändert haben (§ 8 ÆRL). Von einer zwischen den Ehegatten getroffenen Vereinbarung kann die Staatsverwaltung bei einer Entscheidung nach den §§ 5, 6 bzw. 7 ÆRL abweichen, wenn die Behörde sie als offenkundig unbillig erachtet oder die Umstände sich wesentlich verändert haben (§ 9 ÆRL).   39

Abschließend statuiert § 10 ÆRL die gegenseitige Verpflichtung der Ehegatten, sich gegenseitig für eine Beurteilung der gegenseitigen Unterhaltspflicht über ihre wirtschaftlichen Verhältnisse zu **informieren**.[24]   40

III. Name

Seit dem 1.4.2006 gilt ein grundlegend **neues Namensgesetz**,[25] das eine sehr weit reichende Freiheit bei Namensgestaltungen geschaffen hat. Die Trauung bewirkt keine automatische Namensänderung eines der Ehegatten. Nach § 5 i.V.m. § 7 des Namensgesetzes kann ein Ehegatte, wenn das Ehepaar einen gemeinsamen Ehenamen tragen möchte, mit der Zustimmung des anderen Ehegatten dessen Familiennamen annehmen, es sei denn, dieser besteht aus dem Vornamen eines der Eltern mit der Endung „*-søn*" (Sohn) oder „*-datter*" (Tochter) bzw. aus dem Vornamen eines der Eltern mit einem anderen Zusatz, der das Geschlecht aufzeigt. Dass ein Name erst aufgrund einer Ehe erworben worden ist, begründet kein Annahmehindernis. Nach § 7 Abs. 1 Nr. 3 des Namensgesetzes besteht u.a. auch die Möglichkeit, dass ein Ehegatte einen Vornamen des anderen Ehegatten als Nachnamen annimmt, falls dieser Name seine Tradition in einer Kultur hat, in der zwischen Vor- und Familiennamen nicht unterschieden wird. Als Zwischenname kann ein Ehegatte u.a. einen Namen, den der andere Ehegatte als Zwischennamen oder Familiennamen trägt, mit dessen Zustimmung annehmen (§ 11 Abs. 1 Nr. 7 des Namensgesetzes).   41

IV. Sonstige Ehewirkungen

1. Gleichstellung und Selbstständigkeit der Ehegatten

Kap. 1 ÆRL betreffend „Allgemeine Bestimmungen über die Ehewirkungen" statuiert in seinem § 1 als programmatische Erklärung das gesetzliche Grundprinzip der völligen **Gleichstellung und Selbstständigkeit** der Ehegatten. Nach § 1 ÆRL „sind Ehemann und Ehefrau verpflichtet, einander zu unterstützen und gemeinsam die Belange der Familie wahrzunehmen". Aus diesem Prinzip folgt u.a. die Pflicht zur gemeinsamen Festlegung des **Wohnsitzes**. Ansonsten beinhaltet § 1 ÆRL keine ausdrücklichen Bestimmungen über das persönliche Verhältnis zwischen den Ehegatten.   42

---

23 Das Gebrauchsrecht fällt hingegen weg, wenn ein Dritter als Gläubiger gegen den Ehegatten, dem die beweglichen Sachen gehören, vorgeht.

24 Die Bestimmung beinhaltet keine Sanktionsregelung. Das Steuerrecht (§ 18 *skatteforvaltningsloven*) verleiht aber den Ehegatten ein Einsichtsrecht in die Steuererklärung des jeweils anderen Ehegatten.

25 Gesetz Nr. 524 vom 24.6.2005, nunmehr i.d.F. der Bekanntmachung Nr. 1816 vom 23.12.2015 (*navnelov*).

2. Elterliche Personen- und Vermögenssorge

43   Im dänischen Personensorgerecht wurde mit dem Gesetz über die Verantwortung der Eltern (*forældreansvarslov* – FAL) aus dem Jahre 2007[26] verstärkt eine **gemeinsame Ausübung** der **elterlichen Personensorge** befürwortet und erleichtert. In Bezug auf Verheiratete bestimmt § 6 FAL, dass die Eltern gemeinsam die elterliche Personensorge ausüben, wenn sie im Zeitpunkt der Geburt des Kindes miteinander verheiratet waren oder später heiraten.[27] Besteht ein gemeinsames elterliches Personensorgerecht, müssen wesentliche Entscheidungen, die das Kind betreffen, von beiden Elternteilen einvernehmlich getroffen werden. Leben die Eltern nicht zusammen, ist allerdings der Elternteil, bei dem das Kind wohnt, dazu befugt, im Alleingang über übergeordnete Fragen, die den Alltag des Kindes betreffen, einschließlich der Frage, wo dessen Wohnsitz in Dänemark sein soll, zu entscheiden (§ 3 Abs. 1 FAL). Mit der gemeinsamen Personensorge (*forældremyndighed*) folgt nach § 2 des Gesetzes über die elterliche Vermögenssorge[28] auch eine gemeinsame **elterliche Vermögenssorge** (*værgemål*). Dem Inhaber der Personensorge kann nur „unter ganz besonderen Umständen" das Vermögenssorgerecht entzogen werden.

V.   Möglichkeiten vertraglicher Gestaltung

1. Ehevertrag

44   Durch einen vor oder während der Ehe geschlossenen **Ehevertrag** (*ægtepagt*) können die Ehegatten nach § 28 Abs. 1 Nr. 1 ÆRL vereinbaren, dass Vermögenswerte, die einem von ihnen gehören oder zufallen (und die damit ansonsten gemeinschaftliches Vermögen bilden würden), diesem im Falle einer Scheidung als Vorbehaltsgut bleiben sollen (sog. „*skilsmissesæreje*" – **Scheidungssondergut**). Im Zusammenhang mit einer Vereinbarung über Scheidungssondergut kann nach § 28 Abs. 1 Nr. 2 ÆRL weiterhin vereinbart werden, dass beim Tod eines Ehegatten im Nachlassverfahren das Vermögen einem Ehegatten oder dessen Erben vorbehalten sein soll (sog. „*fuldstændigt særeje*" – **vollständige Gütertrennung**). Nach § 28 Abs. 2 ÆRL kann i.Ü. vereinbart werden, dass die Gütertrennung nur einen Teil des Vermögens der Ehegatten erfassen soll, nur zeitlich begrenzt oder allein für den Fall, dass einer der Ehegatten stirbt, gelten soll (sog. „*delvist særeje*" – **teilweise Gütertrennung**). Als deklaratorische Surrogationsregel bestimmt § 28 Abs. 3 ÆRL, dass Vermögen, das von der Vereinbarung erfasste Vermögensgegenstände ersetzt, sowie Einnahmen aus den Vermögensgegenständen dem Ehevertrag unterfallen. Ein Schenker bzw. Erblasser kann gleichermaßen eine Vermögensverfügung nach Maßgabe des § 28 ÆRL vornehmen (§ 28a ÆRL).

---

26   Gesetz Nr. 499 vom 6.6.2007, nunmehr i.d.F. der Bekanntmachung Nr. 1820 vom 23.12.2015 (*forældreansvarsloven*).

27   Leben die Ehegatten nicht zusammen, können sie allerdings – durch eine gemeinsame Erklärung gegenüber der Staatsverwaltung – wirksam vereinbaren, dass einer von ihnen die elterliche Personensorge allein ausüben soll (§ 10 FAL). Sind sich Eltern in der Frage der Ausübung der Personensorge nicht einig, entscheidet das Gericht darüber, ob die gemeinsame Ausübung der Personensorge weitergeführt oder einem der Eltern allein erteilt werden soll. Das Gericht kann allerdings nur die gemeinsame Ausübung der Personensorge wieder aufheben, falls Gründe zur Annahme bestehen, dass die Eltern über die das Kind betreffenden Umstände nicht zu dessen Wohle miteinander zusammenarbeiten werden (§ 11 FAL). Auf Antrag eines nicht personensorgeberechtigten Elternteils kann das Gericht umgekehrt entscheiden, dass ein gemeinsames Personensorgerecht gelten soll oder aber dem antragstellenden Elternteil das Personensorgerecht allein zugeteilt wird (§ 14 FAL).

28   I.d.F. der Bekanntmachung Nr. 1015 vom 20.8.2007 mit späteren Änderungen (*værgemålslov*).

Ein Ehevertrag kann später durch einen neuen Ehevertrag **geändert** werden (§ 28b ÆRL).   45
Darin können die Ehegatten auch vereinbaren, dass Vorbehaltsgut gemeinschaftliches Vermögen werden soll, soweit dies nicht gegen eine Bestimmung des Erblassers oder des Schenkers verstößt, von dem dieses Vermögen stammt. Des Weiteren kann durch einen Ehevertrag bestimmt werden, dass der Wert einer Kapital- oder Ratenpension bei einer Trennung, Scheidung oder einem vorzeitigen Ausgleich in die Teilung des Gemeinschaftsgutes mit eingehen soll (§ 16h ÆRL).

Ein Ehevertrag muss nach den §§ 35 und 37 ÆRL, um Gültigkeit zu erlangen (und nicht   46
etwa nur, um Wirkung gegenüber Dritten entfalten zu können),[29] **schriftlich** errichtet werden, von beiden Ehegatten **unterschrieben** sein und in das **Güterstandsregister** eingetragen werden (*tinglysning*). Die Eintragung von Eheverträgen, die jeder Ehegatte beantragen kann, erfolgt in das zentrale Ehevertragsregister als Teil des digital geführten „Personenbuchs" (*personbogen*) (§ 49 ÆRL i.V.m. Kapitel 7 des Grundbuchgesetzes[30]).

2. Weitere Rechtshandlungen zwischen den Ehegatten

Nach § 29 ÆRL können die Ehegatten – unter Einhaltung der vom Gesetz vorgegebenen   47
Beschränkungen[31] – **Verträge** miteinander eingehen und andere Rechtshandlungen vornehmen, die Vermögensgegenstände betreffen, über die einer von ihnen verfügt. Zudem können sie gegenseitige Verpflichtungen eingehen.

Schenkungen zwischen Ehegatten (oder Schenkungsversprechen zwischen Verlobten,   48
wenn die Schenkung bei Eingehung der Ehe vollzogen werden soll) können, um sowohl *inter partes* als auch gegenüber Gläubigern und Erben des Schenkers Gültigkeit zu entfalten, nur auf der Grundlage eines **Ehevertrages** vollzogen werden. Dies gilt jedoch nicht für **gewöhnliche Geschenke**, deren Wert nicht in einem Missverhältnis zu den wirtschaftlichen Verhältnissen des Schenkers steht, sowie für Schenkungen in Gestalt von **Lebensversicherungen, Hinterbliebenenrenten** oder **ähnlichen Versorgungsabsicherungen** zugunsten des Schenkungsempfängers. Solche Schenkungen unterliegen keinen Formerfordernissen (§ 30 Abs. 1 ÆRL). Eine inhaltliche Beschränkung folgt aus § 30 Abs. 2 ÆRL. Danach ist es auch durch Ehevertrag nicht möglich, dem anderen Ehegatten einen künftigen Erwerb schenkungsweise zuzuwenden.

Ein Ehegatte, dessen Einnahmen im Laufe eines Kalenderjahres **Gewinne**[32] aufzeigen, kann   49
vor Ablauf des darauf folgenden Jahres ohne Errichtung eines Ehevertrages dem anderen Ehegatten unentgeltlich Vermögen bis zur Hälfte dieser Gewinne übertragen. Gegenüber den Gläubigern des Übertragenden entfaltet die Übertragung jedoch nur dann Wirkung, wenn der Verfügende in einem von ihm unterschriebenen Dokument den Umfang der Gewinne angegeben und er zweifellos ausreichende Mittel zur Abdeckung seiner eigenen Verpflichtungen zurückbehalten hat (§ 31 ÆRL). Haben die Ehegatten ohne Ehevertrag die Übertragung von Vermögenswerten von einem auf den anderen Ehegatten vereinbart, kann die Vereinbarung nach § 32 ÆRL nur dann gegenüber den Gläubigern des Übertragenden

---

29 Der Eintragung kommt damit auch im Verhältnis zwischen den Ehegatten konstitutive Wirkung zu.
30 I.d.F. der Bekanntmachung Nr. 1075 vom 30.9.2014 mit späteren Änderungen.
31 Vor allem der Beschränkungen in Bezug auf Eheverträge, die aus §§ 28 und 30 ÆRL hervorgehen.
32 Der Begriff „Gewinne" (*overskud*) wird gesetzlich nicht näher definiert und die Berechnung der Gewinne ist in der Praxis umstritten.

geltend gemacht werden, wenn der Nachweis gelingt, dass es zur Wirksamkeit der Übertragung keines Ehevertrages bedurfte.[33]

50 § 33 ÆRL bietet den Gläubigern des Schenkers für den Fall, dass eine **Schenkung** durch Ehevertrag erfolgt ist und eine volle Abdeckung der Forderungen beim Schenker unerreichbar erscheint, die Möglichkeit, ihre Forderungen maximal in Höhe der Schenkung gegenüber dem beschenkten Ehegatten geltend zu machen. Dies gilt nicht, wenn der Nachweis erbracht wird, dass der Schenker zweifellos ausreichende Mittel zur Erfüllung seiner Verpflichtungen zurückbehalten hatte. Ist eine teilweise Gegenleistung erfolgt, wird diese wertmäßig abgezogen. Den beschenkten Ehegatten trifft jedoch keine Haftung, wenn er beweisen kann, dass die übertragenen Gegenstände bei ihm ohne Verschulden untergegangen sind.

3. Einseitige Durchsetzung einer Gütertrennung

51 Ein Ehegatte kann (neben der Möglichkeit einer ehevertraglich vereinbarten Gütertrennung; siehe Rdn 44) nach Maßgabe des § 38 ÆRL auch ohne Trennung oder Scheidung eine **gerichtlich verfügte Gütertrennung** (*bosondring*) verlangen. Diese Möglichkeit besteht dann, wenn
- der andere Ehegatte durch Vernachlässigung seiner wirtschaftlichen Verhältnisse, Missbrauch seines Verfügungsrechts über Gemeinschaftsgut oder durch ein in anderer Weise unverantwortliches Verhalten das Gemeinschaftsgut wesentlich verringert oder die Gefahr einer solchen Verringerung geschaffen hat;
- in Bezug auf das Vermögen des anderen Ehegatten ein Insolvenzverfahren eröffnet worden ist; oder
- der andere Ehegatte die eheliche Gemeinschaft böswillig verlässt und der Antrag auf Gütertrennung innerhalb einer Frist von einem Jahr gestellt wird.[34]

52 Das **Verfahren** zur **einseitigen Durchsetzung** einer Gütertrennung ist in den §§ 39 ff. ÆRL näher geregelt. Erstinstanzlich zuständig ist das Nachlassgericht am Ort des Wohnsitzes bzw. am Aufenthaltsort des anderen Ehegatten. Wird der Antrag auf Gütertrennung positiv beschieden, erfolgt die Trennung des Gesamtgutes nach den Bestimmungen des Gesetzes über die Auseinandersetzung zwischen Ehegatten.[35] Das, was einem Ehegatten bei der Trennung zufließt, wird vollständiges **Sondergut** (§ 42 ÆRL).

VI. Kollisionsrecht der Ehefolgen

53 Nach dem geltenden **Domizilprinzip** ist das dänische Eherecht auf alle in Dänemark mit festem und dauerhaftem Wohnsitz lebenden Personen ohne Rücksicht auf ihre Nationalität anwendbar – grundsätzlich hingegen nicht auf dänische Staatsangehörige mit Wohnsitz im Ausland.

54 Während für die allgemeinen Ehewirkungen grundsätzlich das jeweilige Domizil der Eheleute maßgeblich ist, unterstehen die **güterrechtlichen Beziehungen** der Ehegatten dem

---

33 Die Beweispflicht trifft normalerweise den Gläubiger, der nachweisen muss, dass der Abschluss eines Ehevertrages erforderlich gewesen wäre.
34 In der Praxis wurde bislang eher darauf abgestellt, wer die Schuld für die Aufkündigung der Gemeinschaft trägt. Da die Bedeutung von Schuldaspekten im Rahmen des Familienrechts abnimmt, wird auch der Regelung des § 38 Nr. 3 ÆRL nur noch eine zeitlich begrenzte Zukunft prophezeit.
35 Gesetz über die Auseinandersetzung zwischen Ehegatten Nr. 594 vom 14.6.2011 mit späteren Änderungen (*lov om ægtefælleskifte m.v.*).

Recht des Staates, in dem der **Ehemann** bei der Eheschließung sein Domizil hatte. Eine Rechtswahl der Parteien hinsichtlich des Ehegüterstatuts ist nach h.M. nicht statthaft.

Die allgemeinen Vermögensverhältnisse einer Ehe bestimmen sich nach Art. 3 der Nordischen Konvention über Ehe, Adoption und Vormundschaft[36] grundsätzlich nach der Gesetzgebung des Staates, in dem die Ehegatten bei Eingehung der Ehe ihren gemeinsamen Wohnsitz nahmen, wenn die Ehegatten im Zeitpunkt der Eingehung der Ehe und danach **Staatsbürger je eines der nordischen Staaten** sind. Wenn beide Ehegatten später ihren Wohnsitz in einen anderen Vertragsstaat verlagern und dort mindestens zwei Jahre gewohnt haben, wird allerdings die Gesetzgebung dieses Staates maßgeblich. Falls beide Ehepartner während der Ehe früher im Zuzugsstaat wohnhaft gewesen sind oder Staatsangehörige des betreffenden Staates sind, findet die Gesetzgebung dieses Staates schon ab dem Zeitpunkt der dortigen Wohnsitzergreifung Anwendung. Von Art. 3 der Konvention erfasste Ehegatten haben allerdings auch einige **Rechtswahlmöglichkeiten.** So können sie etwa bestimmen, dass die Gesetzgebung eines Vertragsstaates, in dem einer von ihnen im Zeitpunkt des Vertragsabschlusses wohnhaft oder Staatsangehöriger ist, auf ihre Vermögensverhältnisse Anwendung finden soll. Hat für einen oder beide Ehepartner während der Ehe ein Wohnsitzwechsel stattgefunden, können die Ehepartner weiterhin vereinbaren, dass die Gesetzgebung des Staates, in dem sie zuletzt zur selben Zeit wohnhaft waren, Anwendung finden soll (Art. 3a der Konvention). Findet eine Änderung des Vermögensstatuts statt, erfasst diese allerdings nicht die Rechtswirkungen früher veranlassten Rechtshandelns (Art. 3c der Konvention).[37]

55

Dagegen bestimmen die unvollständigen Kollisionsnormen in § 53 Abs. 1 und 2 ÆRL, dass für **Eheverträge** grundsätzlich das Domizil des Mannes im Zeitpunkt des Vertragsschlusses entscheidend ist, wohingegen die Befugnis der Frau zum Vertragsschluss sich nach ihrem Heimatrecht beurteilt. Ein Ehevertrag, den ein Ehemann ohne Wohnsitz in Dänemark errichtet und der nach den Bestimmungen seines Heimatlandes gültig ist, erlangt im Zeitpunkt seiner Wohnsitznahme in Dänemark gleichermaßen Gültigkeit, sofern der Vertrag nicht gegen die Bestimmungen des ÆRL verstößt.[38] Nach § 53 Abs. 3 ÆRL muss ein Ehevertrag, der nach der Nordischen Konvention über Ehe, Adoption und Vormundschaft errichtet worden ist, in das Personenbuch eingetragen werden, um gegenüber Dritten Gültigkeit zu erlangen, wenn zumindest einer der Ehegatten zum Zeitpunkt der Errichtung in Dänemark wohnhaft war.

56

VII. Auswirkungen der Ehe auf die Altersversorgung

Viele Rentensysteme verleihen einen Anspruch auf Ehegattenrente, wenn der unmittelbar Rentenberechtigte stirbt. So z.B. bei Beamtenrenten und vielen anderen Ansprüchen kollektiver Rentenordnungen in Versorgungsanstalten, die für bestimmte Gruppen von Arbeitnehmern oft durch Kollektivvertragsvereinbarungen errichtet worden sind (**Witwenrente**).

57

---

36 Vom 6.2.1931 (i.d.F. vom 26.1.2006).
37 Dies stellt eine Ausnahme vom Prinzip im dänischen IPR dar, wonach das Vermögensstatut unverändert bleibt.
38 Gegenüber Dritten setzt die Gültigkeit jedoch voraus, dass die Eintragung des Ehevertrages in das Personenbuch vor Ablauf eines Monats nach der Wohnsitznahme beantragt wird. Bei einer späteren Antragstellung entfaltet der Ehevertrag erst ab dem Zeitpunkt der Anmeldung Rechtswirkungen.

VIII. Ausländerrechtliches Bleiberecht und Auswirkungen auf die Staatsangehörigkeit

58   Die Möglichkeiten, als Ausländer ein **Aufenthaltsrecht** in Dänemark aufgrund einer Eheschließung zu erlangen, sind in den letzten Jahren immer weiter eingeschränkt worden. Sie befinden sich fortlaufend im Wandel. Es werden nach dem 1. Kapitel des Ausländergesetzes[39] eine ganze Reihe von Anforderungen an die Ehepartner, an die Ausgestaltung der Ehe und insbesondere an den Heiratswilligen, der in Dänemark wohnt, gestellt.

59   Bezüglich der Ehepartner gilt u.a., dass beide grundsätzlich das 24. Lebensjahr vollendet haben müssen. Zudem ist es erforderlich, dass die Ehegatten nach Erteilung einer Aufenthaltserlaubnis einen gemeinsamen Wohnsitz haben müssen und dass ihre Beziehungen zu Dänemark (insgesamt betrachtet) enger sein müssen als die Beziehungen, die zu einem anderen Staat bestehen mögen (sog. „*tilknytningskrav*").[40] In Bezug auf die Ehe wird u.a. verlangt, dass es sich zweifelsfrei um **keine Zwangs- oder Pro-forma-Ehe** handelt.

60   Von der in Dänemark wohnhaften Person werden u.a. Dauerhaftigkeit und Legalität des Wohnsitzes verlangt. Es werden außerdem recht strenge wirtschaftliche Anforderungen gestellt. Der Betroffene muss z.B. über eine Wohnung von einer gewissen Größe verfügen und dokumentieren, dass er über ein ausreichendes Einkommen verfügt, um den **ausländischen Ehegatten** versorgen zu können. Daneben muss grundsätzlich eine Sicherheit zur Deckung etwaiger künftiger Ausgaben der öffentlichen Hand zugunsten des zuziehenden Ehegatten gestellt werden.[41] Die in Dänemark wohnende Person darf zudem innerhalb der letzten drei Jahre, bevor sie eine Aufenthaltserlaubnis für ihren Ehepartner beantragt, selbst keine öffentliche Hilfe nach dem Integrationsgesetz bzw. dem Gesetz über aktive Sozialpolitik erhalten haben.[42]

61   Für **EU-Bürger und EWR-Staatsangehörige** gelten die **bleiberechtlichen** Privilegien nach dem europäischen Recht.

62   Ein Ausländer kann nach § 44 der dänischen Verfassung die dänische **Staatsangehörigkeit** nur aufgrund einer durch Gesetz erfolgten **Einbürgerung** erlangen. Eine Einbürgerung im Verwaltungsverfahren ist nicht möglich. Nach dem aktuellen Runderlass über die Richtlinien für die Einbürgerung[43] gilt u.a. folgender Grundsatz: Eine Person, die mit einem dänischen Staatsbürger verheiratet ist, kann aufgenommen werden, wenn sie sechs Jahre rechtmäßig ununterbrochen in Dänemark wohnhaft war und die Ehe sowie die dänische Staatsangehörigkeit ihres Ehegatten mindestens drei Jahre bestanden haben. Hatte die Ehe zwei Jahre Bestand, wird ein Aufenthalt von sieben Jahren vorausgesetzt, bei einjähriger Ehe ein Aufenthalt von acht Jahren. Eine der Ehe vorausgehende Lebensgemeinschaft kann mit einer Dauer von bis zu einem Jahr der Ehe gleichgestellt werden.[44]

---

39 *Udlændingeloven*, i.d.F. der Bekanntmachung Nr. 1021 vom 19.9.2014 mit späteren Änderungen.
40 Das Merkmal „engste Beziehung" muss jedoch nicht erfüllt sein, wenn die in Dänemark wohnhafte Person seit mehr als 26 Jahren die dänische Staatsbürgerschaft besitzt bzw. sich seit über 26 Jahren legal in Dänemark aufhält, dort geboren und aufgewachsen oder als kleines Kind ins Land gekommen ist. Beim Vorliegen ganz besonderer Gründe kann vom Merkmal „engste Beziehung" abgewichen werden.
41 Gegenwärtig beträgt die Sicherheitsstellung etwa 53.000 dkr (ca. 7.000 EUR).
42 Vgl. näher zu den Bedingungen für die Erlangung eines Bleiberechts aufgrund einer Eheschließung unter www.nyidanmark.dk, abrufbar in englischer Sprache.
43 Runderlass Nr. 10873 vom 13.10.2015.
44 Nähere Bestimmungen finden sich in den §§ 8 und 9 des Runderlasses.

IX. Steuerliche Auswirkungen der Ehe

Verheiratete werden grundsätzlich wie Unverheiratete **besteuert**. Es gibt aber die Möglich- 63
keit, nicht genutzte Steuerabzüge und steuermäßige Verluste des anderen Ehegatten zu
nutzen.[45] Des Weiteren findet u.a. eine automatische Addition der Kapitaleinkünfte der
Ehegatten bei der Berechnung der Spitzensteuer statt.[46]

Als Ausnahme vom Grundsatz, dass ein Ehegatte nicht für die Schulden des anderen haftet 64
(siehe Rdn 19), gilt im Steuerrecht die Regel, dass ein Ehegatte für die steuerrechtliche
Abschlusszahlung des anderen Ehegatten einzustehen hat, sofern die Steuerschuld im Jahr
der Eheschließung oder später entstanden ist und die Steuerbehörden vergeblich versucht
haben, den Betrag beim Schuldner selbst einzutreiben.

C. Scheidung (ggf. auch gerichtliche Trennung)

I. Trennung von Tisch und Bett

Nach § 29 ÆL haben die Ehegatten im Falle des Einvernehmens gemeinsam und nach § 30 65
ÆL hat ein Ehegatte auch allein immer ein **Recht auf Getrenntleben** (*separation*), wodurch
die meisten Rechtswirkungen der Ehe unterbrochen werden. Die Gütergemeinschaft, die
eheliche Unterhaltspflicht sowie das Erbrecht entfallen.[47] Wünschen die Ehegatten einvernehmlich die Scheidung, können sie frei entscheiden, ob der Scheidung eine Bedenkzeit in
Form der „*separation*" vorausgehen oder ob diese sofort erfolgen soll (§§ 29 und 30 ÆL).
Für den Fall, dass die Ehepartner zunächst für eine Bedenkzeit optiert haben, können
sie auch noch während der Laufzeit der Bedenkzeit gemeinsam die sofortige Scheidung
beantragen (zur sofortigen Scheidung siehe Rdn 71). Im Zusammenhang mit der Bewilligung der „*separation*" wird gerichtlich oder administrativ entschieden (siehe Rdn 37), ob
eine nachträgliche Unterhaltspflicht eines Ehegatten gegenüber dem anderen besteht und
wem ggf. das Wohnrecht in Bezug auf eine gemeinschaftliche Mietwohnung zustehen soll.

Ein Grundgedanke des FAL ist, dass die Eltern auch dann die gemeinsame Verantwortung 66
für ihre Kinder tragen, wenn ihr Zusammenleben beendet ist. Im Falle einer der Scheidung
vorausgehenden Trennung („*separation*") besteht daher das **gemeinsame Personensorgerecht** fort (§ 8 FAL). Leben die Eltern allerdings bereits im Zeitpunkt der Geburt in
„*separation*", kommt der Mutter das alleinige Sorgerecht zu, es sei denn, der von ihr getrennt
lebende Mann ist als Vater des Kindes anerkannt worden oder die Eltern haben gegenüber
der Staatsverwaltung erklärt, dass sie das Sorgerecht gemeinsam ausüben wollen (§ 6 Abs. 2
FAL). Ansonsten entsprechen die Möglichkeiten, vom Grundsatz eines gemeinsamen Sorgerechts abzuweichen, denen, die nach einer Scheidung gelten (siehe hierzu Rdn 93 ff.). Die
Regelung über das „Beisammensein mit einem Elternteil" (**Umgangsrecht**), mit dem das
Kind nicht zusammenwohnt, ist ebenfalls für Getrenntlebende und Geschiedene gleich
(siehe hierzu Rdn 99). Die Rechtswirkungen des Getrenntlebens entfallen für die Zukunft,
falls die Ehegatten das Zusammenleben wieder aufnehmen oder fortführen (§ 31 ÆL). Ein
„Getrenntleben" setzt also voraus, dass die Parteien ihren gemeinsamen Wohnsitz nicht
aufrecht erhalten. In der Praxis akzeptiert die Staatsverwaltung allerdings in der Regel eine

---

45 Diesbezügliche Bestimmungen finden sich vor allem im Quellensteuergesetz i.d.F. der Bekanntmachung Nr. 1403 vom 7.12.2010 mit späteren Änderungen (*kildeskattelov*).
46 Da ein Splitting nicht stattfindet, erweist sich diese Zusammenveranlagung nur dann als Vorteil, wenn
   einer der Ehegatten negative Kapitaleinkünfte erzielt hat.
47 Weiterhin entfällt die Treuepflicht der Ehegatten.

Fortführung des Zusammenlebens für die Dauer von ein paar Monaten, wenn anschließend tatsächlich der gemeinsame Wohnsitz aufgegeben wird. Widrigenfalls gilt die *„separation"* als weggefallen. Ziehen die Parteien während der Phase des Getrenntlebens wieder zusammen, entsteht nach ein paar Wochen des Zusammenlebens erneut ein gemeinsamer Wohnsitz – womit die *„separation"* wegfällt.

67 Das Getrenntleben kann durch administrative Bewilligung oder Gerichtsurteil erfolgen und muss bei der Staatsverwaltung[48] **beantragt** werden (§ 37 ÆL). Eine **administrative Bewilligung** setzt voraus, dass die Ehegatten einvernehmlich eine solche wünschen und sich über die Frage einer eventuellen Unterhaltspflicht zugunsten eines Ehegatten[49] und eines etwaigen Wohnrechts für die gemeinsame Wohnung einig sind (§ 42 i.V.m. §§ 49 sowie 55 ÆL).[50] Die Bewilligung wird von der Staatsverwaltung erteilt. Bevor das Getrenntleben administrativ bewilligt werden kann, muss ein Gespräch zwischen den Ehegatten über die Bedingungen für ein Getrenntleben stattfinden, sofern sie sich nicht über o.g. Bedingungen einig sind.[51] Die näheren Bestimmungen dazu finden sich in der Verordnung über Getrenntleben und Scheidung.[52] In den allermeisten Fällen wird über ein Getrenntleben bzw. eine Scheidung durch administrative Bewilligung entschieden. Schließen die Parteien keine Vereinbarung über die Frage, ob eine Unterhaltspflicht bestehen soll, entscheidet das **Gericht**, ob überhaupt eine Unterhaltspflicht besteht und ggf. über deren Dauer. Die Höhe der Beitragspflicht wird hingegen von der Staatsverwaltung festgelegt (§ 50 ÆL). Die Entscheidungen können später durch erneutes Urteil bzw. erneute administrative Entscheidung geändert werden. Eine neue gerichtliche Entscheidung kann gefällt werden, sofern wesentlich veränderte Umstände vorliegen und auch ansonsten besondere Gründe hierfür sprechen (§ 53 Abs. 1 ÆL). Die Entscheidung der Staatsverwaltung über die Höhe der Beitragspflicht kann hingegen bereits dann, „wenn die Umstände hierfür sprechen", geändert werden (§ 53 Abs. 2 ÆL). Eine von den Parteien getroffene Vereinbarung über eine Beitragspflicht an sich bzw. über deren Höhe kann später durch Urteil abgeändert werden, falls es wegen wesentlich veränderter Umstände unbillig wäre, die Vereinbarung aufrechtzuerhalten (§ 52 ÆL). Wird die für eine administrative Bewilligung nötige Einigkeit der Parteien nicht erzielt oder hält die Staatsverwaltung den Erlass – weil etwa die formellen oder materiellen Voraussetzungen für ein Getrenntleben nicht erfüllt sind – für bedenklich, kann sie die Bewilligungserteilung verweigern. Auf Antrag einer der Parteien bringt die Staatsverwaltung dann das Verfahren vor Gericht ein (§ 43 ÆL).[53]

---

48 Durch Zuleitung eines ausgefüllten digitalen „Separations"-Formulars an die Staatsverwaltung und Entrichtung einer Gebühr von derzeit 900 dkr (ca. 120 EUR).

49 Die Parteien müssen sich einig sein, ob überhaupt Unterhaltsbeiträge gezahlt werden sollen und über welchen Zeitraum hinweg. Über den Umfang einer Unterhaltspflicht muss hingegen keine Einigkeit bestehen. Die Entscheidung hierüber kann der Staatsverwaltung überlassen werden. Hinsichtlich der Unterhaltsbeiträge für Kinder – über die die Staatsverwaltung entscheidet – braucht ebenfalls keine Einigkeit vorzuliegen.

50 Die Erteilung einer Bewilligung setzt hingegen keine Einigkeit über weitere (zentrale) Bedingungen (wie die Güterteilung oder Steuerfragen) voraus.

51 Die Staatsverwaltung kann eine Schlichtung in Bezug auf die Bedingungen im Zusammenhang mit einem Getrenntleben oder einer Scheidung anbieten (§ 41 ÆL). Auch wenn die Parteien sich über die Bedingungen einig sind, kann die Staatsverwaltung sie zu einem Gespräch einberufen, wenn die Verwaltung dies für sinnvoll erachtet (§ 38 ÆL). In letztgenanntem Fall entfällt keine Verwaltungsgebühr; ansonsten wird die Verhandlung über die Bedingungen für ein Getrenntleben, die vor der Staatsverwaltung stattfindet, mit einer Gebühr von derzeit 1.000 dkr (ca 133 EUR) belegt.

52 Verordnung Nr. 1860 vom 23.12.2015.

53 Ein entsprechender Antrag muss innerhalb von vier Wochen nach der Ablehnung einer Bewilligung gestellt werden.

In der **Praxis** wird auf das Rechtsinstitut des Getrenntlebens insbesondere dann zurückge- 68
griffen, wenn eine Scheidung nicht unmittelbar erfolgen kann, weil sich ein bzw. beide
Ehegatte(n) eine Bedenkzeit durch das Getrenntleben verschaffen will/wollen. Die Bedenkzeit wird nur auf einen entsprechenden Antrag hin durch Scheidung beendet.

Im Zusammenhang mit einem Verfahren bezüglich Getrenntleben oder Scheidung kann auf 69
Wunsch beider Parteien ein **Schlichtungsversuch** durch einen Pfarrer erfolgen.[54] Sind sich
die Parteien über die Bedingungen für das Getrenntleben nicht einig, bietet die Staatsverwaltung eine neutrale Schlichtungshilfe an.[55]

II. Scheidungsgründe

Nach § 30 ÆL hat ein Ehegatte nach **sechs Monaten Getrenntleben** ein Recht auf Schei- 70
dung. Bei gegenseitigem Einvernehmen kann die Scheidung aber auch sofort erfolgen.

Ein Ehegatte hat in folgenden Fällen ein Recht auf **sofortige Scheidung**: 71
- Die Ehegatten sind sich darüber einig, dass sie sich ohne Bedenkzeit scheiden lassen
  wollen (§ 29 ÆL).
- Die Ehegatten haben aufgrund eines **Zerwürfnisses** während der letzten zwei Jahre
  getrennt gelebt (§ 32 ÆL).
- Der andere Ehegatte ist **untreu** gewesen oder hat ein vergleichbares sexuelles Verhältnis
  aufgenommen. Etwas anderes gilt dann, wenn der die Scheidung begehrende Ehegatte
  mit dem Verhalten einverstanden war oder sich so verhalten hat, dass dies als Verzicht
  auf sein Scheidungsrecht ausgelegt werden kann. Ein sexuelles Verhältnis während des
  bewilligten Getrenntlebens (*separation*) verleiht hingegen kein Recht auf eine sofortige
  Scheidung. Der Antrag auf Ehescheidung muss spätestens sechs Monate, nachdem der
  betrogene Ehegatte von dem Verhältnis Kenntnis erlangt hat, und spätestens zwei Jahre
  nach der Untreue eingereicht werden (§ 33 ÆL).
- Der andere Ehegatte hat vorsätzlich **grobe Gewalt** gegenüber dem die Scheidung Begehrenden oder den Kindern ausgeübt. Der Antrag auf Ehescheidung muss dann spätestens
  ein Jahr nach Kenntniserlangung und drei Jahre, nachdem die Tat begangen wurde,
  eingereicht werden (§ 34 ÆL).
- Der andere Ehegatte ist (unter Verstoß gegen § 9 ÆL; siehe Rdn 3) eine **neue Ehe**
  eingegangen (§ 35 ÆL).
- Der andere Ehegatte hat in gesetzwidriger Weise ein **Kind** des die Scheidung Begehrenden aus dem Land **entführt** oder im Ausland **zurückgehalten**. Der Antrag auf Ehescheidung muss dann, solange dieser Zustand andauert oder spätestens ein Jahr, nachdem das
  Kind nach Dänemark zurückgebracht worden ist, eingereicht werden (§ 36 ÆL).

III. Scheidungsverfahren

Die Scheidung erfolgt – wie die Entscheidung über das Getrenntleben – in aller Regel 72
durch **administrative Bewilligung** (§ 42 ÆL). Es gelten dieselben Grundsätze wie für die
administrative Bewilligung des Getrenntlebens (siehe Rdn 67). Bei einem Scheidungsantrag
nach § 30 Abs. 2 ÆL, wonach die Scheidung nach Ablauf des Getrenntlebens erfolgt, erteilt

---

54 Nähere Regelungen diesbezüglich finden sich in der Verordnung Nr. 1301 vom 19.11.2015 des Kirchenministeriums (*bekendtgørelse om kirkelig mægling i sager om separation og skilsmisse*). Ein Pfarrer darf
aus persönlichen Gewissensgründen die Durchführung einer Schlichtung bei gleichgeschlechtlichen
Paaren ablehnen.
55 Vgl. Kapitel 3 der Verordnung Nr. 1860 vom 23.12.2015 über Getrenntleben und Scheidung.

die Staatsverwaltung bereits dann eine Scheidungsbewilligung, wenn der Nicht-Antragsteller keine Einwände hiergegen erhebt und die Bedingungen, die für das Getrenntleben gegolten haben, auch für die Zeit nach der Scheidung Bestand haben sollen. Ein Gespräch der Ehegatten vor der Staatsverwaltung über die Bedingungen ihrer Scheidung ist in diesem Fall nicht erforderlich.

73   Ein **Antrag** auf Scheidung ist bei der Staatsverwaltung einzureichen (§ 37 Abs. 2 ÆL). Die Einreichung des Scheidungsantrags muss grundsätzlich digital unter Verwendung des entsprechenden Formulars auf der Homepage der Staatsverwaltung erfolgen. Die Parteien unterzeichnen den Antrag und leiten diesen durch Verwendung ihrer persönlichen digitalen Signatur, die in Dänemark bei jeder Korrespondenz mit der öffentlichen Verwaltung benutzt werden kann, der Staatsverwaltung zu.[56] Sind keine Scheidungsmodalitäten abzuklären, kann die anschließende Sachbearbeitung bei der Staatsverwaltung sehr zügig erfolgen. Nach Aussage von Bediensteten der Staatsverwaltung kann eine Scheidung ggf. bereits eine Woche nach Einreichung des Antrags ausgesprochen werden.[57] Diese kurze Bearbeitungszeit kann in der Praxis dann Probleme bereiten, wenn die Ehepartner nach einem schnellen Ausfüllen und Zuleitung des digitalen Scheidungsantrags ihre Entscheidung bereuen.[58] Geschiedenen bleibt dann nur noch die Möglichkeit einer erneuten Heirat. Das Scheidungsverfahren ist mit einer **Gebühr** von derzeit 900 dkr (ca. 120 EUR) belegt (§ 38 ÆL). Findet eine Verhandlung über die Scheidungsbedingungen vor der Staatsverwaltung statt, wird außerdem i.d.R. eine gesonderte Verwaltungsgebühr in der Höhe von gegenwärtig 1.000 dkr (ca. 133 EUR) fällig. Es besteht **kein Anwaltszwang** für eine Scheidung.

74   Bei einer **gerichtlichen Scheidung** muss die **Klage** beim Stadtgericht (*byretten*) durch die Staatsverwaltung am allgemeinen Gerichtsstand des Beklagten erhoben werden. Hat der Beklagte keinen Gerichtsstand in Dänemark, ist Klage am Gerichtsstand des Klägers einzureichen (§ 448d Abs. 1 und 2 RPL). Hat keiner der Parteien seinen Gerichtsstand in Dänemark, ist die Klage bei einem vom Justizminister bestimmten Gericht zu erheben. Nähere Bestimmungen über den Verfahrensablauf finden sich im 42. Kapitel des Rechtspflegegesetzes.[59] Gegen das Urteil des Stadtgerichts kann innerhalb von vier Wochen **Berufung** beim zuständigen zweitinstanzlichen Gericht – *„landsret"* – eingereicht werden. In seltenen Fällen kann eine drittinstanzliche Entscheidung durch das Oberste Gericht – *„højesteret"* – bewilligt werden.

75   Die **Scheidungsmodalitäten**, die bei einem in Dänemark ergangenen **Urteil über Getrenntleben festgelegt** worden sind, gelten auch für die Zeit nach einer Scheidung, die auf der Grundlage des Getrenntlebens (siehe Rdn 65 ff.) erfolgt. Die Frage der Unterhaltspflicht kann allerdings durch die Scheidung anders bestimmt werden.

---

56   Die sog. *„NemID"* (Abkürzung für „einfache Identifikation").
57   Vgl. dazu auch *Ring/Olsen-Ring*, Scheidung im Schnellverfahren, StAZ 2014, 170.
58   Laut *Hänsch*, Flere vælger hurtig skilsmisse – og fortryder, in der Zeitung „Dagbladet Ringsted", vom 4.4.2015 (abrufbar unter *http://sn.dk/Sjaelland/Flere-vaelger-hurtig-skilsmisse-og-fortryder/artikel/478933*) haben mehr als jedes zehnte Ehepaar (in absoluten Zahlen über 3.000 Paare) nach Zuleitung ihres Antrags auf sofortige Scheidung diesen bereut und die Staatsverwaltung um eine Einstellung ihres Scheidungsverfahrens gebeten.
59   I.d.F. der Bekanntmachung Nr. 1255 vom 16.11.2015 (*retsplejelov* [RPL]).

IV. Internationale Zuständigkeit der Gerichte/Behörden

Die **Brüssel IIa-Verordnung**[60] gilt für Dänemark **nicht**.[61] Hingegen hat Dänemark mit   76
Art. 3 Abs. 2 des Abkommens zwischen der EG und dem Königreich Dänemark über die
gerichtlichen Zuständigkeiten und die Anerkennung und Vollstreckung von Entscheidun-
gen in Zivil- und Handelssachen am 19.10.2005 völkerrechtlich vereinbart,[62] dass die
EuGGVO (Brüssel I-VO) auch für und im Verhältnis zu Dänemark Anwendung finden
soll. Diese völkerrechtliche Vereinbarung ist am 1.7.2007 in Kraft getreten,[63] womit spätere
Änderungen und Abkommen, die auf der Grundlage der EuGGVO geschlossen werden, für
Dänemark erst nach einem erneuten Abschluss eines Abkommens Verbindlichkeit erlangen.
Nachdem Dänemark der Kommission am 14.1.2009 mitteilte, dass es die mit der Unter-
haltsVO vorgenommenen Änderungen der EuGGVO (Brüssel I-VO) umzusetzen ge-
denkt,[64] wurde dies von der EU-Kommission als Einbeziehung der verfahrensrechtlichen
Teile der UnterhaltsVO in das Abkommen zwischen der EG und Dänemark qualifiziert.[65]
Damit gilt die UnterhaltsVO auch für Dänemark.[66] Hingegen wurde das HUntProt – das
für alle anderen EU-Staaten am 1.8.2014 in Kraft getreten ist – von Dänemark bislang nicht
ratifiziert.[67]

Nach den in § 448c Abs. 1 RPL aufgestellten Grundsätzen kann eine **gerichtliche Klage**   77
auf Scheidung in Dänemark eingereicht werden, falls
- der **Beklagte** seinen Wohnsitz – im IPR-rechtlichen Sinne eines **Domizils** – in Dänemark
  hat,
- der **Kläger** seinen **Wohnsitz in Dänemark** hat und hier in den letzten zwei Jahren oder
  länger wohnhaft gewesen ist,
- der **Kläger dänischer Staatsbürger** ist und den Nachweis führen kann, dass er wegen
  seiner Staatsangehörigkeit in dem Staat, in dem er jetzt wohnt, keine Klage einreichen
  kann,
- **beide Parteien** dänische Staatsbürger sind und der Beklagte sich einer Klage vor einem
  dänischen Gericht nicht widersetzt oder
- die Klage auf Scheidung auf der Grundlage eines innerhalb der letzten fünf Jahre in
  Dänemark erteilten **Getrenntlebens** eingereicht wird.

Bezieht sich die Klage auf ein gleichgeschlechtliches Ehepaar, kann die Klage auf Scheidung
gemäß § 448c Abs. 2 RPL dann in Dänemark eingebracht werden, wenn die Ehe dort
geschlossen worden ist, und keine der Parteien ihren Wohnsitz in einem Staat hat, in dem
es eine dem dänischen Recht entsprechende Gesetzgebung über eine Ehe zwischen zwei
Personen gleichen Geschlechts gibt.

Die Staatsverwaltung kann in entsprechender Weise über einen Antrag auf Scheidung entscheiden, wenn die o.g. Voraussetzungen des RPL erfüllt sind. Für den Fall, dass die
Staatsverwaltung die Befassung mit einem Verfahren wegen fehlender internationaler Zu-

---

60 Siehe „Allgemeiner Teil" § 1 Rn 3 ff. in diesem Werk.
61 So auch *Rauscher*, EuZPR EuIPR, Bd. 4, 4. Aufl., Einl. Brüssel IIa-Vo Rn 26: „eine Harmonisierung
    durch ein Anwendungsübereinkommen zwischen Dänemark und der EU ist nicht geplant". Siehe auch
    „Allgemeiner Teil" § 1 Rn 9 in diesem Werk.
62 ABl Nr. L 299 vom 16.11.2005, S. 62.
63 ABl Nr. L 94 vom 4.4.2007, S. 70.
64 ABl Nr. L 149/2009, 80.
65 *Rauscher/Pabst*, GPR 2009, 294, 298.
66 NK-BGB/*Gruber*, Vor Art. 1 HUP Rn 4.
67 NK-BGB/*Gruber*, Vor Art. 1 HUP Rn 7.

ständigkeit ablehnt, kann eine der Parteien diese Ablehnung vor Gericht anfechten (§ 43a ÆL).

78 Von den Regeln des § 448c Abs. 1 RPL kann durch **internationale Abkommen** (z.B. die Nordische Konvention betreffend Ehe, Adoption und Vormundschaft bzw. das Haager Übereinkommen über die Anerkennung von Scheidungen und Trennungen von Tisch und Bett) abgewichen werden.

V. Auf die Scheidung anwendbares Recht

79 Ist eine **internationalprivatrechtliche Zuständigkeit** dänischer Gerichte oder Behörden gegeben, wenden diese auf die Trennung und Scheidung dänisches Recht an[68] (wohingegen sich die vermögensrechtlichen Verhältnisse der Trennung und Scheidung nach dem Domizilrecht des Mannes bei Eingehung der Ehe beurteilen; siehe Rdn 54).

VI. Anerkennung im Ausland erfolgter Scheidungen

80 Nach § 223a RPL kann der Justizminister Bestimmungen (als Ausführungsregelungen zu internationalen Abkommen[69] oder aus sonstigen Gründen[70]) festlegen, wonach ausländische gerichtliche oder administrative Entscheidungen in bürgerlich-rechtlichen Streitigkeiten bindende Wirkung zukommen soll, wenn die Anerkennung mit der dänischen Rechtsordnung nicht offensichtlich unvereinbar ist. Diese Vorgabe wird dahingehend interpretiert, dass ausländischen Scheidungsurteilen **Bindungswirkung** im Hinblick auf den **Ausspruch der Scheidung** zukommt, nicht jedoch hinsichtlich des sonstigen Urteilsinhalts.[71]

D. Scheidungsfolgen

I. Vermögensteilung

81 Gemäß § 16 Abs. 2 ÆRL übernimmt jeder Ehepartner oder dessen Erben bei der Beendigung der Ehe die Hälfte des Gemeinschaftsgutes, es sei denn, etwas anderes ergibt sich aus sondergesetzlichen Bestimmungen. Zum Umfang des Gemeinschaftsgutes siehe Rdn 14 ff.

82 Bei der **Güterteilung** wird das Nettovermögen (mit seinem Bestand am Tag der Trennung von Tisch und Bett bzw. der Scheidung) grundsätzlich **hälftig** geteilt. Die Berechnung des

---

68 *Gomard*, Civilprocessen, Kap. 51 2.

69 Dänemark ist Vertragsstaat der Nordischen Konvention betreffend Ehe, Adoption und Vormundschaft sowie des Haager Übereinkommens über die Anerkennung von Scheidungen und Trennungen von Tisch und Bett.

70 Vgl. dazu die königliche Anordnung Nr. 148 vom 13.4.1938 über die Anerkennung deutscher Urteile (BAnz. 1953 Nr. 105).

71 *Gomard*, Civilprocessen, Kap. 51 2, nimmt an, dass auch eine ausländische Entscheidung über Getrenntleben als Grundlage einer Scheidung anzuerkennen ist, wenn das angeordnete Getrenntleben in dem betreffenden Staat ein Recht auf Scheidung gewährt. § 80 des neuen Gesetzes über die Auseinandersetzung zwischen Ehegatten ermächtigt den Justizminister dazu, Bestimmungen festzulegen, wonach Entscheidungen ausländischer Gerichte und Behörden über die Auseinandersetzung zwischen Ehegatten in Bezug auf das Gemeinschaftsgut oder andere, thematisch vom dänischen Auseinandersetzungsgesetz erfasste Vermögensmassen bindende Wirkung zukommen sollen und in Dänemark vollstreckt werden können. Dies soll dann möglich sein, wenn die ausländischen Entscheidungen entsprechende Wirkungen im Entscheidungsstaat haben und die Anerkennung oder Vollstreckung nicht offensichtlich mit dem dänischen *ordre public* unvereinbar ist.

Nettovermögens erfolgt für jeden der Ehegatten gesondert. Hat einer der Ehegatten ein negatives Nettovermögen, erfolgt jedoch keine hälftige Teilung desselben.

Hat ein Ehegatte den überwiegenden Teil in das Gemeinschaftsgut eingebracht und wäre eine hälftige Teilung offensichtlich unbillig (vor allem, weil die Ehe nur von kurzer Dauer war und in ihr noch keine bedeutende wirtschaftliche Gemeinschaft entstanden war), eröffnet § 61 des Gesetzes über die Auseinandersetzung zwischen den Ehegatten einen Anspruch auf „ungleiche (d.h. nicht-hälftige) Teilung".[72]   83

§ 67 des Gesetzes über die Auseinandersetzung zwischen den Ehegatten[73] enthält eine Billigkeitsregelung zur Entschärfung der gütertrennungsrechtlichen Auswirkungen: Stand einem Ehegatten während der Ehe Vorbehaltsgut zu, kann das Gericht, falls die Vermögensverhältnisse der Ehegatten, die Dauer der Ehe und die übrigen Umstände in besonderem Maße dafür sprechen, auf Antrag des anderen Ehegatten bei der Güterteilung festlegen, dass ein Ausgleich zu erfolgen hat. Dies soll sicherstellen, dass der wirtschaftlich Schwächere nach der Trennung oder Scheidung nicht unbillig schlecht steht. Dasselbe gilt in Bezug auf Rechte, die unübertragbar oder in sonstiger Weise persönlicher Art sind und deswegen in die Güterteilung nicht mit einfließen. Dabei berücksichtigt die Rechtspraxis u.a., dass ein Ehegatte nicht aus seinem gewohnten Leben herausgerissen werden soll, indem ihm alle wirtschaftlichen Vorteile entzogen werden (sog. Etablierungsfaktor), ob der Betroffene zur Vermögensbildung des anderen Ehegatten mitgewirkt hat (sog. Mitwirkungsfaktor) und ob wegen hohen Alters zu erwarten steht, dass Unterhaltsbeiträge in einer zu kurzen Periode gezahlt werden (sog. Altersunterschiedsfaktor). Die Höhe der Kompensationssumme wird aufgrund einer Ermessensentscheidung festgelegt. § 67 des Auseinandersetzungsgesetzes gilt auch, falls beiden Ehegatten Vorbehaltsgut zusteht und falls neben Vorbehaltsgut auch noch Gemeinschaftsgut vorhanden ist.   84

Haben die Ehegatten im Hinblick auf eine bevorstehende Scheidung oder ein Getrenntleben eine Vereinbarung über die Vermögensteilung getroffen, kann diese durch Urteil angepasst oder für unwirksam erklärt werden, wenn sie nach Einschätzung des Gerichts schon im Zeitpunkt des Abschlusses für einen der Ehegatten unbillig war (§ 58 ÆL).   85

II. Nachehelicher Unterhalt

Im Zusammenhang mit einem Getrenntleben oder einer Scheidung wird festgelegt, inwieweit einem der Ehegatten die Pflicht auferlegt werden soll, Unterhaltsbeiträge an den anderen zu entrichten (§ 49 ÆL). Falls die Ehegatten selbst keine entsprechende Vereinbarung treffen, entscheidet das Gericht über die Frage einer etwaigen Unterhaltspflicht und deren Dauer. Die Staatsverwaltung legt die Höhe des Beitrags fest. Die Praxis legt einen strengen Maßstab bei Prüfung der Voraussetzungen an ob eine Unterhaltspflicht auferlegt wird. Sind beide Parteien im erwerbsfähigen Alter und beziehen sie jeweils Einkünfte aus einer Arbeit, erfolgt in den meisten Fällen keine Auferlegung einer Beitragspflicht (siehe gleich Rdn 87).   86

Bei der Entscheidung über die Unterhaltspflicht und die Unterhaltshöhe wird berücksichtigt, inwieweit derjenige, der einen Unterhaltsbeitrag anstrebt, sich selbst Mittel für   87

---

72 Dann gelangen nach § 60 Auseinandersetzungsgesetz die Grundsätze bei einer Nichtigkeitserklärung der Ehe zur Anwendung mit der Folge, dass jeder Ehegatte im Voraus dasjenige aus dem Gemeinschaftsgut aussondern kann, was er bei Eingehung der Ehe oder später durch Erbschaftserwerb oder Schenkung erlangt oder durch Übertragung aus seinem Sondergut in das Gemeinschaftsgut eingebracht hat.

73 Früher § 56 ÆL.

seinen Unterhalt (der für seine Lebensverhältnisse ausreichend ist) verschaffen kann und inwieweit der ggf. Beitragspflichtige, gemessen an seinen wirtschaftlichen Verhältnissen und den übrigen Umständen, imstande ist, Beiträge zu entrichten. Die Dauer der Ehe wird genauso berücksichtigt wie der Aspekt, ob derjenige, der den Beitrag erhalten möchte, Unterstützung für eine Ausbildung o.Ä. benötigt (§ 50 ÆL). Bei der Beurteilung nach § 50 ÆL werden in Bezug auf die Unterhalt beantragende Person u.a. folgende **Umstände** berücksichtigt:
– ihr Alter,
– die Möglichkeit, sich ein Arbeitseinkommen zu verschaffen,
– ihr Gesundheitszustand,
– die Frage, ob sie die elterliche Sorge für kleinere Kinder trägt,
– ob sie sich wegen der Ehe in einer schwierigen wirtschaftlichen Situation befindet und
– ob sie selbst Vermögen besitzt.

Die Staatsverwaltung operiert gegenwärtig u.a. auf der Grundlage folgender grober Richtwerte: Entscheidend für die Festlegung eines Unterhaltsbeitrags ist das jeweilige Bruttoeinkommen der Parteien, verstanden als das Einkommen vor Steuern und Sozialversicherungsbeiträgen, aber nach Abzug finanzieller Verpflichtungen gegenüber Kindern, die der ggf. unterhaltspflichtige Ehepartner trägt, sowie Beiträgen zu Rentensparmodellen (sofern diese Beträge sich innerhalb des Rahmens der Billigkeit bewegen).Wird eine Unterhaltspflicht auferlegt, legt die Staatsverwaltung den Unterhalt in der Regel in Höhe eines Fünftels der Differenz zwischen den Bruttoeinkünften beider Partner fest. Ist die Differenz zwischen den Bruttoeinkünften geringer, wird ein Beitrag dann abgelehnt, wenn er einen bagatellartigen Charakter haben würde. Dasselbe gilt außerdem regelmäßig für den Fall, dass die ggf. unterhaltspflichtige Partei ein Bruttoeinkommen von weniger als ca. 270.000 dkr jährlich bezieht. Macht das jährliche Bruttoeinkommen desjenigen, der Unterhaltsbeiträge beantragt, umgekehrt mehr als knapp 300.000 dkr aus, wird der Antrag normalerweise abgelehnt. Etwas anderes gilt nur dann, wenn das Bruttoeinkommen des anderen Ehepartners sehr hoch ist. Werden demnach Unterhaltsbeiträge zugesprochen, wird deren Höhe konkret so festgelegt, dass die gesamten Einkünfte des Unterhaltsberechtigten (einschließlich des nachehelichen Unterhalts) maximal einen Betrag zwischen 280.000 und 320.000 dkr ausmachen.[74]

88 Bei der Entscheidung über die **Dauer einer Beitragspflicht** werden dieselben Kriterien herangezogen. Wenn keine besonderen Umstände vorliegen, kann das Gericht eine Beitragspflicht nur für einen bestimmten **Zeitraum**, der zehn Jahre nicht überschreiten darf, festlegen (§ 50 ÆL). Am häufigsten kommt eine Beitragsperiode von drei, fünf, acht oder zehn Jahren zur Anwendung. Nur bei Vorliegen ganz „besonderer Umstände" – die in der Regel nur für geschiedene Ehen von über 20 Jahren Dauer überhaupt in Frage kommen – kann die Auferlegung einer zeitlich unbegrenzten Beitragspflicht in Erwägung gezogen werden.

89 Die **Unterhaltspflicht entfällt,** wenn der Unterhaltsberechtigte erneut heiratet oder einer der Ehegatten stirbt (§ 51 ÆL).[75] Ein gänzlicher Wegfall der Beitragspflicht kommt außerdem bei „wesentlich geänderten Umständen" in Betracht (siehe gleich Rdn 91).

---

74 Die genannten Richtwerte sind der Homepage der Staatsverwaltung, *www.statsforvaltningen,dk*, Stand Dezember 2014, entnommen.
75 In der Verwaltungspraxis entfällt ein Unterhaltsbeitrag auch dann, wenn nachgewiesen wird, dass ein in *„separation"* lebender oder geschiedener Ehegatte eine wesentliche persönliche und wirtschaftliche Interessengemeinschaft mit einer anderen Person begründet hat. Es wird u.a. berücksichtigt, ob eine gemeinsame Adresse besteht und die wirtschaftlichen Verhältnisse der Parteien verflochten sind, ob sie der Umwelt gegenüber als Paar auftreten und ein sexuelles Verhältnis begründet worden ist.

Eine **Vereinbarung zwischen den Ehegatten** über das Bestehen oder die Höhe einer Unterhaltspflicht kann durch Urteil **geändert** werden, wenn eine Aufrechterhaltung der Vereinbarung wegen wesentlich veränderter Umstände unbillig wäre (§ 52 ÆL).[76] War die Vereinbarung bereits im Zeitpunkt des Abschlusses für einen der Ehegatten unbillig, kann sie gleichermaßen durch Urteil angepasst oder für unverbindlich erklärt werden (§ 58 ÆL). 90

Die durch ein **Urteil** ergangene Bestimmung über die Unterhaltspflicht kann durch ein erneutes Urteil **geändert** werden, wenn sich die Umstände wesentlich verändert haben und auch andere besondere Gründe hierfür sprechen. Eine durch **Bewilligung** der Staatsverwaltung erfolgte Bestimmung der Unterhaltspflicht kann von dieser Behörde **abgeändert** werden, wenn die Umstände hierfür sprechen (§ 53 ÆL). „Wesentlich veränderte Umstände" können vor allem aufgrund geänderter Einkommensverhältnisse begründet werden. Auch die Eingehung einer neuen Beziehung (Lebensgemeinschaft) und/oder einer anderen wirtschaftlichen Gemeinschaft kann zur Herabsetzung oder zum Wegfall der Unterhaltspflicht führen. 91

III. Regelung der Altersversorgung

Jede „billige" (d.h. gewöhnliche) Rente bleibt vorbehaltlich einer anderweitigen Vereinbarung durch Ehevertrag von der Güterteilung ausgenommen (siehe Rdn 14 und 16). Beinhaltet ein Rentenmodell auch eine Absicherung des Ehepartners,[77] entfällt diese Absicherung im Falle eines Getrenntlebens (*„separation"*) oder einer Scheidung, es sei denn, den Versicherungsnehmer trifft gegenüber dem betroffenen Ehepartner ab dem Zeitpunkt des Getrenntlebens bzw. der Scheidung eine Unterhaltspflicht und die Dauer der Ehe hat mindestens fünf Jahre betragen. Besteht eine nacheheliche Unterhaltspflicht, behält der Ehepartner sein Recht auf „Ehegattenrente" nur während der Periode, in der die Unterhaltspflicht besteht (näher §§ 1 und 2 des Gesetzes über Ehegattenrente[78]). 92

IV. Verteilung der elterlichen Sorge

Die **gemeinsame Personensorge** der Eltern (siehe Rdn 66) setzt sich nach einer Scheidung fort, es sei denn, sie haben vereinbart, dass einem von ihnen das alleinige Personensorgerecht zustehen soll (§ 8 i.V.m. § 10 FAL). 93

Haben die Eltern ein **alleiniges Personensorgerecht** vereinbart, muss diese Vereinbarung, um Gültigkeit zu erlangen, der Staatsverwaltung mitgeteilt werden. Ist ein Verfahren über das Personensorgerecht vor Gericht anhängig, kann die Mitteilung gegenüber dem Gericht erfolgen. Bei Uneinigkeit der Eltern oder Zustimmungsverweigerung entscheidet das Gericht darüber, ob ein gemeinsames Personensorgerecht fortbestehen oder ein alleiniges Sorgerecht statuiert werden soll. Eine Aufhebung des gemeinsamen Sorgerechts ist nur dann möglich, wenn Gründe zur Annahme bestehen, dass die Eltern im Hinblick auf das Kind 94

---

76 Z.B. wenn der Beitragsleistende wegen Arbeitslosigkeit nicht länger leistungsfähig ist. Bei der Beurteilung, ob eine Vereinbarung „unbillig" ist, wird u.a. berücksichtigt, ob sie von dem abweicht, was ein Gericht bzw. die Staatsverwaltung festgelegt hätte und welchen Hintergrund die Vereinbarung hat.

77 Dies ist bei Beamtenpensionen und der ergänzenden Altersversorgung des Arbeitsmarktes (*arbejdsmarkedets tillægspension* – ATP) der Fall. Bei den in Dänemark sehr verbreiteten betrieblichen Altersversorgungssystemen ist der Wortlaut der Satzung der jeweiligen Altersversorgung entscheidend (vgl. überblicksmäßig zum Alterssicherungssystem in Dänemark etwa *Olsen-Ring*, Rentensystem und betriebliche Altersversorgung in Dänemark, Soziale Sicherheit 2012, S. 59.

78 Gesetz Nr. 484 vom 7.6.2006 (*lov om bevarelse af ret til ægtefællepension ved separation og skilsmisse*).

betreffende Umstände nicht zu dessen Wohl miteinander zusammenarbeiten werden (§ 11 FAL).

95 Eine **Wiederherstellung der gemeinsamen Personensorge** bei geschiedenen Eltern erfolgt dann, wenn diese eine dahingehende Vereinbarung treffen, die sie der Staatsverwaltung mitteilen (§ 7 i.V.m. § 9 FAL).

96 Das Personensorgerecht kann durch Vereinbarung der Eltern auch von einem Elternteil auf den anderen **übertragen** werden. Es muss dann lediglich eine **Mitteilung** an die Staatsverwaltung erfolgen. Ist ein Verfahren über das Personensorgerecht vor Gericht anhängig, kann die Mitteilung an das Gericht erfolgen. Das Personensorgerecht kann durch eine von der Staatsverwaltung genehmigte Vereinbarung auch einem Dritten übertragen werden. Die Personensorge kann des Weiteren einem Ehepaar bzw. – seit dem 1. März 2016 – auch einem Paar, das in eheähnlicher Gemeinschaft zusammenlebt, gemeinsam übertragen werden, z.B. einem Elternteil und dessen Ehegatten. Ist ein Verfahren über das Personensorgerecht vor Gericht anhängig, kann die Genehmigung der Vereinbarung durch das Gericht erfolgen (§ 13 FAL).

97 Eine **Personensorgerechtsänderung** durch Urteil regelt weiterhin § 14 FAL. Auf Antrag eines nicht personensorgeberechtigten Elternteils kann das Gericht entscheiden, dass diesem ein alleiniges bzw. beiden Eltern ein gemeinsames Personensorgerecht zugesprochen werden soll. Das Gericht kann auch eine Vereinbarung der Eltern, wonach das Personensorgerecht auf Dritte übertragen wird, ändern.

98 Ist ein Verfahren über das Personensorgerecht eingeleitet, kann die bearbeitende Behörde auf Antrag eines Elternteils und unter Berücksichtigung des Kindeswohls einem der Eltern **vorübergehend**, d.h. bis zum Abschluss einer diesbezüglichen Vereinbarung oder einer vollstreckbaren Entscheidung, das Sorgerecht zuerkennen (näher §§ 26 f. FAL).

99 Neben der Frage des Personensorgerechts enthält das FAL im 4. Kapitel nähere Bestimmungen über das „**Beisammensein**" (*samvær*). Es wird dabei angestrebt, dass das Kind – unter Berücksichtigung des Kindeswohls – einen persönlichen Kontakt zu dem Elternteil, bei dem es nicht dauerhaft wohnt, aufrechterhält. Ist einer oder sind beide Elternteile verstorben bzw. hat das Kind mit dem Nicht-Personensorgeberechtigten nur sehr wenig Umgang, kann zugunsten der nächsten Angehörigen (auf deren Antrag hin) ein **Umgangsrecht** festgelegt werden. Die Gewährung eines Umgangsrechts kann so weit gehen, dass sich das Kind an bis zu 7 von 14 Tagen bei dem Nicht-Personensorgeberechtigten aufhält.[79]

100 Gemäß § 2 des Gesetzes über die elterliche Vermögenssorge soll der Inhaber des Personensorgerechts auch Inhaber des **Vermögenssorgerechts** sein. Im Falle eines gemeinsamen Personensorgerechts besteht somit ein gemeinsames Vermögenssorgerecht. Einem Inhaber des Personensorgerechts kann nur „unter ganz besonderen Umständen" das Recht auf Vermögenssorge entzogen werden.

V. Sonstige Scheidungsfolgen

101 Was das Recht auf **Ehegattenrente** nach einer Scheidung anbelangt, gelten die entsprechenden spezialgesetzlichen Regelungen (vgl. das Gesetz über Ehegattenrente, siehe Rdn 92).

---

79 Eine „Gleichteilung" der Anwesenheit wird nicht selten von den Eltern gewählt. Haben die Eltern selber eine Vereinbarung über das Beisammensein getroffen, wird die Staatsverwaltung diese normalerweise nur dann abändern, falls seit dem Abschluss der Vereinbarung „wesentlich veränderte Umstände" eingetreten sind.

Das **Wohnrecht** an der gemeinsamen Wohnung ist in § 55 ÆL sowie § 77 des Mietgesetzes[80] 102
geregelt. Hatte das Ehepaar eine gemeinsame Mietwohnung, muss bei der Scheidung entschieden werden, welchem Ehegatten die Fortführung des Mietverhältnisses zustehen soll.
Im Rahmen des Mietgesetzes können die Ehegatten parteiautonom eine diesbezügliche
Vereinbarung treffen. Machen sie von diesem Recht keinen Gebrauch, wird in der Scheidungsbewilligung bzw. im Scheidungsurteil über diese Frage entschieden.[81] Ist die gemeinsame Wohnung Teil einer Immobilie, die mehrere Wohnungen umfasst und zum Gattenan-
teil (d.h. dem Anteil des Ehegatten am Gemeinschaftsgut) oder Vorbehaltsgut des einen
Ehegatten gehört, kann das Gericht im Scheidungsurteil diesem Ehegatten die Pflicht auferlegen, die Wohnung an den anderen Ehegatten zu vermieten und die Mietbedingungen
festlegen.

VI. Möglichkeit vertraglicher Vereinbarungen für die Scheidung

Auf die Rechtswirkungen der Scheidung können die Ehegatten in weitem Umfang Einfluss 103
nehmen. Es bestehen die in Rdn 44 ff. beschriebenen Möglichkeiten, vor oder während
der Ehe einen **Ehevertrag** abzuschließen und/oder es können die in Rdn 90 dargelegten
Gestaltungsspielräume im Hinblick auf Vereinbarungen über das Getrenntleben oder die
Scheidung genutzt werden.

Was die **gerichtliche Kontrolle** solcher Vereinbarungen zwischen den Ehegatten anbelangt, 104
sei an dieser Stelle nochmals auf die Bestimmung in § 58 ÆL hingewiesen, wonach eine
Vereinbarung, die die Ehegatten im Hinblick auf eine bevorstehende Scheidung oder ein
Getrenntleben bezüglich der Vermögensteilung, der Unterhaltspflicht oder anderen Bedingungen[82] getroffen haben, durch Urteil angepasst oder für unwirksam erklärt werden kann,
wenn die Vereinbarung nach Einschätzung des Gerichts schon im Zeitpunkt ihres Abschlusses für den einen Ehegatten unbillig war (§ 58 ÆL).

Daneben gelten für Vereinbarungen zwischen den Ehegatten die allgemeinen Unwirksam- 105
keitsregeln und Anpassungsmöglichkeiten nach dem **Vertragsgesetz.**[83] Die Generalklausel
des § 36 Vertragsgesetz erfasst alle vermögensrechtlichen Vereinbarungen. Danach kann ein
Vertrag ganz oder teilweise angepasst oder für unwirksam erklärt werden, wenn es gemessen
am Vertragsinhalt, den Umständen des Zustandekommens des Vertrages oder später eintretenden Verhältnissen unbillig wäre oder gegen redliches Handeln verstoßen würde, Ansprüche aus ihm geltend zu machen. Bei der Beurteilung der Unbilligkeit wird u.a. das Schutzbedürfnis desjenigen, der im Verhältnis der Vertragsparteien untereinander eine unterlegene
Stellung einnimmt, berücksichtigt.

---

80 I.d.F. der Bekanntmachung Nr. 963 vom 11.8.2010 mit späteren Änderungen (*bekendtgørelse af lov om
   leje – lejeloven*).
81 Bei der gerichtlichen Entscheidung wird vor allem berücksichtigt, bei wem die Kinder wohnen werden.
   Sind keine minderjährigen Kinder vorhanden, spielen u.a. das Alter der Betreffenden, die gesundheitlichen und wirtschaftlichen Verhältnisse, die Frage, wer während eines Getrenntlebens in der Wohnung
   gewohnt hat und wer sich am leichtesten eine neue Wohnung wird verschaffen können, eine Rolle.
82 Vereinbarungen über die elterliche Sorge und Beisammensein fallen jedoch nicht unter § 58 ÆL, sondern unter die Bestimmungen im Gesetz über die elterliche Personensorge und das Beisammensein.
83 Gesetz Nr. 242 über Verträge und andere Rechtshandlungen auf dem Gebiet des Vermögensrechts (*lov
   om aftaler og andre retshandler på formuerettens område*) vom 8.5.1917 mit späteren Änderungen.

VII. Kollisionsrecht der Scheidungsfolgen, Verfahren, internationale Zuständigkeit

106 Maßgeblich für die Behandlung von Ehesachen und damit zusammenhängender Unterhalts-
probleme ist ausschließlich die **lex fori**. Prozessuale Besonderheiten gelten, wenn einer der
Ehegatten keinen Aufenthalt im Inland hat (vgl. § 1 Abs. 2 der Richtlinie über Eheverfahren
[Nr. 8 vom 26.1.2012 – *vejledning om behandling af ægteskabssager*]). Trotz der grundsätzlichen Anerkennung ausländischer Ehescheidungen (siehe Rdn 80) folgt daraus – aufgrund
der Autonomie des dänischen Rechts – keine Bindung an die bei der Scheidung im Ausland
getroffenen Neben- und Folgeentscheidungen im Hinblick auf Unterhalt, Personensorge
für Kinder o.Ä. Eine Anerkennungspflicht resultiert allerdings aus der Nordischen Konvention über Ehe, Adoption und Vormundschaft, die sich nach ihrem Art. 22 i.V.m. Art. 8 und
9 auch auf die Scheidungsfolgen erstreckt. Vgl. zudem ergänzend die Nordische Konvention
über die Beitreibung von Unterhaltsbeiträgen,[84] wonach Unterhaltsentscheidungen aller Art
grundsätzlich in jedem der fünf Nordischen Staaten vollstreckbar sind.[85]

107 Ausländische Entscheidungen über den Kindesunterhalt und den Ehegatten- oder Geschie-
denenunterhalt werden in Dänemark nach den Haager Übereinkommen über die Anerkennung und Vollstreckung von Unterhaltsentscheidungen gegenüber Kindern vom 15.4.1958
(HKindUnthVÜ)[86] und über die Anerkennung und Vollstreckung von Unterhaltsentscheidungen vom 2.10.1973 (HUnthVÜ)[87] anerkannt und vollstreckt. Dänemark nimmt am
Haager Unterhaltsprotokoll (HUntProt) nicht teil.[88]

E. Registrierte Lebenspartnerschaft

I. Voraussetzungen für die Begründung

108 Die **registrierte gleichgeschlechtliche Lebensgemeinschaft** wurde in Dänemark bereits im
Jahre 1989 als weltweit erstem Staat mit dem Gesetz über die registrierte (Lebens-)Partner-
schaft (*lov om registreret partnerskab*[89] eingeführt. Die Eingehung einer registrierten Partnerschaft konnte im Gegensatz zur Trauung nicht kirchlich erfolgen. Es war aber möglich,
im Nachgang zur Zivilregistrierung eine kirchliche Segnung stattfinden zu lassen.[90]

109 **Beachte:** Das Gesetz über die registrierte Partnerschaft wurde am 15.6.2012 infolge des
Gesetzes zur Änderung des Eherechts aufgehoben. Es findet allerdings noch weiterhin
Anwendung auf registrierte Partnerschaften, die vor dem 15.6.2012 begründet wurden.
Nach § 5 des Gesetzes zur Änderung des Eherechts kann eine Partnerschaft, die nach dem
Gesetz über die registrierte Partnerschaft geschlossen worden ist, in eine Ehe umgewandelt
werden. Zuständig dafür ist die in § 13 Abs. 1 ÆL genannte Behörde.

---

84 Vom 23.3.1962 i.d.F. vom 25.2.2000.
85 Vgl. allgemein zu den Nordischen Konventionen vorstehend „Allgemeiner Teil" § 1 Rdn 104 ff. in
diesem Werk.
86 Vgl. „Allgemeiner Teil" § 1 Rdn 278 ff. in diesem Werk.
87 Vgl. „Allgemeiner Teil" § 1 Rdn 270 ff. in diesem Werk.
88 B 2009/941/EG des Rates vom 30.11.2009 (ABl Nr. L 2009/331, S. 17 – Art. 3 und Erwägungsgründe
11 und 12). Wenngleich das HUntProt in Dänemark nicht gilt, ist es – da es Gegenseitigkeit nicht
voraussetzt – auch im Verhältnis zu Dänemark anzuwenden, vgl. „Allgemeiner Teil" § 1 Rdn 212 in
diesem Werk.
89 Gesetz Nr. 372 vom 7.6.1989, i.d.F. der Bekanntmachung Nr. 938 vom 10.10.2005 mit späteren Änderungen.
90 Dabei darf ein(e) Pastor(in) der dänischen Staats-(Volks-)kirche (*Flkekirken*) frei darüber entscheiden,
ob er oder sie die Segnung vornehmen will oder nicht.

II. Rechtsfolgen

Die registrierte Partnerschaft hat grundsätzlich dieselben **Rechtswirkungen** wie die Einge-   110
hung einer Ehe. Die Regelungen der dänischen Gesetzgebung, die die Ehe und Ehegatten
behandeln, sind entsprechend auf die eingetragene Partnerschaft und die registrierten Partner anzuwenden. Ausnahmen von der Gleichstellung bestehen seit dem 1.7.2010 auch
nicht mehr in Bezug auf Adoption und Personensorgerecht. Gesetzesbestimmungen, die
besondere Regeln über einen der Ehegatten wegen dessen Geschlecht beinhalten, finden
keine Anwendung auf die registrierten Partner (§ 4 Abs. 1).[91]

Bestimmungen in **internationalen Abkommen** finden auf die registrierte Partnerschaft
keine Anwendung, es sei denn, der ausländische Vertragsstaat willigt in eine Anwendung
ein (§ 4 Abs. 2). Nach § 6a können durch Abkommen mit ausländischen Staaten oder durch
den Justizminister Bestimmungen über das Verhältnis zwischen dänischer und ausländischer
Gesetzgebung hinsichtlich der registrierten Partnerschaft getroffen werden.

III. Auflösung

Die Bestimmungen über Getrenntleben und Scheidung in einer Ehe finden nach § 5 grund-   111
sätzlich auch auf registrierte Partnerschaften Anwendung.[92] Die **Auflösung** der Partnerschaft kann jedoch, falls keiner der Partner in Dänemark, Norwegen, Schweden, Finnland
oder Island wohnhaft ist, ungeachtet § 448c RPL immer in Dänemark erfolgen.

IV. Kollisionsrecht der registrierten Lebenspartnerschaft

Die Registrierung einer Partnerschaft setzt nach der einseitigen **Kollisionsnorm** des § 2   112
Abs. 2 voraus, dass einer der Partner in Dänemark, Norwegen, Schweden, Finnland oder
Island wohnhaft und Staatsbürger eines dieser Staaten ist bzw. beide Partner in den der
Registrierung vorausgegangenen letzten zwei Jahren ihren Wohnsitz in Dänemark hatten.
§ 2 Abs. 3 ermächtigt den Justizminister zu bestimmen, dass Staatsbürgerschaft und Wohnsitz in einem anderen Staat, der eine der dänischen Gesetzgebung zur registrierten Lebenspartnerschaft entsprechende Gesetzgebung hat, ebenfalls mit dänischer Staatsbürgerschaft
und Wohnsitz in Dänemark gleichgestellt wird. IPR-rechtlich bedeutsam ist auch § 4 Abs. 2
(siehe Rdn 110), wonach Vorschriften in **internationalen Abkommen** keine Anwendung
finden, es sei denn, die Vertragsstaaten haben sich damit einverstanden erklärt.

F. Nichteheliche Lebensgemeinschaft

I. Voraussetzungen für die Begründung

Nichteheliche Lebensgemeinschaften haben, obwohl sie sehr verbreitet sind, keine generell   113
zusammenhängende gesetzliche Sonderregelung erfahren. Auf diesem Gebiet spielt deshalb
die Rechtsprechung eine große Rolle. Auch in Einzelgesetzen – etwa bezüglich Kindern,
sozialer Sicherheit, Steuern, Wohnung und Namen – finden sich in zunehmendem Maße
Bestimmungen, die eheähnliche Lebensgemeinschaften betreffen. Die Voraussetzungen für

---

91 So etwa die Regel über die Dispositionsbefugnis der Ehefrau nach § 11 ÆRL (siehe näher Rdn 21).
92 Im Gegensatz zur Ehe (§ 40 ÆL) besteht allerdings bei der Auflösung der Partnerschaft kein Recht
  der Partner, einen Schlichtungsversuch durch einen Pfarrer zu verlangen.

die rechtliche Anerkennung eheähnlicher Lebensgemeinschaften sind insoweit im konkreten Fall aufgrund der Rechtsprechung bzw. der Einzelgesetze zu ermitteln.

II. Rechtsfolgen

114   Vermögensrechtlich begründet die eheähnliche Lebensgemeinschaft im Gegensatz zur Ehe kein „Anteilsgutssystem". Es besteht nur gemeinsames Eigentumsrecht an Gütern, die beide Partner bezahlt oder geschenkt bekommen haben. Der gemeinsame Eigentumserwerb durch Unverheiratete erfolgt aus Beweisgründen sinnvollerweise durch schriftlichen Vertrag (Miteigentumsvertrag – *samejekontrakt*), der beide als Eigentümer und die Folgen bei einer Trennung ausweist. Bei Immobilien ist eine entsprechende Grundbucheintragung möglich.

115   **Steuerlich** erfolgt eine getrennte Veranlagung. Unabhängig davon, in welchem Umfang die wirtschaftlichen Verhältnisse der Partner miteinander verwoben sind, ist eine Anrechnung etwa von Steuerabzügen und Verlusten des anderen Partners nicht möglich. Geschenke zwischen den Partnern werden im Gegensatz zu jenen zwischen Ehegatten ab einer gewissen Höhe[93] besteuert.

116   Eltern, die nicht miteinander verheiratet sind, haben ein gemeinsames **Personensorgerecht**, wenn sie eine entsprechende Erklärung abgegeben oder eine Vereinbarung über das gemeinsame Personensorgerecht abgeschlossen haben, die sie der Staatsverwaltung mitteilen. Ein gemeinsames Personensorgerecht besteht außerdem für den Fall, dass anerkannt oder durch Urteil festgestellt worden ist, dass der männliche Partner der Lebensgemeinschaft der Vater des Kindes ist, und die Eltern innerhalb der letzten zehn Monate vor der Geburt des Kindes einen gemeinsamen Wohnsitz gehabt haben. Widrigenfalls steht der Mutter das Personensorgerecht allein zu (§ 7 FAL).

117   Es gibt bei der Lebensgemeinschaft kein gesetzliches gegenseitiges **Erbrecht** und keine Vorteile im Rahmen des Nachlassverfahrens. Die Partner können aber testamentarisch festlegen, dass sie ganz oder teilweise einander in der Weise beerben und vererben wollen, als seien sie Ehegatten (§ 87 des Erbgesetzes).[94] Stirbt einer der Partner und hat die Lebensgemeinschaft länger als zwei Jahre gedauert, sind bei testamentarischer Erbschaft reduzierte Nachlasssteuern in Höhe von gegenwärtig 15 % – im Falle einer kürzeren Lebensgemeinschaft von 36,25 % – zu zahlen (§ 1 Abs. 2 des Nachlasssteuergesetzes).

118   Das **Mietgesetz** enthält in § 75 Abs. 2 eine Bestimmung zugunsten eines überlebenden Partners. Ist der Verstorbene der alleinige Mieter, hat der Überlebende das Recht, das Mietverhältnis fortzuführen, wenn das Paar länger als zwei Jahre vor dem Todesfall in der Wohnung gewohnt hatte.

119   Die diversen Möglichkeiten der Annahme eines Familiennamens bzw. eines Zwischennamens, die für Ehegatten bestehen (vgl. Rdn 41), gelten entsprechend auch für die Partner einer nichtehelichen Lebensgemeinschaft, sofern diese eine gemeinsame Erklärung darüber abgeben, dass sie in eheähnlicher Gemeinschaft leben und entweder seit zwei Jahren zusam-

---

93 Ab 58.700 dkr. (entspricht etwa 8.000 EUR). Der genannte Grundfreibetrag gilt nur für Paare, die seit mindestens zwei Jahren einen gemeinsamen Wohnsitz haben. Der Steuersatz beträgt 15 %, vgl. näher Kapitel 5 des Gesetzes über die Nachlasssteuern und Schenkungssteuern i.d.F. der Bekanntmachung Nr. 47 vom 12.1.2015 mit späteren Änderungen (*lov om afgift af dødsbo og gaver*).

94 Die Möglichkeit eines solchen „erweiterten Testaments von Zusammenlebenden" wurde mit einer im Jahre 2008 erfolgten Erbrechtsreform eingeführt. Näher dazu *Ring/Olsen-Ring*, in: Süß, Erbrecht in Europa, Länderbericht Dänemark, Rn 73 ff.

mengelebt haben oder gemeinsame minderjährige Kinder haben, die den in Rede stehenden Namen schon tragen bzw. tragen sollen.

III. Auflösung und Folgen

Da kein Gemeinschaftsgüterstand besteht, ist nur bei den Gütern, die ggf. im Gemeinschaftseigentum der Partner stehen, eine **Güterteilung** vorzunehmen. Herrscht Uneinigkeit über die Verteilung, wird als letzte Konsequenz eine Gerichtsentscheidung herbeizuführen sein. Dasselbe gilt für die Aufteilung etwaiger gemeinsamer Schulden. In einzelnen Fällen haben die Gerichte im Rahmen einer Ermessensentscheidung, die u.a. die Dauer des Zusammenlebens und die wirtschaftlichen Verhältnisse der Parteien bei der Beendigung der Gemeinschaft berücksichtigt, einem nichtehelichen Lebenspartner eine gewisse finanzielle Kompensation auf der Grundlage bereicherungsrechtlicher Gesichtspunkte zuerkannt. Die Gerichte haben entsprechende Ansprüche somit auf allgemeine vermögensrechtliche Grundsätze gestützt – hingegen aber die Anwendung analoger Schlüsse aus eherechtlichen Regelungen abgelehnt. 120

Besteht ein gemeinsames **Personensorgerecht**, wird dieses nach einer Aufhebung der nichtehelichen Lebensgemeinschaft fortgeführt (§ 8 FAL). Die Partner können aber auch durch eine bei der Staatsverwaltung anzumeldende Vereinbarung entscheiden, dass einer von ihnen das alleinige Personensorgerecht ausüben soll (§ 10 FAL). Bei Uneinigkeit zwischen den Elternteilen entscheidet das Gericht, ob das gemeinsame Personensorgerecht fortgeführt werden soll oder aber – wenn schwerwiegende Gründe dafür vorliegen – einem der Elternteile ein alleiniges Sorgerecht zugesprochen werden soll (§ 11 FAL). 121

Mietrechtlich gilt § 77a des Mietgesetzes, wonach Lebenspartner, die mindestens zwei Jahre lang einen gemeinsamen Haushalt geführt haben, vereinbaren können, wer von ihnen das Recht haben soll, das Mietverhältnis in der gemeinsamen Wohnung fortzuführen. Wird keine Einigung erzielt, kann, wenn besondere Gründe dafür sprechen – insbesondere aus Rücksicht auf minderjährige Kinder – durch Gerichtsurteil entschieden werden, wer das Mietverhältnis fortführen darf. 122

G. Abstammung und Adoption

I. Abstammung

Das **Kindergesetz**[95] versucht, eine weitgehende **Gleichbehandlung** der Frage von Vaterschaftsregistrierung nach der Geburt bei ehelichen und nichtehelichen Kindern zu erzielen. 123

1. Vaterschaftsvermutung

Wird ein Kind von einer verheirateten Frau geboren, gilt nach § 1 Kindergesetz die Vermutung, dass der Ehemann der Vater ist. Die Registrierung der Vaterschaft erfolgt gleichzeitig mit der Registrierung der Geburt. Die Vaterschaftsvermutung entfällt, wenn bei der Geburt Ehetrennung (*„separation"*) vorliegt, die Mutter innerhalb der letzten zehn Monate vor der Geburt mit einem anderen Mann verheiratet gewesen ist, ohne dass *„separation"* vorgelegen hat, oder wenn beide Parteien die Einleitung eines Vaterschaftsverfahrens beantragen. 124

---

95 Gesetz Nr. 460 vom 7.6.2001 i.d.F. der Bekanntmachung Nr. 1817 vom 23.12.2015 (*børnelov*).

125 Wird ein Kind von einer unverheirateten Frau geboren, gilt ein Mann als der Vater, wenn er und die Mutter schriftlich erklären, dass sie gemeinsam die Sorge und die Verantwortung für das Kind tragen wollen. Die Registrierung der Vaterschaft erfolgt auch in diesem Fall gleichzeitig mit der Registrierung der Geburt. Die Vaterschaftsvermutung entfällt, wenn die Mutter innerhalb der letzten zehn Monate vor der Geburt mit einem anderen Mann verheiratet war, ohne dass „separation" vorgelegen hat, bzw. wenn einer oder beide Partner zum Zeitpunkt der Abgabe der Erklärung nicht voll geschäftsfähig war(en) oder unter Vormundschaft steht/stehen (§ 2 Kindergesetz).

2. Vaterschaftsverfahren und Anerkennung einer Vaterschaft

126 Ein **Vaterschaftsverfahren** kann vor der Staatsverwaltung bzw. vor Gericht durchgeführt werden (näher Kapitel 2 und 3 des Kindergesetzes).

127 Nach § 14 Abs. 1 Kindergesetz kann ein Mann vor der Staatsverwaltung die **Vaterschaft anerkennen**, wenn er und die Mutter erklären, dass sie gemeinsam die Sorge und die Verantwortung für das Kind tragen wollen. Dies gilt jedoch nicht, wenn die Mutter innerhalb der letzten zehn Monate vor der erfolgten oder erwarteten Geburt mit einem anderen Mann verheiratet gewesen ist, ohne dass „separation" vorgelegen hat. Ein Mann, der in der Periode, in der die Frau schwanger wurde, ein sexuelles Verhältnis mit ihr gehabt hat, kann die Vaterschaft anerkennen, wenn die Mutter nach den vorliegenden Informationen während dieser Periode kein sexuelles Verhältnis mit anderen Männern hatte, und auch keine assistierte Reproduktionsbehandlung mit einer Samenspende von einem anderen Mann stattgefunden hat (§ 14 Abs. 2 Nr. 1 Kindergesetz) oder wenn er ohne Zweifel der Vater des Kindes ist (§ 14 Abs. 2 Nr. 2 Kindergesetz). Hatte die Mutter sexuelle Beziehungen zu anderen Männern bzw. fand eine assistierte Reproduktionsbehandlung mit einer Samenspende eines anderen Mannes während der Periode, in der sie schwanger wurde, statt, kann ein Mann die Vaterschaft anerkennen, wenn er und die Mutter erklären, dass sie gemeinsam die Sorge und die Verantwortung für das Kind tragen wollen. Die Anerkennung muss von den anderen Männern, die Parteien im Vaterschaftsverfahren sind, genehmigt werden (§ 14 Abs. 3 Kindergesetz). Die Vaterschaftsanerkennung muss schriftlich erfolgen. Liegt ein in § 14 Abs. 3 Kindergesetz beschriebener Fall vor, muss die Anerkennung persönlich bei der Staatsverwaltung erfolgen.

128 Eine Anerkennung nach § 14 Abs. 1 bis 3 Kindergesetz ist **ausgeschlossen**, wenn der Anerkennende entmündigt ist. Liegt wegen Minderjährigkeit keine volle Geschäftsfähigkeit vor, muss der Vormund der Vaterschaftsanerkennung zustimmen (§ 14 Abs. 8 Kindergesetz). Eine Anerkennung der Vaterschaft nach § 14 Abs. 2 Nr. 2 bzw. Abs. 3 Kindergesetz kann nicht vor der Geburt des Kindes erfolgen (§ 14 Abs. 10 Kindergesetz). Eine Anerkennung der Vaterschaft kann bei einem Vaterschaftsverfahren vor Gericht diesem gegenüber unter den in § 14 Kindergesetz genannten Voraussetzungen erklärt werden (§ 19 Kindergesetz).

129 Durch **Gerichtsurteil** kann die Vaterschaft eines Mannes **festgestellt** werden, falls er nach den Ergebnissen rechtsgenetischer Untersuchungen ohne Zweifel der Vater des Kindes ist. In anderen Fällen erfolgt die Vaterschaftsfeststellung, falls der Mann ein sexuelles Verhältnis zur Mutter während der Periode, in der sie schwanger geworden ist, hatte und keine Umstände vorliegen, die es unwahrscheinlich erscheinen lassen, dass er der Vater des Kindes ist. Bestand in der genannten Periode auch ein sexuelles Verhältnis mit anderen Männern, wird weiterhin gefordert, dass nach den Ergebnissen rechtsgenetischer Untersuchungen keiner dieser Männer der Vater des Kindes ist oder es überwiegend wahrscheinlich ist, dass keiner dieser Männer Vater des Kindes ist. In letzterem Fall wird auch berücksichtigt, ob

Ring/Olsen-Ring

die Mutter in der relevanten Periode mit einem der Männer verheiratet gewesen ist oder zusammengelebt hat (§ 20 Kindergesetz).

Im Falle einer **künstlichen Befruchtung** („assistierte Reproduktion" [*assisteret reproduktion*], Kapitel 5 Kindergesetz), die von einer dem Gesundheitswesen angehörenden Person oder unter deren Verantwortung vorgenommen wird, wird der Ehegatte oder der Partner bzw. die Partnerin der Frau als Vater bzw. „Mitmutter" (*medmor*) des Kindes angesehen, wenn er oder sie in die Behandlung schriftlich eingewilligt hat und anzunehmen ist, dass das Kind durch die künstliche Befruchtung gezeugt worden ist (§ 27 Kindergesetz – Vaterschaft). Hat eine Frau, die mit einer anderen Frau verheiratet oder verpartnert ist, mit deren Zustimmung eine assistierte Reproduktionsbehandlung mit dem Samen eines bekannten Mannes erhalten, wird dieser als Vater angesehen, sofern anzunehmen ist, dass das Kind durch diese Behandlung gezeugt worden ist, und der Samenspender eine schriftliche Vaterschaftserklärung abgegeben hat. Die Mutter, ihre Ehefrau/Partnerin sowie der Samenspender können allerdings schriftlich erklären, dass stattdessen die Ehefrau/Partnerin die „Mitmutter" des Kindes sein soll (§ 27a Kindergesetz). In anderen als den von § 27 bzw. § 27a Kindergesetz erfassten Fällen gilt der Samenspender gemäß § 27b des Kindergesetzes selbst als Vater eines Kindes, das mit seinem Samen durch eine assistierte Reproduktionsbehandlung einer anderen Frau als dessen Ehefrau oder Partnerin gezeugt worden ist, sofern die Reproduktionsbehandlung durch eine dem Gesundheitswesen angehörende Person oder eine einer solchen Person unterstellte weitere Person erfolgt ist, der Samenspender schriftlich eingewilligt hat, dass eine bestimmte Frau die Behandlung erhält, davon auszugehen ist, dass das Kind durch diese Behandlung gezeugt worden ist, und der Samenspender schriftlich erklärt hat, dass er der Vater des Kindes sein will. Der Samenspender selbst gilt nach § 28 Kindergesetz in anderen Fällen nicht als Vater eines Kindes, wenn sein Samen an eine Samenbank oder eine dem Gesundheitswesen angehörende Person bzw. eine einer solchen Person unterstellte weitere Person gespendet worden ist (die die gesundheitsbehördlichen Vorgaben erfüllt) erfolgt ist. Eine Frau, die ein durch künstliche Befruchtung gezeugtes Kind gebärt, gilt als Mutter des Kindes (§ 30 Kindergesetz – Mutterschaft). Eine Vereinbarung, nach der eine Frau, die ein Kind gebärt, dieses nach der Geburt an einen Dritten abgeben soll (**Leihmutterschaft**), ist nach § 31 Kindergesetz nichtig.

II. Adoption

1. Rechtswirkungen einer Adoption

Gemäß § 16 des Adoptionsgesetzes[96] tritt dasselbe Rechtsverhältnis zwischen Annehmendem und Adoptivkind ein, das zwischen biologischen Eltern und ihren Kindern besteht. Erbrechtlich entsteht ebenfalls eine Gleichstellung mit biologischen Kindern. Gleichzeitig entfällt das Rechtsverhältnis einschließlich des Erbrechts zwischen dem Adoptivkind und dessen ursprünglichen Verwandten.

Bei einer **Stiefkindadoption**, wobei ein Ehegatte bzw. ein Partner eines Paares, das in einer eheähnlichen Beziehung lebt, das leibliche Kind oder das Adoptivkind des anderen Ehegatten bzw. des anderen nichtehelichen Partners oder eines ehemaligen Ehegatten adoptiert (§ 5a Adoptionsgesetz),[97] erlangt das Adoptivkind im Verhältnis zum Ehegatten bzw.

130

131

132

---

96 I.d.F. der Bekanntmachung Nr. 1821 vom 23.12.2015 (*adoptionslov*).
97 Ist die Ehe im letzteren Fall durch Scheidung oder Nichtigkeitserklärung aufgelöst worden, kann eine Stiefkindadoption allerdings nur erfolgen, wenn derjenige, der adoptiert werden soll, volljährig und geschäftsfähig ist.

zum früheren Ehegatten dieselbe Rechtsposition, als wäre es das gemeinsame Kind der beiden.

133   Eine (in der Praxis allerdings nur selten relevante) Einschränkung in der **Gleichstellung** von Adoptivkindern mit leiblichen Kindern statuiert § 17 Adoptionsgesetz, wonach eine Adoption kein Sukzessionsrecht an Lehens- oder Fideikommissgütern verleihen kann. Beim Fideikommiss kann Familienvermögen (oft Grundbesitz) ungeteilt in der Hand eines Familienmitgliedes verbleiben, wobei der Inhaber aber in der Verfügung unter Lebenden und von Todes wegen beschränkt ist und nur der Ertrag des Vermögens ihm zur freien Verfügung steht.

134   **Namensrechtlich** gelten die Bestimmungen des Namensgesetzes (siehe Rdn 41). Nach § 9 des Namensgesetzes erwirbt ein Adoptivkind den Nachnamen seiner Adoptiveltern bzw. eines Adoptivelternteils in Übereinstimmung mit den Regeln, die für leibliche Kinder gelten. In der Adoptionsbewilligung kann jedoch bestimmt werden, dass das Kind seinen bisherigen Nachnamen behält. Diese Regeln gelten auch, wenn das Kind durch eine ausländische, in Dänemark anerkannte Entscheidung adoptiert worden ist. Bei Aufhebung der Adoption behält das Kind das Recht, den aufgrund der Adoption erworbenen Namen beizubehalten. Der Adoptierte kann innerhalb des generellen Rahmens des Gesetzes einen Familiennamen sowohl aus der Familie des oder der Annehmenden oder aber aus der leiblichen Verwandtschaft (auch ohne deren Einwilligung) annehmen. Dasselbe gilt nach § 11 Abs. 5 des Namensgesetzes auch für einen Zwischennamen.

2. Adoptionsbewilligung

135   Eine Adoption erfolgt durch **Bewilligung** der Staatsverwaltung. Bei der Adoption eines Kindes aus dem Ausland entfaltet die Adoptionsbewilligung Rechtswirkung ab dem Zeitpunkt der Ankunft des Kindes in Dänemark (§ 1 des Adoptionsgesetzes). Dänemark ist Vertragsstaat des Haager Adoptionsabkommens. Im Verhältnis zu den anderen nordischen Staaten findet das Haager Adoptionsabkommen allerdings insoweit keine Anwendung, als die Nordische Konvention über Ehe, Adoption und Vormundschaft (siehe § 1 Rdn 105 ff.) in dem Umfang einschlägige Bestimmungen enthält. Die Voraussetzungen für die Bewilligung einer Adoption sind vor allem in den §§ 2 bis 15 des Adoptionsgesetzes, in der Adoptionsverordnung sowie im Detail in der Richtlinie über Adoption[98] geregelt. Eine Adoptionsbewilligung setzt u.a. grundsätzlich voraus, dass der Adoptierende mindestens 25 Jahre alt ist, und dass der Altersunterschied zwischen Adoptierendem und Adoptiertem mindestens 14 und höchstens 42 Jahre ausmacht. Ehepartner sowie in eheähnlicher Gemeinschaft lebende Paare können nur gemeinsam adoptieren. In zeitlicher Hinsicht wird Stabilität verlangt: Die Ehe bzw. das eheähnliche Zusammenleben muss in der Regel seit mindestens zweieinhalb Jahren bestehen. Darüber hinaus setzt eine erstmalige Adoptionsbewilligung die Teilnahme an adoptionsvorbereitenden Kursen und eine positive Beurteilung seitens des Adoptionsausschusses der Staatsverwaltung (*„adoptionssamrådet"*) in Bezug auf die Gesundheit, den Lebenswandel sowie die Wohn- und wirtschaftlichen Verhältnisse des/der Adoptierenden voraus.

---

98 Adoptionsverordnung Nr. 1863 vom 23.12.2015 (*bekendtgørelse om adoption*) und Richtlinie Nr. 11366 vom 30.12.2015 über Adoption (*vejledning om adoption*).

3. Erforderliche Zustimmungen

Ist ein Kind, das adoptiert werden soll, 12 Jahre oder älter, „soll" nach § 6 des Adoptionsgesetzes die Bewilligung nur nach Einholung der **Zustimmung des Kindes** erteilt werden, es sei denn, es steht zu vermuten, dass dieser Vorgang dem Kind schaden würde. Vor der Zustimmung muss ein Gespräch über die Adoption und deren Bedeutung mit dem Kind geführt werden. Bei einem Kind unter 12 Jahren müssen im Umfang, in dem die Reife des Kindes dies erlaubt, und soweit die Umstände des Einzelfalles es gestatten,[99] Informationen darüber eingeholt werden, wie das Kind selbst die angedachte Adoption beurteilt. Die Zustimmung des Kindes muss persönlich vor der Staatsverwaltung oder einer anderen, vom Sozial- und Innenminister diesbezüglich autorisierten Behörde erteilt werden.

Die **Zustimmung der leiblichen Eltern** (die wie jene des Kindes ebenfalls vor der Staatsverwaltung erfolgt) ist grundsätzlich erforderlich, wenn der Anzunehmende das 18. Lebensjahr noch nicht vollendet hat und nicht voll geschäftsfähig ist.[100] Hat einer der leiblichen Eltern kein Personensorgerecht bzw. ist er nicht auffindbar oder wegen Geisteskrankheit oder eines ähnlichen Umstandes außerstande, vernunftmäßig zu handeln, wird nur die Zustimmung des anderen Elternteils gefordert. Hat keiner der Eltern das Personensorgerecht bzw. befinden sich beide in einem der eben genannten Zustände, muss die Zustimmung des eingesetzten Vormunds eingeholt werden (§ 7 Adoptionsgesetz). Die Zustimmung nach § 7 Adoptionsgesetz kann grundsätzlich erst drei Monate nach Geburt des Kindes erfolgen. Vor der Zustimmung muss der Zustimmende über die Rechtswirkungen der Zustimmung und der Adoption informiert worden sein. Der Sozial- und Innenminister kann bestimmen, dass eine Zustimmung, die auch eventuell unter abweichenden Voraussetzungen vor einer ausländischen Behörde oder Institution erfolgt ist, einer Zustimmung vor einer dänischen Behörde oder Institution gleichgestellt wird (§ 8 Adoptionsgesetz).

Wird eine von den leiblichen Eltern erteilte **Zustimmung widerrufen**, kann eine Adoptionsbewilligung trotzdem erfolgen, wenn der Widerruf unter besonderer Berücksichtigung des Kindeswohls nicht angemessen begründet ist (§ 9 Abs. 1 Adoptionsgesetz).

Auch wenn keine Zustimmung der leiblichen Eltern nach § 7 Adoptionsgesetz erlangt werden kann, ist es in besonders gelagerten Ausnahmefällen möglich, eine Adoption zu bewilligen, wenn das **Kindeswohl** dies erfordert. Dies gilt vor allem für den Fall, dass die Voraussetzungen dafür, ein Kind außerhalb seiner Familie unterzubringen, erfüllt sind bzw. eine solche Unterbringung bereits stattfindet und glaubhaft gemacht wird, dass die Eltern dauerhaft die Fürsorge für das Kind nicht ausüben können, und eine Adoption unter Berücksichtigung des Strebens nach Kontinuität und Stabilität im Leben des Kindes als die beste Lösung für das Kind erscheint (§ 9 Abs. 3 und 4 i.V.m. Abs. 2 Adoptionsgesetz).

Gegen eine Adoptionsentscheidung der Staatsverwaltung kann bei der Familienabteilung der Sozialbehörde (*Ankestyrelsen*) **Klage** eingereicht werden bzw. bei Beschwerden über eine Adoptionsbewilligung ohne Zustimmung der Abgebenden (§ 9 des Adoptionsgesetzes) vor Gericht Klage eingereicht werden (näher Kapitel 10 der Adoptionsverordnung).

136

137

138

139

140

---

99 Das Kind darf dabei nur in eine Situation versetzt werden, die es überschauen kann.
100 Volle Geschäftsfähigkeit vor dem 18. Lebensjahr kann durch Heirat eintreten.

Deutschland

Dr. Malte Ivo, Notar, Hamburg

Literatur

Büte, Zugewinnausgleich bei Ehescheidung, 4. Aufl. 2012; *Göppinger/Börger*, Vereinbarungen anlässlich der Ehescheidung, 10. Aufl. 2013; *Gottwald/Schwab/Büttner*, Family & succession law in Germany, 2001; *Grziwotz*, Nichteheliche Lebensgemeinschaft, 5. Aufl. 2014; *Bültmann/Hausmann/Hohloch*, Das Recht der nichtehelichen Lebensgemeinschaft, 2. Aufl. 2004; *Johannsen/Henrich* (Hrsg.), Familienrecht, 6. Aufl. 2015; *Kaiser/Schnitzler/Friederici/Schilling* (Hrsg.), NomosKommentar BGB, Band 4, Familienrecht, 3. Aufl. 2014; *Langenfeld/Milzer*, Handbuch der Eheverträge und Scheidungsvereinbarungen, 7. Aufl. 2015; *Muscheler*, Familienrecht, 3. Aufl. 2013; *Münch*, Ehebezogene Rechtsgeschäfte, 4. Aufl. 2015; *MüKo zum Bürgerlichen Gesetzbuch*, Bd. 7 und 8 (Familienrecht I und II), 6. Aufl. 2013 (zit.: MüKoBGB/*Bearbeiter*); *Palandt*, Bürgerliches Gesetzbuch, 75. Aufl. 2016; *Schlüter*, BGB-Familienrecht, 14. Aufl. 2013; *Schröder/Bergschneider* (Hrsg.), Familienvermögensrecht, 3. Aufl. 2016; *Schwab*, Familienrecht, 23. Aufl. 2015; *Schwab* (Hrsg.), Handbuch des Scheidungsrechts, 7. Aufl. 2013; *Wendl/Dose*, Das Unterhaltsrecht in der familienrichterlichen Praxis, 9. Aufl. 2015; *Wever*, Vermögensauseinandersetzung der Ehegatten außerhalb des Güterrechts, 6. Aufl. 2014.

A. Eheschließung

I. Materielle Voraussetzungen

1. Obligatorische Zivilehe

1   Das deutsche Recht sieht die **obligatorische Zivilehe** vor. Die Ehe kann also mit Wirkung für den staatlichen Rechtsbereich nur vor einer staatlichen Behörde (Standesamt; siehe Rdn 10) geschlossen werden. Eine **kirchliche Trauung** hat keine bürgerlich-rechtlichen Wirkungen. Bis zum 31.12.2008 durfte eine kirchliche Trauung grds. erst nach der standesamtlichen Eheschließung vorgenommen werden (§ 67 PStG a.F.). Dieses Verbot der kirchlichen Voraustrauung ist mit dem neuen Personenstandsgesetz zum 1.1.2009 entfallen.

2. Verlöbnis

2   Der Eheschließung geht ein (formfreies) **Verlöbnis** voraus. Hierunter versteht man zum einen das gegenseitige Versprechen von Mann und Frau, künftig die Ehe eingehen zu wollen, zum anderen das mit diesem Versprechen begründete familienrechtliche Verhältnis.[1] Das Eheversprechen ist allerdings weder einklagbar, noch kann es durch eine Vertragsstrafe abgesichert werden (§ 1297 Abs. 1 und 2 BGB). Durch das Verlöbnis werden die Verlobten in einigen zivil- und öffentlich-rechtlichen Bereichen Eheleuten gleichgestellt; sie haben z.B. im Zivil- und Strafprozess ein Zeugnisverweigerungsrecht (§ 383 Abs. 1 Nr. 1 ZPO, § 52 Abs. 1 Nr. 1 StPO).[2]

---

1 Im Einzelnen hinsichtlich der Rechtsnatur umstr.; siehe MüKoBGB/*Roth*, § 1297 Rn 3 ff.; *Schwab*, Familienrecht, Rn 36 ff.
2 Siehe näher MüKoBGB/*Roth*, § 1297 Rn 16 ff.

3. Persönliche Voraussetzungen

a) Zwei Personen verschiedenen Geschlechts

Die Ehe können nur zwei Personen verschiedenen Geschlechts eingehen. Für gleichge- **3**
schlechtliche Partner besteht seit 2001 die Möglichkeit, eine eingetragene Lebenspartnerschaft zu begründen (siehe hierzu Rdn 123 ff.).

b) Ehefähigkeit

Die Ehe soll grds. nicht vor Eintritt der Volljährigkeit, also nicht vor Vollendung des **4**
18. Lebensjahres (§ 2 BGB), eingegangen werden, sog. **Ehemündigkeit** (§ 1303 Abs. 1 BGB).
Von dieser Voraussetzung kann das Familiengericht, eine besondere Abteilung des Amtsgerichts (§ 23b Abs. 1 S. 1 GVG), auf Antrag Befreiung erteilen, wenn der Antragsteller das
16. Lebensjahr vollendet hat und sein künftiger Ehegatte volljährig ist (§ 1303 Abs. 2 BGB).
Erteilt das Familiengericht diese Befreiung, bedarf der Antragsteller zur Eingehung der Ehe
nicht mehr der Einwilligung des gesetzlichen Vertreters oder eines sonstigen Inhabers der
Personensorge (§ 1303 Abs. 4 BGB).

Wer **geschäftsunfähig** (§ 104 Nr. 2 BGB) ist, kann eine Ehe nicht eingehen (§ 1304 BGB). **5**
Der Geschäftsunfähigkeit wird der Fall gleichgestellt, dass sich ein Ehegatte bei Eheschließung im Zustand der Bewusstlosigkeit oder vorübergehender Störung der Geistestätigkeit
befand (§ 1314 Abs. 2 Nr. 1 BGB).

c) Kein Eheverbot

Eine Ehe darf nicht geschlossen werden, wenn zwischen einer der Personen, die die Ehe **6**
miteinander eingehen wollen, und einer dritten Person eine Ehe oder eine Lebenspartnerschaft i.S.d. LPartG (siehe hierzu Rdn 123 ff.) besteht, **Verbot der Doppelehe** (§ 1306 BGB).
Auch zwischen Verwandten in gerader Linie (§ 1589 S. 1 BGB; z.B. Vater-Tochter) sowie
zwischen vollbürtigen und halbbürtigen Geschwistern darf eine Ehe nicht geschlossen
werden (§ 1307 BGB). Grundsätzlich gilt dies auch dann, wenn das Verwandtschaftsverhältnis auf einer Adoption beruht (§ 1308 BGB).

4. Rechtsfolgen von Verstößen

Fehlt es an einer der vorgenannten Voraussetzungen, treten abhängig von der Schwere des **7**
Verstoßes unterschiedliche Rechtsfolgen ein: Um eine **Nichtehe** handelt es sich, wenn die
Mitwirkung des Standesbeamten fehlt, die beteiligten Partner nicht geschlechtsverschieden
sind oder wenn die Ehewillenserklärung eines Partners fehlt.[3] Bei der Nichtehe entstehen
keinerlei Ehewirkungen. Hierauf kann sich jeder berufen, ohne dass es eines gerichtlichen
Gestaltungsurteils (Scheidungs- oder Aufhebungsurteils) bedarf.

Leidet die Eheschließung unter bestimmten schwerwiegenden Mängeln, die aber nicht zur **8**
völligen Unbeachtlichkeit (Nichtehe) führen, liegt eine **aufhebbare Ehe** vor. Die Aufhebungsgründe sind abschließend in § 1314 BGB genannt. So bilden etwa Verstöße gegen die
§§ 1303, 1304, 1306 und 1307 BGB **Aufhebungsgründe**. Auch bestimmte Willensmängel
(Irrtum, arglistige Täuschung und widerrechtliche Drohung) berechtigen zur Eheaufhebung
(§ 1314 Abs. 2 Nr. 2–4 BGB). Eine nach § 1314 BGB aufhebbare Ehe kann nur durch

---

3 *Schwab*, Familienrecht, Rn 59; *Schlüter*, BGB-Familienrecht, Rn 26.

gerichtliche Gestaltungsentscheidung (Beschluss) aufgehoben werden, und zwar im Grundsatz nur mit Wirkung für die Zukunft (siehe auch § 1318 BGB).[4]

9   Sind sich die Partner bei der Eheschließung darüber einig, keine eheliche Lebensgemeinschaft aufzunehmen, wird die Ehe vielmehr nur wegen ihrer Sekundärwirkungen (insbesondere im Ausländerrecht, siehe hierzu Rdn 48 ff.) geschlossen, hat sich der im Gesetz nicht vorgesehene Begriff der **Scheinehe** eingebürgert. An einer solchen Eheschließung darf der Standesbeamte zwar nicht mitwirken (§ 1310 Abs. 1 S. 2 Hs. 2 BGB). Allerdings wird es oft an der insoweit vorausgesetzten Offenkundigkeit fehlen. Die Eheschließung ist dann zunächst wirksam, aber aufhebbar (§ 1314 Abs. 2 Nr. 5 BGB), und zwar auch auf Antrag der nach dem Recht der Bundesländer zuständigen Verwaltungsbehörde (§ 1316 Abs. 1 Nr. 1 BGB).

II. Zuständige Behörde und Verfahren

10   Die beiderseitigen Erklärungen, die Ehe miteinander eingehen zu wollen, müssen vor einem **Standesbeamten** abgegeben werden (§ 1310 Abs. 1 S. 1 BGB).

11   Bestimmen sich die Voraussetzungen der Eheschließung nach ausländischem Recht (Art. 13 EGBGB, siehe hierzu Rdn 12), hat der betreffende Verlobte ein Zeugnis der inneren Behörde seines Heimatstaates beizubringen, dass der Eheschließung nach dem Recht dieses Staates kein Ehehindernis entgegensteht, sog. **Ehefähigkeitszeugnis** (§ 1309 Abs. 1 S. 1 BGB). Hiervon kann der Präsident des zuständigen Oberlandesgerichts im Einzelfall Befreiung erteilen (§ 1309 Abs. 2 BGB).

III. Kollisionsrecht der Eheschließung

12   Zum Kollisionsrecht der Eheschließung siehe Allgemeiner Teil § 2 Rdn 114 ff.

B. Folgen der Ehe

I. Güterrecht

1. Güterstände

13   Das BGB legt die Ehegatten nicht zwingend auf ein bestimmtes güterrechtliches Modell fest, sondern stellt drei Güterstände zur Verfügung, die zudem durch ehevertragliche Vereinbarung modifiziert werden können (siehe Rdn 36 ff.). Das Grundmodell des Gesetzes (gesetzlicher Güterstand) ist die **Zugewinngemeinschaft**, in der die Ehegatten leben, wenn sie nicht durch Ehevertrag etwas anderes vereinbart haben (§ 1363 Abs. 1 BGB). Als Wahlgüterstände sieht das Gesetz die **Gütertrennung** und die **Gütergemeinschaft** vor. Die Gütergemeinschaft kommt vor allem noch im ländlichen Bereich vor; ihre praktische Bedeutung nimmt aber stetig ab.

---

4 *Schwab*, Familienrecht, Rn 90; *Schlüter*, BGB-Familienrecht, Rn 31.

2. Auswirkungen der Ehe auf das Eigentum

a) Zugewinngemeinschaft

Bei der Zugewinngemeinschaft werden das Vermögen des Mannes und das Vermögen der Frau nicht gemeinschaftliches Vermögen der Ehegatten (§ 1363 Abs. 2 S. 1 Hs. 1 BGB). Dies gilt auch für Vermögen, das ein Ehegatte nach der Eheschließung erwirbt (§ 1363 Abs. 2 S. 1 Hs. 2 BGB). Kraft Gesetzes entsteht also **kein gemeinschaftliches Vermögen**. Ebenso wenig entstehen kraft Gesetzes **gemeinschaftliche Schulden**. Vielmehr haftet jeder Ehegatte für seine vor und während der Ehe entstandenen Verbindlichkeiten allein und nur mit seinem Vermögen.[5] Selbstverständlich können die Ehegatten aber gemeinschaftliches Vermögen (z.B. Mit- oder Gesamthandseigentum) und gemeinschaftliche Verbindlichkeiten (z.B. Gesamtschuld) nach den allgemeinen Regeln des Sachen- bzw. Schuldrechts begründen, etwa indem sie eine Immobilie zu Miteigentum von je ein halb erwerben oder ein Ehegatte vertraglich die Mithaftung für eine Verbindlichkeit des anderen Ehegatten übernimmt. Zu einem Vermögensausgleich kommt es erst bei Auflösung der Ehe, und zwar bei einer Ehescheidung durch konkrete Berechnung des **Zugewinnausgleichs** (siehe hierzu Rdn 67 ff.), beim Tod eines Ehegatten grds. durch Erhöhung des gesetzlichen Erbteils des überlebenden Ehegatten um ein Viertel der Erbschaft (§ 1371 Abs. 1 Hs. 1 BGB).

Während der Ehe verwaltet jeder Ehegatte sein Vermögen selbstständig (§ 1364 Hs. 1 BGB). Es bestehen allerdings zwei **Verfügungsbeschränkungen:** Ein Ehegatte kann sich nur mit Zustimmung des anderen Ehegatten verpflichten, über sein **Vermögen im Ganzen** zu verfügen (§ 1365 Abs. 1 S. 1 BGB). Hat er sich ohne Zustimmung des anderen verpflichtet, so kann er die Verpflichtung nur erfüllen, wenn der andere Ehegatte einwilligt (§ 1365 Abs. 1 S. 2 BGB). Diese Regelung verfolgt zum einen das Ziel, den Zugewinnausgleich zu sichern, zum anderen, das Interesse des anderen Ehegatten an der Erhaltung des Familienvermögens zu schützen.[6] Dabei greift § 1365 Abs. 1 BGB nicht nur dann ein, wenn Verfügungsgegenstand tatsächlich das gesamte Vermögen als solches ist (was in der Praxis kaum vorkommt), sondern nach h.M. auch bei einer Verfügung über einen **Einzelgegenstand**, wenn dieser – wirtschaftlich betrachtet – das ganze oder nahezu ganze Vermögen ausmacht.[7] Hierbei wird die Grenze des verbleibenden Restvermögens bei ca. 15 % des ursprünglichen Gesamtvermögens gezogen,[8] bei größeren Vermögen bei ca. 10 %.[9] Bei einer Verfügung über einen Einzelgegenstand muss der Vertragspartner ferner wissen, dass es sich um (nahezu) das ganze Vermögen des Ehegatten handelt, oder zumindest die Verhältnisse kennen, aus denen er diesen Schluss ziehen kann.[10] Die zweite Verfügungsbeschränkung betrifft **Gegenstände des ehelichen Haushalts**. Über solche Gegenstände kann der Ehegatte, dem sie gehören, nur verfügen und sich zu einer solchen Verfügung auch nur verpflichten, wenn der andere Ehegatte einwilligt (§ 1369 Abs. 1 BGB). §§ 1365, 1369 BGB enthalten **absolute Veräußerungsverbote**.[11] Eine entgegen diesen Vorschriften vorgenommene Verfügung (z.B. Übereignung) ist unwirksam. Auch ein gutgläubiger Erwerb scheidet aus.

---

5 MüKoBGB/*Kanzleiter*, Vor § 1414 Rn 12; Ausnahme: die güterstandsunabhängige gesetzliche Mitverpflichtung und Mitberechtigung bei Geschäften zur angemessenen Deckung des Lebensbedarfs der Familie gem. § 1357 BGB, sog. Schlüsselgewalt (siehe hierzu Rdn 33 f.).

6 BGHZ 77, 293, 297; 101, 225, 228; BGH NJW 2000, 1947, 1948.

7 BGHZ 35, 135; 132, 218, 220 f.; MüKoBGB/*Koch*, § 1365 Rn 9 ff.

8 BGHZ 77, 293, 298; BGH NJW 1991, 1739, 1740.

9 BGH NJW 1991, 1739, 1740.

10 Sog. subjektive Theorie; BGHZ 43, 177; 77, 293, 295; 132, 218, 221.

11 BGHZ 40, 218; Palandt/*Brudermüller*, § 1365 BGB Rn 14.

Ivo

b) Gütertrennung

16 Bei der Gütertrennung bleiben – wie bei der Zugewinngemeinschaft (siehe Rdn 14) – das Vermögen des Mannes und das Vermögen der Frau getrennt. Es bestehen allerdings keine Verfügungsbeschränkungen, und bei Beendigung des Güterstandes (z.B. durch Ehescheidung) findet **kein güterrechtlicher Ausgleich** statt (siehe Rdn 67 ff.). Wie bei der Zugewinngemeinschaft können die Ehegatten selbstverständlich gemeinschaftliches Vermögen und gemeinschaftliche Verbindlichkeiten nach den allgemeinen sachen- bzw. schuldrechtlichen Regeln durch besonderes Rechtsgeschäft begründen.

c) Gütergemeinschaft

17 Durch die Gütergemeinschaft werden das Vermögen des Mannes und das Vermögen der Frau gem. § 1416 Abs. 1 S. 1 BGB gemeinschaftliches Vermögen beider Ehegatten (**Gesamtgut**). Zu dem Gesamtgut gehört auch das Vermögen, das einer der Ehegatten während der Gütergemeinschaft erwirbt (§ 1416 Abs. 1 S. 2 BGB). Das Gesamtgut wird auch gemeinschaftlich verwaltet, falls die Ehegatten durch Ehevertrag nichts anderes vereinbaren (§§ 1421 ff., 1450 ff. BGB). Verfügt bei gemeinschaftlicher Verwaltung ein Ehegatte allein über zum Gesamtgut gehörende Gegenstände, ist diese Verfügung unwirksam (§ 1453 Abs. 1 i.V.m. § 1366 BGB).

18 Vom Gesamtgut ausgeschlossen ist das **Sondergut** (§ 1417 Abs. 1 BGB). Sondergut sind die Gegenstände, die nicht durch Rechtsgeschäft übertragen werden können (§ 1417 Abs. 2 BGB), z.B. nach Maßgabe der §§ 850 ff. ZPO unpfändbare Lohn- und Gehaltsansprüche, nicht übertragbare dingliche Rechte – z.B. der Nießbrauch (§ 1059 S. 1 BGB) und die beschränkte persönliche Dienstbarkeit (§ 1092 Abs. 1 S. 1 BGB) – und nach h.M. der Anteil an einer Personengesellschaft, da die Gütergemeinschaft als solche nicht Gesellschafterin einer Personengesellschaft sein kann.[12] Vom Gesamtgut ist ferner das **Vorbehaltsgut** ausgeschlossen (§ 1418 Abs. 1 BGB). Dazu zählen die Gegenstände, die durch Ehevertrag hierzu erklärt sind (§ 1418 Abs. 2 Nr. 1 BGB), die ein Ehegatte von Todes wegen oder durch unentgeltliche Zuwendung Dritter mit der Bestimmung erwirbt, dass sie in das Vorbehaltsgut fallen sollen (§ 1418 Abs. 2 Nr. 2 BGB), sowie kraft gesetzlicher Surrogation Ersatzstücke für einen Gegenstand, der Vorbehaltsgut war (§ 1418 Abs. 2 Nr. 3 BGB). Sonder- und Vorbehaltsgut werden von den Ehegatten **selbstständig verwaltet** (§§ 1417 Abs. 3 S. 1, 1418 Abs. 3 S. 1 BGB).

II. Ehelicher Unterhalt

1. Allgemeines

19 Zu den wichtigsten Folgen der Ehe zählt die Pflicht der Ehegatten, ihre Familie angemessen zu unterhalten. Hierbei differenziert das Gesetz zwischen der Unterhaltspflicht **während bestehender Ehe** (§§ 1360–1361 BGB) und der Unterhaltspflicht **nach der Ehescheidung** (§§ 1569 ff. BGB; siehe Rdn 82 ff.). Während bestehender Ehe wird wiederum danach unterschieden, ob die Ehegatten in häuslicher Gemeinschaft (§§ 1360–1360b BGB; siehe Rdn 20) oder getrennt leben (§ 1361 BGB; siehe Rdn 21). Der Familien-, Trennungs- und der nacheheliche Unterhalt haben verschiedene Streitgegenstände. Der Anspruch auf Familienunterhalt erlischt mit der Trennung, der Trennungsunterhalt mit rechtskräftiger Ehescheidung.[13]

---

12 BayObLG DNotZ 2003, 454; *Baumbach/Hopt*, HGB, 36. Aufl. 2014, § 161 Rn 4; differenzierend nach der Übertragbarkeit des Anteils *Kanzleiter*, DNotZ 2003, 422 ff.
13 Palandt/*Brudermüller*, Einf. vor § 1569 BGB Rn 6.

2. Familienunterhalt

Nicht getrennt lebende Ehegatten sind einander verpflichtet, durch ihre Arbeit und mit   20
ihrem Vermögen die Familie angemessen zu unterhalten (§ 1360 S. 1 BGB). Der **angemessene Unterhalt** umfasst alles, was nach den Verhältnissen der Ehegatten erforderlich ist,
um die Kosten des Haushalts zu bestreiten und die persönlichen Bedürfnisse der Ehegatten
und den Lebensbedarf der gemeinsamen unterhaltsberechtigten Kinder zu befriedigen
(§ 1360a Abs. 1 BGB). Die Form, in der Familienunterhalt zu leisten ist, bestimmt sich nach
der Ausgestaltung der ehelichen Lebensverhältnisse (§ 1360a Abs. 2 S. 1 BGB). Ist einem
Ehegatten die Haushaltsführung überlassen, erfüllt er seine Unterhaltspflicht i.d.R. durch
die Führung des Haushalts (§ 1360 S. 2 BGB). Im Übrigen kann der Unterhalt durch
Naturalleistungen (z.B. durch Zurverfügungstellen der Wohnung, Verpflegung) oder in
Geld (Wirtschaftsgeld/Haushaltsgeld) erbracht werden. Der haushaltsführende (oder nur
hinzuverdienende) Ehegatte hat gegen den anderen zur Deckung seines eigenen angemessenen Bedarfs nach h.M. grds. einen Anspruch auf Zahlung eines **Taschengeldes**, wobei i.d.R.
ca. 5–7 % des verfügbaren Nettoeinkommens angesetzt werden.[14]

3. Trennungsunterhalt

Leben die Ehegatten getrennt (zum Begriff siehe Rdn 54), wird die eheliche Unterhaltsver-   21
pflichtung grundlegend umgestaltet. An die Stelle der gegenseitigen Verpflichtung beider
Ehegatten, die Familie mit ihrer Arbeit und ihrem Vermögen zu unterhalten, tritt ein
einseitiger Individualanspruch eines Ehegatten gegen den anderen. Dieser Anspruch ist
nicht mehr auf die Sicherung des Familienunterhalts gerichtet, sondern bemisst sich nach
dem Lebensbedarf des unterhaltsberechtigten Ehegatten und ist auf Zahlung einer monatlichen **Geldrente** gerichtet (§ 1361 Abs. 4 S. 1 BGB). Maßgebend für den Trennungsunterhalt
sind zunächst die Lebensverhältnisse der Ehegatten, d.h. insbesondere der Lebensstandard,
den sie vor der Trennung erreicht hatten. Daneben stellt das Gesetz auf die Erwerbs-
und Vermögensverhältnisse der Ehegatten ab (§ 1361 Abs. 1 S. 1 Hs. 1 BGB). Nach einer
Gesamtschau dieser Verhältnisse richten sich der **Bedarf** und die **Bedürftigkeit** des unterhaltsberechtigten Ehegatten sowie die **Leistungsfähigkeit** des Verpflichteten.

Im Normalfall wird der **Bedarf** durch das Einkommen der Ehegatten aus einer Erwerbstä-   22
tigkeit bestimmt. Sind beide Ehegatten erwerbstätig, ist grds. das gemeinsame Einkommen
prägend. Ist nur ein Ehegatte erwerbstätig, richtet sich danach der Lebenszuschnitt beider
Ehegatten. Im Ansatz sind die bereinigten eheprägenden Einkünfte nach dem **Halbteilungsgrundsatz** aufzuteilen. Für Einkünfte aus Erwerbstätigkeit wird jedoch dem erwerbstätigen
Ehegatten ein **Erwerbstätigenbonus** zuerkannt. Hierbei greift die Praxis auf die von den
Gerichten entwickelten und turnusmäßig aktualisierten **Unterhaltstabellen** zurück, insbesondere auf die „Düsseldorfer Tabelle"[15] und die Unterhaltsleitlinien der Oberlandesgerichte.[16] Diese Unterhaltstabellen haben allerdings nur den Charakter unverbindlicher
Richtwerte und dürfen deshalb im Einzelfall nicht schematisch angewandt werden.[17] Nach
der „Düsseldorfer Tabelle" gilt im Grundsatz: Ist der unterhaltsberechtigte Ehegatte nicht
erwerbstätig, wird sein Bedarf mit 3/7 des anrechenbaren Erwerbseinkommens zuzüglich 1/2
der anrechenbaren sonstigen Einkünfte des Verpflichteten angesetzt.[18] Bei der **Doppelver-**

---

14 BGH NJW 1998, 1553, 1554; Palandt/*Brudermüller*, § 1360a BGB Rn 4.
15 Stand: 1.1.2016; abrufbar z.B. unter www.dnoti.de unter „Arbeitshilfen".
16 Abrufbar z.B. unter www.famrz.de unter „Arbeitshilfen".
17 MüKoBGB/*Weber-Monecke*, § 1361 Rn 41.
18 Düsseldorfer Tabelle, B. I.a.

Ivo

dienerehe wird dem weniger verdienenden Ehegatten 3/7 der Differenz zwischen den anrechenbaren Erwerbseinkommen der Ehegatten zugesprochen.[19]

23 **Bedürftig** ist ein Ehegatte dann, wenn er seinen Unterhaltsbedarf nicht durch eine zumutbare Erwerbstätigkeit oder durch Einkünfte aus seinem Vermögen decken kann. Für den während der Ehe nicht erwerbstätigen Ehegatten ist die Erwerbsobliegenheit in der Trennungsphase (für den Unterhalt nach der Scheidung siehe § 1574 Abs. 2 BGB sowie Rdn 82 ff.) aber erheblich eingeschränkt. Er kann gem. § 1361 Abs. 2 BGB nur dann auf eine eigene Erwerbstätigkeit verwiesen werden, wenn dies von ihm nach seinen persönlichen Verhältnissen, insbesondere wegen einer früheren Erwerbstätigkeit unter Berücksichtigung der Dauer der Ehe, und nach den wirtschaftlichen Verhältnissen beider Ehegatten erwartet werden kann. Dies gilt nach der zum 1.1.2008 in Kraft getretenen Reform des Unterhaltsrechts (siehe Rdn 83) uneingeschränkt aber nur noch für das erste Trennungsjahr. Danach wird die Erwerbsobliegenheit i.d.R. wie beim nachehelichen Unterhalt zu beurteilen sein (siehe Rdn 82 ff.).[20]

24 **Leistungsfähig** ist der unterhaltsverpflichtete Ehegatte, wenn er den Unterhalt aus erzielten oder erzielbaren Einkünften oder aus Vermögen, dessen Verwertung zumutbar ist, leisten kann. Die Leistungsfähigkeit wird begrenzt durch den Betrag, den der Verpflichtete für seinen eigenen Unterhalt und den Unterhalt vorrangig Berechtigter benötigt.[21] Insoweit wird der Maßstab des § 1581 BGB, der unmittelbar für den nachehelichen Unterhalt gilt, analog angewandt.[22] Ist also der Verpflichtete außerstande, den Unterhalt ohne Gefährdung seines eigenen angemessenen Unterhalts zu gewähren, braucht er nur insoweit Unterhalt zu leisten, wie es mit Rücksicht auf die Bedürfnisse sowie die Erwerbs- und Vermögensverhältnisse des anderen Ehegatten der Billigkeit entspricht. Dem erwerbstätigen Unterhaltsverpflichteten muss in jedem Fall der **notwendige Selbstbehalt (Eigenbedarf)** verbleiben, der nach der „Düsseldorfer Tabelle" derzeit monatlich gegenüber Ehegatten 1.200 EUR beträgt. Diese weitgehende Haftung wird allerdings regelmäßig nur zur Geltung kommen, wenn der Unterhaltsberechtigte wegen der Betreuung minderjähriger Kinder ebenso bedürftig ist wie ein Kind. Anderenfalls ist dem Verpflichteten ein billiger Selbstbehalt einzuräumen, der von der Rspr. aus dem Mittelwert zwischen dem notwendigen und dem **angemessenen Selbstbehalt** gebildet wird.[23]

25 Modifikationen der vorgenannten Berechnungsweise sind erforderlich, wenn der Unterhaltsberechtigte (nach der Trennung) im **Ausland** lebt. Hierbei wird zunächst der Bedarf ermittelt, der sich entsprechend den allgemeinen Regeln aus den ehelichen Lebensverhältnissen ergibt. In einem zweiten Schritt ist dann festzustellen, welchen Betrag der Berechtigte benötigt, um in dem Land, in dem er nunmehr lebt, dieselbe **Kaufkraft** zur Verfügung zu haben.[24] Hierbei werden überwiegend die sog. **Verbrauchergeldparitäten** zugrunde gelegt, die regelmäßig vom Statistischen Bundesamt bekannt gegeben werden.[25] Bei einer Abweichung der Verbrauchergeldparität ist aber nicht stets und im gleichen Verhältnis eine Bedarfskorrektur vorzunehmen. Nach dem Halbteilungsgrundsatz sind während des Getrenntlebens die verfügbaren Mittel so zu verteilen, dass beide Ehegatten in gleichem Um-

---

19 Düsseldorfer Tabelle, B. I.b.
20 Im Einzelnen umstr.; siehe Palandt/*Brudermüller*, § 1361 BGB Rn 13.
21 Palandt/*Brudermüller*, § 1361 BGB Rn 67.
22 BVerfG NJW 2002, 2701.
23 OLG Koblenz NJW 2003, 1816; siehe näher Palandt/*Brudermüller*, § 1361 BGB Rn 68.
24 BGH FamRZ 1987, 682, 683 f.
25 Siehe dazu näher *Dose*, in: *Wendl/Dose*, Das Unterhaltsrecht in der familienrichterlichen Praxis, § 9 Rn 36 ff.

Ivo

fang ihren Bedarf decken können. Für den nachehelichen Unterhalt gilt dies entsprechend, wenn die ehelichen Lebensverhältnisse bereits von der staatenübergreifenden Bedarfslage geprägt waren.[26]

III. Name

1. Ehename

Die Ehegatten sollen einen gemeinsamen Familiennamen, den **Ehenamen**, bestimmen (§ 1355 Abs. 1 S. 1 BGB). Sie sind aber zur Führung eines gemeinsamen Ehenamens nicht verpflichtet. Bestimmen sie keinen Ehenamen, so führen sie ihren zur Zeit der Eheschließung geführten Namen auch nach der Eheschließung (§ 1355 Abs. 1 S. 3 BGB). Zum Ehenamen können die Ehegatten durch Erklärung gegenüber dem Standesbeamten den **Geburtsnamen** des Mannes oder der Frau bestimmen (§ 1355 Abs. 2 BGB). Geburtsname ist der Name, der zum Zeitpunkt der Erklärung gegenüber dem Standesbeamten in die Geburtsurkunde eines Ehegatten einzutragen ist (§ 1355 Abs. 6 BGB). Im Regelfall ist dies der Name, den der Ehegatte bei der Geburt von seinen Eltern bzw. von einem Elternteil erhalten hat (§§ 1616, 1617, 1617a BGB). Allerdings kann sich der Geburtsname im Einzelfall nach der Geburt noch ändern, z.B. durch eine Adoption (§ 1757 Abs. 1 BGB) oder eine Einbenennung (§ 1618 BGB), ebenso durch eine öffentlich-rechtliche Namensänderung nach dem Gesetz über die Änderung von Familiennamen und Vornamen (NÄG). Seit der Neufassung des § 1355 Abs. 2 BGB[27] können die Ehegatten außerdem den zur Zeit der Erklärung über die Bestimmung des Ehenamens geführten Namen des Mannes oder der Frau zum Ehenamen bestimmen (siehe Rdn 29).

26

Der Ehegatte, dessen Name nicht Ehename wird, kann seinen Geburtsnamen oder den zur Zeit der Erklärung gegenüber dem Standesbeamten geführten Namen dem Ehenamen voranstellen oder anfügen (§ 1355 Abs. 4 S. 1 BGB). Ein **gemeinsamer Doppelname** kann nicht gewählt werden. Dadurch soll verhindert werden, dass sich die Anzahl der aneinander gereihten Namen von Generation zu Generation erhöht. Diese Einschränkung ist verfassungsgemäß.[28] Die Wahl eines gemeinsamen Ehenamens soll grds. bei der Eheschließung getroffen werden (§ 1355 Abs. 3 S. 1 BGB). Sie kann aber auch durch eine öffentlich beglaubigte Erklärung unbefristet nachgeholt werden (§ 1355 Abs. 3 S. 2 BGB).

27

2. Name des verwitweten oder geschiedenen Ehegatten

Haben die Ehegatten einen Ehenamen bestimmt, behält auch der verwitwete oder geschiedene Ehegatte diesen Ehenamen (§ 1355 Abs. 5 S. 1 BGB). Er kann aber durch Erklärung gegenüber dem Standesbeamten seinen Geburtsnamen oder den Namen, den er bis zur Bestimmung des Ehenamens geführt hat, wieder annehmen. Darüber hinaus kann er seinen Geburtsnamen oder den zur Zeit der Bestimmung des Ehenamens geführten Namen dem Ehenamen voranstellen oder anfügen (§ 1355 Abs. 5 S. 2 BGB).

28

---

26 *Dose*, in: *Wendl/Dose*, Das Unterhaltsrecht in der familienrichterlichen Praxis, § 9 Rn 81; siehe dazu auch *Johannsen/Henrich*, Familienrecht, Art. 18 EGBGB Rn 29 f.
27 BGBl 2005 I, S. 203.
28 BVerfG NJW 2002, 1256.

Ivo

3. Ehename bei Wiederverheiratung

29   Nach der bis zum 11.2.2005 geltenden Fassung des § 1355 Abs. 2 BGB konnte im Falle der **Wiederverheiratung** eines verwitweten oder geschiedenen Ehegatten der durch die frühere Eheschließung erworbene Ehename nicht zum neuen Ehenamen bestimmt werden. Dies verstößt nach einem Urteil des BVerfG gegen Art. 2 Abs. 1 i.V.m. Art. 1 Abs. 1 GG.[29] Die seit dem 12.2.2005 geltende Neufassung des Gesetzes setzt dieses Urteil um und lässt es zu, dass nicht nur der Geburtsname eines Ehegatten, sondern auch der durch eine frühere Eheschließung erworbene Name zum Ehenamen in einer späteren Ehe bestimmt wird.[30]

4. Geburtsname gemeinsamer Kinder

30   Haben die Ehegatten einen gemeinsamen Ehenamen bestimmt (siehe Rdn 26), erhalten gemeinsame Kinder diesen Ehenamen als Geburtsnamen (§ 1616 BGB). Führen die Ehegatten keinen Ehenamen und steht ihnen die elterliche Sorge gemeinsam zu, so bestimmen sie durch Erklärung gegenüber dem Standesbeamten den Namen, den der Vater oder die Mutter zur Zeit der Erklärung führt, zum **Geburtsnamen des Kindes** (§ 1617 Abs. 1 S. 1 BGB). Diese Bestimmung gilt auch für weitere Kinder der Ehegatten, um die Namensgleichheit von Geschwistern zu wahren (§ 1617 Abs. 1 S. 3 BGB). Diese Bindung entfällt, wenn zwischenzeitlich ein Ehename bestimmt wurde. Für die schon geborenen Kinder kommt dann eine Namensänderung in Betracht (§ 1617c Abs. 1 BGB).

IV.   Sonstige Ehewirkungen

1. Pflicht zur ehelichen Lebensgemeinschaft

31   Nach der Generalklausel des § 1353 Abs. 1 S. 2 BGB sind die Ehegatten einander zur **ehelichen Lebensgemeinschaft** verpflichtet und tragen füreinander Verantwortung. Diese allgemeine Verpflichtung konkretisiert das Gesetz nicht, sondern stellt es den Ehegatten anheim, ihre Ehe nach den eigenen Vorstellungen auszugestalten. So macht das Gesetz keine Vorgaben für die Haushaltsführung oder die Erwerbstätigkeit, sondern überlässt diese Fragen dem Einvernehmen der Ehegatten (§ 1356 BGB). Als **Grundelemente** der ehelichen Lebensgemeinschaft werden jedoch herkömmlicherweise angesehen: das Zusammenleben in häuslicher Gemeinschaft, je nach Alter, Gesundheit und psychischer Disposition die Pflicht zur Geschlechtsgemeinschaft, die Pflicht zu ehelicher Treue, die Achtung und Rücksichtnahme aufeinander und allgemein die Sorge um die gemeinsamen Angelegenheiten.[31]

32   Die persönliche Verpflichtung zur Herstellung und Wahrung der ehelichen Lebensgemeinschaft kann nicht zwangsweise durchgesetzt werden. Betrifft jedoch eine außereheliche Beziehung eines Ehegatten den **räumlich-gegenständlichen Bereich der Ehe** („die Geliebte im Ehebett"), bejaht die Rspr. vollstreckbare Unterlassungsansprüche.[32]

2. „Schlüsselgewalt"

33   Jeder Ehegatte ist berechtigt, Geschäfte zur angemessenen Deckung des Lebensbedarfs der Familie mit Wirkung auch für den anderen Ehegatten zu besorgen. Durch solche

---

29 BVerfG NJW 2004, 1155.
30 BGBl 2005 I, S. 203; BT-Drucks 15/3979.
31 Siehe dazu *Schwab*, Familienrecht, Rn 106 ff.; Palandt/*Brudermüller*, § 1353 BGB Rn 2 ff.
32 BGHZ 6, 360; OLG München FamRZ 1973, 93; MüKoBGB/*Roth*, § 1353 Rn 51.

Rechtsgeschäfte werden beide Ehegatten berechtigt und verpflichtet, es sei denn, dass sich aus den Umständen etwas anderes ergibt (§ 1357 Abs. 1 BGB). Diese sog. **Schlüsselgewalt** gilt in allen Güterständen und hat den Zweck, jeden Ehegatten, vor allem den haushaltsführenden, der normalerweise nicht über ein eigenes Einkommen verfügt, in die Lage zu versetzen, seine Aufgaben eigenverantwortlich erfüllen zu können, und soll darüber hinaus den Rechtsverkehr schützen. Die „Schlüsselgewalt" umfasst nicht nur Geschäfte zur unmittelbaren Bedarfsdeckung (etwa den Kauf von Lebensmitteln und Kleidung), sondern alle Geschäfte, mit denen der persönliche Bedarf der Ehegatten und der gemeinsamen unterhaltsberechtigten Kinder befriedigt werden soll (etwa Kauf von Kosmetika, Ausgaben für Bildung und Unterhaltung). Angemessen i.S.d. § 1357 Abs. 1 BGB sind nur solche Geschäfte, die von einem Ehegatten nach dem äußerlich erkennbaren Zuschnitt der ehelichen Lebensverhältnisse selbstständig erledigt werden können. Geschäfte größeren Umfangs, die ohne Schwierigkeiten zurückgestellt werden können, fallen nicht darunter.[33]

Geschäfte, die im Rahmen der „Schlüsselgewalt" besorgt werden, verpflichten beide Ehegatten als **Gesamtschuldner** (§ 421 BGB), so dass der Gläubiger nach seiner Wahl von jedem Ehegatten die ganze Leistung verlangen kann. Die aus § 1357 Abs. 1 S. 2 BGB folgende Berechtigung beider Ehegatten bezieht sich nach h.M. nur auf das schuldrechtliche Geschäft, nicht aber auf die dingliche Rechtslage.[34] Wer Eigentümer einer nach § 1357 Abs. 1 BGB angeschafften Sache wird, beurteilt sich vielmehr nach den allgemeinen sachenrechtlichen Regeln.   34

3. Eigentumsvermutung

Zugunsten der Gläubiger eines Ehegatten wird vermutet, dass die im Besitz eines oder beider Ehegatten befindlichen beweglichen Sachen dem Schuldner gehören (§ 1362 Abs. 1 S. 1 BGB). Für ausschließlich den persönlichen Gebrauch eines Ehegatten bestimmte Sachen wird dessen Eigentum vermutet (§ 1362 Abs. 2 BGB). Diese Vorschriften sollen die Gläubiger eines Ehegatten vor einer Verschleierung der Eigentumsverhältnisse bewahren.[35] Die **Eigentumsvermutung** ist **widerlegbar**. Sie wird für die **Zwangsvollstreckung** um eine entsprechende Gewahrsams- und Besitzvermutung ergänzt (§ 739 ZPO).   35

V. Möglichkeiten vertraglicher Gestaltung

1. Eigentumszuordnung

Vertragliche Vereinbarungen zum Güterrecht haben im Wesentlichen Bedeutung für die Vermögensteilung bei einer Ehescheidung (siehe Rdn 67 ff.), können aber auch die Eigentumszuordnung während bestehender Ehe betreffen.   36

Leben die Ehegatten im gesetzlichen Güterstand der **Zugewinngemeinschaft** oder haben sie **Gütertrennung** vereinbart, können sie die Eigentumszuordnung nach den allgemeinen sachenrechtlichen Regelungen durch die gewünschte Gestaltung von Erwerbsvorgängen steuern, etwa indem nicht der Ehegatte, der einen haftungsträchtigen Beruf ausübt, das Familienwohnheim erwirbt, sondern allein der andere Ehegatte. Möglich sind selbstver-   37

---

33 BGHZ 116, 184, 186; siehe näher MüKoBGB/*Roth*, § 1357 Rn 17 ff.; Palandt/*Brudermüller*, § 1357 BGB Rn 10 ff., jeweils mit Beispielen aus der Rspr.
34 BGH NJW 1991, 2283; OLG Köln NJW-RR 1996, 904; *Schlüter*, BGB-Familienrecht, Rn 89; a.A. *Schwab*, Familienrecht, Rn 182.
35 BGH NJW 1976, 238.

ständlich auch Vermögensübertragungen zwischen den Ehegatten (zum Ausgleich solcher Zuwendungen bei Ehescheidung siehe Rdn 76 ff.). Bei der Zugewinngemeinschaft können die Ehegatten außerdem die Verfügungsbeschränkungen der §§ 1365, 1369 BGB (siehe Rdn 15) einschränken oder auch vollständig ausschließen.[36] Denn die Ehegatten können ihre güterrechtlichen Verhältnisse durch Vertrag (**Ehevertrag**) regeln (§ 1408 Abs. 1 BGB). Ein solcher Vertrag bedarf der **notariellen Beurkundung** (§ 1410 BGB). Von der an sich möglichen Eintragung ehevertraglicher Güterrechtsvereinbarungen im **Güterrechtsregister** (§§ 1558 ff. BGB) wird in der Praxis kaum mehr Gebrauch gemacht. Vereinbaren die Ehegatten **Gütergemeinschaft**, kann die Eigentumszuordnung vor allem durch die ehevertragliche Vereinbarung von Vorbehaltsgut (§ 1418 Abs. 2 Nr. 1 BGB) beeinflusst werden. Ferner sind Regelungen zur Verwaltung des Gesamtguts gebräuchlich, insbesondere die Erteilung von Vollmachten bei gemeinschaftlicher Verwaltung.[37]

2. Ehelicher Unterhalt

38 Die gegenseitige Verpflichtung der Ehegatten zum **Familienunterhalt** (siehe Rdn 20) ist zwingend; ein Verzicht auf künftigen Familienunterhalt ist daher nicht möglich (§§ 1360a Abs. 3, 1614 Abs. 1 BGB). Soweit formlose Vereinbarungen über Modalitäten der Unterhaltsgewährung für zulässig gehalten werden,[38] spielen sie in der Praxis keine große Rolle.

39 Vereinbarungen zum **Trennungsunterhalt** (siehe Rdn 21 ff.) sind ebenfalls nur eingeschränkt möglich. Denn auch auf künftigen Trennungsunterhalt kann nicht verzichtet werden (§§ 1361 Abs. 4 S. 4, 1360a Abs. 3, 1614 Abs. 1 BGB). Unproblematisch zulässig ist daher nur ein Verzicht auf Trennungsunterhalt für die Vergangenheit. Allerdings besteht in der Trennungsphase oft ein Bedürfnis, den Trennungsunterhalt auch und gerade für die Zukunft vertraglich festzulegen. Vereinbarungen zur Unterhaltshöhe werden dann nicht als unzulässiger Verzicht angesehen, wenn der sich nach dem Gesetz ergebende Betrag um nicht mehr als 20 % unterschritten wird.[39]

40 Für Vereinbarungen über den **nachehelichen Unterhalt** sieht das Gesetz im Grundsatz keine Beschränkungen vor (siehe Rdn 106 ff.).

3. Name

41 Die Ehegatten können einen **Ehenamen** vor oder nach der Eheschließung durch Erklärung gegenüber dem Standesbeamten bestimmen (siehe Rdn 26 ff.). Gelegentlich will der Ehegatte, dessen Name zum Ehenamen bestimmt wird, sicherstellen, dass der andere Ehegatte im Fall der Ehescheidung seinen Geburtsnamen wieder annimmt. Eine solche vertragliche Verpflichtung ist nach h.M. möglich.[40]

---

36 *Münch*, Ehebezogene Rechtsgeschäfte, Rn 294 ff.; MüKoBGB/*Koch*, § 1365 Rn 99 f., § 1369 Rn 37.
37 *Münch*, Ehebezogene Rechtsgeschäfte, Rn 425 ff.; MüKoBGB/*Kanzleiter*, § 1450 Rn 7 ff.
38 Palandt/*Brudermüller*, § 1360 BGB Rn 5.
39 OLG Düsseldorf NJWE-FER 2000, 307; *Münch*, Ehebezogene Rechtsgeschäfte, Rn 3852 ff.
40 BGH NJW 2008, 1528; *Diederichsen*, NJW 1976, 1170; MüKoBGB/*v. Sachsen Gessaphe*, § 1355 Rn 40; *Langenfeld/Milzer*, Handbuch der Eheverträge und Scheidungsvereinbarungen, Rn 183 ff.; *Everts*, FamRZ 2005, 249 ff.; vgl. auch RGZ 86, 114 ff.

4. Sonstige Ehewirkungen

Die konkrete Ausgestaltung der **ehelichen Lebensgemeinschaft** (siehe Rdn 31 f.) überlässt 42
das Gesetz den Ehegatten und respektiert ihre privatautonomen Regelungen. Soweit solche
Ehevereinbarungen die persönlichen (und nicht die vermögensrechtlichen) Ehewirkungen
betreffen, sind sie nicht zwangsweise durchsetzbar und können auch nicht mit einem Vertragsstrafeversprechen flankiert werden.[41]

Die „**Schlüsselgewalt**" (siehe Rdn 33 f.) ist zwar als solche nach h.M. nicht vertraglich 43
abdingbar, da sie auch dem Schutz der Gläubiger dient.[42] Gemäß § 1357 Abs. 2 S. 1 BGB
kann allerdings ein Ehegatte die Berechtigung des anderen Ehegatten, Geschäfte mit Wirkung für ihn zu besorgen, beschränken oder ausschließen. Nach § 1357 Abs. 2 S. 2 BGB
wirkt dies gegenüber Dritten aber nur nach Maßgabe des § 1412 BGB, also bei Kenntnis
des Dritten oder aber Eintragung des Ausschlusses im Güterrechtsregister. Eheleuten ist es
also zwar verwehrt, § 1357 BGB vertraglich abzubedingen. Wirksam sind aber – auch
wechselseitig abgegebene – Ausschlusserklärungen. Die **Eigentumsvermutung** gem. § 1362
BGB (siehe Rdn 35) ist zwingendes Recht und daher einer vertraglichen Vereinbarung
zwischen den Ehegatten nicht zugänglich.[43]

VI. Kollisionsrecht der Ehefolgen

Zum Kollisionsrecht der Ehefolgen siehe Allgemeiner Teil § 2 Rdn 152 ff. 44

VII. Auswirkungen der Ehe auf die Altersversorgung und die gesetzliche Krankenversicherung

Für weite Teile der Bevölkerung besteht eine **gesetzliche Rentenversicherungspflicht**. Dies 45
gilt insbesondere für Arbeitnehmer (Arbeiter und Angestellte; § 1 S. 1 Nr. 1 SGB VI). Nicht
versicherungspflichtige Personen, d.h. insbesondere die meisten selbstständig Tätigen
(Ausnahme: § 2 SGB VI), können sich freiwillig versichern (§ 7 Abs. 1 S. 1 SGB VI). Rentenversicherungsträger sind u.a. die Deutsche Rentenversicherung Bund und die jeweiligen
Regionalträger der Deutschen Rentenversicherung (§ 125 SGB VI).

Verstirbt der Versicherte, kann dessen Witwer bzw. Witwe eine **Hinterbliebenenrente** 46
beziehen. Anspruch auf eine sog. **kleine Witwenrente** (bzw. kleine Witwerrente) haben
Witwen bzw. Witwer, wenn der versicherte Ehegatte die allgemeine Wartezeit von fünf
Jahren (§ 50 Abs. 1 Nr. 3 SGB VI) erfüllt hatte. Dieser Anspruch ist auf zwei Jahre nach
Ablauf des Sterbemonats begrenzt (§ 46 Abs. 1 S. 2 SGB VI) und beträgt nach Ablauf des
sog. Sterbevierteljahres grds. (nur) 25 % der fiktiven Vollrente des Versicherten (§ 67 Nr. 5
SGB VI). Außerdem erlischt der Anspruch bei einer Wiederverheiratung (§ 46 Abs. 1 S. 1
SGB VI), lebt aber bei einer Scheidung dieser Ehe wieder auf (§ 46 Abs. 3 SGB VI). Anspruch auf eine sog. **große Witwenrente** (bzw. große Witwerrente) haben Witwen bzw.
Witwer, wenn sie neben den vorgenannten Voraussetzungen ein noch nicht volljähriges
eigenes Kind oder ein noch nicht volljähriges Kind des verstorbenen Ehegatten erziehen,
über 47 Jahre alt oder erwerbsgemindert sind (§ 46 Abs. 2 SGB VI). Diese Rente ist mehr
als doppelt so hoch wie die sog. kleine Witwen- bzw. Witwerrente (grds. 55 % der fiktiven

---

41 Siehe dazu näher MüKoBGB/*Roth*, § 1353 Rn 4 ff.; *Langenfeld/Milzer*, Handbuch der Eheverträge und
Scheidungsvereinbarungen, Rn 130 ff.
42 OLG Schleswig FamRZ 1994, 444; Palandt/*Brudermüller*, § 1357 BGB Rn 7.
43 Palandt/*Brudermüller*, § 1362 BGB Rn 1.

Vollrente des Versicherten, § 67 Nr. 6 SGB VI) und zeitlich nicht begrenzt.[44] Wird die Ehe **geschieden**, ist nach dem Gesetz der **Versorgungsausgleich** durchzuführen (siehe Rdn 89 ff.).

47　Neben der Rentenversicherungspflicht besteht regelmäßig auch eine **gesetzliche Krankenversicherungspflicht** insbesondere für Arbeitnehmer (§ 5 Abs. 1 Nr. 1 SGB V), sofern ihr Einkommen ein bestimmtes Jahresarbeitsentgelt (für 2016: 4.687,50 EUR monatlich) nicht übersteigt. Der Ehegatte eines gesetzlich Krankenversicherten ist in der **Familienversicherung** beitragsfrei mitversichert, was aber u.a. voraussetzt, dass er seinen Wohnsitz oder seinen gewöhnlichen Aufenthalt im Inland hat und sein eigenes Einkommen eine bestimmte Grenze (für 2016: 415 EUR monatlich bzw. 450 EUR monatlich bei einem sog. Mini-Job) nicht übersteigt (§ 10 Abs. 1 SGB V).

VIII. Staatsangehörigkeit und Bleiberecht

1. Staatsangehörigkeit

48　Heiratet ein deutscher Staatsangehöriger einen Ausländer, hat dies grds. keine Auswirkungen auf die **Staatsangehörigkeit** des deutschen Ehegatten. Er verliert sie auch dann nicht, wenn er nach dem Heimatrecht des ausländischen Ehegatten dessen Staatsangehörigkeit kraft Gesetzes (zusätzlich) erwirbt.[45]

49　Der ausländische Ehegatte eines deutschen Staatsangehörigen erwirbt mit der Eheschließung nicht automatisch die deutsche Staatsangehörigkeit. Er kann jedoch unter erleichterten Voraussetzungen auf Antrag **eingebürgert** werden. Der mit einem Deutschen verheiratete Ausländer soll eingebürgert werden, wenn er seine bisherige Staatsangehörigkeit verliert (oder aufgibt oder ausnahmsweise ein Grund für die Hinnahme der Mehrstaatigkeit besteht) und gewährleistet ist, dass er sich in die deutschen Lebensverhältnisse einordnet (es sei denn, dass der Einbürgerung erhebliche Belange der Bundesrepublik Deutschland entgegenstehen, §§ 8, 9 Abs. 1 StAG). Regelmäßig setzt die Einbürgerung einen Aufenthalt im Inland von drei Jahren und das Bestehen der ehelichen Lebensgemeinschaft mit dem deutschen Ehegatten seit zwei Jahren sowie ausreichende Kenntnisse der deutschen Sprache voraus.[46] Liegen diese gesetzlichen Voraussetzungen vor, hat der ausländische Ehegatte eines Deutschen grds. einen **Rechtsanspruch** auf Einbürgerung.[47]

2. Bleiberecht

50　Ist der ausländische Ehegatte eines Deutschen EG-**Unionsbürger**, stehen ihm regelmäßig europarechtlich vermittelte Aufenthaltsrechte zu. Anderenfalls kommen Aufenthaltsrechte nach Maßgabe des zum 1.1.2005 in Kraft getretenen AufenthG[48] in Betracht. Dabei unterscheidet das AufenthG – abhängig u.a. von der Stärke des gewährten Aufenthaltsrechts – zwischen dem **Visum** (§ 6 AufenthG), der **Aufenthaltserlaubnis** (§ 7 AufenthG), der **Er-**

44　Zu weiteren Einzelheiten siehe *Kreikebohm*, SGB VI, 4. Aufl. 2013, Kommentierungen zu §§ 33 und 46 SGB VI.

45　*Hailbronner/Renner/Maaßen*, Staatsangehörigkeitsrecht, 5. Aufl. 2010, § 25 StAG Rn 1.

46　Ziff. 9.1.2.1 Allgemeine Verwaltungsvorschrift zum Staatsangehörigkeitsrecht vom 13.12.2000 (BAnz. 2001, 1418).

47　BVerwGE 64, 7, 9; 77, 164; siehe näher *Hailbronner/Renner/Maaßen*, Staatsangehörigkeitsrecht, 5. Aufl. 2010, § 9 StAG Rn 228 ff.

48　Gesetz über den Aufenthalt, die Erwerbstätigkeit und die Integration von Ausländern im Bundesgebiet vom 30.7.2004 (BGBl I, S. 1950).

laubnis zum Daueraufenthalt – EU (§ 9a AufenthG) und der **Niederlassungserlaubnis** (§ 9 AufenthG). Ein Visum wird für die Durchreise oder kurzfristige Aufenthalte benötigt (§ 6 AufenthG). Die Aufenthaltserlaubnis ist ein befristeter Aufenthaltstitel, der zu bestimmten Aufenthaltszwecken erteilt wird (§ 7 Abs. 1 AufenthG). Bei der Niederlassungserlaubnis handelt es sich dagegen um einen unbefristeten Aufenthaltstitel (§ 9 Abs. 1 AufenthG); sie berechtigt zur Ausübung einer Erwerbstätigkeit, ist zeitlich und räumlich unbeschränkt und darf nur in den im Gesetz ausdrücklich zugelassenen Fällen mit einer Nebenbestimmung versehen werden (§ 9 Abs. 1 S. 2 AufenthG). Die Erteilung einer Niederlassungserlaubnis setzt grds. vor allem einen mindestens fünfjährigen rechtmäßigen Aufenthalt voraus (siehe im Einzelnen § 9 Abs. 2 S. 1 AufenthG).

Dem ausländischen Ehegatten eines Deutschen ist grds. eine **Aufenthaltserlaubnis** zu erteilen, wenn der Deutsche seinen gewöhnlichen Aufenthalt im Bundesgebiet hat (§§ 27, 28 Abs. 1 Nr. 1 AufenthG). Sie kann schon für die unmittelbar bevorstehende Eheschließung erteilt werden; ggf. ist eine Abschiebung auszusetzen.[49] Dem ausländischen Ehegatten eines Deutschen ist – abweichend von § 9 Abs. 2 S. 1 AufenthG – i.d.R. eine **Niederlassungserlaubnis** zu erteilen, wenn er drei Jahre im Besitz einer Aufenthaltserlaubnis ist, die familiäre Lebensgemeinschaft mit dem Deutschen im Bundesgebiet fortbesteht, kein Ausweisungsgrund vorliegt und er sich auf einfache Art in deutscher Sprache mündlich verständigen kann (§ 28 Abs. 2 AufenthG).   51

Wird die **eheliche Lebensgemeinschaft aufgehoben** (etwa durch Trennung, Scheidung oder Tod), gewährt § 31 Abs. 1 AufenthG einen eigenständigen Rechtsanspruch auf **Verlängerung der Aufenthaltserlaubnis**. Der ausländische Ehegatte erwirbt also – nach einer regelmäßigen Ehebestandszeit von drei Jahren– ein eigenständiges Aufenthaltsrecht. Dieser Rechtsanspruch ist zunächst auf die Verlängerung der Aufenthaltserlaubnis um ein Jahr gerichtet (§ 31 Abs. 1 S. 1 AufenthG). Danach kann die Aufenthaltserlaubnis verlängert werden, solange die Voraussetzungen für die Erteilung der Niederlassungserlaubnis nicht vorliegen (§ 31 Abs. 4 S. 2 AufenthG).   52

IX. Steuerliche Auswirkungen der Ehe

Ehegatten, die beide unbeschränkt einkommensteuerpflichtig sind und nicht dauernd getrennt leben, haben für die Ermittlung der **Einkommensteuer** die Wahl zwischen getrennter Veranlagung und Zusammenveranlagung (§ 26 Abs. 1 S. 1 EStG). Bei der **Zusammenveranlagung** werden die Einkünfte der Ehegatten zusammengerechnet und die Ehegatten gemeinsam als Steuerpflichtige behandelt (§ 26b EStG). Dann ist der Splittingtarif anzuwenden (§ 32a Abs. 5 EStG), wonach die Steuer das Zweifache des Steuerbetrages beträgt, der sich für die Hälfte des gemeinsam zu versteuernden Einkommens ergibt. Hierdurch entstehen insbesondere in Einverdiener- oder Diskrepanzehen erhebliche Progressionsvorteile.[50]   53

---

49 Siehe näher *Marx*, Ausländer- und Asylrecht, 2. Auf. 2010, § 3 Rn 10 ff.
50 Zu weiteren einkommen- und erb- bzw. schenkungsteuerlichen Folgen der Ehe siehe *Münch*, Ehebezogene Rechtsgeschäfte, Rn 514 ff.

C. Trennung und Scheidung

I. Trennung

1. Voraussetzungen

54   Ein förmliches Verfahren für die Trennung von Tisch und Bett kennt das deutsche Recht nicht. Die Ehegatten **leben getrennt**, wenn zwischen ihnen keine häusliche Gemeinschaft besteht und ein Ehegatte sie erkennbar nicht herstellen will, weil er die eheliche Lebensgemeinschaft ablehnt (§ 1567 Abs. 1 S. 1 BGB). Die bloß räumliche Trennung begründet für sich genommen kein Getrenntleben i.S.d. § 1567 BGB. Erforderlich ist vielmehr ein subjektives Element, der **Trennungswille**. Das Getrenntleben setzt auch nicht zwingend voraus, dass die gemeinsame Wohnung aufgegeben wird. Vielmehr besteht eine häusliche Gemeinschaft auch dann nicht mehr, wenn die Ehegatten innerhalb der ehelichen Wohnung getrennt leben (§ 1567 Abs. 1 S. 2 BGB). Dies ist dann der Fall, wenn sie nicht mehr zusammen wirtschaften, getrennt schlafen und essen.

2. Rechtsfolgen

55   Das Getrenntleben ist vor allem eine wesentliche Scheidungsvoraussetzung (siehe Rdn 57). Das Gesetz knüpft hieran aber auch weitere Rechtsfolgen, insbesondere:[51]
- Es ist nicht mehr der Familienunterhalt gem. § 1360 BGB, sondern **Trennungsunterhalt** (siehe Rdn 21 ff.) in Form einer Geldrente zu leisten (§ 1361 Abs. 4 S. 1 BGB).
- Die **Haushaltsgegenstände** können im Streitfall durch das Familiengericht aufgeteilt werden (§ 1361a BGB). Auch kann eine vorläufige gerichtliche Regelung über die Benutzung der **Ehewohnung** herbeigeführt werden (§ 1361b BGB).[52]
- Die „**Schlüsselgewalt**" (siehe Rdn 33 f.) endet (§ 1357 Abs. 3 BGB).
- Die **Eigentumsvermutung** zugunsten von Gläubigern (siehe Rdn 35) entfällt (§ 1362 Abs. 1 S. 2 BGB).
- Nach dreijähriger Trennung kann jeder Ehegatte den **vorzeitigen Zugewinnausgleich** (zum Zugewinnausgleich siehe Rdn 67 ff.) verlangen (§ 1385 BGB).
- Die **Zusammenveranlagung** der Ehegatten im Einkommensteuerrecht (siehe Rdn 53) ist nicht mehr möglich.

II. Scheidungsgründe

1. Zerrüttungsprinzip

56   Seit 1977 wird das Scheidungsrecht nicht mehr durch das zuvor geltende Schuldprinzip, sondern durch das **Zerrüttungsprinzip** gekennzeichnet. Nach geltendem Recht kommt es nicht mehr darauf an, ob und von wem die Zerrüttung der Ehe verursacht und verschuldet ist. Das Gesetz sieht als einzigen Scheidungsgrund vielmehr das **Scheitern der Ehe** vor (§ 1565 Abs. 1 S. 1 BGB). Die Ehe ist gescheitert, wenn die Lebensgemeinschaft der Ehegatten nicht mehr besteht und nicht erwartet werden kann, dass die Ehegatten sie wiederherstellen (§ 1565 Abs. 1 S. 2 BGB). Auch bei einer einvernehmlichen Scheidung (**Konventionalscheidung**) führt nicht das Einvernehmen der Ehegatten zur Scheidung, sondern allein die gerichtliche Feststellung der Zerrüttung.

---

51   Siehe zu weiteren Folgen MüKoBGB/*Ey*, § 1567 Rn 1 ff.
52   Siehe näher *Schlüter*, BGB-Familienrecht, Rn 91a ff.

Ivo

Das Nichtbestehen der **ehelichen Lebensgemeinschaft** i.S.d. § 1565 Abs. 1 S. 2 BGB ist   57
nicht mit dem Getrenntleben gem. § 1567 Abs. 1 BGB gleichzusetzen. Das Getrenntleben
ist zwar ein Indiz für die Aufhebung der ehelichen Lebensgemeinschaft; das Getrenntleben
allein genügt jedoch nicht.[53] Es kommt darauf an, ob die konkrete, von den subjektiven
Vorstellungen der Ehegatten getragene Gemeinschaft endgültig zerstört ist.[54] Dies kann
auch ohne ein vorheriges Getrenntleben der Fall sein.[55] Besteht die eheliche Lebensgemeinschaft nicht mehr, ist ferner die Prognose erforderlich, dass die Ehegatten sie nicht wiederherstellen werden.

2. Scheidungsvermutungen

Um den Ehegatten zu ersparen, ihre ehelichen Verhältnisse gegenüber dem Gericht in allen   58
Einzelheiten offenzulegen, und das Gericht von der Feststellung der Zerrüttung zu entlas-
ten, stellt das Gesetz in § 1566 BGB zwei **unwiderlegliche Vermutungen** für das **Scheitern
der Ehe** auf: Leben die Ehegatten seit einem Jahr getrennt und beantragen beide die Scheidung oder stimmt der Antragsgegner der Scheidung zu, wird unwiderlegbar vermutet, dass
die Ehe gescheitert ist (§ 1566 Abs. 1 BGB). Der Ehescheidung kann dann lediglich die
Kinderschutzklausel gem. § 1568 Var. 1 BGB (siehe Rdn 60) entgegenstehen. Leben die
Ehegatten seit drei Jahren getrennt, wird auch bei einem nur einseitigen Scheidungsbegehren
das Scheitern der Ehe unwiderlegbar vermutet (§ 1566 Abs. 2 BGB). In diesem Fall ist die
Ehe daher zu scheiden, wenn nicht ausnahmsweise die Härteklausel des § 1568 BGB (Var. 1
oder 2) eingreift. Im Jahr 2013 wurden in der Bundesrepublik Deutschland 169.833 Ehen
geschieden, davon 141.201 aufgrund der Vermutung des § 1566 Abs. 1 BGB (ca. 83,1 %),
26.072 aufgrund der Vermutung des § 1566 Abs. 2 BGB (ca. 15,4 %), 1.904 über die Härteklausel des § 1565 Abs. 2 BGB (ca. 1,1 %) und 656 aufgrund anderer Vorschriften
(ca. 0,4 %). 200 Ehen wurden aufgehoben (zur aufhebbaren Ehe siehe Rdn 8), und 302
Anträge wurden abgelehnt.[56]

3. Härteklauseln

Um leichtfertigen, voreiligen und rechtsmissbräuchlichen Scheidungen vorzubeugen und   59
die Zerrüttungsprognose zu erleichtern, bestimmt § 1565 Abs. 2 BGB, dass die Ehe **vor
Ablauf** eines **Trennungsjahres** nur geschieden werden kann, wenn ihre Fortsetzung für
den Antragsteller aus Gründen, die in der Person des anderen Ehegatten liegen, eine **unzumutbare Härte** darstellen würde. Hierbei legt die Rspr. strenge Maßstäbe an.[57]

Auch wenn die Ehe gescheitert ist, soll sie nach der Härteklausel des § 1568 BGB nicht   60
geschieden werden, wenn und solange die Aufrechterhaltung der Ehe im Interesse der aus
der Ehe hervorgegangenen minderjährigen Kinder aus besonderen Gründen ausnahmsweise
notwendig ist – **Kinderschutzklausel** – oder wenn die Scheidung für den Antragsgegner,
der sie ablehnt, aufgrund außergewöhnlicher Umstände eine so schwere Härte darstellen
würde, dass die Aufrechterhaltung der Ehe auch unter Berücksichtigung der Belange des
Antragstellers ausnahmsweise geboten erscheint – **persönliche Härteklausel**. Diese Härteklausel setzt in beiden Varianten atypische Folgen der Scheidung in außergewöhnlichen

---

53 OLG Oldenburg FamRZ 1997, 1213.
54 BGH NJW 1995, 1082, 1083.
55 BGH FamRZ 1978, 671.
56 Statistisches Jahrbuch 2015 für die Bundesrepublik Deutschland, S. 53.
57 Siehe die Rechtsprechungsnachweise bei Palandt/*Brudermüller*, § 1565 BGB Rn 9 ff.

Ivo

Einzelfällen voraus, wobei von der Rspr. wiederum strenge Maßstäbe angelegt werden.[58] Der etwaige Verlust des Aufenthaltsrechts eines Ausländers ist bereits an das Getrenntleben geknüpft (siehe Rdn 52), so dass die Ehescheidung hierfür nicht kausal ist.[59] Die infolge der Ehescheidung etwa drohende **Abschiebung** genügt für sich allein ebenfalls nicht.[60]

III. Scheidungsverfahren

61 Über die Ehescheidung entscheidet das **Familiengericht** als besondere Abteilung des Amtsgerichts (§ 23b GVG). Die örtliche Zuständigkeit richtet sich nach § 122 FamFG. Die Ehegatten müssen sich durch einen Rechtsanwalt vertreten lassen, sog. **Anwaltszwang** (§ 114 FamFG). Bei einer einvernehmlichen Scheidung kann die Hinzuziehung nur eines Rechtsanwalts genügen, wenn die Ehegatten sich über die wesentlichen Scheidungsfolgen bereits geeinigt haben, insbesondere in einer notariellen Scheidungsfolgenvereinbarung (siehe Rdn 103 ff.), und der nicht anwaltlich vertretene Ehegatte im gerichtlichen Verfahren keine eigenen Anträge stellt. Das Scheidungsverfahren wird nicht durch eine Klage, sondern durch die Einreichung einer **Antragsschrift** eingeleitet (§ 124 FamFG). Für das Verfahren gilt abweichend vom allgemeinen Zivilprozessrecht nicht der Verhandlungs-, sondern der **Untersuchungsgrundsatz**, d.h., das Gericht kann von Amts wegen eine Beweisaufnahme anordnen und auch von den Ehegatten nicht vorgebrachte Tatsachen berücksichtigen (§ 127 FamFG). In aller Regel **hört** das Gericht die Ehegatten **persönlich an** (§ 128 FamFG).

62 Über das Scheidungsbegehren und über die Scheidungsfolgen (insbesondere über die Unterhaltspflicht, siehe Rdn 82 ff.; den Versorgungsausgleich, siehe Rdn 89 ff.; den güterrechtlichen Ausgleich, siehe Rdn 67 ff.; und das Sorgerecht über minderjährige Kinder, siehe Rdn 95) soll grds. **gemeinsam verhandelt und entschieden** werden (§ 137 FamFG, sog. **Verbund**), soweit ein Ehegatte bzgl. einer oder mehrerer Folgesache(n) bis spätestens zwei Wochen vor der mündlichen Verhandlung erster Instanz einen Antrag gestellt hat. Über den erfolgreichen Scheidungsantrag und die Folgesachen wird einheitlich durch Beschluss entschieden (§ 116 Abs. 1 FamFG). Mit Rechtskraft des Beschlusses ist die Ehe aufgelöst (§ 1564 S. 2 BGB).

63 Die **Kosten** des Scheidungsverfahrens (Gerichts- und Anwaltskosten) werden durch den Streitwert bestimmt. Sie liegen im Schnitt bei 1.500 bis 5.000 EUR pro Person, wobei der größte Teil auf die Anwaltskosten entfällt. Die Gerichtskosten haben die Ehegatten grds. je zur Hälfte zu tragen (§ 132 FamFG). Seine außergerichtlichen Kosten (also insbesondere die Anwaltskosten) trägt grds. jeder Ehegatte selbst. Die **Dauer** eines Scheidungsverfahrens hängt u.a. vom Umfang und der Schwierigkeit des Einzelfalles ab. Erhebliche Verzögerungen können sich aufgrund der Belastung des Gerichts ergeben. Bei einfachen und einvernehmlichen Scheidungen kann der Scheidungsbeschluss ggf. schon drei bis vier Monate nach Antragstellung ergehen.

IV. Internationale Zuständigkeit der Gerichte/Behörden

64 Zur internationalen Zuständigkeit der Gerichte/Behörden siehe Allgemeiner Teil § 2 Rdn 262 ff.

---

58 Siehe die Rechtsprechungsnachweise bei Palandt/*Brudermüller*, § 1568 BGB Rn 1 ff.; MüKoBGB/*Ey*, § 1568 Rn 1, 43 ff.
59 OLG Köln FamRZ 1995, 997; OLG Nürnberg FamRZ 1996, 35.
60 BGH NJWE-FER 1998, 73.

V. Auf die Scheidung anwendbares Recht

Zum auf die Scheidung anwendbaren Recht siehe Allgemeiner Teil § 2 Rdn 278 ff.   65

VI. Anerkennung im Ausland erfolgter Scheidungen

Zur Anerkennung im Ausland erfolgter Scheidungen siehe Allgemeiner Teil § 2 Rdn 317 ff.   66

D. Scheidungsfolgen

I. Vermögensteilung

1. Güterrechtlicher Ausgleich

a) Zugewinngemeinschaft

Während bestehender Ehe bleiben die Vermögensmassen der Ehegatten im gesetzlichen   67
Güterstand der Zugewinngemeinschaft grds. getrennt (siehe Rdn 14). Zu einem Vermögensausgleich kommt es erst bei Beendigung des Güterstandes, insbesondere durch Scheidung.
Hierbei wird aber nicht sämtliches Vermögen der Ehegatten ausgeglichen, sondern lediglich
der **Zugewinn** in der Ehe. Dabei muss der Ehegatte, dessen Vermögen in der Ehe stärker
gewachsen ist, an den anderen Ehegatten die **Hälfte des Überschusses** wertmäßig abführen
(§ 1378 Abs. 1 BGB).

Zur Durchführung des **Zugewinnausgleichs** muss zunächst der von jedem Ehegatten er-   68
zielte Zugewinn ermittelt werden. **Zugewinn** ist der Betrag, um den das Endvermögen
eines Ehegatten sein Anfangsvermögen übersteigt (§ 1373 BGB). Er kann keine negative
Größe haben (er beträgt also mindestens Null), da kein Ehegatte die während der Ehe
erlittenen Verluste des anderen Ehegatten mittragen soll.[61]

Anfangsvermögen ist das Vermögen, das einem Ehegatten nach Abzug der Verbindlichkei-   69
ten beim Eintritt des Güterstandes gehört (§ 1374 Abs. 1 Hs. 1 BGB). Maßgeblicher **Stichtag** ist die Eheschließung, wenn die Ehegatten von Anfang an in Zugewinngemeinschaft
lebten. Verbindlichkeiten können nunmehr (nach einer entsprechenden Gesetzesänderung
im Jahr 2009) auch über die Höhe des Vermögens hinaus abgezogen werden (§ 1374 Abs. 3
BGB), weshalb das Anfangsvermögen auch negativ sein kann. Zum Anfangsvermögen ist
grds. das Vermögen hinzuzurechnen, das ein Ehegatte während der Ehe durch Erbgang,
vorweggenommene Erbfolge, Schenkung oder Ausstattung (zum Begriff siehe § 1624 BGB)
erwirbt (§ 1374 Abs. 2 BGB). Indem das Gesetz diese Erwerbe dem Anfangsvermögen
zuordnet, werden sie so behandelt, als seien sie bereits beim Eintritt des Güterstandes
vorhanden gewesen und unterliegen damit nicht der Substanz nach, sondern nur hinsichtlich
etwaiger Wertsteigerungen dem Zugewinnausgleich. Dahinter steht die Überlegung, dass
der in § 1374 Abs. 2 BGB genannte privilegierte Erwerb nicht im Zusammenhang mit der
ehelichen Lebens- und Wirtschaftsgemeinschaft steht, sondern auf besondere persönliche
Beziehungen des begünstigten Ehegatten zu Dritten zurückgeht.[62] Auf Schenkungen

---

61 *Schwab*, Familienrecht, Rn 256.
62 BGH NJW 1995, 3113.

zwischen Ehegatten ist § 1374 Abs. 2 BGB nach h.M. ebenso wenig anwendbar wie auf ehebedingte (unbenannte) Zuwendungen (siehe Rdn 76 ff.).[63]

70   Insbesondere nach längerer Ehe ist es häufig schwer feststellbar, welche Vermögensgegenstände die Ehegatten beim Eintritt des Güterstandes (regelmäßig also bei Eheschließung) besaßen. Zur Vermeidung dieser Schwierigkeiten können die Ehegatten ein **Vermögensverzeichnis** über das jeweilige Anfangsvermögen errichten. Hieran knüpft das Gesetz die Vermutung der Richtigkeit des Verzeichnisses (§ 1377 Abs. 1 BGB). Hierdurch wird im Prozess die Darlegungs- und Beweislast umgekehrt.[64] Haben die Ehegatten – was in der Praxis den Regelfall darstellt – kein Vermögensverzeichnis über ihr jeweiliges Anfangsvermögen erstellt, wird **vermutet**, dass das Endvermögen eines Ehegatten insgesamt seinen Zugewinn darstellt, also kein Anfangsvermögen vorhanden war (§ 1377 Abs. 3 BGB). Wird diese Vermutung nicht widerlegt, reduziert sich die Berechnung des Zugewinnausgleichs auf einen bloßen Vergleich der beiden Endvermögen.

71   **Endvermögen** ist das Vermögen, das einem Ehegatten nach Abzug der Verbindlichkeiten bei der Beendigung des Güterstandes gehört (§ 1375 Abs. 1 S. 1 BGB). Bei der Beendigung des Güterstandes durch Scheidung kommt es hierbei auf den **Zeitpunkt** an, in dem der Scheidungsantrag rechtshängig geworden ist (§ 1384 BGB). Auch das Endvermögen kann negativ sein (§ 1375 Abs. 1 S. 2 BGB). Einer willkürlichen Schmälerung des Endvermögens, etwa durch Schenkungen an Dritte, wirkt § 1375 Abs. 2 BGB entgegen, indem dort entsprechende Hinzurechnungen angeordnet sind.

72   Für die **Wertermittlung** des Anfangs- und Endvermögens ist grds. der **Verkehrswert** zugrunde zu legen, also der bei einer Veräußerung voraussichtlich erzielbare Erlös (§ 1376 BGB). Für bestimmte Vermögensgegenstände haben sich in der Praxis besondere Bewertungsverfahren durchgesetzt, so z.B. für die Bewertung von Unternehmen und Grundstücken.[65] Besonderheiten gelten für land- und forstwirtschaftliche Betriebe (§ 1376 Abs. 4 BGB). Die nominale Wertsteigerung durch die Geldentwertung ist als unechter Zugewinn nicht auszugleichen. Hierzu wird von der Rspr. das Anfangsvermögen um den **Kaufkraftschwund** hochgerechnet.[66]

73   Der **Zugewinnausgleichsanspruch** ist auf eine **Geldzahlung** in Höhe der **Hälfte des Zugewinnausgleichsüberschusses** gerichtet (§ 1378 Abs. 1 BGB). Der ausgleichsberechtigte Ehegatte muss sich Vorausempfänge, die er von dem anderen Ehegatten erhalten hat, auf die Ausgleichsforderung anrechnen lassen, sofern der Zuwendende dies angeordnet hat (§ 1380 Abs. 1 S. 1 BGB). Dies gilt insbesondere für ehebedingte (unbenannte) Zuwendungen (siehe Rdn 76 ff.). Der Zugewinnausgleichsanspruch **entsteht** mit der Beendigung des Güterstandes (§ 1378 Abs. 3 S. 1 BGB) und **verjährt** in der Regelverjährungsfrist von drei Jahren (§ 195 BGB).

b) Gütertrennung

74   Leben die Ehegatten in Gütertrennung, findet bei einer Ehescheidung kein güterrechtlicher Ausgleich statt.

---

63   BGH NJW 1982, 1093; 1987, 2814.
64   MüKoBGB/*Koch*, § 1377 Rn 20.
65   Palandt/*Brudermüller*, § 1376 BGB Rn 5 ff. m.w.N.
66   BGH NJW 1974, 137; FamRZ 1984, 31; *Jaeger*, in: *Johannsen/Henrich*, Familienrecht, § 1376 BGB Rn 24 f.

Ivo

c) Gütergemeinschaft

Leben die Ehegatten in Gütergemeinschaft, wird das Gesamtgut bei einer Ehescheidung   75
auseinandergesetzt (§ 1471 Abs. 1 BGB). Hierbei steht jedem Ehegatten grds. die Hälfte des
Überschusses zu, der nach Begleichung der gemeinschaftlichen Schulden verbleibt (§ 1476
Abs. 1 BGB). Eine wichtige Ausnahme gilt für in die Gütergemeinschaft eingebrachte
Gegenstände: Jeder Ehegatte kann verlangen, dass beiden Ehegatten der Wert dieser Gegen-
stände erstattet wird (§ 1478 BGB).

2. Vermögensteilung außerhalb des Güterrechts

a) Rückabwicklung ehebedingter Zuwendungen

Zuwendungen unter Ehegatten können auf verschiedenen Rechtsgründen beruhen, etwa   76
auf einem Darlehen, einer Schenkung oder auf einem gesellschaftsrechtlichen Verhältnis
(zur Ehegatten-Innengesellschaft siehe Rdn 80). Aus einem solchen Schuldverhältnis können dann im Falle der Ehescheidung unabhängig vom Güterrecht Rückabwicklungs- bzw.
Auseinandersetzungsansprüche resultieren.[67]

Eine **Schenkung** setzt eine unentgeltliche Zuwendung voraus (§ 516 Abs. 1 BGB). Es muss   77
sich um eine freigiebige und uneigennützige, zur freien Verfügung des Beschenkten stehende
Leistung eines Ehegatten handeln.[68] Regelmäßig wird aber eine Ehegattenzuwendung „um
der Ehe willen" vorgenommen, d.h. als Beitrag zur Verwirklichung, Ausgestaltung, Erhaltung und Sicherung der ehelichen Lebensgemeinschaft. Der **Bestand der Ehe** ist in diesen
Fällen **Geschäftsgrundlage der Zuwendung**. Solche Zuwendungen werden nicht als Schenkung, sondern als **ehebedingte (unbenannte oder ehebezogene) Zuwendung** qualifiziert.[69]
Als typische Fälle einer solchen Zuwendung ist der Erwerb oder die Errichtung des Familienheims zu je hälftigem Miteigentum nur aus Mitteln eines Ehegatten, die Zuwendung
von Mitteln für den Erwerb allein durch den anderen Ehegatten, die Übertragung eines
Miteigentumsanteils (aus Haftungs- oder Steuergründen) und der Einsatz von Vermögen
zur Alterssicherung zu nennen.[70]

Scheitert nun die Ehe, fällt die Geschäftsgrundlage der ehebedingten Zuwendung weg.   78
Leben die Ehegatten im gesetzlichen Güterstand der **Zugewinngemeinschaft**, ist aber eine
Rückforderung der Zuwendung über § 313 BGB regelmäßig ausgeschlossen. Denn nach st.
Rspr. ist der Zugewinnausgleich als gesetzliches Ausgleichssystem vorrangig vor den Regeln
über den Wegfall der Geschäftsgrundlage anzuwenden.[71] Im gesetzlichen Güterstand sind
diese Regeln nur ausnahmsweise einschlägig, wenn das güterrechtliche Ergebnis ohne
schuldrechtliche Korrektur schlechthin unangemessen und untragbar wäre.[72]

Anders verhält es sich, wenn die Ehegatten in **Gütertrennung** leben, da dann ein Ausgleich   79
der Zuwendung nach den vorrangigen Vorschriften des ehelichen Güterrechts nicht stattfin-

---

67 Zur Vermögensaufteilung außerhalb des Güterrechts siehe ausführlich *Wever*, Vermögensauseinander-
    setzung der Ehegatten außerhalb des Güterrechts, 6. Aufl. 2014.
68 BGH FamRZ 1998, 669, 670; 1995, 1060, 1061; 1990, 600, 603.
69 BGH FamRZ 1990, 600, 601; BGH FamRZ 1992, 293, 294.
70 *Langenfeld/Milzer*, Handbuch der Eheverträge und Scheidungsvereinbarungen, Rn 154; *Münch*, Ehe-
    bezogene Rechtsgeschäfte, Rn 1114, jeweils mit weiteren Beispielen.
71 BGH FamRZ 1991, 1169, 1170; *Wever*, Vermögensauseinandersetzung der Ehegatten außerhalb des
    Güterrechts, Rn 467.
72 *Wever*, Vermögensauseinandersetzung der Ehegatten außerhalb des Güterrechts, Rn 472 ff.; *Münch*,
    Ehebezogene Rechtsgeschäfte, Rn 1329 ff.

det. Bei Gütertrennung können ehebedingte Zuwendungen nach den Regeln über den Wegfall der Geschäftsgrundlage im Scheidungsfall daher schon dann ausgeglichen werden, wenn dem zuwendenden Ehegatten die Beibehaltung der herbeigeführten Vermögensverhältnisse nach Treu und Glauben nicht zugemutet werden kann.[73] An die Unzumutbarkeit werden allerdings auch bei der Gütertrennung strenge Anforderungen gestellt, weil grds. der von den Ehegatten gewählte Güterstand respektiert und nicht auf Umwegen in eine Zugewinngemeinschaft kraft Richterrechts umgewandelt werden darf.[74]

b) Ehegatten-Innengesellschaft

80   Eine Gesellschaft bürgerlichen Rechts (GbR) gem. §§ 705 ff. BGB kann ohne weiteres auch von Ehegatten gegründet werden. Ist ein Ehegatte am Vermögen des anderen Ehegatten nicht dinglich mitberechtigt, entsteht kein Gesamthandsvermögen. Dann handelt es sich um eine **Ehegatten-Innengesellschaft,** nach deren Auflösung schuldrechtliche Ausgleichsansprüche entstehen.[75] Die Rspr. bejahte solche Ehegatten-Innengesellschaften zunächst in Fällen der **Mitarbeit eines Ehegatten im Betrieb** des anderen Ehegatten, um dem mitarbeitenden Ehegatten nach Scheitern der Ehe einen Ausgleichsanspruch zusprechen zu können.[76] Die Rechtsfigur der Ehegatten-Innengesellschaft ist jedoch nicht auf diese Fälle beschränkt, sondern kann nach einem Urteil des BGH aus dem Jahr 1999 etwa auch den Erwerb umfangreichen Immobilienvermögens zu Alleineigentum eines Ehegatten mit Beiträgen auch des anderen Ehegatten erfassen und geht dann den Regeln über die ehebedingte (unbenannte) Zuwendung (siehe Rdn 76 ff.) vor.[77] Der Erwerb oder die Errichtung des Familienheims genügt als solcher aber nicht.[78] Nach dieser Rspr. des BGH ist die Ehegatten-Innengesellschaft der zentrale Ansatz für Ausgleichanspruche außerhalb des Güterrechts, soweit es nicht um das Familienheim geht. Die **Abgrenzung** zur ehebedingten (unbenannten) Zuwendung und die Folgerungen für die (Gestaltungs-)Praxis sind allerdings noch nicht abschließend geklärt.[79]

3. Ehewohnung und Hauhaltsgegenstände

81   Spätestens die Scheidung bedingt regelmäßig eine Aufteilung der Haushaltsgegenstände und eine Regelung über die Benutzung der bisherigen Ehewohnung. Dies ist in erster Linie einer Einigung der Ehegatten vorbehalten. Einigen sich die Ehegatten nicht, stellt das Gesetz ihnen ein gerichtliches Verteilungs- und Zuordnungsverfahren zur Verfügung (§§ 200 ff. FamFG). Zuständig sind die Familiengerichte (§ 23b GVG), die insoweit nur auf Antrag tätig werden (§ 203 Abs. 1 FamFG).

---

73 BGH FamRZ 1997, 933; 1990, 855, 856; *Wever,* Vermögensauseinandersetzung der Ehegatten außerhalb des Güterrechts, Rn 486 ff.; *Münch,* Ehebezogene Rechtsgeschäfte, Rn 1089 ff.
74 BGH FamRZ 1990, 855, 856.
75 Vgl. *Münch,* Ehebezogene Rechtsgeschäfte, Rn 1671 ff.; Palandt/*Sprau,* § 705 BGB Rn 33 ff.
76 Grundlegend BGH NJW 1953, 418; bestätigt von BGH FamRZ 1954, 136; 1961, 519; 1967, 320.
77 BGH NJW 1999, 2962.
78 BGH NJW 1999, 2962.
79 Siehe dazu *Grziwotz,* DNotZ 2000, 486 ff.; *Münch,* FamRZ 2004, 1329 ff.; *ders.,* Ehebezogene Rechtsgeschäfte, Rn 1651 ff.; *Jaeger,* in: FS für Henrich, 2000, S. 323 ff.

II. Scheidungsunterhalt

1. Allgemeines

Nach der Ehescheidung gilt an sich der Grundsatz der Eigenverantwortung. Es obliegt nach der gesetzlichen Konzeption jedem Ehegatten, seinen Unterhalt aus eigenen Einkünften oder eigenem Vermögen zu bestreiten. Dies ist dem geschiedenen Ehegatten allerdings in vielen Fällen nicht möglich oder nicht zumutbar, so etwa bei der Betreuung gemeinschaftlicher Kinder. Dann wirkt die eheliche Verantwortung füreinander (§ 1353 Abs. 1 S. 2 BGB) auch über die Ehescheidung hinaus. Für diese **nacheheliche Mitverantwortung** genügt aber die Bedürftigkeit des anderen Ehegatten nicht. Voraussetzung eines nachehelichen Unterhaltsanspruchs ist vielmehr stets, dass einer der gesetzlich normierten **Unterhaltstatbestände** erfüllt ist, welche die Unmöglichkeit bzw. die Unzumutbarkeit der eigenen Unterhaltsbestreitung näher umschreiben. Umgekehrt genügt die Erfüllung eines Unterhaltstatbestandes als solche nicht für das Entstehen eines Unterhaltsanspruchs. Es kommt vielmehr weiter darauf an, ob der Bedarf, die Bedürftigkeit und die Leistungsfähigkeit zu bejahen sind. Schließlich darf kein Grund für einen Unterhaltsausschluss bzw. eine Unterhaltsbegrenzung bestehen.

82

Zum 1.1.2008 ist eine umfassende **Reform des Unterhaltsrechts** in Kraft getreten, welche den **Grundsatz der Eigenverantwortung** stärker betont. Dies zeigt sich vor allem durch die Betonung der **Erwerbsobliegenheit** (§§ 1569, 1574 Abs. 1 BGB) und durch die eingeführten Begrenzungen und Befristungen (§ 1578b BGB). Durch die Reform sind sowohl die **Dauer** als auch die **Höhe** von Unterhaltsansprüchen teilweise erheblich eingeschränkt worden. Die Umsetzung der Reform durch die Gerichte dauert noch an.

83

2. Unterhaltstatbestände

Einen nachehelichen Unterhaltsanspruch knüpft das Gesetz an verschiedene Unterhaltstatbestände:

84

– **Kindesbetreuungsunterhalt** (§ 1570 BGB). Ein Ehegatte kann Unterhalt verlangen, solange und soweit von ihm wegen der Betreuung gemeinschaftlicher minderjähriger Kinder keine Erwerbstätigkeit erwartet werden kann. Hier hat die zum 1.1.2008 in Kraft getretene Unterhaltsreform erhebliche Einschnitte gebracht. Nunmehr ist der Kindesbetreuungsunterhalt grds. nur für die ersten drei Lebensjahre des Kindes vorgesehen (§ 1570 Abs. 1 BGB). Darüber hinaus ist Kindesbetreuungsunterhalt nur unter Billigkeitsgesichtspunkten, abhängig von der Gestaltung der Kinderbetreuung, der Erwerbstätigkeit in der Ehe und der Dauer der Ehe, geschuldet (§ 1570 Abs. 2 BGB).[80]

– **Altersunterhalt** (§ 1571 BGB). Ein Anspruch auf Altersunterhalt besteht, wenn von dem berechtigten Ehegatten wegen seines Alters eine Erwerbstätigkeit nicht mehr erwartet werden kann, regelmäßig also bei Überschreitung der Regelaltersgrenze,[81] welche stufenweise bis zum Jahr 2031 von 65 auf 67 Jahre angehoben wird. Voraussetzung ist weiter, dass dieser Umstand bei der Scheidung, bei Beendigung des Kindesbetreuungsunterhalts oder bei Beendigung des Unterhalts wegen Krankheit oder Erwerbslosigkeit eintritt. Diese sog. **Einsatzzeitpunkte** führen dazu, dass nach einem Wegfall des nachehelichen Unterhaltsanspruchs ein neuer Unterhaltstatbestand grds. nicht eingreift.

---

80   Siehe dazu die Nachweise bei Palandt/*Brudermüller*, § 1570 BGB Rn 8 ff.
81   BGH NJW 1999, 1547. Die Regelaltersgrenze bei der gesetzlichen Rentenversicherung wird stufenweise bis zum Jahr 2031 auf 67 Jahre angehoben.

- **Krankheitsunterhalt** (§ 1572 BGB). Unterhaltsberechtigt ist ein Ehegatte, solange und soweit ihm wegen Krankheit, Gebrechen oder Schwäche seiner körperlichen oder geistigen Kräfte eine Erwerbstätigkeit nicht zugemutet werden kann. Auch diese Voraussetzung muss in einem der in § 1572 BGB genannten Einsatzzeitpunkte erfüllt sein.
- **Unterhalt wegen Erwerbslosigkeit** (§ 1573 Abs. 1, 3 und 4 BGB). Unterhalt wird nach § 1573 Abs. 1 BGB gewährt, wenn ein Ehegatte nach der Scheidung keine angemessene Erwerbstätigkeit finden kann. Die Angemessenheit bestimmt sich nach der Ausbildung, den Fähigkeiten, dem Lebensalter und dem Gesundheitszustand des Ehegatten (§ 1574 Abs. 2 BGB).
- **Aufstockungsunterhalt** (§ 1573 Abs. 2 BGB). Kann der unterhaltsberechtigte Ehegatte mit einer angemessenen Erwerbstätigkeit den vollen Unterhalt nach Maßgabe der ehelichen Lebensverhältnisse (§ 1578 BGB) nicht decken, kann er die Differenz als Unterhalt verlangen.
- **Ausbildungsunterhalt** (§ 1575 BGB). Hat ein Ehegatte seine Ausbildung ehebedingt nicht beendet, kann er Unterhalt bis zu ihrem Abschluss verlangen.
- **Billigkeitsunterhalt** (§ 1576 BGB). Der Anspruch auf Unterhalt aus Billigkeitsgründen ist subsidiär gegenüber anderen Unterhaltstatbeständen und setzt voraus, dass der Berechtigte aus schwerwiegenden Gründen nicht erwerbstätig sein kann und die Versagung des Unterhalts grob unbillig wäre.

3. Unterhaltshöhe

85   Das Maß des Unterhalts bestimmt sich nach den **ehelichen Lebensverhältnissen** (§ 1578 Abs. 1 S. 1 BGB). Entscheidend sind die Lebensverhältnisse, die für die Ehe **prägend** waren; die Anknüpfung an die ehelichen Lebensverhältnisse wird jedoch seit der zum 1.1.2008 in Kraft getretenen Unterhaltsreform vielfach durch § 1578b BGB durchbrochen (Herabsetzung auf den **angemessenen Lebensbedarf**, siehe hierzu Rdn 88). Im Übrigen gelten für den **Bedarf**, die **Bedürftigkeit** und die **Leistungsfähigkeit** im Wesentlichen dieselben Grundsätze wie beim Trennungsunterhalt (siehe Rdn 21 ff.).[82]

4. Erlöschen, Ausschluss und Begrenzung des Unterhaltsanspruchs

86   Der Unterhaltsanspruch erlischt mit dem **Tod des Unterhaltsberechtigten**, ebenso bei dessen **Wiederverheiratung** (§ 1586 Abs. 1 BGB). Letzterenfalls kann der Unterhaltsanspruch wieder aufleben, wenn auch die neue Ehe aufgelöst wird und der Berechtigte ein minderjähriges Kind aus der früheren Ehe betreut (§ 1586a Abs. 1 BGB). Beim **Tod des Unterhaltsverpflichteten** erlischt der Unterhaltsanspruch nicht. Vielmehr geht die Unterhaltspflicht auf die Erben als Nachlassverbindlichkeit über (§ 1586b Abs. 1 S. 1 BGB), wobei sie der Höhe nach auf den fiktiven Pflichtteil des Unterhaltsberechtigten beschränkt wird (§ 1586b Abs. 1 S. 3 BGB). Der Unterhaltsanspruch erlischt ferner, wenn der Berechtigte statt einer monatlichen Geldrente (§ 1585 Abs. 1 BGB) ausnahmsweise eine **Kapitalabfindung** erhält (§ 1585 Abs. 2 BGB). Schließlich erlischt der Unterhaltsanspruch, wenn die Voraussetzungen des Unterhaltstatbestandes wegfallen, ohne dass ein Anschlusstatbestand eingreift.

87   Die potenziell lebenslange nacheheliche Unterhaltspflicht wird im Einzelfall als unbillig empfunden. Das Gesetz nennt daher in § 1579 BGB Fälle, in denen ein Unterhaltsanspruch wegen **grober Unbilligkeit** zu versagen, herabzusetzen oder zeitlich zu begrenzen ist. In der Praxis besonders wichtig sind die Fälle einer kurzen Ehedauer (i.d.R. bis zu zwei

---

82   Siehe näher *Münch*, Ehebezogene Rechtsgeschäfte, Rn 2384 ff.; *Schwab*, Familienrecht, Rn 382 ff.

Jahren,[83] § 1579 Nr. 1 BGB) und der verfestigten Lebensgemeinschaft des Unterhaltsberechtigten mit einem Dritten (§ 1579 Nr. 2 BGB).

Sämtliche Unterhaltsansprüche können nach § 1578b BGB der Höhe nach und zeitlich   88
begrenzt werden. Von erheblicher praktischer Bedeutung ist die Herabsetzung des Unterhalts auf den **angemessenen Lebensbedarf**. Das Gesetz stellt damit klar, dass die nacheheliche Solidarität nicht zu einer lebenslangen Lebensstandardgarantie führt, sondern nur zum Ausgleich **ehebedingter Nachteile**. Bei der Herabsetzung auf den angemessenen Lebensbedarf kommt es darauf an, welche Einkünfte der Unterhaltsberechtigte unter Berücksichtigung seines vorehelichen Lebensstandards ohne Unterbrechung seiner Erwerbstätigkeit erzielen könnte.[84] Auch eine **zeitliche Befristung** ist nunmehr bei sämtlichen Unterhaltsansprüchen gem. §§ 1570–1573 BGB möglich.

III. Regelung der Altersversorgung

1. Allgemeines

Seit 1977 sieht das Gesetz die Durchführung des **Versorgungsausgleichs**[85] vor. Er dient wie   89
der Zugewinnausgleich (siehe Rdn 67 ff.) der Aufteilung des gemeinsam erwirtschafteten Vermögens der Ehegatten, welches nur wegen der in der Ehe gewählten Aufgabenverteilung (Erwerbstätigkeit und Haushaltsführung/Kinderbetreuung) einem Ehegatten allein rechtlich zugeordnet war.[86] Der Versorgungsausgleich erweitert das Prinzip der Zugewinngemeinschaft auf **Versorgungsanrechte** (§ 1587 BGB i.V.m. dem VersAusglG). Für solche Versorgungsanrechte gelten ausschließlich die Vorschriften über den Versorgungsausgleich (§ 2 Abs. 4 VersAusglG). Ein Vermögenswert kann also nur dem Zugewinnausgleich oder dem Versorgungsausgleich, nicht aber beiden Ausgleichsarten unterliegen. Der Versorgungsausgleich ist vom Güterstand der Ehegatten unabhängig und daher auch bei Gütertrennung durchzuführen.[87] Da es um einen Vermögensausgleich geht, ist die Durchführung des Versorgungsausgleichs auch nicht wie der nacheheliche Unterhalt an die Bedürftigkeit oder Leistungsfähigkeit geknüpft.

2. Auszugleichende Versorgungsrechte

Im Einzelnen unterliegen dem Versorgungsausgleich im In- und Ausland bestehende An-   90
wartschaften auf Versorgungen und Ansprüche auf laufende Versorgungen, insbesondere aus der gesetzlichen Rentenversicherung, aus anderen Regelsicherungssystemen wie z.B. der Beamtenversorgung oder der berufsständischen Versorgung, aus der betrieblichen Altersversorgung oder aus der privaten Alters- oder Invaliditätsvorsorge (§ 2 Abs. 1 VersAusglG). Abgrenzungsschwierigkeiten bestehen bei Lebensversicherungen auf Rentenbasis mit Kapitalwahlrecht. Wird das Kapitalwahlrecht (auch nach Rechtshängigkeit des Scheidungsantrags) ausgeübt, ist die Versicherung im Zugewinnausgleich zu berücksichtigen, da der Versorgungsausgleich keinen Ausgleich von Kapitalforderungen vorsieht.[88]

---

83 BGH FamRZ 1989, 483, 486.
84 BGH NJW 2010, 629.
85 Siehe dazu näher *Münch*, Ehebezogene Rechtsgeschäfte, Rn 3205 ff.; *Hahne/Holzwarth*, in: *Schwab*, Handbuch des Scheidungsrechts, VI. 1 Rn 1 ff.
86 BVerfG NJW 2003, 2819, 2820.
87 *Hahne*, in: *Johannsen/Henrich*, Familienrecht, § 2 VersAusglG Rn 38.
88 BGH NJW 2003, 1320; DNotZ 2003, 544.

3. Durchführung des Versorgungsausgleichs

91   Auszugleichen sind die in der Ehezeit erworbenen Anteile von Anrechten (§ 1 Abs. 1 VersAusglG). Sämtliche Anrechte werden seit der Reform des Versorgungsausgleichs 2009 **jeweils hälftig** zwischen den Eheleuten geteilt. Dem jeweils ausgleichsberechtigten Ehegatten steht die Hälfte des Wertes des jeweiligen Ehezeitanteiles (Ausgleichswert) zu.

92   Sind Versorgungsanrechte auszugleichen, geschieht dies in erster Linie durch eine sog. **interne Teilung,** indem das Gericht für den ausgleichsberechtigten Ehegatten zu Lasten des Anrechts des ausgleichspflichtigen Ehegatten ein Anrecht bei dem Versorgungsträger des ausgleichspflichtigen Ehegatten überträgt (§ 10 VersAusglG).

93   Statt der internen Teilung kann das Gericht unter bestimmten Voraussetzungen für den ausgleichsberechtigten Ehegatten auch bei einem anderen Versorgungsträger ein Anrecht durch eine sog. **externe Teilung** begründen (§ 14 VersAusglG).

94   Das Familiengericht soll beiderseitige Anrechte gleicher Art nicht ausgleichen, wenn die Differenz ihrer Ausgleichswerte gering ist (§ 18 VersAusglG). Bei **kurzer Ehedauer** (bis zu drei Jahren) wird der Versorgungsausgleich nur durchgeführt, wenn ein Ehegatte dies beantragt.

IV. Verteilung der elterlichen Sorge, Umgangsrecht

95   Sind Eltern bei der Geburt eines Kindes miteinander verheiratet oder heiraten sie später einander, steht ihnen die gemeinsame **elterliche Sorge** zu (§§ 1626 Abs. 1, 1626a Abs. 1 Nr. 2 BGB). Die Trennung und die Ehescheidung lassen seit 1998 das **gemeinsame Sorgerecht** für das minderjährige Kind unberührt; es besteht kraft Gesetzes weiter. Auf Antrag eines Ehegatten kann ihm jedoch das **alleinige Sorgerecht übertragen** werden, wenn der andere Ehegatte zustimmt (§ 1671 Abs. 2 Nr. 1 BGB) oder zu erwarten ist, dass die Aufhebung der gemeinsamen Sorge und die Übertragung auf einen Elternteil dem Wohl des Kindes am besten entspricht (§ 1671 Abs. 2 Nr. 2 BGB). Mit dem Fortbestand der gemeinsamen Sorge nach der Ehescheidung ist nicht entschieden, bei welchem Elternteil das Kind lebt. Hierüber müssen sich die Eltern einigen oder – wenn dies nicht möglich ist – eine gerichtliche Entscheidung herbeiführen (§ 1628 BGB). Die Ausübung der gemeinsamen elterlichen Sorge ist sodann auf Angelegenheiten beschränkt, die für das Kind von erheblicher Bedeutung sind (§ 1687 Abs. 1 S. 1 BGB). In Angelegenheiten des täglichen Lebens hat derjenige Elternteil die Befugnis zur alleinigen Entscheidung, bei dem sich das Kind mit Einwilligung des anderen Elternteils oder aufgrund einer gerichtlichen Entscheidung gewöhnlich aufhält (§ 1687 Abs. 1 S. 2 BGB). Unabhängig vom Sorgerecht hat jeder Elternteil das **Umgangsrecht** und die **Umgangspflicht** (§ 1684 Abs. 1 BGB). Können sich die Eltern über die Ausübung des Umgangsrechts nicht einigen, kann diese vom Gericht näher geregelt werden (§ 1684 Abs. 3 BGB).

V. Sonstige Scheidungsfolgen

1. Kindesunterhalt

96   Der Kindesunterhalt richtet sich nach den allgemeinen Vorschriften über den Verwandtenunterhalt (§§ 1601 ff. BGB) und ist dem Grunde nach unabhängig davon, ob (auch) an den geschiedenen Ehegatten Unterhalt geleistet wird. Der Elternteil, der ein minderjähriges Kind betreut, erfüllt seine Unterhaltsverpflichtung i.d.R. durch die Pflege und Erziehung des Kindes (**Naturalunterhalt,** § 1606 Abs. 3 S. 2 BGB). Der andere Elternteil hat dann

Barunterhalt zu leisten. Dessen Höhe wird in der Praxis nach den Unterhaltsleitlinien der Oberlandesgerichte bestimmt (siehe Rdn 22). Die „**Düsseldorfer Tabelle**" setzt die Unterhaltshöhe nach dem bereinigten Nettoeinkommen des barunterhaltspflichtigen Elternteils und dem Alter des Kindes fest. Der monatliche Kindesunterhalt beträgt danach bei einem bereinigten monatlichen Nettoeinkommen des Unterhaltsverpflichteten von 1.800 EUR bei zwei unterhaltsberechtigten Kindern unter sechs Jahren jeweils 352 EUR, wobei das staatliche Kindergeld (jeweils 190 EUR monatlich für das erste und zweite Kind, 196 EUR für das dritte Kind und 221 EUR für jedes weitere Kind) zur Hälfte anzurechnen ist (§ 1612b Abs. 1 Nr. 1 BGB).

2. Erb- und Pflichtteilsrecht

Ehegatten sind kraft Gesetzes gegenseitig erb- und pflichtteilsberechtigt (§§ 1931, 2303 Abs. 2 BGB). Das gegenseitige gesetzliche **Erb- und Pflichtteilsrecht** entfällt mit der rechtskräftigen Ehescheidung. Gleiches gilt im Zweifel für testamentarische und erbvertragliche Zuwendungen an den Ehegatten (§§ 2077, 2268, 2279 BGB). Der Verlust des gesetzlichen und gewillkürten Erbrechts tritt außerdem bereits ein, wenn im Zeitpunkt des Erbfalls die Voraussetzungen der Ehescheidung vorlagen und der Erblasser die Scheidung beantragt oder ihr zugestimmt hatte (§§ 1933 S. 1, 2077 Abs. 1 S. 2, 2268, 2279 BGB).

97

3. Name

Zur namensrechtlichen Wirkung der Ehescheidung siehe Rdn 28 f.

98

4. Altersversorgung und gesetzliche Krankenversicherung

Eine **Witwen- oder Witwerrente** (siehe Rdn 46) ist daran geknüpft, dass der überlebende Ehegatte bis zum Tod des Versicherten mit diesem in rechtsgültiger Ehe verheiratet war und kommt daher nach der Scheidung nicht Betracht.[89] Der geschiedene Ehegatte kann aber über den **Versorgungsausgleich** (weitere) Versorgungsanrechte erlangt haben (siehe Rdn 89 ff.).

99

Mit rechtskräftiger Scheidung endet die beitragsfreie **Familienversicherung** des nicht berufstätigen Ehegatten in der **Krankenversicherung** (siehe Rdn 47). Der zunächst mitversicherte Ehegatte kann sich sodann freiwillig versichern, muss dann aber freilich den Beitrag in voller Höhe selbst tragen (ggf. kommen insoweit Unterhaltsansprüche gegen den anderen Ehegatten in Betracht, § 1578 Abs. 2 BGB; siehe Rdn 82 ff.). Außerdem ist der Beitritt innerhalb von drei Monaten nach Beendigung der Familienversicherung bei der Krankenkasse anzuzeigen (§ 9 SGB V).

100

5. Bleiberecht

Zu den Auswirkungen von Trennung und Scheidung auf den ausländerrechtlichen Status siehe Rdn 48 ff.

101

---

89 *Kreikebohm/Löns*, SGB VI, § 46 Rn 4.

6. Steuerliche Auswirkungen

102   Die Möglichkeit einer Zusammenveranlagung im Rahmen der Einkommensteuer haben nur Verheiratete, die nicht dauernd getrennt leben (siehe Rdn 53). Geschiedene Ehegatten werden wie Ledige besteuert. Für Unterhaltszahlungen an den geschiedenen Ehegatten kommt allerdings auf Antrag das **begrenzte Realsplitting** in Betracht (§§ 10 Abs. 1 Nr. 1a, 22 Nr. 1a EStG). Dabei kann der Unterhaltsverpflichtete den Unterhalt bis zum Betrag von derzeit 13.805 EUR pro Jahr als Sonderausgaben abziehen. Umgekehrt hat sie der Unterhaltsberechtigte dann zu versteuern. Vorteilhaft ist das begrenzte Realsplitting daher regelmäßig, wenn der persönliche Einkommensteuersatz des Unterhaltsberechtigten geringer ist als derjenige des Unterhaltsverpflichteten. Der Unterhaltsberechtigte ist verpflichtet, dem begrenzten Realsplitting zuzustimmen, wenn ihm die hieraus ggf. folgenden Nachteile ersetzt werden.[90]

VI. Möglichkeiten vertraglicher Vereinbarungen für die Scheidung

1. Ehevertrag und Scheidungsvereinbarung

103   Ehegatten haben im Grundsatz zwei Möglichkeiten, vertragliche Regelungen für den Fall der Scheidung ihrer Ehe zu treffen: Entweder durch einen **vorsorgenden Ehevertrag** oder durch eine **Scheidungsvereinbarung** (auch **Scheidungsfolgenvereinbarung** genannt). Nach der gesetzlichen **Definition** betrifft ein Ehevertrag zwar nur die güterrechtlichen Verhältnisse (§ 1408 Abs. 1 BGB). Die Praxis verwendet aber einen erweiterten Ehevertragsbegriff im Sinne einer vorsorgenden Regelung des Gesamtbereichs der ehelichen Lebensgemeinschaft und der Scheidungsfolgen, während die Scheidungsvereinbarung der Regelung einer konkret bevorstehenden Scheidung und ihrer Folgen dient.[91]

2. Zeitpunkt und Form

104   Der **Ehevertrag** kann – und wird in der Praxis häufig – bereits **vor der Ehe** geschlossen und entfaltet dann Rechtswirkungen erst mit der Eheschließung. Möglich ist es aber auch, den Ehevertrag zu jedem Zeitpunkt während der Ehe zu schließen (vgl. § 1408 Abs. 1 BGB). **Scheidungsvereinbarungen** dienen definitionsgemäß der Regelung einer konkret bevorstehenden Scheidung und werden daher regelmäßig im Zusammenhang mit der Trennung der Ehegatten geschlossen.

105   Der **Ehevertrag** bedarf der **notariellen Beurkundung** (§ 1410 BGB). Diese Form gilt für güterrechtliche Vereinbarungen und für Vereinbarungen über nachehelichen Unterhalt, die vor Rechtskraft der Ehescheidung getroffen werden (§ 1585c BGB). Bei der notariellen Beurkundung des Ehevertrages müssen die Ehegatten zwar nicht zwingend persönlich erscheinen.[92] Die beiderseitige persönliche Anwesenheit entspricht allerdings der Praxis und ist auch mit Blick auf die von der neuen Rspr. gezogenen Grenzen der Ehevertragsfreiheit (siehe Rdn 106 ff.) zu empfehlen. Die **Scheidungsvereinbarung** ist häufig ebenfalls notariell zu beurkunden. Dies gilt etwa, wenn ein vollstreckbarer Titel für die Unterhaltspflicht

---

90 Siehe näher BGH FamRZ 1998, 953; NJW 2005, 1196; *Münch*, Ehebezogene Rechtsgeschäfte, Rn 4159 ff.

91 *Langenfeld/Milzer*, Handbuch der Eheverträge und Scheidungsvereinbarungen, Rn 9 ff.; *Münch*, Ehebezogene Rechtsgeschäfte, Rn 643.

92 Die in § 1410 BGB verlangte gleichzeitige Anwesenheit beider Teile meint nicht persönliche Anwesenheit, sondern schließt nur den sukzessiven Abschluss durch Angebot und Annahme aus.

geschaffen werden soll (§ 794 Abs. 1 Nr. 5 ZPO), eine Vereinbarung über den Versorgungs-ausgleich (§ 7 Abs. 1 VersAusglG) oder Zugewinnausgleich (§ 1378 Abs. 3 S. 2 BGB) getrof-fen wird oder Grundbesitz zu übertragen ist (§ 311b Abs. 1 BGB).

3. Ehevertragsfreiheit

Die vermögensrechtlichen Scheidungsfolgen zwischen den Ehegatten sind nach dem Gesetz   106
dispositiv (für das Güterrecht siehe §§ 1408 Abs. 1, 1378 Abs. 3 S. 2 BGB; für den Versor-gungsausgleich siehe § 1408 Abs. 2 BGB, § 6 VersAusglG; für den nachehelichen Unterhalt siehe § 1585c BGB). Es besteht also im Grundsatz **Ehevertragsfreiheit**.[93] Diese findet allerdings ihre **Grenzen** in den allgemeinen gesetzlichen Schranken, so dass auch ehevertrag-liche Vereinbarungen wegen Sittenwidrigkeit (§ 138 BGB) unwirksam sein können.[94]

Der BGH hat bis in das Jahr 2001 die **Sittenwidrigkeit** ehevertraglicher Vereinbarungen   107
nur in Ausnahmefällen bejaht. So wurden Unterhaltsvereinbarungen dort Grenzen gesetzt, wo sie objektiv zwangsläufig zur Sozialhilfebedürftigkeit eines Ehegatten führten.[95] Einen Verzicht auch auf Kindesbetreuungsunterhalt gem. § 1570 BGB[96] hat der BGH grds. nicht für sittenwidrig gehalten, selbst wenn die Verlobte bei Abschluss des Ehevertrages bereits schwanger war.[97] Denn eine rechtliche Verpflichtung zur Heirat bestehe nicht, weswegen ein Ehegatte die Heirat auch von einem (rechtlich grds. möglichen) Unterhaltsverzicht abhängig machen könne. Diese Rspr. ist jedoch durch zwei Entscheidungen des BVerfG aus dem Jahr 2001 in Frage gestellt worden, in denen das BVerfG einen verfassungsrechtlichen Schutzanspruch (Art. 2 Abs. 1 i.V.m. Art. 6 Abs. 4 GG) der (künftigen) Ehefrau und werden-den Mutter gegen unangemessene Benachteiligungen durch einen Ehevertrag gewährte.[98]

Der BGH sah sich durch diese Entscheidungen des BVerfG veranlasst, seine bisherige   108
Rspr. zur Ehevertragsfreiheit zu ändern, und hat in einem Grundsatzurteil vom 11.2.2004 ausführlich zur **Wirksamkeits- und Ausübungskontrolle** von Eheverträgen Stellung ge-nommen.[99] Dabei betont der BGH zwar den Grundsatz der Ehevertragsfreiheit: Einen unverzichtbaren Mindestgehalt an Scheidungsfolgen zugunsten des berechtigten Ehegatten kenne das geltende Recht nicht. Allerdings dürfe die grundsätzliche Disponibilität der Scheidungsfolgen nicht dazu führen, dass der Schutzzweck der gesetzlichen Regelungen durch vertragliche Vereinbarungen beliebig unterlaufen werde. Dies ist nach Ansicht des BGH dann der Fall, wenn eine evident einseitige und durch die individuelle Gestaltung der ehelichen Lebensverhältnisse nicht gerechtfertigte Lastenverteilung entstünde, die hinzu-nehmen für den belasteten Ehegatten – bei angemessener Berücksichtigung der Belange des anderen Ehegatten und seines Vertrauens in die Geltung der getroffenen Abrede – bei verständiger Würdigung des Wesens der Ehe unzumutbar erscheine. Die Belastungen des einen Ehegatten wögen dabei umso schwerer und die Belange des anderen Ehegatten bedürf-ten umso genauerer Prüfung, je unmittelbarer die vertragliche Abbedingung gesetzlicher Regelungen in den **Kernbereich des Scheidungsfolgenrechts** eingreife. Insoweit sei eine Abstufung vorzunehmen. Zum Kernbereich gehören nach dem BGH in erster Linie der

93 *Langenfeld/Milzer*, Handbuch der Eheverträge und Scheidungsvereinbarungen, Rn 2 ff.
94 *Langenfeld/Milzer*, Handbuch der Eheverträge und Scheidungsvereinbarungen, Rn 20; Palandt/
     Brudermüller, § 1408 BGB Rn 7 ff., § 1585c BGB Rn 15 f.
95 BGH FamRZ 1983, 137; 1991, 306; 1992, 1403.
96 Nicht zu verwechseln mit dem Kindesunterhalt, auf den gem. § 1614 Abs. 1 BGB für die Zukunft nicht
     verzichtet werden kann (siehe hierzu Rdn 116).
97 BGH NJW 1992, 3164; FamRZ 1985, 788.
98 BVerfG NJW 2001, 957; 2001, 2248.
99 NJW 2004, 930.

Unterhalt wegen Kindesbetreuung und in zweiter Linie der Alters- und Krankheitsunterhalt, dem Vorrang vor den übrigen Unterhaltstatbeständen (z.B. Ausbildungs- und Aufstockungsunterhalt) zukomme. Der Versorgungsausgleich stehe als vorweggenommener Altersunterhalt auf gleicher Stufe wie dieser und sei daher nicht uneingeschränkt abdingbar. Demgegenüber erweise sich der Zugewinnausgleich der ehevertraglichen Disposition am weitesten zugänglich.

109 Dabei ist nach dem BGH eine **zweistufige Prüfung** erforderlich. In einem ersten Schritt ist die **Wirksamkeitskontrolle** des Ehevertrages anhand einer auf den Zeitpunkt des Vertragsschlusses bezogenen Gesamtwürdigung der individuellen Verhältnisse der Ehegatten vorzunehmen, insbesondere also hinsichtlich ihrer Einkommens- und Vermögensverhältnisse und ihres geplanten oder bereits verwirklichten Lebenszuschnitts. Nach dem BGH kommt das Verdikt der Sittenwidrigkeit aber regelmäßig nur in Betracht, wenn durch den Vertrag Regelungen aus dem Kernbereich des gesetzlichen Scheidungsfolgenrechts ganz oder jedenfalls zu erheblichen Teilen abbedungen werden, ohne dass dieser Nachteil durch anderweitige Vorteile gemildert oder durch die besonderen Verhältnisse der Ehegatten gerechtfertigt wird. Soweit ein Vertrag danach Bestand hat, ist sodann im Rahmen der **Ausübungskontrolle** zu prüfen, ob und inwieweit ein Ehegatte die ihm durch einen Vertrag eingeräumte Rechtsmacht missbraucht, wenn er sich im Scheidungsfall gegenüber einer vom anderen Ehegatten begehrten gesetzlichen Scheidungsfolge darauf beruft, dass diese durch den Vertrag wirksam abbedungen sei (§ 242 BGB).

110 Da der BGH in seinem Urt. v. 11.2.2004 konkrete Festlegungen weitgehend vermieden hat, bestand für die Vertragsgestaltung zunächst eine erhebliche Rechtsunsicherheit. Die ersten Gerichtsentscheidungen verschiedener Oberlandesgerichte hatten die Vorgaben des BGH unterschiedlich umgesetzt.[100] Der BGH hat seine Rspr. mittlerweile in einigen weiteren Entscheidungen konkretisiert.[101] Allgemein wird in der Lit. Zurückhaltung bei Verzichten auf diejenigen Rechtspositionen empfohlen, welche der BGH dem **Kernbereich des Scheidungsfolgenrechts** zuordnet.[102] Problematisch dürften **Totalverzichte** (also der entschädigungslose Ausschluss des Zugewinn- und des Versorgungsausgleichs und der vollständige Verzicht auf nacheheliche Unterhalt) jedenfalls dann sein, wenn in der Ehe Kinder geboren werden, insbesondere auch in den sog. **Bleiberechtsfällen**, wenn also dem ausländischen Partner mit der Eheschließung ein Aufenthaltsrecht (siehe Rdn 50 ff.) verschafft werden soll.[103] Die neuen Vorgaben des BGH dürften im Grundsatz auch für **Scheidungsvereinbarungen** gelten.[104]

4. Güterrechtliche Vereinbarungen

111 Die Ehegatten können ihre güterrechtlichen Verhältnisse durch Ehevertrag privatautonom regeln (§ 1408 Abs. 1 BGB). Hierbei haben sie nicht nur das Recht, einen bestimmten

100 OLG Celle DNotI-Report 2004, 81; FamRZ 2004, 1489; OLG Saarbrücken DNotI-Report 2004, 138; OLG Karlsruhe DNotI-Report 2004, 146; OLG Düsseldorf ZFE 2004, 248; OLG Stuttgart FamRZ 2005, 455; OLG Nürnberg FamRZ 2005, 454.
101 Siehe die Nachweise bei Palandt/*Brudermüller*, § 1408 BGB Rn 8 ff.
102 Siehe zusammenfassend Gutachten DNotI-Report 2004, 185; aus der Lit.: vgl. *Münch*, ZNotP 2004, 122; ders., FamRZ 2005, 570; *Mayer*, FPR 2004, 363; *Langenfeld*, ZEV 2004, 311; *Brambring*, FGPrax 2004, 175; *Rauscher*, DNotZ 2004, 524; *Bredthauer*, NJW 2004, 3072; *Gageik*, RNotZ 2004, 295; *Schwab*, in: FS Holzhauer, 2005, S. 410; *Schumacher*, in: FS Otte, 2005, S. 363; *Sanders*, FuR 2005, 104; *Grziwotz*, MDR 2005, 73.
103 BGH NJW 2006, 2331; 2007, 907.
104 Siehe zusammenfassend Gutachten DNotI-Report 2005, 17.

Güterstand zu wählen, sondern können diesen auch inhaltlich abändern.[105] Nicht möglich ist allerdings die Bestimmung des Güterstandes durch Verweisung auf nicht mehr geltendes oder ausländisches Recht (§ 1409 BGB).

Der gesetzliche Güterstand der **Zugewinngemeinschaft** lässt die verschiedensten Modifikationen zu.[106] So wird in der Praxis häufig eine **modifizierte Zugewinngemeinschaft** (statt Gütertrennung) vereinbart, welche den Zugewinnausgleich im Scheidungsfall ausschließt und ihn im Todesfall aufrechterhält.[107] Gegenüber der Gütertrennung hat diese Gestaltung zum einen den Vorteil, dass die Pflichtteile Dritter regelmäßig niedriger sind. Zum anderen kann sie erhebliche erbschaftsteuerliche Vorteile bieten (§ 5 ErbStG). Möglich ist auch die Herausnahme einzelner Gegenstände oder Sachgesamtheiten aus dem Zugewinnausgleich. Praktisch wird dies oft bei einem unternehmerisch tätigen Ehegatten, wenn dessen **betriebliches Vermögen** im Scheidungsfall nicht in den Zugewinnausgleich einbezogen werden soll.[108]

Die **Gütertrennung** wird durch das Fehlen jeglicher güterrechtlicher Vermögensbindung gekennzeichnet (siehe Rdn 16). Daher sind Modifizierungen der Gütertrennung praktisch ausgeschlossen.[109] Möglich sind freilich – wie auch in der Zugewinngemeinschaft – Vereinbarungen über einen etwaigen Vermögensausgleich außerhalb des Güterrechts (siehe hierzu Rdn 76 ff.).

5. Unterhaltsvereinbarungen

Vereinbarungen zum nachehelichen Unterhalt sind sowohl in Eheverträgen als auch in Scheidungsvereinbarungen möglich und kommen in der Praxis häufig vor. Möglich sind sowohl (teilweise) **Unterhaltsverzichte** als auch Modifikationen des gesetzlichen Unterhaltsrechts, z.B. Vereinbarungen über die Höchstdauer der Unterhaltspflicht (ggf. abhängig von der Ehedauer) und über die Unterhaltshöhe sowie der Ausschluss einzelner Unterhaltstatbestände (siehe Rdn 84).[110] Insbesondere im Bereich des nachehelichen Unterhalts sind die von der Rspr. neu gezogenen **Grenzen der Ehevertragsfreiheit** zu beachten (siehe hierzu Rdn 106 ff.).

6. Vereinbarungen über den Versorgungsausgleich

Auch Vereinbarungen zum Versorgungsausgleich können ebenso in einem Ehevertrag wie in einer Scheidungsvereinbarung getroffen werden. Inhaltlich sind neben dem entschädigungslosen (teilweisen, z.B. mit Ausnahme der Zeiten der Berufsaufgabe) **Ausschluss des Versorgungsausgleichs** verschiedene Modifikationen, etwa in Bezug auf die Ausgleichsquote, und insbesondere ein Ausschluss des Versorgungsausgleichs mit Gegenleistung (z.B. Abschluss einer Lebensversicherung oder Einzahlung in die gesetzliche Rentenversi-

112

113

114

115

105 Zu den umstrittenen Grenzen wegen Perplexität oder Denaturierung des Güterstandes siehe MüKoBGB/*Kanzleiter*, § 1408 Rn 13.
106 *Langenfeld/Milzer*, Handbuch der Eheverträge und Scheidungsvereinbarungen, Rn 6 ff.
107 *Langenfeld/Milzer*, Handbuch der Eheverträge und Scheidungsvereinbarungen, Rn 25; *Münch*, Ehebezogene Rechtsgeschäfte, Rn 1143 ff.
108 BGH NJW 1997, 2239.
109 OLG Schleswig NJW-RR 1996, 134; MüKoBGB/*Kanzleiter*, § 1408 Rn 15.
110 Zu den Vereinbarungsmöglichkeiten siehe im Einzelnen *Münch*, Ehebezogene Rechtsgeschäfte, Rn 2297 ff.; *Langenfeld/Milzer*, Handbuch der Eheverträge und Scheidungsvereinbarungen, Rn 530 ff.

cherung) möglich.[111] Vereinbarungen über den Versorgungsausgleich unterliegen nach § 8 Abs. 1 VersAusglG ausdrücklich einer Wirksamkeitskontrolle durch das Familiengericht.

7. Vereinbarungen über sonstige Scheidungsfolgen

a) Kindesunterhalt

116 Über den Kindesunterhalt können die Ehegatten **nicht zu Lasten des Kindes** verfügen. Einen (Teil-)Verzicht auf künftigen Kindesunterhalt lässt das Gesetz i.Ü. ohnehin nicht zu (§ 1614 Abs. 1 BGB). In der Praxis wird aber häufig in Konkretisierung der gesetzlichen Unterhaltspflicht eine Zahlungsvereinbarung (oft im Wege eines Vertrages zugunsten des Kindes, § 328 BGB) getroffen und diesbezüglich in notarieller Urkunde ein vollstreckbarer Titel geschaffen (§ 794 Abs. 1 Nr. 5 ZPO). **Freistellungsvereinbarungen**, wonach die gesetzliche Unterhaltspflicht eines Ehegatten gegenüber dem Kind zwar unberührt bleibt, der andere Ehegatte sich aber im Innenverhältnis verpflichtet, diese Unterhaltspflicht zu tragen, sind zwar nach dem Gesetz an sich möglich, aber mit Rücksicht auf die neuen Maßstäbe der Ehevertragsfreiheit (siehe hierzu Rdn 106 ff.) oft problematisch.

b) Ehewohnung und Haushaltsgegenstände

117 Für eine einvernehmliche Scheidung können die Nutzungsverhältnisse an der **Ehewohnung** etwa durch eine vollstreckbare Räumungsverpflichtung vertraglich geregelt werden, ebenso die Eigentumszuordnung hinsichtlich der **Haushaltsgegenstände**.[112]

c) Elterliche Sorge und Umgangsrecht

118 Sowohl über die elterliche Sorge als auch über das Umgangsrecht entscheidet das Familiengericht im Scheidungsverfahren nur noch, wenn dies **beantragt** wird (§ 137 Abs. 3 FamFG). Sind sich die Ehegatten über den Fortbestand der gemeinsamen elterlichen Sorge und über den Umgang einig, genügt es für eine einverständliche Scheidung, dies in der **Scheidungsvereinbarung** festzustellen. Anderenfalls können übereinstimmende Anträge auf Regelung der elterlichen Sorge und des Umgangs in die Scheidungsvereinbarung aufgenommen werden.[113]

d) Erb- und Pflichtteilsverzicht; Aufhebung letztwilliger Verfügungen

119 Häufig wollen die Ehegatten bereits bei einer endgültigen Trennung das gesetzliche Erb- und Pflichtteilsrecht und etwaige letztwillige Zuwendungen endgültig beseitigen. Hierfür kommen ein wechselseitiger, notariell zu beurkundender **Erb- und Pflichtteilsverzicht** (§§ 2346, 2348 BGB) sowie die Aufhebung der entsprechenden letztwilligen Verfügungen in Betracht.[114]

---

111 Zu den Vereinbarungsmöglichkeiten siehe im Einzelnen *Münch*, Ehebezogene Rechtsgeschäfte, Rn 3539 ff.; *Langenfeld/Milzer*, Handbuch der Eheverträge und Scheidungsvereinbarungen, Rn 701 ff.
112 Siehe näher *Münch*, Ehebezogene Rechtsgeschäfte, Rn 3800 ff.
113 Vgl. *Langenfeld/Milzer*, Handbuch der Eheverträge und Scheidungsvereinbarungen, Rn 923 ff.; siehe ausf. *Hammer*, Elternvereinbarungen im Sorge- und Umgangsrecht, 2004.
114 Siehe *Münch*, Ehebezogene Rechtsgeschäfte, Rn 2771 ff.

VII. Kollisionsrecht der Scheidungsfolgen

Zum Kollisionsrecht der Scheidungsfolgen siehe Allgemeiner Teil § 2 Rdn 278 ff. 120

VIII. Verfahren

Über die Scheidung selbst und über die Scheidungsfolgen soll grds. im **Verbund** verhandelt 121
und entschieden werden (siehe Rdn 61 ff.)

IX. Internationale Zuständigkeit

Zur internationalen Zuständigkeit siehe Allgemeiner Teil § 2 Rdn 262 ff. 122

E. Eingetragene Lebenspartnerschaft

I. Allgemeines

Der Gesetzgeber hat im Jahr 2001 für Paare gleichen Geschlechts mit dem LPartG das 123
Rechtsinstitut der **eingetragenen Lebenspartnerschaft** eingeführt. Gegen Art. 6 Abs. 1 GG
(Schutz der Ehe) hat er damit nach Auffassung des BVerfG nicht verstoßen.[115] Zum 1.1.2005
ist das LPartG novelliert und die eingetragene Lebenspartnerschaft in weiteren Bereichen
der Ehe angenähert worden.[116]

II. Begründung

Zwei Personen gleichen Geschlechts begründen eine Lebenspartnerschaft, wenn sie gegen- 124
seitig und persönlich und bei gleichzeitiger Anwesenheit erklären, miteinander eine Partnerschaft auf Lebenszeit führen zu wollen (§ 1 Abs. 1 S. 1 LPartG). Diese Erklärungen müssen
vor der nach Maßgabe des Landesrechts zuständigen Behörde abgegeben werden (§ 1 Abs. 1
S. 3 LPartG). Zuständig ist das Standesamt, in Bayern auch die Notare. Seit 1.1.2005 ist auch
für die eingetragene Lebenspartnerschaft das **Verlöbnis** vorgesehen (§ 1 Abs. 3 LPartG).

III. Rechtsfolgen

Seit der Novellierung zum 1.1.2005 sieht das LPartG als gesetzlichen Güterstand wie unter 125
Ehegatten die **Zugewinngemeinschaft** vor (§ 6 LPartG). Als Wahlgüterstände kommen die
Gütertrennung und die Gütergemeinschaft in Betracht (§ 7 S. 2 LPartG). Ihre Vereinbarung
setzt einen **Lebenspartnerschaftsvertrag** voraus, welcher der notariellen Beurkundung
bedarf (§ 7 S. 2 LPartG i.V.m. § 1410 BGB). Auch die Verpflichtung zum **Lebenspartner-
schaftsunterhalt** während des Zusammenlebens (§ 5 LPartG) und während der Trennung
(§ 12 LPartG) entspricht nunmehr im Wesentlichen der Unterhaltpflicht unter Ehegatten.

Die Lebenspartner können einen gemeinsamen **Lebenspartnerschaftsnamen** bestimmen 126
(§ 3 Abs. 1 S. 1 LPartG). Hierfür gelten entsprechende Regelungen wie für die Bildung des
Ehenamens (siehe Rdn 26 ff.). Den Lebenspartnern steht gegenseitig ein **gesetzliches Erb-
und Pflichtteilsrecht** zu, das weitgehend dem ehelichen entspricht (§ 10 LPartG). Seit der

---

115 BVerfG NJW 2002, 2543.
116 BGBl 2004 I, S. 3396; für vor diesem Zeitpunkt eingegangene Lebenspartnerschaften siehe die Übergangsvorschriften in § 21 LPartG.

Ivo

Novellierung zum 1.1.2005 kann ein Lebenspartner auch das Kind des anderen Lebenspartners adoptieren, sog. **Stiefkindadoption** (§ 9 Abs. 7 LPartG). Nunmehr ist der Lebenspartner auch in die **Hinterbliebenenversorgung** in der **gesetzlichen Rentenversicherung** einbezogen. Im **Staatsangehörigkeits- und Ausländerrecht** hat die eingetragene Lebenspartnerschaft vergleichbare Wirkungen wie die Ehe (siehe § 27 Abs. 2 AufenthG). Im
Einkommensteuerrecht („Ehegattensplitting") und im **Erbschaftsteuerrecht** sind die eingetragenen Lebenspartner inzwischen den Ehegatten gleichgestellt.

IV. Auflösung

127   Die Lebenspartnerschaft wird auf Antrag eines oder beider Lebenspartner durch gericht-
       liches Urteil aufgehoben (§ 15 Abs. 1 LPartG). Zum 1.1.2005 sind die Aufhebungsgründe
       den Voraussetzungen der Ehescheidung (siehe Rdn 56 ff.) angeglichen worden. Nach der
       Aufhebung der Lebenspartnerschaft kann eine Verpflichtung zum **nachpartnerschaftlichen
       Unterhalt** bestehen (§ 16 LPartG). Außerdem ist seit der Novellierung zum 1.1.2005 auch
       der **Versorgungsausgleich** durchzuführen (§ 20 LPartG).

V. Kollisionsrecht der eingetragenen Lebenspartnerschaft

128   Zum Kollisionsrecht der eingetragenen Lebenspartnerschaft siehe Allgemeiner Teil § 2
       Rdn 341 ff.

F. Nichteheliche Lebensgemeinschaft

129   Die nichteheliche Lebensgemeinschaft[117] ist – abgesehen von einigen Randfragen und trotz
       ihrer erheblichen praktischen Bedeutung – **gesetzlich nicht geregelt**. Das BVerfG **definiert**
       sie als Lebensgemeinschaft zwischen einem Mann und einer Frau, die auf Dauer angelegt
       ist, daneben keine weitere Lebensgemeinschaft gleicher Art zulässt und sich durch innere
       Bindungen auszeichnet, die ein gegenseitiges Einstehen der Partner füreinander begründen,
       also über die Beziehungen in einer reinen Haushalts- und Wirtschaftsgemeinschaft hinaus-
       gehen.[118] Auf die nichteheliche Lebensgemeinschaft kann das Eherecht nicht analog ange-
       wandt werden, da dies weder mit Art. 6 Abs. 1 GG (Schutz der Ehe) noch mit dem Willen
       der Beteiligten vereinbar wäre, die gerade keine Ehe eingehen wollen.

130   Aufgrund der fehlenden gesetzlichen Regelung entstehen insbesondere bei der **Auflösung**
       einer nichtehelichen Lebensgemeinschaft häufig Probleme. Namentlich die Vermögensaus-
       einandersetzung und der Ausgleich von (Vermögens-)Zuwendungen an den anderen Partner
       bereiten oft Schwierigkeiten. Die Rspr. bejaht in Einzelfällen gesellschaftsrechtliche Aus-
       gleichsansprüche (§§ 705 ff. BGB) oder Ansprüche aus ungerechtfertigter Bereicherung
       (§§ 812 ff. BGB), wenn Leistungen eines Partners, die über das in einer nichtehelichen
       Lebensgemeinschaft übliche Maß hinausgehen, zur Bereicherung nur des anderen Partners
       geführt haben, z.B., wenn ein Partner eine Immobilie unter Verwendung wesentlicher
       Beiträge des anderen zu Alleineigentum erwirbt.[119] Empfehlenswert ist der Abschluss eines

---

117 Siehe dazu *Hausmann/Hohloch*, Das Recht der nichtehelichen Lebensgemeinschaft, 2. Aufl. 2004;
     Grziwotz, Nichteheliche Lebensgemeinschaft, 5. Aufl. 2014.
118 BVerfG NJW 1993, 643, 645.
119 BGH NJW 1997, 3371; 1992, 906; vgl. auch Palandt/*Sprau*, § 705 BGB Rn 46 m.w.N.; *Schwab*,
     Familienrecht, Rn 1006 f.

Partnerschaftsvertrages, durch den die Beteiligten ihr Zusammenleben und die Auseinandersetzung im Falle einer etwaigen Auflösung der Lebensgemeinschaft regeln können.[120]

G. Abstammung und Adoption

I. Abstammung

Im Jahr 1998 ist die Unterscheidung im Abstammungsrecht zwischen **ehelichen** und **nicht-ehelichen Kindern** beseitigt worden. Die §§ 1591 ff. BGB regeln die Abstammung nunmehr einheitlich, wobei die Frage, ob die Eltern miteinander verheiratet sind, nach wie vor eine Rolle spielen kann. Die Abstammung als Grundlage der Verwandtschaft (§ 1589 BGB) wird grds. durch die genetisch-biologische Abkunft von den Eltern begründet. Sie wird allerdings teilweise lediglich vermutet und ist im Einzelfall sogar bloße Fiktion, da z.B. die Anerkennung der Vaterschaft auch ohne biologische Herkunft ebenso zu rechtlich wirksamer Abstammung führt wie die Vaterschaftsvermutung aus der Ehe der Eltern, wenn der Ehemann nicht der biologische Vater ist.[121] Es kann also zu einem **Auseinanderfallen** von **rechtlicher** und **biologischer Vaterschaft** kommen. | 131

Mutter eines Kindes ist die Frau, die es geboren hat (§ 1591 BGB). Damit ist klargestellt, dass es auch in Fällen der (in Deutschland verbotenen) **Leihmutterschaft** oder **Eispende** keine „gespaltene Mutterschaft" gibt. Auch eine Anfechtung der Mutterschaft ist ausgeschlossen.[122] **Vater** eines Kindes ist der Mann, der zum Zeitpunkt der Geburt mit der Mutter des Kindes verheiratet ist (§ 1592 Nr. 1 BGB),[123] der die Vaterschaft anerkannt hat (§ 1592 Nr. 2 BGB) oder dessen Vaterschaft gerichtlich festgestellt ist (§ 1592 Nr. 3 BGB). | 132

Die Vaterschaftszurechnungen gem. § 1592 Nr. 1 und 2 BGB können durch **Anfechtung** wieder beseitigt werden (§§ 1599 Abs. 1, 1600 ff. BGB). Anfechtungsberechtigt sind der Mann, dessen Vaterschaft nach diesen Vorschriften besteht, die Mutter, das Kind und seit dem Jahr 2004 auch der biologische Vater (§ 1600 Abs. 1 BGB). Die fehlende Abstammung kann aber nur in einem Anfechtungsprozess geltend gemacht werden. Aufgrund der statusrechtlichen Bedeutung der Abstammungsfrage und aus Gründen der Rechtssicherheit kann daher vor rechtskräftig gewordener Vaterschaftsanfechtung nicht eingewandt werden, der gesetzliche Vater sei nicht der leibliche Vater des Kindes.[124] | 133

II. Adoption

1. Allgemeines

Die Annahme als Kind (Adoption) ist in den §§ 1741 ff. BGB geregelt. Seit 1977 gilt das **Dekretsystem,** also die Adoption durch staatlichen Hoheitsakt. Außerdem hat sich das deutsche Recht grds. für die **Volladoption** (Adoption mit „starken Wirkungen") entschieden, durch die also das **Kindschafts- und Verwandtschaftsverhältnis mit allen seinen Wirkungen** hergestellt wird. Dies gilt uneingeschränkt für die Annahme eines minderjähri- | 134

---

120 Vgl. *Grziwotz,* Partnerschaftsvertrag für die nichteheliche und die nicht eingetragene Lebensgemeinschaft, 4. Aufl. 2002.

121 MüKoBGB/*Wellenhofer,* vor § 1591 Rn 19 f.

122 Palandt/*Brudermüller,* § 1591 BGB Rn 2.

123 Ausnahme: Geburt nach Anhängigkeit eines Scheidungsantrags und Anerkennung durch einen Dritten, § 1599 Abs. 2 BGB.

124 Vgl. *Gaul,* FamRZ 1997, 1441, 1448.

gen Kindes als den typischen Fall. Die Annahme eines Volljährigen als Kind hat hingegen dem Grundsatz nach nur „schwache Wirkungen"; sie erstreckt sich nicht auf die Verwandten des Annehmenden, kann aber unter bestimmten Voraussetzungen ebenfalls mit den Wirkungen der Volladoption durchgeführt werden.

2. Minderjährigenadoption

135 Die Adoption wird vom Vormundschaftsgericht ausgesprochen. Das **Adoptionsverfahren** wird durch einen **Antrag** bei Gericht eingeleitet, den bei der Minderjährigenadoption der Annehmende stellen muss. Der Antrag bedarf der notariellen Beurkundung, muss persönlich erklärt sein (also keine Stellvertretung zulässig) und darf keine Bedingung oder Zeitbestimmung enthalten (§ 1752 Abs. 2 BGB). In der Praxis wird der Antrag regelmäßig vom beurkundenden Notar eingereicht. Der Antrag kann bis zur Wirksamkeit des Annahmebeschlusses, d.h. bis zu dessen Zustellung an den Annehmenden, zurückgenommen werden.

136 Außerdem werden verschiedene **Einwilligungserklärungen** benötigt, und zwar insbesondere
– von dem anzunehmenden Kind bzw. seinem gesetzlichen Vertreter (§ 1746 BGB),
– von dem Ehegatten eines verheirateten Anzunehmenden (§ 1749 Abs. 2 BGB),
– von dem Ehegatten des Annehmenden, falls dieser ausnahmsweise das Kind allein annimmt (§ 1741 Abs. 2 S. 2–4 BGB) und
– von den Eltern des Kindes (§ 1747 BGB), deren Einwilligung unter bestimmten Voraussetzungen durch das Vormundschaftsgericht ersetzt werden kann (§ 1748 BGB).

137 Die Annahme eines Minderjährigen setzt voraus, dass sie seinem **Wohl** dient und mit der Entstehung eines **Eltern-Kind-Verhältnisses** zu rechnen ist (§ 1741 Abs. 1 S. 1 BGB). Die Annahme soll i.d.R. erst nach einer Probezeit ausgesprochen werden (§ 1744 BGB). Der Annehmende muss grds. mindestens 25 Jahre alt sein; bei der Annahme durch ein Ehepaar gilt dies nur für einen Ehegatten, während für den anderen Ehegatten ein Mindestalter von 21 Jahren genügt. Bei der Stiefkindadoption (siehe Rdn 138) beträgt das Mindestalter des Annehmenden 21 Jahre (§ 1743 BGB).

138 Durch den **Adoptionsbeschluss** wird das Kind gemeinschaftliches Kind der Ehegatten, wenn die Ehegatten das Kind gemeinschaftlich annehmen oder ein Ehegatte das Kind des anderen annimmt. In den anderen Fällen erlangt das Kind die rechtliche Stellung eines Kindes des Annehmenden (§ 1754 BGB). Mit dem Wirksamwerden der Adoption erlöschen grds. die verwandtschaftlichen Beziehungen des Kindes zu seiner leiblichen Familie (§ 1755 Abs. 1 BGB). Insbesondere bestehen grds. keine wechselseitigen Erb- und Unterhaltsansprüche im Verhältnis zur leiblichen Familie mehr. Etwas anderes gilt im Falle der **Stiefkindadoption**, in dem das Verwandtschaftsverhältnis zum Ehegatten des Annehmenden und seiner Familie erhalten bleibt, und in bestimmten Fällen bei der Adoption durch Verwandte (§ 1756 BGB). Als **Geburtsnamen** erhält das Kind den Familiennamen des Annehmenden (§ 1757 BGB). Wird ein ausländisches Kind durch Deutsche angenommen, erwirbt es die **deutsche Staatsangehörigkeit** (§ 6 StAG). Dies gilt auch, wenn das Kind während des Adoptionsverfahrens volljährig und sodann eine Volljährigenadoption mit den Wirkungen der Minderjährigenadoption (§ 1772 BGB) ausgesprochen wird.[125]

---

125 BVerwG NJW 2004, 1401.

3. Volljährigenadoption

Für die Volljährigenadoption gelten im Grundsatz die Vorschriften über die Minderjährigenadoption (§ 1767 Abs. 2 S. 1 BGB). Von diesem Grundsatz enthalten die Vorschriften über die Volljährigenadoption allerdings einige wichtige Ausnahmen. Verschiedene Vorschriften der Minderjährigenadoption sind im Verfahren über eine Volljährigenadoption nicht anzuwenden (§ 1768 Abs. 1 S. 2 BGB). Im Gegensatz zur Minderjährigenadoption genügt für eine Volljährigenadoption gem. § 1767 Abs. 1 BGB, dass sie **sittlich gerechtfertigt** ist.

139

Die Volljährigenadoption hat – im Gegensatz zur Minderjährigenadoption – regelmäßig nur „**schwache Wirkungen**". Die Annahme eines Volljährigen führt zwar dazu, dass er die Stellung eines Kindes des Annehmenden erhält (§§ 1767 Abs. 2, 1754 Abs. 2 BGB). Die Wirkungen der Annahme eines Volljährigen erstrecken sich allerdings nicht auf die Verwandten des Annehmenden. Außerdem werden die Rechte und Pflichten aus dem Verwandtschaftsverhältnis des Angenommenen und seiner Abkömmlinge zu ihren leiblichen Verwandten durch die Annahme grds. nicht berührt (§ 1770 Abs. 2 BGB). Das Vormundschaftsgericht kann allerdings unter bestimmten Voraussetzungen beim Ausspruch der Annahme eines Volljährigen auf Antrag bestimmen, dass sich die Wirkungen der Annahme nach den Vorschriften über die Minderjährigenadoption richten (§ 1772 BGB).

140

Auch bei der Volljährigenadoption erhält der Angenommene als **Geburtsnamen** den Familiennamen des Annehmenden (§§ 1767 Abs. 2, 1757 Abs. 1 BGB). Ist der Angenommene allerdings verheiratet, erstreckt sich diese Namensänderung nicht notwendig auf den geführten Ehenamen (§§ 1767 Abs. 2, 1757 Abs. 3 BGB). Außerdem kann in Einzelfällen dem neuen Familiennamen des Kindes der bisherige Familienname vorangestellt oder angefügt werden (§§ 1767 Abs. 2, 1757 Abs. 4 S. 1 Nr. 2 BGB). Die Volljährigenadoption eines Ausländers begründet keinen Erwerb der **deutschen Staatsangehörigkeit** und regelmäßig kein **Aufenthaltsrecht**.[126]

141

---

126 Palandt/*Götz*, § 1767 BGB Rn 8.

Ivo

Finnland

Karl-Friedrich v. Knorre, Rechtsanwalt, Offenbach am Main

Literatur

Deutschsprachige Literatur

Arends, in: *Bergmann/Ferid/Henrich*, Internationales Ehe- und Kindschaftsrecht mit Staatsangehörigkeitsrecht, Länderbericht Finnland, Online-Ausgabe Stand 1.1.2016; *v. Knorre/Mincke*, in: *Süß* (Hrsg.), Erbrecht in Europa, 3. Aufl. 2015, Länderbericht Finnland, S. 467 ff.

Literatur in finnischer Sprache

Aarnio/Kangas, Perhevarallisuusoikeus (Ehegüterrecht), Helsinki 2010; *Gottberg*, Perhesuhteet ja lainsäädäntö (Familienbeziehungen und Gesetzgebung), Turku 2005; *Mikkola*, Kansainvälinen avioliitto – ja jäämistöoikeus (Internationales Ehe- und Nachlassrecht), Helsinki 2004; *Koskinen/Sarkkinen/Saval* in: Kansainvälinen adoptio Suomessa, S. 8 (Die internationale Adoption in Finnland), Jyväskylä 214.

Finnische Gesetze

Ehegesetz (*Avioliittolaki* 13.6.1929/234 – **AL**), Stand 8.4.2016/249

Eheverordnung (*avioliittoasetus* 6.11.1987/820), Stand 25.9.2008/613

Vaterschaftsgesetz (*Isyyslaki* 13.1.2015/11, Stand 30.12.2015/1596

Staatsangehörigkeitsgesetz (*Kansalaisuuslaki* 16.5.2003/359), Stand 7.8.2015/927

Adoptionsgesetz (*Adoptiolaki* 20.1.2012/22), Stand 22.4.2016/295

Gesetz über den Kindesunterhalt (*Laki lapsen elatuksesta* 5.9.1975/704), Stand 13.1.2015/15

Kindesunterhalts- und Sorgerechtsgesetz (*Laki lapsen huollosta ja tapaamisoikeudesta* 8.4.1983/361), Stand 22.4.2016/293

Gesetz über die registrierte Lebenspartnerschaft (*Laki rekisteröidystä parisuhtesta* 9.11.2001/950 – **RekParL**), Stand 8.4.2016/250

Namensgesetz (*Nimilaki* 9.8.1985/694), Stand 22.12.2009/1396

Gesetz über die Abwicklung nichtehelicher Lebensgemeinschaften (*Laki aviopuolsoiden omaisuuden yhteistalouden purkamisesta* 14.1.2011/26), Stand 14.1.2011

Sämtliche finnischen Gesetze können in der staatlichen Datenbank www.finlex.fi eingesehen werden, teils auch in englischer Sprache. Die dort abrufbare englische Übersetzung des finnischen Ehegesetzes ist jedoch keine offizielle Übersetzung und nicht aktuell.

A.   Eheschließung

I.   Materielle Voraussetzungen, Ehehindernisse, Nichtigkeit der Trauung

1. Materielle Voraussetzungen

1   Die **materiellen Voraussetzungen** für die Eheschließung sind im **Ehegesetz** (*avioliittolaki*; im Folgenden: **AL**) normiert. Das Ehegesetz trat am 1.1.1930 in Kraft und wurde seitdem häufig geändert. Aufgrund der stetigen Aktualisierung steht es im Einklang mit den internationalen Menschenrechtsverträgen.[1] Kapitel 1 des finnischen Ehegesetzes behandelt die allgemeinen Vorschriften. Bisher sind gemäß § 1 AL sind Frau und Mann, die sich geeinigt haben, die Ehe einzugehen, **verlobt**. Ab dem 1.3.2017 wird die Vorschrift auf gleichgeschlechtliche Paare ausgedehnt. Dies wurde durch das Änderungsgesetz zum Ehegesetz (156/2015) geändert. Die Ehe wird durch die **Trauung** geschlossen. Vor Durchführung der Trauung ist jedoch zu prüfen, dass keine Ehehindernisse bestehen.

---

1   *Aarnio/Kangas*, Perhevarallisuusoikeus (Ehegüterrecht), S. 3.

2. Ehehindernisse

Ehehindernisse sind in Kapitel 2 des finnischen Ehegesetzes geregelt. 2

a) Minderjährigkeit

Minderjährige, d.h. unter 18-Jährige, dürfen gem. § 4 AL nicht heiraten. Das Justizministe- 3
rium kann jedoch, sofern besondere Gründe vorliegen, dem Minderjährigen zur Eheschließung die **Erlaubnis** erteilen. Vor einer Entscheidung über den Antrag ist den Erziehungsberechtigten des Antragstellers Gelegenheit zu geben, angehört zu werden, sofern sich der
Aufenthaltsort der/des Erziehungsberechtigten mit angemessenem Aufwand ermitteln lässt.
Das Justizministerium erteilt im Jahr etwa 60–70 Minderjährigen die Erlaubnis zur Eheschließung. Das Mindestalter wird vom finnischen Strafrecht diktiert, da nach Kapitel 20
§ 6 des finnischen Strafgesetzbuches die Vollziehung des Geschlechtsaktes mit einer Person,
die das 16. Lebensjahr nicht vollendet hat, strafbar ist und die Eingehung der Ehe diese
Strafbarkeit nicht aufhebt.[2]

b) Bestehende Ehe/registrierte Partnerschaft

Nach § 6 AL darf die Ehe nicht geschlossen werden, wenn eine vorherige **Ehe noch besteht.** 4
Eine bestehende gleichgeschlechtliche Partnerschaft nach dem Gesetz über die registrierte
Partnerschaft (RekParL) ist gem. § 6 AL ebenfalls ein Ehehindernis, unabhängig davon, ob
diese gleichgeschlechtliche Partnerschaft in Finnland oder in einem anderen Staat registriert
ist.[3]

c) Verwandtschaft

Eine Ehe darf nicht geschlossen werden zwischen **Verwandten** ersten Grades, § 7 AL. 5
Ebenso dürfen Halbgeschwister einander nicht ehelichen. Das Ehehindernis bleibt bestehen,
auch wenn einer der angehenden Ehepartner früher zur Adoption freigegeben wurde. Auf
Antrag kann vom Justizministerium jedoch eine Sondererlaubnis erteilt werden. Abkömmlinge von Geschwistern dürfen ebenfalls nur bei Vorliegen einer Sondererlaubnis des Justizministeriums geehelicht werden, § 9 AL.

3. Folgen einer Eheschließung trotz Vorliegens von Ehehindernissen

Sofern trotz Vorliegens von Ehehindernissen der Standesbeamte die Trauung vorgenommen 6
hat, ist gem. § 27 AL auf Antrag eines oder beider Ehegatten die **Scheidung ohne Bedenkzeit** auszusprechen. Des Weiteren kann die Scheidung auch seitens der Staatsanwaltschaft
bei Vorliegen der Voraussetzungen des § 27 AL beantragt werden. Sofern einer der Ehegatten bei Eheschließung noch verheiratet war oder in einer eingetragenen Lebensgemeinschaft
lebte und die vorherige Ehe noch nicht geschieden bzw. die eingetragene Lebensgemeinschaft noch nicht aufgelöst ist, steht neben dem Ehepartner (aus zweiter Ehe/Partnerschaft)
auch dem jeweiligen Partner aus erster Ehe/Partnerschaft das Recht zu, ohne Bedenkzeit
die Scheidung oder die Aufhebung der Partnerschaft zu beantragen.

---

2 *Aarnio/Kangas*, Perhevarallisuusoikeus (Ehegüterrecht), S. 9.
3 *Aarnio/Kangas*, Perhevarallisuusoikeus (Ehegüterrecht), S. 9.

II. Zuständige Behörde und Verfahren

1. Zuständige Behörde

7   Im finnischen Eherecht gilt der Grundsatz der **fakultativen Zivilehe**.[4] Die Pflicht, wie in Deutschland, zwingend auch standesamtlich zu heiraten, besteht nicht. Die Trauung kann gem. § 17 AL von einem Pfarrer der evangelisch-lutherischen oder orthodoxen Glaubensgemeinschaft vorgenommen werden. Voraussetzung hierbei ist, dass einer der Brautleute dieser Glaubensgemeinschaft angehört. Bei anderen Glaubensgemeinschaften wird die Trauung von demjenigen vorgenommen, der nach den Regeln dieser Glaubensgemeinschaft das Recht dazu besitzt. Allerdings muss dieser Glaubensgemeinschaft vom Bildungsministerium das Recht verliehen worden sein, Trauungen vorzunehmen. Im Jahr 2016 waren dies 41 verschiedene Glaubensgemeinschaften. Wenngleich die Mehrzahl der Ehen kirchlich geschlossen wird, so ist doch ein klarer Trend hin zur zivilen Trauung zu erkennen. Wurden im Jahr 2000 noch 80 % der Ehen kirchlich geschlossen, waren dies im Jahr 2014 nur noch 49,3 %.[5]

2. Verfahren

a) Aufgebot/Grundzüge

8   Die Prüfung, dass **keine Ehehindernisse** vorliegen, wird vom Magistrat oder, sofern gewünscht, von der evangelisch-lutherischen oder orthodoxen Kirche durchgeführt, wenn einer der Verlobten dieser Kirche angehört. Die Verlobten haben gemeinsam die Prüfung der Ehehindernisse zu **beantragen** und gleichzeitig zu versichern, dass keine Ehehindernisse bestehen. Des Weiteren haben beide mitzuteilen, ob sie vorher verheiratet gewesen sind oder in einer eingetragenen gleichgeschlechtlichen Partnerschaft gelebt haben (vgl. Rdn 4). Die Angabe falschen Zeugnisses ist eine Straftat. Einzelheiten des Verfahrens sind in der Eheverordnung 6.11.1987/820 geregelt. Anders als in Deutschland existiert in Finnland ein zentrales **Bevölkerungsregister** auf EDV-Basis, anhand dessen das Bestehen von Ehehindernissen zeitnah geprüft werden kann. Vor diesem Hintergrund ist die festgeschriebene Mindestdauer des Verfahrens, wonach ein **Ehefähigkeitszeugnis** erst sieben Tage nach Beantragung desselben auszustellen ist, nicht mehr gerechtfertigt. Gemäß § 13 Abs. 2 S. 2 AL besteht die Möglichkeit, das Zeugnis bei Vorliegen schwerwiegender Gründe früher zu erteilen. Sofern einer oder beide der Verlobten nicht im finnischen Bevölkerungsregister erfasst sind, ist dem Prüfer ein entsprechendes Zeugnis aus einem Drittstaat vorzulegen. Hängt das Recht eines Verlobten, zu heiraten, davon ab, ob dies nach dem Recht eines anderen Staates zulässig ist, ist dem Prüfer ein behördliches Zeugnis vorzulegen, aus dem hervorgeht, dass diese Person weder verheiratet ist noch dass Ehehindernisse nach dem Recht dieses Landes bestehen.

b) Die Trauung

9   Die Trauung wird nach Prüfung der Ehehindernisse entweder als kirchliche oder als Ziviltrauung durchgeführt, § 17 AL. Sie setzt die **persönliche Anwesenheit** beider Verlobten voraus. Vor der Trauung haben sich die Verlobten vor Zeugen auszuweisen. Das Fehlen

---

4   *Arends*, in: *Bergmann/Ferid/Henrich*, Internationales Ehe- und Kindschaftsrecht, Länderbericht Finnland, S. 28.

5   Tilastokeskus, (Finnisches Amt für Statistik), *Solmitut avioliitot vihkitavan mukaan 2004–2014* (Geschlossene Ehen nach Art der Eheschließung 2004 – 2014).

von Zeugen führt jedoch nicht zur Nichtigkeit der Ehe.[6] Die Verlobten sind zu fragen, ob sie die Ehe eingehen wollen. Dies muss von beiden bejaht werden. Danach erklärt der die Trauung Durchführende die Verlobten als verheiratet. Ein Abweichen von diesem Verfahren ist unzulässig und hat gem. § 19 Abs. 1 AL die Nichtigkeit der Ehe zur Folge. Der finnische Staatspräsident kann eine an sich nichtige Ehe gem. § 19 AL für wirksam erklären, wenn wichtige Gründe dafür sprechen. Die Wirksamerklärung kann jeder der Ehegatten beantragen oder, sofern ein Ehegatte bereits verstorben ist, dessen Erben. Zuständig für die Feststellung der Nichtigkeit ist das örtliche Zivilgericht, an dem einer der Ehepartner seinen Wohnsitz hat.

3. Kollisionsrecht

Im Jahr 2002 ist das finnische **Kollisionsrecht** im Familienrecht zusammen mit dem Kollisionsrecht des Erbrechts grundlegend reformiert worden. Mussten früher die Ehehindernisse nach dem Heimatrecht des Verlobten geprüft werden, wurde dies als zu kompliziert angesehen und geändert. Es wird gegenwärtig folgendermaßen differenziert: 10

– Besitzt einer der Verlobten die finnische Staatsangehörigkeit oder ist er im Bevölkerungsregister Finnlands eingetragen, findet auf die Eheschließung finnisches Recht Anwendung, § 108 AL. 11
– Ist keiner der Verlobten im finnischen Bevölkerungsregister eingetragen, haben sie gem. § 2 finnische Eheverordnung dem Prüfer ein Ehefähigkeitszeugnis vorzulegen, aus dem die zur Prüfung der Ehehindernisse nach finnischem Recht benötigten Informationen hervorgehen. Dieses Zeugnis ist mit einer Apostille zu versehen.
– Sind beide Verlobte weder finnische Staatsangehörige noch in Finnland wohnhaft, haben sie gem. § 108 Abs. 2 AL ein Ehefähigkeitszeugnis vorzulegen, aus dem hervorgeht, dass sie nicht verheiratet sind und dass nach dem Recht des Heimatlandes keine Ehehindernisse bestehen. Nur bei dieser Konstellation (weder Anknüpfung durch Staatsangehörigkeit noch durch Wohnsitz) werden die Ehehindernisse nach ausländischem Recht geprüft. Das Ehefähigkeitszeugnis ist mit einer Apostille zu versehen. Damit die Ehe in Finnland geschlossen werden kann, dürfen jedoch auch keine Ehehindernisse nach finnischem Recht vorliegen.
– Will ein finnischer Staatsangehöriger oder eine im finnischen Bevölkerungsregister geführte Person **im Ausland heiraten**, so erhält sie auf Antrag vom Magistrat ein Ehefähigkeitszeugnis ausgestellt.

Eine im Ausland geschlossene Ehe ist gem. § 115 AL in Finnland wirksam, sofern sie im Staat, in dem sie eingegangen wurde, oder im Staat, dessen Staatsangehörigkeit einer der Ehepartner besitzt, oder im Staat, in dem einer der Ehepartner seinen Wohnsitz hat, zum Zeitpunkt der Eheschließung wirksam war. 12

Dem Grundsatz *„locus regit actum"* folgend wird auf eine Trauung in Finnland in jedem Fall **finnisches Verfahrensrecht** angewandt.[7] Hierunter fallen neben der persönlichen und örtlichen Zuständigkeit der Person, welche die Trauung vollzieht, und den Vorschriften, welche den Ort der Trauung betreffen, folgende Punkte: 13
– persönliche Anwesenheit der zu Trauenden;
– Willenserklärungen der zu Trauenden;
– ggf. Zustimmung/Genehmigung der Trauung durch Dritte;

---

6 *Aarnio/Kangas*, Perhevarallisuusoikeus (Ehegüterrecht), S. 16.
7 *Mikkola*, Kansainvälinen avioliitto – ja jäämistöoikeus (Internationales Ehe- und Nachlassrecht), S. 77.

v. Knorre

- Anwesenheit der Zeugen;
- Durchführung der Trauung, wie in der finnischen Eheverordnung festgelegt.

Vorgenanntes gilt gem. § 115 AL auch für Ehen, die in einem **Drittstaat** vor einem finnischen Diplomaten oder Konsularbeamten geschlossen werden.

14   Eine Einschränkung besteht hinsichtlich Eheschließungen, bei denen einer der Ehepartner bei der Trauung nicht persönlich anwesend ist oder bei der die Ehe ohne Trauung oder sonstiges Verfahren zustande gekommen ist (*Common Law Marriage*). Eine solche Ehe wird gem. § 116 AL in Finnland nur dann als wirksam angesehen, wenn sie im eheschließenden Staat, wie in § 115 AL festgelegt, wirksam ist und besondere Gründe dafür sprechen, die Ehe als wirksam anzusehen. Zu berücksichtigen ist dabei, wie eng die Ehegatten mit diesem Staat verbunden sind. Die Frage, ob eine Ehe in Finnland **anerkannt** wird, kann in Finnland gem. § 117 AL geprüft werden, sofern für ein Scheidungsverfahren in Finnland eine Zuständigkeit bestünde.

B.   Folgen der Eheschließung

I.   Gesetzlicher Güterstand

1.   Grundsätzliches

15   Der **gesetzliche Güterstand** ist geprägt vom **Grundsatz der Gleichberechtigung**. Die „Hausfrauenehe" ist in Finnland nur selten anzutreffen. Dies schlägt sich auch in den Regelungen zum gesetzlichen Güterstand nieder. Das Vermögen, welches ein Ehegatte in die Ehe einbringt, bleibt sein eigenes Vermögen. Auch während der Ehe von einem Ehepartner erworbenes Eigentum bleibt sein Eigentum, § 34 AL. Die Trennung des Eigentums gilt auch für während der Ehe eingegangene Verbindlichkeiten. Gemäß § 52 AL haftet jeder Ehegatte für seine eigenen Verbindlichkeiten, die er vor oder während der Ehe eingegangen ist. Die Ehe ändert nichts an den grundsätzlichen Regeln des Eigentumserwerbs, der Stellung des Eigentums sowie des Eigentumsverlustes. Es bestehen jedoch Beschränkungen.

2.   Beschränkungen

16   Ein Ehegatte kann gem. §§ 38, 39 AL nicht ohne schriftliche Zustimmung des Ehepartners die gemeinsam bewohnte **Wohnung, Hausrat**, der von beiden genutzt wird, **Arbeitsmittel**, welche vom anderen Ehegatten genutzt werden, bzw. **persönliche Gegenstände**, die vom Ehegatten oder Abkömmling genutzt werden, veräußern. Ein gutgläubiger Erwerb Dritter ist möglich. Rechtsgeschäfte, die ohne diese schriftliche Zustimmung vorgenommen werden, sind nichtig, sofern der andere Ehegatte binnen drei Monaten ab Kenntnis vom Rechtsgeschäft Klage auf Feststellung der Nichtigkeit erhebt. Die Klage ist jedoch verspätet, sofern eine Änderung im Grundbuch bereits vorgenommen worden ist und der Erwerber gutgläubig war.

3.   Ehegattenanteilsrecht

17   Ein Ehegatte ist grundsätzlich am gesamten Vermögen des anderen Ehegatten beteiligt, § 35 Abs. 1 AL. Im gesetzlichen Ehegüterstand (§§ 34 ff. EheG) behält jeder Ehegatte sein bei der Eheschließung vorhandenes Eigentum und erwirbt auch während der Ehe eigenes Eigentum, hat jedoch ein Gattenanteilsrecht am Vermögen des anderen Ehegatten im Rah-

men des § 35 EheG.[8] **Nicht** unter das Ehegattenanteilsrecht fällt lediglich das **Vorbehalts-gut**, welches aufgrund eines besonderen Erwerbstatbestandes erworben wurde. Dies kann z.B. eine Erbschaft oder Schenkung sein, bei der das Ehegattenanteilsrecht explizit ausgeschlossen worden ist. Des Weiteren fallen auch höchstpersönliche, nicht übertragbare Rechte nicht unter das Ehegattenanteilsrecht. Ein dem deutschen „Anfangsvermögen" entsprechendes Vermögen, welches nicht unter das Ehegattenanteilsrecht fällt, gibt es also nicht. Vor einer Vermögensauseinandersetzung kann das Ehegattenanteilsrecht nicht übertragen werden, es ist auch nicht pfändbar.[9]

Die Wirkung des Ehegattenanteilsrechts **beginnt** (auch rückwirkend) mit der Eingehung der Ehe und **endet** mit der Rechtshängigkeit des Scheidungsverfahrens oder dem Tod eines Ehegatten. Aufgrund der Tatsache, dass auch voreheliches Vermögen unter das Ehegattenanteilsrecht fällt, kann es bei kurzer Ehedauer zu nicht sachgerechten, unverhältnismäßigen Ausgleichsansprüchen im Ausgleichsverfahren kommen. Daher kann vor Gericht in einem Angleichungsverfahren gem. § 103b AL bestimmtes Vermögen vom Ehegattenanteilsrecht ausgenommen werden. 18

4. Ausgleichsverfahren anlässlich der Scheidung

Beim güterrechtlichen **Ausgleichsverfahren** wird zunächst geklärt, wie das Vermögen den beiden Ehegatten zuzuordnen ist. Nach Ausgleich der Verbindlichkeiten werden die Vermögensgegenstände, an dem ein Ehegattenanteilsrecht besteht, aufaddiert. Jedem der Ehegatten steht die Hälfte dieses Vermögens zu. Daraus folgt, dass dem Ehegatten mit dem geringeren Vermögen ein **Ausgleichsanspruch** (*tasinko*) zusteht.[10] Der Ausgleichspflichtige kann gem. § 103 AL wählen, ob er den Ausgleich durch Übereignung einzelner Vermögensgegenstände oder durch eine Geldzahlung erbringt. Der Berechtigte hat also keinen Anspruch auf bestimmte Vermögensgegenstände.[11] 19

5. Ausgleichsverfahren im Todesfall

Der überlebende Ehegatte hat im finnischen Recht **nicht** die Stellung eines **Erben**. Verstirbt einer der Ehegatten, gilt hinsichtlich des Ausgleichsverfahrens Folgendes: 20

Steht dem überlebenden Ehegatten ein Ausgleichsanspruch zu, kann er diesen dem Erben gegenüber geltend machen. Ist das Vermögen des überlebenden Ehegatten geringer als das des Erblassers, muss differenziert werden:

Grundsätzlich wird der Ausgleich erst nach dem Tod des überlebenden Ehegatten vorgenommen. Dies ist, sofern keine steuerlichen Gründe bestehen, bei intakten Familien der Regelfall. Die Abkömmlinge des Erblassers können schon vor dem Erbfall die Auseinandersetzung verlangen. Der überlebende Ehegatte ist jedoch nicht ohne Schutz. Es steht ihm das Recht zu, die eheliche Wohnung nebst Mobiliar weiterzubenutzen. Sofern kein Testament vorliegt, bedeutet dies vereinfacht, dass der überlebende Ehegatte im Ergebnis die Hälfte des Vermögens beider Ehegatten als güterrechtlichen Ausgleich erhält, jedoch nicht Erbe wird.

---

8 *Arends*, in: *Bergmann/Ferid/Henrich*, Internationales Ehe- und Kindschaftsrecht, Länderbericht Finnland, S. 29.
9 *Aarnio/Kangas*, Perhevarallisuusoikeus (Ehegüterrecht), S. 79 f.
10 Siehe *v. Knorre/Mincke*, in: *Süß*, Erbrecht in Europa, Länderbericht Finnland, S. 595.
11 *Aarnio/Kangas*, Perhevarallisuusoikeus (Ehegüterrecht), S. 204.

v. Knorre

II. Ehelicher Unterhalt

21   Beide Ehegatten sind gem. § 46 AL verpflichtet, für den **Unterhalt** der Familie zu sorgen.
Dies betrifft sowohl den gemeinsamen Haushalt als auch die Befriedigung persönlicher
Bedürfnisse. Dabei steht es den Ehegatten frei zu wählen, ob sie ihrer Verpflichtung durch
eine Berufstätigkeit oder durch eine andere Tätigkeit, z.B. Führung des Haushalts und
Erziehung der Kinder, nachkommen. Die **Höhe** des Unterhalts kann vertraglich oder durch
gerichtliches Urteil festgesetzt werden. Die unverhältnismäßige Benachteiligung eines Ehegatten bei einer vertraglichen Regelung ist nichtig. Ein **Ausschluss** der Unterhaltsverpflichtung ist nicht möglich. Eine vertragliche Regelung des Unterhalts während der Ehe ist
rechtlich möglich, jedoch unüblich. Ausgangspunkt ist – auch wenn dies gesetzlich nicht
geregelt ist –, dass innerhalb der Familie der Lebensstandard einheitlich sein soll.[12]

22   Ein **Anspruch** auf ehelichen Unterhalt setzt voraus, dass der den Unterhalt fordernde
Ehegatte den Unterhalt **benötigt** und der Unterhaltsschuldner zur Zahlung in der Lage ist.
Ehelicher Unterhalt kann gem. § 49 Abs. 1 AL auch rückwirkend gefordert werden, höchstens jedoch für ein Jahr vor Klageerhebung. Bei der Festsetzung des Ehegattenunterhalts
sind sowohl das Vermögen als auch der Lebensstandard sowie die Einkünfte der Parteien
zu berücksichtigen.[13] Schematische Berechnungsmodelle gibt es nicht. Die Ehepartner können gem. § 50 AL einen Vertrag über den zu leistenden Unterhalt schließen. Dieser ist
zwingend in schriftlicher Form dem Sozialausschuss am Wohnort einer der Ehepartner zur
Prüfung vorzulegen. Dieser prüft dann gem. § 50 die Angemessenheit der vertraglichen
Regelung. Der vom Sozialausschuss bestätigte genehmigte Vertrag ist sofort vollstreckbar.

III. Namensrecht

23   Das finnische **Namensrecht** ist im Namensgesetz (*Nimilaki* 9.8.1985/694) geregelt und
setzt die Gleichberechtigung auch in diesem Bereich durch.[14] Die Ehepartner können vor
der Trauung dem die Trauung Vornehmenden mitteilen, ob sie einen gemeinsamen Ehenamen führen wollen. Dies kann der Geburtsname des Mannes oder der Frau sein. Der in
einer vorherigen Ehe erworbene Name kann also nicht gemeinsamer Name in der neuen
Ehe werden. Einer der Ehegatten hat die Möglichkeit, einen Doppelnamen anzunehmen,
wobei der eigene Familienname voranzustellen ist. „Überkreuz-Doppelnamen“ oder ein
„gemeinsamer Doppelname“ können nicht geführt werden. Auch nach Eheschließung können noch Änderungen des Namens vorgenommen werden. Sofern anlässlich der Eheschließung kein gemeinsamer Ehename beschlossen wird, behalten die Ehepartner jeweils den
Namen, den sie bei Eingehung der Ehe hatten.

IV. Sonstige Ehewirkungen

24   Das finnische Recht sieht die Möglichkeiten eines **Ehevertrages** vor. Die **Gestaltungsbreite**
ist jedoch – verglichen mit dem deutschen Recht – sehr **gering**. Die Ehegatten können
lediglich das dem **Ehegattenanteilsrecht** unterliegende Vermögen sowie jenes Vermögen,
welches sie zukünftig erwerben, ganz oder zum Teil vom Ehegattenanteilsrecht ausnehmen
oder ihr freies Vermögen dem Ehegattenanteilsrecht unterwerfen.[15] So ist es möglich, per-

---

12 *Gottberg*, Perhesuhteet ja lainsäädäntö (Familienbeziehungen und Gesetzgebung), S. 10.
13 *Aarnio/Kangas*, Perhevarallisuusoikeus (Ehegüterrecht), S. 50.
14 *Gottberg*, Perhesuhteet ja lainsäädäntö (Familienbeziehungen und Gesetzgebung), S. 7.
15 Vgl. *Arends*, in: *Bergmann/Ferid/Henrich*, Internationales Ehe- und Kindschaftsrecht, Länderbericht
    Finnland, S. 29.

sönliche Geschenke, Erbschaften sowie Vermächtnisse von dem Ehegattenanteilsrecht auszuschließen.[16] Auch ist es möglich, das Ehegattenanteilsrecht für den Fall auszuschließen, dass die Ehe durch Scheidung beendet wird. Umstritten ist jedoch, ob eine Anknüpfung an den Tod des Ehegatten zulässig ist, da im finnischen Erbrecht ein Vertrag über den Nachlass einer lebenden Person nichtig ist.[17] Zu beachten ist, dass der Ertrag aus dem ehegattenanteilsfreien Vermögen grundsätzlich unter das Ehegattenanteilsrecht fällt. Auch dies lässt sich vertraglich ausschließen.

Der Ehevertrag kann **vor und während der Ehe** geschlossen werden.   25

Die Möglichkeiten, vertraglich von dem gesetzlichen Güterstand abzuweichen, sind sehr begrenzt und nicht mit den in nach deutschem Recht bestehenden vielfältigen Möglichkeiten zur Modifizierung des Güterstandes zu vergleichen. Eheverträglich ist gem. § 41 AL möglich zu vereinbaren:[18]
– Keiner der Ehepartner ist am Vermögen des anderen Ehegatten beteiligt.
– Keiner der Ehepartner hat ein Anteilsrecht an bestimmtem, definiertem Vermögen des anderen Ehepartners.
– Einer der Ehepartner ist nicht am Vermögen als Ganzen oder an bestimmtem, definiertem Vermögen des anderen Ehepartners beteiligt.

Der Ehevertrag ist schriftlich zu verfassen, § 42 AL, mit Datum versehen und von zwei neutralen unbefangenen Zeugen zu unterzeichnen, § 66 AL. Seine Rechtswirkung entfaltet der Vertrag erst durch die Registrierung, welche vom Magistrat am Wohnsitz vorzunehmen ist, § 34 AL.

Nach Einreichung der **Scheidung** ist der wirksame Abschluss eines Ehevertrages nicht   26
mehr möglich. Eine Vereinbarung hinsichtlich des Unterhalts sowie der Vermögensauseinandersetzung im akuten Scheidungsfall können die Ehegatten gleichwohl treffen; diese fallen jedoch dogmatisch nicht unter den Begriff des Ehevertrages. Ein solcher Vertrag bedarf keiner Registrierung.

V. Kollisionsrecht der Ehefolgen

1. Ehewirkungsstatut (Unterhalt)

Das Statut der persönlichen Rechtswirkung regelt die Frage, wem in der Ehe welche Ent-   27
scheidungsbefugnis zusteht. So standen dem Ehemann nach früherem Recht gewisse Vorrechte zu, welche jedoch durch Gesetzesänderung aufgehoben worden sind. Als einzig bedeutsamer Inhalt des Statuts ist die Frage des **Ehegattenunterhalts** verblieben. Seit dem 1.3.2002 richtet sich das **Ehewirkungsstatut** gem. § 128 Abs. 1 AL nach dem Recht des Staates, in dem die Ehegatten ihren Wohnsitz haben. Sofern die Ehegatten in verschiedenen Staaten wohnen, findet das Recht jenes Staates Anwendung, in dem die Ehegatten während der Ehe zuletzt einen gemeinsamen Wohnsitz hatten, wenn einer der Ehegatten jetzt dort noch wohnt. Ist dies nicht der Fall, findet das Recht des Staates Anwendung, zu welchem die Ehegatten die nähere Verbindung haben.[19] Für den Ehegattenunterhalt ist in § 128 Abs. 2 AL jedoch abweichend geregelt, dass das Recht des Staates gilt, in dem der Unterhaltsgläubiger seinen Wohnsitz hat. Die Zuständigkeit des finnischen Gerichts hinsichtlich der Ehewir-

---

16 *Aarnio/Kangas*, Perhevarallisuusoikeus (Ehegüterrecht), S. 95.
17 *Gottberg*, Perhesuhteet ja lainsäädäntö (Familienbeziehungen und Gesetzgebung), S. 17.
18 *Aarnio/Kangas*, Perhevarallisuusoikeus (Ehegüterrecht), S. 94 ff.
19 Siehe *v. Knorre/Mincke*, in: *Süß*, Erbrecht in Europa, Länderbericht Finnland, S. 469.

kungen besteht, sofern der Beklagte seinen oder einen Wohnsitz in Finnland hat. Bei Unterhaltsverfahren besteht die Zuständigkeit finnischer Gerichte auch dann, wenn der Unterhaltsgläubiger in Finnland seinen Wohnsitz hat.

2. Güterrechtsstatut

28   Das Gesetz zur Reform von internationalen privatrechtlichen Vorschriften des Ehe- und Erbrechts trat zum 1.3.2002 in Kraft. Bis dahin bestimmte sich das **Güterrechtsstatut** gem. § 14 des Gesetzes vom 5.12.1929 betreffend gewisse familienrechtliche Verhältnisse internationaler Natur danach, welche Staatsangehörigkeit der Ehemann zur Zeit der Eheschließung hatte. Es galt dabei der **Unwandelbarkeitsgrundsatz**, so dass ein späterer Wechsel der Staatsangehörigkeit keinen Einfluss auf das Güterrechtsstatut hatte. Sofern Rechtsgeschäfte zu beurteilen sind, welche vor dem 1.3.2002 liegen, richtet sich dies nach der obigen Regelung. Dies betrifft ebenfalls die güterrechtliche Auseinandersetzung im Erbfall, falls dieser vor dem 1.3.2002 eintrat.

29   Nach dem neuen Kollisionsrecht richtet sich das Güterrechtsstatut nach dem Recht des Staates, in dem beide Ehepartner ihren Wohnsitz nach der Eheschließung hatten. Verlegen beide Ehepartner später ihren Wohnsitz in einen anderen (denselben) Staat und wohnen sie dort mindestens fünf Jahre, wird das Recht des neuen Wohnsitzstaates auf das Güterrechtsstatut angewandt. Das Statut ist somit **wandelbar**. Das Recht des neuen, gemeinsamen Wohnsitzstaates wird jedoch unmittelbar angewandt (keine Fünf-Jahres-Frist), wenn die Ehegatten gemeinsam vorher dort ihren Wohnsitz hatten oder falls beide die Staatsangehörigkeit dieses neuen Wohnsitzstaates besitzen. Das Statut bleibt unverändert, sofern die Verlobten durch Vertrag das Statut vereinbart haben oder aufgrund von Scheidung, Getrenntleben oder Rechtshängigkeit der Scheidung ein Recht auf eine güterrechtliche Auseinandersetzung schon vor dem möglichen Wandel des Status besteht. Unter das Güterrechtsstatut fällt gem. § 131 AL Folgendes:
– güterrechtliche Auseinandersetzungen im Scheidungsfall;
– Eheverträge sowie Scheidungsfolgenvereinbarungen;
– das Recht der Ehegatten, über ihr Vermögen zu verfügen;
– die Haftung der Ehegatten für die Schulden des Ehepartners.

3. Namensstatut

30   Das **Namensstatut** ist im 6. Kapitel des finnischen Namensgesetzes geregelt. Unter das Namensstatut fällt gem. § 25 finnisches Namensgesetz der Erhalt oder die Änderung eines Namens im Rahmen der Geburt, einer Heirat oder Scheidung, der An- oder Aberkennung der Vaterschaft oder sonstiger familienrechtlicher Beziehung. Das Namensgesetz knüpft hinsichtlich des Statuts an den Wohnsitz der betroffenen Person an. Sofern die Person, über deren Nachnamen zu entscheiden ist, ihren Wohnsitz zum Zeitpunkt des Entstehens des relevanten Anspruchs in Finnland hat, findet finnisches Namensrecht Anwendung, § 26 Abs. 1 finnisches Namensgesetz. Ausnahmen gelten lediglich für Isländer. Diese haben das Recht, die Anwendung isländischen Rechts zu verlangen. Hat die Person zu diesem Zeitpunkt ihren Wohnsitz nicht in Finnland, richtet sich das anzuwendende Recht nach dem Recht, welches nach den Vorschriften des Wohnsitzstaates anzuwenden ist. Finnische Staatsangehörige, die ihren Wohnsitz außerhalb von Finnland, Norwegen, Schweden oder Dänemark haben, können jedoch ungeachtet dieser Regel verlangen, dass ihr Familienname nach finnischem Recht bestimmt wird. Sofern ein Adoptionsverfahren vor einem finnischen Gericht durchgeführt wird, richtet sich der Nachname nach finnischem Recht. Entsprechende Regelungen für den Vornamen sind ebenfalls im Namensgesetz geregelt. Das finni-

sche Namensgesetz enthält in den §§ 27–31 eine Vielzahl von kollisionsrechtlichen Regelungen für das Namensstatut, auf die hier nicht näher eingegangen werden soll.

4. Ehevertragsstatut

Das **Kollisionsstatut für Eheverträge** ist in § 131 AL geregelt. Es richtet sich nach dem Güterrechtsstatut und ist somit **wandelbar.** Jedoch sind in § 131 AL noch Besonderheiten geregelt. So berührt ein Statutenwandel nicht die Wirksamkeit von Rechtsgeschäften, die vor dem Statutenwechsel erfolgt sind. Die Frage, ob ein Ehevertrag oder eine Scheidungsfolgenvereinbarung wirksam ist, wird gem. § 131 Abs. 2 AL nach dem Recht beurteilt, welches zum Zeitpunkt der Fragestellung auf diesen Vertrag angewandt wird. So wird die Wirksamkeit von Vereinbarungen im Allgemeinen nach dem Recht vorgenommen, welches zum Zeitpunkt der güterrechtlichen Auseinandersetzung Anwendung findet.[20] Bei finnisch-ausländischen Ehen sollte deshalb bei Abschluss eines Ehevertrages eine Rechtswahl getroffen werden.

31

Die **Formvorschriften** für einen Ehevertrag und für die Scheidungsfolgenvereinbarung sind nach finnischem Recht unterschiedlich. Zu beachten ist die Wirksamkeitsvoraussetzung der gerichtlichen **Registrierung** für den finnischen Ehevertrag. Sofern der Ehevertrag zu einem Zeitpunkt abgeschlossen wird, zu dem beide Ehegatten ihren Wohnsitz oder ständigen Aufenthalt in Finnland haben, ist die Registrierung in Finnland – aus Sicht des finnischen Rechts – eine zwingende Wirksamkeitsvoraussetzung, unabhängig davon, ob das Recht des Staates, das auf den Ehevertrag anzuwenden ist, oder das Recht des Staates, in dem der Ehevertrag geschlossen wurde, eine solche Registrierung als Wirksamkeitsvoraussetzung kennt. Die Ehegatten können sich Gläubigern gegenüber nicht auf ihr vertraglich vereinbartes güterrechtliches Statut berufen, wenn beide Ehegatten ihren Wohnsitz in Finnland haben und der Ehevertrag nicht in Finnland registriert worden ist. Im Übrigen wird vorausgesetzt, dass der Ehevertrag oder die Scheidungsfolgenvereinbarung die formalen Anforderungen des Wohnsitzstaatsrechts oder jenes Staates erfüllt, in dem der Vertrag zustande kam.

32

5. Anwendungsbeschränkung ausländischen Rechts

a) Unterhalt

Bei Verfahren, welche die Anerkennung oder Abänderung eines Unterhaltstitels betreffen, sind gem. § 132 AL, unabhängig vom anzuwendenden Recht, die Bedürftigkeit des Gläubigers sowie die Leistungsfähigkeit des Schuldners zu berücksichtigen.

33

b) Verfügungsbeschränkung nach finnischem Recht trotz ausländischen Güterrechtsstatuts

Die in den §§ 38–40 AL festgelegten Verfügungsbeschränkungen sind auch dann wirksam, wenn sich das güterrechtliche Statut nicht nach finnischem Recht richtet, sofern das Eigentum, welches ohne Genehmigung an Dritte übertragen wird, in Finnland liegt, § 133 AL. Geht die Verfügungsbeschränkung des ausländischen Eherechts über die Beschränkung des finnischen Rechts hinaus, können diese Beschränkungen gem. § 135 AL Dritten gegenüber nicht entgegengehalten werden, wenn
– es sich bei dem Rechtsgeschäft um eine in Finnland belegene Immobilie oder ein dingliches Nutzungsrecht an einer solchen Immobilie handelt oder

34

---

20 *Mikkola*, Kansainvälinen avioliitto – ja jäämistöoikeus (Internationales Ehe- und Nachlassrecht), S. 21.

v. Knorre

– sich beide Vertragsparteien bei Abschluss des Rechtsgeschäfts in Finnland befanden und Dritte keine Kenntnis von einer Verfügungsbeschränkung hatten und diese auch nicht haben mussten.

c) Güterrechtliche Auseinandersetzung anlässlich der Scheidung

35   Sollte die güterrechtliche Auseinandersetzung dazu führen, dass einer der Ehepartner ohne Grund einen wirtschaftlichen Vorteil erlangt oder dass das Ergebnis in sonstiger Weise unbillig ist, so kann eine Angleichung gem. § 103b AL auch dann erfolgen, wenn sich das Güterrechtsstatut nicht nach finnischem Recht richtet. Dies bedeutet also, dass trotz ausländischen Güterrechtsstatuts von einem finnischen Gericht eine **Anpassung** vorgenommen werden kann.

d) Güterrechtliche Auseinandersetzung im Todesfall

36   Dem überlebenden Ehegatten stehen im finnischen Recht bei der güterrechtlichen Auseinandersetzung besondere Rechte zu.[21] Unabhängig von der Frage, welches Recht auf das Güterrechtsstatut anzuwenden ist, hat der überlebende Ehegatte das ihm nach finnischem Recht zustehende Recht, die ehemals gemeinsam bewohnte Wohnung oder eine sonstige Wohnung sowie Mobiliar, wie im 3. Kapitel des finnischen Erbrechtsgesetzes geregelt, in Besitz zu behalten. Dies gilt also auch dann, wenn auf die Auseinandersetzung kein finnisches Recht Anwendung findet. Dabei ist jedoch Voraussetzung, dass sich diese Immobilien oder Gegenstände in Finnland befinden. Berücksichtigt werden muss dabei, dass das Ergebnis angemessen sein muss. Hierbei sind insbesondere die Vermögensverhältnisse der Ehepartner sowie testamentarische Verfügungen zu berücksichtigen.

VI.   Auswirkung der Ehe auf die Altersversorgung

37   Ein **Versorgungsausgleich** ist weder im finnischen Rentensystem noch im finnischen Eherecht vorgesehen. Der Tod eines Ehegatten kann jedoch unter bestimmten Voraussetzungen einen Anspruch auf **Witwenrente** begründen. Auskünfte hierzu erteilt die finnische Sozialversicherungsbehörde KELA.[22]

VII.   Bleiberecht und Staatsangehörigkeit

38   Das **Aufenthaltsrecht** wird im Ausländergesetz (*Ulkomaalaislaki* 30.4.2004/301) geregelt. Finnland ist Mitglied in der EU. Nach dem Ausländergesetz kann aufgrund der Ehe eine Aufenthaltsgenehmigung erteilt werden, § 49 Nr. 2 finnisches Ausländergesetz.

39   Das Staatsangehörigkeitsgesetz (*Kansalaisuuslaki* 16.5.2003/359) sieht Erleichterungen beim Erwerb der finnischen **Staatsangehörigkeit** vor, wenn der Antragsteller mit einem finnischen Staatsbürger verheiratet ist. So wird gem. § 22 finnisches Staatsangehörigkeitsgesetz nur vorausgesetzt, dass
– die Ehegatten jetzt zusammenwohnen und dies seit mindestens drei Jahren oder wenn der Ehepartner mit seinem vorverstorbenen finnischen Ehegatten mindestens die letzten drei Jahre zusammengewohnt hat und
– der Wohnsitz des Antragstellers in der Vergangenheit und Gegenwart in Finnland gewesen ist, und zwar die letzten vier Jahre, oder insgesamt sechs Jahre nach der Vollendung des 15. Lebensjahres, und von jenen Jahren die letzten zwei Jahre ohne Unterbrechung.

---

21 Siehe hierzu *v. Knorre/Mincke*, in: *Süß*, Erbrecht in Europa, Länderbericht Finnland, S. 476.
22 Siehe www.kela.fi.

Hinsichtlich der weiteren Anforderungen gibt es keine Erleichterung für die Ehegatten finnischer Staatsangehöriger.

VIII. Steuerliche Auswirkungen der Ehe

1. Einkommensteuer

Die steuerlichen Auswirkungen der Ehe auf die **Einkommensteuer** sind gering. Die Ehegat- 40
ten versteuern ihr Vermögen getrennt. Vorteile bestehen lediglich für einzelne abzugsfähige Positionen. So können Kosten für Dienstleistungen im Haushalt, wie z.B. Haushaltshilfe u.Ä., zum Teil auf die Steuer des anderen Ehegatten angerechnet werden. Auch können Abzüge für freiwillige Rentenversicherungen auf den Ehepartner übertragen werden. Des Weiteren können Verluste aus Kapitaleinkünften übertragen werden, jedoch maximal 1.400 EUR pro Person.[23]

2. Erbschaft- und Schenkungsteuer

Die größten steuerlichen Auswirkungen hat die Ehe auf dem Gebiet der **Erbschaft- und**   41
Schenkungsteuer.[24] Es gelten für Erbschaften sowie Schenkungen dieselben Steuersätze. Ehegatten sind hinsichtlich des Steuersatzes mit Abkömmlingen gleichgestellt. Entferntere Verwandte sowie Nichtverwandte zahlen den dreifachen Steuersatz, bis zu 48 %.

C.   Trennung und Scheidung

I.   Sühneverfahren

Das finnische Ehegesetz sieht für Familienstreitigkeiten ein Sühneverfahren zur **gütlichen**   42
Einigung vor, §§ 20 ff. AL.[25] Dieses Sühneverfahren ist **außergerichtlich** und **fakultativ**.[26]

II.   Trennung von Tisch und Bett

Die Notwendigkeit einer **Trennung von Tisch und Bett** ist als Scheidungsvoraussetzung   43
seit einer Gesetzesänderung, die im Jahr 1988 in Kraft trat, nicht mehr gegeben.[27] Jedoch kann ein Getrenntleben das in zwei Phasen untergliederte Scheidungsverfahren erheblich beschleunigen. Wohnen die Ehepartner mehr als zwei Jahre getrennt, so entfällt die sechsmonatige Bedenkzeit und die Ehepartner können unverzüglich geschieden werden. Das Getrenntleben der Parteien muss nicht durch Zeugen nachgewiesen werden, sofern beide Ehepartner diese räumliche Trennung bestätigen. In der Trennungsphase kann die Ehewohnung einem der Ehegatten zugewiesen werden. Einzelheiten hierzu sind in § 24 AL geregelt.

---

23 Weitere Informationen hierzu unter www.vero.fi zum Stichpunkt *„alijäämähyvitys"*.
24 Vgl. hierzu *v. Knorre/Mincke*, in: *Süß*, Erbrecht in Europa, Länderbericht Finnland, S. 487 f.
25 Vgl. *Arends*, in: *Bergmann/Ferid/Henrich*, Internationales Ehe- und Kindschaftsrecht, Länderbericht Finnland, S. 29.
26 *Aarnio/Kangas*, Perhevarallisuusoikeus (Ehegüterrecht), S. 27.
27 *Aarnio/Kangas*, Perhevarallisuusoikeus (Ehegüterrecht), S. 31.

v. Knorre

III. Scheidungsgründe

44   Durch die 1988 in Kraft getretene Reform des Eherechts ist das **Schuldprinzip** im finnischen Scheidungsrecht entfallen.[28] Das Vorliegen einer oder mehrerer Scheidungsgründe ist nicht mehr Scheidungsvoraussetzung. Auch muss keine Zerrüttung der Ehe vorgetragen werden. Gewalttätigkeiten in der Ehe können dazu führen, dass die Ehewohnung für die Zeit des Scheidungsverfahrens einem der Ehepartner zugewiesen wird. Im einstweiligen Rechtsschutzverfahren erfolgt dies dann nach dem Gesetz über das Näherungsverbot (*Laki lähestymiskiellosta* 4.12.1998/898), ansonsten aufgrund des im AL festgelegten Verfahrens.

IV. Scheidungsverfahren

1. Kein Anwaltszwang

45   In Finnland besteht generell **kein Anwaltszwang**. Durch die Reform des Ehescheidungsrechts 1988 und den Wegfall des Schuldprinzips ist das Verfahren derart vereinfacht worden, dass in etwa 90 % der Fälle die Parteien keinen Anwalt oder Rechtsbeistand beauftragen. Vielmehr wird auf vorgefertigte Formulare zurückgegriffen, deren Verwendung jedoch nicht zwingend ist.

2. Zuständiges Gericht

46   Zuständig ist das erstinstanzliche Zivilgericht am Wohnsitz des Antragstellers oder Antragsgegners.

3. Zweistufiger Aufbau des Scheidungsverfahrens

47   Das Verfahren ist in zwei Stufen unterteilt:

a) Erste Stufe: Antrag auf Ehescheidung

48   Die Scheidung wird beim zuständigen Gericht beantragt. Antragsteller können beide Ehegatten gemeinsam oder ein Ehegatte allein sein, § 28 AL. Ein Antrag der ersten Stufe könnte wie folgt aussehen, muss allerdings in finnischer oder schwedischer Sprache verfasst sein:

Muster: Antrag auf Ehescheidung, 1. Stufe

Amtsgericht Helsinki
Postfach 6 50
00181 Helsinki

AN DAS AMTSGERICHT HELSINKI

Angelegenheit	Antrag auf Ehescheidung, 1. Stufe
Antragsteller:	Lisa Müller (Personenkennziffer), Anschrift, Telefonnummer
	Klaus Müller (Personenkennziffer), Anschrift, Telefonnummer
Antrag:	Wir bitten, nach Ablauf der Bedenkzeit geschieden zu werden.

---

28 *Gottberg*, Perhesuhteet ja lainsäädäntö (Familienbeziehungen und Gesetzgebung), S. 40.

v. Knorre

Über das Sorgerecht, Umgangsrecht sowie den Unterhalt unserer minderjährigen Kinder werden wir eine separate Vereinbarung treffen.

▓▓▓▓ (Ort, Datum)

▓▓▓▓ (Unterschrift Lisa Müller)   ▓▓▓▓ (Unterschrift Klaus Müller)

Das zweistufige Verfahren entfällt, wenn die Ehepartner entweder mehr als zwei Jahre getrennt gelebt haben oder es sich um eine Scheidung der Ehe aus den in Rdn 6 genannten Gründen handelt.   49

Im Rahmen des Scheidungsantrags der 1. Stufe können Anträge hinsichtlich des **Sorgerechts**, des **Unterhalts** sowie des **Umgangsrechts** gestellt werden. Das finnische Ehegesetz sieht hierzu in den §§ 20–23a ein nicht zwingendes Vermittlungsverfahren durch den **Sozialausschuss der Gemeinde** vor. Treffen die Parteien selbst eine Einigung, muss diese vom Sozialausschuss bestätigt werden. Kann keine Einigung erzielt werden, entscheidet das Gericht hierüber. Dies betrifft nicht den nachehelichen Unterhalt, welcher ebenfalls bestätigt werden kann, der jedoch in der Praxis die absolute Ausnahme bildet. Wird hierüber kein Antrag gestellt, ergeht auch keine Entscheidung des Gerichts. Wird der Antrag auf Ehescheidung nicht gemeinsam gestellt, erhält der Antragsgegner die Möglichkeit, sich zum Scheidungsantrag zu äußern. Nach Eingang des gemeinsamen Antrags bei Gericht oder nach Zustellung des einseitigen Antrags der Ehescheidung an den Antragsgegner läuft die **sechsmonatige Bedenkzeit**. Nach Ablauf dieser sechsmonatigen Frist beginnt die zweite Stufe des Scheidungsverfahrens.   50

b) Zweite Stufe des Scheidungsverfahrens

Nach Ablauf der sechsmonatigen Frist ist gem. § 26 Abs. 2 AL die Scheidung auszusprechen, wenn einer der Ehegatten oder beide dies beantragen. Die Frist beträgt hierfür weitere sechs Monate. Ein solcher Antrag sieht wie folgt aus: 51

Muster: Antrag auf Ehescheidung, 2. Stufe

Amtsgericht Helsinki
Postfach 6 50
00181 Helsinki

AN DAS AMTSGERICHT HELSINKI

Angelegenheit	Antrag auf Ehescheidung, 2. Stufe
Antragsteller:	Lisa Müller (Personenkennziffer), Anschrift, Telefonnummer
	Klaus Müller (Personenkennziffer), Anschrift, Telefonnummer
Antrag:	Wir bitten, dass wir geschieden werden.
	Die Bedenkzeit begann am 10.3.2016.

Das Aktenzeichen ist ▓▓▓▓

Über das Sorgerecht unseres Kindes, das Umgangsrecht sowie den Unterhalt haben wir uns geeinigt.

▓▓▓▓ (Ort, Datum)

▓▓▓▓ (Unterschrift Lisa Müller)   ▓▓▓▓ (Unterschrift Klaus Müller)

4. Kosten

52 Die Gerichtskosten für die 1. Stufe betragen 200 EUR, für die 2. Stufe 100 EUR. (Stand: 2016).

V. Internationale Zuständigkeit

53 Eine Scheidung kann in Finnland im sog. **Antragsverfahren** beantragt werden, wenn einer der Ehepartner seinen Wohnsitz in Finnland hat oder der Antragsteller früher seinen Wohnsitz dort hatte, oder eine sonstige enge Verbindung nach Finnland besteht, oder in keinem der Staaten, in denen die Ehegatten jetzt ihren Wohnsitz haben, die Durchführung eines Scheidungsverfahrens den Parteien zuzumuten wäre. Im deutsch-finnischen Kontext spielt Letzteres keine Rolle. Im Übrigen wird auf die Brüssel IIa-Verordnung Bezug genommen.

VI. Auf die Scheidung anwendbares Recht

54 Sofern sich das finnische Gericht als zuständig ansieht, wendet es auf die Scheidung gem. § 120 AL finnisches Recht an.

VII. Anerkennung im Ausland erfolgter Scheidung

55 Im Ausland erfolgte Scheidungen werden weitgehend **anerkannt**. Einzelheiten hierzu regelt § 121 AL. Auf Antrag kann gem. § 122 AL eine im Ausland erfolgte Scheidung anerkannt werden. Dabei ist dem Antragsgegner rechtliches Gehör zu gewähren, sofern dies als notwendig angesehen wird. Dies betrifft jedoch nicht die Scheidungsfolgen. Im Übrigen findet die Brüssel IIa-Verordnung Anwendung.

D. Scheidungsfolgen

I. Vermögensteilung

56 Eine **güterrechtliche Auseinandersetzung** kann mit der Rechtshängigkeit der Scheidung gem. § 85 finnisches Ehegesetz verlangt werden. Fristen zur tatsächlichen Durchführung der Auseinandersetzung gibt es nicht. Die Rechtshängigkeit des Scheidungsverfahrens bildet dabei zeitlich eine Zäsur. Danach erworbenes Vermögen fällt nicht mehr in den Ausgleich. Im Gegensatz zum deutschen Zugewinnausgleich kennt das finnische Recht kein sog. Anfangsvermögen. Vielmehr fällt grundsätzlich das gesamte Vermögen der Ehepartner unter das **Ehegattenanteilsrecht**, sofern es sich nicht um Vorbehaltsgut handelt, das durch Ehevertrag ausgeschlossen wurde oder bei dessen Erbschaft oder Schenkung explizit das Ehegattenanteilsrecht ausgeschlossen worden ist (vgl. Rdn 25).

57 Im **güterrechtlichen Ausgleichsverfahren** wird zunächst geklärt, wie das Vermögen den beiden Ehegatten zuzuordnen ist. Nach Ausgleich der Verbindlichkeiten wird das Vermögen, an dem ein Ehegattenanteilsrecht besteht, addiert.[29] Dem Ehegatten mit dem geringeren Vermögen erwächst hieraus ein Ausgleichsanspruch (*tasinko*). Der Ausgleich erfolgt nach Wahl des Ausgleichpflichtigen durch Übereignung einzelner Vermögensgegenstände, deren Wert im Ausgleichverfahren festgesetzt wurde, oder durch eine Geldzahlung. Für den Fall der Überschuldung einer der Parteien wird sein Vermögen mit Null angesetzt. Das

---

29 Siehe *v. Knorre/Mincke*, in: *Süß*, Erbrecht in Europa, Länderbericht Finnland, S. 476.

Ausgleichsverfahren kann von den Parteien selbst durchgeführt werden oder auf Antrag durch einen gerichtlich bestellten Teilungsbeauftragten. Es gelten hinsichtlich des **Teilungsbeauftragten** die im finnischen Erbrechtsgesetz getroffenen Regelungen.[30] Führen die Parteien das Ausgleichsverfahren ohne Teilungsbeauftragten durch, besteht Schriftformerfordernis, wonach der Auseinandersetzungsvertrag von beiden Parteien sowie zwei Zeugen zu unterzeichnen ist, § 98 AL, Kap. 23 § 9 finnisches Erbrechtsgesetz. Inhaltlich besteht jedoch **Vertragsfreiheit**. Der Inhalt kann daher auch sehr allgemein gehalten sein. Wird Vermögen übertragen, sollte dies zu Dokumentationszwecken detailliert festgehalten werden, insbesondere bei Immobilien, da dies für die Änderung im Grundbuch benötigt wird.[31]

Der **Teilungsbeauftragte** versucht, im Konsens mit den Parteien eine einvernehmliche 58 Aufteilung zu erreichen. Sollte dies nicht möglich sein, erstellt der Teilungsbeauftragte den **Auseinandersetzungsvertrag** nach den gesetzlichen Vorschriften. Die Parteien können den Vertrag dann binnen sechs Monaten anfechten. In diesem Fall entscheidet das Gericht über den letztendlich vorzunehmenden Ausgleich. Die Parteien haben dabei die Möglichkeit, das Verfahren teuer zu gestalten und es auch erheblich in die Länge zu ziehen.

Nach dem finnischen Ehegüterrecht unterfällt sämtliches Vermögen dem Ehegattenanteils- 59 recht, sofern es sich nicht um Vorbehaltsgut handelt. Damit wird auch das in die Ehe eingebrachte Vermögen vollständig einbezogen. Dies führt gerade bei Scheidungen nach nur kurzer Ehedauer zu unbilligen Ergebnissen, da der vermögendere Ehegatte durch den Ausgleich unverhältnismäßig stark belastet wird. Im Jahr 1987 wurde daher mit § 103b AL die Möglichkeit der **Anpassung** des Ergebnisses in das finnische Ehegesetz eingefügt. Eine Anpassung kann danach vorgenommen werden, wenn das Ergebnis des Ausgleichsverfahrens unbillig wäre oder einer der Ehegatten ohne Grund einen wirtschaftlichen Vorteil erlangen würde. Bei der Beurteilung sind insbesondere die Dauer der Erwerbstätigkeit während der Ehe sowie damit in Zusammenhang stehende Fakten zu berücksichtigen. Die Schuldfrage ist in diesem Zusammenhang nicht zu berücksichtigen, da das Schuldprinzip im finnischen Eherecht abgeschafft worden ist (siehe Rdn 44).

II. Nachehelicher Unterhalt

Der Unterhalt ist in den §§ 46–51 AL geregelt. Grundgedanke ist, dass die Ehegatten 60 nach erfolgter Scheidung selbst für ihren Unterhalt verantwortlich sind. **Nachehelicher Unterhalt** ist in Finnland die absolute **Ausnahme**. Unterhaltsforderungen werden in etwa 2 % der Scheidungsfälle erhoben.[32] Einen Anspruch auf Erhaltung des Lebensstandards gibt es nicht.[33] Da die „Hausfrauenehe" in Finnland die Ausnahme ist, besteht in den meisten Fällen auch kein Bedürfnis, nachehelichen Unterhalt zu regeln. In Fällen einer langjährigen Einverdienerehe, bei der der Wiedereinstieg in die Arbeitswelt für den Nichtverdiener mit großen Schwierigkeiten verbunden ist, kann jedoch ein Anspruch auf Unterhalt bestehen. Das Gesetz sieht dabei eine Berücksichtigung von Leistungsvermögen sowie Bedarf des Berechtigten vor. Konkrete Regelungen fehlen gänzlich, sowohl im Gesetz als auch in der Rechtsprechung. Kindesunterhalt verdrängt den Ehegattenunterhalt.[34] Die Parteien können den Unterhalt vertraglich regeln. Um aus diesem Vertrag vollstrecken zu können, ist er von dem Sozialausschuss der Gemeinde zu bestätigen, vergleichbar mit der

---

30 Siehe *v. Knorre/Mincke*, in: *Süß*, Erbrecht in Europa, Länderbericht Finnland, S. 485.
31 *Gottberg*, Perhesuhteet ja lainsäädäntö (Familienbeziehungen und Gesetzgebung), S. 26.
32 *Gottberg*, Perhesuhteet ja lainsäädäntö (Familienbeziehungen und Gesetzgebung), S. 45 (Stand: 1988).
33 *Gottberg*, Perhesuhteet ja lainsäädäntö (Familienbeziehungen und Gesetzgebung), S. 44.
34 *Gottberg*, Perhesuhteet ja lainsäädäntö (Familienbeziehungen und Gesetzgebung), S. 45.

deutschen Jugendamtsurkunde. Ist eine außergerichtliche Regelung nicht möglich, kann der nacheheliche Unterhalt auch klageweise geltend gemacht werden. Mangels klarer Berechnungsgrundlagen birgt letztere Alternative jedoch erhebliche Risiken.

III. Versorgungsausgleich

61   Bei der Berechnung des Anspruchs auf nachehelichen Unterhalt ist theoretisch das gesamte Vermögen inklusive der Rentenanwartschaften zu berücksichtigen. Dies geschieht in der Praxis jedoch nicht. Das finnische Recht kennt **keinen Versorgungsausgleich**.

IV. Sonstige Scheidungsfolgen

1. Kindesunterhalt

62   Sofern minderjährige Kinder bei einem Elternteil wohnen, besteht regelmäßig ein Anspruch auf **Kindesunterhalt**. Auch in diesem Bereich fehlen im Gesetz und in der Rechtsprechung klare Berechnungsgrundlagen. Unter Anrechnung des finnischen Kindergeldes (2016: 95,75 EUR/Monat für das erste Kind) richtet sich der Kindesunterhalt nach den Bedürfnissen des Kindes, wobei es auch hierzu keine einheitlichen Werte gibt. In Finnland veröffentlichte Beispielsrechnungen gehen oft von 400 EUR/Monat aus, wovon das Kindergeld in Höhe von 100 EUR abgezogen wird. Von diesem Betrag zahlen die Ehegatten anteilig den Kindesunterhalt.

63   **Beispiel:** Der Vater verdient netto 2.000 EUR, die Mutter netto 1.000 EUR. Das gemeinsame Nettoeinkommen beträgt 3.000 EUR, wovon ⅔ durch den Vater und ⅓ durch die Mutter bestritten werden. Stehen dem Kind 300 EUR Unterhalt unter Anrechnung des Kindergeldes zu, hat der Vater hiervon ⅔, also 200 EUR zu zahlen.

64   In der Praxis liegt der durchschnittlich gezahlte Unterhalt bei 126 EUR/Monat. Nach finnischem Recht **endet** der Anspruch auf Kindesunterhalt mit Erwerb der Volljährigkeit (18 Jahre), wobei es Ausnahmen gibt. Ein Anspruch auf **Finanzierung der Erstausbildung** durch die Eltern besteht nicht.

2. Sorge- und Umgangsrecht

65   Im Rahmen der Scheidung muss eine Entscheidung hinsichtlich des **Sorge- und des Umgangsrechts** für die ehelichen Kinder getroffen werden. Dies können die Parteien vertraglich autonom vereinbaren, wobei der Vertrag vom Sozialausschuss der Gemeinde bestätigt oder in einem gerichtlichen Prozess geklärt werden muss. Einzelheiten hierzu sind in dem Gesetz über das Sorge- und Umgangsrecht mit dem Kind (*Laki lapsen huollosta ja tapaamisoikeudesta* 4.8.1983/361) geregelt.

3. Namensrecht

66   Nach Rechtskraft der Scheidung kann gem. § 9 finnisches Namensgesetz wieder der **Geburtsname** angenommen werden. Hierzu muss dem zuständigen Magistrat am Wohnsitz lediglich eine Mitteilung gemacht werden. Soll nicht der Geburtsname, sondern ein anderer, unmittelbar vor Eingehung der Ehe getragener Name wieder angenommen werden, bestehen Einschränkungen. Ein solcher Name kann nur dann im Mitteilungsverfahren wieder angenommen werden, wenn in der Ehe dieser Name der erste Teil eines Doppelnamens war (vor der Ehe Müller, in der Ehe Müller-Mayer, jetzt wieder Müller). Wurde während

der Ehe kein Doppelname geführt, kann dieser finnische Familienname im Rahmen eines Antragsverfahrens beantragt werden.[35] Einem solchen Antrag wird gewöhnlich entsprochen.

4. Witwenrente

Wird nach erfolgter Scheidung ein Ehegatte unterhaltspflichtig, kann dessen Tod einen Anspruch auf Witwer-/Witwenrente auslösen.   67

V. Möglichkeit der vertraglichen Vereinbarung

Die Möglichkeiten einer vertraglichen Vereinbarung sind unter den einzelnen Scheidungs-   68
folgen abgehandelt. Da bei einer gerichtlichen Durchführung von **Scheidungsfolgenangelegenheiten**, wie z.B. Unterhalt oder Vermögensteilung, das Ergebnis nicht vorausgesagt werden kann und die Kosten erheblich sind, ist dringend zu raten, diese Vereinbarungen vorab außergerichtlich zu treffen. Eine vertragliche Unterhaltsregelung ist vom Sozialausschuss der Gemeinde gem. § 50 AL auf Billigkeit zu überprüfen lassen. Eine gerichtliche Inhaltskontrolle orientiert sich dabei an dem auf die Scheidungsfolge anzuwendenden Statut. Eine Anpassung eines unverhältnismäßigen Ergebnisses der Vermögensteilung im Scheidungsfall ist jedoch unabhängig vom anzuwendenden Recht möglich.

VI. Kollisionsrecht der Scheidungsfolgen

1. Vermögensauseinandersetzung

Die Vermögensauseinandersetzung richtet sich nach dem güterrechtlichen Statut (siehe   69
Rdn 29). Es findet gem. § 137 AL finnisches Verfahrensrecht Anwendung.[36]

2. Unterhalt

Der Unterhalt bestimmt sich nach dem Recht des Staates, in dem der Unterhaltsgläubiger   70
wohnt, § 128 Abs. 2 S. 2 AL.

3. Sorge- und Umgangsrecht

Sofern das Kind gem. § 18 des Gesetzes über Sorge- und Umgangsrecht zum Zeitpunkt der   71
Geburt, der Eheschließung oder eines sonstigen hinsichtlich der Festlegung des Sorgerechts bedeutsamen Ereignisses seinen Wohnsitz in Finnland hatte, findet unmittelbar finnisches Recht Anwendung. Bestand zu keinem der oben aufgezählten Zeitpunkte ein Wohnsitz in Finnland, findet das Recht jenes Staates Anwendung, welches nach den Vorschriften des Wohnsitzstaates zur Anwendung gelangt. Kann das ausländische Recht nicht in annehmbarer Zeit ermittelt werden oder verstoßen die Ergebnisse gegen den *ordre public*, findet ebenfalls finnisches Recht Anwendung.

---

35 *Aarnio/Kangas*, Perhevarallisuusoikeus (Ehegüterrecht), S. 46 f.
36 *Mikkola*, Kansainvälinen avioliitto – ja jäämistöoikeus (Internationales Ehe- und Nachlassrecht), S. 132.

v. Knorre

4. Namensrecht

72 Auf die Ausführungen in Rdn 30 wird verwiesen.

VII. Internationale Zuständigkeit

1. Internationale Regelung

73 In Finnland finden vorrangig die EU-Verordnungen Brüssel I[37] sowie Brüssel IIa[38] Anwendung (Nr. 44/2001, Nr. 2201/2004). Sofern dort keine Regelung getroffen wurde, finden die nationalen Regelungen Anwendung. Diese sind im Wesentlichen im finnischen Ehegesetz (AL) in den §§ 119 ff. enthalten.

2. Vermögensverteilung

74 Eine Zuständigkeit des finnischen Gerichts ist gem. § 127 AL gegeben, wenn
    – der Beklagte in Finnland seinen Wohnsitz hat;
    – der Kläger in Finnland wohnt und auf das güterrechtliche Statut dieses Recht Anwendung findet;
    – der letzte gemeinsame Wohnsitz der Ehegatten in Finnland war und einer der Ehegatten noch immer in Finnland wohnt oder bis zu seinem Tod dort wohnte;
    – das Vermögen, welches das Verfahren betrifft, in Finnland belegen ist;
    – der Beklagte nicht die Unzuständigkeit des Gerichts gerügt hat.

3. Unterhalt

75 In Unterhaltsangelegenheiten ist eine Zuständigkeit der finnischen Gerichte gegeben, sofern der Berechtigte oder der Unterhaltsschuldner gem. § 126 AL seinen Wohnsitz in Finnland hat.

4. Sorge- und Umgangsrecht

76 Eine Zuständigkeit besteht in Finnland, wenn das Kind bei Anhängigkeit des Verfahrens in Finnland gem. § 19 Sorge- und Umgangsrechtgesetz seinen ständigen Aufenthalt bzw. Wohnsitz in Finnland hat. Hiervon kann ausgegangen werden, wenn das Kind seit einem Jahr vor Anhängigkeit des Verfahrens in Finnland wohnt. Ausnahmen sind möglich. Befindet sich das Kind bei Anhängigkeit des Verfahrens nicht mehr in Finnland, so ist das Gericht dennoch zuständig, sofern das Kind während des letzten Jahres in Finnland wohnhaft war oder das Kind unter Berücksichtigung aller Umstände eine enge Bindung an Finnland hatte.

5. Namensrecht

77 Gemäß § 27 finnisches Namensgesetz sind finnische Behörden zuständig, sofern der Antragsteller seinen Wohnsitz in Finnland hat. Hat ein finnischer Antragsteller seinen Wohnsitz nicht in den nordischen Ländern, besteht eine finnische Zuständigkeit, wenn ein in Finnland getroffener Beschluss im Wohnsitzstaat des Antragstellers anerkannt würde.

---

37 Vgl. dazu „Allgemeiner Teil § 1" in diesem Werk.
38 Vgl. dazu „Allgemeiner Teil § 1" in diesem Werk.

E. Gleichgeschlechtliche Ehe/Registrierte Lebenspartnerschaft

Die rechtliche Regelung der registrierten Lebenspartnerschaft befindet sich gerade im Um-   78
bruch. Mit dem Änderungsgesetz zum Ehegesetz, 8.4.2016/250, können auch gleichgeschlechtliche Personen die Ehe schließen. Die Änderungen hierzu treten am 1.3.2017 in
Kraft. Das Eingehen einer registrierten Lebenspartnerschaft ist nach dem 1.3.2017 nicht
mehr möglich, es findet das Ehegesetz Anwendung.

Daneben besteht weiterhin das Gesetz über die registrierte Lebenspartnerschaft (*Laki rekisteröidystä parisuhteesta* 9.11.2001/950; im Folgenden: **RekParL**), von dem im Wesentlichen
nur die Vorschriften zur Auflösung der registrierten Lebenspartnerschaft bestehen bleiben.
Bestehende registrierte Partnerschaften werden gem. § 1a AL durch das Gesetz 249/2016
nicht automatisch zum 1.3.2017 als Ehen angesehen, vielmehr ist beim Magistrat ein gemeinsamer Antrag auf Umwandlung der reg. Partnerschaft zu stellen. Ansonsten bleibt die reg.
Partnerschaft bestehen.

I. Begründung/Registrierung

Im Folgenden wird die Rechtslage bis zum 28.2.2017 dargestellt.   79

Die Lebenspartnerschaft von zwei gleichgeschlechtlichen, volljährigen Personen kann gem.
§§ 1, 2 RekParL **registriert** werden, sofern
– eine der Parteien nicht schon verheiratet ist oder bereits in einer registrierten Partner-
    schaft lebt;
– kein Verwandtschaftsverhältnis gem. §§ 7–9a AL besteht. Eine Ausnahmegenehmigung
    gem. §§ 8, 9 AL ist möglich. Der zuständige Magistrat prüft wie bei der Ehe, dass keine
    Hindernisse vorliegen.

Die Registrierung erfolgt durch einen zur Ziviltrauung zugelassenen Beamten. Bei der   80
Registrierung unterschreiben die Lebenspartner in Anwesenheit des Beamten das **Registrie-
rungsdokument**. Durch die Unterschrift des Beamten wird der Akt bestätigt.

II. Rechtsfolgen

Die **Rechtsfolgen** der registrierten Partnerschaft entsprechen, soweit im RekParL nichts   81
abweichend geregelt ist, denen der Ehe (§ 8 Abs. 3 RekParL).[39] Die bedeutendsten **Abwei-
chungen** sind die folgenden:[40]
– Die gesetzliche Vaterschaftsvermutung für während der Ehe geborene Kinder findet
    keine Anwendung in der registrierten Lebenspartnerschaft.
– Lebenspartner können im Mitteilungsverfahren keinen gemeinsamen Ehenamen anneh-
    men.
– Eine gemeinsame Adoption eines Kindes während einer reg. Lebenspartnerschaft ist
    nicht möglich. Ab dem 1.3.2017 ist dies durch Umschreibung der reg. Lebenspartner-
    schaft auf Ehe dann möglich.

---

39 *Aarnio/Kangas*, Perhevarallisuusoikeus (Ehegüterrecht), S. 3.
40 *Aarnio/Kangas*, Perhevarallisuusoikeus (Ehegüterrecht), S. 3.

III. Auflösung der registrierten Lebenspartnerschaft

82 Auf die **Auflösung** der registrierten Lebenspartnerschaft finden gem. § 7 RekParL die Regelungen der Ehescheidung Anwendung.

IV. Kollisionsrecht

1. Zuständigkeit der finnischen Behörden für Registrierungen

83 Eine Lebenspartnerschaft kann gem. § 10 RekParL in Finnland nur dann **registriert** werden, wenn entweder einer der beiden Lebenspartner die finnische Staatsangehörigkeit besitzt und in Finnland wohnt oder wenn beide Beteiligte die letzten beiden Jahre vor Beantragung der Registrierung in Finnland gewohnt haben. Die finnische Staatsangehörigkeit ist in der ersten Alternative nicht Voraussetzung, sofern per Verordnung festgelegt wird, dass die rechtliche Ausgestaltung der registrierten Lebenspartnerschaft in dem Staat, dessen Staatsangehörigkeit einer der Lebenspartner besitzt, der Ausgestaltung der registrierten Lebenspartnerschaft nach finnischem Recht entspricht. Auf die Registrierung der registrierten Lebenspartnerschaft findet finnisches Recht Anwendung.

84 Eine **im Ausland** geschlossene registrierte Lebenspartnerschaft ist gem. § 12 RekParL auch in Finnland wirksam, sofern sie im Land der Registrierung wirksam ist. Dies gilt dem Schrifttum folgend u.a. für die deutsche eingetragene Lebensgemeinschaft.[41] Ob ausländische eingetragene Lebensgemeinschaften, die in ihrer Ausgestaltung weniger mit der Ehe gleichgestellt sind als in Deutschland oder Finnland, ebenfalls gem. § 12 RekParL **anerkannt** werden, ist noch nicht abschließend geklärt.[42]

2. Aufhebung der registrierten Lebenspartnerschaft

85 Eine die **Aufhebung** der registrierten Lebenspartnerschaft betreffende Angelegenheit kann gem. § 13 RekParL in Finnland geprüft werden, sofern
- die Lebenspartnerschaft in Finnland registriert wurde oder
- einer der Lebenspartner eine enge Verbindung nach Finnland hat, vergleichbar der Regelung des § 119 AL.

F. Nichteheliche Lebensgemeinschaft

86 Die nichteheliche Lebensgemeinschaft ist im finnischen Recht **nicht** gesondert **geregelt**. Die Begründung, Beendigung sowie die Ausgestaltung der nichtehelichen Lebensgemeinschaft ist Privatangelegenheit der Parteien.[43] Eine Abweichung hiervon bildet das **Gesetz über die Abwicklung des gemeinschaftlichen Haushalts der nichtehelichen Lebensgemeinschaft**, welches zum 1.4.2011 in Kraft getreten ist. Ziel dieses Gesetzes ist es, die gröbsten Unbilligkeiten, die bei der Abwicklung der nichtehelichen Lebensgemeinschaft entstehen können, abzufedern. Voraussetzung für die Anwendbarkeit des Gesetzes ist gem. § 3, dass die gleich- oder nicht gleichgeschlechtlichen Partner mindestens fünf Jahre einen gemeinsamen Haushalt geführt haben und/oder ein gemeinsames Kind haben bzw. beide

---

41 *Mikkola*, Kansainvälinen avioliitto – ja jäämistöoikeus (Internationales Ehe- und Nachlassrecht), S. 89 m.w.N.
42 *Mikkola*, Kansainvälinen avioliitto – ja jäämistöoikeus (Internationales Ehe- und Nachlassrecht), S. 90.
43 *Gottberg*, Perhesuhteet ja lainsäädäntö (Familienbeziehungen und Gesetzgebung), S. 52.

das Sorgerecht für das Kind haben. Eine anderweitig bestehende Ehe schließt die Anwendbarkeit dieses Gesetzes aus.

Nach Beendigung der nichtehelichen Lebensgemeinschaft kann eine **Auseinandersetzung** des Eigentums verlangt werden. Ausgangspunkt dabei ist, dass gemeinsames Eigentum nur dann besteht, wenn nicht geklärt werden kann, welchem der Partner ein bestimmter Gegenstand eigentumsrechtlich zuzuordnen ist.   87

Ein **Ausgleichsanspruch** kann nur dann bestehen, wenn einer der Partner dem anderen bei seiner Vermögensschaffung geholfen hat und eine Vermögensauseinandersetzung einer Bevorteilung auf Kosten des ersten Partners bedeuten würde. Voraussetzung ist, dass das Ungleichgewicht im Einsatz der Partner nicht nur gering sein darf. Als Beispiel wird an dieser Stelle die **Alleinverdienerbeziehung** genannt, bei der einer der Partner sich ausschließlich der Kindererziehung gewidmet hat.

Die Auseinandersetzung kann **außergerichtlich** vorgenommen werden. Gelingt dies nicht, kann gerichtlich die Bestellung eines **Teilungsbeauftragten** beantragt werden. Dieser nimmt dann die Teilung vor und legt die ggf. zu leistende Ausgleichszahlung fest. Alternativ hierzu kann direkt **gerichtlich** die Vermögensauseinandersetzung geltend gemacht werden.   88

G. Abstammung und Adoption

I. Abstammung

Zum 1.1.2016 trat das neue Vaterschaftsgesetz (Isyyslaki) in Kraft, (13.1.2015/11), in dem die Rechte der Väter gestärkt wurden.   89

1. Eheliches Kind

Wird ein Kind **während der Ehe geboren**, wird die Vaterschaft kraft Gesetzes vermutet. Für den Fall, dass die Ehe bereits vor der Geburt des Kindes geschieden wurde, gilt Folgendes: Für ein Kind, welches vor dem 1.7.1980 zu einem Zeitpunkt geboren wurde, der eine Zeugung während der Ehe vermuten lässt, wird die Vaterschaft vermutet. Falls das Kind später geboren wurde, findet diese Regel keine Anwendung. Sofern die Mutter zum Zeitpunkt der Geburt des Kindes nicht bereits wieder erneut verheiratet ist, handelt es sich um ein nichteheliches Kind.[44] Sofern die Ehe durch den Tod des Vaters beendet wird, gilt die Vaterschaftsvermutung, falls die Zeitspanne zwischen dem Tod des Vaters und der Geburt des Kindes eine Vaterschaft nicht ausschließt,[45] ansonsten handelt es sich um ein nichteheliches Kind.   90

2. Nichteheliches Kind

Die Stellung von **nichtehelichen** Kindern unterscheidet sich signifikant von der Stellung ehelicher Kinder in jenen Fällen, in denen das Kind vor dem 1.10.1976 geboren ist. Vor diesem Datum führte die Heirat der Eltern dazu, dass nichtehelich geborene Kinder als eheliche angesehen werden. Ohne Heirat mit der Kindesmutter beerbt das nichteheliche Kind seinen Vater nur, wenn dieser die Vaterschaft anerkannt hat. Nach dem Stichtag beerbt   91

---

44 Siehe *v. Knorre / Mincke*, in: *Süß*, Erbrecht in Europa, Länderbericht Finnland, S. 475.
45 Siehe *v. Knorre / Mincke*, in: *Süß*, Erbrecht in Europa, Länderbericht Finnland, S. 475.

das nichteheliche Kind den Vater, unabhängig davon, ob die Vaterschaft anerkannt oder
gerichtlich festgestellt wurde.[46]

3. Feststellung und Anerkennung der Vaterschaft

92   Die Feststellung der **Vaterschaft** zu einem nichtehelichen Kind und die Sicherstellung der
Unterhaltsleistung durch den Erzeuger erfolgen entweder dadurch, dass der Vater von sich
aus oder aufgrund der vom sog. Kindpfleger durchgeführten Vaterschaftsuntersuchung
die Vaterschaft anerkennt oder dass durch Urteil die Vaterschaft festgestellt wird. Eine
Vaterschaftsuntersuchung kann nach dem neuen Vaterschaftsgesetz nicht mehr durch die
Kindesmutter unterbunden werden. Hierdurch werden die Rechte des Vaters und des
Kindes gestärkt, vgl. § 8 Abs. 2 des Vaterschaftsgesetzes 5.9.1975/700, der noch ein Vetorecht
der Kindesmutter vorsah.

II. Adoption

1. Schwache Adoption und starke Adoption

93   Das finnische Adoptionsrecht ist mehrfach geändert worden. Bei Kindern, die nach dem
1.1.1966 und vor dem 1.1.1980 adoptiert wurden, liegt eine sog. **schwache Adoption** vor.
Dies bedeutet, dass die erbrechtliche Verbindung zu den biologischen Eltern nicht vollständig beendet wird. Für Adoptionen, die nach dem 1.1.1980 stattfanden, gilt die sog. **starke
Adoption**. Diese hat zur Folge, dass rechtlich eine vollständige rechtliche Trennung der
biologischen Eltern zum Abkömmling vorgenommen wird. Gleichzeitig wird das adoptierte
Kind in der neuen Familie mit den eigenen Kindern der Adoptiveltern gleichgestellt.[47]

2. Verfahren

94   Das finnische Adoptionsrecht ist im Gesetz über die Annahme an Kindes statt (*Adoptiolaki*
22/(2012) festgelegt. Das öffentlich-rechtliche Element spielt im finnischen Adoptionsrecht
eine wichtige Rolle. Das Adoptionsverfahren setzt eine **Bewilligung** durch die Valvira-
Behörde voraus. Diese darf, unabhängig von allen weiteren Voraussetzungen, nur dann
erteilt werden, wenn festgestellt wurde, dass die Adoption dem Besten des Kindes dient.
Der gerichtlichen Bewilligung der Adoption ist ein **zwingendes Beratungsverfahren** vorgeschaltet, bei dem geprüft wird, ob die **Voraussetzungen** für eine Adoption vorliegen.
Gleichzeitig werden die Adoptiveltern auf ihre neue Rolle vorbereitet. Der Annehmende
muss mindestens das 25. Lebensjahr vollendet haben und darf gem. § 6 Adoptionsgesetz
die Altersgrenze von 50 Jahren nicht überschritten haben. Der Altersunterschied zwischen
Adoptierenden und Adoptierten muss gem. § 7 des Adoptionsgesetzes zwischen 18 und 45
Jahren betragen. Gemeinsam können nur Ehegatten adoptieren. Nichteheliche Lebensgemeinschaften sowie registrierte Lebenspartnerschaften können nicht gemeinsam adoptieren,
jedoch können auch einzelne Personen adoptieren. Die Annahme an Kindes statt ist ausgeschlossen, sofern hierfür eine Vergütung gezahlt werden soll. Die Adoption eines über
12-jährigen Kindes setzt gem. § 10 Adoptionsgesetz die Zustimmung des Kindes voraus.
Ist das Kind jünger, jedoch bereits ausreichend entwickelt, ist auch schon bei jüngeren
Kindern deren Wille zu berücksichtigen.

---

46 Siehe *v. Knorre/Mincke*, in: *Süß*, Erbrecht in Europa, Länderbericht Finnland, S. 475.
47 Siehe *v. Knorre/Mincke*, in: *Süß*, Erbrecht in Europa, Länderbericht Finnland, S. 475.

Die Eltern des zur Adoption freizugebenden Kindes haben die **Zustimmung zur Adoption** 95
vor der von der Gemeinde für zuständig erklärten Stelle oder einem Adoptionsbüro abzugeben. Bei nichtehelichen Kindern muss das Einverständnis der Eltern vorliegen, sofern die
Vaterschaft anerkannt wurde. In Ausnahmefällen kann aus dem Gesichtspunkt des Kindeswohls auch gegen das Einverständnis eines der Elternteile die Zustimmung verweigert
werden. Die Eltern müssen vor Abgabe der Erklärung über die Voraussetzungen und
rechtlichen Folgen der Adoption sowie die wirtschaftlichen Unterstützungsmöglichkeiten,
die ihnen zur Verfügung stehen, aufgeklärt werden. Das Einverständnis der Mutter darf
gem. § 15 Adoptionsgesetz erst dann entgegengenommen werden, wenn die Mutter sich
ausreichend von der Geburt erholt hat, frühestens acht Wochen nach der Geburt. Das
Einverständnis zur Freigabe der Adoption ist **schriftlich** festzuhalten, zu datieren und
von den Erklärenden zu unterzeichnen. Die Acht-Wochen-Frist entfällt gem. § 15 Abs. 2
Adoptionsgesetz, wenn die Kindesmutter mit dem Adoptierenden in einer registrierten
Lebensgemeinschaft zusammen lebt und das zu adoptierende Kind während der registrierten Partnerschaft künstlich gezeugt wurde.

Das finnische Adoptionsgesetz sieht besondere Regelungen für die Adoption eines Kindes 96
aus dem **Ausland** vor. Sofern eine solche Adoption angestrebt wird, geschieht dies über
den **internationalen Adoptionsservice**, zu dem neben dem Sozialamt der Stadt Helsinki
zwei Vereine zugelassen sind.[48] Diese kümmern sich um die Vermittlung, sind bei der
gerichtlichen Bewilligung behilflich und unterstützen das Kind sowie die Adoptiveltern,
wenn nötig auch nach Bewilligung der Adoption. Im Gegensatz zur nationalen Adoption
wird bei der internationalen Adoption des Weiteren ebenfalls eine **Genehmigung** benötigt,
welche von einem Sozial- und Gesundheitsministerium unterstehenden Ausschuss für internationale Adoption erteilt wird. In Finnland trat das Haager Übereinkommen über den
Schutz von Kindern und den Zusammenhalt auf dem Gebiet der internationalen Adoption
am 1.5.1995 in Kraft, auf das im 7. Kapitel des finnischen Adoptionsgesetzes Bezug genommen wird. Eine gerichtliche Bewilligung der Adoption wird in Finnland geprüft, sofern
einer der Beteiligten seinen Wohnsitz in Finnland hat, unter bestimmten Voraussetzungen
auch in anderen Fällen, § 34 finnisches Adoptionsgesetz. Auf das Verfahren findet gem.
§ 35 finnisches Adoptionsgesetz finnisches Recht Anwendung. Dies trifft auch auf die
materiellrechtlichen Adoptionsvoraussetzungen zu.

---

48 *Koskinen/Sarkkinen/Saval* in: Kansainvälinen adoptio Suomessa, S. 8 (Die internationale Adoption in
Finnland), S. 8.

v. Knorre

Frankreich

Dr. Christoph Döbereiner, Notar, München

Literatur

Deutschsprachige Literatur

Bosch, Die Durchbrechungen des Gesamtstatuts im internationalen Ehegüterrecht unter besonderer Berücksichtigung deutsch-französischer Rechtsfälle, 2002; *Chaussade-Klein*, Die Ermittlung des Güterrechtsstatuts nach französischem IPR, IPRax 1992, 406; *Chaussade-Klein*, Internationale Zuständigkeit französischer Gerichte bei Scheidung deutscher Ehegatten, IPRax 1995, 91; *De Meo*, Das französische IPR-System im Vergleich mit der Neuregelung des deutschen Internationalen Privatrechts (unter Berücksichtigung französischer Kodifikations-Entwürfe), ZfRV 28 (1987), 12, 107; *Döbereiner*, Ehe- und Erbverträge im deutsch-französischen Rechtsverkehr, 2001; *Döbereiner*, Länderbericht Frankreich, in: *Süß* (Hrsg.), Erbrecht in Europa, 3. Aufl. 2015, S. 491; *Döbereiner*, Das neue französische Scheidungsrecht, ZEuP 2007, 521; *Fehre*, L'Application de la nouvelle loi du divorce depuis 2005 – Aspekte des reformierten französischen Scheidungsrechts in materieller und prozessualer Hinsicht, in: FS Rauscher, 2005, S. 27; *Ferid/Sonnenberger*, Das Französische Zivilrecht, Band 1/1: Erster Teil: Allgemeine Lehren des Französischen Zivilrechts: Einführung und Allgemeiner Teil des Zivilrechts, 2. Aufl. 1994; Band 2: Schuldrecht: Die einzelnen Schuldverhältnisse, Sachenrecht,

2. Aufl. 1986; Band 3: Familienrecht, Erbrecht, 2. Aufl. 1987; *Ferrand*, Der Schutz der Familienwohnung im französischen Recht, in: *Henrich/Schwab* (Hrsg.), Der Schutz der Familienwohnung in Europäischen Rechtsordnungen, 1995, S. 45; *Ferrand*, Eheliche Gemeinschaft, Partnerschaft und Vermögen im französischen Recht, in: *Henrich/Schwab* (Hrsg.), Eheliche Gemeinschaft, Partnerschaft und Vermögen im europäischen Vergleich, 1999, S. 73; *Ferrand*, Scheidung und nachehelicher Unterhalt in Frankreich, in: *Hofer/Schwab/Henrich* (Hrsg.), Scheidung und nachehelicher Unterhalt im europäischen Vergleich, 2003, S. 83; *Ferrand*, Das französische Gesetz über den Pacte civil de solidarité, FamRZ 2000, 517; *Ferrand*, Aktuelles zum Familienrecht in Frankreich, FamRZ 2004, 1423; *Frank*, Grundlagen zum Immobilienerwerb in Frankreich, MittBayNot 2001, 39; *Frentzen*, Zugewinngemeinschaft und participation aux aquêts – ein Vergleich, 1993; *Frucht*, Der Pacte civil de solidarité im französischen und deutschen internationalen Privatrecht, 2005; *Furkel/Gergen*, Das französische Ehescheidungsgesetz vom 26.5.2004 – Eine kritische Bestandsaufnahme, FamRZ 2005, 1615; *Henrich/Schönberger*, Frankreich, in: *Bergmann/Ferid/Henrich* (Hrsg.), Internationales Ehe- und Kindschaftsrecht, Loseblatt, Stand 1.2.2014; *Hübner/Constantinesco*, Einführung in das französische Recht, 4. Aufl. 2001; *Junggeburth*, Länderbericht Frankreich, in: Dauner-Lieb/Heidel/Ring (Hrsg.), NK-BGB, Band 4: Familienrecht, 3. Aufl. 2014; *Kappstein*, Das Verfahren in Scheidungssachen in Frankreich und Deutschland, 2010; *Lagarde*, Das französische Staatsangehörigkeitsrecht und die Eingliederung der Ausländer, StAZ 1995, 65; *Löffler*, Ehegattenschenkungen und ihre Rückgängigmachung nach französischem und deutschem Recht, 1987; *Maue*, Die Zerrüttungsscheidung im deutschen und französischen Recht unter Einschluss des internationalen Privatrechts, 2009; *Nestler*, Die Putativehe im französischen Kollisionsrecht, 2010; *Pfisterer*, Die Ehescheidung im deutsch-französischen Rechtsverkehr: eine vergleichende Untersuchung unter Berücksichtigung des europäischen Eheverfahrensrechts und des internationalen Privatrechts, 2004; *Pintens*, Privatautonomie im belgischen und französischen Familienrecht, in: *Hofer/Schwab/Henrich* (Hrsg.), From Status to Contract? – Die Bedeutung des Vertrages im europäischen Familienrecht, 2005, S. 125; *Ralle*, Das Rechtsinstitut der prestation compensatoire – ein Unterhaltsanspruch: zur internationalprivat- und verfahrensrechtlichen Qualifikation der prestation compensatoire des französischen und kanadischen Scheidungsrechts, 1995; *Revillard*, in: DNotI (Hrsg.), Notarielle Fragen des internationalen Rechtsverkehrs, Frankreich, 1995, S. 119; *Rosenzweig*, Eingetragene Lebenspartnerschaft und Pacte civil de Solidarité: die gesetzlichen Grundlagen unter besonderer Beachtung der vermögensrechtlichen Wirkungen, 2010; *Schuberl*, Die neuen Ehescheidungstatbestände in Frankreich seit dem Gesetz vom 11.7.1975 und ihre Aufnahme durch die Gerichte, 1982; *Sonnenberger*, Deutsch-französische Ehescheidungsprobleme, IPRax 1992, 514; *Sperling*, Familiennamensrecht in Deutschland und Frankreich, 2012; *Spiegel*, Das französische Staatsangehörigkeitsrecht nach der Reform von 1993, IPRax 1997, 269; *Wehrens/Gresser*, Der Kauf von Grundeigentum in Frankreich, in: FS Schippel, 1996, S. 961.

Literatur in französischer Sprache

Cornu, Les régimes matrimoniaux, 9. Aufl., Paris 1997; *Cornu*, Droit civil, La famille, 9. Aufl., Paris 2006; *Courbe/Gouttenoire*, Droit de la famille, 6. Aufl., Paris 2013; *Loussouarn/Bourel/Vareilles-Sommières*, Droit international privé, 10. Aufl., Paris 2013; *Malaurie/Aynès*, Les régimes matrimoniaux, 5. Aufl., Paris 2015; *Mayer/Heuzé*, Droit international privé, 11. Aufl., Paris 2014; *Revillard*, Droit international privé et européen: pratique notariale, 8. Aufl., Paris 2014; *Terré/Simler*, Les régimes matrimoniaux, 6. Aufl., Paris 2011; *Voirin/Goubeaux*, Droit civil, Band 1: Personnes, Famille, Incapacité, Biens, Obligations, Sûretés, 35. Aufl., Paris 2015; Band 2: Droit privé notarial: Régimes matrimoniaux, successions, libéralités, 28. Aufl., Paris 2014.

A. Vorbemerkung, Entwicklung

Das französische Ehe- und Ehegüterrecht war seit Inkrafttreten des Code Civil am 21.3.1804 zahlreichen Reformen unterworfen.[1] Diese waren insbesondere darauf gerichtet, die Gleichberechtigung der Ehefrau und nichtehelicher Kinder herzustellen.   **1**

Bis zum Jahr 1938 war die Ehefrau z.B. kraft Gesetzes nicht voll geschäftsfähig und musste bedingungslos den Aufenthalt des Mannes, des *chef de la famille*, teilen. Von besonderer   **2**

---

1 Siehe im Einzelnen *Ferid/Sonnenberger*, Bd. 3, Rn 4 B 105 ff.

Döbereiner

Bedeutung war das **Güterrechtsreformgesetz** vom 13.7.1965 *portant réforme des régimes matrimoniaux*, durch das die allgemeinen Rechte und Pflichten der Ehegatten neu geregelt wurden und als gesetzlicher Güterstand die Errungenschaftsgemeinschaft eingeführt wurde.

3   Mit Gesetz vom 26.5.2004, das zum 1.1.2005 in Kraft getreten ist, wurde das bereits 1975 umfassend reformierte **Scheidungsrecht** erneut grundlegend geändert. Zu nennen sind ferner die Neuregelung des **Familiennamensrechts** durch Gesetz vom 4.3.2002, die Neuregelung der **elterlichen Sorge** durch Gesetze vom 8.1.1993 und vom 4.3.2002 sowie die Neuordnung des **Abstammungsrechts** durch Gesetze vom 4.7.2005 und vom 16.1.2009.

4   Mit Gesetz vom 15.11.1999 wurde als weitere Form des Zusammenlebens der sog. *pacte civil de solidarité* (**PACS**), eine eingetragene Lebenspartnerschaft, eingeführt. Die nichteheliche Lebensgemeinschaft wurde im Gesetz wenigstens definiert, jedoch nicht genauer geregelt. Die Gleichstellung **nichtehelicher Kinder** wurde mit Gesetz vom 3.1.1972 begonnen und zuletzt im Erbrecht durch Gesetz vom 3.12.2001 vollendet.

5   Mit Gesetz vom 17.5.2013 wurde nach heftigen Diskussionen in Frankreich die (echte) gleichgeschlechtliche Ehe eingeführt, auf die uneingeschränkt dieselben Vorschriften anzuwenden sind wie auf eine heterosexuelle Ehe.

B.   Verlöbnis und Eheschließung

I.   Verlöbnis

6   Das Verlöbnis (*fiancailles* oder *promesse de mariage*) ist im Code Civil (CC) nicht erwähnt. Ein Eheversprechen erzeugt **keinerlei rechtliche Bindung**; dies kann auch nicht durch Vertragsstrafen umgangen werden, da dadurch die Ehefreiheit verletzt würde.[2] In Ausnahmefällen kann ein grundlos vom Eheversprechen Zurücktretender unter dem Gesichtspunkt einer unerlaubten Handlung nach Art. 1382 CC oder des Rechtsmissbrauchs auf Schadensersatz haften, wenn der Verlassene das Vorliegen eines Eheversprechens, ein Verschulden des Zurücktretenden und einen materiellen oder immateriellen Schaden nachweisen kann.[3] **Brautgeschenke** sind nach Art. 1088 CC im Falle der Auflösung des Verlöbnisses zurückzugeben.

II.   Obligatorische Zivilehe, Statistik

7   Das französische Recht sieht die **obligatorische Zivilehe** vor. Die Ehe kann wie in Deutschland nur vor einer staatlichen Behörde (Standesamt) geschlossen werden. Eine kirchliche Trauung hat keine bürgerlich-rechtlichen Wirkungen, sie darf nicht vor der standesamtlichen Trauung stattfinden.[4] Die Zahl der Eheschließungen ist in Frankreich in den letzten Jahrzehnten stark zurückgegangen, in jüngerer Zeit ist die Zahl wieder etwas gestiegen und relativ stabil. 1972 kam es noch zu 416.000 Eheschließungen, 1986 waren es nur noch 265.000, 1993 schließlich 254.000. Im Jahr 1999 heirateten 285.000 Paare, 2003 waren es 280.000.[5]

---

2   *Voirin/Goubeaux*, Bd. 1, Nr. 200; *Ferid/Sonnenberger*, Bd. 3, Rn 4 B 2.
3   *Courbe/Gouttenoire*, Droit de la famille, Nr. 93 f.; *Voirin/Goubeaux*, Bd. 1, Nr. 200.
4   *Cornu*, Droit civile, La famille, Nr. 162; *Courbe/Gouttenoire*, Droit de la famille, Nr. 174.
5   Zahlen nach *Courbe/Gouttenoire*, Droit de la famille, Nr. 383.

III. Materielle Voraussetzungen und Folgen von Verstößen

1. Persönliche Voraussetzungen

a) Zwei Personen verschiedenen Geschlechts

Bis zum 17.05.2013 konnten nur zwei Personen verschiedenen Geschlechts die Ehe einge-   8
hen. Für **gleichgeschlechtliche Partner** bestand lediglich die Möglichkeit, einen *pacte civil
de solidarité* (PACS) einzugehen (siehe hierzu Rdn 244 ff.). Eine unter gleichgeschlechtlichen Personen geschlossene „Ehe" stellte eine **Nichtehe** dar; eine Anfechtung der Ehe war
nicht erforderlich. Art. 143 CC n.F. stellt nun ausdrücklich klar, dass eine Ehe auch von
zwei Personen des gleichen Geschlechts geschlossen werden kann.

b) Altersgrenze

Beide Ehegatten müssen gem. Art. 144 CC mindestens 18 Jahre alt sein. Von dieser Voraus-   9
setzung kann gem. Art. 145 CC in Ausnahmefällen, z.B. bei einer Schwangerschaft, durch
den Staatsanwalt (*procureur de la République*) am Ort der Eheschließung auf Antrag Befreiung erteilt werden.

Ein Verstoß gegen die Vorschrift des Art. 144 CC führt zur **absoluten Nichtigkeit** der Ehe   10
(*nullité absolue*),[6] wobei nach Art. 184 CC sowohl die Ehegatten als auch jeder, der an der
Anfechtung ein Interesse hat, und die Staatsanwaltschaft (*ministère public*) anfechtungsberechtigt sind. Die Nichtigkeit ist beim *Tribunal de grande instance*, das für den Wohnort
des Beklagten zuständig ist, innerhalb von 30 Jahren nach Eheschließung gerichtlich geltend
zu machen. Nach Art. 187 CC können Verwandte in der Seitenlinie oder Kinder aus einer
früheren Ehe die Ehe jedoch nur anfechten, wenn sie daran ein gegenwärtiges Interesse
haben.

c) Zustimmungserfordernisse

Minderjährige bedürfen nach Art. 148, 149 CC stets der **Zustimmung** der Eltern. Können   11
sich die Eltern nicht einigen, so gilt dies als Zustimmung. Bei Vorversterben, Abwesenheit
oder Geschäftsunfähigkeit eines Elternteils reicht die Zustimmung des anderen. Bei Fehlen,
Geschäftsunfähigkeit oder Nichtauffindbarkeit beider Elternteile müssen gem. Art. 150 CC
die Großeltern konsultiert werden, bei Meinungsverschiedenheiten zwischen diesen geht
wiederum die Zustimmung eines Großelternteils bzw. einer großelterlichen Linie vor. Sind
auch keine Großeltern vorhanden, ist nach Art. 159 CC der nach Art. 398 ff. CC im Rahmen
der Vormundschaft aus mindestens vier Verwandten oder nahestehenden Personen gebildete
Familienrat (*conseil de famille*) zuständig. Bei **Adoptivkindern** gilt die Sonderregelung des
Art. 365 CC. Die Zustimmung kann mündlich beim Standesamt anlässlich der Eheschließung erteilt oder schriftlich in notarieller oder durch den Standesbeamten beurkundeter
Form abgegeben werden (Art. 73 CC). Personen, deren Zustimmung fehlt, können nach
Art. 154, 155 CC auf Antrag eines Verlobten durch notarielle Erklärung zur Zustimmung
aufgefordert werden.

Erwachsene, die unter **Vormundschaft** (*tutelle*) stehen, bedürfen nach Art. 460 Abs. 2 CC   12
der richterlichen Zustimmung oder der Zustimmung des *conseil de famille* gem. Art. 456 f.
CC, wobei die künftigen Ehegatten anzuhören sind und die Meinung der Eltern und der
Angehörigen einzuholen ist. Erwachsene unter **Pflegschaft** (*curatelle*) bedürfen nach

---

6   Zur Unterscheidung zwischen relativer und absoluter Nichtigkeit im französischen Recht vgl. *Ferid/
Sonnenberger*, Bd. 1/1, Rn 1 F 905 ff.

Art. 460 Abs. 1 CC der Zustimmung des Pflegers, die durch den Vormundschaftsrichter ersetzt werden kann.

13 Das **Fehlen** einer erforderlichen Zustimmung führt zur **relativen Nichtigkeit** (*nullité relative*) der Ehe. Die Nichtigkeit kann gem. Art. 182 CC nur durch denjenigen, dessen Zustimmung fehlt, sowie den Ehegatten, der der Einwilligung bedurft hätte, angefochten werden. Dies gilt jedoch gem. Art. 183 S. 1 CC dann nicht, wenn die Betreffenden die Eheschließung stillschweigend oder ausdrücklich nachträglich gebilligt haben oder wenn sie nicht innerhalb von fünf Jahren seit Kenntnis von der Heirat reagiert haben oder wenn gem. Art. 183 S. 1 CC ein minderjähriger Ehegatte nicht innerhalb eines Jahres nach Volljährigkeit reklamiert hat.

d) Verbot der Doppelehe, Wiederheirat

14 Eine Ehe darf nach Art. 147 CC nicht geschlossen werden, wenn zwischen einer der Personen, die die Ehe miteinander eingehen wollen, und einer dritten Person – bereits oder noch – eine Ehe besteht (**Verbot der Doppelehe**). Um Bigamie zu vermeiden, wird jede Eheschließung auf der Geburtsurkunde vermerkt. Vor der Ehe ist dem Standesbeamten eine Geburtsurkunde vorzulegen, die nicht älter als drei Monate sein darf.

15 Ein **Verstoß** gegen das Verbot der Doppelehe führt zur **absoluten Nichtigkeit** (*nullité absolue*), die von jedem geltend gemacht werden kann, der hieran ein Interesse hat, vgl. Art. 184 CC (siehe hierzu Rdn 10). Hierzu zählt in jedem Fall gem. Art. 188 CC ein (früherer) Ehegatte. Die früher in Art. 228 CC insbesondere wegen der Vaterschaftsvermutung geregelte Wartezeit, wonach die Ehefrau eine weitere Ehe erst nach einer Wartezeit von dreißig Tagen nach Auflösung der vorhergehenden Ehe schließen konnte, gilt seit 1.1.2005 nicht mehr. Kein Ehehindernis liegt vor, wenn ein Ehegatte bereits in einer eingetragenen Lebenspartnerschaft lebt (PACS). Ein PACS wird vielmehr durch die Eheschließung gem. Art. 515–7 Abs. 1 CC automatisch beendet.

e) Eheverbote zwischen Verwandten und Verschwägerten

16 Zwischen **Verwandten** und **Verschwägerten** in **gerader** Linie (Art. 161 CC; z.B. Vater-Tochter), zwischen vollbürtigen und halbbürtigen **Geschwistern** (Art. 162 CC) sowie zwischen **Onkel** bzw. **Tante** und **Nichte** bzw. **Neffe** (Art. 163 CC) kann eine Ehe nicht geschlossen werden. Art. 163 CC gilt nach der Rechtsprechung auch für Ehen zwischen Großonkel und Großnichte bzw. Großtante und Großneffe, auch wenn sich dies aus dem Wortlaut nicht ausdrücklich ergibt.[7] Nach Art. 164 CC kann vom Eheverbot zwischen Verschwägerten sowie den Eheverboten nach Art. 163 CC durch den Staatspräsidenten befreit werden.

17 Die vorstehenden Eheverbote gelten auch, wenn das Verwandtschaftsverhältnis auf einer **Volladoption** (*adoption plénière*; siehe Rdn 267 ff.) beruht, und zwar sowohl gegenüber der Adoptiv- als auch gegenüber der früheren Familie (Art. 356 CC). Im Falle der **Einfachadoption** (*adoption simple*; siehe Rdn 274) sind die Eheverbote in Art. 366 CC geregelt. Demnach ist die Ehe ausgeschlossen zwischen Adoptivkind, Annehmenden und dessen Vorfahren, zwischen dem Adoptivkind und dem Ehegatten des Annehmenden und umgekehrt zwischen Annehmenden und dem Ehegatten des Adoptivkindes, zwischen mehreren Adoptivkindern eines Annehmenden sowie zwischen dem Adoptivkind und den leiblichen Kindern

---

7 *Courbe/Gouttenoire*, Droit de la famille, Nr. 108.

Döbereiner

des Annehmenden. Ferner bestehen die Eheverbote in der Ursprungsfamilie nach Art. 364 Abs. 2 CC fort.

Verstöße gegen die vorstehenden Eheverbote führen zur **absoluten Nichtigkeit**; für die Anfechtungsberechtigung gilt Art. 184 CC (siehe Rdn 10). 18

2. Einigung (consentement)

Eine wirksame Ehe setzt nach Art. 146 CC stets eine **freie Willensbildung** jedes Ehegatten und **Willensübereinstimmung** zwischen den Ehegatten voraus. 19

Eine **Scheinehe** (*mariage simulé*), z.B. zum Zwecke der Erlangung einer Aufenthaltserlaubnis, ist daher absolut nichtig. Die Anfechtungsberechtigung ergibt sich aus Art. 184 CC (siehe Rdn 10). 20

Irrtümer über die **Person** an sich oder wesentliche Eigenschaften des anderen Ehegatten (Art. 180 Abs. 2 CC) sowie **Drohungen** oder **Zwang** (Art. 180 Abs. 1 CC) führen zur **relativen Nichtigkeit** der Ehe, sofern sie für die Eheschließung bestimmend waren. Die Anfechtung ist höchstpersönlich, sie kann nur durch den Ehegatten, nicht dessen Erben erfolgen.[8] Die Anfechtung kann nach Art. 181 CC nur innerhalb von fünf Jahren ab Eheschließung erfolgen. 21

Kein Anfechtungsgrund ist die **Täuschung** durch den anderen Ehegatten;[9] der Getäuschte ist gezwungen, ein Scheidungsverfahren durchzuführen. 22

3. Folgen einer Annullierung der Ehe

Wenn nach den vorstehenden Ausführungen eine Ehe wirksam angefochten wurde, führt dies – anders als bei einer Scheidung – grundsätzlich zur **rückwirkenden** Beseitigung des Ehebandes. In Ausnahmefällen kann jedoch eine Abfindungszahlung analog der *prestation compensatoire* nach Scheidung (siehe hierzu Rdn 177 ff.) in Betracht kommen.[10] 23

In Fällen der **Gutgläubigkeit** beider Ehegatten (*mariage putatif*) ist eine Rückwirkung nach Art. 201 Abs. 1 CC ausgeschlossen. War nur ein Ehegatte gutgläubig, gilt dies nach Art. 201 Abs. 2 CC nur zu dessen Gunsten. Nach Art. 202 CC gilt auch hinsichtlich der aus der Ehe hervorgegangenen Kinder die **Auflösung** nur für die Zukunft. 24

IV. Zuständige Behörde, Aufgebot und Verfahren

1. Aufgebot

Der Eheschließung geht ein **Aufgebotsverfahren** nach Art. 63 ff. CC voraus. Die Absicht der Eheschließung wird gem. Art. 63 Abs. 1 CC durch den Standesbeamten unter Angabe von Name, Beruf, Wohnort und Heiratsort für die Dauer von zehn Tagen (Art. 64 Abs. 1 CC) an der Gemeindetafel des Heiratsortes sowie des Wohnortes der Ehegatten (Art. 166 CC) angeschlagen. Die Ehegatten müssen gem. Art. 63 Abs. 2 CC vorher gemeinsam angehört werden. Wird die Ehe nicht innerhalb eines Jahres nach Ablauf der Zehntagesfrist geschlossen, ist gem. Art. 65 CC das Aufgebotsverfahren neu durchzuführen. 25

---

8 *Courbe/Gouttenoire*, Droit de la famille, Nr. 131.
9 *Cornu/Gouttenoire*, Droit civile, La famille, Nr. 172; *Courbe/Gouttenoire*, Droit de la famille, Nr. 126; *Voirin/Goubeaux*, Bd. 1, Nr. 227.
10 *Cornu*, Droit civile, La famille, Nr. 193; *Courbe/Gouttenoire*, Droit de la famille, Nr. 231.

Döbereiner

26 Vom Aufgebotsverfahren insgesamt und von der Veröffentlichungspflicht kann nach Art. 169 Abs. 1 CC durch den Staatsanwalt in Ausnahmefällen **befreit** werden, z.B. wenn ein Ehegatte im Sterben liegt.

2. Einwände gegen die Eheschließung

27 Gemäß Art. 172 ff. CC können gegen die geplante Eheschließung von einem bereits vorhandenen Ehegatten, den Eltern bzw. bei Fehlen von solchen den Vorfahren, bei Fehlen von solchen auch durch Seitenverwandte (Bruder, Schwester, Onkel, Tante, Geschwisterkinder), von Letzteren jedoch nur mit der Begründung des Fehlens der Zustimmung des *conseil de famille* (siehe Rdn 11) oder bei Geisteskrankheit eines Ehegatten, **Einwände** (*opposition*) gegen die Eheschließung erhoben werden. Ein Vormund oder Pfleger kann der Heirat nach Art. 175 CC widersprechen, wenn er hierzu vom *conseil de famille* ermächtigt wurde. Der Staatsanwalt kann nach Art. 175–1 f. CC Einwände erheben, wenn die öffentliche Ordnung, z.B. bei **Scheinehen**, betroffen ist.

28 Die Einwände sind nach Art. 66, 67, 176 CC **schriftlich** unter Angabe der Gründe niederzulegen und per Gerichtsvollzieher den Ehegatten und dem Standesbeamten zuzustellen. Eine *opposition* bewirkt, dass die Eheschließung bis zur Entscheidung über die Einwände für höchstens ein Jahr aufgeschoben ist.

29 Werden die Einwände nicht freiwillig zurückgezogen, müssen die künftigen Ehegatten **gerichtlich** vor dem *Tribunal de grande instance* Aufhebungsklage erheben. Das Gericht entscheidet innerhalb von zehn Tagen, Art. 177 CC. Unbegründete Einwände können nach Art. 179 CC zu einer Schadensersatzpflicht führen.

3. Eheschließung vor dem Standesbeamten

a) Ort der Eheschließung, Öffentlichkeit

30 Die beiderseitigen Erklärungen, die Ehe miteinander eingehen zu wollen, müssen gem. Art. 165 CC **öffentlich** vor einem **Standesbeamten** (*officier de l'état civil*) abgegeben werden. Ein Verstoß gegen den Grundsatz der Öffentlichkeit führt nach Art. 191 CC zur absoluten **Nichtigkeit** der Ehe, der innerhalb von 30 Jahren nach Eheschließung geltend gemacht werden kann.

31 **Örtlich** zuständig ist der Standesbeamte der Gemeinde, in der die Ehegatten oder einer von ihnen oder einer ihrer Elternteile wohnen. Gemäß Art. 165, 74 CC muss der Wohnsitz seit mindestens einem Monat in der betreffenden Gemeinde bestanden haben. Die Heirat vor einem unzuständigen Standesbeamten ist nach Art. 191 CC absolut nichtig.

32 Nach Art. 146–1 CC ist das **persönliche Erscheinen** der Ehegatten erforderlich; eine Stellvertretung ist ausgeschlossen. Ausnahmen gelten nur für Kriegszeiten und nach Art. 171 Abs. 1 CC in Härtefällen mit Zustimmung des Staatspräsidenten für Eheschließungen nach dem Tod eines Partners, wobei dadurch jedoch nach Art. 171 Abs. 3 CC keine Erbrechte oder güterrechtlichen Ansprüche begründet werden.

33 Die Eheschließung findet gem. Art. 75 Abs. 1 CC grundsätzlich im **Rathaus** statt, in Ausnahmefällen, wie z.B. bei Krankheit eines Ehegatten, gem. Art. 75 Abs. 2 CC auch am Wohn- oder Aufenthaltsort eines Ehegatten. Bei der Hochzeitszeremonie müssen gem. Art. 75 Abs. 1 CC mindestens zwei, höchstens vier **Trauzeugen** anwesend sein.

34 Die **Nichtigkeit** einer **heimlichen**, also unter Ausschluss der Öffentlichkeit, oder von einem **unzuständigen Standesbeamten** geschlossenen Ehe kann nach Art. 191 CC von den

Döbereiner

Ehegatten, den Eltern und allen, die hieran ein berechtigtes Interesse haben, sowie vom Staatsanwalt geltend gemacht werden. Im Verhältnis der Ehegatten untereinander ist eine Anfechtung jedoch nach Art. 196 CC ausgeschlossen, wenn seit der Eheschließung *possession d'état* vorlag, d.h. wenn sie seither wie Verheiratete gelebt haben und auch von ihrer Umwelt so behandelt wurden.

b) Vorzulegende Unterlagen

Dem Standesbeamten sind insbesondere die vor nicht mehr als drei Monaten ausgestellten Geburtsurkunden, die erforderlichen Zustimmungen Dritter, wie z.B. der Eltern, vorzulegen, die Sterbeurkunde des ersten Ehegatten oder ein Scheidungsurteil im Falle der Wiederverheiratung, Nachweise über den Wohnort (z.B. Mietverträge oder Steuerbescheinigungen) und Nachweise über die Durchführung des Aufgebotsverfahrens in anderen Gemeinden, wenn Heiratsort und Wohnort eines Ehegatten auseinanderfallen. Der Standesbeamte fragt i.Ü. die Ehegatten, ob sie einen Ehevertrag geschlossen haben und ggf. nach Datum und Namen des beurkundenden Notars.

35

c) Zeremonie

Der Standesbeamte händigt den Ehegatten den Text der Art. 212, 213, 214 Abs. 1, 215 Abs. 1 und 371-1 CC aus, um diese auf die aus der Ehe und der elterlichen Sorge sich ergebenden Pflichten aufzuklären. Anschließend erklären die Brautleute, dass sie sich gegenseitig als Mann und Frau nehmen wollen, woraufhin der Standesbeamte die Eheschließung feststellt.

36

d) Heiratsurkunde, Vermerk auf Geburtsurkunde

Nach der Eheschließung wird eine **Heiratsurkunde** ausgestellt. Nähere Einzelheiten zu den darin aufzunehmenden Angaben enthält Art. 76 CC. Anzugeben ist insbesondere in Fällen mit Auslandsberührung, ob die Ehegatten nach dem Haager Güterstandsabkommen eine Erklärung über das auf die Ehe anwendbare Recht abgegeben haben (siehe Rdn 129 ff.). Auch auf den Geburtsurkunden der Ehegatten werden die Eheschließung und der Name des Ehegatten vermerkt. Den Ehegatten wird ein **Familienbuch** ausgehändigt.

37

V. Eheschließungen mit Auslandsbezug

1. Materielle Voraussetzungen der Ehe

In Frankreich ist am 12.1.2011 das New Yorker UN-Übereinkommen vom 10.12.1962 über die Erklärung des Ehewillens, das Heiratsmindestalter und die Registrierung von Eheschließungen in Kraft getreten, das jedoch nur Grundstandards festlegt und keine Einzelheiten für das IPR regelt. Die materiellen Voraussetzungen (*conditions de fond*) der Eheschließung richten sich gemäß französischem IPR nach dem **Personalstatut**, also dem Heimatrecht der künftigen Ehegatten.[11] Dies wird seit dem Gesetz vom 17.5.2013 in Art. 202-1 Abs. 1 CC ausdrücklich bestätigt. **Rückverweisungen** sind zu beachten. Die Voraussetzungen sind für jeden Ehegatten gesondert zu prüfen. Hat ein Ehegatte mehrere Staatsangehörigkeiten und darunter die französische, so geht diese vor. Im Übrigen ist bei mehreren Staatsangehörigkeiten die effektive entscheidend.[12] Bei Staatenlosen oder politi-

38

---

11 *Loussouarn/Bourel/De Vareilles-Sommières*, Droit international privé, Nr. 464; *Mayer/Heuzé*, Droit international privé, Nr. 571.
12 *Revillard*, Droit international privé et européen, Nr. 103.

schen Flüchtlingen gilt das am Wohnsitz bzw. Ort des gewöhnlichen Aufenthalts geltende Recht.

39   Das Personalstatut entscheidet insbesondere über das für die Eheschließung erforderliche **Alter, Zustimmungserfordernisse**, die erforderliche Willensübereinstimmung und **Eheverbote**.[13] Das Personalstatut entscheidet auch über die Folgen einer Nichterfüllung von Ehevoraussetzungen.[14]

40   Auch die Frage, ob die Ehegatten persönlich erscheinen müssen oder sich bei der Eheschließung vertreten lassen können („**Handschuhehe**"), ist eine materielle Frage. Dies ergibt sich aus Art. 146–1 CC, wonach eine wirksame Ehe eines Franzosen auch im Ausland stets dessen persönliche Anwesenheit voraussetzt.

41   Das **Verbot der Polygamie** nach Art. 147 CC gilt für alle Eheschließungen in Frankreich, selbst wenn es sich um Ausländer handelt und deren Heimatrecht mehrere Ehen zulässt.[15] Das Verbot der Mehrehe ist jedoch kein Bestandteil des französischen *ordre public international*; im Ausland zulässigerweise geschlossene Mehrehen werden anerkannt.[16]

      Entsprechendes galt für gleichgeschlechtliche Ehen bereits vor Inkrafttreten des Gesetzes vom 17.5.2013.[17] Art. 202–1 Abs. 2 CC bestimmt hierzu nun ausdrücklich, dass eine gleichgeschlechtliche Ehe geschlossen werden kann, wenn entweder das Personalstatut eines der Beteiligten oder das Recht am Wohnsitz oder Aufenthalt eines der Beteiligten dies erlaubt. Dies gilt wegen des Vorrangs von Staatsverträgen jedoch nicht im Verhältnis zu den Staaten, mit denen Frankreich ein Abkommen geschlossen hat, das zwingend für die Eheschließung das Personalstatut beider Partner für anwendbar erklärt.[18]

2. Form der Eheschließung

a) Eheschließungen im Ausland

42   Eheschließungen im Ausland werden nach Art. 171–1, 202–2 CC anerkannt, wenn sie entsprechend der Regel *locus regit actum* in der im Ausland vorgeschriebenen Form *forme locale* oder vor einem französischen Konsulat geschlossen wurden.[19] In Frankreich werden daher z.B. durch Franzosen in Las Vegas in einer Wedding Chapel während eines Urlaubsaufenthalts geschlossene Ehen oder in Spanien lediglich kirchlich geschlossene Ehen anerkannt.[20] Die materiellen Voraussetzungen sind jedoch einzuhalten.

43   Auch ein **Aufgebotsverfahren** ist nach Art. 171–2 CC durchzuführen. Zuständig hierfür ist die Botschaft bzw. das Konsulat am Ort der Eheschließung. Nach Durchführung des Aufgebots wird ein **Ehefähigkeitszeugnis** ausgestellt (*certificat de capacité à mariage*). Hat

---

13   Für Befreiungen von Eheverboten sind jedoch stets auch die französischen Behörden zuständig, vgl. *Revillard*, Droit international privé et européen, Nr. 104.

14   *Courbe,/Gouttenoire*, Droit de la famille, Nr. 222; *Loussouarn/Bourel/De Vareilles-Sommières*, Droit international privé, Nr. 474; *Mayer/Heuzé*, Droit international privé, Nr. 589 ff.

15   *Mayer/Heuzé*, Droit international privé, Nr. 573; *Revillard*, Droit international privé et européen, Nr. 105.

16   *Courbe/Gouttenoire*, Droit de la famille, Nr. 82; *Mayer/Heuzé*, Droit international privé, Nr. 573; *Revillard*, Droit international privé et européen, Nr. 105.

17   *Revillard*, Droit international privé et européen, Nr. 106.

18   *Revillard*, Droit international privé et européen, Nr. 170 ff.

19   *Mayer/Heuzé*, Droit international privé, Nr. 582; *Revillard*, Droit international privé et européen, Nr. 108 ff.

20   *Courbe/Gouttenoire*, Droit de la famille, Nr. 177.

die Botschaft bzw. das Konsulat Zweifel an der Wirksamkeit der geplanten Eheschließung, kann es die französische Staatsanwaltschaft anrufen. Diese kann innerhalb von zwei Monaten Einspruch erheben, gegen den eine Anrufung des *Tribunal de grande instance* möglich ist. Eine im Ausland wirksam geschlossene Ehe entfaltet nach Art. 171–5 Abs. 1 S. 2 CC zwischen den Ehegatten und im Hinblick auf ihre Kinder ohne Weiteres ihre Wirkungen. Um der Ehe auch im Übrigen Drittwirkung zu verschaffen, ist nach Art. 171–5 ff. CC eine Eintragung im französischen **Standesamtsregister** erforderlich, die über die Botschaft bzw. das Konsulat am Ort der Eheschließung beantragt wird. Die Staatsanwaltschaft kann sich bei Zweifeln an der Wirksamkeit der Ehe der Eintragung widersetzen.

b) Eheschließungen in Frankreich

Ausländer können in Frankreich unter den gleichen Voraussetzungen heiraten wie Franzosen. Ein **Aufgebotsverfahren** ist auch durch in Frankreich lebende Ausländer durchzuführen. Lebt ein Ehegatte im Ausland und sieht sein Heimatrecht kein Aufgebotsverfahren vor, kann der Standesbeamte dennoch die Eheschließung durchführen.[21] Ein **Ehefähigkeitszeugnis** ist bei Ausländern nicht erforderlich. Ausländer, deren Heimatrecht eine religiöse Eheschließung verlangt, können in Frankreich wirksam nur vor dem Standesbeamten heiraten; es handelt sich insoweit um eine Formfrage.[22] Eheschließungen vor konsularischen oder diplomatischen Vertretungen ausländischer Staaten sind nach dem Wiener UN-Übereinkommen über konsularische Beziehungen vom 24.4.1963 in Frankreich zulässig, wenn beide Ehegatten die Nationalität des betreffenden Staates haben. 44

Eine Besonderheit gilt für **Marokkaner**. Nach marokkanischem Recht kann eine Ehe materiell wirksam grundsätzlich nur in religiöser Form geschlossen werden, eine Zivilehe allein ist nicht ausreichend. Nach Art. 6 des französisch-marokkanischen Staatsvertrages vom 10.8.1981 wird eine in Frankreich geschlossene Zivilehe jedoch in Marokko anerkannt. 45

C. Folgen der Ehe

I. Allgemeine Ehewirkungen

Die allgemeinen persönlichen und vermögensrechtlichen Ehewirkungen sind in Art. 212 ff. CC geregelt. Die für alle Güterstände geltenden vermögensrechtlichen Wirkungen der Ehe werden dabei, auch wenn dieser Begriff im Gesetz nicht verwendet wird, als sog. *régime matrimonial primaire* bezeichnet.[23] 46

1. Pflicht zur ehelichen Lebensgemeinschaft

Nach Art. 212 CC sind die Ehegatten einander zu gegenseitigem Respekt, Treue, finanzieller Hilfeleistung und persönlichem Beistand (*respect, fidélité, secours, assistance*), nach Art. 215 Abs. 1 CC ferner zur ehelichen Lebensgemeinschaft (*communauté de vie*) verpflichtet. Hierunter ist insbesondere das Zusammenleben in häuslicher Gemeinschaft, die Pflicht zur Geschlechtsgemeinschaft sowie die Pflicht zu ehelicher Treue und gegenseitiger Achtung 47

---

21 *Mayer/Heuzé*, Droit international privé, Nr. 586.
22 *Courbe/Gouttenoire*, Droit de la famille, Nr. 176; *Revillard*, Droit international privé et européen, Nr. 128.
23 *Cornu*, Droit civile, La famille, Nr. 33; *Courbe/Gouttenoire*, Droit de la famille, Nr. 278; *Voirin/Goubeaux*, Bd. 2, Nr. 8.

und Rücksichtnahme zu verstehen. Der **Familienwohnsitz** wird nach Art. 215 Abs. 2 CC von den Ehegatten gemeinsam festgelegt. Nach Art. 213 CC bestimmen die Ehegatten ferner gemeinsam die moralische und materielle Ausrichtung der Familie und kümmern sich gemeinsam um die **Erziehung und Zukunft der Kinder.**

48 Diese allgemeinen Verpflichtungen sind **gerichtlich nicht durchsetzbar**, da dies mit ihrem Wesen und der persönlichen Freiheit der Ehegatten nicht vereinbar wäre.[24] Folge der Nichterfüllung der ehelichen Pflichten kann jedoch ggf. eine spätere Trennung von Tisch und Bett bzw. Scheidung sein. **Vereinbarungen** über die persönlichen Ehewirkungen sind wegen des zwingenden Charakters grundsätzlich **unzulässig.**[25]

2. Unterhaltspflicht

49 Aus Art. 212 CC (*secours*) und Art. 214 CC (*contribution aux charges du mariage*) wird die **gegenseitige Unterhaltspflicht** der Ehegatten abgeleitet. Die frühere Unterscheidung und im Einzelfall schwierige Abgrenzung zwischen den beiden Vorschriften wird heute immer mehr zugunsten eines einheitlichen Unterhaltstatbestandes aufgegeben.[26]

50 Beide Ehegatten sind verpflichtet, die zum Leben erforderlichen Mittel zu beschaffen. Dies kann auch dadurch geschehen, dass ein Ehegatte berufstätig ist und der andere im Gegenzug den Haushalt führt. Die Regelung der internen Verteilung der Haushaltslasten erfolgt i.Ü. gem. Art. 214 CC in erster Linie durch **Vereinbarung,**[27] hilfsweise gilt das **Leistungsfähigkeitsprinzip.** Die Unterhaltspflicht setzt Leistungsfähigkeit voraus; fehlt diese bei einem Ehegatten, z.B. weil er nicht berufstätig ist, so hat dies der andere auszugleichen.

51 Auch der bei noch bestehender Ehe zu leistende **Trennungsunterhalt** folgt aus den vorgenannten Regelungen (siehe Rdn 49 f.). Einen besonderen Trennungsunterhalt regelt der Code Civil nicht. Im Falle der Trennung (*séparation de fait*)[28] wandelt sich mangels Bestehens einer Lebensgemeinschaft die Verpflichtung, zum gemeinsamen Leben beizutragen bzw. den anderen Ehegatten finanziell zu unterstützen, ggf. in die Verpflichtung zur Zahlung einer Unterhaltsrente um.[29] Dabei gibt es keine Tabellen oder Richtlinien über die Höhe des Unterhalts; dieser wird vielmehr im Einzelfall unter Berücksichtigung der Einkommens- und Vermögensverhältnisse ermittelt.

52 Kommt ein Ehegatte seinen Unterhaltspflichten nicht nach, kann der andere nach Art. 1070 ff. *Code de procédure civile* (CPC) den Unterhalt **gerichtlich** festsetzen lassen. Nach Art. L 213–3 Abs. 2 Nr. 3 *Code de l'organisation judiciaire* ist das *Tribunal de grande instance* zuständig, das durch einen Familienrichter als Einzelrichter entscheidet (*juge aux affaires familiales*). Örtlich zuständig ist nach Art. 46 CPC der **Familienrichter** entweder am Wohnort des Schuldners oder der Familienrichter am Wohnort des Gläubigers. Unterhaltsurteile sind nach Art. 1074–1 CPC kraft Gesetzes vorläufig vollstreckbar.

---

24 *Voirin/Goubeaux*, Bd. 1, Nr. 247.

25 *Ferid/Sonnenberger*, Bd. 3, Rn 4 B 111.

26 *Courbe/Gouttenoire*, Droit de la famille, Nr. 293; siehe auch *Cornu*, Droit civile, La famille, Nr. 35.

27 Bei der betreffenden Vereinbarung handelt es sich nicht notwendig um einen notariellen Ehevertrag, die Vereinbarung kann vielmehr auch privatschriftlich geschlossen werden, vgl. Cass.civ. 1re, 3.2.1987, Bull.Civ. I, Nr. 41.

28 Zur Unterscheidung der *séparation de fait* von der gerichtlich ausgesprochenen Trennung von Tisch und Bett (*séparation de corps*) siehe Rdn 235 ff.

29 *Courbe/Gouttenoire*, Droit de la famille, Nr. 253; *Voirin/Goubeaux*, Bd. 1, Nr. 250.

3. Verfügungsbefugnisse, Schlüsselgewalt

Art. 216 CC stellt ausdrücklich klar, dass beide Ehegatten voll **geschäftsfähig** sind. Sie 53
können sich gem. Art. 218 CC **gegenseitig Vollmacht** erteilen. Beide haben gem. Art. 220
CC **Schlüsselgewalt** und können die für die Haushaltsführung und Kindeserziehung betreffenden üblichen und angemessenen Geschäfte selbstständig abschließen und den Partner
als Gesamtschuldner verpflichten. Jeder Ehegatte hat das Recht zur freien **Kontoeröffnung**
(Art. 221 Abs. 1 CC); er gilt gem. Art. 221 Abs. 2 CC ohne Rücksicht auf die güterrechtlichen Verhältnisse als verfügungsbefugt über das Bankguthaben. Weiterhin steht es jedem
Partner frei, einen **Beruf auszuüben** und das verdiente Geld nach Leistung des auf ihn
entfallenden Beitrages zum Familienunterhalt auszugeben (Art. 223 CC). Gemäß Art. 225
CC verwalten, verpflichten und veräußern die Ehegatten ihr jeweiliges privates Vermögen
selbstständig. Zu erwähnen ist schließlich noch die Verkehrsschutzvorschrift des Art. 222
CC, wonach – vorbehaltlich der Bestimmungen des Art. 215 Abs. 3 CC und Art. 1404
CC[30] – **vermutet** wird, dass ein Ehegatte, der ein Verfügungs-, Verwaltungs- oder Nutzungsgeschäft in Bezug auf einen beweglichen Gegenstand, den er in Besitz hat, durchführt,
gegenüber Gutgläubigen zur Vornahme des Rechtsgeschäfts berechtigt ist.

Ergänzt werden diese Regelungen durch **gerichtliche Eingriffsbefugnisse** zur Ersetzung 54
der Zustimmung eines Ehegatten (Art. 217 CC), zur Ermächtigung eines Ehegatten zur
Vertretung des anderen (Art. 219 CC) und eine allgemeine gerichtliche Ermächtigung zu
dringlichen Anordnungen (Art. 220–1 CC).

4. Schutz der Ehewohnung, Hausrat

Gemäß Art. 215 Abs. 3 S. 1 CC ist ein Ehegatte ohne die Zustimmung des anderen nicht 55
befugt, über die eheliche **Wohnung** und den zugehörigen **Hausrat** zu verfügen.[31] Ein
entgegen dieser Vorschrift vorgenommenes Rechtsgeschäft kann der übergangene Ehegatte
gem. Art. 215 Abs. 3 S. 2 CC innerhalb eines Jahres nach Kenntniserlangung, längstens
innerhalb eines Jahres nach Eheauflösung, gerichtlich für nichtig erklären lassen.

5. Internationales Privatrecht

Kollisionsrechtlich unterliegen die allgemeinen Ehewirkungen (*effets du mariage*) in erster 56
Linie dem gemeinsamen **Heimatrecht** der Ehegatten. Bei gemischtnationalen Ehen gilt das
Recht des Landes, in dem beide Ehegatten ihren **Wohnsitz** gem. Art. 102 ff. CC (*domicile*)
haben. Haben Ehegatten unterschiedlicher Staatsangehörigkeit ihren Wohnsitz in verschiedenen Staaten, so unterliegen die allgemeinen Ehewirkungen der *lex fori*.[32] **Rückverweisungen** sind bei der Ermittlung des Ehewirkungsstatuts zu beachten. Das **Ehewirkungsstatut**
gilt vor allem für die Fragen, die die **persönlichen Beziehungen** und das *régime matrimonial
primaire* betreffen.[33] In diesen Bereichen ist das Ehewirkungsstatut **wandelbar**.[34]

---

30 Art. 1404 CC regelt das Eigengut kraft Eigenart (siehe Rdn 65).
31 Hierzu näher *Ferrand*, in: *Henrich/Schwab* (Hrsg.), Der Schutz der Familienwohnung in Europäischen
    Rechtsordnungen, S. 45 (54 ff.).
32 *Loussouarn/Bourel/De Vareilles-Sommières*, Droit international privé, Nr. 478; *Mayer/Heuzé*, Droit
    international privé, Nr. 594.
33 *Loussouarn/Bourel/De Vareilles-Sommières*, Droit international privé, Nr. 481 f.; *Mayer/Heuzé*, Droit
    international privé, Nr. 595, 824; *Revillard*, Droit international privé et européen, Nr. 135 ff.
34 *Loussouarn/Bourel/De Vareilles-Sommières*, Droit international privé, Nr. 479; *Mayer/Heuzé*, Droit
    international privé, Nr. 597.

Döbereiner

57   **Verträge zwischen Ehegatten** werden dem Ehewirkungsstatut unterworfen, wenn nach materiellem Recht für die betreffende Vertragsart für den Fall des Vertragsschlusses zwischen Ehegatten besondere Vorschriften bestehen, wie z.B. das bis 1985 im französischen Recht geltende Verbot von Kaufverträgen zwischen Ehegatten oder Verbote von Ehegattengesellschaften. Auch **Schenkungen unter Lebenden** zwischen Ehegatten werden hinsichtlich Wirksamkeit und Widerruflichkeit dem Ehewirkungsstatut unterstellt.[35] Der Grundsatz der Wandelbarkeit des Ehewirkungsstatutes gilt jedoch in diesem Bereich nicht. Abzustellen ist immer auf den Zeitpunkt des Vertragsschlusses.

58   Für die gegenseitige **Unterhaltspflicht** der Ehegatten gilt jedoch das **Haager Protokoll über das auf Unterhaltspflichten anzuwendende Recht vom 23.11.2007.**

59   Besonderheiten gelten für die die **Ehewohnung** schützende Vorschrift des Art. 215 Abs. 3 CC. Diese wird als Ordnungsnorm angesehen und ist auf alle in Frankreich lebenden Ehepaare unabhängig vom Ehewirkungsstatut anzuwenden.[36] Entsprechendes gilt für die Vorschriften der Art. 220–223 CC sowie die gerichtlichen Eingriffsbefugnisse der Art. 217, 219, 220–1 bis 220–3 CC.[37]

60   Die Vorschriften der Art. 218 und 225 CC, die gegenseitige **Vollmachten** zwischen Ehegatten erlauben und die **Verwaltungsbefugnis für das persönliche Vermögen** dem jeweiligen Inhaber zuweisen, werden **güterrechtlich** qualifiziert.[38]

II. Güterrecht

1. Der gesetzliche Güterstand

61   Gesetzlicher Güterstand ist in Frankreich gem. Art. 1387, 1400–1491 CC die sog. *communauté réduite aux acquêts*, also eine **Errungenschaftsgemeinschaft**.

a) Gütermassen

62   Zu unterscheiden sind bei der *communauté réduite aux acquêts* gem. Art. 1401–1408 CC das **Gesamtgut** (*la communauté*) und das **Eigengut** (*les propres*) jedes Ehegatten.

aa) Gesamtgut

63   Das Gesamtgut setzt sich gem. Art. 1401 CC aus dem von den Ehegatten gemeinsam oder allein während der Ehe erworbenen und aus ihrer beruflichen Tätigkeit oder aus den Ersparnissen der Früchte und der Einkünfte ihres Eigenguts stammenden Vermögen zusammen. Diese Regelung wirft einige Auslegungsfragen auf. Einigkeit[39] herrscht darüber, dass jedenfalls die von den Ehegatten mittels ihres Verdienstes, also mittels Arbeitslohn oder Unternehmergewinn, angeschafften Gegenstände Gesamtgut werden. Problematisch ist allerdings die Gesamtguteigenschaft des **Arbeitsverdienstes**, bevor mit ihm andere Güter erworben werden. Die Regelung des Art. 223 CC, nach der jeder Ehegatte frei über das im

---

35   *Mayer/Heuzé*, Droit international privé, Nr. 824; *Revillard*, Droit international privé et européen, Nr. 910.

36   *Mayer/Heuzé*, Droit international privé, Nr. 824; *Revillard*, Droit international privé et européen, Nr. 138.

37   *Mayer/Heuzé*, Droit international privé, Nr. 824; *Revillard*, Droit international privé et européen, Nr. 144.

38   *Revillard*, Droit international privé et européen, Nr. 143.

39   Vgl. *Malaurie/Aynès*, Nr. 333 f.; *Voirin/Goubeaux*, Bd. 2, Nr. 99.

Beruf verdiente Geld disponieren kann, deutet darauf hin, dass es sich um Eigengut handelt. Art. 223 CC wird jedoch von der heute h.M.[40] als reine Befugnisnorm verstanden, die nichts an der Güterzuordnung ändert, so dass auch Arbeitslohn bzw. Unternehmergewinn selbst Gesamtgut sind. Ähnliche Fragen stellen sich bei der Einordnung der **Erträgnisse des Eigengutes**. Unstreitig[41] ist, dass mit solchen Erträgnissen angeschaffte Gegenstände in das Gesamtgut fallen. Im Übrigen deutet der Wortlaut des Art. 1401 CC darauf hin, dass nur die **Ersparnisse aus den Erträgnissen**, nicht aber diese selbst zum Gesamtgut gehören. Bei einer solchen Auslegung schließt sich die nur schwer zu beantwortende Frage an, ab welchem Zeitpunkt Ersparnisse vorliegen. Andererseits stehen dem Gesamtgut gem. Art. 1403 Abs. 2 S. 1 CC die gezogenen und nicht verbrauchten Früchte des Eigengutes ohne Beschränkung auf die Ersparnisse zu, was wiederum dafür spricht, die Erträgnisse des Eigengutes insgesamt als Gesamtgut anzusehen. Die neuere Rspr.[42] hat in letzterem Sinne entschieden.

bb) Eigengut

Beim Eigengut ist zwischen Eigengut kraft Eigenart (*propres par leur nature*) und Eigengut kraft Ursprungs (*propres à raison de leur origine*) zu unterscheiden.

    64

Unter das **Eigengut kraft Eigenart** fallen nach Art. 1404 CC mit der Person besonders eng verbundene Vermögensgegenstände. Hierzu zählen gem. Art. 1404 Abs. 1 CC die persönlichen Gebrauchsgegenstände der Ehegatten, z.B. wie Kleidung, Wäsche, Familienandenken oder Schmuckgegenstände. Weiterhin sind *propres par leur nature* Schadensersatzansprüche wegen Persönlichkeits- oder Körperverletzungen und nicht abtretbare Forderungen und Versorgungsbezüge, wie z.B. Invaliditäts- oder Ruhestandsrenten, außerdem die dem jeweiligen Ehegatten an der ehelichen Wohnung gem. Art. 1751 CC zustehenden Mietrechte.[43] Gemäß Art. 1404 Abs. 2 CC gehören zum Eigengut auch **Arbeitsgeräte** für die Berufsausübung eines Ehegatten, wenn diese Geräte nicht Zubehör eines zum Gesamtgut gehörenden Unternehmens sind.

    65

Zum jeweiligen **Eigengut kraft Ursprungs** gehören gem. Art. 1405 Abs. 1 CC das **voreheliche Vermögen** und – vorbehaltlich einer anderen Bestimmung durch den Zuwendenden (Art. 1405 Abs. 2 S. 1 CC) – das während der Ehe durch gesetzliche Erbfolge, Verfügung von Todes wegen oder Schenkung unter Lebenden erworbene Vermögen. Auch durch einen Ehegatten von seinen Vorfahren während der Ehe entgeltlich erworbene Gegenstände können gem. Art. 1405 Abs. 3 CC Eigengut werden und zwar dann, wenn die betreffenden Güter – zur Erfüllung einer dem betreffenden Ehegatten gegen den Aszendenten zustehenden Forderung – übertragen werden oder wenn der Ehegatte für die Übertragung als Gegenleistung Schulden des Aszendenten übernimmt. Zu den *propres à raison de leur origine* zählen weiterhin gem. Art. 1406 Abs. 1 CC Gegenstände, die während der Ehe in Bezug auf das Eigengut durch ein Zuwachsrecht, wie z.B. Verbindung, Vermischung oder Verarbeitung (sog. *accession* gem. Art. 551 ff. CC), erworben werden. Ein auf einem zum Eigengut gehörenden Grundstück errichtetes Gebäude ist z.B. ebenfalls Eigengut, auch

    66

---

40 Cass.civ. 1re, 8.2.1978, J.C.P. 1978, IV, 116; *Cornu*, Régimes matrimoniaux, S. 265; *Voirin/Goubeaux*, Bd. 2, Nr. 100.

41 *Voirin/Goubeaux*, Bd. 2, Nr. 99.

42 Cass.civ. 1re, 20.2.2007, J.C.P. 2007, I,208; 31.3.1992, J.C.P. 1993, II, 22003; Paris, 19.10.1988, J.C.P. 1989, II, 21362.

43 Art. 1751 Abs. 1 CC sieht zwingend vor, dass die Rechte aus einem Mietvertrag über die Ehewohnung beiden Ehegatten zustehen; ausf. hierzu *Ferrand*, in: *Henrich/Schwab* (Hrsg.), Der Schutz der Familienwohnung in Europäischen Rechtsordnungen, S. 45 ff.

wenn die Mittel zum Bau dem Gesamtgut entnommen werden.[44] In Art. 1406 Abs. 2 CC ist zugunsten des Eigengutes eine **dingliche Surrogation** angeordnet, d.h. bei Beschädigung, Verlust oder Verkauf von Gegenständen des Eigengutes werden die dafür erworbenen Werte wiederum Eigengut. Verwendet der betreffende Ehegatte den Ersatzwert jedoch dazu, einen neuen Gegenstand anzuschaffen, so gehört Letzterer zum Gesamtgut.[45]

67   Eine Abweichung von dem Grundsatz, dass während der Ehe entgeltlich erworbenes Vermögen Gesamtgut wird (siehe Rdn 63), gilt gem. Art. 1406 Abs. 2 CC in den Fällen des *emploi* bzw. des *remploi*. Unter *emploi* versteht man dabei die Anschaffung von Gegenständen mit Kapital des Eigengutes, also eine **Vermögensanlage**, unter *remploi* die Anschaffung von Gegenständen mit Kapital, das aus der Veräußerung von Eigengut stammt, also eine **Wiederanlage**. Gemäß Art. 1406 Abs. 2, 1434 Abs. 1 S. 1 CC ist zum Schutze des Rechtsverkehrs eine **zweifache Erklärung** erforderlich, nämlich zum einen, dass die Mittel für den Erwerb aus dem Eigengut bzw. dem Veräußerungserlös von Eigengut stammen und zum anderen, dass ein *emploi* bzw. *remploi* vorgenommen wird. Die betreffenden Erklärungen können gem. Art. 1406 Abs. 2, 1434 Abs. 1 S. 2 CC auch nachträglich zwischen den Ehegatten abgegeben werden, entfalten dann aber nur Wirkung im Innenverhältnis. Möglich ist gem. Art. 1406 Abs. 2, 1435 CC auch ein *remploi par anticipation*, also eine Neuanschaffung noch vor Veräußerung eines Eigengutgegenstandes unter Bezahlung des Kaufpreises aus Gesamtgutmitteln. Der Erlös aus der Veräußerung muss in diesem Fall innerhalb von fünf Jahren nach dem *remploi* dem Gesamtgut zugeführt werden. Bei Wertunterschieden zwischen neu angeschafftem und veräußertem Eigengutgegenstand entstehen gem. Art. 1436 S. 1 CC Ausgleichsansprüche zugunsten des Gesamtgutes. Ergibt sich dabei jedoch, dass der Wertunterschied und damit der Beitrag des Gesamtgutes zur Wiederanlage höher ist als der Erlös aus der Veräußerung des Eigengutgegenstandes, so fällt gem. Art. 1436 S. 2 CC der Gegenstand in das Gesamtgut. Der betreffende Ehegatte hat dann **Ausgleichsansprüche** gegen die *communauté*. Eine entsprechende Regelung trifft Art. 1407 CC für den Austausch von Eigengut, wenn der eingetauschte Gegenstand einen höheren Wert als der ausgetauschte hat und eine Aufzahlung aus Gesamtgutsmitteln erfolgt.

68   In Art. 1408 CC ist schließlich der Fall geregelt, dass sich im Eigengut eines Ehegatten ein **Miteigentumsanteil** an einem bestimmten Gegenstand befindet und er von den anderen Miteigentümern weitere oder alle restlichen Anteile erwirbt. Der Neuerwerb bzw. der gesamte Gegenstand wird Bestandteil des Eigengutes, auch wenn die Anteile mit Mitteln des Gesamtgutes bezahlt werden.

cc) Gesamtgutsvermutung

69   Gemäß Art. 1402 Abs. 1 CC besteht die **gesetzliche Vermutung**, dass alle beweglichen und unbeweglichen Güter zum **Gesamtgut** gehören. Diese Vermutung wirkt sowohl zwischen den Ehegatten als auch im Verhältnis zu Dritten. Die zum *régime matrimonial primaire* gehörenden Gutglaubensvorschriften der Art. 221, 222 CC haben jedoch Vorrang.[46] Die **Widerlegung** der Vermutung des Art. 1402 Abs. 1 CC ist auf verschiedene Arten möglich. Auf eine Beweisführung wird gem. Art. 1402 Abs. 2 S. 1 CC verzichtet, wenn der betreffende Gegenstand selbst seine Zugehörigkeit zum Eigengut erkennen lässt, wie z.B. gewidmete Bücher, Wäsche mit eingestickten Initialen oder Familienporträts. Häufig wird dies beim Eigengut kraft Eigenart der Fall sein. Im Übrigen ist der Beweis der Eigengutseigenschaft grundsätzlich durch **Urkunden** zu erbringen, z.B. durch ein von den Ehegatten

---

44 Cass.civ. 1re, 6.6.1990, J.C.P. 1991, II, 21652.
45 Vgl. *Voirin/Goubeaux*, Bd. 2, Nr. 104.
46 *Voirin/Goubeaux*, Bd. 2, Nr. 121.

errichtetes **Inventarverzeichnis**. Gemäß Art. 1402 Abs. 2 S. 2 CC können auch nicht ausdrücklich zu Beweiszwecken errichtete Schriftstücke, wie z.B. Rechnungen, Quittungen oder Einzahlungsbelege, als Beweismittel zugelassen werden. Der Richter kann gem. Art. 1402 Abs. 2 S. 3 CC auch einen Zeugen- oder Anscheinsbeweis ausreichen lassen.

b) Die Verwaltung der Gütermassen

aa) Verwaltung des Gesamtgutes

Bezüglich des Gesamtgutes besteht grundsätzlich **Einzelverwaltungs- und Einzelverfügungsbefugnis** jedes Ehegatten gem. Art. 1421 Abs. 1 CC. Übt jedoch ein Ehegatte allein und selbstständig einen Beruf aus, so ist gem. Art. 1421 Abs. 2 CC nur dieser berechtigt, die damit zusammenhängenden Handlungen vorzunehmen. Umgekehrt ist für bestimmte Geschäfte gesetzlich die Zustimmung[47] des anderen Ehegatten erforderlich. Gemäß Art. 1422 Abs. 1 CC gilt dies für Schenkungen unter Lebenden aus dem Gesamtgut sowie gem. Art. 1422 Abs. 2 CC für die Haftungsübernahme für Schulden Dritter. Eine Sonderstellung nimmt wiederum der **Arbeitserwerb** ein, über den wegen der zwingenden Vorschrift des Art. 223 CC auch unentgeltlich frei verfügt werden kann. Die Mitwirkung beider Partner ist weiterhin gem. Art. 1424 CC vorgesehen bei bestimmten **wichtigen Rechtsgeschäften**, wie der Veräußerung oder Belastung von Grundstücken, von Handelsunternehmen, von sonstigen Betrieben oder von Anteilen an Personengesellschaften und gem. Art. 1425 S. 1 CC für die Vermietung oder Verpachtung von landwirtschaftlich, industriell oder gewerblich genutzten Grundstücken, wenn der betreffende Betrieb zum Gesamtgut gehört.

Die **fehlende Zustimmung** eines der Ehegatten führt zur **relativen Nichtigkeit** der betreffenden Geschäfte, die der nichthandelnde Ehegatten gem. Art. 1427 CC innerhalb von zwei Jahren ab Kenntnis, längstens bis zwei Jahre nach Auflösung des Güterstandes, gerichtlich geltend machen kann. Umgekehrt kann die fehlende Mitwirkung eines Ehegatten im Einzelfall gem. Art. 217 CC durch gerichtliche Ermächtigung des anderen Ehegatten ersetzt werden, wenn die Zustimmung ungerechtfertigt verweigert wird oder aus anderen Gründen, wie z.B. Abwesenheit oder Erklärungsunfähigkeit, nicht erlangt werden kann.

Möglich ist auch eine gänzliche **gerichtliche Entziehung** der Verwaltungsbefugnisse eines Ehegatten gem. Art. 1426 Abs. 1 CC bei dauernder Geschäftsunfähigkeit, mangelnder Befähigung oder rechtsmissbräuchlicher Befugnisausübung.

bb) Verwaltung des Eigengutes

Die **Verwaltung** des Eigengutes obliegt gem. Art. 1428 CC dem **jeweiligen Inhaber**. Dies gilt allerdings gem. Art. 215 Abs. 3 CC nicht für eine zum Eigengut gehörende gemeinsame Ehewohnung. Gemäß Art. 1429 Abs. 1 CC kann die Befugnis zur Verwaltung des Eigengutes bei dauernder Geschäftsunfähigkeit, bei Vernachlässigung des Eigengutes oder schwerer Gefährdung der Familieninteressen gerichtlich entzogen werden. Die Verwaltung wird dann gem. Art. 1429 Abs. 2 CC entweder dem anderen Ehegatten oder, wenn nötig, einem gerichtlichen Verwalter übertragen.

Gemäß Art. 1431 CC kann ein Ehegatte dem anderen die Verwaltung seines Eigengutes **übertragen**, es gilt dann Auftragsrecht. Duldet ein Ehegatte die Verwaltung seines Eigen-

70

71

72

73

74

---

47 Einen Sonderfall stellt gem. Art. 1832-2 CC der Erwerb von Anteilen an einer Personengesellschaft dar. In diesem Fall muss der andere Ehegatte unterrichtet werden und kann verlangen, selbst Gesellschafter in Höhe der Hälfte des erworbenen Anteils zu werden.

Döbereiner

gutes durch den anderen, so stellt dies gem. Art. 1432 Abs. 1 CC einen stillschweigenden Auftrag dar, der aber nur Verwaltungshandlungen, nicht Verfügungsgeschäfte umfasst. Greift ein Ehegatte gegen den Willen des anderen in dessen Eigengutverwaltungsbefugnis ein, so können diese Handlungen dem Inhaber des Eigengutes – außer in den Fällen der Art. 221, 222 CC – nicht entgegengehalten werden.[48]

c) Schuldenhaftung

aa) Allgemeines

75 Die klare Trennung zwischen Gesamt- und Eigengut wird im Code Civil bei der in den Art. 1409–1418 CC geregelten Frage der Schuldenhaftung nicht eingehalten. Alle Verbindlichkeiten belasten im Außenverhältnis zunächst das Eigengut des handelnden Ehegatten. Es gibt keine reinen Gesamtgutschulden, sondern allenfalls eine Haftung des Gesamtgutes neben dem Eigengut. Hiervon zu trennen ist die Frage, welche Gütermasse bei Bezahlung einer Schuld letztlich belastet werden soll (interne Lastenverteilung) und ob ggf. zwischen den Gütermassen Ausgleichsansprüche bestehen. Im Einzelnen ist wie folgt zu unterscheiden:

bb) Voreheliche und auf unentgeltlichen Zuwendungen lastende Verbindlichkeiten

76 Alle vorehelichen Verbindlichkeiten sind gem. Art. 1410 CC rein persönliche Schulden. Das Gleiche gilt für Schulden, die den Erwerb aus Erbfolge, Vermächtnis oder Schenkung beschweren. Gläubiger können wegen dieser Schulden gem. Art. 1411 Abs. 1 CC grundsätzlich nur in das Eigengut vollstrecken. Jedoch haben sie auch Zugriff auf die Vermögenserträge und Einkünfte des betreffenden Ehegatten, auch wenn diese dem Gesamtgut zuzurechnen sind. Eine generelle Haftung des Gesamtgutes besteht ausnahmsweise gem. Art. 1411 Abs. 2 CC, wenn Eigen- und Gesamtgut unentwirrbar vermischt sind. Im Falle der Vollstreckung in das Gesamtgut entstehen gem. Art. 1412 CC Ausgleichsansprüche gegen das Eigengut.

cc) Während der Ehe begründete Verbindlichkeiten

77 Nach Art. 1413, 1418 CC haften für während der Ehe eingegangene Verbindlichkeiten im **Außenverhältnis** das Eigengut des handelnden Ehegatten und sein Gesamtgut, nicht aber das Eigengut des anderen Ehegatten. Vermögenserträge und Einkünfte des nichthandelnden Partners nehmen gem. Art. 1414 Abs. 1 CC wiederum insofern eine Sonderstellung ein, als eine Vollstreckung in diese trotz ihrer Zugehörigkeit zum Gesamtgut nur bezüglich solcher Verpflichtungen möglich ist, die im Rahmen der Schlüsselgewalt des Art. 220 CC im Interesse des Haushalts oder der Kindererziehung eingegangen wurden.[49] Gemäß Art. 1415 CC kann ein Ehegatte durch Bürgschaft und Darlehen ohne Zustimmung des anderen nur sein Eigengut und seine Einkünfte verpflichten.

78 Im **Innenverhältnis** fallen gem. Art. 1409 Alt. 1 CC die im Rahmen der Schlüsselgewalt des Art. 220 CC begründeten Forderungen und die Unterhaltsverpflichtungen der Ehegat-

---

48 *Voirin/Goubeaux*, Bd. 2, Nr. 150.
49 Besonderheiten gelten gem. Art. 1414 Abs. 2 CC und Art. 48 des Dekrets Nr. 92–755 vom 31.7.1992, wenn die nach Art. 1414 Abs. 1 CC nicht haftenden beruflichen Einkünfte des Ehegatten sich zusammen mit anderen Beträgen auf einem Bankkonto befinden und ein Gläubiger Zugriff auf dieses Konto nimmt. In diesem Fall kann der Ehegatte verlangen, dass ihm ein Betrag in Höhe des letzten Monatsverdienstes oder des monatlichen Durchschnittsverdienstes der letzten 12 Monate überlassen wird.

ten dem Gesamtgut alleine zur Last. Dagegen sind Schulden, die nur im persönlichen Interesse eines Ehegatten oder zum Erwerb oder zur Erhaltung des Eigengutes eingegangen wurden (gem. Art. 1416 CC), Geldstrafen und außervertragliche Schadensersatzansprüche (gem. Art. 1417 Abs. 1 CC) und unter Verletzung der aus der Ehe resultierenden Pflichten entstandene Verpflichtungen, gem. Art. 1417 Abs. 2 CC im Innenverhältnis vom jeweiligen Ehegatten zu tragen. Insoweit können Ausgleichsansprüche zugunsten des Gesamtgutes entstehen.

d) Beendigung des Güterstandes und Auseinandersetzung des Gesamtgutes

aa) Allgemeines

Gemäß Art. 1441 CC wird der gesetzliche Güterstand durch den Tod eines Ehegatten, gerichtliche Verschollenheitserklärung, Scheidung, Trennung von Tisch und Bett, gerichtliche Anordnung der Gütertrennung oder vertragliche Änderung des Güterstandes aufgelöst. Die Auseinandersetzung des Gesamtgutes nach Beendigung des Güterstandes ist in Art. 1467–1491 CC geregelt. Diese Regeln greifen im Falle der **Scheidung** erst dann ein, wenn sich die Ehegatten nicht gütlich über die Auseinandersetzung einigen; das Gesetz favorisiert insoweit in Art. 267 Abs. 1 CC ausdrücklich vertragliche Vereinbarungen (siehe Rdn 170).

79

bb) Feststellung der Teilungsmasse

Nach der gesetzlichen Regelung nimmt nach Art. 1467 Abs. 1 CC jeder Ehegatte zur Feststellung der Teilungsmasse zunächst – soweit noch in Natur vorhanden – sein **Eigengut** an sich.

80

Anschließend wird gem. Art. 1468 CC ermittelt, welche **Ausgleichsansprüche** gem. Art. 1412, 1433 CC zwischen den verschiedenen Gütermassen bestehen.[50] Diese werden für jeden Ehegatten gesondert saldiert.[51] Ergibt sich ein Passivsaldo zu Lasten eines Ehegatten, so ist ein entsprechender Betrag gem. Art. 1470 Abs. 1 CC an das Gesamtgut zu leisten. In erster Linie wird diese Leistung durch Minderempfang bei der Auseinandersetzung bewirkt. Ergibt sich umgekehrt ein Saldo zugunsten eines Ehegatten, so kann der betreffende Ehegatte gem. Art. 1470 Abs. 2 CC entweder Zahlung verlangen oder aus dem Gesamtgut bestimmte Gegenstände – gem. Art. 1471 Abs. 1 CC in erster Linie jedoch Bargeld, hilfsweise sonstige bewegliche Sachen, zuletzt Immobilien – mit entsprechendem Wert der Teilungsmasse vorweg entnehmen (*prélever*). Wollen beide auf denselben Gegenstand Zugriff nehmen, so entscheidet gem. Art. 1471 Abs. 2 CC das Los. Ergibt sich ein Saldo zugunsten beider Partner und reicht die Masse nicht zur Befriedigung aller Ausgleichsansprüche aus, so sind diese gem. Art. 1472 Abs. 1 CC verhältnismäßig zu kürzen. Beruht die Unzulänglichkeit der Masse jedoch auf dem Verschulden eines Ehegatten, so hat das Entnahmerecht des anderen gem. Art. 1472 Abs. 2 CC den Vorrang.

81

---

50 Dabei handelt es sich um Bereicherungsansprüche, deren Wertberechnung in Art. 1469 CC geregelt ist, vgl. im Einzelnen *Ferid/Sonnenberger*, Bd. 3, Rn 4 B 304.

51 Ausgleichsansprüche zwischen den Eigengütern der Ehegatten dagegen werden gem. Art. 1478 CC erst nach der Teilung abgewickelt.

Döbereiner

cc) Teilung des Überschusses

82   Der verbleibende Rest wird zwischen den Ehegatten bzw. dem überlebenden Ehegatten und den Erben gem. Art. 1475 Abs. 1 CC **hälftig geteilt**. Gemäß Art. 1475 Abs. 2 CC hat ein Ehegatte ein **Übernahmerecht** bezüglich eines Gesamtgutgrundstücks, wenn zwischen diesem und einem Eigengutgrundstück ein enger wirtschaftlicher oder räumlicher Zusammenhang besteht. Im Übrigen finden gem. Art. 1476 Abs. 1 CC die Vorschriften über die Erbauseinandersetzung entsprechende Anwendung.[52]

dd) Schuldenhaftung nach Auflösung des Güterstandes

83   Besonderheiten bestehen gem. Art. 1482–1491 CC nach Auflösung des Güterstandes bezüglich der Haftung für solche Verbindlichkeiten, für die vor Auflösung von den Gläubigern das Gesamtgut hätte in Anspruch genommen werden können.

84   **Zunächst** haftet wie zur Zeit des Bestehens der Gemeinschaft nach Beendigung des Güterstandes, aber vor Teilung des Gesamtgutes, gem. Art. 1482 CC jeder Ehegatte gegenüber den Gläubigern für alle von ihm eingegangenen Verbindlichkeiten in voller Höhe mit seinem Eigengut. Daneben haben die Gläubiger bis zur Teilung Zugriff auf die ungeteilte Masse.[53] Weiterhin kann auch – anders als vor der Auflösung – der andere Ehegatte gem. Art. 1483 Abs. 1 CC für von ihm nicht eingegangene Gesamtgutverbindlichkeiten zur Hälfte persönlich in Anspruch genommen werden. Für die interne Lastenverteilung gelten die während des Bestehens des Güterstandes geltenden Regeln entsprechend.[54]

85   **Nach Teilung** des Gesamtgutes gibt es nur noch eine persönliche Haftung der Ehegatten, da keine gemeinsamen Güter mehr vorhanden sind. Es gelten wie vor der Auflösung Art. 1482, 1483 Abs. 1 CC, allerdings kann der nichthandelnde Partner gem. Art. 1483 Abs. 2, 1484 CC nur bis zur Höhe seines Anteils am Gesamtgut in Anspruch genommen werden, wenn er ein Inventarverzeichnis errichtet hat.

86   Im **Innenverhältnis** gilt – vorbehaltlich einer gem. Art. 1490 CC zulässigen anderen Vereinbarung zwischen den Ehegatten – gem. Art. 1485 Abs. 1 CC der Grundsatz, dass jeder Ehegatte **die Hälfte** der Gesamtgutschulden zu tragen hat. Eine **Ausnahme** hiervon macht Art. 1485 Abs. 2 CC, wonach jeder Ehegatte im Innenverhältnis die Schulden voll zu tragen hat, für die sein Eigengut bei Fortbestehen des Güterstandes ausgleichspflichtig gewesen wäre. Auch im Innenverhältnis kann gem. Art. 1486 CC die Haftung für vom anderen eingegangene Verbindlichkeiten auf die Beteiligung am Gesamtgut beschränkt werden, wenn ein Inventarverzeichnis errichtet wurde.

2. Das vertragliche Güterrecht

87   Der gesetzliche Güterstand der *communauté réduite aux aquêts* gilt gem. Art. 1387 CC nur, wenn keine anderweitigen **ehevertraglichen Vereinbarungen** unter den Ehegatten getroffen wurden.

---

52 Vgl. hierzu *Döbereiner*, in: *Süß*, Erbrecht in Europa, Länderbericht Frankreich, Rn 149 ff.
53 *Voirin/Goubeaux*, Bd. 2, Nr. 206.
54 *Voirin/Goubeaux*, Bd. 2, Nr. 209.

a) Wirksamkeit und Publizität des Ehevertrages

aa) Form und Publizität des Ehevertrages

Gemäß Art. 1394 Abs. 1 CC muss ein Ehevertrag bei **gleichzeitiger Anwesenheit** der **88**
Parteien oder ihrer Vertreter **notariell** beurkundet werden. Eine rechtsgeschäftliche **Vertretung** ist dabei möglich, es muss hierzu jedoch eine Spezialvollmacht in öffentlicher Urkunde vorliegen.[55]

Der Notar stellt gem. Art. 1394 Abs. 2 S. 1 CC über die Parteien und das Datum des **89**
Vertrages eine **Bescheinigung** aus. Vor Eheschließung ist diese Bescheinigung dem Standesbeamten gem. Art. 1394 Abs. 2 S. 2 CC auszuhändigen (siehe Rdn 35). Der Standesbeamte vermerkt dann gem. Art. 76 Nr. 8 CC auf der **Heiratsurkunde**, dass ein Ehevertrag besteht, das Datum des Vertragsabschlusses und den Namen und Amtssitz des beurkundenden Notars. Dieses Verfahren ist ein Ersatz für das in Frankreich **fehlende Güterrechtsregister**. Dritte können sich über die güterrechtlichen Verhältnisse Klarheit verschaffen, indem sie sich eine Heiratsurkunde und, falls aus dieser das Bestehen eines Ehevertrages hervorgeht, zusätzlich diesen vorlegen lassen.

Führt der Ehevertrag zu einem **Eigentumsübergang**, z.B. weil Gegenstände aus dem per- **90**
sönlichen Vermögen in das Gesamtgut überführt werden, so ist bei **Immobilien** gem. Art. 28 Nr. 1 des Dekrets Nr. 55–22 vom 4.1.1955 eine Publikation beim **service chargé de la publicité foncière** (vormals bis 31.12.2012 *bureau des hypothèques*)[56] erforderlich. Folge einer Nichtveröffentlichung ist jedoch nicht die Unwirksamkeit des Ehevertrages, sondern gem. Art. 30 Nr. 1 des Dekrets die Möglichkeit eines gutgläubigen Erwerbs durch Dritte.

bb) Geschäftsfähigkeit, Willensmängel

Minderjährige können gem. Art. 148 CC mit Zustimmung ihrer Eltern die Ehe schließen **91**
(siehe Rdn 9, 11). Korrespondierend hierzu bestimmt Art. 1398 Abs. 1 CC, dass sie unter den gleichen Voraussetzungen auch Eheverträge abschließen können. Fehlte die Zustimmung der Eltern, so können der Minderjährige und seine Eltern den Ehevertrag gem. Art. 1398 Abs. 2 CC bis ein Jahr nach Eintritt der Volljährigkeit gerichtlich für nichtig erklären lassen. Vergleichbare Regelungen finden sich in Art. 1399 CC für Personen, die unter Erwachsenenvormundschaft (*tutelle*) oder Erwachsenenpflegschaft (*curatelle*) gem. Art. 440 ff. CC stehen.

Der Code Civil enthält keine Sondervorschriften über die Auswirkungen von **Willensmän-** **92**
geln auf den Ehevertrag. Deshalb ist auf die – allgemein für Verträge geltenden – Art. 1109 ff. CC[57] zurückzugreifen.[58] Irrtum (Art. 1110 CC), Drohung (Art. 1111 ff. CC) und Täuschung (Art. 1116 CC) führen gem. Art. 1117 CC zur relativen Nichtigkeit des Ehevertrages, die gem. Art. 1304 Abs. 1 CC innerhalb von fünf Jahren gerichtlich geltend zu machen ist. Gemäß Art. 1304 Abs. 2 CC beginnt die Frist bei Irrtum und Täuschung mit deren Entdeckung, bei Drohung in dem Zeitpunkt, in dem die Zwangslage beendet ist.

---

55 *Cornu*, Régimes matrimoniaux, S. 182; *Voirin/Goubeaux*, Bd. 2, Nr. 65.
56 Allgemein zum französischen Grundbuchsystem vgl. *Ferid/Sonnenberger*, Bd. 2, Rn 3 C 14 ff.; *Wehrens/Gresser*, in: FS Schippel, S. 961 (962); NK-BGB/*Döbereiner*, Bd. 3, 4. Aufl. 2015, Länderbericht Frankreich, Rn 41 ff.
57 Hierzu allgemein *Ferid/Sonnenberger*, Bd. 1/1, Rn 1 F 415 ff.; *Hübner/Constantinesco*, Einführung in das französische Recht, S. 142 ff.
58 *Cornu*, Régimes matrimoniaux, S. 180; *Malaurie/Aynès*, Nr. 207; *Voirin/Goubeaux*, Bd. 2, Nr. 72.

cc) Zeitpunkt des Abschlusses des Ehevertrages, Unwandelbarkeitsgrundsatz

93   Nach dem in Art. 1395, 1396 Abs. 2 CC verankerten **Unwandelbarkeitsgrundsatz** sind
ehevertragliche **Vereinbarungen** und ihre **Abänderung** grundsätzlich nur **vor der Ehe**
zulässig. Diese starre Regelung soll vor allem dem Gläubigerschutz dienen.[59] **Verstöße**
gegen das *principe d'immutabilité* führen zur absoluten Nichtigkeit der Abänderungsvereinbarung, die von jedem geltend gemacht werden kann und nicht gerichtlich ausgesprochen
werden muss.[60]

94   **Abänderungen** des Ehevertrages **vor Eheschließung** müssen gem. Art. 1396 Abs. 1 CC
unter gleichzeitiger Anwesenheit und Zustimmung aller am ursprünglichen Vertrag beteiligten Personen notariell beurkundet werden. Die neuen Vereinbarungen (*contre-lettres*) sind
gem. Art. 1396 Abs. 2 CC Dritten gegenüber nur wirksam, wenn sie dem Original des
ursprünglichen Ehevertrages beigeschrieben worden sind.

95   Seit der **Güterrechtsreform** aus dem Jahre **1965** gilt der Unwandelbarkeitsgrundsatz allerdings nicht mehr uneingeschränkt. Es besteht vielmehr seitdem gem. Art. 1396 Abs. 3, 1397
CC die begrenzte Zulässigkeit der Änderung des Güterstandes noch **nach Eheschließung**.
Diese Möglichkeit wird in Frankreich inzwischen immer mehr wahrgenommen.[61]

96   **Nach der Eheschließung** ist gem. Art. 1396 Abs. 3, 1397 CC eine Änderung des Güterstandes nunmehr[62] nur noch unter folgenden Voraussetzungen zulässig: Art. 1397 Abs. 1 S. 1
CC verlangt zunächst, dass der bisherige Güterstand mindestens **zwei Jahre** bestanden hat
und dass die Änderungen im Familieninteresse liegen. Der notariell zu beurkundende neue
Ehevertrag muss nach Art. 1397 Abs. 1 S. 2 CC ferner zwingend die Abwicklung des bisherigen Güterstandes regeln.

97   Nach Art. 1397 Abs. 2 S. 1 CC werden alle Personen, die am ursprünglichen Ehevertrag
beteiligt waren, und alle volljährigen Kinder persönlich über die Änderungen **informiert**.
Diese Personen müssen den Änderungen nicht zustimmen, sie können ihnen jedoch nach
Art. 1397 Abs. 2 S. 2 CC innerhalb von drei Monaten **widersprechen**. Gläubiger der Ehegatten werden gem. Art. 1397 Abs. 3 S. 1 CC durch eine Veröffentlichung in einer Zeitung
informiert. Sie können sich nach Art. 1397 Abs. 3 S. 2 CC innerhalb von drei Monaten
nach der Veröffentlichung den Änderungen widersetzen. Der Widerspruch erfolgt gem.
Art. 1300–1 CPC gegenüber dem Notar, der die Ehegatten hierüber informiert. Diese können dann nach Art. 1397 Abs. 4 S. 1 CC eine gerichtliche Genehmigung beantragen. Wird
dem neuen Ehevertrag von keiner Seite widersprochen und sind **keine minderjährigen
Kinder** vorhanden, so ist eine gerichtliche Genehmigung nicht mehr erforderlich.

98   Sind **minderjährige Kinder** vorhanden, so bedarf der neue Ehevertrag nach Art. 1397
Abs. 5 CC **immer** der **gerichtlichen Genehmigung.** Gemäß Art. 1300–4 ff. CPC ist für die
Genehmigung der Familienrichter (*juge aux affaires familiales*) beim *Tribunal de grande
instance* am Familienwohnort in einem Verfahren der freiwilligen Gerichtsbarkeit zuständig
(*homologation*). Die Genehmigung wird erteilt, wenn die neuen Vereinbarungen nach umfassender Würdigung des Einzelfalls **im Interesse der Familie** liegen. Die Auslegung des
Begriffs der *intérêts de la famille* ist bisher nicht abschließend geklärt. Das Gericht hat
jedenfalls alle Umstände des Einzelfalls umfassend zu würdigen und abzuwägen. Allein die

---

59   *Ferid/Sonnenberger*, Bd. 3, Rn 4 B 208.
60   *Voirin/Goubeaux*, Bd. 2, Nr. 72 f..
61   Statistische Zahlen bei *Cornu*, Régimes matrimoniaux, S. 202.
62   Bis zur „großen" Güterrechtsreform im Jahre 1965 waren Änderungen des Güterstandes nach der
Eheschließung generell ausgeschlossen. Nach 1965 war stets eine gerichtliche Genehmigung erforderlich; die neue Rechtslage mit eingeschränkter Genehmigungsbedürftigkeit gilt seit 1.1.2007.

Döbereiner

Befürchtung, dass einem Familienangehörigen hinsichtlich seines Noterbrechts Nachteile entstehen, führt nach der Rspr. nicht zwingend zur Versagung der Genehmigung.[63] Der Antrag und die Genehmigung selbst werden nach Art. 1397 Abs. 4 S. 2 CC veröffentlicht. Dies geschieht gem. Art. 1059 CPC durch Niederlegung im *répertoire civil*, einem Personenstandsregister,[64] am Geburtsort der Ehegatten und durch Eintragung in die Geburtsurkunden. Weiterhin müssen die Änderungen gem. Art. 1397 Abs. 6 S. 1 CC auf den Heiratsurkunden der Ehegatten und ggf. gem. Art. 1397 Abs. 7 CC auf dem Original des ursprünglichen Ehevertrages vermerkt werden.

Führt der neue Ehevertrag zu einem Übergang von Eigentum an **Immobilien**, so ist wie beim ursprünglichen Ehevertrag gem. Art. 28 Nr. 1 des Dekrets Nr. 55–22 vom 4.1.1955 eine Publikation beim *service chargé de la publicité foncière* erforderlich, um einen **gutgläubigen Erwerb Dritter** gem. Art. 30 Nr. 1 des Dekrets zu verhindern. Ein Eigentumsübergang durch den Güterstandswechsel kann z.B. eintreten, wenn Gegenstände von Eigengut in Gesamtgut übergehen oder wenn statt eines Güterstandes mit Gesamtgut Gütertrennung vereinbart wird.   99

Gemäß Art. 1397 Abs. 6 S. 1 CC wirkt die Änderung zwischen den Ehegatten **sofort**, gegenüber Dritten wird sie drei Monate nach der Eintragung in die Heiratsurkunden wirksam.   100

Gläubiger, die den Änderungen nicht widersprochen haben, nicht aber andere Personen, auch nicht Abkömmlinge der Ehegatten, können die Änderungen nach Art. 1397 Abs. 8 CC unter den Voraussetzungen des Art. 1167 CC **angreifen**, wenn ihre Rechte in **betrügerischer Weise** verletzt wurden.   101

Ohne die Einschränkungen des Art. 1397 CC ist eine Änderung des Ehevertrages gem. Art. 1397–1 CC **während des Scheidungsverfahrens** (siehe näher Rdn 170) möglich. Eine notarielle Beurkundung ist gem. Art. 265–2 CC nicht erforderlich, wenn die Ehegatten den Scheidungsantrag gemeinsam gestellt haben und keine Immobilien betroffen sind. Die Wirksamkeit der Vereinbarung tritt jedoch gem. Art. 1451 CC erst mit der Rechtskraft des Scheidungsurteils ein.   102

b) Vertragsfreiheit und Einschränkungen

Der Inhalt des Ehevertrages unterliegt gem. Art. 1387 CC der **Parteiautonomie**. Die Ehegatten können nicht nur einen der vom Gesetz ausdrücklich zur Verfügung gestellten Güterstände wählen, sondern diese auch vermischen. Der Vertragsfreiheit werden jedoch **Grenzen** gesetzt. So bestimmt Art. 1387 CC, dass der Ehevertrag nicht gegen die **guten Sitten** verstoßen darf. Weiterhin ist es gem. Art. 1388, 226 CC unzulässig, die zwingenden Vorschriften des *régime matrimonial primaire* oder die gesetzlichen Regelungen der elterlichen Gewalt, der Vormundschaft und der Verwaltung des Kindesvermögens abzuändern. Nach Art. 1389 CC darf ferner die gesetzliche **Erbfolge** durch Ehevertrag grundsätzlich nicht abgewandelt werden. Zum deutsch-französischen Wahlgüterstand, der auch in der französischen Praxis eher kritisch gesehen wird, siehe die Ausführungen in „Allgemeiner Teil I".   103

---

63 Cass.civ. 1re, 6.1.1976, J.C.P. 1976, II, 18461; 17.6.1986, J.C.P. 1987, II, 20809. Beide Urteile betrafen die Vereinbarung einer allgemeinen Gütergemeinschaft mit Zuweisung des Gesamtgutes an den Überlebenden, vgl. hierzu ausf. *Döbereiner*, Ehe- und Erbverträge im deutsch- französischen Rechtsverkehr, S. 89 ff.
64 Siehe hierzu Art. 1057 ff. CPC und *Ferid/Sonnenberger*, Bd. 3, Rn 4 A 207.

c) Die vertragliche Gütergemeinschaft

104   Art. 1497 Abs. 2 CC nennt exemplarisch Möglichkeiten der Vereinbarung einer sog. *communauté conventionnelle* gem. Art. 1497–1527 CC. Diese ist wie der gesetzliche Güterstand ein **Güterstand mit Gesamtgut**. Der Umfang des Gesamtgutes, die Verwaltungsbefugnisse oder die Auseinandersetzung sind jedoch gegenüber der *communauté réduite aux acquêts* abweichend geregelt. Ergänzend gelten gem. Art. 1497 Abs. 3 CC jeweils die Vorschriften des gesetzlichen Güterstandes.

aa) Abänderungen bezüglich der Zusammensetzung des Gesamtgutes

105   Gemäß Art. 1497 Abs. 2 Nr. 1, 1498–1501 CC kann eine *communauté de meubles et acquêts*, also eine **Fahrnis- und Errungenschaftsgemeinschaft**, vereinbart werden. Das **Gesamtgut** dieses Güterstandes umfasst gem. Art. 1498 Abs. 1 CC neben dem Gesamtgut des gesetzlichen Güterstandes auch das bewegliche voreheliche Vermögen und vorbehaltlich einer anderen Bestimmung durch den Zuwendenden auch die während der Ehe aufgrund Erbfolge oder Schenkung erworbenen beweglichen Gegenstände. Gemäß Art. 1498 Abs. 3 CC werden zum Gesamtgut weiterhin auch Grundstücke, die zwischen Abschluss des Ehevertrages und der Eheschließung angeschafft werden. Allerdings bleibt gem. Art. 1498 Abs. 2 CC die Regelung des Art. 1404 CC unberührt, so dass die Vorschriften über das **Eigengut kraft Eigenart** auch hier gelten. **Gesamtgutschulden** sind gem. Art. 1499 Abs. 1 CC bei der *communauté de meubles et acquêts* zunächst diejenigen Verbindlichkeiten, für die auch beim gesetzlichen Güterstand das Gesamtgut haften würde (siehe Rdn 75 ff.). Weiterhin fällt gem. Art. 1499 Abs. 1, 2 CC dem Gesamtgut der Bruchteil der vorehelichen und unentgeltlichen Erwerb belastenden Schulden zur Last, der dem Bruchteil des vorehelichen bzw. unentgeltlich erlangten Vermögens entspricht, das Gesamtgut wird. Diese Regelung hat gem. Art. 1501 S. 1 CC gegenüber Gläubigern keine Auswirkung. Diese können vielmehr gem. Art. 1501 S. 2 CC weiterhin auf das gesamte voreheliche und unentgeltlich erworbene Vermögen zurückgreifen ohne Rücksicht darauf, ob es sich um Gesamt- oder Eigengut handelt.

106   Die Art. 1497 Abs. 2 Nr. 6, 1526 CC behandeln die **allgemeine Gütergemeinschaft** (*communauté universelle*), bei der alle Vermögensgegenstände der Ehegatten **Gesamtgut** werden. Auch hier ist die Bildung von Eigengut nicht ausgeschlossen. Art. 1526 Abs. 1 S. 2 CC erklärt Art. 1404 CC, der das Eigengut kraft Eigenart regelt, unter dem Vorbehalt einer anderen Vereinbarung für anwendbar. Zudem können Dritte bei unentgeltlichen Zuwendungen an einen Ehegatten bestimmen, dass die betreffenden Gegenstände Eigengut werden.[65] Gemäß Art. 1526 Abs. 2 CC ist auch die Schuldenhaftung des Gesamtgutes der Vergrößerung seines Umfangs entsprechend erweitert.

bb) Abänderungen bezüglich der Verwaltungsbefugnisse

107   Die beiderseitige alleinige Gesamtgutverwaltung kann gem. Art. 1497 Abs. 2 Nr. 2, 1503 Abs. 1 CC in eine **Gesamthandsverwaltung** (*administration conjointe*) umgewandelt werden. In diesem Fall müssen gem. Art. 1503 Abs. 2 CC alle Akte der Verwaltung und Verfügung bezüglich des Gesamtgutes von den Ehegatten gemeinsam vorgenommen werden und führen zu einer **gesamtschuldnerischen Eigenhaftung** der Ehegatten. Eine Ausnahme gilt gem. Art. 1503 Abs. 3 CC für notwendige Geschäfte zur Erhaltung des Gesamtgutes, die jeder selbstständig vornehmen kann.

---

65 *Voirin/Goubeaux*, Bd. 2, Nr. 223.

cc) Abänderungen bezüglich der Auseinandersetzung des Gesamtgutes („avantages matrimoniaux")

Die dritte Gruppe der gesetzlich vorgesehenen Abänderungsmöglichkeiten betrifft die Aus- **108** einandersetzung des Gesamtgutes. So können für den Fall der Auflösung der Gemeinschaft zugunsten eines Ehegatten **Vorwegentnahmerechte** gegen oder ohne Anrechnung auf das Auseinandersetzungsguthaben oder **Abweichungen von der Halbteilung** vereinbart werden. Diese Vereinbarungen werden vor allem für den Fall der **Eheauflösung durch Tod** getroffen.[66] Sie werden neben den allgemeinen und testamentarischen Mitteln der Vermögensverteilung für Ehegatten zur Verbesserung der Stellung des Überlebenden zur Verfügung gestellt und auch als sog. *avantages matrimoniaux* bezeichnet.

Durch die in Art. 1511–1514 CC geregelte *clause de prélèvement moyennant indemnité* **109** erhält ein Ehegatte das Recht, nach Eheauflösung dem Gesamtgut vor der Teilung bestimmte Gegenstände zu entnehmen. Der Begünstigte schuldet jedoch einen Ausgleichsbetrag an das Gesamtgut.

Bei der in den Art. 1515–1519 CC geregelten *clause de préciput* handelt es sich wie beim **110** *droit de prélèvement moyennant indemnité* um ein das Gesamtgut betreffendes, eheverträglich vereinbartes **Vorwegentnahmerecht**. Allerdings schuldet der begünstigte Ehegatte **keinen Ausgleich** an das Gesamtgut.

In Art. 1520–1525 CC schließlich findet sich die gesetzliche Regelung der *stipulation de* **111** *parts inégales* und der *clause d'attribution de la totalité de la communauté*. Dabei handelt es sich um Vereinbarungen dahingehend, dass das Gesamtgut bei Beendigung des Güterstandes nicht hälftig geteilt wird, sondern dass einem der Ehegatten ohne Verpflichtung zur Ausgleichszahlung ein **höherer Anteil** als dem anderen Partner (*parts inégales*) bzw. sogar das gesamte gemeinschaftliche Vermögen (*totalité de la communauté*) zufallen soll.

d) Die Gütertrennung

Wollen die Ehegatten **keinen Güterstand mit Gesamtgut** vereinbaren, so steht ihnen **112** zunächst gem. Art. 1536–1543 CC die **Gütertrennung** (*séparation de biens*) zur Verfügung.[67] Bei dieser behält jeder Partner Eigentum, Verfügungsbefugnis, Verwaltung und Nutznießung seines Vermögens. Lediglich Hausrat und Ehewohnung sind gem. Art. 215 Abs. 3 CC der Alleinverfügung entzogen. Erwerben die Ehegatten gemeinsam einen Gegenstand, so entsteht Miteigentum.

Jeder Ehegatte kann gem. Art. 1538 Abs. 1 CC sein alleiniges Eigentum an einem Gegen- **113** stand sowohl gegenüber dem Partner als auch gegenüber Dritten durch alle **Beweismittel** belegen. Möglich ist insoweit auch, gem. Art. 1538 Abs. 2 S. 1 CC bereits im Ehevertrag – widerlegbare – **Eigentumsvermutungen** aufzunehmen (Art. 1538 Abs. 2 S. 2 CC). Kann keiner der Ehegatten sein Alleineigentum nachweisen, so gelten gem. Art. 1538 Abs. 3 CC die Ehegatten als **Miteigentümer**. Die Auseinandersetzung von Miteigentum bei Beendigung der Gütertrennung richtet sich gem. Art. 1542 CC nach den für die Erbauseinandersetzung geltenden Regeln.[68]

---

66 Ausführlich *Döbereiner*, in: *Süß*, Erbrecht in Europa, Länderbericht Frankreich, Rn 161 ff.; *ders.*, Ehe- und Erbverträge im deutsch-französischen Rechtsverkehr, S. 78 ff.

67 Gütertrennung tritt, abgesehen von der ehevertraglichen Vereinbarung, auch bei gerichtlicher Anordnung wegen Vermögensgefährdung oder Pflichtwidrigkeit eines Ehegatten gem. Art. 1443 ff. CC und bei Trennung von Tisch und Bett gem. Art. 302 CC ein.

68 Siehe hierzu *Döbereiner*, in: *Süß*, Erbrecht in Europa, Länderbericht Frankreich, Rn 149 ff.

114 Jeder Partner **haftet** gem. Art. 1536 Abs. 2 CC allein für seine eigenen Verbindlichkeiten. Eine Ausnahme gilt nur für die aus der Schlüsselgewalt des Art. 220 CC resultierenden Verbindlichkeiten, für die gesamtschuldnerische Haftung besteht. Jeder Partner leistet seinen **Beitrag zum Familienunterhalt** gem. Art. 1537 CC nach ehevertraglicher Vereinbarung, subsidiär gem. Art. 214 CC nach seiner **Leistungsfähigkeit**. Die Überlassung der **Vermögensverwaltung** an den anderen Ehegatten, die stillschweigende Duldung eines Ehegatten, dass der andere sein Vermögen verwaltet, und die Einmischung eines Ehegatte in die Vermögensverwaltung des anderen gegen dessen Willen sind in Art. 1539, 1540 CC – entsprechend den für den gesetzlichen Güterstand für das Eigengut in Art. 1431, 1432 CC geltenden Vorschriften – geregelt.

e) Die Teilhabe am Zugewinn

aa) Allgemeines

115 Seit 1965 ist die sog. *participation aux aquêts*, die dem deutschen gesetzlichen Güterstand der **Zugewinngemeinschaft** ähnlich ist, in den Art. 1569–1581 CC gesetzlich normiert. Die Teilhabe am Zugewinn war auch in Frankreich als gesetzlicher Güterstand im Gespräch, konnte sich jedoch – nicht zuletzt wegen der traditionellen Verbundenheit des französischen Rechts mit den Gesamtgutgüterständen – nicht durchsetzen. Bis heute spielt dieser Güterstand in Frankreich nur eine untergeordnete Rolle. Die in der deutschen Praxis unter dem Begriff „modifizierte Zugewinngemeinschaft" geläufige Gestaltungen, wie z.B. der Ausschluss des Zugewinnausgleichs für den Fall der Beendigung des Güterstandes anders als durch Tod eines Partners oder die Herausnahme bestimmter Güter aus dem Zugewinnausgleich, werden inzwischen auch in Frankreich diskutiert.

bb) Wirkungen

116 Gemäß Art. 1569 Abs. 1 S. 1 und 2 CC gilt während des Bestehens der Ehe Gütertrennung. Erst bei Auflösung der Ehe[69] ist der Zugewinn jedes Partners gem. Art. 1569 Abs. 1 S. 3, 1575 Abs. 1 CC durch Vergleich von Anfangs- und Endvermögen zu errechnen und gem. Art. 1575 Abs. 2 CC nach Saldierung vom überschießenden Teil des Zugewinns des einen Ehegatten dem anderen Ehegatten die **Hälfte als Ausgleich** zu gewähren. Gemäß Art. 1575 Abs. 1 S. 1 CC ist der Zugewinn mindestens Null. Jeder Ehegatte hat das Recht, bereits während der Ehe seinen ggf. bei Beendigung der Ehe entstehenden Ausgleichsanspruch gem. Art. 2136 CC durch eine Legalhypothek am Grundbesitz des anderen sichern zu lassen. Gemäß Art. 1569 Abs. 2 S. 2 CC ist der Zugewinnausgleich auch beim **Tod** eines Ehegatten durchzuführen. Es gibt keine § 1371 BGB vergleichbare Sonderregelung.

cc) Das Anfangsvermögen

117 Zum **Anfangsvermögen** (*patrimoine originaire*) jedes Ehegatten gehören gem. Art. 1570 Abs. 1 S. 1 CC die im Zeitpunkt der Eheschließung vorhandenen Vermögenswerte. Dem Anfangsvermögen werden ferner während der Ehe durch Schenkung oder Erbfolge erworbene Werte und die Güter, die beim gesetzlichen Güterstand Eigengut kraft Eigenart gem. Art. 1404 CC bilden, hinzugerechnet. Nicht berücksichtigt werden gem. Art. 1570 Abs. 1 S. 2 CC die aus dem Anfangsvermögen während der Ehe verschenkten Gegenstände und die Erträge des Anfangsvermögens.

---

69 Möglich ist gem. Art. 1580 CC auch ein vorzeitiger Zugewinnausgleich nach gerichtlicher Aufhebung des Güterstandes der *participation aux acquêts*, vgl. hierzu *Frentzen*, Zugewinngemeinschaft und participation aux acquêts, S. 160.

Der **Nachweis** des Anfangsvermögens wird gem. Art. 1570 Abs. 2 CC durch eine von 118
beiden Partnern unterschriebene Vermögensaufstellung, hilfsweise gem. Art. 1570 Abs. 3
CC durch die in Art. 1402 CC vorgesehenen Mittel geführt. Im Übrigen wird vermutet,
dass das Anfangsvermögen Null ist.

Für die **Bewertung** des Anfangsvermögens wird gem. Art. 1571 Abs. 1 CC der Zustand 119
der Gegenstände zur Zeit der Eheschließung bzw. des Erwerbs, jedoch ihr Wert zur Zeit
der Auflösung des Güterstandes bzw. zur Zeit einer Veräußerung zugrunde gelegt. Verbindlichkeiten sind nach Art. 1571 Abs. 2 CC abzuziehen, ihre Bewertung erfolgt entsprechend
Art. 1469 CC. Das Anfangsvermögen ist mindestens Null, ein negativer Betrag wird jedoch
fiktiv beim Endvermögen berücksichtigt.

dd) Das Endvermögen

Das **Endvermögen** (*patrimoine final*) bilden gem. Art. 1572 Abs. 1 S. 1 CC die nach Schul- 120
denabzug (Art. 1574 Abs. 2 CC) bei Beendigung des Güterstandes vorhandenen Werte
sowie die Güter, über die ein Ehegatte durch Verfügung von Todes wegen disponiert hat,
und die Forderungen, die einem Ehegatten gegen den anderen zustehen. Ferner zählen
hierzu gem. Art. 1573 S. 1 CC Gegenstände, die nicht Teil des Anfangsvermögens waren
und die ein Ehegatte ohne Zustimmung des anderen unter Lebenden verschenkt oder in
Benachteiligungsabsicht entgeltlich veräußert hat.

Der **Umfang** des Endvermögens wird gem. Art. 1572 Abs. 2 S. 1 CC wie beim Anfangsver- 121
mögen durch ein Vermögensverzeichnis bewiesen, das gem. Art. 1572 Abs. 2 S. 2 CC spätestens neun Monate nach Beendigung des Güterstandes aufgestellt werden muss. Für die
noch vorhandenen Gegenstände ist gem. Art. 1574 Abs. 1 CC ihr Zustand und ihr Wert im
Zeitpunkt der Auflösung, für die fiktiv dem Endvermögen hinzuzurechnenden Güter ihr
Zustand im Zeitpunkt der Veräußerung und ihr fiktiver Wert im Zeitpunkt der Auflösung
des Güterstandes maßgeblich. Der Beweis, dass über die Aufstellung hinaus weitere Güter
ins Endvermögen fallen, kann gem. Art. 1572 Abs. 3 CC mit allen möglichen Beweismitteln
geführt werden.

ee) Abwicklung der Ausgleichsforderung

Der sich errechnende Zugewinnausgleichsanspruch ist gem. Art. 1576 Abs. 1 S. 1 CC grund- 122
sätzlich in **Geld** zu erfüllen. Gemäß Art. 1581 Abs. 3 CC kann ehevertraglich vereinbart
werden, dass eine Abwicklung **in natura** zu erfolgen hat. Gerichtlich kann in Ausnahmefällen gem. Art. 1576 Abs. 1 S. 2 CC gegen Sicherheitsleistung eine **Stundung** bis zur Dauer
von fünf Jahren oder gem. Art. 1576 Abs. 2 CC eine Leistung in natura gestattet werden.
Die gerichtliche Geltendmachung des Zugewinnausgleichsanspruchs, der sich in den Fällen
der Hinzurechnung nach Art. 1573 CC hilfsweise auch gegen Dritte richten kann, ist in
Art. 1577 CC geregelt. Gemäß Art. 1578 CC kann im Streitfall die gesamte Abwicklung in
einem gerichtlichen Verfahren erfolgen. Das Gericht kann dabei nach Art. 1579 CC auch
eine von den gesetzlichen Regeln abweichende Billigkeitsentscheidung treffen.

ff) Abweichungen von der Halbteilung (avantages matrimoniaux)

Auch bei der französischen *participation aux acquêts* kann der überlebende Ehegatte gem. 123
Art. 1581 Abs. 2 CC durch Abänderung der Abwicklungsvorschriften auf den Todesfall
begünstigt werden. Möglich ist die Vereinbarung einer *clause de participation inégale*, die
bewirkt, dass abweichend von Art. 1575 Abs. 2 CC der Unterschiedsbetrag zwischen den
im Übrigen nach den allgemeinen Regeln zu ermittelnden Zugewinnen der Ehegatten bei
Beendigung des Güterstandes **nicht hälftig** geteilt wird, sondern dass z.B. der überlebende

Döbereiner

Ehegatte drei Viertel, die Erben des Erstversterbenden jedoch nur ein Viertel erhalten. Die *clause d'attribution de la totalité des acquêts* hat zur Folge, dass der überlebende Ehegatte zum einen den gesamten Zugewinn des Partners erhält und zum anderen seinen eigenen Zugewinn behält.

3. Das internationale Güterrecht

124   Frankreich wird sich an der verstärkten Zusammenarbeit im Bereich des Güterrechts sowie des Güterrechts für eingetragene Lebenspartnerschaften beteiligen, so dass für Frankreich die EU-Verordnungen über die Zuständigkeit, das anzuwendende Recht und die Anerkennung und Vollstreckung von Entscheidungen in Fragen des ehelichen Güterrechts bzw. in Fragen des Güterstandes eingetragener Lebenspartnerschaften gelten werden.[70] Bis zu deren Anwendung ist bei der Ermittlung des Güterrechtsstatuts im französischen internationalen Privatrecht zwischen zwei Zeiträumen zu unterscheiden, da für Frankreich am 1.9.1992 das Haager Übereinkommen über das auf Ehegüterstände anwendbare Recht vom 14.3.1978 in Kraft getreten ist.[71]

a) Güterrechtsstatut bei Eheschließung vor dem 1.9.1992

125   Haben die Ehegatten vor dem 1.9.1992 geheiratet, so werden die güterrechtlichen Verhältnisse traditionell dem Vertragsrecht zugeordnet, so dass in diesem Bereich **Parteiautonomie** herrscht. Vorrangig ist deshalb auf eine – grundsätzlich nur vor der Eheschließung zulässige – ausdrückliche oder konkludente **Rechtswahl** der Ehegatten abzustellen.[72] Es besteht eine Vermutung dafür, dass die Ehegatten ihre güterrechtlichen Verhältnisse dem Recht am Ort des Abschlusses des Ehevertrages unterstellen wollten. Haben die Ehegatten keine Rechtswahl getroffen, so ist zu ermitteln, welchem Recht die Ehegatten ihre güterrechtlichen Verhältnisse im Zeitpunkt der Eheschließung mutmaßlich unterstellen wollten. Eine überragende Bedeutung kommt dabei dem Recht am ersten gemeinsamen ehelichen Wohnsitz zu. Nach der Rspr. besteht die zwar widerlegbare – in der Praxis aber fast nie zu widerlegende – Vermutung, dass die Ehegatten das Recht am **ersten gemeinsamen Wohnsitz** zum Mittelpunkt ihrer vermögensrechtlichen Beziehungen machen wollten.[73] Diese Kollisionsregeln stellen **Sachnormverweisungen** dar.[74]

126   Das Ehegüterrechtsstatut ist **unteilbar**[75] und grundsätzlich **unwandelbar**. Zulässig soll allerdings die Abänderung der kollisionsrechtlichen Rechtswahl sein, wenn das ursprünglich anwendbare Güterrechtsstatut dies zulässt.[76] Die hiervon zu unterscheidende Frage, ob die

---

70 Siehe hierzu § 2 Rdn 210 ff.
71 Im französisch-polnischen Verhältnis gilt i.Ü. weiterhin das Abkommen vom 5.4.1967. Ferner besteht im Verhältnis zu Slowenien, Serbien, Montenegro und Bosnien-Herzegowina das französisch-jugoslawische Abkommen vom 18.5.1971 fort, vgl. *Revillard*, Droit international privé et européen, Nr. 439 f.
72 *Loussouarn/Bourel/De Vareilles-Sommières*, Droit international privé, Nr. 610; *Mayer/Heuzé*, Droit international privé, Nr. 813; *Revillard*, Droit international privé et européen, Nr. 390.
73 *Chaussade-Klein*, IPRax 1992, 406; *Mayer/Heuzé*, Droit international privé, Nr. 816; *Revillard*, Droit international privé et européen, Nr. 391.
74 *Mayer/Heuzé*, Droit international privé, Nr. 827; *Revillard*, Droit international privé et européen, Nr. 401.
75 *Mayer/Heuzé*, Droit international privé, Nr. 815; *Revillard*, Droit international privé et européen, Nr. 400.
76 *Mayer/Heuzé*, Droit international privé, Nr. 837.

Ehegatten ihren Güterstand nach Eheschließung ändern können und welche Voraussetzungen sie dabei zu beachten haben, wird vom **Güterrechtsstatut** beantwortet.[77]

Haben die Partner einen **Ehevertrag** geschlossen, so beurteilen sich dessen Zustandekommen und Auslegung nach dem Güterrechtsstatut. Die **Form** des Ehevertrages unterliegt jedoch nach der Regel *locus regit actum* in erster Linie den Vorschriften am Abschlussort. Ausreichend ist auch die Wahrung der vom Heimatrecht der Ehegatten oder der *lex causae* geforderten Form. Die für den Ehevertrag bestehenden **Publizitätserfordernisse**, wie z.B. der Vermerk auf der Heiratsurkunde nach Art. 75 CC (siehe Rdn 89), unterliegen nicht dem Formstatut; es handelt sich vielmehr um Verfahrensvorschriften, für welche die Publizitätserfordernisse am Ort der Eheschließung gelten.[78] Die Fähigkeit, einen Ehevertrag abzuschließen, richtet sich nicht nach dem Güterrechtsstatut, sondern dem **Personalstatut**.[79] Kommt es aufgrund eines Ehevertrages zu einem Eigentumsübergang, so sind im Hinblick auf **Immobilien** die Publizitätsvorschriften der *lex rei sitae* einzuhalten.[80] Sind in Frankreich gelegene Grundstücke betroffen, ist dabei zu beachten, dass nach dem mit Gesetz vom 28.3.2011 neu eingeführten Art. 710–1 CC nur vor einem französischen Notar beurkundete Verträge im französischen *service chargé de la publicité foncière* (vormals bis 31.12.2012 *bureau des hypothèques*) registriert werden können.

Bei **Fehlen eines Ehevertrages** entscheidet das Güterrechtsstatut über den **gesetzlichen Güterstand** der Ehegatten. Nach dem Güterrechtsstatut richten sich die Zusammensetzung der Gütermassen, die Schuldenhaftung, die Verwaltungsbefugnisse der Ehegatten und die Auflösung und Auseinandersetzung des Güterstandes. In letzterem Bereich ist jedoch der Einfluss der *lex rei sitae* zu beachten. Die nach Beendigung des Güterstandes entstehende *indivision postcommunautaire* wird als besondere Form des Eigentums angesehen. Ihre Zusammensetzung, Verwaltung und Dauer unterliegen daher der *lex rei sitae*, ebenso die Frage, wie sich bei der Auseinandersetzung ein ggf. erforderlicher Eigentumsübergang vollzieht. Die Wirksamkeit der Vereinbarung von *avantages matrimoniaux* richtet sich nach französischer Auffassung – mit Ausnahme der Frage des Bestehens von Pflichtteils- oder Noterbrechten – nach dem Güterrechtsstatut und nicht nach dem Erbstatut.[81]

b) Güterrechtsstatut bei Eheschließung nach dem 31.8.1992

Seit 1.9.1992 gilt in Frankreich das **Haager Übereinkommen über das auf Ehegüterstände anwendbare Recht vom 14.3.1978 (HGA)**. Gemäß Art. 2 HGA handelt es sich um *loi uniforme*. Die Bestimmungen gelten also aus französischer Sicht auch im Verhältnis zu Deutschland, auch wenn Deutschland das Übereinkommen nicht ratifiziert hat. Für vor dem 1.9.1992 geschlossene Ehen bleibt es grundsätzlich bei den bisher geltenden Regeln, gem. Art. 21 HGA können die Ehegatten ihre güterrechtlichen Verhältnisse jedoch dem Abkommen unterstellen.

Gemäß Art. 3 Abs. 1 HGA ist in erster Linie das von den Ehegatten ausdrücklich oder konkludent nach Art. 11 und 13 HGA **gewählte Sachrecht** maßgeblich. Die Formwirksam-

127

128

129

130

---

77 *Mayer/Heuzé*, Droit international privé, Nr. 833; *Revillard*, Droit international privé et européen, Nr. 409.

78 *Loussouarn/Bourel/De Vareilles-Sommières*, Droit international privé, Nr. 619; *Mayer/Heuzé*, Droit international privé, Nr. 823.

79 *Mayer/Heuzé*, Droit international privé, Nr. 822; *Revillard*, Droit international privé et européen, Nr. 462c.

80 *Revillard*, Droit international privé et européen, Nr. 421.

81 *Revillard*, Droit international privé et européen, Nr. 982 f.; ausf. *Döbereiner*, Ehe- und Erbverträge im deutsch-französischen Rechtsverkehr, S. 273 f.

keit eines **Ehevertrages** richtet sich gem. Art. 12 HGA nach dem Recht am Abschlussort oder der *lex causae*. Die Ehegatten können ihre güterrechtlichen Verhältnisse gem. Art. 3 Abs. 2 HGA entweder dem Recht eines Staates, dem ein Ehegatte angehört (Nr. 1), dem Recht eines Staates, in dem ein Ehegatte seinen gewöhnlichen Aufenthalt hat (Nr. 2), oder dem Recht eines Staates, in dem ein Ehegatte nach der Eheschließung seinen Wohnsitz begründen wird (Nr. 3), unterstellen. Das Güterrechtsstatut ist gem. Art. 3 Abs. 3 HGA grundsätzlich **unteilbar**. Für – auch künftig erst zu erwerbende – **Grundstücke** ist gem. Art. 3 Abs. 4 HGA jedoch die Wahl der *lex rei sitae* zulässig.

131   Treffen die Ehegatten keine Rechtswahl, so ist gem. Art. 4 Abs. 1 HGA primär das Recht am ersten gemeinsamen **gewöhnlichen Aufenthalt** (*résidence habituelle*) der Ehegatten anwendbar. Haben die Ehegatten keinen gemeinsamen gewöhnlichen Aufenthalt, so ist gem. Art. 4 Abs. 2 Nr. 3 HGA das gemeinsame Heimatrecht berufen. Liegt weder ein gemeinsamer gewöhnlicher Aufenthalt noch eine gemeinsame Staatsangehörigkeit vor, so ist gem. Art. 4 Abs. 3 HGA auf das Recht des Staates abzustellen, zu dem die Ehegatten die engsten Verbindungen haben.

132   Das Güterrechtsstatut ist **wandelbar**. Eine Rechtswahl bzw. die Änderung einer getroffenen Rechtswahl ist gem. Art. 6 Abs. 1 HGA auch noch während der Ehe möglich. Wählbar ist gem. Art. 6 Abs. 2 HGA das Heimatrecht eines Ehegatten (Nr. 1) oder das am gewöhnlichen Aufenthaltsort eines Ehegatten geltende Recht (Nr. 2). Die Änderung des Güterrechtsstatuts hat **Rückwirkung** und bezieht sich gem. Art. 6 Abs. 3 HGA auf alle Güter der Ehegatten. Für Grundbesitz kann gem. Art. 6 Abs. 4 HGA wiederum das Recht am Belegenheitsort gewählt werden. Eine **gerichtliche Genehmigung** der Änderung des Güterrechtsstatuts, wie sie im französischen materiellen Recht für einen Güterstandswechsel vorgeschrieben ist, ist dabei nicht erforderlich. Dies gilt auch, wenn sich mit dem Wechsel des anwendbaren Rechts automatisch der Güterstand verändert. Allerdings müssen gem. Art. 1397–3 Abs. 2 CC und den Art. 1303–1 ff. CPC bestimmte Publizitätsvorschriften, wie Vermerke auf der Heiratsurkunde bzw. die Einschreibung der Rechtswahl im *répertoire civil annexe*, einem vom Außenministerium geführten Personenstandsregister, beachtet werden.

133   Wollen Ehegatten nicht das Güterrechtsstatut, sondern lediglich ihren **Güterstand abändern**, so entscheidet über die Frage, ob und unter welchen Voraussetzungen dies zulässig ist, auch unter der Geltung des HGA das Güterrechtsstatut. Bei Anwendbarkeit französischen Rechts sind folglich die Voraussetzungen des Art. 1397 CC zu beachten. Wird der Güterstand unter Anwendung fremden Rechts geändert, so sind wiederum gem. Art. 1397–5 CC i.V.m. Art. 1303–3 Abs. 1 CPC bzw. Art. 1303–3 Abs. 2 CPC bestimmte Publizitätserfordernisse zu beachten. Gemäß Art. 1303–6 CPC gelten diese Regelungen auch, wenn der Güterstandswechsel unter Anwendung französischen Rechts im Ausland vereinbart wurde. Art. 1397–3 Abs. 3 CC bestimmt i.Ü., dass die Ehegatten im Rahmen einer Rechtswahl nach Eheschließung auch festlegen können, welcher Güterstand für sie maßgeblich sein soll. Diese Vorschrift wird dahingehend ausgelegt, dass nunmehr ein Güterstandswechsel ohne weitere Voraussetzungen zulässig ist. Insbesondere wird ohne Rücksicht darauf, ob das französische Recht ursprüngliches oder neues Güterrechtsstatut ist, keine gerichtliche Genehmigung nach Art. 1397 CC mehr verlangt.[82]

134   Haben Ehegatten keine Rechtswahl getroffen, so kann sich das Güterrechtsstatut während der Ehe **automatisch ändern**. Gemäß Art. 7 Abs. 2 HGA wird statt des vorher aufgrund der bei Eheschließung bestehenden Umstände anwendbaren Rechts das Recht am gemeinsamen

---

82 *Loussouarn/Bourel/De Vareilles-Sommières*, Droit international privé, Nr. 616; *Revillard*, Droit international privé et européen, Nr. 486.

gewöhnlichen Aufenthaltsort anwendbar, wenn die Ehegatten nach Eheschließung ihren gewöhnlichen Aufenthalt in ihren gemeinsamen Heimatstaat verlegen (Nr. 1), wenn sie nach Eheschließung zehn Jahre gemeinsam in einem Land gelebt haben (Nr. 2) oder wenn sie im Fall des Art. 4 Abs. 2 Nr. 3 HGA einen gemeinsamen Aufenthaltsort erstmals begründen. Der Wandel des Güterrechtsstatuts wirkt vorbehaltlich einer anderen Erklärung durch die Ehegatten (Art. 8 Abs. 2 HGA) gem. Art. 8 Abs. 1 HGA nur *ex nunc*. Die Ehegatten können die automatische Wandlung des Güterrechtsstatuts durch eine gemeinsame Erklärung verhindern.

Das HGA bestimmt nicht ausdrücklich den **Anwendungsbereich** des Güterrechtsstatuts. In Art. 1 HGA ist nur negativ geregelt, dass Unterhaltsansprüche, das Erbrecht des überlebenden Ehegatten und die Geschäftsfähigkeit der Ehegatten nicht erfasst sind. Für die Geschäftsfähigkeit gilt also wie nach bisherigem französischen internationalen Privatrecht das Personalstatut. Auch i.Ü. ist der Anwendungsbereich des Güterrechtsstatuts nach den vor Inkrafttreten des HGA geltenden Regelungen zu ermitteln.   135

c) Internationale Zuständigkeit in Güterrechtssachen

aa) Allgemeines zur internationalen Zuständigkeit französischer Gerichte

Für die internationale Zuständigkeit französischer Gerichte gilt in Frankreich vorrangig die EuGVO. Soweit diese – z.B. gem. Art. 1 Abs. 2 Nr. 1 EuGVO auf dem Gebiete des Güterrechts – oder andere Abkommen nicht anwendbar sind, gilt wie in Deutschland zunächst der Grundsatz, dass sich die internationale Zuständigkeit aus den Regelungen der örtlichen Zuständigkeit ergibt.[83]   136

Eine erhebliche Ausweitung dieser Regel folgt aus **Art. 14, 15 CC**. Nach diesen grundsätzlich in allen Bereichen des internationalen Privatrechts anwendbaren Vorschriften sind französische Gerichte auch dann international zuständig, wenn ein Franzose als Kläger oder Beklagter an einem Rechtsstreit beteiligt ist. Wird die internationale Zuständigkeit auf Art. 14, 15 CC gestützt und ergibt sich im Einzelfall aus den Vorschriften des CPC keine konkrete örtliche Zuständigkeit, so ist das Gericht an dem Ort, zu dem z.B. aufgrund des (letzten) Wohnsitzes einer Partei die engste Verbindung besteht, hilfsweise das vom Kläger frei gewählte Gericht örtlich zuständig.[84]   137

bb) Internationale Zuständigkeit in Güterrechtssachen

Diese Regeln gelten grundsätzlich auch in Güterrechtssachen. Wohnen die Ehegatten in Frankreich, so ist z.B. für das bei der Abänderung eines Ehevertrages u.U. erforderliche Genehmigungsverfahren gem. Art. 1300–4 ff. CPC das *Tribunal de grande instance* am Familienwohnort international und örtlich zuständig. Umstritten ist jedoch die Anwendung der Art. 14, 15 CC in einem Verfahren nach Art. 1397 CC. Nach der Entscheidung eines Instanzgerichts[85] sind die Art. 14, 15 CC im Bereich der freiwilligen Gerichtsbarkeit nicht   138

---

83 Cass.civ. 1re, 19.10.1959, Rev.crit.d.i.p. 1960, 215 (216) und st. Rspr.; *Mayer/Heuzé*, Droit international privé, Nr. 293.

84 *Mayer/Heuzé*, Droit international privé, Nr. 306; *Revillard*, Droit international privé et européen, Nr. 415.

85 Paris, 29.6.1968, Rev.crit.d.i.p. 1970, 298. Im konkreten Fall führte dies dazu, dass die Ehegatten ihren Güterstand nicht ändern konnten, da die französischen Gerichte mangels Wohnsitzes in Frankreich die internationale Zuständigkeit ablehnten. In Kanada, wo die Ehegatten lebten, war eine Güterstandsänderung generell verboten.

einschlägig. Anderer Auffassung ist die heute h.L.,[86] welche die internationale Zuständigkeit französischer Gerichte für die Erteilung der gerichtlichen Genehmigung zur Änderung des Ehevertrages auch bei Fehlen eines Wohnsitzes in Frankreich bejaht, wenn ein Ehegatte französischer Staatsangehöriger ist. Die internationale Zuständigkeit französischer Gerichte ist in diesem Bereich i.Ü. nicht ausschließlich, so dass auch bei französischem Güterrechtsstatut die erforderliche Genehmigung von einem ausländischen Gericht erteilt werden kann.[87]

III. Name

139   Das Namensrecht ist im Code Civil nur rudimentär geregelt. Zum **Namen der Ehegatten nach Eheschließung** findet sich überhaupt keine ausdrückliche Regelung. Demgemäß behält kraft Gesetzes jeder Ehegatte seinen ursprünglichen (Geburts-)Namen (*nom patronymique*). Jeder Ehegatte erhält durch die Heirat jedoch zusätzlich das Recht, im täglichen Leben den Namen des anderen Ehegatten seinem Namen hinzuzufügen. Die Ehefrau kann ihren eigenen Namen darüber hinaus auch durch den Namen des Ehemannes ersetzen. Eine Verpflichtung hierzu besteht jedoch nicht. Dies ist lediglich gewohnheitsrechtlich anerkannt und in einem *Arrêté interministériel* vom 20.3.1985, J.O. vom 23.5.1985, S. 5780 festgehalten, siehe auch Runderlass des Ministerpräsidenten vom 26.6.1986, J.O. vom 3.7.1986, S. 8245.

140   Der **Geburtsname gemeinsamer Kinder** wird nach Art. 311–21 CC durch die Eltern festgelegt, die sowohl den Namen des Vaters als auch der Mutter wählen können oder auch beide Namen.

IV. Auswirkungen der Ehe auf die Sozialversicherung, die gesetzliche Krankenversicherung und die Altersversorgung

141   Jeder in Frankreich angestellte – auch ausländische – Arbeitnehmer ist nach Art. L 111–2–2 *Code de la sécurité sociale* versicherungspflichtiges Mitglied der französischen **Sozialversicherung**. Diese umfasst insbesondere Krankheit, Mutterschaft, Arbeitsunfälle, Berufskrankheiten, Invalidität, Rentenversicherung, Todesfall, Arbeitslosigkeit und Familienleistungen. Die Sozialversicherung ist über öffentlich-rechtliche Sozialversicherungsanstalten organisiert. Arbeitnehmer werden vom Arbeitgeber angemeldet. Die Beiträge werden direkt vom Gehalt einbehalten. Selbstständige müssen sich bei der für ihre Berufsgruppe zuständigen Abteilung der Sozialversicherung selbst anmelden. Ein Ehegatte, der nicht selbst versichert ist, war bis 31.12.2015 beim anderen Ehegatten **mitversichert, seit 1.1.2016 ist grds. jede Person selbst versichert, auf Antrag kann ein nicht berufstätiger Ehepartner jedoch beim anderen in der Krankenversicherung mitversichert werden.** Verstirbt der Versicherte, kann dessen **Witwer bzw. Witwe** eine **Hinterbliebenenrente** oder eine Pension beziehen. Dies ist im Einzelnen geregelt in Art. L 353–1 *Code de la sécurité sociale* bzw. Art. L 38 ff. *Code des Pensions Civiles et militaires de Retraite*.

---

86   *Mayer/Heuzé*, Droit international privé, Nr. 835; *Revillard*, Droit international privé et européen, Nr. 415.
87   *Mayer/Heuzé*, Droit international privé, Nr. 836.

V. Staatsangehörigkeit und Bleiberecht

1. Staatsangehörigkeit

Französischer Staatsangehöriger ist nach Art. 18 CC grundsätzlich jeder, der mindestens   142
einen Elternteil mit französischer Staatsangehörigkeit hat. Eine Eheschließung hat nach
Art. 21–1 CC grundsätzlich keine Auswirkung auf die Nationalität. Allerdings kann auf
Antrag nach Art. 21–2 Abs. 1 S. 1 CC nach **vierjähriger Ehezeit** einem mit einem französischen Staatsangehörigen Verheirateten die französische Staatsangehörigkeit verliehen werden, wenn im Zeitpunkt der Verleihung die Lebensgemeinschaft noch besteht und der
französische Staatsangehörige seine Staatsangehörigkeit behalten hat. Der ausländische
Staatsangehörige muss nach Art. 21–2 Abs. 3 CC ausreichende französische **Sprachkenntnisse** nachweisen. Die für die Einbürgerung erforderliche Ehezeit verlängert sich nach
Art. 21–2 Abs. 2 CC auf fünf Jahre, wenn der betreffende nach Eheschließung nicht wenigstens drei Jahre ununterbrochen in Frankreich gelebt hat.

2. Aufenthalts- und Bleiberecht

Das Aufenthalts- und Bleiberecht ist einheitlich geregelt im *Code de l'entrée et du séjour*   143
des etrangers et du droit d'asile. Ist der ausländische Ehegatte eines Franzosen **EG-Bürger**,
stehen ihm die europarechtlich vermittelten Aufenthaltsrechte zu, vgl. Art. L 121–1 *Code
de l'entrée et du séjour des etrangers et du droit d'asile*. Im Übrigen wird unterschieden
zwischen der **befristeten Aufenthaltsgenehmigung (***carte de séjour temporaire***)**, die (verlängerbar) längstens ein Jahr gilt, und der **unbefristeten Aufenthaltsgenehmigung (***carte
de résident***)**, die (verlängerbar) zehn Jahre gilt. Erstere erhält der ausländische Ehepartner
eines französischen Staatsangehörigen nach Art. L 313–11 Nr. 4 *Code de l'entrée et du séjour
des etrangers et du droit d'asile*, wenn sein Aufenthalt keine Gefahr für die öffentliche
Ordnung darstellt, wenn es sich um den einzigen Ehegatten handelt, die Lebensgemeinschaft
noch besteht und bei Eheschließung im Ausland die Ehe in Frankreich ordnungsgemäß
registriert ist.

Eine *carte de résident* erhalten ausländische Ehepartner von französischen Staatsangehöri-   144
gen nach Art. L 314–9 Nr. 3 *Code de l'entrée et du séjour des etrangers et du droit d'asile*,
wenn über die für die Erteilung der *carte de séjour temporaire* bestehenden Voraussetzungen
hinaus die Ehe mindestens drei Jahre bestanden hat und die Lebensgemeinschaft noch
besteht.

VI. Steuerliche Auswirkungen der Ehe

Ehegatten werden nach Art. 6 Nr. 1 Abs. 2 *Code général des impôts* (CGI) für Zwecke der   145
Einkommensteuer grundsätzlich **gemeinsam veranlagt**, was zu einem dem deutschen
Ehegattensplitting vergleichbaren Ergebnis führt. Eine getrennte Veranlagung wird nach
Art. 6 Nr. 4 CGI durchgeführt, wenn die Ehegatten in Gütertrennung leben und nicht unter
einem Dach wohnen, wenn sie während eines Scheidungsverfahrens getrennte Wohnungen
haben und wenn im Falle der Aufgabe der gemeinsamen Ehewohnung jeder Ehegatte
unterschiedliche Einkünfte hat. Für das gesamte Jahr der Eheschließung wird nach Art. 6
Nr. 5 CGI bereits eine gemeinsame Veranlagung durchgeführt. **Geschiedene Ehegatten**
werden wie Unverheiratete besteuert.

D. Scheidung (divorce)

I. Vorbemerkung

146 Eine Scheidung kann in Frankreich nur **gerichtlich ausgesprochen** werden; Vorschläge, einvernehmliche Scheidungen z.B. durch Notare durchzuführen, konnten sich bisher nicht durchsetzen.

147 Bis zur Scheidungsreform im Jahre 1975 galt in Frankreich das absolute **Schuldprinzip**, d.h., eine Scheidung war nur möglich, wenn ein Ehegatte seine ehelichen Pflichten gegenüber dem anderen Ehegatten grob verletzte, was in der Praxis bei tatsächlich einvernehmlichen Scheidungen dazu zwang, ein Fehlverhalten zu konstruieren bzw. vorzugeben.

148 Mit Gesetz Nr. 75–617 *portant réfome du divorce* vom **11.7.1975** wurde das Scheidungsrecht grundlegend **reformiert**, es wurde eine Dreiteilung der Scheidungsgründe eingeführt: einvernehmliche Scheidung (*divorce par consentement mutuel* nach Art. 230 ff. CC a.F. auf gemeinsamen Antrag der Ehegatten oder einseitigem, vom anderen Ehegatten akzeptierten Antrag), Scheidung wegen dauerhafter Auflösung der ehelichen Gemeinschaft, insbesondere nach mindestens sechsjähriger Trennung (*divorce pour rupture de la vie commune* nach Art. 237 ff. CC a.F.), sowie die Verschuldensscheidung (*divorce pour faute* nach Art. 242 ff. CC a.F.). In der Praxis war bisher die einvernehmliche Scheidung am häufigsten, 2001 z.B. waren 61 % der Scheidungen einvernehmlich, aber auch die Verschuldensscheidung war – wegen der unterschiedlichen Scheidungsfolgen – mit 38 % sehr häufig, wogegen die Scheidung wegen dauerhafter Auflösung der Lebensgemeinschaft – wohl wegen der langen Getrenntlebensvoraussetzung – mit ca. 1 % eher marginal geblieben ist. Vergleicht man die Zahl der Eheschließungen mit der Zahl der Scheidungen, so ergibt sich auch in Frankreich ein **starker Anstieg** der geschiedenen Ehen. 1950 wurden lediglich 10 % der Ehen geschieden, 1978 waren es 20 %, 1985 bereits 30 %, 2001 waren es bereits 38 %, 2003 42 %.[88] Die durchschnittliche **Dauer** eines einvernehmlichen Scheidungsverfahrens lag 2001 bei über 9 Monaten, bei einer Verschuldensscheidung betrug sie das Doppelte.

149 Seit **1.1.2005** ist in Frankreich ein reformiertes Scheidungsrecht in Kraft, das durch Gesetz Nr. 2004–439 vom 26.5.2004 eingeführt wurde. Lange war eine Aufgabe der **Verschuldensscheidung** diskutiert worden, letztlich wurde die Möglichkeit der *divorce pour faute* jedoch beibehalten, ihre Folgen wurden jedoch grundlegend verändert und sie wurde allgemein uninteressanter gemacht. Durch die Reform wurde i.Ü. die einvernehmliche Scheidung gestärkt sowie die Scheidung wegen Zerrüttung der ehelichen Gemeinschaft insbesondere durch eine Herabsetzung der erforderlichen Getrenntlebensdauer auf zwei Jahre erleichtert. Das **Scheidungsverfahren** ist teilweise im Code Civil selbst, i.Ü. ergänzend in den Art. 1070 ff. CPC geregelt.

150 Die **Kosten** einer einvernehmlichen Scheidung, bei der in der Regel nur ein Rechtsanwalt beteiligt ist, dürften durchschnittlich bei etwa 3.000 EUR liegen,[89] bei den anderen Scheidungsarten bereits aufgrund der Notwendigkeit der Zuziehung von zwei Rechtsanwälten in der Regel erheblich höher.

---

88 Zahlen nach *Courbe/Gouttenoire*, Droit de la famille, Nr. 2382; siehe auch *Cornu*, Droit civile, La famille, Nr. 319 a.E.
89 Vgl. *Courbe/Gouttenoire*, Droit de la famille, Nr. 417.

II. Scheidungsgründe

Das französische Recht kennt gem. Art. 229 CC nunmehr **vier Scheidungsgründe:**   151
- die einvernehmliche Scheidung (*divorce par consentement mutuel*),
- die durch einen Ehegatten beantragte und vom anderen akzeptierte Scheidung (*divorce accepté*),
- die Scheidung wegen Scheiterns der Ehe (*divorce pour altération définitive*) sowie
- die Verschuldensscheidung (*divorce pour faute*).

1. Die einvernehmliche Scheidung (divorce par consentement mutuel)

Die einvernehmliche Scheidung setzt gem. Art. 230 CC voraus, dass sich die Ehegatten   152
über das Scheitern der Ehe **einig** sind und dem Scheidungsrichter eine **Scheidungsvereinba-rung**, in der neben dem Einverständnis beider Ehegatten sämtliche **Scheidungsfolgen** geregelt sind, vorlegen. Eine bestimmte Wartezeit nach Eheschließung ist – anders als nach früherem Recht, das eine Ehedauer von mindestens sechs Monaten verlangte – nicht mehr Voraussetzung. Nach Art. 247 CC können die Ehegatten in jedem Verfahrensstadium von einer anderen Verfahrensart auf die einvernehmliche Scheidung übergehen, indem sie eine Scheidungsvereinbarung vorlegen. Der Abschluss der Scheidungsvereinbarung setzt **Geschäftsfähigkeit** voraus. Weitere Angaben über die Scheidungsmotive sind nicht erforderlich, diese sind vom Gericht auch nicht zu erforschen. Die Scheidungsvereinbarung muss nach Art. 1091 S. 2 CPC **notariell** beurkundet sein, sofern Grundbesitz zum gemeinsamen Vermögen gehört und deshalb eine Registrierung beim *service chargé de la publicité foncière* (vormals bis 31.12.2012 *bureau des hypothèques*) erforderlich ist. Im Übrigen ist keine bestimmte Form vorgeschrieben.

Zu den zu regelnden **Scheidungsfolgen** zählen insbesondere die Auseinandersetzung des   153
gemeinsamen Vermögens, die Rückabwicklung ehebedingter Zuwendungen, die Zuweisung der Ehewohnung und die Verteilung des Hausrates, Abfindungs- oder Unterhaltszahlungen zwischen den Ehegatten, die Namen der Ehegatten sowie, bei Vorhandensein minderjähriger Kinder, die elterliche Sorge und das Umgangsrecht sowie der Kindesunterhalt.

Der Richter **spricht** gem. Art. 232 Abs. 1 CC die **Scheidung aus,** wenn er zu der Überzeu-   154
gung gelangt, dass sich die Ehegatten tatsächlich einig sind und aus freien Stücken die Eheauflösung begehren. Er kann die Scheidung **ablehnen,** wenn die vorgelegte Scheidungsvereinbarung nach seiner Auffassung die Interessen vorhandener Kinder oder eines Ehegatten nicht ausreichend berücksichtigt.

Eine **Abänderung** der Scheidungsvereinbarung auch nach erfolgter Scheidung ist jederzeit   155
möglich, bedarf nach Art. 279 Abs. 2 CC jedoch wiederum der gerichtlichen Genehmigung.

Die **Kosten** des Scheidungsverfahrens werden nach Art. 1105 CPC von den Ehegatten je   156
zur Hälfte getragen, es sei denn, in der Scheidungsvereinbarung findet sich eine andere Vereinbarung.

2. Die akzeptierte Scheidung (divorce accepté)

Bei der **akzeptierten Scheidung** gem. Art. 233 Abs. 1 CC begehrt ein oder begehren beide   157
Ehegatten die Scheidung und sind sich ohne Rücksicht auf die Gründe der Zerrüttung wie bei der einvernehmlichen Scheidung über das Scheitern der Ehe unwiderruflich einig. Allerdings liegt bei der akzeptierten Scheidung **keine Scheidungsvereinbarung** über die Scheidungsfolgen vor. Nach Art. 253 CC müssen beide Ehegatten durch einen eigenen Rechtsanwalt vertreten sein. Das Einvernehmen über das Scheitern der Ehe kann nach

Art. 1123 Abs. 1 CPC i.Ü. in jedem Stadium des Scheidungsverfahrens erklärt werden. Hierfür ist nach Art. 1123 Abs. 3 CPC Schriftform erforderlich. Wird das Einvernehmen während des nach Art. 252 CC durchzuführenden Schlichtungsgesprächs erklärt, ist hierüber nach Art. 1123 Abs. 1 CPC durch den Richter ein Protokoll aufzunehmen, das von beiden Ehegatten und ihren Anwälten unterzeichnet wird. Nach Art. 257–1 CC kann in diesem Fall die Scheidung nur noch als akzeptierte Scheidung betrieben werden.

158 Ist der Richter der Auffassung, dass jeder Ehegatte freiwillig sein Einverständnis zur Eheauflösung erklärt hat, spricht er gem. Art. 234 CC, 1124 CPC ohne weitere Nachforschungen die Scheidung aus und entscheidet über die Scheidungsfolgen.

159 Nach Art. 247–1 CC können die Ehegatten in jedem Verfahrensstadium von einer Scheidung wegen Scheiterns der Ehe oder wegen Verschuldens auf die akzeptierte Scheidung übergehen, indem sie ihre Einigkeit über die Zerrüttung der Lebensgemeinschaft gegenüber dem Gericht erklären.

3. Scheidung wegen endgültiger Zerrüttung der Ehe (divorce pour altération définitive)

160 Nach Art. 237 CC kann ein Ehegatte die Scheidung verlangen, wenn die Ehe endgültig **gescheitert** ist. Die Ehe ist nach Art. 238 Abs. 1 CC gescheitert, wenn die Lebensgemeinschaft zwischen den Ehegatten nicht mehr besteht und diese seit mehr als **zwei Jahren** ab Vorladung zum Scheidungstermin **getrennt leben**. Ein Getrenntleben (*séparation de fait*) ist dann anzunehmen, wenn die Ehegatten nicht mehr unter einem Dach leben und mindestens bei einem Ehegatten eine Trennungsabsicht vorliegt. Das Getrenntleben ist vom Kläger zu beweisen und muss ununterbrochen bestanden haben. Eine Versöhnung beendet das Getrenntleben.

161 Eine Scheidung wegen Scheiterns der Ehe kommt nach Art. 238 Abs. 2 CC ferner in Betracht, wenn gem. Art. 246 Abs. 1 CC ein Ehegatte Scheidungsantrag wegen Scheiterns der Ehe und der andere Ehegatte Scheidungsantrag wegen Verschuldens stellt und der Richter die – vorrangig zu prüfende – Verschuldensscheidung zurückweist.

162 Die **Kosten** des Scheidungsverfahrens gehen vorbehaltlich einer anderweitigen Entscheidung des Gerichts nach Art. 1127 CPC zu Lasten des Klägers.

4. Scheidung wegen Verschuldens eines Ehegatten (divorce pour faute)

163 Auf Antrag eines Ehegatten kann nach Art. 242 CC die Ehe ferner dann geschieden werden, wenn sich ein Ehegatte einer schweren Verfehlung oder wiederholten Verletzung seiner ehelichen Pflichten, wie z.B. des Ehebruchs, zurechenbar **schuldig** gemacht hat und deshalb dem Antragsteller die Fortsetzung der Ehe **nicht zugemutet** werden kann.

164 Eine **Verzeihung** beseitigt nach Art. 244 Abs. 1 CC den Scheidungsgrund; die Scheidung kann dann nur noch auf andere Verfehlungen gestützt werden. Kurze Zeiträume der Wiederaufnahme des ehelichen Lebens gelten dabei nach Art. 244 Abs. 3 CC nicht als Verzeihung, wenn sie nur einen Schlichtungsversuch darstellen oder im Interesse der Kinder vorgenommen wurden.

165 Nach Art. 245 Abs. 1 CC hindern **eigene Verfehlungen** des Antragstellers die Scheidung nicht, sie können jedoch die Schwere der Verfehlungen des anderen Ehegatten verringern. Der andere Ehegatte kann gem. Art. 245 Abs. 2 CC ferner eine **Widerklage** erheben, was zu einer Scheidung wegen gemeinsamen Verschuldens führen kann. Dies gilt gem. Art. 245 Abs. 3 CC auch im Falle des Fehlens einer Widerklage, wenn das Verschulden beider Ehegatten sich aus den Verhandlungen ergibt.

Hat ein Ehegatte Scheidungsantrag wegen Zerrüttung der Ehe gestellt, kann der andere   166
Ehegatte Widerklage wegen Verschuldens des Klägers erheben, der Kläger kann in diesem
Fall gem. Art. 247–2 CC Verfehlungen des Beklagten und Widerklägers geltend machen.

III. Scheidungsfolgen

1. Zeitpunkt des Eintritts der Scheidungsfolgen

Nach Art. 260 CC wird die Ehe mit **Rechtskraft des Scheidungsurteils** aufgelöst. Im   167
Innenverhältnis zwischen den Ehegatten treten nach Art. 262–1 Abs. 1 CC die Wirkungen
der Scheidung bei der einverständlichen Scheidung, vorbehaltlich einer anderen Vereinbarung, mit Genehmigung der Scheidungsvereinbarung, bei den anderen Fällen der Scheidung
ab dem Zeitpunkt, ab dem der Richter das Scheitern des Schlichtungsversuchs feststellt,
ein. Nach Art. 262–1 Abs. 2 CC kann das Gericht auf Antrag der Ehegatten auch den
Zeitpunkt der Trennung als maßgeblichen Zeitpunkt festlegen. Dieser Zeitpunkt ist der
Stichtag für die Beendigung des Güterstandes und ggf. die Auseinandersetzung des gemeinschaftlichen Vermögens.

Gegenüber **Dritten** bestimmt Art. 262 CC, dass die Scheidung erst dann Wirkung erzeugt,   168
wenn die nach Art. 1082 CPC erforderlichen Publizitätsakte durchgeführt wurden. Dies
setzt voraus, dass die Scheidung auf den Heirats- und Geburtsurkunden der Ehegatten
vermerkt worden ist.

Wurde die Ehe im **Ausland** geschlossen und wird von keiner französischen Behörde eine   169
Heiratsurkunde verwahrt, so ist nach Art. 1082 Abs. 2 CPC ein Vermerk auf der Geburtsurkunde ausreichend, wenn diese in Frankreich verwahrt wird, anderenfalls wird eine Abschrift des Scheidungsurteils bei einem beim Außenministerium eingerichteten Register
hinterlegt.

2. Vermögensteilung, güterrechtlicher Ausgleich

Zur gesetzlichen Abwicklung des Güterstandes bei Beendigung der Ehe vgl. zunächst die   170
Ausführungen in Rdn 79 ff. Während des Scheidungsverfahrens können die Ehegatten nach
Art. 265–2 Abs. 1 CC freie **Vereinbarungen** über die Auseinandersetzung des Güterstandes
und die Teilung treffen. Ist Grundbesitz hiervon betroffen, so muss nach Art. 265–2 Abs. 2
CC die Vereinbarung notariell beurkundet werden. Nach Art. 1451 Abs. 1 CC entfalten
diese Vereinbarungen erst mit Scheidungsausspruch Wirkung. Sie können auf Antrag eines
Ehegatten nach Art. 1451 Abs. 2 CC im Scheidungsurteil modifiziert werden, wenn sie sonst
dem Scheidungsurteil widersprechen würden. Nach Art. 268 CC können die Ehegatten
auch sämtliche anderen Scheidungsfolgen während des Verfahrens mit Genehmigung des
Gerichts regeln, wobei das Gericht zu prüfen hat, ob die Vereinbarungen die Interessen
jedes Ehegatten und der Kinder ausreichend berücksichtigen.

Liegt **keine Vereinbarung** vor, werden nach Art. 267 Abs. 1 CC die Auflösung des Güter-   171
standes und die Teilung des Vermögens **richterlich angeordnet**. Das Gericht entscheidet
nach Art. 267 Abs. 2 CC auch über Anträge auf Aufrechterhaltung der Gesamthandsgemeinschaft und die vorzugsweise Zuteilung von Gegenständen an einen Ehegatten. Nach
Art. 267 Abs. 3 CC kann es einem oder beiden Ehegatten auch einen Vorschuss gewähren.

Nach Art. 267–1 CC, Art. 1136–1 ff., 1358 ff. CPC gelten i.Ü. für die Teilung die Vorschrif-   172
ten der Erbauseinandersetzung entsprechend.[90]

---

90 Vgl. hierzu *Döbereiner*, in: *Süß*, Erbrecht in Europa, Länderbericht Frankreich, Rn 149 ff.

Döbereiner

3. Vermögensteilung außerhalb des Güterrechts

a) Rückabwicklung von Zuwendungen

173 Nach Art. 1096 Abs. 2 CC sind **Schenkungen** unter Lebenden zwischen Ehegatten, die während der Ehe erfolgt sind, grundsätzlich **nicht widerruflich**.[91] Nach Art. 265 Abs. 1 CC hat auch eine Scheidung grundsätzlich keine Auswirkungen auf während der Ehe gemachte Zuwendungen und Geschenke.

174 Allerdings erlöschen nach Art. 265 Abs. 2 CC alle güterrechtlichen Vorteile (*avantages matrimoniaux*; siehe Rdn 108 ff., 123), die gerade für den Fall der Beendigung des Güterstandes – insbesondere durch Tod eines Ehegatten – vereinbart wurden, und alle Verfügungen von Todes wegen, die ein Ehegatte während der Ehe zugunsten des anderen getroffen hat, es sei denn, es lag ein anderer Wille des Verfügenden vor. Dieser entgegengesetzte Wille wird vom Richter im Scheidungsurteil festgestellt und macht die aufrechterhaltene Verfügung unwiderruflich.

b) Ehegattengesellschaften

175 Gesellschaften zwischen Ehegatten waren früher nach französischem Recht gänzlich verboten. Nunmehr erlaubt Art. 1832–1 CC ausdrücklich, dass Ehegatten allein oder zusammen mit weiteren Personen Mitglieder einer Gesellschaft sein können. Im Übrigen gelten die allgemeinen gesellschaftsrechtlichen Vorschriften, im Falle einer Scheidung stellt ein Gesellschaftsanteil einen nach den allgemeinen Regeln zu behandelnden Vermögenswert dar.

4. Abfindungsleistung, Unterhalt

a) Grundsatz der Selbstverantwortlichkeit

176 Die Scheidung beendet nach Art. 270 Abs. 1 CC grundsätzlich die Unterhaltspflicht zwischen den Ehegatten. Das französische Recht geht insoweit von der Eigenverantwortlichkeit der Ehegatten aus. Die Scheidung soll nicht zu einer Bereicherung eines Ehegatten führen. Diese Grundsätze können jedoch nicht in allen Fällen strikt eingehalten werden, z.B. wenn ein Ehegatte seine berufliche Laufbahn vernachlässigt hat, um sich um die gemeinsamen Kinder zu kümmern.

b) Abfindungsleistung (prestation compensatoire)

177 Deshalb kann ein Ehegatte nach Art. 270 Abs. 2 CC verpflichtet sein, an den anderen Ehegatten eine Abfindung zu leisten, um durch die Scheidung eintretende Ungleichheiten der Lebensumstände auszugleichen. Diese *prestation compensatoire* kann in allen Fällen der Scheidung zugesprochen werden, seit der letzten Scheidungsreform bei der Verschuldensscheidung sogar zugunsten des alleinschuldigen Ehegatten. Sie hat einerseits **Entschädigungs- und** andererseits **Unterhaltscharakter**.[92] Durch die Scheidungsreform vom 26.5.2004 wurde nochmals ausdrücklich betont, dass die Entschädigung in erster Linie durch eine **Einmalleistung** erbracht werden soll, um auch finanziell einen Schlussstrich unter die Beziehungen der geschiedenen Partner zu ziehen. In der **Praxis** dagegen hatte sich – auch aus steuerlichen Gründen und entgegen der bereits vorher bestehenden Rechts-

---

91 Diese Regelung wurde erst mit der Scheidungsreform vom 26.5.2004 eingeführt, vorher waren Schenkungen zwischen Ehegatten stets frei widerruflich.
92 *Courbe/Gouttenoire*, Droit de la famille, Nr. 647.

lage – immer mehr (in ca. 75 % der Fälle) die Zuweisung von laufenden Unterhaltsleistungen durchgesetzt.

Es handelt sich i.Ü. bei dem Anspruch auf Abfindungsleistung um **zwingendes Recht** (*ordre public interne*), so dass hierauf **nicht** vor der Durchführung eines Scheidungsverfahrens **verzichtet** werden kann; auch **Vereinbarungen** sind nicht zulässig.[93]   178

Über die Gewährung der Abfindung und deren **Höhe** entscheidet der Richter im Scheidungsurteil. Dieser hat dabei nach Art. 271 Abs. 1 CC die Bedürfnisse und finanziellen Mittel und möglichst die nähere zukünftige Entwicklung zu berücksichtigen. In die Erwägungen sind insbesondere einzubeziehen die Ehedauer, das Alter und der Gesundheitszustand der Ehegatten, ihre berufliche Situation, die Rollenverteilung während der Ehe, insbesondere ob ein Ehegatte seine berufliche Laufbahn wegen gemeinschaftlicher Kinder oder der Karriere des anderen zurückgestellt hat, ihre finanzielle Situation nach Abwicklung des Güterstandes, sowie ihre Altersversorgung. Nach Art. 272 CC haben die Ehegatten über diese Umstände eine eidesstattliche Versicherung abzugeben. Bei beiden Ehegatten sind in finanzieller Hinsicht alle Einkünfte, gleich welcher Art, zu berücksichtigen, wobei an gemeinsame Kinder geleistete Unterhaltszahlungen beim Schuldner abgezogen werden, beim Gläubiger jedoch nicht zu berücksichtigen sind. **Feste Richtlinien** für die Bemessung der Höhe der Abfindung bestehen i.Ü. **nicht**, was in der Praxis dazu führt, dass die praktische Handhabung der Gerichte äußerst uneinheitlich ist.   179

Der Richter kann nach Art. 270 Abs. 3 CC bei Berücksichtigung der Kriterien des Art. 271 CC oder, wenn die Scheidung aufgrund alleinigen Verschuldens des die Abfindung fordernden Ehegatten ausgesprochen wurde, die Gewährung der Zahlung **verweigern**.   180

Die Entschädigung kann nach Art. 274 CC als **Einmalzahlung** oder durch **Zuweisung von Gegenständen** zu Eigentum oder zur Nutzung geleistet werden. Nach Art. 275 Abs. 1 CC kann auch **Ratenzahlung** gewährt werden, wobei diese nicht länger als acht Jahre dauern darf und indexiert wird. Die verschiedenen Zahlungsmodalitäten können nach Art. 275–1 CC kombiniert werden.   181

Im Falle einer **späteren Änderung** der wirtschaftlichen Verhältnisse kann der Schuldner nach Art. 275 Abs. 2 CC eine Anpassung der Zahlungsmodalitäten verlangen, er kann sich nach Art. 275 Abs. 3 CC jederzeit durch Zahlung der kompletten Summe von der Zahlungspflicht befreien. Nach Art. 277 CC kann der Richter **Sicherheitsleistungen** anordnen.   182

Im Falle des **Todes** des Zahlungsverpflichteten geht die Verpflichtung nach Art. 280 CC auf die Erben über. Diese haften jedoch nur mit dem Aktivnachlass, nicht mit ihrem sonstigen Vermögen.   183

c) Laufende Unterhaltszahlung, Leibrente

Nur in **Ausnahmefällen**, insbesondere wenn das Alter oder der Gesundheitszustand des Schuldners dies verlangt, kann der Richter gem. Art. 276 CC die Entschädigung in Form von **laufenden Unterhaltszahlungen** (*rente viagère*) gewähren. Die Unterhaltszahlung läuft seit der Reform vom 26.5.2004 zwingend auf **Lebenszeit**. Auch eine Wiederheirat des Unterhaltsberechtigten ändert nichts an der Unterhaltsverpflichtung.   184

Die **Höhe** der Unterhaltszahlung ist gesetzlich nicht festgelegt, feste amtliche Richtlinien oder Tabellen existieren nicht.   185

---

93 Cass.civ. 2e, 21.3.1988, Bull.Civ. II Nr. 74; Cass.civ. 1re, 3.2.2004, Rev.trim.dr.civ. 2004, 272; *Courbe/Gouttenoire*, Droit de la famille, Nr. 657 m.w.N.

Döbereiner

186 Die Unterhaltszahlung wird nach Art. 276–1 CC zwingend **indexiert**, wobei der Ausgangs-
betrag entweder festgelegt sein oder unter Berücksichtigung der wahrscheinlichen künftigen
Entwicklung periodisch gestaffelt sein kann. Über den maßgeblichen Index entscheidet das
Gericht. Meist wird der **Lebenshaltungskostenindex** zugrunde gelegt, andere Indices sind
jedoch zulässig. Bei einer Veränderung der wirtschaftlichen Verhältnisse kommt eine **Anpassung** nach Art. 276–3 CC in Betracht, wobei eine Erhöhung über den ursprünglich festgesetzten Betrag hinaus ausgeschlossen ist. Der Gläubiger kann nach Art. 276–4 CC jederzeit
eine Ablösung der monatlichen Zahlung verlangen, der Schuldner dagegen nur, wenn sich
die Situation des Gläubigers verändert hat.

d) Besonderheiten der einvernehmlichen Scheidung

187 Bei der einvernehmlichen Scheidung wird die **Abfindungsleistung** gem. Art. 278 CC in
der abzuschließenden **Scheidungsvereinbarung** geregelt, die jedoch nicht genehmigt wird,
wenn sie einseitig die Interessen eines Ehegatten verletzt. Für die Scheidungsvereinbarung
besteht über die vorstehend aufgeführten gesetzlichen Schranken hinaus **Vertragsfreiheit**,
so dass einvernehmlich, z.B. auch zeitlich beschränkt, laufende Unterhaltsleistungen vereinbart werden können.

188 Die Vereinbarung nach Art. 279 Abs. 1 CC hat die gleichen Wirkungen wie das gerichtliche
Urteil und kann wie dieses vollstreckt werden. Eine **Abänderung** der Unterhaltsvereinba-
rung ist nach Art. 279 Abs. 2 CC mit gerichtlicher Genehmigung möglich. Bereits in der
Vereinbarung kann jedoch geregelt werden, dass jeder Ehegatte bei einer wesentlichen
Veränderung der wirtschaftlichen Verhältnisse eine gerichtliche Überprüfung verlangen
kann.

e) Steuerliche Behandlung

189 Die steuerliche Behandlung von Abfindungs- bzw. Unterhaltszahlungen an den geschiedenen Ehegatten ist in Art. 80*quater*, 156 Abs. 2 Nr. 2, 199*octodecies* CGI geregelt.

190 Handelt es sich um eine **Einmalzahlung** oder werden die Zahlungen über einen Zeitraum
von **weniger als zwölf Monaten** erbracht, kann der Schuldner nach Art. 199*octodecies* CGI
25 % der erbrachten Leistungen bis zur Höhe von 30.500 EUR, also maximal 7.625 EUR,
von der Steuer absetzen.

191 Nach Art. 156 Abs. 2 Nr. 2, 80*quater* CGI werden die Zahlungen dagegen steuerlich wie
Unterhaltsleistungen behandelt, wenn sie über einen Zeitraum von **mehr als zwölf Monaten**
ab Rechtskraft des Scheidungsurteils erbracht werden. Sie können dann vom Schuldner von
seinen Einkünften abgezogen werden, umgekehrt sind sie vom Gläubiger als Einkünfte zu
versteuern. Das Gleiche gilt für Zahlungen aufgrund Art. 276, 278 oder 279–1 CC.

5. Schadensersatz in Härtefällen

192 In Härtefällen kann gem. Art. 266 CC einem Ehegatten Schadensersatz zugesprochen werden, um besondere Härten auszugleichen, die er gerade aufgrund der Eheauflösung erleidet,
wenn die Scheidung wegen Zerrüttung der Lebensgemeinschaft ausgesprochen wird und er
Beklagter der Scheidung war, oder wenn die Scheidung wegen alleinigen Verschuldens des
anderen ausgesprochen wird.

6. Ehewohnung

Die Ehewohnung ist im französischen Recht auch im Rahmen der Scheidung besonders geschützt. Handelt es sich um eine **Mietwohnung**, so sieht Art. 1751 Abs. 1 CC vor, dass in jedem Fall beide Ehegatten Mieter sind (siehe Rdn 65). Im Scheidungsfall kann die Wohnung gerichtlich nach Art. 1751 Abs. 2 CC einem Ehegatten zugewiesen werden.

193

Ist die Ehewohnung Teil des **Gesamtgutes** der Ehegatten, kann sie im Zuge der Auseinandersetzung nach Art. 1476, 832 CC einem Ehegatten zugewiesen werden. Steht die Ehewohnung – insbesondere bei Gütertrennung der Ehegatten – im Miteigentum, gilt über Art. 1542 CC ebenfalls die Regelung des Art. 832 CC.

194

Nach Art. 285–1 CC kann, wenn die Ehewohnung einem Ehegatten **allein gehört**, die Nutzung der Wohnung durch das Gericht dem anderen Ehegatten zugewiesen werden, wenn dieser allein oder gemeinsam das Sorgerecht für Kinder ausübt und die Kinder in der betreffenden Wohnung sich gewöhnlich aufhalten und ihr Interesse dies erfordert. Diese Anordnung kann längstens bis zur Volljährigkeit des jüngsten Kindes gelten.

195

7. Versorgungsausgleich, Regelung der Altersversorgung

Einen Versorgungsausgleich im eigentlichen Sinn kennt das französische Recht nicht. Vielmehr ist die jeweilige Versorgungssituation der Ehegatten bei der Bemessung der *prestation compensatoire* zu berücksichtigen.

196

8. Verteilung der elterlichen Sorge

Die **elterliche Sorge** für minderjährige Kinder steht gem. Art. 372 Abs. 1 CC beiden Elternteilen zu. Nach Art. 373–2 CC gilt dies auch, wenn die Eltern getrennt leben. Jeder Ehegatte hat dabei das Recht, persönlichen Kontakt mit dem Kind zu pflegen. Bei welchem Elternteil das Kind lebt, müssen die Eltern gemeinsam entscheiden oder – wenn dies nicht möglich ist – eine gerichtliche Entscheidung herbeiführen (Art. 373–2 Abs. 2 CC). Der Richter setzt dabei auch die Unterhaltspflicht des Ehegatten, bei dem das Kind nicht lebt, fest. Im Interesse des Kindes kann die elterliche Sorge gem. Art. 373–2–1 CC einem Ehegatten übertragen werden, das **Besuchs- und Umgangsrecht** kann dem anderen Ehegatten jedoch nur in schwerwiegenden Fällen entzogen werden, wobei dieser jedoch in jedem Fall weiterhin ein **Informationsrecht** über die Entwicklung des Kindes behält.

197

9. Kindesunterhalt

Nach Art. 373–2–2 CC ist bei getrenntlebenden Ehegatten der Ehegatte, bei dem das Kind nicht lebt, **barunterhaltspflichtig**, wobei der Unterhalt zu Händen des betreuenden Ehegatten zu zahlen ist. Die Höhe und die Modalitäten der Unterhaltszahlung können von den Ehegatten einvernehmlich vertraglich festgesetzt werden, wobei diese Vereinbarung gerichtlich zu genehmigen ist. Liegt keine Vereinbarung vor, entscheidet der Familienrichter. Feste Richtlinien oder Tabellen existieren nicht; nach der allgemeinen Regelung des Art. 208 CC richtet sich die Höhe des Unterhalts nach den Bedürfnissen des Unterhaltsberechtigten und nach den finanziellen Fähigkeiten des Schuldners. Die Unterhaltsleistung kann auch unmittelbar durch Übernahme von für das Kind anfallenden Zahlungen oder durch Gewährung einer Wohnung geleistet werden.

198

10. Erb- und Pflichtteilsrecht

199   Der Ehegatte ist kraft Gesetzes erbberechtigt, jedoch nur in Ausnahmefällen pflichtteils-
bzw. noterbberechtigt.[94] Das gesetzliche **Erb- und Pflichtteilsrecht** entfällt mit der rechtskräftigen Ehescheidung, nicht bereits mit der Rechtshängigkeit des Verfahrens. Gleiches
gilt im Zweifel für letztwillige Verfügungen zugunsten des Ehegatten (Art. 265 Abs. 2 CC).
Haben sich die Ehegatten nach Eheschließung mittels *donation de biens à venir* bzw.
institution contractuelle gegenseitig als Erben eingesetzt,[95] so ist eine solche Vereinbarung
nach Art. 1096 Abs. 1 CC ohnehin frei widerruflich, im Scheidungsfall hat dies jedoch
wegen Art. 265 Abs. 2 CC in der Regel keine Bedeutung mehr.

11. Name

200   Nach der Ehescheidung verliert der geschiedene Ehegatte nach Art. 264 Abs. 1 CC das
Recht, den Namen des anderen Ehegatten zu führen. Mit Einverständnis des anderen
Ehegatten oder aufgrund gerichtlicher Entscheidung, wenn das – z.B. berufliche – Interesse
des Ehegatten oder der Kinder dies erfordert, kann der geschiedene Ehegatte gem. Art. 264
Abs. 2 CC den Namen des anderen behalten.

12. Altersversorgung und gesetzliche Krankenversicherung

201   Eine gesetzliche **Witwen- oder Witwerrente** (*pension de réversion*) ist grundsätzlich daran
geknüpft, dass der überlebende Ehegatte bis zum Tod des Versicherten mit diesem in
rechtsgültiger Ehe verheiratet war. Allerdings sieht Art. L 353–3 Abs. 1 *Code de la sécurité
sociale* vor, dass auch der geschiedene Ehegatte rentenberechtigt bleibt. War der Verstorbene
wiederverheiratet, so erhält der geschiedene Ehegatte ein anteiliges Anrecht auf Altersversorgung nach Art. L 353–3 Abs. 2 *Code de la sécurité sociale* für die Zeit der Ehedauer. Bei
Beamtenpensionen gelten mit Modifikationen nach Art. L 44, 46 *Code des pensions civiles
et militaires de retraite* ähnliche Regelungen.

202   Bis 31.12.2015 behielt ein Ehegatte, der nicht selbst **krankenversichert** und beim anderen
Ehegatten in dessen Krankenversicherung mitversichert war, diese Versicherung für die
Dauer von zwölf Monaten ab Durchführung der nach der Scheidung erforderlichen Publizi-
tätsakte. Seit der zum 1.1.2016 in Kraft getretenen Sozialversicherungsreform (siehe bereits
Rdn 141) ist auch nach der Scheidung jede Person selbst versichert.

13. Staatsangehörigkeit, Bleiberecht

203   Eine aufgrund Heirat erworbene französische **Staatsangehörigkeit** (siehe Rdn 142) bleibt
auch nach der Ehescheidung bestehen.[96] Bestehende **Aufenthaltsrechte** werden durch eine
Scheidung nicht berührt.

---

94 Siehe hierzu ausf. *Döbereiner*, in: *Süß*, Erbrecht in Europa, Länderbericht Frankreich, Rn 105 ff.
95 Ausf. zur *institution contractuelle Döbereiner*, in: *Süß*, Erbrecht in Europa, Länderbericht Frankreich,
    Rn 118 ff.; *ders.*, Ehe- und Erbverträge im deutsch-französischen Rechtsverkehr, S. 112 ff.
96 *Courbe/Gouttenoire*, Droit de la famille, Rn 609.

IV. Scheidungsverfahren

1. Verfahrensarten

Das Scheidungsverfahren ist geregelt in Art. 248 ff. CC. Ergänzend gelten die Art. 1070 ff. CPC Bei der einvernehmlichen Scheidung handelt es sich nach Art. 1088 CPC um ein Verfahren der freiwilligen Gerichtsbarkeit (*matière gracieuse*), bei den anderen Scheidungsarten um Verfahren der streitigen Gerichtsbarkeit. **204**

2. Zuständigkeit

Sachlich zuständig zur Entscheidung über die Scheidung ist gem. Art. L 213–3 Abs. 2 Nr. 2 *Code de l'organisation judiciaire* das *Tribunal de grande instance*, das grds. durch einen Familienrichter als Einzelrichter entscheidet (*juge aux affaires familiales*). Der **Familienrichter** kann nach Art. L 213–4 Abs. 1 *Code de l'organisation judiciaire* die Angelegenheit an das Kollegium durch nicht anfechtbare Entscheidung verweisen, auf Verlangen einer Partei ist er hierzu nach Art. L 213–4 Abs. 2 *Code de l'organisation judiciaire* verpflichtet. **Örtlich zuständig** ist gem. Art. 1070 CPC das Gericht am Familienwohnort im Zeitpunkt des Scheidungsantrags, bei getrennt lebenden Ehegatten mit minderjährigen Kindern und gemeinsamem Sorgerecht das Gericht am gewöhnlichen Aufenthaltsort der Kinder, bei alleinigem Sorgerecht das Gericht am Wohnort des sorgeberechtigten Ehegatten, in allen anderen Fällen das Gericht am Wohnort des Antragsgegners. Bei der einvernehmlichen Scheidung können die Ehegatten bei Getrenntleben zwischen den für ihre Wohnorte zuständigen Gerichten frei wählen. **205**

3. Verfahren bei einvernehmlicher Scheidung

a) Scheidungsantrag, Ladung

Bei der einvernehmlichen Scheidung wird gem. Art. 1089 CPC ein gemeinsamer Scheidungsantrag beim Gericht eingereicht. Dabei ist **anwaltliche Vertretung** erforderlich, wobei sich die Ehegatten gem. Art. 250 Abs. 1 CC auf einen gemeinsamen Rechtsanwalt einigen können, was in der Praxis – insbesondere aus Kostengründen – in mehr als 90 % der einvernehmlichen Scheidungen der Fall ist. **206**

Der **Scheidungsantrag** muss nach Art. 1090 Abs. 1 Nr. 1 CPC Namen und Vornamen, Berufe, Wohnort, Nationalität, Geburtsdatum jedes Ehegatten, Heiratsort und -datum und Angaben zu gemeinsamen Kindern enthalten. Ferner sind nach Art. 1090 Abs. 1 Nr. 2, 1075 CPC die Krankenkasse sowie die zuständigen Sozialversicherungsträger und Träger der Altersversorgung anzugeben. Aufzuführen ist ferner nach Art. 1090 Abs. 1 Nr. 3 CPC der Name des gemeinsamen bzw. des jeweils beauftragten Rechtsanwalts. Der Scheidungsantrag ist von beiden Ehegatten sowie dem Rechtsanwalt bzw. den Rechtsanwälten (Art. 1090 Abs. 2 CPC) zu unterschreiben. Als Anlage ist nach Art. 1091 CPC die geschlossene **Scheidungsvereinbarung** beizufügen. **207**

Nach Art. 1092 CC werden die Ehegatten durch den Richter durch einfachen Brief mit einer **Frist** von mindestens 15 Tagen zur Anhörung **vorgeladen**. **208**

b) Scheidungstermin

Im Termin selbst wird nach Art. 250 CC, 1099 CPC die Scheidung durch die Anwälte der Parteien oder den gemeinsam gewählten Anwalt erläutert. Der Richter bespricht anschließend die Scheidung mit jedem Ehegatten einzeln und dann mit ihnen gemeinsam. Anschlie- **209** ßend werden der oder die Anwälte zur Verhandlung zugezogen. Der Richter hat dabei insbesondere zu erforschen, ob die Scheidung dem freien Willen der Ehegatten entspricht, er hat ferner über die Scheidungsfolgen zu belehren (Art. 1099 Abs. 1 CPC).

c) Scheidungsurteil

210 Liegen die Scheidungsvoraussetzungen vor, genehmigt der Richter gem. Art. 250–1 CC, 1099 Abs. 3 CPC in der Regel im selben Termin die Scheidungsvereinbarung und spricht die Scheidung aus. Nach Art. 1099 Abs. 2 CC kann der Richter mit Einverständnis der Ehegatten und der beteiligten Rechtsanwälte die Scheidungsvereinbarung im Termin abändern, wenn diese nach seiner Auffassung die Interessen eines Ehegatten oder der Kinder nicht ausreichend berücksichtigt.

d) Ablehnung der Scheidung, weiteres Verfahren

211 Genehmigt der Richter die Scheidungsvereinbarung nicht, lehnt er nach Art. 1100 Abs. 1 CPC durch Verfügung den Ausspruch der Scheidung ab. Eine **neue Scheidungsvereinbarung** muss nach Art. 250–2 Abs. 2 CC innerhalb von sechs Monaten vorgelegt werden. Hierüber sind die Ehegatten nach Art. 1100 Abs. 2 CPC in der richterlichen Verfügung zu belehren. Die Verfügung hat ferner aufzuführen, unter welchen Voraussetzungen der Richter die Scheidung auszusprechen beabsichtigt. Wird keine neue Scheidungsvereinbarung vorgelegt oder auch die zweite vom Richter nicht genehmigt, ist das Scheidungsverfahren nach Art. 250–3 CC, 1101 CPC hinfällig.

212 Im Einverständnis mit den Ehegatten kann der Richter i.Ü. **vorläufige Maßnahmen** nach Art. 250–2 Abs. 1, 254, 255 CC (siehe Rdn 221) ergreifen, sofern diese nicht den Interessen von Kindern widersprechen.

4. Andere Scheidungsarten

a) Vorverfahren, Anwaltszwang

213 Bei den anderen Formen der Scheidung muss zunächst eine Art **Vorverfahren** durchgeführt werden. Hierzu ist nach Art. 251 CC, 1106 CPC über einen **Rechtsanwalt** bei Gericht ein einleitender Schriftsatz einzureichen. In diesem werden die Scheidungsgründe und die Art der begehrten Scheidung nicht angegeben. Im Einleitungsschriftsatz sind jedoch gewünschte vorläufige Maßnahmen und eine summarische Begründung hierzu aufzuführen.

b) Schlichtungsgespräch (conciliation)

214 Nach Art. 252 CC ist anschließend zwingend ein **Schlichtungsversuch** durchzuführen, bei dem der Richter versucht, ein Einvernehmen über die Scheidungsvoraussetzungen und die Scheidungsfolgen herbeizuführen. Hierzu werden die Ehegatten nach Art. 1108 Abs. 1 CPC mit einer **Frist** von mindestens 15 Tagen mittels Einschreiben mit Rückschein **geladen**.

215 Zum **Schlichtungstermin** ist persönliches Erscheinen – ggf. aber nicht zwingend unter Hinzuziehung eines Rechtsanwalts – erforderlich. Soll im Schlichtungsgespräch die Scheidung akzeptiert werden, müssen nach Art. 253 CC beide Ehegatten anwaltlich vertreten sein. Im Schlichtungstermin selbst werden nach Art. 252–1 CC beide Ehegatten getrennt und anschließend gemeinsam **angehört**. Erscheint der Antragsgegner nicht, erläutert der Richter nach Art. 252–1 Abs. 3 CC die Angelegenheit allein mit dem Antragsteller. Die Rechtsanwälte werden erst nach Anhörung der Ehegatten zugezogen.

Das Schlichtungsverfahren kann nach Art. 252–2 CC **unterbrochen** werden, um den Ehegatten Überlegungszeit zu gewähren. Wenn der Kläger daraufhin seine Klage aufrechterhält, schlägt der Richter nach Art. 252–3 CC den Ehegatten vor, sich gütlich zu einigen und fordert sie auf, einen Vorschlag über die Regelung der Scheidungsfolgen zu machen.   216

Er kann in diesem Zusammenhang **vorläufige Maßnahmen** nach Art. 255 CC anordnen. Die im Schlichtungsverfahren gemachten Angaben sind im Scheidungsverfahren nach Art. 252–4 CC i.Ü. nicht verwertbar.   217

c) Weiteres Verfahren

Kommt es zu keiner Versöhnung der Ehegatten im Schlichtungsgespräch, wird dies nach Art. 1111 Abs. 1 CPC vom Richter festgestellt, der Antragsteller kann – im Falle der akzeptierten Scheidung können beide Ehegatten – dann nach Art. 257–1 CC die **eigentliche Scheidungsklage erheben** und das **eigentliche Scheidungsverfahren** einleiten. Die Klage kann nach Art. 1113 CPC innerhalb von drei Monaten nur durch den Ehegatten, der das Verfahren eingeleitet hat, erhoben werden, anschließend auch durch den anderen Ehegatten. Ist nach dreißig Monaten die Scheidungsklage nicht erhoben, so ist das bisherige Verfahren hinfällig. Dem Scheidungsantrag sind nach Art. 257–2 CC, 1115 CPC eine summarische Vermögensaufstellung sowie ein Vorschlag zur Regelung der finanziellen Scheidungsfolgen beizufügen.   218

d) Verhandlung, Verfahrensgrundsätze

Die Gerichtsverhandlung ist gem. Art. 248 CC **nichtöffentlich.** Hinsichtlich der **Beweislast** gelten grundsätzlich die allgemeinen Grundsätze, die Beweislast obliegt also grundsätzlich demjenigen, der sich auf einen für ihn günstigen Umstand beruft. Nach Art. 259 CC sind grundsätzlich alle **Beweismittel** zugelassen, nach Art. 259–1 CC sind jedoch gewaltsam oder durch Täuschung erlangte Beweismittel ausgeschlossen. Abkömmlinge – auch einseitige – sind nach Art. 259 S. 2 CC als Zeugen ausgeschlossen.   219

e) Scheidungsurteil, weiteres Verfahren

Der Richter kann die Scheidungsklage abweisen mit der Folge, dass die Ehegatten verheiratet bleiben. Der Richter kann in diesem Fall von Amts wegen über die gemeinsamen Beiträge zum ehelichen Leben, den – ggf. wohl auch getrennten[97] – Wohnort der Ehegatten und die Ausübung der elterlichen Sorge für gemeinsame Kinder regeln.   220

5. Vorläufige Maßnahmen, Eilmaßnahmen

Bei der einvernehmlichen Scheidung bestimmen die Ehegatten selbst auch über die Einleitung von vorläufigen Maßnahmen (siehe Rdn 207). In den anderen Scheidungsfällen kann nach Art. 254 CC der Richter nach Anhörung der Parteien und ggf. mit deren Einverständnis **einstweilige Anordnungen** erlassen, um bis zum Scheidungsausspruch die Existenz der Ehegatten und der Kinder sicherzustellen.   221

Er kann nach Art. 255 CC insbesondere ein **Mediationsverfahren** vorschlagen und mit Einverständnis der Ehegatten einen Mediator bestimmen (Nr. 1 und 2). Ferner kann der Richter über die **Modalitäten des Getrenntlebens** entscheiden (Nr. 3), einem Ehegatten die **Ehewohnung** und **Einrichtung** unentgeltlich oder gegen Entschädigung zuweisen (Nr. 4),   222

---

97 *Courbe/Gouttenoire*, Droit de la famille, Rn 581.

die Herausgabe von Kleidern und persönlichen Gegenständen anordnen (Nr. 5), **Unterhaltszahlungen** anordnen und vorläufig die **Schuldentilgung** regeln (Nr. 6), **Sicherungsmaßnahmen** zugunsten eines Ehegatten im Vorgriff auf die güterrechtliche Auseinandersetzung treffen (Nr. 7), die **Nutznießung** und Verwaltung des gemeinschaftlichen Vermögens i.Ü. regeln (Nr. 8), bestimmen, dass ein **Vermögensverzeichnis** unter Schätzung des Wertes errichtet wird und Vorschläge über die Regelung der finanziellen Angelegenheiten machen (Nr. 9) und schließlich einen Notar bestimmen, der einen Entwurf über die **Auseinandersetzung** des gemeinsamen Vermögens anfertigt (Nr. 10). Für vorläufige Maßnahmen hinsichtlich der **Kinder** verweist Art. 256 CC auf die allgemeinen Vorschriften über die elterliche Sorge.

223 Nach Art. 257 CC kann der Richter **Eilmaßnahmen** ergreifen, insbesondere einem Ehegatten gestatten, mit seinen minderjährigen Kindern getrennt zu leben. Er kann nach Art. 257 Abs. 3 CC über **Sicherungsmaßnahmen** entscheiden, z.B. das gemeinsame Vermögen versiegeln lassen.

6. Rechtsmittel

a) Einvernehmliche Scheidung

224 Entscheidungen des Richters im Rahmen eines einvernehmlichen Scheidungsverfahrens – mit Ausnahme eines antragsmäßigen Ausspruchs der Scheidung – können nach Art. 1102 CPC mittels **Berufung** (*appel*) zur *cour d'appel* innerhalb von 15 Tagen ab dem Tag der Entscheidung angegriffen werden.

225 Stattgebende Scheidungsurteile dagegen unterliegen nach Art. 1103 CPC der **Revision** (*cassation*) zur *cour de cassation* innerhalb von 15 Tagen ab Genehmigung der Scheidungsvereinbarung und Ausspruch der Scheidung.

226 **Gläubigern** steht nach Art. 1104 CPC eine **Drittwiderspruchsklage** zu, die innerhalb eines Jahres nach Erfüllung der in Art. 262 CC vorgesehenen Veröffentlichung der Scheidung zu erheben ist. Ist die Klage erfolgreich, insbesondere weil Gläubiger durch die Vermögensverteilung benachteiligt werden, führt sie dazu, dass die getroffene Scheidungsvereinbarung dem betreffenden Gläubiger gegenüber unwirksam ist.

b) Andere Scheidungsarten

227 Urteile in anderen als einvernehmlichen Scheidungsverfahren können innerhalb eines Monats ab Zustellung mittels Berufung (*appel*) angegriffen werden. Gegen Berufungsurteile ist innerhalb von zwei Monaten eine Revision (*cassation*) möglich. Eine Drittwiderspruchsklage ist dagegen nicht zulässig.[98]

V. Internationales Scheidungsrecht

1. Internationale Zuständigkeit der Gerichte

228 In Frankreich als EG-Mitgliedstaat gilt die Verordnung des Rates Nr. 2201/2003 (EheVO 2003 oder Brüssel-IIa-VO) über die Zuständigkeit und die Anerkennung und Vollstreckung in Ehesachen und in Verfahren betreffend die elterliche Verantwortung und zur Aufhebung

---

98 *Courbe/Gouttenoire*, Droit de la famille, Rn 593.

der Verordnung (EG) Nr. 1347/2000.[99] Die anzuwendenden Verfahrensvorschriften richten sich nach der *lex fori*.[100]

2. Auf die Scheidung anwendbares Recht

a) Vormalige einseitige Kollisionsnorm

Zum internationalen Scheidungsrecht galt bis zum Inkrafttreten der Rom-III-VO seit 11.7.1975 in Art. 309 CC eine einseitige Kollisionsnorm. Die Vorschrift bestimmt, dass französisches Scheidungsrecht anwendbar ist, wenn
– beide Ehegatten die französische Staatsangehörigkeit besitzen,
– beide ihren Wohnsitz in Frankreich haben oder
– kein ausländisches Recht sich für anwendbar erklärt und die französischen Gerichte international zuständig sind.[101]

Im Übrigen war das anwendbare Recht nach den ggf. beteiligten ausländischen Rechtsordnungen nach deren IPR zu ermitteln.

b) Geltung der Rom-III-VO

Seit 21.6.2012 gilt für Frankreich die Verordnung des Rates Nr. 1259/2010 (Rom-III-VO) zur Durchführung einer verstärkten Zusammenarbeit im Bereich des auf die Ehescheidung und Trennung ohne Auflösung des Ehebandes anzuwendenden Rechts (siehe hierzu „Allgemeiner Teil" § 1 Rdn 92 ff. in diesem Werk).

229

230

Für **Unterhaltszahlungen** zwischen den Ehegatten gilt jedoch das Haager Protokoll über das auf Unterhaltspflichten anzuwendende Recht vom 23.11.2007. Der Begriff „Unterhalt" in diesem Sinn wird dabei in Frankreich weit verstanden, so dass darunter auch die *prestation compensatoire* gezählt wird.[102] Die **güterrechtlichen Wirkungen** der Scheidung werden vom Güterrechtsstatut entschieden, die **erbrechtlichen Folgen** vom Erbstatut.

231

Sonderregeln gelten auch für die **elterliche Sorge** für gemeinsame Kinder und deren Schutz. Anwendbar sind das Haager Kinderschutzübereinkommen vom 19.10.1996 (ersetzt für Frankreich seit 1.2.2011 das Haager Minderjährigenschutzabkommen vom 5.10.1961), das Luxemburger Europäische Übereinkommen über die Anerkennung und Vollstreckung von Entscheidungen über das Sorgerecht für Kinder und die Wiederherstellung des Sorgerechts vom 20.5.1980, das Haager Abkommen über die zivilrechtlichen Aspekte internationaler Kindesentführung vom 25.10.1980 und schließlich die Verordnung des Rates Nr. 2201/2003 (EheVO 2003 oder Brüssel-IIa-VO).

232

3. Anerkennung im Ausland erfolgter Scheidungen

Für die Anerkennung ausländischer Scheidungsurteile gilt in Frankreich im Verhältnis zu den Mitgliedstaaten die Verordnung des Rates Nr. 2201/2003 (EheVO 2003 oder Brüssel-IIa-VO).

233

Im Übrigen ist – soweit nicht internationale Übereinkommen, insbesondere die EuGVO, einschlägig sind (vgl. hierzu auch Art. 509–1 ff. CPC) – die Wirkung ausländischer Gerichts-

234

---

99 Siehe hierzu „Allgemeiner Teil" in diesem Werk.
100 *Revillard*, Droit international privé et européen, Nr. 208.
101 Vgl. im Einzelnen *de Meo*, ZfRV 28 (1987) 107 (127 f.).
102 *Mayer/Heuzé*, Droit international privé, Nr. 608; *Revillard*, Droit international privé et européen, Nr. 234.

urteile in Frankreich in Art. 2412 Abs. 2 CC, 509 CPC zwar erwähnt, aber nicht geregelt, so dass auf von der Rechtsprechung entwickelte Grundsätze zurückzugreifen ist. Entscheidungen ausländischer Gerichte entfalten in Frankreich nur dann Wirkungen, wenn sie im Rahmen eines **Exequaturverfahrens** von einem *Tribunal de grande instance* überprüft worden sind. Ein ausländisches Gerichtsurteil wird unter folgenden Voraussetzungen anerkannt:

– Das ausländische Gericht muss aus französischer Sicht international und nach seinem eigenem Recht sachlich, örtlich und funktional zuständig gewesen sein;
– die Verfahrensvoraussetzungen des ausländischen Rechts müssen gewahrt sein;
– das ausländische Gericht muss das nach französischem internationalen Privatrecht maßgebliche Recht zugrunde gelegt haben;
– das Urteil darf nicht gegen den französischen *ordre public* verstoßen; und
– es darf kein *fraude à la loi* vorliegen.[103]

Keines Exequaturverfahrens bedarf es, wenn aufgrund des Urteils keine Zwangsmaßnahmen gegen Dritte eingeleitet werden können. Dies gilt z.B. für Scheidungsurteile, wenn aufgrund dieser keine Vollstreckung erfolgen soll.[104] In einem Rechtsstreit kann es jedoch zu einer inzidenten Überprüfung auch dieser Entscheidungen kommen. In diesem Fall gelten die gleichen Voraussetzungen wie im Exequaturverfahren.

E. Trennung von Tisch und Bett (séparation de corps)

I. Allgemeines

235   Das französische Recht kennt nach Art. 296 ff. CC als schwächere Form der Lockerung des Ehebandes die Trennung von Tisch und Bett. Diese spielt in der Praxis eine eher untergeordnete Rolle; jährlich werden derzeit weniger als 4.000 Trennungen von Tisch und Bett ausgesprochen. Von der (rechtlichen) Trennung von Tisch und Bett ist dabei die tatsächliche Trennung der Ehegatten zu unterscheiden (*séparation du fait*), die vor allem im Rahmen eines Scheidungsverfahrens als Scheidungsvoraussetzung von Bedeutung ist.

II. Voraussetzungen

236   Die Trennung von Tisch und Bett wird gem. Art. 296 CC unter den **gleichen Voraussetzungen wie die Scheidung** ausgesprochen. Auch das gerichtliche Verfahren entspricht gem. Art. 1129 CPC dem Scheidungsverfahren. Während eines Scheidungsverfahrens kann nach Art. 1076 CPC durch den Antragsteller jederzeit auf ein Verfahren auf Trennung von Tisch und Bett übergegangen werden; der umgekehrte Weg ist jedoch nicht zulässig.

237   Nach Art. 297 CC kann gegen eine Scheidungsklage, sofern sie nicht wegen Zerrüttung der Ehe erhoben wurde, **Widerklage** auf Trennung von Tisch und Bett erhoben werden und umgekehrt. Nach Art. 297–1 Abs. 1 CC wird jedoch vom Richter vorrangig die Scheidungsklage geprüft; nur wenn diese nicht erfolgreich ist, entscheidet der Richter über die Klage auf Trennung von Tisch und Bett. Nur wenn beide Klagen wegen Verschuldens des jeweils anderen Ehegatten eingereicht wurden, werden beide gemeinsam behandelt und ggf. eine Scheidung wegen Verschuldens ausgesprochen.

---

103 Cass.civ. 1re, 7.1.1964, Rev.crit.d.i.p. 1964, 344; Paris, 25.3.1994, Rev.crit.d.i.p. 1996, 119.
104 *Mayer/Heuzé*, Droit international privé, Nr. 415 ff. m.w.N. insbesondere aus der Rspr.

III. Rechtsfolgen

Die Trennung von Tisch und Bett **beendet** nach Art. 299 CC **nicht** die Ehe, befreit jedoch   238
die Ehegatten von der Pflicht zur ehelichen Lebensgemeinschaft. Nach Art. 300 CC ist
jeder berechtigt, einen ggf. angenommenen Namen des anderen Ehegatten fortzuführen, in
Ausnahmefällen kann dies jedoch untersagt werden. Nach Art. 301 CC bleiben die Ehegat-
ten grundsätzlich gegenseitig erbberechtigt; nur der Ehegatte, gegen den die Trennung von
Tisch und Bett wegen Verschuldens ausgesprochen wurde, verliert die einem überlebenden
Ehegatten zustehenden Rechte. Bei einverständlicher Trennung können die Ehegatten nach
Art. 301 S. 3 CC in der Trennungsvereinbarung einen **Erbverzicht** vereinbaren.[105]

Nach Art. 302 CC führt die Trennung von Tisch und Bett ab Rechtskraft des Urteils zur   239
Gütertrennung. Der bisherige Güterstand ist abzuwickeln.

Die Trennung von Tisch und Bett beendet jedoch nach Art. 303 Abs. 1 CC nicht die   240
gegenseitige **Unterhaltspflicht**. Zugunsten eines bedürftigen Ehegatten wird im Urteil ein
Unterhaltsanspruch festgesetzt. Nach Art. 303 Abs. 2 CC wird bei der Höhe des Unterhalts das Verschulden an der Trennung nicht berücksichtigt. Der Schuldner der Unterhaltszahlung kann sich jedoch auf Art. 207 Abs. 2 CC berufen, wenn der Unterhaltsgläubiger
selbst seine Verpflichtungen grob verletzt hat und die Unterhaltszahlung deshalb unbillig
wäre. Nach Art. 303 Abs. 3 CC kann statt einer laufenden Unterhaltszahlung auch eine
einmalige Zahlung entsprechend Art. 274–275–1, 77, 281 CC (siehe Rdn 181) angeordnet
werden, wenn das Vermögen des Unterhaltsschuldners dies erlaubt. Reicht das Kapital
nicht aus, kann der Schuldner Aufstockungsunterhalt ergänzend zur einmaligen Zahlung
verlangen. Im Übrigen richten sich nach Art. 304 CC die Folgen der Trennung von Tisch
und Bett nach den Scheidungsfolgen.

IV. Beendigung

Die Trennung von Tisch und Bett wird nach Art. 305 Abs. 1 CC durch die freiwillige   241
Wiederaufnahme der Lebensgemeinschaft beendet. Um Drittwirkung zu entfalten, muss
dies durch notarielle Urkunde festgestellt, gegenüber dem Standesbeamten erklärt und auf
den Heirats- und Geburtsurkunden vermerkt werden. Allerdings bleibt nach Art. 305 Abs. 2
CC vorbehaltlich einer anderen ehevertraglichen Vereinbarung der Güterstand der Gütertrennung bestehen.

Umgekehrt wird nach Art. 306 CC, 1131 ff. CPC auf Antrag eines Ehegatten nach zweijäh-   242
rigem Bestehen der Trennung von Tisch und Bett das Trennungsurteil ohne weitere Voraussetzungen in ein **Scheidungsurteil** umgewandelt. Nach Art. 307 CC kann die Trennung
ferner einverständlich in eine Scheidung umgewandelt werden, wobei eine einverständliche
Trennung auch nur in eine einverständliche Scheidung umgewandelt werden kann.

V. Internationales Privatrecht

Für die Anknüpfung der Trennung von Tisch und Bett im internationalen Rechtsverkehr   243
gelten die Ausführungen zur Scheidung entsprechend (siehe Rdn 229 ff.). Art. 309 CC galt
ausdrücklich auch für die *séparation de corps*.

---

105 Dies ist einer der wenigen Ausnahmefälle, in denen nach französischem Recht ein Erbverzicht entgegen
     Art. 791 CC zulässig ist, vgl. i.Ü. *Döbereiner*, in: *Süß*, Erbrecht in Europa, Länderbericht Frankreich,
     Rn 118.

F. Pacte civil de solidarité (PACS)

I. Allgemeines

244   Der französische Gesetzgeber hat im Jahr 1999 den sog. *pacte civil de solidarité* eingeführt. Darunter versteht man nach Art. 515–1 CC einen **Vertrag** zwischen zwei erwachsenen **Personen verschiedenen oder gleichen Geschlechts**, wie sie ihr gemeinsames Leben organisieren wollen. Zwischen Verwandten und Verschwägerten in gerader Linie und in der Seitenlinie bis zum dritten Grad Verwandten ist die Begründung eines PACS nicht zulässig, ebenso wenig, wenn eine Person verheiratet oder bereits einen PACS geschlossen hat (Art. 515–2 CC).

II. Begründung

245   Die erforderliche Vereinbarung ist nach Art. 515–3 Abs. 1 CC beim *Tribunal d'instance*, das in etwa dem deutschen Amtsgericht entspricht, in zweifacher Ausfertigung einzureichen. Eine besondere Form des Vertrages ist nicht vorgesehen. Beide Partner müssen persönlich bei Gericht erscheinen und **Personenstandsurkunden** vorlegen, aus denen hervorgeht, dass keine Hinderungsgründe nach Art. 515–2 CC vorliegen. Wurde die zugrunde liegende Vereinbarung in notarieller Form abgeschlossen, so erfolgt nach Art. 515–3 Abs. 5 CC die Einreichung beim Gericht durch den beurkundenden Notar. Örtlich zuständig ist das Gericht, in dessen Bezirk der erste gemeinsame Wohnsitz der Partner liegt. Das Gericht registriert die Partnerschaft in einem **Partnerschaftsregister** und verständigt hiervon das *Tribunal d'instance* des Geburtsortes, bei Geburt im Ausland das *Tribunal de grande instance* in Paris. Für Änderungen des Partnerschaftsvertrages gelten die vorstehend aufgeführten Formalitäten entsprechend, eine Mitteilung an das *Tribunal d'instance* des Geburtsortes erfolgt jedoch nicht.

III. Rechtsfolgen

246   Die Partner eines PACS sind nicht generell Ehepartnern gleichgestellt. Die Partner schulden sich jedoch, vergleichbar der Regelung in Art. 214 CC, auch in finanzieller Hinsicht nach Art. 515–4 Abs. 1 CC **gegenseitig Hilfe und Unterstützung**. Die Einzelheiten werden im Partnerschaftsvertrag geregelt. Jeder Partner haftet gem. Art. 515–4 Abs. 2 CC gegenüber Dritten für **Schulden**, die ein Partner für die gemeinsamen laufenden Lebensbedürfnisse oder die gemeinsame Wohnung eingegangen ist. In der Partnerschaftsvereinbarung ist nach Art. 515–5 CC zu regeln, ob das nach Begründung der Partnerschaft angeschaffte Mobiliar **gemeinsames Vermögen** sein soll, mangels Vereinbarung wird hälftiges Miteigentum vermutet. Auch die übrigen, während der Partnerschaft angeschafften Gegenstände stehen im Zweifel im hälftigen Miteigentum. Das vorpartnerschaftliche Vermögen bleibt dagegen getrennt.

247   Gegenseitige **Erb- und Pflichtteilsrechte** bestehen nicht. Der überlebende Partner eines PACS hat lediglich nach Art. 515–6 Abs. 3, 763 Abs. 1 und 2 CC ein durch den Erblasser ausschließbares **Wohnrecht** an der gemeinsam genutzten Wohnung und, falls er Miterbe wird, bei der Auseinandersetzung ein Recht auf **vorzugsweise Zuteilung bestimmter Gegenstände**, wie z.B. Unternehmen, vgl. hierzu Art. 515–6 Abs. 1 CC, 831 ff. CC. Ferner gehen die Rechte des Mieters aus einer Wohnraummiete nach Art. 14 des Gesetzes Nr. 89–462 vom 6.7.1989 auf Personen, die einen gemeinsamen Hausstand mit dem Verstorbenen hatten, also auch den überlebenden Partner eines PACS, über.

Einkommensteuerlich werden die Partner nach Art. 6 Nr. 1 CGI gemeinsam veranlagt. 248
Auch bei der **Schenkungs- und Erbschaftsteuer** bestehen besondere Freibeträge für Partner eines PACS.[106] **Sozialrechtlich**, insbesondere auch im Rahmen der gesetzlichen Krankenversicherung, sind die Partner Ehegatten in weiten Bereichen angenähert, ein nicht
berufstätiger Partner kann z.B. beim anderen auf Antrag in dessen Krankenversicherung
mitversichert werden, vgl. Art. L161–1 Nr. 1 *Code de la sécurité sociale*. Der Abschluss
eines PACS erleichtert i.Ü. die Erlangung einer zeitlich beschränkten Aufenthaltserlaubnis
(*carte de séjour temporaire*) in Frankreich, gewährt jedoch – anders als die Ehe – kein
automatisches dauerhaftes Bleiberecht (*carte de résident*).

IV. Auflösung

Die Partnerschaft wird nach Art. 515–7 Abs. 1 automatisch durch **Heirat** oder **Tod** eines 249
Partners beendet. Ein weiterer Beendigungsrund ist nach Art. 515–7 Abs. 3 CC die Auflösung durch **einvernehmliche Erklärung** gegenüber dem *Tribunal d'instance*, in dessen
Bezirk mindestens ein Partner seinen Wohnsitz hat. Jeder Partner kann den PACS auch
durch **einseitige** schriftliche Erklärung gegenüber dem anderen beenden, Kopie ist an das
Gericht zu senden. Gemeinsames **Vermögen** ist nach Art. 515–7 Abs. 8 CC in erster Linie
einvernehmlich zu verteilen, mangels Einigung gerichtlich.

V. Internationales Privatrecht

Mit Gesetz Nr. 2009–526 vom 12.5.2009 wurde mit Art. 515–7-1 CC eine eigene Kollisions- 250
norm für den PACS eingeführt. Kollisionsrechtlich unterliegen Begründung, Wirkungen
und Beendigung der Partnerschaft demnach den Sachvorschriften am Registrierungsort.

G. Nichteheliche Lebensgemeinschaft (concubinage)

I. Allgemeines

Der Code Civil definiert in Art. 515–8 seit 1999 ausdrücklich die nichteheliche Lebensge- 251
meinschaft, ohne diese jedoch weitergehend zu regeln. Unter *concubinage* versteht man
eine tatsächliche Beziehung zwischen zwei als Paar zusammenlebenden Personen verschiedenen oder gleichen Geschlechts, die durch eine gewisse Stabilität und Kontinuität gekennzeichnet ist.

II. Folgen der concubinage

Zivilrechtlich werden nichteheliche Lebensgefährten grundsätzlich wie Fremde behandelt. 252
Jeder kann die Beziehung jederzeit frei beenden. Bei **Beendigung** der Beziehung bestehen
grundsätzlich nur in Ausnahmefällen gegenseitige Ansprüche wegen **ungerechtfertigter**
Bereicherung. So ist z.B. bei **Mitarbeit eines Partners** beim Hausbau des anderen Partners
hierfür ein Rechtsgrund vorhanden, wenn der mitarbeitende Partner im Haus anschließend
gelebt hat. Auch das Entstehen einer faktischen **Gesellschaft** (*société de fait*) zwischen den
Partnern ist nur dann anzunehmen, wenn alle nach allgemeinem Gesellschaftsrecht für eine
Gesellschaft konstitutiven Voraussetzungen vorliegen, insbesondere muss jeder eine Einlage
erbringen, an Gewinnen und Verlusten teilhaben und den Willen zu einer Gesellschaftsgrün-

---

106 Vgl. hierzu *Döbereiner*, in: *Süß*, Erbrecht in Europa, Länderbericht Frankreich, Rn 202.

Döbereiner

dung haben. Das Zusammenleben allein ist hierfür jedoch nicht ausreichend. Auch Schadensersatzansprüche wegen unerlaubter Handlung bei Beendigung der Gemeinschaft kommen nur im Ausnahmefall in Betracht. **Zuwendungen** zwischen Partnern einer nichtehelichen Lebensgemeinschaft sind auch im Trennungsfall unwiderruflich.

253   Bei gemeinsamen Kindern wird das **Sorgerecht** gem. Art. 372 CC von beiden Partnern gemeinsam ausgeübt. Die **Adoption** von Kindern durch Nichtehegatten ist jedoch ausgeschlossen.

254   Im Todesfall sind nichteheliche Lebensgefährten **nicht erb- oder pflichtteilsberechtigt.** Allerdings gehen die Rechte des Mieters aus einer Wohnraummiete nach Art. 14 des Gesetzes Nr. 89–462 vom 6.7.1989 auf Personen, die einen gemeinsamen Hausstand mit dem Verstorbenen hatten, also auch auf einen nichtehelichen Lebensgefährten, über. **Sozialrechtlich** werden nichteheliche Lebensgefährte z.B. für die mögliche Mitversicherung in der Krankenversicherung (vgl. Art. 161–1 Nr. 1 *Code de la sécurité sociale*) den Partnern eines PACS und Ehegatten immer mehr gleichgestellt.

III. Internationales Privatrecht

255   Eine Kollisionsnorm für nichteheliche Lebensgemeinschaften existiert nicht. Teilweise wird auf das gemeinsame **Personalstatut**, hilfsweise auf das Recht am Wohnsitz der Partner abgestellt. Andere wollen das **Vertragsstatut** anwenden.[107]

H.   Abstammung und Adoption

I.   Abstammung (filiation)

1. Materielles Recht

256   Das Abstammungsrecht ist geregelt in Art. 310 ff. CC. Es wurde zuletzt durch Gesetze vom 4.7.2005 und 16.1.2009 neu geordnet. Seit dem Jahre 2002 ist die Unterscheidung im Abstammungsrecht zwischen **ehelichen** und **nichtehelichen Kindern** endgültig beseitigt. Nach Art. 310 CC haben alle Kinder die gleichen Rechte und Pflichten gegenüber Vater und Mutter. Sie gehören zur Familie von beiden. Die Abstammung wird nach Art. 310–1 CC kraft Gesetzes (Art. 311–25 ff. CC), durch freiwilliges Anerkenntnis (Art. 316 CC), durch gerichtlich protokollierte *possession d'état* (Art. 317 CC) oder durch gerichtliche Entscheidung festgestellt.

257   Nach Art. 311 CC wird **vermutet**, dass das Kind zwischen dem 180. und dem 300. Tag vor der Geburt gezeugt worden ist. Subsidiäre Beweisfunktion für die Abstammung kommt nach Art. 311–1 ff. CC dem sog. *possession d'état* (Statusbesitz) zu, der aus bestimmten Umständen, wie etwa dem Namen des Kindes, die Behandlung durch die Eltern oder die Anerkennung durch das Umfeld, Rückschlüsse auf die Abstammung zulässt.[108]

258   Die Abstammung von der **Mutter** wird nach Art. 311–25 CC durch die Benennung in der Geburtsurkunde festgestellt. Die Mutter kann allerdings nach Art. 326 CC verlangen, dass sie **anonym** bleibt. Das Kind wird dann nach zwei Monaten gem. Art. 351 CC zur Adoption freigegeben; bis zu deren Ausspruch kann die Mutter das Kind zurücknehmen.

---

107 *Revillard*, Droit international privé et européen, Nr. 369 ff. m.w.N.
108 Vgl. hierzu NK-BGB/*Junggeburth*, Bd. 4, Länderbericht Frankreich, Rn 124 f., 138.

Ist die Mutter verheiratet, wird nach Art. 312 CC grundsätzlich vermutet, dass ein während der Ehe geborenes Kind den Ehemann als **Vater** hat, es sei denn, die Mutter hat den Ehemann in der Geburtsurkunde nicht als Vater angegeben, oder wenn das Kind später als 300 Tage nach Einleitung eines Scheidungsverfahrens oder eines Verfahrens auf Trennung von Tisch und Bett geboren wurde. Dies gilt nach Art. 314 CC wiederum nicht, wenn für das Verhältnis zwischen Vater und Kind eine *possession d'état* vorliegt. Der Ehemann kann die Vaterschaft nach Art. 332 Abs. 2 CC durch Klage gegen das Kind **anfechten**. Die Anfechtungsfrist beträgt je nachdem, ob eine *possession d'état* vorliegt, nach Art. 333, 334 CC fünf Jahre nach Beendigung der *possession d'état*, i.Ü. in der Regel zehn Jahre ab Geburt des Kindes. Die Beweislast liegt beim klagenden Ehemann. Der Beweis der Abstammung wird in der Regel durch genetische Abstammungsgutachten geführt. **259**

Ein **Mutter- oder Vaterschaftsanerkenntnis** (*reconnaissance*) kann nach Art. 316 CC vor dem Standesamt oder durch (gerichtlich oder notariell) beurkundete öffentliche Erklärung abgegeben werden. Das nichteheliche Kind kann nach Art. 327 CC die nichteheliche Vaterschaft bis zu seinem 28. Lebensjahr (Art. 321 S. 2 CC) gerichtlich feststellen lassen. **260**

Für **Abstammungsklagen** ist nach Art. 318–1 CC das *Tribunal de grande instance* ausschließlich zuständig. **261**

Die **Leihmutterschaft** ist in Art. 16–7 CC verboten. **Samenspende** und **künstliche Befruchtung** sind unter den Voraussetzungen der Art. L 2141–1 ff. *Code de la santé publique* zulässig. Abstammungsrechtliche Regelungen finden sich in Art. 311–19 ff. CC. Zwischen einem Samenspender und dem Kind entsteht nach Art. 311–19 CC kein Abstammungsverhältnis. Ein Ehemann oder Lebenspartner, mit dessen Zustimmung mittels Samenspende eines Dritten ein Kind gezeugt wurde, kann seine eigene Vaterschaft nach Art. 311–20 CC nicht anfechten. Für den Ehemann gelten die gesetzlichen, in diesem Fall nicht widerlegbaren Vaterschaftsvermutungen. Ein mit der Mutter nicht verheirateter Mann, der trotz vorherigem Einverständnis in die künstliche Befruchtung die Vaterschaft nicht anerkennt, haftet hierfür gem. Art. 311–20 Abs. 5 CC gegenüber Mutter und Kind. Er wird auf Antrag gem. Art. 311–20 Abs. 5 CC gerichtlich zum Vater erklärt. **262**

2. Internationales Abstammungsrecht

Das internationale Abstammungsrecht ist in Art. 311–14 ff. CC geregelt.[109] Die Abstammung richtet sich gem. Art. 311–14 ff. CC nach dem **Personalstatut der Mutter** im Zeitpunkt der Geburt; ist die Mutter unbekannt, nach dem Personalstatut des Kindes. Bei mehreren Staatsangehörigkeiten geht ggf. die französische Staatsangehörigkeit vor, i.Ü. entscheidet die effektive Staatsangehörigkeit. Bei Vertriebenen oder Staatenlosen ist der Wohnsitz oder der gewöhnliche Aufenthalt maßgeblich. **263**

Für Frankreich gilt das Römische CIEC-Übereinkommen über die **Legitimation durch nachfolgende Ehe** vom 10.9.1970. **264**

Eine **Vaterschafts- oder Mutterschaftsanerkennung** ist nach Art. 311–17 CC wirksam, wenn sie entsprechend dem Personalstatut des Anerkennenden oder des Kindes abgegeben wurde. **265**

---

109 Im französisch-polnischen Verhältnis gilt weiterhin das Abkommen vom 5.4.1967. Ferner besteht im Verhältnis zu Slowenien das französisch-jugoslawische Abkommen vom 18.5.1971 fort, vgl. *Revillard*, Droit international privé et européen, Nr. 660 f.

II. Adoption

1. Allgemeines

266 Das französische Recht unterscheidet in Art. 343 ff. CC zwischen der einfachen Adoption (*adoption simple*) und der Volladoption (*adoption plénière*). Adoptionen werden gem. Art. 353 CC auf Antrag des Annehmenden durch das *Tribunal de grande instance* gerichtlich ausgesprochen.

2. Die Volladoption

267 Durch die Volladoption wird ein Kindschafts- und Verwandtschaftsverhältnis mit allen seinen Wirkungen hergestellt, das Adoptivkind verliert die Verwandtschaftsverhältnisse zur ursprünglichen Familie,[110] Art. 356 Abs. 1 CC. Nur im Falle der Stiefkindadoption bleiben nach Art. 356 Abs. 2 CC die bisherigen Verwandtschaftsverhältnisse zum Ehegatten und dessen Familie bestehen. Ein Verwandtschaftsverhältnis zwischen Annehmendem und Adoptivkind stellt kein Adoptionshindernis dar, auch keine Schwägerschaft.

268 Die Volladoption kann gem. Art. 343 CC durch (auch gleichgeschlechtliche) **Ehegatten**, die mehr als zwei Jahre verheiratet oder beide über 28 Jahre alt sind, oder nach Art. 343–1 CC durch jede einzelne Person, die über 28 Jahre alt ist, beantragt werden. Bei einer verheirateten Einzelperson muss der Ehegatte zustimmen. Die Altersgrenzen gelten nicht bei der Stiefkindadoption (Art. 343–2 CC). Eine Adoption durch mehrere Personen ist nur durch Ehegatten zulässig (Art. 346 CC).

269 Der Annehmende muss nach Art. 344 CC mindestens 15 Jahre, bei der Stiefkindadoption mindestens 10 Jahre, älter sein als das Adoptivkind; hiervon kann jedoch gerichtlich befreit werden. Das Adoptivkind darf nach Art. 345 Abs. 1 CC nicht älter als 15 Jahre sein und muss mindestens 6 Monate von den Annehmenden in deren Haushalt aufgenommen worden sein. Es muss nach Art. 345 Abs. 2 CC der Adoption selbst zustimmen, wenn es älter als 13 Jahre alt ist.

270 Eine **Stiefkindadoption** ist nach Art. 345–1 CC zulässig, wenn keine andere Abstammung festgestellt ist oder der andere Elternteil seine elterliche Sorge völlig aufgegeben hat oder wenn der erste Ehegatte verstorben ist, keine Großeltern mehr vorhanden sind oder diese völlig desinteressiert sind.

271 Beide Eltern, bei Vorversterben oder Geschäftsunfähigkeit eines Elternteils der andere Elternteil allein, bei Vorversterben oder Geschäftsunfähigkeit beider Elternteile der *conseil de famille* des Adoptivkindes, müssen nach Art. 348, 348–2 CC **zustimmen**.[111] Die Zustimmung kann jedoch durch das Gericht gem. Art. 348–6 CC ersetzt werden, wenn die Verweigerung rechtsmissbräuchlich ist oder tatsächlich kein Interesse der zustimmungsbedürftigen Personen vorliegt. Die Zustimmung erfolgt nach Art. 348–3 CC gegenüber der Geschäftsstelle des *Tribunal d'instance*, durch Erklärung vor einem französischen oder einem ausländischen Notar oder vor einem französischen Konsulat oder einer französischen diplomatischen Vertretung. Die Zustimmung kann innerhalb von zwei Monaten **widerrufen** werden. Ist das Adoptivkind jünger als zwei Jahre und sind Annehmender und Adoptivkind nicht bis zum sechsten Grad verwandt oder verschwägert, so ist die Zustimmung nur wirksam,

---

110 Eheverbote bestehen jedoch fort (vgl. Rdn 17).
111 Besonderheiten bestehen nach Art. 349 CC bei sog. Staatsmündeln (*pupilles de l'État*) gem. Art. L 225–1 ff. *Code de l'action sociale et des familles* und bei von den Eltern nach Art. 350 CC aufgegebenen Kindern.

wenn das Kind dem Jugendwohlfahrtsamt oder einem anderen zugelassenen Adoptionshilfswerk übergeben worden ist.

Besonderheiten bestehen, wenn ein **ausländisches Kind** adoptiert werden soll. In diesem Fall ist zunächst ein vorbereitendes Verwaltungsverfahren durchzuführen, in dem geprüft wird, ob der Adoptierende sowohl in moralischer als auch materieller Hinsicht geeignet ist, ein Kind zu adoptieren. Zu diesem Zweck wurde nach Art. L 148–2, R 148–4 ff. *Code de l'action sociale et des familles* die *Autorité centrale pour l'adoption internationale* geschaffen.[112]   272

Der **Adoptionsantrag** ist nach Art. 1166 CPC an das *Tribunal de grande instance* am Wohnort des Antragstellers zu richten. Nach Art. 353 CC wird die Adoption in einem Verfahren der freiwilligen Gerichtsbarkeit innerhalb von 6 Monaten nach Antragstellung ausgesprochen, wenn sie dem **Kindesinteresse** entspricht. Das Gericht kann hierzu umfassende Ermittlungen durchführen. Das Adoptivkind erhält gem. Art. 357 CC automatisch den **Namen** des Adoptierenden, bei der Adoption durch Ehegatten gilt jedoch Art. 311–21 CC, so dass die Ehegatten gemeinsam entscheiden müssen. Die Adoption ist **unwiderruflich**.   273

3. Die einfache Adoption (adoption simple)

Die einfache Adoption, geregelt in Art. 360 ff. CC, unterscheidet sich von der Volladoption insbesondere dadurch, dass sie die Verwandtschaftsverhältnisse des Adoptivkindes zu seiner bisherigen Familie nicht beendet. Das Adoptivkind bleibt gem. Art. 364 CC Teil seiner leiblichen Familie und wird – mit Ausnahme der erworbenen Verwandtschaft zum Annehmenden – grundsätzlich nicht Teil der Adoptivfamilie. Die elterliche Sorge obliegt jedoch dem Annehmenden. Die Einfachadoption ist unabhängig vom Alter des Adoptivkindes, so dass auch Volljährige adoptiert werden können. Das Adoptivkind behält gem. Art. 363 CC seinen Familiennamen, fügt diesem jedoch zusätzlich den Namen des Annehmenden hinzu. Die Vorschriften über die Volladoption gelten gem. Art. 361 CC weitgehend entsprechend. In Ausnahmefällen kann die Adoption aus schwerwiegenden Gründen, wie z.B. körperlichen Übergriffen, auf Antrag gem. Art. 370 CC widerrufen werden.   274

4. Internationales Adoptionsrecht

In Frankreich ist seit 1.10.1998 das Haager Übereinkommen über den Schutz von Kindern und die Zusammenarbeit auf dem Gebiet der internationalen Adoption vom 29.5.1993[113] in Kraft, die allerdings nicht das anwendbare Recht regelt.[114]   275

Nach Art. 370–3 Abs. 1 CC unterliegt eine Adoption in erster Linie dem **Heimatrecht des Annehmenden**, wobei jedoch in jedem Fall nach Art. 370–3 Abs. 3 CC ein gesetzlicher Vertreter des Kindes zustimmen muss. Bei einer gemeinsamen Adoption durch Ehegatten ist das Ehewirkungsstatut anwendbar, also das gemeinsame Heimatrecht, hilfsweise das Recht am gemeinsamen Wohnsitz der Ehegatten. Eine Adoption kann nach Art. 370–3 Abs. 1 S. 2 CC nicht ausgesprochen werden, wenn das Heimatrecht jedes Ehegatten dies   276

---

112 Einzelheiten hierzu bei *Revillard*, Droit international privé et européen, Nr. 611 ff.
113 Siehe hierzu „Allgemeiner Teil I" in diesem Werk.
114 Im französisch-polnischen Verhältnis ist das Abkommen vom 5.4.1967 zu beachten. Ferner besteht im Verhältnis zu Slowenien das französisch-jugoslawische Abkommen vom 18.5.1971 fort, vgl. *Revillard*, Droit international privé et européen, Nr. 660 f. Darüber hinaus besteht seit dem 1.2.2000 mit Vietnam ein Abkommen über die Zusammenarbeit auf dem Gebiet der Adoption.

Döbereiner

verbietet. Die Adoption eines minderjährigen ausländischen Kindes kann nicht ausgesprochen werden, wenn dessen Heimatrecht eine Adoption verbietet, es sei denn, das Kind wurde in Frankreich geboren und hat seinen gewöhnlichen Aufenthalt in Frankreich. Die Wirkungen einer in Frankreich ausgesprochenen Adoption richten sich nach Art. 370–4 CC. Über die erbrechtlichen Auswirkungen einer Adoption entscheidet das Erbstatut.[115]

277   **Ausländische Adoptionen** werden in Frankreich ohne Exequaturverfahren **anerkannt**.[116] Wirksame ausländische Adoptionen werden nach Art. 370–5 CC in Frankreich wie Volladoptionen behandelt, wenn sie vollständig die ursprüngliche Abstammung beseitigen, anderenfalls wie Einfachadoptionen.

---

115 *Revillard*, Droit international privé et européen, Nr. 639.
116 *Mayer/Heuzé*, Droit international privé, Nr. 660; *Revillard*, Droit international privé et européen, Nr. 642.

Döbereiner

Griechenland

Dr. iur. Dimitrios Stamatiadis, Rechtsanwalt in Athen, Assist. Professor an der Demokritus Universität Thrakien, (Teile A. III., B. V., C.–G.)
Dr. iur. Spyros Tsantinis, Rechtsanwalt in Athen, Assist. Professor an der Demokritus Universität Thrakien, (Teile A. I., II., B. I.–IV. und VI.–VIII.)

Literatur

Androulidaki-Dimitriadi, Die nichteheliche Lebensgemeinschaft, 1984 (gr.); *Calavros/Kolotouros*, Der Ehescheidungsprozess – Prozessgegenstand und Verfahren, 2001 (gr.); *Daskarolis*, Vorlesungen zum Familienrecht, Bd. I (zit. Familienrecht I), 1992 (gr.); *Deligiannis/Koutsouradis*, Familienrecht, Bd. II, 1987 (gr.); *Fenge/Papantoniou*, Griechisches Recht im Wandel. Neuere Entwicklungen des Familienrechts und des Zivilprozessrechts, 1987; *Filios*, Familienrecht, 4. Aufl. 2011 (gr.); *Gasis*, Das neue Familienrecht – Die Probleme, 1985 (gr.); *Georgiades*, Familienrecht, 2014 (gr.); *Georgiades/ Stathopoulos*, Zivilgesetzbuch, Kommentar, Bd. VII, Familienrecht, 1990 (gr.); *Grammatikaki-Alexiou/Papasiopi-Pasia/Vasilakakis*, Internationales Privatrecht, 1997 (gr.); *Karakatsanes*, Wandlungen des griechischen Ehescheidungsrechts, 1985; *Kastrissios*, in: *Bergmann/Ferid/Henrich*, Internationales Ehe- und Kindschaftsrecht, Loseblatt; *Koumantos*, Familienrecht, Bd. I, 1988 (gr.); *Kounougeri-Manoledaki*, Familienrecht, Bd. I, 6. Aufl. 2016 (gr.); *Koutsouradis*, Das neue griechische Eheschließungsrecht, FamRZ 1983, 851; *Nikolakopoulou-Stefanou*, Die Folgen der Ehescheidung (gr.); *Nikolopoulos*, Der Anspruch auf Zugewinnausgleich (gr.); *Panagopoulos*, Die einverständliche Scheidung, 1987; *Panagopoulos*, Familienrecht, 1998 (gr.); *Papachristou*, Familienrecht, 2014 (gr.); *Papasiopi-Pasia*, Staatsangehörigkeitsrecht, 2002 (gr.); *Spyridakis*, Die einverständliche Ehescheidung, 1998 (gr.); *Stamatiadis*, Die Ehescheidung im deutsch-griechischen Rechtsverkehr, 1994; *Vathrakokoilis*, ZGB-Kommentar, Bd. 5, Familienrecht, 2004 (gr.); Union Internationale du Notariat Latin, Régimes matrimoniaux, successions et libéralités dans les rélations internationales et internes, bearb. von *Moustaira/ Tsouka/Vardaka-Martini* (zit. Régimes matrimoniaux), 2003 (fr.); *Vrellis*, Internationales Privatrecht, 2001 (gr.).

A. Eheschließung

Tsantinis

1   Die Ehe ist nach griechischem Recht ein zweiseitiger Vertrag,[1] beherrscht von den Prinzipien der Eheschließungsfreiheit, der Monogamie,[2] des Zusammenlebens,[3] der Gleichheit der Ehegatten und der Gegenseitigkeit.[4] Das griechische Eherecht wird im Zivilgesetzbuch[5] geregelt und ist im Jahr 1982 durch das Gesetz Nr. 1250 grundlegend modernisiert worden.[6]

I. Materielle Voraussetzungen der Eheschließung

1. Keine obligatorische Zivilehe – Äquivalenz von Zivil- und kirchlicher Trauung

2   Bis 1982 war die kirchliche bzw. religiöse Trauung obligatorisch. Seit 1982 gilt das sog. „Alternativsystem".[7] **Zivilehe** und kirchliche bzw. **religiöse Trauung** sind demnach äquivalent. Art. 1367 Abs. 1 ZGB bestimmt:[8] „Die Ehe wird geschlossen entweder durch die gleichzeitige Erklärung der Trauleute, dass sie sich darüber einig sind (Zivilehe), oder

---

1   Art. 1350 ZGB: „Für die Eheschließung ist die Einigung der Eheleute erforderlich." Die Einigung ist Tatbestandsmerkmal und nicht bloß Voraussetzung der Wirksamkeit der Ehe (vgl. auch Art. 1367 Abs. 1 i.V.m. Art. 1372 Abs. 2 ZGB).

2   Vgl. Art. 1354 ZGB (Verbot der Doppelehe).

3   Vgl. Art. 1386 ZGB (Verpflichtung zum Zusammenleben).

4   *Daskarolis*, Familienrecht I, S. 81 ff.

5   ZGB (G. 2250/1940, in Kraft getreten am 23.2.1946); vgl. *Kastrissios*, in: *Bergmann/Ferid/Henrich*, Internationales Ehe- und Kindschaftsrecht, S. 25.

6   *Kastrissios*, in: *Bergmann/Ferid/Henrich*, Internationales Ehe- und Kindschaftsrecht, S. 26 ff.

7   *Daskarolis*, Familienrecht I, S. 107.

8   Übersetzung von *Kastrissios*, in: *Bergmann/Ferid/Henrich*, Internationales Ehe- und Kindschaftsrecht, S. 53.

durch kirchliche Trauung durch einen Priester der östlich-orthodoxen Kirche oder einen Geistlichen einer anderen in Griechenland bekannten[9] Konfession oder Religion."

2. Persönliche Voraussetzungen

a) Zwei Personen verschiedenen Geschlechts

Obwohl es im Gesetz nicht ausdrücklich festgeschrieben ist, wird aus der Gesamtheit der gesetzlichen Regelung geschlossen, dass die Ehe nur von zwei **Personen verschiedenen Geschlechts** eingegangen werden kann.[10] Eine Ehe zwischen Personen des gleichen Geschlechts ist nicht existent (**Nichtehe**).[11] Es bedarf daher keines gerichtlichen Urteils, das die Nichtexistenz dieser Ehe verkündet. Durch das Gesetz 4356/2015 ist eine **eingetragene Lebensgemeinschaft** unabhängig vom Geschlecht der Partner eingeführt worden. Eine Lebensgemeinschaft auch für Partner des gleichen Geschlechts ist nunmehr auch im griechischen Recht möglich. Die eingetragene Lebensgemeinschaft wird in Annäherung an die entsprechenden Regeln für die Ehe geregelt. Für die meisten Folgen der Partnerschaft werden die Regelungen der Ehe analog angewandt. Dies betrifft den Namen der Partner, die erbrechtlichen Folgen, die Vaterschaftsvermutung, den Nachnamen der Kinder und deren elterliche Sorge aber auch jede andere Regelung, die nicht ausdrücklich abweichend geregelt wird. Abweichend von der Ehe ist der Anspruch auf den Zugewinnausgleich geregelt. Bei diesem finden die Regelungen der ungerechtfertigten Bereicherung Anwendung. Die sozial- und arbeitsrechtliche Gleichstellung wird nach und nach per Präsidialdekret vollzogen.

3

b) Ehefähigkeit

Die **Ehefähigkeit** richtet sich grundsätzlich nach der **Geschäftsfähigkeit**. Die Trauleute müssen das 18. Lebensjahr vollendet haben (Art. 1350 Abs. 2 ZGB). Von dieser Voraussetzung kann das Gericht der freiwilligen Gerichtsbarkeit auf Antrag Befreiung erteilen, wenn die Ehe aus „wichtigem Grund" geboten ist.[12] Die Ehe eines Minderjährigen ohne die o.g. gerichtliche Erlaubnis ist nichtig (Art. 1372 ZGB).[13] Die Nichtigkeit kann jedoch geheilt werden, wenn die Erlaubnis nachträglich eingeholt wird oder der minderjährige Ehegatte das 18. Lebensjahr vollendet und die Ehe anerkannt hat.[14] Dass sich die Ehefähigkeit grundsätzlich nach der Geschäftsfähigkeit richtet, wird durch die Regelung des Art. 1351 ZGB deutlich. Danach kann der Geschäftsunfähige keine Ehe schließen. Nach Art. 128 ZGB ist **geschäftsunfähig**, wer das 10. Lebensjahr noch nicht vollendet hat und wer unter „völlig entziehender gerichtlicher Beistandschaft" steht. Ebenso kann derjenige eine Ehe nicht eingehen, der sich zur Zeit der Eheschließung im Zustand der Bewusstlosigkeit oder in

4

---

9 Eine „bekannte" Konfession oder Religion ist eine Konfession oder Religion, die bekannte, d.h. nicht heimliche, Dogmen und Kulten hat.

10 Rundschreiben des Staatsanwalts beim Areopag 5/2008, Efarmoges Astikou Dikaiou (Zeitschrift) 2008, 1073 ff.; Staatsanwalt beim Areopag 2223/2008, Efarmoges Astikou Dikaiou 2008, 1074; LG Rhodos 114/2009 Chronik des Privatrechts (Zeitschrift) 2009, 617; *Kounougeri-Manoledaki*, Familienrecht, S. 64 f.

11 Streitig ist das Problem der Ehe eines Hermaphroditen, bei welchem sich die Charakteristiken des anderen Geschlechts nach der Ehe durchsetzen; *Kounougeri-Manoledaki*, Familienrecht, S. 65, spricht sich für die nachträgliche Nichtexistenz auch dieser Ehe aus.

12 Wichtiger Grund könnte z.B. die Schwangerschaft der minderjährigen Frau sein, vgl. *Kounougeri-Manoledaki*, Familienrecht, S. 69.

13 Die Nichtigkeit der Ehe muss jedoch durch Gerichtsurteil anerkannt werden (siehe Rdn 9).

14 Art. 1373 Nr. 2 ZGB.

einem die Willensbestimmung entscheidend beeinträchtigenden Zustand seelischer oder geistiger Störung befand,[15] wie auch derjenige, der unter „teilweise entziehender gerichtlicher Beistandschaft" steht und dem die Eheschließung verboten ist.[16] Art. 1352 ZGB bestimmt jedoch, dass diejenigen, die unter völliger oder teilweise unterstützender gerichtlicher Beistandschaft stehen, mit Einwilligung ihres gerichtlichen Beistands eine Ehe schließen dürfen.[17] Die Ehefähigkeit **griechischer Muslime**[18] richtet sich nach dem islamischen heiligen Gesetz.[19] Eine Ehe durch **Vertretung** eines Ehegatten ist nicht möglich.

c) Kein Eheverbot bzw. Ehehindernis

5   Eine Ehe darf **nicht** geschlossen werden, wenn zwischen einer der Personen, die die Ehe eingehen will, und einer dritten Person eine Ehe besteht, bevor die bestehende Ehe durch unanfechtbares Gerichtsurteil aufgelöst oder für nichtig erklärt wurde, sog. **Verbot der Doppelehe** oder **Prinzip der Monogamie** (Art. 1354 ZGB). Verboten ist die Ehe auch in den folgenden Fällen:
- Zwischen Blutsverwandten in gerader Linie, z.B. Mutter-Sohn, ohne Rücksicht auf den Grad (Art. 1356 ZGB);
- zwischen Blutsverwandten in der Seitenlinie bis zum (einschließlich) vierten Grad, z.B. Geschwister, Onkel-Nichte, Tante-Neffe, Vetter ersten Grades (Art. 1356 ZGB);[20]
- zwischen Verschwägerten in gerader Linie, ohne Rücksicht auf den Grad (Art. 1357 ZGB);
- zwischen Verschwägerten in der Seitenlinie bis zum (einschließlich) dritten Grad (Art. 1357 ZGB);
- zwischen dem Annehmenden oder dessen Abkömmlingen und dem Adoptivkind (Art. 1360 ZGB). Letztes Hindernis besteht auch nach der Auflösung der Annahme als Kind.

d) Befreiung von Ehehindernissen nach dem Internationalen Abkommen zur Erleichterung der Eheschließung im Ausland

6   Nach dem Internationalen Abkommen zur Erleichterung der Eheschließung im Ausland, ratifiziert durch das Gesetz Nr. 1656/1986, kann das zuständige Gericht (in Griechenland die Kollegialkammer des örtlich zuständigen erstinstanzlichen Gerichts[21] im Verfahren der freiwilligen Gerichtsbarkeit) einen der beiden künftigen Ehegatten von **Ehehindernissen**

---

15 Art. 131 i.V.m. Art. 1351 ZGB.

16 Art. 129 Nr. 2 i.V.m. Art. 1351 ZGB.

17 Weigert sich der Beistand, seine Einwilligung zu erteilen, kann die Erlaubnis auch gerichtlich eingeholt werden (Art. 1352 Abs. 2 ZGB).

18 Im Gegensatz zu den Angehörigen aller anderen Glaubensgemeinschaften, deren Ehefähigkeit sich nach dem gemeinen Recht richtet. Die besondere Stellung der griechischen Muslime ist durch internationale Abkommen verankert und wurde deswegen von der Einführung des ZGB (1946) nicht beeinflusst. Vgl. dazu *Kastrissios*, in: *Bergmann/Ferid/Henrich*, Internationales Ehe- und Kindschaftsrecht, S. 28 Fn 25.

19 Art. 4 Gesetz 147/1914 und Art. 5 Gesetz 1920/1991.

20 Str. ist, ob in allen o.g. Fällen nur die gesetzliche Blutsverwandtschaft (für den Vater beruhend auf gesetzlichen Vermutungen) oder auch die natürliche Blutsverwandtschaft gemeint ist. Darf z.B. der natürliche Vater (vor Vaterschaftsanerkennung) seine nichteheliche Tochter heiraten? Bejahend etwa: *Kounougeri-Manoledaki*, Familienrecht, S. 76; *Daskarolis*, Familienrecht I, S. 95; verneinend: *Stathopoulos*, in: *Georgiades/Stathopoulos*, ZGB, Bd. VII, Art. 1361–1366 Rn 8.

21 *PolymelesProtodikeio.*

befreien, die im griechischen Recht vorgesehen sind, wenn er aus einem anderen Vertragsstaat[22] stammt, in dem dieses Hindernis nicht vorliegen würde.[23]

3. Eheerlaubnis

Das Vorliegen der positiven Voraussetzungen und das Fehlen der negativen Voraussetzungen der Ehe wird vom zuständigen **Bürgermeister** oder **Gemeindevorsteher** vorgeprüft, der die entsprechende **Eheerlaubnis** erteilt (Art. 1368–1370 ZGB i.V.m. Art. 1–4 Präsidialverordnung 391/16–18.6.1982). Weigert sich der Bürgermeister oder Gemeindevorsteher, die Erlaubnis zu erteilen, so entscheidet darüber das zuständige Gericht der freiwilligen Gerichtsbarkeit. Örtlich zuständig ist jeweils, ungeachtet der Staatsangehörigkeit der Brautleute, der Bürgermeister oder Gemeindevorsteher des letzten Wohnsitzes „einer jeden der Personen, die heiraten wollen".[24] Liegt dieser Wohnsitz im Ausland, dann ist der ausländische Bürgermeister für die Erteilung der Eheerlaubnis zuständig.[25] Sollte er nach seinem Heimatrecht keine Zuständigkeit zur Erteilung der Eheerlaubnis haben, kann die Eheerlaubnis vom zuständigen griechischen Konsulat erteilt werden.[26] Für die kirchliche Trauung ist nach griechischem Kirchenrecht die Erlaubnis des zuständigen Bischofs erforderlich.[27] Das **Fehlen** der Eheerlaubnis bildet jedoch keinen Ehenichtigkeitsgrund.[28]

7

4. Folgen bei Fehlen einer der Voraussetzungen

Es ist zwischen dem Fehlen der Tatbestandsmerkmale der Ehe einerseits und dem Fehlen einer oder mehrerer Voraussetzungen für die Eheschließung andererseits zu unterscheiden. Nur im ersten Fall ist die Ehe *ipso iure* nichtig, genauer, **nicht existent (Nichtehe)**. Demzufolge liegt eine Nichtehe vor, wenn
- sie gänzlich ohne Einhaltung der vorgesehenen Grundform (gemeinsame Erklärung vor dem Bürgermeister oder Gemeindevorsteher bzw. kirchliche oder sonstige religiöse Trauung) geschlossen worden ist (Art. 1372 Abs. 2 ZGB),
- die gemeinsame Ehewillenserklärung fehlt und
- die Partner nicht geschlechtsverschieden sind.

8

Bei der Nichtehe entstehen **keinerlei Ehewirkungen**. Jeder kann sich darauf berufen, ohne dass ein gerichtliches Urteil nötig wäre.

In den anderen Fällen, in denen entweder eine Ehevoraussetzung fehlt oder ein Ehehindernis vorliegt (siehe Rdn 4 f.), ist die Ehe nach der gesetzlichen Terminologie „**nichtig**" (Art. 1372 Abs. 1 ZGB). Die Nichtigkeit der Ehe muss jedoch durch rechtskräftiges gerichtliches Urteil anerkannt bzw. verkündet werden. Es handelt sich dabei also um eine „aufheb-

9

---

22 Das Abkommen ist von folgenden Staaten unterzeichnet worden: Deutschland, Österreich, Belgien, Frankreich, Griechenland, Italien, Luxemburg, Niederlande, Schweiz und Türkei. Weitere Staaten können dem Abkommen durch einfache Erklärung beitreten.

23 Art. 1 des Abkommens i.V.m. Art. 2 G. 1656/1986.

24 Art. 1368 ZGB.

25 *Kounougeri-Manoledaki*, Familienrecht, S. 94. Es fragt sich freilich, ob der ausländische Bürgermeister imstande sein wird, die Ehehindernisse nach griechischem Recht zu prüfen.

26 *Kounougeri-Manoledaki*, Familienrecht, S. 94.

27 *Vathrakokoilis*, ZGB-Kommentar, Bd. 5, Art. 1368 Rn 3; *Stathopoulos*, in: *Georgiades/Stathopoulos*, ZGB, Bd. VII, Art. 1368 Rn 4. Für kirchliche Trauungen wird praktisch nur diese Erlaubnis eingeholt und von der Kirche als ausreichend angesehen.

28 Art. 1372 ZGB (e contrario); *Kounougeri-Manoledaki*, Familienrecht, S. 93; *Stathopoulos*, in: *Georgiades/Stathopoulos*, ZGB, Bd. VII, Art. 1368 Rn 4.

bare" bzw. „anfechtbare" Ehe. Das Gleiche gilt für die *stricto-sensu*-Anfechtbarkeit" der Ehe, also für den Fall, in dem die Ehe durch Irrtum oder Drohung geschlossen worden ist (Art. 1374 und 1375 ZGB). Die Anerkennung der Nichtigkeit der Ehe führt jedoch nicht zur Aufhebung sämtlicher Ehewirkungen (z.B. Kinder aus dieser Ehe werden weiterhin als eheliche Kinder behandelt[29]). Die **Scheinehe** wird nach wohl h.M. als gültig betrachtet[30] – dies im Gegensatz zur allgemeinen Regelung der sonstigen Scheingeschäfte, die nichtig sind (Art. 138 ZGB). Besonders geregelt ist die **Putativehe** (Art. 1383 ZGB). Eine Putativehe liegt vor, wenn bei der Eheschließung beide oder einer der Ehegatten die Nichtigkeit nicht kannte(n). In diesem Fall wirkt die Nichtigkeitserklärung den Ehegatten bzw. demjenigen gegenüber, der die Nichtigkeit nicht kannte, nur für die Zukunft.

5. Verlöbnis

10   Der Eheschließung geht ein (formfreies) **Verlöbnis** voraus. Hierunter versteht man den Vertrag über eine künftige Ehe, also das gegenseitige Versprechen von Mann und Frau, künftig die Ehe eingehen zu wollen (Art. 1346 ZGB). Das Eheversprechen ist allerdings weder einklagbar, noch kann es durch eine Vertragsstrafe abgesichert werden (Art. 1346 Abs. 1 und 2 ZGB). Dennoch werden die Verlobten in manchen Rechtsvorschriften Eheleuten gleichgestellt; sie haben z.B. im Zivilprozess ein Zeugnisverweigerungsrecht (Art. 401 Abs. 2 in fine ZPO). Darüber hinaus kann der Anwendungsbereich von Vorschriften, die nur auf Eheleute oder auf „Familienangehörige" Bezug nehmen, teleologisch auch auf Verlobte erweitert werden (z.B. der Verlobte gehört zur „Familie" des Opfers, deren Mitglieder im Fall der Tötung nach Art. 932 Abs. 3 ZGB einen Anspruch auf Schmerzensgeld haben). Im Fall der **einseitigen Auflösung** des Verlöbnisses ohne wichtigen Grund besteht ein Anspruch des anderen Verlobten auf Erstattung eventueller Aufwendungen, die in Erwartung der Ehe gemacht worden sind (Art. 1347 ZGB). Wenn die Eheschließung endgültig unterbleibt, besteht ebenso ein Anspruch auf Rückgabe der Geschenke, die sich die Verlobten gegenseitig gemacht haben. Der Anspruch richtet sich nach den Vorschriften über die ungerechtfertigte Bereicherung.[31]

II. Sachlich zuständige Behörde

11   Die Trauleute sind frei, zwischen der Zivilehe oder der religiösen Trauung zu wählen (siehe Rdn 2). Je nachdem bestimmt sich auch die zuständige Behörde:

1. Zivilehe

12   Die Zivilehe findet vor dem **Bürgermeister**, dessen Vertreter oder dem Gemeindevorsteher statt. Der zuständige Bürgermeister oder Gemeindevorsteher erteilt auch ungeachtet der Staatsangehörigkeit der Trauleute die Eheerlaubnis.[32] Zur Eheerlaubnis für Personen mit Wohnsitz im Ausland siehe Rdn 7.

---

29 Art. 1382 ZGB.
30 *Kounougeri-Manoledaki*, Familienrecht, S. 83 f.; *Georgiades*, in: *Georgiades/Stathopoulos*, ZGB, Bd. VII, Art. 1372 Rn 4; a.A. *Vathrakokoilis*, ZGB-Kommentar, Bd. 5, Art. 1350 Rn 14.
31 Was wichtig sein kann, wenn z.B. das Geschenk (d.h. die Bereicherung) nicht mehr vorhanden ist (Art. 909 ZGB).
32 *Kounougeri-Manoledaki*, Familienrecht, S. 94.

2. Kirchliche bzw. religiöse Ehe

Zwischen Angehörigen der griechisch-orthodoxen Kirche erfolgt die Eheschließung vor dem **Priester**. Die Eheerlaubnis wird vom zuständigen Bischof erteilt (siehe Rdn 7). Zwischen Angehörigen anderer Religionen bzw. Konfessionen (derselben für beide Ehegatten) erfolgt die Eheschließung vor dem jeweiligen Priester bzw. Geistlichen der entsprechenden bekannten Religion bzw. Konfession und richtet sich grundsätzlich nach deren Glauben und Ritual.[33] So wird z.B. die Ehe Angehöriger der islamischen Religion vom Mufti gesegnet,[34] der auch eine beschränkte Gerichtsbarkeit für die Ehescheidung hat. Die Eheerlaubnis wird in allen obigen Fällen vom Bürgermeister bzw. Gemeindevorsteher erteilt (siehe Rdn 7). Aus der Sicht des griechischen Rechts bleibt für die Eheschließung nur wichtig, dass es eine **gemeinsame Ehewillenserklärung** in einer dafür vorgesehenen Form gibt. Eine andere Voraussetzung für die Vollendung der Ehe[35] kennt das griechische Recht nicht; dies gilt ungeachtet der **Konfession der Brautleute**.[36]

13

3. Religiöse Ehe zwischen Angehörigen verschiedener Konfessionen bzw. Religionen

Angehörige verschiedener Konfessionen oder Religionen (Heterodoxe oder Andersgläubige), die die religiöse Ehe vorziehen, sollten nach dem Wortlaut des Gesetzes (Art. 1371 ZGB) beide kultische Handlungen vornehmen, „wie es die Konfession oder die Religion einer jeden, die Ehe eingehenden Person erfordert". Es handelt sich um eine sehr unpraktische, gar gefährliche Regelung.[37] Theorie und Praxis haben die Unpraktikabilität der Vorschrift erkannt und sind sich darüber einig, dass auch eine kultische Handlung genügt.[38] Allerdings schadet die zweite kultische Handlung nicht. Die Eheerlaubnis wird auch in diesem Fall vom Bürgermeister bzw. Gemeindevorsteher erteilt.

14

4. Ehe im Ausland

Nach dem Internationalen Abkommen zur Erleichterung der Eheschließung im Ausland, ratifiziert durch das Gesetz Nr. 1656/1986, können Angehörige eines Vertragsstaates, in welchem die religiöse Ehe obligatorisch ist, bei den Konsularbehörden dieses Staates im Ausland eine Ehe schließen, soweit einer der Brautleute die Staatsangehörigkeit des besagten Staates besitzt und keiner der Eheleute die Staatsangehörigkeit des Staates hat, in dem die Ehe geschlossen wird.

15

III. Kollisionsrecht der Eheschließung

Stamatiadis

Die **sachlichen Voraussetzungen der Ehe** unterliegen dem Anwendungsbereich des Art. 13 ZGB. Nach Inkrafttreten des Gesetzes Nr. 1250/1982 über die Einführung der Zivilehe in

16

---

33 *Daskarolis*, Familienrecht I, S. 108.
34 Art. 5 Abs. 1 G. 1920/1991; dazu *Kastrissios*, in: *Bergmann/Ferid/Henrich*, Internationales Ehe- und Kindschaftsrecht, S. 28 ff.
35 Etwa die „*copula carnalis*" des kanonischen Rechts.
36 Z.B. auch für zwei Katholiken die sich in Griechenland kirchlich von dem katholischen Pastor trauen lassen, *Kounougeri-Manoledaki*, Familienrecht, S. 80 f.
37 Nach einer Meinung (*Koumantos*, Familienrecht I, S. 71) ist sie überhaupt aus Versehen im ZGB geblieben.
38 *Stathopoulos*, in: *Georgiades/Stathopoulos*, ZGB, Bd. VII, Art. 1371 Rn 3; *Vathrakokoilis*, ZGB-Kommentar, Bd. 5, Art. 1371 Rn 1; vgl. aber *Daskarolis*, Familienrecht I, S. 111.

der griechischen Rechtsordnung wurde auch die entsprechende Kollisionsnorm geändert. Nach Art. 13 ZGB a.F. unterlagen die sachlichen Voraussetzungen der Ehe für jeden künftigen Ehegatten dem Recht des Staates, dem er angehörte. Es handelte sich um eine gekoppelte, nicht um eine kumulative Anwendung zweier Rechtsordnungen.[39] Nach der neuen Fassung des Art. 13 ZGB richten sich die sachlichen Voraussetzungen der Ehe für beide Heiratswilligen nach dem Heimatrecht einer dieser Personen. Hierbei handelt es sich um eine alternative Anwendung beider Rechte. Zum Anwendungsbereich dieser Vorschrift gehören insbesondere die **Ehemündigkeit**, das **Fehlen von Ehehindernissen** und die **fehlerfreie Willensbildung**.[40] Mit dieser Regelung versucht der Gesetzgeber, das ehefreundlichere Recht anzuwenden (**Grundsatz der *favor matrimonii***).

17 Maßgeblicher **Zeitpunkt** für das Vorliegen der Eheschließungsvoraussetzungen ist der Zeitpunkt der Ehe. Dies bedeutet, dass eine Änderung der Staatsangehörigkeit nach Eheschließung grundsätzlich keine Einwirkung auf die Gültigkeit der Ehe hat.[41] Bei Mehrstaatern ist Art. 31 ZGB und bei Staatenlosen Art. 30 ZGB anzuwenden.

18 Die **Form der Eheschließung** richtet sich entweder nach dem Heimatrecht eines der künftigen Ehegatten oder nach dem Recht des Ortes, an dem die Ehe geschlossen wird (Art. 13 Abs. 1 S. 2 ZGB). Es handelt sich wiederum um eine alternative Anwendung der obigen Rechte. Diese Vorschrift betrifft
– Eheschließungen in Griechenland, wenn eine der beiden Personen Ausländer ist;
– Eheschließungen im Ausland zwischen zwei Griechen, zwischen einem Griechen und einem Ausländer oder zwischen zwei Ausländern.

19 Darüber hinaus werden in Art. 13 Abs. 2 ZGB die sog. **konsularischen Ehen** vorgesehen. Nach dieser Vorschrift kann die Erklärung des Art. 1367 ZGB[42] auch vor der griechischen Konsularbehörde abgegeben werden, wenn mindestens eine Person griechischer Staatsangehöriger ist und die Ehe im Ausland geschlossen wird. Art. 13 ZGB wird auch für die materiellen Voraussetzungen des **Verlöbnisses** analog angewandt.

B. Folgen der Eheschließung

Tsantinis

20 Die Eheschließung zieht Folgen auf den verschiedensten Gebieten mit sich. Am wichtigsten sind dabei die güterrechtlichen Folgen wie der eheliche Unterhalt. Die Möglichkeit der vertraglichen Gestaltung wird bei der jeweiligen Ehefolge erörtert.

I. Güterrecht

1. Güterstände im Allgemeinen

21 Das ZGB sieht als gesetzlichen Güterstand die **Gütertrennung mit Zugewinnausgleich** nach Auflösung der Ehe vor (Art. 1397 i.V.m. Art. 1400 ZGB; zum Zugewinnausgleich siehe

---

39 *Grammatikaki-Alexiou*, in: *Grammatikaki-Alexiou/Papasiopi-Pasia/Vasilakakis*, Internationales Privatrecht, S. 158.
40 Areopag 684/66, NoB 15, S. 625; OLG Athen 657/81, ArchN 32, S. 171.
41 *Vrellis*, Internationales Privatrecht, S. 284.
42 Es handelt sich um die persönliche Erklärung der Einwilligung der künftigen Ehegatten zur Eheschließung.

im Einzelnen Rdn 21 ff.).[43] Die Ehegatten können jedoch vor[44] oder während der Ehe auch das System der **Gütergemeinschaft** wählen (Art. 1403 ZGB). Die Modelle dürfen auch **kombiniert** werden, so dass sich z.B. die Gütergemeinschaft nicht auf das ganze Vermögen der Ehegatten erstreckt. In diesem Fall gilt für das übrige Vermögen Gütertrennung.[45] Der Ausschluss des Zugewinnausgleichsanspruchs ist dennoch, zumindest vor dessen Entstehung, nicht möglich.[46]

2. Auswirkungen der Ehe auf das Eigentum

a) Grundsatzregelung, gesetzliche Vermutungen und Verwaltung des Vermögens eines Ehegatten durch den anderen

Die Regelung des Art. 1397 ZGB sieht vor, dass die Eheschließung die vermögensrechtliche Selbstständigkeit der Ehegatten grundsätzlich nicht ändert. Wie im deutschen Recht entstehen also kraft Gesetzes weder gemeinschaftliches Vermögen noch gemeinschaftliche Schulden. Jeder Ehegatte haftet für seine vor und während der Ehe entstandenen Verbindlichkeiten allein und nur mit seinem Vermögen. Selbstverständlich aber können auch nach griechischem Recht die Ehegatten gemeinschaftliches Vermögen (z.B. Miteigentum) und gemeinschaftliche Verbindlichkeiten (z.B. Gesamtschuld) nach den allgemeinen Regeln des Sachen- bzw. Schuldrechts begründen, etwa indem sie eine Immobilie zu Miteigentum zu je ein halb erwerben oder ein Ehegatte vertraglich die Mithaftung für eine Verbindlichkeit des anderen Ehegatten übernimmt. All das gilt unter den Vorbehalten
– einer eventuellen Gütergemeinschaftsvereinbarung (siehe Rdn 21) und
– der besonderen Vorschriften über die Eigentumsvermutungen bei beweglichen Gegenständen, die sich im Besitz eines Ehegatten befinden.   22

Art. 1398 ZGB sieht **drei Vermutungen** bezüglich des **Eigentums** an den beweglichen Gegenständen,[47] die sich im Besitz oder Gewahrsam eines oder beider Ehegatten befinden, vor: 23
– Es wird zugunsten der Gläubiger jedes Ehegatten vermutet, dass diese Gegenstände dem Ehegatten gehören, der Schuldner ist (Art. 1398 Abs. 1 ZGB).
– In Bezug auf die Beziehungen der Ehegatten zueinander wird vermutet, dass die Gegenstände beiden zu gleichen Teilen gehören (Art. 1398 Abs. 2 ZGB).
– Es wird davon ausgegangen, dass die Gegenstände, die für den persönlichen Gebrauch eines Ehegatten bestimmt sind, diesem Ehegatten gehören. Letzteres gilt sowohl in Bezug auf die Beziehungen der Ehegatten zueinander als auch in Bezug auf die Beziehungen der Ehegatten zu ihren Gläubigern (Art. 1398 Abs. 3 ZGB).

Eine besondere Vermutung enthält Art. 115 EinfG zum ZGB. Danach wird im Fall der **Insolvenz** des einen Ehegatten zugunsten der Insolvenzgläubiger vermutet, dass jeder Vermögensgegenstand, der vom anderen nach der Eheschließung und innerhalb von zwei Jahren vor Zahlungseinstellung erworben worden ist, dem Insolventen gehört.   24

---

43 *Daskarolis*, Familienrecht I, S. 241 ff.; *Moustaira/Tsouka/Vardaka-Martini*, Régimes matrimoniaux, tome II, S. 1340.
44 In diesem Fall gilt der Vertrag unter der aufschiebenden Bedingung der Eheschließung, siehe *Kounougeri-Manoledaki*, Familienrecht, S. 279.
45 *Kounougeri-Manoledaki*, Familienrecht, S. 234; *Daskarolis*, Familienrecht I, S. 245.
46 *Stathopoulos*, in: *Georgiades/Stathopoulos*, ZGB, Bd. VII, Art. 1400 Rn 10.
47 Also nicht bezüglich anderer Vermögensgegenstände, wie z.B. Immobilien, Forderungen oder sonstige Immaterialgüter.

25 Während der Ehe **verwaltet** jeder Ehegatte sein Vermögen selbstständig. Sollte dennoch der eine Ehegatte die Verwaltung seines Vermögens dem anderen anvertrauen, gibt es nur eine besondere Vorschrift (Art. 1399 ZGB), die – wenn nichts anderes vereinbart ist – den verwaltenden Ehegatten von den Pflichten der Rechnungslegung und der Herausgabe der Einkünfte aus der Verwaltung befreit. Sonst wird die Verwaltung des Vermögens des einen Ehegatten durch den anderen im gesetzlichen Güterstand nach den allgemeinen Vorschriften geregelt.[48]

b) Gütergemeinschaft

26 Nach Art. 1403 Abs. 1 ZGB können die Ehegatten statt der gesetzlich vorgesehenen Gütertrennung **Gütergemeinschaft** wählen.[49] Dies wird gesetzlich definiert als das „System der Gemeinschaft zu gleichen Teilen an ihren Vermögensgegenstände ohne Verfügungsrecht eines jeden von ihnen über seinen eigenen Bruchteil".[50] Der Vertrag muss notariell beurkundet werden und wird in ein eigens dafür vorgesehenes Register eingetragen.[51] Im Vertrag dürfen die Einzelheiten der Gütergemeinschaft (Umfang, Beendigung etc.) unter Wahrung der Gleichheit der Rechte der Ehegatten geregelt werden. Trotz der ausführlichen gesetzlichen Regelung der Gütergemeinschaft (Art. 1403–1416 ZGB) wird von ihr in der Praxis so gut wie kaum Gebrauch gemacht.

II. Ehelicher Unterhalt

1. Allgemeines

27 Zu den praktisch wichtigsten Folgen der Ehe zählt die Pflicht der Ehegatten, gemeinsam für die Deckung der Familienbedürfnisse beizutragen, insbesondere einander und ihre Familie angemessen zu unterhalten.[52] Hierbei differenziert auch das ZGB zwischen der Unterhaltspflicht bei Bestehen der Ehe (Art. 1389–1390 ZGB), der Unterhaltspflicht nach der Trennung (Art. 1391–1392 ZGB; siehe hierzu Rdn 38) und nach der Ehescheidung (Art. 1442 ff. ZGB; siehe hierzu Rdn 63 81 ff.).

2. Familienunterhalt

28 Die nicht getrennt lebenden Ehegatten[53] sind jeder nach seinen Kräften verpflichtet, durch persönliche Arbeit (z.B. auch im Haushalt), Einkünfte und Vermögen (ob durch Naturalleistungen oder in Geld) zur Befriedigung der Bedürfnisse der Familie[54] beizutragen (Art. 1389 ZGB). Diese Verpflichtung umfasst vor allem den Unterhalt der Kinder wie auch den gegenseitigen Unterhalt der Ehegatten. Diese Verpflichtung wird von den Grundsätzen des gleichberechtigten und angemessenen Beitrags beherrscht.

---

48 Wenn die Verwaltung des Vermögens des anderen Ehegatten ohne entsprechende (ausdrückliche oder stillschweigende) Vereinbarung stattfindet, gelten die Vorschriften über die Geschäftsführung ohne Auftrag, vgl. z.B. *Kounougeri-Manoledaki*, Familienrecht, S. 239 und dort Fn 18.
49 Die Ehegatten können zwar beide Systeme kombinieren, dürfen jedoch kein drittes System wählen, siehe *Daskarolis*, Familienrecht I, S. 245.
50 *Daskarolis*, Familienrecht I, S. 304 ff.; *Kounougeri-Manoledaki*, Familienrecht, S. 277 ff.
51 Vor Eintragung wirkt der Vertrag nicht Dritten gegenüber.
52 *Daskarolis*, Familienrecht I, S. 193 ff.
53 Über den Unterhalt nach der Trennung siehe Rdn 38.
54 Zum Begriff siehe *Kounougeri-Manoledaki*, Familienrecht, S. 203 ff. Dazu gehört z.B. nicht der Unterhalt von Kindern des anderen Ehegatten aus einer früheren Ehe.

III. Name

1. Keine Auswirkung auf den Familiennamen der Ehegatten

Art. 1388 ZGB bestimmt ausdrücklich – entgegen der Regelung des alten Rechts[55] –, dass **29** sich durch die Eheschließung der **Familienname** der Ehegatten nicht ändert. Es handelt sich dabei um *ius cogens*. Die Ehegatten können die Anwendung dieser Regelung nicht mittels Vereinbarung ausschließen. Sie dürfen also nicht etwa einen gemeinsamen Familiennamen vereinbaren. Beide Ehegatten behalten ihren Familiennamen. Lediglich in gesellschaftlichen Beziehungen darf jeder Ehegatte mit (natürlich formloser) Zustimmung des anderen dessen Familiennamen führen oder seinem eigenen hinzufügen (Art. 1388 Abs. 2 ZGB).[56] Diese Regelung gilt auch für die eingetragene Partnerschaft (Art. 4 G. 4356/2015).

2. Familienname gemeinsamer Kinder

Art. 1505 ZGB enthält die Regelung für den **Familiennamen** der **gemeinsamen Kinder**.[57] **30** Danach sollen die Eltern vor der Eheschließung durch gemeinsame unwiderrufliche Erklärung den Familiennamen künftiger (oder schon geborener minderjähriger[58]) Kinder bestimmen. Der so festgelegte Familienname gilt für alle aus der Ehe hervorgehenden Kinder und kann entweder
– der Familienname des einen Elternteils oder
– eine Kombination der Familiennamen beider Eltern sein.

Der Familienname darf aber auf keinen Fall aus mehr als zwei Familiennamen bestehen. Diese Regelung gilt auch für Kinder aus einer eingetragenen Partnerschaft (Art. 10 G. 4356/2015).

Beispiel 1: Namen der (in Griechenland wohnhaften) Eheleute: Spyros Tsantinis (Grieche) **31** und Dorothee Sterner (Deutsche). Nach griechischem Recht sind folgende Familiennamen für die gemeinsamen Kinder möglich:

(a) Tsantinis-Sterner;

(b) Sterner-Tsantinis;

(c) Sterner;

(d) Tsantinis.

Beispiel 2: Namen der (in Griechenland wohnhaften) Eheleute: Konstantin Tsantinis-Sterner **32** (Grieche) und Anja Schmidt (Deutsche). Nach griechischem Recht sind folgende Familiennamen für die gemeinsamen Kinder möglich:

(a) Tsantinis-Sterner;

(b) Schmidt.

Eine Kombination (etwa „Tsantinis-Schmidt" oder gar „Tsantinis-Sterner-Schmidt") ist nicht erlaubt, eine dementsprechende Vereinbarung wäre somit nichtig (im ersten Fall, weil

---

55 Bis 1983; zum alten Recht: *Daskarolis*, Familienrecht I, S. 187 f.
56 Dazu *Daskarolis*, Familienrecht I, S. 189.
57 In Art. 1506 ZGB ist die entsprechende Regelung für den Familiennamen des Kindes ohne Ehe seiner Eltern enthalten (zum Begriff „Kind ohne Ehe seiner Eltern" siehe Rdn 86).
58 Art. 1506 Abs. 2 ZGB.

die Familiennamen als Ganzes genommen werden sollen; im zweiten Fall, weil der Name mehr als zwei Familiennamen enthält).

33 Die Erklärung wird vor einem Notar oder vor dem Amtsträger, vor dem die Ehe geschlossen wird,[59] abgegeben. In der Praxis erfolgt die Erklärung schon im Vorfeld der Eheschließung im Rahmen der Erteilung der Eheerlaubnis (nicht etwa am Tag der Hochzeit).

34 **Hinweis:** Sollte die Erklärung unterlassen worden oder nichtig sein, tragen die Kinder als Familiennamen den Familiennamen des Vaters (Art. 1505 Abs. 3 ZGB[60]).

IV. Sonstige Ehewirkungen

35 Die Ehegatten verpflichten sich gegenseitig zum Zusammenleben und zur Führung einer Lebensgemeinschaft (die z.B. die gemeinsamen Entscheidungen über die Angelegenheiten des **ehelichen Zusammenlebens** umfasst), sofern die Erfüllung dieser Pflichten ihre Persönlichkeit nicht verletzt (Art. 1386–1387 ZGB). Ob diese Pflichten auch einklagbar sind bzw. ob es sich dann um echte Pflichten handelt, ist umstritten.[61] Praktisch sind allerdings Streitigkeiten auf diesem Gebiet Übungsmanöver für Trennung und Scheidung, in die sie dann meistens auch münden.

V. Kollisionsrecht der Ehefolgen

Stamatiadis

36 Die **persönlichen Rechtsbeziehungen** der Ehegatten werden auf dem Gebiet des griechischen Kollisionsrechts in Art. 14 ZGB geregelt. Es handelt sich um eine zentrale und relevante Vorschrift des griechischen internationalen Familienrechts, weil diese Vorschrift sowohl für die **güterrechtlichen Beziehungen** (Art. 15 ZGB), für **Ehescheidung** und **gerichtliche Trennung** (Art. 16 ZGB) als auch für die Beurteilung der **Ehelichkeit eines Kindes** (Art. 17 ZGB) maßgeblich ist.

37 Gemäß Art. 14 Nr. 1 ZGB ist als Statut der persönlichen Rechtsbeziehungen der Ehegatten das Recht der letzten gemeinsamen **Staatsangehörigkeit** während der Dauer der Ehe berufen, sofern einer der Ehegatten diese noch hat. Zu berücksichtigen ist also in erster Linie die gemeinsame Staatsangehörigkeit der Ehegatten während der Ehe. Diese bleibt jedoch außer Betracht, wenn einer der Ehepartner nach der Eheschließung eine neue Staatsangehörigkeit erwirbt.[62] Verliert ein Ehegatte während der Ehe die ehemals gemeinsame Staatsangehörigkeit, so richtet sich das Statut der persönlichen Rechtsbeziehungen zugunsten der Kontinuität nach dem früheren gemeinsamen Heimatrecht. Haben die Ehegatten keine gegenwärtige oder frühere gemeinsame Staatsangehörigkeit, so ist hilfsweise an den letzten gemeinsamen **gewöhnlichen Aufenthaltsort** während der Ehezeit anzuknüpfen (Art. 14 Nr. 2 ZGB). Das Gesetz setzt für die Anknüpfung an das Recht des letzten gemeinsamen

---

59 Das ist entweder der Bürgermeister, der Gemeindevorsteher oder der Priester bzw. der Geistliche.

60 Die Verfassungsmäßigkeit gerade dieser Regelung ist heftig umstritten; ihre Zweckmäßigkeit und Praktikabilität ist freilich kein ausreichendes Argument für die Konformität der Regelung mit dem Grundsatz der Gleichberechtigung von Mann und Frau, insbesondere wenn auch andere angemessene Möglichkeiten vorhanden wären, z.B. die Kombination von Vater- und Mutternamen. Zu dem Thema vgl. *Stathopoulos*, in: *Georgiades/Stathopoulos*, ZGB, Bd. VII, Art. 1505 Rn 17.

61 *Kounougeri-Manoledaki*, Familienrecht, S. 174 ff.

62 *Grammatikaki-Alexiou*, in: *Grammatikaki-Alexiou/Papasiopi-Pasia/Vasilakakis*, Internationales Privatrecht, S. 181.

gewöhnlichen Aufenthaltsortes kein Zusammenleben der Ehegatten voraus. Es genügt, dass sie sich in demselben Staat aufhalten. Leben die Ehegatten nicht mehr in demselben Staat, so wird an das Recht des letzten gemeinsamen Aufenthaltsortes angeknüpft. Dabei wird nicht berücksichtigt, ob wenigstens ein Ehegatte seinen alten gewöhnlichen Aufenthalt behalten hat, wie es bei der Staatsangehörigkeit (Art. 14 Nr. 1 ZGB) der Fall ist. Letzte Hilfsanknüpfung ist das Recht, mit dem die Ehegatten **am engsten verbunden** sind (Art. 14 Nr. 3 ZGB). Dieses Recht kommt nur dann zum Zuge, wenn die Eheleute weder eine gemeinsame Staatsangehörigkeit noch ihren gewöhnlichen Aufenthalt in demselben Staat haben. Es handelt sich um eine allgemeine Klausel, und es liegt im Ermessen des Richters, den Schwerpunkt jedes Einzelfalls zu finden.

Ein maßgeblicher **Anknüpfungszeitpunkt** ist im Gesetz nicht vorgesehen. Entscheidend   **38** ist die Zeit vor dem zu regelnden Ereignis der persönlichen Beziehungen.[63] Der Anwendungsbereich des Art. 14 ZGB umfasst die persönlichen Rechtsbeziehungen der Ehegatten zueinander, die Außenwirkungen der ehelichen Gemeinschaft gegenüber Dritten und darüber hinaus den Namen der Eheleute sowie den ehelichen Unterhalt.[64] Bei der Anwendung ausländischen Sachrechts im Rahmen des Art. 14 ZGB werden als gegen den *ordre public* verstoßend diejenige Regeln erklärt, die die Lebensgemeinschaft der Ehegatten als Wesen der Ehe nicht akzeptieren, keine gegenseitige Unterhaltspflicht der Ehegatten vorsehen oder die den Unterhalt so gering bemessen, dass ein menschenwürdiges Leben, insbesondere eine ausreichende Ernährung, nicht möglich ist.[65] Für die Regelung der güterrechtlichen Beziehungen der Ehegatten wird auf Art. 14 ZGB verwiesen (Art. 15 ZGB).[66] Maßgeblicher Zeitpunkt ist die Zeit unmittelbar nach der Eheschließung.

VI. Auswirkungen der Ehe auf die Gesundheitsversicherung und Altersversorgung

Tsantinis

Der nicht erwerbstätige Ehegatte wird von der **Krankenversicherung** des anderen Ehegat-   **39** ten mitversorgt. Ein Institut wie den im deutschen Recht bekannten **Versorgungsausgleich** gibt es im griechischen Recht nicht. Grundsätzlich steht dem überlebenden nicht erwerbstätigen Ehegatten die Rente des verstorbenen Ehegatten zu einem Anteil zu (**Witwen-/ Witwerrente**). Da aber die entsprechende Gesetzeslandschaft kaum durch- und überschaubar ist, empfiehlt es sich, in diesem Bereich stets kundigen Rat unter Angabe der Gegebenheiten des konkreten Sachverhalts zu suchen.

VII. Ausländerrechtliches Bleiberecht und Auswirkungen auf die Staatsangehörigkeit

Nach dem griechischen Ausländergesetz[67] (Art. 33 Abs. 1) wird dem ausländischen Ehegat-   **40** ten eines in Griechenland wohnhaften EU-Bürgers eine mindestens fünfjährige **Aufenthaltsgenehmigung** erteilt, ohne dass eine Arbeitsgenehmigung nötig ist. Diese Genehmigung wird automatisch für mindestens fünf Jahre verlängert und umfasst auch die minderjährigen Kinder des ausländischen Ehegatten, sofern dieser die elterliche Sorge ausübt. Die

---

63 *Grammatikaki-Alexiou*, in: *Grammatikaki-Alexiou/Papasiopi-Pasia/Vasilakakis*, Internationales Privatrecht, S. 181.
64 OLG Patras 94/95, ArchN (1996) S. 271.
65 *Maridakis*, IPR, Bd. II, S. 168 Fn 43; *Moustaira/Tsouka/Vardaka-Martini*, Régimes matrimoniaux, tome II, S. 1341 ff.
66 Areopag 428/94, EllDik (1995) S. 308.
67 G. 2910/2001 und G. 3386/2005.

o.g. Regelung gilt fort auch für verwitwete bzw. geschiedene Ausländer und deren Kinder. Eventueller Missbrauch (z.B. **Scheinehen**) kann zur Aufhebung der Genehmigung führen. Für in Griechenland ansässige Nicht-EU-Bürger gelten besondere Vorschriften (Art. 53 ff. des Gesetzes Nr. 3386/2005). Die Erteilung einer Aufenthaltsgenehmigung wird an verschiedene Voraussetzungen gebunden; u.a. sind ein eigenes Einkommen des in Griechenland ansässigen Nicht-EU-Bürgers und eine Mindestaufenthaltsdauer von zwei Jahren notwendig.

41   Die Ehe hat – anders als im alten Recht (vor 1982) – keine automatische Auswirkung auf die **Staatsangehörigkeit** der Ehegatten.[68] Es ist lediglich eine Erleichterung für den Erwerb der griechischen Staatsangehörigkeit für Ausländer vorgesehen, die
      – mit einem/er Griechen/in verheiratet sind und
      – in Griechenland wohnhaft sind und
      – sofern aus der Ehe ein Kind (oder Kinder) hervorgegangen ist (oder sind).

Während für den Erwerb der griechischen Staatsangehörigkeit in der Regel ein zwölfjähriger Aufenthalt in Griechenland nötig ist, gilt diese Voraussetzung nicht für Ausländer, die o.g. Kriterien erfüllen (Art. 58 des Gesetzes Nr. 2910/2001[69]).

Für die eingetragene Partnerschaft gilt diese Regelung analog (Art. 12 G. 4356/2015).

VIII.   Steuerliche Auswirkungen der Ehe

42   Nach griechischem Steuerrecht reichen die Ehegatten eine gemeinsame Steuererklärung ein. Dennoch wird jeder Ehegatte gesondert nach seinem Einkommen besteuert. Die Steuerermäßigungen, die durch die Ehe entstehen, sind unbedeutend.

C.   Trennung und Scheidung

Stamatiadis

I.   Trennung

1.   Voraussetzungen

43   Im griechischen Recht ist die **Trennung von Tisch und Bett** (*separatio quodam mensam et torum*) nicht bekannt. Demzufolge können die Ehegatten ihre Ehe entweder aufrechterhalten oder sich scheiden lassen. Das Getrenntleben der Ehegatten wird in Art. 1391–1395 ZGB geregelt. Diese Vorschriften enthalten jedoch keine gesetzlichen Bestimmungen des Begriffs „Getrenntleben".[70] Sie beziehen sich auf die Rechtsfolgen der getrennt lebenden Ehegatten. Das **Getrenntleben** ist unabhängig davon, ob die Eheleute sich scheiden lassen wollen oder nicht; allerdings bildet es oft eine Vorstufe zur Scheidung. Nach h.M. leben die Ehegatten getrennt, wenn mindestens einer von ihnen die eheliche Lebensgemeinschaft erkennbar ablehnt. Das entscheidende Element ist also die **Trennungsabsicht** und nicht

---

68   Vgl. *Kastrissios*, in: *Bergmann/Ferid/Henrich*, Internationales Ehe- und Kindschaftsrecht, S. 9. Früher erwarb die ausländische Ehefrau eines Griechen (nicht der ausländische Ehemann einer Griechin) mit der Eheschließung automatisch die griechische Staatsangehörigkeit.

69   Stand Juni 2005.

70   Zum Begriff des Getrenntlebens siehe Areopag 1388/1991, EllDik 33 (1992) S. 1186; OLG Athen 10594/1990, EllDik 33 (1992) S. 879; *Kounougeri-Manoledaki*, Familienrecht, S. 388 ff.

bloß die räumliche Trennung.[71] Demnach besteht keine häusliche Gemeinschaft, wenn die Ehegatten innerhalb der ehelichen Wohnung getrennt leben und allein aus wirtschaftlichen Gründen im selben Haushalt bleiben.[72] Im Gegensatz dazu leben die Ehegatten nicht getrennt, wenn sie die eheliche Wohnung vorübergehend nicht teilen, weil z.B. ein Ehegatte studiert oder im Ausland arbeitet.[73]

2. Rechtsfolgen

Das **Getrenntleben** wird als eine unwiderlegbare Vermutung der ehelichen Zerrüttung und daher als **selbstständiger Scheidungsgrund** betrachtet.[74] In Art. 1391–1395 ZGB werden einige **Rechtsfolgen** des Getrenntlebens erwähnt, insbesondere:

    44

- Anstatt Familienunterhalt (Art. 1390 Abs. 1 ZGB) wird bei Getrenntleben **Unterhalt** geschuldet, der in Geld und monatlich im Voraus gezahlt werden muss (Art. 1391 Abs. 1 ZGB). Die Bestimmungen des Art. 1494 ZGB (Änderung der Unterhaltsbedingungen) und der Art. 1498–1500 ZGB (Unterhalt für die Vergangenheit, Verzicht auf den Unterhalt für die Zukunft, Erlöschen des Unterhaltsanspruchs) werden auf den Unterhalt zwischen den Ehegatten analog angewandt. Darüber hinaus findet Art. 1495 ZGB (verminderter Unterhalt) analoge Anwendung, wenn ein stichhaltiger Scheidungsgrund vorliegt, der auf Verschulden des berechtigten Ehegatten zurückzuführen ist. Die Behauptung eines solchen Scheidungsgrundes stellt eine Einrede des Verpflichteten dar. Ihre Annahme durch das Gericht führt zur Zahlung nur eines absolut notwendigen Mindestunterhalts für den Berechtigten.[75]
- Es findet eine gerichtliche Regelung der Benutzung der **Familienwohnung** statt, sofern Billigkeitsgründe angesichts der besonderen Umstände eines jeden Ehegatten und des Wohls der Kinder dies erfordern (Art. 1393 Abs. 1 ZGB).
- Der **Hausrat** wird zwischen den Ehegatten aufgeteilt (Art. 1394 ZGB). Falls sich die Ehegatten nicht einigen, erfolgt die Aufteilung durch das Gericht (Art. 1395 ZGB).

II. Scheidungsgründe

1. Streitige Scheidung

Durch das Gesetz Nr. 1329/1983 wurde die Liberalisierung des griechischen Familienrechts verwirklicht. Als einziger Scheidungsgrund gilt nunmehr die **starke Zerrüttung** der Eheverhältnisse, und zwar unabhängig vom Verschulden eines der Ehegatten (Zerrüttungsprinzip, Art. 1439 ZGB).[76] Ferner wird im neuen Recht die einverständliche Scheidung offiziell anerkannt (Art. 1441 ZGB). Die Ehescheidung erfolgt nur durch ein unwiderrufliches Gerichtsurteil (Art. 1438 ZGB, Art. 613 ZPO).[77] Eine Ausnahme vom Anwendungsbereich

    45

---

71 *Daskarolis*, Familienrecht I, S. 387.
72 OLG Athen 10594/1990, EllDik 33 (1992) S. 879; OLG Thessaloniki 644/1990, Arm 44 (1990) S. 960.
73 *Kounougeri-Manoledaki*, Familienrecht, S. 390.
74 OLG Athen 3528/1986, EllDik 27 (1986) S. 1303; OLG Athen 4751/1986, EllDik 27 (1986) S. 1304; *Kounougeri-Manoledaki*, Familienrecht, S. 388.
75 OLG Athen 1140/2002, EllDik 43 (2002) S. 1451; OLG Thessaloniki 389/2002, Arm 56 (2002) S. 1614.
76 Zum Begriff und historischen Entwicklung der Ehescheidung siehe *Kounougeri-Manoledaki*, Familienrecht, S. 349 ff.
77 *Calavros/Kolotouros*, Der Ehescheidungsprozess, S. 73 ff.

der Vorschriften für die Eheauflösung ist die Scheidung zwischen Muslimen, die in Art. 4 Abs. 1 des Gesetzes Nr. 147/1914 geregelt ist.[78]

46 Das griechische Scheidungsrecht unterscheidet zwischen absoluten und relativen Scheidungsgründen.[79] Als **absolute Scheidungsgründe** werden die zweijährige Trennung (Art. 1439 Abs. 3 ZGB[80]) sowie die Verschollenheit (Art. 1440 ZGB) betrachtet. Der einzige **relative Scheidungsgrund** ist die **starke Zerrüttung** (Art. 1439 Abs. 1, 2 ZGB). Das Vorliegen eines absoluten Scheidungsgrundes reicht für das Aussprechen der Ehescheidung aus. Im Fall eines relativen Scheidungsgrundes muss vom Gericht noch festgestellt werden, welche Auswirkungen dieser auf die Ehe hatte. Das Vorliegen eines solchen Scheidungsgrundes allein genügt für die Eheauflösung nicht. Nach Art. 1439 Abs. 1 ZGB kann jeder der Eheleute die Scheidung verlangen, wenn die zwischen den Eheleuten bestehende Beziehung – sei es aus Gründen, die den Beklagten oder beide Eheleute betreffen – so stark zerrüttet ist, dass die Fortsetzung der Ehebeziehung für den Kläger ernsthaft unzumutbar ist. Unter dem Begriff „jeder der Eheleute kann die Scheidung verlangen …" ist ein **Gestaltungsklagerecht** gemeint, das nur durch eine Gestaltungsklage des Art. 71 ZPO ausgeübt wird.[81] Darüber hinaus enthält die „**starke Zerrüttung**" die folgenden wesentlichen Elemente:

– Die Zerrüttung beruht auf dem Verhältnis der Ehegatten zueinander oder auf Tatsachen, die sich auf die Person des Beklagten oder auf beide Ehegatten beziehen. Das Verschulden der Eheleute spielt in diesem Fall keine Rolle. Die objektive Ehezerrüttung wird dadurch beschränkt, dass dem schuldigen Ehegatten nicht das Recht zugesprochen wird, die Scheidung zu beantragen (Berücksichtigung des Verschuldensprinzips im weiteren Sinne).[82]

– Die Ereignisse oder das Verhalten müssen nicht allgemein geeignet sein, eine Ehe zu zerrütten (objektives Element). Es wird allein darauf abgestellt, dass sie die Ehe stark zerrüttet haben.

– Wegen der starken Zerrüttung wird die eheliche Gemeinschaft für den Kläger „begründet unerträglich".[83]

47 Im Fall der Bigamie, des Ehebruchs, des Verlassens des Klägers sowie des Anschlags auf das Leben des Klägers wird die starke Zerrüttung **widerlegbar vermutet** (Art. 1439 Abs. 2 ZGB). Für die Begründung dieser **Eheverfehlungen** ist außer dem Verschulden noch die

---

78 Nach dieser Vorschrift bestimmen sich die Eheverhältnisse der Muslimen und der Juden, d.h. die gültige Eingehung und Auflösung der Ehe, die persönlichen Verhältnisse der Ehegatten während der Ehe sowie die Verwandtschaftsverhältnisse nach ihrem religiösen Gesetz. Darüber hinaus wurde durch Gesetz 2456/1920 die Gerichtsbarkeit der jüdischen religiösen Gerichte geregelt. Diese Rechtslage galt für die Griechen jüdischen Religionsglaubens bis zur Einführung des Zivilgesetzbuches (23.2.1946), da durch Art. 6 des Einführungsgesetzes zum ZGB Art. 4 des Gesetzes 147/1914 sowie die Regelungen über die Gerichtsbarkeit der jüdischen religiösen Gerichte aufgehoben wurden. Dagegen gilt weiterhin, trotz Einführung des Zivilgesetzbuches, Art. 4 des Gesetzes 147/1914 für die griechischen Muslime; siehe *Papasiopi-Pasia*, Das auf die Ehescheidung anzuwendende Recht in den griechischen und internationalen Konfliktsnormen, S. 245.
79 So *Daskarolis*, Familienrecht I, S. 365 ff.
80 Bis 2008 galt die vierjährige Trennung.
81 *Karakatsanes*, Wandlungen des griechischen Ehescheidungsrechts, S. 45.
82 OLG Larissa 46/2002, EllDik (2003) S. 1644.
83 OLG Dodekanes 83/2002, NoB (2003) S. 1644; *Stamatiadis*, Die Ehescheidung im deutsch-griechischen Rechtsverkehr, S. 34 ff.

Zurechnungsfähigkeit des betreffenden Ehegatten erforderlich, sonst können sie als widerlegbare Vermutungen nicht eingreifen.[84]

Leben die Ehegatten seit **zwei**[85] **Jahren dauernd getrennt**, wird die Zerrüttung **unwiderlegbar vermutet** (Art. 1439 Abs. 3 S. 1 ZGB). In diesem Fall kann die Scheidung verlangt werden, selbst wenn der Zerrüttungsgrund ausschließlich die Person des Klägers betrifft.[86] Ein Zusammenleben der Ehegatten über kürzere Zeit, das ihrer Versöhnung dient, unterbricht die vierjährige Frist nicht (Art. 1439 Abs. 3 S. 2 ZGB).[87]   48

Art. 1440 ZGB sieht **Verschollenheit** als absoluten Scheidungsgrund vor. Voraussetzung für die Ehescheidung ist, dass das Gerichtsurteil über die Verschollenheit rechtskräftig geworden ist. Die Ehe wird nicht automatisch gelöst, sondern der Ehegatte des Verschollenen muss die Scheidung beantragen.   49

2. Einverständliche Scheidung

In Art. 1441 ZGB wird die **einverständliche Scheidung** geregelt.[88] Für die Anwendung dieser Vorschrift müssen die folgenden Voraussetzungen erfüllt sein: 50
– Die Ehe muss vor Einreichen des Scheidungsantrags mindestens sechs Monate gedauert haben.[89]
– Erforderlich ist weiterhin die Einigung der Ehegatten über die Scheidung.
– Die Einigung wird von den Ehegatten vor dem Landgericht eingereicht.[90]
– Wenn gemeinschaftliche Kinder (auch legitimierte oder adoptierte) vorhanden sind, müssen die Ehegatten eine schriftliche Erklärung über die Regelung der elterlichen Sorge und des Umgangsrechts beibringen. Das Gericht ratifiziert die o.g. Verträge und erklärt die Scheidung.

3. Rechtsmissbrauch, Art. 281 ZGB

Die **rechtsmissbräuchliche Ausübung** des Scheidungsrechts wird durch Art. 281 ZGB verhindert: „Die Ausübung eines Rechts ist unzulässig, wenn sie offenbar die – von Treu und Glauben, den guten Sitten und dem sozialen oder wirtschaftlichen Zweck des Rechts – gezogenen Grenzen überschreitet." Art. 281 ZGB ist nur in Ausnahmefällen anzuwenden, wenn die Auflösung der Ehe aufgrund außergewöhnlicher Umstände so harte Folgen für den Beklagten oder die Kinder hätte, dass die Aufrechterhaltung der Ehe ausnahmsweise erforderlich ist.[91] Sonst bestünde die Gefahr, dass die Anwendung der Vorschrift zur Strenge des alten Scheidungsrechts führt. Das Gericht nimmt außerdem Rücksicht auf die Interessen des Klägers. Hat der Beklagte alle Voraussetzungen des Art. 281 ZGB bewiesen, ist die Scheidungsklage als unbegründet zurückzuweisen.   51

---

84 *Skorini*, in: *Georgiades/Stathopoulos*, ZGB, Bd. VII, Art. 1439 Rn 50.
85 Früher (auch in der Voraufl.) war diese Zeit vier Jahre. Die Änderung wurde durch G. 3719/2008 vorgenommen.
86 Areopag 534/1986, EllDik 28 (1987) S. 80; OLG Thessaloniki 621/1990, Arm 44 (1990) S. 959.
87 Areopag 1426/2003, Chronika Idiotikou Dikaiou (2004) S. 220; Areopag 1504/2003, EllDik (2004) S. 415; Areopag 1384/2000, EllDik 42 (2001) S. 685.
88 *Calavros/Kolotouros*, Der Ehescheidungsprozess, S. 97 ff.
89 Bis März 2012 galt die Mindestdauer von einem Jahr.
90 Das System der zwei Sitzungen wurde März 2012 abgeschafft.
91 *Daskarolis*, Familienrecht I, S. 403; *Karakatsanes*, Wandlungen des griechischen Ehescheidungsrechts, S. 49 ff.

III. Scheidungsverfahren

1. Streitige Scheidung

52   Die Ehescheidung unterliegt den speziellen Vorschriften für Ehesachen (Art. 592 ff. und 603 ff. gr. ZPO). Nach Art. 18 Nr. 1 gr. ZPO ist die Zivilkammer des Landgerichts sachlich **zuständig**. In zweiter Instanz sind die Oberlandesgerichte (Berufungsgerichte), in dritter Instanz für eine Revision der Areopag zuständig. Die örtliche Zuständigkeit wird in Art. 22 und 39 gr. ZPO geregelt. Nach diesen Vorschriften kann der Kläger die Scheidungsklage fakultativ entweder vor dem Gericht, in dessen Bezirk der Beklagte seinen Wohnsitz hat, oder vor dem Gericht, in dessen Bezirk die Ehegatten ihren letzen gemeinsamen gewöhnlichen Aufenthalt hatten, erheben.[92] Die Ehegatten müssen sich durch einen Rechtsanwalt vertreten lassen, sog. **Anwaltszwang** (Art. 94 gr. ZPO). Für einen Geschäftsunfähigen handelt der gesetzliche Vertreter (Art. 64 gr. ZPO). Der Prozessbevollmächtigte bedarf einer besonderen auf das Eheverfahren gerichteten Vollmacht (Art. 98 gr. ZPO). Nach Art. 594 gr. ZPO ist ein minderjähriger Ehegatte wie auch einer, der sich unter richterlicher Vormundschaft befindet, **prozessfähig**.

53   Die Scheidungsklage als Gestaltungsklage (Art. 71 gr. ZPO)[93] muss gem. Art. 216 Abs. 1 gr. ZPO eine deutliche Darstellung aller Vorgänge enthalten, die das Scheidungsrecht begründen.[94] Im Fall des vierjährigen Getrenntlebens des Art. 1439 Abs. 3 ZGB muss darüber hinaus der Beginn des Getrenntlebens deutlich gemacht werden; er muss mindestens vier Jahre vor der ersten Verhandlung und nicht vor der Klageerhebung[95] liegen. In der **Klageschrift** sind alle Gründe darzustellen, die zur Ehezerrüttung geführt haben.[96] Sie können sich auf die Person des Beklagten oder beide Ehegatten beziehen und müssen die Fortsetzung der ehelichen Beziehung für den Kläger unerträglich gemacht haben.

54   Das Scheidungsverfahren kann nach Art. 610 gr. ZPO mit anderen Folgesachen bzw. Unterhalt **verbunden** werden (objektive und kumulative Klagehäufung). In diesem Fall soll grundsätzlich gemeinsam verhandelt und entschieden werden. Trotz des Verbundes behält die Unterhaltspflicht im Rahmen des einheitlichen Verfahrens ihre Selbstständigkeit, so dass ihre Voraussetzungen gesondert zu prüfen sind und hierfür ein selbstständiges Endurteil als Teilurteil erlassen wird.[97] Eine Widerklage ist nach Art. 591 Abs. 1 Nr. 7 gr. ZPO (neue Fassung in der Geltung seit 1.1.2016) nur durch besonderen Schriftsatz zulässig, der acht Tage vor der Verhandlung zugestellt werden muss.

55   Bei der Anwendung der speziellen Vorschriften für Ehesachen (Art. 592–613 gr. ZPO) sind einige Abweichungen vom ordentlichen Verfahren zu beachten,[98] insbesondere
– die freie Würdigung des Geständnisses (Art. 600 Abs. 1 gr. ZPO);
– das Verbot der eidlichen Vernehmung der Parteien (Art. 601 Nr. 1 gr. ZPO);
– das Verbot der Vernehmung der gemeinschaftlichen Kinder der Parteien als Zeugen (Art. 601 Nr. 2 gr. ZPO);
– das Versäumnis des Beklagten gilt nicht als Geständnis (Art. 603 gr. ZPO);
– ein gerichtlicher Versöhnungsversuch ist vorgesehen (Art. 602 gr. ZPO);

---

92 OLG Athen 8047/1990, EllDik 33 (1992) S. 173.
93 *Calavros/Kolotouros*, Der Ehescheidungsprozess, S. 73 ff.
94 *Calavros/Kolotouros*, Der Ehescheidungsprozess, S. 27 ff.
95 *Karakatsanes*, Wandlungen des griechischen Ehescheidungsrechts, S. 52 Fn 109.
96 *Calavros/Kolotouros*, Der Ehescheidungsprozess, S. 38 f.
97 *Karakatsanes*, Wandlungen des griechischen Ehescheidungsrechts, S. 53.
98 *Calavros/Kolotouros*, Der Ehescheidungsprozess, S. 63 ff.

– die Parteien können nach Erlass des Endurteils auf Rechtsmittel verzichten (Art. 606 gr. ZPO);[99]
– die **Rechtskraft des Scheidungsurteils** tritt ein, wenn es mit den Rechtsmitteln der Revision und der Wiederaufnahme des Verfahrens nicht mehr angefochten werden kann (Art. 613 gr. ZPO).

2. Einverständliche Scheidung

Die einvernehmliche Scheidung ist nach h.M. eine Angelegenheit der freiwilligen Gerichtsbarkeit.[100] Nach Art. 740 Abs. 1 gr. ZPO ist das Landgericht und dort der Einzelrichter sachlich **zuständig**, da die einverständliche Scheidung nicht zu den Ausnahmen dieser Vorschrift gehört, für die die Zivilkammer des Landgerichts zuständig ist. Für die örtliche Zuständigkeit gibt es keine gesetzliche Regelung. Nach h.M. ist das Landgericht örtlich zuständig, in dessen Bezirk die Ehegatten ihren letzten gemeinsamen Aufenthaltsort hatten (Art. 39 gr. ZPO). Neben diesem Gerichtsstand gilt auch der allgemeine Gerichtsstand des Wohnsitzes oder des Aufenthaltsortes des Beklagten (Art. 22, 23 gr. ZPO).[101] Im Verfahren der einvernehmlichen Scheidung herrscht das **Amtsermittlungsprinzip**. 56

Nach Art. 1441 Abs. 1 ZGB können die Ehegatten, wenn sie mit der Scheidung einverstanden sind, diese mit einem **gemeinsamen Antrag zusammen mit einem diesbezüglichen Vertrag** begehren. Der Antrag muss die Angaben des Art. 747 gr. ZPO enthalten. Das Einverständnis der Ehegatten ist eine Handlung des materiellen Scheidungsrechts. Es handelt sich um eine rechtsgeschäftsähnliche Handlung. Im Verfahren der einvernehmlichen Scheidung herrscht **Anwaltszwang**. Für die Unterzeichnung des Antrags ist die persönliche Anwesenheit der Parteien nicht erforderlich. Sie kann durch ihren Prozessbevollmächtigten erfolgen. In diesem Fall kann die Vollmacht der Anwälte die Form einer Privaturkunde haben. 57

Wie im streitigen Verfahren ist das Urteil ein **Gestaltungsurteil**, das im Rahmen der freiwilligen Gerichtsbarkeit ab Rechtskraft zur Auflösung der Ehe führt.[102] Das Urteil kann durch ordentliche und außerordentliche **Rechtsmittel** angefochten werden, wenn die entsprechenden Voraussetzungen bestehen (Art. 760 gr. ZPO).[103] Die Ehegatten können auf Rechtsmittel verzichten, wenn sie einen schnelleren Eintritt der Rechtskraft bezwecken. Das Gericht muss die schriftliche Vereinbarung der Ehegatten über die Personensorge sowie den Umgang mit dem gemeinsamen Kind bestätigen. Die Vereinbarung gilt nur vorübergehend bis zum Erlass des Endurteils über die elterliche Sorge im ordentlichen Gerichtsverfahren (Art. 1513 ZGB). Ansprüche auf Unterhalt werden nach dem besonderen Verfahren des Art. 681 B Abs. 1 lit. a gr. ZPO entschieden. Auf andere vermögensrechtliche Ansprüche (wie Ansprüche aus Art. 1400, 1411 ZGB) sind die Vorschriften des ordentlichen Verfahrens anzuwenden. 58

---

99 *Karakatsanes*, Wandlungen des griechischen Ehescheidungsrechts, S. 55.
100 *Panagopoulos*, Die einverständliche Scheidung, S. 49; *Botsaris*, Prozessuale Fragen der einverständlichen Scheidung, EllDik 26 (1985) S. 9; vgl. allg. zutr. *Calavros/Kolotouros*, Der Ehescheidungsprozess, S. 97 ff.
101 OLG Athen 11363/1986, EllDik 28 (1987) S. 1326; *Kounougeri-Manoledaki*, Familienrecht, S. 485; *Daskarolis*, Familienrecht I, S. 430.
102 *Calavros/Kolotouros*, Der Ehescheidungsprozess, S. 128 ff. Ab April 2012 ist das System der zwei Anhörungen abgeschafft worden. Das Scheidungsurteil wird nun nach einer Anhörung erlassen (in demselben Urteil, in dem das Gericht die o.g. Vereinbarung bestätigt).
103 *Spyridakis*, Die einverständliche Ehescheidung, S. 85.

IV. Internationale Zuständigkeit der Gerichte/Behörden

59   Es gilt die Verordnung (EG) Nr. 2201/2003[104] über die Zuständigkeit und die Anerkennung und Vollstreckung von Entscheidungen in Ehesachen und im Verfahren betreffend die elterliche Verantwortung und zur Aufhebung der Verordnung (EG) Nr. 1347/2000, die die oben erwähnte Verordnung aufgehoben hat.

V. Auf die Scheidung anwendbares Recht

1. Allgemeines

60   Die Voraussetzungen der Ehescheidung sowie ihr Vollzug werden grundsätzlich an Art. 16 ZGB angeknüpft. Nach Art. 16 ZGB unterliegen die gerichtliche Trennung und die Ehescheidung dem Recht, das die persönlichen Rechtsbeziehungen der Ehegatten zum Zeitpunkt des Beginns des Trennungs- und Scheidungsverfahrens regelt. Die **persönlichen Rechtsbeziehungen** der Ehegatten richten sich nach
– dem Recht der letzten gemeinsamen Staatsangehörigkeit während der Dauer der Ehe, soweit einer der Ehegatten diese noch beibehält;
– hilfsweise dem Recht des letzten gemeinsamen gewöhnlichen Aufenthaltsortes während der Ehezeit;
– äußerst hilfsweise dem Recht, mit dem die Ehegatten am engsten verbunden sind.

61   Der Begriff „gerichtliche Trennung" umfasst sowohl die Trennung von Tisch und Bett als auch andere Rechtsinstitute, wobei nach gerichtlicher Entscheidung das Getrenntleben der Ehegatten gestattet wird, der Ehebund jedoch formal weiterbesteht.[105] Das Scheidungsstatut ist unwandelbar. Art. 16 ZGB bestimmt als Anknüpfungszeitpunkt den Beginn des Scheidungs- und Trennungsverfahrens und nicht den der Klageerhebung, damit auch die einvernehmliche Ehescheidung berücksichtigt werden kann. Bei der einvernehmlichen Scheidung beginnt das Verfahren mit Vorlegen des gemeinsamen Antrags der Ehegatten bei Gericht und der Abfassung des entsprechenden Berichts (Art. 747 §§ 1, 3 gr. ZPO). In den Anwendungsbereich des Art. 16 ZGB fallen die Zulässigkeit der Ehescheidung im konkreten Fall, die Scheidungsgründe und die Scheidungsfolgen, wie etwa der nacheheliche Unterhalt. Die güterrechtlichen Scheidungsfolgen werden hingegen in Art. 15 ZGB geregelt. Auf dem Gebiet des internationalen Scheidungsrechts findet der *ordre public*-Vorbehalt Anwendung, wenn beispielsweise das anzuwendende Recht die Unscheidbarkeit der Ehe vorsieht.[106] Es begründet jedoch keinen Verstoß gegen die griechische öffentliche Ordnung, wenn der ausländische Scheidungsgrund einem inländischen nicht genau gleicht. Es genügt, wenn der ausländische Scheidungsgrund inhaltlich unter eine der allgemeinen Kategorien der inländischen Scheidungsgründe subsumiert werden kann.[107]

---

104 Amtsblatt Nr. L 338 vom 23.12.2003, S. 1–29.

105 Näheres zur Qualifikation der Begriffe „Scheidung" und „gerichtliche Trennung" siehe *Papasiopi-Pasia*, Das auf die Ehescheidung anzuwendende Recht in den griechischen und internationalen Konfliktnormen, S. 13 ff.

106 LG Athen 17130/1975, NoB 24 (1976) S. 447 ff.; *Papasiopi-Pasia*, Das auf die Ehescheidung anzuwendende Recht in den griechischen und internationalen Konfliktnormen, S. 199; contra: OLG Athen 4198/1970, Arm 25 (1971) S. 419.

107 OLG Athen 9640/1990, EllDik 32 (1991) S. 1064; LG Athen 22422/1962, EEN 30 (1963) S. 279; LG Athen 11552/1973, NoB 21 (1973) S. 1502.

2. Interpersonales Recht bei der Ehescheidung

Für die in Griechenland lebenden Muslime gilt hinsichtlich ihrer personen-, familien- und   62
erbrechtlichen Verhältnisse das **islamische Recht**.[108] Das Letztere verdrängt bei solchen
Angelegenheiten das sonst herrschende griechische Recht. Die Anwendung des islamischen
Rechts für die in Thrakien (ein Bezirk im Nordosten Griechenlands) lebenden Muslime
beruht auf dem Athener Vertrag von 1913, der die Respektierung ihres Gewohnheitsrechts
gewährleistet. Darüber hinaus sind die Befugnisse der Muftis[109] festgelegt, innerhalb derer
sie unter den Muslimen Recht sprechen dürfen. Art. 4 des Gesetzes Nr. 147/1914 lässt den
vorerwähnten Vertrag zwischen Griechenland und der Türkei weiter gelten. Die Anwendung der religiösen muselmanischen Gesetze für die griechischen Muslime wird durch den
Lausanner Vertrag von 1923 ebenfalls bestätigt. Der rechtliche Status der muslimischen
Minderheit hat sich auch nach dem Inkrafttreten des griechischen Zivilgesetzbuches
(23.2.1946) nicht geändert. Art. 6 des Einführungsgesetzes zum ZGB hat Art. 4 des Gesetzes
Nr. 147/1914 nicht aufgehoben. Das Gesetz 1920/1991 hat auch nichts hinsichtlich der
rechtlichen Befugnisse des Muftis geändert, da sie durch internationale Verträge bestätigt
werden. Dieses Gesetz hat allein einige Probleme über das Verfahren und die Qualifikationen für die Ernennung der Muftis gelöst. Darüber hinaus sieht Art. 5 § 3 des Gesetzes
Nr. 1920/1991 das Verfahren vor, durch das die Entscheidungen des Mufti in Sachen der
streitigen Gerichtsbarkeit als rechtskräftig und vollstreckbar anerkannt werden.[110] Außer
seinen religiösen Aufgaben hat der Mufti auch die Befugnis, die Rechtsregeln des Korans
anzuwenden, die sich auf die Ehe, die Ehescheidung, die Unterhaltspflichten usw. der
Muslime beziehen.[111]

VI. Anerkennung im Ausland erfolgter Scheidungen

Es gilt die Verordnung (EG) Nr. 2201/2003 des Rates über die Zuständigkeit und die   63
Anerkennung und Vollstreckung von Entscheidungen in Ehesachen und im Verfahren betreffend die elterliche Verantwortung (Brüssel IIa-VO).

D. Scheidungsfolgen

I. Vermögensteilung

1. Güterrechtlicher Ausgleich

a) Anspruch auf Zugewinnausgleich

Art. 1400–1402 und 1397 ZGB regeln den gesetzlichen Güterstand des griechischen Ehe-   64
rechts (**Gütertrennung mit Anspruch auf Teilnahme am Zugewinn**). Art. 1400 ZGB sieht

---

108 Siehe hierzu *Papasiopi-Pasia*, Das auf die Ehescheidung anzuwendende Recht in den griechischen und
     internationalen Konfliktsnormen, S. 244 ff.; *Stamatiadis*, Die Ehescheidung im deutsch-griechischen
     Rechtsverkehr, S. 190; *Mekos*, Die Befugnisse des Muftis und die griechische Legislation.
109 Der Mufti ist grundsätzlich der höhere religiöse Führer der Muslimen, der auch die Rolle eines Rechts-
     lehrers übernimmt.
110 Darüber entscheidet das nach dem Sitz des Muftis örtlich zuständige Einzelgericht erster Instanz im
     Verfahren der freiwilligen Gerichtsbarkeit.
111 Die ganze Regelung wirft einige Fragen über die Verfassungsmäßigkeit des vom Mufti angewandten
     Rechts auf, auf die im Rahmen des vorliegenden Beitrages nicht eingegangen werden kann.

Folgendes vor: „Wenn die Ehe aufgelöst wird oder nichtig ist und sich das Vermögen eines
der beiden Ehegatten seit der Eheschließung vermehrt hat, so kann der andere Ehegatte,
wenn er zu dieser Zunahme des Vermögens auf irgendeiner Weise beigetragen hat, die
Herausgabe des Teils der Zunahme, der von seiner Mitwirkung herrührt, verlangen. Es
wird vermutet, dass der Beitrag sich auf ein Drittel der Zunahme beläuft, außer es wird
nachgewiesen, dass ein größerer, ein kleinerer oder gar kein Beitrag geleistet wurde. Der
vorige Absatz wird analog angewandt, wenn die Ehegatten mehr als drei Jahre getrennt
leben. Dem Zugewinn des Vermögens der Ehegatten wird nicht zugerechnet, was die Ehegatten durch Geschenke, durch Erbschaft, durch Zuwendung von Todes wegen erwerben,
oder das mit den Erträgen dieser Zuwendungen erlangte."

65   Für die Entstehung des **Zugewinnausgleichsanspruchs** muss zunächst eine negative
      Voraussetzung vorliegen: Die Ehegatten dürfen vertraglich nicht den Güterstand der Güter-
      gemeinschaft vereinbart haben, da er die Anwendung der Art. 1397 und 1400–1402 ZGB
      ausschließt. Die Gestaltung des Zugewinnausgleichs im griechischen Recht beruht auf dem
      Grundsatz des gegenseitigen Beitrages der Ehegatten während der Ehe. Für die Ermittlung
      der Ausgleichsforderung gilt **keine allgemeine und für jede Ehe im Voraus anwendbare
      Lösung** (wie etwa die Hälfte des Überschusses). Der Gedanke des Gesetzgebers war, dass
      dieser Beitrag nicht von gleichem Wert ist und alle **Besonderheiten jeder einzelnen Ehe**
      berücksichtigt werden müssen.[112] Die Ausgleichsforderung ist eine Geldforderung schuld-
      rechtlicher Natur.[113] Ein Ausgleich „in natura" kann jedoch nicht ausgeschlossen werden,
      obwohl es das Gesetz nicht ausdrücklich vorsieht.[114] Art. 1400 ZGB ist zwingendes Recht,
      so dass Vereinbarungen der Ehegatten mit der Absicht, auf den Anspruch ganz oder teil-
      weise zu **verzichten**, nichtig sind.[115] In Art. 1401 ZGB wird der persönliche Charakter des
      Zugewinnausgleichs betont. Er entsteht im Todesfall für die Erben des verstorbenen Ehegat-
      ten nicht und ist weder übertragbar noch vererblich, es sei denn, er ist vertraglich anerkannt
      oder es wurde Klage erhoben. Die Ausgleichsforderung **entsteht** mit Auflösung (durch
      Ehescheidung oder Tod eines Ehegatten) oder Nichtigerklärung der Ehe (Art. 1400 Abs. 1
      ZGB) sowie mit dem dreijährigen Getrenntleben der Ehepartner (Art. 1400 Abs. 2 ZGB).

66   Für die **Berechnung** des Zugewinns ist die genaue Feststellung von Anfangs- und Endver-
      mögen erforderlich. Der Zugewinn besteht aus dem Unterschiedsbeitrag zwischen den
      beiden Vermögen. Das Anfangsvermögen ist das bei Eintritt des Güterstandes (meist Ehe-
      schließung) bei jedem Ehegatten vorhandene Vermögen unter Abzug der Schulden. Sind
      die Schulden höher als das vorhandene Vermögen oder hatte der Ehegatte bei Eheschließung
      nur Schulden, so ist für die Berechnung des Anfangsvermögens auch der Negativbetrag zu
      berücksichtigen.[116] Das Endvermögen ergibt sich aus der Gegenüberstellung von Vermögen
      und Schulden bei Beendigung des Güterstandes. An Stelle des Beendigungszeitpunktes
      tritt bei Ehescheidung oder Aufhebung der Ehe die Rechtskraft des Scheidungs- bzw.
      Aufhebungsurteils. Nach dreijähriger Trennung bestimmt sich das Endvermögen nach dem

---

112 *Stathopoulos*, in: *Georgiades/Stathopoulos*, ZGB, Bd. VII, Art. 1400–1402 Rn 1; *Nikolakopoulou-
     Stefanou*, Die Folgen der Ehescheidung, S. 94.
113 OLG Thessaloniki 33640/1996, Arm 51 (1997) S. 60.
114 Areopag 655/1998, NoB 47 (1999) S. 1410; OLG Athen 9866/1985, EllDik 27 (1986) S. 187; OLG
     Athen 2571/1991, EllDik 33 (1992) S. 167; *Stamatiadis*, Die Ehescheidung im deutsch-griechischen
     Rechtsverkehr, S. 116; *Nikolopoulos*, Der Anspruch auf Zugewinnausgleich, S. 53 ff.
115 *Kounougeri-Manoledaki*, Familienrecht, S. 269; *Nikolopoulos*, Der Anspruch auf Zugewinnausgleich,
     S. 63.
116 *Nikolopoulos*, Der Anspruch auf Zugewinnausgleich, S. 91 f.; *Daskarolis*, Familienrecht I, S. 278.

Zeitpunkt, in dem die dreijährige Frist abgelaufen ist.[117] Es wird überwiegend vertreten, dass an die Stelle des Beendigungszeitpunktes die Zustellung der Scheidungs- oder Aufhebungsklage oder der Anfang der Trennungsfrist tritt.[118] Gemäß Art. 1400 Abs. 3 ZGB wird auf die Erhöhung des Vermögens des Ehegatten nicht dasjenige angerechnet, was er durch Schenkung, Erbschaft, Vermächtnis oder mit den Erträgen dieser Zuwendungen erlangt hat. Die Schenkungen Dritter an einen Ehegatten werden von dieser Vorschrift ausgeschlossen. Nach einer verbreiteten Ansicht sollen jedoch die Schenkungen der Ehegatten untereinander dem Zugewinn gleichermaßen zugerechnet werden, da der Schenker zur Vermögensvermehrung des anderen tatsächlich beigetragen hat.[119] In der **Praxis** kann die Berechnung der Zuwendungen zwischen den Ehegatten folgendermaßen erfolgen: Die Zuwendung wird zum Endvermögen des Zugewendeten hinzugerechnet, von seiner Ausgleichsforderung gegen den Zuwendenden wird der Wert der Zuwendung abgezogen. Der Wert bestimmt sich nach dem Zeitpunkt der Zuwendung, die als Vorausempfang betrachtet wird.[120] Lottogewinne oder Gewinne aus anderen Glücksspielen unterliegen dem Zugewinnausgleich, da sie in Art. 1400 Abs. 3 ZGB nicht aufgezählt werden.[121]

Nach Art. 1400 Abs. 1 ZGB wird für die Ausgleichsforderung die **Beteiligung des zugewinnberechtigten Ehegatten am Vermögenszuwachs des anderen** vorausgesetzt. Der Ausgleichsberechtigte kann nämlich nur dann die Beteiligung am Zugewinn verlangen, wenn zwischen seinem tatsächlich geleisteten Beitrag und der Vermögensvermehrung des Verpflichteten eine **Kausalität** besteht. Ohne Leistung eines Beitrages ist kein Zugewinnausgleich zu bekommen.[122] Die Mitwirkung am Vermögenszuwachs kann sowohl mittelbar als auch unmittelbar sein. Maßgebend ist nur die **freiwillige** Mitwirkung und nicht diejenige, die auf einer bestimmten gesetzlichen (Art. 1389 ZGB, Gemeinsamer Beitrag für die Bedürfnisse der Familie) oder vertraglichen Pflicht beruht. Beispiele dafür wären die Mitarbeit im Geschäft des Ausgleichspflichtigen (die Frau arbeitet als Sekretärin im Büro ihres Mannes usw.), die Haushaltsführung,[123] die Erziehung der Kinder sowie direkte Geld- oder Sachzuwendungen.[124]

67

Da es oft schwierig ist, den tatsächlich geleisteten Beitrag sowie den mit diesem Beitrag verbundenen Umfang des Vermögenszuwachses nachzuweisen, hat der Gesetzgeber alle Beweisschwierigkeiten hinsichtlich der Berechnung des Zugewinns mit der Einführung einer **widerlegbaren Vermutung** zu lösen versucht.[125] Als ausgleichspflichtiger Beitrag zur Vermögensvermehrung gilt **ein Drittel des Zugewinns**, es sei denn, es kann nachgewiesen werden, dass ein größerer, kleinerer oder gar kein Beitrag geleistet wurde (Art. 1400 Abs. 1 S. 2 ZGB). Es handelt sich um eine prozessrechtliche Regelung, die die **Beweislast** zugunsten des Berechtigten verteilt. Für die Funktion der Vermutung wird die Vermögenszunahme des verpflichteten Ehegatten vorausgesetzt. Daher soll der Berechtigte nur die Vermögenszunahme des anderen nachweisen, um einen Anspruch auf den Zugewinn in Höhe eines

68

117 Areopag 388/2001, EllDik 42 (2001) S. 106; OLG Athen 2913/1992, NoB 41 (1993) S. 301; OLG Athen 2253/1989, EllDik 33 (1992) S. 158.
118 *Kounougeri-Manoledaki*, Familienrecht, S. 252; *Nikolakopoulou-Stefanou*, Die Scheidungsfolgen, S. 99.
119 *Kounougeri-Manoledaki*, Familienrecht, S. 258; *Nikolopoulos*, Der Anspruch auf Zugewinnausgleich, S. 104 f.
120 *Nikolopoulos*, Der Anspruch auf Zugewinnausgleich, S. 105.
121 LG Thessaloniki 5213/1983, Arm 38 S. 715; *Daskarolis*, Familienrecht I, S. 279.
122 LG Athen 9866/1985, EllDik 27 (1986) S. 188.
123 OLG Piräus 1965/1988, EllDik 31 (1990) S. 1487.
124 OLG Athen 9092/1990, EllDik; *Stathopoulos*, in: *Georgiades/Stathopoulos*, ZGB, Bd. VII, Art. 1400–1402 Rn 1; *Nikolakopoulou-Stefanou*, Die Folgen der Ehescheidung, S. 94.
125 LG Xanthi 62/1999, EllDik 41 (2000) S. 542; LG Thessaloniki 11247/2000, Arm 55 (2001) S. 52.

Drittels zu haben.[126] Die **Bewertung des Zugewinns** bleibt allerdings problematisch. Für eine richtige Bewertung wird die tatsächliche Wertsteigerung und nicht die nominale Erhöhung des Vermögenswertes (Inflation) berücksichtigt. Dies ist auch dann möglich, wenn alle Vermögensgegenstände (auch das Anfangsvermögen) mit den Preisen der Zeit berechnet werden, in der die Ausgleichsforderung entstand.

69   Der Zugewinnausgleichsanspruch **verjährt** zwei Jahre, nachdem die Ehe aufgelöst oder für nichtig erklärt wurde (Art. 1401 Abs. 3 ZGB). Im Fall der dreijährigen Trennung beginnt die Verjährungsfrist ebenfalls nach dem Ablauf der drei Jahre. Allerdings wird die Verjährung gehemmt, solange die Ehe noch nicht aufgelöst oder für nichtig erklärt worden ist (Art. 256 Nr. 1 ZGB).[127] Es wird auch die Ansicht vertreten, dass der Ausgleichsanspruch jedenfalls nach fünf Jahren (drei Jahre nach der Trennung plus zwei Jahre danach) verjährt.[128]

70   Die **Sicherung** des Ausgleichsanspruchs wird in Art. 1402 ZGB gewährleistet. Nach dieser Vorschrift ist jeder Ehegatte berechtigt, unter dem Vorbehalt der Vorschrift des Art. 1262 Nr. 4 ZGB, falls eine Klage auf Ehescheidung oder Nichtigerklärung der Ehe erhoben worden ist oder falls er selbst den Anspruch gem. Art. 1400 ZGB durch Klage geltend gemacht hat, vom anderen Ehegatten oder dessen Erben Sicherheitsleistung zu verlangen, wenn wegen dessen Verhaltens eine begründete Besorgnis besteht, dass sein Anspruch gefährdet wird. Im Rahmen dieser Vorschrift kann der Ehegatte auch eine **Hypothek** bestellen. Es handelt sich um eine selbstständige Forderung schuldrechtlicher Natur. Die Sicherheitsleistung wird vom Gericht **angeordnet**. Sie setzt Klageerhebung auf Ehescheidung oder Nichtigkeitserklärung der Ehe sowie Klageerhebung auf den Anspruch aus Art. 1400 ZGB voraus. Darüber hinaus muss eine **begründete Besorgnis** bestehen, dass wegen des Verhaltens des potenziell verpflichteten Ehegatten oder dessen Erben der Ausgleichsanspruch gefährdet ist. Der Anspruch auf Bestellung einer Hypothek, der ebenfalls in Art. 1262 Nr. 4 ZGB vorgesehen ist, besteht schon während der Ehe. Nach dieser Vorschrift hat jeder Ehegatte für seinen Anspruch auf die Vermögensvermehrung des anderen nach Art. 1400 ZGB einen Titel kraft Gesetzes zum Erwerb einer Hypothek. Die Hypothek kann sich sowohl auf eine schon entstandene als auch auf eine künftige Forderung beziehen. Allerdings hat sie eine geringe Bedeutung, da während der Ehe noch unklar ist, ob und wann die Ehe aufgelöst werden wird. Darüber hinaus bleibt die Höhe der zukünftigen Ausgleichsforderung ungewiss. Neben der Bestellung der Hypothek kann Pfand oder Sicherung angeordnet werden. Anträgen auf Arrestmaßnahmen bereits bei Eintritt der Trennung oder auch schon vor dem Getrenntleben[129] ist ebenfalls stattgegeben worden.[130]

71   Im Todesfalle des potenziell verpflichteten Ehegatten richtet sich der Ausgleichsanspruch gegen die **Erben** des Verstorbenen, und für die Höhe der Forderung gelten die allgemeinen Regeln der Art. 1400 und 1402 ZGB.

b) Gütergemeinschaft

72   Nach Art. 1411 ZGB **endet** die **Gütergemeinschaft** *ipso iure* mit der Auflösung oder der Nichtigerklärung der Ehe (Art. 1114 Abs. 1 ZGB). Die Beendigung der Gütergemeinschaft tritt rückwirkend mit dem Tag der Zustellung der Klage ein (Art. 1411 Abs. 2 ZGB). Für

---

126 *Daskarolis*, Familienrecht I, S. 285.
127 Areopag 1090/2000, EllDik 42 (2001) S. 391; Areopag 1372/2000, EllDik 43 (2002) S. 391; *Daskarolis*, Familienrecht I, S. 299.
128 So LG Athen 802/1990, EllDik 32 (1991) S. 1101.
129 *Kounougeri-Manoledaki*, Familienrecht, S. 275.
130 Zur Anwendbarkeit des Art. 692 gr. ZPO im Fall des Ausgleichsanspruchs siehe LG Thessaloniki 3446/1998, Arm 53 (1999) S. 373 ff.; contra: OLG Athen 4980/1995, Arm 49 (1995) S. 1289.

die Wirksamkeit der Beendigung der Gütergemeinschaft gegenüber Dritten ist die Erfüllung der Formalitäten des Art. 1414 ZGB erforderlich. Nach dieser Vorschrift müssen am Rand des besonderen öffentlichen Buches, in dem der Ehegütervertrag eingetragen ist, die Zustellung der Klage sowie das betreffende gerichtliche Urteil vermerkt werden. Die Beendigung der Gütergemeinschaft führt nicht automatisch zur Aufhebung der zwischen den Ehegatten bestehenden Gemeinschaft. Wie sich aus Art. 1415 Abs. 2 ZGB ergibt, finden auf die Aufhebung der Gemeinschaft und die Teilung der gemeinschaftlichen Sachen, falls keine andere Vereinbarung getroffen wurde, die Vorschriften der Art. 795 ff. ZGB (über die Aufhebung der Gemeinschaft) sowie die Sondervorschriften der Zivilprozessordnung über die Teilung gemeinschaftlicher Sachen Anwendung, wenn die Beendigung durch die Auflösung oder die Nichtigerklärung der Ehe herbeigeführt wird.

2. Weitere vermögensrechtliche Folgen

Nach der Ehescheidung wird die **Verjährung** von Ansprüchen zwischen Ehegatten (Art. 256 ZGB) nicht mehr gehemmt. Die Verjährung tritt jedoch in diesem Fall nicht vor Ablauf von sechs Monaten, nachdem das Scheidungsurteil unwiderruflich wurde, ein (Art. 257 ZGB).   73

Die Milderung des Maßstabes der gegenseitigen **Haftung** der Ehegatten bei der Erfüllung ihrer sich aus der Ehe ergebenden Verpflichtungen endet (Art. 1396 ZGB).[131]   74

Die **Eigentumsvermutungen** des Art. 1398 Abs. 2, 3 ZGB finden keine Anwendung. An ihrer Stelle gelten wieder die allgemeinen Vermutungen der Art. 1110 und 1111 ZGB.[132] Die Vermutungen des Art. 1398 ZGB betreffen die im Besitz eines oder beider Ehegatten befindlichen beweglichen Sachen. Nach Art. 1398 Abs. 2 ZGB wird für die Beziehungen der Ehegatten zueinander vermutet, dass die beweglichen Sachen, die sich im Besitz oder im Gewahrsam beider befinden, beiden zu gleichen Teilen gehören. In Art. 1398 Abs. 3 ZGB wird für die Beziehungen der Ehegatten zueinander und zu ihren Gläubigern vermutet, dass die beweglichen Sachen, die für den persönlichen Gebrauch eines der Ehegatten bestimmt sind, diesem allein gehören.   75

Im Fall des gesetzlichen Güterstandes der Gütertrennung mit Teilnahme am Zugewinn (Art. 1397, 1400–1402 ZGB) entsteht, wenn einer der Ehegatten den anderen mit der Verwaltung seines persönlichen Vermögens beauftragt hat, eine Verpflichtung zur **Rechnungslegung** und zur Herausgabe der Einkünfte aus der Verwaltung, sofern die Ehegatten nichts anderes vereinbart haben (arg. e contrario aufgrund des Art. 1399 ZGB).[133]   76

Bei der Ehescheidung besteht keine Verpflichtung zum Zusammenleben (arg. e contrario aufgrund des Art. 1386 ZGB). Darüber hinaus werden die Regelungen der Nutzung der **Familienwohnung** (Art. 1393 ZGB) sowie der **Aufteilung der beweglichen Sachen** (Art. 1394 ZGB) nicht angewandt, da sie nur beim Getrenntleben der Ehegatten gelten. Eine schuldrechtliche Vereinbarung der geschiedenen Ehegatten hinsichtlich der Nutzung der früheren Familienwohnung sowie der Aufteilung der Haushaltsgegenstände oder anderer beweglicher Sachen wird allerdings nicht ausgeschlossen.[134]   77

---

131 *Daskarolis*, Familienrecht I, S. 455.
132 *Karakatsanes*, Wandlungen des griechischen Ehescheidungsrechts, S. 86; *Vlassopoulou*, Die Regelung der beweglichen Sachen der Ehegatten im neuen Familienrecht, NoB 32 (1984) S. 1138 ff.
133 *Daskarolis*, Familienrecht I, S. 456; *Karakatsanes*, Wandlungen des griechischen Ehescheidungsrechts, S. 86.
134 *Deligiannis/Koutsouradis*, Familienrecht II, S. 317.

78   Das gesetzliche **Erbrecht** des Ehegatten setzt das Bestehen der Ehe voraus (Art. 1820 ZGB).
     Bei Ehescheidung entfallen das gesetzliche Erbrecht sowie die Pflichtteilsrechte (Art. 1825
     ZGB) der Ehegatten gegenseitig.

79   In Art. 1822 ZGB wird der Ausschluss des Ehegattenerbrechts geregelt. Nach dieser Vor-
     schrift sind das Erbrecht des überlebenden Ehegatten sowie das Recht auf den Voraus
     ausgeschlossen, wenn ein begründeter Scheidungsgrund gegeben war und der Erblasser
     die Scheidung beantragt hatte. Aus dem Wortlaut dieser Vorschrift geht hervor, dass die
     Wirkungen der Ehescheidung schon bei Stellung des Scheidungsantrags bestehen.

II. Scheidungsunterhalt

1. Allgemeines

80   Im Allgemeinen beruht der **nacheheliche Unterhaltsanspruch** nicht auf Verschulden des
     Beklagten, wie es im früheren Recht galt, sondern auf der während der Ehe gegründeten
     Lebensgemeinschaft. Die Unterhaltspflicht basiert auf moralischen und sozialen Motiven
     sowie auf dem Grundsatz der Verlängerung der ehelichen Beziehungen und der gegenseiti-
     gen Verantwortung der Ehegatten nach der Scheidung.[135]

81   Die den nachehelichen Unterhalt betreffenden Bestimmungen sind **dispositives Recht** (*ius
     dispositivum*). Demzufolge können die Ehegatten vor oder nach der Scheidung über ihren
     Unterhalt **Vereinbarungen** treffen, wie etwa über die Höhe oder die Art der Unterhaltsleis-
     tung (mittelbar Art. 1443 Abs. 3 ZGB). Danach kann der Unterhalt durch eine Einmalzah-
     lung entrichtet werden, wenn die früheren Ehegatten dies durch einen schriftlichen Vertrag
     vereinbart haben oder wenn eine entsprechende Entscheidung des Gerichts aufgrund beson-
     derer Gründe ergeht. Ein vereinbarter **Verzicht** auf den Unterhaltsanspruch ist ebenfalls
     gültig.[136] Dafür spricht Art. 1443 Abs. 1 ZGB, der nicht auf Art. 1499 ZGB (Ungültigkeit
     eines Verzichts für den künftigen Unterhalt) verweist, wonach solche Vereinbarungen nicht
     zulässig sind. Dabei wird die Meinung vertreten, dass in einem solchen Verzicht eine
     Schenkung liege, die der Form einer notariellen Urkunde bedarf (Art. 498 ZGB).[137]

82   Für die **Entstehung** des Unterhaltsanspruchs wird zunächst die allgemeine Voraussetzung
     der **Bedürftigkeit** des Berechtigten und der **Leistungsfähigkeit** des Verpflichteten gefordert
     (Art. 1442 i.V.m Art. 1443 und 1487 ZGB). Allerdings müssen für den Unterhaltsanspruch
     einige weitere Voraussetzungen hinzukommen. Nach Art. 1442 Abs. 1 ZGB besteht Bedürf-
     tigkeit, wenn sich der Ehegatte nicht selbst aus seinen Einkünften (hierzu zählt alles, was
     der Ehegatte aus seinem Vermögen, aus Erwerbstätigkeit oder von Dritten empfängt) oder
     aus seinem eigenen Vermögen unterhalten kann. Unter dem Begriff „Vermögen" sind so-
     wohl sein Kapital als auch die Einkünfte (Zinsen) aus seiner Verwertung zu verstehen.[138]
     Die Herkunft des Kapitals ist unerheblich. Der Unterhalt kann allerdings nicht mit dem
     Argument abgelehnt werden, das Vermögen sei nicht verwertet worden, wenn diese Verwer-
     tung unwirtschaftlich oder unbillig wäre (z.B. der Berechtigte hat allein eine kleine Woh-
     nung, die er bewohnt, oder er hat einen Pkw, den er für die Ausübung seiner Arbeit

135 OLG Athen 2078/2003, EllDik (2003) S. 1405; OLG Athen 1430/2003, EllDik (2004) S. 204;
     Kounougeri-Manoledaki, Familienrecht, S. 498; *Daskarolis*, Familienrecht I, S. 462.
136 Areopag 222/2000, EllDik 41 (2000) S. 990.
137 *Karakatsanes*, Wandlungen des griechischen Ehescheidungsrechts, S. 81.
138 OLG Athen 10412/1979, NoB 28 (1980) S. 829.

benötigt).[139] Hinsichtlich der Leistungsfähigkeit des verpflichteten Ehegatten bestimmt Art. 1487 S. 1 i.V.m. Art. 1443 S. 1 ZGB, dass denjenigen keine Verpflichtung zur Unterhaltsleistung trifft, der auch im Hinblick auf seine übrigen Verpflichtungen nicht dazu in der Lage ist, Unterhalt zu gewähren, ohne seinen eigenen Unterhalt zu gefährden. Wenn die Einkünfte oder das Vermögen des Berechtigten zur Gewährleistung seines Unterhalts nur teilweise ausreichen, besteht Bedürftigkeit hinsichtlich der Differenz. Vom anderen Ehegatten kann der Differenzbetrag zwischen Einkunftsvermögen und angemessenem Unterhalt verlangt werden.[140]

2. Die speziellen Unterhaltsvoraussetzungen

Außer der allgemeinen Voraussetzung der Bedürftigkeit des Berechtigten und der Leistungsfähigkeit des Verpflichteten sieht das Gesetz einige spezielle Unterhaltsvoraussetzungen vor: 83

Alters- und Krankheitsunterhalt (Art. 1442 Nr. 1–4 ZGB). Unterhaltsberechtigt ist der geschiedene Ehegatte, der 84
– ein minderjähriges Kind betreut und deshalb unfähig ist zu arbeiten;
– keine regelmäßige für ihn geeignete Arbeit findet oder eine berufliche Ausbildung benötigt, bis höchstens drei Jahre nach Erlass des Scheidungsurteils;
– sich gegen Ende der Kinderbetreuung oder drei Jahre nach Erlass des Scheidungsurteils in einem Alter oder einem Gesundheitszustand befindet, das/der ihm nicht erlaubt, einen geeigneten Beruf auszuüben oder fortzusetzen, um dadurch seinen Lebensunterhalt selbst zu bestreiten.[141]
– In allen anderen Fällen kann der geschiedene Ehegatte auch aus Billigkeitsgründen unterhaltsberechtigt sein.

Kindesbetreuungsunterhalt (Art. 1442 Nr. 2 ZGB). In diesem Fall braucht die Voraussetzung der Kinderbetreuung nicht bereits zum Zeitpunkt der Scheidung vorzuliegen. Sie kann vielmehr auch nach der Scheidung mit der Geburt eines Kindes eintreten. Die Kinderbetreuung setzt gemeinschaftliche Kinder voraus. Unter den Begriff „gemeinschaftlich" sind auch adoptierte oder durch eine spätere Ehe legitimierte Kinder zu verstehen. Der Unterhaltsanspruch besteht, solange der Berechtigte wegen der Kinderbetreuung keine angemessene Erwerbstätigkeit ausüben kann. Der Berechtigte verliert seinen Anspruch mit Volljährigkeit des Kindes oder wenn die elterliche Sorge dem anderen Elternteil zugesprochen wurde. Der geschiedene Ehegatte bleibt allerdings unterhaltsberechtigt, wenn er bei Beendigung der elterlichen Sorge wegen seines Alters oder Gesundheitszustandes nicht einen geeigneten Beruf aufnehmen oder fortsetzen kann (Art. 1442 Nr. 1 ZGB) oder wenn er in einem Zeitraum von höchstens drei Jahren nach der Scheidung keine regelmäßige Arbeit findet (Art. 1442 Nr. 3 ZGB). 85

Unterhalt wegen Arbeitslosigkeit und Berufsausbildung (Art. 1442 Nr. 3 ZGB). Nach dieser Vorschrift kann der geschiedene Ehegatte Unterhalt verlangen, wenn er keine regelmäßige geeignete Arbeit findet oder eine Berufsausbildung benötigt. In beiden Fällen wird allerdings der Unterhalt nur für einen Zeitraum gewährt, der nicht länger als drei Jahre seit der Verkündung des Scheidungsurteils andauert. Die Arbeit muss regelmäßig und geeignet sein. Entsprechend soll die Berufsausbildung für die Aufnahme einer Arbeit notwendig 86

139 Areopag 228/2000, EllDik 41 (2000) S. 1314; Areopag 319/1999, EllDik 40 (1999) S. 1716; OLG Athen 4204/1998, EllDik 39 (1998) S. 1355.
140 Areopag 1688/1985, EEN 53 (1986) S. 639; *Kounougeri-Manoledaki*, Familienrecht, S. 502.
141 OLG Thessaloniki 1261/2003, Arm (2004) S. 874.

sein. Die Unterhaltsgewährung kann jedoch in diesem Fall nicht über drei Jahre nach Auflösung der Ehe hinausgehen. Maßgeblicher Zeitpunkt für die Anwendung der Vorschrift ist nicht der Zeitpunkt der Scheidung, sondern ein der Scheidung nachfolgender Zeitpunkt, an dem die Arbeitslosigkeit des Berechtigten oder die Notwendigkeit seiner Ausbildung eingetreten ist. Allerdings müssen sie spätestens innerhalb von drei Jahren nach der Scheidung eintreten.[142] Der geschiedene Ehegatte kann ohne zeitliche Grenze Unterhalt verlangen, wenn nach Ablauf der dreijährigen Frist eine der Voraussetzungen des Art. 1442 Nr. 1 ZGB vorliegt oder wenn er nach der Ausbildung arbeitslos bleibt.

87   **Unterhalt aus Billigkeitsgründen** (Art. 1442 Nr. 4 ZGB). Wenn der geschiedene Ehegatte seinen Unterhaltsanspruch auf die in Art. 1442 Nr. 1–3 ZGB vorgesehenen Voraussetzungen nicht stützen kann, könnte trotzdem Art. 1442 Nr. 4 ZGB in Betracht kommen. Dabei werden die Belange und die Bedürfnisse beider Ehegatten und nicht allein des Berechtigten berücksichtigt. Die Billigkeitsgründe müssen bereits zum Zeitpunkt der Scheidung vorliegen.[143] Die Auslegung der unbestimmten Begriffe in den oben erwähnten Vorschriften wie „geeigneter Beruf", „regelmäßige Arbeit", „Gesundheitszustand" oder „Billigkeitsgründe" erfolgt im konkreten Fall durch das Gericht unter Kontrolle des Areopags, der die Einheit der Rechtsprechung sichert.[144]

3. Unterhaltshöhe – Zahlungszeitpunkt und Art des Unterhalts

88   Das Maß des Unterhalts bestimmt sich auf der Grundlage der Bedürfnisse des Berechtigten, so wie sich diese aus seinen Lebensverhältnissen ergeben (**angemessener Unterhalt**). Der Unterhalt umfasst alles, was für die Erhaltung des Berechtigten notwendig ist, einschließlich der Erziehungskosten sowie der Kosten seiner beruflichen und allgemeinen Ausbildung (Art. 1493 ZGB). Der „angemessene Unterhalt" umfasst folglich die Gesamtheit der Bedürfnisse, deren Befriedigung nach allgemeiner Anschauung zum normalen, menschenwürdigen Dasein gehört. In der Praxis gibt es **keine konkrete Berechnungsmethode**. Das Gericht nimmt Rücksicht auf die Umstände des Einzelfalls, die im Zeitpunkt der Unterhaltsklageerhebung gegeben sind, um die Höhe des Lebensbedarfs zu ermitteln.[145] Der Unterhalt wird in Geld gewährt und monatlich im Voraus gezahlt (Art. 1496 ZGB). Dabei handelt es sich um dispositives Recht. Demzufolge können die Ehegatten eine andere Art der Unterhaltsleistung vereinbaren. Der Verpflichtete kann seiner Zahlungsverpflichtung statt durch eine monatliche Rente durch eine Kapitalabfindung nachkommen (Art. 1443 Abs. 3 ZGB). Die Kapitalabfindung kann sowohl auf Antrag des Berechtigten als auch auf Antrag des Verpflichteten vom Gericht verfügt werden, wenn wichtige Gründe vorliegen.

4. Ende, Ausschluss oder Beschränkung des Unterhalts

89   Das Unterhaltsrecht **erlischt**, wenn der Berechtigte wieder heiratet oder mit jemand anderem dauernd in freier Vereinigung zusammenlebt. Das Recht auf Unterhalt erlischt nicht mit dem Tode des Schuldners, jedoch mit dem Tode des Gläubigers, außer wenn es sich um Zahlungen für die Vergangenheit oder schon zurzeit des Todes eingeklagte Forderungen handelt (Art. 1444 Abs. 2 ZGB). Wird die neue Ehe durch Scheidung oder Tod aufgelöst, kann der geschiedene Ehegatte von dem früheren Ehegatten keinen Unterhalt verlangen, es

---

142 OLG Athen 3293/1990, EllDik 32 (1991) S. 1640.
143 OLG Larissa 897/1991, Arm 46 (1992) S. 126.
144 *Deligiannis/Koutsouradis*, Familienrecht II, S. 322.
145 Areopag 313/1963, EEN 30 (1963) S. 767; OLG Thessaloniki 2269/1990, EllDik 32 (1991) S. 1296 ff.

sei denn, der Berechtigte hat Kinder aus erster Ehe zu betreuen (Art. 1442 Nr. 2 i.V.m Nr. 4 ZGB).

Der Unterhalt kann **ausgeschlossen** oder **beschränkt** werden, wenn **wichtige Gründe** es erfordern. Besonders wenn die Ehe nur kurze Zeit gedauert hat, wenn der Berechtigte schuldig geschieden wurde oder seine Notlage willentlich herbeigeführt hat (Art. 1444 Abs. 1 ZGB). Neben dem objektiven Maßstab der zeitlichen Ehedauer (die h.M. bezeichnet eine bis zu 2,5 Jahren dauernde Ehe als kurz) soll das Gericht für die endgültige Beurteilung des Ausschlusses oder der Beschränkung des Unterhalts in begrenztem Umfang die individuellen Gesichtspunkte der Ehe wie z.B. das Alter oder die wegen der Ehe herbeigeführte Notlage eines der Ehegatten berücksichtigen.[146]   90

Obwohl das „**Verschulden**" keine Rolle für die Ehescheidung spielt, wird es im Fall des nachehelichen Unterhalts in Betracht gezogen. Art. 1444 Abs. 1 ZGB setzt ein vorsätzliches oder fahrlässiges Verhalten des Unterhaltsberechtigten voraus, der gegen seine Ehepflichten verstoßen und somit Anlass zur Erhebung der Scheidungsklage seitens des anderen Ehegatten gegeben hat.[147] Als letzter Ausschluss- oder Beschränkungsgrund ist die **mutwillig herbeigeführte Bedürftigkeit** zu erwähnen. Es wird wiederum ein vorsätzliches oder fahrlässiges Verhalten des Berechtigten vorausgesetzt, das die Ursache seiner Unterhaltsbedürftigkeit ist.   91

III. Verteilung der elterlichen Sorge

Die elterliche Sorge verheirateter Eltern ist gemeinsam auszuüben. Es handelt sich um Pflicht und Recht beider Eltern (Art. 1510 Abs. 1 ZGB). Das gemeinsame Sorgerecht für das minderjährige Kind bleibt auch nach der Scheidung der Eltern unberührt. Allerdings wird die Ausübung der elterlichen Sorge vom **Gericht** geregelt (Art. 1513 Abs. 1 ZGB). Angesichts dieser Regelung wird die Meinung vertreten, dass sie im Scheidungsurteil enthalten (teleologische Auslegung des Art. 1513 ZGB) und kein sondergerichtliches Verfahren erforderlich ist.[148] Leitlinie für die gerichtliche Entscheidung ist immer das **Wohl des Kindes** (Art. 1511 Abs. 2 ZGB). Durch diese Entscheidung kann der andere Elternteil von der Ausübung der elterlichen Sorge ausgeschlossen und von dieser Verantwortung entlastet werden. Das Urteil kann die elterliche Sorge auch beiden Eltern überlassen, sofern sie sich einig sind und zusammen den Aufenthaltsort des Kindes bestimmt haben (Art. 1513 Abs. 1 ZGB). Nach Berücksichtigung des Kindeswohls kann jedoch das Gericht anders entscheiden und die Ausübung der elterlichen Sorge zwischen den Eltern aufteilen oder sie einem Dritten übertragen (Art. 1513 Abs. 1 ZGB).   92

Für sein Urteil nimmt das Gericht auf die bisherigen Bindungen des Kindes an seine Eltern und Geschwister sowie auf etwaige **Vereinbarungen** Rücksicht, die die Eltern des Kindes bezüglich seiner Personensorge und der Verwaltung seines Vermögens getroffen haben (Art. 1513 Abs. 2 ZGB). Für die Durchführung der einvernehmlichen Scheidung werden Vereinbarungen über die Personensorge des Kindes vorausgesetzt. Der entsprechende Vertrag wird vom Gericht bestätigt und gilt, bis eine gerichtliche Entscheidung hierüber nach Art. 1513 ZGB ergeht (Art. 1441 Abs. 3 ZGB).   93

Der Elternteil, dem die Ausübung der elterlichen Sorge nicht übertragen worden ist, kann vom anderen Auskünfte über die Person und das Vermögen des Kindes verlangen (Art. 1513   94

---

146 OLG Thessaloniki 2464/1989, EllDik 32 (1991) S. 1348.
147 OLG Athen 15441/1988, NoB 37 (1989) S. 1430.
148 So *Karakatsanes*, Wandlungen des griechischen Ehescheidungsrechts, S. 88.

Stamatiadis

Abs. 3 ZGB). Dem Elternteil, bei dem sich das Kind nicht aufhält, verbleibt das Recht des **persönlichen Umgangs** mit ihm (Art. 1520 Abs. 1 ZGB). Dies gilt unabhängig davon, wem die elterliche Sorge überlassen worden ist. In der Regel hält sich das Kind bei demjenigen Elternteil auf, der die elterliche Sorge ausübt. Es kann allerdings sein, dass sich das Kind vorläufig bei einem Dritten, ob Verwandten oder nicht, aufhält. Das Gericht kann seine Entscheidung im Interesse des Kindes jederzeit ändern, insbesondere wenn neuere Ereignisse (Krankheit, schlechtes Verhalten gegenüber dem Kind usw.) stattgefunden haben.

IV. Sonstige Scheidungsfolgen

1. Kindesunterhalt

95   Für den Kindesunterhalt bildet Art. 1489 Abs. 2 ZGB die zentrale Vorschrift, nach der die Eltern, jeder nach Maßgabe seiner Möglichkeiten,[149] zum Unterhalt ihres Kindes gemeinsam verpflichtet sind. So richtet sich der Kindesunterhalt nach den allgemeinen Vorschriften über den Verwandtenunterhalt (Art. 1485 ff. ZGB – Unterhalt von Gesetzes wegen). Der Unterhaltsanspruch des minderjährigen Kindes bleibt unberührt von der Scheidung der Eltern.[150] Im Fall der Ehescheidung können die Unterhaltsansprüche eines Kindes gegen den Elternteil, dem die Sorge des Kindes nicht zusteht, von demjenigen Elternteil geltend gemacht werden, der die Personensorge ausübt. Wenn sie von keinem der beiden ausgeübt wird, werden sie von demjenigen geltend gemacht, bei dem sich das Kind aufhält (Art. 1516 Abs. 2 ZGB).

2. Name

96   Die durch Art. 1388 Abs. 2 ZGB begründete Möglichkeit, in den gesellschaftlichen Beziehungen den Familiennamen des anderen zu führen oder ihn zu seinem eigenen hinzuzufügen (siehe Rdn 29), findet nach der Ehescheidung keine Anwendung. Die Vereinbarung der Ehegatten hat nach der Unwiderruflichkeit des Scheidungsurteils keine Geltung. Der Gebrauch des Namens eines Ehegatten als Familienname begründet auch nach der Scheidung einen Anspruch auf Namensschutz (Art. 58 ZGB). Ein Anspruch auf Schadensersatz nach den Vorschriften über die unerlaubten Handlungen ist nicht ausgeschlossen (Art. 914 ff. ZGB).[151]

3. Das Ehehindernis der Doppelehe

97   Mit der Ehescheidung erlischt auch das Ehehindernis der **Doppelehe** (Art. 1354 ZGB), und die ehemaligen Ehegatten können nunmehr eine neue gültige Ehe schließen.

V. Möglichkeiten vertraglicher Vereinbarungen für die Ehescheidung

1. Vereinbarungen während des Getrenntlebens, die die Beziehungen der Ehegatten betreffen

98   Solche Vereinbarungen[152] zwischen den Ehegatten werden während des Getrenntlebens getroffen und gelten bis zum Schluss des Scheidungsverfahrens oder bis zur endgültigen

---

149 OLG Thessaloniki 1432/2003, Arm (2003) S. 1608.
150 *Daskarolis*, Familienrecht I, S. 460.
151 *Karakatsanes*, Wandlungen des griechischen Ehescheidungsrechts, S. 85.
152 Die Unterscheidung der dargestellten Vereinbarungen basiert auf *Gasis*, Das neue Familienrecht, S. 89 ff. und *Karakatsanes*, Wandlungen des griechischen Ehescheidungsrechts, S. 79 ff.

Regelung der entsprechenden Beziehungen. Diese Vereinbarungen betreffen sehr häufig den **Unterhalt der Ehegatten**. Sie sind absolut frei, da auch ein Verzicht des berechtigten Ehegatten auf den Unterhalt für die Zukunft gültig ist (Art. 1392 ZGB, der nicht auf Art. 1499 ZGB verweist). Allerdings sind die Vereinbarungen über den Unterhalt der gemeinsamen Kinder nichtig, wenn sie einen solchen Verzicht vorsehen oder der vereinbarte Unterhalt geringer festgelegt ist als der angemessene Unterhalt des Art. 1493 ZGB. Darüber hinaus können sich derartige Vereinbarungen auf die Benutzung der ehelichen Wohnung (Art. 1393 ZGB) oder die Hausratsverteilung (Art. 1394, 1395 ZGB) beziehen.

2. Vereinbarungen des Art. 1441 Abs. 3 ZGB

Wie schon erwähnt, werden diese Vereinbarungen im Rahmen der einvernehmlichen Scheidung zwischen den Ehegatten getroffen. Sie regeln das **Sorgerecht** für die gemeinsamen Kinder und den **Umgang** mit ihnen. Der Vertrag ist schriftlich vorzulegen und wird vom Gericht bestätigt. Er gilt, bis eine gerichtliche Entscheidung nach Art. 1513 ZGB ergeht. Dagegen werden solche Vereinbarungen nicht bereits durch Urteil geregelt (Art. 1514 ZGB).[153] Die Ehegatten sollen ihre schriftliche Übereinstimmung entweder mit dem Scheidungsantrag oder zu einer späteren Sitzung des Gerichts einreichen, die sie bis zur letzten Sitzung modifizieren können.[154] Das Gericht hat die Vereinbarung zu bestätigen, nachdem es ihre vollständige Regelung der Personensorge und des Umgangs überprüft hat.[155] Nach wohl h.M. soll sich das Gericht jedoch nicht nur auf die Prüfung der Vollständigkeit beschränken, sondern es soll auf ihren Inhalt eingehen und prüfen, ob diese dem Wohl des Kindes dient. Folglich soll das Gericht die Bestätigung verweigern, wenn diese letzte Voraussetzung nicht gegeben ist und die Ehegatten den Inhalt der Vereinbarung trotz der Vorschläge des Gerichts nicht abändern.[156] Die vom Gericht bestätigte Vereinbarung kann bis zur endgültigen Regelung nach Art. 1513 ZGB nicht modifiziert werden.

99

3. Vereinbarungen nach der Scheidung

Die Vereinbarungen der **geschiedenen Ehegatten** betreffend ihre **persönlichen oder vermögensrechtlichen Beziehungen** sind absolut frei. So können die ehemaligen Ehegatten den vom Gericht zugesprochenen Unterhalt ändern oder auf ihn für die Zukunft verzichten. Darüber hinaus können sie schriftlich vereinbaren, dass der Unterhalt pauschal geleistet wird, da die Regelung des Art. 1443 ZGB dispositives Recht ist. Außerdem dürfen sie einen höheren Unterhalt vereinbaren, ohne dass eine Pflicht hierzu besteht.[157] Hierbei handelt es sich um eine formbedürftige Schenkung. Angesichts der zwingenden Natur der entsprechenden Vorschriften liegt die Sache bezüglich der Vereinbarungen über die Kinder anders. Die elterliche Sorge wird vom Gericht geregelt, das allerdings auch etwaige Vereinbarungen der geschiedenen Ehegatten berücksichtigt (Art. 1513 ZGB). Die Vereinbarungen über den Kindesunterhalt sind gültig, wenn die Höhe des vereinbarten Unterhalts mehr als der angemessene Unterhalt des Art. 1493 ZGB ist.[158]

100

---

153 *Papachristou*, Lehrbuch des Familienrechts, S. 153; *Gasis*, Das neue Familienrecht, S. 91.
154 *Gasis*, Das neue Familienrecht, S. 91.
155 So *Gasis*, Das neue Familienrecht, S. 91.
156 *Papachristou*, Lehrbuch des Familienrechts, S. 154; *Karakatsanes*, Wandlungen des griechischen Ehescheidungsrechts, S. 80; *Kounougeri-Manoledaki*, Familienrecht, S. 481 f.
157 *Gasis*, Das neue Familienrecht, S. 92.
158 *Karakatsanes*, Wandlungen des griechischen Ehescheidungsrechts, S. 81; *Gasis*, Das neue Familienrecht, S. 92.

4. Vereinbarungen während des Getrenntlebens im Hinblick auf die bevorstehende Ehescheidung

101   Solche Scheidungsvereinbarungen betreffen die Beziehungen der Ehegatten für die Zeit nach der Scheidung, obwohl sie in vielen Fällen bereits vor der Scheidung getroffen werden. Scheidungsverträge werden heutzutage allgemein als **gültig** anerkannt, wenngleich, nach Einführung der einvernehmlichen Scheidung Scheidungsvereinbarungen eine geringere Bedeutung erfahren. Aufgrund der Liberalisierung und der Stärkung des Gedankens der Privatautonomie und der Vertragsfreiheit im griechischen Scheidungsrecht sollen Verträge, die die Folgen der Scheidung regeln, im Prinzip anerkannt und nicht pauschal abgelehnt werden. Wenn Ehegatten berechtigt sind, über ihre Scheidung übereinzustimmen (Art. 1441 ZGB) und diese Übereinstimmung die öffentliche Ordnung nicht verletzt, dann sind sie umso mehr berechtigt, über die Scheidungsfolgen zu entscheiden.

102   Die obigen Scheidungsvereinbarungen beziehen sich auf die Rechtsbeziehungen zu den Kindern und sie werden vom Gericht für die Regelung der **elterlichen Sorge nach der Scheidung** (Art. 1513 ZGB) berücksichtigt. Allerdings werden Vereinbarungen über den **Kindesunterhalt** unter der Voraussetzung anerkannt, dass die Höhe des Unterhalts größer als der angemessene Unterhalt des Art. 1493 ZGB ist. Im Rahmen dieser Rechtsbeziehungen sind auch grundsätzlich die Zuwendungen der Eltern ihren Kindern gegenüber gültig. Darüber hinaus können die Scheidungsvereinbarungen die Nutzung der ehelichen Wohnung (Art. 1393 ZGB) oder die Hausratsteilung (Art. 1394, 1395 ZGB) sowie den Unterhalt der geschiedenen Ehegatten (Art. 1442 ff. ZGB) zum Gegenstand haben. Wie für alle Verträge so gelten auch für derartige Scheidungsverträge die allgemeinen Schranken des Art. 3 ZGB (Normen öffentlicher Ordnung), des Art. 174 ZGB (verbotenes Rechtsgeschäft) und der Art. 178–179 ZGB (sittenwidriges Rechtsgeschäft). Es ist auch zu bemerken, dass die Wirksamkeit solcher Vereinbarungen von dem zur Bedingung gemachten Umstand der Scheidung abhängig ist. Wenn die Ehe dann doch nicht geschieden wird, müssen etwaige Leistungen, die auf solchen Vereinbarungen basierten, nach den Vorschriften über die ungerechtfertigte Bereicherung (Art. 904 ff. ZGB) zurückgegeben werden.[159]

VI.   Kollisionsrecht der Scheidungsfolgen

103   Die Scheidungsfolgen wie der Scheidungsunterhalt unterliegen dem Anwendungsbereich des Art. 16 ZGB. Sie richten sich also nach dem auf die Ehescheidung anzuwendenden Recht (siehe Rdn 64 ff.). Die Wirkungen der Ehescheidung auf die persönlichen (Zusammenleben der Ehegatten, Name der ehemaligen Ehegatten) oder vermögensrechtlichen (Anspruch auf Zugewinnausgleich, Gütergemeinschaft) Beziehungen der Ehegatten sind nach Art. 14, 15 ZGB entsprechend zu entscheiden (siehe Rdn 20 ff.), die Schenkungen zwischen den Ehegatten dagegen nach Art. 25 ZGB (Schuldverhältnisse aus Vertrag).[160]

VII.   Verfahren

104   **Scheidungs- und Scheidungsunterhaltsverfahren** können miteinander **verbunden** werden (Art. 610 gr. ZPO). Es ergeht dabei grundsätzlich ein Urteil. Sonst ist für die Festsetzung, die Herabsetzung oder die Erhöhung des Beitrages eines jeden Ehegatten zur Deckung des Unterhalts, der wegen Ehescheidung geschuldet wird, das Einzelrichtergericht erster Instanz sachlich zuständig (Art. 16 Nr. 10 gr. ZPO). Das Gericht kann auch durch

---

159   *Gasis*, Das neue Familienrecht, S. 96.
160   Areopag 428/94, EllDik (1995) S. 308.

einstweilige Anordnungen den Unterhalt nach der Scheidung provisorisch regeln (Art. 728 Abs. 1a, 729 Abs. 1 gr. ZPO).

VIII. Internationale Zuständigkeit; Vollstreckung gerichtlicher Entscheidungen

Die internationale Zuständigkeit der griechischen Gerichte in Unterhaltssachen beruht auf der (Brüssel I-VO). Die Verordnung ist auch die primäre Rechtsquelle für die Anerkennung und Vollstreckung von Urteilen in Unterhaltssachen.

105

E. Gleichgeschlechtliche Ehe/Registrierte Lebenspartnerschaft

In der griechischen Rechtsordnung werden Ehen zwischen Personen des gleichen Geschlechts nicht anerkannt. Jedoch sind nunmehr, nach dem Gesetz Nr. 4356/2015, registrierte Lebenspartnerschaften zwischen Partnern des gleichen Geschlechtes anerkannt (siehe Rdn 3). Die Lebenspartnerschaft (ungeachtet des Geschlechts der Partner) wird durch notarielle Urkunde eingegangen und erlischt durch einen *actus contrarius*, durch einseitige notarielle Erklärung, die dem anderen Partner zugestellt wird oder durch die Eheschließung zwischen den Partnern (die eingetragene Lebenspartnerschaft stellt nunmehr ein Ehehindernis für die Ehe mit einem Dritten dar). Den Partnern werden bezüglich des Erbrechts, des Namensrechts, der Vaterschaftsvermutungen usw. Rechte verliehen, die Ehepartnern entsprechen. Art. 1456 und 1457 ZGB sind Vorschriften des Gesetzes Nr. 3089/2002 über „die medizinisch unterstützte Fortpflanzung", das ein neues 8. Kapitel in dem 4. Buch des griechischen Zivilgesetzbuches darstellt. Das Gesetz Nr. 3089/2002 stellt zum ersten Mal die freie Lebenspartnerschaft der Ehe gleich. Dadurch haben neben den ehelichen Partnern auch die heterosexuellen Lebenspartner das Recht, die medizinische Unterstützung zur Fortpflanzung in Anspruch zu nehmen, um ein Kind zu bekommen.

106

F. Abstammung und Adoption

I. Abstammung

Im neuen Familienrecht ist die Unterscheidung zwischen ehelichen und nichtehelichen Kindern abgeschafft worden. Soweit eine entsprechende Differenzierung unvermeidlich erscheint, stellt das Gesetz nunmehr darauf ab, ob die Eltern des Kindes miteinander verheiratet sind oder nicht („in der Ehe geborene Kinder", „Kinder ohne Ehe ihrer Eltern").

107

Die **Abstammung** als Voraussetzung der **Verwandtschaft** (Art. 1461 ZGB) basiert grundsätzlich auf der biologischen Abstammung von den Eltern. Art. 1465 ZGB enthält die **Vermutung** der ehelichen Abstammung. Es wird vermutet, dass das Kind, das während der Ehe seiner Mutter oder innerhalb dreihundert Tagen nach deren Auflösung oder Nichtigerklärung geboren ist, als **Vater** den Ehemann der Mutter hat (in der Ehe geborenes Kind). Die Vermutung der ehelichen Abstammung gilt auch dann, wenn das Kind aus künstlicher Insemination (homolog oder heterolog) herkommt.[161] Allerdings kann die Eigenschaft eines Kindes als „in der Ehe geborenes Kind" nach Art. 1467 ZGB angefochten werden (**Vaterschaftsanfechtung**). Die Verwandtschaft einer Person mit ihrer **Mutter** und ihren Verwandten wird durch die Geburt begründet (Art. 1463 ZGB); seit dem 23.12.2002

108

---

161 *Papachristou*, Lehrbuch des Familienrechts, S. 259.

gilt in Griechenland das Gesetz Nr. 3089/2002 über die medizinisch unterstützte Fortpflanzung. Im Fall der übernommenen Mutterschaft (Art. 1458 ZGB) also besteht eine Ausnahme
vom Art. 1463 ZGB, und als Mutter des Kindes wird nicht die Tragemutter (Leihmutter –
gebärende Mutter), sondern die genetische Mutter vermutet, es sei denn, alle Voraussetzungen des Art. 1458 ZGB sind erfüllt. Hierbei handelt es sich um eine Vermutung, die angefochten werden kann (**Mutterschaftsanfechtung**, Art. 1464 Abs. 2 ZGB). Die entsprechende Klage ist innerhalb von sechs Monaten ab Geburt einzulegen. Berechtigt ist entweder
die vermutete Mutter oder die Tragemutter, wenn nachgewiesen wird, dass das Kind von
ihr abstammt. Die Verwandtschaft mit dem Vater und seinen Verwandten ergibt sich aus
der Ehe der Mutter mit dem Vater oder wird durch die freiwillige oder gerichtliche Anerkennung begründet (Art. 1463 ZGB). Die freiwillige Anerkennung erfolgt durch privatrechtliche Erklärung in Form einer notariellen Urkunde.[162] Erforderlich ist die Zustimmung der
Mutter (Art. 1475 Abs. 1 ZGB). Die notarielle Zustimmung des Mannes zur Durchführung
der künstlichen Befruchtung (Art. 1456 Abs. 1 S. 2 ZGB) wird als freiwillige Erklärung
betrachtet (mittelbare freiwillige Anerkennung, Art. 1475 Abs. 2 ZGB). Im Rahmen der
gerichtlichen Anerkennung ist nur zu bemerken, dass sie im Fall einer heterologen Insemination nicht beantragt werden kann, auch wenn die persönlichen Angaben des Mannes
bereits bekannt sind oder später bekannt werden (Art. 1479 Abs. 2 ZGB). Die gerichtliche
Entscheidung über die Anerkennung hat retrospektive Geltung auf den Zeitpunkt der
Geburt des Kindes. Nach Art. 1484 ZGB hat das Kind im Fall einer freiwilligen oder
gerichtlichen Anerkennung, sofern das Gesetz nichts anderes bestimmt, gegenüber seinen
Eltern und deren Verwandten in jeder Hinsicht die **Stellung eines in der Ehe geborenen
Kindes**. Die Vaterschaftszuordnungen gem. Art. 1465, 1466 und 1475 ZGB können durch
Anfechtung beseitigt werden (Art. 1467 ff., 1477 ZGB). Allerdings ist die Anfechtung der
freiwilligen Anerkennung im Fall des Art. 1475 Abs. 2 ZGB ausgeschlossen. Zuletzt können
Kinder, die ohne Ehe ihrer Eltern geboren wurden, durch nachträgliche Heirat der Eltern
in jeder Hinsicht die Stellung eines in der Ehe geborenen Kindes erlangen (Legitimation,
Art. 1473 ZGB).

II. Adoption

1. Allgemeines

109 Die Adoption wird in den Art. 1542–1548 ZGB geregelt (Gesetz Nr. 2447/1996, geändert
durch die Gesetze Nr. 2479/1997, 2521/1997, 2721/1999 und 2915/2001). Nach dem Gesetz
Nr. 2447/1996 ist die Annahme eines Minderjährigen beinahe die ausschließliche Form der
Adoption, da die Annahme eines Volljährigen nur in Ausnahmefällen zugelassen wird.

2. Minderjährigenadoption

110 Die Adoption wird durch gerichtliches Gestaltungsurteil auf Antrag des Annehmenden
ausgesprochen. Der Antrag muss vom Annehmenden höchstpersönlich bei Gericht gestellt
werden (Art. 1549 ZGB). Es kommen die Vorschriften der freiwilligen Gerichtsbarkeit zur
Anwendung. Örtlich zuständig ist das Gericht, in dessen Bezirk der Annehmende oder der
Anzunehmende seinen gewöhnlichen Aufenthalt hat (Art. 800 Abs. 1 gr. ZPO). Wenn die
gesetzlichen Voraussetzungen (zu denen ein Gutachten des Sozialamtes gehört) erfüllt sind,
wird die Adoption vom Gericht zugesprochen.

---

162 *Papachristou*, Lehrbuch des Familienrechts, S. 283.

Die **Voraussetzungen** für eine gültige Adoption sind folgende: 111
– Der Annehmende muss geschäftsfähig sein, das 30. Lebensjahr vollendet haben und darf
  das 60. Lebensjahr nicht überschritten haben (Art. 1543 ZGB).
– Der Annehmende muss mindestens achtzehn Jahre älter und darf nicht über fünfzig
  Jahre älter als der Anzunehmende sein. Diese Altersbeschränkung gilt nicht für die
  Annahme eines Kindes des anderen Ehegatten sowie bei Vorliegen eines wichtigen Grun-
  des. In diesen Fällen wird die Adoption auch dann zugelassen, wenn der Altersunter-
  schied geringer ist; er darf jedoch nicht geringer als fünfzehn Jahre sein (Art. 1544 ZGB).
– Die Annahme erfolgt durch nur eine Person oder durch Ehegatten. Das bereits angenom-
  mene Kind kann, solange die Annahme noch andauert, nicht von einem anderen ange-
  nommen werden, es sei denn, es handelt sich um die nachträgliche Annahme derselben
  Person durch den Ehegatten des ersten Annehmenden (Art. 1545 Abs. 1 ZGB).
– Die Adoption muss dem Wohl des Kindes dienen.
– Nach Art. 1545 Abs. 2 ZGB genügt es bei Annahme durch beide Ehegatten, wenn die
  Voraussetzungen der Art. 1543 und 1544 ZGB (Geschäftsfähigkeit, Altersgrenze, Alters-
  unterschied) in der Person eines der Ehegatten vorliegen.

Außerdem werden verschiedene **Einwilligungserklärungen** benötigt, insbesondere: 112
– des Annehmenden (Art. 1549 Abs. 2 ZGB);
– des anzunehmenden Kindes, wenn es das zwölfte Lebensjahr vollendet hat, es sei denn,
  es befindet sich in einem Zustand seelischer oder geistiger Störung, die seine Willensbestimmung entscheidend beeinflusst. In jedem Fall muss das Gericht die Meinung des
  Kindes entsprechend seiner Reife berücksichtigen (Art. 1555 ZGB);
– der Eltern des Kindes (Art. 1550 Abs. 1 ZGB), deren Einwilligung unter bestimmten
  Voraussetzungen durch das Gericht ersetzt werden kann (Art. 1552 ZGB);
– des Vormunds mit der Genehmigung des Familienaufsichtsrates, wenn der Minderjährige
  keine Eltern hat (Art. 1550 Abs. 1 S. 2 ZGB);
– des Ehegatten des Annehmenden, falls dieser ausnahmsweise das Kind allein annimmt.
  Das Gericht kann jedoch die Annahme auch ohne diese Einwilligung zulassen, wenn sie
  aus tatsächlichen oder rechtlichen Gründen nicht erteilt werden kann oder wenn zwischen den Ehegatten ein Scheidungsverfahren anhängig ist (Art. 1546 ZGB).

Die **Wirkungen** des gerichtlichen Urteils über die Annahme beginnen mit seiner Rechts-   113
kraft (Art. 1560 ZGB). Mit der Adoption erlöschen alle Beziehungen des Minderjährigen
zu seiner leiblichen Familie mit Ausnahme der Art. 1356 und 1357 ZGB; der Minderjährige
wird in die Familie des Annehmenden **vollständig eingegliedert**. Dem Annehmenden und
dessen Verwandten gegenüber hat der Minderjährige alle Rechte und Pflichten eines in der
Ehe geborenen Kindes (Art. 1561 ZGB). Die Annahme kann von Rechts wegen (Art. 1576
ZGB) oder durch gerichtliches Urteil (Art. 1571–1572 ZGB) aufgelöst werden. Nach
Art. 1578a ZGB ist im Fall einer gerichtlichen Auflösung der Annahme ihre Wiederherstellung möglich. Wird ein ausländisches Kind durch einen Griechen angenommen, erwirbt es
mit dem Vollzug der Adoption die griechische **Staatsangehörigkeit** (Art. 27 Abs. 1 KGS –
Kodex der Griechischen Staatsangehörigkeit) und es behält sie auch nach der Auflösung
der Adoption.[163]

---

163 *Papasiopi-Pasia*, Staatsangehörigkeitsrecht, S. 102.

3. Volljährigenadoption

114	Die Annahme eines Volljährigen wird nur dann zugelassen, wenn der Anzunehmende mit dem Annehmenden bis einschließlich zum vierten Grad blutsverwandt oder verschwägert ist (Art. 1579 ZGB). Für die Volljährigenadoption werden grundsätzlich die Vorschriften über die Minderjährigenadoption analog angewandt. Sonderregelungen gelten für folgende Fälle:
- Der Annehmende muss das 40. Lebensjahr vollendet haben und mindestens achtzehn Jahre älter als der Anzunehmende sein (Art. 1582 ZGB);
- ein gemeinsamer Antrag des Annehmenden und des Anzunehmenden ist erforderlich (Art. 1581 ZGB). Für die Annahme eines Verheirateten muss die Einwilligung seines Ehegatten persönlich vor Gericht erklärt werden (Art. 1583 ZGB).

115	Die Annahme eines Volljährigen begründet **kein Verwandtschaftsverhältnis** zwischen dem Angenommenen und den Verwandten des Annehmenden und umgekehrt (Art. 1585 ZGB). Die Volljährigenadoption kann durch gerichtliches Urteil wieder gelöst werden (Art. 1588 ZGB). Angesichts der **Staatsangehörigkeit** begründet die Volljährigenadoption keinen Erwerb.

Großbritannien: England und Wales

Dr. Felix Odersky, Notar, Dachau

Literatur

Black/Bridge/Bond/Grewcock/Gribbin/Readorn, A Practical Approach to Family Law, 10. Aufl., Oxford 2015; *Cheshire, North & Fawcett*, Private International Law, 14. Aufl., London 2008; *Collier*, Conflict of Laws, 3. Aufl., Cambridge 2001; *Dicey/Morris/Collins*, Conflict of Laws, 14. Aufl., London 2006; *Henrich*, Länderbericht England, Stand 2011 in: *Bergmann/Ferid/Henrich* (Hrsg.), Internationales Ehe- und Kindschaftsrecht, Loseblatt; *Henrich*, Der Domizilbegriff im englischen Internationalen Privatrecht, RabelsZ 25 (1960), 456 ff.; *Herring*, Family Law, 7. Aufl., Harlow 2015; *Lowe*, The English Approach to the Division of Assets upon Family Breakdown, in: *Henrich/Schwab* (Hrsg.), Eheliche Gemeinschaft, Partnerschaft und Vermögen im europäischen Vergleich, Bielefeld 1999; *Odersky*, Das Unterhaltsrecht in Großbritannien, FPR 2013, 72; *Odersky*, Länderbericht Großbritannien: England und Wales, in: *Süß* (Hrsg.), Erbrecht in Europa, 3. Aufl. 2015; *Raue*, Die internationale Dimension von Unternehmereheverträgen, DNotZ 2015, 20; *Rein-Lescastereyres/Amos/Bennett*, Entente Cordiale? Anwendung des englischen Ehe- und Eigentumsrechts auf die deutsche Gesetzgebung des ehelichen Güterstandes, NZFam 2015, 898; *Sanders*, Die neue Ehevertragsfreiheit in England und ihre Grenzen, NJW 2011, 182; *Woelke*, Länderbericht England und Wales, in: Nomos-Kommentar BGB, Bd. 4: Familienrecht, 2. Aufl. 2010 (zit.: NK-BGB).

A. Eheschließung

I. Voraussetzungen der Eheschließung

1. Persönliche Voraussetzungen

1   Voraussetzungen für eine gültige Ehe in England und Wales[1] sind:
- Die Ehepartner dürfen miteinander weder in gerader Linie noch als Geschwister oder als Onkel/Tante bzw. Neffe/Nichte verwandt sein. Regelmäßig nicht zugelassen werden ferner Ehen zwischen verschwägerten Personen, wobei es insbesondere im Fall des Todes eines Partners Befreiungen geben kann.[2]
- Braut und Bräutigam müssen für eine wirksame Ehe mindestens das 16. Lebensjahr vollendet haben. Bis zur Volljährigkeit mit 18 Jahren dürfen Trauungen nur mit Zustimmung der Personensorgeberechtigten oder mit Zustimmung des Gerichts stattfinden.[3]
- Keiner der Partner darf noch wirksam verheiratet oder Partner einer *Civil Partnership* sein.

Die Einschränkung, dass nur gemischt-geschlechtliche Ehegatten eine Ehe eingehen dürfen, wurde dagegen durch den *Marriage (Same Sex Couple) Act 2013* abgeschafft. Gleichgeschlechtliche Partner haben damit seit 2014 nicht nur die Möglichkeit eine *Civil Partnership* einzugehen,[4] sondern können auch die Form der Ehe wählen. Dabei sieht s. 11 des Act vor, dass der Begriff Ehe grundsätzlich in allen englischen Gesetzen in gleicher Weise für heterosexuelle wie für homosexuelle Ehepaare gilt.

2. Nichtige und anfechtbare Ehen

2   Das englische Recht unterscheidet zwischen von Anfang an nichtigen (*void*) und anfechtbaren (*voidable*) Ehen. **Nichtig** sind Ehen, wenn sie gegen einen der in Rdn 1 aufgeführten, zwingenden Grundsätze verstoßen, zwingende Formvorschriften außer Acht gelassen wurden oder die Heirat von einer unzuständigen Stelle vollzogen wurde.[5] Die Nichtigkeit der Ehe muss nicht gerichtlich bestätigt werden, jedoch ist jeder Ehegatte zu einer entsprechenden Feststellungsklage berechtigt, die auch noch nach dem Tod des anderen erhoben werden kann.

---

1   Großbritannien ist ein Mehrrechtsstaat, der sich in die selbstständigen Rechtsordnungen von England und Wales sowie Schottland gliedert. Während beide Rechtsordnungen im Kollisionsrecht weitgehend übereinstimmen, unterscheidet sich das schottische Recht im materiellen Recht, insbesondere bei den Scheidungsfolgen im Einzelfall deutlich. Die wichtigsten Abweichungen sind im anschließenden Länderbericht „Großbritannien: Schottland" dargestellt. Zum Vereinigten Königreich gehört ferner noch die Rechtsordnung von Nordirland, die jedoch dem englischen Recht ähnlich ist. Wie in der Literatur üblich, wird nachfolgend nur der Begriff des englischen Rechts verwendet, wobei damit immer das Recht von England und Wales gemeint ist.

2   Vgl. s. 1 *Marriage Act* 1949; *Marriage (Prohibited Degrees of Relationship) Act* 1986.

3   Vgl. s. 2, 3 *Marriage Act* 1949.

4   Vgl. dazu Rdn 104 f.

5   Vgl. s. 11 MCA 1973.

Anfechtbar sind Ehen, wenn[6]

- (1) die Ehe nicht vollzogen wurde, weil ein Ehegatte dazu nicht in der Lage war oder dies verweigerte;
- (2) bei der Heirat kein übereinstimmender Ehewille aufgrund eines Zwangs oder Irrtums, der Geschäftsunfähigkeit eines Ehegatten oder aus einem sonstigen Grund bestand;
- (3) ein Ehegatte im Zeitpunkt der Heirat an einer geistigen Erkrankung litt, die ihn aufgrund ihrer Art oder des Umfangs als für eine Ehe nicht geeignet erscheinen lässt;
- (4) ein Ehegatte im Zeitpunkt der Heirat an einer ansteckenden Geschlechtskrankheit litt;
- (5) die Ehefrau bei der Heirat von einem anderen Mann schwanger war.

3

Anfechtbare Ehen gelten **zunächst als wirksam.** Erst mit Rechtskraft des Aufhebungsurteils gelten sie als unwirksam, so dass insbesondere Kinder aus solchen Ehen **ehelich geboren** sind.

4

Das **Anfechtungsverfahren** entspricht formal weitgehend dem Scheidungsverfahren.[7] Bis auf die in (1) und (2) genannten Fälle muss die Anfechtungsklage innerhalb von drei Jahren ab Eheschließung erhoben werden. Sofern der Beklagte nachweist, dass der Kläger die in (4) und (5) genannten Gründe bereits bei Eheschließung kannte oder dass der Kläger zwar Kenntnis von der Anfechtbarkeit hatte, sich aber so verhalten hat, dass der Beklagte auf den Fortbestand der Ehe vertrauen durfte, muss das Gericht die Anfechtungsklage zurückweisen.[8]

5

Das Gericht kann sowohl nach Feststellung der Nichtigkeit einer Ehe als auch infolge der Anfechtung der Ehe (beides als *decree of nullity* bezeichnet) **Regelungen zur finanziellen Unterstützung** eines Ehegatten oder Kindes wie bei einem Scheidungsverfahren treffen (vgl. hierzu Rdn 50 ff.). Da die Anfechtungsklage sowohl im Hinblick auf die formalen Verfahrensregeln als auch die materiellen Folgen dem Scheidungsverfahren ähnelt, hat sie heute nur noch geringe praktische Bedeutung; vorteilhaft kann sie aber im ersten Jahr der Ehe sein, in dem eine Scheidungsklage generell ausgeschlossen ist.

6

Die **internationale Zuständigkeit** der englischen Gerichte für Feststellungsklagen bezüglich der Nichtigkeit einer Ehe und Anfechtungsklagen richtet sich nach den gleichen Regeln wie bei einem Scheidungsverfahren (vgl. Rdn 47). Bei Feststellungsklagen nach dem Tod eines Ehegatten ist die Zuständigkeit i.Ü. gegeben, wenn der Verstorbene sein Domizil oder während des letzten Jahres vor seinem Tod seinen gewöhnlichen Aufenthalt in England hatte.[9]

7

II. Form der Eheschließung

England kennt **keine obligatorische Ziviltrauung.** Die Heirat kann sowohl von der anglikanischen Kirche als auch in sonstigen Kirchen, jüdischen Gemeinden oder Quäkertreffen sowie von **Standesbeamten** vollzogen werden, wobei Letztere auch außerhalb der Standesämter an jedem dafür lizenzierten Ort (z.B. Hotels) die Trauung vornehmen dürfen. Während es für Trauungen der Church of England eigene, gesetzlich geregelte Verfahrensvorschriften gibt, die keine staatliche Beteiligung vorsehen, sind Trauungen in anderen Kirchen oder vor Standesbeamten erst nach Ausstellung einer **Ehefähigkeitsbescheinigung** des

8

---

6 Vgl. s. 12 MCA 1973.
7 Vgl. ss. 15, 16 MCA 1973.
8 Vgl. s. 13 MCA 1973.
9 Vgl. s. 5 *Domicile and Matrimonial Proceedings Act* (DMPA) 1973.

Superintendent Registrar (d.h. des zuständigen staatlichen Registerbeamten) zulässig. Diese Bescheinigung setzt in der Regel voraus, dass zumindest einer der Ehegatten seit mindestens sieben Tagen im Bezirk des Registerbeamten wohnhaft ist.[10]

III. Kollisionsrecht der Eheschließung

1. Eheschließungsstatut

9   Bezüglich der **persönlichen Voraussetzungen** zur Eheschließung, wie z.B. der Ehemündigkeit und des Bestehens von Eheverboten, ist grundsätzlich das jeweilige **Domizilrecht** jedes Ehegatten maßgeblich (*dual domicile theory*), während es für die formale Wirksamkeit der Trauung auf das jeweilige Ortsrecht ankommt. Bei Trauungen in England sind aber wohl zusätzlich die Anforderungen des englischen Rechts an die persönlichen Voraussetzungen zu berücksichtigen. Andererseits wendet England Eheverbote des Domizillandes, die gegen den englischen *ordre public* verstoßen, wie z.B. Eheverbote aus religiösen Gründen oder aufgrund von Rassenverschiedenheiten, nicht an.[11]

10   Ausländische Ehen werden in England **anerkannt**, wenn die Ehevoraussetzungen nach dem jeweiligen Domizilrecht und die Formvorschriften am Ort der Trauung eingehalten wurden. In Einzelfällen gibt es sogar Präjudizien, dass Ehen, die zwar im Ausland nicht wirksam geschlossen wurden, weil nach dortigem Recht die notwendigen Ehevoraussetzungen nicht vorlagen oder Formvorschriften verletzt wurden (z.B. Trauung vor einem Priester der englischen oder katholischen Kirche in einem Land mit obligatorischer Ziviltrauung), die aber nach englischem Verständnis gültig wären, in England anerkannt wurden.[12]

2. Domizilbegriff

11   Entscheidende Bedeutung im Kollisionsrecht Großbritanniens hat der Begriff des **Domizils** (*domicile*), der im Common Law in der Regel an Stelle der Anknüpfung an die Staatsangehörigkeit verwendet wird. Mit diesem Begriff soll die **Zugehörigkeit einer Person zu einer einzigen Rechtsordnung** – also nicht zu einem bestimmten Ort – festgelegt werden. Das Domizil unterscheidet sich damit insbesondere von dem Begriff der (*ordinary* oder *habitual*) *residence* und darf keinesfalls mit den deutschen kollisionsrechtlichen Anknüpfungsmerkmalen des Wohnsitzes oder des gewöhnlichen Aufenthalts gleichgesetzt werden.[13]

12   Das englische Recht unterscheidet drei Domizilarten:

13   Das **Geburtsdomizil** (*domicile of origin*) erwirbt jeder Mensch unabänderlich mit seiner Geburt. Beim ehelich geborenen Kind ist dies das Domizil des Vaters zum Zeitpunkt der Geburt. Ist der Vater verstorben, sind die Eltern geschieden oder ist das Kind nichtehelich geboren, ist das Domizil der Mutter maßgebend, wenn es bei der Mutter lebt. Bedeutung hat das *domicile of origin* auch in den Fällen, in denen ein späteres Wahldomizil wieder aufgegeben wird. Wenn dabei nicht sogleich ein neues Wahldomizil begründet wird, folgt aus der Aufgabe das Wiederaufleben des *domicile of origin*. Kehrt beispielsweise ein Ehe-

---

10 Vgl. zu den Formalitäten der kirchlichen und sonstigen Trauungen die *Marriages Acts* 1949–1986.

11 Vgl. näher *Bergmann/Ferid/Henrich*, Länderbericht England, III. A. 3., S. 28 f.; *Cheshire, North & Fawcett*, S. 878 ff., 895 ff.; *Collier*, S. 302 ff., 306.

12 Vgl. näher *Bergmann/Ferid/Henrich* Länderbericht England, III. A. 3., S. 28 f.; *Collier*, S. 296 f., 306 f.

13 Vgl. eingehend zum Domizilbegriff: *Henrich*, RabelsZ 25 (1960), 458 ff.; *Bergmann/Ferid/Henrich*, Länderbericht England, III. A. 3., S. 27; *Staudinger/Dörner*, Anh. zu Art. 25 f. EGBGB Rn 282; *Cheshire, North & Fawcett*, S. 154 ff.; *Collier*, S. 37 ff.

gatte, der lange im Ausland lebte, dessen Geburtsdomizil aber England war, im Trennungsfall nach England zurück, kann das englische Geburtsdomizil sofort wiederaufleben, und zwar ohne dass der Ehegatte die Absicht haben muss, dauerhaft in England wohnen zu bleiben. Dies würde sogar dann gelten, wenn der Ehegatte im Ausland die dortige Staatsangehörigkeit angenommen hat.

Ein **Wahldomizil** (*domicile of choice*) kann jede mündige Person ab 16 Jahren selbst erwerben. Für die Begründung eines solchen Wahldomizils müssen zwei Merkmale zusammentreffen: Objektiv muss in einem Land der tatsächliche Aufenthalt (*residence*) begründet werden. Subjektiv muss dies in der Absicht erfolgen, in diesem Land (aber nicht zwingend immer am gleichen Ort) für immer oder zumindest für unbestimmte Zeit zu bleiben und nicht in das ursprüngliche Domizilland zurückzukehren (sog. *animus manendi et non revertendi*). Diese Absicht ist dann zu verneinen, wenn man nur für eine bestimmte Zeit oder bis zu einem bestimmten Ereignis, z.B. bis zum Eintritt des Rentenalters, in dem Land wohnen will, oder zwar nicht weiß, wie lange man bleiben will, aber den ernsthaften Willen hat, irgendwann zurückzukehren oder in ein anderes Land weiterzuziehen. Für den Nachweis dieser subjektiven Merkmale sind – neben der Aussage des Betroffenen – grundsätzlich alle objektiven Umstände heranzuziehen, da kein Merkmal allein (z.B. auch nicht eine Heirat oder die Annahme der jeweiligen Staatsangehörigkeit) eine bestimmte Absicht belegt. Für den Verlust eines *domicile of choice* muss die tatsächliche Aufgabe der *residence* mit der Aufgabe des Willens, in dem Land auf unbestimmte Zeit zu wohnen, zusammentreffen.

Das *domicile of dependency* regelt schließlich den Domizilwechsel von unmündigen Personen, die nicht selbst ein *domicile of choice* erwerben können. Bei **Minderjährigen** unter 16 Jahren richtet sich der Wechsel immer nach dem aktuellen *domicile* des Vaters bzw. der Mutter, je nachdem, bei wem das Kind lebt.[14]

B. Folgen der Eheschließung

I. Auswirkungen auf Eigentumsverhältnisse

1. Gütertrennung

Das englische Recht kennt weder gesetzliche noch ehevertragliche Güterstände als Folge der Eheschließung. Vielmehr gelten zwischen Ehegatten die **allgemeinen eigentumsrechtlichen Grundsätze**, so dass jeder Ehegatte sein vor der Ehe erworbenes Eigentum behält und während der Ehe Eigentum im eigenen Namen neu erwerben oder veräußern kann. England kennt für Ehegatten weder besondere Verfügungsbeschränkungen noch eine wechselseitige Vertretungsmacht noch eine gegenseitige Schuldenhaftung. Damit kann das englische Recht aus Sicht Deutschlands als eine Art **Gütertrennung** charakterisiert werden.[15]

Zu beachten ist jedoch, dass den englischen Gerichten die Befugnis eingeräumt ist, im Fall der Scheidung **Vermögensübertragungen anzuordnen**, mit denen sowohl ein Vermögensausgleich zwischen den Ehegatten als auch die Unterhaltssicherung bzw. -abfindung des wirtschaftlich schwächeren Ehegatten erreicht werden soll. Auf diese Anordnungen, die nach dem Ermessen des Gerichts durchaus zu einer hälftigen Aufteilung des gesamten

---

14 Vgl. dazu näher s. 3, 4 DMPA 1973.
15 Kritisch zur Übertragung des kontinental-europäischen Güterstandsverständnisses *Lescastereyres/ Amos/Bennett*, NZFam 2015, 898 ff.

Odersky

Vermögens der Ehegatten führen können, wird nachfolgend im Rahmen der Scheidungsfolgen näher eingegangen (siehe Rdn 50 ff.).

18   Ferner haben englische Gerichte das Recht, im Fall des Todes eines Ehegatten **Vermögensausgleichsleistungen aus dem Nachlass** anzuordnen (sog. *family provisions*). Damit kompensiert das englische Recht das Risiko, dass der andere Ehegatte ohne Versorgung zurückbleibt, weil ihm in England weder ein güterrechtlicher Ausgleich noch ein fester Pflichtteilsanspruch zusteht. Da der Längerlebende in der Regel nicht schlechter stehen soll als bei einer Scheidung (sog. *imaginary divorce guideline*), führen die *family provisions* häufig ebenfalls zu einer wirtschaftlich hälftigen Beteiligung am Nachlass des Erstversterbenden. Zu beachten ist jedoch, dass die Anordnungen des Gerichts nur getroffen werden können, wenn der Verstorbene sein letztes Domizil in England hatte. Lag dieses im Ausland, besteht für den Längerlebenden nach englischem Recht keine Möglichkeit, güterrechtlich oder durch Gerichtsanordnung zu Ausgleichsansprüchen zu kommen.[16]

2. Vermögenszuordnung

a) Eigentumsverhältnisse

19   Aufgrund der Gütertrennung kann den Eigentumsverhältnissen der Ehegatten eine wichtige Bedeutung zukommen. Grundsätzlich ergeben sich diese aus den entsprechenden Unterlagen, z.B. den *title deeds* bei Immobilienkäufen, früheren Kaufverträgen, Kontenbezeichnungen usw. Gesetzliche Vermutungen für bestimmte Miteigentumsverhältnisse der Ehegatten bestehen nicht. Werden allerdings von einem gemeinsamen Konto Gegenstände gekauft, die dem gemeinsamen Gebrauch der Ehegatten dienen, stehen diese im Zweifel in deren Miteigentum. Sofern Ehegatten Vermögensgegenstände, insbesondere Grundstücke, gemeinschaftlich erwerben, kommen dafür zwei Formen in Betracht:

– Die weit verbreitete *joint tenancy* ist mit einer **Gesamthandsgemeinschaft** des deutschen Rechts vergleichbar, wobei nach englischem Recht zwingend alle Miteigentümer zu wirtschaftlich gleichen Teilen beteiligt sind.[17] Im Scheidungsfall müsste daher der Vermögensgegenstand grundsätzlich hälftig zwischen den Ehegatten aufgeteilt werden, wobei Abweichungen aufgrund von *equity*-Grundsätzen (siehe Rdn 21) möglich sind, wenn nachweisbar ist, dass die Eigentümer abweichende Absprachen untereinander hatten.[18] Bedeutung hat die *joint tenancy* u.a. beim Tode eines Miteigentümers, da das Eigentum dann aufgrund eines **Anwachsungsrechts** auf den Längerlebenden übergeht, ohne in den Nachlass des Erstversterbenden zu fallen.[19]

– Die *tenancy in common* ist dagegen dem deutschen **Bruchteilseigentum** vergleichbar, so dass die Miteigentümer bestimmte Eigentumsquoten vereinbaren können. Im Fall des Todes eines Miteigentümers fällt dessen Anteil in seinen Nachlass.

---

16 Vgl. zu den *family provisions* näher *Odersky*, in: *Süß*, Erbrecht in Europa, 3. Aufl., Länderbericht Großbritannien: England und Wales, Rn 51 ff.

17 Bei Immobilien kann jeder Mitberechtigte die Anordnung des Gerichts zum Verkauf beantragen, wenn sich ein Eigentümer dazu weigert, vgl. s. 14, 15 *Trusts of Land and Appointment of Trustees Act* 1996.

18 Vgl. *Jones v. Kernott* [2011] UKSC 53; dazu *Herring*, S. 182 f.

19 Vgl. dazu und zum Vorteil, dass hierdurch für ausländische Ehegatten mit nur einzelnen Vermögensgegenständen in England eine aufwendige Nachlassabwicklung vermieden werden kann: *Odersky*, in: *Süß*, Erbrecht in Europa, 3. Aufl., Länderbericht Großbritannien: England und Wales, Rn 88.

b) Equitable Interests

Eine Besonderheit des englischen Sachenrechts stellen die *equitable interests* dar, die neben den direkten Eigentumsrechten (bei Immobilien entweder in der Form des *absolute interest* oder der *leasehold*, die einem Erbbaurecht bzw. dem Wohnungseigentum vergleichbar ist) bestehen können. Diese beruhen auf der Rechtsform des *Trust* und können in ihren Folgen und Funktionen sehr vielgestaltig sein. Insbesondere können diese zu einer Art gespaltenen Eigentums führen, bei dem der *equitable owner* wirtschaftlich am Eigentum eines anderen (mit-)berechtigt ist, was entfernt mit einem deutschen **Treuhandverhältnis** verglichen werden kann.

20

Wie unter Fremden können Ehegatten solche *equitable interests* ausdrücklich begründen. Aber auch ohne konkreten Vertrag können diese ggf. aus den konkreten Umständen des Einzelfalls abgeleitet werden, wobei nach den vom *Supreme Court* (früher: *House of Lords*) aufgestellten Grundsätzen den Gerichten bei Streitigkeiten unter Ehegatten kein anderer Entscheidungsspielraum zusteht als bei sonstigen Eigentumsstreitigkeiten.[20] Ob und in welchem Umfang danach eine **konkludent vereinbarte Mitberechtigung** in Form eines sog. *Constructive Trust* zwischen Ehegatten – bzw. entsprechend auch zwischen nichtehelichen Paaren – angenommen werden kann, ist unsicher. Nach den höchstrichterlichen Grundsätzen müssen dafür in der Regel die Voraussetzungen einer der folgenden zwei Fallgruppen erfüllt sein:[21]

21

– Es muss der Nachweis erbracht sein, dass die Ehegatten vor der Anschaffung eines Vermögensgegenstandes eine Absprache oder Verständigung getroffen haben, den Gegenstand gemeinsam besitzen zu wollen. Diese **Übereinkunft** muss zwar nicht im rechtlichen Sinne formuliert oder gemeint gewesen sein, aber zumindest auf einer ausdrücklichen Unterredung beruhen, so dass eine lediglich konkludente Willensübereinstimmung nicht ausreicht. Eine solche Absprache wurde von Gerichten beispielsweise angenommen, wenn ein Ehegatte Alleineigentum mit der ausdrücklichen Begründung erwarb, dass der andere wegen möglicher Ansprüche Dritter nicht auftreten solle. Zusätzlich muss der Ehegatte, der nicht Eigentümer wurde, nachweisen, dass er im Vertrauen auf diese Übereinkunft wirtschaftlich zu seinem Nachteil gehandelt oder auf sonstige signifikante Art sein wirtschaftliches Verhalten geändert hat. Beispiele dafür wären z.B. umfangreiche Eigenleistungen für die Immobilie oder die Aufnahme einer Berufstätigkeit, um zum Gesamtaufwand der Familie beizutragen. Rein persönliche Verhaltensweisen, wie z.B. die Immobilie gemeinsam mit dem Alleineigentümer zu bewohnen, diese einzurichten, den gemeinsamen Haushalt zu führen und ggf. gemeinsame Kinder zu betreuen, wurden dagegen als nicht ausreichend erachtet.
– Sofern diese Voraussetzungen nicht vorliegen, kann eine Mitberechtigung des anderen Partners in der Regel nur begründet werden, wenn dieser **nicht unerhebliche Beiträge in Geld** zur Anschaffung oder Werterhöhung des Vermögensgegenstandes oder zur Hypothekentilgung geleistet hat.[22] Nur indirekte wirtschaftliche Beiträge (z.B. wenn der Nichteigentümer seine Einkünfte vollständig für die gemeinsamen Lebenshaltungskosten verwendet, während der Eigentümer von seinem Gehalt die Hypothekenzinsen trägt) wurden dagegen von Gerichten in der Regel als nicht ausreichend erachtet.

---

20 In *Pettitt v. Pettitt* [1970] AC 777 und *Gissing v. Gissing* [1971] AC 886.
21 Vgl. *Lloyds Bank plc v. Rosset* [1991] AC 107; *Jones v. Kernott* [2011] UKSC 53; vgl. dazu ausf. *Lowe*, in: *Henrich/Schwab*, S. 52 ff.; *Herring*, S. 175 ff.
22 Vgl. z.B. *Sekhon v. Alissa* [1989] 2 FLR 94; Ehegatten können sich zusätzlich auf die entsprechende gesetzliche Regelung in s. 37 MPPA 1970 berufen.

Odersky

22   Ist eine der beiden Fallgruppen erfüllt, kann das Gericht als *equitable interest* eine **Mitbe-
      rechtigung am Eigentum** des anderen bestätigen, die von einem quotenmäßigen Anteil
      (z.B. entsprechend der jeweiligen finanziellen Beiträge zu den Anschaffungskosten) bis zu
      einer hälftigen Aufteilung reichen kann. Letzteres wird nach dem Grundsatz *equity is
      equality*[23] u.a. dann bejaht, wenn ein übereinstimmender Wille der Beteiligten zur Mitbe-
      rechtigung unterstellt wird, ohne dass man weitere Absprachen zur Aufteilung des Vermö-
      genswertes feststellen kann.

II. Ehelicher Unterhalt

23   Ehegatten sind in England untereinander während des Bestehens der Ehe zum **Unterhalt**
      und zur **gegenseitigen Fürsorge** verpflichtet, ohne dass dies gesetzlich näher bestimmt
      ist.[24] Die Höhe eines etwa zu zahlenden Unterhalts steht vielmehr weitgehend im Ermessen
      des Gerichts. Für die Geltendmachung der Unterhaltsansprüche stehen dabei zwei gesetzli-
      che Grundlagen zur Verfügung, wobei die englischen Gerichte immer das eigene Recht
      anwenden, sofern sie ihre internationale Zuständigkeit bejahen. Sofern sich die Zuständig-
      keit nicht ohnehin aus der EuUntVO ergibt, sind die englischen Gerichte für Unterhaltskla-
      gen wie folgt zuständig:

24   – Die **Magistrates Courts** gem. s. 30 *Domestic Proceedings and Magistrates' Courts Act*
      (DPMCA) 1978, wenn eine der Parteien ihren gewöhnlichen Aufenthalt im Gerichtsbe-
      zirk hat, unabhängig davon, ob die Parteien auch in England domiziliert sind. Prüfungs-
      maßstab dieses Gerichts ist, ob der Antragsgegner seiner Pflicht, angemessenen Unterhalt
      zu zahlen (*to provide reasonable maintenance*), nachgekommen ist, wobei sowohl lau-
      fende Unterhaltszahlungen als auch Einmalzahlungen (insbesondere für rückständige
      Leistungen) angeordnet werden können. Einmalzahlungen sind jedoch gesetzlich auf
      den Betrag von 1.000 £ begrenzt.[25]
      – Nach s. 27 *Matrimonial Causes Act* (MCA) 1973 sind der **High Court** und seine Abtei-
      lungen ferner zuständig, wenn eine der Parteien ihr Domizil in England hat, der Kläger
      dort im letzten Jahr vor Antragstellung seinen gewöhnlichen Aufenthalt hatte oder der
      Beklagte in England wohnhaft ist. Prüfungsmaßstab nach diesem Gesetz ist ebenfalls,
      ob angemessener Unterhalt zu zahlen ist, wobei das Gericht alle Umstände wie bei einer
      Unterhaltsklage in Folge einer Scheidung zu berücksichtigen hat.[26] Neben laufenden
      Unterhaltszahlungen kann das Gericht auch die Stellung von Sicherheiten für künftigen
      Unterhalt, Einmalzahlungen ohne wertmäßige Begrenzung sowie einstweilige Verfügun-
      gen anordnen.

III. Ehename

25   Besondere Regelungen zum Ehenamen kennt das englische Recht nicht, da in Großbritan-
      nien jeder Erwachsene relativ einfach seinen Namen nach Belieben ändern kann. Ehegatten
      können daher bei Heirat oder zu einem späteren Zeitpunkt einen gemeinsamen Namen
      vereinbaren, sind dazu aber nicht verpflichtet. Nach einer Scheidung kann jeder diesen

---

23 Vgl. z.B. *Hammond v. Mitchell* [1992] 2 All ER 109, [1992] 1 FLR 229.
24 Der alte Common Law-Grundsatz, dass der Ehemann die Ehefrau unterhalten muss, wurde dagegen
    in s. 198 *Equality Act* 2010 abgeschafft. In der Praxis sind wohl Unterhaltsklagen vor der Scheidung
    sehr selten, und es werden nur geringe Beträge gewährt, vgl. *Herring*, S. 113 f.
25 Vgl. s. 1, 2 DPMCA 1978 sowie dort s. 3 zu den einzelnen Merkmalen, die bei Ermessensausübung zu
    berücksichtigen sind.
26 Vgl. s. 27 (3) i.V.m. 25 (2) MCA 1973.

Odersky

Namen weiterführen oder einen früheren wieder annehmen. Im Übrigen können auch nichtverheiratete Paare aufgrund der **Namenswahlfreiheit** einen gemeinsamen Namen wählen.

IV. Sonstige Ehewirkungen

1. Verpflichtung zur ehelichen Gemeinschaft

Das englische Recht kennt zwar im Prinzip die Verpflichtung zur **ehelichen Lebensgemein-** **schaft.** Klagen auf Herstellung dieser Lebensgemeinschaft sind jedoch ebenso ausgeschlossen wie Abwehr- oder Schadensersatzansprüche gegen Dritte bei Ehestörungen.[27]   26

2. Ehewohnung

Während des Bestehens der Ehe haben Ehegatten ein gesetzlich geregeltes Besitzrecht an der **ehelichen Wohnung,** auf das nicht verzichtet werden kann und das auf Verlangen des Berechtigten sogar als Belastung im *land registry* eingetragen werden kann, um einen gutgläubigen Erwerb Dritter zu verhindern. Danach hat jeder Ehegatte das Recht, vom anderen Ehegatten nicht von der Nutzung der Wohnung, die er bewohnt, ausgeschlossen zu werden, sofern das Gericht dem nicht zustimmt. Ferner kann das Gericht anordnen, dass ein Ehegatte die Wohnung des anderen zur Nutzung übertragen bekommt, auch wenn der Antragsteller diese zuvor nicht selbst nutzte. Das Gericht muss bei seiner Entscheidung neben den Wohnbedürfnissen und finanziellen Verhältnissen der Ehegatten vor allem die möglichen Auswirkungen auf die Kinder und das Verhalten der Ehegatten untereinander würdigen.[28]   27

3. Schutz vor häuslicher Gewalt

Bei allen Personen, die in häuslicher Gemeinschaft zusammenleben oder früher zusammenlebten (d.h. nicht nur bei Ehegatten, sondern auch bei geschiedenen Paaren, nichtehelichen Lebensgemeinschaften, Verwandten und Kindern), kann das Gericht Anordnungen zum **Schutz vor Belästigungen oder Gewalt** treffen, die auch Regelungen zur Nutzung der Wohnung beinhalten können.[29] Verstöße können als Missachtung des Gerichts strafrechtlich verfolgt werden.   28

V. Kollisionsrecht der Ehefolgen

1. Anwendbares Recht

Das kollisionsrechtliche Verständnis Englands bezüglich der Ehefolgen, insbesondere der Bestimmung des **Güterstandes,** muss als sehr unsicher bezeichnet werden. Grund dafür ist, dass England selbst kein Güterrecht kennt und sich damit die wenigen, meist älteren höchstrichterlichen Entscheidungen nur auf solche Fälle beziehen, bei denen in Frage stand, ob eine ausländische Gütergemeinschaft Einfluss auf das Eigentum von in England belegenem Vermögen hat. Dementsprechend behandelt die englische Literatur das **Kollisionsrecht der Ehefolgen** nur unter dem Blickwinkel der Auswirkungen der Ehe auf die **Eigentums-**   29

---

27 Vgl. s. 4, 5, 20 MPPA 1970.
28 Vgl. s. 30–40 *Family Law Act* 1996.
29 Vgl. s. 42 *Family Law Act* 1996.

verhältnisse. Die dabei gefundenen Prinzipien lassen sich jedoch auf das gesamte Güterrecht und die sonstigen Ehefolgen übertragen.

30   Zu beachten ist aber, dass der Vermögensausgleich im Falle einer Scheidung nach englischem Recht zusammen mit dem nachehelichen Unterhalt zum **Scheidungsfolgenrecht** gehört, bei dem englische Gerichte ausschließlich eigenes Recht als *lex fori* anwenden, wenn sie zuvor ihre internationale Zuständigkeit angenommen haben. Auch wenn sich der Güterstand kollisionsrechtlich nach deutschem oder einem sonstigen ausländischen Recht richtet, ist damit die Frage eines Zugewinnausgleichs oder sonstigen Vermögensausgleichs nach der **Sonderanknüpfung des Scheidungsfolgenrechts** zu beurteilen (vgl. hierzu Rdn 92 ff.).[30]

2. Eheliches Domizil

31   Grundsätzlich ist für die Anknüpfung der Ehefolgen im *Common Law*-Rechtskreis das **Domizil der Ehegatten** (*matrimonial domicile*) zum Zeitpunkt der Eheschließung maßgeblich. Sofern die Ehegatten bei Heirat das gleiche Domizil hatten, ist dieses unproblematisch zu bestimmen (zum Domizilbegriff siehe Rdn 11 ff.).[31] Unbestimmt ist der Begriff des *matrimonial domicile* jedoch, wenn die Ehegatten bei Heirat verschiedene Domizile hatten. Nach traditionellem Verständnis ist dann allein das Domizil des Ehemannes maßgeblich. Da jedoch s. 1 (1) *Domicile and Matrimonial Proceedings Act* 1973 mit Wirkung ab 1.1.1974 das vom Ehemann abhängige Domizil der Ehefrau abgeschafft hat, wird in der englischen Literatur vorgeschlagen, dem auch kollisionsrechtlich zu folgen und in diesen Fällen auf das Domizilland, zu dem die Ehegatten die engste Verbindung haben, zu verweisen. Noch unklar ist jedoch, inwieweit dabei auch Planungen der Ehegatten zu künftigen Ereignissen einzubeziehen sind, z.B. wenn sie die Absicht haben, nach einiger Zeit zwischen zwei Ländern umzuziehen. Sofern man aus solchen Planungen nicht schon eine wirksame konkludente Rechtswahl ableiten kann (vgl. Rdn 34), wird das englische Recht wohl aber maßgeblich auf die Umstände zum Zeitpunkt der Heirat abstellen.[32]

32   Sehr unsicher behandelt wird ferner die Frage, ob das Recht des ehelichen Domizils auch für **Grundbesitz** maßgeblich ist, oder ob sich das Güterrecht an Immobilien nach dem jeweiligen Belegenheitsrecht (*lex rei sitae*) richtet, wie dies in den meisten US-amerikanischen Staaten der Fall ist.[33] Neuere Interpretationen zweier widersprüchlicher Entscheidungen gehen in England jedoch wohl dahin, nur das Domizilrecht für maßgeblich zu halten.[34]

33   Umstritten ist schließlich die Frage, ob sich bei einem **Wechsel des ehelichen Domizils** im Lauf der Ehe auch das anwendbare Güterrecht wandelt, wie dies wiederum nach überwiegendem US-amerikanischem Verständnis der Fall ist.[35] In der Entscheidung *De Nicols v. Curlier* [1900] A.C. 21 hat das *House of Lords* zwar einen **Statutenwechsel** abgelehnt, dies jedoch nur mit einer konkludenten Rechtswahl der Ehegatten begründet. Nach wohl h.M. in der englischen Literatur wird man aber auch dann von einer Unwandelbarkeit

---

30 Vgl. Gutachten IPG 1999 Nr. 24.
31 Vgl. *Dicey and Morris Rule* 148; *Bergmann/Ferid/Henrich*, Länderbericht England, III. A. 3., S. 27 ff.
32 Vgl. *Dicey and Morris Rule* 148, Rn 28–007 bis 018.
33 Vergleichbar wäre auch die entsprechende Spaltung im englischen Erbstatut, dazu *Odersky*, in: *Süß*, Erbrecht in Europa, 3. Aufl., Länderbericht Großbritannien: England und Wales, Rn 3 ff.
34 Vgl. m.w.N. *Dicey and Morris Rule* 148, Rn 28–020 ff.; *Bergmann/Ferid/Henrich*, Länderbericht England, III. A. 3., S. 30 f.; a.A. z.B. Gutachten IPG 1999 Nr. 24; MPI-Hamburg mit ausführlichen Nachweisen.
35 Vgl. dazu und zu der sich damit ggf. wandelnden Rückverweisung auf deutsches Recht Staudinger/ *Mankowski*, 2011, Art. 15 EGBGB Rn 51 ff.

ausgehen, wenn die Anknüpfung zum Zeitpunkt der Eheschließung nur auf dem ehelichen Domizil und nicht auf einer Rechtswahl beruhte.[36]

3. Rechtswahl

Um die Unsicherheiten bei der Bestimmung des Ehefolgenrechts auf Grundlage des ehelichen Domizils zu vermeiden, wird es regelmäßig empfehlenswert sein, eine ausdrückliche **Rechtswahl** zu treffen. Nach englischem Verständnis können Ehegatten frei wählen, welches Recht sie einem Ehevertrag zugrunde legen wollen und die Rechtswahl auch jederzeit wieder ändern. Die Rechtswahl unterliegt keiner bestimmten Form. Sie kann ausdrücklich erfolgen, sich aber auch konkludent aus dem Verhalten der Beteiligten ergeben.[37] Die Formgültigkeit eines Ehevertrages einschließlich einer Rechtswahl richtet sich wie im allgemeinen Vertragsrecht entweder nach dem Recht des Ortes, an dem der Ehevertrag abgeschlossen wird, oder nach dem Geschäftsrecht, d.h. dem Recht, das für die Wirkungen des Ehevertrages gelten soll.[38] Soll ein Ehevertrag in Deutschland geschlossen und deutsches Recht gewählt werden, bleibt damit auch aus englischer Sicht die notarielle Beurkundung (Art. 14 Abs. 4, 15 Abs. 3 EGBGB) notwendig.

VI. Steuerliche Auswirkungen

Bei der **Einkommensteuer** (*income tax*) hat die Ehe kaum Auswirkungen, da jeder Ehegatte sein persönliches Einkommen wie ein Nichtverheirateter zu versteuern hat. Lediglich verheiratete Paare, bei denen ein Ehegatte über 65 Jahre alt ist, können einen geringfügigen zusätzlichen Freibetrag (*married couples allowance*) geltend machen. Unterhaltszahlungen an den getrennt lebenden Ehegatten oder geschiedenen Partner führen weder beim Unterhaltsempfänger zu steuerbarem Einkommen, noch sind sie beim Zahlenden als Belastung abzugsfähig. Eine geringfügige Entlastung (*maintenance relief*) gibt es jedoch aufgrund einer auslaufenden Regelung für Zahlungspflichtige, die vor dem 6.4.1935 geboren wurden.

Bedeutung hat die Ehe jedoch bei der **Erbschaft- und Schenkungsteuer** (*Inheritance Tax*), da Zuwendungen unter Ehegatten sowohl im Todesfall als auch zu Lebzeiten generell von der Steuer ausgenommen sind. Die Befreiung gilt für alle Übertragungen, die bis zu einem endgültigen Scheidungsausspruch (*decree absolute*) ausgeführt werden. Sofern der begünstigte Ehegatte jedoch sein Domizil nicht in Großbritannien hat, ist diese Befreiung auf 55.000 £ beschränkt.[39]

Vermögensübertragungen unter Ehegatten fallen ferner nicht unter die *Capital Gains Tax*, die ansonsten in Großbritannien ohne Begrenzung auf eine bestimmte Spekulationsfrist bei der entgeltlichen oder unentgeltlichen Veräußerung von Vermögenswerten auf deren Wertsteigerung erhoben wird.[40]

34

35

36

37

---

36 Vgl. m.w.N. auch zur a.A. *Dicey and Morris Rule* 150.
37 Vgl. *Dicey and Morris Rule* 149 (3); *Bergmann/Ferid/Henrich*, Länderbericht England, III. A. 3., S. 30.
38 Vgl. *Dicey and Morris Rule* 149, Rn 28–036.
39 Vgl. s. 18 (2) *Inheritance Tax Act* (IHTA) 1984; dazu näher *Odersky*, in: *Süß*, Erbrecht in Europa, 3. Aufl., Länderbericht Großbritannien: England und Wales, Rn 123 ff.
40 Vgl. s. 58 *Taxation of Chargeable Gains Act* (CGTA) 1992.

C. Scheidung

I. Gerichtliche Trennung

38   Jeder Ehegatte kann nach s. 17 *Matrimonial Causes Act* (MCA) 1973 Antrag auf **gerichtliche Trennung** (*judicial separation*) stellen, indem er sich auf einen der in Rdn 40 näher beschriebenen fünf Scheidungssachverhalte beruft. Im Unterschied zur Scheidung ist die gerichtliche Trennung auch auszusprechen, wenn die Scheidung (ausnahmsweise) nicht erfolgen dürfte, weil trotz Vorliegens eines dieser Sachverhalte die Zerrüttung der Ehe nicht festgestellt ist oder die Scheidung für den Antragsgegner eine schwere Härte bedeuten würde. Ferner kann die gerichtliche Trennung schon erfolgen, wenn seit der Heirat noch kein Jahr vergangen ist. Das Verfahren zur gerichtlichen Trennung entspricht dem der Scheidung mit dem Unterschied, dass das *decree of judicial separation* nicht zweistufig als vorläufiges und endgültiges Urteil ergeht. Zusammen mit der Entscheidung über die Trennung oder im Anschluss daran kann das Gericht auch Folgeanordnungen wie bei einer Scheidung, insbesondere zur Vermögensübertragung und zum Unterhalt erlassen.

39   Folge der gerichtlichen Trennung ist, dass die Pflicht zur **ehelichen Lebensgemeinschaft** offiziell **beendet** wird, und dass das gesetzliche Erbrecht des Ehegatten erlischt, solange die Parteien tatsächlich getrennt leben.[41] Testamentarische Verfügungen zugunsten des anderen Ehegatten bleiben jedoch wirksam und müssen gesondert aufgehoben werden. Da das englische Erbrecht Erbverträge mit Bindungswirkung nicht kennt, kann dies in England jeder Ehegatte einseitig regeln, selbst wenn ein gemeinschaftliches Testament errichtet wurde. Sofern jedoch zwischen Ehegatten ein Erbvertrag nach deutschem Recht besteht, gilt dieser bei gerichtlicher Trennung unverändert weiter, so dass ein Ehegatte die Scheidung beantragen müsste, sofern ihm nicht ein Rücktrittsrecht vorbehalten ist oder die Parteien den Vertrag einverständlich aufheben. Anders als nach einer Scheidung behalten Ehegatten bei der Trennung die Rechte auf eine etwaige Witwenpension, was früher öfters dazu geführt hat, dass ältere Ehepartner die juristische Trennung der Scheidung vorgezogen haben. Seitdem jedoch die Gerichte gem. s. 24 B-C MCA 1973 die Aufgabe haben, im Fall der Scheidung auch die Pensionsanwartschaften auszugleichen, hat die juristische Trennung weitgehend ihre praktische Bedeutung verloren. Heute wird sie in der Regel nur noch betrieben, wenn ein Ehegatte aus persönlichen (z.B. religiösen) Gründen zwar keine Scheidung wünscht, aber Antrag auf finanziellen Ausgleich wie bei einer Scheidung stellen will.

II. Scheidungsgründe

40   Einziger **Scheidungsgrund** ist nach s. 1 (1) MCA 1973 die unwiederbringliche **Zerrüttung der Ehe** der Beteiligten (*irretrievable breakdown*). Der Antragsteller muss sich jedoch zum **Nachweis** der Zerrüttung auf einen der folgenden fünf Sachverhalte berufen und ggf. glaubhaft nachweisen,[42] dass
   – der Antragsgegner **Ehebruch** begangen hat. Auf diese Tatsache kann sich der Antragsteller jedoch nicht mehr stützen, wenn er nach der Entdeckung eines Ehebruchs noch über sechs Monate mit dem Antragsgegner zusammengelebt hat, bevor er den Scheidungsantrag stellt;

---

41 Vgl. s. 21 *Family Law Act* 1996.
42 Vgl. s. 1 (2) MCA 1973 sowie nähere Definitionen und Regeln dazu in s. 2 MCA 1973; vgl. dazu eingehend *Black/Bridge/Bond*, Rn 5.01 ff.; in der Praxis werden ca. 75 % aller Scheidungsanträge auf die ersten beiden Gründe gestützt, da dann – im Unterschied zum deutschen Trennungsjahr – keine Wartefristen bestehen.

– der Antragsgegner sich so verhalten hat, dass es dem Antragsteller nicht mehr zumutbar ist, mit ihm zusammenzuleben. In der Praxis reicht dafür relativ mildes **Fehlverhalten** aus, wie z.B. die Verweigerung der Kommunikation, die regelmäßige Vernachlässigung des Partners oder beleidigende Äußerungen. Das Verstreichen einer Sechsmonatsfrist nach dem letzten Vorfall ist zwar nicht wie beim Ehebruch ein Ausschlussgrund für die Scheidung, kann aber bei einer streitigen Scheidung vom Richter in die Gesamtwürdigung einbezogen werden;
– der Antragsgegner den Antragsteller **verlassen** hat und die **Trennung mindestens zwei Jahre** andauert. Der Umstand des Verlassens (*desertion*) setzt voraus, dass der Antragsteller mit der Trennung nicht einverstanden war und der Antragsgegner keine entschuldigenden Gründe vorbringen kann;
– die Ehegatten seit mindestens **zwei Jahren getrennt** leben und **beide** mit der Scheidung **einverstanden** sind. Ein Getrenntleben ist auch in der gleichen Wohnung möglich, wenn es zur vollständigen Trennung der jeweiligen Haushaltsführung kommt;
– die Ehegatten seit mindestens **fünf Jahren getrennt** leben.

Kann der Antragsteller keinen dieser Sachverhalte nachweisen, so darf das Gericht die Ehe nicht scheiden, auch wenn es die Ehe für unwiederbringlich zerrüttet hält. Andererseits kann es die Scheidung **verweigern**, wenn es die Ehe trotz Vorliegens einer dieser Sachverhalte noch nicht für zerrüttet erachtet.[43] Da jedoch der vorgetragene Sachverhalt nicht kausal für die Zerrüttung der Ehe sein muss, ist dies in der Praxis ein absoluter Ausnahmefall. Das Gericht kann ferner ausnahmsweise die Scheidung ablehnen, wenn der Scheidungsantrag ausschließlich auf der fünfjährigen Trennung der Ehegatten beruht und die Scheidung für den Antragsgegner eine unzumutbare finanzielle oder persönliche Härte bedeuten würde.[44] Scheidungsanträge dürfen frühestens ein Jahr nach der Heirat eingereicht werden. Sie können dann jedoch auch auf einen Sachverhalt gestützt werden, der sich innerhalb dieses Jahres ereignet hat.[45]

III. Scheidungsverfahren

1. Scheidungsantrag

Scheidungen können entweder in einem nichtstreitigen Antragsverfahren, dem sog. **Spezialverfahren**, oder im Wege der **Klage** durchgeführt werden. Im Einzelnen sind diese Verfahren in den *Family Procedure Rules 2010* (SI 2010/2955) geregelt, die für die meisten Verfahrensschritte die Verwendung einheitlicher Musteranträge vorschreiben. Sofern es nicht zur streitig geführten Klage kommt, besteht **kein Anwaltszwang**, auch wenn in der Praxis der Großteil der Anträge von Anwälten vorbereitet wird.[46]

---

43 Vgl. s. 1 (4) MCA 1973.
44 Vgl. s. 5 MCA 1973.
45 Vgl. s. 3 MCA 1973.
46 Vgl. zu den Verfahrensschritten und den Muster die ausführlichen Erläuterungen bei *Black/Bridge/Bond*, Rn 9.01 ff.; im Internet sind unter www.justice.gov.uk (dort Stichwort „*Family*") allgemeine Hinweise, erforderliche Formulare und Gerichtsanschriften sowie z.B. unter www.legislation.gov.uk die Texte der Gesetze sowie *Statutory Instruments* (SIs) abrufbar.

43   Jedes Scheidungsverfahren wird mit einem **Antrag** bei einem der *Family Courts* eröffnet.[47] In dem formularmäßigen Antrag sind insbesondere die genauen Daten der Ehegatten und der behauptete Sachverhalt, auf den die Scheidung gestützt wird, anzugeben. Sind minderjährige Kinder vorhanden, muss der Antragsteller außerdem deren Lebensumstände genau darstellen und Regelungen für deren Aufenthalt und Unterhalt vorschlagen. Mit der Zustellung des Antrags an den anderen Ehegatten wird dieser aufgefordert, binnen einer bestimmten Frist mitzuteilen, ob er mit der Scheidung einverstanden ist oder sich dieser streitig widersetzen will. Die Zustellung erfolgt üblicherweise über das Gericht (wobei in England einfache Post genügt), kann aber auch vom betreibenden Anwalt selbst erfolgen, wenn das Gericht dies zulässt. Lebt der Antragsgegner im Ausland, ist die Zustellung durch den Antragsteller auch ohne Zustimmung des Gerichts zulässig, wobei das Antragsschreiben mit einer Übersetzung verbunden sein muss, wenn zu vermuten ist, dass der Antragsgegner nicht ausreichend Englisch spricht. Die Zustellung im Ausland kann aus englischer Sicht nicht nur mittels der im Ausland vorgeschriebenen Zustellungsformen, sondern auch durch persönliche Übergabe, die dann in England mit einem *affidavit* nachgewiesen wird, erfolgen.[48]

2. Spezialverfahren

44   Ist der Antragsgegner mit der Scheidung einverstanden oder antwortet er nicht auf den Antrag, kann die Scheidung weiter im **Spezialverfahren** behandelt werden. In der Praxis wird die ganz überwiegende Zahl aller Fälle in diesem eher administrativen Verfahren behandelt, auch wenn der Antragsgegner eigentlich keine Scheidung wünscht. Grund dafür ist, dass die Beteiligten meist die sehr hohen Kosten, die Publizität und die Dauer eines streitigen Prozesses vermeiden wollen. Der Antragsteller wird dabei aufgefordert, den Sachverhalt, auf den er die Scheidung stützt, näher zu präzisieren und glaubhaft zu machen. Der zuständige Richter begutachtet die eingereichten Unterlagen und ordnet, sofern er die Scheidungsgründe für ausreichend dargelegt erachtet, den Erlass eines **vorläufigen Scheidungsurteils** (sog. *decree nisi*) an. Im Einzelfall kann der Richter zuvor weitere Nachweise verlangen oder den Antragsteller unter Eid vernehmen. Das *decree nisi* wird in öffentlicher Verhandlung verkündet, wobei eine Anwesenheit der Beteiligten oder ihrer Anwälte nicht erforderlich ist. Die Verkündung erfolgt meist durch Verlesung der Namen der Beteiligten und des Scheidungsgrundes. Etwaige Details des Scheidungsantrags sowie Entscheidungen zu Scheidungsfolgen sind dagegen nicht öffentlich zugänglich.

3. Klageverfahren

45   Widerspricht der Antragsgegner der Scheidung oder lehnt der Richter am *Family Court* (ausnahmsweise) die Scheidung im Spezialverfahren ab, kann der Antragsteller sein Scheidungsgesuch im Wege der **streitigen Klage** weiterverfolgen. Der Richter am *Family Court*

---

47   Vgl. ss. 33, 34 *Matrimonial and Family Proceedings Act* 1984. Der *Family Court* wurde mit s. 17 (3) des *Crime and Courts Act* 2013 als einheitliches Familiengericht für ganz England geschaffen, das aber regional Sitzungen abhält. Die Kosten des Antrags belaufen sich derzeit pauschal auf 410 £, wobei Reduktionen bei niedrigen Einkommen möglich sind; falls im Einzelfall weitere Anträge oder Ergänzungen notwendig sind, fallen weitere Gebühren an. Prozesskostenhilfe für eine anwaltliche Beratung wurde dagegen im Familienrecht weitgehend abgeschafft.

48   Vgl. zur Zustellung Nr. 2.9 und 10.6 der *Family Proceedings Rules* 1991; zur Pflicht, die Zustellungsvorschriften des Empfangsstaates oder alternativ die persönliche Übergabe festzustellen, vgl. Art. 18 Abs. 2 der Verordnung (EG) Nr. 2201/2003 (Brüssel IIa-Verordnung bzw. EuEheVO) i.V.m. Art. 19 der Verordnung (EG) Nr. 1348/2000.

Odersky

kann dafür das Verfahren von sich aus oder auf Antrag an den *High Court* abgeben, ist mittlerweile dazu aber nicht mehr verpflichtet. Umgekehrt kann der *High Court* Klagen an den *Family Court* zurückverweisen oder solche an sich ziehen.[49] Bei dem öffentlichen Prozess müssen beide Beteiligte anwesend sein und können, wie auch die Zeugen, im Wege des Kreuzverhörs vernommen werden. Wird die Scheidung auf Ehebruch gestützt, kann auch der daran beteiligte Dritte streitbeteiligt und für die Kosten haftbar gemacht werden. Ferner sind die Beteiligten verpflichtet, alle relevanten Dokumente offenzulegen. Angesichts der enormen Kosten längerer Verfahren, für die auch keine Prozesskostenhilfe gewährt wird, und der Tatsache, dass die Gerichte wegen der psychologisch nachteiligen Folgen der streitigen Scheidungsverhandlungen die Beteiligten zur einverständlichen Scheidung drängen, ist das Klageverfahren in der Praxis mittlerweile die Ausnahme.[50] Auch der streitige Scheidungsprozess endet mit Verkündung eines *decree nisi*, sofern der Scheidungsantrag nicht zurückgewiesen wird.

4. Erlass des endgültigen Scheidungsurteils

Das vorläufige Scheidungsurteil (*decree nisi*) beendet noch nicht die Ehe. Dafür ist noch die gerichtliche Entscheidung, dass das Scheidungsurteil **endgültig** wird (*decree absolute*), erforderlich. Der Richter muss vor deren Erlass prüfen, ob Dritte oder der *Queen's Proctor* (eine Art öffentliche Anwaltschaft) Einwendungen gegen die Ehescheidung erhoben haben. Beruhte der Scheidungsantrag allein auf der zwei- bzw. fünfjährigen Trennung der Ehegatten, kann ferner der Antragsgegner verlangen, dass das Gericht vor Erlass des *decree absolute* auch über die finanziellen Scheidungsfolgen entscheidet. Das Gericht darf dann das Scheidungsurteil nur ausnahmsweise für endgültig erklären, wenn es überzeugt ist, dass die Scheidungsfolgenklage keine Aussicht auf Erfolg hat, oder der Antragsteller bereits eine ausreichende finanzielle Versorgung angeboten hat.[51] Der Antragsteller des Scheidungsverfahrens kann das *decree absolute* frühestens sechs Wochen nach Erlass des *decree nisi* beantragen. Unterlässt er dies, z.B. weil er selbst finanzielle Nachteile bei einer schnellen Scheidung vermeiden will, kann der ursprüngliche Antragsgegner nach weiteren drei Monaten selbst diesen Antrag stellen. Wollen beide Beteiligten eine schnelle Scheidung, ohne dass zuvor finanzielle Folgefragen geklärt werden, kann das Spezialverfahren vom ersten Antrag bis zum *decree absolute* innerhalb von drei bis sechs Monaten abgewickelt werden.

46

IV. Internationale Zuständigkeit

Die internationale Zuständigkeit englischer Gerichte in Scheidungssachen ergibt sich in den meisten Fällen aus der Verordnung (EG) Nr. 2201/2003 über die Zuständigkeit und die Anerkennung und Vollstreckung von Entscheidungen in Ehesachen und in Verfahren betreffend die elterliche Verantwortung vom 27.11.2003 („**Brüssel IIa-VO**" bzw. „**EuEheVO**").[52] Für England bedeutsam können dabei insbesondere die beiden Anknüp-

47

---

49 Vgl. ss. 38, 39 *Matrimonial and Family Proceedings Act* 1984..

50 Vgl. dazu *Black/Bridge/Bond*, Rn 11.01 ff. Bereits normale Kosten einer relativ zügigen Scheidung bei geringem Vermögen können leicht mehrere tausend Pfund überschreiten; ein Beispiel zu hohen Kosten findet sich in *H v. H* [1997] 2 FLR 57, bei dem das Gericht nach drei Tagen der Verhandlung über Kosten von 175.000 £ zu entscheiden hatte, die die liquiden Mittel des zur Zahlung verpflichteten Ehemannes bei Weitem überstiegen.

51 Vgl. s. 10 MCA 1973.

52 Falls ausnahmsweise kein Mitgliedstaat nach der Brüssel IIa-VO zuständig ist, sind englische Gerichte gem. s. 5 (2) *Domicile and Matrimonial Proceedings Act* 1973 international zuständig, wenn ein Ehegatte im Zeitpunkt der Verfahrenseröffnung in England domiziliert ist.

fungen werden, die auf den Begriff des **Domizils** abstellen (zum Domizilbegriff siehe Rdn 11 ff.):

– Nach Art. 3 Abs. 1 lit. a letzter Fall der Verordnung ist die internationale Zuständigkeit englischer Gerichte eröffnet, wenn der Antragsteller seinen gewöhnlichen Aufenthalt seit mindestens sechs Monaten in England und dort auch sein *domicile* hat. Insbesondere wenn ein Ehegatte sein Geburtsdomizil (siehe Rdn 13) in England hatte, kann durch die Aufgabe eines späteren Wahldomizils dieses *domicile of origin* jederzeit wiederaufleben, selbst wenn der Antragsteller zwischenzeitlich eine andere Staatsangehörigkeit angenommen hatte. Aber auch bei der Annahme eines Wahldomizils in England sind die Gerichte traditionell relativ großzügig, wenn der Antragsteller einen persönlichen Bezug zu England darlegen kann. Zieht im Fall der Trennung der Ehegatten einer von ihnen nach England, kann er daher in der Regel erreichen, dass bereits nach sechs Monaten – und damit ggf. bevor in Deutschland ein Trennungsjahr abgelaufen wäre – die Zuständigkeit englischer Gerichte eröffnet ist.

– Nach Art. 3 Abs. 2 der Verordnung ist die internationale Zuständigkeit auch gegeben, wenn beide Ehegatten ihr Domizil in England haben. Dies kann insbesondere dann Bedeutung haben, wenn Ehegatten unterschiedlicher Nationalität zu Beginn ihrer Ehe das *matrimonial domicile* in England hatten, danach aber – z.B. aus beruflichen Gründen – gemeinsam im Ausland lebten, ohne dort ein gemeinsames Wahldomizil zu begründen (zum Begriff des gemeinsamen Domizils siehe Rdn 31).

V. Auf die Scheidung anwendbares Recht

48 Das Vereinigte Königreich hat sich nicht an der Rom-III-Verordnung beteiligt. Sofern sich englische Gerichte für zuständig halten und ein Verfahren eröffnen, wenden diese daher weiterhin auf die Scheidung ausschließlich ihr eigenes Recht als *lex fori* an. Dieser traditionelle Grundsatz wird auch nicht infolge der durch die EuEheVO geänderten Zuständigkeitsregeln in Frage gestellt.[53] Bei deutsch-englischen Scheidungsfällen führen die konkurrierenden Zuständigkeiten der EuEheVO in Verbindung mit der Anwendung des jeweils eigenen Scheidungsrechts weiterhin dazu, dass englische Gerichte häufig früher und damit gem. Art. 19 Abs. 2 der Verordnung vorrangig zuständig werden können, da in England kein Trennungsjahr eingehalten werden muss, wenn der Scheidungsantrag auf Ehebruch oder ein vorwerfbares Fehlverhalten des Antragsgegners gestützt wird. Im Hinblick darauf, dass auch die Entscheidungen über die Scheidungsfolgen erheblich davon abhängen, wo die Scheidung stattfindet, kann dieser Vorteil taktisch eingesetzt werden.

VI. Anerkennung im Ausland erfolgter Scheidungen

49 Sofern sich die Anerkennung einer im Ausland erfolgten Scheidung nicht unmittelbar aus Art. 21, 22 der EuEheVO ergibt, ist diese detailliert in den ss. 44–52 *Family Law Act* (FLA) 1986 geregelt. Eine *Overseas*-Scheidung (d.h. die nicht von einem Gericht der britischen Inseln ausgesprochen wurde) ist danach in der Regel anzuerkennen, wenn sie nach dem Recht des Landes, in dem sie erfolgte, rechtswirksam wurde und einer der Ehegatten bei Verfahrensbeginn Staatsangehöriger dieses Landes war oder dort seinen gewöhnlichen Aufenthalt oder sein Domizil hatte. Erfolgte die Scheidung jedoch nicht in einem gerichtlichen Verfahren, sind nach s. 46 (3) FLA 1986 strengere Regeln zu beachten; die Scheidung kann dann nur anerkannt werde, wenn sie dem Recht der Domizilstaaten beider Ehegatten entspricht und keiner der Ehegatten im letzten Jahr vor der Scheidung seinen gewöhnlichen

---

53 Vgl. *Dicey and Morris Rule 77*, Rn 18R-029; *Collier*, S. 320 f.; *Cheshire, North & Fawcett*, S. 966 ff.

Aufenthalt im Vereinigten Königreich hatte. Jeder Beteiligte, der in England sein Domizil oder seinen gewöhnlichen Aufenthalt länger als ein Jahr hat, kann nach s. 55 FLA 1986 beim *High Court* oder jedem *Family Court* die Feststellung beantragen, dass eine ausländische Scheidung anzuerkennen ist.

D. Scheidungsfolgen

I. Unterhalts- und Vermögensausgleich

1. Vorbemerkung

England kennt kein materielles Recht, das die Ansprüche der Ehegatten untereinander im Fall der Scheidung verbindlich regelt, sondern denkt in **Rechtsbehelfen**, die dem zuständige Richter ermöglichen, mit einem sehr weiten **Ermessensspielraum** die Scheidungsfolgen im Einzelfall zu regeln (siehe im Einzelnen Rdn 52 ff.). Diese Entscheidungsmöglichkeiten des Gerichts, die in den ss. 21–26 *Matrimonial Causes Act* (MCA) 1973 geregelt sind, umfassen inhaltlich Bereiche, die nach deutschem Verständnis in Kindes-, Trennungs- und nachehelichen Unterhalt, Zugewinn- und Versorgungsausgleich sowie der Hausrats- und Wohnungsverteilung unterschieden würden.[54]

50

2. Ausgleichsanordnungen des Gerichts

a) Arten der gerichtlichen Anordnungen

Jeder Ehegatte kann vor Erlass des endgültigen Scheidungsurteils und auch noch nach einer in- oder ausländischen Scheidung, längstens jedoch bis zu einer etwaigen Wiederverheiratung, Antrag bei einem *Family Court* auf **Regelung der Scheidungsfolgen** stellen (*application for a financial order*). Nach der Art der Entscheidung des Gerichts unterscheidet man dabei **Anordnungen zur finanziellen Versorgung** (*financial provision orders*) und zu **Vermögenszuweisungen** durch das Gericht (*property adjustment orders*). Beide Entscheidungsarten können jedoch – wie auch weitere Anordnungen des Gerichts, z.B. zur Aufteilung der Pensionen (*pension sharing orders*; siehe hierzu Rdn 71) – miteinander kombiniert werden und müssen auf Grundlage einer einheitlichen Gesamtwürdigung des Gerichts (siehe hierzu Rdn 60 ff.) erfolgen. Dabei können die Entscheidungsarten auch keinesfalls mit der aus deutscher Sicht üblichen Einteilung in Unterhalt und Zugewinnausgleich gleichgesetzt werden. Gerade einmalige Zahlungen bzw. Vermögenstransfers rechtfertigen sich aus englischer Sicht regelmäßig sowohl aus der erforderlichen Versorgung als auch aus einer gleichmäßigen Vermögensbeteiligung.

51

b) Financial Provision Orders

Zur **finanziellen Versorgung** eines Ehegatten kann das Gericht gem. s. 23 MCA 1973 wahlweise folgende Anordnungen treffen:
– die Verpflichtung zur Zahlung **wiederkehrender Leistungen** ab Scheidung (*periodical payment orders*). Das Gericht kann dabei auch die Dauer der Unterhaltszahlungen regeln, abhängig davon, ab wann sich der Zahlungsempfänger voraussichtlich ohne unbillige

52

---

54 Die nachfolgend dargestellten Rechtsbehelfe stehen grundsätzlich auch nach einer gerichtlichen Trennung und im Fall der nichtigen oder anfechtbaren Ehe zur Verfügung.

Härte selbst versorgen kann. Periodische Zahlungen enden in jedem Fall, wenn der Zahlungsempfänger wieder heiratet oder eine Partei verstirbt;

– die Verpflichtung zur Zahlung einer **einmaligen Abfindungssumme** (*lump sum*), wobei das Gericht zugleich Ratenzahlungen einräumen kann.

– Hält das Gericht die Erfüllung der wiederkehrenden Leistungen oder eine Ratenzahlung für unsicher, z.B. weil der Zahlungsverpflichtete im Ausland wohnt, kann es zusätzlich **Sicherungsrechte** (wie z.B. Pfandrechte) an Vermögensgegenständen begründen. In der Praxis sind diese Anordnungen jedoch selten, da eine eigengenutzte Immobilie in der Regel nicht belastet wird und wenige Ehegatten über ausreichende weitere Vermögensgegenstände verfügen.

53   Der **Unterschied** zwischen periodischen Unterhaltszahlungen und einer einmaligen, in Raten zu zahlenden Abfindungssumme besteht insbesondere darin, dass das Gericht wiederkehrende Zahlungen jederzeit abändern kann (sog. *variation*), wenn eine Partei dies beantragt. Es kann insbesondere die angeordneten Laufzeiten verlängern oder verkürzen, die Höhe der Zahlungen ändern oder zu bestimmten Schlusszahlungen übergehen.[55] Bei der Anordnung einer bestimmten Abfindungssumme steht dagegen der einmalige, grundsätzlich nicht mehr abänderbare Ausgleich aller ehelichen Ansprüche im Vordergrund. Ferner bleibt diese bei einer Wiederverheiratung des Berechtigten unberührt.

54   Für die Zeit bis zum Erlass des endgültigen Scheidungsurteils (*decree absolute*) kann das Gericht gem. s. 22 MCA 1973 laufende Unterhaltszahlungen anordnen (*order for maintenance pending suite*), die mit dem deutschen **Trennungsunterhalt** vergleichbar sind.

55   Laufende oder einmalige Zahlungspflichten kann das Gericht gem. s. 23 (1) (d) bis (e) MCA 1973 auch zur **Versorgung von Kindern** der Familien (d.h. von gemeinsamen und Stiefkindern) anordnen, wobei solche Regelungen häufig mit der Versorgung des betreuenden Ehegatten verknüpft sind. Die Zuständigkeit der Zivilgerichte aufgrund des MCA 1973 ist heute jedoch nur noch dann gegeben, wenn der Kindesunterhalt nicht durch die *Child Support Agency* auf Grundlage des *Child Support Act* 1991 festgelegt werden kann[56] oder wenn eine Erhöhung des durch diese Behörde festgelegten Unterhalts aufgrund der wohlhabenden Vermögensverhältnisse des Zahlungsverpflichteten angestrebt wird.

c) Property Adjustment Orders

56   Neben den finanziellen Regelungen kann das Gericht auch unmittelbar auf die **Vermögenszuordnung** der Ehegatten Einfluss nehmen, indem es gem. ss. 24, 24 A MCA 1973 folgende Anordnungen trifft:

– Das Gericht kann Vermögen der Ehegatten einem von diesen zu **Eigentum** übertragen, **Nutzungsrechte** (*settlements*) an Vermögensgegenständen neu begründen oder bestehende Rechte eines Ehegatten abändern.

– Ferner kann der **Verkauf von Vermögensgegenständen** angeordnet werden, um den Erlös zu verteilen oder die wirtschaftlichen Grundlagen für zugleich getroffene finanzielle Regelungen oder Vermögenszuordnungen zu schaffen.

57   Zum **Vermögen** gehört dabei alles, was einen Geldwert hat, insbesondere **Hausrat** und **Immobilien**. Vom Gericht einbezogen werden können auch Gegenstände, die ein Ehegatte bereits vor der Ehe erworben, nach der Eheschließung geerbt oder geschenkt bekommen oder in der Trennungszeit bis zum endgültigen Scheidungsurteil angeschafft hat, oder Ver-

---

55 Vgl. dazu näher s. 31 MCA 1973.
56 Die *Child Support Agency* ist insbesondere dann nicht zuständig, wenn einer der Beteiligten im Ausland lebt oder es sich um die Versorgung von Stiefkindern handelt.

Odersky

mögen, das ein Ehegatte in der Zukunft voraussichtlich erwirbt (z.B. Lebensversicherungssummen). Theoretisch kann das Gericht die Verfügungen auch auf Gegenstände im Ausland erstrecken. Da die zwangsweise Durchsetzung solcher Anordnungen aber nur schwer erreichbar sein wird, kommt dies in der Praxis sehr selten vor, und die Gerichte legen in diesen Fällen den Schwerpunkt auf finanzielle Anordnungen.

Besondere Bedeutung kommt den *property adjustment orders* bezüglich der **Familienwohnung** zu, da in England die Erfüllung der angemessenen Wohnbedürfnisse beider Ehegatten, besonders jedoch des Ehepartners, der minderjährige Kinder versorgt, ein vorrangiges Ziel ist. Neben der Übertragung des Eigentums an einer solchen Immobilie (häufig verbunden mit einem dafür niedrigeren Unterhalt) und der Anordnung des Verkaufs einer wertvollen Immobilie, um mit dem Reinerlös ein oder zwei günstigere, schuldenfreie Wohnungen zu kaufen, wird häufig die Begründung von Nutzungsrechten auf die Dauer der Schulbildung der Kinder oder für die Zeit, bis der verbleibende Ehegatte selbst verkaufen will oder wieder heiratet (sog. *Mesher-order*), angeordnet.[57] 58

Regelungen zur Vermögenszuordnung können grundsätzlich – wie die Anordnung einmaliger Ausgleichszahlungen – später nicht mehr durch das Gericht abgeändert werden. 59

3. Entscheidungsgründe

a) Ermessensspielraum

Bei der Auswahl, Kombination und konkreten Ausgestaltung dieser Regelungsmöglichkeiten hat das Gericht einen sehr **weiten Ermessensspielraum**, für den folgende gesetzliche und richterrechtliche Leitlinien maßgeblich sind. Anders als in Deutschland gibt es jedoch keine Tendenz, durch einheitliche Tabellen und Leitlinien eine Vereinheitlichung oder bessere Vorhersehbarkeit der Anordnungen zu erreichen. Die Beratung in Scheidungsfolgenangelegenheiten bedarf daher einer großen praktischen Erfahrung und ist auch dann mit erheblichen Unsicherheiten verbunden.[58] 60

b) Gesetzliche Ermessensfaktoren

Gemäß s. 25 (1) MCA 1973 ist oberstes Gebot bei jeder Ermessensentscheidung, neben der Berücksichtigung aller Umstände des Einzelfalls besonders auf das **Wohlergehen minderjähriger Kinder** der Familie zu achten. Daneben hat das Gericht gem. s. 25 (2) MCA 1973 bei jeder Scheidungsfolgenregelung folgende **Umstände des Einzelfalls** in seine Billigkeitserwägungen einzubeziehen.[59] 61
- Das derzeitige **Einkommen**, die Fähigkeit und Wahrscheinlichkeit, künftig Einkommen zu erzielen, die Eigentumsverhältnisse und die sonstigen **Vermögensverhältnisse** jedes Ehegatten. Bei den finanziellen Mitteln werden auch solche Vermögenswerte einbezogen, die ein Ehegatte in die Ehe eingebracht oder geerbt hat; es können sogar wahrscheinliche, künftige Erbschaften angemessen berücksichtigt werden.[60]

---

57 Vgl. näher *Black/Bridge/Bond*, Rn 31–89 ff.
58 Vgl. NK-BGB/*Woelke*, Familienrecht, Bd. 4, Länderbericht England und Wales, Rn 13; *Ormrod LJ* beschreibt das Problem in *Martin v. Martin* [1977] 3 All ER 762 (768) wie folgt: „*Advising a client on the likely outcome of his ancillary relief application is a matter of trial and error and imagination.*"
59 Vgl. für eine nähere Beschreibung dieser Faktoren mit Beispielfällen: IPG (Köln) 2000/2001 Nr. 28; *Black/Bridge/Bond*, Rn 31–14 ff.
60 Vgl. *M T v. M T* (*Financial Provision: Lump Sum*) [1992] 1 FLR 362, in dem die Wahrscheinlichkeit einer künftigen Erbschaft in Deutschland in der Weise berücksichtigt wurde, dass ein einmaliger Ausgleichsbetrag erst nach deren Anfall fällig wurde.

- Die **finanziellen Bedürfnisse** und Verpflichtungen, die jeder Ehegatte in nachvollziehbarer Weise hat bzw. voraussichtlich haben wird. Diesem Merkmal kommt insbesondere dann große Bedeutung zu, wenn keine großen Vermögen zu verteilen sind, sondern vorrangig der angemessene Lebensunterhalt und die Wohnbedürfnisse beider Ehegatten sicherzustellen sind.
- Der gemeinsame **Lebensstandard**, den die Ehegatten vor der Trennung hatten.
- Das **Alter** der Parteien und die **Dauer ihrer Ehe.** Das Alter kann insbesondere Einfluss darauf haben, ob und welche Erwerbstätigkeit man noch billigerweise erwarten kann. Die Dauer der Ehe ist mittlerweile ein wichtiger Faktor für den Umfang der wechselseitigen Vermögensverteilung.
- Etwaige geistige oder körperliche Behinderungen eines Ehegatten.
- Die **Beiträge** jedes Ehegatten zum **Familienwohl,** wozu ausdrücklich auch die Haushaltsführung und Kindererziehung zählen.
- Das **Verhalten** eines Ehegatten, wenn dieses (ausnahmsweise) nach Meinung des Gerichts billigerweise nicht außer Acht gelassen werden darf.
- Etwaige **finanzielle Nachteile**, die ein Ehegatte durch die Scheidung haben kann (z.B. Verlust einer Witwenpension, aber auch Kosten und Steuern infolge der Scheidung).

62   Mit Ausnahme des besonders hervorgehobenen Kindeswohls gibt es keine Rangfolge innerhalb dieser Merkmale, so dass das Gericht grundsätzlich allen Merkmalen **gleiche Berücksichtigung** schenken muss.[61]

c) Clean Break Approach

63   Bei der Ausübung seines Ermessens soll das Gericht ferner nach s. 25A MCA 1973 besonders prüfen, ob nicht eine **endgültige Regelung** der finanziellen Angelegenheiten der Ehegatten erreichbar ist. Mit den sog. *Clean Break*-Anordnungen, die in der Praxis immer häufiger getroffen werden, soll den Ehegatten der psychologisch wichtige „Schlussstrich" mit der Folge einer wechselseitigen Unabhängigkeit und der Planbarkeit der jeweils eigenen finanziellen Zukunft ermöglicht werden. Sofern die Vermögensverhältnisse der Beteiligten dies ermöglichen, sind daher Vermögensübertragungen und einmalige Ausgleichszahlungen (ggf. auch mit einem bestimmten Ratenplan) der Anordnung laufender Unterhaltszahlungen vorzuziehen. Sofern Letzteres zunächst erforderlich erscheint, z.B. weil der finanzielle Bedarf eines Kinder erziehenden Ehegatten in Zukunft noch nicht sicher abzusehen ist oder weil keine ausgleichfähigen Vermögenswerte vorhanden sind, soll das Gericht die Unterhaltszahlungen in der Regel auf die voraussichtlich erforderliche Zeit befristen.[62] Im Einzelfall kann es ferner bestimmen, dass nach Ablauf der Frist kein Verlängerungsantrag gestellt werden darf oder kein Abänderungsantrag mehr möglich ist.[63]

d) Gerichtliche Leitlinien

64   Die Anwendung dieser gesetzlichen Vorgaben in der Praxis wird erheblich durch **Präzedenzurteile** der Obergerichte bestimmt, wobei sich die höchstrichterliche Rechtsprechung seit dem Jahr 2000 grundlegend wandelte, indem sie den Schwerpunkt von einer eher bedürfnisorientierten Prüfung zu einem **teilhabeorientierten Gleichheitsmaßstab** ver-

---

61   Vgl. *Piglowska v. Piglowski* [1999] 2 FLR 763; *White v. White* [2000] 2 FLR 981 und [2001] 1 All E.R. 1.
62   Vgl. s. 25A (2) MCA 1973.
63   Vgl. s. 25A (3) MCA 1973.

schob.[64] Entscheidende Bedeutung für diese Entwicklung hatte das Urteil des *House of Lords* in *White v. White* (siehe Rdn 61), in dem das Gericht folgende **Leitlinien** ausgearbeitet hat:

- Ziel der gesetzlichen Regelung ist ein **faires Ergebnis** (*a fair outcome for both parties*), so dass nicht nur auf die finanziellen Bedürfnisse des Anspruchstellers abgestellt werden darf, sondern alle Merkmale des s. 25 MCA 1973 gleichwertig herangezogen werden müssen.
- Insbesondere bei **längeren Ehen** darf kein Ehegatte benachteiligt werden, weil er z.B. seine Beiträge zur Ehe in Form von Haushaltsbetreuung und Kindererziehung erbracht hat.
- Jede Entscheidung muss vom **Maßstab der Gleichwertigkeit** (*Yardstick of Equality*) ausgehen, was zwar nicht bedeutet, dass eine gleiche Vermögensverteilung als regelmäßiges Ziel vorgegeben werde, dass aber Abweichungen vom Gleichheitsmaßstab nur mit guten und vom Gericht anhand der Merkmale des s. 25 MCA 1973 festgestellten Gründen vorgenommen werden sollen.

Diese Grundsätze ließen zunächst noch viele Fragen zur praktischen Handhabung offen. Sie wurden daher in einigen Folgeentscheidungen in der Weise umgesetzt, dass Abfindungssummen konsequent zur **hälftigen Verteilung des Vermögens** führten (dann jedoch ohne zusätzliche Unterhaltszahlung, da das Vermögen zur Versorgung ausreichte).[65] In anderen Fällen wurden niedrigere Prozentsätze beispielsweise mit der Schwierigkeit, Vermögensgegenstände zu bewerten oder zu verwerten (z.B. im Fall von Unternehmensanteilen), mit besonders herausragenden Beiträgen des Ehemannes zum gemeinsamen Vermögen oder mit einer nicht sehr langen Ehedauer begründet.[66]   65

Mit den gemeinsam entschiedenen Fällen *Miller* und *McFarlane* präzisierte das *House of Lords* seine Rechtsprechung in der Weise, dass zwar das *principle of equality* der Ausgangspunkt sei („eine Hilfe, keine Regel"), dass aber Abweichungen durchaus zulässig und in vielen Fällen geboten seien.[67] Das Gericht habe dabei **drei Zwecke** für die nachehelichen Anordnungen zu berücksichtigen: 66

- die Befriedigung finanzieller Bedürfnisse (*needs*),
- den Ausgleich ehebedingter Nachteile (*compensation*) und schließlich
- die auf der Gleichwertigkeit beruhende Vermögensteilhabe (*sharing*).

Die **Befriedigung finanzieller Bedürfnisse**, insbesondere für die Versorgung und Betreuung von Kindern, wie auch die **Nachteilausgleichung** können dabei dazu führen, dass die   67

---

64 Die sog. *Duxbury*-Formel, mit der die finanziellen Bedürfnisse (*reasonable requirements*) des Anspruchstellers ermittelt und in einer kapitalisierten Abfindungssumme ausgewiesen werden (vgl. *Duxbury v. Duxbury* [1987] 1 FLR 7; IPG (Köln) 2000/2001 Nr. 28), kann damit heute allenfalls als Gegenprüfung verwendet werden, ob ein am Maßstab der Fairness ausgerichteter Ausgleichsbetrag auch tatsächlich für eine Versorgung des Anspruchstellers ausreichend ist.

65 Vgl. z.B. *Lambert v. Lambert* [2003] 1 FLR 139; *Parra v. Parra* [2003] 1 FLR 942.

66 Vgl. *N v. N (Financial Provisions: Sale of Company)* [2001] 2 FLR 69 zur Berücksichtigung der finanziellen Nachteile, die ein Firmenverkauf beinhalten würde; *Cowan v. Cowan* [2001] 2 FLR 192: die Ehefrau erhielt nur 38 %, weil der Ehemann „sternengleich" erfolgreich gewesen sei; *GW v. RW (Financial Provision: Departure from Equality)* [2003] 2 FLR 108: nur 40 % für die Ehefrau, weil die Ehe nur 12 Jahre dauerte und der Ehemann hohe Geldbeträge und eine Firma eingebracht hat.

67 Vgl. *Miller v. Miller; McFarlane v. McFarlane* [2006] UKHL 24.

anzuordnende Versorgung (deutlich) über einer hälftigen Vermögensteilung liegt.[68] Liegen diese Elemente nicht vor, kann dagegen die hälftige Vermögensteilung auch unterschritten werden, insbesondere wenn es sich um eine eher kurze Ehe handelte, bei der auch berücksichtigt werden darf, ob voreheliches Vermögen vorhanden ist.[69] Besonders bei einer länger andauernder Ehe muss jedoch beachtet werden, dass die festzusetzende Abfindungssumme einen Zugewinnausgleich nach deutschem Recht deutlich übersteigen kann, da auch das von einem Ehegatten in die Ehe eingebrachte oder von ihm ererbte Vermögen in den Ausgleich einbezogen wird.[70]

68   Inwieweit die zu den „großen Vermögensverhältnissen" ergangenen Präzedenzfälle auf Scheidungen übertragbar sind, bei denen geringere Vermögenswerte zu verteilen sind und die typischerweise aufgrund der enorm hohen Kosten nie den *Court of Appeal* oder den *Supreme Court* (früher: *House of Lords*) erreichen, ist in der Praxis sicherlich nur schwer vorhersehbar. Grundsätzlich muss der **Maßstab der Gleichwertigkeit** aber auch für solche Fälle gelten,[71] wobei die Gerichte bei der Verteilung der verfügbaren Vermögenswerte und Einkünfte besonders auf die Lebensbedürfnisse der Kinder und sodann beider Ehegatten (z.B. jeweilige Miete, Kosten eines für die Arbeit benötigten Pkw usw.) zu achten haben. Im Ergebnis wird dies häufig dazu führen, dass der „höhere Anspruch" maßgeblich sein wird, d.h. entweder belegt nach den zu berücksichtigenden Bedürfnissen oder zumindest auf hälftige Vermögensteilung.[72]

II. Regelung der Altersversorgung

69   Nachdem mit den normalen *financial provision orders* der Wert etwaiger Pensionsansprüche nur unzureichend durch andere Vermögenstransfers ausgeglichen werden konnte, hat der Gesetzgeber seit 1996 umfangreiche Möglichkeiten zum **Versorgungsausgleich** eingeführt. Dabei wird zwischen den *pension attachment orders* (gem. ss. 25B-D MCA 1973) und den *pension sharing orders* (gem. ss. 21A, 24B-D MCA 1973) unterschieden.[73]

---

68 Im Fall *McFarlane* sah daher das Gericht die vereinbarte hälftige Teilung des Vermögens von ca. 3 Mio. £ nicht als ausreichend an, da die Ehefrau ihre bis dahin erfolgreiche Karriere für die Familie aufgab. Der Ehemann wurde daher zusätzlich dazu verurteilt, aus seinem künftigen Einkommen von ca. 1 Mio. £/Jahr 250.000 £ an die geschiedene Ehefrau zu zahlen. Kritisch zur Nachteilsausgleichung bei der Aufgabe einer möglichen Karriere als Anwältin *SA v. PA (Pre-Marital Agreement: Compensation)* [2014] EWHC 392 (Fam).

69 Im Fall *Miller* wurden daher nach dreijähriger Ehe 5 Mio. £ als Ausgleich bei einem Gesamtvermögen von 17 Mio. £ gewährt, weil dies dem fairen Anteil am Zuwachs während der Ehe gleichkam. Und *Paul McCartney* musste von seinem Vermögen i.H.v. ca. 400 Mio. £, das sich während seiner vierjährigen Ehe mit *Heather Mills* kaum vermehrte, „nur" 16,5 Mio. £ zahlen, um deren finanzielle Bedürfnisse zu befriedigen (*McCartney v. Mills-McCartney* [2008] 1 FCR 707).

70 In *Norris v. Norris* [2003] 1 FLR 1142 wurde nochmals klargestellt, dass auch ererbtes Vermögen einzubeziehen ist, und es wurde auch – trotz eines von der Ehefrau ererbten erheblichen Vermögens – keine Abweichung von der hälftigen Verteilung angeordnet. Zurückhaltend bei der Einbeziehung von Erbschaften aber *Robson v. Robson* [2011] 1 FLR 751.

71 Vgl. z.B. *Elliott v. Elliott* [2001] 1 FCR 477 zur Verteilung relativ geringer Vermögenswerte.

72 So ausdrücklich *Charman v. Charman* [2007] EHWC Civ 503; vgl. insgesamt instruktiv zu den Rechtsprechungsgrundsätzen *Herring*, S. 244 ff.

73 Im Detail vgl. *Black/Bridge/Bond*, Rn 29.36 ff. Bei der geringen staatlichen Grundrente, die nur von den Beitragsjahren abhängt, erfolgt keine Aufteilung, sondern jeder Ehegatte kann wählen, ob er seine eigenen Beitragsjahre oder die des Partners zählen lassen will; zu den weiteren Arten der Versorgung vgl. NK-BGB/*Woelke*, Familienrecht, Bd. 4, Länderbericht England und Wales, Rn 18.

1. Pension Attachment Orders

Mit den *pension attachment orders* erhielten die Gerichte ab 1.8.1996 die Möglichkeit 70 anzuordnen, dass von künftigen Pensionen, Renten oder Lebensversicherungssummen des einen Ehegatten ein bestimmter Prozentsatz direkt dem anderen Ehegatten auszuzahlen ist. Da sich die Inhaberschaft der Anwartschaften nicht ändert, sondern die Versorgungsträger nur die **direkte Auszahlung** an den berechtigten Ehepartner bei Fälligkeit der Auszahlung vormerken, werden diese Anordnungen auch *„Earmarking-orders"* genannt. Zu beachten ist, dass es sich dabei nach englischem Verständnis nicht um einen eigenen Anordnungstyp handelt, sondern um Ausformungen der *financial provision orders* in Form einer **laufenden (Renten-)Zahlung** oder einer **Einmalauszahlung**. Besonderheit der ss. 25B-D MCA 1973 ist lediglich, dass die Ausgleichsverpflichtung des belasteten Ehegatten zeitlich aufgeschoben wird und die Erfüllung dieser Verpflichtung bei Fälligkeit unmittelbar durch den Versorgungsträger erfolgt. Diese Konstruktion führt jedoch dazu, dass das Gericht eine bei Scheidung getroffene Anordnung bis zur tatsächliche Auszahlung wieder abändern kann (vgl. s. 31(2) MCA 1973) und die Auszahlungsverpflichtung entfällt, wenn der Berechtigte verstirbt oder wieder heiratet.[74] Ein weiterer **Nachteil** der *pension attachment orders* liegt darin, dass die direkte Auszahlung nur bezüglich eines festen Prozentsatzes aus den künftigen Pensionen angeordnet werden kann, so dass die konkrete Höhe der Versorgung bei Scheidung häufig noch nicht abzusehen ist oder sogar – im Fall einer rein privaten Rente, bei der kein fester Lohnanteil abgeführt wird – von den weiteren Einzahlungen des belasteten Ehegatten abhängt. **Vorteile** können die *pension attachment orders* dagegen in den Fällen haben, bei denen zwar der aktuelle Wert der Rentenanwartschaft sehr niedrig ist, aber ein hoher Wertzuwachs bis zur Auszahlung zu erwarten ist, oder bei denen hohe Auszahlungen im Fall des vorzeitigen Todes des Berechtigten im Vordergrund stehen. Ein solcher Risikolebensversicherungsschutz ist beispielsweise Bestandteil vieler Firmenpensionen (sog. *death in service benefits*) und kann ebenfalls durch das Gericht belastet werden. In der Praxis sind jedoch die *pension attachment orders* seit Einführung der echten Pensionsteilung eher selten und unbeliebt.

2. Pension Sharing Orders

Die Möglichkeit der **Pensionsteilung** wurde durch den *Welfare Reform and Pensions Act* 71 *1999* in die ss. 21A, 24A-D des MCA 1973 integriert. Mit den *pension sharing orders* können die zum Zeitpunkt der Scheidung bestehenden Anwartschaften bei den meisten – vom Gesetz näher definierten – privaten und staatlichen Pensionssystemen unmittelbar geteilt werden. Das Gericht bestimmt dabei, welcher Prozentsatz der Anwartschaft als sog. Bartransfersumme innerhalb von vier Monaten nach Erlass des endgültigen Scheidungsurteils von einer Kasse zur anderen übertragen wird. *Pension sharing orders* können – wie sonstige Vermögensübertragungen auch – nach der Scheidung nicht mehr abgeändert werden.

3. Auswahl und Umfang der Anordnungen

Pension attachment orders und *pension sharing orders* dürfen bezüglich des gleichen Anwartschaftsrechts nebeneinander nie angeordnet werden. Welche Anordnung getroffen wird, hängt vorrangig vom Antrag der Beteiligten ab.[75] Das Gericht ist aber gem. s. 25A (1) 72

---

74 Vgl. *T v. T* [1998] 1 FLR 1072.
75 Aufgrund der komplizierten Berechnungen und Auswirkungen ist dabei die Einschaltung eines Finanzberaters (*independent financial adviser*), der speziell für Pensionsverteilungen im Scheidungsfall zugelassen ist, üblich.

MCA 1973 gebunden, bei allen Scheidungsfolgenverhandlungen in seine Prüfung einzubeziehen, ob Pensionsanwartschaften bestehen und ob ein Ehegatte durch den Verlust einer Altersversorgung im Scheidungsfall Nachteile hat. Dies muss aber nicht in jedem Fall dazu führen, dass eine der beiden Anordnungen erlassen wird, da der Wert der Pensionen auch durch andere Maßnahmen (z.B. Übertragung einer Immobilie) ausgeglichen werden kann. Eine solche „offsetting order" wird in der Praxis bei wohlhabenderen Vermögensverhältnissen häufig angestrebt, da der mit einer Pensionsteilung belastete Ehegatte meist keine Möglichkeit hat, die steuerbegünstigten Pensionen durch eigene Nachzahlungen wieder aufzufüllen. Anders als beim deutschen Versorgungsausgleich ist der Anteil der zu übertragenden Anwartschaften weder bei den *pension attachment orders* noch bei den *pension sharing orders* genau festgelegt, sondern steht im Ermessen des Gerichts. Das Gericht hat dabei die Pensionsverteilung in die **Gesamtwürdigung** des s. 25 MCA 1973 einzubeziehen und entsprechend den oben dargestellten Entscheidungsgründen einen fairen Ausgleich festzulegen (siehe Rdn 60 ff.).

III. Regelungen zur elterlichen Sorge

73   Bei ehelichen Kindern steht die elterliche Sorge für das Kind (*parental responsibility*) beiden Eltern gemeinsam zu (s. 2 (1) *Children Act* 1989). Für ein nichteheliches Kind erlangt der Vater das gemeinsame Sorgerecht, wenn er auf einer nach dem 1.12.2003 ausgestellten Geburtsurkunde als Vater eingetragen ist (was jedoch nur mit Zustimmung der Mutter erfolgen kann), die Eltern eine registrierte Vereinbarung zur gemeinsame Sorge getroffen haben oder das Gericht dem Vater die elterliche Sorge einräumt. Nur in den letzteren beiden Fällen kann das Gericht die vertraglich getroffene oder gerichtlich angeordnete elterliche Sorge des Vaters wieder abändern oder aufheben.[76] Insbesondere bei ehelich geborenen Kindern kennt das englische Recht dagegen kein Rechtsmittel, im Streitfall einem Elternteil die alleinige *parental responsibility* zu übertragen, so dass es auch im Fall der Scheidung immer bei der **gemeinsamen Sorge** verbleibt.

74   Im Verbund mit einer Entscheidung zur gerichtliche Trennung, Scheidung oder Aufhebung einer Ehe kann das Gericht aber auf Antrag einer Partei oder nach eigenem Ermessen Regelungen gem. den ss. 8–15 *Children Act* 1989 treffen (sog. *Section-8-Orders*).[77] Im Einzelnen unterscheidet man dabei:
– die *contact order*, mit der das Recht zum persönlichen **Umgang** geregelt wird;
– die *prohibited steps order*, durch die bestimmte Maßnahmen des Sorgeberechtigten nur noch mit Zustimmung des Gerichts vorgenommen werden dürfen;
– die *residence order* zur Bestimmung des **Aufenthalts** des Kindes;
– die *specific issue order*, mit der das Gericht inhaltliche Anweisungen zur Ausübung der elterlichen Sorge geben kann.

---

76 Vgl. dazu s. 4 *Children Act* 1989.
77 Zur Zuständigkeit der Scheidungsgerichte bei Verfahren nach dem MCA 1973 vgl. s. 8 (3)(4)(b) *Children Act* 1989. Sofern sich die internationale Zuständigkeit nicht direkt aus der Brüssel IIa-Verordnung ergibt (vgl. dazu „Allgemeiner Teil I" Rn 5 ff. in diesem Werk), ist die Zuständigkeit in ss. 2, 2A *Family Law Act* 1986 geregelt.

IV. Sonstige Scheidungsfolgen

1. Erbrecht

Mit Erlass des endgültigen Scheidungsurteils (*decree absolute*) gilt die Ehe als aufgelöst, so dass alle Ansprüche des Ehegatten im Rahmen des gesetzlichen **Erbrechts** entfallen. Nach s. 18A *Wills Act* 1837 gelten ferner sämtliche testamentarische Vermächtnisse und Zuwendungen an den Ehegatten als aufgehoben. Die übrigen Bestimmungen eines Testaments bleiben im Zweifel gültig, jedoch mit der Folge, dass eine Ernennung des Ehegatten als *executor* oder *trustee* (z.B. über das den Kindern zugewandte Vermögen) als nicht erfolgt gilt. 75

Der geschiedene Ehegatte bleibt aber berechtigt, einen Antrag auf Anordnung von *family provisions* zu stellen.[78] In der Regel wird jedoch eine Beteiligung am Nachlass des geschiedenen Ehegatten nur noch angeordnet, wenn eine laufende Unterhaltszahlung nach dem Tod des Zahlungsverpflichteten weiterhin notwendig ist, sich die bei Scheidung zugrunde gelegten Verhältnisse außerordentlich geändert haben oder wenn innerhalb eines Jahres nach gerichtlich angeordneter Trennung oder Scheidung noch kein Vermögensausgleich im Rahmen des MCA 1973 erfolgt ist. Um eine bei Scheidung erreichte *clean-break-order* abzusichern, kann das Gericht bei Regelung der Scheidungsfolgen auch anordnen, dass geschiedenen Ehegatten keinen Antrag auf *family provisions* mehr stellen dürfen. 76

2. Witwenrente, soziale Sicherung

Mit der Scheidung entfallen auch sämtliche Rechte auf Witwen/Witwerpensionen oder -renten oder auf Leistungen der Sozialsysteme, die auf den Beiträgen des anderen Ehegatten beruhen. 77

V. Möglichkeiten vertraglicher Vereinbarungen für die Scheidung

1. Allgemeines

Ob mit vertraglichen Vereinbarungen auf die **Scheidungsfolgen** Einfluss genommen werden kann, wird fast ausschließlich durch Richterrecht bestimmt. In der Regel wird die Wirkung eines **Ehevertrages** vom konkreten Einzelfall abhängen – und damit häufig auch das Ergebnis erst nach der Entscheidung über die Klage bekannt sein.[79] 78

2. Kein Verzicht auf Zugang zum Gericht

Eindeutig entschieden ist seit dem Urteil des *House of Lords* in *Hyman v. Hyman* [1929] AC 601, dass eine vertragliche Klausel, mit der ein Ehegatte auf eine Klage bei Gericht verzichtet oder der Zugang zum Gericht eingeschränkt wird, unwirksam ist. Da somit trotz eines Ehevertrages immer Antrag auf *financial orders* gestellt werden kann, führt diese Rspr. dazu, dass es auch **keinen** bindenden **Verzicht** auf bestimmte einzelne Scheidungsfolgen geben kann. Denn im Unterschied zum deutschen Recht, in dem die Beteiligten mit einem 79

---

78 Zu den *Family Provisions*, die das Gericht – anstelle eines festen Pflichtteils- oder Noterbrechts – zur Versorgung naher Angehöriger aus dem Nachlass anordnen kann, vgl. *Odersky*, in: *Süß*, Erbrecht in Europa, Länderbericht Großbritannien: England und Wales, Rn 51 ff.
79 Vgl. auch die Kritik von *Hoffmann* LJ in: *Pounds v. Pounds* [1994] 1 FLR 775 (791): „*The agreement may be held to be binding, but whether it will be can be determined only after litigation …*".

Verzicht auf nachehelichen Unterhalt, Zugewinn oder den Versorgungsausgleich unmittelbar das zwischen ihnen geltende materielle Recht gestalten, versteht England das Scheidungsfolgenrecht als ein System von Rechtsbehelfen, deren Ausgestaltung immer im Ermessen des Gerichts liegt (vgl. Rdn 50 ff.).

80   Das *Hyman-Prinzip*, mit dem jede Klausel, die den Zugang zum Gericht beschränkt, als **unwirksam** angesehen wird, ist nun in s. 34 (1) MCA 1973 für die sog. *maintenance agreements* gesetzlich festgeschrieben. Jedoch bestimmt Abs. 2 dieses Paragraphen, dass die Unwirksamkeit nicht zugleich zur Nichtigkeit etwaiger weiterer inhaltlicher Vereinbarungen im Vertrag führt. Dadurch bleibt beispielsweise eine vertraglich vereinbarte Unterhaltszahlung durchsetzbar, auch wenn sich der Zahlungsempfänger zugleich verpflichtet hat, keine Klage auf höheren Unterhalt zu erheben. Vom Anwendungsbereich der ss. 34–36 MCA 1973 sind jedoch nur solche *maintenance agreements* umfasst, die während des Bestehens oder nach Auflösung der Ehe schriftlich getroffen wurden. Ist dies nicht der Fall, z.B. bei vorehelichen Eheverträgen oder mündlichen Absprachen, wird durch den Verzicht auf Klage die gesamte Vereinbarung unwirksam.[80]

3. Scheidungsfolgenvereinbarungen

81   Inwieweit inhaltliche Vereinbarungen der Ehegatten Einfluss auf die Gerichtsentscheidung zu den finanziellen Scheidungsfolgen haben können, hängt i.Ü. vom **Zeitpunkt des Vertragsabschlusses** ab. Vereinbarungen, die erst im Zusammenhang mit einer Trennung oder einer Scheidung getroffen werden, sind seit der Leitentscheidung des *Court of Appeal* in *Edgar v. Edgar* [1980] 3 All ER 887 in weitem Umfang anzuerkennen. Solche **Scheidungsfolgenvereinbarungen** werden als ein wichtiger Faktor in der vom Gericht vorzunehmenden Ermessensabwägung nach s. 25 (2) MCA 1973 angesehen (zu den vom Gericht im Übrigen zu beachtenden Ermessensfaktoren siehe Rdn 60 ff.).[81]

82   Als Voraussetzung dafür, dass das Gericht vertragliche Vereinbarungen der Beteiligten **anerkennt** (d.h. keine davon abweichenden eigenen Anordnung trifft), wird in st. Rspr. verlangt, dass
– jeder Ehegatte unabhängigen, qualifizierten **juristischen Rat** erhalten hat;
– kein Beteiligter unzulässigen Druck aufgebaut oder eine überlegene Verhandlungsposition ausgenutzt hat und
– **keine** wesentliche **Veränderung der Lebensumstände** seit Abschluss der Vereinbarung eingetreten ist, die die Vereinbarung *„manifestly unjust"* werden lässt.[82]

83   Liegen diese Voraussetzungen vor, werden in der Regel auch erhebliche Abweichungen vom **Gleichheitsmaßstab** (vgl. Rdn 64 ff.) akzeptiert, sofern nicht gewichtige Gründe ein Einschreiten des Gerichts erforderlich machen, um ein ungerechtes Ergebnis zu vermeiden

---

80 Ein ausdrücklicher Verzicht auf eine Klage sollte daher in Vereinbarungen keinesfalls aufgenommen werden. Als wirksam sind aber wohl Rechtsgeschäfte anzusehen, die lediglich unter der Bedingung stehen, dass keine Klage erhoben wird; vgl. *Soulsbury v. Soulsbury* [2007] 3 FCR 811 zur Wirksamkeit einer so bedingten testamentarischen Verfügung.

81 Vgl. *Xydhias v. Xydhias* [1999] 1 FLR 683; die Scheidungsfolgenvereinbarung wird dabei dogmatisch unter dem Merkmal „Verhalten der Beteiligten" eingeordnet.

82 Vgl. z.B. *Camm v. Camm* [1983] 4 FLR 577, in dem eine Vereinbarung aufgehoben wurde, weil die Ehefrau zwar anwaltlich vertreten war, sich der Anwalt aber – nach starkem emotionalem Druck des Ehemannes auf die Ehefrau – zu voreilig auf einen Verzicht auf regelmäßige Unterhaltszahlungen eingelassen hat; *K v. K* [1992] 2 FCR 265, bei dem die Ehefrau unter erheblichem emotionalen Druck stand; *Beach v. Beach* [1995] 2 FLR 160 zu finanziellen Veränderungen der Umstände, weil der Ehemann zwischenzeitlich insolvent wurde.

(*to avoid injustice would be done*).[83] Ferner muss die Vereinbarung die Belange der Kinder adäquat berücksichtigen und es dürfen keine privaten Verpflichtungen den öffentlichen Kassen aufgelastet werden.[84]

In der Praxis werden heute einverständliche Vereinbarungen der Beteiligten selbst vom Gericht gefördert, z.B. durch **Mediation** und die Verpflichtung der Anwälte, zunächst eine **außergerichtliche Streitbeilegung** zu erörtern.[85] Eine besondere Ausformung hat die Scheidungsfolgenvereinbarung ferner in der Form der sog. *consent order* erfahren, bei der die Beteiligten beantragen, dass ihre vertraglichen Vereinbarungen in das Scheidungsfolgenurteil des Gerichts aufgenommen werden.[86] Das Gericht muss dann zwar grundsätzlich die Vereinbarung am Maßstab der s. 25 MCA 1973 messen, doch darf sich das Gericht dabei auf die von den Beteiligten zur Verfügung gestellten Informationen verlassen und nur eine Art Plausibilitätsprüfung vornehmen. Die Tatsache, dass die Beteiligten unter jeweils unabhängigem juristischen Rat einen Vergleich geschlossen haben, führt damit zur Vermutung, dass dieser ausgewogen ist.[87] Dies gilt jedoch nur unter der Bedingung, dass die Beteiligten zuvor alle relevanten Umstände offengelegt haben (*full and frank disclosure*), wozu nicht nur die jeweiligen finanziellen Verhältnisse, sondern auch wichtige persönliche Umstände (wie z.B. die bereits bestehende Absicht, wieder zu heiraten) zählen können. Wurden wesentliche Umstände verheimlicht (*material non-disclosure*), kann das Gericht die *consent order* später wiederaufheben.

84

4. Vereinbarungen vor und während der bestehenden Ehe

Traditionell anders behandelt wurden dagegen **vorsorgende Eheverträge**, insbesondere solche, die bereits **vor der Heirat geschlossen** wurden (sog. *pre-marriage contracts* bzw. *prenuptial agreements*). Diese wurden lange Zeit generell als unwirksam angesehen, da damit gegen die guten Sitten verstoßen und das Band der Ehe geschwächt würde.[88] Allerdings hat sich durch eine Reihe von Entscheidungen – die u.a. Fälle betrafen, bei denen ein Ehevertrag nach ausländischem Recht als wirksam anzusehen war – über die Zeit ein Rechtsprechungswandel vollzogen, so dass vorsorgende Eheverträge als einer von mehreren Faktoren **in die Abwägung** des s. 25 MCA 1973 einbezogen wurden.[89] Die Regierung hat darüber hinaus

85

---

83 Vgl. schon *Edgar v. Edgar* [1980] 3 All ER 887, in dem das Gericht eine Vereinbarung aufrechterhielt, indem ein Multimillionär seiner Ehefrau lediglich einige 100.000 £ Einmalzahlung und 16.000 £ laufenden Jahresunterhalt zahlte; auch nach der Entscheidung *White v. White* (siehe Rdn 64) wurden die Rechtsprechungsgrundsätze zur Scheidungsfolgenvereinbarung bestätigt, z.B. in *X v. X (Y and Z intervening)* [2002] 1 FLR 508.
84 Vgl. *Macleod v. Macleod* [2008] UKPC 64.
85 Gemäß part 3 *Family Procedure Rules* 2010 kann das Gericht auch das Verfahren aussetzen und die Beteiligten zunächst auf die Möglichkeit der außergerichtlichen Streitbeilegung verweisen.
86 Vgl. s. 33A MCA 1973; im Unterschied zur einfachen Scheidungsfolgenvereinbarung liegt der besondere Vorteil der *consent order* in ihrer unmittelbaren Vollstreckbarkeit und der eingeschränkten Abänderbarkeit, da diese nur nach den Regeln für Gerichtsurteile änderbar ist.
87 Vgl. *Lowe*, in: *Henrich/Schwab*, S. 65; *Harris v. Monahan* [1997] 1 FLR 205.
88 Vgl. *Wilson v. Wilson* [1848] 9 ER 870; *Lurie v. Lurie* [1938] 3 All ER 156. Auch heute noch werden häufig voreheliche Verträge als „nicht bindend" bezeichnet, da sie gegen die *public policy* verstoßen; vgl. z.B. *N v. N* [1999] 2 FLR 745; *Black/Bridge/Bond*, Rn 28.07. Gemeint ist damit jedoch nur, dass deren inhaltliche Abreden (z.B. Zahlungsverpflichtungen) nicht immer durchgesetzt werden können.
89 Vgl. z.B. *Sabbagh v. Sabbagh* [1985] 1 FLR 29; *N v. N (Foreign Divorce: Financial Relief)* [1997] 1 FLR 900; *S v. S (Divorce: Staying Proceedings)* [1997] 2 FLR 100; *N v. N* [1999] 2 FLR 745; *Crossley v. Crossley* [2007] EWCA Civ 1491; *McLeod v. McLeod* [2008] UKPC 64; *Lowe*, in: *Henrich/Schwab*, S. 64; *Leadercramer* [2000] Fam Law 359.

1998 Vorschläge gemacht, Eheverträge unabhängig vom Zeitpunkt des Abschlusses grundsätzlich als bindend anzusehen, sofern aus der Ehe keine Kinder hervorgegangen sind und bestimmte formale und inhaltliche Vorgaben (sog. *safeguards*) bei Abschluss des Vertrages eingehalten werden.[90] Auch wenn dieses Gesetzesvorhaben aufgrund der Kritik aus der Praxis nicht weiterverfolgt wurde, haben die Gerichte die darin enthaltenen *safeguards* (u.a. Offenlegung aller Verhältnisse, Wartefristen, jeweils unabhängige juristische Beratung) in ihre Entscheidung – d.h. als eine Art *best practice* – einbezogen.[91]

86   Den Scheidungsfolgenvereinbarungen weitgehend gleichgestellt wurden jedoch **vorsorgende** *pre-nuptial agreements* durch die wegweisende Entscheidung des *Supreme Court* in *Radmacher v. Granatino* vom 2.7.2009:[92] Frau *Radmacher*, die während der Ehe erhebliche Vermögenswerte von ihrem Vater erhalten hat (so dass sich ihr Vermögen bei Scheidung auf über 100 Mio. £ belief), und Herr *Granatino*, ein französischer Staatsangehöriger mit besten Einkünften aus seiner Tätigkeit bei einer Bank, lebten in London, schlossen aber vor der Heirat einen Ehevertrag in Deutschland, in dem praktisch alle wechselseitigen Rechte ausgeschlossen wurden. Einen übersetzten Entwurf hatte der Ehemann nicht erhalten, wünschte aber auch ausdrücklich keine Terminsverschiebung, so dass der Vertrag bei Beurkundung vom Notar übersetzt wurde. Einblicke in die Vermögensverhältnisse der Ehefrau hatte der Mann nicht, wusste aber, dass sie sehr wohlhabend war. Nach der Heirat und der Geburt zweier Kinder gab der Mann seine gut bezahlte Stellung auf, um in Oxford eine wissenschaftliche Tätigkeit aufzunehmen. Sein Antrag auf *financial orders* wurde jedoch aufgrund des Ehevertrages – bis auf Anordnungen, die ihm eine angemessene Kindesbetreuung ermöglichen sollen – abgelehnt.

87   Der *Supreme Court* stellt in dieser Entscheidung klar, dass kein Unterschied zwischen vor und nach der Heirat geschlossenen Vereinbarungen besteht, und behandelt den vorsorgenden Ehevertrag inhaltlich vergleichbar wie eine Scheidungsfolgenvereinbarung (siehe hierzu Rdn 81 f.).[93] Im Unterschied zum Gesetzesvorschlag von 1998 betont das Gericht bezüglich der Umstände, unter denen der Vertrag zustande kam, den Vorrang des Einzelfalls und nicht den bestimmter Formalien (wie z.B. Fristen, Offenlegungspflichten). Da der Ehemann keinerlei Interesse an dem Vertragsinhalt und dem genauen Vermögen seiner Verlobten gezeigt hatte, sah ihn das Gericht nicht als schutzbedürftig an. Und auch der inhaltliche Fairnessmaßstab, an dem die Vereinbarung insbesondere mit Blick auf etwa veränderte Lebensumstände zu messen ist, führte zu keiner anderen Bewertung, da der Berufswechsel des Ehemannes von ihm selbst ausging und keine ehebedingten Nachteile auszugleichen waren.

88   Im Ergebnis können damit künftig insbesondere Ausländer, die in Großbritannien leben oder später dorthin ziehen, einen vorsorgenden Ehevertrag auf Grundlage ihres heimatlichen Rechts schließen, der auch im Rahmen der **Ermessensausübung** des Gerichts eine ernstzunehmende Bedeutung haben wird. Voraussetzung für eine Akzeptanz solcher Verträge wird aber im Regelfall wie bei den Scheidungsfolgenvereinbarungen sein, dass die

---

90 Abgedruckt in [1998] Fam Law 721.
91 Die *Law Commission* will ferner nach umfangreichen Anhörungen im Herbst 2012 einen neuen Regelungsvorschlag unterbreiten; vgl. dazu www.lawcommission.justice.gov.uk unter dem Stichwort „*marital property agreements*".
92 *Radmacher v. Granatino* [2009] EWCA Civ 649; UKPC 64 [2010] UKSC 42.
93 Eine übersichtliche Darstellung des Urteils und der daraus abgeleiteten Anforderungen gibt *Sanders*, NJW 2011, 182 ff.

Beteiligten völlig frei und mit vollem Willen den Vertrag schlossen, was insbesondere voraussetzt, dass
- alle persönlichen Umstände bei Vertragsabschluss offengelegt wurden (möglichst in einer Weise, dass dies vom Partner überprüft werden kann),
- beide Seiten unabhängigen juristischen Rat erhalten haben (insbesondere durch notarielle Beurkundung),
- keine ungleiche Verhandlungsposition bestand und
- keinerlei Druck auf einen Ehegatten ausgeübt wurde.[94]

Inhaltlich wird darauf zu achten sein, dass finanzielle Bedürfnisse von Kindern und des betreuenden Elternteils und etwaige vorhersehbare ehebedingte Nachteile oder eine sonstige vorhersehbare tatsächliche Not ausreichend berücksichtigt werden.[95]

5. Form, Aufhebung und Abänderung von Verträgen

Spezielle **Formvorschriften** gibt es für den Abschluss eines Ehevertrages nicht, so dass dieser sowohl schriftlich als auch mündlich geschlossen werden kann. Allerdings muss er nach dem allgemeinen Vertragsrecht entweder eine Gegenleistung des Begünstigten (*consideration*) enthalten oder als *deed* geschlossen sein.[96]   89

Die Grundsätze des allgemeinen Vertragsrechts können ferner bei der Entscheidung angewandt werden, ob ein Gericht eine ehevertragliche Vereinbarung – einschließlich der besonderen Form der *consent order* – **aufheben** kann (sog. *setting aside*).[97] Dies kommt insbesondere in Betracht, wenn bei Abschluss des Vertrages eine Partei im Irrtum war (*mistake*), betrügerisch irregeführt wurde (*fraudulent misrepresentation*), unzulässigem Druck ausgesetzt war (*undue influence*) oder nachträglich unvorhersehbare Ereignisse eingetreten sind, die die Geschäftsgrundlage entfallen lassen. Soll eine *consent order* aufgrund solcher neuen Tatsachen aufgehoben werden, muss das Gericht aber das ursprüngliche Ziel eines *clean break* in die Abwägung einbeziehen. Eine Aufhebung wird daher nur im absoluten Ausnahmefall in Betracht kommen.[98]   90

Die in einem *maintenance agreement* eingegangenen finanziellen Verpflichtungen können ferner gem. ss. 35, 36 MCA 1973 zu Lebzeiten der Beteiligten oder nach dem Tod eines von ihnen durch das Gericht **abgeändert** werden (sog. *variation*). Voraussetzung hierfür ist, dass die Versorgung eines Kindes der Familie nicht mehr angemessen gesichert ist oder dass aufgrund einer Änderung der Umstände die Vereinbarung nun als unbillig erscheint. Diese gesetzliche Änderungsbefugnis ist jedoch ausdrücklich auf den Fall beschränkt, dass beide Ehegatten ihr Domizil oder ihren Wohnsitz in England haben. Ferner bezieht sie sich nicht auf *consent orders*, die nur entsprechend einem Gerichtsurteil nach s. 31 MCA 1973 geändert werden dürfen. Nach dieser Änderungsvorschrift sind nur laufende oder aufge-   91

---

94 Vgl. *Herring*, 266 ff.
95 Vgl. eingehend *Sanders*, NJW 2011, 182 ff. Zu einem Fall der vorhersehbaren Not bei gesundheitlichen Einschränkungen *Luckwell v. Limata* [2014] EWHC 502 (Fam).
96 Vgl. zur Empfehlung, diesen bei Auslandsbezug dennoch notariell zu beurkunden, *Sanders*, NJW 2011, 182 ff.
97 Der Unterschied zu einem Antrag auf *financial orders*, der durch den Ehevertrag nicht ausgeschlossen wird, kann z.B. darin liegen, dass ein Ehegatte die für ihn vorteilhafteren vertraglichen Ansprüche durchsetzen will oder dass die Voraussetzungen für einen Scheidungsfolgenantrag zwischenzeitlich entfallen sind (z.B. wegen Wiederverheiratung).
98 Vgl. *Barder v. Barder* [1987] 2 All ER 440; gemäß *Worlock v. Worlock* [1994] 2 FLR 689 müssen ferner die neuen Tatsachen zeitnah (ungefähr 1 Jahr) ab Erlass der *consent order* eintreten.

Odersky

schobene Unterhaltszahlungen änderbar, nicht dagegen einmalige Ausgleichszahlungen und Vermögensübertragungen.

VI. Kollisionsrecht der Scheidungsfolgen, internationale Zuständigkeit

1. Lex-fori-Grundsatz

92   Da englische Gerichte in einer Gesamtwürdigung über alle Scheidungsfolgen zu entscheiden haben, wird auch kollisionsrechtlich nicht zwischen verschiedenen Anknüpfungen für Unterhalt, Güterrecht und Versorgungsausgleich unterschieden. Vielmehr wenden die Gerichte in England auf alle Scheidungsfolgen – wie auf die Scheidung selbst – immer ihr eigenes Recht als *lex fori* an, wenn sie ihre internationale Zuständigkeit für eröffnet erachten.[99] Das Haager Unterhaltsprotokoll gilt – im Unterschied zu den internationalen Zuständigkeitsregeln der EuUntVO – für Großbritannien nicht, da es keine Teilnahme daran erklärt hat.

93   Wenn andererseits unter Anwendung der englischen Zuständigkeitsgrundsätze deutsche Gerichte (ebenfalls) zuständig wären, wird grundsätzlich aus dem *lex-fori*-Grundsatz eine im Rahmen der Gesamtverweisung des Art. 4 Abs. 1 EGBGB zu beachtende versteckte Rückverweisung auf deutsches Recht abgeleitet.[100] Allerdings gilt dies nicht mehr, wenn Unterhaltsfragen betroffen sind, da das für Deutschland geltende Haager Unterhaltsprotokoll Sachnormverweisungen enthält, auch wenn auf einen Nichtvertragsstaat wie Großbritannien verwiesen wird.

2. Internationale Zuständigkeit

94   Da die Verordnung (EG) Nr. 2201/2003 (Brüssel IIa-VO bzw. EuEheVO) keine Scheidungsfolgen – mit Ausnahme der Regelung der elterlichen Verantwortung – umfasst, ist für die Bestimmung der internationalen Zuständigkeit betreffend die finanziellen Scheidungsfolgen vorrangig die **EuUntVO**,[101] i.Ü. das autonome Recht Englands maßgeblich.

95   Ob eine Unterhaltsfrage i.S.d. EuUntVO betroffen ist, ist autonom zu bestimmen. Da englische Gerichte über alle finanziellen Scheidungsfolgen zusammengefasst entscheiden, kann diese Entscheidung nicht aufgespalten, sondern muss **einheitlich** behandelt werden.[102] In der Regel wird, sofern es nicht (wie bei besonders wohlhabenden Ehegatten) vorrangig um die Teilung des ehelichen Vermögens geht, der unterhaltsrechtliche Charakter im Vordergrund stehen, da nach englischem Recht auch einmalige Zahlungen oder Vermögensübertragungen in erster Linie zur Versorgung des Ehegatten gewährt werden können.[103]

---

99 Vgl. *Radmacher v. Granatino* [2009] EWCA Civ 649; *Dicey and Morris Rule* 91–1 und 7; *Cheshire, North & Fawcett*, S. 1068.

100 Vgl. näher „Allgemeiner Teil" § 1 in diesem Werk; *Henrich*, Internationales Familienrecht, S. 120.

101 Europäische Verordnung (EG) Nr. 4/2009 des Rates vom 18.12.2008 über die Zuständigkeit, das anwendbare Recht, die Anerkennung und Vollstreckung von Entscheidungen und die Zusammenarbeit in Unterhaltssachen; vgl. dazu „Allgemeiner Teil I" in diesem Werk.

102 Vgl. IPG (Hamburg) 1999 Nr. 24 zur entsprechenden früheren kollisionsrechtlichen Qualifikation.

103 Vgl. *Cheshire, North & Fawcett*, S. 1056; kollisionsrechtlich wurde eine Einmalzahlung nach englischem Recht auch vom EuGH in *Van den Boogard v. Laumen* [1997] 2 FLR 399 unterhaltsrechtlich qualifiziert.

Odersky

Im autonomen Recht Englands ist die internationale Zuständigkeit nur teilweise **gesetzlich geregelt:**   96
- Wird in England eine Scheidung oder gerichtliche Trennung ausgesprochen, geht man davon aus, dass aus der Regelung des s. 23 MCA 1973 auch die Zuständigkeit für die Scheidungsfolgensachen folgt.[104]
- Wird dagegen der Antrag auf *financial orders* in England erst nach eine Scheidung im Ausland gestellt, ist nach s. 15 *Matrimonial and Family Proceedings Act* 1984 die internationale Zuständigkeit nur eröffnet, wenn eine der Parteien zum Zeitpunkt der Antragstellung oder im Zeitpunkt, als die Scheidung im Ausland wirksam wurde, in England domiziliert war oder mindestens ein Jahr lang vor einem dieser Zeitpunkte ihren gewöhnlichen Aufenthalt in England hatte.

Zu beachten ist, dass ein Antrag auf Regelung der Scheidungsfolgen nach einer im Ausland   97
erfolgten Scheidung erst nach Zulassung durch das englische Gericht erfolgen kann. Ferner soll das englische Gericht vor Erlass einer entsprechenden *order* besonders prüfen, ob es unter Berücksichtigung aller Umstände das geeignete Forum ist.[105]

3. Regelungsmöglichkeiten aus deutscher Sicht

Angesichts der noch immer verbleibenden Unsicherheiten bezüglich der Wirkungen vorsor-   98
gender Eheverträge im englischen Scheidungsfolgenrecht und der z.T. enormen Kosten streitiger Gerichtsverfahren in England werden aus deutscher Sicht regelmäßig Wege gesucht werden, mögliche Gerichtsverfahren auf Grundlage englischen Rechts zu vermeiden.[106] Dies gilt insbesondere dann, wenn gemischt-nationale Ehepaare in Deutschland einen Ehevertrag schließen, ein Ehegatte im Fall der Trennung aber möglicherweise nach England zurückkehrt.

Grundsätzlich stehen aus englischer Sicht einer **Wahl** des deutschen **Güterrechts** (gem.   99
Art. 15 Abs. 2 EGBGB) keine Hindernisse entgegen, da England in diesem Bereich ohnehin eine weitgehende Rechtswahlfreiheit kennt (siehe Rdn 34). Auch im Bereich des **Versorgungsausgleichs** kommt über Art. 17 Abs. 3 S. 1 i.V.m. Art. 14 Abs. 3 Nr. 2 EGBGB eine Rechtswahl in Betracht, sofern nicht die zwingenden Kollisionsnormen des Art. 14 EGBGB eingreifen.[107] Und im **Unterhaltsrecht** der Ehegatten eröffnet Art. 8 des Haager Unterhaltsprotokolls die Rechtswahlmöglichkeit auf das deutsche Recht als Staatsangehörigkeitsrecht eines Ehegatten oder auf das gemeinsame gewöhnliche Aufenthaltsrecht.[108]

Da aber für Großbritannien zwar die EuUntVO, nicht aber deren Art. 15 mit dem Haager   100
Unterhaltsprotokoll für das anzuwendende Unterhaltrecht gilt, besteht bei einer bloßen kollisionsrechtlichen Rechtswahl weiterhin die Gefahr, dass englische Gerichte international zuständig sind bzw. werden und dann nach ihrer *lex fori* entscheiden. Im Ergebnis könnte es sogar zu einer Normenfülle kommen, wenn einerseits über den Zugewinnausgleich nach deutschem Recht, andererseits über eine auch auf das Vermögen bezogene Unterhaltszahlung nach englischem Recht entschieden wäre. Insbesondere bei Bezug zu Großbritannien sollte die **Rechtswahl** daher immer mit einer **Gerichtsstandsvereinbarung** nach Art. 4

---

104 Vgl. *Dicey and Morris Rule* 91–1 und 7; *Henrich*, in: *Bergmann/Ferid*, Länderbericht Großbritannien, III. 4., S. 54.
105 Vgl. näher ss. 13, 15 *Matrimonial and Family Proceedings Act* 1984.
106 Vgl. *Raue*, DNotZ 2015, 20 f.
107 Da England den Versorgungsausgleich bzw. die Pensionsteilung nicht gesondert anknüpft, käme ferner über die *lex fori*-Regel eine Rückverweisung auf deutsches Recht in Betracht (vgl. Rdn 93).
108 Vgl. mit Formulierungsvorschlag *Süß*, ZNotP 2011, 282 ff.

Odersky

EuUntVO, die auch für Großbritannien Geltung hat, verbunden werden, um die Zuständigkeit der englischen Gerichte auszuschließen.[109]

VII. Verfahren

101 Der **Antrag** auf *financial orders* kann von jedem Ehegatten im Zusammenhang mit der Scheidung oder auch erst nach Erlass des endgültigen Scheidungsurteils (*decree absolute*) erhoben werden. Wird der Antrag erst nach der Scheidung eingereicht, muss er vom Gericht zugelassen werden. Diese **Zulassung** ist in der Regel zu erteilen, wenn der Antragsteller einen ernstzunehmenden Fall vorträgt und voraussichtlich eine finanzielle Anordnung zugunsten des Antragstellers ergehen wird. Die Zulassung ist dagegen zu verweigern, wenn eine unbegründet lange Zeit seit der Scheidung vergangen ist oder es ungerecht und repressiv gegenüber dem Antragsgegner wäre, noch eine Klage zu erheben. Ein Antrag kann jedoch dann nicht mehr erhoben werden, wenn sich der Antragsteller bereits zuvor wiederverheiratet hat. Diese **„Wiederverheiratungssperre"** kann auch eine nachträgliche Antragserweiterung verhindern.[110]

102 Das Verfahren vor dem *Family Court* ist i.Ü. stark formalisiert[111] und gliedert sich in der Regel in drei Schritte, wobei wohl in der ganz überwiegende Zahl der Fälle schon in einem frühen Verfahrensstadium eine Einigung der Parteien erzielt wird:
- Bei der ersten Anhörung (*first appointment*) müssen beide Beteiligte anwesend sein, sofern das Gericht nichts anderes anordnet. Häufig wird auch ein Finanzberater wegen der Pensionsteilung zugezogen. Bei dieser Anhörung sollen die Streitgegenstände näher bestimmt und das weitere Verfahren insbesondere im Hinblick auf mögliche Kostenersparnisse diskutiert werden.
- Grundsätzlich soll nach Austausch der Beweise ferner ein *„Financial Dispute Resolution (FDR) appointment"* stattfinden. Dabei handelt es sich um ein gerichtliches Mediationsverfahren mit dem Ziel der Diskussion, Verhandlung und einverständlichen Streitbeilegung. Kommt keine Einigung zustande, darf der verhandelnde *district judge* nicht am weiteren Verfahren teilnehmen und alle schriftlichen Zugeständnisse u.Ä. einer Partei können von dieser zurückverlangt werden.
- Die Entscheidung des Gerichts ergeht schließlich nach einem *final hearing*, in dem ggf. Beweis erhoben werden muss.

103 **Praxishinweis:** Aufgrund der Fülle der Details, die im Rahmen der Offenbarungspflicht dem Gericht übermittelt werden müssen, und den Schwierigkeiten, das englische Scheidungsfolgenrecht bei der Antragstellung und Vergleichsverhandlung richtig einzuschätzen, ist in der Praxis die Einschaltung jeweils eines im Familienrecht spezialisierten englischen Rechtsanwalts üblich.

E. Lebenspartnerschaft

104 Mit Wirkung vom 5.12.2005 wurde der *Civil Partnership Act* (CPA) 2004 für das gesamte Vereinigte Königreich in Kraft gesetzt. Diese Form der **eingetragenen Lebenspartnerschaft** (*Civil Partnership*) ist wie in Deutschland **gleichgeschlechtlichen Paaren** vorbehal-

---

109 Vgl. ausführlich zu verschiedenen Vereinbarungsmöglichkeiten *Raue*, DNotZ 2015, 20 ff.
110 Vgl. s. 28 (3) MCA 1973.
111 Geregelt gem. s. 26 MCA 1973 durch die *Family Procedure Rules* 2010; vgl. dazu im Detail *Black/Bridge/Bond*, Rn 30.29 ff.

ten. Die Begründung setzt ferner voraus, dass beide Partner volljährig,[112] nicht verheiratet oder in anderer Lebenspartnerschaft lebend und mindestens sieben Tage vor der Anmeldung in England wohnhaft sind. Mit Inkrafttreten des CPA 2004 wurden ferner vergleichbare im Ausland begründete Partnerschaften in Großbritannien anerkannt; dazu zählt insbesondere die eingetragene Lebenspartnerschaft nach deutschem Recht.[113]

Daneben haben seit 13.3.2014 gemäß dem *Marriage (Same Sex Couples) Act* 2013 auch homosexuelle Paare die Möglichkeit, eine Ehe im rechtlichen Sinn einzugehen. Die *Civil Partnership* bleibt daneben aber zunächst weiterhin bestehen, so dass gleichgeschlechtliche Paare – im Unterschied zu gemischt-geschlechtlichen Paaren – die Wahlfreiheit haben, welcher rechtlichen Form sie ihre Partnerschaft unterstellen wollen.

Durch den CPA 2004 wurden auch sämtliche **Rechtsfolgen** der Partnerschaft so weit wie möglich denen der Ehe angepasst. Dies gilt nicht nur für die Rechte und Pflichten der Partner untereinander,[114] sondern auch für alle Steuerarten (insbesondere bei der Steuerfreiheit der Partner im Rahmen der Erbschaft- und Schenkungsteuer)[115] sowie sozial- und öffentlich-rechtliche Vorschriften (wie z.B. bei Ansprüchen auf Witwen-/Witwerpension, Immigrationsfragen usw.). Die gerichtliche **Auflösung** der Partnerschaft (*dissolution order*) kann bei unwiederbringlicher Zerrüttung der Partnerschaft erfolgen, wobei – im Unterschied zur Scheidung – der „Ehebruch" nicht als ein zur Begründung der Zerrüttung geeigneter Tatbestand übernommen wurde.[116] Nach Auflösung der Partnerschaft in England oder im Ausland können gem. s. 72 CPA 2004 (in Verbindung mit den Anlagen 4 bis 6) **finanzielle Folgeentscheidungen** wie bei einer Scheidung erlassen werden.

    105

F.   Nichteheliche Lebensgemeinschaften

Nichteheliche Partner haben in England grundsätzlich keine speziellen Rechte und Pflichten untereinander. Sofern dies nicht aus den allgemeinen Eigentumsregeln ableitbar ist (siehe Rdn 19 ff.), hat ein nichtehelicher Partner im Fall der Trennung damit weder Anspruch auf Beteiligung am Vermögensaufbau des anderen noch auf laufende finanzielle Unterstützung. Im Fall des Todes eines Partners ist der Längerlebende zwar nicht gesetzlich erbberechtigt, er hat jedoch u.U. Anspruch auf Anordnung von *Family Provisons*. Voraussetzung dafür ist, dass er bis zum Tod des Erstversterbenden von diesem unterhalten wurde, z.B. weil er gemeinsame Kinder erzogen oder den Haushalt geführt hat.[117] Ferner werden nichteheliche Paare im Verhältnis zu ihren gemeinsamen Kindern weitgehend den Ehegatten gleichgestellt,[118] indem ihnen z.B. die Möglichkeit zur gemeinsamen Sorge und Adoption eröffnet ist. Auch bei Präventionsanordnungen zum Schutz vor häuslicher Gewalt sowie in einigen Bereichen staatlicher Sozialleistungen haben nichteheliche Paare vergleichbare Rechte und Pflichten wie Ehegatten (siehe Rdn 28).[119]

    106

---

112 Bzw. mindestens 16 Jahre sind, wenn die Sorgeberechtigten zustimmen.

113 Vgl. s. 215 CPA 2004 mit Länderliste im Anhang 20.

114 Beachtenswert ist beispielsweise s. 65 CPA 2004, mit dem der – nur bei Ehegatten als *equitable interest* mögliche – Anspruch des Partners auf eigentumsrechtliche Mitberechtigung am Vermögen des anderen nachgebildet wird, wenn er dazu wesentliche Beiträge geleistet hat.

115 Vgl. dazu s. 18 *Inheritance Tax Act* (IHTA).

116 Vgl. zur Auflösung ss. 37–48 CPA 2004.

117 Vgl. dazu näher *Odersky*, in: *Süß*, Erbrecht in Europa, Länderbericht Großbritannien: England und Wales, Rn 52 ff.

118 Vgl. s. 1 *Family Law Reform Act* 1987.

119 Vgl. näher NK-BGB/*Woelke*, Familienrecht, Bd. 4, Länderbericht England und Wales, Rn 29.

Odersky

G. Abstammung und Adoption

I. Abstammung

107   Wer Mutter und Vater eines Kindes ist, hängt grundsätzlich von der **genetischen Verwandt-schaft** ab. Im Fall der künstlichen Befruchtung gilt in jedem Fall die Frau, die das Kind zur Welt gebracht hat, als **Mutter**. Der Ehemann dieser Frau gilt als **Vater** (entsprechend der Partner einer nichtehelichen Lebensgemeinschaft, wenn diese als Paar medizinisch behandelt wurden), es sei denn, dieser hat nachweislich der künstlichen Befruchtung nicht zugestimmt.[120]

108   Allerdings wird zunächst **vermutet, dass**[121]
– der Ehemann der Mutter der Vater des Kindes ist, wenn die Mutter bei Geburt verheiratet ist oder das Kind innerhalb der Empfängnisfrist nach Auflösung der Ehe geboren wurde;
– der im englischen Geburtenregister eingetragene Vater der leibliche Vater ist, was allerdings voraussetzt, dass dies beide Eltern gemeinsam beantragen oder eine förmliche Übereinstimmungserklärung zur Vaterschaft abgeben.

109   Diese Vermutung ist jederzeit **widerlegbar**, ohne dass es dafür einer speziellen Anfechtung bedarf. Daher kann in jedem Gerichtsverfahren, in dem die Verwandtschaft eine Rolle spielt, die Vaterschaft bestritten werden, so dass das jeweilige Prozessgericht – mit Wirkung *inter partes* – darüber Beweis erheben und entscheiden muss.[122] Ferner kann jeder, der ein persönliches Interesse nachweisen kann, die gerichtliche Feststellung beantragen, dass ein Kind von einem bestimmten Elternteil abstammt bzw. nicht abstammt. Jedes Kind (bzw. seine Sorgeberechtigten) kann ferner die Feststellung beantragen, dass es ein eheliches oder legitimiertes Kind ist. Erfolgt eine entsprechende Feststellung durch das Gericht, hat dies Wirkung gegenüber jedermann.[123]

II. Adoption

110   Das Adoptionsrecht wurde im Vereinigten Königreich durch den *Adoption and Children Act* (ACA) 2002 vollständig neu gefasst. Dabei wurde – neben Ehegatten und Alleinstehenden – auch nichtehelichen (heterosexuellen und gleichgeschlechtlichen) Paaren die Möglichkeit zur Adoption eröffnet. Ferner wurde das Kindeswohl bei den Entscheidungsgründen in den Mittelpunkt gerückt, was auch in umfangreichen Vorarbeiten der Sozialbehörden für eine Adoption ihren Niederschlag findet. Die Adoption erfolgt weiterhin als **Volladoption**, wobei das Kind die gleiche Stellung wie ein leibliches Kind des oder der Annehmenden erhält. Der Ausspruch der Adoption erfolgt im **Dekretsystem** durch die sog. *adoption order*.[124]

111   Adoptiert werden können nur (unverheiratete) **Minderjährige** bis zur Vollendung des 18. Lebensjahres; eine Volljährigenadoption kennt das englische Recht dagegen nicht (hätte aber auch angesichts der Namenswahlfreiheit und der einheitlichen Nachlass-Steuer, bei der die Freibeträge nicht vom Status der Kinder abhängen, nicht die Bedeutung wie in

---

120 Vgl. ss. 27, 28 *Human Fertilisation and Embryology Act* 1990 bzw. 2008; dazu näher NK-BGB/*Woelke*, Familienrecht, Bd. 4, Länderbericht England und Wales, Rn 20.
121 Vgl. *Bergmann/Ferid/Henrich*, Länderbericht England, III. A.7., S. 47 f.
122 Vgl. s. 26 *Family Law Act* (FLA) 1986.
123 Vgl. ss. 55, 56, 58 FLA 1986.
124 Vgl. dazu insb. ss. 46–52 ACA 2002.

Deutschland). Das anzunehmende Kind muss gesetzlich bestimmte Fristen bei den annehmenden Eltern leben.

Beide leiblichen Eltern des Kindes müssen der Adoption zustimmen. Ohne diese **Zustimmung** darf eine Adoption nur ausgesprochen werden, wenn das Gericht diese ersetzt, weil ein Elternteil nicht auffindbar ist, die Zustimmung (z.B. wegen Geschäftsunfähigkeit) nicht mehr erteilen kann oder die Abwägung mit dem Kindeswohl dies erfordert. Andererseits hat das Gericht nach s. 46 (6) ACA 2002 bei jeder Adoption zu prüfen, ob die Einräumung eines **Umgangsrechts der leiblichen Eltern** für das Kindeswohl sinnvoll ist. Ferner müssen alle Adoptionen **offen** erfolgen, so dass später das Auffinden der leiblichen Eltern und die Kontaktaufnahme möglich ist. Die Annehmenden müssen in der Regel mindestens das 21. Lebensjahr vollendet haben. Ferner ist Voraussetzung für die Adoption nach englischem Recht (als *lex fori*), dass beide Annehmenden seit mindestens einem Jahr in England wohnhaft sind und zumindest einer von ihnen dort auch sein Domizil hat.

112

Großbritannien: Schottland

Dr. Felix Odersky, Notar, Dachau

Literatur

Anton, Private International Law, A treatise from the standpoint of Scots Law, 2. Aufl., Edinburgh 1990; *Clive*, The Law of Husband and Wife in Scotland, 4. Aufl., Edinburgh 1997; *Henrich*, Länderbericht Vereinigtes Königreich: Schottland, Stand 2013, in: *Bergmann/Ferid/Henrich* (Hrsg.), Internationales Ehe- und Kindschaftsrecht, Loseblatt; *Thomson*, Family Law in Scotland, 7. Aufl., Edinburgh 2014.

A. Vorbemerkung

Die schottische Rechtsordnung ist innerhalb des Vereinigten Königreichs selbstständig, so dass das Familienrecht überwiegend in eigenen, nur für Schottland geltenden Gesetzen geregelt ist. Da jedoch die Grundprinzipien mit dem Recht Englands und Wales vergleichbar sind, werden im Folgenden nur die Besonderheiten des schottischen Rechts dargestellt. Auch bezüglich des internationalen Scheidungsrechts kann auf den Länderbericht England und Wales verwiesen werden, da das Kollisionsrecht und die Regelungen der internationalen Zuständigkeit (insbesondere aufgrund der EuUntVO und Brüssel IIa-VO) in allen Landesteilen Großbritanniens weitgehend übereinstimmen.[1]

1

B. Eheschließung

I. Voraussetzungen der Eheschließung

Form und Voraussetzungen der Eheschließung in Schottland sind im *Marriage (Scotland) Act* 1977 geregelt. Danach können Braut und Bräutigam – entsprechend dem allgemeinen Geschäftsfähigkeitsalter in Schottland – schon ab 16 Jahren ohne Zustimmung der Eltern heiraten. Da aber die persönlichen Voraussetzungen kollisionsrechtlich nach dem jeweiligen Domizilrecht zu bestimmen sind, ist eine Ehe von – aus deutscher Sicht – Minderjährigen nur möglich, wenn der betreffende Ehegatte sein Domizil in Schottland hat.[2]

2

Wie England hat Schottland mit dem *Marriage and Civil Partnership (Scotland) Act* 2014 gleichgeschlechtlichen Partnern seit 16.12.2014 die Möglichkeit eröffnet, in gleicher Weise wie gemischtgeschlechtliche Paare eine Ehe einzugehen. Die *Civil Partnership* bleibt dane-

---

1 Vgl. zum Kollisionsrecht näher *Anton*, Private International Law, A treatise from the standpoint of Scots Law, S. 421 ff.; *Bergmann/Ferid/Henrich*, Länderbericht Schottland, S. 2 ff.

2 Vgl. s. 1 *Marriage (Scotland) Act* 1977.

ben wie in England bestehen. Es gibt zwar keine Möglichkeit diese einfach in eine Ehe zu überführen, eingetragene Lebenspartner können aber neu heiraten, ohne zuvor ihre Partnerschaft auflösen zu müssen.

3   Auch das schottische Recht unterscheidet zwischen **nichtigen** (*void*) und **anfechtbaren** (*voidable*) **Ehen**. Im Unterschied zu England zählen zu den anfechtbaren Ehen aber nur solche, bei denen ein Ehegatte dauerhaft nicht in der Lage ist, den Geschlechtsverkehr zu vollziehen, und der Partner dies vor der Ehe nicht wusste.[3] Dagegen werden Ehen, bei denen ein Ehegatte aufgrund eines Zwangs, Irrtums oder fehlender Geschäftsfähigkeit nicht wirksam in die Ehe eingewilligt hat, als nichtig behandelt.[4] Die Nichtigkeit muss nicht, kann aber auf Antrag von jedem, der daran ein Interesse hat, durch den *Court of Session* festgestellt werden (sog. *declarator of nullity*). Mit dem Erlass dieser Entscheidung kann das Gericht auch Anordnungen zum finanziellen Ausgleich wie bei einer Scheidung treffen.[5]

II. Form der Eheschließung

4   Auch in Schottland ist die **Ziviltrauung** nicht obligatorisch. Jedoch muss auch bei den von der Church of Scotland vorgenommenen Trauungen eine Zulassungsbescheinigung (*marriage schedule*) des Standesbeamten, in dessen Bezirk die Heirat erfolgen soll, vorliegen. Im Unterschied zum englischen Recht muss keiner der Ehegatten in Schottland wohnhaft sein, was zu einem gewissen Hochzeitstourismus (z.B. in Gretna Green) geführt hat. Spontane Trauungen sind allerdings nicht möglich, da spätestens 15 Tage vor der Heirat ein Antrag mit allen erforderlichen Unterlagen (bei Ausländern insbesondere einem **Ehefähigkeitszeugnis**) beim zuständigen Standesbeamten einzureichen sind.[6]

5   Eine Besonderheit des schottischen Rechts stellte die **Ehe aufgrund bloßen Zusammenlebens** (*marriage by cohabitation with habit and repute*) dar.[7] Voraussetzung dafür war, dass die Partner in Schottland tatsächlich zusammenlebten, eine zumindest stillschweigende Übereinkunft getroffen wurde, dass das Zusammenleben als Ehemann und -frau erfolgt, und auch das gesamte soziale Umfeld das Paar als Ehegatten ansah. Lagen diese Bedingungen sowie die allgemeinen persönlichen Ehevoraussetzungen vor, bestand ohne jede Registrierung eine wirksame Ehe. Mit Wirkung vom 4.5.2006 wurde diese Eheform allerdings für die Zukunft abgeschafft; Ehen, die in dieser Weise früher begründet wurden, bleiben aber wirksam.[8]

III. Kollisionsrecht der Eheschließung

6   Das für die Eheschließung maßgebliche Kollisionsrecht entspricht weitgehend dem in England, ist aber im Unterschied zu diesem gesetzlich geregelt. Danach richten sich die **persönlichen Voraussetzungen** zur Eheschließung sowie die Frage, ob ein wirksamer Ehewille vorliegt, nach dem jeweiligen Domizilrecht jedes Ehegatten und die Fragen der **formalen Wirksamkeit der Ehe** nach dem jeweiligen Ortsrecht der Trauung. Erfolgt die Heirat in

---

3   Vgl. zur lediglich richterrechtlich geregelten Anfechtbarkeit *Thomson*, Family Law in Scotland, S. 49 ff.
4   Vgl. s. 20 A *Marriage (Scotland) Act* 1977 in der Fassung von s. 2 *Family Law (Scotland) Act* 2006.
5   Vgl. s. 17 *Family Law (Scotland) Act* 1985.
6   Vgl. s. 3–8 *Marriage (Scotland) Act* 1977.
7   Vgl. im Einzelnen *Thomson*, Family Law in Scotland, S. 19 ff.
8   Vgl. s. 3 *Family Law (Scotland) Act* 2006; s. (3)(4) sieht jedoch vor, dass Ehegatten, die selbst glauben, dass ihre im Ausland geschlossene, tatsächlich aber nichtige Ehe wirksam sei, auch in Zukunft als Ehegatten behandelt werden, wenn dieser Irrtum erst nach dem Tod des Erstversterbenden entdeckt wird.

Schottland, sind Vorschriften des schottischen Rechts, die zur Nichtigkeit der Ehe führen könnten, in jedem Fall zusätzlich zu berücksichtigen.[9]

Gesetzlich geregelt wurde auch die Bestimmung des **Geburtsdomizils** (*domicile of origin*) und des *domicile of dependency* von **Minderjährigen** unter 16 Jahren. Sofern das Kind bei einem/beiden Eltern lebt, die selbst das gleiche Domizil haben, hat das Kind – wie in England – das gleiche Domizil wie die Eltern, auch wenn das nicht das Land ist, in dem die Familie lebt. Haben aber die Eltern nicht das gleiche Domizil oder lebt ein Kind dauerhaft bei keinem der Eltern, gilt das Kind mit der Geburt (bzw. ebenso bei der Bestimmung eines späteres *domicile of dependency*) als in dem Staat domiziliert, zu dem es die engste Verbindung hat.[10]   **7**

C. Folgen der Eheschließung

I. Gütertrennung

Wie England kennt Schottland kein gesetzliches oder vertragliches Güterrecht, so dass immer das Prinzip der **Gütertrennung** gilt – allerdings mit der Möglichkeit weitreichender Ausgleichsanordnungen des Gerichts im Scheidungsfall (vgl. Rdn 14 ff.). Für die Eigentumszuordnung sind damit die allgemeinen sachenrechtlichen Grundsätze maßgeblich. Zwar können dabei wie im englischen Recht auch Trust-Verhältnisse zwischen den Ehegatten begründet werden, jedoch seit dem *Requirement of Writing (Scotland) Act* 1995 nicht mehr konkludent, sondern nur unter der Bedingung, dass die Existenz des Trusts durch ein vom Trustee unterschriebenes Schriftstück bewiesen wird.   **8**

II. Ehelicher Unterhalt

Während der Ehe sind die Ehegatten einander – wie auch gegenüber Kindern – gem. s. 1 *Family Law (Scotland) Act* 1985 zum **Unterhalt** verpflichtet, dessen **Höhe** und **Ausgestaltung** im **Ermessen** des Gerichts liegt. Zuständig sind sowohl der *Court of Session* als auch die *sheriff courts*. Das Gericht kann dabei sowohl periodische Leistungen als auch Einmalzahlungen für einen Sonderbedarf anordnen, im Ausnahmefall auch rückwirkend für die Zeit vor Antragstellung. Im Unterschied zum nachehelichen Unterhalt darf es jedoch in keinem Fall den laufenden Unterhalt als Einmalzahlung pauschalieren. Die konkrete Höhe des Unterhalts soll in erster Linie an die Bedürfnisse und Vermögensverhältnisse beider Ehegatten und deren Möglichkeiten, Einkommen zu erzielen, angepasst werden.[11]   **9**

Zu beachten ist, dass Schottland grundsätzlich **Unterhaltsvereinbarungen** anerkennt. Nach s. 7 (1) FL(S)A 1985 ist dabei jedoch der **Verzicht** auf Unterhalt oder dessen Einschränkung unwirksam, es sei denn, der Vertrag war bezogen auf den Zeitpunkt, als er geschlossen wurde, in jeder Hinsicht fair und vernünftig. Bei Beurteilung dieses Fairness-Maßstabes spielen in der Praxis nicht nur der Vertragsinhalt, sondern auch die äußeren Umstände des Vertragsabschlusses eine Rolle. Insbesondere wenn die Parteien unabhängigen juristischen Rat hatten, wird vom Gericht eher unterstellt, dass auch der Vertragsinhalt ausgewogen ist. Wurden in der Unterhaltsvereinbarung Zahlungsverpflichtungen geregelt, können diese   **10**

---

9 Vgl. s. 38 *Family Law (Scotland) Act* 2006.
10 Vgl. s. 22 *Family Law (Scotland) Act* 2006.
11 Vgl. ss. 3–7 *Family Law (Scotland) Act* 1985; *Thomson*, Family Law in Scotland, S. 67 ff.

vom Gericht abgeändert oder aufgehoben werden, wenn nach dem Vertragsabschluss eine wesentliche Veränderung der Verhältnisse eingetreten ist.[12]

III. Kollisionsrecht der Ehefolgen

11   Das Kollisionsrecht der Ehefolgen wurde in s. 39 *Family Law (Scotland) Act* 2006 erstmals gesetzlich geregelt. Sofern die Ehegatten dazu keine Vereinbarungen treffen,[13] gelten folgende Grundsätze:
   – Die Rechte der Ehegatten an **Immobilien** richten sich nach deren jeweiligem Belegenheitsrecht (*lex rei sitae*).
   – Das **Güterrecht am sonstigen Vermögen** richtet sich nach dem Recht des Staates, in dem das gemeinsame Domizil der Ehegatten liegt. Verlegen diese ihr Domizil während der Ehe, bleiben die bis dahin bereits begründeten Rechte jedes Ehegatten ausdrücklich weiterbestehen.[14] Im Umkehrschluss bedeutet dies jedoch, dass Schottland von der grundsätzlichen Wandelbarkeit der Anknüpfung ausgeht.
   – Unklar bleibt das anwendbare Güterrecht, wenn das Domizil der Ehegatten nicht übereinstimmt. S. 39 (3) FL(S)A 2006 sieht für diesen Fall vor, dass dann die Eigentumsrechte der Ehegatten an einzelnen beweglichen Vermögensgegenständen so wie unmittelbar vor der Ehe behandelt werden sollen. Da sich diese gesetzliche Regelung nur auf die Eigentumsverhältnisse bezieht, darüber hinaus aber nicht zur Bestimmung des ehelichen Güterstandes geeignet ist, wird man dafür weiter auf die allgemeinen (d.h. gesetzlich nicht geregelten) Kollisionsregeln zurückgreifen müssen. Für die Ermittlung des Güterstandes wird es daher, sofern man im Einzelfall nicht von einer (konkludenten) Rechtswahl der Beteiligten ausgehen kann, auf die engste Verbindung der Ehegatten zu einem Domizilland ankommen.[15]

12   Zu beachten ist, dass von diesen Kollisionsregeln nicht der Ehegattenunterhalt, die Scheidung und das gesamte Scheidungsfolgenrecht (einschließlich eines etwaigen Vermögensausgleichs) umfasst sind, sondern dass für diese Verfahren weiterhin – wie in England – der Grundsatz gilt, dass schottische Gerichte ihr eigenes Recht als *lex fori* anwenden, sofern sie international zuständig sind.[16]

D.   Scheidung

13   Das Scheidungsverfahren ist in Schottland im *Divorce (Scotland) Act* 1976 geregelt. Einziger **Scheidungsgrund** ist die unwiederbringliche **Zerrüttung der Ehe**, die aber nur als nachgewiesen gilt, wenn[17]
   – ein Partner Ehebruch begangen oder sich so verhalten hat, dass ein Zusammenleben nicht mehr zumutbar ist;
   – die Ehegatten ununterbrochen ein Jahr getrennt gelebt haben und beide mit der Scheidung einverstanden sind; oder
   – die Ehegatten ununterbrochen zwei Jahre getrennt gelebt haben.

---

12   Vgl. s. 7 (2) *Family Law (Scotland) Act* 1985.
13   Ehevertragliche Vereinbarungen zum Güterstand sind jederzeit möglich, vgl. s. 39 (6) (b) FL(S)A 2006; zum Unterschied zu Scheidungsfolgenvereinbarungen siehe Rdn 19.
14   Vgl. s. 39 (5) *Family Law (Scotland) Act* 2006.
15   Vgl. dazu Länderbericht Großbritannien: England und Wales Rdn 31.
16   Für Unterhaltsklagen klargestellt in s. 40 *Family Law (Scotland) Act* 2006.
17   Vgl. dazu s. 1 *Divorce (Scotland) Act* 1976 in der Fassung der ss. 11–15 *Family Law (Scotland) Act* 2006; *Thomson*, Family Law in Scotland, S. 127 ff.

Scheidungsverfahren können sowohl beim *Court of Session* als auch beim *sheriff court* 14
eingeleitet werden. In der Praxis wird die ganz überwiegende Zahl von Letzteren verhandelt.
Unter der Voraussetzung, dass die Scheidung einverständlich aufgrund einjähriger Trennung
erfolgt, keine gemeinsamen Kinder unter 16 Jahren vorhanden sind und kein Antrag auf
finanzielle Ausgleichsanordnungen gestellt wird, kann die Scheidung als Gerichtsbeschluss
ohne Anwaltszwang aufgrund einer notariell beglaubigten, formularmäßigen Erklärung
der Beteiligten erfolgen.[18] In allen anderen Fällen ist zunächst eine **Scheidungsklage** einzureichen. Stimmt sodann der Antragsgegner der Scheidung zu bzw. widerspricht er nicht
innerhalb der Ladungsfrist von 21 Tagen, kann das Verfahren **vereinfacht** weitergeführt
werden. Es genügt dann, dass der Beweis für den maßgeblichen Scheidungsgrund durch
affidavits des Antragstellers und eines Zeugen erbracht wird, ohne dass diese persönlich im
Gericht erscheinen müssen. Beim **Scheidungsurteil** wird im Unterschied zum englischen
Recht nicht zwischen dem vorläufigen und dem endgültigen unterschieden; allerdings wird
es erst nach Ablauf der Berufungsfristen endgültig ausgefertigt.

E. Scheidungsfolgen

I. Gerichtlicher Unterhalts- und Vermögensausgleich

Wie in England und Wales werden alle **finanziellen Scheidungsfolgen** im schottischen 15
Recht im Rahmen **gerichtlicher Anordnungen** geregelt, wobei dem zuständigen Richter
ein großer **Ermessensspielraum** eingeräumt wird. Allerdings sind die Ermessensgründe
in den ss. 8–14 *Family Law (Scotland) Act* 1985 wesentlich detaillierter geregelt als im
vergleichbaren englischen Recht, womit eine bessere Vorhersehbarkeit der Urteile bezweckt
werden sollte. Zu beachten ist, dass in Schottland Anordnungen des Gerichts grundsätzlich
nur im Zusammenhang mit dem Scheidungsurteil oder innerhalb eines Zeitraums, den das
Gericht bereits bei der Scheidung eingeräumt hat, erlassen werden dürfen. Es ist daher
unbedingt notwendig, dass ein entsprechender Antrag durch die Ehegatten bereits während
des Scheidungsverfahrens gestellt wird.[19]

Die **Anordnungen des Gerichts** (allgemein als *order for financial provision* bezeichnet) 16
können folgende Regelungen umfassen:
– Die Verpflichtung zur Zahlung einer **einmaligen Kapitalsumme** oder zur **Übertragung
  eines Vermögensgegenstandes**, wobei das Gericht auch den Zeitpunkt der Leistung
  hinausschieben und Geldleistungen als Ratenzahlung gewähren kann; solange die Ver-
  mögensausgleichsleistung noch nicht erfüllt ist, darf das Gericht zwar nachträglich die
  Art und Weise der Erfüllung oder die Fälligkeit ändern, aber nicht mehr in deren Wert
  bzw. Höhe eingreifen;[20]
– die Zahlung eines periodischen **Unterhalts** auf unbestimmte oder zeitlich befristete
  Dauer, wobei solche Anordnungen nachträglich wieder geändert werden können; die
  Unterhaltszahlung endet in jedem Fall, wenn der Empfänger verstirbt oder sich wieder-

---

18 Vgl. dazu näher www.scotcourts.gov.uk unter Stichwort „Divorce".
19 Vgl. ss. 12 (1) und 13 (1) FL(S)A 1985; lediglich laufende Unterhaltszahlungen können ausnahmsweise
    auch später beantragt werden, wenn bei Scheidung noch gar kein Antrag auf finanziellen Ausgleich
    gestellt war und sich die maßgeblichen Lebensumstände seit der Scheidung geändert haben.
20 Vgl. s. 8 (1) (a) und 12 FL(S)A 1985; in diese Anordnungen können auch Versorgungsanwartschaften
    einbezogen werden, entweder als hinausgeschobene Geldzahlung aus der später fällig werdenden Pen-
    sion oder als unmittelbare Übertragung eines Teils der Anwartschaften.

verheiratet; beim Tod des Zahlungspflichtigen ist der Unterhalt allerdings aus dem Nachlass weiterzuerfüllen, sofern das Gericht diesen nicht aufhebt;[21]

- ergänzende Verfügungen (sog. *incidential orders*), wie z.B. zum Verkauf eines Vermögensgegenstandes, zur Benutzung des Hausrates und der Ehewohnung, zu Sicherheitsleistungen und zur Verzinsung der finanziellen Anordnungen.

17 Für die Auswahl zwischen diesen *orders* legt s. 13 (2) Fl(S)A 1985 fest, dass **laufende Unterhaltszahlungen** nur angeordnet werden dürfen, wenn das Gericht überzeugt ist, dass eine einmalige Kapitalsumme oder eine Vermögensübertragung für einen fairen Ausgleich im Einzelfall nicht angemessen oder unzureichend ist (Grundsatz des *clean break*). Außerdem darf laufender Unterhalt nur gewährt werden, wenn dies aufgrund der Belastung eines Ehegatten durch die Versorgung eines minderjährigen Kindes erforderlich ist, der Zahlungsempfänger aufgrund der Scheidung sonst in ernsthafte finanzielle Bedrängnis gerät oder ein Ehegatte vor der Scheidung in beträchtlichem Maße von der finanziellen Unterstützung des anderen abhängig war. In letzterem Fall darf der Unterhalt zudem längstens für drei Jahre nach der Scheidung gewährt werden.[22]

18 Für die Bemessung der **Höhe** der *order for financial provision* legt s. 9 (1) (a) FL(S)A 1985 zunächst fest, dass der Reinwert des **ehelichen Vermögens** zwischen den Ehegatten fair geteilt werden muss. Zum aufzuteilenden „ehelichen Vermögen" zählen dabei nur die Gegenstände, die während der Ehe bis zum Zeitpunkt der Trennung erworben wurden, sowie das Haus und Mobiliar, das ein Partner zwar vor der Ehe, aber bereits zum Zweck der Nutzung als eheliches Heim angeschafft hat. Sonstige Vermögensgegenstände, die bereits vor der Ehe angeschafft wurden, und solche, die von Dritten durch Schenkung oder Erbfolge übertragen wurden, zählen dagegen nicht zum ehelichen Vermögen.[23] Als „fairen Ausgleich" versteht das Gesetz grundsätzlich die **hälftige Teilung** zwischen den Ehegatten, wobei das Gericht auch besondere Umstände (wie z.B. zwischen den Beteiligten geschlossene Verträge, die Herkunft von Geldern, wenn diese nicht aus Einkommen stammen, und die Art der Vermögensgegenstände) berücksichtigen darf.[24] Als weitere Bemessungsfaktoren soll das Gericht gem. s. 9 (1) (b) Fl(S)A 1985 Vorteile, die ein Ehegatte durch Beiträge des anderen erzielt, oder Nachteile, die ein Ehegatte im Interesse des anderen hingenommen hat, fair ausgleichen.

II. Möglichkeiten vertraglicher Vereinbarungen für die Scheidung

19 Anders als das englische Recht kennt Schottland traditionell die Möglichkeit, **Scheidungsfolgen** durch **vertragliche Vereinbarungen** (auch schon vor oder während der Ehe) zu regeln. Diese Vereinbarungen konnten sogar den Verzicht auf finanzielle Anordnungen bei Scheidung enthalten und durften nur unter allgemeinen Vertragsanfechtungsregeln (wie z.B. aufgrund Irrtums oder *undue influence*) vom Gericht für nichtig erklärt werden.[25] Durch s. 16 FL(S)A 1985 wurden jedoch die Kontrollmöglichkeiten des Gerichts erweitert, wobei

---

21 Vgl. ss. 8 (1) (b), 13 FL(S)A 1985.
22 Vgl. s. 13 (2) (a) i.V.m. s. 9(1) (c) (d) (e) FL(S)A 1985; zur Ausgestaltung dieser Regelung vgl. ferner die weiteren Vorgaben in s. 11 (3)-(7) FL(S)A 1985.
23 Vgl. s. 10 (2)-(5) FL(S)A 1985; gehört ein Gegenstand nicht zum ehelichen Vermögen, sind auch dessen Wertsteigerungen ausgenommen, selbst wenn diese durch finanzielle Leistungen des Eigentümers während der Ehe (z.B. durch weitere Tilgung von Verbindlichkeiten für eine bereits vor der Ehe erworbene Immobilie) bewirkt wurden; vgl. im Einzelnen *Thomson*, Family Law in Scotland, S. 157 ff.
24 Vgl. s. 10 (1) (6) FL(S)A 1985.
25 Vgl. *Dunbar v. Dunbar* [1977] SLT 169; *Thomson v. Thomson* [1982] SLT 521; *Elder v. Elder* [1985] SLT 471.

dies sowohl Scheidungsvereinbarungen als auch Eheverträge, die bereits vor oder nach der Heirat geschlossen wurden (*ante-nuptial agreements*), betrifft:[26]

– Zum einen kann das Gericht jede Vereinbarung, in der sich ein Ehegatte zum laufenden Unterhalt verpflichtet, bei Scheidung oder zu einen späteren Zeitpunkt abändern oder aufheben;

– zum anderen kann das Gericht im Zusammenhang mit der Scheidung den Vertrag aufheben oder abändern, wenn er bereits zu dem Zeitpunkt, als er geschlossen wurde, nicht *fair and reasonable* war. Nachträgliche Änderungen der Lebensumstände darf das Gericht dabei aber nicht berücksichtigen.

Die **Beweislast** für die Tatsache, dass ein Vertrag nicht fair war, liegt beim Kläger. Ganz maßgebliche Bedeutung kommt dabei den äußeren Umständen zu, unter denen ein Vertrag geschlossen wurde. Insbesondere achten die Gerichte darauf, dass beide Parteien unabhängigen juristischen Rat hatten.[27] In der Praxis sind die Gerichte in Schottland eher zurückhaltend, vertragliche Vereinbarungen aufzuheben, da das allgemeine Ziel, dass die Parteien in Selbstverantwortung einen *clean break* erreichen sollen, nicht zu sehr eingeschränkt werden soll.   20

F. Nichteheliche Lebensgemeinschaften

Neben der eingetragenen Lebenspartnerschaft (*Civil Partnership*), deren Rechtsfolgen im gesamten Vereinigten Königreich vollständig an die der Ehe angeglichen wurden, hat Schottland auch Regelungen zum **Vermögensausgleich** zwischen **nichtehelichen Lebensgemeinschaften** (*cohabitation*) gesetzlich eingeführt.[28] Voraussetzung für entsprechende Gerichtsanordnungen ist grundsätzlich, dass die Partner wie Ehegatten zusammenleben. Bei der Prüfung dieser Voraussetzung soll das Gericht auf die Dauer des Zusammenlebens, die Art der Partnerschaft (*nature of the relationship* – wobei insbesondere das Zusammenleben mit Kindern eine Partnerschaft begründen wird) und die finanziellen Verbindungen der Partner während des Zusammenlebens abstellen.   21

Liegt eine Lebensgemeinschaft vor, kann das Gericht bei **Trennung der Partner** Geldzahlungen anordnen zum Ausgleich von[29]   22

– wirtschaftlichen Vorteilen (insbesondere im Vermögen und dem Arbeitseinkommen), die ein Partner während der Partnerschaft durch Beiträge des anderen erzielt hat, bzw. wirtschaftlichen Nachteilen, die ein Partner im Interesse des anderen oder eines Kindes der Familie hingenommen hat. Die Beiträge des Anspruchsberechtigten müssen dabei nicht fiskalisch messbar sein, sondern können z.B. auch in der Erziehung eines Kindes der Familie oder der Haushaltsführung liegen.

---

26 Vgl. *Kibble v. Kibble* [2010] SLT (Sh Ct) 5.

27 Vgl. *Gillon v. Gillon* (No 1) [1994] SLT 978; allein die Tatsache, dass die Beratung durch einen Rechtsanwalt gemeinsam erfolgt ist, wurde jedoch nicht als Grund angesehen, dass ein Vertrag unfair ist, vgl. *Worth v. Worth* [1994] SLT (Sh Ct) 54.

28 Vgl. ss. 25–30 *Family Law (Scotland) Act* 2006; daneben räumt s. 23 dieses Gesetzes einem nichtehelichen Vater das elterliche Sorgerecht ein, wenn dieser bei Geburt oder später als Vater registriert wird.

29 Vgl. s. 28 *Family Law (Scotland) Act* 2006; zuständig ist gem. s. 28 (9) (a) das gleiche Gericht, das über eine Scheidung urteilen könnte, wenn die Partner verheiratet gewesen wären. Mit dieser Verweisung ist wohl auch die internationale Zuständigkeit geregelt, wie sich im Umkehrschluss zu s. 29 (1) ergibt, der nur für die Todesfallregelung das Domizil eines Partners in Schottland vorschreibt. Das anwendbare Recht ist in jedem Fall die *lex fori*.

   – finanziellen Lasten, die ein Partner nach Beendigung der Partnerschaft wegen der Erziehung eines gemeinsamen minderjährigen Kindes zu erwarten hat.

23   Der **Antrag** an das Gericht muss innerhalb eines Jahres ab Trennung gestellt werden. Die Ausgleichsanordnung kann immer nur auf eine **Einmalzahlung** lauten, so dass das Gericht auch bei noch fortdauernder Betreuung eines Kindes keine laufenden Unterhaltszahlungen gewähren darf. Das Gericht kann jedoch die Fälligkeit aufschieben oder Ratenzahlungen gewähren.

24   Im Fall des **Todes** eines nichtehelichen Partners kann das Gericht Zahlungen oder Vermögensübertragungen aus dem Nachlass des Verstorbenen anordnen.[30] Voraussetzungen dafür sind, dass das Domizil des verstorbenen Partners im Todeszeitpunkt in Schottland liegt und gesetzliche Erbfolge eintritt. Die Regelung dient damit zwar dem Schutz der Paare, die keine eigene Vorsorge für den Todesfall treffen, beinhaltet aber keinen dem Pflichtteilsrecht oder den englischen *family provisions* vergleichbaren Schutz. Hat der Verstorbene andere Personen als seinen nichtehelichen Partner testamentarisch eingesetzt, kann dieser auch keine Ausgleichszahlungen wie bei einer Trennung fordern. Der Antrag des Längerlebenden muss binnen sechs Monaten nach dem Tod des erstversterbenden Partners gestellt werden. Das Gericht hat dann ein weitgehend freies Ermessen bezüglich der Art und Höhe des Ausgleichs, wobei der nichteheliche Partner nie mehr erhalten darf, als einem Ehegatten in vergleichbarer Situation zustehen würde.

---

30 Vgl. s. 29 *Family Law (Scotland) Act* 2006.

Italien

Prof. Dr. Maria Giovanna Cubeddu Wiedemann, Universität Triest
Dr. Anton Wiedemann, Notar, Nabburg

Literatur

AA. VV., Regime patrimoniale della famiglia, in: *Anelli/Sesta* (Hrsg.) III, Trattato di diritto di famiglia diretto da *Zatti*, Milano 2012; *AA. VV.*, Lo scioglimento del matrimonio, in: *Bonilini/Tommaseo* (Hrsg.) 2, Il codice civile. Commentario fondato da *Schlesinger* e diretto da *Busnelli*, Milano 2010; *AA. VV.*, Il nuovo diritto della famiglia, in: *Ferrando* (Hrsg.), Bologna 2008; *AA. VV.*, Famiglia e matrimonio, in: *Ferrando Fortino Ruscello* (Hrsg.) I, Relazioni familiari – Matrimonio – Famiglia di fatto, und II, Separazione – Divorzio, in Trattato di diritto di famiglia diretto da *Zatti*, Milano 2011; *AA. VV.*, Diritto della famiglia, in: *Patti-Cubeddu* (Hrsg.), Milano 2011; *Auletta*, Il diritto di famiglia, 8. Aufl., Torino 2015; *Ballarino*, Diritto internazionale privato, 6. Aufl. 2015; *Bianca*, La famiglia, 5. Aufl., Milano 2015; *Cubeddu Wiedemann/Corder*, Diritto di famiglia, Padova 2016; *Cubeddu*, La casa familiare, Milano 2005; *Gabrielli/Cubeddu*, Il regime patrimoniale dei coniugi, Milano 1997; *Sesta*, Diritto di famiglia, 4. Aufl., Padova 2015.

A. Eheschließung

I. Materielle Voraussetzungen

1. Priorität der Zivilehe

1   Die italienische Rechtsordnung regelt die Voraussetzungen, die Form und die Wirkungen der Eheschließung nach dem Prinzip der **Priorität der Zivilehe**. Dieses Prinzip wurde aufgrund des Konkordats vom 11.2.1929, mit dem der italienische Staat auch der katholi-

schen Eheschließung zivilrechtliche Wirkungen zuerkannte, wenn diese in das *registro dello stato civile* eingetragen ist, eingeschränkt (sog. *matrimonio concordatario*). In einem Nachtrag zu diesem Konkordat[1] wurden die Voraussetzungen für die Eintragung neu festgelegt. Eintragungsfähig ist auch eine nach einer nicht-katholischen, vom italienischen Staat anerkannten Religion geschlossene Ehe.[2]

2. Verlöbnis

Der Eheschließung geht ein (formfreies) **Verlöbnis** voraus. Hierunter versteht man zum einem das gegenseitige Versprechen von Mann und Frau, künftig die Ehe eingehen zu wollen, zum anderen das mit diesem Versprechen begründete familienrechtliche Verhältnis. Das Eheversprechen ist allerdings weder einklagbar, noch kann es durch eine Vertragsstrafe abgesichert werden (Art. 79 c.c.). Sonderregelungen gelten für die Rückgabe der in Anbetracht der geplanten Ehe erfolgten Geschenke (Art. 80 c.c.)[3] und für Schadensersatzansprüche[4] wegen darauf gerichteter Ausgaben (Art. 81 c.c.).[5] Beide Ansprüche unterliegen einer einjährigen Verjährungsfrist.   2

3. Persönliche Voraussetzungen

Die persönlichen Voraussetzungen der Eheschließung sind in den Art. 84–89 c.c. geregelt. Nicht gesetzlich geregelt, aber übereinstimmend als weitere Voraussetzungen angesehen werden das unterschiedliche Geschlecht der Ehegatten, die übereinstimmende Willenserklärung und die Einhaltung der Formvorschriften.[6]   3

a) Zwei Personen verschiedenen Geschlechts

Die Ehe können nur zwei Personen verschiedenen Geschlechts eingehen.[7] Für **gleichgeschlechtliche Partner** besteht nun die Möglichkeit, eine eingetragene Lebenspartnerschaft (sog. *unione civile*) zu begründen (siehe Rdn 242).   4

b) Volljährigkeit

Diese Voraussetzung gilt für beide Eheleute (Art. 84 Abs. 1 c.c.), sog. *capacità matrimoniale*. Das Minderjährigengericht (*Tribunale dei Minorenni*) kann auf Antrag durch Beschluss nach Anhörung der Eltern und des Staatsanwalts (Art. 38 disp. att. c.c.) von dem Erfordernis der Volljährigkeit befreien, wenn der Antragsteller das 16. Lebensjahr vollendet hat und wichtige Gründe dies rechtfertigen (Art. 84 Abs. 1 c.c.). Die Befreiung ist auch für beide Ehegatten möglich. Wird die Befreiung erteilt, bedarf die Eheschließung keiner Zustimmung des gesetzlichen Vertreters.   5

---

1 Vom 18.2.1985, ratifiziert mit Gesetz vom 25.3.1985, Nr. 121.
2 Gesetz vom 24.6.1929, Nr. 1159.
3 Zuwendungen von Immobilien sind kein Geschenk im Sinne von Art. 80 C.c.: Trib. Taranto 28.6.2013, DFP 2013, 1437.
4 Aber kein Schmerzensgeld: Trib. Messina 10.3.2011, FPS 2011, 392.
5 Cass., 2.1.2012, n. 9, FD 2012, 329; Trib. Roma 10.7.2014, Pluris 2014; Cass., III 15.4.2010, n. 9052, CED 612683.
6 *Cherti*, Diritto della famiglia, S. 88.
7 Dies wurde als verfassungsgemäß jüngst wieder unter Bezug auf Art. 29 Cost. bestätigt: Corte Cost. 5.1.2011, n. 4, GCost, 2011, 1, 36; Corte Cost., 15.4.2010, n. 138, FD, 2010, 653 und Corte Cost., 7.7.2010, n. 276, FD, 2011, 18. Zuletzt Cass. 9.2.2015, n. 2400, GCM 2015.

Bei einem nicht in Italien wohnhaften Minderjährigen ist das Gericht zuständig, in dem er seinen letzten gewöhnlichen Aufenthalt in Italien hatte, ersatzweise das Gericht in Rom.

Ist der Minderjährige nach seinem Heimatrecht ehefähig, bedarf es keiner Zustimmung des italienischen Gerichts, soweit er mindestens 16 Jahre ist; diese Altergrenze ergibt sich aus dem orde public.[8]

c) Geschäftsunfähigkeit

6 Wer durch Urteil aufgrund Geisteskrankheit (*infermità di mente*) **entmündigt** (*interdetto*) wird (Art. 85 c.c.), kann eine Ehe nicht eingehen.[9] Dies gilt ab dem Zeitpunkt der Veröffentlichung des Entmündigungsurteils. Läuft das Verfahren noch, kann auf Antrag der Staatsanwalt die Eheschließung verhindert werden. Vorstehendes Eheverbot wird als Bestandteil des ordre public gesehen

Ist einer der Ehegatte bei der Eheschließung vorübergehend geschäftsunfähig, kann er die Eheschließung anfechten (Art. 120 c.c.).

d) Verbot der Doppelehe

7 Eine Ehe kann nicht geschlossen werden, wenn zwischen einer der Personen, die die Ehe miteinander eingehen wollen, und einer dritten Person eine nach italienischem Recht wirksame Ehe, gleichgültig, in welchem Land geschlossen[10] und ob nach dem jeweiligen Heimatrecht zulässig, besteht (Art. 86 c.c.).[11]

e) Verwandtschaft, Schwägerschaft und Adoption

8 Als Eheverbot gilt die Blutsverwandtschaft[12] in gerader Linie und in der Seitenlinie bis zum dritten Grad (Art. 87 c.c.). Eine Befreiung ist nur für die Verwandtschaft in der Seitenlinie im dritten Grad (Onkel/Tante und Neffen/Nichten) möglich. Das Verbot gilt weiter für die Schwägerschaft in gerader Linie und in der Seitenlinienlinie bis zum zweiten Grad. Eine Befreiung ist zwischen Schwägern in der Seitenlinie im zweiten Grad möglich. Im Falle einer Adoption gilt das Eheverbot auch bezüglich der Abkömmlinge, der Adoptivkinder und der Ehegatten (Art. 87 c.c.).[13]

f) Vollendeter oder versuchter Totschlag des früheren Ehegatten des anderen künftigen Ehegatten

9 Das Verbot gilt ab dem rechtskräftigen Urteilsspruch. Im Falle einer Eröffnung des Hauptverfahrens (*rinvio a giudizio*) oder eines Haftbefehls (*ordine di cattura*) bleibt die Eheschließung vorübergehend aufgeschoben (Art. 88 c.c.).

g) Vorübergehendes Verbot einer neuen Eheschließung

10 Eine Ehe darf nicht geschlossen werden vor Ablauf von 300 Tagen seit der Auflösung der früheren Ehe, wenn die Ehe der zukünftigen Ehefrau durch Tod oder Scheidung aufgelöst oder für nichtig oder anfechtbar erklärt wurde (Art. 89 Abs. 1 c.c.). Das Verbot gilt nicht,

---

8 Trib. min Bologna 9.2.1990, StCiv 1990, 410; Trib. min Roma 24.7.1989, RDIPP 1991, 114.
9 Verfassungsrechtlich bedenklich für *Cianci*, Diritto della famiglia, S. 394.
10 Trib. Mantova 16.1.2014.
11 Trib. Torino 13.5.2014, QDPE 2014, 836.
12 *Bianca*, La famiglia, S. 52.
13 Bei Volljährigeradoption gilt nur Art. 87 nn. 6, 7, 8 e 9.

wenn die Nichtigkeit aufgrund Zeugungsunfähigkeit (*impotenza*) eines Ehegatten erklärt wurde oder wenn die Auflösung aufgrund nicht vollzogener Ehe (*inconsumazione*) oder gesetzlicher Trennung erfolgt ist.[14] Das Gericht kann auf Antrag davon befreien, wenn keine Schwangerschaft oder kein Beiwohnen der Eheleute innerhalb der 300 vorangehenden Tagen seit der Eheauflösung erwiesen ist (Art. 89 Abs. 2 c.c.). Wird die Ehe geschlossen, ist sie trotzdem gültig; es ist aber eine Geldstrafe vorgesehen (vgl. Art. 140 c.c.).

4. Rechtsfolgen von Verstößen

a) „Befreibare" und „nicht befreibare" Eheverbote

Die Eheverbote unterscheiden sich in **„befreibare"** (*dispensabili*) Eheverbote bei   11
- Minderjährigkeit ab 16 Jahre
- Beweis einer nicht bestehenden Schwangerschaft durch den früheren Ehemann
- Verwandtschaft in Seitenlinien ab dem dritten Grad
- Schwägerschaft in Seitenlinien ab dem zweiten Grad

und in **„nicht befreibare"** Eheverbote bei
- Minderjährigkeit unter 16 Jahren
- Entmündigung (*dichiarazione giudiziale di interdizione*)
- Doppelehe
- vorübergehendem Verbot einer neuen Eheschließung
- Verurteilung wegen vollendeten oder versuchten Totschlags des früheren Ehegatten des anderen künftigen Ehegatten,

je nachdem, ob eine Befreiung durch gerichtliche Genehmigung möglich ist oder nicht. Bei „befreibarem" Eheverbot (*impedimenti dispensabili*) wird die Befreiung nach Anhörung der Staatsanwaltschaft durch eine Genehmigung (*autorizzazione*) vom Gericht durch Beschluss erteilt.

Bezüglich der Gültigkeit der Eheschließung unterscheidet man drei Gruppen: 1. Vorausset-   12
zungen für das Bestehen einer Eheschließung, 2. **Gültigkeitsvoraussetzungen** (*impedimenti dirimenti*) und 3. **Voraussetzung für die Ordnungsmäßigkeit** (*impedimenti impedienti*).

Die Ehehindernisse bilden meistens Eheverbote; sie gelten aber auch als Eheschließungsver-   13
bote. Hat der Standesbeamte Kenntnis von einem Ehehindernis, darf die Eheschließung nicht stattfinden. Findet die Eheschließung gleichwohl statt, wandeln sie sich in Anfechtungsgründe um. Die Ehehindernisse gelten auch für die Konkordatsehe und führen zur Nichtigkeit der Eintragung.[15]

Die Ehehindernisse gelten als Ungültigkeitsgründe und führen zu gesondert geregelten   14
Nichtigkeits- und Anfechtbarkeitsklagen, die aber in den Wirkungen nur wenig voneinander abweichen. Der Hauptunterschied besteht in der Möglichkeit der Bestätigung der anfechtbaren Ehe (*convalida del matrimonio annullabile*).[16]

b) Nichtigkeit ipso iure (inesistenza)

Die italienische Rechtsordnung enthält keine ausdrückliche Norm über die Nichtigkeit *ipso*   15
iure der Eheschließung. Neben der Klage auf Nichtigkeit und Anfechtbarkeit kennt man die **Feststellungsklage** (*azione di accertamento*) des **Nichtbestehens der Ehe** (*inesistenza*

---

14 *Sesta*, Diritto di famiglia, S. 58.
15 Cass., 19.6.2001, n. 8313, FD, 2001, 370.
16 *Bianca*, La famiglia, S. 165.

del matrimonio), wobei keine h.M. besteht über die Gründe, die eine solche Klage rechtfertigen. Eine Meinung hält sie bei Missachtung der Formvoraussetzungen, die andere bei Fehlen des Inhalts einer Ehe für gegeben.[17] Ausgeschlossen wird allerdings eine Nichtigkeit *ipso iure*, wenn der Mindestanschein einer Ehe gegeben ist und dies einen besonderen Schutz des Ehegatten und der Kinder begründet. Somit ist in der Praxis die Nichtigkeit *ipso iure* als Randfigur zu betrachten.

c) Anfechtbarkeit (nullità e annullabilità)

16   Die Anfechtung oder Nichtigkeit richtet sich auf die Eheschließung. Sie hindert eine Auflösung der Ehe durch Scheidung,[18] während sie ausgesprochen werden kann trotz der Auflösung der Ehe durch Tod eines Ehegatten. Die Klage darf vom Erben eines Ehegatten weitergeführt, aber nicht eingeleitet werden (Art. 127 c.c.).

17   Trotz minimaler Unterschiede in der Ausführung bleibt noch die Unterscheidung zwischen Nichtigkeits- und Anfechtbarkeitsgründen. Zur **Nichtigkeit** führen:
– Doppelehe und Doppelehe wegen irrtümlicher Erklärung der Todesvermutung;
– Blutsverwandtschaft zwischen Aszendenten und Abkömmlingen in gerader Linie, leiblichen Geschwistern und Halbgeschwistern, sei es von mütterlicher oder väterlicher Seite, Schwägerschaft in gerader Linie (Art. 87, nn. 1, 2, 4, 6, 7, 8, 9);
– Verbrechen (Art. 88 c.c.).

18   Zur **Anfechtbarkeit** führen:
– Minderjährigkeit (Art. 84);
– Entmündigung (Art. 85);
– Geschäftsunfähigkeit (Art. 120);[19]
– Verwandtschaft, Schwägerschaft, Adoption (Art. 87, n. 3);
– Willensmängel (Gewalt, Furcht, Irrtum über bestimmte Eigenschaften wie Krankheit, Straftaten, Schwangerschaft, Art. 122 c.c.).[20] Die Klagebefugnis verjährt nach einjährigem Zusammenleben seit Beendigung der Gewalttat oder Entdeckung des Irrtums.

19   Selbstständiger Anfechtungstatbestand ist die **Scheinehe** (Art. 123 c.c.). Die Eheschließung ist zunächst wirksam, aber auf Antrag eines Ehegatten binnen eines Jahres seit Eheschließung aufhebbar, es sei denn, die Eheleute haben nach der Eheschließung (auch für kurze Zeit) als Ehegatten gelebt (Art. 123 Abs. 2 c.c.).[21]

20   Das Zivilgesetzbuch sieht unterschiedliche Voraussetzungen für die **Klagebefugnis** vor. Unter bestimmten Voraussetzungen sind auch Erben klagebefugt (Art. 126 c.c.). Die Nichtigkeitserklärung und die Anfechtung der Ehe entfalten **Rückwirkung**. Die Abkömmlinge behalten ihren Status als eheliche Kinder, es sei denn, die Ungültigkeit der Ehe beruht auf **Doppelehe**[22] oder Inzest[23] (Art. 128 Abs. 4 c.c.). Als vermögensrechtliche Folge bewirkt die Ungültigkeitserklärung auch die Ungültigkeit der ehebedingten Schenkungen, während die zur Erfüllung ehelicher Rechte und Pflichten erbrachten Leistungen unberührt bleiben.

---

17 Trib. Milano, 31.10.2002, GM 2003, 1377; Trib. Modena, 23.1.1987, DF 1988, 1341.
18 Nach Cass., 18.4.1997, n. 3345, GC, 1997, I, 1173, hat eine nachträgliche Nichtigkeitserklärung durch das Kirchengericht keine Auswirkung auf die bereits ausgesprochene Scheidung.
19 Cass., 10.10.2014, n. 21493, D&G 2014; Cass., 30.6.2014, n. 14794, DFP 2015, 824.
20 Cass., 12.2.2013, n. 3407, FI 2013, I, 1145; Trib. Milano, 13.2.2013, DFP 2013, 4, I, 1413].
21 Zur Frage dieses Zusammenlebens s. Trib. Tivoli, 27.2.2008, DF, 2009, 195.
22 Wird die Ehe wegen des Verbots der Doppelehe für nichtig erklärt, ist das eheliche Kind als nichtehelich zu betrachten (Art. 128 Abs. 5 c.c.).
23 Das in einer wegen Inzests für nichtig erklärten Ehe geborene Kind verliert seinen Status.

Der gesetzliche Güterstand wird aufgelöst und der Familienfonds (*Fondo patrimoniale*) endet. Dies ist ausdrücklich für die Anfechtung geregelt, gilt aber auch für die Nichtigkeit der Ehe.[24]

Die **Rückwirkung** gilt nicht zu Lasten des gutgläubigen Ehegatten, d.h. desjenigen oder beider Ehegatten, die die Ehe eingegangen sind, ohne den Ungültigkeitsgrund zu kennen, sog. **Putativehe** (*matrimonio putativo*), vorausgesetzt die Ehe ist zivilrechtlich registriert (nicht bei rein religiöser Eheschließung). Das Gleiche gilt für den Ehegatten, der die Ehe unter Gewalt oder Furcht eingegangen ist (Art. 128 c.c.). Dies hat zur Folge, dass das Erbrecht erhalten bleibt, ebenso die Rechte an der Ehewohnung und am Hausrat und das Fortbestehen des Status als ehelicher Elternteil, nicht jedoch der Rentenanspruch gem Art dall'art. 9, c. 1 e 3, l. 1.12.1970, n. 898.[25] Sind beide Ehegatten gutgläubig, steht dem bedürftigeren Ehegatten eine Alimentenrente (*rendita alimentare*) – begrenzt auf drei Jahre – zu (Art. 129 c.c.). **21**

Trifft einen der Ehegatten die Schuld an der Ungültigkeit der Ehe, hat der gutgläubige Ehegatte Anspruch auf **Entschädigung**, die mindestens der Unterhaltsrente entspricht, auch in diesem Fall für drei Jahre. Diese Entschädigung hat ein Dritter zu zahlen, wenn er die Schuld an der Ungültigkeit trägt. Der Dritte haftet solidarisch, wenn die Mitschuld eines der Ehegatten bewiesen ist (Art. 129 *bis* Abs. 3 c.c.). Wird Schuld nachgewiesen, ist der Ehegatte gegenüber dem gutgläubigen oder zur Ehe gezwungenen Ehegatten verpflichtet, eine zeitlich begrenzte Alimentenrente zu leisten (Art. 129 *bis* Abs. 1 c.c.). Abgesehen vom Fall der Gutgläubigkeit der Eltern finden bezüglich der Kinder die Regeln über die Trennung (Artt. 337-bis ss. c.c.) Anwendung.[26] **22**

II. Zuständige Behörde und Verfahren

Die Eheschließung findet grundsätzlich nach zwei Zeremonien statt: vor dem **Standesbeamten** (Art. 106–107 c.c.) oder vor einem **Geistlichen** entweder der katholischen Kirche nach kanonischem Recht mit Eintragung in das Standesamtsregister (sog. *matrimonio concordatario*) oder eines anderen vom italienischen Staat anerkannten Glaubens (Art. 83 c.c.). **23**

1. Zivilehe

Die Eheschließung setzt das **Aufgebot** (*pubblicazioni*) voraus, das mit der *Nuova disciplina dell'ordinamento dello stato civile*[27] reformiert wurde. Grundsätzlich (Ausnahmen in Art. 109 c.c.) wird die Ehe vor dem **Standesbeamten** beim Standesamt (*casa comunale*) geschlossen, wo das Aufgebot bestellt wurde. Das Aufgebot erfolgt durch Anschlag beim Standesamt. Es enthält die Personalien der Eheleute, den Ort und das Datum der Eheschließung und bleibt für mindestens acht Tage. Die Eheschließung darf ab dem vierten Tag seit dem Aufgebot (bis zu 180 Tage) stattfinden. Zuständig für das Aufgebot ist das Standesamt des Ortes auf Antrag beider Eheleute oder eines von ihnen bevollmächtigten Dritten, wo einer der Eheleute seinen aktuellen Hauptwohnsitz (*residenza*) hat, auch wenn die Eheschließung im Ausland erfolgt. **24**

Vom Aufgebot kann aus schwerwiegenden Gründen (z.B. bei Lebensgefahr der Ehegatten, Art. 101 c.c.) eine **Befreiung** erteilt werden (Art. 51, d.P.R. 3.11.2000, n. 396). Fehlt das **25**

---

24 *V. L. Rossi Carleo*, in: La comunione legale, C.M. Bianca (Hrsg.), II, Milano 1989, S. 876.
25 Cass., 30.5.1989, n. 2642, GCM 1989, 5.
26 Gemäß Art. 5, d.lgs. 28.12.2013 n. 154.
27 D.P.R., 3.11.2000, n. 369.

Aufgebot, ist die Ehe trotzdem gültig. Ehegatten und Standesbeamte sind zu einem Bußgeld verpflichtet (Art. 134 c.c.). Der Standesbeamte haftet für Unregelmäßigkeiten beim Aufgebot (Art. 135 c.c.).

26   Die **Form** ist in Art. 107 c.c. geregelt. Der Standesbeamte liest in Anwesenheit von zwei Zeugen (vier, falls die Eheschließung nicht im Rathaus stattfindet, gem. Art. 110 c.c.) die Art. 143, 144, 147 c.c. über Rechte und Pflichten der Eheleute vor und empfängt deren Willenserklärungen, die ohne Befristung und Bedingung abzugeben sind (Art. 108 Abs. 1 c.c.). Die Nichteinhaltung der für die Eheschließung vorgesehenen Form führt nicht zur Nichtigkeit. Zuständig ist das Standesamt, wo das Aufgebot stattgefunden hat (Ausnahmen in Art. 109 c.c.). Fehlt die Zuständigkeit, so bleibt die Ehe gültig, wenn zumindest einer der Ehegatten gutgläubig war.

Im Rahmen der Eheschließung können auch die Anerkennung eines nichtehelichen Kindes, die Geltung der Gütertrennung (also nicht sonstige güterrechtliche Regelungen) und das anwendbare Recht beurkundet werden.

27   Die **Eheschließung durch Bevollmächtigten** (*matrimonio per procura*) ist nur ausnahmsweise möglich, wenn ein Ehegatte im Ausland seinen Hauptwohnsitz hat und schwerwiegende Gründe vorliegen (z.B. Soldaten im Kriegseinsatz, Art. 111 c.c.). Sie setzt eine gerichtliche Genehmigung per Beschluss nach Anhörung des Staatsanwalts voraus. Die Vollmacht ist nur zeitlich begrenzt wirksam (180 Tage) und bedarf der notariellen Beurkundung (nicht nur Beglaubigung).

28   Nach Art. 116 c.c. ist Voraussetzung für die Eheschließung eines **Ausländers** in Italien die Vorlage eines **Ehefähigkeitszeugnisses** (*nulla-osta*).[28] es sei denn, das Standesamt[29] oder das Gericht lässt eine Ausnahme zu,[30] indes nicht mehr die Aufenthaltserlaubnis in Italien. Ausdrücklich geregelte Ehehindernisse für die vom Ausländer in Italien geschlossene Ehe sind: Alter unter 16 Jahren, eine wirksam vorher geschlossene Ehe, die Entmündigung, die nicht zu befreiende Verwandtschaft, das ehebezogene Verbrechen, die Nichteinhaltung der 300-Tage-Frist. Das Aufgebot muss eingehalten werden und gilt als Voraussetzung für das Erteilen des Ehefähigkeitszeugnisses. Findet das Angebot nicht statt und wird trotzdem die Ehe geschlossen, ist die Ehe in das Standesamtsregister eintragbar.

2. Zivilrechtliche Wirksamkeit religiöser Zeremonien

29   Neben der Zivilehe kennt die italienische Rechtsordnung die **Konkordatsehe**, d.h. die nach kanonischem Recht geschlossene Ehe, die nur nach der Eintragung in das Standesamtsregister zivilrechtliche Wirkungen entfaltet (Art. 82 c.c.).[31] Auch eine Konkordatsehe ist unabhängig vom kanonischen Recht dem Scheidungsrecht unterworfen.[32]

30   Voraussetzung dafür ist ein **doppeltes Aufgebot** bei der Kirche und beim Standesamt. Die Eheschließung wird durch einen Geistlichen der katholischen Kirche durchgeführt. Der

---

28   Das Verfassungsgericht (Urt. v. 20.-25.7.2011, n. 245, G.U. 27.7.2011, n. 32), hat die bisherige Regelung für verfassungswidrig erklärt.

29   Zu den Ausnahmen Cass., 2.3.1999, n. 1739, FD, 1999, 327 m. Anm. *Zambiano*; siehe auch Trib. Piacenza, 5.5.2011.

30   Siehe Trib. Bari, 7.2.2012; Tribb Modena, sez. II, 27.1.2011, Giur. locale Modena, 2011.

31   Nach Art. 82 c.c. ist eine vor einem katholischen Geistlichen geschlossene Ehe vom Konkordat und von den betreffenden Gesetzen geregelt. Das Konkordat zwischen Italien und Vatikan wurde am 11.2.1929 im Zusammenhang mit den *Patti Lateranensi* geschlossen und mit dem Revisionspakt vom 18.2.1984 geändert.

32   Cass., 17.11.2006, FI, 2008, I, 128.

Geistliche hat den Eheleuten die zivilrechtlichen Wirkungen darzustellen und die Art. 143, 144, 147 c.c. über Rechte und Pflichten der Ehegatten vorzulesen (Art. 107 c.c.).

Die **Heiratsurkunde** ist in zwei Ausfertigungen zu verfassen. Eine davon wird innerhalb von fünf Tagen ab Eheschließung zur Eintragung in das Standesamtsregister gesandt. Der Standesbeamte hat die Eintragung innerhalb 24 Stunden durchzuführen und muss sofort den zelebrierenden Geistlichen davon unterrichten. Die Eintragung hat bezüglich der zivilrechtlichen Folgen **konstitutive Wirkung**. Diese treten **rückwirkend** ab Eheschließung ein. Eine spätere Eintragung ist zu Lebzeiten beider Ehegatten bei beiderseitigem Einverständnis jederzeit möglich art. 8, c. 6, l. 25.3.1985, n. 121).[33] Bei der Revision des Konkordats von 1984 wurden als Gründe für die **Verweigerung** der Eintragung explizit geregelt: das Fehlen des vom *Codice civile* vorgeschriebenen Mindestalters, es sei denn, die Ehe kann nicht mehr angefochten werden; ein nicht befreibares Verbot (Entmündigung, Doppelehe, ehebedingtes Verbrechen, Verwandtschaft in gerade Linie). Nicht klar ist, ob die Eintragung bei einem Verbot erfolgen darf, von dem eine Befreiung möglich, diese aber nicht erteilt worden ist.

Sonderregelungen gelten für das **Anfechtungsverfahren** bei der Konkordatsehe. Die noch vom Konkordat von 1929 vorgesehene ausschließliche **Zuständigkeit der Kirchengerichte** wurde nicht in den Nachtrag (*Accordo di revisione*) von 1984 aufgenommen. Die italienische Rspr. nimmt eine **konkurrierende Zuständigkeit an**, d.h., die Anfechtung der Ehe kann von einem Zivilgericht ausgesprochen werden, wenn bei diesem Klage erhoben wird. Anwendbar bleibt aber kanonisches Recht.[34]

Wird die Nichtigkeit vom Kirchengericht ausgesprochen und erlangt das Urteil, das nach Art. 8 G. 25.3.1985, n. 121, in einem weiteren Verfahren noch vom *Corte d'Appello* bestätigt (sog. *delibazione*) werden muss Rechtskraft, ist die etwa noch anhängige Zivilklage wirkungslos.[35] Wurde vor Rechtskraft der vor dem Kirchengericht beantragten Entscheidung über die Nichtigkeit ein Scheidungsurteil ausgesprochen und wurden Unterhaltsansprüche anerkannt, bleiben diese Urteilswirkungen rechtskräftig.[36] Klagebefugt ist nur der Ehegatte, nicht seine Erben.[37]

Nach dem Gesetz vom 4.6.1929, n. 1159, kann auch die vor einem Geistlichen **anderer Religion** geschlossene Ehe zivilrechtliche Wirkungen entfalten. Anders als bei einer Konkordatsehe ist hier die Ehe ausschließlich, d.h. auch bezüglich der Ehevoraussetzungen, vom *Codice civile* geregelt. Die einzige Besonderheit besteht bei der Form der Eheschließung, die nach einer Genehmigung des Standesamtes vor einem Geistlichen der Religion stattfindet, der beide oder einer der Ehegatten angehören (Art. 7). Um zivilrechtliche Folgen zu bewirken, bedarf auch diese Eheschließung der Eintragung in das Standesamtsregister, die konstitutiv *ex tunc* wirkt.

In den letzten Jahren haben viele Konfessionen (v.a. christlich-evangelische, lutherische, jüdische und methodistische Religion) mit dem italienischen Staat Verträge geschlossen, die eine Eheschließung nach **religiösem Ritus mit zivilrechtlichen Folgen** wie bei der

31

32

33

34

35

---

33 Vgl. Cass., 21.4.2010, n. 9464, FI 2010, 6, 1, 1762.
34 Wird die Ehe erst nach langer Zeit von der *Sacra Rota* für nichtig erklärt, so kann der *Corte d'Appello* die Anerkennung verweigern, da die Dauer der Lebensgemeinschaft für den tatsächlichen Ehewillen spricht: Cass., S.u. 17.7.2014, n. 16379 (drei Jahren); Cass., 20.1.2011, n. 1343, FD, 2011, 235. Zur Ehenichtigkeit und dem Recht auf Behandlung von Personendaten siehe C.S., 28.9.2010, n. 7166.
35 Cass., 4.2.2010, n. 399; Cass., I 4.11.2013, n. 24682, Italgiureweb, 628776.
36 Cass., 5.6.2009, n. 12982.
37 Cass., I 1.12.2004, n. 22514, CED 578255.

Konkordatsehe ermöglichen.[38] Fehlt ein Staatsvertrag, ist eine gesonderte Autorisierung notwendig (Art. 3, l. n. 1159/1929).

III. Kollisionsrecht der Eheschließung

1. Grundsätze

36　Die **Ehefähigkeit** und die **weiteren Ehevoraussetzungen** beurteilen sich nach dem Heimatrecht (Art. 27 Abs. 1 G. 31.5.1995, n. 218 = **d.i.p.**). Hat ein Ehegatte nicht die italienische Staatsangehörigkeit, gilt somit für ihn das Recht des Staates, dem er angehört. Es müssen jedoch aus Gründen des *ordre public* für eine in Italien geschlossene Ehe nach Art. 116 c.c. in der Person des ausländischen Staatsangehörigen mindestens die nach italienischem Recht vorgesehenen Bestimmungen zu Ehefähigkeit und Ehevoraussetzungen eingehalten werden. Die Ehefähigkeit muss er durch ein Zeugnis seines Heimatstaates nachweisen (siehe Rdn 28).

37　Nach dem italienischen Internationalen Privatrecht ist eine nach den am Ort der Eheschließung geltenden **Formvorschriften** geschlossene Ehe gültig. Gültig ist auch die nach dem Recht eines Ehegatten oder nach dem Recht des Hauptwohnsitzes beider Ehegatten geschlossene Ehe (Art. 28 d.i.p.).

38　Auch die **Folgen der Eheschließung** werden an die Staatsangehörigkeit angeknüpft, falls die Ehegatten beide Italiener sind; ansonsten findet das Recht des Staates Anwendung, in dem das Eheleben überwiegend stattfindet (*prevalente localizzazione*) (vgl. Rdn 173).

2. Anerkennung einer im Ausland erfolgten Eheschließung zwischen Italienern

39　Die im Ausland geschlossene Ehe ist nach italienischem Recht **sofort wirksam**, sofern Art. 116 c.c. gewahrt ist. Ein besonderes Anerkennungsverfahren ist nicht (mehr) vorgesehen. Die Tatsache der Eheschließung im Ausland ist weder für die Form noch für die Ehevoraussetzungen von Bedeutung.[39] Die automatische und sofortige Wirkung erstreckt sich aber nicht auf *ipso iure* nichtige Ehen.[40] Ungültigkeitsgründe müssen durch Klage festgestellt werden.[41]

40　Italienische Staatsbürger können im Ausland eine Ehe entweder nach italienischem Recht vor dem Konsulat (Art. 16 Ord. st. civ.)[42] oder nach dem dort geltenden ausländischen Recht schließen. In beiden Fällen muss die Eheschließung beim Standesamt des letzten italienischen Wohnsitzes beider Ehegatten eingetragen werden (Art. 17 Ord. st. civ.), ohne

---

38　Staatvertrag vom 21.2.1984 (mit *Chiese rappresentate della Tavola valdese* – G. Nr. 449/1984), vom 29.12.1986 (mit der *Unione italiana delle Chiese Cristiane avventiste del 7° giorno* – G. Nr. 516/1988), vom 29.12.1986 (mit den *Chiese cristiane evangeliche associate alle Assemblee di Dio in Italia* – G. Nr. 517/1988), vom 27.2.1987 (mit der *Unione delle Comunità Israelitiche italiane* – G. Nr. 101/1989), vom 20.4.1993 (mit der *Chiesa evangelica luterana in Italia* – G. Nr. 520/1995) und vom 4.4.2007 (mit der *Unione Induista Italiana* – G. Nr. 246/2012).
39　Die Voraussetzung des Aufgebots in Italien, von Art. 115, Abs. 2, c.c. vorgesehen, wurde mit dem d.p.r., 30.12.2000, n. 396, Art. 110 aufgehoben.
40　*Panella*, Il matrimono del cittadino all'estero e dello straniero nello Stato, in: Trattato di diritto di famiglia, S. 497.
41　Siehe Cass., 15.3.2012, n. 4184, GCost 2012, 2, 1520.
42　Eine Eheschließung vor einem italienischen Konsulat in Deutschland ist formgültig, soweit beide Ehegatten italienische Staatsangehörige sind oder zumindest einer von ihnen und der andere Staatsangehöriger eines dritten Staates (nicht Deutscher) oder staatenlos ist.

dass dies Wirksamkeitsvoraussetzung ist. Der Standesbeamte darf aber die Eintragung verweigern, wenn die Voraussetzungen des Art. 116 c.c. nicht vorliegen.

Hat ein italienscher Staatsbürger eine im Ausland wirksame Zweitehe geschlossen, entfaltet diese ohne gerichtliche Nichtigkeitsentscheidung zunächst weiter ihre Wirkungen.[43]

Die Eintragungsfähigkeit einer im Ausland geschlossenen Homo-Ehe in das Eheregister hat der Kassationshof abgelehnt.[44] Der Gesetzgeber plant jedoch im Nachgang zur Einführung der *unioni civili* eine Reform.

Die sofortige Wirkung gilt auch für die **nach religiösen Riten geschlossene Ehe**. Hier gilt das Prinzip der Gültigkeit einer nach dem Recht eines Ehegatten oder nach dem Recht des Hauptwohnsitzes beider Ehegatten geschlossenen Ehe (Art. 28 d.i.p.). 41

Für die nach religiösen Riten geschlossene Ehe mit zivilrechtlichen Folgen im Ausland gelten die gleichen Regelungen wie bei der Konkordatsehe. Strittig ist, ob italienische Staatsangehörige im Ausland eine Konkordatsehe schließen können. Die Meinungen unterscheiden sich je nachdem, ob man den territorialen Grenzen oder der religiösen Freiheit den Vorrang einräumt. 42

3. Eheschließung zwischen Ausländern

Bezüglich der Ehevoraussetzungen unterliegt die Eheschließung zwischen Ausländern dem Recht des jeweiligen Staates der Ehegatten. Für die Form findet das Recht der Staates, in dem die Ehe geschlossen wird, Anwendung. Als gültig und damit eintragungsfähig[45] wird auch eine Ehe betrachtet, die nach dem Recht eines Ehegatten zum Zeitpunkt der Eheschließung oder nach dem Recht des Hauptwohnsitzes beider Ehegatten geschlossen worden ist. 43

B. Folgen der Ehe

I. Güterrecht

1. Die Güterstände

Nach Art. 159 c.c. ist vorbehaltlich einer anderen Vereinbarung (*convenzione*) gesetzlicher Ehegüterstand die **Gütergemeinschaft** (*comunione dei beni*).[46] Weiter sieht der *Codice civile* die **Gütertrennung** (*separazione dei beni*) und die **vertragliche Gütergemeinschaft** (*comunione convenzionale*) als Wahlgüterstände vor. Eine weitere Gestaltungsmöglichkeit neben und zusätzlich zu den vorgenannten Güterständen bildet die Einrichtung eines **Familienfonds** (*fondo patrimoniale*). 44

---

43 Cass., 2.3.1999, n. 1739, RDIP 1999, 613.
44 Cons. Stato, sez. III, 26.10.2015, n. 4899, D&G 28.10.2015; TAR Roma 9.3.2015, n. 3912, GD 2015, 86; Cass., 15.3.2012, n. 4184, cit.; C App. Milano 6.11.2015, DeJure. Anders T Grosseto 9.4.2014, DFP 2014, 4, I, 1494.
45 Cass., Nr. 4184/2012; App. Napoli 13.3.2015.
46 Dieser Güterstand wurde anlässlich der Familienrechtsreform von 1975 eingeführt, um den Verfassungsgrundsatz der wirtschaftlichen und sozialen Gleichheit der Ehegatten zu befördern; dazu ausf. *Cubeddu*, Diritto della famiglia, S. 179 ff.

45   Die Güterstände können mit den *convenzioni matrimoniali* gewählt und auch später frei abgeändert werden.[47] Art. 159 ff. c.c. regeln die dazu notwendige Geschäftsfähigkeit, die Formvorschriften und die Wirkung gegenüber Dritten.

46   Bei der *convenzione matrimoniale* handelt es sich um einen Rechtsakt, der Geschäftsfähigkeit erfordert. Ist einer der Ehegatten entmündigt, wird die *convenzione* durch einen Tutor (oder Protutor) abgeschlossen. Trotz beschränkter Geschäftsfähigkeit (*inabilitazione*) kann ein Ehegatte den Vertrag selbst abschließen; es wird aber der Beistand eines Pflegers (*curatore*) vorausgesetzt (Art. 166 c.c.). Das Gleiche gilt für eine mindestens sechzehnjährige Person, die vom Eheverbot durch gerichtliche Entscheidung befreit ist, sofern der Vertragsschluss mit Beistand der gesetzlichen Vertreter, eines Tutors oder Pflegers erfolgt (Art. 165 c.c.).

47   Die *convenzioni* sind beurkundungspflichtig (Art. 162 Abs. 1, 2269 c.c.).[48] Gleichzeitige Anwesenheit ist nicht erforderlich. Verstirbt ein Ehegatte nach Abgabe seines Angebots, kann der andere Ehegatte die Annahme auch noch nach dessen Tod erklären; es bedarf in diesem Fall jedoch einer gerichtlichen Genehmigung (Art. 163 c.c.) Die Ungültigkeitsgründe bestimmen sich nach den allgemeinen Vertragsprinzipien. Eine Sonderregelung (Beweislastregelung) gilt für Scheingeschäfte (Art. 164 c.c.).

48   Eheverträge dürfen sowohl **vor als auch während der Ehe** abgeschlossen werden. Um gutgläubigen Dritten gegenüber wirksam zu sein, werden sie in der **Heiratsurkundevermerkt** (Art. 162 Abs. 4 c.c., 69 regol. st. civ.).[49] Für bösgläubige Dritte oder für Dritte, die bei Vertragsschluss den Ehevertrag kannten, spielt die Registrierung keine Rolle.

49   Wird durch *convenzione* ein **Familienfonds** (*fondo patrimoniale*) über Immobilien begründet oder werden Immobilien vom Gesamtgut ausgeschlossen, bedarf dies zusätzlich der Eintragung in das Immobilienregister, um Dritten gegenüber geltend gemacht zu werden. Einzutragen sind auch die Auflösung des gesetzlichen Güterstands und der Erwerb von Eigengut.

2. Gesetzlicher Güterstand

a) Rechtscharakter

50   Der gesetzliche Güterstand ist die *comunione dei beni* (Art. 177–197 c.c.).[50] Anders als die normale Gütergemeinschaft (*comunione ordinaria*), die in Art. 1100 ff. c.c. geregelt ist und ein sachenrechtliches Institut darstellt, handelt es sich um eine **Erwerbs- und Verwaltungsgemeinschaft.**[51]

51   Es gibt bei Bestehen des gesetzlichen Güterstandes **drei zu trennende Vermögensmassen** mit unterschiedlichem rechtlichen Schicksal: Gesamtgut (*beni comuni*), *beni comuni de residuo* und Eigengut (*beni personali*).

---

47 Vor dem Gesetz vom 10.4.1981, n. 142, bedurfte es zur Abänderung eines Ehevertrages der gerichtlichen Genehmigung.

48 Die Beurkundung durch einen deutschen Notar wird in Italien anerkannt.

49 Der fehlende Vermerk führt also nicht zur Unwirksamkeit des Ehevertrages.

50 Der gesetzliche Güterstand gilt seit dem 20.9.1975. Vor diesem Tag geschlossene Ehen wurden mit Wirkung vom 15.1.1978 hinsichtlich des nach dem 15.1.1978 erworbenen Vermögens in die *comunione dei beni* übergeleitet, es sei denn, einer der Ehegatten hat durch notarielle Urkunde oder durch Erklärung gegenüber dem Standesamt der Eheschließung dem widersprochen.

51 Zuletzt Cass., 30.1.2013, n. 2202, NT 2013, 2, 135.

b) Gesamtgut

Nach Art. 177 Abs. 1 lit. a c.c. fällt jeder Erwerb durch einen oder beide Ehegatten während   52
des Bestehens des gesetzlichen Güterstandes automatisch in das Gesamtgut, soweit sich
nicht aus den Art. 177, 178, 179 c.c. anderes ergibt. Nach Art. 179 c.c. sind aus dem Gesamt-
gut ausgeschlossen:
– Güter, die einem Ehegatten bereits bei der Eheschließung gehören;
– Güter, die einem Ehegatten durch Testament oder Schenkung zufallen, es sei denn, der
  Erblasser oder Schenker bestimmt ausdrücklich, dass diese in das Gesamtgut fallen;
– Güter, die zum engsten persönlichen Gebrauch dienen;
– Güter, die bei Arbeitnehmern und Freiberuflern zur Berufsausübung dienen;
– Schadensersatzansprüche wegen Personen- und Sachschäden; sowie
– Versicherungsleistungen und Renten, die ein Ehegatte aufgrund Verminderung seiner
  Arbeitsfähigkeit erhält;
– ebenso Surrogate der oben genannten Güter.
– Auch Arbeitseinkommen, **Unternehmensgegenstände** (*beni aziendali*) und Erträge aus
  gemäß vorstehender Regelung nicht in das Gesamtgut fallenden Gütern stehen ebenfalls
  dem jeweiligen Ehegatten allein zu, so dass er darüber frei verfügen kann (Art. 177 lit. b,
  c und Art. 178 c.c.). Soweit diese bei Beendigung des gesetzlichen Güterstandes noch
  vorhanden sind (z.B. auf einem Girokonto), bilden sie jedoch die sog. *comunione de
  residuo* und sind hälftig zu teilen.

Zum **Gesamtgut** können Sachen,[52] Forderungen[53] und Wertpapiere[54] erworben werden,[55]   53
unabhängig davon, wer als Erwerber auftritt und wer von den beiden Ehegatten die Gegenleistung erbringt,[56] es sei denn, der finanzierende Ehegatte beruft sich auf die Surrogatsei-
genschaft (Art. 179 lit. f c.c.). Dies gilt auch für als bloße Kapitalanlage einzustufende Beteiligungen an Aktiengesellschaften[57] und GmbH.[58] Für Beteiligungen an Personengesellschaften und personalistisch geprägten Kapitalgesellschaften ist streitig, ob diese in das
Gesamtgut fallen;[59] sie unterfallen aber, selbst wenn man die Zugehörigkeit zum Gesamtgut
verneint, in der Regel der sog. *communione del residuo*.[60]

Genauso streitig ist, ob Ehegatten, die im gesetzlichen Güterstand der *comunione dei beni*
leben, untereinander eine Personengesellschaft gründen können.[61] Begründet wird dies damit, dass unklar ist, ob die güterrechtlichen oder die gesellschaftsrechtlichen Regelungen

---

52 Auch durch Ersitzung (Cass., II 23.7.2008, n. 20296, GCM 2008, 9, 1295).
53 Bloße Forderungen auf Erwerb eines Gegenstands gehören noch nicht zum Gesamtgut: Cass.,
    14.11.2003, n. 17216, FI, 2005, I, 530.
54 Str.; vgl. *Spitali*, L'oggetto, in: Regime patrimoniale della famiglia, *Anelli/Sesta* (Hrsg.), S. 115 ff. Dage-
    gen: Cass., 9.10.2007, n. 21098, FD, 2008, 5; Cass., 27.1.1995, n. 987, NGCC, I, 1995, 889; Cass.,
    16.12.1993, n. 12439, FD, 1994, 297.
55 Auch durch Ersitzung (*usucapione*): s. Cass., 1.10.2009, n. 21078, FD, 2010, 467.
56 Cass., II 11.1.2010, n. 225, Pluris.
57 Cass., 27.5.1999, n. 5172, GCM, 1999. Erwerbe aufgrund Aktienoptionen fallen dagegen in die *comuni-
    one de residuo*: Cass., 23.9.1997, n. 9355, FI, 1999, I, 1323.
58 Contra Cass., 1.2.1996, n. 875, FD, 1996, 543 m. Anm. *Schlesinger*.
59 Die h.M. verneint es, vgl. Cass., 8.5.1996, n. 4273, NGCC, 1997, I, 394 m. Anm. *de Martinis*. Fest
    bleibt, dass die Erträge und die *quota liquidata* in die *comunione de residuo* fallen.
60 Cass., 20.3.2013, n. 6876, FD 2013, 7, 659.
61 Vgl. *Galasso*, Del regime patrimoniale della famiglia 8 (Art. 159–230), in: Comm. Cod. Civ., *Scialoja-
    Branca/Galgano* (Hrsg.), Bologna/Roma 2003, S. 257 ff.

Vorrang haben.[62] Überwiegend wird deshalb gefordert, dass die Ehegatten zunächst ehevertraglich die Anteile an der Personengesellschaft bzw. die dazu erforderlichen Einlagen aus dem Gesamtgut herausnehmen.[63]

54 **Unternehmen** (*azienda*) fallen in das Gesamtgut, wenn sie von den Ehegatten nach Eheschließung gegründet und zusammen betrieben werden (Art. 177 Abs. 1 lit. d c.c.). Die Abgrenzung sowohl zu einer von einem der Ehegatten gegründeten Personengesellschaft (soweit überhaupt möglich) als auch zum Begriff der *beni aziendali* ist jedoch ebenso unklar wie die Frage, wann und unter welchen Voraussetzungen Ehegatten ein Unternehmen gemeinsam betreiben.[64] In Abgrenzung zu Art. 230 bis c.c. (impresa familiare) setzt Art. 177 c.c. eine unternehmerische Beteiligung des Ehegatten voraus, während die Regelung der *impresa familaire* bei einer „bloßen", wenn auch ständigen Mitarbeit im Betrieb des anderen Ehegatten Anwendung findet.

Hat ein Ehegatte das Unternehmen bereits zum Zeitpunkt der Eheschließung allein inne, wird das Unternehmen aber nach Eheschließung gemeinsam geführt, fallen nur die Erträge und der Wertzuwachs in das Gesamtgut. Wird ein Unternehmen von einem Ehegatten nach Eheschließung allein gegründet und betrieben, fallen das Betriebsvermögen und die Erträge in die *comunione de residuo* (Art. 178 c.c.).

c) Beni comuni de residuo

55 Arbeitseinkünfte und Erträge aus Vermögen, das einem Ehegatten allein gehört und nicht in das Gesamtgut fällt, werden – auch wenn sie während der Ehezeit erzielt werden – nicht Gesamtgut (Art. 177 Abs. 1 lit. b, c c.c.), sondern bilden die sog. **comunione de residuo**. Jeder Ehegatte kann darüber beliebig verfügen und sie verbrauchen, soweit er damit seine eherechtlichen Pflichten insbesondere zum Unterhalt nicht verletzt.[65]

56 Die bei Beendigung des gesetzlichen Güterstandes noch vorhandenen Arbeitseinkünfte und Erträge sind **hälftig** zu teilen. Werden Arbeitseinkünfte und Erträge vor der Auflösung des Güterstandes in weitere Eigengüter investiert (z.B. zur Berufsausübung dienende Güter), fallen diese oder deren Wert zu keinem Zeitpunkt in das Gesamtgut.

Das Gleiche gilt für Güter, die zu einem Unternehmen gehören, das ein Ehegatte nach Eheschließung allein gegründet hat bzw. betreibt, und für Erträge, die in dem von einem Ehegatten vor Eheschließung allein gegründeten Unternehmen erzielt werden (Art. 178 c.c.).

d) Eigengut

57 Unter **Eigengut** (*beni personali*) fallen zunächst alle Güter, die ein Ehegatte vor Eheschließung (bzw. vor Eintritt des gesetzlichen Güterstandes) bereits erworben hatte. Entscheidend ist dabei, ob zu diesem Stichtag der Erwerb bereits abgeschlossen ist. Der Abschluss ledig-

---

62 Die etwas liberale Meinung, siehe *Bianca*, La famiglia, S. 94, tendiert zur Zulässigkeit, allerdings nur mit Gesamtgutvermögen und unter Anwendung der gesetzlichen Regelung der *comunione legale* betreffend Verwaltung und Vertretung sowie Teilung von Erträgen und Verlusten. Dazu Trib. Roma, 16.9.1999, FD, 2000, 183 m. Anm. *Schlesinger*.

63 Vgl. *Sesta*, Diritto di famiglia, S. 190.

64 Wobei die meisten von einer gleichberechtigten Stellung ausgehen: s. Bianca, La famiglia, S. 105; sonst würde die Regelung der *impresa familiare* greifen (Art. 230 *bis* c.c.).

65 Ausf. *Henrich*, Comunione dei beni e comunione degli incrementi: un confronto critico, in: *Patti* (Hrsg.), Annuario di diritto tedesco, 2003, S. 3.

lich des Vorvertrages[66] oder der erst teilweise Zeitablauf bei Ersitzung reicht daher nicht aus.[67] Streitig ist, ob bei der Bebauung eines Grundstücks, das einem Ehegatten allein gehört, durch beide Ehegatten gemeinsam das Gebäude, obwohl es gem. Art. 934 ff. c.c. nicht sonderrechtsfähig ist, in das Gesamtgut fällt.[68]

Eigengut sind auch die Güter, die ein Ehegatte nach Eheschließung von Todes wegen   58
oder durch lebzeitige Schenkung[69] erwirbt; darunter fallen alle freigebigen unentgeltlichen Zuwendungen, bei gemischten Schenkungen der unentgeltliche Anteil.[70]

Der Begriff der Güter, die zum persönlichen Gebrauch dienen (*beni di uso strettamente*   59
personale), wird eng ausgelegt.[71] Maßgebend ist nicht die subjektive Beurteilung des Ehegatten, sondern objektive Kriterien wie Eigenschaften und Nutzungsmöglichkeit.[72]

Ausgeschlossen von den zur Berufsausübung dienenden Gütern sind die *beni aziendali*,   60
bezüglich derer Art. 177 und 178 c.c. eine vorrangige Spezialregelung enthalten.

Unter Eigengut fallen auch alle Schadensersatzansprüche und alle Rentenansprüche wegen   61
Verminderung der Arbeitsfähigkeit, gleich ob sie privater oder gesetzlicher Natur sind.[73]

Auch Surrogate der *beni personali* fallen nicht in das Gesamtgut; dies gilt auch für Gegen-   62
stände, die rechtsgeschäftlich mit Mitteln der *beni personali* erworben werden. Voraussetzung ist jeweils, dass die Surrogate bei Erwerb ausdrücklich, wenn auch ohne bestimmte
Form zum Eigengut bestimmt werden.

Will ein Ehegatte in Art. 179 lit. c, d, f c.c. genannte Gegenstände zum Eigengut erwerben,   63
muss, sofern es sich dabei um Immobilien oder in öffentlichen Registern einzutragende
bewegliche Gegenstände (Kfz, Schiff, Flugzeug) handelt, der andere Ehegatte beim Er-
werbsakt beteiligt sein und der Begründung von Eigengut zustimmen.[74] Der Erwerb der
Immobilie ist im Immobilienregister als Eigengut einzutragen (Art. 2647 Abs. 1 c.c.).[75]

---

66 Cass., 22.9.2000, n. 12554, GCM, 200; Cass., 18.2.1999, n. 1363, VN, 2000, 162.

67 *Auletta*, La comunione legale, S. 61.

68 Zum Meinungsstreit s. Cass. S.u., 27.1.1996, n. 651, FD, 1996, 220 m. Anm. *Ceccherini* und *Quadri* sowie Anm. *Cenni*, Notariato, 1996, S. 431.

69 Cass., 5.6.2013, n. 14197, Pluris.

70 Für den Fall, dass Gegenstand der Schenkung eine Geldsumme ist und diese für den Erwerb einer Immobilie verwendet wird, unterscheiden Cass., 14.12.2000, n. 15778, DF, 2000, 938, und Cass., 8.6.1998, n. 4680, FD, 1998, 323, zwischen *donazione diretta* und *donazione indiretta*, wobei auch letzterer Fall unter die Ausschlussvoraussetzung von Art. 179 lit. b c.c. fällt.

71 *Finocchiaro*, Diritto di Famiglia, S. 997 f.; *Auletta*, Il diritto di famiglia, S. 132.

72 Z.B. eine Mineraliensammlung: App. Milano, 24.5.1991, GC, 1992, I, 3175.

73 Nicht aber die sog. *indennità di accompagnamento*: Cass., 27.4.2005, n. 8578, FD, 2005, 471.

74 Str., vgl. dazu *Sesta*, Diritto di famiglia, S. 199 f. Für die h.M. in der Lehre und Rspr. (zuletzt Cass., 24.9.2004, n. 19250, FD, 2005) ist die Anwesenheit des anderen Ehegatten keine materielle Voraussetzung, sondern hat Auswirkungen auf die Beweislastverteilung: Ist der nicht erwerbende Ehegatte nicht anwesend, bleibt die erworbene Sache Eigengut. Es obliegt aber im Streitfall dem erwerbenden Ehegat-
ten die Beweispflicht bzgl. der Eigenschaft der Sache als *bene personale*. Ist der nicht erwerbende Ehegatte anwesend, hat er im Streitfall den Beweis zu erbringen, dass die erworbene Sache nicht mit dem Erlös weiterer *beni personali* gekauft worden ist und dass seine Willenserklärung wegen Irrtums anfechtbar ist.

75 Wird nachträglich festgestellt, dass kein Eigengut vorliegt und daher der Gegenstand an sich Gesamtgut ist, hindert dies einen zwischenzeitlichen gutgläubigen Erwerb Dritter nicht: s. Cass., 20.10.2009, n. 22755, FD, 2010, 122.

e) Verwaltung des Gesamtguts

64   Besondere Regelungen gelten für die **Verwaltung des Gesamtguts**. Maßnahmen der ordentlichen Verwaltung des Gesamtguts kann jeder Ehegatte allein wirksam vornehmen (Art. 180 Abs. 1 c.c.), während außerordentliche Maßnahmen ebenso der Mitwirkung beider Ehegatten bedürfen wie schuldrechtliche Verträge über die Nutzung unter das Gesamtgut fallender Güter, einschließlich insoweit anhängiger Gerichtsverfahren (Art. 180 Abs. 2 c.c.). Die Abgrenzung ist nach den jeweiligen Einkommens- und Lebensverhältnissen vorzunehmen; nicht jeder Erwerb ist deshalb eine außergewöhnliche Maßnahme. In der Regel können also nur beide Ehegatten über im Gesamtgut befindliche Immobilien verfügen.[76] Die Verwaltungsregelungen sind nach Art. 210 Abs. 3 c.c. zwingend, so dass sie ehevertraglich nicht generell (eine allgemeine Vollmacht, die aber nicht unwiderrufbar sein darf, ist zulässig)[77] abbedungen werden können.

Kein Ehegatte kann allein über das Gesamtgut oder sein Anteil verfügen.[78]

65   Verweigert ein Ehegatte die Mitwirkung zu Unrecht, kann der andere Ehegatte das Gericht anrufen, um die Ermächtigung zum alleinigen Handeln im konkreten Fall zu erlangen, wenn die Maßnahme „dem Interesse der Familie oder des Unternehmens" entspricht (Art. 181 c.c.). Die Zulässigkeit einer nachträglichen Genehmigung ist strittig. Wird die Zustimmung von einem Ehegatten zu Unrecht verweigert, kann dies einen Fall der schlechten Verwaltung (*cattiva amministrazione della comunione*) darstellen, so dass das Gericht auf Antrag die gerichtliche Aufhebung (*separazione giudiziale dei beni*) aussprechen kann (Art. 193 c.c.).

66   Die alleinige Verwaltung kann einem Ehegatten vom Gericht auch dann zugewiesen werden, wenn der andere Ehegatte vorübergehend verhindert (d.h. nicht in der Lage ist, Verwaltungsmaßnahmen zu treffen),[79] weit weg (ohne eine beglaubigte Vollmacht erteilt zu haben) oder unbekannten Aufenthalts ist (Art. 182 c.c.).

67   Ist ein Ehegatte minderjährig oder unbekannten Aufenthalts oder aus wichtigen Gründen nicht zur Mitwirkung bei der Verwaltung in der Lage oder hat er nicht ordnungsgemäß verwaltet (*male amministrato*), kann der andere Ehegatte auch generell seinen Ausschluss von der Verwaltung bei Gericht beantragen (Art. 183 c.c.).

68   Handelt ein Ehegatte ohne vorherige oder nachträgliche ausdrückliche oder konkludente Zustimmung des anderen, sind die getroffenen Maßnahmen und Rechtsgeschäfte vom übergangenen Ehegatten, nicht vom Vertragspartner anfechtbar, wenn es sich um in öffentlichen Registern eingetragene unbewegliche und bewegliche Gegenstände i.S.v. Art. 2683 c.c. handelt (Art. 184 Abs. 1 c.c.).[80] Es gilt eine Anfechtungsfrist von einem Jahr, beginnend ab

---

76   *Auletta*, Il diritto di famiglia, 2. Aufl. 1993, S. 155. Auch wenn im deutschen Grundbuch fälschlich ein Ehegatte als Alleineigentümer eingetragen ist, bedarf es der Mitwirkung des anderen Ehegatten. Freilich besteht die Möglichkeit gutgläubigen Erwerbs nach § 892 BGB bzw. nach Art. 16 Abs. 1 EGBGB i.V.m. § 1412 BGB (wenn der ausländische Güterstand nicht in das Güterrechtsregister eingetragen war).

77   *Sesta*, Diritto di famiglia, S. 202 ff.

78   Cass., II 30.1.2013, n. 2202, NT 2013, 2, 135.

79   Es darf aber keine Geschäftsunfähigkeit vorliegen (App. Milano, 7.3.2003, FD, 2003, 465 m. Anm. *Gennari*). Andernfalls findet die Regelung über die gesetzliche Vertretung (App. Torino, 18.5.1998, GC, 1999, I, 585) oder der Ausschluss aus der Verwaltung (Art. 183 Abs. 1 c.c.) Anwendung.

80   Sie sind also zunächst auch Dritten gegenüber wirksam: Cass., 8.1.2007, n. 88. Verliert der Vertrag infolge der Anfechtung seine Gültigkeit, kann der Dritte Anspruch auf Schadensersatz wegen *culpa in contrahendo* mangels Information über den Güterstand geltend machen: Cass., 8.7.2010, n. 16149, FD, 2011, 137.

Kenntnis des anfechtenden Ehegatten, höchstens jedoch innerhalb eines Jahres ab Eintragung des Erwerbs in das Immobilien- oder sonstige Register. Die Anfechtungsklage muss gegenüber dem handelnden Ehegatten und dem Dritten erhoben werden. Bezieht sich das Rechtsgeschäft bzw. die Maßnahme auf bewegliche Gegenstände, ist es ohne Anfechtungsmöglichkeit wirksam. Der handelnde Ehegatte hat jedoch auf Antrag des anderen den früheren Zustand wiederherzustellen, in dem er das Gut wiedererlangt oder ein vergleichbares erwirbt, oder – soweit dies nicht möglich ist – Schadensersatz in Höhe des Wiederbeschaffungswertes zu leisten (Art. 184 Abs. 3 c.c.).

f) Haftung

Bezüglich der **Vermögenshaftung** (*responsabilità patrimoniale*) haftet das Gesamtgut für die in Art. 186 c.c. genannten Verbindlichkeiten, nämlich: 69

- für die beim Erwerb von in das Gesamtgut fallenden Gütern übernommenen Abgaben, Belastungen und Verbindlichkeiten;
- für alle gewöhnlichen und außergewöhnlichen Verwaltungsaufwendungen.[81] Hat ein Ehegatte allein eine Maßnahme im Rahmen der außergewöhnlichen Verwaltung ausgeübt, kann der Vertragspartner nach Art. 189 Abs. 1 c.c. auf das Eigengut (*beni personali*) des handelnden Ehegatten und nachrangig auch auf die Hälfte des Gesamtguts zugreifen;
- für alle Aufwendungen für den Familienunterhalt und für Ausbildung und Erziehung der Kinder und jede andere von einem oder beiden Ehegatten im Interesse der Familie eingegangene Verbindlichkeit. Ist nur ein Ehegatte die Verbindlichkeit im Familieninteresse eingegangen, ist streitig, ob der andere voll oder nur subsidiär haftet;[82]
- für alle von beiden Ehegatten eingegangenen Verpflichtungen.

Für Gesamtgutverbindlichkeiten haftet neben dem Gesamtgut auch das jeweilige Eigenvermögen der Ehegatten. Die Regelung in Art. 190 c.c., wonach ein Ehegatte für Gesamtgutverbindlichkeiten mit seinem Eigengut nur in Höhe der hälftigen Verbindlichkeit haftet und ihm bei einem Zugriff auf sein Eigengut die Einrede der Vorausklage zusteht, gilt wohl nur für solche Verbindlichkeiten, die er nicht persönlich übernommen hat.[83]   70

Für **persönliche Verpflichtungen** (*obbligazioni personali*), worunter die von jedem Ehegatten vor der Eheschließung und nicht dem Familieninteresse dienenden Verpflichtungen sowie die das Eigengut betreffenden Verpflichtungen fallen, haftet vorrangig das Eigenvermögen des betroffenen Ehegatten. Nur wenn dies nicht reicht und keine vorrangigen Gläubiger aus Gesamtgutverbindlichkeiten vorhanden sind, haftet der betroffene Ehegatte auch mit seinem Anteil am Gesamtgut (Art. 189 Abs. 2 c.c.). Der Gläubiger kann entweder den Verkauf einzelner Güter des Gesamtguts[84] verlangen oder eine Teilversteigerung mit teilweiser Aufhebung des Gesamtguts.[85]   71

---

81 Dazu Cass., 20.1.1995, n. 1038, GC, 1995, I, 1520.

82 Die Rspr. geht grundsätzlich von einer alleinigen Verpflichtung des handelnden Ehegatten im Außenverhältnis und einer internen Aufteilung der Belastung aus: Cass., 4.6.1999, n. 5487, FD, 1999, 496.

83 *Patti*, in: *Henrich/Schwab*, Eheliche Gemeinschaft, Partnerschaft und Vermögen im europäischen Vergleich, Bd. 6, S. 125 ff., 136.

84 Cass., 14.3.2013, n. 6575, NGCC, 2013, 7–8, 663.

85 Cass., 4.8.1998, n. 7640, GC, 1999, 791. Dagegen: *Auletta*, Il diritto di famiglia, S. 151.

g) Auseinandersetzung

72   Die **Aufhebungsgründe** des gesetzlichen Güterstandes sind abschließend in Art. 191 c.c.
genannt und wirken *ipso iure*:
– Tod eines Ehegatten; dem steht die Verschollenheit und die Todeserklärung gleich;
– Aufhebung der Ehe;[86]
– Gerichtlich ausgesprochene oder bestätigte oder einvernehmlicheTrennung bzw. Scheidung der Ehe, falls keine Trennung vorausgegangen ist. Es genügt eine vorläufige Entscheidung des Gerichtspräsidenten zum Getrenntleben bei einseitigem Antrag, die Bestätigung durch den Gerichtspräsidenten bei einvernehmlicher Trennung (Art. 191 Abs. 2
  n.F. c.c.)[87] bzw. eine Einigung gem. G. Nr. 164/2014 (siehe Rdn 181).[88] In letzterem Fall
  tritt die Beendigung mit Wirksamkeit der Einigung (Zertifizierung durch die Anwälte
  bzw. Zeitpunkt der Einigung vor dem Standesamt) ein.[89]
– Insolvenz eines Ehegatten;[90]
– Aufhebung durch Ehevertrag;
– gerichtliche Aufhebung gem. Art. 193 c.c. wegen Entmündigung oder gerichtlich festge-
  stellter beschränkter Geschäftsfähigkeit, schlechter Verwaltung, Unfähigkeit zur Besorgung der eigenen Angelegenheiten, Gefährdung der Interessen der Familie, des Gesamtguts oder des Ehegatten, unzureichender Beteiligung eines Ehegatten an den Familien-
  ausgaben (berechnet nach seinen Einkünften und seiner Arbeitsfähigkeit). Zuständig ist
  das ordentliche Gericht.

73   Liegt ein Aufhebungsgrund vor, erfolgt die **Auseinandersetzung** in zwei Schritten: Zunächst hat jeder Ehegatte Rückerstattungs- und Rückgabeverpflichtungen (Art. 192 c.c.).
Anschließend ist das verbleibende Gesamtgut unter den Ehegatten bzw. deren Erben hälftig
zu verteilen (Art. 194 c.c.).[91] Der Grundsatz der hälftigen Teilung ist unabdingbar, kann
also ehevertraglich nicht abgeändert werden (Art. 210 Abs. 3 c.c.).

74   Für die Aufteilung des Gesamtguts gelten die Regelungen über die Auseinandersetzung
von Erbengemeinschaften.[92] Die Aufteilung kann einvernehmlich oder gerichtlich erfolgen.
Aktiva und Passiva werden gemeinsam erfasst. Unter die Aktiva fallen auch die *beni comuni
de residuo*. Es wird widerlegbar vermutet, dass bewegliche Gegenstände Gesamtgut sind
(Art. 195 c.c.). **Vorrangig** ist eine **Realteilung**, so dass in dem jedem Ehegatten zugewiesenen Teil eine gleiche Menge an beweglichen und unbeweglichen Gegenständen sowie Forderungen, soweit möglich und nicht einvernehmlich anders vereinbart, enthalten sein soll
(Art. 727 c.c.); i.Ü. erfolgt ein **Geldausgleich** (Art. 728 c.c.). Das Gericht kann einem Ehegatten auch den **Nießbrauch** an dem anderen Ehegatten zugewiesenen Gegenständen zuweisen, wenn dies dem Kindeswohl entspricht (Art. 194 Abs. 2 c.c.).

---

86 Die Aufhebung wirkt nur ex nunc.
87 Siehe G. 6.5.2015, Nr. 55.
88 Siehe *Giacomelli*, in *Cubeddu Wiedemann/Corder* (Hrsg)., Diritto di famiglia 2016, Art. 3 l. 55/15,
    A, 2.
89 Dazu *Cubeddu Wiedemann/Henrich*, FamRZ 2015, S. 1253.
90 Ist die Insolvenz bereits vor Eheschließung gerichtlich festgestellt worden, hindert dies den Eintritt
    der *comunione legale*. Es gilt dann automatisch Gütertrennung.
91 In Bezug auf die Güter eines Unternehmens (*impresa* nach Art. 178 c.c.) ist umstritten, ob eine Real-
    teilung vorzunehmen ist oder nur ein Abfindungsanspruch des Nicht-Unternehmer-Ehegatten in Geld
    vorliegt. Für eine reine Geldforderung siehe Cass., 29.11.2010, n. 42182, FD, 2011, 369.
92 Vgl. hierzu *Cubeddu Wiedemann/Wiedemann*, in: *Süß* (Hrsg.), Erbrecht in Europa, 2. Aufl. 2008,
    Länderbericht Italien, Rn 233 ff.

3. Gütertrennung

Bei Eheschließung können die Ehegatten durch eine einfache, in der Heiratsurkunde enthal- 75
tene Erklärung den Güterstand der **Gütertrennung** wählen.[93]

Wird die Gütertrennung erst später gewünscht, bedarf es eines in öffentlicher Form abzuschließenden Ehevertrages (Art. 162 Abs. 1 c.c.).[94] Gütertrennung tritt kraft Gesetzes für
die künftige Ehedauer bei gerichtlicher oder einvernehmlicher Trennung (*separazione personale dei coniugi*) und bei Insolvenz eines Ehegatten ein. Jeder Ehegatte kann im Fall der
Gütertrennung über sein Vermögen selbstständig verfügen. Soweit ein Ehegatte die dem
anderen Ehegatten gehörenden Gegenstände nutzt, gelten für ihn, sofern nicht anders vereinbart, die Bestimmungen über den Nießbrauch (Art. 218 c.c.). Ist streitig, wem bestimmte
Gegenstände gehören, wird widerlegbar vermutet, dass sie beiden zum Miteigentum je zur
Hälfte gehören (Art. 219 c.c.).

4. Die vertragliche Gütergemeinschaft (comunione convenzionale)

Nach Art. 210 c.c. können die Ehegatten den gesetzlichen Güterstand durch einen in öffent- 76
licher Form abzuschließenden Ehevertrag abändern. Sie können den Umfang des Gesamtguts erweitern oder beschränken. So können sie bestehende und künftige *beni de residuo*
zum Gesamtgut erklären. Nicht zum Gesamtgut dürfen die in Art. 179 Abs. 1 lit. c, d, e c.c.
genannten Güter bestimmt werden (= *beni di uso strettamente personale di ciascun coniuge,
quelli che servono all'uso della professione, quelli ottenuti a titolo di risarcimento del danno
o la pensione ottenuta per la perdita totale o parziale della capacità lavorativa*) (siehe
Rdn 57 ff.). Ungültig ist auch eine vertragliche Abbedingung des Grundsatzes der hälftigen
Teilung des Gesamtguts (Art. 210 Abs. 3 c.c.) und des Prinzips der gemeinsamen Verwaltung
des Gesamtguts.[95]

Die ehevertraglich zum Gesamtgut erklärten Gegenstände **haften** für die von einem Ehegat- 77
ten vor Abschluss des Ehevertrages eingegangenen Verpflichtungen nur in der Höhe des
Wertes der Güter, die sich im Eigentum dieses Ehegatten vor Abschluss des Ehevertrages
befanden.

II. Der Familienfonds

Das italienische Eherecht kennt keine Einschränkung der Verfügungsbefugnis eines Ehegat- 78
ten. Ehegatten können aber durch einen in öffentlicher Form abzuschließenden Ehevertrag
(*convenzione matrimoniale ex* Art. 162 c.c.) einen Familienfonds (*fondo patrimoniale*), dessen Gegenstand nach Art. 167 c.c. **Immobilien, registrierbare bewegliche Sachen und
Wertpapiere** oder Rechte daran sein können, für die Bedürfnisse der Familie – Ehegatten,
unterhaltsbedürftige Kinder, Eltern – bilden.[96] Vertragspartner können nur Ehegatten sein.
Der Familienfonds kann auch durch einen Dritten begründet werden, der Vermögen den
Ehegatten durch Vertrag oder Testament zuwenden kann. Strittig ist in diesem Fall, ob der
Familienfonds auch nur einzelnen Familienmitgliedern zugute kommen kann.

---

93 Nachträgliche Berichtigung möglich: Cass., 20.1.2014, n. 1096, FI 2014, 3, 1, 787.
94 Ist die *convenzione* nichtig, tritt automatisch die *comunione legale* ein; siehe dazu *Cubeddu*, Diritto
della famiglia, S. 206 f.
95 Dazu ausf. *Cubeddu*, Diritto della famiglia, S. 179 ff.
96 Der Begriff Bedürfnisse der Familie ist extensiv auszulegen: Cass., 11.7.2014, n. 15886, Lplus.

Bedingungen und Befristungen sind unzulässig. Für die Verwaltung des *fondo patrimoniale* gelten zwingend die Regelungen des gesetzlichen Güterstandes (Art. 168 Abs. 3 c.c.). Der Ausschluss eines Ehegatten aus der Verwaltungsbefugnis ist nach Art. 183 c.c. möglich. Die daraus erzielten Erträge dürfen nur für den Bedarf der Familie verwendet werden.[97] Sind minderjährige Kinder vorhanden, bedarf eine Verfügung über dieses Vermögen der gerichtlichen Genehmigung.[98]

79   Die Drittwirkung setzt den Vermerk (*annotazione*) des Familienfonds (und dessen Änderungen) **am Rand der Eheschließungsurkunde**. (Art. 162 c.c.) voraus. Weiter ist der Familienfonds im Grundbuchregister einzutragen (Art. 2647 c.c.). Diese Eintragung (*trascrizione*) dient allerdigs nur zur Bekanntgabe (*pubblicitá notizia*) und ersetzt nicht die Drittwirkung des Vermerks (*annotazione*).[99] *Annotazione* und *trascrizione* sind vom Notar durchzuführen.

80   Für nicht mit dem Fondsvermögen zusammenhängende Verbindlichkeiten eines Ehegatten **haftet** dieses Vermögen nicht; dies gilt, wenn der Gläubiger wusste, dass dieses nicht dem Bedarf der Familie diente (Art. 170 c.c.).[100] Wegen des sich daraus ergebenden beschränkten Gläubigerzugriffs wurde der *fondo patrimoniale* genutzt, um das Vermögen eines Ehegatten, oft des unternehmerisch tätigen Ehegatten, zu schützen. Die Rspr. hat dem nunmehr einen Riegel vorgeschoben, indem es die Einbringung von Vermögen in den *fondo patrimoniale* der **Gläubigeranfechtung** nach Art. 2901 ff. c.c. und Insolvenzanfechtung gemäß Art. 64 l. fall. unterworfen hat.[101]

81   Der Familienfonds endet, soweit nicht minderjährige Kinder begünstigt sind, zwingend mit Aufhebung, Auflösung (auch durch Tod) oder sonstiger Beendigung der zivilrechtlichen Wirkungen der Ehe (Art. 171 c.c.), bei Vorhandensein minderjähriger Kinder erst mit Volljährigkeit des jüngsten Kindes; strittig ist dies bei Insolvenz eines Ehegatten).

III. Das Familienunternehmen

82   Art. 230 *bis* c.c. über die ***impresa familiare*** enthält eine besondere zwingende Schutzregelung für Familienangehörige, die faktisch – d.h. ohne Arbeitsverhältnis und ohne Beteiligung z.B. als Gesellschafter – und dauerhaft im Familienbetrieb eines Einzelunternehmers[102] tätig sind (z.B. Gastwirte, Handwerker oder Landwirte) oder den Betrieb in sonstiger Weise fördern.[103] Familienangehörige sind der Ehegatte, daneben Verwandte bis zum dritten Grad sowie Verschwägerte bis zum zweiten Grad, und zwar von beiden Ehegatten, unabhängig davon, wer von ihnen Betriebsinhaber ist. Für nicht eingetragene Partnerschaften (*convivenza*) gilt der neue Art. 230 *ter* (siehe Rdn 261). Die Regelung bezüglich des Familienunternehmens hat keine Auswirkungen auf die Frage der Inhaberschaft, die dem allgemeinen Güterrecht unterliegt.

---

97 Cass., 26.8.2014, n. 18248, Lplus.
98 Teilweise wird die Genehmigung für entbehrlich gehalten, wenn im Gründungsakt die Genehmigungsfreiheit vereinbart wurde: Trib. Milano, 29.4.2010, FD, 2011, 53.
99 Cass., 12.12.2013, n. 27854, *Lplus* 16.11.2007, n. 23745, FI, 2008, I, 1936. Die Eintragung in das Immobilienregister verleiht keine Drittwirkung: Cass., S.U. 13.10.2009, n. 21658, FD, 2010, 561.
100 Über die Beweisteilung siehe Cass., 7.2.2013, n. 2970, Lplus.
101 Cass., 9.10.2015, n. 20376, Lplus; Cass., 30.6.2015, n. 13343, Lplus; Cass., 18.7.2014, n. 16498, Lplus.
102 Nicht bei Gesellschaften, Cass., s.u., 6.11.2014, n. 23676, FD 2015, p. 768; Cass.,13.10.2015, n. 20552, DeJure.
103 Es genügt eine dauerhafte Teilzeittätigkeit, nicht jedoch die bloße Haushaltsführung: Cass., 16.12.2005, n. 27839, FI, 2006, I, 2070.

Die Angehörigen – insbesondere also die Ehefrau – haben das Recht auf Unterhalt, dessen   83
Höhe sich nach den Vermögensumständen der Familie bestimmt. Darüber hinaus steht
ihnen eine Beteiligung an den Erträgen des Unternehmens und an den damit erworbenen
Gegenständen und am Wertzuwachs des Betriebs zu, deren Höhe von Quantität und Qualität der geleisteten Arbeit abhängt. Alle Entscheidungen über die Verwendung der Erträge,
über außergewöhnliche Aufwendungen und über die Betriebsaufgabe müssen mit einfacher
Mehrheit der mitwirkenden Familienangehörigen (nach Köpfen) getroffen werden. Trifft
der Unternehmer eine Entscheidung ohne Einschaltung der Familienangehörigen, ist dies
zwar nach außen wirksam. Er haftet aber ggf. intern gegenüber den Familienangehörigen.

Im Fall der Betriebsaufgabe oder der Einstellung der Tätigkeit im Betrieb ist der mitarbei-   84
tende Familienangehörige nach Wahl des Unternehmers durch einmalige Zahlung oder
durch Rentenzahlung abzufinden. Die Mitwirkenden haben bei einem Verkauf des Unternehmens bzw. im Fall der Erbauseinandersetzung ein Vorkaufsrecht (vgl. Art. 732 c.c.).[104]

IV. Sonstige Beschränkungen

Verfügungsbeschränkungen bezüglich **Hausrat und Ehewohnung** existieren im italieni-   85
schen Recht nicht. Jeder Ehegatte kann über in seinem Eigentum befindliche Hausratsgegenstände sowie die Ehewohnung frei verfügen. Es besteht nach Art. 143 c.c. jedoch eine
Verpflichtung zur Stellung einer angemessenen Ehewohnung. Soweit ein Ehegatte durch
eine sachenrechtlich zulässige und wirksame Verfügung familienrechtliche Pflichten zu
ehelicher Solidarität und zum Unterhalt verletzt, hat dies lediglich Schadensersatzansprüche
zur Folge.[105]

V. Ehelicher Unterhalt

1. Allgemeines

Eine ausdrückliche gesetzliche Regelung zur Gewährung eines Ehegattenunterhalts wäh-   86
rend des Bestehens der Ehe existiert nicht. Indirekt entnimmt man die Verpflichtung zur
Gewährung von Unterhalt aus der materiellen Beistandspflicht (*obbligo di assistenza materiale*, Art. 143 Abs. 2 c.c.) und aus der Pflicht zum Beitrag bezüglich der Familienbedürfnisse
(*contribuzione ai bisogni della famiglia*, Art. 143 Abs. 3 c.c.), die sich ihrerseits aus dem
verfassungsrechtlichen Gleichheitsprinzip der Ehegatten (Art. 29 Cost., Art. 143 Abs. 1 und
151 Abs. 2 c.c.), der *l'uguaglianza morale e giuridica dei coniugi*, herleiten.

2. Familienunterhalt

Nach Art. 143 Abs. 3 c.c. ist jeder Ehegatte verpflichtet, entsprechend seinem Vermögen   87
und seiner Arbeitskraft zu den **„Familienbedürfnissen"** beizutragen (*obbligo di contribuzione*), sei es durch Erwerbseinkommen oder durch häusliche Tätigkeit. Der Begriff der
Familienbedürfnisse wird eng ausgelegt.[106] Die Rede ist hier von primären und unverzichtbaren Bedürfnissen (*esigenze primarie e incomprimibili*), was auch die Stellung einer Ehewohnung und Leistungen für die Bedürfnisse des nicht aus eigenem Verschulden erwerbsun-

---

104 Dazu ausf. *Balestra*, Diritto della famiglia, S. 1019 ff.
105 *Cubeddu*, La casa familiare, S. 67 ff.
106 *Paradiso*, I rapporti personali, S. 85 nennt als Kriterien dafür: „*scelte dei coniugi, capacità contributiva,
     condizioni economiche dei coniugi e dei figli conviventi, condizioni sociali, capacità di lavoro, autonomia
     dei coniugi.*".

fähigen Ehegatten umfasst.[107] Leistet ein Ehegatte freiwillig einen höheren Beitrag, kann er ihn nicht ersetzt verlangen.[108]

88   Erfüllt ein Ehegatte seine Verpflichtung zum angemessenen Beitrag zu den „Familienbedürfnissen" nicht, kann gerichtlich festgelegt werden, dass ein Teil seiner Einkünfte unmittelbar an den anderen Ehegatten ausbezahlt wird (Art. 148 Abs. 2 und 156 Abs. 6 c.c.). Für den Kinderunterhalt obliegt den Aszendenten eine konkurrierende subsidiäre Pflicht.[109]

VI. Name

89   Nach italienischem Recht behält der Ehemann seinen Namen. Dem Geburtsnamen der Ehefrau wird nach Art. 143 *bis* c.c. der Name des Ehemannes angefügt. Diese Regelung ist zwingend. Es besteht weder eine Wahlmöglichkeit noch sind vertragliche Regelungen über den Ehenamen möglich.[110] Die verwitwete Ehefrau behält ihren Ehenamen. Zur Namensregelung bei Trennung und Scheidung siehe Rdn 147, 202.

90   Die Kinder führen den Namen des Vaters. Auch diese Regelung ist zwingend; es besteht weder eine Wahlmöglichkeit noch sind vertragliche Regelungen möglich.

VII. Sonstige Ehewirkungen

1. Pflicht zur ehelichen Lebensgemeinschaft

91   Der *Codice civile* enthält keine Generalklausel, nennt aber in Art. 143 c.c. einzelne Ehepflichten: **gegenseitige Treuepflicht**,[111] **Beistandspflicht**[112] und **Pflicht zur Zusammenarbeit** und zum **Zusammenwohnen** (*obbligo reciproco alla fedeltà, assistenza, collaborazione* und *coabitazione*). Es handelt sich um persönliche, grundsätzlich nicht einklagbare Verpflichtungen, deren Verletzung jedoch bei einer Trennung ggf. zur Schuldzuweisung (*separazione con addebito*) führen (Art. 151 Abs. 2 c.c.).[113] Die neuere Rspr. bejaht allerdings Schadensersatzanprüche gem. Art. 2034 c.c. wegen Verletzung der Persönlichkeitsrechte.[114]

92   Die Verpflichtung zum Zusammenwohnen bedeutet nicht eine Verpflichtung zum tatsächlichen Zusammenleben, sondern wird als Verpflichtung zur Bestimmung einer Wohnung als „Familienwohnung" angesehen.[115]

93   Zieht ein Ehegatte aus der Ehewohnung aus, kann der andere Ehegatte eine Beschlagnahme der Güter des anderen Ehegatten beantragen, um die Beitragspflicht des anderen sicherzustellen (Art. 146 Abs. 1 und 3 c.c. i.V.m. Art. 671, 700 c.p.c.). Nach dem **Gewaltschutzgesetz** vom 4.4.2001, n. 154, kann das Gericht auf Antrag u.a. anordnen, dass der schuldige Ehegatte aus der Ehewohnung auszuziehen und/oder Unterhaltszahlungen zu leisten hat.

---

107 Ausf. *Cubeddu*, Diritto della famiglia, S. 153 ff.
108 So *Bianca*, La famiglia, S. 73.
109 Dazu Cass., 30.9.2010, n. 20509, FD, 2011, 467.
110 Für Kinder besteht nur dann die Möglichkeit, einen Doppelnamen aus dem Namen der Mutter und des Vaters zu führen, wenn sie bei Gericht einen Antrag nach d.P.R., 3.11.2000, n. 396, Art. 110, stellen.
111 Wahrung der Persönlichkeitsrechte des anderen Ehegatten, siehe *Bianca*, La famiglia, S. 65.
112 Verpflichtung zur Solidarität in materieller und moralischer Hinsicht, siehe *Bianca*, La famiglia, S. 65.
113 Cass., 29.9.2015, n. 19328, Lplus; Cass., 24.2.2011, n. 4540, GC 2011, 10, I, 2309.
114 Cass., 10.5.2011, n. 9801 und Cass., 15.9.2011, n. 18853.
115 Cass., 11.4.2000, n. 4558, GI, 2000, 2235.

Die Verletzung eherechtlicher Pflichten kann neben etwa bestehenden **Schadensersatzan-** 94
sprüchen[116] dazu führen, dass eine Trennung mit Schuldzuweisung (*addebitabilità della
separazione*) vorliegt (Art. 151 Abs. 2 c.c.). Die Verletzung der Beistandspflicht ist auch
strafrechtlich sanktioniert (Art. 570 c.p. ital. StGB).

2. „Schlüsselgewalt"

Der *Codice civile* enthält keine ausdrückliche Norm über die **Schlüsselgewalt**. Der Ver- 95
pflichtung zur Zusammenarbeit (*obbligo di collaborazione*) in Art. 143 c.c. wird eine Vertre-
tungs- und Verpflichtungsmacht des einen Ehegatten auch für den anderen Ehegatten entnommen.[117] Entspricht das Rechtsgeschäft den Familienbedürfnissen, wird automatisch
auch der andere Ehegatte, der an sich nicht Vertragspartei ist, mitverpflichtet.[118]

3. Eigentumsvermutung

Leben die Ehegatten in **Gütertrennung**, wird vermutet, dass die im Besitz eines oder beider 96
Ehegatten befindlichen Sachen ihnen je zur Hälfte gehören (Art. 219 c.c.). Bei **gesetzlichem
Güterstand** gilt die Vermutung nur für bewegliche Sachen (Art. 195 c.c.). Die Eigentums-
vermutung ist widerlegbar.

VIII.   Möglichkeiten vertraglicher Gestaltung

Im italienischen Recht wird grundsätzlich zwischen zwei Arten von Ehevereinbarungen 97
unterschieden, nämlich nicht formbedürftigen Vereinbarungen über die allgemeinen Ehewirkungen (*accordi sull'indirizzi della vita familiare*) und güterrechtlichen, gemäß Art. 162
Abs. 1, Art. 2699 c.c. in öffentlicher Urkunde[119] zu errichtenden Vereinbarungen (*convenzioni matrimoniali*).

Eheverträge können vor und nach der Eheschließung geschlossen werden. Die Vertretung
aufgrund Vollmacht ist zulässig. Eine weitere vertragliche Gestaltungsmöglichkeit – allerdings erbrechtlicher Natur – wurde mit den 2006 in Art. 768 *bis*/768 *octies* c.c. neu eingeführten *patti di famiglia* geschaffen.[120]

1. Eigentumszuordnung

Die Zulässigkeit güterrechtlicher Vereinbarungen ergibt sich aus Art. 159 ff. c.c. Einigkeit 98
besteht darüber, dass neben der Wahl der vertraglichen Güterstände auch Modifikationen
der einzelnen Güterstände möglich sind.[121] So kann der **Umfang des Gesamtguts** erweitert
werden. Dies setzt jedoch eine konkrete Bezeichnung der Gegenstände voraus, die dem
Gesamtgut unterstehen sollen. Eine Formulierung, dass alle künftigen Immobilien, die ein

---

116 Cass., 10.5.2005, n. 9801, FD, 2005, 365, wegen Verletzung der Persönlichkeitsrechte.
117 *Bianca*, La famiglia, S. 73.
118 Mithaftung für Arzthonorar bei Abschluss eines Behandlungsvertrages; vgl. Cass., 8.8.2002, n. 12021.
     Teilweise wird die Mitverpflichtung auch mit dem Rechtsinstitut der „Anscheinsvollmacht" begründet:
     V. Cass., 29.4.1992, n. 5063, GI, 93, I, 1, 1063 m. Anm. *Cimei* und *Carbone*; Cass., 7.7.1995, n. 750,
     FD, 1996, 140 m. Anm. *Sesta*; Cass., 2.10.2004, n. 19947, FD, 2005, 150.
119 Siehe art. 47 ss. G. 16.2.1931, Nr. 89.
120 Dazu ausf. *Cubeddu*, Diritto della famiglia, S. 179 ff.
121 *Patti*, in: *Henrich/Schwab*, Eheliche Gemeinschaft, Partnerschaft und Vermögen im europäischen Ver-
     gleich, Bd. 6, S. 125 ff.

Ehegatte an sich als Eigengut erwirbt, in das Gesamtgut fallen sollen, ist nicht möglich.[122] Auch Gegenstände, die zum persönlichen Gebrauch bestimmt sind bzw. zur Berufsausübung dienen, sowie Schadensersatzansprüche und Renten wegen Verminderung der Erwerbsfähigkeit können kraft Gesetzes nicht zum Gesamtgut erklärt werden (Art. 210 Abs. 2 c.c.) Die Bestimmungen über die Verwaltung des Gesamtguts sind nach Art. 210 Abs. 3 c.c. unabdingbar. Umgekehrt kann der Umfang des Gesamtguts eingeschränkt werden, indem bestimmte Gegenstände zum *fondo patrimoniale* oder zum Eigengut eines Ehegatten erklärt werden.[123] Es darf aber damit nicht der gesetzliche Güterstand ausgehöhlt werden, indem für künftige Erwerbe kein Gesamtgut mehr besteht.[124]

99   Der Güterstand kann nach Art. 161 c.c. nicht durch generelle Verweisung auf ausländisches Recht bestimmt werden, jedenfalls nicht, soweit nicht die Möglichkeit zur Wahl des entsprechenden Rechts auf internationalprivatrechtlicher Ebene besteht (vgl. Rdn 109). Jedoch besteht die Möglichkeit, die italienischen Regelungen vertraglich so auszugestalten, dass sie ausländischen Modellen entsprechen, soweit der Grundsatz der Gleichstellung der Ehegatten und die gesetzlich geregelten Ehepflichten der Art. 143, 148 c.c. nicht verletzt werden.[125]

100   Streitig ist, ob auch **atypische Güterstände** vereinbart werden können. Einige bejahen dies unter Verweis auf Art. 161 c.c. und den Grundsatz der Privatautonomie und sehen als Grenze nur die öffentliche Ordnung, die guten Sitten und die gesetzlich geregelten Ehepflichten.[126] In der Praxis spielen solche atypischen Güterstände bis jetzt freilich keine große Rolle.

101   Verboten sind Regelungen, die **Gläubigerrechte** beeinträchtigen,[127] soweit nicht von Gesetzes wegen ausdrücklich zugelassen, wie *fondo familiare* oder *atti di destinazione*. Güterrechtliche Regelungen, die nur den gesetzlichen Güterstand modifizieren, bedürfen – um gutgläubigen Dritten entgegengehalten werden zu können – der Registrierung im Standesamtsregister (Art. 162 Abs. 4 c.c. und 69 regol. st. civ.); bei Immobilien bedarf es der Eintragung in das Immobilienregister (Art. 2647 Abs. 1 c.c.).

2. Ehelicher Unterhalt

102   Die gegenseitige Verpflichtung der Ehegatten zum **Familienunterhalt** ist zwingend (Art. 143, 160 c.c.); ein Verzicht auf künftigen Familienunterhalt wäre daher nicht gültig. Soweit formlose Vereinbarungen über Modalitäten der Unterhaltsgewährung für zulässig gehalten werden,[128] spielen sie in der Praxis allmählich eine größere Rolle.[129]

---

122 *Bianca*, La famiglia, S. 90.
123 So ausf. *Sesta*, Il diritto di famiglia, S. 229 ff. Siehe auch *Cubeddu*, Parteiautonomie versus Inhaltskontrolle, in: Festschrift Pintens, 2012, I, 339.
124 *Bianca*, La famiglia, S. 91.
125 Vgl. zum Ganzen auch *Patti*, in: *Henrich/Schwab*, Eheliche Gemeinschaft, Partnerschaft und Vermögen im europäischen Vergleich, Bd. 6, S. 125 ff., 128 f.; *Patti*, in: *Hofer/Henrich/Schwab*, From Status to Contract? Die Bedeutung des Vertrages im europäischen Familienrecht, Bd. 9, S. 255 ff., 261 f.; *Cubeddu*, Diritto della famiglia, S. 198 ff.
126 *Sesta*, Il diritto di famiglia, S. 222 ff.
127 *Bianca*, La famiglia, S. 81.
128 *Bianca*, La famiglia, S. 81.
129 *Cubeddu*, Diritto della famiglia, S. 179 ff.

3. Name

Über den Ehenamen sind anders als bei einer eingetragenen Partnerschaft (siehe Rdn 246) keine Vereinbarungen möglich.

103

4. Sonstige Ehewirkungen

Die konkrete Ausgestaltung der **ehelichen Lebensgemeinschaft** überlässt das Gesetz den Ehegatten. Gemäß Art. 144 c.c. können die Ehegatten formlos Vereinbarungen über die allgemeinen Ehepflichten treffen, z.B. über den gewünschten Lebensstandard, Ausmaß und Art der jeweiligen Beitragspflicht zu den Familienbedürfnissen, die Festlegung der Ehewohnung etc. Mit solchen Vereinbarungen können die gegenseitigen Ehepflichten jedoch nur ausgestaltet, nicht aber gänzlich ausgeschlossen werden (Art. 160 c.c.). Solche Vereinbarungen sind, soweit sie persönliche Ehewirkungen betreffen, nicht zwangsweise durchsetzbar. Eine Vertragsstrafe im Falle der Nichterfüllung wäre daher nichtig.[130]

104

5. Schenkungen

Schenkungen unter Ehegatten sind ohne Einschränkung möglich. Das frühere Verbot der Schenkungen unter Ehegatten wurde für verfassungswidrig erklärt.[131]

105

6. Atti di destinazione

Es handelt sich um ein formgebundenes Rechtsgeschäft (einseitiger oder vertraglicher Natur, *inter vivos* oder *mortis causa*), mit dem ein Ehegatte oder beide Ehegatten bestimmte Vermögenswerte (Immobilien, registrierbare bewegliche Sachen) dauerhaft und zweckgebunden für schutzwürdige Familienbedürfnisse bildet/bilden (Art. 2654 *ter* c.c.). Diese Vermögenswerte sind vor dem Gläubigerzugriff geschützt. Drittwirkung erlangen die *atti di destinazione* erst nach Eintragung.

106

7. Patti di famiglia

Es handelt sich um einen Vertrag **erbrechtlicher Natur** (Art. 768 *bis* ff. c.c.), mit dem der Unternehmer seinen Nachfolger bestimmt und sein Unternehmen überträgt. Gegenstand des Vertrages ist bei Einzelunternehmen der Betrieb als solcher, bei Gesellschaften die Gesellschafts- bzw. Geschäftsanteile. Der Vertrag ist beurkundungspflichtig. Vertragsparteien sind (anderenfalls Nichtigkeit des Vertrages!) außer dem Unternehmer und dem Erwerber alle zum Zeitpunkt des Vertrages vorhandenen gesetzlichen Erben des Unternehmers. Soweit diese nicht *assegnatari* sind, steht ihnen eine Geldabfindung entsprechend ihren Erbansprüchen zu.

107

IX. Kollisionsrecht der Ehefolgen

Für die **persönlichen Ehewirkungen** (*rapporti personali*) knüpft das italienische Internationale Privatrecht an die Staatsangehörigkeit an (Art. 29 Abs. 1 S. 1 d.i.p.). Haben die Ehegatten

108

---

130 Dazu ausf. *Cubeddu*, Diritto della famiglia, S. 160 ff.
131 Corte Cost., 27.6.1973, n. 91.

verschiedene oder mehrere Staatsangehörigkeiten,[132] wird an den Staat angeknüpft, zu dem das Eheleben den vorrangigen Bezug hat (*localizzazione prevalente della vita matrimoniale*; Art. 29 Abs. 2 d.i.p. = Schwerpunkt der ehelichen Lebensgemeinschaft). Unter *rapporti personali* sind nur die allgemeinen ehelichen Pflichten zu Treue, Beistand und Zusammenleben zu verstehen.

109   Für die **vermögensrechtlichen Folgen** (*rapporti patrimoniali*) – das italienische Gesetz unterscheidet nicht zwischen allgemeinen Ehewirkungen (*diritto all'assistenza materiale, dovere di contribuzione e di mantenimento* (Unterhalt), *soddisfacimento dei bisogni della famiglia*) und Güterrecht – gilt grundsätzlich das Recht des Staates, das auch für die persönlichen Ehewirkungen (*rapporti personali*) gilt (Art. 30 Abs. 1 d.i.p.). Ändert sich die Staatsangehörigkeit oder vor allem der Lebensmittelpunkt beider oder eines Ehegatten, ändert sich auch das für die vermögensrechtlichen Folgen maßgebende Recht.[133] Das Güterrechtsstatut kann sich anders als im deutschen Recht also wandeln, wobei streitig ist, ob die Änderung dann *ex nunc* oder sogar *ex tunc* wirkt.[134]

110   Eine **Rückverweisung** auf das italienische Recht wird angenommen, ebenso eine einfache **Weiterverweisung**, wenn das dritte Recht die Verweisung annimmt (Art. 13 Abs. 1 d.i.p.).

111   Ehegatten mit unterschiedlicher Staatsangehörigkeit können privatschriftlich eine **Rechtswahl**[135] treffen[136] und für die **vermögensrechtlichen Folgen** das Recht des Staates vereinbaren, dessen Staatsangehörigkeit einer von ihnen hat oder wo einer von ihnen seinen Hauptwohnsitz hat (Art. 30 Abs. 1 d.i.p.). Die Gültigkeit der Rechtswahl richtet sich nach dem Recht des Staates, dessen Recht gewählt wird, oder nach dem Recht des Staates, in dem die Vereinbarung geschlossen wurde (Art. 30 Abs. 2 d.i.p.).[137]

112   Die Rechtswahl muss das gesamte Vermögen umfassen. Eine rechtsgeschäftliche **Güterrechtsspaltung**[138] wird nur anerkannt, wenn aus Sicht des italienischen IPR zunächst das betreffende ausländische Recht zur Anwendung berufen ist.[139]

113   Die Rechtswahl kann in das Standesamtsregister und, soweit sie in Italien gelegene Immobilien betrifft, in das Immobilienregister eingetragen werden. Sie gilt gegenüber Dritten nur, wenn diese sie kannten oder hätten kennen müssen (Art. 30 Abs. 3 d.i.p.).[140]

---

132 Nach Art. 19 Abs. 2 d.i.p. findet, wenn eine Person mehrere Staatsangehörigkeiten hat, das Recht des Staates Anwendung, zu dem sie die engste Verbindung hat. Ist unter diesen die italienische, hat diese Vorrang.

133 *Villani*, Giust. civ., 1996, II, S. 445; *Bianca*, Diritto civile, 2, La famiglia. Le successioni, S. 161.

134 Zum Meinungsstand siehe *Ballarino*, Diritto internazionale privato, 4. Aufl., S. 424; dazu auch *Cubeddu*, Le clausole sulla legge applicabile ai rapporti familiari, in Scritti in Onore di G. Gabrielli.

135 Auch insoweit ist strittig, ob die Rechtswahl ex tunc oder ex nunc wirkt. Vgl. *Ballarino*, Diritto internazionale privato, 4. Aufl., S. 430.

136 Beispiel für eine sinnvolle Rechtswahl, um eine Entscheidungsdivergenz zu vermeiden: Haben bei einer deutsch-italienischen Ehe die Ehegatten bei Eheschließung ihren gewöhnlichen Aufenthalt in Italien, ziehen sie aber später nach Deutschland, so verweist das deutsche IPR für das Güterstatut auf das italienische Recht, das – da wandelbar – nach dem Umzug wiederum auf das deutsche Recht zurückverweist. Aus Sicht des italienischen IPR verweist es nach dem Umzug auf das deutsche Recht, das seinerseits zurückverweist, da es unwandelbar auf die Verhältnisse bei Eheschließung abstellt.

137 Siehe aber *Cubeddu*, Parteiautonomie versus Inhaltskontrolle, in: Festschrift Pintens, 2012, I.

138 Z.B. Wahl deutschen Güterrechts nach Art. 15 Abs. 2 Nr. 3 EGBGB für in Deutschland belegenes unbewegliches Vermögen.

139 *Cubeddu*, Diritto della famiglia, S. 218 ff.

140 *Cubeddu*, Diritto della famiglia, S. 223 ff.

X. Auswirkungen der Ehe auf die Altersversorgung

Für weite Teile der Bevölkerung besteht in Italien eine gesetzliche Rentenversicherungs- 114
pflicht. Diese gilt insbesondere für Arbeitnehmer (Arbeiter und Angestellte, d.lgs 45/39).
Nicht versicherungspflichtige Personen, d.h. insbesondere die meisten Selbstständigen, können sich freiwillig versichern. Rentenversicherungsträger ist u.a die INPS (*Istituto nazionale
della previdenza sociale*).

Man unterscheidet zwischen *pensione indiretta* und *pensione di reversibilità*. Beide stehen 115
dem Ehegatten *de iure proprio* zu. Ausgeschlossen sind der *assegno di invalidità* (Art. 1
Abs. 6 g. 222/84) und die *rendita infortunistica* (Art. 85 Abs. 1 d.p.r. 1124/65).

Die *pensione indiretta* steht dem hinterbliebenen Ehegatten zu, wenn der andere Ehegatte 116
zum Zeitpunkt des Todes noch keine Rente bezogen hatte. Voraussetzung ist eine mindestens fünfjährige Einzahlungszeit, von der mindestens drei in den letzten fünf Jahren vor
dem Tod (Art. 9 und 13 r.d.l. 636/39) liegen müssen. Für die *pensione di vecchiaia* sieht
Art. 2 d.lgs. 503/92 die graduelle Anhebung der Mindesteinzahlungszeit auf 20 Jahre vor.

Die *pensione di reversibilità* basiert auf Art. 22 Gesetz 903/65 und Art. 24 Gesetz 153/69. 117
Nach Art. 22 beträgt sie für den überlebenden Ehegatten grundsätzlich 60 % der fiktiven
jährlichen Vollrente des Verstorbenen. Art. 1 Gesetz 335/95 regelt den *cumulo di redditi*.
Der Anspruch des Ehegatten erlischt nach Art. 24 bei einer Wiederverheiratung (auch wenn
im Ausland geschlossen und nicht in Italien eingetragen). Ein Anspruch der Kinder, Eltern
(über 65 Jahre, pro Elternteil nur 15 %) und (selbst nicht verheirateter) Geschwister (pro
Geschwister nur 15 %) besteht nur, wenn sie zum Zeitpunkt des Todes minderjährig, *inabili*
oder *a carico* sind. Sind die Kinder allein berechtigt, minderjährig, Student oder *inabili*,
steigt ihr Prozentsatz bis auf 70 % (bei mehreren Kindern mit Ehegatten nur 20 % pro
Kind, 40 % bei mehreren Kindern, 70 % bei einem Kind), wobei, sofern sie nicht *inabili*
sind, der Anspruch mit 26 Jahren erlischt.

Seit dem 1.1.1996 hängt der Prozentsatz von den Einkommensverhältnissen der Berechtig- 118
ten ab, so dass er je nach Höhe auf 20 %, 40 % oder 50 % reduziert werden kann. Dies gilt
aber nicht für die Kinder. Die insgesamt zu zahlende Summe darf aber nicht 100 % der
fiktiven jährlichen Vollrente des Verstorbenen übersteigen. Zur Witwerrente nach der Scheidung siehe Rdn 203 f.

XI. Staatsangehörigkeit und Bleiberecht

1. Staatsangehörigkeit

Der Erwerb der **Staatsangehörigkeit** durch den ausländischen (oder staatenlosen) Ehegat- 119
ten setzt vorrangig seinen rechtmäßigen Wohnsitz in Italien voraus (Art. 5 Gesetz 38/92).
Hat er seinen Wohnsitz in Italien begründet, kann er sechs Monate nach der Eheschließung
die italienische Staatsangehörigkeit erwerben. Ohne Begründung eines Wohnsitzes in Italien
kann er erst nach dreijähriger Ehezeit die italienische Staatsangehörigkeit erwerben. Erfolgt
vor Ablauf der Dreijahresfrist eine gerichtliche Trennung i.S.v. Art. 150 ff. c.c., besteht keine
Möglichkeit mehr zum Erwerb der Staatsangehörigkeit aufgrund der Eheschließung.

Es bedarf eines ausdrücklichen Antrags des ausländischen bzw. staatenlosen Ehegatten bei 120
der Gemeinde, in der er sich aufhält, oder beim zuständigen Konsulat. Ausgesprochen wird
der Erwerb der Staatsangehörigkeit durch Verfügung des Innenministers.

121 Der Erwerb der italienischen Staatsangehörigkeit setzt den Verzicht oder Verlust der ursprünglichen Staatsangehörigkeit nicht mehr voraus. Er ist ausgeschlossen, wenn einer der abschließend in Art. 6 Gesetz 38/92 genannten Gründe vorliegt.

2. Bleiberecht

122 Ein ausländischer Ehegatte hat ein **Aufenthaltsrecht** in Italien, wenn er mindestens ein Jahr seinen Aufenthalt in Italien hat und mit einem italienischen Staatsangehörigen oder einem EU-Bürger verheiratet ist. Nach Auflösung der Ehe hat er nur dann ein Bleiberecht, wenn er entweder minderjährige Kind(er) hat, bezüglich derer ihm das Sorgerecht zusteht und diese in Italien ihren Aufenthalt haben,[141] oder wenn ihm wegen eigener beruflicher Tätigkeit oder Studiums eine Aufenthaltserlaubnis zusteht (Art. 30, 31 Gesetz Nr. 286 vom 25.7.1998 i.V.m. Gesetz Nr. 189 vom 30.7.2002).

XII. Steuerliche Auswirkungen der Ehe

123 Ehegatten, die beide unbeschränkt einkommensteuerpflichtig und nicht getrennt (gerichtlich oder einvernehmlich) sind, haben für die Ermittlung der **Einkommensteuer** die Wahl zwischen getrennter Veranlagung und Zusammenveranlagung. Bei der Zusammenveranlagung handelt es sich lediglich um eine bürokratische Erleichterung, die zu keinem Progressionsvorteil führt.[142] Dabei ist zu beachten, dass die Voraussetzungen für das für die Steuererklärung entwickelte sog. „Modello 730,–" – (grundsätzlich) abhängige Beschäftigung, Erträge aus Immobilien und Kapitalerträge, unabhängige Beschäftigung ohne „IVA" (= Umsatzsteuer) – mindestens für einen Ehegatten vorliegen müssen.

124 Einkünfte aus einem *fondo patrimoniale* werden beiden Ehegatten je zur Hälfte zugerechnet. Einkünfte aus einer *impresa familiare* können dem Nicht-Unternehmer-Ehegatten bis zu 49 % zugerechnet weden, wenn entsprechende schriftliche Nachweise z.B. zum Arbeitsumfang existieren.

Freibeträge bzw. Steuerminderungen ergeben sich aus den *deduzioni per oneri di famiglia* (z.B. 3.200 EUR für Ehegatten, mind. 2.900 EUR pro Kind), den *deduzioni per spese addetti assistenza familiare* (u.a. für Haushaltshilfe und Personenbetreuung bis 1.800 EUR) und den *detrazioni asilo nido*.

Übertragungen im Rahmen eines *patto di famiglia* unterliegen gem. Art. 3, c. 4-ter, Dekret Nr. 346/1990 nicht der Schenkung- und Erbschaftsteuer.

---

141 Zuständig ist das Minderjährigengericht, das nach den *„gravi motivi"* zu entscheiden hat: Cass., 16.10.2009, n. 225, FD, 2010, 225.

142 Eine Zusammenveranlagung *„dichiaragione die redditi presentata in maniera congiunta"* begründet aber eine solidarische Haftung der Ehegatten, auch wenn zur Zeit der *„accertamento tributario"* die Ehegatten getrennt oder geschieden sind: s. Cass., 7.3.2012, n. 3526, auch wenn der Steuerbescheid nur einem Ehegatten zugestellt wird.

C. Trennung und Scheidung

I. Trennung

1. Allgemeines

Der Gesetzgeber sieht die in Art. 151 ff. c.c. geregelte Trennung als **eigenständiges Rechts-institut** mit eigenem Verfahren an, wenn auch nur als vorläufiges Stadium, nicht als Vorstufe der Scheidung. Dies führt in der Praxis zu erheblichen Koordinierungsproblemen, gerade weil für die Trennung die Bestimmungen des *Codice civile*, für die Scheidung aber ein Sondergesetz gilt.[143]   **125**

In der Praxis geht in ca. 95 % der Fälle der Scheidung die Trennung voraus (Art. 3 n. 2 lit. b). Die faktische Trennung ist dabei nicht ausreichend; vielmehr muss die Trennung durch **Gerichtsentscheidung** (*sentenza* oder *decreto di omologazione* im Fall einer einvernehmlichen Trennung) festgestellt sein.   **126**

2. Voraussetzungen

Als einzige Voraussetzung wird nach Art. 151 c.c. die **Zerrüttung der Ehe** (*intollerabilità della convivenza*) verlangt. Obwohl Art. 151 c.c. als weitere Voraussetzung die *fatti tali da arrecare pregiudizio alla prole* nennt, werden diese in Lehre und Rspr. nicht angewendet und geprüft.[144] Ein **Verschulden** der Zerrüttung ist grundsätzlich für die Trennung ohne Belang. Nur in dem Sonderfall der *separazione con addebito* spielt das Verschulden für die Rechtsfolgen nach Art. 151 c.c. eine Rolle.[145]   **127**

Eine **Zerrüttung** der Ehe setzt die Verletzung der Ehepflichten voraus, so dass eine Fortsetzung der Ehe unzumutbar ist.[146] Von einer Zerrüttung der Ehe geht die Rspr. aus, wenn eine grobe Verletzung der Ehepflichten vorliegt.[147] Auch ein dauerhaftes faktisches Getrenntleben gilt als Zerrüttung.[148] Die bloß räumliche Trennung begründet für sich kein Getrenntleben.   **128**

Ein **kausaler Zusammenhang** zwischen Verletzung der Ehepflichten und Zerrüttung der Ehe, der zu einem *addebito* führt,[149] wurde bezüglich der Treuepflicht[150] bei einer schweren und wiederholten Verletzung (*violazione grave e ripetuta*[151]) und bei schwer beleidigendem Verhalten (*comportamenti gravemente offensivi*)[152] angenommen. Eine Verletzung der Beistandspflicht (*dovere di assistenza morale*) liegt bei einem *comportamento privo di manifestazioni di affetto*,[153] *comportamento ingiurioso*,[154] bei Verhinderung der Kontaktaufnahme   **129**

---

143 Dazu ausf. *Cubeddu*, Diritto della famiglia, S. 444 ff.
144 Nur dazu Trib. Napoli, 30.6.1981.
145 Über die Notwendigkeit eines Kausalzusammenhangs zwischen verschuldeter Verletzung der Ehepflichten und Zerrüttung der Ehe siehe Cass., 12.1.2000, n. 279, FD, 2000, 471 m. Anm. *Ravot*.
146 Cass., 29.4.2015, n. 8713; Cass., 9.4.2015, n. 7132, FI 2015, I, 1520.
147 Der Scheidungsantrag impliziert die Zerrüttung: s. Cass., 9.10.2007, n. 21099.
148 Cass., 12.10.2015, n. 20469, GC 2015.
149 Cass., I 1.2.2016, n. 1867.
150 Cass., VI 14.8.2015, n. 16859.
151 Cass., 9.6.2000, n. 7859, FD, 2000, 514.
152 Cass., 14.4.1994, n. 3511, FD, 1994, 527; Cass., 7.9.1999, n. 9472, FI, 2000, I, 1, S. 2277.
153 Cass., 30.12.1981, n. 6775, FI, 1981, I, S. 1991.
154 Cass., 3.1.1991, n. 25, FI, 1991, I, S. 1135.

mit den Angehörigen (*ostacolo dei rapporti con la famiglia di origine*)[155] sowie beim Verlassen der Ehewohnung wegen einer außerehelichen Beziehung[156] vor, nicht aber bei unbegründeter Verweigerung sexuellen Kontakts (*ingiustificato diniego di rapporti sessuali*),[157] bei Geisteskrankheit (*infermità di mente*[158]) oder Religionswechsel,[159] sofern diese nicht zur Verletzung der Ehepflichten führen.[160]

130 Wird die Trennung der Ehegatten infolge **Verschuldens** eines Ehegatten ausgesprochen, hat dies Auswirkungen auf einen etwa zu zahlenden Unterhalt. Hat der unterhaltsbedürftige Ehegatte die Trennung verschuldet, steht ihm kein Anspruch auf Getrenntlebensunterhalt zu.[161] Dies ergibt sich aus Art. 151, 156 c.c., wonach das Gericht im Urteil zugunsten des Ehegatten, der die Trennung nicht zu verschulden hat, das Recht festlegt, alles zu bekommen, was für seinen Unterhalt notwendig ist, sofern er keine adäquaten wirtschaftlichen Mittel hat. Die Feststellung des Verschuldens kann nicht nachträglich, d.h. wenn die Trennung schon ausgesprochen wurde, beantragt werden.[162]

3. Trennungsverfahren

131 Für die Trennung stehen neben dem bisherigen gerichtlichen Verfahren gemäß G Nr. 164/2014 nunmehr auch die neuen Verfahren der anwaltsunterstützten Trennung oder der Trennung vor dem Standesamt zur Verfügung, die im Rahmen der Scheidung (vgl. Rdn 181) erörtert werden.

132 Das gerichtliche Verfahren findet vor dem **ordentlichen Gericht** (*Tribunale ordinario*) statt. Örtlich zuständig ist das Gericht des letzten gemeinsamen Wohnsitzes der Ehegatten, soweit einer noch dort lebt,[163] oder, falls nicht vorhanden, des Wohnsitzes bzw. Aufenthaltsortes des *convenuto* (Antragsgegner). Wenn der *convenuto* seinen Wohnsitz im Ausland hat, nicht erreichbar oder nicht auffindbar ist, ist das Gericht des Wohnsitzes oder Aufenthaltsortes des Antragstellers zuständig. Ist auch der Antragsteller im Ausland, ist jedes italienische Gericht zuständig (Art. 706 c.p.c.). Sowohl bei der Scheidung als auch bei der Trennung existiert in Italien **Anwaltszwang** (Art. 707 c.p.c. neue Fassung).[164] Die Frage, ob die Ehegatten einen gemeinsamen Rechtanwalt haben dürfen, wird in der Lehre aufgrund der Prozessrechtsreform von 2006 bejaht.[165]

133 Regelungen hinsichtlich der Trennungsfolgen, nicht der Trennung selbst, sind auch im Rahmen eines Mediationsverfahrens möglich (Dekret Nr. 28/2010). Darunter fallen insbesondere Vermögensauseinandersetzungen bei Trennung und Scheidung.[166] Eine ausdrückliche und spezielle Regelung wurde 2006 bezüglich der *affidamento congiunto* der Kinder (Art. 155 *sexies* c.c.) eingeführt. Eine weitere Möglichkeit, von einem Mediator assistiert zu

---

155 Trib. Catania, 31.12.1992, DF, 1993, 680.
156 Cass., 11.4.2000, n. 4558, GI, 2000, 2235.
157 Trib. Latina, 13.3.1989, DF, 1990, 496.
158 Cass., 20.12.1995, n. 13021, GI, 1996, I, 1, S. 885.
159 Cass., 7.2.1995, n. 1401, CG, 1995, 707.
160 Ausf. dazu *Cubeddu*, Diritto della famiglia, S. 444 ff.
161 Trib. Prato, 10.11.2009, DF 2011, 196.
162 Vgl. Cass., 30.6.1999, n. 8272, FD, 1999, 580.
163 So *Tommaseo*, La disciplina processuale della separazione e del divorzio dopo le riforme del 2005 e del 2006), FD, 2006, 7.
164 Corte Cost. 26.1.2011, n. 21, FD, 2011, 676.
165 So *Tommaseo*, La disciplina processuale della separazione e del divorzio dopo le riforme del 2005 e del 2006), FD, 2006, 10.
166 Dazu ausf. *Cubeddu*, Diritto della famiglia, S. 425 ff.

werden, wird dem Gericht allgemein von Art. 68 c.p.c. gewährt, wonach sich das Gericht, wenn notwendig, der Hilfe von Fachleuten (*esperti di una determinata area o settore*) bedienen kann.

Das Trennungsverfahren wird durch eine **Antragsschrift** eingeleitet (*ricorso*). Man unterscheidet zwischen der gerichtlichen (Art. 706–710 c.p.c.) und der einvernehmlichen (Art. 711 c.p.c.) Trennung.   134

Auch bei der **einvernehmlichen Trennung** bedarf es einer gerichtlichen Entscheidung (*omologazione*). Zwingende Voraussetzung ist eine Einigung über das tatsächliche Getrenntleben und den Ehegatten-Unterhalt sowie über die tatsächliche Betreuung und den Unterhalt für die Kinder (*condizioni dei coniugi* und *condizioni dei figli*).[167] Die Einigung kann sich auch auf die Auseinandersetzung und Übertragung von Vermögen einschließlich Immobilien[168] bzw. der Verpflichtung hierzu[169] beziehen[170] und auch Regelungen für die Zeit nach der Scheidung beinhalten.[171]   135

Bei der einvernehmlichen Trennung nimmt das Gericht eine inhaltliche Prüfung nur dahingehend vor, ob die getroffenen Vereinbarungen den Interessen der Kinder nicht widersprechen.[172] Des Weiteren prüft es, ob die getroffenen Regelungen gegen den *ordre public*, die guten Sitten oder zwingende Normen verstoßen.[173] Es kann den Ehegatten andere Regelungen vorschlagen, diese aber nicht dazu zwingen, solche Regelungen zu vereinbaren. In diesem Fall kann es das Vorliegen einer einvernehmlichen Trennung verneinen. Die Einigung kann von jedem Ehegatten einseitig bis zur Rechtskraft der gerichtlichen Entscheidung widerrufen werden.[174]

Das auf Antrag (*ricorso*) zumindest eines Ehegatten einzuleitende Trennungsverfahren besteht aus **zwei Phasen**, der *fase presidenziale* und der *fase camerale*. Ergänzend sind die Regelungen des Scheidungsverfahrens heranzuziehen (Art. 23 l. div.).[175]   136

In der **ersten Phase** findet auf Anordnung des Gerichtspräsidenten, die innerhalb von fünf Tagen nach Antragstellung zu erfolgen hat, innerhalb 90 Tagen ab Antragstellung ein Anhörungstermin statt, zu dem die Ehegatten persönlich erscheinen müssen und in dem bei der gerichtlichen Trennung ein Versöhnungsversuch (*tentativo di conciliazione*) vorzunehmen ist. Der Gerichtspräsident kann vorläufige, sofort vollstreckbare Anordnungen treffen. Das Gericht kann über die Trennung auch ohne besonderen Antrag vorab entscheiden (Art. 709 bis c.p.c.).[176] Auch die Kinder sind nunmehr anzuhören, sofern sie zwölf Jahre oder einsichtsfähig (*capaci di discernimento*) sind (Art. 337 *octies* c.c.). Die vorläufigen Anordnungen sind beim *Corte d'Appello* innerhalb von zehn Tagen ab Zustellung (*notificazione*) anfechtbar (Art. 708 Abs. 3 c.p.c. neue Fassung).   137

In der **zweiten Phase** entscheidet das Gericht über die Trennung. Handelt es sich um eine einvernehmliche Trennung, wird der *provvedimento di omologazione* ausgesprochen. Die   138

---

167 App. Venezia 29.1.2013; Cass., I 20.8.2014, n. 18066, NGCC 2015, 2, 163.
168 Cass., 15.5.1997, n. 4306, FD, 1997, 417 m. Anm. *Caravaglios*.
169 Cass., 5.7.1984, n. 3940, FIM, 1984.
170 Cass., 15.3.1991, n. 2788, FI, 1991, I, 1787.
171 Trib. Torino, VII 20.4.2012 FD 2012, 8–9, 803.
172 Cass., 20.8.2014, n. 18066, NGCC 2015, 2, 163; Trib. Torino, VII 20.4.2012 FD 2012, 8–9, 803.
173 So, obwohl im Gesetz nicht vorgesehen, die h.L.; vgl. nur *Sesta*, Diritto di famiglia, S. 357 ff.
174 Cass., 24.8.1990, n. 8712, GC, 1990, I, 2826.
175 Siehe *Cubeddu*, Diritto della famiglia, S. 457 ff.
176 Siehe *Corder*, in *Cubeddu Wiedemann/Corder* (Hrsg), Diritto di famiglia 2016, Art. 709 bis c.p.c., A, IV, 1.

Entscheidung als solche ist nicht vor dem Kassationshof anfechtbar; aufgrund des Vorbehalts der „*rebus sic stantibus*" kann sie aber bei einer wesentlichen Änderung der Verhältnisse für die Zukunft gerichtlich abgeändert werden.

139   Handelt es sich um eine **gerichtliche Trennung**, muss das Gericht die Trennung aussprechen und über Unterhalt, die Zuweisung der Ehewohnung und darüber, wem die Kinder zur Betreuung zugewiesen werden, entscheiden. Dabei kann es die vorläufigen Anordnungen revidieren, auch wenn die Umstände sich nicht geändert haben. Dazu sieht Art. 709 c.p.c. neue Fassung vor, dass – obwohl die Ehegatten schon während der ersten Phase die Steuererklärung der letzen Jahre vorzulegen haben und nach Art. 5 l. div. auch jeder Einkommens- und Vermögensnachweis (*documentazione relativa ai redditi e al patrimonio personale comune*) zu erbringen ist – das Gericht in der zweiten Phase eine Auskunft der Steuerfahndung einholen kann (Art. 155 c.c. neue Fassung).

140   Die **Kosten** des Trennungsverfahrens (Gerichts- und Anwaltskosten) werden durch den Streitwert bestimmt. Sie liegen im Schnitt bei 3.000 bis 25.000 EUR bei gerichtlicher Trennung und bei 2.000 bis 17.000 EUR bei einvernehmlicher Trennung pro Person, wobei der größte Teil auf die Anwaltskosten entfällt. Die Gerichtskosten haben die Ehegatten grundsätzlich je zur Hälfte zu tragen. Die Anwaltskosten trägt jeder Ehegatte selbst.

141   Die **Dauer** eines Trennungsverfahrens hängt u.a. vom Umfang und von der Schwierigkeit des Einzelfalls ab. Erhebliche Verzögerungen können sich aufgrund der starken Belastung der Gerichte ergeben. Bei einfachen und einvernehmlichen Trennungen kann das Urteil ggf. schon vier bis sechs Monate nach Antragstellung ergehen; bei einer gerichtlichen Trennung ist mindestens mit zwei bis drei Jahren zu rechnen.

4. Rechtsfolgen der Trennung

a) Trennungsvereinbarungen

142   Grundsätzlich können die Ehegatten durch Trennungsvereinbarungen die Trennungsfolgen autonom gestalten. Häufig werden Übertragungen von Immobilien als Unterhaltsleistungen vorgenommen.[177] Strittig bleibt die Gültigkeit von „vorsorgenden" Trennungs- und auch Scheidungsvereinbarungen, die vor der Ehe geschlossen werden.[178]

143   Das Gericht nimmt eine inhaltliche Prüfung nur dahingehend vor, ob die getroffenen Vereinbarungen den Kindesinteressen nicht widersprechen und gegen den ordre public, die guten Sitten oder zwingende Normen verstoßen. Das Gericht kann den Ehegatten andere Regelungen vorschlagen, sie aber nicht dazu zwingen, solche Regelungen zu vereinbaren. In einem solchen Fall kann es das Vorliegen einer einvernehmlichen Trennung verneinen. Das heißt, bei der einvernehmlichen Ehetrennung bestätigt das Gericht nur entweder die Vereinbarung der Ehegatten oder lehnt sie ab.

144   Einvernehmliche Änderungen sind jederzeit ohne nochmalige gerichtliche Bestätigung im Rahmen der von Art. 160 c.c. vorgegebenen Grenzen[179] zulässig.[180]

---

177 Für die grundsätzliche Gültigkeit von Trennungsvereinbarungen siehe Cass., 24.10.2007, n. 22329.
178 Für die Nichtigkeit, Cass., 21.12.2012, n. 23713, FD 2013, 4, 321.
179 App. Bologna I, 18.10.2012.
180 App. Bologna I, 18.10.2012; in senso conforme Cass., I 10.10.2005, n. 20290, FPS 2007, 2, 107; Cass., I 11.6.1998, n. 5829 Gdir 2004, 38, 45; Cass., I 24.2.1993, n. 2270, CG 1993, 820.

b) Trennungsunterhalt

Nach Art. 156 c.c. kann dem unterhaltsbedürftigen Ehegatten Unterhalt zugesprochen werden, wenn er keine eigenen angemessenen Einkünfte hat.[181] Beim Getrenntlebensunterhalt geht es darum, dem ökonomisch schwächeren Ehegatten zu ermöglichen, den ehelichen Lebensstandard beizubehalten.[182] Soweit der unterhaltsbedürftige Ehegatte die Trennung verschuldet hat, steht ihm kein Unterhaltsanspruch zu, wohl aber hat er Anspruch auf die sog. *alimenti*, Art. 156 Abs. 3 c.c. (= Anspruch auf das Existenzminimum).[183]

145

c) Ehewohnung

Die Nutzung der Ehewohnung ist in erster Linie der Einigung durch die Ehegatten vorbehalten. Einigen sich die Ehegatten nicht, wird die Regelung innerhalb des Trennungsverfahrens getroffen. Für die Ehewohnung sieht Art. 337 *sexies* c.c. vor, dass die **Zuweisung** unter vorrangiger Berücksichtigung der Interessen der gemeinsamen Kinder und der Eigentumsverhältnisse erfolgt.[184] Die Entscheidung, wem die Ehewohnung zugewiesen wird, ist im Rahmen der Entscheidung über die *rapporti economici*, vor allem im Rahmen des Getrenntlebensunterhalts, zu berücksichtigen.[185] Das Recht zur Nutzung der Ehewohnung entfällt, wenn der Ehegatte, dem die Ehewohnung zugewiesen wurde, diese nicht tatsächlich bewohnt oder eine Ehe bzw. Partnerschaft mit einem Dritten eingeht.[186] Die Zuweisung ist Dritten gegenüber wirksam; nach Ablauf von neun Jahren bedarf die Drittwirkung jedoch der Eintragung im Grundbuchregister.[187]

146

Sind Kinder vorhanden, hat jeder Elternteil dem anderen seinen neuen Wohnsitz bzw. Aufenthalt mitzuteilen (Art. 337-*sexies* Abs. 2 c.c.).

d) Betreuung der Kinder

Die **elterliche Verantwortung**, die mit der Kindschaftsrechtsreformen vom 2012/2013 (G. Nr. 219/2012; D.lgs. Nr. 154/2013) teilweise novelliert wurde, steht unverändert beiden Ehegatten zu. Das Gericht hat zu entscheiden, wem die Kinder zur Betreuung zugewiesen werden. Vorrangig ist nach dem am 24.1.2006 verabschiedeten Gesetz die **gemeinsame Betreuung** (*affidamento condiviso*) durch beide Ehegatten, insbesondere dann, wenn beide Ehegatten dies vorschlagen.

147

Die elterliche Verantwortung (*responsabilità genitoria*) ersetzt das früher als elterliche Gewalt (*potestà genitoria*) beschriebene Sorgerecht. Eine genauere Definition existiert nicht. Entsprechend dem Reformziel liegt der Schwerpunkt auf dem Kindesinteresse und der Fürsorgepflicht beider Elternteile.

148

Eine Neuerung betrifft nicht miteinander verheiratete Eltern. Wird das nichteheliche Kind von beiden Eltern anerkannt, steht die Ausübung der elterlichen Verantwortung beiden zu,

---

181 Cass., 6.6.2008, n. 15086, FD, 2008, 60.
182 Cass., 9.10.2007, n. 21097, FD, 2008, 334.
183 Siehe OLG Stuttgart FamRZ 2004, 1496.
184 Wurde die Wohnung unentgeltlich aufgrund eines *contratto di comodato* genutzt, wird u.U. ein Rücktrittsrecht für den Eigentümer anerkannt: Cass., 11.8.2010, n. 18619, FD, 2011, 121.
185 Wurde die Wohnung einem Ehegatten zugewiesen und räumt der andere als Eigentümer einem Dritten den Nießbrauch an dieser Wohnung ein, kann die Schenkung nach Art. 2901 c.c. für unwirksam erklärt werden: Cass., 17.5.2010, n. 12045, FD, 2011, 337.
186 Das Kindeswohl kann aber trotz neuer Ehe dazu führen, dass die Zuweisungsentscheidung Bestand hat: Corte Cost., 29.9.2008, n. 308, FD, 2009, 62.
187 Siehe zuletzt Cass., 18.9.2009, n. 20144, FD, 2010, 137.

unabhängig davon, ob die Eltern zusammen leb(t)en oder nicht. Sie steht auch demjenigen Elternteil zu, der nie mit dem Kind zusammengelebt hat (gemäß Art. 316 Abs. 4 c.c. n.F.). Dadurch wird eine Gleichstellung der Eltern unabhängig vom Beziehungsstatus der Eltern erreicht. Bei Meinungsverschiedenheiten hat das Gericht zu bestimmen, welcher Elternteil geeignet ist, die Interessen des Kindes am besten zu wahren. Leben die Eltern getrennt, kann das Gericht die Ausübung nach den Art. 337 bis ff. c.c. n.F. und das Anvertrauen des Kindes an ein Elternteil anordnen, wenn dies dem Kindeswohl am besten entspricht. Wichtige Entscheidungen sind auch beim alleinigen Anvertrauen gemeinsam zu treffen (Art. 337 Abs. 4 c.c. n.F.). Der gewöhnliche Aufenthalt des Kindes ist gemeinsam zu bestimmen (Art. 337 Abs. 3 c.c. n.F.).

149 Das Gericht entscheidet auch über das **Umgangsrecht** und den **Kindesunterhalt** einschließlich der Erziehung und Ausbildung der Kinder.[188] Das Gericht kann bei Geschäften des täglichen Lebens einem Elternteil die alleinige Entscheidungs- und Vertretungsbefugnis zusprechen.

150 Der **Kindesunterhalt** ist, soweit die Eltern keine einvernehmliche Regelung treffen, nach dem Grundsatz der Verhältnismäßigkeit zu bemessen. Kriterien dafür sind die tatsächlichen Bedürfnisse des Kindes, der Lebensstandard des Kindes während der Ehe, Aufenthaltszeiten beim jeweiligen Elternteil, wirtschaftliche Verhältnisse der Eltern und die Übernahme der tatsächlichen Betreuung und Versorgung des Kindes durch einen Elternteil. Der danach festgesetzte Unterhaltsbetrag wird automatisch an den Lebenshaltungskostenindex (*indici ISTAT*) angepasst. Bei **minderjährigen** Kindern ist der Unterhalt zu Händen des Elternteils zu zahlen, dem das Kind anvertraut wurde. Ist das Kind **volljährig**, aber nicht wirtschaftlich unabhängig, kann das Gericht nach Art. 337 *septies* c.c. einen grundsätzlich ihm unmittelbar zustehenden *assegno periodico* festlegen. Das volljährige Kind gilt als wirtschaftlich unabhängig, auch wenn es die gewünschte Ausbildung noch nicht abgeschlossen hat, sofern es dazu in der Lage gewesen wäre.[189] Wird der Kindesunterhalt schon bei vorläufigen Anordnungen durch den *Presidente del Tribunale* mit der *ordinanza presidenziale* festgelegt, gilt die *ordinanza* als vollstreckbarer Titel.[190]

151 Erfüllt ein Elternteil seine Unterhaltspflicht nicht, kann das Gericht nach Art. 709 *ter* c.p.c. die getroffenen Regelungen ändern, Schadensersatzzahlungen oder auch ein Bußgeld in Höhe von 75 bis 5.000 EUR festsetzen. Die **Nichterfüllung** kann u.U. auch Schmerzensgeldansprüche begründen.[191] Gegen solche Entscheidungen ist eine Revision beim Kassationshof nicht möglich.[192]

152 Diese Regelungen gelten auch für den Kindesunterhalt nach rechtskräftiger Ehescheidung.

e) Güterstand

153 Mit der einvernehmlichen oder gerichtlichen Trennung endet der gesetzliche Güterstand (Art. 191 c.c.). Der Auflösung des gesetzlichen Güterstands folgt die Aufteilung. Die Auftei-

---

188 Wird das Umgangsrecht tatsächlich verhindert, kann dies u.U. auch strafrechtlich relevant sein: Cass. Pen., 8.7.2009, n. 27995, FD, 2010, 143; Cass. Pen., 18.3.2010, n. 10701, FD, 2011, 281.
189 Cass., 1.12.2004, n. 22500; App. Napoli, 18.3.2011, FD, 2011, 1117.
190 Cass., 24.2.2011, n. 4543, FD, 2011, 691.
191 S. Cass., 7.6.2000, n. 7713; Trib. Messina, 31.8.2009, FD, 2010, 150, als sog. *danno da lesione del rapporto parentale.*
192 Cass., 22.10.2010, n. 21718, FD, 2011, 573.

lung kann vertraglich oder gerichtlich erfolgen. Der Antrag zur Aufteilung kann bereits im Trennungsverfahren gestellt werden.[193]

f) Name

Die Ehefrau behält ihren Doppelnamen; das Gericht kann ihr unter den Voraussetzungen des Art. 156 c.c. entweder die Führung des Namens des Ehemannes verbieten oder ihr die Erlaubnis zur Führung nur des ursprünglichen Namens erteilen.

154

5. Auf die Trennung anwendbares Recht

Auf die Ausführungen in Rdn 173 ff. wird verwiesen.

155

6. Steuerliche Auswirkungen

Gemäß Art. 3, 10 e 50 TUIR (Dekret 22 dicembre 1986 Nr. 917 sind Unterhaltszahlungen für den unterhaltsberechtigten Ehegatten einkommensteuerpflichtig, während der zahlungspflichtige Ehegatte sie ebenso wie Ausgaben für die Wohnung des anderen (Art. 3, Dekret 4.2.1988, Nr. 42) steuermindernd geltend machen kann. Unterhaltszahlungen an Kinder sind einkommensteuerrechtlich irrelevant.

156

II. Ehescheidung

1. Allgemeines

Die Ehescheidung wurde in Italien erst mit Gesetz n. 898 vom 1.12.1970 eingeführt.[194] Mit der Familienrechtsreform von 1975 hat der italienische Gesetzgeber die vorgegebene Systematik des *Codice civile* beibehalten: Im *Codice civile* (Art. 150–158 c.c.) wird nach wie vor nur die Trennung der Ehegatten geregelt. Für die Scheidung gilt das Gesetz von 1970 mit den durch weitere Gesetze n. 436 vom 1.8.1978 und n. 74 vom 6.3.1987 eingeführten Neuerungen (folgend: **l. div.**).[195]

157

Die Begriffe „**Scheidung**" und „**Auflösung der Ehe**" werden synonym verwendet. Die Scheidung bildet nur einen der Eheauflösungsgründe – wenn auch den häufigsten.[196] Neben der *scioglimento del matrimonio* sieht Art. 2 l. div auch die *cessazione degli effetti civili* der Konkordatsehe und der akatholischen Ehe vor.[197] Aus dem l. div. sind folgende Grundlinien zu erkennen:
– Vorrang des Weiterbestehens der Ehe;

158

---

193 Cass., 26.2.2010, n. 4757, FD, 2010, 1092.
194 Der *Codice civile* von 1942 sah die Ehescheidung noch nicht vor. Die Ehekrise konnte nur zu einer Trennung der Ehegatten führen, nicht zur Eheauflösung.
195 Vgl. G.U., n. 58 vom 11.3.1987. Das l. div. besteht aus 17 Artikeln und regelt: die Scheidung der Zivilehe (Art. 1), der Konkordatsehe sowie der nichtkatholischen Ehe (Art. 2); die Scheidungsgründe (Art. 3); das Scheidungsverfahren (Art. 4, 10, 12 *quinques*); die Scheidungsfolgen und ihre Durchsetzung (Art. 5, 6, 8, 9, 9 *bis*, 12 *bis*, 12 *ter*, 12 *sexies*). Dazu ausf. *Cubeddu*, Diritto della famiglia, S. 589 ff.
196 Gemäß Art. 149 c.c., *il vincolo coniugale si scioglie per la morte di uno dei coniugi e negli altri casi previsti dalla legge*, unter die das Scheidungsurteil fällt.
197 Mit dem Ausspruch der Scheidung werden die zivilrechtlichen Folgen beseitigt, der Fortbestand der Ehe nach Kirchenrecht bleibt aber unberührt. Daraus erklärt sich der Unterschied zwischen *cessazione degli effetti civili* (Art. 2 l. div.) und „Auflösung der nach dem *Codice civile* geschlossenen Ehe" (Art. 1 l. div.).

- Anerkennung des Zerrüttungsprinzips;
- Unabdingbarkeit einer gerichtlichen Entscheidung (keine Privatscheidung);
- kein Automatismus der abschließend vorgesehenen Scheidungsgründe.

159   Das **Verschulden** eines Ehegatten bildet keine Voraussetzung der Ehescheidung. So wie für
die Scheidung selbst das Verschulden keine Rolle spielt, gilt dies auch für den Anspruch
auf nachehelichen Unterhalt. Nur bei der Feststellung der Höhe des nachehelichen Unterhalts wirkt sich nach der Lehre das Verschulden eines Ehegatten aus. Nach Art. 5 Abs. 6
l. div. muss das Gericht bei der Festsetzung der Unterhaltshöhe nicht nur die wirtschaftlichen Verhältnisse der Ehegatten berücksichtigen, sondern auch die Gründe, die zur Scheidung geführt haben.[198] Darunter fällt indirekt auch das Verschulden eines Ehegatten.

2. Scheidungsgründe

160   Die Ehescheidungsgründe (materielle Scheidungsvoraussetzungen) sind in den Art. 1 und
3 l. div. geregelt, wobei Art. 1 in einer Generalklausel das **Zerrüttungsprinzip** als einzigen
Scheidungsgrund nennt, während Art. 3 gesetzliche **Vermutungsregeln** enthält, wann von
einer Zerrüttung der Ehe auszugehen ist. Art. 1. div. setzt voraus, dass die geistige und
materielle Gemeinschaft zwischen den Ehegatten nicht mehr besteht (aufrechterhalten) und
auch nicht wiederhergestellt werden kann. Art. 3 l. div. knüpft die Ehescheidung an das
Vorliegen von zumindest einem der dort genannten Gründe.

161   Der weitaus wichtigste Scheidungsgrund ist die – gerichtlich oder außergerichtlich – festgestellte **Trennung**. Die Trennungsfrist beträgt bei streitiger Scheidung ein Jahr und bei
einvernehmlicher Scheidung 6 Monate (bislang je drei Jahre).[199]

In den übrigen genannten Fällen handelt es sich um Sonderfälle, die in der Praxis sehr selten
vorkommen. Zu diesen **Sonderfällen** gehören:
- die Verurteilung wegen vorsätzlicher Straftaten (auch vor der Ehe begangener) zu einer
Freiheitsstrafe von mehr als 15 Jahren;
- die Verurteilung für gegen den Ehegatten oder Kinder gerichtete Straftaten (wegen sexueller Nötigung, Prostitution, lebensbedrohender Angriffe = *reati contro la libertà sessuale
in danno di un discendente, reati in materia di prostituzione in danno di un coniuge o di
un discendente, reati contro la vita in danno del coniuge o di un discendente, reati contro
l'incolumità personale, reati contro l'assistenza familiare*);
- der Freispruch von einer Straftat in vorstehendem Sinn wegen Unzurechnungsfähigkeit
oder Einstellung des Verfahrens;
- die Auflösung der Ehe im Ausland oder das Eingehen einer neuen Ehe im Ausland;
sowie
- die Nichtvollziehung der Ehe und die Berichtigung der Geschlechtszugehörigkeit.

162   Das Vorliegen der Gründe muss sich entweder aus einem **rechtskräftigen Urteil** oder einer
Trennungsvereinbarung gem. G. Nr. 164/2014 (siehe Rdn 181) ergeben. Das bedeutet, dass
z.B. im Fall des Art. 3 Nr. 2 lit. b l. div. die rein faktische, auch mehrjährige Trennung für

---

198 *Bianca*, La famiglia, S. 199.
199 G. vom 6.5.2015, Nr. 55. Die neue Fristen gelten auch für im Zeitpunkt des Inkrafttretens des Gesetzes
(26.5.2015) bereits anhängige Verfahren (Art. 3 G. Nr. 55/2015).

den Ausspruch der Scheidung nicht ausreicht.[200] Als automatischer Scheidungsgrund gilt ein Urteil über die Berichtigung der Geschlechtszugehörigkeit.[201]

3. Feststellung der Unmöglichkeit, die geistige und materielle Gemeinschaft zwischen den Ehegatten wiederherzustellen

Die geistige und materielle Gemeinschaft zwischen den Ehegatten besteht nach gefestigter Auffassung aus dem *consortium vitae* und der *affectio coniugalis*. Diese zwei Elemente wurden von der Rspr. dahingehend konkretisiert, dass ein Mindestmaß an häuslicher Gemeinschaft, gegenseitiger Unterstützung, gemeinsamen Zusammenlebens und sexueller Kontakte (*da rapporti sessuali accompagnati dalla reciproca disponibilità di coniugi di considerarsi compagni di vita solidali tra loro*) vorliegen muss. Die Unmöglichkeit, die geistige und materielle Gemeinschaft zwischen den Ehegatten wiederherstellen, hat das Gericht aus folgenden **Umständen** herzuleiten: Dauer der Trennungszeit, Ausmaß des Zerwürfnisses, Vorhandensein anderer Lebensbindungen, emotionale und psychische Entfremdung der Ehegatten, schon vollzogene Aufteilung des Vermögens.[202] Um die Scheidung aussprechen zu können, muss daher das Gericht feststellen, dass beide Tatbestände – *consortium vitae* und *affectio coniugalis* – nicht mehr vorhanden sind und einer der in Art. 3 1. div. genannten Gründe vorliegt.

163

4. Keine Härteklausel

Rechtliche Hindernisse für eine Scheidung, d.h. ein ggf. zeitlich befristeter Ausschluss der Scheidung etwa bei Vorliegen besonderer Härtefälle oder bei Bestehen eines vorrangigen Kindeswohls, sieht das italienische Recht nicht vor. Die Scheidung der Ehe kann unabhängig von der **Ehedauer** ausgesprochen werden. Die Ehedauer spielt aber im Zusammenhang mit der Trennung als Zerrüttungsgrund gem. Art. 3 Nr. 2 lit. b 1. div. eine Rolle. Diesem Scheidungsgrund muss eine nun **mindestens sechsmonatige (bei einvernehmlicher Scheidung) bzw. einjährige (bei einseitigem Antrag) Trennungszeit** der Ehescheidung vorausgehen. Dies gilt unabhängig von der bisherigen Ehedauer, so dass die Ehe mindestens sechs Monate bestanden haben muss. Eine Härteklausel gibt es nicht; es kann freilich ein anderer Scheidungsgrund nach Art. 3 1. div. vorliegen. Diese Frist von sechs Monaten kann nicht dadurch reduziert werden, dass ein vorzeitiger Scheidungsantrag gestellt wird, um das Scheidungsurteil genau nach Ablauf von sechs Monaten zu erreichen. Der Kassationshof hat entschieden, dass die Frist der ununterbrochenen Trennung als Voraussetzung für den Scheidungsantrag bereits vor Einreichung des Scheidungsantrags bei Gericht abgelaufen sein muss.[203] Die Mindest-Ehedauer verlängert sich zusätzlich beim Gerichtsverfahren da-

164

---

200 A.A. ist ein Teil der Lehre; diese sieht die Aufzählung der in Art. 3 1. div. genannten Gründe als abschließend an. Diese Auffassung vermag aber nicht zu überzeugen, weil Art. 1 1. div. als Grundnorm anzusehen ist und Art. 3 1. div. „nur" Vermutungsregeln enthält.

201 Str.; für die automatische Auflösung: Trib. Modena, 26.5.2011, PFS, 2011, 793. Das Verfahren zur Berichtigung der Geschlechtszugehörigkeit wurde durch G. 150/2011 reformiert. Dort ist eine automatische Auflösung der Ehe vorgesehen. Die Rechtsfolgen können vertraglich oder gerichtlich festgelegt werden.

202 Siehe *Carbone*, L'omissione del tentativo di conciliazione non rende invalido il processo di divorzio, FD, 2001, 469.

203 Cass., 1.3.1997, n. 1819, GC, 1997, I, 2837.

durch, dass nach Rspr. und Lehre das Urteil, das das Vorliegen der Trennung ausspricht, rechtskräftig sein muss, bevor der Scheidungsantrag gestellt werden kann.[204]

III. Scheidungsverfahren

1. Allgemeines

165 Bis 2014 konnte eine Ehe nur durch Gerichtsurteil geschieden werden (siehe Rdn 166 ff.). Das Einverständnis beider Ehegatten über die Scheidungsfolgen war keine materiell-rechtliche Voraussetzung der Scheidung. Durch D.l. 12.9.2014, n. 132, umgewandelt im G. 10.11.2014, n. 164 (Art. 6, 12), wurden zwei neue außergerichtlichen Scheidungsverfahren eingeführt. Die Ehegatten können nun durch vertragliche Vereinbarungen die Auflösung der Ehe erreichen (siehe Rdn 181).

2. Gerichtliches Verfahren

166 Die Ehe kann nach Art. 1 l. div. durch **Gerichtsurteil** geschieden werden. Die maßgebenden verfahrensrechtlichen Normen finden sich in Art. 4 l. div. Die Vorschrift sieht **unterschiedliche Verfahren** und **Scheidungsformen** vor, je nachdem, ob der Antrag von einem oder von beiden Ehegatten gemeinsam gestellt wird. Stellt nur ein Ehegatte den Antrag, wird ein ordentliches, aus zwei Phasen bestehendes Verfahren durchgeführt, während im Fall eines gemeinsamen Antrags beider Ehegatten in nichtöffentlicher Sitzung verhandelt wird.[205] Der Verfahrensgegenstand ist in beiden Fällen jedoch gleich. Das gemeinsame Einreichen des Scheidungsantrags führt zu keiner materiellrechtlichen Verringerung der Scheidungsvoraussetzungen.

167 **Zuständig** für den Antrag ist das **ordentliche Gericht** des Wohnsitzes bzw. Aufenthaltsortes des Beklagten.[206] Wenn der Beklagte seinen Wohnsitz im Ausland hat, nicht erreichbar oder nicht auffindbar ist, ist das Gericht des Wohnsitzes oder Aufenthaltsortes des Antragstellers zuständig. Hat auch der Kläger seinen Wohnsitz und Aufenthaltsort im Ausland, ist jedes italienische Gericht zuständig (Art. 4 l. div.). Bei einvernehmlicher Scheidung ist das ordentliche Gericht des Wohnsitzes oder Aufenthaltsortes eines der Ehegatten zuständig.

168 Wie bei der Trennung existiert auch bei der Scheidung **Anwaltszwang**. In der italienischen Rechtsordnung ist das Einverständnis beider Ehegatten über die Scheidungsfolgen keine materiellrechtliche Voraussetzung der Scheidung. Auswirkungen hat die Tatsache, ob beide Ehegatten gemeinsam oder nur ein Ehegatte den Scheidungsantrag stellt, freilich auf das einzuhaltende Verfahren. Die beiden Formen unterscheiden sich nach dem zuständigen Gericht und nach den Verfahrensregeln.[207]

---

204 Siehe Trib. Trani, 30.4.1993, CG, 1993, 863; App. Bari, 13.11.1993, FI, 1994, I, 225; Trib. Reggio Emilia, 10.7.1995, GI, 1996, 688. In der Lehre vgl. *Galoppini*, S. 89; *Santosuosso*, Scioglimento del matrimonio, in: Enc. Dir., XLI, S. 661; *Dogliotti*, Separazione e divorzio, S. 113.
205 *Cubeddu*, Diritto della famiglia, S. 606 ff.
206 Die gesetzliche Regelung, wonach das Gericht des Ortes zuständig ist, an dem die Ehegatten zuletzt ihren gemeinsamen Wohnort hatten, ist nach Corte Cost., 23.5.2008, n. 169, verfassungswidrig.
207 *Cubeddu*, Diritto della famiglia, S. 610 ff.

a) Verfahren bei einseitigem Antrag

Art. 4 Abs. 2 l. div. sieht vor, dass das Scheidungsverfahren mit einem *ricorso* einzuleiten ist. Mindestinhalt des Antrags ist die Angabe des zuständigen Richters, der Parteien, des Klagegegenstands und der Klagebegründung einschließlich der Angabe der Beweismittel. Das Verfahren bei einseitigem Antrag läuft als **streitiges Verfahren** ab und besteht aus **zwei Phasen:** Die erste Phase heißt *fase presidenziale (o preliminare)*, weil sie vor dem Gerichtspräsidenten stattfindet. In ihr ist ein **Versöhnungsversuch** vorzunehmen, welcher aber immer mehr seinen obligatorischen Charakter verliert.[208] Die zweite Phase heißt *fase di trattazione* und findet vor dem **Ermittlungsrichter** (*giudice istruttore*) statt.

Mit dem **ersten Verfahrensschritt** sollte nach der Intention des Gesetzgebers die Bedeutung des **Versöhnungsversuchs** betont werden. In der Praxis freilich werden in diesem Verfahrensabschnitt die notwendigen vorläufigen Maßnahmen zugunsten des Ehegatten und/oder etwa vorhandener gemeinsamer Kinder getroffen.

– Im Fall einer erfolgreichen Versöhnung wird diese protokolliert; Gleiches gilt, wenn der Antragsteller die Klage zurücknimmt (Art. 4 Abs. 7 l. div.).
– Wird dagegen eine Einigung der Ehegatten über die Scheidungsfolgen erreicht, hat der Gerichtspräsident das Verfahren in eine nichtöffentliche Sitzung umzuwandeln und an die Kammer zur Entscheidung weiterzuleiten.
– Wenn der Versöhnungsversuch scheitert oder unmöglich ist, weil der andere nicht erschienen ist, muss der Gerichtspräsident die notwendigen vorläufigen Maßnahmen zum Schutz der beiden Ehegatten und/oder der etwa vorhandenen gemeinsamen Kinder treffen.

In diesem ersten Verfahrensabschnitt findet keine Beweisaufnahme statt, wenngleich der Gerichtspräsident befugt ist, allgemeine Auskünfte einzuholen. Die Ehegatten sind verpflichtet, ihre Steuererklärungen und andere Unterlagen über ihre Einkommens- und Vermögensverhältnisse vorzulegen (Art. 5 Abs. 9 l. div.).

Die **vorläufigen Maßnahmen** können sich auf Folgendes beziehen: Zuweisung der Ehewohnung und des Hausrats, Unterhalt für Ehegatten und Kinder, Sorge- und Umgangsrecht; es können auch die schon für die Trennung getroffenen Maßnahmen abgeändert werden.[209] Nach dem Wortlaut des Art. 4 Abs. 8 l. div. hat der Gerichtspräsident diese Maßnahmen von Amts wegen zu treffen. Im Wege einer einschränkenden Auslegung gilt die Entscheidungspflicht jedoch nur für die minderjährigen Kinder betreffende Maßnahmen. Wenn z.B. ein Ehegatte keinen Unterhalt verlangt, ist der Gerichtspräsident nach dieser Auslegung nicht berechtigt, über diesen zu entscheiden. Diese Lösung setzt aber voraus, dass insbesondere die Bestimmungen zum Unterhalt für dispositiv gehalten werden.[210]

Die vom Gerichtspräsident getroffenen Anordnungen können nach Art. 4 Abs. 8 l. div. vom **Ermittlungsrichter** (*giudice istruttore*) in der **zweiten Phase** geändert oder widerrufen werden. Sie bleiben gültig, bis sie nicht von einer anderen endgültigen Regelung in der zweiten Verfahrensphase abgeändert werden, oder wenn der Antragsteller die Klage zurücknimmt, solange der Gerichtspräsident in einem neuen Scheidungsverfahren keine neue Entscheidung trifft. Die Abänderung in der zweiten Phase setzt keine neuen Umstände

169

170

171

172

173

---

208 Siehe Cass., 10.9.2001, n. 11059, FD, 2001, 469.
209 Dazu *Laudisa*, Provvedimenti interinali e istruzione della causa di divorzio, FD, 1999, 62.
210 *Saletti*, Procedimento e sentenza di divorzio, S. 600.

voraus, vielmehr kann ohne jede Beschränkung des Prüfungsmaßstabs eine neue tatsächliche und rechtliche Bewertung stattfinden.[211]

174   Für die in der zweiten Phase zu treffenden endgültigen Anordnungen stehen dem **Ermittlungsrichter**, anders als dem Gerichtspräsident, breitere Befugnisse bei der Beweisaufnahme zu. Insbesondere kann er nach Art. 5 Abs. 9 l. div. unter Mithilfe der Steuerbehörden Ermittlungen über die Einkommens- und Vermögensverhältnisse sowie über das tatsächliche Lebensniveau der Ehegatten von Amts wegen führen.[212] Soweit eine Entscheidung über den Unterhalt noch nicht erfolgt, kann vorab nur die Scheidung als solche ausgesprochen werden.

b) Scheidung bei einvernehmlichem Antrag

175   Voraussetzung für die Einleitung des Verfahrens der **Scheidung** bei einvernemlichem Antrag ist, dass die Ehegatten sich nicht nur über die Scheidung selbst, sondern auch über die Scheidungsfolgen für sich und die Kinder einig sind.

176   Das Verfahren beginnt mit einem *ricorso* beim zuständigen Gericht, in dem die Ehegatten ihre bezüglich der Scheidungsfolgen getroffenen Maßnahmen und Regelungen für sich und die Kinder angeben müssen. Es findet eine nichtöffentliche, mündliche Verhandlung statt, zu der die Ehegatten persönlich zu erscheinen haben. Im Rahmen dieser Verhandlung soll das Gericht feststellen, ob die gesetzlichen Voraussetzungen der Scheidung vorliegen und ob die von den Ehegatten vorgeschlagenen Regelungen zu den Kindern nicht gegen die wahren Interessen der Kinder verstoßen. Ist dies der Fall, spricht der Richter die Scheidung aus, wobei er hinsichtlich der Scheidungsfolgen die Vorschläge der Ehegatten in das Urteil übernimmt. Liegt nach Auffassung des Gerichts ein Verstoß gegen das Kindeswohl vor, hat er das Verfahren der einvernehmlichen Scheidung einzustellen und die Ehegatten in das streitige Verfahren, das oben vorgestellt wurde (siehe Rdn 161 ff.), zu verweisen.

177   Umstritten ist, ob das Gericht berechtigt ist, die Regelungsvorschläge der Ehegatten, die diese selbst (und nicht die Kinder) betreffen, zu prüfen und ob, wenn es der Auffassung ist, dass diese Vorschläge nicht der Billigkeit bzw. den wohlverstandenen beiderseitigen Interessen beider Ehegatten entsprechen, es die Regelungen selbst abändern darf oder ob es in diesem Fall zur Verweisung in das streitige Verfahren verpflichtet ist. Das Gesetz sieht die **inhaltliche Kontrolle** ausdrücklich nur bei Verstoß gegen das Kindeswohl vor. Deshalb verneint die h.M. eine Verweisungspflicht bzw. ein Verweisungsrecht. Dies bedeutet aber nach einer teilweise vertretenen Auffassung nicht, dass das Gericht in jedem Fall dem Vorschlag der Ehegatten folgen muss. So kann, wenn ein Ehegatte auf den nachehelichen Unterhalt verzichtet, obwohl er bedürftig ist, das Gericht entsprechend der gesetzlichen Regelung abweichend vom Vorschlag der Ehegatten entscheiden.[213]

178   Zweifelhaft ist auch der Fall, dass ein Ehegatte zunächst mit der Scheidung einschließlich der Scheidungsfolgen einverstanden ist, sein Einverständnis, sei es über die Scheidung selbst oder über die Scheidungsfolgen oder einzelne von diesen, aber vor dem Scheidungsurteil **widerruft**. Unter den diskutierten Lösungsvorschlägen (Ablehnung eines Widerrufsrechts nach Verfahrensbeginn,[214] Widerrufsrecht und Verweisung in das streitige Verfahren oder

---

211 Ausf. dazu *Falciano*, Sulla modifica dei provvedimenti per i coniugi e la prole nella separazione e nel divorzio, FD, 1999, 284.
212 *Saletti*, Procedimento e sentenza di divorzio, S. 605.
213 Dazu *Cubeddu*, Parteiautonomie versus Inhaltskontrolle, in: Festschrift Pintens, 2012, I.
214 Cass., 8.7.1998, n. 6664, GC, 1999, I, 819.

nachträgliche Unzulässigkeit des Antrags auf einvernehmliche Scheidung infolge dieses Widerrufs) überzeugt letztere Meinung am meisten.[215]

c) Durchschnittliche Kosten und Dauer

Die **Kosten** des Scheidungsverfahrens (Gerichts- und Anwaltskosten) werden durch den Streitwert bestimmt. Sie liegen im Schnitt bei 3.000 bis 25.000 EUR bei gerichtlicher Scheidung und 2.000 bis 17.000 EUR bei einvernehmlicher Scheidung pro Person, wobei der größte Teil auf die Anwaltskosten entfällt. Die Gerichtskosten haben die Ehegatten grundsätzlich je zur Hälfte zu tragen. Die Anwaltskosten trägt jeder Ehegatte selbst.   179

Die **Dauer** eines gerichtlichen Scheidungsverfahrens hängt u.a. vom Umfang und von der Schwierigkeit des Einzelfalls ab. Erhebliche Verzögerungen können sich aufgrund der starken Belastung der Gerichte ergeben. Bei einvernehmlichem Antrag kann das Scheidungsurteil ggf. schon sechs Monate nach Antragstellung ergehen. Beim einseitigen Antrag ist mindestens mit 2–3 Jahren zu rechnen.   180

3. Außergerichtliches Verfahren

a) Allgemeines

Das G Nr. 164/2014 bietet Ehegatten zwei neue außergerichtliche Trennungs- und Scheidungsverfahren: die anwaltsunterstützte Trennungs-/ oder Scheidungsvereinbarung und die Erklärung der Trennung oder Scheidung gegenüber dem Standesbeamten. Sie sollen die Trennungs- und Scheidungsverfahren in Italien vereinfachen und beschleunigen. Nun können die Ehegatten durch vertragliche Vereinbarungen die Auflösung der Ehe herbeiführen sowie Abänderungen der Trennungs- oder Scheidungsfolgen erreichen. Die Verfahren sind Ehegatten nur bei Einvernehmen und unter bestimmten Voraussetzungen zugänglich. Wird die Einigung nicht erreicht, bleibt nur der Weg des gerichtlichen Verfahrens.   181

b) Anwaltsunterstützte Vereinbarung

Das erste Verfahren bildet die von Rechtsanwälten assistierte einvernehmliche außergerichtliche Trennung/Scheidung (Art. 6 G Nr. 164/2014). Jede Partei muß einen eigenen Rechtanwalt zuziehen. Die Anwälte haben das Verfahren zu betreuen und die Vereinbarung schriftlich festzuhalten. Sie sind dazu verpflichtet, die Ehegatten über eine mögliche Familienschlichtung zu informieren. Es soll eine gütliche Einigung der Ehepartner herbeigeführt werden (Art. 6. Abs. 1 G Nr. 164/2014). Zu Beginn des Verfahrens ist eine Frist von mindestens einem Monat bis zu drei Monaten festzulegen, in der die Vereinbarung zustande kommen soll; die Frist kann einmalig um drei Monate verlängert werden. Diese Frist wird man, auch wenn das Dekret zu den Rechtsfolgen der Fristüberschreitung schweigt, nur als Sollvorschrift ansehen können, die den Gesetzeszweck der Verfahrensbeschleunigung zum Ausdruck bringt; eine einvernehmliche Regelung wird nicht deshalb scheitern können, weil die Frist nicht gewahrt ist. Bei Nichteinhaltung der obengenannten Pflichten sind für die Anwälte Geldstrafen vorgesehen (2.000–10.000 EUR).   182

Aus der Vereinbarung muss ersichtlich sein, dass ein Versöhnungsversuch stattgefunden hat und die Parteien über die Möglichkeit einer Mediation aufgeklärt wurden. Sie muss auch den Hinweis enthalten, dass etwaige Kinder angemessene Zeiten bei jedem Elternteil verbringen sollten (Art. 6 Abs. 3 S. 2 G Nr. 164/2014).   183

---

215 *Saletti*, Procedimento e sentenza di divorzio, S. 605.

Die Vereinbarung muss den neuen Status der Ehegatten (geschieden oder getrennt) und kann deren finanzielle Angelegenheiten sowie die Ausübung der elterlichen Verantwortung für die Kinder und deren Unterhalt regeln. Aus dem Gesetzeswortlaut wird nicht deutlich, ob alle Scheidungsfolgen beinhaltet sein müssen oder ob sich die Vereinbarung auch auf die Scheidung an sich bzw. auf nur einzelne Scheidungsfolgen beschränken kann. Letzeres dürfte zutreffen.

Durch die Scheidungsvereinbarung kann die für die Scheidung gesetzlich vorgesehene Trennungsfrist nicht verkürzt werden.

184   Die Vereinbarung kann privatschriftlich getroffen werden. Die Anwälte haben zu bestätigen, dass die Ehepartner die Unterschrift vor ihnen selbst geleistet haben. Eine notarielle Beurkundung ist nicht vorgesehen, soweit im Rahmen der Vermögenauseinandersetzung kein Grundbesitz betroffen ist (Art. 5 Abs. 3 G Nr. 164/2014).

Den Anwälten wird auch die Pflicht auferlegt zu bestätigen, dass die getroffenen Vereinbarungen zwingendem Recht nicht widersprechen sowie der ordre public gewahrt ist (Art. 5 Abs. 3 G Nr. 164/2014). Die Bestätigung der Anwälte hat somit eine zertifizierungs- und haftungsbegründende Funktion. Aus der Norm ist zu entnehmen, dass die Vereinbarungen die familienrechtlichen Grenzen der Privatautonomie nicht überschreiten dürfen. So kann eine Unterhaltsvereinbarung bei Trennung in Form einer einmaligen Leistung (*una tantum*) den Anspruch auf Mindestunterhalt (*alimenti*) bei späterer Bedürftigkeit nicht ausschließen; sie ist aber wohl als vorzeitiger einvernehmlicher Verzicht auf Scheidungsunterhalt zulässig (Art. 156 c.c. und Art. 5 Abs. 6 l. div. i.V.m. Art. 5 Abs. 8 L. div.).

185   Haben die Ehepartner keine minderjährigen Kinder und keine Kinder, die zwar volljährig, aber wirtschaftlich nicht unabhängig sind oder eine schwere Behinderung im Sinne von Art. 3 Abs. 3 G Nr. 104/1992 haben, ist die Vereinbarung dem zuständigen Staatsanwalt vorzulegen (Art. 6 G Nr. 164/2014). Ein Antrag der Parteien ist hierzu nicht erforderlich (Ministerial-Rundschreiben Nr. 16/2014). Der Staatsanwalt hat, wenn er keine Regelwidrigkeit feststellt (Trennungszeit, Schriftform, Zertifizierung des Datums) eine *nulla osta* (*nihil obstat* = Bestätigung) für die erzielten Abreden auszustellen (Art. 6 Abs. 2 S. 1 G Nr. 164/2014).

Offen ist, wann volljährige Kinder noch als wirtschaftlich abhängig anzusehen sind, und wer dies prüft. Reicht die einfache Feststellung der Ehepartner oder bedarf es näherer Angaben in der Vereinbarung, die der Staatanwalt gegebenenfalls auf ihre Plausibilität prüfen kann oder muss?

186   Sind minderjährige Kinder oder Kinder, die zwar volljährig, aber wirtschaftlich nicht unabhängig sind oder eine schwere Behinderung im Sinne von Art. 3 Abs. 3 G. Nr. 104/1992 haben, vorhanden, ist die Vereinbarung innerhalb von 10 Tagen dem zuständigen Staatsanwalt vorzulegen. Dieser hat neben der Wahrung der formellen Voraussetzungen eine inhaltliche Kontrolle dahingehend durchzuführen, ob die getroffene Vereinbarung den Interessen der betroffenen Kinder entspricht. Wird kein Verstoß festgestellt, hat der Staatsanwalt seine Genehmigung zu erteilen.

Stellt er einen Verstoß gegen das Kindesinteresse fest, hat er die Vereinbarung binnen 5 Tagen dem Präsident des Tribunals zu übermitteln, der dann unverzüglich das Erscheinen der Parteien innerhalb von 30 Tagen anordnet (Art. 6 Abs. 2 S. 2 G Nr. 164/2014). Eine darüber hinausgehende Überprüfung der getroffenen Vereinbarung erfolgt nicht.

Problematisch ist, dass eine Anhörung der Kinder im Gesetz nicht vorgesehen ist. Hier liegt ein Schwachpunkt des Gesetzes, der an der Verfassungsmäßigkeit der Reform zweifeln läßt. Fraglich ist auch, ob unter „Kindern" nur gemeinsame Kinder zu verstehen sind. Nach dem Ministerial-Rundschreiben Nr. 19/2014 genügt das Vorhandensein auch einseitiger Kinder.

Der Gerichtspräsident kann die „Entscheidung" des Staatsanwalts revidieren und, falls nötig, den Ehegatten Änderungsvorschläge unterbreiten, ehe er seine Genehmigung durch *ordinanza* erteilt.

Liegt eine Bestätigung oder eine Genehmigung der einvernehmlichen Scheidungsvereinbarung vor, ist die Vereinbarung binnen 10 Tagen durch die Anwälte dem Standesamt des Ortes, in dem einer der Eheleute seine *residenza* hat oder wo die Eheschließung registriert oder transkribiert wurde, zur Eintragung vorzulegen (Art. 6 Abs. 3 S. 3 G Nr. 164/2014). Die Registrierung hat deklaratorische Wirkung.

187

Die außergerichtliche einvernehmliche Trennung oder Scheidung hat die Wirkungen einer gerichtlichen Trennung oder Scheidung (Art. 6 Abs. 3 G Nr. 164/2014), bewirkt also die Änderung des Personenstands der Ehegatten (geschieden oder getrennt), die Beendigung des Güterstandes, die Regelung der finanziellen Angelegenheiten sowie des Unterhalts der Parteien und die Ausübung der elterlichen Verantwortung für die Kinder und deren Unterhalt, gegebenenfalls auch die Namensänderung der Ehefrau aufgrund der Scheidung. Die Wirksamkeit der Scheidung tritt, auch wenn das Gesetz dazu nichts aussagt, nicht schon mit Abschluss der Vereinbarung ein, sondern erst, wenn der Staatsanwalt bzw. der Gerichtspräsident die Bestätigung/Genehmigung erteilt hat, dann aber mit Wirkung ex tunc. Art. 3 Abs. 2 lit. b) S. 2 L. div. (neu formuliert durch Art. 12 Abs. 4 G Nr. 164/2014) stellt für den Beginn der Trennungsfrist bei späterer Scheidung auf den zertifizierten Vertragsschluss (*data certificata*) ab.

188

Die bestätigte/genehmigte Scheidungs- bzw. Trennungsvereinbarung stellt einen vollstreckbaren Titel dar. Sie kann auch Grundlage für die Eintragung einer Hypothek sein (Art. 6 Abs. 3 i.V.m. Art. 5 G Nr. 164/2014).

Vereinbarungen können zu einem späteren Zeitpunkt einvernehmlich geändert werden. Zudem ist die allgemein vorgesehene Anpassung an veränderte Umstände möglich (Art. 710 C.p.c. u. Art. 9 L. div.). Auch wenn nicht eindeutig geregelt ist, ob die Einigung später einseitig gerichtlich angefochten werden kann und ob die Anfechtung den gesamten Vertrag erfasst oder nur die Scheidungsfolgen oder einzelne von ihnen betrifft, gelten doch die Regeln des allgemeinen Vertragsrechts (wie z.B. Art. 1418 C.c. ff. über die Nichtigkeit des Vertrages und Art. 1425 ff. C.c. über die Anfechtung wegen Willensmängeln).

189

Darüber hinaus ist eine nachträgliche Kontrolle gemäß Art. 5 Abs. 8 L.div. möglich. Danach kann bei Einigkeit der Parteien ein Ausgleich auch durch eine einmalige Abfindung erfolgen, wenn das Gericht sie für billig hält.

c) Verfahren beim Standesamt

Das zweite Verfahren ist die Trennung/Scheidung vor dem Bürgermeister (als dem obersten Standesbeamten – *ufficiale dello stato civile*). Das Verfahren stellt den einfachsten und günstigsten Weg zur Trennung oder Scheidung dar, wenn auch unter strengen Voraussetzungen. Bei diesem Verfahren haben die Ehegatten, allerdings nur, wenn keine minderjährigen Kinder und keine Kinder, die zwar volljährig, aber wirtschaftlich nicht unabhängig sind oder eine schwere Behinderung im Sinne von Art. 3 Abs. 3 G. Nr. 104/ 1992 haben, vorhanden sind, die Möglichkeit, vor einem Standesbeamten eine einvernehmliche Erklärung zur Trennung oder zur Auflösung der Ehe abzugeben (Art. 12 Abs. 1 G Nr. 164/2014). Zuständig ist der Bürgermeister der Gemeinde, in der zumindest einer der Ehegatten seinen

190

Wohnsitz hat oder in der ihre Eheschließung registriert oder transkribiert worden ist (Art. 12 Abs. 1 G Nr. 164/2014).

Welche Informationen die Ehegatten dem Standesamt vorzulegen haben, ergibt sich aus den im Ministerialdekret vom 9.12.2014 festgelegten Formularen.

191 Die Ehegatten haben die Erklärung, sich trennen oder scheiden zu wollen, persönlich abzugeben. Die Zuziehung eines Anwalts ist hierbei nicht zwingend (Art. 12 Abs. 3 S. 1–2 G Nr. 164/2014). Im Rahmen dieses Verfahrens können ohne Einschaltung der Staatsanwaltschaft auch Scheidungsfolgen geregelt werden; allerdings darf keine Vermögensübertragung erfolgen (Art. 12 Abs. 3 S. 3 G Nr. 164/2014). Auch bereits geltende gerichtliche Trennungs- oder Scheidungsregelungen können abgeändert werden.

Die Erklärungen werden durch den Standesbeamten aufgenommen und von den Parteien unterzeichnet. Die Parteien können durch sog. Autozertifizierungen einige Voraussetzungen bzw. Beweismittel belegen. Insbesondere haben sie zu erklären, ob und bei welchem Gericht ein Trennungs-/Scheidungsverfahren bereits anhängig ist.

192 Die Einbeziehung von Vermögensübertragungen in die Vereinbarung ist nicht möglich. Unklar ist, wann eine unzulässige Vermögensübertragung vorliegt. Das Innenministerium hat in dem Rundschreiben Nr. 19/2014 klargestellt, dass hierunter jede Klausel vermögensrechtlicher Natur, wie z.B. auch die Nutzung der Ehewohnung, Unterhaltsvereinbarungen oder die Einräumung anderer wirtschaftlicher Vorteile, fällt. Damit ist auch eine Vermögensauseinandersetzung ausgeschlossen.

193 Ist die Trennung oder Scheidung vor dem Standesamt erklärt worden, bedarf es nach Ablauf einer Frist von mindestens 30 Tagen einer nochmaligen Bestätigung vor dem Standesamt, zu welcher der Standesbeamte die Parteien vorlädt. Innerhalb dieser Frist hat der Standesbeamte eine Kontrolle der abgegebenen Erklärungen durchzuführen.

Die Ehegatten haben zu dem festgesetzten Termin persönlich zu erscheinen und die Vereinbarung nach der Überlegungsfrist (*diritto di ripensamento*) zu bestätigen. Werden die Erklärungen nicht bestätigt oder erscheinen die Ehegatten nicht, werden die Trennungs- bzw. Scheidungserklärungen unwirksam (Art. 12 Abs. 3 S. 4 G Nr. 164/2014). Wünschen die Ehegatten vor der Bestätigung wesentliche Änderungen, bedarf es einer nochmaligen 30-tägigen Überlegungsfrist mit (erneuter) Bestätigung.

194 Der Standesbeamte hat eine „Kontrolle" durchzuführen. Neben der formalen Durchsicht der persönlichen Daten/Angaben der Ehegatten sind das Fehlen von minderjährigen Kindern, schwerbehinderten Kindern oder die wirtschaftliche Unabhängigkeit der Kinder, wobei hierfür die sog. Autozertifizierung der Eheleute genügt, und die Voraussetzungen der Scheidung (z.B. ein rechtskräftiges Trennungsurteil oder eine gerichtlich genehmigte Trennung – *separazione omologata*) zu prüfen. Auch wenn nicht ausdrücklich vorgesehen, ist ein Protokoll (*verbale*) über das Verfahren zu erstellen. Unklar ist, ob und inwiefern der Standesbeamte den „Abschluss" des Verfahrens verweigern kann, welche Rechtsmittel den Ehegatten in diesem Fall zustehen und ob Ehegatten (aufgrund der mehrfachen Zuständigkeit) einen anderen Standesbeamten aufsuchen können, falls der erste den „Abschluss" des Verfahrens verweigert. Letzteres könnte durch eine Registrierung jeder Verfahrenseinleitung verhindert werden.

195 Die Vereinbarung ist unmittelbar nach der Entgegennahme der Erklärungen von den Parteien und dem Standesbeamten zu unterschreiben. Nach der Unterschrift des Standesbeamten ist keine weitere Änderung möglich (Art. 12 Abs. 6 Reg. St. civ.). Die Wirkungen für die Ehegatten folgen umittelbar aus der Vereinbarung. Die Vereinbarung tritt an die Stelle der gerichtlichen Entscheidung.

Cubeddu Wiedemann/Wiedemann

Wirkungseintritt nach Art. 12 Abs. 4 G Nr. 164/2014 ist der Zeitpunkt der Beurkundung. Dieses Datum und nicht jenes der Bestätigung ist im Register einzugetragen. Das betrifft sowohl die Statusfrage als auch die Folgen (wie z.B. den Beginn der Trennungsfrist im Hinblick auf die Scheidung).

Die Beurkundung hat keine konstitutive Wirkung. Sie bestätigt auch nicht die Gültigkeit der Vereinbarung. Sie dient lediglich als Beweismittel für die Erklärungen der Ehegatten und deren Vereinbarung sowie den daraus folgenden Statuserwerb.

Das Verfahren ist ungewöhnlich preisgünstig. Art. 12 Abs. 6 G Nr. 164/2014 sieht maximale   196
Pauschalkosten von 16 EUR vor. Die Summe entspricht jener für das Aufgebot der Eheschließung gemäß dem Dekret vom 26.10.1972, Nr. 642.

Die Vereinbarung soll in den Standesamtsregistern (Scheidung u. Trennung) eingetragen   197
und bei der Geburtsurkunde (Scheidung) sowie Heiratsurkunde (Scheidung u. Trennung)
angemerkt werden (Art. 12 Abs. 5 G Nr. 164/2014 i.V.m. Art. 49, 63 u. 69 Reg. St. civ.).

Die Registrierung hat deklaratorische Wirkung. Die Eintragung in das Register schließt die Berufung auf einen anderen Status als den eingetragenen aus. Eine Löschung ist nur bei Nachweis der Unrichtigkeit sowie bei entsprechender gerichtlicher Entscheidung (*sentenza di rettificazione*, ex Art. 95, 96 Reg. St. civ.) zulässig.

Der Standesbeamte hat die Registrierung dem Gericht mitzuteilen, bei dem ein gerichtliches Trennungs- bzw. Scheidungsverfahren anhängig ist. Die Ehegatten trifft dem Standesbeamten gegenüber eine Informationspflicht.

Auch hier ist vorgesehen, dass getroffene Vereinbarungen zu einem späteren Zeitpunkt   198
einvernehmlich geändert werden können (siehe Rdn 189).

IV. Kollisionsrecht der Scheidung und Scheidungsfolgen

Für die Trennung und Scheidung wird ebenso wie für die persönlichen Ehewirkungen   199
vorrangig an die **gemeinsame Staatsangehörigkeit** der Ehegatten und nachrangig an das
Recht des Staates, in dem sich der Lebensmittelpunkt der Ehe zum Zeitpunkt der Antragstellung befindet, angeknüpft (Art. 31 Abs. 1 d.i.p.). Soweit das zur Geltung kommende
ausländische Recht diese Rechtsinstitute, z.B. die Trennung, nicht kennt, findet das materielle italienische Recht Anwendung.[216]

V. Internationale Zuständigkeit

Italienische Gerichte sind – sofern nicht die Brüssel IIa-VO gilt – für die Trennung und   200
Scheidung ausländischer Ehegatten zuständig, wenn der beklagte Ehegatte seinen **Wohnsitz**
(*domicilio* oder *residenza*) in Italien oder in Italien einen Verfahrensbevollmächtigten hat
(Art. 3 d.i.p.). Bei Klage auf Ungültigkeit, Trennung und Scheidung ist das italienische
Gericht zuständig, wenn ein Ehegatte die italienische Staatsangehörigkeit hat oder die Ehe
in Italien geschlossen wurde (Art. 3 Abs. 2 d.i.p.).

VI. Anerkennung im Ausland erfolgter Scheidungen

Eine im Ausland ausgesprochene Trennung oder Scheidung ist in Italien – auch außerhalb   201
der Brüssel IIa-VO – ebenso wie sonstige Entscheidungen ausländischer Gerichte ohne

---

216 *Cubeddu*, Diritto della famiglia, S. 608 f.

weiteren gerichtlichen Akt wirksam (Art. 64 d.i.p.).[217] Das Berufungsgericht kann angerufen werden, um die Anerkennung zu bestätigen, wenn die Parteien darüber streiten oder wenn Vollstreckungsmaßnahmen durchgeführt werden sollen (Art. 67 Abs. 1 d.i.p.).

Durch die Einführung der neuen einvernehmlichen Trennungs- und Scheidungsverfahren sind auch ausländische einvernehmliche Scheidungen – Scheidung durch Vertrag, Blitzscheidung, Scheidung durch behördlichen Rechtsakt – grundsätzlich als wirksam anzusehen;[218] ein Verstoß gegen den ital. ordre public ist nicht mehr anzunehmen. Die Rechtsprechung hat teilweise auch „Scheidungen" durch Verstoßung (*ripudio*) als nicht dem it. ordre public widersprechend angesehen, sofern dabei der Geichheitsgrundsatz von Mann und Frau gewahrt wird.[219]

D. Scheidungsfolgen

I. Vermögensteilung

1. Güterrechtliche Aufteilung

202   Die Vermögensaufteilung erfolgt nach den **güterrechtlichen Bestimmungen** (vgl. Rdn 44 ff.), die die gerichtliche Trennung als Zeitpunkt der Beendigung des Güterstandes vorsehen.

2. Vermögensteilung außerhalb des Güterrechts

a) Rückabwicklung ehebedingter Zuwendungen

203   „Ehebedingte Zuwendungen" sind als solche in Italien nicht typisiert. Leistungen eines Ehegatten sind entweder nicht rückforderbare Beiträge zur ehelichen Lebensgemeinschaft oder für sie gelten die allgemeinen **güterrechtlichen Bestimmungen**. Das heißt, wird der Erwerb oder die Errichtung eines Familienheims mit Mitteln eines Ehegatten finanziert, gehört es vorbehaltlich abweichender Regelungen den Ehegatten trotzdem gemeinsam, wenn sie im gesetzlichen Güterstand leben. Gilt Gütertrennung, hat der Ehegatte, dessen finanzieller Beitrag über seine dingliche Beteiligung am geschaffenen bzw. erworbenen Vermögen hinausgeht, wegen des überschießenden Beitrags einen Rückforderungsanspruch aufgrund ungerechtfertigter Bereicherung des anderen.[220]

b) Ehegatteninnengesellschaft

204   Die Rechtsfigur der Ehegatteninnengesellschaft kennt die italienische Rechtsordnung nicht. Die meisten in Deutschland darunter gefassten Fälle werden mit dem Institut der *impresa familiare* (siehe im Einzelnen Rdn 80 ff.) geregelt (Art. 230 *bis* c.c.).

---

217 Für die Anerkennung einer Scheidung ohne vorherige Trennung (*separazione giudiziale*) siehe Cass., 28.5.2004, n. 10378; Trib. Monza, 11.4.2011, FD, 2011, 1011.
218 *Barel/Armellini*, Diritto internazionale privato 2015, S. 151 ff.
219 Siehe App. Cagliari, 16.5.2008.
220 Cass., 15.4.2002, n. 5420, FD, 2002, 410.

c) Ehewohnung und Hausrat

Die Nutzung der Ehewohnung und die Verteilung des Hausrats sind in erster Linie einer   205
Einigung der Ehegatten vorbehalten. Einigen sich die Ehegatten nicht, wird die Regelung
innerhalb des Scheidungsverfahrens getroffen. Bezüglich der **Ehewohnung** sieht Art. 6
Abs. 6 l. div. vor, dass die **Zuweisung** unter vorrangiger Berücksichtigung der Interessen
der gemeinsamen Kinder und der Eigentumsverhältnisse erfolgt. Eine direkte Anwendung
auf die Scheidung ist auch für den im Rahmen der Trennung neu eingeführten Art. 155 *quater* c.c. vorgesehen, wonach die Zuweisung der Ehewohnung im Rahmen der Entscheidung
über die vermögensrechtlichen Verhältnisse (*rapporti economici*), vor allem im Rahmen des
Getrenntlebensunterhalts, zu berücksichtigen ist. Das Recht zur Nutzung der Ehewohnung
entfällt, wenn der Ehegatte, dem die Ehewohnung zugewiesen wurde, diese nicht tatsächlich
bewohnt, eine neue Ehe oder eine Partnerschaft mit einem Dritten eingeht.[221]

II. Unterhalt

1. Allgemeines

Das l. div. regelt die Voraussetzungen des *assegno di divorzio* (Art. 5), die Durchsetzung   206
des Unterhaltsanspruchs (Art. 8) und den strafrechtlichen Schutz des Unterhaltsanspruchs
(Art. 12 *sexies*). In Art. 5 l. div. benutzt der italienische Gesetzgeber den Begriff *„assegno“*,
ohne zu sagen, dass dieser „Scheck“ die Funktion der Sicherstellung des Unterhalts des
empfangenden Ehegatten hat. Der *assegno di divorzio* dient grundsätzlich dazu, einen
Ausgleich für den wirtschaftlich schwächeren Ehegatten zu schaffen, wenn und soweit er
zur Bildung und Schaffung der bestehenden ehelichen Lebens-, Einkommens- und Vermögensverhältnisse beigetragen hat.[222]

2. Unterhaltstatbestand

a) Funktion

Art. 5 Abs. 6 l. div. n.F. sieht die Verpflichtung eines Ehegatten vor, dem anderen Ehegatten   207
einen *assegno* zu gewähren, wenn Letzterer keine adäquaten Mittel hat oder diese infolge
objektiver Umstände nicht besorgen kann. Zu dieser Voraussetzung des *assegno di divorzio*
(*mezzi adeguatie/o nell'impossibilità di procurarseliper ragioni obiettive*) tritt als weitere
Voraussetzung auf Seiten des unterhaltspflichtigen Ehegatten seine **Leistungsfähigkeit** (*capacità a prestare del coniuge obbligato*). Art. 5 Abs. 6 l. div behält mit einigen Änderungen
die alten Kriterien bei. Er führt aber ein zusätzliches Kriterium ein: das **Fehlen adäquater
Mittel**. Somit wurde in Abkehr von der sog. zusammengesetzten Rechtsnatur des *assegno*
die Unterscheidung zwischen der Tatbestandsvoraussetzung für die Zuerkennung von nachehelichem Unterhalt (*la mancanza o insufficienza di mezzi adeguati*) und den Kriterien für
die Bestimmung der Unterhaltshöhe (*condizioni dei coniugi, ragioni della decisione, contri-
buto personale ed economico dato da un coniuge, reddito di entrambi*) gesetzlich festgezurrt.
Aus der Gesetzesneufassung ergibt sich, so die Vereinigten Senate des Kassationshofes,[223]
die **Unterstützungsnatur** des *assegno di divorzio*, während die beiden anderen Funktionen
– **Entschädigungs- und Ausgleichsfunktion** – nur für die Höhe Bedeutung haben.

---

221 Ausf. dazu *Cubeddu*, Diritto della famiglia, S. 561 ff. Zur verfassungsmäßigen Auslegung – Berücksich-
     tigung des Kindeswohls – siehe Corte Cost., 29.7.2008, n. 308, FD, 2009, 62.
222 *Dossetti*, Gli effetti della pronunzia di divorzio, S. 644.
223 Cass., 29.11.1990, n. 11490.

b) Die Rolle des Verschuldens

208 Anders als bei der Trennung, wo gem. Art. 156 Abs. 1 c.c. Unterhalt nur demjenigen Ehegatten zugesprochen werden kann, dem die Trennung nicht zuzurechnen ist, spielt nach Art. 5 l. div. das Verschulden bzw. dessen Fehlen **keine Rolle**; es ist weder positiv noch negativ als Voraussetzung des *assegno di divorzio* genannt. Nur bei der Feststellung der Höhe des *assegno* wäre das Gericht berechtigt, das Verschulden eines der Ehegatten für die Ehescheidung zu überprüfen.

c) Das Fehlen von adäquaten Mitteln

209 Es kommt nicht darauf an, ob der Antragsteller bedürftig ist. Entscheidend ist allein, dass sich durch die Scheidung seine wirtschaftlichen Verhältnisse so deutlich verschlechtert haben, dass ein **gerechter Ausgleich** notwendig erscheint. Abzustellen ist nicht allein auf den bisherigen ehelichen Lebensstandard; dieses Kriterium ist also nicht absolut, sondern im Zusammenhang mit dem Grad der Mitwirkung des antragstellenden Ehegatten am Zusammenleben und an der Vermögensbildung des anderen Ehegatten zu sehen. Auf das **Fehlen adäquater Mittel** kann sich der Antragsteller aber unabhängig von seiner Bedürftigkeit und seiner Mitwirkung an den eheprägenden Einkommens- und Vermögensverhältnissen nicht berufen, wenn er in der Lage ist, durch eine angemessene Erwerbstätigkeit die eigene Versorgung sicherzustellen.[224] Den Antragsteller trifft also eine **Erwerbsobliegenheit**.[225]

d) Leistungsfähigkeit des verpflichteten Ehegatten

210 Die Leistungsfähigkeit des verpflichteten Ehegatten ist im Gesetz nicht als ausdrückliche Tatbestandsvoraussetzung genannt. Sie ergibt sich aber indirekt aus Art. 5 Abs. 6 l. div., wo für die Feststellung des Fehlens adäquater Mittel darauf abgestellt wird, dass ein Ehegatte wirtschaftlich schlechter steht als der andere. Die **Leistungsfähigkeit** muss aufgrund derselben Kriterien beurteilt werden, die für die Höhe des *assegno di divorzio* gem. Art. 5 l. div. maßgebend sind. Eine ausdrückliche gesetzliche Regelung, wonach dem verpflichteten Ehegatten ein bestimmter Betrag verbleiben muss, um den eigenen Lebensunterhalt zu bestreiten bzw. die eigene Versorgung nicht zu gefährden (sog. **Selbstbehalt**), findet sich im l. div. nicht. Nach der lediglich vollstreckungsrechtlichen Regelung des Art. 8 l. div. kann der berechtigte Ehegatte nur auf die Hälfte des monatlichen Einkommens eines im Staatsdienst tätigen unterhaltspflichtigen Ehegatten Zugriff nehmen.

3. Höhe des assegno di divorzio

211 Die **Kriterien** zur Feststellung der Höhe des *assegno di divorzio* sind in Art. 5 Abs. 6 l. div. aufgeführt. Der Gesetzgeber hat auf die Festlegung einer bestimmten Höhe bzw. eines bestimmten Prozentsatzes verzichtet, sondern nur allgemeine Kriterien zur Bestimmung der Höhe des *assegno di divorzio* genannt. Es gelten in Italien weder der Halbteilungsgrundsatz noch bestimmte Tabellen vergleichbar der Düsseldorfer Tabelle.

212 Neben den bisher schon maßgebenden **ehelichen Lebensverhältnissen** einschließlich der Einkommens- und Vermögensverhältnisse, den Entscheidungsgründen für die Trennung und dem persönlichen und wirtschaftlichen Beitrag des berechtigten Ehegatten zu den

---

224 Dagegen: Cass., 15.9.2008, n. 23690; App. Bologna, 10.5.2010, n. 448.
225 Deren Umfang ist nach sozialen und wirtschaftlichen Kriterien zu ermitteln: Cass., 13.7.2010, n. 17347, FD, 2011, 46.

bestehenden Einkommens- und Vermögensverhältnissen ist nunmehr auch die **Ehedauer** als neues Kriterium heranzuziehen.[226]

– **Verhältnisse der Ehegatten.** Das erste in Art. 5 Abs. 6 l. div. angesprochene Kriterium   213
  ist die *condizioni dei coniugi*. Das Gericht muss somit neben dem verfügbaren Einkommen auch das Alter, den Gesundheitszustand, die soziale Stellung, die berufliche Ausbildung und die Arbeitsfähigkeit jeweils beider Ehegatten berücksichtigen. Das Gericht
  muss darüber hinaus auch eventuelle weitere – nicht vorrangige – Unterhaltsverpflichtungen gegenüber Kindern, früheren Ehegatten und sonstigen Verwandten und bestehende Betreuungspflichten und Sorgerechte berücksichtigen; ebenso hat das Gericht
  eventuelle dauerhaft, also nicht nur vorübergehend gewährte wirtschaftliche Unterstüt-
  zungsmaßnahmen durch Verwandte oder einen neuen Lebenspartner zu berücksichtigen.[227]

– **Gründe der Entscheidung.** In der Lehre wird die Auffassung vertreten, dass die Gründe
  der Entscheidung sich lediglich auf die Frage beziehen, welche Gründe nach Art. 3 l. div.
  zur Scheidung geführt haben. In der Rspr. herrscht aber die Auffassung vor, dass aufgrund dieses Kriteriums nicht nur die Gründe für die Scheidung nach Art. 3 l. div.,
  sondern letztlich alle maßgebenden Gründe und Indizien für das Scheitern der Ehe, also
  sowohl die Gründe, die zur Trennung geführt haben, als auch das nachträgliche Verhalten
  eines oder beider Ehegatten, die die Wiederherstellung der ehelichen Lebensgemeinschaft
  verhindert haben, heranzuziehen sind.[228]

– **Persönliche und wirtschaftliche Mitwirkung.** Zur Ermittlung des Umfangs der persönlichen und wirtschaftlichen Mitwirkung ist nach dem Gesetzeswortlaut die tatsächliche
  Mitwirkung eines und/oder beider Ehegatten zur Lebensgemeinschaft und zur Vermögensbildung, gleichgültig, ob es sich um das gemeinsame Vermögen oder um das Vermögen nur eines Ehegatten handelt, zu verstehen. Unerheblich ist dabei, ob es sich um
  einen finanziellen Beitrag oder um einen bloß ideellen Beitrag handelt; es reicht auch
  aus, dass der Beitrag die Ausübung der Berufstätigkeit oder die berufliche Perspektive
  eines Ehegatten befördert hat, z.B. indem ein Ehepartner freiwillig den Haushalt führt
  und dem anderen Ehegatten daher die berufliche Karriere ermöglicht. Entscheidend ist
  allein, ob der Beitrag die gesamten ehelichen Verhältnisse gefördert hat. Der jeweils
  maßgebliche Beitrag muss also konkret ermittelt werden. Während die Lehre für die
  Ermittlung des maßgeblichen Beitrags nur auf die Zeit des tatsächlichen Zusammenlebens abstellt, zieht die Rspr. auch die Zeit nach einer Trennung heran.[229] Insbesondere
  wird auch die Kinderbetreuung durch einen Ehegatten während der Trennung noch als
  zu berücksichtigende Mitwirkung angesehen.

– **Beiderseitiges Einkommen.** Obwohl in der früheren Gesetzesfassung ausdrücklich von
  sostanze (Einkommens- und Vermögensverhältnisse) die Rede war, während die Neufassung nur noch vom Einkommen beider Ehegatten spricht, ist materiellrechtlich nach
  h.L. und Rspr. mit diesem unterschiedlichen Gesetzestext keine inhaltliche Änderung

---

226 *Al Mureden*, FD, 2011, 456 ff. Nach Cass., 12.7.2007, n. 15611, FD, 2007, 1091, können die Gesamtum-
     stände den Unterhaltsanspruch ganz ausschließen.
227 Siehe Cass., 17.10.1989, n. 4158, GI, 1990, I, 1, 587; Cass., 28.6.2007, n. 14921, FD, 2008, 257.
228 Die Tatsache, dass in der Reform auch die Relevanz der Gründe der Entscheidung bestätigt wurde,
     hat zahlreiche Kritik hervorgerufen, weil daraus geschlossen wurde, dass das Verschulden eines Ehegat-
     ten durch die Hintertür wieder als selbstständiges Kriterium für die Bemessung der Unterhaltshöhe
     eingeführt worden sei. Die Lehre hat das Kriterium einschränkend dahingehend interpretiert, dass es
     nicht zu einer Verneinung oder Minderung des Unterhaltsanspruchs führen kann, sondern – im Gegen-
     teil – ggf. nur zu einer Erhöhung des Unterhaltsanspruchs, nämlich dann, wenn dem verpflichteten
     Ehegatten ein Verschulden oder eine Eheverfehlung vorgehalten werden kann.
229 Siehe Cass., 4.11.2010, n. 22501; Cass., 9.9.2008, n. 11560.

verbunden.[230] Unter Einkommen sind sämtliche Einkünfte und Vermögenswerte zu verstehen, die die Ehegatten beziehen bzw. besitzen.[231] Das Nettoeinkommen aus unselbstständiger und selbstständiger Tätigkeit einschließlich etwaiger Zulagen, Zins- und Mieteinkünfte etc. Auch derzeit ertragslose Vermögenswerte, wie z.B. eine leer stehende Eigentumswohnung, sind zu berücksichtigen.[232]

– **Ehedauer.** Art. 5 Abs. 6 l. div. sieht vor, dass alle vorstehenden Kriterien auch unter Berücksichtigung der Ehedauer bewertet werden müssen. Die Ehedauer ist somit kein selbstständiges Kriterium, sondern beeinflusst mittelbar die anderen Kriterien.[233] Das sei an einem Beispiel verdeutlicht: Auch wenn die Ehe bereits zwanzig Jahre gedauert hat, der berechtigte Ehegatte aber zur ehelichen Lebensgemeinschaft und zur ehelichen Vermögensbildung in dieser Zeit keinen relevanten Beitrag geleistet hat, steht ihm allein aufgrund der langen Ehedauer kein höherer Anspruch zu.[234]

4. Kein Vorrang der Unterhaltsansprüche minderjähriger Kinder

214   Das italienische Recht geht davon aus, dass der Unterhalt des geschiedenen Ehegatten und der Unterhalt minderjähriger Kindern **gleichen Rang** haben. Es gibt rechtlich keinen Vorrang minderjähriger Kinder. Von Bedeutung ist allerdings Art. 442 c.c. Wenn das Einkommen des Verpflichteten nicht ausreicht, um die gleichrangigen Unterhaltpflichten gegenüber dem Ehegatten und den minderjährigen Kindern zu erfüllen, kann das Gericht entscheiden, welcher Berechtigte welchen Betrag erhält. Maßgebliches Kriterium für seine Entscheidung ist die etwaige unterschiedliche Bedürftigkeit der Berechtigten bzw. die Möglichkeit, dass ein Berechtigter Unterhalt auch von anderen unterhaltsverpflichteten Personen erlangen könnte. In der Praxis wird der Unterhalt bei Mangelfällen in der Regel anteilig gekürzt, soweit nicht besondere Umstände vorliegen.

5. Verfahren, Zahlungsmodalitäten, Dauer

215   Nach Art. 5 Abs. 6 l. div. entscheidet das Gericht durch Urteil über den *assegno di divorzio*. Außerdem regelt das Gesetz auch einige Zahlungsmodalitäten (Abs. 8), die Abänderbarkeit (Abs. 9) und das Erlöschen des Anspruchs auf *assegno* (Abs. 10 – nur einzelne Tatbestände, nicht abschließend).

a) Antragsverfahren

216   Der *assegno* wird grundsätzlich nur auf **Antrag** eines Ehegatten zugesprochen, so dass das Gericht nicht von Amts wegen tätig wird. Auf den Anspruch auf *assegno* kann für die Zukunft **nicht verzichtet** werden. Der Anspruch selbst verjährt nicht, wohl aber die einzelnen bereits fälligen Zahlungen.[235] Die Entscheidung über den *assegno* kann vom Gericht im Scheidungsurteil oder in einem gesonderten Urteil gefällt werden. Es gibt im italienischen Recht **keinen** sog. **Zwangsverbund.** Das Gericht kann im Urteil zunächst nur die Scheidung

---

230 Cass., 21.7.1992, n. 8793, DFP, 1993, 88.
231 Für durch Erbschaft erworbene Vermögenswerte siehe Cass., 19.12.2010, n. 23508.
232 Cass., 15.1.1990, n. 110, AC, 1990, 369.
233 Vgl. Cass., 16.12.2004, n. 23378, FD, 2005, 127; Cass., 12.7.2007, n. 15611, FD, 2007, 1092.
234 Analog der bereits oben (siehe Rdn 187) angesprochenen Frage, auf welchen Zeitraum für die Ermittlung des Mitwirkungsbeitrags abzustellen ist, wird auch hier kontrovers diskutiert, ob für die Ehedauer nur die Zeit bis zur Trennung oder auch die Zeit bis zum Scheidungsantrag heranzuziehen ist. Die Rspr. ist letzterer Auffassung.
235 Siehe Cass., 25.9.1998, n. 9606, FD, 1999, 32.

als solche aussprechen (*sentenza provisoria*), auch wenn die Ehegatten sich über die Folgesachen (Unterhalt, Zuweisung der Ehewohnung, elterliche Sorge bzw. Umgangs- und Besuchsrecht bei gemeinsamen Kindern etc.) nicht einig sind. Das Gericht kann den *assegno* nicht von Amts wegen zusprechen. Der Antrag kann auch in einem weiteren Verfahren unabhängig vom Scheidungsverfahren gestellt werden, auch wenn die Voraussetzungen für den *assegno* bereits im Zeitpunkt des Scheidungsurteils vorhanden waren.[236]

b) Zahlungsmodalitäten

Die **Zahlungsmodalitäten** werden vom Gericht im Urteil festgesetzt. Aus dem Gesetz ergibt sich nicht, dass der Unterhalt monatlich zu zahlen ist, so dass theoretisch auch andere Zahlungsintervalle denkbar wären. In der Praxis ist freilich die **monatliche Zahlung** üblich. Grundsätzlich ist der *assegno di divorzio* erst ab Rechtskraft des Scheidungsurteils zu zahlen – davor besteht der Anspruch auf Getrenntlebensunterhalt. Diese beiden „Unterhaltsformen" sind wie im deutschen Recht nicht identisch. Zum Schutz des Unterhaltsbedürftigen hat der Gesetzgeber jedoch eine Ausnahme von diesem Grundsatz eingeführt. Art. 4 Abs. 10 l. div. sieht vor, dass in einer vorläufigen Entscheidung über die Scheidung das Gericht befugt ist, den *assegno* bei Vorliegen einer besonderen Notlage des bedürftigen Ehegatten nicht erst ab Rechtskraft der Scheidung, sondern bereits ab der Rechtshängigkeit des Scheidungsantrags zuzusprechen.[237] Das Gericht trifft die Entscheidung von Amts wegen nach billigem Ermessen, ohne dass es eines Antrags bedarf; sie muss auch nicht im Einzelnen begründet werden.[238] Diese gesetzliche Regelung wurde vielfach kritisiert, weil sie den Entscheidungsspielraum des Gerichts wesentlich erweitert. Einig ist man sich aber darüber, dass das Gericht den *assegno* nur ab Rechtskraft des Scheidungsurteils oder ab Rechtshängigkeit des Scheidungsantrags zusprechen darf. Ein anderer, dazwischen liegender Stichtag ist unzulässig.[239]

217

Nach Art. 5 Abs. 8 l. div. kann der *assegno di divorzio* auch durch **einmalige Abfindung** erfüllt werden (*liquidazione una tantum*). Die Einmalabfindung kann durch Zahlung eines Geldbetrags, der sich nach den voraussichtlich zu zahlenden monatlichen Beträgen bestimmt, oder durch Übertragung von sonstigen Vermögenswerten, z.B. Immobilien, erfolgen. Voraussetzung für die einmalige Abfindung ist eine entsprechende **Einigung** der Ehegatten. Darüber hinaus hat das Gericht eine **Billigkeitsprüfung** durchzuführen, um einen Nachteil für den schwächeren Ehegatten zu vermeiden. Die vom Gericht durchzuführende Billigkeitskontrolle bezieht sich nicht nur auf die Abfindungshöhe, sondern auch auf die Erfüllungsmodalitäten. Die Lehre will weitergehend in diese Billigkeitskontrolle auch die gesamte sonstige Vermögensauseinandersetzung der Ehegatten (d.h. auch die Vermögensverteilung und die Zuweisung der Ehegüter und der Ehewohnung) einbeziehen.[240]

218

Rechtsfolge dieser Einmalabfindung ist nach Art. 5 Abs. 8 l. div., dass „keine weitere Klage mit wirtschaftlichem Inhalt erhoben werden kann". Der Wortlaut der Norm scheint eindeutig: Wird eine solche Abfindung gezahlt, wird für die Zukunft der verpflichtete Ehegatte von jeder Leistungspflicht frei, mag der berechtigte Ehegatte zu einem späteren Zeitpunkt auch wieder bedürftig werden. Weiter verliert der Ehegatte die Ansprüche auf die Abfindung bei Arbeitsende (*indennità di fine rapporto*) und auf die Hinterbliebenenrente

219

---

236 Dazu *Frassinetti*, Domanda autonoma di assegno divorzile: forme ordinarie e tutela cautelare, FD, 2000, 392.
237 Ggf. ab Eintritt der Umstände, die den *assegno* rechtfertigen: s. Cass., 18.6.2009, n. 14214, FD, 2010, 9.
238 Cass., 29.5.1993, n. 6049, GC, 1994, I, 459.
239 Cass., 15.9.1995, n. 6737, FD, 1995, 434.
240 Dazu *Cubeddu*, Parteiautonomie versus Inhaltskontrolle, in: Festschrift Pintens, 2012, I, 339.

(*trattamento pensionistico di reversibilità*).[241] In der Lehre wird aber trotz dieses klaren Wortlauts die Auffassung vertreten, dass, wenn der berechtigte Ehegatte später in wirtschaftliche Not gerät, er wieder Anspruch auf Unterhalt hat.[242]

c) Abänderbarkeit, Dauer

220 Sowohl die Gewährung als auch die Höhe des *assegno di divorzio* stehen unter dem Vorbehalt der „*rebus sic stantibus*".[243] Der italienische Gesetzgeber hat diesen Grundsatz teilweise in Gesetzesform gegossen. Bei einer wesentlichen Änderung der Verhältnisse bei einem oder beiden Ehegatten kann jeder Ehegatte eine **Abänderung** des Urteils für die Zukunft beantragen. Das Gesetz sieht für die Gewährung des *assegno* **keine Zeitgrenze** vor. Das Gericht kann aber den *assegno di divorzio* nur zeitlich befristet gewähren, wenn der Wegfall der Anspruchsberechtigung bzw. der Zahlungsverpflichtung bereits absehbar ist.

221 Präventiven Charakter hat die **automatische Anpassung** und wird bereits bei Zuspruch des *assegno* von Amts wegen bestimmt. Art. 5 Abs. 7 l. div. gibt dem Gericht bei Zuspruch des *assegno* die Befugnis, „eine automatische Anpassung des *assegno* zu bestimmen", die mindestens der jährlichen Inflationsrate entsprechen muss. Das heißt, das Gericht kann darüber hinaus für die Anpassung weitere Kriterien bestimmen. Denkbar wäre z.B. ein Kriterium, das den tatsächlichen Wert des ursprünglichen *assegno* bewahrt.[244] Dem Gericht ist es jedoch verwehrt, als Anpassungskriterium auf die voraussichtliche jährliche Einkommenssteigerung beim verpflichteten Ehegatten abzustellen. Dies wäre eine unzulässige Fortsetzung der ehelichen Lebensverhältnisse.[245] Das Gericht hat die Anpassung, die als notwendiger Bestandteil des *assegno* angesehen wird, auch ohne ausdrücklich darauf gerichteten Antrag anzuordnen. Es bestehen aber zwei **Ausnahmen:** 1. Wenn beide Ehegatten im Fall der einvernehmlichen Scheidung ausdrücklich die Anpassung ausschließen; 2. Im Fall der streitigen Scheidung nur ausnahmsweise bei Verstoß gegen die Billigkeit, was einer eingehenden gerichtlichen Begründung bedarf.[246]

222 Der italienische Gesetzgeber sieht weiter eine **nachträgliche**[247] Abänderungsmöglichkeit vor, wenn sich neue Umstände ergeben oder sich die der ursprünglichen Entscheidung zugrunde liegenden Tatsachen ändern. Es handelt sich um den sog. *procedimento di revisione*, geregelt in Art. 9 Abs. 1 l. div.[248] Die *revisione* setzt neue, sich erst nach dem Scheidungsurteil ergebende Umstände voraus. Diese müssen *giustificati*, d.h. erheblich und fundiert sein. Es bedarf daher einer Änderung der tatsächlichen Umstände, aufgrund derer die Entscheidung über den *assegno* erging. Eine Neubewertung von bei der Entscheidung bereits vorhandenen und bekannten Umständen reicht nicht. Bei der *revisione* darf daher kein neuer selbstständiger Vergleich der wirtschaftlichen Verhältnisse der Ehegatten durchgeführt werden.[249] Die *revisione* kann auch dazu führen, dass kein *assegno* mehr gezahlt werden muss. Dem Gericht steht bei der Beurteilung der *revisione* ein großer Ermessensspielraum zu. Maßgebend für die Entscheidung ist letztlich wiederum eine beiderseitige

---

241 Cass., 5.1.2001, n. 126, FD, 2001, 128.
242 *Bianca*, La famiglia, S. 257.
243 Cass., 1.7.2015, n. 13514, DG 2015.
244 Cass., 7.8.1993, n. 8570, MGI, 1993; Cass., 30.3.1994, MGI, 1994.
245 *Dossetti*, S. 656.
246 Cass., 12.3.1992, n. 3019, FI, 1993, I, 1635; Cass., 16.10.1991, n. 10901, MGI, 1991, 964.
247 Cass., 30.7.2015, n. 16173, GCM 2015.
248 Die Abänderung wirkt ex tunc nur, sofern das Gericht dies anordnet. Anders jedoch Trib. Mantova, 9.10.2010, FD, 2011, 1127.
249 Cass., 20.6.2014, n. 14143, GCM 2014.

Interessenabwägung. Die **Hauptfälle** in der Praxis betreffen das Eingehen einer neuen Ehe durch den verpflichteten ehemaligen Ehegatten, die Bildung einer nichtehelichen Lebensgemeinschaft durch den Begünstigten und die Insolvenz des Verpflichteten:

- **Neue Ehe des Verpflichteten.** Eine neue Eheschließung durch den verpflichteten Ehe-   223
gatten führt nach allgemeiner Auffassung in Rspr. und Lehre nicht zur Abänderung der *assegno*.
- **Nichteheliche Lebensgemeinschaft des begünstigten Ehegatten.** Obwohl die nichteheliche Lebensgemeinschaft keine gegenseitigen Rechte und Pflichten der Lebenspartner begründet, überwiegt die Auffassung, dass die tatsächliche Unterstützung durch den nichtehelichen Lebenspartner und die damit verbundene Minderung der Bedürftigkeit des Begünstigten im Rahmen der *revisione* zu berücksichtigen ist. Dieser Auffassung ist zuzustimmen, weil ansonsten diejenigen bevorzugt würden, die allein wegen des bei Wiederverheiratung in Art. 5 Abs. 10 l. div. angeordneten Erlöschens des *assegno* von einer neue Ehe absehen. Die nichteheliche Lebensgemeinschaft muss sich verfestigt haben, d.h. dauerhaft und ernsthaft sein.[250] Bei Beendigung der nichtehelichen Lebensgemeinschaft lebt der Unterhaltsanspruch nicht wieder auf.[251]
- **Insolvenz des Verpflichteten.** Auch die Insolvenz führt nicht zum automatischen Erlöschen des Anspruchs, sondern ist lediglich im Rahmen der *revisione* geltend zu machen.
- **Wiederverheiratung.** Das Erlöschen des Anspruchs im Fall der Wiederverheiratung nach Art. 5 Abs. 10 l. div. basiert nicht nur auf der Überlegung, dass mit der neuen Ehe die Bedürftigkeit des Begünstigten entfällt, sondern auch darauf, dass der Begünstigte sonst in den Genuss von Rechten aus zwei verschiedenen Ehen käme.[252] Die Begründung einer nichtehelichen Lebensgemeinschaft wird der Wiederverheiratung aufgrund des klaren Gesetzeswortlauts nicht gleichgestellt; die Rspr. behilft sich in diesem Fall – wie bereits oben erwähnt (siehe Rdn 197) – damit, dass sie die *revisione* für statthaft erklärt.
- **Tod des Verpflichteten.** Mit dem Tod des Verpflichteten erlischt nach Art. 9 *bis* l. div. die Zahlungsverpflichtung automatisch. Das Gericht kann aber, wenn der Berechtigte sich im *stato di bisogno* befindet, d.h. bedürftig ist, nach billigem Ermessen unter Beachtung der in Art. 9 *bis* l. div. genannten Kriterien einen neuen *assegno* zusprechen. Kriterien sind insbesondere die Bedürftigkeit des Berechtigten, die Höhe des bisherigen *assegno*, der Umfang der Erbschaft, die Zahl und der Verwandtschaftsgrad der Erben und deren Vermögensverhältnisse. Diese Verpflichtung der Erben ist eine Nachlassverbindlichkeit. Die Haftung ist auf das Nachlassvermögen beschränkt.
- **Tod des Berechtigten.** Der Tod des Berechtigten ist im Gesetz nicht ausdrücklich als Erlöschensgrund genannt. Es ist aber einhellige Auffassung, dass mit dem Tod des Berechtigten der Anspruch auf *assegno* erlischt. Bestehen allerdings noch Rückstände, können diese vom Erben eingefordert werden.
- **Anfall einer Erbschaft.** Der Anfall einer Erbschaft des Unterhaltsverpflichteten nach Scheidung rechtfertigt keine Abänderung des Unterhaltsanspruchs.[253]

---

250 Cass., 28.6.2007, n. 14921, FD, 2008, 257.
251 Cass., 19.5.2015, n. 10192, DG 2015.
252 Zuletzt Cass., 5.2.2016, n. 2466, DG 2016. Für das automatische Erlöschen des *assegno* siehe Trib. Bari, 2.3.2011, FD, 2011, 1023.
253 Cass., 30.10.2007, n. 12687.

III. Regelung der Altersversorgung

224 Ein Ausgleich der von einem Ehegatten während der Ehezeit erworbenen Anwartschaften auf die gesetzliche **Rente** erfolgt nicht. Eine dem deutschen Versorgungsausgleich vergleichbare Regelung fehlt.

225 Der geschiedene Ehegatte, der lediglich über seinen Ehegatten krankenversichert war, verbleibt nach Art. 5 Abs. 11 l. div. kostenlos in der gesetzlichen **Krankenversicherung**, solange er nicht selbst krankenversicherungspflichtig wird. Nach Art. 12 *bis* l. div hat derjenige Ehegatte, der Anspruch auf den *assegno di divorzio* hat, unter der Voraussetzung, dass er bis zur Auszahlung keine neue Ehe eingeht, das Recht auf einen Anteil an der sog. *trattamento di fine rapporto* (*TFR*), die erst mit Beendigung des jeweiligen Arbeitsverhältnisses durch den zahlungspflichtigen Ehegatten, sei es durch Tod, Eintritt in das Rentenalter oder aus anderen Gründen (z.B. Kündigung), entsteht. Der Anteil beträgt 40 % an der *TFR*, die in der Ehezeit angefallen ist. Prozessrechtlich ist umstritten, ob dieser Anspruch bereits im Scheidungsurteil festgestellt wird. Die Rspr. verneint dies unter Hinweis darauf, dass unklar ist, ob der berechtigte Ehegatte noch eine Ehe eingeht.[254]

IV. Regelung der elterlichen Sorge und Kindesunterhalt

226 Es gelten dieselben Regelungen wie bei der Trennung. Auf die dortigen Ausführungen (siehe Rdn 147) wird verwiesen.

V. Erb- und Pflichtteilsrecht

227 Im Fall der Ehescheidung entfällt mit Rechtskraft des Scheidungsurteils das gesetzliche Erbrecht des Ehegatten. Im Fall des Todes des ehemaligen Ehegatten kann das Gericht aber nach Art. 9 *bis* l. div. dem Überlebenden, sofern ihm ein *assegno di divorzio* zustand[255] und er keine neue Ehe eingegangen ist, unter der weiteren Voraussetzung seiner Bedürftigkeit einen *assegno periodico* aus dem Nachlassvermögen zuerkennen, dessen Höhe sich nach dem früheren *assegno di divorzio*, der tatsächlichen Bedürftigkeit, nach der *pensione di reversibilità* (siehe Rdn 204), nach dem Umfang des Nachlasses, nach Anzahl und Art der Erben und nach deren wirtschaftlichen Verhältnissen bemisst. Es handelt sich um ein gesetzliches Vermächtnis.

VI. Name

228 Die Ehefrau verliert den Namen des Ehemannes. Das Gericht kann der Ehefrau auf Antrag erlauben, den Namen weiterzuführen, wenn sie oder die Kinder daran ein schützenswertes Interesse haben (Art. 5 l. div.).

VII. Witwenrente

229 Der überlebende Ehegatte hat auch nach Ehescheidung einen Anspruch auf die *pensione di reversibilità*, wenn er zum Zeitpunkt des Todes des anderen tatsächlich den *assegno di divorzio* bezieht,[256] jedoch nur, soweit und solange er keine neue Ehe eingeht.

---

254 Cass., 23.3.2004, n. 5719, FD, 2005, 37.
255 Nach h.L. also nicht, wenn der *assegno* durch eine einmalige Zahlung abgegolten wurde. Vgl. *Sesta*, Diritto di famiglia, S. 356.
256 Der bloße Anspruch auf den *assegno*, ohne dass er gerichtlich geltend gemacht wurde, reicht nicht aus, so Art. 5 G. 263/05.

Unter *pensione di reversibilità* fallen alle gesetzlichen und privaten Renten, insbesondere 230 die Alters- und die Erwerbsunfähigkeitrente (*pensione di vecchiaia, pensione d'invalidità, pensione di anzianità o supplementare; prestazione appartenente al novero di quelle reversibili*), soweit das Arbeitsverhältnis vor dem Scheidungsurteil begonnen hatte. Lebte der Verstorbene zum Zeitpunkt seines Todes in einer neuen Ehe, wird nach Art. 9 l. div. die Rente nach der jeweiligen Ehedauer und nach dem Grundsatz der Verhältnismäßigkeit (Kriterien: Höhe des *assegno di divorzio*, persönliche und wirtschaftliche Verhältnisse der Beteiligten und Dauer der Trennung[257]) aufgeteilt. Eine länger dauernde tatsächliche Lebensgemeinschaft vor Eheschließung wird nicht berücksichtigt.[258] Unberührt bleiben die Rechte der Kinder, Eltern und Verwandten nach Art. 2122 c.c.

VIII. Bleiberecht

Zu den Auswirkungen von Trennung und Scheidung auf den ausländerrechtlichen Status 231 siehe Rdn 117.

IX. Steuerrechtliche Auswirkungen

Geschiedene Ehegatten werden wie Ledige besteuert. Unterhaltszahlungen an den Ehegat- 232 ten, nicht aber an Kinder können ohne Begrenzung steuermindernd geltend gemacht werden. Eine einmalige Unterhaltszahlung *una tantum* statt einer monatlichen Rente wird jedoch nicht steuermindernd berücksichtigt. Der Unterhaltsberechtigte hat den von ihm erhaltenen Unterhalt korrespondierend als Einkommen zu versteuern.

X. Vertragliche Gestaltungsmöglichkeiten für die Scheidung

1. Ehevertrag und Scheidungsvereinbarungen

Ausdrücklich gesetzlich zugelassen sind vertragliche Regelungen des *assegno* im Falle eines 233 einvernehmlichen Scheidungsantrags (Einigung über Scheidung und Scheidungsfolgen) und beim *assegno una tantum* (Art. 4 und 5 Abs. 8 l. div.). Auch diese „Vereinbarungen" müssen aber immer explizit in das Scheidungsurteil aufgenommen werden. Im Übrigen sind sie nur sehr eingeschränkt zulässig. So ist, wenn die Ehegatten im gesetzlichen Güterstand leben, eine einvernehmliche, von der gesetzlichen Regelung abweichende Vermögensaufteilung wegen des unabdingbaren Grundsatzes der hälftigen Teilung des Gesamtguts (Art. 210 Abs. 3 c.c.) nicht zulässig.[259]

2. Zeitpunkt und Form

Vereinbarungen können grundsätzlich ohne zeitliche Schranken geschlossen werden. Sie 234 bedürfen der Form des Ehevertrages oder der gerichtlichen Bestätigung im Scheidungsurteil.

3. Unterhaltsvereinbarungen

Die grundsätzliche Zulässigkeit vertraglicher Regelungen zum *assegno* ist im l. div. nicht 235 geregelt. Die Einführung der Möglichkeit, einen einvernehmlichen Scheidungsantrag zu

---

257 U.a. Corte Cost., 4.11.1999, n. 419, FD, 1999, 521; Cass., 16.12.2004, n. 23379, FD, 2005, 393.
258 Corte Cost., 14.11.1999, n. 419, cit.
259 Dazu *Cubeddu*, Parteiautonomie versus Inhaltskontrolle, in: Festschrift Pintens, 2012, I, 339.

stellen, wird von Lehre und Rspr. als nicht ausreichend angesehen, um allgemein vorsorgende und konkrete Vereinbarungen über den *assegno di divorzio* anerkennen. Dagegen sprechen sowohl die anerkannte grundsätzliche Unterstützungsfunktion des *assegno* (siehe Rdn 181) als auch die Überlegung, dass bei einer dispositiven Natur der Scheidungsfolgen einschließlich des *assegno* die Entscheidungsfreiheit der Ehegatten über die Scheidung der Ehe beeinträchtigt werden könnte.

236　Zusammenfassend ist festzuhalten: Vorsorgende, d.h. vor Rechtshängigkeit des Scheidungsverfahrens geschlossene Vereinbarungen zum *assegno*, sind nichtig,[260] wenn sie den sich nach den gesetzlichen Bestimmungen ergebenden *assegno* ausschließen oder erheblich unterschreiten. Vereinbarungen während des Scheidungsverfahrens können dann verbindlich abgeschlossen werden, wenn sie keinen Unterhaltsverzicht darstellen, sondern als Ausgestaltung des *assegno* anzusehen sind. Solche Vereinbarungen müssen aber in das Scheidungsurteil aufgenommen werden; nur dann sind sie nach der Rspr. wirksam.[261] Eine Ausnahme wird teilweise für Vereinbarungen gemacht, die dem schwächeren Ehegatten einen Vorteil gegenüber dem gesetzlichen Zustand einräumen.

4. Vereinbarungen über den Versorgungsausgleich

237　Die Regelungen zum *trattamento di fine rapporto* (*TFR*) sind zwingender Natur.

5. Vereinbarungen über sonstige Scheidungsfolgen

a) Kindesunterhalt

238　Der Kindesunterhalt ist für die Zukunft nicht verzichtbar. Regelungen der Ehegatten untereinander (Freistellungsverpflichtungen) sind aufgrund der Vertragsfreiheit denkbar, haben bis jetzt in der Praxis aber kaum eine Rolle gespielt. Einen bedeutsamen Impuls wird die neue Regelung des *affidamento dei figli* und insbesondere des *affidamento condiriso* (Gesetz vom 24.1.2006, Art. 4), Art. 155 c.c. neue Fassung, geben, wonach grundsätzlich der Kindesunterhalt den Vereinbarungen der Ehegatten offensteht.

b) Ehewohnung und Hausrat

239　Beides ist in erster Linie einer Einigung der Ehegatten vorbehalten. Eine Inhaltskontrolle über die Zuweisung der Ehewohnung findet aber auch bei einvernehmlicher Scheidung aufgrund des vorrangigen Kindeswohls statt (Art. 6 Abs. 6 l. div. i.V.m. Art. 155 *quater* c.c. neue Fassung).

c) Elterliche Sorge und Umgangsrecht

240　Die **elterliche Sorge** steht grundsätzlich beiden Ehegatten zu und unterliegt nicht deren Dispositionsfreiheit. Auch über den *affidamento*, d.h. welchem Ehegatten das Kind anvertraut wird, und das **Umgangsrecht** entscheidet das Gericht. Es gilt der Grundsatz der *affidamento condiviso* und des Fortbestehens eines „*rapporto equilibrato e continuativo*" mit beiden Elternteilen (Art. 6 Abs. 2 l. div. i.V.m. Art. 155 Abs. 1–3 c.c. neue Fassung). Bestehende Vereinbarungen der Ehegatten sind einer inhaltlichen Kontrolle nach dem *inte-*

260　Cass., 27.7.2005, n. 15728; Trib. Varese, 29.3.2010, FD, 2011, 295.
261　Vgl. zum Ganzen auch *Patti*, in: *Hofer/Henrich/Schwab*, From Status to Contract? Die Bedeutung des Vertrages im europäischen Familienrecht, Bd. 9, S. 255 ff., 264.

resse morale e materiale der Kinder unterworfen (Art. 6 Abs. 2 l. div. i.V.m. Art. 155 c.c. neue Fassung).

d) Erb- und Pflichtteilsverzicht

Ein Erb- und Pflichtteilsverzicht ist nach italienischem Recht nicht möglich. Der Güterstand hat keine Auswirkungen auf die gesetzliche Erbfolge und den Pflichtteil.

241

E. Unione civile (Eingetragene gleichgeschlechtliche Lebenspartnerschaft)

I. Allgemeines

Italien hat mit Gesetz vom 20.5.2016, n. 76 die gleichgeschlechtliche Partnerschaft (*unione civile*) eingeführt. Das Gesetz sieht die eingetragene Partnerschaft als eigenständiges Rechtsinstitut und stellt sie der Ehe nicht gleich. Es gelten nur die Normen des Zivilgesetzbuchs, auf die im Gesetz ausdrücklich Bezug genommen wird. Das Adoptionsgesetz ist komplett ausgenommen. Andererseits ist aber geregelt, dass alle Normen, die sich auf die Ehe beziehen oder wo die Begriffe Ehegatte oder Ehegattin vorkommen, ob nun in Gesetzen oder Dekreten, Verordnungen, Verwaltungsakten oder Kollektivverträgen, anwendbar sind (Art. 1 Abs. 20).

242

II. Voraussetzungen

Eine registrierte **Partnerschaft** können nur zwei volljährige und geschäftsfähige Personen gleichen Geschlechts begründen (Art. 1 Abs. 1 G. Nr. 76/2016). Die Volljährigkeit gilt für beide Partner. Eine Befreiung ist nicht möglich.

243

Eine *unione civile* kann nicht eingegangen werden, wenn ein Partner in einer nach italienischem Recht wirksamen Ehe oder *unione civile* lebt. Es gelten auch die gleichen Verbote bei Verurteilung eines Partners wegen vollendeten oder versuchten Totschlags des früheren Ehegatten/Partners sowie bei Verwandtschaft und Schwägerschaft (Art. 1 Abs. 4, l. c G. Nr. 76/2016 i.V.m. Art. 87 c.c.). Zusätzlich besteht auch ein Verbot bei Verwandtschaft in der Seitenlinie bis zum dritten Grad (Onkel/Tante und Neffen/Nichten), Art. 1 Abs. 4, l. c, S. 2 G. Nr. 76/2016).

Verstöße gegen vorstehende Verbote führen zur **Nichtigkeit** (z.B. bereits bestehende Ehe oder *unione civile* eines Partners, Minderjährigkeit, Entmündigung). Zur bloßen **Anfechtbarkeit** führen hingegen Willensmängel (Gewalt, Furcht, Irrtum über bestimmte Eigenschaften wie Krankheit, Straftaten). Anders als bei der Ehe (Art. 22 Nr. 1 c.c.) ist das Irrtum über die sexuelle Neigung des Partners irrelevant.

III. Zuständige Behörde und Verfahren

Begründet wird die *unione civile* durch gegenseitige **Willenserklärung vor dem Standesbeamten in Anwesenheit von zwei Zeugen.**[262] Es folgt eine Registrierung im Standesamtsregister. Die Registrierung hat deklaratorische Wirkung.

244

---

262 Der Inhalt dieser Erklärung ergibt sich aus dem Dekret nr. 144 v. 22.7.2016 (Gazzetta Ufficiale 28.7.2016, Nr. 157).

Unterzieht sich bei bestehender Ehe ein **Ehegatte einer Geschlechtsumwandlung** und erfolgt keine Scheidung, wandelt sich die Ehe automatisch in eine eingetragene Lebenspartnerschaft (Art. 1 Abs. 27 G. Nr. 76/2016).

IV. Rechtsfolgen

245 Das neue Rechtsinstitut ähnelt der Ehe. Den eingetragenen Partnern obliegen **wechselseitige Rechte und Pflichten** insbesondere zum Zusammenleben, zum gegenseitigen Beistand und Unterhalt, zur gemeinsamen Gestaltung des Familienlebens und zur Festlegung des Lebensmittelpunkts (Art. 1 Abs. 11 und 12 G. Nr. 76/2016). Ausgenommen sind die Treuepflicht sowie die Mitwirkung im Interesse der „Familie". Auch Schwägerschaftsverhältnisse kommen nicht zustande.

246 Die Partner können jeweils ihren Namen behalten oder durch Erklärung vor dem Standesbeamten den Namen eines von ihnen als **gemeinsamen Namen** wählen. Hat ein Partner den Namen des anderen angenommen, darf er seinen eigenen Namen vor oder nach dem gemeinsamen Nachnamen einfügen (Art. 1 Abs. 10 G. Nr. 76/2016).

247 Gesetzlicher Güterstand ist die **Gütergemeinschaft**. Die Partner können die Gütertrennung, die modifizierte Gütergemeinschaft und Familienfonds vertraglich vereinbaren (Art. 1 Abs. 13 G. Nr. 76/2016). Insoweit gelten die Ausführungen unter Rdn 44 ff. entsprechend.

248 Im Fall des Todes eines Partners hat der andere **Anspruch auf die Hinterbliebenenrente**.

V. Auflösung/Scheidung

249 Die **Auflösung der eingetragenen Partnerschaft** erfolgt automatisch:
a) bei Tod bzw. der Todeserklärung eines Partners (Art. 1 Abs. 22 G. Nr. 76/2016),
b) bei gerichtlicher Feststellung einer Geschlechtsumwandlung (Art. 1 Abs. 26 G. Nr. 76/ 2016). Unterzieht sich bei bestehender Partnerschaft ein Partner **einer Geschlechtsumwandlung** und erfolgt keine Scheidung, wandelt sich die eingetragene Lebenspartnerschaft in eine Ehe um.

Die Auflösung ist möglich in den auch für die Ehescheidung geltenden gerichtlichen oder außergerichtlichen Verfahren, wenn wie bei der Ehe ein Scheidungsgrund im Sinne vom Art. 3 L. div. vorliegt (Art. 1 Abs. 23 G. Nr. 76/2016). Anders als bei der Ehescheidung bildet die vorab festgelegte Trennung keine Auflösungsvoraussetzung.

Des Weiteren kann – anders als bei der Ehe – die Partnerschaft auch durch einseitige Erklärung gegenüber dem Standesamt aufgelöst werden. Die Auflösung setzt keine vorherige Trennungszeit voraus. Die Auflösung wird nach dreimonatiger Bedenkzeit (ab Erklärung) rechtskräftig (Art. 1 Abs. 24 G. Nr. 76/2016).

250 Die Scheidung folgt wie bei der Ehescheidung entweder durch gerichtliches Verfahren (es gelten, soweit anwendbar, die Scheidungsvorschriften der Art. 4, 5 Abs. 1 u. Abs. 5 bis 11, Art. 8, 9, 9-bis, 10, 12-bis, 12-ter, 12-quater, 12-quinques u. 12-sexies, Scheidungsgesetz gemäß Art. 1 Abs. 25 G. Nr. 76/2016) oder durch außergerichtliche Verfahren (vgl. Rdn 181 ff.) gemäß Art. 6, 12 des d.l. 12.9.2014, n. 132 umgewandelt im G. 10.11.2014, n. 162 (Art. 1 Abs. 25 G. Nr. 76/2016).

251 Bei der Auflösung der eingetragenen Partnerschaft gelten wie bei der Ehe die güterrechtlichen Ausgleichsregelungen. Dem finanziell schwächeren Partner steht **Scheidungsunterhalt** zu (Verweis in Art. 1 Abs. 25 G. Nr. 76/2016 auf Art. 4 L.div.). Ein Partner hat auch

Anspruch auf einen **Anteil der Abfindung** bei Beendigung des Arbeitsverhältnisses des anderen Partners.

VI. Erb- und Pflichteilsrecht

Der Partner ist genauso wie der Ehegatte erb- und pflichtteilsberechtigt. Es gelten die Vorschschriften des Buches II, T. 1 (C. III und C. X), T II, T. IV (C. II und C. V-bis), Codice civile (Art. 1 Abs. 21 G. Nr. 76/2016).

   252

F. Convivenza (nicht eingetragene Partnerschaft/nichteheliche Lebensgemeinschaft)

I. Zulässigkeit und Wirkungen

Die nichteheliche Lebensgemeinschaft (*convivenza*) war in Italien nicht einheitlich gesetzlich geregelt. Die analoge Heranziehung ehe- und familienrechtlicher Regelungen fand ihre Grenze sowohl in der Privatautonomie der Parteien, die gerade keine Ehe schließen wollten, als auch im verfassungsrechtlich in Art. 29 Cost. verbürgten Schutz von Ehe und Familie. Unstritig fiel aber die nichteheliche Lebensgemeinschaft unter die *formazioni sociali*, die verfassungsrechtlich in Art. 2 Cost. geschützt sind. Anknüpfungspunkt für Schutzrechte der in einer nichtehelichen Lebensgemeinschaft lebenden Person ist das **Solidaritätsprinzip**.[263]

   253

Mit dem G. Nr. 76/2016 wurde nun auch in Italien die *convivenza* geregelt (Artt. 36 ff.), wobei in erster Linie bereits von der Rechtsprechung entwickelte Ansprüche gesetzlich geregelt wurden. Unter *convivenza* versteht das Gesetz eine auf Dauer angelegte Beziehung zwischen zwei Personen, die über eine Wohngemeinschaft hinausgeht (Art. 1 Abs. 36 G. Nr. 76/2016).

   254

Voraussetzungen für eine *convivenza* sind:
a) zwei Personen verschiedenen oder gleichen Geschlechts
b) Volljährigkeit
c) eine auf Dauer angelegte Partnerschaft
d) emotionale Bindung sowie moralische und materielle Fürsorge
e) Fehlen einer bestehenden Ehe, *Unione civile*, Verwandschaft, Schwägerschaft oder Adoption; ander als bei der *Unione civile* fehlt eine Abgrenzung der Verwandtschaft nach deren Grad.

   255

Die Begründung der Partnerschaft folgt de facto bei Vorliegen vorstehender Voraussetzungen. Eine Registrierung ist weder notwendig noch möglich. Lediglich eine Anmeldung beim Einwohnermeldeamt gem. Art. 4 u. 13, Abs. 1, l. b), d. P. R. 30.5.1989, n. 223, ist denkbar.

   256

Diese Anmeldung gilt lediglich als Indiz fur die Existenz einer *convivenza* (Art. 1 Abs. 37 G. Nr. 76/2016). Fehlt sie, kann das Bestehen einer *convivenza* durch andere Beweismittel nachgewiesen werden.

---

263 Siehe dazu *Cubeddu*, Rechtsregeln für nichteheliches Zusammenleben in Italien, in: Beiträge zum europäischen Familienrecht, 2009, S. 119.

II. Rechtsfolgen

1. Gesetzlich neu begründete Rechte

257   Der Gesetzgeber räumt dem Lebenspartner Informations- und Auskunftsrechte in Gesundheitsangelegeneiten ein. Es besteht die Moglichkeit, dem Lebenspartner eine Vorsorgevollmacht zu erteilen.

258   Endet die Partnerschaft, hat der bedürftige Partner Anspruch auf den Mindesunterhalt (sog. *alimenti*). Der Unterhalt ist nach der Dauer der Partnerschaft und gemäß den Kriterien von Art. 438, Abs. 2, c.c. zu bemessen. Der Anspruch ist dem Geschwisterunterhalt gegenüber vorrangig zu leisten (Art. 1 Abs. 65 G. Nr. 76/2016).

Im Mietrecht kann der Lebenspartner in den Mietvertrag eintreten, auch wenn der Mietvertrag allein vom anderen, nunmehr verstorbenen Lebenspartner abgeschlossen wurde (Art. 1 Abs. 44 G nr. 76/2016).

259   Stand eine selbst genutzte Immobilie im Eigentum des verstorbenen Partners, steht dem überlebenden Partner ein befristetes Nutzungsrecht von mindestens zwei (bei gemeinsamen Kindern drei) bis zu fünf Jahren zu (Art. 1 Abs. 42 G Nr. 76/2016).

260   Einem Lebenspartner steht ein Schadensersatzanspruch zu, wenn ein Dritter durch unerlaubte Handlung den Tod des anderen Lebenspartners verursacht hat (Art. 1, Abs. 43 G. Nr. 76/2016) und der überlebende Lebenspartner dadurch seine konkrete Aussicht auf dauerhaften Unterhalt verloren hat.

261   Nach bisheriger h.M. waren die Regelungen zum Familienunternehmen in Art. 230 *bis* c.c. nicht analog auf den Lebenspartner anzuwenden.[264] Nun gewährt der neu eingeführte Art. 230*ter* c.c.(G. Nr. 76/2016) dem Partner, der bei der *impresa familiare* des anderen tätig war, eine Beteiligung an den Erträgen des Unternehmens und an den damit erworbenen Gegenständen und am Wertzuwachs des Betriebs, deren Höhe von Quantität und Qualität der geleisteten Arbeit abhängt.

2. Weitere Rechte

262   Leben in der nichtehelichen Lebensgemeinschaft **Kinder**, findet nach deren Auflösung Art. 337 sexies c.c. n.F. Anwendung, so dass die Wohnung dem Lebenspartner zugewiesen wird, der die Kinder tatsächlich betreut.[265]

Das Sorgerecht bestimmt sich nach den Art. 337 bis ff. c.c.

263   Bei Beendigung der Lebensgemeinschaft bestehen grundsätzlich **keine** weitere gegenseitigen **Unterhaltsansprüche** und **Ersatzansprüche**. Hat jedoch ein Lebenspartner zugunsten des anderen Leistungen erbracht, die aufgrund ihres Umfangs nicht mehr als Ausdruck des Solidaritätsprinzips angesehen werden können und aufgrund derer bei dem anderen ein Vermögenszuwachs eingetreten ist, können diese nach den Grundsätzen der ungerechtfertigten Bereicherung zurückverlangt werden.[266]

---

[264] Siehe dazu *Cubeddu*, Rechtsregeln für nichteheliches Zusammenleben in Italien, in: Beiträge zum europäischen Familienrecht, 2009, S. 126.

[265] Dies gilt nicht, wenn keine Kinder vorhanden sind oder nicht mehr mit ihm zusammenleben: siehe Corte Cost., 14.1.2010, n. 138, FD, 2011, 113.

[266] Siehe *Balestra*, Familia, 2004, S. 779.

Liegt eine nichteheliche Lebensgemeinschaft vor, was ein Mindestmaß an Dauer und Ernst-   264
haftigkeit voraussetzt, sind angemessene Zuwendungen eines Lebenspartners an den anderen als **Naturalobligationen** (Art. 2034 c.c.) anzusehen und können somit selbst bei Beendigung der Lebensgemeinschaft nicht zurückgefordert werden.

III. Partnerschaftsvertrag (Contratto di convivenza)

Die Partner können gemäß Art. 1 Abs. 50 Nr. 76/2016 ihre vermögensrechtlichen Beziehun-   265
gen mit einem Partnerschaftsvertrag (*contratto di convivenza*) regeln. Der Vertrag bedarf
der Schriftform und ist von einem Notar oder Rechtsanwalt, die die Vereinbarkeit mit dem
ordre public und zwingenden gesetzlichen Regelungen zu prüfen haben, zu beglaubigen
(Art. 1 Abs. 51 Nr. 76/2016).

Ein Partnerschaftsvertrag ist nicht zulässig, wenn ein Vertragsteil   266
a) mit einer anderen Person die Ehe geschlossen hat, eine *unione civile* eingegangen ist
    oder einen Partnerschaftsvertrag geschlossen hat,
b) minderjährig ist,
c) gesetzlich entmündigt ist,
d) ein Delikt gem Art. 88 c.c. begangen hat.

Die Lebenspartner können im Rahmen der Vertragsfreiheit Art und Folgen ihres Zusam-   267
menlebens regeln. Gemäß Art. 1 Abs. 40 G. nr. 76/2016 können sie für ihre Lebensgemeinschaft güterrechtliche Regelungen in Anwendung des c.c. sowie Unterhalt während und
nach der Partnerschaft festlegen. Das gewählte Güterrecht ist jederzeit modifizierbar. Befristungen und Bedingungen sind unzulässig. Vertragsstrafen für den Fall der Beendigung der
Lebensgemeinschaft sind ebenfalls nicht zulässig. Nicht möglich sind wohl auch ein Verzicht
auf den Mindestunterhalt und Ansprüche aus der *Impresa familiare*.

Drittwirkung erlangt der Partnerschaftsvertrag durch Eintragung in das Meldeamtregister.
Für die Eintragung ist der Notar bzw der Anwalt zuständig.

Die Vertragsauflösung erfolgt   268
a) durch Einigung oder
b) durch einseitigen Rücktritt in Schriftform mit beglaubigter Unterschrift oder Notarakt.
    Der einseitige Rücktritt ist von dem Notar/Anwalt, der den Rücktritt beurkundet oder
    beglaubigt hat, dem anderen Partner mitzuteilen.
c) wegen einer Ehe oder *unione civile* der Partner untereinander oder eines der Partner.
    Die neue Ehe bzw. *unione civile* ist dem anderen Partner sowie dem Notar/Anwalt,
    der den Patnerschaftsvertrag beurkundet oder beglaubigt hat, mitzuteilen.
d) durch Tod.

Für die Abwicklung gelten die gesetzlichen Bestimmungen, soweit der Vertrag keine spezi-   269
ellen Regelungen enthält.

Erklärt derjenige Partner, der Alleineigentümer bzw. alleiniger (sachenrechtlich) Nutzungs-
berechtigter der gemeinsam genutzten Wohnung ist, den Rücktritt, ist dem Partner eine
Frist für das Verlassen der gemeinsamen Wohnung von mindestens 90 Tagen zu gewähren
(Art. 1 Abs. 61 G Nr. 76/2016).

G. Abstammung und Adoption

I. Abstammung

1. Rechtswirkungen

270   In Italien wurde 2012/2013 das Kindschaftsrecht reformiert. Die Reform hat die verfassungsrechtlich gebotenen **Gleichstellung** des Art. 30 Abs. 3 Cost. umgesetzt. Das codice civile unterscheidet grds. nicht mehr zwischen **ehelichen und nichtehelichen Kindern**. Alle Kinder haben denselben rechtlichen Status (Art. 315 n.F. c.c.).

Wichtige Inhalte der Reform sind:
- die Einführung eines einheitlichen Status für eheliche und nichteheliche Kinder
- die Stärkung des Anspruchs auf Anerkennung des Elternstatus
- die Abschaffung der Legitimation
- die Unverjährbarkeit der Anfechtungsmöglichkeit der Anerkennung für das Kind
- die Zulassung aller Beweismittel im Recht der Abstammung
- die Neuordnung der elterlichen Verantwortung sowie
- die Reform des internationalen Abstammungsrechts.

271   Außerhalb der Ehe geborenen Kinder sind nun mit anderen Kindern sowie Verwandten ihrer Eltern verwandt (Art. 74 n.F. c.c.).[267]

Die Regelung im Erbrecht, die ehelichen Kindern[268] das Recht zustand, nichteheliche Kinder auszuzahlen (vgl. Art. 537 Abs. 3 a.F. c.c.), wurde abgeschafft.

Unterschiede bleiben in Bezug auf die Zuordnung der Abstammung, das Namenrecht,[269] die Einbeziehung des außerhalb der Ehe geborenen Kindes in die durch Ehe begründete Familie und die Pflegschaft.[270]

272   Identisch sind die Rechtswirkungen des Kindschaftsverhältnisses (Rechte und Pflichten der Kinder gegenüber den Eltern und umgekehrt) (Art. 315, 315 bis n.F. c.c.), insbesondere die Regelungen über die **elterliche Sorge**, die auch den nicht verheirateten Eltern gemeinsam zusteht (Art. 316 Abs. 1 c.c.), sofern die Abstammung anerkannt oder gerichtlich festgestellt ist, zum **Unterhalt**, zu Erziehung und Ausbildung sowie das Beistandsrecht (Art. 315 bis Ab. 1 n.F. c.c.).

273   Seit Inkrafttreten des Gesetzes für die durch Geburt begründete Verwandtschaft wird nicht mehr zwischen einem auf Geburt in oder außerhalb einer Ehe begründeten Status differenziert. Art. 74 c.c. n.F. sieht vor, dass ein Verwandtschaftsverhältnis bei Kindern begründet wird, die von einer Person abstammen, seien es eheliche, nichteheliche oder adoptierte Kinder (vgl. Art. 118, 148, 433, 468 c.c.). In Folge des neuen Verwandtschafts-Systems wirkt nach der Kindschaftsrechtsreform die Anerkennung nicht nur im Verhältnis zu dem anerkennenden Elternteil, sondern auch zu dessen Angehörigen (Art. 258 c.c. n.F.).

274   Die Eltern haben nach Art. 147 c.c. den gesamten Lebensbedarf der Kinder zu tragen, sie auszubilden und zu erziehen, und zwar auch nach Volljährigkeit, bis das Kind wirtschaftlich

---

[267] Für die frühere Gesetzslage s.So Corte Cost., 4.7.1979, n. 55 und Corte Cost., 12.4.1990, n. 184.

[268] Nach h.L. auch dem überlebenden Ehegatten wegen der Verweisung in Art. 542 letzter Absatz auf Art. 537 c.c.

[269] *Trimarchi*, juscivile.it, 2013, 34 ff.

[270] *Dogliotti*, Fam. Dir 2014, 480 ff.

selbstständig wird.[271] Bei nichtehelichen Kindern beginnt die Unterhaltpflicht bei erfolgter Anerkennung rückwirkend zum Zeitpunkt der Geburt.[272] Dem Elternteil, der bis zur Feststellung der Abstammung den Unterhalt geleistet hat, stehen Regressansprüche zu.[273]

2. Feststellung der Nichtehelichkeit

Als **eheliches Kind** gilt auch ein Kind, das innerhalb von 300 Tagen ab Eheanfechtung,   275
Trennung, Scheidung oder Tod zur Welt kommt. Die Vermutung greift allerdings nicht mehr ab dem Zeitpunkt, in dem das Getrenntleben bestätigt wurde (Art. 232 Abs. 2 n F. c.c.). Die Vermutung in Bezug auf das später als 180 Tage ab der Eheschließung geborene Kind würde aufgehoben. Eine Anerkennung eines Kindes durch den biologischen Vater vor der Geburt (s. Art. 44 Ord. St. civ.) oder vor der Registrierung der Geburt eines Kindes als ehelich bzw. die Anerkennung des Kindes als nichtehelich durch eine verheiratete Mutter verhindert die Vaterschaftsvermutung des Ehemannes.[274]

Der sich aus dem Standesregister ergebende Status der Ehelichkeit kann nur durch eine Anfechtungsklage beseitigt werden, in der die Vaterschaft des Ehemannes der Mutter ausgeschlossen wird (Art. 243-bis n. F c.c.), oder durch eine Klage auf Bestreitung der Abstammung (Art. 248 n. F c.c.), in der es nicht darum geht, die gesetzliche Vermutung der Vaterschaft des Ehemannes zu widerlegen, sondern um den Beweis, dass Tatsachen, die in der Geburtsurkunde bezeugt sind, in Wirklichkeit nicht gegeben sind, z.B. Gültigkeit der Ehe der Mutter oder Identität des Geborenen mit demjenigen, der in der Geburtsurkunde benannt ist.

Eine Anfechtung oder Feststellung der Mutterschaft ist nach Maßgabe des Art. 239, 248 sowie 269 c.c. möglich.

Die früheren Voraussetzungen der in Art. 235 a. F geregelten **Anfechtungsklage**, also das   276
Fehlen der Beiwohnung, Ehebruch der Frau,[275] Geheimhaltung der Schwangerschaft und Geburt gegenüber dem Ehemann, gelten nun als mögliche Beweise bzw. dienen teilweise nun zur Berechnung von Anfechtungsfristen (Art. 244 n.F. c.c.). Anfechtungsberechtigt sind der Ehemann, die Mutter und das Kind. Das Kind benötigt einen speziellen Pfleger, der von der Staatsanwaltschaft bzw. vom Kind, wenn es bereits 16 Jahre alt ist, bestellt wird. Die Anfechtungsfrist beträgt für die Mutter sechs Monate ab der Geburt (oder Kenntnis von der Zeugungsunfähigkeit des Ehemannes), für den Ehemann zwölf Monate ab Kenntnis von den zur Anfechtung berechtigenden Tatsachen. Für das Kind (selbst bei Volljährigkeit oder durch Sonderpfleger auf Antrag des mindestens 14-jährigen Kindes) ist die Klage unverjährbar (Art. 244 Abs. 5 n.F. c.c.).

---

271   Cass., 7.9.2015, n. 17738, ord., Pluris; Cass., 20.8.2014, n. 18076, Pluris; Cass., 16.12.2013, n. 23777, Pluris; Cass., 24.9.2008, n. 24018, FD, 2009, 188; Cass., 19.10.2006, n. 22491, FD, 2007, 78.

272   Cass., 16.2015, n. 3079, Pluris; Cass., 11.9.2012, n. 15162, Pluris; Cass., 2.2.2006, n. 2328, FD, 2006, 504.

273   Cass., 11.7.2006, n. 15756, FD, 2006, 70.

274   Siehe *Uda*, La filiazione legittima, Trattato di diritto di famiglia (Zatti Hrsg.), II, 2 Aufl., Milano, 2012, 113; *Carbone*, La filiazione naturale, Diritto della famiglia (*Patti/Cubeddu* Hrsg.), Milano, 2011, 820 ss.

275   Nach Corte Cost, 6.7.2006, n. 266, FD, 2006, 461, ist der Nachweis der fehlenden Abstammung nicht vom vorherigen Nachweis des Ehebruchs abhängig.

3. Nichteheliches Kind

277 Der Status als **nichteheliches Kind** wird nicht schon durch die biologische Abstammung, sondern durch die Anerkennung[276] nach Art. 250–268 c.c. (Angaben in der Geburtsurkunde) oder durch die gerichtliche Feststellung der Vaterschaft oder der nichtehelichen Abstammung von der Mutter nach Art. 269–279 c.c. begründet.[277] Dies ist nur möglich, wenn das Kind nicht bereits in einem anderen unvereinbaren Statusverhältnis steht (Art. 253, 269 Abs. 1 c.c.); dieses muss vorab beseitigt werden. Der biologische Vater bzw die biologische Mutter ist nicht zur Anerkennung verpflichtet. Das Fehlen einer Anerkennung kann aber u.U. Schadensersatzansprüche begründen.[278]

278 Das nichteheliche Kind trägt den **Namen** des Elternteils, der das Kind als Erster anerkannt hat (Art. 262 c.c.). Haben beide Eltern das Kind gleichzeitig anerkannt, trägt das Kind den Namen des Vaters. Erkennt der Vater das Kind nachträglich an, erfolgt keine automatische Namensänderung und das Kind kann frei entscheiden (Art. 262 Abs. 3 n.F. c.c. i.V.m. Art. 33 Ord. St. civ. in der Fassung v. 17.3.2015); ist das Kind noch minderjährig, hat das Gericht nach den Belangen des Kindes zu entscheiden (Art. 262 Abs. 4 n.F. c.c.).[279]

279 Bei Kindern über 14 Jahren bedarf sowohl die freiwillige als auch die gerichtliche Feststellung der nichtehelichen Abstammung der **Zustimmung des Kindes** (Art. 250 Abs. 2 n.F. und 273 Abs. 2 n.F. c.c.). Für Kinder unter 14 Jahren bedarf es der Zustimmung des anderen Elternteils, der das Kind bereits anerkannt hat, wobei die Zustimmung nicht verweigert werden darf, wenn die Anerkennung dem Kindeswohl entspricht[280] und ersetzt werden kann (Art. 250 Abs. 4 n.F. c.c.).

280 Die gerichtliche **Klage auf Feststellung** kann vom Kind zeitlich unbefristet erhoben werden. Die Klage kann auch von Rechtsnachfolgern des Kindes (binnen zwei Jahren nach dessen Tod) und auch nach dem Tod des angeblichen Elternteils erhoben werden. Die Klage bedarf keiner richterlichen Vorprüfung mehr (anders bisher gemäß dem nun aufgehobenen Art. 274 c.c.).[281] Der Beweis der Vater- und der Mutterschaft kann nach Art. 269 Abs. 2 c.c. durch jedes Beweismittel geführt werden.

281 Der einmal erlangte Status als eheliches oder nichteheliches Kind kann nur durch Urteil aufgehoben werden. Soweit das Statusverhältnis durch Urteil begründet wurde, ist dies nur in den engen Grenzen der Art. 396 und 404 c.p.c. möglich. Nach Art. 263 Abs. 1 c.c. steht sowohl dem Anerkennenden als auch dem anerkannten Kind und generell jedem, der daran ein rechtliches Interesse hat, das Recht zu, eine unrichtige Anerkennung gerichtlich anzufechten. Zeitlich unbegrenzt möglich ist die Klage für das Kind; ansonsten gilt eine Frist von maximal 5 Jahren. Eine negative Vaterschaftsfeststellungsklage ist nach derzeitiger Rechtslage wohl ausgeschlossen.

282 Die **Legitimation** wurde mit dem G. Nr. 219/2012 (Art. 1 Abs. 10) abgeschafft.

---

276 Nach h.L. ist die Anerkennung keine rechtsgeschäftliche Erklärung, so dass ein Irrtum des Anerkennenden unbeachtlich ist.

277 Zur Abstammung bei künstlicher Befruchtung vgl. *Cirillo*, Riv dir civ 1998, S. 661; *Ferrando*, NGCC 1999 II 223; Corte Cost., 26.9.1998, n. 347; zur Leihmutterschaft vgl. *Zatti*, Maternità e surrogazione, NGCC 2000 II 193.

278 Siehe Cass., I 22.11.2013, n. 26205, GI, 2014, 1593; Trib. Venezia, 18.4.2006, n. 897; App. Bologna, 10.2.2004, n. 307.

279 Cass., 28.5.2009, n. 12670, FD, 2010, 235.

280 Das Kindesinteresse auf Anerkennung wird vermutet und kann nur aus schwerwiegenden Gründen widerlegt werden: Cass., 3.1.2008, n. 4, FD, 2008, 329; Cass., 16.1.2006, n. 726, FI, 2006, 2353.

281 Corte Cost., 6.2.2006, n. 50.

4. Medizinisch assistierte Zeugung

Bei medizinisch assistierter Zeugung gilt grundsätzlich die gesetzliche automatische Zurech- 283
nung der Mutterschaft und Vaterschaft der Ehegatten. Sind die Eltern nicht miteinander
verheiratet, wird der Status als anerkanntes Kind kraft Gesetzes angenommen (Art. 8 G.
Nr. 40/2004), wenn sie gemeinsam schriftlich gegenüber dem Arzt (Art. 6 Nr. 40/2004
i.V.m. VO Nr. 336/2004) in die künstliche Befruchtung eingewilligt haben. Die Regelung
gilt sowohl bei homologen als auch bei heterologen Fortpflanzungsmethoden. Vor diesem
Hintergrund wird in der italienischen Literatur längst von einem Vorrang der rechtlichen
vor der genetischen Elternschaft gesprochen. Anders formuliert: Status-Sicherheit für das
Kind sowie Verantwortungs-Übernahme durch die Eltern gelten in Italien als Leitfaden der
medizinisch assistierten Zeugung.

Ein besonderer Schutz wird auch der sozialen Familie und dem Recht auf Selbstbestimmung 284
und „Privacy" des Gameten-Spenders gewährt, indem dem Gametenspender ein juristisch
relevantes Verwandtschaftsverhältnis zum Kind untersagt wird und er ihm gegenüber keine
weiteren Rechte und Pflichten hat (Art. 9 Abs. 3 G. Nr. 40/2004).

Ausgeschlossen ist das Recht der Mutter, anonym zu bleiben. Eine Anfechtung der ex lege- 285
Anerkennung wegen Unrichtigkeit ist ausgeschlossen (Art. 9 Abs. 1 G. Nr. 40/2004). Es
besteht ein Anfechtungsrecht des Mannes – gleich ob verheiratet oder nicht –, wenn er
nachweisen kann, dass das Kind nicht aus der medizinisch assistierten Fortpflanzung hervorgegangen ist, in die er eingewilligt hat.

Art. 12 G. Nr. 40/2004 verbietet die Leihmutterschaft bzw. Ersatzmutterschaft. Leih- und 286
Ersatzmutterschaftsverträge sind demnach als nichtig anzusehen. Unzulässig sind jedenfalls
Verträge von Wunscheltern mit einer Ersatzmutter, in denen diese sich verpflichtet, ein
genetisch nicht von ihr stammendes Kind auszutragen, und Verträge, in denen die Leihmutter ein Entgelt erhält.

Die Unwirksamkeit wird darüber hinaus aber immer dann anzunehmen sein, wenn die
„austragende" Mutter sich verpflichtet, das Kind nach der Geburt den Wunscheltern zu
übergeben, auch wenn teilweise ein Verstoß gegen die guten Sitten bestritten wird.

5. Kollisionsrecht

Die Abstammung aller Kinder richtet sich nach ihrem Heimatrecht zum Zeitpunkt der 287
Geburt oder gemäß dem Günstigkeitsprinzip nach dem Recht des Staates, dem ein Elternteil
angehört (Art. 33 n. F IPRG). Der gewöhnliche Aufenthalt des Kindes – sowie der Eltern
oder eines Elternteils – bietet keinen Anknüpfungspunkt.

Das anwendbare Recht regelt die Voraussetzungen und die Wirkungen der Feststellung der 288
Abstammung und sowie die Voraussetzungen der Anfechtung. Ist die Feststellung oder die
Anfechtung demnach nicht möglich, gilt hilfsweise italienisches Recht (Art. 33 Abs. 2 n. F
IPRG). Ist die Feststellung nach dem Heimatrecht eines Elternteils erfolgt, gilt dieses Recht
auch für die Anfechtung. Ist nach diesem Recht die Anfechtung ausgeschlossen, findet
italienisches Recht Anwendung (Art. 33 Abs. 3 n. F IPRG). Als zwingende Norm gilt die
sog. *unicità dello status di figlio* (Art. 33 Abs. 4 n. F IPRG).

Das nach der Kollisionsregel berufene Recht findet keine Anwendung bei Verstoß gegen 289
den ordre public. Beispiele sind das Verbot der Vertretung des Kindes bei der Feststellung
der Abstammung, die Verjährbarkeit des Anspruchs auf Feststellung der Abstammung und
die Versagung des Klageanspruchs für das volljährig gewordene Kind.

290   Ein *parental order*, der auf einem *contratto di maternità surrogata* basiert, verstößt nicht gegen den italienischen *ordre public* und ist daher in Italien anzuerkennen, sofern er sich auf einen vor dem Gesetz n. 40/2004 geschlossenen Vertrag bezieht.[282] Die italienische Rechtsprechung hat die Zuordnung des Kindes-Status aufgrund einer ausländischen öffentlichen Urkunde gemäß der lex loci zuletzt bejaht.[283]

291   Die Eltern-Kind-Beziehung richtet sich gem. Art. 36 IPRG nach dem Heimatrecht des Kindes. Das Haager Kinderschutzübereinkommen vom 19.10.1996 ist mit Wirkung vom 1.1.2016 nun auch von Italien ratifiziert worden.

       Neu eingeführt wurde mit dem Art. 36-bis it. IPRG eine zwingende Norm des internen ordre public: „In jedem Fall" finden nun die Vorschriften des italienischen Rechts Anwendung, wonach die elterliche Verantwortung beiden Eltern zusteht, beide Eltern verpflichtet sind, für den Unterhalt des Kindes zu sorgen und das Gericht bei einem das Kind schädigenden Verhalten die elterliche Verantwortung einschränken oder entziehen kann.

292   Die Zuständigkeit der italienischen Gerichte ist nach Art. 37 it. IPRG sowohl bei italienischer Staatsangehörigkeit als auch bei gewöhnlichem Aufenthalt des Kindes bzw. eines Elternteils in Italien gegeben.

II. Adoption

1. Allgemeines

293   Im italienischen Recht gibt es unterschiedliche Adoptionsformen: die Volladoption eines (verlassenen) Minderjährigen, die Minderjährigenadoption in besonderen Fällen (l. 184/83 und l. 149/01) und die Volljährigenadoption (Art. 291 ff. c.c.). Ein Sonderfall ist der sog. *affidamento familiare*. Besondere Regelungen gelten für die Adoption ausländischer Minderjähriger („internationale Adoption", geregelt in Art. 29 ff. l. adoz. auf der Grundlage des Haager Übereinkommens über den Schutz von Kindern und die Zusammenarbeit auf dem Gebiet der internationalen Adoption vom 29.5.1993).[284]

2. Volladoption

294   Eine Volladoption setzt auf Seiten des Anzunehmenden voraus, dass er **minderjährig** ist, er sich im Zustand der Verlassenschaft befindet, also ohne moralischen und finanziellen Beistand der Eltern oder unterhaltspflichtiger Verwandten (Art. 8 Abs. 1 l. adoz.) ist, und ein Zeugnis über seine Adoptionsfähigkeit vorliegt. Der Minderjährige ist anzuhören; ist er älter als 14 Jahre, muss er seine Zustimmung erteilen (Art. 7 Abs. 2 und 3 l. adoz.).

295   Die Volladoption ist grundsätzlich nur durch **Ehegatten gemeinsam** möglich.[285] Die Ehe muss mindestens drei Jahre bestehen und die Ehegatten dürfen nicht faktisch getrennt leben (Art. 6 Abs. 1 l. adoz.). Eine Ausnahme von der Dreijahresfrist besteht, wenn die Annehmenden bereits vor der Ehe in einer festen und dauerhaften Beziehung lebten (Art. 6

---

282 App. Bari, 13.2.2009, FD, 2010, 251.
283 Trib. Milano, 13.1.2014; Trib. Milano, 8.4.2014, Guida al dir., 2014, 18, 20. Siehe insb. App. Torino, 29.10.2014, die die Eintragung der Geburtsurkunde eines in Spanien durch heterolog assistierte Zeugung geborenen Kindes zweier Mütter – eine Italienerin, die andere Spanierin, die in Spanien geheiratet hatten – in dem it. Standesamtsregister angeordnet hat.
284 Dazu ausf. *Cubeddu*, L'adozione, Diritto civile, Bologna, 2012.
285 Eine durch eine Einzelperson im Ausland erfolgte Minderjährigenadoption wird als einfache Adoption anerkannt: Cass., 14.2.2011, n. 3572, FD, 2011, 697.

Abs. 4 l. adoz.). Die Volladoption durch **einen Ehegatten allein** ist nur möglich, wenn während der Probezeit (*affidamento preadottivo*) der andere Ehegatte verstorben ist, geschäftsunfähig wird oder eine (faktische) Trennung erfolgt. Die Annehmenden müssen tatsächlich in der Lage sein, den anzunehmenden Minderjährigen zu erziehen und zu unterhalten (Art. 6 Abs. 2 l. adoz.). Sie müssen beide mindestens 18 Jahre alt sein und dürfen nicht mehr als 45 Jahre älter als der Anzunehmende sein (Art. 6 Abs. 2 l. adoz.). Besondere Ausnahmen sind vorgesehen, wenn die Altersobergrenze nur von einem Ehegatten um nicht mehr als zehn Jahre überschritten wird, wenn die Ehegatten schon andere (eheliche, uneheliche oder adoptierte) Kinder haben, von denen mindestens eines noch minderjährig ist, und wenn das anzunehmende Kind ein Geschwisterteil eines bereits adoptierten Kindes ist (Art. 6 Abs. 5 l. adoz.).

Was das **Verfahren** angeht, ist zunächst meist auf Antrag öffentlicher Behörden oder auch von Amts wegen vom Minderjährigengericht nach Anhörung der Beteiligten per Beschluss gem. Art. 8 ff. l. adoz. die Adoptionsfähigkeit zu erklären[286] und ein Vormund zu ernennen,[287] sofern ein solcher nicht schon früher benannt wurde. Anschließend ordnet das Gericht auf Antrag adoptionsbereiter Eltern an, dass ihnen das anzunehmende Kind in einer einjährigen[288] Probezeit (*affidamento preadottivo*) anvertraut wird. Diese Maßnahmen sind jeweils widerruflich (Art. 21 und 23 l. adoz.).   296

Das **Adoptionsfähigkeitszeugnis** bestätigt das Vorliegen des *stato di abbandono*, also die Pflege- und Fürsorgebedürftigkeit des Kindes; mit seiner Erteilung wird eine etwa bestehende elterliche Sorge der leiblichen Eltern unterbrochen.[289] Das Gericht kann darüber hinaus die elterliche Sorge auch definitiv beenden (Art. 330 c.c.). Die Ausübung der elterlichen Sorge wird in beiden Fällen einem Vormund übertragen. Soweit Eltern vorhanden sind, wird das Zeugnis im streitigen Verfahren, ansonsten im Rahmen der freiwilligen Gerichtsbarkeit erteilt. Zuständig ist das Minderjährigengericht (*Tribunale per i minorenni*). Dringende Maßnahmen können vom Vorsitzenden getroffen werden; die Kammer hat darüber binnen 30 Tagen zu entscheiden.   297

Nach Ablauf der Probezeit hat das Gericht zu prüfen, ob die Adoption dem **Kindeswohl** entspricht, und entscheidet durch Beschluss/Urteil über die Adoption.   298

Als **Hauptfolge** gibt die Volladoption dem angenommenen Kind die Rechtsstellung eines ehelichen Kindes. Es erhält den Familiennamen der Annehmenden. Alle Verwandtschafts- und Rechtsbeziehungen des angenommenen Kindes zu seinen bisherigen Verwandten erlöschen mit Ausnahme der Eheschließungsverbote vollständig (z.B. im Unterhalts- und Erbrecht) (Art. 27 l. adoz). Eine Aufhebung der rechtskräftig ausgesprochenen Volladoption ist ausgeschlossen.   299

---

286 Während des Bestehens der Adoptionsfähigkeit ist die elterliche Sorge der leiblichen Eltern ausgesetzt.
287 Der Vormund vertritt den Minderjährigen im Adoptionsverfahren, ohne dass ein *difensore d'ufficio* zu bestellen ist: Cass., 17.2.2010, n. 3804, FD, 2010, 550.
288 Die Frist kann nach Art. 25 Abs. 3 l. adoz. um ein Jahr verlängert werden.
289 Die Aufhebung des *stato di adottabilità* setzt nach Cass., 20.4.2009, n. 14609, FD, 2010, 25, die Überprüfung der Fähigkeit zur Sorgerechtsausübung seitens der Mutter und die persönlichen Lebensumstände des Minderjährigen voraus.

3. Minderjährigenadoption in besonderen Fällen

300 Die **Minderjährigenadoption in besonderen Fällen** ist statthaft, wenn
- beide Eltern verstorben und der Annehmende mit dem Kind bis zum sechsten Grad verwandt ist oder mit ihm bereits vor dem Tod der Eltern eine enge persönliche Beziehung hatte oder
- der Annehmende mit einem Elternteil des Anzunehmenden verheiratet ist (sog. Stiefkindadoption) oder
- der Anzunehmende Vollwaise ist und sich in *condizioni di disabilità* befindet oder
- festgestellt wird, dass eine *affidamento preadottivo* nicht möglich ist (Art. 44 lit. a–d l. adoz.).

301 Der oder die Annehmenden müssen physisch und finanziell in der Lage sein, den Anzunehmenden zu versorgen. Sie müssen grundsätzlich 18 Jahre älter sein als der Anzunehmende, es sei denn, es liegt eine Stiefkindadoption vor;[290] ein Höchstalter ist nicht bestimmt. In den Fällen der Art. 44 lit. a, c, d l. adoz. können auch nicht verheiratete Personen adoptieren. Ist der Annehmende jedoch verheiratet und lebt er nicht getrennt, muss der Minderjährige immer von beiden Ehegatten adoptiert werden.

302 In diesem **Verfahren** bedarf es weder der Erteilung des **Adoptionsfähigkeitszeugnisses** noch der Probezeit. Der Adoption müssen sowohl der Annehmende als auch der Anzunehmende zustimmen (Art. 45 l. adoz.). Hat der Anzunehmende das 14. Lebensjahr noch nicht vollendet, wird die Zustimmung vom gesetzlichen Vertreter erteilt. Die Zustimmung kann bis zur Verkündung des Adoptionsbeschlusses widerrufen werden. Des Weiteren bedarf es der Zustimmung der leiblichen Eltern und des Ehegatten des Anzunehmenden (Art. 46 Abs. 1 l. adoz.), die freilich unter bestimmten, in Art. 46 Abs. 2 l. adoz. genannten Voraussetzungen ersetzt werden kann. **Zuständig** für den Ausspruch der Adoption ist ebenfalls das Minderjährigengericht des Gerichts, in dessen Bezirk der Minderjährige sich befindet.

303 Die Minderjährigenadoption in besonderen Fällen hat nur **Teilwirkungen**; sie kann nach Art. 51 ff. l. adoz. in Ausnahmefällen widerrufen werden. Die bisherigen Verwandtschaftsverhältnisse bleiben unverändert bestehen, so dass u.U. doppelte Erb- und Unterhaltsansprüche bestehen. Die elterliche Sorge wird auf den Annehmenden übertragen (bei der Stiefkindadoption steht sie beiden gemeinsam zu). Dem Namen des Anzunehmenden wird der Name des Annehmenden vorangestellt.

4. Pflegekindschaft

304 Die **Pflegekindschaft**, geregelt in Art. 2–5 l. adoz., kann als vorübergehende, grundsätzlich zweijährige Maßnahme angeordnet werden, wenn ein ordnungsgemäßes familiäres Umfeld fehlt. Die Zustimmung des Kindes ist nicht erforderlich; über zwölfjährige Kinder müssen aber angehört werden. Soweit die Eltern oder der Vormund zustimmen, wird die Pflegekindschaft vom Jugendamt angeordnet. Das Gericht bestätigt diese Maßnahme. Andernfalls entscheidet das Minderjährigengericht nach eigenständiger Prüfung der Voraussetzungen über die Pflegekindschaft. Die Beendigung der Pflegekindschaft erfolgt durch Gerichtsbeschluss.

---

290 Corte Cost., 2.3.1990, n. 44, NGCC, S. 1009.

5. Volljährigenadoption

Die **Volljährigenadoption** setzt voraus, dass der Anzunehmende älter als 18 Jahre und der Annehmende älter als 35 Jahre ist und dass ein Altersunterschied von mindestens 18 Jahren zwischen Annehmenden und Anzunehmenden besteht.[291] Der Annehmende muss nicht verheiratet sein. Die Volljährigenadoption ist unzulässig, wenn der Annehmende eheliche oder uneheliche Kinder hat, es sei denn, sie sind volljährig und haben zugestimmt. Ausdrücklich verboten ist die Adoption eines unehelichen Kindes durch seine Eltern oder durch den Vormund. **Zuständig** ist das ordentliche Gericht. Die Adoption bedarf der **Zustimmung** des Annehmenden und des Anzunehmenden sowie der Zustimmung der Eltern des Anzunehmenden und des jeweiligen Ehegatten des Annehmenden und des Anzunehmenden (Art. 297 c.c.). Die Zustimmung der Eltern und des jeweiligen Ehegatten kann unter den Voraussetzungen des Art. 297 Abs. 2 c.c. ersetzt werden.

305

Trotz der Adoption bleiben die bisherigen Verwandtschaftsbeziehungen des Anzunehmenden unverändert bestehen (Art. 300 c.c.). Der Anzunehmende wird nicht mit den Verwandten des Annehmenden verwandt. Der Anzunehmende hat seinem bisherigen Namen den Familiennamen des Annehmenden voranzustellen (bei adoptierenden Ehegatten den Namen des Ehemannes). Der Anzunehmende ist dem Annehmenden gegenüber erbberechtigt, nicht aber umgekehrt. Es bestehen gegenseitige Unterhaltspflichten. Unter den Voraussetzungen der Art. 305–309 c.c. ist ein Widerruf der Adoption möglich.

306

6. Kollisionsrecht

Italienische Gerichte sind zuständig, wenn einer der Adoptierenden oder der Anzunehmende italienischer Staatsangehöriger ist oder in Italien seinen Wohnsitz hat oder der Anzunehmende während seines Aufenthalts in Italien pflege- und fürsorgebedürftig ist.

307

Das italienisches Recht ist zwingend bei einer minderjährigen Volladoption nach dem G. n. 184/1983 anzuwenden (Art. 38 d.i.p.). Hat das Kind seinen Wohnsitz im Ausland, unterliegt eine Adoption von Annehmenden, die in Italien wohnen, dem Haager Übereinkommen vom 1993 sowie G. n. 184/1983, Tit. III. Sind die Voraussetzungen einer Volladoption in Italien nicht gegeben, findet das Recht, dem der Anzunehmende oder der Annehmende angehört, oder das Recht des Wohnsitzes des Annehmenden bzw. das Recht, wo das Eheleben sich hauptsächlich entfaltet, Anwendung.

Für die Anerkennung von Adoptionen finden Art. 64, 65 und 66 d.i.p. Anwendung. Zwingend zu beachten sind das „Adoptionsfähigkeitszeugnis" des Anzunehmenden und die „Beendigung der Familienbeziehungen zu den bisherigen Verwandten" (G. n. 184/1983).

Es findet immer eine Kontrolle des ordre public statt.

---

291 Eine Abweichung ist u.U. möglich: Trib. Milano, 31.1.2011, FD, 2011, 616.

Katalonien

Prof. Dr. Josep Ferrer Riba, Universitat Pompeu Fabra, Barcelona

Literatur

Deutsch- und englischsprachige Literatur

Arroyo Amayuelas, Die Entwicklung des Zivilrechts in Katalonien und das neue katalanische Zivilgesetzbuch, ZEuP 2014, 584–607; *Ferrer Riba*, Familienrechtliche Verträge in den spanischen Rechtsordnungen, in: *Hofer/Schwab/Henrich* (Hrsg.), From Status to Contract? Die Bedeutung des Vertrages im europäischen Familienrecht, 2005, 271–292; *Ferrer Riba*, Das neue Personen- und Familienrecht im Bürgerlichen Gesetzbuch von Katalonien, FamRZ 2011, 1466–1469; *Ferrer Riba*, Marital Agreements and Private Autonomy in Spain, in: *Scherpe* (Hrsg.), Marital Agreements and Private Autonomy in Comparative Perspective, Oxford 2012, 350–369; *Lamarca Marquès*, The changing concept of „family" and challenges for family law in Spain and Catalonia, in: *Scherpe* (Hrsg.), European Family Law, B. II (The Changing Concept of „Family" and Challenges for Domestic Family Law), Cheltenham/Northampton 2016, 289–308; *Lamarca Marquès et al.*, Separate Property and Family Self-Determination in Catalonia: A Peaceful Model under a Change?, Working Paper of Catalan Law Nr. 164,

InDret 04/2003; *Seevogel*, Der Wahlgüterstand der Gütertrennung für die Europäische Ehe, Bielefeld 2011.

Katalanische und spanische Literatur (Auswahl)

Barrada Orellana/Garrido Melero/Nasarre Aznar (Coord.), El nuevo derecho de la persona y de la familia, Barcelona 2011; *Egea Fernàndez/Ferrer Riba* (Dir.), Comentari al llibre segon del Codi civil de Catalunya (Família i relacions convivencials d'ajuda mútua), Barcelona 2014; *Garrido Melero*, Derecho de familia (Un análisis del Código Civil catalán y su correlación con el Código Civil español), B. I (Régimen de la pareja matrimonial y legal), B. II (Progenitores y descendientes, Protección civil de los menores, Incapacitados y Discapacitados), Madrid/Barcelona 2013 (2. Aufl.); *Institut de Dret Privat Europeu i Comparat de la Universitat de Girona* (Ed.), Qüestions actuals del dret català de la persona i de la família, Materials de les Dissetenes Jornades de Dret català a Tossa, Girona 2013; *Lauroba Lacasa*, Ejercicio de la guarda y responsabilidad parental. La propuesta de Código Civil Catalán, RJC 2–2011, 313–344; *Pozo Carrascosa/Vaquer Aloy/Bosch Capdevila*, Derecho Civil de Cataluña. Derecho de familia, Madrid/Barcelona 2013; *Puig Ferriol/Roca Trias*, Institucions del Dret civil de Catalunya, B. II-2 (Dret de família), Valencia 2014; *Roca Trias/Ortuño Muñoz* (Coord.), Persona y Familia. Libro Segundo del Código Civil de Cataluña, Las Rozas 2011; *Yzquierdo Tolsada/Cuena Casas* (Dir.), Tratado de Derecho de la familia, B. VII (La familia en los distintos Derechos forales), Cizur Menor (Navarra) 2011.

Abkürzungsverzeichnis

BOE Boletín Oficial del Estado (Spanisches Amtsblatt)

CC Código Civil (Spanisches Zivilgesetzbuch)

CCCat Codi Civil de Catalunya (Katalanisches Zivilgesetzbuch)

DOGC Diari Oficial de la Generalitat de Catalunya (Katalanisches Amtsblatt)

JUR Repertorio de jurisprudencia Westlaw Aranzadi (Erscheinungsnummer im Rechtsprechungsverzeichnis Westlaw Aranzadi)

LEC Ley de Enjuiciamiento Civil (Spanische Zivilprozessordnung)

LN Ley del Notariado (Notariatsgesetz)

RDGRN Resolución de la Dirección General de Registros y del Notariado (Beschluss der Obersten Grundbuchbehörde)

RJ Repertorio de jurisprudencia Westlaw Aranzadi (Erscheinungsnummer im Rechtsprechungsverzeichnis Westlaw Aranzadi)

RJC Revista Jurídica de Catalunya

STSJC Sentencia del Tribunal Superior de Justicia de Cataluña (Entscheidung des Obersten Gerichtshofs von Katalonien)

TSJC Tribunal Superior de Justicia de Cataluña (Oberster Gerichtshof von Katalonien)

A. Eheschließung

1 Das katalanische Eherecht ist im Gesetz 25/2010, v. 29.7.2010, über das Zweite Buch des katalanischen Zivilgesetzbuches (*Codi civil de Catalunya* – CCCat), betreffend die Person und die Familie, geregelt worden.[1] Das Gesetz 25/2010 ist eine Neufassung des Familiengesetzbuches von 1998 und anderer Sondergesetze zum Familienrecht innerhalb eines neuen rechtlichen Rahmens. Zusätzlich zur Neufassung hat der Gesetzgeber auch die Gelegenheit genutzt, um die Regelungen einiger Institutionen zu ändern und dem katalanischen Recht neue Inhalte hinzuzufügen, insbesondere im Bereich des Personenrechts.[2] Titel III des Zweiten Buches CCCat ist der Familie gewidmet und enthält Bestimmungen zum Ehegüterrecht

---

1 *Diari Oficial de la Generalitat de Catalunya* (DOGC) Nr. 5686, 5.8.2010.
2 *Ferrer Riba*, FamRZ 2011, 1466 ff.

(Kapitel II) sowie zur Nichtigkeit der Ehe, zur gerichtlichen Trennung und zur Scheidung (Kapitel III). Er regelt dagegen nicht die **Eingehung der Ehe**. Die Ehefähigkeit, der Dispens von Ehehindernissen, die Abgabe der Eheerklärungen, die Trauungsmodalitäten sowie die Eintragung der Ehe ins Zivilstandsregister werden durch den spanischen *Código Civil* (CC) festgesetzt. Deswegen gilt in Katalonien Art. 44 CC, wonach infolge der durch das Gesetz 13/2005 v. 1.7.2005[3] eingeführten Veränderung die **gleichgeschlechtliche Ehe zulässig** ist. Schließlich enthält das katalanische Recht ebenfalls keine eigenen Bestimmungen über die Wirkungen des **Verlöbnisses** sowie über die **Nichtigkeitsgründe** der Ehe.

B. Folgen der Ehe

I. Güterrecht

1. Güterstände

Die **Gütertrennung** (*règim de separació de béns*, Art. 232–1 ff. CCCat) ist der **gesetzliche**   2
Güterstand. Die den Bestimmungen des katalanischen Eherechts unterliegenden Eheleute haben jedoch die Möglichkeit, sich für andere Güterstände zu entscheiden. Als **Wahlgüter-stände** regelt der CCCat eigene Modalitäten der **Zugewinngemeinschaft** (*règim de partici-pació en els guanys*, Art. 232–13 ff.) und der **Gütergemeinschaft** (*règim de comunitat de béns*, Art. 232–30 ff.) sowie weitere, im Gewohnheitsrecht einzelner Orte oder Landstriche seit alters verwurzelte Güterstände (Art. 232–25 ff.). Die praktische Bedeutung dieser Wahl-güterstände ist gering. So war insbesondere die Einführung der Gütergemeinschaft und der Zugewinngemeinschaft nicht besonders erfolgreich. In der katalanischen Praxis ist daher die Gütertrennung der absolut vorherrschende Güterstand. Es ist allerdings zu berücksichti-gen, dass auf eine bedeutende Anzahl von Ehen, welche von Ehegatten mit verschiedenen Personalstatuten geschlossen worden sind, die internationalprivatrechtlichen Bestimmun-gen (vgl. Rdn 18) auf die Anwendung des durch den spanischen CC geregelten Güterstandes der Errungenschaftsgemeinschaft (*sociedad de gananciales*) verweisen. Selbst wenn die kata-lanische Rechtsordnung die Wirkungen der Ehe regelt, besteht in der Praxis stets die Möglichkeit für Eheleute, sich **freiwillig** den **im spanischen CC vorgesehenen Güterstän-den** zu unterstellen. Es ist daher auch nicht verwunderlich, dass katalanische Eheleute, die sich für einen gemeinschaftlichen Güterstand entscheiden, die **Errungenschaftsgemein-schaft des spanischen CC** wählen. Diese ist in der notariellen Praxis viel bekannter als die im CCCat künstlich geschaffene Form der katalanischen Gütergemeinschaft.

2. Gütertrennung

a) Allgemeine Merkmale

Bei der Gütertrennung behält jeder Ehegatte das Vermögen, das er im Zeitpunkt der Trau-   3
ung bereits hatte, und auch dasjenige, was er nach der Eheschließung erwirbt. Ihm steht der Genuss, die Verwaltung sowie das freie Verfügungsrecht über sein Eigentum zu. Bezüg-lich der Familienwohnung sowie der Haushaltsgegenstände bestehen jedoch Beschränkun-gen der Verfügungsfreiheit (vgl. Rdn 13). Im Allgemeinen dürfen die Ehegatten sich Sachen oder Geld zu Eigentum übereignen. Im Falle der gerichtlichen Anfechtung müssen sie den entgeltlichen Charakter der Eigentumsübertragung jedoch beweisen (Art. 231–11 CCCat).

---

3 *Boletín Oficial del Estado* (BOE) Nr. 157, 2.7.2005.

Ferrer Riba

4   In der **Praxis** wird der Güterstand der Gütertrennung in Katalonien allerdings nicht mit
     jener Strenge angewandt, die vom Gesetzgeber vorgegeben ist. So erwerben die dem Güter-
     stand der Gütertrennung unterliegenden Ehegatten häufig **Gegenstände zu Miteigentum
     nach Bruchteilen** (insbesondere die während der bestehenden Ehe erworbene Familien-
     wohnung). Gelegentlich kommt es vor, dass Gegenstände mit finanziellen Mitteln des einen
     Ehegatten auf den Namen des anderen erworben werden, wenn damit das durch die ge-
     wählte Aufgabenteilung innerhalb der Familie entstandene finanzielle Ungleichgewicht ge-
     mildert werden soll. Die rechtliche Wirksamkeit dieser Praxis stützt sich auf Art. 232–3
     CCCat (vgl. Rdn 5). Eine andere Rechtstechnik, die eine angemessene Verteilung der wäh-
     rend der Ehe erzielten Vermögensüberschüsse ermöglicht, ist der gemeinsame Ankauf mit
     dem Recht des Überlebenden auf die ganze Sache (vgl. Rdn 7–9).

     ### b) Während der Ehe erworbene Güter

5   Um Streitigkeiten bezüglich der während der Ehedauer erworbenen Gegenstände zu ver-
     meiden, enthält der CCCat zwei Regeln. Die erste, welche auf Mobiliarsachen von relativ
     geringem Wert Anwendung findet, betrifft **ungewisse Eigentumsrechte**. Im Zweifelsfall
     greift die gesetzliche **Vermutung**, wonach Miteigentum beider Ehegatten zu gleichen Teilen
     angenommen wird. Ausgenommen davon sind die zum **persönlichen Gebrauch** bestimm-
     ten oder der **Berufsausübung** dienenden Gegenstände, die dem jeweils betroffenen Ehegat-
     ten zugeordnet werden (Art. 232–4 CCCat). Die zweite, wichtigere gesetzliche Vermutung
     betrifft **entgeltliche Erwerbungen während der Ehe**, wenn nur Gewissheit über den
     Rechtstitel besteht. Wenn der andere Gatte beweist, dass die Gegenleistung von ihm erbracht
     worden ist, wird deren **Schenkung vermutet** (Art. 232–3 Abs. 1 CCCat). Auf diese Weise
     überwiegt der formelle Eigentumstitel über eine in Betracht kommende sachenrechtliche
     Surrogation aufgrund der Herkunft des für den Erwerb des Eigentums verwendeten Gel-
     des.[4] Diese Regelung schützt die Rechtsstellung jenes Ehepartners, der nicht über genügend
     finanzielle Mittel verfügt, um jene Sachen zu erwerben, welche teilweise oder ganz auf
     seinen Namen lauten. Die Vorschrift findet ihre Rechtfertigung darin, dass die formelle
     Eigentümerschaft typischerweise den Willen der Ehegatten spiegelt, wonach auf die Güter-
     trennung zurückzuführen Ungleichgewichte zwischen ihnen ausgeglichen werden sollen.[5]
     Diese Vermutung der Schenkung von Geld oder einer anderen Gegenleistung kann z.B.
     durch den **Beweis entkräftet** werden, dass das Geld als Darlehen oder aus einem anderen
     Grund übergeben worden ist. Die Vermutung kann zudem mit Wirkung *inter partes* durch
     eine von den beiden Eheleuten verfasste Erklärung widerlegt werden.[6] Auf die Schenkungs-
     vermutung können sich auch die Gläubiger des Schenkers beziehen. Zur Regelung des
     Art. 232–3 Abs. 1 CCCat gibt es allerdings eine **Ausnahme:** Handelt es sich bei den erwor-
     benen beweglichen Güter um solche mit einem normalen Wert, die für den **Familienge-
     brauch** bestimmt sind, wird **vermutet**, dass sie **beiden Ehegatten zur Hälfte** gehören, auch

---

4 Siehe dazu auch die Rspr. des Obersten Gerichtshofes von Katalonien (*Tribunal Superior de Justícia
   de Catalunya*), welche bei der Anwendung des früher geltenden Rechts zu demselben Schluss gekommen war: STSJC 10.5.1993 (RJ 1993\6323); STSJC 31.1.1994 (RJ 1994\4587); STSJC 5.3.1998 (RJ
   1998\10049); STSJC 27.6.2002 (RJ 2002\10438); STSJC 28.5.2007 (RJ 2008\2805); STSJC 11.12.2009
   (RJ 2010\1483); STSJC 7.6.2010 (RJ 2010\3750).
5 Siehe z.B. STSJC 22.5.2003 (RJ 2003\5396), STSJC 28.10.2004 (RJ 2004\7462). Nach diesen Urteilen
   ist der Entschluss, ein Grundstück auf den Namen eines mittellosen Ehegatten mit dem Geld des
   anderen Ehegatten zu erwerben, als eine Schenkung (sei es aus ehelicher Zuneigung oder als stillschweigender Ausgleich aufgrund von Arbeitsleistungen) zu sehen, obwohl dies in der öffentlichen Kauf-
   urkunde und Eintragung nicht ausdrücklich so erwähnt wird.
6 STSJC 19.1.2004 (RJ 2004\1789).

wenn einer der Ehegatten seine formelle Inhaberschaft (z.B. mit einem Rechnungsbeleg) nachweisen kann (Art. 232–3 Abs. 2 CCCat).

c) Finanzieller Ausgleich aufgrund erbrachter Arbeitsleistung

Der katalanische Güterstand der Gütertrennung sieht einen Ausgleich für wirtschaftliche Ungleichgewichte zwischen den Vermögen beider Ehepartner vor, die während der Ehe dadurch entstanden sein können, dass ein Ehepartner im Haushalt oder im Geschäft des anderen Ehepartners tätig gewesen ist und dafür keinen oder einen bloß ungenügenden Lohn erhalten hat (vgl. Rdn 22–25). Der Ausgleich kann sowohl dann in Anspruch genommen werden, wenn der Güterstand durch Tod aufgelöst wird, als auch dann, wenn er infolge Trennung, Scheidung oder Nichtigkeit der Ehe beendet wird. Im ersten Fall kann der Ausgleich nur beansprucht werden, wenn der Überlebende der leistungsberechtigte Ehegatte ist und unter der Bedingung, dass er nicht durch Erbschaft oder auf andere Weise einen Betrag erhält (z.B. durch eine Lebensversicherung), der die Höhe des Vermögensausgleichs decken würde, auf den er ein Recht hat (Art. 232–5 CCCat). **6**

d) Gemeinsamer Ankauf mit dem Recht des Überlebenden auf die ganze Sache

Im Falle der Auflösung der Ehe durch Tod eines Ehegatten lassen sich ggf. die durch den Güterstand der Gütertrennung geschaffenen Ungleichgewichte mittels **gemeinsamer Ankäufe mit dem Recht des Überlebenden auf die ganze Sache** (*compravenda amb pacte de supervivència*) korrigieren. Die **Vereinbarung** muss beim Kauf einer Sache während der Ehedauer so getroffen werden, dass beide Ehegatten den Kaufgegenstand als Miteigentum (aber nicht unbedingt zu gleichen Hälften) erwerben. Aufgrund dieser Vereinbarung wird der überlebende Ehegatte zum Zeitpunkt der Auflösung der Ehe durch den Tod des anderen Ehegatten Alleineigentümer der betreffenden Sache (Art. 231–15 CCCat). **7**

Während der Dauer der Ehe müssen die einer solchen Vereinbarung unterliegenden Gegenstände ungeteilt erhalten bleiben und können nur mit der **Zustimmung** beider Partner veräußert oder belastet werden. Bei **Insolvenz** können die Gläubiger des jeweiligen Ehegatten auch die Pfändung und anschließende Zwangsvollstreckung jenes Teiles verlangen, der ihrem Schuldner zuzuordnen ist. Sollte dieser Teil auf dem Wege der Zwangsvollstreckung schlussendlich einem Dritten zugeschlagen werden, so erlischt die Vereinbarung und die betroffene Sache wird vom Dritterwerber und jenem Ehegatten, der nicht Schuldner ist, gemeinsam in Form gewöhnlichen Miteigentums nach Bruchteilen besessen (Art. 231–17 Abs. 1 CCCat). Bei **Konkurs** eines Ehegatten ist der andere nicht in Konkurs geratene Ehegatte berechtigt, die ganze Sache durch Bezahlung des entsprechenden Sachwertes an die Konkursmasse als Alleineigentümer zu erwerben (Art. 231–17 Abs. 2 CCCat). Die Anwartschaft auf die ganze Sache erlischt auch durch Vereinbarung zwischen den Ehegatten (*contrarius actus*), durch Erklärung der Nichtigkeit der Ehe, durch gerichtliche oder faktische Trennung sowie durch Scheidung (Art. 231–18 Abs. 1 CCCat). **8**

Dem Eigentumserwerb der zum anderen Ehegatten gehörenden Hälfte kommen auch **erbrechtliche Wirkungen** zu. Nach Art. 231–15 Abs. 3 CCCat muss dieser Erwerb bei der Berechnung der Pflichtteile der Kinder einbezogen und dem etwaigen Erbanspruch des überlebenden Ehegatten angerechnet werden. Unter steuerrechtlichen Gesichtspunkten unterliegt die Anschaffung des Überlebenden der **Erbschaftssteuer.**[7] **9**

---

7 Art. 1 Gesetz 19/2010, 7. Juni, über die Regelung von Erbschafts- und Schenkungssteuern (DOGC Nr. 5648, 11.6.2010).

Ferrer Riba

II. Ehelicher Unterhalt

1. Unterhalt während der ehelichen Gemeinschaft

10   Die Ehegatten unterliegen während der gesamten Dauer der Ehe bis zu ihrer Auflösung einer **gegenseitigen Unterhaltspflicht** (Art. 237–2 CCCat). Die Unterhaltpflicht zwischen den Ehegatten wird „in ihrem weitestgehenden Sinne" begriffen (Art. 231–5 Abs. 1 lit. a und Art. 237–1 CCCat). Der eheliche Unterhalt und alle anderen Haushaltungskosten sind in der vereinbarten oder in der vom Gesetz gebotenen Weise zu leisten (Art. 231–6 CCCat). Zu diesen Kosten müssen die Ehegatten mit ihren Arbeitseinkünften oder mit anderen Vermögenserträgen beitragen. Der **Beitrag zu den Haushaltungskosten** muss im Verhältnis zum Wert der jeweiligen Erträge stehen. Reichen die Erträge nicht aus, müssen die Ehegatten auch ihr Kapital verhältnismäßig dabei einsetzen. Die **Haushaltsführung** stellt einen Beitrag zum Familienunterhalt dar. Das Gesetz bestimmt nicht, wie die durch persönliche Arbeit (z.B. **Haushaltsführung** oder **Kinderbetreuung**) erbrachten Beiträge zu bewerten sind. Die Gerichte haben sich denn bisher auch nicht damit befasst, eine Berechnung durchzuführen, um zu bestimmen, ob jener Ehegatte, der seinen Beitrag am Familienunterhalt durch persönliche Arbeitsleistung erbracht hat, sich übermäßig beteiligt hat und deshalb für seinen Einsatz zu entschädigen ist. Es steht somit im absoluten **Ermessen des Richters**, den Umfang einer allfälligen Ausgleichszahlung zugunsten eines Ehegatten für die Erbringung seines Unterhaltsbeitrages durch Arbeitsleistungen zu bestimmen.

2. Unterhalt während der Ehetrennung

11   Die ehelichen Unterhaltspflichten bleiben auch bei **Getrenntleben** bestehen. Sollte einer der Ehegatten unterstützungsbedürftig sein, kann er im Rahmen der vorsorglichen Maßnahmen bereits vor der Scheidungsklage oder mit deren Einreichung die richterliche Festsetzung eines Unterhaltsbeitrages verlangen (Art. 233–1 Abs. 1 lit. d CCCat). Im Trennungs- sowie im Scheidungsurteil muss die Alimentenzahlung an den Ehegatten in Form einer **Ausgleichsabfindung** (*prestació compensatòria*) geleistet werden, die als Pension oder als Kapital gezahlt werden darf (vgl. Rdn 26–30).

III. Sonstige Ehewirkungen

1. Haushaltungskosten

12   Ausgaben, die für den Unterhalt der Familie notwendig sind, werden vom Gesetz als **Haushaltungskosten** bezeichnet. Haushaltungskosten umfassen nicht nur die Kosten für Nahrungsmittel und ärztliche Versorgung, sondern auch die Kosten für die Erhaltung, Instandhaltung und Renovierung der Familienwohnung und anderer Haushaltsgegenstände (Art. 231–5 Abs. 1 CCCat). Falls mit den Ehegatten das Kind eines der beiden Ehegatten lebt, so unterfallen dessen **Alimente** ebenfalls den Haushaltungskosten, jedoch nur so lange, wie das Zusammenleben dauert.[8] Aufgrund der **Schlüsselgewalt** kann jeder der Ehepartner im Interesse der Familie selbst handeln, um deren gewöhnliche Bedürfnisse zu decken. Dabei wird **vermutet**, dass der handelnde Ehegatte über die Zustimmung des anderen verfügt (Art. 231–4 Abs. 2 CCCat). Für Verpflichtungen, die im Umfang der ordentlichen Haushaltungskosten eingegangen worden sind, **haften** beide Ehepartner gegenüber Dritten als Gesamtschuldner (Art. 231–8 CCCat).

---

8 STSJC 23.2.2006 (RJ 2006\3863).

2. Verfügungen betreffend die Familienwohnung

Im Grundstücksverkehr spielen die Vorschriften betreffend die Verfügung über die **Familienwohnung** eine bedeutende Rolle. Ein Ehegatte kann die ihm gehörende Familienwohnung oder Haushaltsgegenstände ohne Einwilligung des anderen Ehegatten weder **veräußern** noch in irgendeiner Form, die den Gebrauch gefährden könnte, **belasten**. Wird die Zustimmung verweigert oder ist sie nicht erhältlich, bedarf es einer gerichtlichen Ermächtigung (Art. 231-9 CCCat). Die Veräußerung oder Belastung darf vom Richter nur dann genehmigt werden, wenn dies im Interesse der Familie ist oder aber ein anderer wichtiger Grund vorliegt. Um die Veräußerung oder Belastung ins Eigentumsregister eintragen zu lassen, muss der Verfügende Gewähr für die erfolgte Einwilligung oder richterliche Ermächtigung geben oder in der öffentlichen Urkunde zum Ausdruck bringen, dass das Grundstück nicht als Familienwohnung zu qualifizieren ist.

Bei einer **Trennung oder Scheidung** kann der Eigentümer bzw. Miteigentümer über seine Rechte über die Familienwohnung auch ohne Zustimmung verfügen (Art. 233-25 CCCat). Bei Miteigentum hat jeder Miteigentümer die Möglichkeit, Teilungsklage zu erheben. Trotzdem muss ein im Verlaufe des Ehetrennungs- oder Ehescheidungsverfahrens einem der Ehegatten zugesprochenes Recht zur Nutzung der Familienwohnung bei Veräußerung des Grundstücks berücksichtigt werden und kann deshalb auch dem Erwerber entgegengehalten werden (vgl. Rdn 37, 39).[9]

IV. Möglichkeiten vertraglicher Gestaltung

Das katalanische Recht gewährt den Eheleuten oder zukünftigen Eheleuten ein großes Maß an Privatautonomie bei der Regelung der wirtschaftlichen Wirkungen der Ehe. Die Eheleute dürfen in **Eheverträgen** (*capítols matrimonials*) ihren Güterstand bestimmen, Erbverträge abschließen, Schenkungen aussprechen sowie andere zulässige Vereinbarungen festsetzen, einschließlich solche für den Fall des Scheiterns der Ehe (Art. 231-19 Abs. 1 CCCat). **Abschluss** und **Änderungen** von Eheverträgen müssen **öffentlich beurkundet** werden und dürfen bereits vorher von Dritten erworbene Rechte nicht beeinträchtigen. Eheverträge können auch ins **Zivilstandsregister** und für den Fall, dass sie Rechte an Grundstücken enthalten, ins **Eigentumsregister** eingetragen werden. Vereinbarungen für den Fall des Scheiterns der Ehe unterliegen einer Sonderregelung im Bezug auf die Anforderungen für ihre Ausstellung, ihren Inhalt und ihre Wirksamkeit (vgl. Rdn 46 f.).

V. Ehewirkungen von Todes wegen

Abgesehen von den **Erbrechten**, die dem verwitweten Ehegatten infolge der gewillkürten und gesetzlichen Erbfolge zustehen, räumt ihm das Gesetz das Recht ein, die **Güter des Haushalts** zu erwerben, d.h. Wäsche, Utensilien und Möbel der Familienwohnung, es sei denn, sie haben einen außerordentlichen Wert (Art. 231-30 CCCat). Ebenso besteht für den verwitweten Gatten das Recht, seine familiäre Stellung ein Jahr nach dem Tod des anderen Gatten einhalten zu können. Das sog. **Jahr des Witwenstands** berechtigt den Witwer oder die Witwe dazu, weiterhin in der Wohnung zu leben und zu Lasten des Vermögens des Erblassers unterhalten zu werden, in Übereinstimmung mit dem Lebensstandard, den die Ehegatten hatten, und mit der Höhe des Vermögens (Art. 231-31 CCCat).

---

9 In diesem Sinne siehe STSJC 24.2.2003 (RJ 2003\4577), STSJC 22.9.2003 (RJ 2003\7128); STSJC 29.3.2004 (RJC 2004, 1467).

Ferrer Riba

17 Besonders hervorzuheben ist im erbrechtlichen Bereich die Zulässigkeit von **Erbverträgen**, welche im spanischen allgemeinen Zivilrecht verboten sind. Diese Verträge sind in Art. 431–1 ff. CCCat geregelt.[10] Es handelt sich dabei um Verträge familienrechtlicher Natur, die nur zwischen Ehegatten, zukünftigen Ehegatten, Lebenspartnern und anderen nahen Verwandten abgeschlossen werden können (Art. 431–2 CCCat). Ein Erbvertrag kann sowohl die Erbeinsetzung (*heretament*) als auch die Zuwendung einzelner Vermögensgegenstände (*pacte d'atribució particular*) anordnen. Erbverträge, die zwischen Ehegatten oder zukünftigen Ehegatten abgeschlossen werden, sind wirkungslos, wenn es zu einer gerichtlichen oder faktischen Trennung kommt, und ebenso im Falle der Scheidung oder Nichtigkeitserklärung der Ehe, es sei denn, es wurde Gegenteiliges vereinbart oder ihre fortdauernde Wirksamkeit lässt sich aus dem Kontext des Vertrages ableiten (Art. 431–17 CCCat).

VI. Kollisionsrecht der Ehefolgen

18 Die Vielfalt von Zivilrechtsordnungen in Spanien bringt es mit sich, dass sich relativ häufig **interlokale Normenkonflikte** ergeben. Zur Lösung dieser Konflikte werden die allgemeinen Bestimmungen des spanischen internationalen Privatrechts herangezogen, obwohl in diesen Fällen die bürgerrechtliche Gebietszugehörigkeit (*veïnatge civil*) anstelle der Staatsangehörigkeit als Personalstatut gilt (Art. 16 Abs. 1 CC). Bei Personen spanischer Staatsangehörigkeit mit unterschiedlicher Gebietszugehörigkeit unterliegen die Wirkungen der Ehe derjenigen spanischen Rechtsordnung, auf welche Art. 9 CC verweist, nämlich auf jene des Personalstatuts oder des gewöhnlichen Aufenthalts eines der Ehegatten (sofern die Ehegatten diesbezüglich eine Vereinbarung durch öffentliche Urkunden vor der Ehe treffen). Für den Fall, dass die Ehegatten keine Wahl getroffen haben, stellt das Gesetz auf den gemeinsamen gewöhnlichen Aufenthalt ab, den die Eheleute unmittelbar nach der Trauung hatten. Fehlt auch ein gemeinsamer gewöhnlicher Aufenthalt, so wird auf das Gesetz des Ortes der Trauung abgestellt. Sofern diese Anknüpfungspunkte auf eine ausländische Rechtsordnung verweisen, werden die Wirkungen der Ehe nach den materiellrechtlichen Bestimmungen des spanischen CC geregelt (Art. 16 Abs. 3 CC).

C. Trennung und Scheidung

19 Der CCCat enthält keine Bestimmungen zu den **Trennungs- und Scheidungsgründen**. In diesem Bereich werden in Katalonien die Art. 81–86 des spanischen CC in ihrer durch die Gesetze 15/2005, v. 8.7.2005, und 15/2015, v. 2.7.2015, modifizierten Fassung angewandt.[11]

20 Die rechtlichen **Wirkungen der Ehetrennung** werden im CCCat gemeinsam mit jenen der Ehenichtigkeit und der Ehescheidung geregelt und weisen nur relativ wenige Eigenheiten auf. Zwischen den Ehegatten besteht weiterhin eine gegenseitige Unterhaltspflicht, auch wenn das Gesetz vorsieht, dass die Pflicht zur Unterhaltsleistung im Falle einer gerichtlichen Trennung durch eine Ausgleichsabfindung ersetzt wird (vgl. Rdn 26).

---

10 Siehe dazu *Lamarca Marquès*, Katalonien, in: Süß (Hrsg.), Erbrecht in Europa, Rn 52–54; *Egea Fernández*, Revista Jurídica de Catalunya 2009/I, S. 11–58; *Arroyo Amayuelas/Anderson*, A General Overview of the Catalan Succession Law Reform, in: *Anderson/Arroyo Amayuelas* (Hrsg.), The Law of Succession: Testamentary Freedom, 2011, S. 65–67.

11 BOE Nr. 163, 9.7.2005 und Nr. 158, 3.7.2015.

D. Scheidungsfolgen

I. Vermögensteilung

1. Allgemeines

Die Wesensmerkmale der **Vermögensteilung** bei der Auflösung eines Güterstandes unterscheiden sich je nach dem anwendbaren Güterstand, sei dies die Gütergemeinschaft, die Zugewinngemeinschaft oder aber die Gütertrennung. Im katalanischen Recht ergeben sich geringe Unterschiede im Vergleich zum spanischen Recht bei der Auflösung des Güterstandes der Gütergemeinsaft und bei jenem der Zugewinngemeinschaft. Wie bereits erwähnt, sind diese Güterstände in Katalonien ferner nur selten anzutreffen (siehe Rdn 2). Viel wichtiger sind die Wirkungen bei der Auflösung des Güterstandes der **Gütertrennung**. Wird dieser Güterstand infolge einer Ehetrennung, Ehescheidung oder Ehenichtigkeit aufgelöst, so kommt jenem Ehegatten, der den Haushalt besorgt oder im Betrieb oder Geschäft des anderen Ehegatten unentgeltlich oder gegen ungenügende Bezahlung mitgewirkt hat, das Recht auf einen finanziellen Ausgleich im nachfolgend dargestellten Umfang zu (Art. 232–5 CCCat).

21

2. Auflösung des Güterstandes der Gütertrennung: Ausgleichszahlung aufgrund erbrachter Arbeitsleistung

a) Hausarbeit oder für den anderen Ehepartner geleistete Arbeit

Voraussetzung für die Anwendung des Art. 232–5 CCCat ist erstens, dass ein Ehegatte den **Haushalt** im Wesentlichen mehr als der andere Ehegatte besorgt hat oder für dessen **Geschäft oder Betrieb** unentgeltlich oder gegen ungenügendes Entgelt tätig gewesen ist. Dabei kann der **Ausgleich** nicht nur in Ehen mit traditioneller Rollenverteilung, bei welchem einem Ehegatten die Versorgerfunktion zukommt und der andere sich ausschließlich dem Haushalt widmet, verlangt werden, sondern auch in Ehen mit einer funktionell-beschränkten Spezialisierung unter den Ehepartnern. Nach der Rspr. des TSJC ist es nicht erforderlich, dass die Haushaltsführung vollzeitlich übernommen wurde. Auch ist es weder notwendig, dass die Tätigkeit während der gesamten Ehedauer erfolgte, noch dass sie als besonders körperlich oder geistig anspruchsvoll charakterisiert werden konnte.[12] Auch wenn der Beitrag eines Ehegatten durch die Mitwirkung im Betrieb oder Geschäft des anderen Ehegatten erfolgt ist, wird **keine Vollzeitbeschäftigung** verlangt.[13] Die Intensität und Dauer des Einsatzes können sich dagegen auf die Höhe des auszugleichenden Betrages auswirken.

22

b) Ungleicher Vermögenszuwachs

Damit das Recht auf den Ausgleich aufgrund der Arbeit in der Familie oder zugunsten des anderen Ehegatten entsteht, ist es erforderlich, dass dieser andere Ehegatte einen **höheren Vermögenszuwachs** erfahren hat als der leistungsberechtigte Ehegatte. Um zu entscheiden, ob es zu diesem Vermögenszuwachs gekommen ist, sind die Vorschriften des Güterstandes der Zugewinngemeinschaft grds. anzuwenden (Art. 232–6 CCCat). In Übereinstimmung mit diesen Regeln müssen vom Vermögen beider Ehegatten der Wert des anfänglichen

23

---

12 STSJC 27.4.2000 (RJ 2000\4125); STSJC 21.10.2002 (RJ 2003\698); STSJC 10.2.2003 (RJ 2003\4464); STSJC 10.3.2003 (RJ 2003\4653).
13 STSJC 21.10.2002 (RJ 2003\698); STSJC 10.3.2003 (RJ 2003\4653); STSJC 17.6.2004 (RJC 2004, 1410); STSJC 21.6.2004 (RJ 2010\2365).

Vermögens oder dessen Surrogate ausgeschlossen werden, ebenso der Wert der durch Schenkung oder Erbfolge im Todesfalle oder als Entschädigung für persönliche Schäden erhaltenen Güter unter Ausschluss des Anteils, der den entgangenen Gewinn einschließt.

c) Festsetzung des Ausgleichsbetrages

24 Die Festsetzung des Ausgleichsbetrages erfolgt nach **Ermessen** der Gerichtsbehörde. Dieses Ermessen ist jedoch nicht uneingeschränkt. Zum einen muss der Richter die **Dauer** und die **Intensität** des Einsatzes für die Arbeit berücksichtigen, und im Falle der Hausarbeit die Tatsache, ob die Kindererziehung oder die Pflege anderer Familienmitglieder, die mit den Ehegatten zusammenleben, eingeschlossen war (Art. 232–5 Abs. 3 CCCat). Andererseits kann die Höhe des Ausgleichs im Prinzip nicht ein Viertel der Differenz zwischen den Vermögenszuwächsen der Ehegatten übersteigen. Ausnahmsweise kann das Gericht diesen Betrag jedoch erhöhen, wenn der Gläubiger nachweisen kann, dass sein Beitrag wesentlich höher war (Art. 232–5 Abs. 4 CCCat).[14]

d) Geltendmachung und Zahlungsmodalitäten

25 Sofern die **Ausgleichszahlung** nicht im Voraus vereinbart wird, muss sie **im ersten eherechtlichen Verfahren** – sei dies der Trennungs-, Scheidungs- oder Nichtigkeitsprozess – eingeklagt werden, was folgerichtig etwa bedeutet, dass sie bei einer unterlassenen Geltendmachung im Trennungsverfahren im späteren Scheidungsverfahren nicht mehr verlangt werden kann (Art. 232–11 CCCat). Eine anders lautende Parteivereinbarung oder eine richterliche, einem gerechtfertigten Grund entsprechende Ermächtigung zur Sachleistung vorbehalten, ist der Ausgleich zwischen den Ehegatten als **Geldschuld** zu verstehen. Die **Zahlungsfrist** beträgt maximal drei Jahre. Im Falle der Stundung sind Zinsen geschuldet und es kann die Leistung von Sicherheiten verlangt werden (Art. 232–8 CCCat). Die Ausgleichszahlung ist mit dem Anspruch auf Ausgleichsabfindung nach Art. 233–14 CCCat vereinbar (vgl. Rdn 26–30), wobei der Betrag der Ausgleichszahlung auf die Höhe der Ausgleichsabfindung durchaus Einfluss haben kann.

II. Nachehelicher Unterhalt

1. Voraussetzungen und Kriterien der Festsetzung

26 Der Ehegatte, der infolge der Beendigung des Zusammenlebens eine Verschlechterung seiner finanziellen Situation erleidet, hat das Recht auf eine von dem anderen Ehegatten zu bezahlende **Ausgleichsabfindung** (*prestació compensatòria*). Der Betrag der Abfindung darf weder den während der Ehe gelebten Lebensstandard noch jenen des ersatzpflichtigen Ehegatten übersteigen (Art. 233–14 Abs. 1 CCCat). Für die Festsetzung der Abfindung hat der Richter u.a. folgenden, in Art. 233–15 CCCat festgelegte **Umstände** zu berücksichtigen:
– die wirtschaftliche Lage der Ehegatten, wobei ggf. die Ausgleichszahlung für die Arbeit oder andere Beiträge, die sich aus der Auflösung des ehelichen Güterstands ableiten, berücksichtigt werden;

---

14 Trotz Anerkennung des gerichtlichen Ermessens müssen die Gerichte explizit die Vorschriften erläutern, die angewendet werden, um den Wert der Gewinne beider Ehegatten zu berechnen und den Ausgleichsbetrag festzusetzen; der Mangel an Begründung oder das Treffen von unverständlichen oder widersprüchlichen Feststellungen zum Sachverhalt kann dazu führen, dass einem außerordentlichen Rechtsbehelf wegen verfahrensrechtlicher Verstöße stattgegeben wird (STSJC 20.3.2014, RJ 2014\2054; STSJC 7.4.2014, JUR 2014/160167; STSJC 20.7.2015, RJ 2015\4632; STSJC 8.10.2015, RJ 2015\5374).

– die Durchführung von Aufgaben in der Familie und andere Entscheidungen, die im Interesse der Familie getroffen wurden, falls dadurch die Möglichkeit des Paares eingeschränkt wurde, Einkünfte zu erzielen;
– die wirtschaftlichen Aussichten, wobei das Alter und die Gesundheit der Ehegatten berücksichtigt werden;
– die Form, in der die Personensorge für die Kinder ausgeübt wird;
– die Dauer des Zusammenlebens;
– die neuen Kosten für die Familie des Schuldners, sofern eine solche vorhanden ist.

2. Begründung der Ausgleichsabfindung

Die Ausgleichsabfindung begünstigt jenen Ehegatten, der durch die Zerrüttung der Ehe 27
den größeren Nachteil erleidet. Untersucht man die Kriterien, die bei der Erwägung einer
Festsetzung der Abfindung herangezogen werden (siehe Rdn 26), so kommt man zu dem
Schluss, dass die Abfindung hybrider Natur ist. Zum einen Teil hat die Abfindung einen
Unterhaltscharakter, zum anderen Teil können damit durch den Gläubiger während der
Ehedauer erfahrene **Opportunitätskosten** kompensiert werden.[15] Sollte das Vermögen des
Schuldners deutlich abnehmen oder jenes des Gläubigers deutlich zunehmen, so kann die
Verpflichtung **reduziert** oder **aufgehoben** werden (Art. 233–18 und Art. 233–19 Abs. 1 lit. a
CCCat). Das Recht auf die Ausgleichsabfindung **erlischt** dadurch, dass der Gläubiger eine
neue Ehe eingeht oder in einem eheähnlichen Verhältnis zusammenlebt (Art. 233–19 Abs. 1
lit. b CCCat). Trotzdem muss sich der **Umfang** der Abfindung nicht auf die Sicherung des
Existenzminimums des Gläubigers beschränken, sondern kann darauf abzielen, diesem
denselben Lebenswandel zu ermöglichen, der **während der Ehe** genossen worden ist.
Dabei darf der Abfindungsbetrag allerdings nicht dem Gläubiger einen Lebensstandard
verschaffen, der den des Schuldners überschreitet.

3. Festsetzung der Höhe der Ausgleichsabfindung

Dem Richter steht für die Festsetzung der Abfindung ein großer **Ermessensspielraum** zu, 28
auch wenn er die vorerwähnten Kriterien (siehe Rdn 26) zu berücksichtigen hat. Die Auflösung des ehelichen Zusammenlebens stellt den maßgeblichen **Zeitpunkt** für die Bestimmung
der Zulässigkeit und der Höhe der Ausgleichsabfindung dar.[16] Der Betrag der Abfindung
kann selbstverständlich auch **zukünftige Ungleichgewichte** reflektieren, die sich aufgrund
von anderen Einkünften ergeben, die der Schuldner erhalten wird.[17] Ein wichtiger Indikator
für den Betrag, der als Abfindung eingeklagt werden kann, bildet der **bisher in der Ehe
anzunehmende Lebensstandard**.[18] Die Rspr. präzisiert diesbezüglich, dass dabei von dem
Lebensstandard auszugehen ist, den sich die Ehegatten in Anbetracht ihrer Vermögensverhältnisse hätten leisten können, auch wenn dieser nicht dem tatsächlich gelebten Verhältnis
während der Ehe entsprechen sollte.[19]

---

15 STSJC 29.10.2015 (JUR 2016\93); STSJC 17.12.2015 (JUR 2016\41652).
16 STSJC 1.12.2003 (RJ 2004\933); STSJC 8.11.2004 (RJ 2005\92); STSJC 24.2.2005 (RJC 2005, 1516).
17 STSJC 28.10.2003 (RJ 2003\8905). Dennoch dürfen ungewisse Aussichten auf den Verlust einer Ar-
   beitsstelle zum Zeitpunkt der Auflösung der Lebensgemeinschaft nicht berücksichtigt werden: siehe
   STSJC 20.12.2010 (RJ 2011\1320).
18 STSJC 21.3.2005 (RJC 2005\1528).
19 STSJC 19.1.2004 (RJ 2004\1788).

Ferrer Riba

4. Geltendmachung und Zahlungsmodalitäten

29 Die Ausgleichsabfindung kann **nur im ersten Eheverfahren** eingeklagt werden. Falls sie also nicht bei einem eventuellen Trennungsverfahren eingeklagt wurde, kann sie auch nicht bei einem späteren Scheidungsverfahren eingeklagt werden.[20] Die Abfindung darf als **Geldsumme**, als **Rente** oder mittels der **Übergabe von Gütern** entrichtet werden. Kommt eine Einigung zwischen den Parteien nicht zustande, entscheidet der Richter über die Zahlungsweise, wobei er die Fallumstände und insbesondere den Vermögensbestand und die wirtschaftlichen Mittel des schuldenden Ehegatten berücksichtigt (Art. 233–17 CCCat). Selbstverständlich können auch die Ehegatten alle Arten von Sachleistungen vereinbaren. Auf einen entsprechenden Parteiantrag hin kann das Urteil, welches die Abfindung einem Ehegatten zuspricht, auch die **Leistung von Sicherheiten** sowie die automatische **Anpassung der Rente** nach objektiven Kriterien vorsehen.

5. Dauer und Erlöschen

30 Wird die Ausgleichsabfindung als **Pension** festgesetzt, muss ihre Dauer eingeschränkt sein, es sei denn, es liegen außergewöhnliche Umstände vor, die eine Festsetzung mit unbeschränkter Dauer rechtfertigen (Art. 233–17.4 CCCat). Gewöhnlich wird die Pension dann lediglich für eine kurze Dauer zugesprochen, falls die Ehedauer kurz war und der Gläubiger tatsächlich die Möglichkeit hat, sich erneut in den Arbeitsmarkt einzugliedern und damit eine wirtschaftliche Unabhängigkeit zu erreichen. **Erlöschensgründe** der Zahlungspflicht sind neben dem Fristablauf zum einen die Verbesserung der wirtschaftlichen Situation des Gläubigers und zum anderen die Verschlechterung der Situation des Schuldners, sofern die Veränderungen maßgeblich genug sind.[21] Weitere Gründe sind der Tod des Gläubigers bzw. die Eingehung einer neuen Ehe oder das Zusammenleben in einem eheähnlichen Verhältnis.[22] Durch den Tod des Schuldners erlischt die Zahlungspflicht der Pension nicht *per se*, jedoch können die Erben die Reduktion der Rente oder Freistellung von derselben beantragen, falls die Erbschaft nicht genügend Erträge abwirft, um die Abfindung zu bezahlen (Art. 233–19.2 CCCat).

III. Aufteilung der elterlichen Sorge

1. Elterliche Sorge und Aufenthalt des Kindes

31 Das katalanische Recht unterscheidet zwischen der Zuweisung der elterlichen Sorge (*potestat parental*) und der Zuweisung des Rechts und der Pflicht, mit dem Kind zusammenzuleben und seinen Wohnsitz festzusetzen (*guarda*). Als **Grundregel** üben die Eltern die **elterliche Sorge gemeinsam** aus. Der Regelfall der gemeinsamen Ausübung der elterlichen Sorge wird sowohl beim Zusammenleben als auch beim Getrenntleben der Eltern angewandt und hängt nicht davon ab, ob die Eltern verheiratet sind oder waren oder zu irgendeinem Zeitpunkt zusammengelebt hatten (Art. 236–11 und Art. 236–17 Abs. 2 CCCat). Dennoch können die Eltern vereinbaren, dass die elterliche Sorge **nur von einem Elternteil** oder so ausgeübt wird, wie es am Zweckmäßigsten ist. Ebenso kann der Richter auch die elterliche

---

20 STSJC 28.1.2010 (RJ 2010\1486).
21 STSJC 8.5.2008 (JUR 2009\296273); STSJC 3.7.2008 (JUR 2009\296252); STSJC 28.7.2014 (RJ 2014\4920); STSJC 11.5.2015 (JUR 2015\183109).
22 Betreffend den Begriff „eheähnliches Zusammenleben" i.S.v. Art. 233–19 Abs. 1 lit. b siehe STSJC 18.10.2007 (RJ 2009\3130); STSJC 26.11.2009 (RJ 2010\75); STSJC 21.2.2013 (RJ 2013\5755).

Sorge einem Elternteil einzeln zusprechen, falls dies eher im Interesse des Kindes ist (Art. 236–10 CCCat).

Leben die Eltern getrennt, müssen sie im Falle der gemeinsamen Ausübung der elterlichen Sorge vereinbaren, ob das Kind **immer nur mit einem der Elternteile** zusammenleben oder ob es **abwechselnd bei beiden Eltern** leben wird. Falls die Entscheidung in einem Trennungs- oder Scheidungsverfahren oder in einem Prozess getroffen wird, durch den die Trennungsfolgen einer nichtehelichen Lebensgemeinschaft festgesetzt werden, dann verlangt das Gesetz, das die Eltern einen **Elternschaftsplan** (*pla de parentalitat*) vorlegen, in dem die Art und Weise festgelegt wird, in der beide Elternteile ihre elterlichen Pflichten ausüben wollen (Art. 233–2 Abs. 2 lit. a und Art. 233–9 CCCat). Können die Elternteile sich nicht einigen, so muss jeder Elternteil getrennt dem Richter seinen Vorschlag für diesen Elternschaftsplan vorlegen (Art. 233–8 Abs. 2 CCCat). In diesem Fall schreibt das Gesetz vor, dass der Richter über die Art und Weise entscheidet, in der das Kind mit den Eltern zusammenleben wird, wobei dem Zusammenleben mit beiden Elternteile der Vorrang eingeräumt wird (Art. 233–10 Abs. 2 CCCat).[23] Das führt dazu, dass der Richter schließlich eine **alternierende Obhut** beider Elternteile über die Kinder auf irgendeine Art und Weise festlegen muss. Dennoch kann der Richter anordnen, dass das Zusammenleben nur mit einem der beiden Elternteile erfolgt, falls dies eher im Interesse des Kindes ist. In diesem Fall hat der andere Elternteil nur Anspruch auf **Umgangsrecht**. Das Gesetz enthält eine Reihe von Kriterien, die der Richter bei seiner Entscheidung zu bedenken hat, ob das Kind alternierend mit beiden Elternteilen zusammenleben soll oder nur mit einem der beiden Elternteile (Art. 233–11 CCCat). | 32

Der Grundsatz der gemeinsamen elterlichen Sorge ist mit der individuellen Ermächtigung jedes einzelnen Ehegatten verbunden, die Handlungen vorzunehmen, die aufgrund der Familienumstände und der sozialen Gewohnheiten von einem Ehegatten allein erledigt werden. Im Falle von Geschäften vermögensrechtlicher Natur vermutet das Gesetz, dass jeder Ehegatte im Bereich der **gewöhnlichen Verwaltung** mit Einwilligung des anderen handelt. Handelt es sich dagegen um Geschäfte **außergewöhnlicher Verwaltung** (d.h. Veräußerung oder Belastung einer Sache), so verlangt das Gesetz das gemeinsame Vorgehen beider Ehegatten oder das individuelle Handeln eines Ehegatten mit dem ausdrücklichen Einverständnis des anderen (Art. 236–8 Abs. 2 CCCat). | 33

2. Uneinigkeit bei Ausübung der elterlichen Sorge oder der damit verbundenen Entscheidungen

Wenn die Eltern sich über die Ausübung der elterlichen Sorge **uneinig** sind, kann jeder der beiden Elternteile sich an den Richter wenden, damit dieser die Entscheidungsbefugnis einem der beiden zuspricht (Art. 236–13 Abs. 1 CCCat). In diesem Verfahren muss der Richter die über zwölfjährigen **Kinder anhören** (Art. 211–6 Abs. 2 CCCat). Der Richter kann auch jüngere Kinder anhören, wenn diese über ein ausreichendes Urteilsvermögen verfügen. Für den Fall, dass sich solche Uneinigkeiten wiederholen, kann der Richter einem Elternteil die gänzliche oder teilweise Ausübung der elterlichen Sorge für die Dauer von höchstens zwei Jahren übertragen (Art. 236–13 Abs. 2 CCCat). | 34

---

23 Die gesetzliche Bevorzugung der alternierenden Personensorge über das Kind verhindert aber nicht, dass das Gericht in jedem Einzelfall prüfen muss, ob diese Art von Sorge angesichts der konkreten Umstände dem Wohle des Kindes am besten gerecht wird: siehe z.B. STSJC 9.4.2015 (RJ 2015\2581); STSJC 14.5.2015 (JUR 2015\183233); STSJC 25.5.2015, RJ 2015\3338).

Ferrer Riba

35   Falls ein Elternteil das elterliche Sorgerecht aufgrund richterlicher Anordnung einzeln aus-
      übt, garantiert das Gesetz dem andern Elternteil **gewisse Kontrollrechte**. Der nicht sorge-
      berechtigte Elternteil kann sich wichtigen Entscheidungen des sorgeberechtigten Elternteils
      widersetzen, nämlich Entscheidungen betreffend die Wahl des Bildungsmodells, einen
      Wohnsitzwechsel (weg von der gewohnten Umgebung) oder Verfügungsgeschäfte, die nicht
      bloß der Deckung der gewöhnlichen Unterhaltskosten dienen (Art. 236–11 Abs. 6 CCCat).

3. Vereinbarungen über die Ausübung der elterlichen Sorge

36   Getrennt lebende Eltern sind befugt, Verträge über die Ausübung der elterlichen Sorge
      abzuschließen (Art. 236–11 Abs. 1 CCCat). Diese **Vereinbarungen** unterstehen dem Form-
      erfordernis der **öffentlichen Beurkundung**. Möglich ist die Vereinbarung der gemeinsamen
      Ausübung der elterlichen Sorge, die Verteilung der elterlichen Befugnisse unter den Eltern
      sowie die Übertragung des Sorgerechts an einen Elternteil. Die Wirkungen solcher Sorge-
      rechtsverträge sind auch beschränkt, da sie jederzeit durch einseitige Erklärung des einen
      oder anderen Elternteils **aufgehoben** werden können. Im Ergebnis wirken diese Sorge-
      rechtsverträge wie Generalermächtigungen zwischen den Eltern. Sofern die Eltern eine
      beständigere und verbindlichere Regelung wünschen, können sie dies in den durch den
      Richter zu genehmigenden Trennungs- oder Scheidungsvereinbarungen erreichen (Art. 236–
      11 Abs. 2 CCCat). Wird eine Vereinbarung vom Gericht genehmigt, so ist eine **Abänderung**
      nur durch eine neue Vereinbarung der Eltern möglich oder aber durch einen nachfolgenden
      Gerichtsbeschluss, sofern neue Umstände eingetreten sind, die im Kindesinteresse eine
      Abänderung rechtfertigen.

IV.   Sonstige Scheidungsfolgen

37   Die **Zuweisung des Gebrauchs der Familienwohnung** und des **Hausrats** ist eine sehr
      wichtige wirtschaftliche Nebenfolge der Trennung, Scheidung oder Nichtigkeit der Ehe.
      Grundsätzlich steht es den Eheleuten frei zu vereinbaren, wie der Gebrauch der Familien-
      wohnung nach der Trennung geregelt werden soll. Sollte die Entscheidung der Ehegatten
      allerdings den Kindern schaden, so kann der Richter der entsprechenden Abkommensklau-
      sel die Genehmigung verweigern (Art. 233–3 Abs. 1 CCCat). Sofern Kinder vorhanden
      sind, muss die Familienwohnung vorzugsweise jenem Ehegatten zum Gebrauch übertragen
      werden, dem die Personensorge zugesprochen worden ist. Wird die Personensorge von
      beiden Eltern gemeinsam ausgeübt oder ist sie für mehrere Kinder verschieden zugewiesen,
      so muss der Richter den Wohnungsgebrauch dem Ehegatten zusprechen, der die Wohnung
      eher benötigt. Die gleiche Regelung muss auch dann angewandt werden, wenn die Ehegatten
      keine Kinder oder bereits volljährige Kinder haben (Art. 233–20 Abs. 3 CCCat). Ausnahms-
      weise kann der Gebrauch dem Ehegatten zugesprochen werden, der sich in der schlechteren
      wirtschaftlichen Lage befindet, obwohl der andere Ehegatte mit den Kindern zusammen-
      lebt, falls dieser hinreichende Mittel hat, um seinen Wohnungsbedarf zu decken (Art. 233–
      20 Abs. 4 CCCat). Die Zuweisung des Wohnungsgebrauchs ist immer **zeitlich begrenzt**.[24]
      Wird der Gebrauch der Familienwohnung aufgrund des Zusammenlebens mit den Kindern
      zugewiesen, so erstreckt er sich über die gesamte Zeit des Zusammenlebens und endet,
      wenn das Zusammenleben endet. Wird der Wohnungsgebrauch einem Ehegatten zugespro-
      chen, weil er darauf angewiesen ist, so muss der Richter die Dauer dieses Rechts festlegen.
      Das Recht kann verlängert werden, ebenfalls wieder mit vorübergehendem Charakter, falls

---

24 STSJC 24.2.2014 (RJ 2014\2222); STSJC 20.1.2015 (JUR 2015\73047).

Ferrer Riba

die Umstände immer noch vorhanden sind, die zur Zuweisung führten (Art. 233–20 Abs. 5 CCCat).

Der vom Richter zugewiesene Gebrauch betrifft normalerweise die Familienwohnung. **38**
Ausnahmsweise kann aber auch die Zuweisung einer anderen Wohnung erfolgen, sofern deren Gebrauch für den bedürftigen Ehegatten geeigneter erscheint (Art. 233–20 Abs. 6 CCCat).[25] Durch Vereinbarung der Ehegatten oder – falls eine solche nicht vorhanden seine sollte – durch richterlichen Beschluss ist es ferner möglich, eine **gemietete Familienwohnung** in den vorgehend benannten Fällen dem nicht mietenden Ehegatten für die restliche Mietdauer zuzuordnen.[26] Die unentgeltliche Überlassung einer Wohnung durch den Eigentümer zugunsten eines der Ehegatten oder beides wird von der Rspr. als **Gebrauchsleihe** qualifiziert, bei welcher die Wiedererlangung vom Bedarfsnachweis abhängt (siehe Art. 1749 CC).

Das Recht zum Gebrauch der Familienwohnung kann ins **Eigentumsregister** eingetragen **39**
werden, wodurch es Dritten entgegengehalten werden kann, als ob es sich um ein dingliches Recht handeln würde (Art. 233–22 CCCat). Gehört die Familienwohnung ganz oder teilweise dem anderen derzeitigen oder ehemaligen Ehegatten, so kann jener seinen Bruchteil ohne Zustimmung des Benutzers veräußern oder belasten (siehe Rdn 14), wobei der Erwerber eines Rechts an der Wohnung das bestehende Recht zum Gebrauch bis zu dessen Erlöschen achten muss (Art. 233–25 CCCat).[27]

Die Zuweisung des Gebrauchs der Familienwohnung an den Ehegatten, der **nicht Eigentümer der Wohnung** ist, ist eine schwere Maßnahme für den Inhaber, da ihm die Nutzung **40**
eines wertvollen Guts während eines relativ langen Zeitraums vorenthalten wird. Aus diesem Grund werden einige Fälle bestimmt, in denen die Zuweisung des **Wohnungsgebrauchsrechts ausgeschlossen** werden kann. So kann z.B. das Gebrauchsrecht dem Ehegatten, der mit den Kindern zusammenlebt, nicht zugesprochen werden, wenn dieser über die notwendigen Mittel verfügt, um den Wohnungsbedarf für sich und die Kinder zu decken. Ebenso wird die Wohnung dann nicht zugesprochen, wenn der Ehegatte, der die Wohnung überlassen müsste, genügend Mittel hat, um den Kindesunterhalt und die Ausgleichsabfindung in einer Höhe zu leisten, dass die Bedürfnisse des anderen Ehegatten und der Kinder für eine Wohnung gedeckt sind (Art. 233–21 CCCat).

V. Trennungs- und Scheidungsvereinbarungen

1. Allgemeines

Das katalanische Recht beruht auf dem Grundsatz der bürgerlichen Freiheit (Art. 111–6 **41**
CCCat). Danach räumt das Gesetz den Ehegatten die Möglichkeit ein, die persönlichen

---

25 Vor dem Inkrafttreten des Zweiten Buches CCCat (und auch nachher, bei der Anwendung der Übergangsbestimmungen) hatten die Gerichte die zusätzliche Zuweisung von Zweitwohnungen bzw. Ferienwohnungen zugelassen: STSJC 3.3.2005 (RJC 2005\1569); STSJC 30.7.2012 (JUR 2012\10035); STSJC 28.1.2013 (RJ 6374). Gegenwärtig ist das nicht mehr möglich: STSJC 5.10.2015 (JUR 2015\304990).
26 Art. 15 Mietvertragsgesetz (Gesetz 29/1994, v. 24.11.1994, BOE Nr. 282, 25.11.1994).
27 STSJC 24.2.2003 (RJC 2003, 1455); STSJC 22.9.2003 (RJC 2003, 1362); STSJC 29.3.2004 (RJC 2004, 1467).

Ferrer Riba

und vermögensrechtlichen Trennungs- oder Scheidungsfolgen selbstständig zu regeln. Eheverträge aufgrund von Trennung oder Scheidung können in **zwei Kategorien** eingeteilt werden:
- Vereinbarungen über die Folgen eines bereits eingetretenen Scheiterns des Zusammenlebens sowie
- vorsorgende Vereinbarungen über mögliche Folgen einer zukünftigen Familienauflösung.

2. Vereinbarungen über die Folgen einer bereits eingetretenen Familienauflösung

42 Die einvernehmliche private Regelung der Folgen einer Trennung, Scheidung oder Nichtigkeit der Ehe wird durch ein sog. **Regelungsabkommen** (*conveni regulador*) bestimmt. Die Änderung des spanischen Zivilgesetzbuches und der Zivilprozessordnung durch das oben genannte Gesetz 15/2015 hat die außergerichtliche Trennung und Scheidung in Spanien eingeführt. Gemäß des neuen Rechtsrahmens, der auch in Katalonien gilt, können die Ehegatten ihren unzweideutigen Wille zur Trennung oder zur Scheidung vor einem Notar in einer öffentlichen Urkunde oder bei der Gerichtskanzlei vor einem Rechtspfleger zum Ausdruck bringen (Art. 82 und 87 CC; Art. 777 Abs. 10 LEC; Art. 54 LN). Der Willenserklärung müssen die Ehegatten ein Regelungsabkommen beilegen, in dem alle Trennungs- oder Scheidungsfolgen festgelegt worden sind. Bei diesen Verfahren müssen die Ehegatten notwendigerweise Rechtsbeistand in Anspruch nehmen. Diplomate und Konsulatsbeamte sind nicht berechtigt, Ehetrennungs- oder Scheidungsurkunden auszustellen (Art. 82 Abs. 1 CC). Das außergerichtliche Trennungs- oder Scheidungsverfahren ist auch vom Gesetz ausgeschlossen, wenn die Ehegatten minderjährige oder entmündigte (und von ihnen abhängige) Kinder haben. In diesen Fällen müssen die Parteien die Genehmigung des Abkommens vor einem Gericht einholen.

Selbst wenn die Trennungs- oder Scheidungsklage ohne Einverständnis des anderen Ehegatten erhoben worden ist, kann ein gemeinsames Regelungsabkommen zu jedem späteren Zeitpunkt vorgeschlagen werden und das Verfahren geht weiter, als ob es sich um eine einvernehmliche Trennung oder Scheidung handeln würde (Art. 770 Abs. 5 LEC). Gerichtliche Verfahren können auch für eine **Mediation** unterbrochen werden (Art. 233–6 CCCat).

43 Das Regelungsabkommen muss sich auf alle Punkte beziehen, die bei einer Trennung oder Scheidung der vertraglichen Regelung unterstehen können (Art. 233–2 CCCat). Sofern minderjährige Kinder vorhanden sind, muss es sich auf die Regelung deren Obhut und Pflege, auf die Art und Weise der Ausübung der elterlichen Sorge, auf die jeweilige Beteiligung am Kindesunterhalt sowie auf die Zuteilung des Gebrauchs der Familienwohnung beziehen. Unter den Ehegatten kann das Abkommen flexibler ausgestaltet werden. Der **Abkommensinhalt** kann sich z.B. auf die weitere Beteiligung an den familiären Lasten, auf den Unterhalt oder auf die Ausgleichsabfindung zugunsten eines Ehegatten, auf die Zuweisung des Gebrauchs der Familienwohnung, auf den Ausgleich infolge Arbeitsleistungen (bei Gütertrennung) sowie auf die Auflösung des ehelichen Güterstandes und auf die Teilung der gemeinschaftlichen Güter erstrecken.

44 Wird das Verfahren aufgrund des Vorhandenseins von Kindern vor einem Gericht eingeleitet, so müssen die Ehegatten dem Richter ihr Regelungsabkommen vorlegen. Das Abkommen muss unbedingt genehmigt werden, es sei denn, es ist schädlich für die Kinder. Eine **richterliche Ablehnung** muss jene Punkte angeben, die geändert werden müssen. Wenn sich die Ehegatten nicht über die Änderungen einigen oder ein nachfolgender Vorschlag ebenfalls verworfen worden ist, so entscheidet der Richter nach seinem Ermessen (Art. 233–3 CCCat). Im Gegensatz zum spanischen Recht sieht das katalanische Zivilgesetzbuch keine

Möglichkeit vor, die Genehmigung des Abkommens nur deshalb zu verweigern, weil diese für einen der Ehegatten in schwerem Maße nachteilig wäre, wenn nicht gleichzeitig auch die Kinder negativ davon betroffen wären.[28]

Neben den Regelungsabkommen können die Ehegatten **rein private Trennungsvereinba-**   45
rungen abschließen. Diese Vereinbarungen, die bei faktischen Trennungen häufig sind, können sowohl in öffentlicher Urkunde als auch in einer Privaturkunde abgefasst werden. Will sich einer der Ehegatten später vor einem Richter darauf berufen, stellt sich vor allem die Frage ihrer **Verbindlichkeit**. Der CCCat erkennt die Verbindlichkeit dieser Vereinbarungen an. Jeder Ehegatte kann die Eingliederung ihres Inhalts in die vorläufigen Maßnahmen und in das Trennungs- oder Scheidungsurteil beantragen. Wurde diese Vereinbarung jedoch ohne einen Anwalt für jede der beiden Parteien getroffen, so kann sie innerhalb einer **Frist** von drei Monaten ab dem Tag, an dem sie getroffen wurde, **widerrufen** werden. Betreffen die Absprachen minderjährige Kinder, sind sie nur dann wirksam, wenn sie zum Zeitpunkt, zu dem sie erfüllt werden sollen, dem Interesse der Kinder dienen (Art. 233–5 CCCat).

3. Vereinbarungen im Hinblick auf eine zukünftige Trennung oder Scheidung

Vereinbarungen für den Fall des Scheiterns der Ehe unterliegen einer Sonderregelung, die   46
sicherstellen soll, dass sie frei und bewusst getroffen wurden. Sie können **vor oder nach der Eheschließung** getroffen werden. Werden sie **vor der Eheschließung** getroffen, müssen sie mindestens 30 Tage vor der Hochzeit geschlossen werden. Zu ihrer Gültigkeit bedürfen die Vereinbarungen immer der **notariell beglaubigten Form**. Der Notar muss vor der Ausstellung der öffentlichen Urkunde die vertragsschließenden Parteien separat über die Reichweite der Veränderungen informieren, die durch die Vereinbarung in das dispositive Recht eingeführt werden. Die Parteien müssen sich auch über ihr jeweiliges Vermögen, ihre Einkünfte und ihre wirtschaftlichen Erwartungen informieren, falls diese Daten für den Inhalt der Vereinbarungen relevant sind. Tun sie dies nicht, können sie zu einem späteren Zeitpunkt nicht auf die Erfüllung der Vereinbarungen bestehen. Das Gesetz schränkt auch die Wirksamkeit dieser Vereinbarungen ein, sofern sie sich für einen der Ehegatten stark schädigend auswirken, und zu dem Zeitpunkt, zu dem die Erfüllung angestrebt wird, Umstände vorliegen, die nicht vorhergesehen wurden und die auch zum Zeitpunkt des Vertragsabschlusses nur schwer vorhersehbar waren (Art. 231–20 CCCat).

Der Inhalt dieser Vereinbarungen unterliegt ebenfalls bestimmten **Einschränkungen**. Die   47
Ehegatten oder künftigen Ehegatten können die Erhöhung, Senkung oder den Ausschluss der Ausgleichszahlung aufgrund der Hausarbeit oder Arbeit zugunsten des anderen Ehegatten vereinbaren (Art. 232–7 CCCat). Sie können auch die Zahlungsweise, die Höhe, die Dauer und das Erlöschen der Ausgleichsabfindung vereinbaren (Art. 233–16 CCCat) und Absprachen über die Zuweisung des Gebrauchsrechts der Familienwohnung und der Modalitäten dieses Gebrauchsrechts treffen (Art. 233–21.3 CCCat). Absprachen über den Gebrauch der Wohnung, die dem Interesse der minderjährigen Kinder schaden, sind unwirksam. Ebenso sind Absprachen in Bezug auf die Ausgleichsabfindung und auf das Gebrauchsrecht für die Familienwohnung in dem Maße nicht gültig, in dem sie die Möglichkeiten des bedürftigen Ehegatten einschränken, seine Grundbedürfnisse zu decken (Art. 233–16 Abs. 2 und Art. 233–21.3 CCCat). Im Allgemeinen schreibt das Gesetz vor, dass die Vereinbarungen zum Ausschluss oder zur Einschränkung von Rechten wechselsei-

---

28 STSJC 19.7.2004 (RJ 2004\5534).

Ferrer Riba

tig sein müssen und dass die Rechte, die eingeschränkt werden oder auf die verzichtet wird, einer genauen Festlegung bedürfen (Art. 231–20 Abs. 3 CCCat).[29]

VI. Kollisionsrecht der Trennungs- und Scheidungsfolgen

48   Im spanischen Kollisionsrecht gibt es keine besonderen Bestimmungen, die sich zum anwendbaren Recht für die Wirkungen der Trennung, Scheidung oder Nichtigkeit der Ehe äußern, wenn beide Ehegatten spanischer Staatsangehörigkeit sind, aber eine unterschiedliche bürgerrechtliche Gebietszugehörigkeit haben. In solchen Fällen sind die allgemeinen Bestimmungen für das spanische Kollisionsrecht anzuwenden (Art. 107 CC).

E. Gleichgeschlechtliche Ehe

49   Art. 44 des spanischen CC ist nach seiner Reform durch das Gesetz 13/2005, v. 1.7.2005, durch welches die Ehe unter gleichgeschlechtlichen Partnern eingeführt worden ist, in Katalonien anwendbar. Die Wirkungen der gleichgeschlechtlichen Ehe werden durch die gleichen Vorschriften geregelt, die die heterosexuelle Ehe regeln, einschließlich der Möglichkeit, Kinder zu adoptieren.

F. Nichteheliche Lebensgemeinschaft

I. Voraussetzungen für die Begründung

50   Das katalanische Recht setzt zwei alternative Möglichkeiten fest, damit zwei Personen, die in einer eheähnlichen Gemeinschaft zusammenleben, ein gesetzlich anerkanntes **festes Paar** (*parella estable*) bilden: erstens durch eine **übereinstimmende Willenserklärung**, in welcher die Partner ihren Willen äußern, sich den gesetzlichen Bestimmungen zu unterwerfen; und zweitens durch das **tatsächliche Zusammenleben**, wenn die Partner mindestens zwei Jahre ununterbrochen zusammengelebt haben oder wenn der Beziehung gemeinsame Kinder entsprungen sind, Letzteres selbst dann, wenn die Dauer des Zusammenlebens kürzer war (Art. 234–1 CCCat).[30] Diese beiden Möglichkeiten gelten sowohl für gleichgeschlechtliche als auch für verschiedengeschlechtliche Paare. Der rechtliche Status eines festen Paares stellt keinen Ersatz für die Eheschließung dar, denn in Spanien können beide Arten von Paaren die Ehe schließen. Im Gegenteil, es handelt sich um eine Regelung, die dem Zusammenleben *ex post* bestimmte rechtliche Wirkungen verleiht, da man davon ausgeht, dass ein Zusammenleben ähnliche Wirkungen wie eine Ehe haben sollte, da es sich so entwickelt hat, als ob es sich um eine Ehe handeln würde.

51   Unmündige Minderjährige, geradlinig Verwandte, Geschwister, verheiratete und nicht getrennte Personen und Personen, die mit einer dritten Person als Paar zusammenleben, können keine festen Paare bilden (Art. 234–2 CCCat). Es muss denn betont werden, dass eine verheiratete Person ein festes Paar mit einer anderen Person bilden kann, die nicht ihr

---

29 Vor dem Inkrafttreten des Zweiten Buches siehe STSJC 19.7.2004 (RJ 2004\5534).

30 Die katalanische Gesetzesverordnung 3/2015, v. 6.10.2015 (DOGC Nr. 6972, v. 8.10.2015) hat ein behördliches Register von Lebensgemeinschaften erstellt, in das sich die Lebenspartnerschaften unabhängig davon, ob sie durch eine notariell **beurkundete Willenserklärung** oder durch das **tatsächliche Zusammenleben** begründet worden sind, mit bloßer Publizitätswirkung eintragen können.

Gatte ist, vorausgesetzt, sie hat sich von ihrem Gatten getrennt. Dazu ist es nicht notwendig, dass es sich um eine gerichtliche Trennung handelt; die bloße faktische Trennung ist ausreichend.

II. Rechtsfolgen

1. Vermögensrechtliche Wirkungen während der Dauer des Zusammenlebens

Die Regelung für feste Paare ist hauptsächlich darauf ausgerichtet, *ex post* die Folgen eines bereits beendeten Zusammenlebens festzulegen. Deshalb sind die rechtlichen Auswirkungen auf das Zusammenleben, während es noch andauert, sehr gering. Das Gesetz erlaubt den Lebenspartnern, ihre Beziehung, ihre Rechte sowie die gegenseitigen Pflichten selbst zu regeln. Die Partner können gemeinsame Ankäufe mit dem Recht des Überlebenden auf die ganze Sache unter denselben Voraussetzungen und Wirkungen wie Verheiratete vornehmen (Art. 234–3.3 CCCat; vgl. Rdn 7–9). Sofern der tatsächliche Familiengebrauch gefährdet sein könnte, erfordert die Veräußerung oder Belastung der Familienwohnung oder des Hausrats die Zustimmung des anderen Partners bzw., falls diese nicht erhältlich sein sollte, einer ersetzenden richterlichen Ermächtigung (Art. 234–3.2 CCCat).   52

2. Adoption und Vormundschaft

Die anerkannte Lebensgemeinschaft berechtigt zur **Adoption** von Kindern unter den gleichen Bedingungen, die für Ehepaare gelten. Die Lebenspartner können Kinder gemeinsam adoptieren, und einer von ihnen kann die Kinder des anderen adoptieren (Art. 235–30 Abs. 2 und Art. 235–32 Abs. 1 lit. a CCCat). Im Bereich der **Vormundschaft** soll ein Partner in einer dauerhaften Lebensgemeinschaft als Vormund des anderen Partners bestimmt werden (Art. 222–10 Abs. 2 lit. a CCCat), sofern die zu bevormundende Person nicht vorab einen geeigneten Vormund vorgeschlagen hat.   53

III. Auflösung und Folgen

1. Auflösungsgründe

Die gesetzlich geregelte Lebensgemeinschaft wird sowohl durch das **faktische Beenden** des Zusammenlebens, falls dadurch die Lebensgemeinschaft aufgehoben wird, als auch durch eine **einseitige und notariell beurkundete Willenserklärung** eines Partners an den anderen aufgelöst. Weitere Auflösungsgründe sind die gegenseitige Willenserklärung sowie der Tod oder die Heirat eines Partners (Art. 234–4.1 CCCat).   54

2. Wirkungen der Auflösung

a) Auflösung zu Lebzeiten

Die Wirkungen bei Auflösung des Zusammenlebens sind analog zu denen der Beendigung der Ehe, wobei jedoch der Schutz des stärker geschädigten Lebenspartners durch das Beenden des Zusammenlebens geringer ist als bei verheirateten Paaren. Die Lebenspartner können Vereinbarungen für das Beenden des Zusammenlebens im voraus (Art. 234–5 CCCat) und auch nach dem Beenden des Zusammenlebens (Art. 234–6 CCCat) unter den gleichen Bedingungen wie verheiratete Paare treffen (vgl. Rdn 41 ff.). Die Wirkungen sind auch hinsichtlich der Kinder identisch, sowohl in Bezug auf die Personen- als auch auf die Vermögenssorge und auch, was das Umgangsrecht mit den Eltern und dritten Personen   55

Ferrer Riba

betrifft (Art. 234–7 CCCat; vgl. Rdn 31 ff.). Ebenso wendet das Gesetz, falls minderjährige
Kinder vorhanden sind, die gleichen Kriterien wie für Ehepaare an, wenn es um die Zuspra-
che des Gebrauchsrechts der Familienwohnung geht (Art. 234–8 CCCat; vgl. Rdn 37 ff.).

56   Im wirtschaftlichen Bereich sieht Art. 234–9 CCCat einen **Ausgleich** für die von einem
Partner im **Haushalt oder im Geschäft des anderen Partners erbrachte Arbeitsleistung**
vor. Diese Ausgleichszahlung wird unter denselben Voraussetzungen des Art. 232–5 CCCat,
der auch für sich trennende Ehepaare gilt, gewährt (vgl. Rdn 22 ff.). Zudem hat derjenige
Partner ein Anrecht auf Entrichtung einer **Unterhaltsabfindung**, der infolge der Lebensgemeinschaft oder der Erziehung von gemeinsamen Kindern eine Minderung seiner Erwerbsmöglichkeiten erfahren hat (Art. 234–10 CCCat). Diese Abfindung besitzt Unterhaltscharakter (*prestació alimentària*), was eine eingeschränkte Auslegung bezüglich ihres Betrages
erfordert, aber trotzdem auch dem Wiedergutmachungs- oder Kompensationsgedanken
(Ausgleich für die zukünftige Pflege der Kinder) Rechnung trägt. Die Abfindung kann in
Form von Kapital oder als Rente entrichtet werden. Wird eine Rente aufgrund der Pflege
und Erziehung der Kinder gewährt, dauert sie so lange, wie die Personensorge auszuüben
ist. Im anderen Fall dauert die Verpflichtung zur Rentenzahlung maximal drei Jahre
(Art. 234–11 CCCat). Die Pflicht zur Rentenzahlung erlischt durch die allgemeinen Beendi-
gungsgründe des Unterhaltsrechts sowie in dem Fall, dass der Rentengläubiger eine Ehe
oder eine eheähnliche Beziehung eingeht.

b) Auflösung von Todes wegen

57   Die Wirkungen der Auflösung von Todes wegen sind mit denen der Ehe völlig vergleichbar.
Der überlebende Partner hat ein Anrecht auf den **Hausrat** und auf die Vorteile des sog.
Jahres des Witwenstands (Art. 234–14 CCCat; vgl. Rdn 16 f.). Die Rechte aus der gewillkürten oder gesetzlichen Erbfolge des verstorbenen Lebenspartners entsprechen vollumfänglich denen eines verwitweten Ehegatten.

IV.   Kollisionsrecht der nichtehelichen Lebensgemeinschaft

58   Im gemeinen spanischen Recht gibt es keine gesetzliche Bestimmung, die die zivilrechtlichen
Wirkungen der nichtehelichen Lebensgemeinschaft regelt, gleichwohl die Rspr. diesen Gemeinschaften unter bestimmten Voraussetzungen eine gewisse rechtliche Bedeutung zuerkannt hat.[31] Das Fehlen einer staatlichen gesetzlichen Regelung erklärt, weshalb der spanische CC kein internationalprivatrechtliches Kollisionsrecht bereitstellt, um Normenkonflikte zu lösen, die bei gemischten Paaren auftreten können, d.h. wenn die Lebenspartner
eine unterschiedliche bürgerrechtliche Gebietszugehörigkeit oder Staatsangehörigkeit aufweisen. Angesichts dieser Gesetzeslücke neigt die herrschende Lehrmeinung dazu, auf nicht
verheiratete Paare das Recht ihrer gemeinsamen Nationalität und im Falle von Lebenspartnern unterschiedlichen Personalstatuts das Recht des Ortes, an dem das Paar seinen gewöhnlichen Wohnsitz hat, anzuwenden. Man kann auf verschiedenen Wegen zu dieser Lösung
kommen. Einige Autoren leiten diese beiden Verbindungspunkte von der analogen Anwendung der Konfliktnorm ab, die im Falle der Ehe anwendbar ist (Art. 9 Abs. 2 CC).[32] Andere
wiederum sind der Ansicht, dass die Anwendung des gemeinsamen Personenrechts die
Folge der Anwendung des Art. 9 Abs. 1 CC ist, der sich auf dieses Recht beruft, um die
Rechte und Pflichten in der Familie zu regeln, während die subsidiäre Anwendung des

---

31   Siehe dazu *Martín Casals/Ribot*, FamRZ 2004, 1433 f.
32   *Fonalleras Morell*, Noves perspectives per a una regulació de les unions de fet en el dret internacional
     privat espanyol, in: *Martinell/Areces* (Hrsg.), Uniones de hecho, Lleida, 1998, S. 243–245.

Gesetzes des Wohnsitzes damit zu rechtfertigen ist, dass dieses Gesetz die engste Verbindung mit dem Tatbestand aufweist.[33]

G. Abstammung und Adoption

I. Abstammung

Das katalanische Recht geht vom Prinzip der vollständigen Gleichstellung der ehelichen und der nichtehelichen Abstammung aus. Handelt es sich um ein Kind einer verheirateten Mutter, welches nach der Eheschließung und innerhalb von 300 Tagen seit der Ehetrennung, Scheidung oder Nichtigerklärung geboren wird, ist die **Vaterschaftsvermutung** anwendbar (Art. 235–5 CCCat). Der Ehemann kann die Vermutung unter bestimmten Umständen bestreiten, wenn das Kind innerhalb von 180 Tagen nach der Eheschließung geboren ist (Art. 235–6 CCCat). Die Vaterschaftsvermutung kann vom Ehemann sodann auch binnen zweier Jahre durch eine **Vaterschaftsanfechtungsklage** widerlegt werden. Die Zweijahresfrist beginnt mit dem Zeitpunkt, in welchem der Ehegatte Kenntnis von der Geburt des Kindes oder von Beweisen erlangt, die für die Nichtehelichkeit des Kindes sprechen (Art. 235–23 CCCat). Die Vaterschaftsvermutung kann auch durch die Mutter – sei es in eigenem Namen oder als Vertreter des Kindes – innerhalb derselben Frist angefochten werden (Art. 235–24 CCCat). Das Kind selbst hat die Möglichkeit, die Vaterschaft binnen zweier Jahre nach Erreichen der Volljährigkeit bzw. nach Wiedererreichung der Geschäftsfähigkeit (sofern diese vorher nicht bestanden haben sollte) anzufechten oder aber, nachdem es Kenntnis von Beweisen erlangt hat, die die Anfechtung rechtfertigen (Art. 235–25 CCCat).   59

Bei Kindern, die mit Hilfe der **assistierten Fortpflanzung** geboren worden sind, wird die Vaterschaft durch die Zustimmung des Ehemannes zur Anwendung der Mittel der Fortpflanzungsmedizin festgestellt (Art. 235–8 Abs. 1 CCCat). Ist die Mutter nicht verheiratet, so ist jener Mann, der die Einwilligung zur Fortpflanzung gegeben hat, als Vater zu betrachten (Art. 235–13 Abs. 1 CCCat). Das spanische Gesetz 14/2006 v. 26.5.2006 zur künstlichen Fortpflanzung[34] stellt die Fortpflanzungstechniken auch einer Frau, die keinen Partner hat, zur Verfügung. Für die Feststellung der Vaterschaft ist es unwesentlich, ob die Fortpflanzung mit Spendersamen erfolgt ist oder nicht. Das Gesetz billigt auch der **postmortalen Fortpflanzung** Wirkungen zu. Unter den folgenden Voraussetzungen wird das geborene Kind rechtlich als Kind eines verstorbenen Mannes betrachtet (Art. 235–8 Abs. 2 und Art. 235–13 Abs. 2 CCCat):   60

– Die Fortpflanzung muss mit Gameten des Ehemannes oder des Partners stattfinden;
– der Mann muss eindeutig seine Zustimmung zur Fortpflanzung *post mortem* erteilt haben;
– die Fortpflanzung muss sich auf eine Schwangerschaft beschränken (einschließlich der Möglichkeit der Mehrlingsgeburt) und
– die Fortpflanzung muss binnen 270 Tage nach dem Tod des Mannes durchgeführt werden, wobei der Richter diese Frist bei Vorhandensein eines wichtigen Grundes um maximal 90 Tage verlängern kann.[35]

---

33 *Calvo Caravaca/Carrascosa González*, Derecho internacional privado, II, 11. Aufl., Granada 2010, S. 118 f.

34 BOE Nr. 126, 27.7.2006.

35 Siehe RDGRN 24.9.2002 (RJ 2003/2453), welche für den Fall der Implantation des Embryos nach dem Tod des Mannes die gleichen Voraussetzungen anwendet, wie wenn die Fortpflanzung unter Lebenden stattgefunden hätte.

Ferrer Riba

61   Die **Mutterschaft** wird durch die **Geburt** bestimmt (Art. 235–3 CCCat). Die Vereinbarung einer **Leihmutterschaft** ist in Spanien verboten. Wird ein Kind dennoch durch eine Leihmutter zur Welt gebracht, so ist diese auch als Mutter im rechtlichen Sinne zu qualifizieren und auf jeden Fall als Mutter einzutragen. Die Mutter hat keine Möglichkeit, ihre Mutterschaft nicht anzuerkennen oder anonym zu bleiben.[36] Ihre Zustimmung zur Adoption des Kindes durch eine andere Person muss nach Ablauf einer Frist von mindestens sechs Wochen nach der Geburt immer vor dem Richter abgegeben werden (Art. 235–41 Abs. 2 CCCat). Wird eine Frau mithilfe technischer Mittel der künstlichen Befruchtung schwanger und lebt sie mit einer Ehegattin oder Lebenspartnerin zusammen, so erlaubt das Gesetz der Partnerin, auch Mutter zu werden. Zu diesem Zweck muss diese Partnerin ihre Einwilligung zur künstlichen Befruchtung unter den gleichen Bedingungen geben, wie dies ein Mann tun muss (Art. 235–8.1 Abs. 1 und Art. 235–13 Abs. 1 CCCat).

62   Die Ermittlung der biologischen Wahrheit spielt im katalanischen Recht eine zentrale Rolle. Dies gilt sowohl für Fälle, in denen die Vaterschaft nicht bestimmt ist, als auch für Fälle, in welchen die Vaterschaft nicht der biologischen Wahrheit entspricht. Für die **gerichtliche Vaterschaftsfeststellung** sind der Vater (für jenen Fall, dass die Anerkennung infolge fehlender Zustimmung des Kindes oder infolge fehlender richterlicher Genehmigung keine Geltung erlangt hat), die Mutter und das Kind sein ganzes Leben lang berechtigt (Art. 235–21 CCCat). Die **Anfechtungsklage** unterliegt gewissen zeitlichen Beschränkungen, aber die Frist beginnt mit dem Zeitpunkt, zu dem man Kenntnis von den Umständen erlangt, die gegen eine Vaterschaft oder Mutterschaft sprechen (Art. 235–23 ff. CCCat).[37] Mit dieser Regelung muss niemand als Mutter oder Vater angesehen werden, der dies in Wirklichkeit nicht ist. Der Kreis der **anfechtungsberechtigten Personen** ist groß. Das Gesetz geht davon aus, dass sowohl die Mutter als auch jener Mann, der die Anerkennungserklärung abgegeben hat, eine falsche Abstammung anfechten können (Art. 235–26 und Art. 235–27 CCCat).[38] Der biologische Vater ist ebenfalls anfechtungsberechtigt. Die Erhebung einer Vaterschaftsfeststellungsklage erlaubt immer die Anhäufung einer Anfechtungsklage gegen den bestehenden Vater. Vorausgesetzt, dass der Erzeuger seine Stellung als Vater immer beanspruchen kann, kann er genauso die Vaterschaft des Ehemannes der Mutter stets anfechten.

II. Adoption

1. Persönliche Voraussetzungen

63   Der CCCat erlaubt sowohl die **Einzeladoption** als auch die **gemeinschaftliche Adoption** durch Ehegatten und Paare, die in einer nichtehelichen Lebensgemeinschaft leben. Die Adoption eines Kindes ist unabhängig von der sexuellen Orientierung der Annehmenden. Das Gesetz erlaubt **homosexuellen Paaren** sowohl die gemeinschaftliche Kindesannahme als auch die Einzeladoption (wenn es sich bei der adoptierten Person um das Kind des Ehegatten oder des Partners handelt). Vorausetzungen für die Adoption sind, dass der Annehmende voll geschäftsfähig ist, das 25. Lebensjahr vollendet hat (bei der Annahme durch ein Paar muss mindestens ein Partner das 25. Lebensjahr vollendet haben) und zumindest 14 Jahre älter als das zu adoptierende Kind ist (Art. 235–30 CCCat). Das zu adoptie-

---

36 RDGRN 17.3.2001 (JUR 2001/240364).

37 Über die Fristberechnung im Falle, dass die Mutter die Anfechtungsklage gegen den früheren Ehemann erhebt, siehe STSJC 21.1.2016 (JUR 2016\54874).

38 STSJC 16.12.1997 (RJ 1998/7761); STSJC 29.6.1998 (RJ 1998/10058). In beiden Fällen war Art. 13 Gesetz 7/1991, v. 27.4.1991, zur Abstammung, anwendbar (DOGC Nr. 1441, 10.5.1991).

Ferrer Riba

rende Kind muss noch minderjährig sein, außer in außergewöhnlichen Fällen, in welchen das Kind bereits vor Erreichen der Volljährigkeit mit der annehmenden Person für die Dauer von mindestens einem Jahr zusammengelebt bzw. in dessen Pflege verbracht hat (Art. 235–33 CCCat). Das Gesetz verbietet die Adoption durch Vorfahren (Annahme des Kindes durch die eigenen Großeltern) und durch Verwandte der Seitenlinie zweiten Grades, seien sie Blutsverwandte (Adoption von Geschwistern) oder Verschwägerte, sofern die die Schwägerschaft begründende Ehe noch besteht (Art. 235–31 CCCat).

2. Verfahren

Die Adoption wird immer durch **richterlichen Beschluss** ausgesprochen, wobei der Richter   64
stets die Interessen des Kindes zu berücksichtigen hat. Grundvoraussetzung für die Zulassung des Adoptionsgesuches ist der **Vorschlag** der für Kindesschutz und Adoption zuständigen Behörde (**Jugendamt**), welche die Eignung der sich für die Adoption interessierenden Pflegeeltern eingeschätzt und einer vor der Adoption stattfindenden Pflegeunterbringung (*acolliment preadoptiu*) durch die zukünftigen Adoptiveltern zugestimmt hat. Ausnahmsweise darf die Annahme des Kindes ohne entsprechenden behördlichen Vorschlag erfolgen, wenn das Kind durch einen Verwandten (Adoption durch den Ehegatten oder den anderen Partner einer Lebensgemeinschaft; Adoption von Waisen durch den Onkel und/oder die Tante bzw. durch den Vormund) angenommen werden soll (Art. 235–38 CCCat).

An einem Adoptionsverfahren sind mehrere Personen **beteiligt**, die je nach Umstand ihre   65
Einwilligung oder Zustimmung äußern oder aber auch nur angehört werden müssen.
– Ihre **Einwilligung** vor dem Richter zu erteilen haben die adoptierende(n) Person(en) sowie das mindestens zwölf Jahre alte Kind (Art. 235–40 CCCat).
– Ihre **Zustimmung** zu erteilen haben:
    – der Ehegatte oder die Person, die mit dem Adoptierenden zusammenlebt, es sei denn, es besteht eine rechtliche oder tatsächliche Trennung;
    – die Mutter und der Vater der zu adoptierenden Person. Von der gerade erwähnten Zustimmung der Eltern der zu adoptierenden Person kann in folgenden Fällen abgesehen werden: erstens, wenn ihnen die elterliche Sorge entzogen worden ist; zweitens, wenn ein Entziehungsgrund vorliegt und der von ihnen eingelegte Rechtsbehelf zurückgewiesen worden ist, und drittens, wenn sie sich der vor der Adoption ausgesprochenen Pflegeunterbringung nicht widersetzt haben oder ihre diesbezüglichen Einwände vom Richter entkräftet worden sind (Art. 235–41 CCCat).
    – Wenn die Zustimmung der Eltern des anzunehmenden Kindes nicht erforderlich ist, muss der Richter gleichwohl diese Eltern **anhören**, es sei denn, ihnen wurde die elterliche Sorge entzogen. Dasselbe gilt für den Vormund, den Pfleger oder die Person, die tatsächlich für das Kind sorgt. Im Weiteren ist auch das noch nicht 12-jährige Kind anzuhören, sofern es ausreichendes Urteilsvermögen hat. Schließlich müssen auch noch die bereits vorhandenen Kinder der adoptierenden Person bzw. der adoptierenden Personen angehört werden (Art. 235–43 CCCat).

3. Wirkungen der Adoption

Durch die Adoption wird das **Verwandtschaftsverhältnis** des Kindes und seiner Nachkom-   66
men zu der oder den adoptierenden Personen und deren Familien begründet (Art. 235–47 CCCat). Mit der Annahme erlischt das Verwandtschaftsverhältnis des Kindes und seiner Nachkommen zu den bisherigen Eltern und anderen Verwandten und die sich aus diesen Verhältnissen ergebenden Rechte und Pflichten. Von dieser Regel sind die Adoptionen ausgenommen, die innerhalb der Familie selbst durchgeführt worden sind: Wird ein Kind

durch den Ehegatten oder Lebenspartner des Vaters oder der Mutter oder durch Verwandte in den Seitenlinien adoptiert, erlöschen die familiären Bindungen zu der Linie des ersetzten Elternteils nicht. Im Ausnahmefall kann auch das Gericht anweisen, dass die Bindungen zur Herkunftsfamilie bestehen bleiben, wenn es emotionale Bindungen gibt, deren Abbruch schwerwiegende Beeinträchtigungen für das Kind haben würde (Art. 235–47.4 CCCat). Alle Adoptierten haben das Recht, über ihre Herkunft informiert zu werden und sie können zu diesem Zweck rechtliche Schritte einleiten (Art. 235–49 CCCat). Die Adoptiveltern haben die Pflicht, das Kind über seinen Status als Adoptivkind ab dem Zeitpunkt zu informieren, ab dem es die ausreichende Reife hat, und auf jeden Fall ab dem zwölften Lebensjahr (Art. 235–50 CCCat).

Ferrer Riba

Kroatien[1]

Ivana Mikulić, LL.M., Maître en Droit, Rechtsanwältin, München
Daniel Schön, Rechtsanwalt, Fachanwalt für Familienrecht, München

---

1 In der Vorauflage wurde dieser Beitrag bearbeitet von Dr. Karolina Mihaljevic-Schulze, Rechtsanwältin, Berlin, und Dr. Stefan Pürner, Rechtsanwalt und Bereichsleiter bei der Deutschen Stiftung für internationale rechtliche Zusammenarbeit e.V. (IRZ), Bonn.

Literatur

Alinčić/Bakarić Abramović/Belajec/Dika/Hrabar/Hrvatin/Jakovac-Lozić/Korać Graovac, Obiteljski Zakon (Familiengesetz), 3. Auflage, Zagreb 2013; *Alinčić/Hrabar/Jakovac-Lozić/Korać Graovac*, Obiteljsko Pravo (Familienrecht), 3. Auflage, Zagreb 2007; *Aralica*, Bračna stečevina i drugi imovinski odnosi bračnik drugova u sudskoj praksi (Ehevermögen und andere Vermögensbeziehungen der Eheleute in der Rechtspraxis), 2. Auflage, Zagreb 2016; *Belaj*, Bračna stečevina po Obiteljskom zakonu (Ehevermögen nach dem Familiengesetz), Pravo i porezi 2002, S. 33 ff.; *Henrich*, Entwicklungen des Familienrechts in Ost und West, FamRZ 2010, 333 ff.; *Hlača*, Neuerungen im Familienrecht der Republik Kroatien, FamRZ 2008, 1701 ff.; *Majstorović*, Bračni ugovor kao jamstvo zaštite imovine (Ehevertrag als Mittel zum Schutz des Vermögens), Odvjetnik 2007, S. 34 ff.; *Mikulić/Schön*, Kroatisches Familienrecht in der deutschen Rechtspraxis, FamRZ 2012, 1028 ff.; *Mikulić*, Kroatisches Erbrecht in der deutschen Rechtspraxis und die Auswirkungen der EU-Erbrechtsverordnung, ZErb 2015, 272 ff.; *Rešetar/Župan*, Imovinskopravni aspekti razvoda braka – hrvatski, europski i medjunarodni kontekst (vermögensrechtliche Aspekte der Scheidung im kroatischen, europäischen und internationalen Kontext), Osijek 2011.

A. Eheschließung

I. Materielle Voraussetzungen

1. Alternative zwischen kirchlicher Ehe und Zivilehe

1   Als Besonderheit sieht das kroatische **Familiengesetzbuch** von 2015, welches das mehrfach geänderte Familiengesetzbuch von 2003 ersetzt hat (im Folgenden: **FamG**[2]), die **alternativ** bestehende Möglichkeit vor, eine Ehe nicht gem. Art. 13 Abs. 2 FamG[3] vor dem **Standesbeamten**, sondern (ohne vorhergehende Trauung vor einem staatlichen Organ) vor einem „**Bediensteten einer Glaubensgemeinschaft**, die mit der Republik Kroatien hierüber geregelte rechtliche Beziehungen hat", abzuschließen (Art. 13 Abs. 3).[4] Gegenwärtig sind dies folgende Glaubensgemeinschaften:[5] die katholische Kirche, die serbisch-orthodoxe, die mazedonisch-orthodoxe und die bulgarisch-orthodoxe, die evangelische und die reformierte christliche Kirche in der Republik Kroatien, die Pentecostkirche, die adventistische Kirche, der Verband der baptistischen Kirchen sowie die kroatische altkatholische Kirche und die islamische Gemeinschaft in Kroatien. Der zur Vornahme von Eheschließungen ermächtigte Geistliche einer dieser Religionsgemeinschaften darf eine Ehe jedoch nur schließen, wenn die Brautleute eine Bestätigung des örtlich zuständigen Standesbeamten über die gesetzlich vorgeschriebenen Ehevoraussetzungen vorlegen, die nicht älter als 3 Monate sein darf

---

2   Obiteljski Zakon, Narodne novine Republike Hrvatske (im Folgenden: NN RH) Nr. 103/15. Das Familiengesetz von 2015 ersetzt das Familiengesetz von 2014, dessen Anwendung vom Verfassungsgericht wegen möglicher Verfassungswidrigkeit außer Kraft gesetzt worden war (U-I-3101/2014). Das Verfassungsgericht hat damit erstmals in der Geschichte Kroatiens die Anwendung eines ganzen Gesetzes ausgesetzt. Das neue Familiengesetz entspricht im Wesentlichen dem Familiengesetz von 2014 mit Ausnahmen der möglicherweise verfassungswidrigen Bestimmungen. Auch gegen das neue Gesetz sind Verfassungsbeschwerden anhängig. Parallel gibt es wegen erheblicher Mängel bereits parlamentarische Initiativen zur erneuten Reform. Das neue Familiengesetzbuch hat dasjenige von 2003 komplett ersetzt, was eine umfangreiche Reform bedeutet. Bei Regelungen, die im Wesentlichen gleich geblieben sind, kann aber weiterhin auf die bisherige Rechtsprechung und Kommentierung zurückgegriffen werden.

3   In diesem Länderbericht genannte Gesetzesvorschriften ohne Gesetzesangaben sind solche des FamG.

4   Hintergrund ist eine Entscheidung des kroatischen Verfassungsgerichts, die eine Vorgängerregelung wegen Verstoßes gegen die Religionsfreiheit für verfassungswidrig ansah, vgl. dazu *Hlača*, Neuerungen im Familienrecht der Republik Kroatien, FamRZ 2008, 1701.

5   Vgl. im Einzelnen *Alinčić*, in: *Alinčić u.a.*, Obiteljski Zakon (Familiengesetz), 2013, zu Art. 8, S. 12.

(Art. 20 Abs. 1 und 4). Der Geistliche ist zudem verpflichtet, dem örtlich zuständigen Standesbeamten innerhalb von 5 Tagen nach der Eheschließung eine Bestätigung hierüber zu erteilen (Art. 21 Abs. 2).

2. „Verlöbnis"

Ein Verlöbnis, auf das gesonderte gesetzliche Vorschriften anwendbar wären, gibt es im kroatischen Recht **nicht**. Insbesondere haben Verlobte – anders als beispielsweise Ehegatten[6] – in Kroatien im Straf- und Zivilprozess kein Zeugnisverweigerungsrecht (vgl. Art. 238 Abs. 1 kroat. ZPO[7] und Art. 285 Abs. 1 kroat. StPO[8]). Jedoch setzt das FamG insoweit ein Verlöbnis inzident voraus, als es festlegt, dass die Zeit zwischen Bestellung des Aufgebots und der Eheschließung selbst zwischen 30 und 45 Tagen betragen soll (Art. 17 Abs. 1). 2

3. Persönliche Voraussetzungen

a) Zwei Personen verschiedenen Geschlechts

Die Ehe können nur zwei Personen **verschiedenen Geschlechts** eingehen (Art. 12, 234 Abs. 1 Ziff. 1). Darüber hinaus bestehen gesetzliche Vorschriften über die außereheliche Lebensgemeinschaft von Mann und Frau. Nach Art. 11 ist die außereheliche Lebensgemeinschaft der ehelichen Lebensgemeinschaft gleichgestellt. Von einer außerehelichen Lebensgemeinschaft im Sinne des FamG ist gemäß Art. 11 auszugehen, wenn die Beziehung mehr als drei Jahre dauert oder wenn aus der Beziehung ein Kind hervorgegangen ist oder wenn die Beziehung in der Ehe fortgesetzt wird. Darüber hinaus besteht ein gesondertes Gesetz über die eingetragene Lebenspartnerschaft gleichgeschlechtlicher Partner (siehe Rdn 95 ff.). 3

b) Ehefähigkeit

Persönliche Voraussetzung für die Eheschließung ist im Regelfall die Vollendung des **18. Lebensjahres** sowie Geschäfts- und Urteilsfähigkeit (Art. 25, 26). Vom Erfordernis der Vollendung des 18. Lebensjahres kann das Gericht im nicht streitigen Verfahren, das in etwa dem heutigen FamFG-Verfahren in Deutschland entspricht für Personen, die das 16. Lebensjahr vollendet haben, eine Ausnahme erteilen, wenn diese geistig und körperlich reif für die Ehe sind und wenn dies dem Wohl dieser Person entspricht (Art. 25 Abs. 2). Nach dem Gesetzestext ist für diese Befreiung nicht Voraussetzung, dass der andere Ehegatte das 18. Lebensjahr vollendet hat, so dass Fälle, in denen beiden Ehegatten Befreiung vom Alterserfordernis erteilt wird, denkbar sind. Auch Personen, die nicht geschäftsfähig sind, können die Ehe schließen, sofern der gesetzliche Betreuer zustimmt (Art. 26 Abs. 2). Verweigert der Betreuer die Zustimmung, kann eine gerichtliche Entscheidung beantragt werden. 4

---

6 Im Strafprozess hat gem. Art. 285 der kroatischen StPO auch der nichteheliche Lebensgefährte ein Zeugnisverweigerungsrecht.

7 Zakon o parničnom postupku, NN RH Nr. 53/91, 91/92, 58/93, 112/99, 88/01, 117/03, 88/05, 02/07, 84/08, 96/08, 123/08, 57/11, 148/11, 25/13, 89/14.

8 Zakon o kaznenom postupku, NN RH Nr. 152/08, 76/09, 80/11, 121/11, 91/12, 143/12, 56/13, 145/13, 152/14.

c) Kein Eheverbot

5   Die Ehe darf nicht geschlossen werden, wenn einer der zukünftigen Ehegatten bereits verheiratet ist oder in eingetragener Lebenspartnerschaft lebt (Art. 28). Darüber hinaus darf eine Ehe auch nicht zwischen Blutsverwandten in gerader Linie und zwischen Geschwistern, Halbgeschwistern, mit dem Geschwister oder Halbgeschwister eines eigenen Elternteils sowie mit Kindern der Geschwister sowie Halbgeschwister geschlossen werden (Art. 27 Abs. 1). Dies gilt auch dann, wenn das Verwandtschaftsverhältnis auf einer Adoption beruht (Art. 27 Abs. 2).

4. Rechtsfolgen von Verstößen

6   Eine Ehe, bei der es an der Verschiedengeschlechtlichkeit, an der Zustimmung der Ehegatten oder an dem Abschluss vor einem Standesbeamten oder einem dazu ermächtigten Geistlichen einer zugelassenen Glaubensgemeinschaft fehlt, entfaltet keine Rechtswirkungen (Art. 23 Abs. 2), ist also eine **Nichtehe**. In allen anderen Fällen des Fehlens vorgenannter Ehevoraussetzungen liegt eine **aufhebbare Ehe** vor. Die Einzelheiten der Aufhebung sind in Art. 29 und Art. 49 geregelt. Antragsberechtigt sind die Eheleute, das Zentrum für Sozialfürsorge und jede Person, die ein rechtliches Interesse geltend machen kann.

7   Wie Art. 47 Abs. 2 klarstellt, wird eine aufhebbare Ehe nur durch **gerichtliches (Gestaltungs-)Urteil** aufgehoben mit Wirkung für die Zukunft (ex nunc). Aufgrund der angesprochenen Besonderheiten des kroatischen Rechts (siehe Rdn 1) sah sich der Gesetzgeber veranlasst, in Art. 47 Abs. 4 ausdrücklich festzulegen, dass bei Eheschließung in religiöser Form eine Beendigung der Ehe durch gerichtliche Aufhebung oder Scheidung „auf Verpflichtungen der Ehegatten, die aus Vorschriften der Glaubensgemeinschaft, vor der sie die Ehe geschlossen haben, hervorgehen, keinen Einfluss hat". Wertungswidersprüche zwischen dem staatlichen Recht und dem Recht der jeweiligen Religionsgemeinschaft werden also vom kroatischen FamG nicht nur widerwillig hingenommen, sondern sind geradezu vorprogrammiert. Die Möglichkeit der Aufhebung einer Ehe wegen des Vorliegens einer „**Scheinehe**" wird im kroatischen FamG nicht eigens angesprochen. Nach der Gesetzessystematik ist eine „Scheinehe" nichtig, weil eine wirksame Zustimmung der Ehegatten nicht vorliegt.

II. Zuständige Behörden und Verfahren

8   Zur Entgegennahme der beiderseitigen Erklärungen über die Eheschließung sind außer den Standesbeamten auch Geistliche entsprechender Glaubensvereinigungen zuständig (siehe Rdn 1).

III. Kollisionsrecht der Eheschließung

9   Das für Fragen des IPR maßgebliche Gesetz in der Republik Kroatien ist das „**Gesetz über die Lösung von Konflikten zwischen Gesetzen mit Vorschriften anderer Länder in bestimmten Verhältnissen**".[9] Bei diesem Gesetz handelt es sich um ein früheres Bundesgesetz der damaligen Sozialistischen Föderativen Republik Jugoslawien, das von sämtlichen

---

9 Zakon o rješavanju sukoba zakona s propisima drugih zemalja u određenim odnosima, NN RH Nr. 53/91, 88/01.

Nachfolgestaaten als eigenes Gesetz übernommen wurde.[10] Gemäß dessen Art. 32 Abs. 1 ist hinsichtlich der Voraussetzungen für die Eheschließung bezüglich jedes einzelnen zukünftigen Ehegatten das Recht des Staates, dessen Staatsangehörigkeit er zum Zeitpunkt der Eheschließung besitzt, maßgeblich. Selbst wenn die Voraussetzungen nach dem fremden Recht erfüllt sind, unterbleibt gem. Art. 32 Abs. 2 eine Eheschließung dann, wenn ein Ehehindernis nach dem Recht der Republik Kroatien vorliegt, das am Bestehen einer früheren Ehe, an der Verwandtschaft und der Urteilsfähigkeit anknüpft. Bezüglich der Form der Eheschließung ist das Recht des Ortes der Eheschließung anwendbar (Art. 33).

B. Folgen der Ehe

I. Güterrecht

1. Gesetzlicher Güterstand

Das FamG – das auch die Möglichkeit einer vertraglichen Regelung der ehelichen Vermögensverhältnisse vorsieht (Art. 34, Art. 40–42) – geht ohne eine solche Regelung von der Unterteilung in eigenes Vermögen und gemeinsames Vermögen (wörtlich: „**ehelich Erworbenes**"; *Bračna Stečevina*) aus (Art. 35).[11] Am **gemeinsamen Vermögen** steht den Ehegatten Miteigentum zu gleichen Teilen zu (Art. 36 Abs. 3). Im Übrigen existiert in Art. 38 eine Generalverweisung auf schuld- und sachenrechtliche Vorschriften.[12] Als solches Vermögen gilt dasjenige, das die Ehegatten während der Dauer der ehelichen Gemeinschaft durch Arbeit erworben haben, sowie die Erträge aus einem solchen Vermögen (Art. 36 Abs. 1), wobei die Führung des Haushalts der bezahlten Tätigkeit gleichgestellt ist.[13] Bei **Schenkungen von Dritten** kommt es auf den Willen des Dritten, das gemeinsame Vermögen oder nur einen Ehepartner zu beschenken, an.[14] In Kroatien stellen sich in der Praxis im Zusammenhang mit diesem Güterstand insbesondere Fragen hinsichtlich der gerichtlichen Zuständigkeit bei Streitigkeiten über die Rechte an Gesellschaftsanteilen, die während der Ehe erworben wurden,[15] sowie Fragen der Konkurrenz zwischen den familienrechtlichen Vor-

10

---

10 Slowenien und Montenegro haben sich schon ein neues IPR-Gesetz gegeben. In anderen Nachfolgestaaten des ehemaligen Jugoslawiens, beispielsweise Serbien, wird derzeit an einem neuen IPR-Gesetz gearbeitet. Kroatien und Bosnien-Herzegowina haben dagegen derzeit nicht vor, ein neues IPR-Gesetz zu erlassen.

11 Dieser Familienstand – auch „eheliche Erwerbsgemeinschaft" oder „Errungenschaftsgemeinschaft" genannt – war in den früheren sozialistischen Staaten der vorherrschende zwingende gesetzliche Güterstand. Einige von diesen Staaten haben jedoch zwischenzeitlich Abschied von ihm genommen, vgl. dazu *Henrich*, Entwicklungen des Familienrechts in Ost und West, FamRZ 2010, 333 (335).

12 Die im Gesetz über die Schuldverhältnisse und im Sachenrechtsgesetz enthalten sind. Im Bereich des Schuldrechts trat am 1.1.2006 das neue „Gesetz über die Schuldverhältnisse" (Zakon o obveznim odnosima, NN RH Nr. 35/05, 41/08, 125/11, 78/15) in Kraft, das das aus dem Jahre 1978 stammende Vorgängergesetz gleichen Namens ablöste. Im Sachenrecht gilt das Sachenrechtsgesetz – Zakon o vlasništvu i drugim stvarnim pravima (wörtlich übersetzt: „Gesetz über das Eigentum und andere dingliche Rechte"), NN RH Nr. 91/96, 68/98, 137/99, 22/00, 73/00, 179/00, 114/01, 79/06, 141/06, 146/08, 38/09, 153/09, 143/12, 152/14).

13 So *Alinčić u.a.*, Obiteljski Zakon (Familiengesetz), 2013, zu Art. 248, S. 329.

14 So jedenfalls *Alinčić u.a.*, Obiteljski Zakon (Familiengesetz), 2013, zu Art. 253, S. 334.

15 Zuständig hierfür sind die Handelsgerichte und nicht die Amtsgerichte, da es nicht auf die Art des Erwerbs ankommt, sondern auf die gesetzliche Zuweisung von Streitigkeiten über Gesellschaftsanteile an die Handelsgerichte durch Art. 34b Ziff. 2 der kroatischen ZPO (so das Oberste Gericht Kroatiens – Vrhovni Sud RH Grl. 294/2009-2 vom 18.11.2009 und GrI 526/2014 – 2 vom 8.12.2014).

schriften und den Gutglaubensvorschriften im Grundbuchrecht.[16] Erwähnenswert ist zudem, dass das neue FamG in Art. 36 Abs. 4 nun eine vereinfachte Möglichkeit der Eigentumsübertragung zugunsten des Ehepartners vorsieht.

11 **Eigenes Vermögen** ist demgegenüber dasjenige, was der jeweilige Ehegatte zum Zeitpunkt der Eheschließung besaß (Art. 39 Abs. 1). Für einige, möglicherweise problematisch abzugrenzende Fälle enthält das FamG ausdrückliche Regelungen. So gilt Gewinn aus Glücksspiel gem. Art. 36 Abs. 2 als „ehelich Erworbenes" (ohne dass es diesbezüglich bspw. auf die Herkunft der dafür eingesetzten Mittel ankommen würde). Vermögen, das auf andere als die in Art. 36 genannten Weisen erworben wurde, gilt als eigenes Vermögen, Art. 39 Abs. 2. Darunter fallen jedenfalls der Erwerb von Todes wegen und Schenkungen an einen Ehepartner. Urheberrechte gelten grundsätzlich als eigenes Vermögen desjenigen Ehegatten, der ein urheberrechtlich geschütztes Werk erschaffen hat (Art. 39 Abs. 3). Der während der ehelichen Gemeinschaft daraus erzielte Vermögensvorteil gilt dagegen als gemeinsames Vermögen (Art. 36 Abs. 2).

2. Vertragliche Regelungen

12 Gemäß Art. 40 Abs. 1 können Ehegatten durch **Ehevertrag**[17] „ihre Verhältnisse hinsichtlich des ehelich Erworbenen anders" (als in Art. 36 Abs. 3 vorgesehen) regeln. Weitere Vorschriften über den Inhalt und die Form enthalten die Art. 40–42. Nach Art. 40 Abs. 1 können **alle vermögensrechtlichen Verhältnisse** an bestehendem und zukünftigem Vermögen geregelt werden. Es kann die Abweichung vom Grundsatz des ehelichen Vermögens vereinbart werden, aber auch die Festlegung unterschiedlicher Anteile am ehelichen Vermögen, die Definition des ehelichen Vermögens im Einzelnen, die Verfügung über das Vermögen usw.[18] Eine Anfechtung ist nach den allgemeinen Regeln möglich (Art. 38 i.V.m. Art. 330 ff. Zakon o obveznim odnosima (Gesetz über die Schuldverhältnisse)).

13 Nach Art. 40 Abs. 3 muss der Ehevertrag **schriftlich** geschlossen und notariell beglaubigt werden. Formmängel können nach der Rechtsprechung geheilt werden, allerdings nur in Bezug auf den bereits vollzogenen Teil des Ehevertrages.[19]

II. Ehelicher Unterhalt

1. Familienunterhalt

14 Soweit es Ehegatten angeht, regelt das FamG den Familienunterhalt in einer Ehe, in der noch kein Scheidungs- oder Aufhebungsantrag gestellt wurde, nur sehr sporadisch. Art. 281–287 stellen diesbezüglich (im Rahmen der Allgemeinen Vorschriften für alle Arten von Unterhalt) nämlich **lediglich** die **grundsätzliche Verpflichtung** der Ehegatten zum wechselseitigen Unterhalt, die Leistungsverpflichtung entsprechend den eigenen Möglichkeiten und

---

16 Die Rechtsprechung ist in der Frage, ob der öffentliche Glaube an die Richtigkeit des Grundbuchs oder der familienrechtliche Miteigentumsanspruch höher zu gewichten ist, uneinheitlich (vgl. Verfassungsgerichtshof Kroatiens, Az.: III-493/2002 vom 13.10.2004 bzw. Oberster Gerichtshof Kroatiens, Az.: 142/04 vom 19.10.2005). Bei Immobilienverträgen empfiehlt es sich daher, vorsorglich die Zustimmung des Ehegatten einzuholen oder sich zumindest zusichern zu lassen, dass es sich nicht um Ehevermögen handelt.

17 Vgl. zum Ganzen auch *Majstorović*, Bračni ugovor kao jamstvo zaštite imovine (Ehevertrag als Mittel zum Schutz des Vermögens), 2007, S. 34 ff.

18 So *Alinčić u.a.*, Obiteljski Zakon (Familiengesetz), 2013, zu Art. 255, S. 336.

19 Vrhovni sud RH Rev 1069/2005–2 vom 8.6.2006.

den Bedürfnissen der unterhaltenen Person sowie die Unwirksamkeit eines etwaigen Verzichts „der Verpflichtung und des Rechts auf Unterhalt" fest. Volljährige können auf bereits erworbene Rechte auf Unterhalt verzichten bzw. über diese in Abweichung von gesetzlichen Regelungen verfügen (Art. 286 Abs. 2 und 3). Art. 283 Abs. 1 legt zudem fest, dass Kindesunterhalt immer vorrangig ist.

2. Trennungs- und Scheidungsunterhalt

Nähere Regelungen enthält das FamG demgegenüber über den Trennungs- und Scheidungsunterhalt, wobei es nicht wie im deutschen Recht zwischen Trennungs- und nachehelichem Unterhalt differenziert. Es gibt nur einen Ehegattenunterhaltsanspruch. Dieser stellt, wie in Deutschland, einen **einseitigen Individualanspruch** eines Ehegatten, der in Geld zu erfüllen ist, dar. Jedoch bestehen insbesondere bezüglich der Dauer der Unterhaltsleistung Unterschiede zur Rechtslage in Deutschland. **Voraussetzung** für den Unterhaltsanspruch ist, dass der unterhaltsberechtigte Ehegatte weder genügend eigene Mittel zum Lebensunterhalt besitzt, noch diesen aus seinem Vermögen bestreiten kann und darüber hinaus entweder nicht arbeitsfähig ist oder keine bezahlte Beschäftigung finden kann (Art. 295), wobei es nach dem Obersten Gerichtshof[20] auf die konkreten Möglichkeiten einer Beschäftigung ankommt, die annähernd den Qualifikationen des Arbeitsuchenden entspricht.[21] Das Gericht muss dabei auch berücksichtigen, wer die elterliche Sorge bzw. die tatsächliche Sorge über gemeinsame Kinder ausübt und wie die Aufteilung der Familienverpflichtungen während der Ehe waren (Art. 295 Abs. 2). Gemäß Art. 297 Abs. 1 kann **Antrag** auf Trennungsunterhalt grds. nur bis zum Abschluss der Hauptverhandlung im Scheidungs- oder Aufhebungsverfahren gestellt werden. Hierauf muss das Gericht hinweisen. Ausnahmsweise kann ein Antrag auch noch sechs Monate nach der mündlichen Verhandlung gestellt werden, wenn die Voraussetzungen für den Anspruch zu diesem Zeitpunkt bereits vorgelegen haben (Art. 297 Abs. 2). | 15

Art. 306 stellt ausdrücklich fest, dass Ehegatten – anders als beim Kindesunterhalt (vgl. Art. 289; siehe Rdn 72 ff.) – Unterhalt nur für den Zeitraum nach Klageerhebung auf Unterhalt (maßgeblich ist nach dem Wortlaut die Klageerhebung und nicht ein außergerichtliches Inverzugsetzen) verlangen können.[22] | 16

Das FamG differenziert nicht zwischen Trennungs- und nachehelichem Unterhalt. Es gibt nur einen Unterhaltsanspruch des Ehegatten für beide Sachverhalte. Es wird daher auf die Ausführungen zum Trennungsunterhalt verwiesen (siehe Rdn 15). | 17

Der Unterhaltsanspruch eines Ehegatten kann auf die Dauer eines Jahres **begrenzt** werden. Dies insbesondere bei **kurzer Ehedauer** oder in Fällen, in denen der unterhaltsberechtigte Ehegatte in absehbarer Zeit seinen Lebensunterhalt vermutlich selbst bestreiten kann (Art. 298 Abs. 1). Diese zeitlich befristete Unterhaltsverpflichtung kann in (wiederum gesetzlich nicht näher definierten) sog. „gerechtfertigten Fällen" **verlängert** werden, wobei der entsprechende Antrag innerhalb der ursprünglich für das Bestehen der Unterhaltsverpflichtung festgelegten Frist gestellt werden muss (Art. 298 Abs. 2). | 18

---

20 Vrhovni sud RH, Rev 24/2001 v. 29.5.2001.
21 *Alinčić u.a.*, Obitelsкj Zakon (Familiengesetz), 2013, zu Art. 217, S. 285.
22 Dies entspricht der Rechtsprechung vor den Gesetzesänderungen, vgl. dazu die bei *Hrabar*, in: *Alinčić u.a.*, Obiteljski Zakon (Familiengesetz), 2013, zu Art. 218, S. 287 angeführten Urteile.

19   Der Unterhaltsanspruch **endet** im Falle der Wiederverheiratung (Art. 300 Abs. 1) oder wenn
      der unterhaltsberechtigte Ehegatte zwischenzeitlich eine nichteheliche[23] oder gleichge-
      schlechtliche Lebensgemeinschaft eingegangen ist, er aus anderem Grund unterhaltsunwür-
      dig geworden ist oder wenn die Voraussetzungen des Art. 295 Abs. 1 (Bedürftigkeit) entfal-
      len sind (Art. 300 Abs. 2). Daneben endet der Unterhaltsanspruch auch mit dem Tod eines
      Ehegatten (Art. 300 Abs. 3). Der Unterhaltsverpflichtete kann nach Art. 301 die Rückzah-
      lung geleisteten, aber nicht geschuldeten Unterhalts ab Wegfall des Anspruchs verlangen.
      Gemäß Art. 285 kann das Gericht den Unterhaltitel auf Antrag abändern: es kann den
      Unterhalt erhöhen, reduzieren oder ausschließen.

20   Der Unterhalt kann durch das Gericht gem. Art. 285 reduziert werden.

21   Bestehen **mehrere Unterhaltsverpflichtete**, so sind Unterhaltsansprüche gegen Ehegatten
      vor Unterhaltsansprüchen gegenüber anderen Verwandten geltend zu machen (Art. 283
      Abs. 2).

III. Name

1. Ehename

22   Die Ehegatten haben **verschiedene Möglichkeiten** bezüglich ihres Namens nach der Ehe-
      schließung. Hierbei können sie einen gemeinsamen Ehenamen führen (für dessen Bestim-
      mung sie wiederum verschiedene Möglichkeiten haben); da sie jedoch auch ihren eigenen
      Familiennamen weiterführen können (Art. 30 Abs. 1 Ziff. 1), sind sie dazu nicht verpflichtet.
      Neben der Möglichkeit, den Familiennamen eines Ehegatten als Ehenamen zu führen
      (Art. 30 Abs. 1 Ziff. 2), besteht darüber hinaus auch die Möglichkeit, dass jeder der Ehegat-
      ten den Familiennamen des anderen, nach eigener Wahl, voranstellt oder ihn hinter diesen
      setzt (Art. 30 Abs. 1 Ziff. 4). Darüber hinaus ist es gem. Art. 30 Abs. 1 Ziff. 3 möglich, beide
      Familiennamen zu einem einheitlichen Ehenamen zu verbinden. In diesem Falle müssen
      die Ehegatten eine Vereinbarung darüber abschließen, welchen der beiden Familiennamen
      sie an erster und welchen an zweiter Stelle führen wollen (Art. 30 Abs. 2 und 3).

2. Name des verwitweten oder geschiedenen Ehegatten

23   Im Falle der Scheidung kann jeder Ehegatte entweder seinen früheren Namen **wieder
      annehmen** oder aber auch den Familiennamen, den er zum Zeitpunkt der Beendigung der
      Ehe geführt hat, **beibehalten** (Art. 48). Entscheidet sich ein Ehegatte dazu, nach der Schei-
      dung seinen ursprünglichen Namen wieder anzunehmen, so muss er dies innerhalb eines
      Jahres dem Standesamt gegenüber erklären (Art. 5 des Gesetzes über den persönlichen
      Namen; im Folgenden: NamensG).[24]

3. Ehename bei Wiederverheiratung

24   Eine Vorschrift, nach der bei Wiederverheiratung der durch eine frühere Eheschließung
      erworbene Ehename nicht zum neuen Ehenamen bestimmt werden kann, enthält das Gesetz
      nicht. Dies ist also möglich.

---

23 Problematisch ist in diesem Zusammenhang, dass eine nichteheliche Lebensgemeinschaft grundsätzlich
    erst nach drei Jahren vorliegt, in dieser Zeit also der Unterhaltsanspruch weiterlaufen kann, obwohl
    bereits eine neue – der Ehe gleichgestellte – Partnerschaft vorliegt.
24 Zakon o osobnom imenu, NN RH Nr. 118/12.

Mikulić/Schön

4. Geburtsname gemeinsamer Kinder

Den Vor- und Familiennamen haben die Eltern **einvernehmlich** festzulegen. Bei der Bestimmung des Familiennamens des Kindes können die Eltern gem. Art. 3 Abs. 1 S. 2 NamensG entweder den Familiennamen des einen oder aber des anderen Elternteils auswählen. Haben die Eltern einen gemeinsamen Familiennamen, erhält das Kind auch diesen Familiennamen. Führen sie keinen gemeinsamen Familiennamen, so können sie zwischen den beiden von ihnen jeweils selbst gebrauchten Namen einvernehmlich wählen. Ein Doppelname aus den beiden verschiedenen Familiennamen der Eltern ist somit nicht zulässig.

IV. Sonstige Ehewirkungen

1. Allgemeines

Die sonstigen Ehewirkungen werden im Wesentlichen in **Art. 31–33** geregelt. Danach sind die Ehegatten **gleichberechtigt** und einander zur **ehelichen Treue,** zur gegenseitigen Unterstützung und Achtung sowie zur Unterhaltung angemessener ehelicher und familiärer Beziehungen verpflichtet (Art. 31 Abs. 1 und 2). Weiterhin sind sie verpflichtet, gemeinsam den Wohnort festzulegen (Art. 32 Abs. 1) und über die Geburt und die Erziehung der Kinder sowie die Aufgabenverteilung in der Familiengemeinschaft zu entscheiden (Art. 31 Abs. 3). Über die Wahl seines Berufes kann dagegen jeder Ehegatte selbstständig entscheiden (Art. 33). Mit dem neuen FamG wurde das Institut des „Familienheims" (*obiteljski dom*) eingeführt. Gemäß Art. 32 Abs. 1 bestimmen die Ehegatten das Haus bzw. die Wohnung, die für sie (und ggf. die Kinder) das Familienheim darstellt. Das Familienheim, welches der Ehewohnung im deutschen Recht entspricht, unterliegt besonderem Schutz: Nach Art. 32 Abs. 2 darf ein Ehegatte ohne vorherige schriftliche Zustimmung des anderen Ehegatten das Familienheim, das Ehevermögen ist, nicht verkaufen oder belasten; nach Art. 32 Abs. 3 darf er den Mietvertrag des Familienheims nicht ohne eine solche Zustimmung kündigen.

2. Rechtsgeschäftliche Verpflichtungsermächtigung

Gemäß Art. 37 Abs. 1 wird bei **„Geschäften der regelmäßigen Verwaltung"** bis zum Beweis des Gegenteils vermutet, dass der Ehegatte seine Einwilligung zur rechtsgeschäftlichen Vertretung durch den anderen Ehegatten erteilt hat. Demnach werden im Ergebnis also auch in Kroatien beide Ehegatten i.d.R. durch Rechtsgeschäfte zur angemessenen Deckung des Lebensbedarfs nur eines Ehegatten berechtigt und verpflichtet. Nach Art. 37 Abs. 2 muss bei außergewöhnlichen Geschäften (dies sind solche, die in öffentliche Register eingetragen werden) der Ehegatte durch schriftliche, notariell beglaubigte Erklärung zustimmen. Dem Schutz des Rechtsverkehrs wird dadurch Genüge getan, dass gutgläubige Dritte auch bei Nachweis der fehlenden Einwilligung dadurch geschützt werden, dass ihre Rechte und Verpflichtungen aus dem betreffenden Rechtsgeschäft dadurch nicht berührt werden (Art. 37 Abs. 3). Dem entgegen Art. 37 Abs. 2 übergangenen Ehegatten steht nach Abs. 3 nur ein Schadenersatzanspruch zu.[25]

---

[25] Diese Regelung spricht dafür, dass der Gutglaubensschutz überwiegt; allerdings war die Rechtsprechung in dieser Frage bisher uneinheitlich. Dass dem übergangenen Ehegatten nur ein Schadensersatzanspruch zusteht, lässt das Zustimmungserfordernis letztlich fast ins Leere laufen. Es ist daher abzuwarten, wie die Rechtsprechung diese Regelung umsetzen wird und durchaus möglich, dass einige Gerichte – auch aus verfassungsrechtlichen Gründen – daran festhalten, dass der Schutz der Familie überwiegt und entsprechende Grundstücksgeschäfte daher unwirksam sind (so auch *Aralica*, Bračna stečevina i drugi imovinski odnosi bračnih drugova u sudskoj praksi, S. 34).

3. Eigentumsvermutung

28   Gemäß Art. 138 Abs. 5 des kroatischen **Vollstreckungsgesetzes**[26] gelten „alle beweglichen Gegenstände, die in deren Haus, Wohnung, Geschäftsraum oder anderen Immobilien angetroffen werden", als Miteigentum zu gleichen Teilen beider Ehegatten. Es handelt sich hierbei um eine widerlegbare Vermutung.

V.   Möglichkeiten vertraglicher Gestaltung

29   Durch Art. 40–42 wird den Ehegatten die Möglichkeit zum Abschluss von **Eheverträgen** eingeräumt (siehe Rdn 82 ff., 12). Diese Möglichkeit wird – so die Formulierung des Art. 40 Abs. 1 – für „vermögensrechtliche Verhältnisse an bestehendem oder zukünftigem Eigentum" geboten. Diese Vorschrift gibt also die Möglichkeit, die Bestimmungen der Art. 36–39 über den ehelichen **Güterstand** (**„Errungenschaftsgemeinschaft"**) zu modifizieren. Hierzu ist **Schriftform** erforderlich; die Unterschriften der Ehegatten müssen darüber hinaus beglaubigt werden; notarielle Beratung für einen solchen Vertrag ist demgegenüber nicht erforderlich (Art. 40 Abs. 3). Für Ehegatten, denen die Geschäftsfähigkeit entzogen wurde, kann einen solchen Vertrag deren Betreuer mit vorheriger Zustimmung des Zentrums für Sozialfürsorge abschließen (Art. 41 Abs. 1). Gegenüber **dritten Personen** haben Bestimmungen über die Verwaltung und die Verfügung von bzw. über Vermögen in solchen Verträgen nur dann Rechtswirkung, wenn sie ins Grundbuch oder in ein anderes für Sachen dieser Art bestehendes Register eingetragen wurden (Art. 40 Abs. 2). Vorschläge für inhaltliche Vereinbarungen in solchen Verträgen enthält das FamG nicht. Diesbezüglich wird lediglich festgelegt, dass die **Wahl ausländischen Rechts** für die ehelichen Vermögensverhältnisse in einem solchen Vertrag **nicht zulässig** ist (Art. 42); die Beschränkung gilt nur, soweit beide Ehegatten kroatische Staatsbürger sind.[27]

VI. Kollisionsrecht der Ehefolgen

30   Aufgrund des EU-Beitritts Kroatiens am 1.7.2013 richten sich internationale Zuständigkeit und anwendbares Recht grundsätzlich nach den vorrangingen EU-Verordnungen. Nach Art. 3 EuEheVO kann für die Scheidung sowohl der Aufenthaltsstaat als auch der Staat, dessen Staatsangehörige beide Ehepartner haben, zuständig sein. Gemäß Art. 8a EuScheidungsVO ist auf die Scheidung grundsätzlich das Recht des Aufenthaltsstaates anwendbar.[28] Dies gilt aber nicht für die Scheidungsfolgen, bei denen jeweils separat das anwendbare Recht ermittelt werden muss. Für Fragen der elterlichen Verantwortung (Sorgerecht) ist nach Art. 8 EuEheVO das Gericht des Aufenthaltsstaates zuständig, dessen Recht nach Art. 15 KSÜ auch anwendbar ist. Gemäß Art. 15 EuUntVO, 3 HUntP richten sich Unterhaltsfragen grundsätzlich nach dem Recht des Staates, in dem sich der Berechtigte aufhält.

Da der Vorschlag zur GüterrechtsVO bisher nicht in Kraft ist, ist das anwendbare Recht in Bezug auf güterrechtliche Auswirkungen nach wie vor nach den nationalen IPR-Regeln zu beurteilen.

31   Gemäß Art. 36 IPR-Gesetz (vgl. Rdn 92) ist für die güterrechtlichen Ehefolgen das Recht des Staates, dessen **Staatsangehörige** die Ehegatten sind, maßgeblich. Besitzen beide Ehegatten eine unterschiedliche Staatsangehörigkeit, so kommt das Recht des gemeinsamen

---

26 Ovršni Zakon, NN RH Nr. 112/12, 25/13, 93/14, 55/16.
27 *Alinčić u.a.*, Obiteljski Zakon (Familiengesetz), 2013, zu Art. 257, S. 338.
28 Ausführlich zu den Änderungen durch die ScheidungsVO: *Mikulić/Schön*, Kroatisches Recht in der deutschen Rechtspraxis, FamRZ 2012, 1028 ff.

Wohnsitzes zur Anwendung (Art. 36 Abs. 2). Besitzen die Ehegatten weder gemeinsame Staatsangehörigkeit noch gemeinsamen Wohnsitz, so kommt das Recht des Staates, in dem sie den letzten gemeinsamen Wohnsitz hatten, zur Anwendung (Art. 36 Abs. 3). Lässt sich auch danach kein anwendbares Recht bestimmen, so kommt auf die Ehefolgen das Recht der Republik Kroatien zur Anwendung (Art. 36 Abs. 4). Demgegenüber ist für **vertragliche Vereinbarungen** von Ehegatten über vermögensrechtliche Verhältnisse das Recht anwendbar, das zum Zeitpunkt des Vertragsschlusses gem. Art. 36 auf die güterrechtlichen Ehefolgen anwendbar war (Art. 37 Abs. 1). Wenn das so ermittelte Recht (anders als das kroatische Recht selbst, vgl. dazu Art. 42 FamG) eine **Rechtswahl** zulässt, können die Ehegatten in einem solchen Vertrag auch wirksam das anwendbare Recht wählen (Art. 37 Abs. 2). Gemäß Art. 38 gelten die Bestimmungen der Art. 36 und 37 auch in den Fällen, in denen die Ehe unwirksam ist oder unwirksam wird.

VII. Auswirkungen der Ehe auf die Altersversorgung und die gesetzliche Krankenversicherung

Die Vorschrift über die gesetzliche Altersversorgung ist im „Gesetz über die Rentenversicherung" (im Folgenden: **RentenG**)[29] enthalten. Gemäß Art. 65 RentenG hat der Ehegatte eines Verstorbenen u.a. dann Anspruch auf sog. **Familienrente (Hinterbliebenenrente)**, wenn der Versicherte zum Zeitpunkt seines Todes mindestens 5 Versicherungsjahre oder zehn Rentenjahre erfüllt hat und Invaliditätsrente bezog oder Anspruch auf eine solche Rente hatte. Bei Tod infolge eines Arbeitsunfalles oder einer Berufskrankheit wird diese Familienrente unabhängig von der Versicherungszeit des Verstorbenen gewährt (Art. 65 Abs. 2 RentenG). Auch eheliche und nichteheliche sowie adoptierte Kinder haben Anspruch auf diese Familienrente – grds. bis zum vollendeten 15. Lebensjahr (Art. 69 Abs. 1 RentenG), wobei sich der Rentenanspruch unter bestimmten Voraussetzungen, z.B. bei Arbeitslosigkeit eines minderjährigen Kindes, verlängern kann. Daneben steht einer Witwe oder einem Witwer[30] gem. Art. 67 Abs. 1 RentenG **Witwenrente** zu, wenn er oder sie zum Zeitpunkt des Todes des Ehegatten das 50. Lebensjahr vollendet hat oder wenn er oder sie zum Zeitpunkt des Todes des Ehegatten oder innerhalb eines Jahres danach arbeitsunfähig war oder wird oder wenn zum Zeitpunkt des Todes des Ehegatten Kinder vorhanden sind, die einen eigenen, vom verstorbenen Elternteil abgeleiteten Anspruch auf Familienrente haben und beim überlebenden Elternteil aufwachsen. Soweit eine Witwe oder ein Witwer zum Zeitpunkt des Todes des Ehegatten das 45., aber noch nicht das 50. Lebensjahr vollendet hat, entsteht dieser Rentenanspruch nach Vollendung des 50. Lebensjahres (Art. 67 Abs. 2 RentenG).

32

Die Rechtsfolgen einer Ehe im Hinblick auf die **Krankenversicherung** werden durch das „Gesetz über die Krankenpflichtversicherung" (im Folgenden: **KrankenVG**)[31] geregelt. Gemäß Art. 10 KrankenVG sind folgende Personen (soweit sie nicht selbst pflichtversichert sind, z.B. weil sie in einem Arbeitsverhältnis stehen), mitversichert: Ehegatten und nichteheliche Lebensgefährten, eheliche, nichteheliche, adoptierte und Stiefkinder sowie Waisen, die vom Versicherten unterhalten werden, und Eltern, Stiefeltern, Geschwister und Enkel, die mit dem Versicherten in einem Haushalt leben, soweit sie wiederum ebenfalls vom Versicherten unterhalten werden, nicht arbeitsfähig sind und keine eigenen Mittel zum Bestreiten des Lebensunterhalts haben.

33

---

29 Zakon o mirovinskom osiguranju, NN RH Nr. 157/13, 151/14, 33/15, 93/15.
30 Nach Art. 67 Abs. 5 ist der Witwer der Witwe gleichgestellt und es gelten dieselben Regeln.
31 Zakon o obveznom zdravstvenom osiguranju, NN RH Nr. 80/13, 137/13.

VIII. Staatsangehörigkeit und Bleiberecht

1. Staatsangehörigkeit

34   Fragen der Staatsangehörigkeit sind im „Gesetz über die kroatische Staatsangehörigkeit"[32] (im Folgenden: **StAnG**) geregelt. Danach hat alleine die Tatsache, dass ein Ausländer einen kroatischen Staatsangehörigen heiratet, keine Auswirkung auf dessen Staatsangehörigkeit. Die **Einbürgerung** eines ausländischen Ehegatten eines kroatischen Staatsangehörigen ist dann unter erleichterten Voraussetzungen möglich, wenn dieser sich legal auf Dauer auf dem Gebiet der Republik Kroatien niedergelassen hat (Art. 10 StAnG). In diesem Falle muss der ausländische Ehegatte nicht die anderenfalls erforderlichen Voraussetzungen des Art. 8 Abs. 1 Ziff. 1–4 StAnG erfüllen (diese sind: vollendetes 18. Lebensjahr, Entlassung aus der ursprünglichen Staatsangehörigkeit bzw. Nachweis über bevorstehende Entlassung, 8 Jahre ununterbrochener Aufenthalt auf dem Territorium der Republik Kroatien sowie Kenntnis der kroatischen Sprache, der lateinischen Schrift und der kroatischen Kultur). Auch im Falle der Einbürgerung eines ausländischen Ehegatten gem. Art. 10 StAnG muss dieser jedoch die Voraussetzung des Art. 8 Abs. 1 Ziff. 5 StAnG erfüllen, wonach aus seinem Verhalten geschlossen werden können muss, dass er „die Rechtsordnung und die Gebräuche in der Republik Kroatien achtet und die kroatische Kultur annimmt".

35   Darüber hinaus enthält Art. 11 Abs. 1 StAnG eine Sonderregelung über die Einbürgerung der Ehegatten von **Auswanderern**, die ihrerseits die kroatische Staatsangehörigkeit durch Einbürgerung erworben haben. Als Auswanderer gelten gem. Art. 11 Abs. 2 StAnG (dem Gesetzeswortlaut nach: unabhängig von ihrer Staatsangehörigkeit) „Personen, die in der Absicht, ständig im Ausland zu leben, aus Kroatien ausgewandert sind". Diese Auswanderer, deren Abkömmlinge und Ehegatten können gem. Art. 11 Abs. 1 StAnG die kroatische Staatsangehörigkeit durch Einbürgerung erwerben, wenn (lediglich) die Voraussetzungen des Art. 8 Abs. 1 Ziff. 4 und 5 StAnG vorliegen.

2. Bleiberecht

36   Fragen des Bleiberechts regelt das kroatische Ausländergesetz[33] (im Folgenden: **AuslG**), das drei Arten des rechtmäßigen Aufenthalts von Ausländern in Kroatien kennt: den Aufenthalt bis 3 Monate, den vorübergehenden Aufenthalt und den ständigen Aufenthalt (Art. 44 AuslG). Gemäß Art. 47 Abs. 1 Ziff. 1 kann eine Erlaubnis zu einem **vorübergehenden Aufenthalt zur Familienzusammenführung** erteilt werden. Voraussetzung hierfür ist u.a., dass der ausländische Ehegatte Mittel für seinen Unterhalt sowie eine Krankenversicherung besitzt. Außerdem darf kein Versagungsgrund (z.B. Störung der öffentlichen Ordnung) vorliegen (Art. 54 Abs. 1 Ziff. 1–6 AuslG).

37   Eine **ständige „autonome" Aufenthaltserlaubnis** kann gem. Art. 60 Abs. 1 AuslG ein Ausländer erhalten, der mit einem kroatischen Staatsangehörigen (oder mit einem Ausländer mit legalem ständigen Aufenthalt in Kroatien) verheiratet ist oder in nichtehelicher Lebensgemeinschaft lebt und dem in Kroatien für einen Zeitraum von 4 Jahren ein vorübergehender Aufenthalt zur Familienzusammenführung (siehe Rdn 36) genehmigt wurde. Wenn die Person, die Anlass für die Genehmigung eines vorübergehenden Aufenthalts zum Zwecke der Familienzusammenführung war, zwischenzeitlich verstirbt, kann dieser autonome Aufenthalt bereits nach 3 Jahren erteilt werden (Art. 60 Abs. 2 AuslG).

---

32 Zakon o hrvatskom državljanstvu, NN RH Nr. 53/91, 70/91, 28/92, 113/93, 4/94, 130/11.

33 Zakon o strancima, NN RH Nr. 130/11, 74/13.

IX. Steuerliche Auswirkungen der Ehe

Das kroatische Einkommensteuergesetz[34] sieht sechs verschiedene Einkunftsarten vor, von denen u.a. die persönlichen Freibeträge abzuziehen sind.[35] Nach Art. 36 des Einkommensteuergesetzes in seiner gegenwärtig geltenden Fassung gibt es außer einem **monatlichen Grundfreibetrag** von 2.600 kuna (ca. 350 EUR) für jedes vom Steuerpflichtigen unterhaltene Mitglied der engeren Familie (insbesondere Ehegatte und Eltern des Steuerpflichtigen sowie Eltern des Ehegatten des Steuerpflichtigen) einen zusätzlichen monatlichen Freibetrag in Höhe von 0,5 des eben genannten Betrages. Für Kinder, denen Unterhalt gewährt wird, wird ein weiterer persönlicher Freibetrag in Höhe von 0,5 für das erste, 0,7 für das zweite, 1,0 für das dritte usw. gewährt. Als weitere steuerliche Folge der Ehe ist die **Steuerfreiheit von Einnahmen aus Grundstücksveräußerungen** zwischen Ehegatten (Art. 27 Abs. 8 des Einkommensteuergesetzes) zu nennen. Schenkungen unter Ehegatten oder Grundstücksübertragungen unter Ehegatten aufgrund eines Ehevertrages anlässlich der Scheidung sind ebenfalls steuerbefreit, d.h. es fällt nach Art. 13 Nr. 1 und 3 des Gesetzes über die Grundverkehrssteuer[36] weder Schenkungs- noch „Grunderwerbssteuer" an.

38

C. Scheidung

I. Scheidungsgründe

Das kroatische Recht kennt **drei Scheidungsgründe:** Eine Ehe wird gerichtlich geschieden, wenn das Gericht entweder feststellt, dass die ehelichen Beziehungen schwer und dauerhaft zerrüttet sind, oder dass seit Beendigung der ehelichen Gemeinschaft ein Jahr vergangen ist, oder wenn beide Ehegatten einvernehmlich die Scheidung beantragen (Art. 51). Es ist ausreichend, wenn eine dieser Voraussetzungen separat vorliegt. Ein obligatorisches Trennungsjahr ist daher nicht einzuhalten. An das Merkmal der „schweren und dauerhaften Zerrüttung" stellt das Gesetz keine hohen Anforderungen. Eine solche liegt dann vor, wenn die Eheleute die Fähigkeit zum Erhalt harmonischer Beziehungen verloren haben. Die Feststellung kann durch das Gericht aufgrund objektiver Manifestationen, wie z.B. unfreundlicher Umgang miteinander oder räumliche Trennung, relativ einfach erfolgen.[37] Der Antragsteller ist nicht verpflichtet, die Ursachen des Scheiterns der Ehe zu erläutern. Die ehelichen Verhältnisse sind schwer gestört, wenn zwischen Mann und Frau keine Nähe mehr besteht, wenn also die Krise im gemeinsamen Leben überhandgenommen hat. Sie sind dauerhaft gestört, wenn die Krisensituation anhält und die Eheleute nichts unternehmen, um die Ehe zu erhalten.[38]

39

---

34 Zakon o porezu na dohodak, NN RH Nr. 177/04, 73/08, 80/10, 114/11, 22/12, 144/12, 43/13, 120/13, 125/13, 148/13, 83/14, 143/14, 136/15.

35 Vgl. dazu allgemein (noch zur Geltung des Vorläufergesetzes) *Kuffer*, Steuerrechtliche Rahmenbedingungen für ausländische Investitionen in Kroatien, in: *Breitenbach u.a.*, Handbuch Wirtschaft und Recht in Osteuropa, 36. Ergänzungslieferung (Stand: Februar 2001), Rn 6 f.

36 Zakon o porezu na promet nekretnina, NN RH Nr. 69/97, 26/00, 127/00, 153/02, 22/11, 143/14.

37 *Alinčić*, in: *Alinčić/Hrabar/Jakovac-Lozić/Graovac*, Obiteljsko Pravo, 2007, Rn 144.

38 *Mikulić/Schön*, Kroatisches Familienrecht in der deutschen Rechtspraxis, FamRZ 2012, 1028 (1029).

II. Scheidungsverfahren

40   Das Scheidungsverfahren kann nach kroatischem Recht von beiden Eheleuten einvernehmlich oder auch von einem Ehegatten **eingeleitet** werden (Art. 50 Abs. 1). Auch ein Geschäftsunfähiger kann die Scheidung beantragen (Art. 50 Abs. 2). Die Scheidung kann jedoch **während der Schwangerschaft** und **bis zur Vollendung des ersten Lebensjahres** des gemeinsamen Kindes vom Mann nicht beantragt werden (Art. 50 Abs. 3). Des Weiteren sieht das FamG ein zweistufiges **Beratungs- und Mediationsverfahren** vor, das vor dem gerichtlichen Scheidungsverfahren bei Vorhandensein gemeinsamer sorgeberechtigter Kinder zwingend durchzuführen ist. Es ersetzt das vorher geltende Vermittlungsverfahren.[39] Das Beratungsverfahren ist in bestimmten gesetzlich vorgeschriebenen Fällen verpflichtend, während das Mediationsverfahren grundsätzlich freiwillig ist (Art. 320).

41   Gem. Art. 54 Abs. 1 müssen Eheleute, die (mindestens) ein gemeinsames minderjähriges Kind haben, vor Einleitung des Scheidungsverfahrens eine verpflichtende Beratung in Anspruch nehmen. Die verpflichtende Beratung wird nicht durchgeführt, wenn beide oder einer der Ehegatten geschäftsunfähig ist und die Bedeutung und Folgen des Verfahrens nicht verstehen kann, kein Urteilsvermögen hat, oder wenn der Aufenthalt unbekannt ist (Art. 326).

42   Die verpflichtende Beratung wird beim Zentrum für Sozialfürsorge durchgeführt. Ziel ist es, dass die Eltern eine Einigung über den gemeinsamen Sorgerechtsplan erzielen. Kommt keine Einigung zwischen den Eheleuten zustande, sind sie gem. Art. 54 Abs. 3 verpflichtet, an einem ersten Beratungstermin der Mediation teilzunehmen. Befreit von dieser Verpflichtung sind die Eheleute in den oben genannten Ausnahmefällen sowie für den Fall, wenn aufgrund von Gewalt in der Ehe keine gleichberechtigte Teilnahme der Eheleute am Mediationsverfahren möglich ist (Art. 332). Der Ehepartner, der nicht an diesem Mediationstermin teilnimmt, darf keinen Scheidungsantrag stellen (Art. 54 Abs. 4).

Wird weder in der verpflichtenden Beratung noch im Mediationsverfahren eine Einigung erzielt, entscheidet das Gericht im Scheidungsverfahren von Amts wegen über den Aufenthalt des Kindes, das Sorgerecht, den Umgang und den Kindesunterhalt (Art. 53).

III. Fälle mit Kroatienbezug vor deutschen Gerichten

43   In diesem Zusammenhang[40] ist darauf hinzuweisen, dass sich in Deutschland bei Ehen zwischen Ausländern die **materiellen Scheidungsvoraussetzungen** ausnahmsweise nach der **gemeinsamen Staatsangehörigkeit** der Eheleute bestimmen können (z.B. im Falle einer Rechtswahl nach Art. 5 EuScheidungsVO oder falls nach Art. 8c EuScheidungsVO das Recht des Heimatstaates zur Anwendung kommt).[41] Eine Scheidung von kroatischen Staatsbürgern nach kroatischem Recht ist daher in Deutschland möglich. Es stellt sich

---

39 Das frühere Vermittlungsverfahren hatte die Aussöhnung der Eheleute zum Ziel; dieses Ziel wurde praktisch nie erreicht. Das neue Beratungsverfahren hat dagegen zum Ziel, die Trennungsfolgen für die betroffenen Kinder soweit wie möglich abzumildern.

40 An dieser Stelle werden Fälle mit Kroatienbezug vor deutschen Gerichten behandelt. In Kroatien erlassene Scheidungsurteile sind in Deutschland grundsätzlich ohne weiteres Verfahren anerkannt (Art. 21 EuEheVO).

41 Im Regelfall kommt also deutsches Recht zur Anwendung, sofern die Ehegatten ihren gewöhnlichen Aufenthalt in Deutschland haben. Die Fälle, in denen ausländisches Scheidungsrecht zur Anwendung kommt, sind daher selten geworden. Vor Inkrafttreten der EuScheidungsVO am 21.6.2012 war nach Art. 17 EGBGB a.F. auf die Scheidung eines kroatischen Ehepaares in Deutschland grundsätzlich kroatisches Recht anwendbar.

diesbezüglich die Frage, ob auch bei einem Scheidungsverfahren nach kroatischem Recht vor einem deutschen Gericht das **Beratungsverfahren** (vgl. Rdn 40 ff.) durchzuführen ist. Die Rechtsprechung hat dies bezüglich des früheren Vermittlungsverfahrens zutreffend verneint. Die in ausländischen Gesetzen vorgeschriebenen Sühneversuche seien grundsätzlich Fragen des Verfahrensrechts und nicht der materiellen Scheidungsvoraussetzungen.[42] Es handle sich nach Wortlaut, Sinn und Zweck um eine Verfahrensvorschrift, da die deutsche Zuständigkeit ins Leere liefe, wenn ein Vermittlungsverfahren durchzuführen wäre, weil dann deutsche Gerichte in Ermangelung eines zuständigen kroatischen Zentrums für Sozialfürsorge eine Scheidung solcher Ehen in Deutschland gar nicht aussprechen könnten. Nach der Reform dieses Verfahrens hin zu einem Beratungsverfahren, das einzig das Kindeswohl im Blick hat, dürfte dies umso mehr gelten, da sich für Fragen betreffend eines Kindes ohnehin Zuständigkeit und anwendbares Recht grundsätzlich nach dem Aufenthaltsstaat richten (vgl. u.a. Art. 15 KSÜ).[43]

Im Rahmen der Auseinandersetzung der Errungenschaftsgemeinschaft ist darauf hinzuweisen, dass die deutsche Rechtsprechung hier einen Auskunftsanspruch nach deutschem Recht zubilligt, obwohl das kroatische Recht diesen nicht kennt. Die Notwendigkeit dieses Anspruchs ergibt sich daraus, dass in Kroatien bei der Auseinandersetzung der Errungenschaftsgemeinschaft der Amtsermittlungsgrundsatz gilt und das Gericht daher von Amts wegen alle Informationen einholt, während der es sich vor deutschen Gerichten um ein ZPO-Verfahren handelt. Damit die Möglichkeit, vor einem deutschen Gericht in Anwendung kroatischen Güterrechts das Vermögen auseinanderzusetzen, nicht ins Leere läuft und ohnehin deutsches Verfahrensrecht zur Anwendung kommt, steht den Ehegatten daher ein entsprechender Auskunftsanspruch in Bezug auf das Ehevermögen zu.[44] 44

IV. Internationale Zuständigkeit der Gerichte/Behörden

Die Gerichte Kroatiens sind in **vermögensrechtlichen Streitigkeiten** zwischen Ehegatten hinsichtlich Vermögen, das sich in Kroatien befindet, auch dann, wenn der Beklagte in Kroatien keinen Wohnsitz hat, zuständig, wenn der Kläger im Zeitpunkt der Klageerhebung dort einen Wohnsitz oder seinen Aufenthalt hatte (Art. 59 Abs. 1 IPR-Gesetz; siehe Rdn 9). In Fällen, in denen sich der überwiegende Teil des streitbefangenen Vermögens in der Republik Kroatien befindet, kann das zuständige kroatische Gericht über Auslandsvermögen nur in einem Streit über kroatisches Inlandsvermögen entscheiden, bei dem der Beklagte einer Entscheidung auch über das Auslandsvermögen zugestimmt hat. Die vorgenannten Zuständigkeiten sind unabhängig davon gegeben, ob die Ehe fortbesteht oder beendet ist oder ob festgestellt wurde, dass sie überhaupt nicht bestand (Art. 60 Abs. 2 IPR-Gesetz). 45

Die Zuständigkeit richtet sich vorrangig nach Art. 3 EuEheVO. Kroatische Gerichte können also für die Scheidung zuständig sein, wenn einer oder beide Ehegatten ihren Aufenthalt in Kroatien haben oder wenn beide Ehegatten die kroatische Staatsangehörigkeit besitzen. 46

Nur im Rahmen einer Restzuständigkeit kommen die kroatischen IPR-Regeln zur Anwendung. Danach sind die kroatischen Gerichte für **Ehestreitigkeiten** (Scheidung oder Aufhebung, Feststellung des Bestehens oder Nichtbestehens der Ehe) gem. Art. 61 IPR-Gesetz auch für den Fall, dass der Beklagte keinen Wohnsitz in der Republik Kroatien hat, zustän-

---

42 OLG Stuttgart, Beschl. v. 21.3.2001, 17 WF 88/01, OLGR Stuttgart 2001, 366 f. = IPRspr 2001, 325 ff. = FamRB 2002, 14.
43 OLG Frankfurt am Main, Beschl. v. 24.8.2000, 6 WF 144/00, FamRZ 2001, 293 f.
44 OLG Frankfurt NJW-RR 1991, 683; OLG Stuttgart FamRZ 2002, 1032; OLG München, Beschl. v. 25.6.2012, 26 UF 965/12.

dig, wenn, unabhängig von ihrem Wohnsitz, beide Ehegatten Staatsangehörige der Republik Kroatien sind oder einer von ihnen Staatsangehöriger der Republik Kroatien ist und dort seinen Wohnsitz hat oder wenn die Ehegatten ihren letzten Wohnsitz in der Republik Kroatien hatten und der Kläger zum Zeitpunkt der Klageeinreichung dort noch einen Wohnsitz oder einen Aufenthalt hat (Art. 61 Abs. 1 IPR-Gesetz). Ist einer der Ehegatten Staatsangehöriger der Republik Kroatien und hat dort seinen Wohnsitz, so ist die Zuständigkeit der kroatischen Gerichte eine ausschließliche (Art. 61 Abs. 2 IPR-Gesetz).

47   Darüber hinaus enthalten Art. 62 und 63 IPR-Gesetz noch folgende Erweiterungen der Zuständigkeit der kroatischen Gerichte für Ehesachen: Gemäß Art. 62 und 63 IPR-Gesetz sind die Gerichte der Republik Kroatien für solche Streitigkeiten auch dann zuständig, wenn beide Ehegatten ausländische Staatsangehörige sind, die ihren letzten gemeinsamen Wohnsitz in der Republik Kroatien hatten oder wenn der Kläger seinen Wohnsitz dort hat. Dies jedoch jeweils nur in den Fällen, in denen der Beklagte dem zustimmt und außerdem die Vorschriften des Staates, dessen Staatsangehörigkeit die Ehegatten besitzen, eine solche Zuständigkeit erlauben. Schließlich gibt Art. 63 IPR-Gesetz den kroatischen Gerichten in Scheidungsverfahren die Zuständigkeit, in denen der Kläger Staatsangehöriger Kroatiens ist und das Recht des Staates, der ansonsten zuständig wäre, eine Scheidung nicht kennt.

V. Auf die Scheidung anwendbares Recht

48   Auf die Scheidung ist nach Art. 8 EuScheidungsVO das Recht des Aufenthaltsstaates anwendbar, sofern eine wirksame Rechtswahl nicht getroffen wurde. Kroatisches Recht kommt also zur Anwendung, wenn die Eheleute ihren gewöhnlichen Aufenthalt in Kroatien haben oder wenn sie wirksam kroatisches Recht gewählt haben.

Den kroatischen IPR-Regeln kommt daher nur noch eine untergeordnete Bedeutung zu. Danach ist auf die Scheidung gem. Art. 35 Abs. 1 IPR-Gesetz (siehe Rdn 9) primär das Recht des Staates anwendbar, deren Staatsangehörige beide Ehegatten im Zeitpunkt der Klageeinreichung sind. Besitzen die Ehegatten zu diesem Zeitpunkt verschiedene **Staatsangehörigkeiten**, so kommt kumulativ das Recht ihrer beiden Heimatstaaten zur Anwendung (Art. 35 Abs. 2 IPR-Gesetz). Ist nach dem danach anwendbaren Recht eine Scheidung nicht möglich, so kommt kroatisches Recht zur Anwendung, wenn einer der Ehegatten zum Zeitpunkt der Klageeinreichung seinen Wohnsitz in der Republik Kroatien hatte oder kroatischer Staatsangehöriger ist (Art. 35 Abs. 3).

VI. Anerkennung im Ausland erfolgter Scheidungen

49   Deutsche Scheidungsbeschlüsse sind in Kroatien nach Art. 21 EuEheVO ohne weiteres Verfahren anerkannt.

Bestehen im Verhältnis zu einem Nicht-EU-Staat, aus dem das Scheidungsurteil stammt, keine Abkommen, so richtet sich die **Anerkennung** dieser Entscheidung nach dem diesbezüglichen **autonomen Recht** der Republik Kroatien. Gemäß Art. 86 Abs. 1 IPR-Gesetz ist hierfür eine förmliche Anerkennung erforderlich. Anders als bei normalen Zivilurteilen ist bei Entscheidungen in Ehesachen die Gegenseitigkeit (die i.Ü. gem. Art. 92 Abs. 3 IPR-Gesetz bis zum Beweis des Gegenteils vermutet wird) nicht erforderlich, wenn die Anerkennung dieser Entscheidung von einem Staatsangehörigen der Republik Kroatien beantragt wird. Ebenfalls anders als bei normalen Zivilurteilen ist das Bestehen der ausschließlichen Zuständigkeit der Gerichte der Republik Kroatien bei Entscheidungen in Ehesachen auch dann kein Hindernis, wenn der Beklagte die Anerkennung beantragt oder sich ihr nicht widersetzt (Art. 89 Abs. 2 IPR-Gesetz). Im Übrigen gelten die sonstigen, international wohl weitgehend üblichen Anerkenntnishindernisse (Nichtgewährung rechtlichen Gehörs, Verstoß gegen den ordre public, Art. 88–91 IPR-Gesetz).

D. Scheidungsfolgen

I. Vermögensteilung

1. Vermögensverteilung im Allgemeinen

Ausgangspunkt für die vermögensrechtlichen Scheidungsfolgen ist zunächst, dass Ehegatten **50** gemeinschaftliches Vermögen und jeweils eigenes Vermögen haben können (Art. 35; siehe bereits Rdn 10). Das **eigene Vermögen** (z.B. Vermögen vor der Ehe, Erbschaften, Schenkungen) bleibt von der Scheidung unberührt. Das gilt auch für Wertsteigerungen dieses Eigenvermögens.[45] Demgegenüber findet bezüglich des **gemeinsamen Vermögens** (sog. **ehelich Erworbenes**) im Scheidungsfalle eine **Aufteilung** statt, die ähnliche Ziele wie der deutsche Zugewinnausgleich hat, aber anders ausgestaltet ist. Ausgangspunkt dieser Aufteilung ist die gesetzliche Vorgabe über gleiche Anteile der Ehegatten am Eigentum an den ehelichen Erwerbungen, die nur durch Ehevertrag anders geregelt werden kann.[46] Bei Teilung des ehelichen Vermögens kann ein Ehegatte den anderen **nicht** zur **Teilung durch Auszahlung** zwingen, sondern muss zunächst die Feststellung seines Miteigentumsanteils und ggf. die Umschreibung auf seinen Namen verlangen. Anschließend kann die Auseinandersetzung der Miteigentümergemeinschaft betrieben werden. Er kann erst als Alleineigentümer seines Anteils über diesen verfügen.[47] Die Auseinandersetzung folgt nach der Generalverweisung in Art. 38 den sachenrechtlichen und schuldrechtlichen Regeln. Die Errungenschaftsgemeinschaft beginnt grundsätzlich mit der Eheschließung[48] und endet mit der Beendigung der ehelichen Lebensgemeinschaft, d.h. mit der Trennung der Eheleute. Es wird jedoch angenommen, dass die eheliche Lebensgemeinschaft bis zur Beendigung der Ehe (Scheidung) angedauert hat, solange nicht das Gegenteil bewiesen ist.[49]

Eine **Besonderheit** gilt für den Fall, dass die Eheleute während der Ehezeit ein **Haus**, das **51** auf gemeinsamer Arbeit bzw. Erwerbstätigkeit beruht, auf einem Grundstück **erbauen**, das im Alleineigentum eines Ehegatten steht. Nach der Rspr. des Gespannschaftsgerichts in

---

45 Dies hat der Oberste Gerichtshof Kroatiens in Bezug auf Geschäftsanteile an Handelsgesellschaften entschieden (Vrhovni Sud RH, Rev-1176/2010–2 vom 11.12.2012); diese Rechtsprechung dürfte auf andere Vermögenswerte übertragbar sein.

46 Es handelt sich um eine gesetzliche Regelung, nicht etwa um eine (widerlegbare) Vermutung. Behauptungen, wie etwa ein Ehegatte habe in der Ehe mehr zum Ehevermögen beigetragen, sind daher unbeachtlich. Die gesetzliche Regelung kann ausschließlich durch Ehevertrag anders ausgestaltet werden.

47 Bei einer Geltendmachung vor deutschen Gerichten sollte es zumindest auch zulässig sein – außer bei Immobilien – nach den deutschen Zugewinnverfahrensregeln vorzugehen (das Verfahrensrecht richtet sich nach der lex fori und die deutsche Rechtsprechung hat in einem solchen Fall auch einen Auskunftsanspruch zugebilligt), was ohnehin finanziell zum selben Ergebnis führt.

48 Das in der regelmäßig vorangegangenen nichtehelichen Lebensgemeinschaft Erworbene fällt nicht in die eheliche Errungenschaftsgemeinschaft. Ob die vorangegangene nichteheliche Lebensgemeinschaft separat auseinandergesetzt werden könnte, ist unklar (bejahend jedenfalls *Aralica*, Bračna stečevina i drugi imovinski odnosi bračnik drugova u sudskoj praksi, S. 21). Bei einem Verfahren vor deutschen Gerichten ist dies mangels Verweisung ohnehin nicht möglich.

49 *Alinčić*, in: *Alinčić/Hrabar/Jakovac-Lozić/Graovac*, Obiteljsko Pravo, 2007, Rn 983; in der Praxis ist der Trennungszeitpunkt die Regel, da der Nachweis der Trennung regelmäßig leicht erbracht werden kann bzw. gar nicht erst bestritten wird.

Zagreb soll zunächst der Wert des Grundstücks im Verhältnis zur Immobilie im Ganzen bestimmt werden. Im Anschluss soll in Abhängigkeit dieser Werte unter Berücksichtigung der gesetzlichen Regelung des gleichwertigen Beitrages beider Ehegatten zum Erwerb des ehelichen Vermögens der Anteil des Miteigentums bestimmt werden.[50]

52 Wurden Investitionen in einen Gegenstand aus dem Eigenvermögen eines Ehegatten gemeinsam getätigt (z.B. Immobilie), steht dem anderen Ehegatten nur dann ein dinglicher Anspruch auf Eintragung als Miteigentümer zu, wenn die Beschaffenheit des betreffenden Gegenstandes durch die Investitionen wesentlich verändert wurde. Eine wesentliche Veränderung wird nach der Rechtsprechung in der Regel dann angenommen, wenn der Wert der Investitionen $1/6$ bis $1/10$ des Wertes des betreffenden Gegenstandes beträgt.[51] Andernfalls steht dem anderen Ehegatten ein schuldrechtlicher Anspruch auf Auszahlung in Geld zu.[52] Wurde ein Kredit für einen solchen Gegenstand während der Ehe gemeinsam getilgt, bleibt es ebenfalls beim schuldrechtlichen Anspruch.[53] Hervorzuheben ist, dass nach der Rechtsprechung der dingliche Anspruch der Ehegatten keiner Verjährung unterliegt, während der schuldrechtliche Anspruch nach der regelmäßigen Verjährungsfrist von fünf Jahren verjährt.[54]

53 Auch Unternehmens- bzw. Gesellschaftsanteile, die während der Ehe erworben wurden, stehen beiden Ehegatten als Miteigentümer zu.[55] Ebenso fallen Abfindungen grundsätzlich in die Errungenschaftsgemeinschaft, wenn diese auf Beschäftigungsjahre gründen, die zumindest teilweise in die Ehezeit fallen.[56]

Für Schulden, die aus dem normalen Familienleben resultieren, haften beide Ehegatten gemeinsam. Sie sind somit negatives Ehevermögen (Art. 44 Abs. 1, 3). Für Schulden, die nicht aus dem normalen Familienleben resultieren und die ein Ehegatte alleine aufgenommen hat, und für voreheliche Schulden haftet dieser alleine (Art. 43).

2. Rückabwicklung ehebedingter Zuwendungen

54 Das kroatische Familiengesetz enthält hierzu keine Regelungen. Es gelten daher (nach der allg. Verweisungsregel in Art. 38) für ehebedingte Zuwendungen die **Regelungen zum Schenkungsvertrag** aus dem kroatischen Gesetz über Schuldverhältnisse.[57] Danach sind Schenkungen nur zurückzugeben, wenn der Beschenkte sich undankbar verhalten hat oder der Schenkende verarmt (Art. 493 f. des Gesetzes über Schuldverhältnisse). Grundsätzlich fallen Schenkungen zwischen Ehegatten, die nicht aus dem Eigenvermögen eines Ehegatten stammen, in das Ehevermögen. Dagegen stellen Schenkungen, die ein Ehegatte dem anderen Ehegatten aus seinem Eigenvermögen macht, auf der Seite des anderen Ehegatten Eigenvermögen dar.[58]

50 Županijski SudZagreb, Nr. Gž-3215/02–2, Urt. v. 1.4.2003.
51 *Aralica*, Bračna stečevina i drugi imovinski odnosi braćnik drugova u sudskoj praksi, S. 41
52 Županijski Sud Zagreb, Urteil vom 10.09.2013, Az.: Gž-7205/09.
53 Vrhovni Sud RH, Rev. 3024/90–2 vom 30.12.1991.
54 *Aralica*, Bračna stečevina i drugi imovinski odnosi braćnik drugova u sudskoj praksi, S. 44 mit kritischer Anmerkung dahingehend, dass beide Ansprüche einer Verjährung unterliegen sollten.
55 *Cikač*, Podjela bračne stečevine s osvrtom na poslovne udjele u d.o.o.-u, Financije, pravo i porezi 6/15, S. 182.
56 Županijski Sud Varaždin, Urt. v. 15.9.2008, Gž-773/08–3.
57 Zakon o obveznim odnosima, NN RH Nr. 35/05, 41/08, 125/11, 78/15.
58 Vrhovni Sud, Urt. v. 3.10.2006, Rev 696/06–2.

3. Ehewohnung und Hausrat

Auch bezüglich Hausrat und Ehewohnung gilt der gesetzliche Grundsatz des hälftigen Miteigentums beider Ehegatten. Mit Einführung des Instituts des Familienheims durch das neue FamG steht dieses nach einer Scheidung unter besonderem Schutz. Nach Art. 46 Abs. 1 verbleibt der Hausrat, der die Kinder betrifft, dort, wo die Kinder leben. Nach Art. 46 Abs. 2 kann die Ehewohnung, die Ehevermögen ist, demjenigen Ehegatten zugeteilt werden, der mit den gemeinsamen Kindern dort verbleibt. Eine solche Zuweisung hat nur bis zur Auseinandersetzung des Miteigentums Gültigkeit (Art. 46 Abs. 3). Im Falle der Zuweisung kann das Gericht eine Mietzahlung festlegen. Es kann den Antrag auf Zuweisung ablehnen, wenn die Ehegatten offensichtlich nicht zwei Wohnungen finanzieren können (Art. 46 Abs. 6). Maßstab sind stets Verhältnismäßigkeit und Kindeswohl. Eine eigene Regelung in Bezug auf Mietwohnungen enthält das FamG nicht.   55

II. Scheidungsunterhalt

Hierzu wird auf die Ausführungen in Rdn 15 verwiesen.   56

III. Regelung der Altersversorgung

1. Allgemeines

Gemäß Art. 22 Abs. 1 Ziff. 2 i.V.m. Art. 65 **RentenG** (siehe Rdn 32) hat der geschiedene Ehegatte dann **Anspruch** auf Familienrente (Hinterbliebenenrente), wenn ihm durch Gerichtsentscheidung ein **Unterhaltsanspruch** gegenüber dem rentenversicherten ehemaligen Ehegatten zugesprochen wurde. Beim Tod des Ehegatten tritt in diesen Fällen also der Anspruch auf Familienrente an die Stelle des vom verstorbenen Unterhaltsschuldner nicht mehr erfüllbaren Unterhaltsanspruchs. Existiert neben einem geschiedenen Ehegatten, bei dem die eben genannte Bedingung erfüllt ist, ein neuer Ehegatte des verstorbenen Versicherten, der ebenfalls Anspruch auf Familienrente hat, so haben diese beiden Personen diesen Anspruch nebeneinander, jedoch insgesamt nur in der Höhe, die als Familienrente einer einzelnen Person zustehen würde (Art. 68 Abs. 2 RentenG).   57

Einen **Versorgungsausgleich** kennt das kroatische Recht dagegen **nicht**. Im Gegenteil: Art. 4 Abs. 1 RentenG (siehe Rdn 32) stellt ausdrücklich fest, dass Rentenansprüche nicht übertragbar sind.   58

Der geschiedene Ehegatte ist auch nach der Scheidung bei seinem früheren Ehegatten gem. Art. 11 **KrankenVG** (siehe Rdn 33) mitversichert, wenn ihm entweder durch Gerichtsentscheidung ein Unterhaltsanspruch zugesprochen wurde (dann besteht die Mitversicherung so lange, wie der Unterhaltsanspruch besteht), oder wenn er zum Zeitpunkt der Scheidung vollständig und dauernd arbeitsunfähig im Sinne der rentenversicherungsrechtlichen Vorschriften war (Art. 11 Abs. 1 Ziff. 2 KrankenVG), oder aber wenn durch das Scheidungsurteil festgestellt wurde, dass die Kinder bei diesem Ehegatten aufwachsen sollen (Art. 11 Abs. 1 Ziff. 3 KrankenVG). Im letztgenannten Falle ist weitere Voraussetzung, dass der geschiedene Ehegatte nicht selbst gesetzlich versichert ist und sich innerhalb von 30 Tagen ab Rechtskraft des Urteils beim Träger der gesetzlichen Krankenkasse meldet. Die Fortsetzung der Mitversicherung im Falle von Ziff. 1 kann auch nach Entfallen des Unterhaltsanspruchs andauern, wenn der geschiedene Ehegatte sich nicht selbst gesetzlich versichern kann und sich innerhalb von 30 Tagen ab Rechtskraft des Urteils entsprechend bei der Krankenkasse meldet (Art. 11 Abs. 2 KrankenVG).   59

2. Auszugleichende Versorgungsrechte

60   Das kroatische Recht kennt keinen Versorgungsausgleich (siehe Rdn 32, 58).

3. Durchführung des Versorgungsausgleichs bei Scheidung von Kroaten in Deutschland

61   Der Versorgungsausgleich unterliegt dem auf die Scheidung anzuwendenden Recht; er ist
nur durchzuführen, wenn ihn das Recht eines der Staaten kennt, denen die Ehegatten im
Zeitpunkt des Eintritts der Rechtshängigkeit des Scheidungsantrags angehören. Da das
kroatische Recht den Versorgungsausgleich nicht kennt (siehe Rdn 58), ist ein solcher bei
Beteiligung von kroatischen Staatsbürgern auf Antrag eines Ehegatten nach deutschem
Recht nach Art. 17 Abs. 3 EGBGB nur durchzuführen, wenn der andere Ehegatte während
der Ehezeit eine Versorgungsanwartschaft in Deutschland erworben hat oder wenn die
allgemeinen Wirkungen der Ehe während eines Teils der Ehezeit einem Recht unterlagen,
das den Versorgungsausgleich kennt, soweit seine Durchführung im Hinblick auf die beiderseitigen wirtschaftlichen Verhältnisse auch während der nicht im Inland verbrachten Zeit
nicht unbillig ist. In der Praxis ist diese Ausnahme die Regel. Der **Antrag** auf Durchführung
des Versorgungsausgleichs muss gestellt werden; das Gericht führt diesen nicht von Amts
wegen durch.[59]

62   Auch wenn das Scheidungsverfahren in Kroatien durchgeführt wurde, kann der Versorgungsausgleich isoliert durchgeführt werden. Der Zeitpunkt der Rechtshängigkeit (Endzeit-
punkt für den VA) bestimmt sich dann nach dem kroatischen Recht.[60] Gemäß Art. 194
Abs. 1 kr. ZPO,[61] auf die das FamG in Art. 346 verweist, ist dies ebenfalls der Zeitpunkt
der Zustellung des Scheidungsantrags.

Wenn mangels Antragstellung ein Versorgungsausgleich nicht stattfindet, hat jeder Ausspruch darüber im Tenor zu unterbleiben, damit nicht der Eindruck negativer Rechtskräftigkeit entstehen kann.[62] Der Versorgungsausgleich kann dann immer noch nachgeholt werden.
Der Verzicht auf die Antragstellung (und damit auf die Durchführung des Versorgungsausgleichs) ist formfrei möglich.[63]

IV. Verteilung der elterlichen Sorge

63   Die elterliche Sorge wird grundsätzlich von beiden Eltern ausgeübt. Die elterliche Sorge
wird charakterisiert durch die Verantwortung und die Verpflichtung und das Recht der
Eltern zur Sorge mit dem Ziel des Schutzes des Kindeswohls. Das Familiengesetz verbietet
die Entsagung bzw. Loslösung von der elterlichen Sorge (Art. 91 Abs. 2). Das Gesetz sieht
in Art. 117 Abs. 1 **Beendigungstatbestände** vor: Dies sind die Erlangung der Geschäftsfähigkeit, die Adoption und der Tod der Eltern.

64   Gem. Art. 92 Abs. 1 umfasst die elterliche Sorge neben Gesundheit, Entwicklung, Pflege
und Schutz (Ziff. 1), die Erziehung und Ausbildung (Ziff. 2) sowie den Umgang (Ziff. 3)
und die Bestimmung des Wohnorts (Ziff. 4). Die Bestimmung des Wohnorts ist damit nicht

---

59   Bereits die Bitte um Übersendung der Formblätter soll aber eine Antragstellung darstellen, so OLG
     München, Beschl. v. 21.12.1992, Az.: 12 UF 1145/92; die Gerichte weisen in diesem Fall regelmäßig
     auf die Notwendigkeit der Antragstellung hin.
60   BGH FamRZ 1993, 798.
61   Zakon o parničnom postupku, NN HR Nr. 53/91, 91/92, 58/93, 112/99, 88/01, 117/03, 8/05, 02/07,
     84/08, 123/08, 57/11, 148/11, 25/13, 89/14.
62   OLG München FamRZ 2000, 165.
63   *Mikulić/Schön*, Kroatisches Familienrecht in der deutschen Rechtspraxis, FamRZ 2012, 1028 (1031).

mehr das ausschließliche Recht des Elternteils, bei dem das Kind lebt, sondern bleibt auch im Falle einer Trennung bzw. Scheidung das Recht und die Pflicht beider Elternteile.[64] Gemäß Art. 96 Abs. 2 kann das Kind, für den Fall, dass die Eltern nicht zusammenleben, seinen Wohnort nur bei einem Elternteil haben. Damit ist das sog. Wechselmodell nach kroatischem Recht wohl ausgeschlossen. In Art. 92 Abs. 2 und Abs. 3 ist zudem die Vermögenssorge des Kindes als Teil der elterlichen Sorge festgelegt.

Die einzelnen Elemente der elterlichen Sorge werden in den Art. 93–101 näher definiert und beschrieben. So ist in Art. 94 Abs. 2 beispielsweise ausdrücklich die körperliche und psychische Gewalt gegenüber Kindern untersagt. Die Ausbildung hat sich an den Fähigkeiten und Interessen des Kindes zu orientieren (Art. 94 Abs. 5). Derjenige Elternteil, der nicht mit dem Kind zusammenlebt, hat die Pflicht und das Recht auf Umgang mit dem Kind (Art. 95 Abs. 1), während der andere Elternteil, bei dem das Kind lebt, verpflichtet ist, diese Umgangskontakte zu ermöglichen und zu unterstützen (Art. 95 Abs. 2). Die Eltern sind zudem verpflichtet, dem Kind Umgang mit ihm nahestehenden Personen zu ermöglichen (Art. 95 Abs. 3).   65

Gemäß Art. 104 Abs. 1 üben beide Elternteile das Sorgerecht grundsätzlich gemeinsam, gleichberechtigt und einvernehmlich aus.   66

Im Falle einer Trennung bleibt nach Art. 104 Abs. 2 das gemeinsame Sorgerecht grundsätzlich bestehen, die Eltern sind jedoch verpflichtet, dieses durch einen Plan über die gemeinsame elterliche Sorge nach Art. 106 zu regeln. Dieser Plan muss zwingend Regelungen über den Wohnort des Kindes, den Umgang, den Informationsaustausch über das Kind, die Höhe des Kindesunterhalts und die Art und Weise, wie künftige strittige Fragen gelöst werden, enthalten. Für diesen Sorgerechtsplan gibt es ein Standard-Formular, den das zuständige Sozialministerium erstellt hat. Das Kind ist dabei zu informieren und seine Meinung wenn möglich zu berücksichtigen. Der Plan kann gerichtlich bestätigt werden, wodurch er die Rechtswirksamkeit einer vollstreckbaren Urkunde erhält (Art. 107 Abs. 1).   67

Wenn die Eltern keine Einigung über die gemeinsame elterliche Sorge erzielen können, überträgt das Gericht einem Elternteil (vollständig oder teilweise) das Sorgerecht (Art. 105 Abs. 3), wobei es dabei besonders die Einigungs- und Kooperationsbereitschaft jedes Elternteils (auch im Rahmen des gescheiterten Einigungsversuchs) zu berücksichtigen hat. Bei der Übertragung des Sorgerechts muss das Gericht auch darüber entscheiden, ob der alleinsorgeberechtigte Elternteil das Kind in wichtigen Persönlichkeitsbelangen vertreten darf (Art. 105 Abs. 5). Die wichtigen Persönlichkeitsbelange werden abschließend in Art. 100 aufgelistet und umfassen die Namensänderung, die Änderung des Wohnorts sowie die Wahl bzw. den Wechsel der Glaubenszugehörigkeit.[65] Das Gericht kann über die vollständige, teilweise oder punktuelle Übertragung des Sorgerechts entscheiden (Art. 105 Abs. 1). Maßstab ist immer das Kindeswohl.   68

Der Elternteil, dem das Sorgerecht (teilweise) entzogen wurde, hat das Recht auf Umgang mit dem Kind und darf über alltägliche Fragen oder bei Gefahr im Verzug Entscheidungen in Bezug auf das Kind treffen. Daneben hat er ein Informationsrecht bezüglich des Kindes (Art. 112 Abs. 1). Allerdings können diese Rechte gem. Art. 112 Abs. 2 gerichtlich eingeschränkt bzw. ausgeschlossen werden.   69

Neben der Übertragung des alleinigen Sorgerechts per Gerichtsentscheid fällt im Falle des Todes eines Elternteils das alleinige Sorgerecht automatisch dem überlebenden Elternteil   70

---

64 So die Begründung des Gesetzesentwurfs zu Art. 92, S. 203.
65 Das kroatische Recht kennt kein Aufenthaltsbestimmungsrecht; in der Regel legen die Eltern oder das Gericht nur fest, bei wem das Kind lebt.

Mikulić/Schön

zu, wenn beide Elternteile vorher das gemeinsame Sorgerecht ausgeübt haben (Art. 105 Abs. 2).

71   Daneben gibt es noch das Ruhen des Sorgerechts wegen rechtlichen Hindernissen (Minderjährigkeit oder Geschäftsunfähigkeit, Art. 114) sowie wegen tatsächlichen Hindernissen (unbekannter Aufenthaltsort oder andere objektive Gründe, wegen denen die elterliche Sorge nicht ausgeübt werden kann, Art. 115).

V. Sonstige Scheidungsfolgen

1. Kindesunterhalt

72   Der eheliche Kindesunterhalt ist in den Art. 288 ff. geregelt. Kindesunterhalt ist gem. Art. 283 Abs. 1 immer vorrangig. Stiefkinder sind eigenen Kindern gleichgestellt (Art. 283 Abs. 4). Kindesunterhalt kann auch rückwirkend (als Schadensersatz) verlangt werden, und zwar bis zu fünf Jahre nach Entstehen des jeweiligen Teilanspruchs (Art. 289 Abs. 3).

Es gibt seit 2014 auch ein dem deutschen Recht nachgebildetes Unterhaltsvorschussgesetz[66] (im Folgenden: UVG). Der Unterhaltsvorschuss in Höhe des hälftigen Mindestunterhalts wird für maximal drei Jahre gewährt, wenn der Verpflichtete trotz rechtskräftiger Verurteilung nicht leistet und die Vollstreckung nicht erfolgreich ist (Art. 8 Abs. 3 UVG). Nach Art. 3 UVG muss das Kind die kroatische Staatsangehörigkeit[67] und einen Wohnsitz in Kroatien haben. Zuständig ist das Zentrum für Sozialfürsorge, das innerhalb von 30 Tagen nach Antragstellung entscheiden muss (Art. 11 UVG).

73   Die Eltern sind zum Unterhalt für die minderjährigen Kinder verpflichtet (Art. 288 Abs. 1). Auch volljährige Kinder haben einen Unterhaltsanspruch, wenn sie sich in der Ausbildung befinden und ihren Ausbildungsverpflichtungen regelmäßig und ordentlich nachkommen (Art. 290 Abs. 1). Zudem bleibt der Unterhaltsanspruch ein Jahr nach der Ausbildung fortbestehen, wenn das Kind keine Beschäftigung findet (Art. 290 Abs. 2). Das neue Familiengesetz sieht für diese Fälle jedoch eine Altersgrenze vor. Der Unterhaltsanspruch besteht maximal bis zum vollendeten 26. Lebensjahr. Ist das volljährige Kind aufgrund einer schweren und andauernden Krankheit oder aufgrund von Invalidität arbeitsunfähig, so hat es Anspruch auf Unterhalt, solange die Arbeitsunfähigkeit besteht (Art. 290 Abs. 4). Einkünfte des Kindes sind auf den Unterhalt anzurechnen (vgl. Art. 90, 291 Abs. 1).

74   Neben den Eltern haben auch die Großeltern sowie die Stiefeltern eine Unterhaltpflicht gegenüber dem Kind, sofern es keinen Unterhalt von den Eltern erhalten kann (Art. 288 Abs. 2 und 3). Dabei sind die Großeltern vorrangig vor den Stiefeltern heranzuziehen (Art. 283 Abs. 3).

75   Mit dem neuen Familiengesetz wurde eine Unterhaltstabelle eingeführt, die je nach Altersstufe des Kindes und den Einkommensverhältnissen der Eltern den durchschnittlichen Bedarf eines minderjährigen Kindes festsetzt. Diese Tabelle entspricht in etwa der deutschen Düsseldorfer Tabelle. Die Unterhaltstabelle wird gem. Art. 314 Abs. 4 im jährlichen Rhythmus vom zuständigen Sozialministerium erlassen. Sie stellt jedoch keine zwingende Regelung dar, sondern sie ist eine Orientierungsgröße für Gerichte, die eigenständig über die Unterhaltshöhe entscheiden. Die Unterhaltstabelle ist in drei Altersstufen des Kindes (0–6 Jahre, 7–12 Jahre und 13–18 Jahre) sowie 15 Einkommensstufen unterteilt. Für jede

---

66 Zakon o privremenom uzdržavanju, RH NN Nr. 92/14.
67 Diese Voraussetzung dürfte mit dem EU-Diskriminierungsverbot aus Art. 18 AEUV nicht vereinbar und daher wohl unanwendbar sein.

Einkommensstufe wird ein entsprechender Selbstbehalt des Unterhaltspflichtigen festgesetzt. Wenn das Einkommen für die gesamte Unterhaltspflicht nicht ausreicht, werden die Tabellenbeträge der jeweils nächsten niedrigeren Einkommensstufe herangezogen. Grundsätzlich hat das Gericht beim Unterhaltspflichtigen neben seinen Einkünften auch seine Vermögenssituation sowie seine Möglichkeiten für eine Beschäftigung entsprechend seiner Ausbildung und seiner Arbeitsfähigkeit zu berücksichtigen (Art. 313).

Der Unterhalt in Geld ist von demjenigen Elternteil zu bezahlen, der nicht mit dem Kind   76
zusammenlebt. Bei dem Elternteil, bei dem das Kind lebt, wird angenommen, dass die Unterhaltspflicht bereits durch die alltägliche Sorge erfüllt ist (Art. 310 Abs. 1). Beim volljährigen Kind haben grundsätzlich beide Elternteile ihre Unterhaltspflicht in Geld zu leisten (Art. 316 Abs. 2). Lebt das volljährige Kind bei einem Elternteil, werden die Wohnkosten bei der Unterhaltshöhe dieses Elternteils berücksichtigt.

Kindesunterhalt muss nach der kroatischen Gerichtspraxis **erst** geleistet werden **ab dem**   77
Tag der Erhebung der Unterhaltsklage bzw. mit dem Tag der Einleitung des Scheidungsverfahrens, da in diesem das Gericht von Amts wegen über den Kindesunterhalt entscheidet (Art. 413 Abs. 1).[68] Für den Zeitraum davor besteht jedoch eine Schadensersatzpflicht (siehe Rdn 72). Das Gericht kann nach den Art. 537–543 **vorläufige Maßnahmen** zur Regelung des Unterhalts, die bis zum Abschluss des Verfahrens gelten sollen, bestimmen. Eine **Abänderungsklage** ist nach Art. 429–432 möglich, sofern sich an der Höhe der Leistungsfähigkeit oder an anderen Umständen etwas ändert. Im Unterhaltsverfahren wird das Kind von demjenigen Elternteil vertreten, bei dem es lebt (Art. 424 Abs. 2).

2. Erb- und Pflichtteilsrecht

Der Ehegatte ist neben den Kindern zu gleichen Teilen Erbe erster Ordnung (Art. 8, 9   78
ErbG). Im Falle einer gewillkürten Erbfolge, durch die er übergangen wird, ist er dementsprechend pflichtteilsberechtigt.[69] Nach Art. 25 Abs. 1 des kroatischen Erbrechtsgesetzes[70] **endet mit** der **Scheidung** der Ehe das gegenseitige **Erbrecht**. Der Ehegatte hat gem. Art. 25 Abs. 2 des Erbrechtsgesetzes bereits dann keinen Anspruch auf das Erbe mehr, wenn der Erblasser den Scheidungsantrag gestellt hat oder eine einvernehmliche Scheidung beantragt wurde und sich nach dem Tod herausstellt, dass dies begründet war. Das Erbrecht des Ehegatten entfällt ebenfalls, wenn die Ehe nach dem Tod des Erblassers für nichtig erklärt oder aus Gründen aufgehoben wird, die dem überlebenden Ehegatten bereits während der Eheschließung bekannt waren oder hätten bekannt sein müssen. Dies gilt auch, wenn die Ehegemeinschaft dauerhaft aus Verschulden des überlebenden Ehegatten oder in Übereinkunft mit dem Verstorbenen beendet war.

---

68 *Korać*, in: *Alinčić/Dika/Hrabar/Jelavić/Korać*, Obiteljski Zakon – novine, dvojbe i perspektive, S. 121, nach deren Auffassung das Gericht jedoch für Minderjährige den Unterhalt bereits für den Zeitraum vor Klageerhebung festsetzen sollte, da der Elternteil bereits mit der Trennung wisse, dass er unterhaltspflichtig sei.

69 Der Pflichtteilsanspruch ist im kroatischen Recht dinglich; vgl. zum Ganzen: *Mikulić*, Kroatisches Erbrecht in der deutschen Rechtspraxis und die Auswirkungen der EU-Erbrechtsverordnung, ZErb 2015, 272 ff.

70 Zakon o nasljeđivanju, NN RH Nr. 48/03, 163/03, 35/05, 127/13, 33/15.

3. Name nach der Scheidung

79 Es wird auf die Ausführungen in Rdn 23 verwiesen.

4. Bleiberecht nach der Scheidung

80 Gemäß Art. 72 Abs. 1 Ziff. 1 AuslG erlischt mit der Ehe, die den Grund für den vorübergehenden Aufenthalt bildet (vgl. Rdn 36), auch das Bleiberecht. Anders ist es jedoch, wenn durch die Ehe (oder nichteheliche Lebensgemeinschaft) bereits ein „autonomer Aufenthalt" gem. Art. 60 AuslG erworben wurde (vgl. Rdn 37).

5. Steuerliche Auswirkungen nach der Scheidung

81 Auch für den nachehelichen Unterhalt gilt das in Rdn 15, 38 Ausgeführte. Die Steuerfreiheit von Einnahmen aus Grundstücksveräußerungen zwischen den (nun ehemaligen) Ehegatten wird nur dann gewährt, wenn die Veräußerung im unmittelbaren Zusammenhang mit der Scheidung steht (so Art. 27 Abs. 8 a.E. EStG).

VI. Möglichkeiten vertraglicher Vereinbarungen für die Scheidung

1. Ehevertrag und Scheidungsvereinbarung

82 Das kroatische Recht kennt den Ehevertrag (Art. 40), der jedoch nur die vermögensrechtlichen Beziehungen der Eheleute regelt, sowie die Scheidungsfolgenvereinbarung anlässlich der Scheidung gem. Art. 52. Die Scheidungsfolgenvereinbarung kann zusätzlich Regelungen zum Sorge- und Umgangsrecht, zum Kindes- und Ehegattenunterhalt und zum Familienheim enthalten.

2. Zeitpunkt und Form

83 Der Ehevertrag über erlangtes und zukünftiges Vermögen ist in **schriftlicher Form** zu verfassen, wobei die Unterschriften der Ehegatten beglaubigt sein müssen (Art. 40 Abs. 3). Eine Beurkundung ist nicht notwendig. Der Ehevertrag kann vor oder während der Ehe geschlossen werden. Nach deren Beendigung kann eine Scheidungsfolgenvereinbarung abgeschlossen werden. Die Scheidungsfolgenvereinbarung muss schriftlich abgeschlossen werden. Werden die vermögensrechtlichen Beziehungen geregelt, ist hierfür ebenfalls Unterschriftsbeglaubigung erforderlich. Beinhaltet die Scheidungsfolgenvereinbarung auch Regelungen zum Sorge- und Umgangsrecht sowie zum Kindesunterhalt, ist sie automatisch Bestandteil des Sorgeplans nach Art. 106 (Art. 52 Abs. 2). Zur Vollstreckbarkeit der Regelungen im Rahmen des Sorgeplanes ist eine gerichtliche Genehmigung erforderlich (Art. 107).

3. Ehevertragsfreiheit

84 Es ist nicht zulässig, mit dem Ehevertrag die **Anwendbarkeit ausländischen Rechts** auf vermögensrechtliche Beziehungen zu vereinbaren (Art. 42; siehe Rdn 29).

4. Güterrechtliche Vereinbarungen

Abweichend von der gesetzlichen Regelung des Miteigentums zu gleichen Teilen (siehe   85
Rdn 10) kann hinsichtlich ehelich erworbenen Vermögens durch Ehevertrag eine abwei-
chende Vereinbarung getroffen werden. Es kann auch vereinbart werden, was eheliches
Vermögen ist (siehe Rdn 12, 29). Eine richterliche Kontrolle findet grundsätzlich nicht statt.
Es gelten die allgemeinen zivilrechtlichen Regeln zur Anfechtung und Sittenwidrigkeit.

5. Unterhaltsvereinbarungen

Die Ehegatten können anlässlich der Scheidung über den Unterhalt eine Vereinbarung   86
treffen (Art. 52 Abs. 1 Ziff. 4). Die Unterhaltsvereinbarung kann auf Antrag gerichtlich
genehmigt werden (Art. 52 Abs. 3).

6. Vereinbarungen über sonstige Scheidungsfolgen

a) Kindesunterhalt

Gemäß Art. 52 Abs. 1 Ziff. 2 soll der Kindesunterhalt von den Eltern geregelt werden. Die   87
Eltern sollen diesen im Rahmen des Sorgeplanes einvernehmlich festlegen. Zur Vollstreckbarkeit muss der Sorgeplan gerichtlich genehmigt werden (Art. 107). Nur wenn eine einvernehmliche Regelung nicht zustande kommt, entscheidet das Gericht. Siehe im Weiteren
auch Rdn 72.

b) Ehewohnung und Hausrat

Vereinbarungen über Vermögensfragen sind umfassend möglich (siehe Rdn 12); ohne Ver-   88
einbarung greift die gesetzliche **Regelung** des Miteigentums (siehe Rdn 10). Die Eheleute
können auch die Überlassung einer Mietwohnung bzw. des Hausrats einvernehmlich regeln.

c) Elterliche Sorge und Umgangsrecht

Im Rahmen des Sorgeplanes sollen die Eltern anlässlich der Trennung auch den Umgang   89
regeln. Eine Umgangsregelung kann auch separat getroffen werden. Nach Art. 122 Abs. 2
muss eine Umgangsregelung schriftlich abgefasst sein; sie muss den Umgang detailliert
regeln (Ort, Zeit, Beteiligung Dritter, Kostentragung). Zur Vollstreckbarkeit ist eine gerichtliche Genehmigung erforderlich. Das Gericht kann auch begleiteten Umgang anordnen.
Der Umgang hat sich stets am Kindeswohl zu orientieren.

Aus Art. 91 Abs. 2 folgt, dass ein Elternteil nicht auf sein **Sorgerecht verzichten** kann. Die   90
Eltern können jedoch über **Teilbereiche** des Sorgerechts und die **Art der Ausübung** eine
Vereinbarung treffen. Dies folgt aus Art. 104 Abs. 1, wonach die Eltern einvernehmlich die
elterliche Sorge ausüben, sowie aus Art. 105 Abs. 1, wonach das Gericht Teilbereiche auf
ein Elternteil übertragen kann. Nach Art. 52 Abs. 1 kann im Rahmen der Scheidungsfolgenvereinbarung ein Sorgeplan nach Art. 106 vereinbart werden. Bei einvernehmlicher Scheidung ist er zwingend vorgesehen (Art. 54 Abs. 2).

d) Erb- und Pflichtteilsverzicht; Aufhebung letztwilliger Verfügungen

Nach Art. 67 ErbG werden letztwillige Verfügungen zugunsten des überlebenden Ehegatten   91
als widerrufen vermutet, wenn die Ehe durch rechtskräftiges Urteil beendet worden ist,
nachdem die letztwillige Verfügung verfasst worden war. Dies gilt nicht, wenn der Erblasser
etwas anderes bestimmt hat. Nach Art. 134 Abs. 2 ErbG können Ehegatten auf das Erbe am

anderen Ehegatten verzichten. Es ist darauf hinzuweisen, dass gemeinschaftliche Testamente grundsätzlich unzulässig sind.[71]

VII. Kollisionsrecht der Scheidungsfolgen

92   Gemäß Art. 38 IPR-Gesetz kommen auf die Scheidungsfolgen die Bestimmungen des bereits erläuterten Art. 36 IPR-Gesetz analog zur Anwendung. Vorrangig sind jedoch EU-Verordnungen anzuwenden (siehe Rdn 30 f.).

VIII. Verfahren

93   Zum Scheidungsverfahren siehe Rdn 40.

IX. Internationale Zuständigkeit

94   Zur internationalen Zuständigkeit siehe Rdn 45 f.

E. Eingetragene Lebenspartnerschaft

I. Allgemeines

95   Kroatien hat 2003 erstmals ein Gesetz über gleichgeschlechtliche Lebenspartnerschaften erlassen, allerdings ohne die Möglichkeit einer Registrierung. Mit dem neuen „Gesetz über gleichgeschlechtliche Lebenspartnerschaften"[72] (**LebenspartG**) wurde nun auch eine eingetragene (registrierte) gleichgeschlechtliche Lebenspartnerschaft etabliert, die der ehelichen bzw. nichtehelichen Lebensgemeinschaft weitgehend gleichgestellt ist.[73] Nach wie vor gibt es auch die nichtregistrierte gleichgeschlechtliche Lebenspartnerschaft, die der registrierten – außer bei der Möglichkeit eines „Partnerschaftsnamens" – gleichgestellt ist (Art. 4 LebenspartG). Als solche Gemeinschaft gilt die Lebensgemeinschaft von zwei Personen desselben Geschlechts, die nicht in einer registrierten Lebenspartnerschaft leben, die bereits **drei Jahre** andauert und die sonstigen Voraussetzungen für eine Lebenspartnerschaft erfüllen (Art. 3 LebenspartG). Die sonstigen Voraussetzungen sind, dass die Partner einer solchen Lebensgemeinschaft älter als 18 Jahre sind, nicht verheiratet sind und sie nicht miteinander blutsverwandt oder bis zum vierten Grade verwandt sind (Art. 8–11 LebenspartG).

II. Begründung

96   Die registrierte gleichgeschlechtliche Lebenspartnerschaft wird durch gleichzeitige Erklärung vor dem Standesamt begründet (Art. 7 LebenspartG). Voraussetzungen sind Gleichgeschlechtlichkeit, Volljährigkeit und dass die Partner in keiner anderen Lebensgemeinschaft leben bzw. nicht verwandt sind.

---

71 *Mikulić*, Kroatisches Erbrecht in der deutschen Rechtspraxis und die Auswirkungen der EU-Erbrechtsverordnung, ZErb 2015, 272 (273 f.).
72 Zakon o životnom partnerstvu osoba istog spola, RH NN Nr. 92/14.
73 Die registrierte Partnerschaft folgt im Wesentlichen den Regelungen der Ehe, die nicht registrierte der nichtehelichen Lebensgemeinschaft, so dass auf die jeweiligen Ausführungen verwiesen werden kann.

III. Rechtsfolgen

Rechtsfolgen einer gleichgeschlechtlichen Gemeinschaft sind – wie bei der Ehe – gegensei-   97
tige Unterhaltsansprüche, vermögensrechtliche Folgen und das Recht auf gegenseitige Unterstützung (Art. 37, 39, 50 ff. LebenspartG). Die Partner einer registrierten Lebenspartnerschaft haben wie Ehepartner die Möglichkeit der Namenswahl. Sie können ihre Namen
behalten, den Namen des jeweils anderen annehmen oder einzeln oder zusammen einen
Doppelnamen annehmen (Art. 38 LebenspartG). Nach Art. 40 LebenspartG kann einem
gleichgeschlechtlichen Lebenspartner, der nicht Elternteil ist, die Mitsorge über ein Kind
durch das Gericht übertragen werden.

Der Unterhaltsanspruch richtet sich nach den Vorschriften zum ehelichen Unterhaltsan-   98
spruch (Art. 39 Abs. 2). Auf die dortigen Ausführungen wird verwiesen (Rdn 14 f.).

Die rechtlichen Regelungen über die Ausgestaltung der **vermögensrechtlichen Beziehun-**   99
gen in einer gleichgeschlechtlichen Gemeinschaft sind weitgehend identisch mit den diesbezüglichen Regelungen über die vermögensrechtlichen Beziehungen von Ehegatten (Art. 40–
42 FamG). Insbesondere wird zwischen eigenem Vermögen und gemeinsam erworbenem
Vermögen ("Partnervermögen") unterschieden (Art. 50–53 LebenspartG). Auch besteht die
Möglichkeit einer vertraglichen Regelung. Das LebenspartG verweist insoweit auf das
FamG (Art. 54 Abs. 1 LebenspartG).

Die Lebenspartner werden steuerlich den Ehepartnern gleichgestellt. Auch für sie gelten   100
die Befreiungen von Erb- und Schenkungsteuer (Art. 56 LebenspartG), bei interner Immo-
bilienveräußerung (Art. 57, 59 LebenspartG) sowie die Abzugsregeln für Unterhaltszahlungen. Eine Gleichstellung erfolgt auch bei Renten- und Krankenversicherung (Art. 61, 66
LebenspartG).

Nach Art. 55 LebenspartG sind die Lebenspartner mit den Ehegatten gleichgestellt, sie sind   101
also Erben erster Ordnung. Kinder, über die ein Lebenspartner das Sorgerecht ausübt, sind
ebenfalls erbberechtigt.

IV. Auflösung

Die registrierte Lebenspartnerschaft wird durch Auflösung beendet. Analog zur Scheidung   102
wird die Auflösung beim Gericht beantragt, Voraussetzung ist ebenfalls (alternativ) ein
gemeinsamer Antrag, ein abgelaufenes Trennungsjahr oder eine schwere und dauerhafte
Störung der Partnerschaft (Art. 29 LebenspartG). Die Beendigung der nicht registrierten
Lebenspartnerschaft erfolgt, wie bei der nichtehelichen Lebensgemeinschaft zwischen verschiedengeschlechtlichen Partnern, durch **rein faktisches Verhalten (Trennung).**

V. Kollisionsrecht der eingetragenen Lebenspartnerschaft

Eine gesonderte Kollisionsvorschrift für die gleichgeschlechtliche Lebensgemeinschaft ent-   103
hält das IPR-Gesetz (siehe Rdn 9) nicht. Hinsichtlich der vermögensrechtlichen Beziehungen wird man jedoch für nicht registrierte Lebenspartnerschaften Art. 39 IPR-Gesetz, der
für die vermögensrechtlichen Verhältnisse von Partnern einer nichtehelichen Lebensgemeinschaft gilt (siehe Rdn 109), entsprechend anwenden können. Für registrierte Lebenspartnerschaften gilt Art. 36 IPR-Gesetz, der für die ehelichen Vermögensverhältnisse gilt, analog
(siehe Rdn 31). Bei Verfahren vor deutschen Gerichten kommt nach Art. 17b EGBGB
kroatisches Recht zur Anwendung, wenn es sich um eine in Kroatien eingetragene Lebenspartnerschaft handelt. Die Ausführungen zur Durchführung des Versorgungsausgleichs
gelten entsprechend (Rdn 61 f.).

F. Nichteheliche Lebensgemeinschaft

104 Die nichteheliche Lebensgemeinschaft ist in Art. 11 FamG **definiert**. Sie ist eine Lebensgemeinschaft zwischen einer unverheiratetenen Frau und einem unverheirateten Mann, die nicht in einer anderen außerehelichen Lebensgemeinschaft leben. Sie liegt grundsätzlich erst ab einer Dauer der Beziehung von **drei Jahren** vor. Wenn aus der Beziehung ein Kind hervorgegangen ist oder die Beziehung in die Ehe mündete, liegt sie bereits früher vor. Eine solche Lebensgemeinschaft setzt eine intime Beziehung zwischen Mann und Frau voraus, in der die gegenseitigen Bedürfnisse des gemeinsamen Lebens befriedigt werden. Ein gemeinsames Wohnen reicht als Kriterium nicht aus, sondern das Vorliegen der Lebensgemeinschaft muss sich aus der Gesamtheit der Beziehung und dem Verhalten der Beteiligten ergeben.[74]

105 Nichteheliche Lebenspartner sind einander zum **Unterhalt** verpflichtet (Art. 303 Abs. 1 i.V.m. 295 ff. FamG). Voraussetzung für einen **Unterhaltsanspruch nach Beendigung** der nichtehelichen Lebensgemeinschaft ist Bedürftigkeit. Eine diesbezügliche Klage muss innerhalb von 6 Monaten nach Beendigung der nichtehelichen Lebensgemeinschaft erhoben werden (Art. 303 Abs. 3 FamG). Bezüglich des Umfangs des Unterhaltsanspruchs, der zeitlichen Begrenzung auf ein Jahr und den Verlängerungsmöglichkeiten sowie der Beendigung des Anspruchs gilt gem. Art. 295–300 FamG das bereits zum Unterhaltsanspruch von Ehegatten bzw. früheren Ehegatten Gesagte (vgl. Rdn 15 ff.). Darüber hinaus legt Art. 305 FamG ausdrücklich fest, dass der Vater eines unehelichen Kindes verpflichtet ist, der Mutter für den Zeitraum eines Jahres nach der Geburt des Kindes Unterhalt zu leisten, wenn diese für das Kind sorgt, aber keine ausreichenden eigenen Mittel zur Bestreitung des Lebensunterhalts besitzt. Unter denselben Voraussetzungen gilt diese Unterhaltspflicht auch während der Schwangerschaft der Mutter (Art. 305 Abs. 4).

106 Nach Art. 11 ist die nichteheliche Lebensgemeinschaft der ehelichen Lebensgemeinschaft gleichgestellt. Es gelten daher die Regelungen zur Ehe entsprechend. Auf die dortigen Ausführungen wird verwiesen.

107 Wie bei der nicht registrierten gleichgeschlechtlichen Lebenspartnerschaft wird eine nichteheliche Lebensgemeinschaft durch faktisches Verhalten **beendet**.

108 Das **Erbrecht** für nichteheliche Partner ist in Art. 8 Abs. 2 ErbG geregelt. Danach ist auch der nichteheliche Partner gesetzlich erbberechtigt, sofern im Zeitpunkt des Erbfalles eine der ehelichen Partnerschaft gleichgestellte Beziehung bestand. Notwendig ist jedoch eine **längerfristige** Lebensgemeinschaft[75] zwischen einem unverheirateten Mann und einer unverheirateten Frau, die mit dem Tod des Erblassers beendet worden ist. Es müssen auch die Voraussetzungen zum Eingehen einer Ehe vorgelegen haben. In Art. 25 Abs. 3 ErbG wird klargestellt, dass das gesetzliche Erbrecht nicht besteht, wenn die Lebensgemeinschaft mit dem Erblasser dauerhaft beendet war. Art. 8 Abs. 2 ErbG stellt hierbei den nichtehelichen Partner dem ehelichen Partner hinsichtlich des Erbrechts **gleich**. Daraus folgt, dass auch

---

74 Vrhovni Sud RH, Urt. v. 25.11.1992, Rev 2294/1991–2.
75 *Korać*, in: *Alinčić/Dika/Hrabar/Jelavić/Korać*, Obiteljski Zakon – novine, dvojbe i perspektive, S. 116, nach der entsprechend den Bestimmungen des FamG eine außereheliche Lebensgemeinschaft rechtliche Wirkung erst ab einer dreijährigen Dauer entfaltet bzw., wenn gemeinsame Kinder vorhanden sind, auch vorher.

der nichteheliche Partner nach Art. 9 ErbG genauso wie der eheliche Partner Erbe erster Ordnung ist.[76]

Das **Kollisionsrecht** für nichteheliche Lebensgemeinschaften ist in Art. 39 IPR-Gesetz enthalten. Danach kommt auf vermögensrechtliche Verhältnisse nichtehelicher Lebenspartner das Recht des Staates, dessen Staatsangehörige sie sind, zur Anwendung. Haben die nichtehelichen Lebenspartner verschiedene Staatsangehörigkeiten, so kommt das Recht des letzten gemeinsamen Wohnsitzes zur Anwendung. Für vertraglich geregelte Vermögensverhältnisse zwischen nichtehelichen Lebenspartnern findet das Recht Anwendung, das zum Zeitpunkt des Vertragsabschlusses auf deren vermögensrechtliche Beziehung Anwendung fand. Vor deutschen Gerichten kann hier kroatisches Recht grundsätzlich nicht zur Anwendung kommen, weil insofern eine Verweisungsnorm im EGBGB fehlt.

109

G. Abstammung und Adoption

I. Abstammung

Eheliche und nichteheliche Kinder werden **gleichbehandelt**. Für das Erbrecht ergibt sich dies z.B. aus Art. 21 ErbG. Die Abstammung als Grundlage der Verwandtschaft wird auch in Kroatien grundsätzlich durch die **genetisch-biologische Abstammung** von den Eltern begründet. Jedoch kann es auch hier, beispielsweise durch die Nichtanfechtung der Vaterschaft bei Geburt während der Ehe, zu einem Auseinanderfallen von rechtlicher und biologischer Vaterschaft kommen.

110

Mutter ist gem. Art. 58 diejenige Frau, die ein Kind geboren hat. Darüber hinaus enthalten die Art. 82–83 Sondervorschriften für Mutter- und Vaterschaft von Kindern, die **mit medizinischer Hilfe gezeugt** wurden. Nach Art. 82 Abs. 1 ist auch in diesem Fall diejenige Frau die Mutter, die das Kind geboren hat. Gemäß Art. 82 Abs. 2 ist die Feststellung oder Anfechtung der Mutterschaft (und auch der Vaterschaft) eines Kindes, das unter Zustimmung des Spenders von Sperma oder Eizelle gezeugt wurde, ausgeschlossen. In Ausnahme hiervon ist die Mutterschaft durch die Mutter oder die Frau, deren Eizelle verwendet wurde, anfechtbar, wenn es zur künstlichen Befruchtung ohne die jeweilige schriftliche Zustimmung kam (Art. 82 Abs. 3).

111

Allgemeine Anfechtungsregeln finden sich in Art. 75–78. Anfechtungsberechtigt sind das Kind, die Mutter und die Frau, die geltend macht, die Mutter zu sein. Nach Art. 394 muss die Anfechtung innerhalb von sechs Monaten nach Kenntnis des Anfechtungsgrundes gerichtlich erklärt werden, spätestens bis zur Vollendung des 7. Lebensjahres des Kindes. Ausgenommen hiervon ist das Anfechtungsrecht des Kindes, das bis zur Vollendung dessen 25. Lebensjahres zulässig ist (Art. 393). Nach Feststellung der Mutterschaft durch das Gericht oder nach dem Tod des Kindes ist eine Anfechtung unzulässig (Art. 77 f.). Anders als nach der früheren Fassung des FamG besteht, wie für die Anfechtung der Vaterschaft, in Fällen künstlicher Befruchtung auch für die Anfechtung der Mutterschaft in den genannten Fällen eine zeitliche Begrenzung. Es ist noch anzumerken, dass die Mutterschaft nach Art. 58 in Fällen, in denen die Frau, die das Kind geboren hat, nicht festzustellen ist, auch durch Gerichtsentscheidung festgestellt werden kann. Berechtigt, eine Feststellungsklage zu erheben, sind das Kind, die Frau, die geltend macht, Mutter zu sein, und das Zentrum für Sozialfürsorge (Art. 59 Abs. 1).

112

---

76 *Mikulić*, Kroatisches Erbrecht in der deutschen Rechtspraxis und die Auswirkungen der EU-Erbrechtsverordnung, ZErb 2015, 272 f.

Mikulić/Schön

113   Die Vaterschaft richtet sich danach, wer aufgrund gesetzlicher Vermutung, Anerkennung oder gerichtlicher Feststellung Vater ist (Art. 60 Abs. 1). Als **Vater** eines Kindes gilt grundsätzlich der Ehemann, wenn das Kind während der Ehe mit der Frau, die das Kind geboren hat, oder bis zu 300 Tage nach deren Beendigung geboren wurde (Art. 61 Abs. 1). Darüber hinaus besteht die Möglichkeit der **Anerkennung** der Vaterschaft, die vor dem Zentrum für Sozialfürsorge, vor Gericht, vor dem Standesamt, vor dem Konsulat und in einer letztwilligen Verfügung erfolgen kann (Art. 62). Eine volljährige Person kann die Vaterschaft unabhängig von ihrer Geschäftsfähigkeit anerkennen. Eine minderjährige Person kann die Vaterschaft – ausschließlich vor dem Zentrum für Sozialfürsorge – anerkennen, wenn sie das 16. Jahr vollendet hat und darüber hinaus in der Lage ist, die Bedeutung dieser Anerkennung zu verstehen. Unter 16-Jährige benötigen die Zustimmung des gesetzlichen Vertreters. Die **Anerkennung** der Vaterschaft ist **unwiderruflich** (Art. 65 Abs. 1). Nach dem Tod des Kindes ist sie nur möglich, wenn das Kind Abkömmlinge hatte (Art. 65 Abs. 3). Erfolgt die Anerkennung der Vaterschaft **während der Schwangerschaft**, so entfaltet diese Wirkung mit der Lebendgeburt des Kindes (Art. 65 Abs. 2). Auch bei einer Totgeburt ist einer Anerkennung möglich (Art. 65 Abs. 4). Eine Anerkennung der Vaterschaft ist ohne Zustimmung der Kindesmutter nicht möglich (Art. 64 Abs. 1). Ist das Kind bereits über 14 Jahre alt, muss es auch zustimmen (Art. 64 Abs. 1). Wenn die Vaterschaft entgegen der gesetzlichen Vermutung zugunsten des Ehemannes von einem anderen Mann anerkannt wird, muss auch der Ehemann zustimmen.

114   Neben der Anerkennung ist auch die Feststellung von Mutter- und Vaterschaft **durch Gerichtsentscheidung** möglich. Das Kind kann diese Klage bis zum 25. Lebensjahr erheben. Die Feststellungsklage durch alle anderen Klageberechtigten (Mutter, Vater, dritte Person, die behauptet Vater oder Mutter zu sein, Zentrum für Sozialfürsorge) ist bis zum vollendeten 18. Lebensjahr des Kindes möglich (Art. 383–387).

115   Ebenso möglich sind Klagen des Kindes, des Vaters, der Mutter, des vermeintlichen Vaters sowie auch (nach dem Tod von Mutter oder Vater) Dritter auf **Anfechtung** der Vaterschaft (Art. 79–81). Die hierbei zu beachtenden Klagefristen enden grundsätzlich 6 Monate nach Kenntniserlangung der Tatsachen, die die Vaterschaft ausschließen, spätestens jedoch mit dem vollendeten 7. Lebensjahr des Kindes (Art. 401 Abs. 1, 402). In Abweichung hiervon endet die Frist für das Kind selbst erst mit Vollendung des 25. Lebensjahres (Art. 400 Abs. 1).

II. Adoption

1. Allgemeines

116   Das kroatische Recht kennt nur eine einzige einheitliche Form der Adoption.

Das neue FamG sieht nun erstmals auch die Möglichkeit einer Adoption ohne Zustimmung der Eltern sowie die Möglichkeit einer Adoption durch nichteheliche Lebenspartner oder Einzelpersonen vor. Das Verfahren ist nun zweistufig: Zunächst erfolgt die Beurteilung des möglichen Adoptierenden, danach das Verfahren über die Begründung der Adoption.

2. Einheitliche Form der Adoption

117   Die Kennzeichen der einheitlichen Adoption sind deren Unauflösbarkeit (Art. 197 Abs. 1) und das einheitliche Höchstalter für den zu Adoptierenden von 18 Jahren (Art. 181 Abs. 1). Neben Eheleuten können nun auch nichteheliche Lebenspartner gemeinsam adoptieren,

oder einer der Partner, wenn der andere (Adoptiv)Elternteil des Kindes ist und der Adoption zustimmt sowie Einzelpersonen, die nicht in einer Lebensgemeinschaft leben (Art. 185).

3. Voraussetzungen für die Adoption

Voraussetzungen auf Seiten des zu **Adoptierenden:** Eine Adoption ist bis zum 18. Lebensjahr des Kindes möglich (Art. 181 Abs. 1). Grundsätzlich müssen die biologischen Eltern der Adoption zustimmen (Art. 188 Abs. 1). Die Zustimmung zur Adoption ist innerhalb einer Frist von 30 Tagen widerrufbar (Art. 188 Abs. 6). Die Zustimmung kann in bestimmten Fällen per Gerichtsentscheid ersetzt werden (Art. 190), z.B. wenn die Eltern über einen längeren Zeitraum ihre elterliche Verantwortung missbraucht oder grob verletzt haben oder mit ihrem Verhalten keinerlei Interesse am Kind zeigen und die Adoption dem Kindeswohl entspricht (Art. 190 Abs. 1 Ziff. 1). Es reicht auch, wenn der Missbrauch und die grobe Verletzung der elterlichen Verantwortung in kürzerem Zeitraum auftreten, wenn zu erwarten ist, dass den Eltern das Sorgerecht nicht weiter anvertraut werden kann (Ziff. 2). Daneben kann die Zustimmung ersetzt werden, wenn die Eltern dauerhaft nicht dazu fähig sind, auch nur einen Teil der elterlichen Sorge auszuüben (Ziff. 3).

118

Auch das Kind muss gem. Art. 191 Abs. 1 der Adoption zustimmen, wenn es das zwölfte Lebensjahr vollendet hat. Bei Kindern, die jünger als 12 Jahre sind, wird deren Meinung zur Adoption berücksichtigt (Art. 191 Abs. 3).

Auf Seiten der **Adoptierenden** ist zum einen vorgeschrieben, dass dieser kroatischer Staatsbürger sein soll. Ausländer können in Kroatien nur ausnahmsweise adoptieren, wenn dies von besonderem Nutzen für das Kind ist (Art. 186 Abs. 1 und 2).[77] Hierzu ist dann die vorherige Zustimmung des Sozialministeriums notwendig (Art. 186 Abs. 3). Gemäß Art. 184 Abs. 1 sollen i.d.R. Adoptiveltern nur Personen ab dem 21. Lebensjahr sein, die zudem noch mindestens 18 Jahre älter als der zu Adoptierende zu sein haben. Ausnahmsweise kann auch eine Person, die jünger als 21 Jahre ist, Adoptivelternteil sein (Art. 184 Abs. 2).

119

Anders als eine frühere Fassung des Gesetzes enthält das Gesetz keine Sondervorschriften für den Altersunterschied bei der Adoption von Geschwistern. Es gibt keine Sonderregelung, da der diesbezügliche Art. 126 Abs. 3 a.F. aufgehoben wurde. Nach Art. 180 Abs. 5 soll darauf geachtet werden, dass Geschwister von den gleichen Personen adoptiert werden, wenn dies möglich ist und dem Kindeswohl entspricht.

120

Hinsichtlich der **Rechtswirkungen** der Adoption ist auf die Besonderheit hinzuweisen, dass Adoptiveltern bis zum 12. Lebensjahr des adoptierten Kindes ohne dessen Zustimmung nicht nur dessen Eigennamen ändern können, sondern auch dessen sog. Volkszugehörigkeit (die in Kroatien in amtlichen Formularen zusätzlich zur Staatsangehörigkeit angegeben wird) ändern können (Art. 198).

121

4. Datenschutz

Die **biologischen Eltern** erhalten anlässlich der Erteilung der Zustimmung zur Adoption keine Angaben über die Adoptiveltern, es sei denn, es handelt sich um eine Adoption durch Stiefvater oder -mutter (Art. 209). Da die biologischen Eltern gem. Art. 209 Abs. 2 30 Tage nach Zustimmungserteilung zur Adoption aufhören, Beteiligte am Adoptionsverfahren zu sein, verlieren sie auch das Recht auf **Einsicht in die standesamtlichen Unterlagen** des

122

---

77 Diese Regelung dürfte in Bezug auf EU-Ausländer gegen das Diskriminierungsverbot verstoßen und daher in solchen Sachverhalten unanwendbar sein.

Kindes und die Adoptionsakte. Auch Eltern, deren Zustimmung zur Adoption nicht erforderlich war, steht dieses Recht nicht zu (Art. 209 Abs. 5). Akteneinsicht dürfen nur ein volljähriges Adoptivkind, die Adoptiveltern sowie die leiblichen Eltern bei Adoption durch Stiefvater oder -mutter nehmen (Art. 217 Abs. 3). Nahe biologische Verwandte haben nur dann ein Recht auf Akteneinsicht, wenn das volljährige Adoptivkind zustimmt (Art. 217 Abs. 5). Art. 206 normiert darüber hinaus das **Recht** eines Adoptierten, von den Adoptiveltern **zu erfahren**, dass es adoptiert wurde. Den Adoptiveltern wird geraten, dies dem Kind spätestens bis zum 7. Lebensjahr mitzuteilen. Älteren Kindern soll dies sofort nach der Adoption mitgeteilt werden.

5. Kollisionsrecht

123 Für die Voraussetzungen der Adoption ist für die Frage des anwendbaren Rechts nach Art. 44 Abs. 1 IPR-Gesetz die **Staatsangehörigkeit** des adoptierten Kindes und der Adoptiveltern maßgeblich. Bei unterschiedlicher Staatsangehörigkeit sind für die Voraussetzungen der Adoption und der Beendigung die Rechte der maßgeblichen Staaten kumulativ anwendbar (Art. 44 Abs. 2 IPR-Gesetz). Für die Form der Begründung der Adoption ist das Recht des Staates maßgeblich, in dem die Adoption begründet wird (Art. 44 Abs. 4 IPR-Gesetz). Für die Wirkungen der Adoption ist nach Art. 45 IPR-Gesetz das Recht des Staates maßgeblich, dessen Staatsangehörigkeit das Adoptivkind und die Adoptiveltern im Zeitpunkt der Begründung der Adoption haben. Haben Adoptiveltern und Adoptivkind unterschiedliche Staatsangehörigkeiten, so ist das Recht des Staates anwendbar, in dem sie ihren Wohnsitz haben. Sollte kein gemeinsamer Wohnsitz bestehen, gilt das Recht der Republik Kroatien, sofern einer von ihnen kroatischer Staatsbürger ist. Sollte auch die kroatische Staatsbürgerschaft nicht bestehen, so gilt das Recht des Staates, dessen Staatsangehöriger das Adoptivkind ist.

Lettland

Sandra Rimša, Rechtsanwältin, Riga
Rüdiger Schulze, Rechtsanwalt, Hennigsdorf

Literatur

E. Kalniņš, Laulāto manto laulāto likumiskajās mantiskajās attiecībās, Rīga: Tiesu namu aģentūra, 2010; Latvijas Republikas Civillikums: The Civil Law of Latvia, Tulkošanas un terminoloģijas centrs, Riga 2001; *Mans Īpašums* (Hrsg.), Latvijas Republikas Civillikuma komentāri. Ģimenes tiesības (Kommentar des Zivilgesetzbuches der Republik Lettland. Familienrecht), Riga 2000; *Tiesu namu aģentūra* (Hrsg.), Latvijas Republikas Apelācijas instances nolēmumu apkopojums civillietās (Die Sammlung der Gerichtsbeschlüsse der Berufungsinstanz in Zivilsachen). 1998–1999.gads., Riga 2000; *Tiesu namu aģentūra* (Hrsg.), Latvijas Republikas Apelācijas instances nolēmumu apkopojums civillietās. 1999–2000.gads., Riga 2001; *Tiesu namu aģentūra* (Hrsg.), Latvijas Republikas Apelācijas instances nolēmumu apkopojums civillietās. 2001–2002.gads., Riga 2003; *Tiesu namu aģentūra* (Hrsg.), Latvijas Republikas Apelācijas instances nolēmumu apkopojums civillietās. 2003–2004.gads., Riga 2004; *Latvijas Tiesnešu mācību centrs* (Hrsg.), Latvijas Republikas Augstākās tiesas Senāta Civillietu departamenta spriedumi un lēmumi 1998 (Die Gerichtsurteile und -beschlüsse der Abteilung für Zivilsachen des Senats des Höchsten Gerichts der Republik Lettland 1998), Riga 1999; *Zigmants Genzs*, Mantošana, Riga 2002

Nützliche Internetquellen

www.vvc.gov.lv (Translation and Terminology Center – in englische Sprache übersetzte lettische Gesetzestexte); www.likumi.lv (lettische Gesetzestexte mit Links auf englische Übersetzungen, soweit vorhanden); www.ur.gov.lv (Webseite des lettischen Handelsregisters); www.tiesas.lv (Webseite der lettischen Gerichte); www.zemesgramata.lv (Webseite der Grundbuchämter).

A. Eheschließung

I. Materielle Voraussetzungen

1. Keine obligatorische Zivilehe

1   Das lettische Recht gestattet es, die Ehe sowohl durch einen Standesbeamten als auch durch einen Geistlichen schließen zu lassen. Zur Wirksamkeit einer von einem Geistlichen durchgeführten **Trauung** bedarf es lediglich der Übersendung der für das Eheregister notwendigen Unterlagen innerhalb von 14 Tagen.

2. Verlöbnis

2   Der Eheschließung geht ein formfreies **Verlöbnis** voraus und damit das gegenseitige Versprechen, die Ehe eingehen zu wollen. Dieses Versprechen ist weder einklagbar noch durch ein Vertragsstrafeversprechen absicherungsfähig (Art. 26 ZGB).[1] Bei Auflösung einer Verlobung sind sämtliche Geschenke des Partners sowie die seiner Eltern und Verwandten, die anlässlich der Verlobung überreicht wurden, zurückzugeben.

3. Persönliche Voraussetzungen

a) Zwei Personen verschiedenen Geschlechts

3   Die Ehe können nur zwei Personen verschiedenen Geschlechts eingehen. Die **gleichgeschlechtliche Ehe** ist untersagt (Art. 35 S. 2 ZGB).

b) Ehefähigkeit

4   Eine Ehe darf grundsätzlich nicht vor Vollendung des 18. Lebensjahres eingegangen werden (Art. 32 ZGB). Eine Ausnahme sieht Art. 34 ZGB vor, der es erlaubt, bereits mit 16 Jahren zu heiraten, wenn der Partner volljährig ist und die Eltern oder der Vormund des Minderjährigen dieser Ehe zustimmen. Die Zustimmung kann auch vom zuständigen Vormundschaftsgericht erteilt werden, wenn die Eltern oder der Vormund diese verweigern. Eine Ehe darf nicht schließen, wer von einem Gericht aufgrund Geistesschwäche oder Geisteskrankheit für **handlungsunfähig** erklärt wurde (Art. 34 ZGB).

---

1   Zivilgesetzbuch der Republik Lettland in der Fassung vom 1.1.2003 (im Folgenden: ZGB).

c) Kein Eheverbot

Auch in Lettland gilt das **Verbot der Doppelehe** (Art. 38 ZGB). Untersagt ist zudem die Ehe zwischen Adoptiveltern und Adoptivkind, sofern die durch die Adoption begründeten Rechtsbeziehungen nicht wieder aufgelöst wurden (Art. 37 ZGB). Das Verbot gilt auch für Blutsverwandte in gerader Linie, Geschwister und Halbgeschwister (Art. 35 i.V.m. Art. 213 ZGB). 5

d) Eheschließung durch Ausländer

Ein **Ausländer** kann in Lettland eine Ehe mit einem lettischen Staatsangehörigen, einem Nicht-Staatsangehörigen der Republik Lettland,[2] einem anderen Ausländer oder einem Staatenlosen mit gültiger Aufenthaltserlaubnis für die Republik Lettland nur dann eingehen, wenn er sich legal im Land aufhält. 6

4. Rechtsfolgen von Verstößen

Eine Ehe kann nur dann für nichtig erklärt werden, wenn die Voraussetzungen der Art. 60–67 ZGB vorliegen. **Nichtigkeitsgründe** liegen nicht nur bei Verstoß gegen die persönlichen Voraussetzungen (siehe hierzu Rdn 3) vor, sondern auch bei Bestehen einer **Scheinehe**. Diese ist gem. Art. 60 S. 2 ZGB ebenfalls für nichtig zu erklären und liegt dann vor, wenn die Ehe eingegangen wurde, ohne dass die Gründung einer Familie beabsichtigt war. Wurde eine Ehe geschlossen, obwohl die Ehegatten noch nicht das erforderliche Alter aufwiesen, darf eine solche Ehe nicht aufgehoben werden, wenn die Ehefrau schwanger geworden ist (Art. 61 S. 2 ZGB). 7

Die Feststellung der Nichtigkeit der Ehe erfolgt durch die sog. **Ehenichtigkeitsklage**. Diese kann gem. Art. 65 ZGB sowohl durch die Personen, die ein Interesse an der Nichtigkeit nachweisen können, als auch durch die Staatsanwaltschaft erhoben werden. Das Recht zur Geltendmachung einer derartigen Klage unterliegt nicht der Verjährung. Wusste einer der Ehegatten bei Eingehung der Ehe vom Vorliegen des Nichtigkeitsgrundes, ist er dem anderen zum Ersatz des **immateriellen Schadens** verpflichtet. Gleichzeitig hat er dem anderen die notwendigen Mittel für dessen Unterhalt zur Verfügung zu stellen (Art. 79 ZGB). Ein Ehegatte, der die Ehe unter dem Druck einer strafbaren Drohung einging, kann diese Ehe innerhalb von sechs Monaten nach Wegfall der drohenden Beeinflussung anfechten (Art. 67 ZGB). Nach Ablauf dieser sechs Monate ist die Ehe wirksam. 8

II. Zuständige Behörde und Verfahren

1. Zuständige Behörde

Für die Eheschließung ist grundsätzlich der Leiter des **Standesamtes** zuständig. Gehören die Verlobten der evangelisch-lutherischen oder der römisch-katholischen Kirche an oder sind sie dem rechtgläubigen, altgläubigen, methodistischen, baptistischen, dem Adventismus 9

---

2 Nach dem Gesetz über die Staatsangehörigen der ehemaligen UdSSR, die weder eine lettische noch eine andere Staatsangehörigkeit besitzen, sind die Personen und deren Kinder, die vor dem 1.7.1992 mindestens zehn Jahre ununterbrochen in Lettland wohnhaft waren, mit den in Art. 1 dieses Gesetzes bestimmten Ausnahmen (z.B. in Lettland stationierte Militärpersonen der ehemaligen UdSSR-Armee sowie deren Ehegatten) als Nicht-Staatsangehörige der Republik Lettland anzusehen. Die Nicht-Staatsangehörigen der Republik Lettland besitzen nicht die Rechte eines Staatsangehörigen, befinden sich jedoch unter dem Schutz der Republik Lettland.

des siebenten Tages oder dem mosaischen Glaubensbekenntnis angehörig und haben sie den Wunsch, von einem Geistlichen ihrer Konfession getraut zu werden, ist der **Geistliche** der jeweiligen Konfession zuständig. Sowohl eine Zivilehe als auch die Ehe, die vor dem Geistlichen der vorgenannten Glaubensbekenntnisse geschlossen worden ist, hat volle rechtliche Wirkung (Art. 51, 53 ZGB).

2. Verfahren

a) Antrag auf Eheschließung, Aufgebot

10 Vor der Trauung steht das **Aufgebot**. Zu diesem Zweck stellen die Brautleute einen Antrag auf Eheschließung beim Standesamt des Wohnsitzes einer der Brautleute oder eines Elternteils der Brautleute. Das Aufgebot wird für die Dauer eines Monats im Standesamt ausgehängt. In dringenden Fällen kann der Leiter des Standesamtes diese Frist verkürzen. Ein Geistlicher der vorgenannten Glaubensbekenntnisse (siehe Rdn 9) vollzieht das Aufgebot nach den Vorschriften des entsprechenden Glaubensbekenntnisses (Art. 45, 51 ZGB).

11 Bei der Antragstellung sind folgende **Unterlagen** vorzulegen:
 – Reisepass oder Personalausweis und
 – Geburtsurkunde.

12 Zusätzliche Unterlagen bei Verlobten, die noch keine 18 Jahre alt sind:
 – Einwilligung der Eltern, des Vormunds oder des Vormundschaftsgerichts.

13 Zusätzliche Unterlagen bei Verlobten, die bereits verheiratet waren:
 – Sterbeurkunde des ehemaligen Ehegatten oder
 – Ehescheidungsurteil.

14 Sollte es einem oder beiden Brautleuten nicht möglich sein, die genannten Unterlagen zu beschaffen, können diese auch durch ein entsprechendes feststellendes Gerichtsurteil ersetzt werden.

15 Zusätzliche Unterlagen, die von **Ausländern** einzureichen sind:
 – Ehefähigkeitszeugnis des Heimatstaates. Kann ein solches nicht erlangt werden (z.B. bei Staatenlosen oder Flüchtlingen), kann dieses durch eine schriftliche Erklärung über den Familienstand ersetzt werden;
 – gültiges lettisches Visum bzw. gültige Aufenthaltsgenehmigung.

b) Trauung

16 Die Ehe kann geschlossen werden, wenn innerhalb der Aufgebotsfrist von einem Monat keine Ehehindernisse bekannt geworden sind. Die Ehe ist innerhalb von sechs Monaten nach Bestellung des Aufgebots zu schließen. Die Ehe kann vor einem anderen Standesamt als dem des Aufgebots oder vor einem Geistlichen geschlossen werden. In diesem Fall leitet das ursprüngliche Standesamt den Antrag auf Eheschließung zusammen mit dem Vermerk über das durchgeführte Aufgebot an die nun zuständige Stelle weiter (Art. 50–52 ZGB). Bei der Eheschließung müssen zwei volljährige Zeugen anwesend sein (Art. 56 ZGB). Wurde die Ehe vor einem Geistlichen geschlossen, muss dieser innerhalb einer Frist von 14 Tagen die Daten der erfolgten Trauung an das Eheregister übermitteln.

III. Kollisionsrecht der Eheschließung

1. Kollisionsrecht

Das Recht, eine Ehe einzugehen, die Form und die Gültigkeit der Ehe sind nach lettischem   17
Recht zu beurteilen, wenn die Ehe in Lettland geschlossen wird. Das Recht, eine Ehe im
Ausland einzugehen, ist für lettische Bürger nach dem Recht Lettlands zu beurteilen. Die
Form der Eheschließung unterliegt in solchen Fällen dem Recht des Staates, in dem die Ehe
geschlossen werden soll (Art. 11 ZGB).

2. Familienstammbuch

Nach Eheschließung eines deutschen mit einem lettischen Staatsbürger empfiehlt es sich,   18
die Anlegung eines **Familienstammbuchs** zu veranlassen. Ist der deutsche Staatsbürger
noch in Deutschland gemeldet, kann dieses beim zuständigen deutschen Standesamt beantragt werden. Hat kein Ehepartner seinen Wohnsitz oder gewöhnlichen Aufenthalt im
Bundesgebiet, so ist der Standesbeamte des Standesamtes I in Berlin zuständig. Nach der
Eheschließung sollte die Heiratsurkunde der Konsularabteilung im Außenministerium der
Republik Lettland vorgelegt werden. Dort wird sie mit einer Apostille gemäß dem „Haager
Übereinkommen zur Befreiung ausländischer Urkunden von der Legalisierung"[3] versehen,
um eine Anerkennung der Urkunde in Deutschland zu ermöglichen. Das Erfordernis der
Legalisierung der Urkunde durch die Deutsche Botschaft in Riga entfällt damit.

B. Folgen der Eheschließung

I. Allgemeine Ehewirkungen

Das ZGB schreibt in Art. 84 fest, dass die Partner durch die Ehe verpflichtet sind, einander   19
treu zu sein, **zusammenzuleben**, füreinander und gemeinsam für das Wohlergehen der
Familie zu sorgen. Es legt fest, dass die Eheleute die **gleichen Rechte** genießen, und legt
die Verpflichtung fest, bei Meinungsverschiedenheiten eine Einigung anzustreben.

Die Ehegatten sind – unabhängig von ihren Vermögensverhältnissen – befugt, sich gegensei-   20
tig in Angelegenheiten der häuslichen Gemeinschaft zu **vertreten**. Rechtsgeschäfte, die
einer der Ehegatten in diesem Rahmen getätigt hat, gelten als im Namen auch des anderen
Ehegatten abgeschlossen, wenn aus den Umständen des Einzelfalls nicht das Gegenteil
ersichtlich ist. Liegen wichtige Gründe vor, kann einer der Ehegatten das Recht des anderen
Ehegatten einschränken oder es ihm entziehen lassen. Dritten Personen gegenüber ist eine
solche Einschränkung oder Entziehung nur dann wirksam, wenn sie davon Kenntnis hatten
oder eine Eintragung im Eheregister erfolgt ist (Art. 87 ZGB).

Jeder der Ehegatten hat das Recht, unabhängig von der Art der güterrechtlichen Beziehun-   21
gen auf allgemeiner Grundlage selbstständig über sein Eigentum für den **Todesfall** zu
verfügen (Art. 88 ZGB).

---

3 Abkommen vom 5.10.1961.

II. Güterrecht

1. Güterstände

22 Wie auch im deutschen Recht zwingt das ZGB die Eheleute nicht zu einem bestimmten güterrechtlichen Modell, sondern lässt ihnen die **Wahl** zwischen den Güterständen der **Zugewinngemeinschaft**, der **Gütertrennung** und der **Gütergemeinschaft**.

23 **Gesetzlicher Güterstand** ist gem. Art. 89 ff. ZGB die **Zugewinngemeinschaft**. Diese **endet** entweder durch vertragliche Vereinbarung, Tod eines Ehegatten oder Scheidung. Bei bestehender Ehe kann ein Ehegatte die Beendigung der Zugewinngemeinschaft beantragen, wenn die Schulden des anderen Ehegatten den Wert seines Sonderguts überschreiten oder infolge seiner Handlungen das Vermögen aufgezehrt oder erheblich vermindert werden könnte (Art. 109 Abs. 1 Nr. 3 ZGB).

24 **Eheverträge** müssen notariell geschlossen werden. Um Dritten gegenüber bindende Wirkung zu entfalten, sind Eheverträge in das „Register der Güterrechtlichen Beziehungen von Ehegatten" (**Eheregister**), das durch die Behörde des Unternehmensregisters geführt wird, einzutragen. Betreffen sie unbewegliches Vermögen, bedarf es zusätzlich einer entsprechenden Eintragung in das Grundbuch.

2. Auswirkungen der einzelnen Güterstände auf das Vermögen und das Eigentum

a) Gesetzlicher Güterstand (Zugewinngemeinschaft)

25 Bei der Zugewinngemeinschaft ist zwischen dem gemeinschaftlichen Vermögen der Ehegatten und dem Sondergut jedes der Ehegatten zu unterscheiden.

26 Jeder Ehegatte behält zunächst das Vermögen, das ihm vor der Ehe gehörte, sowie Folgevermögen, das er während einer gültigen Ehe erwirbt. Dazu gehören (nach der aktuellen Rechtsprechung[4] ist die Aufzählung als nicht erschöpfend anzusehen):
- Vermögenswerte, die die Ehegatten vertraglich zu Sondergut erklärt haben;
- Gegenstände, welche lediglich der persönlichen Nutzung dienen oder welche der Ehegatte für seine selbstständige Arbeit benötigt;
- Vermögen, das jemand dem Ehegatten unentgeltlich während der Ehe zugewandt hat;
- Einkommen aus Sondergut eines der Ehegatten, das nicht für die Bedürfnisse der Familie oder des Haushalts eingesetzt wurde;
- Vermögen, durch welches das in den vorstehenden Punkten genannte Vermögen ersetzt worden ist (Art. 91 ZGB).

27 Vorgenanntes Vermögen wird zum **Sondergut** eines der Ehegatten, das frei zu verwalten und zu nutzen er berechtigt ist. Zum Sondergut eines Ehegatten zählt auch ein neuer Vermögensgegenstand, der einen bereits vorhandenen Vermögensgegenstand des Sondergutes ersetzt hat (Art. 89 Abs. 3 ZGB). Die erwähnte vertragliche **Vereinbarung** der Ehegatten über das Sondergut ist nicht als Ehevertrag anzusehen. Durch die Vereinbarung wird nur festgelegt, dass ein bestimmtes Vermögen einem der Ehegatten allein gehört. Sie dient auch als Beweismittel, da gem. Art. 91 Abs. 2 ZGB das Eigentum eines Ehegatten an einem bestimmten Gegenstand gegebenenfalls bewiesen werden muss.[5] Gesetzliche Formvorschriften für die Vereinbarung existieren nicht, sie kann daher auch mündlich geschlossen

---

4 Senat des Höchsten Gerichts der Republik Lettland, Urt. v. 14.5.2008, Sache Nr. SKC – 209.
5 Siehe auch Tiesu prakse strīdos par laulāto mantas dalīšanu, *Jānis Krūmiņš*, „Latvijas Vēstnesis", 24.2.2004.

werden. Um jedoch gegenüber Dritten gültig zu sein, muss die Vereinbarung im Eheregister eingetragen und im Ergebnis letztlich doch schriftlich geschlossen werden.[6] Die **Mitgift** einer Frau anlässlich der Eheschließung verbleibt in ihrem Vermögen, selbst wenn sie dem Mann übergeben wurde (Art. 111 ZGB).

Ein Ehegatte **haftet** nicht mit seinem **Sondergut** für die Verbindlichkeiten des anderen 28 Ehegatten. Nur in Fällen, in denen die Verbindlichkeiten für die Bedürfnisse der Familie und des gemeinsamen Haushalts eingegangen wurden, kann eine Haftung mit dem Sondergut des anderen Ehegatten in Frage kommen. Eine Haftung mit dem Sondergut kommt aber immer nur dann in Betracht, wenn das gemeinsame Vermögen und das Sondergut des anderen Ehegatten für die Deckung dieser Verbindlichkeiten nicht ausreichen (Art. 96 ZGB).

Gemäß Art. 994 Abs. 1 ZGB ist derjenige Eigentümer einer **Immobilie**, wer im Grundbuch 29 eingetragen ist. Dies hat zur Folge, dass eine Eintragung im Grundbuch nicht nur gegenüber dem anderen Ehegatten, sondern auch gegenüber jedem Dritten gültig ist. Diese gesetzliche Vermutung kann aber angefochten werden. Will ein Ehegatte von diesem Anfechtungsrecht Gebrauch machen, ist er nach der aktuellen Rechtsprechung beweispflichtig für die Behauptung, die Immobilie sei Teil des gemeinsamen Vermögens i.S.v. Art. 89 Abs. 2 ZGB. Der anfechtende Ehegatte muss somit beweisen, dass er entweder eigene Geldmittel investiert hat oder anderweitig zum Erwerb der Immobilie beigetragen hat. Die gleiche Problematik besteht, wenn eine Immobilie durch Eintragung im Grundbuch zum Sondergut eines Ehegatten bestimmt wurde.[7] Unter Berücksichtigung des Vorgenannten ist es zu empfehlen, bei Immobilienkäufen die Zustimmung des Ehegatten des Verkäufers zur Veräußerung einzuholen. Dieselbe Problematik besteht im Falle der Ehescheidung.

Für Verbindlichkeiten, die aus **unerlaubter Handlung** des anderen Ehegatten resultieren, 30 **haftet** dieser zuerst mit seinem Sondergut, wenn dieses nicht ausreicht, mit seinem Anteil an dem gemeinsamen Vermögen der Ehegatten (Art. 98 ZGB).

Während der Ehe können die Partner **gemeinschaftliches Vermögen** erwerben. Dabei wird 31 im Zweifel angenommen, dass dieses beiden **zu gleichen Teilen** gehört. Nach herrschender Rechtsprechung bedarf es sehr überzeugender Beweise, wenn dieser Anteil anders bestimmt werden soll.[8] Die **Verwaltung** und **Nutzung** des gemeinsamen Vermögens steht den Ehegatten nur gemeinsam zu, es sei denn, sie wurde vertraglich einem der Ehegatten übertragen. Jedoch bedarf es bei einer Verfügung über das gemeinsame Vermögen immer der **Einwilligung** des anderen Ehegatten. Gemäß Art. 90 Abs. 3 ZGB wird zum Schutz Dritter vermutet, dass die Einwilligung in Verfügungen über das bewegliche Vermögen vorlag. Dies gilt nicht, wenn dem Dritten bekannt war, dass die Einwilligung nicht erteilt wurde oder das entsprechende Vermögen dem anderen Ehegatten gehörte. Ansonsten dient das gemeinsame Vermögen in erster Linie dem **Unterhalt der Familie**. Reicht es hierzu nicht aus, können die Ehegatten verlangen, dass auch das Sondergut des jeweils anderen zum Unterhalt herangezogen wird (Art. 95, 96 ZGB). Für Verbindlichkeiten, die einer der Ehegatten für die Familie begründet hat, **haftet** dessen eigenes Vermögen nur dann, wenn das gemeinsame Vermögen nicht ausreicht. Der andere Ehegatte haftet für diese Verbindlichkeiten nur dann, wenn das aus der Verbindlichkeit Erlangte für familiäre Zwecke verwendet worden ist.

---

6 *E. Kalniņš*, Laulāto manto laulāto likumiskajās mantiskajās attiecībās. – Rīga: Tiesu namu aģentūra, 2010. – [XXI], S. 64, 65.

7 *E. Kalniņš*, S. 190. ff. sowie Senat des Höchsten Gerichts der Republik Lettland, Urt. v. 26.1.2011, Sache Nr. SKC – 47–2011.

8 *Tiesu namu aģentūra* (Hrsg.), Latvijas Republikas Apelācijas instances nolēmumu apkopojums civillietās. 2001–2002.gads., 2001, S. 378.

Erlischt der gesetzliche Güterstand mit dem **Tod** eines Ehegatten, geht der Anteil des verstorbenen Ehegatten am Gemeinschaftsvermögen auf seine Erben über (Art. 109 Abs. 2 ZGB). Existiert kein Testament, wird der überlebende Ehegatte immer auch Erbe des Verstorbenen.[9] Das Verfahren über die Auseinandersetzung des gemeinsamen Vermögens bestimmt sich nach den allgemeinen Regeln über die Erbteilung (Art. 731 ZGB).

b) Gütertrennung

32 Bei der Gütertrennung behalten die Ehegatten nicht nur das Vermögen, das jedem vor der Ehe gehörte, sondern jedem gehört auch das Vermögen, welches er während bestehender Ehe erworben hat. Die jeweiligen Vermögen der Ehepartner bleiben **getrennt**. Jeder Ehegatte beteiligt sich entsprechend seinem Vermögensstand am Unterhalt für die Familie und dem gemeinsamen Haushalt.

33 Endet die Ehe, findet **kein güterrechtlicher Ausgleich** statt. Insoweit besteht kein Unterschied zum deutschen Recht. Veräußert ein Ehegatte eine bewegliche Sache des anderen an einen gutgläubigen Dritten, ist gutgläubiger Eigentumserwerb möglich. Sind Immobilien vorhanden, ist im Grundbuch eine entsprechende Eintragung der Gütertrennung notwendig. Jeder der Ehegatten **verwaltet** sein Vermögen selbstständig. Dies schließt aber die Möglichkeit nicht aus, das Vermögen des einen Ehegatten in die Verwaltung des anderen zu übertragen. In einem solchen Fall muss der Verwaltende aber Rechenschaft über seine Tätigkeit ablegen. Ein Ehegatte **haftet** nicht für die Schulden des anderen. Veräußert oder verpfändet einer der Ehegatten einen Vermögensgegenstand des anderen, gilt der Empfänger als gutgläubiger Erwerber, es sei denn, er hatte Kenntnis von der fehlenden Berechtigung oder hätte Kenntnis haben müssen. Damit kommt der Eintragung der Gütertrennung ins **Eheregister** sowie ins Grundbuch besondere Bedeutung zu.

c) Gütergemeinschaft

34 Die praktische Bedeutung der Gütergemeinschaft ist gering. Ist im Ehevertrag der Ehegatten Gütergemeinschaft gem. Art. 124 ZGB vereinbart, so wird das voreheliche und das während der Ehe erworbene Vermögen mit Ausnahme des Sondergutes (Art. 125 ZGB) zu einer **gemeinsamen unteilbaren Masse** vereinigt. Diese besteht für die gesamte Dauer der Ehe. Gehören Immobilien zur Gütergemeinschaft, ist ein entsprechender Vermerk ins Grundbuch aufzunehmen (Art. 127 ZGB).

35 Im Ehevertrag einigen sich die Ehegatten, welchem von ihnen die **Verwaltung** der Gütergemeinschaft übertragen werden soll. Es ist möglich, dass nur einer zum Verwalter bestimmt wird oder dass beide Ehegatten gemeinsam das Vermögen verwalten. Wurde nur ein Ehegatte zum Verwalter bestellt, hat er diese Aufgabe primär zur Deckung des Familienunterhalts wahrzunehmen. Er kann über das Gemeinschaftsvermögen in seinem Namen verfügen, unterliegt jedoch keiner Abrechnungspflicht. Beschränkungen ergeben sich aus Art. 128 ZGB. Will der verwaltende Ehegatte eine zur Gütergemeinschaft gehörende Immobilie veräußern, verpfänden oder mit einem dinglichen Recht belasten, bedarf er immer der **Zustimmung** des anderen Ehegatten. Ebenso verhält es sich bei Schenkungen aus dem Gemeinschaftsvermögen, die über den Umfang kleiner gewöhnlicher Schenkungen hinausgehen.

36 Das **Sondergut** (Art. 125 ZGB) wird vom Gemeinschaftsvermögen nicht umfasst. Die Frage, was Sondergut sein soll, wird von den Ehegatten im Ehevertrag geregelt. Über das

---

9 Zu weiteren Einzelheiten hinsichtlich des Erbrechts vgl. *Gebhardt/Klauberg*, in: Süß (Hrsg.), Erbrecht in Europa, Länderbericht Lettland, 2. Aufl. 2008, S. 951 ff.

Rimša/Schulze

Sondergut verfügen die Ehegatten jeweils selbstständig. Jeder Ehegatte muss sich mit seinem Sondergut am Familienunterhalt und dem Aufwand für den gemeinsamen Haushalt beteiligen, wenn das **Gesamtgut** hierzu nicht ausreicht. Für eigene Verbindlichkeiten, die der Ehegatte mit Zustimmung des anderen eingegangen ist, haften die Ehegatten mit ihrem jeweiligen Sondergut und mit dem gemeinschaftlichen Vermögen.

Die Gütergemeinschaft **endet** durch Tod oder Scheidung, aber auch wenn einer der Ehegatten für zahlungsunfähig erklärt wurde oder sich die Ehegatten über das Ende der Gütergemeinschaft geeinigt haben (Art. 134 ZGB). Die Ehegatten können in folgenden Fällen auf Beendigung der Gütergemeinschaft klagen: 37
- wenn die Gefahr besteht, dass das Gesamtgut durch die Verwaltung des anderen Ehegatten erheblich vermindert oder aufgezehrt wird;
- wenn der Ehegatte, der das Gesamtgut verwaltet, die für den Familienunterhalt oder den gemeinsamen Haushalt notwendigen Mittel nicht bereitstellt;
- wenn der Ehegatte, der das Gesamtgut verwaltet, sein Recht zur Verwaltung und Nutzung missbraucht;
- wenn der Ehegatte, der das Gesamtgut verwaltet, unter Vormundschaft gestellt wurde (Art. 134 ZGB).

Endet die Gütergemeinschaft durch **Tod** eines Ehegatten, ist der Überlebende zunächst verpflichtet, die auf dieser Gemeinschaft ruhenden Schulden zu tilgen. Er bleibt dabei persönlich haftbar für alle Schulden des von der Gütergemeinschaft umfassten Vermögens unabhängig von einer Haftung des verstorbenen Ehegatten. Die nach Tilgung der Schulden verbleibende Hälfte des Gemeinschaftsvermögens gehört dann dem überlebenden Ehegatten, die andere Hälfte geht auf die Erben des Verstorbenen über.   38

III. Ehelicher Unterhalt

Im lettischen Recht ist eine dem BGB vergleichbare umfangreiche **Unterhaltsregelung** nicht enthalten. Die Ehegatten sind allgemein zur gemeinsamen Führung des Haushalts verpflichtet. Inwieweit sie dazu ihr eigenes Vermögen einsetzen müssen, hängt vom jeweiligen Güterstand ab (siehe Rdn 22 ff.).   39

Für den Fall des **Getrenntlebens** der Ehegatten (siehe hierzu auch Rdn 49 ff.) ist nur bestimmt, dass ein Ehegatte vom anderen, der die Trennung verursacht hat, im Notfall und abhängig von seinem eigenen und dem Vermögensstand des anderen entweder die Sicherstellung der entsprechenden Lebensverhältnisse oder Mittel zum Unterhalt verlangen kann. Zum Unterhalt zählen Nahrung, Kleidung, Unterkunft und im Bedarfsfalle Pflegekosten (Art. 95 Abs. 3 ZGB).   40

IV. Name

Gemäß Art. 86 ZGB können die Ehegatten bei der Eheschließung den **Familiennamen** eines Ehegatten, den dieser vor der Eheschließung geführt hat, zum gemeinsamen Ehenamen bestimmen. Es steht den Eheleuten auch frei, ihren Familienamen zu behalten, ohne einen gemeinsamen Ehenamen anzunehmen. Ein Ehegatte kann seinen Familiennamen auch dem Familiennamen des anderen anfügen. Dies ist allerdings nicht möglich, wenn der Familienname des anderen bereits aus mehreren Namen besteht.   41

V. Möglichkeiten vertraglicher Gestaltung

42 Den Ehegatten steht es frei, jederzeit während der Ehezeit einen **Ehevertrag** abschließen, zu ändern oder aufzuheben. Sie können die Zeit des Vertragsabschlusses frei wählen. Der Ehevertrag wird jedoch frühestens mit gültiger Eheschließung wirksam.[10] Eheverträge, die Regelungen für den Todesfall enthalten, unterliegen zusätzlich den allgemeinen Bestimmungen über den Erbvertrag (Art. 114 ZGB). Bestimmungen des Ehevertrages, welche von Dritten erworbene Rechte auf das Vermögen der Ehegatten einschränken, sind für diese Dritten nicht verbindlich. Vereinbaren die Ehegatten **Gütergemeinschaft**, kann durch den Ehevertrag zunächst das Sondergut der Ehegatten festgelegt werden. Zudem lässt sich eine vom Gesetz abweichende Regelung für die Vermögensteilung nach Ende der Gütergemeinschaft festlegen. Nach herrschender Rechtsprechung ist es möglich, eine Vereinbarung über den **Kindesunterhalt** in den Ehevertrag aufzunehmen.[11] Diese Vereinbarung bleibt auch nach der Ehescheidung in Kraft, es sei denn, die alte Vereinbarung wurde durch eine neue ersetzt.

VI. Kollisionsrecht der Ehefolgen

43 Die persönlichen Beziehungen und Güterstände der Ehegatten sind gem. Art. 13 ZGB nach dem Recht Lettlands zu beurteilen, wenn die Ehegatten ihren Wohnsitz in Lettland haben. Befindet sich das Vermögen der Ehegatten in Lettland, so sind sie in Bezug auf dieses Vermögen dem Recht Lettlands auch dann unterworfen, wenn sie selbst keinen Wohnsitz in Lettland haben.

VII. Auswirkungen der Ehe auf die Altersversorgung

44 Grundsätzlich gibt es in Lettland keine direkten Auswirkungen der Ehe auf die **Altersversorgung**. Nur in begrenzten Ausnahmefällen ist eine obligatorische Sozialversicherung nach der Eheschließung für die Altersversorgung bestimmt. Gemäß Art. 5 Abs. 1 des Sozialversicherungsgesetzes gilt dies z.B. für Ehegatten, die sich zusammen mit ihrem Partner im Ausland aufhalten, wenn der andere dort einen militärischen Dienst erfüllt (außer in Fällen, in denen er als Soldat an einer internationalen Militäroperation, an militärischen Übungen oder Manövern teilnimmt bzw. dazu abkommandiert wurde), oder für Ehegatten von Mitarbeitern im diplomatischen oder konsularischen Dienst. Der Ehegatte eines Selbstständigen, der das Rentenalter noch nicht erreicht hat, kann der Sozialversicherung freiwillig beitreten. Aus den Mitteln der Sozialversicherung werden u.a. Rente und Mutterschaftsunterstützung gezahlt. Zahlungen in die Sozialversicherung sind für Arbeitnehmer obligatorisch.

VIII. Bleiberecht und Staatsangehörigkeit

1. Bleiberecht

a) Bleiberecht des Ehegatten eines lettischen Staatsangehörigen oder eines Nicht-Staatsangehörigen der Republik Lettland

45 Der Ehegatte eines **lettischen Staatsangehörigen** oder eines Nicht-Staatsangehörigen der Republik Lettland hat das Recht, eine **Aufenthaltserlaubnis** für die Republik Lettland zu

---

10 Latvijas Republikas Civillikums, The Civil Law of Latvia, Tulkošanas un terminoloģijas centrs, S. 38 ff.
11 Senat des Höchsten Gerichts der Republik Lettland, Urt. v. 19.1.2005, Sache Nr. SKC – 3.

beantragen. Mit dem ersten Antrag erhält er nach Einreichen der Unterlagen eine Aufenthaltserlaubnis für ein Jahr, mit dem Folgeantrag für weitere vier Jahre. Nach Ablauf dieser Zeit erhält er mit dem zweiten Folgeantrag eine ständige Aufenthaltserlaubnis (Art. 25 Abs. 1 des Immigrationsgesetzes). Die Aufenthaltserlaubnis wird immer unter der Voraussetzung erteilt, dass es sich um eine Einehe handelt, die Ehegatten zusammenleben und einen gemeinsamen Haushalt führen. Wird die Ehe geschieden, bevor dem Ehegatte des lettischen Staatsangehörigen oder des Nicht-Staatsangehörigen der Republik Lettland die ständige Aufenthaltserlaubnis erteilt wurde, wird die befristete Aufenthaltserlaubnis entzogen. Dies gilt nicht, wenn aus der Ehe ein Kind hervorgegangen ist, welches entweder selbst die lettische Staatsbürgerschaft besitzt oder Nicht-Staatsangehöriger der Republik Lettland ist und von einem Gericht dem ausländischen Ehegatten zugesprochen wurde. In einem solchen Fall ist der **ausländische Ehegatte** ebenfalls berechtigt, eine ständige Aufenthaltserlaubnis zu erhalten (Art. 25 Abs. 2 des Immigrationsgesetzes). Dasselbe gilt für den Fall, dass der lettische Ehegatte verstorben ist und aus der Ehe Kinder hervorgegangen sind. War die Ehe kinderlos geblieben, verliert der ausländische Ehegatte seine befristete Aufenthaltserlaubnis.

b) Bleiberecht des Ehegatten eines Ausländers, der eine ständige Aufenthaltserlaubnis für die Republik Lettland besitzt

Der Ehegatte eines **Ausländers,** der eine ständige **Aufenthaltserlaubnis** für Lettland besitzt, 46 ist zum Aufenthalt in der Republik Lettland berechtigt. Mit dem Erstantrag erhält er von der Immigrationsbehörde ebenfalls eine auf ein Jahr befristete, mit dem Folgeantrag eine auf vier Jahre befristete Aufenthaltserlaubnis. Auch hier bewirkt der zweite Folgeantrag den Erhalt einer ständigen Aufenthaltserlaubnis (Art. 26 Abs. 1 des Immigrationsgesetzes). Die Aufenthaltserlaubnis wird nur unter der Voraussetzung verliehen, dass es sich um eine Einehe handelt, die Ehegatten zusammenleben und einen gemeinsamen Haushalt führen (Art. 26 Abs. 3 des Immigrationsgesetzes). Wird die Ehe vor Erhalt der ständigen Aufenthaltserlaubnis geschieden, wird die befristete Aufenthaltserlaubnis entzogen.

2. Staatsangehörigkeit

Grundsätzlich hat die Ehe mit einem Ausländer oder Staatenlosen keine Auswirkung auf 47 die **Staatsangehörigkeit** des lettischen Staatsbürgers. Ebenso wird die Staatsangehörigkeit des anderen Ehegatten vom Erwerb oder Verlust der lettischen Staatsangehörigkeit des Ehegatten nicht beeinflusst. Die Ehe mit einem lettischen Staatsangehörigen erleichtert nicht den Erwerb der lettischen Staatsangehörigkeit. Diese ist nur auf dem Weg der **Einbürgerung** zu erwerben. Eine Ausnahme gilt dann, wenn der Ausländer mindestens zehn Jahre mit dem lettischen Staatsangehörigen verheiratet ist und zum Zeitpunkt des Antrags auf Einbürgerung mindestens fünf Jahre ständig in Lettland gewohnt hat. In diesem Fall hat der Ausländer einen Anspruch auf bevorzugte Bearbeitung seines Antrags. Die zusätzlichen Voraussetzungen des Staatsangehörigkeitsgesetzes müssen erfüllt sein:
– am Tag der Antragstellung muss ein Wohnsitz in Lettland vorhanden sein;
– der Antragsteller muss zum Zeitpunkt mindestens fünf Jahre einen ständigen Aufenthaltsort in Lettland gehabt haben;
– Kenntnis der lettischen Sprache;
– Kenntnis der lettischen Verfassung;
– Kenntnis der Nationalhymne und der Geschichte Lettlands;
– Bezug eines geregelten Einkommens;
– Gelöbnis der Treue zur Republik Lettland;

- Erklärung des Verzichts auf vorherige Staatsangehörigkeit;
- keine gesetzlichen Einschränkungen (z.B. Verurteilung wegen einer verfassungswidrigen Tätigkeit, die sich gegen die Unabhängigkeit Lettlands richtete; Verurteilung wegen einer Straftat, die bei Inkrafttreten des Staatsangehörigkeitsgesetzes auch in Lettland strafbar war).

IX. Steuerliche Auswirkungen der Ehe

48   Das Steuerrecht der Republik Lettland bietet hinsichtlich der **Einkommensteuer** Erleichterungen für den Ehegatten mit Invalidität, der nicht berufstätig ist und keine Altersversorgung erhält. In einem solchen Fall wird das steuerfreie Minimum des Ehegatten auf eine gesetzlich bestimmte Summe erhöht. Ab 1.1.2016 wurde das steuerfreie Minimum für eine unterhaltsberechtigte Person auf 175 EUR pro Monat erhöht. Eine Zusammenveranlagung ist nicht vorgesehen. In Lettland gilt ein einheitlicher Einkommensteuersatz von 23 %.

C. Trennung und Scheidung

I. Trennung von Tisch und Bett

49   Im lettischen Recht ist kein besonderes Verfahren für die **Trennung** von Tisch und Bett vorgesehen. Die Ehegatten leben getrennt, wenn sie keinen gemeinsamen Haushalt mehr führen und ein Ehegatte die eheliche Gemeinschaft ausdrücklich nicht wiederherstellen will. An einem gemeinsamen Haushalt kann es auch dann fehlen, wenn beide Ehegatten in einer Wohnung getrennt leben (Art. 73 ZGB).

II. Scheidungsgründe

50   In Lettland gilt das **Zerrüttungsprinzip**. Danach wird eine Ehe geschieden, wenn sie gescheitert ist (Art. 71 ZGB). Die Ehe gilt dann als **gescheitert**, wenn ein eheliches Gemeinschaftsleben nicht mehr besteht und auch nicht mehr erwartet werden kann, dass die Ehegatten dieses wiederherstellen. Haben die Eheleute **drei Jahre getrennt** gelebt, wird unwiderleglich vermutet, dass die Ehe gescheitert ist. Ein **Getrenntleben** ist dabei auch in der gemeinsamen Wohnung möglich (siehe Rdn 49).

51   Die Ehegatten können unter den Voraussetzungen des Art. 74 ZGB auch **vor Ablauf von drei Jahre** geschieden werden, wenn
- die Fortsetzung der Ehe für den Antragsteller aus Gründen, die in der Person des anderen Ehegatten liegen, eine **unzumutbare Härte** darstellen würde;
- der andere Ehegatte dem Scheidungsantrag zustimmt oder einen eigenen Scheidungsantrag stellt;
- einer der beiden Ehegatten mit einer dritten Person ein gemeinsames Leben begonnen hat und aus dieser Gemeinschaft ein **Kind** hervorgegangen ist oder dessen Geburt erwartet wird.

52   Gelangt das Gericht trotz des Vorliegens dieser Voraussetzungen zu der Auffassung, dass die Ehe fortgeführt werden kann, ist es berechtigt, das Verfahren für einen Zeitraum von sechs Monaten zum Zwecke einer **Versöhnung** der Ehegatten auszusetzen.

53   Leben die Ehegatten **weniger als drei Jahre getrennt**, kann ein Notar die Ehe scheiden, wenn beide Ehegatten über die Scheidung einig sind und einen **gemeinsamen Antrag** zur Ehescheidung dem Notar vorlegen bzw. beim Notar unterzeichnen.

Eine Ehe wird trotz ihres Scheiterns nicht geschieden, wenn dies ausnahmsweise und im Interesse der aus der Ehe hervorgegangenen minderjährigen **Kinder** geboten ist (Art. 76 ZGB). Die Ehe wird auch dann vom Gericht nicht geschieden, wenn sich die Ehegatten über die elterliche Sorge für ein eheliches Kind, den Unterhalt des Kindes oder die Teilung des gemeinsamen Vermögens nicht geeinigt haben. Dies gilt auch dann, wenn über diese Ansprüche vor der Ehescheidung nicht entschieden worden ist und sie nicht gleichzeitig mit dem Antrag auf Ehescheidung geltend gemacht werden (Art. 77 ZGB). Die Ehe wird vom Notar nicht geschieden, solange die Ehegatten nicht bestätigen, dass die Ehe gescheitert ist und sie sich nicht über die elterliche Sorge für ein minderjähriges Kind, das Recht auf Umgang, den Unterhalt des Kindes sowie die Teilung des gemeinsamen Vermögens geeinigt haben. | 54

Die **Scheidungsrate** von ca. 70 % ist eine der höchsten der Welt. | 55

III. Scheidungsverfahren

Mit der Änderung des Notariatsgesetzes[12] vom 28.10.2010, die am 1.2.2011 in Kraft getreten ist, wurde die Ehescheidung grundsätzlich auf die Notare übertragen. Die Ehe wird nunmehr vom **Notar** geschieden, wenn sich die Ehegatten über die Ehescheidung einig sind und keine gemeinsamen Kinder und kein gemeinsames Vermögen vorhanden sind. Existieren gemeinsame Kinder oder gemeinsames Vermögen, müssen sich die Ehegatten zuvor schriftlich über die elterliche Sorge, das Recht auf Umgang und Unterhalt eines minderjährigen Kindes sowie über die Teilung des gemeinsamen Vermögens einigen (Art. 325 Notariatsgesetz). Liegen die genannten Voraussetzungen nicht vor, sind wie zuvor für die Ehescheidung die **Rayon** oder **Stadtgerichte** zuständig (Art. 24 ZPO). Örtlich zuständig ist in erster Linie das Gericht, in dessen Bezirk der Beklagte seinen Wohnsitz hat (Art. 26 Abs. 1 ZPO). Der gemeinsame Scheidungsantrag beider Ehegatten kann am Wohnsitzgericht eines der Ehegatten gestellt werden. Die Antragstellung beim Wohnsitzgericht des Klägers ist gem. Art. 234 ZPO möglich, wenn | 56
- minderjährige Kinder vorhanden sind, die beim Kläger wohnen;
- eine Ehe geschieden werden soll, die mit einer handlungsunfähigen Person eingegangen wurde oder mit einer Person, die wegen verschwenderischen Lebenswandels oder Missbrauchs von Alkohol oder anderen Drogen unter Betreuung gestellt worden ist;
- der Beklagte sich in Haft befindet;
- der Wohnsitz des Beklagten nicht bekannt ist oder im Ausland liegt.

Wird die Ehe beim **Notar** geschieden, müssen beide Ehegatten persönlich vor dem Notar erscheinen und den Antrag auf Ehescheidung unterzeichnen. Der Antrag auf Ehescheidung wird notariell beurkundet. Im Antrag auf Ehescheidung wird u.a. festgehalten, ob die Ehegatten gemeinsame Kinder haben und wie sich die Ehegatten in Bezug auf die elterliche Sorge, das Recht auf Umgang und den Unterhalt eines minderjährigen Kindes sowie über die Teilung des gemeinsamen Vermögens geeinigt haben, bzw. eine solche schriftliche Vereinbarung wird dem Antrag beigefügt. Dem Antrag wird ebenso das Original der Ehebescheinigung oder eine Auskunft des Standesamtes beigefügt. | 57

Wird die Ehe vom **Gericht** geschieden, müssen bei der Gerichtsverhandlung beide Parteien anwesend sein. Erscheint eine Partei ohne triftigen Grund nicht bei Gericht, kann sie zwangsweise vorgeführt werden. Anwaltszwang besteht nicht; eine Vertretung ist in den gesetzlich bestimmten Fällen zulässig, beispielsweise wenn der Beklagte aus triftigen Grün- | 58

---

12 Gesetz vom 1.6.1993 betreffend Wiederherstellung, Änderungen und Ergänzungen des Notariatsgesetzes vom 1937 (Notariatsgesetz).

Rimša/Schulze

den nicht vor Gericht erscheinen kann. Ist der Wohnsitz des Beklagten nicht bekannt oder befindet sich dieser im Ausland, kann das Verfahren auch in Abwesenheit des Beklagten geführt werden (Art. 236 ZPO). Nach Abschluss des Verfahrens werden die Akten der Ehescheidungssache Dritten nur dann ausgehändigt, wenn diese davon direkt betroffen sind. Das Scheidungsverfahren wird durch das Einreichen einer **Klageschrift** eingeleitet. Für das Ehescheidungsverfahren und insbesondere für Fragen, die die Belange eines minderjährigen Kindes betreffen, gilt nicht der Verhandlungs-, sondern der **Untersuchungsgrundsatz**. Dies bedeutet, dass das Gericht aus eigener Initiative alles ermitteln muss, was entscheidungserheblich ist (Art. 239 Abs. 1 ZPO). Wird gleichzeitig mit der Ehescheidung über Fragen der elterlichen Sorge, der Betreuung des Kindes oder des Umgangsrechts entschieden, nehmen Vertreter des Waisengerichts am Verfahren teil. Die Wünsche des Kindes werden festgestellt und berücksichtigt, wenn es sich bereits entsprechend äußern kann.

59   Im Ehescheidungsverfahren ist über folgende familienrechtlichen Angelegenheiten **gleichzeitig** mit der Ehescheidung zu entscheiden:
      – Bestimmung der elterlichen Sorge;
      – Regelung des Umgangsrechts;
      – Unterhalt für minderjährige Kinder;
      – Unterhalt für den Ehegatten;
      – Streitigkeiten über Familienwohnsitz und Gegenstände der persönlichen Nutzung;
      – Teilung des Vermögens der Ehegatten (auch wenn Rechte Dritter berührt sind).

60   Auf Antrag einer der Parteien kann das Gericht bis zur Verkündung des Urteils durch **Vorabentscheidungen** die Betreuung des Kindes, Umgangsrechte, den Unterhalt für das Kind, die Zahlung von Mitteln zur Sicherung des früheren Lebensstandards eines Ehegatten, Unterhalt des Ehegatten und das Nutzungsrecht der Ehewohnung regeln und auch eine der Parteien verpflichten, persönliche Gegenstände der anderen Partei auszuhändigen Auch kann das Gericht verbieten, das gemeinsame minderjährige Kind ins Ausland zu verbringen.

61   Die **Dauer** des Scheidungsverfahrens ist von mehreren Faktoren abhängig, vor allem von Umfang und Schwierigkeit des Einzelfalls. Auch die Belastung der Gerichte spielt eine wesentliche Rolle. Einfache Scheidungsverfahren können vier bis sechs Monate dauern.

62   Die **staatliche Gebühr** für die Scheidung beträgt 142,29 EUR. Die **Anwaltskosten** sind vom Einzelfall abhängig, doch ist mit mindestens 1.000 EUR zu rechnen. Am schnellsten und kostengünstigsten ist die Scheidung beim **Notar**, jedoch müssen sich die Ehegatten dann auch insgesamt einig sein. In einem solchen Fall betragen die Kosten mindestens 107 EUR, zuzüglich evtl. Kosten für die Vereinbarung über die Teilung des Vermögens, die elterliche Sorge, das Recht auf Umgang und den Unterhalt des minderjährigen Kindes.

IV.   Internationale Zuständigkeit der Gerichte/Behörden (soweit nicht die EuGVO gilt)

63   Zur internationalen Zuständigkeit der Gerichte/Behörden siehe die Ausführungen in § 1 des Werkes.

V.   Kollisionsrecht der Scheidung

64   Die **Scheidung** oder Nichtigerklärung einer Ehe ist, wenn das Verfahren bei einem lettischen Gericht eingereicht wurde, nach dem Recht Lettlands zu beurteilen (Art. 12 ZGB). Dies gilt ungeachtet der Staatsangehörigkeit der Ehegatten. Hierbei ist eine Ausnahme von der Bestimmung des Art. 3 ZGB zulässig. Dies bedeutet, dass lettisches Recht selbst dann zur Anwendung kommt, wenn die Begründung der Ehe nicht nach lettischem Recht erfolgte.

VI. Anerkennung im Ausland erfolgter Scheidungen

Im Ausland erfolgte Scheidungen werden in Lettland grundsätzlich anerkannt. Die Aner-   65
kennung wird verweigert, wenn die Ehe nach lettischem Recht nicht geschieden worden
wäre oder die Scheidungsgründe gegen die staatliche Ordnung oder die guten Sitten verstoßen (Art. 12 Abs. 2 ZGB).

D. Scheidungsfolgen

I. Vermögensteilung

1. Gesetzlicher Güterstand

Wenn die Ehegatten im **gesetzlichen Güterstand** leben, behält jeder Ehegatte nach der   66
Scheidung das Vermögen, das ihm vor der Ehe gehörte, sowie sein Sondergut. Als **Sonder-
gut** des Ehegatten gilt:
- Vermögen, das dem Ehegatten vor der Ehe gehörte oder das die Ehegatten vertraglich
  zu Sondergut erklärt haben;
- Gegenstände, welche lediglich der persönlichen Nutzung des Ehegatten dienen oder
  welche er für seine selbstständige Arbeit benötigt;
- Vermögen, das Dritte dem Ehegatten unentgeltlich während der Ehe zugewandt haben;
- Einkünfte aus Sondergut eines der Ehegatten, das nicht zum Bestreiten des Unterhalts
  der Familie herangezogen wurde;
- Vermögen, das das in den vorhergehenden Punkten genannte Vermögen ersetzt (Art. 91
  ZGB).

Als **gemeinschaftliches Vermögen** der Ehegatten gilt das Vermögen, das die Ehegatten   67
während der Ehe gemeinschaftlich oder einer von ihnen mit Hilfe des anderen Ehegatten
erwirtschaftet hat. Im Zweifelsfall wird angenommen, dass das Vermögen beiden Ehegatten
zu gleichen Teilen gehört. Ist der einem Ehegatten gehörende Vermögensgegenstand während der Ehe durch einen anderen ersetzt worden, so gehört dieser zum Vermögen des
Ehegatten, der ihn ersetzt hat (Art. 89 ZGB).

2. Gütertrennung

Einer der vertraglichen Güterstände, der am häufigsten in der Praxis gewählt wird, ist die   68
Gütertrennung. Bei der Scheidung findet **kein Vermögensausgleich** statt. Jeder Ehegatte
behält das Vermögen, das er vor der Ehe hatte, sowie sein während der Ehe erworbenes
Vermögen (Art. 117 ZGB).

3. Gütergemeinschaft

Die Gütergemeinschaft ist ein vertraglicher Güterstand, der in der Praxis kaum eine Rolle   69
spielt. Wird die Ehe geschieden, wird das zur Gütergemeinschaft gehörende Vermögen nach
Abzug der Schulden auf beide Ehegatten **zu gleichen Teilen** verteilt. Dies gilt nicht, wenn
im Ehevertrag eine abweichende Bestimmung enthalten ist. Zur Gütergemeinschaft gehört
nicht das Sondergut, das als solches in den Ehevertrag aufgenommen wurde (Art. 124, 137
ZGB).

II. Unterhaltsansprüche

70 Bei Scheidung der Ehe und danach ist ein Ehegatte berechtigt, Unterhalt vom anderen Ehegatten entsprechend dessen Vermögensstand zu verlangen, soweit Letzterer das Scheitern der Ehe gefördert hat. Der Umfang der Unterhaltspflicht richtet sich nach dem **Bedarf** des Ehegatten zur Sicherung des früheren Lebensstandards oder seiner zur Lebensführung notwendigen Mittel (Art. 80 ZGB). Die Verpflichtung, die früheren Lebensverhältnisse und den Unterhalt des anderen Ehegatten zu sichern, **endet** mit Ablauf einer Frist nach der Ehescheidung, die der Dauer der geschiedenen Ehe entspricht. Betreut der unterhaltsberechtigte Ehegatte ein gemeinsames minderjähriges Kind, besteht die Pflicht bis zum Erreichen der Volljährigkeit des Kindes (Art. 81 Abs. 1 ZGB).

71 In folgenden Ausnahmefällen **erlischt** die Pflicht zur Sicherstellung der früheren Lebensverhältnisse oder des Unterhalts:
   – bei erneuter Heirat des anderen Ehegatten;
   – wenn durch das eigene Einkommen die Sicherstellung der früheren Lebensverhältnisse oder des Unterhalts gewährleistet wird;
   – wenn der ehemalige Ehegatte die Aufnahme einer Erwerbstätigkeit zur Beschaffung der Mittel für den eigenen Unterhalt verweigert;
   – wenn aufgrund des Vorliegens anderer Umstände das Bedürfnis für einen Anspruch auf Zahlung entfällt (Art. 81 Abs. 2 ZGB).

III. Verteilung der elterlichen Sorge

72 Grundsätzlich müssen sich die Ehegatten vor der Scheidung über die **elterliche Sorge** einigen. Wenn eine solche **Einigung** nicht erzielt werden kann, kann eine **Sorgerechtsklage** entweder vor oder zusammen mit dem Scheidungsantrag eingereicht werden (Art. 77 ZGB). Wird der Streit über die Regelung der elterlichen Sorge durch das Gericht entschieden, ist die Teilnahme eines Vertreters des Waisengerichts am Verfahren zwingend vorgeschrieben. Dabei stehen die Belange des Kindes im Vordergrund. Die Vorstellung des Kindes, soweit es eine solche formulieren kann, soll in die Entscheidung einfließen (Art. 178 Abs. 4 ZGB).

73 Das Kind hat ein Recht auf eine persönlichen Beziehung und den **Umgang** mit beiden Eltern. Auch jeder Elternteil hat die Pflicht und das Recht auf eine persönliche Beziehung und den Umgang mit dem Kind. Dies gilt auch während des Getrenntlebens der Eltern (Art. 181 Abs. 1, 2 ZGB).

IV. Sonstige Scheidungsfolgen

1. Kindesunterhalt

74 Die Eltern sind verpflichtet, dem Kind so lange **Unterhalt** zu leisten, bis sich das Kind selbst unterhalten kann. Die Verordnung des Ministerkabinetts der Republik Lettland vom 1.7.2003, Nr. 348, legt den Mindestunterhalt für das Kind fest. Nach dieser Verordnung trifft jeden Elternteil die Verpflichtung, unabhängig von seinem Vermögensstand den Unterhalt des Kindes monatlich in folgender Höhe zu sichern:
   – von der Geburt des Kindes bis zum Alter von sieben Jahren: 25 % des Mindestlohns, der vom Ministerkabinett der Republik Lettland festgelegt wird;[13]
   – vom siebten bis achtzehnten Lebensjahr: 30 % des Mindestlohns.

---

13 Seit dem 1.1.2016 beträgt der Mindestlohn 370 EUR pro Monat.

2. Erb- und Pflichtteilsrecht

Ehegatten sind gegenseitig erb- und pflichtteilsberechtigt (Art. 423 ZGB). Diese Berechti-   75
gung entsteht mit Eheschließung (siehe Rdn 16). Die nichteheliche Lebensgemeinschaft
begründet kein gesetzliches Erbrecht. Das gesetzliche Pflichtteilsrecht endet mit rechtskräftiger Scheidung (Art. 69 ZGB). Stirbt einer der Ehegatten zwischen Verkündung und
Rechtskraft des Urteils, kann ihn der andere trotzdem nicht beerben. Dies gilt nicht, wenn
das Gerichtsurteil aufgehoben wird. Das Erbrecht muss nicht nur am Tag der Eröffnung
der Erbschaft, sondern auch am Tag der Annahme der Erbschaft bestehen.[14]

3. Name

Nach der Ehescheidung ist der Ehegatte, der bei Eingehung der Ehe seinen **Familiennamen**   76
geändert hat, berechtigt, diesen Namen weiterzuführen. Auf Antrag des anderen Ehegatten
kann ihm dies durch das Gericht verboten werden, wenn er das Scheitern der Ehe gefördert
hat. Davon ist allerdings abzusehen, wenn dies mit den Interessen der gemeinsamen Kinder
im Widerspruch steht. Ein Ehegatte ist aber auch berechtigt, das Gericht um die Änderung
seines Ehenamens in den Familiennamen, den er vor der Eheschließung geführt hat, zu
ersuchen (Art. 82 Abs. 2 ZGB).[15]

4. Bleiberecht

Auf die Ausführungen in Rdn 45 kann verwiesen werden.   77

V. Möglichkeiten der vertraglichen Vereinbarung für die Scheidung

Der **Ehevertrag** ist nach seiner gesetzlichen Definition nur für die Regelung **güterrechtli-**   78
cher Rechtsverhältnisse zwischen den Ehegatten vorgesehen. In der Praxis erfährt der
Begriff des Ehevertrages jedoch eine Erweiterung, da in den Ehevertrag tatsächlich **auch**
andere Vereinbarungen aufgenommen werden.[16] Als Folge davon werden immer mehr
Eheverträge mit zusätzlichen Vereinbarungen für den Fall der Scheidung und über den
Unterhalt der Kinder abgeschlossen. Nach herrschender Rechtsprechung ist es möglich,
Vereinbarungen über den Kindesunterhalt in den Ehevertrag aufzunehmen.[17] Diese Verein-
barung ist auch noch nach der Ehescheidung wirksam, es sei denn, es wurde zwischenzeitlich eine andere Vereinbarung getroffen.

Ein Ehevertrag bedarf der **notariellen Beurkundung** (Art. 115 ZGB). Die Vertragsparteien   79
können sich beim Abschluss nicht durch einen Bevollmächtigten vertreten lassen. Damit
der Ehevertrag gegenüber Dritten verbindlich wird, muss er im Register der ehelichen,
güterrechtlichen Beziehungen eingetragen werden. Dieses wird von der Behörde des Unternehmensregisters der Republik Lettland geführt. Sind **Immobilien** Bestandteil des Vermögens oder des Ehevertrages, bedarf es auch einer entsprechenden Eintragung ins Grundbuch.

---

14 *Zigmants Gencs*, Mantošana, S. 89, 90.
15 Senat des Höchsten Gerichts der Republik Lettland, Urt. v. 25.2.1998, Sache Nr. SPC – 20.
16 Senat des Höchsten Gerichts der Republik Lettland, Urt. v. 19.1.2005, Sache Nr. SKC – 3.
17 Senat des Höchsten Gerichts der Republik Lettland, Urt. v. 19.1.2005, Sache Nr. SKC – 3.

E. Gleichgeschlechtliche Ehe/Registrierte Lebenspartnerschaft

80   Ein dem deutschen Lebenspartnerschaftsgesetz vergleichbares Recht existiert in Lettland nicht.

F. Nichteheliche Lebensgemeinschaften

81   Die nichteheliche Lebensgemeinschaft ist in Lettland gesetzlich nicht geregelt.

G. Abstammung und Adoption

I. Abstammung

82   Die Ungleichbehandlung zwischen ehelichen und nichtehelichen Kindern ist ab dem 1.1.2003 aufgehoben worden. Für die Bestimmung der **Abstammung** kann jedoch trotzdem von Bedeutung sein, ob die Eltern miteinander verheiratet sind (**Vaterschaftsvermutung**).

83   **Mutter** eines Kindes ist die Frau, die das Kind geboren hat (Art. 146 Abs. 1 ZGB). Dies wird durch einen Arzt bestätigt. Die Anfechtung der Mutterschaft ist ausgeschlossen.

84   **Vater** eines Kindes, das die Frau während der Ehe oder nicht später als 306 Tage nach Auflösung der Ehe (durch Tod des Mannes, Ehescheidung oder Aufhebung der Ehe) geboren hat, ist der Ehemann der Kindsmutter (Vaterschaftsvermutung, Art. 146 Abs. 2 ZGB). Wird von einer wiederverheirateten Frau innerhalb von 306 Tagen nach Auflösung der vorherigen Ehe ein Kind geboren, gilt dieses Kind als eheliches Kind der späteren Ehe. Lässt sich die Vaterschaft durch die Vermutungsregeln nicht bestimmen oder hat das Gericht festgestellt, dass der Ehemann der späteren Ehe nicht der Vater ist, kann die Abstammung des Kindes durch freiwillige **Anerkennung** der Vaterschaft oder durch **gerichtliche Entscheidung** festgestellt werden.

85   Die Vaterschaft kann in folgenden, vom Gesetz bestimmten Fällen **angefochten** werden:
      - Anfechtungsmöglichkeit durch den früheren Ehemann oder dessen Eltern (Art. 146 Abs. 3 ZGB), wenn eine Frau nach Auflösung der früheren Ehe wiederverheiratet ist und innerhalb von 306 Tagen nach Ende der früheren Ehe ein Kind geboren hat;
      - Anfechtungsmöglichkeit durch die Mutter des Kindes (Art. 149 Abs. 2 ZGB);
      - Anfechtungsmöglichkeit durch das Kind selbst binnen einer Frist von zwei Jahren nach Erreichen der Volljährigkeit (Art. 149 Abs. 4 ZGB).

86   Für die Anfechtung der Vaterschaft in den ersten beiden genannten Fällen gilt eine **Frist** von zwei Jahren ab Kenntnis der tatsächlichen Abstammung des Kindes (Art. 149 Abs. 1 ZGB).

II. Adoption

1. Voraussetzungen

a) Minderjährigenadoption

87   Die Adoption eines **minderjährigen Kindes** ist zulässig, wenn sie den Interessen des Kindes dient (Art. 162 ZGB). Sie kann erfolgen, wenn der Adoptierende das Kind in Pflege und

unter Aufsicht hatte, das Kind und der Adoptierende dafür geeignet sind und die begründete Erwartung besteht, dass zwischen dem Adoptierenden und dem Kind ein wirkliches Eltern-Kind-Verhältnis entstehen wird. Der Adoptierende muss mindestens 25 Jahre alt sein und einen Altersunterschied von mindestens 18 Jahren zum Kind aufweisen. Ausnahmen sind möglich, wenn ein Ehegatte das Kind des anderen Ehegatten adoptieren möchte. Allerdings muss auch in diesem Fall der Adoptierende mindestens 21 Jahre alt sein und der Altersunterschied zum Kind mindestens 16 Jahre betragen (Art. 163 ZGB).

Die Adoption **mehrerer Kinder** ist zulässig. Grundsätzlich dürfen Geschwister bei der   88
Adoption nicht getrennt werden. Eine Ausnahme gilt dann, wenn dies im Interesse des Kindes liegt, z.B. weil das andere Kind unheilbar erkrankt ist. Ein Beschluss über die Trennung von Geschwistern wird nach Bewertung aller Tatsachen vom zuständigen Waisengericht gefasst. Nur verheiratete Personen können ein und dasselbe Kind adoptieren. Adoptionen sind gem. Art. 168 ZGB ausnahmslos bedingungsfeindlich.

b) Volljährigenadoption

Die Adoption eines **Volljährigen** hatte vor der Gesetzesänderung im Jahre 2005 die gleichen   89
Voraussetzungen wie eine Minderjährigenadoption. Diese Regelung in Art. 174 ZGB ist inzwischen aufgehoben worden. Die Adoption einer volljährigen Person war früher nur dann möglich, wenn zwischen dem Annehmenden und dem Adoptivkind ein tatsächliches Eltern-Kind-Verhältnis schon vor Erreichen der Volljährigkeit des Adoptivkindes entstanden war. In diesem Fall konnte die Adoption innerhalb von zwei Jahren nach Erreichen der Volljährigkeit erfolgen.

2. Verfahren

Personen, die keine ständige Aufenthaltserlaubnis für Lettland haben, oder Personen, die   90
im **Ausland** leben (nachfolgend: ausländische Adoptierende), können nur mit der Einwilligung des Ministers für Kinder- und Familienangelegenheiten ein Kind adoptieren. Das Kind kann nur in den Fällen „ins Ausland" adoptiert werden, in denen es in Lettland nicht möglich ist, seine Erziehung in einer Familie oder eine entsprechende Betreuung zu gewährleisten (Art. 169 Abs. 6 ZGB).

Grundsätzlich wird der **Antrag** auf Adoption vom Annehmenden beim für seinen Wohnsitz   91
zuständigen Waisengericht eingereicht. Ausländische Adoptierende reichen den Antrag auf Adoption beim Wohlstandsministerium ein. Das Waisengericht, das das Kind in die Betreuung der Familie abgegeben hat, erstellt ein Gutachten über die Erlaubnis oder Ablehnung der Adoption. Soll das Kind eines Ehegatten von seinem ausländischen Ehegatten adoptiert werden, wird der Beschl. v. Waisengericht des Wohnsitzes des Kindes gefasst.

Der Adoption müssen zwingend folgende Beteiligte **zustimmen:**   92
– der Annehmende;
– das Adoptivkind, wenn es das Alter von zwölf Jahren erreicht hat;
– die Eltern des Adoptivkindes, außer wenn den Eltern die elterlichen Sorgerechte entzogen wurden;
– der Vormund.

Bei der **Beschlussfassung** über die Adoption ist die Anwesenheit des Annehmenden zwingend   93
vorgeschrieben. Andere Beteiligte der Adoption können ihre Stellungnahme entweder persönlich beim Waisengericht oder durch notariell bestätigte Anträge abgeben.

94   Der ausländische Annehmende kann adoptieren:
      – das Kind des anderen Ehegatten;
      – das Kind, dessen Vormund er ist, wenn er mit ihm verwandt ist;
      – ein Kind, das sich in einer Betreuungsanstalt oder Pflegefamilie befindet, wenn es in
        Lettland nicht möglich ist, seine Erziehung in einer Familie oder eine entsprechende
        Betreuung zu gewährleisten.

95   Der Adoptierende muss bei der zuständigen Behörde (entweder beim Waisengericht oder
      beim Wohlstandsministerium) den **Antrag auf Adoption** zusammen mit einer Begründung,
      der gewünschten Zahl, dem Geschlecht und dem Alter der zu adoptierenden Kinder einrei-
      chen. Gehört er einer Glaubensgemeinschaft an, hat er dieses im Antrag anzugeben. Beim
      Einreichen des Antrags auf Adoption sind folgende **Unterlagen** vorzulegen:
      – der Trauschein, wenn der Annehmende verheiratet ist;
      – Unterlagen über die Scheidung der Ehe, wenn die Ehe des Annehmenden geschieden
        ist;
      – die Bescheinigung über den verfügbaren Wohnraum;
      – einen Lebenslauf (*curriculum vitae*) des Annehmenden;
      – eine Bescheinigung über den Gesundheitszustand des Annehmenden;
      – die Abschrift oder der Auszug aus dem entsprechenden Gerichtsbeschluss, wenn es sich
        um das Kind des anderen Ehegatten handelt, der andere Ehegatte aber für verschollen
        oder handlungsunfähig erklärt ist;
      – ausländische Adoptierende müssen zusätzlich beim Sekretariat des Wohlstandsministers
        die Unterlagen der zuständigen ausländischen Behörde über die Abstammung der Fami-
        lie des Adoptierenden einreichen. Beinhalten die Unterlagen keine Geltungsdauer, wird
        angenommen, dass sie ein Jahr gültig sind.

96   Für inländische und ausländische Adoptierende gelten unterschiedliche **Verfahren. Auslän-
      dische Adoptierende reichen alle Unterlagen in zweifacher Ausfertigung zusammen mit
      einer notariell beglaubigten Übersetzung in die lettische Sprache ein. Die im Ausland
      erstellten Unterlagen sind zu legalisieren** oder nach dem Haager Abkommen vom
      5.10.1961 mit einer „Apostille de Hague" zu versehen. Liegen die vom ausländischen Adop-
      tierenden eingereichten Unterlagen vollständig vor, ist der ausländische Adoptierende be-
      rechtigt, Informationen über zur Adoption stehende Kinder zu erhalten. Ein inländischer
      Annehmender kann derartige Informationen über Kinder nur dann erhalten, wenn er alle
      oben genannten Unterlagen eingereicht hat, das Waisengericht die Familienverhältnisse
      untersucht und einen positiven Beschluss gefasst hat. Der Beschluss des Waisengerichts ist
      zwölf Monate gültig; innerhalb dieser Frist muss der Adoptierende ein Kind auswählen.
      Nachdem der Adoptierende sich für ein Kind entschieden hat, kann er sich mit dem Kind
      treffen. Innerhalb von zehn Tagen muss er entscheiden, ob er das Kind unter seine Betreu-
      ung und Aufsicht (nachfolgend: **Betreuung**) nehmen will. Hat er sich positiv entschieden,
      beschließt das Waisengericht umgehend die Betreuung des Kindes. Die Dauer der Betreuung
      kann bis zu sechs Monate betragen. Während der **Betreuungszeit** wird die Familie vom
      zuständigen Waisengericht kontrolliert, um feststellen zu können, ob zwischen den Adop-
      tierenden und dem Kind eine Eltern-Kind-Beziehung entsteht. Auch das gegenseitige Ein-
      vernehmen mit der Adoption wird überprüft.

97   Nach **Beendigung der Betreuungszeit** (Art. 169 Abs. 4 ZGB) wird vom Waisengericht ein
      Gutachten darüber erstellt, ob die Adoption den Interessen des Kindes entspricht. Eine
      Abschrift des Gutachtens wird dem Adoptierenden ausgehändigt, das er bei Gericht ein-
      reicht (Art. 260 ZPO). Ausländischen Adoptierenden wird aufgrund des Gutachtens des
      Waisengerichts vom Minister für Kinder- und Familienangelegenheiten eine **Erlaubnis** für
      die Adoption oder eine begründete Ablehnung erteilt. Die Erlaubnis zur Adoption gilt drei

Monate ab Aushändigung. Sie ist mit dem Antrag und den anderen Unterlagen beim Gericht einzureichen. Das Gericht beschließt auf Antrag des Adoptierenden über die Adoption des Kindes. Der Adoptierende kann das Gericht um **Verlängerung der Betreuungszeit** bis zum Abschluss des Gerichtsverfahrens ersuchen.

3. Wirkungen der Adoption

Das Adoptivkind wird **Mitglied der Familie** des Annehmenden, dieser erhält die elterliche Sorge (Art. 172 ZGB). Dem Adoptivkind kann der Familienname des Annehmenden entsprechend Art. 151 ZGB (Familienname des Kindes folgt dem der Eltern) verliehen werden. Der Annehmende kann seinen **Familiennamen** zum Familiennamen des Adoptivkindes hinzufügen. Dies gilt nicht, wenn Annehmender oder Angenommener bereits einen doppelten Familiennamen führen. Entspricht der Name des Adoptivkindes nicht der Volkszugehörigkeit des Annehmenden oder ist er schwer auszusprechen, kann der Name des Adoptivkindes geändert werden. Auf Antrag der Annehmenden kann das Gericht die Erlaubnis zur Änderung des **Personencodes** des Adoptivkindes erteilen. Seit Änderung des Gesetzes im Jahre 2005 ist es nunmehr verboten, das **Geburtsdatum** des Adoptivkindes zu ändern (Art. 172 ZGB).

98

Das Adoptivkind und seine Abkömmlinge erlangen im Verhältnis zu den Adoptiveltern und deren Verwandten die **rechtliche Stellung** eines gemeinschaftlichen Kindes der Ehegatten sowohl in persönlicher als auch in vermögensrechtlicher Beziehung (Art. 173 ZGB). Mit der Adoption erlischt das Verwandtschaftsverhältnis des Kindes zu seinen Eltern und deren Verwandten sowie die sich aus ihm ergebenden persönlichen und materiellen Rechte und Pflichten. Früher blieben bereits vor der Adoption entstandene Ansprüche des Kindes auf Renten, Unterstützungen und andere Sozialrechte bestehen.

99

Litauen[1]

Jolanta Zupkauskaitė, Juristin, Vilnius
Yvonne Goldammer, Rechtsanwältin, Vilnius

Literatur

Literatur in deutscher Sprache

Mizaras/Nekrosius, Das neue Zivil- und Zivilprozessrecht in Litauen, ZEuP 2002, 466; *Ravlušević ius*, Die Reform des Internationalen Privatrechts in Litauen, IPRax 2003, 272; *Süß* (Hrsg.), Erbrecht in Europa, 3. Aufl. 2015.

Literatur in anderer Sprache

Civil Code of the Republic of Lithuania (Übersetzung des Zivilgesetzbuches der Republik Litauen ins Englische: http://www3.lrs.lt/pls/inter2/dokpaieska.showdoc_e?p_id=404614[2011–06–21]= [2005–08–31]); Kollektiv der Autoren unter Leitung von *Mikelėnas*, Lietuvos Respublikos Civilinio kodekso komentaras, Trečioji knyga, Šeimos teisė, Vilnius 2002; Justitia (Kommentar des Zivilgesetz- buches der Republik Litauen, Drittes Buch Familienrecht, Vilnius 2002); *Mikelėnas*, Trečioji Civilinio kodekso knyga „Šeimos teisė"/Teisės problemos 1998, Nr. 2, S. 9–24; *Mikelėnas*, Šeimos teisė, Vilnius 2009; Justitia (Familienrecht, Vilnius 2009); *Vitkevičius*, Šeimos narių turtiniai teisiniai santykiai, Vilnius 2006, Justitia (rechtliche Vermögensbeziehungen von Familienmitglieder, Vilnius 2006); *Lietuvos Aukščiausiojo*, Teismo Senato nutarimas 2002–06–21 Nr. 35 „Dėl įstatymų taikymo teismų praktikoje, nustatant nepilnamečių vaikų gyvenamąją vietą, tėvams gyvenant skyrium" 2002 Teismų

---

1 In der Vorauflage bearbeitet von: *Steffen Radlbeck*, Rechtsanwalt, Berlin und *Sigita Sriubaitė*, Rechts- magister, Vilnius.

praktika Nr. 17 S. 333–398 (Rechtsprechung des Litauischen Obersten Gerichtshofes); *Lietuvos Aukščiausiojo*, Teismo Senato nutarimas 2005–06–23 Nr. 54 „Dėl įstatymų, reglamentuojančių tėvų pareigą materialiai išlaikyti savo nepilnamečius vaikus, taikymo teismų praktikoje" 2005 Teismų praktika Nr. 23, http://www2.lat.lt/lat_web_test/4_tpbiuleteniai/senos/nutartis.aspx?id=29253 (Rechtsprechung hinsichtlich der Unterhaltspflicht von Eltern); 2011–06–30 „Nepilnamečių turtinių teisių apsauga paveldėjimo teisiniuose santykiuose", 2011 Teismų praktika Nr. 35, http://www2.lat.lt/lat_web_test/4_tpbiuleteniai/senos/nutartis.aspx?id=34985 (Rechtsprechung hinsichtlich des Schutzes von Vermögensrechten Minderjähriger im Falle einer Erbschaft); 2014–06–09 Sutuoktinių turtines prievoles reglamentuojančių teisės normų taikymo; *Lietuvos Aukščiausiojo*, Teismo praktikoje apžvalga, 2014 Teismų praktika Nr. 40, http://www2.lat.lt/lat_web_test/4_tpbiuleteniai/senos/nutartis.aspx?id=35196 (Rechtsprechung über Rechtsnormenanwendung für Vermögenspflichten der Ehegatten); 2015–12–02 Tarptautinės ir Europos Sąjungos teisės taikymo sprendžiant jurisdikcijos nustatymo klausimą šeimos bylose apžvalga (Übersicht über die Rechtsprechung der Anwendung von internationalem und EU Recht bei der Bestimmung der Gerichtsbarkeit in Familienrechtsfällen); 2016–03–30 Europos Sąjungos ir Tarptautinės teisės aktų, reglamentuojančių taikytinos teisės nustatymo taisykles šeimos bylose apžvalga[2] (Übersicht über die Rechtsprechung der Anwendung von internationalem und EU Recht bei der Bestimmung anwendbaren Rechts in Familienrechtsfällen).

A. Eheschließung

I. Vorbemerkung

1   Der litauische Gesetzgeber hat im **Zivilgesetzbuch** (im Folgenden: **ZGB**),[3] das am 1.7.2001 in Kraft getreten ist, die **Grundsätze des Familienrechts** formuliert. Diese sind: **Monogamie** (Einehe), **Freiwilligkeit** der Eheschließung, **Gleichberechtigung** von Mann und Frau in der Ehe, **Schutz** der Mütter, **Vorrang** und Schutz der Rechte und Interessen des Kindes (vgl. Art. 3.1 Abs. 1 ZGB). Eine Eheschließung ist nur zwischen einem geschäftsfähigen Mann und einer geschäftsfähigen Frau zulässig, die das im Gesetz festgelegte Alter erreicht haben, sich in keiner anderen Ehe oder registrierten Partnerschaft befinden und keine nahen Verwandten i.S.v. Art. 3.17 ZGB sind. Die Eheschließung muss die Familiengründung bezwecken und in der gesetzlich vorgeschriebenen Form erfolgen.[4] Am 18.11.2011 ist das Gesetz über die Änderung des ZGB in Kraft getreten, in dem einige kleinere Korrekturen zum Eherecht enthalten sind. Weitere Änderungen sind am 1.1.2015 in Kraft getreten.[5]

II. Materielle Voraussetzungen

1. Voraussetzungen

a) Verschiedene Geschlechter

2   Die Ehe kann nur mit einer **Person des anderen Geschlechts** geschlossen werden (Art. 3.12 ZGB). Diese Regelung ist zwingend und den Vorschriften über die Eheschließung vorangestellt. Sie entspricht der traditionellen Ansicht über die Familie, wonach eine der wichtigsten Funktionen darin besteht, Nachkommen zu zeugen. Gleichgeschlechtliche Ehen oder Part-

---

2   Siehe auch http://www.lat.lt/lt/teismu-praktika/lat-praktika/teismu-praktikos-apzvalgos/civiliniu-bylu-apzvalgos.html.

3   Lietuvos Respublikos civilinio kodekso patvirtinimo, įsigaliojimo ir įgyvendinimo įstatymas, Žin. 2000, Nr. VIII-1864 (Übersetzung des Zivilgesetzbuches der Republik Litauen ins Englische unter: http://www3.lrs.lt/pls/inter2/dokpaieska.showdoc_e?p_id=40461= [2011–06–21]).

4   *Mikelėnas*, Kommentar des Zivilgesetzbuches der Republik Litauen, S. 41 Rn 1 ff.

5   16–10–2014 Gesetz Nr. XII-1240, TAR, 2014, Nr. 2014–14518,

nerschaften werden in Litauen zurzeit nicht anerkannt, d.h., eine im Ausland geschlossene gleichgeschlechtliche Ehe bzw. Partnerschaft zweier ständiger Einwohner Litauens wird in Litauen aufgrund des Widerspruchs mit der öffentlichen Ordnung nicht anerkannt.[6]

Die Ehe kann weiterhin nur durch Personen geschlossen werden, die zum Zeitpunkt der Eheschließung das 18. Lebensjahr vollendet haben, mithin **volljährig** sind (Art. 3.14 Abs. 1 ZGB). Das Heiratsalter kann auf Antrag einer Person, die vor Vollendung des 18. Lebensjahres heiraten will, mit gerichtlicher Zustimmung (aufgrund eines vereinfachten Verfahrens gem. Art. 579–582 Zivilprozessordnung – im Folgenden: ZPO) **herabgesetzt** werden,[7] jedoch nicht um mehr als 2 Jahre[8] (bis zum 30.6.2010: 3 Jahre[9]). Dabei hat das Gericht bei seiner Entscheidung die Eltern, den Vormund oder den Pfleger der minderjährigen Person anzuhören und des Weiteren die geistige (mentale) und psychische Verfassung, die finanzielle Situation u.Ä. zu berücksichtigen. Außerdem ist das Jugendamt dazu anzuhören, ob die Herabsetzung des Heiratsalters den Interessen der betreffenden Person dient (Art. 3.14 Abs. 4, 5 ZGB). Im Falle einer **Schwangerschaft** kann das Gericht einer Person die Zustimmung zur Eheschließung auch vor Vollendung des 16. Lebensjahres (bis zum 30.6.2010: 15. Lebensjahr[10]) erteilen (Art. 3.14 Abs. 3 ZGB). Die Schwangerschaft ist in allen Fällen als „wichtiger Grund" zur Herabsetzung des Heiratsalters zu betrachten (vgl. Art. 3.14 Abs. 4 ZGB a.E.). Ebenso wird die **Geburt eines gemeinsamen Kindes** in der Praxis als wichtiger Grund angesehen.[11]

3

Personen, die durch eine rechtskräftige gerichtliche Entscheidung für **geschäftsunfähig** erklärt wurden, dürfen keine Ehe schließen. Eine beschränkte Geschäftsfähigkeit oder eine psychische Krankheit ist dagegen kein Hinderungsgrund, eine Ehe einzugehen (Art. 2.11 ZGB).[12]

4

b) Eheverbot zwischen Verwandten

Die Eheschließung zwischen nahen Verwandten ist **verboten**. Dazu zählt die Ehe zwischen Eltern und Kindern, Adoptierenden und Adoptierten, Großeltern und Enkeln, leiblichen und Pflegegeschwistern, Cousins, Onkeln und Nichten, Tanten und Neffen (vgl. Art. 3.17 ZGB).

5

c) Verfahren

Das litauische ZGB spricht zunächst nur davon, dass Personen, die beabsichtigen zu heiraten, sich zur Eintragung der Ehe **anmelden** müssen. Gemäß Art. 3.20 ZGB haben die zukünftigen Ehepartner dabei schriftlich zu bestätigen, dass sie die gesetzlichen Anforderungen hinsichtlich des verschiedenen Geschlechts, des freien Willens zur Eheschließung, der Erfüllung des gesetzlichen Alters, der vollen Geschäftsfähigkeit, des Verbots der Mehrehe und der Eheschließung zwischen nahen Verwandten eingehalten haben, was der Standesbeamte **vor Eintragung der Ehe** zu überprüfen hat.

6

---

6 *Mikelėnas*, Kommentar des Zivilgesetzbuches der Republik Litauen, S. 48 Rn 1.
7 Zivilprozessordnung der Republik Litauen, verabschiedet im Jahre 2002: Civilinio proceso kodekso patvirtinimo, įsigaliojimo ir įgyvendinimo įstatymas, Žin. 2002, Nr. 36–1340.
8 *Mikelėnas*, Kommentar des Zivilgesetzbuches der Republik Litauen, S. 50 Rn 4.
9 Siehe Vorauflage (2006), dort Rn 3.
10 Siehe Vorauflage (2006), dort Rn 3.
11 *Mikelėnas*, Kommentar des Zivilgesetzbuches der Republik Litauen, S. 50 Rn 4.
12 *Mikelėnas*, Kommentar des Zivilgesetzbuches der Republik Litauen, S. 53 Rn 3.

7   Der **Antrag auf Eintragung** der Ehe gilt als **öffentliche Verlobung** (Art. 3.8 Abs. 3 ZGB i.V.m. Art. 3.302 ZGB). Die Tatsache über die Antragstellung ist vom Standesamt spätestens zwei Wochen vor dem Tag der Eheschließung bekanntzugeben. Eine öffentliche Verlobung führt im Falle der Nichtschließung der Ehe zu den in Art. 3.9–3.11 ZGB geregelten Ansprüchen (Anspruch auf Rückgabe der Geschenke, materieller und immaterieller Schadensersatz).

8   Nach dem Erfordernis der gleichzeitigen Anwesenheit ist die Ehe bei Anwesenheit beider künftiger Ehegatten und zweier Trauzeugen einzutragen (Art. 3.303 Abs. 1 ZGB). In Art. 3.299 Abs. 3 ZGB ist geregelt, dass der Antrag auf Eintragung der Ehe dann nicht zu vollziehen ist, wenn mindestens einer der Antragsteller nicht zu der festgelegten Zeit zur Eintragung erschienen ist. Daraus folgt, dass die Eheschließung nur bei **persönlicher und gleichzeitiger Anwesenheit** der Eheschließenden vorzunehmen ist. Gemäß Art. 3.298 ZGB muss die Eintragung der Ehe beim örtlich zuständigen Standesamt (*civilinės metrikacijos įstaiga*) bzw. bei den Konsulatstellen der Republik Litauen stattfinden.

d) Voreheliche medizinische Untersuchung

9   Der Standesbeamte soll den künftigen Ehepartnern bei der Antragstellung zur Eintragung der Ehe vorschlagen, sich einer **vorehelichen medizinischen Untersuchung** zu unterziehen. Gemäß Art. 3.21 ZGB soll diese Untersuchung durch ein ärztliches Attest belegt werden. Allerdings hindert das Fehlen dieser Bescheinigung nicht die Eintragung der Ehe, da der Gesundheitszustand keine materielle Voraussetzung der Eheschließung ist. Stellt sich aber später heraus, dass einer der Ehepartner an einer Geschlechtskrankheit oder Aids leidet, so ist dies ein Grund für die **Nichtigerklärung** der Ehe. Leidet jemand an einer der genannten Krankheiten, stellt dies aber keinen Grund dar, die Ehe nicht zu registrieren. In diesem Falle können wegen der Gefahr für die Gesundheit und das Leben des anderen Ehegatten und anderer ggf. strafrechtliche Normen einschlägig sein, da das Verursachen einer Infektion mit Aids, einer Geschlechtskrankheit oder anderer Krankheit gem. Art. 135–139 Strafgesetzbuch Litauens (StGB)[13] strafbar ist.[14]

10   Das Standesamt hat nach Eintragung der Ehe eine Ehebescheinigung (**Heiratsurkunde** – *santuokos liudijimas*) auszustellen. Gemäß Art. 3.23 ZGB gilt die Eintragung der Ehe und die infolgedessen ausgestellte Heiratsurkunde als Nachweis der Ehe.

e) Kirchliche Trauung

11   Die Ehe kann auch nach den Gesetzen und Vorschriften einer anerkannten Religionsgemeinschaft geschlossen werden. Die danach eingegangene **kirchliche Ehe** hat dieselben Rechtsfolgen wie eine nicht religiös geschlossene Ehe, sofern gleichermaßen die gesetzlichen Vorschriften sowie die Vorschriften der jeweiligen eingetragenen und anerkannten religiösen Organisation eingehalten wurden.

2. Folgen bei Fehlen einer der Voraussetzungen

a) Nichtigerklärung der Ehe

12   Liegen die vorgenannten Voraussetzungen nicht vor, kann die Ehe für nichtig erklärt werden. Weitere **Gründe** für eine **Nichtigerklärung der Ehe** sind die bereits erwähnte unterlas-

---

13   Strafgesetzbuch der Republik Litauen, verabschiedet im Jahre 2000: Baudžiamojo kodekso patvirtinimo ir įsigaliojimo įstatymas, Žin. 2000, Nr. 89–2741.
14   *Mikelėnas*, Kommentar des Zivilgesetzbuches der Republik Litauen, S. 57–58 Rn 4.

sene Information des anderen Ehepartners wegen einer Geschlechtskrankheit oder Aids-Infektion (Art. 3.21 Abs. 3 ZGB; siehe Rdn 9), die Scheinehe (Art. 3.39 ZGB) und das Fehlen des freien Willens zur Eheschließung (Art. 3.40 ZGB). Der **freie Wille** kann z.B. aufgrund eines Rauschzustands, hervorgerufen durch Trunkenheit, Medizin- oder Rauschgiftkonsum, sowie aufgrund einer sich verschlimmernden psychischen Erkrankung oder bei einer altersbedingten Unfähigkeit, eigene Handlungen vorzunehmen, ausgeschlossen sein, ferner auch bei einer Eheschließung infolge Gewalteinwirkung, Drohung oder Betrugs (z.B. durch falsche Angaben über das Bestehen einer Schwangerschaft, fehlende Mitteilung von Informationen, die von Bedeutung sein können, oder Handeln unter anderem Namen u.Ä.).[15]

Die Ehe kann auch wegen Vorliegens eines schwerwiegenden **Irrtums** für nichtig erklärt werden, der sich auf den anderen Ehepartner bezieht und dessen Kenntnis ein ausreichender Grund für den Ehepartner gewesen wäre, die Ehe nicht zu schließen. Gemäß Art. 3.40 Abs. 3 ZGB gilt als **schwerwiegender Fehler** die gesundheitliche Verfassung (z.B. Unfruchtbarkeit, sexuelle Impotenz, Epilepsie),[16] die sexuelle Abnormalität eines Ehepartners, die das gewöhnliche Familienleben unmöglich macht, sowie ein schwerwiegendes Verbrechen, das der Ehepartner begangen hat (**gesetzliche Vermutung**). Das „schwerwiegende Verbrechen" ist nach der im litauischen Strafgesetzbuch festgelegten Definition so zu verstehen, dass hierbei nur die schweren und sehr schweren Verbrechen in Betracht kommen (Art. 11 Abs. 5–6 StGB).[17] Die Annahme eines schwerwiegenden Verbrechens als „schwerwiegender Fehler" setzt voraus, dass diese Tatsache durch ein rechtskräftiges Gerichtsurteil bestätigt wurde. Dabei ist die Zeit zwischen Verkündung des Urteils und Eheschließung sowie die Löschung einer Vorstrafe und die Unterrichtung des anderen Ehegatten zu berücksichtigen.[18]

13

Die Ehe kann nur durch ein Gericht aufgehoben werden, wobei gem. Art. 3.37 Abs. 3 ZGB die für nichtig erklärte Ehe als von Anfang an (*ab initio*) nichtig gilt.

14

Das Gericht kann die Nichtigerklärung der Ehe ablehnen, wenn einzelne **Nichtigkeitsgründe** im Laufe des Verfahrens nicht mehr gegeben sind. Das ist u.a. dann der Fall, wenn die Nichtigerklärung der Ehe zwischen Minderjährigen den Interessen beider oder einem der Ehepartner entgegensteht. Die Ehe kann auch nicht als Scheinehe bezeichnet werden, wenn die Antragsteller vor der Stellung des Antrags auf Feststellung der Nichtigkeit familiäre Beziehungen geschaffen haben oder seit über einem Jahr zusammenleben oder ein gemeinsames Kind geboren wurde oder erwartet wird. Weiterhin kann die Ehe, die ohne den ausdrücklichen freien Willen eines Ehepartners geschlossen wurde, nicht für nichtig erklärt werden, wenn die Ehepartner nach der Eheschließung oder Kenntnisnahme von den Umständen, die einen ausreichenden Grund für die Nichtigerklärung darstellen, seit über einem Jahr zusammenleben oder ein gemeinsames Kind haben bzw. erwarten.

15

b) Rechtsfolgen bei Nichtigerklärung

Rechtsfolge der Nichtigerklärung einer Ehe ist, dass alle Kinder, die nach, d.h. im Anschluss der gerichtlichen Nichtigerklärung, geboren werden, als in der Ehe geboren gelten (Art. 3.45 ZGB). Das gilt aber nur für den Fall, dass die Kinder **innerhalb von 300 Tagen nach der**

16

---

15 *Mikelènas*, Kommentar des Zivilgesetzbuches der Republik Litauen, S. 92 Rn 1 f.
16 *Mikelènas*, Kommentar des Zivilgesetzbuches der Republik Litauen, S. 58 Rn 5.
17 Gemäß Art. 11 Abs. 5–6 des litauischen StGB: Baudžiamojo kodekso patvirtinimo ir įsigaliojimo įstatymas, Žin. 2000, Nr. 89–2741.
18 *Mikelènas*, Kommentar des Zivilgesetzbuches der Republik Litauen, S. 94 Rn 6.

Nichtigerklärung geboren werden (Art. 3.140 Abs. 2 ZGB).[19] Waren beide Ehepartner hinsichtlich der Ehehindernisse in gutem Glauben, so sind die Rechtsfolgen die einer gültigen Ehe mit Ausnahme des Erbrechts. War einer der Ehepartner im Zeitpunkt der Eheschließung hinsichtlich der Ehehindernisse bösgläubig, so hat der gutgläubige Ehepartner gegen ihn einen Anspruch auf Unterhaltsleistung für einen Zeitraum von höchstens drei Jahren, sofern er unterhaltsbedürftig ist (Art. 3.47 Abs. 1 ZGB). Waren beide Ehepartner bösgläubig, verlieren sie die Rechte und Pflichten, die zwischen Ehepartnern aufgrund einer gültigen Ehe bestehen.

III.   Sachliche Zuständigkeit

17   Gemäß Art. 3.298 ZGB gibt es grundsätzlich zwei zuständige Eheschließungsstellen: Die Eintragung der Ehe erfolgt beim zuständigen **Standesamt** (*civilinės metrikacijos įstaiga*) und bei den **Konsulatstellen** der Republik Litauen. Die Zuständigkeit des Standesamtes hängt vom Wohnsitz der zukünftigen Ehepartner oder eines von ihnen sowie ihrer Eltern ab. Eine Ehe kann auch zu Hause oder in einem Krankenhaus geschlossen werden, wenn einer der künftigen Ehegatten aufgrund seines gesundheitlichen Zustands nicht beim Standesamt erscheinen kann. Wird die Ehe mit einem Häftling geschlossen, so wird sie in den Räumlichkeiten der Haftanstalt durch das dort zuständige Standesamt registriert.[20]

18   Im Fall einer kirchlichen Eheschließung muss diese innerhalb von 10 Tagen durch eine bevollmächtigte Person beim zuständigen Standesamt angemeldet werden (Art. 3.304 Abs. 1 ZGB). Das Standesamt nimmt die Eintragung der Ehe vor und stellt eine Ehebescheinigung aus. Erst dann ist die kirchliche Ehe zivilrechtlich wirksam geschlossen und zwar rückwirkend ab dem Tag der kirchlichen Eheschließung (ex tunc). Wird die dafür vorgeschriebene Frist von 10 Tagen nicht eingehalten, entfaltet die Eheschließung erst ab dem Tag der Eintragung beim Standesamt ihre Wirksamkeit (ex nunc).

IV.   Kollisionsrecht der Eheschließung

19   Die Voraussetzungen der Eheschließung unterliegen grundsätzlich dem Ort des ständigen Aufenthalts der Ehegatten. Die Ehe wird beim Standesamt der Republik Litauen eingetragen, wenn mindestens eine der eheschließenden Personen ihren ständigen Wohnsitz in Litauen hat oder im Zeitpunkt der Eheschließung die litauische Staatsangehörigkeit besitzt (Art. 1.25 Abs. 2 ZGB). Nach dem litauischen Familienrecht entfaltet eine Eheschließung privatrechtliche Wirkungen in der Rechtsordnung Litauens erst ab dem Zeitpunkt der Eintragung in die zivilen Register.[21]

B.   Folgen der Eheschließung

I.   Auswirkungen auf das Eigentum

1. Gemeinschaftsvermögen

20   Eigentum, das die Eheleute nach Beginn ihrer Ehe erworben haben, gilt als deren **Gemeinschaftseigentum**. Dabei gilt, dass das gesamte Vermögen als Gemeinschaftsvermögen ange-

---

19 Lietuvos Respublikos civilinio kodekso patvirtinimo, įsigaliojimo ir įgyvendinimo įstatymas, Žin. 2000, Nr. VIII-1864.
20 *Mikelėnas*, Kommentar des Zivilgesetzbuches der Republik Litauen, S. 543 Rn 2 f.
21 Vgl. *Ravluševičius*, IPRax 2003, 272, 274.

sehen wird, wenn nicht nachgewiesen ist, dass es individuelles Vermögen eines Ehepartners ist (Art. 3.88 Abs. 2 ZGB). Dazu müssen beide Ehepartner im öffentlichen Register als Eigentümer eingetragen sein. Ist hingegen das Eigentum nur auf den Namen eines Ehepartners eingetragen, wird das Eigentum als Gemeinschaftseigentum angesehen, soweit es als solches eingetragen ist. Zum Gemeinschaftseigentum zählen u. a.:
– das Einkommen und die Früchte des persönlichen Eigentums eines Ehegatten;
– das Einkommen, das aus gemeinsamen Tätigkeiten der Ehepartner bzw. aus der Tätigkeit eines Ehepartners herrührt;
– ein Unternehmen bzw. das Einkommen, das aus dem Betrieb eines Unternehmens herrührt.

Neu eingefügt in das ZGB wurde das **Institut des Familienvermögens** (Art. 3.84 ff. ZGB).   21
Dies erfolgte zum Schutz der Interessen des Kindes, da vor allem der Wohnraum minderjähriger Kinder gesichert werden soll.[22]

2. Eigenvermögen

Das Eigentum, das jeder Ehepartner vor Beginn der Ehe erworben hat, bleibt hingegen   22
dessen **individuelles Eigentum** (Art. 3.89 ZGB). Das gilt auch für das Eigentum, welches ein Ehepartner während der Ehe erbt oder geschenkt bekommt. Der Beweis des individuellen Eigentums eines Ehepartners kann grundsätzlich nur durch schriftliche Dokumente (Urkunden) geführt werden, es sei denn, das Gesetz lässt den Zeugenbeweis zu oder die Art des Eigentums als getrenntes Eigentum ist bereits ausreichend nachgewiesen.

3. Regelung durch Ehevertrag

Mit der Neufassung des ZGB im Jahre 2001 wurde auch das Rechtsinstitut des **Ehevertrages**   23
neu eingeführt.[23] Seither können sich die Ehegatten für eine bestimmte Regelung ihrer güterrechtlichen Verhältnisse entscheiden (Art. 3.101 ff. ZGB).

4. Verwaltung des Vermögens

Grundsätzlich **verwalten und veräußern** die Ehepartner das Gemeinschaftsvermögen ge-   24
mäß einer gemeinsamen Vereinbarung. Gemäß Art. 3.92 ZGB wird die Zustimmung des anderen Ehepartners u. a. nicht benötigt für
– die Annahme oder Ausschlagung einer Erbschaft;
– die Ablehnung eines Vertragsabschlusses;
– dringende Maßnahmen, um das Gemeinschaftseigentum zu schützen;
– das Erheben einer Klage zum Schutze des Gemeinschaftsvermögens;
– das Erheben einer Klage zum Schutze der Persönlichkeitsrechte eines Ehepartners ohne Bezug zu den Familieninteressen.

Ein Ehepartner kann den anderen Ehepartner aber bevollmächtigen, das gemeinsame Gemeinschaftsvermögen zu verwalten, zu verwenden (mitzubenutzen) und zu veräußern (Art. 3.94 Abs. 1 ZGB).

Wurde ein Rechtsgeschäft ohne Zustimmung des anderen Ehepartners abgeschlossen, kann   25
dieser das Rechtsgeschäft innerhalb eines Monats ab Kenntnis genehmigen. Vor seiner **Genehmigung** kann die andere Partei von dem Rechtsgeschäft zurücktreten. Hat der andere

---

22 *Mizaras/Nekrosius*, ZEuP 2002, 466, 474.
23 *Mizaras/Nekrosius*, ZEuP 2002, 466, 474.

Ehepartner seine Zustimmung nicht innerhalb eines Monats erteilt, gilt das Rechtsgeschäft als ohne Zustimmung des anderen Ehepartners geschlossen. Weiß die andere Partei, dass die Person, mit der sie das Rechtsgeschäft geschlossen hat, verheiratet ist, kann diese nur vom Rechtsgeschäft zurücktreten, wenn der Ehepartner falsche Angaben über das Bestehen der Zustimmung des anderen Ehepartners gemacht hat (Art. 3.92 Abs. 6 ZGB). Ein ohne **Zustimmung** des anderen Ehepartners geschlossenes und nicht von ihm genehmigtes Rechtsgeschäft kann dieser durch Klageerhebung innerhalb eines Jahres ab Kenntnis vom Abschluss des Rechtsgeschäfts anfechten, vorausgesetzt, es wird nachgewiesen, dass die andere Partei des Rechtsgeschäfts in gutem Glauben war (Art. 3.96 Abs. 1 ZGB). Verweigert ein Ehepartner die erforderliche Zustimmung zum Abschluss eines Rechtsgeschäfts, kann der beteiligte Ehepartner eine gerichtliche Genehmigung zum Abschluss des Rechtsgeschäfts herbeiführen. Das Gericht kann das Rechtsgeschäft nur genehmigen, wenn der beteiligte Ehepartner nachweisen kann, dass das Rechtsgeschäft für die Erfüllung der Bedürfnisse der Familie oder ihres im Gemeinschaftseigentum (Miteigentum) stehenden Geschäfts notwendig ist (Art. 3.93 ZGB).

26   Sein **individuelles Vermögen** kann der jeweilige Ehepartner nach seinem Ermessen verwenden, verwalten oder veräußern, es sei denn, dieses Vermögen wurde als Familienvermögen eingetragen; in diesem Fall gelten die im Dritten Buch geregelten Beschränkungen. Führt die unsachgemäße und sorgfaltswidrige Verwaltung des individuellen Vermögens jedoch dazu, dass die Familieninteressen durch Verlust oder wesentliche Verringerung des Vermögens gefährdet werden, kann der andere Ehepartner bei Gericht die Bestellung eines Verwalters beantragen. Dies kann auch der Antragsteller selbst sein (Art. 3.97 Abs. 2 ZGB).

27   Leben die Ehepartner in einer **Mietwohnung**, kann der Ehepartner, der die Wohnung gemietet hat, den Mietvertrag nicht ohne Zustimmung des anderen Ehepartners vor Ablauf der Mietdauer kündigen (beenden), die Wohnung untervermieten (weitervermieten) oder die Rechte aus dem Mietvertrag an Dritte übertragen. Der Ehepartner, der einem solchen Rechtsgeschäft weder zugestimmt noch dieses genehmigt hat, kann die Aufhebung desselben beantragen. Der Ehepartner, der Alleineigentümer der Familienwohnung ist, kann diese Wohnung nicht ohne schriftliche Zustimmung des anderen Ehepartners veräußern, verpfänden oder vermieten. Hat der andere Ehepartner einem solchen Rechtsgeschäft weder zugestimmt noch es genehmigt, kann er ebenfalls die Aufhebung beantragen, soweit die streitgegenständlichen Räumlichkeiten im **Immobilienregister** als Familienvermögen eingetragen sind. Ein Ehepartner kann nicht ohne die Zustimmung des anderen **bewegliches Vermögen, das zum Haushalt gehört**, veräußern, verpfänden oder vermieten (verpachten) oder in anderer Weise die Rechte am Eigentum belasten. Gemäß Art. 3.35 Abs. 2 ZGB zählen zum Haushaltsvermögen Haushaltsgeräte und Möbel; ausgenommen sind Kunstarbeiten, Sammlungen oder Heimbibliotheken.

28   Beim Tod eines Ehegatten erhält der überlebende Ehegatte neben den Erben erster Ordnung – soweit es nicht mehr als drei Personen sind – eine **Erbquote** von einem Viertel, ansonsten erbt er mit diesen zu gleichen Teilen (Art. 5.13 S. 2 ZGB). Neben den Erben der zweiten Ordnung steht ihm die Hälfte des Nachlasses zu. Neben den Angehörigen weiterer Ordnungen wird er gesetzlicher Alleinerbe.[24]

---

24 *Heemann*, in: Süß, Erbrecht in Europa, Länderbeitrag Litauen, Rn 14.

II. Ehelicher Unterhalt

Es gehört zu den vornehmlichen Pflichten der Ehepartner, sich gegenseitig und auch die 29
Familie nach ihren jeweiligen eigenen Möglichkeiten finanziell zu unterstützen (Art. 3.27
ZGB). Darüber hinaus haben sich die Ehepartner Trennungsunterhalt zu gewähren
(Art. 3.78 ZGB) und nacheheliche Unterhalt zu leisten, der beim Scheidungsverfahren
durch das Gericht festgelegt wird (Art. 3.59 ZGB), es sei denn, sie haben die vermögens-
rechtlichen Fragen der Scheidung durch eine gemeinsame Vereinbarung geregelt.

III. Name

Die Ehepartner haben das Recht, ihren jeweiligen Geburtsnamen als Nachnamen zu behal- 30
ten. Darüber hinaus können sie jedoch als **Ehenamen** auch den Nachnamen des jeweils
anderen als gemeinsamen Nachnamen bestimmen. Außerdem ist es möglich, einen Doppel-
nachnamen durch Anhängen des Nachnamens des Ehepartners an den eigenen zu wählen
(Art. 3.31 ZGB). Eine Besonderheit ist die Zusammensetzung der litauischen Nachnamen:
Eine Frau, die nach der Eheschließung den Nachnamen des Ehemannes wählt, kann in den
meisten Fällen nicht den gleichen Nachnamen übernehmen, sondern bekommt ihn mit
einer entsprechenden Endung, die in den meisten Fällen „*-ienė*" lautet. Das deutet darauf
hin, dass diese Frau verheiratet ist. Seit kurzem dürfen die Frauen eine neutrale weibliche
Nachnamenendung „*-ė*" wählen, womit eine Diskriminierung aufgrund des Familienstandes
ausgeschlossen werden soll. Diese Regelung gilt jedoch nur für litauische Nachnamen, wenn
die Ehe in Litauen geschlossen wird.[25] Gesetzlich ist die Verwendung von nichtlitauischen
Buchstaben in den Namen der Ehegatten wie „x, w, ß," trotz langjähriger Diskussionen
noch immer nicht vorgesehen. Bereits zwei Gesetzesentwürfe[26] sind dem litauischen Parlament dazu vorgelegt worden. Jedoch hat es sich bis heute zu keinem der beiden entschieden.
Ehegatten, die in ihren Namen nicht litauische Buchstaben verwenden möchten, müssten
sich an das Gericht wenden und sich auf ein Gerichtsurteil vom 30.7.2015 stützen.[27] Dieses
Urteil besagt, dass der Schutz des privaten und des Familienlebens Vorrang vor dem Schutz
der kulturellen Identität haben muss.

IV. Sonstige Ehewirkungen

Die Rechtswirkungen der Ehe treffen ebenso die konfessionell geschlossenen Ehen, wenn 31
sie die gesetzlich geregelten Anforderungen erfüllen (Art. 3.24 Abs. 2 ZGB). Die **Familienbeziehungen** werden durch die Eheschließung als Grundlage des gemeinsamen (Zusam-
men-) Lebens gebildet. Sollten sich die Eheleute über ihre Pflichte oder die Ausübung
ihrer Rechte nicht einigen können, so hat das Gericht unter Beachtung der Interessen der
minderjährigen Kinder und der Familie als Ganzes zu entscheiden (Art. 3.33 ZGB).

---

25 S.a.: 200306–26 Valstybinės lietuvių kalbos komisijos nutarimas Nr. N-2 (87) Dėl moterų pavardžių
    darymo, Žin. 2003, Nr. 65–3009.
26 2015–05–13 Vardų ir pavardžių rašymo dokumentuose Įstatymo projektas Nr. XIIP-1653(2), 2014–04–
    10 Vardų ir pavardžių rašymo dokumentuose Įstatymo projektas Nr. XIIP-1675.
27 2015–07–30 Vilniaus apylinkės teismo nutartis civilinėje byloje Nr. 2–12434–294/2015, S.a.: http://
    lt.efhr.eu/2015/07/30/efhr-lemtingas-laimejimas-vilniaus-miesto-apylinkes-teismas-leido-irasyti-w-
    raide-pavardeje/, http://lt.efhr.eu/download/2015%20m.%20liepos%2030%20d.%20Vilniaus%20m.
    %20apylinkes%20teismo%20nutarimas.pdf.

Zupkauskaitė/Goldammer

V. Möglichkeiten vertraglicher Gestaltung

32   Mit der Neugestaltung des ZGB im Jahre 2000 wurde ein neues Rechtsinstitut geschaffen,
      dessen Regelungen sich in den Art. 3.101 ff. ZGB finden: der **Ehevertrag**.[28] In einem Ehe-
      vertrag können die **vermögensrechtlichen Rechte** und Pflichten der Ehepartner **während
      der Ehe** sowie für den Fall einer **Scheidung** und **Trennung** geregelt werden. Im Einzelnen
      kann gem. Art. 3.104 Abs. 1 ZGB im Ehevertrag u.a. geregelt werden, dass
      – das Vermögen, das die Ehegatten vor und während der Ehe erworben haben, individuel-
         les Vermögen jedes Ehepartners sein soll;
      – das individuelle Vermögen, das durch einen Ehepartner vor der Ehe erworben wurde,
         nach Eintragung der Ehe Gemeinschaftsvermögen werden soll; bzw.
      – das Vermögen, das während der Ehe erworben wurde, Gemeinschaftsvermögen sein soll.

33   Der Ehevertrag kann vor Eintragung der Ehe (**vorehelicher Vertrag**) oder jederzeit nach
      Eintragung der Ehe (**nachehelicher Vertrag**) geschlossen werden. Ein vorehelicher Vertrag
      wird mit Eintragung der Ehe wirksam, ein nachehelicher Vertrag zum Zeitpunkt des Ver-
      tragsschlusses, soweit nichts anderes vereinbart wurde. In formaler Hinsicht muss beachtet
      werden, dass dieser **vor einem Notar** geschlossen werden muss. Der Vertrag sowie seine
      nachträglichen Änderungen müssen im **Ehevertragsregister** eingetragen werden. Die Ein-
      tragung gewinnt dann Bedeutung, wenn Regelungen des Vertrages gegenüber Dritten gel-
      tend gemacht werden sollen. Nur die Regelungen, die im Register eingetragen sind, entfalten
      Wirkung gegenüber Dritten, es sei denn, der Dritte hatte zum Zeitpunkt des Rechtsgeschäfts
      Kenntnis von den Regelungen des Vertrages.

34   In einem Ehevertrag sind Regelungen nichtig, wenn sie u.a. zwingenden gesetzlichen Rege-
      lungen widersprechen oder das Recht eines oder beider Ehepartner zum Unterhalt be-
      schränken oder aufheben. **Nichtigkeitsgründe** liegen weiterhin vor, wenn die Regelungen
      dem Gesetz, dem guten Glauben oder der öffentlichen Ordnung widersprechen, die persön-
      lichen Rechte und Pflichten der Ehepartner in Bezug auf ihre Kinder ändern oder das Recht
      eines oder beider Ehepartner bezüglich des Unterhalts beschränken oder aufheben (vgl.
      Art. 3.105 ZGB). Die Wirksamkeit des Ehevertrages endet bei Scheidung oder Trennung,
      außer bei den Pflichten, die nach der Vereinbarung bei Scheidung und Trennung wirksam
      bleiben sollen. Das zeitliche Ende des Ehevertrages ist in das Ehevertragsregister einzutra-
      gen.

VI. Kollisionsrecht der Ehefolgen

35   In Litauen sind die Kollisionsnormen nicht einheitlich geregelt, sondern in mehreren
      Rechtsquellen zu finden. Kollisionsnormen bezüglich des Eherechts sind im Zivilgesetz-
      buch[29] sowie durch bilaterale Rechtshilfeabkommen und internationale Konventionen gere-
      gelt. Soweit für Familienrechtsangelegenheiten internationale bzw. bilaterale Abkommen
      anwendbar sind, gelten diese Regelungen vorrangig. Die gesetzlichen nationalen Kollisions-
      normen werden nur dann angewandt, wenn internationale bzw. bilaterale Abkommen nicht
      anwendbar sind bzw. keine Regelungen getroffen wurden. Die nationalen Regelungen sind
      gegenüber den bilateralen Abkommen subsidiär. Die bilateralen Abkommen gelten außer-
      dem vorrangig vor internationalen Konventionen. Zurzeit gelten in Litauen **bilaterale**

---

28 *Mizaras/Nekrosius*, ZEuP 2002, 466, 474.
29 Erster Teil, Vierter Abschnitt, Anwendbares Recht für die Familienrechtsverhältnisse, Art. 1.24–1.36
    ZGB; Lietuvos Respublikos civilinio kodekso patvirtinimo, įsigaliojimo ir įgyvendinimo įstatymas,
    Žin. 2000, Nr. VIII-1864.

Rechtshilfeabkommen mit folgenden Ländern: Russische Föderation, Weißrussland, Estland, Lettland, Polen, Moldawien, Ukraine, Kasachstan, Usbekistan, USA, China, Aserbaidschan und Armenien.

Soweit keine bilateralen oder internationalen Abkommen Anwendung finden, gelten die nationalen Kollisionsnormen der Art. 1.27 und 1.28 ZGB. Gemäß Art. 1.27 ZGB findet auf die **persönlichen Verhältnisse** zwischen den Ehepartnern das Recht des Staates des ständigen Wohnsitzes Anwendung. Ebenfalls wird der **Vermögensrechtsstatus** gem. Art. 1.28 ZGB durch das Recht des Staates des ständigen Wohnsitzes bestimmt. Haben die Ehegatten keinen gemeinsamen ständigen Wohnort, so werden weitere Ausnahmenregelungen durch die bereits genannten Artikel des ZGB bestimmt.   36

VII. Auswirkungen der Ehe auf die Altersversorgung

Die Ehe hat grundsätzlich **keine Auswirkung auf die Altersversorgung**. Eine Mitversicherung in der **Krankenversicherung** ist nur in Ausnahmenfällen vorgesehen, z.B. für Ehegatten litauischer Diplomaten. Jedoch ist eine freiwillige Sozialversicherung möglich, wobei die monatlichen Einzahlungen zugunsten des Ehepartners erfolgen können. Das litauische Sozialrecht sieht Witwen- bzw. Witwer- und Waisenrenten vor, wenn die verstorbene Person Ansprüche auf Altersversorgung bzw. Behindertenversorgung erworben hat. Die Höhe des Auszahlungsbetrages hängt von der bei der Sozialversicherung erworbenen Rente ab.   37

VIII. Bleiberecht und Staatsangehörigkeit

Die Eheschließung mit einem litauischen Staatsbürger oder mit einer Person, die eine ständige Aufenthaltsgenehmigung besitzt, ist einer der Fälle, in denen eine ausländische Person eine zeitlich befristete Aufenthaltsgenehmigung oder EG-Aufenthaltsgenehmigung beantragen und erwerben kann. Das **ausländerrechtliche Bleiberecht** wird durch das Ausländergesetz der Republik Litauen geregelt.[30] Im Prinzip werden alle Ausländer in zwei Gruppen geteilt: Zu der ersten Gruppe gehören alle Staatsbürger aus den Mitgliedstaaten der EU und der Schweiz, Liechtenstein, Island und Norwegen und weitere Staatsbürger der Freihandelszone Europas. Diese Personen können 3 Monate innerhalb eines halben Jahres in Litauen bleiben und auf eine vereinfachte Weise eine **EG-Aufenthaltsgenehmigung** für 5 Jahre erhalten. Für den Erhalt der EG-Aufenthaltsgenehmigung muss u.a. ein Mindesteinkommen (ca. 350 EUR pro Monat) nachgewiesen werden. Diese Personen benötigen zusätzlich keine Arbeitserlaubnis.[31] Zu der anderen Gruppe zählen alle anderen Personen, die keine Staatsbürger aus den Mitgliedstaaten der EU und den oben genannten Staaten sind. Sie können eine normale **Aufenthaltsgenehmigung** jeweils für 1 Jahr bekommen, die bereits vor der Einreise nach Litauen erhältlich ist, wenn sich die Person zum Zeitpunkt der Antragstellung nicht offiziell in Litauen aufhält. Um in Litauen arbeiten zu dürfen, benötigen diese Personen eine **Arbeitserlaubnis**.   38

Art. 19 Teil 1 des neu gefassten Gesetzes über die Staatsbürgerschaft[32] sieht folgende Auswirkungen der Ehe vor: Ausländer, die die litauische Staatsbürgerschaft erwerben möchten   39

---

30 Lietuvos Respublikos įstatymas dėl užsieniečių teisinės padėties, Žin. 2004, Nr. 73–2539; Lietuvos Respublikos įstatymo „Dėl užsieniečių teisinės padėties" Nr. IX-2206 pakeitimo įstatymas Nr. XII-2080, TAR, 2015–11–27, Nr. 18919.

31 Mehr dazu z.B. www.migracija.lt.

32 Lietuvos Respublikos pilietybės įstatymas, Žin. 2010, Nr. 144–7361; Lietuvos Respublikos pilietybės įstatymo 18 ir 40 straipsnių papildymo ir pakeitimo įstatymas Nr. XII-269, Žin. 2013, Nr. 54–2674.

und sich in einer Ehe mit einem litauischen Staatsbürger befinden, können die **Staatsbürgerschaft** aufgrund der **Naturalisation** durch erleichterte Voraussetzungen erlangen. Sie müssen zusammen mit dem litauischen Ehegatten seit sieben Jahren in Litauen gelebt haben[33] und die Prüfungen über den Nachweis der Kenntnisse der litauischen Sprache und Grundlagen der Verfassung bestehen. Darüber hinaus muss der Antragsteller zum Zeitpunkt der Antragstellung seinen ständigen Wohnsitz in Litauen haben und darf keine andere Staatsangehörigkeit besitzen oder muss nach dem Erwerb der litauischen Staatsbürgerschaft automatisch der früheren Staatsbürgerschaft verlustig gehen.

IX. Steuerliche Auswirkungen der Ehe

40   Das litauische Recht kennt nicht die Zusammenveranlagung der Ehegatten im Besteuerungsverfahren der Einkommensteuer wie in der Bundesrepublik Deutschland. Darüber hinaus wird keine Differenzierung bei den unterschiedlichen Lohnsteuerklassen vorgenommen.

C. Trennung und Scheidung

I. Gerichtliche Trennung

41   Neu eingeführt in das ZGB wurde das **Rechtsinstitut des Getrenntlebens** (Separation).[34] Es kann nunmehr ein **Antrag auf Trennung** durch einen oder beide Ehepartner bei Gericht gestellt werden (Art. 3.73 ZGB). Soweit (gemeinsame) Kinder vorhanden sind, richten sich die richterlichen Anordnungen vorrangig nach deren Wohl. Das Gericht hat beim Trennungsurteil anzuordnen, bei welchem Ehepartner die Kinder leben sollen, und die Höhe des Unterhalts für die Kinder und die Beteiligung des getrennt lebenden Vaters oder der Mutter an der Erziehung festzulegen. Das Recht, in der Ehewohnung wohnen zu bleiben, steht primär demjenigen zu, bei dem die minderjährigen Kinder leben. Die Anordnung der Zahlung von Unterhalt zugunsten eines bedürftigen Ehepartners kann für den Fall erfolgen, dass der andere Ehepartner die Trennung verschuldet hat. Soweit die Ehepartner gemeinsam die Trennung beantragen, haben sie einen Vertrag über die Folgen ihrer Trennung einzureichen, nach dem sich das Gericht grundsätzlich zu richten hat.

42   Durch das **Trennungsurteil** endet das Zusammenleben der Ehepartner. Andere Rechte und Pflichten der Ehepartner bleiben bestehen, soweit keine Ausnahmen gelten (Art. 3.77 Abs. 1 ZGB). Die Rechtsfolgen dieses Urteils wirken auf den Zeitpunkt der Einreichung des Trennungsantrags zurück. Eine weitere Rückwirkung der Rechtsfolgen auf den Zeitpunkt des nicht mehr Zusammenlebens ist möglich, wenn ein Ehepartner dies beantragt hat und dieser nach Auffassung des Gerichts nicht für die Trennung verantwortlich ist. Im Urteil ist gleichzeitig ein Vermögensausgleich vorzunehmen, es sei denn, die Ehepartner haben diese Angelegenheit bereits vertraglich geregelt. Leben die Ehepartner seit mehr als einem Jahr seit Rechtskraft des Urteils getrennt, kann jeder Ehepartner die Scheidung gem. Art. 3.55 Abs. 1 Nr. 1 ZGB beantragen (Art. 3.79 Abs. 4 ZGB). Die **Trennung endet**, wenn die Ehepartner wieder zusammenleben und ihr **Zusammenleben** auf die Absicht schließen lässt, auf Dauer zusammenzuleben. Die Trennung endet ebenfalls auf gemeinsamen Antrag der Ehepartner durch Urteil, welches die frühere Trennungsanordnung widerruft (Art. 3.79

---

33 Für Personen, die vor dem Inkrafttreten der Gesetzesänderung am 16.12.2004 geheiratet und in Litauen gelebt haben, gilt die Frist der vorherigen Fassung des Art. 14, die nur 5 Jahre gemeinsames Leben in Litauen als Voraussetzung festgelegt hat.

34 *Mizaras/Nekrosius*, ZEuP 2002, 466, 474.

Abs. 1 ZGB). In vermögensrechtlicher Hinsicht ändert sich durch das neue Urteil oder die Wiederherstellung des Zusammenlebens aber nichts. Dazu bedarf es eines neuen Ehevertrages oder einer **neuen Ehegemeinschaft**. Inwiefern das Wiederherstellen des Zusammenlebens nicht eine neue Ehegemeinschaft begründet, ergibt sich aus dem Gesetz nicht. U.E. wird durch das auf Dauer angelegte Zusammenleben die Ehegemeinschaft wiederbelebt, so dass die Voraussetzungen vorliegen. Damit das Trennungsende auch Wirkung gegenüber Dritten erlangt, bedarf es der Eintragung in das Ehevertragsregister.

II. Scheidungsgründe

Die Ehe kann im beiderseitigen Einverständnis (Art. 3.51 ff. ZGB), auf Antrag eines Ehepartners (Art. 3.55 ff. ZGB) oder aufgrund des Verschuldens eines oder beider Ehegatten (Art. 3.60 ff. ZGB) geschieden werden.   43

1. Einverständliche Scheidung

Für eine **Ehescheidung im beiderseitigen Einverständnis der Ehegatten** müssen die folgenden gesetzlichen Voraussetzungen erfüllt sein (Art. 3.51 Teil 1 ZGB):   44
– seit der Eheschließung ist mehr als ein Jahr vergangen;
– beide Ehegatten haben einen Vertrag über die Scheidungsfolgen geschlossen (Vermögensteilung, Kinderunterhalt etc.);
– beide Ehegatten sind voll geschäftsfähig.

Das Gericht fällt die Entscheidung über die Ehescheidung, wenn es davon überzeugt ist, dass sich die Ehe faktisch aufgelöst hat. Die Ehe gilt als **aufgelöst**, wenn die Ehegatten nicht mehr zusammenleben und keine Hoffnung besteht, dass sie wieder zusammenleben werden. Es wird vermutet, dass die Ehe sich aufgelöst hat, wenn die Ehegatten mehr als ein Jahr weder eine gemeinsame Hauswirtschaft noch ein Eheleben führen (Art. 3.53 Teil 1, 2 ZGB). Es sind außerdem die Gründe anzugeben, warum nach Meinung der Ehepartner die Ehe gescheitert ist.   45

2. Einseitige Scheidung

Die Ehe kann gem. Art. 3.55 Abs. 1 ZGB auf **Antrag eines Ehepartners** durch das Gericht aufgelöst werden, wenn mindestens eine der folgenden Voraussetzungen erfüllt ist: 46
– die Ehegatten leben seit mehr als einem Jahr getrennt (*separacija*);
– einer der Ehegatten ist nach der Eheschließung durch Gerichtsurteil für geschäftsunfähig oder beschränkt geschäftsfähig erklärt worden;
– einer der Ehegatten ist durch Gerichtsurteil für verschollen erklärt worden;
– einer der Ehegatten verbüßt eine Freiheitsstrafe von mehr als einem Jahr für eine nicht vorsätzlich begangene Straftat.

Das Gericht hat bei seiner Entscheidung gleichzeitig den Wohnsitz der gemeinsamen minderjährigen Kinder und deren Unterhalt sowie den nachehelichen Unterhalt der Ehegatten und die Teilung des Vermögen anzuordnen (Art. 3.59 ZGB).   47

3. Einseitige verschuldensbedingte Scheidung

Ein Ehegatte kann die Scheidung auch beantragen, wenn die Ehe **aufgrund des Verschuldens des anderen Ehegatten gescheitert** ist. Das Verschulden des Ehepartners gilt als nachgewiesen, wenn er grundsätzlich seine Pflichten als Ehepartner verletzt hat und deswe-   48 gen ein Zusammenleben der Ehepartner unmöglich geworden ist. Das Verschulden des Ehepartners wird vermutet, wenn er aufgrund einer vorsätzlichen Straftat verurteilt worden ist, ehelich untreu ist oder wenn der Ehepartner den anderen Ehepartner oder andere Familienmitglieder grausam behandelt oder die Familie verlassen hat und seit mehr als einem Jahr nicht mehr für die Familie sorgt (Art. 3.60 ZGB). Bei Klagen, die aus diesem Grund erhoben werden, kann auf Antrag eines Ehegatten die Öffentlichkeit beschränkt werden. Beide Ehegatten können ebenfalls beantragen, dass das Gericht in seinem Urteil keine konkreten Angaben, die auf das Verschulden des Ehepartners hinweisen, macht, sondern in seiner Entscheidung lediglich angibt, dass die Ehe durch das Verschulden eines oder beider Ehepartner gescheitert ist (Art. 3.63 ZGB).

49   Da im **vereinfachten Verfahren** gem. Art. 3.51 und Art. 3.55 ZGB die Parteien keine Gerichtsgebühr zu zahlen haben (Art. 83 Teil 1 Ziff. 12 ZPO), weist diese Regelung darauf hin, dass in der Praxis die meisten Scheidungen im beiderseitigen Einverständnis oder auf Antrag eines Ehepartners erfolgen.

III. Scheidungsverfahren

50   Das Scheidungsverfahren in Litauen hat einige Besonderheiten gegenüber dem gewöhnlichen zivilrechtlichen Verfahren und ist im Abschnitt XIX der ZPO – Besonderheiten der Verhandlung der Familiensachen – geregelt. Zu den Besonderheiten zählen:
   – die aktive Rolle des Gerichts (**Untersuchungsgrundsatz**; das Gericht kann auf eigene Initiative Beweise erheben; Maßnahmen ergreifen, um die Parteien zu versöhnen und um die Interessen und Rechte der Kinder zu schützen; das Gericht ist an den Antrag nicht gebunden);
   – das Verbot des Erlasses eines Versäumnisurteils;
   – auf Antrag eines Beteiligten kann **beschränkte Öffentlichkeit** bei der Verhandlung angeordnet werden;
   – die Beteiligung des Kindes im Verfahren, wenn es über einzelne Punkte Auskunft geben kann und die Befragung für die Entscheidung erheblich ist.

51   Die Scheidungsklage ist beim örtlich zuständigen **Amtsgericht** (*apylinkės teismas*) zu erheben, bei dem der Beklagte seinen Wohnsitz hat. Leben minderjährige Kinder im Haushalt des Klägers, so kann er die Klage beim örtlich zuständigen Amtsgericht an deren Wohnsitz erheben (Art. 381 Abs. 1 ZPO).

52   Es besteht grundsätzlich **kein Anwaltszwang** für das Scheidungsverfahren. In der obersten Instanz (*kasacija*) gilt jedoch die allgemeine Regelung, dass die Rechtsmittel von einem Anwalt oder vom Rechtsmittelkläger, wenn er selber einen Universitätsabschluss in Rechtswissenschaften hat, eingelegt werden müssen (Art. 347 Abs. 3 ZGB). Die **Dauer** der Scheidungsverfahren ist unterschiedlich und kann von 2 bis 3 Monaten bis zu über einem Jahr betragen. Die Dauer hängt hauptsächlich von den Interessen der Parteien ab.

53   Beim Antrag auf Scheidung im beiderseitigen Einverständnis der Ehepartner (gem. Art. 3.51 ZGB) oder beim Antrag eines Ehegatten (gem. Art. 3.55 ZGB) gilt das **vereinfachte Verfahren**. Die Klage muss u.a. folgende Angaben enthalten:
   – Geburtsdatum und -ort des Klägers sowie des Beklagten;
   – die Motive der Klageerhebung;
   – Angaben über Kinder und den gewünschten Wohnsitz und Unterhalt oder die Vereinbarung beider Elternteile über Wohnsitz und Unterhalt der Kinder;

– Angaben über das Gemeinschaftsvermögen und die Geltendmachung der Teilung desselben; soweit ein notariell beglaubigter Vertrag über die Teilung des Gemeinschaftsvermögens abgeschlossen worden ist, ist dies anzugeben;
– Anspruch auf nachehelichen Unterhalt oder die Vereinbarung über denselben;
– Angaben über Gläubiger der Ehegatten oder jedes einzelnen Ehegatten und den Hinweis
über die Bekanntmachung gegenüber den Gläubigern.

Abschließend bedarf es noch der Angabe des nachehelichen Familiennamens der Ehegatten.
Den Angaben sind jeweils die notwendigen Unterlagen beizufügen, vor allem das Original
der Heiratsurkunde (Art. 382 ZPO).

Die **Gerichtskosten** bestehen aus einer Gerichtsgebühr und sonstigen Kosten (Post- und   54
Telekommunikationskosten, Anwaltskosten etc.). Die Gerichtsgebühr in Familiensachen
beträgt 41 EUR, vgl. Art. 80 Teil 1 Punkt 5 ZPO). Im vereinfachten Verfahren müssen die
Parteien keine Gerichtsgebühr zahlen (Art. 83 Teil 1 Punkt 12 ZPO).

IV. Internationale Zuständigkeit

Insoweit kann auf die Ausführungen zu den Regelungen der EuGVO verwiesen werden,   55
da diese hier Anwendung finden.

V. Auf die Scheidung anwendbares Recht

Ähnlich wie bereits in Rdn 35 ausgeführt, werden die Kollisionsnormen der Scheidungsfol-   56
gen entweder durch bilaterale oder durch internationale Abkommen geregelt. Des Weiteren
ist zu prüfen, ob im konkreten Fall die Verordnung „**Rom III**" (Verordnung (EU) Nr. 1259/
2010) Anwendung findet, da nicht alle Mitgliedstaaten an der verstärkten Zusammenarbeit
im Bereich des auf die Ehescheidung und Trennung ohne Auflösung des Ehebandes anzuwendenden Rechts teilnehmen. Die erwähnte Verordnung „Rom III" (EU) Nr. 1259/2010
gilt seit dem 22.5.2014 auch für Litauen.

Soweit keine internationalen Rechtsquellen gegeben sind, finden die Kollisionsnormen des
ZGB Anwendung. Das auf die Trennung und die Scheidung anwendbare Recht wird gem.
Art. 1.29 ZGB nach dem ständigen Wohnsitz der Ehegatten bestimmt. Haben die Ehegatten
keinen gemeinsamen ständigen Wohnsitz, gelangt das Recht des letzten gemeinsamen ständigen Wohnsitzes zur Anwendung, und wenn es keinen gemeinsamen Wohnsitz gibt, ist
das Recht am Sitz des Gerichts maßgeblich, das den Fall verhandelt.

VI. Anerkennung im Ausland erfolgter Scheidungen

Die ehemals in Teil VII der ZPO geregelte Anerkennungs- und Vollziehungsordnung über   57
die Entscheidungen der Gerichte der EU-Mitgliedstaaten wurde gestrichen und ist seit dem
29.11.2008 außer Kraft. Es gelten jetzt die Vorschriften des am 29.11.2008 in Kraft getretenen
„Gesetz über Verwirklichung der zivilprozessordnungsrechtlichen Rechtsakte der EU und
des Internationales Rechts",[35] dessen Art. 4 die Anerkennung entsprechender Gerichtsentscheidungen regelt. Sachlich zuständig für die Anerkennung der in einem EU-Mitgliedstaat
erfolgten Gerichtsentscheidung ist das **litauische Berufungsgericht** (*Lietuvos apeliacinis*

---

35 Siehe Lietuvos Respublikos civilinį procesą reglamentuojančių Europos Sąjungos ir tarptautinės teisės
aktų įgyvendinimo įstatymo Nr. X-1809 ketvirtojo skirsnio pavadinimo, 4, 15 straipsnių ir priedo
pakeitimo ir Įstatymo papildymo ketvirtuoju-1 ir devintuoju-3 skirsniais įstatymas Nr. XII-890, TAR,
2014, Nr. 2014–05780; http://www3.lrs.lt/pls/inter3/dokpaieska.showdoc_l?p_id=471944

teismas), das auf Antrag einer Partei darüber verhandelt.[36] Hierfür wird keine Gerichtsgebühr erhoben. Seit 18.6.2011 findet die Verordnung (EG) Nr. 4/2009 des Rates vom 18.12.2008 über die Zuständigkeit, das anwendbare Recht, die Anerkennung und Vollstreckung von Entscheidungen und die Zusammenarbeit in Unterhaltssachen auf alle Gerichtsentscheidungen Anwendung, die nach Inkrafttreten der Verordnung gefasst wurden. Die in anderen EU-Mitgliedstaaten ausgestellten Bescheinigungen gemäß Art. 41 und 42 der Verordnung (EG) Nr. 2201/2003 sind Vollstreckungstitel. Die Beschlüsse hinsichtlich der Rückgabe des Kindes oder Umgangsrechte (*dėl vaiko grąžinimo ir dėl bendravimo teisių*) gehören ebenfalls zu den Vollstreckungsunterlagen und benötigen keine zusätzliche Anerkennung.

D. Scheidungsfolgen

I. Vermögensteilung

58   Die rechtlichen Folgen der Scheidung hinsichtlich der Vermögensinteressen entfalten ihre Wirkung vom Beginn des Scheidungsverfahrens an. In dem Fall, dass einer der Ehepartner das Scheitern nicht verschuldet hat, kann er beim Gericht beantragen, dass die rechtlichen Folgen der Scheidung vom Tag der tatsächlichen Trennung an gelten sollen (Art. 3.67 ZGB).

59   Das **Gemeinschaftsvermögen** kann bei Scheidung auf Antrag eines Ehepartners oder ihrer Gläubiger (!) durch eine gemeinsame Vereinbarung oder durch eine gerichtliche Entscheidung geteilt werden (Art. 3.116 ZGB). Das gilt auch dann, wenn die Ehepartner keinen Ehevertrag geschlossen haben. Bei der Teilung wird **vermutet**, dass den Ehepartnern der **gleiche Anteil** am Gemeinschaftsvermögen zusteht. Soll von dieser gesetzlichen Vermutung abgewichen werden, so gilt das nur in den gesetzlich geregelten Fällen. Das betrifft Fälle, in denen aufgrund des Interesses der minderjährigen Kinder, des Gesundheitszustandes oder der finanziellen Situation eines Ehepartners oder anderer wichtiger Gründe ein Abweichen gerechtfertigt ist, so dass diesem Ehepartner dann ein größerer Anteil am Vermögen zugesprochen wird (Art. 3.123 ZGB).

60   Das Gericht hat beim **Vermögensausgleich** zuerst das Gemeinschaftsvermögen und das individuelle Vermögen festzustellen. Das Gemeinschaftsvermögen ist zunächst zur Zahlung der fälligen Schulden dieses Vermögens zu verwenden. Ist der Zahlungsanspruch noch nicht fällig oder wird der Anspruch bestritten, ist der Wert des zu teilenden Gemeinschaftsvermögens um diesen Betrag herabzusetzen. Nach Feststellung des individuellen Vermögens der Ehepartner und nach Abzug ihrer persönlichen Schulden ist eine **Ausgleichsbilanz** zu erstellen, die die Beträge auflistet, die einer oder beide Ehepartner als Ausgleich an das Gemeinschaftsvermögen zu zahlen haben oder die sie aus dem Gemeinschaftsvermögen erhalten. Die positive Bilanz des Gemeinschaftsvermögens ist grundsätzlich zu gleichen Teilen zu teilen. Als Wert des zu teilenden Gemeinschaftseigentums ist der **Verkehrswert** zum Zeitpunkt der Beendigung des Gemeinschaftseigentums der Ehepartner zugrunde zu legen (Art. 3.119 ZGB). Das zu teilende Vermögen umfasst nicht **bewegliche Sachen** für den Bedarf der ehelichen minderjährigen Kinder sowie Kleidung und persönliche Habe, ferner nicht die persönlichen Vermögensinteressen und Nichtvermögensrechte, die sich nur auf einen bestimmten Ehepartner beziehen (Art. 3.120 Abs. 1 ZGB).

61   Das Gesetz sieht vor, dass das Bestehen des gesetzlich geregelten Instituts des Familienvermögens u.a. mit der Scheidung endet (Art. 3.86 Abs. 1 ZGB). Das Gericht kann aber dem

---

36 Siehe http://www3.lrs.lt/pls/inter3/dokpaieska.showdoc_l?p_id=331603&p_query=&p_tr2=2.

Ehepartner, bei dem die ehelichen minderjährigen Kindern nach der Scheidung leben, das Recht zur Nutzung des Familienvermögens oder eines bestimmten Teils daran („Nießbrauch") gewähren. Das **Nießbrauchsrecht** erlischt bei Volljährigkeit der Kinder. Sofern die Ehepartner in einer gemeinsam gemieteten Wohnung zusammengelebt haben, kann das Gericht die Rechte aus dem Mietvertrag dem Ehepartner übertragen, der mit den Kindern dort leben wird oder der erwerbsunfähig ist. Darüber hinaus kann das Gericht diesem Ehepartner das dem Haushalt dienende Mobiliar zusprechen.

Die Ehepartner können aber ihre Vermögensverhältnisse für den Fall der Scheidung auch durch einen **Ehevertrag** regeln. In dem Vertrag kann u.a. das **Verfahren zur Teilung des Vermögens** geregelt werden (Art. 3.104 Abs. 4 ZGB). Dabei ist aber Art. 3.121 Abs. 2 ZGB zu beachten, wonach eine Vereinbarung im Ehevertrag, welche das individuelle Vermögen eines Ehepartners dem Gemeinschaftseigentum zuordnet, unwirksam ist, wenn daraus den Gläubigern eines Ehepartners ein Schaden entsteht. Kann aus diesem Grund eine volle Befriedigung der Gläubiger aus dem individuellen Vermögen des Ehepartners nicht erlangt werden, setzt sich der Restanspruch des Gläubigers am Gemeinschaftsvermögen fort.   62

II. Nachehelicher Unterhalt

1. Allgemeines

Das Gesetz formuliert als Regel die **Anordnung des Unterhalts** durch das Gericht und als Ausnahme den Ausschluss eines Unterhaltsanspruchs für den Fall, dass das Vermögen oder Einkommen des Ehepartners ausreicht, um für sich selbst zu sorgen. Es gilt die gesetzliche Vermutung, dass Unterhalt notwendig ist, wenn einer der Ehepartner ein eheliches minderjähriges Kind erzieht oder aufgrund seines Alters oder Gesundheitszustandes arbeitsunfähig ist. Des Weiteren kann der Ehepartner, der wegen der Ehe, gemeinsamer Familieninteressen oder wegen der Kindererziehung seine berufliche Qualifikation (Beendigung des Studiums) nicht erreichen konnte, vom früheren Ehepartner die Deckung der **Kosten** im Hinblick auf eine **Beendigung des Studiums** oder eine **Umschulung** verlangen.   63

2. Berechnung

Das Gericht hat bei der Entscheidung über die Anordnung des Unterhalts und des Unterhaltsbetrages die Dauer der Ehe, den Unterhaltsbedarf, das Vermögen der früheren Ehepartner, den Gesundheitszustand, das Alter, die Arbeitsfähigkeit sowie die Möglichkeit des arbeitslosen Ehepartners, eine Arbeit zu finden, sowie andere wichtige Umstände zu berücksichtigen (Art. 3.72 Abs. 5 ZGB). Der Betrag des Unterhalts ist herabzusetzen, zu befristen oder zu verweigern, wenn   64
- die Ehe nicht länger als ein Jahr dauerte;
- der Ehepartner, der einen Unterhaltsanspruch hat, ein Verbrechen gegenüber dem anderen Ehepartner oder dessen nächster Verwandtschaft begangen hat;
- der Ehepartner, der einen Unterhaltsanspruch hat, sich durch sein eigenes verantwortungsloses Handeln in eine schwierige finanzielle Schieflage gebracht hat;
- der Ehepartner, der Unterhalt beantragt, nicht zum Wachsen ihres gemeinsamen Vermögens beigetragen und während der Ehe vorsätzlich die Interessen des anderen Ehepartners oder der Familie beeinträchtigt hat.

3. Zahlungsweise

65 Das Gericht kann den Unterhalt als **Pauschalbetrag** oder als **periodische Zahlung** (monatlich) bzw. als Vermögensausgleich festsetzen (Art. 3.72 Abs. 8 ZGB). Ist der Unterhalt periodisch zu zahlen, wird der frühere Ehepartner durch eine bedeutende Veränderung der Umstände gem. Art. 3.72 Abs. 5 ZGB dazu berechtigt, einen Antrag auf Erhöhung, Herabsetzung oder Beendigung der Unterhaltszahlungen zu stellen. Periodische Zahlungen sind zu leisten, solange der Unterhaltsgläubiger lebt, und jährlich am Inflationsindex auszurichten.

66 Die **Unterhaltsverpflichtung** sowie die **Unterhaltsberechtigung** sind **vererblich**. Nach dem Tod des unterhaltsverpflichteten Ehepartners geht die Unterhaltsverpflichtung auf dessen Erben im Umfang des Nachlasses über, ungeachtet dessen, ob das Erbe angenommen wird (Art. 3.72 Abs. 12 ZGB). Stirbt der Zahlungsempfänger oder heiratet er wieder, sind die Unterhaltszahlungen einzustellen. Der Anspruch auf Zahlung rückständiger Unterhaltszahlungen geht mit dem Tod des Zahlungsempfängers auf dessen Erben über. Die Auflösung der neuen Ehe führt (wieder) zu einem neuen Unterhaltsanspruch, vorausgesetzt, der Zahlungsempfänger erzieht ein Kind seines früheren Ehepartners oder sorgt für ein behindertes Kind seines früheren Ehepartners. In allen anderen Fällen geht die Unterhaltsverpflichtung des nachfolgenden Ehepartners gegenüber dem Zahlungsempfänger der des früheren Ehepartners vor (Art. 3.72 Abs. 13 ZGB).

4. Ausschluss

67 Der Ehepartner, der für das Scheitern der Ehe verantwortlich ist, hat kein Recht, Unterhalt zu fordern (Art. 3.72 Abs. 4 ZGB).

5. Trennungsunterhalt

68 Die Vorschriften über die Unterhaltsverpflichtung im Falle der Trennung sind im großen Umfang den o.g. Vorschriften im Falle der Scheidung angepasst, so dass insoweit darauf verwiesen werden kann (vgl. Rdn 58 ff.).

III. Altersversorgung

69 Da bereits das Bestehen der Ehe grundsätzlich **keine Auswirkung auf die Altersversorgung** hat, gilt das auch für den Fall der Scheidung.

IV. Verteilung der elterlichen Sorge

70 Den Eltern steht bis zur Volljährigkeit der Kinder die elterliche Sorge zu (Art. 3.155 ZGB). Dabei gelten für den Vater und die Mutter dieselben Rechte und Pflichten. Das gilt unabhängig davon, ob es sich um ein eheliches oder uneheliches Kind handelt. Die Scheidung der Eltern ändert nichts am **gemeinsamen Sorgerecht** (Art. 3.156 Abs. 2 ZGB).

71 Das Kind hat gem. Art. 3.161 Abs. 3 ZGB das Recht, mit seinen Eltern zusammenzuleben. Im Falle der Scheidung hat das Gericht die Frage des **Wohnsitzes des Kindes** und des **Kindesunterhalts** mitzuentscheiden, es sei denn, die Eltern haben diese Aspekte bereits durch eine Vereinbarung in notariell beglaubigter Form geregelt. Der Elternteil, der nicht mit dem Kind zusammenlebt, hat ein **Umgangsrecht**. Dazu zählt auch das Recht, in die Erziehung des Kindes eingebunden zu werden (Art. 3.170 Abs. 1 ZGB). Können sich die Eltern bezüglich der **Erziehungsfrage** oder des Umgangsrechts nicht einigen, hat das Ge-

richt die entsprechenden Maßnahmen zu treffen. In Angelegenheiten des täglichen Lebens hat derjenige Elternteil die Befugnis zur alleinigen Entscheidung, bei dem sich das Kind aufgrund einer gerichtlichen Entscheidung oder einer gemeinsamen Vereinbarung aufhält. Die **Vermögensangelegenheiten** des minderjährigen Kindes werden durch den Elternteil geregelt, bei dem das minderjährige Kind lebt (Art. 3.190 Abs. 1 S. 1 ZGB).

V. Sonstige Scheidungsfolgen

Die Ehegatten haben im Rahmen des Scheidungsverfahrens den **nachehelichen Nachnamen** dem Gericht zu benennen. Wird die Scheidung aufgrund des Einverständnisses beider Ehegatten beantragt, so regeln sie diese Frage bereits im Antrag bzw. im Vertrag über die Scheidungsfolgen. Das Gericht hat diese Anträge bei seiner Entscheidung zu berücksichtigen. 72

VI. Möglichkeit vertraglicher Vereinbarungen für die Scheidung

Vertragliche Vereinbarungen für die Scheidung haben in Litauen eine sehr große Bedeutung. Das Gericht strebt auch an, dass die Parteien sich in möglichst vielen Punkten einigen, bevor sie zum Gericht kommen. Bei der Vereinbarung der Ehepartner ist aber zu beachten, dass insbesondere Vereinbarungen, die die persönlichen Rechte und Pflichten beider Ehepartner gegenüber den Kindern ändern, sowie eine Beschränkung oder ein Ausschluss des Unterhaltsrechts nichtig sind (Art. 3.105 Abs. 6, 7 ZGB). Es liegt aber grundsätzlich im Interesse des Gesetzgebers, dass die Parteien die Scheidungsfolgen vertraglich selbst regeln, indem er diese von der Gerichtsgebühr befreit. 73

VII. Kollisionsrecht der Scheidungsfolgen

Ähnlich wie in Rdn 35 und 56 ausgeführt, werden die Kollisionsnormen der Scheidungsfolgen entweder durch bilaterale oder durch internationale Abkommen festgelegt. Soweit keine internationalen Regelungen bestehen, sind die Kollisionsnormen des ZGB anzuwenden. Für die Eherechtsbeziehungen zwischen **litauischen und deutschen Staatsangehörigen** sind die internationalen Abkommen oder die nationalen Kollisionsnormen anzuwenden, da **kein bilaterales Abkommen** zwischen beiden Staaten besteht. Für die Unterhaltspflichten aus Familienverhältnissen, der Vaterschaft, der Mutterschaft, der Ehe und der Verwandtschaft nach der Ehe einschließlich der Unterhaltspflichten an das nichteheliche Kind gilt das Haager Unterhaltsabkommen vom 2.10.1973. Dieses Abkommen gilt in Litauen seit dem 1.9.2001. 74

VIII. Verfahren

Nach der neuen ZPO sollen die **Vermögensteilungsfragen** sowie Fragen des **nachehelichen Unterhalts** und des **Wohnsitzes der minderjährigen Kinder** mit einem Elternteil zusammen im Scheidungsverfahren entschieden werden. Im Fall einer **Ehe mit einem ausländischen Partner** hat das Gericht bei der Entscheidung über den Wohnsitz eines minderjährigen Kindes zu berücksichtigen, ob der Wohnsitz des Vaters bzw. der Mutter im Ausland oder in Litauen ist. Weiterhin ist bei der Entscheidung zu berücksichtigen, inwieweit beide Elternteile darauf achten, dass die minderjährigen Kinder den Kontakt zum anderen Elternteil bzw. zu Verwandten beibehalten können. Allerdings bedeutet der Wegzug ins Ausland nicht ohne Weiteres eine Verletzung der Rechte des Kindes auf Erhaltung seiner Identität. Es bedeutet aber, dass das Kind in einer anderen Kultur erzogen wird und die Umgangsmög- 75 lichkeiten mit dem in Litauen gebliebenen Elternteil sowie Verwandten beschränkt werden. Das Gericht kann erklären, dass der Vater oder die Mutter nicht in der Lage ist, die Voraussetzungen, welche die Verwirklichung dieses Rechts erfordern, zu gewährleisten (Beschluss des Senates des Litauischen Obersten Gerichtshofes).[37] Die Erhöhung bzw. Minderung des nachehelichen Unterhalts kann von beiden Parteien jederzeit erneut beantragt werden, wenn der ehemalige Ehepartner unterhaltsbedürftig geworden ist oder umgekehrt, der unterhaltsleistende ehemalige Ehegatte darauf klagt, dass der andere nicht mehr unterhaltsbedürftig ist. Derjenige, der auf Zahlung von Unterhalt klagt, ist von der **Gerichtsgebührpflicht** befreit (Art. 83 Teil 1 Punkt 2 ZPO).

IX. Internationale Zuständigkeit

76   Die Frage einer internationalen Zuständigkeit stellt sich dann, wenn die Parteien im Ausland leben, wenn die Ehe mit einer ausländischen Person geschlossen wurde, wenn das Kind im Ausland lebt oder wenn die Absicht besteht, den Wohnsitz des Kindes ins Ausland zu verlegen. Dabei sind zwei Fragen zu entscheiden: die Frage der internationalen Zuständigkeit und die Frage des anwendbaren Rechts. Außerdem ist zu beachten, dass Zustellungen im Ausland sowie die Beweiserhebung erschwert werden (Beschluss des Senates des Litauischen Obersten Gerichtshofes).[38]

77   Nach der Rspr. des Litauischen Obersten Gerichtshofes[39] wird die Frage der **internationalen Zuständigkeit** nach Maßgabe der **bilateralen Rechtshilfeabkommen** zwischen Litauen und einem ausländischen Staat bestimmt. Gilt ein solches Abkommen zwischen beiden Staaten, bestimmt sich die gerichtliche Zuständigkeit gemäß den Regelungen des Abkommens. Besteht ein solches Abkommen nicht, hat das Gericht zu berücksichtigen, ob das **Haager Unterhaltsabkommen vom 2.10.1973** in dem jeweiligen Staat gilt oder ob es ein EU-Mitgliedstaat ist, bei dem die entsprechende Gerichtsstandsverordnungen des EU-Rates anzuwenden sind. Ist dies nicht der Fall, so bestimmt sich die gerichtliche Zuständigkeit nach allgemeinen Regeln (Art. 780–792 ZPO).

78   Art. 784 ZPO legt die Regeln der gerichtlichen Zuständigkeit in Verfahren über **Familienrechtsverhältnisse** fest. Ist mindestens ein Ehepartner litauischer Staatsbürger oder ohne Staatsbürgerschaft und hat er seinen ständigen Wohnsitz in Litauen, so sind für die Familiensachen die Gerichte der Republik Litauen zuständig. Haben beide Ehepartner ihren ständigen Wohnsitz in Litauen, so sind für die Familiensachen ausschließlich die Gerichte der Republik Litauen zuständig. Sind beide Ehepartner ausländische Staatsangehörige, haben sie aber ihren ständigen Wohnsitz in Litauen, sind ebenfalls die Gerichte für Familiensachen der Republik Litauen zuständig.

79   Auch in Verfahren über die **Rechtsverhältnisse zwischen Eltern und Kindern** liegt eine ausschließliche Zuständigkeit der litauischen Gerichte vor, wenn mindestens eine der Parteien die litauische Staatsbürgerschaft besitzt, oder eine Person ohne Staatsbürgerschaft ist

---

37 Lietuvos Aukščiausiojo Teismo Senato nutarimas 2002–06–21 Nr. 35 „Dėl įstatymų taikymo teismų praktikoje, nustatant nepilnamečių vaikų gyvenamąją vietą, tėvams gyvenant skyrium", 2002 Teismų praktika Nr. 17 S. 333–398.

38 Lietuvos Aukščiausiojo Teismo Senato nutarimas 2002–06–21 Nr. 35 „Dėl įstatymų taikymo teismų praktikoje, nustatant nepilnamečių vaikų gyvenamąją vietą, tėvams gyvenant skyrium" 2002 Teismų praktika Nr. 17 S. 333–398.

39 Lietuvos Aukščiausiojo Teismo Senato nutarimas 2002–06–21 Nr. 35 „Dėl įstatymų taikymo teismų praktikoje, nustatant nepilnamečių vaikų gyvenamąją vietą, tėvams gyvenant skyrium" 2002 Teismų praktika Nr. 17 S. 333–398.

und ihren ständigen Wohnsitz in Litauen hat. Haben beide Parteien ihren ständigen Wohnsitz in Litauen, so sind für die Verfahren ausschließlich die Gerichte der Republik Litauen zuständig. Sind beide Parteien ausländische Staatsangehörige, haben sie aber ihren ständigen Wohnsitz in Litauen, sind ebenfalls die Gerichte der Republik Litauen zuständig (Art. 785 ZPO).

E. Eingetragene Lebenspartnerschaft

Die Möglichkeit einer eingetragenen Lebenspartnerschaft für Paare gleichen Geschlechts ist in Litauen nicht gegeben, da insoweit keine Regelungen durch den Gesetzgeber geschaffen wurden.

80

F. Nichteheliche Lebensgemeinschaft

Mit Inkrafttreten des ZGB im Jahre 2001 wurde die nichteheliche Lebensgemeinschaft (*partnerystė*) in Litauen durch Gesetz eingeführt. Die Rechtsverhältnisse der nichtehelichen Lebensgemeinschaft sind in Art. 3.229–3.235 ZGB geregelt. Diese Normen bestimmen die Vermögensverhältnisse zwischen Mann und Frau, die ihre nichteheliche Lebensgemeinschaft gemäß der gesetzlichen Bestimmungen **eingetragen** haben und **länger als ein Jahr** mit dem Ziel zusammenleben, eine Familie zu gründen. Das ZGB ist Grundlage für die Regelungen hinsichtlich des Vermögens, aber nicht für die Lebensgemeinschaftseintragung bzw. -abmeldung. Ohne das entsprechende Gesetz über die Eintragung der nichtehelichen Lebensgemeinschaft können die Art. 3.229–3.235 ZGB praktisch nicht angewandt werden. Insoweit wurde aber noch kein entsprechendes Gesetz durch den Gesetzgeber verabschiedet. Seit 2002 gab es mehrere Gesetzesentwürfe über die Partnerschaft (nichteheliche Gemeinschaft), die vom Parlament wegen Nachbesserungen zurückgewiesen worden sind. Da das ZGB von einer eingetragenen nichtehelichen Lebensgemeinschaft spricht, befasst sich der Gesetzentwurf mit den Voraussetzungen und Bestimmungen der **Partnerschaftseintragung**[40] sowie mit der Frage, welche Behörde die Eintragung vornehmen soll usw. Der Entwurf wird kritisiert, weil er die nichteheliche Lebensgemeinschaft in vielen Punkten einer Ehe gleichstellt und deswegen die nichteheliche Lebensgemeinschaft für die praktische Anwendung unattraktiv macht.

81

Das Verfassungsgericht Litauens hat in einer vielbeachteten **Entscheidung vom 18.9.2011** (Nr. 21/2008) in einem Obiter dictum angedeutet, dass es nicht als verfassungsgemäß anzusehen ist, die der Ehe eingeräumten Rechte nicht auch auf andere Familienkonstellationen zu übertragen. So sind unter „Familie" nicht nur verheiratete oder geschiedene Erwachsene zu verstehen. Es besteht ebenso Bedarf, nicht den vorgenannten Personen, sondern auch unverheirateten oder ehemals verheirateten Männern und Frauen sowie deren Kinder (Stiefkinder) unter den gesetzlichen **Schutz der Familie** zu stellen. Denn nach Auffassung des Verfassungsgerichts zeichnet sich „Familie" durch emotionale Nähe, wechselseitiges Verständnis, gegenseitige Verantwortung, gegenseitigen Respekt, gemeinsame Erziehung der Kinder und ähnliche Verbindungen sowie Selbstbestimmung aus. Weiter hat das Verfassungsgericht angemerkt, dass ein verfassungskonformes Familienkonzept durch gegenseitige Verantwortung, Verständnis, emotionale Nähe, Hilfe der Familienmitglieder untereinander sowie freiwillige Selbstbestimmung geleitet bzw. bestimmt wird.

82

---

40 Gesetzesentwurf über die Partnerschaft (nichteheliche Lebensgemeinschaft) vom 12.10.2011: Partnerystės (bendro gyvenimo neįregistravus santuokos) ĮSTATYMO PROJEKTAS, Nr. IXP-3687.

G. Abstammung und Adoption

I. Abstammung

83 Gemäß Art. 3.138 ZGB wird die **Abstammung** des Kindes durch die **Geburtsniederschrift** beim Standesamt (*civilinės metrikacijos įstaiga*) und der aufgrund dieser Geburtseintragung erteilten **Geburtsurkunde** bestätigt.

1. Mutterschaft

84 Die **Abstammung von der Mutter** wird gemäß den Bestimmungen des Art. 3.139 ZGB festgestellt, wobei die Eintragung der Angaben über die Mutter aufgrund der durch eine medizinische Anstalt (z.B. Krankenhaus) erteilten Bescheinigung über die Geburt des Kindes vorgenommen wird. Wurde das Kind nicht in einer medizinischen Anstalt geboren, wird eine solche Bescheinigung von der medizinischen Anstalt erteilt, die den gesundheitlichen Zustand der Mutter und des Kindes nach der Entbindung untersucht hat. Wurde das Kind nicht in einer medizinischen Anstalt geboren und der gesundheitliche Zustand der Mutter nicht untersucht, stellt eine ärztliche Beratungskommission die Bescheinigung nur aus, wenn es keine Zweifel gibt, dass die Frau ein Kind geboren hat (Art. 3.139 Abs. 1–3 ZGB). Stehen in der Geburtseintragung keine Angaben über die Mutter oder ist die Mutterschaft bestritten worden, so kann das Gericht die **Mutterschaft** aufgrund einer Klage der Frau, die behauptet, Mutter des Kindes zu sein, oder des volljährigen Kindes, des Vaters des Kindes, des Vormunds oder der staatlichen Kinderrechtsschutzbehörde feststellen (Art. 3.139 Abs. 4 ZGB). Der **Anspruch auf Feststellung** der Mutterschaft **verjährt** in 10 Jahren (Art. 1.125 Abs. 1 ZGB).[41]

2. Vaterschaft

85 Die **Abstammung vom Vater** regelt Art. 3.140 ZGB. Wurde das Kind von einer verheirateten Frau geboren, auch wenn die Schwangerschaft schon vor der Eheschließung bestand, wird der **Ehepartner der Mutter** des Kindes aufgrund der Eintragung der Ehe oder der diesbezüglich erteilten Heiratsurkunde als Vater in der Geburtsurkunde eingetragen (Art. 3.140 Abs. 1 ZGB). Der **ehemalige Ehepartner der Mutter** wird in den Fällen als Vater des Kindes vermutet, in denen das Kind innerhalb von 300 Tagen nach dem Beginn der Trennung (Separation), nach der Anerkennung der Nichtigkeit der Ehe, nach der Scheidung oder nach dem Tod des Ehepartners geboren wurde (Art. 3.140 Abs. 2 ZGB). Hat die Mutter des Kindes innerhalb von 300 Tagen nach der früheren Ehe eine neue Ehe geschlossen, so gilt der **neue Ehepartner der Mutter** als Vater des Kindes (Art. 3.140 Abs. 3 ZGB).

86 Wird das Kind von einer unverheirateten Mutter geboren und sind nach der ehemaligen Ehe mehr als 300 Tage vergangen, so kann ein Mann in der Geburtsurkunde als Vater des Kindes eingetragen werden, der gem. Art. 3.141 ZGB die Vaterschaft anerkannt hat oder dessen **Vaterschaft aufgrund einer Gerichtsentscheidung** festgestellt wird (Art. 3.140 Abs. 4 ZGB). Wird das Kind von einer geschiedenen Mutter innerhalb von 300 Tagen nach der Scheidung geboren, so kann die Mutter des Kindes, ihr ehemaliger Ehepartner und der Mann, welcher der Vater des Kindes zu sein behauptet, einen Antrag beim Gericht auf Feststellung der Vaterschaft eines bestimmten Mannes stellen bzw. als Vater anerkannt zu werden. Sodann wird aufgrund eines Gerichtsbeschlusses, der einen solchen Antrag bestätigt, der Mann, der der Vater des Kindes zu sein behauptet, als Vater des Kindes eingetragen

---

41 *Mikelėnas*, Kommentar des Zivilgesetzbuches der Republik Litauen, S. 266 Rn 13.

und nicht der frühere Ehemann der Mutter (Art. 3.140 Abs. 5 ZGB). Soweit keine Angaben über den Vater in der Geburtsurkunde des Kindes stehen, kann die Vaterschaft aufgrund des Antrags eines Mannes, der Vater des Kindes zu sein behauptet, anerkannt werden.

Es gelten **keine Verjährungsfristen** für die Anerkennung der Vaterschaft (Art. 3.141 Teil 4   87
ZGB). Der Antrag auf Anerkennung der Vaterschaft muss einer bestimmte Form entsprechen und **vom Notar beglaubigt** werden.

Die Vaterschaft eines **Kindes, das bereits 10 Jahre alt** ist, kann nur noch mit schriftlichem   88
Einverständnis des Kindes anerkannt werden (Art. 3.142 Abs. 1, 2 ZGB). Wurde das Kind von einer unverheirateten Mutter geboren und eine Vaterschaft nicht anerkannt, so kann die Vaterschaft **durch das Gericht festgestellt** werden. In anderen Fällen kann die Vaterschaft nur dann durch das Gericht festgestellt werden, wenn die vorherigen Angaben über die Vaterschaft bestritten worden sind.[42] Allerdings kann die Vaterschaft einer verstorbenen Person nur dann festgestellt werden, wenn diese Person Abkömmlinge hatte (Art. 3.146 ZGB). Als Grund für die Feststellung der Vaterschaft gelten nur wissenschaftliche Beweise (das Gutachten für den Beweis der Verwandtschaft) und andere in der ZPO vorgesehene **Beweismittel.** Verzichten die Parteien auf Gutachten, so können auch andere Tatsachen (gemeinsames Zusammenleben der Mutter und des vermutlichen Vaters und gemeinsame Erziehung des Kindes, Unterhalt etc.) als Grund für die Feststellung der Vaterschaft in Betracht kommen. Verzichtet der Beklagte auf ein Gutachten, so kann das Gericht einen solchen Verzicht bei der Beurteilung der Umstände als Beweis der Vaterschaft werten (Art. 3.148 ZGB).

II. Adoption

Die Rechtsverhältnisse der **Adoption** werden grundsätzlich durch Teil V (Art. 3.209–3.228   89
ZGB) des Dritten Buches des ZGB geregelt. Darüber hinaus gelten zahlreiche bilaterale Rechtshilfeabkommen, internationale Konventionen sowie weitere nationale Gesetze und Verordnungen der Regierung oder des Parlaments sowie Verordnungen des Ministers für Sozialschutz und Arbeit.

Das litauische Rechtssystem kennt grundsätzlich nur die **Volladoption**, da die Adoptiv-   90
eltern ab Rechtskraft der Gerichtsentscheidung als Eltern des Kindes gelten. Zu den Folgen der Adoption zählt die Aufhebung der persönlichen Rechte und der Vermögensrechte sowie der Pflichten zwischen Eltern und Kindern und deren Verwandten. Durch die Adoption werden Rechte und Pflichten zwischen den Adoptiveltern sowie ihren Verwandten und den Adoptivkindern sowie ihrer Nachkommen begründet (Art. 3.227 ZGB).

Das Verfahren der Adoption beginnt bei der **Kinderrechtsschutzbehörde.** Diese sucht   91
zusammen mit der **Adoptionsbehörde** nach positiven Gutachten über die Bereitschaft zur Adoption und zur Eintragung in die Liste der Adoptionspersonen ein zu adoptierendes Kind aus. Die potenziellen Adoptiveltern können nach einem Treffen mit dem Kind in dessen Umgebung und nach einer positiven Entscheidung einen **Antrag** an das zuständige Amtsgericht auf **Erteilung der Adoptionserlaubnis** stellen. Die Adoption wird durch die **Gerichtsentscheidung** abgeschlossen und muss in gesetzlich vorgeschriebener Weise registriert werden.[43] Bei den Gerichtsverhandlungen ist die Öffentlichkeit ausgeschlossen.

---

42 Für das Bestreiten der Vaterschaft (Mutterschaft) gem. Art. 3.152 ZGB gilt eine Verjährungsfrist von
    1 Jahr. Diese Frist beginnt an dem Tage, an dem die Person, die sich an das Gericht wendet, über die
    zu bestreitenden Angaben in der Geburtsurkunde des Kindes Kenntnis erlangt hat.
43 Diese und weitere Informationen können unter www.ivaikinimas.lt, die Internetseite der litauischen
    Adoptionsbehörde, in englischer Sprache abgerufen werden.

Des Weiteren darf die Tatsache einer Adoption bis zur Volljährigkeit des Kindes ohne Zustimmung der Adoptiveltern nicht mitgeteilt werden. Die Information über die Adoption kann dem Kind ab einem Alter von 14 Jahren, den ehemaligen Verwandten des Kindes oder anderen Personen mit Erlaubnis des Gerichts aus wichtigen Gründen mitgeteilt werden (Art. 3.221 ZGB). Die Adoption wird beim **Standesamt**, das die Geburt des Kindes registriert hat, aufgrund der Gerichtsentscheidung eingetragen. Bekommt das Kind einen neuen Namen oder den Familiennamen der Adoptiveltern, werden diese Angaben in der Geburtsurkunde entsprechend geändert. Die eingetragenen Angaben über die Eltern des Kindes werden durch die Angaben der Adoptiveltern ersetzt. Nach allen vorgenommenen Änderungen wird eine neue Geburtsurkunde ausgestellt (Art. 3.296, Art. 3.297 ZGB).

92 Die Adoption wird nur **im Interesse des Kindes** vollzogen. Es ist nicht erlaubt, **Kinder unter 3 Monaten** zu adoptieren. Die Adoption von Geschwistern wird sehr gefördert. Im Gegensatz dazu ist eine Adoption, bei der Geschwister getrennt werden, nur im Ausnahmefall erlaubt (Art. 3.209 Abs. 1, 3, 6 ZGB). Für eine Adoption ist das vom Gericht bestätigte Einverständnis der Eltern des Kindes notwendig (Art. 3.212 Teil 1 ZGB), das bis zur positiven Gerichtsentscheidung über die Adoption widerrufen werden kann (Art. 3.213 Teil 1 ZGB). Die Kinder werden von der Adoptionsbehörde in die Liste der zu adoptierenden Kinder eingetragen. Eine Ausnahme gilt für jene Fälle, in denen das Kind des Ehepartners oder ein Kind aus der Familie der gewünschten Adoptionsperson adoptiert werden soll (Art. 3.209 Abs. 2 ZGB).

93 Die gesetzlichen Voraussetzungen für die Adoptiveltern sind zum einen das vorgeschriebene Alter von **18–50 Jahren**, zum anderen die volle Geschäftsfähigkeit sowie die Bereitschaft zur Adoption (Art. 3.210 ZGB), welche durch ein Gutachten des attestierenden Sozialarbeiters festgestellt wird. Der **Altersunterschied** zwischen dem Adoptivkind und den Adoptiveltern muss mindestens 18 Jahre betragen. Das Gericht kann diesen im Ausnahmefall auf 15 Jahren vermindern (Art. 3.211 ZGB).

94 Es bestehen bei der sog. **internationalen Adoption** einige Besonderheiten hinsichtlich der gesetzlichen Regelungen. Staatsbürger der Republik Litauen, die ständig im Ausland leben, sowie Ausländer müssen sich hinsichtlich einer **internationalen Adoption** an die zentrale Adoptionsbehörde in ihrem Land oder an die ausländische Behörde, die für **internationale Adoptionen** in Litauen bevollmächtigt ist, wenden.[44] Seit dem 1.4.2012 dürfen die ständig im Ausland lebenden Ausländer nur Kinder mit speziellen Bedürfnissen (*vaikai su specialiaisiais poreikiais*) adoptieren. Ein Recht zur **internationalen Adoption** besitzen nur Ehepaare (*susituokusios užsienio piliečių poros*). Eine Adoption durch ausländische Personen[45] ist dann möglich, wenn **innerhalb von 6 Monaten** nach Eintragung des Kindes in die Liste der zu adoptierenden Kinder keine Anträge zur Adoption oder Vormundschaft litauischer Staatsbürger gestellt wurden. Für die internationale Adoption ist zusätzlich die Zustimmung des Vormunds des Kindes notwendig. Das Gericht berücksichtigt die Erziehungsbereitschaft, die ethnische Abstammung, die Religions- und Kulturangehörigkeit, die Muttersprache des Kindes sowie die Übereinstimmung des Rechts des ausländischen Staates mit der Haager Konvention vom 29.5.1973 über den Kinderschutz und die Zusammenarbeit im Bereich der internationalen Adoption (Art. 3.224 ZGB). Ausschließlich zuständig für Anträge ausländischer Adoptionswilliger ist das **Bezirksgericht Vilnius** (Art. 3.220 Teil 2 ZGB).

---

44 Weitere Informationen sind auf der Internetseite der staatlichen Behörde für Schutz der Kinderrechte und Adoption zu finden: http://www.vaikoteises.lt/lt/ivaikinimas/tarptautinis/.

45 Dies gilt auch für ausländische Personen mit ständigem Wohnsitz in der Republik Litauen, so Z. *Smirnovienė*, Kommentar des Zivilgesetzbuches der Republik Litauen, S. 430 Rn 3.

Luxemburg

Avocat Monique Watgen, Luxembourg

Literatur

Entringer, Die Gütergemeinschaft der Ehegatten in Luxemburg, Luxemburg, 1996 (2e édition); *Schockweiler*, Les conflits de lois et les conflits de juridiction en droit international privé luxembourgeois, Luxemburg 1996; *Vogel*, Le divorce en droit luxembourgeois, Brüssel 1994.

A.   Eheschließung

I.   Materielle Voraussetzungen

1. Obligatorische Zivilehe

1   Das luxemburgische Eherecht[1] kennt nur die **Zivilehe**, welche vor dem Standesamt geschlossen wird. Eine **kirchliche Trauung** wird gesetzlich nicht anerkannt und darf erst nach einer zivilen Trauung geschlossen werden.

2. Verlöbnis

2   Eine der Ehe vorausgegangene **Verlobung** hat keine Rechtswirkung. Eine solche Wirkung stände im Widerspruch zur freiwilligen Einwilligung zur Ehe. Hat ein Verlobter das Verlöbnis einseitig gelöst, so steht dem anderen kein Schadensersatzanspruch zu.

3. Persönliche Voraussetzungen

3   Die Ehe war bis zum 1.1.2015 nur möglich zwischen zwei Personen verschiedenen Geschlechts. Diese Forderung stand zwar nicht direkt im Code civil (CC), die luxemburgische Rechtsprechung vertrat jedoch uneingeschränkt diese Auffassung.

Diese Bestimmungen wurden durch das Gesetz vom 4.7.2014 betreffend Abänderung der Heirat wesentlich reformiert. Seit dem 1.1.2015 ist die Ehe auch zwischen Personen gleichen Geschlechtes möglich, unter denselben Bedingungen wie für Personen verschiedenen Geschlechts.

Die auf Letztere anzuwendenden gesetzlichen Bestimmungen gelten auch für gleichgeschlechtliche Paare.

Durch diese Reform wurde jedoch eine neue Terminologie eingeführt um Begriffe wie Ehemann, Ehefrau, Vater, Mutter, Witwer oder Witwe zu ersetzen, gleich ob die Partner gleichen oder verschiedenen Geschlechts sind. So gilt seit dem 1. Januar 2015 der Begriff „Ehegatte" für alle Ehepartner gleich welchen Geschlechtes. Die Bezeichnung „die Eltern" bezieht sich sowohl auf den Vater wie auf die Mutter (Gesetz vom 4.7.2014).

---

1   Gesetzliche Grundlage ist der Code civil (Art. 34–514); siehe im Internet www.legilux.public.lu/leg/textescoordonnés/codes/code civil/Codecivil Page Accueil.pdf.

a) Ehefähigkeit

Während vor der oben erwähnten Reform das Mindestalter der heiratswilligen Personen
für die Frauen bei 16 Jahren und für Männer bei 18 Jahren lag, gilt nun ein einheitliches
Mindestalter von 18 Jahren für beide Geschlechter.

4

Ausnahmsweise können Minderjährige heiraten, falls der Vormundschaftsrichter sein Einverständnis für eine solche Heirat gibt.

b) Geschäftsfähigkeit

Geschäftsunfähige volljährige Personen können eine Ehe nur mit der Einwilligung des
Familienrates eingehen. Dieser muss die beiden zukünftigen Ehegatten anhören, bevor er
seine Entscheidung trifft. Ferner ist ein Gutachten des behandelnden Arztes erforderlich
(Art. 506 CC).

5

c) Eheverbote

Ein solches Verbot besteht, wenn einer der beiden zukünftigen Ehegatten bereits mit einem
Dritten eine Ehe eingegangen ist, die noch nicht rechtlich aufgelöst wurde. Ein Eheverbot
besteht außerdem zwischen Verwandten in gerader Linie (Art. 161 CC). In der Seitenlinie
gilt dieses Verbot zwischen Bruder und Schwester, ob ehelich oder nichtehelich, sowie
zwischen verschwägerten Personen. Eine Eheschließung ist auch nicht erlaubt zwischen
Onkel und Nichte sowie zwischen Tante und Neffe. In Härtefällen kann der Staatsanwalt
des Bezirks in dem die Heirat stattfindet, Dispenz erteilen von diesem Verbot der Heirat
in der Seitenlinie (Art. 164 CC). Dies trifft zu für eine geplante Ehe zwischen Onkel und
Nichte/Neffe sowie zwischen Tante und Nichte/Neffe.

6

4. Rechtsfolgen von Verstößen

Der Code civil sieht in den Art. 180–202 mehrere **Nichtigkeitsgründe** vor. Die meisten
dieser Gründe können nur von den Ehegatten selbst geltend gemacht werden. Bei bestimmten Nichtigkeitsgründen können auch Verwandte klagen, wenn sie ein finanzielles Interesse
an der Nichtigkeit der Ehe haben (z.B. bei Erbschaftsanspruch). In einigen schwerwiegenden Fällen (Bigamie) kann auch die Staatsanwaltschaft die Nichtigkeit einer Ehe beantragen.
Der Code civil versucht, im Interesse des Erhalts der Ehe Nichtigkeitsklagen einzuschränken. Dies trifft z.B. zu, wenn nach der Eheschließung der Nichtigkeitsgrund gegenstandslos
geworden ist – und vor allem, wenn die Ehe bereits seit längerer Zeit besteht(Verjährung).
In einigen schwerwiegenden Fällen hingegen kann eine Nichtigkeitsklage gegen die Ehe
nicht eingeschränkt werden. Dies gilt bei **Bigamie** (außer wenn die erste Ehe durch Tod
oder Scheidung aufgelöst wurde), wenn die Ehe nicht vor einem Standesbeamten geschlossen wurde oder bei einer **Scheinehe**. In diesen Fällen muss die Nichtigkeit der Ehe durch
das Gericht ausgesprochen werden. Die Rechtsfolgen einer nichtigen Ehe ergeben sich also
nicht automatisch. Das Gericht ordnet die Nichtigkeit der Ehe mit retroaktiver Wirkung
auf den Tag der Eheschließung an.

7

Neben der vorerwähnten Zivilklage von interessierten Personen gegen eine Scheinehe oder
eine Zwangsehe, können diese auch strafrechtlich verfolgt werden, um solche Ehen zu
verhindern, wenn sie bereits getätigt wurde und solche Praktiken zu bestrafen.

II. Zuständige Behörde für die Eheschließung

8   Die Ehe muss vor dem **Standesbeamten** der Gemeinde geschlossen werden, in der einer der beiden Ehegatten seinen festen Wohnsitz hat. Die Funktion des Standesbeamten übt normalerweise der Bürgermeister der Gemeinde aus. Dieser kann aber auch einen Schöffen als seinen Stellvertreter bestimmen.

In diesem Zusammenhang stellt sich die Frage der Ehegültigkeit, wenn die Partner **nicht die luxemburgische Staatsangehörigkeit** besitzen. Art. 171 CC sieht vor, dass – wenn wenigstens einer der Brautleute die luxemburgische Staatsangehörigkeit besitzt, oder seit längerer Zeit im Großherzogtum ansässig ist, – die zukünftigen Eheleute den Grundregeln des luxemburgischen Eherechts entsprechen müssen, um in Luxemburg heiraten zu können. Besitzt keiner der zukünftigen Ehegatten die luxemburgische Staatsangehörigkeit, so können sie in Luxemburg nur heiraten, wenn beide die Grundvorschriften ihres nationalen Eherechts erfüllen.

Eine von einem luxemburgischen Staatsbürger **im Ausland geschlossene Ehe** ist nach luxemburgischem Recht gültig, wenn sie den formalen Ehebestimmungen entspricht, die im betreffenden Land gelten, und soweit die in dem abgeänderten Art. 63 CC vorgesehenen Veröffentlichungen in Luxemburg stattgefunden haben. Eine im Ausland gültig geschlossene Ehe wird in Luxemburg anerkannt.

III. Kollisionsrecht der Eheschließung

9   Luxemburg hat das Haager Eheschließungsabkommen vom 14.3.1978 durch ein Gesetz vom 20.12.1990[2] ratifiziert. Laut diesem Abkommen wird eine Eheschließung in Luxemburg anerkannt, wenn sie nach dem jeweiligen Heimatrecht der beiden Ehepartner sowie nach der Form des Landes, in welchem sie geschlossen wird, gültig ist.

B.   Folgen der Ehe

I.   Güterrecht

1. Gütergemeinschaft

10   Art. 1387 CC gesteht den Eheleuten das Recht zu, ihr **Güterrecht** frei zu gestalten, vorausgesetzt, es verstößt nicht gegen zwingende Rechtsvorschriften über die Rechte und Pflichten der Ehegatten. Wenn die Eheleute vor der Heirat keinen notariellen Ehevertrag geschlossen haben, bestimmt der Code civil den Güterstand, dem die Eheleute automatisch unterworfen sind. Es handelt sich dabei um die **gesetzliche Gütergemeinschaft**.

a) Eigentum und Vermögen

11   Die gesetzliche Gütergemeinschaft unterscheidet zwischen **Eigengütern** (*propres*) und **gemeinsamen Gütern** (*biens de la communauté*). Eigengut ist jedes Vermögen, gleich ob beweglich oder unbeweglich, welches die Eheleute am Tage ihrer Heirat besitzen oder das ihnen im Laufe ihrer Ehe in Form einer **Erbschaft** oder **Schenkung** zugefallen ist. Vermögen, welches während der Ehe von den Ehegatten entgeltlich erworben wurde, ferner das

---

2 Veröffentlicht im „MEMORIAL" A N 78 vom 28.12.1990, S. 1396.

berufliche Einkommen sowie die Erträge der Eigengüter (Mieten, Zinsen usw.), gehören zur Gütergemeinschaft.

Beim **Tod** eines Ehegatten oder bei einer **Scheidung** kommt es zur **Auflösung der Gütergemeinschaft**. Bei einer Scheidung werden die gemeinsamen Güter je zur Hälfte zwischen den Eheleuten geteilt. Beim Tod eines Ehegatten wird das gemeinsame Vermögen im gleichen Verhältnis zwischen dem überlebenden Ehegatten und den Erben des Verstorbenen aufgeteilt. Schulden im Zusammenhang mit Eigengütern gehen zu alleinigen Lasten des Eigentümers dieser Güter. Schulden hinsichtlich der gemeinsamen Güter sowie mit dem Haushalt oder der Erziehung der gemeinsamen Kinder zusammenhängende Schulden gehen zu Lasten der Gütergemeinschaft.

Der gesetzliche oder auch der freiwillig gewählte Güterstand kann erst nach zwei Jahren durch einen neuen **Gütervertrag** abgeändert werden. Die Änderung des Güterstandes muss vor einem Notar geschehen. Der geänderte Gütervertrag muss in einem öffentlichen Register eingetragen werden. Zwischen Eheleuten ist der neue Gütervertrag am Tag seines Abschlusses rechtswirksam. Seine Gültigkeit gegenüber Dritten tritt erst drei Monate nach seiner Eintragung in das öffentliche Register ein, es sei denn, die Eheleute haben in einem Vertrag erklärt, dass sie ihren Güterstand geändert haben und angeben, welcher Natur der neue Ehevertrag ist. `12`

b) Verwaltungsrechte

Jeder Ehegatte **verwaltet** selbstständig seine Eigengüter sowie die Güter, die von ihm in die Gütergemeinschaft eingebracht wurden. Von dieser Grundregel gibt es Ausnahmen. Eine der wesentlichsten betrifft die **Veräußerung der Familienwohnung**. Eine solche Wohnung, auch wenn sie Eigengut eines Ehegatten ist, kann nur in gegenseitigem Einverständnis beider Ehepartner veräußert werden. Gemeinsam von den Eheleuten angeschaffte Güter werden von beiden Eheleuten verwaltet. Dies gilt nicht, wenn ein Ehegatte seinen Ehepartner ausdrücklich, oder stillschweigend, mit der Verwaltung des gemeinsamen Vermögens beauftragt hat. Eine weitere Ausnahme bildet die so genannte **Schlüsselgewalt** (siehe Rdn 25). `13`

2. Modifizierte Gütergemeinschaft

Es besteht die Möglichkeit, die gesetzliche Gütergemeinschaft als Grundvertrag zu wählen, jedoch **Änderungen** hinsichtlich der Zusammensetzung dieser Gemeinschaft, der Verwaltung der Güter oder der Aufteilung der Gütergemeinschaft vorzunehmen. So kann z.B. vereinbart werden, dass beim Tod eines Ehepartners dem Überlebenden ein höherer Anteil als die Hälfte an der Gütergemeinschaft zustehen soll. `14`

3. Universalgütergemeinschaft (communauté universelle)

In diesem Güterstand gibt es kein Eigenvermögen der Ehegatten, sondern **ausschließlich gemeinsame Güter**. Normalerweise werden diese bei der Auflösung der Gütergemeinschaft je zur Hälfte an die Anteilsberechtigten (geschiedene Eheleute bzw. überlebender Ehegatte und Erben des Vorverstorbenen) aufgeteilt. In der Praxis bestimmt der Ehevertrag häufig, dass beim Tod eines Ehepartners die gesamte Gütergemeinschaft, ohne Ausnahme oder Vorbehalt, auf den überlebenden Ehegatten übergeht. Der Vorteil einer solchen Verfügung liegt darin, dass der überlebende Ehegatte die Güter nicht mit den Erben des Vorverstorbenen zu teilen braucht. Falls es sich bei den Erben um Kinder handelt, erhalten diese ihren Erbteil erst beim Tode des überlebenden Elternteils. Lediglich wenn der Vorverstorbene `15`

Watgen

Nachkommen aus erster Ehe hinterlässt, können diese verlangen, dass die großzügige Güterrechtsbestimmung auf den Höchstbetrag der unter Eheleuten erlaubten Schenkungen gemindert wird. Ein weiterer Vorteil dieser Konstellation ist, dass der überlebende Ehegatte auf die ihm übertragenen Güter keine Erbschaftsteuern zahlen muss. Der Code civil bestimmt, dass solche Zuwendungen nicht als Schenkung zu betrachten sind, sondern als güterrechtliche Bestimmungen, die keinen Fiskalgebühren unterliegen.

4. Gütertrennung

16 Bei der Gütertrennung besteht **kein gemeinsames Vermögen**. Jeder Ehegatte bleibt alleiniger Eigentümer der von ihm erworbenen Güter sowie der Einkünfte aus diesen. Jeder haftet allein für die im Zusammenhang mit diesen Gütern bestehenden Schulden. Dieses Güterrecht wird meistens nur von vermögenden Ehegatten in Anspruch genommen.

5. Die Zugewinngemeinschaft

17 Dieser vom deutschen Recht abgeleitete Güterstand wurde durch Gesetz vom 4.2.1974 in Luxemburg eingeführt. Er hat bislang kaum Anwendung gefunden, da in Luxemburg meist Eheverträge mit Festlegung auf die Gütergemeinschaft bevorzugt werden. DieZugewinngemeinschaft gilt als ziemlich komplex und entspricht wenig der Mentalität der Luxemburger.

II. Ehelicher Unterhalt

1. Allgemeines

18 Art. 214 CC regelt die **Unterhaltspflicht** zwischen Ehepartnern. Nach diesem Artikel können Eheleute die Unterhaltsmodalitäten in ihrem Ehevertrag regeln. Falls dies nicht geschehen ist, so tragen die Ehegatten nach ihren finanziellen und persönlichen Möglichkeiten zu den Kosten des gemeinsamen Haushalts bei.

2. Familienunterhalt

19 Die Eheleute sollen aufgrund ihres beruflichen Einkommens oder durch Entnahme aus ihrem persönlichen Vermögen für ihren Unterhalt selbst aufkommen. Eine Beteiligung am **Familienunterhalt** kann aber auch in der Führung des Haushalts bestehen. Der Ehegatte, der den Haushalt besorgt, braucht demgemäß keinen weiteren Geldbeitrag zur Haushaltsführung zu leisten. Eine solche finanzielle Leistung muss dann ausschließlich vom anderen Ehepartner erbracht werden. Dieser Beitrag muss auch die persönlichen Bedürfnisse des haushaltsführenden Ehegatten abdecken. Der Code civil enthält keine näheren Angaben hinsichtlich der **Beitragshöhe zu den Haushaltskosten**. Bei Uneinigkeit der Ehegatten über die Höhe des Beitrags wird dieser nach Maßgabe des Einkommens oder der Vermögenslage jedes Ehegatten unter Berücksichtigung der Haushaltsführung durch einen der Ehegatten vom Friedensrichter festgelegt. Der Richter kann – nach Anhörung des beklagten Ehegatten – den Ehepartner, dem Unterhalt zusteht, ermächtigen, eine Lohnpfändung beim unterhaltpflichtigen Ehegatten vorzunehmen oder andere Einkünfte zu pfänden.

3. Trennungsunterhalt

20 Es ist zu unterscheiden zwischen einer Trennung mit und einer Trennung ohne Scheidungsabsichten. Für eine Trennung ohne Scheidungsabsichten ist der Friedensrichter zuständig.

Er spricht dem getrennt lebenden Ehegatten, auf dessen Antrag, eine **Geldrente** zu, unter der Voraussetzung, dass sich der klagende Ehegatte in einer finanziellen Notlage befindet und die Trennung nicht durch ihn selbst verschuldet ist. Die zugesprochene Rente hat vorläufigen Charakter und bleibt so lange erhalten, wie die vorbenannten Voraussetzungen bestehen. Die Leistungspflicht entfällt automatisch, wenn der getrennt lebende Ehegatte die eheliche Gemeinschaft wieder aufnimmt. Zum Unterhalt nach einer Scheidung siehe Rdn 61–65.

III. Name

1. Ehename

Durch die Heirat ändert sich gesetzlich nichts am **Namen** der Eheleute. Beide führen weiterhin ihren ursprünglichen Familiennamen. Sie können seit Inkrafttreten des Gesetzes vom 23.12.2005 betreffend den Kindesnamen, d.h. ab dem 1.5.2006, jedoch einen gemeinsamen Familiennamen wählen; dies kann auch ein Doppelname sein. Das Gesetz sieht die freie Wahl des zu führenden Namens der Eheleute vor. 21

2. Geburtsname der gemeinsamen Kinder

Aufgrund des in Rdn 21 erwähnten Gesetzes vom 23.12.2005 bestimmen die Eltern den Familiennamen ihrer gemeinsamen Kinder. Dies kann der Name des Vaters oder der der Mutter sein, oder der gemeinsame Name der beiden in der von den Eltern gewählten Reihenfolge. Es gilt außerdem die Regel, dass der für das erstgeborene Kind gewählte Familienname auch für die später geborenen gemeinsamen Kinder gelten muss. 22

IV. Sonstige Ehewirkungen

1. Pflicht zur ehelichen Lebensgemeinschaft, gemeinsamer Wohnsitz

Art. 215 CC bestimmt, dass die Eheleute zusammenwohnen sollen. Beide müssen sich also auf einen **gemeinsamen Wohnsitz** einigen. Gelingt dies nicht, so kann das Gericht über diesen Wohnsitz entscheiden, nachdem es die Beweggründe jedes Ehegatten angehört hat. Eine Gerichtsentscheidung kommt in der Praxis jedoch kaum vor. Die richterliche Befugnis allein trägt häufig dazu bei, dass Eheleute in dieser Frage eher zu einer Einigung gelangen. Die **eheliche Lebensgemeinschaft** erschöpft sich nicht in der Wahl eines gemeinsamen Wohnsitzes. Art. 212 CC bestimmt außerdem, dass die Eheleute sich **gegenseitig Unterstützung und Beistand**, sowohl in finanzieller als auch in moralischer Hinsicht, schulden und verpflichtet auch zur **Treue**. Das Gesetz enthält keine näheren Angaben zur Gestaltung der ehelichen Lebensgemeinschaft. Die Eheleute haben also weitgehende Freiheit in dieser Hinsicht. Die Ausrichtung der ehelichen Lebensgemeinschaft hängt vor allem von den finanziellen, intellektuellen und moralischen Gegebenheiten der Eheleute ab. 23

Die **Wahrung** oder die **Wiederherstellung** der ehelichen Lebensgemeinschaft kann i.d.R. nicht gerichtlich eingeklagt werden. Etwas anderes gilt für die finanziellen Aspekte des ehelichen Zusammenlebens (vgl. Rdn 28). Wenn die Ehegemeinschaft durch das Verschulden eines Ehegatten stark zerrüttet ist, so berechtigt diese Tatsache den anderen Partner die Scheidung einzureichen. Das luxemburgische Scheidungsrecht kennt – neben anderen Scheidungsgründen – weiterhin das Schuldprinzip als Grund für eine Scheidungsklage. 24

2. Schlüsselgewalt

25   Art. 220 CC bestimmt, dass jeder Ehegatte eigenständig alle Rechtsgeschäfte vornehmen kann, welche sich auf die Finanzierung des Haushalts oder die Erziehung der gemeinsamen Kinder beziehen. Die in diesem Rahmen abgeschlossenen Verträge verpflichten in solidarischer Weise den anderen Ehepartner. Diese **solidarische Haftung** besteht indessen nicht, wenn die einseitig geschlossenen Verträge den finanziellen Rahmen des Haushalts übersteigen oder wenn es sich um den Erwerb von Luxusgütern handelt. Der Rahmen der erlaubten Rechtsgeschäfte steht in Zusammenhang mit dem Lebensstandard der Familie. Das Gericht berücksichtigt bei diesen Rechtsgeschäften auch die Kenntnisse, welche der Geschäftspartner eines Ehegatten von der Familiensituation hat oder die Tatsache, dass er bei Abschluss eines solchen Vertrages in gutem Glauben gehandelt hat. Von der Schlüsselgewalt sind alle **Kreditgeschäfte** ausgeschlossen. Diese erfordern die Zustimmung beider Ehepartner. Bei der **Trennung** der Ehegatten erlischt die Schlüsselgewalt nicht automatisch. Sie bleibt so lange bestehen, bis ein Ehepartner bei Gericht eine einstweilige Verfügung erwirkt hat, welche ihm das Recht auf einen getrennten Wohnsitz einräumt.

3. Eigentumsvermutung

26   Das luxemburgische Güterrecht kennt keine allgemeine gesetzliche Eigentumsvermutung zu Gunsten der Gläubiger. Für das **Immobiliarvermögen** ist eine solche Klausel nicht nötig, da aus der betreffenden Urkunde hervorgeht, welcher Ehegatte Eigentümer dieser Immobilie ist. Das **Mobiliarvermögen** ist meistens gemeinsames Vermögen. Um diesen Charakter noch zu verstärken, legt Art. 1402 CC eine Gemeinschaftsvermutung fest. Danach gilt jedes Mobiliargut als der Gütergemeinschaft gehörig, wenn nicht ein Ehegatte aufgrund gesetzlich festgelegter Kriterien nachweisen kann, dass das betreffende Gut sein alleiniges Eigentum ist.

V.   Möglichkeiten vertraglicher Gestaltung

1. Eigentumszuordnung

27   Durch den Abschluss eines **Ehevertrages** können die Eheleute die rechtliche Zuordnung ihrer Güter anders gestalten, als dies das gesetzliche Güterrecht vorsieht. Die Gatten können somit bestimmen, dass alles vorhandene oder später erworbene Vermögen Eigengut eines Ehegatten bleibt oder dass alle Güter gemeinsames Vermögen werden. Zwischen diesen beiden Extremen haben die Eheleute auch die Möglichkeit, hinsichtlich einzelner Güter die gesetzliche Güterzuordnung abzuändern. Eine solche vertragliche Güterzuordnung kann auch durch einen während der Ehe geschlossenen Ehevertrag geschehen, hat jedoch keine Auswirkung auf die zuvor von den Eheleuten eingegangenen Verbindlichkeiten. Außerdem können Änderungen des Güterrechts gerichtlich annulliert werden, wenn einer der Ehepartner Gewerbetreibender ist und die Änderung des Gütervertrages zum Ziel hat, Eigengüter des Gewerbetreibenden auf seinen Ehepartner zu übertragen und so dem Zugriff der Gläubiger zu entziehen.

2. Ehelicher Unterhalt

28   Die Ehepartner können in ihrem **Ehevertrag** bestimmen, in welchem Umfang jeder von ihnen zu den gemeinsamen Haushaltskosten beitragen soll. Dies ergibt sich aus Art. 214 CC, der die Unterhaltspflicht nur in Ermangelung einer diesbezüglichen Bestimmung im Ehevertrag regelt. Letzterer kann einen Ehepartner aber nicht von jeglichem Beitrag zu den

Haushaltskosten entbinden, selbst wenn der andere Ehepartner finanziell in der Lage ist, diesen Unterhalt allein zu bestreiten. Eine Vereinbarung über den ehelichen Unterhalt kann auch außerhalb eines Ehevertrags getroffen werden.

Vereinbarungen über **Trennungsunterhalt** zwischen Ehegatten sind rechtlich bindend und 29 gerichtlich einklagbar, soweit sie in angemessener Weise der finanziellen Leistungsfähigkeit der beiden Ehegatten Rechnung tragen. Ist dies nicht der Fall, so kann der Ehepartner, welcher in einer finanziellen Notlage ist, vor Gericht Unterhalt in Form einer Alimentenrente beantragen, wenn die Trennung nicht durch ihn selbst verschuldet ist.

Auch Vereinbarungen über den **nachehelichen Unterhalt** sind möglich. Ein freiwilliger 30 Verzicht auf eine Alimentenrente ist verbindlich, wenn der berechtigte geschiedene Ehegatte in der Lage ist, seinen Unterhalt selbst zu bestreiten und nicht auf die öffentliche Fürsorge angewiesen ist.

3. Sonstige Ehewirkungen

Das Ehegesetz regelt nicht die praktische Gestaltung der ehelichen Lebensgemeinschaft. 31 Diese Gestaltung fällt in die Zuständigkeit der Ehegatten selbst unter Wahrung des **Prinzips der Gleichheit** unter ihnen. Die gesetzlichen Bestimmungen über die **Schlüsselgewalt** (Art. 220 CC) stehen nicht zur freien Verfügung der Ehegatten und sind somit zwingendes Recht. Sie gelten überwiegend im Interesse der Gläubiger der Ehegatten.

VI. Kollisionsrecht der Ehefolgen

Das Güterstatut bestimmt sich nach den Regeln des Haager Güterrechtsabkommens vom 32 14.3.1978. Dieses Abkommen wurde in Luxemburg durch Gesetz vom 17.3.1984 in Kraft gesetzt. Für den Unterhalt zwischen Eheleuten gilt das Haager Unterhaltsabkommen vom 2.10.1973, welches am 1.10.1977 in Luxemburg in Kraft getreten ist. Der Name der Eheleute und eine eventuelle Änderung desselben unterliegen dem Heimatrecht des betreffenden Ehegatten (*question d'état*).

VII. Auswirkungen der Ehe auf die Altersversorgung und die gesetzliche Krankenversicherung

1. Gesetzliche Rentenversicherung

Jede berufliche Tätigkeit – sei es als Lohnempfänger, sei es als Selbstständiger – verpflichtet 33 unabhängig von der Höhe des Berufseinkommens zur Zahlung von Beiträgen an die zuständige Rentenversicherung und gibt i.d.R. ein Anrecht auf eine Rentenzahlung. Eine **Altersrente** wird bei Erreichen des 65. Lebensjahres und bei einer Versicherungsdauer von wenigstens 10 Jahren gewährt. Die Altersrente kann auch vor dem Erreichen des 65. Lebensjahres gezahlt werden, wenn der Beitragszahler eine Versicherungsdauer von 40 Jahren aufweist. Die Höhe der Altersrente hängt von der Gesamtzahl der geleisteten Beiträge sowie von der Versicherungsdauer ab. Eine Mindestrente ist geschuldet, wenn der Versicherungsnehmer 40 Versicherungsjahre nachweisen kann.

Eine **Invalidenrente** steht einem Lohnempfänger oder einem Selbstständigen unabhängig 34 von seinem Alter zu, wenn er aufgrund von Arbeitsunfähigkeit nicht mehr in der Lage ist, seinen Beruf auszuüben. Voraussetzung ist allerdings, dass der Antragsteller innerhalb der letzten drei Jahre vor Beantragung seiner Rente wenigstens während eines Jahres eine berufliche Tätigkeit ausgeübt hat.

35   Beim Tode eines verheirateten Versicherten oder eines Partners einer Lebensgemeinschaft
     ist normalerweise eine **Hinterbliebenenrente** geschuldet. Anrecht auf eine solche Rente
     haben die Witwe und die Kinder des Versicherten. Die Gesamtrente der Witwe und der
     Waisen darf jedoch nicht die Höhe der Rente übersteigen, welche dem Versicherten im
     Falle seines Überlebens selbst zugestanden hätte. Die Witwenrente wird gekürzt oder kann
     sogar entfallen, wenn die Witwe berufliche Einkünfte oder eine eigene persönliche Rente
     bezieht und diese einen gesetzlich festgelegten Betrag überschreiten. War der Witwer ge-
     schieden und hinterlässt er eine Ehefrau aus mehreren Ehen, so teilt sich die Witwenrente
     zwischen diesen Frauen im Verhältnis der Dauer der verschiedenen Ehen. Die vorerwähnten
     Renten werden periodisch an die Entwicklung der Lebenshaltungskosten sowie an die
     offiziell festgestellte Lohnentwicklung angepasst. Eine Witwenrente ist nicht geschuldet,
     wenn die Heirat oder Lebensgemeinschaft der Witwe mit dem Versicherten weniger als ein
     Jahr beim Tode des Versicherten stattgefunden hat. Zu dieser Bestimmung gibt es jedoch
     Ausnahmen bei Härtefällen. Die Witwenrente ist auch nicht geschuldet, wenn die Heirat
     oder die Lebensgemeinschaft mit einem Rentenbezieher geschlossen wurde.

2. Krankenversicherung

36   Zuzüglich zur Rentenversicherung zahlen Lohnabhängige, oder Selbstständige, Beiträge
     zur **Krankenkasse**. Diese Beiträge sind abhängig von der Höhe des Berufseinkommens,
     jedoch gibt es eine Höchstgrenze. Sind beide Eheleute oder Partner einer Lebensgemein-
     schaft berufstätig, zahlt jeder seinen eigenen Beitrag. Ist nur einer der Vorgenannten berufs-
     tätig, so zahlt nur dieser einen Beitrag. Der andere ist mitversichert und kann somit die
     Leistungen der betreffenden Krankenkasse beanspruchen. Bei einer Trennung der Ehegatten
     oder der Auflösung der Lebensgemeinschaft erlischt die Mitversicherung des nicht Berufstä-
     tigen. Dieser kann allenfalls eine Weiterversicherung bei der Krankenkasse beantragen und
     muss dann selbst Beiträge zahlen.

VIII.   Staatsangehörigkeit und Bleiberecht

1. Staatsangehörigkeit

37   Die Staatsangehörigkeit von Ehepartnern ist durch das Gesetz vom 23.10.2008 geregelt.

     Ein Luxemburger, der einen Ausländer heiratet, behält seine ursprüngliche Staatsangehörig-
     keit, auch wenn er aufgrund des Gesetzes seines ausländischen Ehepartners automatisch
     dessen Staatsangehörigkeit erwirbt. Ein Ausländer, der einen Luxemburger heiratet, erwirbt
     nicht automatisch dessen Staatsangehörigkeit. Er muss diese beim Justizministerium bean-
     tragen. Dies setzt voraus, dass er vor der Beantragung wenigstens drei Jahre ununterbrochen
     in Luxemburg gelebt und diese Zeit in Lebensgemeinschaft mit seinem Partner verbracht
     hat. Ferner muss der ausländische Partner nachweisen, dass er sich eingebürgert hat und
     wenigstens eine der in Luxemburg offiziell vorgesehenen Sprachen spricht. Die luxemburgi-
     sche Staatsangehörigkeit wird dem ausländischen Ehepartner verweigert, wenn er in Luxem-
     burg oder im Ausland schwerwiegende Straftaten begangen hat. Der ausländische Ehepart-
     ner, der die luxemburgische Staatsangehörigkeit erworben hat und dessen Ehe infolge des
     Todes seines Gatten oder durch Scheidung aufgelöst wird, behält die luxemburgische Staats-
     angehörigkeit. Dies gilt auch dann, wenn er mit einem Ausländer eine neue Ehe eingeht.
     Er verliert diese Staatsangehörigkeit, wenn er freiwillig eine andere annimmt. Er kann der
     luxemburgischen Staatsangehörigkeit auch verlustig gehen, wenn er in Luxemburg, oder im
     Ausland, eine schwere Straftat begeht oder gravierend gegen seine Pflichten als luxemburgi-
     scher Staatsbürger verstößt.

Watgen

2. Bleiberecht

Die Frage des Bleiberechts stellt sich nur für den **ausländischen Ehegatten**, der **nicht** die **luxemburgische Staatsangehörigkeit** erworben hat. Beim Bleiberecht ist zu unterscheiden zwischen Unionsbürgern, Bürgern welche unter das Schengener Abkommen fallen, sowie Ausländern aus Drittstaaten, die als Flüchtlinge im Sinne des Genfer Abkommens gelten, und zwischen den übrigen Bürgern aus Drittstaaten. Die erste Kategorie genießt zusammen mit ihren Ehepartnern und den übrigen Familienangehörigen aufgrund von EU-Bestimmungen ein garantiertes Dauerbleiberecht. Die zweite Kategorie fällt unter die Bestimmungen des luxemburgischen Ausländerrechts. Das Bleiberecht steht ihnen nur so lange zu, wie sie für den Arbeitsmarkt verfügbar sind, es sei denn, sie sind Rentenempfänger. Eine Ausnahme zu dieser Regel gilt jedoch wenn der Ehepartner des betreffenden Ausländers die luxemburgische Staatsangehörigkeit besitzt.

IX. Steuerliche Auswirkungen der Eheschließung

Eheleute, die in Luxemburg wohnen, werden ab ihrem ersten Ehejahr automatisch **veranlagt**. Das heißt, dass ihr gesamtes Einkommen zusammen besteuert wird, und zwar nach dem Prinzip des **Splittings**. Dies bedeutet, dass die zu zahlende Steuer die doppelte Höhe der Summe beträgt, welche ein Unverheirateter für die Hälfte des besteuerbaren Einkommens zu zahlen hätte. Dies kann für Eheleute wesentliche Progressionsvorteile bieten. Dieser Besteuerungsmodus gilt so lange, wie die Eheleute zusammenwohnen. Die Zusammenveranlagung endet, wenn die Eheleute aufgrund eines Gerichtsurteils getrennt leben. Diese werden weiterhin als Verheiratete besteuert – ohne Zusammenveranlagung, jedoch unter Anwendung der Splittingregel. Diese Vergünstigung gilt aber nur für eine Höchstdauer von drei Jahren. Die gleiche Regel gilt für verwitwete oder geschiedene Eheleute oder trifft Anwendung für Lebenspartner.

C. Trennung und Scheidung

I. Trennung

1. Voraussetzungen

Der Trennung der Eheleute kann ein Scheidungsverfahren folgen, muss aber nicht. Im ersten Fall ist die Trennung der Ehegatten meistens nur der erste Schritt der Scheidungsprozedur. Der Gatte, der sich von seinem Partner trennt, beantragt i.d.R. bei Gericht das Recht, von seinem Ehepartner **getrennt zu wohnen** und – falls er kein ausreichendes persönliches Einkommen hat – eine **Alimentenrente**, die vom anderen Ehegatten zu zahlen ist, und oft das vorläufige **Sorgerecht** für die gemeinsamen Kinder. Die Trennung der Ehegatten kann aber auch ohne Scheidungsabsicht in gegenseitigem Einverständnis vollzogen werden, weil ein Ehegatte die Lebensgemeinschaft beenden will.

2. Rechtsfolgen

Nach der Trennung der Ehegatten kann ihre Lebensgemeinschaft nicht mehr auf Antrag des verlassenen Ehegatten wiederhergestellt werden. Die unbegründete Aufgabe der Lebensgemeinschaft liefert lediglich dem verlassenen Ehepartner einen Scheidungsgrund. Der Ehepartner, der die Trennung herbeigeführt hat, kann nur dann eine **Alimentenrente** von

Watgen

seinem Ehegatten verlangen, wenn er sich in einer finanziellen Notlage befindet und wenn er die Lebensgemeinschaft durch das Verschulden seines Ehepartners aufgegeben hat.

42   Der **Hausrat** wird nicht gesondert zwischen den Ehegatten aufgeteilt. Das Gericht kann aber auf Antrag eines Ehepartners anordnen, dass ihm einige zum Leben notwendige Hausmöbel im Voraus zugeteilt werden.

II. Scheidungsgründe

1. Scheidungsarten

43   Das luxemburgische Scheidungsrecht kennt **drei Scheidungsarten.**

a) Die Scheidung in gegenseitigem Einverständnis

44   Diese Scheidungsart setzt voraus, dass beide Eheleute wenigstens 23 Jahre alt sind und dass ihre Ehe seit wenigstens zwei Jahren besteht. Vorbedingung für diese Scheidungsart ist, dass die Eheleute vor einem Notar eine Teilung ihres Immobiliar- und Mobiliarvermögens vorgenommen und eine Übereinkunft getroffen haben über:
- ihren zukünftigen getrennten Wohnsitz,
- das Sorgerecht für ihre gemeinsamen minderjährigen Kinder sowie das Besuchsrecht des Elternteils, welcher nicht das Sorgerecht ausübt,
- den Unterhaltsbeitrag für diese Kinder,
- ggf. die Höhe und die Dauer des Unterhaltsbeitrags, welcher ein Ehegatte seinem Partner zahlen soll.

Der Unterhalt des Ehepartners ist von Gesetzes wegen nicht mehr geschuldet bei **Wiederheirat** des Alimentenberechtigten sowie im Falle einer neuen festen Partnerschaft. In den anderen Fällen kann die Alimentenrente später durch das Gericht erhöht, oder gemindert werden, wenn sich die wirtschaftliche Lage des Unterhaltsempfängers oder des Unterhaltsschuldners geändert hat.

b) Die Scheidung nach dem Schuldprinzip

45   Diese Scheidungsart setzt voraus, dass ein Ehepartner sich schwerwiegender Verletzungen der Ehepflichten gegenüber seinem Ehepartner schuldig gemacht hat. Das Gericht entscheidet meistens aufgrund von Zeugenaussagen ob diese Voraussetzungen gegeben sind.

c) Die Scheidung nach dem Zerrüttungsprinzip

46   Sie kann beantragt werden nach einer freiwilligen Trennung der Ehepartner von wenigstens drei Jahren, wenn diese Trennung auf eine Zerrüttung der Ehe zurückgeführt werden kann. Die Scheidung kann auch beantragt werden bei einer Trennung der Eheleute von wenigstens fünf Jahren infolge einer unheilbar scheinenden Geisteskrankheit eines Ehepartners, welche ein Fortführen der Ehe unzumutbar macht.

2. Die Scheidungsarten in der Praxis

47   Die häufigste Scheidungsart ist die Scheidung im gegenseitigen Einverständnis. Diese wird fast immer in Anspruch genommen, wenn die gesetzlichen Vorgaben (Mindestehedauer, Mindestalter der Eheleute) erfüllt sind und wenn die Partner sich über die materiellen Auswirkungen ihrer Scheidung einigen können. Am zweithäufigsten ist die Scheidung nach dem Schuldprinzip. Diese wird in Anspruch genommen, wenn die Eheleute keine Einigung

erzielen können über die wesentlichen Fragen ihrer Scheidung (Scheidungsunterhalt; Sorgerecht der gemeinsamen minderjährigen Kinder usw.). Die Scheidung nach dem Zerrüttungsprinzip wird relativ wenig in Anspruch genommen.

3. Härteklauseln

Härteklauseln spielen nur bei der Scheidung nach dem Zerrüttungsprinzip eine Rolle. Eine   48
solche Härte kann nur angeführt werden, wenn die beantragte Scheidung für den Beklagten aufgrund seines Alters, der Dauer der Ehe oder für die gemeinsamen Kinder materielle oder moralische Nachteile von außergewöhnlicher Härte zur Folge hätte.

III. Scheidungsverfahren

1. Scheidung im gegenseitigen Einverständnis

Nach Erstellen und Unterzeichnung der beiden in Rdn 44 erwähnten Urkunden müssen   49
die Eheleute zwei Mal innerhalb von sechs Monaten vor dem Vorsitzenden des Zivilgerichts oder seinem Stellvertreter erscheinen. Sie unterbreiten dem Richter die beiden Urkunden und erklären ihre Absicht, sich scheiden zu lassen. Der zuständige Richter überprüft, ob die ihm unterbreiteten Dokumente den gesetzlichen Bestimmungen entsprechen. Der Richter ordnet danach eine zweite Vorladung der Eheleute sechs Monate nach der ersten Zusammenkunft an. Wenn bei dieser Gelegenheit die beiden Ehepartner ihren Willen bekräftigen, sich scheiden zu lassen, macht der betreffende Richter eine Eingabe an die Scheidungskammer zwecks Verkündung der beantragten Scheidung. Wenn alle Rechtsvorschriften befolgt wurden, gibt das Gericht diesem Antrag statt.

2. Scheidung nach dem Schuldprinzip

Der Ehegatte, der diese Scheidung beantragt, reicht eine Klage bei der Scheidungskammer   50
ein unter Anführung der Gründe, auf die er seinen Scheidungsantrag stützt. Die Scheidungsklage enthält ggf. einen Antrag betreffend das Sorgerecht für die gemeinsamen minderjährigen Kinder und die Zahlung einer Alimentenrente, falls der Partner finanziell nicht in der Lage ist, seinen Lebensunterhalt selbst zu bestreiten, sowie das Recht auf einen getrennten Wohnsitz. In Erwartung des definitiven Scheidungsurteils kann der Kläger vor dem Eilgericht (*Juge des Référés*) eine **einstweilige Verfügung** zu den vorerwähnten Punkten erwirken. Dieses Urteil bleibt so lange in Kraft, bis das Gericht das endgültige Scheidungsurteil gesprochen hat. Was die **Scheidungsklage** selbst betrifft, so entscheidet das Gericht in einer ersten Phase, ob die angeführten Scheidungsursachen begründet sind. Falls ja, spricht es die Scheidung aus, anderenfalls lehnt es die Scheidungsklage ab. Die Scheidung wird zu Lasten eines Ehegatten – meistens des Beklagten –, oft aber auch in beidseitigem Verschulden ausgesprochen. Im gleichen Urteil trifft das Gericht auch eine Entscheidung über das Sorgerecht für die minderjährigen Kinder und die Alimentenzahlungen. Daneben ordnet das Gericht auch die Teilung des ehelichen Vermögens an und beauftragt einen Notar mit dieser Teilung.

3. Scheidung nach dem Zerrüttungsprinzip

Das Scheidungsverfahren ist i.d.R. das Gleiche wie bei einer Scheidung nach dem Schuld-   51
prinzip. Das Verfahren wird jedoch vereinfacht, da es nur eine freiwillige dreijährige bzw. fünfjährige Trennung und eine durch diese Trennung verursachte **Zerrüttung** der Ehe zu

beweisen gilt. Gegebenenfalls muss das Gericht auch über eine vom Beklagten angeführte Härteklausel befinden. Auch bei dieser Scheidungsart trifft das Gericht eine Entscheidung über das Sorgerecht für die gemeinsamen minderjährigen Kinder, regelt die Alimentenfrage und ordnet die Teilung des ehelichen Vermögens an.

4. Kosten des Scheidungsverfahrens

52 Die Kosten des Scheidungsverfahrens bestehen aus den Gerichtskosten und den Anwaltshonoraren. Erstere gehen zu Lasten des Ehegatten, gegen den die Scheidung ausgesprochen wurde; bei einer Scheidung aus beidseitigem Verschulden werden sie geteilt. Seine jeweiligen Anwaltskosten zahlt jeder Ehegatte selbst. Das Gericht kann jedoch den Ehegatten, gegen den die Scheidung ausgesprochen wurde, zur Zahlung eines pauschalen Beitrags zu den Anwaltskosten des früheren Ehegatten verurteilen, falls dies gerechtfertigt erscheint.

IV. Internationale Zuständigkeit der Gerichte

53 Gemäß Art. 234 CC bestimmt sich die **Zuständigkeit** der luxemburgischen Scheidungsgerichte, falls die Eheleute nicht die luxemburgische Staatsangehörigkeit besitzen, nach folgenden Regeln: Die Zuständigkeit für eine Scheidungsklage liegt beim Zivilgericht des Gerichtsbezirks, in dem die Eheleute ihren gemeinsamen Wohnsitz haben oder, in Ermangelung eines solchen, in dem Gerichtsbezirk, in dem die beklagte Partei ihren alleinigen Wohnsitz hat.

V. Auf die Scheidung anwendbares Recht

54 Das zuständige Gericht wendet gem. Art. 305 CC, bei Eheleuten, welche nicht die luxemburgische Staatsangehörigkeit haben, folgendes Scheidungsrecht an:
– Das gemeinsame Heimatrecht der Eheleute, wenn diese dieselbe Staatsangehörigkeit haben. Demgemäß wenden die Gerichte das deutsche Scheidungsrecht an, wenn beide Ehepartner Deutsche sind und in Luxemburg wohnen.
– Wenn die Eheleute nicht die gleiche Staatsangehörigkeit besitzen, regelt sich das anzuwendende Scheidungsrecht nach dem Recht des Landes ihres gemeinsamen effektiven Wohnsitzes.
– Wenn die Eheleute nicht gleicher Staatsangehörigkeit sind und keinen gemeinsamen Wohnsitz haben, wendet das Gericht das luxemburgische Scheidungsrecht an.

In Ausnahmefällen kann der Anwendung des ausländischen Scheidungsrechts nicht stattgegeben werden, wenn dies gegen die öffentliche Ordnung (*ordre public*) verstößt. Dies gilt z.B. dann, wenn das anzuwendende ausländische Recht eine Scheidung nicht zulässt. In diesem Fall würde das Gericht das luxemburgische Scheidungsrecht anwenden.

VI. Anerkennung im Ausland erfolgter Scheidungen

55 Im Ausland ausgesprochene Scheidungen werden in Luxemburg **anerkannt** und benötigen weder Exequatur noch Eintragung im Zivilstandsregister. Dies gilt jedoch nur, soweit diese ausländischen Scheidungsurteile keine Zwangsvollstreckung auf sich in Luxemburg befindliche Güter erfordern. Automatisch Rechtskraft in Luxemburg haben auch ausländische Urteile, welche im Rahmen des Scheidungsverfahrens über das Sorgerecht für die minderjährigen Kinder oder über eine zu zahlende Alimentenrente entschieden haben.

D. Scheidungsfolgen

I. Vermögensteilung

1. Güterrechtlicher Ausgleich

Ein **gesetzlicher Ausgleich**, ähnlich wie im deutschen Güterrecht, ist in Luxemburg **nicht**   56
vorgesehen. Wie bereits erwähnt, haben die meisten Ehepaare in Luxemburg eine **Gütergemeinschaft** gewählt. Bei der Teilung des ehelichen Vermögens nimmt jeder Ehepartner
seine Eigengüter zurück und hat – vorbehaltlich der Bestimmungen eines frei gewählten
Gütervertrages – Anrecht auf die Hälfte der gemeinsamen Güter. Bei dieser Güterteilung
kann es aber zu verschiedenen Ausgleichszahlungen zwischen den Ehegatten kommen. Die
Grundregel besagt, dass im Fall, in dem die Eigengüter eines Ehepartners Vorteil aus
gemeinsamen Gütern gezogen haben (z.B. das Eigengut eines Ehegatten wurde instand
gesetzt oder ausgebaut mit gemeinsamen Geldern), der betreffende Ehegatte der Gütergemeinschaft eine Ausgleichssumme in Höhe der erzielten Wertsteigerung seines Gutes
(Art. 1469 CC) schuldet. Hat sich im umgekehrten Fall die Gütergemeinschaft auf Kosten
der Eigengüter eines Ehepartners bereichert (z.B. eine gemeinsame Immobilie wurde angeschafft oder instand gesetzt mit Geldern, herrührend aus der Veräußerung eines Eigengutes
eines Gatten), so hat Letzterer einen Entschädigungsanspruch gegen die Gütergemeinschaft.
Es findet also bei der Teilung der ehelichen Güter für jeden Ehegatten eine **Bilanzierung
der Entschädigung** statt, welche er der Gütergemeinschaft schuldet, und der Entschädigung, welche ihm seitens letzterer zusteht. Je nachdem, ob diese Bilanz zu Gunsten oder
zuUngunsten eines Ehepartners ausfällt, hat er Anspruch auf eine **Ausgleichsentschädigung** oder muss eine solche bezahlen.

2. Gütertrennung

Theoretisch ist die Teilung bei der **Gütertrennung** einfach. Jeder Ehegatte nimmt seine   57
Eigengüter zurück und haftet allein für die Schulden, die auf diesen Gütern ruhen. In der
Praxis entstehen jedoch oft Ausgleichsansprüche eines Ehegatten gegen den anderen. Dies
ist der Fall, wenn ein Gut eines Ehepartners aus dem Vermögen des anderen in Stand gesetzt
oder vergrößert wurde. Eine Teilung ist weiterhin notwendig, wenn die Gütertrennung mit
einem Gütergemeinschaftsvertrag über das berufliche Einkommen der Ehepartner kombiniert ist (siehe Rdn 78). Diese gemeinsamen Geldkonten bzw. die damit angeschafften Güter
müssen dann unter den Eheleuten aufgeteilt werden.

3. Gütergemeinschaft

a) Rückabwicklung ehebedingter Zuwendungen

Als solche können nach luxemburgischem Eherecht Zuwendungen gelten, die Eheleute   58
sich in ihrem Ehevertrag zugestanden haben und die über den Rahmen des gesetzlichen
Güterrechts hinausgehen. **Beispiele:**
- Einbringung eines Eigengutes in die Gütergemeinschaft
- höherer Anteil an der Gütergemeinschaft als die gesetzliche Hälfte
- Zuteilung der gesamten Gütergemeinschaft an den überlebenden Ehepartner.

Diese güterrechtlichen Vorteile fallen normalerweise nicht unter den Begriff der Schenkung
und bleiben erhalten, auch wenn sie zugunsten des schuldig gesprochenen Ehegatten gehen.
Um dies zu verhindern, sehen die Parteien oft in ihrem Ehevertrag vor, dass das gesetzliche

Güterrecht Anwendung findet, wenn die Ehe aus einem anderen Grund als dem Tod eines Ehegatten aufgelöst wird.

Daneben können sich die Eheleute während der Ehe auch **Schenkungen für den Todesfall** zugestehen, die über den Rahmen der gesetzlich vorgesehenen Schenkungen hinausgehen. In diesem letzten Fall sieht das luxemburgische Scheidungsrecht vor, dass der Ehepartner, gegen den die Scheidung wegen alleinigen Verschuldens ausgesprochen wurde, automatisch dieser Schenkungen verlustig geht. Dieser Verlust spielt jedoch nur im Fall einer Scheidung, welche auf dem Schuldprinzip begründet ist (siehe Rdn 45), eine Rolle. Meistens sehen jedoch die Eheleute in ihrer Schenkungsurkunde vor, dass die Schenkung nur zum Tragen kommt, wenn die Ehe am Todestag des vorverstorbenen Ehegatten noch besteht. Dies beinhaltet, dass diese Schenkung hinfällig wird, wenn die Ehe durch eine Scheidung aufgelöst wird.

b) Ehegatten-Innengesellschaft

59 Das luxemburgische Eherecht kennt den Begriff der Ehegatten-Innengesellschaft nicht. In Anbetracht der Tatsache, dass in Luxemburg meistens eine Gütergemeinschaft vereinbart wird, findet die Frage der Bereicherung eines Ehegatten auf Kosten des anderen i.d.R. eine Lösung in diesen Güterrechtsbestimmungen (siehe Rdn 56). Wenn z.B. ein Ehegatte ein eigenes Gewerbe betreibt, in dem sein Ehepartner mitarbeitet, so ist Letzterer automatisch am Gewinn beteiligt, da die Erträge von Eigengütern in die Gütergemeinschaft fallen. Die vorerwähnte Frage stellt sich somit nur bei einer Gütertrennung. In diesem Fall steht dem im Betrieb mitarbeitenden Ehepartner keine Entschädigung zu, wenn eine solche nicht im Ehevertrag vereinbart wurde.

4. Ehewohnung und Hausrat

60 Es gibt im luxemburgischen Eherecht keine Sonderbestimmung über die Teilung des **Hausrats**. Dieser fällt somit unter die allgemeine Teilungsmasse. Die **Ehewohnung**, sofern sie Alleineigentum eines Ehegatten ist, fällt diesem zu. Sie kann somit nach dem endgültigen Scheidungsurteil dem anderen Ehepartner nicht zur Benutzung zugewiesen werden. Wenn die Ehewohnung ein Gemeingut beider Ehegatten ist, gibt es zwei Möglichkeiten: Die geschiedenen Ehepartner einigen sich, die Wohnung einem von ihnen zu übertragen. In diesem Fall hat der andere ein Anrecht auf eine Geldabfindung in Höhe der Hälfte des Kaufwertes dieser Wohnung. Wenn keiner der Ehegatten Interesse an der Übernahme der Ehewohnung hat, oder wenn sie sich nicht über den Kaufpreis einigen können, so wird die Ehewohnung versteigert und der erzielte Preis wird, nach Abzug eventuell darauf ruhender Schulden, unter den geschiedenen Eheleuten aufgeteilt.

II. Scheidungsunterhalt

1. Allgemeines

61 Nach der Scheidung gilt der Grundsatz, dass jeder geschiedene Ehegatte für seinen Unterhalt **selbst aufkommen** muss. Eine Unterhaltsrente zu Lasten des früheren Ehepartners ist nur unter bestimmten Umständen geschuldet. Diese können bestehen im hohem Alter des geschiedenen Partners, in seinem schlechten Gesundheitszustand oder bedingt sein durch die Erziehung von minderjährigen Kindern. Auch der Geschiedene, der während der Ehe nicht berufstätig war, muss sich i.d.R. bemühen, einen Beruf zu ergreifen, es sei denn, dies ist ihm in Anbetracht der vorerwähnten Umstände nicht zumutbar. Um dem geschiedenen

Ehepartner eine Berufsausbildung zu ermöglichen, welche es ihm erleichtert, ins Berufsleben einzutreten, gewährt das Gericht ihm normalerweise für eine beschränkte Frist eine **Alimentenrente** zu Lasten seines früheren Ehepartners. Eine Alimentenrente ist von Gesetzes wegen nicht geschuldet, selbst für einen bedürftigen Ehepartner, wenn:
- er über eigene Einkünfte verfügt, die seinen Unterhalt ermöglichen,
- die Scheidung wegen Verschuldens zu seinen Ungunsten ausgesprochen wurde,
- er zum Zeitpunkt des Scheidungsverfahrens mit einem Dritten in einer Lebensgemeinschaft wohnt.

Eine zugesprochene Alimentenrente entfällt automatisch, wenn der Berechtigte **wieder heiratet**. Sie entfällt auch, wenn der Alimentenschuldner dies bei Gericht beantragt, weil sein geschiedener Ehepartner mit einem Dritten in einer Lebensgemeinschaft wohnt. Das Gleiche gilt, wenn der Alimentenschuldner nachweist, dass die Unterhaltszahlung nicht mehr notwendig ist, weil der Empfänger über genügend Einkünfte verfügt, um seinen Lebensunterhalt selbst zu bestreiten. Andererseits kann der Unterhaltsberechtigte vor Gericht eine Aufbesserung seiner Rente beantragen, wenn der ihm zugesprochene Betrag nicht ausreicht und dem Alimentenschuldner eine höhere Zahlung in Anbetracht seiner finanziellen Verhältnisse zugemutet werden kann.

Ein Ehegatte kann sich der Zahlung einer Alimentenrente nicht mit der Begründung verweigern, sein geschiedener Ehepartner habe aufgrund seiner schlechten finanziellen Lage Anrecht auf eine Rente seitens des Staates (*Fonds national de solidarité*). Eine solche **staatliche Unterstützung** hat nur einen komplementären Charakter und kann nur in Höhe des gesetzlich vorgesehenen Höchstbetrags gezahlt werden, wenn der geschiedene Partner finanziell nicht in der Lage ist, eine Alimentenrente zu zahlen, oder falls der von ihm geleistete Beitrag unter dem Höchstbetrag der gesetzlich vorgesehenen staatlichen Leistung bleibt. Falls der Alimentenschuldner aus eigenem Verschulden den gerichtlich festgesetzten Betrag an seinen früheren Ehepartner nicht bezahlt, so kann Letzterer selbstverständlich die Zahlung der geschuldeten Forderung gegen diesen **einklagen**. Führt eine solche Klage nicht zum Erfolg, weil der Schuldner nicht in der Lage ist, die geforderte Leistung zu erbringen, so übernimmt der Staat die Zahlung der gerichtlich festgelegten Alimentenrente und ist dann berechtigt, die von ihm geleisteten Zahlungen beim Alimentenschuldner einzutreiben.

2. Unterhaltstatbestände

Das luxemburgische Scheidungsrecht kennt keine Sonderregeln über Altersunterhalt, Krankheitsunterhalt, Unterhalt wegen Erwerbslosigkeit, Aufstockungsunterhalt, Ausbildungsunterhalt oder Billigkeitsunterhalt. Das Gericht trägt diesen besonderen Umständen im Rahmen der Festsetzung des Scheidungsunterhalts des bedürftigen Ehegatten Rechnung. Das Gericht hat bei der **Bemessung** der Alimentenrente einen **großen Spielraum**. Es kann die Alimentenrente degressiv gestalten oder sie auf eine bestimmte Zeit befristen. Außerdem kann diese Rente später, wenn die im Zeitpunkt des Scheidungsurteils maßgebenden Umstände sich geändert haben, angepasst werden. Auch den geschiedenen Eheleuten selbst steht hinsichtlich der Festsetzung des Unterhalts eine große Freiheit zu. Ohne das Gericht zu bemühen, können sie selbstständig die Höhe des zu leistenden Unterhalts festlegen oder gar auf einen Unterhaltsanspruch verzichten.

3. Unterhaltshöhe

Art. 300 CC bestimmt, dass sich die Unterhaltsleistung an den bedürftigen Ehepartner nach dessen Bedürfnissen und nach den finanziellen Möglichkeiten des Unterhaltsschuldners richtet. Um dem Gericht eine Entscheidung über die Unterhaltshöhe zu erlauben, muss der Antragsteller Belege über seine persönlichen Einkünfte sowie über seine zu erwartenden Ausgaben vorlegen. Der Antragsgegner muss dem Gericht Belege über sein Gesamteinkommen sowie über seine persönlichen Ausgaben nach der Scheidung unterbreiten.

4. Erlöschen, Ausschluss und Begrenzung des Unterhaltsanspruchs

65   Die Unterhaltszahlung an den bedürftigen Ehepartner **erlischt** automatisch bei dessen **Wiederheirat** oder bei seinem **Tod**. Das Gleiche gilt beim Tode des Unterhaltsschuldners. Die Unterhaltspflicht geht also nicht auf seine Erben über. Normalerweise steht dem Unterhaltsberechtigten beim Tode seines früheren Partners eine Rente aus der gesetzlichen Rentenversicherung zu (siehe Rdn 66). Abgesehen von dem automatischen Erlöschen der Unterhaltspflicht kann diese aber auch aufgrund eines gerichtlichen Antrags des Unterhaltsschuldners beendet werden. Dies trifft zu, wenn der Unterhaltsberechtigte mit einem neuen Partner in einer festen Bindung lebt. Dies gilt auch, wenn die finanzielle Lage des Empfängers sich gebessert hat, so dass er nicht mehr auf eine Unterhaltszahlung angewiesen ist.

III.   Regelung der Altersversorgung

66   Die luxemburgische Gesetzgebung kennt keinen Versorgungsausgleich über Anwartschaften auf eine Pension der **gesetzlichen Rentenversicherung**. Die Altersversorgung geschiedener Eheleute erfolgt entweder durch Gewährung einer eigenen Alters- oder Invalidenrente oder einer abgeleiteten Rente im Sinne einer Witwenrente. Eine eigene **Alters- oder Invalidenrente** setzt voraus, dass der geschiedene Ehepartner eine berufliche Tätigkeit außerhalb des Haushalts ausübt oder ausgeübt hat und die gesetzlich vorgesehenen Beiträge an die Rentenkasse abgeführt hat. Die Höhe der Rente hängt von der Gesamtheit der bezahlten Beiträge sowie von der Versicherungsdauer ab. Eine solche Rente wird ab dem 65. Lebensjahr des berufstätigen Ehegatten bezahlt. Sie kann aber in gesetzlich festgelegten Fällen auch schon früher gewährt werden. Eine Invalidenrente wird unabhängig vom Alter des Versicherten gewährt, vorausgesetzt, die Invalidität wurde medizinisch festgestellt und der Versicherte war in den letzten drei Jahren, die seiner Erwerbsunfähigkeit vorausgingen, wenigstens während eines Jahres berufstätig.

67   Neben der eigenen Alters- oder Invalidenrente kennt die luxemburgische Sozialgesetzgebung auch die abgeleitete Rente, also die **Witwen- und Waisenrente**. Eine solche Rente ist aber erst geschuldet beim Tode des Ehemannes. Wenn dieser also erst im hohen Alter verstirbt, so bleibt sein geschiedener Partner lange auf dessen Alimentenzahlung angewiesen. Als einzige Alternative bietet sich dem geschiedenen Partner – i.d.R. der Ehefrau – falls er wenigstens 60 Jahre alt ist und Kinder aufgezogen hat, eine Pauschalentschädigung seitens des Staates von rund 80 EUR monatlich pro Kind an. Eine Teilung der Anwartschaft auf die zu erwartende Rente wäre zum Vorteil des nicht berufstätigen geschiedenen Ehepartners, weil dieser dadurch eine eigene Altersrente beziehen könnte. Leider konnte bis heute noch keine befriedigende gesetzliche Lösung in dieser wichtigen Frage gefunden werden. Die abgeleitete Rente, welche ein geschiedener Ehegatte beim Tode seines früheren Gatten bezieht, ist unabhängig von einer eventuellen Schuldfrage im Zusammenhang mit der ausgesprochenen Scheidung. Diese Rente wird festgesetzt nach den Regeln einer Witwenrente, mit der Ausnahme, dass die Rente der geschiedenen Witwe verkürzt werden kann. Diese berechnet sich nicht auf der vollen Beitragsdauer des versicherten geschiedenen Ehemannes, sondern lediglich im Verhältnis zur Dauer der Ehe. Bei einer Versicherungsdauer von 40 Jahren und 20 Jahren Ehe beträgt die abgeleitete Rente der geschiedenen Ehefrau also die Hälfte einer normalen Witwenrente. Wenn der Verstorbene mehrmals verheiratet war

und mehrere Witwen hinterlässt, so teilen diese sich, im Verhältnis der Ehedauer, die in Frage kommende Witwenrente.

IV. Verteilung der elterlichen Sorge

Solange die Ehe dauert, teilen sich die beiden Eheleute das **Sorgerecht** für ihre gemeinsamen minderjährigen Kinder. Bei einer Scheidung können die Eltern sich verständigen, wem von ihnen während und nach der Scheidung das Sorgerecht zugesprochen werden soll. Die Frage der Ausübung eines gemeinsamen Sorgerechts auf Wunsch der geschiedenen Eltern ist gesetzlich nicht geregelt und auch die Rspr. auf diesem Gebiet ist nicht eindeutig. Lediglich die Eltern eines unehelichen Kindes können sich gesetzlich auf gemeinsames Sorgerecht einigen (Art. 380 CC) Die geschiedenen Eltern können auch entscheiden, einem Dritten, z.B. den Großeltern oder einem Kinderheim, das Sorgerecht zu übertragen. Können sich die Eltern nicht einigen, muss das Gericht im alleinigen Interesse der Kinder entscheiden. Das Gericht kann im Zusammenhang mit diesem Sorgerecht auch die Kinder nach ihrem Wunsch befragen, bei welchem Elternteil sie verbleiben möchten.

68

Der Ehepartner, dem das Sorgerecht nicht zugesprochen wird, genießt ein meist wöchentliches **Besuchsrecht** seiner Kinder sowie ein **Beherbergungsrecht** während eines Teils der Schulferien. Auch den Großeltern der Kinder kann ein beschränktes Besuchsrecht zugestanden werden. Dem Elternteil, dem das Sorgerecht nicht zugesprochen wurde, steht ein Kontrollrecht zu über die Art und Weise, wie sein in Scheidung lebender oder geschiedener Ehepartner das Sorgerecht ausübt. Dies gilt besonders in schulischen Fragen.

69

Das vom Scheidungsgericht ausgesprochene Urteil über das **Sorgerecht** minderjähriger Kinder ist nicht unbedingt endgültig. Es kann zu einem späteren Zeitpunkt vom Jugendgericht zu Gunsten des anderen Elternteils **geändert** werden. Dies gilt, wenn die geschiedenen Eltern sich über eine solche Änderung einigen, oder infolge eines gerichtlichen Antrags des Elternteils, der das Sorgerecht nicht ausübt. Der Kläger muss dem Gericht schlüssig nachweisen, dass er selbst besser in der Lage ist, künftig das Sorgerecht auszuüben.

70

V. Sonstige Scheidungsfolgen

1. Kindesunterhalt

Der Ehepartner, dem das Sorgerecht für die minderjährigen Kinder übertragen wurde, hat Anrecht seitens seines geschiedenen Partners auf einen **geldlichen Beitrag** zur Finanzierung des Unterhalts und der Erziehung der Kinder. Dieser Barunterhalt wird entweder von den geschiedenen Ehegatten selbst bestimmt oder, bei Uneinigkeit der Eltern, vom Scheidungsgericht festgelegt. Dieser Beitrag ist **monatlich** an den Empfangsberechtigten zu zahlen. Er ist auch geschuldet, wenn diesem keine persönliche Unterhaltszahlung zusteht und sogar wenn der Unterhaltsschuldner nicht über ein Besuchsrecht der Kinder verfügt.

71

Das Gesetz legt keine Regeln über die **Höhe** des Beitrags zur Kindeserziehung fest. Das Scheidungsgericht kann also nach eigenem Ermessen diesen Beitrag zur Kindeserziehung bestimmen. Es berücksichtigt dabei die Zahlungsfähigkeit des Schuldners sowie die Bedürfnisse der Kinder, die überwiegend von deren Alter abhängig sind. Normalerweise steht nur minderjährigen Kindern ein Unterhaltsanspruch gegen den Elternteil, der nicht das Sorgerecht ausübt, zu. Wenn der Jugendliche jedoch höhere Studien absolviert, welche während der Volljährigkeit fortdauern, kann unter bestimmten Bedingungen die Unterhaltspflicht zu Lasten des geschiedenen Elternteils durch das Gericht festgelegt und der Beitrag sogar erhöht werden, wenn dies dem Unterhaltspflichtigen finanziell zumutbar ist. Der vom

Scheidungsgericht festgelegte Barunterhalt kann gerichtlich **angepasst** oder aber vermindert werden, wenn die Umstände dies rechtfertigen. Die Erhöhung dieses Beitrags kann beantragt werden, wenn dem erziehenden Elternteil höhere Unkosten erwachsen, bedingt durch das Alter der Kinder oder infolge von höheren Studienkosten. Dieser Beitrag kann auch gemindert werden oder sogar wegfallen, wenn der Jugendliche ein eigenes Berufseinkommen hat. Zuständig für die Änderung des Kindesunterhalts nach der Scheidung ist jedoch nicht das Scheidungsgericht, sondern der Friedensrichter.

2. Erb- und Pflichtteilsrecht

72 Nach luxemburgischem **Erbrecht** ist der überlebende Ehegatte nicht Pflichterbe seines vorverstorbenen Partners. Die Frage des **Pflichtteilsrechts** stellt sich somit nicht für geschiedene Ehegatten. Hingegen ist der überlebende Ehegatte gesetzlicher Erbe seines vorverstorbenen Gatten. Er verwirkt dieses Recht aber durch die Scheidung. Dieser Erbschaftsverlust gilt erst, wenn die Scheidung rechtskräftig geworden ist. Wenn ein Ehegatte also während des Scheidungsverfahrens stirbt, so bleibt sein überlebender Partner gesetzlicher Erbe. In der Praxis trifft dies jedoch kaum zu, da in diesem Fall ein Ehegatte seinen Partner durch Testament von seiner Erbschaft ausschließt.

3. Altersversorgung und gesetzliche Krankenversicherung

73 Was die **Altersversorgung** anbelangt, so wird auf die Ausführungen in Rdn 33 verwiesen. Hinsichtlich der **Krankenversicherung** besagt das diesbezügliche Gesetz, dass die unentgeltliche Mitversicherung des nichtberufstätigen Ehegatten durch die Scheidung wegfällt. Es bestehen nun für Letzteren folgende zwei Möglichkeiten:
– Er wird oder bleibt nach der Scheidung berufstätig. In diesem Fall ist er aufgrund seiner beruflichen Tätigkeit bei der zuständigen Krankenkasse versichert.
– Er ist nicht berufstätig. Dann muss er bei der Krankenkasse seines früheren Ehepartners eine Weiterversicherung beantragen und persönlich den gesetzlich festgelegten Beitrag zahlen. Eine solche Weiterversicherung ist nicht erforderlich, wenn der betreffende Ehegatte eine Rente aus der Sozialversicherung bezieht. Dann ist er aufgrund dieser Rente bei der Krankenkasse versichert und zahlt einen Beitrag, gemessen an der Höhe dieser Rente.

4. Steuerliche Auswirkung

74 Durch die erfolgte Scheidung hört die **Zusammenveranlagung** der früheren Ehegatten auf. Beide verbleiben jedoch für drei Jahre nach der Scheidung in der Steuerklasse für Verheiratete. Danach fallen sie in eine weniger günstige Steuerklasse. So gehören geschiedene Eheleute ohne Kinder drei Jahre nach der Scheidung der Steuerklasse für Unverheiratete an. Geschiedene mit Kindern oder solche, die älter als 64 Jahre sind, werden in eine Steuerklasse eingestuft, die zwischen derjenigen für Verheiratete und derjenigen für nicht verheiratete Steuerzahler liegt.

VI. Möglichkeiten vertraglicher Vereinbarungen für die Scheidung

1. Ehevertrag

a) Regelungsinhalt

75 In einem **Ehevertrag** können die Eheleute Vereinbarungen treffen, welche von den Regeln des gesetzlichen Güterrechts abweichen, und sich gegenseitig güterrechtliche Vorteile zuge-

stehen (siehe Rdn 27 ff.). Meistens werden solche Vereinbarungen nur für den Fall geschlossen, dass die Eheauflösung durch den Tod eines Ehegatten erfolgt. In den andern Fällen – also bei einer Scheidung – bestimmt normalerweise ein solcher Ehevertrag, dass das eheliche Vermögen nach den gesetzlichen Regeln geteilt wird. Auch im Ehevertrag vorgesehene Schenkungen zu Gunsten des überlebenden Ehepartners sind fast immer an die Klausel gebunden, dass die Ehegemeinschaft durch den Tod aufgelöst wird, und entfallen somit automatisch bei einer Scheidung.

b) Zeitpunkt und Form

Der Ehevertrag kann sowohl vor als auch nach der Heirat geschlossen werden mit der   76
Maßgabe, dass er erst frühestens zwei Jahre nach Eheschließung abgeändert oder neu gefasst werden kann; Eheverträge dürfen nämlich erst nach zwei Jahren Bestand abgeändert werden. Der Ehevertrag bedarf der **notariellen Beurkundung** und erfordert das persönliche Erscheinen der Eheleute vor einem Notar und deren ausdrückliches Einverständnis mit den darin enthaltenen Bestimmungen.

2. Scheidungsvereinbarungen

Es ist nicht üblich, solche Bestimmungen in einen **Ehevertrag** aufzunehmen, es sei denn,   77
die Änderung dieses Vertrages würde mit der Zielsetzung einer bevorstehenden Scheidung vorgenommen. So wird z.B. in einem solchen Fall oft durch einen Ehevertrag eine gesetzliche oder vertragliche Gütergemeinschaft in eine Gütertrennung umgewandelt. Scheidungsvereinbarungen, welche sich auf persönliche oder finanzielle Probleme zwischen den Ehegatten beziehen (getrennter Wohnsitz, Alimentenrente, Sorgerecht für die gemeinsamen Kinder), werden i.d.R. in einem privatrechtlichen Schreiben abgefasst. Eine solche Scheidungsvereinbarung ist eine notwendige Voraussetzung bei einer Scheidung in beiderseitigem Einverständnis (siehe Rdn 44). Bei den anderen Scheidungsarten dürfen die Eheleute über die vorerwähnten Bereiche Vereinbarungen treffen. So können sie über die Höhe der Alimentenrente zu Gunsten eines Ehepartners befinden. Ein Ehegatte kann auch auf eine Alimentenrente verzichten. Solche Vereinbarungen werden vor Gericht anerkannt und gelten so lange, wie die Lage andauert, in Anbetracht derer die Eheleute diese Vereinbarung getroffen haben. Wenn diesbezüglich eine Änderung eingetreten ist, kann der geschiedene Gatte, zu dessen Ungunsten sich die wirtschaftliche oder soziale Lage geändert hat, vor Gericht den Antrag auf Anpassung der Unterhaltsrente stellen. Die Eheleute können auch selbst über die Höhe des Unterhalts für die gemeinsamen Kinder befinden. Sie dürfen jedoch nicht vereinbaren, dass kein Unterhalt an den Elternteil bezahlt wird, welcher das Sorgerecht ausübt. Ein solcher Verzicht ist rechtsunwirksam, da er zum Nachteil Dritter, also der Kinder, geht.

3. Güterrechtliche Vereinbarungen für den Scheidungsfall

Das Eherecht gesteht den Eheleuten sowohl vor der Heirat als auch während der Ehe das   78
Recht zu, **güterrechtliche Vereinbarungen** zu treffen, welche von den gesetzlich vorgesehenen Bestimmungen abweichen. Sie können auch Gütertrennung vereinbaren und diese ggf. mit einer teilweisen Gütergemeinschaft kombinieren. So dürfen sie vereinbaren, dass alle Güter Eigengüter des einen oder anderen Ehegatten bleiben, dass aber alle beruflichen Einkommen als gemeinsam zu betrachten sind. Eine solche Vereinbarung hat zum Ziel, eine Benachteiligung des Ehegatten zu vermeiden, der kein eigenes Berufseinkommen hat und sich der Erziehung der gemeinsamen Kinder widmet. Das Gesetz sieht jedoch einige Ausnahmen zu diesen Freiheiten vor. So dürfen die Eheleute die Vorschriften über Rechte

und Pflichten der Eheleute nicht abändern, die das Eherecht als zwingendes Recht vorschreibt (Gleichheit der Ehepartner hinsichtlich der Verwaltung ihrer Güter, das Erziehungsrecht ihrer Kinder oder die gegenseitige Unterhalts- und Beistandspflicht). Vorbehaltlich der **Schenkungen unter Eheleuten** dürfen die Partner in ihrem Ehevertrag **keine erbrechtlichen Bestimmungen zu Gunsten Dritter** treffen.

4. Vereinbarungen über sonstige Scheidungsfolgen

a) Ehewohnung und Hausrat

79 Vereinbarungen über die Zuweisung der Ehewohnung und die Aufteilung des Hausrats fallen in Luxemburg unter die allgemeinen Bestimmungen betreffend die Teilung der ehelichen Güter. Auf die Ausführungen in Rdn 60 kann daher verwiesen werden.

b) Erb- und Pflichtteilsverzicht, Aufhebung letztwilliger Verfügungen

80 Der geschiedene Ehegatte ist von Rechts wegen von der **gesetzlichen Erbschaft** seines Ehepartners **ausgeschlossen**. Ferner verliert der Ehegatte, gegen den die Scheidung ausgesprochen wurde, das Anrecht auf die ihm gemachten **Schenkungen** und Vorteile seitens seines Ehepartners. Dies bedeutet, dass Schenkungen zu Gunsten des unschuldig geschiedenen Ehepartners nicht berührt werden. Das Gleiche gilt für Schenkungen zwischen den Ehepartnern im Fall einer Scheidung, welche nicht auf dem Schuldprinzip beruht (z.B. bei einer Scheidung im gegenseitigen Einverständnis). Schenkungen, die in einem Ehevertrag festgelegt worden sind, können nicht einseitig widerrufen werden. Solche Schenkungen sind unwiderruflich. Dies gilt nicht für Schenkungen, die während der Ehe außerhalb eines Ehevertrages gemacht wurden. Diese können einseitig widerrufen werden. In der Praxis werden Schenkungen im Rahmen oder außerhalb eines Ehevertrages nur für den Fall zugestanden, dass die Ehe durch den Tod eines Partners aufgelöst wird. Die oben geschilderte Rechtslage trifft also in der Praxis kaum zu. Das Scheidungsrecht bestimmt nur den Verlust von gemachten Schenkungen und sieht den Ausschluss eines geschiedenen Gatten von der gesetzlichen Erbschaft vor. Es bleibt also einem geschiedenen Ehegatten theoretisch möglich, seinem früheren Partner testamentarische Vermächtnisse zu machen, was in der Praxis aber kaum vorkommt.

VII. Kollisionsrecht der Scheidungsfolgen

81 Das allgemeine Scheidungsstatut gilt auch für den Scheidungsunterhalt und den Kindesunterhalt. Dies ergibt sich aus den Bestimmungen des Art. 8 des Haager Abkommens vom 2.10.1973 (vgl. Rdn 32).

VIII. Internationale Zuständigkeit

82 Die Regeln, welche in Rdn 53 über das anzuwendende Recht erläutert wurden, wenn die Ehepartner nicht die gleiche Staatsangehörigkeit haben, gelten grundsätzlich für alle Fragen die mit der Scheidung zusammenhängen, insbesondere für die Teilung des ehelichen Vermögens, für das Sorgerecht betreffend die gemeinsamen Kinder und für die Unterhaltszahlungen. Ein im Ausland gefälltes Urteil in solchen Fragen gilt in Luxemburg als rechtskräftig ergangen und wird anerkannt.

E. Eingetragene Lebenspartnerschaft

I. Allgemeines

Eingetragene Lebenspartnerschaften sind in Luxemburg durch das abgeänderte Gesetz vom 9.7.2004 eingeführt worden. Es betrifft sowohl homosexuelle als auch heterosexuelle Partnerschaften. Als Partnerschaft im Sinne dieses Gesetzes gilt das Zusammenleben von zwei Personen, gleich welchen Geschlechts, die eine diesbezügliche Erklärung vor dem zuständigen Standesbeamten abgeben. Von einer gesetzlich anerkannten Partnerschaft sind ausgeschlossen:

83

- Personen, welche noch verheiratet sind oder eine andere Partnerschaft unterhalten;
- Personen, die miteinander verwandt oder verschwägert sind, so dass das Gesetz ihre Heirat verbietet (siehe Rdn 6);
- Personen, die nicht beide in Luxemburg wohnen, vorbehaltlich EU Bürger, die im Ausland einen Partnerschaftsvertrag abgeschlossen haben, und nach ihren Wohnsitz in Luxemburg. diesen Vertrag im vorgesehenen Zivilstandesregister eingetragen haben.

II. Begründung

Die Lebenspartnerschaft wird durch das persönliche Erscheinen beider Partner vor dem Standesbeamten ihrer Gemeinde und das Einreichen einer schriftlichen Erklärung über die Existenz ihrer Partnerschaft rechtlich begründet. Falls die Partner einen schriftlichen Vertrag über die vermögensrechtlichen Aspekte ihres Zusammenlebens erstellt haben, müssen sie den Standesbeamten von der Existenz dieses Vertrages in Kenntnis setzen. Anderenfalls kann dieser Dritten gegenüber nicht geltend gemacht werden. Der Standesbeamte händigt den Partnern eine Bescheinigung ihrer Partnerschaft aus, nachdem er überprüft hat, ob ihre **Partnerschaftserklärung** den gesetzlichen Bestimmungen entspricht.

84

III. Rechtsfolgen

Wenn die eingetragenen Lebenspartner einen schriftlichen Vertrag über ihre Vermögensrechte abgeschlossen haben, so bestimmt dieser Vertrag ihre finanziellen Beziehungen, vorausgesetzt, er entspricht den gesetzlichen Mindestanforderungen. Besteht keine solche schriftliche Übereinkunft, so regelt das **Gesetz vom 9.7.2004 über die gesetzliche Wirksamkeit verschiedenen Partnerschaften** die Rechte und Pflichten der Partner. So müssen diese sich gegenseitig die nötige materielle Hilfe leisten. Beide tragen zu den gemeinsamen Haushaltungskosten nach Maßgabe ihrer finanziellen Möglichkeiten bei. Sie haften solidarisch gegenüber Dritten für die eingegangenen Schulden im Interesse ihrer Partnerschaft. Voraussetzung ist jedoch, dass diese Ausgaben sich im Rahmen des Lebensstandards der Partner bewegen und nicht übertrieben sind. Ausgeschlossen sind Darlehensverträge. Jeder Partner darf außerdem ohne Einverständnis des anderen nicht über die Rechte an der gemeinsamen Wohnung und über den Hausrat verfügen. Vorbehaltlich dieser Regeln, die zwingendes Recht sind, können die Partner ihre Vermögensrechte frei im vorerwähnten Vertrag festlegen. Falls nichts anderes im Partnerschaftsvertrag vereinbart wurde, bleibt jeder Partner Eigentümer des von ihm erworbenen Immobiliar- und Mobiliarvermögens sowie der Erträge derselben. Wenn der Beweis des Alleineigentums an Immobilien und Mobilien nicht erbracht wird, so gelten die betreffenden Güter als ungeteiltes Vermögen der beiden Partner.

85

IV. Sozialrechtliche und fiskalische Vorteile der eingetragenen Partnerschaft

1. Soziale Vorteile

86   Falls nicht beide Partner berufstätig und somit **krankenversichert** sind, so gilt derjenige, der den Haushalt führt und ggf. die Kinder erzieht, durch seinen Partner als mitversichert und kann bei Krankheit die Leistungen der Krankenkasse in Anspruch nehmen. Der mitversicherte Partner wird also einem Ehegatten gleichgestellt, der nicht selbst als Berufstätiger bei einer Krankenkasse versichert ist. Diese Gleichstellung mit einem Ehegatten gilt auch hinsichtlich der **Unfall- und Altersversicherung.** Der Überlebende hat also beim Tod seines Partners, sofern die Partnerschaft zu diesem Zeitpunkt noch besteht, Anrecht auf eine **Witwenrente** im Rahmen der gesetzlich vorgesehenen Bestimmungen für eine solche Rente.

2. Fiskalische Vorteile

87   Dem nicht berufstätigen Lebenspartner wird bei der Berechnung der **Einkommensteuer** seines Partners ein jährlicher Steuerabschlag von 9.780 EUR gewährt. Dieser Betrag erhöht sich um 1.020 EUR für jedes Kind unter 21 Jahren, das im Haushalt der Lebenspartner wohnt. Besteht die Lebenspartnerschaft wenigstens seit drei Jahren, so gilt beim Tode des Vorverstorbenen ein begünstigtes **Erbschaftsteuerrecht,** falls der Überlebende von seinem vorverstorbenen Partner ein testamentarisches Vermächtnis erhält. In diesem Fall wird er hinsichtlich der Erbschaftsteuern einer Witwe bzw. einem Witwer gleichgestellt. Diese Gleichstellung gilt auch unter der vorerwähnten Bedingung für die unter Lebenspartnern gemachten Schenkungen.

V. Auflösung der Lebenspartnerschaft

88   Die Auflösung der Partnerschaft erfolgt automatisch durch die Heirat oder den Tod eines Partners sowie in dem Falle, dass die Partner im Einvernehmen oder einseitig beschließen, das Zusammenleben zu beenden. Diese Beendigung erfolgt vor dem Standesbeamten, bei dem die Beurkundung der Partnerschaft stattgefunden hat. Grundsätzlich beendet diese Auflösung auch alle Rechte und Pflichten, welche während der Dauer der Partnerschaft bestanden haben. Ausnahmsweise kann jedoch der Partner, welcher durch diese Auflösung in eine wirtschaftliche Notlage gerät, bei Gericht eine Unterhaltszahlung seitens seines früheren Partners beantragen. Die Unterhaltszahlung entfällt jedoch bei Heirat des Unterhaltsberechtigten oder wenn dieser eine neue Lebenspartnerschaft eingeht.

VI. Kollisionsrecht

89   Das Kollisionsrecht der Lebenspartnerschaft ist – abgesehen von der Beschränkung des Gesetzes auf Personen die beide in Luxemburg wohnen – gesetzlich nicht geregelt.

F. Nichteheliche Lebenspartnerschaft

90   Luxemburg kennt nur rechtlich eingetragene Lebenspartnerschaften, die, wie erwähnt, sowohl für heterosexuelle als auch für homosexuelle Paare möglich sind.

Watgen

G. Abstammung und Adoption

I. Abstammung

Das Familienrecht in Luxemburg unterscheidet zwischen **ehelichen** und **nichtehelichen** Kindern und regelt in getrennten Kapiteln die Rechte dieser Kinder. Art. 313 CC bestimmt jedoch, dass anerkannte nichteheliche Kinder die gleichen Rechte wie eheliche haben und zur Familie ihres Erzeugers gehören. Ein Kind gilt als ehelich, wenn es während der Ehe seiner Eltern gezeugt wurde. Der Ehemann der Mutter des Kindes gilt rechtlich als dessen Vater (**Vaterschaftsvermutung**). Es kann also zum Auseinanderklaffen von rechtlicher und biologischer Vaterschaft kommen. Der Code civil sieht einige Fälle vor, in denen die Vaterschaftsvermutung nicht gilt. In diesen Fällen kann der Ehemann seine Vaterschaft gerichtlich bestreiten, indem er Beweise erbringt, dass er biologisch nicht der Vater des Kindes sein kann. Die **Vaterschaftsbestreitung** muss innerhalb von sechs Monaten nach der Geburt des Kindes oder nach dem Zeitpunkt, in dem der Ehemann offiziell Kenntnis von dieser Geburt erhalten hat (bei Trennung der Ehegatten), eingereicht werden.

91

Die Vaterschaft eines nichtehelichen Kindes erfolgt rechtlich durch die **Anerkennung** durch den Vater in der Geburtsurkunde des Kindes oder in einer späteren notariellen Urkunde. Diese Anerkennung kann auch gerichtlich erfolgen, auf Betreiben der Mutter des Kindes oder durch dieses selbst, wenn es volljährig ist. Die **Nichtehelichkeit** eines Kindes ergibt sich aus der gerichtlichen Aberkennung der Ehelichkeit auf Betreiben des Ehegatten der Mutter oder eines Dritten, der die Vaterschaft des Ehemannes bestreitet und selbst als Vater des Kindes anerkannt werden möchte.

Als **Mutter** eines Kindes gilt rechtlich die Frau, welche als Mutter in der Geburtsurkunde erwähnt wird. Ist in dieser Urkunde der Name der Mutter nicht angegeben, so kann diese das von ihr geborene Kind in einer notariellen Urkunde anerkennen. Auch das Kind kann eine Klage auf Mutterschaft einreichen. In diesem Fall muss der Kläger den Nachweis erbringen, dass es sich bei ihm um das Kind handelt, das die Beklagte zur Welt gebracht hat. Als Beweis gilt insbesondere, dass die betreffende Frau den Kläger stets als ihr Kind behandelt hat, dass sie es in dieser Eigenschaft erzogen und für seine Bedürfnisse gesorgt hat sowie dass der Kläger in der Gesellschaft als das Kind der Beklagten gilt (*possession d'état*). Die in einer Partnerschaft gezeugten Kinder gelten zwar gesetzlich nicht als eheliche, genießen jedoch die gleichen Rechte wie diese.

II. Adoption

1. Allgemeines

Die luxemburgische Gesetzgebung unterscheidet zwischen **Volladoption** und **einfacher Adoption**. Durch Erstere verliert der Adoptierte die rechtliche Bindung an seine Ursprungsfamilie und tritt voll in die adoptierende Familie ein. Bei der einfachen Adoption behält der Adoptierte seine Rechte und Pflichten, insbesondere seine Erbrechte, in seiner Ursprungsfamilie, und erwirbt daneben in seiner neuen Familie alle Rechte, die einem ehelichen Kind zustehen. Sowohl bei einer Volladoption als auch bei einer einfachen Adoption wird dem **Antrag** vor Gericht nur stattgegeben, wenn die Adoption im **Interesse des Adoptivkindes** liegt. Eine Adoption bleibt auch möglich, wenn die Adoptierenden bereits eigene Kinder haben.

92

2. Volladoption

93　Eine Volladoption kann nur von einem Ehepaar oder von in Partnerschaft lebenden Personen beantragt werden. Das zu adoptierende Kind darf zum Zeitpunkt der Stellung des Adoptionsantrags nicht älter als 16 Jahre sein und nicht jünger als drei Monate. Ausnahmsweise kann die Volladoption auch von einem Ehegatten allein beantragt werden, wenn dieser beabsichtigt, das Kind seines Ehepartners zu adoptieren. Bei der Adoption durch ein Ehepaar/einen Partner muss der eine Elternteil wenigstens 25 Jahre, der andere Elternteil wenigstens 21 Jahre alt sein. Die Volladoption setzt die Einwilligung der leiblichen Eltern des zu adoptierenden Kindes voraus. Im Todesfall eines Elternteils oder bei Verlust des elterlichen Erziehungsrechts genügt die Einwilligung des anderen Elternteils. Bei einem nichtehelichen Kind ist die Einwilligung derjenigen Person erforderlich, die das Kind gesetzlich anerkannt hat. Beim Tode der Eltern eines minderjährigen Kindes ist die Einwilligung des Familienrates notwendig. Eine Volladoption kann rechtlich nicht mehr rückgängig gemacht werden. Auch in einer Partnerschaft lebende Personen können eine Volladoption beantragen.

3. Einfache Adoption

94　Eine einfache Adoption kann auch von einer Einzelperson beantragt werden und spielt besonders in den Fällen, in denen der zu Adoptierende älter als 16 Jahre ist, eine Rolle. Es besteht kein Höchstalter des zu Adoptierenden, sofern die Adoption in seinem Interesse ist. Der Altersunterschied zwischen dem Adoptierten und dem Adoptierenden muss wenigstens 15 Jahre betragen. Ist der zu Adoptierende verheiratet, so ist die Einwilligung seines Ehepartners erforderlich. Die einfache Adoption kann im Gegensatz zur Volladoption in Ausnahmefällen gerichtlich widerrufen werden.

4. Adoptionsverfahren

95　Der **Adoptionsantrag** wird durch einen Rechtsanwalt beim zuständigen Zivilgericht eingereicht. Der Antrag ist von dem oder den Adoptierenden und von dem zu Adoptierenden, wenn er älter als 14 Jahre ist, zu unterschreiben. Das Gleiche gilt für die Personen, welche in die Adoption einwilligen müssen. Das Gerichtsurteil, welches der Adoption stattgibt, wird im Zivilstandesregister eingetragen.

Niederlande

Prof. Dr. Paul Vlaardingerbroek, Universität Tilburg

Literatur

Asser/de Boer, Mr. C. Asser's handleiding tot de beoefening van het Nederlands burgerlijk recht. Deel 1 Personen- en familierecht, Deventer: Kluwer 2010; *Breederveld*, De aangepaste gemeenschap van goederen in verband met echtscheiding, Diss., Deventer: Kluwer 2011; *De Boer*, Pensioenverrekening bij scheidung nu en straks?, NJB 1988, 285–286; *Forder*, Het informele huwelijk: de verbondenheid tussen mens, goed en schuld, Deventer: Kluwer 2000; *Hartog Jager*, (Echt)scheidingsprocesrecht, Monografieën (echtscheidingsrecht). Deel 10, SDU, Den Haag 2010; *Heida/Kraan/Marck*, Echtscheidingsrecht, Boom Juridische uitgeverij, Den Haag 2010; *Hoefnagels*, Handboek scheidingsbemiddeling: Mediation als methode van recht en psychologie, Deventer: Tjeenk Willink 2001; *Hoefnagels*, Gelukkig getrouwd, gelukkig gescheiden: bemiddeling en overeenkomst bij trouwen en scheiden, Amsterdam: Veen 2000; *Huygen en Reinhartz et al.*, Het Nederlandse huwelijksvermogensrecht, Deventer: Kluwer 2010; *Keijser en Lohuis*, Handleiding bij echtscheiding, WoltersKluwer 2013; *Kraan und. Marck*, Het Huwelijksvermogensrecht, Boom Juridische Uitgevers, Den Haag, 4. Aufl. 2008; *Kraan*, Het Huwelijksvermogensrecht, Den Haag: Boom Juridische Uitgevers, 2012; *De Lange*, „Wet Voorkoming Schijnhuwelijken", Tijdschrift voor Familie en Jeugdrecht (FJR) 1996; *Lenters*, De rol van de rechter in de echtscheidingsprocedure, Arnhem: Gouda Quint 1993; *Mac Gillavry*, Scheidingsbemiddeling: over techniek, strategie en attitude, Houten: Bohn Stafleu van Loghum 2002; *Van Mourik en Nuytinck*, Personen- en familierecht, huwelijksvermogensrecht en erfrecht, WoltersKluwer, 2015; *Pel*, De (echt)scheidingsgrond: afscheid van de duurzame ontwrichting", Weekblad voor privaatrecht, notariaat en registratie WPNR 1999, Nr. 6369; *Post*, Huwelijksvoltrekking in „het huis der gemeente", Burgerzaken & Recht 1999, 280–283; *De Rooij*, Wetgeving op het gebied van schijnhuwelijken, FJR 1995, 164–166; *Rutten, Van Eijk und Drost u.a.*, Gewoon Getrouwd. Een onderzoek naar kindhuwelijken en religieuze huwelijken in Nederland, Universiteit Maastricht und Verwey-Jonkers Instituut, Dezember 2015; *Schrama*, Vermogensrecht voor ongehuwde samenlevers, Deventer: Kluwer 2000; *Schrama*, Rechtspraak relatievermogensrecht, SDU Uitgeverij, 2015; *Smits*, Participatie van het kind bij het ouderschapsplan, Maklu-Uitgevers, 2015; *Spalter*, Grondslagen van partneralimentatie, Boom Juridische uitgevers, Diss. 2013; *Soons*, Mr. C. Asser's handleiding tot de beoefening van het Nederlands burgerlijk recht. Deel 1 Personen- en familierecht, Tijdschrift voor Familie- en Jeugdrecht (FJR) 1995; *Strikwerda*, Inleiding tot het Nederlandse Internationaal Privaatrecht, Wolters Kluwer: Deventer, 2015; *Tomassen-van der Lans*, Het verplichte ouderschapsplan: regeling en werking, Boom Juridische uitgevers, Diss., 2015; *Vlaardingerbroek*, Het hedendaagse personen- en familierecht (Behoudens het huwelijksvermogensrecht), Deventer: Wolters Kluwer 2014; *Vonken*, Huwelijksontbinding, in: Tekst & Commentaar Personen- en familierecht, Kluwer: Deventer, 2014; *M. ten Wolde*, Huwelijk, persoonlijke betrekkingen tussen echtgenoten, huwelijksvermogensrecht, in: Th.M. de Boer und F. Ibili, Nederlands internationaal personen en familierecht, Wolters Kluwer, 2012; *Wortmann*, Personen- en Familierecht (losbladige uitgave), Deventer: Wolters Kluwer; *Wortmann*, Compendium van het personen- en familierecht, Deventer: Wolters Kluwer 2012; *Zonnenberg*, „Behoefte aan kinderalimentatie", EchtscheidingBulletin (EB) 2003; *Zonnenberg*, Scheidingsbemiddeling, Den Haag: SDU Uitgeverij 2015.

A.   Eheschließung

I.   Voraussetzungen für die Eheschließung

1. Allgemeines

Buch 1 BW enthält keine Definition der Ehe,[1] sondern formuliert lediglich in Titel 5 die   1
Voraussetzungen für die Eheschließung. Es ist zu unterscheiden zwischen den internen
Voraussetzungen der Abt. 1 und den externen Voraussetzungen der Abt. 2 sowie den
Formalitäten, die einer Eheschließung vorausgehen müssen. Die internen Voraussetzungen
werden unterschieden in absolute und relative Voraussetzungen. Die absoluten Voraussetzungen gelten allgemein, unabhängig davon, mit wem man eine Ehe eingehen will. Eine
absolute Voraussetzung der Ehe ist das **Mindestalter**. Die absoluten Voraussetzungen sind
in den Art. 1:31–39 und 42 BW geregelt. Die relativen Voraussetzungen der Ehe beziehen
sich auf die Ehe zwischen bestimmten Personen (z.B. Familienmitglieder).

2. Das Eingehen der Ehe

Das niederländische Recht regelt die Ehe lediglich hinsichtlich ihrer **zivilrechtlichen Aspekte** (Art. 1:30 Abs. 2 BW).[2] Die **kirchliche Eheschließung** bewirkt folglich keine rechtswirksame Eheschließung. Gemäß Art. 1:68 BW dürfen religiöse Feierlichkeiten nicht stattfinden, bevor die Parteien nachgewiesen haben, dass die Ehe vor dem Standesbeamten
eingegangen ist.[3] Die Ehe wird in Anwesenheit von mindestens zwei und höchstens vier
volljährigen Zeugen in der Öffentlichkeit, im Rathaus – jedenfalls in einem Gebäude der
Gemeinde[4] – und in Anwesenheit eines Standesbeamten eingegangen. Es ist zunehmend
üblich, dass die Gemeinden es erlauben, die Eheschließung an einem anderen Ort als im
Rathaus, insbesondere in (historischen) Gebäuden in der Gemeinde oder in einem Restaurant, vorzunehmen.

3. Anzeige der Eheschließung

De Brautleute haben – unter Einhaltung der in Art. 1:44 BW genannten Voraussetzungen –   3
beim Standesbeamten des Wohnsitzes einer der Parteien ihre Eheschließung **anzufragen**.
Das geschieht elektronisch oder persönlich. Mit der Anfrage beginnt ein **Fristenlauf**. Diese

---

1 Wird von „Ehe" gesprochen, so ist darunter auch die registrierte Partnerschaft zu subsumieren.
2 Art. 1:30 BW wurde durch Gesetz vom 21.12.2000 (*Wet Openstelling huwelijk*), Stb. 2001, 9 geändert.
   Art. 1:30 BW alt enthielt lediglich die Bestimmung des heutigen Abs. 2.
3 Untersuchungen zeigen, dass religiöse Eheschließungen stattfinden, bevor es zu einer Eheschließung
   vor dem Standesbeamten gekommen ist, aber genaue Daten sind nicht bekannt. Durch die Untersuchung des Verwey Jonkers Instituut ist deutlich geworden, dass jährlich ungefähr 250 Kinder-Ehen
   stattfinden, das bedeutet, dass die Braut und/oder der Bräutigam noch nicht 18 Jahre alt sind (*Susan
   Rutten, Esther van Eijk und Lisanne Drost u.a.*, Gewoon Getrouwd. Een onderzoek naar kindhuwelijken en religieuze huwelijken in Nederland, Universiteit Maastricht und Verwey-Jonkers Instituut,
   Dezember 2015).
4 Viele Gemeinden bestimmen neben dem Rathaus einige Plätze als „Gebäude der Gemeinde", mit dem
   Ziel, dass dort eine Eheschließung vorgenommen werden darf. Meistens geht es darum, dass die Brautleute beliebte Lokalitäten, z.B. eine romantische Burg oder eine mittelalterliche Kirche, bevorzugen.
   Eine solche Anweisung bedurfte keiner näheren Regulierung, sofern die in Art. 1:63 BW enthaltene
   Öffentlichkeitsvorschrift nicht verletzt wird, Anhang der Handelingen, II.en Kammers, 1999–2000,
   S. 3667. Siehe auch *Post*, Huwelijksvoltrekking in „het huis de gemeente", Burgerzaken & Recht 1999,
   280–283.

Frist hat nach dem Gesetz sowohl eine Mindest- als auch eine Höchstdauer. Nach Art. 1:62 BW darf die Ehe nicht vor Ablauf des 14. Tages, gerechnet ab dem Anfragedatum, eingegangen werden. In besonderen Situationen (z.B. wenn einer der Brautleute im Sterben liegt) kann allerdings mit Zustimmung des zuständigen Beamten früher geheiratet werden. Nach Art. 1:46 BW ist eine Eheanfrage nur ein Jahr gültig. Nach Ablauf dieser Frist muss eine neuerliche Anfrage erfolgen. Seit 1.9.2015 ist auch eine **elektronische Anfrage** der Heiratsabsicht möglich.[5]

4. Voraussetzungen der Eheschließung

a) Öffnung der Ehe für Personen desselben Geschlechts

4   Seit dem 1.4.2001 ist die Ehe für Personen **desselben Geschlechts** zugänglich.[6] Bis dahin war die Ehe in den Niederlanden lediglich für Personen verschiedenen Geschlechts zugänglich. Die Öffnung der Ehe für Personen desselben Geschlechts ist in der ersten (allgemeinen) Vorschrift von Titel 5 Buch 1 BW (Art. 1:30 Abs. 1 BW) geregelt. Diese lautet: „Eine Ehe kann durch zwei Personen verschiedenen oder gleichen Geschlechts geschlossen werden." Im Jahr 2015 gab es 62.912 Eheschließungen zwischen Mann und Frau, 647 Eheschließungen zwischen zwei Männer und 749 Eheschließungen zwischen zwei Frauen.

b) Ehemündigkeit/Geisteszustand

5   Um eine Ehe eingehen zu dürfen, muss das **18. Lebensjahr vollendet** sein (Art. 1:31 Abs. 1 BW). Dieser Artikel wurde am 5.12.2015[7] dahingehend geändert, um Zwangsehen weitestgehend zu vermeiden. Auch wenn das schwangere Mädchen 16 oder 17 Jahre alt ist oder bereits ein Kind hat und die junge Mutter vom Jugendrichter als volljährig erklärt worden ist, muss sie bis zum 18. Lebensjahr warten, bevor sie heiraten darf. Dasselbe gilt für eine registrierte Partnerschaft.

6   Eine Ehe darf nicht geschlossen werden, wenn der **Geisteszustand** einer Partei in einem Ausmaß gestört ist, dass diese nicht in der Lage ist, ihren freien Willen zu äußern oder die Tragweite ihrer Willenserklärung zu erfassen (Art. 1:32 BW). Art. 1:32 BW gilt sowohl für diejenigen, die aufgrund ihrer Geistesstörung unter Vormundschaft stehen, als auch für andere Personen, die geistig gestört sind. Ist der geistig Gestörte unter Vormundschaft gestellt, muss der Kantonrichter seine Zustimmung für eine Eheschließung erteilen (Art. 1:38 BW). Sonst muss der Kurator seine Zustimmung erteilen.

c) Eheverbote

7   Eine Person kann zur selben Zeit nur mit einer Person verheiratet sein (Art. 1:33 BW).[8] Diese Bestimmung enthält das **Prinzip der monogamen Ehe**. Die vorsätzliche Verletzung dieser Vorschrift erfüllt den strafrechtlichen Tatbestand der Bigamie (Art. 237 Sr).[9] Diejeni-

---

5 Gesetz vom 8.201410., Stb. 2014, 380 Kamerstukken 32 444, „Wijziging van Boek 1 van het Burgerlijk Wetboek en enige andere wetten in verband met de vereenvoudiging van en de invoering van een elektronische dienstverlening bij de burgerlijke stand" (Wet elektronische dienstverlening burgerlijke stand)).

6 Gesetz vom 21.12.2000, Stb. 2001, 9.

7 Gesetz vom 7.10.2015, Stb. 2015, 354 (Gesetz um Zwangsheiraten zu vermeiden).

8 Wie geändert mit dem Gesetz vom 21.12.2000, Stb. 2001, 9.

9 HR (Strafkammer) 21.11.2000, ECLI:NL:HR:2000:AA8974; NJ 2001, 49 (Bigamie und Absicht).

gen, die eine Ehe miteinander eingehen wollen, dürfen zugleich nicht auch eine registrierte Partnerschaft eingehen (Art. 1:42 BW).[10]

Das Gesetz enthält seit dem Wegfall von Art. 1:42 BW alt (dieses enthielt ein Eheverbot für jene Paare, die öfter als ein Mal voneinander geschieden worden waren[11]) nur noch eine relative Ehevoraussetzung, nämlich Art. 1:41 BW. Die Vorschrift des Art. 1:41 Abs. 1 BW verbietet die Eheschließung zwischen **Blutsverwandten** in aufsteigender und in absteigender Linie sowie in derselben Linie zwischen **Geschwistern**. Auch Blutsverwandte im dritten oder vierten Grad (Onkel, Tante, Neffe, Nichte) dürfen seit dem 5.12.2015 nur untereinander heiraten, wenn sie zuvor beim Standesbeamten einen Eid abgelegt haben, dass sie aus freien Willen heiraten möchten. Letzteres gilt auch für Halbbrüder und Halbschwestern. Für Adoptivbrüder und Adoptivschwestern kann eine Ausnahme gemacht werden, die jedoch kaum in Anspruch genommen wird. Die gegenwärtige Regierung hat, um die **Familienemigration** einzuschränken, mehrere Maßnahmen getroffen, wie z.B. Verschärfung des Vorgehens gegen **Scheinehen** und **Zwangsheirat**, Verschärfung der Bestrafung bei Zwangsheirat (2 Jahre Gefängnisstrafe), Verbot von Ehen zwischen Familienverwandten im dritten und vierten Grad, also zwischen Onkel, Tanten, Neffen und Nichten (es sei denn, das Standesamt bescheinigt die freiwillige Eheschließung). Weiterhin werden **polygame Eheschließungen** nicht anerkannt, wenn einer der Ehegatten die niederländische Staatsbürgerschaft besitzt. Auch werden die Prüfungsgründe im Einbürgerungsgesetz verschärft. Dies alles sind Maßnahmen, um die Immigration einzuschränken und die Integration vor allem von Marokkanern und Türken zu verbessern.[12] Daneben wird versucht, Zwangsehen zu vermeiden. Zudembereits wurde das Heiratsmindestalter erhöht (vom 16. Lebensjahr auf das 18. Lebensjahr).

5. Rechtsfolgen bei Verletzung der Voraussetzungen

Obwohl dem Standesbeamten die Prüfung obliegt, ob die gesetzlichen Voraussetzungen von Titel 5 Buch 1 BW erfüllt sind, wird dieser manchmal vom Vorliegen eines Ehehindernisses keine Kenntnis erlangen.

Dritte Personen können sich gegen eine Eheschließung wenden, wenn die Partner die Voraussetzungen für eine Eheschließung nicht erfüllen[13] oder wenn eine **Scheinehe** vorliegen könnte (Art. 1:50 BW). Die Eheschließung kann auch verhindert werden, wenn einer der künftigen Ehepartner unter **Vormundschaft** steht und die beabsichtigte Ehe jener Partei, mit der man blutsverwandt ist oder deren Vormund oder Kurator ist, offensichtlich Unglück verursachen würde (Art. 1:51 Abs. 2 BW). Eine Verhinderung ist auch möglich wenn nicht beide Parteien ihre freie Zustimmung zur Heirat geben. Gegen eine Ehe dürfen sich Blutsverwandte in gerader Linie, Geschwister, Vormünder und Kuratoren der künftigen Ehepartner aussprechen (Art. 1:51 Abs. 1 BW). Die Staatsanwaltschaft (*Openbaar Ministerie*) ist hingegen verpflichtet, sich gegen eine Ehe auszusprechen, wenn ihr ein Ehehindernis bekannt ist, welches in den Art. 1:31–33, 41 und 42 BW angeführt wird (Art. 1:53 Abs. 1 BW).

---

10 Diese Bestimmung regelt die registrierte Partnerschaft. Sie wurde durch Gesetz vom 5.7.1997, Stb. 1997, 324, eingeführt und ist am 1.1.1998 in Kraft getreten.

11 Gesetz vom 13.5.1987, Stb. 1987, 246. Siehe auch EuGHMR 18.12.1887 (F/Schweiz), NJ 1989, 99 und *De Boer*, Pensioenverrekening bij scheiding nu en straks?, NJB 1988, 285–286.

12 Kamerstukken II, 32 175, 17, Huwelijks- en gezinsmigratie (Brief des – damaligen – Staatssekretärs *Teeven* vom 4.5.2011).

13 Die Ehevoraussetzungen sind in den Art. 1:31–42 BW geregelt.

11   Eine Ehe kann für **nichtig erklärt** werden, wenn eine der in Art. 1:31–42 BW genannten Voraussetzungen nicht erfüllt ist, aber auch in jenen Fällen, die in Art. 1:70–71a BW genannt sind. Die Gründe für die Nichtigerklärung einer Ehe sind **enumerativ** aufgezählt. Vorbehaltlich des in Art. 1:56 BW Geregelten, erklärt der Richter auf Antrag eine Ehe nur dann für nichtig, wenn einer der oben genannten Gründe vorliegt und ein Ersuchen in Übereinstimmung mit den Voraussetzungen der Art. 1:69–77 BW gestellt wird (Art. 1:76 BW).[14] Wurde eine mit einem Nichtigkeitsgrund belastete Ehe vollzogen, so ist diese nicht absolut nichtig, sondern kann erst durch den Richter für nichtig erklärt werden. Dies kann nicht von Amts wegen geschehen, sondern ausschließlich auf entsprechenden **Antrag** hin (Art. 1:76 BW). Nach Art. 1:69 Abs. 1 BW kann die Nichtigkeit einer Ehe beantragt werden, wenn die Ehepartner die Voraussetzungen der Eheschließung nicht erfüllt haben.[15] Ein Ehepartner kann die Nichtigerklärung der Ehe beantragen, wenn diese aufgrund eines unrechtmäßigen, ernsthaften Zwangs geschlossen wurde (Art. 1:71 Abs. 1 BW). Auch die Staatsanwaltschaft darf die Nichtigerklärung wegen ein Zwangsheirat beantragen, zuvor müssen beide Ehegatten angehört worden sein. Ein Ehepartner kann die Nichtigerklärung der Ehe auch dann beantragen, wenn er sich bei der Eheschließung über die Person des anderen Ehegatten oder über die Bedeutung der von ihm abgegebenen Erklärung geirrt hat (Art. 1:71 Abs. 2 BW). Auf **Antrag der Staatsanwaltschaft** kann eine Ehe als **Scheinrechtsgeschäft** wegen Verletzung der niederländischen öffentlichen Ordnung für nichtig erklärt werden, wenn der Wille eines der beiden Ehepartner nicht auf die Erfüllung der gesetzlichen Ehepflichten gerichtet war, sondern vielmehr darauf, eine **Aufenthaltsgenehmigung** in den Niederlanden zu erlangen (Art. 1:71a BW).[16] Die Nichtigerklärung einer Ehe, welche in Verletzung von Art. 1:32 BW geschlossen wurde, kann – solange die geistige Störung andauert – durch alle in Art. 1:69 BW genannten Personen beantragt werden. Fällt die geistige Störung weg, so kann die Nichtigerklärung nur noch durch den geistig gestörten Ehepartner beantragt werden. Haben die Ehegatten nach dem Wegfall der Störung mindestens sechs Monate zusammengelebt, kann der Antrag nicht mehr gestellt werden (Art. 1:73 BW).

12   Die Art. 1:37 und 38 BW bestimmen, welche Personen für die Eheschließung einer **Zustimmung** bedürfen und von wem sie eine solche erhalten müssen. Mangelt es an der Zustimmung einer dritten Person, kann die Nichtigerklärung der Ehe nur durch diese oder im Falle von Art. 1:38 BW durch den Kurator beantragt werden. Der Antrag ist hinfällig, wenn derjenige, der die Nichtigerklärung beantragen kann, der Ehe ausdrücklich oder stillschweigend zugestimmt hat oder wenn seit Kenntnis der Eheschließung drei Monate vergangen sind (Art. 1:75 Abs. 1 BW). Von denjenigen, die die Nichtigerklärung der Ehe beantragen können, wird vermutet, dass ihnen die Eheschließung bekannt ist, wenn sie im Inland eingegangen wurde oder wenn die Ehe außerhalb des Landes geschlossen und die Eheschließung im Inland in den Registern des Zivilstandes eingetragen wurde (Art. 1:75 Abs. 2 BW).

---

14 Gemäß Art. 1:76 BW sind die Bestimmungen über die Eheschließung auf eine Nichtigerklärung der Ehe nicht anwendbar. Aber nach Art. 1:76 jo. 56 BW kann ein Ehehindernis, welches an sich nicht zur Nichtigerklärung der Ehe führen würde, diese sehr wohl zur Folge haben, wenn man sich zuerst gegen die Ehe ausgesprochen hatte.

15 Aufgrund der Voraussetzung des Art. 1:32 BW forderten zwei Neffen die Nichtigerklärung der Ehe ihres 98 Jahre alten Onkels, die er mit einer 48-jährigen Frau geschlossen hatte, HR 19.6.1998, NJ 1998, 777. Dabei ging es um die Beweisfrage, ob der Onkel geistig in der Lage war, seinen freien Willen zu bilden und die Bedeutung seines Ja-Wortes einzusehen. Der *Hoge Raad* hat das Ersuchen der Neffen abgewiesen, da die Beweislage zu vage war.

16 Diese Bestimmung wurde per Gesetz vom 2.6.1994, Stb. 1994, 405, eingefügt.

Vlaardingerbroek

II. Zuständige Behörden und Verfahren

Die künftigen Ehegatten müssen gegenüber dem **Standesbeamten** und in Anwesenheit der Zeugen erklären, dass sie einander zum Ehegatten wollen und dass sie alle Ehepflichten erfüllen werden, die das Gesetz aufstellt (Art. 1:67 Abs. 1 BW). Unmittelbar nach Abgabe dieser Erklärung verkündet der Standesbeamte, dass die Parteien miteinander verheiratet sind und trägt dies im Register ein (Art. 1:67 Abs. 2 BW). Die Urkunde wird durch die Parteien und deren Zeugen unterzeichnet und in der Folge in das **Eheregister** eingetragen. 13

Zuständig ist der Standesbeamte 14
- des Ortes, den die beiden Parteien gewählt haben (die Parteien sind frei, einen Ort zu wählen, da keine Verpflichtung besteht, den Wohnort einer der Parteien oder beider Parteien zu wählen), oder
- von „'s-Gravenhage", wenn es sich um künftige Ehegatten handelt, die im Ausland wohnen und von denen zumindest einer die niederländische Staatsbürgerschaft besitzt (siehe Art. 1:44 Abs. 2 BW) oder
- der bei der Ankündigung der Eheschließung zuständigen Gemeinde (Art. 1:63 BW).

Art. 1:44 BW zählt die **Schriftstücke** auf, die bei Anfrage der Ehe vorgelegt werden müssen. Der Standesbeamte erhält nun in einem früheren Stadium Informationen über den Aufenthaltsstatus des künftigen, nicht niederländischen Ehepartners. Der Standesbeamte kann die Eheschließung verweigern, wenn er der Überzeugung ist, dass es sich um eine **Scheinehe** handelt. 15

Will ein **Niederländer außerhalb des Landes** eine Ehe eingehen, kann er eine „Erklärung der Eheschließungsfähigkeit" beantragen (Art. 1:49a Abs. 1 BW). Diese wird ausgestellt, wenn die zuständige Behörde sich davon überzeugt hat, dass nach niederländischem Recht kein Ehehindernis vorliegt (Art. 1:49a Abs. 3 BW). 16

III. Kollisionsrecht der Eheschließung

Die Niederlande haben 1989 das „Haager Übereinkommen über die Eheschließung und die Anerkennung der Gültigkeit von Ehen" vom 14.3.1978 unterzeichnet, das im Verhältnis zwischen Australien, Luxemburg und den Niederlanden in Kraft getreten ist.[17] Ebenfalls 1989 ist das „Gesetz Kollisionsrecht Ehe" (*Wet Conflictenrecht Huwelijk*)[18] in Kraft getreten; seit dem 1.1.2012 ist diese Regelung allerdings im neuen Buch 10 des Zivilgesetzbuches (§§ 27 ff.) aufgenommen. 17

Zum Kollisionsrecht weist die traditionelle Kollisionsregel hinsichtlich der **Zuständigkeit zur Eheschließung** das nationale Gesetz der künftigen Ehegatten als anwendbares Recht an. Die Regelung des Haager Übereinkommens brachte hierein eine Veränderung. Art. 3 des Haager Übereinkommens bestimmt das interne Recht des Staates, in dem die Ehe geschlossen wird, als entscheidend für die Zuständigkeit unter der Bedingung, dass einer der künftigen Ehegatten durch Nationalität oder gewöhnlichen Aufenthaltsort mit diesem Staat verbunden ist.[19] Die Kollisionsregeln sind seit dem 1.1.2012 in das neue Buch 10 des Zivilgesetzbuches aufgenommen (Art. 10:27 ff. BW). 18

---

17 Siehe § 1 „Quellen des Europäischen und internationalen Familienrechts" Rdn 41 in diesem Werk.
18 Gesetz vom 7.9.1989, Stb. 1989, 392.
19 *Strikwerda*, Inleiding tot het Nederlandse Internationaal Privaatrecht, WoltersKluwer: Deventer, 2015, S. 88 ff.

Vlaardingerbroek

B. Rechtsfolgen der Eheschließung

I. Das eheliche Vermögensrecht

1. Gütergemeinschaft

19   Haben die Parteien keine besonderen Vereinbarungen (*huwelijkse voorwaarden*) getroffen, fließen die eingebrachten Vermögensmassen zusammen. Die Ehepartner sind dann in **allgemeiner Gütergemeinschaft** verheiratet. Das ist die Gemeinschaft der Güter, in welcher die Ehepartner zusammen Eigentümer sind. Die Gemeinschaft erfasst alle Güter (**Aktiva**) und Schulden (**Passiva**) beider Ehepartner, sowohl diejenigen, die in die Ehe eingebracht, als auch jene, die während der Ehe angeschafft wurden. Ab 1.1.2012 ist die Regelung ein wenig geändert, aber noch immer fallen alle Aktiva und Passiva von vor und während der Heirat in die allgemeine Gütergemeinschaft.

2. Neues Ehegüterrecht

20   In 2015 wurde ein Initiativ-Gesetzentwurf bei der Zweiten Kammer des Parlaments eingebracht. Dieser Gesetzentwurf sieht eine Beendigung der typischen (aber auch alt-modischen) holländischen Regelung der allgemeinen Gütergemeinschaft vor.[20] Wenn das Gesetz im Kraft treten wird (sobald die Erste Kammer das Gesetz verabschiedet hat; vielleicht schon zum 1.1.2017[21]), werden zukünftige Ehepaare eine beschränkte Gütergemeinschaft haben. Dies bedeutet, dass das Vermögen und die Schulden, die die Ehegatten zum Zeitpunkt der Eheschließung hatten, auch nach der Eheschließung Privatvermögen und Privatschulden bleiben. Die beschränkte Gütergemeinschaft besteht aus den Vermögenswerten, die die Ehegatten während der Ehe erworben haben, es sei denn, dass sie ein anderes System gewählt haben. Erbschaften und Geschenke, die einer der Ehegatten erhält, fallen in Zukunft nicht (mehr) in die (beschränkte) Gemeinschaft. Wenn die Ehegatten ein anderes güterrechtliches System wählen, können sie zusammen beim Notar eine andere Ehegüterregelung des ehelichen Güterrechts abfassen lassen. Der Gesetzentwurf sieht Regelungen vor, die denen der Zugewinngemeinschaft in Deutschland ähnlich sind.

21   Welcher Teil des Vermögens wessen Eigentum ist, zeigt sich erst im Augenblick der **Auflösung** der Gütergemeinschaft, bspw. wenn einer der beiden Ehepartner stirbt. Dann wird das Vermögen **in zwei gleiche Teile geteilt**: Der überlebende Ehegatte erhält die Hälfte der Aktiva und Passiva, während die andere Hälfte als Erbschaft des verstorbenen Ehegatten den Erben zugute kommt. Es spielt hierbei keine Rolle, wie viel jeder der Ehepartner eingebracht hat, auch dann nicht, wenn der andere nur Schulden hat bzw. hatte.

22   Trotz des umfassenden Charakters der allgemeinen Gütergemeinschaft können Aktiva und Passiva von der Gemeinschaft **ausgenommen** sein. Ein Dritter kann testamentarisch verfügen oder anlässlich einer Schenkung an einen Ehegatten bestimmen, dass ein bestimmtes Gut Eigentum eines Ehegatten bleiben soll (sog. *uitsluitingsclausule*, Ausschlussklausel). Des Weiteren ordnet das Gesetz an, dass sog. *bijzonder verknochte* Güter und die damit

---

20   Kamerstukken II, 2014, 33 987, nrs 1–3. Gesetzentwurf zur Einschränkung der allgemeinen Gütergemeinschaft. Voorstel van wet van de leden Swinkels, Recourt en Van Oosten tot wijziging van Boek 1 van het Burgerlijk Wetboek en de Faillissementswet teneinde de omvang van de wettelijke gemeenschap van goederen te beperken. Am 19.4.2016 wurde der Gesetzentwurf von der Zweiten Kammer akzeptiert. Es wird erwartet, dass auch der Senat den Entwurf akzeptieren wird und das neue Gesetz am 1.1.2017 in Kraft treten kann.

21   Bei Redaktionsschluss lag noch keine Entscheidung der Kammer vor.

Vlaardingerbroek

zusammenhängenden Schulden außerhalb der Gemeinschaft bleiben. Es handelt sich dabei um jene Güter und Schulden, also Aktiva und Passiva, die mit einem Ehegatten „**besonders verbunden**" sind und deshalb – sofern erforderlich – außerhalb der Gemeinschaft bleiben. Auch hinsichtlich des Rechts auf eine **Alterspension** wird im Prinzip eine solche Verbundenheit mit dem Anspruchsberechtigten angenommen. In einer wichtigen Entscheidung (die sog. Boon-Van-Loon-Entscheidung) hat der *Hoge Raad*[22] diese Auffassung präzisiert: Pensionsansprüche (nicht solche nach AOW[23] oder ANWW[24]) fallen in die Gütergemeinschaft. Eine besondere Verbundenheit liegt nur insoweit vor, als Pensionsansprüche sich ihrer Art nach nicht dazu eignen, einer anderen Person als den Anspruchsberechtigten zugeteilt zu werden, sie sind jedoch bei der Güterverteilung zu berücksichtigen. Aus Anlass dieser Entscheidung hat der Gesetzgeber die *Wet Pensioensverevening*[25] eingeführt.

Wenngleich die eingebrachten Vermögensmassen wirtschaftlich betrachtet zu einem Ganzen zusammenschmelzen, behält jeder Ehegatte über sein eingebrachtes sowie über das während der Ehe erworbene Vermögen, das persönlich auf den Name dieses Ehegatten lautet, die **Verfügungsgewalt** (Art. 1:90 und 97 BW). Für Güter, die nicht persönlich auf den Namen eines Ehegatten lauten, ist jeder der Ehegatten verfügungsbefugt, wobei nicht relevant ist, welcher der Ehegatten das Gut bekommen hat. Dies ist anders, wenn es sich um Vermögen handelt, das ein Ehegatte im Wege des Erbrechts erhalten hat oder als Schenkung (Art. 1:97 Abs. 1 BW). Ehegatten können allerdings ihre **Verfügungsgewalt an den anderen Ehegatten übertragen**. Dritte können dies nicht immer erkennen, weshalb sie bei **gutem Glauben** geschützt werden. Ist für einen Dritten nicht ohne weiteres erkennbar, welcher Ehegatte über eine bewegliche Sache, die nicht registriert ist, verfügungsbefugt ist, darf er den Besitzer für verfügungsbefugt halten (Art. 1:92 Abs. 1 BW). 23

Bei in allgemeiner Gütergemeinschaft verheirateten Ehegatten stellt sich die **Haftungsfrage** für eingegangene Schulden nicht. Die Gläubiger können auf das gemeinschaftliche Vermögen zugreifen. Anders ist die Rechtslage, wenn einer oder beide Ehegatten neben der Gütergemeinschaft privates Vermögen haben, denn dann liegen zwei oder drei Vermögensmassen vor. Bei bestehender Gütergemeinschaft kann ein Gemeinschaftsgläubiger sowohl auf das Gemeinschaftsvermögen als auch auf das private Vermögen eines Ehegatten, der die Schuld aufgenommen hatte, zugreifen, allerdings nicht auf das private Vermögen des anderen Ehegatten. Sog. **Haushaltsgläubiger** (Art. 1:85 BW) sowie Ratenverkäufer können allerdings immer auf alle drei Vermögensmassen zugreifen. Es gilt die allgemeine Regel, dass derjenige, dessen Vermögen vermehrt wurde, dies im Haftungsfalle wirtschaftlich auch tragen muss (sog. *draagplicht*). Hat die Frau also einen privaten Ankauf getätigt, den sie mit Gemeinschaftsgeld bezahlt hat, dann besteht eine Forderung der Gemeinschaft gegen das private Vermögen der Frau. Umgekehrt gilt dasselbe: Hat der Mann oder die Frau mit privaten Geldern eine Gemeinschaftsschuld gezahlt, dann haben sie jeweils eine Forderung gegen das Gemeinschaftsvermögen. Seit dem 1.1.2012 kann sich ein **Kreditor** nach der Auflösung der Gütergemeinschaft (z.B. nach Trennung der Ehegatten) für den Schaden an beide Ehegatten halten, allerdings kann er bei dem Ehegatten, der die Schulden nicht gemacht hat, nur das Maximum dessen, was dieser Ehegatte bei der Auflösung der Gütergemeinschaft erhält, von ihm fordern (Art. 1:102 Abs. 1 BW). 24

---

22 HR 27.11.1981, ECLI:NL:HR:1981AG4271; NJ 1982, 502.
23 Algemene Ouderdoms Wet.
24 Algemene Nabestaandenwet.
25 Gesetz vom 28.4.1994, Stb. 1994, 342.

Vlaardingerbroek

3. Ehegüterrechtsverträge (huwelijkse voorwaarden)

a) Regelungsgegenstand; Registereintragung

25 Hierbei handelt es sich um eine **vermögensrechtliche Vereinbarung**, die einige **familienrechtliche** Züge aufweist. Die Ehegatten schließen eine Vereinbarung hinsichtlich ihrer vermögensrechtlichen Position während der Ehe oder der registrierten Partnerschaft. Mangels einer solchen Vereinbarung gilt die allgemeine Gütergemeinschaft (siehe Rdn 22 ff.). Die Vereinbarung wird meistens vor der Ehe oder aus Anlass der Registrierung einer Partnerschaft getroffen. Die Ehegatten können bei bestehender Ehe ihr Güterrechtssystem ändern. Seit dem 1.1.2012 benötigen die Ehegatten dafür nicht mehr die Zustimmung des Richters. Der Notar nimmt die Änderung vor und übersendet den neuen oder geänderten Güterrechtsvertrag dem Register (sog. Ehegüterregister) beim Bezirksgericht (Art. 1:116 u.w. BW).

26 Damit die genannten Vereinbarungen **Wirkung gegenüber Dritten** (Art. 1:116 BW), namentlich gegenüber Gläubigern, entfalten, müssen sie in einem **Register**, welches beim Gericht am Eheschließungsort geführt wird, **eingetragen** werden.

27 Der Gesetzgeber lässt den Ehegatten grundsätzlich **freie Hand bei der Regelung** ihrer güterrechtlichen Positionen während der Ehe. Die im Gesetz aufgezählten Güterrechtssysteme sind daher als Modelle anzusehen, die entsprechend abgeändert werden können.

28 Auch Vereinbarungen, die nur geringfügig vom gesetzlichen oder gewählten Güterrechtssystem abweichen, müssen in einem Güterrechtsvertrag geregelt werden.

b) Gütertrennung

29 Künftige oder verheiratete Ehegatten können mittels Güterrechtsvertrages bestimmen, inwieweit ihre Vermögensmassen zusammenfließen sollen. Das weitestgehende Güterrechtssystem ist jenes der **Gütertrennung**. Die Grundidee dieses Systems ist, dass gerade keine Gütergemeinschaft entstehen soll. In der Rechtsliteratur ist diese **totale Trennung der Ehegüter** stark kritisiert worden, und es gibt Gerichtsentscheidungen, in denen versucht wurde, diese **„kalte" Gütertrennung** etwas „wärmer" zu machen: Wenn beispielsweise die geschiedene Ehefrau über keinerlei Vermögen/Erspartes verfügt, sind Richter manchmal bereit, die Folgen der verabredeten „kalten" Gütertrennung bei der Ehescheidung abzumildern. Dies ist vor allem möglich, wenn der vermögendere Ehegatte seinem Partner ein großes Geschenk macht (z.B. Pkw, Haus) und das Gut bei der Trennung zurückfordert. In diesen Fällen neigen die meisten Richter zu der Annahme, dass die Schenkung ein natürlicher Vertrag ist, das Geschenk also nicht mehr zurückgefordert werden kann, da die Schenkung unantastbar geworden ist (siehe Rdn 46).[26]

c) Beschränkte Gütergemeinschaften

30 Die Regelungen der gesetzlichen Gütergemeinschaft – Titel 7 – sind auf alle **beschränkten Gütergemeinschaften** anzuwenden. Seit dem 1.1.2012 allerdings gibt es im Zivilgesetzbuch nicht mehr die beschränkten Gemeinschaften der Früchte und Einkünfte sowie von Gewinn und Verlust, bei denen drei Vermögensmassen vorliegen: ein privates Vermögen des Mannes, ein privates Vermögen der Frau und ein gemeinschaftliches Vermögen. Der **Unterschied** beider Güterrechtssysteme zeigt sich bei der Endabrechnung: Bei der **beschränkten Ge-**

---

26 Gerichtshof Den Haag 16.6.2010, ECLI:NL:GHDHA:2010BM9932; Gerichtshof Amsterdam 1.4.2014; ECLI:NL:GHAMS:2014:973.

meinschaft der Früchte und Einkünfte teilen die Ehegatten das aktive Saldo, während jeder zum passiven Saldo so viel beiträgt, als er selbst verursacht hat. Bei der **beschränkten Gemeinschaft von Gewinn und Verlust** kommt jeder Ehegatte auch für den passiven Saldo zur Hälfte auf. Diese Güterrechtssysteme waren in der Praxis kaum relevant und deswegen wurde die gesetzliche Regelung aufgehoben. Gleichwohl gilt die beschränkte Gütergemeinschaft fort und der Richter hat im Falle eines Streits hierüber zu entscheiden, sofern die Parteien die Fortgeltung der Altregelung verabredet haben.

d) Anrechnungsvereinbarung

Die seit dem 1.9.2002 gesetzlich geregelte **Anrechnungsvereinbarung** (*verrekenbeding*) erfreut sich unter jenen, die eine Güterrechtsvereinbarung abschließen, großer Beliebtheit. Die gesetzliche **Teilhaberschaft** (*wettelijk deelgenootschap*) wurde als drittes Güterrechtssystem durch die Anrechnungsvereinbarung mit Gesetz vom 14.3.2002 (Stb. 2002, 152) ersetzt. Das Gesetz ist am 1.9.2002 in Kraft getreten. Die gesetzliche Teilhaberschaft behält ihre Wirkung indes bei, wenn sie vor dem 1.9.2002 vereinbart wurde. Die Anrechnungsvereinbarung, insbesondere das **Amsterdamer Modell**, war sehr beliebt. Es handelt sich um eine Vereinbarung zwischen Ehegatten, wobei die Ehegatten einander Ansprüche auf das private Vermögen oder auf das Gemeinschaftsvermögen einräumen. Diese können während oder bei Auflösung der Ehe geltend gemacht werden. Das **Ziel** der Anrechnungsvereinbarung ist meistens, dass die Ehegatten trotz Beibehaltung ihrer güterrechtlichen Selbstständigkeit doch allmählich an der Vermögensvermehrung teilhaben, die sich während der Ehe infolge ihres Arbeitseinsatzes manifestieren kann.[27] Mit dieser Vereinbarung versuchen die Ehegatten ihre güterrechtliche Selbstständigkeit zu behalten und eventuelle Schwierigkeiten, die sich aus einer Gütergemeinschaft ergeben könnten (z.B. Miteigentum, Inanspruchnahme durch Gläubiger, administrative Ungenauigkeiten), zu vermeiden. Die Parteien müssen intern anders abrechnen, als sich dies aus ihrem güterrechtlichen Verhältnis extern ergibt. In der Praxis führen die Anrechnungsvereinbarungen manchmal zu Problemen, weil die Ehegatten versäumt haben, sich rechtzeitig die Vermögenswerte des anderen Ehegatten darlegen zu lassen, so dass bei der Trennung nicht mehr festgestellt werden kann wie die beiden (Privat-)Vermögen genau entstanden sind.

Kap. 2 von Titel 8 Buch 1 BW enthält – seit 1.9.2002 – die allgemeine Regelung für Anrechnungsvereinbarungen. Diese Regelung umfasst allerdings nur jene Aspekte, die für alle Anrechnungsvereinbarungen von Bedeutung sind. Sie besteht aus drei Unterteilungen:
– allgemeine Regelungen für Anrechnungsvereinbarungen (Art. 1:132–140 BW);
– periodische Anrechnungsvereinbarungen (Art. 1:142 BW);
– finale Anrechnungsvereinbarungen (Art. 1:142 und 143 BW).

Häufig enthalten Anrechnungsvereinbarungen **Verfallsklauseln**. Dies bedeutet, dass, wenn nicht innerhalb eines bestimmten Zeitraumes des betreffenden Jahres abgerechnet wird, der Anspruch auf Anrechnung verfällt.

e) Eheschließung unter „kaltem Ausschluss"

Bei Eheschließung unter **„kaltem Ausschluss"** (*koude uitsluiting*) wird jede Gütergemeinschaft **ohne Anrechnungsvereinbarung** ausgeschlossen. Der Ehegatte, der das Einkommen erzielt und das Vermögen erwirbt, muss dieses mit dem anderen, nicht erwerbstätigen Ehegatten nicht teilen. In der Praxis sehen Güterrechtsvereinbarungen allerdings häufig vor,

31

32

33

34

---

27 *C.A. Kraan m.m.v. Q.J. Marck*, Het Huwelijksvermogensrecht, Boom Juridische Uitgevers, Den Haag, 4. Aufl. 2008, S. 231.

dass der erwerbstätige Ehegatte die Kosten der Haushaltsführung tragen muss. Der nicht erwerbstätige Ehegatte hat, wenn er nichts erbt oder nicht bereits über ein Vermögen verfügt, im Falle der Ehescheidung keinerlei Vermögensansprüche. Heutzutage wird in diesem Zusammenhang häufig eine solche Anrechnungsvereinbarung geschlossen, dass die Ehegatten zu Jahresende die Hälfte ihrer eigenen Nettoeinkünfte aus Erwerbstätigkeit zur Verteilung zusammenlegen, sofern diese nicht bereits verbraucht wurden. Das praktische Problem, welches sich hier stellt, ist, dass dies bei guten (persönlichen) Beziehungen zwischen den Ehegatten nicht geschieht. Erst bei Trennung der Ehe entstehen Probleme, weil meist nicht mehr nachvollziehbar ist, welche Einnahmen und Ausgaben in den vergangenen Jahren erfolgten bzw. getätigt wurden. Deswegen existiert zahlreiche Rechtsprechung über die Verteilung der Güter und des Vermögens bei diesen Anrechnungsvereinbarungen.[28]

II. Unterhaltspflicht

1. Allgemeines

35   Mit der Eheschließung schulden die Ehegatten einander Treue, Hilfe und Beistand. Sie sind verpflichtet, einander „das Nötige" zu verschaffen (Art. 1:81 BW). Die Kosten der Haushaltsführung, einschließlich der Kosten für Pflege und Erziehung der Kinder, fallen zu Lasten des Einkommens der Ehegatten (Art. 1:84 BW). Die **Unterhaltspflicht** gründet in der Lebensgemeinschaft, die durch die Ehe entsteht; die Unterhaltsverpflichtung zwischen den Ehegatten wirkt nach Auflösung der Ehe fort. Erwähnenswert ist, dass die Pflicht zum Zusammenwohnen während der Ehe (Art. 1:83 BW) mit 22.6.2001 weggefallen ist.[29]

2. Familienrechtliche Unterhaltspflichten

36   Die familienrechtlichen **Unterhaltspflichten** gründen in der Ehe[30] und in der Blutsverwandtschaft und Schwägerschaft (Art. 1:392 Abs. 1 BW). Sie betreffen:
– die Eltern;
– minderjährige und volljährige Kinder;
– angeheiratete Kinder, Schwiegereltern und Stiefeltern.

37   Diese Verpflichtungen bestehen wechselseitig und vorbehaltlos zwischen (Stief-)Eltern und deren minderjährigen (Stief-)Kindern sowie ihren Kindern im Alter von 18, 19 und 20 Jahren. Für alle Beziehungen besteht die Unterhaltspflicht nur, wenn **Bedarf** vorliegt (Art. 1:392 Abs. 2 BW). **Unterhaltspflichtig** ist auch ein Kind gegenüber seinem (bedürfti-

---

28 *Zonnenberg*, Het Verrekenbeding, Kluwer: Deventer 2009.
29 Gesetz vom 31.5.2001 (Rechten en plichten echtgenoten en geregistreerde partners), Stb. 2001, 275; in Kraft getreten am 22.6.2001.
30 Der *Hoge Raad* hat in seiner Entscheidung vom 1.2.2002, NJ 2002, 171, festgehalten, dass das Gesetz es nicht erlaube, eine Ehe als nicht rechtsgültig anzusehen nur aus dem Grund, dass die Ehegatten die Ehe ausschließlich mit Blick auf bestimmte Rechtsfolgen geschlossen haben und an die Ehe keine weiteren Folgen knüpfen wollen. Auch eine solche Ehe führt folglich zu einer Lebensgemeinschaft, die Grundlage für eine Unterhaltspflicht zwischen den Ehegatten ist, und auch dann bestehen bleibt, wenn die Ehe für nichtig erklärt wird. Unter Hinweis auf seine Entscheidung vom 9.2.2001, NJ 2001, 216, erwägt der *Hoge Raad* ferner, dass es nicht richtig sei, dass eine Unterhaltspflicht nur bei wechselseitiger Versorgung, im Falle des Zusammenlebens oder bei Führung eines gemeinschaftlichen Haushalts bestehe.

Vlaardingerbroek

gen) Erzeuger. Bedürftig ist, wer keine Eigenmittel für seinen Lebensunterhalt hat und diese redlicherweise auch nicht durch Arbeit erwerben kann.[31]

3. Unterhaltspflicht bei Scheidung von Tisch und Bett

Von Tisch und Bett geschiedene Ehegatten schulden einander wechselseitig Unterhalt; diese   38
Verpflichtung endet bei Auflösung der Ehe (Art. 1:169 Abs. 3 BW).

III. Namensrecht

1. Ehegattenname

Der **Name der Ehegatten** wird durch die Eheschließung nicht beeinflusst. Jeder behält   39
seinen Geburtsnamen bei. Mit Einführung des geltenden Namensrechts haben beide Ehegatten bzw. registrierte Partner das Recht, den Familiennamen des anderen dem Geburtsnamen anzufügen. Art. 1:9 Abs. 1 BW räumt der verheirateten und geschiedenen, nicht wiederverheirateten Frau oder Mann das Recht ein, den Namen ihres Ex-Ehegatten zu führen oder ihrem Namen voranzustellen.

2. Namensbestimmung

Eltern müssen für das **Kind** den **Geburtsnamen** der Mutter oder des Vaters in dem Augen-   40
blick **bestimmen**, in dem familienrechtliche Beziehungen zwischen beiden Eltern entstehen.
Familienrechtliche Beziehungen entstehen durch Anerkennung, gerichtliche Feststellung der Vaterschaft, Adoption und Geburt während der Ehe (Art. 1:199 BW).

Bei **Geburt während bestehender Ehe** hat die Namensbestimmung zugleich mit der Ge-   41
burtsanzeige zu erfolgen (Art. 1:5 Abs. 4 BW). Beide Eltern müssen persönlich gegenüber dem Standesbeamten erklären, welchen Namen sie ihrem Kind geben wollen. Der Geburtsname des Kindes wird von beiden Eltern, d.h.: Mutter, Vater oder Duomutter gewählt. Erfolgt die Namensbestimmung vor der Geburt des Kindes, dann erstellt der Standesbeamte eine Akte der Namensbestimmung. Wird das Kind **nichtehelich** geboren, erfolgt die Namensbestimmung zum Zeitpunkt der Anerkennung (Art. 1:5 Abs. 2 BW). Auch in diesem Fall müssen die Mutter und die Person, die das Kind anerkennt (Vater oder Duomutter), persönlich gegenüber dem Standesbeamten erklären, welchen Namen sie für ihr Kind wählen. Diese Erklärung wird in der Akte der Anerkennung vermerkt. Mangels einer solchen Namensbestimmung erhält das nichteheliche Kind den Familiennamen der Mutter.

Im Falle der **Adoption** erfolgt die Namensbestimmung der Eltern im Zuge der richterlichen   42
Adoptionsentscheidung (Art. 1:5 Abs. 3 BW).[32] In der Adoptionsentscheidung wird festgehalten, welche Namensbestimmung die Eltern getroffen haben. Voraussetzung hierfür ist, dass es sich um ihr erstes Kind handelt. Ist dies nicht der Fall, erhält das Kind den Familiennamen der vorangegangenen Kinder (Art. 1:5 Abs. 8 BW). Bestimmen die verheirateten Eltern verschiedenen Geschlechts den Familiennamen des Kindes nicht, dann erhält das Kind den Namen des (Adoptiv-)Vaters.

Bestimmen die verheirateten Eltern gleichen Geschlechts oder die nicht miteinander verhei-   43
rateten Eltern den Namen nicht, dann behält das Kind den Namen, den es schon trägt. In

---

31 HR 30.6.1939, NJ 1939, 818. Sehe auch *N.D. Spalter*, Grondslagen van partneralimentatie, Boom Juridische uitgevers, Diss. 2013.
32 Gesetz vom 21.12.2000, Stb 2001, 10.

Vlaardingerbroek

manchen Konstellationen können die Eltern den Familiennamen des Kindes **nicht bestimmen**. Dies ist bspw. der Fall, wenn die Eltern für ihr erstes Kind bereits einen Familiennamen bestimmt haben oder wenn dieses Kind *ex lege* den Namen des Vaters erhielt, weil es vor 1998 (Inkrafttreten des neuen Namensrechts) geboren wurde. Die Namensbestimmung für das erste Kind derselben Eltern ist auch verbindlich für die nachfolgenden Kinder dieser Familie, denn das niederländische Recht folgt dem **Prinzip der Einheit des Familiennamens**. In den Niederlanden wird immer noch diskutiert, ob das Namensrecht nicht modernisiert werden sollte. Vor allem wird die Regelung kritisiert, dass, wenn die verheiratete Frau wünscht, dass ihr Kind den Namen der Mutter bekommt, und der Vater aber nicht, das Kind schließlich den Namen des Vaters erhält. Darin wird eine **Diskriminierung** im Hinblick auf die Namensbestimmung gesehen; dies aber einer Lösung[33] zuzuführen, ist nicht einfach. Ebenso problematisch ist es, wenn zwei Frauen ein Kind bekommen. Wenn sie für ihr erstes Kind den Namen der (biologischen) Mutter gewählt haben, wird das zweite Kind der beiden Frauen den Familiennamen des ersten Kindes bekommen. Die Frau, die an zweiter Stelle Mutter geworden ist, kann dann nicht mehr wählen, weil das Kind den Namen der anderen Mutter bekommt.

IV. Weitere Ehefolgen

1. Ratenkauf

44 Zum Schutz des einen Ehegatten gegen den anderen und im Interesse des Haushaltsbudgets können die Ehegatten nur zusammen, d.h. der eine mit **Zustimmung** des anderen, **Ratenkäufe** tätigen (Art. 1:88 BW). Des Weiteren kann es sich nur um Waren handeln, die offensichtlich für den gemeinsamen Haushalt bestimmt sind. Wer Waren auf Raten verkauft, muss Vorsicht walten lassen, wenn es sich um Waren handelt, deren Zweckbestimmung nicht eindeutig ist. Er wird prüfen müssen, ob der Käufer verheiratet ist und ob dieser einen gemeinsamen Haushalt mit seinem Ehegatten führt. Bejahendenfalls wird es ratsam sein zu prüfen, ob der andere Ehegatte diesem Kauf zustimmt. Stellt sich später heraus, dass die Mitwirkung verweigert wurde, kann das Rechtsgeschäft – auf Antrag – aufgelöst werden. Bei schriftlichen Verträgen (z.B. zwingend beim Leasing) ist die Unterschrift beider Ehegatten erforderlich. Da beide Ehegatten Vertragspartei sind, haften sie solidarisch für die Gesamtschuld.

2. Familienwohnung, Hausrat

45 Ein Ehegatte kann weitere Rechtshandlungen vornehmen, wodurch der Lebensstandard der Familie gefährdet wird. Deswegen verlangt der Gesetzgeber für bestimmte Rechtsgeschäfte die **Zustimmung** des anderen Ehepartners (Art. 1:88 BW). So darf bspw. ein Ehegatte ohne Zustimmung des jeweils anderen Ehegatten nicht das **gemeinsam bewohnte Haus** verkaufen, es hypothekarisch belasten, vermieten oder den Mietvertrag kündigen, selbst wenn dieses Haus ausschließlich auf seinen Namen lautet. Dies gilt auch für den **Hausrat** sowie für die **Zweitwohnung** (z.B. Ferienwohnung) oder den Wohnwagen, wenn die Zweitwohnung regelmäßig von beiden Ehegatten genutzt wird. Wohnen die Ehegatten getrennt, gilt dieses Verbot nur für den Ehegatten, der dort nicht wohnt.

---

33 *„Bouwstenen voor een nieuw naamrecht"*, rapport van de Commissie liberalisering naamrecht, Ministerie van Justitie, 2010.

Vlaardingerbroek

3. Schenkungen

Auch **Schenkungen**, die das gewöhnliche Maß überschreiten, darf ein Ehegatte ohne Zu-   46
stimmung des anderen nicht tätigen. Als Geschenk wird auch der Verkauf des Hauses zu
einem zu niedrigen Preis, der Kauf eines Hauses zu einem überhöhten Preis oder ein
Forderungsnachlass verstanden. Die Beurteilung der Angemessenheit einer Schenkung erfolgt nach Maßgabe der wirtschaftlichen Möglichkeiten der Familie.

4. Bürgschaft

Schließlich darf ein Ehegatte ohne Zustimmung des anderen keine **Bürgschaft** für einen   47
anderen übernehmen oder wirtschaftliche Verpflichtungen hinsichtlich der Schuld eines
anderen eingehen, es sei denn, dies erfolgt in Rahmen der Führung eines eigenen Unternehmens.[34]

V. Möglichkeiten der Vertragsgestaltung

Der Gesetzgeber knüpft an die Ehe bzw. registrierte Partnerschaft eine Reihe von Rechtsfol-   48
gen. Zunehmend stellt sich die Frage, ob dies rechtspolitisch sinnvoll ist. Das Eheleben ist
nämlich primär eine Entscheidung der Parteien. Indem sie zusammenleben, werden viele
Fragen vermögensrechtlicher Art aufgeworfen, die einer Lösung bedürfen. Abgesehen von
dem Fall, dass die Ehegatten notariell eine güterrechtliche Vereinbarung treffen (siehe
Rdn 43 ff.), fließen ihre aktiven und passiven Vermögensmassen schon aufgrund der Eheschließung zusammen; es entsteht eine Gütergemeinschaft (siehe Rdn 19 ff.). Bis auf wenige
Ausnahmen steht es den Parteien frei, vom gesetzlichen Güterrechtssystem (allgemeine
Gütergemeinschaft, Buch 1 Titel 7 BW; siehe Rdn 27) abzuweichen (Ehegüterrechtsvertrag;
siehe Rdn 25). Eine diesbezügliche Regelung findet sich in Buch 1 Titel 8 BW. Das Gesetz
selbst sieht seit dem 1.1.2012 nur noch ein Modellsystem vor: die Anrechnungsvereinbarung
(*verrekenbeding*; siehe Rdn 31 ff.). Den Parteien steht es aber frei, vor dem Notar eigene
Ehegüterrechtsverträge (*huwelijkse voorwaarden*) abzuschließen, soweit der Vertragsinhalt
nicht gegen das Gesetz oder die guten Sitten oder die öffentliche Ordnung verstößt.

VI. Kollisionsrecht der Ehefolgen

Die Niederlande sind Vertragsstaat des Haager Unterhaltsübereinkommens von 1973[35] und   49
des Haager Abkommens über die Anerkennung von Vollstreckung von Unterhaltsentscheidungen 1973.[36] Das Abkommen von 1973 hat seine praktische Bedeutung verloren seit dem
Inkrafttreten der EU-UnterhaltsVO (Nr. 4/2009). Mit dieser Verordnung ist die Geltendmachung und Durchsetzung von Unterhaltsansprüchen mit grenzüberschreitenden Bezügen
erleichtert durch die weitgehende Abschaffung des Exequaturverfahrens, durch Schaffung
eines auf Unterhaltsansprüche zugeschnittenen Zuständigkeitsregimes, eines erleichterten
Rechtszuganges durch Bestimmungen zur Prozesskostenhilfe, aber auch durch Regelungen
zur Zusammenarbeit der zentralen Behörden. Seitdem können auch öffentliche Aufgaben
wahrnehmende Einrichtungen ihre Rückersatzansprüche im Rahmen der EU-UnterhaltsVO geltend machen. Siehe auch das Haager Protokoll über das auf Unterhaltspflichten

---

34 HR 23.12.2011, ECLI:NL:HR:2011: BT8457.
35 Siehe § 1 Rdn 247 ff.
36 Siehe § 1 Rdn 270 ff.

anzuwendende Recht vom 23.11.2007,[37] das zu einem neuen Haager Unterhaltsabkommen gehört, das aber noch nicht in Kraft getreten ist und nur das formelle internationale Privatrecht regelt.[38] Aber das Haager Protokoll wird angewendet seit dem Inkrafttreten der EU-UnterhaltsVO am 18.6.2011. Art. 2 des Protokolls lautet: „Dieses Protokoll ist auch anzuwenden, wenn das darin bezeichnete Recht dasjenige eines Nichtvertragsstaats ist". Dies bedeutet, dass das Protokoll einen universellen formellen Anwendungsbereich hat.

50   Zum Kollisionsrecht der güterrechtlichen Ehefolgen siehe das Haager Güterrechtsabkommen von 1978[39] und Buch 10 BW. Das Haager Güterrechtsabkommen ist nur anwendbar für Ehegatten die nach dem 1.9.1992 geheiratet haben.

VII. Auswirkungen der Ehe auf die Altersvorsorge

1. Recht auf Alterspension

51   Der Anspruch auf eine **Alterspension** kann dem Versorgungsausgleich (*Wet Pensioensverevening*)[40] unterliegen. Diese Alterspension fällt nicht in die allgemeine Gütergemeinschaft (Art. 1:94 Abs. 4 BW). Gemäß der Aufzählung in Art. 1 des Gesetzes über den Versorgungsausgleich gibt es auch Pensionsansprüche, die diesem Gesetz nicht unterliegen. Für diese Pensionen gilt, dass der Anspruch auf Alterspension und die damit verbundene Pension naher Angehöriger in die Gütergemeinschaft fallen und infolge der bekannten Boon-Van-Loon-Entscheidung[41] (siehe Rdn 22) zwischen beiden Ex-Ehegatten anzurechnen sind. Die einzige (persönliche) Verbundenheit, die vorliegt, bezieht sich auf den Anspruch des Anspruchsberechtigten, dass diese Pension ihm auch zugeteilt wird.[42]

2. Anspruch auf Auszahlung einer Lebensversicherung

52   Hat ein Ehegatte einen Anspruch aus einer unwiderruflichen Begünstigung aus einer **Lebensversicherung**, wird man annehmen dürfen, dass dieses Recht Versorgungscharakter hat. Der Anspruch fällt in die Gütergemeinschaft; der betreffende Ehegatte bzw. Begünstigte hat aber keinen Anspruch auf Zuteilung. Ist ein Versorgungscharakter nicht feststellbar, ist der Wert zu berücksichtigen. Ob eine Zuteilung an den anderen Ehegatten möglich ist, hängt von den konkreten Versicherungsbedingungen ab.

3. Invaliditätspension

53   Nachdem der *Hoge Raad* im Jahre 1981 entschieden hatte, dass die Alterspension und die Pension naher Angehöriger in die Gütergemeinschaft fallen (siehe Rdn 22), stellte sich die Frage nach einer eventuellen „**persönlichen Verbundenheit**" der **Invaliditätspension**. Der *Hoge Raad* hat sich hierzu im Jahre 1988 geäußert.[43] Danach ist eine Invaliditätspension ihrer Art nach so sehr mit der Person des behinderten Ehegatten verbunden, dass sie nicht in die Gütergemeinschaft fällt, und zwar auch nicht im Zusammenhang mit der Anrechnung. Folglich ist im konkreten Fall bei einer (periodischen) Auszahlung an einen Ehegatten

---

37 http://www.hcch.net/index_de.php?act=conventions.text&cid=133.
38 http://www.hcch.net/index_de.php?act=conventions.text&cid=131.
39 http://www.hcch.net/index_de.php?act=conventions.text&cid=87.
40 Gesetz vom 28.4.1994, Stb. 1994, 342.
41 HR 27.11.1981, NJ 1982, 503.
42 Eine andere Zuteilung ist indes nicht ausgeschlossen, siehe HR 24.11.1989, NJ 1990, 539.
43 HR 23.12.1988, NJ 1989, 700.

danach zu unterscheiden, ob es sich um eine Alterspension i.S.d. Gesetzes über den Versorgungsausgleich bzw. verneinendenfalls um eine Alterspension, deren Anspruch in die Gütergemeinschaft fällt, oder um eine Invaliditätspension, deren Anspruch außerhalb der Gemeinschaft bleibt, handelt.[44]

VIII. Nationalität und Aufenthaltsgenehmigung

1. Nationalität

Die niederländische **Staatsbürgerschaft** kann durch Einbürgerung erworben werden. Art. 7–13 *Rijkswet op het Nederlanderschap* (im Folgenden: Rw.Ned.)[45] regeln das entsprechende Verfahren. Nach dem einleitenden Art. 7 Rw.Ned. werden in Art. 8 und 9 Rw.Ned. die Voraussetzungen aufgezählt, die erfüllt sein müssen, um eine Einbürgerung zu erwirken. Für Ehegatten und registrierte Partner von niederländischen Staatsangehörigen, die sich einbürgern lassen wollen, gilt, dass das Paar mindestens drei Jahre verheiratet bzw. registriert sein und in diesem Zeitraum zusammengelebt haben muss. Auch der nicht verheiratete Partner eines Niederländers kann sich einbürgern lassen. Art. 8 Abs. 2 Rw.Ned. verlangt hierfür, dass der Antragsteller seit mindestens drei Jahren ununterbrochen mit einem nicht verheirateten Niederländer in einer dauerhaften Beziehung lebt. Allerdings kann ein Antrag auf Einbürgerung, welcher den gesetzlichen Voraussetzungen entspricht, abgewiesen werden.

2. Aufenthaltsgenehmigung

Das Gesetz zur Bekämpfung von Scheinehen (*Wet Voorkoming Schijnhuwelijken*; im Folgenden: WVS) ist am 1.11.1994 in Kraft getreten und will – wie bereits seine Bezeichnung indiziert – **Scheinehen**, d.h. Ehen, die lediglich das Ziel verfolgen, den Erwerb einer **Aufenthaltsgenehmigung** zu befördern, entgegenwirken.[46] Ein Fremder muss vor dem Aufgebot beim Standesbeamten eine **Erklärung der Fremdenpolizei** über seinen Aufenthaltsstatus vorlegen.[47] Ohne eine solche Erklärung kann es auch kein Aufgebot geben.[48] Nach dem WVS kann der Standesbeamte – aber auch der Beamte der „Basisregistration der Gemeinde" (*Basisregistratie Personen*, BRP[49]) – die Mitwirkung an der Eheschließung oder die Eintragung einer ausländischen Ehe verweigern, wenn feststeht, dass es sich um eine Scheinehe handelt. Der Anwendungsbereich dieser Präventivmaßnahme beschränkt sich auf Fremde, die nicht über eine unbeschränkte Aufenthaltsgenehmigung für die Niederlanden verfügen. Das bedeutet, dass Staatsangehörige eines Mitgliedstaates der Europäischen Union, die ihren Aufenthaltsstatus aus dem Gemeinschaftsrecht ableiten, sowie Fremde mit einer unbe-

---

44 Hinsichtlich einer Invaliditätspension anders Hof's-Hertogenbosch 27.3.1995, NJ 1995, 676.

45 Gesetz über die Niederländische Staatsbürgerschaft, Reichsgesetz vom 21.12.2000, Stb. 2000, 618, zuletzt geändert am 3.7.2003, Stb. 2003, 284; in Kraft getreten am 1.1.2004, Stb. 2003, 456.

46 Gesetz vom 2.6.1994, Stb. 1994, 405 (*Wet Tot Wijziging van de Titels 4 en 5 van Boek 1 BW en van de Wet Gemeentelijke Basisadministratie persoonsgegevens*). Siehe dazu *De Rooij*, Wetgeving op het gebied van schijnhuwelijken, FJR 1995, 164–166 und *De Lange*, Wet Voorkoming Schijnhuwelijken, FJR 1996, S. 157–161.

47 Das ist die in Art. 1:44 Abs. 1 sub k BW erwähnte Erklärung.

48 Diese Erklärung ist auch erforderlich für die Eintragung einer im Ausland geschlossenen Ehe in dem BRP sowie in das Standesamtsregister in Den Haag, es sei denn, die Ehe ist bereits aufgelöst oder zumindest seit zehn Jahren vollzogen.

49 Am 6.1.2014 wurde die *„Gemeentelijke Basisadministratie"* geändert in *„Basisregistratie Personen"* (*Aanpassingswet basisregistratie personen*; Gesetz vom 10.7.2013, Stb. 316).

schränkten Aufenthaltsgenehmigung keine Erklärung der Fremdenpolizei vorlegen müssen. Die Vorschrift ist in gleicher Weise auf die **registrierte Partnerschaft** anzuwenden.

56 Für den Vollzug des Gesetzes sind sowohl die Fremdenpolizei als auch das Zivilstandswesen und die BRP sowie die Staatsanwaltschaft **zuständig**. Der **Staatsanwalt** (*Officier van Justitie*) kann eine Scheinehe untersagen (Art. 1:53 Abs. 3 jo. 50 BW) oder – wenn die Ehe bereits geschlossen wurde – deren Nichtigerklärung beantragen (Art. 1:71a BW). Sobald die Staatsanwaltschaft beweisen kann, dass die (künftigen) Ehegatten die Ehe geschlossen haben (hatten), um eine Aufenthaltsgenehmigung zu erwirken, ist eo ipso bewiesen, dass die Eheschließung und die Ehe selbst gegen die öffentliche Ordnung verstoßen, weil die Intention (der Scheinehe) mit der Ehe als Rechtsinstitut unvereinbar ist.[50] Die Staatsanwaltschaft kann außerdem die Registrierung einer ausländischen Scheinehe in der BRP streichen lassen.

57 Heiratet ein niederländischer Staatsangehöriger oder eine Person, die in den Niederlanden über eine selbstständige Aufenthaltsgenehmigung verfügt, einen Fremden ohne eine solche Aufenthaltsgenehmigung, dann erhält Letzterer ein **vom Partner abhängiges Aufenthaltsrecht** in den Niederlanden: eine Aufenthaltsgenehmigung in den Niederlanden und Zugang zum Arbeitsmarkt oder soziale Vergünstigungen, auf die ein nicht verheirateter Fremder keinen Anspruch hat. Erst nach dreijähriger Ehedauer kommt für den Fremden ein selbstständiges Aufenthaltsrecht in Betracht.[51]

IX. Steuerrechtliche Aspekte der Ehe

58 Die Eheschließung hat auch steuerrechtliche Folgen. Die Ehegatten werden ab der Eheschließung als steuerrechtliche Partner angesehen mit allen entsprechenden Konsequenzen. Dies gilt auch für registrierte Partnerschaften.

C. Ehescheidung

I. Trennung von Tisch und Bett

1. Voraussetzungen

59 Anders als im Falle einer Ehescheidung nach Art. 1:150–166 BW führt die **Trennung von Tisch und Bett** nicht zur Auflösung der Ehe. Die Ehe bleibt aufrechterhalten. Die Trennung von Tisch und Bett ist daher eine Option für jene Ehepartner, die aus religiösen oder finanziellen Gründen keine Eheauflösung anstreben. Die Trennung von Tisch und Bett wird anno 2011 noch sehr wenig in Anspruch genommen. Gemäß Art. 1:169 BW sind die Vorschriften über die Ehescheidung auf die Scheidung von Tisch und Bett entsprechend anzuwenden. Eine Scheidung von Tisch und Bett kann aus demselben Grund und auf dieselbe Art und Weise beantragt werden wie die Ehescheidung (Art. 1:169 Abs. 1 BW). Die unheilbare **Zerrüttung der Ehe** ist auch in diesem Fall Trennungsvoraussetzung. Der Antrag kann sowohl gemeinsam als auch von einem Ehegatten eingereicht werden.

---

50 Kamerstukken II 1991/92, 22 488, Nr. 3, S. 2.
51 Siehe ferner das Fremdengesetz 2000 (*Vreemdelingenwet* 2000, Gesetz vom 23.11.2000, Stb. 2000, 495, i.d.F. des Gesetzes vom 19.5.2011, Stb. 2011, 272) sowie den Fremdenbeschluss 2000 (*Vreemdelingenbesluit* 2000 vom 23.11.2000, Stb. 2000, 497, i.d.F. des Beschlusses vom 22.12.2011, Stb. 2011, 652).

2. Rechtsfolgen

Mit **Eintragung in das Ehegüterrechtsregister** wird eine Ehe von Tisch und Bett **getrennt** 60
(Art. 1:116 BW). Die Eintragung erfolgt auf Antrag beider oder eines Ehegatten. Mangels
eines Antrags innerhalb von längstens sechs Monaten nach Rechtskraft des Beschlusses
verliert dieser seine Rechtskraft (Art. 1:173 BW).[52]

Art. 1:157–157a BW über die **Unterhaltspflicht** sind ebenfalls entsprechend anzuwenden, 61
was bedeutet, dass Fristen, wie sie in Art. 1:157 Abs. 3–6 BW geregelt sind, an dem Tag zu
laufen beginnen, an dem der Beschluss zur Trennung von Tisch und Bett in das Ehegüterrechtsregister eingetragen wird (Art. 1:116 BW), und dass die Dauer der Ehe bis zu jenem
Tag andauert (Art. 1:169 Abs. 2 BW).[53] In der Regel wird das gemeinsame **Sorgerecht**
beider Eltern nach der Trennung von Tisch und Bett beibehalten. Art. 1:160 BW, der die
Beendigung des Unterhaltsanspruchs regelt, wenn die unterhaltsberechtigte Partei erneut
heiratet, sich als Partner registrieren lässt oder in einer eheähnlichen Gemeinschaft mit
einem Partner zusammenlebt, ist bei der Trennung von Tisch und Bett nicht anzuwenden.
Der unterhaltsberechtigte Ehegatte, der in nichtehelicher Lebensgemeinschaft lebt, verliert
sein Recht auf **Unterhalt** nicht. Sehr wohl aber kann die Unterhaltshöhe herabgesetzt
werden, wenn das Zusammenleben die Anspruchsbedürftigkeit reduziert, denn der Lebensgefährte kann vom anderen Lebensgefährten durchaus Unterhalt bekommen. Art. 1:153
BW[54] ist bei einem Antrag auf Trennung von Tisch und Bett nicht anzuwenden.

Eine Trennung von Tisch und Bett kann immer zur **Auflösung der Ehe** führen. Hierzu ist 62
das Verfahren des Kap. 2, Titel 10 Buch 1 BW vorgesehen: Auflösung der Ehe nach Trennung von Tisch und Bett (Art. 1:179–183 BW). Für einen **einseitigen Antrag** auf Auflösung
der Ehe ist eine **Mindestdauer** der Trennung von Tisch und Bett erforderlich. Die Auflösung
der Ehe jener Ehegatten, die von Tisch und Bett getrennt sind, wird auf Antrag eines
Ehegatten ausgesprochen, wenn die Trennung von Tisch und Bett **mindestens drei Jahre**
gedauert hat (Art. 1:179 Abs. 1 BW). Diese Frist kann auf Antrag des die Auflösung begehrenden Ehegatten auf **mindestens ein Jahr verkürzt** werden, wenn der andere Ehegatte
ein ständiges Fehlverhalten an den Tag legt, so dass es dem anderen Ehegatten nicht zugemutet werden kann, die Ehe fortzusetzen (Art. 1:179 Abs. 2 BW).

Die Auflösung der Ehe von Ehegatten, die von Tisch und Bett getrennt sind, kann auch 63
auf **gemeinsamen Antrag** hin erfolgen (Art. 1:181 BW). Eine Wartefrist ist in diesem Fall
nicht vorgesehen. Bis zum Ausspruch der Auflösung der Ehe kann jeder Ehegatte den
Antrag zurücknehmen (Art. 1:182 jo. 154 Abs. 2 BW).

Die Vorschriften über die **Unterhaltspflicht** der Art. 1:157–160 BW sind gem. Art. 1:182 64
BW im Falle der Auflösung der Ehe nach Trennung von Tisch und Bett entsprechend
anzuwenden. Bestand während der Trennung von Tisch und Bett eine Unterhaltsverpflichtung, wird diese bei der Berechnung der in Art. 1:157 Abs. 3–6 BW erwähnten Fristen
berücksichtigt.[55] Anders als bei der Trennung von Tisch und Bett kann bei einer Auflösung

---

52 I.d.F. des Gesetzes vom 13.12.2000, Stb. 2001, 11 (Kamerstukken 26 862), in Kraft getreten am 1.6.2001
    aufgrund des Beschlusses vom 23.4.2001, Stb. 2001, 197 über die Änderung des Beschlusses zum Ehe-
    güterrechtsregister 1969 sowie über die Feststellung des Zeitpunkts des Inkrafttretens bestimmter Vor-
    schriften des Gesetzes vom 13.12.2000, Stb. 2001, 11.
53 Diese Bestimmung wurde durch Gesetz vom 13.12.2000, Stb. 2001, 11, geändert, und zwar im Zusam-
    menhang mit der Änderung von Art. 1:173 BW durch dasselbe Gesetz. Siehe HR 29.10.1999, NJ 1999,
    822 über die WLA-Frist von 15 Jahren im Falle einer Scheidung von Tisch und Bett.
54 Art. 1:153 BW ist nur gültig bei Ehescheidungen.
55 HR 29.10.1999, NJ 1999, 822.

Vlaardingerbroek

der Ehe nach der Trennung von Tisch und Bett sehr wohl eine **Pensionsregelung** i.S.v. Art. 1:153 BW erforderlich sein; eine solche ist in Art. 1:180 BW vorgesehen.[56] Mit der **Eintragung** der Entscheidung über die Auflösung der Ehe in die Zivilstandsregister gem. Art. 1:163 Abs. 2–3 BW ist die Ehe aufgelöst. Die Eintragung hat innerhalb von sechs Monaten zu erfolgen. Ohne Eintragung verfällt die Entscheidung über die Auflösung der Ehe; es ist dann ein neuer Antrag einzureichen.

II. Ehescheidungsgrund und -antrag

1. Unheilbare Zerrüttung der Ehe

65 Für die Ehescheidung ist lediglich ein Grund vorgesehen: die **unheilbare Zerrüttung** der Ehe.[57] Dies gilt sowohl für den einseitigen Antrag als auch für den gemeinsamen Antrag. Der Antrag auf Ehescheidung hat die Behauptung der unheilbaren Zerrüttung zu enthalten. Die Ehe ist unheilbar zerrüttet, wenn das Zusammenleben als unerträglich erscheint und keinerlei Aussicht auf Wiederherstellung angemessener ehelicher Beziehungen besteht.[58] Ein Antrag auf Ehescheidung kann aus dem Grund, dass die unheilbare Zerrüttung in überwiegendem Maße der antragstellenden Partei zuzuschreiben ist, nicht mehr abgewiesen werden (Art. 1:152 BW alt). Die Einwendung des **überwiegenden Verschuldens** ist im Jahre 1993 **weggefallen**.[59] Das Verschulden ist lediglich noch im Zusammenhang mit den Pensions- und Unterhaltsansprüchen von Bedeutung, da die Beurteilung, ob und, wenn ja in welcher Höhe, Unterhalt zu zahlen ist, auch von nicht finanziellen Aspekten (z.B. Fehlverhalten) abhängen kann.

2. Einseitiger Antrag

66 Die Ehe wird auf **Antrag** eines Ehegatten geschieden, wenn die Ehe unheilbar zerrüttet ist (Art. 1:151 BW). Die antragstellende Partei muss die unheilbare Zerrüttung behaupten und bei Bestreiten der Gegenpartei ggf. beweisen.

3. Gemeinsamer Antrag

67 Die Ehe wird auf **gemeinsamen Antrag** der Ehegatten hin geschieden, wenn der Antrag mit unheilbarer Zerrüttung der Ehe begründet wird (Art. 1:154 Abs. 1 BW). Die Parteien können gegen eine auf gemeinsamem Antrag beruhende Ehescheidung kein Rechtsmittel erheben.[60] Jeder Ehegatte kann jedoch bis zum Ausspruch der Ehescheidung seinen Antrag zurücknehmen (Art. 1:154 Abs. 2 BW). Seit dem Inkrafttreten des Gesetzes über das Ehescheidungsverfahren (*Wet Scheidingsprocesrecht*, 1993)[61] müssen die Parteien nicht mehr

---

56 HR 5.10.1990, NJ 1991, 395, mit Besprechung EAAL.
57 Bis 1971 kannte Art. 1:264 BW (alt) folgende Ehescheidungsgründe: Ehebruch, böswilliges Verlassen während mindestens fünf Jahren, Verurteilung wegen einer Straftat zu einer Freiheitsstrafe von vier Jahren oder länger sowie schwere Körperverletzung oder lebensgefährliche Misshandlungen des einen Ehegatten durch den anderen. Hierzu *Asser/de Boer*, 2010, Personen- en familierecht, §§ 584 ff. Siehe auch *Pel*, De (echt)scheidingsgrond: afscheid van de duurzame ontwrichting", Weekblad voor privaatrecht, notariaat en registratie WPNR 1999, Nr. 6369 über Sinn und Unsinn dieses Scheidungsgrundes.
58 Gesetz zur Reform des Ehescheidungsrechts (*Wet Herziening Echtscheidingsrecht*) vom 6.5.1971, Stb. 1971, 290.
59 Gesetz vom 1.7.1992, Stb. 1992, 373.
60 HR 4.6.1999, NJ 1999, 535.
61 Gesetz vom 1.7.1992 zur Reform des Scheidungsverfahrensrechts, Stb. 1992, 373.

eine Regelung über die Kindesbelange oder ihre wechselseitigen vermögensrechtlichen Beziehungen vorlegen. Schließen sie eine solche Vereinbarung (*convenant*) ab, kann der Richter diese auf Antrag der Parteien zur Gänze oder teilweise in seine Entscheidung einbeziehen (Art. 819 Rv). Die Zahl der Ehescheidungen beläuft sich auf etwa 31.000–35.000 jährlich. Im Schnitt wird eine von drei Ehen geschieden (in 2010: 36,2 %).[62] Zum Inhalt des gemeinsamen Antrags siehe Rdn 70 ff.

III. Ehescheidungsverfahren

1. Beginn des Scheidungsverfahrens

Am 1.1.1993 ist das neue Ehescheidungsverfahrensrecht in Kraft getreten.[63] Das wichtigste Ziel der Reform ist ein **schnelles und einfaches Ehescheidungsverfahren**. Das Verfahren beginnt mit einem **Antrag**. Die verfahrensrechtlichen Regelungen der Ehescheidung, Trennung von Tisch und Bett und der Auflösung der Ehe nach Trennung von Tisch und Bett, sind im 6. Titel des 3. Buches der Zivilprozessordnung (*Wetboek van Burgerlijke Rechtsvordering*) enthalten. Die **Zuständigkeit** für die Ehescheidung wird jetzt in Art. 4 Rv i.V.m. der Brüssel II-VO[64] und seit 1.1.2012 im 3. Titel des 10. Buches des Zivilgesetzbuches geregelt. Ein Ehescheidungsverfahren **dauert** i.d.R. drei bis sechs Monate, sofern nicht mehrere Änderungsanträge eingebracht werden.

68

Während des (Ehe-)Scheidungsverfahrens können **vorläufige Maßnahmen** getroffen werden (Art. 821 Rv). Diese Maßnahmen erstrecken sich bis zur Ehescheidung und sollen mögliche Schwierigkeiten, die aus Anlass des Verfahrens zwischen den Ehegatten entstehen können, vermeiden.[65]

69

2. Anwaltszwang

In den Niederlanden können nur **Rechtsanwälte Scheidungsklage** einreichen. Ehepaare ohne minderjährige Kinder, die ihre Beziehung beenden wollen und faktisch nur die vermögensrechtlichen Aspekte ihrer Ehe regeln müssen (z.B. Verkauf ihres Hauses), können die Einschaltung eines Rechtsanwalts als belastend empfinden. Für diese Gruppe, die über alle Aspekte der Ehescheidung Übereinstimmung erzielt hat, ist der Nutzen eines Rechtsanwalts beschränkt. Aus diesem Grund erwog der Justizminister im März 2008 das Einbringen eines Gesetzentwurfs, wonach auch einem **Notar** die Möglichkeit geboten werden soll, im Namen beider Ehepartner eine gemeinsame Scheidungsklage einzureichen, wenn dabei keine minderjährigen Kinder betroffen sind. Dieser Gesetzentwurf wurde am 24.9.2008 in der Zweiten Kammer eingebracht und am 15.3.2011 verabschiedet; allerdings scheiterte der Entwurf in der Ersten Kammer am 22.11.2011.[66]

70

3. Ein neuer Gesetzentwurf: „Scheidung ohne Richter"

Am 18. Dezember 2015 hat die Regierung Rutte II einen neuen Gesetzentwurf [„*Wijziging van Boek 1 en Boek 10 van het Burgerlijk Wetboek en enige andere wetten betreffende het uitspreken van de echtscheiding en ontbinding van het geregistreerd partnerschap door de*

71

---

62 Statistisches Zentralamt 2012 (http://statline.cbs.nl/StatWeb).
63 Gesetz vom 1.7.1992 zur Reform des Scheidungsverfahrensrechts, Stb. 1992, 373.
64 EG-Verordnung des Rates vom 29.5.2000, Nr. 1347/2000.
65 HR 27.4.1984, NJ 1985, 103.
66 Kamerstukken 31 714.

ambtenaar van de burgerlijke stand (Wet scheiden zonder rechter)"; Kamerstukken II 2014/ 15, nr. 1–3)] bei der Zweiten Kammer des Parlaments eingebracht. Bei Inkrafttreten dieses Gesetzes können Ehepaare ohne minderjährige Kinder – wenn sie sich einig sind über die Scheidung der Ehe und über die Rechtsfolgen der Trennung – ohne Richter auseinander gehen. Dieser Gesetzentwurf hat viel Kritik bekommen von Rechtsanwälten, Richtern, Wissenschaftlern und anderen Experten und es ist deshalb die Frage, ob dieser Gesetzentwurf das Ziel erreichen wird.

4. Elternschaftsplan

72   Mehr Erfolg hatte der damalige Justizminister mit dem **Elternschaftsplan bei Ehescheidung**. Seit dem 1.3.2009 ist das Gesetz zur Änderung von Buch 1 des Bürgerlichen Gesetzbuches und der Zivilprozessordnung im Zusammenhang mit der Förderung der fortbestehenden Elternschaft nach der Trennung und der Abschaffung der Möglichkeit, eine Ehe in eine registrierte Partnerschaft umzuwandeln (Gesetz zur Förderung der fortbestehenden Elternschaft nach Trennung und ordentliche Scheidung[67]), in Kraft. Mit dem Gesetz wird beabsichtigt, die in der Praxis bestehende Scheidungsproblematik abzumildern. Das Gesetz ist darauf ausgerichtet, dass die Eltern **frühzeitig** über die **Gestaltung der fortbestehenden Elternschaft nach der Trennung nachdenken** und diesbezüglich **angemessene Absprachen** treffen, um unnötige Konflikte im Nachhinein zu vermeiden. Das Gesetz geht davon aus, dass der Fortbestand der Elternschaft nach der Trennung der Regelfall ist und beide Elternteile auch nach der Trennung für die Pflege, Erziehung und Entwicklung ihrer Kinder verantwortlich sind.

73   Um darauf hinzuwirken, dass beide Elternteile sich der Folgen einer Scheidung für die Kinder bewusst sind und tatsächlich überprüfbare Absprachen über die Folgen treffen, wird vorgeschrieben, **in den Scheidungsantrag** einen **Elternschaftsplan** aufzunehmen. Dieser Elternschaftsplan ist ein gutes Instrumente, um Eltern anzuspornen, über die Konsequenzen einer Ehescheidung nachzudenken und angemessene Absprachen über die Erziehung der Kinder nach der Scheidung zu treffen. Bei der Erstellung des Elternschaftsplans kann ein **Mediator** behilflich sein. Eine Pflichtvermittlung über den Umgang in allen Konfliktfällen hielt der Minister für eine zu weitgehende Maßnahme und außerdem nicht für effektiv. Die Verpflichtung zur Hinzufügung eines Elternschaftsplans (über die elterliche Sorge, den Kindesunterhalt, den Umgang mit dem Kind und über die Information über das Kind nach der Ehescheidung) wurde auch für Anträge zur Beendigung einer **registrierten Partnerschaft** und zur **Trennung von Tisch und Bett** vorgeschlagen. Wenn die registrierten Partner ihre Partnerschaft vertraglich aufheben, soll dieser Vertrag einen Elternschaftsplan enthalten.

5. Förderung eines Elternschaftsplan

74   Um das Scheidungsverfahren weiter zu straffen und dafür Sorge zu tragen, dass mit dem Elternschaftsplan ein **gemeinsamer Antrag** (siehe Rdn 73) eingereicht wird, wird gefordert, dass im Antrag mit Begründung anzugeben ist, in welchen Punkten **Übereinstimmung** erzielt wurde und in welchen Punkten ein **Meinungsunterschied** besteht. Weiter enthält das Gesetz zur Förderung der fortbestehenden Elternschaft nach Trennung und ordentlicher Scheidung[68] zwei Normen, in denen die bestehenden Vorschriften in Bezug auf die elterliche Verantwortung erläutert werden. Zunächst wurde in Art. 1:247 BW ein dritter Absatz

---

67 Gesetz vom 25.11.2008; Stb. 2008, 500; Parlamentarische Unterlagen II, 30 145.
68 Gesetz vom 25.11.2008; Stb. 2008, 500; Parlamentarische Unterlagen II, 30 145.

hinzugefügt, in dem festgelegt ist, dass die **elterliche Sorge** auch die Verpflichtung der Eltern beinhaltet, die Entwicklung der Verbindung vom anderen Elternteil zum minderjährigen Kind zu fördern. Außerdem wurde in Art. 1:377a BW die Verpflichtung zu einem **Umgang** mit dem Elternteil aufgenommen, der nicht mit der elterlichen Sorge betraut ist. Ferner wurden einige Bestimmungen verlagert und umformuliert. Das betrifft insbesondere die Bestimmungen in Paragraph 1, Abschnitt 2 in Titel 14 und die Bestimmungen in Titel 15 (Umgang und Information). Titel 15 enthält derzeit nur Bestimmungen, die auf den Elternteil Anwendung finden, der nicht mit der elterlichen Sorge betraut ist, und auf diejenige Person, die in einer engen persönlichen Beziehung zum Kind steht (Art. 8 EVRM). Der Zweck dieses Elternschaftsplans ist, weniger Konflikte dem Jugendamt melden zu müssen, obwohl für die Rechtspraxis nicht immer klar ist, was geschehen muss, wenn der Antrag der Ehetrennung keinen eindeutigen Elternschaftsplan enthält oder nicht deutlich ist, ob und wenn ja, wie die Kinder in dem Entwurf des Elternschaftsplans einbezogen wurden. In vielen Fällen aber wird von einem Mitarbeiter des Bezirksgerichts ein Rechtsanwalt hinzugezogen, um den Antrag der Ehetrennung mit einem ausreichenden Elternschaftsplan zu vervollständigen. In der Rechtspraxis hat der Elternschaftsplan noch nicht dazu geführt, dass es nun weniger Konflikte zwischen Eltern von minderjährigen Kindern gibt.[69] Auch gibt es Kritik, dass minderjährige Kinder noch zu wenig Partizipationsrechte ausüben können bei der Entwicklung des Enternschaftsplan während und nach der Trennung der Eltern.[70]

6. Ende der sogenannten Blitzscheidungen

Schließlich wurde am 1.3.2009 die Möglichkeit der Umwandlung einer Ehe in eine registrierte Partnerschaft (sog. **Blitzscheidung**) **abgeschafft** (siehe im Einzelnen Rdn 144 f.).   75

7. Zwangsmittel bei Konflikten zwischen Eltern

Weiter wurde Art. 1:253a BW neu verfasst, wodurch bei Konflikten zwischen den Eltern   76
jetzt der **Richter** ein gesetzlich zugelassenes **Zwangsmittel androhen** kann, auch von Amts wegen, und weiter anordnen kann, dass die Verfügung mit öffentlicher Gewalt **vollstreckt** werden kann. Eine allgemeine automatische Anwendung von Zwangsmitteln wurde als nicht im Interesse des Kindes erachtet. In jedem konkreten Fall muss es eine Interessenabwägung geben, ob, und wenn ja, welches Zwangsmittel anzuwenden ist.

8. Unterhaltsvorrang für Kinder?

Zum 1.3.2009 ist auch Art. 400 BW geändert worden. Es wurde darin der **Vorrang des**   77
Unterhaltpflichtigen gegenüber einem (Stief-)Kind in Bezug auf den anderen Unterhaltspflichtigen festgelegt. Die Praxis ist regelmäßig bereits von einer solchen Vorrangsregel ausgegangen, obwohl dies gerichtlich hätte nicht in Anspruch genommen werden können.[71] Diese Vorrangsregel war anfangs Bestandteil des Gesetzentwurfs zur Verbesserung der Unterhaltszahlung für Kinder, der aber in 2006 zurückgezogen wurde.[72]

---

69 *M. Tomassen-van der Lans*, Het verplichte ouderschapsplan: regeling en werking, Boom Juridische uitgevers, Diss., 2015.

70 *Veronica Smits*, Participatie van het kind bij het ouderschapsplan, Maklu-Uitgevers, 2015.

71 Siehe Oberster Gerichtshof 6.3.1992, Niederländische Jurisprudenz 1992, 358 und Oberster Gerichtshof 25.11.1994, Niederländische Jurisprudenz 1995, 286.

72 Parlamentarische Unterlagen II, 29 480.

9. Prozesskosten des Scheidungsverfahrens

78 Ein Antrag der Gegenseite, wonach die andere Partei bei Ehescheidung bzw. in sonstigem familienrechtlichen Zusammenhang zur Zahlung der **Prozesskosten** verurteilt werden soll, ist selten mit Erfolg gekrönt. Meistens tragen die Parteien ihre Prozesskosten selbst.[73] In ganz außergewöhnlichen Fällen findet eine davon abweichende Kostenteilung statt. Manchmal findet sich im Urteil die Bezeichnung *kosten rechtens*, was nicht bedeutet, dass die Gegenseite die Kosten tragen soll, sondern dass der Staat die Kosten übernimmt.[74]

IV. Internationale Zuständigkeit der Gerichte/Behörden

79 Die Niederlande sind Vertragsstaat der EheVO 2003[75] und Brüssel-II und Brüssel-IIbis. Zur internationalen Zuständigkeit der Gerichte/Behörden siehe *A.P.M.J. Vonken*, Huwelijksontbinding, in: Tekst & Commentaar Personen- en familierecht, Kluwer: Deventer, 2014, S. 2517 ff. Am 20.12.2010 wurde die Verordnung zur Begründung einer verstärkten Zusammenarbeit im Bereich des auf die Ehescheidung und Trennung ohne Auflösung des Ehebandes anzuwendenden Rechts (Nr. 1259/2010) (ROM-III-Verordnung) beschlossen. An der verstärkten Zusammenarbeit beteiligen sich 14 Mitgliedstaaten, nicht aber die Niederlande. Diese Verordnung regelt nur das anzuwendende Recht und nicht die gerichtliche Zuständigkeit. Vorgesehen ist, dass Ehepaare selbst eine Rechtswahl für ihre Scheidung treffen können. Bleibt dies aus, gilt ersatzweise das Recht des Landes, in dem das Paar seinen gewöhnlichen Aufenthalt hat oder, sollten die Eheleute eine gemeinsame Nationalität haben, das Recht dieses Staates. Als Auffangvorschrift gilt das Recht des Landes, in dem die Scheidung eingereicht wurde.

V. Auf die Scheidung anwendbares Recht

80 Die Niederlande sind Vertragsstaat des Haager Übereinkommens über die Anerkennung von Scheidungen und Trennungen von Tisch und Bett 1970[76] und Brüssel-II und Brüssel-IIbis. Zum auf die Scheidung anwendbaren Recht siehe *A.P.M.J. Vonken*, Huwelijksontbinding, in: Tekst & Commentaar Personen- en familierecht, Kluwer: Deventer, 2014, S. 2517 ff. sowie *A. van Maas de Bie*, (Echt)scheiding en internationaal privaatrecht, SDU: Den Haag, 2010; *M. ten Wolde*, Huwelijk, persoonlijke betrekkingen tussen echtgenoten, huwelijksvermogensrecht, in: Th.M. de Boer und F. Ibili, Nederlands internationaal personen en familierecht, WoltersKluwer, 2012, S. 95 ff.

VI. Anerkennung im Ausland erfolgter Scheidungen

81 Zur Anerkennung im Ausland erfolgter Scheidungen siehe Brüssel-II und Brüssel-IIbis und den *Wet Conflictenrecht Echtscheidingen* (1981), wie seit dem 1.1.2012 – in geändertem Wortlaut – im Buch 10 des Zivilgesetzbuches aufgenommen wurde.[77]

---

73 NJ 1984, 186.
74 *Heida/Kraan/Marck*, Echtscheidingsrecht, Boom Juridische uitgeverij, Den Haag 2010.
75 Siehe § 1 Rdn 3 ff.
76 Siehe § 1 Rdn 85 ff..
77 *A.P.M.J. Vonken*, Huwelijksontbinding, in: Tekst & Commentaar Personen- en familierecht, Kluwer: Deventer, 2010, S. 2027 ff.; *G.S.C.M. van Roeyen*, (Echt)scheiding en internationaal privaatrecht, Koninklijke Vermande: Den Haag, 2003 und *L. Strikwerda*, Inleiding tot het Nederlandse Internationaal Privaatrecht, Kluwer: Deventer, 2005, S. 99 ff.

D. Scheidungsfolgen

I. Verteilung des Inventars

1. Allgemeine Gütergemeinschaft

Durch die **Auflösung der Gütergemeinschaft** (bzw. durch das Anliegen der Eintragung der Entscheidung in die Register) entfallen deren Rechtsfolgen. Die Auflösung des Ehegüterrechtssystems hat zur Folge, dass keine weitere Vereinigung des Hausrats mehr stattfindet. Erst nach Auflösung der Gütergemeinschaft können die Vermögenswerte verteilt werden.[78] Die Ehescheidung und die Aufteilung des Vermögens haben **deklarative** Bedeutung und wirken auf den Zeitpunkt der Auflösung zurück. Bei der gem. Art. 1:100 BW[79] durchzuführenden Verteilung haben beide Ehegatten Anspruch auf die **Zuteilung der Hälfte der Güter**. Die Teilhaber können verlangen, dass die Verteilung mit der **Erstellung eines Inventars** beginnt (Art. 3:194 BW). Sie müssen einander **Informationen** über den Stand der Aktiva und Passiva der Gemeinschaft zur Verfügung stellen (Art. 1:98 BW). Kann ein Teilhaber beweisen, dass der andere Teilhaber **absichtlich Vermögenswerte verschwiegen, beiseite geschafft** oder versteckt hat, hat dieser keinen Anspruch auf die entsprechenden Güter; diese kommen in Gänze dem anderen Teilhaber zugute (Art. 3:194 Abs. 2 BW). Ein **bestimmter Grad persönlicher Verbundenheit** eines Gutes kann zur Folge haben, dass ein Ehegatte – i.d.R. gegen Anrechnung des Wertes – Anspruch auf ein bestimmtes Gut hat (Art. 1:101 BW). Redlichkeit und Billigkeit, welche die Rechtsbeziehung zwischen den Teilhabern bestimmen, können zur Folge haben, dass ein Teilhaber die Zuteilung bestimmter Güter verlangen kann, wenn sie für ihn aus sachlichen oder persönlichen Gründen von größerer Bedeutung sind als für den anderen Teilhaber (Art. 3:166 BW).

82

Für den Fall, dass sich die Teilhaber hinsichtlich der **Verteilung nicht einigen** können, sieht das Gesetz folgende Möglichkeiten vor, um mit richterlicher Hilfe eine Lösung zu erzielen:
– das Einfordern der Verteilung (Art. 3:178 BW);
– das Einfordern einer Aufteilung durch den Richter;
– das Einfordern einer richterlichen Feststellung der Aufteilung (Art. 3:185 BW).

83

Das Gesetz sieht auch die Möglichkeit vor, sämtliche Anträge auf einmal anhängig zu machen, allenfalls als Nebenantrag (Art. 677 Abs. 4 Rv) bei einem Antrag auf Ehescheidung (Art. 1:99 Abs. 2 und Art. 827 Abs. 1 sub b Rv). Dem Antrag auf Aufteilung durch den Richter kann ohne weiteres stattgegeben werden. Für die beiden anderen Alternativen wird mangelndes Einvernehmen der Parteien erforderlich sein, um zu einer gerichtlichen Entscheidung zu kommen. Dies kann sich aus den Verhandlungen zwischen den Parteien selbst – mit oder ohne Notar – ergeben.[80]

84

---

78 HR 29.4.1988, NJ 1989, 155.
79 HR 15.6.1994, BNB 1994, 261: ungleiche Verteilung führt zu einem Schenkungsanspruch gegenüber demjenigen, der mehr als die Hälfte erhalten hat.
80 *Breederveld*, De aangepaste gemeenschap van goederen in verband met echtscheiding, Kluwer: Deventer, 2011.

85   Im Zuge der Aufteilung muss insbesondere auf folgende **Problembereiche** geachtet werden:
      – Hypotheken;
      – (Lebens-)Versicherungen;
      – Schulden;
      – steuerliche Belastungen sowie Zahlungen für die vorangehenden Jahre und – noch wichtiger – Rückzahlungen.

      Des Weiteren ist die besondere rechtliche Behandlung der **Pensionsansprüche** zu beachten. Bis 1981 war man der Auffassung, dass ein geschiedener Ehegatte keinen Anspruch auf die Alterspension des anderen Ehegatten geltend machen könne, weil diese als höchstpersönliches Recht des Anspruchsberechtigten angesehen wurde. Seit der Boon-Van-Loon-Entscheidung vom 27.11.1981[81] geht man davon aus, dass Pensionsansprüche sehr wohl in die Gütergemeinschaft fallen und deswegen der Aufteilung unterliegen (siehe Rdn 22).

86   Besitzen die Parteien eine **Eigentumswohnung**, können Probleme auftreten. Bei einem Wertüberschuss kann der Mehrwert so ausgeglichen werden, dass die eine Partei der anderen Partei den Mehrwert auszahlt. In der Vereinbarung wird dann die Ehewohnung einer Partei zugeteilt. Ist die Wohnung hypothekarisch belastet, wird dies in der Vereinbarung oder im Notariatsakt vermerkt, ergänzt durch die Klausel, dass der Alleineigentümer die andere Partei von allfälligen Ansprüchen dritter Personen, insbesondere des Hypothekargläubigers, freistellt. Vereinbaren die Parteien, gemeinsam Eigentümer zu bleiben, hat der Ehegatte, der in der Wohnung verbleibt, dem anderen eine Ausgleichszahlung zu leisten, die redlicherweise etwa die Hälfte der ortsüblichen Miete zu betragen hat. In den letzten 5 Jahren war es manchmal schwierig, das Eigentum am Haus zu verteilen, weil die Häuser schwer verkaufbar waren und auf dem Haus der beiden Parteien noch eine hohe Hypothek lastete.

87   **Lebensversicherungen**, welche nicht hypothekarisch belastet sind, sind bei einer Aufteilung mit ihrem reellen Wert anzusetzen. Die Übertragung solcher Werte aus Versicherungsverträgen kann zu steuerlichen Forderungen führen. Regelmäßig werden Versicherungen jener Person zugeteilt, auf die sie sich beziehen.

88   Stets muss es Ziel sein, jenen Ehegatten, dem bestimmte Schulden nicht zugeteilt werden, auch aus der **Haftung** zu entlassen.

89   Nehmen die Parteien einen getrennten Wohnsitz in der Absicht, nicht wieder zusammenzuziehen, gelten sie **steuerlich** nicht mehr als Ehepartner. Ab diesem Zeitpunkt wird jeder getrennt besteuert. Für die der Trennung vorangehenden Jahre ist eine Vereinbarung zu treffen.

2. Haftung nach Auflösung der Gütergemeinschaft

90   Die Auflösung der Gütergemeinschaft führt zu einer Änderung der Rechtsstellung der Gemeinschaftsgläubiger. Im vorliegenden Fall gehen wir davon aus, dass **drei Vermögensmassen** vorliegen: ein Gemeinschaftsvermögen, ein privates Vermögen des Mannes und ein privates Vermögen der Frau. Der Gemeinschaftsgläubiger kann nach Auflösung der Gütergemeinschaft zur Begleichung der durch die Frau vor Auflösung der Gütergemeinschaft eingegangenen Gemeinschaftsschuld – bspw. zur Ermöglichung einer Ferienreise der Kinder – auf das Gemeinschaftsvermögen, auf das private Vermögen der Frau und auf das Privatvermögen des Mannes **Zugriff** nehmen, aber nicht mehr, als er oder sie bei der

---

81 NJ 1982, 503.

Ehescheidung bekommen hat.[82] Denn seit dem 1.1.2012 kann sich ein Kreditor nach der Auflösung der Gütergemeinschaft (z.B. nach Trennung der Ehegatten) für die Erfüllung der Verbindlichkeit an beide Ehegatten wenden, allerdings bei dem Ehegatten, der die Schulden nicht gemacht hat, begrenzt auf das Maximum, das dieser Ehegatte der Auflösung der Gütergemeinschaft bekommen hat (Art. 1:102 Abs. 1 BW neu).

Das bedeutet, dass der Gläubiger im Vergleich zur Situation vor Auflösung der Güterge- 91
meinschaft über einen zusätzlichen Schuldner verfügt. Dies ist gerecht. Die Gemeinschaft kann nämlich, wenn sie aufgelöst wurde, jederzeit aufgeteilt werden. Das heißt, dass jeder Ehegatte die Hälfte des Gemeinschaftsvermögens als privates Vermögen zugeteilt erhält. Nach der Scheidung und Aufteilung ist folglich kein Gemeinschaftsvermögen mehr vorhanden, vielmehr liegen nur noch zwei private Vermögensmassen vor. Ohne die entsprechende Regelung würde der Gemeinschaftsgläubiger Vermögensmassen, auf die er sonst zugreifen könnte, verlieren. Aus diesem Grund kann er für von einem Ehegatten eingegangene Schulden auch den anderen Ehegatten in Anspruch nehmen, aber in nicht größerem Umfang als die Güter, die dieser Ehegatte bei der Gütertrennung bekommen hat. Die Position von privaten Gläubigern bleibt unverändert: Sie können auf das private Vermögen ihres Schuldners und auf das Gemeinschaftsvermögen Zugriff nehmen. Auch die Pflicht zur Zahlung der Schulden (*draagplicht*) unterliegt keiner Veränderung: Jeder Ehegatte trägt die Gemeinschaftsschulden zur Hälfte. Hat der Mann aus privatem Vermögen eine Gemeinschaftsschuld bezahlt, so kann er die Hälfte von seiner Frau zurückfordern. Für **Haushaltsschulden** sowie für Schulden aus **Ratenkäufen** haften das Gemeinschaftsvermögen und die privaten Vermögen beider Ehegatten in Gänze (vgl. auch Rdn 24). Zum neuen Ehegüterrecht in den Niederlanden, das voraussichtlich am 1.1.2017 in Kraft treten wird[83] und ein Abschied von der traditionellen Gütergemeinschaft bedeutet, siehe Rdn 20. Eine allgemeine Gütergemeinschaft ist dann nur noch möglich für Ehepaare, die einen Ehevertrag geschlossen haben. Für Ehepaare, die beim Inkrafttreten des neuen Gesetzes in allgemeiner Gütergemeinschaft verheiratet sind, bleibt die alte Regelung bestehen.

3. Nichtige und anfechtbare Aufteilungen

Eine Aufteilung, an der nicht alle Teilhaber und andere Personen, deren Mitwirkung erfor- 92
derlich ist, teilgenommen haben, ist **nichtig**, es sei denn, die Aufteilung erfolgte mittels Notariatsakts. In einem solchen Fall kann die Aufteilung nur auf Antrag desjenigen, der nicht teilgenommen hat, für nichtig erklärt werden. Das Klagerecht auf Nichtigerklärung verjährt nach Ablauf eines Jahres, gerechnet ab dem Zeitpunkt der Kenntnisnahme durch jene Person, deren Mitwirkung erforderlich, die aber nicht entsprechend vertreten war (Art. 3:195 Abs. 1 BW). Auf die Aufteilung sind die Vorschriften über die Nichtigkeit und Anfechtbarkeit von Rechtshandlungen anzuwenden (Titel 2 von Buch 3 BW).

Zusätzlich zu den Anfechtungsgründen des vorgenannten Titels gilt, dass eine Aufteilung 93
durch und zugunsten des Gläubigers **anfechtbar** ist, der sich gegen die Aufteilung ausspricht, sofern diese zu seinen Gunsten notwendig ist (Art. 3:193 BW). Neben der Anfechtbarkeit der Aufteilung, die auf Drohung, Betrug oder Missbrauch (Art. 1:196 Abs. 1 BW; die Vorschrift verweist auf Art. 3:44 BW) beruht, kann die Aufteilung auch gem. Art. 3:196 BW angefochten werden, wenn ein Teilhaber aufgrund arglistiger Täuschung zu mehr als einem Viertel benachteiligt wurde. Art. 3:199 BW schließt die arglistige Täuschung von

---

82 Bis zur Gesetzesänderung vom 1.1.2012 war das nur möglich bis zur Hälfte der Schulden des anderen (ehemaligen) Ehegatten (Art. 1:102 BW alt).
83 Bei Redaktionsschluss lag noch keine Entscheidung der Kammer vor.

Vlaardingerbroek

Art. 6:228–230 BW ausdrücklich aus. Das Anfechtungsrecht verjährt nach drei Jahren, gerechnet ab dem Zeitpunkt der Aufteilung (Art. 3:200 BW). Diese Vorschrift zählt zur öffentlichen Ordnung (vgl. Art. 3:52 BW). Zum neuen Ehegüterrecht in den Niederlanden, das voraussichtlich am 1.1.2017 in Kraft treten wird und ein Abschied von der traditionellen Gütergemeinschaft bedeutet, siehe Rdn 20.

4. Ehegüterrechtsvertrag (huwelijkse voorwaarden)

94   Wie im Vorangehenden erwähnt, führt schon das Anliegen der Ehescheidung oder der Beendigung der registrierten Partnerschaft zur Auflösung der Gütergemeinschaft (siehe Rdn 82), so dass jeder Ehegatte Anspruch auf Zuteilung der Hälfte des Gemeinschaftsvermögens und Zuteilung seines eigenen privaten Vermögens hat (siehe Rdn 83). Ein Ehegüterrechtssystem, bei welchem jegliche Form von Gütergemeinschaft ausgeschlossen ist (sog. „kalter Ausschluss", *koude uitsluiting*, vgl. Rdn 34), kann zum unbilligen Ergebnis führen, dass ein Ehegatte über Jahre hindurch zum Erwerb von Vermögenswerten beigetragen hat, jedoch leer ausgeht, da die Vermögenswerte auf den Namen des anderen Ehegatten lauten. Der *Hoge Raad* hat in seiner Entscheidung vom 12.6.1987[84] sowie in späteren Entscheidungen erwogen, dass solche Sachverhalte zur Zuerkennung einer Ausgleichszahlung aus Billigkeitsgründen führen können. Eheverträge können im Hinblick auf eine beabsichtigte Ehescheidung geschlossen oder geändert werden.[85] Ehegatten können daher ihr Vermögen so aufteilen, dass sie mit rechtlich zulässigen Mitteln das von ihnen vermögens- und steuerrechtlich gewünschte Ergebnis erzielen. Erfolgt die Aufteilung im Zusammenhang mit einer Vereinbarung über den nachehelichen Unterhalt, kann die vollständige finanzielle Abwicklung der Beziehung erreicht werden.

II. Lebensunterhalt

1. Allgemeines

95   Die **nacheheliche Unterhaltspflicht** gegenüber einem früheren Ehegatten, der über unzureichende Einkünfte verfügt und solche redlicherweise auch nicht erwerben kann, beruht auf der in Art. 1:81 und 84 BW umschriebenen Pflicht zum Lebensunterhalt während der Ehe, die in beschränktem Umfang bei teilweiser oder gänzlicher Auflösung des Ehebandes nach Auffassung der Rechtsprechung fortwirkt.[86] In den letzten Jahren hat sich die Meinung durchgesetzt, dass die Ehegatten einander einen finanziellen Ausgleich leisten sollen, wenn die finanziellen Kräfte des einen Ehegatten während der Ehe (aufgrund von Haushaltsführung und Kinderbetreuung) teilweise oder ganz verloren gegangen sind.[87]

2. Unterhalt

a) Nachehelicher Unterhalt

96   Der Richter kann zum Zeitpunkt der Ehescheidung oder ggf. später demjenigen **Ehegatten**, der über unzureichende Einkünfte für seinen Lebensunterhalt verfügt und solche in redli-

---

84 NJ 1988, 150.

85 HR 23.9.1983, NJ 1984, 544.

86 Siehe zur Rechtfertigung der Unterhaltpflicht bereits HR 27.3.1930, NJ 1930, 1250 mit Besprechung PS. Siehe auch HR 23.5.1975, NJ 1976, 412 mit Besprechung EAAL; HR 28.9.1977, NJ 1978, 432 mit Besprechung EAAL; HR 12.9.1977, NJ 1997, 733; HR 14.11.1997, NJ 1998, 112 und HR 9.2.2001, NJ 2001, 216.

87 *N.D. Spalter*, Grondslagen van partneralimentatie, Boom Juridische Uitgevers, 2013.

cher Weise auch nicht erwerben kann, auf dessen Antrag und zu Lasten des anderen Ehegatten **Unterhaltszahlungen** zusprechen (Art. 1:157 Abs. 1 BW). Diese nacheheliche Unterhaltspflicht entsteht grundsätzlich am Tag der **Eintragung** der Entscheidung über die Ehescheidung in die **Zivilstandsregister** (Art. 1:163 BW).[88]

Allgemeine Voraussetzung für die Zuerkennung eines nachehelichen Unterhalts ist der **Unterhaltsbedarf** des Antragstellers. Dieser ist unterhaltsbedürftig, wenn er über unzureichende Einkünfte verfügt (sei es aus Arbeit oder Vermögen) und solche redlicherweise auch nicht erwerben kann. Der Richter hat die **Leistungsfähigkeit** des Unterhaltspflichtigen getrennt festzustellen.[89] Die Leistungsfähigkeit bemisst sich nach seinem Einkommen und Vermögen.[90] Hierbei wird nicht nur das, was ihm rechtens und faktisch zur Verfügung steht, berücksichtigt, sondern auch das, was er sich redlicherweise erwirtschaften kann.[91] Gibt der Ehemann aus freien Stücken Einkünfte auf und beeinträchtigt er dadurch seine Leistungsfähigkeit, kann der Richter die Einkommenseinbuße außer Betracht lassen – es sei denn, er kommt zu dem Schluss, dass die Vorgehensweise des Ehemannes durch die Umstände gerechtfertigt war.[92] Die Leistungsfähigkeit wird auch durch die vom Ehemann eingegangenen Verpflichtungen beeinflusst. Der Richter kann diese entsprechend berücksichtigen. 97

Die Arbeitsgruppe „Unterhalt" der *Niederlandse Vereniging voor Rechtspraak* hat im Jahre 2001 einen überarbeiteten Bericht mit Empfehlungen für die **Berechnung** des Ehegattenunterhalts, der jährlich angepasst wird, publiziert.[93] Die sog. **Alimentatienormen** werden jedes Jahr aktualisiert und sind für die Praxis von größter Bedeutung, obwohl der Richter nicht an sie gebunden ist. 98

Das niederländische Parlament diskutiert aktuell über die **Dauer der Unterhaltspflicht.** Derzeit beträgt die Höchstdauer zwölf Jahre. Das Gericht hat allerdings die Möglichkeit, diese Frist zu verlängern, wenn besondere Gründe dies rechtfertigen. Die meisten Frauen sind berufstätig, auch mit Kindern, und darum wird die Meinung vertreten, dass Frauen nicht allzu lange von ihrem ehemaligen Partner abhängig sein sollten. Ein neuer Intiativ-Gesetzentwurf geht dahin, dass die Unterhaltspflicht in der Regel nach 5 Jahren beendet wird. 99

b) Ein neuer Gesetzentwurf über den „nachehelichen Unterhalt"

Die Grundlage für die Unterhaltspflicht nach der Ehescheidung soll nach diesem Entwurf[94] der Ausgleich des Einkommensverlusts sein, der bei einem der Ehegatten während der Ehe entstanden ist. 100

---

88 HR 8.7.1996, NJ 1997, 120. Der Richter kann allerdings einen späteren Zeitpunkt bestimmen; HR 10.9.1999, NJ 1999, 795. Hoge Raad 11 december 2015, ECLI:NL:HR:2015:3567: Erst nach der Ehescheidung entsehen Unterhaltspflichten zwischen den geschiedenen Partnern.

89 HR 23.9.1994, NJ 1995, 25. HR 23.4.2010, ECLI:NL:HR:2010:BL7642.

90 HR 20.5.1949, NJ 1950, 50; HR 3.2.1956, NJ 1956, 75; HR 25.5.1962, NJ 1962, 266.HR 23 april 2010, ECLI:NL:HR:2010:BL8622: Es kann auch notwendig sein, dass die Wohnung verkauft werden muss, um die Unterhaltspflicht bezahlen zu können.

91 HR 2.2.1962, NJ 1962, 472.

92 HR 25.10.1991, NJ 1992, 5; HR 12.1.1996, NJ 1996, 335; HR 23.1.1998, NJ 1998, 707 mit Besprechung JdB; HR 20.11.1998, NJ 1999, 86.

93 Nederlandse Vereniging voor Rechtspraak, website (http://www.rechtspraak.nl/Procedures/Landelijke-regelingen/sector-familie-en-jeugdrecht/Pages/Werkgroep-Alimentatienormen.aspx).

94 Voorstel van wet van de leden Van Oosten, Recourt en Berndsen-Jansen tot wijziging van Boek 1 van het Burgerlijk Wetboek en van enige andere wetten in verband met de herziening van het stelsel van partneralimentatie (Wet herziening partneralimentatie); Kamerstukken II, 2014/15, 34 231, nrs. 1–3.

Zudem wird die Berechnung des Unterhaltsbeitrags vereinfacht und die Höchstdauer der Unterhaltspflicht geändert. Wenn die Ehe nicht länger als 3 Jahre bestanden hat und die Ehegatten keine gemeinsamen Kinder unter 12 Jahren haben, soll es keine nacheheliche Unterhaltspflicht geben. In anderen Fällen ist die Höchstdauer der Unterhaltspflicht der Dauer der Ehe angeglichen, aber mit einem Maximum von 5 Jahren. Wenn aber die unterhaltsberechtigte Person die Obsorge hat für die gemeinsamen Kinder, dann besteht die Unterhaltspflicht des anderen Elternteils bis zum 12. Lebensjahr des jüngsten gemeinsamen Kindes.

Geplant ist weiterhin, dass die Unterhaltspflicht beendet ist, wenn der Unterhaltspflichtige Altersrente (AOW)[95] bekommt. Neu ist auch der Vorschlag im Entwurf, dass die beiden Ehegatten (oder registrierte Partner) in ihrer güterrechtlichen Regelung von der Unterhaltspflicht für die Ex-Partner (nicht für die Kinder) abweichen können. Im Entwurf ist weiter neu geregelt, dass die Unterhaltspflicht nicht endet, wenn die unterhaltsberechtigte Person nach der Ehetrennung mit einem anderen Partner zusammenlebt. Im Gesetzentwurf ist vorgesehen, dass zum Zeitpunkt des Inkrafttreten des neuen Gesetzes die bestehenden Unterhaltsregelungen und -verpflichtungen in Kraft bleiben. Es bleibt aber abzuwarten, ob dieser Gesetzentwurf in Kraft treten wird, da der Vorschlag bereits viel Kritik bekommen hat.[96]

c) Kindesunterhalt

101 Eltern sind nach Maßgabe ihrer Leistungsfähigkeit verpflichtet, für die Kosten von Pflege und Erziehung ihrer **minderjährigen Kinder** aufzukommen (Art. 1:404 Abs. 1 BW). Dabei ist es unerheblich, ob zwischen Eltern und Kind eine „familienrechtliche Beziehung" besteht. Diese Pflicht obliegt auch dem Erzeuger (Stiefvater oder Stiefmutter) und mit diesem gleichgestellten Personen (Art. 1:394 BW). Im Mittelpunkt steht nicht die Leistungsfähigkeit der Eltern, sondern die **optimale Pflege und Erziehung ihrer Kinder**. Die Kostentragung für Pflege und Erziehung umfasst neben dem Lebensunterhalt auch das geistige und körperliche Wohl der Kinder sowie die Entwicklung ihrer Persönlichkeit (Art. 1:247 Abs. 2 BW).[97] Die Art. 1:395a und 395b im Buch 1 BW[98] verhindern, dass die Eltern von ihrer Unterhaltspflicht gegenüber ihren **volljährigen Kindern unter 21 Jahren** befreit werden und dass der Staat insbesondere für nicht studierende Kinder finanzielle Beiträge leisten muss. Die Wendung „**Kostentragung von Lebensunterhalt und Studium**" hat dieselbe Bedeutung wie der Ausdruck „**Kostentragung von Pflege und Erziehung**". Neben den Unterhaltsverpflichtungen der Eltern für Pflege und Erziehung ihrer minderjährigen Kinder sowie für Lebensunterhalt und Studium ihrer volljährigen Kinder unter 21 Jahren sind sie des Weiteren finanziell verantwortlich für ihre **Kinder, die freiwillige oder gerichtliche Jugendhilfe beziehen**. Die Unterhaltsverpflichtung besteht auch nach einer (Ehe-)Scheidung. Es kommt allerdings häufig vor, dass ein (Stief-)Elternteil seine Pflicht zur Kostentragung von Pflege

---

95 AOW = Algemene Ouderdomswet (Niederländisches gesetzliche Altersrente). Die Altersrente fängt ungefähr mit dem 66. Lebensjahr an.

96 R. van Coolwijk en J.E.M.C. Moons,' Reactie vFAS op wetsvoorstel herziening partneralimentatie', EB – Tijdschrift voor scheidingsrecht 2015/86, afl. 10, p. 176–180; A.J.M. Nuytinck,' Wet herziening partneralimentatie: voorhuwelijkse alimentatieovereenkomst wordt geldig', WPNR (7079) 2015; A. Roelvink-Verhoeff,' Onderhoudsverplichtingen: een slagveld na een decennium veranderende regelgeving?', REP – Tijdschrift voor Relatierecht en Praktijk 2015/5, p. 34–41.

97 Siehe *van Zeben*, Personen- en Familierecht, S. 785.

98 Gesetz vom 1.7.1987, Stb. 1987, 333, geändert durch Gesetz vom 7.7.1994, Stb. 1994, 570, in Kraft getreten am 1.4.1995 (Reform des Familienverfahrensrechts) und durch Gesetz vom 24.12.1997, Stb. 1997, 772, in Kraft getreten am 1.4.1998 (Reform des Abstammungs- und Adoptionsrechts).

Vlaardingerbroek

und Erziehung nicht (ordnungsgemäß) erfüllt. In diesem Fall kann der andere Elternteil oder der Vormund das Gericht ersuchen, die Höhe des Unterhalts zu bestimmen, die dieser (Stief-)Elternteil für das Kind schuldet (Art. 1:406 Abs. 1 BW).

d) Neue Regelung des Kindesunterhaltrechts

Zwei Abgeordnete, *Recourt* und *van der Steur*,[99] haben am 17.2.2015 einen Initiativ-Gesetzentwurf ins Parlament eingebracht: die Kindesunterhaltsreform, die eine Änderung des heutigen Kindesunterhaltrechts beinhaltet. Richter brauchen nicht mehr den Kindesunterhalt zu berechnen. Stattdessen müssen die Eltern mit einem neuen Rechensystem (mit einem „Internettool") die Berechnung selber vornehmen. Beide Elternteile müssen Kindesunterhalt zahlen, bei der Berechnung wird berücksichtigt, wie die Eltern die Sorge geregelt haben. Auch muss jeder Elternteil, ungeachtet der Tragfähigkeit, einen Minimumbeitrag von 50 EUR pro Monat zahlen. Die Verpflichtung zum Kindesunterhalt hat Vorrang vor anderen Verpflichtungen der Eltern. Der Kindesunterhalt muss nur bis zum 18. Lebensjahr des Kindes gezahlt werden, es sei denn, die Kinder studieren noch. Eltern müssen sich auch einigen, z.B. im Elternschaftsplan, welcher Elternteil welche Kosten zahlen wird. Und letztlich ist im Gesetzentwurf vorgesehen, dass Stiefeltern keinen Unterhalt mehr für die Kinder ihrer Partner zahlen müssen.

102

Ausschlaggebend für die **Berechnung** des Kindesunterhalts ist einerseits der Bedarf des Kindes, andererseits die Leistungsfähigkeit der Eltern. Zur Bestimmung des Bedarfs von Minderjährigen wird die **Tabelle „Kosten der Kinder"** herangezogen. Anhand dieser Tabelle wird berechnet, welche Kosten für ein Kind auf der Grundlage des (fiktiven) Familieneinkommens, der Zahl der Kinder und des Kindesalters anfallen.[100] Diese Tabelle wurde in Zusammenarbeit mit dem „Nationalen Institut für Budgetinformation" (*Nationaal Instituut voor Budgetvoorlichting*, NIBUD) erstellt.[101]

103

Zur Bestimmung der **Leistungsfähigkeit** der Eltern werden die vorgenannten „Alimentationsnormen" (siehe Rdn 98) herangezogen. Manchmal stellt sich heraus, dass der Unterhaltsverpflichtete unzureichend leistungsfähig ist. In diesem Fall wird die Höhe der Unterhaltspflicht auf Null reduziert.

104

Das Gesetz bestimmt, dass der vom Richter festgesetzte Unterhalt zur Kostentragung von Pflege und Erziehung oder von Lebensunterhalt und Studium einschließlich der vorläufigen

105

---

99 *Ard van der Steur* ist im März 2015 Minister von Sicherheit und Recht geworden.

100 Selbst wenn es nie ein Zusammenleben im Familienverband gegeben hat, wird der Bedarf des Kindes oder der Kinder durch die wirtschaftliche Lage des Vaters mitbestimmt. Eine sehr günstige finanzielle Lage des Vaters führt allerdings nicht dazu, dass die Mutter den Kindesbedarf auf die von ihr verlangte Unterhaltshöhe hinaufsetzen kann, weil dies den Grundsatz verletzen würde, wonach der Kindesbedarf durch die Lebensumstände, in welchen das Kind aufwächst, bestimmt wird. Das Gericht berücksichtigte den Wohlstand des Vaters (Hof Den Haag, 7.5.2003, ECLI:NL:GHSGR:2003:AF8651).

101 *Kosten van kinderen ten behoeve van vaststelling kinderalimentatie* (Gutachten der Arbeitsgruppe Unterhaltsnormen NVvR in Zusammenarbeit mit dem NIBUD); *Zonnenberg*, Behoefte aan kinderalimentatie, EB 2003, 1–5, ist der Auffassung, dass, wenn das gemeinsame Nettoeinkommen 5.000 bis 6.000 EUR monatlich übersteigt, der Bedarf des Kindes nicht immer nach der Tabelle zu berechnen ist. Siehe auch Hof Den Bosch, 2.10.2003, ECLI:NL:GHSHE:2003:AM3088. Das Gericht hat entschieden, dass aus dem Bericht „Kosten der Kinder" eine lineare Berechnung der Kosten der Kinder im Falle einer Überschreitung der höchsten in der Tabelle vorgesehenen Einkünfte nicht hervorgeht. Der Hoge Raad ist aber der Meinung, dass – weil die Tabellen bei 5.000 EUR Einkommen pro Monat enden – die Bedürfnisse des Kindes höher sind, wenn die Eltern während der Ehe ein höheres Gesamteinkommen hatten (HR 4.12.2015, ECLI:NL:HR:2015:3479).

Maßnahmen im Falle einer Scheidung dem Elternteil oder dem Vormund des Kindes, der das Kind pflegt und erzieht, oder dem jungen Volljährigen von 18, 19 oder 20 Jahren direkt **auszubezahlen** ist (Art. 1:408 Abs. 1 BW).[102] Die Bezahlung hat daher **an den Unterhalts-berechtigten** zu erfolgen. Auf Antrag des Berechtigten oder des Berechtigten zusammen mit dem Unterhaltsschuldner kann das LBIO, welches seit dem 1.1.1997 völlig selbstständig tätig ist, die **Einforderung des Unterhalts** übernehmen (Art. 1:408 Abs. 2 BW).

106   Zum 1.3.2009 ist Art. 400 BW geändert worden. Es wurde darin der **Vorrang des Unter-haltspflichtigen** gegenüber einem (Stief-)Kind in Bezug auf den anderen Unterhaltspflichti-gen festgelegt. Die Praxis ist regelmäßig bereits von einer solchen Vorrangsregel ausgegan-gen, obwohl dies gerichtlich hätte nicht in Anspruch genommen werden können.[103] Diese Vorrangsregel war anfangs Bestandteil des Gesetzentwurfs zur Verbesserung der Unter-haltszahlung für Kinder, der später in 2006 zurückgezogen wurde.[104]

3. Unterhaltshöhe

107   Die **Höhe** des von Blutsverwandten und Verschwägerten geschuldeten **Lebensunterhalts** wird ausschließlich durch zwei Faktoren bestimmt: einerseits durch den **Bedarf** des Unter-haltsberechtigten und andererseits durch die **Leistungsfähigkeit** des Unterhaltsverpflichte-ten (Art. 1:397 Abs. 1 BW).[105] Seit dem 1.1.1973 ist eine ausdrückliche Indexanpassung vorgesehen (enthalten in Art. 1:402a BW).[106] Sowohl der gerichtlich festgestellte als auch der vertraglich vereinbarte Lebensunterhalt wird *ex lege* jährlich mit einem durch den Minister von Sicherheit und Justiz zu bestimmenden Prozentsatz geändert. Die **automati-sche Indexanpassung** lässt das Recht des Unterhaltsberechtigten unberührt, gem. Art. 1:401 BW eine **Erhöhung** des Unterhalts wegen eines Einkommenszuwachses des Unterhaltsver-pflichteten zu beantragen. Der Unterhaltsverpflichtete kann aufgrund derselben Bestim-mung eine **Herabsetzung** des geschuldeten Unterhalts beantragen, wenn eine Verbesserung der Leistungsfähigkeit durch Einkommenszuwachs nicht vorliegt.

4. Wegfall, Ausschluss und Begrenzung der Unterhaltspflicht

108   Der Richter kann die Höhe des **Unterhalts ändern** bzw. den Unterhalt zur Gänze absprе-chen. Das Gesetz sieht drei Gründe für die Änderung des Unterhalts vor; sie sind auf Blutsverwandte und Verschwägerte (obwohl das meines Erachtens nie geschieht) sowie auf (Ex-)Ehegatten und (Ex-)Partner anzuwenden:[107]
- Eine Entscheidung oder eine Vereinbarung über den Lebensunterhalt kann durch eine nachfolgende Entscheidung geändert werden, wenn sie aufgrund der Umstandsklausel den gesetzlichen Kriterien nicht mehr entspricht (Art. 1:401 Abs. 1 BW). Dieser Ände-rungsgrund kommt am häufigsten zur Anwendung. Umfasst sind **größere Änderungen**

---

102 Art. 1:408 BW i.d.F. des Gesetzes vom 30.9.1993 zur Änderung von Buch 1 BW und Rv in Zusammen-hang mit der Beratung und dem Inkasso von Kindesunterhalt, Stb. 1993, 539, in Kraft getreten am 1.3.1994 (Beschl. v. 15.11.1993, Stb. 1993, 605).
103 HR 6.3.1992, NJ 1992, 358; HR 25.11.1994, NJ 1995, 286.
104 Parlamentarische Unterlagen II, 29 480.
105 Eine ausführliche Übersicht der einschlägigen Judikatur ist im Beitrag von *Wortmann*, Personen- en Familierecht, Lose-Blatt-Ausgabe Personen- en Familierecht, Kluwer, Rn 1 zu Art. 1:397 BW, enthal-ten.
106 Gesetz vom 6.7.1972, Stb. 1972, 390, geändert durch Gesetz vom 1.6.1982, Stb. 1982, 366, Gesetz vom 9.9.1992, Stb. 1992, 484 und Gesetz vom 30.9.1993, Stb. 1993, 539 (in Kraft getreten am 1.3.1994).
107 Dass diese Bestimmung auf beide Kategorien anzuwenden ist, wurde in der Entscheidung des Hoge Raad vom 28.5.1971, NJ 1971, 371, festgehalten.

des Einkommens des Unterhaltsverpflichteten, etwa aufgrund von Konkurs, Arbeitslosigkeit oder Aufnahme einer Erwerbstätigkeit.

– Die Entscheidung über den Lebensunterhalt kann geändert werden, wenn sie von Anfang an dem Gesetz nicht entsprach, weil der Entscheidung unrichtige oder unvollständige Daten zugrunde gelegt wurden (Art. 1:401 Abs. 4 BW). Zu denken ist hier an die im Zeitpunkt der Feststellung der Unterhaltsverpflichtung aufgestellte Hypothese, der Unterhaltsberechtigte werde aufgrund einer Erwerbstätigkeit eigenes Einkommen erzielen können, die sich im Nachhinein als falsch herausstellte.

– Eine Vereinbarung über den Lebensunterhalt kann weiterhin geändert werden, wenn sie auf einer groben Verkennung gesetzlicher Maßstäbe beruht (Art. 1:401 Abs. 5 BW).

Die **Unterhaltspflicht endet** durch **Tod**; der Richter kann aus diesem Grund bei der Unterhaltsfeststellung den Unterhaltsbedarf im Falle des Versterbens des Unterhaltsverpflichteten berücksichtigen (Art. 1:157 Abs. 2 BW). Die Pflicht zur Leistung des nachehelichen Unterhalts durch den früheren Ehegatten[108] endet auch mit **neuerlicher Eheschließung**, Eingehen einer registrierten Partnerschaft bzw. Zusammenleben des Unterhaltsberechtigten mit einer anderen Person (so der am 1.1.1998 geänderte Art. 1:160 BW), welches jenem in einer Ehe oder in einer registrierten Partnerschaft gleicht. Gemäß Art. 1:160 BW fällt die Unterhaltspflicht **ex lege** weg.[109] Die Frage, ob die Unterhaltspflicht tatsächlich weggefallen ist, kann jedoch dem Richter zur Entscheidung vorgelegt werden. Der Wegfall der Unterhaltspflicht nach Art. 1:160 BW ist **endgültig**, so dass die Beendigung des Zusammenlebens nicht zum Wiederaufleben der früheren Unterhaltsverpflichtung führt.[110] 109

Auf Antrag eines Ehegatten kann der Richter den Unterhalt **bedingt** und **befristet** zuerkennen. Am 1.7.1994 ist das Gesetz über die Begrenzung des Unterhalts (*Wet Limitering Alimentatie*, WLA) in Kraft getreten.[111] Damit fanden die „lebenslangen" Unterhaltsverpflichtungen ein Ende. Hat der Richter keinen Zeitraum festgehalten,[112] dann **endet** die Unterhaltsverpflichtung **ex lege** nach **Ablauf von 12 Jahren**; der Fristenlauf beginnt am Tage der Eintragung der Entscheidung in die Zivilstandsregister (Art. 1:157 Abs. 4 BW). Aktuell wird über die Höchstdauer dieser Frist diskutiert (siehe Rdn 99). In der Politik gibt es Vorschläge von einer Höchstdauer von 8 oder 5 Jahren mit Ausnahme für Kinder betreuende Eltern oder für ältere geschiedene Partner. Siehe auch Rdn 100 zum neuen Gesetzentwurf über das zukünftige nacheheliche Unterhaltsrecht. 110

---

108 Das Gesetz spricht von „früheren" Ehegatten. Deshalb führt das bereits beendete Zusammenleben mit einer anderen Person – vor der Eintragung der Ehescheidung – nicht zur in Art. 1:160 BW genannten Rechtsfolge. Siehe HR 12.4.1996, NJ 1997, 56 mit Besprechung JdB. Verg. HR 7.10.1977, NJ 1978, 312.
109 HR 22.7.1981, NJ 1982, 12.
110 HR 17.12.1999, NJ 2000, 122.
111 Gesetze vom 28.4.1994, Stb. 1994, 324, 325; Kamerstukken 19 295 und 22 170. Der HR 17.1.1997, NJ 1997, 434, entschied, dass die WLA weder gegen die EMRK noch gegen die Diskriminierungsverbote des IPBPR verstößt. Zur Limitierung siehe *Roijakkers*, NJB 2001, 620–624 (sowie eine Reaktion auf S. 1040 f.).
112 Nach *Asser/de Boer*, Mr. C. Asser's handleiding tot de beoefening van het Nederlands burgerlijk recht. Deel 1 Personen- en familierecht, S. 452 erfordert das Gesetz die Feststellung eines Zeitraumes. Siehe HR 28.3.1997, NJ 1997, 382. Siehe auch HR 19.4.1996, NJ 1997, 57.

III. Pensionseinspruch und Versorgungsausgleich

1. Pensionseinspruch

111   Gegen einen einseitigen Antrag auf Ehescheidung kann **Einspruch** wegen einer allfälligen **Pension** erhoben werden. Dies ist in Art. 1:153 BW geregelt. Würde als Folge der beantragten Ehescheidung eine bestehende Aussicht auf Auszahlung an den anderen Ehegatten, ausgelöst durch den Tod des Ehegatten, der den Antrag gestellt hat, verloren gehen oder in beträchtlichem Maße reduziert werden und legt der andere Ehegatte aus diesem Grund Einspruch ein, kann die Auszahlung nicht erfolgen, bevor nicht Vorkehrungen getroffen sind, die in Anbetracht der Gesamtumstände für beide Ehegatten billig sind. Ob eine Vorkehrung für beide Ehegatten als billig zu erachten ist, richtet sich nach den Gesamtumständen des Falles, dem Alter der Frau, der Möglichkeit, selbst Vorkehrungen zu treffen, dem zu erwartenden Pensionsverlust und nach dem (voraussichtlichen) Einkommen der Parteien. Art. 1:153 Abs. 1 BW ist nicht anzuwenden, wenn
- redlicherweise zu erwarten ist, dass der andere Ehegatte selbst ausreichende Vorkehrungen treffen kann;[113] oder
- die unheilbare Zerrüttung der Ehe in überwiegendem Maße dem anderen Ehegatten zuzuschreiben ist (Art. 1:153 Abs. 2 BW).

Art. 1:153 BW (ein Berufen auf Pensionsverlust) darf auch nicht genutzt werden, um in der Berufung nach der Entscheidung des Bezirksgerichts zu versuchen, die Scheidung zu vermeiden. Wenn z.B. die beiden Ehegatten zusammen ihre Ehescheidung beantragen und der Richter die Entscheidung auf ihren Antrag dazu entschieden hat, und wenn dann ein enttäuschter geschiedener Partner gegen das Urteil Berufung einlegt und sich dabei auf Art. 1:153 BW beruft, wird von Mißbrauch des Rechts gesprochen.[114]

2. Versorgungsausgleich

112   Seit 1.5.1995 ist auch Art. 1:155 BW über die Aufteilung der Alterspensionen auf die Regelung der Pensionsansprüche im Falle einer Scheidung anzuwenden.[115] Im Falle einer Ehescheidung und soweit der eine Ehegatte nach der Eheschließung und vor der Ehescheidung Pensionsansprüche erworben hat, hat der andere Ehegatte nach dem Gesetz über den Versorgungsausgleich (*Wet Verevening Pensioenrechten bij scheiding*, WVPS) einen **Anspruch auf Versorgungsausgleich**, es sei denn, die Ehegatten haben die Anwendung des WVPS ausgeschlossen. Für Unternehmer und vor allem den Direktor-Großaktionär bedeutet dies, dass er mit einem Ausgleich rechnen muss, wenn es zu einer Ehescheidung

---

113 HR 20.5.1977, NJ 1978, 253 und HR 14.5.1993, NJ 1994, 271: als „Vorkehrung" kommt auch eine gesetzliche Witwenpension in Betracht. Siehe auch HR 19.12.1997, NJ 1999, 399 mit Besprechung HJS und Gerechtshof Arnhem-Leeuwarden 9.7.2015, ECLI:NL:GHARL:2015:5207.

114 Gerechtshof 's-Hertogenbosch 8 maart 2007, ECLI:NL:GHSHE:2007:BB2612.

115 Diese Bestimmung wurde eingeführt mit Gesetz vom 28.4.1994, Stb. 1994, 342 (*Wet Verevening Pensioenrechten bij echtscheiding of scheiding van tafel en bed*; Kamerstukken 21 893) und ist aufgrund des Beschlusses vom 9.8.1994, Stb. 1994, 615, am 1.5.1995 in Kraft getreten. Letzte Änderung am 1.4.2012, Stb. 2012, 2. Siehe auch die Sondernummer Versorgungsausgleich des EchtscheidingBulletin (EB 1995, S. 6). Siehe zum Versorgungsausgleich auch *Soons*, Mr. C. Asser's handleiding tot de beoefening van het Nederlands burgerlijk recht, FJR 1995, 122–124 und *Lutjens*, Pensioenverevening bij Scheiding, een juridische slangenkuil, NJB 1997, 711–717.

kommt.[116] Aufgrund des WVPS sind – abhängig vom Zeitpunkt der Auflösung der Ehe zwei verschiedene Versorgungsausgleichssysteme zu unterscheiden.

- Bei **Auflösung der Ehe** (oder Trennung von Tisch und Bett) **nach** dem 1.5.1995 kommt der WVPS zur Anwendung, so dass *ex lege* ein Recht auf Versorgungsausgleich des einen Ehegatten gegen den anderen Ehegatten, der die Pensionsansprüche erworben hat, besteht. Frühere Ehegatten haben Anspruch auf die Hälfte der erworbenen Alterspension. Die Parteien können jedoch etwas anderes vereinbaren. Sie können auch die Anwendung des WVPS ausschließen. Eine abweichende Aufteilung oder ein Ausschluss muss mittels eines Ehevertrages oder einer Scheidungsvereinbarung erfolgen.
- Bei einer **Scheidung vor** dem 1.5.1995, aber **nach** dem 27.11.1981 (= Datum der sog. Pensionsentscheidung Boon-Van-Loon)[117] sind die Vorgaben aus dieser Entscheidung anzuwenden: Erworbene Pensionsrechte fallen in die Gütergemeinschaft und müssen bei der Aufteilung entsprechend berücksichtigt werden. Dies gilt auch für Pensionsansprüche, die vor der Ehe erworben wurden, sowie für die Verwandtenpension. Im Falle des Ausschlusses der Gütergemeinschaft (sog. „kalter Ausschluss", siehe Rdn 34) besteht kein Raum für einen Versorgungsausgleich.[118]

IV. Ausübung der elterlichen Sorge

1. Elterliches Sorgerecht

Grundsätzlich steht jeder Minderjährige unter der Sorge eines Volljährigen. Diese Verantwortung ist entweder (gemeinsame) **elterliche Sorge** oder (gemeinsame) **Vormundschaft** (Art. 1:245 BW). Die elterliche Sorge wird durch beide Eltern des Minderjährigen gemeinsam oder durch einen Elternteil allein wahrgenommen.[119] Die Vormundschaft wird durch eine andere Person als durch einen Elternteil ausgeübt (Art. 1: 245 Abs. 3 BW). Das Sorgerecht bezieht sich auf die **Person des Minderjährigen**, die **Verwaltung seines Vermögens** und seine **Vertretung in bürgerlichen Rechtssachen**, sowohl außergerichtlich als auch gerichtlich (Art. 1:245 Abs. 4 BW). Der Inhalt des Sorgerechts und die diesbezüglichen Aufgaben des Erziehers werden durch das Gesetz nicht näher präzisiert. Das Gesetz bestimmt, dass die elterliche Sorge die Pflicht und das Recht der Eltern umfasst, ihre minderjährigen Kinder selbst zu pflegen und zu erziehen (Art. 1:247 Abs. 1 BW). Dazu zählen sowohl die Sorge und die Verantwortung für das geistige und körperliche Wohlbefinden des Kindes als auch die Förderung der Persönlichkeitsentwicklung des Kindes (Art. 1:247 Abs. 2 BW). In Art. 1:247 Abs. 3 BW ist festgelegt, dass die elterliche Sorge auch die Verpflichtung der Eltern beinhaltet, die Entwicklung des Bandes des anderen Elternteils mit seinem minderjährigen Kind zu fördern. Außerdem ist in Art. 1:377a BW die Verpflichtung zum **Umgang** aufgenommen in Bezug auf den Elternteil, der nicht mit der elterlichen Sorge betraut ist.

113

---

116 *A.N. Labohm*, 'Een tikkende tijdbom voor de DGA & Pensioen in eigen beheer', EB Tijdschrift voor scheidingsrecht 2013, afl. 9, p. 149–152 (DGA= Direktor-Großaktionär); R.A. Roelvink-Verhoeff, 'Een nachtmerrie: hoe een onttrekking kan leiden tot heffing over de pensioenreserve', EB Tijdschrift voor scheidingsrecht 2014, nr. 11/12.

117 HR 27.11.1981, NJ 1982, 503. Siehe hierzu *Clausing*, Don Juan en het recht om te huwen, NJB 1987, 749–754.

118 HR 5.10.1990, NJ 1991, 567 und HR 31.5.1996, NJ 1996, 686 mit Besprechung MWK.

119 Zur gemeinsamen Verantwortung siehe *Wortmann*, Personen- en Familierecht, Lose-Blatt-Ausgabe Personen- en Familierecht, Kluwer, S. 198.

114 Grundsätzlich haben die Eltern (**beide Elternteile**) bei **bestehender Ehe** die elterliche Sorge über ihre minderjährigen Kinder auszuüben (Art. 1:251 Abs. 1 BW).[120] Die elterliche Sorge beginnt in diesem Fall *ex lege* mit der Geburt des Kindes und dauert bis zur Volljährigkeit des Kindes an. Die Situation kann sich aber anders entwickeln. Ein Elternteil kann nämlich versterben oder die Ehe kann durch Ehescheidung aufgelöst werden. Üben beide Eltern die elterliche Sorge über ihre minderjährigen Kinder gemeinsam aus und verstirbt einer von ihnen, dann übt der überlebende Elternteil *ex lege* die elterliche Sorge alleine aus (Art. 1:253f BW).

115 Seit 1.1.1998[121] üben **nach der Ehescheidung** beide Elternteile grundsätzlich gemeinsam die elterliche Sorge über ihre Kinder[122] weiter aus. Auf Antrag eines oder beider Elternteile kann das Gericht bestimmen, dass die elterliche Sorge von einem Elternteil allein auszuüben ist. Ausschlaggebendes Kriterium für die richterliche Entscheidung ist das **Wohl des Kindes** (Art. 1:251 Abs. 2 BW). Die Ausübung der elterlichen Sorge durch einen Elternteil stellt eine Ausnahme dar und wird lediglich in etwa 5–10 % der Ehescheidungen zuerkannt. Minderjährige ab dem 12. Lebensjahr können den Richter um eine einschlägige Entscheidung ersuchen. Dasselbe gilt für Kinder, die jünger als 12 Jahre sind, von denen jedoch angenommen werden kann, dass sie ihre eigenen Interessen entsprechend beurteilen können (Art. 1:251a BW jo. Art. 808 Rv). Einer oder beide Elternteile, die nach der Scheidung (Art. 1:251 Abs. 2 BW) oder nach der Eintragung in das Sorgerechtsregister (Art. 1:252 Abs. 1 BW) gemeinsam die elterliche Sorge ausüben, können zur Ansicht gelangen, dass sie die elterliche Sorge nicht länger gemeinsam ausüben können und wollen. Dies bedarf einer richterlichen Entscheidung, die von den Eltern zu beantragen ist (Art. 1:253n BW). Das Gericht bestimmt in der Folge, welcher Elternteil künftig die elterliche Sorge über die Kinder ausüben wird. Anlassfall werden meistens geänderte Umstände sein, wodurch die elterliche Sorge nicht länger dem Kindeswohl dienlich ist, oder wenn im Entscheidungszeitpunkt von falschen oder unvollständigen Informationen ausgegangen wurde.

116 Der allein sorgeberechtigte Elternteil hat den anderen Elternteil über wichtige Angelegenheiten mit Bezug auf die Person oder das Vermögen des Kindes zu **informieren** und – erforderlichenfalls mit Hilfe Dritter – seine Meinung zu den bevorstehenden Entscheidungen einzuholen. Auf Antrag eines Elternteils kann der Richter hierüber entscheiden (Art. 1:377b Abs. 1 BW). Im Interesse des Kindes kann der Richter sowohl auf Antrag des

---

120 Siehe hierzu sowie zur alten Rechtslage *van Wamelen*, Ouderschap en ouderlijk gezag na scheiding; *Lenters*, De rol van de rechter in de echtscheidingsprocedure, S. 86 ff. und die wichtige Entscheidung des HR 4.5.1984, NJ 1985, 510.

121 Gesetz vom 30.10.1997 zur Änderung von u.a. Buch 1 BW zur Einführung der gemeinsamen Sorge eines Elternteils und seines Partners und der gemeinsamen Vormundschaft, Stb. 1997, 506. Einführender königlicher Beschluss 1997, 567 (Kamerstukken 23 714).

122 Nach altem Recht bestimmte Art. 1:161 Abs. 1 BW (alt), dass der Richter für jedes minderjährige Kind der Ehegatten, einen Ehegatten zum Vormund zu ernennen hatte. Die Fortsetzung der gemeinsamen elterlichen Gewalt war bis zur Entscheidung des HR vom 4.5.1984 nicht möglich. Unter Berufung auf Art. 8 EMRK und unter Außerachtlassung von Art. 1:161 Abs. 1 BW (alt) blieb Abs. 4 des genannten Artikels in Geltung: Bis zur Aufnahme der Vormundschaft des ernannten Vormunds bleibt das Sorgerecht über die Kinder bei demjenigen, der es während des Verfahrens ausübte, mit denselben Rechten und Pflichten, wie er sie damals hatte. Die gemeinsame elterliche Gewalt blieb unter folgenden Voraussetzungen fortbestehen: 1. Beide Eltern wünschten die Fortsetzung der elterlichen Gewalt; 2. Annahme, dass zwischen den Eltern jenes gute Einvernehmen herrscht, welches die gemeinsame Ausübung der elterlichen Sorge voraussetzt; 3. einvernehmliche Regelung auch über die Kostentragung für Pflege und Erziehung des Kindes sowie 4. keine Einwände hinsichtlich des Kindeswohls. Die gesetzliche Regelung, die vom 2.11.1995 bis 1.11.1998 galt, enthielt die kodifizierte Rechtsprechung. Seit 1998 gilt die erwähnte Regelung.

sorgeberechtigten Elternteils als auch von Amts wegen entscheiden, dass Art. 1:377b Abs. 1 BW nicht zur Anwendung kommt (Art. 1:377b Abs. 2 BW).[123] Der allein sorgeberechtigte Elternteil hat somit nicht nur eine Informationspflicht gegenüber dem anderen Elternteil, sondern muss auch in gewissen Fällen dessen Meinung einholen. Nach der Ehescheidung hat der sorgeberechtigte Elternteil nunmehr automatisch die Pflicht, den anderen Elternteil zu informieren und seine Meinung über „wichtige Angelegenheiten mit Bezug auf die Person und das Vermögen des Kindes" einzuholen. Es wird der Praxis obliegen, den **Begriff „wichtige Angelegenheiten"** zu konkretisieren. Unklar ist die Reichweite der **Pflicht zur Einholung der Meinung** des anderen Elternteiles. Ist der nicht sorgeberechtigte Elternteil anderer Meinung als der sorgeberechtigte Elternteil, hat Ersterer keine Möglichkeit, seine Meinung durchzusetzen.[124] Es ist klar, dass das Recht auf Meinungsäußerung eine angemessene Information voraussetzt.

2. Gemeinsames Sorgerecht (Art. 1:253t BW)

Wenn nur ein Elternteil das Sorgerecht (die elterliche Gewalt) für das Kind/die Kinder hat, besteht die Möglichkeit, das Sorgerecht zusammen mit einer anderen Person zu beantragen. Der Elternteil des Kindes/der Kinder kann das gemeinsame Sorgerecht zusammen mit dem Nicht-Elternteil beim Bezirksgericht anfragen, wenn diese zweite Person *„family life"* (eine enge persönliche Beziehung) mit dem Kind hat. Hat das Kind einen anderen Elternteil (ohne elterliche Sorge), dann müssen die Antragsteller darlegen, dass sie wenigstens ein Jahr – unmittelbar vor dem Antrag – zusammen für das Kind gesorgt haben. Der Elternteil muss hierbei wenigstens drei Jahre ohne Unterbrechung die elterliche Sorge alleine innegehabt haben. Der Nicht-Elternteil, der zusammen mit dem anderen Elternteil das gemeinsame Sorgerecht hat, wird auch unterhaltspflichtig für das Kind oder die Kinder, die unter seiner/ihrer Obsorge stehen (Art. 1:253w BW). Durch das gemeinsame Sorgerecht wird der Partner jedoch nicht zu einem Elternteil des Kindes, so lange das Kind nicht vom ihm/ihr adoptiert worden ist. Beim gemeinsamen Sorgerecht gemäß Art. 1:253t BW entstehen keine Erbschaftsansprüche zwischen dem Nicht-Elternteil und dem Kind.

117

3. Umgangsrecht

Sofern die Eltern sich nicht einvernehmlich über das **Umgangsrecht** einigen können, kann das **Gericht** diesbezüglich eine Entscheidung treffen. Jeder nicht mit der elterlichen Sorge betraute Elternteil hat grundsätzlich Anspruch auf Umgang mit seinem Kind und auf Informationen über sein Kind (Art. 8 EVRM und Art. 1:247 und 1:377a BW). Das Umgangsrecht ist folglich von der Scheidungssituation losgelöst und nicht länger geschiedenen Eltern vorbehalten. Weiterhin ist es in allen anderen Situationen von Bedeutung, in welchen Eltern und Kind keinen Kontakt mehr zueinander haben. Das Kind und der nicht sorgeberechtigte Elternteil haben das Recht auf Umgang miteinander (Art. 1:377a Abs. 1 BW).[125] Das Umgangsrecht ist als **wechselseitiges Recht** sowohl des Elternteils als auch des Kindes formuliert. Es bleibt unabhängig vom Zivilstand der Eltern. Voraussetzung ist, dass eine familienrechtliche Beziehung vorliegt.

118

---

123 Hof Amsterdam 5.6.1997, RN 1997, 779, entschied, dass die Informationspflicht – im konkreten Fall das jährliche Senden eines Fotos an den wegen Inzest inhaftierten Vater – zu viel Unruhe und Stress bei der Mutter verursachen wird. Vgl. Hof Amsterdam 18.6.1998, FJR 1999, 263–264, Nr. 193.

124 Siehe hierzu *de Boer*, Sanctionering van de ouderlijke consultatieplicht, NJB 1997, 539–540.

125 Art. 1:377a BW beschränkt sich auf das Umgangsrecht von und mit minderjährigen Kindern. Obwohl das Gericht Arnhem über eine Umgangsregelung bezüglich des Hundes der Parteien entscheiden musste, ist Titel 15 hiefür nicht gedacht. Siehe Rb Arnhem 8.12.2003, EB 2004, 3.

Vlaardingerbroek

119   Betroffene (Eltern und Kind) können eine **Umgangsregelung vereinbaren** und es bleibt
       ihnen überlassen, wie sie konkrete Absprachen durchführen. Es handelt sich um ein gesetzli-
       ches Recht, unabhängig davon, ob eine richterliche Entscheidung vorliegt. Die Eltern kön-
       nen sich zur Regelung des Umgangsrechts auch an den Richter wenden. Der Richter
       entscheidet über das zeitlich beschränkte oder unbeschränkte Umgangsrecht der Eltern
       oder eines Elternteils (Art. 1:377a Abs. 2 BW). In seiner richterlichen Entscheidung über
       das Umgangsrecht kann der Richter eine (sehr) detaillierte Regelung festlegen, in welcher
       bspw. Abhol- und Rückgabezeitpunkte, Dauer und/oder Intensität des Umgangsrechts
       enthalten sind.[126] Bereits **während des Ehescheidungsverfahrens** kann im Rahmen **vorläu-
       figer Maßnahmen** eine Umgangsregelung getroffen werden. Das Rechtsmittel der Berufung
       ist dann aber nicht zulässig (Art. 824 Abs. 1 Rv). Diese Umgangsregelung gilt, bis die
       elterliche Sorge gem. Art. 1:253p BW begonnen hat (Art. 826 Abs. 1 sub b Rv).[127] **Bei der
       Scheidung selbst** kann im Rahmen von **begleitenden Maßnahmen** eine Regelung über den
       Umgang getroffen werden (Art. 827 Abs. 1 sub c Rv).[128] Ein Antrag auf Feststellung einer
       Umgangsregelung oder Entzug derselben – wie in Art. 1:377a BW angesprochen – kann
       allerdings auch noch (Jahre) nach der Scheidung erstmals gestellt werden. Die Zweite
       Kammer des Parlaments hat im April 2016 einen Entwurf zur Regelung des Umgangsrechts
       von Großeltern mit Enkelkindern abgelehnt.[129] Der Minister von Sicherheit und Justiz hat
       vorgeschlagen, stattdessen die Umgangsregelungen von Großeltern und anderen Familien-
       mitgliedern in den Elternschaftsplan einzubeziehen.

120   In den Niederlanden gibt es auch **Umgangshäuser,** in denen versucht wird, den Umgang
       mit dem anderen Elternteil wieder aufzubauen oder – bei Angst vor Missbrauch, Misshand-
       lung, Entführung usw. – den Umgang mit dem Kind oder den Kinder zu sichern. In
       manchen Fällen gelingt es, ein strafrechtliches Verfahren gegen den Elternteil einzustellen,
       der den Umgang zwischen dem Kind und dem anderen Elternteil untergräbt (z.B. mit einer
       Verurteilung zu gemeinnütziger Arbeit von 60 Stunden). Leider ist es oftmals nicht möglich,
       bei einem den Umgang ablehnenden Elternteil gleichwohl den Umgang zu realisieren,
       auch nicht mit Zwangsgeld, zivilrechtlicher Haft, Kinderschutzmaßnahmen, Änderung des
       Wohnsitzes des Kindes, Unterbrechung der Unterhaltszahlung usw.

121   Im Scheidungsverfahren und bei Streit um den Umgang wird immer häufiger die Einsetzung
       eines sog. *bijzondere curator* (eines Rechtsanwalts oder Verhaltensforschers gem. Art. 1:253a
       BW oder Art. 1:250 BW) durch den Richter vorgeschlagen, der das Kind unterstützt und
       versucht, mit beiden Eltern eine Lösung des Konflikts zu finden.[130]

---

126 Der Minister erblickt keinen Vorteil in der Aufnahme einer Standardregelung für den Umgang mit
     dem Kind, weil die Festlegung einer minimalen Regelung dazu führen kann, dass diese in der Praxis
     zu einer maximalen Umgangsregelung führen könnte. Der Minister befürchtet, dass sich eine solche
     Norm auf eine einvernehmliche Regelung zwischen den Eltern abträglich auswirken könnte (Kamer-
     stukken II, 2002/2003, 28 600 VI, Nr. 1–5).
127 Gegen eine Regelung auf Probe ist das Rechtsmittel der Berufung sehr wohl möglich, so HR 28.4.1989,
     NJ 1989, 610.
128 Dies ist im Laufe des Verfahrens und sogar (erstmals) im Berufungsverfahren möglich, so HR 7.4.2000,
     NJ 2000, 377 und HR 23.2.2001, NJ 2001, 237.
129 „Opgroeien met opa en oma", Kamerstukken II, 2014/15, Kamerstukken II, 2014/15, 34 168,
     nrs. 1–8.
130 *F. Kleefmann,* 'De kinderombudsman, de stem van het kind en de bijzondere curator in civiele procedu-
     res', Trema 2012, nr. 8, p. 274–278; C.A.R.M. van Leuven, L. Klaver, P.H.J. Slot & J.H.M. van Oijen,'
     Pilot: de gedragsdeskundige als bijzondere curator', Tijdschrift voor Familie- en Jeugdrecht 2015,
     nr. 11.

Vlaardingerbroek

Im Rahmen der Abwägung der Interessen sämtlicher vom Umgangsrecht betroffenen Perso-   122
nen sind die **Kindesinteressen vorrangig** zu behandeln.[131] In diesem Zusammenhang ist
nicht die Frage zu beantworten, ob der Umgang im Interesse des Kindes liegt (d.h.: gut ist
für das Kind[132]), sondern im Mittelpunkt steht die Frage, ob der Umgang mit dem Kind
verweigert werden muss, weil einer oder mehrere Verweigerungsgründe vorliegen ('schlecht
ist für das Kind').[133] Der Richter kann das **Recht auf Umgang** nur **verweigern**, wenn
- der Umgang einen ernsthaften Nachteil für die geistige oder körperliche Entwicklung
  des Kindes zur Folge haben würde oder
- ein Elternteil offensichtlich ungeeignet oder nicht in der Lage ist, das Umgangsrecht
  auszuüben, oder
- das 12 Jahre alte oder ältere Kind bei der Einvernahme ernsthafte Bedenken gegen den
  Umgang mit seinem Elternteil vorbringt[134] oder
- der Umgang aus sonstigen Gründen gegen schwerwiegende Interessen des Kindes verstößt (Art. 1:377a Abs. 3 BW).[135]

V. Sonstige Folgen der Ehescheidung

1. Namensrecht

Auch nach der Ehescheidung oder nach Beendigung der registrierten Partnerschaft darf   123
derjenige, der den Namen des anderen führt, dies weiterhin tun (Art. 1:9 Abs. 1 BW), aber
der Richter kann auf Antrag desjenigen, dessen Namen gebraucht wird, dem anderen dieses
Recht entziehen (Art. 1:9, Abs. 2 BW). Dies setzt voraus, dass die Ehe durch Scheidung
aufgelöst wurde und keine lebenden Kinder (mehr) vorhanden sind. Der Antragsteller wird
schwerwiegende Argumente vorbringen müssen.

2. Aufenthaltsgenehmigung

Heiratet ein Niederländer oder jemand, der in den Niederlanden einen selbstständigen   124
Aufenthaltstitel hat, einen Fremden **ohne Aufenthaltsgenehmigung,** dann erhält Letzterer
ein **vom Partner abhängiges Aufenthaltsrecht** in den Niederlanden (siehe Rdn 11, 55 f.),
das Recht auf Aufenthalt in den Niederlanden und Zugang zum Arbeitsmarkt sowie Sozialfürsorge, auf welche ein nicht verheirateter Fremder keine Ansprüche hat. Erst wenn die
Ehe bzw. die registrierte Partnerschaft drei Jahre angedauert hat, kann der Fremde eine
selbstständige Aufenthaltsgenehmigung beantragen.[136] Der Staatsanwalt kann sich gegen

---

131 HR 15.2.1980, NJ 1980, 329 und HR 6.6.1997 (Nr. 8928), FJR 1997, 213.
132 Siehe Art. 3 der Kinderrechtskonvention.
133 HR 8.12.2000, NJ 2001, 648. Siehe auch EHRM 8.7.2003, Appl.No. 31 871 (Sommerfeld/Deutschland).
134 HR 4.5.2001, JOL 2001, 297 berücksichtigte auch die Meinung eines „fast 12-jährigen" Kindes.
135 *M. Vonk,* 'Weten, kennen en erkennen: kinderen van ouders die niet samen zijn', NTvM 2013, afl. 4,
     p. 515–531; *B. Chin-A-Fat,* 'Zware inspanningsverplichting voor de rechter in omgangszaken', EB
     Tijdschrift voor scheidingsrecht 2014, nr. 7/8; *M.E. Hinskens-van Neck,* 'Effectuering van omgang na
     (v)echtscheiding', FJR 2014/47; *M.D. Verwoerd,* 'Nieuwe kansen voor biologische vaders tot omgang
     met hun kind', WPNR 2015, afl. 2, p. 36–40; *A.P. van der Linden,'* De initiatiefnota omgangsrecht
     grootouders: wettelijke aanpassing vereist?', EB Tijdschrift voor scheidingsrecht 2015, afl. 7/8,
     p. 144–146.
136 Siehe ferner das Fremdengesetz 2000 (*Vreemdelingenwet* 2000, Gesetz vom 23.11.2000, Stb. 2000, 495,
     und Gesetz vom 22.3.2001, Stb. 2001, 141. Letztlich geändert durch das Gesetz vom 19.5.2011, Stb.
     2011, 272) sowie den Fremdenbeschluss 2000 (*Vreemdelingenbesluit* 2000 vom 23.11.2000, Stb. 2000,
     497 i.d.F. des Beschlusses vom 26.3.2012, Stb. 2012, 158).

Vlaardingerbroek

eine Scheinehe aussprechen (*„stuiten"*; Art. 1:53 Abs. 3 jo. 50 BW) oder – wenn eine solche bereits eingegangen wurde – ihre Nichtigerklärung beantragen (Art. 1:71a BW). Ehegatten und registrierte Partner niederländischer Staatsangehöriger, die sich einbürgern lassen wollen, müssen mindestens drei Jahre verheiratet bzw. registriert sein und in diesem Zeitraum zusammengelebt haben. Ein Minderjähriger kann die niederländische Staatsangehörigkeit nur aufgrund der in Art. 16 und 16a Rw.Ned. auf gezählten Gründe verlieren, nicht jedoch aufgrund einer Ehescheidung.

3. Erbrecht

125   Mit der Ehescheidung entfällt *ex lege* das gesetzliche **Erbrecht** der Ehegatten. Ein Ex-Ehegatte kann trotzdem freilich aufgrund einer letztwilligen Verfügung seinen früheren Ehegatten beerben. Dasselbe gilt auch bei der registrierten Partnerschaft.

VI. Möglichkeiten vertraglicher Regelungen bei Ehescheidung

126   Seit Inkrafttreten des Gesetzes über das Scheidungsverfahrensrecht (*Wet Scheidingsprocesrecht*, 1993) müssen die Parteien dem Richter keinen Vorschlag über eine Regelung hinsichtlich ihrer Kinder oder ihrer vermögensrechtlichen Beziehungen mehr unterbreiten. Treffen sie aber eine solche Regelung (das*t 'convenant'*), kann der Richter auf Antrag der Parteien die Regelung in Gänze oder zum Teil in seine Entscheidung aufnehmen (Art. 819 Rv). Dann liegt ein vollstreckbarer Titel vor (Art. 430 Rv). Seit 1.3.2009 sind sich scheidende Eltern von minderjährigen Kindern allerdings verpflichtet, einen **Elternschaftsplan** gem. Art. 815 Abs. 1 Rv zu erstellen (siehe im Einzelnen Rdn 72 ff.), was dazu führte, dass diese ursprünglich freiwillige Vereinbarung (*convenant*) in den Hintergrund gedrängt wurde. Die Ehescheidungsfolgenvereinbarung ist zwar grundsätzlich **formfrei**, aber nicht im Zusammenhang mit minderjährigen Kindern.[137]

127   Vor oder nach der Entscheidung über die Ehescheidung können die Ehegatten vereinbaren, ob und bejahendenfalls welcher Betrag als **nachehelicher Unterhalt** zu zahlen ist. Enthält die Vereinbarung keine Dauer, während welcher Periode nachehelicher Unterhalt zu gewähren ist, dann ist Art. 1:157 Abs. 4–6 BW entsprechend anzuwenden (Art. 1:158 BW). Die Ehegatten können also die wirtschaftlichen Folgen ihrer Scheidung selbst regeln und zu diesem Zweck eine Unterhaltsvereinbarung abschließen.[138] In dieser Vereinbarung können sie bestimmen, in welcher Höhe und für welche Dauer nachehelicher Unterhalt zu zahlen ist.[139] Sie können aber auch vereinbaren, dass von nachehelichem Unterhalt abgesehen wird; dann liegt ein sog. *‚nihilbeding'* vor. Die Unterhaltsvereinbarung kann wegen einer Änderung der Umstände angefochten werden. Art. 3:44 Abs. 4 jo. 59 BW ist anzuwenden.[140] Die Vereinbarung kann durch den Richter geändert oder aufgehoben werden, wenn sie aufgrund geänderter Umstände gesetzlichen Maßstäben nicht mehr entspricht (Art. 1:401 Abs. 1 BW)[141] oder wenn sie unter grober Verkennung gesetzlicher Maßstäbe abgeschlossen

---

137 HR 26.1.1979, NJ 1980, 19. In HR 11.10.1996 (Nr. 8758), PFR-Actuele Informatie 1996, 10, S. 2–3 werden Auslegung und Anwendung von Scheidungsfolgenvereinbarungen ausführlich behandelt.

138 Diese Vereinbarung muss während (darf also nicht vor) der Ehe geschlossen worden sein, so HR 7.3.1980, NJ 1980, 363 und HR 12.1.1996, NJ 1996, 352.

139 Siehe diesbezüglich auch Art. 1:401 Abs. 2–3 BW.

140 Hof Amsterdam 8.4.1999, FJR 2001, 53–54, Nr. 7.

141 HR 27.1.1989, NJ 1989, 717; HR 17.3.1989, NJ 1989, 855; HR 7.12.1990, NJ 1991, 201; HR 1.7.1994, NJ 1994, 597; HR 12.9.1997, NJ 1997, 733; HR 27.3.1998, NJ 1998, 551 und HR 4.2.2000, NJ 2000, 213; HR 14.9.2007, RFR 2007, 120.

wurde (Art. 1:401 Abs. 5 BW). Die Parteien können die Anwendbarkeit von Art. 1:401 Abs. 1 BW allerdings ausschließen, indem sie in ihre Unterhaltsvereinbarung ein sog. Änderungsverbot aufnehmen. Trotz einer solchen Klausel kann der Richter auf Antrag einer der Parteien die Vereinbarung – anlässlich der Entscheidung über die Auflösung der Ehe oder in einer späteren Entscheidung – aufgrund einer derartig tief greifenden Änderung der Gesamtumstände, wonach der Antragsteller nach Maßgabe von Redlichkeit und Billigkeit nicht länger an der Vereinbarung festgehalten werden darf, abändern (Art. 1:159 Abs. 3 BW).[142]

Die Niederlande verfügen über eine große Erfahrung mit verschiedenen Formen der **außergerichtlichen Konfliktregelung**. Viele Konflikte können auf diesen Wegen gelöst werden, ohne dass ein Richter eingeschaltet werden muss. Auch die Anwaltschaft, welche – trotz ihrer primären Aufgabe der Prozessvertretung – es zu ihren Aufgaben rechnet, Konflikte vorwiegend außergerichtlich zu lösen, trägt zu dieser Entwicklung bei. Konfliktregelung im Allgemeinen und Streitschlichtung im Zusammenhang mit einer Scheidung im Besonderen stellen neue Formen der Konfliktregelung dar.[143] Charakteristisch für diese Form der Konfliktregelung ist, dass die Parteien für die Lösung ihrer Konflikte selbst verantwortlich sind. Der Vermittler begleitet diesen zwischen den Parteien stattfindenden Prozess des Überlegens und Verhandelns. Er verschafft zwar Informationen, bietet aber keine Lösung an. Die Parteien haben das Gefühl, die Regelung selbst vereinbart zu haben, und empfinden es als wichtig, dass es gelungen ist, gemeinsam ohne Streit die Scheidungsfolgen zu regeln. Ungefähr drei Viertel der außergerichtlichen Streitregelungen werden mit einer Vereinbarung über alle wichtigen Themen abgeschlossen. Ein Jahr nach Abschluss der Vereinbarungen werden diese zu 60 % auch genauso eingehalten, wie sie seinerzeit vereinbart wurden.[144] In Scheidungsverfahren werden mehr und mehr *Mediator*s und/oder *,bijzondere curator*'durch den Richter eingesetzt für eine Beratung der Eheleute oder um eine aussergerichtliche Lösung zu erarbeiten.

128

VII. Kollisionsrecht der Scheidungsfolgen

Zum Kollisionsrecht der Scheidungsfolgen siehe § 2 in diesem Werk (vgl. auch Rdn 17 f., 49). Das Kollisionsrecht der Ehetrennung ist seit dem 1.1.2012 in Art. 10:54 ff. des Zivilgesetzbuches geregelt, neben dem Übereinkommen vom 1.6.1970 über die Anerkennung von Ehescheidungen und Ehetrennungen (Inkrafttreten: 24.8.1975) und dem Luxemburger Übereinkommen vom 8.9.1967 über die Anerkennung von Entscheidungen in Ehesachen. Siehe auch VO-Brussel IIbis bzgl. der zuständigen Richter bei Entscheidungen über Sorgerecht und die Übereinkommen über das Unterhaltsrecht für geschiedene Ehegatten und deren Kinder (Haager Übereinkommen vom 2.10.1973 über das auf Unterhaltspflichten

129

---

142 *Asser/de Boer*, Mr. C. Asser's handleiding tot de beoefening van het Nederlands burgerlijk recht, 2010, S. 464. HR 18.12.2015, ECLI:NL:HR:2015:3635.
143 In den Niederlanden waren *Hoefnagels* und *Mac Gillavry* die Pioniere auf dem Gebiet der Scheidungsschlichtung. Siehe *Hoefnagels* 1993, 1996, 1997, S. 54–59 und 2000, 2001; *Mac Gillavry*, Scheidingsbemiddeling, 1997; *Gijbels*, De reden van het success van (scheidings)bemiddeling, FJR 1996, 31–33; *Stille*, In de minne gescheiden, 1997; *Zonnenberg*, Scheidingsbemiddeling, 2002; *Doek/Chin-A-Fat*, Kostenbesparing van scheidings- bemiddeling, FJR 2003, Nr. 4, 79–84.
144 *Chin-A-Fat* und *Steketee*, Evaluatie experimenten scheidings- en omgangsbemiddeling, S. 12–15 und S. 69–138; *De Hoon*, Emotions in Court and the Role of the Judge. Results from Experimental Hearings in Divorce Proceedings, in: International Family Law, 2010, S. 319–332.

anzuwendende Recht; Inkrafttreten: 1.10.1977).[145] Zum Kollisionsrecht der güterrechtlichen Ehefolgen siehe das Haager Güterrechtsabkommen von 1978[146] und Buch 10 des Zivilgesetzbuches.

VIII. Ehescheidungsverfahrensrecht

130 Art. 815–828, § 1 Titel 6 von Buch 3 der niederländischen ZPO (*Wetboek van Burgerlijke Rechtsvordering*, Rv) regelt das **Verfahren in Ehescheidungsangelegenheiten**. Obwohl der Gesetzgeber für sämtliche familienrechtliche Verfahren ein **Antragsverfahren** angestrebt hat, sind dennoch in manchen Fällen Verfahren noch immer auf **Ladung** anzuwenden. Zu denken ist an das „*kort geding*" und an das Verfahren zur Aufteilung des Inventars. Die Ehescheidung wird durch die Eintragung der (richterlichen) Entscheidung in die Zivilstandsregister wirksam (Art. 1:163 BW). Der Richter erfüllt damit eine zentrale Rolle, er tritt seit jeher streitschlichtend auf. Eine Reihe von Gerichten verfügt über getrennte Abteilungen für Familienrechtssachen, manchmal sind diese organisatorisch dem Zivilrecht zugeordnet. Grundsätzlich gilt **Anwaltszwang** (Art. 79 und 278/282 Rv). Art. 278 Abs. 2 Rv regelt lediglich die Unterzeichnung von Schriftsätzen; die obligatorische Prozessvertretung beschränkt sich daher auf Antrag und Einwendung.

131 Die Ehescheidung kann nur durch die Ehegatten selbst bzw. durch sie gemeinsam, aber nicht durch dritte Personen **beantragt** werden (Art. 1:150 BW). Es kommt praktisch nie vor, dass dritte Personen in das Ehescheidungsverfahren einbezogen werden. Zu Fragen des Kindesunterhalts im Zusammenhang mit dem Ehescheidungsverfahren, aber auch im getrennten Verfahren über den Kindesunterhalt müssen **Kinder**, die älter als 16 Jahre sind, stets **gehört** werden, während jüngere Kinder gehört werden dürfen. In anderen Angelegenheiten, die den Minderjährigen betreffen, wie bspw. die Umgangsregelung, müssen Kinder, die älter als 12 Jahre sind, gehört werden, während jüngere Kinder gehört werden dürfen. Aus dem verpflichtenden **Elternschaftsplan** (siehe Rdn 72 ff.) muss für den Richter deutlich sein, wie das Kind von den Eltern in diesen Plan einbezogen ist.[147]

132 In Ehescheidungsangelegenheiten (einschließlich der Aufhebung einer registrierten Partnerschaft, Art. 828 Rv) kann jeder Ehegatte **vorläufige Maßnahmen** beantragen (Art. 821–826 Rv). Solche Maßnahmen haben einen vorläufigen Charakter mit Ordnungsfunktion und verfolgen den Zweck, Schwierigkeiten aufgrund des Scheidungsverfahrens zu begegnen.

133 Das **Antragsverfahren** beginnt durch das Einreichen eines unterzeichneten **Antrags** bei Gericht (Art. 278 Abs. 2 Rv). Handelt es sich um eine Scheidung mit minderjährigen Kindern, so ist auch der **Elternschaftsplan** einzureichen (siehe Rdn 72 ff.). Anschließend wird die Gegenpartei zur **Stellungnahme** aufgefordert; dies ist in den Art. 271–277 Rv geregelt. Art. 278 Rv enthält die Voraussetzungen, die eine **Antragsschrift** erfüllen muss (Art. 815 ff. Rv für einseitige und gemeinsame Antragsschriften in Scheidungssachen enthalten teils die gleichen, teils spezifische Vorschriften). Art. 827 Rv zählt verschiedene **Scheidungsfolgen** auf, welche sind: Ehegattenunterhalt, Aufteilung der Gütergemeinschaft, Maßnahmen in Bezug auf minderjährige Kinder (elterliche Sorge, Umgang, Information, Meinungsäußerung und Kindesunterhalt), Nutzung der Ehewohnung (Art. 1:165 BW) sowie Verwendung des Inventars und Zuerkennung eines Mietrechts. Grundsätzlich kann der andere Ehegatte bis zum Beginn der Verhandlung oder, wenn der Richter es erlaubt, im Laufe der Verhand-

---

145 Das Übereinkommen vom 23.11.2007 über die internationale Geltendmachung der Unterhaltsansprüche von Kindern und anderen Familienangehörigen ist noch nicht in Kraft getreten.

146 http://www.hcch.net/index_de.php?act=conventions.text&cid=87.

147 Siehe *V.M. Smits*, Particpatierechten van kinderen bij het ouderschapsplan, Diss., Maklu, 2015.

lung einen Schriftsatz mit **Einwendungen** einreichen (Art. 282 Rv). In Bezug auf das selbstständige Unterhaltsverfahren und das Ehescheidungsverfahren (anders als auf gemeinsamen Antrag hin) werden in der Ladung Einwendungsfristen genannt (Art. 801 Abs. 1 und 816 Abs. 1 Rv). Die Bezirksgerichte und die Oberlandesgerichte haben miteinander Prozessverfahrensregelungen verabredet, die in den nächsten Jahren aktualisiert werden.[148]

Die **mündliche Verhandlung** hat u.a. zum Ziel, (finanzielle) Angaben zu prüfen bzw. fehlende zu ergänzen.[149] Das Ziel einer mündlichen Verhandlung besteht hauptsächlich darin, die umstrittenen Bereiche zu besprechen und mit Hilfe der Anwälte einer einvernehmlichen Lösung zuzuführen. Der Rechtsuchende wird bewusst so weit wie möglich in das Verfahren einbezogen.[150] Das in der ZPO geregelte Beweisrecht für die Verfahren auf Ladung (Art. 149 ff. Rv) wird prinzipiell auf alle familienrechtlichen Verfahren angewendet. Art. 150 Rv enthält die Grundregel der **Beweislastverteilung:** Die Partei, die sich auf die Rechtsfolgen der von ihr behaupteten Fakten oder beanspruchten Rechte beruft, trägt hierfür die Beweislast. Der Beweis kann mit allen Mitteln erbracht werden, es sei denn, das Gesetz sieht Abweichendes vor (Art. 152 Abs. 1 Rv).

134

Im Antragsverfahren bestimmt der Richter von Amts wegen, meistens in der mündlichen Verhandlung, den **Entscheidungstermin** (Art. 286 Rv). Der Richter entscheidet i.d.R. innerhalb von zwei bis vier Wochen. Die Entscheidung ist stets **öffentlich** zu **verkünden** (Art. 28 Rv), auch dann, wenn – wie es in Familiensachen der Fall ist – die Verhandlung unter Ausschluss der Öffentlichkeit stattfindet. In der Praxis kommt eine öffentliche Verlesung der gesamten Entscheidung oder auch nur des Dictums nicht mehr vor. Es genügt der Hinweis in der Entscheidung, dass sie öffentlich verkündet wurde.[151] Gemäß Art. 30, 230 und 287 Rv hat der Richter in der Entscheidung die Tatsachen und die Entscheidungsgründe, auf welchen die Entscheidung beruht, darzulegen. Es gilt die Faustregel, wonach weitreichende Entscheidungen gründlicher zu begründen sind. Die Entscheidung muss nachvollziehbar sein.[152] Behauptungen, denen nicht gefolgt wird, werden i.d.R. mehr Aufmerksamkeit bedürfen als die Behauptungen der anderen Partei. Der wichtigste Teil der Entscheidung ist der **Entscheidungsspruch** (Art. 230 Abs. 1 sub f Rv). Nur was im Tenor angeführt ist, bestimmt, was zwischen den Parteien rechtens ist und kann einen Vollstreckungstitel darstellen.

135

IX. Internationale Zuständigkeit

Zur internationalen Zuständigkeit siehe die vorhergehenden Ausführungen (vgl. Rdn 50 und die dort aufgeführte Literatur).

136

---

148 *Nederlandse Vereniging voor Rechtspraak (NVVR);* http://www.rechtspraak.nl/Procedures/ Landelijke-regelingen/sector-familie-en-jeugdrecht/Pages/Procesreglementen-familierecht-rechtbanken.aspx.
149 HR 10.9.1999, NJ 2000, 20.
150 Siehe *van Teeffelen*, Werkwijze van de rekestensector van het Gerechtshof te 's-Hertogenbosch, EB 2002, 74–76.
151 HR 17.9.1993, NJ 1993, 739.
152 HR 10.12.1999, NJ 2004, 4 (zur Feststellung des Unterhalts).

E. Registrierte Partnerschaft

I. Allgemeines, Statistik

137   Am 1.1.2001 wurde Personen desselben Geschlechts die Eheschließung ermöglicht;[153] bis
dahin war die Ehe in den Niederlanden zwei Personen verschiedenen Geschlechts vorbehalten. Die **registrierte Partnerschaft** stellt neben der Ehe einen neuen Zivilstand dar.[154] In
den letzten Jahren gibt es nur noch wenige Homo-Ehen und registrierte Partnerschaften
von Homosexuellen.

138   **Anzahl der Eheschließungen:**[155] 2001, als 80.000 Hetero-Paare und 2.400 Homo-Paare
heirateten, handelte es sich bei 3 % aller Ehen um eine Homo-Ehe. Dieser Anteil nahm in
den darauf folgenden Jahren ab und erreichte 2005 1,6 %. 2007 betrug der Anteil fast
2 %; in 2015 2,17 %. Bei den **eingetragenen Partnerschaften** ergibt sich ein anderes Bild:
Aufgrund der zunehmenden Popularität der eingetragenen Partnerschaft – 2009 wurden
8.434 neue Partnerschaften zwischen Männern und Frauen eingetragen, gegenüber 1.700
Partnerschaften in 2001 – und der stabilen Zahl der Homo-Paare ist der Anteil der neuen
Homo-Partnerschaften insgesamt rasch gesunken (von fast 25 % in 2001 auf 4,8 % in 2011
und auf 3,45 % in 2015).

139   Die **Anzahl der Ehen** betrug in 2015 64.308 (in: 2011: 71.572). In 2014 wurden 33.453 Ehen
geschieden. Weitere Daten für **2015**: Ehen zwischen Männern: 647. Ehen zwischen Frauen:
749. Der gesamte Anteil der Scheidungen: ca. 40 %. Durchschnittliche Ehedauer: 14,1 Jahre.
Durchschnittliches Scheidungsalter: 46,7 (Männer), 43,5 (Frauen).[156]

140   Neu geschlossene **eingetragene Partnerschaften** in **2015**:   12.772
Zwischen Männern und Frauen: 12.331
Zwischen Männern: 202
Zwischen Frauen: 239

II. Begründung der registrierten Partnerschaft

141   Nach Art. 1:80a Abs. 6 BW sind die Art. 1:31, 32, 35–39 und 41 BW auf die Registrierung
der Partnerschaft entsprechend anzuwenden. Wer eine registrierte Partnerschaft eingehen
will, muss dies beimStandesbeamten **beantragen**. Das kann auch digital geschehen. Bezüglich der vor dem Antrag dem Standesbeamten zu übergebenden Unterlagen ist Art. 1:44
BW zur Gänze anzuwenden (Art. 1:80a Abs. 5 BW). Wie bei der Bekanntmachung der Ehe
obliegt dem Standesbeamten die Pflicht zu prüfen, ob die Parteien alle Voraussetzungen für
die Registrierung ihrer Partnerschaft erfüllen (vgl. Rdn 15 ff., 142).

142   Die **Registrierung** der Partnerschaft erfolgt durch eine Urkunde über die registrierte Part-
nerschaft, welche der Standesbeamte ausstellt (Art. 1:80a Abs. 3 BW). Nach Art. 1:80a Abs. 5
BW sind die Art. 1:58 und 62–66 BW (über die Eheschließung) auf die Registrierung der
Partnerschaft entsprechend anzuwenden. Daraus folgt, dass die Registrierung – vorbehalt-
lich eines Dispenses von der Wartezeit – erst ab dem 14. Tag, gerechnet ab dem Tag der
Ausstellung der Urkunde über die Anmeldung zur Registrierung, möglich ist. Die Registrie-

---

153 Gesetz vom 21.12.2000, Stb. 2001, 9.
154 Kamerstukken II, 1996/97, 23 761, Nr. 11, Punkt 6.
155 Quelle: Centraal Bureau voor de Statistiek; www.cbs.nl.
156 Daten vom Centraal Buruea voor Statistiek (CBS): http://statline.cbs.nl/statweb/publication/?dm=
     slnl&pa=37425ned.

Vlaardingerbroek

rung erfolgt **öffentlich** im Gemeindeamt in Anwesenheit von mindestens zwei und höchstens vier volljährigen Zeugen. Art. 1:63 BW, welcher die **Anwesenheit der Zeugen** anordnet, ist entsprechend anzuwenden, da auch beim Eingehen einer Partnerschaft häufig das Bedürfnis nach einer Zeremonie bestehen wird. Bei der Registrierung erklären die Parteien, dass sie ihr Zusammenleben mit den Rechtsfolgen, die der Gesetzgeber daran knüpft, registrieren wollen. Der Gesetzgeber bestimmt die Einzelheiten der Feierlichkeiten bei der Abgabe der entsprechenden Willenserklärung nicht. Diese können nach Bedarf gestaltet werden. Das bedeutet, dass die Gemeinde im Rahmen ihrer Befugnisse den Wünschen der Partner Rechnung tragen kann.[157]

III. Rechtsfolgen

Durch die registrierte Partnerschaft entsteht – wie bei der Ehe – zwischen dem einen Partner und den Blutsverwandten des anderen Partners eine **Schwägerschaft** nach Maßgabe von Art. 1:3 Abs. 2 BW.[158] Auch hinsichtlich des Rechts zum Gebrauch des **Geburtsnamens** des anderen sind registrierte Partner Verheirateten gleichgestellt (Art. 1:9 BW). Die Titel 6–8 von Buch 1 BW sind auf die registrierte Partnerschaft entsprechend anzuwenden (Art. 1:80b BW), die Bestimmungen über die **Rechte und Pflichten** von Ehegatten gelten also auch für die registrierten Partner,[159] und auch das gesamte **Ehegüterrecht** ist auf die Partnerschaft anzuwenden. Haben die Partner vor der Registrierung keine Partnerschaftsvereinbarung beim Notar abgeschlossen, dann gilt zwischen ihnen die gesetzliche bzw. allgemeine Gütergemeinschaft.[160] Wenn voraussichtlich am 1.1.2017 die bislang geltende niederländische *‚Allgemeine Gütergemeinschaft'* geändert wird in eine beschränke Gütergemeinschaft oder sog. ‚Zugewinngemeinschaft' wird dies auch bei der Registrierten Partnerschaft geändert werden (siehe Rdn 20). Die Partner schulden einander wechselseitig **Unterhalt** und sind auch in **erbrechtlicher Hinsicht** den Ehegatten gleichgestellt.[161] Die Anwendbarkeit von Art. 1:82 BW (**Sorgepflicht für die Kinder**) impliziert, dass die Partner einander gegenüber verpflichtet sind, Pflege und Erziehung der „zur Familie zählenden" minderjährigen Kinder zu gewährleisten und für die entsprechenden Kosten aufzukommen; die Verpflichtung gilt also nicht nur für eigene oder gemeinsame Kinder, sondern auch für die Kinder des Partners. Die Unterhaltspflicht des Stiefelternteiles gilt gem. Art. 1:935 BW gilt auch für den registrierten Partner.[162] Die **Geburt eines Kindes** innerhalb der registrierten Partnerschaft führt seit dem 1.4.2014[163] zur juristischen Vaterschaft oder Mutterschaft des Partners der Mutter (Art. 1:198 und 1:199 jo. 197 BW). Die Mutter und ihr Partner bekommen ab der Geburt des Kindes also auch die gemeinsame elterliche Sorge, wenn sie als Partner registriert sind (art. 1:198 Abs. 1 sub b und 1:199 Abs. 1 sub a BW). Daneben kann

143

---

157 Kamerstukken II, 1993/94, 23 761, Nr. 3, S. 8.

158 *Jansen*, Enkele overpeinzingen bij titel, FJR 2001, 1 moniert die Tatsache, dass Art. 1:3 Abs. 3 BW offensichtlich auf die registrierte Partnerschaft nicht anzuwenden ist.

159 Diese Bestimmungen wurden geändert durch Gesetz vom 31.5.2001, Stb. 2001, 275 (Kamerstukken 23 761) zur Änderung der Titel 6 und 8 von Buch 1 BW (Rechte und Pflichten von Ehegatten und registrierten Partnern), in Kraft getreten am 22.6.2001; u.a. wurde die Pflicht zum Zusammenwohnen gestrichen (Art. 1:83 BW alt).

160 Art. 1:93 jo. 80b BW. Siehe auch *Verstappen*, Het geregistreerd partnerschap, FJR 1997, 279.

161 Art. 4:8 Abs. 1 BW; neues Erbrecht am 1.1.2003 in Kraft getreten.

162 Die Bestimmung wurde in diesem Sinne geändert durch Gesetz vom 21.12.2000 (*Wet Openstelling huwelijk*), Stb. 2001, 9.

163 Die Ehe und die registrierte Partnerschaft sind – durch Gesetz vom 27.11.2013 mit Wirkung zum 1.4.2014, Stb. 486 – hinsichtlich der Kinder einander stärker angeglichen worden.

das Kind auch anerkannt werden. Weiter gelten für die registrierte Partnerschaft dieselben Regeln wie für jede nichteheliche Beziehung.

IV. Auflösung

144   Entsprechend den Bestimmungen des 2. Kapitels des 18. Titels (Art. 1:80c jo. 149 BW) wird – wie bei der Ehe – auch die Partnerschaft sowohl durch den **Tod** als auch durch Verschollenheit eines Partners und einer darauf folgenden, neuen registrierten Partnerschaft oder Ehe des anderen Partners beendet. Weiterhin kann die registrierte Partnerschaft auf **Antrag eines Partners** durch gerichtliche Entscheidung (Art. 1:80c sub d BW) oder im **gegenseitigen Einvernehmen** durch Eintragung einer durch beide Partner sowie einem oder mehreren Anwälten oder Notaren unterzeichneten und datierten Erklärung beim Standesamt beendet werden. Aus dieser Erklärung muss hervorgehen, dass und zu welchem Zeitpunkt die Partner über die Beendigung ihrer Partnerschaft eine Vereinbarung geschlossen haben (Art. 1:80c sub c BW). Schließlich wird die Partnerschaft durch **Transformation in eine Ehe** beendet (Art. 1:80c sub e jo. 80g Abs. 3 BW). Art. 1:80c BW, welcher die (jetzt) vier Arten der Beendigung der Partnerschaft aufzählt, stimmt weitgehend mit Art. 1:149 BW über die Beendigung einer Ehe überein. Anders als bei einer Ehe kann die registrierte Partnerschaft allerdings auch ohne richterliche Entscheidung beendet werden, wenn die beiden Partner **keine minderjährige Kinder** zusammen haben (Art. 1:80c sub c BW).[164] Allerdings steht bei der registrierten Partnerschaft **kein** mit der **Trennung von Tisch und Bett** vergleichbares Rechtsinstitut zur Verfügung und folglich auch keine anschließende Auflösung. Seit 1.3.2009 ist es nicht mehr möglich, die Ehe in eine registrierte Partnerschaft zu transformieren, womit die Möglichkeit der **Blitzscheidung** beendet ist (Art. 1:149 BW; siehe Rdn 145). Die Beendigung einer registrierten Partnerschaft durch Abgabe einer Erklärung beim Standesamt ist seit 1.3.2009 nur für Partner möglich, die keine elterliche Sorge für Kinder ausüben. Auch in diesem Punkt wird die registrierte Partnerschaft somit der Ehe gleichgestellt. Partner, die die elterliche Sorge für minderjährige Kinder ausüben, müssen ihre registrierte Partnerschaft jetzt von einem Richter auflösen lassen. Für diese Auflösung gelten dieselben Anforderungen wie für einen Scheidungsantrag (Art. 815 und 828 der Zivilprozessordnung). Ein Antrag auf Auflösung einer registrierten Partnerschaft kann gemeinsam oder einseitig gestellt werden (Art. 1:80c BW).

145   Mit Einführung der gleichgeschlechtlichen Ehe (‚Homo-Ehe') am 1.4.2001 wurde auch die Möglichkeit geschaffen, eine registrierte Partnerschaft in eine Ehe zu und eine Ehe in eine registrierte Partnerschaft zu transformieren. Diese **Transformation** war sehr einfach: Die Parteien bekunden dem Standesbeamten, dass sie ihre Ehe in eine registrierte Partnerschaft bzw. ihre registrierte Partnerschaft in eine Ehe transformieren wollen. Mit der Möglichkeit der Transformation einer Ehe in eine registrierte Partnerschaft war es auch möglich, sehr schnell und einfach, nämlich ohne richterlichen Beistand, die Beziehung zwischen den Partnern zu beenden. Denn die registrierte Partnerschaft wird beim Standesamt durch einen einfachen Antrag der Parteien, ausgefertigt durch einen Anwalt oder Notar, in dem die Partner erklären, ihre registrierte Partnerschaft beenden zu wollen, beendet. Das Gesetz verlangte wohl, dass die Parteien eine Vereinbarung geschlossen haben, in welcher sie die Folgen der Beendigung der registrierten Partnerschaft geregelt haben; allerdings führt das Fehlen einer solchen Vereinbarung nicht zur Nichtigkeit (Art. 1:80c lit. e jo. 80d BW). Diese Möglichkeit, die Ehe aufgrund der Transformation in eine registrierte Partnerschaft beim

---

164   Anderenfalls haben sie einen Elternschaftsplan zu erstellen und diesen dem Richter zuzuleiten (siehe Art. 1:80c Abs. 3 BW; Rn 70).

Vlaardingerbroek

Standesbeamten zu beenden, wurde „**Blitzscheidung**" genannt. Die Blitzscheidung (d.h., die Umwandlung der Ehe in eine registrierte Partnerschaft und anschließende Beendigung der Partnerschaft) ist aber seit dem 1.3.2009 nicht mehr möglich.

Diese Blitzscheidung – wie attraktiv sie auch scheinen mochte – hatte diverse Nachteile. **146** Zum einen wurde die Blitzscheidung im Ausland nicht anerkannt, zum anderen berücksichtigte die registrierte Partnerschaft die Kinder nicht, wodurch zu fragen war, ob Absprachen zwischen den Eltern über ihre Kinder rechtswirksam sind oder nicht später trotzdem noch richterliche Hilfe in Anspruch genommen werden müsse. Außerdem griff die gesetzliche Befristung des nachehelichen Unterhalts auf zwölf Jahre (siehe Rdn 99) bei der Beendigung einer registrierten Partnerschaft nicht, weil die Bestimmungen über den Unterhalt (Art. 1:157–158 BW) von der Beendigung der registrierten Partnerschaft im gegenseitigen Einvernehmen ausgeschlossen sind (Art. 1:80d Abs. 2 BW). Schließlich war auch zu berücksichtigen, dass die Beendigung einer Beziehung auch ein emotionaler Prozess ist, der Zeit und Abstimmung zwischen den Parteien erfordert. Eine Blitzscheidung scheint folglich ein sinnvoller Weg für jene Ehegatten zu sein, die keine Kinder haben und die die Rechtsfolgen der Auflösung ihrer Ehe bereits gut miteinander verhandeln konnten. Wie meistens gilt auch hier „Sput ist selten gut" und deswegen hat der Gesetzgeber die Transformationsmöglichkeit von einer Ehe in eine registrierte Partnerschaft am 1.3.2009 beendet.

V. Kollisionsrecht der registrierten Partnerschaft

Zum Kollisionsrecht der registrierten Partnerschaft siehe § 2 Rdn 381 ff. in diesem Werk **147** und *Veerle Van Den Eeckhout*, Onder het zwaard van Damocles, Tijdschrift FJR, 2005, S. 9 ff. Siehe auch Art. 10:61–92 BW.

F. Nichteheliche Zweierbeziehungen

Seit langem gibt es eine große Vielfalt unterschiedlicher Beziehungsformen. Die Ehe ist **148** nicht mehr die einzig akzeptierte Lebensform zweier Menschen. In den letzten drei Jahrzehnten hat die Zahl **nichtehelicher Zweierbeziehungen** rapide zugenommen, sei es, dass die Partner zusammen oder in losem (*Living Apart Together; LAT*) Verband leben. Zunehmend mehr Menschen optieren nicht für die Ehe, weil sie in einer weniger verrechtlichten Form zusammenleben wollen,[165] manche regeln bestimmte vermögensrechtliche Aspekte, andere nicht.[166] Die Rspr. hat verschiedene Vertragsformen für das Zusammenleben entwickelt. Bei diesen bestimmen die Parteien selbst den Inhalt. Im Familienrecht haben die Neuentwicklungen der Eltern-Kind-Beziehung dazu geführt, dass diese nicht länger durch den Zivilstand der Eltern bestimmt wird, sondern durch das Bestehen oder Nichtbestehen einer familienrechtlichen Beziehung. Mehr und mehr Kinder werden außerhalb der Ehe geboren. Dabei ist es wichtig, dass die Eltern über die rechtlichen Folgen der Geburt (Vaterschaft, elterliches Sorgerecht, Namensrecht, Unterhaltspflicht, Erbrecht usw.) gut informiert sind.

---

165 Das Zusammenleben führt bspw. nicht zu einer Unterhaltpflicht, so HR 9.1.1987, NJ 1987, 927 mit Besprechung EAAL.
166 Siehe *Forder*, Het informele huwelijk, 2000 (Antrittsvorlesung) und *Schrama*, Vermogensrecht voor ongehuwde samenlevers, 2000.

G. Abstammung und Adoption

I. Abstammung

1. Familienrechtliche Beziehung

149   Das niederländische Abstammungs- und Adoptionsrecht wurde mit Wirkung vom 1.4.1998 grundlegend geändert, weitere, aber weniger gravierende Änderungen erfolgten in den letzten Jahren.[167] Die Bezeichnungen „eheliches", „nichteheliches" und „natürliches" Kind wurden gestrichen und durch das Bestehen oder Nichtbestehen einer **familienrechtlichen Beziehung** zum Elternteil ersetzt. Wann eine familienrechtliche Beziehung besteht, bestimmt Kapitel 1 von Titel 11. Ein Kind, seine Eltern und deren Blutsverwandte stehen in einer familienrechtlichen Beziehung zueinander, so Art. 1:197 BW. Diese Regelung bestimmt, zwischen welchen Personen ein **Abstammungsverhältnis** besteht.

150   Das Gesetz über die Mutterschaft hat sich zum 1.4.2014 geändert.

Mutter eines Kindes ist die Frau
a) die das Kind geboren hat
b) die im Zeitpunkt der Geburt des Kindes mit der Frau, die das Kind geboren hat, verheiratet ist oder mit ihr in einer registrierten Partnerschaft lebt. Wenn das Kind mithilfe einer Samenspende gezeugt worden ist, muss eine Bescheinigung der Stiftung für Abstammungserklärung vorliegen, in der die Frau, die schwanger geworden ist, erklärt, dass sie den Samenspender nicht kennt. Diese Bescheinigung muss bei der Geburtsanzeige dem Standesbeamten vorgelegt werden.
c) die das Kind anerkannt hat
d) deren Elternschaft gerichtlich entschieden worden ist oder
e) die das Kind adoptiert hat.

151   Art. 1:199 BW bestimmt, wie (juristisch gesehen) die *Vaterschaft* entsteht. **Vater** eines Kindes ist der Mann,
–   der im Zeitpunkt der Geburt des Kindes mit der Frau, die das Kind geboren hat, verheiratet ist oder mit ihr in einer registrierten Partnerschaft lebt, es sei denn, Art. 1:199 sub b BW gilt; dessen Ehe mit der Frau, die das Kind geboren hat, innerhalb von 306 Tagen vor der Geburt des Kindes durch seinen Tod aufgelöst wurde. Dies gilt auch dann, wenn die Mutter erneut geheiratet hat. War die Frau allerdings seit dem 306. Tag vor der Geburt des Kindes von Tisch und Bett getrennt oder haben sie und ihr Ehegatte seit diesem Zeitpunkt getrennt gelebt, kann die Frau innerhalb eines Jahres nach der Geburt des Kindes gegenüber dem Standesbeamten erklären, dass der betreffende Ehegatte nicht der Vater des Kindes ist, was aktenkundig festgehalten wird; war die Mutter im Augenblick der Geburt des Kindes wieder verheiratet, dann ist in diesem Fall der neue Ehegatte Vater des Kindes;
–   der das Kind anerkannt hat;
–   dessen Vaterschaft gerichtlich festgestellt wurde oder
–   der das Kind adoptiert hat.

---

167 Gesetz vom 24.12.1997, Stb. 1997, 772 (Kamerstukken 24 649). Beschluss über das Inkrafttreten vom 21.2.1998, Stb. 1998, 126. Später wurden die Bestimmungen über das Abstammungsrecht erneut geändert (siehe Stb. 1999, 30 und Stb. 2001, 10).

2. Vaterschaftsanfechtung

Seit 1.4.1998 kann die **Vaterschaft** sowohl auf Antrag des Mannes, der Mutter, als auch des   152
Kindes **bestritten** werden. Gemäß Art. 1:200 Abs. 1 BW kann die durch die Ehe oder
registrierte Partnerschaft entstandene Vaterschaft lediglich aus dem Grund bestritten werden, dass der Mann nicht der biologische Vater des Kindes ist. Der Vater oder die Mutter
können die in Art. 199 sub a und b BW angesprochene Vaterschaft nicht bestreiten, wenn
der Mann vor der Ehe oder der Registrierung der Partnerschaft von der Schwangerschaft
Kenntnis hatte. Dies ist sogar dann der Fall, wenn er wusste, dass nicht er, sondern eine
dritte Person das Kind gezeugt hatte.[168] Anders ist die Lage, wenn die Frau ihn diesbezüglich
nicht wahrheitsgemäß informiert hat. Denn wenn sich herausstellt, dass sie ihn hinsichtlich
der Zeugung betrogen hat, kann die Vaterschaft sehr wohl abgesprochen werden. Der Mann
muss diese Täuschung beweisen (siehe Art. 1:200 Abs. 4 BW). Die durch die Ehe oder
registrierte Partnerschaft entstandene Vaterschaft kann auch dann nicht bestritten werden,
wenn der Mann einem Vorgehen, welches zur Erzeugung des Kindes geführt haben kann,
zugestimmt hat (z.B. Donorinsemination, Partnertausch oder Prostitution[169]).

Das Gesetz sieht für die Vaterschaftsanfechtung folgende **Anfechtungsfristen** vor: 153
– Der Antrag auf Bestreiten der Vaterschaft muss durch die **Mutter** innerhalb eines Jahres
  nach der Geburt des Kindes bei Gericht gestellt werden.
– Da es für den Ehegatten der Mutter manchmal nicht klar ist, ob er der Erzeuger des
  Kindes ist, welches die Frau geboren hat, sieht der Gesetzgeber für den **Mann** die
  Möglichkeit vor, die Vaterschaft zu bestreiten, sobald er davon Kenntnis erlangt, dass er
  nicht der Erzeuger des Kindes ist. Dieser Antrag muss durch den Vater innerhalb eines
  Jahres ab Kenntnis der Tatsache, dass er vermutlich nicht der biologische Vater des
  Kindes ist, gestellt werden.
– Das **Kind** muss den Antrag zum Bestreiten der Vaterschaft innerhalb von drei Jahren
  nach Kenntnis der Tatsache, dass der Mann vermutlich nicht sein biologischer Vater ist,
  bei Gericht stellen. Erlangt das Kind während seiner Minderjährigkeit Kenntnis von
  dieser Tatsache, kann der Antrag bis zu drei Jahren nach Eintritt der Volljährigkeit[170]
  gestellt werden.

3. Mutterschaftsanfechtung

Mit dem Inkrafttreten des Gesetzes vom 27. November 2013, Stb. 486 am 1.4.2014 wurde   154
die Duo-Mutterschaft in das niederländische Abstammungsrecht eingeführt. Die Duo-
Mutter kann nicht nur auf verschiedene Art und Weise Mit-Mutter werden, sondern sie
kann auch ihre Mutterschaft verlieren. Auch die Mutterschaftsanfechtung wurde am
1.4.2014 eingeführt mit den Artikeln 1:202a und 1:2012b BW. Die Duo-Mutterschaft kann
aufgrund der Tatsache, dass keine biologische Mutterschaft besteht, angefochten werden
und zwar von
– der Mutter, die das Kind geboren hat (biologische Mutter)
– der Duo-Mutter selbst
– dem Kind.

---

168 Siehe auch Hof 's-Hertogenbosch 28.10.1999, RN 2000, 1248 und FJR 2000, 179–180, wo das Kindes-
     wohl vor dem Verbot (nämlich von Art. 1:200 Abs. 2 BW) Vorrang hatte.
169 Siehe zu einem Fall, in welchem der Mann der Prostitution der Frau zugestimmt hatte und in der
     Folge die Vaterschaft zum hierdurch gezeugten Kind bestreiten wollte, HR 7.2.2003, NJ 2003, 358;
     krit. hierzu *Vlaardingerbroek*, 2000, S. 109.
170 Siehe Hof Amsterdam 6.10.2003, FJR 2004, 2, 50, wo die Drei-Jahres-Frist geringfügig erhöht wird.

Genau wie bei der Anfechtung der Vaterschaft ist es nicht möglich die Duo-Mutterschaft anzufechten wenn die in Art. 199 sub a und b BW angesprochene Mutterschaft nicht bestritten wird oder wenn die Duo-Mutter vor der Ehe oder der Registrierung der Partnerschaft von der Schwangerschaft Kenntnis hatte. Die durch die Ehe oder registrierte Partnerschaft entstandene Duo-Mutterschaft kann auch dann nicht bestritten werden, wenn die Frau (Duo-Mutter) einem Vorgehen, welches zur Erzeugung des Kindes geführt hat, zugestimmt hat (z.B. Samenspendeninsemination, Partnertausch mit Männern oder Prostitution).[171] Die Anfechtungsfristen sind ähnlich wie bei der Vaterschaftsanfechtung, siehe Rdn 152.

4. Vaterschaftsanerkennung

155   Aufgrund von Art. 1:199 BW (*e contrario*) besteht *ex lege* zwischen dem biologischen Vater (dem Erzeuger) und dem außerhalb der Ehe geborenen Kind keine familienrechtliche Beziehung. In Art. 1:199 sub c BW ist deutlich angeordnet, dass derjenige, der das Kind **anerkennt**, (juristischer) Vater des Kindes ist: Der Anerkennende ist der Mann, der zum Kind in einer **familienrechtlichen Beziehung** steht. Dieser muss nicht unbedingt der biologische Vater des Kindes sein. Durch die Anerkennung wird nicht nur eine familienrechtliche Beziehung des Kindes zum Anerkennenden geschaffen, sondern auch zu deren Blutsverwandten. Gemäß Art. 1:203 ff. BW kann/darf das Kind (das keinen juristischen Vater hat) anerkannt werden, wenn bestimmte Voraussetzungen erfüllt sind und das dafür vorgesehene Verfahren eingehalten wird. Anerkennung des Kindes ist möglich durch eine **Anerkennungsurkunde**, ausgestellt durch den Standesbeamten, oder durch **Notariatsakt**.

5. Mutterschaftsanerkennung

156   Auch die Duo-Mutter kann das Kind ihrer weiblichen Partner anerkennen. Die Rechtsfolgen sind ähnlich wie im Fall der Vaterschaftsanerkennung (siehe Rdn 155).

157   Art. 1:204 BW regelt die **Nichtigkeit der Anerkennung** und zählt die entsprechenden Gründe enumerativ auf. Nichtig ist die Anerkennung
- durch einen Mann, der nach Art. 1:41 BW mit der Mutter keine Ehe oder registrierte Partnerschaft mehr eingehen darf;
- durch einen Minderjährigen, der das 16. Lebensjahr noch nicht vollendet hat;
- wenn das Kind das 16. Lebensjahr noch nicht vollendet hat und die Mutter keine vorangehende schriftliche Zustimmung erteilt;
- ohne vorangehende schriftliche Zustimmung des Kindes, welches 12 Jahre oder älter ist;
- durch einen im Augenblick der Anerkennung verheirateten Mann, es sei denn, das Gericht hat festgestellt, dass zwischen Mann und Mutter eine Beziehung besteht oder bestanden hat, die mit einer Ehe vergleichbar ist, oder dass zwischen Mann und Kind eine enge persönliche Beziehung besteht;[172]
- wenn es schon zwei Elternteile gibt.

Eine Anerkennung, die gegen Art. 1:204 BW verstößt, ist *ex lege* nichtig. Der Rechtssicherheit tut dies keinen Abbruch, da die in Art. 1:204 BW genannten Rechtstatsachen für den

---

171   Siehe zu einem Fall, in welchem der Mann der Prostitution der Frau zugestimmt hatte und in der Folge die Vaterschaft zum hierdurch gezeugten Kind bestreiten wollte, HR 7.2.2003, NJ 2003, 358; krit. hierzu *Vlaardingerbroek*, 2000, S. 109.
172   In einem neuen Gesetzentwurf wird vorgeschlagen, diese Regelung dahingehend zu ändern, dass ein verheirateter Mann das Kind einer anderen Frau auch ohne richterliche Zustimmung anerkennen kann.

Standesbeamten, insbesondere durch Einblick in Zivilstandsregister, leicht verifizierbar sind. Jene Fälle, die schwerer zu prüfen sind, können nach Art. 1:205 BW für nichtig erklärt werden.

Art. 1:205 BW zählt die Fälle auf, in welchen die **Anerkennung angefochten** werden kann.[173] Die Nichtigerklärung bedarf einer gerichtlichen Entscheidung, in welcher das Vorliegen der Voraussetzungen festgestellt wird. Der Anerkennende kann die von ihm erklärte Anerkennung anfechten, wenn er zu dieser durch Drohung, Irrtum,[174] arglistige Täuschung oder während seiner Minderjährigkeit durch Missbrauch der Umstände veranlasst wurde. Die Anerkennung kann nur für nichtig erklärt werden, wenn der **Anerkennende nicht der biologische Vater** des Kindes ist. Die **Frist** für die Einreichung eines solchen Antrags beträgt ein Jahr, gerechnet ab dem Zeitpunkt, zu welchem die Einflussnahme aufgehört hat bzw. der Irrtum oder die arglistige Täuschung entdeckt wurde (Art. 1:205 am Anfang und Abs. 1 sub b, Abs. 3 BW). Für die **Mutter** gilt eine entsprechende Regelung wie für den Anerkennenden, wenn sie durch einen der vorgenannten Umstände zu ihrer Zustimmung bewogen wurde (Art. 1:205 Abs. 1 sub c BW). Es erklärt sich von selbst, dass ein Antrag auf Nichtigerklärung der Anerkennung mit **Beweisen** zu untermauern ist. Auch das **Kind** selbst[175] kann aus dem Grund, dass der Anerkennende nicht sein biologischer Vater ist, bei Gericht den Antrag auf Nichtigerklärung der Anerkennung einbringen, es sei denn, die Anerkennung wurde bereits während seiner Volljährigkeit erklärt (Art. 1:205 am Anfang und Abs. 1 sub a, Abs. 4 BW).

6. Vaterschaftsfeststellung

Die Anerkennung gegen den Willen des Erzeugers war bis 1.4.1998 nach dem bis dato geltenden Recht nicht möglich. Die **gerichtliche Feststellung der Vaterschaft** (Art. 1:207 BW) wurde damals eingeführt. Diese Möglichkeit kann als letztes Mittel der Mutter und des Kindes angesehen werden, eine familienrechtliche Beziehung zwischen Kind und Erzeuger zu schaffen. Die Mutter des Kindes ohne juristischen Vater hat von Rechts wegen zwei Optionen: Sie kann den Mann, der die Vaterschaft nicht anerkennen will, entweder gerichtlich als (juristischen) Vater feststellen lassen oder den Mann durch eine Unterhaltsklage nach Art. 1:394 BW zu einem Beitrag zu den Kosten des Lebensunterhalts zwingen.[176] Es darf bezweifelt werden, ob die gerichtliche Feststellung der Vaterschaft oft angestrebt werden wird. Denn welchen Vorteil haben Frau oder Kind (abgesehen von einem möglichen Erbrecht[177]) davon, einen Mann juristisch als Vater feststellen zu lassen, der mit dem Kind nichts zu tun haben will? Eine Reihe der an die Anerkennung bzw. gerichtliche Feststellung der Vaterschaft geknüpften Rechtsfolgen (Unterhalt, Erbrecht[178]) können nämlich auch auf anderem Wege erreicht werden. Der zum 1.4.1998 geänderte Art. 1:394 BW erweitert

158

159

---

173 *De La Haije*, Een kritische kanttekening bij de vernietiging van de erkenning, FJR 2000, 193–197.

174 Irrtum über die Rechtsfolgen der Anerkennung wird selten bejaht; vgl. Hof 's Gravenhage 3.4.2002, Nr. 533-D-01.

175 Siehe Rb. Rotterdam 10.7.2000, FJR 2001, 24, in welcher der Richter dem minderjährigen Kind das Recht einräumte, aufgrund von Art. 7 KRK selbst feststellen zu lassen, ob sein Vater der biologische Vater ist. Im gegenständlichen Fall unterstützte die Mutter das Ansuchen des Kindes und der Vater war zu einer DNA-Untersuchung bereit. Der Richter bestimmte, dass nach Art. 182 Abs. 3 Rv das Reich die Kosten zu tragen habe, weil der Minderjährige selbst Prozesspartei war. Siehe auch Hof 's Gravenhage 11.12.1998, RN 1999, 1062.

176 Es handelt sich um ihre freie Wahl. Sie kann auch gegen den Erzeuger gar nichts unternehmen.

177 Siehe aber Art. 1:406b BW, welcher für ein Kind mit nur einer Mutter den Nachteil eines mangelnden Erbrechts abschwächt.

178 Nämlich im Wege von Art. 1:394 jo. 4:35 BW.

Vlaardingerbroek

gegenüber der früheren Vaterschaftsklage die Möglichkeit der Vaterschaftsanfechtung. Nicht nur der Erzeuger des Kindes, für das die Mutter das alleinige Sorgerecht hat, sondern auch der Mann, der als Lebensgefährte der Mutter einer Handlung zugestimmt hat, welche die Zeugung des Kindes zur Folge gehabt haben kann, ist – als wäre er der Vater – verpflichtet, die Kosten für Pflege und Erziehung des Kindes zu tragen bzw. nach Eintritt der Volljährigkeit des Kindes für die Kosten von Lebensunterhalt und Studium entsprechend den Art. 1:395a und 1:395b BW aufzukommen. Es ist möglich, die Vaterschaft eines verheirateten Mannes gerichtlich festzustellen. Sogar dann, wenn der Erzeuger bereits verstorben ist, ist eine gerichtliche Feststellung seiner Vaterschaft noch möglich. Diese wirkt auf die Geburt des Kindes zurück und kann somit auch erbrechtliche Folgen haben (Art. 1:207 Abs. 5 BW).[179]

Für den **weiblichen Partner** gilt seit dem 1.4.2014 dasselbe wie für den männlichen Partner (siehe § 151 Erster Teil), denn durch die Änderung des Art. 1:207 ist nun die Möglichkeit zur gerichtlichen Feststellung der Elternschaft, also Vaterschaft oder Mutterschaft, geschaffen worden. Die Mutter des Kindes ohne juristischen Vater oder Duo-Mutter hat von Rechtswegen zwei Optionen: Sie kann die Person (Mann oder Frau), die die Elternschaft nicht anerkennen will, entweder gerichtlich als (juristischen) Elternteil feststellen lassen oder aber die Person durch eine Unterhaltsklage nach Art. 1:394 BW zu einem Beitrag zu den Lebensunterhaltskosten zwingen. Der auf Art. 1:394 begründete Lebensunterhaltsbeitrag dauert im Prinzip bis zum 21. Lebensjahr des Kindes an, wenn es nach seinem 18. Geburtstag bedürftig ist oder studiert.

II. Adoption

1. Adoptionsvoraussetzungen

160   Die **Adoptionsvoraussetzungen** gelten sowohl für die Adoption von Kindern, die in den Niederlanden ihren Wohnsitz haben, als auch für Kinder, die aus anderen Ländern stammen:
–   Die Adoption muss offenkundig im **Interesse des Kindes** sein.[180] Das „Interesse des Kindes" ist vom Richter zu konkretisieren. Jedenfalls zählt seit 1.4.2001 die Voraussetzung, dass der Zeitpunkt des Adoptionsansuchens feststeht und für die Zukunft davon auszugehen ist, dass das Kind von seinen Eltern in ihrer Eigenschaft als Eltern nichts mehr zu erwarten hat, dazu.
–   Die Adoptiveltern sind verpflichtet, das zu adoptierende oder das adoptierte Kind über seinen Adoptivstatus[181] zu informieren; dies soll einen späteren Kulturschock bzw. eine Identitätskrise in der Pubertät verhindern.[182]
–   Das zu adoptierende Kind muss im Zeitpunkt der Einreichung des ersten Adoptionsansuchens minderjährig sein. Die ratio legis von Art. 1:228 Abs. 1 sub a BW ist, dass die Adoption in Gänze im Interesse des jungen (jüngeren) Kindes liegen muss, und nicht

---

179 HR 19.2.2010, ECLI:NL:HR:2010:BK6150.
180 Siehe HR 19.5.2000, NJ 2000, 455 und HR 27.10.2001, NJ 104 mit Besprechung JdB, in denen der *Hoge Raad* bestimmte, dass das Interesse des Kindes an einer Adoption nach Maßgabe der Dauer von Pflege und Erziehung durch die Adoptionswilligen zunimmt.
181 Information über den Adoptivstatus umfasst die Information des Kindes, dass es andere biologische Eltern hat. Dies ist nicht gleichzusetzen mit der Information über die wahre Abstammung (Information darüber, wer die biologischen Eltern sind); vgl. Rb. Amsterdam 16.5.1961, NJ 1961, 316.
182 Rb. Leeuwarden 10.5.2000, ECLI:NL:RBLEE:2000:AA5749.

kinderlosen Eltern im Wege einer Adoption noch Abkömmlinge verschafft werden sollen.[183]

– Hat das zu adoptierende Kind selbst starke Einwände gegen die Adoption, dann wird diese nicht im offenkundigen Interesse des Kindes liegen, vorausgesetzt, der Richter ist der Überzeugung, dass das Kind hinsichtlich der vorzunehmenden Adoption eine plausible Meinung vertritt. Als zusätzliche Garantie, dass ein älteres Adoptivkind nicht gegen seinen Willen adoptiert wird, hat der Gesetzgeber ein Vetorecht des Minderjährigen bezüglich der bevorstehenden Adoption vorgesehen.[184] Seit 1.4.1998 steht dem 12-jährigen Kind dieses Recht zu (Art. 1: 228 Abs. 1 sub a BW).

– Seit 1.4.1998 gilt gem. Art. 1:228 Abs. 1 sub f BW, dass im Falle einer Einzeladoption der Adoptionswillige das Kind während mindestens drei Jahren ohne Unterbrechung gepflegt und erzogen haben muss.[185] Ein Adoptionsersuchen von Ehegatten, registrierten Partnern oder anderen Lebensgefährten des Elternteils ist nur zulässig, wenn der Adoptionswillige und der Elternteil das Kind mindestens ein Jahr gepflegt und erzogen haben, es sei denn, das Kind entspringt einer Beziehung der Mutter mit einem Lebenspartner desselben Geschlechts (durch Insemination). Ein Pflege- und Erziehungszeitraum wird in diesem Fall nicht vorausgesetzt (Art. 1:228 Abs. 1 sub f aE j. 1:227 Abs. 3 und 1:228 Abs. 1 sub d BW).

– Mit der Adoption erlangen die Adoptiveltern die **elterliche Sorge** für das Kind.

– Die Adoption wird durch gerichtliche Entscheidung auf Antrag zweier Personen oder auf Antrag einer Person alleine wirksam. Der **Adoptionsantrag** durch zwei Personen kann nur gestellt werden, wenn sie mindestens drei Jahre vor dem Einreichen des Adoptionsantrags ununterbrochen miteinander gelebt haben. Die Adoption durch zwei Personen zusammen ist nicht zulässig, wenn sie gem. Art. 41 BW keine Ehe miteinander eingehen können (Art. 1:227 Abs. 1 BW). „Zwei Personen zusammen" können Personen sein, die miteinander verheiratet sind, als Partner registriert sind oder miteinander wohnen. Es spielt in den Niederlanden keine Rolle (mehr), ob das Paar verschiedenen oder gleichen Geschlechts ist.

Eine **Einzeladoption** kann beantragt werden durch

– eine alleinstehende Person;[186]

– den Ehegatten, registrierten Partner oder Lebensgefährten eines Elternteils (Partneradoption; früher „Stiefelternadoption" genannt). Es ist nicht von Bedeutung, ob der (registrierte) Partner desselben oder anderen Geschlechts ist.[187]

161

---

183 In der Praxis gibt es zu wenig niederländische Kinder und deswegen kommen die meisten Adoptivkinder aus asiatischen und südamerikanischen Ländern. Die Frage ist natürlich, ob das der Wunsch des Kindes oder der der Adoptiveltern ist.

184 Wie vor.

185 Die Rb. Alkmaar sprach am 16.1.2002, ECLI:NL:RBALK:2002:AD9522, unter Berufung auf das Kindeswohl und mit Rücksicht auf Art. 3 Abs. 1 und Art. 16 KRK sowie Art. 8 EMRK die Adoption aus, obwohl die Parteien wegen ihrer Ehescheidung nicht drei Jahre zusammengelebt hatten.

186 Siehe EuGHMR 20.2.2002, Antr.-Nr. 36515/97 (Fretté/Frankreich), in welchem das Gericht zu dem Schluss kam, dass die Abweisung eines Adoptionsansuchens eines alleinstehenden homosexuellen Franzosen nicht gegen Art. 8 und Art. 14 EMRK verstößt, da die Vertragsparteien einen bestimmten *margin of appreciation* haben, um zu bestimmen, ob es gerechtfertigt ist, gleiche Fälle anders zu behandeln. Diese Autonomie ist wegen der unterschiedlichen Ansichten über die Adoption durch gleichgeschlechtliche Partner in den anderen Vertragsstaaten erforderlich.

187 Siehe aber Rb Zwolle 30.6.2003, ECLI:NL:RBZWO:2003:AI0668, welches entschied, dass ein gemeinsames Ansuchen zur Adoption eines amerikanischen Kindes durch gleichgeschlechtliche Personen wegen Verletzung von Art. 1 und 2 Wobka (*Wet opening buitenlandse kinderen ter adoptie*) abgewiesen werden muss.

162   Im Falle einer Adoption durch einen Ehegatten, registrierten Partner oder sonstigen Lebens-
       gefährten des Elternteils kann das Ansuchen nur gestellt werden, wenn der Adoptionswillige
       mindestens in den – dem Antrag unmittelbar – vorangehenden drei Jahren ununterbrochen
       mit dem Elternteil zusammengelebt hat (sog. **Partneradoption**; Art. 1:227 Abs. 2 BW).
       Dieser dem Antrag vorangehende Zeitraum soll es dem Richter ermöglichen festzustellen,
       ob *in casu* eine stabile Familiensituation vorliegt.

163   Für die Adoption eines **ausländischen Kindes** kommen in den Niederlanden heterosexuelle
       und homosexuelle Paare und Alleinstehende in Betracht, obwohl manche Länder einer
       Adoption nur zustimmen, wenn beide Elternteile heterosexuell sind.[188]
       – Der Adoptionswillige bzw. die Adoptionswilligen müssen mindestens 18 Jahre älter als
         das zu adoptierende Kind sein (Art. 1:228 Abs. 1 sub c BW).
       – Dem Adoptionsantrag kann nur stattgegeben werden, wenn die Kindeseltern oder andere
         Verwandten offensichtlich nicht in der Lage oder nicht bereit sind, ihr Kind zu pflegen
         und zu erziehen. Die Adoption bedarf auch der Zustimmung der Eltern. Ein Vetorecht
         haben jene Eltern, die zu dem Kind in einer „familienrechtlichen Beziehung" stehen –
         folglich die juristischen Eltern-(teile) (Art. 1:228 Abs. 1 sub d BW).[189]
       – Die minderjährige Mutter muss am Tag des Antrags das 16. Lebensjahr vollendet ha-
         ben.[190] Fraglich ist, ob diese Vorschrift sinnvoll ist, weil eine minderjährige Mutter ab
         ihrem vollendeten 16. Lebensjahr beim Jugendrichter um eine Vorverlegung der Volljäh-
         rigkeit ersuchen kann (Art. 1:253ha BW).

2. Partneradoption

164   Mit dem 1.4.1998 wurde die Stiefelternadoption abgeschafft. Seither ist die Adoption des
       Kindes durch einen (verheirateten, registrierten oder nicht verheirateten) Partner des Eltern-
       teils eine „**Einzeladoption**" (auch „**Partneradoption**" genannt). Dem Richter obliegt die
       Prüfung, ob die Partneradoption **offenkundig im Interesse des Kindes** liegt, wobei nach
       Ansicht des Staatssekretärs der Justiz größte Zurückhaltung beim Übergehen allfälliger
       Bedenken des nicht mit der Sorge betrauten Elternteils zu walten hat. In vielen Fällen wird
       die gemeinsame Sorge des Elternteils und Partners/Nichtelternteils gem. Art. 1: 253t ff. BW
       das geeignetere Mittel sein.[191] Die Partneradoption soll die faktische Beziehung zwischen
       Kind und Elternteil nicht abbrechen. Das Gericht kann deswegen bestimmen, dass der
       Umgang zwischen dem (ursprünglichen) Elternteil und dessen Kind aufrechterhalten bleibt
       (Art. 1: 229 Abs. 4 BW).

---

188 Art. 1 des Gesetzes über die Aufnahme ausländischer Pflegekinder (Gesetz vom 8.12.1988, Stb. 1988,
     566, in Kraft getreten am 15.7.1989) betrachtet Ehegatten (oder eine Einzelperson), die ein ausländi-
     sches Kind in Adoptionsabsicht aufnehmen wollen oder aufgenommen haben, als adoptionswillige
     Adoptionseltern. Adoptiveltern sind Ehegatten oder eine Person, die ein ausländisches Kind aufgenom-
     men haben. Der Begriff „Ehegatte" ist als Ehegatte des anderen Geschlechts zu verstehen.
189 Siehe Rb. 's-Gravenhage 23.6.1982 (Bericht Directie Kinderbescherming 1981/1982, 167), wo die biolo-
     gischen Eltern sich gegen das Adoptionsansuchen der Adoptiveltern gewandt hatten, denen inzwischen
     die Vormundschaft über das Kind übertragen worden war. Die Adoption wurde aufgrund des Veto-
     rechts der juristischen Eltern abgewiesen.
190 Gesetz vom 7.6.1978, Stb. 1978, 303.
191 Siehe *Thomassen*, Adoptie en medegezag, FJR 1996, 77 ff.

Vlaardingerbroek

3. Rechtsfolgen

Die Rechtsfolgen einer Adoption sind die einer juristischen Abstammungsbeziehung zwischen Elternteil und Kind. Die wichtigsten Folgen sind die Aufhebung der familienrechtlichen Beziehung zwischen dem Adoptierten und dessen (ursprünglichen) Blutsverwandten und Verschwägerten, die durch die Festigung einer **familienrechtlichen Beziehung des Adoptierten mit seinen Adoptiveltern** ersetzt wird. Bei der Partneradoption (siehe Rdn 164) bleibt die familienrechtliche Beziehung mit dem Elternteil, der Ehegatte, registrierter Partner oder sonstiger Lebensgefährte des Adoptierenden ist, aufrechterhalten (Art. 1:229 Abs. 1–3 BW).

165

4. Widerruf der Adoption

Nach Eintritt der Volljährigkeit kann nur das adoptierte Kind selbst zwischen dem zweiten und fünften Jahr nach Eintritt der Volljährigkeit einen Antrag auf Widerruf der Adoption stellen (Art. 1:231 Abs. 2 BW). Vgl. die Anfechtungsgründe beim Anerkenntnis (Art. 1:205 BW).[192]

166

5. Adoption ausländischer Kinder

Die Aufnahme eines ausländischen Kindes durch ein niederländisches Ehepaar in den Niederlanden mit der Absicht, dieses Kind zu adoptieren, ist im Gesetz zur Aufnahme ausländischer Kinder zur Adoption geregelt[193] (Wobka[194]). Die Aufnahme eines ausländischen Kindes zur Adoption ist nur mit vorangehender **Zustimmung des Ministers für Sicherheit und Justiz** zulässig. Das Gesetz zählt die Voraussetzungen auf, welche die Adoptionswilligen erfüllen müssen, um die grundsätzliche Zustimmung zur Aufnahme des ausländischen Kindes zu erhalten. Diese **Voraussetzungen** beziehen sich auf das Alter der adoptionswilligen Elternteile im Zeitpunkt der Einreichung des Antrags zur Erlangung einer Grundsatzzustimmung (nicht älter als 42 Jahre), den maximalen Altersunterschied zwischen den adoptionswilligen Elternteilen und dem aufzunehmen Kind (grundsätzlich 40 Jahre, höchstens 42 Jahre, wobei dann eine nähere Begründung und eine besondere Eignung vorausgesetzt werden), das Höchstalter des Kindes im Zeitpunkt der Einreise in die Niederlande (jünger als sechs Jahre, Dispens durch den Justizminister ist möglich)[195] und die Zahl der Kinder, die mit einer Grundsatzzustimmung in diese Familie aufgenommen werden können. Der Justizminister hat das Recht, von den im Wobka aufgezählten Voraussetzungen abzuweichen, wenn besondere Umstände vorliegen. Diese Umstände sind in den „Richtlinien zur Aufnahme ausländischer Kinder zur Adoption 2000"[196] enthalten. Die Zahl der ausländischen Adoptivkinder wird immer niedriger. In 2002 gab es noch 1.130 ausländische Kinder, die von niederländischen Eltern adoptiert wurden, aber in 2015 waren es nur noch 304 Kinder. In 2016 werden vermutlich ungefähr 250 ausländische Kinder adoptiert. Auch die

167

---

192 In der Rechtspraxis sind diese Fristen im Interesse des Kindes oder aufgrund der Menschenrechte (Art. 8 EVRM) durch den Richter verlängert worden. Das Bezirksgericht in Den Haag 5.10.2011, ECLI:NL:RBSGR:2011:BT8475, erlaubte es einem 49-jährigen Mann, seine Adoption aufgrund von Art. 8 EVRM zu widerrufen. Auch Rechtbank Alkmaar, 20.10.2010, ECLI:NL:RBALK:2010:BQ6551, erlaubte es einer 45-jährigen Frau, ihre Adoption zu widerrufen.
193 Stb. 1988, 566, i.d.F. auch Wobka.
194 Gesetz über die internationale Adoption.
195 Im Jahre 2002 wurden insgesamt 43 ausländische Adoptivkinder, die älter als fünf Jahre alt waren, in eine niederländische Pflegefamilie aufgenommen.
196 Vom 10.11.2000, Stcrt. 2000, 234.

Anfragen von holländischen Bürgern für die Adoption eines ausländischen Kindes hat sich verringert von 1.644 in 2006 zu 631 Anfragen in 2015.

168   Das im Wobka und im Titel 6 von Buch 10 des Zivilgesetzbuches niedergelegte **Verwaltungsverfahren** beginnt mit einem Antrag auf Grundsatzzustimmung. Erst nachdem das ausländische Kind bei den in den Niederlanden wohnenden, niederländischen adoptionswilligen Elternteilen untergebracht ist und die Eltern die (allgemeinen) Voraussetzungen für eine Adoption (Vormundschaft, ein Jahr durchgängige Pflege) erfüllen, kann der Antrag auf Adoption bei Gericht eingereicht werden. Zur Erlangung einer Aufenthaltsgenehmigung ist das Kind bei der örtlichen Polizei der Gemeinde des gewöhnlichen Aufenthaltsortes des Kindes anzumelden.[197] Leider versuchen immer mehr Paare mit Kinderwunsch, das offizielle Rechtsverfahren zu umgehen, weil sie befürchten, dass sie deren Anforderungen nicht entsprechen. Die Prävention illegaler Adoption und kommerzieller Leihmutterschaft sind und werden m.E. immer wichtiger und verlangen adäquate Antworten auf Landesebene, aber vor allem im europäischen Verband.

---

197 Art. 1 Fremdengesetz 2000 jo. Art. 4.47 Fremdenbeschluss 2000; vgl. die Vreemdelingencirculaire 2000, Kap. B2: Ausländische zu adoptierende oder adoptierte Kinder.

Vlaardingerbroek

Österreich

Prof. Dr. Susanne Ferrari, Institut für Zivilrecht, Universität Graz
Dr. Marion Koch-Hipp, Ehem. Universitätsassistentin am Institut für Zivilrecht,
Universität Graz

Literatur

Deixler-Hübner, Scheidung, Ehe und Lebensgemeinschaft, 12. Aufl., Wien 2016; *dies.* (Hrsg.), Handbuch Familienrecht, Wien 2016; *Fasching/Konecny*, Kommentar zu den Zivilprozessgesetzen I, 3. Aufl., Wien 2013 und V/2, 2. Aufl., Wien 2010; *Feil/Marent*, Außerstreitgesetz, Kommentar, 2. Aufl., Wien 2007; *Fenyves/Kerschner/Vonkilch* (Hrsg), Klang-Kommentar zum Allgemeinen Bürgerlichen Gesetzbuch: ABGB §§ 44–100, 3. Aufl., Wien 2006; *Ferrari*, Die vermögensrechtliche Situation von Ehegatten und Lebensgefährten in Österreich, in: *Henrich/Schwab* (Hrsg.), Eheliche Gemeinschaft, Partnerschaft und Vermögen im europäischen Vergleich, 1999, S. 179; *dies.*, Scheidung und nachehelicher Unterhalt in Österreich, in: *Hofer/Schwab/Henrich* (Hrsg.), Scheidung und nachehelicher Unterhalt im europäischen Vergleich, 2003, S. 229; *dies.*, Die Bedeutung der Privatautonomie im österreichischen Familienrecht, in: *Hofer/Schwab/Henrich*, From Status to Contract?, 2005, S. 97; *Ferrari/Hopf* (Hrsg.), Eherechtsreform in Österreich, Wien 2000; *dies.* (Hrsg.), Reform des Kindschaftsrechts, Wien 2001; *Gitschthaler*, Unterhaltsrecht, 3. Aufl., Wien 2015; *Gitschthaler/Höllwerth (Hrsg.),* Kommentar zum Ehe- und Partnerschaftsrecht, Wien 2011; *Hinteregger/Ferrari*, Familienrecht, 7. Aufl., Wien 2015; *Hopf/Kathrein*, Eherecht, 3. Aufl., Wien 2014; *Koziol/P. Bydlinski/Bollenberger* (Hrsg.), Allgemeines Bürgerliches Gesetzbuch, Kommentar, 4. Aufl., Wien 2014; *Kerschner*, Bürgerliches Recht V: Familienrecht, 5. Aufl., Wien 2013; *Koziol-Welser/Kletečka*, Grundriss des bürgerlichen Rechts I: Allgemeiner Teil, Sachenrecht, Familienrecht, 14. Aufl., Wien 2014; *Lurger/Melcher,* Bürgerliches Recht VII: Internationales Privatrecht, Wien 2013; *Moser*, Verwirkung und Rechtsmissbrauch im Ehegattenunterhaltsrecht, Wien 2016; *Möschl*, Die nichteheliche Lebensgemeinschaft, 3. Aufl., Wien 2007; *Nademleinsky/Neumayr*, Internationales Familienrecht, Wien 2007; *Rummel* (Hrsg.), Kommentar zum Allgemeinen bürgerlichen Gesetzbuch I, 3. Aufl., Wien 2000; *ders.* (Hrsg.), Kommentar zum Allgemeinen bürgerlichen Gesetzbuch I, 3. Aufl., Erster Ergänzungsband KindRÄG 2001, Wien 2003; *ders.* (Hrsg.), Kommentar zum Allgemeinen bürgerlichen Gesetzbuch II/4, 3. Aufl., Wien 2002; *ders.* (Hrsg.), Kommentar zum Allgemeinen bürgerlichen Gesetzbuch II/6, 3. Aufl., Wien 2004; *Schwimann*, Internationales Privatrecht, 3. Aufl., Wien 2001; *ders.* (Hrsg), ABGB-Taschenkommentar, 3. Aufl., Wien 2015; *Schwimann/Kodek* (Hrsg.), Praxiskommentar zum Allgemeinen bürgerlichen Gesetzbuch I, 4. Aufl., Wien 2011; *dies.* (Hrsg), Praxiskommentar zum Allgemeinen bürgerlichen Gesetzbuch°Ia, Wien 2013; *Schwimann/Kolmasch*, Unterhaltrecht, 8. Aufl., Wien 2016; *Welser/Zöchling-Jud*, Grundriss des bürgerlichen Rechts II: Schuldrecht Allgemeiner Teil, Schuldrecht Besonderer Teil, Erbrecht, 14. Aufl., Wien 2015.

Abkürzungen

Abgekürzt zitierte österreichische Gesetze

ABGB = Allgemeines bürgerliches Gesetzbuch vom 1.6.1811, JGS 1811/946; **ASVG** = Allgemeines Sozialversicherungsgesetz vom 9.11.1955, BGBl 1955/189; **AußStrG** = Außerstreitgesetz vom 9.8.1854, RGBl 1854/208; **B-KUVG** = Bundesgesetz vom 31.5.1967 über die Kranken- und Unfallversicherung öffentlich Bediensteter, BGBl 1967/200; **EheG** = Ehegesetz vom 6.7.1938, dRGBl I 1938/807; **EO** = Gesetz vom 27.5.1896 über das Exekutions- und Sicherungsverfahren (Exekutionsordnung), RGBl 1896/79; **EPG** = Bundesgesetz über die eingetragene Partnerschaft (Eingetragene Partnerschafts-Gesetz), BGBl I 2009/135; **ErbRÄG** = Erbrechts-Änderungsgesetz 2015, BGBl I 2015/87; **EStG** = Einkommensteuergesetz vom 7.7.1988, BGBl 1988/400; **FMedG** = Fortpflanzungsmedizingesetz, BGBl 1992/275; **IPRG** = Bundesgesetz über das internationale Privatrecht vom 15.6.1978, BGBl 1978/304; **JN** = Jurisdiktionsnorm vom 1.8.1895, RGBl 1895/111; **KindNamRÄG** = Kindschafts- und Namenrechts-Änderungsgesetz 2013, BGBl I 2013/15; **MRG** = Mietrechtsgesetz vom 12.11.1981, BGBl 1981/520; **NAG** = Bundesgesetz über die Niederlassung und den Aufenthalt in Österreich (Niederlassungs- und Aufenthaltsgesetz), BGBl I 2005/100; **NÄG** = Bundesgesetz vom 22.3.1988 über die Änderung von Familiennamen und Vornamen (Namensänderungsgesetz), BGBl I 1988/195; **NotaktsG** = Notariatsaktsgesetz vom 25.7.1871, RGBl 1871/76; **PStG** = Personenstandsgesetz vom 19.1.1983, BGBl 1983/60; **PStV** = Personenstandsverordnung vom 14.11.1983, BGBl 1983/629; **StbG** = Staatsbürgerschaftsgesetz, BGBl 311/1985; **WEG** = Wohnungseigentumsgesetz, BGBl I 2002/70; **ZPO** = Zivilprozessordnung vom 1.8.1895, RGBl 1895/113.

Abgekürzt zitierte österreichische Verkündungsblätter und Zeitschriften

BGBl = Österreichisches Bundesgesetzblatt; **ecolex** = Fachzeitschrift für Wirtschaftsrecht; **EF** = ehe- und familienrechtliche Entscheidungen (österreichische Sammlung); **EF-Z** = Zeitschrift für Ehe- und Familienrecht; **EvBl** = Evidenzblatt der Rechtsmittelentscheidungen, seit 1946 enthalten in der Österreichischen Juristen-Zeitung (**ÖJZ**); **FamZ** = Interdisziplinäre Zeitschrift für Familienrecht (seit 2007: iFamZ); **JAP** = Juristische Ausbildung und Praxisvorbereitung; **JBl** = Juristische Blätter; **JGS** = Justizgesetzsammlung; **NZ** = Österreichische Notariatszeitung; **ÖJZ-LSK** = Leitsatzkartei der Österreichischen Juristen-Zeitung; **RGBl** = Reichsgesetzblatt; **RZ** = Österreichische Richterzeitung; **SZ** = Entscheidungen des österreichischen Obersten Gerichtshofes (**OGH**) in Zivilsachen; **wobl** = Wohnrechtliche Blätter; **Zak** = Zivilrecht aktuell; **ZfRV** = (österreichische) Zeitschrift für Rechtsvergleichung.

A. Eheschließung

I. Materielle Voraussetzungen der Eheschließung

1. Obligatorische Zivilehe

Das österreichische Recht sieht die **obligatorische Zivilehe** vor (§ 15 EheG). Sie kommt durch einen Vertrag, den sog. „Ehevertrag" (§ 44 ABGB) zustande. Voraussetzungen, Abschluss und Form der Eheschließung werden allein vom staatlichen Recht geregelt. Kirchliche Trauungen haben im staatlichen Bereich keine Wirkung, sondern lediglich intern für die Mitglieder der kirchlichen Gemeinschaft.

1

2. Voraussetzungen der Eheschließung

a) Zwei Personen verschiedenen Geschlechts

Eine Ehe kann nur von zwei Personen **verschiedenen Geschlechts** eingegangen werden (§ 44 ABGB). Gleichgeschlechtliche Paare können keine Ehe eingehen; sie können aber seit 1.1.2010 eine eingetragene Partnerschaft nach dem „Eingetragene Partnerschaft-Gesetz" (EPG) begründen (siehe hierzu Rdn 205 ff.).

2

b) Ehefähigkeit

Die **Ehefähigkeit** setzt sich aus der **Ehemündigkeit** (darunter ist das für die Eingehung der Ehe nötige Mindestalter zu verstehen) und der **Ehegeschäftsfähigkeit** zusammen. Personen, die das 18. Lebensjahr vollendet haben, sind ehemündig (§ 1 Abs. 1 EheG). Allerdings

3

kann das Gericht eine Person, die das 16. Lebensjahr vollendet hat, auf ihren Antrag für ehemündig erklären, wenn der künftige Ehepartner volljährig ist und sie für die Ehe reif erscheint (§ 1 Abs. 2 EheG).

4   **Geschäftsunfähige** können keine Ehe eingehen (§ 2 EheG); **beschränkt Geschäftsfähige** bedürfen zur Eingehung der Ehe der Zustimmung des gesetzlichen Vertreters und der Person, die für ihre Pflege und Erziehung zuständig ist (§ 3 Abs. 1 und 2 EheG). Unter beschränkt Geschäftsfähigen sind Minderjährige über sieben Jahre und Personen zu verstehen, denen ein Sachwalter nach § 268 ABGB bestellt ist (§ 102 Abs. 2 EheG). Bei Verweigerung der erforderlichen Einwilligungen hat das Gericht auf Antrag des Verlobten, der der Einwilligung bedarf, diese zu ersetzen, wenn keine gerechtfertigten Gründe für eine Weigerung vorliegen (§ 3 Abs. 3 EheG).

c) Keine Eheverbote

5   Eine Ehe darf nicht geschlossen werden zwischen **Blutsverwandten** gerader Linie und zwischen voll- oder halbbürtigen Geschwistern, gleichgültig, ob die Blutsverwandtschaft auf ehelicher oder unehelicher Geburt beruht (§ 6 EheG), sowie zwischen einem angenommenen Kind und seinen Abkömmlingen einerseits und dem Annehmenden andererseits, solange das durch die **Adoption** begründete Rechtsverhältnis besteht (§ 10 EheG). Überdies darf niemand eine Ehe eingehen, solange seine frühere Ehe bzw. eingetragene Partnerschaft nicht für nichtig erklärt oder aufgelöst worden ist (§§ 8, 9 EheG).

d) Form der Eheschließung

6   Die Verlobten müssen vor dem **Standesbeamten** persönlich und bei gleichzeitiger Anwesenheit erklären, die Ehe miteinander eingehen zu wollen (§ 17 Abs. 1 EheG). Diese Erklärungen können nicht unter einer Bedingung oder einer Befristung abgegeben werden (§ 17 Abs. 2 EheG). Der Standesbeamte hat die Verlobten vor zwei Zeugen einzeln und nacheinander zu befragen, ob sie die Ehe miteinander eingehen wollen (§ 18 Abs. 2 PStG). Die Trauung kann auch ohne oder mit nur einem Zeugen vorgenommen werden, wenn beide Verlobte dies wünschen (§ 18 Abs. 3 PStG). Über die Erklärung ist sodann in Anwesenheit der Verlobten und allfälliger Zeugen eine **Niederschrift aufzunehmen**, die von den Ehegatten, dem Standesbeamten und den allenfalls zugezogenen Zeugen sowie, falls beigezogen, auch dem Dolmetscher, zu unterschreiben ist (§ 18 Abs. 4 PStG). Zur Eintragung der Ehe in das Zentrale Personenstandsregister siehe § 20 PStG.

3. Rechtsfolgen bei Verstößen

7   Mängel bei der Eheschließung können verschiedene Wirkungen haben:

8   Unabdingbare Voraussetzung für eine gültige Eheschließung ist, dass die Ehe vor einem Standesbeamten (§ 15 EheG) geschlossen wird. Anderenfalls liegt eine **Nichtehe** vor; der gesetzte Akt ist rechtlich ohne Wirkung und es bedarf keiner gerichtlichen Geltendmachung der Ungültigkeit, da nicht einmal die elementarsten Voraussetzungen einer Eheschließung erfüllt sind.[1] Eine Nichtehe liegt auch bei Geschlechtsgleichheit der Partner sowie dann vor, wenn keine übereinstimmenden Eheerklärungen abgegeben werden.[2]

---

1 OGH 2 Ob 267/98y, EFSlg 87.430.

2 *Schwimann/Ferrari* in: *Schwimann/Kodek* (Hrsg.), Praxiskommentar zum Allgemeinen bürgerlichen Gesetzbuch, I, § 44 ABGB Rn 2; *Weitzenböck* in: *Schwimann/Kodek*, I, § 17 EheG Rn 1. Vgl. auch OGH 2 Ob 267/98y, EFSlg 87.429 (zur Ehekonsenserklärung).

Andere schwerwiegende Verstöße bewirken die Nichtigkeit oder Aufhebbarkeit der Ehe. **9**
Eine **nichtige Ehe** liegt vor, wenn sie nicht in der durch § 17 EheG vorgeschriebenen
Form geschlossen worden ist oder einer der Ehegatten zum Zeitpunkt der Eheschließung
geschäftsunfähig gewesen ist oder wenn die Ehe ausschließlich oder überwiegend zu dem
Zweck geschlossen worden ist, den Erwerb eines Familiennamens oder der Staatsangehörigkeit zu ermöglichen, ohne dass eine eheliche Lebensgemeinschaft begründet werden sollte.
Außerdem liegt Nichtigkeit vor, wenn die Ehe entgegen dem Eheverbot der Blutsverwandtschaft geschlossen worden ist oder wenn ein Teil zur Zeit der Eheschließung mit einer
dritten Person in gültiger Ehe oder eingetragener Partnerschaft lebt (§§ 20–25 EheG). In
den meisten Fällen ist eine **Heilung** möglich.[3] Wegen der besonderen Schwere des Nichtigkeitsgrundes ist eine Heilung der Nichtigkeit wegen Blutsverwandtschaft und Doppelehe
bzw. bei eingetragener Partnerschaft unmöglich. Die Nichtigkeit muss durch **Klage** geltend
gemacht werden. Da die Beseitigung von nichtigen Ehen auch im öffentlichen Interesse
liegt, ist auch der **Staatsanwalt** zur Klage legitimiert (§ 28 EheG). Bis zur Rechtskraft des
Urteils kann sich niemand auf die Nichtigkeit berufen (§ 27 EheG).

Die **Aufhebung** der Ehe kann verlangt werden, wenn der Ehegatte zur Zeit der Eheschlie- **10**
ßung beschränkt geschäftsfähig gewesen ist und sein gesetzlicher Vertreter dem Abschluss
nicht zugestimmt hat. Solange die Beschränkung in der Geschäftsfähigkeit andauert, kann
nur der gesetzliche Vertreter die Aufhebung der Ehe begehren (§ 35 Abs. 1 EheG). Auch
bestimmte Willensmängel bei Eheeingehung (Irrtum, arglistige Täuschung, Drohung) berechtigen zur Aufhebung der Ehe (§§ 36 ff. EheG). Eine **Heilung** des Mangels ist bei allen
Aufhebungsgründen möglich.[4]

Die Gültigkeit der Ehe bleibt jedoch unberührt, wenn lediglich gegen **schlichte Eheverbote** **11**
(etwa die Verbote der Eheschließung wegen mangelnder Ehemündigkeit nach § 1 EheG
und wegen mangelnder Zustimmung des Pflege- und Erziehungsberechtigten nach § 3
Abs. 2 EheG) oder gegen Formvorschriften, welche bloß „Soll-Vorschriften" sind (etwa
Eheschließung ohne Zeugen), verstoßen worden ist.[5]

II. Sachlich zuständige Behörde

Die Eheschließung hat in jedem Fall vor einem **Standesbeamten** zu erfolgen. Als Standesbe- **12**
amter gilt auch, wer – ohne Standesbeamter zu sein – das Amt eines Standesbeamten
öffentlich ausübt und die Ehe in das Ehebuch eingetragen hat (§ 15 Abs. 2 EheG; seit
1.11.2014 erfolgt die Eintragung in das Zentrale Personenstandsregister). Verlobte mit **ausländischem Personalstatut** benötigen bei einer Trauung in Österreich eine **Ehefähigkeits-
bestätigung** des Personalstatutstaates (§ 21 Abs. 2 Z. 1 PStV). Kann ein Verlobter eine
solche Bestätigung nicht beibringen, obwohl er sie erlangen könnte, oder hegt der Standesbeamte trotz der vorgelegten Urkunden Zweifel an der Ehefähigkeit, so ist eine Rechtsaus-
kunft des Landeshauptmannes einzuholen (§ 21 Abs. 4 PStV). Umgekehrt hat die Personen-
standsbehörde einem österreichischen Staatsbürger,[6] der im Ausland die Ehe schließen will,
auf Antrag ein **Ehefähigkeitszeugnis** auszustellen. Die Ehefähigkeit des Antragstellers ist
in gleicher Weise wie für das Eingehen einer Ehe im Inland zu ermitteln. Im Ehefähigkeits-

---

3 Siehe §§ 21 Abs. 2, 22 Abs. 2, 23 Abs. 2 EheG.
4 Siehe §§ 35 Abs. 2, 36 Abs. 2, 37 Abs. 2, 38 Abs. 2, 39 Abs. 2 EheG.
5 *Weitzenböck* in: *Schwimann/Kodek*, I, § 17 EheG Rn 3.
6 Das gilt auch für einen Staatenlosen oder eine Person ungeklärter Staatsangehörigkeit, wenn sie ihren
   gewöhnlichen Aufenthalt im Inland hat oder einen Flüchtling im Sinne der Genfer Konvention, wenn
   er seinen gewöhnlichen Aufenthalt im Inland hat (§ 17 Abs. 1 i.V.m. § 35 Abs. 2 Z. 2 und 3 PStG).

zeugnis ist zu bescheinigen, dass die darin angeführten Verlobten die Ehe schließen können. Das Zeugnis gilt für sechs Monate, gerechnet vom Tag der Ausstellung (§ 17 Abs. 3 PStG).

III. Kollisionsrecht der Eheschließung

13 Es ist zwischen der Form der Eheschließung und den sachlichen Eheschließungsvoraussetzungen zu unterscheiden.

14 Die **Form der Eheschließung** und die Folgen von Formverletzungen im Zuge der Eheschließung richten sich gem. § 16 IPRG bei Trauungen im Inland nach österreichischem Recht, bei Eheschließungen im Ausland entweder nach dem Personalstatut jedes der Verlobten oder nach den Formvorschriften des Ortes der Eheschließung, wobei stets die günstigere Möglichkeit den Ausschlag gibt (*favor matrimonii*). Daher ist die Einhaltung der Formvorschriften des Ortes, an dem die Ehe geschlossen wird, jedenfalls ausreichend. Auch die in einigen Bundesstaaten der USA noch zugelassenen *common law marriages* („Handschuhehen") wären daher in Österreich anzuerkennen.[7]

15 Alle **sachlichen Ehevoraussetzungen** richten sich gem. § 17 IPRG für jeden Verlobten getrennt nach seinem eigenen Personalstatut im Zeitpunkt der Eheschließung. Zu den sachlichen Ehevoraussetzungen zählen etwa die Ehefähigkeit, Ehemündigkeit, Ehehindernisse und Konsenserfordernisse.[8] Das Recht, dessen Vorschriften missachtet worden ist, entscheidet auch über die Folgen der Nichteinhaltung. Fehlen bei beiden Verlobten sachliche Voraussetzungen, welche gleichzeitig jeweils unterschiedliche Sanktionen auslösen, so gibt die schwerere, ehefeindlichere Sanktion nach dem Grundsatz des „ärgeren Rechts" den Ausschlag.[9] Eine Ausnahme besteht hinsichtlich einer für den österreichischen Rechtsbereich rechtskräftig aufgelösten oder als nicht bestehend festgestellten Ehe; eine allfällige Nichtanerkennung dieser Entscheidung durch das Personalstatut der Verlobten stellt kein Hindernis für eine Wiederverheiratung dar (§ 17 Abs. 2 IPRG).

B. Folgen der Eheschließung

I. Auswirkungen auf das Eigentum

1. Gesetzlicher Güterstand

16 Der gesetzliche Güterstand während aufrechter Ehe ist die **Gütertrennung**: Jeder Ehegatte bleibt Alleineigentümer des von ihm in die Ehe eingebrachten und während der Ehe erworbenen Vermögens (§§ 1233, 1237 ABGB) und damit allein über dieses verfügungsberechtigt.[10] Jeder Gatte **haftet** auch allein für seine Schulden.[11] Während aufrechter Ehe ist somit sowohl eine dingliche als auch eine schuldrechtliche Teilhabe des einen Ehegatten am

---

7 Siehe dazu *Lurger/Melcher*, Bürgerliches Recht VII.: Internationales Privatrecht, Rn 2/41.

8 Siehe ausführlich *Verschraegen* in: *Rummel* (Hrsg.), Kommentar zum Allgemeinen bürgerlichen Gesetzbuch, II/6, § 17 IPRG Rn 2.

9 OGH 5 Ob 609/89, SZ 62/159; OGH 5 Ob 609/89, JBl 1990, 531; OGH 2 Ob 267/98y, ZfRV 1999, 114.

10 Siehe dazu im Allgemeinen: *Ferrari*, Die vermögensrechtliche Situation von Ehegatten und Lebensgefährten in Österreich, in: *Henrich/Schwab* (Hrsg.), Eheliche Gemeinschaft, Partnerschaft und Vermögen im europäischen Vergleich, S. 179.

11 OGH 1 Ob 591/82, SZ 55/70.

Vermögen des anderen, und zwar auch an jenem, das während aufrechter Ehe erworben wird, ausgeschlossen.[12]

Nur in wenigen Bereichen wird der prinzipiell geltende Grundsatz der Gütertrennung durch außergüterrechtliche Regelungen **durchbrochen:** So steht etwa dem Ehegatten, der im Erwerb des anderen mitwirkt, ein Gewinnbeteiligungsanspruch zu, der schon während aufrechter Ehe im Außerstreitverfahren geltend gemacht werden kann (§ 98 ABGB; siehe auch Rdn 46 ff.).[13] Ist ein Ehegatte über eine Wohnung, die der Befriedigung des dringenden Wohnungsbedürfnisses des anderen dient, verfügungsberechtigt, kann dieser sein Verfügungsrecht nicht unbeschränkt ausüben (§ 97 ABGB; siehe Rdn 22 ff.). Ebenfalls bestehen bei gemeinsamem Wohnungseigentum der Ehegatten Verfügungsbeschränkungen hinsichtlich des jedem Ehegatten zustehenden Miteigentumsanteils (§ 13 WEG).   17

Insgesamt ist aber festzustellen, dass der gesetzliche Güterstand der Gütertrennung im Wesentlichen mit all seinen Konsequenzen Geltung hat, was zu einer ungleichen Entwicklung der Vermögenssituation der beiden Ehegatten führen kann, wobei i.d.R. der erwerbstätige Ehegatte gegenüber dem nicht erwerbstätigen eindeutig bevorzugt ist.[14]   18

Wird die Ehe allerdings zu Lebzeiten der Gatten aufgelöst, so hat jeder Ehegatte einen Anspruch auf **Aufteilung** des ehelichen Gebrauchsvermögens und der ehelichen Ersparnisse, so dass für diesen Fall das österreichische Recht eine Art Zugewinnausgleich vorsieht, wenngleich es nicht automatisch zur Halbierung des Zugewinns kommt und, anders als im deutschen Recht, der Anspruch auf Naturalteilung gerichtet ist (siehe hierzu Rdn 119 ff.).   19

Wird die Ehe durch **Tod** aufgelöst, so gibt es keinen derartigen Zugewinnausgleich; es sind allein die erbrechtlichen Bestimmungen maßgebend, die an das beim Tod des Verstorbenen vorhandene Vermögen anknüpfen.   20

Den Ehegatten steht es aber frei, ihre vermögensrechtlichen Beziehungen untereinander **vertraglich,** vor allem auch durch **Ehepakte,** zu regeln und den gesetzlichen Güterstand zu ersetzen bzw. zu modifizieren (§ 1217 ABGB). Als Ehepakte gelten jene Verträge zwischen Ehegatten, die eine umfassende Regelung der wirtschaftlichen Seite der Ehe bezwecken und nicht nur eine Regelung einzelner vermögensrechtlicher Beziehungen.[15] Um gültig zu sein, müssen sie in Form eines **Notariatsakts** errichtet werden (§ 1 Abs. 1 lit. a NotaktsG). Zu den vertraglichen Gestaltungsmöglichkeiten hinsichtlich des ehelichen Vermögens siehe Rdn 52 ff.   21

2. Verfügungsbeschränkungen

Das österreichische Gesetz gewährt einem Ehegatten mit **dringendem Wohnbedürfnis**   22
einen besonderen Schutz. Derjenige Ehegatte, der über eine Wohnung, welche der Befriedigung des dringenden Wohnbedürfnisses des anderen dient, verfügungsberechtigt ist, hat alles zu unterlassen und vorzukehren, damit der auf die Wohnung angewiesene Gatte diese nicht verliert (§ 97 ABGB). Der **Wohnungserhaltungsanspruch** ist nach § 97 S. 2 ABGB ausgeschlossen, wenn das Handeln oder Unterlassen des verfügungsberechtigten Ehegatten

---

12 Siehe näher *Ferrari* in: *Henrich/Schwab*, Vermögen, S. 179; *Hinteregger/Ferrari*, Familienrecht, S. 80 ff.
13 Dabei sind allerdings strenge Verjährungsregeln zu beachten (§§ 1486a, 1495 S. 2 ABGB).
14 *Ferrari* in: *Henrich/Schwab*, Vermögen, S. 181 f.
15 OGH 3 Ob 211/54, EvBl 1954/188; OGH 6 Ob 296/63, EvBl 1964/219; OGH 6 Ob 590/76, SZ 49/160; OGH 1 Ob 519/80, EFSlg 36.114; OGH 7 Ob 561/95, EFSlg XXXII/3; OGH 1 Ob 144/12a, EF-Z 2013/51 (*Oberhumer*).

durch die Umstände erzwungen wird, eine Wohnungserhaltung dem verfügungsberechtigten Ehegatten somit unzumutbar ist.

23 Bei Vorliegen der angeführten Voraussetzungen hat der verfügungsbefugte Ehegatte für eine **ungeschmälerte Benützung** der Wohnung durch den wohnungsbedürftigen Gatten zu sorgen und jede Beeinträchtigung zu vermeiden. Durch § 97 ABGB ist der wohnungsbedürftige Gatte vor rechtlichen Dispositionen über die Wohnung (wie z.B. Veräußerung, Verzicht, Zulassung exekutiver Verwertung, Unterlassung der Kündigungsabwehr)[16] ebenso geschützt wie vor rein tatsächlicher Verdrängung oder Störung (wie Austausch des Wohnungsschlosses, Aufnahme einer störenden dritten Person, Aussperren aus einzelnen Räumen).[17]

24 Der Wohnungserhaltungsanspruch ist im Streitverfahren mittels **Leistungs-** bzw. **Unterlassungsklage** geltend zu machen und durch **einstweilige Verfügung** sicherbar. Hat der verfügungsberechtigte Ehegatte die Wohnungserhaltungspflicht schuldhaft verletzt, steht dem wohnungsbedürftigen Ehegatten gegen diesen ein **Schadenersatzanspruch** zu, welcher primär auf Naturalrestitution, d.h. Wiederherstellung und Duldung der ungeschmälerten Wohnungsbenützung, gerichtet ist. Ist eine Wiederherstellung der konkreten Wohnmöglichkeit nicht möglich oder wirtschaftlich untunlich, so richtet sich der Schadenersatzanspruch auf Beschaffung einer gleichwertigen Ersatzwohnung oder Ersatz des Beschaffungswertes einer solchen Wohnmöglichkeit.[18]

25 Da der Wohnungserhaltungsanspruch bloß **schuldrechtlicher Natur** ist, kann er gegenüber **Dritten** grundsätzlich nicht geltend gemacht werden. Nach einhelliger Meinung besteht aber ausnahmsweise dann ein **Schadenersatzanspruch** gegenüber Dritten, wenn sie in schuldhafter Weise[19] den Wohnungserhaltungsanspruch beeinträchtigen (etwa durch Erwerb der Wohnungsliegenschaft bzw. der Eigentumswohnung, durch Lösung des Wohnungsverhältnisses u.a.). Der Schadenersatzanspruch des wohnungsbedürftigen Ehegatten gegen den Drittstörer deckt sich inhaltlich mit jenem gegen den anderen Ehegatten, ist also primär auf **Naturalrestitution** gerichtet (siehe Rdn 24). Der Wiederherstellungsanspruch kann vom berechtigten Ehegatten dem Räumungsbegehren des unredlichen Dritterwerbers entgegengehalten werden.[20]

26 Der Wohnungserhaltungsanspruch **erlischt** mit der Rechtskraft des Scheidungsurteils.[21] Hat der wohnungsbedürftige Ehegatte jedoch rechtzeitig einen Antrag auf Aufteilung des

---

16 OGH 2 Ob 602/79, SZ 52/190; OGH 3 Ob 155/87, EvBl 1988/57; OGH 7 Ob 529/93, EvBl 1993/161; OGH 3 Ob 231/04y, EFSlg 106.991; OGH 7 Ob 230/09p, wobl 2010/107 (Verzicht auf ein Miet-bzw. Eintrittsrecht); LGZ Wien 47 R 2066/90, EFSlg 64.939.

17 OGH 1 Ob 559/81, SZ 54/29 (Austausch des Wohnungsschlosses); LGZ Wien 47 R 2013/91, EFSlg 64.883 (Aufnahme eines Dritten); OGH 7 Ob 760/80, SZ 54/37 (Aussperren aus einzelnen Räumen); OGH 3 Ob 231/04y, SZ 2004/150 = EvBl 2005/74; LGZ Wien 43 R 139/12b, EFSlg 133.555. Der wohnungsbedürftige Ehegatte hat gegen den anderen Gatten gemäß § 97 ABGB auch Anspruch auf positives Handeln (etwa auf Erhebung von Einwendungen gegen eine Aufkündigung oder Gewährung des Zutritts zur Benützung der Wohnung); vgl. dazu RIS-Justiz RS0111673.

18 Siehe *Hopf/Kathrein*, Eherecht, § 97 ABGB Rn 7; OGH 3 Ob 520/87, SZ 60/97; OGH 4 Ob 49/01m, EFSlg 95.334; LGZ Wien 43 R 586/06d, EFSlg 113.179.

19 Hinsichtlich der erforderlichen Schuldform siehe *Schwimann/Ferrari* in: *Schwimann/Kodek*, I, § 97 ABGB Rn 15.

20 Siehe zur Drittwirkung ausführlich *Schwimann/Ferrari* in: *Schwimann/Kodek*, I, § 97 ABGB Rn 14 ff. m. weiteren Literatur- und Judikaturnachweisen.

21 Siehe *Hopf/Kathrein*, Eherecht, § 97 ABGB Rn 11.

ehelichen Vermögens gestellt (siehe § 95 EheG), wirkt der Anspruch im Aufteilungsverfahren fort und erlischt erst mit dessen rechtskräftiger Erledigung.[22]

Ansonsten endet der Anspruch nach § 97 ABGB mit dem **Tod** des verfügungsberechtigten Ehegatten. Der überlebende Gatte ist aber geschützt durch Spezialvorschriften des Mietrechtsgesetzes (§ 14 Abs. 3) und des Wohnungseigentumsgesetzes (§ 14) sowie nach § 745 Abs. 1 ABGB (i.d.F. des Erbrechts-Änderungsgesetzes 2015[23]), der ihm als gesetzliches Vorausvermächtnis grundsätzlich das Recht gewährt, in der Ehewohnung weiter zu wohnen.   27

Im Zusammenhang mit dem Wohnungsschutz sei noch auf die Bestimmungen über den **Gewaltschutz**,[24] denen große praktische Bedeutung zukommt, verwiesen: Personen, die einer anderen Person[25]   28
– durch einen körperlichen Angriff,
– durch eine Drohung mit einem solchen oder
– durch ein die psychische Gesundheit erheblich beeinträchtigendes Verhalten
das weitere Zusammenleben unzumutbar machen, ist auf Antrag der betroffenen Person das **Verlassen der Wohnung** und deren unmittelbarer Umgebung aufzutragen und die **Rückkehr** in die Wohnung und deren unmittelbare Umgebung zu **verbieten**, wenn die Wohnung der Befriedigung des dringenden Wohnbedürfnisses des Antragstellers dient (§ 382b Abs. 1 EO). Der Zeitraum, für den eine solche Verfügung getroffen wird, darf nach § 382b Abs. 2 EO sechs Monate nicht übersteigen, solange kein Hauptverfahren i.S.d. § 382b Abs. 3 EO geführt wird. Überdies kann das Gericht Personen, die einer anderen Person durch ein solches Verhalten das weitere **Zusammentreffen** unzumutbar machen, den **Aufenthalt** an bestimmten Orten **verbieten** und ihnen auftragen, das Zusammentreffen sowie die Kontaktaufnahme mit dem Antragsteller zu vermeiden, soweit dem nicht schwerwiegende Interessen des Antragsgegners zuwiderlaufen (§ 382e Abs. 1 EO).

II. Ehelicher Unterhalt

1. Allgemeines

Mangels einer Vereinbarung haben nach § 94 Abs. 1 ABGB beide Ehegatten nach ihren Kräften (Anspannungsgrundsatz) und gemäß der Gestaltung ihrer ehelichen Lebensgemeinschaft zur Deckung der ihren Lebensverhältnissen angemessenen Bedürfnisse gemeinsam beizutragen. Der **Anspannungsgrundsatz** besagt, dass jeder Ehegatte seine Kräfte anzuspannen hat, um (s)einen bestmöglichen Beitrag zum Unterhalt zu leisten. Leistet ein Ehegatte weniger, als er bei Anspannung seiner Kräfte zu leisten imstande wäre, wird   29

---

22 OGH 2 Ob 1/01p, EFSlg 95.329; OGH 7 Ob 178/02f, RZ 2003/16; OGH 7 Ob 86/03b, JBl 2003, 927; OGH 3 Ob 51/03a, JBl 2003, 929; OGH 10 Ob 14/06s, EFSlg 113.180; OGH 1 Ob 203/08x, iFamZ 2009/205; OGH 21.12.2015, 5 Ob 178/15k; RIS-Justiz RS0009566.

23 BGBl I 2015/87.

24 BGBl 1996/759 i.d.F. des 2. Gewaltschutzgesetzes (BGBl I 2009/40). Siehe dazu ausführlich *Deixler-Hübner*, Scheidung, Ehe und Lebensgemeinschaft, S. 32 ff.

25 Vor dem 2. Gewaltschutzgesetz (Nachweise dazu siehe vorherige Fn) war der Schutz auf nahe Angehörige der gewalttätigen Person beschränkt. Dadurch konnten Maßnahmen nach dem Gewaltschutzgesetz nur gegen diese und nicht gegen andere Personen, die in demselben Haushalt wohnten, ergriffen werden.

bei der Unterhaltsbemessung vom fiktiven (erzielbaren) Einkommen ausgegangen.[26] Der aufgrund der Haushaltsführung unterhaltsberechtigte Ehegatte ist allerdings nicht weiter anzuspannen, weil er seinen Unterhaltsbeitrag durch die Haushaltsführung leistet (siehe näher Rdn 31).

2. Die einzelnen Unterhaltsansprüche und die Unterhaltsbemessung

30 Es sind **drei Arten von Unterhaltsansprüchen** zu unterscheiden (vgl. § 94 Abs. 2 ABGB): der Unterhaltsanspruch des nicht erwerbstätigen haushaltsführenden Ehegatten, der Unterhaltsanspruch des weniger verdienenden Ehegatten und schließlich der Unterhaltsanspruch des beitragsunfähigen Ehegatten.

31 Bei der Festlegung der **Unterhaltshöhe** ist jeweils vom Unterhalt auszugehen, der den **ehelichen Lebensverhältnissen** angemessen ist (§ 94 Abs. 1 ABGB); sie richtet sich sowohl nach der **Leistungsfähigkeit** des Unterhaltsverpflichteten als auch nach den **Bedürfnissen** des Unterhaltsberechtigten. Für die Angemessenheit der Bedürfnisse ist die Gestaltung der ehelichen Lebensgemeinschaft ausschlaggebend; Einkommen, Vermögen, Gesundheitszustand der Gatten sowie weitere Sorgepflichten sind zu berücksichtigen.[27] Die Judikatur hat für die Bemessungskriterien **richtlinienartige Prozentsätze** als **Orientierungshilfe** entwickelt:[28] Dem haushaltsführenden Ehegatten, der kein Einkommen hat und seinen Beitrag i.S.d. § 94 Abs. 1 ABGB durch Führung des Haushalts leistet (§ 94 Abs. 2 S. 1 HS. 1 ABGB), stehen 33 % vom Nettoeinkommen des anderen Ehegatten zu. Ist dieser auch anderen Personen (z.B. Kindern, früheren Ehegatten) unterhaltspflichtig, so werden von den 33 % weitere Prozentpunkte abgezogen (z.B. pro Kind 3–4 %). Verfügt der haushaltsführende Ehegatte über eigene Einkünfte (etwa ein Honorar für gelegentliche Näharbeiten, Nachhilfestunden, wissenschaftliche Tätigkeiten), sind diese nach dem Gesetz lediglich angemessen zu berücksichtigen und nicht voll anzurechnen (§ 94 Abs. 2 S. 1 HS. 2 ABGB).

32 Verfügen beide Ehegatten über ein Einkommen und ist das Einkommen eines Ehegatten wesentlich geringer als jenes des anderen, so steht dem weniger verdienenden Ehegatten ein **Ergänzungsanspruch** bis zur Höhe des angemessenen Unterhalts gegen den anderen zu, den die Judikatur auf § 94 Abs. 2 S. 3 ABGB stützt. Der Orientierungswert für diesen Ergänzungsanspruch beträgt 40 % des Gesamtnettoeinkommens beider Ehegatten, abzüglich des eigenen Einkommens desjenigen Ehegatten, der weniger verdient.[29] Weitere Unterhaltspflichten werden auch hier durch prozentuelle Abstriche berücksichtigt. Führt allerdings die Anwendung der in Rdn 31 erörterten 33 %-Regel zu einem niedrigeren Unterhalt, so steht nur dieser Betrag zu; eigene Einkünfte sind dann nicht abzuziehen.[30]

33 Ein in der Praxis sehr häufig anzutreffender **Sonderfall** ist, dass ein voll berufstätiger Ehegatte **neben dem Beruf den gesamten Haushalt alleine führt** – in den meisten Fällen

---

26 OGH 2 Ob 532/91, JBl 1992, 173; OGH 2 Ob 295/00x; OGH 6 Ob 87/05w, EFSlg 111.271; OGH 7 Ob 13/06x, EFSlg 113.140; OLG Wien 11 R 81/84, EFSlg 44.874; OLG Wien 12 R 287/85, EFSlg 47.485; OLG Wien 12 R 219/85, EFSlg 47.487; *Hopf/Kathrein*, Eherecht, § 94 ABGB Rn 5; *Hinteregger/Ferrari*, Familienrecht, S. 58 Fn 88.

27 *Schwimann/Ferrari* in: *Schwimann/Kodek* (Hrsg.), Praxiskommentar zum Allgemeinen bürgerlichen Gesetzbuch, Ia, § 94 ABGB Rn 7.

28 Siehe dazu ausführlich *Schwimann/Ferrari* in: *Schwimann/Kodek*, Ia, § 94 ABGB Rn 16 f.

29 M.w.N. *Schwimann/Ferrari* in: *Schwimann/Kodek*, Ia, § 94 ABGB Rn 20.

30 OGH 2 Ob 584/91, ÖA 1992, 159; OGH 8 Ob 595/93, EFSlg 70.622; OGH 9 Ob 87/99f, EFSlg 88.880; OGH 6 Ob 22/02g, EFSlg 99.185; OGH 8 Ob 38/09k, EFSlg 122.531; OGH 4 Ob 42/10w, EFSlg 126.081; OGH 7 Ob 80/13k, EFSlg 138.958; OGH 2.7.2015, 2 Ob 185/14s; RIS-Justiz RS0057433.

betrifft dies die Frau. Die Rechtsprechung erkennt bei dieser Variante – trotz kritischer Äußerungen im Schrifttum[31] – dem haushaltsführenden vollbeschäftigten Ehegatten aber lediglich einen Ergänzungsanspruch gegen den besser verdienenden Ehegatten zu.[32]

Auf den in der Praxis sehr seltenen Fall des **beitragsunfähigen** Ehegatten, dem ebenfalls ein Unterhaltsanspruch nach § 94 Abs. 2 S. 3 ABGB zusteht, wird hier nicht näher eingegangen.

34

Als **Bemessungsgrundlage** dient das Jahresnettoeinkommen; auch verschiedene Sozialleistungen, wie z.B. Arbeitslosengeld, Notstandshilfe, Renten, Wochengeld, Karenzgeld, Kinderbetreuungsgeld und Sozialhilfe bzw. Mindestsicherung,[33] zählen zum maßgeblichen Einkommen, ebenso wie Lohnsteuerrückvergütungen und die Ausgleichszulage. Kein Einkommensbestandteil ist die Familienbeihilfe.[34] Bei Selbstständigen bestimmt sich das maßgebliche Gesamteinkommen nach dem wirtschaftlichen Reingewinn des letzten steuerlich abgeschlossenen Wirtschaftsjahres bzw. aus dem Durchschnittseinkommen der letzten drei Jahre.[35]

35

3. Aufhebung der häuslichen Gemeinschaft

Der Unterhaltsanspruch des Berechtigten gegen den allein oder besser verdienenden Ehegatten besteht nach Auflösung des gemeinsamen Haushalts weiter, wenn dessen Geltendmachung nicht rechtsmissbräuchlich wäre (§ 94 Abs. 2 S. 2 ABGB). Die Höhe kann sich allerdings nach der Rechtsprechung ändern, sei es durch eine Mehrbelastung des Verpflichteten, sei es durch erhöhte Bedürfnisse des Berechtigten (z.B. durch gesonderte Wohnungnahme).[36]

36

4. Rechtsmissbrauch

Der Unterhaltsanspruch steht einem Ehegatten dann nicht zu, wenn dessen Geltendmachung rechtsmissbräuchlich wäre (§ 94 Abs. 2 S. 2 ABGB).[37] Die Prüfung des Rechtsmissbrauchs erfolgt nach sehr strengen Regeln; die Geltendmachung des Unterhaltsanspruchs muss wegen des Verhaltens des berechtigten Ehegatten **grob unbillig** erscheinen.[38] Die Rechtsprechung nimmt Rechtsmissbrauch bei besonders schweren Eheverfehlungen, aus denen hervorgeht, dass der ursprünglich unterhaltsberechtigte Ehegatte jegliche eheliche Gesinnung verloren hat, an, so etwa bei fortgesetzter empfindlicher Verletzung der eheli-

37

---

31 *Schwimann/Ferrari* in: *Schwimann/Kodek*, Ia, § 94 ABGB Rn 12 f., 18 m.w.N.
32 OGH 6 Ob 679/77, SZ 50/108, 128; OGH 5 Ob 505/91, RZ 1992, 263/87; OGH 8 Ob 598/93, ÖA 1995, 123; OGH 7 Ob 321/01h, EFSlg 99.178; OGH 4 Ob 17/12x, EF-Z 2012/136 (*Gitschthaler*); OGH 10 Ob 7/14y, EF-Z 2014/110, 175 (*Gitschthaler*); RIS-Justiz RS0009749.
33 Die Sozialhilfe wurde 2011 durch die sog. bedarfsorientierte Mindestsicherung ersetzt.
34 St. Rspr., OGH 6 Ob 1577/91, EFSlg 64.921; OGH 10 Ob 35/04a, EFSlg 106.948; LGZ Wien 45 R 574/01x, EFSlg 95.254; LGZ Wien 44 R 138/07f, EFSlg 116.240 u.a.
35 Nachweise bei *Schwimann/Ferrari* in: *Schwimann/Kodek*, Ia, § 94 ABGB Rn 43.
36 Nachweise bei *Hopf/Kathrein*, Eherecht, § 94 ABGB Rn 28.
37 Der Einwand des Rechtsmissbrauchs ist bei allen Arten von Ehegatten-Unterhaltsansprüchen möglich, nicht nur bei dem ausdrücklich vom Gesetz geregelten Unterhalt des ehemals Haushaltsführenden: *Hopf/Kathrein*, Eherecht, § 94 ABGB Rn 29 m.w.N.
38 OGH 7 Ob 505/87, EFSlg 53.011; OGH 10 Ob 537/87, EFSlg 55.908 ff.; OGH 1 Ob 608/95, ÖJZ-LSK 1996/66; OGH 4 Ob 9/01d, JBl 2001, 582; OGH 1 Ob 171/02g, JBl 2004, 45 (*Kerschner*); OGH 5 Ob 177/09d, EFSlg 122.514; OGH 9 Ob 9/12g, RIS-Justiz RS0009766; OGH 1 Ob 48/14m EFSlg 141.087; LGZ Linz 14 R 382/01x, EFSlg 99.130; zahlreiche andere Beispiele aus der aktuellen OGH-Judikatur siehe unter RIS-Justiz RS0009759. Ausführlich dazu *Moser*, Verwirkung und Rechtsmissbrauch im Ehegattenunterhaltsrecht (2016) 114 ff.

chen Treue, bei Eingehen einer Lebensgemeinschaft nach unbegründetem Verlassen des Ehepartners, bei Unterschieben eines Kindes, bei körperlichen Misshandlungen und schweren Drohungen.[39] Das Vorliegen eines Rechtsmissbrauchs führte nach früherer Rechtsprechung zum endgültigen und gänzlichen Erlöschen des Unterhaltsanspruchs.[40] Nach der jüngeren Rechtsprechung ist – um Wertungswidersprüche mit § 68a Abs. 3 EheG zu vermeiden – auch eine **Minderung des Unterhaltsanspruchs** möglich. Es bedarf dabei einer umfassenden **Interessenabwägung**, in welche neben den zur Bejahung des Rechtsmissbrauchs führenden Eheverfehlungen jedenfalls auch das Verhalten des unterhaltpflichtigen Ehepartners, die Dauer und Gestaltung der ehelichen Lebensgemeinschaft, das Wohl der Kinder sowie der Bedarf des Unterhalt begehrenden Ehegatten einzubeziehen sind.[41]

5. Art der Unterhaltsleistung

38   Seit dem EheRÄG 1999[42] ist auf Verlangen des unterhaltsberechtigten Gatten der primär in Naturalien geschuldete Unterhalt auch bei **aufrechter Haushaltsgemeinschaft** ganz oder zum Teil in **Geld** zu leisten, soweit ein solches Verlangen nicht, insbesondere im Hinblick auf die zur Verfügung stehenden Mittel, unbillig wäre (§ 94 Abs. 3 S. 1 ABGB). Die Forderung des vollen Geldbetrages wäre etwa im Bereich der Landwirtschaft unbillig, wenn der Großteil der Unterhaltsbedürfnisse durch die Produkte aus der eigenen Wirtschaft bestritten wird. Ist die häusliche Gemeinschaft **aufgelöst**, wird grundsätzlich **Geldunterhalt** geschuldet, wobei eine monatliche Geldrente im Voraus zu leisten ist.[43]

III.   Name

1. Familienname

39   Das österreichische Recht bietet den Verlobten zahlreiche **Gestaltungsmöglichkeiten** zur Bestimmung ihres Familiennamens. Nehmen sie keine Bestimmung vor, werden sie also nicht aktiv tätig, so behalten sie nach der Eheschließung ihre bisherigen Familiennamen bei, sodass es zu getrennter Namensführung kommt (§ 93 Abs. 1 S. 2 ABGB).

40   Die Verlobten oder Ehegatten können einen ihrer Namen zum gemeinsamen Familiennamen **bestimmen** (§ 93 Abs. 2 ABGB). Führt ein Ehegatte einen zwei- oder mehrteiligen Familiennamen, so können sie auch Teile dieses Namens verwenden. Derjenige Gatte, dessen Familienname nicht gemeinsamer Familienname wurde, kann in diesem Fall bestimmen, dass er dem gemeinsamen Familiennamen seinen Familiennamen voran- oder nachstellt, sodass er dann einen Doppelnamen führt. Dieser so gebildete Name darf nur aus zwei Teilen bestehen. Daher besteht diese Möglichkeit nicht, wenn schon der gemeinsame Familienname ein Doppelname ist. Hat der Ehegatte, der von diesem Recht Gebrauch machen will, bisher einen mehrteiligen Familiennamen, so darf er nur einen Teil verwenden (§ 93 Abs. 3 ABGB). Auf diese Weise sollen unübersichtliche Namensketten vermieden werden. Des Weiteren ist es den Verlobten bzw. Ehegatten möglich, einen aus den Familien-

39 Nachweise bei *Deixler-Hübner*, Scheidung, S. 19 f.
40 OGH 6 Ob 630/87, EFSlg 53.017; OGH 1 Ob 608/95, ÖJZ-LSK 1996/66; OGH 1 Ob 303/00s, EvBl 2001/109; LG Salzburg 21 R 323/00x, EFSlg 95.232.
41 OGH 2 Ob 193/06f, JBl 2007, 579; OGH 2 Ob 152/07b, EFSlg 119.065; OGH 10 Ob 106/07x, EFSlg 116.201. Ausführlich dazu *Moser*, Verwirkung 146 ff.
42 Eherechts-Änderungsgesetz 1999, BGBl I 1999/125.
43 *Stabentheiner* in: *Rummel*, Kommentar zum Allgemeinen bürgerlichen Gesetzbuch, I, § 94 ABGB Rn 12.

namen beider gebildeten Doppelnamen zum gemeinsamen Familiennamen zu bestimmen. Dabei dürfen sie insgesamt nur zwei Teile dieser Namen verwenden (§ 93 Abs. 2 ABGB). Führt die Namensbestimmung zu einem Doppelnamen, so sind dessen Teile durch einen Bindestrich zu trennen (§ 93 Abs. 4 ABGB). Gemäß § 93a Abs. 3 ABGB kann eine Person auch bestimmen, dass ihr Familienname dem Geschlecht angepasst wird, soweit dies der Herkunft der Person oder der Tradition der Sprache entspricht, aus der der Name stammt. Es ist aber umgekehrt auch möglich zu bestimmen, dass eine auf das Geschlecht hinweisende Endung des Namens entfällt.

Namensrechtliche Erklärungen sind dem Standesbeamten gegenüber in öffentlicher oder öffentlich beglaubigter Urkunde abzugeben. Ihre Wirkungen treten ein, sobald sie dem Standesbeamten zukommen (§ 93c ABGB). Anders als nach § 93 Abs. 1 und Abs. 2 ABGB a.F., wonach die Verlobten eine Namensbestimmung vor oder spätestens bei der Eheschließung vornehmen mussten, enthalten die §§ 93 bis 93c ABGB i.d.F. des KindNamRÄG 2013[44] keine diesbezüglichen Vorgaben. Die Bestimmung des Familiennamens kann somit vor oder bei der Eheschließung erfolgen, ist aber zeitlich unbegrenzt auch nach der Eheschließung möglich.[45] Die Bestimmung eines Familiennamens nach § 93 ABGB ist aber nur einmal zulässig (§ 93b ABGB). Ändert sich allerdings der Familienname eines Ehegatten, so kann eine erneute Bestimmung vorgenommen werden (§ 93a Abs. 1 ABGB). 41

Das Kind erhält den gemeinsamen Familiennamen der Eltern. Es kann aber auch der Doppelname eines Elternteils nach § 93 Abs. 3 ABGB zum Familiennamen des Kindes bestimmt werden (§ 155 Abs. 1 ABGB). Sofern die Eltern keinen gemeinsamen Familiennamen führen, kann der Familienname eines Elternteils zum Familiennamen des Kindes bestimmt werden. Ebenso ist es möglich, einen aus den Familiennamen beider Elternteile gebildeten Doppelnamen für das Kind zu bestimmen (§ 155 Abs. 2 ABGB). Wird kein Familienname für das Kind bestimmt, erhält dieses den Familiennamen der Mutter, auch wenn dieser ein Doppelname ist (§ 155 Abs. 3 ABGB). 42

2. Name des verwitweten oder geschiedenen Gatten

Nach **Eheauflösung** durch Scheidung oder Tod ändert sich der Familienname eines Gatten von Gesetzes wegen nicht (§ 62 EheG zur Scheidung). Die Ehegatten können aber nach § 93a Abs. 2 ABGB jeden früher rechtmäßig geführten Familiennamen wieder annehmen. Die Wiederannahme eines Familiennamens nach § 93a ABGB ist nur einmal zulässig (§ 93b ABGB). 43

IV. Sonstige Ehewirkungen

1. Allgemeines

Das österreichische Eherecht basiert auf dem **partnerschaftlichen Prinzip**; nach § 89 ABGB sind die persönlichen Rechte und Pflichten der Ehegatten im Verhältnis zueinander gleich. § 90 ABGB verpflichtet die Ehegatten wechselseitig zur umfassenden ehelichen Lebensgemeinschaft, insbesondere zum gemeinsamen Wohnen, sowie zur Treue, zur anständigen Begegnung, zum Beistand und unter gewissen Voraussetzungen zur Mitwirkung im Erwerb des anderen. Durch das FamRÄG 2009[46] ist mit § 90 Abs. 3 ABGB auch eine Bestimmung 44

---

44 Kindschafts- und Namensrechts-Änderungsgesetz 2013, BGBl I 2013/15.
45 *Ferrari* in: *Schwimann*, ABGB Taschenkommentar, § 93c ABGB Rn 3.
46 Familienrechts-Änderungsgesetz 2009, BGBl I 2009/75.

geschaffen worden, nach der jeder Ehegatte dem anderen bei der Ausübung der Obsorge für dessen Kinder in angemessener Weise beizustehen hat. Soweit es die Umstände erfordern, vertritt er ihn auch in den Angelegenheiten des täglichen Lebens. Damit wollte der Gesetzgeber der immer häufigeren Lebensform der **Stief- bzw. Patchworkfamilie** Rechnung tragen.

2. Pflicht zum gemeinsamen Wohnen

45   Für Ehegatten besteht grundsätzlich eine Pflicht zum gemeinsamen Wohnen (§ 90 ABGB). Bei gerechtfertigten Gründen kann aber ein Ehegatte die **Verlegung der gemeinsamen Wohnung** verlangen. Dem muss der andere entsprechen, außer er hat gerechtfertigte Gründe von zumindest gleichem Gewicht, nicht mitzuziehen (§ 92 Abs. 1 ABGB). Die **gesonderte Wohnungnahme** ist zulässig, wenn das Zusammenleben mit dem anderen Gatten bspw. wegen körperlicher Bedrohung, Misshandlung, Alkoholismus, Hervorrufung einer psychischen Dauerbelastung unzumutbar oder aus wichtigen persönlichen Gründen wie Krankheit oder Pflege eines nahen Angehörigen gerechtfertigt ist.[47] Zur Beurteilung der Rechtmäßigkeit einer gemeinsamen Wohnungsverlegung, der Weigerung mitzuziehen oder einer gesonderten Wohnungnahme kann von jedem Ehegatten das Außerstreitgericht angerufen werden (§ 92 Abs. 3 ABGB).

3. Mitwirkung im Erwerb

46   Das österreichische Gesetz sieht vor, dass ein Ehegatte im Erwerb des anderen mitzuwirken hat, soweit ihm dies zumutbar ist, es nach den Lebensverhältnissen der Ehegatten üblich und nichts anderes vereinbart ist (§ 90 Abs. 2 ABGB). Die Mitwirkungspflicht ist somit dispositiver Natur und kann – auch schon im Vorhinein, etwa bei der Eheschließung[48] – abbedungen werden.

47   Der Ehegatte, der im Betrieb des anderen mitwirkt, hat einen Anspruch auf **angemessene Abgeltung** seiner Mitwirkung, wobei sich die Höhe des Anspruchs nach der Art und Dauer der Leistungen richtet; die gesamten Lebensverhältnisse der Ehegatten, besonders auch die gewährten Unterhaltsleistungen, sind angemessen zu berücksichtigen (§ 98 ABGB). Nach der Rechtsprechung handelt es sich beim Anspruch des mittätigen Ehegatten um einen **Gewinnbeteiligungsanspruch:**[49] Ein Abgeltungsanspruch besteht demnach nur, wenn im Betrieb ein Gewinn erzielt werden konnte. Der gesetzliche Anspruch nach § 98 ABGB **verjährt** in sechs Jahren vom Ende des Monats an, in dem die Leistung erbracht worden ist (§ 1486a ABGB), wobei auch die aufrechte Ehe die Verjährung grundsätzlich nicht hemmt (§ 1495 S. 2 ABGB).

48   Den Ehegatten steht es selbstverständlich frei, Ansprüche aus einer Mitwirkung im Erwerb des anderen vertraglich zu regeln. Die **vertraglichen Regelungen** verdrängen den gesetzlichen Anspruch nach § 98 ABGB grundsätzlich (§ 100 ABGB). Wird ein Dienstvertrag begründet, bleibt aufgrund der ausdrücklichen Anordnung des § 100 ABGB allerdings der Anspruch nach § 98 ABGB insoweit gewahrt, als er den vertraglichen Anspruch übersteigt. Entgeltansprüche aus einem Dienstvertrag verjähren nach § 1486 Z. 5 ABGB binnen drei

---

47 Nachweise bei *Schwimann/Ferrari* in *Schwimann/Kodek*, I, § 92 ABGB Rn 11 f.
48 *Hinteregger/Ferrari*, Familienrecht, S. 776.
49 OGH 1 Ob 636/83, SZ 56/95; OGH 3 Ob 510/85, EFSlg 47.524; OGH 6 Ob 550/89, EFSlg 58.724; OGH 6 Ob 643/95, EFSlg 76.731; OGH 3 Ob 292/04v, EFSlg 110.128; OGH 11.10.2012, 1 Ob 131/12i.

Jahren, wobei zu beachten ist, dass die Verjährung während der Dauer der Ehe gehemmt ist (§ 1495 S. 1 ABGB).

Praxishinweis: Einem mittätigen Ehegatten ist daher zu raten, auf den **Abschluss eines Dienstvertrages** zu bestehen; hierbei ist der im Erwerb mitarbeitende Ehegatte überdies sozialversichert, was sich auch auf den Pensionsanspruch auswirkt, und es steht ihm im Falle einer Trennung auch ein Anspruch auf Kündigungsentschädigung und Abfertigung zu.[50]

4. Haushaltsführung

Die Ehegatten haben an der Führung des gemeinsamen Haushalts mitzuwirken. Dabei ist auf die persönlichen Verhältnisse und besonders auf die berufliche Belastung Rücksicht zu nehmen (§ 95 S. 1 ABGB). Ist jedoch ein Ehegatte nicht erwerbstätig, so obliegt diesem die Haushaltsführung; der berufstätige Gatte ist aber nach Maßgabe des § 91 ABGB zur **Mithilfe** verpflichtet (§ 95 S. 2 ABGB). Der berufstätige Ehegatte ist insoweit zur Mithilfe im Haushalt verpflichtet, als ihm dies zumutbar ist; dabei wird insbesondere auf das Ausmaß seiner beruflichen Belastung Rücksicht zu nehmen sein. Die gesetzlichen Regeln sind dispositiv; die Gatten können die Haushaltsführung einvernehmlich auch anders gestalten.

In diesem Zusammenhang sei auf die sog. **Schlüsselgewalt** hingewiesen: Der Ehegatte, der den gemeinsamen Haushalt führt und keine Einkünfte hat, vertritt den anderen bei den Rechtsgeschäften des täglichen Lebens, die er für den gemeinsamen Haushalt schließt und die den Lebensverhältnissen der Ehegatten entsprechen (§ 96 ABGB). Dieses Rechtsinstitut ist aber von geringer praktischer Relevanz.

V. Möglichkeit einvernehmlicher Gestaltung

1. Güterrecht

a) Gütergemeinschaft

Die Ehegatten können den gesetzlichen Güterstand der Gütertrennung durch Vereinbarung einer **Gütergemeinschaft** ausschließen.[51] Im Gesetz ist nur die praktisch kaum anzutreffende **Gütergemeinschaft auf den Todesfall** geregelt (§ 1234 ABGB). Bei dieser ist das Vermögen der Gatten zu deren Lebzeiten getrennt; erst mit dem Tod eines Gatten entsteht die Gemeinschaft am Vermögen beider Teile, wobei in weiterer Folge die vereinbarte Quote, im Zweifel die Hälfte, dem überlebenden Ehegatten zukommt. Der Rest fällt in die Verlassenschaft.

Eher noch anzutreffen, vor allem im ländlichen Bereich, ist die **Gütergemeinschaft unter Lebenden**.[52] Dabei kann zwischen der allgemeinen Gütergemeinschaft, welche das gesamte in die Ehe eingebrachte und zukünftige (erworbene und ererbte) Vermögen der Ehepartner umfasst, und der beschränkten Gütergemeinschaft unterschieden werden. Letztere kann beliebig ausgestaltet werden (Errungenschaftsgemeinschaft, Fahrnisgemeinschaft etc.).

Zur Begründung des (schlichten) **Miteigentums** der Ehegatten am Gesamtgut ist neben dem Vertrag über die Begründung der Gütergemeinschaft noch ein zusätzlicher Übertragungsakt

---

50 *Deixler-Hübner*, Scheidung, S. 12 f.
51 Siehe auch *Ferrari*, Die Bedeutung der Privatautonomie im österreichischen Familienrecht, in: *Hofer/ Schwab/Henrich*, From Status to Contract?, S. 97 (S. 103 ff.).
52 Siehe zum Folgenden: *Koziol-Welser/Kletečka*, Grundriss des bürgerlichen Rechts I, Rn 1541 ff.

notwendig.[53] Die Quoten der Ehegatten richten sich dabei nach deren Vereinbarung; im Zweifel kommt jedem Ehegatten die Hälfte zu. Häufig behält sich jeder Ehegatte daneben Eigenvermögen, über das er alleinige Verfügungsmacht hat, vor.[54]

55   Die Gütergemeinschaft begründet eine **obligatorische Bindung** im Innenverhältnis; d.h. kein Ehegatte darf über seinen Miteigentumsanteil am Gesamtgut alleine verfügen. Eine Außenwirkung kann durch Eintragung eines Veräußerungs- und Belastungsverbotes im Grundbuch (§ 364c ABGB) oder die Eintragung nach § 1236 ABGB erreicht werden.[55]

56   Hinsichtlich der **Haftung für Schulden** ist zu unterscheiden: Liegt eine allgemeine Gütergemeinschaft vor, so haftet das Gesamtgut für alle Schulden jedes Ehegatten, also auch für seine Unterhalts- oder Schadenersatzpflichten. Bei beschränkter Gütergemeinschaft haftet hingegen ein Ehegatte für die Sonderschulden des anderen nicht mit seinem Anteil am Gesamtgut. Wegen der weitgehenden Haftung ist die allgemeine Gütergemeinschaft mit Vorsicht zu genießen.

b) Grenzen güterrechtlicher Vereinbarungen

57   Solche Gütergemeinschaftsvereinbarungen verhindern nicht den nach Auflösung der Ehe vorgesehenen **Vermögensausgleich** nach den §§ 81 ff. EheG (siehe auch Rdn 128), außer, die Ehegatten hätten im Rahmen des Gütergemeinschaftsvertrages eine **gültige Vorausregelung** für den Scheidungsfall getroffen. Selbst eine solche im Voraus getroffene Vereinbarung über die Aufteilung ehelichen Gebrauchsvermögens und ehelicher Ersparnisse schließt aber die Anrufung des Außerstreitgerichts nach Auflösung der Ehe nicht aus. Dieses übt eine Kontrollfunktion aus und kann unter bestimmten Voraussetzungen von der Vereinbarung **abweichende Anordnungen** treffen (siehe Rdn 183).

58   Streben die Ehegatten eine **volle Gütertrennung,** die also über eine allfällige Scheidung hinauswirkt, an, so müssen sie im Voraus auf die Aufteilung der ehelichen Ersparnisse und der Ehewohnung (einschließlich der Nutzung) in Form eines Notariatsakts verzichten. Eine gem. § 97 Abs. 1 EheG formgültige Vereinbarung der Ehegatten ist für diese bindend; sie könnte aber immer noch nach Auflösung der Ehe auf Antrag eines Ehegatten vom Außerstreitgericht nach Maßgabe des § 97 Abs. 2–4 EheG abgeändert werden. Eine **völlig kontrollresistente** Gütertrennung für den Scheidungsfall können die Gatten also **nicht** erreichen (siehe näher Rdn 183 ff.). Um **erbrechtliche Ansprüche** zu verhindern, können die Ehegatten einen wechselseitigen Erb- und Pflichtteilsverzicht schließen.

2. Ehelicher Unterhalt

59   Bei den gesetzlichen Unterhaltsbestimmungen handelt es sich weitgehend um dispositives Recht. Die gesetzliche Unterhaltspflicht kann durch Vereinbarungen modifiziert werden, wobei es grundsätzlich keinen Unterschied macht, ob die Ehegatten noch im gemeinsamen Haushalt oder bereits getrennt leben. Eine Einschränkung für derartige Vereinbarungen ist allerdings zu beachten: § 94 Abs. 3 letzter Satz ABGB ordnet an, dass auf den „**Unterhaltsanspruch an sich**" im Vorhinein **nicht wirksam verzichtet** werden kann. Nach h.M. ist demnach nur ein Verzicht auf künftige einzelne Unterhaltsleistungen oder Teile von

---

53 Siehe etwa *Hopf/Kathrein*, Eherecht, § 1234 ABGB Rn 11.
54 Vgl. *Deixler-Hübner*, Scheidung, S. 43 f.
55 Siehe näher *Ferrari* in: *Henrich/Schwab*, Vermögen, S. 184.

Unterhaltsleistungen zulässig und wirksam,[56] wie etwa ein Unterhaltsverzicht während einer begrenzten Zeitspanne. Der notwendige Unterhalt des Verzichtenden muss aber jedenfalls gesichert sein.[57]

Für die Vergangenheit kann auf Unterhalt unbeschränkt verzichtet werden.[58]   60

3. Name

Zu den Gestaltungsmöglichkeiten im Namensrecht siehe Rdn 39 ff.   61

4. Vereinbarungen über die Gestaltung der Ehe

Die Ehegatten sollen ihre eheliche Lebensgemeinschaft, besonders die Haushaltsführung,   62
die Erwerbstätigkeit, die Leistung des Beistandes und die Obsorge, unter Rücksichtnahme aufeinander und auf das Wohl der Kinder mit dem Ziel voller Ausgewogenheit ihrer Beiträge einvernehmlich gestalten (§ 91 Abs. 1 ABGB). Die genannten Bereiche stellen nur eine demonstrative Aufzählung dar; die **einvernehmliche Gestaltung** kann grundsätzlich die **gesamte eheliche Gemeinschaft** umfassen.[59] Die Gestaltungsfreiheit findet ihre Grenzen im Wesen der Ehe, dem Kindeswohl, der Rücksichtnahme aufeinander und dem Gleichbeteiligungsgrundsatz. **Unverzichtbare Wesenselemente** der ehelichen Gemeinschaft können nicht einvernehmlich ausgeschlossen werden: Der vereinbarte Ausschluss der gesamten ehelichen Lebensgemeinschaft oder der Ausschluss der wechselseitigen Pflichten zu Treue, Beistand, anständiger Begegnung oder Rücksichtnahme aufeinander ist schlichtweg **sittenwidrig**.[60] Hingegen sind Vereinbarungen über Kinderlosigkeit oder den Verzicht auf gemeinsames Wohnen zulässig, sofern ein ausreichender Rest an Ehegemeinschaft erhalten bleibt.[61] Die Ehegatten können auch einvernehmlich von den gesetzlichen Vorgaben zur Haushaltsführung (§ 95 ABGB) abgehen (siehe Rdn 50). Zur vertraglichen Regelung der Mitwirkung im Erwerb siehe Rdn 48.

Die einvernehmliche Gestaltung **nichtvermögensrechtlicher Ehewirkungen** ist nach h.A.   63
kein bindender Vertrag, sondern lediglich eine faktische Einigung,[62] woraus sich **kein klagbarer Anspruch** ergibt. Die Verletzung rein persönlicher Rechte und Pflichten kann nach h.A. – abgesehen von wenigen gesetzlich normierten Ausnahmen – grundsätzlich nur im Scheidungsverfahren geltend gemacht werden.[63] In einzelnen Fällen werden auch Schadenersatzansprüche anerkannt, wie etwa bei einer Treuepflichtverletzung der Ersatz der Detek-

---

56 St. Rspr., OGH 6 Ob 722/77, SZ 50/128; OGH 6 Ob 684/81, EvBl 1982/127; OGH 3 Ob 575/82, EFSlg 40.000; OGH 1 Ob 601/85, EFSlg 47.459; OGH 8 Ob 516/89, JBl 1989, 717; OGH 7 Ob 214/98s, EFSlg 85.865; OGH 3 Ob 74/02g, JBl 2003, 322; OGH 8 Ob 119/03p, EFSlg 103.230; OGH 8 Ob 84/10a, EF-Z 2011/138; LGZ Wien 42 R 335/05h, EFSlg 110.114; LG Linz 15 R 137/12s, EFSlg 133.531 u.a.; ebenso *Schwimann/Kolmasch*, Unterhaltsrecht, S. 246 f.; *Hopf/Kathrein*, Eherecht, § 94 ABGB Rn. 45; *Gitschthaler*, Unterhaltsrecht, Rn 1332.
57 Näheres bei *Hopf/Kathrein*, Eherecht, § 94 ABGB Rn 45; *Schwimann/Ferrari* in: *Schwimann/Kodek*, Ia, § 94 ABGB Rn 72.
58 OGH 7 Ob 813/82, EFSlg 42.573; OGH 7 Ob 214/98s, EFSlg 85.865; LG Linz 15 R 137/12s, EFSlg 133.531.
59 OGH 1 Ob 697/86, SZ 60/34.
60 Etwa OGH 7 Ob 686/87, EFSlg 52.969.
61 *Ferrari* in: *Hofer/Schwab/Henrich*, Contract, S. 100 m.w.N.; *Stabentheiner* in: *Rummel*, I, § 90 ABGB Rn 3 m.w.N.
62 Nachweise bei *Stabentheiner* in: *Rummel*, I, § 91 ABGB Rn 4.
63 Nachweise bei *Schwimann/Ferrari* in: *Schwimann/Kodek*, I, § 91 ABGB Rn 6. Vgl. auch OGH 5 Ob 117/99p, JBl 2000, 517 ff; RIS-Justiz RS0113177.

tivkosten.[64] **Vermögensrechtliche Ehewirkungen** (wie bspw. Mitwirkung im Erwerb, Unterhalt) können hingegen vertraglich gestaltet werden und unterliegen dabei lediglich den allgemeinen Schranken für Rechtsgeschäfte. Derartige Verträge sind bindend und **klagbar.**[65]

64   Ein Ehegatte kann **einseitig** von der einvernehmlichen Gestaltung **abgehen,** wenn dem nicht ein wichtiges Anliegen des anderen oder der Kinder entgegensteht. Selbst bei Vorliegen eines solchen Anliegens kann ein Abgehen von der einvernehmlichen Gestaltung zulässig sein, wenn **persönliche Gründe** des Ehegatten als gewichtiger anzusehen sind. Als Beispiel für solch einen persönlichen Grund nennt das Gesetz den Wunsch nach Aufnahme einer Erwerbstätigkeit (§ 91 Abs. 2 ABGB). Geht nun ein Ehepartner gerechtfertigt von einer einvernehmlichen Gestaltung nach § 91 Abs. 1 ABGB ab, so haben sich die Ehegatten nach § 91 Abs. 2 S. 2 ABGB um ein Einvernehmen über die **Neugestaltung** zu bemühen, wobei das Bemühen auf das Erreichen einer insgesamt möglichst ausgewogenen neuen Gestaltung gerichtet sein muss. Im diesbezüglichen mangelnden Bemühen eines Ehegatten kann u.U. eine schwere Eheverfehlung nach § 49 EheG liegen, welche in weiterer Folge zur Erhebung der Scheidungsklage berechtigt.[66] Geht ein Ehegatte ungerechtfertigt von der einvernehmlichen Gestaltung ab, kann auch darin eine schwere Eheverfehlung liegen.

VI.   Kollisionsrecht der Ehefolgen

65   Die persönlichen Rechtswirkungen der Ehe mit Ausnahme des Ehegattenunterhalts,[67] des Ehenamens (siehe Rdn 69) und des Ehegüterrechts (siehe Rdn 70) werden nach § 18 IPRG angeknüpft. Diese Norm gilt nicht nur für die persönlichen Rechtswirkungen der Ehe, sondern kann generell als „eherechtliche Basisregelung"[68] gesehen werden, da sie auch für das Ehegüterrecht (wenn keine Rechtswahl getroffen worden ist), die Ehescheidung (sofern nicht die Rom III-VO anzuwenden ist) und teilweise für das Kindschaftsrecht[69] Bedeutung haben kann. Zum unmittelbaren Regelungsgegenstand des § 18 IPRG zählen bspw. die Pflicht zur Treue und zum gemeinsamen Wohnen, die Beistandspflicht, der Wohnungserhaltungsanspruch und die Mitwirkung im Erwerb. Durch die Aussonderung des Unterhalts ist § 18 IPRG ein wichtiger Anwendungsbereich genommen worden.[70] Für die persönlichen Rechtswirkungen der Ehe sieht § 18 IPRG, welcher auch als **Ehewirkungsstatut** bezeichnet wird, ein gestuftes System von Subsidiäranknüpfungen vor (**Kegel's che Leiter**), die alle das Ziel verfolgen, ein für beide Ehegatten gemeinsames Recht zu finden. Zu beachten ist, dass es sich beim Ehewirkungsstatut um ein **wandelbares Statut** handelt, es somit auf das Vorliegen des relevanten Anknüpfungsmomentes im jeweiligen Beurteilungszeitpunkt – z.B. der Scheidung – ankommt.[71] Auf „abgeschlossene" Tatbestände hat ein Statutenwechsel keinen Einfluss.[72]

---

64   OGH 6 Ob 315/00t, JBl 2002, 40; OGH 1 Ob 114/09k, EF-Z 2009/139 (*Höllwerth*); OGH 4 Ob 100/
     15g, EvBl-LS 2015/60 (*Brenn*); RIS-Justiz RS0022943.
65   Siehe etwa *Hopf/Kathrein*, Eherecht, § 91 ABGB Rn. 5; *Stabentheiner* in: *Rummel*, I, § 91 ABGB Rn 8.
66   Vgl. *Hopf*, Eherechts-Änderungsgesetz 1999 im Überblick, in: *Ferrari/Hopf* (Hrsg.), Eherechtsreform
     in Österreich, S. 1 (S. 7).
67   Für Verfahren, die ab dem 18.6.2011 eingeleitet wurden, gilt das HUP i.V.m. der EU-UVO. Siehe dazu
     Lurger/Melcher, IPR, Rn 2/140 ff. Siehe auch *Nademleinsky*, Die neue EU-Unterhaltsverordnung samt
     dem neuen Haager Unterhaltsprotokoll, EF-Z 2011, 130.
68   *Posch*, IPR, S. 88.
69   Vgl § 26 Abs. 2 IPRG zu den Wirkungen der Annahme an Kindes statt.
70   *Lurger/Melcher*, IPR, Rn 2/45.
71   *Schwimann*, Internationales Privatrecht, S. 153 m.w.N.
72   *Verschraegen* in: *Rummel*, II/6, § 18 IPRG Rn 3.

Nach § 18 Abs. 1 Z. 1 IPRG ist primär das gemeinsame Personalstatut der Ehegatten **66**
berufen; mangels eines solchen das letzte gemeinsame **Personalstatut**, sofern es einer der
Ehegatten beibehalten hat. Nach § 9 IPRG ist das Personalstatut einer natürlichen Person
grundsätzlich[73] das Recht des Staates, dessen Staatsangehörigkeit sie hat. Für Mehrstaater
ist die Staatsangehörigkeit des Staates maßgebend, zu dem die stärkste Beziehung besteht
(„effektive" Staatsangehörigkeit). Zu beachten ist hierbei aber die Exklusivregel des § 9
Abs. 1 S. 2 IPRG, wonach immer die **österreichische Staatsangehörigkeit** maßgebend ist,
wenn eine Person neben einer fremden auch die österreichische Staatsangehörigkeit besitzt.
Ein österreichisch-deutscher Ehemann und eine deutsche Ehefrau besitzen somit kein gemeinsames Personalstatut.[74]

Ist eine Anknüpfung nach § 18 Abs. 1 Z. 1 IPRG mangels eines gemeinsamen oder letzten **67**
gemeinsamen Personalstatuts nicht möglich, kommt gem. § 18 Abs. 1 Z. 2 IPRG das Recht
des Staates zur Anwendung, in dem beide Ehegatten den **gewöhnlichen**[75] **Aufenthalt**
haben, mangels eines solchen das Recht des Staates, in dem beide den letzten gewöhnlichen
Aufenthalt hatten, sofern ihn einer der Ehegatten beibehalten hat. Der gewöhnliche Aufenthalt muss vom Gericht festgestellt werden.[76] Der Begriff des gewöhnlichen Aufenthalts
wird vom Gesetz nicht definiert; nach h.M. ist im Zweifel darunter der **freiwillig gewählte
Daseinsmittelpunkt** zu verstehen.[77] Ein Wille zur dauerhaften Niederlassung wird nicht
verlangt, ebenso wenig eine Aufenthaltsmindestdauer.[78]

Kommt eine Anknüpfung nach § 18 Abs. 1 Z. 2 IPRG auch nicht zum Zug, so ist wohl **68**
§ 18 Abs. 2 IPRG analog anzuwenden,[79] wonach jene Rechtsordnung heranzuziehen ist,
nach der gleichfalls eine Ehe besteht und zu der die Gatten eine **stärkere gemeinsame
Beziehung** als zum österreichischen Recht haben. Liegt keine stärkere Beziehung zu einem
anderen als dem österreichischen Recht vor, so ist schlussendlich das österreichische Recht
maßgeblich, wenn die Ehe nach österreichischem Recht zustande gekommen wäre. Ebenso
ist österreichisches Recht anzuwenden, wenn die Beziehungen der Gatten zum anderen
Recht nur gleich stark wie zum österreichischen Recht sind.[80]

Von vornherein getrennt anzuknüpfen sind die **Namensfolgen** der Eheschließung. Nach **69**
§ 13 Abs. 1 IPRG richten sich diese für jeden Gatten gesondert nach „dem jeweiligen
Personalstatut, auf welchem Grund auch immer der Namenserwerb beruht".[81] Die namensrechtlichen Wirkungen der Eheschließung bestimmen sich somit für jeden Ehegatten getrennt nach seinem Personalstatut. So werden Verlobte mit unterschiedlichen Personal-

---

73 Zum Personalstatut bei Staatenlosen und Flüchtlingen siehe § 9 Abs. 2 und 3 IPRG.
74 St. Rspr., siehe etwa allgemein OGH 6 Ob 674, 675/87, IPRE 2/129, 134; OGH 7 Ob 700/87, SZ 60/
    228.
75 Dabei muss es sich nicht unbedingt um den gemeinsamen gewöhnlichen Aufenthalt handeln. Siehe
    Verschraegen in: *Rummel*, II/6, § 18 IPRG Rn 4 m. Nachw. zur Judikatur.
76 *Verschraegen* in: *Rummel*, II/6, § 18 IPRG Rn 4.
77 Siehe dazu *Schwimann*, IPR, S. 31 m.w.N. Vgl. auch OGH 4 Ob 51/97x, ZfRV 1997, 207.
78 OGH 2 Ob 2421/96k, ZfRV 1997/20.
79 Siehe dazu *Verschraegen* in: *Rummel*, II/6, § 18 IPRG Rn 7. Nach Ansicht von *Posch*, IPR, S. 89 ist
    die allgemeine Regel des § 1 IPRG (Anknüpfung an die „stärkste Beziehung") anzuwenden, wobei sich
    zweckmäßigerweise bei in Österreich durchgeführten Verfahren die Anwendung der sachrechtlichen
    Bestimmungen der *lex fori* anbietet.
80 *Verschraegen* in: *Rummel*, II/6, § 18 IPRG Rn 7; *Nademleinsky/Neumayr*, Internationales Familien-
    recht (2007) Rn 04.15.
81 Erfasst sind hier alle möglichen Tatbestände, die zum Erwerb oder Verlust des Namens führen wie
    etwa Geburt, Adoption, Eheschließung, Scheidung. Siehe dazu *Nademleinsky/Neumayr*, Internationa-
    les Familienrecht Rn 04.05 m.w.N.

statuten, die in ihren Namensfolgen nicht übereinstimmen, als Ehegatten unterschiedliche Namen führen.[82] Auch eine gemeinsame Ehenamenswahl kann sich nur auf einen Gatten auswirken, wenn sie nur nach einem Personalstatut wirksam ist.[83] Durch die Bezugnahme auf das jeweilige Personalstatut wird die Wandelbarkeit der Anknüpfung zum Ausdruck gebracht. Abgeschlossene Tatbestände werden durch einen Statutenwechsel nicht mehr berührt.[84]

70 Ebenso fällt das **Ehegüterrecht** nicht unter den Regelungstatbestand des § 18 IPRG. Sowohl das gesetzliche als auch das vertragliche Ehegüterrecht wird nach § 19 IPRG angeknüpft.[85] Nicht ganz einfach ist die Frage, was alles unter den Anknüpfungstatbestand „Ehegüterrecht" fällt. Grundsätzlich zählen zum Ehegüterrecht ehebedingte **Dauerregelungen für Vermögensmassen**; nicht dazu gehören „einfache Vermögensverschiebungen oder Vermögensverschiebungen mit beschränktem wirtschaftlichen Zweck".[86] Die jüngere Rechtsprechung unterstellt die gesamte nacheheliche Vermögensaufteilung (eheliches Gebrauchsvermögen und eheliche Ersparnisse) dem Scheidungsstatut nach § 20 IPRG.[87] § 19 IPRG gewährt den Ehegatten die Möglichkeit einer formfreien, ausdrücklichen **Rechtswahl**; eine bloß schlüssige Rechtswahl ist im Ehegüterrecht nicht wirksam.[88] Voraussetzung für die Zulässigkeit einer Rechtswahl ist jedenfalls das Vorliegen einer Auslandsbeziehung.[89] Die Möglichkeit einer Rechtswahl besteht auch noch im bereits anhängigen Verfahren.[90] Wurde keine Rechtswahl getroffen, gilt das zur Zeit der Eheschließung bestehende Ehewirkungsstatut des § 18 IPRG.[91] Es handelt sich dabei um ein unwandelbares Statut;[92] ein Statutenwechsel ist unmöglich.[93] Eine Änderung könnte sich nur durch eine nachträgliche Rechtswahl ergeben. Wollen die Ehegatten, dass das Ehegüterrechtsstatut „mitwandelt", so müssen sie eine Rechtswahl treffen.[94] Zu beachten ist jedoch, dass dingliche Rechte an unbeweglichen Sachen hinsichtlich des Modus (auch bei Rechtswahl) der *lex rei sitae* unterliegen (§ 32 IPRG).[95]

VII. Auswirkungen der Ehe auf die Altersversorgung und die gesetzliche Krankenversicherung

71 Nach dem Tod eines Ehegatten besteht für den überlebenden Gatten ein Anspruch auf **Witwen-** bzw. **Witwerpension**. Unter Umständen kann die Pension befristet sein. Dies ist etwa dann vorgesehen, wenn der Versicherungsnehmer bei Eintritt des Versicherungsfalles das 35. Lebensjahr nicht vollendet hat und die Ehe weniger als zehn Jahre gedauert hat (§ 258 Abs. 2 ASVG). Eine Befristung kommt jedoch niemals zum Tragen, wenn aus der

---

82 Siehe dazu *Nademleinsky/Neumayr*, Internationales Familienrecht Rn 04.07.
83 *Schwimann*, IPR, S. 152.
84 EB RV 784 BlgNR 14. GP 27.
85 EB RV 784 BlgNR 14. GP 36.
86 *Verschraegen* in: *Rummel*, II/6, § 19 IPRG Rn 2 m.w.N.
87 *Lurger/Melcher*, IPR, Rn 2/51 m.w.N. zur Rsp. Siehe auch *Nademleinsky/Neumayr*, Internationales Familienrecht, Rn 04.27 ff.
88 OGH 1 Ob 264/98z, EFSlg 90.643.
89 *Verschraegen* in: *Rummel*, II/6, § 19 IPRG Rn 4 m.w.N.
90 *Verschraegen* in: *Rummel*, II/6, § 19 IPRG Rn 4 m.w.N.
91 Siehe dazu *Verschraegen* in: *Rummel*, II/6, § 19 IPRG Rn 6.
92 Das Ehegüterrechtsstatut ist somit ein starres. Siehe dazu *Nademleinsky/Neumayr*, Internationales Familienrecht, Rn 04.18.
93 OGH 9 Ob 389/97i, ZfRV 2000, 146/48.
94 Siehe *Nademleinsky/Neumayr*, Internationales Familienrecht, Rn 04.18.
95 Siehe Näheres bei *Posch*, IPR, S. 90.

Ehe ein Kind hervorgegangen ist (§ 258 Abs. 3 ASVG). Die Höhe der Witwen- bzw. Witwerpension beträgt zwischen 40 % und maximal 60 % der Pension des Verstorbenen (§ 264 Abs. 2 ASVG). Zu beachten ist aber, dass eigene Einkünfte des Witwers bzw. der Witwe den Anspruch bis auf Null schmälern können (§ 264 Abs. 6a ASVG).

Ein nicht erwerbstätiger Ehegatte mit gewöhnlichem Wohnsitz im Inland hat grundsätzlich Anspruch auf einen vom erwerbstätigen Gatten abgeleiteten Versicherungsschutz in der **gesetzlichen Krankenversicherung** (§ 123 ASVG).[96] Dabei ist für den nicht Erwerbstätigen grundsätzlich ein Zusatzbetrag in Höhe von 3,4 % der Beitragsgrundlage des Versicherten zu leisten. Dieser Zusatzbetrag entfällt, wenn der nicht Erwerbstätige sich der Erziehung von mindestens einem im gemeinsamen Haushalt lebenden Kind (gilt auch für Stiefkind, Wahlkind, Pflegekind oder Enkelkind) widmet bzw. durch mindestens vier Jahre hindurch gewidmet hat oder ihm erhöhtes Pflegegeld zusteht (§ 51d ASVG). Die Zahlung des Zusatzbetrages stellt eine Unterhaltsleistung dar, welche den Geldunterhaltsanspruch schmälert.[97]

72

VIII. Ausländerrechtliches Bleiberecht und Auswirkungen auf die Staatsangehörigkeit

1. Erwerb der Staatsangehörigkeit

Die Eheschließung mit einem österreichischen Staatsbürger führt für den Fremden zu **keinem automatischen Erwerb** der österreichischen **Staatsangehörigkeit**; eine Eheschließung mit einem österreichischen Staatsbürger **erleichtert** jedoch deren Erwerb insofern, als eine Verkürzung der grundsätzlich bestehenden Wartefrist von zehn Jahren möglich ist: Einem Fremden kann etwa nach einem rechtmäßigen und ununterbrochenen Aufenthalt von mindestens sechs Jahren im Bundesgebiet – neben dem Vorliegen weiterer bestimmter Voraussetzungen[98] – die Staatsbürgerschaft verliehen werden, wenn sein Ehegatte Staatsbürger ist und er mit ihm bei fünfjähriger aufrechter Ehe im gemeinsamen Haushalt lebt; weiters darf die eheliche Lebensgemeinschaft der Ehegatten nicht aufgehoben sein und der Fremde darf nicht deshalb ein Fremder sein, weil ihm die österreichische Staatsbürgerschaft wegen Eintritts in den Militärdienst eines fremden Staates oder wegen schädigenden Verhaltens der Interessen und des Ansehens der Republik im Zuge eines Dienstes in einem fremden Staat entzogen worden ist (§§ 10, 11a Abs. 1 Staatsbürgerschaftsgesetz).[99] Außerdem ist der Nachweis ausreichender **Deutschkenntnisse** und Grundkenntnisse der demokratischen Ordnung sowie der Geschichte Österreichs und des jeweiligen Bundeslandes Voraussetzung für jeglichen Erwerb einer Staatsbürgerschaft (§ 10a Abs. 1 StbG).

73

2. Bleiberecht und Aufenthaltstitel

Hinsichtlich des **Bleiberechts** gilt Folgendes: Seit 1.1.2006 ist in Österreich das Niederlassungs- und Aufenthaltsgesetz (NAG)[100] in Kraft, welches die Erteilung, Versagung und Entziehung von Aufenthaltstiteln von Fremden, die sich länger als sechs Monate in Österreich aufhalten oder aufhalten wollen, sowie die Dokumentation des unionsrechtlichen Aufenthaltsrechts regelt (§ 1 NAG).

74

---

96 Zu den Ausnahmen siehe § 123 Abs. 9f ASVG.
97 *Schwimann/Ferrari* in: *Schwimann/Kodek*, Ia, § 94 ABGB Rn 63.
98 Dazu zählen etwa ein gesicherter Lebensunterhalt, bejahendes Verhalten zur Republik Österreich, keine rechtskräftige Verurteilung zu einer Freiheitsstrafe wegen eines oder mehrerer Vorsatzdelikte. Siehe dazu § 10 Abs. 1 Z. 2–8 sowie Abs. 2f StbG.
99 BGBl 1985/311 i.d.F. BGBl I 2014/104.
100 BGBl I 2005/100 i.d.F. BGBl I 2015/122.

75   Zum **Niederlassungsrecht** von **EWR-Bürgern** siehe § 51 NAG, durch den die Richtlinie 2004/38/EG umgesetzt worden ist.[101] Demnach sind EWR-Bürger zum Aufenthalt für mehr als drei Monate berechtigt, wenn sie in Österreich Arbeitnehmer oder Selbstständige sind oder für sich und ihre Familienangehörige über ausreichende Existenzmittel und einen umfassenden Krankenschutz verfügen, so dass sie während ihres Aufenthalts weder Sozialleistungen noch Ausgleichszulagen in Anspruch nehmen oder wenn sie als Hauptzweck ihres Aufenthalts eine Ausbildung absolvieren.

76   Fremden, die **nicht EWR-Bürger** oder Schweizer Bürger sind (= Drittstaatsangehörige i.S.d. § 2 Abs. 1 Z. 6 NAG) und die mit einem Österreicher, der den dauernden Wohnsitz im Inland hat, verheiratet sind, ist grundsätzlich ein **Aufenthaltstitel „Familienangehöriger"** zu erteilen (§ 47 Abs. 2 NAG). Für die Erteilung jedes Aufenthaltstitels (somit auch des Aufenthaltstitels „Familienangehöriger") müssen von Fremden bestimmte Voraussetzungen, vor allem die **Integrationsvereinbarung** (§§ 14 ff. NAG), erfüllt werden. Diese Vereinbarung dient der Integration rechtmäßig niedergelassener Drittstaatsangehöriger und bezweckt den Erwerb von vertiefenden Kenntnissen der deutschen Sprache, um den Drittstaatsangehörigen zur Teilnahme am gesellschaftlichen, wirtschaftlichen und kulturellen Leben in Österreich zu befähigen (§ 14 Abs. 1 NAG). Die Integrationsvereinbarung besteht aus zwei aufeinander aufbauenden Modulen: **Modul 1** dient dem Erwerb von Kenntnissen der deutschen Sprache zur vertieften elementaren Sprachentwicklung, **Modul 2** jenem zur selbständigen Sprachverwendung (§ 14 Abs. 2 NAG). Befristete Aufenthaltstitel sind grundsätzlich für 12 Monate auszustellen (§ 20 Abs. 1 NAG). Der Aufenthaltstitel „Familienangehöriger" kann jedoch für die Dauer von drei Jahren ausgestellt werden, wenn der Fremde das Modul 1 der Integrationsvereinbarung erfüllt hat und in den letzten zwei Jahren durchgehend rechtmäßig im Bundesgebiet niedergelassen war (§ 20 Abs. 1a i.V.m. § 8 Abs. 1 Z. 8 NAG). Die Erteilung des Aufenthaltstitels unterliegt nicht den Regelungen über die Quotenpflicht (vgl. § 12 NAG).

77   Anschließend an den Aufenthaltstitel „Familienangehöriger" kann der Fremde den Aufenthaltstitel „Daueraufenthalt – EU" erhalten (§ 8 Abs. 1 Z. 8 NAG), wenn er in den letzten fünf Jahren ununterbrochen zur Niederlassung berechtigt war und wenn er neben der Erfüllung bestimmter allgemeiner Voraussetzungen überdies Modul 2 der Integrationsvereinbarung erfüllt hat (§ 45 Abs. 1 NAG). Inhaber eines Aufenthaltstitels „Daueraufenthalt – EU" sind in Österreich unbefristet niedergelassen (§ 20 Abs. 3 NAG).[102] Mit dem Aufenthaltstitel „Familienangehöriger" bzw. „Daueraufenthalt – EU" ist das Recht verbunden, in Österreich einer Erwerbstätigkeit nachzugehen (§ 33 Abs. 1 NAG i.V.m. § 3 Abs. 1 Ausländerbeschäftigungsgesetz[103]).

IX.   Steuerliche Auswirkungen der Ehe

78   Nach § 1 EStG sind alle natürlichen Personen, die in Österreich ihren Wohnsitz oder ihren gewöhnlichen Aufenthalt haben, unbeschränkt steuerpflichtig. Eine gemeinsame Veranlagung von Ehegatten gibt es nicht, jeder ist für sich mit seinen Einkünften zu veranlagen. Einkommen bis jährlich 11.000 EUR sind steuerfrei; für Einkommensteile von jährlich über 90.000 EUR beträgt der Steuersatz 50 %. Für Einkommensanteile über eine Million EUR beträgt der Steuersatz in den Kalenderjahren 2016–2020 55 %. Für jene Einkommen, die zwischen diesen Grenzwerten liegen, gibt es gestaffelte Steuersätze (§ 33 Abs. 1 EStG).

---

101 Gemäß § 57 NAG gilt § 51 NAG auch für Schweizer Bürger.
102 Zu den Ausnahmen siehe § 20 Abs. 4 bzw. Abs. 4a NAG.
103 BGBl 1975/218 i.d.F. I 2015/113.

Von diesem sich ergebenden Betrag können Absetzbeträge abgezogen werden. So steht   79
einem **Alleinverdiener mit mindestens einem Kind** zur Abgeltung der gesetzlichen Unterhaltspflicht ein sog. **Alleinverdienerabsetzbetrag** zu: Dieser beträgt bei einem Alleinverdiener mit einem Kind jährlich 494 EUR, mit zwei Kindern 669 EUR. Für das dritte und jedes
weitere Kind erhöht sich dieser Betrag um jeweils 220 EUR jährlich (§ 33 Abs. 4 Z. 1 EStG).
Als Alleinverdiener wird ein verdienender Ehegatte auch dann noch betrachtet, wenn der
andere (i.d.R. haushaltsführende, kinderbetreuende) Ehegatte Einkünfte bis höchstens
6.000 EUR jährlich erzielt (§ 33 Abs. 4 Z. 1 EStG). Der Alleinverdienerabsetzbetrag steht
nur einem der Ehegatten zu; erfüllen beide Ehegatten die Voraussetzungen, hat jener Ehegatte den Anspruch auf den Alleinverdienerabsetzbetrag, der die höheren Einkünfte erzielt
(§ 33 Abs. 4 Z. 1 EStG).

C. Trennung und Scheidung

I. Trennung

Ein förmliches Verfahren zur Trennung von Tisch und Bett ist dem österreichischen Recht   80
unbekannt. Die von den Ehegatten vollzogene Trennung kann jedoch verschiedene Rechtsfolgen hervorrufen: So ist die Aufhebung der ehelichen Lebensgemeinschaft seit mindestens
einem halben Jahr Voraussetzung für die einvernehmliche Scheidung (§ 55a Abs. 1 EheG);
die dreijährige Aufhebung der häuslichen Gemeinschaft kann als streitiger Scheidungsgrund
geltend gemacht werden (§ 55 EheG); bei nicht bloß vorübergehender Trennung gelten
hinsichtlich der Obsorge für die gemeinsamen minderjährigen Kinder die §§ 179 f. ABGB
(siehe dazu Rdn 160 ff.).

II. Scheidungsgründe

1. Allgemeines

Die österreichischen Regelungen über Scheidung und Scheidungsfolgen befinden sich im   81
ehemals deutschen **Ehegesetz**, das 1938 in Österreich eingeführt und seit damals mehrmals
grundlegend novelliert worden ist. Beibehalten wurde aber die **Zweiteilung** der Scheidungsgründe in solche „wegen Verschuldens" und solche „aus anderen Gründen".

2. Scheidung wegen Verschuldens

a) Allgemeines

Schwere Eheverfehlungen des einen Gatten berechtigen den anderen, die Scheidung der   82
Ehe zu verlangen, wenn sie zur tiefen unheilbaren **Zerrüttung** der Ehe geführt haben. Eine
schwere Eheverfehlung liegt insbesondere vor, wenn ein Ehegatte die Ehe gebrochen oder
dem anderen körperliche Gewalt oder schweres seelisches Leid zugefügt hat (§ 49 EheG).[104]

---

104 Weitere Beispiele aus der Rspr.: mangelnde Rücksichtnahme; häufiges tagelanges beharrliches Schwei-
    gen; ständiges Verbringen der Freizeit ohne den anderen Ehegatten; Verletzung der Unterhaltspflicht
    gegenüber dem anderen Ehegatten oder gegenüber den ehelichen Kindern; beharrliche und grundlose
    Verweigerung des Geschlechtsverkehrs bzw. zu häufige geschlechtliche Inanspruchnahme des anderen
    Ehegatten; hemmungsloses Eingehen von Schulden; Nichtgewährung des Einblicks in die eigene Pri-
    vatsphäre; religiöser Fanatismus. Nachweise bei *Deixler-Hübner*, Scheidung, S. 82 ff.

83   Hat nicht nur der beklagte, sondern auch der klagende Ehegatte Verfehlungen begangen und sind die Verfehlungen des Beklagten erst durch das schuldhafte Verhalten des Klagenden hervorgerufen worden, besteht sonst ein Zusammenhang zwischen den jeweiligen Verfehlungen oder wiegen die **Verfehlungen des Klägers** unverhältnismäßig schwerer als die des Beklagten, dann ist das Scheidungsbegehren von Amts wegen als **sittlich nicht gerechtfertigt** abzuweisen (Verwirkung des Scheidungsrechts; § 49 S. 3 EheG).[105]

b) Verzeihung, Fristen, Schuldausspruch

84   Die Verschuldensscheidung ist ausgeschlossen, wenn der verletzte Ehegatte dem anderen zu erkennen gibt, dass er dessen Verfehlung **verziehen** oder nicht als ehezerstörend empfunden hat (§ 56 EheG). Die Verzeihung ist unwiderruflich und muss vom Beklagten eingewendet werden (wird nicht von Amts wegen beachtet).[106]

85   Das Gesetz sieht außerdem die Beachtung folgender **Fristen** vor: Die Scheidungsklage muss binnen sechs Monaten ab Kenntnis des Scheidungsgrundes erhoben werden (§ 57 Abs. 1 EheG). Bei fortgesetzten Eheverfehlungen beginnt die Frist ab dem Zeitpunkt der letzten Eheverfehlung zu laufen.[107] Solange die häusliche Gemeinschaft aufgehoben ist, läuft die Frist allerdings i.d.R. nicht (§ 57 Abs. 1 S. 3 EheG). Weiters ist die absolute Frist zu beachten: Die Scheidung ist (unabhängig von der Kenntnis des Scheidungsgrundes) nicht mehr zulässig, wenn seit dem Eintritt des Scheidungsgrundes zehn Jahre verstrichen sind (§ 57 Abs. 2 EheG).

86   Zur **nachträglichen Geltendmachung** von Scheidungsgründen siehe § 59 EheG.

87   Wird die Ehe wegen Verschuldens des Beklagten geschieden, so ist dies im Scheidungsurteil auszusprechen (§ 60 Abs. 1 EheG). Der Beklagte hat aber die Möglichkeit, eine Widerklage zu erheben oder einen Mitschuldantrag zu stellen (§ 60 Abs. 2 und 3 EheG). Siehe näher Rdn 99.

3. Scheidung aus anderen Gründen

a) Überblick

88   Das österreichische Recht lässt neben der „Scheidung aus Verschulden" auch eine „Scheidung aus anderen Gründen" zu, wobei die **„anderen Gründe"** taxativ angeführt werden:
- auf geistiger Störung beruhendes Verhalten eines Gatten (§ 50 EheG);
- Geisteskrankheit eines Gatten (§ 51 EheG);
- ansteckende oder Ekel erregende Krankheit eines Ehegatten (§ 52 EheG);
- Auflösung der häuslichen Gemeinschaft (§ 55 EheG);
- Einvernehmen der Ehegatten (§ 55a EheG).

Die beiden bedeutsamsten dieser Scheidungsgründe sind die Scheidung wegen Auflösung der häuslichen Gemeinschaft und die Scheidung im Einvernehmen. Nur auf diese beiden wird im Folgenden eingegangen.

---

105 Siehe etwa *Hopf/Kathrein*, Eherecht, § 49 EheG Rn 11 ff.
106 *Gruber* in: *Schwimann/Kodek*, I, § 56 EheG Rn 2 f.
107 St. Rspr., OGH 6 Ob 155/98g, EFSlg 87.478; OGH 1 Ob 307/02g, EFSlg 104.861; OGH 3 Ob 215/07z, EFSlg 117.401; OGH 3 Ob 158/07t, EF-Z 2008/32; OGH 3 Ob 27/11h, EFSlg 131.131; OGH 8 Ob 115/13i, EFSlg 138.929; LGZ Wien 43 R 747/99t, EFSlg 90.321; RIS-Justiz RS0057240 u.a.

b) Scheidung wegen Auflösung der häuslichen Gemeinschaft

Ist die häusliche Gemeinschaft der Ehegatten seit mindestens drei Jahren aufgehoben und   89
die Ehe – mit oder ohne Verschulden der Gatten – vollkommen und unheilbar zerrüttet,
so kann jeder Ehegatte die Scheidung begehren (§ 55 Abs. 1 S. 1 EheG). Das Gesetz stellt
hier auf **objektive Gegebenheiten** (Auflösung der Gemeinschaft und Zerrüttung der Ehe)
ab, so dass auch derjenige Ehegatte, der für das Zugrundegehen der Ehe verantwortlich ist,
die Scheidung begehren kann. Die Rechtsprechung nimmt eine Aufhebung der häuslichen
Gemeinschaft nicht nur dann an, wenn die Ehegatten nicht mehr in einer gemeinsamen
Wohnung leben, sondern auch dann, wenn diese in verschiedenen Zimmern einer gemeinsamen Wohnung leben und eine gemeinsame Wirtschaftsführung und Lebensgestaltung nicht
mehr gegeben ist.[108] Ist ein Ehegatte bloß faktisch abwesend (Beruf, Haftaufenthalt), führt
dies nach überwiegender Rechtsprechung zu keiner Aufhebung.[109] Die **Dreijahresfrist** läuft
ab dem Zeitpunkt der Aufhebung der häuslichen Gemeinschaft; bei Wiederaufnahme der
Gemeinschaft – wenn auch nur für kurze Zeit – beginnt die Frist neu zu laufen.[110] Bei nur
gelegentlichen Besuchen ist dies aber nicht der Fall.[111]

Dem Scheidungsbegehren eines Ehegatten ist jedoch nicht stattzugeben, wenn das Gericht   90
zur Überzeugung gelangt, dass die **Wiederherstellung** einer dem Wesen der Ehe entsprechenden Lebensgemeinschaft zu erwarten ist (§ 55 Abs. 1 S. 2 EheG). Die Klage ist dann
von Amts wegen abzuweisen.[112]

Überdies kann der beklagte Ehegatte dann, wenn der Kläger die Zerrüttung allein oder   91
überwiegend verschuldet hat, einen **Härteeinwand** erheben: Er kann mittels Antrags geltend machen, dass ihn die Scheidung härter träfe als den Kläger die Abweisung des Scheidungsbegehrens. Bei dieser **Interessenabwägung** ist auf alle Umstände des Falles, besonders
auf die Dauer der ehelichen Lebensgemeinschaft, das Wohl der Kinder sowie auf die Dauer
der Aufhebung der häuslichen Gemeinschaft, Bedacht zu nehmen (§ 55 Abs. 2 EheG). Bei
begründetem Widerspruch ist das Scheidungsbegehren abzuweisen. Nach der Judikatur ist
eine Verweigerung der Scheidung nur bei schwerwiegenden Umständen, aus denen sich
eine besondere Härte für den beklagten Ehegatten ergibt, gerechtfertigt; beispielsweise,
wenn die Scheidung beim beklagten Ehegatten eine gesundheitliche Katastrophe auslösen
könnte.[113] Bei gleicher Härte ist die Ehe allerdings zu scheiden.[114] Die Härteklausel spielt
praktisch jedoch kaum eine Rolle, weil sie nur einen Scheidungsaufschub bis zum Ablauf
einer sechsjährigen Heimtrennung bewirken kann. Ist die häusliche Gemeinschaft der Ehegatten nämlich seit **sechs Jahren** aufgehoben, so muss dem Scheidungsbegehren stattgegeben werden (§ 55 Abs. 3 EheG). Nach Ablauf dieser Zeit finden eine Zerrüttungsprüfung[115]
und Härteabwägung nicht mehr statt; man spricht von „**Scheidungsautomatik**".

108 OGH 1 Ob 249/51, SZ 24/101; OGH 9 Ob 1/04v, RIS-Justiz RS0057040; LGZ Wien 42 R 579/00h,
     EFSlg 97.195.
109 OGH 2 Ob 516/90, EFSlg 63.405; OGH 7 Ob 88/02w, EFSlg 100.869; LGZ Wien 42 R 313/01t, EFSlg
     97.192; RIS-Justiz RS0056999.
110 Unbestritten: OLG Wien 15 R 85/79, EFSlg 33.997; OLG Wien 13 R 183/85, EFSlg 51.619; LGZ Wien
     43 R 685/99z, EFSlg 90.302.
111 OGH 2 Ob 516/90, RIS-Justiz RS0056987; LGZ Wien 45 R 2103/95, EFSlg 78.647; LGZ Wien 45 R
     59/99f, EFSlg 90.297; LGZ Wien 42 R 579/00h, EFSlg 97.194.
112 Vgl. *Hopf/Kathrein*, Eherecht, § 55 EheG Rn 2.
113 OGH 5 Ob 574/80, EvBl 1981/10; RIS-Justiz RS0057346.
114 OGH 7 Ob 567/79, SZ 52/29, EFSlg 34.006; OGH 4 Ob 542/94, SZ 67/104.
115 H.A.: Vgl. die Nachweise bei *Hinteregger/Ferrari*, Familienrecht, S. 102.

c) Einvernehmliche Scheidung

92 Die Möglichkeit einer einvernehmlichen Scheidung (§ 55a EheG) gibt es in Österreich seit 1978. In der Praxis ist die einvernehmliche Scheidung der weitaus **bedeutsamste Scheidungsgrund**; ca. 90 % aller Scheidungen erfolgen einvernehmlich. Die einvernehmliche Scheidung bietet gegenüber der streitigen einige Vorteile: Sie verursacht weniger Kosten, das Verfahren dauert wesentlich kürzer und es unterbleibt eine genaue Erörterung des Ehelebens.

93 Die einvernehmliche Ehescheidung kann begehrt werden, wenn folgende **Voraussetzungen** vorliegen:
1. Die eheliche Lebensgemeinschaft der Ehegatten muss seit mindestens einem **halben Jahr** aufgehoben sein. Eine Ehe, die nicht mindestens sechs Monate gedauert hat, kann daher niemals einvernehmlich geschieden werden. Die eheliche Lebensgemeinschaft gilt als aufgehoben, wenn die Ehegatten die Pflichten, die ihnen das Gesetz in § 90 ABGB (siehe Rdn 44 ff.) auferlegt, nicht mehr erfüllen. Eine räumliche Trennung der Ehegatten ist jedoch nicht erforderlich; die eheliche Lebensgemeinschaft ist auch dann aufgehoben, wenn die Ehegatten in häuslicher Gemeinschaft leben, ihre geistige und körperliche Gemeinschaft aber aufgehört hat zu bestehen.[116]
2. Die Ehegatten müssen die **unheilbare Zerrüttung** des ehelichen Verhältnisses zugestehen.
3. Zwischen den Ehegatten muss Einvernehmen über die Scheidung bestehen; das hat in einem **gemeinsamen Scheidungsbegehren** zum Ausdruck zu kommen, wobei die Zustimmung des einen Gatten zum Antrag des anderen als ausreichend angesehen wird.
4. Die Ehegatten haben vor Gericht eine **schriftliche Vereinbarung** über die Scheidungsfolgen zu schließen. In dieser Vereinbarung müssen geregelt sein:
   - die Betreuung der gemeinsamen minderjährigen Kinder bzw. die Obsorge über die minderjährigen Kinder sowie die Ausübung des Rechtes auf persönliche Kontakte (zur Beratungspflicht über die aus der Scheidung resultierenden Bedürfnisse der Kinder siehe Rdn 104);
   - die Unterhaltspflicht hinsichtlich ihrer gemeinsamen Kinder;
   - der nacheheliche Unterhalt zwischen den Ehegatten;
   - die vermögensrechtlichen Ansprüche zwischen den Gatten.

94 Die **Scheidungsfolgenvereinbarung** wird vom Gericht inhaltlich nicht geprüft; der Richter hat aber nach h.A.[117] eine offenkundige Gesetzes- oder Sittenwidrigkeit wahrzunehmen und eine solche Vereinbarung als Grundlage einer einvernehmlichen Scheidung abzulehnen. Die Vereinbarung über die Scheidungsfolgen kann i.Ü. entsprechend den allgemeinen Regeln wegen Geschäftsunfähigkeit ungültig bzw. wegen Sittenwidrigkeit nichtig sein oder wegen List oder Irrtums angefochten werden.[118] Die Rechtskraft des Scheidungsbeschlusses wird von der Unwirksamkeit der Vereinbarung jedoch nicht berührt.[119]

---

116 AB 916 BlgNR 14. GP 8; LGZ Wien 44 R 38/79, EFSlg 34.016; LGZ Wien 43 R 451/83, EFSlg 43.664; LGZ Wien 44 R 103/84; EFSlg 46.214; RIS-Justiz RS0057040.
117 Nachweise bei *Hopf/Kathrein*, Eherecht, § 55a EheG Rn 11.
118 *Koziol-Welser/Kletečka*, I, Rn 1583 m.w.N. zur Judikatur.
119 OGH 1 Ob 532/85, SZ 58/43; OGH 6 Ob 568, 569/94, EFSlg 75.371/3; OGH 6 Ob 180/97g; OGH 2 Ob 70/09x, RIS-Justiz RS0057101.

III. Scheidungsverfahren

1. Streitige Scheidung

a) Allgemeines

Die Scheidung wegen Verschuldens (§ 49 EheG) sowie die Scheidung nach den §§ 50, 51,   95
52 und 55 EheG hat im streitigen Verfahren zu erfolgen, das durch **Klage** eingeleitet wird.

b) Zuständigkeit

Sachlich zuständig ist das **Bezirksgericht** (§ 49 JN). Örtlich zuständig ist primär das Be-   96
zirksgericht, in dessen Sprengel die Ehegatten den gemeinsamen gewöhnlichen Aufenthalt
haben oder zuletzt gehabt haben (siehe § 76 Abs. 1 JN).

Die Scheidungsklage ist entweder schriftlich bei Gericht einzubringen oder mündlich zu   97
Protokoll zu geben. Eine Verbindung mit anderen Klagen, wie etwa auf Unterhalt oder
Klagen die Ehewohnung betreffend, ist zulässig (§§ 76a, 100 JN). Eine Vertretung durch
einen Anwalt ist nicht nötig, da in Österreich im Scheidungsverfahren erster Instanz nur
relative Anwaltspflicht herrscht; lediglich im Rechtsmittelverfahren ist eine anwaltliche
Vertretung unumgänglich (§§ 27, 29 ZPO).

c) Ablauf des Verfahrens

Die Parteien sollen dem Verfahren persönlich beigezogen werden, wenn nicht wichtige   98
Gründe dagegen sprechen. Erscheint der Kläger unentschuldigt nicht zur ersten mündlichen
Streitverhandlung, so ist die Klage auf Antrag des beklagten Ehegatten vom Gericht als
ohne Verzicht auf den Anspruch für zurückgenommen zu erklären (§ 460 Z. 5 ZPO).
Erforderlichenfalls kann das Gericht das Erscheinen der Parteien auch erzwingen. Das
Verfahren ist **nicht öffentlich** (§ 460 Z. 3 ZPO). Grundsätzlich ist der Richter zu Beginn
und das ganze Verfahren über angehalten, auf eine **Versöhnung** der Parteien hinzuwirken
(§ 460 Z. 7 ZPO). Ist anzunehmen, dass die Ehegatten sich wieder versöhnen, können diese
ein **Ruhen** des Verfahrens beantragen; dadurch wird bewirkt, dass für mindestens drei
Monate weder vom Gericht noch von den Parteien eine Verfahrenshandlung gesetzt werden
kann. Gelingt keine Versöhnung, muss das Verfahren durch einen **Fortsetzungsantrag**
wieder aufgenommen werden. Ruhen des Verfahrens tritt auch bei Nichterscheinen beider
Parteien zur Verhandlung ein. Anerkenntnis-, Verzichts- sowie Versäumungsurteile sind
unzulässig (§ 460 Z. 9 ZPO). Eine unvertretene Partei, die noch keine Beratung über die
Scheidungsfolgen in Anspruch genommen hat, hat das Gericht auf entsprechende Beratungsangebote hinzuweisen. Die Tagsatzung ist zu erstrecken, um der Partei Gelegenheit
zur Einholung einer Beratung zu geben (§ 460 Z. 6a ZPO). Die mündliche Streitverhandlung
wird durch ein **Urteil** abgeschlossen, das mündlich verkündet wird oder innerhalb von vier
Wochen nach Schluss der Verhandlung schriftlich auszufertigen ist. Das Urteil erlangt mit
Zustellung der schriftlichen Ausfertigung an beide Ehegatten Wirksamkeit (§ 416 ZPO).
Eine **Berufung** und in weiterer Folge eine Revision ist ohne Rücksichtnahme auf den
Streitwert zulässig (§§ 501 f. ZPO). Die **Rechtsmittelfrist** beträgt vier Wochen ab Zustel-
lung der letztinstanzlichen Entscheidung. Zu beachten ist aber, dass im Berufungsverfahren
Neuerungsverbot herrscht. Die Ehe ist erst mit Rechtskraft des stattgebenden Urteils aufge-
löst. Zum **Schuldausspruch** siehe Rdn 99.

d) Widerklage, Mit- und Verschuldensantrag, Schuldausspruch

99   Will der Beklagte ein Verschulden des Klägers geltend machen, so kann er eine **Widerklage**
      erheben (wenn er selbst die Scheidung erreichen will) oder – wenn er nicht scheidungswillig
      ist – einen **Mitschuldantrag** (§ 60 Abs. 3 EheG)[120] bzw. Verschuldensantrag nach § 61 Abs. 2
      EheG[121] stellen. Je nach Verschulden der Beteiligten lautet dann der **Schuldausspruch** im
      Urteil (alleiniges, überwiegendes oder gleichteiliges Verschulden). Bei einer Scheidung nach
      § 55 EheG wegen Auflösung der häuslichen Gemeinschaft ist auf Antrag des Beklagten im
      Urteil auszusprechen, dass der Kläger die Zerrüttung allein oder überwiegend verschuldet
      hat (§ 61 Abs. 3 EheG). Der Verschuldensausspruch hat Bedeutung für den nachehelichen
      Unterhalt samt sozialversicherungsrechtlichen Folgen und für die Verfahrenskosten, in
      eingeschränktem Ausmaß auch für das Schicksal der Ehepakte (§ 1266 ABGB) und die
      nacheheliche Vermögensaufteilung.[122]

e) Dauer und Kosten des Verfahrens

100   Die **Dauer** des Verfahrens hängt sehr stark mit der Anzahl der Beweisanträge zusammen;
      bei ausführlichen Sachverständigengutachten und stark überlasteten Gerichten kann eine
      sechsmonatige Zeitspanne zwischen zwei Verhandlungsterminen durchaus vorkommen.[123]

101   Im Allgemeinen setzen sich die **Kosten eines Rechtsstreits** aus den Gerichtskosten, den
      Kosten für die Rechtsanwälte, den Kosten für die Parteien und weiterer Barauslagen etwa
      für Zeugen, Sachverständige und deren Gutachten zusammen. Die **Kosten des Anwalts**
      richten sich nach dem RATG.[124] Als Bemessungsgrundlage für die Höhe der Anwaltskosten
      dient der Streitwert. Ohne anwaltliche Vertretung fallen nur die **Gerichtskosten** an, welche
      in Form eines Pauschalbetrages zu Beginn des Verfahrens zu entrichten sind. Die gerichtli-
      che Pauschalgebühr für eine reine Scheidungsklage in erster Instanz liegt derzeit nach dem
      Gerichtsgebührengesetz bei 297 EUR. Die relativ niedrigen Gerichtskosten dürfen nicht
      darüber hinwegtäuschen, dass ein streitiges Scheidungsverfahren üblicherweise mit hohen
      Kosten verbunden ist (für Gutachten, Anwaltshonorare).

102   Anzumerken ist noch, dass einem nicht erwerbstätigen und bislang den gemeinsamen Haus-
      halt führenden Ehegatten vom anderen im Rahmen der Unterhaltsgewährung dessen An-
      waltskosten beglichen werden müssen, soweit dem nicht Unbilligkeit entgegensteht.[125]

103   Während des Scheidungsverfahrens muss zunächst jede Partei ihre eigenen Kosten bestrei-
      ten. Wer letztlich die Kosten trägt, richtet sich nach dem **Verschuldensausspruch**: Bei
      gleichteiligem Verschulden am Scheitern der Ehe muss jeder Gatte seine Kosten selbst
      tragen. Bei überwiegendem Verschulden eines Ehegatten hat dieser insgesamt drei Viertel
      der Prozesskosten zu übernehmen, bei Alleinverschulden die gesamten Kosten.[126]

---

120 Wenn er nach § 49 EheG auf Scheidung geklagt wird.
121 Wenn er nach den §§ 50–52 EheG auf Scheidung geklagt wird.
122 Vgl. *Hinteregger/Ferrari*, Familienrecht, S. 99.
123 Siehe zum Folgenden: *Deixler-Hübner*, Scheidung, S. 97.
124 Bundesgesetz vom 22.5.1969 über den Rechtsanwaltstarif, BGBl 1969/189.
125 OGH 2 Ob 603/93, EvBl 1994/148; OGH 1 Ob 67/05t, EFSlg 112.423; LG Feldkirch 1 R 103/06i,
     EFSlg 115.370.
126 Nachweise bei *Deixler-Hübner*, Scheidung, S. 102.

2. Einvernehmliche Scheidung

Streben die Ehegatten eine einvernehmliche Scheidung an, haben sie einen gemeinsamen 104
Scheidungsantrag (zu den Voraussetzungen siehe Rdn 93) beim **Außerstreitgericht** einzubringen (§§ 93 ff. AußStrG). Sachlich **zuständig** sind die Bezirksgerichte (§ 114a JN). Die
örtliche Zuständigkeit richtet sich nach § 76 Abs. 1 JN (siehe Rdn 96). Es herrscht **relativer
Anwaltszwang**, wobei sich die Parteien aber nicht durch denselben Rechtsanwalt vertreten
lassen können (§ 93 Abs. 1 AußStrG). Es ist mündlich zu verhandeln (§ 94 Abs. 1 AußStrG);
in der Praxis beschränkt sich aber diese Verhandlung darauf, die Parteien zu befragen und
ihre Vereinbarungen zu protokollieren.[127] Eine unvertretene Partei, die keine Beratung über
die Scheidungsfolgen in Anspruch genommen hat, muss vom Gericht auf entsprechende
Beratungsangebote hingewiesen werden; es ist ihr Gelegenheit zu geben, die Beratung
einzuholen (§ 95 Abs. 1 AußStrG). Haben die Ehegatten gemeinsame minderjährige Kinder,
so müssen sie vor Abschluss der Scheidungsfolgenregelung bei Gericht bescheinigen, dass
sie sich über die spezifischen aus der Scheidung resultierenden Bedürfnisse ihrer Kinder bei
einer geeigneten Person oder Einrichtung haben beraten lassen (§ 95 Abs. 1a AußStrG).

Die **Gerichtskosten** für eine einvernehmliche Scheidung liegen grundsätzlich bei 558 EUR; 105
sind von der Vereinbarung die Übertragung des Eigentums an einer unbeweglichen Sache
oder die Begründung sonstiger bücherlicher Rechte betroffen, erhöhen sich die Pauschalkosten auf insgesamt 697 EUR.[128] Abgesehen von diesem Pauschalbetrag fallen bei einer
einvernehmlichen Scheidung grundsätzlich keine Kosten mehr an, da aufgrund der obligatorischen Vereinbarung der Ehegatten über die Scheidungsfolgen das Einholen von Gutachten
und die Befragung von Zeugen inklusive der entsprechenden Honorierung unterbleiben
kann.

Da bei einer einvernehmlichen Scheidung die Erörterung des Ehelebens entfällt, geht diese 106
sehr rasch vonstatten. Nach der Protokollierung der Vereinbarungen werden die Ehegatten
üblicherweise binnen 14 Tagen beim zuständigen Richter vorgeladen, welcher dann über
den Scheidungsantrag mit **Beschluss** entscheidet (§ 96 AußStrG). Der Scheidungsbeschluss
kann mittels Rekurs und Revisionsrekurs bekämpft werden. Ein Rekurs ist binnen 14 Tagen
ab Zustellung des schriftlichen Scheidungsbeschlusses zu erheben. Solange kann auch jeder
Ehegatte den Scheidungsantrag **zurücknehmen**; ein schon ergangener Scheidungsbeschluss
wird dann wirkungslos (§ 94 Abs. 3 AußStrG). In der **Praxis** kommt es aber häufig vor,
dass die Ehegatten nach der mündlichen Verhandlung auf **Rechtsmittel verzichten**. Die
Rechtskraft des Scheidungsbeschlusses tritt dann bereits mit Zustellung der schriftlichen
Ausfertigung des Beschlusses ein (§ 43 Abs. 4 AußStrG).[129]

Ein **Kostenersatz** findet nicht statt, weil kein Interessenwiderstreit ausgefochten wird.[130] 107

Praxishinweis: Wird **zunächst** ein **streitiges Scheidungsverfahren** eingeleitet, so kann man 108
im Rahmen eines solchen immer noch auf die einvernehmliche Scheidung „umsteigen" –
eine in der Praxis sehr häufig in Anspruch genommene Möglichkeit. In diesem Fall ist der
gemeinsame Scheidungsantrag beim Prozessgericht einzubringen,[131] das streitige Verfahren
wird dann unterbrochen. Wird dem Scheidungsantrag stattgegeben, gilt die Klage als zurückgenommen und die Prozesskosten sind gegeneinander aufzuheben (§ 460 Z. 10 ZPO).

---

127 *Deixler-Hübner*, Scheidung, S. 107 f.
128 § 32 Tarifpost 12 lit. a Z. 2 Gerichtsgebührengesetz (BGBl 1984/501).
129 Siehe dazu *Koch-Hipp*, Die einvernehmliche Scheidung – Voraussetzungen, Verfahren und Rechtskraft,
    FamZ 2006, 100 (102 f.).
130 Vgl. § 78 Abs. 2 AußStrG; *Hopf/Kathrein*, Eherecht, § 93 AußStrG Rn 4.
131 *Hopf/Kathrein*, Eherecht, § 114a JN Rn 2.

IV. Internationale Zuständigkeit der Gerichte

109 Die internationale Zuständigkeit in Ehesachen richtet sich nur mehr dann nach autonomem österreichischem Recht, wenn die **Brüssel IIa-VO** (EUEheVO)[132] nicht anwendbar ist oder sich aus den Art. 3 ff. der Verordnung keine internationale Zuständigkeit eines Mitgliedstaates ergibt.[133] Inländische Gerichte haben daher ihre Zuständigkeit immer zuerst anhand der unmittelbar anzuwendenden Brüssel IIa-VO zu prüfen.[134] In den sachlichen Bereich der Brüssel IIa-VO fallen aus österreichischer Sicht nur statusändernde Verfahren, wie die **Klagen auf Scheidung** (§§ 46 ff. EheG), Aufhebung (§§ 33 ff. EheG) oder Nichtigerklärung der Ehe (§§ 20 ff. EheG) sowie die **einvernehmliche Scheidung** (§ 55a EheG), nicht aber etwa die Klage auf Feststellung des Bestehens oder Nichtbestehens der Ehe, da sie keine rechtsgestaltende Funktion hat.[135]

110 Kommt **autonomes nationales Zuständigkeitsrecht** zur Anwendung, so sind folgende Bestimmungen zu beachten:[136]

Für **streitige Scheidungen** sind die österreichischen Gerichte nach § 76 Abs. 2 JN dann international zuständig, wenn ein Ehegatte österreichischer Staatsbürger ist; dies gilt ohne Rücksicht auf seinen gewöhnlichen Aufenthalt. Ist keiner der Ehegatten österreichischer Staatsbürger, so ist die internationale Zuständigkeit nur gegeben, wenn die beklagte Partei ihren gewöhnlichen Aufenthalt in Österreich hat oder wenn die klagende Partei ihren gewöhnlichen Aufenthalt in Österreich hat und entweder beide Ehegatten ihren letzten gemeinsamen gewöhnlichen Aufenthalt in Österreich gehabt haben oder die klagende Partei staatenlos ist oder zur Zeit der Eheschließung österreichische Staatsbürgerin gewesen ist. Es handelt sich hierbei um eine taxative Aufzählung. Die inländische Gerichtsbarkeit wird daher nicht durch die bloße Tatsache der Eheschließung in Österreich begründet.[137]

111 Die internationale Zuständigkeit für die **einvernehmliche Scheidung** nach § 55a EheG ergibt sich aus § 114a Abs. 4 JN, wonach die österreichischen Gerichte international zuständig sind, wenn ein Ehegatte die österreichische Staatsbürgerschaft besitzt (auch wenn sich beide Ehegatten im Ausland aufhalten) oder ein Ehegatte seinen gewöhnlichen Aufenthalt im Inland hat (auch wenn keiner der Ehegatten österreichischer Staatsbürger ist).

V. Auf die Scheidung anwendbares Recht

112 Seit 21.6.2012 gelten für Österreich die Bestimmungen der Rom III-VO bei der Ermittlung des auf Scheidungen und Trennungen anzuwendenden Rechts.[138] Die Rom III-Verordnung bindet nicht alle Mitgliedstaaten der EU, sondern nur jene, die sich an der „verstärkten Zusammenarbeit" beteiligen.[139] Sie bietet den Ehegatten in Art. 5 Abs. 1 Rom III-VO meh-

---

132 Verordnung (EG) Nr. 2201/2003.

133 Siehe dazu etwa *Nademleinsky/Neumayr*, Internationales Familienrecht Rn 05.33 ff.

134 *Nademleinsky/Neumayr*, Internationales Familienrecht Rn 05.01 ff.

135 *Nademleinsky/Neumayr*, Internationales Familienrecht Rn 05.05 f.

136 Die nicht rein vermögensrechtlichen Streitigkeiten aus dem Eheverhältnis werden hier vernachlässigt. Siehe dazu *Simotta* in: FS Geimer, S. 1131 ff.

137 *Nademleinsky/Neumayr*, Internationales Familienrecht Rn 04.03.

138 Verordnung (EU) Nr. 1259/2010 des Rates vom 20.12.2010 zur Durchführung einer verstärkten Zusammenarbeit im Bereich des auf die Ehescheidung und Trennung ohne Auflösung des Ehebandes anzuwendenden Rechts (**Rom III-Verordnung**).

139 Die teilnehmenden Mitgliedstaaten sind derzeit Belgien, Bulgarien, Deutschland, Frankreich, Italien, Lettland, Luxemburg, Malta, Österreich, Portugal, Rumänien, Slowenien, Spanien und Ungarn, sowie seit 22.5.2014 Litauen (vgl. dazu *Lurger/Melcher*, IPR, Rn 2/55).

rere Möglichkeiten der Rechtswahl.[140] Haben die Ehegatten keine Rechtswahl getroffen, so ist nach der in Art. 8 der Verordnung festgelegten Anknüpfungsleiter zu beurteilen, welchem Recht die Ehescheidung unterliegt.[141]

§ 20 IPRG gilt außerhalb des zeitlichen Anwendungsbereichs der ROM III-Verordnung, also für Scheidungsverfahren, die vor dem 21.6.2012 eingeleitet wurden. Nach dieser Bestimmung sind die Voraussetzungen einer Ehescheidung (hauptsächlich Scheidungsgründe oder Scheidungseinvernehmen) nach dem **Ehewirkungsstatut** (siehe Rdn 65 ff.) im Zeitpunkt der Ehescheidung zu beurteilen (starres Statut).[142] Als Scheidungszeitpunkt gilt der Schluss der mündlichen Verhandlung der letzten Tatsacheninstanz.[143] Eine Rechtswahl ist unzulässig.[144]

113

Nur ausnahmsweise ist nach § 20 Abs. 2 IPRG an das Personalstatut des klagenden Ehegatten anzuknüpfen (*favor divortii*).[145] Da sich diese Ausnahmebestimmung aber nur auf die Statusentscheidung bezieht, ist sie seit dem Inkrafttreten der Rom III-VO (21.6.2012) für alle jüngeren Verfahren irrelevant.[146]

114

VI. Anerkennung im Ausland erfolgter Scheidungen

Nach Art. 21 Abs. 1 EheVO (Brüssel IIa-VO) werden die in einem Mitgliedstaat ergangenen Entscheidungen ohne besonderes Verfahren in den anderen Mitgliedstaaten anerkannt. Dies gilt gemäß Abs. 2 leg. cit. insbesondere für rechtskräftige Entscheidungen in Ehesachen, die in die Personenstandsbücher einzutragen sind. Im Anwendungsbereich des Art 21 der Brüssel IIa-VO werden die nationalen Anerkennungsvorschriften in den §§ 97 ff. AußStrG verdrängt.[147]

115

Auch außerhalb des Anwendungsbereichs der Brüssel IIa-VO ist (nach nationalem Recht) ein obligatorisches Verfahren für die Anerkennung nicht mehr vorgesehen. Die Anerkennung kann als Vorfrage selbstständig beurteilt werden, ohne dass es eines besonderen Verfahrens bedarf (§ 97 Abs. 1 S. 2 AußStrG). In jedem Fall ist nun eine **Inzidenzanerkennung** möglich, etwa durch den Standesbeamten bei der Prüfung der Ehefähigkeit.[148]

116

§ 98 Abs. 1 AußStrG sieht ein fakultatives Anerkenntnisverfahren vor. Das Verfahren zur Anerkennung ist grundsätzlich bei den **Bezirksgerichten** zu führen. Die örtliche Zuständigkeit ergibt sich aus § 114a Abs. 1 JN (in erster Linie nach dem gewöhnlichen Aufenthalt des Antragstellers). **Antragslegitimiert** ist jeder, der ein rechtliches Interesse an der Anerkennung hat (§ 98 Abs. 1 AußStrG). Von Verwaltungsbehörden kann etwa eine Anerken-

117

---

140 Siehe dazu *Lurger/Melcher*, IPR, Rn 2/60.

141 Siehe dazu *Traar*, Rom III – EU-Verordnung zum Kollisionsrecht für Ehescheidungen, ÖJZ 2011, 805; *Lurger/Melcher*, IPR, Rn 2/64.

142 Siehe dazu *Nademleinsky/Neumayr*, Internationales Familienrecht, Rn 05.86 ff.

143 *Schwimann*, JBl 1979, 352; st. Rspr., OGH 1 Ob 549/80, IPRE 1/108; OGH 7 Ob 173/00t, ZfRV 2002, 235 u.a.

144 Siehe *Nademleinsky/Neumayr*, Internationales Familienrecht, Rn 05.81.

145 Mangels Klägerrolle muss die Anknüpfung an § 20 Abs. 2 IPRG bei einer einvernehmlichen Scheidung entfallen. In diesem Fall wird diejenige Anknüpfung zu wählen sein, nach welcher die Möglichkeit einer einvernehmlichen Scheidung in concreto gegeben ist. Siehe dazu *Posch*, IPR, S. 91 f. Siehe sonst *Verschraegen* in: *Rummel*, II/6, § 20 IPRG Rn 11, wonach das Klägerstatut als (Erst-)Antragstellerstatut zu begreifen sei.

146 Siehe dazu *Lurger/Melcher*, IPR, Rn 2/70.

147 *Nademleinsky/Neumayr*, Internationales Familienrecht, Rn 05.52. Siehe auch § 100 AußStrG.

148 *Nademleinsky/Neumayr*, Internationales Familienrecht Rn 05.71 m.w.N.

nung beantragt werden, wenn diese für eine von ihnen zu treffende Entscheidung, etwa über die Zuweisung einer Sozialleistung, eine Vorfrage darstellt.[149]

118 Ausländische, eheauflösende Entscheidungen sind in Österreich anzuerkennen, wenn sie rechtskräftig sind und kein Grund zur Verweigerung der Anerkennung vorliegt (§ 97 Abs. 1 AußStrG). Die Gründe für eine **Verweigerung** der Anerkennung sind in § 97 Abs. 2 AußStrG geregelt. So ist diese u.a. zu verweigern, wenn sie den Grundwerten der österreichischen Rechtsordnung (*ordre public*) widerspricht oder das rechtliche Gehör eines Ehegatten verletzt worden ist oder die erkennende Behörde bei Anwendung des österreichischen Rechts international nicht zuständig gewesen wäre.[150]

D. Scheidungsfolgen

I. Vermögensaufteilung

1. Bei Gütertrennung während der Ehe

a) Allgemeines

119 Das österreichische Recht sieht im Fall der Scheidung (ebenso bei Aufhebung und Nichtigerklärung der Ehe) einen Vermögensausgleich zwischen den Gatten vor, die sog. „**Aufteilung des ehelichen Gebrauchsvermögens und der ehelichen Ersparnisse**" (§§ 81 ff. EheG). Ein Aufteilungsverfahren findet nicht automatisch im Anschluss an eine Ehescheidung statt, sondern muss fristgerecht (§ 95 EheG) durch **Antrag** beim Außerstreitgericht geltend gemacht werden, soweit sich die Ehegatten nicht vertraglich einigen können (§ 85 EheG). Zu beachten ist, dass eine Vereinbarung über die gesetzlichen vermögensrechtlichen Ansprüche im Verhältnis zueinander Voraussetzung für eine einvernehmliche Scheidung ist (§ 55a Abs. 2 EheG); da über 90 % der Scheidungen im Einvernehmen erfolgen, ist die vertragliche Aufteilung somit weit häufiger anzutreffen als die gerichtliche. In der Praxis steht die **Aufteilungsvereinbarung** häufig in einem engen Zusammenhang mit der im Zuge der einvernehmlichen Scheidung auch zu treffenden Unterhaltsvereinbarung zwischen den Gatten: Die Frau verzichtet bspw. auf jeglichen Unterhalt, um dafür aber mehr aus der Aufteilungsmasse zu erhalten.[151]

b) Aufteilungsgegenstände

120 Grundsätzlich sind alle **Gebrauchsgüter und Ersparnisse**, die sich während aufrechter ehelicher Lebensgemeinschaft angesammelt haben und zu deren Erwerb die Ehegatten einen Beitrag geleistet haben, aufzuteilen. Auch **Schulden**, die mit dem ehelichen Gebrauchsvermögen und den ehelichen Ersparnissen in einem inneren Zusammenhang stehen, sind bei der Aufteilung in Anschlag zu bringen (§ 81 Abs. 1 EheG).[152] Maßgebender **Zeitpunkt** für

---

149 Siehe etwa *Musger* in: *Ferrari/Hopf* (Hrsg.), Reform des Kindschaftsrechts, S. 131 (S. 142).
150 Näheres bei *Nademleinsky/Neumayr*, Internationales Familienrecht Rn 05.74.
151 Siehe dazu im Allgemeinen auch *Ferrari* in: *Henrich/Schwab*, Vermögen, S. 185 ff.
152 Eheliches Gebrauchsvermögen sind nach § 81 Abs. 2 EheG die beweglichen oder unbeweglichen körperlichen Sachen, die während aufrechter ehelicher Lebensgemeinschaft dem Gebrauch beider Ehegatten gedient haben, wobei auch die Ehewohnung und der Hausrat dazuzählen. Eheliche Ersparnisse sind nach § 81 Abs. 3 EheG Wertanlagen, gleich welcher Art, die die Ehegatten während aufrechter ehelicher Lebensgemeinschaft angesammelt haben und die ihrer Art nach üblicherweise für eine Verwertung bestimmt sind.

die Bewertung der Zugehörigkeit einer Sache zum aufzuteilenden Vermögen ist jener der
Auflösung der ehelichen Lebensgemeinschaft.

Von der Aufteilung **ausgenommen** sind nach § 82 Abs. 1 Z. 1 EheG jedoch Sachen, die ein   121
Ehegatte **in die Ehe eingebracht, von Todes wegen erworben** oder die ihm ein **Dritter
geschenkt** hat.[153] Eine Gegenausnahme besteht nach § 82 Abs. 2 EheG jedoch für die **Ehewohnung:** Auch wenn sie den Tatbestand von § 82 Abs. 1 Z. 1 EheG erfüllt, ist die Ehewohnung in die Aufteilung einzubeziehen, wenn dies vereinbart wurde (opting-in),[154] wenn
der andere Ehegatte auf ihre Weiterbenützung zur Sicherung seiner Lebensbedürfnisse
angewiesen ist oder wenn ein gemeinsames Kind an ihrer Weiterbenützung einen berück-
sichtigungswürdigen Bedarf hat.[155] In diesen Spezialfällen der Einbeziehung in die Aufteilungsmasse können die Ehegatten aber im Voraus die richterliche Anordnungsbefugnis im
Aufteilungsverfahren durch Vereinbarung erheblich einschränken (§ 87 Abs. 1 S. 2 EheG;
siehe näher Rdn 182 f.).

Des Weiteren unterliegen nach § 82 Abs. 1 Z. 2–4 EheG jene Sachen **nicht** der **Aufteilung,**   122
die dem **persönlichen Gebrauch** eines Ehegatten allein oder der **Ausübung seines Berufes**
dienen, die zu einem **Unternehmen** gehören oder Anteile eines Unternehmens sind, außer
es handelt sich um bloße Wertanlagen. Hinsichtlich eines Unternehmens ist jedoch weiters
Folgendes zu beachten: Wurde eheliches Gebrauchsvermögen oder wurden eheliche Ersparnisse in ein Unternehmen, an dem einem oder beiden Ehegatten ein Anteil zusteht, eingebracht oder für ein solches Unternehmen sonst verwendet, so ist der Wert des Eingebrachten
oder Verwendeten in die Aufteilung einzubeziehen. Bei der Aufteilung ist jedoch zu berücksichtigen, inwieweit jedem Ehegatten durch die Einbringung oder Verwendung Vorteile
entstanden sind und inwieweit die eingebrachten oder verwendeten ehelichen Ersparnisse
aus den Gewinnen des Unternehmens stammten. Der Bestand des Unternehmens darf
durch die Aufteilung nicht gefährdet werden (§ 91 Abs. 2 EheG).[156]

c) Aufteilungsgrundsätze

Die Aufteilung hat nach **Billigkeit** zu erfolgen. Dabei ist nach dem Gesetz besonders auf   123
Gewicht und Umfang des Beitrages jedes Ehegatten zur Anschaffung des Vermögens sowie
auf das Wohl der Kinder Bedacht zu nehmen (§ 83 Abs. 1 EheG). Als Beitragsleistung gelten
auch die Leistung des Unterhalts, die Mitwirkung im Erwerb, soweit sie nicht anders
abgegolten worden ist, die Führung des gemeinsamen Haushalts, die Pflege und Erziehung
gemeinsamer Kinder und jeder sonstige eheliche Beistand (§ 83 Abs. 2 EheG).

Auch wenn es – im Gegensatz zum deutschen Recht – nicht automatisch zu einer Halbie-   124
rung des Zugewinns, sondern zu einer Zuordnung des Vermögens nach Beitragsleistung
der Ehegatten kommt, wird in der **Praxis** häufig eine **50:50-Teilung** vorgenommen. Die
Erwerbstätigkeit des einen Gatten wird von den Gerichten gleichwertig wie die Haushalts-

---

153 Geschenke unter Ehegatten fallen daher sehr wohl in die Aufteilungsmasse. Nachweise etwa bei *Hopf/
Kathrein*, Eherecht, § 82 EheG Rn. 6; *Stabentheiner* in: *Rummel*, I, § 82 EheG Rn 4.
154 Diese Möglichkeit wurde durch das am 1.1.2010 in Kraft getretene FamRÄG BGBl I 2009/75 geschaffen. Einerseits soll so der finanziell schwächere Ehegatte im Voraus abgesichert werden können, andererseits war auch an Fälle gedacht, in denen die zukünftigen Ehegatten bspw. noch vor der Eheschließung gemeinsam ein Haus gebaut haben, aber nur ein Ehegatte als Eigentümer im Grundbuch eingetragen ist.
155 Nach § 82 Abs. 2 EheG gehört auch der Hausrat, den ein Ehegatte eingebracht, von Todes wegen
erworben oder den ihm ein Dritter geschenkt hat, zur Aufteilungsmasse, wenn der andere Ehegatte
auf seine Weiterbenützung zur Sicherung seiner Lebensbedürfnisse angewiesen ist.
156 Siehe dazu eingehend *Oberhumer*, Unternehmen, S. 353 ff.

führung und Kindererziehung des anderen beurteilt, ohne dass nach der Höhe des Einkommens, Größe des Haushalts oder Anzahl der Kinder differenziert würde. In manchen Fällen entschied sich der OGH allerdings für ein anderes Aufteilungsverhältnis: So etwa 2:1 zugunsten der Frau, wenn diese neben der Haushaltsführung auch noch berufstätig war.[157]

125 Das **Verschulden** an der Scheidung beeinflusst die Aufteilung wertmäßig nur ausnahmsweise (etwa wenn das zur Scheidung führende Verhalten des Schuldigen die Aufteilungsmasse beeinflusst hat),[158] da primär auf die in der Vergangenheit geleisteten Beiträge abzustellen ist. Die Judikatur erkennt dem schuldlosen oder minderschuldigen Teil jedoch ein **Optionsrecht** in der Form zu, dass er unter den aufzuteilenden Gegenständen die gewünschten auswählen kann,[159] vorausgesetzt, auf Seiten des schuldigen Gatten sind nicht schwerwiegende Gründe berücksichtigungswürdiger.[160] Nach Ansicht des OGH gibt es jedoch keinen Rechtsprechungsgrundsatz, nach dem das Optionsrecht des schuldlos geschiedenen Ehegatten den im Aufteilungsverfahren grundsätzlich geltenden **Bewahrungsgrundsatz**[161] gänzlich und allein entkräften würde.[162]

126 Im Allgemeinen ist bei der Verteilung auch darauf zu achten, dass sich die Lebensbereiche der geschiedenen Ehegatten künftig möglichst wenig berühren (§ 84 EheG). Ist allein durch die Zuweisung der einzelnen Vermögenswerte an die ehemaligen Gatten kein gerechter Ausgleich erzielbar, so kann das Gericht auch einem von ihnen eine **Ausgleichszahlung** an den anderen auferlegen.

d) Ausgleich von Benachteiligungen

127 Hat ein Ehegatte in den letzten zwei Jahren vor Einbringung der Klage auf Scheidung, Aufhebung oder Nichtigerklärung der Ehe[163] Gebrauchsvermögen oder Ersparnisse in einer Weise **gemindert**, die der Gestaltung der Lebensverhältnisse der Ehegatten während der ehelichen Gemeinschaft widersprochen hat, so ist der Wert des Fehlenden nach § 91 Abs. 1 EheG dennoch in die Aufteilung einzubeziehen. Diese Regelung soll den Bestrebungen eines Ehegatten, der eine Auseinandersetzung nach den §§ 81 ff. EheG vorhergesehen und deshalb vorzeitig Gebrauchsvermögen und Ersparnisse verringert hat, um auf diese Weise den Ausgleichsanspruch des geschiedenen Ehegatten zu mindern, entgegenwirken.

2. Bei Gütergemeinschaft

128 Wurde zwischen den Ehegatten eine Gütergemeinschaft geschlossen und kommt es zu einer Vermögensaufteilung, gehen nach h.L. die soeben besprochenen Bestimmungen (§§ 81 ff. EheG) als *leges speciales* den Bestimmungen des § 1266 ABGB (Rechtsfolgen bei Auflösung der Gütergemeinschaft) vor.[164] Die Ehegatten können aber im Zusammenhang mit der Gütergemeinschaftsvereinbarung oder auch im Rahmen einer solchen schon im Voraus

---

157 Siehe dazu *Deixler-Hübner*, Scheidung, S. 147 f. m.w.N.
158 OGH 1 Ob 145/15b, EF-Z 2016/14.
159 Siehe etwa OGH 4 Ob 121/97s, RZ 1998/26; LGZ Wien 45 R 415/01i, EFSlg 97.360. Vgl. auch OGH 1 Ob 2104/96k, EFSlg 81.722 sowie OGH 9 Ob 182/98z, EFSlg 87.570.
160 OGH 4 Ob 608/89, EFSlg 60.390; OGH 7 Ob 530/93, EFSlg 75.623.
161 Nach § 90 Abs. 1 EheG darf die Übertragung des Eigentums an unbeweglichen Sachen oder die Begründung von dinglichen Rechten daran nur angeordnet werden, wenn eine billige Regelung in anderer Weise nicht erzielt werden kann.
162 OGH 5 Ob 221/10a, EF-Z 2011/111.
163 Ist die eheliche Lebensgemeinschaft vor Einbringung der Klage aufgehoben worden, beginnt die Frist frühestens zwei Jahre vor dieser Aufhebung (§ 91 Abs. 1 EheG).
164 *Koziol-Welser/Kletečka*, I, Rn 1650 m.w.N.; *Hopf/Kathrein*, Eherecht, § 1266 Rn 8, jew. m.w.N.

Vereinbarungen über die Aufteilung ehelicher Ersparnisse oder ehelichen Gebrauchsvermögens treffen (§ 97 Abs. 2–4 EheG), die grundsätzlich in ihrem Regelungsbereich der gerichtlichen Aufteilung vorgehen (§ 85 EheG). Zu den Voraussetzungen und zur gerichtlichen Nachkontrolle solcher Vereinbarungen siehe Rdn 183 f.

Für Vermögensgegenstände, die nicht der Aufteilung unterliegen, oder für den Fall, dass der Aufteilungsanspruch verfristet ist, kann § 1266 ABGB zur Anwendung kommen: Die **Ehepakte** gelten als aufgehoben, wenn die Ehe ohne Verschulden geschieden worden ist oder beide Teile gleiches Verschulden trifft, weshalb jeder Ehegatte das Eingebrachte samt Zuwachs zurückerhält. Trifft jedoch einen Ehegatten das alleinige oder überwiegende Verschulden, kommt dem anderen ein **Wahlrecht** zu: Er kann die Aufhebung der Ehepakte oder die Teilung des Gesamtgutes wie beim Tod verlangen, wobei die vereinbarte Quote entscheidend ist. Im Zweifel gebührt nach § 1234 ABGB jedem Ehegatten die Hälfte.[165]

129

II. Nachehelicher Unterhalt

1. Allgemeines

Der österreichische Gesetzgeber regelt den gesetzlichen nachehelichen Unterhalt völlig losgelöst vom ehelichen Güterrecht. Die Bestimmungen sind **kompliziert und vielschichtig** und gelangen nur bei einem kleinen Prozentsatz der Scheidungen direkt zur Anwendung, da der weitaus überwiegende Teil der Scheidungen im Einvernehmen erfolgt; dabei muss von den Ehegatten auch eine Vereinbarung über den nachehelichen Unterhalt getroffen werden (vgl. Rdn 93). Nichtsdestotrotz stellen die gesetzlichen Regelungen des Scheidungsunterhalts für die jeweilige Verhandlungsposition der Ehegatten eine wichtige Richtlinie dar.

130

Der nacheheliche Unterhalt ist grundsätzlich anders geartet als der eheliche; daher erlischt (abgesehen vom Unterhalt nach § 69 Abs. 2 EheG; siehe Rdn 141 ff.) ein bestehender ehelicher Unterhaltstitel mit Rechtskraft des Scheidungsurteils.[166] Der u.U. bestehende Anspruch auf einen Scheidungsunterhalt steht nach österreichischem Recht in einem engen Zusammenhang mit dem **Scheidungsverschulden**.[167]

131

2. Die einzelnen gesetzlichen Unterhaltsansprüche

a) Der Unterhalt nach den §§ 66 f. EheG

Grundgedanke der §§ 66 f. EheG ist, dass der **schuldige Ehegatte** den schuldlosen nach Möglichkeit unterstützen muss, sofern dieser auf eine solche Hilfe angewiesen ist. Voraussetzung dafür ist, dass im Zuge einer **Verschuldensscheidung**[168] das alleinige oder überwiegende Verschulden eines Teils an der Scheidung ausgesprochen wird. Der allein oder überwiegend schuldige Ehegatte hat dem anderen, soweit dessen Einkünfte aus Vermögen und die Erträgnisse einer Erwerbstätigkeit, die von ihm den Umständen nach erwartet werden

132

---

165 *Ferrari* in: *Henrich/Schwab*, Vermögen, S. 190 f.
166 OGH 8 Ob 637/85, EvBl 1987/18; OGH 6 Ob 90/01f, EFSlg 95.300; LGZ Wien 43 R 2024/80, EFSlg 36.437; LGZ Graz 30 Cgs 257/97, ARD 5094/21/2000.
167 Siehe dazu etwa *Ferrari*, Scheidung und nachehelicher Unterhalt in Österreich, in: *Hofer/Schwab/Henrich* (Hrsg.), Scheidung und nachehelicher Unterhalt im europäischen Vergleich, S. 229 (S. 235 ff.).
168 Dieser Unterhaltsanspruch kann dem Beklagten auch bei einer Scheidung nach den §§ 50–52 EheG zustehen, wenn das Urteil einen Schuldausspruch zu Lasten des Klägers enthält (§ 61 Abs. 2 i.V.m. § 69 Abs. 1 EheG).

kann, nicht ausreichen, den nach den Lebensverhältnissen der Ehegatten **angemessenen Unterhalt** zu gewähren (§ 66 EheG). Der Unterhaltsanspruch ergibt sich somit einerseits aus dem Bedarf des Berechtigten und andererseits aus der Leistungsfähigkeit des Verpflichteten. Bei der Beurteilung der **Zumutbarkeit einer Erwerbstätigkeit** sind nach der Rechtsprechung insbesondere folgende Kriterien zu berücksichtigen:[169] Ausbildung und bisherige Erwerbstätigkeit sowie Alter, Gesundheit, Dauer der Ehe und Kinderbetreuungspflichten nach Eheauflösung. In der Regel ist die Fortsetzung einer schon während der Ehe ausgeübten Tätigkeit zumutbar; die Wiederaufnahme einer Erwerbstätigkeit ist eher zumutbar als der völlige Neubeginn.[170] Unzumutbar erachtet die Rechtsprechung die Ausübung einer Erwerbstätigkeit einer geschiedenen Frau, die ein vorschulpflichtiges Kind (bis sechs Jahre) selbst pflegt und erzieht;[171] nach Ansicht des OGH ist es für die Prüfung der Zumutbarkeit irrelevant, ob das zu betreuende Kind vom Unterhaltsverpflichteten stammt oder nicht.[172] Der unterhaltsberechtigte Ehegatte muss auch dann einer zumutbaren Erwerbstätigkeit nachgehen, wenn er während aufrechter Ehe vereinbarungsgemäß nicht erwerbstätig war.[173]

133 Für die Einzelheiten der **Unterhaltsbemessung** (etwa Prozentsätze und Anspannungstheorie) gelten die gleichen Grundsätze wie bei aufrechter Ehe (siehe Rdn 29 ff.). Auch für diesen Unterhaltsanspruch ist keine Befristung vorgesehen. Das österreichische Gesetz kennt beim nachehelichen Unterhalt – im Unterschied zum Kindesunterhalt – keine Beschränkung der Höhe nach („Luxusgrenze").[174] Hat der Verpflichtete allerdings gegenüber einem neuen Ehegatten Unterhaltspflichten, sind diese gleichrangig mit der Unterhaltspflicht gegenüber dem geschiedenen; bei der Bemessung des Geschiedenenunterhalts sind vom jeweiligen Prozentsatz 1–3 Prozentpunkte (für den neuen Ehegatten) in Abschlag zu bringen.[175]

134 Würde der verpflichtete Ehegatte durch Gewährung des im § 66 EheG bestimmten Unterhalts bei Berücksichtigung seiner sonstigen Verpflichtungen[176] seinen **eigenen angemessenen Unterhalt gefährden** (§ 67 Abs. 1 EheG), so hat dies gestufte Konsequenzen:[177] Es sind zunächst die **Verwandten des Berechtigten** heranzuziehen (§ 71 Abs. 1 EheG). Existieren keine Verwandten bzw. können diese für den Unterhalt des Berechtigten nicht aufkommen, hat dieser den Stamm seines Vermögens heranzuziehen, soweit ihm dies zumutbar ist (§ 67 Abs. 2 EheG). Hat er kein ausreichendes Vermögen, so steht ihm ein **Billigkeitsunterhalt** zu.

b) Der Unterhaltsbeitrag nach § 68 EheG

135 Wird bei einer Scheidung aus Verschulden das **gleichteilige Verschulden** der Ehegatten ausgesprochen, so haben diese gegeneinander prinzipiell keine Unterhaltsansprüche. Es kann aber dem Ehegatten, der sich nicht selbst erhalten kann, zu Lasten des anderen

---

169 Dazu *Zankl/Mondel* in: *Schwimann/Kodek*, I, § 66 EheG Rn 15 ff.

170 Siehe dazu *Zankl/Mondel* in: *Schwimann/Kodek*, I, § 66 EheG Rn 17 m.w.N.

171 OGH 47 R 2069/86, EFSlg 51.688; LGZ Wien 44 R 2151/95, EFSlg 78.703; LGZ Wien 43 R 361/99b, EFSlg 90.371.

172 OGH 7 Ob 237/99z, ecolex 2000, 642 (*Spunda*); OGH 3 Ob 134/09s, JBl 2010, 294; LGZ Wien 44 R 699/98i, EF 87.517.

173 *Hinteregger/Ferrari*, Familienrecht, S. 115.

174 OGH 1 Ob 288/98d, JBl 1999, 725; OGH 8 Ob 38/09k, EF-Z 2009/140 (zu § 94 ABGB); OGH 7 Ob 80/13k, EF-Z 2013/169 (*Gitschthaler*).

175 *Zankl/Mondel* in: *Schwimann/Kodek*, I, § 66 EheG Rn 56.

176 Darunter fallen etwa Unterhaltspflichten gegenüber Kindern und einem etwaigen neuen Ehegatten sowie andere gesetzliche und vertragliche Verpflichtungen.

177 Siehe *Schwimann/Kolmasch*, Unterhaltsrecht, S. 258.

Ehegatten ein **Unterhaltsbeitrag** zugebilligt werden, wenn dies nach den gegebenen Umständen der Billigkeit entspricht (§ 68 EheG). Primär hat allerdings der Berechtigte sein Vermögen heranzuziehen und muss auch eine an sich unzumutbare Erwerbstätigkeit annehmen.[178] Der Unterhaltsanspruch kann befristet werden[179] und liegt jedenfalls deutlich unter dem angemessenen Unterhalt nach § 66 EheG. Während in der **Praxis** von zweitinstanzlichen Gerichten regelmäßig **10 bis 15 % des Nettoeinkommens des Verpflichteten** veranschlagt werden,[180] hat sich der OGH zuletzt von dieser schematischen Berechnung distanziert.[181] Der Billigkeitsunterhalt müsse geringer sein als die Ansprüche nach § 69 Abs. 3 und § 69a Abs. 2 EheG; er könne daher höchstens in der Höhe des niedrigsten Unterhaltsexistenzminimums nach § 292a EO zustehen. Dies gilt laut OGH auch in jenen Fällen, in denen der unterhaltspflichtige Ehegatte über ein „exorbitant hohes Einkommen" verfügt.[182] Die Beitragspflicht des Ehegatten geht der Unterhaltspflicht der Verwandten und der Sozialhilfe[183] bzw. Mindestsicherung[184] vor. Lediglich bei Gefährdung des eigenen angemessenen Unterhalts sind die Verwandten des Berechtigten primär heranzuziehen (§ 71 Abs. 1 EheG).

c) Der verschuldensunabhängige Unterhalt nach § 68a EheG

Der durch das EheRÄG 1999 eingeführte § 68a EheG gewährt einem geschiedenen Ehegatten einen Unterhaltsanspruch bei **aktueller Betreuung gemeinsamer Kinder** (Abs. 1) bzw. nach Abs. 2, wenn ein Gatte sich während der Ehe einvernehmlich der **Haushaltsführung**, ggf. auch der Kinder- oder Angehörigenbetreuung gewidmet hat und ihm nun aufgrund des **Mangels an Erwerbsmöglichkeiten** (etwa wegen mangelnder beruflicher Aus- oder Fortbildung während der Ehe) oder der **Dauer der ehelichen Lebensgemeinschaft** oder seines **Alters** oder seiner **Gesundheit** eine Selbsterhaltung nicht zugemutet werden kann. Ob ein Kausalzusammenhang zwischen den Unzumutbarkeitsgründen Alter, Krankheit und Dauer der ehelichen Lebensgemeinschaft und der Gestaltung der Ehe erforderlich ist oder nicht, ist umstritten.[185] Treten die Gründe für eine Unzumutbarkeit der Erwerbstätigkeit erst einige Zeit nach Scheidung auf, kann dies ebenfalls einen Unterhaltsanspruch begründen.[186]

Der Unterhaltsanspruch besteht **unabhängig vom Verschulden**; er kann daher auch dem allein oder überwiegend schuldigen Ehegatten zustehen. Auch die Parteienrolle, in welcher der betreffende Ehegatte aufgetreten ist, ist für die Gewährung dieses Unterhalts unbeachtlich. Er kann bei Vorliegen der Voraussetzungen auch verlangt werden, wenn es im Fall einer Scheidung im Einvernehmen an einer wirksamen Vereinbarung über die unterhaltsrechtlichen Beziehungen fehlt (§ 69b EheG). Die Höhe des Anspruchs richtet sich nach dem „**Lebensbedarf**" des berechtigten Ehegatten und ist nach der Rechtsprechung nach dem

136

137

---

178 Etwa OGH 8 Ob 127/03i, EFSlg 108.297; LGZ Wien 45 R 219/02t, EFSlg 100.940.
179 OGH 9 Ob 34/10f, EF-Z 2011/64 (*Nademleinsky*).
180 LGZ Wien 43 R 1086/88, EFSlg 57.274; LGZ Wien 43 R 2083/93, EFSlg 75.590; LGZ Wien 7.4.2014, 43 R 655/13m.
181 OGH 2 Ob 145/13g, EFSlg 142.548; OGH 10 Ob 16/14x, iFamZ 2014/110.
182 OGH 6 Ob 242/10x, EF-Z 2011/66; vgl. auch OGH 4 Ob 203/10x, EF-Z 2011/67.
183 OGH 3 Ob 603/86, SZ 60/71; OGH 8 Ob 550/89, EvBl 1989/142; OGH 8 Ob 63/02a, EFSlg 100.937; *Zankl/Mondel* in: *Schwimann/Kodek*, ABGB, I, § 68 EheG Rn 3 f.
184 Die Sozialhilfe ist durch die bedarfsorientierte Mindestsicherung ersetzt worden.
185 Nach neuerer Rspr. ist ein solcher nicht notwendig: OGH 7 Ob 2/04a, EvBl 2004/188; OGH 1 Ob 129/13x, RIS-Justiz RS0118901; ebenso *Schwimann/Kolmasch*, Unterhaltsrecht, S. 265; *Stabentheiner* in: *Rummel*, II/4, § 68a EheG Rn 6; *Ferrari* in: *Ferrari/Hopf*, S. 50; a.A. *Hopf/Kathrein*, Eherecht, § 68a EheG Rn 7; *Zankl/Mondel* in: *Schwimann/Kodek*, I, § 68a EheG Rn 27.
186 OGH 7 Ob2/04a, EvBl 2004/188; OGH 1 Ob 129/13x, RIS-Justiz RS0118901.

konkreten Bedarf in einem Bereich zwischen 15–33 % des Einkommens des Verpflichteten auszumitteln, wobei der angemessene Unterhalt gem. § 66 EheG tunlichst nicht erreicht werden soll. Von dem derart ermittelten Grundbetrag können je nach Lage des Einzelfalls **Abschläge** im Hinblick auf die **Billigkeitsklausel** nach § 68a Abs. 3 EheG (siehe Rdn 139) gemacht werden.[187]

138 Im Normalfall ist die zeitliche **Dauer** dieses Unterhalts beschränkt: Wird er vom Gericht festgesetzt, so ist er grundsätzlich zu befristen. Beim Unterhalt wegen aktueller Betreuung gemeinsamer Kinder wird die Unzumutbarkeit der Selbsterhaltung bis zur Vollendung des 5. Lebensjahres des jüngsten Kindes vermutet; danach kann er höchstens jeweils für drei Jahre zugesprochen werden. In Ausnahmefällen, etwa bei einer besonderen Betreuungsbedürftigkeit eines Kindes, kann das Gericht von einer **Befristung** absehen (§ 68a Abs. 1 EheG). Eine Befristung (wieder längstens auf jeweils drei Jahre) beim Unterhalt wegen ehebedingter Absenz vom Berufsleben ist vorzunehmen, wenn erwartet werden kann, dass der geschiedene Ehegatte danach in der Lage sein wird, sich selbst zu erhalten (§ 68a Abs. 2 EheG). Bei fortgeschrittenem Alter des Unterhaltsberechtigten wird von einer Befristung abzusehen sein.

139 Der Unterhaltsanspruch nach § 68a EheG kann eingeschränkt werden oder ganz entfallen, wenn die Gewährung des Unterhalts **unbillig** wäre, weil der Bedürftige einseitig besonders schwerwiegende Eheverfehlungen begangen oder seine Bedürftigkeit grob schuldhaft herbeigeführt hat oder ein gleich schwerwiegender Grund vorliegt; im Fall des § 68a Abs. 2 EheG auch, weil die Ehe nur kurz gedauert hat (§ 68a Abs. 3 EheG). Je gewichtiger diese Gründe sind, desto eher kann vom Unterhaltsberechtigten verlangt werden, seinen Unterhalt auch durch die Erträgnisse einer anderen als einer zumutbaren Erwerbstätigkeit oder aus dem Stamm seines Vermögens zu decken.

140 Der Verpflichtete haftet vor den Verwandten des Berechtigten. Bei Gefährdung seines eigenen angemessenen Unterhalts sind primär die Verwandten und in zweiter Linie das Vermögen[188] des Berechtigten heranzuziehen. Nur wenn dies nicht möglich ist, ist die Unterhaltspflicht nach Billigkeit einzuschränken (§ 71 und § 68a Abs. 4 i.V.m. § 67 Abs. 1 EheG).

d) Der Unterhalt nach § 69 Abs. 2 EheG

141 In § 69 Abs. 2 EheG ist der **günstigste nacheheliche Unterhalt** normiert, der einem geschiedenen Ehegatten zukommen kann. Ein Anspruch darauf besteht, wenn bei Scheidung wegen Auflösung der häuslichen Gemeinschaft – was gem. § 55 Abs. 1 EheG frühestens nach drei Jahren der Heimtrennung möglich ist – derjenige Gatte, der die Zerrüttung der Ehe allein oder überwiegend verschuldet hat, in der Klägerrolle auftritt. Voraussetzung ist weiters, dass auf **Antrag des beklagten Ehegatten** das alleinige oder überwiegende Verschulden des Klägers an der Zerrüttung festgestellt wird (§ 69 Abs. 2 i.V.m. § 61 Abs. 3 EheG). Dieser besonders günstige Unterhaltsanspruch wird mitunter etwas sarkastisch als **Durchhalte- oder Leidensprämie** bezeichnet;[189] damit soll zum Ausdruck gebracht werden, dass der Ehegatte „belohnt" wird, der trotz der Verfehlungen des anderen an der Ehe

187 OGH 4 Ob 278/02i, JBl 2003, 526; OGH 6 Ob 108/08p, EFSlg 120.185; 7 Ob 216/13k, iFamZ 2014/64 (*Deixler-Hübner*).
188 In Analogie zu § 67 Abs. 2 EheG: siehe *Ferrari*, Verschuldensunabhängiger Scheidungsunterhalt nach den §§ 68a und 69b EheG, in: *Ferrari/Hopf*, Eherechtsreform, S. 54 Fn 59; *Hopf* in: *Ferrari/Hopf*, Eherechtsreform, S. 23 Fn 85.
189 *Deixler-Hübner*, Scheidung, S. 118.

festhält, obwohl er selbst die Ehescheidung wegen Verschuldens des anderen hätte begehren können bzw. u.U. noch immer begehren könnte. Dies hat zur Folge, dass der Ehegatte, der wegen Verfehlungen seines Ehepartners die Scheidung wegen Verschuldens erreichen könnte, besser beraten ist, wenn er an der Ehe festhält und die Klage des schuldigen Teils nach § 55 EheG abwartet, um in den Genuss des günstigsten Unterhaltsanspruchs zu gelangen. Der Unterhaltsanspruch besteht dann im Wesentlichen wie bei aufrechter Ehe (§ 94 ABGB; siehe Rdn 29 ff.) weiter; war der berechtigte Gatte nicht erwerbstätig, muss er auch nach der Scheidung **keiner Erwerbstätigkeit** nachgehen, selbst wenn ihm dies zumutbar wäre.[190]

Der Unterhaltsanspruch ist **unbefristet** und geht jenem eines neuen Ehegatten prinzipiell vor, solange nicht dessen Berücksichtigung aus Gründen der Billigkeit geboten wäre (§ 69 Abs. 2 EheG). Jedenfalls umfasst der Unterhaltsanspruch den Ersatz der Beiträge zur freiwilligen Versicherung in der gesetzlichen **Krankenversicherung**. Im Gegensatz zum Unterhalt während aufrechter Ehe muss der geschiedene Ehegatte sich nämlich, sobald die Ehe rechtskräftig geschieden ist, selbst versichern (gesetzliche Sozialversicherung).[191] Diese Beiträge kann der Berechtigte nicht zusätzlich verlangen; sie sind von seinem gesetzlichen Unterhaltsanspruch mit umfasst.[192] Sie gelten aber als eine Art Mindestunterhalt, der dem Berechtigten unabhängig von der Leistungsfähigkeit des Verpflichteten zusteht.[193] Unter bestimmten Voraussetzungen (§ 264 Abs. 10 ASVG) gebührt dem Unterhaltsberechtigten auch die **volle Witwen-** bzw. **Witwerpension** (siehe Rdn 173 f.). | 142

Der Verpflichtete haftet vor den Verwandten des Berechtigten. Nur wenn der eigene angemessene Unterhalt des Verpflichteten gefährdet wäre, sind primär die Verwandten heranzuziehen (§ 71 Abs. 1 EheG).[194] | 143

e) Der Billigkeitsunterhalt nach § 69 Abs. 3 EheG

Wird eine Ehe nicht aus Verschulden, sondern „**aus anderen Gründen**" geschieden, und enthält das Scheidungsurteil keinen Schuldausspruch, also etwa bei Scheidung wegen Auflösung der häuslichen Gemeinschaft (§ 55 EheG), so hat der Ehegatte, der die Scheidung verlangt, dem anderen Unterhalt zu gewähren, soweit dies der Billigkeit entspricht (§ 69 Abs. 3 EheG). Der **Billigkeitsunterhalt** kann nur dem **Beklagten**, nicht jedoch dem Kläger zustehen. Der Höhe nach kann dieser Unterhalt vom „notdürftigen" bis zum „angemessenen" Unterhalt reichen;[195] der angemessene Unterhalt i.S.v. § 66 EheG bildete nach der st. Rechtsprechung der Landesgerichte aber die absolute Obergrenze.[196] Nach neuerer Rechtsprechung des OGH ist der Billigkeitsunterhalt nach § 69 Abs. 3 EheG aber jedenfalls mit | 144

---

190 Ausgenommen, es läge im konkreten Fall Rechtsmissbrauch vor: Nachweise bei *Hopf/Kathrein*, Eherecht, § 69 EheG Rn. 8.
191 Siehe *Deixler-Hübner*, Scheidung, S. 118 f.
192 OGH 1 Ob 577/82, EFSlg 41.339; OGH 10 Ob 1519/88, EFSlg 57.279; OGH 1 Ob 568/93, RZ 1994/65; OGH 1 Ob 180/01d, JBl 2002, 172; OGH 7 Ob 170/06k, EFSlg 114.313.
193 OGH 1 Ob 180/01d, JBl 2002, 172; *Hopf/Kathrein*, Eherecht, § 69 Rn 9.
194 Die Unterhaltspflicht der Verwandten richtet sich nach deren eigenen Lebensverhältnissen: *Hopf/Kathrein*, Eherecht, § 71 EheG Rn 3.
195 *Hopf/Kathrein*, Eherecht, § 69 EheG Rn 13.
196 LGZ Wien 47 R 2064/92, EFSlg 69.304; LGZ Wien 43 R 687/98t, EFSlg 87.532; LGZ Wien 44 R 933/98a, EFSlg 90.383.

dem Ausgleichszulagenrichtsatz[197] begrenzt.[198] Der Unterhaltsanspruch gegenüber einem neuen Ehegatten ist gleichrangig; er fließt somit in die Billigkeitsbeurteilung mit ein.[199]

145   Die **Verwandten** des Berechtigten haften hier merkwürdigerweise vor dem verpflichteten Ehegatten.[200] Würde durch die Erfüllung der Unterhaltsverpflichtung der eigene angemessene Unterhalt des verpflichteten Ehegatten gefährdet, muss der Berechtigte seinen Unterhalt aus dem Stamm seines Vermögens bestreiten (§ 69 Abs. 3 i.V.m. § 67 Abs. 2 EheG).

146   Ist die im Zuge einer **einvernehmlichen Scheidung** getroffene Unterhaltsvereinbarung unwirksam, kann der Berechtigte ebenfalls einen Billigkeitsunterhalt geltend machen (§ 69a Abs. 2 EheG).

3. Art der Unterhaltsleistung, Unterhalt für die Vergangenheit

147   Der Unterhalt ist durch Zahlung einer **Geldrente** zu gewähren, welche monatlich im Voraus zu entrichten ist. Statt der Rente kann der Berechtigte eine Abfindung in Kapital verlangen, wenn ein wichtiger Grund vorliegt und der Verpflichtete dadurch nicht unbillig belastet wird (§ 70 EheG). Durch eine **Kapitalabfindung** wird die Unterhaltspflicht jedenfalls endgültig beendet.[201] Zu den pensionsrechtlichen Konsequenzen siehe Rdn 172.

148   Unterhalt für die **Vergangenheit** kann vom Berechtigten nach § 72 EheG ab (auch unverschuldetem) Verzug des Unterhaltspflichtigen, soweit der Unterhaltsanspruch nicht verjährt ist (nach § 1480 ABGB beträgt die Verjährungsfrist drei Jahre), längstens aber ab drei Jahre vor Gerichtsanhängigkeit[202] gefordert werden. § 72 EheG ist auch auf Unterhaltsvereinbarungen, welche den gesetzlichen Unterhalt nur in unwesentlichen Punkten verändern, anzuwenden. Zu denken ist hier insbesondere an Unterhaltsvereinbarungen im Zuge einer einvernehmlichen Scheidung nach § 55a EheG.[203]

4. Änderung des Unterhaltsanspruchs

a) Umstandsklausel (clausula rebus sic stantibus)

149   Die *clausula rebus sic stantibus* wohnt **automatisch** jeder Unterhaltsregelung inne: Ändern sich die maßgeblichen Anspruchsvoraussetzungen, kann von jedem geschiedenen Ehegatten mittels Klage eine **Neubemessung** des Unterhalts verlangt werden: eine Erhöhung durch den Berechtigten, eine Herabsetzung oder ein Ende der Unterhaltspflicht durch den Verpflichteten. Maßgebliche Änderungen sind solche der Leistungsfähigkeit des Verpflichteten (Einkommen, Gesundheit, weitere Unterhaltspflichten) oder der Bedürftigkeit des Berechtigten (Gesundheit, Alter, allfälliges Einkommen).[204] Auch bei einer Änderung der gesetzli-

---

197   Dieser beträgt im Jahr 2016 für alleinstehende Pensionisten 882,78 EUR pro Monat; für solche, die mit dem Ehepartner im gemeinsamen Haushalt leben, 1.323,58 EUR pro Monat. Siehe unter http://www.help.gv.at (Stand: 2.3.2016).
198   OGH 6 Ob 163/04w, EFSlg 108.322; OGH 6 Ob 242/10x, EF-Z 2011/66 und OGH 4 Ob 203/10x, EF-Z 2011/67 (mit Hinweisen zur jüngeren Rspr. und Lit.).
199   *Hopf/Kathrein*, Eherecht, § 69 EheG Rn 12 m.w.N.
200   So wird der Wortlaut des § 69 Abs. 3 EheG zumindest vom OGH nach wie vor ausgelegt: OGH 6 Ob 131/01k, SZ 2002/16; OGH 1 Ob 190/06g, EFSlg 114.320.
201   *Deixler-Hübner*, Scheidung, S. 120 f.
202   VfGH G 76/01.
203   Siehe dazu *Hopf/Kathrein*, Eherecht, § 72 EheG Rn 4.
204   *Schwimann/Kolmasch*, Unterhaltsrecht, S. 274 f.

chen Grundlage bzw. einer fundamentalen Änderung in der Rechtsprechung ist eine Berufung auf die Umstandsklausel zulässig.[205]

b) Selbstverschuldete Bedürftigkeit des Berechtigten

Hat der Berechtigte seine Bedürftigkeit bspw. durch Spielsucht, Alkoholmissbrauch oder Arbeitsscheu selbst „sittlich" verschuldet,[206] so kann er nur den **notdürftigen Unterhalt**[207] verlangen (§ 73 Abs. 1 EheG). Ein Mehrbedarf, der durch grobes Verschulden des Berechtigten herbeigeführt ist, begründet keinen Anspruch auf erhöhten Unterhalt (§ 73 Abs. 2 EheG).   150

c) Tod des Verpflichteten

Stirbt der Unterhaltsverpflichtete, geht die Unterhaltspflicht auf die Erben über (§ 78 Abs. 1 EheG). Der Berechtigte muss sich aber in seinen Anspruch alles einrechnen lassen, was er durch öffentlich-rechtliche oder privatrechtliche Leistung erhält; etwa auch eine Witwen- bzw. Witwerpension.[208] Überdies können die Erben, wenn sie unzumutbar belastet wären oder die Ertragsfähigkeit der Verlassenschaft nicht ausreichend ist, eine **Herabsetzung der Unterhaltspflicht** nach Billigkeit verlangen (§ 78 Abs. 2 EheG). Die Unterhaltspflicht **erlischt** allerdings gänzlich, wenn der Unterhalt vom Verstorbenen nur aufgrund des § 68 EheG (Beitragspflicht bei gleichteiligem Verschulden, siehe Rdn 135) geleistet worden ist (§ 78 Abs. 3 EheG).   151

5. Erlöschen und Ruhen des Unterhaltsanspruchs

a) Verwirkung, Tod des Berechtigten

Der Berechtigte **verwirkt** den Unterhaltsanspruch, wenn er sich nach der Scheidung einer **schweren Verfehlung** gegen den Verpflichteten schuldig macht (Drohungen, Tätlichkeiten, Verbreitung unwahrer Tatsachen, Beschimpfungen, nachhaltige und schwere Beeinträchtigung des Besuchsrechts[209]) oder gegen dessen Willen einen ehrlosen oder unsittlichen Lebenswandel (Prostitution, Zuhälterei)[210] führt (§ 74 EheG). Die Verwirkung tritt nicht automatisch ein, sondern ist vom Unterhaltspflichtigen durch Klage oder Einwendung geltend zu machen und zu beweisen.[211]   152

Stirbt der **Unterhaltsberechtigte**, erlischt auch dessen Unterhaltsanspruch (§ 77 Abs. 1 EheG).   153

---

205 Siehe dazu *Hopf/Kathrein*, Eherecht, § 94 Rn 51 m. Nachw. zur Judikatur.
206 Als Verschuldensgrad wird zumindest Fahrlässigkeit verlangt: vgl. *Hopf/Kathrein*, Eherecht, § 73 EheG Rn 1 m.w.N.
207 Der notdürftige Unterhalt umfasst das zur Deckung des dringenden Lebensbedarfs Erforderliche. Als Anhaltspunkt dient der Ausgleichszulagenrichtsatz nach § 293 Abs. 1 ASVG. Siehe dazu *Zankl/Mondel* in: *Schwimann/Kodek*, I, § 73 EheG Rn 4. Zur Höhe des Ausgleichzulagenrichtsatzes siehe oben Fn 198.
208 Das wird mit einer Analogie zu § 796 ABGB begründet: *Zankl/Mondel* in: *Schwimann/Kodek*, I, § 78 EheG Rn 8 m.w.N.
209 OGH 2 Ob 578/95, JBl 1996, 402; LGZ Wien 45 R 571/01f, EFSlg 97.306; LG Wels 21 R 249/08d, EFSlg 123.849.
210 Siehe dazu *Lukasser*, Zum „ehrlosen oder unsittlichen Lebenswandel" im Sinne des § 74 EheG, ÖJZ 2000, 301.
211 OGH 4 Ob 593/70, SZ 43/196; OGH 2 Ob 219/11m, EFSlg 134.905.

b) Wiederverheiratung, Lebensgemeinschaft

154   Mit der **Wiederverheiratung** oder Begründung einer eingetragenen Partnerschaft des Unterhaltsberechtigten erlischt dessen Unterhaltsanspruch endgültig; ein Wiederaufleben ist ausgeschlossen (§ 75 EheG).

155   Geht der Unterhaltsberechtigte eine (verschieden- oder gleichgeschlechtliche) **Lebensgemeinschaft** ein, ruht der Unterhaltsanspruch (so zumindest die Judikatur); ob der Berechtigte vom Lebensgefährten tatsächlich Unterhalt bekommt, ist nicht relevant.[212] Gesetzliche Regelungen dafür gibt es zwar keine; die Rechtsprechung stützt sich aber einerseits auf eine Analogie zu § 75 EheG, andererseits darauf, dass in Lebensgemeinschaft lebende Geschiedene nicht bessergestellt werden dürften als Personen, die nach ihrer Scheidung wieder heiraten. Überdies widerspreche es dem allgemeinen sittlichen Empfinden, wenn der geschiedene Ehegatte zur Lebensgemeinschaft des anderen finanzielle Beiträge leisten solle.[213] Nach Beendigung der Lebensgemeinschaft lebt der Unterhaltsanspruch gegen den geschiedenen Ehegatten nicht automatisch wieder auf, sondern muss erst wieder geltend gemacht werden.[214]

6. Unterhaltsvereinbarungen

156   In der juristischen Praxis sind Vereinbarungen über den nachehelichen Unterhalt sehr **bedeutsam**. Es wurde schon erwähnt, dass ca. 90 % der österreichischen Ehescheidungen im Einvernehmen erfolgen. Im Fall der einvernehmlichen Scheidung nach § 55a EheG ist u.a. der Abschluss einer schriftlichen Unterhaltsvereinbarung vor Gericht eine Scheidungsvoraussetzung (siehe Rdn 93). Der nacheheliche Unterhalt kann von den Ehegatten aber auch im Zuge einer streitigen Scheidung vertraglich geregelt werden (§ 80 EheG). In diesem Fall ist die Vereinbarung **formfrei**; sie kann auch schon vor oder während der Ehe geschlossen werden.[215] Auch ein gänzlicher **Verzicht** auf Unterhalt ist möglich (problematisch ist ein solcher allerdings, wenn auch auf die Umstandsklausel verzichtet wird, siehe dazu Rdn 158 f.).

157   Unterhaltsvereinbarungen unterliegen den allgemeinen Vertragsgrundsätzen und können bei deren Verletzung (Willensmängel, Geschäftsunfähigkeit, Scheingeschäft, Sittenwidrigkeit) (teil-)unwirksam oder anfechtbar sein. **Sittenwidrigkeit** liegt etwa vor, wenn die Einkommensverhältnisse des Verpflichteten und die vereinbarte Unterhaltshöhe in einem groben Missverhältnis stehen oder die Existenz des Verpflichteten durch die Unterhaltsleistung gefährdet wird oder wenn die Vereinbarung nur in der Absicht geschlossen wird, den Unterhalt auf Dritte, bspw. die öffentliche Fürsorge, abzuwälzen. Ein nichtiges Scheingeschäft liegt vor, wenn die Vereinbarung nur geschlossen wird, um dem Unterhaltsberechtigten zukünftig einen Pensionsanspruch zu sichern, ohne dass die Unterhaltspflicht tatsächlich erfüllt werden soll.[216]

---

212 Diese Judikaturlinie wird von der neueren Lehre z.T. heftig kritisiert: Diese tritt dafür ein, dass der Unterhaltsanspruch gegenüber dem geschiedenen Ehegatten weiter aufrecht bleiben soll, tatsächliche Zuwendungen durch den Lebensgefährten aber zu berücksichtigen seien. Vgl. dazu *Hinteregger/Ferrari*, Familienrecht, S. 121 m.w.N.

213 Vgl. die Judikaturübersicht bei *Hopf/Kathrein*, Eherecht, § 66 EheG Rn 17 mit Anführung der kritischen Literatur.

214 OGH 3 Ob 115/90, JBl 1991, 589; OGH 7 Ob 237/99z, EvBl 2000/68; *Hopf/Kathrein*, Eherecht, § 66 EheG Rn 20.

215 *Zankl/Mondel* in: *Schwimann/Kodek*, I, § 80 EheG Rn 6 f. m.w.N.

216 OGH 3 Ob 7/95, JBl 1996, 578.

Auch für die Vereinbarung über den Unterhalt gilt die **Umstandsklausel**.[217] Sie kann aber 158
von den Ehegatten **ausgeschlossen** werden.[218] In diesem Fall würde der Anspruch des
Unterhaltsberechtigten auch bestehen bleiben, wenn er eine Lebensgemeinschaft eingeht,
so dass sich der unterhaltsverpflichtete Gatte nicht auf das Ruhen des Unterhaltsanspruchs
berufen kann (zum Ruhen des Unterhaltsanspruchs siehe Rdn 155).[219] Es kann daher ratsam
sein, diesen Fall vom Verzicht auf die Umstandsklausel auszunehmen.[220]

Das Beharren auf dem Ausschluss der Umstandsklausel durch den Unterhaltsberechtigten 159
ist nach der Judikatur **sittenwidrig**,[221] wenn bei **Umstandsänderung** dem Verpflichteten
die Existenzgrundlage entzogen würde oder ein krasses Missverhältnis zwischen Unterhaltshöhe und Resteinkommen des Verpflichteten entstünde.[222] Umgekehrt kann (seit einer
viel diskutierten Entscheidung des OGH) bei einem **Unterhaltsverzicht** samt Ausschluss
der Umstandsklausel auch für den Fall der Not das Beharren des leistungsfähigen Partners
auf dem Verzicht zumindest hinsichtlich des **notdürftigen Unterhalts** sittenwidrig sein,
wenn der bedürftige Verzichtende tatsächlich in Not verfällt.[223]

III. Verteilung der elterlichen Sorge

1. Gemeinsame Obsorge ex lege bei Abschluss einer Vereinbarung über die hauptsächliche Betreuung

Im Falle einer Scheidung bleibt die **Obsorge beider Eltern ex lege** aufrecht (§ 179 Abs. 1 160
ABGB), allerdings nur schwebend. Um sie weiterhin aufrecht zu erhalten, müssen die
Eltern binnen angemessener Frist nach der Scheidung vor Gericht eine Vereinbarung darüber schließen, in wessen Haushalt das Kind **hauptsächlich betreut** wird (§ 179 Abs. 2
ABGB). Einigen die Eltern sich nicht binnen angemessener Frist, so hat das Gericht, sofern
es dem Wohl des Kindes entspricht, eine vorläufige Regelung der elterlichen Verantwortung
zu treffen (§ 180 Abs. 1 ABGB): Das Gericht hat einem mit der Obsorge betrauten Elternteil
für einen Zeitraum von sechs Monaten die hauptsächliche Betreuung des Kindes in seinem
Haushalt aufzutragen und dem anderen ein derart ausreichendes Kontaktrecht einzuräumen, dass er auch die Pflege und Erziehung wahrnehmen kann (**Phase der vorläufigen
elterlichen Verantwortung**). Nach Ablauf der sechs Monate hat das Gericht aufgrund der

---

217 OGH 9 Ob 1504/95, EFSlg 78.709; OGH 3 Ob 2202/96m, EFSlg 81.689; OGH 6 Ob 18/99m, EFSlg
90.400; OGH 1 Ob 182/14t, iFamZ 2015/71 (*Deixler-Hübner*).
218 OGH 3 Ob 76/95, RZ 1997/55; LGZ Wien 43 R 2117/82, EFSlg 41.312; LGZ Wien 43 R 5/96w, EFSlg
81.690 u.a.
219 OGH 3 Ob 76/95, EFSlg 81.693.
220 Vgl. *Deixler-Hübner*, Scheidung, S. 127 f.
221 *F. Bydlinski*, JBl 2000, 515 setzt das sittenwidrige Beharren auf dem Ausschluss der Umstandsklausel
zu Recht mit Rechtsmissbrauch gleich.
222 Vgl. OGH 3 Ob 39/01h, EFSlg 97.298.
223 OGH 3 Ob 229/98t, JBl 2000, 513 (*F. Bydlinski*). Der Verzicht war wechselseitig im Rahmen einer
einvernehmlichen Scheidung abgegeben worden. Der OGH macht hier die Sittenwidrigkeit allerdings
davon abhängig, dass dem Bedürftigen im Fall einer streitigen Scheidung gesetzlicher Unterhalt (nach
den §§ 66 f. oder 68 EheG) zugestanden wäre. Gerade diese Voraussetzung ist aber vom Schrifttum
vielfach kritisiert worden, weil es absurd erscheint, bei einer einvernehmlichen Scheidung im Nachhinein das Scheidungsverschulden zu prüfen: Vgl. *Ferrari*, JBl 2000, 609; *Deixler-Hübner*, ecolex 2000,
638; *Fucik*, RZ 2000, 266; *Maurer*, RZ 2000, 267; a.A. *F. Bydlinski*, JBl 2000, 516. Zum Teil akzeptiert
wurde allerdings die Unverzichtbarkeit des notdürftigen Unterhalts für den Fall der Not: *F. Bydlinski*,
JBl 2000, 515 ff.; *Ferrari*, JBl 2000, 609 f.; *Fucik*, RZ 2000, 266 f.; *Deixler-Hübner*, ecolex 2000, 638;
ganz ablehnend *Spunda*, ecolex 2000, 426 und *Maurer*, RZ 2000, 267 f.

Erfahrungen während dieses Zeitraums endgültig über die Obsorge zu entscheiden (§ 180 Abs. 2 ABGB). Die Phase der vorläufigen elterlichen Verantwortung ist nicht anzuordnen, wenn ein Elternteil nicht mit der Obsorge betraut werden kann oder die Gesprächsbasis zwischen den Elternteilen vollkommen fehlt.[224] In der gerichtlichen Praxis wird die Anordnung dieser durch das KindNamRÄG 2013[225] eingeführten Phase der vorläufigen elterlichen Verantwortung oft aus Kindeswohlgründen abgelehnt.[226]

2. Regelung der Obsorge durch Vereinbarung

161 Daneben besteht die Möglichkeit, vor Gericht eine **Vereinbarung über die Obsorge** zu schließen, wobei die Betrauung eines Elternteiles **allein** oder **beider Elternteile** vereinbart werden kann. Im Fall der Obsorge beider Eltern haben diese wieder zu vereinbaren, in wessen Haushalt das Kind hauptsächlich betreut wird (§ 179 Abs. 2 ABGB). Dieser Elternteil muss immer mit der gesamten Obsorge betraut sein,[227] die Obsorge des anderen kann auch auf bestimmte Bereiche wie z.B. Angelegenheiten der Ausbildung oder medizinischen Behandlung beschränkt sein.[228]

3. Gerichtliche Missbrauchskontrolle

162 Die Vereinbarungen über die Obsorge und die hauptsächliche Betreuung bedürfen keiner gerichtlichen Genehmigung. Das Gericht hat aber Vereinbarungen der Eltern für unwirksam zu erklären und zugleich eine davon abweichende Regelung zu treffen, wenn ansonsten das Kindeswohl gefährdet wäre (§ 190 Abs. 2 ABGB).

4. Rechtsstellung des Kindes

163 Dem betroffenen **Kind** kommen beim Abschluss der Vereinbarung seiner Eltern keine Mitspracherechte zu. Mündige Minderjährige sind aber in Verfahren über Pflege und Erziehung und das Recht auf persönliche Kontakte nach § 104 AußStrG selbstständig verfahrensfähig und antragslegitimiert. Nach der Rechtsprechung ist dem Wunsch des mündigen Minderjährigen nach Unterbringung bei einem bestimmten Elternteil zu entsprechen, es sei denn, das Kindeswohl wäre dadurch gefährdet.[229]

5. Neuregelung der Obsorge

164 Die endgültige Entscheidung des Gerichts (§ 180 Abs. 2 ABGB) ist bindend. Im Falle einer maßgeblichen Änderung der Verhältnisse besteht jedoch für jeden Elternteil die Möglichkeit, eine Neuregelung der Obsorge zu beantragen. Hierbei hat das Gericht wiederum eine Phase der vorläufigen elterlichen Verantwortung anzuordnen, wenn dies dem Wohl des

---

224 Z.B. OGH 1 Ob 126/13f, EF-Z 2013/163 (*Beck*).
225 Kindschafts- und Namensrechtsänderungsgesetz 2013, BGBl I 2013/15.
226 Z.B. OGH 1 Ob 126/13f, EF-Z 2013/163; 1 Ob 220/13d, iFamZ 2014/82 (*Thoma-Twaroch*); LG Linz 15 R 318/14m, EFSlg 141.179.
227 Dieses Erfordernis sieht § 179 ABGB nicht mehr ausdrücklich vor. Da davon ausgegangen werden kann, dass der Gesetzgeber von diesem Kriterium nicht abgehen wollte, ist § 177 Abs. 4 ABGB analog anzuwenden. Siehe hierzu *Hinteregger/Ferrari*, Familienrecht, S. 233.
228 ErläutRV 296 BlgNR 21. GP 96.
229 OGH 4 Ob 186/01h, EFSlg 96.638; OGH 1 Ob 172/01b, JBl 2002, 374; OGH 5 Ob 36/06i, FamZ 2006/76; OGH 1 Ob 248/06m, EF-Z 2007/62; OGH 8 Ob 85/07v, EFSlg 116.938; LGZ Wien 45 R 1/01g, EFSlg 96.681; LG Krems 2 R 181/02h, EFSlg 106.805.

Kindes entspricht (§ 180 Abs. 3 ABGB). Auch im Fall einer durch Vereinbarung geregelten Obsorge ist bei Änderung der Verhältnisse ein Antrag auf gerichtliche Neuregelung möglich.

Lebt ein Elternteil nicht mit dem Kind im gemeinsamen Haushalt, so steht diesem und dem Kind ein Recht auf persönliche Kontakte (§ 187 ABGB) zu. Außerdem hat dieser Elternteil ein Informations-, Äußerungs- und Vertretungsrecht (§ 189 ABGB).   **165**

IV. Sonstige Scheidungsfolgen

1. Name

Es wird auf die Ausführungen in Rdn 43 verwiesen.   **166**

2. Krankenversicherung

Grundsätzlich sind nach österreichischem Recht nicht erwerbstätige Ehegatten als Familienangehörige beim anderen Ehegatten mitversichert (siehe Rdn 72). Mit Rechtskraft der Ehescheidung scheidet der nicht erwerbstätige Ehegatte – mangels **Angehörigeneigenschaft** – jedoch aus der Krankenversicherung aus, d.h., er verliert den von seinem erwerbstätigen Ehegatten abgeleiteten Krankenversicherungsschutz (§ 123 ASVG).[230] Eine diesbezügliche Ausnahme besteht nur für öffentliche Bedienstete, deren frühere Ehegatten auch nach Eheauflösung weiterhin mitversichert sind, sofern ihnen als Folge einer Scheidung, Aufhebung oder Nichtigerklärung der Ehe Unterhalt zu leisten war und sie ihren gewöhnlichen Aufenthalt im Inland haben (§ 56 Abs. 7 B-KUVG). Für alle anderen geschiedenen Ehegatten besteht die Möglichkeit, sich freiwillig zu versichern (§§ 16, 76 ASVG). Dabei sind strenge Antragsfristen zu beachten: Für ein nahtloses Anschließen an die Mitversicherung beim Ex-Ehegatten ist eine Antragstellung binnen sechs Wochen nach Rechtskraft der Eheauflösung nötig (§ 16 Abs. 3 Z. 1 ASVG). Bei offensichtlichem Verlust der gesetzlichen Krankenversicherung durch Eheauflösung hat das Gericht mit Zustimmung des betroffenen Ehegatten den zuständigen Sozialversicherungsträger zu verständigen, damit dieser dem Betroffenen die nötigen Informationen über die sozialrechtlichen Folgen der Eheauflösung und die Möglichkeit, den Versicherungsschutz fortzusetzen, zukommen lassen kann.[231]   **167**

Die Höhe der Beiträge wird jährlich neu festgesetzt und richtet sich nach der jeweiligen Höchstbeitragsgrundlage, das ist jener „Schwellwert", der die beitragspflichtigen Einkünfte von Pflichtversicherten für die Bemessung der zu entrichtenden Sozialversicherungsbeiträge betraglich begrenzt. Die Höchstbeitragsgrundlage im ASVG beträgt für das Jahr 2016 monatlich 4.860 EUR, woraus sich für das Jahr 2016 eine Beitragshöhe für die freiwillige Krankenversicherung von 397,35 EUR monatlich ergibt.[232] Nach § 76 Abs. 2 ASVG besteht die Möglichkeit, eine Beitragsermäßigung zu beantragen. Zu beachten ist, dass der nach § 69 Abs. 2 EheG Unterhaltsberechtigte gegenüber dem Ex-Ehegatten einen Anspruch auf Ersatz dieser Beiträge hat (siehe Rdn 142).   **168**

---

230 Es wird hier nur auf das ASVG Rücksicht genommen.
231 § 460 Z. 11 ZPO; § 95 Abs. 3 AußStrG; siehe dazu auch *Hinteregger/Ferrari*, Familienrecht, S. 127.
232 Vgl dazu *Deixler-Hübner*, Scheidung, S. 157.

3. Witwen-/Witwerpension

a) Anspruchsvoraussetzungen

169   Der unterhaltsberechtigte geschiedene Ehegatte hat nach dem Tod seines früheren Ehegatten unter bestimmten Voraussetzungen einen **Pensionsanspruch** bis zur **Höhe des Unterhaltsanspruchs**.[233] Der Anspruch besteht grundsätzlich nur, wenn der Versicherte zum Zeitpunkt seines Todes dem geschiedenen Ehegatten Unterhalt aufgrund eines **gerichtlichen Urteils**, **gerichtlichen Vergleichs** oder einer vor Eheauflösung eingegangenen **vertraglichen Verpflichtung** zu leisten hatte (§ 258 Abs. 4 lit. a–c ASVG). Nach der restriktiven Interpretation der Judikatur muss der Unterhaltsanspruch bestimmt bzw. leicht bestimmbar sein, so dass sich auf einen lediglich bedingt geschlossenen Unterhaltsvergleich kein Pensionsanspruch stützen kann.[234]

170   Entschärft wird diese Bestimmung durch § 258 Abs. 4 lit. d ASVG, wonach auch bei Nichtvorliegen der soeben angeführten Voraussetzungen ein Pensionsanspruch besteht, wenn die Ehe mindestens 10 Jahre gedauert und der Versicherte bis zu seinem Tod, zumindest aber während des letzten Jahres vor seinem Tod, dem früheren Ehegatten ohne Vorliegen eines Titels nach § 258 Abs. 4 lit. a–c ASVG regelmäßig tatsächlich Unterhalt geleistet hat. Die **tatsächliche Unterhaltsleistung**[235] kann auch in natura erfolgen.[236] Die **Höhe der Pension** richtet sich im Fall des § 258 Abs. 4 lit. d ASVG nach der durchschnittlichen Unterhaltsleistung in den letzten Jahren vor dem Tod, längstens jedoch nach der durchschnittlichen Unterhaltsleistung während der letzten drei Jahre (§ 264 Abs. 9 ASVG). Die Voraussetzungen für einen Unterhaltsanspruch nach § 258 Abs. 4 lit. d ASVG müssen im Todeszeitpunkt zur Gänze vorliegen: Stirbt etwa der Unterhalt leistende Ehegatte binnen eines Jahres nach Rechtskraft des Scheidungsurteils, ist die Gewährung eines Pensionsanspruchs nach dieser Bestimmung abzulehnen.[237]

171   **Praxishinweis:** Um den vollen Pensionsanspruch zu sichern, ist dem unterhaltsberechtigten Ehegatten daher zu raten, auf einen **rechtsgültigen Titel** (Urteil, Vergleich oder vor Eheauflösung geschlossener Vertrag) zu drängen. Garant für einen sicheren Pensionsanspruch ist dieser jedoch noch nicht, da es hinsichtlich der Entscheidung über einen Pensionsanspruch auf die konkret vorliegende unterhaltsrechtliche Situation im Todeszeitpunkt des Versicherten ankommt, d.h., der Unterhaltstitel muss im Todeszeitpunkt vorhanden (wenn auch noch nicht rechtskräftig)[238] und nicht etwa wegen geänderter Verhältnisse weggefallen sein: Hat der unterhaltsberechtigte Ehegatte etwa im Todeszeitpunkt des Versicherten wegen kurzfristiger Erwerbstätigkeit oder Eingehens einer Lebensgemeinschaft keinen Unterhalt bezogen, erhält er auch keinen Pensionsanspruch. Verändern sich die Umstände nach diesem Zeitpunkt (etwa Wegfall der Erwerbsfähigkeit oder Beendigung der Lebensgemeinschaft), findet dies hinsichtlich eines Pensionsanspruchs keine Berücksichtigung mehr. Wegen dieser „Versteinerung" der unterhaltsrechtlichen Situation im Todeszeitpunkt berührt auch eine

---

233 § 264 Abs. 8 ASVG; für Beamte bestehen Sonderreglungen: siehe § 19 Pensionsgesetz 1965, BGBl 1965/ 340 i.d.F. BGBl I 2013/2010.

234 Siehe etwa OGH 10 Ob S 169/01b, JBl 2002, 191. Näheres bei *Deixler-Hübner*, Scheidung, S. 158 ff.

235 Hier genügt nicht der bloße Unterhaltstitel, sondern die Leistung muss tatsächlich erbracht worden sein. Bei einem Scheingeschäft ist der Sozialversicherungsträger nicht zur Leistung verpflichtet. Siehe dazu *Deixler-Hübner*, Scheidung, S. 158 ff.

236 *Hopf/Kathrein*, Eherecht, § 258 ASVG Rn 5.

237 Siehe auch *Deixler-Hübner*, Scheidung, S. 158 ff.

238 OGH 10 ObS 202/044, SZ 2005/5.

Erhöhung oder Verminderung des Unterhaltsanspruchs nach dem Tod des Versicherten die Höhe des Pensionsanspruchs nicht.[239]

Praxishinweis: Größte **Vorsicht** ist daher auch geboten, wenn ein Ehegatte auf den Unterhaltsanspruch in monatlichen Geldrenten zugunsten einer einmaligen **Kapitalabfindung** verzichtet (§ 70 Abs. 2 EheG). Da in diesem Fall zum Todeszeitpunkt kein Unterhaltsanspruch mehr besteht, können daran auch keine pensionsversicherungsrechtlichen Ansprüche nach § 258 Abs. 4 ASVG geknüpft werden. Dies gilt selbst dann, wenn die Abfindung in Teilzahlungen erbracht wird und der zahlungspflichtige Ex-Ehegatte vor der letzten Teilzahlung stirbt.[240] Ein Verzicht auf Geldrente zugunsten einer einmaligen Kapitalabfindung sollte daher sehr gut überlegt sein.[241]

172

b) Sonderregelung für Scheidung nach § 55 EheG

Der österreichische Gesetzgeber gewährt Ehegatten, die gegen ihren Willen schuldlos wegen Auflösung der häuslichen Gemeinschaft (§ 55 EheG) geschieden werden und einen Schuldausspruch nach § 61 Abs. 3 EheG erwirkt haben (siehe Rdn 141), bei Ableben des geschiedenen Gatten die **volle Witwen-/Witwerpension**, wenn
– die Ehe mindestens 15 Jahre gedauert hat *und*
– der Ehegatte im Zeitpunkt des Eintritts der Rechtskraft des Scheidungsurteils das 40. Lebensjahr vollendet hat – oder ein gemeinsames Kind, das Anspruch auf Waisenpension hat, betreut (§ 264 Abs. 10 ASVG).

173

Bei Vorliegen sämtlicher Voraussetzungen wird der privilegierte geschiedene Ehegatte daher so behandelt, als wäre es nie zu einer Scheidung gekommen.[242]

Die volle Witwen- bzw. Witwerpension liegt grundsätzlich bei 40–60 % der Pension des Verstorbenen.[243] Liegen die Voraussetzungen nach § 264 Abs. 10 ASVG nicht vor, so erhält auch der nach § 55 i.V.m. § 61 Abs. 3 EheG Geschiedene nur einen Pensionsanspruch bis zur Höhe des Unterhaltsanspruchs (§ 258 Abs. 4 ASVG).

174

c) Erlöschen des Pensionsanspruchs

Der Pensionsanspruch **erlischt** auf jeden Fall mit der **Wiederverehelichung** des Berechtigten (§ 258 Abs. 4 ASVG), dem aber noch ein Abfertigungsanspruch im Ausmaß des 35-fachen der Witwen(Witwer)pension gewährt wird (§ 265 Abs. 1 ASVG). Der Pensionsanspruch kann nach Auflösung der nachfolgenden Ehe auf Antrag wieder aufleben, wenn die Ehe nicht aus dem alleinigen oder überwiegenden Verschulden des ehemaligen Pensionsbeziehers aufgelöst oder für nichtig erklärt worden ist (§ 265 Abs. 2 ASVG).[244]

175

4. Steuerliche Auswirkungen

Nach der Auflösung der Ehe bleibt es bei der **getrennten Veranlagung** der Ex-Ehegatten hinsichtlich der Einkommensteuer. Zu den Steuersätzen siehe Rdn 78. Geschiedene Perso-

176

---

239 Siehe dazu mit weiteren Nachweisen *Hopf/Kathrein*, Eherecht, § 258 ASVG Rn 3; *Deixler-Hübner*, Scheidung, S. 158 ff.
240 *Hopf/Kathrein*, Eherecht § 258 ASVG Rn 6 m.w.N.
241 *Deixler-Hübner*, Scheidung, S. 161.
242 *Deixler-Hübner*, Scheidung, S. 160 f.
243 § 264 Abs. 2 ASVG; Näheres bei *Deixler-Hübner*, Scheidung, S. 158 ff.
244 Die Bestimmungen über die Witwer- bzw Witwenpension sind auf Hinterbliebene einer eingetragenen Partnerschaft nach dem EPG sinngemäß anzuwenden (§ 259 ASVG).

nen können aber in den Genuss eines **Alleinerzieherabsetzbetrages** kommen. Alleinerzieher ist nach dem EStG ein Steuerpflichtiger, der mit mindestens einem Kind mehr als sechs Monate im Kalenderjahr nicht in einer Hausgemeinschaft mit einem (Ehe)-Partner lebt (§ 33 Abs. 4 Z. 2 EStG). Der Alleinerzieherabsetzbetrag entspricht dem Alleinverdienerabsetzbetrag und beträgt daher bei einem Kind 494 EUR, bei zwei Kindern 669 EUR jährlich. Der Betrag erhöht sich für das dritte und jedes weitere Kind um jeweils 220 EUR.

177   Der geschiedene Ehegatte, der keinen Anspruch auf Familienbeihilfe hat, wohl aber für ein nicht in seinem Haushalt lebendes Kind unterhaltspflichtig ist, kann einen sog. **Unterhaltsabsetzbetrag** in Anspruch nehmen (§ 33 Abs. 4 Z. 3 EStG).[245]

178   Zu beachten ist noch, dass Unterhaltsleistungen an den Ehepartner steuerlich generell keine außergewöhnliche Belastung darstellen und daher nicht abzugsfähig sind. Eine Zahlung von Unterhaltsleistungen wird nur als außergewöhnliche, abzugsfähige Belastung gewertet, wenn sie zur Deckung von Aufwendungen gewährt wird, die beim Unterhaltsberechtigten selbst eine außergewöhnliche Belastung darstellen würden (§ 34 Abs. 7 Z. 4 EStG).

V.   Möglichkeiten vertraglicher Vereinbarungen für die Scheidung

1. Allgemeines

179   Eheverträge, die zu Beginn oder im Laufe der Ehe geschlossen werden und auch Regelungen für den Fall der Scheidung beinhalten (über Unterhalt, Vermögensaufteilung etc.), sind in der österreichischen Rechtspraxis noch relativ selten, wenngleich sie sich zunehmender Beliebtheit erfreuen und vor allem dann abgeschlossen werden, wenn einer oder beide Partner zum zweiten (dritten etc.) Mal eine Ehe eingehen. Es gibt aber, soweit ersichtlich, noch keine einzige Entscheidung des OGH, die sich mit der Anfechtung eines solchen (gesamten) Ehevertrages zu beschäftigen gehabt hätte.

2. Vermögensaufteilung

180   Den Ehegatten steht es frei, während der Ehe – auch ohne Zusammenhang mit einem Verfahren auf Auflösung der Ehe – **Gütergemeinschaftsverträge** zu schließen (siehe Rdn 21). Zu deren Wirkung nach Auflösung der Ehe siehe Rdn 128 f.

181   Die Ehegatten können schon bei Eheeingehung oder auch während der Ehe **Vorausvereinbarungen über die Aufteilung ehelicher Ersparnisse** und **ehelichen Gebrauchsvermögens** schließen (§ 97 Abs. 1 EheG). Auch ein **Vorausverzicht** auf den Aufteilungsanspruch nach den §§ 81 ff. EheG ist möglich. Verträge, welche die Aufteilung der ehelichen Ersparnisse oder der Ehewohnung im Voraus regeln, bedürfen zu ihrer Rechtswirksamkeit eines **Notariatsakts**. Vereinbarungen, die im Voraus die Aufteilung des übrigen ehelichen Gebrauchsvermögens regeln, bedürfen der **Schriftform** (§ 97 Abs. 1 EheG).

182   Für die **Ehewohnung** gibt es seit dem FamRÄG 2009 zwei spezielle Vorausvereinbarungsmöglichkeiten: das „opting-in" (siehe Rdn 121) und das „opting-out". Unter dem in § 87 Abs. 1 S. 2 EheG geregelten „opting-out" versteht man eine Vereinbarung, durch welche die Ehegatten für den Fall der Scheidung die gerichtliche Übertragung des Eigentums oder eines anderen dinglichen Rechts an einer Ehewohnung nach § 82 Abs. 2 EheG ausschließen (zu § 82 Abs. 2 EheG siehe Rdn 121). Im zuletzt genannten Fall können sie aber nicht schon

---

245 Näheres zum Kinderabsetzbetrag und zum Unterhaltsabsetzbetrag bei *Deixler-Hübener*, Scheidung, Rn 233.

im Voraus verhindern, dass das Gericht im Rahmen eines nach Scheidung eingeleiteten Aufteilungsverfahrens eine von der „opting-out" Vereinbarung abweichende Anordnung über die Nutzung der Ehewohnung trifft (siehe Rdn 183).

Vorausvereinbarungen unterliegen einer **beschränkten Inhaltskontrolle** im Rahmen des Aufteilungsverfahrens, das auf Antrag eines Gatten innerhalb eines Jahres ab Rechtskraft der eheauflösenden Entscheidung einzuleiten ist (§ 95 EheG). Das Aufteilungsgericht kann in besonders schutzwürdigen Fällen von der Vereinbarung **abweichende Anordnungen** treffen:

183

– Das ist erstens dann der Fall, wenn eine Vorausvereinbarung über die Aufteilung der ehelichen **Ersparnisse** und des ehelichen **Gebrauchsvermögens** – mit Ausnahme der Ehewohnung – in einer Gesamtbetrachtung des aufzuteilenden Vermögens im Zeitpunkt der Aufteilungsentscheidung einen Teil **unbillig benachteiligt**, so dass ihm die Zuhaltung unzumutbar ist (**Unzumutbarkeitskontrolle**, § 97 Abs. 2 EheG).
– Die zweite Abweichmöglichkeit betrifft Vorausvereinbarungen über die **Nutzung der Ehewohnung** durch einen Ehegatten. Von solchen kann das Gericht abweichen, soweit der andere Ehegatte oder ein gemeinsames Kind seine Lebensbedürfnisse nicht hinreichend decken kann oder eine deutliche Verschlechterung seiner Lebensverhältnisse hinnehmen müsste (**Unbilligkeitskontrolle**, § 97 Abs. 3 EheG).

Die **Reichweite** beider Kontrollen ist **strittig**. Zunächst ist unklar, was mit der Ausnahme von Ehewohnungen von der Unzumutbarkeitskontrolle gemeint ist. Nach zutr. Ansicht[246] soll diese Ausnahme mittels teleologischer Reduktion nur für Vereinbarungen über die dingliche Zuordnung von eingebrachten oder gleichgestellten Wohnungen gelten (§ 82 Abs. 2 EheG) und nicht für Errungenschaftswohnungen, die vom Wortlaut ebenfalls umfasst wären. Im Zusammenhang mit der Unbilligkeitskontrolle ist strittig, ob das Gericht bei Vorliegen der in § 97 Abs. 3 EheG genannten Voraussetzungen, trotz einer entgegenstehenden Vorausvereinbarung nach § 87 Abs. 2 S. 1 EheG („opting-out"), nur ein obligatorisches[247] oder auch ein dingliches[248] Wohnungsbenützungsrecht zugunsten des schutzwürdigen Gatten anordnen kann. Zu den maßgebenden Kriterien für abweichende Anordnungen des Gerichts im Zuge der beiden Kontrollen siehe § 97 Abs. 4 EheG.

184

Die oben zu den Vorausvereinbarungen erwähnten Vorschriften über die Form und die gerichtlichen Kontrollmöglichkeiten gelten nicht für Verträge, welche die Ehegatten **im Zusammenhang mit einem Verfahren** auf Scheidung, Aufhebung oder Nichtigerklärung der Ehe über die Aufteilung des ehelichen Gebrauchsvermögens und der ehelichen Ersparnisse schließen (§ 97 Abs. 5 EheG). Solche Verträge können daher **uneingeschränkt** und **formfrei** geschlossen werden. Sie sind nur nach den allgemeinen vertragsrechtlichen Bestimmungen anfechtbar. Auch ein gänzlicher Verzicht auf jeglichen Aufteilungsanspruch ist zulässig. Zur Frage, wann ein solcher Zusammenhang mit einem Eheauflösungsverfahren

185

---

246 So *Schwimann*, Neues Recht für Vereinbarungen über nacheheliche Vermögensaufteilung, Zak 2009, 323. Ihm folgend: *Gitschthaler*, Die neuen Vorwegvereinbarungen nach dem FamRÄG 2009, EF-Z 2010, 11; *Kerschner*, Familienrecht, Rn 2/116; *Oberhumer*, Unternehmen, S. 280 f; *Ferrari*, Zu Vorausvereinbarungen über die Ehewohnung nach § 97 EheG, EF-Z 2015, 53 (55 f.). Dagegen: *Deixler-Hübner* in: *Gitschthaler/Höllwerth* (Hrsg.), Kommentar zum Ehe- und Partnerschaftsrecht, § 97 EheG Rn 10; *Perner/Spitzer*, Ehewohnung und Ehescheidung, wobl 2010, 33 f.; *Hopf*, Neues im Ehe- und Kindschaftsrecht, S. 162 f.; *Kissich*, Familienrechts-Änderungsgesetz 2009, JAP 2010/2011, 54.
247 So *Perner/Spitzer*, wobl 2010, 31 ff.; *Kissich*, JAP 2010/2011, 54; *Kerschner*, Familienrecht, Rn 2/115; *Koch* in: KBB, § 87 EheG Rn 1; *Oberhumer*, Unternehmen, S. 248 m.w.N.
248 Dafür: *Schwimann*, Zak 2009, 323 f.; *Gitschthaler*, EF-Z 2010, 10 f.; *Hopf*, ÖJZ 2010, 162; *Ferrari*, EF-Z 2015, 57.

vorliegt, gibt es umfangreiche Judikatur, die sich primär auf das Scheidungsverfahren bezieht.[249]

3. Nachehelicher Unterhalt

a) Im Zuge eines Verfahrens auf Auflösung der Ehe

186 Der Scheidungsunterhalt kann durch **Vereinbarung** festgelegt werden (§ 80 EheG). Eine Vereinbarung über die unterhaltsrechtlichen Beziehungen der Ehegatten ist bei einer **einvernehmlichen Scheidung** sogar **Voraussetzung** für eine Scheidung (§ 55a Abs. 2 EheG). Zu den Einzelheiten und Grenzen solcher Vereinbarungen im Zuge einer Scheidung siehe Rdn 156 ff.

b) Verträge über einen allfälligen Scheidungsunterhalt im Vorhinein

187 Den Ehegatten steht es nach § 80 EheG frei, über die Unterhaltpflicht für die Zeit nach der Scheidung der Ehe Vereinbarungen zu treffen. Nach h.M. muss die Vereinbarung über einen allfälligen Scheidungsunterhalt nicht erst im Zusammenhang mit einer Scheidung getroffen werden, sondern kann schon bei Eingehen oder im Laufe der Ehe und sogar schon vor Eheeingehung geschlossen werden.[250] Sie unterliegt keiner besonderen Formvorschrift, ist also **formfrei**.[251] Zu beachten ist dabei jedoch, dass ein Verzicht auf jeglichen nachehelichen Unterhalt nicht weiter reichen kann als ein Unterhaltsverzicht im Zuge einer Scheidung. Das heißt, es ist bei Abschluss eines solchen Verzichts zu bedenken, dass dieser möglicherweise einer späteren Anfechtung nicht standhalten wird (siehe Rdn 157 ff).[252]

4. Verteilung der elterlichen Sorge

188 Siehe dazu Rdn 160 ff.

VI. Kollisionsrecht der Scheidungsfolgen

189 Die Wirkungen einer Ehescheidung sind nach § 20 IPRG anzuknüpfen. Es kann diesbezüglich auf das bereits Ausgeführte verwiesen werden (siehe Rdn 112 ff., 65 ff.). Zu beachten ist allerdings, dass etliche Scheidungsfolgen getrennt vom **Scheidungsstatut** des § 20 IPRG anzuknüpfen sind; so dass im Endeffekt jedenfalls die Aufteilung der Ehewohnung sowie die Aufteilung des sonstigen Gebrauchsvermögens zum Regelungstatbestand des § 20 IPRG gehören,[253] nach der Rechtsprechung und der neueren Lehre ebenso die Aufteilung der ehelichen Ersparnisse (siehe Rdn 70, 190). Für den **nachehelichen Unterhalt** gelten die kollisionsrechtlichen Normen des Haager Unterhaltsprotokolls.

190 Getrennt vom Scheidungsstatut anzuknüpfen sind jedenfalls die Möglichkeit einer **Wiederverheiratung** (§ 17 IPRG), die **namensrechtlichen** Scheidungsfolgen (§ 13 IPRG) und das **Güterrecht** (§ 19 IPRG).[254] Die Aufteilung der ehelichen Ersparnisse wird von der Rechtsprechung und Lehre unterschiedlich angeknüpft. Nach überw. älterer Lehre fällt die

---

249 Nachweise dazu bei: *Ferrari* in: *Hofer/Schwab/Henrich*, Contract, S. 105.

250 *Zankl/Mondel* in: *Schwimann/Kodek*, I, § 80 EheG Rn 6.

251 *Zankl/Mondel* in: *Schwimann/Kodek*, I, § 80 EheG Rn 5.

252 *Ferrari* in: *Hofer/Schwab/Henrich*, Scheidung, S. 243 ff.

253 *Schwimann*, IPR, S. 155 f.

254 *Lurger/Melcher*, IPR, Rn 2/54; *Verschraegen* in: *Rummel*, II/6, § 20 IPRG Rn 2; *Schwimann*, IPR, S. 155 f.

Aufteilung der ehelichen Ersparnisse nach § 81 EheG oder eines sonstigen Zugewinns nicht unter das Scheidungsstatut des § 20 IPRG,[255] sondern wird güterrechtlich qualifiziert und unterliegt somit primär der Rechtswahl der Ehegatten; mangels einer Rechtswahl kommt das zur Zeit der Eheschließung für die persönlichen Rechtswirkungen der Ehe maßgebliche Recht zur Anwendung (Verweis in § 19 IPRG auf § 18 IPRG; siehe hierzu Rdn 65 ff.). Abweichend davon gibt die Rechtsprechung allerdings der Subsumtion der gesamten nachehelichen Vermögensaufteilung (somit auch der Aufteilung der ehelichen Ersparnisse) unter § 20 IPRG (Scheidungsstatut) den Vorzug, womit auch eine Rechtswahl der Ehegatten hinfällig ist (vgl. Rdn 70).[256]

Gesondert anzuknüpfen sind neben den **erbrechtlichen Wirkungen** (EU-ErbVO) auch die Regelungen der **elterlichen Obsorge** nach der Scheidung. Vorbehaltlich staatsvertraglicher Sonderregelungen, wie insbesondere des Haager Kinderschutzübereinkommens und des Haager Unterhaltsprotokolls,[257] welche gegenüber dem autonomen IPRG Vorrang haben, sind die Wirkungen der **Ehelichkeit** und der **Legitimation** eines Kindes – dazu zählt insbesondere die Regelung der elterlichen Obsorge – wandelbar nach dem jeweiligen **Personalstatut des Kindes** zu beurteilen (§ 24 IPRG).[258] Getrennt anzuknüpfen sind wiederum die Auswirkungen der Ehescheidung auf den Kindesnamen (§ 13 IPRG).[259] 191

Öffentlich-rechtliche Renten- und Versorgungsansprüche (etwa **Witwenpensionsansprüche**) unterliegen nicht dem Scheidungsstatut; diese entbehren einerseits eines privatrechtlichen Charakters und andererseits würde die Anwendung des einschlägigen fremden Rechts für den heimischen Richter mit großen Schwierigkeiten verbunden sein.[260] 192

VII. Verfahren

1. Vermögensaufteilung

Das österreichische Recht geht vom Prinzip der Subsidiarität eines gerichtlichen Aufteilungsverfahrens aus: Nur soweit sich die Ehegatten über eine Aufteilung des ehelichen Vermögens nicht einigen, findet ein **gerichtliches Aufteilungsverfahren** auf **Antrag** eines Ehegatten statt (§ 85 EheG). Selbst nach einer einvernehmlichen Scheidung nach § 55a EheG kann es zu einem Aufteilungsverfahren kommen, wenn die – obligatorische – Vereinbarung über die vermögensrechtlichen Ansprüche unvollständig geblieben ist.[261] Ein Aufteilungsverfahren kann auch stattfinden, wenn die Ehegatten kein gemeinsames Vermögen, wohl aber gemeinsame Schulden haben.[262] 193

Gemäß § 95 EheG ist der Aufteilungsanspruch innerhalb der **Präklusivfrist** von einem Jahr nach Eintritt der Rechtskraft des Scheidungsurteils bzw. der Aufhebung oder Nichtigerklä- 194

---

255 *Verschraegen* in: *Rummel*, II/6, § 20 IPRG Rn 3 m.w.N.; *Schwimann*, IPR, S. 155.

256 OGH 1 Ob 17/05i, ZfRV 2005, 158 (*Ofner*); OGH 3 Ob 259/09y, EFSlg 128.103; vgl. auch OGH 1 Ob 544/93, ZfRV 1993, 250; diese Rspr. befürwortend *Nademleinsky/Neumayr*, Internationales Familienrecht, Rn 04.29 sowie *Lurger/Melcher*, IPR, Rn 2/51.

257 Gemäß Art. 18 Haager Unterhaltsprotokoll ersetzt dieses im Verhältnis zwischen den Vertragsstaaten das Haager Unterhaltsstatutübereinkommen. Im Verhältnis zu Staaten, welche dem Unterhaltsstatutübereinkommen, nicht aber dem Unterhaltsprotokoll angehören, findet weiterhin das Unterhaltsstatutübereinkommen Anwendung.

258 *Lurger/Melcher*, IPR, Rn 2/103.

259 OGH 5 Ob 677/80, JBl 1983, 159.

260 *Schwimann*, IPR, S. 155; siehe auch OGH 10 Ob S 177/92, SZ 65/118.

261 OGH 5 Ob 581/84, SZ 57/139; OGH 1 Ob 568/92, EFSlg 69.350.

262 OGH 1 Ob 605/88, RZ 1990/2; OGH 1 Ob 111/12y, iFamZ 2013/21 (*Deixler-Hübner*).

rung der Ehe beim Außerstreitgericht[263] geltend zu machen. Wird die Frist versäumt, so zieht dies den Verlust des Aufteilungsanspruchs nach sich; die bisherige vermögensrechtliche Situation jedes Ehegatten bleibt unverändert aufrecht.

195   Dem Gericht kommen nach österreichischem Recht sehr viele Möglichkeiten zu, die Aufteilung zu gestalten.[264] Dabei kann es Eigentum von einem auf den anderen Gatten übertragen, **dingliche und obligatorische Rechte** zugunsten des einen an Sachen des anderen begründen, wobei im Einzelnen danach zu differenzieren ist, ob es sich um bewegliches oder unbewegliches Vermögen, um Gebrauchsvermögen oder Ersparnisse handelt (§§ 86 ff. EheG). Für die **Ehewohnung** gibt es Spezialvorschriften in den §§ 87 f. EheG. Das Gericht hat auch die Befugnis, Ausgleichszahlungen anzuordnen, wenn sich eine billige Aufteilung des Vermögens durch Sachzuweisung nicht erzielen lässt (§ 94 EheG). Hinsichtlich gemeinsamer Schulden nach § 81 Abs. 1 EheG kann das Gericht mit Wirkung für den Gläubiger einen Ehegatten zum Hauptschuldner und den anderen zum Ausfallsbürgen bestimmen (§§ 92, 98 EheG).

2. Nachehelicher Unterhalt

196   Der Unterhaltsanspruch ist mittels **Unterhaltsklage** im streitigen Verfahren geltend zu machen. Für alle gesetzlichen Unterhaltsansprüche eines Ehegatten gegenüber dem anderen sind – sowohl während aufrechter Ehe als auch nach Eheauflösung – die **Bezirksgerichte** zuständig (§ 49 Abs. 2 JN). Hinsichtlich der örtlichen Zuständigkeit ist zu unterscheiden: Ist bereits ein Eheverfahren in erster Instanz anhängig, sind gem. § 76a JN grundsätzlich alle Klagen betreffend den gesetzlichen Unterhalt eines Ehegatten, beim **Gericht der Ehesache** anhängig zu machen. § 76a JN kommt daher dann zur Anwendung, wenn eine Klage auf gesetzlichen Unterhalt entweder gleichzeitig mit einer Ehesache anhängig gemacht wird oder eine solche, etwa Klage auf Scheidung, bereits gerichtsanhängig ist. Dabei ist zu beachten, dass die mündliche Verhandlung über die Ehesache nicht bereits in erster Instanz geschlossen sein darf. Ist noch keine Ehesache anhängig oder befindet sich der Eheprozess bereits in höherer Instanz, sind Unterhaltsstreitigkeiten beim **allgemeinen Gerichtsstand der beklagten Partei** geltend zu machen.[265]

197   Im Verfahren selbst besteht **relativer Anwaltszwang** (§ 29 ZPO).

198   Die Ehegatten haben natürlich auch die Möglichkeit, während des Scheidungsverfahrens einen **Unterhaltsvergleich** zu schließen, ohne dass eine Klage eingebracht werden muss.[266]

3. Verteilung der elterlichen Sorge

199   Zu den wichtigsten verfahrensrechtlichen Bestimmungen siehe Rdn 160 ff.

---

263 Sachlich zuständig sind nach § 104a JN die Bezirksgerichte.
264 Siehe dazu ausführlich *Deixler-Hübner*, Scheidung, S. 147 f, 150 ff.
265 *Simotta* in: *Fasching/Konecny*, Kommentar zu den Zivilprozessgesetzen I, § 49 Rn 15, § 76a Rn 9 ff. Wird zuerst eine sonstige Streitigkeit aus dem Eheverhältnis (etwa Unterhaltsklage) anhängig gemacht und erst dann eine Scheidungsklage erhoben, kommt § 76a JN aber nicht zur Anwendung. Siehe dazu *Simotta* in: *Fasching*, I, § 76a Rn 12.
266 *Deixler-Hübner*, Scheidung, S. 125 ff. m.w.N.

VIII. Internationale Zuständigkeit

1. Vermögensaufteilung

Die Aufteilung des ehelichen Gebrauchsvermögens und der ehelichen Ersparnisse nach den §§ 81 ff. EheG zählt zu den **außerstreitigen Eheangelegenheiten**, bei welchen sich die internationale Zuständigkeit nach § 114a Abs. 4 JN richtet. Demnach sind die österreichischen Gerichte international zuständig, wenn ein Ehegatte die österreichische Staatsbürgerschaft besitzt oder seinen gewöhnlichen Aufenthalt im Inland hat.[267]

200

2. Nachehelicher Unterhalt

Die internationale Zuständigkeit für den **nachehelichen Unterhalt** richtet sich seit dem 18.6.2011 unmittelbar nach der **EU-Unterhaltsverordnung (EU-UntVO)**.[268] Die EU-UntVO ist hinsichtlich Unterhaltssachen an die Stelle der EuGVVO (= Brüssel I-VO) getreten;[269] sonstige internationale Übereinkommen zwischen den Mitgliedstaaten sind durch die EU-UntVO verdrängt worden (Art. 69 Abs. 2 EU-UntVO). Weiter anzuwenden ist aber das Luganer Übereinkommen (LGVÜ) im Verhältnis zur Schweiz, zu Norwegen und zu Island;[270] im Verhältnis zu den USA, Australien und den kanadischen Provinzen sind Gegenseitigkeitsverordnungen auf Basis des AUG 2014[271] anwendbar.[272]

201

3. Verteilung der elterlichen Sorge

Hinsichtlich des internationalen Verfahrensrechts in allen Fragen der elterlichen Verantwortung gilt für alle Mitgliedstaaten der EU, somit auch für Österreich, mit Ausnahme des Königreichs Dänemark die **Brüssel IIa-VO**.

202

Das Verhältnis der Brüssel IIa-VO zu internationalen Übereinkommen mit wenigstens teilweise übereinstimmenden Regelungsbereichen ist für EU-interne Übereinkommen in Art. 59 geregelt; diese werden durch die Brüssel IIa-VO ersetzt. Gegenüber EU-übergreifenden multilateralen Übereinkommen hat die Brüssel IIa-VO nur im Verhältnis zwischen Mitgliedstaaten Vorrang (Art. 60).

203

Das Minderjährigenschutzabkommen (MSÜ) vom 5.10.1961[273] ist durch das Haager Kinderschutzübereinkommen (KSÜ),[274] welches am 1.4.2011 für Österreich in Kraft getreten ist, ersetzt worden. Das MSÜ gilt aber weiter zwischen Österreich und der Türkei sowie

204

---

267 *Simotta* in: FS Geimer, S. 1135 ff.

268 VO (EG) 2009/4 des Rates vom 18. Dezember 2008 über die Zuständigkeit, das anwendbare Recht, die Anerkennung und Vollstreckung von Entscheidungen und die Zusammenarbeit in Unterhaltssachen, ABl L 2009/7, 1.

269 Siehe dazu Art. 68 Abs. 1 EU-UntVO. Zur Verdrängung der EuVTVO siehe Art. 68 Abs. 2 EU-UntVO.

270 *Fucik* in: *Fasching/Konecny*, V/2, 2. Aufl., Art. 69 EuUVO Rn 2.

271 Auslandsunterhaltgesetz 2014, BGBl I 2014/34.

272 *Fucik*, Internationale Bestimmungen im Kindschafts- und Unterhaltsrecht, in: *Deixler-Hübner* (Hrsg.), Handbuch Familienrecht, S. 515 (S. 549 ff.).

273 Haager Übereinkommen über die Zuständigkeit der Behörden und das anzuwendende Recht zum Schutz von Minderjährigen, BGBl 1975/446.

274 Übereinkommen über die Zuständigkeit, das anzuwendende Recht, die Anerkennung, Vollstreckung und Zusammenarbeit auf dem Gebiet der elterlichen Verantwortung und der Maßnahmen zum Schutz von Kindern vom 19.10.1996, BGBl III 2011/49.

zwischen Österreich und der chinesischen Region Macao.[275] Andere internationale Übereinkommen gehen dem KSÜ grundsätzlich vor (Art. 50 ff. KSÜ). Die Brüssel IIa-VO geht dem KSÜ vor, wenn das Kind seinen gewöhnlichen Aufenthalt in einem Mitgliedstaat hat (Art. 52 Abs. 2 und 3 KSÜ).[276] Das Haager Kindesentführungsübereinkommen (HKÜ)[277] ist ein weiteres wichtiges Übereinkommen auf familienrechtlichem Gebiet, dessen Hauptziel die sofortige Rückgabe eines widerrechtlich verbrachten oder zurückgehaltenen Kindes sicherstellt. Das HKÜ geht dem KSÜ in seinem Anwendungs- und Regelungsbereich vor.[278]

E. Gleichgeschlechtliche Ehe/Registrierte Lebenspartnerschaft

205 Seit 1.1.2010 ist das **Eingetragene Partnerschaft-Gesetz (EPG)**,[279] das auf eine längere Entwicklungsgeschichte zurückblickt,[280] in Kraft. Dieses Rechtsinstitut steht **ausschließlich Personen gleichen Geschlechts** zur Verfügung. Die rechtliche Stellung der eingetragenen Partner entspricht weitgehend jener von Ehegatten. Zwecks Abgrenzung der Ehe von der eingetragenen Partnerschaft ist aber nicht der Weg von Verweisungen zum geltenden Eherecht gewählt worden; vielmehr sind die entsprechenden eherechtlichen Bestimmungen im ABGB und EheG mit wenigen Ausnahmen fast wörtlich in das EPG übernommen und überdies 77 Gesetze geändert worden.

206 Abweichend vom Eherecht kann eine eingetragene Partnerschaft erst ab **Volljährigkeit**[281] (§ 4 EPG) und nur vor einer **Bezirksverwaltungsbehörde** geschlossen werden (§ 6 EPG, § 47a PStG). Überdies gibt es keine dem Eheverlöbnis entsprechenden Regelungen. Während bestehender eingetragener Partnerschaft entsprechen die **Rechte und Pflichten** der Partner, das **Unterhaltsrecht** und das **Güterrecht** – bis auf wenige, kleine Abweichungen – dem Eherecht. Die eingetragene Partnerschaft hat allerdings **keine namensrechtlichen Auswirkungen**; auf dem Umweg über das Namensrechtsänderungsgesetz (NÄG)[282] können eingetragene Partner aber ihre Namensführung[283] wie Ehegatten gestalten (§ 7 EPG; § 2 Abs. 1 Z. 7a NÄG).

207 Die Bestimmungen über die **Auflösung** der Partnerschaft (§§ 13 ff. EPG) entsprechen im Wesentlichen den Regelungen über die Scheidung und Aufhebung der Ehe; auch bei der

---

275 *Traar*, Das Haager Kinderschutzübereinkommen, iFamZ 2011, 44 m.w.N.
276 Siehe näher bei *Traar*, KSÜ, iFamZ 2011, 44 f. und 46 (zum Zusammenspiel der einzelnen Rechtsinstrumente).
277 Haager Übereinkommen über die zivilrechtlichen Aspekte internationaler Kindesentführung, BGBl 1988/512.
278 Art. 50 ff. KSÜ; siehe auch *Traar*, KSÜ, iFamZ 2011, 44.
279 BGBl I 2009/135.
280 IA EP-G, 582/A 22. GP; ME LPartG, 189/ME 23. GP.
281 Dies begründet der Gesetzgeber damit, dass die Möglichkeit für Minderjährige, eine Ehe einzugehen, nur dann praktische Bedeutung hat, wenn es darum geht, eine Ehe zu schließen, bevor das gemeinsame Kind auf die Welt kommt; eine Sachlage, die bei gleichgeschlechtlichen Paaren nicht gegeben sei: ErläutRV 485 BlgNR 24. GP 4.
282 BGBl 1988/195.
283 Beim eingetragenen Partner spricht das Gesetz allerdings vom „Nachnamen" und nicht vom „Familiennamen". Außerdem fehlt in der entsprechenden Bestimmung des NÄG der Hinweis, dass bei Voran- oder Nachstellung des bisherigen Nachnamens zwischen den beiden Namen ein Bindestrich zu setzen ist (vgl. § 93 Abs. 2 ABGB). Der VfGH stellte jedoch klar, dass die bisherige Praxis der Behörden, die eingetragenen Partnern das Führen eines Doppelnamens nur ohne Bindestrich erlaubte, nicht durch das Gesetz gedeckt sei. Eine andere Auslegung würde eine unzulässige Diskriminierung darstellen (VfGH 22.9.2011, B 518/11–6).

eingetragenen Partnerschaft spielt das **Verschuldensprinzip** bei der Auflösung der Partnerschaft und der Unterhaltsgewährung eine wesentliche Rolle. Die Aufhebung der häuslichen Gemeinschaft stellt allerdings schon ab drei Jahren einen absoluten Auflösungsgrund dar (im Fall einer Ehe erst ab sechs Jahren, siehe Rdn 91 ff.).[284] Die Bestimmungen über die Vermögensaufteilung nach Auflösung oder Nichtigerklärung einer eingetragenen Partnerschaft entsprechen wiederum jenen über die Vermögensaufteilung nach Scheidung, Aufhebung oder Nichtigerklärung einer Ehe.

Im **Erbrecht** sind eingetragene Partner Ehegatten gleichgestellt. Für eingetragene Partner ist sowohl die Stiefkindadoption wie auch die gemeinsame Adoption zulässig (siehe auch Rdn 220).   208

F. Nichteheliche Partnerschaft

Im österreichischen Recht gibt es vorläufig **keine gesetzliche Regelung** der nichtehelichen   209
Partnerschaft.[285] Aus Gründen des sozialen Schutzes Schwächerer nehmen aber unterschiedliche gesetzliche Bestimmungen auf die Lebensgemeinschaft als Tatbestandsmerkmal Bezug. Die Judikatur geht von einer **Lebensgemeinschaft** aus, wenn eine **Wohn-, Wirtschafts- und Geschlechtsgemeinschaft** vorliegt, wobei nicht jedes der drei Merkmale gleich stark ausgeprägt sein muss und im Einzelfall eines sogar ganz fehlen kann.[286] Gesetzliche Bestimmungen, die auf eine Lebensgemeinschaft **Rücksicht** nehmen, sind etwa im Mietrechtsgesetz und Sozialversicherungsrecht enthalten. So ist unter bestimmten Voraussetzungen im Mietrecht ein Eintrittsrecht des überlebenden Lebensgefährten nach dem Tod des Partners in das Mietverhältnis vorgesehen (§ 14 MRG). Nach § 123 ASVG kann ein Lebensgefährte unter bestimmten Voraussetzungen kostenfrei mit dem Versicherten mitversichert sein, wenn er seit mindestens zehn Monaten mit dem Versicherten in Hausgemeinschaft lebt und ihm in dieser Zeit unentgeltlich den Haushalt geführt hat. Einen pensionsversicherungsrechtlichen Schutz für den Lebensgefährten kennt das Sozialversicherungsrecht aber nicht. Das ErbRÄG 2015 hat dem Lebensgefährten unter engen Voraussetzungen bestimmte erbrechtliche Ansprüche eingeräumt (§§ 745 Abs. 2 und 748 ABGB i.d.F. BGBl I 2015/87).

Abgesehen von vereinzelten Bestimmungen, die soeben zum Teil Erwähnung fanden, ergeben   210
sich aus einer nichtehelichen Partnerschaft aber **keine Rechte und Pflichten**. So können aus dieser etwa weder Unterhalts-, noch Treue- oder Beistandspflichten abgeleitet werden.

Große soziale Unsicherheit ist auch mit einer **Trennung** der Partner verbunden. Eine   211
analoge Anwendung der eherechtlichen Bestimmungen wird abgelehnt. Begründet wird dies überwiegend damit, dass der Parteiwille der Lebensgefährten meist dahin gerichtet ist, eine unverbindliche, eben nicht gesetzlich geregelte Form der Gemeinschaft einzugehen. So finden etwa auch die eherechtlichen Aufteilungsansprüche hinsichtlich des gemeinsam erwirtschafteten Vermögens (§§ 81 ff. EheG) **keine analoge Anwendung** auf die Lebensge-

---

284 Die im Fall einer Heimtrennungsscheidung für den beklagten, an der Zerrüttung minder oder gar nicht schuldigen Ehegatten besonders günstige Unterhaltsregelung des § 69 Abs. 2 i.V.m § 61 Abs. 3 EheG ist für das EPG nicht übernommen worden.

285 Siehe zur nichtehelichen Lebensgemeinschaft ausführlich *Schwimann/Ferrari* in: *Schwimann/Kodek*, I, § 44 Rn 3 ff. mit vielen Nachweisen zur Literatur; *Stabentheiner* in: *Rummel*, I, §§ 40–42 Rn 5 ff.; *Deixler-Hübner*, Scheidung, S. 225 ff.; *Möschl*, Die nichteheliche Lebensgemeinschaft, S. 18 ff.

286 OGH 7 Ob 44/88, SZ 61/258; OGH 7 Ob 44/88, EvBl 1989/59; OGH 3 Ob 204/99t, EFSlg 93.842; OGH 3 Ob 209/99b, RZ 2001/5; OGH 3 Ob 6/09t, EFSlg 123.851; OGH 3 Ob 139/13g, RIS-Justiz RS0047000; LGZ Wien 44 R 356/02a, EFSlg 100.933.

meinschaft; jeder Lebensgefährte bleibt auch nach Auflösung der Gemeinschaft Eigentümer dessen, was er während des Zusammenlebens erwirtschaftet hat. Kommt es zur Auflösung der Lebensgemeinschaft, finden überwiegend die allgemeinen Bestimmungen des bürgerlichen Rechts, häufig des **Bereicherungsrechts**, Anwendung. Das hat wiederum zur Folge, dass sich in der Praxis bei Trennungen meist der wirtschaftlich und emotional Stärkere durchsetzt.

212   Auf eine Folge einer bestehenden Lebensgemeinschaft sei hier noch hingewiesen: Nach Richterrecht führt das Eingehen einer Lebensgemeinschaft eines gegenüber dem Ex-Gatten **unterhaltsberechtigten** geschiedenen **Ehegatten** in Analogie zu § 75 EheG zum **Ruhen des Unterhaltsanspruchs**. Erst nach Beendigung der Lebensgemeinschaft lebt der Unterhaltsanspruch wieder auf (siehe Rdn 155 f).

G.   Abstammung und Adoption

I.   Abstammung

213   Das österreichische Abstammungsrecht wurde im Zuge des **Familien- und Erbrechts-Änderungsgesetzes 2004** (FamErbRÄG 2004)[287] tiefgreifend geändert; das gesamte Abstammungsverfahren wurde damals in das Außerstreitverfahren verlagert. Das KindNam-RÄG 2013 hat eine weitgehende Gleichstellung ehelicher und unehelicher Kinder bewirkt und die Begriffe „ehelich" und „unehelich" aus dem Gesetzestext eliminiert. Schließlich hat die Öffnung der medizinisch unterstützten Fortpflanzung für Frauenpaare auch zu Anpassungen im Abstammungsrecht geführt.[288]

214   Mutter ist gem § 143 ABGB die Frau, die das Kind geboren hat. Das österreichische Recht verbietet die **Leihmutterschaft** (§§ 3 Abs. 1 FMedG[289]).[290] Nach § 143 ABGB bliebe bei einer dennoch verbotswidrig durchgeführten Leihmutterschaft im In- oder Ausland Mutter die Frau, die das Kind geboren hat.[291] Die **Eizellspende** ist seit dem FMedRÄG 2015 zulässig. Die Frau, von der die Eizelle stammt, kann jedoch nicht als Mutter festgestellt werden. Die Spenderin muss nach § 2b Abs. 2 FMedG zwischen 18 und 30 Jahre alt sein; die Eizellempfängerin darf zum Zeitpunkt des Behandlungsbeginns das 45. Lebensjahr noch nicht vollendet haben (§ 3 Abs. 3 FMedG).

215   Die Vaterschaft kann gem. § 144 Abs. 1 ABGB auf drei verschiedene Arten rechtlich begründet werden: durch die Ehe mit der Mutter, durch Anerkenntnis oder durch gerichtliche Entscheidung.

Rechtlicher Vater ist nach § 144 Abs. 1 Z. 1 ABGB jener Mann, der mit der Mutter im Zeitpunkt der Geburt des Kindes verheiratet ist oder als Ehemann der Mutter nicht früher als 300 Tage vor der Geburt des Kindes verstorben ist. Sowohl der Ehemann der Mutter als auch das Kind haben die Möglichkeit, die Feststellung der Nichtabstammung gem. § 151 ABGB zu beantragen.

---

287 BGBl I 2004/58.
288 Fortpflanzungsmedizinrechts-Änderungsgesetz (FMedRÄG) 2015, BGBl I 2015/35.
289 BGBl 1992/275.
290 Zu einer im Ausland durchgeführten Leihmutterschaft siehe VfGH B 13/11; RdM 2012/83 (*Bernat*).
291 Siehe aber VfGH B 13/11, RdM 2012/83 (*Bernat*); und VfGH B 99/12, RdM-LS 2013/14.

Sind die Eltern nicht miteinander verheiratet, so ist der Mann Vater, der die Vaterschaft   216
anerkannt hat oder dessen Vaterschaft festgestellt ist (§ 144 Abs. 1 Z. 2 und 3 ABGB).

Das österreichische Recht kennt seit dem KindRÄG 2001 überdies die Möglichkeit, dass   217
ein Mann ein Vaterschaftsanerkenntnis abgibt, obwohl zum Zeitpunkt der Anerkennung
bereits die Vaterschaft eines anderen Mannes feststeht („**durchbrechendes Vaterschaftsanerkenntnis**"). Ein solches Anerkenntnis wird rechtswirksam, wenn das Kind diesem in
öffentlicher oder öffentlich beglaubigter Urkunde zustimmt. Ist das Kind nicht eigenberech-
tigt, so wird das Anerkenntnis überdies nur rechtswirksam, wenn die einsichts- und urteilsfähige Mutter selbst den Anerkennenden in der genannten Form als Vater bezeichnet (§ 147
ABGB). Liegen diese Voraussetzungen vor, wird die rechtliche Vaterschaft des anderen
Mannes beseitigt. Diesem bleibt jedoch die Möglichkeit, einen Widerspruch zu erheben
(§ 147 Abs. 3 i.V.m. § 146 ABGB); das Gericht hat in Folge das Anerkenntnis für rechtsunwirksam zu erklären, es sei denn, es ist erwiesen, dass das Kind vom Anerkennenden
abstammt (DNA-Analyse).

Seit dem FamErbRÄG 2004 hat das **Kind** (nur dieses!) die Möglichkeit, die gerichtliche   218
Feststellung der Abstammung auch dann zu beantragen, wenn die Vaterschaft eines anderen
Mannes bereits feststeht („**Vätertausch**"). Die Feststellung der Abstammung hat dann die
vom Gericht auszusprechende Wirkung, dass das Kind nicht vom anderen Mann abstammt
(§ 150 ABGB). Das Kind hat dadurch ein subjektives Recht auf Beseitigung einer bestehenden Abstammung, gleichgültig, auf welchem Rechtsgrund diese beruht. Das nicht eigenbe-
rechtigte Kind wird dabei in erster Linie von der Mutter vertreten, die sich jedoch für die
Frage, ob überhaupt ein derartiger Antrag erhoben werden soll, vom Wohl des Kindes
leiten zu lassen hat (§ 141 Abs. 2 ABGB).

Ist an der Mutter eines Kindes in der empfängniskritischen Zeit eine medizinisch unter-   219
stützte Fortpflanzung durchgeführt worden, so kann auch eine Frau zweiter Elternteil sein:
Das ist nach § 144 Abs. 2 ABGB dann der Fall, wenn sie
1. mit der Mutter im Zeitpunkt der Geburt des Kindes in eingetragener Partnerschaft
   verbunden ist oder als eingetragene Partnerin der Mutter nicht früher als 300 Tage vor
   der Geburt des Kindes verstorben ist oder
2. sie die Elternschaft anerkannt hat oder
3. ihre Elternschaft gerichtlich festgestellt ist.

Auf diese Frau sind die auf den Vater und die Vaterschaft Bezug nehmenden Bestimmungen
im ABGB und andere bundesgesetzliche Bestimmungen sinngemäß anzuwenden (§ 144
Abs. 3 ABGB). Das bedeutet, dass die Ausführungen zum durchbrechenden Vaterschaftsanerkenntnis und Vätertausch sinngemäß auch für eine solche Frau als „anderer Elternteil"
gelten.

II. Adoption

Nach österreichischem Recht kommt die Adoption durch einen **schriftlichen Vertrag**   220
zwischen dem Annehmenden und dem Wahlkind und durch **gerichtliche Bewilligung** auf
Antrag eines Vertragsteiles zustande. Das minderjährige **Wahlkind** schließt den Vertrag
durch seinen gesetzlichen Vertreter (§ 192 ABGB). Die Annahme an Kindes Statt kann
durch eine **Einzelperson** oder durch **Ehegatten** bzw. **eingetragene Partner**[292] erfolgen,

---

292 Der Vefassungsgerichtshof hob zum 31.12.2015 die Bestimmung auf, welche es eingetragenen Partnern
     verwehrte gemeinsam zu adoptieren, da diese gegen Art 8 i.V.m. Art 14 EMRK verstoße. Siehe VfGH
     G 119–120/2014, EF-Z 2015/38 (*Bernat*).

wobei Ehegatten und eingetragene Partner grundsätzlich nur gemeinsam adoptieren dürfen. Die Wahleltern müssen mindestens das 25. Lebensjahr vollendet haben und älter als das Wahlkind sein (§ 193 ABGB). Das Wahlkind kann minderjährig oder volljährig sein. Beim **minderjährigen** Kind muss die Adoption seinem Wohle dienen. Ist das Wahlkind bereits **volljährig**, ist die Annahme nur zu bewilligen, wenn nachgewiesen ist, dass bereits ein enges, der Beziehung zwischen leiblichen Eltern und Kindern entsprechendes Verhältnis vorliegt, insbesondere wenn Wahlkind und Annehmender während fünf Jahren entweder in häuslicher Gemeinschaft gelebt oder einander in einer vergleichbaren engen Gemeinschaft Beistand geleistet haben (§ 194 Abs. 1 ABGB).

221   Um **Scheinadoptionen von erwachsenen Ausländern** (zur Erlangung einer Aufenthalts- bzw. Beschäftigungsbewilligung) vorzubeugen, wurde das IPRG im Jahr 2004[293] novelliert: Bei Adoption einer eigenberechtigten Person sind die Voraussetzungen der Adoption nicht nur nach dem Personalstatut jedes Annehmenden, sondern auch nach dem Personalstatut des Wahlkindes zu beurteilen (§ 26 Abs. 1 IPRG). Damit ist eine Annahme an Kindes Statt nicht möglich, wenn sie nach dem Heimatrecht des Wahlkindes ausgeschlossen ist.

222   Die **gerichtliche Bewilligung** ist nur zu erteilen, wenn die Eltern des minderjährigen Wahl- kindes, der Ehegatte oder der eingetragene Partner des Annehmenden, der Ehegatte oder der eingetragene Partner des Wahlkindes und das Wahlkind selbst, sofern es das 14. Lebensjahr vollendet hat, der Adoption **zustimmen** (§ 195 ABGB). Auf Antrag eines Vertragsteiles hat das Gericht die verweigerte Zustimmung zu ersetzten, wenn keine gerechtfertigten Gründe für die Weigerung vorliegen (§ 195 Abs. 3 ABGB).[294] Um der Gefahr einer „Kindesenteig- nung" entgegenzusteuern, ist im Zweifel anzunehmen, dass die Weigerung gerechtfertigt ist.[295] Die Zustimmung des Wahlkindes kann nicht ersetzt werden (§ 195 Abs. 3 i.V.m. Abs. 1 ABGB).

223   Das österreichische Recht ermöglicht bei minderjährigen[296] Wahlkindern eine **Inkognito- adoption**. Auf Antrag der Beteiligten wird der Name der Annehmenden und deren Wohn- ort den leiblichen Verwandten nicht mitgeteilt, um eine ungestörte Eltern-Kind-Beziehung zwischen den Annehmenden und dem Wahlkind zu gewährleisten (§ 88 AußStrG).

224   Durch die Adoption entsteht **ein der ehelichen Verwandtschaft entsprechendes Eltern- Kind-Verhältnis** zwischen dem Annehmenden und dessen Nachkommen einerseits und dem Wahlkind und dessen im Zeitpunkt der Annahme minderjährigen Kindern andererseits (§ 197 ABGB). Wird das Wahlkind von einer Einzelperson angenommen, so tritt diese in die Stellung des entsprechenden leiblichen Elternteils. Der andere leibliche Elternteil behält seine Rechte und Pflichten; er kann allerdings in das Erlöschen dieser Beziehung einwilligen (§ 197 Abs. 3 ABGB). Liegt eine solche Einwilligung vor, erhält das Wahlkind auch den **Namen** des Annehmenden. Im Fall der **Stiefkindadoption**, also der Adoption eines Kindes des Ehegatten, eingetragenen Partners oder des verschieden- oder gleichgeschlechtlichen Lebensgefährten, erlöschen die familienrechtlichen Beziehungen lediglich zum anderen Elternteil und zu dessen Verwandten (§ 197 Abs. 4 ABGB). Nach österreichischem Recht

---

293 Durch das FamErbRÄG 2004.
294 Eine Ersetzung der Zustimmung ist nur in ganz speziellen Fällen zulässig; diese Maßnahme ist restrik- tiv zu handhaben. *Höllwerth* in: *Schwimann/Kodek*, I, § 181 Rn 16 m.w.N.
295 OGH 1 Ob 733/79, JBl 1981, 208.
296 Seit 1.1.2005 gibt es bei der Erwachsenenadoption die Möglichkeit einer Inkognitoadoption nicht mehr. Siehe *Höllwerth* in: *Schwimann/Kodek*, I, § 181 Rn 19.

bringt die Adoption die familienrechtlichen Beziehungen vermögensrechtlicher Natur (Unterhalts- und Ausstattungsansprüche) zwischen dem Wahlkind und dessen leiblichen Verwandten nicht zum Erlöschen; sie sind jedoch subsidiär gegenüber den Rechten und Pflichten zwischen dem Wahlkind und den Wahleltern (§ 198 ABGB).[297] Zu den **erbrechtlichen** Beziehungen siehe § 199 ABGB.

---

297 *Höllwerth* in: *Schwimann/Kodek*, I, § 182a Rn 1 ff.

Polen[1]

Dr. Martin Margonski, Notarvertreter, Deutsch-Polnisches Forschungsinstitut am Collegium Polonicum in Słubice

---

1 Auf der Grundlage der früheren Bearbeitung von Dr. Dr. Ingo Ludwig, Notar, Völklingen.

Literatur

Andrae, Internationales Privatrecht der ehelichen Vermögensbeziehungen mit Berührungen zu Polen, NotBZ 2001, 44 ff., 94 ff.; *Bugajski*, Scheidung nach polnischem Recht, iFamZ 2007, 215 ff.; *ders.*, Das polnische Familienrecht im Wandel, FamRZ 2008, 1710 ff.; *Bugajski/Mostowik*, Neueste Entwicklungen im polnischen Familienrecht, FamRZ 2013, 1455 ff.; *dies.*, Neues Gesetz über das Recht der Personenstandsurkunden und weitere Tendenzen im polnischen Familienrecht, FamRZ 2015, 1558 ff.; *Cloer*, Die Grundzüge des polnischen Einkommensteuerrechts, RIW 2004, 108 ff.; *Dyoniak*, in: *Schwab/Henrich* (Hrsg.), Entwicklungen des europäischen Kindschaftsrechts, 2. Aufl. 1996, S. 97 ff.; *Gralla*, Polen: Neues Adoptionsrecht, Einleitung und Übersetzung, StAZ 1996, 24 ff.; *ders.*, Eheschließung durch kirchliche Trauung in Polen, StAZ 1998, 341; *ders.*, Das polnische Ehegüterrecht, ZNotP 1998, 136 ff.; *ders.*, Die Trennung von Tisch und Bett als neues Institut des polnischen Eherechts, StAZ 2000, 42 ff.; *ders.*, Das neue polnische Ehegüterrecht, ZNotP 2005, 202 ff.; *ders.*, in: *Gralla/Leonhardt* (Hrsg.), Das Unterhaltsrecht in Osteuropa, 1989, Länderbericht Polen, S. 109 ff.; *Hohloch/Nocon*, in: *Hohloch* (Hrsg.), Internationales Scheidungs- und Scheidungsfolgenrecht, 1998, Länderbericht Polen, S. 401 ff.; *Kasprzyk*, Eheschließung und nichteheliche Lebensgemeinschaften im polnischen Recht StAZ 2009, 97 ff.; *ders.*, Neue Regelungen zur Vaterschaftsanerkennung im polnischen Recht – Versuch einer Synthese, StAZ 2010, 285 ff.; *Krzymuski*, Reform des polnischen Internationalen Privatrechts und deutsch-polnische Rechtsbeziehungen im Personen- und Familienrecht, Teil 1, StAZ 2012, 40 ff., Teil 2, StAZ 2012, 73; *Mączyński*, Die Konkordatsform der Eheschließung im polnischen Recht, in: *Mansel/Pfeiffer/Kronke/Kohler/Hausmann* (Hrsg.), Festschrift für Erik Jayme, Bd. 2, 2004, S. 1513 ff.; *ders.*, Scheidung und nachehelicher Unterhalt nach polnischem Recht, in: *Hofer/Schwab/Hennrich* (Hrsg.), Scheidung und nachehelicher Unterhalt im europäischen Vergleich, 2004, S. 247 ff.; *ders.*, Polnisches eheliches Güterrecht, in: Festschrift für Dieter Schwab, Perspektiven des Familienrechts, 2005, S. 1437 ff.; *ders.*, Die Modernisierung des polnischen Familien- und Vormundschaftsgesetzbuches, FamRZ 2009, 1555 ff.; *Rudat*, Die scheidungsbedingte Auseinandersetzung und Teilung des gemeinschaftlichen Vermögens unter Ehegatten nach dem gesetzlichen Güterstand des polnischen Rechts, 2010; *Salustowicz*, Ausgewählte Probleme des polnischen Unterhaltsrechts, in: *Dopffel/Bucher* (Hrsg.), Unterhaltsrecht in Europa, 1983, S. 135 ff.; *Stecki*, Scheidungsfolgen nach dem polnischen Familienrecht, ZVglRWiss 82 (1983), S. 216 ff.; *Waehler*, in: *Doppfel/Martiny* (Hrsg.), Kindschaftsrecht im Wandel, 1994, Länderbericht Polen, S. 511 ff.

Die wichtigsten Rechtsquellen

FVGB – Familien- und Vormundschaftsgesetzbuch (*Kodeks rodzinny i opiekuńczy*) vom 25.2.1964

ZGB – Zivilgesetzbuch (*Kodeks cywilny*) vom 23.4.1964

ZVGB – Zivilverfahrensgesetzbuch (*Kodeks postępowania cywilnego*) vom 17.11.1964

PStG 2014 – Personenstandsgesetz (*Prawo o aktach stanu cywilnego*) vom 28.11.2014, in Kraft getreten am 1.3.2015

PStG 1986 – Personenstandsgesetz (*Prawo o aktach stanu cywilnego*) vom 29.9.1986

IPRG 2011 – Gesetz über das internationale Privatrecht (*Prawo prywatne międzynarodowe*) vom 4.2.2011, in Kraft getreten am 16.5.2011

IPRG 1965 – Gesetz über das internationale Privatrecht (*Prawo prywatne międzynarodowe*) vom 12.11.1965

Margonski

StAG 2009 – Gesetz über die polnische Staatsangehörigkeit vom 2.4.2009
HGGB – Handelsgesellschaftengesetzbuch (*Kodeks spółek handlowych*) vom 15.9.2000

A. Eheschließung

I. Materielle Voraussetzungen

1. Persönliche Voraussetzungen

Nach Art. 1 § 1 FVGB wird eine Ehe dadurch geschlossen, dass ein Mann und eine Frau   1
bei gleichzeitiger Anwesenheit vor dem Leiter des **Standesamtes** erklären, dass sie miteinander in den Ehebund eintreten; eine Ehe kann demnach nur zwischen einem Mann und einer
Frau begründet werden. Weitere Voraussetzungen sind die Ehemündigkeit beider künftigen
Ehegatten sowie das Nichtvorliegen von Ehehindernissen.

a) Ehemündigkeit

Ehemündigkeit setzt zunächst die Vollendung des 18. Lebensjahres voraus (Art. 10 § 1   2
FVGB). Das Vormundschaftsgericht kann jedoch einer Frau, die das 16. Lebensjahr vollendet hat, aus wichtigen Gründen die Eheschließung erlauben (Art. 10 § 1 S. 2 FVGB).[2] Durch
die Eheschließung wird ein Minderjähriger volljährig und verliert die Volljährigkeit durch
die Nichtigerklärung der Ehe nicht (Art. 10 § 2 ZGB). Ein Ehegatte darf nicht vollentmündigt[3] sein (Art. 11 § 1 FVGB). Bei geisteskranken Personen oder Personen mit Geistesschwäche (Art. 12 § 1 FVGB) kann das Gericht die Eheschließung erlauben, wenn die
Person nicht vollentmündigt ist und der Gesundheits- oder Geisteszustand weder die Ehe
noch die Gesundheit der künftigen Nachkommenschaft gefährdet.

b) Keine Ehehindernisse

Das Gesetz enthält folgende **Ehehindernisse:**   3
– Bestehende Ehe (Verbot der Doppelehe; Art. 13 § 1 FVGB);
– Verbot der Ehe zwischen geradlinigen Verwandten, zwischen Geschwistern sowie zwi-
  schen geradlinig Verschwägerten (Art. 14 § 1 FVGB); im letztgenannten Fall kann das
  Gericht aus wichtigen Gründen die Eheschließung gestatten;
– Verbot der Ehe zwischen Annehmendem und angenommenem Kind (Art. 15 § 1 FVGB);
– Abgabe der Eheerklärung in einem die bewusste Willensäußerung ausschließenden Zu-
  stand (Art. 15/1 § 1 Nr. 1 FVGB);
– Abgabe der Eheerklärung unter dem Einfluss eines Irrtums über die Identität des anderen
  Beteiligten (Art. 15/1 § 1 Nr. 2 FVGB);
– Abgabe der Eheerklärung unter dem Einfluss von Drohung durch den anderen Beteilig-
  ten oder einen Dritten (Art. 15/1 § 1 Nr. 3 FVGB).

---

2 Das Verfahren ist in Art. 561 f. ZVGB geregelt.
3 Eine Person, die das 13. Lebensjahr vollendet hat, kann vollentmündigt werden, wenn sie infolge von
   Geisteskrankheit, Geistesschwäche oder einer anderen Art von psychischer Störung, insbesondere
   Trunksucht oder Rauschgiftsucht, nicht in der Lage ist, ihre Handlungsweise selbst zu bestimmen
   (Art. 13 Abs. 1 ZGB). Eine vollentmündigte Person ist unter Vormundschaft zu stellen, sofern sie nicht
   unter elterlicher Gewalt steht (Art. 13 Abs. 2 ZGB). Macht die psychische Störung eine Vollentmündi-
   gung nicht notwendig, so kann die betroffene Person teilentmündigt werden; für sie ist dann eine
   Pflegschaft anzuordnen (Art. 16 ZGB).

2. Rechtsfolgen von Verstößen

4   Sofern die vorgenannten Ehehindernisse bei Eheschließung vorlagen, kann eine Ehe für **nichtig** erklärt werden (vgl. dazu im Einzelnen Art. 10 ff. FVGB). Die Nichtigerklärung kann nur aus den in Teil I des 1. Titels des FVGB genannten **Gründen** erfolgen (Art. 17 FVGB). Insbesondere bilden andere als die dort geregelten Willensmängel keine Grundlage für eine Nichtigerklärung.[4] Wer **klageberechtigt** ist, hängt von der Art des Ehehindernisses ab: Wurde die Ehe unter Verletzung des Verbots der Doppelehe oder der Verwandtschaft geschlossen, so ist jeder klageberechtigt, der daran ein rechtliches Interesse hat (Art. 13 § 2, Art. 14 § 2 FVGB). Nur die Ehefrau ist klageberechtigt, wenn ein Ehegatte nicht das erforderliche Alter besaß und die Ehefrau schwanger ist (Art. 10 § 4 FVGB). In den übrigen Fällen sind beide Ehegatten klageberechtigt. Wurde die Ehe durch einen Bevollmächtigten geschlossen (siehe Rdn 12), so kann nur der Vollmachtgeber nach Maßgabe des Art. 16 FVGB die Nichtigerklärung verlangen. In allen Fällen kann der Staatsanwalt (Art. 22 FVGB), und folglich auch der Ombudsmann,[5] die Nichterklärung verlangen.[6] Nach Beendigung der Ehe ist eine Nichtigerklärung grds. ausgeschlossen (Art. 18 S. 1 FVGB). Davon ausgenommen ist die Nichtigerklärung bei Vorliegen des Ehehindernisses der Verwandtschaft sowie der Doppelehe (Art. 18 S. 2 FVGB).

5   Wird die Ehe durch den **Tod** eines Ehegatten aufgelöst, so ist zu unterscheiden: Verstirbt der Ehegatte, gegen den die Klage auf Nichtigerklärung betrieben wird, so kann die Klage gegen einen vom Gericht zu ernennenden Pfleger fortgeführt werden (Art. 19 § 1 FVGB). Verstirbt der Ehegatte, der die Klage auf Nichtigerklärung betreibt, so können dessen Abkömmlinge das Verfahren fortführen (Art. 19 § 2 FVGB).

6   Kannte ein Ehegatte die Umstände, die zur Nichtigkeit der Ehe führten, so ist er **bösgläubig** (Art. 20 § 2 FVGB). Dies ist im Urteil vom Gericht von Amts wegen festzustellen (Art. 20 § 1 FVGB). Wird eine Ehe für nichtig erklärt, so finden hinsichtlich des Verhältnisses der Ehegatten zu ihren gemeinsamen Kindern und hinsichtlich der Vermögensverhältnisse zwischen den Ehegatten die **Vorschriften über die Scheidung** Anwendung. War ein Ehegatte bösgläubig, so wird er – insbesondere unterhaltsrechtlich – so behandelt, als ob er an der Zerrüttung der ehelichen Gemeinschaft schuldig gesprochen wäre (Art. 21 FVGB).[7]

II. Zuständige Behörde und Verfahren

1. Ziviltrauung

7   Nach Art. 1 § 1 FVGB wird die **Zivilehe** dadurch geschlossen, dass ein Mann und eine Frau bei gleichzeitiger Anwesenheit vor zwei volljährigen Zeugen (Art. 7 § 1 FVGB) vor dem Leiter des Standesamtes erklären, dass sie in den Ehebund eintreten. Vor der Eheschließung haben die künftigen Ehegatten dem Leiter des Standesamtes folgende Unterlagen einzurei-

---

4   Urteil des Appellationsgerichts Kattowitz vom 16.10.1992, I ACr 464/92.
5   Art. 14 Pkt. 4 des Gesetzes über den Ombudsmann vom 15.7.1987.
6   Diese Befugnis des Staatsanwalts ist nach der in der Literatur vertretenen Auffassung von der Anwendbarkeit des polnischen Eherechts nicht abhängig, auch wenn sie materiellrechtlich konzipiert ist (so *Pietrzykowski*, in: *Pietrzykowski* (Hrsg.), Kodeks rodzinny i opiekuńczy, Komentarz, 2015, Art. 22 FVGB, Rn 12). Begründet wird dies mit Verweis auf Art. 8 Abs. 1 IPRG 2011 (Eingriffsnormen), was wenig überzeugend ist. Die Regelung ist in grenzüberschreitenden Fällen eher als eine Verfahrensfrage zu qualifizieren.
7   Zur Bedeutung des Verschuldens an der Zerrüttung der Ehe für den Unterhaltsanspruch siehe Rdn 101.

chen, damit dieser die Rechtmäßigkeit der künftigen Ehe überprüfen kann (Art. 3 FVGB, Art. 76 PStG 2014):

- einen Identitätsausweis,
- eine gekürzte Abschrift der Geburtsurkunde im Original,
- einen Beweis für die Beendigung oder Nichtigerklärung der Ehe, wenn ein künftiger Ehegatte bereits verheiratet war,
- eine schriftliche Versicherung darüber, dass keine Umstände bekannt sind, die einer Eheschließung entgegenstehen könnten,[8] sowie
- eine Einwilligung zur Eheschließung, wenn dies nach den Vorschriften des FVGB erforderlich ist.

Ein **ausländischer Staatsangehöriger** hat dem Leiter des Standesamtes eine Urkunde darüber vorzulegen, dass er nach dem anwendbaren ausländischen Recht eine Ehe eingehen kann (Art. 79 Abs. 1 Nr. 3 PStG 2014).[9] In Ausnahmefällen kann das zuständige Gericht den Ausländer von diesem Erfordernis befreien (Art. 79 Abs. 2 PStG 2014). **8**

Im **Ausland** können **polnische Staatsbürger** vor einem Konsul die Ehe schließen (Art. 1 § 4 FVGB). Beide Nupturienten müssen die polnische Staatsangehörigkeit besitzen. Der polnische Konsul wird die Eheschließung nur dann zulassen, wenn das Recht des Aufnahmestaates dem nicht entgegensteht. Der Konsul bestätigt in einem Protokoll die Abgabe der Erklärung über den Eintritt in den Ehebund. Zum Zwecke der Ausstellung einer Heiratsurkunde übersendet der Konsul das Protokoll unverzüglich an das für den Bezirk Warschau-Mitte zuständige Standesamt (Art. 86 Abs. 2 PStG 2014). **9**

2. Kirchliche Trauung

Eine Ehe kann auch dadurch wirksam geschlossen werden, dass ein Mann und eine Frau nach dem internen Recht einer Kirche oder eines anderen Bekenntnisverbandes in Gegenwart des Geistlichen den Willen erklären, miteinander die Ehe eingehen zu wollen und der Leiter des Standesamtes hiernach eine Heiratsurkunde ausfertigt (Art. 1 § 2 S. 1 FVGB).[10] Dies gilt jedoch nur, wenn ein ratifizierter völkerrechtlicher Vertrag oder ein Gesetz über das Verhältnis des Staates zur Kirche oder zu einem anderen Bekenntnisverband diese Möglichkeit vorsieht (Art. 1 § 3 FVGB). Nach Art. 10 Abs. 1 des am 25.4.1998 ratifizierten Konkordats zwischen der Republik Polen und dem Vatikan[11] hat die **kanonische Ehe** ab dem Zeitpunkt der Eingehung die gleichen Wirkungen wie die Eheschließung nach dem polnischen Recht, wenn zwischen den Brautleuten keine sich aus dem polnischen Recht ergebenden Ehehindernisse bestehen, die Brautleute bei der Eingehung der Ehe einvernehmlich erklären, dass sie diese Wirkungen haben soll und die Eheschließung auf einem dem Standesamt innerhalb einer Frist von fünf Tagen ab der Eheschließung übermittelten Antrag in das Personenstandsbuch eingetragen worden ist. Für die vor Geistlichen anderer Konfessionen vorgenommene Trauung wurde durch die Novelle vom 26.6.1998 zum Gesetz über die Garantien für die Gewissens- und Bekenntnisfreiheit von 1989 in die Gesetze über **10**

---

8 Die Ehe darf grds. erst nach Ablauf von einem Monat nach Einreichung dieser Versicherung geschlossen werden (Art. 4 S. 1 FVGB).

9 Staatenlose oder Personen, deren Staatsangehörigkeit nicht feststellbar ist, sowie Flüchtlinge müssen das Ehefähigkeitszeugnis nach dem Recht desjenigen Staates vorlegen, in dem sie ihren Wohnsitz bzw. gewöhnlichen Aufenthalt haben (Art. 48 i.V.m. Art. 3 IPRG 2011).

10 Die Ehe gilt ab dem Zeitpunkt der Abgabe der Erklärungen vor dem Geistlichen als wirksam geschlossen (Art. 1 § 2 S. 2 FVGB).

11 Vgl. *Gralla*, Eheschließung durch kirchliche Trauung in Polen, StAZ 1998, 41 f.

Margonski

das Verhältnis zu einzelnen Kirchen[12] jeweils eine Regelung aufgenommen, wonach eine in der im innerkirchlichen Recht vorgesehene Form geschlossene Ehe zivilrechtliche Wirkungen hat, wenn sie den im Familien- und Vormundschaftsgesetzbuch vorgesehenen Anforderungen entspricht.[13]

11 Der dazu berechtigte Geistliche stellt unverzüglich eine Bestätigung über die Eheschließung nach dem Recht der Kirche bzw. der Glaubensgemeinschaft aus (Art. 8 § 2 S. 1 FVGB). Die von dem Geistlichen, den beiden Ehegatten und zwei Zeugen unterschriebene Bestätigung ist innerhalb von fünf Tagen an das Standesamt zu übermitteln (Art. 8 § 3 FVGB). Die Überschreitung der Frist führt zur Ablehnung der Beurkundung der Eheschließung durch den Standesbeamten (Art. 87 Abs. 5 PStG 2014). Die **Eintragung** der Eheschließung im Personenstandsregister ist **konstitutiv**.[14]

3. Vertretung

12 Aus wichtigen Gründen[15] kann das Gericht erlauben, die Erklärung über die Eingehung des Ehebundes durch einen **Vertreter** aufgrund einer schriftlichen Vollmacht mit amtlich beglaubigter Unterschrift (Art. 6 § 2 FVGB) abzugeben (Art. 6 § 1 FVGB). Antragsberechtigt ist ausschließlich[16] der Nupturient, der durch den Bevollmächtigten vertreten werden soll (Art. 563 ZVGB).

III. Verlöbnis

13 Das Rechtsinstitut des Verlöbnisses (*zaręczyny*) ist dem polnischen Recht nicht unbekannt. Das Verlöbnis ist jedoch seit 1950 im Familienrecht nicht mehr geregelt. Es besteht kein Anspruch auf Eheschließung. Leichtsinnige Verursachung von Kosten einer nicht erfolgten Eheschließung kann jedoch nach in der Literatur vertretener Auffassung Schadensersatzansprüche verursachen[17] und Grundlage des Widerrufs von Schenkungen (Art. 989 § 1 ZGB) bilden.

IV. Kollisionsrecht der Eheschließung

14 Die Ehefähigkeit unterliegt im autonomen Kollisionsrecht für jeden Ehegatten seinem Heimatrecht[18] im Zeitpunkt der Eheschließung (Art. 48 IPRG). Beachtlich ist nur die Rückver-

---

12 Polnisch autokephale orthodoxe Kirche, evangelisch-augsburgische Kirche, evangelisch-reformierte Kirche, evangelisch-methodistische Kirche, Kirche der christlichen Baptisten, Kirche der Adventisten des siebenten Tages, polnisch-katholische Kirche, altkatholische Kirche der Mariariten, Kirche der Pfingstler, jüdische Bekenntnisgemeinden.
13 Vgl. *Gralla*, Eheschließung durch kirchliche Trauung in Polen, StAZ 1998, 41 f.
14 Urteil des OG vom 3.3.2004, III CK 346/02.
15 Die Rspr. legt den Begriff des „wichtigen Grundes" sehr eng aus; nicht ausreichend ist bspw. regelmäßig der Aufenthalt des betreffenden Ehegatten im Ausland (so Beschluss des OG vom 8.6.1970, III CZP 27/70; a.A. Beschluss des OG vom 3.1.1969, III CRN 349/68). Die Eheschließung *per procura* ist äußerst selten und potenziell praxisrelevant fast nur in Fällen mit Auslandsbezug.
16 Beschluss des OG vom 17.11.1971, III CRN 354/71.
17 Trotz Änderung der Rechtslage wird in diesem Zusammenhang die Entscheidung des OG vom 15.7.1953, II C 687/53 weiter für aktuell gehalten.
18 Bei Mehrstaatern genießt die polnische Staatsangehörigkeit Vorrang (Art. 2 Abs. 1 IPRG 2011). Bei mehrfach fremder Staatsangehörigkeit kommt es auf die effektive Staatsangehörigkeit an (Art. 2 Abs. 2 IPRG 2011). Bei Staatenlosen, Personen mit ungeklärter Staatsangehörigkeit und beim Heimatrecht, dessen Inhalt nicht feststellbar ist, sowie bei Asylanten kommt es auf den Wohnort und subsidiär auf den gewöhnlichen Aufenthalt an (Art. 3 IPRG 2011).

Margonski

weisung (Art. 5 Abs. 1 IPRG 2011). Die Form der Eheschließung bestimmt sich nach dem Recht des Staates, in dem die Ehe geschlossen wird (Art. 49 Abs. 1 IPRG). Die Rückverweisung ist hier ausgeschlossen (Art. 5 Abs. 2 Nr. 2 IPRG 2011). Wird eine Ehe außerhalb des polnischen Gebietes geschlossen, so genügt die Einhaltung der Form, die das Heimatrecht der Ehegatten oder die das Recht des Staates vorschreibt, in dem beide Ehegatten ihren dauerhaften oder gewöhnlichen Aufenthalt haben (Art. 49 Abs. 2 IPRG). Auf die Folgen der Eheunfähigkeit und der Formverletzung findet das in Art. 48 und 49 IPRG bezeichnete Recht Anwendung (Art. 50 IPRG).

Zu beachten sind ggf. Kollisionsnormen, welche sich aus bilateralen Abkommen ergeben.[19] Zwischen Polen und der Bundesrepublik Deutschland gibt es keine solchen Regelungen. Bei Altfällen mit Bezug zur DDR bleiben die kollisionsrechtlichen Regelungen des bilateralen Abkommens zwischen der Volksrepublik Polen und der DDR vom 1.2.1957 anwendbar.[20]   15

B. Folgen der Ehe

I. Güterrecht

1. Gesetzlicher Güterstand

Gesetzlicher Güterstand ist die „gesetzliche Gütergemeinschaft".[21] Man unterscheidet   16 zwischen dem **gemeinschaftlichen Vermögen** beider Ehegatten sowie dem **Sondervermögen** eines jeden Ehegatten; insgesamt gibt es demnach drei Vermögensmassen. Da voreheliches Vermögen nicht zum gemeinschaftlichen Vermögen wird, handelt es sich um eine Art Errungenschaftsgemeinschaft.

a) Gemeinschaftliches Vermögen

Zum **gemeinschaftlichen Vermögen** gehört alles, was nicht Sondervermögen eines jeden   17 Ehegatten ist. Dazu gehören nach Art. 31 § 1 S. 1 FVGB alle Vermögensgegenstände, die während der Dauer der gesetzlichen Gütergemeinschaft von beiden Ehegatten gemeinsam oder von einem Ehegatten erworben werden. Nach Art. 31 § 2 FVGB gehören zum gemeinschaftlichen Vermögen insbesondere:

---

19 Solche Abkommen gelten im Verhältnis zu: Belarus (1995), Bulgarien (1963), Estland (2000), Frankreich (1969), Jugoslawien (1963), Kuba (1984), Lettland (1995), Libyen (1987), Litauen (1994), Mongolei (1972), Nord-Korea (1987), Österreich (1974), Rumänien (2002), Russland (2002), Tschechoslowakei (1989), Ukraine (1994), Ungarn (1960), Vietnam (1995).

20 Der Vertrag zwischen der Deutschen Demokratischen Republik und der Volksrepublik Polen über den Rechtsverkehr in Zivil-, Familien- und Strafsachen (GBl der DDR 1957 I, S. 414 ff.) galt zwischen dem 11.9.1957 und dem 3.10.1990.

21 Durch Gesetz vom 17.6.2004 sind die Vorschriften des Familien- und Vormundschaftsgesetzbuches mit Wirkung ab dem 20.1.2005 teilweise geändert worden (näher dazu *Gralla*, Das neue polnische Ehegüterrecht, ZNotP 2005, 202 ff.; *Rudat*, Die scheidungsbedingte Auseinandersetzung, S. 46 ff.). Auf Rechtsgeschäfte, welche vor dem Stichdatum vorgenommen wurden, finden die alten Vorschriften des Ehegüterrechts Anwendung.

- das von jedem Ehegatten bezogene Arbeitsentgelt und Einkünfte aus einer anderen Erwerbstätigkeit (Nr. 1),[22]
- Einnahmen aus dem gemeinschaftlichen Vermögen sowie dem persönlichen Vermögen eines jeden Ehegatten (Nr. 2),
- das auf dem Konto des offenen und des betrieblichen Pensionsfonds angesammelte Guthaben jedes Ehegatten (Nr. 3) sowie
- die Beitragsquote, die auf einem Unterkonto verbucht wurde, das in Art. 40a des Gesetzes vom 13.10.1998 über das Sozialversicherungssystem genannt wird (Nr. 4).[23]

18 Die Aufzählung in Art. 31 § 2 FVGB ist nur beispielhaft und klarstellend. Während der Dauer der Gütergemeinschaft wird grds. zum gemeinschaftlichen Vermögen der Ehegatten erworben. Bei der Auseinandersetzung des gemeinschaftlichen Vermögens nach Beendigung der Gemeinschaft wird durch die Rspr. eine entsprechende Tatsachenvermutung und die Zugehörigkeit zum gemeinschaftlichen Vermögen angenommen, sodass ein Erwerb zum persönlichen Vermögen eines Ehegatten (z.B. im Wege der Surrogation) nachzuweisen ist.

Jeder Ehegatte hat das **Recht auf Mitbesitz** der gemeinschaftlichen Vermögensgegenstände wie auch auf Nutzung dieser Sachen in dem Umfang, in dem es sich mit dem Mitbesitz und der Nutzung durch den anderen Ehegatten vereinbaren lässt (Art. 34/1 FVGB).

19 Während der Dauer der Gütergemeinschaft ist diese eine Gesamthandsgemeinschaft. Kein Ehegatte kann über seinen Anteil an der Errungenschaftsgemeinschaft oder die künftige Beteiligung, die ihm im Fall der Beendigung der Gütergemeinschaft zustehen wird, **verfügen**. Während des Bestehens der Gütergemeinschaft kann kein Ehegatte die Auseinandersetzung des gemeinschaftlichen Vermögens verlangen (Art. 35 FVGB). Ein Gläubiger kann während des Bestehens der Gütergemeinschaft keine Befriedigung aus dem Anteil verlangen, der diesem Ehegatten am gemeinschaftlichen Vermögen oder an einzelnen diesem Vermögen zugehörenden Gegenständen im Fall der Beendigung der Gemeinschaft zustehen wird (Art. 42 FVGB).

20 Im **Innenverhältnis** sind die Ehegatten verpflichtet, bei der Verwaltung des gemeinschaftlichen Vermögens **mitzuwirken** und sich gegenseitig Auskünfte über den Stand des Vermögens, über Geschäftsführung und über Verpflichtungen zu erteilen (Art. 36 § 1 FVGB). Im Außenverhältnis kann jeder Ehegatte das gemeinschaftliche Vermögen – vorbehaltlich der in Art. 37 § 1 FVGB genannten Geschäfte – **selbstständig verwalten** (Art. 36 § 2 S. 1 FVGB). Der andere Ehegatte kann aber einem beabsichtigten Geschäft eines Ehegatten **widersprechen**. Davon ausgenommen sind Geschäfte in laufenden Angelegenheiten des täglichen Lebens oder zur Befriedigung der einfachen Familienbedürfnisse sowie Geschäfte im Rahmen der Erwerbstätigkeit (Art. 36/1 § 1 FVGB).[24] Ein Widerspruch ist einem Dritten gegenüber nur dann wirksam, wenn der Dritte rechtzeitig vor der Vornahme der Rechtshandlung von dem Widerspruch Kenntnis erlangen konnte (Art. 36/1 § 2 FVGB).

---

22 Dagegen gehören nach Art. 33 Nr. 7 FVGB Ansprüche auf Entgelt für Arbeits- oder andere Dienstleistungen, die von einem Ehegatten persönlich erbracht worden sind, zum Sondervermögen. Zum gemeinschaftlichen Vermögen gehört die Vergütung für Arbeits- oder Dienstleistungen erst mit der Auszahlung. Als Forderungsrechte, d.h. vor Auszahlung, gehören sie zum Sondervermögen nach Art. 33 Nr. 7 FVGB.
23 Diese Ziffer 4 wurde eingefügt durch Gesetz vom 25.3.2011, welches am 1.5.2011 in Kraft getreten ist.
24 *Gralla*, Das neue polnische Ehegüterrecht, ZNotP 2005, 202 f.

Der Grundsatz der selbstständigen Verwaltung des gemeinschaftlichen Vermögens gilt nicht   **21**
für bestimmte Rechtsgeschäfte. Der **Zustimmung** des anderen Ehegatten bedürfen nach
Art. 37 § 1 FVGB die Vornahme eines Rechtsgeschäfts,

- das die Veräußerung, die Belastung, den entgeltlichen Erwerb einer Immobilie oder
  eines Erbnießbrauchs oder die Überlassung einer Immobilie zur Nutzung oder zur
  Fruchtziehung zur Folge hat (Nr. 1);
- das die Veräußerung, die Belastung, den entgeltlichen Erwerb eines dinglichen Rechts
  an einem Gebäude oder Raum zur Folge hat (Nr. 2);
- das die Veräußerung, die Belastung, den entgeltlichen Erwerb und die Verpachtung eines
  Landwirtschaftsbetriebes oder eines Unternehmens zur Folge hat (Nr. 3);
- einer Schenkung aus dem gemeinschaftlichen Vermögen, sofern es sich nicht um kleine
  übliche Geschenke handelt (Nr. 4).

Die Zustimmung bedarf der gleichen **Form** wie das Geschäft selbst (Art. 63 § 2 ZGB). Wird   **22**
das Geschäft ohne die Zustimmung abgeschlossen, so hängt dessen Wirksamkeit von der
nachträglichen Zustimmung ab (Art. 37 § 2 FVGB). Die andere Vertragspartei kann den
Ehegatten, dessen Zustimmung erforderlich ist, unter Setzung einer angemessenen Frist zur
Erklärung über die Zustimmung auffordern. Nach Ablauf der Frist ist der Vertragspartner
nicht mehr an den Vertrag gebunden (Art. 37 § 3 FVGB). Einseitige Rechtsgeschäfte, die
einer Zustimmung bedürfen (z.B. ein Verzicht auf ein dingliches Recht, das zum gemeinschaftlichen Vermögen gehört), sind nicht schwebend unwirksam, sondern unwirksam
(Art. 37 § 4 FVGB). Verweigert der andere Ehegatte die Zustimmung oder stößt eine Verständigung mit ihm auf unüberwindbare Hindernisse, so hat auf Antrag des handelnden
Ehegatten das Gericht die Zustimmung zu ersetzen, wenn das Wohl der Familie die Vornahme des Geschäfts erfordert (Art. 39 FVGB).

Der Vertragspartner kann aufgrund eines Rechtsgeschäfts mit einem Ehegatten – nach den   **23**
entsprechend anwendbaren Vorschriften über den **gutgläubigen Erwerb** von Rechten –
ein Recht erwerben oder von einer Verbindlichkeit befreit werden (Art. 38 FVGB). Die
Vorschriften über den Erwerb von Sachen vom Nichtberechtigten (Art. 169 ZGB) sowie
über Gutglaubensschutz aus dem Grundbuch[25] werden somit auf den Erwerb von anderen
Rechten und auf die Befreiung von Verbindlichkeiten erweitert.

Aus wichtigen Gründen kann das Gericht auf Antrag eines Ehegatten dem anderen Ehegat-   **24**
ten die **selbstständige Verwaltung** des gemeinschaftlichen Vermögens nach Art. 36 § 2
FVGB entziehen oder bestimmen, dass für die Vornahme der in Art. 37 § 1 FVGB genannten
Rechtsgeschäfte die Genehmigung des Gerichts anstelle der Zustimmung des Ehegatten
erforderlich ist (Art. 40 S. 1 FVGB). Bei veränderten Umständen können die Beschlüsse
aufgehoben werden (Art. 40 S. 2 FVGB).

---

25 Art. 6 des Gesetzes über Grundbücher und die Hypothek vom 6.7.1982. Ist nur ein Ehegatte im
    Grundbuch eingetragen, wird der gute Glaube des Erwerbers an die Richtigkeit des Grundbuchs ge-
    schützt. Fälle, in denen nur ein Ehegatte im polnischen Grundbuch eingetragen wurde, obwohl die
    Immobilie zum gemeinschaftlichen Vermögen gehört, sind in der Praxis aus verschiedenen Gründen
    nicht selten. Im notariellen Verkehr wird nicht nur der Ehegüterstand des Erwerbers zum Zeitpunkt
    der Vornahme des Rechtsgeschäfts, sondern auch der Ehegüterstand des Veräußerers zum Zeitpunkt
    des historischen Erwerbs geprüft. Denn der gutgläubige Erwerb eines Dritten kann potenziell zur
    Haftung des Notars gegenüber dem übergangenen Ehegatten führen. Dies führt im Ergebnis dazu,
    dass der nicht eingetragene Ehegatte der Veräußerung bzw. Belastung der Immobilie durch den im
    Grundbuch eingetragenen Ehegatten zustimmen muss.

Margonski

b) Sondervermögen

25   **Sondervermögen** gehört jedem Ehegatten und verbleibt ihm nach der Scheidung; es ist in
Art. 33 FVGB abschließend aufgezählt:
- voreheliches Vermögen (Nr. 1);
- durch Erbschaft, Vermächtnis oder Schenkung erworbenes Vermögen, sofern der Schenker bzw. Erblasser nichts anderes bestimmt hat (Nr. 2);[26]
- Vermögensgegenstände, die sich aus einer besonderen Vorschrift der Gesamthandsgemeinschaft ergeben (Nr. 3);[27]
- Vermögensgegenstände, die ausschließlich der Befriedigung der persönlichen Bedürfnisse eines Ehegatten dienen (Nr. 4);
- unveräußerliche Rechte, die nur einer Person zustehen (Nr. 5);[28]
- Schadensersatzleistungen für Körperverletzungen oder Gesundheitsschäden sowie Schmerzensgeld, nicht aber Erwerbsunfähigkeitsrenten oder Zahlungen wegen vermehrten Bedarfs oder geminderter Erwerbsmöglichkeiten (Nr. 6);
- Ansprüche auf Arbeitsentgelt oder auf Vergütung für andere Erwerbstätigkeiten (Nr. 7);[29]
- Vermögensgegenstände, die von einem Ehegatten als Belohnung für persönliche Erfolge erbracht worden sind (Nr. 8);
- Urheber- und verwandte Rechte, Rechte des gewerblichen Eigentums sowie andere Rechte des Urhebers (Nr. 9);
- die im Austausch für Bestandteile des persönlichen Vermögens erworbenen Vermögensgegenstände, sofern besondere Vorschriften nichts anderes vorsehen (Nr. 10).

c) Gegenstände des gewöhnlichen Hausrats

26   Gegenstände des gewöhnlichen **Hausrats**, die von beiden Ehegatten genutzt werden, sind
gemeinschaftliches Vermögen. Dies gilt auch dann, wenn die Gegenstände durch Schenkung
oder Erbschaft erworben werden, es sei denn, der Schenker bzw. Erblasser hat etwas anderes
bestimmt (Art. 34 FVGB).

---

26 Vgl. aber die Regelung bei Hausratsgegenständen: Art. 34 FVGB (siehe Rdn 26). Die Regelung erstreckt sich auf den Pflichtteil sowie auf Rechte, welche im Rahmen der Nachlassauseinandersetzung von den Miterben erworben werden, und zwar auch dann, wenn die Nachlassauseinandersetzung entgeltlich erfolgt und die Zahlung an die Miterben aus dem gemeinschaftlichen Vermögen erfolgt (überwiegende Auffassung der Rspr.). Die Zahlung stellt in einem solchen Fall eine Aufwendung, welche nach Beendigung der Gemeinschaft bei der Auseinandersetzung des gemeinschaftlichen Vermögens abgerechnet werden kann, dar (Art. 45 § 2 FVGB).

27 Namentlich aus einer Gesellschaft des bürgerlichen Rechts (Art. 860 ff. ZGB) zwischen den Ehegatten untereinander oder zwischen einem oder beiden Ehegatten und einem Dritten. Ein Teil der Lehre erstreckt die Regelung auch auf Anteile an Personengesellschaften, was jedoch umstritten ist. Ein anderer Teil der Lehre erzielt das gleiche Ergebnis hinsichtlich Personengesellschaften mit Verweis auf Art. 33 Nr. 5 FVGB.

28 Z.B. Nießbrauch (Art. 254 ZGB) oder persönliche Dienstbarkeit (Art. 300 ZGB) aber auch Unterhaltsansprüche.

29 Näher dazu *Hohloch/Nocon*, in: *Hohloch* (Hrsg.), Internationales Scheidungs- und Scheidungsfolgenrecht, Länderbericht Polen, S. 401, 444 (Fn 150). Mit der Auszahlung wird die Vergütung für Arbeits- oder Dienstleistungen zum gemeinschaftlichen Vermögen nach Art. 31 § 2 Nr. 1 FVGB; siehe Rdn 17.

Margonski

d) Haftung für Verbindlichkeiten

Sofern ein Ehegatte **Verbindlichkeiten** begründet, ist hinsichtlich der Frage, welcher Ehegatte mit welchem Vermögen **haftet**, zu unterscheiden: 27

– Ist ein Ehegatte mit Zustimmung des anderen Ehegatten eine Verbindlichkeit eingegangen, so haftet das gemeinschaftliche Vermögen (Art. 41 § 1 FVGB).
– Ist ein Ehegatte eine Verbindlichkeit ohne die Zustimmung des anderen Ehegatten eingegangen, so kann der Gläubiger Befriedigung aus dem Sondervermögen des Schuldners, aus seinem Arbeitsentgelt oder aus seinen Einkünften aus einer anderen Erwerbstätigkeit sowie aus der Verwertung der in Art. 33 Nr. 9 FVGB genannten Rechte (Urheber- und verwandte Rechte, Rechte des gewerblichen Eigentums sowie andere Rechte des Urhebers) und bei Schulden im Zusammenhang mit dem Betrieb eines Unternehmens aus dem Betriebsvermögen suchen (Art. 41 § 2 FVGB).
– Ergibt sich die Verbindlichkeit eines Ehegatten nicht aus einem Rechtsgeschäft, so gelten die im vorstehenden Punkt genannten Grundsätze (Art. 41 § 2 FVGB).
– Ist die Verbindlichkeit vor Entstehung der Gütergemeinschaft entstanden oder betrifft sie das Sondervermögen eines Ehegatten, so kann der Gläubiger Befriedigung aus dem Sondervermögen des Schuldners, aus seinem Arbeitsentgelt oder aus seinen Einkünften aus einer anderen Erwerbstätigkeit sowie aus der Verwertung der in Art. 33 Nr. 9 FVGB genannten Rechte (Urheber- und verwandte Rechte, Rechte des gewerblichen Eigentums sowie andere Rechte des Urhebers) suchen (Art. 41 § 3 FVGB).

Die Beschränkungen der Haftung aus dem gemeinschaftlichen Vermögen für Verbindlichkeiten eines Ehegatten aus Rechtsgeschäften, welche ohne Zustimmung des anderen Ehegatten vorgenommen wurden, gelten nicht für Steuerschulden und sozialversicherungsrechtliche Abgaben. Der Fiskus und die Sozialversicherungsträger können sich aus dem gesamten gemeinschaftlichen Vermögen befriedigen.[30] Die Beschränkungen gelten ferner nur während der Dauer der Gemeinschaft. Zur Beendigung der Gemeinschaft führt u.a. die Eröffnung der Insolvenz (Art. 52 § 1 FVGB).[31] Ein titulierter Gläubiger, der glaubhaft macht, dass die Auseinandersetzung des gemeinschaftlichen Vermögens zur Befriedigung seiner Forderung notwendig ist, kann ferner die Festlegung der Gütertrennung durch das Gericht verlangen (Art. 52 § 1a FVGB).   28

e) Gütergemeinschaft und Immobilienerwerb

Der Erwerb von Immobilien durch einen Ehegatten im gesetzlichen Güterstand der Gütergemeinschaft setzt grds. die Mitwirkung des anderen Ehegatten voraus. Es wird vermutet, dass der Erwerb zum gemeinschaftlichen Vermögen erfolgt. Nach Art. 37 § 1 Nr. 1 FVGB ist der entgeltliche Immobilienerwerb zum gemeinschaftlichen Vermögen zustimmungsbedürftig. Fehlt die Zustimmung des Ehegatten, ist der Vertrag schwebend unwirksam (Art. 37 § 2 FVGB). Wenn die Ehegatten zum gemeinschaftlichen Vermögen erwerben, sind in der Regel beide Vertragsparteien. Daher braucht der handelnde Ehegatte eine notariell beurkundete Zustimmung zum Erwerb und eine Vollmacht zur Vertretung des persönlich   29

---

30 Art. 29 der Abgabenordnung (*Ordynacja podatkowa*) vom 29.8.1997; Art. 31 des Gesetzes über das System der Sozialversicherungen vom 13.10.1998.
31 Nach Art. 124 Insolvenzrecht vom 28.2.2003 gehört in solch einem Fall grds. das gesamte gemeinschaftliche Vermögen zur Insolvenzmasse. Eine Auseinandersetzung außerhalb des Insolvenzverfahrens ist ausgeschlossen. Der Ehegatte des Insolvenzschuldners kann seine Ansprüche aus der Auseinandersetzung im Insolvenzverfahren anmelden.

nicht anwesenden Ehegatten beim Vertragsschluss.[32] Will der handelnde Ehegatte zum persönlichen Vermögen erwerben, so ist es im gesetzlichen Güterstand nur im Rahmen der Surrogation möglich, wenn der Erwerb aus seinem privaten Vermögen finanziert wird (Art. 33 Nr. 10 FVGB). In der notariellen Praxis in Polen wird dies in der Regel durch den anderen Ehegatten bestätigt werden müssen.[33]

30   Die Ehegatten werden in Gütergemeinschaft (als eine Gesamthandsgemeinschaft) im polnischen Grundbuch eingetragen. Erst nach Beendigung der Gemeinschaft stehen ihnen bzw. den Erben Anteile zu ¹/₂ zu (Art. 43 § 1 FVGB).[34]

Die deutsche Rspr. hat im Rahmen der grundbuchamtlichen Prüfung zugelassen, wenn – abstrakt betrachtet – in dem maßgeblichen ausländischen Güterstand der Errungenschaftsgemeinschaft auch ein Alleinerwerb bzw. ein Erwerb zu Miteigentum eines jeden Ehegatten möglich ist, die Ehegatten als Miteigentümer in das Grundbuch einzutragen.[35] Im Rahmen der Prüfung des polnischen Rechts wurde durch das OLG München darauf abgestellt, dass das polnische Ehegüterrecht eine vertragliche Einschränkung der Gütergemeinschaft zulässt (Art. 47 FVGB).[36] Aus der Sichtweise des polnischen Ehegüterrechts führt diese Rspr. zur regelmäßigen Unrichtigkeit des deutschen Grundbuchs. Liegt kein Ehevertrag vor, so wird zum gemeinschaftlichen Vermögen der Ehegatten erworben. Auch der Erwerb im Rahmen der Surrogation (Art. 33 Nr. 10 FVGB) kann nicht angenommen werden, nur weil es abstrakt nicht ausgeschlossen ist. Für eine andere als die im Gesetz vorgesehene vermögensrechtliche Zuordnung des erworbenen Vermögens muss es eine Grundlage geben. Die beschränkte Prüfungspflicht der Grundbuchämter führt umso mehr dazu, dass man eine solche Grundlage nicht annehmen kann.

31   Zusammenfassend lässt sich feststellen, dass, wenn keine kollisionsrechtliche Rechtswahl zugunsten des deutschen Rechts erfolgt und keine Eheverträge vorliegen, der Erwerb einer Immobilie im gesetzlichen Güterstand der Gütergemeinschaft zum gemeinschaftlichen Vermögen erfolgt. Notwendig ist ferner die Mitwirkung beider Ehegatten beim Vertragsschluss.

f) Gütergemeinschaft und Gesellschaftsanteile

32   Während im gesetzlichen Güterstand bei Immobiliengeschäften einem der Ehegatten oft die Hände gebunden sind, sieht es bei der Beteiligung an Gesellschaften anders aus. Ein Ehegatte im gesetzlichen Güterstand kann sich frei an Gesellschaften beteiligen.

---

32 Theoretisch könnte nur die Zustimmung erteilt werden. Dann ist schuldrechtlich ausschließlich der handelnde Ehegatte Vertragspartei. Der Erwerb erfolgt aber dinglich zum gemeinschaftlichen Vermögen. Da aber der andere Ehegatte wirtschaftlich von dem Vertrag profitiert, ist es sinnvoll, dass er einerseits zur Zahlung des Kaufpreises verpflichtet ist und andererseits auch die Rechte der Käuferseite aus dem Vertrag ausüben kann. Die Zustimmung und Vollmacht wird in Polen beurkundet, weil nach polnischem Recht sowohl die Zustimmung (63 § 2 ZGB) als auch die Vollmacht (63 § 2 ZGB) in der Form des Hauptgeschäfts erteilt werden müssen.

33 Da es sich um keine Willenserklärung handelt, welche den Erwerb von Immobilieneigentum zufolge hat, sondern lediglich um eine Tatsachenbestätigung, ist eine Erklärung mit beglaubigter Unterschrift ausreichend. Ausnahmsweise wird von der Bestätigung durch den anderen Ehegatten abgesehen, wenn der Handelnde die Finanzierung aus seinem Privatvermögen glaubhaft machen kann, indem er beispielsweise auf einen vor Kurzem erfolgten Verkauf einer Immobilie aus seinem privaten Vermögen hinweisen kann.

34 Die Umschreibung des Grundbuches erfolgt aufgrund eines Nachweises der Beendigung der Gütergemeinschaft z.B. Scheidungsurteils, Ehevertrages, Beschlusses über die Aufhebung der Gütergemeinschaft, Erbscheins usw.

35 BayObLGZ 1986, 81; BayObLGZ 1992, 85; BayObLG MittBayNot 2001, 221 mit Anm. *Riering*.

36 OLG München, NJW 2016, 1186.

Margonski

Die ehegüterrechtliche Zugehörigkeit der Beteiligung an Personalgesellschaften ist umstrit-   33
ten. Vertreten werden sowohl Auffassungen, wonach die Anteile zum persönlichen Vermögen des an der Gesellschaft beteiligten Ehegatten gehören,[37] als auch Auffassungen, wonach
sie grds. zum gemeinschaftlichen Vermögen der Ehegatten gehören. Im Bereich der Kapitalgesellschaften wird dagegen die letztere Auffassung nicht in Frage gestellt.

Die praktischen Folgen dieses Streits sind jedoch begrenzt. Zum einen sind Rechtsgeschäfte   34
im gesellschaftsrechtlichen Bereich nicht von dem Erfordernis der Zustimmung des Ehegatten nach Art. 37 FVGB betroffen.[38] Folglich gilt im gesellschaftsrechtlichen Bereich der
Grundsatz der selbstständigen Verwaltung des gemeinschaftlichen Vermögens durch beide
Ehegatten (Art. 36 § 2 FVGB). Ein Widerspruch des anderen Ehegatten ist ferner nach
Art. 36/1 § 1 *in fine* FVGB ausgeschlossen. Der Finanzierung einer Gesellschaftsgründung
aus dem gemeinschaftlichen Vermögen durch nur einen Ehegatten steht somit nichts entgegen. Zum zweiten unterscheidet die Rspr.[39] zwischen der ehegüterrechtlichen Zuteilung der
Beteiligung an der Gesellschaft (ehevermögensrechtliche Ebene) und dem gesellschaftsrechtlichen Status des Gesellschafters (Wahrnehmung der Gesellschafterrechte). Gegenüber
der Gesellschaft, anderen Gesellschaftern und im Rechtsverkehr ist nur der an der Gesellschaft beteiligte Ehegatte Gesellschafter. Auch wird nur er im Handelsregister eingetragen.

Diese Handhabung sorgt für Rechtssicherheit im Gesellschaftsrecht. Gleichzeitig kann die   35
Beteiligung an der Gesellschaft im Rahmen der Auseinandersetzung des gemeinschaftlichen
Vermögens (z.B. nach der Scheidung) ehegüterrechtlich berücksichtigt werden, indem bei-
spielsweise der Ehegatte des Gesellschafters einen finanziellen Ausgleich bekommt. Da die
Zugehörigkeit der Gesellschaftsanteile zum gemeinschaftlichen Vermögen potenziell dazu
führen kann, dass die Gesellschaftsanteile im Rahmen der Auseinandersetzung nicht dem
Gesellschafter, sondern seinem Ehegatten bzw. den Erben des Ehegatten zugeteilt werden
können, sieht das polnische Recht der Kapitalgesellschaften entsprechende Regelungen vor.
Die Gesellschafter können im Gesellschaftsvertrag den Eintritt eines Dritten im Rahmen
der Auseinandersetzung des gemeinschaftlichen Vermögens ausschließen.[40]

2. Vertragliches Güterrecht

a) Übersicht

Durch notariell beurkundeten **Ehevertrag** (der auch vor der Ehe abgeschlossen werden   36
kann, Art. 47 § 1 S. 2 FVGB) können die Ehegatten die Gütergemeinschaft erweitern oder
einschränken, vollständige Gütertrennung (Art. 51–51/1 FVGB) oder Gütertrennung mit
Zugewinnausgleich (Art. 51/2–51/5 FVGB) vereinbaren (Art. 47 § 1 S. 1 FVGB). Der Güterstand kann jederzeit geändert oder aufgelöst werden (Art. 47 § 2 S. 1 FVGB). Bei **Auflösung**
eines von dem gesetzlichen abweichenden Güterstandes tritt die gesetzliche Gütergemeinschaft ein, sofern die Ehegatten nichts anderes vereinbart haben (Art. 47 § 2 S. 2 FVGB).
Einem Dritten gegenüber können sich die Ehegatten auf den von ihnen vereinbarten Güter-

---

37 Begründet wird es entweder mit Art. 33 Nr. 3 FVGB oder mit Art. 33 Nr. 5 FVGB.
38 Art. 37 Nr. 3 FVGB ist hier nicht anwendbar, weil dort ein Unternehmen i.S.d. Art. 55/1 ZGB gemeint
    ist, d.h. ein Unternehmen eines Einzelunternehmers, und nicht die Beteiligung an Gesellschaften.
39 Urteil des OG vom 21.1.2009, II CSK 446/08; Beschluss des OG vom 3.12.2009, II CSK 273/09;
    Beschluss des OG 18.12.2015, III CSK 332/15.
40 Art. 183/1 HGGB (GmbH) und Art. 332/1 HGGB (AG).

stand nur berufen, wenn der Abschluss und die Art des Vertrages dem Dritten bekannt waren (Art. 47/1 FVGB).[41]

b) Die erweiterte Gütergemeinschaft

37 Die Ehegatten können die gesetzliche **Gütergemeinschaft erweitern**, indem sie ihr auch solche Vermögenswerte unterstellen, die Sondervermögen eines Ehegatten sind. Dazu gehört insbesondere das voreheliche Vermögen. Auf folgende Vermögenswerte kann die Gütergemeinschaft nicht erweitert werden (Art. 49 § 1 FVGB):
- Sondervermögen nach Art. 33 Nr. 2 FVGB: Vermögensgegenstände, die einem Ehegatten durch Erbschaft, Vermächtnis oder Schenkung zufallen;
- Sondervermögen nach Art. 33 Nr. 3 FVGB: Vermögensgegenstände, die sich aus einer besonderen Vorschriften unterstehenden Gesamthandsgemeinschaft ergeben, so namentlich aus einer Gesellschaft des Zivilrechts (Art. 860 ff. ZGB) zwischen den Ehegatten untereinander oder zwischen einem oder beiden Ehegatten und einem Dritten;
- Sondervermögen nach Art. 33 Nr. 5 FVGB: unveräußerliche Rechte, die nur einer Person zustehen;
- Sondervermögen nach Art. 33 Nr. 6 FVGB: Schadensersatzleistungen für Körperverletzungen oder Gesundheitsschäden sowie Schmerzensgeld;
- Sondervermögen nach Art. 33 Nr. 7 FVGB: Ansprüche auf Arbeitsentgelt oder auf Vergütung für andere Erwerbstätigkeit, sofern sie noch nicht fällig sind.

38 Im Zweifel wird angenommen, dass Vermögensgegenstände, die ausschließlich der Befriedigung persönlicher Bedürfnisse eines Ehegatten dienen, nicht in die Gütergemeinschaft vertraglich einbezogen sind (Art. 49 § 2 FVGB).

c) Die eingeschränkte Gütergemeinschaft

39 Die Ehegatten können durch Ehevertrag auch die **Gütergemeinschaft einschränken**. Das Gesetz sieht kein zwingendes Gemeinschaftsvermögen vor; die Ehegatten könnten auch die vollständige Gütertrennung vereinbaren.

d) Die Gütertrennung

40 Sofern die Ehegatten durch Ehevertrag **Gütertrennung** vereinbaren, bleiben die **Vermögensmassen getrennt** (Art. 51 FVGB) und jeder Ehegatte verwaltet sein Vermögen selbst (Art. 51/1 FVGB). Während des Bestehens der Ehe kann die Gütergemeinschaft bei Vorliegen eines wichtigen Grundes aufgrund gerichtlichen Urteils aufgehoben werden (Art. 52 § 1 FVGB). Die Gütertrennung entsteht an dem in dem Urteil bestimmten Tag; in Ausnahmefällen kann das Gericht die Gütertrennung für einen früheren Tag als den Zeitpunkt der Klageerhebung anordnen, insbesondere wenn die Ehegatten getrennt gelebt haben (Art. 52 § 2 FVGB). Die Gütertrennung tritt kraft Gesetzes aufgrund einer Entmündigung, der Eröffnung der Insolvenz oder der gerichtlich ausgesprochenen Trennung von Tisch und Bett (siehe Rdn 64 ff.) ein (Art. 53 § 1, Art. 54 § 1 FVGB). Wird die Entmündigung aufgehoben, die Insolvenz beendet oder die gerichtliche Trennung von Tisch und Bett aufgehoben, so tritt wieder der gesetzliche Güterstand ein.[42]

---

41 Güterrechtsregister sind nicht vorgesehen. Ein Unternehmer kann einen vom gesetzlichen abweichenden Ehegüterstand im Handelsregister bzw. im Register der Unternehmer bei der Gemeinde eintragen lassen. Die Beweislast trägt nach Art. 6 ZGB derjenige, der sich auf eine für ihn günstige Tatsache beruft.

42 Bei der Trennung von Tisch und Bett kann das Gericht auf einvernehmlichen Antrag beider Ehegatten die Gütertrennung aufrechterhalten (vgl. Art. 54 § 2 S. 2 FVGB).

e) Die Gütertrennung mit Zugewinnausgleich

Auf die **Gütertrennung mit Zugewinnausgleich** finden die Vorschriften über die Gütertrennung unter Berücksichtigung der Regelungen in Art. 51/3–51/5 FVGB Anwendung. Demnach behält jeder Ehegatte sein Vermögen und verwaltet dieses selbst (Art. 51/2 FVGB i.V.m. Art. 51 und Art. 51/1 FVGB). Verfügungsbeschränkungen sieht das Gesetz nicht vor. Bei Auflösung der Ehe zu Lebzeiten oder durch den Tod[43] eines Ehegatten kann derjenige Ehegatte, der einen geringeren Zugewinn hat, von dem anderen Ehegatten einen Ausgleich in Geld oder durch Übertragung von Rechten verlangen (Art. 51/4 § 1 FVGB). Aus wichtigen Gründen kann jeder Ehegatte eine Verringerung der Pflicht zur Ausgleichszahlung verlangen (Art. 51/4 § 2 FVGB).

41

Zugewinn ist die nach Abschluss des Güterrechtsvertrages eingetretene Wertsteigerung des Vermögens (Art. 51/3 § 1 FVGB). Die Berechnung erfolgt auf den Zeitpunkt der Beendigung des Güterstandes und nach den Preisen im Zeitpunkt der Abrechnung (Art. 51/3 § 3 FVGB). Sofern die Ehegatten im Ehevertrag nichts anderes vereinbart haben, sind die vor Abschluss des Vertrages vorhandenen Vermögenswerte sowie die in Art. 33 Nr. 2, 5, 6, 7 und 9 FVGB genannten Vermögenswerte (siehe Rdn 25) sowie die Surrogate solcher Vermögenswerte (Art. 51/3 § 2 S. 1 Hs. 1 FVGB) vom Zugewinnausgleich ausgenommen. Dem Vermögen hinzugerechnet werden Schenkungen eines Ehegatten, die nicht an gemeinsame Abkömmlinge erfolgten und die über Gelegenheitsgeschenke hinausgehen, persönlich erbrachte Dienstleistungen eines Ehegatten zugunsten des Vermögens des anderen Ehegatten sowie Auslagen und Aufwendungen für das Vermögen eines Ehegatten aus dem Vermögen des anderen Ehegatten (Art. 51/3 § 2 S. 1 Hs. 2 FVGB).

42

3. Intertemporales Recht

Die neuen Vorschriften über das eheliche Güterrecht gelten seit dem 20.1.2005 (siehe Rdn 16) für alle darin geregelten Verhältnisse. Sofern die güterrechtlichen Verhältnisse vor Inkrafttreten der Neufassung des FVGB durch Ehevertrag bestimmt worden sind, sind die im Zeitpunkt der Vertragsschließung geltenden Vorschriften des FVGB anzuwenden.

43

II. Ehelicher Unterhalt

Die Ehegatten haben die Pflicht, nach Kräften und Erwerbs- und Vermögensmöglichkeiten zur Befriedigung der Bedürfnisse der Familie beizutragen. Die Pflicht kann auch ganz oder teilweise durch persönliche Bemühung um die Erziehung der Kinder und durch Arbeitsleistung im gemeinsamen Hausstand erfolgen (Art. 27 FVGB). Ist ein Ehegatte nicht in der Lage, seine Lebensbedürfnisse selbst zu erfüllen, so kann er von dem anderen Ehegatten **Unterhalt** verlangen; auf eine Bedürftigkeit kommt es dagegen nicht an. Vielmehr gilt der Grundsatz des gleichen Lebensstandards des Berechtigten und des Verpflichteten. Beim **Trennungsunterhalt**[44] gelten die gleichen Grundsätze. Auf ein Verschulden bei der

44

---

43 Der Ausgleich erfolgt zwischen dem überlebenden Ehegatten und den Erben des verstorbenen Ehegatten (Art. 51/5 § 1 FVGB). Einen Ausschluss der Geltendmachung des Anspruchs auf Ausgleich durch die Erben gegen den überlebenden Ehegatten sieht das Gesetz nicht vor. Die Erben des Ehegatten können dafür eine Verringerung der Pflicht zum Zugewinnausgleich (Art. 51/4 § 2 FVGB) bei Geltendmachung des Ausgleichanspruchs durch den überlebenden Ehegatten nur dann verlangen, wenn der Erblasser Klage auf Nichtigerklärung der Ehe oder auf Scheidung erhoben oder die Trennung von Tisch und Bett begehrt hat (Art. 51/5 § 2 FVGB).

44 Davon zu unterscheiden ist der Unterhalt bei einer gerichtlich ausgesprochenen Trennung von Tisch und Bett, der sich nach Art. 60 FVGB richtet (Art. 61/4 § 4 FVGB); siehe Rdn 66.

Trennung kommt es grds. nicht an. Allerdings kann im Einzelfall die Geltendmachung von Unterhalt den Grundsätzen des gesellschaftlichen Zusammenlebens widersprechen.

45   Erfüllt ein Ehegatte seine Pflicht zur Befriedigung der Bedürfnisse der Familie nicht, so kann aufgrund einer gerichtlichen Entscheidung sein Lohn oder eine andere Vergütung[45] ganz oder teilweise unmittelbar dem anderen Ehegatten ausgezahlt werden (Art. 28 § 1 FVGB). Auch die Leistung des Trennungsunterhalts kann auf diese Weise geregelt werden (Art. 28 § 2 FVGB).

46   Eine weitere Folge des Anspruchs zur Befriedigung der Bedürfnisse der Familie ist das Recht zur Nutzung der Familienwohnung und des Hausrates, wenn sie im Eigentum nur des anderen Ehegatten stehen bzw. wenn sonstige Rechte an der Wohnung nur dem anderen Ehegatten zustehen (Art. 28/1 FVGB). Dieses Recht gilt im Innenverhältnis zwischen den Ehegatten und erstreckt sich lediglich auf die Besitz- und Nutzungsrechte. Das Recht des Eigentümers bzw. des Berechtigten zur Veräußerung des Gegenstandes schränkt es jedoch nicht ein.

III. Namensrecht

1. Ehename

47   Die Ehegatten können den bisherigen Familiennamen eines jeden von ihnen als gemeinsamen Familiennamen (Art. 25 § 2 S. 1 FVGB) oder getrennte Familiennamen führen, indem jeder seinen bisherigen Familiennamen beibehält (Art. 25 § 2 S. 2 Alt. 1 FVGB). Schließlich kann auch ein jeder Ehegatte seinen bisherigen Familiennamen mit dem bisherigen Familiennamen des anderen Ehegatten verbinden (Art. 25 § 2 S. 2 Alt. 2 FVGB).[46] Als **Familienname** i.S.d. Art. 25 § 2 FVGB gilt sowohl der Name, der in die Geburtsurkunde einzutragen ist, als auch der Name aus der bisherigen Ehe.

2. Name des geschiedenen Ehegatten

48   Nach einer Ehescheidung[47] kann jeder Ehegatte, der seinen Familiennamen im Zusammenhang mit der Eheschließung geändert hat, binnen einer Ausschlussfrist von drei Monaten ab Rechtskraft des Scheidungsurteils den Familiennamen, den er vor der Eheschließung geführt hat,[48] durch Erklärung gegenüber dem Leiter des Standesamtes wieder annehmen (Art. 59 FVGB). Kein Ehegatte kann von dem anderen die **Änderung des Familiennamens** nach einer Ehescheidung verlangen.[49]

---

45 Neben arbeitsrechtlichen Bezügen betrifft Art. 28 FVGB auch andere Arten eines regelmäßigen Einkommens (z.B. Rentenzahlungen, Mieteinnahmen).

46 Ein durch Beifügung gebildeter Familienname darf aus nicht mehr als zwei Gliedern bestehen (Art. 25 § 2 S. 3 FVGB).

47 Dies gilt nicht bei einer Trennung von Tisch und Bett (Art. 61/4 § 5 FVGB).

48 Ein Ehegatte kann daher nicht den Geburtsnamen annehmen, wenn er diesen bei Eheschließung nicht mehr geführt hat, wenn er also bei Eheschließung geschieden oder verwitwet war; *Stecki*, Scheidungsfolgen nach dem polnischen Familienrecht, ZVglRWiss 82 (1983), S. 216 f. Dies ist nur im Wege der Namensänderung möglich.

49 Beschluss des OG vom 2.2.1978, IV CZ 11/78.

3. Geburtsname gemeinsamer Kinder

Ein Kind, für welches die Vermutung gilt, dass es von dem Ehemann der Mutter abstammt (vgl. Art. 62 FVGB; siehe Rdn 133), führt den Familiennamen der Ehegatten (Art. 88 § 1 S. 1 FVGB).[50] Führen die Ehegatten unterschiedliche Familiennamen, so führt das Kind den in einvernehmlicher Erklärung der Ehegatten bestimmten Familiennamen (Art. 88 § 1 S. 2 FVGB). Haben die Ehegatten keine einvernehmliche Erklärung abgegeben, so führt das Kind einen Familiennamen, der aus dem Familiennamen der Mutter, dem der Familienname des Vaters zugefügt wird, besteht (Art. 88 § 2 S. 2 FVGB). Die vorstehenden Bestimmungen gelten entsprechend bei nachträglicher Eheschließung (Art. 88 § 4 S. 1 FVGB). Hat das Kind bereits das 13. Lebensjahr vollendet, so muss es zusätzlich einwilligen (Art. 88 § 4 S. 2 FVGB). Erfolgte die Feststellung der Vaterschaft durch Anerkennung des Kindes, so führt das Kind den in den einvernehmlichen, gleichzeitig mit den für die Anerkennung der Vaterschaft erforderlichen Erklärungen abgegebenen Erklärungen der Eltern bestimmten Familiennamen (Art. 89 § 1 FVGB). Ist die Vaterschaft des Kindes nicht festgestellt, so trägt es den Namen der Mutter (Art. 89 § 3 FVGB). Sind beide Eltern unbekannt, so bestimmt das Vormundschaftsgericht den Namen des Kindes (Art. 89 § 4 FVGB). Schließt die Mutter eines minderjährigen Kindes mit einem Mann, der nicht der Vater des Kindes ist, die Ehe, so können beide Ehegatten vor dem Standesbeamten erklären, dass das Kind denselben Familiennamen führen wird, den gemäß Art. 88 FVGB ihr gemeinsames Kind führt oder führen würde (Art. 90 § 1 S. 1 FVGB).[51] Diese Möglichkeit besteht nicht, wenn das Kind den Namen seines Vaters trägt oder den aufgrund einvernehmlicher Erklärungen der Kindeseltern aus der Verbindung des Familiennamens der Mutter mit dem Familiennamen des Vaters des Kindes gebildeten Familiennamen führt (Art. 90 § 2 FVGB). Die vorstehenden Bestimmungen gelten entsprechend, wenn der Vater eines minderjährigen Kindes die Ehe mit einer Frau geschlossen hat, die nicht die Mutter des Kindes ist (Art. 90 § 3 FVGB).

49

IV. Sonstige Ehewirkungen

1. Pflicht zur ehelichen Lebensgemeinschaft

Die Ehegatten haben in der Ehe die gleichen Rechte und Pflichten. Sie sind einander zur ehelichen Lebensgemeinschaft, zum Beistand und zur Treue sowie zum Zusammenwirken zum Wohl der Familie verpflichtet (Art. 23 FVGB). In allen wesentlichen Angelegenheiten entscheiden sie gemeinsam. Können sie sich nicht einigen, so kann jeder von ihnen eine gerichtliche Entscheidung herbeiführen (Art. 24 FVGB).

50

2. Gesetzliche Vertretung, Schlüsselgewalt

Ist ein Ehegatte vorübergehend verhindert, so kann der andere Ehegatte Geschäfte der gewöhnlichen Verwaltung mit Wirkung für den verhinderten Ehegatten vornehmen, sofern die eheliche Gemeinschaft besteht (Art. 29 S. 1 FVGB). Dies gilt jedoch nicht, wenn der verhinderte Ehegatte widerspricht. Dritten gegenüber gilt der Widerspruch, sofern er ihnen bekannt ist (Art. 29 S. 2 FVGB). Beide Ehegatten haften für alle Verbindlichkeiten, die einer von ihnen durch ein Rechtsgeschäft, das zur Befriedigung der gewöhnlichen Bedürfnisse

51

---

50 Die Vorschriften zum Namensrecht wurden geändert durch Gesetz vom 6.11.2008 (DzU Nr. 220, Pos. 1431). Das Gesetz ist am 13.6.2009 in Kraft getreten. Zum Namensrecht *Mączyński*, FamRZ 2009, 1555, 1557.

51 Hat das Kind das 13. Lebensjahr vollendet, so muss es zustimmen (Art. 90 § 1 S. 2 FVGB).

der Familie dient, übernommen hat (Art. 30 § 1 FVGB). Sofern ein wichtiger Grund vorliegt, kann das Gericht auf Antrag eines Ehegatten die Befugnis zur Mitverpflichtung durch den anderen Ehegatten ausschließen; dann haftet nur derjenige Ehegatte, der die Verbindlichkeit begründet hat (Art. 30 § 2 FVGB). Dritten gegenüber gilt der Ausschluss nur, wenn er ihnen bekannt ist (Art. 30 § 3 FVGB).

V. Kollisionsrecht der Ehefolgen

52   Die persönlichen Ehewirkungen (Statut der Ehewirkungen) sowie die vermögensrechtlichen Beziehungen der Ehegatten (Güterrechtsstatut) beurteilen sich nach deren gemeinsamen Heimatrecht (Art. 51 Abs. 1 IPRG 2011). In Abweichung von dem allgemeinen Grundsatz des Vorrangs der polnischen Staatsangehörigkeit bei Mehrstaatern (Art. 2 Abs. 1 IPRG 2011) wird bei der Suche nach dem gemeinsamen Heimatrecht auch eine neben der polnischen bestehende Staatsangehörigkeit berücksichtigt (Art. 2 Abs. 3 IPRG 2011).[52] Haben die Ehegatten keine gemeinsame Staatsangehörigkeit,[53] so gilt ersatzweise das Recht des gemeinsamen Wohnsitzes. Besteht ein solcher nicht, so gilt das Recht des gemeinsamen gewöhnlichen Aufenthalts. Haben die Ehegatten auch keinen gemeinsamen gewöhnlichen Aufenthalt in demselben Staat, so gilt das Recht des Staates, zu dem die engste Verbindung besteht (Art. 51 Abs. 2 IPRG 2011). Zu beachten ist nur die Rückverweisung (Art. 5 Abs. 1 IPRG 2011).

53   Seit dem Inkrafttreten des IPRG 2011 am 16.5.2011 besteht auch die Möglichkeit einer **Rechtswahl** für das **Güterrecht** (Art. 52 IPRG 2011). Die Ehegatten können das Recht des Staates wählen, dem einer der Ehegatten angehört oder in dessen Gebiet ein Ehegatte seinen Wohnsitz oder gewöhnlichen Aufenthalt hat (Art. 52 Abs. 1 S. 1 IPRG 2011). Die Rechtswahl kann vor oder nach Eheschließung getroffen werden (Art. 52 Abs. 1 S. 2 IPRG 2011). Die Rechtswahl muss nach der allgemeinen Vorschrift zur Rechtswahl (Art. 4 Abs. 2 IPRG 2011) ausdrücklich erfolgen oder sich eindeutig aus dem Ehevertrag ergeben.

54   Das Güterrechtsstatut umfasst die vermögensrechtlichen Beziehungen zwischen den Ehegatten sowie die Aufteilung des Vermögens bei Scheidung der Ehe. Ein Ehevertrag unterliegt in erster Linie dem Recht, das die Ehegatten durch Vertrag gemäß den Bestimmungen über die güterrechtliche Rechtswahl gem. Art. 52 Abs. 1 IPRG 2011 vereinbart haben (Art. 52 Abs. 2 S. 1 IPRG 2011). Haben die Ehegatten keine Vereinbarung über das auf den Ehevertrag anwendbare Recht getroffen, so unterliegt dieser dem Recht, das im Zeitpunkt der Vereinbarung aufgrund objektiver Anknüpfung gem. Art. 51 IPRG 2011 anzuwenden ist (Art. 52 Abs. 2 S. 2 IPRG 2011). Die güterrechtliche Rechtswahl nach Art. 52 Abs. 1 IPRG 2011 sowie die Vereinbarung über das auf den Ehevertrag anwendbare Recht sind formell wirksam, wenn sie entweder den Formvorschriften des gewählten Rechts oder dem Recht am Abschlussort entsprechen (Art. 52 Abs. 3 IPRG 2011). Die Rückverweisung ist sowohl bei Rechtswahl als auch in Formfragen unbeachtlich (Art. 5 Abs. 2 Nr. 1 u. 2 IPRG 2011).

---

52 Beispiel: Bei der Suche nach dem gemeinsamen Heimatrecht einer Ehegattin mit deutscher Staatsangehörigkeit und eines Ehegatten, der sowohl die deutsche als auch die polnische Staatsangehörigkeit besitzt, führt die gemeinsame deutsche Staatsangehörigkeit zur Anwendbarkeit des deutschen Rechts auch aus polnischer Sicht, obwohl der Ehemann bei der Anwendung von anderen Kollisionsnormen in Polen als Pole behandelt wird.

53 Bei Staatenlosen, Personen mit ungeklärter Staatsangehörigkeit und beim Heimatrecht, dessen Inhalt nicht feststellbar ist, sowie bei Asylanten kommt es auf den Wohnort und subsidiär auf den gewöhnlichen Aufenthalt an (Art. 3 IPRG 2011).

Das **Statut der Ehewirkungen** sowie das **Güterrechtsstatut** sind grds. **wandelbar.**[54] Das 55
Güterrechtsstatut ist jedoch unwandelbar, wenn es im Wege der subjektiven Anknüpfung
bestimmt wird. Eine ausdrückliche Rechtswahl bzw. die Regelung der vermögensrechtlichen Beziehungen im Ehevertrag, welche regelmäßig eine konkludente Rechtswahl darstellt,
bestimmen das Güterrechtsstatut unabhängig von den Änderungen des Sachverhalts.

Das Kollisionsrecht sieht einen gewissen **Schutz Dritter** vor. Haben ein Ehegatte und 56
ein Dritter als Gläubiger im Zeitpunkt der Entstehung eines Schuldverhältnisses ihren
gewöhnlichen Aufenthalt in demselben Staat, so findet das Recht dieses Staates auf die
Beurteilung der Wirksamkeit des ehelichen Güterstandes gegenüber Dritten Anwendung,
es sei denn, dass der Dritte im Zeitpunkt der Entstehung des Schuldverhältnisses den
Charakter und den Inhalt dieses Güterstandes kannte oder bei Beachtung der erforderlichen
Sorgfalt hätte kennen können oder dass die Anforderungen betreffend die Öffentlichkeit
und die Eintragungen nach dem für den ehelichen Güterstand maßgeblichen Recht erfüllt
wurden oder – in Bezug auf Sachenrechte an Immobilien – nach dem Recht des Belegenheitsstaates (Art. 53 Abs. 1 IPRG 2011). Die Regelung findet entsprechende Anwendung
auf die Haftung eines Ehegatten für die durch den anderen Ehegatten eingegangenen Verpflichtungen hinsichtlich der Befriedigung der gewöhnlichen Familienbedürfnisse (Art. 53
Abs. 2 IPRG 2011).

Auch im Kollisionsrecht der Ehefolgen ist der Vorrang von Kollisionsnormen aus bilatera- 57
len Abkommen zu beachten (siehe Rdn 15).

VI. Altersversorgung und gesetzliche Krankenversicherung

1. Altersversorgung

Das polnische Versicherungssystem ist durch die Reform im Jahre 1999 neu gestaltet wor- 58
den. Es besteht aus der **Sozialversicherung** (Altersrentenversicherung, Rentenversicherung,
Versicherung gegen Arbeitsunfähigkeit sowie die Unfallversicherung), dem **Arbeitslosenfonds** sowie der **Krankenversicherung**. Zentraler Versicherungsträger ist die **Sozialversi-
cherungsanstalt** (*Zakład Ubezpieczeń Społecznych* – ZUS).

Die Versicherungsbeiträge zur Pensions- und Rentenversicherung werden jeweils zur Hälfte 59
vom Arbeitgeber und vom Arbeitnehmer bezahlt. Die Unfallversicherung und die Beiträge
zum Arbeitslosenfonds sind nur vom Arbeitgeber zu entrichten. Die Arbeitsunfähigkeits-
versicherung (Krankengeld) wird vom Arbeitnehmer bezahlt. Der Sozialversicherungs-
pflicht der Pensions- und Rentenversicherung unterliegen alle Personen, die in Art. 6 des
Gesetzes vom 13.10.1998 über das System der Sozialversicherung genannt sind; dazu gehören u.a. alle Arbeitnehmer (mit Ausnahme von Staatsanwälten), Mitglieder der Genossen-
schaften, arbeitnehmerähnliche Selbstständige, die am Sitz des Auftraggebers arbeiten, sowie
Personen und Mitarbeiter, die nicht im Landwirtschaftsbereich tätig sind. Das Gesetz bestimmt auch eine Gruppe von Freiwilligen, die dieser Versicherung nach Antrag unterliegen
können.

Nach dem **Tod eines Versicherten** stehen dessen Kindern, deren überlebendem Ehegatten 60
sowie sonstigen Personen, für deren Unterhalt der Versicherte ganz oder teilweise aufkam,
ein Anspruch auf **Hinterbliebenenrente** zu. Unter bestimmten weiteren Voraussetzungen
sind auch ein ehemaliger Ehegatte des Verstorbenen, dem der Verstorbene zum Unterhalt

---

54 Das anwendbare Recht im Bereich der Ehefolgen ist im polnischen Kollisionsrecht traditionell wandelbar (vgl. Art. 17 IPRG 1965).

verpflichtet war, und die Eltern des Verstorbenen berechtigt. Die Hinterbliebenenrente beträgt für einen Anspruchsberechtigten 85 %, für zwei Anspruchsberechtigte 90 % und für drei oder mehr Anspruchsberechtigte 95 % der Leistung, die dem Verstorbenen als Rente zustünde.

2. Gesetzliche Krankenversicherung

61   In Polen sind alle versicherten Bürger zur kostenlosen medizinischen Versorgung berechtigt, die sich nach dem Gesetz über Allgemeine Krankenversicherung im Nationalen Gesundheitsfonds vom 23.1.2003 als Krankenversicherte angemeldet haben und haben registrieren lassen. Der Anspruch auf kostenlose Leistungen steht allen Versicherten und ihren Familienangehörigen zu, wenn die medizinische Versorgung von einem Arzt geleistet wird, der mit dem Nationalen Gesundheitsfonds (*Narodowy Fundusz Zdrowia* – NFZ) einen Vertrag abgeschlossen hat. Der Gesundheitsfonds, der als Krankenkasse tätig ist, ist gesetzlich verpflichtet, die Leistungen für alle Versicherten und ihre Familienangehörigen sicherzustellen. Er finanziert die medizinischen Leistungen und Medikamente aus den Beiträgen der Versicherten.

VII. Staatsangehörigkeit

62   Die Eheschließung eines ausländischen Staatsangehörigen mit einem polnischen Staatsangehörigen führt nicht zum Erwerb der polnischen Staatsangehörigkeit (Art. 5 StAG 2009). Ein ausländischer Staatsangehöriger, der mindestens 2 Jahre lang aufgrund einer Niederlassungsgenehmigung in Polen wohnt und der seit mindestens drei Jahren mit einem polnischen Staatsangehörigen verheiratet ist, kann auf Antrag die polnische Staatsangehörigkeit erwerben (Art. 30 Abs. 2 Nr. 2 StAG 2009).

VIII. Steuerliche Auswirkungen der Ehe

63   Grundsätzlich unterliegen Ehegatten mit ihren jeweiligen Einkünften einer **getrennten Besteuerung** (Art. 6 Abs. 1 EStG). Sofern die Ehegatten im Güterstand der Gütergemeinschaft leben, werden ihnen die in das Gesamtgut fallenden Einkünfte[55] gleichmäßig zugerechnet.[56] Auf Antrag können Ehegatten, die im Güterstand der Gütergemeinschaft leben, eine gemeinsame Veranlagung wählen (Art. 6 Abs. 2 EStG). Dies gilt jedoch nur, wenn die Ehe während des gesamten Steuerjahres bestand, es sei denn, es ist im Laufe des Jahres kein zu versteuerndes Einkommen durch einen Ehegatten erzielt worden (Art. 6 Abs. 3 EStG). Ausgenommen von der gemeinsamen Veranlagung sind Einkünfte, die der Pauschalbesteuerung nach Art. 30 EStG unterliegen (Art. 6 Abs. 8 EStG). Bei Ehegattenarbeitsverhältnissen sind die Einkünfte des einen Ehegatten zu versteuern; der andere Ehegatte hat Vorauszahlungen abzuführen.[57] Die dem Ehegatten verbleibenden Nettoeinkünfte aus dem Ehegatten-

---

55 Vergütungen aus Arbeits- und anderen Dienstleistungen eines Ehegatten sowie Einkünfte aus dem Gesamtgut oder Alleingut eines Ehegatten gehören zum gemeinschaftlichen Vermögen (Art. 32 § 2 Nr. 1, 2 FVGB); siehe Rdn 17.
56 *Cloer*, Die Grundzüge des polnischen Einkommensteuerrechts, RIW 2004, 108, 119.
57 *Cloer*, Die Grundzüge des polnischen Einkommensteuerrechts, RIW 2004, 108, 120.

arbeitsverhältnis sind wiederum zu versteuern (Doppelbesteuerung).[58] Die Doppelbesteuerung lässt sich nur durch eine unentgeltliche Mitarbeit des Ehegatten vermeiden.[59]

C. Trennung und Scheidung

I. Trennung von Tisch und Bett

1. Voraussetzungen

Durch Gesetz vom 21.5.1999 ist in das polnische Familienrecht das Rechtsinstitut der **Trennung von Tisch und Bett** (*separacja*) eingeführt worden (Art. 61/1–61/6 FVGB).[60] Voraussetzung für den gerichtlichen Ausspruch der Trennung von Tisch und Bett ist – wie bei der Scheidung – eine vollständige **Zerrüttung der ehelichen Gemeinschaft** (Art. 61/1 § 1 FVGB); im Gegensatz zur Scheidung bedarf es jedoch keiner dauerhaften Zerrüttung. Die Trennung von Tisch und Bett darf nicht ausgesprochen werden, wenn durch sie das Wohl der gemeinsamen minderjährigen Kinder gefährdet wäre oder der Trennungsausspruch aus anderen Gründen den Grundsätzen des gesellschaftlichen Zusammenlebens zuwiderliefe (Art. 61/1 § 2 FVGB). Die Alleinschuld des Klägers an der Trennung gilt – anders als bei der Scheidung – nicht als Hindernis für einen Ausspruch der Trennung; wenn jedoch der nichtschuldige Ehegatte dem Trennungsbegehren des alleinschuldigen Ehegatten widerspricht, ist zu prüfen, ob dieses nicht den Grundsätzen des gesellschaftlichen Zusammenlebens zuwiderliefe.

64

2. Verfahren

Begeht ein Ehegatte die gerichtliche Trennung, der andere Ehegatte die Scheidung, spricht das Gericht die Scheidung aus, wenn deren Voraussetzungen gegeben sind (Art. 61/2 § 2 FVGB). Eine spätere Scheidung nach Ausspruch der gerichtlichen Trennung ist möglich, wenn zum Zeitpunkt des Ausspruchs der Scheidung deren Voraussetzungen vorliegen. Das Gericht entscheidet von Amts wegen über die elterliche Gewalt über gemeinsame minderjährige Kinder, über das Umgangsrecht, über den Kindesunterhalt und über die Nutzung einer gemeinsamen Wohnung (Art. 61/3 § 1 FVGB, Art. 58 FVGB).

65

3. Rechtsfolgen

Nach Art. 61/4 § 1 FVGB hat die Trennung von Tisch und Bett grds. die **gleichen Folgen** wie eine Scheidung. Dies gilt jedoch nicht, sofern das Gesetz etwas anderes bestimmt. Die Unterschiede zur Scheidung sind folgende:
- Durch die Trennung wird das Eheband nicht aufgelöst, so dass ein in Trennung lebender Ehegatte keine neue Ehe eingehen kann; zudem bleiben bestimmte durch die Ehe begründete Pflichten aufrechterhalten (vgl. Art. 61/4 § 3 FVGB zur Beistandspflicht).

66

---

58 *Cloer*, Die Grundzüge des polnischen Einkommensteuerrechts, RIW 2004, 108, 119 f. Dies ist gemäß der Entscheidung des Verfassungsgerichtshofes vom 24.1.2001 (zit. bei *Cloer*, Die Grundzüge des polnischen Einkommensteuerrechts, RIW 2004, 108, 119 Fn 95) verfassungsrechtlich zulässig.

59 *Cloer*, Die Grundzüge des polnischen Einkommensteuerrechts, RIW 2004, 108, 120.

60 Näher dazu *Gralla*, Die Trennung von Tisch und Bett als neues Institut des polnischen Eherechts, StAZ 2000, 42–45.

- Die Unterhaltspflicht beurteilt sich grds. nach den Vorschriften über den nachehelichen Unterhalt gem. Art. 60 FVGB; die Beschränkung des Unterhaltsanspruchs gegen den nicht an der Zerrüttung schuldigen Ehegatten auf die Dauer von fünf Jahren nach Art. 60 § 3 FVGB gilt allerdings nicht (Art. 61/4 § 3 FVGB).
- Durch die Trennung bestehen weiterhin (formal) güterrechtliche Rechtsbeziehungen zwischen den Ehegatten, es tritt allerdings Gütertrennung ein (Art. 54 § 1 FVGB).
- Ein in Trennung lebender Ehegatte kann nicht seinen früheren Familiennamen nach Art. 59 FVGB annehmen (Art. 61/4 § 5 FVGB).

67   Obwohl das Eheband formal aufrechterhalten bleibt, bestehen jedoch **Unterschiede** zu verheirateten Ehegatten, die nicht von Tisch und Bett getrennt leben:
- In Trennung lebende Ehegatten können nicht gemeinschaftlich ein Kind adoptieren.[61]
- Die Ehelichkeitsvermutung für ein während der Ehe geborenes Kind gilt nicht, wenn das Kind nach Ablauf von 300 Tagen seit der Rechtskraft der Entscheidung des Gerichts über die Trennung geboren worden ist (Art. 62 § 1 FVGB).
- In Trennung lebende Ehegatten verlieren wechselseitig das gesetzliche Erbrecht; dies gilt bereits für einen an der Trennung schuldigen Ehegatten, wenn der andere Ehegatte Klage auf Trennung eingereicht hat und zum Zeitpunkt des Todes die Klage begründet war (Art. 940 § 1 ZGB).

4. Aufhebung der gerichtlichen Trennung

68   Auf einvernehmliches Verlangen beider Ehegatten spricht das Gericht die Aufhebung der Trennung aus, ohne dass dafür eine Begründung gegeben sein muss (Art. 61/6 § 1 FVGB). Im Zeitpunkt der Aufhebung der Trennung erlöschen ihre Folgen (Art. 61/6 § 2 FVGB).

II. Scheidungsgründe

1. Zerrüttungsprinzip

69   Einziger Scheidungsgrund ist die **vollständige und dauernde Zerrüttung der Ehe** (Art. 56 § 1 FVGB).[62] Die Ehe ist zerrüttet, wenn die für die eheliche Gemeinschaft notwendigen Gefühle nicht mehr bestehen. Davon ist auszugehen, wenn die besonderen physischen, geistigen und wirtschaftlichen Bindungen der ehelichen Gemeinschaft nicht mehr bestehen. An einem solchen Band zwischen den Ehegatten kann es auch dann fehlen, wenn die Ehegatten innerhalb der gemeinsamen Wohnung getrennt leben. Die Zerrüttung muss **endgültig** sein. Daran fehlt es, wenn noch einzelne Bindungen fortbestehen, sofern es sich nicht um rein wirtschaftliche Bindungen handelt. **Dauerhaft** ist die Zerrüttung, wenn mit einer Rückkehr zur ehelichen Gemeinschaft mit größter Wahrscheinlichkeit nicht mehr zu rechnen ist. Die **Dauer einer Trennung** ist ein wichtiges **Indiz**. Bei kurzer Trennungszeit kann eine dauerhafte Zerrüttung gegeben sein, wenn die Trennung durch eine schwere Verfehlung der ehelichen Pflichten hervorgerufen wurde.

---

61   *Gralla*, Die Trennung von Tisch und Bett als neues Institut des polnischen Eherechts, StAZ 2000, 42, 44.

62   Eine einvernehmliche Scheidung ohne Feststellung der Zerrüttung ist unzulässig, wenn keine gemeinsamen minderjährigen Kinder vorhanden sind, kann jedoch das Gericht das Beweisverfahren auf die Vernehmung der Parteien beschränken.

2. Negative Scheidungsvoraussetzungen

Das Gesetz regelt in Art. 56 § 2 und § 3 FVGB drei negative Scheidungsvoraussetzungen, die von Amts wegen zu berücksichtigen sind. Sie schließen die Scheidung nicht dauerhaft, sondern nur vorübergehend aus.

70

a) Wohl der gemeinschaftlichen Kinder

Zum einen ist die Scheidung unzulässig, wenn durch sie das **Wohl der gemeinschaftlichen minderjährigen**[63] **Kinder** gefährdet wird (Art. 56 § 2 Alt. 1 FVGB). Dies gilt sogar dann, wenn beide Ehegatten die Scheidung begehren. Dabei geht es nicht um die vermögensrechtlichen Folgen der Scheidung.[64] Verglichen wird das weitere Funktionieren des Kindes in der zerrütteten Familie mit der hypothetischen Lage nach der Scheidung unter Berücksichtigung der gerichtlichen Scheidungsfolgenregelungen.

71

b) Grundsätze des gesellschaftlichen Zusammenlebens

Eine Scheidung darf nicht den Grundsätzen des gesellschaftlichen Zusammenlebens zuwiderlaufen (Art. 56 § 2 Alt. 2 FVGB). Dadurch soll der rechtsmissbräuchlichen Scheidung vorgebeugt werden. Hauptanwendungsfall ist eine Scheidung, die für den anderen Ehegatten zu einer von ihm nicht verschuldeten **schwerwiegenden Unbill** führen würde,[65] insbesondere bei schwerer Krankheit eines Ehegatten. Dabei sind potenziell auch vermögensrechtliche Aspekte zu berücksichtigen (z.B. der Verlust des Nutzungsrechts einer Wohnung, welche zum persönlichen Vermögen des anderen Ehegatten gehört).

72

c) Alleinschuld des Antragstellers an der Zerrüttung der Ehe

Die Scheidung ist grds. unzulässig, wenn sie von demjenigen Ehegatten beantragt wird, der an der Zerrüttung **allein**[66] **schuldig** ist (Art. 56 § 2 FVGB). Der Begriff der Schuld entspricht dem zivilrechtlichen Verschulden, so dass Vorsatz oder Fahrlässigkeit erforderlich ist. Ein Verschulden liegt u.a. vor bei Ehebruch, Verschweigen von Tatsachen, die in die Ehe hineinwirken (z.B. Existenz eines nichtehelichen Kindes, nicht aber eine vor langer Zeit verbüßte Freiheitsstrafe), Misshandlungen oder groben Beleidigungen des anderen Ehegatten. Eine **Verzeihung** lässt das Verschulden nicht entfallen, kann aber ein Indiz gegen die Zerrüttung der Ehe sein. Trotz bestehender Alleinschuld kann die Ehe geschieden werden, wenn der andere Ehegatte in die Scheidung einwilligt (**einverständliche Scheidung**) oder die Verweigerung der Einwilligung im konkreten Fall den Grundsätzen des gesellschaftlichen Lebens zuwiderlaufen würde (Art. 56 § 3 FVGB). Die Verweigerung der Einwilligung ist unbeachtlich, wenn sie aus verwerflicher Gesinnung entspringt (z.B. Schikane, Rache, Hass) oder wenn sie aus objektiven Gründen zu missbilligen ist. Dies spielt eine Rolle bei kinderlosen Ehen oder solchen, in denen nur erwachsene, der elterlichen Unterstützung nicht bedürfende Kinder vorhanden sind.

73

---

63 Die Volljährigkeit tritt mit Vollendung des 18. Lebensjahres ein (Art. 10 ZGB).

64 So Urteil des OG vom 17.12.1999, III CKN 850/99.

65 So die inzwischen nicht verbindlichen Richtlinien des Obersten Gerichts vom 18.3.1968, III CZP 70/66, abgedr. bei *Gralla*, JOR IX/1 (1968), S. 261, 266.

66 Dem anderen Ehegatten darf kein (auch kein geringes) Mitverschulden an der Zerrüttung vorzuwerfen sein.

III. Scheidungsverfahren

1. Zuständigkeit

74   Zuständig für den Ausspruch der Scheidung sind die Kreisgerichte (*Sąd Okręgowy*), Art. 17 Pkt 1 ZVGB. Örtlich zuständig ist das Gericht des letzten gemeinsamen Wohnsitzes, wenn einer der Ehegatten diesen noch hat. Besteht ein solcher nicht mehr, so ist der Wohnsitz des Antragsgegners maßgebend, ersatzweise der Wohnsitz des Antragstellers (Art. 41 ZVGB).

2. Versöhnungsversuch

75   Die früher obligatorische **Versöhnungssitzung** wurde abgeschafft. Das Gericht kann fakultativ die Parteien an die Mediation verweisen, wenn Aussichten auf Aufrechterhalten der Ehe bestehen (Art. 436 FVGB).

3. Scheidungsverbund

76   Im Scheidungsurteil entscheidet das Gericht von Amts wegen[67] über die elterliche Gewalt über minderjährige Kinder, über das Umgangsrecht, die Höhe der Unterhaltspflichten der Ehegatten gegenüber den Kindern sowie die Nutzung der gemeinsamen Wohnung für die Zeit des Zusammenlebens nach der Scheidung (Art. 58 § 1 und § 2 FVGB). Auf Antrag eines Ehegatten kann das Gericht nach seinem Ermessen zusammen mit der Scheidung eine Teilung des gemeinschaftlichen Vermögens vornehmen, sofern die Durchführung der Teilung zu keiner übermäßigen Verzögerung des Verfahrens führt (Art. 58 § 3 FVGB).[68] Des Weiteren kann das Gericht auf Antrag über den nachehelichen Unterhalt entscheiden.[69]

4. Ausspruch zum Verschulden

77   Das Gericht erkennt mit der Scheidung zugleich, ob bzw. welchen Ehegatten die Schuld an der Zerrüttung der ehelichen Gemeinschaft trifft (Art. 57 § 1 FVGB).[70] Dies ist bspw. von Bedeutung für den Unterhaltsanspruch, weil bei diesem danach differenziert wird, ob den Verpflichteten eine Schuld am Scheitern der Ehe trifft oder nicht (siehe Rdn 101 ff.). Möglich sind drei Entscheidungen:
- nur ein Ehegatte ist schuld
- beide Ehegatten sind schuld oder
- keinen der Ehegatten trifft eine Schuld.

---

67   Zur Frage, ob die Entscheidung über die Nutzung der gemeinsamen Wohnung von Amts wegen zu erfolgen hat, vgl. *Hohloch/Nocon*, in: *Hohloch* (Hrsg.), Internationales Scheidungs- und Scheidungsfolgenrecht, 1998, Länderbericht Polen, S. 401, 430 m. Nachw. zur Rspr. des Obersten Gerichts.

68   *Mączyński*, Scheidung und nachehelicher Unterhalt nach polnischem Recht, S. 247, 255.

69   *Mączyński*, Scheidung und nachehelicher Unterhalt nach polnischem Recht, S. 247, 255; *Hohloch/ Nocon*, in: *Hohloch* (Hrsg.), Internationales Scheidungs- und Scheidungsfolgenrecht, 1998, Länderbericht Polen, S. 401, 430.

70   Wird die Scheidung von einem deutschen Gericht nach polnischem Recht ausgesprochen (vgl. Art. 17 Abs. 1 EGBGB), so hat das Gericht auch den Schuldausspruch zu tenorieren; BGH FamRZ 1987, 793, 795 = NJW 1988, 636, 638; *Palandt/Heldrich*, Art. 17 EGBGB Rn 18. Es reicht nicht aus, dass sich das Alleinverschulden aus den Entscheidungsgründen des Scheidungsurteils ergibt. Ein im Scheidungsurteil unterbliebener Schuldausspruch kann nach OLG Hamm FamRZ 2000, 29–31 = IPRspr. 1999, Nr. 65 nicht in einem isolierten Verfahren nachgeholt werden. Nach poln. OG muss darüber jedoch im Unterhaltsprozess entschieden werden, wenn dies im ausländischen Scheidungsurteil nicht erfolgte (siehe Rdn 89).

Margonski

Auf übereinstimmenden Antrag kann der Ausspruch zur Schuld unterbleiben. In diesem Fall treten die gleichen Folgen ein, wie wenn keinen der Ehegatten eine Schuld an der Zerrüttung der Ehe träfe (Art. 57 § 2 S. 1 FVGB).

78

5. Keine Widerklage

Eine Widerklage ist im Scheidungsverfahren unzulässig (Art. 439 § 1 ZVGB). Der Beklagte kann jedoch die Scheidung oder die Trennung von Tisch und Bett beantragen (Art. 439 § 3 ZVGB).

79

IV. Internationale Zuständigkeit der Gerichte/Behörden

Zur internationalen Zuständigkeit der Gerichte/Behörden siehe in diesem Werk § 1 Quellen des Europäischen und Internationalen Familienrechts", Rdn 1 ff. (Brüssel IIa-Verordnung).

80

Im autonomen Zivilverfahrensrecht sind die polnischen Gerichte in Ehesachen zuständig, wenn
– der Beklagte seinen Wohnsitz bzw. gewöhnlichen Aufenthalt in Polen hat (Art. 1103 ZVGB), oder
– beide Ehegatten ihren letzten Wohnsitz oder gewöhnlichen Aufenthalt in Polen hatten, sofern einer von ihnen weiterhin seinen Wohnsitz oder gewöhnlichen Aufenthalt in Polen hat, oder
– der klagende Ehegatte seit mindestens einem Jahr unmittelbar vor der Einleitung des Verfahrens seinen Wohnsitz oder gewöhnlichen Aufenthalt in Polen hat, oder
– der klagende Ehegatte polnischer Staatsangehöriger ist und seit mindestens sechs Monaten unmittelbar vor der Einleitung des Verfahrens seinen Wohnsitz oder gewöhnlichen Aufenthalt in Polen hat, oder
– beide Ehegatten polnische Staatsangehörige sind (Art. 1103/1 § 1 Nr. 1–4 ZVGB).

Die in einer Ehesache bestehende internationale Zuständigkeit umfasst auch die Entscheidung über das Sorgerecht für gemeinsame minderjährige Kinder der Ehegatten.

Die internationale Zuständigkeit ist nach autonomem Zivilverfahrensrecht ausschließlich, wenn beide Ehegatten polnische Staatsangehörige sind sowie ihren Wohnsitz bzw. gewöhnlichen Aufenthalt in Polen haben (Art. 1103/1 § 3 ZVGB). In vermögensrechtlichen Ehesachen (insbesondere Zugewinnausgleich bzw. Auseinandersetzung des gemeinschaftlichen Vermögens) ist die internationale Zuständigkeit polnischer Gerichte ferner ausschließlich, soweit das Verfahren dingliche Rechte an polnischen Immobilien oder den Besitz einer polnischen Immobilie betrifft (Art. 1103/8 ZVGB, Art. 1110/2 ZVGB).

81

V. Auf die Scheidung anwendbares Recht

Nach Art. 54 Abs. 1 IPRG richtet sich die Scheidung nach dem gemeinsamen Heimatrecht der Ehegatten, das zur Zeit der Einreichung des Scheidungsantrags besteht. In Ermangelung eines gemeinsamen Heimatrechts der Ehegatten findet das Recht des Staates Anwendung, in dem die Ehegatten zum Zeitpunkt der Beantragung der Scheidung ihren Wohnsitz haben (Art. 54 Abs. 2 Alt. 1 IPRG). Haben die Ehegatten auch keinen gemeinsamen Wohnsitz im Zeitpunkt der Beantragung der Scheidung, so gilt das Recht des Staates, in dem die Ehegatten zuletzt ihren gemeinsamen gewöhnlichen Aufenthalt hatten, sofern mindestens ein Ehegatte noch seinen gewöhnlichen Aufenthalt in diesem Staat hat (Art. 54 Abs. 2 Alt. 2 IPRG). Sind auch diese Voraussetzungen nicht erfüllt, so gilt hilfsweise polnisches Recht (Art. 54 Abs. 3 IPRG).

82

Margonski

83 Der **Begriff** des **Wohnsitzes** ist nicht dem ZGB zu entnehmen, sondern autonom zu ermitteln. Maßgeblich ist in objektiver Hinsicht der Aufenthalt an dem Ort, an dem sich der Schwerpunkt der Lebensführung befindet, und in subjektiver Hinsicht der Wille zum dauernden Aufenthalt (*animus manendi*).[71]

84 Das **Scheidungsstatut** regelt die Art der Scheidung (Gerichtsurteil, behördliche Entscheidung oder Rechtsgeschäft), die Voraussetzungen der Scheidung und die Hauptfolge der Scheidung, die Auflösung der Ehe.[72] Dem Scheidungsstatut unterliegt auch der Kreis der zur Einleitung des Scheidungsverfahrens berechtigten Personen. Die **Nebenfolgen der Scheidung** (z.B. Unterhalt) unterliegen eigenen kollisionsrechtlichen Vorschriften.[73] Die Kollisionsnormen über die Scheidung gelten auch für die gerichtliche **Trennung** von Tisch und Bett (Art. 54 Abs. 3 IPRG).

85 Die Aufhebung oder Nichtigerklärung einer Ehe wegen Fehler bei der Eheschließung unterliegt dem **Eheschließungsstatut**; es ist die Kehrseite der formellen und materiellen Eheschließungsvoraussetzungen (vgl. Art. 48 und 49 IPRG; siehe Rdn 14).

86 Die ab dem 21.6.2012 geltende Verordnung Nr. 1259/2010 des Rates vom 20.12.2010 zur Durchführung einer Verstärkten Zusammenarbeit im Bereich des auf die Ehescheidung und Trennung ohne Auflösung des Ehebandes anzuwendenden Rechts („**Rom III**") ist in Polen **nicht** anzuwenden, da Polen kein teilnehmender Mitgliedstaat ist. Zu beachten sind ggf. Kollisionsnormen aus bilateralen Abkommen (siehe Rdn 15).

VI. Anerkennung im Ausland erfolgter Scheidungen

87 Zur Anerkennung im Ausland erfolgter Scheidungen siehe in diesem Werk § 1 Quellen des Europäischen und Internationalen Familienrechts, Brüssel IIa-Verordnung (Rdn 3 ff.). In Polen gilt seit 24.6.1996 das Haager Übereinkommen über die Anerkennung von Scheidungen und Trennungen von Tisch und Bett (siehe in diesem Werk § 1 Quellen des Europäischen und Internationalen Familienrechts, Rdn 85 ff.).[74] Anerkennungsrelevante Bestimmungen enthalten auch einige bilateralen Abkommen.[75]

88 Im autonomen polnischen Zivilverfahrensrecht ist die Anerkennung ausländischer Entscheidungen in Art. 1145 ff. ZVGB geregelt. In der derzeitigen Fassung finden diese Vorschriften Anwendung auf Entscheidungen, welche ab dem 1.7.2009 erlassen wurden.[76] Die

71 Näher dazu *Krzymuski*, StAZ 2012, 43.
72 *Mączyński*, Scheidung und nachehelicher Unterhalt nach polnischem Recht, S. 247, 262 f.
73 *Mączyński*, Scheidung und nachehelicher Unterhalt nach polnischem Recht, S. 247, 263.
74 Das Übereinkommen findet Anwendung im Verhältnis zu den Niederlanden (seit 22.9.1996), Dänemark (seit 26.11.1996), Norwegen (seit 20.12.1996), Zypern (seit 14.1.1997), Finnland (seit 28.4.1997), Slowakei (seit 22.7.1997), Schweden (seit 10.8.1997), Tschechei (seit 13.1.1998) sowie der Schweiz (seit 29.3.2008).
75 Solche Abkommen gelten im Verhältnis zu: Algerien (1982), Ägypten (1994), Belarus (1995), Bulgarien (1963), Volksrepublik China (1988), Estland (2000), Finnland (1981), Frankreich (1969), Griechenland (1982), Irak (1989), Italien (1992), Jugoslawien (1963), Kuba (1984), Lettland (1995), Libyen (1987), Litauen (1994), Marokko (1983), Mongolei (1972), Nord-Korea (1987), Österreich (1974), Rumänien (2002), Russland (2002), Syrien (1986), Tschechoslowakei (1989), Tunesien (1987), Türkei (1992), Ukraine (1994), Ungarn (1960), Vietnam (1995), Zypern (1999).
76 Näher zum autonomen Anerkennungsrecht seit dem 1.7.2009 *Ereciński/Weitz*, ZZPInt 2008, 57 ff.; *Margonski*, Grenzüberschreitende Tätigkeit des Nachlasspflegers in deutsch-polnischen Nachlasssachen, 2013, S. 126 ff.

Anerkennung erfolgt grundsätzlich kraft Gesetzes (Art. 1145 ZVGB), sofern keine Anerkennungshindernisse aus Art. 1146 § 1 ZVGB vorliegen:
– Die Entscheidung muss rechtskräftig sein (Nr. 1), was durch eine öffentliche Urkunde nachzuweisen ist, sofern sich die Rechtskraft nicht aus der Entscheidung selbst ergibt (Art. 1147 § 1 Nr. 2 ZVGB).
– Die Anerkennung ist ausgeschlossen sofern in der Sache die ausschließliche internationale Zuständigkeit polnischer Gerichte vorbehalten ist (Nr. 2).
– Dem Beklagten, der sich zur Sache nicht geäußert hat, ist das verfahrenseinleitende Schriftstück nicht ordnungsgemäß oder nicht rechtszeitig zugestellt worden, sodass er seine Rechte nicht wahrnehmen konnte (Nr. 3).
– Einer Partei war im Laufe des Verfahrens die Möglichkeit der Verteidigung genommen (Nr. 4).
– Zwischen den Parteien ist in derselben Sache ein Verfahren in Polen vor Rechtshängigkeit des ausländischen Verfahrens rechtshängig geworden (Nr. 5).
– Die Entscheidung widerspricht einer früheren rechtskräftigen Entscheidung eines polnischen Gerichts oder einer ausländischen Entscheidung, welche in Polen anzuerkennen ist (Nr. 6).
– Die Anerkennung widerspricht den Grundsätzen der polnischen öffentlichen Ordnung (Nr. 7).

Das Verschuldensprinzip im Scheidungsrecht gehört nicht zur polnischen öffentlichen Ordnung; ein fehlender Schuldspruch in einer ausländischen Scheidungsentscheidung schließt ihre Anerkennung in Polen nicht aus.[77] Soweit das Verschulden nach dem Unterhaltsstatut relevant ist, kann – anders als in reinen Inlandsfällen – das polnische Gericht darüber im Unterhaltsprozess *ad casum* entscheiden.[78]   89

Die Anerkennungsregeln finden entsprechende Anwendung auf Entscheidungen der nichtgerichtlichen Stellen (Art. 1149/1 ZGBG). Problematisch und ungeklärt sind die Folgen von Privatscheidungen. Als ordre public-widrig wurden in der Rspr. Scheidungen durch Verstoßung (*talaq*) gewertet.[79]   90

Vorgesehen ist ein fakultatives Anerkennungsverfahren (Art. 1148 ZVGB), das auch von einem Dritten mit rechtlichem Interesse an der Anerkennung eingeleitet werden kann. An einem Verfahren über die Anerkennung einer ausländischen Scheidung müssen obligatorisch die entsprechend legitimierten Erben eines verstorbenen Ehegatten teilnehmen.[80] Vollstreckbare ausländische Entscheidungen (z.B. Nebenentscheidungen im Scheidungsurteil) müssen in Polen für vollstreckbar erklärt werden (Art. 1150 ff. ZVGB).   91

Schärfere Anerkennungsvoraussetzungen betreffen nach autonomem Recht Entscheidungen aus der Zeit bis zum 30.6.2009.[81] Das Anerkennungsverfahren ist in solchen Fällen nicht fakultativ, sondern konstitutiv.[82] Ferner war die Gegenseitigkeit im Verhältnis zum Ur-   92

---

77 Beschluss des Appellationsgerichts Warschau vom 30.5.2000, I ACa 57/00.
78 Beschluss des OG vom 23.3.2016, III CZP 112/15.
79 Beschluss des Appellationsgerichts Kattowitz vom 20.8.2009 r., I ACa 410/09.
80 Beschluss des Appellationsgerichts Białystok vom 14.7.2009, I ACz 518/09.
81 Näher zum autonomen Anerkennungsrecht bis zum 30.6.2009: *Gralla*, Jahrbuch für Ostrecht 1969, 167, 222–235; *Będkowski*, Osteuropa/Recht 1970, 1/24; *Kalus*, WiRO 1993, 299–303; *Krusche*, WiRO 1999, 174 ff.; *Weyde*, Anerkennung und Vollstreckung deutscher Entscheidungen in Polen, 1997.
82 Nach der Rspr. entfaltet die ausländische Scheidungsentscheidung erst ab der Rechtskräftigkeit des Anerkennungsbeschlusses Wirkungen in Polen. Die Anerkennung erfolgt aber *ex tunc* – mit ihrer Wirkung im Ursprungsstaat (Beschluss des OG vom 2.4.1975, II CR 67/75, Beschluss des Appellationsgerichts Kattowitz vom 6.8.2013, I ACz 693/13).

Margonski

sprungsstaat grundsätzlich notwendig. Vorgesehen ist auch eine kollisionsrechtliche Nachprüfung der ausländischen Entscheidung (das aus polnischer Sicht anwendbare polnische Recht müsste im ausländischen Verfahren zur Anwendung kommen bzw. das der Entscheidung zugrunde liegende ausländische Recht war inhaltlich von dem anwendbaren polnischen Recht nicht grundsätzlich unterschiedlich). Ebenso problematisch ist die Vollstreckbarerklärung einer bis zum 30.6.1996 erlassenen ausländischen Entscheidung (Art. 1150 ZVGB a.F.).

D. Scheidungsfolgen

I. Vermögensteilung

1. Gütergemeinschaft

93   Die **Gütergemeinschaft endet** u.a. mit der Rechtskraft des Scheidungsurteils. Die Gesamthandsgemeinschaft verwandelt sich dann kraft Gesetzes in eine Bruchteilsgemeinschaft. Die Beendigung der Gütergemeinschaft eröffnet den Weg zur Auseinandersetzung des gemeinschaftlichen Vermögens, welche während der Gütergemeinschaft ausgeschlossen ist (Art. 35 FVGB). Ab diesem Zeitpunkt sind für die Abwicklung des gemeinschaftlichen Vermögens grds. die Vorschriften über das Miteigentum nach Bruchteilen (Art. 197 ff. ZGB) anwendbar (Art. 42 FVGB); beide Ehegatten verwalten das Gesamtvermögen nunmehr gemeinschaftlich.

94   Grundsätzlich haben beide Ehegatten gleiche Anteile an dem Gemeinschaftsvermögen (Art. 43 § 1 FVGB). Auf Antrag eines jeden Ehegatten[83] kann das Gericht die Anteile an dem Gemeinschaftsvermögen abweichend unter Berücksichtigung des Beitrags bestimmen, den ein jeder der Ehegatten zur Bildung des Gemeinschaftsvermögens geleistet hat (Art. 43 § 2 FVGB). Dazu ist auch der persönliche Arbeitsaufwand bei der Erziehung der Kinder oder im gemeinsamen Haushalt zu berücksichtigen (Art. 43 § 3 FVGB). Die gerichtliche Feststellung von ungleichen Anteilen hat einen konstitutiven Charakter und erfolgt in der Praxis nur in begründeten Ausnahmefällen.[84]

95   Das FVGB enthält keine ausführlichen Bestimmungen über die Güterteilung. Es bestimmt in Art. 46 lediglich, dass in nicht gesetzlich geregelten Fällen subsidiär die Regelungen über die Nachlassteilung (Art. 1035 ff. ZGB) gelten. Die praktische Folge dieser Verweisung ist, dass vor der Auseinandersetzung des gemeinschaftlichen Vermögens jeder Ehegatte über seine Anteile an Bestandteilen dieses Vermögens verfügen darf. Eine Verfügung ohne Zustimmung des anderen Ehegatten ist jedoch insoweit unwirksam, als sie die Rechte dieses anderen Ehegatten bei der Auseinandersetzung beeinträchtigt (Art. 1036 ZGB).[85]

---

83   Die Erben eines Ehegatten können diese Forderung nur dann stellen, wenn der Erblasser eine Klage auf Nichtigerklärung der Ehe, eine Scheidungsklage erhoben hatte oder die Trennung von Tisch und Bett beantragt hatte (Art. 43 § 2 S. 2 FVGB). Der Gesetzgeber stellt klar, dass bei der Beurteilung, in welchem Maß der Ehegatte zur Entstehung des Gemeinschaftsvermögens beigetragen hat, auch der persönliche Arbeitsaufwand bei der Erziehung der Kinder und im gemeinsamen Haushalt zu berücksichtigen ist (Art. 43 § 3 FVGB).

84   Näher dazu *Rudat*, Die scheidungsbedingte Auseinandersetzung, S. 190 ff.

85   Somit geht der Erwerber z.B. das Risiko ein, dass während der späteren Auseinandersetzung des gemeinschaftlichen Vermögens die Anteile der Ehegatten am gemeinschaftlichen Vermögen gerichtlich ungleich festgestellt werden (Art. 43 § 2 FVGB) bzw. dass der Gegenstand dem anderen Ehegatten zugeteilt wird und der finanzielle Ausgleich dafür Ansprüche auf Ausgleich von Ausgaben und Aufwendungen zwischen den Ehegatten (Art. 45 FVGB) berücksichtigt.

Der **Ausgleich von Vermögensverschiebungen**[86] zwischen dem Gesamtgut und dem Son-										96
dergut ist wie folgt geregelt (Art. 45 FVGB):
- Jeder der Ehegatten hat die Auslagen und Aufwendungen zu erstatten, die aus dem
  Gemeinschaftsvermögen für sein Sondervermögen erbracht worden sind, mit Ausnahme
  der notwendigen Auslagen und Aufwendungen für gewinnbringende Vermögensgegenstände (Art. 45 § 1 S. 1 FVGB).
- Jeder Ehegatte kann die Erstattung der Auslagen und Aufwendungen verlangen, die er
  aus seinem persönlichen Vermögen für das gemeinschaftliche Vermögen erbracht hat
  (Art. 45 § 1 S. 2 FVGB).
- Die zur Befriedigung der Familienbedürfnisse verbrauchten Auslagen und Aufwendungen sind nur zu erstatten, wenn sie den Wert des Vermögens im Zeitpunkt der Beendigung der Gütergemeinschaft vergrößert haben (Art. 45 § 1 S. 3 FVGB).
- Die Vorschriften über die Erstattung von Auslagen und Aufwendungen gelten entspre-
  chend für den Fall, dass eine Verbindlichkeit eines Ehegatten aus dem gemeinschaftlichen
  Vermögen befriedigt worden ist (Art. 45 § 3 FVGB).
- Alle erwähnten Nebenansprüche, welche im Auseinandersetzungsbeschluss nicht berücksichtigt werden, verwirken und können später nicht geltend gemacht werden
  (Art. 618 § 2 ZVGB i.V.m. Art. 567 § 3 und Art. 688 ZVGB).

Die Auseinandersetzung kann vertraglich oder gerichtlich erfolgen. Ein Zwang zur Teilung										97
des Gesamtguts besteht nicht. Der Auseinandersetzungsanspruch unterliegt keiner Verjährung. Die Auseinandersetzung kann einen Teil des Gesamtguts oder das gesamte Vermögen
erfassen. Die Ehegatten sind auch berechtigt, lediglich eine *quoad usum* Regelung vorzunehmen.

2. Gütertrennung

Leben die Ehegatten in **Gütertrennung**, so behält jeder Ehegatte bei Scheidung sein Vermö-										98
gen. Es erfolgt weder eine Aufteilung des Vermögens[87] noch ein Ausgleich in Geld.

3. Zugewinngemeinschaft

Nach Beendigung des Güterstands kann der Ehegatte, dessen **Zugewinn** kleiner ist als der										99
Zugewinn des anderen Ehegatten, einen Ausgleich durch Zahlung in Geld oder durch
Übertragung von Rechten verlangen (Art. 51/4 § 1 FVGB; siehe Rdn 41 f.). Jeder Ehegatte
kann aus wichtigen Gründen eine Verringerung der Pflicht zum Zugewinnausgleich verlangen (Art. 51/4 § 2 FVGB).

II. Scheidungsunterhalt

1. Rechtsnatur

Der Anspruch auf **nachehelichen Unterhalt** hat unterhaltsrechtlichen Charakter; es handelt										100
sich nicht um Schadensersatz.[88] Grundlage ist die Fortdauer der ehelichen Pflichten, für die
Befriedigung der Lebensbedürfnisse des anderen Ehegatten zu sorgen.[89]

---

86 Näher dazu *Rudat*, Die scheidungsbedingte Auseinandersetzung, S. 203 ff.
87 Davon ausgenommen sind Vermögensgegenstände, die den Ehegatten als Bruchteilseigentümer zuste-
    hen. Hier gelten die allgemeinen Vorschriften der Bruchteilsgemeinschaft.
88 *Mączyński*, Scheidung und nachehelicher Unterhalt im polnischen Recht, S. 247, 258.
89 *Mączyński*, Scheidung und nachehelicher Unterhalt im polnischen Recht, S. 247, 258.

2. Zusammenhang mit dem Scheidungsverschulden

a) Bedeutung

101 Ob und in welchem Umfang ein Ehegatte nach der Ehescheidung[90] Unterhalt von dem anderen Ehegatten verlangen kann, hängt nicht nur von der Bedürftigkeit und der Leistungsfähigkeit der Ehegatten ab, sondern auch von dem **Verschulden** an der Zerrüttung der Ehe:
– Der Ehegatte, der allein schuldig an der Zerrüttung der Ehe ist, hat keinen Anspruch auf Unterhalt, selbst wenn er bedürftig ist (Art. 60 § 1 FVGB).
– Trifft die Schuld an der Zerrüttung der ehelichen Gemeinschaft ausschließlich denjenigen Ehegatten, von dem Unterhalt begehrt wird, so besteht ein privilegierter Anspruch auf Unterhalt (Art. 60 § 2 FVGB).
– Sind beide Ehegatten an der Zerrüttung der ehelichen Gemeinschaft schuld, so kann jeder von ihnen gegen den anderen einen Anspruch auf Unterhalt geltend machen (einfacher Unterhalt, Art. 60 § 1 FVGB).
– Ist kein Ehegatte an der Zerrüttung schuld,[91] so kann jeder von ihnen gegen den anderen einen Anspruch auf Unterhalt geltend machen (einfacher Unterhalt, Art. 60 § 1 FVGB).

b) Der einfache Anspruch gegen den nicht alleinschuldigen Ehegatten

102 Ist weder der Anspruchsteller noch der Anspruchsgegner alleinschuldig an der Zerrüttung der Ehe, so kann der Anspruchsteller Unterhalt verlangen, wenn er bedürftig und der Anspruchsgegner leistungsfähig ist (Art. 60 § 1 FVGB).

103 **Bedürftig** ist, wer seine elementaren Bedürfnisse aus eigenen Kräften und Mitteln nicht befriedigen kann. Die elementaren Bedürfnisse orientieren sich nicht an dem Lebensstandard des Verpflichteten; der Bedarf richtet sich nur nach den Erwerbsmöglichkeiten des bedürftigen Ehegatten. Der Unterhaltsberechtigte kann einen Anspruch nur stellen, wenn er die elementaren Bedürfnisse nicht aus seinem eigenen Einkommen und Vermögen befriedigen kann. Er muss daher alle Einkünfte einsetzen, die er unter zumutbarem Einsatz seiner Kräfte, Ausbildung und anderer Fähigkeiten erzielen kann. Auch zivilrechtliche und sozialversicherungsrechtliche Renten, Stipendien und dgl. sind einzusetzen, ebenso Einkünfte aus Vermögen wie Zinseinkünfte und hypothetisch erzielbare Einkünfte. Keine einsetzungspflichtigen Einkünfte sind solche Zuwendungen, die nicht aufgrund einer Unterhaltspflicht oder einer sonstigen Rechtspflicht gemacht werden (freiwillige Zuwendungen).

104 Der Unterhaltsanspruch setzt weiter voraus, dass der Verpflichtete **leistungsfähig**, d.h. in der Lage ist, aus eigenem Einkommen und Vermögen dem anderen Mittel zur Verfügung zu stellen. Das polnische Recht kennt keine festen Selbstbehaltsätze; vielmehr ist in jedem Einzelfall zu entscheiden, in welchem Umfang der Unterhaltsverpflichtete auch geringe Einkünfte mit dem Unterhaltsberechtigten zu teilen hat.[92] Nach Auffassung des Obersten Gerichts besteht ein Unterhaltsanspruch wegen mangelnder Leistungsfähigkeit nur dann nicht, wenn der Unterhaltsverpflichtete über keine finanziellen Mittel verfügt. Daraus wird geschlossen, dass es zugunsten des Verpflichteten keine Grenze des Selbstbehalts gibt, die nicht unterschritten werden darf. Nach Art. 14 des Haager Unterhaltsprotokolls 2007 sind

---

90 Die nachstehenden Grundsätze gelten für den Unterhalt bei gerichtlicher Trennung von Tisch und Bett (Art. 61/1 ff. FVGB) entsprechend.
91 Dies gilt auch dann, wenn die Ehegatten einvernehmlich auf einen Schuldausspruch verzichten, vgl. Art. 57 § 2 FVGB.
92 OLG Stuttgart vom 14.2.2006 – 17 UF 247/05.

Margonski

bei der Bemessung des Unterhaltsbetrages auch die wirtschaftlichen Verhältnisse des Unterhaltsverpflichteten zu berücksichtigen, selbst wenn das anzuwendende Recht etwas anderes bestimmt. Lebt der Unterhaltsverpflichtete in Deutschland, so können daher die in den Leitlinien der Oberlandesgerichte festgelegten Selbstbehaltsätze angewendet werden.[93]

c) Der privilegierte Anspruch gegen den alleinschuldigen Ehegatten

Ist ein Ehegatte für alleinschuldig an der Zerrüttung der Ehe befunden worden, so schuldet er dem anderen Ehegatten auch dann Unterhalt, wenn durch die Scheidung der Ehe eine wesentliche Verschlechterung der materiellen Situation des unschuldigen Ehegatten eingetreten ist (Art. 60 § 2 FVGB). Die Verschlechterung muss ihre Ursache in der Scheidung haben. Auf die Bedürftigkeit des Berechtigten kommt es nicht an. Zu vergleichen ist die materielle Lage des nichtschuldigen Ehegatten mit derjenigen, die bestehen würde, wenn die Ehe nicht geschieden worden wäre und die Ehegatten noch zusammenlebten. Art. 60 § 2 FVGB regelt daher einen – im Vergleich zum einfachen Unterhaltsanspruch – höheren Bedarf. Der Unterhaltsberechtigte nimmt auch an Verbesserungen des Lebensstandards des alleinschuldigen Ehegatten teil.

105

3. Art der Unterhaltsleistung

Das FVGB enthält keine Bestimmungen über die Art der Unterhaltsleistung. Grundsätzlich werden Unterhaltsansprüche in Form von **Geldrenten** erfüllt. Geldrenten werden in der Regel mit einem festen Betrag bemessen. Sie können ausnahmsweise mit einem Vomhundertsatz bemessen werden, wenn der Berechtigte Anspruch auf den gleichen Lebensstandard wie der Verpflichtete hat, das Arbeitseinkommen die Haupteinnahmequelle des Verpflichteten ist und das Vergütungssystem reguläre, annähernd gleiche, periodische Einkünfte garantiert.

106

4. Zeitlicher Umfang; Erlöschen

Grundsätzlich besteht die Verpflichtung zur Leistung von Unterhalt **ohne zeitliche Einschränkung**.[94] Davon besteht jedoch eine **Ausnahme:** Der einfache Unterhaltsanspruch gegen den Ehegatten, der nicht für alleinschuldig an der Zerrüttung der Ehe befunden wurde, erlischt nach Ablauf von fünf Jahren nach Rechtskraft des Scheidungsurteils (Art. 60 § 3 S. 2 FVGB). Das Gericht kann unter Berücksichtigung außerordentlicher Umstände die Frist – auf bestimmte oder unbestimmte Zeit – verlängern. Die außerordentlichen Umstände können sowohl in der Person des Berechtigten als auch in der Person des Verpflichteten begründet sein.[95] Solche Umstände müssen innerhalb von fünf Jahren ab Scheidung entste-

107

---

93 OLG Stuttgart vom 14.2.2006 – 17 UF 247/05 für den Fall des Kindesunterhalts nach Art. 135 § 1 FVGB.

94 *Mączyński*, Scheidung und nachehelicher Unterhalt im polnischen Recht, S. 247, 261.

95 So der Beschluss des OG vom 16.4.1974, III CZP 22/75. Als außerordentlicher Umstand kann auch eine krankheitsbedingte Bedürftigkeit des Unterhaltsberechtigten in Betracht kommen. Dies gilt nicht, wenn die Ehe nur von kurzer Dauer war; OLG Hamm FamRZ 2000, 29–31. Als außerordentlicher Umstand im vorgenannten Sinne kommt nach OLG Hamm ein Scheidungsverschulden des Verpflichteten, das nicht im Tenor des Scheidungsurteils festgehalten ist, nicht in Betracht. Im Unterhaltsprozess findet deshalb keine Prüfung und Verwertung des Scheidungsverschuldens statt; OLG Hamm FamRZ 2000, 29–31. Nach Auffassung des OG kann jedoch über das Verschulden ausnahmsweise im Unterhaltsprozess entschieden werden, wenn darüber im Tenor einer ausländischen Entscheidung nicht entschieden wurde; Beschluss des OG vom 23.3.2016, III CZP 112/15.

Margonski

hen; den Anspruch auf Verlängerung kann man auch nach Ablauf dieser Frist geltend machen.[96] Eine Verlängerung über die fünf Jahre hinaus ist auch durch Vertrag zulässig.[97] Der Unterhaltsanspruch erlischt, sobald der Berechtigte eine neue Ehe eingeht (Art. 60 § 3 S. 1 FVGB). Wird die neue Ehe geschieden, so lebt der Unterhaltsanspruch aus der ersten Ehe nicht wieder auf. Mit dem Tod des Berechtigten oder Verpflichteten erlischt ebenfalls die Unterhaltspflicht.

5. Abtretung, Aufrechnung

108   Der Anspruch ist nicht abtretbar. Eine Aufrechnung gegen den Anspruch ist ausgeschlossen (Art. 505 Nr. 2 ZGB).

III.   Regelung der Altersversorgung

109   In der deutschen Rspr. und Literatur wurde in der Vergangenheit angenommen, dass dem polnischen Recht der Versorgungsausgleich und vergleichbare Rechtsinstitute unbekannt seien.[98] Diese Auffassung entspricht nicht der aktuellen Rechtslage im gesetzlichen Güterstand der Gütergemeinschaft. Die während der Gütergemeinschaft erworbenen individuellen Anwartschaften der Ehegatten im Rahmen des offenen und des betrieblichen Pensionsfonds gehören, was ausdrücklich geregelt wurde, zum gemeinschaftlichen Vermögen (Art. 31 § 2 Nr. 3 FVGB). Im Rahmen der Auseinandersetzung des gemeinschaftlichen Vermögens kann eine Realteilung dieser Anwartschaften durch ihre Übertragung zwischen den Pensionsfonds der Ehegatten erfolgen.[99]

110   Sozialversicherungsrechtlich ist Folgendes zu beachten:[100] Für die bis zum 31.12.1990 erworbenen Anwartschaften scheidet ein öffentlich-rechtlicher Versorgungsausgleich in Form der Begründung von Anwartschaften in der Bundesrepublik aus, wenn sich der ausgleichsberechtigte Ehegatten in Polen aufhält und dort seinen Wohnsitz hat. Dies folgt aus dem Abkommen zwischen der Bundesrepublik Deutschland und der Volksrepublik Polen über Renten und Unfallversicherung vom 9.10.1975 (Sozialversicherungsabkommen 1975), das eine Übertragung von Anwartschaften oder eine Begründung von Anwartschaften gem. § 1587b Abs. 1 oder 2 BGB, § 1 Abs. 2 VAHRG oder auch eine Realteilung nach § 1 Abs. 2 VAHRG nicht vorsieht und Leistungen aus dem Versorgungsausgleich nach Polen verhindert.[101] Eine Rechtsänderung ist jedoch ab 1.1.1991 durch das Abkommen zwischen der Bundesrepublik Deutschland und der Republik Polen über die soziale Sicherheit vom 8.12.1990[102] eingetreten. Mit diesem Abkommen wird auch im Bereich der Rentenversicherung das Prinzip des Leistungsexports verwirklicht, wobei der jeweilige Rentenversiche-

---

96 Beschluss des OG vom 28.1.1999, III CKN 1041/98. Es reicht jedoch aus, dass die Bedürftigkeit, das die verlängerte Unterhaltspflicht konkretisiert, beim Abschluss der Verhaltnung im Unterhaltsprozess vorliegt; Urteil des OG vom 28.10.1999, II CKN 361/99.

97 Beschluss des OG vom 24.11.1981, III CRN 239/81.

98 OLG Karlsruhe FamRZ 1989, 399; OLG Hamm NJW-RR 1993, 1352; OLG Frankfurt FamRZ 2000, 163, 164; *Hochheim*, Versorgungsausgleich und IPR. Der Versorgungsausgleich in der gesetzlichen Rentenversicherung vor und nach dem Beitritt Polens zur EU, 2004, S. 1, 135; so auch in Vorauflagen dieses Werkes.

99 Sozialversicherungsrechtlich wurde die Übertragung in Art. 40e des Gesetzes vom 13.10.1998 über das System der Sozialversicherung, sowie in Art. 126 ff. des Gesetzes vom 28.8.1997 über die Organisation und das Funktionieren der offenen Rentenfonds geregelt.

100 Vgl. OLG Frankfurt FamRZ 2000, 163–165.

101 OLG Frankfurt FamRZ 2000, 163 ff.; OLG Hamm FamRZ 1994, 573, 579.

102 BGBl 1991 II S. 743; in Kraft getreten am 1.10.1991.

Margonski

rungsträger Leistungen auch dann erbringt, wenn der Berechtigte seinen gewöhnlichen Aufenthalt im anderen Vertragsstaat hat. Das gilt aber nur für die Anwartschaften, die ab 1.1.1991 erworben worden sind.

IV. Verteilung der elterlichen Sorge

Die **elterliche Gewalt** (Art. 92–112 FVGB) umfasst die Personensorge,[103] die Vermögenssorge und die gesetzliche Vertretung des Kindes (Art. 95 § 1 FVGB). Sie wird ausgeübt, bis das Kind volljährig geworden ist (Art. 92 FVGB). Die elterliche Gewalt wird von beiden Elternteilen ausgeübt (Art. 93 § 1 FVGB). Ist einer der Elternteile gestorben oder ist er in seiner Geschäftsfähigkeit beschränkt, so wird die elterliche Gewalt von dem anderen Elternteil ausgeübt. Gleiches gilt, wenn einem der Eltern die elterliche Gewalt entzogen oder die Befugnis zu seiner Ausübung ausgesetzt wird (Art. 94 § 1 FVGB). Steht die elterliche Gewalt keinem der Eltern zu oder sind die Eltern unbekannt, so wird eine Vormundschaft angeordnet (Art. 94 § 3 FVGB). Ein jeder Elternteil kann die elterliche Gewalt allein ausüben (Art. 97 § 1 FVGB), sofern es sich nicht um eine wesentliche Angelegenheit handelt, über die Eltern gemeinsam entscheiden; kommt kein Einverständnis zwischen den Eltern zustande, entscheidet das Vormundschaftsgericht (Art. 97 § 2 FVGB). Im Außenverhältnis ist jeder Elternteil allein zur Vertretung des Kindes berechtigt (Art. 98 § 2 FVGB). Ein Vertretungshindernis besteht in den in Art. 98 § 2 FVGB genannten Fällen.[104] Im Bereich der Vermögensverwaltung bedürfen Rechtshandlungen, welche den Rahmen der üblichen Verwaltung überschreiten der Zustimmung des Vormundschaftsgerichts. Die vormundschaftsgerichtliche Zustimmung muss vor der Vornahme des Rechtsgeschäfts erteilt werden, ansonsten ist das Rechtsgeschäft unheilbar unwirksam.[105]

Bei Getrenntleben kann das Vormundschaftsgericht die Ausübung der elterlichen Gewalt einem Elternteil übertragen (Art. 107 § 2 FVGB). Bei einer Ehescheidung hat das Gericht von Amts wegen über die elterliche Sorge zu entscheiden (Art. 58 § 1 FVGB). Dabei hat das Gericht jedoch die Vereinbarung der Eltern über die Art und Weise der Ausübung der elterlichen Gewalt und der Aufrechterhaltung der Beziehungen zum Kind nach der Ehescheidung zu berücksichtigen, wenn dies dem Wohl des Kindes entspricht (Art. 58 § 1 S. 2 FVGB). Das Gericht kann die elterliche Sorge

- beiden Elternteilen auf ihren gemeinsamen Antrag belassen, wenn sie eine Vereinbarung im Sinne des Art. 58 § 1 S. 2 FVGB getroffen haben und die begründete Erwartung besteht, dass sie in Angelegenheiten des Kindes zusammen arbeiten werden (Art. 58 § 1a S. 2 FVGB);
- sie einem Elternteil unter gleichzeitiger Beschränkung der elterlichen Sorge des anderen Elternteils auf bestimmte Rechte und Pflichten gegenüber dem Kind übertragen (Art. 58 § 1a S. 1 FVGB);
- einem oder beiden Elternteilen entziehen (Art. 111 § 1, Art. 112 FVGB); oder
- das Ruhen („Aussetzung") der elterlichen Sorge eines Elternteils oder beider Eltern anordnen (Art. 110, Art. 112 FVGB).

111

112

---

103 Sie beinhaltet die Führung und die Erziehung des Kindes.
104 Rechtsgeschäfte zwischen den der elterlichen Sorge unterworfenen Kindern (Nr. 1), Rechtsgeschäfte zwischen dem Kind einerseits und einem Elternteil oder dessen Ehegatten andererseits, es sei denn, dass das Rechtsgeschäft eine unentgeltliche Zuwendung zugunsten des Kindes beinhaltet oder dass es die dem Kind von dem anderen Elternteil gebührenden Unterhalts- und Erziehungsmittel betrifft (Nr. 2).
105 Beschluss der Zivilkammer des OG vom 24.6.1961, ICO 16/61.

Margonski

113   Im Interesse des Kindes kann das Vormundschaftsgericht bei veränderten Umständen die im Scheidungsurteil ausgesprochene Regelung der elterlichen Gewalt und die Form der Ausübung **nachträglich ändern** (Art. 106 FVGB).

V. Sonstige Scheidungsfolgen

1. Kindesunterhalt

114   Eltern sind gegenüber einem Kind, das sich nicht selbst unterhalten kann, zu Unterhaltsleistungen verpflichtet, es sei denn, die Einkünfte aus dem Vermögen des Kindes[106] reichen zur Deckung der Kosten für seinen Unterhalt und seine Erziehung aus (**privilegierter Kindesunterhalt**; Art. 133 § 1 FVGB). Ist das Kind grds. in der Lage, sich selbst zu unterhalten, so besteht ein Unterhaltsanspruch der Eltern, wie bei anderen Verwandten, wenn das Kind in Not gerät (**einfacher Kindesunterhalt**; Art. 133 § 2 FVGB). Gegenüber einem volljährigen Kind können die Eltern die Unterhaltszahlungen verweigern, wenn diese mit einer zu großen Belastung verbunden sind oder wenn das Kind keine Bemühungen, sich selbstständig zu unterhalten, unternimmt (Art. 133 § 3 FVGB).

115   Die **Dauer** der Unterhaltspflicht regelt das Gesetz nicht. Auch nach Erreichen der Volljährigkeit besteht die Unterhaltspflicht, wenn das Kind zur Schule geht oder an einer Hochschule studiert. Der **Umfang** der Unterhaltspflicht hängt von den gerechtfertigten Bedürfnissen des Berechtigten und den Erwerbs- und Vermögensmöglichkeiten des Verpflichteten ab (Art. 135 § 1 FVGB). Die Kinder haben Anspruch auf den gleichen Vermögensstandard wie die Eltern. Eine prozentuale Festsetzung der Höhe des Unterhalts ist gesetzlich nicht vorgegeben. Sie ist möglich, wird aber nicht praktiziert. Die Erfüllung der Unterhaltspflicht kann auch ganz oder teilweise durch persönliche Sorge und Erziehung erfolgen (Art. 135 § 2 FVGB). **Kindergeld** ist bei der Unterhaltsbemessung nicht zu berücksichtigen, kann jedoch den Umfang der Bedürfnisse des Kindes beeinflussen. Beim einfachen Unterhalt nach Art. 133 § 2 FVGB hat das Kind nur einen Anspruch auf Befriedigung der gewöhnlichen gerechtfertigten Bedürfnisse, des elementaren Lebensbedarfs. Der Unterhaltsanspruch setzt weiterhin voraus, dass der Verpflichtete **leistungsfähig** ist.[107]

2. Erb- und Pflichtteilsrecht

116   Der Ehegatte des Erblassers ist von der **Erbfolge ausgeschlossen**, wenn der Erblasser aufgrund Verschuldens des Ehegatten die Scheidungsklage eingereicht hat und das Scheidungsbegehren begründet gewesen ist (Art. 940 § 1 ZGB). Der Ausschluss von der Erbfolge tritt nicht ipso iure ein, sondern nur aufgrund einer gerichtlichen Entscheidung. Die Entscheidung kann jeder herbeiführen, der zusammen mit dem Ehegatten zur gesetzlichen Erbfolge berufen ist. Die Klage kann nur binnen sechs Monaten seit dem Tage, an dem der Erbe Kenntnis vom Erbfall erhalten hat, höchstens binnen eines Jahres ab dem Erbfall (Art. 940 § 2 ZGB), erhoben werden.

117   Wurde die Scheidungsklage vor einem deutschen Gericht anhängig gemacht, so kommt es für das Erfüllen der Voraussetzungen i.S.d. Art. 940 § 1 ZGB (Substitution) auf das Recht an, das auf die Scheidung von dem deutschen Gericht nach seinem Kollisionsrecht hätte angewendet werden müssen. Führt demnach die Anwendung des Art. 17 Abs. 1 EGBGB

---

106 Darunter fallen auch sonstige Einkünfte des Kindes, wie z.B. eine sozialversicherungsrechtliche Hinterbliebenenrente oder eine zivilrechtliche Entschädigungsrente, ein Stipendium u. dgl.
107 Zum Problem der Selbstbehaltsätze siehe Rdn 104 und OLG Stuttgart vom 14.2.2006 – 17 UF 247/05.

zum deutschen Recht, so ist die hypothetische Begründetheit des Scheidungsantrags nach §§ 1565 ff. BGB zu beurteilen. Das Verschulden an der Ehescheidung muss als eigenständige tatbestandliche Voraussetzung des polnischen Rechts gegeben sein.

3. Ehewohnung

Im Zusammenhang mit der Ehescheidung kann das Gericht unterschiedliche Anordnungen hinsichtlich der Nutzung treffen (Art. 58 § 2 FVGB), wobei es in erster Linie die Bedürfnisse der Kinder und des Ehegatten, dem die elterliche Gewalt übertragen wird, zu berücksichtigen hat (Art. 58 § 4 FVGB):

— Das Gericht regelt die **Nutzung der Ehewohnung** von Amts wegen (S. 1). Dies gilt unabhängig davon, ob die Ehegatten Eigentümer, Mieter oder Dienstbarkeitsberechtigte sind oder aufgrund eines sonstigen Rechtstitels die Wohnung nutzen. Die Nutzungsregelung greift jedoch nicht in Rechte Dritter (z.B. Vermieter) ein.

— Auf Antrag eines Ehegatten kann das Gericht den **Auszug** des anderen Ehegatten anordnen, wenn dieser durch sein offensichtlich vorwerfbares Verhalten das gemeinsame Bewohnen unmöglich macht (S. 2). Diese Anordnungsbefugnis besteht jedoch nicht, wenn die Wohnung im Sondereigentum desjenigen Ehegatten steht, der auszuweisen wäre.[108] Die Anordnung greift nicht in die Eigentumsverhältnisse ein, sondern regelt nur vorübergehend die tatsächliche Nutzung der Wohnung.

— Auf übereinstimmenden Antrag beider Ehegatten kann das Gericht die **Teilung der gemeinsamen Wohnung anordnen** oder die Wohnung einem Ehegatten zusprechen, wenn der andere Ehegatte zum Auszug bereit ist, ohne dass ihm Tauschräume und eine Ersatzunterbringung gewährt werden. Eine solche Teilung bzw. Zuteilung kommt in Betracht, wenn die Wohnung im gemeinsamen Eigentum der Ehegatten steht, wenn die Wohnung beiden Ehegatten kraft Mitgliedschaft in einer Wohnungsgesellschaft zusteht oder wenn beide Ehegatten gemeinsame Mieter oder kraft hoheitlicher Zuweisung zur gemeinschaftlichen Bewohnung berechtigt sind. Die Teilung erfolgt mit vermögensrechtlichen Folgen und stellt eine Teilauseinandersetzung des gemeinschaftlichen Vermögens dar.

VI. Möglichkeiten vertraglicher Vereinbarungen für die Scheidung

1. Güterrechtliche Vereinbarungen

Durch notariell beurkundeten **Ehevertrag** (der auch vor der Ehe abgeschlossen werden kann, Art. 47 § 1 S. 2 FVGB) können die Ehegatten die Gütergemeinschaft erweitern oder einschränken, vollständige Gütertrennung (Art. 51–51/1 FVGB) oder Gütertrennung mit Zugewinnausgleich (Art. 51/2–51/5 FVGB) vereinbaren (Art. 47 § 1 S. 1 FVGB). Auf die Ausführungen in Rdn 36 ff. wird verwiesen.

2. Unterhaltsvereinbarungen

Die Ehegatten können den **Unterhalt** durch Vertrag regeln (vgl. Art. 138 FVGB); der Inhalt des Vertrages muss jedoch mit den gesetzlichen Bestimmungen übereinstimmen.[109] Unterhaltsverträge können daher nur die Modalitäten der Leistung regeln, nicht aber die Unterhaltpflicht also solche, da diese kraft Gesetzes entsteht und zwingendes Recht ist. Aus

118

119

120

---

108 Beschluss des OG vom 23.7.2008, III CZP 73/08.
109 *Mączyński*, Scheidung und nachehelicher Unterhalt nach polnischem Recht, S. 247, 260.

diesem Grund ist ein Verzicht auf Unterhalt auch dann unwirksam, wenn eine Abfindung vereinbart wird. Über den gesetzlichen Anspruch hinaus können Unterhaltsansprüche vertraglich vereinbart oder erweitert werden.

3. Erb- und Pflichtteilsverzicht

121   Der künftige Erbe kann durch notariell zu beurkundenden Vertrag (Art. 1048 S. 2 ZGB) mit dem künftigen Erblasser auf sein **Erbrechtverzichten** (Art. 1048 S. 1 ZGB). Der Erbverzicht kann durch notariell zu beurkundenden Vertrag zwischen dem Verzichtenden und dem Erblasser wieder aufgehoben werden (Art. 1050 ZGB). Pflichtteilsverzichte sind gesetzlich nicht geregelt und werden wegen der diesbezüglich unklaren Rechtslage in der notariellen Praxis nicht beurkundet.[110]

VII. Kollisionsrecht der Scheidungsfolgen

1. Güterrecht

122   Die Scheidungsfolgen für das Güterrecht unterliegen dem Güterrechtsstatut nach Art. 54 IPRG (siehe Rdn 53).

2. Unterhaltsrecht

123   Das auf Unterhaltspflichten **anwendbare Recht** wird nach Art. 15 der Verordnung (EG) Nr. 4/2009 des Rates vom 18.12.2008 über die Zuständigkeit, das anwendbare Recht, die Anerkennung und Vollstreckung von Entscheidungen und die Zusammenarbeit in Unterhaltssachen (Unterhaltsverordnung) i.V.m. den Bestimmungen des Haager Unterhaltsprotokolls vom 23.11.2007 ermittelt. Das Haager Unterhaltsprotokoll gilt seit dem 18.6.2011. Das HuntÜ 1973 ist in Polen am 1.5.1996 in Kraft getreten (zum Verhältnis der UnterhaltsVO und des HuntProt zum HuntÜ 1973 siehe in diesem Werk § 1 Quellen des Europäischen und Internationalen Familienrechts). Im autonomen Kollisionsrecht waren die Unterhaltsverhältnisse in Art. 20 f. IPRG 1965 geregelt. Art. 63 IPRG 2011 verweist in Art. 63 rein informativ auf das HuntProt. Die Übergansbestimmung des Art. 80 IPRG 2011 erstreckte die Anwendbarkeit von Art. 20 IPRG 1965 bis zum 17.6.2011.

3. Versorgungsausgleich

124   Der Ausgleich der Versorgungsanwartschaften wird im autonomen Kollisionsrecht nicht besonders geregelt. Er unterliegt dem Güterrechtsstatut. Bei der Realteilung der Anwartschaften sind auch die Kollisionsnormen des Sozialversicherungsrechts von Bedeutung.

4. Elterliche Sorge

125   Vorrangig gelten nach Art. 56 Abs. 1 IPRG 2011 die Bestimmungen des Haager Übereinkommens vom 19.10.1996 über die Zuständigkeit, das anzuwendende Recht, die Anerkennung, Vollstreckung und Zusammenarbeit auf dem Gebiet der elterlichen Verantwortung und der Maßnahmen zum Schutz von Kindern (KSÜ), welches in Polen am 1.11.2010 in Kraft getreten ist.[111] Verlegt das Kind seinen gewöhnlichen Aufenthalt in einen Staat, der

---

110 Näher *Margonski*, NotBZ 2015, 84.
111 Das KSÜ ersetzt das Haager Minderjährigenschutzabkommen vom 5.10.1961, welches in Polen seit dem 13.11.1993 anzuwenden war. Das KSÜ gilt in Deutschland seit dem 1.1.2011.

nicht Vertragsstaat des KSÜ ist, so bestimmt das Recht dieses Staates ab dem Zeitpunkt des Aufenthaltswechsels die Voraussetzungen für die Anwendung von Maßnahmen, welche in dem Staat des früheren gewöhnlichen Aufenthalts des Kindes vorgenommen wurden (Art. 56 Abs. 2 IPRG).

5. Namensrecht

Unter dem IPRG 1965 war umstritten, ob das Namensrecht dem Personalstatut oder dem allgemeinen Scheidungsstatut unterliegt. Aus Art. 15 Abs. 2 IPRG 2011 ergibt sich ausdrücklich, dass die Änderung des Namens des geschiedenen Ehegatten seinem Personalstatut unterliegt.

VIII. Verfahren

Über die Scheidung selbst und über die Scheidungsfolgen soll grundsätzlich im **Verbund** verhandelt und entschieden werden (siehe Rdn 76).

IX. Internationale Zuständigkeit

Zur Internationalen Zuständigkeit siehe in diesem Werk § 1 Quellen des Europäischen und Internationalen Familienrechts, Brüssel IIa-Verordnung (Rdn 3 ff.).

E. Eingetragene Lebenspartnerschaft

Das polnische Recht enthält keine Bestimmungen über registrierte heterosexuelle oder gleichgeschlechtliche Partnerschaften. Die Anerkennung der Folgen solcher Beziehungen ist problematisch und wird in Polen oft als ordre public-widrig gesehen.[112] Die Lebenspartner werden als Partner einer rein faktischen nichtehelichen Lebensgemeinschaft (*konkubinat*) behandelt. Unabhängig von den Bestimmungen des Registerstatuts ist es daher ratsam, die Rechte der Lebenspartner in Polen, soweit möglich, vertraglich sowie durch entsprechende Vollmachten, Testamente usw. zu sichern. Unabhängig davon müssen die Lebenspartner mit Problemen im öffentlichen Recht, darunter im Steuer-und Ausländer- sowie im Sozialversicherungsrecht, rechnen.

F. Nichteheliche Lebensgemeinschaft

Das Gesetz enthält keine besonderen Bestimmungen für die nichteheliche Lebensgemeinschaft (*konkubinat*). Wo das Gesetz den **Begriff** des **nahen Angehörigen** verwendet, wird darunter überwiegend auch der **Partner einer nichtehelichen Lebensgemeinschaft** verstanden. So haben die Partner einer nichtehelichen, darunter auch einer gleichgeschlechtlichen,

126

127

128

129

130

---

112 Im Zusammenhang damit wird auf Art. 18 der poln. Verfassung verwiesen, der wie folgt lautet: „Die Ehe als Verbindung von Frau und Mann, die Familie, die Mutterschaft und das Elternrecht stehen unter Schutz und in Obhut der Republik Polen". So in Verfahren über Nachbeurkundung von ausländischen Heiratsurkunden homosexueller Paare bzw. der Geburtsurkunden der Kinder mit zwei homosexuellen Elternteilen: Urteil des Obersten Verwaltungsgericht vom 17.12.2014, II OSK 1298/13; Urteil des VG Danzig vom 14.1.2016, III SA/Gd 835/15; Urteil des VG Krakau vom 10.5.2016, III SA/Kr 1400/15.

Lebensgemeinschaft ein gegenseitiges Zeugnisverweigerungsrecht in Strafverfahren.[113] Nach Art. 691 ZGB tritt beim Tod des Mieters von Wohnraum u.a. die Person, mit der er faktisch zusammengelebt hat, in das Mietverhältnis ein.[114] Nach Art. 446 § 2 S. 2 ZGB können nahe Personen[115] beim Tod des Partners vom Schädiger Schadensersatz verlangen, wenn der Verstorbene ihnen freiwillig und ständig Unterhalt gewährt hat und wenn die Umstände ergeben, dass dies die Grundsätze des gesellschaftlichen Zusammenlebens fordern.

131   Der Partner einer nichtehelichen Lebensgemeinschaft hat die vorgenannten Rechte nur, wenn eine **gefestigte, dauerhafte Beziehung,** die einer Ehe ähnelt.[116] Ist die Lebensgemeinschaft beendet, so fallen die Begünstigungen fort. Die Partner können ihre rechtlichen Beziehungen auch vertraglich regeln. Die finanzielle Abrechnung einer Lebensgemeinschaft wird in der Rspr. einzelfallabhängig[117] und unterschiedlich vorgenommen.[118] Dies gilt sowohl für heterosexuelle als auch gleichgeschlechtliche Lebensgemeinschaften.[119]

G. Abstammung und Adoption

I. Abstammung

1. Vaterschaft

132   Das polnische Recht kennt keine Unterscheidung zwischen ehelichen und nichtehelichen Kindern. In erster Linie wird die **Vaterschaft** durch gesetzliche Vermutungen festgestellt (Art. 62 ff. FVGB). Besteht keine gesetzliche Vaterschaftsvermutung oder ist diese im Anfechtungsverfahren widerlegt, so kann die Vaterschaft nur durch Anerkennung des Kindes seitens des Vaters (Art. 72 ff. FVGB) und durch gerichtliche Vaterschaftsfeststellung (Art. 84 ff. FVGB) erfolgen (Art. 72 § 1 FVGB).

a) Vaterschaftsvermutung und Anfechtung

133   Es wird **vermutet,** dass ein Kind von dem Ehemann der Mutter abstammt, wenn die Geburt während des Bestehens einer Ehe stattfand (Art. 62 § 1 S. 1 Alt. 1 FVGB). Dies gilt auch dann, wenn das Kind vor Ablauf von 300 Tagen seit der Beendigung oder Nichtigerklärung einer früheren Ehe geboren wurde (Art. 62 § 2 FVGB). Ist das Kind vor Ablauf von 300 Tagen seit Beendigung oder Nichtigerklärung der Ehe geboren und war die Mutter zu diesem Zeitpunkt wieder verheiratet, so gilt der zweite Ehemann der Mutter als Vater des Kindes (Art. 62 § 1 S. 1 Alt. 2 FVGB). Die Vermutungen nach Art. 62 § 1 S. 1 FVGB gelten nicht,

---

113 Beschluss des OG in Besetzung von 7 Richtern vom 25.2.2016, I KZP 20/15.
114 Beschluss des OG vom 28.11.2012, III CZP 65/12. Dazu auch *Hartwich,* Osteuropa-Recht 2011, 72 ff.
115 Der polnische Begriff *„osoba bliska"* wird oftmals fälschlich mit „naher Angehöriger" übersetzt. Richtig ist dagegen die Übersetzung „nahestehende Person"; vgl. *Szlezak,* International Journal of Law and the Family 5 (1991), S. 1, 5 (Fn 34): *„closeperson"* statt *„near relations".*
116 *Szlezak,* International Journal of Law and the Family 5 (1991), S. 1, 5.
117 Urteil des OG vom 6.12.2007, IV CSK 301/07; Urteil des Appellationsgerichts Krakau vom 19.9.2012, I A Ca 469/12.
118 In der Rspr. erfolgt dies nach dem Bereicherungsrecht, Vorschriften über die Gesellschaft bürgerlichen Rechts und nach den Vorschriften über Eigentümer-Besitzer-Verhältnisse, umstritten ist eine Abrechnung nach den Vorschriften über Miteigentum (bejahend Beschluss des OG vom 30.1.1986, III CZP 89/75; abweichend der Beschluss des OG vom 6.10.2004, II CK 47/04).
119 Urteil des Appellationsgerichts Białystok vom 23.2.2007, I ACa 590/06; Urteil des OG vom 6.12.2007, IV CSK 301/07.

wenn das Kind nach Ablauf von 300 Tagen seit der Entscheidung über die Trennung von Tisch und Bett geboren ist (Art. 62 § 1 S. 2 FVGB).

Die Vaterschaftsvermutungen können nur durch **Anfechtung der Vaterschaft** in einem gerichtlichen Verfahren beseitigt werden (Art. 62 § 3 FVGB). Der Art. 71 FVGB, wonach die Anfechtung nach dem Tod des Kindes unzulässig war, wurde am 4.12.2013 durch Urteil des Verfassungsgerichtshofes[120] aufgehoben. Die Anfechtung der Vaterschaft erfolgt durch den Nachweis, dass der Ehemann nicht der Vater des Kindes ist (Art. 67 FVGB). Hinsichtlich der einzuhaltenden **Fristen** für die Anfechtung der Vaterschaft stellt das Gesetz unterschiedliche Anforderungen auf:

- Der **Ehemann** der Mutter kann die Vaterschaft nur binnen sechs Monaten seit dem Tag anfechten, an dem er von der Geburt des Kindes durch seine Ehefrau Kenntnis erlangt, jedoch nicht mehr nach Erlangung der Volljährigkeit des Kindes (Art. 63 FVGB). Die Klage ist sowohl gegen das Kind als auch gegen die Mutter zu erheben. Ist die Mutter verstorben, so ist die Klage nur gegen das Kind zu erheben (Art. 66 FVGB). Die Anfechtung der Vaterschaft ist nicht zulässig, wenn das Kind durch einen medizinischen Eingriff, mit dem der Ehemann der Mutter einverstanden war, gezeugt wurde (Art. 68 FVGB).
- Die **Mutter** kann die Vaterschaft innerhalb einer Frist von sechs Monaten seit der Geburt des Kindes gerichtlich anfechten (Art. 69 § 1 FVGB). Die Klage ist gegen den Ehemann sowie das Kind zu richten; ist der Ehemann verstorben, so ist die Klage nur gegen das Kind zu richten (Art. 69 § 2 FVGB).
- Das **volljährige Kind** kann die Vaterschaft durch Klage gegen den Ehemann seiner Mutter und gegen die Mutter binnen einer Frist von drei Jahren nach Volljährigkeit erheben (Art. 70 § 1 FVGB). Ist die Mutter verstorben, so ist die Klage nur gegen ihren Ehemann zu richten. Ist nur dieser verstorben, so ist die Klage gegen den vom Vormundschaftsgericht zu bestellenden Pfleger zu richten (Art. 70 § 2 FVGB).

b) Vaterschaftsanerkennung

Besteht keine gesetzliche Vaterschaftsvermutung oder ist diese im Anfechtungsverfahren widerlegt, so kann – sofern kein Verfahren zur Feststellung der Vaterschaft anhängig ist (vgl. Art. 72 § 2 FVGB) – die Vaterschaft anerkannt werden.[121] Die Vaterschaftsanerkennung erfolgt durch **Erklärung** vor dem Leiter des Standesamtes oder vor dem Vormundschaftsgericht (Art. 73 FVGB). Ist der anerkennende Mann nicht voll geschäftsfähig, so kann er die Erklärung nur vor dem Vormundschaftsgericht abgeben (Art. 77 § 2 FVGB). Im **Ausland** erfolgt die Anerkennung vor einem polnischen Konsul oder einer zur Ausübung der Funktion eines Konsuls bestimmten Person, wenn die Anerkennung ein Kind betrifft, bei dem zumindest ein Elternteil die polnische Staatsangehörigkeit besitzt (Art. 73 § 4 FVGB). Sofern unmittelbare Lebensgefahr für den Vater oder das Kind besteht, kann die Anerkennung des Kindes auch vor einem Notar erfolgen (Art. 74 § 1 FVGB). Über die Entgegennahme der Anerkennungserklärung ist ein **Protokoll** anzufertigen. Die Vaterschaftsanerkennung

134

135

---

120 Urteil des VerfGH vom 26.11.2013, P 33/12, GBl 2013, Pos. 1439. Formell gelten weiterhin ähnliche Beschränkungen aus anderen Vorschriften: Art. 61/15 FVGB (Ausschluss der Feststellung der Mutterschaft nach dem Tod des Kindes), Art. 83 § 1 FVGB (Ausschluss der Feststellung der Unwirksamkeit der Anerkennung der Vaterschaft nach dem Tod des Kindes), Art. 84 § 1 S. 2 FVGB (Ausschluss der gerichtlichen Vaterschaftsfeststellung nach dem Tod des Kindes). Die Entscheidung des VerfGH vom 26.11.2013 lässt sich auch auf diese Beschränkungen übertragen, vor allem wenn sie durch deutsche Organe der öffentlichen Gewalt, die kein Verfahren vor dem poln. VerfGH initiieren könnten, anzuwenden wären.

121 Ausführlich dazu *Kasprzyk*, StAZ 2010, 285 ff.

kann vor oder nach der Geburt des Kindes erfolgen (vgl. Art. 75 § 1 FVGB). Die Anerkennung der Vaterschaft ist nur möglich, wenn das Kind noch minderjährig ist (Art. 76 § 1
FVGB). Ist das Kind vor Eintritt der Volljährigkeit gestorben, so kann die Anerkennung
innerhalb von 6 Monaten ab dem Tag erfolgen, an dem der die Anerkennungserklärung
abgebende Mann vom Tod Kenntnis erlangt hat, spätestens jedoch bis zu dem Zeitpunkt,
an dem das Kind die Volljährigkeit erlangt hätte (Art. 76 § 2 FVGB).

136   Der Leiter des Standesamtes lehnt die Entgegennahme der für die Anerkennung erforderlichen Erklärungen ab, wenn die Anerkennung unzulässig ist oder er Zweifel über die Abstammung des Kindes hat (Art. 73 § 3 FVGB).

137   Neben der Anerkennung durch den die Vaterschaft behauptenden Mann bedarf es der
Bestätigung der Mutter, dass der Mann der Vater des Kindes ist. Diese Erklärung muss
gleichzeitig mit der Erklärung des die Vaterschaft behauptenden Mannes oder innerhalb
von drei Monaten ab dem Tag dieser Erklärung erfolgen (Art. 73 § 1 FVGB). Beide Erklärungen sind höchstpersönlich,[122] so dass jegliche Formen der Vertretung ausgeschlossen
sind. Ist die Kindesmutter verstorben, so schließt dies die Vaterschaftsanerkennung aus.

138   Die Anerkennung kann durch Gerichtsurteil für **nichtig** erklärt werden (Art. 78 ff. FVGB).
Der Mann, der die Vaterschaft anerkannt hat (Art. 78 FVGB), sowie die Mutter, die die
Vaterschaft bestätigt hat (Art. 79 FVGB), können eine Klage auf Unwirksamkeit der Anerkennung innerhalb von sechs Monaten ab dem Tag erheben, an dem sie davon Kenntnis
erlangt haben, dass das Kind nicht von dem anerkennenden Mann abstammt. Die Frist
beginnt jedoch nicht vor der Geburt des Kindes zu laufen (Art. 78 § 1 S. 2 FVGB). Ist das
Kind volljährig, so kann weder von dem Mann noch der zustimmenden Mutter eine Klage
auf Feststellung der Unwirksamkeit der Anerkennung erhoben werden (Art. 80 FVGB).
Das Kind kann die gerichtliche Feststellung Unwirksamkeit der Anerkennung bis zu einer
Frist von drei Jahren ab Volljährigkeit verlangen (Art. 81 § 2 FVGB).

c) Gerichtliche Vaterschaftsfeststellung

139   Besteht keine gesetzliche Vermutung für die Vaterschaft oder wurde diese widerlegt, so
können das Kind, die Mutter, der vermutliche Vater sowie der Staatsanwalt[123] (Art. 86
FVGB) die **Feststellung der Vaterschaft** gerichtlich verlangen (Art. 72, Art. 84 § 1 S. 1
FVGB). Ist das Kind volljährig, so besteht keine Klageberechtigung für den mutmaßlichen
Vater und die Mutter (Art. 84 § 1 S. 2 FVGB). Die Klage der Mutter und des Kindes ist
gegen den mutmaßlichen Vater zu richten; ist dieser verstorben, ist die Klage gegen einen
vom Vormundschaftsgericht zu bestellenden Pfleger zu richten (Art. 84 § 2 FVGB). Die
Klage des mutmaßlichen Vaters ist gegen das Kind und die Mutter zu erheben. Ist die
Mutter verstorben, so ist die Klage nur gegen das Kind zu richten (Art. 84 § 3 FVGB). Als
Vater des Kindes wird derjenige vermutet, der der Mutter des Kindes nicht früher als 300
Tage und nicht später als 180 Tage vor der Geburt des Kindes beigewohnt hat (Art. 85 § 1
FVGB). Hat während dieser Zeit auch ein anderer Mann der Mutter des Kindes beigewohnt,
so kann dies die Vermutung der Vaterschaft nur dann widerlegen, wenn die Vaterschaft des
anderen Mannes den Umständen nach offenbar unwahrscheinlich ist (Art. 85 § 2 FVGB).

---

122   Urteil des OG vom 23.5.1964, II CR 442/63.
123   Zum Staatsanwalt siehe Rdn 4.

2. Mutterschaft

Die **Feststellung** und **Anfechtung** der Mutterschaft ist in Art. 61/9 bis Art. 61/16 FVGB geregelt.[124] Mutter des Kindes ist die Frau, die es geboren hat (Art. 61/9 FVGB). Klageberechtigt für die Feststellung der Mutterschaft sind der Staatsanwalt[125] (Art. 61/16 FVGB), die Mutter und das Kind (Art. 61/10 FVGB). Die Mutterschaft kann auch gerichtlich angefochten werden (Art. 61/12 ff. FVGB).

140

3. Legitimation

Das Rechtsinstitut der **Legitimation** ist dem polnischen Recht fremd. Eine vergleichbare Wirkung kann durch die Anerkennung des Kindes bei der standesamtlichen Eheschließung erzielt werden.

141

II. Adoption

1. Voraussetzungen

a) Adoptivkind ist ein Minderjähriger

Als Kind kann nur ein Minderjähriger[126] angenommen werden (Art. 114 § 1 FVGB); maßgebend ist der Zeitpunkt der Stellung des Adoptionsantrags (Art. 114 § 2 FVGB). Das Erfordernis der **Minderjährigkeit** gehört nicht zum polnischen ordre public, so dass eine ausländische Volljährigenadoption in Polen anerkannt werden kann bzw. eine Volljährigenadoption auf der Grundlage eines anwendbaren ausländischen Rechts auch in Polen ausgesprochen werden kann.[127]

142

b) Antrag des Annehmenden

Die Adoption wird nur auf **Antrag** des Annehmenden ausgesprochen (Art. 117 § 1 FVGB). Eine gemeinschaftliche Annahme ist nur durch Ehegatten möglich (Art. 115 § 1 FVGB). Ist der Annehmende verheiratet, so kann er nur mit Einwilligung seines Ehegatten das Kind annehmen, es sei denn, dass der andere Ehegatte nicht geschäftsfähig ist oder die Verständigung mit ihm auf schwer zu überwindende Hindernisse stößt (Art. 116 FVGB). Eine gemeinschaftliche Annahme liegt auch dann vor, wenn ein Ehegatte das Kind annimmt, das der andere Ehegatte bereits angenommen hat (Art. 115 § 2 FVGB). Ein Ehegatte kann auch das (natürliche) Kind seines Ehegatten annehmen.

143

c) Volle Geschäftsfähigkeit des Annehmenden

Der Annehmende muss voll **geschäftsfähig** sein (Art. 114/1 § 1 FVGB). Dies sind Personen, die das 18. Lebensjahr vollendet haben (Art. 10 § 1 ZGB) bzw. durch Eheschließung vor dem 18. Lebensjahr voll geschäftsfähig geworden sind (Art. 10 § 2 S. 1 FVGB) und die weder voll noch teilweise entmündigt sind (Art. 13, 16 ZGB).

144

---

124 Diese Vorschriften wurden eingefügt durch Gesetz vom 6.11.2008 (DzU Nr. 220, Pos. 1431). Das Gesetz ist am 13.6.2009 in Kraft getreten. Vgl. dazu *Mączyński*, FamRZ 2009, 1555 ff.
125 Zum Staatsanwalt siehe Rdn 4.
126 Minderjährig ist, wer noch nicht das 18. Lebensjahr vollendet hat (Art. 10 § 1 ZGB).
127 Beschluss des OG vom 2.6.1980, I CR 124/80.

d) Angemessener Altersunterschied zwischen Kind und Annehmendem

145   Grundsätzlich bedarf es eines „natürlichen" **Altersunterschiedes** von mindestens 18 Jahren.

e) Geeignetheit des Annehmenden

146   Nach Art. 114/1 § 1 FVGB ist die Adoption nur zulässig, wenn zu erwarten ist, dass der Annehmende seine Pflichten ordnungsgemäß erfüllen wird.

f) Besonderheiten bei Auslandsadoptionen

147   Mit der Neufassung des Adoptionsrechts im Jahre 1995 wurde erstmals die Adoption polnischer Kinder (insb. Waisenkinder) durch im Ausland lebende Personen geregelt. Als **Auslandsadoption** in diesem Sinne sind nur solche Adoptionen zu verstehen, bei denen das Kind infolge der Annahme seinen bisherigen Wohnsitz von Polen ins Ausland verlegen soll (vgl. Art. 114/2 § 2, Art. 120/1 § 3 FVGB). Eine Auslandsadoption steht grds. unter der (zusätzlichen) Voraussetzung, dass nur auf diese Weise (d.h. durch die **Verlegung des Wohnsitzes von Polen ins Ausland**) dem Kind ein entsprechender, die Familie ersetzender Lebensbereich gewährleistet werden kann (Art. 114/2 § 1 FVGB). Diese Voraussetzung ist bei einer Auslandsadoption jedoch nicht erforderlich, wenn der Annehmende mit dem Kind verwandt oder verschwägert ist oder er bereits Geschwister des Kindes angenommen hat (Art. 114/2 § 2 FVGB). Soll das Kind infolge der Annahme seinen bisherigen Wohnsitz von Polen ins Ausland verlegen, so kann die Annahme erst nach Ablauf der vom Vormundschaftsgericht bestimmten Zeit der persönlichen Beziehungen des Annehmenden zum Kind am bisherigen Wohnsitz des Kindes oder an einem anderen Ort in Polen ausgesprochen werden (Art. 120/1 § 3 FVGB).

148   Die Einschränkung nach Art. 114/2 § 1 FVGB gilt auch im Bereich des **Kollisionsrechts**. Grundsätzlich richtet sich das auf die Annahme anwendbare Recht nach dem Heimatrecht des Annehmenden (Art. 57 Abs. 1 IPRG 2011).[128] Nach Art. 58 IPRG 2011 kann die Adoption aber nicht erfolgen, ohne dass die Vorschriften des Heimatrechts der Person, die angenommen werden soll, beachtet werden, soweit sie das Einverständnis dieser Person, ihres gesetzlichen Vertreters oder die Genehmigung des zuständigen Staatsorgans wie auch die Einschränkung der Adoption wegen eines Wechsels des bisherigen Wohnsitzes in einen anderen Staat betreffen.

g) Einwilligungen

149   Das FVGB sieht folgende **Einwilligungen** zur Adoption vor:
   – Einwilligung des Ehegatten des Annehmenden (Art. 116 FVGB);
   – Einwilligung des Kindes, wenn es das 13. Lebensjahr vollendet hat (Art. 118 § 1 FVGB); das Vormundschaftsgericht kann ausnahmsweise von der Erteilung der Einwilligung absehen, wenn das Kind zur Erteilung der Einwilligung nicht fähig ist oder wenn aufgrund des Verhältnisses zwischen dem Annehmenden und dem Kind davon auszugehen ist, dass der Anzunehmende sich als Kind des Annehmenden betrachtet und das Verlangen der Einwilligung dem Wohl des Kindes widersprechen würde (Art. 118 § 3 FVGB);
   – Einwilligung der Eltern des Kindes, es sei denn, dass ihnen die elterliche Gewalt entzogen ist, sie unbekannt sind oder die Verständigung mit ihnen auf schwer zu überwindende Hindernisse stößt (Art. 119 § 1 FVGB). Unter besonderen Umständen kann das Vormundschaftsgericht auf die Einwilligung der Eltern verzichten, wenn sie beschränkt

---

128 Bei der Adoption durch ein Ehepaar gelten die Besonderheiten des Art. 57 Abs. 2 IPRG 2011.

geschäftsfähig sind und die Verweigerung der Einwilligung zur Annahme dem Wohl des Kindes offensichtlich widerspricht (Art. 119 § 2 FVGB). Die Eltern können die Einwilligung erklären, ohne die Person des Annehmenden zu bezeichnen (**anonyme Adoption**, Art. 119/1 § 1 FVGB). Die Einwilligung kann frühestens nach Ablauf von sechs Wochen nach der Geburt des Kindes erklärt werden (Art. 119/2 FVGB).
– Einwilligung des Vormunds, wenn das Kind unter Vormundschaft steht (Art. 120 S. 1 FVGB). Das Vormundschaftsgericht kann unter Berücksichtigung besonderer Umstände von der Erteilung der Einwilligung absehen, wenn dies zum Wohl des Kindes erforderlich ist (Art. 120 S. 2 FVGB).

2. Entscheidung des Gerichts

Die Annahme als Kind erfolgt nicht durch Vertrag, sondern aufgrund einer **gerichtlichen Entscheidung** (Dekretsystem, Art. 117 § 1 FVGB). Vor dem Ausspruch der Adoption muss das Gericht eine Stellungnahme des Adoptions-Pflegedienstes einholen (Art. 586 § 4 ZVGB). Nach dem Tod des Annehmenden oder des Kindes kann die Adoption grds. nicht mehr ausgesprochen werden (Art. 117 § 2 FVGB). Bei einem gemeinschaftlichen Antrag von Ehegatten kann trotz Versterbens eines oder beider Antragsteller die Adoption noch ausgesprochen werden, wenn ein Ehegatte nach Einleitung des Adoptionsverfahrens verstorben ist und der andere den Antrag auf gemeinschaftliche Annahme aufrechterhält oder der Antragsteller oder nur der verstorbene Antragsteller längere Zeit vor der Einleitung des Verfahrens die Sorge über das Kind ausgeübt hat und zwischen den Parteien eine Bindung wie zwischen Eltern und Kind entstanden ist (Art. 117 § 3 FVGB).

150

3. Umfang und Wirkungen der Adoption

a) Grundsatz: Volladoption

Grundsätzlich erfolgt der Ausspruch der Annahme als **Volladoption** (Art. 121–123 FVGB), dessen Wirkungen sich auch auf die Abkömmlinge des Kindes erstrecken (Art. 121 § 4 FVGB). Volladoption bedeutet im Einzelnen Folgendes:
– Es entsteht ein Verhältnis wie zwischen Eltern und Kind (Art. 121 § 1 FVGB).
– Das Kind erwirbt gegenüber den Verwandten des Annehmenden alle Rechte und Pflichten, die auf der Verwandtschaft beruhen (Art. 121 § 2 FVGB).
– Alle auf der Verwandtschaft beruhenden Rechte und Pflichten des Kindes gegenüber seinen Verwandten sowie die Rechte und Pflichten der Verwandten gegenüber dem Kind erlöschen (Art. 121 § 3 FVGB).
– Das angenommene Kind erwirbt den Familiennamen des Annehmenden, bei gemeinschaftlicher Adoption oder Stiefkindadoption den Familiennamen, den die Kinder aus dieser Ehe führen oder führen würden (Art. 122 § 1 FVGB). Auf Antrag des anzunehmenden Kindes und mit Zustimmung des Annehmenden kann das Kind einen aus dem bisherigen und dem Namen des Annehmenden zusammengesetzten Namen führen (Art. 122 § 2 FVGB).
– Die bisherige elterliche Gewalt oder die Vormundschaft erlischt (Art. 123 § 1 FVGB). Bei einer Stiefkindadoption steht die elterliche Gewalt beiden Ehegatten zu (Art. 123 § 2 FVGB).
– Erbrechtlich ist der Adoptierte einem leiblichen Kind grds. völlig gleichgestellt (Art. 936 ZGB). Ein Adoptierter beerbt den Annehmenden und seine Verwandten so, als ob er ein leibliches Kind des Annehmenden wäre. Der Annehmende und seine Verwandten beerben den Adoptierten so, als ob der Annehmende ein Elternteil des Adoptierten wäre (Art. 936 § 1 ZGB). Zwischen dem Adoptierten und seinen natürlichen Verwandten

151

aufsteigender Linie und ihren Verwandten bestehen keine gesetzlichen Erbrechte (Art. 936 § 2 ZGB); diese Regelung gilt jedoch nicht bei der Stiefkindadoption in Bezug auf den Ehegatten und seine Verwandten und in Bezug auf die Verwandten des verstorbenen Elternteils des Adoptivkindes, wenn die Adoption nach dem Tod des verstorbenen Elternteils des Adoptivkindes erfolgt (Art. 936 § 3 ZGB).

b) Stiefkindadoption

152 Nimmt ein Ehegatte das Kind des anderen Ehegatten an, so bleiben die verwandtschaftlichen Beziehungen zwischen dem Kind und dem anderen Ehegatten sowie dessen Verwandten unberührt (Art. 121/1 § 1 FVGB). Dies gilt auch dann, wenn die Annahme nach Auflösung der Ehe durch den Tod des anderen Ehegatten erfolgt ist (Art. 121/1 § 1 FVGB). Ist ein Elternteil des Kindes bereits verstorben, so bleiben die verwandtschaftlichen Beziehungen des Kindes zu den Verwandten des verstorbenen Elternteils unberührt, wenn jemand als Ehegatte das Kind des anderen (noch lebenden) Ehegatten annimmt (Art. 121/1 § 2 FVGB).

c) Adoption mit schwachen Wirkungen auf Antrag

153 Auf Antrag des Annehmenden und mit Zustimmung der einwilligungspflichtigen Personen kann auch eine **Adoption mit schwachen Wirkungen** (Wirkung nur im Verhältnis zwischen dem Annehmenden und dem Kind sowie dessen Abkömmlingen) ausgesprochen werden (Art. 124 § 1 FVGB). Eine solche beschränkte Adoption ist unzulässig bei der anonymen Adoption (Art. 124 § 2 FVGB). Bei einer Adoption mit schwachen Wirkungen entstehen erbrechtliche Rechtswirkungen lediglich im Verhältnis zwischen dem Annehmenden und dem Adoptierten (Art. 937 ZGB):
- Der Adoptierte und dessen Abkömmlinge beerben den Annehmenden wie ein leibliches Kind bzw. Abkömmlinge eines leiblichen Kindes.
- Der Adoptierte und seine Abkömmlinge beerben nicht die Verwandten des Annehmenden; Verwandte des Annehmenden beerben nicht den Adoptierten und seine Abkömmlinge.
- Die Eltern des Adoptierten beerben nicht den Adoptierten; an deren Stelle beerbt der Annehmende den Adoptierten.

4. Aufhebung der Adoption

154 Aus wichtigen Gründen können sowohl das Kind als auch der Annehmende und der Staatsanwalt[129] (Art. 127 FVGB) die gerichtliche Aufhebung der Adoption verlangen (Art. 125 § 1 S. 1 FVGB). Die Aufhebung ist unzulässig, wenn sie für das Wohl des Kindes nachteilig wäre (Art. 125 § 1 S. 2 FVGB). Bei einer anonymen Adoption ist eine Aufhebung unzulässig (Art. 125/1 § 1 FVGB). Die Aufhebung ist nach dem Tode des Kindes generell unzulässig und nach dem Tode des Annehmenden nur dann zulässig, wenn der Annehmende bei seinem Tod das Verfahren zur Aufhebung der Adoption bereits eingeleitet hatte (Art. 125 § 2 FVGB). Mit dem Zeitpunkt der Aufhebung des Annahmeverhältnisses erlöschen seine Wirkungen. Ist die Aufhebung nach dem Tode des Annehmenden erfolgt, so wird angenommen, dass die Wirkungen der Annahme mit seinem Tode erloschen sind (Art. 126 § 1 FVGB).

---

129 Zum Staatsanwalt siehe Rdn 4.

Portugal

Prof. Dr. Erhard Huzel, Hochschule des Bundes, Lübeck,
Fachkoordinator Rechtswissenschaften

Literatur

Deutschsprachige Literatur

Deutsch-Portugiesische Industrie- und Handelskammer (Hrsg.), Das Steuersystem in Portugal, 2. Aufl. 1996; *González Beilfuß*, Länderbericht Spanien und Portugal, in: *Scherpe/Yassari*, Die Rechtsstellung nichtehelicher Lebensgemeinschaften (The Legal Status of Cohabitants), 2005; *Grundmann*, Qualifikation gegen die Sachnorm. Deutsch-portugiesische Beiträge zur Autonomie des internationalen Privatrechts, 1985; *Hörster*, Eheschließung und Eheauflösung im portugiesischen Recht, 1971; *Hörster*, Neues Scheidungsrecht in Portugal, FamRZ 1975, 469; *Hörster*, Änderungen im neuen portugiesischen

Scheidungsrecht, FamRZ 1977, 113; *Huzel/Wollmann*, Länderbericht Portugal, in: *Süß* (Hrsg.), Erbrecht in Europa, 3. Aufl. 2015, 1019 ff.; *Jayme*, Kollisionsnormen im neuen portugiesischen Staatsangehörigkeitsgesetz vom 3.10.1981, IPRax 1981, 166; *Jayme*, Das Recht der lusophonen Länder – Tagungsreferate, Rechtsprechung, Gutachten, 2000; *Jayme/Schindler*, Portugiesisch – Weltsprache des Rechts, 2004; *Müller-Bromley*, Portugiesisches Zivilrecht, Band 2: Familienrecht, Erbrecht, 2011; *Müller-Bromley*, Länderbericht Portugal, in: *Kaiser/Schnitzler/Friederici* (Hrsg.), Bürgerliches Gesetzbuch, NomosKommentar, Familienrecht, Band 4, 2. Aufl. 2010; *Neuhaus/Rau*, Das internationale Privatrecht im neuen portugiesischen Zivilgesetzbuch, RabelsZ 32 (1968), 500; *Nordmeier*, in: *Bergmann/Ferid/Henrich*, Internationales Ehe- und Kindschaftsrecht, Länderbericht Portugal (auf der Grundlage der früheren Bearbeitung von Alexandre *Albuquerque*), Stand: 7.3.2016; *Rathenau*, Einführung in das portugiesische Recht, 2013, *Rau*, Die einverständliche Scheidung nach portugiesischem Recht in Deutschland (zu Supremo Tribunal de Justiça vom 14.6.1983), IPRax 1986, 117; *Samtleben*, in: *Müller* (Hrsg.), Die Anwendung ausländischen Rechts im internationalen Privatrecht, Länderbericht Spanien, Portugal und Lateinamerika, 1968, 49 ff.; *Schäfer*, Portugal: Einführung der gleichgeschlechtlichen Ehe mit vollem Erbrecht, ZEV 2010, 515; *Schäfer*, Länderbericht Portugal (Stand: 09/2011), in: *Rieck* (Hrsg.), Familienrecht in Europa (Loseblatt); *Schmidt, J.-P.*, Mediation in Portugal, in: *Hopt/Steffek*, Mediation – Rechtstatsachen, Rechtsvergleich, Regelungen, 2008; *Stieb*, in: *Mennel/Förster*, Steuern in Europa, Amerika und Asien, Länderteil Portugal, 2000.

Literatur in portugiesischer und anderer Sprache

d'Almeida Ramião, A Adopção – Regime Jurídico Actual, 2. Aufl., Lissabon 2007; *d'Almeida Ramião*, Divórcio e Questões Conexas, Regime Jurídico Actual, Lissabon 2009; *Antunes Varela*, Direito de Família, 5. Aufl., Lissabon 1999; *Baptista Machado*, Lições de Direito Internacional Privado, 3. Aufl., Neudruck Coimbra 2009; *Bastos*, Direito de Familia, Vol. III 1978, Vol. IV Coimbra 1979; *Beleza*, Reforma do Código Civil, Coimbra 1981; *Colaço*, Novo Regime do Divórcio, 2. Aufl., Coimbra 2009; *Delgado*, O Divórcio, 2. Aufl., Lissabon 1994; *Gouveia Rocha*, Manual Teórico e Prático do Notariado, 2. Aufl., Coimbra 1998; *de Lima Pinheiro*, Direito Internacional Privado, Vol. II – Direito de Conflictos, 3. Aufl., Coimbra 2014; *Moura Ramos*, Nationalité, Plurinationalité et Supranationalité au Droit Portugais, Archiv des Völkerrechts 1996; *Neto*, Código civil anotado, 19. Aufl., Lissabon 2016; *Oliveira Ascensão*, Direito civil – Sucessões, 5. Aufl., Coimbra 2000; *de Oliveira, G.*, Recent Developments in Portuguese Familiy Law, FamRZ 2009, 1559 ff.; *de Oliveira, G.*, Act on Marriage between persons of the same sex in Portugal, FamRZ 2011, 1464 f.; *Pais de Amaral*, Direito de Famlia e das Sucessões, Lissabon 2014; *Pereira Coelho/Oliveira*, Curso de Direito da Familia, Bd. 1, 3. Aufl., Coimbra 2003; *Pereira Delgado*, O Divórcio, 2. Aufl., Lissabon 1994; *Pitão*, Sobre o Divórcio – anotações aos artigos 1773 a 1895-D do Código Civil, Coimbra 1986; *de Sousa Machado*, in: *Hamilton/Standlay* (Hrsg.), Family Law in Europe, Länderbericht Portugal, 2. Aufl., London 2002; *Távora Vitor/Candido Martíns*, Developments about co-adoption in the Portuguese legal system, FamRZ 2014, 1515–1518; *Vieira/Barbosa Leão*, Divórcio, Herança e Partilha, Coimbra 2003.

A.   Eheschließung

I.   Allgemeines

1   Hauptquelle des portugiesischen Familienrechts und somit auch des heutigen Ehe- und Ehescheidungsrechts ist der *Código Civil* (Zivilgesetzbuch) von 1966 i.d.F. der Reform vom 25.11.1977 (mit späteren Änderungen). Maßgebliche Änderungen gehen auf den staatlichen Umsturz von 1974 zurück wie auch auf die daraufhin erlassene neue demokratische Verfassung von 1976. So wurde u.a. bereits 1975 die **Scheidung auch von katholischen Ehen** zugelassen. Ab 1.4.1978 gilt das – orientiert an den Grundaussagen der Verfassung, hier vor allem am Gleichheitsgrundsatz – grundlegend umgestaltete Zivilgesetzbuch, zusammen mit dem zeitgleich in Kraft getretenen neuen Gesetz über das Personenstandsregister.[1] In dem

---

1   Nun: *Código de Registo Civil* (CRC) – Gesetz über das Zivilregister (nachfolgend: ZRG) vom 6.6.1995 i.d.F. vom 20.4.2002 – in deutscher Übersetzung (auszugsweise) bei *Nordmeier*, in: *Bergmann/Ferid/Henrich*, Internationales Ehe- und Kindschaftsrecht, Länderbericht Portugal, S. 130 ff.

letzten Jahrzehnt indes hat das portugiesische Familienrecht verschiedene, teils grundlegende Änderungen erfahren. So ist nach der Reform des Scheidungsrechts 2008 (siehe Rdn 58 f.) im Jahre 2010 eine weitere wesentliche Änderung in Kraft getreten: Bis dahin war als wesentliche Voraussetzung der Ehe gefordert, dass die Eheleute verschiedenen Geschlechts sein mussten. Zum 2.6.2010 wurde dies aufgehoben (vgl. Art. 1577 CC n.F.: die Worte „verschiedenen Geschlechts" wurden schlicht gestrichen); folglich sind seitdem **hetero- wie homosexuelle Ehen gleichgestellt.**[2] Im Weiteren wurde 2015 das Adoptionsrecht durch das Gesetz Nr. 143/2015 vom 8.9.2015[3] grundlegend reformiert und damit das Zivilgesetzbuch entsprechend geändert; die Neuerungen sind am 7.12.2015 in Kraft getreten. Mit dem Gesetz Nr. 143/2015 einher ging die Schaffung eines neues Gesetzes über das Rechtsregime des Adoptionsverfahrens (*Regime jurídico do Proceso de Adopção* – RJPA). Zugelassen ist inzwischen auch die Adoption durch gleichgeschlechtliche Ehegatten.[4] Schon hier sei hervorgehoben, dass das **System des Registers** ein ganz wesentlicher Angelpunkt des portugiesischen Eherechts ist.[5] Im Hinblick auf den **räumlichen Geltungsbereich** des portugiesischen bürgerlichen Rechts und des Familienrechts im Besonderen ist bedeutsam, dass in den ehemaligen portugiesischen Überseeprovinzen das portugiesische Recht mit deren Unabhängigkeit bzw. deren Eingliederung in andere Staaten (wie zuletzt Macau im Verhältnis zur Volksrepublik China) das damals dort geltende Recht zumindest nicht mehr als portugiesisches Recht weiter gilt, soweit es dort nicht zuvor bereits durch neuere Gesetze abgelöst wurde.

Die Sachnormen des portugiesischen Eherechts finden sich im 4. Buch des *Código Civil*   2
(Familienrecht). Auch der portugiesische *Código Civil* enthält in den Vorschriften über die Ehe mit den Art. 1591–1595 CC Regelungen über das **Eheversprechen** (*Promesa de Casamento* – **Verlöbnis**). Der Verlöbnisvertrag gewährt indes weder ein Recht, die Eheschließung zu verlangen, noch das zu fordern, was für den Fall ihrer Nichteingehung vereinbart worden ist (Art. 1591 CC). Allerdings kann auf Entschädigung geklagt werden – für die in Ansehung der Ehe gemachten Aufwendungen und eingegangenen Verpflichtungen, wenn einer der Verlobten das Versprechen ohne gerechten Grund bricht oder durch eigenes Verschulden dem anderen Anlass zur Rücknahme gibt. Gleiches gilt, wenn die Ehe aufgrund der **Eheunfähigkeit** eines der Ehewilligen nicht geschlossen werden kann (Art. 1594 Abs. 1 bzw. 2 CC). Zudem sind besondere **Rückerstattungsansprüche** in den Fällen von Eheunfähigkeit und Rücknahme des Eheversprechens sowie im Todesfall vorgesehen (Art. 1592 bzw. Art. 1593 CC). Besonders geregelt ist insoweit etwa das Recht, den Briefwechsel und die persönlichen Bildnisse des Verstorbenen zu behalten und das, was dieser erhalten hat, zurückzufordern (Art. 1593 Abs. 2 CC). Die vorgenannten Entschädi-

---

2 Gesetz Nr. 9/2010 (deutsche Übersetzung des Gesetzes in StAZ 2010, 251); dazu *de Oliveira*, FamRZ 2011, 1464, 1465 – auch zum Hintergrund des Gesetzgebungsgangs, der Position des Staatspräsidenten in Zeiten großer wirtschaftlicher Schwierigkeiten des Landes, in der er offensichtlich soziale Unterschiede nicht forcieren wollte; mit Hinweis auf diese Gesetzesänderung siehe auch *Schäfer*, ZEV 2010, 515.
3 G 143/2015 vom 8.9.2015, DR I Série Nr. 175 S. 7232.
4 Siehe Wortlaut des Art. 1979 n.F. CC: Auch hier wird nicht (mehr) auf zwei Personen „verschiedenen Geschlechts" abgestellt, sondern schlicht auf zwei Personen, die (u.a.) länger als vier Jahre verheiratet sind; siehe unten Rdn 96 ff. Anders noch *Rathenau*, Einführung in das portugiesisches Recht, § 15 Rn 2 (S. 149).
5 Vgl. *Hörster*, Eheschließung und Eheauflösung im portugiesischen Recht, S. 146; siehe auch *Nordmeier*, in: *Bergmann/Ferid/Henrich*, Internationales Ehe- und Kindschaftsrecht, Länderbericht Portugal, S. 29 (Fn 73). Zur Geschichte der Register-Gesetzgebung ab dem 19. Jahrhundert: www.dgrn.mj.pt/civil/hist_civ.asp.

Huzel

gungs- bzw. Erstattungsansprüche müssen innerhalb eines Jahres seit dem Bruch des Verlöbnisses oder dem Tod des (anderen) Versprechenden geltend gemacht werden (Art. 1595 CC).

3   Das portugiesische Recht kennt – wie das spanische – neben der **Zivilehe** die in **religiöser Form** geschlossene Ehe (Art. 1587 Abs. 1 CC), d.h. seit jeher die **katholische Ehe** (nach kanonischem Recht) und seit 2001 auch die nach einer anderen anerkannten Religion vorgenommene Eheschließung. Für Nichtkatholiken steht nur die Ehe in zivilrechtlicher Form offen. In der Gesetzessystematik sowohl des *Código Civil* als auch des Zivilregistergesetzes wird dabei stets zunächst die katholische, erst darauf die zivile Eheschließung behandelt. Seit der Gesetzesverordnung Nr. 324/2007 ist die zivile Eheschließung in religiöser Form neu eingeführt worden zur Gewährleistung der Religionsfreiheit; dem Rechtscharakter nach handelt es sich dabei gleichwohl um eine Ehe nach Maßgabe des Zivilrechts.[6]

4   Beide Formen – die katholische wie auch die zivile (damit auch die in religiöser Form geschlossene) Ehe – stehen gleichberechtigt nebeneinander. Nach Art. 1588 CC unterliegt die katholische Ehe hinsichtlich ihrer zivilrechtlichen Wirkungen grundsätzlich den allgemeinen Bestimmungen des *Código Civil*. Eigens vorgesehen ist für Portugiesen zudem die Möglichkeit, außerhalb Portugals die Ehe einzugehen unter Beachtung der vom jeweiligen Recht am Eheschließungsort (*lex loci*) vorgesehenen Form oder vor den konsularischen Vertretungen Portugals (der Abschnitt „Eintragung mittels Übertragung", Art. 1654–1668 CC, mit besonderen Eintragungsverfahren beim Konsulat und der anschließenden Möglichkeit der Übertragung in das Zivilregister, Art. 1664 f.CC, ist zwischenzeitlich aufgehoben worden). Wollen Ausländer in Portugal miteinander die Ehe eingehen, so kann die Eheschließung entweder unter Beachtung der für Portugiesen vorgeschriebenen Form oder unter Einhaltung der Form, die nach dem Heimatrecht eines von ihnen festgelegt ist, vor den jeweiligen diplomatischen oder konsularischen Vertretern geschlossen werden (Art. 50 bzw. 51 Abs. 1 CC).

II. Eingehung der Ehe

1. Voraussetzungen

5   Um eine gültige Ehe eingehen zu können – dies gilt sowohl für die Zivilehe als auch die katholische Ehe (wie die nach einer anderen Religion) – müssen die Eheschließenden die **Ehefähigkeit** im Sinne des bürgerlichen Rechts besitzen (Art. 1596 und 1600 ff. CC sowie Art. XXII Abs. 2 Konkordat). Es dürfen **keine Ehehindernisse** (Art. 1601–1608 CC; siehe Rdn 6 ff.) bestehen. Entsprechende Nachforschungen werden vom Zivilregister (*Conservatória do Registo Civil*) von Amts wegen in einem der Eheschließung vorausgehenden **staatlichen Aufgebotsverfahren** (Art. 1610 ff. CC) erhoben; dieses erfolgt sowohl im Falle der Zivilehe als auch der in religiöser Form. Bei bestimmten Ehehindernissen kann ein **Dispens** erteilt werden (Art. 1609 CC). Sind Ehehindernisse nicht vorhanden, stellt der Registerbeamte ein **Ehefähigkeitszeugnis** aus (Art. 1613 CC). Auf dessen Grundlage muss die Eheschließung dann innerhalb von sechs Monaten eingegangen werden (Art. 1614 CC), anderenfalls ist das Verfahren zu wiederholen (siehe Rdn 20).[7] Das in anderen Rechtsordnungen unter „Ehefähigkeit" genannte **Mindestalter** zur Eingehung der Ehe wird im portugiesi-

---

6   Vgl. *Nordmeier*, in: *Bergmann/Ferid/Henrich*, Internationales Ehe- und Kindschaftsrecht, Länderbericht Portugal, S. 27.

7   Vgl. Art. 134 ff. CRC zu Einzelheiten des grundsätzlich öffentlichen Verfahrens; Hinweise dazu bei *Nordmeier*, in: *Bergmann/Ferid/Henrich*, Internationales Ehe- und Kindschaftsrecht, Länderbericht Portugal, S. 135 f.

schen Recht als erstes der absoluten Ehehindernisse aufgeführt: Vor Vollendung des 16. Lebensjahres ist eine Eheschließung nicht möglich (Art. 1601 lit. a CC).

2. Ehehindernisse

Der portugiesische *Código Civil* unterscheidet zwischen trennenden und aufschiebenden **Ehehindernissen**. Die **absoluten trennenden Hindernisse** (*Impedimentos dirimentes absolutos*) nach Art. 1601 CC stehen jeder Eheschließung desjenigen entgegen, auf den sie zutreffen. Im Einzelnen handelt es sich um folgende, unüberwindbare Ehehindernisse: offenkundige Geistesschwäche, selbst im Augenblick lichter Momente, sowie vollständige oder teilweise Entmündigung wegen psychischer Störungen (Art. 1601 lit. b CC), des Weiteren eine vorangehende, nicht aufgelöste Ehe (**Verbot der Doppelehe**; Art. 1601 lit. c CC). Hinzu kommen die **relativen trennenden Hindernisse** (*Impedimentos dirimentes relativos*), die nur der Eheschließung zwischen bestimmten Personen entgegenstehen (Art. 1602 CC): bei Verwandtschaft in gerader Linie oder in der Seitenlinie bis zum zweiten Grad oder Verschwägerung in gerader Linie sowie bei Verurteilung wegen vollendeten oder versuchten Tötungsdelikts gegen den früheren Ehegatten des anderen.

6

Das Mindestheiratsalter beträgt für beide Geschlechter 16 Jahre; bei **Minderjährigen** wird für die Eheschließung zudem die Zustimmung der Eltern oder des Vormunds vorausgesetzt. Bei deren Weigerung kann die Zustimmung – auf Antrag des Minderjährigen – in Form des Aufgebotsantrags, bei Vorliegen wichtiger Gründe und entsprechender körperlicher und geistiger Reife des Minderjährigen durch gerichtliche Entscheidung des Familiengerichts (Art. 1604 lit. a, 1612 Abs. 2 CC) in Verbindung mit dem Schlussentscheid des Standesbeamten (Art. 1613 CC, Art. 134 CRC) ersetzt werden. Die Zustimmung hat die „Emanzipation" (*Emancipação*)[8] der minderjährigen Eheschließenden zur Folge (Art. 132 CC); damit erlangen sie die volle Geschäftsfähigkeit (Art. 133 CC), die grundsätzlich mit Erreichen der Volljährigkeit (Vollendung des 18. Lebensjahres) einhergeht (*Maioridade*, Art. 130 CC).

7

Zudem können einer Eheschließung weitere **aufschiebende Hindernisse** (*Impedimentos impedientes*, Art. 1604 CC) entgegenstehen, die regelmäßig durch **Dispens** oder **Zeitablauf** überwunden werden können. Zunächst ist eine **Wartezeit** zwischen Beendigung einer ersten Ehe und Eingehung der neuen Ehe einzuhalten (*prazo internupcial*, Art. 1604 lit. b CC); sie beträgt 180 Tage für Männer und 300 Tage für Frauen (Art. 1605 Abs. 1 CC). Eine Verkürzung der Frist ist nach Maßgabe des Art. 1605 Abs. 2–5 CC möglich. So darf die Frau bereits nach 180 Tagen eine neue Ehe eingehen, wenn sie durch Vorlage eines ärztlichen Attests nachweist und eine entsprechende gerichtliche Entscheidung erhält, dass sie zwischenzeitlich weder entbunden hat noch am Ende der Wartezeit schwanger ist (Art. 1605 Abs. 2 CC). Sonderregeln für den Wegfall des Hindernisses der Wartezeit sind vorgesehen u.a. im Fall des gerichtlich festgelegten Endes des Zusammenlebens bei Scheidung oder Umwandlung der gerichtlichen Trennung in Scheidung wie auch bei Tod des vormaligen Ehepartners (Art. 1605 Abs. 4 bzw. 5 CC).

8

Aufschiebende Hindernisse sind des Weiteren (Art. 1604 lit. c–e CC): die Verwandtschaft im dritten Grad der Seitenlinie sowie Vormundschaft, Pflegschaft oder gesetzliche Vermögensverwaltung (Art. 1608 CC). Hier sollen ersichtlich wirtschaftliche Interessenkonflikte vermieden werden. So ist eine Wartezeit von einem Jahr vorgesehen, bevor eine dieser Personen sein Mündel heiraten darf. Von diesen Hindernissen kann nach Art. 1609 Abs. 1 CC durch das Gericht Befreiung (*Dispens*) erteilt werden, wenn ernsthafte Gründe

9

---

8 Der Begriff „*emancipação*" darf also nicht schlicht mit dem deutschen Begriff „Emanzipation", der seine eigene Bedeutung erfahren hat, wiedergegeben bzw. gleichgesetzt werden.

vorliegen, die die Eheschließung rechtfertigen (Art. 1609 Abs. 2 CC). Das bis 2015 noch vorhandene weitere Hindernis des Bandes der eingeschränkten Adoption (Art. 1607 a.F. CC) zur Vermeidung moralischer Konflikte ist mit dem Adoptionsreformgesetz G 143/ 2015 vom 9.8.2015 weggefallen; die Regelungen über die eingeschränkte Adoption und damit Art. 1607 CC wurden aufgehoben.

III. Zivile Eheschließung

1. Grundsatz: Eheschließung vor dem Standesbeamten

10   Die Eheschließung in ziviler Form erfolgt in Anwesenheit der Eheschließenden oder eines von ihnen und des Bevollmächtigten des anderen (zur „Stellvertreterehe" siehe Rdn 14) vor dem **Standesbeamten** (Art. 1616 CC). Unerlässlich ist zudem die Anwesenheit **zweier Zeugen** „gemäß den Bestimmungen über das Zivilregistergesetz". Dieses bestimmt in Art. 154 ZRG, dass zwei bis vier Zeugen bei der Eheschließung teilnehmen *können*, die Anwesenheit zweier Zeugen indes obligatorisch ist, wenn die Überprüfung der Identität der Eheschließenden nicht gesondert erfolgt, sei es, dass der Standesbeamte sie persönlich kennt, sei es, dass die entsprechenden Ausweise vorgelegt werden.[9] Die Eheschließung als streng persönlicher Akt verlangt den übereinstimmenden, selbstgeäußerten Willen der Eheschließenden, die Ehe miteinander eingehen zu wollen (Art. 1617, 1619 CC – beschreibt daher den Eheschließungs**willen** als streng persönlich, nicht den Akt der Eheschließung selbst) und damit die Annahme aller gesetzlichen Folgen der Ehe, soweit nicht zulässigerweise per Ehevertrag anders geregelt. Bedingungen oder Befristungen gelten als nicht geschrieben (Art. 1618 Abs. 2 CC).

11   Damit eine zivile, aber auch eine katholische Ehe Rechtswirkungen entfaltet, bedarf es in jedem Fall der **Eintragung in das Personenstandsregister**. Die umfängliche Regelung in den Art. 1651–1670 CC regelt den Weg der Eintragung (Art. 1652 CC, Art. 167 ff. ZRG) sowie den der Übertragung (Art. 1652 i.V.m. Art. 1654 f. CC, Art. 187 ZRG). Zum Verfahren siehe Rdn 20 f.

12   Im Falle einer **fehlerhaften Eheschließung** – das Gesetz verwendet dabei den Terminus „Ungültigkeit der Eheschließung" (Art. 1625 ff. CC – *Invalidade do Casamento*; für die zivile Eheschließung Art. 1627–1646 CC) – ist wie folgt zu unterscheiden: Handelt es sich um eine **Nichtehe** (Art. 1627 i.V.m. Art. 1628 CC, der die Nichtbestehensgründe enumerativ aufzählt), so entfaltet sie keinerlei Rechtswirkungen (Art. 1630 CC). Hier kann sich jedermann ohne gerichtliche Mitwirkung auf das Nichtbestehen der Ehe berufen. Zum anderen kann eine **anfechtbare (oder auch annullierbare) Ehe** vorliegen (Art. 1627 i.V.m. Art. 1631 CC). Die Anfechtbarkeit bzw. Annullierbarkeit der Ehe kann nur im Klageweg (Art. 1632 CC) vor dem Familiengericht (Art. 61 Gesetz 82/77) geltend gemacht werden. Dabei sind die je nach Anfechtungsgrund unterschiedlich bemessenen Klagefristen der Art. 1643–1646 CC zu beachten. Das Gesetz unterscheidet zwischen der auf ein Ehehindernis (Art. 1643 CC), der auf einen fehlenden Willen (Art. 1644 CC – binnen drei Jahre nach Eheschließung) oder der auf Willensmängel (Art. 1645 CC – binnen sechs Monate nach Fortfall des Mangels) und der auf das Fehlen der Zeugen gestützten Anfechtung (Art. 1645 CC – ein Jahr nach Eheschließung).

---

9   Bei Ausländern, wenn sie seit mehr als sechs Monaten in Portugal wohnen, Vorlage des Reisepasses oder ähnlicher Papiere (Art. 154 Abs. 3 lit. c ZRG – Text bei *Nordmeier*, in *Bergmann/Ferid/Henrich*, Internationales Ehe- und Kindschaftsrecht, Länderbericht Portugal, S. 137).

Huzel

Die anfechtbare, d.h. die für nichtig erklärte oder annullierte, Ehe entfaltet als sog. **Putati-** **13**
vehe bis zum Eintritt der Rechtskraft der gerichtlichen Entscheidung Wirkungen zwischen
den Ehegatten und im Verhältnis zu Dritten (Art. 1647 CC). Dies gilt indes nur im Fall von
Gutgläubigkeit, die nach Art. 1648 Abs. 3 CC gesetzlich vermutet wird.[10]

2. Stellvertretung und Sonderformen der Eheschließung

Auch wenn das portugiesische Recht von der persönlichen Natur der gegenseitigen Über- **14**
einstimmung des Eheschließungswillens beider Eheschließenden ausgeht,[11] wird jedoch
nicht zwingend die gleichzeitige Anwesenheit beider Ehepartner bei der Vornahme der
Eheschließung gefordert. Vielmehr ist es einem der Eheschließenden erlaubt, die Ehe durch
einen **Bevollmächtigten** schließen zu lassen (Art. 1620 CC; sog. „Handschuhehe"[12]). Dazu
bedarf der Vertreter einer Spezialvollmacht für die Handlung der Eheschließung, in der die
Person, mit der die Ehe eingegangen werden soll, wie auch die Art der Eheschließung
ausdrücklich bezeichnet sein müssen (Art. 1620 Abs. 2 CC).[13] Bei dieser „Handschuhehe"
muss also zumindest einer der Ehepartner persönlich anwesend sein. Eine in dieser Form
in Portugal geschlossene Ehe ist nach dem internationalrechtlichen Grundsatz der Beachtung der Ortsform für die Wirksamkeit eines Rechtsgeschäfts (vgl. Art. 11 Abs. 1 EGBGB)
auch in Deutschland gültig.

Auch der portugiesische *Código Civil* enthält Sonderregeln über „**Noteheschließungen**" **15**
oder Nottrauungen (Art. 1622 ff. CC – *Casamentos urgentes* – i.V.m. Art. 1599 ff. CC). Es
handelt sich um die Ehe bei begründeter Furcht über den nahen Tod eines der Eheschließenden und die bei nahe bevorstehender Geburt. In diesen Fällen bedarf es weder des Aufgebotsverfahrens noch der Ausstellung des Ehefähigkeitszeugnisses (Art. 1599 CC); die Mitwirkung eines Standesbeamten ist ebenso entbehrlich (Art. 1622 Abs. 1 CC). Die zivilrechtlichen Voraussetzungen in Bezug auf die Ehefähigkeit beider Eheschließenden müssen
gleichwohl erfüllt sein, wie Art. 1599 Abs. 2 CC klarstellt. Zudem wird von Amts wegen
ein **vorläufiger Heiratseintrag** gefertigt (Art. 1622 Abs. 2 CC). Im Nachhinein ist dann
über die Bestätigung der Eheschließung zu entscheiden sowie – soweit noch nicht geschehen – das Aufgebotsverfahren durchzuführen (Art. 1623 CC). Aus den gesetzlich festgelegten Gründen des Art. 1624 Abs. 1 CC kann jedoch eine Bestätigung der Nottrauung nicht
stattfinden, insbesondere dann nicht, wenn die Ehefähigkeit nicht gegeben war (also entgegen Art. 1599 Abs. 2 CC), ein trennendes Ehehindernis besteht oder das Erfordernis der
Noteheschließung vorgeschoben war. Die Ehegatten wie auch die Staatsanwaltschaft haben
indes das Recht, gegen den die Bestätigung verweigernden Bescheid das Gericht anzurufen,
um die Gültigkeit der Eheschließung endgültig klären zu lassen (Art. 1624 Abs. 3 CC).

---

10 Die gerichtliche Feststellung des guten Glaubens fällt nach Art. 1648 Abs. 2 CC in die ausschließliche
   Zuständigkeit der Landgerichte.
11 Vgl. den Wortlaut des Art. 1619 CC: *A vontade de contrair casamento é estritamente pessoal em relação
   a cada um dos nubentes.*
12 Zu dieser im Internationalen Privatrecht gängigen Bezeichnung für die Eheschließung durch Stellvertreter, besonders im islamischen Rechtskreis praktiziert, siehe nur *Kegel/Schurig*, Internationales Privatrecht, 9. Aufl. 2004, S. 696.
13 Art. 1621 CC enthält eine eigene Regelung über Widerruf und Verwirkung dieser Sondervollmacht
   mit einer Schadensersatzverpflichtung des Widerrufenden in Abs. 2 (vgl. den Wortlaut in deutscher
   Übersetzung bei *Nordmeier*, in: *Bergmann/Ferid/Henrich*, Internationales Ehe- und Kindschaftsrecht,
   Länderbericht Portugal, S. 72).

3. Eheschließung portugiesischer Staatsangehöriger im Ausland

16 Für Portugiesen besteht selbstverständlich auch im **Ausland** die Möglichkeit, wirksam die Ehe zu schließen. So kann die Ehe außerhalb Portugals in der Form eingegangen werden, die durch das Recht am Eheschließungsort vorgeschrieben ist (Art. 50 CC). Dabei richtet sich die Ehefähigkeit – wie auch die Fähigkeit zum Abschluss eines Ehevertrages vor Eingehung der Ehe (*Convenção antenupcial*) – nach dem Personalstatut eines jeden der Eheschließenden (Art. 49 CC). Portugiesen können im Ausland auch nach portugiesischem Recht die Ehe schließen – nämlich vor den diplomatischen oder konsularischen Vertretern des portugiesischen Staates[14] oder vor den Amtsträgern der katholischen Kirche (Art. 161 CRC [ZRG]). Dann ist jeweils zunächst auch das Aufgebotsverfahren (Vorverfahren) durchzuführen (Art. 152 CRC für die katholische Ehe im Ausland).

17 In beiden Fällen – Eheschließung nach ausländischem Ortsrecht oder im Ausland nach portugiesischem Recht – hat der (portugiesische) Ehewillige jeweils seine Ehefähigkeit nachzuweisen. Hierzu kann derjenige, der seinen Aufenthalt in Portugal hat, aber im Ausland heiraten möchte, die Ausstellung des Ehefähigkeitszeugnisses beim nationalen (portugiesischen) Amt des Zivilregisters beantragen. Der Ehewillige erhält dann die Bescheinigung und ein Doppel wird dem für die Eheschließung zuständigen (ausländischen) Amt übersandt (Art. 163 Abs. 1–3 CRC). Für den ehewilligen Portugiesen mit Aufenthalt im Ausland ist für die Durchführung des Vorverfahrens die diplomatische oder konsularische Vertretung Portugals zuständig (oder, wenn er gleichwohl in der Heimat – in Portugal also – heiraten möchte, das Zivilregisteramt in Portugal; Art. 163 Abs. 4 CRC). Auslandseheschließungen von Portugiesen bedürfen, um Rechtswirkungen entfalten zu können, stets – wie im portugiesischen Inland geschlossene auch – der Eintragung in ein hierfür bestimmtes **Buch des zuständigen portugiesischen Konsulats** (Art. 184 ff. CRC[15]).

18 Wie bei Spaniern in Deutschland stellt sich auch bei hier lebenden Portugiesen die Frage, ob die **katholische Trauung** allein zulässig ist und Rechtswirkungen entfalten kann. Dies ist aus Sicht des deutschen Kollisionsrechts zur Form von Rechtsgeschäften nach Art. 11 Abs. 1 EGBGB unzweifelhaft zu bejahen. Denn danach kann die Ehe entweder in den Formen des Rechts geschlossen werden, das über die sachlichen Voraussetzungen des vorzunehmenden Rechtsgeschäfts, hier also der Eheschließung, entscheidet, oder in der Ortsform. Für die portugiesischen Eheschließungswilligen in Deutschland bedeutet dies, ihr portugiesisches Heimatrecht sieht die katholische Trauung als eine der beiden nach Art. 1587 CC vorgesehenen Arten der Eheschließung vor; also ist mit der kirchlichen Trauung die Ehe geschlossen – Wirkungen entfaltet diese wie auch die zivile Ehe freilich erst mit Eintragung in das vorerwähnte Buch des zuständigen portugiesischen Konsulats (Art. 184 ff. CRC[16]). Dass in Deutschland die kirchliche Trauung allein als wirksame Eheschließung nicht anerkannt ist, ändert für die portugiesischen Eheschließenden nichts.[17]

IV. Katholische Eheschließung

19 Auch für die katholische Eheschließung (Art. 1596–1599 CC) wird die zivilrechtliche Ehefähigkeit vorausgesetzt. Insbesondere hat der Pfarrer also beim Standesamt das zivile **Aufgebotsverfahren** einzuleiten. Ohne Vorliegen der standesamtlichen Bescheinigung über die

---

14 Vgl. Art. 13 Abs. 3 S. 2 EGBGB.
15 Nach Eintragung wird ein Doppel zusammen mit einer beglaubigten Kopie der überschriebenen Urkunde an das Amt des Zivilregisters zwecks Überschreibung übersandt.
16 Wie vorige Fußnote.
17 Vgl. *Henrich*, Internationales Familienrecht, S. 32.

zivile Ehefähigkeit beider Eheschließenden kann eine katholische Trauung nicht erfolgen (Art. 1598 CC, Art. 178 ff. und Art. 151 Abs. 1 CRC [ZRG]). Zudem prüft der Pfarrer die weiteren Voraussetzungen nach kanonischem Recht (Art. XXII Abs. 2 Konkordat). Zur Wirksamkeit auch der katholischen Eheschließung bedarf es der „Übertragung" (*Transcrição*) in das Zivilregister (Art. 167–177 CRC; zur rückwirkenden Wirkung der Eintragung siehe Rdn 21). Hier wird die immense Bedeutung des portugiesischen Registerrechts deutlich. Durch diesen Übertragungsvorbehalt stellt der portugiesische Staat die Einhaltung seines Systems der Ehehindernisse sicher.[18] Ob damit zugleich das kanonische Recht praktisch dem Código Civil „untergeordnet" wird,[19] mag so „drastisch" nicht mehr bezeichnet werden. So ist etwa auch Art. 1661 CC aufgehoben worden, eine Regelung über die Heilung „der nichtigen, aber übertragenen katholischen Ehe", wie es ausdrücklich hieß.

V. Zuständige Behörden und Verfahren

Zuständig für die zivile Eheschließung ist das jeweilige **örtliche Standesamt**. Das Verfahren selbst bestimmt sich im Wesentlichen nach dem Zivilregistergesetz (*Código do Registo Civil* – CRC). Das **System des Registers** hat grundlegende Bedeutung für das portugiesische Eherecht. Nach Durchführung des Aufgebotsverfahrens (Vorverfahren, Art. 139–143 CRC) trifft der Standesbeamte seine Entscheidung über die Ehefähigkeit der Ehewilligen. Die Eheschließung hat dann innerhalb von 90 Tagen zu erfolgen. Ist eine katholische Eheschließung beabsichtigt, hat der Registerbeamte seine Entscheidung hierfür binnen drei Tagen auszustellen und an den Pfarrer, der die Eheschließung angemeldet hat, zu übersenden. Ist ein vorehelicher Vertrag geschlossen, haben die Verlobten diesen bis zur Eheschließung vorzulegen. Die Eheschließung selbst wird dann in aller Regel im Standesamt von dem Standesbeamten („Registerbeamte") geschlossen; auf Wunsch der Eheschließenden kann die Ehezeremonie aber auch an einem anderen Ort vorgenommen werden, selbst in einem Privathaus (Art. 154 CRC).

Sowohl die Zivilehe als auch die katholische Eheschließung müssen – um volle Wirkung entfalten zu können – ins **Zivilregister** eingetragen werden. Dabei unterscheidet das portugiesische Recht zwischen **Eintragung** (*Registo* – Art. 1652 CC, Art. 167 ff. CRC) und **Übertragung** (*Transcrição* – Art. 1652 CC i.V.m. Art. 187 CRC). Sie erfolgt jeweils durch einen Heiratseintrag. Bei der Eheschließung vor dem Standesbeamten nimmt dieser die Eintragung unmittelbar vor; zugleich fertigt er unmittelbar nach der Eheschließung die **Heiratsurkunde** aus (Art. 180 CRC). Darin sind als notwendige Bestandteile u.a. aufzunehmen – neben Ort, Datum und Uhrzeit der Eheschließung und den persönlichen Angaben der Eheschließenden – die vollständigen Namen der Eltern der Eheschließenden sowie, wenn vorhanden, des Dolmetschers oder des Bevollmächtigten, aber auch ein Vermerk über den vorehelichen Vertrag sowie den Güterstand und auch die Bestätigung der Eheschließenden, dass sie die Ehe aus freiem Willen eingehen.[20] Die Eintragung hat rückwirkende Kraft; die **zivilrechtlichen Wirkungen** entstehen *ex tunc* **ab dem Zeitpunkt der Eheschließung**

20

21

---

18 *Nordmeier*, in: *Bergmann/Ferid/Henrich*, Internationales Ehe- und Kindschaftsrecht, Länderbericht Portugal, S. 29, spricht insoweit von einem „eher rechtstechnischen Mittel eines Übertragungsvorbehalts".

19 So noch *Albuquerque*, in: *Bergmann/Ferid/Henrich*, Internationales Ehe- und Kindschaftsrecht, Länderbericht Portugal (Vorauflage), S. 24 – unter Verweis auf Art. 1625, 1626 CC, worin zwar die Autonomie der kirchlichen Gerichte anerkannt wird für die Entscheidung über die Frage der Ungültigkeit der katholischen Eheschließung, doch wird dabei eine übertragene Ehe vorausgesetzt.

20 Vgl. i.Ü. den Wortlaut der Norm (in deutscher Übersetzung bei *Nordmeier*, in: *Bergmann/Ferid/Henrich*, Internationales Familienrecht, Länderbericht Portugal, S. 139 f.).

(Art. 1670 CC, Art. 188 Abs. 1 CRC). Damit wirkt die Eintragung also nicht konstitutiv.[21] Die Rechte Dritter allerdings bleiben bestehen, soweit sie mit den persönlichen Rechten und Pflichten der Ehegatten und der Kinder vereinbar sind; für eine in Portugal geschlossene katholische Ehe gilt dies nur, wenn die Eintragung dieser Ehe (*Transcrição*) nicht innerhalb von sieben Tagen seit dem Zeitpunkt der Eheschließung erfolgt.

VI. Kollisionsrecht der Eheschließung

22   Das portugiesische Internationale Privatrecht ist zusammen mit dem Fremdenrecht geregelt in den Art. 14–65 des *Código Civil* (CC – *Direitos dos Estrangeiros e Conflitos de Leis*),[22] das internationale Familienrecht in den Art. 49–61 i.V.m. Art. 25, 31 CC über das Personalstatut. Inzwischen wird das portugiesische IPR von vorrangigen europäische Kollisionsnormen überlagert, insbesondere der Rom III-VO (mit der Möglichkeit einer Rechtswahl für das auf Ehescheidung und Trennung ohne Auflösung des Ehebandes anwendbare Recht).[23] Nach autonomem portugiesischem Kollisionsrecht, Art. 49 CC, beurteilt sich die Fähigkeit zur Eingehung der Ehe – wie auch die zum Abschluss eines Ehevertrages – in Bezug auf jeden Eheschließenden nach dem jeweiligen **Personalstatut**. Dieses ist nach Art. 31 Abs. 1 CC das Recht der Staatsangehörigkeit der Person (Heimatrecht). Das Personalstatut entscheidet auch über das Fehlen der Ehefähigkeit bzw. über Willensmängel der Eheschließenden (Art. 49 Hs. 2 CC). Allgemein werden durch das Personalstatut der Personenstand, die Geschäftsfähigkeit der Personen, die familiären Beziehungen und die Nachfolge von Todes wegen bestimmt (Art. 25 CC). Die Voraussetzungen, eine Ehe eingehen zu können, richten sich für portugiesische Ehewillige damit nach portugiesischem Sachrecht als deren Heimatrecht. Umgekehrt werden danach vom portugiesischen Recht auch die nach den Regeln einer anerkannten Religion geschlossenen Ehen als wirksam anerkannt. Zum Kollisionsrecht der Form siehe Rdn 4 und Rdn 16–18.

B. Ehewirkungen

I. Allgemeine Grundsätze

23   Die Ehe entfaltet Wirkungen, wenn sie in der gesetzlich zugelassenen Form geschlossen und nach Maßgabe der Art. 1651–1653 CC und Art. 167–186 CRC in das staatliche Register eingetragen worden ist. Dies gilt mithin für die bürgerliche wie die katholische oder in sonstiger anerkannter religiöser Form geschlossene Ehe in gleichem Maße (Art. 1588 CC) und zwar ab dem Zeitpunkt der Eheschließung unbeschadet bestimmter Rechte Dritter (Art. 1670 CC, Art. 188 CRC). Als Grundsatz für die Ehewirkungen geht der *Código Civil* von der **Gleichheit der Rechte und Pflichten der Eheleute** aus (Art. 1671 Abs. 1 CC) – in Übereinstimmung mit den Vorgaben der Verfassung (Art. 36 Abs. 1 und 3 der Verfassung). So steht beiden Ehegatten nach Art. 1671 CC die Leitung der Familie zu. Im Übrigen sind die Rechte und Pflichten der Ehegatten umfänglich geregelt (Art. 1672–1676 bzw. Art. 1677–1677-D CC). Sie sind gegenseitig zur **Achtung, Treue, Zusammenarbeit und zum Bei-**

---

21 *Varela*, Direito de Família, S. 308: *O registo não é um elemento constitutivo ou integrativo do casamento.*

22 Im I. Buch – *Parte Geral* –, I. Titel, Kapitel III; in deutscher Übersetzung abgedr. bei *Nordmeier*, in: *Bergmann/Ferid/Henrich*, Internationales Ehe- und Kindschaftsrecht, Länderbericht Portugal, Texte B 4, S. 57 ff..

23 *Nordmeier*, in: *Bergmann/Ferid/Henrich*, Internationales Ehe- und Kindschaftsrecht, Länderbericht Portugal, S. 18 f. m.w.N.

stand verpflichtet sowie ausdrücklich zum **Zusammenleben** (Art. 1672 CC).[24] Die Ehegatten bestimmen gemeinsam den ehelichen Wohnsitz unter Achtung der „Erfordernisse des beruflichen Lebens und der Interessen der Kinder", dabei die Einheit des familiären Lebens schützend. Die Festlegung kann ausdrücklich oder – wie meist in praxi – stillschweigend erfolgen;[25] bei Uneinigkeit – auch in Bezug auf die Änderung des Wohnortes – entscheidet auf Antrag eines der Ehegatten das Gericht (Art. 1673 CC).[26] Insoweit ist auf die Bestimmung in Art. 1677-D CC hinzuweisen, wonach jedem Ehegatten die **Berufsausübung** oder Aufnahme einer Tätigkeit *ohne* die Zustimmung des anderen zugestanden wird.

II. Ehegüterrecht

1. Allgemeines

Der portugiesische *Código Civil* geht – wie auch andere romanische Rechte – vom Grundsatz der **Vertragsfreiheit im Ehegüterrecht** aus. So finden sich im Kapitel über die „Wirkungen der Ehe in Bezug auf das Vermögen der Ehegatten" zum Güterrecht zunächst die Regelungen über die (vorehelichen) „Eheverträge" (*Convenções antenupciais* – Art. 1698–1716 CC), anschließend die zum gesetzlichen Güterstand der Errungenschaftsgemeinschaft (*Comunhão de adquiridos* – Art. 1717 ff. CC) sowie der weiteren Wahlgüterstände. Die Verlobten können – dem **Grundsatz der Privatautonomie** auch im Ehegüterrecht folgend – in einem **Ehevertrag** den Güterstand frei bestimmen. Nach Art. 1698 CC steht es ihnen frei, einen der im Gesetz vorgesehenen Güterstände zu wählen oder auch einen von diesen innerhalb der gesetzlichen Grenzen frei nach ihren Bedürfnissen zu modifizieren. Das Gesetz ermöglicht damit eine **weitgehend individuelle Gestaltung** des Ehegüterrechts; ein Typenzwang besteht nicht. Zu den zu beachtenden gesetzlichen Grenzen zählen nach Art. 1699 CC u.a. die gesetzliche Erbfolge, die ehelichen bzw. elterlichen Rechte und Pflichten sowie die Vermögensverwaltung und Haftung. In gewissen Grenzen können auch Verfügungen von Todes wegen in den Ehevertrag aufgenommen werden (Art. 1700–1706 CC); dies überrascht insofern, als nach portugiesischem Erbrecht der Abschluss eines Erbvertrages nicht zulässig ist.[27] Grundsätzlich ist der mittels Ehevertrag vereinbarte – wie auch der gesetzliche – Güterstand **unwandelbar** (Art. 1714 CC).[28] Doch sind Befristungen und Bedingungen zulässig (Art. 1713 CC). So kann etwa vereinbart werden, dass Gütertrennung gelten, diese aber, sobald ein gemeinsames Kind geboren wird, in Gütergemeinschaft übergehen soll. Um Gültigkeit zu erlangen, muss der Ehevertrag in **notarieller Urkunde** oder durch standesamtliche Eintragung geschlossen werden (Art. 1719 CC); eine gerichtliche Genehmigung wird nicht vorausgesetzt.

24

---

24 Die Pflichten werden in Art. 1674 CC (Zusammenarbeit), Art. 1675 CC (Beistand) sowie Art. 1676 CC (Pflicht, zu den Lasten des familiären Lebens beizusteuern) spezifiziert (zur Unterhaltspflicht siehe im Einzelnen Rdn 43).

25 *Neto*, Código civil anotado, Art. 1673 Anm. 2 (mit Bezug auf *Beleza*, Reforma do Código Civil, 1981, S. 113).

26 Das Verfahren findet im Wege der freiwilligen Gerichtsbarkeit nach Art. 1415 *Código do Procedimiento Civil* statt.

27 Zum Verbot des Erbvertrages siehe *Huzel/Wollmann*, in: *Süß* (Hrsg.), Erbrecht in Europa, Länderbericht Portugal, Rn 69 f.

28 Ausnahmen sind in Art. 1715 CC vorgesehen, etwa bei gerichtlicher Trennung der Güter. Siehe auch *Rathenau*, Einführung in das portugiesische Recht, § 15 Rn 13 (S. 153) zum „Grundsatz der Unwandelbarkeit des Güterstandes".

25 Mangels wirksamer vertraglicher Güterstandsvereinbarung gilt die Ehe als im Güterstand der **Errungenschaftsgemeinschaft** (*Regime da Comunhão de adquiridos*) geschlossen (Art. 1717 CC). Insofern versteht sich die Normüberschrift als ergänzender (gesetzlicher) Güterstand: *Regime de bens supletivo*. Erlaubte (Wahl-)Güterstände sind die **allgemeine Gütergemeinschaft** (*Comunhão geral*, Art. 1732–1734 CC) und die **Gütertrennung** (*Regime de Separação*, Art. 1735–1736 CC). In zwei Fällen allerdings kommt die Gütertrennung als zwingender Güterstand zur Anwendung (Art. 1720 CC): Zum einen falls die Ehe ohne vorheriges Aufgebotsverfahren geschlossen wurde (Noteheschließung; siehe Rdn 15), zum anderen falls einer der Ehegatten bei der Eheschließung bereits sein 60. Lebensjahr vollendet hat. Bis 1977 war zudem der Güterstand des Dotalrechts vorgesehen; die diesbezüglichen Art. 1738–1752 CC wurden im Zuge der Reform des *Código Civil* auf der Grundlage der neuen Verfassung als gegen den Gleichheitsgrundsatz verstoßend aufgehoben.[29] Eine Einschränkung der freien Vereinbarung bzw. Abänderung eines Güterstandes enthält Art. 1699 Abs. 2 CC, wenn ein Ehegatte bei Eingehung der Ehe bereits Kinder – auch volljährige – hat: Dann kann der Güterstand der allgemeinen Gütergemeinschaft nicht und auch nicht die Gemeinschaftlichkeit des eigenen Vermögens (Art. 1722 CC) vereinbart werden. Die Vorschrift dient ersichtlich der Wahrung der wirtschaftlichen Interessen der Kinder.

26 Um Wirkung auch gegenüber Dritten zu entfalten, ist der Vertrag ins **Eheregister** einzutragen. Die von Dritten bereits erworbenen Rechte bleiben insofern gewahrt, als den im Vertrag enthaltenen Änderungen ihnen gegenüber keine Rückwirkung zukommt (Art. 1711, 1713 Abs. 2 CC, Art. 190 f. CRC).

27 Unabhängig vom Güterstand haben beide Ehegatten die Pflicht, ein jeder mit seinem Vermögen **Unterhalt** zu leisten sowie – gegebenenfalls auch durch persönliches Tätigwerden im Haushalt – zum Bestreiten des familiären Lebens beizusteuern (Art. 1675 Abs. 1, 1676 Abs. 1 CC – „**Erwerbsobliegenheit**"[30]). Bei Verstoß gegen diese Pflicht kann das Gericht auf Antrag des anderen Ehegatten einen Teil der Einkünfte festsetzen, der vom Schuldner unmittelbar zu übergeben ist (Art. 1676 Abs. 3 CC).

2. Verwaltung und Haftung

28 Das portugiesische Ehegüterrecht enthält keinen Typenzwang (siehe Rdn 24). Zwar richten sich die Eigentumsverhältnisse der Eheleute an den einzelnen Vermögensgegenständen nach dem vereinbarten oder gesetzlichen Güterstand. Die **Verwaltung des Vermögens** und die **Haftung der Eheleute** gegenüber Dritten ist dagegen unabhängig und gesetzessystematisch auch vor den Regelungen über die Güterstände in den Art. 1678–1689 CC (Verwaltung) bzw. Art. 1690–1697 CC (Schulden und Haftung) geregelt. Von diesen im Wesentlichen nicht disponiblen Bestimmungen seien folgende Grundsätze erwähnt:

29 Das gemeinsame Vermögen wird grundsätzlich von den Ehegatten **gemeinsam verwaltet** (Art. 1678 Abs. 3 Hs. 2 CC); das eigene Vermögen verwaltet jeder selbst (Art. 1678 Abs. 1 CC). Nur bei ausdrücklicher Beauftragung und bei der „Notverwaltung" wird ein Ehegatte auch hinsichtlich des Eigenvermögens des anderen tätig (Art. 1678 Abs. 2 lit. g

---

29 Aufgehoben durch Art. 180 der Gesetzesverordnung Nr. 496/77 vom 25.11.1977 (Übergangsbestimmungen zur Reform des *Código Civil* von 1976; DR Série I, Nr. 273 vom 25.11.1977, S. 2818 – (1); die noch unter dem Dotalrecht geschlossenen Ehen bleiben von der Änderung unberührt (die Art. 1738–1752 CC a.F. sind noch in deutscher Übersetzung abgedr. bei *Nordmeier*, in: *Bergmann/Ferid/Henrich*, Internationales Ehe- und Kindschaftsrecht, Länderbericht Portugal, Texte III B 4 Fn 9, S. 70–72).
30 Vgl. *Schäfer*, Länderbericht Portugal, in: *Rieck* (Hrsg.), Ausländisches Familienrecht, Rn 12.

bzw. Art. 1679 CC [Vorsorgliche Verwaltungsmaßnahmen – *Providências administrativas*]). Ausnahmen von der gemeinsamen Verwaltung sind in Art. 1678 Abs. 2 lit. a–f CC vorgesehen. So verwaltet jeder Ehegatte – neben seinem eigenen Vermögen – auch den Ertrag seiner Arbeit, seine Urheberrechte, voreheliches Vermögen oder während der Ehe erhaltene Schenkungen und angefallene Erbschaften – auch dann, wenn sie güterrechtlich in das gemeinsame Vermögen fallen. Die Norm trägt damit rein praktischen Bedürfnissen der Handhabung im täglichen Leben Rechnung. Doch ist der das gemeinsame Vermögen bzw. das des anderen verwaltende Ehegatte zur Rechnungslegung über seine Verwaltung verpflichtet (Art. 1681 CC).

Als **Schutzvorschriften** für den Erhalt der wirtschaftlichen Grundlage der Familie sind folgende Regeln zu begreifen: Für die Veräußerung und Belastung von unbeweglichem Vermögen und Handelsgeschäften ist grundsätzlich die **Zustimmung beider Ehegatten** erforderlich – nicht jedoch im Fall der Gütertrennung (Art. 1682-A CC). Sofern das Mietverhältnis der ehelichen Wohnung von einer Verfügung o.Ä. betroffen ist, bedarf es – bei jedem Güterstand – nach Art. 1682-B CC stets der Zustimmung beider Ehegatten, so für den Rücktritt vom oder die Kündigung des Mietvertrages, für die Abtretung der Mieterstellung und die Untervermietung. Schließlich darf die Ausschlagung (bzw. Ablehnung – *Repúdio*) einer Erbschaft oder eines Vermächtnisses nur mit Zustimmung beider Ehegatten vorgenommen werden (Art. 1683 Abs. 2 CC).[31] Die in diesen Fällen geforderte vorherige Zustimmung muss für jede Handlung gesondert erfolgen (Art. 1684 CC). Unterbleibt sie, kann der übergangene Ehegatte die Verfügung binnen sechs Monaten nach Kenntniserlangung hiervon, längstens jedoch bis zu drei Jahren seit Vornahme der Handlung, anfechten (Art. 1687 CC). Das Rechtsgeschäft wird durch Anfechtung rückwirkend unwirksam; Empfangenes ist zurückzugeben bzw. dessen Wert zu erstatten.[32]

Testamentarisch kann jeder Ehegatte nur über seine Hälfte am gemeinsamen Vermögen verfügen, Art. 1685 Abs. 1 CC.

Die **Haftung für Schulden** ist im Grunde ebenfalls unabhängig vom Güterstand geregelt. Zunächst sind beide Ehegatten befugt, Schulden einzugehen – auch ohne Zustimmung des anderen (Art. 1690 CC). Gemeinsam haften beiden Ehegatten für folgende Positionen (Art. 1691 ff. CC) – und zwar zunächst mit dem gemeinsamen Vermögen, dann – ergänzend – mit eigenem Vermögen (im Güterstand der Gütertrennung allerdings findet eine gesamtschuldnerische Haftung nicht statt, Art. 1695 Abs. 1 bzw. 2 CC): für Verbindlichkeiten,
- die vor oder nach der Eheschließung von beiden gemeinsam oder von einem mit Zustimmung des anderen eingegangen werden;
- die vor oder nach der Eheschließung von einem der Ehegatten zur Bestreitung der gewöhnlichen Lasten des Familienlebens eingegangen werden;
- die während des Bestehens der Ehe von dem „verwaltenden" Ehegatten zum gemeinsamen Nutzen eingegangen werden, sofern sie sich innerhalb der gewöhnlichen Vermögensverwaltung bewegen;
- die aus dem Handelsbetrieb eines der Ehegatten erwachsen, sofern nicht Gütertrennung vereinbart ist (Art. 1691 Abs. 1 lit. d CC).

31 Über die Annahme dieser Zuwendungen wie auch einer Schenkung darf dagegen jeder Ehegatte selbst entscheiden (Art. 1683 Abs. 1 CC).
32 Dies folgt aus den allgemeinen Vorschriften der Art. 289 ff. CC (*Efeitos da declaração de nulidade e da anulação*); dabei wird gutgläubiger Erwerb geschützt (vgl. Art. 892 CC – *boa fé* des Käufers).

- Schulden, die gemeinsames Vermögen belasten (Art. 1694 CC).
- Bei Gütergemeinschaft zudem: für voreheliche Schulden, sofern diese zum gemeinsamen Nutzen eingegangen sind (Art. 1691 Abs. 2 CC).

33   Eine persönliche Haftung des jeweiligen Ehegatten allein ist für die ohne Zustimmung des anderen eingegangenen Schulden vorgesehen – ausgenommen die zur Deckung der gewöhnlichen Lasten des familiären Lebens sowie die zum gemeinsamen Nutzen; des Weiteren für aus Straftaten begründete Schulden und die persönlichen Schadensersatzverpflichtungen, Erstattungen, Gerichtskosten oder Geldstrafen (Art. 1692 CC). Grundsätzlich Gleiches gilt für Schulden, Schenkungen, Erbschaften oder Vermächtnisse; hierfür haftet nur der annehmende Ehegatte, es sei denn, dass nach dem vereinbarten Güterstand das so erlangte Vermögen in das gemeinsame Vermögen fallen soll – dann ist auch die Haftung für diese Schulden eine gemeinschaftliche (Art. 1693 CC).[33] Die persönliche, d.h. ausschließliche Haftung eines Ehegatten ist mit dessen eigenem Vermögen heranzuziehen und ergänzend sein hälftiger Anteil am gemeinsamen Vermögen (Art. 1696 CC).[34]

3. Errungenschaftsgemeinschaft als (ergänzender) gesetzlicher Güterstand

a) Grundlagen – Rechtscharakter

34   Die Errungenschaftsgemeinschaft portugiesischen Rechts ist vergleichbar mit der deutschen Zugewinngemeinschaft; wie die spanische Errungenschaftsgemeinschaft, die eine echte Gemeinschaft zur gesamten Hand (span.: *comunidad en mano común* oder *mancomunidad*) mit echtem Gesamthandseigentum der Ehegatten darstellt, bildet auch bei der Errungenschaftsgemeinschaft des portugiesischen Rechts das gemeinsame Vermögen der Ehegatten ein einheitliches Recht, eine eigene Vermögensmasse – *„Propiedade colecitva"* – mehrerer Mitinhaber. Dies wird etwa darin deutlich, dass das gemeinsame Vermögen – das Errungenschaftsgesamtgut – neben dem jeweils eigenen Vermögen der Ehegatten zur Haftung für Verbindlichkeiten aus der Ehe herangezogen wird (vgl. Art. 1695 f. CC).[35]

b) Vermögensmassen

35   In der Errungenschaftsgemeinschaft wird genau genommen zwischen **drei Vermögensmassen** unterschieden: das eigene Vermögen des einen und das des anderen Ehegatten sowie deren gemeinsames Vermögen (Gesamtgut), das beiden Ehegatten – zur gesamten Hand – zusteht (d.h. das Errungenschaftsgut).

36   In der Gesetzessystematik wird zunächst das **Eigengut** definiert, das „eigene Vermögen" (*Bens propios*). Nach Art. 1722 ff. CC gehören dazu:
- das von den Ehegatten in die Ehe als jeweils ihm gehörig eingebrachte Vermögen;
- dasjenige, was nach der Eheschließung durch Erbfolge oder Schenkung hinzukommt, sowie das hieraus während des Bestehens der Ehe erworbene Vermögen;
- das vor der Eheschließung unter Eigentumsvorbehalt gekaufte Vermögen;
- das aufgrund eines Vorzugsrechts, welches bereits vor der Eheschließung begründet war, erworbene Vermögen;

---

33 Für den Fall, dass der Wert des so erlangten Vermögens zur Begleichung der Schulden nicht ausreicht, ist das Erfüllungsverlangen gem. Art. 1693 Abs. 2 CC anzufechten.

34 Zur Bedeutung des ehelichen Güterrechts für das Ehegattenerbrecht sei hier auf die diesbezügliche Darstellung von *Huzel/Wollmann*, Portugal, in: *Süß* (Hrsg.), Erbrecht in Europa, S. 1026 ff. Rn 26 verwiesen.

35 *Varela*, Direito de Família, S. 436 f.; siehe auch *Neto*, Código civil anotado, Art. 1717 Anm. 2.

Huzel

– Substitute von (eigenen) Vermögensgegenständen (das „an die Stelle von eigenem Vermögen getretene Vermögen", Art. 1723 CC);
– Zinsen, Renditen, Früchte und Zubehör (Art. 1728 CC).

Demgegenüber fällt in die Gemeinschaft folgendes Vermögen, das sog. **Gesamtgut** oder   37
Gemeinschaftsvermögen (Art. 1724 CC):
– der Lohn der Arbeit der Ehegatten;
– das von den Ehegatten während des Bestehens der Ehe erworbene Vermögen, sofern es nicht vom Gesetz ausgenommen ist, also in das Eigenvermögen fällt;
– die nur von einem Ehegatten zur Ausübung seines Berufs benötigten Gegenstände;
– das durch Erbschaft oder Schenkung während der Ehe zugefallene Vermögen, wenn der Verfügende dies ausdrücklich so bestimmt hat (Art. 1729 CC); sowie
– Substitute von Vermögensgegenständen, sofern die Eheleute bei Erwerb des Substituts nicht in der Erwerbsurkunde oder in einer vergleichbaren Urkunde dokumentieren, dass die Herkunft der Mittel aus dem eigenen Vermögens herrührt, der Gegenstand also Positionen aus dem Eigengut ersetzt (Art. 1723 lit. c CC).

Nach der gesetzlichen Vermutung in Art. 1725 CC gelten einzelne bewegliche Gegenstände im Zweifel als zum Gemeinschaftsgut gehörig.

Bei Erwerb von Gegenständen teils mit eigenen, teils mit gemeinsamen Mitteln entscheidet   38
der wertvollere Teil an der Gesamtleistung über die Zugehörigkeit zum Eigengut oder Gemeinschaftsgut (Art. 1726 Abs. 1 CC). Zudem bleibt der von einer Vermögensmasse (Eigengut) an die andere (Gemeinschaftsgut) – oder umgekehrt – geschuldete Ausgleich auch bei Auflösung und Teilung der Gemeinschaft erhalten (Art. 1726 Abs. 2 CC). Ausgehend vom Grundsatz der Abänderbarkeit der gesetzlich vorgesehenen Güterstände können die Eheleute in einem (vorehelichen) Vertrag auch bereits bestimmen, welche Vermögensgegenstände in das Eigengut und welche in das Gemeinschaftsgut fallen sollen (vgl. Art. 1698 f. CC). Dann allerdings handelt es sich im Grunde bereits um einen Wahlgüterstand, nicht mehr um die Errungenschaftsgemeinschaft in der gesetzlich vorgesehenen Form. Das Gesetz stellt aber mit der „**Hälfte-Regel**" des Art. 1730 CC eindeutig klar, dass beide Ehegatten am Vermögen und an den Verbindlichkeiten der Gemeinschaft je zur Hälfte beteiligt sind; anderslautende Vereinbarungen hierzu sind nichtig.

c) Auflösung und Abwicklung der Sociedad de Gananciales

Der Güterstand endet mit Tod eines der Ehegatten, durch Auflösung der Ehe oder durch   39
Feststellung der Nichtigkeit oder mit Anfechtung der Ehe (Art. 1688 CC – Beendigung der vermögensrechtlichen Beziehungen zwischen den Ehegatten). Als Folge der Beendigung des Güterstandes findet die **Teilung** (*Partilha*) unter den Ehegatten gem. Art. 1689 CC statt. Grundsätzlich erhalten die Ehegatten oder ihre Erben dann zunächst das jeweilige eigene Vermögen und – insoweit wie bei der vorerwähnten „Hälfte-Regel" des Art. 1730 CC (siehe Rdn 38) – den hälftigen Anteil am gemeinsamen Vermögen. Sind bei Beendigung des Güterstandes Schulden vorhanden, werden zunächst die gemeinschaftlichen Verbindlichkeiten beglichen und zwar bis zu dem Wert des gemeinsamen Vermögens, erst danach die übrigen Schulden (Art. 1680 Abs. 2 CC). Forderungen der Ehegatten untereinander werden aus dem hälftigen Anteil des zahlungspflichtigen Partners am gemeinsamen Vermögen bezahlt; ist dieses bereits erschöpft oder nicht mehr ausreichend, so haftet das eigene Vermögen des schuldenden Ehegatten (Art. 1689 Abs. 3 CC). Bei Beendigung des Güterstandes durch **Scheidung** vollzieht sich die *Partilha* nach der Sonderregel des Art. 1790 CC (siehe Rdn 77).

Huzel

4. Wahlgüterstände und güterrechtliche Vereinbarungen

40   Als voreheliche Vereinbarung erfordert der Ehegütervertrag zu seiner Gültigkeit die **öffent-
      liche Beurkundung** (d.h. mittels *„escritura pública"*) oder er wird zu Protokoll des Standes-
      beamten genommen, d.h. er wird mit registerlicher Eintragung geschlossen (Art. 1710 CC).
      Während bestehender Ehe kann ein Ehevertrag nicht mehr geschlossen oder abgeändert
      werden (Art. 1714 CC – **„Unwandelbarkeit des Ehevertrages** und des gesetzlichen Güter-
      standes").

41   Als erlaubter Wahlgüterstand ist zunächst die **allgemeine Gütergemeinschaft** (*Comunhão
      geral*) vorgesehen (Art. 1732–1734 CC). Auch wenn es sich dabei um einen Wahlgüterstand
      handelt, kann dieser im Fall des Art. 1699 Abs. 2 CC nicht vereinbart werden, wenn nämlich
      ein Ehegatte bereits Kinder in die Ehe einbringt. Im Übrigen gilt: Grundsätzlich wird mit
      Eintritt der Gütergemeinschaft das gesamte gegenwärtige, also bei Eheschließung vorhan-
      dene, und das zukünftige Vermögen, also das während der Ehe erworben wird, zu gemein-
      schaftlichem Vermögen (Art. 1732 CC). Gleichwohl gibt es auch bei diesem Güterstand
      eigenes Vermögen eines Ehegatten. So sind von der Gemeinschaft ausgenommen u.a. **Schen-
      kungen** und **Erbschaften**, die nicht ausdrücklich gemeinschaftlich erfolgen sollen, streng
      persönliche Rechte wie Nießbrauch oder Wohnrechte, auf unerlaubter Handlung beruhende
      Schadensersatzforderungen und fällige Versicherungsleistungen, die seine Person oder sein
      Vermögen betreffen. Des Weiteren gehören nicht zum Gemeinschaftsvermögen die Gegen-
      stände des persönlichen und ausschließlichen Gebrauchs jedes Ehegatten sowie familiäre
      Erinnerungsstücke von geringem Wert. Weitere Spezialregelungen zu diesem Güterstand
      enthält der *Código Civil* nicht, vielmehr sind die Bestimmungen über die Errungenschafts-
      gemeinschaft auf die Gütergemeinschaft entsprechend anwendbar – mit den notwendigen
      Anpassungen, wie es in Art. 1734 CC heißt, insbesondere also hinsichtlich der Vermögens-
      zuordnung.

42   Die Regelung über den Güterstand der **Gütertrennung** (*Regime de Separação*) beschränkt
      sich auf zwei Kernaussagen: Wenn Gütertrennung durch voreheliche Vertrag vereinbart
      ist, so behält jeder der Ehegatten sein vorhandenes und zukünftiges Vermögen samt Nut-
      zung und Erträgen; er kann dementsprechend auch frei darüber verfügen (Art. 1735 CC).
      Zur Bestimmung des Eigentums wird den Verlobten freigestellt, im Ehevertrag Eigentums-
      vermutungen über das bewegliche Vermögen vorzusehen – mit Wirkung gegenüber Dritten;
      Gegenbeweis ist zulässig. Im Zweifelsfall gelten die beweglichen Vermögensgegenstände als
      im Miteigentum beider Ehegatten stehend (Art. 1736 CC). Besondere Bedeutung kommt
      der Gütertrennung daneben – wie erwähnt (siehe Rdn 25) – als **zwingender Güterstand**
      zu (Art. 1720 CC): bei der ohne vorheriges Aufgebotsverfahren geschlossenen „Notehe-
      schließung" sowie bei der Eheschließung eines bereits über 60-jährigen Ehewilligen.[36]

III.   Ehelicher Unterhalt

43   Die Unterhaltspflicht der Eheleute ergibt sich aus Art. 1675 CC über die Beistandspflicht,
      die in Abs. 1 ausdrücklich die Verpflichtung, Unterhalt zu leisten, und die Lasten des
      familiären Lebens umfasst. Dabei handelt es sich um eine wechselbezügliche unmittelbar
      aus der Eheschließung herrührende Verpflichtung; sie ist umfänglich zu verstehen und
      umfasst neben den materiellen Beiträgen auch etwa moralischen und seelischen Beistand.[37]

---

36 Siehe auch *Rathenau*, Einführung in das portugiesische Recht, § 15 Rn 12 (S. 152) mit entsprechendem
    Hinweis.
37 Vgl. *Neto*, Código Civil anotado, Art. 1675 Anm. 17.

Huzel

Nach Art. 2003 CC in den allgemeinen Vorschriften über den Unterhalt (*Alimentos*) wird darunter alles verstanden, was für Lebensunterhalt, Wohnung und Kleidung unentbehrlich ist; auch Ausbildungskosten zählen zum Unterhalt[38] sowie Erziehungskosten.

Die Unterhaltspflicht bleibt auch während der tatsächlichen Trennung (*Separação de facto*)   44 bestehen,[39] allerdings nur, wenn die Trennung keinem der Ehegatten zurechenbar ist (Art. 1675 Abs. 2 CC). Abgestellt wird damit insoweit noch auf das **Verschuldensprinzip**, welches mit Wirkung zum 1.12.2008 im Scheidungsrecht indes aufgehoben wurde (siehe Rdn 61), nicht dagegen für den Zeitraum der faktischen Trennung. Ist nämlich die *Separação de facto* einem der Ehegatten oder beiden zurechenbar, so trifft die Unterhaltspflicht den Allein- oder Hauptschuldigen. Ob diese Pflicht als wirkliches subjektives Recht des einen – faktisch getrennten – Ehegatten gegen den anderen auf Unterhalt im Umfang des bisherigen Lebensstandards zu begreifen ist, wird zum Teil kritisch gesehen.[40] Der „schuldige" Ehegatte kann selbst keinen Unterhalt beanspruchen. Ausnahmsweise kann jedoch aus Billigkeitsgründen die Unterhaltspflicht auch dem weniger schuldigen Ehegatten auferlegt werden; die Entscheidung trifft das Gericht unter Berücksichtigung der Ehedauer und der Mitarbeit des unterhaltsbedürftigen Ehegatten im ehelichen Unternehmen (Art. 1675 Abs. 3 CC).[41]

IV. Namensrecht

Der vollständige Name eines Portugiesen bzw. einer Portugiesin scheint – mehr noch als   45 die schon langen Namen von Spaniern[42] – „nicht endend wollend", für Außenstehende damit noch weniger „nachvollziehbar" und für die zumindest hierzulande in Formularen vorgesehenen Rubriken deutlich zu lang: Der Name einer Person setzt sich nämlich aus bis zu zwei Vornamen und vier Nachnamen (*apelidos*) zusammen. Dabei gilt: Hinsichtlich der Vornamen ist das portugiesisches Namensrecht eher starr, hinsichtlich der Nachnamen besitzt es eine recht große Flexibilität.[43] Unter **Nachname** wird in den namensrechtlichen Vorschriften des *Código Civil* wie auch in denen der Personenstandsgesetze der bürgerlich-rechtliche Familienname verstanden mit der typischen Funktion, eine Person der Familie, zu der sie gehört, zuzuordnen[44] bzw. unter dem eine rechtsfähige Person im zivilen und im Rechtsleben auftritt. Die Zusammensetzung und Reihenfolge des Nachnamens, also des eigenen (individuellen) Familiennamens, ist dabei nicht reglementiert. Die Namensführung nach portugiesischem Recht ist stark individualisiert. Es können also etwa alle Nachnamen nur eines Elternteils übernommen werden oder auch nur einzelne Nachnamen dieses Elternteils, welche dann mit einzelnen Nachnamen des anderen Elternteils – in freier Reihenfolge – ergänzt werden (vgl. Art. 103 CRC – port. Personenstands-[Zivilregister-]Gesetz). Einen

---

38 Art. 2003 Abs. 2 CC nennt auch die Erziehungskosten, „wenn der Unterhaltsempfänger minderjährig ist".
39 Begründet wird dies damit, dass die faktische Trennung gerade nicht bereits das Eheband aufhebt; vgl. *Neto*, Código Civil anotado, Art. 1675 Anm. 4.
40 *Neto*, Código Civil anotado, Art. 1675 Anm. 4 f. verneint ein so weitgehendes subjektives Recht des „unschuldigen" Ehegatten.
41 Die Verbindung mit dem Scheidungsverfahren wird durch die dortige ausdrückliche Bezugnahme auf Art. 1675 CC in der Norm über die Unterhaltspflicht von Scheidungswilligen in Art. 2015 CC deutlich (für die Zeit noch bestehender ehelicher Gemeinschaft).
42 Siehe dazu *Huzel*, Länderbericht Spanien (Rdn 44), in diesem Werk.
43 Vgl. *Nordmeier*, in *Bergmann/Ferid/Henrich*, Internationales Ehe- und Kindschaftsrecht, S. 49.
44 Vgl. *Neto*, Código civil anotado, Art. 1677 Anm. 5.1 (unter Verweis auf STJ vom 14.10.1997).

gemeinsamen einheitlichen Familiennamen kennt das portugiesische Recht nicht.[45] So heißt der frühere Präsident der EU-Kommission, der Portugiese *BARROSO*, mit vollem Namen *José Manuel DURÃO BARROSO*, der vormalige Staatspräsident Portugals *SOARES* vollständig *Mario Alberto NOBRE LOPES SOARES* (Sohn des *João SOARES* und der *Elisa NOBRE*)[46] oder etwa die bekannten portugiesischen Fußballspieler *Luis FIGO* mit vollem Namen *Luis Felipe MADEIRA CAEIRO FIGO* und der mehrfache Weltfußballer *Cristiano RONALDO* mit vollem Namen Cristiano *RONALDO dos SANTOS AVEIRA*.

46   Die Heirat ändert die Nachnamen der Ehepartner grundsätzlich nicht. Zunächst gilt: Jeder Ehegatte behält seine eigenen Nachnamen (Art. 1677 Abs. 1 Hs. 1 CC). Im Übrigen räumt das portugiesische Namensrecht jedem Ehepartner das Recht ein, seinem eigenen mehrgliedrigen Nachnamen bis zu zwei Namensteile des „Familiennamens" seines Ehepartners anzufügen (Art. 1677 Abs. 1 Hs. 2 CC); in diesem Fall muss er jedoch seinen eigenen viergliedrigen Geburtsnamen entsprechend kürzen. So ist es Eheleuten nicht verwehrt, dass beide gleichzeitig jeweils zwei Nachnamen des anderen annehmen – quasi wechselbezüglich – und so einen gleichen „Familiennamen" führen.[47]

Beispiel: Heiratet *Maria da Silva Felipe* den *José Manuel OLIVEIRA López*, so heißt sie als verheiratete Frau weiterhin *M. DA SILVA FELIPE*, darf jedoch bis zu zwei Nachnamen ihres Mannes anfügen: *M. DA SILVA OLIVEIRA* – so wie ihr Mann umgekehrt bis zu zwei Namen seiner Frau seinem eigenen Nachnamen anfügen darf, gegebenenfalls unter entsprechender Kürzung seines Namens (damit nicht mehr als maximal vier Nachnamen geführt werden): *José Manuel OLIVEIRA DA SILVA*.

47   Die Möglichkeit des Art. 1677 Abs. 1 CC steht allerdings denjenigen nicht zu, die in einer früheren Ehe einen oder zwei Nachnamen des damaligen Ehegatten ihrem eigenen angefügt haben und in der neuen Ehe weiterführen (Art. 1677 Abs. 2, 1677-A CC).

V. Möglichkeiten vertraglicher Gestaltungen

48   Grundsätzlich geht auch der portugiesische *Código Civil* vom Prinzip der Vertragsfreiheit aus; auch gilt zwischen Ehegatten der Gleichheitsgrundsatz (vgl. Art. 1671 Abs. 1 CC). Gleichwohl können Ehegatten untereinander nicht beliebig Verträge schließen und sich gegenseitig Vermögensgegenstände und Rechte übertragen. So finden auf Kauf- und **Gesellschaftsverträge zwischen Ehegatten** die Beschränkungen Anwendungen, die nach dem Grundsatz der Unwandelbarkeit der vorehelichen (Güter-)Verträge auch für die Änderung von Eheverträgen nach Eheschließung gelten (Art. 1714 Abs. 2 CC). **Schenkungen** der Ehegatten untereinander sind grundsätzlich wirksam, doch kann sie der Schenker jederzeit widerrufen (Art. 1765 CC). Verschenkt werden kann ein Gegenstand des eigenen Vermögens des Schenkers; das Geschenk fällt – unabhängig vom ehelichen Güterstand – nicht in das gemeinsame Vermögen (Art. 1764 CC). Besteht allerdings zwingend der Güterstand der Gütertrennung, ist selbst die Schenkung unter Ehegatten nichtig (Art. 1762 CC). Im Übrigen bedarf die Schenkung zwischen Verheirateten der Schriftform (Art. 1763 CC). Die

---

45 Zum Namensrecht und auch religiösen, familiären oder lokalen Sitten und Gebräuchen bei Einfügung von Partikeln (wie y, de, del la, do, dos) siehe *Nordmeier*, in *Bergmann/Ferid/Henrich*, Internationales Ehe – und Kindschaftsrechts, S. 47–49.

46 Der vormalige Staatspräsident ist bekannt als *Jorge SAMPAIO*, mit vollem Namen heißt er *Jorge Fernando Branco de Sampaio*.

47 STJ, 23–11–1999 (BMJ, 491–281); s.a. *Neto*, Código civil anotado, Art. 1677 Anm. 1 (unter Verweis auf *Varela*, Direito des Família, 1987, S. 352). Strittig ist dabei allerdings, ob – entgegen dem Wortlaut der Norm – auch ein „Voranstellen" zulässig ist.

Hingabe sozialüblicher Geschenke ist nach allgemeinem Ehevermögensrecht zulässig (vgl. Art. 1682 Abs. 4 CC); zwischen Eheleuten sollte insofern nichts anderes gelten, auch wenn eine Sonderbestimmung im Abschnitt über die „Schenkungen unter Verheirateten" (= Art. 1761–1766 CC) nicht vorgesehen ist.

VI. Kollisionsrecht der Ehefolgen

Die **allgemeinen Ehewirkungen** – ohne das Ehegüterrecht (siehe Rdn 50) – richten sich aus der Sicht des autonomen portugiesischen Internationalen Privatrechts nach der Kollisionsnorm des Art. 52 CC. Bei der Anknüpfung wird im Zuge der Reform des *Código Civil* von 1977 – basierend auf dem Gleichheitsgrundsatz der neuen Verfassung von 1976 – jede Diskriminierung zwischen Mann und Frau wie auch zwischen ehelichen und nichtehelichen Kindern vermieden. Danach ist für die Bestimmung des **Ehewirkungsstatuts** zunächst abzustellen auf das gemeinsame Heimatrecht der Eheleute bei Eheschließung, bei dessen Fehlen auf das Recht des gemeinsamen gewöhnlichen Wohnorts[48] und, falls einer solcher nicht vorhanden ist, auf das Recht des Landes, mit dem das Familienleben am engsten verbunden ist.

49

Die Norm enthält damit bereits eine – wenn auch kurze – Anknüpfungsleiter eigener Art, ist mit der sog. Kegel'schen Leiter in Art. 14 EGBGB nur der Struktur nach vergleichbar. Die Wirkungen der Ehe von portugiesischen Eheleuten richten sich damit nach portugiesischem Sachrecht, auch wenn sie nach Eheschließung ihren Wohnsitz etwa nach Deutschland verlegen; Gleiches ergibt sich in diesem Fall aus Sicht des deutschen IPR (Art. 14 Abs. 1 Nr. 1 EGBGB).

50

Die Bestimmung des **Ehegüterstatuts** erfolgt nach den Sonderregeln in Art. 53–54 CC. Danach unterliegen (voreheliche) Eheverträge und der gesetzliche oder der vereinbarte Güterstand, also die voreheliche individuelle Modifizierung eines gesetzlich erlaubten Güterstandes, vorrangig dem gemeinsamen Heimatrecht (Staatsangehörigkeitsrecht), ersatzweise dem Recht des gemeinsamen gewöhnlichen Wohnortes zum Zeitpunkt der Eheschließung und weiter hilfsweise dem Recht des ersten ehelichen Wohnortes (Art. 53 Abs. 1 und 2 CC). Zur Anwendbarkeit portugiesischen Sachrechts kann es weiter dann kommen, wenn bei grundsätzlich anwendbarem ausländischem Güterrecht ein portugiesischer Güterstand vertraglich vereinbart wird, sofern einer der Eheschließenden seinen gewöhnlichen Aufenthalt in Portugal hat (Art. 53 Abs. 3 CC).[49] Auch wenn das nationale portugiesische Güterrecht die Änderung des (vorehelichen) Ehevertrages nicht gestattet, lässt dies Art. 54 Abs. 1 CC dann zu, wenn das nach Art. 52 CC anwendbare Recht (Ehewirkungsstatut) dazu berechtigt.

51

VII. Auswirkungen der Ehe auf die Altersversorgung

Das portugiesische Recht geht im Hinblick auf die Altersversorgung von einem unbefristet bestehenden (auch nach-)ehelichen Unterhaltsanspruch aus, der selbst nach dem Tod des

52

---

48 Zur Bestimmung des gemeinsamen gewöhnlichen Wohnorts siehe Art. 1673 CC (dazu oben Rdn 23).

49 Nach *Rathenau*, Einführung in das portugiesische Recht, § 10 Rn 4 (S. 80) besitzt die Norm Art. 53 CC insoweit große Praxisrelevanz, als bei deutschen Ehegatten das eheliche Güterrecht des BGB in Portugal Anwendung findet.

Huzel

Unterhaltsschuldners weiterbesteht, dann nämlich gegen die nachrangig Verpflichteten (Art. 2009 i.V.m. Art. 2013 Abs. 2 CC).[50]

VIII. Bleiberecht und Staatsangehörigkeit

53 Bei ausländischen Ehegatten von portugiesischen Staatsangehörigen stellt sich die Frage nach einem **Bleiberecht** letztlich nur, wenn nach der Eheschließung kein Erwerb der portugiesischen Staatsangehörigkeit erfolgt. Zu differenzieren ist dabei zwischen den durch EU-Recht privilegierten EU-Bürgern, Ausländern von Drittstaaten, die Schutz als Flüchtling im Sinne der Genfer Flüchtlingskonvention beanspruchen können, sowie zwischen den übrigen Bürgern aus Drittstaaten. Dem EU-Bürger steht zusammen mit seinem (portugiesischen) Ehepartner und den übrigen Familienangehörigen aufgrund von EU-Bestimmungen ein garantiertes Dauerbleiberecht zu. Der Grundidee der Genfer Flüchtlingskonvention folgend haben die Ausländer, die Asyl oder den Status als Flüchtling erhalten haben, ein grundsätzlich vorübergehendes Bleiberecht, das in der Regel so lange besteht, wie die Notsituation, die zur Flucht geführt hat, im Herkunftsland andauert. Eine Ausnahme zu dieser Regel gilt jedoch, wenn der Ehepartner des betreffenden Ausländers die portugiesische Staatsangehörigkeit besitzt.

54 Im Hinblick auf den möglichen Erwerb der **portugiesischen Staatsangehörigkeit**[51] durch den ausländischen Ehegatten mit oder in der Folge der Eheschließung gilt Folgendes: Allein der Umstand der Eheschließung mit einem Portugiesen zieht nicht schon einen Erwerb der portugiesischen Staatsangehörigkeit nach sich. Das portugiesische Staatsangehörigkeitsgesetz (StAG)[52] sieht in der Fassung des Organgesetzes Nr. 237-A/2006 vom 17.4.2006 mit Wirkung zum 15.12.2006[53] in Art. 3 Abs. 1 n.F. StAG jedoch die Möglichkeit des Erwerbs der Staatsangehörigkeit im Falle einer Ehe „als Folge des Willens" vor. Danach kann der mit einem portugiesischen Staatsangehörigen länger als drei Jahre verheiratete Ausländer die portugiesische Staatsangehörigkeit „mittels einer während des Bestehens der Ehe abgegebenen Erklärung" erwerben. Die Erklärung ist gegenüber dem Beamten des Zentralregisters (*Conservatória dos registos centrais*) abzugeben.[54] Mit der Erklärung kann die Namenswahl oder die Beibehaltung des Ursprungsnamens verbunden werden (Art. 8 GVO 322/82). Die so vom ausländischen Ehegatten erworbene portugiesische Staatsangehörigkeit bleibt von einer Nichtigerklärung oder Anfechtung der Ehe unberührt (Art. 3 Abs. 2 StAG). Dieser Erwerbsgrund für die portugiesische Staatsangehörigkeit stellt gegenüber dem Erwerb durch Einbürgerung eine erhebliche Privilegierung dar. Denn für die Einbürgerung wird ein Aufenthalt von zumindest sechs Jahren in Portugal bei Staatsbürgern portugiesisch-

---

50 Die nachrangig zum Unterhalt verpflichteten Personen sind die Abkömmlinge und Vorfahren (in der Reihenfolge der gesetzlichen Erbfolge; siehe dazu *Huzel/Wollmann*, in: *Süß* (Hrsg.), Erbrecht in Europa (3. Aufl. 2015), Länderbericht Portugal, S. 1030, Rn 44 f.) sowie die Geschwister des originären Unterhaltsschuldners (Art. 2009 Abs. 1 und 2 CC).

51 Dazu grundlegend *Moura Ramos*, Nationalité, Plurinationalité et Supranationalité au Droit Portugais, Archiv des Völkerrechts 1996, S. 96.

52 Lei No. 37/81 vom 3.10.1981, DR Serie I Nr. 228 (mit späteren Änderungen, v.a. durch Gesetz Nr. 25/94 vom 19.8.1994, Gesetz Nr. 1/2004 vom 15.1.2004, DR 2004, Série I-A, 5631, Gesetz Nr. 237-A/2006 vom 14.12.2006 sowie zuletzt durch Organgesetz Nr. 8/2015, DR I Série Nr. 119 vom 22.6.2015 S. 4295 und durch Organgesetz Nr. 9/2015, DR I Série Nr. 146 vom 29.7.2015 – siehe dazu den Hinweis bei *Nordmeier*, in: *Bergmann/Ferid/Henrich*, Internationales Ehe- und Kindschaftsrecht, Länderbericht Portugal, Text II B, S. 8 Fn 1) – in deutscher Übersetzung abgedr. bei *Nordmeier*, a.a.O., S. 8 ff.; s.a. deutscher Text (ursprüngl. Fassung) in: StAZ 1981, 331 ff.

53 Siehe *Jayme*, StAZ 2007, 127 zum Tag des Inkrafttretens (häufig mit dem 14.12.2006 angegeben).

54 Vgl. im Einzelnen Art. 6 f. der Gesetzesverordnung (GVO) Nr. 322/1982.

sprachiger, d.h. lusophoner Länder, und von zehn Jahren bei sonstigen Ausländern vorausgesetzt – neben ausreichender Kenntnis der portugiesischen Sprache.[55] Ein Verzicht auf die frühere Staatsangehörigkeit wird offensichtlich nicht verlangt, denn umgekehrt bestimmt Art. 8 StAG ausdrücklich, dass wer die Staatsangehörigkeit eines anderen Staates besitzt, die portugiesische Staatsangehörigkeit nur dann verliert, wenn er erklärt, nicht Portugiese sein zu wollen.[56] Mithin wird eine **doppelte** oder **Mehrfachstaatsangehörigkeit** durch das portugiesische Recht nicht ausgeschlossen; sie ist zulässig.

C. Trennung und Scheidung

I. Vorbemerkung: Gemeinsame Aspekte

Die Regelungen über Trennung und Scheidung im *Código Civil* basieren weitgehend auf dem Scheidungsgesetz von 1910, teilweise gehen sie in ihren Grundaussagen sogar auf den *Código Civil* von 1867 zurück. „Überspringt" man die Zeit von 1940–1975, als nach den Konkordatsgesetzen die Scheidung von nach kanonischem Recht geschlossenen Ehen unzulässig war, so lebt mit dem heutigen Zivilgesetzbuch das vormalige Scheidungs- und Trennungsrecht von 1910 in „modernisierter" Form wieder auf.[57]

Von der Gesetzessystematik her ist eine Lockerung des Ehebandes bis hin zur Scheidung vorgesehen – und zwar für die bürgerliche wie die katholische Ehe (Art. 24 Konkordat n.F. sowie Art. 1588 CC i.V.m. Art. 36 Abs. 2 der Verfassung). Zunächst wird die Bestandspflicht für den Fall der tatsächlichen Trennung geregelt (Art. 1675 Abs. 2 und 3 CC); sodann ist die einfache Trennung des Vermögens vorgesehen (Art. 1767–1772 CC); hervorzuheben ist insoweit, dass diese – ist sie einmal ausgesprochen – unwiderruflich ist. Im Anschluss daran finden sich zunächst die Bestimmungen über die Scheidung selbst und die Scheidungsfolgen (Art. 1773–1793 CC), erst darauf die über die gerichtliche Trennung (Art. 1794–1795-D CC). Das Gesetz kennt sowohl bei der Scheidung als auch bei der Trennung jeweils zwei Formen: die im gegenseitigen Einvernehmen und die streitige bzw. die ohne Zustimmung des anderen Ehegatten (die zumindest terminologisch die streitige Scheidung 2008[58] abgelöst hat). Die gerichtliche *Separação* (Trennung) ist nicht notwendige Voraussetzung für ein folgendes Scheidungsverfahren. Beide Rechtsinstitute haben indes zum Teil gleiche Rechtsgrundlagen. Die Eigenständigkeit der beiden Verfahren kommt insbesondere in den verschiedenen Zielen zum Tragen: Einmal wird „nur" Trennung begehrt, zum anderen Scheidung und damit die Auflösung des Ehebandes. In Bezug auf die katholischen Ehen soll als wesentliche Besonderheit bereits hier die Zuständigkeit des Kirchlichen Gerichts hervorgehoben sein – nur dieses kann die Auflösung der Ehe durch Dispens aussprechen (Art. 1625, 1626 CC, XXV Konkordat).

---

55 Art. 6 StAG; gefordert wird zudem, dass die die Einbürgerung begehrenden Ausländer „staatsrechtlich geeignet" sind sowie eine „tatsächliche Bindung an die nationale Gemeinschaft beweisen".

56 Nach Art. 21 Abs. 2 GVO Nr. 322/1982 besteht die portugiesische Staatsangehörigkeit fort, wenn derjenige, der eine weitere Staatsangehörigkeit erwirbt, nicht das Gegenteil erklärt – nämlich dass er die portugiesische Staatsangehörigkeit nicht beibehalten will.

57 Vgl. *Nordmeier*, in: *Bergmann/Ferid/Henrich*, Internationales Ehe- und Kindschaftsrecht, Länderbericht Portugal, S. 25 m.w.N.

58 Gesetz Nr. 61/2008 vom 31.10.2008.

II. Scheidung

57 Der *Código Civil* kennt zwei Arten der Scheidung (Art. 1773 Abs. 1 CC): die Scheidung im gegenseitigen Einvernehmen (*divórcio com consentimiento do outro cônjuge*) und die Scheidung ohne Zustimmung des anderen Ehegatten (*divórcio sem consentimiento do outro cônjuge*, die begrifflich die streitige Scheidung ersetzt hat).[59] Dabei wird die einvernehmliche Scheidung gesetzessystematisch zuerst behandelt, genießt also den Vorzug vor der Scheidung ohne Zustimmung des anderen Ehegatten (vgl. Art. 1773 Abs. 2 CC). Nach Art. 1774 CC sollen die Ehegatten vor Beginn des Scheidungsverfahrens seitens des Zivilregisteramtes oder des Gerichts „auf die Existenz und die Ziele von Familienmediationsdiensten" informiert werden.

1. Einvernehmliche Scheidung

58 Auch die **Scheidung im gegenseitigen Einvernehmen**[60] hat im Zuge der Scheidungsreform mit Gesetz Nr. 61/2008 vom 31.10.2008 eine Neufassung in den Art. 1775–1778-A CC erfahren. Nach Art. 1775 Abs. 1 CC kann die einvernehmliche Scheidung zu jeder Zeit von den Ehegatten gemeinsam beantragt werden. Folgende **Vereinbarungen** bzw. **Dokumente** müssen mit dem Antrag dem Zivilregisteramt vorgelegt werden (Art. 1775 Abs. 1 lit. a–e CC): die Auflistung des gemeinsamen Vermögens bzw. die Vereinbarung über die Vermögensaufteilung, die gerichtliche Entscheidung über die Ausübung der elterlichen Verantwortung über die minderjährigen Kinder bzw. die diesbezügliche Vereinbarung, die Vereinbarung über die Leistung von Unterhalt an den bedürftigen Ehegatten, eine solche über die Verwendung der ehelichen Wohnung sowie die Vorlage des – soweit vorhanden – beurkundeten Ehevertrages. Die **Angabe eines Scheidungsgrundes** wird **nicht** verlangt, ebenso wenig die Einhaltung einer (Mindest-)Trennungszeit vor Antragstellung. Damit muss nach portugiesischem Recht kein gesonderter Antrag hinsichtlich der Scheidungsfolgen gestellt bzw. ein eigenständiges Verfahren betrieben werden.

59 Die nach altem Recht bis 2008 vorgesehene „Erste Verhandlung" mit dem Ziel eines Versöhnungsversuchs, zu der der Standesbeamte zu laden hatte (Art. 1778-D CC a.F. i.V.m. Art. 1776 CC a.F.), ist weggefallen. Nunmehr führt der Standesbeamte eine Besprechung mit den Ehegatten durch zwecks Prüfung, ob die gesetzlichen Voraussetzungen erfüllt sind. Gestärkt wurde die Rolle der Staatsanwaltschaft, die die Wahrung der Kindesinteressen, d.h. die Vereinbarung über die Ausübung der elterlichen Verantwortung, besonders prüft (Art. 1776-A CC). Zuständig ist die Staatsanwaltschaft, die zur Gerichtsbarkeit des Gerichts der ersten Instanz gehört. Erforderlichenfalls unterbreitet der Standesbeamte (Art. 1776 Abs. 1 CC) bzw. die Staatsanwaltschaft hinsichtlich der **Kindesinteressen** (Art. 1776-A Abs. 2 CC) **Änderungsvorschläge**, gegebenenfalls mit der Anordnung für die Vornahme von Handlungen und erforderlicher Beweiserbringung. Bleiben die Eheleute bei ihrem Scheidungsbegehren, entfällt ab dem Termin der Anhörung die Pflicht zum Zusammenleben. Zudem kann jeder der Ehegatten die Aufstellung eines Inventars über das eigene und das gemeinschaftliche Vermögen beantragen (Art. 1776 Abs. 3 CC).

60 Genügt die Einigung den gesetzlichen Anforderungen, also auch bei Annahme der Änderungsvorschläge des Standesbeamten durch die Eheleute, so erfolgt der **Ausspruch der**

---

59 Gesetz Nr. 61/2008 vom 31.10.2008. *Schäfer*, in: *Rieck* (Hrsg.), Länderbericht Portugal, Rn 21 folgt der alten Begrifflichkeit und spricht weiter von „streitiger Scheidung"; begrifflich zutreffend wie hier *Rathenau*, Einführung in das portugiesische Recht, § 15 Rn 18, 22 (S. 154 f.).

60 Siehe bereits *Rau*, IPRax 1986, 117 f. mit Darstellung dieses portugiesischen Rechtsinstituts.

Scheidung und die erzielte Einigung wird **bestätigt**. Dagegen wird die Bestätigung der einvernehmlichen Scheidung verweigert, wenn die Interessen eines der Ehegatten oder der Kinder nicht genügend gewahrt sind bzw. wenn die Eheleute die Änderungsvorschläge nicht aufgreifen (Art. 1778 i.V.m Art. 1776-A Abs. 4 CC). Dann wird der Antrag, wenn die Eheleute weiterhin der Auffassung sind, sich scheiden zu lassen, an das zuständige Amtsgericht gesendet (Art. 1778 CC). Der Richter fordert die Ehegatten dann zur Änderung der Vereinbarungen auf. Auch bei Fehlen einer Vereinbarung gem. Art. 1775 Abs. 1 CC (siehe Rdn 58) wird der Antrag bei Gericht eingereicht (Art. 1778-A Abs. 1 CC). Der Richter legt dann die **Scheidungsfolgen** fest, als handele es sich um eine Scheidung ohne Zustimmung eines Ehegatten (bisher „streitige Scheidung"); allerdings hat der Richter bei Festlegung der Scheidungsfolgen auf Vereinbarungen hinzuwirken (Art. 1778-A Abs. 6 CC). In beiden Fällen ist der Richter befugt, gegebenenfalls erforderliche Handlungen sowie Beweiserbringung anzuordnen (Art. 1778-A Abs. 2–4 CC). Abschließend wird die Scheidung mit entsprechender Eintragung ausgesprochen.

2. Scheidung ohne Zustimmung des anderen Ehegatten

Die Regelungen über die **Scheidung ohne Zustimmung des anderen Ehegatten** spiegeln nunmehr das **Zerrüttungsprinzip** (Art. 1781 CC) wider. Das bis zum 30.11.2008 gültige Verschuldensprinzip wurde abgeschafft; das alte Recht war nach der Übergangsregelung in Art. 9 Gesetz Nr. 61/2008 auf vor diesem Termin bereits anhängige Scheidungsverfahren noch anwendbar. Das Verfahren wird vor dem Familien- und Jugendgericht (*Tribunal de Familia e de Menores*)[61] am Wohnsitz oder Aufenthaltsort des Klägers geführt. Dabei muss nach Art. 1779 Abs. 1 CC stets ein Versöhnungsversuch der Ehegatten durchgeführt werden. Mit Inkrafttreten dieses Gesetzes hat sich der Gesetzgeber also dafür entschieden, zugunsten des Zerrüttungsprinzips vom **Verschuldensprinzip** Abstand zu nehmen – kein umfänglicher Abschied, denn bei Festsetzung des Unterhalts im Fall des Getrenntlebens hat das Verschulden noch Relevanz, ebenso wie es ein **Indiz** für die Zerrüttung der Ehe sein kann.

61

Im Fall einer **schweren Verletzung der ehelichen Pflichten** kann der geschädigte Ehegatte Antrag auf Scheidung stellen (Art. 1785 i.V.m. Art. 1779 CC). Dabei ist nachzuweisen, dass der andere seine ehelichen Pflichten schwerwiegend oder wiederholt schuldhaft verletzt hat. Die Pflichtverletzung muss so gravierend sein, dass eine Fortsetzung des gemeinsamen Lebens nicht mehr möglich ist. Das Gericht beurteilt die Schwere auch am **Maß des Verschuldens** des Antragstellers sowie an den persönlichen Verhältnissen der Ehegatten. Das Gesetz spricht in Art. 1779 Abs. 2 CC vom „Erziehungs- und moralischen Empfindsamkeitsgrad der Ehegatten" (*o grau de educação e sensibilidade moral dos cônjuges*). In den Fällen des Art. 1780 CC kann die Scheidung wegen Pflichtverletzung jedoch nicht verlangt werden, wenn der geschädigte Ehegatte die Pflichtverletzung des anderen bewusst herbeigeführt, d.h. ihn dazu bestimmt oder provoziert hat, oder wenn er ihm ausdrücklich oder stillschweigend verziehen hat, nämlich durch sein späteres Verhalten zu erkennen gegeben hat, dass er die begangene Pflichtverletzung als für das gemeinsame Leben nicht hindernd ansieht.[62] Der Scheidungsantrag muss **innerhalb von zwei Jahren** ab Kenntnis des Antragsgrundes erfolgen, anderenfalls verfällt das Antragsrecht. Bei wiederholter Pflichtverletzung läuft die Antragsfrist erst ab Ende der schädigenden Handlung (Art. 1786 CC). Bei begründetem Antrag ist im Scheidungsurteil stets auch von Amts wegen auszusprechen, ob ein

62

---

61 Art. 61 Gesetz Nr. 82/77.
62 Das Gesetz spricht in Art. 1780 lit. b CC von „ausdrücklicher oder stillschweigender Verzeihung" (*perdão, expresso ou tácito*).

Huzel

Verschulden eines oder beider Ehegatten vorliegt; falls das Verschulden des einen beträchtlich höher wiegt, hat das Urteil auch den Hauptschuldigen zu benennen (Art. 1787 CC).

63   Das **Zerrüttungsprinzip** sieht das portugiesische Recht in Art. 1781 CC für die Aufhebung des Zusammenlebens während einer bestimmten Trennungszeit vor. Das **Scheitern der Ehe** wird **vermutet**, wenn die tatsächliche Trennung seit mindestens einem Jahr besteht.[63] Unter tatsächlicher Trennung wird nach der Begriffsumschreibung in Art. 1782 CC verstanden, dass zwischen den Ehegatten keine Lebensgemeinschaft vorhanden ist und aufseiten beider oder eines von ihnen die Absicht besteht, sie nicht wiederherzustellen. Weitere Gründe für die Scheidung ohne Zustimmung des anderen Ehegatten sind gem. Art. 1781 CC: Änderung der mentalen Fähigkeit eines Ehegatten, wenn sie länger als ein Jahr anhält und durch ihre Schwere einem gemeinsamen Leben entgegensteht;[64] zudem Abwesenheit von mindestens einem Jahr ohne eine Nachricht des Abwesenden sowie schließlich jeder andere Grund, unabhängig von der Schuld der Ehegatten, der die endgültige Zerrüttung der Ehe zeigt. Ferner wenn die Eheleute die eheliche Lebensgemeinschaft willentlich aufgegeben haben und der andere Ehegatte dem Scheidungsantrag nicht widerspricht (Art. 1781 lit. a bzw. lit. b CC). Auch im Fall der mit der Aufhebung des ehelichen Zusammenlebens begründeten Scheidung hat das Gericht das gegebenenfalls bestehende alleinige, gemeinsame oder überwiegende Verschulden der Ehegatten auszusprechen.[65]

III. Trennung

64   Die der Scheidung gesetzessystematisch nachgeordnete **gerichtliche Trennung** ist wie die Scheidung in zwei Formen vorgesehen: die **Trennung im gegenseitigen Einvernehmen** und die **streitige Trennung**.[66] Nach der Generalverweisung in Art. 1794 CC sind die für die Scheidung geltenden Vorschriften auf die Trennung entsprechend anzuwenden, mithin kommt auch ein Verfahren mit oder ohne Verschuldensausspruch in Betracht (vgl. oben Rdn 62 f.).

65   Die gerichtliche Trennung führt lediglich zur Beendigung der Pflicht zum Zusammenleben und zum gegenseitigen Beistand. Das eheliche Band bleibt indes bestehen wie auch die übrigen ehelichen Pflichten wie die zum Unterhalt. Die vermögensrechtlichen Wirkungen stehen denen der Scheidung gleich (Art. 1795-A CC). Dritten gegenüber wird die Trennung erst mit Eintragung des Trennungsurteils in das Eheregister wirksam.

66   Die Trennung endet mit der Versöhnung oder mit der Auflösung der Ehe, also Umwandlung in eine Scheidung (Art. 1795-B CC). Die **Versöhnung** (*Reconciliação*, Art. 1795-C CC) ist jederzeit möglich in Form der Wiederherstellung des gemeinsamen Lebens und Ausübung der ehelichen Rechte und Pflichten. Die Versöhnung ist formbedürftig: Sie erfolgt im Trennungsverfahren durch gerichtlichen Beschluss oder durch notarielle Urkunde, die der gerichtlichen Genehmigung bedarf. Im Verfahren einvernehmlicher Trennung vor dem Standesamt kann die Versöhnung gegenüber dem Standesbeamten erklärt werden, der dies mit

---

63 Herabsetzung des Trennungszeitraums (vgl. Art. 1781 CC a.F.) von drei auf ein Jahr, ebenfalls durch Gesetz Nr. 61/2008 vom 31.10.2008.

64 In diesem Fall kann der geschädigte Ehegatte Ersatz der moralischen Schäden verlangen, die durch die Aufhebung der Ehe entstanden sind. Zu stellen ist der Schadensersatzantrag im Rahmen der Scheidung (Art. 1792 Ziff. 2 CC).

65 Vgl. Art. 1782 Abs. 2 CC mit ausdrücklichem Verweis auf Art. 1787 CC.

66 Siehe Art. 1794 CC mit der grundsätzlichen Verweisung (*Remissão*) auf die Vorschriften über die Scheidung sowie Art. 1795-D Abs. 1 CC mit ausdrücklicher Nennung von *„separação … litigiiosa ou de mútuo consentimento"*.

entsprechendem Beschluss im Trennungsverfahren festhält und bestätigt; diese Entscheidung ist von Amts wegen in das Zivilregister einzutragen (Art. 1795-C Abs. 3 CC). Die Wirkung der Versöhnung tritt mit Eintragung in das Eheregister ein, dann leben alle ehelichen Pflichten wieder auf.[67]

Die **Umwandlung der Trennung in eine Scheidung** kann von jedem der Ehegatten beantragt werden, wenn der andere in der Trennungszeit Ehebruch begeht oder wenn ab Rechtskraft des Trennungsurteils zwei Jahre vergangen sind (Art. 1795-D Abs. 1 und 3 CC). Begehren beide Ehegatten die Umwandlung in eine Scheidung, ist die Einhaltung dieser Frist nicht erforderlich (Art. 1795-D Abs. 2 CC).   67

IV. Weitere Verfahrensaspekte

1. Zuständigkeiten

Das Verfahren der **einvernehmlichen Scheidung** mit dem Einvernehmen über die Detailregelungen fällt seit der Gesetzesverordnung Nr. 272/2001 in die ausschließliche Zuständigkeit des **Standesbeamten** (*Conservatórias do Registo Civil*).[68] Zuständig ist ein Standesamt nach Wahl der Ehegatten. Dabei sind die Ehegatten nach Eingang des Scheidungsantrags beim Standesbeamten gemäß Erlass Nr. 1878/2007 auf die Möglichkeit der **Mediation** für familiäre Angelegenheiten hinzuweisen.[69] Das Verfahren der einvernehmlichen Scheidung selbst erfolgt im Rahmen der **freiwilligen Gerichtsbarkeit**. Dabei obliegt die Wahrung der Kindesinteressen der Staatsanwaltschaft (*Ministerio Público*); diese kann Änderungen der nach Art. 1775 CC geforderten Vereinbarungen vorschlagen. Folgen die Eltern den Änderungen nicht, so wird das Verfahren an das Gericht verwiesen und dort geführt.   68

Das Verfahren der **Scheidung ohne Zustimmung des anderen Ehegatten** (bisher: streitige Scheidung) wird vor den **Familien- und Jugendgerichten** (*Tribunal de Família e de Menores*)[70] am Wohnsitz oder Aufenthaltsort des Klägers geführt, ebenso die Verfahren zur **Personen- und Gütertrennung** und Verfahren zur Nichtigerklärung oder Annullierung einer Zivilehe. Des Weiteren ist das Familien- und Jugendgericht auch zuständig für Unterhaltsverhandlungen und -vollstreckungen zwischen Ehepartnern und ehemaligen Ehepartnern. Ist ein Familiengericht nicht vorhanden, ist die Zuständigkeit des Bezirksgerichts (*Tribunal de Comarca*) begründet.   69

Für das Scheidungsverfahren gelten grundsätzlich die Art. 1407, 1408 CPC. Danach legt der Kläger die Tatsachen nebst rechtlicher Begründung für die Scheidung dar; zudem kann er provisorische Regelungen insbesondere zu Unterhaltszahlungen und etwa zur Ausübung der elterlichen Sorge beantragen. Einzureichen ist die Klage schriftlich oder auf elektronischem Wege mit Hilfe des Programms „Citius".[71]   70

---

67 Nach Art. 1830 lit. c CC wird die Wiederversöhnung in Bezug auf die Vaterschaftsvermutung (*Presunção da Paternidade*) gleich einer erneuten Eheschließung behandelt.

68 Art. 11 GVO 272/2001; mit Wirkung ab 1.1.2002.

69 Dieses System der Mediation in familiären Angelegenheiten wurde noch spezifiziert mit Gesetz Nr. 61/2008.

70 Zur Gerichtsorganisation in Portugal http://europa.eu.int/comm/jusitice_home/org_justice/org_justice_por_de.htm.

71 Bei Klageerhebung auf elektronischem Wege kann allerdings der Hinweis auf die Mediation *vor* Beginn des Verfahrens schwerlich noch rechtzeitig erteilt werden – ein in der portugiesischen Lehre erkanntes, wenn auch noch nicht gelöstes Problem, vgl. *Müller-Bromley*, Portugiesisches Zivilrecht, Bd. 2: Familienrecht, Erbrecht, S. 57.

2. Anwaltszwang nur bei Scheidung ohne Zustimmung des anderen Ehegatten

71   Im Verfahren der **einvernehmlichen Scheidung** vor dem Standesbeamten besteht kein Anwaltszwang. Allerdings entscheiden sich die scheidungswilligen Eheleute in der Praxis auch hier regelmäßig für anwaltlichen Beistand bzw. Vertretung.[72] Bei **Scheidung ohne Zustimmung des anderen Ehegatten** haben sich die Parteien im gerichtlichen Verfahren von einem *Advogado* vertreten zu lassen; es besteht Anwaltszwang. Eine besondere Vereinigung von Familienrechtsanwälten bzw. Fachanwälte für Familienrecht gibt es in Portugal nicht; entsprechende Fachanwaltstitel werden von der portugiesischen Anwaltskammer (*Ordem dos Advogados Portugueses*) (noch) nicht zugelassen.[73]

3. Dauer und Kosten

72   Die **Verfahrensdauer** einer einvernehmlichen Scheidung (vor dem Registerbeamten des Standesamts) wird mit durchschnittlich zwischen zwei und fünf Monaten angegeben. Das Verfahren der auf schuldhafte Verletzung der ehelichen Pflichten gestützten Scheidung ohne Zustimmung des anderen Ehegatten (also der bisherigen „streitigen" Scheidung) kann sich über mehr als drei Jahre hinziehen bis zum Scheidungsausspruch, naturgemäß abhängig von der Anzahl der beim zuständigen Familiengericht anhängigen Verfahren.[74] Hinsichtlich der **Kosten** sei auf die Möglichkeit, in familienrechtlichen Verfahren mit Anwaltszwang **Prozesskostenhilfe** zu erlangen, hingewiesen. Die Prozesskostenhilferegelung[75] gilt für alle Gerichte in Portugal und zwar unabhängig von der Art des Verfahrens.

V.   Internationale Zuständigkeit der Gerichte

73   Vorrangig gilt die Brüssel IIa-VO.[76] Das nationale portugiesische Recht enthält in den Art. 61–64 CPC die allgemeinen Bestimmungen über die Zuständigkeit der portugiesischen Gerichte. Nach Art. 85 Abs. 1 CPC wird das Gericht am Wohnsitz des Beklagten als der allgemeine Gerichtsstand postuliert.[77] Für Klagen auf Eheauflösung und Vermögensauseinandersetzungen ist nach der Sonderregel in Art. 75 CPC indes das Gericht am Wohnsitz oder Aufenthaltsort des Klägers zuständig.

VI. Auf die Scheidung anwendbares Recht

74   Vorrangig gilt die Rom III-VO,[78] somit bestimmt sich das auf eine Scheidung wie auch für die Trennung ohne Auflösung des Ehebandes anwendbare Recht seit 21.6.2012 gemäß Art. 5 dieser VO zunächst nach einer Rechtswahl der Parteien, mangels Rechtswahl wird das anwendbare Recht nach der Anknüpfungsleiter des Art. 8 Rom III-VO bestimmt: Abgestellt wird darin auf das Recht des gemeinsamen gewöhnlichen Aufenthalts der Ehegatten im Zeitpunkt der Verfahrenseinleitung (Art. 8 lit. a Rom III-VO). Nachrangig gibt dann das Recht des letzten gemeinsamen gewöhnlichen Aufenthalts Maß, darauf das der gemeinsa-

---

72 So auch *de Sousa Machado*, in: *Hamilton/Standlay* (Hrsg.), Family Law in Europe, S. 533 (sub O 5.1).
73 *De Sousa Machado*, in: *Hamilton/Standlay* (Hrsg.), Family Law in Europe, S. 524 (sub O 1.3).
74 *De Sousa Machado*, in: *Hamilton/Standlay* (Hrsg.), Family Law in Europe, S. 533 (sub O 5.3).
75 *Assistência judiciária*, s. http://ec.europa.eu/civiljustice/legal_aid/legal_aid_por.pt.htm.
76 Hierzu ausführlich § 1 in diesem Werk.
77 Eine subsidiäre Anknüpfung bei Wohnsitzmangel ist in Art. 85 Abs. 2–4 CPC vorgesehen: Hilfsweise ist dann das Gericht am Wohnsitz des Klägers zuständig; befindet sich auch der im Ausland, ist das Gericht von Lissabon zuständig.
78 Hierzu ausführlich § 1 in diesem Werk.

men Staatsangehörigkeit und schließlich die lex fori (Art. 8 lit. b-d Rom III-VO). Ungeachtet der europäischen Regelung enthält das autonome portugiesische IPR mit dem unverändert gebliebenen Art. 55 CC eine Regelung für das auf Scheidung und auf die Trennung von Tisch und Bett anwendbare Recht. Maßgeblich ist infolge der Verweisung des Art. 55 Abs. 1 CC auf das **Ehewirkungsstatut** gem. Art. 52 CC das Recht, welches auf die familienrechtlichen Beziehungen Anwendung findet. Abzustellen ist also zunächst auf das gemeinsame Heimatrecht der Ehegatten (im Zeitpunkt der Antragstellung), bei Fehlen eines gemeinsamen Heimatrechts auf das Recht des gemeinsamen gewöhnlichen Wohnorts und schließlich, wenn die Ehegatten ihren gewöhnlichen Wohnort in verschiedenen Staaten haben, auf das Recht des Landes, mit dem das familiäre Leben am engsten verbunden ist. Für den Wechsel des Ehescheidungsstatuts, also etwa bei Wohnortverlegung ins Ausland bei gemischtnationaler Ehe, bestimmt Art. 55 Abs. 2 CC, dass die Scheidung (oder Trennung) nur auf solche Tatsachen gestützt werden kann, die zur Zeit ihres Eintritts nach dem zu dieser Zeit maßgeblichen Ehewirkungsstatut erheblich waren. Indes dürfte für die Anwendung der Regelung des autonomen portugiesischen IPR wegen der universellen Anwendbarkeit der Rom III-VO (siehe Art. 4 Rom III-VO) kaum mehr Raum bleiben.

VII. Anerkennung im Ausland erfolgter Scheidungen

Im Verhältnis Portugals zu Deutschland ist die sog. Brüssel II-VO einschlägig. Im Verhältnis zu Nicht-EU-Staaten wie natürlich auch zu außereuropäischen Staaten bemisst sich die Anerkennung ausländischer Entscheidungen nach Art. 978 ff. CPC.[79] Nach Art. 978 Abs. 1 CPC können ausländische Entscheidungen über private Rechte nur dann in Portugal Wirkungen entfalten, wenn sie von dem gem. Art. 979 CPC zuständigen Berufungsgericht überprüft und **bestätigt** worden sind.[80] Zuständiges Berufungsgericht ist grundsätzlich das Berufungsgericht des Gerichtsbezirks, in dem die Person, gegen die das Urteil geltend gemacht werden soll, ihren Wohnsitz hat. Das Gericht hat die Prüfung gem. Art. 980 CPC auf folgende **Anerkennungsvoraussetzungen** zu erstrecken: ob Zweifel an der Echtheit der Urkunde bestehen, ob das anzuerkennende Urteil im Ursprungsstaat Rechtskraft erlangt hat und nicht von einem unzuständigen Gericht erlassen worden ist und ob der Beklagte nach dem Recht des Ursprungsstaates ordnungsgemäß geladen war. Hinsichtlich der Zuständigkeitserfordernisse sei nochmals betont, dass Portugal in Statussachen seiner Staatsangehörigen keine ausschließliche Zuständigkeit für sich beansprucht. Schließlich wird in Art. 980 lit. f CPC auf die Beachtung des portugiesischen **ordre public** abgestellt: Das ausländische Urteil darf also keine Entscheidungen enthalten, die den Grundsätzen der portugiesischen öffentlichen Ordnung widersprechen.[81]

75

---

79 Die maßgeblichen Bestimmungen dieser Artikel des CPC sind in deutscher Übersetzung wiedergegeben bei *Nordmeier*, in: *Bergmann/Ferid/Henrich*, Internationales Ehe- und Kindschaftsrecht, Länderbericht Portugal, Texte III B 2 S. 53 f. Siehe auch *Rau*, IPRax 1986, 119.

80 Eine Ausnahme gilt nach Art. 1094 Abs. 2 CPC nur dann, wenn die ausländische Entscheidung als einfaches Beweismittel in ein Verfahren vor einem portugiesischen Gericht eingeführt worden ist.

81 Nach *Albuquerque*, in: *Bergmann/Ferid/Henrich*, Internationales Ehe- und Kindschaftsrecht, Länderbericht Portugal (Voraufl.), S. 21 bei Fn 32 ist der portugiesische *ordem público* „brüsk wandelbar", weshalb er ein erhebliches Unsicherheitsmoment darstelle (*ders.* verweist dabei u. a. auf die Entscheidung des *Tribunal Supremo* vom 27.6.1978 [BMJ Nr. 278, S. 232] zur Frage, ob nach spanischem Recht nichteheliche Kinder des – im entschiedenen Fall vor der Revolution 1974 verstorbenen – spanischen Erblassers nicht erbberechtigt sind; dies wurde aus portugiesischer Sicht als Verstoß gegen die seit 1976 herrschende öffentliche Ordnung angesehen, da sie nach spanischem Recht nicht erben konnten).

D. Scheidungsfolgen

I. Gemeinsame Aspekte

76   Der Wegfall des Verschuldensprinzips im portugiesischen Scheidungsrecht hat zugleich
Auswirkungen, d.h. entsprechende Änderungen, für die Scheidungsfolgen. Die gesetzliche
Regelung über die „Wirkungen der Scheidung" findet sich in den Art. 1788–1793 CC.
Grundsätzlich treten die Rechtsfolgen der Scheidung mit Eintritt der **Rechtskraft des
Scheidungsurteils** ein. Die vermögensrechtlichen Folgen jedoch wirken auf den Zeitpunkt
der Klageerhebung zurück (Art. 1789 Abs. 1 CC). Für die einvernehmliche Scheidung bedeutet dies entsprechend den Zeitpunkt des Antragseingangs beim Zivilregister (Standesamt). Darüber hinaus reicht die **Rückwirkung** gar auf den Zeitpunkt der tatsächlichen
Trennung zurück – wenn ein Ehegatte die entsprechende Feststellung beantragt, der maßgebliche Trennungszeitpunkt gerichtlich benannt wurde und der andere Ehegatte für allein-
oder hauptschuldig erklärt ist (Art. 1789 Abs. 2 CC). Vermögensrechtliche Wirkung gegenüber Dritten erlangt die Scheidung indes erst mit Eintragung des Scheidungsurteils in das
Zivilregister (Art. 1789 Abs. 3 CC).

II. Vermögensteilung

77   Grundsätzlich bestimmt sich die Vermögensteilung nach Rechtskraft der Scheidung nach
dem vereinbarten gesetzlichen oder zwingenden Güterstand. Doch spiegelt sich in der
einschlägigen Bestimmung über die „Teilung" (*Partilha*, Art. 1790 CC) das **Verschuldensprinzip** des portugiesischen Scheidungsrechts wider. Danach erhält der für haupt- oder
alleinschuldig Erklärte bei der Teilung allenfalls so viel, wie er bei Geltung des Güterstands
der Errungenschaftsgemeinschaft erhalten würde. Das bedeutet: Bringt etwa die Ehefrau
eine Ferienwohnung an der Algarve mit in die Ehe ein, so wird dieses Appartement bei der
Wahl des Güterstands der Gütergemeinschaft zum Gesamtgut. Es fällt grundsätzlich mithin
in die spätere Vermögensauseinandersetzung bei Auflösung des Güterstands infolge Scheidung, so insbesondere bei einvernehmlicher Scheidung. Erklärt das Gericht bei Scheidung
ohne Zustimmung des Ehegatten hingegen etwa den Ehemann für allein- oder hauptschuldig, findet die Auseinandersetzung nicht wie bei der an sich vereinbarten Gütergemeinschaft
statt. Es wird vielmehr der Güterstand der Errungenschaftsgemeinschaft fingiert. Und dementsprechend wird die Ferienwohnung wie voreheliches Sondervermögen der Ehefrau behandelt und fällt nicht in das Auseinandersetzungsvermögen.[82]

78   Das **Verschuldensprinzip** kommt auch bei der Behandlung von **Zuwendungen**, die ein
Ehegatte anlässlich oder während der Ehe erhalten hat, zum Tragen. So verliert der für
allein- oder hauptschuldig erklärte Ehegatte nach Art. 1791 CC alle Vorteile, die er vom
anderen Ehegatten oder einem Dritten im Hinblick auf die Eheschließung oder wegen
seines Status „verheiratet" erhalten hat, also insbesondere Verlobungs- und Hochzeitsgeschenke, aber auch Versicherungsleistungen etwa aus einem vom anderen Ehegatten finan-
zierten Lebensversicherungsvertrag. Diese Vermögensvorteile fallen dann dem nicht bzw.
nicht hauptschuldigen Ehegatten zu.

79   **Maßgeblicher Zeitpunkt** für die Berechnung und Höhe der Auseinandersetzungsansprüche
ist – wegen der Rückwirkung des Scheidungsausspruchs (siehe Rdn 76) – der der Anhängigkeit des Scheidungsantrags.

---

82 Mit ähnlichem Beispiel siehe auch *Schäfer*, Länderbericht Portugal, in *Rieck* (Hrsg.), Familienrecht in
Europa, S. 13, Rn 29.

III. Unterhalt

Die Bestimmungen über die Wirkungen der Scheidung (Art. 1788–1793 CC) – wie auch die   80
über die Trennung von Person und Vermögen (Art. 1794–1795-D CC) – enthalten keine
eigene Regel über den Unterhalt. Die Sonderregeln über Unterhaltsansprüche und -ver-
pflichtungen bei Trennung bzw. Scheidung finden sich in den Normen über den Unterhalt
(*Alimentos*) in den Art. 2003–2020 CC.[83] Infolge der Änderung der Scheidungsvoraussetzungen und insbesondere des Wegfalls des Verschuldensprinzips kam es auch zur Neuregelung des Ehegattenunterhalts (*Alimentos depois do divórcio*).

Als Grundsatz gilt nun: Jeder Ehegatte hat seinen Lebensunterhalt selbst sicherzustellen   81
(Art. 2016 Abs. 1 CC). Im Übrigen aber hat jeder Ehegatte unabhängig von der Art der
Scheidung **Anspruch auf Unterhalt** (Art. 2016 Abs. CC); dieser begründet sich offensichtlich darin, um in der ersten Zeit nach der Scheidung die Grundbedürfnisse des Berechtigten,
d.h. des Unterhaltsgläubigers, zu befriedigen.

Nach altem Recht (bis 2008) hatte einen Unterhaltsanspruch derjenige Ehegatte, der nicht   82
als schuldig oder zumindest nicht als hauptschuldig angesehen worden war (Art. 2016
Abs. 1 CC a.F.). Dies galt auch im Fall der streitigen Scheidung nach dreijähriger Trennungszeit, bei der ja nach Art. 1787 Abs. 2 CC a.F. auch ein Verschuldensausspruch zu erfolgen
hatte. Dem unterhaltsverpflichteten Ehegatten konnte vom Gericht aus Billigkeitsgründen
je nach Ehedauer und der im ehelichen Unternehmen geleisteten Mitarbeit Unterhalt zugesprochen werden (Art. 2016 Abs. 2 CC a.F.). Dies stellte bereits eine gewisse Aufweichung
des Verschuldensprinzips dar. Ein Unterhaltsanspruch bestand zudem in dem Sonderfall,
dass die Ehe wegen erheblicher Änderung des Geisteszustands des anderen Ehegatten und
demzufolge gravierender Beeinträchtigung des Zusammenlebens geschieden wurde. Dann
hatte auch dieser, der beklagte Ehegatte, einen Anspruch (Art. 2016 Abs. 1 lit. b a.F. i.V.m.
Art. 1781 lit. c CC a.F.).

Nach derzeitigem Recht (seit 2008) ist der Unterhaltsanspruch stets **befristet** (arg. e   83
Art. 2016 Abs. 1 CC) und **nachrangig** gegenüber dem Unterhaltsanspruch von minderjährigen Kindern (Art. 2016-A Abs. 2 CC). Damit müssen die Mittel des Unterhaltsschuldners/
(-verpflichteten) also zunächst für den Kindesunterhalt eingesetzt werden. Äußerstenfalls
kann der „Ehegattenunterhalt" sogar aus Billigkeitsgründen vom Gericht gänzlich ausgeschlossen werden (Art. 2016 Abs. 3 CC).

Die **Unterhaltshöhe** hat das Gericht nach dem **Unterhaltsbedarf** des Berechtigten und der   84
Leistungsfähigkeit des Unterhaltpflichtigen festzusetzen, ob also dieser (noch) für seinen
eigenen Unterhalt sorgen kann (Art. 2004 Abs. 1 und 2 CC). Folgende **Kriterien** sind gem.
Art. 2016 Abs. 1 CC zu berücksichtigen: Dauer der Ehe, Beitrag zu den Kosten der Haushaltsführung, Alter und Gesundheitszustand der Ehegatten, die beruflichen Qualifikationen
und Chancen am Arbeitsmarkt, etwaige Erziehungszeiten für gemeinsame Kinder, Mitarbeit
im ehelichen Betrieb, Einkünfte und Erträge der Ehegatten sowie alle sonstigen Umstände,
die unterhaltsrelevant sein können. Einfluss auf die Unterhaltshöhe hat auch, ob der Unterhaltsschuldner eine neue Ehe oder faktische Gemeinschaft eingeht (Art. 2016-A Abs. 1 CC).
Zu belassen ist ihm dann stets das zur Sicherung seiner Existenz Notwendige. Umgekehrt

---

83 Dies sind zugleich die abschließenden Artikel des Vierten Buches (*Direito da Família*) des *Código Civil*.

hat der Unterhaltsgläubiger keinen Anspruch auf Unterhalt zur Beibehaltung des ehelichen Lebensstandards (Art. 2016-A Abs. 3 CC).[84]

85 Eine **Änderung** des gerichtlich festgesetzten Unterhalts, also die Anpassung an veränderte Umstände – Erhöhung wie auch Reduzierung –, ist auf Antrag möglich (Art. 2012 CC). Vorläufige Unterhaltsleistungen können ab Klageerhebung beantragt werden, doch findet eine Rückerstattung zu Unrecht gezahlter (vorläufiger) Unterhaltsleistungen nicht statt (Art. 2007 CC).

86 Der Unterhaltsanspruch **endet** gem. Art. 2013 CC mit dem Tod des Unterhaltsberechtigten oder des Unterhaltsverpflichteten, wenn die Bedürftigkeit oder die Leistungsfähigkeit entfällt oder wenn der Berechtigte seine Pflichten gegenüber dem Verpflichteten grob verletzt. Ebenso endet der Unterhaltsanspruch, wenn der Berechtigte eine neue Ehe eingeht oder „wegen seines moralischen Verhaltens des Vorteils unwürdig wird" (Art. 2019 CC).

87 Im Übrigen gelten auch für den nachehelichen Unterhalt die allgemeinen Bestimmungen über *Alimentos*. Der Unterhalt muss grundsätzlich in **monatlichen Geldbeträgen** erbracht werden (Art. 2005 Abs. 1 CC); nur ausnahmsweise ist bei nachgewiesener unzureichender Leistungsfähigkeit Naturalunterhalt in Form von Mitarbeit in Haushalt oder im Unternehmen des Gläubigers zulässig (Art. 2005 Abs. 2 CC). **Fällig** ist der Unterhalt ab dem Zeitpunkt der Klageerhebung, wenn nicht ein anderer Termin vom Gericht festgesetzt oder zwischen den Parteien vereinbart worden ist (Art. 2006 CC). Schließlich ist das Recht auf nachehelichen Unterhalt als solches nach Art. 2008 CC **nicht verzichtbar**, unpfändbar und kann nicht abgetreten werden. Allerdings ist nach dieser Norm ein Verzicht auf die Geltendmachung fälliger Leistungen dagegen ausdrücklich zugelassen wie auch die gänzliche Nichtausübung des Rechts.

IV. Weitere Scheidungsfolgen

1. Schadensersatz- und Schmerzensgeldanspruch

88 Hervorzuheben ist insoweit zunächst der besondere **Schadensersatzanspruch**, den der „geschädigte" Ehegatte wegen eines Nichtvermögensschadens geltend machen kann. Nach Art. 1792 CC hat der Ehegatte, der die Scheidung gem. Art. 1781 lit. b CC begehrt, also wenn die Geisteskräfte des anderen Ehegatten sich geändert haben und dieser Zustand mehr als ein Jahr andauert und durch seine Schwere die Möglichkeit des Zusammenlebens beeinträchtigt, den immateriellen Schaden, den dieser durch die Auflösung der Ehe erlitten hat, zu ersetzen. In Betracht kommt auch etwa ein **Schmerzensgeldanspruch** aufgrund erlittener körperlicher Misshandlung.[85] Der Antrag ist unmittelbar in der Scheidungsklage zu stellen (Art. 1792 Abs. 2 S. 2 CC). Die Geltendmachung von Enttäuschung über die gescheiterte Ehe als Begründung reicht nach neuem Recht demnach nicht mehr aus.

2. Ehewohnung

89 Die **Ehewohnung** unterfällt auch während des Scheidungsverfahrens, aber noch vor Eintritt der Rechtskraft der Scheidung, den Bestimmungen über die allgemeinen Ehewirkungen. So kann die im **Eigentum** eines oder beider Ehegatten stehende Wohnung – unabhängig vom

---

84 Mit dieser Regelung greift der Gesetzgeber von der Rechtsprechung des STJ vom 27.1.2005 und 14.11.2006 besonders betonte Aspekte auf; siehe auch *Müller-Bromley*, Portugiesisches Zivilrecht, Band 2: Familienrecht, Erbrecht, S. 58 m. entspr. Hinweis.
85 Vgl. *Varela*, Direito de Família, S. 524.

vereinbarten oder zwingenden Güterstand – nur mit Zustimmung beider belastet oder veräußert werden (Art. 1682-A Abs. 2 CC). Bei einer Mietwohnung kann das Mietverhältnis nach Art. 1682-B CC nur mit Zustimmung beider Eheleute geändert (Abtretung der Mieterstellung oder teilweise Untervermietung) oder beendet (bei Kündigung, Rücktritt oder Widerruf) werden. Mit der Scheidung weist das Gericht die im Eigentum eines oder beider Ehegatten stehende Ehewohnung auf Antrag eines Partners diesem zur Miete zu. Es wird also ein Mietverhältnis begründet. Die Entscheidung über die Wohnungszuweisung erfolgt unter Beachtung der Interessen der Eheleute wie auch der gemeinsamen Kinder (Art. 1793 CC). Handelt es sich bei der Ehewohnung um eine **Mietwohnung**, können die Eheleute nach dem besonderen Mietgesetz (*Regime do Arrendamento Urbano, RAU*)[86] als Scheidungsfolgesache vereinbaren, wer den Mietvertrag fortführt bzw. auf wen er umgeschrieben wird. Der Vermieter ist über das Ergebnis zu informieren, seine Zustimmung wird nicht gefordert. Mangels Einigung der Eheleute weist auch hier das Gericht auf Antrag die Wohnung einem der geschiedenen Ehegatten zu wie im Fall des Art. 1793 CC unter Beachtung der Interessen der Eheleute und der gemeinsamen Kinder (Art. 84 RAU).

3. Namensrecht

Das **Namensrecht** sieht in Art. 1677-B CC eine klare Folge bei Scheidung vor: Nach Rechtskraft des Scheidungsurteils wird der angefügte Ehegattenname grundsätzlich abgelegt.[87] In zwei Fällen kann er jedoch weitergeführt werden: wenn der geschiedene Ehegatte dem ausdrücklich zustimmt oder wenn das Gericht hierzu ermächtigt. Dabei kann die Zustimmung des ehemaligen Ehegatten in notarieller oder notariell bestätigter Urkunde, durch Beschluss des Gerichts oder gegenüber dem Standesbeamten erteilt werden. Die gerichtliche Erlaubnis kann im Scheidungsverfahren oder später in einem gesonderten Verfahren beantragt werden (Art. 1677-B Abs. 3 CC). In aller Regel wird dem Antrag entsprochen, wenn der jeweilige Ehegatte unter dem angefügten Ehenamen des nunmehr geschiedenen Partners im Geschäftsleben oder etwa als Künstler o.Ä. bekannt ist. Ein Grund für die **Weiterführung** des Nachnamens des anderen nach Scheidung besteht auch dann, wenn das Sorgerecht über gemeinsame Kinder dem Antragsteller übertragen wurde und der Nachname des anderen zugleich der einzige Nachname der Kinder ist. Nach Art. 1677-C CC ist umgekehrt die gerichtliche **Entziehung** des (beibehaltenen) Namens vorgesehen, wenn die moralischen Interessen des geschiedenen Ehegatten, dessen Name geführt wird, oder seiner Familie schwerwiegend beeinträchtigt werden. Antragsberechtigt sind der betroffene ehemalige Ehegatte oder – im Fall der Verwitwung – die Angehörigen des verstorbenen Ehegatten.[88]

90

4. Staatsangehörigkeit

Keine Auswirkungen hat die Scheidung oder Trennung auf die infolge der Eheschließung durch entsprechende Erklärung erworbene **portugiesische Staatsangehörigkeit**.

91

---

86 RAU – Decreto-Lei No. 391-B/90.
87 Im Fall der Trennung von Person und Vermögen („Trennung von Tisch und Bett") hingegen behält jeder Ehegatte die Nachnamen des anderen, die er angenommen hat (Art. 1677-B Abs. 1 Hs. 1 CC).
88 Das Gesetz nennt „die Abkömmlinge, die Vorfahren und Geschwister des verstorbenen Ehegatten", Art. 1677-C Abs. 2 CC.

5. Altersversorgung

92 Einen **Versorgungsausgleich** oder Ausgleich von während der Ehe erworbenen Rentenanwartschaften kennt das portugiesische Recht nicht. Der portugiesische Ansatz der Altersversorgung – auch nach Scheidung – geht vielmehr von einem unbefristet bestehenden nachehelichen Unterhaltsanspruch aus, der selbst nach dem Tod des Unterhaltsschuldners weiterbesteht, dann nämlich gegen die nachrangig Verpflichteten (Art. 2009 i.V.m. Art. 2013 Abs. 2 CC).[89]

V. Möglichkeit vertraglicher Vereinbarungen für die Scheidung

93 Die Scheidungsfolgen sind vom Gesetz weitgehend streng vorgegeben – in Abhängigkeit von der gerichtlichen Feststellung des Allein- oder hauptsächlichen Verschuldens eines der Ehegatten (siehe Rdn 61). Damit wird auch klargestellt, dass die Parteien zumindest bei der Scheidung ohne Zustimmung des anderen Ehegatten keinen Raum für vertragliche Vereinbarungen für die Scheidung haben. Bei einvernehmlicher Scheidung dagegen besteht die Verpflichtung, dass die Ehegatten eine Einigung über den nachehelichen Unterhalt, den Kindesunterhalt, über die Ausübung der elterlichen Gewalt und die Ehewohnung erzielen; ebenso ist eine entsprechende Einigung für die Dauer des Scheidungsverfahrens vorgeschrieben (Art. 1775 Abs. 2 und 3 CC). Insoweit also besteht nicht nur die Möglichkeit, vielmehr die Pflicht der (vertraglichen) Einigung über die Folgesachen (siehe Rdn 58). Auch eine vor der Ehekrise getroffene Vereinbarung kann eine solche Einigung darstellen; sie sollte dann bekräftigt bzw. bestätigt werden, um die Voraussetzungen des Art. 1775 CC zu erfüllen.

VI. Verfahren

94 Ein eigenes Verfahren über die **Folgesachen** ist grundsätzlich nicht vorgesehen: Die oben genannten Scheidungsfolgen sind vielmehr unmittelbar im Scheidungsverfahren selbst einzubringen bzw. – im Fall der einvernehmlichen Scheidung – die entsprechende Einigung bereits Voraussetzung für den Scheidungsantrag. Auch der Schadensersatzanspruch nach Art. 1792 CC (siehe Rdn 88) bedarf keines eigenen Verfahrens, sondern muss in dem Scheidungsverfahren selbst gestellt werden (Art. 1792 Abs. 2 S. 2 CC).

VII. Kollisionsrecht der Scheidungsfolgen, internationale Zuständigkeit

95 Eine eigenständige Kollisionsnorm für das auf die Scheidungsfolgen anzuwendende Recht enthält das portugiesische Internationale Privatrecht nicht. Es ist von der allgemeinen Regel nach Art. 55 CC i.V.m. Art. 52 CC auszugehen (siehe Rdn 74). Demnach folgt das Scheidungs- und Trennungsstatut dem Ehewirkungsstatut im Zeitpunkt der Scheidung. Mangels eigenen Scheidungsfolgenstatuts gilt damit auch insoweit das Ehewirkungsstatut. Ebenso wenig ist eine besondere internationale Zuständigkeit (siehe Rdn 73) für die Scheidungsfolgen vorgesehen.

---

89 Die nachrangig zum Unterhalt verpflichteten Personen sind die Abkömmlinge und Vorfahren (in der Reihenfolge der gesetzlichen Erbfolge; s. dazu *Huzel/Wollmann*, in *Süß* (Hrsg.), Erbrecht in Europa (3. Aufl. 2015), Länderbericht Portugal, S. 1029 f., Rn 39 f.) sowie die Geschwister des originären Unterhaltsschuldners (Art. 2009 Abs. 1 und 2 CC).

E. Nichteheliche Lebensgemeinschaft

I. Grundlagen

Portugal hat bereits seit mehreren Jahren eine spezifische gesetzliche Regelung des Rechts der nichtehelichen Partnerschaften:[90] das Gesetz Nr. 7/2001 vom 11.5.2001[91] zum Schutz der faktischen Lebenspartnerschaft (união de facto). Weitergehend als im zeitgleich aufgehobenen „Vorläufer", dem Gesetz Nr. 135/99 vom 28.8.1999, das noch auf der Geschlechtsverschiedenheit als grundlegendem Merkmal der Lebenspartnerschaft basierte, werden von der Neuregelung – damit erstmals im portugiesischen Recht – **homosexuelle wie auch heterosexuelle Partnerschaften** erfasst. Beide Lebensformen, die gleichgeschlechtlichen und die verschiedengeschlechtlichen Lebensgemeinschaften, sind im Wesentlichen gleichgestellt. Ein Hauptunterschied bestand bis Anfang 2016 bei der Adoption: Nur verschiedengeschlechtlichen „Konkubinatspaaren" war bis dahin das gemeinsame Adoptionsrecht zugestanden, homosexuellen Paaren war also die Adoption verwehrt.[92] Mit Inkrafttreten des am 23.12.2015 vom portugiesischen Parlament verabschiedeten Gesetzes 2/2016 vom 29.2.2016 ist diese Beschränkung auf heterosexuelle Paare, den faktischen Lebensgemeinschaften, weggefallen, das Adoptionsrecht mithin erweitert worden,[93] nunmehr im neugefassten Art. 7 des Gesetzes 7/2001 (i.d.F. des Gesetzes 2/2016). Einen Zivilstand für nichteheliche, insbesondere für gleichgeschlechtliche Paare sieht das portugiesische Recht nicht vor.

Allgemein lassen sich für das portugiesische **Lebenspartnerschaftsgesetz** folgende Aspekte feststellen: Die Wirkungen der nichtehelichen Lebenspartnerschaft liegen mehr im öffentlichen Recht, im privatrechtlichen Bereich sind sie eher gering. Gegenüber der Ehe ist die Lebenspartnerschaft eine **zurückgesetzte Institution**. Die Heirat eines oder beider Lebenspartner ist ein Auflösungsgrund für die nichteheliche Lebenspartnerschaft, eine bestehende, also frühere, nicht aufgelöste Ehe ist ein Eingehungshindernis. Eine gewisse Analogie mit eherechtlichen Regelungen ist für das portugiesische Sondergesetz prägend; so sind bestimmte Eingehungshindernisse für Lebenspartner offenbar den entsprechenden Ehehindernissen „nachgebildet". In anderen Bereichen hat der portugiesische Gesetzgeber keine Sonderregeln für die nichtehelichen Lebenspartner geschaffen, sondern deren Rechte denen der Ehegatten schlicht gleichgestellt. Eine Besonderheit der portugiesischen Regelung etwa gegenüber dem deutschen Gesetz über die eingetragene Partnerschaft besteht darin, dass

96

97

---

90 Umfassend zum Recht der nichtehelichen Lebensgemeinschaft González Beilfuß, Länderbericht Spanien und Portugal, in: Scherpe/Yassari, Die Rechtsstellung nichtehelicher Lebensgemeinschaften, S. 249–275.

91 Lei no 7/2001 de 11 de Maio, DR. I Série Nr. 109, S. 2797 (u.a. geändert durch Art. 2 Gesetz Nr. 2/2016 vom 29.2.2016, DR I Série Nr. 41 S. 634), Wortlaut in deutscher Übersetzung bei Nordmeier, in Bergmann/Ferid/Henrich, Internationales Ehe- und Kindschaftsrecht, Länderbericht Portugal, Texte III B 7, S. 123–126.

92 Zur Problematik der Adoption durch homosexuelle Paare siehe Ferreira Dias, A Adopção de Crianças por Casaís Homosexuais: Sim, Não ou Talvez, in: Lex Familiae Nr. 5, 2005, S. 99–102 (zit. nach Müller-Bromley, Portugiesisches Zivilrecht, Band 2: Familienrecht, Erbrecht, S. 63 Fn 220).

93 Gesetz Nr. 2/2016 vom 29.2.2016, DR I Série Nr. 41 S. 634. Dem Gesetz vorausgegangen war der Gesetzesbeschluss Nr. 7/XIII vom 23.12.2015 sowie das hierzu vom portugiesischen Präsidenten eingelegte Veto vom 23.1.2016. Dieses hat das Parlament seinerseits am 10.2.2016 überstimmt; zum Gesetzgebungsgang siehe Nordmeier, in Bergmann/Ferid/Henrich, Internationales Ehe- und Kindschaftsrecht, Länderbericht Portugal, S. 37.

sie – wie auch die Regelungen im Nachbarland Spanien[94] – nicht nur gleichgeschlechtlichen, vielmehr auch verschiedengeschlechtlichen Partnern offensteht.[95]

II. Eingehung – Voraussetzungen für die Begründung

98 Die nichteheliche Lebensgemeinschaft des portugiesischen Rechts wird – wie der Name des Gesetzes *„união de facto"* nahelegt – begründet durch faktisches Zusammenleben. Ein formaler Akt wird nicht gefordert. Es genügt das **tatsächliche Zusammenleben** zweier Personen – unabhängig vom Geschlecht –, wenn dieses zumindest seit bereits zwei Jahren besteht (Art. 1 Abs. 2 Gesetz Nr. 7/2001 i.d.F. des G 23/2010). Echte Eingehungshindernisse gibt es, da ein formaler Akt zur Begründung der Lebenspartnerschaft nicht vorausgesetzt wird, schon begrifflich nicht. Die portugiesische Regelung sieht praktisch den umgekehrten Weg vor: Die vom Sondergesetz für Lebenspartnerschaften vorgesehenen **Rechtsfolgen** treten bei Vorliegen bestimmter **personenbezogener Merkmale nicht** ein (Art. 2 G 7/2010 i.d.F. des G 23/2010), namentlich wenn

– einer der Partner oder beide ein geringeres Alter als 18 Jahre haben;
– einer der Partner oder beide offensichtlich geisteskrank (selbst in Augenblicken lichter Momente) oder umfänglich oder teilweise wegen psychischer Störungen entmündigt sind;
– einer der Partner oder beide an eine frühere nicht aufgelöste Ehe gebunden sind, es sei denn, es wurde eine gerichtliche Trennung von Tisch und Bett ausgesprochen; sowie wenn
– die Partner in gerade Linie oder im zweiten Grad der Seitenlinie verwandt oder in Schwägerschaft in gerader Linie miteinander verbunden sind; oder wenn
– einer der Partner als Täter oder Mittäter eines gegen den Ehegatten des anderen Partners begangenen Totschlags verurteilt worden ist.

99 Daneben bleiben aber nach der ausdrücklichen Regelung in Art. 1.2 Gesetz Nr. 7/2001 über die faktische Lebensgemeinschaft andere Vorschriften zum Schutz von Lebenspartnerschaften unberührt, etwa Unterhaltsansprüche bei Tod des ledigen (also faktischen) verschiedengeschlechtlichen Partners nach Art. 2020 CC. Derart bleiben nicht dem Lebenspartnerschaftsgesetz unterfallende Partnerbeziehungen nicht völlig unberücksichtigt. Ob bei Partnern verschiedener Staatsangehörigkeit die vorgenannten personenbezogenen Aspekte vorliegen oder nicht, ist nach dem jeweiligen Personalstatut zu beurteilen; maßgebend ist also das auf die Vorfrage anwendbare Recht.

III. Wirkungen

1. Allgemeines

100 Das portugiesische Lebenspartnerschaftsgesetz schafft keine grundlegend neue Rechtspositionen, vielmehr fasst es im Wesentlichen schon bestehende Rechte in einem Gesetz zusammen.[96] Auffällig ist dabei, dass die privatrechtlichen Wirkungen des portugiesischen Sondergesetzes – gerade etwa im Vergleich zu den Lebenspartnerschaftsgesetzen der historischen spanischen *Comunidades Autónomas*, die recht vollständige Gesetze haben – eher begrenzt

---

94 Siehe dazu den Länderbeitrag von *Huzel*, Eherecht in Spanien, in diesem Werk.
95 Daher besteht eine gewisse „Nähe" zur französischen Regelung des PACS (dazu *Döbereiner*, Länderbericht Frankreich, in diesem Werk; so auch *González Beilfuß*, Länderbericht Spanien und Portugal, in: *Scherpe/Yassari*, Die Rechtsstellung nichtehelicher Lebensgemeinschaften, S. 255).
96 *Pereira Coelho/Oliveira*, Curso de Direito da Familia, Vol. I, S. 109.

sind. Bedeutender sind indes die **Wirkungen im öffentlich-rechtlichen Bereich:** Es finden sich Gleichstellungen mit Eheleuten bei der (Einkommen-)steuer (Art. 3 lit. d Gesetz Nr. 7/2001) oder bei Begünstigungen hinsichtlich Urlaub, Feiertagen und Fehlzeiten im Arbeits- und Beamtenrecht. So haben die Partner, wenn sie bei demselben Arbeitgeber beschäftigt sind, wie Eheleute Anspruch auf gemeinsame Ferienzeit (Art. 3 lit. b Gesetz Nr. 7/2001). Zudem sieht das portugiesische Gesetz im Fall von Invalidität oder Tod aufgrund eines Arbeitsunfalls oder berufsbedingter Krankheit einen Anspruch auf Rentenzahlungen vor (Art. 3 lit. e und f Gesetz 7/2001 i.d.F. des G 23/2010). Gerade mit Blick auf mögliche **zivilrechtliche Ansprüche** gilt jedoch: Das Lebenspartnerschaftsgesetz gewährt den Partnern zwar soziale Anerkennung, doch wenig einklagbare Rechte.[97]

Verwandtschaftliche Beziehungen gegenüber Dritten werden durch eine nichteheliche Lebensgemeinschaft **nicht** begründet.[98]

101

2. Vermögensrechtliche Wirkungen

In **vermögensrechtlicher Hinsicht** wird das Prinzip der **Vertragsfreiheit** anerkannt. Dies folgt allerdings nicht aus dem Lebenspartnerschaftsgesetz, sondern aus dem allgemeinen Schuldrecht. Das portugiesische Sondergesetz sieht weder einen besonderen (gesetzlichen) Güterstand für nichteheliche Lebenspartner vor noch enthält es Bestimmungen über die vermögensrechtlichen Beziehungen der Partner untereinander oder gegenüber Dritten. Entsprechende Vereinbarungen können nur nach dem allgemeinen Schuldrecht getroffen werden.[99] Eine Sonderposition nimmt die Frage nach gesamtschuldnerischer Haftung der Lebenspartner für Gemeinschaftsausgaben ein. Für Ehegatten ist diese Form der Haftung in Art. 1691b *Código Civil* ausdrücklich vorgesehen. Nach der portugiesischen Lehre solle diese Haftung auch für Lebenspartnerschaften gelten, da das Zusammenleben für Dritte den Anschein der Ehe haben könne und deren Gutgläubigkeit schutzbedürftig sei.[100]

102

3. Unterhalts- und Ausgleichsansprüche; weitere Aspekte

a) Unterhalts- und Ausgleichsansprüche

Ausgleichs- oder Unterhaltsansprüche sieht das portugiesische Gesetz über die *união de facto* nicht vor. Hier wird im Grunde eine Analogie zur Ehe abgelehnt und ein Ausgleich nach Bereicherungsrecht sowie Abhilfe nach anderen allgemeinen Regeln u.a. des Schuld- und Sachenrechts gesucht. Für den **Unterhalt nach einem Todesfall** bei heterosexuellen Partnern ist ein Unterhaltsanspruch des überlebenden Partners gegen den Nachlass vorgesehen, wenn der Verstorbene nicht verheiratet oder er gerichtlich von Person und Vermögen

103

---

97 Wie es *González Beilfuß*, Länderbericht Spanien und Portugal, in: *Scherpe/Yassari*, Die Rechtsstellung nichtehelicher Lebensgemeinschaften, S. 259 ausdrücklich für einige der spanischen Gesetze – außerhalb der historischen *Cominidades* – sagt und insoweit zutreffend von Pamphlet- oder Postergesetzen spricht.

98 *Pereira Coelho/de Oliveira*, Curso de Direito da Familia, Vol. I, S. 107 f.; siehe auch *González Beilfuß*, Länderbericht Spanien und Portugal, in: *Scherpe/Yassari*, Die Rechtsstellung nichtehelicher Lebensgemeinschaften, S. 260.

99 *Pereira Coelho/de Oliveira*, Curso de Direito da Familia, Vol. I, S. 121.

100 *Pereira Coelho/de Oliveira*, Curso de Direito da Familia, Vol. I, S. 124. S.a. den Hinweis bei *Müller-Bromley*, Portugiesisches Zivilrecht, Band 2: Familienrecht, Erbrecht, S. 64 auf einen Gesetzentwurf der *Partida Socialista* (PS – Sozialistische Partei Portugals), der eine Regelung zur Schuldenhaftung enthalte und eine Stärkung der Rechte des Partners im Falles des Todes des anderen vorsehe.

getrennt war (Art. 2020 Abs. 1 CC).[101] Dies gilt indes nur, sofern der überlebende Partner seinen Unterhalt nicht gegen gem. Art. 2009 CC vorrangige Unterhaltsschuldner nach dortiger Rangfolge geltend machen muss. Hat der Unterhaltsberechtigte seinen Anspruch allerdings nicht innerhalb von zwei Jahren nach dem Todesfall ausgeübt, verliert er sein Recht gegenüber dem Nachlass (Art. 2020 Abs. 2 CC). Daneben hat der überlebende Partner Rentenansprüche gegenüber der gesetzlichen Sozialversicherung nach Maßgabe der entsprechenden Gesetze (Art. 3 lit. e, f und g Gesetz Nr. 7/2001 i.d.F. des G 23/2010).

104 Ebenso wenig finden sich besondere Regelungen über **Ersatzansprüche bei Verletzung bzw. Tötung des nichtehelichen Lebenspartners.** Insoweit gelten die allgemeinen Regeln des Schadensersatzrechts. Dabei wird die Frage der Aktivlegitimation des einen Lebenspartners, wenn der andere etwa bei einem Verkehrsunfall verunglückt ist, eher restriktiv behandelt. Nur wenn der Verstorbene den Lebenspartner unterhielt, ist dieser aktivlegitimiert und kann einen Anspruch geltend machen. Im Falle eines immateriellen Schadens allerdings ist nur der Ehegatte, nicht aber der Lebenspartner anspruchsberechtigt.[102]

b) Adoptionsrecht

105 Im Bereich des **Kindschaftsrechts** wird durch das Lebenspartnerschaftsgesetz in seiner ursprünglichen Fassung erstmals im portugiesischen Recht heterosexuellen Lebenspartnern ein **gemeinsames Adoptionsrecht** eingeräumt (Art. 7 Gesetz Nr. 7/2001); hierfür gelten die allgemeinen Bestimmungen des *Código Civil* in Art. 1979 ff. Auch homosexuellen Gemeinschaften steht nach der jüngsten Gesetzesänderung vom Februar 2016 nunmehr ein gemeinsames Adoptionsrecht (Art. 7 n.F. Gesetz 7/2001 i.d.F. des G 2/2016) zu.

c) Wohnungszuweisung im Fall der Trennung

106 Für Fragen der **Wohnungszuweisung im Fall der Trennung** findet sich im portugiesischen Recht eine Berücksichtigung von Lebenspartnerschaften. Diese werden nach der Rspr. des Verfassungsgerichtshofs[103] Ehegatten gleichgestellt, indem das Lebenspartnerschaftsgesetz auf gleichgeschlechtliche Partnerschaften ausgedehnt wird. Unterschieden wird nach Miet- oder Eigentumswohnung.

107 Für den Fall einer **Eigentumswohnung** enthält das portugiesische Lebenspartnerschaftsgesetz (Art. 4, 5 Gesetz Nr. 7/2001) eine ausdrückliche Verweisung auf Art. 1793 *Código Civil.* Dieser regelt die Wohnungsauflösung bei Scheidung oder Trennung von Tisch und Bett. Mangels Vereinbarung der Lebenspartner entscheidet letztlich der Richter, welcher von beiden die Wohnung erhält – unter Berücksichtigung der jeweiligen Bedürfnisse und der Interessen der gemeinsamen Kinder. Bei einer **Mietwohnung** wird im Grunde ebenso verfahren. Vorrangig ist die Entscheidung der Lebenspartner selbst. Anderenfalls entscheidet auch in diesem Fall der Richter – wie oben unter Berücksichtigung vor allem der wirtschaftlichen Lage beider Lebenspartner, der tatsächlichen Umstände in Bezug auf die Nutzung der Wohnung sowie die Interessen der Kinder. Auch hier nimmt das Lebenspartnerschaftsgesetz Bezug auf die Regelung unter Ehegatten nach dem *Código Civil* (Art. 4, 5

---

101 Der mit *„união de facto"* überschriebene Art. 2020 CC stellt gegenüber dem Gesetz Nr. 7/2001 älteres Recht dar: Die Norm umschreibt diese Gemeinschaft als eine solche wie zwischen Eheleuten – also eine verschiedengeschlechtliche Beziehung. Eine Anpassung des Art. 2020 CC – sei es unmittelbar in Verbindung mit dem Inkrafttreten des Gesetzes Nr. 7/2001, sei es später – wurde nicht vorgenommen.

102 Vgl. *González Beilfuß,* Länderbericht Spanien und Portugal, in: *Scherpe/Yassari,* Die Rechtsstellung nichtehelicher Lebensgemeinschaften, S. 265.

103 *Acordo* („Urteil") no 359/91 vom 9.7.1991 und *Acordo* no 1221/96 vom 4.12.1996.

Huzel

Gesetz Nr. 7/2001, Art. 1793 CC). Bei **Kündigung** der Mietwohnung hat der Lebenspartner Vorrang, sofern kein Interesse von Ehepartner oder Kindern besteht.

Bei **Tod des Lebenspartners** hat der andere ein Eintrittsrecht in das Mietverhältnis, sofern das Zusammenleben zumindest zwei Jahre bestanden hat.[104] War der verstorbene Partner Eigentümer der gemeinsam genutzten Wohnung, so hat der andere ein Wohn- und Vorkaufsrecht – und zwar über den Zeitraum von fünf Jahren, in der Form eines dingliches Wohnrechts sowie eines Nutzungsrechts am Hausrat (siehe die ausführliche Regelung des durch das Gesetz 23/2010 neugefassten Art. 5 Gesetz 7/2001).[105] Wenn die faktische Lebensgemeinschaft mehr als fünf Jahre vor dem Tod begründet worden ist, verlängert sich der zuvor benannte Zeitraum für das Wohn- und Nutzungsrecht entsprechend; eine weitere Verlängerung aus Billigkeitsgründen kann vom Gericht bestimmt werden (Art. 5 Abs. 4 Gesetz Nr. 7/2001 i.d.F. des G 23/2010, Ausnahmen hierzu in Abs. 5, Vorkaufsrecht in Abs. 9).

d) Staatsangehörigkeit

Lebt ein Ausländer mit einem portugiesischen Staatsangehörigen länger als drei Jahre in einer *união de facto*, so kann er durch Erklärung dessen Staatsangehörigkeit, also die portugiesische, annehmen (Art. 14 port. StAG i.d.F. des Gesetzesdekrets Nr. 237-A/2006 vom 14.12.2006). Eine doppelte Staatsangehörigkeit ist zulässig (siehe Rdn 54). Durch Beendigung der nichtehelichen Lebensgemeinschaft bleibt die angenommene Staatsangehörigkeit unberührt.

IV. Auflösung und Folgen

Die Auflösung einer nichtehelichen Lebensgemeinschaft unter Lebenden findet nach portugiesischem Recht nach folgenden – ausgehend von der rein tatsächlichen Eingehung der *união de facto* ohne formalen Akt – ohne Weiteres plausiblen Gründen statt: durch übereinstimmende Willenseinigung (also einvernehmliche Auflösung), durch Trennung, durch Heirat oder nach dem einseitigen Willen eines der Partner (Art. 8 Abs. 1 lit. a – c Gesetz Nr. 7/2001 i.d.F. des G 23/2010). Demzufolge ist die Auflösung grundsätzlich auch nicht formal, insbesondere nicht etwa gerichtlich, auszusprechen (Art. 8 Abs. 2 Gesetz Nr. 7/2001 *argumentum e contrario*[106]). Eine gerichtliche Feststellung des Beendigungswillens ist aber erforderlich, wenn Rechte aus der Gemeinschaft geltend gemacht werden sollen (Art. 8 Abs. 2 Gesetz Nr. 7/2001 explizit).

Verfahrensrechtlich werden die sich aus der Auflösung einer Lebenspartnerschaft ergebenden Ansprüche nach den Regeln behandelt, die für eine Klage auf Feststellung eines Verwandtschaftsverhältnisses gelten, so sieht es der ausdrückliche Hinweis in Art. 8 Abs. 3 der *Lei de união de facto* i.d.F. des G 23/2010 vor.

108

109

110

111

---

104 Daneben sind weitere Vergünstigungen für den Lebenspartner im Falle des Todes des anderen vorgesehen: das Lebenspartnerschaftsgesetz sieht ein dingliches Wohnrecht auf fünf Jahre oder ein Vorkaufsrecht (mit bestimmten Erlöschensgründen) vor; dazu *González Beilfuß*, Länderbericht Spanien und Portugal, in: *Scherpe/Yassari*, Die Rechtsstellung nichtehelicher Lebensgemeinschaften, S. 270.

105 Vgl. Wortlaut der Norm, in deutscher Übersetzung bei *Nordmeier*, in *Bergmann/Ferid/Henrich*, Internationales Ehe- und Kindschaftsrecht, Länderbericht Portugal, Texte III B 7, S. 125.

106 Vgl. *González Beilfuß*, Länderbericht Spanien und Portugal, in: *Scherpe/Yassari*, Die Rechtsstellung nichtehelicher Lebensgemeinschaften, S. 272.

F. Abstammung und Adoption

I. Abstammung

112 Ein maßgebliches Merkmal des 1977 neugefassten portugiesischen Kindschaftsrechts[107] ist die Aufhebung der Unterscheidung zwischen **ehelichen und nichtehelichen Kindern**. Die gesetzliche Regelung über die *Filiação* (auch Abstammung) unterscheidet in Art. 1796 CC nach Mutterschaft (Art. 1804–1824 CC) und Vaterschaft (Art. 1826–1846 CC).[108] Die Regelungen über die Abstammung, sprich Kindschaft, spiegeln den Willen des Gesetzgebers wider, dabei weitestgehend der biologischen Wahrheit zu entsprechen.[109]

1. Feststellung der Mutterschaft

113 Nach der Grundregel in Art. 1796 CC wird zunächst die **Abstammung von der Mutter**, ohne Unterscheidung, ob verheiratet oder nicht, begründet durch die Tatsache der Geburt. Im Übrigen bestimmt sich die **Feststellung der Mutterschaft** nach den Art. 1803–1825 CC. Sie erfolgt primär durch **Anzeige** durch die hierzu berufenen Personen (Art. 1803 CC). Gesetzessystematisch handelt es sich hierbei – wie wohl auch ganz überwiegend in der Praxis – um den Normalfall der Feststellung der Abstammung von der Mutter. Unterschieden wird bei der Anzeige noch danach, ob die anzuzeigende Geburt vor weniger oder vor mehr als einem Jahr vor der Anzeige erfolgte. Nach Art. 1804 CC gilt die Mutterschaft im Falle einer Anzeige einer vor weniger als einem Jahr erfolgten Geburt im Grunde ohne Weiteres als begründet; nach Art. 1805 CC wird im Falle einer vor einem Jahr oder zuvor erfolgten Geburt die als Mutter bezeichnete Person förmlich geladen, um sich binnen 15 Tagen zur Mutterschaft zu erklären.[110] Ausdrücklich vorgesehen ist zudem die Möglichkeit, eine nicht der Wahrheit entsprechende Mutterschaft **anzufechten** (Art. 1807 CC). Als Weiteres nennt das Gesetz die **Feststellung von Amts wegen** (Art. 1808–1813 CC). Diese ist dann erforderlich, wenn die Mutterschaft in der Beurkundung nicht angegeben ist (Art. 1808 Abs. 1 CC). Wird die Mutterschaft von der von Amts wegen als Mutter ermittelten Frau nicht bestätigt, so erfolgt auf Klage der Staatsanwaltschaft ein nichtöffentliches gerichtliches Verfahren zur Feststellung der Mutterschaft.[111] Schließlich kann die Feststellung der Mutterschaft durch **Klage des Kindes** erfolgen (Art. 1814–1823 CC), nämlich dann, wenn sich die Mutterschaft nicht auf einem der beiden erstgenannten, also vorrangigen, Wege ermitteln lässt (Art. 1814 CC). Die Klage ist gegen die angebliche Mutter zu richten und auch – bei Bestehen einer Ehe – gegen den Vater oder im Falle eines Vaterschaftsanerkenntnisses auch gegen den Anerkennenden.[112] Zulässig ist die Klageerhebung nur während der Minderjäh-

---

107 Neufassung der Art. 1796–1920-C CC und teilweise Neufassung der Art. 1921–1972 CC.
108 Der Abschnitt über die „Vaterschaft" umfasst neben dem Unterabschnitt „Vaterschaftsvermutung", Art. 1826–1846 CC, den weiteren Unterabschnitt „Anerkennung der Vaterschaft", Art. 1847–1873 CC (mit den „Abteilungen" als weitere Untergliederung „Freiwilliges Anerkenntnis", „Feststellung der Vaterschaft von Amts wegen" sowie „Gerichtliche Anerkennung").
109 Siehe auch *Nordmeier*, in: *Bergmann/Ferid/Henrich*, Internationales Familienrecht, Länderbericht Portugal, III 7, S. 37.
110 Siehe i.Ü. den ausführlichen Wortlaut der Norm, in deutscher Übersetzung abgedr. bei *Nordmeier*, in: *Bergmann/Ferid/Henrich*, Internationales Ehe- und Kindschaftsrecht, Länderbericht Portugal, S. 95.
111 Vgl. im Einzelnen Art. 1809–1813 CC (Wortlaut wie vorige Fußnote).
112 Art. 1819 CC über die „passive Sachbefugnis" sowie Art. 1822 CC (bezüglich während der Ehe geborener oder empfangener Kinder).

rigkeit des Kindes oder in den ersten zehn Jahren nach Erreichen der Volljährigkeit bzw. der Emanzipation (Art. 1817 Abs. 1 CC[113]).

Die weiteren Bestimmungen dieses Unterabschnitts betreffen die Klageverbindung mehrerer Kinder gegen die gleiche angebliche Mutter (Art. 1820 CC), die Festsetzung eines vorläufigen Unterhalts durch das Gericht (Art. 1821 CC) sowie die Anfechtung der Vaterschaftsvermutung und Begründung der Mutterschaft auf Antrag der Mutter (Art. 1823 bzw. Art. 1824 CC). Mit dem Recht nach Art. 1824 CC hat die Mutter die Möglichkeit, der freiwilligen Anerkennung des Kindes durch einen anderen als ihrem Ehegatten durch Antrag auf Begründung der eigenen Mutterschaft „zuvorzukommen", um damit noch für die Einheit ihrer Familie zu sorgen.

2. Feststellung der Vaterschaft und Anfechtungsrecht

Die **Feststellung der Vaterschaft** hat eine ausführliche detaillierte Regelung in den Art. 1826–1873 CC – mit Grundregeln, Ausnahmen und Gegenausnahmen – erfahren.[114] Dabei geht das Gesetz zunächst von der Vaterschaftsvermutung aus (Art. 1826–1846 CC). Je nach Verfahren der Anerkennung der Vaterschaft – ob durch freiwilliges Anerkenntnis (Art. 1846–1863 CC), ein solches von Amts wegen (Art. 1864–1968 CC) oder durch gerichtliches Verfahren (Art. 1869–1873 CC) – sind eigene Regeln über das Recht zur Anfechtung der Vaterschaft vorgesehen; diese werden im Folgenden daher nicht zusammenhängend, sondern jeweils in Zusammenhang mit dem zugrunde liegenden Anerkennungsgrund dargestellt.

Zunächst besteht für ein **während der Ehe geborenes oder empfangenes Kind** die Vermutung, dass es den Ehemann der Mutter zum Vater hat (Art. 1826 CC – *Presunção de paternidade*, **Vaterschaftsvermutung**).[115] Nach Art. 1798 CC gilt das Kind als gezeugt (Zeitpunkt der Empfängnis) in den ersten 120 Tagen der 300 Tage vor der Geburt, soweit das Gesetz nichts anderes bestimmt. Die Vaterschaftsvermutung gilt auch bei Vorliegen einer Putativehe (Art. 1827 CC), nicht dagegen für „vor der Eheschließung empfangene Kinder" nach Maßgabe des Art. 1828 CC[116] und nicht für „nach Ablauf von 300 Tagen seit … dem Ende des Zusammenlebens empfangene Kinder" (Art. 1829 CC) sowie bei Nichtangabe der Vaterschaft bei Anzeige der Geburt durch die Mutter (Art. 1832 Abs. 1 und 2 CC). Zu diesen drei letztgenannten Fällen sind mit den Art. 1831, 1832 Abs. 6 CC Gegenausnahmen[117] vorgesehen, so dass unter den dort genannten Voraussetzungen die Vaterschaftsvermutung wiederauflebt. Berichtigungen von unvollständigen oder fehlerhaften Beurkundungen der Vaterschaft sind nach Art. 1836, 1837 CC zulässig.

114

115

116

---

113 Art. 1817 CC i.d.F. des Gesetzes Nr. 14/2009, wodurch die Klagefristen – teils deutlich – verlängert wurden.

114 Auch in der Praxis dürfte eher die Frage nach der Vaterschaft als die nach der Mutterschaft Probleme aufwerfen, so auch *Müller-Bromley*, Portugiesisches Zivilrecht, Band 2: Familienrecht, Erbrecht, S. 65.

115 Dazu enthält Art. 1830 CC eine Sonderregel über den „Wiederbeginn der Vaterschaftsvermutung", u.a. im Fall der Wiederversöhnung der gerichtlich getrennten Ehegatten und bei Rückkehr des Verschollenen.

116 D.h. wenn die Geburt innerhalb von 180 Tagen nach Eheschließung und keine anerkennende Erklärung über die Vaterschaft durch den Ehemann erfolgt.

117 Vgl. Art. 1831 CC „Wiederaufleben der Vaterschaftsvermutung" (Wortlaut in deutscher Übersetzung bei *Nordmeier*, in: *Bergmann/Ferid/Henrich*, Internationales Ehe- und Kindschaftsrecht, Länderbericht Portugal, S. 81 f.); siehe auch *Müller-Bromley*, Portugiesisches Zivilrecht, Band 2: Familienrecht, Erbrecht, S. 66.

117   Das **Recht zur Anfechtung** der (nach Art. 1826 CC vermuteten) Vaterschaft bestimmt sich
      nach Art. 1838–1846 CC. Das Anfechtungsrecht steht dem Ehemann der Mutter, dieser
      selbst oder dem Kind zu. Vom Kläger ist dann zu beweisen, dass die Vaterschaft des
      Ehegatten der Mutter den Umständen nach offensichtlich unwahrscheinlich ist (Art. 1838
      und Art. 1839 Abs. 1 und 2 CC). Ausdrücklich nicht erlaubt ist die Begründung der Vater-
      schaftsanfechtung damit, dass eine künstliche Befruchtung vorliege, wenn der klagende
      Ehegatte in diese eingewilligt hat (Art. 1839 Abs. 3 CC). Sonderregeln bestehen für die
      Anfechtung der Vaterschaft zu dem vor der Eheschließung empfangenen Kind
      (Art. 1840 CC). Zudem ist eigens die Klage der Staatsanwaltschaft vorgesehen – und zwar
      auf Begehren dessen, der sich als Vater des Kindes bezeichnet. Dem geht eine Prüfung der
      Erfolgsaussichten der Klage durch das Gericht voraus, woraufhin dann – bei positiver
      Prüfung – das Verfahren vom Gericht an die Staatsanwaltschaft übersandt wird.[118] Die
      Klagefristen für die Vaterschaftsanfechtung sind – je nach Klagebefugtem – unterschiedlich:
      Der insoweit einschlägige Art. 1842 CC wurde 2009 geändert[119] und damit die Klagefristen
      verlängert. Für den Ehemann gelten längstens drei (zuvor: zwei) Jahre ab Kenntniserlangung
      von Umständen, die für seine Nichtvaterschaft sprechen; für die Mutter drei (zuvor: zwei)
      Jahre ab der Geburt; für das Kind bis zu zehn Jahren (zuvor: bis zu einem Jahr) nach
      Erreichen der Volljährigkeit oder der Emanzipation oder spätestens drei Jahre (zuvor: ein
      Jahr) nach Kenntniserlangung von Umständen, die gegen die Vaterschaft des Ehegatten der
      Mutter sprechen (Art. 1842 CC).[120]

118   Für ein **außerhalb der Ehe geborenes Kind** bestimmt sich die **Feststellung der Vaterschaft**
      nach den Art. 1847–1873 CC. Im Grunde ist hier nahezu ein Gleichklang zur Regelung
      über die Feststellung der Mutterschaft festzustellen – nämlich zunächst durch **freiwilliges
      Anerkenntnis** (*Perfilhação*; Art. 1849–1863 CC). Anerkennen darf nur, wer mindestens 18
      Jahre alt, weder vollständig entmündigt noch offenkundig geisteskrank ist (Art. 1850 CC).
      Die Anerkennung ist eine persönliche,[121] bedingungs- und befristungsfeindliche
      (Art. 1852 CC) Willenserklärung; sie erfolgt gegenüber dem Standesbeamten, durch Testa-
      ment, öffentliche notarielle Urkunde oder durch gerichtlichen Beschluss (Art. 1853 CC).
      Sie kann zu jedem Zeitpunkt, d.h. vor oder nach der Geburt, selbst noch nach dem Tod des
      Kindes, vorgenommen werden (Art. 1854 CC). Zudem ist das Anerkenntnis unwiderruflich
      (Art. 1858 CC). Sofern es sich aber um ein nicht der Wahrheit entsprechendes Anerkenntnis
      handelt, ist es jederzeit vor Gericht **anfechtbar**, selbst nach dem Tod des anerkannten
      Kindes. Zur Anfechtung berechtigt sind der Anerkennende, der als Kind Anerkannte, jede
      andere Person, die ein moralisches oder vermögensrechtliches Interesse an der durchdrin-
      genden Anfechtung hat, wie etwa Erben oder auch die Mutter, und schließlich auch die
      Staatsanwaltschaft (Art. 1859 CC). Das infolge Irrtums über die Umstände der Vaterschaft
      oder unter Zwang erklärte Anerkenntnis kann von dem Anerkennenden indes nur innerhalb

---

118 Siehe im Einzelnen Art. 1841 CC mit ausführlicher Regelung, auch zur Frist in Abs. 2 (60 Tage ab
     Beurkundung der Vaterschaft).
119 .Gesetz Nr. 14/2009.
120 Die weiteren Vorschriften betreffen die „Vorweggenommene Anfechtung" (Art. 1843 CC), die „Fort-
     setzung und Übergang der Klage" (Art. 1844 CC) bei Tod eines Verfahrensbeteiligten, Art. 1845 CC
     den Fall der „Verschollenheit" des zur Anfechtung Berechtigten und schließlich die Passivlegitimation
     (Art. 1846 CC).
121 Art. 1849 CC – Vertretung durch einen besonders Bevollmächtigten ist ausdrücklich zulässig.

eines Jahres ab Kenntniserlangung des Irrtums oder Beendigung der Zwangssituation angefochten werden (Art. 1860 CC).[122]

Die in der Gesetzessystematik dann vorgesehene Form der Feststellung der Vaterschaft ist die **von Amts wegen** (*Reconhecimiento judicial* – Art. 1864–1868 CC), die immer dann stattfindet, wenn bei der Beurkundung der Geburt des Kindes kein Vater angegeben wird. Das Gericht (*Tribunal de Família e de Menores* bzw., falls nicht vorhanden, das Bezirksgericht, *Tribunal de Comarca*) hat die Mutter zur Frage der Vaterschaft anzuhören sowie gegebenenfalls dann auch den angeblichen Vater. Bestätigt dieser freiwillig seine Vaterschaft, erlässt das Gericht einen diesen Umstand feststellenden Beschluss und leitet diesen dem zuständigen Standesamt (Zivilregister) zur Eintragung ins Geburtsregister zu (Art. 1865 Abs. 1–3 CC). Bei Bestreiten oder Verweigerung des angeblichen Vaters hat das Gericht den Sachverhalt aufzuklären mit dem Ziel, die Erfolgsaussichten für eine Vaterschaftsfeststellungsklage zu ermitteln; bejahendenfalls übermittelt das Gericht die Akte an die Staatsanwaltschaft zur Erhebung der Klage (Art. 1865 Abs. 4 und 5 CC). In zwei Fällen ist die Vaterschaftsfeststellung von Amts wegen unzulässig: wenn die Mutter und der angebliche Vater eng verwandt oder verschwägert sind, und zwar bei Verwandtschaft und Schwägerschaft in gerader Linie oder Verwandtschaft im zweiten Grad der Seitenlinie (Art. 1866 Abs. 1 CC), oder wenn seit der Geburt des Kindes zwei Jahre verstrichen sind (Art. 1866 Abs. 2 CC).

Zuletzt, also nachrangig gegenüber den vorgenannten Feststellungsarten, kommt die **gerichtliche Anerkennung** auf eine **Vaterschaftsfeststellungsklage** hin in Betracht (Art. 1869–1873 CC). Sie kann von dem Kind oder der Staatsanwaltschaft (nach „fehlgeschlagener" Feststellung von Amts wegen, Art. 1865 Abs. 5 i.V.m. Art. 1869 CC; siehe Rdn 119) erhoben werden. Nach Art. 1870 CC ist auch die minderjährige Mutter befugt, die Klage in Vertretung des Kindes zu erheben; in der Sache selbst wird sie dann aber stets von einem gerichtlich bestellten Sonderpfleger vertreten. Gerichtet wird die Klage gegen den angeblichen Vater. Für dieses Verfahren enthält Art. 1871 CC eine **gesetzliche Vermutung der Vaterschaft** für folgende Fälle:
– Wenn der angebliche Vater das Kind als sein eigenes behandelt hat und es auch von der Allgemeinheit als dessen Kind angesehen wurde (lit. a);
– wenn der Beklagte seine Vaterschaft in einem Brief oder anderem Schriftstück zum Ausdruck bringt (lit. b);
– wenn während der Empfängniszeit eine dauerhafte Lebensbeziehung oder ein Konkubinat zwischen der Mutter und dem angeblichen Vater bestand (lit. c);
– wenn dieser die Mutter verführte und diese dabei noch jungfräulich oder minderjährig war oder er ihre Zustimmung dazu durch ein Heiratsversprechen, einen Vertrauensmissbrauch oder durch Missbrauch eines Abhängigkeitsverhältnisses erschlichen hat (lit. d); oder
– wenn der Beklagte nachweislich in der Empfängniszeit mit der Mutter verkehrt hat (lit. e).

Allerdings kann der Beklagte die gesetzliche Vermutung durch **Entlastungsbeweis** entkräften, so dass ernsthafte Zweifel an der Vermutung bestehen (Art. 1871 Abs. 2 CC). Die

119

120

121

---

122 Eigens geregelt ist in Art. 1861 CC zudem die „Anfechtung wegen Geschäftsunfähigkeit" des Anerkennenden; hier gilt eine Klagefrist von einem Jahr – mit unterschiedlichem Beginn und Lauf je nach Anfechtungsberechtigten (ob Eltern des Anerkennenden [ein Jahr ab Anerkenntnis] oder nach Erreichen der Volljährigkeit des Anerkennenden selbst).

Huzel

Klage[123] ist auch hier grundsätzlich innerhalb von zehn (zuvor: zwei) Jahren ab Volljährigkeit oder Emanzipation des Kindes zu erheben. Im Fall des Art. 1871 Abs. 1 lit. a CC endet die Frist erst nach Ablauf von drei Jahren (zuvor: einem Jahr), nachdem die Behandlung als Kind eingestellt wurde oder der Beklagte (d.h. der angebliche Vater) stirbt (Art. 1873 i.V.m. Art. 1817 Abs. 3 lit. b CC), im Falle des Art. 1871 Abs. 1 lit. b CC nach Ablauf von drei Jahren (zuvor: sechs Monaten) nach Kenntniserlangung. Auch hier besteht bei entsprechender Erfolgsaussicht der Klage ein vorläufiger Unterhaltsanspruch des Kindes (Art. 1873 i.V.m. Art. 1821 CC).

Nicht unerwähnt bleiben darf schließlich die Sonderregelung über die durch Methoden der modernen Medizin in Form von reproduktionsmdezinischen Maßnahmen begründete Kindschaft. Insoweit hält das portugiesische Recht mit dem Gesetz Nr. 32/2006 über die medizinisch assistierte Fortpflanzung[124] eine spezialgesetzliche Regelung vor. An dieser Stelle sei dazu auf die entsprechenden Hinweise sowie den Gesetzeswortlaut bei *Nordmeier*, in *Bergmann/Ferid/Henrich*, Internationales Ehe- und Kindschaftsrecht, Länderteil Portugal, S. 39 bzw. Texte III B 8 (auszugsweise), S. 126 f., verwiesen.

II. Adoption

1. Grundlagen/Reformgesetz Nr. 143/2015/Rechtslage seit dem 7.12.2015

122   Das portugiesische Recht kennt die Adoption seit der Einführung in das Zivilgesetzbuch von 1966.[125] Die zwischenzeitlichen Änderungen, u.a. mit einer Neuregelung durch Gesetz Nr. 314/2003 vom 27.10.2003, bis hin zum heutigen Adoptionsrecht in den Art. 1973–2002-D CC waren stets geprägt von dem Ziel der Förderung des Kindesinteresses zum einen und der Verfahrensvereinfachung zum anderen.[126] Dabei stellt die 2015 erfolgte Reform durch das Gesetz Nr. 143/2015 vom 8.9.2015 eine grundlegende „Modernisierung" des portugiesischen Adoptionsrechts dar: Die bislang neben der Volladoption vorgesehene „eingeschränkte Adoption" wurde ersatzlos gestrichen, die entsprechenden Vorschriften – insbesondere die Art. 1992–2002-D CC – wurden aufgehoben. Zudem wurde – als Teil des Reformgesetzes 143/2015 – ein eigenes „Rechtsregime des Adoptionsverfahrens" eingeführt. Diese Neuerungen traten (erst) am 7.12.2015 in Kraft;[127] daher wird im Folgenden – neben der aktuellen – im Anschluss auch noch die alte Rechtslage dargestellt.

2. Verfahren und Wirkungen

123   Die wesentliche Neuerung der Reform des Adoptionsrechts 2015 besteht in der **ersatzlosen Streichung der „eingeschränkte Adoption"** (der auch sogenannten schwachen oder hinkenden Adoption). Somit kennt das portugiesische Recht nun allein (noch) die Volladop-

---

123 Wegen der Klagefristen für die Vaterschaftsfeststellungsklage sieht Art. 1873 CC die entsprechende Anwendbarkeit der Regeln über die gerichtliche Feststellung der Mutterschaft vor, hier damit Art. 1817 CC („Klageerhebungsfristen") i.d.F. des Gesetzes Nr. 14/2009, wodurch die Fristen durchweg verlängert wurden.

124 Gesetz Nr. 23/2006 vom 26.7.2006, DR I Série Nr. 143, S. 5245 (in Kraft getreten 31.7.2006), i.d.F. des Gesetzes Nr. 59/2007 vom 23.9.2007, DR I Série Nr. 170 S. 6181.

125 Dazu etwa *Capelo de Sousa*, A adopção, 1973.

126 Vgl. *Nordmeier*, in: *Bergmann/Ferid/Henrich*, Internationales Ehe- und Kindschaftsrecht, Länderbericht Portugal, S. 29 zu den weiteren Änderungsgesetzen.

127 Vgl. Art. 11 Gesetz Nr. 143/2015.

Huzel

tion. Begrifflich wird diese – mangels erforderlicher Abgrenzung – daher nurmehr als „Adoption" bezeichnet; es gibt schlicht nur diese eine Form der Adoption.[128]

Was die Voraussetzungen, unter denen eine Adoption möglich ist, angeht, gilt im Grunde weiterhin das, was bereits nach altem Recht für die Volladoption vorgesehen war (Art. 1979 ff. CC): Die (Voll-)Adoption von Minderjährigen, bei der das Eltern-Kind-Verhältnis neu geregelt wird, vollzieht sich – im Anschluss an die gemeinsamen allgemeinen Regelungen – nach den besonderen Bestimmungen der Art. 1979 –1991 CC. Adoptieren können danach grundsätzlich Eheleute, die länger als vier Jahre verheiratet und beide älter als 25 Jahre alt sind (Art. 1979 Abs. 1 CC). Möglich und zulässig ist damit auch die Adoption durch homosexuelle Ehepaare, da diese Norm nur von „zwei Personen, die länger als vier Jahren verheiratet sind", spricht – nicht (mehr) von zwei Personen verschiedenen Geschlechts. Auch eine Adoption durch Einzelpersonen ist möglich; hier muss der Adoptierende mindestens 30 Jahre alt oder, wenn es um die Adoption des Kindes seines Ehegatten, also ein Stiefkind geht, mindestens 25 Jahre alt sein. Als Höchstalter gilt die Grenze von 60 Jahren in dem Zeitpunkt, in dem das Kind dem Adoptierenden anvertraut wurde; zudem darf der Altersunterschied zum Adoptierenden nicht mehr als 50 Jahre betragen, wenn der Adoptierende bereits älter als 50 Jahre ist; Ausnahmen hiervon aus wichtigem Grund sind zulässig. Die Höchstaltersgrenzen finden indes keine Anwendung, wenn der zu Adoptierende das Stiefkind des Adoptierenden ist (Art. 1979 Abs. 2–5 CC). Hinsichtlich des zu Adoptierenden gilt grundsätzlich das Höchstalter von 15 Jahren; doch kann auch der bis zu 18 Jahre alte ledige (d.h. noch nicht emanzipierte) Jugendliche adoptiert werden, wenn er bereits vor dem 15. Lebensjahr in der Obhut des oder der Adoptierenden lebte oder ein Kind des Ehegatten des Adoptierenden ist (Art. 1980 CC).

Ein Haupterfordernis besteht weiterhin in der Zustimmung zur Adoption (Art. 1981– 1983 CC), und zwar folgender Personen: des nicht getrennt lebenden Ehegatten des Adoptierenden, der Eltern des zu Adoptierenden oder bei deren Vorversterben der Verwandten oder des Vormunds, die ihn betreut haben bzw. mit denen er zusammengelebt hat sowie des zu Adoptierenden selbst, wenn er älter als 12 Jahre ist (Art. 1981 Abs. 1 CC). In genau beschriebenen Einzelfällen ist die Zustimmung der Eltern nicht erforderlich bzw. kann das Gericht von dem Einwilligungserfordernis befreien (Art. 1981 Abs. 2 und 3 CC). Hinsichtlich der Form und Frist der Zustimmung sei lediglich erwähnt, dass die Mutter ihre Zustimmung nicht vor Ablauf von sechs Wochen nach der Geburt erteilen kann (Art. 1982 Abs. 3 CC). Bei fehlerhafter Zustimmung wie auch bei unrichtiger gerichtlicher Befreiung kann das die Adoption aussprechende Urteil aufgehoben werden.[129]

Weitgehend fortgeschrieben wurden auch die alten Reglungen über die Wirkungen der Volladoption, nunmehr also für die Adoption (Art. 1986 Abs. 1 CC). Die wesentliche **Wirkung der Adoption** besteht in der Begründung eines neuen Kind-Eltern-Verhältnisses zum Adoptierenden: Der Adoptierte hat nun die Stellung eines Kindes der Adoptierenden. Das alte Kindschaftsverhältnis zwischen dem Adoptierten und seinen natürlichen Eltern erlischt.[130] Nur bei Adoption des Kindes des Ehegatten bleiben die Beziehungen zwischen dem Adoptierten und dem Ehegatten des Adoptierenden samt dessen Verwandten bestehen

124

125

126

---

128 Dementsprechend ist auch Art. 1977 a.F. CC „Arten der Adoption" aufgehoben worden.
129 Zu den Einzelheiten siehe die umfassende Regelung in Art. 1990, 1991 – jeweils i.d.F. des Gesetzes Nr. 143/2105 – i.V.m. Art. 1982 und Art. 1983 CC; Wortlaut in deutscher Übersetzung bei *Nordmeier*, in: *Bergmann/Ferid/Henrich*, Internationales Ehe- und Kindschaftsrecht, Länderbericht Portugal, S. 119f.
130 Bis auf die Ehehindernisse (vgl. Art. 1602–1604 CC); diese bestehen im Verhältnis zur „alten" Familie fort.

Huzel

(Art. 1986 Abs. 2 CC). Eine Neuerung findet sich in Art. 1986 Abs. 3 CC, wonach ausnahmsweise ein persönlicher Kontakt zwischen dem Adoptierten und seinen biologischen Verwandten gestattet bzw. angeordnet werden kann, wenn dieser Kontakt dem übergeordneten Interesse des Adoptierten dient; vom Gesetz ausdrücklich genannt wird hier der Kontakt zwischen biologischen Geschwistern. Voraussetzung ist dabei stets die Zustimmung der Adoptiveltern zu diesen Kontakten. Damit wirkt die Adoption gegenüber jedermann. Nach außen wird dies deutlich gemacht, indem der Adoptierte seinen ursprünglichen Namen verliert und sein neuer Name nach den allgemeinen Regeln gebildet wird (Art. 1988 CC).

127   Mit dem Gesetz 143/2015 wurde eine weitere Neuerung eingefügt, nämlich das **Recht auf Kenntnis der eigenen Abstammung** in Art. 1990-A CC. Ergänzt wird dieses Recht durch eine Regelung in dem „Rechtsregime des Adoptionsverfahrens" (Art. 6 Abs. 1 RJPA): Danach sind die Behörden der Sozialversicherung verpflichtet, einem über 16-Jährigen auf Antrag Auskunft über seine Abstammung zu geben wie auch ihm Hilfe und technische Unterstützung bei deren weiterer Ermittlung zu gewähren. Ergänzend sei auch an dieser Stelle nochmals hervorgehoben, dass das Recht zur Adoption nach dem Gesetz Nr. 2/2016[131] nunmehr auch homosexuellen Ehepaaren und faktischen Lebenspartnern zusteht.

128   Die Adoption wird stets durch gerichtliches Urteil begründet (Art. 1973 Abs. 1 CC). Vorgesehen war auch die Anvertrauung eines Minderjährigen an ein Ehepaar im Hinblick auf eine zukünftige Adoption (Art. 1978 a.F. CC).

129   Verfahrensrechtliche Aspekte wie dem Prüfungsverfahren auch auf Eignung des Adoptierenden (Eignung zur Erziehung des zu Adoptierenden, familiäre und wirtschaftliche Lage u.a.), aber auch in Bezug auf die Persönlichkeit und Gesundheit sowohl des Adoptierenden wie des zu Adoptierenden (vgl. Art. 1973 Abs. 2 a.F. CC) finden sich in dem neuen Gesetz über das Rechtsregime des Adoptionsverfahrens (Art. 1973 Abs. 2 n.F. CC), und zwar zur nationalen und zur internationalen Adoption. Als solche wird eine Adoption angesehen, wenn ein zu adoptierendes Kind aus dem Staat seines gewöhnlichen Aufenthalts in den Staat des gewöhnlichen Aufenthalts der Adoptierenden „verbracht" wird (vgl. Art. 61 Abs. 1 RJPA). Allerdings genießt eine Adoption ohne Wechsel des gewöhnlichen Aufenthalts des Kindes von einem in einen anderen Staat Vorrang; die internationale Adoption ist mithin subsidiär (Art. 62 lit. RJPA)

3. Rechtslage vor dem 7.12.2015

130   Das Gesetz hat (bis 7.12.2015) zwischen **Volladoption** und **eingeschränkter Adoption** unterschieden. Dabei konnte die eingeschränkte Adoption jederzeit auf Antrag des Adoptierenden in eine Volladoption umgewandelt werden (Art. 1977 CC). Zulässig war nur die Adoption Minderjähriger. Hinsichtlich ihrer Voraussetzungen waren beide Formen einander angenähert. Die allgemeinen Bestimmungen der Art. 1973–1978-A CC galten einheitlich für beide. Die Adoption wurde stets durch gerichtliches Urteil begründet, dem ein Prüfungsverfahren auch auf Eignung des Adoptierenden (Eignung zur Erziehung des zu Adoptierenden, familiäre und wirtschaftliche Lage u.a.) vorangeht. Das Verfahren erstreckte sich aber auch auf die Persönlichkeit und Gesundheit sowohl des Adoptierenden wie des zu Adoptierenden (Art. 1973 a.F. CC). Vorgesehen war auch die Anvertrauung eines Minder-

---

131 Gesetz Nr. 2/2016 vom 29.2.2016, DR I Série Nr. 41 S. 634.

Huzel

jährigen an ein Ehepaar im Hinblick auf eine zukünftige Adoption (Art. 1978 a.F. CC).[132] Die besonderen Regelungen über die eingeschränkte Adoption fanden sich in den – mit dem Reformgesetz 143/2015 aufgehobenen – Art. 1992–2002-D a.F. CC.

a) Volladoption

Die Regelungen über die Volladoption a.F. sind weitgehend in der neuen Rechtslage fortgeführt – mit den oben gezeigten Neuerungen und Ergänzungen.   131

b) Eingeschränkte Adoption

Die **eingeschränkte Adoption** (nach altem Recht vor dem 7.12.2015; bezeichnet auch als   132
sogenannte schwache oder hinkende Adoption) konnte nur von Personen vorgenommen werden, die älter als 25 Jahre waren. Sie setzte das Bestehen einer Ehe der Annehmenden nicht voraus. Das Höchstalter im Zeitpunkt des Anvertrauens durfte nicht mehr als 50 Jahre betragen, es sei denn, es handelte sich um eine Stiefkindadoption (Art. 1992 a.F. CC). Im Übrigen galten die Voraussetzungen der Volladoption mit entsprechender Anpassung (Art. 1993 a.F. CC).

Die eingeschränkte Adoption entfaltete nur die gesetzlich bestimmten **begrenzten Wirkun**   133
gen (Art. 1994–2000 a.F. CC). So blieb insbesondere das Kindschaftsverhältnis zwischen dem Adoptierten und den natürlichen Eltern grundsätzlich bestehen (Art. 1994 a.F. bzw. Art. 1996 a.F. und 1999 a.F. CC). Lediglich die elterliche Gewalt ging auf den Adoptierenden über (außer bei Stiefkindadoption), Art. 1997 CC. In namensrechtlicher Hinsicht konnte das Gericht dem Adoptierten auf dessen Antrag hin gestatten, einen neuen Nachnamen aus einem oder mehreren Namen seiner Ursprungsfamilie und dem Namen des Adoptierenden zusammenzusetzen (Art. 1995 a.F. CC). Sein alter Nachname ist bei der eingeschränkten Adoption also keinesfalls ganz „verschwunden". Es sind bestimmte Erbrechte entstanden, doch nur bei Fehlen des Ehegatten des Adoptierenden und Verwandten in gerader Linie; ein Pflichtteilsrecht ist zwischen Adoptierendem und Adoptierten nicht entstanden (Art. 1999 a.F. CC). Zudem bestanden nach Maßgabe des Art. 2000 a.F. CC gegenseitige Unterhaltsansprüche und -verpflichtungen, soweit nicht die jeweiligen natürlichen Eltern und Verwandten benachteiligt wurden. Unter den Voraussetzungen der Art. 2002-B a.F.–2002-D a.F. CC war auch die eingeschränkte Adoption aufhebbar.

4. Kollisionsrechtliche Aspekte

Das auf eine internationale Adoption anwendbare Recht bestimmt sich nach autonomem   134
portugiesischen internationalen Privatrecht der Art. 60 und 61 CC. Maßgebend für die Begründung der Adoptivkindschaft ist danach grundsätzlich das Personalstatut des Adoptierenden (Art. 60 Abs. 1 CC), mithin sein Recht der Staatsangehörigkeit (Heimatrecht). Im Fall der Adoption durch Ehegatten bestimmt sich das anwendbare Recht nach Art. 60 Abs. 2 CC mit der „Anknüpfungsleiter"; ebenso wenn der zu Adoptierende ein Kind des Ehegatten des Adoptierenden ist. Die Beziehungen zwischen dem Adoptierenden und

---

132 Vgl. dazu die sehr detaillierte Regelung des Art. 1978 CC; Wortlaut in deutscher Übersetzung bei *Albuquerque*, in: *Bergmann/Ferid/Henrich*, Internationales Ehe- und Kindschaftsrecht, Länderbericht Portugal (Voraufl.), S. 105 f.

Huzel

dem Adoptierten wie auch für die zwischen Adoptiertem und seiner Ursprungsfamilie unterliegen gem. Art. 60 Abs. 3 CC dem Personalstatut des Adoptierenden (dessen Heimatrecht, d.h. dem Recht der Staatsangehörigkeit). Für den Fall der Adoption durch Ehegatten wird indes auf das in Art. 57 CC für die Beziehungen zwischen Eltern und Kindern anwendbare Recht verwiesen.[133]

---

133 Art. 60 Abs. 3 CC; siehe dazu *Jayme*, Kollisionsnormen im neuen portugiesischen Staatsangehörigkeitsgesetz vom 3.10.1981, IPRax 2004, 269.

Rumänien

Raluca Oancea, Rechtsanwältin, Bukarest

Literatur

Bacaci/Dumitrache/Codruta Hageanu, Dreptul familiei, In reglementarea noului Cod civil, 7. Aufl.,
Bukarest 2012; *Bodoasca/Draghici/Puie*, Dreptul familiei. Conform noului Cod Civil. Curs universi-
tar, 2. Auflage, Universul Juridic, Bukarest 2013; *Lupascu/Craciunescu*, Dreptul familiei, 2. Auflage,
Universul Juridic, Bukarest 2012; *Tanase*, Noul Cod civil. Persoana fizica. Despre familie, Bukarest
2012; *Avram*, Drept civil. Familia, 2. Auflage, *Hamangiu*, Bukarest, 2016, *Florian*, Drept civil,
5. Auflage, C. H. Beck, Bukarest, 2016, *Bormann*, in: Bergmann/Ferid/Henrich (Hrsg.), Länderteil
Rumänien in Internationales Ehe- und Kindschaftsrecht, 6. Auflage, 2012.
Angesichts der Tatsache, dass das novellierte rumänische Eherecht erst seit kurzer Zeit in Kraft ist,
liegt sonst bisweilen keine weiterführende deutschsprachige Literatur vor. Die bisher erschienenen

einschlägigen Werke in rumänischer Sprache beschränken sich im Wesentlichen auf die angeführten Kommentare und Lehrbücher.

A. Vorbemerkung

1   Nach dem Ende des kommunistischen Systems in Rumänien wurde 1991 eine neue Verfassung verabschiedet, die in 2003 in zahlreichen Vorschriften überarbeitet wurde.[1] Die **Familie** wird in dem Abschnitt über die Grundrechte und Freiheiten der Bürger behandelt und wird damit zur **vom Staat geschützten Institution**. Nach den einschlägigen Vorschriften wird die Familie durch die **Eheschließung** zwischen den Ehegatten begründet; die Eltern haben das Recht und die Pflicht, für die Erziehung der Kinder zu sorgen, wobei Kinder aus der Ehe den außerehelichen Kindern **gleichgestellt** werden.

2   Das zu Beginn der staatssozialistischen Periode verabschiedete **Familiengesetzbuch**[2] galt nach der Wende in weiten Teilen nahezu unverändert weiter. Es enthielt in drei Titeln Regelungen zum Eherecht, über die Verwandtschaft sowie über die Sorge für beschränkt geschäftsfähige und geschäftsunfähige Personen. Lediglich die im 2. Titel enthaltenen Regelungen über das Kindschaftsrecht waren schon während des ersten Jahrzehnts nach dem Systemwechsel Gegenstand spezialgesetzlicher Änderungen.

3   Zum 1.10.2011 trat in Rumänien ein **neues Zivilgesetzbuch (ZGB)**[3] in Kraft, das auch die zwischenzeitlich in das Familiengesetzbuch ausgelagerten familienrechtlichen Regelungen, allerdings vielfach in modifizierter Form, wieder enthält. Das **Eherecht** ist im ZGB im 2. Buch (Über die Familie), Titel II, Art. 266–404 geregelt. Darüber hinaus enthält das Gesetz Nr. 71/2011 (Einführungsgesetz zum Zivilgesetzbuch)[4] in den Art. 24–51 eine Sektion mit Übergangsbestimmungen zum 2. Buch des ZGB.

4   Zum 15.2.2013 ist in Rumänien durch das Gesetz Nr. 134/2010[5] eine grundlegend novellierte **Zivilprozessordnung (NZPO)**[6] in Kraft getreten, welche bereits zweimal nach wiederholten Änderungen und Ergänzungen neu veröffentlicht wurde.[7]

5   Rumänien ist zum 1.1.2007 der **EU beigetreten**, deren bestehende Rechtsakte im Bereich des Eherechts mithin ohne Einschränkungen gelten. Auf familienrechtlichem und zivilprozessualem Gebiet ist Rumänien Teilnehmerstaat zahlreicher internationaler Abkommen, diese gehen gem. Art. 2557 ZGB den Regelungen des ZGB vor.[8] Die IPR-Vorschriften betreffend die Familie sind nach der ZGB-Novelle in das Gesetzbuch übernommen worden (Art. 2585–2612 ZGB), nachdem sie ab 1992 in einem Spezialgesetz enthalten waren.

---

1 Übersetzung Verf. Jahrbuch.
2 Familiengesetzbuch vom 29.12.1953, Buletinul Oficial (Gesetz- und Verordnungsblatt bis 1990; nachfolgend: B. Of.) Nr. 1/1954.
3 Gesetz Nr. 287/2009, Neuveröffentlichung vom 15.7.2011, Monitorul oficial Nr. 505 (Gesetz- und Verordnungsblatt ab 1990; nachfolgend: M. Of.).
4 Gesetz Nr. 71/2011 über die Einführung des Zivilgesetzbuches, veröffentlicht im M. Of. Nr. 409 vom 10.6.2011.
5 Gesetz Nr. 134/2010 über die Zivilprozessordnung, veröffentlicht im M. Of. 485 vom 15.7.2010.
6 Gesetz Nr. 134/2009, veröffentlicht im M. Of. Nr. 485 vom 15.7.2010.
7 1. Neuveröffentlichung im M. Of. 545 vom 3.8.2012; 2. Neuveröffentlichung im M. Of. 247 vom 10.4.2015.
8 Im Bereich des Eherechts u.a. New Yorker UN-Übereinkommen vom 10.12.1962 über die Erklärung des Ehewillens, das Heiratsmindestalter und die Registrierung von Eheschließungen, für Rumänien in Kraft getreten am 24.4.1993, M. Of. Nr. 330/1992.

B. Eheschließung

I. Materielle Voraussetzungen

1. Verlöbnis

Das verbreitete übliche **Verlöbnis** ist keine Ehevoraussetzung, wurde aber im neuen ZGB   6
in einem eigenen Kapitel geregelt.[9] Das Verlöbnis erzeugt zwar keine eherechtliche Wirkung,
etwa im Sinne eines Anspruchs auf Eheschließung, jedoch können sich aus der Auflösung
eines Verlöbnisses zivilrechtliche Herausgabeansprüche bzw. Ansprüche auf Aufwendungs-
ersatz ergeben (Art. 268 f. ZGB). Die materiellen Voraussetzungen für die wirksame Eingehung eines Verlöbnisses entsprechen denen der Eheschließung, insbesondere ist auch das
Verlöbnis nur zwischen geschlechtsverschiedenen Personen zulässig, die grundsätzlich volljährig sein müssen.

2. Eheschließung

Materielle Voraussetzung der Eheschließung ist zunächst die **Geschlechtsverschiedenheit**   7
der zukünftigen Ehegatten. Diese wird im neuen ZGB nun ausdrücklich verlangt. Weiterhin
bedarf es einer **freiwilligen Einwilligungserklärung** der Beteiligten (Art. 271 ZGB). Diese
ist von den zukünftigen Eheleuten persönlich vor dem Standesbeamten abzugeben, eine
Vertretung kommt nicht in Betracht. Das **Mindestalter** für die Eheschließung ist 18 Jahre,
unter bestimmten Voraussetzungen (z.B. ärztliche Bescheinigung, Einwilligung der Eltern)
können auch Minderjährige heiraten, die das 16. Lebensjahr bereits vollendet haben
(Art. 272 ZGB). Schließlich ist die **Abwesenheit von Ehehindernissen** Voraussetzung für
eine wirksame Eheschließung. Hierzu zählt das Verbot der Doppelehe, der Eheschließung
zwischen Verwandten (in der geraden Linie und in der Seitenlinie bis einschließlich vierten
Grades; begründete Ausnahmen für Verwandte des vierten Grades der Seitenlinie sind
möglich) sowie zwischen Vormund und Mündel.

3. Nichtigkeit der Ehe

Das Gesetz unterscheidet zwischen absoluten und relativen Nichtigkeitsgründen   8
(Art. 293 ff. ZGB). Im ersten Fall tritt die Nichtigkeit kraft Gesetzes ein, im zweiten Fall
kann die Nichtigkeit durch ein Gericht erklärt werden.

a) Fälle der absoluten Nichtigkeit

Das **Fehlen gesetzlicher Ehevoraussetzungen** bzw. die Eheschließung trotz bestehender   9
Ehehindernisse hat grundsätzlich deren absolute Nichtigkeit zur Folge. Dies gilt ohne
Einschränkung bei Fehlen der freiwilligen Einwilligungserklärung, beim Verstoß gegen das
Bigamieverbot und gegen das Verbot der Verwandtenehe sowie bei einem Verstoß gegen
das Gebot der persönlichen Abgabe der Eheerklärung vor dem Standesbeamten. Die Ehe
mit Minderjährigen, die das 16. Lebensjahr noch nicht vollendet haben, ist grundsätzlich
absolut nichtig. Erreichen jedoch beide Eheleute bis zur Rechtskraft des gerichtlichen
Urteils über den Bestand der Ehe die Volljährigkeit, hat die Ehe Bestand; Gleiches gilt,
wenn die Ehefrau bis zu diesem Zeitpunkt gebiert oder schwanger wird.

---

9 2. Buch, 2. Titel, 1. Kapitel, Art. 266–270 ZGB.

10   Ebenfalls als von Beginn an nichtig anzusehen ist die **Scheinehe**. Darunter wird eine Ehe verstanden, die zu anderen Zwecken geschlossen wird als dem, eine Familie zu gründen (Art. 295 ZGB). Auch dieser Nichtigkeitsgrund wird jedoch geheilt, wenn die Eheleute bis zur Rechtskraft des gerichtlichen Urteils über den Bestand der Ehe in ehelicher Gemeinschaft zusammenleben oder die Ehefrau bis zu diesem Zeitpunkt gebiert oder schwanger wird.

b) Fälle der relativen Nichtigkeit

11   Das Gesetz sieht grundsätzlich **vier Gründe** der relativen Nichtigkeit vor, nämlich
   - das Fehlen von erforderlichen Bescheinigungen bzw. Einwilligungen,
   - das Vorliegen eines Irrtums, einer Drohung oder einer arglistigen Täuschung,
   - die zeitweilige Geschäftsunfähigkeit des Ehegatten sowie
   - die Ehe zwischen Vormund und Mündel.

12   Im ersten Fall kann nur diejenige Person, deren Einwilligung nicht vorliegt, die Aufhebung der Ehe beantragen. Im zweiten Fall kann die Aufhebung nur von dem Ehegatten beantragt werden, der sich bei der Eheschließung in einem der genannten Fälle befand. Die **Verjährungsfrist** beträgt für alle Fälle sechs Monate.

13   Die Nichtigkeitsgründe können **geheilt** werden, wenn bis zur Rechtskraft des Urteils alle gesetzlich vorgesehenen Genehmigungen eingeholt wurden bzw. wenn die Eheleute die Ehe sechs Monate lang nach Erlöschen des Irrtums/der Drohung weitergeführt haben. Auch allgemein wird die Nichtigkeit als geheilt betrachtet, sofern die Ehegatten bis zur rechtskräftigen Entscheidung des Gerichts volljährig wurden oder wenn die Ehefrau bis dahin gebiert oder schwanger wird.

c) Folgen der Nichtigkeit oder Aufhebung der Ehe

14   Die Nichtigkeit oder die Aufhebung der Ehe kann nur durch **gerichtliches Urteil** festgestellt bzw. erklärt werden.

Hinsichtlich der Rechtsfolgen **zwischen den Ehegatten** differenziert das Gesetz nicht danach, ob ein absoluter oder ein relativer Nichtigkeitsgrund vorliegt, sondern unterscheidet nach dem Kriterium der **Gutgläubigkeit** der Eheleute (Art. 304 ZGB). Danach wird der gutgläubige Ehegatte bis zum Zeitpunkt einer rechtskräftigen Entscheidung des zuständigen Gerichts über die Nichtigkeit bzw. Auflösung der Ehe so gestellt, als sei die Ehe wirksam gewesen. Für die güterrechtliche Auseinandersetzung gelten auch im Falle der Nichtigkeit bzw. der Auflösung einer Ehe wegen des Vorliegens eines relativen Nichtigkeitsgrundes die Bestimmungen entsprechend, die auch im Falle einer Scheidung anzuwenden wären.

15   Die Nichtigkeit oder die Aufhebung der Ehe entfaltet jedoch keine Rechtsfolgen in Bezug auf die **Kinder**, da diese kraft Gesetzes die Stellung ehelicher Kinder behalten. Die Rechte und Pflichten zwischen den Eltern und Kindern bestimmen sich in diesem Fall nach den Vorschriften, die auch im Falle der Ehescheidung anzuwenden wären.

16   Das Urteil über die Nichtigerklärung oder Aufhebung der Ehe kann **Dritten** entgegengehalten werden unter Befolgung der Vorschriften, die auf die Publizität der Güterstandsvereinbarungen Anwendung finden. Dritten, die einen Vertrag mit dem Ehegatten vor der Nichtigerklärung der Ehe abgeschlossen haben, kann das Urteil nicht entgegengehalten werden, außer wenn die Publizität der Klage auf Nichtigerklärung oder Aufhebung der Ehe ordnungsgemäß erfolgte oder falls diese nachweislich in anderer Weise und bereits vor dem Abschluss des Vertrages Kenntnis über den Grund der Nichtigkeit oder Aufhebbarkeit erlangt hatten (Art. 306 ZGB).

Oancea

II. Sachlich zuständige Behörde

Nur die vor dem **Standesbeamten** geschlossene Ehe erzeugt rechtliche Wirkungen (Art. 279   17
ZGB). Keine Rechtswirkung kommt dagegen **religiösen Eheschließungen** zu; die betreffende religiöse Zeremonie darf auch erst nach der standesamtliches Eheschließung durchgeführt werden (Art. 259 ZGB).

Im Falle der Beteiligung von **Ausländern** an der Ehe sieht das Gesetz Nr. 119/1996 über   18
die standesamtlichen Eintragungen[10] die Pflicht des zukünftigen ausländischen Ehegatten
zur Vorlage eines **Ehefähigkeitszeugnisses** vor, in der Regel von der Botschaft/dem Konsulat des Staates, dessen Staatangehöriger er ist. Darüber hinaus hat dieser auch die Pflicht,
eine notarielle Erklärung an Eides statt über die Erfüllung der Voraussetzungen für die
Eheschließung in Rumänien abzugeben. Nicht zuletzt müssen die zukünftigen Ehegatten
auch vor dem Standesamt eine Erklärung darüber abgeben, dass ihnen keine Hindernisse
für die Eheschließung bekannt sind.

III. Kollisionsrecht der Eheschließung

Bei Beteiligung eines **Ausländers** an der Ehe sieht Art. 2586 ZGB vor, dass die materiellen   19
Voraussetzungen für die Eheschließung grundsätzlich von dem nationalen Gesetz eines
jeden Ehegatten bestimmt werden. Eine Ausnahme liegt jedoch dann vor, wenn das nationale Recht des Ausländers Hindernisse vorsieht, welche nach rumänischem Recht mit der
Freiheit der Eingehung einer Ehe unvereinbar wären, und nur wenn die Ehe auf dem
Hoheitsgebiet Rumäniens abgeschlossen wird. In diesem Fall wird das betreffende Hindernis als unanwendbar betrachtet.

Die **im Ausland** standesamtlich geschlossenen Ehen werden in Rumänien **anerkannt**, unab-   20
hängig davon, ob sie in der EU oder im restlichen Ausland eingegangen wurden. Die
Anerkennung erfolgt durch die Eintragung der Ehe bei dem Standesamt, in dessen Bezirk
der rumänische Staatsbürger seinen Wohnsitz hat.[11]

C. Folgen der Eheschließung

I. Überblick

Das neue rumänische ZGB lässt, anders als die Vorgängerregelung, neben dem gesetzlichen   21
Güterstand noch weitere Güterstände zu. Während nach dem zuvor geltenden ZGB die
gesetzliche Gütergemeinschaft in der Ausgestaltung als **Errungenschaftsgemeinschaft**
der einzig mögliche eheliche Güterstand war, sind nun auch abweichende vertragliche
Regelungen zulässig. Über die praktische Relevanz der neuen Güterstände lässt sich mit
Blick auf die verhältnismäßig kurze Geltung der neuen, liberaleren Regelung noch nicht
verlässlich Auskunft geben. Mit Blick auf die noch unter dem alten Recht geschlossen Ehen,
die jahrzehntelang gewachsene Rechtstradition und die Tatsache, dass die **Errungenschaftsgemeinschaft** weiterhin der **gesetzliche Regelgüterstand** ist, wird dieser Güterstand auch
künftig die ehelichen Vermögensbeziehungen dominieren. Die nachfolgenden Ausführungen setzen hier daher einen deutlichen Schwerpunkt.

---

10 Gesetz Nr. 119/1996 über die standesamtlichen Eintragungen, 2. Neuveröffentlichung, M. Of. Nr. 339
     vom 18.5.2012.
11 Art. 41 des Gesetzes Nr. 119/1996 über die standesamtlichen Eintragungen, 2. Neuveröffentlichung,
     M. Of. Nr. 339 vom 18.5.2012.

22   Neben der Errungenschaftsgemeinschaft regelt das neue ZGB die **Gütertrennung** und
      den gesetzlichen Rahmen für vom gesetzlichen Güterstand abweichende **ehevertragliche
      Regelungen**. Eine Änderung der güterständlichen Regelung während der Ehe ist unter
      Beachtung besonderer Voraussetzungen möglich.

II. Die gesetzliche Gütergemeinschaft

1. Grundsätze

23   Bei der gesetzlichen Gütergemeinschaft handelt es sich um die schon im alten ZGB geregelte
      Errungenschaftsgemeinschaft, die nun detaillierter ausgestaltet wurde. Die gesetzliche
      Gütergemeinschaft ist der gesetzliche Güterstand, er ist im ZGB hinsichtlich seiner Ausge-
      staltung, der Wirkungen und der Auseinandersetzung bei Beendigung der Ehe recht detail-
      liert geregelt (Art. 339 ff. ZGB).

24   Die Güter, die von jedem der Ehegatten während der gesetzlichen Gütergemeinschaft er-
      worben werden, sind vom Zeitpunkt des Erwerbs an beiden Eheleuten als **Miteigentum**
      zugeordnet. Ausschließlich im persönlichen Eigentum des einzelnen Ehegatten stehen dage-
      gen Güter, die durch die gesetzliche Erbfolge oder Schenkung erworben wurden, Güter
      des persönlichen Gebrauchs sowie Güter, die der Ausübung der beruflichen Tätigkeit des
      jeweiligen Ehegatten dienen; hiervon ausgenommen sind allerdings wiederum Bestandteile
      eines Betriebsvermögens, das insgesamt im gemeinsamen Eigentum der Ehegatten steht.

25   Besondere Regelungen gelten darüber hinaus für Vermögensrechte des geistigen Eigentums
      sowie für Versicherungsleistungen oder Schadensersatz für Vermögensschäden, die einem
      der Eheleute persönlich zugefügt wurden, schließlich auch für solche Güter, Geldbeträge
      oder sonstige Werte, die ein eigenes Gut des Ehegatten ersetzen, und für die Früchte der
      eigenen Güter.[12]

26   Für Arbeitseinkommen und gleichgestellte Einnahmen sowie Beträge aus der Altersversor-
      gung aus der Sozialversicherung und vergleichbare Leistungen gilt, dass diese dann Bestand-
      teil des gemeinsamen Eigentum sind, wenn der zugrunde liegende Zahlungsanspruch wäh-
      rend des Bestehens der Gütergemeinschaft fällig wird, und zwar unabhängig vom Zeitpunkt,
      zu dem diese Ansprüche erworben wurden.

2. Verfügung und Nutzung; Haftung; Verwertung

27   Jeder Ehegatte kann über seine **eigenen Güter** grundsätzlich frei **verfügen**. Hinsichtlich
      der Zuordnung gilt, dass die Eigenschaft als gemeinsames Gut nicht bewiesen zu werden
      braucht. Der Beweis, dass es sich um ein eigenes Gut des Ehegatten handelt, kann durch
      jedes gemäß der rumänischen ZPO zulässige **Beweismittel** erbracht werden. Um die Be-
      weisführung zu erleichtern, sieht das Gesetz vor, dass für bewegliche Güter, die vor der
      Heirat erworben wurden, vor der Eheschließung ein **Inventar** aufzustellen ist. Dieses
      Inventar kann sowohl privatschriftlich als auch durch einen Notar gefertigt werden. Fehlt
      ein solches Inventar in Gänze oder erfasst es bestimmte Güter nicht, wird bis zum Beweis
      des Gegenteils vermutet, dass es sich insoweit um gemeinsame Güter handelt.

      Hinsichtlich **öffentlicher Register** über die Zuordnung von Vermögensgütern gilt, dass
      jeder Ehegatte die Eintragung eines Vermerks beantragen kann, der die Zugehörigkeit zum
      gemeinsamen Eigentum bescheinigt.

---

12 *Atanasiu/Dimitru/Dobre*, Noul Cod Civil, Bukarest 2011, Anmerkungen zu Art. 312–313.

In Bezug auf die **gemeinsamen Güter** gilt der Grundsatz, dass die Ehegatten diese auch ohne ausdrückliche Zustimmung des anderen Ehegatten **nutzen** dürfen. Allerdings kann eine Änderung der Bestimmung des gemeinsamen Gutes nur mit Zustimmung des anderen Ehegatten vorgenommen werden. Verfügt ein Ehegatte über ein gemeinsames Gut ohne die Zustimmung des anderen Ehegatten, so ist diese Verfügung gegenüber gutgläubigen Dritten dennoch wirksam und der in seinen Rechten beeinträchtigte Ehegatte wird auf Schadensersatzansprüche gegenüber dem Ehegatten verwiesen, der den Rechtsakt vorgenommen hat. Besondere Regelungen gelten jedoch für Rechte an **unbeweglichen Gütern**. Über diese Rechte kann nur mit **Zustimmung beider Ehegatten** verfügt oder anderweitig disponiert werden. Hiervon sind jedoch solche beweglichen gemeinsamen Güter ausgenommen, deren Veräußerung nicht bestimmten Publizitätspflichten unterliegt. Ausgenommen von dieser Regelung sind ebenso gewöhnliche Geschenke. Soweit nach dem Gesetz die Zustimmung des anderen Ehegatten erforderlich ist, sind Rechtsakte, die ohne Zustimmung geschlossen wurden, anfechtbar. Dies gilt jedoch nicht gegenüber dritten Erwerbern, die sich mit der nötigen Sorgfalt über die Rechtsnatur des Gutes informiert haben.

28

Gemeinsame Güter können als **Einlage** in eine **Gesellschaft**, einen Verein oder ein Stiftungsvermögen eingebracht werden, jedoch bedarf es hierzu der schriftlichen Zustimmung des anderen Ehegatten. Im Fall von Anteilen an Aktiengesellschaften gilt jedoch, dass die Verfügung wirksam bleibt und der Ehegatte, der seine Zustimmung nicht erteilt hat, wiederum auf Schadensersatzansprüche gegenüber dem Ehegatten verwiesen wird, der das Rechtsgeschäft vorgenommen hat. In diesem Fall nimmt der Ehegatte, der das Rechtsgeschäft über die Gesellschaftsanteile geschlossen hat, die Gesellschafterstellung wahr, die Gesellschaftsanteile selbst werden jedoch Teil des gemeinsamen Eigentums. Der andere Ehegatte kann jedoch nachträglich in die Gesellschafterstellung eintreten, und zwar grundsätzlich über die Hälfte der erworbenen Anteile, es sei denn, eine Vereinbarung zwischen den Eheleuten regelt ein abweichendes Vorgehen.

29

Hinsichtlich der **Verfügung von Todes wegen** gilt, dass jeder Ehegatte durch Legat über den Teil der gemeinsamen Güter verfügen kann, der ihm bei Beendigung der Ehe zustehen würde.

30

Die Ehegatten **haften** hinsichtlich der gemeinsamen Güter für Verbindlichkeiten aus Erhaltungsverwaltung und Erwerb, für Verbindlichkeiten, zu denen sie sich gemeinsam vertraglich verpflichtet haben, für solche Verbindlichkeiten, die von jedem der Ehegatten zur Deckung der allgemein üblichen Kosten der Eheschließung eingegangen wurden, und schließlich auch für den Ersatz eines Schadens, der dadurch entstanden ist, dass sich einer der Ehegatten Güter Dritter angeeignet hat, jedoch nur in dem Maße, in dem durch diese Aneignung das Vermögen an gemeinsamen Gütern vermehrt wurde. Das Gesetz regelt weiterhin eine Haftung der Ehegatten mit ihrem persönlichen Vermögen für gemeinsame Verbindlichkeiten. In einem solchen Haftungsfall erwirbt der mit seinem persönlichen Vermögen haftende Ehegatte gegenüber dem anderen Ehegatten ein Zurückbehaltungsrecht an dessen persönlichen Gütern, das so lange besteht, bis dieser die zugrunde liegende Forderung vollständig ausgeglichen hat.

31

Hinsichtlich der **Verwertung** gemeinsamer Güter gilt der Grundsatz, dass diese nicht durch einen persönlichen Gläubiger eines Ehegatten verwertet werden können. Jedoch kann ein solcher persönlicher Gläubiger die Teilung der gemeinsamen Güter insoweit verlangen, als dies erforderlich ist, um seine Forderung vollständig zu befriedigen. Eine ähnliche Regelung gilt auch für das **Arbeitseinkommen**. Dieses kann grundsätzlich nicht zur Erfüllung von Verbindlichkeiten herangezogen werden, die von dem anderen Ehegatten eingegangen wurden den.

32

Oancea

3. Auflösung der gesetzlichen Gütergemeinschaft

33   Die Gütergemeinschaft kann bei ihrer Beendigung durch **gerichtliche Entscheidung** oder in einem **Verfahren vor einem Notar** aufgelöst werden. Wird die Gütergemeinschaft durch den **Tod** eines Ehegatten beendet, erfolgt die Auflösung zwischen dem überlebenden Ehegatten und den Erben des verstorbenen Ehegatten. Die Verbindlichkeiten des verstorbenen Ehegatten werden in diesem Fall entsprechend deren Erbquote aufgeteilt.

34   Wird die Gütergemeinschaft infolge der Auflösung der Ehe beendet, bleiben die Ehegatten so lange Miteigentümer der gemeinsamen Güter, bis das Gericht die jedem der Ehegatten zustehende Quote festgesetzt hat. Die **Bestimmung der Quote** erfolgt grundsätzlich nach dem Beitrag, den der jeweilige Ehegatte zum Erwerb der gemeinsamen Güter und zur Begleichung von gemeinsamen Verbindlichkeiten geleistet hat. Allerdings ist bis zum Beweis des Gegenteils davon auszugehen, dass jeder Ehegatte den gleichen Beitrag zum Erwerb der gemeinsamen Güter geleistet hat.

35   Eine **Teilung** der gemeinsamen Güter kann auch jederzeit **während der Ehe** vorgenommen werden, und zwar durch eine gütliche Teilung vor dem Notar oder, im Streitfall, durch ein gerichtliches Verfahren. Die Errungenschaftsgemeinschaft hinsichtlich nach der Teilung erworbener Güter bleibt jedoch auch dann bestehen, wenn sämtliche gemeinsamen Güter der Eheleute zu einem bestimmten Zeitpunkt auf diese Weise aufgeteilt wurden.

III. Die Gütertrennung

36   Der Güterstand der Gütertrennung ist ebenfalls in einem eigenen Kapitel des familienrechtlichen Teils des ZGB geregelt (Art. 360–365). Für diese gilt, dass jeder Ehegatte Eigentümer der Güter ist, die ihm bereits vor der Eheschließung gehörten, sowie jener, die er nachfolgend im eigenen Namen erwirbt. Durch **Ehevertrag** können die Ehegatten bestimmen, wie ein Ausgleich der auf diese Weise jeweils zum persönlichen Eigentum erworbenen Güter bei Beendigung der Ehe erfolgen soll. Fehlt eine derartige Vereinbarung, so wird von einer **hälftigen Quote** ausgegangen. Der **Ausgleich** ist durch Geldzahlung oder in Natur vorzunehmen.

37   Bei Einführung dieses Güterstandes ist zunächst von einem Notar ein **Verzeichnis** der jeweils dem Ehegatten persönlich gehörenden Güter anzulegen. Ein solches Verzeichnis kann auch für den weiteren Verlauf für die während der Ehe zu persönlichem Eigentum gewordenen Güter erstellt werden. Damit die Wirkungen dieses Güterstandes auch gegenüber Dritten Bestand haben, unterliegt das Verzeichnis den gleichen Publizitätsanforderungen wie der Ehevertrag selbst. Fehlt ein notarielles Inventar, wird bis zum Beweis des Gegenteils angenommen, dass die Güter dem Ehegatten gehören, der sie besitzt. Diese Vermutung gilt jedoch nicht für unbewegliche Güter, die gesetzlichen Publizitätsanforderungen unterliegen. Hier ist zum Beweis des Alleineigentums ein entsprechender Vermerk im einschlägigen Publizitätsregister anzubringen.

38   Gemeinsam erworbene Güter erwerben die in Gütertrennung lebenden Ehegatten zum **hälftigen Miteigentum**. Erwirbt einer der Ehegatten ein Gut unter Verwendung von Gütern, die im Alleineigentum des anderen Ehegatten standen, so kann dieser Ehegatte nach seiner Wahl entweder eine dem Anteil der verwendeten Güter entsprechende Miteigentumsquote oder aber Schadensersatz verlangen.

39   Im Falle der Gütertrennung **haftet** ein Ehegatte nicht für Verbindlichkeiten aus Rechtsakten, die der andere Ehegatte geschlossen hat. Eine Ausnahme von diesem Grundsatz gilt

hinsichtlich der Aufwendungen für die Eheschließung und für die Mittel, die für die Erziehung der gemeinsamen Kinder aufgewendet werden.

IV. Die vertragliche Gütergemeinschaft

Bei der vertraglichen Gütergemeinschaft handelt es sich nicht um einen separaten Güterstand, vielmehr fasst die Regelung alle jene Fälle zusammen, in denen die Ehegatten hinsichtlich einzelner oder mehrerer Aspekte und im zulässigen gesetzlichen Rahmen von den gesetzlichen Bestimmungen der gesetzlichen Gütergemeinschaft abweichen, ohne dass eine Gütertrennung vorliegt. Mit Letzterer hat sie gemeinsam, dass die von den Ehegatten gewünschten Abweichungen durch einen **notariellen Ehevertrag** zu regeln sind. Abweichungen sind zulässig hinsichtlich: 40

- der ganzen oder teilweisen Aufnahme von eigenen Gütern oder eigenen Verbindlichkeiten, die vor der Eheschließung entstanden sind; 41
- einer Beschränkung der Errungenschaftsgemeinschaft hinsichtlich bestimmter Güter oder Verbindlichkeiten, gleich ob diese vor Eheschließung oder danach erworben wurden;
- des Erfordernisses der Zustimmung eines oder des jeweils anderen Ehegatten für Akte, die der Erhaltungsverwaltung gemeinsamer Güter dienen, und schließlich
- Regelungen bezüglich der Auflösung der Gütergemeinschaft bei deren Beendigung.

Für die vertragliche Gütergemeinschaft gilt der Grundsatz, dass die **Regeln der gesetzlichen Gütergemeinschaft** anzuwenden sind, soweit die Ehegatten nicht durch den Ehevertrag Abweichendes bestimmt haben.

V. Änderung des Güterstandes

Die **güterstandsbezogenen** Regelungen des Ehevertrages können auch nach der Heirat verändert werden. Die Änderung hat grundsätzlich durch eine gemeinsam beschlossene Anpassung des Ehevertrages zu erfolgen, kann im Ausnahmefall jedoch auch auf gerichtlichem Wege vorgenommen werden. 42

Für die **vertragliche Änderung** gilt, dass diese frühestens nach Ablauf eines Jahres nach der Eheschließung möglich ist. Der bestehende Güterstand kann dabei unter Beachtung der auch für die Neubegründung der Güterstände geltenden Regelungen abgeändert werden. Soweit durch die Änderung Interessen von Gläubigern betroffen sind, können diese innerhalb eines Jahres gerichtlich gegen die Änderung vorgehen. Die dafür maßgebliche Frist beginnt mit der Kenntnis des jeweiligen Gläubigers von der Änderung des Güterstandes zu laufen, spätestens jedoch mit der Bekanntmachung der Änderung im Güterstandsregister. Werden die Änderungen jedoch in der Absicht vorgenommen, bestimmte Gläubiger zu benachteiligen, können diese ohne Beachtung einer Frist jederzeit geltend machen, dass die Änderungen ihnen gegenüber nicht wirksam sind. 43

Eine **gerichtliche Änderung** des Güterstandes kommt nur unter engen Voraussetzungen in Betracht. Einer der Ehegatten kann dann die gerichtliche Gütertrennung beantragen, wenn die Ehegatten im Güterstand der gesetzlichen, ggf. auch vertraglich modifizierten, Gütergemeinschaft leben und der andere Ehegatte Handlungen vornimmt, die die vermögensrechtlichen Interessen der Familie gefährden. Durch Gerichtsurteil wird dann die Beendigung der Gütergemeinschaft verfügt, nachfolgend finden dann die Bestimmungen über die Gütertrennung Anwendung. Die Wirkungen der Gütertrennung treten zwischen den Eheleuten grundsätzlich ab Antragstellung ein, es sei denn, das Gericht verfügt auf Antrag 44 eines der Ehegatten, dass diese erst mit der Verfügung der Gütertrennung durch das Gericht Wirkung erlangen.

VI. Ehelicher Unterhalt (Art. 325–328 ZGB)

45   Die Ehegatten sind verpflichtet, sich gegenseitig materiell zu unterstützen. Soweit im Ehevertrag nichts anderes geregelt ist, tragen sie die entsprechenden Aufwendungen im Verhältnis der ihnen jeweils zur Verfügung stehenden Mittel. Eine Vereinbarung, die vorsieht, dass die Tragung der ehelichen Aufwendungen nur einem der Ehegatten obliegt, ist nichtig. Die **Arbeit im Haushalt** und bei der **Kindererziehung** stellt nach dem Gesetz einen Beitrag zu den ehelichen Aufwendungen dar. Unterstützt einer der Ehegatten den anderen bei der Ausübung von dessen beruflicher Tätigkeit, so kann unter bestimmten Umständen ein Ausgleichsanspruch bestehen.

46   Eine explizite Regelung des **Trennungsunterhalts** besteht auch im neuen ZGB nicht. Nach der zur Vorgängerregelung entwickelten Rechtsprechung ist die Leistung von Unterhalt während der Ehe an das Zusammenleben der Ehegatten in der gemeinsamen Ehewohnung geknüpft. Fehlt es an einem solchen Zusammenleben, besteht in der Regel auch kein Unterhaltsanspruch. Ausnahmen können dann eingreifen, wenn das Getrenntleben in berechtigter Weise erfolgt, einer der Ehegatten also etwa aus beruflichen Gründen nicht in der Ehewohnung wohnt. Ein vom Zusammenleben in der Ehewohnung unabhängiger Unterhaltsanspruch besteht grundsätzlich, wenn auch unter engen Voraussetzungen, erst ab der Scheidung.

VII. Name

47   Das eheliche Namensrecht ist in der Neuregelung des ZGB recht liberal gestaltet. Die Ehegatten können sich danach entweder darauf einigen, ihre vor der Eheschließung geführten Namen weiterzuführen, den Namen des einen oder des anderen Ehegatten anzunehmen oder auch einen aus beiden Namen gebildeten Doppelnamen zu führen. Schließlich kann auch ein Ehegatte seinen vor der Eheschließung geführten Namen beibehalten, während der andere einen Namen führt, der aus den beiden Namen der Ehegatten gebildet wird, die diese jeweils vor der Eheschließung geführt haben. Die Entscheidung für die von den Ehegatten zu führenden Namen gilt während der gesamten Dauer der Ehe.[13] Eine Änderung kann auf verwaltungsrechtlichem Wege nur mit Zustimmung des anderen Ehegatten vorgenommen werden.

VIII. Sonstige Ehewirkungen

48   Neben den vermögensrechtlichen Verhältnissen sind auch die persönlichen Verhältnisse der Ehegatten im ZGB geregelt. Die insoweit maßgeblichen Vorschriften gelten unabhängig vom Güterstand, den die Ehegatten gewählt haben. Danach bestimmen beide Ehegatten gemeinsam über alle **ehelichen Angelegenheiten**. Das Gesetz sieht grundsätzlich eine Pflicht der Ehegatten vor, in der **ehelichen Wohnung zusammenzuleben**, ein Getrenntleben kommt nur aus wichtigem Grund in Betracht. Weiterhin regelt das Gesetz explizit, dass die Ehegatten, soweit ihre ehelichen Pflichten nicht berührt sind, in ihrer **persönlichen Lebensführung unabhängig voneinander** sind.

---

13 *Atanasiu/Dimitru/Dobre*, Noul Cod Civil, Bukarest 2011, Anmerkungen zu Art. 307–311.

IX. Möglichkeiten vertraglicher Gestaltung

Die Möglichkeiten zur vertraglichen Gestaltung der ehelichen Verhältnisse sind explizit   49
für die vermögensrechtlichen Verhältnisse der Eheleute geregelt. Darüber hinaus können
vertragliche Vereinbarungen zwischen den Eheleuten insoweit getroffen werden, als diese
nicht im Widerspruch zu den gesetzlichen Bestimmungen über die Ehewirkungen stehen;
ein ausdrückliches Verbot besteht u.a. insoweit, als es nicht möglich ist, die Pflicht zur
Tragung der ehelichen Aufwendungen allein einem der Ehegatten zu übertragen.

X. Kollisionsrecht der Ehefolgen

Das Kollisionsrecht der Ehefolgen ist in einem eigenen Abschnitt des ZGB detailliert   50
geregelt (Art. 2589–2595). Allgemein gilt sowohl für die persönlichen Ehewirkungen als
auch für die vermögensrechtlichen Wirkungen das Recht des gemeinsamen Aufenthalts der
Ehegatten und, falls dieser fehlt, das Recht der gemeinsamen Staatsangehörigkeit. Ist auch
eine solche nicht vorhanden, knüpft das Gesetz an den Ort der Eheschließung an. Ausnahmen gelten hinsichtlich der gemeinsamen Ehewohnung, die dem Lageort unterliegen.

Hinsichtlich des **Güterstandes** können die Ehegatten das anwendbare Recht innerhalb   51
eines vorgegebenen gesetzlichen Rahmens frei **wählen**. Danach können die Ehegatten das
Recht des Ortes bestimmen, an dem einer von ihnen seinen gewöhnlichen Aufenthalt hat,
das Recht des Staates, dessen Staatsangehöriger einer von ihnen ist, oder aber das Recht des
Staates, in dem die Ehegatten zusammen zum ersten Mal einen gemeinsamen gewöhnlichen
Aufenthalt begründen. Die Rechtswahl kann vor, mit oder nach der Eheschließung erfolgen;
in formeller Hinsicht gilt das gewählte Recht, jedoch verlangt das Gesetz zumindest eine
ausdrückliche Rechtswahl in schriftlicher Form. Soweit die Rechtswahl nach der Eheschließung erfolgt, ist diese nur für die Zukunft wirksam. Fehlt eine Rechtswahl oder entspricht
diese nicht den formalen Mindestanforderungen, gilt das allgemeine Ehestatut.

Ein Wechsel des gewöhnlichen Aufenthalts oder der Staatsbürgerschaft zieht nur dann einen   52
Wechsel des Ehewirkungsstatuts nach sich, wenn der neue Anknüpfungstatbestand von
beiden Ehegatten erfüllt wird. Die Änderung gilt auch in diesem Fall nur für die Zukunft,
außerdem können Ehegatten auch bestimmen, dass das alte Ehewirkungsstatut weiter gelten
soll. Der Wandel des Statuts greift jedoch dann nicht, wenn die Ehegatten das Ehewirkungsstatut zuvor wirksam gewählt haben.

XI. Auswirkungen der Ehe auf die Altersversorgung

Eine Privilegierung der Ehe im Hinblick auf die Altersversorgung ist in Rumänien nicht   53
geregelt. Entsprechende Versorgungsansprüche werden von jedem der Ehegatten separat
erworben. Allerdings ist ein Ausgleich bei Scheidung unter bestimmten Voraussetzungen
möglich.

XII. Ausländerrechtliches Bleiberecht und Staatsangehörigkeit

Eine Privilegierung von Ehegatten rumänischer Staatsangehöriger hinsichtlich des Erwerbs   54
der rumänischen **Staatsangehörigkeit** besteht nicht; die Voraussetzungen für den Erwerb
der rumänischen Staatsangehörigkeit gelten unabhängig vom Bestehen oder Nichtbestehen
einer Ehe. Allerdings werden Ausländer in **bleiberechtlicher** Hinsicht durch die Eingehung

einer Ehe begünstigt.[14] So kann ein länger laufender Aufenthaltstitel durch einen Rumänen oder Ausländer bzw. Staatenlosen, der selbst Inhaber eines länger laufenden Aufenthaltstitels ist, für seinen Ehegatten beantragt werden. Voraussetzung für die Gewährung ist u.a. das Vorhandensein ausreichenden Wohnraumes für die Familie sowie eines ausreichenden Einkommens. Letzteres ist dann gegeben, wenn für jedes Familienmitglied Mittel in Höhe des gesetzlichen Mindestlohnes zur Verfügung stehen. Für EU-Ausländer gelten die üblichen Regelungen, die auch in den anderen Mitgliedstaaten Anwendung finden.

XIII. Steuerliche Auswirkungen der Ehe

55   Eine steuerliche Begünstigung der Ehe an sich ist im rumänischen Steuerrecht nicht geregelt. Steuerliche Vergünstigungen, wie etwa Freibeträge für Kinder, sind nicht an das Bestehen einer Ehe geknüpft, sondern werden abhängig davon gewährt, in welchem Haushalt diese leben.

D. Scheidung

I. Allgemeines

56   In Rumänien war die Scheidung auch in der Vergangenheit nicht Gegenstand eines Verbotes, nicht zuletzt angesichts der Tatsache, dass die Orthodoxe Kirche die Ehe nicht als unauflöslich betrachtet. Allerdings waren unter dem kommunistischen Regime die Voraussetzungen sehr streng geregelt, so dass das Gericht nur im Falle eines offensichtlichen Scheiterns der Ehe die Scheidung aussprechen konnte. Nach der Wende hat eine Lockerung stattgefunden, und wenige Jahre später wurde auch die Möglichkeit der Scheidung durch Einvernehmen der Ehegatten, jedoch unter erschwerten Voraussetzungen, eingeführt. Ende des Jahres 2010 sind durch das Gesetz 202[15] („die kleine Reform") diese Voraussetzungen weggefallen, eine Situation, die sich auch in dem novellierten ZGB wiederfindet.

II. Scheidungsgründe

57   Das novellierte ZGB unterscheidet **vier Scheidungsgründe** (Art. 373 ZGB): (i) durch Einvernehmen der Ehegatten; (ii) aus Verschulden eines oder beider Ehegatten; (iii) nach einer längeren Trennung der Ehegatten und (iv) aus Gesundheitsgründen.

1. Einvernehmliche Scheidung

58   Zu einer einvernehmlichen Scheidung kommt es entweder auf Antrag beider Ehegatten oder wenn dem Antrag eines Ehegatten die Zustimmung des anderen Ehegatten folgt. Die einvernehmliche Scheidung kann sowohl vom Gericht als auch von einem öffentlichen Notar oder dem Standesamt ausgesprochen werden.

---

14 Einzelheiten sind in der Dringlichkeitsverordnung der Regierung Nr. 194/2002 betreffend das rechtliche Verfahren hinsichtlich der Ausländer in Rumänien, i.d.F. der Wiederveröffentlichung von 2008, geregelt, M. Of. Nr. 421 vom 5.6.2008.
15 Gesetz Nr. 202/2010 betreffend einige Maßnahmen für die Beschleunigung von Gerichtsverfahren, veröffentlicht im M. Of. Nr. 714 vom 26.10.2010.

a) Einvernehmliche gerichtliche Scheidung

Für die einvernehmliche gerichtliche Scheidung sieht das ZGB keine Voraussetzungen bezüglich der Ehedauer oder des Alters der Kinder vor. Einzige Voraussetzung ist die Prüfung der **freien Einwilligung der Ehegatten** zur Scheidung durch das Gericht, wobei die einvernehmliche Scheidung nicht zugelassen werden kann, wenn einer der Ehegatten eine geschäftsunfähige Person ist. Über die Folgesachen müssen sich die Ehegatten nicht zwingend geeinigt haben, sondern darüber kann ein Urteil ergehen (Art. 931 NZPO). Im Zuge des Versuchs der Entlastung der Gerichte werden die Ehegatten verstärkt auf die Möglichkeiten der **Mediation** hingewiesen.

59

b) Einvernehmliche Scheidung vor dem Notar

Die einvernehmliche Scheidung vor dem Notar ist im Gegensatz zum gerichtlichen Verfahren **grundsätzlich** von der Voraussetzung bestimmt, dass die Ehegatten **keine gemeinsamen Kinder** haben, wobei es unerheblich ist, ob die Kinder während der Ehe geboren oder sogar adoptiert wurden. Eine **Ausnahme** von dieser Grundregel bildet die Scheidung einer **Familie mit Minderjährigen** vor dem Notar, der auch in diesem Fall die Scheidung feststellen kann, sofern die Ehegatten einvernehmlich entsprechende **Regelungen betreffend die Kinder** und die Namen nach der Scheidung getroffen haben. Dabei unterliegen ihre Vereinbarungen betreffend die Kinder einer zusätzlichen Überprüfung durch das Jugendamt. Sollten sich die Ehegatten nicht hinsichtlich sämtlicher Punkte einigen können, wird der Antrag abgewiesen und die Herbeiführung eines gerichtlichen Urteils angestrebt.

60

Das außergerichtliche Scheidungsverfahren ist detailliert im ZGB geregelt, wobei aus praktischer Sicht bedeutsam ist, dass der **Scheidungsantrag** beim Notar nicht nur persönlich, sondern auch durch einen Bevollmächtigten mit einer notariellen Spezialvollmacht eingereicht werden kann (Art. 376 ZGB). Allerdings müssen die Ehegatten nach Ablauf einer 30-tägigen Frist persönlich vor dem Notar für die Willensbekundung erscheinen. Nach Zulassung des Antrags wird eine **Scheidungsbescheinigung** ausgestellt. Stellt der Notar fest, dass nicht alle Voraussetzungen erfüllt sind, wird er den Antrag zurückweisen und die Ehegatten auffordern, eine gerichtliche Scheidung herbeizuführen. Gegen den Zurückweisungsbeschluss des Notars gibt es keine Rechtsmittel. Im Falle einer missbräuchlichen Abweisung des Scheidungsantrags durch den Notar können die Ehegatten gerichtlich Schadensersatzansprüche geltend machen.

61

Infolge der neuen gesetzlichen Regelungen betreffend die einvernehmliche Scheidung ist deren Quote im Jahre 2015 auf mehr als 65 % aller Scheidungen angestiegen. Es ist davon auszugehen, dass ein Großteil davon von dem Notar ausgesprochen wurde.

62

c) Einvernehmliche Scheidung beim Standesamt

Die einvernehmliche Scheidung beim Standesamt kann nur dann erfolgen, wenn die Ehegatten **keine gemeinsamen Kinder** haben, wobei es unerheblich ist, ob die Kinder während der Ehe geboren oder adoptiert wurden. Von dieser Regel gibt es in diesem Fall keine Ausnahme.

63

Der **Antrag** wird gemeinsam von den Ehegatten gestellt, ausschließlich **persönlich**, und muss nicht begründet werden. Die Ehegatten müssen sich außer über die Scheidung selbst nur über den Namen nach der Scheidung geeinigt haben. Nach Ablauf einer 30-tägigen Frist, in der der Antrag zurückgenommen werden kann, müssen die Ehegatten erneut für die Willensbekundung erscheinen. Nach Zulassung des Scheidungsantrags wird eine **Scheidungsbescheinigung** ausgestellt.

64

65   Wird der Scheidungsantrag vom Standesamt nicht zugelassen, haben die Ehegatten kein Rechtsmittel gegen diese Entscheidung und müssen einen anderen rechtlichen Weg einschlagen. Im Falle einer missbräuchlichen Abweisung des Scheidungsantrags durch den Standesbeamten können die Ehegatten gerichtlich Schadensersatzansprüche geltend machen.

2. Gerichtliche Scheidung wegen Verschuldens

66   Das Gericht kann die Scheidung wegen **Verschuldens des Beklagten oder beider Ehegatten** aussprechen, auch wenn keine Widerklage erhoben wurde (Art. 379 ZGB). Ergibt sich aus den Verhandlungen, dass das Scheitern der Ehe ausschließliches Verschulden des Klägers ist, ohne dass der Beklagte eine Widerklage eingelegt hätte, wird die Klage als unbegründet abgewiesen, es sei denn, dass die Voraussetzungen für eine Scheidung wegen der tatsächlichen Trennung der Ehegatten erfüllt sind (Art. 934 NZPO). Es ergibt sich daraus, dass auch im Falle einer Widerklage die Scheidung auf dem ausschließlichen **Verschulden des Klägers** beruhen kann.

67   Voraussetzung für diesen Scheidungsgrund ist das Vorliegen „**triftiger Gründe**", welche die Beziehungen der Ehegatten ernsthaft beschädigt haben und die eine Fortführung der Ehe unmöglich machen, sofern dieser Sachverhalt aus Verschulden zumindest eines der Ehegatten entstanden ist.

3. Gerichtliche Scheidung nach der tatsächlichen Trennung

68   Voraussetzung hierfür ist, dass die Ehegatten tatsächlich seit **mehr als zwei Jahren** getrennt leben. Das Gericht überprüft in diesem Fall nur das Vorliegen und die Dauer der tatsächlichen Trennung. Das Verschulden des Klägers am Versagen der Ehe wird vorausgesetzt und festgehalten, es sei denn, dass der Beklagte mit dem Antrag einverstanden ist. Im letzten Fall wird das Urteil keinen Hinweis bezüglich des Verschuldens enthalten (Art. 379 ZGB) bzw. die Scheidung wird nach dem Verfahren für die einvernehmliche Scheidung verhandelt (Art. 935 NZPO).

4. Gerichtliche Scheidung wegen des Gesundheitszustandes

69   Die einzige gesetzliche Voraussetzung ist in diesem Falle das Vorliegen einer **Krankheit** eines Ehegatten, welche die Fortführung der Ehe unmöglich macht. Das Gericht untersucht allein die Beweise über die Krankheit des Ehegatten und äußert sich nicht zum Verschulden der Ehegatten.

III. Scheidungsverfahren

70   Das Scheidungsverfahren ist hauptsächlich in der NZPO geregelt (Art. 915–935), aber einzelne Verfahrensvorschriften – insbesondere das Scheidungsverfahren vor dem öffentlichen Notar oder dem Standesamt – befinden sich auch in dem novellierten ZGB.

1. Zuständige Stellen

71   Sachlich zuständig für gerichtliche Scheidungsanträge ist das **Amtsgericht**, wobei für die Berufung das Landgericht zuständig ist.

Die **örtliche Zuständigkeit** der Behörde (Gericht/Notar/Standesamt) bestimmt sich generell nach dem letzten gemeinsamen Wohnsitz der Ehegatten, darüber hinaus beim notariellen und standesamtlichen Verfahren alternativ nach dem Ort der Eheschließung. Hatten die

Ehegatten keinen gemeinsamen Wohnsitz oder hat keiner von ihnen weiterhin den Wohnsitz in dem Bezirk desjenigen Gerichts, so ist Gerichtsstand am Wohnsitz des Beklagten oder, falls dieser seinen Wohnsitz nicht in Rumänien hat und die rumänischen Gerichte international zuständig sind, das Gericht am Wohnsitz des Klägers. Sollten weder der Beklagte noch der Kläger ihren Wohnsitz in Rumänien haben, so ist bei fehlender Gerichtsstandsvereinbarung der Parteien das Amtsgericht des Sektors 5 in Bukarest zuständig.

2. Ablauf des gerichtlichen Verfahrens

Die **Scheidungsklage** muss zwingend die Namen der gemeinsamen Kinder oder ggf. einen   72
Vermerk über das Fehlen von gemeinsamen Kindern enthalten. Haben die Ehegatten bereits im Zuge der Mediation eine Scheidungsvereinbarung getroffen, wird diese ebenfalls mit der Scheidungsklage eingereicht. Der andere Ehegatte kann eine **Widerklage** einreichen, grundsätzlich bis zum ersten Gerichtstermin, zu dem er ordnungsgemäß geladen wurde, für Gründe, die bis zu jenem Datum vorliegen, so dass die beiden Klagen gleichzeitig verhandelt werden. Beruht die Widerklage auf später eingetretenen Gründen, sieht Art. 917 NZPO weitere Fristen für die Widerklageerhebung vor.

Grundsätzlich wird in **Anwesenheit der Parteien** verhandelt. Ausnahmen sind nur gestat-   73
tet, wenn der Ehegatte eine Freiheitsstrafe absitzt, an einer schweren Krankheit leidet, entmündigt wurde etc.; in solchen Fällen kann der Ehegatte durch einen Anwalt, einen Bevollmächtigten oder ggf. durch den Vormund vertreten werden. Das Gericht hat die Pflicht, in jedem Termin auf eine **Versöhnung** der Ehegatten hinzuwirken.

Kinder ab dem Alter von zehn Jahren werden zwingend von dem Gericht **angehört**   74
(Art. 264 ZGB). Auch kleinere Kinder können angehört werden, wenn das Gericht dies als erforderlich betrachtet. Die Meinung des Kindes wird entsprechend seinem Alter und Urteilsvermögen berücksichtigt.

Falls die Ehegatten gemeinsame Kinder haben, entscheidet das Gericht im Rahmen des Scheidungsverfahrens **von Amts wegen** über die Verteilung des **Sorgerechts** und die **Unterhaltspflicht** der beiden Eltern sowie über die nach der Scheidung zu führenden **Namen**. Darüber hinaus kann auf Antrag der Parteien auch bezüglich weiterer Scheidungsfolgen entschieden werden (Umgangsregelung, Nutzung der Wohnung, Schadensersatz etc.).

Während des Scheidungsverfahrens können sich die Ehegatten jederzeit **versöhnen**. Dabei   75
werden ggf. bereits entrichtete Gerichtsgebühren rückerstattet. Grundsätzlich **endet** das Verfahren, sobald einer der Ehegatten **verstirbt**. Falls jedoch das Scheidungsverfahren wegen des Verschuldens des Beklagten eingeleitet wurde und der Kläger verstirbt, können seine Erben das Verfahren weiterführen. Die Klage wird nur dann vom Gericht zugelassen, wenn das ausschließliche Verschulden des Beklagten festgestellt wird.

Die NZPO enthält darüber hinaus einige Spezialvorschriften bezüglich der **einvernehmli-**   76
chen Scheidung (Art. 929 ff. NZPO). Praxisrelevant ist dabei insbesondere die Tatsache, dass der Scheidungsantrag nicht zwingend persönlich von den Parteien gestellt werden muss, sondern auch durch einen gemeinsamen Bevollmächtigten mit einer notariellen Spezialvollmacht oder von einem Anwalt, der persönlich von den beiden Ehegatten bevollmächtigt wurde. Ggf. kann der Antrag auch die Vereinbarung der Parteien bezüglich der Scheidungsfolgen enthalten. Über die Anträge auf einvernehmliche Scheidung wird im Gegensatz zu den anderen Verfahren in **nichtöffentlicher Sitzung** verhandelt. In der Gerichtsverhandlung kann das Gericht, im Falle des fehlenden Einvernehmens bezüglich der Scheidungsfolgen und auf Antrag der Parteien, zunächst sofort rechtskräftig nur über die Scheidung selbst

und, sofern einschlägig, über das Sorge- und Unterhaltsrecht für die Kinder entscheiden, um anschließend auch in den Folgesachen durch ein rechtsmittelfähiges Urteil zu entscheiden.

77   Für den Ablauf des Verfahrens vor dem **öffentlichen Notar** und **dem Standesamt** wird auf die Ausführungen in Rdn 60, 63 verwiesen.

3. Dauer und Kosten der Verfahren

78   Das gerichtliche Scheidungsverfahren wird, in der Regel abhängig vom Scheidungsgrund, eine unterschiedliche **Dauer** haben, wobei die gerichtlichen Scheidungsverfahren für Verschulden mit Abstand die längste Dauer aufweisen – gegenwärtig im Schnitt ca. vier bis sechs Monate. Das Verfahren beim Notar oder Standesamt dauert hingegen nur etwas länger als einen Monat.

79   Auch die **Kostenstruktur** ist sehr unterschiedlich: Bei Gericht fallen für die einvernehmliche Scheidung Gebühren von ca. 50 EUR an, für die Scheidung wegen Verschuldens aber nur ca. 25 EUR. Beim Notar betragen die Gebühren ca. 150 EUR bei Scheidungen ohne Kinder und ca. 220 EUR bei jenen mit Kindern. Beim Standesamt entstehen Gebühren in Höhe von ca. 100 bis 170 EUR, je nach geltender kommunaler Gebührenordnung.

80   Nach rumänischem Recht besteht generell **kein Anwaltszwang**, unabhängig vom Gegenstand oder Instanzenzug. Wird die obsiegende Partei jedoch von einem Rechtsanwalt begleitet oder vertreten, so ist es nicht zwingend, dass ihre **Anwaltsgebühren** der Gegenpartei in voller Höhe auferlegt werden; es ist vielmehr Aufgabe des Gerichts, einen nach eigenem Ermessen als angemessen anzuerkennen Betrag anzuerkennen.

4. Internationale Zuständigkeit der Gerichte/Behörden

81   In Rumänien als EU-Mitgliedstaat findet die Verordnung (EG) Nr. 2201/2003 des Rates vom 27. November 2003 über die Zuständigkeit und Anerkennung und Vollstreckung von Entscheidungen in Ehesache und in Verfahren betreffend die elterliche Verantwortung und zur Aufhebung der Verordnung (EG) Nr. 1347/2000 (sog. **Brüssel IIa-Verordnung**) Anwendung; insofern wird auf die Ausführungen in § 1 in diesem Werk verwiesen. Darüber hinaus greifen die Bestimmungen des **rumänischen internationalen Privatrechts**, die in der NZPO (Art. 1066–1082) enthalten sind.

a) Die allgemeine internationale Zuständigkeit der rumänischen Gerichte

82   Die rumänischen Gerichte sind in der Regel international zuständig, sofern der Beklagte seinen **Wohnsitz** oder, bei Fehlen des Wohnsitzes, seinen **gewöhnlichen Aufenthalt** in Rumänien hat (Art. 1066 NZPO). Die Begriffe „Wohnsitz" und „gewöhnlicher Aufenthalt" werden dabei nach den Art. 87 und 2570 ZGB ausgelegt.

83   Wenn die Parteien eine gültige **Gerichtsstandsvereinbarung** getroffen haben in Bezug auf Rechte, über die sie gemäß rumänischem Gesetz frei verfügen können, so bleiben die rumänischen Gerichte ausschließlich zuständig. Sie bleiben ebenfalls zuständig – mit den gesetzlich geregelten Ausnahmen –, wenn der Beklagte vor dem angerufenen rumänischen Gericht erscheint und sich zur Sache einlässt, ohne die fehlende Zuständigkeit bis spätestens zum Ende der Verhandlungen über die Tatsachen in erster Instanz zu rügen (Art. 1067 NZPO).

84   Darüber hinaus sieht die NZPO auch eine Zuständigkeit der rumänischen Gerichte in **Ausnahmefällen** vor. Das rumänische Gericht des Ortes, zu der die Sache den engsten Anknüpfungspunkt aufweist, ist demnach dann zuständig – obwohl sich ihre Zuständigkeit

nicht aus dem Gesetz ergibt –, wenn nachgewiesen wird, dass der Antrag nicht im Ausland gestellt werden kann oder dass die Antragstellung im Ausland nicht zumutbar wäre. In diesem Fall, wenn der Antrag von einem rumänischen Staatsangehörigen oder einem Staatenlosen mit dem Wohnsitz in Rumänien gestellt wird, ergibt sich zwingend die Zuständigkeit der rumänischen Gerichte.

Die rumänischen Gerichte sind verpflichtet, ihre internationale Zuständigkeit zu Beginn der Verhandlungen **von Amts wegen** zu **prüfen** (Art. 1071 NZPO). Wird diese bejaht, bestimmt sich die nationale Zuständigkeit in der Regel nach den Vorschriften der NZPO. Wenn das zuständige Gericht nicht ermittelt werden kann, so wird, mit Befolgung der materiellen Zuständigkeit, entweder das Amtsgericht des Sektors 1, Bukarest, oder das Landgericht Bukarest zuständig sein. Die Parteien haben das Recht, die fehlende internationale Zuständigkeit, unabhängig vom prozessualen Stand, auch direkt in der Rechtsmittelinstanz zu **rügen**. Falls sich das Gericht als nicht zuständig erklärt, wird die Sache entweder einem anderen rumänischen Gericht übertragen oder, falls die internationale Zuständigkeit fehlt, wird in der Regel ein Beschluss zur Abweisung der Klage erlassen, gegen den nur die Revision zulässig ist.

85

b) Die besondere internationale Zuständigkeit der rumänischen Gerichte

Die rumänischen Gerichte sind ausschließlich international zuständig für Sachen mit Auslandsbezug betreffend die **Scheidung, Nichtigkeit oder Anfechtbarkeit der Ehe** sowie für sonstige Rechtsstreitigkeiten zwischen Ehegatten, mit Ausnahme jener betreffend Immobilien aus dem Ausland, wenn zum Zeitpunkt der Antragstellung beide Ehegatten ihren Wohnsitz in Rumänien haben und einer von ihnen entweder rumänischer Staatsangehöriger oder Staatenloser ist (Art. 1079 NZPO).

86

Darüber hinaus wird die Zuständigkeit der rumänischen Gerichte mit Vorzug anerkannt u.a. für Scheidungsanträge, wenn der Kläger zum Zeitpunkt der Antragstellung seinen Wohnsitz seit mindestens einem Jahr in Rumänien hat (Art. 1081 NZPO).

IV. Auf die Scheidung anwendbares Recht

Das anwendbare Recht bestimmt sich gemäß rumänischem Recht vorrangig nach dem Grundsatz der *lex voluntatis*, wobei das ZGB die Wahl auf eine der folgenden Varianten einschränkt (Art. 2597 ZGB):
- das Recht des Staates, auf dessen Hoheitsgebiet die Ehegatten am Tag der Vereinbarung den regelmäßigen gemeinsamen Aufenthalt haben;
- das Recht des Staates, auf dessen Hoheitsgebiet die Ehegatten den letzten regelmäßigen gemeinsamen Aufenthalt hatten, sofern zumindest einer von ihnen am Tag der Vereinbarung noch dort wohnt;
- das Recht des Staates, dessen Angehöriger einer der Ehegatten ist;
- das Recht des Staates, auf dessen Hoheitsgebiet die Ehegatten mindestens drei Jahre gewohnt haben;
- das rumänische Gesetz.

87

Die Ehegatten können die **Vereinbarung** über das für die Scheidung anwendbare Recht in der Regel bis zum Tag der Anrufung der für die Scheidung zuständigen Behörde abschließen oder ändern. Abweichend von diesem Grundsatz kann das Gericht die Vereinbarung der Ehegatten berücksichtigen, sofern diese spätestens bis zum ersten Gerichtstermin, für den die Parteien rechtmäßig geladen wurden, eingetreten ist. Die Vereinbarung über das für die

88

Scheidung anwendbare Recht muss in schriftlicher Form verfasst werden und die Unterschrift der Ehegatten und das Datum tragen.

89   Soweit die Parteien **keine Vereinbarung** über das anwendbare Recht getroffen haben, bestimmt es sich wie folgt (Art. 2600 ZGB):
   - das Recht des Staates, auf dessen Hoheitsgebiet die Ehegatten am Tag des Scheidungsantrags den gewöhnlichen gemeinsamen Aufenthalt haben;
   - mangels eines gewöhnlichen gemeinsamen Aufenthaltsortes das Recht des Staates, auf dessen Hoheitsgebiet die Ehegatten den letzten gewöhnlichen gemeinsamen Aufenthalt hatten, sofern zumindest einer von ihnen am Tag des Scheidungsantrags seinen gewöhnlichen Aufenthalt auf dem Hoheitsgebiet desjenigen Staates hat;
   - mangels des gewöhnlichen Aufenthalts einer der Ehegatten auf dem Hoheitsgebiet des Staates, auf dem die Ehegatten den letzten gewöhnlichen gemeinsamen Aufenthalt hatten, das Gesetz der gemeinsamen Staatsangehörigkeit der Ehegatten am Tag des Scheidungsantrags;
   - mangels einer gemeinsamen Staatsangehörigkeit der Ehegatten das Recht der letzten gemeinsamen Staatsangehörigkeit der Ehegatten, wenn zumindest einer von ihnen weiterhin am Tag des Scheidungsantrags Angehöriger jenes Staates ist;
   - das rumänische Gesetz in allen anderen Fällen.

90   Wenn das somit ermittelte ausländische Gesetz die Scheidung nicht oder nur unter besonders restriktiven Voraussetzungen zulässt, so findet das rumänische Recht Anwendung, wenn einer der Ehegatten am Tag des Scheidungsantrags rumänischer Staatsangehöriger ist oder den gewöhnlichen Aufenthalt in Rumänien hat. Der gleiche Grundsatz gilt auch dann, wenn das anwendbare ausländische Recht auf die Vereinbarung der Ehegatten zurückgeht.

V.   Anerkennung im Ausland erfolgter Scheidungen

91   In Rumänien als EU-Mitgliedstaat findet die Verordnung (EG) Nr. 2201/2003 des Rates vom 27. November 2003 über die Zuständigkeit und Anerkennung und Vollstreckung von Entscheidungen in Ehesache und in Verfahren betreffend die elterliche Verantwortung und zur Aufhebung der Verordnung (EG) Nr. 1347/2000 (sog. **Brüssel IIa-Verordnung**) Anwendung; insofern wird auf die Ausführungen in § 1 in diesem Werk verwiesen.

92   In Bezug auf die Anerkennung eines Scheidungsurteils, welches in einem Staat, auf den die Verordnung (EG) Nr. 2201/2003 nicht anwendbar ist, verkündet wurde, finden die Bestimmungen des **rumänischen internationalen Privatrechts**, enthalten in der NZPO (Art. 1095 ff.) Anwendung. Gemäß der NZPO kann die Anerkennung der letztgenannten Scheidungen entweder von Rechts wegen oder durch gerichtliche Entscheidung erfolgen.

1. Anerkennung von Rechts wegen

93   Ausländische Urteile werden **von Rechts wegen** anerkannt, wenn
   - sie sich auf den persönlichen Stand der Staatsangehörigen des Staates, in dem sie verkündet wurden, beziehen oder
   - sie in einem Drittstaat verkündet wurden, sofern sie zunächst in den Angehörigkeitsstaaten der Parteien anerkannt wurden oder, mangels dieser Anerkennung, sofern sie aufgrund eines nach dem rumänischen internationalen Privatrecht als anwendbar geltenden Recht verkündet wurden, nicht gegen den *ordre public* des rumänischen internationalen Privatrechts verstoßen und das Recht auf rechtliches Gehör gewährt wurde.

2. Gerichtliche Anerkennung

Sind die Voraussetzungen für die Anerkennung von Rechts wegen nicht erfüllt, so kann   94
eine **gerichtliche Anerkennung** herbeigeführt werden. Folgende Voraussetzungen müssen
hierfür erfüllt werden:
- das Urteil ist rechtskräftig gemäß dem Recht des Staates, in dem es verkündet wurde;
- das verkündende Gericht war gemäß der *lex fori* zuständig, ohne dass diese Zuständigkeit
  ausschließlich auf der Anwesenheit des Beklagten oder seiner Güter ohne unmittelbaren
  Zusammenhang mit dem Verfahren in dem Staat des Gerichtssitzes begründet wäre;
- zwischen Rumänien und dem Staat des ausländischen verkündenden Gerichts muss die
  Gegenseitigkeit hinsichtlich der Anerkennung der Urteile gewährleistet sein.

Darüber hinaus muss das rumänische Gericht überprüfen, ob der unterliegenden Partei   95
sowohl die Ladung für die Gerichtsverhandlung über die Tatsachen als auch die Klageschrift
mit angemessenem Vorlauf für die Klageerwiderung zugestellt wurden, und dass ihr die
Möglichkeit zur Verteidigung und für das Einlegen von Rechtsmitteln gegen das Urteil
gewährt wurde.

Die fehlende Rechtskraft des ausländischen Urteils, abgeleitet aus der fehlenden Ladung   96
des Beteiligten, der infolgedessen nicht am Verfahren vor dem ausländischen Gericht beteiligt war, kann nur von diesem selbst **gerügt** werden.

Das rumänische Gericht kann die Anerkennung **abweisen** (Art. 1097 NZPO), sofern die   97
o.g. Voraussetzungen nicht erfüllt sind und zusätzlich u.a., wenn
- die Scheidung bereits von den rumänischen Gerichten, auch wenn nicht rechtskräftig,
  entschieden wurde oder falls das Verfahren vor diesen Gerichten zum Zeitpunkt der
  Anrufung des ausländischen Gerichts anhängig war;
- das Urteil unvereinbar ist mit einem anderen ausländischen Urteil, das in Rumänien
  anerkannt werden könnte.

Das rumänische Gericht kann von der Anerkennung absehen, wenn das angewendete Recht
nicht dem anwendbaren Recht nach den rumänischen internationalen Privatrechtsregelun-
gen entspricht, und wenn nach diesen eine andere Entscheidung ergangen wäre.

Wird die Anerkennung in einem selbstständigen Verfahren angestrebt, so bestimmt sich der   98
Gerichtsstand nach dem Wohnsitz der Person, die das ausländische Urteil nicht anerkennt.
Falls dieser nicht ermittelt werden kann, ist das Landgericht Bukarest zuständig. Soll die
Anerkennung in einem Verfahren mit einem anderen Gegenstand erfolgen, so ist das Gericht
zuständig, das mit der Hauptsache befasst ist.

Die Parteien werden in der Regel geladen, es sei denn, es geht aus dem Urteil hervor, dass   99
der Beklagte der Zulassung der Klage zugestimmt hat.

Der Antrag auf Anerkennung des ausländischen Urteils wird von einer Kopie des Urteils   100
mit dem Beweis der Rechtskraft begleitet sowie von weiteren Unterlagen, aus denen sich
die Erfüllung der o.g. Voraussetzungen der Anerkennung ergibt.

E. Scheidungsfolgen

I. Vermögensteilung

Im Innenverhältnis der Ehegatten **endet** der **Güterstand** in der Regel mit der Einreichung   101
des Scheidungsantrags (Art. 385 ZGB). Ausnahmsweise kann das Familiengericht bzw. auch
der Notar oder das Standesamt auf Antrag eines oder beider Ehegatten feststellen, dass

der Güterstand bereits zu einem früheren Zeitpunkt endete, d.h. zum Zeitpunkt ihrer tatsächlichen Trennung. Im Verhältnis zu Dritten gilt der Güterstand nur bei Einhaltung der Publizitätsvorschriften als beendet.

102   Die **Folgen der Güterstandsbeendigung** unterscheiden sich je nachdem, ob die Ehegatten einen getrennten oder einen gemeinsamen Güterstand vereinbart hatten. Im ersten Fall muss selbstverständlich keine Auseinandersetzung des Güterstandes stattfinden, und die ab diesem Zeitpunkt erworbenen Güter werden nach wie vor als Eigentum eines der beiden Ehegatten erworben.

103   Im Gegensatz dazu wird im zweiten Fall, also nach Beendigung des **gemeinsamen Güterstandes**, eine **Auseinandersetzung (Liquidation)** des Güterstandes erfolgen. Es tritt auch dahingehend eine Änderung ein, dass ab jenem Zeitpunkt die Vermutung des gemeinsamen Eigentums nicht mehr besteht, sodass jeder Ehegatte Eigentum an den Gegenständen erwirbt. Für Ausgaben, die die Ehegatten nach dem Zeitpunkt der Beendigung für die gemeinsamen Verbindlichkeiten tätigen, haben sie nur eine Forderung in der Höhe des für den anderen entrichteten Anteils, aber kein gemeinsames Eigentum an den Gegenständen. Die bereits gemeinsam erworbenen Güter bleiben allerdings in ihrem gemeinsamen Eigentum, bis ihre jeweiligen Anteile ermittelt werden.

104   Zum Schutz des jeweiligen Ehegatten sieht das ZGB in Art. 386 vor, dass alle Rechtsgeschäfte, die von einem Ehegatten nach Einreichung des Scheidungsantrags zum Nachteil des anderen Ehegatten abgeschlossen wurden, **anfechtbar** sind.

105   Die **Auseinandersetzung** im Falle eines gemeinsamen Güterstandes kann entweder vor, gleichzeitig oder nach der Scheidung erfolgen. In der Regel erfolgt diese durch eine notariell beurkundete Vereinbarung der Parteien; kann diese jedoch nicht herbeigeführt werden, wird durch gerichtliches Urteil darüber entschieden. Dabei kann die teilweise oder vollständige Auseinandersetzung während der Ehe sowohl unmittelbar und auf eine allgemein begründete Entscheidung der Ehegatten basierend erfolgen, aber auch mittelbar als Folge eines gerichtlichen Antrags zur Änderung des gemeinsamen Güterstandes, nämlich dann, wenn ein Ehegatte durch die von ihm abgeschlossenen Rechtsgeschäfte die vermögensrechtlichen Interessen der Familie bedroht.

106   Bei der Auseinandersetzung der gesetzlichen Gütergemeinschaft besteht grundsätzlich die Vermutung, dass die Anteile der Ehegatten beim Erwerb der gemeinsamen Güter gleich waren, und die Ausnahme muss nachgewiesen werden. Im Falle der vertraglichen Gütergemeinschaft werden selbstverständlich die von den Parteien vereinbarten Anteile in Rechnung genommen.

II.   Recht auf Schadensersatz

107   Wird die Scheidung aus dem **ausschließlichen Verschulden eines Ehegatten** ausgesprochen, so hat der unschuldige geschiedene Ehegatte das Recht auf Schadensersatz. Dabei ist es unerheblich, ob es sich um einen materiellen oder immateriellen Schaden handelt. Der Schadensersatz kann unabhängig von der Gewährung des nachehelichen Unterhalts und nur gleichzeitig mit der Scheidung zugesprochen werden.

III. Nachehelicher Unterhalt

Unter folgenden gesetzlich geregelten **Voraussetzungen** kann der unterhaltsbedürftige   108
Ehegatte nachehelichen Unterhalt vom geschiedenen Ehegatten erhalten (Art. 389 ZGB):
– der geschiedene Ehegatte ist wegen einer Leistungsunfähigkeit, die vor oder während
  der Ehe eingetreten ist, unterhaltsbedürftig. Ausnahmsweise steht ihm der nacheheliche
  Unterhalt auch dann zu, wenn binnen eines Jahres nach der Scheidung wegen eines
  während der Ehe liegenden Grundes die Leistungsunfähigkeit eintritt;
– die Scheidung wurde nicht aus Verschulden des unterhaltsbedürftigen Ehegatten ausgesprochen; ausnahmsweise wird ihm jedoch auch in diesem Fall Unterhalt gewährt, allerdings nur für die Dauer von einem Jahr.

Die **Höhe** des Unterhalts wird nach der finanziellen Bemittelung des unterhaltsschuldigen   109
geschiedenen Ehepartners und dem Unterhaltsbedarf des Empfängers berechnet, allerdings
wird der Betrag nicht ein Viertel des Nettoeinkommens des Schuldners überschreiten. Wird
der nacheheliche Unterhalt für den geschiedenen Ehegatten und die Kinder zusammen
berechnet, so darf der Gesamtbetrag nicht die Hälfte des Nettoeinkommens überschreiten.

IV. Der Aufstockungsunterhalt (prestatia compensatorie)

Eine grundlegende Neuerung hat die ZGB-Novelle auch durch die Einführung des **Aufsto-**   110
ckungsunterhalts (Art. 390–395 ZGB) gebracht. Der Aufstockungsunterhalt soll die soziale
Benachteiligung einer der Ehegatten nach der Scheidung verhindern. **Voraussetzungen** für
die Gewährung des Aufstockungsunterhalts sind:
– die Scheidung wurde aus dem ausschließlichen Verschulden des Beklagten ausgesprochen;
– die Ehe hat mindestens 20 Jahre gedauert.

Der Aufstockungsunterhalt kann vom Gericht gleichzeitig mit der Scheidung auf Antrag
des Klägers zugesprochen werden. Das Gesetz **verbietet** die gleichzeitige Gewährung von
nachehelichem Unterhalt nach Art. 389 ZGB und Aufstockungsunterhalt.

Bei der **Bemessung** des Aufstockungsunterhalts werden folgende Umstände in Betracht   111
gezogen:
– das Einkommen und Vermögen des Unterhaltsklägers;
– das Einkommen und Vermögen des Unterhaltsbeklagten zum Zeitpunkt der Scheidung;
– die Folgen der Liquidation des Güterstandes;
– sonstige Umstände, die sich auf die Folgen auswirken könnten, z.B. Alter und Gesundheitszustand der Ehegatten, die geleistete bzw. zu leistende Beteiligung eines jeden am
  Unterhalt der Kinder, die berufliche Ausbildung der Ehegatten, ihre Erwerbsfähigkeit
  etc.

Der Aufstockungsunterhalt kann entweder als **Geldbetrag** (einmaliger Betrag oder regelmäßige Raten) oder als **Sachleistung** (z.B. Nutzungsrecht an einer Sache) geleistet werden.
Wird ein Geldbetrag in Betracht gezogen, kann dies entweder ein Prozentsatz des Einkommens des Schuldners oder eine regelmäßig zu zahlende Pauschale sein.

Der Aufstockungsunterhalt kann für die Lebensdauer des Empfängers oder für eine be-   112
stimmte Dauer zugesprochen werden. Der Schuldner kann zur Bestellung einer Sicherheit
oder zur Leistung einer Kaution verpflichtet werden.

113 Die Pflicht zur Zahlung des Aufstockungsunterhalts **erlischt**:
- mit dem Tod eines der geschiedenen Ehegatten;
- mit der Neuverheiratung des Empfängers;
- sofern der Empfänger Mittel erhält, die ihm ähnliche Lebensbedingungen wie während der Ehe erlauben.

V. Verteilung der elterlichen Sorge

114 Eine weitere grundlegende Änderung hat die ZGB-Novelle in Bezug auf die Verteilung der elterlichen Sorge gebracht. Im Gegensatz zu der vorigen Regelung, nach der nur ein Elternteil die elterliche Sorge nach der Scheidung ausübte, lautet die gegenwärtige Regel, dass die Kindeseltern nach der Scheidung die elterliche Sorge gemeinsam ausüben (Art. 397 ZGB). Nur in Ausnahmefällen und unter Beachtung des höheren Interesses des Kindes wird das Gericht die elterliche Sorge einem einzigen Elternteil oder sogar einer anderen Person überlassen.

115 Das Gericht entscheidet über die Verteilung der elterlichen Sorge gleichzeitig mit der Scheidung sogar von Amts wegen. Die Scheidungen beim Notar können nur erfolgen, wenn die Eltern die gemeinsame Ausübung der elterlichen Sorge vereinbaren.

Auch der Elternteil, der die elterliche Sorge nicht hat, kann weiterhin die Art, in der das Kind gepflegt und erzogen wird, überwachen und behält das Recht, sich bezüglich einer möglichen Adoption des Kindes zu äußern.

VI. Sonstige Scheidungsfolgen

1. Name

116 Über den nach der Scheidung zu führenden Namen der geschiedenen Ehegatten entscheidet das Gericht zur gleichen Zeit mit der Entscheidung über die Scheidung. In der Regel kehrt der geschiedene Ehegatte, der während der Ehe den Namen des anderen Ehegatten getragen hat, zu dem ursprünglichen Namen zurück, aber die zu scheidenden Ehegatten haben die Möglichkeit, sich darüber zu einigen, dass beide auch nach der Scheidung den gemeinsamen Namen weiterführen. Sind sie sich nicht einig, kann das Gericht aus wichtigem Grund zustimmen, dass der Ehegatte, der während der Ehe den Namen des anderen Ehegatten getragen hat, diesen auch nach der Scheidung weiterführt. Wichtige Gründe werden z.B. dann angenommen, wenn der Ehegatte bereits unter dem Namen nach der Ehe in der Gesellschaft oder in Berufskreisen bekannt ist.

2. Ausländerrechtlicher Status

117 In Rumänien wird der Status der Ausländer von der Dringlichkeitsverordnung Nr. 194/2002 über den Status der Ausländer in Rumänien geregelt.[16] Gemäß den Vorschriften des genannten Textes wird nach der Scheidung die Verlängerung des zeitweiligen **Aufenthaltsrechts** oder das ständige Aufenthaltsrecht des ausländischen geschiedenen Ehegatten grundsätzlich zurückgezogen (wenn kein anderer Grund für den Bestand des Rechts vorliegt). In der Folge besteht die Pflicht, Rumänien innerhalb einer Frist zu verlassen; bei Zuwiderhandlung werden die Personen von dem Hoheitsgebiet Rumäniens abgeschoben. Eine Ausnahme

---

16 Dringlichkeitsverordnung Nr. 194/2002 über den Status der Ausländer in Rumänien, neuveröffentlicht im M. Of. Nr. 421 vom 5.6.2008.

besteht allerdings dann, wenn der geschiedene ausländische Ehegatte der Elternteil eines Kindes mit rumänischer Staatsbürgerschaft ist und diesem unterhaltpflichtig ist, wobei dieser Pflicht regelmäßig nachgekommen wird. Die Scheidung hat keine Auswirkungen auf die **Staatsbürgerschaft** der Ehegatten.

3. Familienwohnung

Wenn die **angemietete Familienwohnung** nach der Scheidung nicht von beiden geschiedenen Ehegatten zusammen genutzt werden kann und wenn sich diese nicht einigen, wer von ihnen den Mietvertrag übernehmen soll, so kann das Gericht darüber bestimmen (Art. 324 ZGB). Dabei berücksichtigt das Gericht das höhere Interesse des Kindes, das Verschulden für das Scheitern der Ehe und die sonstigen Unterkunftsmöglichkeiten der geschiedenen Ehegatten. Der geschiedene Ehegatte, dem die Weiterführung des Mietvertrages zugesprochen wird, ist verpflichtet, an den anderen Ehegatten zwecks Deckung der Umzugskosten in eine neue Wohnung eine Entschädigung zu zahlen, außer wenn jener das ausschließliche Verschulden für die Scheidung trägt. Wenn die Ehegatten auch über gemeinsame Güter verfügen, kann die Entschädigung auch gegen den dem Schuldner zustehenden Anteil verrechnet werden. 118

Das oben genannte Verfahren wird *mutatis mutandis* angewendet, wenn die geschiedenen Ehegatten **Miteigentümer** an der Wohnung sind, wobei das Nutzungsrecht an der Wohnung bis zur rechtskräftigen Entscheidung über die Güterverteilung besteht. 119

VII. Vertragliche Vereinbarungen für die Scheidung

Die (zukünftigen) Ehegatten haben nach dem ZGB die Möglichkeit, durch den Abschluss einer **notariellen Ehevereinbarung** einen anderen als den gesetzlichen Güterstand zu wählen und dadurch mittelbar Vereinbarungen für die Scheidung zu treffen. Dies kann – und wird wahrscheinlich zukünftig in der Regel – vor der Ehe erfolgen, aber der Güterstand kann durch Vereinbarung der Ehegatten und nach Erfüllung der Publizität auch beliebig oft **während** der Ehe geändert werden (siehe Rdn 42 ff. zum Güterstand). 120

Die Privatautonomie ist jedoch dadurch begrenzt, dass die Parteien in Bezug auf die Güter nur einen der gesetzlich geregelten Güterstände wählen können, ohne in der Regel davon durch Vereinbarungen abweichen zu können (Art. 332 ZGB). Obwohl sich nach dem Gesetz die Ehevereinbarung nur auf die güterrechtlichen Verhältnisse bezieht, kann diese Vereinbarung durch weitergehende Regelungen ergänzt werden, die nicht gegen das zwingende Recht, gegen die Gleichstellung der Ehegatten, die elterliche Sorge und die gesetzliche Erbfolge verstoßen (Art. 332 Abs. 2 ZGB). Darüber hinaus wäre auch ein Verzicht auf den zukünftig ggf. zustehenden Unterhalt gesetzeswidrig (Art. 515 ZGB). 121

Somit wäre es **beispielsweise** möglich, in der Ehevereinbarung bereits den Wohnsitz des Kindes nach der Scheidung oder das Umgangsrecht zu bestimmen, wobei aber das Gericht in Fragen, die das Kind betreffen, die Vereinbarung der Ehegatten einer Kontrolle in Hinsicht auf das höhere Interesse des Kindes unterziehen wird. Des Weiteren könnte eine Ehevereinbarung auch eine Regelung über die Nutzung der Familienwohnung nach der Scheidung enthalten angesichts der Tatsache, dass das für die Scheidung zuständige Gericht bei der Überprüfung dieser Frage zunächst die Einigung der Ehegatten in Betracht ziehen wird (Art. 324 ZGB). 122

Die Ehevereinbarungen können der **gerichtlichen Wirksamkeitskontrolle** unterliegen.

123   Das rumänische Recht regelt die **Scheidungsvereinbarung** nicht ausdrücklich, aber es
      ergibt sich aus gesonderten Bestimmungen des ZGB und der NZPO, dass die Ehegatten
      durch eine Vereinbarung die bevorstehende Scheidung vorbereiten können. So können die
      Ehegatten beispielsweise zusammen mit dem Antrag auf einvernehmliche Scheidung die
      Vereinbarung über die Scheidung und Scheidungsfolgen, die sie im Wege der Mediation
      erwirkt haben, einreichen. Des Weiteren räumt die NZPO z.B. auch die Möglichkeit der
      Vereinbarung des anwendbaren Rechts ein. Eine ähnliche Rolle würde auch das Einverneh-
      men der Ehegatten erfüllen, welches im Falle einer Scheidung vor dem Notar oder dem
      Standesamt zwingend erforderlich ist (siehe Rdn 58 ff.).

124   Angesichts der Tatsache, dass die neuen gesetzlichen Regelungen erst seit relativ kurzer
      Zeit in Kraft sind, haben sie in der Praxis noch keine tatsächliche Bedeutung erlangt, so
      dass auch noch keine Rechtsprechung in diesem Bereich zu verzeichnen ist.

VIII.   Kollisionsrecht der Scheidungsfolgen

125   Die Kollisionsnorm in Bezug auf die Auseinandersetzung des Güterstandes verweist auf
      das von den Parteien vereinbarte Recht (freie Rechtswahl), wobei allerdings nur die Wahl
      unter folgenden Gesetzen besteht (Art. 2590 ZGB):
      – das Recht des Staates, in dem einer von ihnen zum Zeitpunkt der Wahl den gewöhnlichen
        Aufenthalt hat;
      – das Recht des Staates, dessen Staatsangehörigkeit zumindest einer von ihnen zum Zeit-
        punkt der Rechtswahl hat;
      – das Recht des Staates, in dem sie ihren ersten gemeinsamen gewöhnlichen Aufenthalt
        nach der Eheschließung haben.

126   Liegt eine Vereinbarung nicht vor, so unterliegt der **Güterstand** dem Gesetz, das die
      allgemeinen Ehefolgen bestimmt, und zwar in folgender Abfolge (Art. 2589 ZGB):
      – dem Gesetz des Staates, in dem die Ehegatten den gemeinsamen gewöhnlichen Aufent-
        halt haben, oder
      – mangels dieses Anknüpfungspunktes dem Gesetz der gemeinsamen Staatsangehörigkeit
        der Ehegatten, oder
      – mangels dieses Anknüpfungspunktes dem Recht des Staates, in dem die Ehe geschlossen
        wurde.

127   Das anwendbare Recht in **Sorgerechts- und Kinderschutzsachen** wird nach dem Haager
      Übereinkommen über die Zuständigkeit, das anzuwendende Recht, die Anerkennung, Voll-
      streckung und Zusammenarbeit auf dem Gebiet der elterlichen Verantwortung und der
      Maßnahmen zum Schutz von Kindern bestimmt[17] (Art. 2611 ZGB).

      In Bezug auf das **Unterhaltsrecht** sieht das ZGB vor, dass sich das anwendbare Recht nach
      den Regelungen der Europäischen Union bestimmt (Art. 2612 ZGB).

IX.   Verfahren in Folgesachen der Scheidung

128   Das sachlich **zuständige Gericht** für sämtliche Folgesachen der Scheidung ist das Amtsge-
      richt, auch unabhängig vom Gesamtwert der Güter bei einer Liquidierung der Güterge-
      meinschaft. Die territoriale Zuständigkeit bestimmt sich grundsätzlich nach dem Wohnsitz

---

17 Ratifiziert von Rumänien durch das Gesetz Nr. 361/2007, veröffentlicht im M. Of. Nr. 895 vom
    28.12.2007.

des Beklagten. Umfasst die Gütergemeinschaft auch Immobilien, so ist das Gericht, in dessen Bezirk die Immobilie liegt, ausschließlich zuständig.

In erster Instanz werden in der Regel alle Sachen in **nichtöffentlicher Sitzung** verhandelt (Art. 213 NZPO). In den Rechtsmittelinstanzen wird nur dann in öffentlicher Sitzung verhandelt, wenn sich dies als erforderlich zeigt (Art. 240 NZPO). Auch wenn grundsätzlich eine Sache in öffentlicher Sitzung zu verhandeln wäre, kann davon abgesehen werden, sofern z.B. das Interesse eines Kindes gewahrt werden soll.

In den Verfahren über die Liquidierung der Gütergemeinschaft wird die **Gerichtsgebühr** nach dem Gesamtwert der Güter berechnet.   129

X. Internationale Zuständigkeit in Folgesachen der Scheidung

Die rumänischen Gerichte sind ausschließlich international zuständig für Sachen mit Auslandsbezug betreffend die **Scheidung, Nichtigkeit oder Anfechtbarkeit der Ehe** sowie für sonstige Rechtsstreitigkeiten zwischen Ehegatten, mit Ausnahme jener betreffend Immobilien aus dem Ausland, wenn zum Zeitpunkt der Antragstellung beide Ehegatten ihren Wohnsitz in Rumänien haben und einer von ihnen entweder rumänischer Staatsangehöriger oder Staatenloser ist (Art. 1079 NZPO).   130

Die rumänischen zuständigen Gerichte, die mit der Scheidung befasst wurden, entscheiden auch in Bezug auf **Folgesachen der Scheidung,** für die sie nicht zuständig wären, soweit deren Entscheidung für die Entscheidung über die Scheidung zwingend ist (Art. 1073 NZPO).

Darüber hinaus sind die rumänischen Gerichte ausschließlich international zuständig in Sachen der **Gütertrennung,** soweit die Gütergemeinschaft auch in Rumänien liegende Immobilien umfasst (Art. 1080 NZPO). Eine abweichende Vereinbarung der Ehegatten ist nicht wirksam.

Ein Fall der internationalen Zuständigkeit der rumänischen Gerichte liegt dann vor, wenn der Kläger im **Unterhaltsverfahren** den Wohnsitz in Rumänien hat.

Darüber hinaus können die Parteien in **güterrechtlichen Sachen** einvernehmlich die Zuständigkeit der rumänischen Gerichte **vereinbaren** (Art. 1068 NZPO). Diese Vereinbarung würde allerdings in folgenden Situationen nicht greifen: 131
- durch diese Wahl wird einer Partei missbräuchlich der Schutz entzogen, den ihr ein nach fremden Gesetz vorgesehenes Gericht gewährleisten würde;
- es wurde ein ausländischer Gerichtsstand vereinbart, obwohl die Sache in die ausschließliche Zuständigkeit der rumänischen Gerichte fallen würde;
- es wurde ein rumänischer Gerichtsstand vereinbart, obwohl die Sache in die ausschließliche Zuständigkeit eines ausländischen Gerichts fallen würde.

F. Gleichgeschlechtliche Ehe/Registrierte Lebenspartnerschaft

In Art. 277 ZGB ist ein explizites **Verbot der gleichgeschlechtlichen Ehe** normiert. Ebenso ist die Anerkennung von Ehen zwischen Personen des gleichen Geschlechts, die im Ausland zwischen rumänischen Staatsbürgern oder Ausländern geschlossen wurden, in Rumänien ausgeschlossen. Die Vorschrift enthält ebenso ein **Anerkennungsverbot für zivile Lebenspartnerschaften,** egal ob diese zwischen Personen gleichen oder unterschiedlichen Geschlechts rumänischer oder ausländischer Staatsangehörigkeit geschlossen wurden. Gleich-   132 zeitig stellt die Vorschrift jedoch klar, dass die Vorschriften der Europäischen Union hinsichtlich der Freizügigkeit von Staatsbürgern der Mitgliedstaaten von dieser Regelung unberührt bleiben.

G.   Nichteheliche Lebensgemeinschaft (concubinaj)

133   Trotz der zunehmenden praktischen Bedeutung der nichtehelichen Lebensgemeinschaften hat sich der Gesetzgeber der ZGB-Novelle dafür entschieden, diese nicht zu regeln. Laut Gesetz schützt der Staat nur die Familie und unterstützt nur den Abschluss der Ehe und die Entwicklung und Stärkung der Familie. Auch nichteheliche Lebensgemeinschaften, die im Ausland abgeschlossen wurden, unabhängig vom Geschlecht oder der Staatsangehörigkeit der Lebenspartner, werden in Rumänien nicht anerkannt (Art. 277 ZGB).

134   Die während einer nichtehelichen Lebensgemeinschaft erworbenen Güter werden **Miteigentum** der Lebenspartner, wobei die Vermutung besteht, dass sie gleiche Eigentumsanteile an der Sache haben. Im Falle der Vermögensauseinandersetzung kann diese Vermutung durch Beweise widerlegt werden, wobei im Falle der Güter, die durch ein schriftliches Rechtsgeschäft erworben wurden, nur der Urkundenbeweis zugelassen wird (Art. 634 ZGB).

Lebenspartner schulden sich keinen **Unterhalt** nach Auflösung der Lebensgemeinschaft und können sich auch nicht im Wege der legalen **Erbfolge** beerben. Es bleibt selbstverständlich die Möglichkeit einer testamentarischen Erbfolge, allerdings mit den entsprechenden Einschränkungen in Bezug auf die gesetzlichen Erbanteile gewisser Erbenkategorien.

Kinder aus nichtehelichen Lebensgemeinschaften sind Kindern aus der Ehe gleichgestellt und haben dementsprechend die gleichen Rechte in Bezug auf ihre Eltern.

H.   Abstammung und Adoption

I.   Abstammung

135   Die Regelungen zu Abstammung und Verwandtschaft finden sich in den Art. 405 ff. ZGB. Das Gesetz unterscheidet zunächst zwischen **natürlicher und zivilrechtlicher Verwandtschaft**, wobei die Erstere von der Letzteren dadurch abgegrenzt wird, dass im Fall der natürlichen Verwandtschaft mehrere Personen einen gemeinsamen Vorfahren haben.

136   Hinsichtlich der Abstammung gilt der Grundsatz, dass die **Abstammung von der Mutter** durch die Geburt begründet wird. Für die **Abstammung vom Vater** während der Ehe gilt eine gesetzliche Vermutung dahingehend, dass das Kind von dem Mann abstammt, mit dem die Kindesmutter zum Zeitpunkt der Geburt verheiratet ist. Die Feststellung der Abstammung vom Vater außerhalb einer Ehe erfolgt durch die **Vaterschaftsanerkennung** oder durch eine gerichtliche Entscheidung. Die Anerkennung der Vaterschaft kann durch einfache Erklärung gegenüber dem Zivilstandsregister, durch notarielle Erklärung oder durch Testament erfolgen. Eine einmal erfolgte Vaterschaftsanerkennung ist unwiderruflich. Eine **Anfechtbarkeit** der Vaterschaftsanerkennung ist unter bestimmten Umständen gegeben, die dafür maßgebliche Verjährungsfrist beginnt mit der Feststellung des zugrunde liegenden Sachverhalts zu laufen.

137   Der **Nachweis** der Abstammung erfolgt entweder aufgrund der Eintragung im Zivilstandsregister oder durch die Geburtsurkunde, die auf dessen Grundlage ausgestellt wird. Bei

während der Ehe geborenen Kindern erfolgt der Nachweis durch die Geburtsurkunde im Zusammenhang mit dem Nachweis des Bestehens der Ehe zum Zeitpunkt der Geburt.

II. Adoption

1. Allgemeines

Die Regelungen zur Adoption wurden mit der Verabschiedung des neuen Zivilgesetzbuches   138
wieder in dieses integriert und finden sich in den Art. 451 ff. ZGB. Die Regelungen des Adoptionsverfahrens sind dagegen im Gesetz über das Adoptionsverfahren[18] enthalten. Auch für Fälle einer **internationalen Adoption** gelten besondere Voraussetzungen; deren Abwicklung unterliegt sehr restriktiven Regelungen, die in einem eigenen Abschnitt des Gesetzes über das Adoptionsverfahren geregelt sind.[19] Die Adoption erfolgt in einem **gerichtlichen Verfahren**. Durch die Adoption wird im rechtlichen Sinne die Abstammung zwischen dem Adoptierenden und dem Adoptierten sowie die Verwandtschaft zwischen dem Adoptierten und den Verwandten des Adoptierenden begründet.

2. Voraussetzungen

Die Adoption unterliegt sechs **Grundprinzipien**, die im Gesetz im Einzelnen ausgeführt   139
sind. Dies sind:
- zunächst das Kindeswohl,
- die Erforderlichkeit der Pflege und Erziehung des Kindes in einem familiären Umfeld,
- die Sicherung einer kontinuierlichen Entwicklung und Erziehung des Kindes, wobei dessen ethnische, sprachliche, religiöse und kulturelle Herkunft zu beachten ist,
- die Informierung des Kindes und die Befolgung seiner Wahl, je nach seinem Alter und seiner Reife,
- der Grundsatz der raschen Abwicklung aller Verfahrensschritte hinsichtlich des Adoptionsverfahrens, und schließlich
- die Vertraulichkeit der persönlichen Daten der Adoptierenden sowie der Identität der natürlichen Eltern.

Grundsätzlich können nur **Minderjährige** adoptiert werden. Die Adoption von **Volljährigen** kommt lediglich dann in Betracht, wenn die zu adoptierende Person von dem Adoptierenden während ihrer Minderjährigkeit aufgezogen wurde.   140

Die Adoption verlangt grundsätzlich die **Zustimmung** der natürlichen Eltern. Das Gericht   141
kann jedoch von ihrer fehlenden Zustimmung absehen, sofern nachweislich ist, dass diese missbräuchlich verweigert wird und die Adoption im Interesse des Kindeswohls ist. Falls ein Elternteil nicht für die Abgabe der Zustimmung ausfindig gemacht werden kann, trotz ausreichender Bemühungen, so ist die Zustimmung des anderen Elternteils ausreichend. Trifft dieser Sachverhalt für beide Elternteile zu, kann die Adoption auch ohne deren Zustimmung abgeschlossen werden (Art. 8 des Gesetzes Nr. 273/2004).

Darüber hinaus ist die Zustimmung der zuständigen Vormundschaftsbehörde, des Adoptierten, wenn dieser das zehnte Lebensjahr schon vollendet hat, des Adoptierenden bzw. auch dessen Ehegatten, wenn die Ehegatten ein Kind gemeinsam adoptieren, erforderlich.

---

18 Gesetz Nr. 273/2004 über das Adoptionsverfahren, i.d.F. der Wiederveröffentlichung von 2012, M. Of. Nr. 259/2012, zuletzt weitgehend novelliert durch das Gesetz Nr. 57/2016 über die Änderung und Ergänzung des Gesetzes Nr. 273/2004 über die Adoption sowie weiterer Gesetzestexte.
19 Kapitel 4 des Gesetzes Nr. 273/2004 (Art. 52 ff.).

Oancea

3. Wirkungen

142   Die Adoption wird mit der Rechtskraft der gerichtlichen Entscheidung **wirksam**. Durch die Adoption entsteht **Verwandtschaft** zwischen dem Adoptierten und dem Adoptierenden sowie zwischen dem Adoptierten und den Verwandten des Adoptierenden. Das Rechtsverhältnis zwischen dem Adoptierenden und einem adoptierten Kind entspricht dem zu einem natürlichen Kind. Die Verwandtschaft zwischen dem Adoptierten und seinen natürlichen Verwandten erlischt durch die Adoption. Falls der Adoptierende der Ehegatte eines Teils der natürlichen Eltern oder Adoptiveltern des Adoptierten ist, erlischt die Verwandtschaft nur im Verhältnis zu dem Elternteil bzw. dessen Verwandten, mit denen der Adoptierende nicht verheiratet ist.

143   Unter bestimmten gesetzlichen Voraussetzungen kann die Adoption für **nichtig erklärt** oder aufgehoben werden; hierfür ist jeweils ein gerichtliches Verfahren erforderlich. Nichtig sind u.a. Fiktivadoptionen sowie solche Adoptionen, die unter Verstoß gegen die formellen oder materiellen Anforderungen des Adoptionsverfahrens zustande gekommen sind. Das Gericht kann jedoch auch eine an sich nichtige Adoption aufrechterhalten, wenn dies im Interesse des Adoptierten ist; dieser ist in derartigen Fällen immer anzuhören. Mit der **Aufhebung** der Adoption lebt das elterliche Sorgerecht der natürlichen Eltern wieder auf, es sei denn, das Gericht entscheidet im Interesse des Kindeswohls über eine Pflegschaft oder vergleichbare Maßnahmen.

Russland

Antje Himmelreich, Institut für Ostrecht München, Regensburg

Literaturhinweise

Deutschsprachige Literatur

Burian, Das Russische Scheidungsrecht vor und nach Inkrafttreten des neuen Familiengesetzbuchs, ROW 1998, 88 ff.; *Lehrke*, Unterhaltsansprüche von Ehegatten nach dem Recht der Russischen Föderation, OER 52 (2006), 190 ff.; *Lippott*, Zum Stand des Familienrechts und des Internationalen Privatrechts in Rußland, FamRZ 1998, 663 ff.; *Lorenz*, Russische Föderation, in: *Bergmann/Ferid/Henrich* (Hrsg.), Internationales Ehe- und Kindschaftsrecht, Loseblattsammlung (Stand: 10.7.2013); *Piekenbrock*, Probleme im deutsch-russischen Familienrechtsverkehr (zu OLG Oldenburg 13.1.2000 – 14 UF 135/99), IPRax 2001, 119 ff.; *Schmidt*, in: *Nußberger* (Hrsg.), Einführung in das russische Recht, JuS-Schriftenreihe, Bd. 156, 2010, § 17 Familienrecht, S. 189 ff.; *Sultanova*, Länderbericht Russland, in: *Dauner-Lieb/Heidel/Ring* (Hrsg.), NomosKommentar BGB, Bd. 4: Familienrecht, 3. Aufl. 2014, S. 2936 ff.

Literatur in russischer Sprache

Antokol'skaja, Semejnoe pravo (Familienrecht), 3. Aufl., Moskau 2011; *Bespalov*, Semejno-pravovoe položenie rebenka v Rossijskoj Federacii (Familienrechtliche Stellung des Kindes in der Russischen Föderation), 2. Aufl., Moskau 2015; *Krašeninnikov* (Hrsg.), Semejnoe pravo (Familienrecht), 2. Aufl., Moskau 2010; *Kuznecova*, Kommentarij k Semejnomu kodeksu Rossijskoj Federacii (Kommentar zum Familiengesetzbuch der Russischen Föderation), Moskau 2002; *Letova*, Usynovlenie v Rossijskoj Federacii: pravovye problemy (Adoption in der Russischen Föderation: Rechtliche Probleme), Moskau 2006; *Maryševa*, Semejnye otnošenija s učastiem inostrancev: pravovoe regulirovanie v Rossii (Familiäre Verhältnisse mit ausländischer Beteiligung: Rechtliche Regelung in Russland), Moskau 2007; *Myskin*, Bračnyj dogovor v sisteme rossijskogo častnogo prava (Der Ehevertrag im System des russischen Privatrechts), Moskau 2012; *Nečaeva* (Hrsg.), Kommentarij k Semejnomu kodeksu

Rossijskoj Federacii (Kommentar zum Familiengesetzbuch der Russischen Föderation), 2. Aufl., Moskau 2009; *Nečaeva*, Semejnoe pravo (Familienrecht), 4. Aufl., Moskau 2011; *Nizamieva* (Hrsg.), Kommentarij k Semejnomu kodeksu Rossijskoj Federacii (Kommentar zum Familiengesetzbuch der Russischen Föderation), Moskau 2011; *Pčelinceva*, Kommentarij k Semejnomu kodeksu Rossijskoj Federacii (Kommentar zum Familiengesetzbuch der Russischen Föderation), 3. Aufl., Moskau 2004; *Pčelinceva*, Semejnoe pravo Rossii (Russisches Familienrecht), 6. Aufl., Moskau 2009; *Vorob'eva*, Usynovlenie i udočerenie (Die Annahme von Kindern), Moskau 2013.

Wichtige Rechtsquellen

FGB Familiengesetzbuch der RF (*Semejnyj kodeks Rossijskoj Federacii*) vom 29.12.1995[1]

PStG Gesetz über die Personenstandsakten (Zakon ob aktach graždanskogo sostojanija) vom 15.11.1997[2]

ZGB Zivilgesetzbuch der RF (*Graždanskij kodeks Rossijskoj Federacii*), Erster Teil vom 30.11.1994[3] (Allgemeiner Teil, Sachenrecht, Allgemeines Schuldrecht); Dritter Teil vom 26.11.2001[4] (IPR, Erbrecht)

ZPO Zivilprozessordnung der RF (*Graždanskij processual'nyj kodeks Rossijskoj Federacii*) vom 14.11.2002[5]

A. Eheschließung

I. Materielle Voraussetzungen

1. Ehewille und Ehefähigkeitsalter

1 Materielle Voraussetzungen für die Eheschließung sind die freiwillige Übereinkunft von Mann und Frau und das Ehefähigkeitsalter beider (Art. 12 Abs. 1 FGB). Am **Ehewillen** mangelt es, wenn einer der Eheschließenden gezwungen oder arglistig getäuscht wurde, sich im Irrtum befindet oder infolge seines Zustands während der standesamtlichen Trauung die Bedeutung seines Handelns nicht verstehen oder nicht steuern kann (Umkehrschluss aus Art. 28 Abs. 1 Unterabs. 3 FGB). Zwang liegt vor, wenn physische oder psychische Gewalt ausgeübt oder angedroht wird. Eine Täuschung oder ein Irrtum muss sich auf persönliche Eigenschaften des künftigen Ehegatten oder Umstände der Eheschließung beziehen, die jeweils von wesentlicher Bedeutung sind. Ein Zustand, der die freie Willensäußerung beeinträchtigt, kann durch Alkohol- oder Drogenmissbrauch oder eine schwere Krankheit ausgelöst sein.[6]

---

1 Sobranie zakonodatel'stva Rossijskoj Federacii (im Folgenden: SZ RF) 1996 Nr. 1 Pos. 16, 1997 Nr. 46 Pos. 5243, 1998 Nr. 26 Pos. 3014, 2000 Nr. 2 Pos. 153, 2004 Nr. 35 Pos. 3607, 2005 Nr. 1 Pos. 11, 2006 Nr. 23 Pos. 2378, 2006 Nr. 52 (Tb. 1) Pos. 5497, 2007 Nr. 1 (Tb. 1) Pos. 21, 2007 Nr. 30 Pos. 3808, 2008 Nr. 17 Pos. 1756, 2008 Nr. 27 Pos. 3124, 2010 Nr. 19 Pos. 2715, 2011 Nr. 49 (Tb. 1) Pos. 7041, 2012 Nr. 47 Pos. 6394, 2013 Nr. 27 Pos. 3459, 2013 Nr. 27 Pos. 3477, 2013 Nr. 48 Pos. 6165, 2014 Nr. 19 Pos. 2331, 2014 Nr. 45 Pos. 6143, 2015 Nr. 17 (Tb. 4) Pos. 2476, 2015 Nr. 29 (Tb. 1) Pos. 4363, 2015 Nr. 29 (Tb. 1) Pos. 4366, 2015 Nr. 48 (Tb. 1) Pos. 6724, 2016 Nr. 1 (Tb. 1) Pos. 11, 2016 Nr. 1 (Tb. 1) Pos. 77, mit Änderungen durch Urteil des Verfassungsgerichts der RF Nr. 1-P vom 31.1.2014, SZ RF 2014 Nr. 7 Pos. 735.
2 SZ RF 1997 Nr. 47 Pos. 5340, mit späteren Änderungen.
3 SZ RF 1994 Nr. 32 Pos. 3301, mit späteren Änderungen.
4 SZ RF 2001 Nr. 49 Pos. 4552, mit späteren Änderungen.
5 SZ RF 2002 Nr. 46 Pos. 4532, mit späteren Änderungen.
6 *Pčelinceva*, Kommentarij k Semejnomu kodeksu Rossijskoj Federacii, Art. 27, S. 115.

Die **Ehefähigkeit** tritt mit Vollendung des 18. Lebensjahres ein (Art. 13 Abs. 1 FGB). In 2
begründeten Fällen kann die Eheschließung auf Antrag der Betroffenen von den Organen
der örtlichen Selbstverwaltung an ihrem Wohnsitz bereits nach Vollendung des 16. Lebensjahres gestattet werden (Art. 13 Abs. 2 Unterabs. 1 FGB). Begründete Fälle sind z.B.
Schwangerschaft oder die Geburt eines Kindes, faktische Lebensgemeinschaft, bevorstehende Einberufung des Mannes zum Wehrdienst oder bevorstehende lang andauernde Abwesenheit des Mannes oder der Frau aus dienstlichen Gründen.[7] Nur ausnahmsweise kann
einer Eheschließung bereits vor Vollendung des 16. Lebensjahres stattgegeben werden; die
Regelung der Gründe und des Verfahrens erfolgt durch die Gesetze der Subjekte der RF
(Art. 13 Abs. 2 Unterabs. 2 FGB): In den Subjekten der RF ist die Eheschließung meist ab
Vollendung des 14. (Moskauer Gebiet, Rostow) oder 15. Lebensjahres (Murmansk, Rjasan,
Tver) ausnahmsweise zulässig,[8] wobei die Gründe im Wesentlichen die gleichen sind wie
für die Gestattung der Eheschließung mit 16 Jahren.[9] Die Herabsetzung des Ehefähigkeitsal-
ters unter 16 Jahre erfolgt zumeist auf der Grundlage einer Stellungnahme der Vormund-
schafts- und Pflegschaftsbehörde.[10] Die Eheschließung vor Vollendung des 18. Lebensjahres
hat, vorbehaltlich der Ehenichtigkeit, den Eintritt der vollen Geschäftsfähigkeit zur Folge
(Art. 21 Abs. 2 ZGB).

2. Eheverbote

Eheverbote (nach russischer Diktion: Ehehindernisse) bestehen nach dem numerus clausus 3
des Art. 14 FGB bei bereits bestehender Ehe eines der Eheschließenden, bei Verwandtschaft
in gerader – aufsteigender oder absteigender – Linie, bei Geschwister- oder Halbgeschwisterschaft, bei einem Adoptionsverhältnis sowie bei gerichtlicher Erklärung der Geschäftsunfähigkeit eines der Eheschließenden wegen einer psychischen Störung. Dies gilt ungeachtet
eines ausländischen Ehefähigkeitsstatuts auch für Ausländer, die in Russland eine Ehe
schließen wollen (Art. 156 Abs. 2 FGB). Eine **Doppelehe** ist nicht gegeben, wenn der frühere, für verschollen oder tot erklärte Ehegatte tatsächlich noch am Leben ist (Art. 26 Abs. 2
FGB). Die Ehe mit einem Verschollenen endet nicht automatisch, sondern wird in einem
vereinfachten Verfahren vor dem Standesamt aufgelöst (Art. 19 Abs. 2, 1. Fallgruppe FGB).
Danach ist die Ehe – wie auch bei einer Todeserklärung des Ehegatten – bis auf Widerruf
aufgelöst. Für ihr „Wiederaufleben" bedarf es eines gemeinsamen Antrags der Parteien
beim Standesamt (Art. 26 Abs. 1 FGB). Ein Wiederaufleben scheidet jedoch aus, wenn der
„hinterbliebene" Ehegatte eine neue Ehe eingegangen ist (Art. 26 Abs. 2 FGB).

3. Nichtigkeit der Ehe

Das russische Recht unterscheidet nicht zwischen Aufhebbarkeit und **Nichtigkeit** einer 4
Ehe. Eine Ehe ist, ebenso wie ggf. der Ehevertrag, entsprechend dem numerus clausus des
Art. 27 Abs. 1 FGB aus folgenden Gründen von Anfang an nichtig:
- Fehlen einer der materiellen Ehevoraussetzungen (beiderseitiger Ehewille und Ehefähig-
  keitsalter bzw. Gestattung der vorzeitigen Eheschließung);
- Verstoß gegen ein Eheverbot i.S.d. Art. 14 FGB (Verwandtschaft, **Doppelehe**,[11] gericht-
  liche Erklärung der Geschäftsunfähigkeit);

---

7 *Pčelinceva*, Kommentarij k Semejnomu kodeksu Rossijskoj Federacii, Art. 13, S. 70.
8 *Schmidt*, in: *Nußberger*, Einführung in das russische Recht, S. 191 f.
9 *Pčelinceva*, Kommentarij k Semejnomu kodeksu Rossijskoj Federacii, Art. 13, S. 71.
10 *Lorenz*, in: *Bergmann/Ferid/Henrich* (Hrsg.), Internationales Ehe- und Kindschaftsrecht, S. 34.
11 Zum Problem der Doppelehe im deutsch-russischen Rechtsverkehr *Piekenbrock*, IPRax 2001, 119 ff.

- Verheimlichung einer Geschlechtskrankheit oder Aids-Infektion durch eine Partei (Art. 15 Abs. 3 FGB);
- beiderseitige oder einseitige **Scheinehe**.

5 Die Feststellung der Ehenichtigkeit erfolgt auf **Antrag** einer der Parteien (Art. 28 Abs. 1 FGB). Bei Verstoß gegen ein Eheverbot i.S.d. Art. 14 FGB kann die Nichtigkeit von jedermann, dessen Interessen durch die Eheschließung verletzt sind, im Klageverfahren geltend gemacht werden. In einigen Fällen – nicht genehmigte Ehe eines Minderjährigen, Zwang, Täuschung, Unzurechnungsfähigkeit, Eheverbot i.S.d. Art. 14 FGB oder Scheinehe – ist der Staatsanwalt antragsberechtigt.[12] Die Vormundschafts- und Pflegschaftsbehörde hat außerdem das Klagerecht in den Fällen nicht genehmigter Ehen von Minderjährigen oder von Verstößen gegen ein Eheverbot i.S.d. Art. 14 FGB. Die Eltern Minderjähriger, deren Eheschließung nicht genehmigt wurde, und der Vormund eines gerichtlich für geschäftsunfähig Erklärten haben ebenfalls ein eigenes Klagerecht. Ehenichtigkeitsklagen verjähren wie alle familienrechtlichen Klagen grundsätzlich nicht (Art. 9 Abs. 1 FGB). Einzige Ausnahme ist die Nichtigkeitsklage wegen Verheimlichung einer Geschlechtskrankheit oder Aids-Infektion entsprechend Art. 15 Abs. 3 FGB. Die Klage verjährt mit Ablauf eines Jahres, nachdem die andere Partei von der Verheimlichung Kenntnis erlangt hat oder hätte erlangen können (Art. 169 Abs. 4 FGB i.V.m. Art. 181 Abs. 2 ZGB).

6 Das befasste Gericht kann die **Wirksamkeit der Ehe** feststellen, wenn die Nichtigkeitsgründe nachträglich entfallen sind (Art. 29 Abs. 1 FGB). Es kann die Nichtigkeitsfeststellung versagen, wenn die Klage sich gegen einen Minderjährigen richtet, dessen Interessen den weiteren Bestand der Ehe erfordern, oder der sich gegen die Nichtigkeit zur Wehr setzt (Art. 29 Abs. 2 FGB). Die Nichtigkeit einer geschiedenen Ehe kann nicht festgestellt werden, es sei denn, es wurde gegen das Verbot der Ehe zwischen Verwandten oder der Doppelehe verstoßen (Art. 29 Abs. 4 FGB). Die Feststellung einer Scheinehe scheidet aus, wenn die Parteien noch vor der Gerichtsverhandlung tatsächlich eine eheliche Gemeinschaft eingegangen sind (Art. 29 Abs. 3 FGB).

7 Aus einer nichtigen Ehe erwachsen grundsätzlich keine ehelichen Rechte und Pflichten mit Ausnahme der in Art. 30 FGB ausdrücklich genannten Rechtsfolgen, die denen einer wirksamen Ehe u.U. nahekommen (Art. 30 Abs. 1 FGB). Die aus der Verbindung hervorgegangenen Kinder gelten als ehelich. Der Güterstand ist gemeinsames Bruchteilseigentum (*dolevaja sobstvennost'*) entsprechend Art. 245–252 ZGB. Die gutgläubige geschädigte Partei hat einen zivilrechtlichen Anspruch auf Schadensersatz, einschließlich Schmerzensgeld. Sie kann den gemeinsamen Ehenamen weiterführen. Die Regeln für die Scheidungsfolgen, die Vermögensteilung und den Unterhalt können in ihrem Interesse angewandt und dem Ehevertrag kann vollständig oder teilweise Wirksamkeit zuerkannt werden (Art. 30 Abs. 2–5 FGB).

II. Zuständige Behörde und Verfahren

8 In der Russischen Föderation (RF) werden nur vor dem **Standesamt** (ZAGS) geschlossene Ehen anerkannt (Art. 1 Abs. 2 FGB). Eine religiös oder nach den jeweiligen örtlichen bzw. nationalen Bräuchen geschlossene Ehe bewirkt keine Rechtsfolgen.[13] Eine einzige Ausnahme wird durch die Übergangsbestimmungen des Art. 169 FGB geregelt: Kirchliche

---

12 Vgl. Art. 27 Gesetz über die Staatsanwaltschaft in der RF vom 17.1.1992 i.d.F. der Neuverkündung vom 17.11.1995, SZ RF 1995 Nr. 47 Pos. 4472, mit späteren Änderungen.
13 *Seršen'*, in: *Nizamieva*, Kommentarij k Semejnomu kodeksu Rossijskoj Federacii, Art. 1, S. 16 f.; *Pčelinceva*, Semejnoe pravo Rossii, S. 679.

Trauungen russischer Staatsangehöriger, die während des Zweiten Weltkriegs in besetzten Gebieten der UdSSR vollzogen wurden, bevor die dortigen Standesämter wieder funktionsfähig waren, haben Wirksamkeit (Art. 169 Abs. 7 FGB). **Zuständig** für die Eheschließung ist ein Standesamt nach **Wahl** der Parteien (Art. 25 PStG). Mangels eines Standesamts am Ort der Eheschließung werden die Trauung und Eintragung der Ehe vom Organ der örtlichen Selbstverwaltung vorgenommen (Art. 4 Abs. 2 PStG). Bei Eheschließungen russischer Staatsangehöriger im **Ausland** wird die Trauung von den diplomatischen Vertretungen oder konsularischen Einrichtungen der RF vorgenommen (Art. 157 Abs. 1 FGB, Art. 5 PStG, Art. 25 Nr. 1 Konsularstatut[14]).

Der **gemeinsame schriftliche (Formular-)Antrag** auf Vornahme der **Trauung** (Anmeldung) wird von den Eheschließenden beim **Standesamt** persönlich eingereicht und im Beisein des Standesbeamten unterzeichnet. Der gemeinsame Antrag kann auch in Form eines elektronischen Dokuments über das Einheitliche Portal der staatlichen und kommunalen Dienstleistungen beim Standesamt eingereicht werden. Ein in elektronischer Form eingereichter Antrag ist mit einer einfachen elektronischen Unterschrift zu unterzeichnen. Er kann zusammen mit den hierfür erforderlichen Dokumenten auch über ein Mehrfunktionszentrum für die Gewährleistung staatlicher und kommunaler Dienstleistungen eingereicht werden (Art. 26 Abs. 1 PStG). In der Anmeldung müssen der beiderseitige Ehewille und das Fehlen von Ehehindernissen erklärt werden. Neben den Personalien und dem jeweiligen Wohnsitz der Parteien muss der Antrag die Staatsangehörigkeit, den Familienstand bis zur Eheschließung (ledig, geschieden oder verwitwet), die Wahl des nach Eheschließung zu führenden Familiennamens und Angaben zu den vorgelegten Personaldokumenten (Pässen) enthalten. Die Angabe der Nationalität, der Bildung und der Anzahl gemeinsamer minderjähriger Kinder ist freiwillig. Der Anmeldung sind die Personaldokumente, ggf. der Nachweis für die Auflösung einer früheren Ehe und – bei Minderjährigkeit – die behördliche Ehegenehmigung beizufügen. Im Fall der elektronischen Antragstellung müssen die Eheschließenden die Originale der früher in elektronischer Form eingereichten Dokumente bei ihrem persönlichen Erscheinen zum Zeitpunkt der Eheschließung beim Standesamt vorlegen (Art. 26 Abs. 1 a.E. PStG). Ist einer der Antragsteller am Erscheinen vor dem Standesamt oder dem Mehrfunktionszentrum verhindert oder wäre dies nur unter schwierigsten Bedingungen möglich, z.B. wegen eines weit entfernten Wohnsitzes, können **zwei getrennte Antragsformulare** eingereicht werden, wobei die Unterschrift des abwesenden Antragstellers notariell beglaubigt sein muss, sofern der Antrag nicht über das Einheitliche Portal der staatlichen und kommunalen Dienstleistungen eingereicht wird. An die Stelle der notariellen Beglaubigung tritt im Fall einer Person, welche sich in Untersuchungs- oder Strafhaft befindet, die Beglaubigung des Leiters der Haftanstalt (Art. 26 Abs. 2 PStG).

Ausländer müssen in der Praxis bei der Anmeldung den Nachweis für ihre Ehefähigkeit nach dem Recht ihres Heimatstaates erbringen (**Ehefähigkeitszeugnis**).[15] Alle ausländischen Urkunden sind in beglaubigter russischer Übersetzung vorzulegen und bedürfen grundsätzlich der Legalisation durch eine konsularische Einrichtung der RF (Art. 408 Abs. 1 ZPO). Das Erfordernis der Legalisation entfällt für Dokumente aus Vertragsstaaten des Haager Übereinkommens zur Befreiung ausländischer öffentlicher Urkunden von der Legalisation von 1961, also auch für Dokumente deutscher Behörden. Entsprechend der Haager Konvention sind die Schriftstücke mit einer Apostille zu versehen.

9

10

---

14 Gesetz über das Konsularstatut vom 5.7.2010, SZ RF 2010 Nr. 28 Pos. 3554, mit späteren Änderungen.
15 *Pčelinceva*, Kommentarij k Semejnomu kodeksu Rossijskoj Federacii, Art. 156, S. 688.

11 Der Antrag auf Vornahme der Trauung ist eine **Absichtserklärung** und verpflichtet die Parteien rechtlich zu nichts.[16] Die Anmeldung kann jederzeit vor der Trauung zurückgenommen werden. Ein **Verlöbnis** kennt das russische Recht **nicht**. Die **Trauung** soll **einen Monat nach der Antragstellung** erfolgen (Art. 11 Abs. 1 Unterabs. 1 FGB). Zweck dieser einmonatigen Frist ist es, den Antragstellern eine letzte Bedenkzeit und Dritten die Möglichkeit der Geltendmachung von Eheverboten zu geben.[17] In begründeten Fällen (z.B. Eilbedürftigkeit wegen Schwangerschaft, Krankheit, bevorstehender längerer Abwesenheit einer Partei) kann diese Frist auf Antrag verkürzt, aber auch bis auf höchstens zwei Monate verlängert werden. Ausnahmsweise kann die Trauung am Tag der Antragstellung vorgenommen werden, so bei nachgewiesener Lebensgefahr für einen der Eheschließenden oder anderen nachgewiesenen besonderen Umständen, aber auch wegen Schwangerschaft oder Geburt eines Kindes (Art. 11 Abs. 1 Unterabs. 2, 3 FGB). Auch ein einmal anberaumter Trauungstermin kann auf Antrag verschoben werden. Über derartige Anträge hat der Leiter des befassten Standesamts zu entscheiden.

12 Die Trauung findet in den **Räumen des Standesamts** bei gleichzeitiger Anwesenheit beider Eheschließenden statt (Art. 27 Abs. 4, 5 PStG). In begründeten Fällen, z.B. bei schwerer Krankheit, wird die Trauung in der betreffenden medizinischen Einrichtung oder in der Wohnung einer der Parteien vollzogen (Art. 27 Abs. 6 PStG). Trauungen mit Inhaftierten oder Strafgefangenen bedürfen der Absprache zwischen dem Leiter des Standesamts und dem Leiter der betreffenden Anstalt (Art. 27 Abs. 7 PStG).

13 Erst mit der Eintragung der Ehe im **Personenstandsregister** gilt die Ehe als geschlossen und die **Ehewirkungen** treten ein (Art. 10 Abs. 2 FGB). Die Eintragung erfolgt während der Trauungszeremonie und ist nach traditionellem russischen Verständnis eigentlicher Zweck der Trauung (Art. 27 Abs. 4, 5 PStG). Ebenfalls während der Trauungszeremonie wird eine **Heiratsurkunde** ausgestellt, deren Inhalt Art. 30 PStG regelt.

III. Kollisionsrecht der Eheschließung

14 Das Kollisionsrecht der Eheschließung ist in den Art. 156–159 FGB geregelt. Form und Verfahren der **Eheschließung** in Russland bestimmen sich unabhängig von der Staatsangehörigkeit der Eheschließenden nach russischem Recht (Art. 156 Abs. 1 FGB). **Ausländer**, die eine Ehe in Russland schließen wollen, müssen nach dem Recht des Staates, dem sie angehören, Staatenlose nach dem Recht des Wohnsitzstaates ehefähig sein (Art. 156 Abs. 2, 4 FGB). Bei einer Person mit mehreren Staatsangehörigkeiten richtet sich die Ehefähigkeit nach russischem Recht, wenn die Person u.a. auch die russische Staatsangehörigkeit besitzt, ansonsten nach dem Recht eines der in Betracht kommenden Staaten, wobei der Betreffende ein Wahlrecht hat (Art. 156 Abs. 3 FGB).

15 Grundsätzlich wird die im Ausland von zwei Ausländern geschlossene Ehe in Russland **anerkannt**, wenn dabei die Rechtsvorschriften des betreffenden ausländischen Staates eingehalten wurden (Art. 158 Abs. 2 FGB). Die Ehe von Ausländern, die in Russland vor einer diplomatischen Vertretung oder konsularischen Einrichtung eines anderen Staates geschlossen wurde, wird in Russland anerkannt, wenn die Eheschließenden Angehörige des Entsendestaates des diplomatischen bzw. konsularischen Vertreters sind und wenn die Gegenseitigkeit der Anerkennung verbürgt ist (Art. 157 Abs. 2 FGB).

---

16 *Pčelinceva*, Kommentarij k Semejnomu kodeksu Rossijskoj Federacii, Art. 11, S. 62.
17 *Pčelinceva*, Kommentarij k Semejnomu kodeksu Rossijskoj Federacii, Art. 11, S. 62 f.

Aus Art. 157 Abs. 1 und Art. 158 Abs. 1 FGB ergibt sich, dass russische Staatsangehörige   16
eine Ehe im Ausland entweder vor einer diplomatischen Vertretung oder konsularischen
Einrichtung der RF nach russischem Recht oder vor der zuständigen ausländischen Behörde
nach dem am Vornahmeort gültigen Recht schließen können. Im letzteren Fall wird die
Ehe in Russland **anerkannt**, wenn kein Ehehindernis i.S.d. Art. 14 FGB vorliegt (Verwandtschaft, Doppelehe, gerichtliche Erklärung der Geschäftsunfähigkeit). Die **Nichtigkeit** einer
Ehe mit Auslandsberührung ist von russischen Gerichten in jedem Fall nach dem Recht
des Staates zu beurteilen, nach dessen Recht die Ehe geschlossen wurde (Art. 159 FGB).

B. Folgen der Eheschließung

I. Auswirkungen auf das Eigentum

Dem **gesetzlichen Güterstand** liegt der Gedanke der **Errungenschaftsgemeinschaft** zu-   17
grunde (Art. 33 FGB). Es wird zwischen dem ehelichen Gemeinschaftsvermögen und dem
persönlichen Vermögen der Ehegatten differenziert. An dem während der Ehe erworbenen
Vermögen besteht nach Art. 34 Abs. 1 FGB, Art. 256 Abs. 1 ZGB Gemeinschaftseigentum
zur gesamten Hand (*sovmestnaja sobstvennost'*). Die allgemeinen Regelungen des Zivilrechts für das Gesamthandseigentum (Art. 253–255 ZGB) finden ergänzend Anwendung.
Zum **Gesamthandsvermögen** gehören nach Art. 34 Abs. 2 FGB
- die Einkünfte jedes Ehegatten aus Arbeit, unternehmerischer Tätigkeit und den Ergebnissen geistiger Tätigkeit, Renten, andere Sozialleistungen und sonstige Geldeinkünfte
  sowie die mit diesen Einkünften erworbenen beweglichen und unbeweglichen Sachen,
- Einlagen bei Kreditanstalten, Geschäftsbeteiligungen, Wertpapiere und sonstige Vermögenswerte. Dies gilt unabhängig davon, auf wessen Namen und von welchem Ehegatten
  das Erwerbsgeschäft getätigt wird.

Nicht in den Genuss der Errungenschaftsgemeinschaft kommt ein Ehegatte, der ohne   18
triftigen Grund keine eigenen Einkünfte hat (Umkehrschluss aus Art. 34 Abs. 3 FGB). Ein
triftiger Grund liegt z.B. vor, wenn der Ehegatte den Haushalt führt oder die Kinder
betreut.

Vom ehelichen Gesamthandsvermögen **ausgeschlossen** ist nach Art. 36 FGB, Art. 256   19
Abs. 2 ZGB das folgende persönliche Vermögen:
- das von jedem Ehegatten vor der Eheschließung Erworbene;
- das von einem der Ehegatten während der Ehe unentgeltlich Erworbene (z.B. durch
  Schenkung oder Erbschaft);
- während der Ehe angeschaffte Gegenstände des persönlichen Gebrauchs, ausgenommen
  Schmuck und andere „Luxusartikel". Was als derartiger Luxusartikel zu behandeln ist,
  wird im Einzelfall unter Berücksichtigung der Lebensverhältnisse bestimmt.[18] Gegenstände des persönlichen Gebrauchs gehören demjenigen Ehegatten, der sie in Gebrauch
  hat;
- das ausschließliche Recht an dem Ergebnis geistiger Tätigkeit, das durch einen der
  Ehegatten geschaffen wurde. Dieses gehört dem Urheber des Ergebnisses geistiger Tätigkeit. Die Gewinne, die aus der Nutzung dieses Ergebnisses geistiger Tätigkeit gezogen
  werden, gehören dagegen zum Gesamthandsvermögen der Ehegatten, wenn sie vertraglich nichts anderes vereinbart haben.

---

18 *Pčelinceva*, Semejnoe pravo Rossii, S. 208.

Himmelreich

20 Ungeachtet des vorehelichen Erwerbs kann ein angerufenes Gericht die Zugehörigkeit von Vermögenswerten zum ehelichen Gesamthandsvermögen feststellen, wenn während der Ehe aus dem Gesamthandsvermögen oder dem persönlichem Vermögen beider oder durch die Arbeit eines der Ehegatten Investitionen getätigt wurden, die den ursprünglichen Wert des Vermögensgegenstands **erheblich übersteigen**, z.B. Renovierung, Rekonstruktion oder Umbau (Art. 37 FGB, Art. 256 Abs. 2 Unterabs. 3 ZGB).[19]

21 Der **Besitz** und die **Nutzung** des Gesamthandsvermögens sind **gemeinschaftlich** auszuüben, ebenso wie diesbezügliche **Verfügungen** (Art. 35 Abs. 1 FGB, Art. 253 Abs. 1 ZGB). Dabei wird zum Schutz des Rechtsverkehrs bei gewöhnlichen Rechtsgeschäften, die einer der Ehegatten bezüglich des Gemeinschaftsvermögens vornimmt, die **Zustimmung** des anderen Ehegatten **vermutet**. Rechtsgeschäfte entfalten auch ohne Zustimmung des anderen Ehegatten Wirksamkeit, wenn der Dritte bezüglich der Zustimmung gutgläubig war. Die Beweislast für eine eventuelle Bösgläubigkeit des Dritten obliegt der anfechtenden Partei (Art. 35 Abs. 2 FGB). Die gesetzliche Vermutung der Zustimmung gilt nicht für Rechtsgeschäfte eines der Ehegatten bezüglich der Veräußerung eines zum Gesamthandsvermögen gehörenden Vermögensgegenstands, bei welchem die Rechte daran der staatlichen Eintragung unterliegen, und für sonstige Rechtsgeschäfte, die der notariellen Form oder der zwingenden staatlichen Eintragung bedürfen (z.B. Hypothekenverträge, Mobiliarpfandverträge zur Sicherung von Forderungen aus notariellen Verträgen, Rentenverträge und Grundstückspachtverträge).[20] Für derartige Rechtsgeschäfte ist die notariell beglaubigte Zustimmung des anderen Ehegatten erforderlich. Zustimmungsbedürftige Rechtsgeschäfte, die ohne Zustimmung abgeschlossen wurden, können vom anderen Ehegatten innerhalb eines Jahres ab dem Zeitpunkt, an dem er von der Vornahme des Rechtsgeschäfts Kenntnis erlangt hat oder hätte erlangen können, angefochten werden (Art. 35 Abs. 3 FGB).

22 Sonderregelungen gelten für die Ausübung der Eigentumsrechte, wenn das eheliche Gesamthandsvermögen Bestandteil eines **Bauernhofs** ist. Dann gelten für die Ausübung von Besitz und Nutzung sowie für Verfügungen die zivilrechtlichen Regelungen für das Gemeinschaftseigentum an Bauernhöfen (Art. 33 Abs. 2 FGB i.V.m. Art. 257, 258 ZGB).

23 Die Ehegatten **haften** mit ihrem Vermögensanteil am ehelichen Gesamthandsvermögen für ihre persönlichen Verbindlichkeiten, sofern das übrige persönliche Vermögen nicht ausreicht (Art. 45 Abs. 1 FGB). Der Gläubiger muss in diesem Fall die **Teilung** des ehelichen Gesamthandsvermögens verlangen. Ist eine Teilung in natura (z.B. bei einer Immobilie) nicht möglich oder stimmt der andere Ehegatte der Teilung nicht zu, kann der Gläubiger den Verkauf des schuldnerischen Anteils am Gesamthandsvermögen entsprechend dem marktüblichen Preis an den Ehegatten und Herausgabe des Erlöses an sich fordern. Verweigert der andere Ehegatte den Anteilserwerb, kann der Gläubiger bei Gericht die Pfändung des Anteils und Verwertung durch öffentliche Versteigerung fordern (Art. 255 ZGB). Die Ehegatten haften mit dem Gesamthandsvermögen grundsätzlich nur für gemeinsame Verbindlichkeiten (Art. 45 Abs. 2 FGB). Für persönliche Verbindlichkeiten, etwa wegen Schädigung eines Dritten durch einen der Ehegatten, haftet dieser getrennt mit seinem persönlichen Vermögen bzw. seinem Anteil am Gemeinschaftsvermögen. Übersteigen die gemeinsamen Verbindlichkeiten das gemeinschaftliche Vermögen, haften die Ehegatten als Gesamtschuldner jeweils mit ihrem persönlichen Vermögen. In folgenden Ausnahmefällen haften die

---

19 So z.B. im Fall des von einem Ehegatten ererbten Wohnhauses, das während der Ehe umgebaut und renoviert und infolge der den Wert des Gebäudes übersteigenden Renovierungskosten vom Gericht dem ehelichen Gemeinschaftsvermögen zugeordnet wurde, *Schmidt*, in: *Nußberger*, Einführung in das russische Recht, S. 193.

20 *Pčelinceva*, Kommentarij k Semejnomu kodeksu Rossijskoj Federacii, Art. 35, S. 155.

Ehegatten mit dem Gesamthandsvermögen auch für Verbindlichkeiten nur eines der Ehegatten:

- wenn alles, was der Ehegatte aufgrund des Schuldverhältnisses, aus dem sich die Haftung ergibt, erlangt hat, für die Familie verwendet wurde (Art. 45 Abs. 2 Unterabs. 1 FGB);
- wenn das Gesamthandsvermögen durch eine Straftat des Ehegatten entstanden oder vermehrt worden ist, bis zur Höhe des Erlangten (Art. 45 Abs. 2 Unterabs. 2 FGB).

Die **Teilung** des ehelichen Gemeinschaftsvermögens kann während oder nach der Ehe, wie oben dargestellt (siehe Rdn 23) u.a. auch auf Verlangen des Gläubigers eines der Ehegatten zur Pfändung des Vermögensanteils am Gesamthandsvermögen, erfolgen (Art. 38 Abs. 1 FGB). Sie kann einvernehmlich oder im Streitfall durch gerichtliche Entscheidung vorgenommen werden. **Teilungsverträge** bedürfen zum Nachweis ihres Zustandekommens der einfachen Schriftform. Seit einer 2015 erfolgten Gesetzesänderung[21] muss ein Teilungsvertrag, der von den Ehegatten während der Ehe geschlossen wird, notariell beglaubigt werden (Art. 38 Abs. 2 FGB). Erfolgt die Teilung während der Ehe nicht am gesamten Gemeinschaftsvermögen, verbleiben nicht geteilte Vermögensgegenstände im ehelichen Gesamthandsvermögen. An nach der Teilung erworbenem Vermögen besteht dann ebenfalls Gemeinschaftseigentum (Art. 38 Abs. 6 FGB). Näheres zu den Teilungsregeln siehe Rdn 66 ff. Für die Vermögensauseinandersetzung beim **Tod** eines der Ehegatten gelten keine Sonderregelungen. Der Anteil des Verstorbenen am ehelichen Gemeinschaftsvermögen gehört zur Erbmasse (Art. 1150 ZGB). Der hinterbliebene Ehegatte erbt nach den allgemeinen Regeln. 24

II. Ehelicher Unterhalt

Die Ehegatten sind verpflichtet, sich gegenseitig materielle Unterstützung zu gewähren (Art. 89 Abs. 1 FGB). Auch während der Ehe kann auf **Unterhalt** in Form gerichtlich festzusetzender, regelmäßig wiederkehrender Geldleistungen (Alimente) geklagt werden, wenn der andere Ehegatte diese materielle Unterstützung trotz seiner Leistungsfähigkeit verweigert und die Ehegatten keine Vereinbarung über Unterhaltszahlungen getroffen haben (Art. 89 Abs. 2 FGB). Anspruch auf Ehegattenunterhalt hat: 25

- der erwerbsunfähige und bedürftige Ehegatte;[22]
- die Ehefrau während der Schwangerschaft und bis zum Ablauf von drei Jahren ab der Geburt des gemeinsamen Kindes unabhängig von ihrer Bedürftigkeit;
- der bedürftige Ehegatte, der ein gemeinsames behindertes Kind pflegt, bis zur Vollendung des 18. Lebensjahres des Kindes oder zeitlich unbegrenzt, wenn das Kind seit dem Kindesalter Behinderter der Gruppe I ist.

Die **Bedürftigkeit** des auf Unterhalt klagenden Ehegatten und die **Leistungsfähigkeit** des verpflichteten Ehegatten hat das Gericht jeweils unter Würdigung aller relevanten Umstände des Einzelfalls festzustellen. Sofern die Ehegatten keine Vereinbarung über den Unterhalt getroffen haben, bemisst sich dessen Höhe nach der materiellen und familiären Lage der Ehegatten (Art. 91 FGB). Unterhaltsansprüche gegenüber anderen Verwandten und insbesondere volljährigen Kindern sind zu berücksichtigen.[23] Ungeachtet des Vorliegens aller Anspruchsvoraussetzungen kann das angerufene Gericht den Unterhaltsanspruch des 26

---

21 Siehe das Änderungsgesetz vom 29.11.2015 zum Familiengesetzbuch, SZ RF 2016 Nr. 1 (Tb. 1) Pos. 11.
22 Als erwerbsunfähig gilt, wer das Rentenalter von 60 Jahren (bei Männern) bzw. 55 Jahren (bei Frauen) erreicht hat oder Behinderter der Gruppe I, II oder III ist.
23 *Schmidt*, in: *Nußberger*, Einführung in das russische Recht, S. 193.

Himmelreich

bedürftigen erwerbsunfähigen Ehegatten (1. Fallgruppe) jedoch entsprechend Art. 92 FGB
verneinen oder zeitlich begrenzen, wenn
- die Erwerbsunfähigkeit infolge von Alkohol- oder Drogenmissbrauch oder einer vorsätzlich begangenen Straftat eingetreten ist,
- die Ehe noch nicht lange bestanden hat oder
- der Unterhalt begehrende Ehegatte sich unwürdig[24] verhält.[25]

III. Ehename

27   Die Ehegatten können bei der Eheschließung den Familiennamen eines von ihnen als
gemeinsamen **Ehenamen** wählen (Art. 32 Abs. 1 FGB). Es ist in Russland üblich, dass der
Familienname des Mannes zum gemeinsamen Ehenamen gewählt wird. Aber auch von der
Möglichkeit, dass jeder seinen vorehelichen Familiennamen beibehält, wird häufig Gebrauch
gemacht. Die dritte Möglichkeit, den eigenen Namen mit dem Namen des Ehegatten zu
einem Doppelnamen zu verbinden, besteht erst seit Inkrafttreten des neuen Familiengesetzbuchs im Jahr 1996 und kann durch Gesetz eines Subjekts der RF eingeschränkt oder
ausgeschlossen werden, um Namensketten zu vermeiden. Sie scheidet bereits nach föderal-
em Recht aus, wenn zumindest einer der Ehegatten schon vor der Ehe einen Doppelnamen
führte (Art. 32 Abs. 1 Unterabs. 2 FGB). Nach der Eheschließung kann eine Namensänderung nur nach den allgemeinen Regeln des Namensrechts erfolgen (vgl. Art. 19 ZGB). Die
Namensänderung eines der Ehegatten nach Eheschließung hat keine Auswirkungen auf den
Familiennamen des anderen Ehegatten (Art. 32 Abs. 2 FGB).[26]

IV. Sonstige Ehewirkungen

28   Neben dem Recht auf Wahl des Namens begründet die Ehe weitere persönliche Rechte und
Pflichten der Ehegatten, die in Art. 31 FGB geregelt sind. Das Recht jedes Ehegatten
auf **freie Wahl der Tätigkeit, des Berufs und des Wohnsitzes** wird durch die Ehe nicht
eingeschränkt (Art. 31 Abs. 1 FGB). Die Ehegatten sind **gleichberechtigt**. Über die Geburt,
Erziehung und Ausbildung der gemeinsamen **Kinder** sowie sonstige familiäre Belange entscheiden beide Ehegatten gemeinsam (Art. 31 Abs. 2 FGB). Schließlich sind die Ehegatten
verpflichtet, einander zu **achten** und zu **unterstützen**, zum Wohlergehen und Bestand der
Familie beizutragen und für den Wohlstand und die Entwicklung ihrer Kinder zu sorgen
(Art. 31 Abs. 3 FGB).

V. Möglichkeiten vertraglicher Gestaltung

29   Gesetzliche Vorschriften über den Abschluss von **Eheverträgen** enthalten die Art. 40–44
FGB. Gegenstand vertraglicher Vereinbarungen vor oder nach der Eheschließung können
nur **vermögensrechtliche Beziehungen** der Ehegatten untereinander sein (Art. 40 FGB).
Eheverträge werden mit der Eheschließung **wirksam** (Art. 41 Abs. 1 Unterabs. 2 FGB). Sie
bedürfen der Schriftform und der notariellen Beglaubigung (Art. 41 Abs. 2 FGB). Auch
Änderungen oder die Aufhebung des Vertrags bedürfen dieser Form (Art. 43 Abs. 1 FGB).
Im Übrigen richtet sich die Wirksamkeit nach den zivilrechtlichen Bestimmungen für

---

24 Z.B. eine außereheliche Beziehung unterhält oder gewalttätig ist, vgl. *Pčelinceva*, Kommentarij k
    Semejnomu kodeksu Rossijskoj Federacii, Art. 92, S. 389.
25 Ausführlich zum Ehegattenunterhalt *Lehrke*, OER 52 (2006), S. 190 ff.
26 Ausführlich zum russischen Namensrecht *Himmelreich*, Personennamen und Recht in Russland (aus
    rechtswissenschaftlicher Sicht), Namenkundliche Informationen, Band 105/106 (2015).

Rechtsgeschäfte (Art. 44 Abs. 1 FGB i.V.m. Art. 166–181 ZGB). Eheverträge können für eine bestimmte oder unbestimmte **Dauer** geschlossen werden. Eine einseitige **Vertragsbeendigung** (durch Kündigung oder Rücktritt) ist unzulässig (Art. 43 Abs. 1 Unterabs. 2 FGB). Dennoch kann der Ehevertrag auf Verlangen eines der Ehegatten nach den Regeln des Zivilgesetzbuchs über die Änderung und Aufhebung von Verträgen geändert oder aufgehoben werden (Art. 43 Abs. 2 FGB). Aufgrund dieser ausdrücklich geregelten Anwendbarkeit des allgemeinen Vertragsrechts kann eine Vertragsaufhebung wegen einer bedeutsamen Vertragsverletzung durch den anderen Ehegatten oder wegen des Wegfalls der Geschäftsgrundlage durch gerichtliche Entscheidung erfolgen (Art. 450 Abs. 2, 451 ZGB).

Der Gesetzgeber hat in Art. 42 FGB **inhaltliche Schranken** für ehevertragliche Vereinbarungen normiert. Er hat einen offenen Positivkatalog möglicher Regelungen und einen geschlossenen, mit einer Generalklausel versehenen Negativkatalog unwirksamer Vereinbarungen aufgestellt. 30

Unzulässig und daher nichtig sind: 31
– die Beschränkung der Rechts- und Geschäftsfähigkeit eines der Ehegatten (und praktisch wohl auch der Testierfreiheit[27]);
– der Ausschluss des Rechtswegs;
– Vereinbarungen bezüglich der persönlichen Beziehungen der Ehegatten;
– Vereinbarungen über Rechte und Pflichten der Ehegatten gegenüber den Kindern, einschließlich der Unterhaltsansprüche minderjähriger Kinder;
– Beschränkungen des Unterhaltsanspruchs eines der Ehegatten im Fall der Erwerbsunfähigkeit und Bedürftigkeit;
– sonstige Vereinbarungen, die einen Ehegatten unangemessen einseitig benachteiligen oder den grundlegenden Prinzipien des Familienrechts widersprechen. Eine unangemessene einseitige Benachteiligung wird u.a. bejaht, wenn ein Ehegatte vollständig von dem während der Ehe erworbenen Vermögen ausgeschlossen wird.[28]

Im Rahmen dieser Einschränkungen sind beliebige Vereinbarungen über die Vermögensbeziehungen **zulässig**, insbesondere bezüglich 32
– des ehelichen Güterstands,
– des Ehegattenunterhalts und
– der Einkommens- und Ausgabenbeteiligung.

Als vertragliche Regelung des Güterstands kommt die **Gütertrennung** oder die **Eigentumsgemeinschaft nach Bruchteilen** entsprechend Art. 245–252 ZGB in Betracht (Art. 42 Abs. 1 FGB). Unterschiedliche Güterstände für verschiedene Arten von Vermögensgegenständen (z.B. Immobilien, Sparguthaben, Wertpapiere), auch in Kombination mit dem gesetzlichen Güterstand (Gemeinschaftseigentum zur gesamten Hand), sind zulässig.[29] Die Regelungen können sowohl vorhandenes als auch künftiges Vermögen betreffen. Im Vertrag muss daher angegeben sein, auf welches Vermögen sich der vereinbarte Güterstand bezieht. Fehlt eine solche Angabe im Vertrag, soll der vereinbarte Güterstand nach dem Sinn und Zweck der Vorschriften auch das Vermögen umfassen, das von den Ehegatten während der Ehe erworben wurde.[30] Die Vereinbarung eines der deutschen Zugewinngemeinschaft gleichkommenden Güterstands ist im Grunde auch dann möglich, wenn der Ehevertrag 33

---

27 *Pčelinceva*, Kommentarij k Semejnomu kodeksu Rossijskoj Federacii, Art. 42, S. 185.
28 *Pčelinceva*, Kommentarij k Semejnomu kodeksu Rossijskoj Federacii, Art. 42, S. 185.
29 *Pčelinceva*, Kommentarij k Semejnomu kodeksu Rossijskoj Federacii, Art. 42, S. 178 f.
30 *Muratova*, Semejnoe pravo (Familienrecht), Moskau 2004, S. 124; *Grudzyna*, Semejnoe pravo (Familienrecht), Moskau 2006, S. 180.

Himmelreich

russischem Recht unterworfen ist, nur müssen in diesem Fall die Charakteristika einer Zugewinngemeinschaft im Vertrag mit Hilfe der Institute des russischen Güterrechts – Gütertrennung mit nachehelichem Anspruch auf Ausgleich des Zugewinns – ausformuliert werden. Anderenfalls bestehen erhebliche Zweifel, dass ein mit der Ehesache befasstes russisches Gericht den Güterstand der Zugewinngemeinschaft anerkennt. Nicht auszuschließen ist, dass es eine entsprechende Klausel mit der formalen Begründung, dass das russische Recht den Güterstand der Zugewinngemeinschaft nicht regelt, für unwirksam erklärt und vom gesetzlichen Güterstand des Gemeinschaftseigentums zur gesamten Hand ausgeht.

34   Da die Befristung vertraglicher Regelungen und auch die Bestimmung aufschiebender und auflösender Bedingungen ausdrücklich zugelassen sind (vgl. Art. 42 Abs. 2 FGB), können die Ehegatten in einem Ehevertrag ihre vermögensrechtlichen Rechte und Pflichten auch für den Fall der Auflösung der Ehe regeln. Dies betrifft in erster Linie die Auflösung der Ehe durch Scheidung. Theoretisch sind auch Vereinbarungen für den Fall des **Todes eines der Ehegatten** denkbar. Solche Vereinbarungen sind jedoch nur durchsetzbar, soweit sie keine Verfügungen von Todes wegen bezüglich des persönlichen Vermögens eines der Ehegatten enthalten. Letztere können nur durch ein Testament wirksam getroffen werden (Art. 1118 Abs. 1 ZGB). Ein Testament kann nach russischem Recht nur von einer Einzelperson errichtet werden (Art. 1118 Abs. 4 ZGB). **Erbschaftsverträge** lässt das russische Erbrecht nicht zu.[31] Somit kann im Ehevertrag nur die Teilung des Gemeinschaftsvermögens für den Fall des Todes eines der Ehegatten wirksam geregelt werden.

VI.   Kollisionsrecht der Ehefolgen

35   Das Kollisionsrecht der **Ehefolgen** wird durch Art. 161 FGB geregelt. Danach ist für die Ehewirkungen das Recht des Staates maßgeblich, in dem die Ehegatten ihren gemeinsamen Wohnsitz haben. Mangels eines gemeinsamen Wohnsitzes kommt das Recht des Staates zur Anwendung, in dem die Ehegatten ihren letzten gemeinsamen Wohnsitz hatten. Hatten die Ehegatten keinen gemeinsamen Wohnsitz, richten sich ihre Rechte und Pflichten auf dem Staatsgebiet der RF nach russischem Recht (Art. 161 Abs. 1 FGB). Die Vorschrift erfasst – unabhängig vom Belegenheitsort – das gesamte bewegliche und unbewegliche Vermögen der Ehegatten, sodass die güterrechtlichen Beziehungen grundsätzlich einer einzigen Rechtsordnung unterliegen (sog. Grundsatz der Einheitlichkeit des Güterrechtsstatuts). Mangels einer gesonderten Anknüpfung für Unterhaltsansprüche gelten die allgemeinen Regelungen des Art. 161 Abs. 1 FGB auch für Unterhaltsansprüche. Ehegatten, die beim Abschluss eines Ehevertrags oder einer Unterhaltsvereinbarung entweder keine gemeinsame Staatsangehörigkeit oder keinen gemeinsamen Wohnsitz haben, können das auf ihre Rechte und Pflichten aus dem Ehevertrag oder der Unterhaltsvereinbarung anwendbare Recht frei **wählen** (Art. 161 Abs. 2 S. 1 FGB). Aus dieser Rechtswahlautonomie folgt, dass die Ehegatten auch die Anwendung des Rechts eines Drittstaates vereinbaren können, mit dem sie keinerlei Verbindungen haben.[32] Die Möglichkeit einer Rechtswahl bezieht sich nicht auf alle Rechte und Pflichten der Ehegatten, sondern nur auf ihre aus dem Ehevertrag oder der Unterhaltsvereinbarung folgenden Rechte und Pflichten, d.h. nur auf ihre **vermögensrecht-**

---

31 Vgl. u.a. *Mosgo*, Russland, in: *Ferid/Firsching/Dörner/Hausmann* (Hrsg.), Internationales Erbrecht, Loseblattsammlung (Stand: 1.7.2009), Rn 88; *Massanek*, Russische Föderation, in: *Süß* (Hrsg.), Erbrecht in Europa, 3. Aufl. 2015, S. 1084.
32 *Pčelinceva*, Semejnoe pravo Rossii, S. 692.

lichen Beziehungen.[33] Mangels einer Rechtswahl verweist Art. 161 Abs. 2 S. 2 FGB auf das nach Art. 161 Abs. 1 ZGB für die Ehewirkungen maßgebliche Recht. Im Umkehrschluss wird Art. 161 Abs. 2 S. 1 FGB entnommen, dass das anwendbare Recht auf die Rechte und Pflichten aus Eheverträgen und Unterhaltsvereinbarungen zwischen Ehegatten, die eine gemeinsame Staatsangehörigkeit und einen gemeinsamen Wohnsitz haben, zwingend nach den Regelungen des Art. 161 Abs. 1 FGB zu bestimmen ist.[34]

VII. Auswirkungen der Ehe auf die Altersversorgung

Das Rentenrecht wird in Russland durch zwei grundlegende Gesetze geregelt:
- das Gesetz über die Arbeitsrenten in der RF,[35] seit 1.1.2015 ersetzt durch das Gesetz über die Versicherungsrenten[36] (VersRentenG) und das Gesetz über die Akkumulationsrente,[37] sowie
- das Gesetz über die staatliche Rentenversorgung in der RF[38] für staatliche Renten.

36

Anspruch auf eine sog. **Versicherungsrente** hat derjenige, für den Beiträge zur staatlichen oder einer privaten Sozialversicherung gezahlt wurden bzw. wer selbstständig Beiträge gezahlt hat. Der **staatlichen Rentenversorgung** unterliegen u.a. Angehörige des föderalen Staatsdienstes und Militärangehörige,[39] Teilnehmer des Zweiten Weltkriegs (in Russland sog. „Großer Vaterländischer Krieg"), mit dem Zeichen „Blockadeopfer Leningrads" ausgezeichnete Personen, Opfer von Strahlungs- und Industriekatastrophen sowie Erwerbsunfähige mit einem Anspruch auf eine sog. Sozialrente (Behinderte und Senioren ab Vollendung des 60. (bei Frauen) bzw. 65. (bei Männern) Lebensjahres, die keinen Anspruch auf eine Arbeits-, Staatsdienst- oder Katastrophenrente erworben haben). Das Gesetz über die staatliche Rentenversorgung nimmt auf die Bestimmungen des Versicherungsrentengesetzes Bezug, sodass die Anspruchsvoraussetzungen und Bemessungskriterien für beide Rentensysteme weitgehend gleich sind.

Die Ehe wirkt sich in zweierlei Hinsicht auf die Altersversorgung aus. Zum einen wird der Ehegatte u.U. als zu versorgende Person bei der Bemessung von **Alters- und Behindertenrenten** berücksichtigt. Zum anderen hat ein Ehegatte im Fall des Todes des anderen Ehegatten unter bestimmten Voraussetzungen einen Anspruch auf eine **Hinterbliebenenrente**. Der Basisbetrag der Alters- bzw. Behindertenrente eines Verheirateten erhöht sich, wenn der Ehegatte erwerbsunfähig und wirtschaftlich vom Rentenberechtigten abhängig ist (Art. 17 Abs. 3, Art. 16 Abs. 1 VersRentenG). Als erwerbsunfähig gilt der Ehegatte, wenn er das 55. (bei Frauen) bzw. das 60. (bei Männern) Lebensjahr vollendet hat oder behindert ist (Art. 10 Abs. 2, 3. Fallgruppe VersRentenG). Wirtschaftliche Abhängigkeit des Ehegatten bedeutet,

37

---

33 *Pčelinceva*, Semejnoe pravo Rossii, S. 693; *Maryševa*, in: *Kuznecova*, Kommentarij k Semejnomu kodeksu Rossijskoj Federacii, Art. 161, S. 472.

34 *Pčelinceva*, Semejnoe pravo Rossii, S. 692; *Maryševa*, in: *Kuznecova*, Kommentarij k Semejnomu kodeksu Rossijskoj Federacii, Art. 161, S. 472.

35 Gesetz vom 17.12.2001, SZ RF 2001 Nr. 52 Pos. 4920, mit späteren Änderungen.

36 Gesetz vom 28.12.2013, SZ RF 2013 Nr. 52 (Tb. 1) Pos. 6965, mit späteren Änderungen.

37 Gesetz vom 28.12.2013, SZ RF 2013 Nr. 52 (Tb. 1) Pos. 6993, mit späteren Änderungen.

38 Gesetz vom 15.12.2001, SZ RF 2001 Nr. 51 Pos. 4831, mit späteren Änderungen.

39 Siehe auch das Gesetz über die Rentenversorgung von Personen, die beim Militär, den Behörden für innere Angelegenheiten, dem Staatlichen Brandschutzdienst, den Behörden zur Kontrolle des Verkehrs mit Betäubungsmitteln und psychotropen Substanzen oder den Einrichtungen und Behörden des Strafvollzugssystems Dienst geleistet haben, sowie deren Familien (Militärrentengesetz) vom 12.2.1993, Vedomosti S"ezda narodnych deputatov i Verchovnogo Soveta RF (Mitteilungsblatt des Kongresses der Volksdeputierten und des Obersten Sowjet der RF) 1993 Nr. 9 Pos. 328, mit späteren Änderungen.

dass sein Lebensunterhalt vollständig vom anderen Ehegatten getragen wird oder er von diesem Zuwendungen erhält, die eine ständige und grundlegende Quelle für seinen Lebensunterhalt sind (Art. 10 Abs. 3 VersRentenG). Der Ehegatte hat Anspruch auf eine Hinterbliebenenrente, wenn er selbst erwerbsunfähig ist, d.h. das 55. bzw. 60. Lebensjahr vollendet hat oder behindert ist, und wirtschaftlich vom verstorbenen Ehegatten abhängig war (Art. 10 Abs. 1, Abs. 2, 3. Fallgruppe, Abs. 3 VersRentenG). Ferner besteht unabhängig von seiner eigenen Erwerbsfähigkeit und der wirtschaftlichen Abhängigkeit vom Verstorbenen ein Rentenanspruch, wenn der hinterbliebene Ehegatte nicht erwerbstätig ist und für ein Kind, Enkelkind oder Geschwisterkind des Verstorbenen im Alter von bis zu 14 Jahren sorgt (Art. 10 Abs. 1, Abs. 2, 2. Fallgruppe VersRentenG).

VIII. Bleiberecht und Staatsangehörigkeit

38 Personen, die mit einem russischen Staatsangehörigen mit Wohnsitz in Russland verheiratet sind, haben außerhalb der jährlichen Einwanderungsquote Anspruch auf zeitweiligen Wohnsitz (*rasrešenie na vremennoe proživanie*) für die Dauer von bis zu drei Jahren in der RF (Art. 6 Abs. 1, Abs. 3, 4. Fallgruppe AuslG[40]). Spätestens sechs Monate vor Ablauf dieser Frist kann nach einjährigem Aufenthalt in der RF und mangels eines Ausschlussgrundes[41] entsprechend Art. 9 AuslG eine **Aufenthaltsberechtigung** (*vid na žitel'stvo*) beantragt werden, die Grundlage für den ständigen Wohnsitz in der RF ist (Art. 8 Abs. 1 AuslG). Die Aufenthaltsberechtigung kann unbegrenzt oft jeweils für weitere fünf Jahre verlängert werden (Art. 8 Abs. 3 AuslG). Besondere Regelungen gelten für sog. hochqualifizierte Fachkräfte und deren Verwandte (Art. 8 Abs. 3.1 Nr. 1, Art. 13.2 Abs. 27 AuslG) sowie für Ausländer, die als Träger der russischen Sprache anerkannt wurden (Art. 8 Abs. 3.1 Nr. 2 AuslG, Art. 33.1 StAngG[42]). Ab dem 31.7.2016[43] gelten auch für solche Ausländer Sonderregelungen, die in einem Massenverfahren nach Russland eingereist und als Flüchtlinge in Russland anerkannt sind oder zeitweiliges Asyl in Russland erhalten haben und Teilnehmer des Staatlichen Programms zur Unterstützung von Landsleuten im Ausland bei der freiwilli-

---

40 Gesetz über die Rechtsstellung von Ausländern in der RF vom 25.7.2002, SZ RF Nr. 30 Pos. 3032, mit späteren Änderungen.

41 Ausschlussgründe entsprechend Art. 9 Abs. 1 AuslG sind u.a. die Gefährdung der Verfassungsordnung oder der Sicherheit der RF, die Unterstützung terroristischer Aktivitäten, eine frühere Ausweisung aus der RF innerhalb von fünf Jahren oder eine mindestens zweifache Ausweisung innerhalb von zehn Jahren vor Beantragung der Aufenthaltsberechtigung, das Erschleichen der Aufenthaltsberechtigung, eine Verurteilung wegen einer schweren oder besonders schweren Straftat oder wegen einer Straftat im Zusammenhang mit dem rechtswidrigen Inverkehrbringen von Betäubungsmitteln, psychotropischen Stoffen und ihren Analogien oder von Stoffen, die für deren Herstellung verwendet werden, sowie von Pflanzen oder Pflanzenteilen, die Betäubungsmittel, psychotrope Stoffe oder deren Analogien enthalten, eine bestehende und nicht getilgte Vorstrafe für die Begehung einer schweren oder besonders schweren Straftat auf dem Territorium der RF oder im Ausland, mindestens zwei ordnungswidrigkeitsrechtliche Verstöße innerhalb eines Jahres im Zusammenhang mit Eingriffen in die öffentliche Ordnung und Sicherheit, gegen das Aufenthaltsrecht, gegen das Verfahren der Arbeitsaufnahme von Ausländern in der RF oder gegen das Betäubungsmittelrecht, der fehlende Nachweis für die Fähigkeit, seinen Lebensunterhalt ohne Inanspruchnahme von Sozialleistungen selbst zu bestreiten, fehlender legal genutzter Wohnraum nach Ablauf des dritten Aufenthaltsjahres, die Unterbrechung des Aufenthalts in der RF für mehr als sechs Monate, Rauschgiftsucht oder eine gefährliche Infektionskrankheit. Ein weiterer Ausschlussgrund ist eine gemäß dem dafür vorgesehenen Verfahren ergangene Entscheidung über den unerwünschten Aufenthalt des Ausländers in der RF (Art. 9 Abs. 4 AuslG).

42 Gesetz über die Staatsangehörigkeit der RF vom 31.5.2002, SZ RF 2002 Nr. 22 Pos. 2031, mit späteren Änderungen.

43 Siehe das Änderungsgesetz zum AuslG vom 1.5.2016, SZ RF 2016 Nr. 18 Pos. 2505.

---

gen Übersiedlung nach Russland sind, sowie deren Verwandte, die mit ihnen nach Russland übersiedeln (Art. 8 Abs. 3.1 Nr. 3 AuslG). Die Nichtigkeit der Ehe ist, sofern sie Grundlage für die Genehmigung des Aufenthalts war, ein Grund für die Verweigerung bzw. Annullierung der Aufenthaltsberechtigung (Art. 9 Abs. 1 Nr. 12 AuslG).

Ehegatten russischer Staatsangehöriger werden bei der **Einbürgerung** begünstigt (sog. erleichterte Einbürgerung, Art. 14 StAngG). Die grundsätzlich erforderliche Dauer des Aufenthalts in der RF von fünf Jahren (Art. 13 Abs. 1 lit. a) StAngG) entfällt bei der erleichterten Einbürgerung, sofern die Ehe mit dem russischen Staatsangehörigen bei Antragstellung mindestens drei Jahre lang bestanden hat (Art. 14 Abs. 2 lit. b) StAngG). Sonstige Einbürgerungsvoraussetzungen sind die Anerkennung der Verfassung und der Gesetzgebung der RF, eine legale Existenzgrundlage, die Bereitschaft zur Aufgabe der anderen Staatsangehörigkeit und ausreichende Kenntnisse der russischen Sprache (Art. 13 Abs. 1 lit. b)–e) StAngG). Wie sich der **Tod des russischen Ehegatten** auf den ausländerrechtlichen Status des hinterbliebenen Ehegatten auswirkt, ist gesetzlich nicht geregelt. Es dürfte das Gleiche wie im Fall der Eheauflösung durch Scheidung gelten (vgl. Rdn 74 f.). 39

IX. Steuerliche Auswirkungen der Ehe

Das russische **Einkommensteuerrecht** kennt keine gemeinsame steuerliche Veranlagung der Ehegatten. Die in sowjetischer Zeit geübte steuerliche Benachteiligung Lediger und Kinderloser wurde abgeschafft. Bis auf ganz wenige Ausnahmen ist die Ehe steuerrechtlich neutral. Jeder Ehegatte hat sein Einkommen selbstständig zu versteuern. Die Vermögensteuer für das Gesamthandsvermögen schulden beide Ehegatten zu gleichen Teilen. Freibeträge und abzugsfähige Ausgaben sind zwischen den Ehegatten zu gleichen Teilen aufzuteilen. Schenkungen und Erbschaften[44] unter Ehegatten sind steuerfrei. Aufwendungen, die einer der Ehegatten für die medizinische Versorgung des anderen hatte, kann er bis zu einer bestimmten Höhe vom zu versteuernden Einkommen als sog. **sozialen Steuerabzug** i.S.d. Art. 219 SteuerGB[45] abziehen. 40

C. Scheidung

I. Trennung

Die Trennung von Tisch und Bett ist im russischen Recht nicht erforderlich. 41

II. Scheidungsgründe

Scheidungsgründe spielen nur dann eine Rolle, wenn einer der Ehegatten nicht in die Scheidung einwilligt. Anderenfalls reicht der Scheidungsantrag eines oder beider Ehegatten aus. Willigt der andere Ehegatte nicht in die Scheidung ein, hat das Gericht die „**Unmöglichkeit des weiteren Zusammenlebens der Ehegatten und der Aufrechterhaltung der Familie**" festzustellen (Art. 22 Abs. 1 FGB). Gesetzliche Vermutungen, wann das weitere Zusammenleben unmöglich geworden ist, gibt es nicht. In der Praxis haben sich bereits in sowjetischer Zeit gewisse Kriterien herausgebildet, die weiterhin zur Anwendung kommen. Unzureichend sind nach diesen Kriterien nur vorübergehende Meinungsverschiedenheiten 42

---

44 Die Erbschaftsteuer wurde in Russland zum 1.1.2006 generell aufgehoben.
45 Steuergesetzbuch der RF (*nalogovyj kodeks*), Zweiter Teil vom 5.8.2000, SZ RF 2000 Nr. 32 Pos. 3340, mit späteren Änderungen.

Himmelreich

oder ein nur zeitweiliger Zerfall der Familie. Das Gericht muss den unumkehrbaren Zerfall der Ehe feststellen.[46] Dies kommt dem **Zerrüttungsprinzip** des deutschen Scheidungsrechts sehr nahe.

43 Die sowjetische Doktrin hat objektive und subjektive Anhaltspunkte für die Zerrüttung der Ehe entwickelt, die weiter Gültigkeit haben.[47] Zu den **objektiven Kriterien** gehören:
   - Kinderlosigkeit und Unmöglichkeit, gemeinsame Kinder zu haben;
   - dauerhaftes Getrenntleben;
   - faktische Gründung einer neuen Familie durch einen der Ehegatten (eheähnliches Zusammenleben mit einem Dritten);
   - schwere Erkrankung eines der Ehegatten, die ein normales Familienleben unmöglich macht.

44 Als **subjektive Kriterien** für das Scheitern der Ehe gelten:
   - Alkoholismus eines der Ehegatten;
   - eheliche Untreue;
   - Verschwendungssucht;
   - Gleichgültigkeit in Bezug auf die Erziehung der Kinder u.Ä.[48]

45 Willigt einer der Ehegatten nicht in die Scheidung ein, kann das Gericht **Maßnahmen zur Versöhnung** der Ehegatten treffen, u.a. eine oder mehrere Versöhnungsfristen von insgesamt höchstens drei Monaten festsetzen. Ist die Versöhnungsfrist fruchtlos verstrichen und besteht zumindest einer der Ehegatten auf der Scheidung, hat das Gericht das Verfahren fortzusetzen (Art. 22 Abs. 2 FGB).

46 Ausnahmsweise wird die Ehe in folgenden Fällen auf **einseitiges Verlangen** eines der Ehegatten in Abwesenheit des anderen geschieden (Art. 19 Abs. 2 FGB):
   - gerichtliche Feststellung der Verschollenheit des anderen Ehegatten;
   - gerichtliche Erklärung der Geschäftsunfähigkeit des anderen Ehegatten;
   - Verurteilung des anderen Ehegatten zu einer Freiheitsstrafe von mehr als drei Jahren.

47 Während der **Schwangerschaft** der Ehefrau und innerhalb eines Jahres nach der Geburt des Kindes kann der Ehemann keine Scheidungsklage einreichen, sofern die Ehefrau nicht in die Scheidung einwilligt (Art. 17 FGB). Die Vorschrift soll dem Schutz der Gesundheit der Schwangeren bzw. von Mutter und Kind dienen und seelische Schäden abwenden.[49] Diese zeitliche Einschränkung der Scheidung gilt nach der Rechtsprechung auch dann, wenn das Kind tot geboren wird oder vor Vollendung des ersten Lebensjahres verstirbt.[50] Sie ist auch dann anzuwenden, wenn der Ehemann nicht der Vater des Kindes ist.[51] Das Recht der Ehefrau auf Ehescheidung bleibt von dieser Regelung unberührt.[52]

---

46 *Pčelinceva*, Kommentarij k Semejnomu kodeksu Rossijskoj Federacii, Art. 22, S. 98.
47 Vgl. u.a. *Matveev*, Sovetskoe semejnoe pravo (Sowjetisches Familienrecht), Moskau 1985, S. 92 f.
48 Siehe insgesamt *Burian*, ROW 1998, S. 88 (91 f.).
49 *Pčelinceva*, Semejnoe pravo Rossii, S. 153.
50 Ziff. 1 Plenarbeschluss des Obersten Gerichts der RF Nr. 15 vom 5.11.1998 „Über die Rechtsanwendung bei der Verhandlung von Scheidungssachen durch die Gerichte", Bjulleten' Verchovnogo Suda RF 1/1999, S. 6.
51 *Pčelinceva*, Semejnoe pravo Rossii, S. 154.
52 *Lorenz*, in: *Bergmann/Ferid/Henrich* (Hrsg.), Internationales Ehe- und Kindschaftsrecht, S. 37.

III. Scheidungsverfahren

1. Scheidung vor dem Standesamt

Sofern die Ehegatten keine gemeinsamen minderjährigen Kinder haben, kann die **einver-** **48** **nehmliche Scheidung** vor dem **Standesamt** erfolgen (Art. 19 Abs. 1 FGB). Es ist ausreichend, wenn Einvernehmen lediglich hinsichtlich der Ehescheidung selbst besteht. Für die Beilegung eventueller Streitigkeiten hinsichtlich der Scheidungsfolgen, wie z.B. die Aufteilung des Vermögens oder die Zahlung von Unterhalt, kann nach der standesamtlichen Ehescheidung ein Gericht angerufen werden (Art. 20 FGB).

Zuständig ist entweder das Standesamt am Wohnsitz der Ehegatten oder am Wohnsitz nur **49** eines der Ehegatten oder das Standesamt am Ort der Eintragung der Eheschließung (Art. 32 PStG). Standesamtliche Ehescheidungen russischer Staatsangehöriger mit Wohnsitz im Ausland werden von den russischen Konsulaten vorgenommen (Art. 160 Abs. 2 FGB, Art. 5 PStG, Art. 25 Nr. 1 Konsularstatut).

Das **Verfahren** ist analog zu dem der Eheschließung geregelt (Art. 33 PStG): Die Ehegatten **50** können einen gemeinsamen (Formular-)Antrag entweder persönlich stellen und im Beisein des Standesbeamten unterzeichnen oder sie können diesen Antrag in Form eines elektronischen Dokuments über das Einheitliche Portal der staatlichen und kommunalen Dienstleistungen beim Standesamt einreichen. Ein in elektronischer Form eingereichter Antrag auf Ehescheidung ist mit einer verschärften qualifizierten elektronischen Unterschrift jedes Antragstellers zu unterzeichnen. Er kann auch über ein Mehrfunktionszentrum für die Gewährleistung staatlicher und kommunaler Dienstleistungen eingereicht werden. Ist eine Partei am Erscheinen vor dem Standesamt oder dem Mehrfunktionszentrum verhindert, können zwei gesonderte Anträge eingereicht werden. Ein solcher Antrag der Ehegatten ist notariell zu beglaubigen. Davon ausgenommen sind Fälle, in denen der Antrag über das Einheitliche Portal der staatlichen und kommunalen Dienstleistungen eingereicht wird (Art. 33 Abs. 3 PStG). Die Ehescheidung erfolgt mit Ablauf eines Monats nach Antragstellung im Beisein zumindest einer der Parteien (Art. 19 Abs. 3 FGB, Art. 33 Abs. 4 PStG). Zugleich wird die Scheidung in das **Personenstandsregister** eingetragen und die **Scheidungsurkunde** ausgestellt (Art. 19 Abs. 4 FGB). Mit der Eintragung wird die **Auflösung der Ehe wirksam** (Art. 25 Abs. 1 FGB). Im Fall der Verschollenheit, der gerichtlichen Erklärung der Geschäftsunfähigkeit oder der Verurteilung eines der Ehegatten zu einer Freiheitsstrafe von mehr als drei Jahren erfolgt die standesamtliche Scheidung ungeachtet des Vorhandenseins gemeinsamer minderjähriger Kinder auf Antrag des anderen Ehegatten (Art. 19 Abs. 2 FGB).

Für die einvernehmliche Ehescheidung vor dem Standesamt, einschließlich der Eintragung **51** in das Personenstandsregister und der Ausstellung der Scheidungsurkunde, wird von jeder Partei derzeit eine **Gebühr** in Höhe von 650 Rubel erhoben. Die standesamtliche Ehescheidung auf Antrag einer Partei kostet 350 Rubel (Art. 333.26 Abs. 1 Nr. 2 SteuerGB[53]).

---

53 Steuergesetzbuch, Zweiter Teil, i.d.F. des Änderungsgesetzes vom 21.7.2014, SZ RF 2014 Nr. 30 (Tb. 1) Pos. 4222.

Himmelreich

2. Gerichtliche Scheidung

52 Die **Gerichte** sind für die Ehescheidung nur in den folgenden gesetzlich geregelten Fällen zuständig (Art. 21 FGB):
- wenn zumindest ein gemeinsames minderjähriges Kind vorhanden ist (mit Ausnahme der Fälle, in denen die Ehe entsprechend Art. 19 Abs. 2 FGB ungeachtet gemeinsamer Kinder standesamtlich geschieden werden kann, nämlich bei Verschollenheit, Geschäftsunfähigkeit oder Verurteilung einer Partei zu einer Freiheitsstrafe von mehr als drei Jahren);
- wenn sich die Parteien zwar über die Scheidung einig sind, eine einvernehmliche Ehescheidung vor dem Standesamt jedoch daran scheitert, dass eine Partei sich der Abwicklung der Formalitäten entzieht (z.B. keinen Antrag auf Ehescheidung stellen will);[54]
- wenn eine Partei nicht in die Ehescheidung einwilligt.

53 Bei einer **einvernehmlichen Scheidung** muss dem Gericht kein Scheidungsgrund angegeben werden (Art. 23 Abs. 1 S. 1 FGB). Das Gericht spricht die Scheidung frühestens nach Ablauf eines Monats seit der gemeinsamen Antragstellung aus (Art. 23 Abs. 2 FGB). Haben die Parteien keine Vereinbarung über den Wohnort und den Unterhalt der gemeinsamen minderjährigen Kinder getroffen oder widerspricht die vorgelegte Vereinbarung den Interessen der Kinder, hat das Gericht über Wohnort und Unterhalt der Kinder zu entscheiden (Art. 23 Abs. 1 S. 3 FGB).

54 Auch bei einer Scheidung auf **Antrag** nur eines der Ehegatten können die Parteien dem Gericht eine Vereinbarung über die Scheidungsfolgen vorlegen (Art. 24 Abs. 1 FGB). Fehlt eine solche Vereinbarung oder widerspricht sie den Interessen der Kinder oder eines der Ehegatten, entscheidet das Gericht von Amts wegen über den künftigen Wohnort der Kinder und darüber, wer in welcher Höhe Kindesunterhalt zu zahlen hat. Das Gericht nimmt auf Antrag zumindest einer Partei die Teilung des ehelichen Gemeinschaftsvermögens vor und entscheidet – auf Antrag der unterhaltsberechtigten Partei – über die Höhe des Ehegattenunterhalts (Art. 24 Abs. 2 FGB). Über die Aufteilung des ehelichen Gemeinschaftsvermögens kann vom Gericht in einem gesonderten Verfahren entschieden werden, sofern die Interessen Dritter betroffen sind. Dies ist z.B. dann der Fall, wenn weitere Miteigentümer eines Bauernhofs oder einer Wohnungseigentümergemeinschaft vorhanden sind (Art. 24 Abs. 3 FGB). Widerspricht ein Ehegatte der Scheidung, hat das Gericht die Verhandlung um höchstens drei Monate aufzuschieben und eine Versöhnungsfrist festzusetzen, nach deren fruchtlosem Ablauf die Scheidung auszusprechen ist (Art. 22 Abs. 2 FGB).

55 Unter bestimmten Voraussetzungen kann die Ehe vom Gericht **in Abwesenheit einer Partei** geschieden werden (Art. 233 ZPO). Beide Parteien können ihr Einverständnis zur Verhandlung und Entscheidung in ihrer Abwesenheit erklären. Der Kläger kann ein **Versäumnisurteil** erwirken, wenn der Beklagte trotz ordnungsgemäßer Ladung ohne triftigen Grund der Verhandlung fernbleibt. In diesem Fall steht dem Beklagten neben der Appellationsbeschwerde als weiteres **Rechtsmittel** ein Aufhebungsantrag beim erkennenden Gericht innerhalb von sieben Tagen nach Zugang des Urteils zur Verfügung (Art. 237 Abs. 1 ZPO).

56 Die Scheidung wird mit **Rechtskraft des Scheidungsurteils** wirksam (Art. 25 Abs. 1 FGB), d.h. mit Ablauf der Monatsfrist für die Appellationsbeschwerde (Art. 321 Abs. 2 ZPO). Innerhalb von drei Tagen nach Rechtskraft des Urteils hat das Gericht einen Auszug des Urteils an das Standesamt am Ort der staatlichen Registrierung der Eheschließung zwecks Eintragung der Ehescheidung zu übermitteln (Art. 25 Abs. 2 Unterabs. 2 FGB). In der

---

54 *Burian*, ROW 1998, S. 93.

Praxis wird häufig einer der Parteien ein Urteilsauszug ausgehändigt, damit diese beim Standesamt an ihrem Wohnort mündlich oder schriftlich die Eintragung der Scheidung beantragen kann (Art. 35 Abs. 1 Unterabs. 1 PStG). Der Antrag auf staatliche Eintragung der Ehescheidung kann beim Standesamt auch in Form eines elektronischen Dokuments über das Einheitliche Portal der staatlichen und kommunalen Dienstleistungen eingereicht werden. Dieser Antrag ist durch eine einfache elektronische Unterschrift jedes Antragstellers zu unterzeichnen (Art. 35 Abs. 1 Unterabs. 2 PStG). Jeder geschiedene Ehegatte hat Anspruch auf Aushändigung einer Ausfertigung der Scheidungsurkunde (Art. 38 Abs. 2 PStG). Trotz wirksamer Scheidung dürfen die geschiedenen Ehegatten erst nach Aushändigung der Scheidungsurkunde eine neue Ehe eingehen (Art. 25 Abs. 2 Unterabs. 3 FGB).

Für Ehescheidungen ist der Friedensrichter **zuständig** (Art. 23 Abs. 1 Nr. 2 ZPO), dessen Aufgaben mit denen des Amtsrichters in Deutschland vergleichbar sind. Sofern zwischen den Parteien Streit bezüglich Unterhalt, Wohnsitz oder Umgang mit den Kindern besteht, ist das Kreisgericht (vergleichbar den Landgerichten) zuständig (Art. 24 i.V.m. Art. 23 Abs. 1 Nr. 4 ZPO). Die örtliche Zuständigkeit richtet sich grundsätzlich nach dem Wohnsitz des Beklagten (Art. 28 ZPO). Ist sein Wohnsitz nicht bekannt oder hat der Beklagte keinen Wohnsitz in der RF, kann die Klage beim Gericht am Ort der Belegenheit seines Vermögens oder des letzten bekannten Wohnsitzes in der RF erhoben werden (Art. 29 Abs. 1 ZPO). Scheidungsklagen können außerdem am Wohnsitz des Klägers erhoben werden, wenn dieser für ein minderjähriges Kind sorgt oder ihm die Anreise zum Gericht am Wohnsitz des Beklagten aus gesundheitlichen Gründen unzumutbar ist (Art. 29 Abs. 4 ZPO). Die Parteien können aber auch einen anderen Gerichtsstand frei vereinbaren (Art. 32 ZPO). | 57

Vor russischen Gerichten herrscht **kein Anwaltszwang.** Jeder kann sich selbst vertreten oder durch eine geschäftsfähige Person vertreten lassen (Art. 48 Abs. 1, 49 ZPO). Die Vollmacht für den Vertreter muss notariell oder anderweitig beglaubigt sein oder kann direkt bei Gericht zu Protokoll gegeben oder diesem schriftlich übermittelt werden (Art. 53 Abs. 2, 6 ZPO). Das Gericht kann für einen Beklagten, dessen Wohnsitz nicht bekannt ist, einen Prozessvertreter bestellen (Art. 50 ZPO). | 58

Für Scheidungsklagen wird eine **Gerichtsgebühr** in Höhe von 600 Rubel (Art. 333.19 Abs. 1 Nr. 5 SteuerGB) sowie die Gebühr für die standesamtliche Eintragung der Ehescheidung und die Ausstellung der Scheidungsurkunde in Höhe von weiteren 650 Rubel je Partei (Art. 333.26 Abs. 1 Nr. 2 SteuerGB) erhoben. Die **Anwaltskosten**, sofern ein Anwalt hinzugezogen wird, sind mangels gesetzlicher Regelung frei vereinbar und können regional sehr unterschiedlich sein. Das Anwaltshonorar kann als Pauschalbetrag vereinbart werden. In Moskau sind 300 bis 1.000 Rubel für eine mündliche Beratung üblich, als Stundenhonorar werden 20 bis 300 EUR verlangt. Aber auch eine Abrechnung in Höhe von 1 bis 20 % des Streitwerts oder ein Erfolgshonorar in Höhe von 1 bis 20 % können vereinbart werden.[55] Ehescheidungen werden in Moskau für ein Anwaltshonorar ab 300 EUR „angeboten". | 59

IV. Internationale Zuständigkeit der Gerichte/Standesämter

Die internationale Zuständigkeit eines russischen **Gerichts** für Ehescheidungen ist gegeben, wenn der Kläger in Russland seinen Wohnsitz hat und zumindest eine Partei die russische Staatsangehörigkeit besitzt (Art. 402 Abs. 3 Nr. 8 ZPO). Sie ist auch dann gegeben, wenn ein russischer Staatsangehöriger mit Wohnsitz im Ausland die Scheidung von seinem eben- | 60

---

55 Zur Frage der Zulässigkeit von Erfolgshonoraren siehe die Entscheidung des Verfassungsgerichts RF Nr. 1-P vom 23.1.2007, SZ RF 2007 Nr. 6 Pos. 828. Siehe auch die Anmerkung von *Wedde*, eastlex 2007, S. 94 f.; *Karraß/Wedde*, Erfolgshonorare im Kreuzfeuer, OER 53 (2007), S. 402 ff.

falls im Ausland wohnenden Ehegatten begehrt. Dabei spielt die Staatsangehörigkeit des anderen Ehegatten keine Rolle (Art. 160 Abs. 2 S. 1 FGB). Wenn beide Ehegatten ihren ständigen Wohnsitz in der RF haben und zumindest einer von ihnen die russische Staatsangehörigkeit besitzt, ist für die Ehescheidung ein russisches Gericht **ausschließlich** zuständig (Art. 403 Abs. 1 Nr. 3 ZPO). Die Parteien können – außer in den Fällen der ausschließlichen Zuständigkeit eines russischen Gerichts – die internationale Zuständigkeit durch eine **Gerichtsstandsvereinbarung** ändern (Art. 404 ZPO). Ein russisches Gericht ist unzuständig, wenn dieselbe Scheidungssache bereits bei einem ausländischen Gericht anhängig ist und die Entscheidung in Russland anzuerkennen und vollstreckbar ist (Art. 406 Abs. 2 ZPO). In Anbetracht der Tatsache, dass ausländische Scheidungsurteile, soweit sie nicht vollstreckt werden müssen, in Russland grundsätzlich anerkannt werden (vgl. Rdn 63 f.), verhindert die Rechtshängigkeit vor einem ausländischen Gericht die internationale Zuständigkeit russischer Gerichte. Aus Art. 406 Abs. 1 ZPO ergibt sich, dass ein russisches Gericht sich in diesem Fall erst dann für zuständig erklären darf, wenn im Ausland in derselben Scheidungssache bereits ein Urteil ergangen ist und seine Anerkennung in Russland aus den durch autonomes Recht geregelten Gründen (vgl. Rdn 64) versagt wurde.[56]

61 Die internationale Zuständigkeit russischer **Standesämter** ist nicht geregelt. Sie ist aber in jedem Fall dann gegeben, wenn zumindest einer der Ehegatten die russische Staatsangehörigkeit besitzt und seinen ständigen Wohnsitz in Russland hat oder wenn beide Ehegatten ihren ständigen Wohnsitz in Russland haben.[57] Bei Ehescheidungen im Ausland werden die standesamtlichen Funktionen von den russischen Konsulaten wahrgenommen, wenn zumindest einer der Ehegatten die russische Staatsangehörigkeit besitzt und seinen ständigen Wohnsitz in dem betreffenden Staat hat (Art. 160 Abs. 2 S. 2 FGB, Art. 5 PStG, Art. 25 Nr. 1 Konsularstatut).

V. Auf die Scheidung anwendbares Recht

62 Auf Ehescheidungen, die in der RF erfolgen, findet unabhängig von der Staatsangehörigkeit der Parteien zwingend russisches Recht Anwendung (Art. 160 Abs. 1 FGB). Das gilt auch für Ehescheidungen vor russischen Konsulaten im Ausland.

VI. Anerkennung im Ausland erfolgter Scheidungen

63 Im Ausland erfolgte Ehescheidungen werden in der RF ohne Weiteres **anerkannt**, wenn die am Scheidungsort geltenden Zuständigkeits- und Kollisionsregeln eingehalten wurden (Art. 160 Abs. 3, 4 FGB). Wurde die Ehe durch ein ausländisches Gericht geschieden, kann die daran interessierte Person der Anerkennung des Scheidungsurteils innerhalb eines Monats nach Bekanntwerden des Zugangs des Urteils bei einem russischen Gericht widersprechen (Art. 413 Abs. 2 ZPO). Wird der Anerkennung nicht widersprochen, gilt das ausländische Urteil als anerkannt (Art. 413 Abs. 1 ZPO). Örtlich zuständig ist das Oberste Gericht der Republik bzw. das Gericht[58] der Region, des Gebiets oder der Stadt von föderaler Bedeutung, des autonomen Gebiets oder des autonomen Bezirks am Aufenthaltsort oder Wohnsitz des Widersprechenden oder am Belegenheitsort seines Vermögens bzw., wenn der Widersprechende weder einen Aufenthaltsort noch einen Wohnsitz oder Vermö-

---

56 Näher hierzu *Maryševa*, Semejnye otnošenija s učastiem inostrancev: pravovoe regulirovanie, S. 229 f.
57 *Pčelinceva*, Kommentarij k Semejnomu kodeksu Rossijskoj Federacii, Art. 160, S. 698.
58 Vergleichbar den Oberlandesgerichten in Deutschland.

gen in Russland hat, das Moskauer Stadtgericht (Art. 413 Abs. 2 ZPO[59]). Die Entscheidung ergeht als Beschluss. Die Verhandlung ist öffentlich. Der Antragsteller ist zu laden, sein unentschuldigtes Fernbleiben von der Verhandlung verhindert jedoch nicht die Beschlussfassung (Art. 413 Abs. 3, 4 ZPO).

Die Anerkennung ist nach Art. 414 i.V.m. Art. 412 Abs. 1 Nr. 1–5 ZPO zu **versagen**, wenn: 64
- das Urteil am Gerichtsort noch nicht rechtskräftig oder nicht vollstreckbar ist;
- der betroffenen Partei kein rechtliches Gehör gewährt wurde;
- für die Scheidungssache, in der das Urteil ergangen ist, ein russisches Gericht ausschließlich zuständig ist;
- in derselben Scheidungssache ein Urteil eines russischen Gerichts ergangen oder ein älteres Verfahren bei einem russischen Gericht anhängig ist;
- die Anerkennung des Urteils der Souveränität der RF einen Schaden zufügen kann, die Sicherheit der RF bedroht oder der öffentlichen Ordnung zuwiderläuft.

Unklar ist, ob das Fehlen der speziellen Anerkennungsvoraussetzungen entsprechend   65
Art. 160 Abs. 3, 4 FGB (Einhaltung der Zuständigkeits- und Kollisionsregeln am Gerichtsort) nur oder auch in einem solchen Verfahren geltend gemacht werden kann. Eine Überprüfung des Urteils in der Sache ist jedenfalls vom Gesetz her nicht vorgesehen. Gegen den Beschluss, der auch der Partei, die das Urteil im Ausland erwirkt hat, zugestellt werden muss, kann innerhalb von fünfzehn Tagen nach Beschlussfassung in der endgültigen Form Appellationsbeschwerde bei der Appellationsinstanz des Obersten Gerichts der Republik bzw. des Gerichts der Region, des Gebiets oder der Stadt von föderaler Bedeutung, des autonomen Gebiets oder des autonomen Bezirks erhoben werden (Art. 413 Abs. 5, Art. 331 Abs. 2 Nr. 3, Art. 332 ZPO).

D. Scheidungsfolgen

I. Vermögensteilung

Das eheliche Gesamthandsvermögen wird grundsätzlich zu gleichen Teilen **aufgeteilt**   66
(Art. 39 Abs. 1 FGB). Das angerufene Gericht kann von diesem Grundsatz zugunsten einer Partei abweichen, wenn die Interessen minderjähriger Kinder oder beachtliche Interessen eines der Ehegatten dies erfordern. So kommt die Begünstigung eines der Ehegatten u.a. dann in Frage, wenn der andere Ehegatte ohne triftigen Grund keine Einkünfte erzielt oder das Gemeinschaftsvermögen entgegen den familiären Interessen verbraucht hat (Art. 39 Abs. 2 FGB). Aber auch die mangelnde Erwerbsfähigkeit einer Partei aus gesundheitlichen oder anderen nicht verschuldeten Gründen kann zu einer Begünstigung der anderen Partei führen.[60] Die gemeinschaftlichen Schulden werden im Verhältnis der Aufteilung des Vermögens geteilt (Art. 39 Abs. 3 FGB). Ungeachtet ihrer Wirksamkeit gegenüber Dritten haben ohne Zustimmung des anderen Ehegatten getätigte Veräußerungsgeschäfte ebenso wie eigenmächtige Ausgaben, die nicht im Interesse der Familie liegen, oder das Beiseiteschaffen von Gegenständen des Gesamthandsvermögens durch einen der Ehegatten Auswirkungen auf die Vermögensteilung. Die betreffenden Gegenstände oder ihr Geldwert sind bei der

---

59 Art. 413 Abs. 2 ZPO in der seit 1.9.2016 geltenden Fassung des Änderungsgesetzes vom 29.12.2015, SZ RF 2016 Nr. 1 (Tb. 1) Pos. 29.

60 Ziff. 17 Plenarbeschluss des Obersten Gerichts der RF Nr. 15 vom 5.11.1998 „Über die Rechtsanwendung bei der Verhandlung von Scheidungssachen durch die Gerichte", Bjulleten' Verchovnogo Suda RF 1/1999, S. 6 (9).

Teilung zu berücksichtigen, sodass sich der Gesamtanteil des eigenmächtig handelnden Ehegatten entsprechend verringert.[61]

67 Nicht der Teilung unterliegen:
- während der Zeit des Getrenntlebens von jeder Partei erworbenes Vermögen, wenn das Gericht es dem persönlichen Eigentum der betreffenden Partei zuordnet (Art. 38 Abs. 4 FGB);
- Gegenstände, die ausschließlich für die minderjährigen Kinder angeschafft wurden. Sie verbleiben bei dem Ehegatten, bei dem die Kinder leben, ohne dass der andere einen Ausgleichsanspruch erwirbt (Art. 38 Abs. 5 FGB);
- Sparguthaben, die aus dem ehelichen Gesamthandsvermögen auf die Namen der gemeinsamen Kinder angelegt wurden (Art. 38 Abs. 5 FGB).

68 Das Gericht legt zunächst die Anteile fest und entscheidet ferner, wie die einzelnen Vermögensgegenstände aufgeteilt werden. Dabei sind die persönlichen und beruflichen Interessen der Parteien zu berücksichtigen.[62] Ist eine Aufteilung in natura wegen der Art des Gegenstands nicht möglich, verbleibt dieser bei einer Partei, die andere Partei erhält eine Ausgleichszahlung (Art. 254 Abs. 3 i.V.m. Art. 252 Abs. 3 Unterabs. 2 ZGB). Auch Wohnraum unterliegt der Naturalteilung, soweit er sich in eigenständig bewohnbare Hälften aufteilen lässt. Bei Unteilbarkeit des zum Gesamthandsvermögen gehörenden Wohnraums ist die Abfindung einer Partei durch eine Ausgleichszahlung entgegen ihren Willen grundsätzlich nur dann zulässig, wenn sie anderweitigen Wohnraum besitzt.[63] Das Recht, **Teilungsklage** zu erheben, verjährt innerhalb von drei Jahren seit dem Zeitpunkt, an dem der geschiedene Ehegatte von der Verletzung seines Rechts am Gesamthandsvermögen sowie über den richtigen Beklagten einer entsprechenden Klage über den Schutz dieses Rechts Kenntnis erlangt hat oder hätte erlangen müssen (Art. 38 Abs. 7 i.V.m. Art. 9 Abs. 2 FGB, Art. 200 Abs. 1 ZGB).[64]

II. Unterhalt

69 Den Anspruch auf nachehelichen Unterhalt regelt Art. 90 FGB. Voraussetzung für den Unterhaltsanspruch ist die **Leistungsfähigkeit** des verpflichteten geschiedenen Ehegatten. Anspruch auf nachehelichen Unterhalt hat:
- die geschiedene Ehefrau während der Schwangerschaft und bis zum Ablauf von drei Jahren ab der Geburt des gemeinsamen Kindes unabhängig von ihrer Bedürftigkeit;
- der bedürftige geschiedene Ehegatte, der ein gemeinsames behindertes Kind pflegt, bis zur Vollendung des 18. Lebensjahres des Kindes oder zeitlich unbegrenzt, wenn das Kind seit dem Kindesalter Behinderter der Gruppe I ist;
- der erwerbsunfähige bedürftige geschiedene Ehegatte, wenn die Erwerbsunfähigkeit vor oder innerhalb eines Jahres nach der Ehescheidung eingetreten ist;[65]

---

61 Ziff. 16 Plenarbeschluss des Obersten Gerichts der RF Nr. 15 vom 5.11.1998 „Über die Rechtsanwendung bei der Verhandlung von Scheidungssachen durch die Gerichte", Bjulleten' Verchovnogo Suda RF 1/1999, S. 6 (8 f.).
62 *Pčelinceva*, Kommentarij k Semejnomu kodeksu Rossijskoj Federacii, Art. 38, S. 167.
63 Ausführlich *Pčelinceva*, Kommentarij k Semejnomu kodeksu Rossijskoj Federacii, Art. 38, S. 168 f.
64 Ziff. 19 Plenarbeschluss des Obersten Gerichts der RF Nr. 15 vom 5.11.1998 „Über die Rechtsanwendung bei der Verhandlung von Scheidungssachen durch die Gerichte", Bjulleten' Verchovnogo Suda RF 1/1999, S. 6 (9).
65 Als erwerbsunfähig gilt, wer das Rentenalter von 60 Jahren (bei Männern) bzw. 55 Jahren (bei Frauen) erreicht hat oder Behinderter der Gruppe I, II oder III ist.

– der bedürftige geschiedene Ehegatte, wenn die Ehe lange Zeit[66] bestanden hat und er das Rentenalter innerhalb von fünf Jahren nach der Ehescheidung erreicht.

Ungeachtet des Vorliegens aller Anspruchsvoraussetzungen kann das Gericht den Unter- **70** haltsanspruch des erwerbsunfähigen bedürftigen geschiedenen Ehegatten (3. Fallgruppe) entsprechend Art. 92 FGB verneinen oder zeitlich begrenzen, wenn
– die Erwerbsunfähigkeit infolge von Alkohol- oder Drogenmissbrauch oder einer vorsätzlich begangenen Straftat eingetreten ist,
– die Ehe nicht lange bestanden hat oder
– das Verhalten des Unterhalt begehrenden geschiedenen Ehegatten innerhalb der Familie unwürdig war.

Mangels einer vertraglichen Regelung des Unterhaltsanspruchs setzt das Gericht die **Höhe** **71** **der Unterhaltszahlungen** unter Berücksichtigung der materiellen und familiären Lebensumstände beider Ehegatten und sonstiger zu beachtender Umstände fest (Art. 91 FGB). Unterhaltsleistungen für geschiedene Ehegatten werden – im Unterschied zum Kindesunterhalt – als **monatlich** zu zahlender **Festbetrag** zugesprochen. Der Berechtigte hat Anspruch auf **Anpassung** des Betrags an die Geldwertentwicklung gem. Art. 117 FGB (sog. Indexierung). Der Unterhaltsanspruch des erwerbsunfähigen bedürftigen geschiedenen Ehegatten **erlischt**, wenn der Unterhaltsberechtigte eine neue Ehe eingeht (Art. 120 Abs. 2, 4. Fallgruppe FGB).[67]

III. Regelung der Altersversorgung

Die Auswirkung der Ehescheidung auf die Altersversorgung ist gesetzlich nicht geregelt. **72** Ein dem deutschen Versorgungsausgleich vergleichbares Rechtsinstitut kennt das russische Recht nicht.

IV. Sonstige Scheidungsfolgen

Jeder geschiedene Ehegatte kann den gemeinsamen **Ehenamen** beibehalten oder seinen **73** vorehelichen Familiennamen – dies kann auch der Familienname aus einer vorangegangenen Ehe sein – wieder annehmen (Art. 32 Abs. 3 FGB). Auch ein aus den Familiennamen der Ehegatten gebildeter Doppelname kann nach der Scheidung beibehalten werden. Bei einer Wiederverheiratung darf der Familienname des neuen Ehegatten jedoch nicht an einen Doppelnamen angehängt werden (Art. 32 Abs. 1 Unterabs. 2 FGB). Die Beibehaltung des gemeinsamen Ehenamens setzt nach herrschender Auffassung keine Zustimmung des geschiedenen Ehegatten voraus.[68]

Ob im Fall der Ehescheidung eines in Russland wohnenden Ausländers die – unbegrenzt **74** mögliche – Verlängerung einer einmal gewährten **Aufenthaltsberechtigung** zu verweigern ist, ist gesetzlich nicht geregelt. Da jedoch Voraussetzung für die Erteilung der Aufenthaltsberechtigung ein mindestens einjähriger legaler Aufenthalt in der RF ist, dürfte der Bestand der Ehe unerheblich und die Aufenthaltsberechtigung bzw. deren Verlängerung zu erwirken sein, solange kein Ausschlussgrund entsprechend Art. 9 AuslG gegeben ist.[69]

---

66 Wann eine Ehe lange Zeit bestanden hat, ist umstritten. Zum Streitstand siehe *Burian*, ROW 1998, S. 88 (97).
67 *Schmidt*, in: *Nußberger*, Einführung in das russische Recht, S. 195.
68 *Antokol'skaja*, Semejnoe pravo, S. 186; *Pčelinceva*, Semejnoe pravo Rossii, S. 195.
69 Zu den Ausschlussgründen siehe Fn 41.

75 Die Begünstigung von Ausländern hinsichtlich der **Einbürgerung** entfällt mit der Ehescheidung von einem russischen Staatsangehörigen. Dem steht eine Einbürgerung nach den allgemeinen Regeln jedoch nicht entgegen. Dies bedeutet, dass sich die für die Einbürgerung erforderliche Aufenthaltsdauer von einem Jahr auf fünf Jahre bei ansonsten gleichen Einbürgerungsvoraussetzungen (Art. 13 Abs. 1 lit. a)–e) StAngG) verlängert, wenn die Ehe vor Ablauf des ersten Aufenthaltsjahres in Russland bzw. vor Ablauf des dritten Ehejahres geschieden wird.

76 Etwaige **rentenrechtliche** Ansprüche des Ehegatten (**Hinterbliebenenrente**) entfallen mit Wirksamkeit der Ehescheidung, ebenso Ansprüche auf Schadensersatz wegen Tötung des Ehegatten und das gesetzliche Erbrecht.

V. Möglichkeit vertraglicher Vereinbarungen für die Scheidung

77 Da die Ehegatten nur ihre vermögensrechtlichen Beziehungen wirksam vertraglich regeln können (siehe Rdn 29), kommen für die **Regelung der Scheidungsfolgen** nur Vereinbarungen über die Vermögensteilung, über den nachehelichen Ehegattenunterhalt und über sonstige gegenseitige vermögensrechtliche Verpflichtungen nach der Ehe in Frage. Die Regelung eines Zugewinnausgleichs bei vertraglich festgelegter Gütertrennung und des Versorgungsausgleichs schließt das russische Recht nicht aus. Für das Formerfordernis und die inhaltlichen Schranken gelten die gleichen Voraussetzungen wie für den Ehevertrag (siehe Rdn 29 ff.).

VI. Kollisionsrecht der Scheidungsfolgen

78 Das russische Kollisionsrecht sieht keine besonderen Anknüpfungen für die Regelung der **Scheidungsfolgen** vor. Auf diese findet das nach Art. 161 FGB für die Ehewirkungen maßgebliche Recht Anwendung (vgl. Rdn 35), da es sich bei den Scheidungsfolgen um Rechte und Pflichten der (geschiedenen) Ehegatten handelt, die durch die Ehe begründet wurden, und das russische Recht insoweit nicht zwischen Rechten und Pflichten während und nach der Ehe unterscheidet. Dies gilt auch dann, wenn über die Scheidungsfolgen nicht in einem gesonderten Verfahren, sondern durch ein russisches Gericht im Scheidungsverfahren mitentschieden wird.[70]

79 Bei Klagen auf **nachehelichen Unterhalt** oder auf **Vermögensteilung** bestimmt sich das anwendbare Recht damit nach den für das Ehestatut maßgeblichen Kollisionsregeln (vgl. Rdn 35). Mangels einer anderweitigen vertraglichen Vereinbarung ist danach auf die Scheidungsfolgen das Recht des Staates anwendbar, in dem die Ehegatten ihren letzten gemeinsamen Wohnsitz hatten. Hatten die Ehegatten keinen gemeinsamen Wohnsitz, richten sich die Scheidungsfolgen bei einer Scheidung in Russland nach russischem Recht (Art. 161 Abs. 1 S. 2 FGB).

80 Bei einer **vertraglichen Regelung** der Scheidungsfolgen besteht **Rechtswahlautonomie** der Parteien, sofern diese entweder keine gemeinsame Staatsangehörigkeit oder keinen gemeinsamen Wohnsitz haben. Mangels einer Rechtswahl ist das Ehestatut auch das Vertragsstatut und damit das am letzten gemeinsamen Wohnsitz maßgebliche Recht anwendbar (Art. 161 Abs. 2 S. 2 i.V.m. Art. 161 Abs. 1 FGB). Mangels eines gemeinsamen Wohnsitzes richten sich die Wirkungen der vertraglichen Vereinbarung der Scheidungsfolgen auf dem Staatsgebiet der RF nach russischem Recht (Art. 161 Abs. 1 S. 2 FGB).

---

70 *Šeršen'*, in: *Nizamieva*, Kommentarij k Semejnomu kodeksu Rossijskoj Federacii, Art. 160, S. 508; *Pčelinceva*, Semejnoe pravo Rossii, S. 688.

VII. Verfahren

Für die Aufteilung des ehelichen Gesamthandsvermögens sind bis zu einem Streitwert von 50.000 Rubel (ca. 680 EUR, Kurs vom 15.6.2016) die Friedensrichter **zuständig** (Art. 23 Abs. 1 Nr. 3 ZPO), anderenfalls ist das Kreisgericht zuständig (Art. 24 ZPO). Die Friedensrichter sind darüber hinaus für die Beilegung sonstiger Streitigkeiten im Zusammenhang mit den Scheidungsfolgen zuständig, mit Ausnahme von Streitigkeiten bezüglich Unterhalt, Wohnsitz oder Umgang mit den Kindern (Art. 23 Abs. 1 Nr. 4 ZPO), für die das Kreisgericht zuständig ist. Die örtliche Zuständigkeit richtet sich grundsätzlich nach dem Wohnsitz des Beklagten (Art. 28 ZPO). Ist sein Wohnsitz nicht bekannt oder hat der Beklagte keinen Wohnsitz in der RF, kann die Klage beim Gericht am Ort des letzten bekannten Wohnsitzes in der RF oder der Belegenheit seines Vermögens erhoben werden (Art. 29 Abs. 1 ZPO). Sofern die Klage eine Immobilie betrifft, ist das Gericht am Belegenheitsort ausschließlich zuständig (Art. 30 Abs. 1 ZPO). Abgesehen von den Fällen der ausschließlichen Zuständigkeit können die Parteien einen anderen als den gesetzlichen Gerichtsstand vereinbaren (Art. 32 ZPO).

81

Für die **Prozessvertretung** gilt das zum Scheidungsverfahren Gesagte (vgl. Rdn 58). Die **Gerichtsgebühr** ist nach dem Streitwert gestaffelt und beträgt mindestens 400 Rubel und höchstens 60.000 Rubel (ca. 800 EUR, Kurs vom 15.6.2016) (Art. 333.19 Abs. 1 Nr. 1 SteuerGB).[71] Eventuelle **Anwaltskosten** belaufen sich auf 1 bis 20 % des Streitwerts oder bei einem vereinbarten Stundenhonorar auf 20 bis 300 EUR pro Stunde. Auch Pauschal- oder Erfolgshonorare können vereinbart werden.

82

VIII. Internationale Zuständigkeit

Die internationale Zuständigkeit eines russischen **Gerichts** für **Scheidungsfolgesachen** richtet sich nach den allgemeinen Regeln (Art. 402 ZPO). Sie ist gegeben, wenn:
– der Beklagte seinen Wohnsitz in Russland hat;
– Vermögen des Beklagten sich in Russland befindet;
– die auf Unterhalt klagende Partei ihren Wohnsitz in Russland hat;
– Streitgegenstand die Forderung aus einem Vertrag ist, dessen Erfüllung vollständig oder zum Teil auf russischem Staatsgebiet geschuldet ist oder zu vollziehen ist.

83

Russische Gerichte sind international **ausschließlich** zuständig, wenn der Rechtsstreit eine in Russland belegene Immobilie betrifft (Art. 403 Abs. 1 Nr. 1 ZPO). Die Parteien können außer in den Fällen der ausschließlichen Zuständigkeit eines russischen Gerichts die internationale Zuständigkeit durch eine Gerichtsstandsvereinbarung festlegen (Art. 404 ZPO). Ein russisches Gericht ist unzuständig, wenn dieselbe Streitigkeit bereits bei einem ausländischen Gericht anhängig ist und die Entscheidung in Russland anerkannt wird und vollstreckbar ist, oder wenn in derselben Sache bereits das Urteil eines ausländischen Gerichts ergangen ist, das in der RF aufgrund staatsvertraglicher Verpflichtungen anerkannt wird und vollstreckbar ist (Art. 406 ZPO).

84

---

71 Im Einzelnen ist die Gerichtsgebühr wie folgt nach dem Streitwert gestaffelt: bei einem Streitwert bis zu 20.000 Rubel – 4 % des Streitwerts, mindestens jedoch 400 Rubel; bei einem Streitwert bis zu 100.000 Rubel – 800 Rubel plus 3 % des Streitwerts über 20.000 Rubel; bei einem Streitwert bis zu 200.000 Rubel – 3.200 Rubel plus 2 % des Streitwerts über 100.000 Rubel; bei einem Streitwert bis zu 1 Mio. Rubel – 5.200 Rubel plus 1 % des Streitwerts über 200.000 Rubel; bei einem Streitwert über 1 Mio. Rubel – 13.200 Rubel plus 0,5 % des Streitwerts, höchstens jedoch 60.000 Rubel.

E. Gleichgeschlechtliche Ehe/Eingetragene Lebenspartnerschaft

85   Unter Ehe wird ausschließlich die heterosexuelle Partnerschaft verstanden, denn eine Ehe setzt ausdrücklich einen Bund von Mann und Frau voraus (vgl. Art. 12 Abs. 1 FGB). Regelungen, die den Schutz von Partnern desselben Geschlechts zum Gegenstand haben oder eine gegenüber anderen Personengemeinschaften privilegierte Stellung vorsehen, bestehen nicht.[72] Auch die eingetragene Lebenspartnerschaft ist weder rechtlich anerkannt noch gesetzlich geregelt. 2013[73] wurden umstrittene Regelungen zum Schutz Minderjähriger vor Informationen, die Homosexualität „propagieren", eingeführt. „Propaganda" von Homosexualität unter Minderjährigen bezeichnet nach Art. 6.21 Abs. 1 Ordnungswidrigkeitengesetzbuch[74] „die Verbreitung von Informationen, die auf die Bildung nichttraditioneller sexueller Einstellungen bei Minderjährigen gerichtet sind, die Werbung für nichttraditionelle sexuelle Beziehungen, die entstellte Vorstellung von der sozialen Gleichstellung traditioneller und nichttraditioneller Beziehungen und das Aufdrängen von Informationen über nichttraditionelle Beziehungen".[75] „Propaganda" von Homosexualität unter Minderjährigen stellt eine Ordnungswidrigkeit dar. Erschwerend wirkt sich aus, wenn die Ordnungswidrigkeit unter Nutzung von Massenmedien, einschließlich des Internets, begangen wird.

F. Nichteheliche Lebensgemeinschaft

86   Die nichteheliche Lebensgemeinschaft ist bislang noch nicht rechtlich anerkannt und geregelt. Es gilt die obligatorische Zivilehe, die rechtliche Wirkungen nur entfaltet, wenn sie eingetragen wurde.[76]

G. Abstammung und Adoption

I. Abstammung

1. Gleichstellung ehelicher und unehelicher Kinder

87   Die elterlichen Rechte und Pflichten gegenüber dem Kind werden allein durch die **Abstammung** begründet (Art. 47 FGB). Die **Gleichstellung ehelicher und unehelicher Kinder**

---

72 *Schmidt*, in: *Nußberger*, Einführung in das russische Recht, S. 191; *Lorenz*, in: *Bergmann/Ferid/ Henrich* (Hrsg.), Internationales Ehe- und Kindschaftsrecht, S. 33. Zur Rechtsstellung gleichgeschlechtlicher Paare in Russland siehe u.a. *Alekseev*, Gej-Brak: Semejnyj status odnopolych par v meždunarodnom, nacional'nom i mestnom prave (Home-Ehe: Familiärer Status gleichgeschlechtlicher Paare im internationalen, nationalen und örtlichen Recht), Moskau 2002, S. 360 ff.

73 Siehe das Änderungsgesetz vom 29.6.2013 zum Gesetz über den Schutz von Kindern vor für ihre Gesundheit oder Entwicklung schädlichen Informationen sowie zu einzelnen Gesetzen der RF mit dem Ziel des Schutzes von Kindern vor Informationen, die die Verneinung traditioneller familiärer Werte propagieren, SZ RF 2013 Nr. 26 Pos. 3208.

74 Ordnungswidrigkeitengesetzbuch der RF (*kodeks ob administrativnych pravonarušenijach*) vom 30.12.2001, SZ RF 2002 Nr. 1 (Tb. 1) Pos. 1, mit späteren Änderungen.

75 Zur verfassungsrechtlichen Auslegung von Art. 6.21 Abs. 1 OWiGB siehe das Urteil des Verfassungsgerichts der RF Nr. 24-P vom 23.9.2014, SZ RF 2014 Nr. 40 (Tb. 3) Pos. 5489.

76 Eine Ausnahme gilt jedoch für das Erbrecht, das auch dem bedürftigen Lebenspartner in einer nichtehelichen Lebensgemeinschaft einen Erbanspruch einräumt, vgl. Art. 1148 Abs. 2, 3 ZGB.

hinsichtlich ihrer Beziehungen zu den Eltern und deren Verwandten wird durch Art. 53 FGB festgelegt.

2. Vermutung der Vaterschaft; Leih- oder Ersatzmutterschaft

Die Abstammung des Kindes vom Ehemann der Mutter wird **vermutet**, wenn das Kind während der Ehe oder innerhalb von 300 Tagen nach Scheidung der Ehe oder Feststellung ihrer Nichtigkeit oder dem Tod des Ehemannes geboren wird (Art. 48 Abs. 2 FGB). Die standesamtliche Eintragung einer Person als **Kindesvater** ist in jedem Fall Beweis für deren Vaterschaft.[77] Ehelich kann auch das von einer **Leih- oder Ersatzmutter** ausgetragene Kind sein. Dieses Kind ist das Kind der Ehegatten, die ihre schriftliche Zustimmung zur extrakorporalen Befruchtung erteilt haben (Art. 51 Abs. 4 Unterabs. 1 FGB). Voraussetzung ist, dass die Leihmutter nach der Geburt des Kindes zugestimmt hat (Art. 51 Abs. 4 Unterabs. 2 FGB). Verweigert die Leihmutter die Zustimmung, ist sie auch im Rechtssinne die Mutter des von ihr ausgetragenen Kindes.[78]

3. Vaterschaftsfeststellung

Die **Vaterschaft** des Nicht-Ehemannes der Mutter kann außergerichtlich oder gerichtlich **festgestellt** werden. Die **außergerichtliche Feststellung** der Vaterschaft erfolgt aufgrund eines gemeinsamen Antrags der Eltern des Kindes (Art. 48 Abs. 3 Unterabs. 1 Hs. 1 FGB). In begründeten Ausnahmefällen kann der Antrag auch schon vor der Geburt des Kindes gestellt werden (Art. 48 Abs. 3 Unterabs. 2 FGB). Ist die Mutter verstorben oder ihr Aufenthaltsort nicht feststellbar oder wurde sie gerichtlich für geschäftsunfähig erklärt oder ihr das Sorgerecht entzogen, kann der Feststellungsantrag mit Zustimmung der Vormundschafts- und Pflegschaftsbehörde, im Fall des Fehlens einer solchen Zustimmung aufgrund einer Gerichtsentscheidung vom Vater allein gestellt werden (Art. 48 Abs. 3 Unterabs. 1 Hs. 2 FGB). Die **gerichtliche Feststellung** der Vaterschaft erfolgt auf Antrag eines Elternteils, des Vormunds bzw. Pflegers des Kindes, der Person, die für das Kind sorgt, oder des volljährigen Kindes selbst (Art. 49 FGB). Die **internationale Zuständigkeit** russischer Gerichte ist gegeben, wenn die klagende Partei in Russland ihren Wohnsitz hat (Art. 402 Abs. 3 Nr. 3 ZPO). Das Festellungsverfahren regeln die Art. 264–268 ZPO als besondere Verfahrensform, das sich aber nicht wesentlich vom gewöhnlichen Klageverfahren unterscheidet. Das Recht, Vaterschaftsklage zu erheben, verjährt nicht (Art. 9 Abs. 1 FGB). Zum **Nachweis** der Vaterschaft im gerichtlichen Verfahren sind grundsätzlich alle zur Verfügung stehenden Beweismittel zulässig. Insbesondere werden die häusliche Lebensgemeinschaft der Eltern vor der Geburt des Kindes, die gemeinsame Sorge für das Kind oder die vor oder nach der Geburt des Kindes anderweitig zum Ausdruck kommende faktische Anerkennung der Vaterschaft von russischen Gerichten als Vaterschaftsbeweise angesehen.[79] Die Feststellung des „genetischen Fingerabdrucks", aber auch die ärztlich attestierte Zeugungsunfähigkeit sind schwerwiegende Beweise im Vaterschaftsprozess.[80] Die Vaterschaft kann weder außergerichtlich noch gerichtlich gegen den Willen des volljährigen und geschäftsfä-

88

89

---

77 Ziff. 9 Plenarbeschluss des Obersten Gerichts der RF Nr. 9 vom 25.10.1996 „Über die Anwendung des Familiengesetzbuchs durch die Gerichte in Vaterschafts- und Unterhaltssachen", Bjulleten' Verchovnogo Suda RF 1/1997, S. 5 f.

78 *Schmidt*, in: *Nußberger*, Einführung in das russische Recht, S. 196. Die Einzelheiten der Leihmutterschaft regelt Art. 55 Abs. 9, 10 Gesetz über die Grundlagen des Gesundheitsschutzes der Bürger in der RF vom 21.11.2011, SZ RF 2011 Nr. 48 Pos. 6724.

79 *Pčelinceva*, Kommentarij k Semejnomu kodeksu Rossijskoj Federacii, Art. 49, S. 222.

80 *Pčelinceva*, Kommentarij k Semejnomu kodeksu Rossijskoj Federacii, Art. 49, S. 227 f.

Himmelreich

higen Kindes festgestellt werden (Art. 48 Abs. 4 FGB). Ist die als Vater in Betracht kommende Person verstorben, kann nicht mehr die Vaterschaft, sondern nur die faktische Anerkennung der Vaterschaft durch den Verstorbenen gerichtlich festgestellt werden (Art. 50 FGB).

4. Anfechtung der Vater- und Mutterschaft

90   Zur gerichtlichen **Anfechtung der Vaterschaft** ist die im Geburtenbuch als Vater eingetragene Person, der leibliche Vater, das volljährige Kind bzw. der Vormund oder Pfleger des Kindes oder der Vormund des gerichtlich für geschäftsunfähig erklärten Vaters berechtigt (Art. 52 Abs. 1 FGB). Die Klage des als Kindesvater Eingetragenen ist abzuweisen, wenn er zur Zeit der Eintragung wusste, dass er nicht der leibliche Vater ist (Art. 52 Abs. 2 FGB). Der Ehemann der Kindesmutter kann sich zur Anfechtung seiner Vaterschaft nicht auf die künstliche Befruchtung oder die Implantation des Embryos berufen, wenn er dazu zuvor schriftlich eingewilligt hatte (Art. 52 Abs. 3 FGB). Analog ist die Lage für den als Kindesvater eingetragenen Ehemann, wenn das Kind von einer Leihmutter ausgetragen wurde. Mit der Zulassung der Leihmutterschaft wurde auch die **Anfechtung der Mutterschaft** durch die eingetragene oder die leibliche Mutter geregelt und den gleichen Beschränkungen wie die Anfechtung der Vaterschaft unterworfen (Art. 52 Abs. 3 FGB).

5. Auslandsberührung

91   In Fällen mit **Auslandsberührung** ist für die Feststellung und Anfechtung der Abstammung das Recht des Staates maßgeblich, dem das Kind angehört (Art. 162 Abs. 1 FGB). Das Verfahren richtet sich auf dem Staatsgebiet der RF nach russischem Recht. Sofern die standesamtliche Feststellung der Abstammung nach russischem Recht zulässig ist, kann diese vor den diplomatischen Vertretungen oder konsularischen Einrichtungen der RF im Ausland erfolgen, wenn zumindest ein Elternteil russischer Staatsangehöriger ist (Art. 162 Abs. 2 FGB). Das auf die Rechte und Pflichten von Eltern gegenüber ihren Kindern anwendbare Recht richtet sich unabhängig davon, ob die Eltern verheiratet sind, nach Art. 163 FGB. Somit findet auf das Sorge- und Umgangsrecht sowie den Kindesunterhalt das am gemeinsamen Wohnsitz von Elternteil und Kind geltende Recht Anwendung. Mangels eines gemeinsamen Wohnsitzes kommt das Recht des Staates zur Anwendung, dem das Kind angehört. Auf Antrag kann auf die Unterhaltsverpflichtung sowie auf andere rechtliche Beziehungen zwischen Eltern und Kindern das Recht des Staates zur Anwendung kommen, auf dessen Territorium das unterhaltsberechtigte Kind seinen ständigen Wohnsitz hat.

II. Adoption

1. Voraussetzungen

92   Die **Adoption** ist in den Art. 124–144 FGB geregelt. Sie ist zulässig, wenn sie dem Interesse des Kindes dient und das Kind minderjährig ist (Art. 124 Abs. 2 i.V.m. Art. 123 Abs. 1 Unterabs. 3 FGB). Die Adoption Volljähriger ist gesetzlich nicht vorgesehen und wird als unzulässig angesehen.[81] Bei der Adoption sind u.a. zu berücksichtigen:
- die ethnische Herkunft des Kindes;
- seine religiöse und kulturelle Zugehörigkeit;

---

81 *Pčelinceva*, Semejnoe pravo Rossii, S. 507.

- die Muttersprache des Kindes;
- die Möglichkeiten, dem Kind eine „umfassende körperliche, psychische, geistige und sittliche Entwicklung" zu gewährleisten.

Die Adoption von Geschwistern durch verschiedene Personen ist nur ausnahmsweise zulässig, wenn sie dem überwiegenden Interesse des Kindes dient (Art. 124 Abs. 3 FGB). Als **Adoptiveltern** kommen Einzelpersonen und Ehepaare in Betracht (Art. 127 Abs. 4 FGB). Möchte eine nichteheliche Lebensgemeinschaft ein Kind adoptieren, kommt nur eine Adoption durch eine Einzelperson in Betracht, da die gemeinsame Adoption allein Ehepaaren vorbehalten ist. Volljährigkeit und volle Geschäftsfähigkeit der Annehmenden sind Voraussetzung (Art. 127 Abs. 1 Nr. 1, 2 FGB). Der Altersunterschied zwischen einem unverheirateten Adoptivelternteil und dem Kind muss in der Regel mindestens 16 Jahre betragen, wovon aber in begründeten Fällen abgewichen werden kann (Art. 128 Abs. 1 FGB). Bei Adoptionen durch Stiefeltern ist der Altersunterschied unbeachtlich (Art. 128 Abs. 2 FGB). Bei mehreren Anwärtern wird unter Berücksichtigung der Interessen des Kindes den Verwandten des Kindes der Vorzug gegeben (Art. 127 Abs. 5 FGB). Eine vorherige Pflegezeit ist nicht erforderlich.

93

2. Ausschlussgründe

Ausschlussgründe sind nach Art. 127 Abs. 1 FGB u.a.:

94

- der vollständige oder teilweise Entzug des elterlichen Sorgerechts des Annehmenden oder die Aufhebung seiner Stellung als Vormund oder Pfleger wegen nicht ordnungsgemäßer Pflichterfüllung oder einer früheren Adoption aus von ihm verschuldeten Gründen;
- unzureichende gesundheitliche Voraussetzungen (z.B. bei Tuberkulose, Krebs, einer psychischen Erkrankung, Rauschgiftsucht, Alkoholsucht oder Behinderung der Gruppe I);[82]
- kein hinreichendes Einkommen, um dem Kind das durch das entsprechende Subjekt der RF festgelegte gesetzliche Existenzminimum[83] zu sichern;
- kein ständiger Wohnsitz;
- eine Vorstrafe wegen einer Straftat gegen das Leben oder die Gesundheit, gegen die Freiheit, Ehre und Würde der Person (mit Ausnahme der ungesetzlichen Unterbringung in einer psychiatrischen Anstalt und der Verleumdung), gegen die sexuelle Integrität und die sexuelle Freiheit der Person, gegen die Familie und Minderjährige, gegen die Gesundheit der Bevölkerung und die öffentliche Sittlichkeit oder gegen die öffentliche Sicherheit, den Frieden und die Sicherheit der Menschheit (mit Ausnahme von rehabilitierten Personen);
- eine Verurteilung wegen einer schweren oder besonders schweren Straftat, die nicht zu den soeben genannten Straftaten gehört.

---

82 Vgl. das Verzeichnis der Erkrankungen, die die Adoption eines Kindes, die Vormundschaft (Pflegschaft) über ein Kind oder die Aufnahme eines Kindes in eine Pflegefamilie ausschließen, bestätigt durch RegierungsVO Nr. 117 vom 14.2.2013, SZ RF 2013 Nr. 36 Pos. 4577. Die künftigen Adoptiveltern müssen sich einer Untersuchung durch mehrere Fachärzte unterziehen, deren Befund nur sechs Monate lang Gültigkeit hat; vgl. die Ordnung zur medizinischen Begutachtung von Bürgern, die Adoptiveltern oder Vormünder (Pfleger) werden oder Waisenkinder oder Kinder, die ohne Fürsorge der Eltern zurückgeblieben sind, in eine Ersatzfamilie aufnehmen wollen, bestätigt durch Erlass des Gesundheitsministeriums der RF Nr. 290n vom 18.6.2014, Rossijskaja gazeta Nr. 185 vom 18.8.2014.

83 Siehe das Gesetz über das Existenzminimum in der RF vom 24.10.1997, SZ RF 1997 Nr. 43 Pos. 4904, mit späteren Änderungen.

Darüber hinaus dürfen solche Personen keine Kinder adoptieren, die nicht an einem nach Art. 127 Abs. 6 FGB festgelegten Vorbereitungsprogramm teilgenommen haben.[84] Hiervon ausgenommen sind nur nahe Verwandte des Kindes und Personen, die bereits ein Kind adoptiert haben und bei denen die Adoption nicht aufgehoben worden ist, sowie Personen, die bereits Vormund oder Pfleger eines Kindes sind bzw. waren und ihres Amtes nicht enthoben worden sind (Art. 127 Abs. 1 Nr. 12 FGB). Ferner ist eine Adoption ausgeschlossen durch Personen, die sich in einem Bund befinden, der zwischen gleichgeschlechtlichen Personen geschlossen wurde und gemäß der Gesetzgebung des Staates, in dem eine solche Ehe zulässig ist, als Ehe anerkannt und eingetragen wurde, sowie durch unverheiratete Personen, die Staatsangehörige eines solchen Staates sind (Art. 127 Abs. 1 Nr. 13 FGB).

95 Der Adoption durch den Stiefvater bzw. die Stiefmutter stehen das Fehlen eines hinreichenden Einkommens und des Durchlaufens eines Vorbereitungsprogramms nicht entgegen (Art. 127 Abs. 3 FGB). Das Gericht kann unter Berücksichtigung der Interessen des zu adoptierenden Kindes und anderer zu beachtender Umstände auch in anderen Fällen von der Anwendung dieser Ausschlussgründe absehen (Art. 127 Abs. 2 FGB).

3. Verfahren und Zustimmungserfordernisse

96 Die Adoption wird vom Gericht in einem besonderen **Verfahren** ausgesprochen (Art. 269–275 ZPO). Zuständig ist das Kreisgericht (Art. 24 i.V.m. Art. 23 Abs. 1 Nr. 4 ZPO). Am Verfahren sind neben den Antragstellern die Vormundschafts- und Pflegschaftsbehörde und die Staatsanwaltschaft beteiligt (Art. 125 Abs. 1 Unterabs. 2 FGB). Die Vormundschafts- und Pflegschaftsbehörde muss eine gutachterliche Stellungnahme zur beantragten Adoption abgeben (Art. 125 Abs. 2 FGB). Voraussetzung für die Adoption ist die **Zustimmung** der folgenden Personen:
– der leiblichen Eltern, Art. 129 FGB (auch als Blanko-Zustimmung). Die Zustimmung kann bis zur gerichtlichen Feststellung der Adoption widerrufen werden. Auf sie kann verzichtet werden, wenn die leiblichen Eltern unbekannt oder für verschollen oder geschäftsunfähig erklärt worden sind, ihnen das Sorgerecht entzogen wurde oder sie ohne triftigen Grund länger als sechs Monate nicht mit dem Kind zusammengelebt und es vernachlässigt haben[85] (Art. 130 FGB);
– ggf. des Vormunds oder Pflegers, der Pflegeeltern oder des Leiters der Einrichtung, in der sich das Kind aufhält (Art. 131 FGB). Das Gericht kann von der Zustimmung der genannten Personen im Interesse des Kindes absehen;
– des Kindes selbst, wenn es das zehnte Lebensjahr vollendet hat, es sei denn, das Kind lebt bereits in der Familie des Antragstellers (der Antragstellerin) und hält ihn (sie) für seinen Vater (seine Mutter), Art. 132 FGB;
– bei einem Einzelantrag ggf. des Ehegatten des Antragstellers, es sei denn, die Ehegatten leben seit über einem Jahr getrennt und der Aufenthalt des Ehegatten ist nicht bekannt (Art. 133 FGB).

---

84 Ausländische Adoptierende, Staatenlose und russische Staatsangehörige mit ständigem Wohnsitz im Ausland können nachweisen, dass sie an ihrem ständigen Wohnsitz ein gleichwertiges Vorbereitungsprogramm absolviert haben. Anderenfalls müssen sie an einem Vorbereitungsprogramm in der RF teilnehmen (Art. 127 Abs. 6 Unterabs. 4, 5 FGB).
85 Der zuletzt genannte Grund für den Verzicht auf eine Zustimmung der leiblichen Eltern entfällt bei Adoptionen russischer Kinder durch Ausländer (Art. 165 Abs. 1 Unterabs. 2 FGB).

4. Rechtsfolgen

Die Adoption wird mit Rechtskraft der Gerichtsentscheidung **wirksam** (Art. 125 Abs. 3 FGB). Damit sind die rechtlichen Beziehungen zu den leiblichen Eltern beendet und das Kind wird **rechtlich wie ein leibliches Kind der Adoptiveltern** behandelt (Art. 137 Abs. 1, 2 FGB). Bei der Adoption durch eine Einzelperson kann die rechtliche Verbindung zu dem andersgeschlechtlichen leiblichen Elternteil auf dessen Wunsch hin aufrechterhalten bleiben (Art. 137 Abs. 3 FGB). Ist ein leiblicher Elternteil des Adoptivkindes verstorben, kann auf Antrag der Eltern des Verstorbenen die rechtliche Verbindung zu den Verwandten des Verstorbenen bestehen bleiben (Art. 137 Abs. 4 FGB). Auf Antrag der Adoptiveltern können der Vor-, Vaters- und Familienname des Kindes sowie der Geburtstag und -ort im Geburtenbuch geändert werden (Art. 134, 135 FGB), die Adoptiveltern können als Eltern eingetragen werden (Art. 136 FGB).

97

5. Aufhebung

Die gerichtliche **Aufhebung** der Adoption kann (grundsätzlich nur vor Volljährigkeit des Kindes, vgl. Art. 144 FGB) auf Antrag der leiblichen Eltern, der Adoptiveltern, des Kindes nach Vollendung des 14. Lebensjahres, der Vormundschafts- und Pflegschaftsbehörde oder der Staatsanwaltschaft erfolgen (Art. 140, 142 FGB). Gründe für die Aufhebung können die Vernachlässigung der elterlichen Pflichten, der Missbrauch der elterlichen Rechte oder die grausame Behandlung des Kindes durch die Adoptiveltern, ihre Alkohol- oder Rauschgiftsucht oder andere vom Gericht in Anbetracht der Interessen des Kindes und unter Berücksichtigung der Meinung des Kindes festgestellte Gründe sein (Art. 141 FGB). Das Gericht kann die ehemaligen Adoptiveltern zu Unterhaltszahlungen für das Kind verpflichten (Art. 143 Abs. 4 FGB).

98

6. Auslandsberührung

Ausländer und Staatenlose können ein russisches Kind nur dann adoptieren, wenn es nicht gelungen ist, das Kind von russischen Staatsangehörigen mit ständigem Wohnsitz in Russland oder von seinen Verwandten unabhängig von deren Staatsangehörigkeit und Wohnsitz adoptieren zu lassen (Art. 124 Abs. 4 Unterabs. 1 FGB). Eine Adoption durch nicht verwandte Ausländer oder Staatenlose ist erst dann zulässig, wenn das Kind bereits seit mindestens zwölf Monaten in der föderalen Datenbank für Kinder, die ohne Fürsorge der Eltern zurückgeblieben sind, erfasst ist. Gleiches gilt für Adoptionen durch russische Staatsangehörige mit ständigem Wohnsitz im Ausland (Art. 124 Abs. 4 Unterabs. 2 FGB). Die Adoption russischer Kinder durch US-amerikanische Staatsangehörige ist seit dem 1.1.2013 verboten.[86]

99

Die Adoption russischer Staatsangehöriger durch Ausländer oder Staatenlose in der RF erfolgt nach dem Recht des Staates, dem der Ausländer angehört bzw. in dem der Staatenlose seinen ständigen Wohnsitz hat (Art. 165 Abs. 1 Unterabs. 1 FGB). Dessen ungeachtet finden bei Adoptionsverfahren in der RF die oben dargelegten Regelungen des russischen Familiengesetzbuchs für die persönlichen Voraussetzungen der Adoptierenden, die Zustimmungserfordernisse und das Verfahren bis auf geringfügige Ausnahmen unter Berücksichtigung

---

86 Vgl. Art. 4 Abs. 1 des Gesetzes über Maßnahmen zur Einwirkung auf Personen, die an Verletzungen der grundlegenden Rechte und Freiheiten des Menschen und der Bürger der RF beteiligt sind, vom 28.12.2012, SZ RF 2012 Nr. 53 Pos. 7597. Zudem kündigte die RF einseitig das Adoptionsabkommen mit den USA vom Juli 2011 auf (vgl. Art. 4 Abs. 2 des Gesetzes).

Himmelreich

der Bestimmungen der internationalen Verträge der RF über die zwischenstaatliche Zusammenarbeit im Bereich der Adoption von Kindern Anwendung (Art. 165 Abs. 1 Unterabs. 2 i.V.m. Art. 124–133 FGB). Darüber hinaus kann einer Adoption die Gefahr einer Verletzung von durch russisches Recht oder Staatsverträge der RF geregelten Rechten des Kindes infolge der Adoption entgegenstehen (Art. 165 Abs. 2 FGB).

100 Ist der ausländische oder staatenlose Adoptierende mit einem russischen Staatsangehörigen verheiratet, erfolgt die Adoption eines russischen Kindes in der RF nach russischem Recht (Art. 165 Abs. 1 Unterabs. 3 FGB). Für die Adoption eines **ausländischen Kindes durch russische Staatsangehörige** ist in Russland die Zustimmung des gesetzlichen Vertreters des Kindes, der zuständigen ausländischen Behörde und, sofern dies nach dem Heimatrecht des Kindes notwendig ist, auch die Zustimmung des Kindes selbst erforderlich (Art. 165 Abs. 1 Unterabs. 4 FGB). Die Adoption **russischer Kinder im Ausland** kann nur mit Zustimmung der zuständigen russischen Behörde erfolgen (Art. 165 Abs. 4 FGB).[87] Zuständig ist die Verwaltungsbehörde des Subjekts der RF, auf dessen Territorium das Kind oder zumindest ein Elternteil vor der Ausreise aus Russland gewohnt hat. In der Regel sind dies die Ministerien für Bildung der Teilrepubliken bzw. die Abteilungen für Bildung der Verwaltungsbehörden der Regionen, Gebiete oder sonstigen Subjekte der RF. Haben das Kind und seine leiblichen russischen Eltern nie in Russland gewohnt, ist der Antrag beim Ministerium für Bildung und Wissenschaft der RF zu stellen.[88]

101 Der **Antrag** auf Zustimmung zur Adoption kann entweder direkt oder über die konsularischen Einrichtungen oder die diplomatische Vertretung der RF in dem betreffenden Staat gestellt werden. Ihm sind u.a. folgende **Unterlagen** beizufügen:
- die Geburtsurkunde des Kindes;
- die Zustimmung des Kindes, wenn es das zehnte Lebensjahr vollendet hat;
- die Zustimmung der leiblichen Eltern oder ein Nachweis dafür, dass einer der im Familiengesetzbuch geregelten Gründe für den Verzicht auf deren Zustimmung vorliegt (die leiblichen Eltern sind unbekannt, für verschollen oder geschäftsunfähig erklärt worden oder ihnen wurde das Sorgerecht entzogen);
- eine Stellungnahme der zuständigen ausländischen Behörde darüber, dass die Adoption begründet ist und den Interessen des Kindes entspricht, einschließlich der Aussagen über die Lebensbedingungen der Antragsteller und ihre Eignung als Adoptiveltern;
- sonstige Urkunden gem. Art. 271, 272 ZPO:
  - eine Kopie der Geburtsurkunde des Antragstellers, wenn dieser unverheiratet ist;
  - eine Kopie der Heiratsurkunde der Antragsteller, wenn diese verheiratet sind;
  - bei der Adoption durch einen Verheirateten die Zustimmung des Ehegatten oder der Nachweis für das Getrenntleben seit mindestens einem Jahr;
  - medizinische Gutachten über den Gesundheitszustand der Antragsteller;
  - Bescheinigungen der Arbeitgeber über die berufliche Stellung und die Vergütung oder ein sonstiger Nachweis über das Einkommen;
  - ein Nachweis über das Nutzungsrecht oder das Eigentum an Wohnraum;
  - ein Nachweis über die Erfassung als Adoptionsanwärter sowie darüber, dass an einem Vorbereitungsprogramm in dem dafür vorgesehenen Verfahren teilgenommen wurde (mit Ausnahme der durch das Familiengesetzbuch geregelten Fälle);
  - die Genehmigung der Einreise und der Wohnsitznahme des Kindes durch die zuständige ausländische Behörde;

---

87 Das entsprechende Antragsverfahren regelt die RegierungsVO Nr. 275 vom 29.3.2000, SZ RF 2000 Nr. 15 Pos. 1590, mit späteren Änderungen.
88 *Vorob'eva*, Usynovlenie i udočerenie, S. 94 f.

Himmelreich

- ein ärztlicher Befund über den Gesundheitszustand, die körperliche und die geistige Entwicklung des Kindes;
- die Zustimmung des Vormunds (Pflegers) des Kindes, der Pflegeeltern oder des Leiters der Einrichtung, in der sich das Kind aufhält;
- ein Nachweis dafür, seit wann das Kind in der föderalen Datenbank für Kinder, die ohne Fürsorge der Eltern zurückgeblieben sind, erfasst ist, und zur Aussichtslosigkeit der Adoption durch russische Staatsangehörige oder Verwandte des Kindes.

Alle Unterlagen sind in **doppelter Ausfertigung** einzureichen. Ausländische Schriftstücke müssen gemäß dem Haager Übereinkommen zur Befreiung ausländischer öffentlicher Urkunden von der Legalisation von 1961 mit einer Apostille versehen und anschließend in die russische Sprache übersetzt werden. Die **Übersetzung** muss von einem russischen Notar beglaubigt sein (Art. 271 Abs. 4 ZPO). Russische Kinder, die von Ausländern adoptiert wurden, stehen bei ständigem Wohnsitz im Ausland unter dem Schutz des jeweiligen russischen Konsulats. Dort müssen sie auch gemeldet werden (Art. 165 Abs. 3 FGB, Art. 19 Nr. 4 Konsularstatut).[89]

102

---

89 Das entsprechende Meldeverfahren regelt die RegierungsVO Nr. 275 vom 29.3.2000, SZ RF 2000 Nr. 15 Pos. 1590, mit späteren Änderungen.

Himmelreich

Schweden

Prof. h.c. Ernst Johansson, Rechtsanwalt und Notar a.D., Kiel, Honorarkonsul des Königreichs Schweden a.D.

Literatur

Agell, Äktenskap, samboende, partnerskap, femte uppl. Uppsala 2011; *Beckmann/Höglund*, Svensk familjerättspraxis, Norstedt Juridik, Loseblatt; *Bogdan*, Svensk internationell privat- och processrätt, 6. Aufl., Lund 2004; *Eek*, Lagkonflikter i tvistemål II, Stockholm 1978; *Håkansson* in: Norstedts Juridiska Handbok, 17. Aufl., Stockholm 2001; *Lundén/Molin*, Makar, juridiken kring äktenskap, 3. Aufl., Näsviken 2005; *Michaeli*, Internationales Privatrecht gemäß schwedischen Rechts und schwedischer Rechtsprechung, Stockholm 1948; *Nyström*, Familjens Juridik, Norstedts 2010; *Pålsson*, Marriage and Divorce in Comperative Conflict of Laws, Leiden 1974; *Pålsson*, Svensk rättspraxis i internationell familje- och arvsrätt, Nordstedt Stockholm 1986; *Philip*, Dansk international privato.g. procesret, 3. Aufl., Kopenhagen 1976; *Riek*, Ausländisches Familienrecht, Beck-Verlag München 2011; *Tottie*, Äktenskapsbalken och Promulgationslag m.m., Stockholm 1990; *Gunilla Olsson, Theddo Rother-Schirren, Johan Schüldt*, Personrätt, Äktenskapsrätt, Samborätt, Barnrätt, Arv- och Testamentsrätt, Stockholm 2015; *Pernilla Leviner, Chris Lau*, Författnings- och rättfallssamling i familjerätt, Norstedts Juridik AB, Stockholm 2010.

Abkürzungsverzeichnis

ÄktB Äktenskapsbalken (Ehegesetzbuch)

ÄktP Gesetz über Partnerschaft (1994:1117)

FAL Lag (1941:416) om arvskatt och gåvoskatt

FB Föräldrarbalken (Elterngesetzbuch)

GB Giftermälsbalken (Ehegesetzbuch)

HD Högsta Domstol (= Höchster Gerichtshof Schwedens für Zivil- und Strafsachen)

IMF Lag 1990:272 om vissa internationella frågor rörande makars förmögenhetsförhållanden (Gesetz 1990:272 über gewisse internationale Fragen betreffend die Vermögensverhältnisse von Ehegatten)

JÄL Lag 1904:26 om vissa internationella rättsförhållanden rörande äktenskap och förmyn derskap (Gesetz 1904:26 über gewisse internationale Rechtsverhältnisse betreffend Ehe und Vormundschaft)

KK Kungliga Kungörelse (Königliche Bekanntmachung)

NÄF Verordnung für Ehen der Staatsangehörigen der Staaten des Nordischen Rates (1931:429) über gewisse internationale Rechtsverhältnisse betreffend Ehe, Adoption und Vormundschaft

NEVL Lag (1977:595) om erkännande och verkställighet av nordiska domar på privaträttens område (Gesetz 1977:595 über die Anerkennung und Durchsetzung von nordischen Urteilen auf dem Gebiet des Privatrechts)

NJA Nytt Juridisk Arkiv, avd. I (= Rechtsprechung des Höchsten Gerichtshofes, Neues Juristisches Archiv, I. Abteilung)

NJA II Nytt Juridisk Arkiv, avd. II (= Rechtsprechung des Höchsten Gerichtshofes, Neues Juristisches Archiv, II. Abteilung)

RA Regeringsrättens Årsbok (= Publikation des höchsten Verwaltungsgerichts)

RB Rättegångsbalken (Gerichtsverfassungsgesetzbuch)

RH Rättsfall från hovrätten (= Entscheidungen der Gerichte 2. Instanz)

SbL Sambolag (Gesetz über das Verhältnis von unverheirateten Paaren)

SOU Statens offentliga utredringar (= die Unterlagen für eine staatliche Ermittlung zu einer – meist – gesetzlichen Regelung)

SVTJ Svensk Juristtidning (= Schwedische Juristenzeitung)

VO Verordnung

A. Das schwedische internationale Eherecht

I. Rechtsgrundlagen

1   Das schwedische internationale Privatrecht bezüglich des Eherechts ist im Gesetz 1904:26 über gewisse internationale Rechtsverhältnisse betreffend Ehe und Vormundschaft[1] (**IÄL**), ferner im Gesetz für Ehen der Staatsangehörigen der Staaten des Nordischen Rates in der Verordnung 1931:429 über gewisse internationale Rechtsverhältnisse betreffend Ehe, Adoption und Vormundschaft[2] (**NÄF**) sowie im Gesetz 1990:272 über gewisse internationale Fragen betreffend die Vermögensverhältnisse von Ehegatten[3] (**IMF**) geregelt.

II. Verlobung

2   Die **Verlobung** als Vorstufe zur Ehe ist seit der Eherechtsreform des Jahres 1973 aus dem Ehegesetzbuch (*Äktenskapsbalken* = ÄktB) herausgenommen worden. Eine „Verlobung" mit Rechtswirkungen für die Verlobten gibt es seitdem i.d.R. nicht mehr.[4] Jedoch können **Geschenke** aufgrund einer angestrebten späteren Ehe, bei denen der Beschenkte erkennen konnte, dass sie nur aus diesem Grund erfolgten, u.U. unter Berufung auf § 5 *gåvolagen*

---

1 Lag 1904:26 om vissa internationella rättsförhållanden rörande äktenskap och förmynderskap, vielfach geändert, zuletzt durch Gesetz 2011:604, in Kraft seit 18.6.2011.

2 Förordning 1931:429 om vissa internationella rättsförhållanden rörande äktenskap, adoption och förmynderskap, zuletzt geändert durch Gesetz 2007:522.

3 Lag 1990:272 om vissa internationella frågor rörande makars förmögenhetsförhållanden, Änderungen 12.6.2003 durch Gesetz 2003:382.

4 Zu den Rechtswirkungen einer Verlobung vor 1973 siehe *Agell*, Äktenskap, samboende, partnerskap, S. 26 f.; *Beckmann* in: *Beckmann/Höglund*, Svensk familjerättspraxis, A II 1 und A II 4.

(Gesetz über Geschenke) zurückgefordert werden, wenn der Beschenkte dem Schenker erhebliches Unrecht zugefügt hat.[5] Auch ein **Schadensersatz** ist aus dem Grunde nicht völlig ausgeschlossen, „dass der eine unredlich handelt, indem er den anderen täuscht oder einen Vertrag wirtschaftlicher Natur bricht, den er mit dem anderen abgeschlossen hat".[6] Bei Heiratsschwindlern könnte § 4 im 2. Kapitel des Schadensersatzgesetzes angewandt werden.[7] Anzumerken ist auch, dass ein „Verlobter" nach § 3 im 36. Kapitel des Gerichtsverfahrensgesetzes (*rättegångsbalken*) ein **Zeugnisverweigerungsrecht** hat. Schließlich spielt die Verlobung im Eherecht bei nichtehelichen Kindern eine Rolle, falls der Erblasser vor dem Inkrafttreten der Eherechtsreform (1.1.1970) verstarb und ein nichteheliches Kind hinterließ oder er zwar nach der Eherechtsreform verstarb und das Kind vor der Eherechtsreform geboren wurde, dies aber dem Erblasser und den Erben nicht bekannt war.[8]

III. Ehehindernisse und Ehehindernisprüfung

Will jemand eine Ehe vor einer schwedischen Behörde in Schweden eingehen, wird nach einer Gesetzesänderung von 2004 die Prüfung grundsätzlich nunmehr nach schwedischem Recht durchgeführt. In IÄL 1:1 Abs. 1 heißt es: „Wollen zwei Personen vor einer schwedischen Behörde eine Ehe schließen, so wird nach schwedischem Recht geprüft, ob ein Ehehindernis vorliegt."[9] Das Gesuch um Prüfung erfolgt auf einem Formular.[10] Um einen Heiratstourismus wie in Dänemark zu vermeiden, schreibt IÄL 1:1 Abs. 2 vor, dass – wenn keiner von beiden **schwedischer Staatsangehöriger** ist – geprüft werden muss, ob sie nach ihrem Heimat- oder Wohnsitzrecht das Recht haben zu heiraten.[11] 3

Das schwedische Recht hat bisher keine gesetzlichen Bestimmungen, wie Personen zu behandeln sind, die **mehr als eine Staatsangehörigkeit** haben.[12] Ist eine der Staatsangehörigkeiten die schwedische, so wird die Zuständigkeit schwedischer Gerichte bejaht und schwedisches Recht angewandt, falls es im konkreten Fall auf die Staatsangehörigkeit ankommt.[13] Hat eine Person mehrere ausländische Staatsangehörigkeiten, wird als entscheidend angesehen, welche Staatsangehörigkeit die „aktive" oder „effektivste" ist.[14] Bei **Staatenlosen** wird das Recht des Wohnsitzes zugrunde gelegt. Hat er keinen Wohnsitz, dann ist der Aufenthalt entscheidend.[15] 4

In Einzelfällen können beide Partner beantragen, dass die **Ehehindernisprüfung** nur nach schwedischem Recht stattfindet, z.B. wenn das Recht des ausländischen Staates schwer 5

---

5 *Agell*, Äktenskap, samboende, partnerskap, S. 27; NJA II 1973, S. 122.

6 SOU 1972:41, S. 121.

7 *Agell*, Äktenskap, samboende, partnerskap, S. 27 f.

8 *Beckmann* in: *Beckmann/Höglund*, Svensk familjerättspraxis, A II 1 f.

9 LAG 1990:272, geändert durch Gesetz 2009:256; *Bogdan*, Svensk internationell privat- och processrätt, S. 176.

10 Siehe www.skatteverket.se (Formular SKV 7831).

11 *Bogdan*, Svensk internationell privat- och processrätt, S. 176.

12 *Pålsson*, Svensk rättspraxis i internationell familje- och arvsrätt, S. 29 f.

13 NJA 1965, S. 351 (Unterhalt): Beklagter war schwedischer und amerikanischer Staatsbürger mit Wohnsitz in New York, Kläger ein Schwede. Der HD nahm die Zuständigkeit schwedischer Gerichte an und wandte schwedisches Recht an. So auch NJA 1976, S. 472 (Erbfall): Die Verstorbene wohnte in den USA und hatte sowohl die schwedische als auch die amerikanische Staatsangehörigkeit. Dem schwedischen Nachlassverwalter wurde auch die Verwaltung des im Ausland befindlichen Vermögens übertragen.

14 *Bogdan*, Svensk internationell privat- och processrätt, 6. Aufl., Lund 2004, S. 119 m.w.N.; *Pålsson*, Svensk rättspraxis i internationell familje- och arvsrätt, S. 29.

15 *Pålsson*, Svensk rättspraxis i internationell familje- och arvsrätt, S. 27; IÄL 7:3.

festzustellen ist, falls die Partnerin schwanger ist oder bei Personen, die Asyl beantragt haben und über deren Antrag noch nicht entschieden worden ist, sowie bei Asylanten, bei denen die Beschaffung notwendiger Dokumente in ihrem Heimatstaat Schwierigkeiten bereitet.[16] Die Regierung oder eine von ihr bevollmächtigte Behörde kann Vorschriften zur Prüfung von Ehehindernissen für Ehen, die von den Vorschriften des 1. Kapitels des IÄL betroffen sind, erlassen (IÄL 1:9). Zu IÄL sind verschiedene Bekanntmachungen ergangen.[17]

6 Ob ein **Ehehindernis** vorliegt, wird zunächst nach der Staatsangehörigkeit der künftigen Ehegatten und danach, ob ein solches nach schwedischem Recht vorliegt (z.B. Mehrehe), **geprüft**. Jedoch ist die Regelung des ausländischen Rechts auch unter dem Gesichtspunkt des schwedischen *ordre public* und der EMRK zu überprüfen.[18] So insbesondere, wenn ein Ehegatte politischer Flüchtling ist. Das Erfordernis einer staatlichen Erlaubnis für die Eheschließung seines Staatsbürgers wäre danach – bei Fehlen – nicht zu beachten. So wurde das Gebot im libyschen Recht, nachdem ein libyscher Mann eine Ausländerin nur mit Genehmigung der libyschen Behörden heiraten durfte, von den schwedischen Behörden nicht beachtet.[19]

7 Eine **Ehehindernisprüfung**, die nach ausländischem Recht vor dem 1.5.2004 erfolgte, ist nicht wirksam für eine Eheschließung nach dem 30.4.2004, wenn einer der potenziellen Ehegatten unter 18 Jahre alt ist oder es sich um eine Heirat zwischen Halbgeschwistern handelt (Gesetz 2011:604).

8 Hat ein schwedischer Staatsbürger, der **minderjährig** ist, nur einen ausländischen Wohnsitz und beantragt Dispens zur Eheschließung, so entscheidet dies die Regierung (*kungliga Majestät*).[20] Erlaubt das ausländische Recht eine Heirat schon vor dem 15. Lebensjahr, so wird über den Dispens von dem *länsstyrelsen*,[21] in dem die Eheschließung erfolgen soll, entschieden. Ersucht ein schwedischer Minderjähriger um Dispens zur Heirat mit einem Ausländer, so prüft die Behörde bzw. in zweiter Instanz das Verwaltungsgericht, ob die/ der Minderjährige reif ist, eine Ehe einzugehen und ob hier nicht evtl. der Ausländer durch die Heirat nur das Verbleiberecht in Schweden erreichen will.[22]

9 Der **ausländische Staatsbürger**, der eine Eheschließung in Schweden beabsichtigt, muss, damit eventuelle Ehehindernisse geprüft werden können, dem Antrag **beifügen**:

1. ein Zeugnis der zuständigen Behörde des Staates, dessen Staatsangehöriger er ist, dass Ehehindernisse nicht vorliegen;

2. a) Ein Zeugnis, das aussagt, welche Ehehindernisse es nach dem Gesetz seines Staates gibt.

b) Wenn der Antragsteller nicht in Schweden gemeldet ist oder gemeldet werden soll, ein Zeugnis der ausländischen Behörde darüber, dass er berechtigt ist zu heiraten, sowie

---

16 *Bogdan*, Svensk internationell privat- och processrätt, S. 176; siehe auch prop. 2003/04, S. 83 f.; Gesetz 2009:256.
17 KK 1973:948; 1992:191; 1969:123.
18 *Pålsson*, Marriage and Divorce in Comperative Conflict of Laws, S. 346–353.
19 *Pålsson*, Svensk rättspraxis i internationell familje- och arvsrätt, S. 46 f.
20 FT 1953, S. 350 und weitere Fälle bei *Pålsson*, Svensk rättspraxis i internationell familje- och arvsrätt, S. 47.
21 *Länsstyrelsen* ist die Verwaltung eines Verwaltungsbezirks.
22 So KK 1977, 2:13 (Ablehnung der Erlaubnis für eine 17-jährige, einen 21-jährigen Jugoslawen zu heiraten, der mit einem Touristvisum nach Schweden eingereist war).

c) falls nach dem Gesetz des ausländischen Staates eine Genehmigung der dortigen Behörden notwendig ist, eine solche Genehmigung, die Zustimmung eines anderen, ein ärztliches Zeugnis, eine Gütertrennung nach früherer Ehe, die Beachtung einer Trennungszeit oder Ähnliches als Voraussetzung für die Eheschließung gefordert wird, dass solche Bedingungen nicht vorliegen (VO 2004:146 § 2).

Ein **Schwede**, der in Deutschland heiraten will, muss bei der Botschaft vorlegen: 10
- Eine erweiterte Melderegisterauskunft vom Einwohnermeldeamt (nicht älter als drei Monate) mit Angabe des Geburtsortes, des Geburtsstaates, der Staatsangehörigkeit, des Familienstandes und seiner Anschrift;
- einen sog. Personenbeweis von der Steuerbehörde[23] mit der Angabe, wann er sich in Schweden abgemeldet hat;
- eine von einer Behörde seiner Wahl beglaubigte Kopie seines Ausweises oder Passes;
- ist er geschieden, eine beglaubigte Kopie des Scheidungsurteils mit Rechtskraftzeugnis.

Eine **Bearbeitungsgebühr** für das Ehefähigkeitszeugnis in Höhe von 25 EUR sowie Porto-   11
kosten von weiteren 5 EUR werden erhoben. Das Zeugnis nach § 2 Abs. 2a VO 2004:146 muss von der zuständigen Behörde im ausländischen Staat oder vom Außenministerium ausgestellt sein.

Notwendig ist die schriftliche Versicherung der Eheleute „auf Ehre und Gewissen" (*heder*   12
och samvete), dass sie nicht in auf- oder absteigender Linie **verwandt** und auch keine Vollgeschwister sind (ÄktB 3:3 Abs. 1).

Wird die Ehe vor einem schwedischen zur Trauung Berechtigten **im Ausland geschlossen**,   13
gilt die königliche Bekanntmachung 1973:948. Ist die Prüfung, ob ein Ehehindernis besteht, von einer schwedischen Steuerbehörde oder einer Behörde in den vier anderen Staaten des Nordischen Rates erfolgt, darf die Eheschließung vorgenommen werden gemäß dem, was im schwedischen Gesetz dafür vorgeschrieben ist. Ein mit Berufskonsuln besetztes schwedisches Konsulat oder eine Botschaft darf die Prüfung ebenfalls vornehmen, ein Honorarkonsulat nur bei ausdrücklicher Bevollmächtigung durch die schwedische Regierung (KK 1973:948 § 3).[24] Für Deutschland gilt[25] das Nachstehende:

Die Prüfung von Ehehindernissen bei **schwedischen Staatsangehörigen**, die **im Ausland**   14
die Ehe eingehen wollen, erfolgt
- durch das Außenministerium in Stockholm, wenn die Trauung vor einem Standesamt in Deutschland stattfinden soll. Das Außenministerium stellt ein Ehetauglichkeitszeugnis (*äktenskaps certifikat*) auf Deutsch aus und versieht es bei Bedarf mit einer Apostille;
- durch ein Generalkonsulat,[26] wenn die Eheschließung vor einer ausländischen Institution im Ausland durchgeführt werden soll. Das Generalkonsulat fertigt ein Ehetauglichkeitszeugnis nach Wahl auf Schwedisch oder Englisch aus, bei Bedarf mit Apostille;
- durch die Steuerbehörde am Wohnort des schwedischen Staatsbürgers, der noch in Schweden gemeldet ist, und die Eheschließung vor einem Standesamt oder einem anderen ausländischen, zur Eheschließung Berechtigten durchgeführt wird. Die Steuerbehörde stellt nach Prüfung der Ehehindernisse ein Ehefähigkeitszeugnis auf Schwedisch aus. Dies kann übersetzt und bei Bedarf durch das Außenministerium mit Apostille versehen werden.

---

23 Das Finanzamt ist in Schweden auch Einwohnermeldeamt.
24 Siehe hierzu auch *Bogdan*, Svensk internationell privat- och processrätt, S. 175.
25 Gemäß der schriftlichen Information 2005 des schwedischen Generalkonsulats in Hamburg.
26 Das schwedische Generalkonsulat in Hamburg ist aufgelöst.

IV. Eheschließung

15   Wer nach schwedischem Recht berechtigt ist, eine Trauung zu vollziehen, ist in Kap. 4 des
Ehegesetzbuches und den sich an Kap. 4 anschließenden Verordnungen und Bekanntmachungen geregelt.[27] Eine Eheschließung nach schwedischem Recht kann im Einzelfall auch
im Ausland erfolgen.

16   Sind die Ehehindernisprüfungen erfolgt, so soll die Eheschließung **innerhalb von vier
Monaten** nach Abschluss der Prüfung erfolgen (ÄktB 4:5). In der Information des früheren
schwedischen Generalkonsulats in Hamburg heißt es: „Das Ehetauglichkeitszeugnis ist vier
Monate, gerechnet vom Ausstellungsdatum an, gültig." Der die Eheschließung Durchführende soll auf Antrag eines der Partner ein **Zeugnis über die Ehehindernisprüfung** ausstellen.[28] Eine andere Person darf die Eheschließung nicht durchführen, ohne dass ein solches
Zeugnis vorliegt. Kennt der die Eheschließung Durchführende ein Ehehindernis, darf er
die Trauung nicht vollziehen (ÄktB 4:5). Hat die schwedische Regierung angeordnet, dass
eine Trauung nicht unter Verstoß gegen das Gesetz des Landes, in dem die Eheschließung
vollzogen werden soll, erfolgen darf, muss der die Eheschließung Durchführende prüfen,
dass kein solches Hindernis vorliegt.

17   Auch wenn **ausländisches Recht** für die Prüfung, ob eine Ehe eingegangen werden kann,
anzuwenden ist, gilt:
–   Derjenige, der unter 18 Jahre ist, darf eine Ehe nur mit Genehmigung des *Länsstyrelsen*
schließen (ÄktB 2:1).
–   Ehen dürfen nicht in gerade auf- und absteigender Linie und nicht mit Vollgeschwistern
geschlossen werden (ÄktB 2:3).
–   Derjenige, der schon einmal verheiratet gewesen ist oder in einer registrierten Partnerschaft lebte, darf eine neue Ehe nur eingehen, wenn die vorhergehende Ehe oder Partnerschaft durch gerichtliche Entscheidung aufgelöst oder wenn der Ehegatte/Partner gestorben ist (ÄktB 2:4).
–   Halbgeschwister können eine Ehe eingehen, wenn *Länsstyrelsen* die Genehmigung erteilt. Auch adoptierte Kinder dürfen ihre Adoptiveltern heiraten. Auch können Adoptivkinder, soweit sie von verschiedenen Eltern stammen, einander heiraten.

18   Damit eine Ehe wirksam geschlossen werden kann, müssen folgende Regularien erfüllt sein:
1.   Die Ehegatten müssen beide gleichzeitig anwesend sein.
2.   Sie müssen dem die Trauung Vollziehenden auf die Frage, ob sie mit dem anderen
Partner die Ehe eingehen wollen, mit „ja" beantwortet haben.
3.   Der die Trauung Vollziehende muss die Ehe als geschlossen verkündet haben.
4.   Der die Trauung Vollzeihende muss dazu befugt sein.
5.   Zwei Zeugen müssen anwesend sein.

Wird die Ehe vor einer schwedischen Behörde geschlossen, ist **schwedisches Recht** anzuwenden (IÄL 1:4).[29] Dies bedeutet, dass eine Eheschließung unwirksam ist, wenn sie von
jemandem vorgenommen worden ist, der nach schwedischem Recht nicht befugt war, eine
Trauung vorzunehmen, oder nicht die Bestimmungen des *Äktenskapsbalken* 4:2 einhielt.[30]
Das Fehlen einer Ehehindernisprüfung und dass ein an sich für die Trauung Zuständiger

---

27   *Bogdan*, Svensk internationell privat- och processrätt, S. 175.
28   Seit dem 1.5.2009 ist in Schweden das Institut der Ehe geschlechtsneutral geregelt, siehe dazu Rieck/
Firsching, S. 5.
29   *Bogdan*, Svensk internationell privat- och processrätt, S. 175.
30   *Bogdan*, Svensk internationell privat- och processrätt, S. 175.

seine Kompetenzen überschritten hat, macht eine Trauung nicht unwirksam.[31] Nimmt ein schwedischer zur Trauung Befugter im Ausland eine Trauung vor, ohne in diesem Einzelfall dazu befugt zu sein, oder setzt er sich über die Grenzen seiner Befugnisse in Bezug auf die Staatsangehörigkeit der Eheleute hinweg, ist die Eheschließung in Schweden wirksam erfolgt.[32] Auch wenn der die Eheschließung Vollziehende Personen traut, die nach schwedischem Recht aufgrund von Ehehindernissen nicht das Recht zur Eheschließung haben, ist die Eheschließung wirksam.

Nach Vollzug der Eheschließung hat der die Trauung Vollziehende der **Steuerbehörde** Nachricht von der Trauung zu geben. Das Steueramt prüft, ob die Prüfung der Ehehindernisse erfolgt ist und ob kein Ehehindernis vorlag. Ergibt die Prüfung, dass die Eheschließung vorgenommen wurde, obwohl ein Ehehindernis vorlag, soll das Steueramt dies der vorgesetzten Behörde des die Eheschließung Vollziehenden mitteilen, damit diese Disziplinarmaßnahmen treffen kann. Liegt ein Fall der Ehe unter Zwang, Bigamie, der Verheiratung, obwohl eine Registrierte Partnerschaft besteht, vor, unterrichtet die Steuerbehörde die Staatsanwaltschaft (ÄktB 4:8).   19

Die schwedische Regierung kann bestimmen, dass durch den diplomatischen oder konsularischen Dienst oder durch die **Befugniserteilung** an einen Priester die Heirat nach schwedischem Recht vollzogen werden kann.[33] Auch eine andere geeignete Person kann von der Regierung dazu bevollmächtigt werden (IÄL 1:5).[34] Die Befugnis, Trauungen vorzunehmen, ist vielen **schwedischen Botschaften** erteilt worden.[35] In Europa: Ankara, Lissabon, Madrid, Paris. In Ankara gilt dies nur für Trauungen, bei denen beide Ehegatten schwedische Staatsangehörige sind. In Madrid muss zumindest ein Ehegatte einen festen Wohnsitz in Spanien haben. In Lissabon ist eine Trauung nur zulässig, wenn die Eheleute nicht Portugiesen sind und einer der Eheleute schwedischer Staatsangehöriger mit Wohnsitz in Portugal ist.   20

Ist ein Ehehindernis nicht beachtet worden, so kann auch ein Scheidungsprozess – sogar gegen den Willen der Eheleute – vom Staatsanwalt geführt werden (ÄktB 5:5 Abs. 3), u.a. dann, wenn die Ehe trotz vorliegender Ehehindernisse – z.B. bei Bigamie – geschlossen worden ist.[36] Wie diese „Zwangsscheidungen" im Rahmen der Haager Konvention zu beurteilen sind (Scheidung oder Auflösung ex tunc), darüber gibt es offensichtlich keine Rechtsprechung.   21

Die Pastoren verschiedener **Kirchen** in Europa haben ebenfalls das Recht, Trauungen vorzunehmen. In Deutschland sind es die Pastoren der schwedischen Victoriaversammlung in Berlin, der entsprechende Pastor (*adjunkt*) in Frankfurt, die aber nur zwei schwedische Staatsangehörige trauen dürfen. Der Seemannspastor in Hamburg kann zwei schwedische Staatsangehörige oder einen Schweden und einen nicht-deutschen Staatsangehörigen trauen. Derjenige, der aufgrund eines ausländischen Gesetzes Trauungen vornehmen darf, kann von der Regierung zu Trauungen in Schweden bevollmächtigt werden (IÄL 1:6). Entsprechende Erlaubnisse sind z.B. diplomatischen und konsularischen Beamten Deutschlands erteilt, soweit sie deutsche Staatsangehörige betreffen, allerdings nur, wenn der deutsche Staatsangehörige nicht seinen Wohnsitz in Schweden hat.   22

---

31 *Bogdan*, Svensk internationell privat- och processrätt, S. 175.
32 *Bogdan*, Svensk internationell privat- och processrätt, S. 175 f.; prop. 1973:158, S. 100.
33 *Bogdan*, Svensk internationell privat- och processrätt, S. 175.
34 Dazu auch *Bogdan*, Svensk internationell privat- och processrätt, S. 175.
35 Dazu die Bevollmächtigungen in Sveriges Rikes Lag nach IÄL 1:5.
36 Atuma SVJT 1997, S. 656 f.

23 Eine Ehe, die **im Ausland nach ausländischem Recht geschlossen** ist, wird als wirksam angesehen, wenn sie nach der **Ortsform** eingegangen ist (*lex loci celebrationis*). Ist sie vor einer diplomatischen oder konsularischen Vertretung oder einer anderen vom ausländischen Staat zur Eheschließung bevollmächtigten Institution geschlossen worden, wird sie der Form nach als wirksam angesehen, wenn sie dem Recht des Staates entspricht, der die Ermächtigung erteilt hat (IÄL 1:7 Abs. 1).[37] Sie wird auch als wirksam abgeschlossen angesehen, wenn sie im Ausland geschlossen worden ist und sie nach dem Recht eines der Ehegatten wirksam wäre (IÄL 1:7 Abs. 2). Bis zur Gesetzesänderung 2004 wurden auch Ehen von Schweden, die im Ausland wirksam geschlossen wurden, aber bei denen nach schwedischen Recht Ehehindernisse vorlagen, in Schweden anerkannt, so z.B. bei minderjährigen schwedischen Mädchen mit Wohnsitz in Schweden, aber aus Familien mit arabischem oder türkischem Hintergrund, die von ihren Eltern zu einer Heirat im Herkunftsland der Familie gezwungen wurden.[38] Nach dem seit 1.5.2004 geltenden IÄL 1:8a ist dies nicht mehr möglich.[39]

24 Eine Ehe, die aufgrund eines **Formfehlers** als unwirksam anzusehen ist, kann auf Antrag eines der Ehegatten oder, wenn einer der Ehegatten verstorben ist, von dessen Erben von der Regierung **als gültig erklärt werden** (IÄL 1:8),[40] wenn es besondere Gründe dafür gibt, die Ehe anzuerkennen. Als besonderer Grund wird dabei in den Gesetzesmaterialien angeführt, dass ein Ehehindernis im Zeitpunkt der Eheschließung aufgrund noch bestehender Ehe vorlag, aber im Zeitpunkt des Antrags auf Anerkennung die vorhergehende Ehe geschieden war.[41]

25 Die schwedische Regierung kann auch ausländischen Behörden und Personen erlauben, in Schweden Eheschließungen vorzunehmen, und diese **Erlaubnis** mit **Auflagen** und **Bedingungen** versehen. Solche Erlaubnisse sind an **Botschaften** und **Konsulate** sowie an Priester erteilt worden.[42]

26 Die **Prüfung der Gültigkeit** einer Ehe erfolgt i.d.R. durch die **Steuerbehörden** (*skatteverket*), die das Einwohnermelderegister führen. Diese Prüfung ist für Gerichte und Behörden nicht bindend. Auch noch nach Jahren – selbst nach dem Tod eines Partners – kann z.B. in einem Erbstreit behauptet werden, dass die Ehe unter Zwang eingegangen und daher nicht wirksam sei. Dies kann sowohl von dem Opfer des Zwangs als auch dem anderen Ehegatten oder von Angehörigen der Ehegatten vorgetragen werden. Was unter **Zwang** zu verstehen ist, ist im Gesetz nicht definiert. In den Gesetzesvorarbeiten heißt es dazu, dass der Zwang von solchem Charakter gewesen sein muss, dass dies nach schwedischem Recht eine strafbare Handlung gewesen wäre,[43] auch wenn das ausländische Recht das Einverständnis der Ehefrau bei einer Eheschließung für nicht notwendig hält. Allein die Drohung, aus dem Familienverband ausgeschlossen zu werden oder Unterhalt zu verlieren, reicht nicht.[44] Soweit es in einem ausländischen Staat rechtlich möglich ist, eine Ehe ohne einen formellen Eheschließungsakt einzugehen – also ohne Standesbeamten/Priester und ohne feste Formen i.S.d. europäischen Rechts, wie z.B. bei primitiven Stämmen oder wie bei den sog. *common*

---

37 *Bogdan*, Svensk internationell privat- och processrätt, S. 179.
38 *Bogdan*, Svensk internationell privat- och processrätt, S. 180.
39 *Bogdan*, Svensk internationell privat- och processrätt, S. 181.
40 Eingefügt durch Gesetz 1976:1120.
41 Prop. 2003/04–48, S. 32 und 56 und 34–25; *Bogdan*, Svensk internationell privat- och processrätt, S. 183.
42 Siehe dazu die Übersicht in Sveriges Rikes Lag 2015 hinter IÄL § 6.
43 Prop. 2003/04–48, S. 55–56, etwa gem. 4:4 Strafgesetzbuch.
44 *Bogdan*, Svensk internationell privat- och processrätt, S. 182.

law marriages in einigen US-Bundesstaaten –, werden sie als gültig abgeschlossen angesehen, wenn sie im Staat ihrer Eingehung als wirksam angesehen werden.[45]

Soweit ein Ehegatte in einem anderen Staat lebt, in dem **mehrere Rechtssysteme** gelten (Bundesstaaten, wie z.B. USA), so soll das Rechtssystem angewendet werden, das nach dem Recht des Bundesstaates gelten würde. Fehlt es an einer solchen Regelung, so soll das Rechtssystem angewendet werden, zu dem der Betroffene die engste Bindung hat (ÄktB 7:1). **Staatenlose** werden mit den Staatsangehörigen des Staates, in dem sie leben, gleichgestellt (ÄktB 7:3).

V. Scheidung

Nur durch den Tod eines Ehegatten oder durch **Scheidung** kann in Schweden eine Ehe aufgelöst werden. Bestimmungen im Recht anderer Staaten über die Auflösung einer Ehe, z.B. wegen schwerer Fehler, können nicht zu einer Annullierung der Ehe, sondern nur zu einem Scheidungsurteil führen. Dies gilt selbst für Bigamie.[46]

Ehescheidungen (IÄL 3:2) können von **schwedischen Gerichten** durchgeführt werden, wenn
- beide Eheleute schwedische Staatsbürger sind;
- der Kläger schwedischer Staatsbürger ist und seinen Wohnsitz (*hemvist*) in Schweden hat oder früher seinen Wohnsitz in Schweden hatte, nachdem er das 18. Lebensjahr vollendet hat;
- der Kläger zwar nicht schwedischer Staatsbürger ist, aber seinen Wohnsitz seit mindestens einem Jahr vor Klagerhebung in Schweden hat;
- der/die Beklagte ihren/seinen Wohnsitz in Schweden hat;
- die Angelegenheit die Ungültigkeit einer Ehe/Trauung betrifft, die von einer schwedischen Behörde vorgenommen wurde;
- in einem anderen Fall als vorstehend aufgeführt, die Regierung oder die Behörde, die die Regierung dazu bestimmt hat, die Auffassung vertritt, dass die Klage (*talan*) in Schweden geprüft werden soll unter der Voraussetzung, dass einer der Eheleute schwedischer Staatsbürger ist oder der Kläger keine Möglichkeit hat, dass seine Klage in dem Staat, in dem er Staatsbürger ist, geprüft wird.[47]

Hat **keiner der Ehegatten** seinen **Wohnsitz in Schweden**, soll der Antrag auf Scheidung beim *tingsrätt* in Stockholm eingereicht werden:[48] Ist ein schwedisches Gericht für die Klage eines Ehegatten zuständig, kann das Gericht auch die Klage des anderen zur gemeinsamen Handhabung annehmen (IÄL 3:3).[49] Die Zuständigkeit wird von Amts wegen geprüft:[50] Sind Staatsangehörige betroffen, die nicht zu den Mitgliedstaaten der EU gehören, können die schwedischen Gerichte schwedisches Prozessrecht anwenden, wenn kein anderer Mitgliedstaat der EU für den Rechtsstreit zuständig wäre.[51]

27

28

29

30

---

45 *Eek*, Lagkonflikter i tvistemål II, Stockholm 1978, S. 40.
46 *Bogdan*, Svensk internationell privat- och processrätt, S. 184; a.A. *Eek*, Lagkonflikter i tvistemål, S. 40 f.
47 Eingeführt durch Gesetz 1976:1120.
48 *Lundén* in: *Lundén/Molin*, Makar, juridiken kring äktenskap, S. 73.
49 Die Zuständigkeit bei schwedischen Gerichten richtet sich also in erster Linie nach der Brüssel II-VO (EG VO 1347/2000) und der VO 2201/2003, die die VO aus 2000 aufhob.
50 *Bogdan*, Svensk internationell privat- och processrätt, S. 185.
51 *Bogdan*, Svensk internationell privat- och processrätt, S. 186.

31   Der Rechtsstreit (*talan*) wird nach **schwedischem Recht** entschieden, es sei denn,
      – die Eheleute sind beide ausländische Staatsbürger und keiner von ihnen hat seinen
        Wohnsitz seit mehr als einem Jahr in Schweden; dann darf, falls einer der Eheleute die
        Berechtigung der Ehescheidungsklage bestreitet, nicht auf Auflösung der Ehe entschie-
        den werden, falls ein Grund zur Auflösung der Ehe nach dem Recht des Staates, dessen
        Staatsbürger beide Eheleute oder einer von ihnen sind/ist, nicht vorliegt (IÄL 3:4 Abs. 2);
      – es sind, in anderen Fällen als in IÄL 3:4 Abs. 2 geregelt, beide Ehegatten ausländische
        Staatsbürger und ein Ehegatte beruft sich darauf, dass nach dem Recht des Staates, dem
        er angehört, ein Grund zur Auflösung der Ehe fehlt. Dann darf die Ehe nicht geschieden
        werden, wenn mit Rücksicht auf das Interesse des beklagten Ehegatten oder im Interesse
        der gemeinsamen Kinder der besondere Grund gegen die Auflösung spricht (IÄL 3:4
        Abs. 3).[52]

32   Eine **Änderung** der **Staatsangehörigkeit** oder des **Wohnsitzes** nach Klagerhebung hindert
      nicht, dass die Klage geprüft wird. Sie kann auch nicht die Scheidung gem. § 4 Abs. 2 oder
      3 verhindern (IÄL 3:5).

33   Wer zu einem Termin **geladen** ist, kann vom Gericht bei nicht entschuldigtem Ausbleiben
      mit Geldbußen belegt werden. Dies gilt auch für Ausländer, die geltend machen, dass sie
      am Verhandlungstag in ihrer Heimat zu Besuch sind. Schwedische Gerichte können dies
      als nicht ausreichend ansehen und trotzdem zu einem Urteil kommen,[53] es sei denn, der
      Ausländer weist nach, dass die Ladung ihm zu spät zugegangen ist.[54]

34   In dem Rechtsstreit über Ehescheidungen können auch auf Antrag Fragen über das **Sorge-
      recht** und den **Unterhalt** von Kindern behandelt werden. Hält sich das Kind in Schweden
      auf (*vistas*), sollen solche Fragen immer nach schwedischem Recht entschieden werden
      (IÄL 3:6). Die schwedischen Gerichte können nach diesem Paragraphen die Frage der Sorge
      und des Unterhaltes prüfen, sind aber dazu nicht verpflichtet.[55] Im Rechtsfall HD 1997:196
      wurde die Frage des Sorgerechts mit entschieden, obwohl das Kind gegen den Willen des
      Sorgeberechtigten nach Schweden verbracht worden war. Grundsätzlich werden ausländi-
      sche Sorgerechtsentscheidungen nicht als bindend angesehen.[56]

35   Bei der Frage, inwieweit **Entscheidungen ausländischer Gerichte** bei Ehescheidungen in
      Schweden **anerkannt** werden, ist zu unterscheiden, ob es sich um einen Staat handelt, mit
      dem Schweden in dieser Hinsicht durch völkerrechtlichen Vertrag verbunden ist. In Frage
      kommen:
      a)   Vertragsstaaten der Brüssel IIa-Verordnung;
      b)   die Staaten, die Vertragsstaaten der Haager Konvention von 1970 über die Anerkennung
           von Ehescheidungen und Trennungen (*hemskillnader*) sind;
      c)   Entscheidungen, die in den übrigen Staaten des Nordischen Rates getroffen sind (§§ 7
           und 22 NÄP);
      d)   die Schweiz.[57]

      Zu a): Nach Art. 21 Brüssel IIa-VO soll eine Ehescheidung, eine Trennung oder die Annul-
      lierung einer Ehe, die im anderen Staat verkündet worden ist, in Schweden anerkannt

---

52 Siehe dazu HD 1988:308.
53 Fall eines Thailänders, NJA 1983, S. 179 f.; *Beckmann* in: *Beckmann/Höglund*, Svensk familjerätts-
    praxis, A III 14 f.
54 Fall eines in Estland Lebenden, NJA 1984, S. 257.
55 HD 1997:154.
56 Siehe die Anmerkungen in Sveriges Rikeslag 2005 ÄktP hinter IÄL 3:6.
57 Siehe SVEL Lag 1936:943 om erkännande och verkställighet av dom som meddelats i Schweiz.

werden, ohne dass darüber ein besonderes Verfahren eröffnet wird. Das ausländische Urteil wird der Volksbuchführung (u.a. Einwohnermeldeamt) oder der Frage, ob der/die Betroffene wieder heiraten darf, aber auch in Fragen der Unterhaltspflicht und im Erbrecht zugrunde gelegt. Ein Betroffener – in Schweden auch der Staatsanwalt, falls er ein Klagerecht nach ÄktB 5:5 hat – hat nach Art. 21 Punkt 3 der VO die Möglichkeit, in einem besonderen Verfahren feststellen zu lassen, inwieweit das Urteil anzuerkennen oder nicht anzuerkennen ist.[58] Sollte das Urteil gegen den schwedischen *ordre public* verstoßen, kann die Anerkennung gem. Art. 22 Brüssel IIa-VO versagt werden (z.B. bei Widerspruch zu einem früheren schwedischen Urteil, Zustellungsfehler bei Versäumnisurteil).

Zu b): Im Gesetz 1973:943 gilt die Regel, dass ein in einem Konventionsstaat verkündetes Urteil anzuerkennen ist, wenn zwischen den Eheleuten und dem entscheidenden Staat die in § 2 der Konvention näher angegebenen Anknüpfungen gegeben sind. So muss z.B. der Beklagte seinen Wohnsitz im Staat haben, vor dessen Gerichten die Klage erhoben wird, oder der Kläger muss dort mindestens ein Jahr seinen Wohnsitz gehabt haben oder die Eheleute ihren letzten gemeinsamen Wohnsitz haben. Zuständigkeit ist auch gegeben, wenn beide Eheleute die Staatsangehörigkeit des Gerichtsstaates haben. Eine Überprüfung durch ein schwedisches Gericht wird im Gesetz nicht gefordert, aber falls einer der Ehegatten erneut heiraten will, muss gemäß den Regeln des IÄL eine Überprüfung durch das *Svea Hovrätt* erfolgen (IÄL 3:8).[59]

Zu c): Soweit es sich um Staatsangehörige von Dänemark, jedoch nicht aus Grönland, Färöer, Finnland und Norwegen handelt, die ihren Wohnsitz in diesen Staaten haben, gilt NÄF § 22. Die Entscheidungen der Gerichte aus den genannten Staaten sind automatisch anzuerkennen. Offen – so *Bogdan*[60] – ist die Frage, ob NÄF § 22 auch für die Entscheidungen gilt, bei denen einer der Ehegatten nicht nordischer Staatsangehöriger war.

Zu d): Für das Abkommen mit der Schweiz gilt das zu b) Gesagte.

Der Beschluss oder das Urteil über eine Ehescheidung, der/das in einem fremden Staat gefasst worden ist, soll in Schweden **anerkannt** werden, wenn es unter Berücksichtigung der Staatsbürgerschaft eines Ehegatten oder aufgrund eines anderen Anknüpfungspunktes einen „**begründeten Anlass**" dafür gab, dass die Klage im fremden Staat geprüft wurde (IÄL 3:7 Abs. 1). Das Gesetz gibt keinen Hinweis, was als „begründeter Anlass" angesehen werden kann. Gründe dürften die gemeinsame Staatsangehörigkeit der Eheleute, der Wohnsitz, aber auch die Staatsangehörigkeit einer Partei oder der Wohnsitz des Klägers sein.

36

Ist ein Ehegatte eine neue Ehe eingegangen, nachdem der Beschluss über die Ehescheidung im fremden Staat ergangen ist, soll die frühere Ehe, auch wenn der Beschluss nicht wirksam in Schweden gemäß dem 1. Absatz wäre, als **aufgelöst** angesehen werden, es sei denn, der andere Ehegatte weist nach, dass der neu Verheiratete ihr/ihm gegenüber offenbar ungebührlich „*otillbörligt*" verfahren ist (IÄL 3:7 Abs. 2). Auf Antrag kann das *Svea hovrätt* prüfen, inwieweit ein Beschluss über die Auflösung einer Ehe, der in einem anderen Staat gefasst worden ist, in Schweden wirksam ist. Das *Svea hovrätt* soll, bevor es die Frage prüft, dem anderen Ehegatten die Gelegenheit geben, zum Antrag Stellung zu nehmen,

37

---

58 *Bogdan*, Svensk internationell privat- och processrätt, S. 189.
59 Prop. 1973:158, S. 113 und 126.
60 *Bogdan*, Svensk internationell privat- och processrätt, S. 190. Dies wird von *Philip*, Dansk international privat- o.g. procesret, S. 218, 220 bejaht; nach dem Erscheinen von *Philip's* Buch sind aber Änderungen des NÄF § 22 erfolgt (SFS 2001:398).

soweit dies möglich ist (IÄL 3:8 Abs. 1). Die Frage der Gültigkeit bei einer negativen Entscheidung kann erneut überprüft werden.[61]

38   Auf Antrag eines Ehegatten muss der **Beschluss** über eine Scheidung, der **in einem anderen Staat verkündet** worden ist, durch das *Svea hovrätt* in Schweden **überprüft** werden (IÄL 3:8). Wenn ein Ehegatte eine neue Ehe eingehen will, darf der Beschluss über die Scheidung erst nach der Prüfung gem. IÄL § 8 ergehen (soweit nicht beide Eheleute oder einer von ihnen Staatsbürger in dem Staat waren/war, in dem die Entscheidung erfolgte, IÄL 3:9 Abs. 1). Jedoch kann die Regierung anordnen, dass Beschlüsse, die in einem bestimmten fremden Staat erfolgten, beachtet werden können (ohne eine solche Prüfung), auch wenn keiner der Eheleute Staatsangehöriger des Staates war, in dem der Beschluss verkündet wurde (IÄL 3:9 Abs. 2). Ist im anderen Staat ein rechtskräftiger Beschluss über eine Trennung getroffen worden und haben die Eheleute danach mindestens sechs Monate getrennt gelebt und das Zusammenleben nicht wieder aufgenommen, kann die Scheidung gemäß schwedischem Recht ohne vorhergehende Bedenkzeit vorgenommen werden (IÄL 3:10).

39   Ist der Rechtsstreit über die Ehe **in einem anderen Staat anhängig** und wird ein solcher von denselben Partnern in Schweden anhängig gemacht, kann das schwedische Gericht anordnen, dass der Rechtsstreit vorerst ruhen soll, wenn angenommen werden kann, dass ein Beschluss über die Scheidung im anderen Staat in Schweden anerkannt werden wird (IÄL 3:11 Abs. 1). Ein Beschluss in einem anderen Staat, mit dem die Klage abgewiesen worden ist, hindert das schwedische Gericht nicht, die in Schweden anhängige Klage zu prüfen.[62] Auch wenn ein Rechtsstreit in einem anderen Staat anhängig ist, können – soweit dies sinnvoll (*skäligt*) ist – Beschlüsse nach Kap. 14 IÄL §§ 7 und 8 sowie Kap. 6 FB § 20 und Kap. 15 gefasst und jederzeit auch wieder aufgehoben werden.

VI. Regelungen für Staatsbürger der Staaten des Nordischen Rates

1. Rechtsgrundlage

40   Für die Staatsbürger der **Staaten des Nordischen Rates** gilt die königliche Verordnung 1931:429 NÄF[63] über gewisse Rechtsverhältnisse betreffend Ehe, Adoption und Vormundschaft. Sie beruht auf der 1931 zwischen den fünf nordischen Staaten geschlossenen Konvention über die internationalen privatrechtlichen Bestimmungen über Ehe, Adoption und Vormundschaft.

2. Ehehindernisprüfung

41   Will ein Staatsangehöriger eines der Vertragsstaaten die **Prüfung**, ob ein **Ehehindernis** besteht, oder will er *lysning* (Aufgebot) bei der Behörde eines anderen nordischen Staates beantragen, wird sein Recht auf Eheschließung gemäß dem Recht im Antragsstaat geprüft,[64] wenn einer der Verlobten dort seinen Wohnsitz hat, sonst nach dem Recht seines Heimatstaates. Wenn der Antragsteller darum ersucht, soll die Prüfung immer nach seinem Heimatrecht erfolgen. Wenn sein Heimatrecht angewendet werden soll, kann die zuständige Behörde dem Antragsteller auferlegen, sein Recht auf Eheschließung durch eine Bescheinigung

---

61 Erneute Prüfung einer marokkanischen Scheidung, HD 1989:95.
62 Siehe hierzu HD 1980:781.
63 Zuletzt geändert durch SFS 2009:257.
64 In Schweden gibt es kein Lysning mehr.

einer Behörde seines Heimatlandes zu beweisen. Haben beide Ehepartner keinen Wohnsitz in Schweden, wird die *lex patriae* angewendet. In internordischem Zusammenhang hat das Staatsangehörigkeitsrecht eine stärkere Stellung als im nichtnordischen Zusammenhang.[65] Wird in einem Staat des Nordischen Rates die Zustimmung der Eltern oder des Vormunds für eine Eheschließung nicht gefordert, aber fordert der Wohnsitzstaat dies, so sollen die Eheschließenden sich danach richten (NÄF § 1 Abs. 2). Im Übrigen gilt das Recht des Staates, dessen Behörden die Prüfung der Ehehindernisse und *lysnings* vornehmen.[66] D.h. bei einem Antrag vor einer schwedischen Behörde wird schwedisches Recht angewendet,[67] es sei denn, der Antragsteller ersucht, dass die Prüfung nach seinem Heimatrecht erfolgt. Für den anderen Partner gilt schwedisches Recht, auch wenn er nicht nordischer Staatsangehöriger ist.[68] Ist eine Prüfung der Ehehindernisse oder des *lysning* durch die Behörden eines Vertragsstaates vorgenommen worden, kann die Eheschließung, solange die Prüfung und das *lysning* gültig sind, von der Behörde eines Vertragsstaates vorgenommen werden ohne neue Ehehindernisprüfung oder *lysning* (NÄF § 2). Im Übrigen gilt bei der Eheschließung das Recht des Staates, dem die Behörde, die die Trauung vornimmt, angehört (KK 1969:723).

3. Form der Eheschließung

Eine Ehe gilt als wirksam eingegangen, wenn sie den **Formvorschriften** am Ort der Eheschließung entspricht oder wenn sie den Formvorschriften in dem Staat entspricht, dem die Eheleute zum Zeitpunkt der Eheschließung angehören (IÄL 1:7).   42

VII. Rechtswirkungen der Eheschließung

1. Unterhalt

Gesetzliche Regelungen betreffend die **Unterhaltspflichten** bei Ehen zwischen Staatsbürgern aus verschiedenen Staaten gibt es bei den nichtnordischen Staatsangehörigen nicht.[69]   43 Dies geht aus dem Rechtsfall eines italienischen Paares, das zunächst in Italien wohnte, hervor. Der Ehemann verzog nach Schweden, wurde schwedischer Staatsangehöriger und erstritt eine Ehescheidung in Schweden. Die in Italien verbliebene Ehefrau verlangte Unterhalt. Der Höchste Gerichtshof (HD) wandte auf die Verpflichtung italienisches Recht an, da die Eheleute während ihrer Ehe in Italien ihren gemeinsamen Wohnsitz hatten und die geschiedene Ehefrau dort immer noch lebte.[70] *Bogdan* schließt aus dem Urteil, dass der HD bei der Frage, welches Recht der Unterhaltsberechtigung zugrunde zu legen ist, dazu neige, die *lex domicilii* der Unterhaltsberechtigten anzuwenden.[71]

2. Vermögensverhältnisse

Durch das Gesetz 1990:272 (IMF) wurde die teilweise bis dahin ungewisse Rechtslage   44 gesetzlich geregelt. Die Eheleute bzw. zukünftigen Eheleute können durch **schriftlichen Vertrag** selbst bestimmen, dass das Recht eines bestimmten Staates für ihre **Vermögensver-**

---

65 *Bogdan*, Svensk internationell privat- och processrätt, S. 177.
66 KK 1973:1181, § 1 Abs. 3.
67 NÄF § 1 Abs. 1; *Bogdan*, Svensk internationell privat- och processrätt, S. 177.
68 *Bogdan*, Svensk internationell privat- och processrätt, S. 177; NJA II 1969, S. 565; RÅ 1988, Referat 100.
69 *Bogdan*, Svensk internationell privat- och processrätt, S. 199.
70 NJA II 1986, S. 615.
71 *Bogdan*, Svensk internationell privat- och processrätt, S. 199; so auch SOU 1987:18 und RÅ 1993:16.

hältnisse gelten soll (IMF § 3). Sie dürfen jedoch nur das Recht eines Staates wählen, dem einer von ihnen im Zeitpunkt der Unterzeichnung des Vertrages angehört oder in dem einer von ihnen seinen Wohnsitz hat.[72] Eine solche **Rechtswahl** kann sogar nach dem Tode eines Ehegatten mit den Erben des Verstorbenen getroffen werden. Fehlt es an einer solchen Rechtswahl, gilt das Recht des Staates, in dem die Ehegatten ihren Wohnsitz nahmen, als sie heirateten (IMF § 4). Verlegen sie ihren Wohnsitz später in einen anderen Staat, so ist dieses Recht anzuwenden, wenn sie dort mindestens zwei Jahre ihren Wohnsitz oder zumindest ihren Aufenthalt gehabt haben.[73] Falls die Anwendung des fremden Rechts zu bedenklichen Konsequenzen führen würde, kann in Ausnahmefällen das angerufene schwedische Gericht schwedisches Recht anwenden.[74] Die Zwei-Jahres-Frist entfällt, wenn beide Ehegatten früher während der Ehe in dem Staat ihren Wohnsitz gehabt haben oder Staatsangehörige des Staates sind, in den sie gezogen sind. In diesen Fällen gilt das Recht des Staates, in dem der neue Wohnsitz begründet worden ist (IMF § 4).[75] Verlegen schwedische Eheleute nach einem z.B. beruflichen zweijährigen Auslandsaufenthalt ihren Wohnsitz nach Schweden zurück, wird von schwedischen Gerichten sofort schwedisches Recht angewendet werden. Verlegt nur einer seinen Wohnsitz nach Schweden, so bleibt es bei dem Recht des Landes in dem die Ehegatten ihren gemeinsamen Wohnsitz hatten.[76]

3. Eheverträge, Geschenke, Verfügungen über Grundstücke

45 Bei **Eheverträgen** und **Geschenken** zwischen Eheleuten, die zur Zeit der Vornahme der Rechtshandlung ihren Wohnsitz in Schweden hatten, verlangt IMF § 5 Abs. 3 die **Registrierung** entsprechend den Bestimmungen im ÄktB. Ist diese Bedingung nicht erfüllt, gilt der Ehevertrag nicht in Schweden, bei Geschenken sind diese nicht gegenüber Gläubigern, wohl aber gegenüber dem anderen Ehegatten wirksam. Haben die Eheleute nur eine **Rechtswahl** vereinbart, so ist diese wirksam, da ein solcher – nur auf die Rechtswahl beschränkter Vertrag – nicht registriert werden kann.[77] Natürlich ist auch der schwedische *ordre public* zu beachten (IMF § 20).

46 Daneben gilt nach IMF § 9 stets schwedisches Recht, falls die **Wohnung** und der **Hausrat** der Eheleute sich in Schweden befinden. Nach IMF § 10 kann ein Ehegatte den Ausgleich gemäß 12. Kapitel des ÄktB verlangen, wenn die Teilung (*bodelning*) in Schweden erfolgt, selbst wenn ausländisches Recht auf die Vermögensverhältnisse der Eheleute anzuwenden ist.[78] Weitere Begrenzungen für die Anwendung ausländischen Rechts ergeben sich aus den Gedanken des Gläubigerschutzes.

47 **Beschränkungen der Verfügungsgewalt** über das **Grundeigentum** eines Ehegatten, die über das hinausgehen, was im schwedischen Recht vorgesehen ist, gelten für Grundeigentum, das in Schweden belegen ist, gegenüber Dritten nicht (IMF § 11 Abs. 1). Soweit ein Ehegatte über ein schwedisches Grundeigentum verfügt hat, z.B. durch Bestellung eines Pfandrechts (Pfandbriefe), kann er sich nicht gegenüber Dritten darauf berufen, dass das ausländische Recht, das grundsätzlich für seine Vermögensverhältnisse gilt, die Verpfändung ohne Zustimmung der anderen Ehegatten nicht zulässt (IMF § 12 Abs. 1). Entsprechendes

72 *Nyström*, Familjens Juridik, S. 378.
73 *Nyström*, Familjens Juridik, S. 378.
74 *Nyström*, Familjens Juridik, S. 379.
75 *Bogdan*, Svensk internationell privat- och processrätt, S. 200.
76 *Nyström*, Familjens Juridik, S. 379.
77 *Bogdan*, Svensk internationell privat- och processrätt, S. 206; NJA 1997, S. 37; *Lundén* in: *Lundén/Molin*, Makar, juridiken kring äktenskap, S. 56.
78 *Bogdan*, Svensk internationell privat- och processrätt, S. 201.

gilt für Verfügungen über anderes Eigentum oder andere Verpflichtungen, wenn der Dritte und der Ehegatte sich in Schweden befanden, als die Rechtshandlung vorgenommen wurde, und der Dritte die Beschränkung des Verfügungsrechts nach dem ausländischen Recht nicht kannte und auch nicht kennen musste (IMF § 11 Abs. 2; § 12 Abs. 2).[79]

Während grundsätzlich nach schwedischem Recht für die **Güterteilung** aufgrund einer Scheidung der Tag der Klagerhebung entscheidend ist (ÄktB 9:2 Abs. 1), kann – falls die Eheleute einen rechtskräftigen Beschluss über eine Trennung im Ausland erhalten haben, ohne dass damit eine Scheidung ausgesprochen wurde – der Tag der Rechtskraft des Trennungsbeschlusses entscheidend für die Güteraufteilung und die Schuldenregulierung sein (IMF § 8). Hinsichtlich der Formerfordernisse für das Güteraufteilungsverfahren ist auf Antrag eines Ehegatten schwedisches Recht anzuwenden, also nicht die Form, die die ausländische Rechtsordnung vorschreibt (IMF § 6 Abs. 1). Die materiell-rechtliche Aufteilung ist davon nicht betroffen.[80] Ob ein Recht auf Teilung des Gutes während der Ehe besteht, wird als materiell-rechtliche Frage angesehen (IMF § 6 Abs. 2). Das ausländische Recht entscheidet folglich über die Frage, ob die Ehegatten eine Güterteilung während bestehender Ehe vornehmen dürfen. Ist im fremden Recht eine Güterteilung bei Auflösung der Ehe nicht vorgesehen, so soll demjenigen Ehegatten möglichst das Gut zugeteilt werden, das ihm im Ausland schon gehört, und der eventuelle Ausgleich dann über Teile des in Schweden befindlichen Vermögens erfolgen (IMF § 7 Abs. 2).[81]

48

VIII. Internordische Regelungen

Bei Ehen zwischen Staatsbürgern der Staaten des Nordischen Rates, die dies bei der Eingehung der Ehe waren, sollen sich die **vermögensrechtlichen Verhältnisse** nach dem Recht des nordischen Staates richten, in dem sie nach der Eheschließung ihren Wohnsitz genommen haben (NÄF § 2a). Sind sie nach der Eheschließung in einen anderen nordischen Staat gezogen, soll das Recht des neuen Wohnsitzstaates angewendet werden, jedoch nicht auf Rechtshandlungen, die sie im vorherigen Wohnsitzstaat vorgenommen haben. Verlegen die Eheleute ihren Wohnsitz in einen Staat, der nicht Vertragsstaat ist, gelten die Bestimmungen des NÄF nicht (NÄF § 2a letzter Absatz Gesetz 2007:522). Verlegen sie ihren Wohnsitz in verschiedene nordische Staaten, z.B. der eine nach Schweden, der andere nach Norwegen, so bleibt das Recht des ersten gemeinsamen nordischen Wohnsitzstaates für sie maßgeblich. Haben sie dagegen ihren Wohnsitz nach der Eheschließung zunächst außerhalb des Nordens begründet oder nahmen die Eheleute ihren Wohnsitz in zwei verschiedenen nordischen Staaten, so kommt die Bestimmung des NÄF § 2a nicht zur Anwendung. Es kommt für den Wohnsitzbegriff des NÄF § 2a nicht darauf an, dass sie zusammenleben. Auch wenn ein Ehegatte in Kopenhagen und der andere in Viborg lebt, gilt dänisches Recht für ihre Vermögensverhältnisse nach der Eheschließung. Dies gilt auch für den Wohnsitzwechsel in ein anderes nordisches Land.[82]

49

Ein **Ehevertrag** ist rechtswirksam, wenn er im Zeitpunkt des Abschlusses
– den Formvorschriften des Landes entsprach, die nach den NÄF §§ 3, 3a für die Vermögensverhältnisse der Eheleute gelten, oder
– den Vorschriften des Staates entsprach, dessen Staatsbürger die Eheleute sind oder einer von ihnen Staatsbürger war.

50

---

79 *Bogdan*, Svensk internationell privat- och processrätt, S. 202.
80 *Bogdan*, Svensk internationell privat- och processrätt, S. 202.
81 Prop. 1989/90-87, S. 52–53; *Bogdan*, Svensk internationell privat- och processrätt, S. 203.
82 *Bogdan*, Svensk internationell privat- och processrätt, S. 204.

51   Betreffend den Inhalt des Ehevertrages ist die Gültigkeit nach der Regelung in NÄF § 3 zu
      beurteilen.[83] Der Gläubigerschutz gem. NÄF § 4 Abs. 2, der die Registrierung des Ehever-
      trages in Schweden fordert, ist zu beachten.

52   Nach NÄF §§ 3 und 3a können die Ehegatten für ihre **Vermögensverhältnisse** das Recht
      vereinbaren
      – des Staates, dessen Staatsbürgerschaft sie im Zeitpunkt der Vereinbarung hatten oder
        ihren Wohnsitz hatten;
      – des Staates, in dem die Ehegatten ihren letzten gemeinsamen Wohnsitz hatten.

      Ist keine Rechtswahl vereinbart, gilt das Recht des Staates, in dem sie ihren letzten gemeinsa-
      men Wohnsitz hatten. Haben sie keinen gemeinsamen Wohnsitz mehr, dann gilt das Recht
      des Landes, in dem sie ihren ersten gemeinsamen Wohnsitz nach der Eheschließung hatten.
      Zu den vermögensrechtlichen Wirkungen i.S.d. NÄF § 3 zählen auch die Beurteilungen,
      inwieweit ein Ehegatte mit bindender Wirkung **für den anderen Verträge abschließen**
      kann, und die **Haftung für Schulden** aus der Haushaltsführung.[84]

53   Die Frage, inwieweit ein Ehegatte ohne die Genehmigung des anderen ein **Grundstück**
      überlassen, vermieten oder belasten kann, wird im internordischen Zusammenhang nach
      dem Recht des Staates beurteilt, in dem das Grundeigentum belegen ist (NÄF § 3 Abs. 2).

54   Die **Zuständigkeit** schwedischer Gerichte im internordischen Zusammenhang ist nur teil-
      weise gesetzlich geregelt. Nach IMF § 2 dürfen **vermögensrechtliche Fragen** der Eheleute
      von einem schwedischen Gericht zur Entscheidung angenommen werden, wenn
      – der Beklagte seinen Wohnsitz in Schweden hat;
      – der Kläger seinen Wohnsitz in Schweden hat und schwedisches Recht nach IMF §§ 3
        und 4 auf die Vermögensverhältnisse der Ehegatten Anwendung findet;
      – Eigentum betroffen ist, das sich in Schweden befindet;
      – der Beklagte sich darauf eingelassen hat, dass die Sache in Schweden geprüft wird.

55   Im internordischen Zusammenhang kann das – in Schweden abgeschaffte – Institut der
      Trennung eine Rolle spielen, wenn die Eheleute, deren vermögensrechtliche Verhältnisse
      sich gem. § 3 NÄF nach einem nordischen Recht richten, das eine Entscheidung über eine
      Trennung zulässt, in verschiedenen nordischen Staaten ihren Wohnsitz haben und der
      Beklagte in Schweden lebt. In diesen Fällen sollen die prozessualen Bestimmungen über die
      Trennung (*Boskillnaden*) im aufgehobenen *Giftermålsbalken* auch in Zukunft gelten (Lag
      1987:788 über die Einführung des *Äktenskapsbalken* § 19).[85]

56   Nach NÄF § 8 kann die Frage einer **Güterteilung** (*bodelning*) im Zusammenhang mit der
      Scheidung in Schweden geregelt werden, wenn es sich um Eheleute aus nordischen Staaten
      handelt.

57   Die Zuständigkeit schwedischer Gerichte in Fragen des **Unterhalts** zwischen den Eheleuten
      aus nordischen Staaten ist im Brüssel- und Lugano-Abkommen geregelt.[86] Sie ist auch
      gegeben für Staatsangehörige von Drittstaaten, die ihren Wohnsitz in Schweden haben,[87]
      oder wenn der Beklagte Eigentum in Schweden hat (RB 10:3 Abs. 1 Punkt 1). Auch wenn

---

83 NJA II 1932, S. 413; *Bogdan*, Svensk internationell privat- och processrätt, S. 205; *Michaeli*, Internatio-
    nales Privatrecht gemäß schwedischem Recht und schwedischer Rechtsprechung, S. 197.
84 NJA II 1932, S. 388, 400.
85 Prop. 1987/88, S. 83; *Bogdan*, Svensk internationell privat- och processrätt, S. 205; SOU 1987:18, S. 256.
86 In Schweden eingeführt durch das Gesetz 1998:358.
87 RH 1994:116; RH 1996:70; prop. 1973:158, S. 109.

der Unterhaltsberechtigte seinen Wohnsitz in Schweden hat, dürfte die Zuständigkeit der schwedischen Gerichte gegeben sein.[88]

IX. Anerkennung ausländischer Urteile

Die wichtigsten Bestimmungen über die Anerkennung ausländischer Urteile sind in den IMF §§ 13, 14, 16, 17 enthalten. Ein Urteil, das in einem Staat rechtskräftig ergangen ist, dessen Recht nach dem IMF zuständig für die Vermögensverhältnisse der Eheleute war, wird in Schweden anerkannt. Dabei ist nicht entscheidend, ob dieses Recht auch dem Urteil zugrunde gelegt wurde.[89] Dies gilt auch für Urteile, die im Wohnsitzstaat des Beklagten ergangen sind (IMF § 13). Nicht anerkannt werden Entscheidungen, die gegen den schwedischen *ordre public* verstoßen oder wenn es sich um Versäumnisurteile handelt und die Zustellung nicht ordnungsgemäß erfolgt ist oder eine Partei keine ausreichende Möglichkeit erhielt, ihren Rechtsstreit vor dem ausländischen Gericht zu führen. Dies gilt auch, wenn das Urteil einer schwedischen Entscheidung oder einer in Schweden anerkannten Entscheidung, die frühzeitig vor der ausländischen Entscheidung ergangen ist, widerspricht (IMF § 14). Zur Vollstreckung bedarf es einer Vollstreckbarkeitsentscheidung des *Svea Hovrätt* (IMF § 16). Soweit von nordischen Gerichten Trennungs- und Gütertrennungsurteile erlassen wurden, gelten diese in Schweden (NÄF § 22). Sie können gem. NEVL § 7 Abs. 2 vollstreckt werden. Dies gilt unter bestimmten Voraussetzungen auch für Entscheidungen Schweizer Gerichte über Trennungen und Gütertrennung.[90] Urteile ausländischer Gerichte zum Unterhalt zwischen Ehegatten oder geschiedenen Ehegatten gelten, soweit internationale Verträge hierzu von Schweden abgeschlossen sind, und können entsprechend vollstreckt werden.[91]

58

X. Registrierte Partnerschaft

Mit Gesetz vom 1.5.2009 wurde das Gesetz über registrierte Partnerschaften aufgehoben. Vorher wirksam registrierte Partnerschaften behalten ihre Gültigkeit.[92] Die Registrierung einer Partnerschaft vor einer schwedischen Behörde gemäß dem Gesetz 1994:1117 über die registrierte Partnerschaft setzt eine ähnliche **Prüfung** der eventuellen **Hindernisse** wie bei der Eheschließung voraus.[93] Gemäß 1:9 letzter Absatz des Gesetzes finden die Bestimmungen des IÄL 1:4–9 Anwendung.[94] Schwedisches Recht bestimmt also, ob eine Registrierung erfolgen kann oder nicht.

59

Für eine **Registrierung** in Schweden ist erforderlich, dass mindestens ein Vertragspartner mindestens zwei Jahre seinen Wohnsitz in Schweden gehabt hat oder dass mindestens einer von ihnen schwedischer Staatsangehöriger mit Wohnsitz in Schweden ist.[95] Dänen, Isländer, Norweger und Niederländer werden schwedischen Staatsbürgern gleichgestellt (1:2 des

60

---

88 *Bogdan*, Svensk internationell privat- och processrätt, S. 207.

89 NJA 1950, S. 464; *Bogdan*, Svensk internationell privat- och processrätt, S. 207.

90 *Bogdan*, Svensk internationell privat- och processrätt, S. 207.

91 Z.B. Gesetz 1962:512 um den Einzug von Unterhaltsforderungen, die in Dänemark, Finnland, Island oder Norwegen verkündet sind, oder das Gesetz 1976:108 und schließlich die Brüssel- und Lugano-Regeln.

92 Rieck/*Firsching*, S. 7.

93 *Bogdan*, Svensk internationell privat- och processrätt, S. 195.

94 Außerhalb Schwedens können auch die Botschaften in Paris, Lissabon und Madrid die Registrierungen vornehmen.

95 *Lundén* in: *Lundén/Molin*, Makar, juridiken kring äktenskap, S. 11.

Gesetzes 1994:1117), weil in diesen Staaten zum Zeitpunkt des Inkrafttretens des Gesetzes 1994:1117 bereits Partnerschaftsgesetze galten.[96] Das Recht der Partner, eine Partnerschaft einzugehen, wird nach schwedischem Recht geprüft (1:3 letzter Absatz des Gesetzes 1994:1117). Sind also die vorgenannten Voraussetzungen erfüllt, sind die Staatsangehörigkeit und der Wohnsitz der Partner in einem Land, das die Partnerschaftsregistrierung nicht eingeführt hat, kein Hinderungsgrund für die Registrierung.

61   Für die **Anerkennung** einer ausländischen Partnerschaftsregistrierung gilt die analoge Anwendung der Regeln für die Anerkennung ausländischer Eheschließungen, vor allem IÄL 1:7 (1:9 Partnerschaftsgesetz, letzter Absatz). Die Bestimmungen in Gesetzen oder anderen Rechtsnormen (*annan författning*) über Rechtsstreite in Ehesachen werden gem. 2:3 Partnerschaftsgesetz analog auf Streitigkeiten in Partnerschaftssachen angewandt, d.h. bspw. über die Frage der Auflösung der Partnerschaft und der Feststellung, ob eine solche besteht oder nicht. Dies gilt auch für die Bestimmungen über das Recht schwedischer Gerichte, in solchen Fragen zu entscheiden, sowie über das anzuwendende Recht und die Anerkennung ausländischer Scheidungsurteile und Beschlüsse über Trennungen (*hemskillnader*) gemäß dem 3. Kap. des IÄL und dem Gesetz 1973:943. Allerdings gilt nach 2:4 Partnerschaftsgesetz, dass ein Rechtsstreit immer von einem schwedischen Gericht angenommen werden kann, wenn die Registrierung nach schwedischem Recht erfolgte. Die Regeln des NÄF sind in diesem Zusammenhang nicht anwendbar.[97] Ebenso findet die Brüssel IIa-Verordnung keine Anwendung.[98]

XI. Das Sambo-Verhältnis im schwedischen IPR

62   Für *sambos* (zur Definition siehe Rdn 142 ff.) gelten seit 2002 weitgehend die vermögensrechtlichen Bestimmungen wie bei Ehepaaren (IMF § 1). Dagegen gelten im internationalen Rechtsverkehr die Regeln des NÄF nicht für *sambos*.[99] Ist ausländisches Recht gemäß IMF anzuwenden, sollen schwedische Gerichte die Bestimmungen in der Rechtsordnung des ausländischen Staates anwenden, und zwar sowohl für die familienrechtlichen „*sambo*-Regeln" als auch auf die Vermögensverhältnisse. Die Unterhaltsverpflichtung zwischen Eheleuten wird auch laut *Bogdan* auf eine Unterhaltsverpflichtung unter *sambos* anzuwenden sein.[100] Für die Beurteilung, ob ein *sambo*-Verhältnis überhaupt vorliegt, ist die Rechtsordnung anzuwenden, der die beiden Ehegatten angehören oder wo sie ihren gemeinsamen Wohnsitz haben. Ein Unterschied zwischen hetero- oder gleichgeschlechtlichen *sambos* macht das schwedische Recht nicht. Soweit in anzuwendenden ausländischen Rechtsordnungen solche Unterschiede gemacht werden, so sollen diese beachtet werden, soweit dies nicht dem schwedischen *ordre public* widerspricht.

---

96 *Bogdan*, Svensk internationell privat- och processrätt, S. 195; *Lundén* in: *Lundén/Molin*, Makar, juridiken kring äktenskap, S. 11.
97 *Bogdan*, Svensk internationell privat- och processrätt, S. 195.
98 *Bogdan*, Svensk internationell privat- och processrätt, S. 196.
99 *Bogdan*, Svensk internationell privat- och processrätt, S. 208.
100 *Bogdan*, Svensk internationell privat- och processrätt, S. 209.

B. Das schwedische Eherecht

Das schwedische Eherecht ist im *Äktenskapsbalken* (Ehegesetz) geregelt[101] (in Kraft seit   63
dem 1.1.1988).

I. Ehehindernisse

Die bis 1968 vorgeschriebene Ankündigung der Eheschließung in der Kirche ist nicht   64
mehr Voraussetzung. Die Zahl der **Ehehindernisse** ist im schwedischen Recht durch die
Reformen aus den Jahren 1968 und 1973 erheblich verringert worden. Es gibt unbedingte
und solche, bei denen durch eine Erlaubnis/Genehmigung trotz des Ehehindernisses die
Eheschließung vorgenommen werden kann. Der **Antrag** soll gemeinsam von beiden Partnern auf einem dafür vorgesehenen Formular SKV 7680 gestellt werden und kann bei jeder
Steuerbehörde und auch bei der Allgemeinen Versicherungskasse eingereicht werden (ÄktB
3:1). Nach erfolgter Prüfung durch die Steuerbehörde erhalten die künftigen Ehegatten
zwei Zeugnisse, *„Intyg hindersprövning"* und *„Intygvigsel"*.[102] Seit 2009 hat Schweden eine
geschlechtsneutrale Ehegesetzregelung. Auch Personen des gleichen Geschlechts können
eine Ehe eingehen[103] (ÄktB Kap 1:1).

Zuständig für die Prüfung ist die **Steuerbehörde**, bei dem einer der Heiratskandidaten   65
gemeldet (*folkbokförd*) ist.[104] Ist einer der Partner nicht in Schweden registriert, so muss er
ein Zeugnis der für ihn zuständigen ausländischen Behörde einreichen, die für die **Prüfung
von Ehehindernissen** in dem Staat, dessen Staatsangehöriger er ist oder in dem er seinen
gewöhnlichen Aufenthaltsort hat, zuständig ist. Ist keiner der Partner – obwohl schwedischer Staatsangehöriger – in Schweden registriert, soll die Prüfung in dem Bezirk (*län*)
durchgeführt werden, in dem sie sich aufhalten (ÄktB 3:1).

Das **Ehefähigkeitsalter** beträgt sowohl bei Männern als auch bei Frauen grundsätzlich   66
18 Jahre. Vor der Reform des Jahres 1968 lag die Altersgrenze bei Männern bei 21 Jahren.
Jedoch kann jüngeren Personen Dispens erteilt werden, wenn besondere Gründe vorliegen.
Derjenige, der eine Erlaubnis benötigt, um heiraten zu können, z.B. eine Person unter
18 Jahren, muss die Erlaubnis nachweisen. Die Erlaubnis wird von der Sozialbehörde beim
länsstyrelsen seines Wohnsitzes erteilt (ÄktB 15:1 Abs. 1). Fehlt es an einem für den Wohn-
sitz zuständigen *länsstyrelsen*, so ist *länsstyrelsen* in Stockholm zuständig (ÄktB 15:1 Abs. 1).
Die Zustimmung der Eltern – wie bis 1973 – ist nicht erforderlich. Der Sorgeberechtigte
soll aber gehört werden (ÄktB 15:1, Abs. 2). Der Sorgeberechtigte hat das Recht, gegen den
Beschluss des *länsstyrelsen* Beschwerde beim *Förvaltningsrätten* einzulegen (ÄktB 15:4).[105]
Gegen diesen Beschluss ist Berufung nur zulässig, wenn das *„Förvaltningsrätten"* das
Rechtsmittel zulässt (ÄktB 15:4 S. 2).[106]

Beide Parteien müssen eidesstattlich versichern, dass sie **nicht nahe verwandt** sind (ÄktB   67
2:3). Sie müssen angeben, welche früheren Ehen sie gehabt haben (ÄktB 3:3) bzw. ob sie
registrierte Partner sind. Waren sie schon einmal verheiratet oder registrierte Partner, müssen

---

101 Äktenskapsbalk 1987:230, zuletzt geändert durch Gesetz 2011:891.
102 *Nyström*, Familjens Juridik, S. 22.
103 *Rother-Schirren*, S. 15.
104 *Beckmann* in: *Beckmann/Höglund*, Svensk familjerättspraxis, A II 5.
105 *Agell*, Äktenskap, samboende, partnerskap, S. 29; siehe hierzu RÅ 1991, Ref. 39, in dem der Ansicht
      der Sozialbehörde hinsichtlich der Ehereife einer 17-Jährigen größeres Gewicht beigemessen wurde als
      der der Eltern.
106 *Lundén* in: *Lundén/Molin*, Makar, juridiken kring äktenskap, S. 16.

sie nachweisen, dass die frühere Gemeinschaft rechtskräftig aufgelöst ist.[107] Die Ehe zwischen Verwandten in gerader Linie ist verboten, ebenso die Ehe direkter Geschwister.[108] Auch die Ehe mit einem Halbbruder oder einer Halbschwester ist nur unter besonderen Umständen, z.B. wenn sie nicht zusammen aufgewachsen sind, möglich.[109] Der Dispens wird hier ebenfalls vom *länsstyrelsen* erteilt. Wird eine solche Ehe geschlossen, ohne dass Dispens vorlag, bleibt sie wirksam. Der Staatsanwalt kann nicht – wie bei der Bigamie – Scheidungsklage erheben.[110] Andere Verwandtschaftsgrade hindern eine Eheschließung nicht mehr.[111] Der Sexualverkehr zwischen Halbgeschwistern (früher Strafgesetzbuch 6. Kap. § 5) ist nicht mehr strafbar. Ein Adoptierender konnte bis zum 1.1.2005 sein Adoptivkind heiraten (FB 4:7). Dies ist nunmehr untersagt.[112] Ein Adoptivkind kann mit Genehmigung des *länsstyrelsen* ein biologisches Kind seiner Adoptiveltern heiraten. Ferner können zwei Adoptivkinder, die verschiedene biologische Eltern haben, mit Genehmigung der zuständigen Behörde einander heiraten.[113]

68   **Geisteskrankheit** und **-schwäche** sind, soweit der/die Betreffende noch erkennen kann, was die Heirat bedeutet, kein Ehehindernis.[114]

69   Weiter besteht das Verbot der **Mehrehe** (ÄktB 2:4, Verwaltungsgericht, *brottsbalken* 7. Kap. § 1). Auch ist es jemandem, der in einer registrierten Partnerschaft lebt, nicht erlaubt, eine Ehe mit einer/einem Dritten zu schließen.[115] Entsprechendes gilt auch für jemanden, der verheiratet ist und eine registrierte Partnerschaft eingehen will.

70   Wird **kein Ehehindernis festgestellt**, soll die Finanzbehörde auf Antrag ein **Ehefähigkeitszeugnis** ausstellen (ÄktB 3:4). Gegen die Ablehnung ist Klage vor dem *Förvaltningsrätten* gegeben. Das Ehefähigkeitszeugnis ist Voraussetzung dafür, dass eine Trauung erfolgen kann. Wird sie ohne dieses Zeugnis vorgenommen, ist die Trauung dennoch wirksam vollzogen. Der Standesbeamte/Richter/Pastor begeht jedoch einen Dienstfehler.[116] Ist das Ehefähigkeitszeugnis ausgestellt, muss die Trauung **binnen vier Monaten** vollzogen sein, sonst muss eine erneute Prüfung erfolgen.[117]

II. Eheschließung

1. Arten der Eheschließung

71   Die Ehe wurde in Schweden ursprünglich nur in der Kirche geschlossen. Seit 1908 dürfen neben der kirchlichen Trauung auch nur „bürgerliche" (zivilrechtliche) Trauungen vollzogen werden. Die **kirchliche Trauung** kann also in der *Svenska kyrkan*, der früheren Staatskirche, vorgenommen werden oder in einer Einrichtung einer anderen Glaubenseinrichtung, die diesbezüglich die Genehmigung erhalten hat. Zu diesen gehören die Methodisten, die

---

107 *Lundén* in: *Lundén/Molin*, Makar, juridiken kring äktenskap, S. 17.
108 *Håkansson* in: Norstedts Juridiska Handbok, S. 644; *Lundén* in: *Lundén/Molin*, Makar, juridiken kring äktenskap, S. 16; *Rother-Schirren*, S. 16.
109 *Agell*, Äktenskap, samboende, partnerskap, S. 31.
110 *Lundén* in: *Lundén/Molin*, Makar, juridiken kring äktenskap, S. 17.
111 *Håkansson* in: Norstedts Juridiska Handbok, S. 644; *Rother-Schirren*, S. 16.
112 *Lundén* in: *Lundén/Molin*, Makar, juridiken kring äktenskap, S. 16.
113 *Lundén* in: *Lundén/Molin*, Makar, juridiken kring äktenskap, S. 16.
114 *Tottie*, Äktenskapsbalken och promulgationslag m.m., S. 51; hierzu NJA 1994, S. 108.
115 *Håkansson* in: Norstedts Juridiska Handbok, S. 644.
116 Siehe dazu die Entscheidung in NJA 1994, S. 108. Dort hatte ein Priester eine altersdemente Person getraut. Dies wurde aufgrund der Umstände nicht als Fehler im Dienst angesehen.
117 *Lundén* in: *Lundén/Molin*, Makar, juridiken kring äktenskap, S. 18.

römisch-katholische Kirche, die jüdischen Gemeinden in Stockholm, Göteborg und Malmö, der schwedische Missionarsverbund, die schwedische Baptistengemeinde und die schwedische Allianzmission – um nur einige zu nennen.[118] Die Entscheidung, ob eine Glaubenseinrichtung Trauungen vornehmen kann, trifft das *Kammarkollegiet*. Sein Beschluss ist nicht anfechtbar (Gesetz 1993:305).[119] Seit der Trennung von Staat und Kirche 2000 gibt es keine gesetzlichen Bestimmungen mehr, wer innerhalb der schwedischen Kirche die Trauung vornehmen muss. Zuständig ist ein Pastor der schwedischen Kirche, in den anderen religiösen Gemeinschaften derjenige, der – bis zum 1.7.1993 – von der Regierung seitdem vom Kammerkollegium dazu bevollmächtigt wurde (ÄktB 4:3).[120] Eine Verpflichtung, die Trauung vorzunehmen, besteht nicht (Gesetz 2009:253).

Für die **zivilrechtliche Trauung** ist ein *lagfaren* – also ein gesetzeserfahrener – Richter am   72
tingsrätt (= Gericht I. Instanz) oder ein vom *länsstyrelsen* besonders ernannter Standesbeamter zuständig (ÄktB 4:3). Der die Trauung Durchführende soll sich vergewissern, dass die Prüfung, ob ein Ehehindernis vorliegt, innerhalb der letzten vier Monate vorgenommen worden ist (ÄktB 4:5). Bei der Trauung müssen die zukünftigen Ehegatten gleichzeitig vor dem die Trauung Vollziehenden (*vigselförrättare*) anwesend sein.[121] Sie müssen auf seine Frage hin ihr Ja-Wort und Einverständnis mit der Ehe erklären und werden dann von ihm zu Eheleuten erklärt (ÄktB 4:2, Verordnung 1987:1019). Eine solche Zeremonie kann im Prinzip in einer halben Minute vollzogen werden.[122] Der die Trauung Vollziehende soll danach ein **Zeugnis über die Eheschließung** ausstellen (ÄktB 4:7). Er hat ein Protokoll über die Trauung anzufertigen und dieses an das *länsstyrelsen* spätestens im Januar des folgenden Jahres zu senden. In das Protokoll sind Zeit und Ort der Trauung, die vollständigen Namen der Ehegatten, ihre Berufe und Anschriften aufzunehmen (Gesetz 1987:1019). Er hat danach die Heirat der Steuerbehörde zu melden, das die Ehehindernisprüfung durchgeführt hat, damit dies im Personenstandsregister vermerkt wird (ÄktB 4:8 Abs. 1).[123]

Seit 2004 ist die **Steuerbehörde** zur Prüfung verpflichtet, ob die Heirat rechtswirksam   73
vorgenommen wurde, z.B. ob eine Prüfung der eventuellen Ehehindernisse erfolgte (ÄktB 4:8) oder ob der die Trauung Vollziehende überhaupt berechtigt war, die Trauung durchzuführen. Eine Trauung durch einen nicht berechtigten *vigselförrättare* ist unwirksam (ÄktB 4:2). Diese Überprüfung wird als notwendig angesehen, da u.U. der die Eheschließung Durchführende in einer Glaubensgemeinschaft nicht ausreichend dafür vorgebildet ist. Die Behörde hat dann zu entscheiden, welche Maßnahmen zu treffen sind. Die Eheschließung ist nicht unwirksam, wenn gegen andere Vorschriften, z.B. Anwesenheit von Zeugen oder Fehlen der Ehehindernisprüfung, verstoßen wird (ÄktB 4:2).[124] In Ausnahmefällen kann die Regierung auf Antrag eines Ehegatten oder dessen/deren leiblichen Erben die Ehe für wirksam erklären.[125]

---

118 Weitere religiöse Gemeinschaften werden aufgezählt hinter ÄktB 4:3 Punkt 4.

119 *Lundén* in: *Lundén/Molin*, Makar, juridiken kring äktenskap, S. 13.

120 *Håkansson* in: Norstedts Juridiska Handbok, S. 645.

121 *Lundén* in: *Lundén/Molin*, Makar, juridiken kring äktenskap, S. 12; *Nyström*, Familjens Juridik, S. 25.

122 *Agell*, Äktenskap, samboende, partnerskap, S. 33; siehe dazu auch die kurze Version, was der Trauende und das Paar nur zu sagen haben, bei *Lundén* in: *Lundén/Molin*, Makar, juridiken kring äktenskap, S. 14; Rieck/*Firsching*, S. 11.

123 *Lundén* in: *Lundén/Molin*, Makar, juridiken kring äktenskap, S. 14.

124 *Agell*, Äktenskap, samboende, partnerskap, S. 33; *Lundén* in: *Lundén/Molin*, Makar, juridiken kring äktenskap, S. 12.

125 *Håkansson* in: Norstedts Juridiska Handbok, S. 645; *Lundén* in: *Lundén/Molin*, Makar, juridiken kring äktenskap, S. 12.

Johansson

2. Folgen der Ehe

a) Grundsätze des ehelichen Zusammenlebens

74   Die beherrschende Stellung des Mannes nach der Eheschließung wurde durch das Ehege-setzbuch (*giftermålsbalken*) 1920 grundsätzlich zugunsten des Grundsatzes der **Gleichstel-lung** der Ehefrau verändert.[126] Die Ehe wird seit der Reform des Jahres 1973 als eine Form des freiwilligen Zusammenlebens von selbstständigen Personen angesehen.[127]

75   Das schwedische Ehegesetzbuch beginnt mit einigen Grundsätzen zum Inhalt der Ehe (ÄktB 1:2). Die Eheleute sollen einander Treue und Rücksicht zeigen. Sie sollen gemeinsam Heim und Kinder pflegen und übereinstimmend (*i samråd*) für das Beste in der Familie wirken. Die Ehegatten sind gleichgestellt in den Familienangelegenheiten, sei es bei Fragen des Heimes, der Lebensführung oder der Kindererziehung.

b) Namen

76   Nach dem Namensgesetz von 1982 (1982:670) können die Eheleute frei den **Nachnamen** bei der Eheschließung bestimmen. Sie sollen ihre Wahl der Steuerbehörde oder demjenigen, der die Eheschließung vornimmt, spätestens bei der Trauung mitteilen. Sie können einen ihrer Namen zum gemeinsamen Namen wählen oder jeder kann seinen Namen aus der Zeit vor der Ehe behalten (§ 9), soweit dieser nicht durch eine frühere Ehe erworben ist (§ 9 Abs. 3). Derjenige, dessen Namen als gemeinsamer Name gewählt worden ist, muss sein Einverständnis damit schriftlich erklären.[128]

77   Auch während der Ehe kann der Name **gewechselt** werden. Der Ehepartner, der bei der Eheschließung seinen Namen behalten hat, kann mit Zustimmung des anderen Ehegatten bei der Steuerbehörde anzeigen, dass er den Namen des Ehepartners annimmt (§ 10 Abs. 1). Auch derjenige, der bei der Eheschließung den Namen des anderen Ehepartners angenom-men hat, kann durch Anmeldung gegenüber der Steuerbehörde anzeigen, dass er wieder den Namen annimmt, den er vor der Heirat getragen hatte (§ 10 Abs. 2). Ein Namenstausch darf nicht dazu führen, dass ein Ehegatte den Nachnamen aus früherer Ehe erhält. Ist einmal ein neuer Name angenommen worden, darf nicht wieder getauscht werden (§ 10 Abs. 3).

78   Gemeinsame **Kinder** erhalten, wenn die Eltern den gleichen Nachnamen haben, den der Eltern; haben die Eltern unterschiedliche Namen, so erhalten sie den Namen, den die Eltern anmelden. Geschieht dies nicht innerhalb von drei Monaten, so erhält das Kind automatisch den **Nachnamen der Mutter**.[129] Sind bereits Geschwister vorhanden und haben die Eltern das gemeinsame Sorgerecht, so erhält das Neugeborene den Namen seiner älteren Geschwis-ter.[130]

79   Ein Ehepartner, der den Nachnamen des anderen angenommen hat, darf den früheren Nachnamen als „**Zwischennamen**" (*mellannamn*) führen. Haben die Eheleute unterschied-liche Nachnamen, darf nur einer – mit Zustimmung des anderen Ehegatten – dessen Nach-namen als Zwischennamen führen. Dies ist jedoch nicht zulässig, wenn der Nachname des Partners aus dessen früherer Ehe stammt. Der Zwischenname muss immer vor dem Nachnamen stehen. Will einer der Ehegatten einen Zwischennamen führen oder ihn wieder

---

126 *Håkansson* in: Norstedts Juridiska Handbok, S. 645 ff.
127 *Håkansson* in: Norstedts Juridiska Handbok, S. 643.
128 *Lundén* in: *Lundén/Molin*, Makar, juridiken kring äktenskap, S. 18.
129 *Nyström*, Familjens Juridik, S. 140.
130 Rieck/*Firsching*, S. 14.

aufgeben, muss er dies der Steuerbehörde melden (§ 29).[131] Die Anmeldung bei der Steuerbehörde muss schriftlich erfolgen und kann entweder gegenüber der örtlichen Steuerbehörde oder der Versicherungskasse erklärt werden (§ 36). Doppelnamen mit Bindestrich wie in Deutschland sind in Schweden nicht zulässig. Ein im Ausland wirksam erworbener Doppelname wird im Schwedischen nicht anerkannt und auch nicht registriert.[132]

Will jemand seinen **Nachnamen wechseln** und ist er eigentlich dazu nicht berechtigt, so   80
kann er das „Patent- und Registrierungsamt" um Erlaubnis bitten. Dieses Verfahren ist im Gegensatz zur Namenswahl im Eheschließungsfall gebührenpflichtig (§§ 39–44).

c) Unterhaltspflichten

aa) Ehelicher Unterhalt

Die **Eheleute** haben eine gegenseitige **Unterhaltspflicht**. Nach dem Gesetz sollte jeder   81
nach seinen Möglichkeiten zum Unterhalt beitragen, der für den gemeinsamen und den persönlichen Bedarf notwendig ist. Sie sollen die Ausgaben und Aufgaben (*sysslor*) zwischen sich verteilen (ÄktB 6:1, 1:4). Beide Ehegatten haben die Verantwortung für die Versorgung – sowohl, was die baren Ausgaben angelangt, als auch auf anderen Gebieten im Haushalt. Dazu zählt auch, was ein Ehepartner für seine persönlichen Bedürfnisse benötigt, wie z.B. Kleider, Ausbildung, kulturelle Tätigkeit, Vereinsleben, Erholung und Vergnügen (*förströelse*).[133] Jedoch ist der Ehegatte nicht ohne weiteres verpflichtet, für den anderen Steuern zu zahlen.[134] Die Ehepartner müssen nicht mit dem gleichen Betrag zum Unterhalt beitragen, sondern entsprechend ihren Möglichkeiten. Derjenige, der größere Möglichkeiten hat, kann auch nicht beanspruchen, mehr verbrauchen zu dürfen. Das Gesetz geht davon aus, dass beide Ehepartner denselben Lebensstandard haben sollen (ÄktB 6:1).

Grundsätzlich sollen die Eheleute selbst bestimmen, wie sie ihren Unterhaltsverpflichtun-   82
gen nachkommen. Sie können also die Arbeitsverteilung selbstständig regeln. Sollte jedoch das Geld, über das der eine Ehegatte selbst verfügen kann, für seine persönlichen Bedürfnisse oder die von ihm übernommene Haushaltsführung nicht ausreichen, muss der andere Ehegatte Geld zuschießen (ÄktB 6:2). Soweit ein Ehegatte dem anderen Geld für seine persönlichen Bedürfnisse gibt, ist dieses als Eigentum des anderen anzusehen, in das auch gepfändet werden kann und das in die Masse bei einem persönlichen Konkurs fällt (ÄktB 6:3). Dies gilt auch für Sachen, die der andere Ehepartner mit diesen Mitteln gekauft hat. Was jedoch für den gemeinsamen Haushalt an Geld zur Verfügung gestellt wird und das, was davon gekauft worden ist, verbleibt Eigentum des Geldgebers.[135]

Versäumt einer der Eheleute seine Unterhaltspflicht, kann der andere sich an das Gericht   83
wenden und das Gericht kann den **säumigen Ehepartner** verpflichten, seinen Unterhaltsbeitrag an den anderen Ehegatten zu zahlen (ÄktB 6:5). Sollte einer der Ehegatten mehr als ihm obliegt an den anderen zahlen, so gilt dies nicht als Geschenk an den Ehepartner. Sollten die Eheleute – aus welchen Gründen auch immer – nicht mehr dauerhaft zusammenleben, bleibt die Pflicht zur Leistung von Unterhalt bestehen (ÄktB 6:6). In dem Falle versorgt jeder seinen Haushalt selbst und es obliegt dem finanziell besser gestellten Ehepartner, einen geeigneten Beitrag in Geld zu zahlen.

---

131 *Håkansson* in: Norstedts Juridiska Handbok, S. 647; *Lundén* in: *Lundén/Molin*, Makar, juridiken kring äktenskap, S. 18.
132 Rieck/*Firsching*, S. 14.
133 *Håkansson* in: Norstedts Juridiska Handbok, S. 647.
134 *Beckmann* in: *Beckmann/Höglund*, Svensk familjerättspraxis, A IV 4.
135 *Håkansson* in: Norstedts Juridiska Handbok, S. 648.

Johansson

84 Die **Verjährungsfrist** für die Forderung nach Unterhalt beträgt grundsätzlich **drei Jahre**. Entscheidend ist der Zeitpunkt der Klagerhebung beim Gericht (ÄktB 6:9). Für eine länger zurückliegende Zeit als die drei Jahre kann Unterhalt nur zugesprochen werden, wenn der Unterhaltspflichtige dies anerkennt. Natürlich können die Eheleute auch einen Vertrag über den Unterhalt für eine länger zurückliegende Zeit als die drei Jahre schließen. Ist der Unterhalt festgestellt, gilt eine entsprechende dreijährige Verjährungsfrist, gerechnet vom ursprünglichen Fälligkeitstag (ÄktB 6:10). Eine Unterbrechung der Verjährung oder eine Hemmung findet nicht statt. Die einzige Möglichkeit für eine **Verlängerung der Verjährung** besteht darin, eine Zwangsvollstreckung durchzuführen oder einen Antrag auf Konkurs zu stellen, bevor die Drei-Jahres-Frist ausläuft. In diesen Fällen kann die Bezahlung der offenen Forderung aus dem Eigentum, in das vollstreckt worden ist, oder aus der Konkursmasse erfolgen. Ist ein Antrag auf Unternehmensrekonstruktion innerhalb der Drei-Jahres-Frist gestellt worden, darf der Unterhalt noch innerhalb von drei Monaten ab Beschluss über die Unternehmensrekonstruktion oder wenn ein Vergleich zustande kommt, innerhalb von drei Monaten von dem Tage an, an dem der Vergleich erfüllt werden sollte, verlangt werden. Die dreijährige Verjährungsfrist kann nicht durch Vertrag oder Übereinkommen über eine Verlängerung der Fälligkeit oder Verjährung aufgehoben werden (ÄktB 6:10 letzter Satz).[136]

85 Eine **Aufrechnung** gegenüber einer Forderung auf Unterhalt mit einer „normalen" Forderung, z.B. Prozesskosten, ist nicht zulässig.[137] Die Unterhaltspflicht **erlischt** mit dem Tode des Verpflichteten.

86 Ergeht ein Urteil über Unterhalt, kann der Unterhaltsberechtigte in das Gehalt, die Pension oder das Vermögen des Unterhaltsschuldners **vollstrecken** (hinsichtlich der Vorrechte bei Unterhaltszahlungen gegenüber anderen Vollstreckungen siehe 7. Kapitel des Vollstreckungsgesetzbuches (*utmätningsbalken* 1981:774, §§ 14–18). Die Eheleute können auch einen schriftlichen und beglaubigten Vertrag abschließen, aus dem dann vollstreckt werden kann. Ein solcher Vertrag kann jedoch vom Gericht bei veränderten Verhältnissen diesen angeglichen werden. Der Vertrag kann auch vom Gericht angeglichen werden, wenn der Vertrag ungerecht (*oskäligt*) ist unter Berücksichtigung der Umstände bei seiner Entstehung und den Verhältnissen (ÄktB 6:11).

87 Die Möglichkeiten, eine **Angleichung des Unterhalts**, der durch Urteil zugesprochen worden ist, für **zurückliegende Zeiten**, also **vor Klagerhebung**, zu erreichen, sind jedoch begrenzt. Es ist nicht möglich, einen höheren Unterhalt retroaktiv zu erhalten oder eine Rückzahlung des bereits geleisteten Unterhalts. Eine Angleichung kann nur dahingehend erfolgen, dass noch nicht bezahlter Unterhalt herab- oder heraufgesetzt wird oder ganz entfällt, es sei denn, die Parteien einigen sich auf etwas anderes (ÄktB 6:11).

bb) Trennungsunterhalt

88 Bei **Getrenntleben** wird der **Unterhalt** als Eigentum des empfangenden Ehegatten angesehen. Fälliger, aber noch nicht gezahlter Unterhalt wird als gewöhnliche Forderung betrachtet und kann folglich im Falle der Insolvenz des Unterhaltsverpflichteten geltend gemacht werden, nicht jedoch künftiger Unterhalt.

89 Grundsätzlich **endet** die Unterhaltspflicht gegenüber dem Ehegatten mit der Scheidung (ÄktB 6:7). Jedoch kann das Gericht bestimmen, dass Unterhalt für eine Übergangszeit und

---

136 *Håkansson* in: Norstedts Juridiska Handbok, S. 648.
137 SVJT 1942, S. 98; 1969, S. 73; 1937, S. 467; *Beckmann* in: *Beckmann/Höglund*, Svensk familjerättspraxis, Norstedts Juridik, A IV 2.

Johansson

in besonderen Ausnahmefällen auf Lebenszeit zu zahlen ist.[138] Jedoch sind die schwedischen Gerichte äußerst zurückhaltend in solchen Fällen.[139]

cc) Nachehelicher Unterhalt

Da das schwedische Recht davon ausgeht, dass beide Ehegatten denselben wirtschaftlichen Standard haben und die Ehe kein Versorgungsinstitut ist, besteht grundsätzlich kein Anspruch auf Unterhalt nach der Scheidung. Während der Bedenkzeit kann Unterhalt verlangt werden, wenn nur damit die eigene Versorgung erreicht werden kann.[140]   90

In Ausnahmefällen kann für eine begrenzte Zeit nach der Scheidung Unterhalt verlangt werden, z.B. wenn ein Partner – meist die Ehefrau – in einer längeren Ehe nur halbtags gearbeitet und überwiegend die Kinder betreut hat sowie dann, wenn sie sich in ihrem Beruf zunächst weiterbilden muss, um wieder angemessene Arbeit zu finden.[141] Auch hohes Alter – bei einer langen Ehe (mindestens 20 Jahre) – und Invalidität, die es unwahrscheinlich machen, eine Arbeit zu finden, können ausnahmsweise einen Anspruch auf Unterhalt begründen.[142] Dass u.U. der eine Ehepartner nach der Scheidung ein erheblich höheres Einkommen hat, macht ihn nicht unterhaltspflichtig.[143]   91

Auch nach Scheidung geht die eventuelle Pflicht eines Ehegatten, dem anderen Unterhalt zu zahlen, der Unterhaltspflicht der Eltern des Ehegatten gegenüber ihrem Kind vor.[144]   92

dd) Auskunftsanspruch, Hausratteilung

Beide Eheleute – gleichgültig, ob sie zusammenleben oder getrennt – sind verpflichtet, dem anderen die **Informationen** zu geben, die für die Beurteilung der **wirtschaftlichen Verhältnisse** der Familie erforderlich sind. Ob diese Verpflichtung zu Zwangsmaßnahmen gegen den Ehegatten führen kann, ist zweifelhaft. Gemäß 38:5 des Gerichtsverfahrensgesetzbuches können jedoch Zwangsgelder angeordnet werden. Natürlich ist die Weigerung eines Ehegatten, Auskünfte über seine wirtschaftlichen Verhältnisse zu geben, für ihn in einem Unterhaltsstreit nachteilig.[145]   93

Bei Getrenntleben können natürlich Schwierigkeiten für den Ehegatten entstehen, der nur einen kleineren Teil der **Haushaltsgegenstände** zu Eigentum hat. Der andere Ehegatte kann verpflichtet werden, seinem Ehepartner das bewegliche Gut auszuhändigen, das zum gemeinsamen Hausrat gehörte, solange die Eheleute zusammenlebten. Das Nutzungsrecht des anderen Ehegatten kann nicht dadurch beeinträchtigt werden, dass der Eigentümer der Gegenstände diese verkauft (ÄktB 6:6).   94

ee) Kindesunterhalt

Die **Unterhaltspflicht** gegenüber **gemeinsamen Kindern** ist im 7. Kapitel des Elterngesetzbuches (*Föräldrarbalken* – FB) geregelt. § 7:1 sagt, dass die Eltern für den Unterhalt der Kinder nach den Bedürfnissen der Kinder und den wirtschaftlichen Möglichkeiten der   95

---

138 *Lundén* in: *Lundén/Molin*, Makar, juridiken kring äktenskap, S. 22.
139 HD 1998:238.
140 *Nyström*, Familjens Juridik, S. 33.
141 *Nyström*, Familjens Juridik, S. 44.
142 *Nyström*, Familjens Juridik, S. 47.
143 *Rother-Schirren*, S. 22 u. 23.
144 *Beckmann* in: *Beckmann/Höglund*, Svensk familjerättspraxis, A IV 1.
145 *Håkansson* in: Norstedts Juridiska Handbok, S. 649.

Johansson

Eltern aufzukommen haben. Die eigenen Einkünfte der Kinder sind dabei zu berücksichtigen.

Im Gegensatz zum deutschen Recht endet die Unterhaltpflicht mit dem 18. Lebensjahr. Besucht das Kind zu diesem Zeitpunkt noch die Schule, so sind die Eltern verpflichtet, den Unterhalt bis zum Ende der Schule zu bezahlen, jedoch nicht über das 21. Lebensjahr hinaus.[146] Ein Anspruch auf Unterhalt für eine höhere Ausbildung (Fachhochschule, Universität) besteht nicht.[147]

d) Vertretung

96 Die Eheleute sind grundsätzlich gleichgestellt (siehe Rdn 103), jeder Ehegatte vertritt nur sich selbst, und seine Verträge oder sonstige Verpflichtungen binden nur ihn selbst. Eine Ausnahme gibt es für den Fall, dass ein Ehegatte aufgrund von Krankheit oder Abwesenheit (z.B. bei einer Auslandsreise) seine Angelegenheiten nicht selbst besorgen kann. Hat der Kranke oder Abwesende keine Vollmacht, um sich von einem anderen vertreten zu lassen und ist kein *god man* (Betreuer, Bevollmächtigter oder Vormund) für ihn eingesetzt, so kann der andere Ehegatte – falls die Eheleute zusammenleben – gem. ÄktB 6:4 ihn vertreten, wenn Mittel zum Unterhalt der Familie fehlen. Der andere Ehegatte ist dann befugt, im notwendigen Umfang Einkünfte des anderen Ehegatten einschließlich des Abhebens von dessen Konto für den Familienunterhalt zu verwenden. Nicht erlaubt ist ihm auch in diesem Fall, Eigentum des Erkrankten bzw. Abwesenden zu verkaufen oder zu verpfänden.[148] Die Verfügungen des handelnden Ehegatten sind für den Kranken oder Abwesenden bindend, auch wenn tatsächlich die Mittel für den Unterhalt nicht notwendig waren, es sei denn, der Dritte wusste oder hätte wissen müssen, dass ein Bedarf nicht vorlag (ÄktB 6:4 Abs. 2).

97 Handelt ein Ehegatte **mit Vollmacht**, so erlischt diese bei Widerruf oder auch, wenn der Vertretene die Fähigkeit des Widerrufs durch Tod oder Demenz verliert.[149]

e) Güterrecht/Eigentum

aa) Eigentumserwerb, „verstecktes Eigentumsrecht"

98 Grundsätzlich gilt die Regel, dass der den Kaufpreis Bezahlende auch **Eigentümer** wird.[150] Natürlich kommt es oft vor, dass die Eheleute gemeinsam etwas erwerben. Soweit sie nicht eine andere Vereinbarung getroffen haben oder sich aus den Umständen etwas anderes ergibt, z.B. aus dem Anteil, den einer zum Kaufpreis beigesteuert hat, erwerben sie das Gut **zu gleichen Teilen**,[151] und zwar als jeweiliges *giftorättsgods*.[152]

99 Nach Kap. 1 § 3 ÄktB verfügt jeder Ehegatte über sein Eigentum und ist für seine Schulden verantwortlich. Jedoch muss die Zustimmung des anderen Ehegatten eingeholt werden, wenn ein Grundstück verkauft werden soll, dessen Eigentümer nur ein Partner ist, aber das **Grundstück** *giftorättsgods* ist.[153] In § 4 heißt es: „Die Eheleute sollen die Ausgaben und

---

146 *Rother-Schirren*, S. 80.
147 *Rieck/Firsching*, S. 128.
148 *Håkansson* in: Norstedts Juridiska Handbok, S. 649.
149 *Nyström*, Familjens Juridik, S. 44.
150 *Lundén* in: *Lundén/Molin*, Makar, juridiken kring äktenskap, S. 22.
151 *Håkansson* in: Norstedts Juridiska Handbok, S. 652; *Lundén* in: *Lundén/Molin*, Makar, juridiken kring äktenskap, S. 22 f.
152 Siehe hierzu das Gesetz über das gemeinsame Eigentum samäganderättslagen 1904 Nr. 48.
153 *Nyström*, Familjens Juridik, S. 36.

Beschäftigungen unter sich aufteilen. Sie sollen einander die Informationen geben, die notwendig sind, um die wirtschaftlichen Verhältnisse der Familie beurteilen zu können."

Bei **Grundstücken** gilt der als Eigentümer, der im Grundbuch verzeichnet ist. Die Recht-   100
sprechung hat hier jedoch Ausnahmen geschaffen, und zwar dort, wo der Kauf erfolgte, um dem Ehegatten und der Familie ein gemeinsames Heim zu schaffen. Ferner auch da, wo der Beitrag der Partner zur Anschaffung gleich oder sogar des nicht im Grundbuch Eingetragenen größer war.[154] Entsprechend ist die Anwendung auf **Genossenschaftsanteile** mit dem Sondernutzungsrecht an einer Wohnung (*bostadsrätt*).[155] Diese Ausnahmen gelten jedoch nur im Verhältnis zwischen den Ehegatten, nicht gegenüber Dritten.[156] Sie sind auch nur zu beachten, wenn der nicht im Grundbuch/Genossenschaftsregister verzeichnete Ehegatte sein Recht auf Miteigentum geltend macht. Dies kann durch einen förmlichen Überlassungsvertrag oder durch rechtskräftiges Urteil geschehen. Im schriftlichen Überlassungsvertrag muss eine Bestätigung enthalten sein, dass das Grundstück ursprünglich als gemeinsames Eigentum gekauft werden sollte und dass die Überlassung ohne eine Zahlung an den Überlasser erfolgte.[157] Grunderwerbsteuer (*stämpelskatt*) ist zu zahlen.[158] Das „ver- steckte Eigentum" ist kein Recht, das ein Gläubiger des berechtigten Ehegatten geltend machen kann.[159] Solange das „versteckte Eigentum" nicht in offenes Miteigentum verwandelt ist, können Gläubiger des als Alleineigentümer Verzeichneten in das Grundstück/den Genossenschaftsanteil vollstrecken.[160]

Drei Kriterien müssen erfüllt sein, damit „verstecktes Eigentum" vorliegen kann.
1. Der eine Ehegatte kauft im eigenen Namen Eigentum, das zur gemeinsamen Nutzung vorgesehen ist.
2. Beide Partner tragen wirtschaftlich zum Erwerb bei.
3. Es besteht ein ausdrückliches oder stillschweigendes Einverständnis, dass der Kauf für gemeinsame Rechnung erfolgt und Miteigentum vorliegen soll. Verstecktes Eigentum kann nicht dadurch begründet werden, dass nach einem Erwerb z.B. eines Hauses der andere Partner sich finanziell oder durch Renovierungs- oder Ausbauarbeiten beteiligt.[161]

Gegenüber dem Gläubiger eines Ehegatten kann das „**versteckte Eigentumsrecht**" (*dolda*   101
äganderätten) nur greifen, wenn der Ehegatte, der nicht im Grundbuch verzeichnet ist, ein rechtskräftiges Urteil gegen den anderen Ehegatten auf Eigentums- oder Miteigentumsübertragung erstritten hat.[162] Ein verstecktes Eigentum kann nicht bestehen, wenn das Heim (Haus, Wohnung, Genossenschaftsanteil mit Sondernutzungsrecht) von einem Ehegatten gekauft worden ist, bevor das Verhältnis zum anderen Partner begründet war oder das Heim durch Erbe, Geschenk oder Vermächtnis von ihm erworben worden ist. Kauft jedoch ein noch nicht verheiratetes Paar eine Immobilie, die als Heim für das spätere Zusammenleben dienen soll, und wird nur einer der Ehegatten im Grundbuch eingetragen, so ist dies ebenfalls *dold* – Eigentum – gleichgültig, ob das Paar später heiratet oder nur ein *sambo-*

---

154 NJA 1980, S. 705; 1981, S. 693; 1982, S. 589; *Lundén* in: *Lundén/Molin*, Makar, juridiken kring äktenskap, S. 40.
155 *Lundén* in: *Lundén/Molin*, Makar, juridiken kring äktenskap, S. 23.
156 *Håkansson* in: Norstedts Juridiska Handbok, S. 652.
157 NJA 1989, S. 114.
158 NJA 1987, S. 137 und lag 1984:404 om stämpelskatt vid inskrivningsmyndigheten, § 9.
159 *Lundén* in: *Lundén/Molin*, Makar, juridiken kring äktenskap, S. 39.
160 *Lundén* in: *Lundén/Molin*, Makar, juridiken kring äktenskap, S. 40.
161 *Rother-Schirren*, S. 20.
162 NJA 1984, S. 772; 1985, S. 97; 1985, S. 615.

Verhältnis begründet wird. Aber zumindest ein solches Verhältnis muss begründet werden, damit die Immobilie verstecktes Eigentum wird.[163]

102 Erwerben Eheleute gemeinsam ein Gut und bezahlen dafür gemeinsam, werden sie **Miteigentümer**. Es spielt keine Rolle, dass der Gegenstand nur einem Ehegatten nützt oder dass nur ein Ehegatte das Geschäft durchführt. Das Miteigentum richtet sich nach dem Umfang, den ein Ehegatte beim Kauf leistet.[164] Bei **gemeinsamen Bankkonten** erfolgt die Verteilung entsprechend den Einzahlungen der Eheleute, es sei denn, sie haben sich über eine andere Verteilung des Miteigentums geeinigt.[165] Kann der Anteil am Miteigentum am Konto nicht eindeutig geklärt werden, ist hälftig zu teilen.[166] Sind sich die Miteigentümer nicht einig, wie man das gemeinsame Gut verteilen soll, kann jeder Ehegatte/jeder Eigentümer beim *tingsrätt* den Antrag stellen, dass ein sog. *god man* ernannt wird. Dies gilt jedoch nicht für landwirtschaftliches Eigentum (Gesetz 1989:31). Das Gericht soll eine Zeit für die Treuhandschaft bestimmen. Der Treuhänder ist verpflichtet, so gut wie möglich das Miteigentum der Eheleute zu verwalten (*samäganderättslagen* §§ 3–5). Die Eheleute können auch verlangen, dass das Miteigentum mittels Versteigerung verkauft wird.[167]

bb) Arten von Eigentum, insb. Institut des „giftorätt"

103 Es gibt **vier Arten von Eigentum** bei einer Ehe: das *giftorättsgods* des Ehemannes, das Sondereigentum des Mannes, das *giftorättsgods* der Ehefrau und das Sondereigentum der Ehefrau.[168] Seit der Eherechtsform 1920 gilt die Regel, dass jeder der Ehegatten Eigentümer seines Vermögens ist und dieses auch allein verwaltet. Er bleibt also Eigentümer des Vermögens, das er vor der Eheschließung hatte, und wird Eigentümer des Gutes, das er nach der Eheschließung, z.B. durch Kauf, eigene Arbeit, Tausch, Schenkung oder Erbe, erwirbt.[169] Die Eheleute sind einander gleichgestellt. Sie können also auch – wie mit Dritten – Verträge miteinander schließen. Wenn sie aber gemeinsam einen Vermögensgegenstand erwerben, werden sie Miteigentümer an diesem.

104 Ein Anspruch auf das Eigentum des anderen ist durch das Institut des „*giftorätt*" gegeben, nämlich dass bei Auflösung der Ehe (Tod, Scheidung) und bei Vereinbarung über Güterteilung während der Ehe ein **Recht auf gleiche Teilung der jeweiligen Vermögen** (*giftorättsgods*) besteht (ÄktB 7:1). Dieser Anspruch besteht nicht gegenüber dem Sondereigentum des anderen Ehegatten (*enskild egendom*).

105 Zum **Sondereigentum** (*enskild egendom*) gehört gem. ÄktB 7:2:
 – Das Eigentum, das durch einen rechtswirksamen, schriftlichen Ehevertrag (*äktenskapsförord*) als Sondereigentum eines Ehegatten erklärt ist. Der Ehevertrag muss bei einem *Tingsrätt* registriert werden. Will man den Ehevertrag auflösen, so reicht es nicht ihn zu zerreißen oder anders ungültig zu machen. Es muss ein neuer Ehevertrag geschrieben, unterzeichnet und registriert werden. Zukünftige Ehepartner können einen Ehevertrag schließen. Wenn sie ihn innerhalb von 30 Tagen nach der Eheschließung registrieren lassen, gilt er vom Tage der Hochzeit, sonst vom Tage des Antrags auf Registrierung.

---

163 *Lundén* in: *Lundén/Molin*, Makar, juridiken kring äktenskap, S. 43.
164 *Lundén* in: *Lundén/Molin*, Makar, juridiken kring äktenskap, S. 34; Einzelheiten hierzu im Gesetz 1904:48 om samäganderätt, hier § 1.
165 *Lundén* in: *Lundén/Molin*, Makar, juridiken kring äktenskap, S. 36.
166 *Lundén* in: *Lundén/Molin*, Makar, juridiken kring äktenskap, S. 37; NJA 1988, S. 122.
167 *Lundén* in: *Lundén/Molin*, Makar, juridiken kring äktenskap, S. 37.
168 *Håkansson* in: Norstedts Juridiska Handbok, S. 651; *Rother-Schirren*, S. 17.
169 *Nyström*, Familjens Juridik, S. 26 u. 32.

– das Eigentum, das der Ehegatte als Geschenk von einem Dritten erhalten hat mit der Bedingung, dass es Sondereigentum des Beschenkten sein soll, oder das er geerbt und der Erblasser verfügt hat, dass das ererbte oder vermachte Gut Sondereigentum sein soll. Diese Bedingung muss spätestens bei der Übergabe des Gutes gestellt werden;[170]
– wenn der Ehegatte als Berechtigter (*förmånstagarförordnande*) aus einer Lebensversicherung, einer Unfallversicherung oder einer Krankenversicherung etwas erhalten hat sowie wenn er aus bestimmten Pensionssparverträgen, die von einem anderen als seinem Ehegatten abgeschlossen worden sind, Beträge unter der Bedingung erhalten hat, dass das Eigentum Sondereigentum sein soll (die Bedingung ist erst seit dem 1.4.1993 durch das Gesetz 1993:130 eingeführt worden);
– Eigentum, das an die Stelle von Eigentum der vorgenannten drei Arten getreten ist, soweit darüber nicht in der der Eigentumszuordnung zugrunde liegenden Rechtsbehandlung (Ehevertrag, Schenkung, Testament, *förmånstagarförordnande*) etwas anderes bestimmt war (ÄktB 7:2 Abs. 6).[171] Gemäß ÄktB 10:3 fallen auch persönliche Schadensersatzansprüche oder Urheberrechte an künstlerischer Tätigkeit bei einer Güterteilung anlässlich einer Scheidung nicht unter das *giftorätt*. Ist der Versicherungsbetrag allerdings ausgezahlt, so ist er beim *bodelning* zu berücksichtigen.[172]
– Werte, die jemand aus dem Geld eines Verkaufs von *enskild egendom* erwirbt, wird *enskild egendom*. Den Nachweis, dass das Geld aus einem Verkauf vom *enskild egendom* stammt, muss der erbringen, der dies behauptet.[173]

Alles andere ist *giftorättsgods*, also auch sowohl das Eigentum, das ihm vor der Ehe gehörte, als auch das, was er während der Ehe erwirbt.[174] **106**

Zu beachten ist, dass Erlöse aus dem Sondereigentum *giftorättsgods* sind, soweit sich nicht etwas anderes im Ehevertrag oder der Schenkung, dem Testament oder in der Berechtigung aus einem Versicherungs- oder Rentenvertrag ergibt (ÄktB 7:2). Bei Rechten, die nicht überlassen werden können, wie z.B. Rechte aus Lebensversicherungen, solange der Berechtigte lebt, oder aus Pensionen und Renten, das Recht auf Schadensersatz bei Berufsausfall gemäß dem Gesetz über Arbeitsschadensversicherung, aber auch das Urheberrecht, solange der Verfasser/Erfinder lebt, gelten die Regeln über das *giftorätt* nur, soweit dies nicht im Gegensatz zur gesetzlichen Regelung im entsprechenden Einzelgesetz steht (ÄktB 10:3).[175] **107**

Betrachtet man das *giftorätt* näher, so ist seine hauptsächliche Bedeutung darin zu sehen, dass bei Auflösung der Ehe und bei Güterteilung nach dem Tode eines Ehegatten das Vermögen, das dem *giftorätt* unterliegt, **gleich geteilt** werden soll zwischen den Eheleuten oder deren Rechtsnachfolgern. Hieraus ergibt sich, dass das *giftorätt* auch gewisse Auswirkungen auf die Verwaltung des Vermögens, das dem *giftorätt* unterliegt, hat. **108**

Hat ein Ehegatte durch verbrecherische Handlung den anderen Ehegatten vorsätzlich getötet oder ist er am Totschlag (*dråp*) des anderen beteiligt, hat er das *giftorätt* **verwirkt**. Dies gilt auch, wenn er ohne Vorsatz den Tod des anderen durch eine vorsätzliche und schwere Gewalttat herbeiführt. Bei Handlungen aufgrund von psychischen Störungen kann von der Verwirkung abgesehen werden (ÄktB 12:2). **109**

---

170 *Lundén* in: *Lundén/Molin*, Makar, juridiken kring äktenskap, S. 27.
171 *Håkansson*, Norstedts Juridiska Handbok, S. 650; *Rother-Schirren*, S. 24.
172 *Rother-Schirren*, S. 29.
173 *Eriksson*, S. 18 f.
174 *Lundén* in: *Lundén/Molin*, Makar, juridiken kring äktenskap, S. 26.
175 *Eriksson*, S. 20.

cc) Verfügungsbeschränkungen

110   Das Recht des Ehegatten, über sein Vermögen, das gleichzeitig auch *giftorättsvermögen* ist, zu verfügen, unterliegt bestimmten Einschränkungen. Diese **Beschränkungen** betreffen vor allem Dinge, die für das gemeinsame Heim und für den anderen Ehegatten von Bedeutung sind (*rådighetsinskränkningar*).[176] Insofern kann sich dies auch auf das Sondereigentum erstrecken. Die Beschränkungen betreffen in erster Linie die gemeinsame Wohnung – egal, ob es sich um Grundeigentum oder z.B. ein *bostadsrätt* handelt.[177] Dies gilt auch für das Sondereigentum des anderen Ehegatten, es sei denn, das Sondereigentum ist durch Schenkung oder testamentarische Verfügung entstanden.

111   Bei der **gemeinsamen Wohnung** (*gemensam bostad*) muss die schriftliche **Zustimmung** des einen Ehegatten eingeholt werden, wenn der andere Ehegatte die gemeinsame Wohnung verkaufen, verschenken, belasten, vermieten, tauschen oder die Nutzung anderen überlassen will.[178] Dies gilt auch für die gemeinsame Wohnung, die nicht Grundeigentum, sondern gemietet oder *bostadsrätt* ist.[179] Auch bei **Grundstücken** oder **Rechten an Grundstücken**, die *giftorättsgods* sind, muss die Genehmigung eingeholt werden. Bei Überlassungen und Verpfändungen von gemeinsamen **Haushaltsgegenständen**, also Möbeln, Haushaltsgeräten – soweit sie nicht ausschließlich für einen Ehegatten verwendet werden –, muss die Zustimmung des anderen Ehegatten ebenfalls eingeholt werden.[180] Zur gemeinsamen Wohnung und dem gemeinsamen Haushalt gehören nicht das Eigentum, das hauptsächlich für die Freizeitgestaltung verwendet wird, auch nicht die Gegenstände, die zum Hobby eines Ehegatten gehören, ebenso nicht ein Auto, ein Wohnwagen oder ein Hausboot.[181]

112   Die **Zustimmung** zur Verfügung über die gemeinsame Wohnung oder die gemeinsamen Haushaltsgegenstände soll **schriftlich** gegeben werden; eine Beglaubigung ist nicht notwendig.[182] Die Zustimmung ist sogar nach der rechtskräftigen Scheidung notwendig, bis durch die Güterteilung (*bodelning*) bestimmt ist, welchem Ehegatten die Wohnung gehört.[183] Wird die Zustimmung **verweigert**, kann sie durch Gerichtsbeschluss ersetzt werden, wenn das Gericht die Weigerung als nicht begründet ansieht (ÄktB 7:8). Kann der andere Ehegatte seine Zustimmung nicht wirksam geben, z.B. weil er schwer krank ist, so kann der andere ohne Zustimmung verkaufen, belasten etc., selbst wenn ein Betreuer oder Vormund bestellt ist. Die Zustimmung kann nur vom Ehegatten gegeben werden, also auch gegen den Willen des bestellten Vertreters.[184] Kann sie also nicht vom anderen Ehegatten gegeben werden, muss darüber ein Gerichtsbeschluss herbeigeführt werden.[185] Eine Überlassung, Verpfändung etc. ohne Zustimmung des anderen Ehegatten wird **unwirksam**, wenn der andere Ehegatte diese Verfügung vor Gericht innerhalb kurzer Zeit – höchstens drei Monate nach Kenntnis – anficht. Bei erfolgreicher **Anfechtung** sind der Kaufpreis und das gekaufte Gut

176 *Håkansson* in: Norstedts Juridiska Handbok, S. 651; *Nyström*, Familjens Juridik, S. 28.
177 *Lundén* in: *Lundén/Molin*, Makar, juridiken kring äktenskap, S. 22. Eriksson S. 21.
178 *Lundén* in: *Lundén/Molin*, Makar, juridiken kring äktenskap, S. 28.
179 *Lundén* in: *Lundén/Molin*, Makar, juridiken kring äktenskap, S. 28. „Bostadsrätt" bedeutet, dass der Berechtigte einen Genossenschaftsanteil besitzt, verbunden mit dem Wohnrecht an einer Immobilie.
180 *Håkansson* in: Norstedts Juridiska Handbok, S. 651; *Lundén* in: *Lundén/Molin*, Makar, juridiken kring äktenskap, S. 22, 26, 29; *Rother-Schirren*, S. 18; *Eriksson*, S. 21.
181 *Lundén* in: *Lundén/Molin*, Makar, juridiken kring äktenskap, S. 30, *Eriksson*, S. 20 ff.
182 *Håkansson* in: Norstedts Juridiska Handbok, S. 651; *Lundén* in: *Lundén/Molin*, Makar, juridiken kring äktenskap, S. 30.
183 *Lundén* in: *Lundén/Molin*, Makar, juridiken kring äktenskap, S. 25.
184 *Lundén* in: *Lundén/Molin*, Makar, juridiken kring äktenskap, S. 29.
185 *Lundén* in: *Lundén/Molin*, Makar, juridiken kring äktenskap, S. 31.

zurückzugeben (ÄktB 7:9).[186] **Ohne Zustimmung** des anderen Ehegatten kann ein Partner verfügen, wenn ihm die Immobilie (das Grundstück, die Wohnung) durch Testament oder Geschenk überlassen wurde mit der Maßgabe, dass sie *enskild egendom* sein soll.[187]

Will ein Ehegatte seinem Partner etwas schenken und soll diese Schenkung gegenüber Dritten wirksam werden, muss er eine schriftliche Schenkungsurkunde (*gåvobrev*) verfassen und die Schenkung beim *Skatteverket* registrieren lassen. Dies ist nicht notwendig bei „üblichen" Geschenken. Was üblich ist, ist gesetzlich nicht formuliert. Auch wenn ein Grundstück *giftorättsgods* ist, muss die Einwilligung des anderen Ehegattens eingeholt werden, wenn die Immobilie verkauft, belastet oder vermietet bzw. verpachtet werden soll. Die Zulassung zum Verkauf oder Belastung eines Grundstückes muss schriftlich gegeben werden. Eine Beglaubigung ist nicht notwendig.[188]

Bei **Haushaltsgegenständen** ist die Verfügung oder Verpfändung rechtswirksam, wenn der Empfänger **in gutem Glauben** war (ÄktB 7:9), und zwar, dass der Verkäufer nicht verheiratet war oder dass der Ehegatte beim Verkauf von beweglichen Gegenständen des Hausrats seine Zustimmung mündlich gegeben hat. Bei Verfügungen über **Grundstücke** ist das Gericht verpflichtet zu kontrollieren, ob die Zustimmung vorliegt.[189] **Genossenschaftsanteile** mit Sondernutzungsrecht an einer Wohnung (*bostadsrättslägenheter*) fallen nicht unter die Bestimmungen über Grundeigentum, sind also *lösegendom*. 113

dd) Gütertrennung während der Ehe

Die Eheleute können **Gütertrennung** während der Ehe vereinbaren. Sie muss bei eine *Skatteverket* **angemeldet** und dort **registriert** werden (ÄktB 9:1 und 16:3). Das Finanzamt (*Skatteverket*) veröffentlicht eine Bekanntmachung darüber in den „*Post – och Inrikes Tidningar*" ÄktB 16:2 und 16:3. Voraussetzung ist die freiwillige Einigung über die Teilung. Bis zur Teilung verwaltet jeder Ehegatte sein Vermögen weiter selbstständig. Er ist jedoch vom Zeitpunkt der Antragstellung an dem anderen Ehegatten gegenüber rechenschaftspflichtig (ÄktB 9:3). In der Zeit bis zur Teilung kann ein Gläubiger noch in das Vermögen des Schuldners vollstrecken (ÄktB 9:9). Bei Insolvenz in dieser Zeit übernimmt der Insolvenzverwalter das Verwaltungsrecht (ÄktB 9:10). Bei der Teilung werden die Werte des *giftorättsgods* beider Eheleute zusammengelegt, die Schulden abgezogen und dann in zwei Hälften geteilt. Jedoch können die Eheleute auch eine andere als die hälftige Verteilung wählen.[190] Die Teilung bewirkt nicht, dass dasjenige Gut, das nach der Teilung erworben wurde, stets Sondereigentum ist. Hier gelten die Regeln wie vor der Teilung.[191] 114

f) Verbindlichkeiten

Da jeder Ehegatte sein Vermögen verwaltet (Sondereigentum, *giftorättsgods*), ist er auch für seine **Verbindlichkeiten** verantwortlich (ÄktB 1:3). Die **Vollstreckung** kann also auch in Vermögen erfolgen, das zum *giftorätts*-Vermögen des Schuldners gehört, nicht aber in seinen evtl. Teilungsanspruch gegen den anderen Ehegatten. Der Teilungsanspruch besteht nur bei Scheidung oder Tod. Sind die Eheleute eine Verbindlichkeit gemeinsam eingegangen, haften sie gesamtschuldnerisch. Derjenige, der in Anspruch genommen wird, hat einen 115

---

186 *Lundén* in: *Lundén/Molin*, Makar, juridiken kring äktenskap, S. 31.
187 *Nyström*, Familjens Juridik, S. 36.
188 *Nyström*, Familjens Juridik, S. 41; *Rother-Schirren*, S. 18; *Eriksson*, S. 23.
189 *Lundén* in: *Lundén/Molin*, Makar, juridiken kring äktenskap, S. 32.
190 *Håkansson* in: Norstedts Juridiska Handbok, S. 652 und 656.
191 *Håkansson* in: Norstedts Juridiska Handbok, S. 656.

Johansson

Ausgleichsanspruch gegenüber dem anderen Ehegatten, es sei denn, etwas anderes ist verein-bart.[192] Erfolgt die Vollstreckung in Vermögen, das dem anderen Ehegatten ganz oder teilweise gehört, ist dieser dafür beweispflichtig. Im Übrigen ist bei beweglichen Sachen, vor allem im Zusammenhang mit dem Hausrat und der Arbeit des Schuldners, vieles von einer Vollstreckung ausgenommen.[193]

III. Scheidung

116   Eine Ehe kann nach schwedischem Recht nur durch Tod oder Scheidung aufgelöst werden (ÄktB 1:5. Eine andere Form der Auflösung gibt es nicht. Auch wenn es sich z.B. heraus-stellt, dass einer der Partner noch verheiratet war, bedeutet dies nicht die automatische Ungültigkeit der neuen Ehe – aber natürlich gibt dies die Möglichkeit der Scheidung.[194]

In dem ersten großen Zivil- und Strafgesetzbuch Schwedens aus dem Jahre 1734 waren die Scheidungsmöglichkeiten sehr beschränkt, und zwar auf „Hurerei und vorsätzliches Verlassen". Im 19. Jahrhundert kam dann hinzu der Scheidungsgrund „Streitigkeiten der Laune und der Denkungsart, die zu Abscheu und Hass führten". Weitere Erleichterungen erfolgten zu Beginn des 20. Jahrhunderts. 1915 wurde aufgrund der gemeinsamen nordi-schen Gesetzeszusammenarbeit der Grundsatz einer „**tiefen und dauerhaften Entzwei-ung**" zwischen den Ehegatten eingeführt.[195] Die Eheleute konnten ein Urteil auf Trennung (*hemsskillnad*) erhalten, wenn sie gemeinsam angaben, dass solche Differenzen vorlagen. Stellte ein Ehegatte den Antrag, musste die Entzweiung bewiesen werden. Ein Jahr nach dem Urteil über ein **Trennungsjahr** konnten die Eheleute ein **Scheidungsurteil** erhalten.[196] In besonderen Fällen konnte unmittelbar die Scheidung erreicht werden, z.B. bei Hurerei. Da die Eherechtsreform des Jahres 1973 davon ausging, dass die Ehe ein freiwilliger Be-schluss von selbstständigen Personen ist, zusammenzuleben, wurde die Scheidung erheblich erleichtert, so dass die Frage der Schuld an der Entzweiung keine Rolle mehr spielt.[197] Die heute geltenden gesetzlichen Bestimmungen über die Scheidung befinden sich im 3. Kapitel des Ehegesetzbuches. Sie bauen auf dem Gedanken auf, dass der Wille eines Ehegatten, die Ehe aufzulösen, respektiert werden muss. Eine Begründung für den Scheidungsantrag müsse nicht gegeben werden. Der Gesetzgeber möchte aber erreichen, dass ein Scheidungsbegeh-ren nicht übereilt gestellt wird; insbesondere wenn minderjährige Kinder vorhanden sind.

117   Sind sich die Parteien **einig** und hat keiner der Ehegatten das Sorgerecht für Kinder unter 16 Jahren, die bei ihm wohnen, kann die Ehe **sofort geschieden** werden.[198] Wenn die Eheleute sich einig sind, beantragen sie die Scheidung beim zuständigen *tingsrätt*. In diesem Fall können sie auch einen gemeinsamen Vertreter bei Gericht haben.[199] Dieser muss eine schriftliche Vollmacht von beiden Ehegatten vorlegen. Im Internet (www.domstolsverket.se) gibt es ein Scheidungsformular, auf dem beide Ehegatten gemeinsam die Ehescheidung beantragen können.

---

192 *Håkansson* in: Norstedts Juridiska Handbok, S. 653.
193 Utsökningslagen 5. kap. § 1.
194 *Rother-Schirren*, S. 16.
195 NJA II 1921, S. 54 f. und 234 f.
196 *Agell*, Äktenskap, samboende, partnerskap, S. 37 f.
197 *Håkansson* in: Norstedts Juridiska Handbok, S. 644.
198 *Rother-Schirren*, S. 16.
199 In Schweden gibt es keinen Anwaltszwang. Die Parteien können sich auch durch einen Nichtjuristen vor Gericht vertreten lassen, *Beckmann* in: *Beckmann/Höglund*, Svensk familjerättspraxis, A III 4.

Will **nur ein Ehegatte** die Scheidung, muss er **den anderen verklagen** und die Scheidung 118
beantragen (ÄktB 5:2 und 14:4). Dem Antrag auf Scheidung ist ein Auszug aus dem Melde-
register, von der Steuerbehörde des Wohnsitzes, an dem einer der Eheleute oder beide
gemeldet sind, beizufügen.[200] Die Gerichtskosten für den Antrag betrugen im Jahre 2005
450 SEK.[201] Auch Unmündige können ihren Ehescheidungsprozess selbst führen.[202] Ein
Anwaltszwang besteht nicht.

Der **Scheidungsantrag** ist beim *tingsrätt* einzureichen, bei dem der eine der Ehegatten 119
seinen Wohnsitz (*hemvist*) hat. Hat keiner der Eheleute seinen Wohnsitz in Schweden, ist
das *tingsrätt* in Stockholm zuständig.[203] Ist der Aufenthaltsort eines Ehepartners unbekannt
oder hält dieser sich im Ausland auf und kann ihm dort die Klage oder andere Schriftstücke
nicht zugestellt werden oder unterlässt er es, einen Vertreter im Verfahren für sich zu
bestellen, so soll ein Treuhänder (*god man*) für ihn im Verfahren über die Ehescheidung
vom Gericht bestellt werden (ÄktB 18:1). Für Sorgerechtsverfahren gilt dies nicht und auch
nicht, wenn ausländisches Recht angewendet werden muss.[204] **Nimmt** ein Ehegatte seinen
Scheidungsantrag **zurück**, so prüft das Gericht, ob nicht der andere die Scheidung wünscht
(ÄktB 14:11).

Das Gesetz sieht bei **streitigen Scheidungen** eine sog. **Überlegungszeit** vor. Nur in zwei 120
Fällen ist die vom Gesetz vorgesehene Überlegungszeit von **sechs Monaten** auch bei **einverständlicher Scheidung** vorgesehen (ÄktB 5:1):
– Wenn einer der Ehegatten mit einem eigenen Kind unter 16 Jahren, dessen Sorge ihm
  übertragen ist, zusammenlebt. Dabei muss es sich nicht um ein gemeinsames Kind
  handeln. Dies gilt nicht, wenn die Eheleute seit mindestens zwei Jahren schon getrennt
  leben (ÄktB 5:4). In der Regel wird der Richter verlangen, dass die Eheleute schon seit
  mindestens zwei Jahren getrennt leben. Der Nachweis geschieht am einfachsten durch
  einen Auszug aus dem Einwohnermelderegister, das zwei getrennte Wohnsitze aufweist.[205] Warum sie getrennt leben, spielt dabei keine Rolle;.
– Wenn kein Kind vorhanden ist, aber beide Eheleute eine Überlegungszeit (*betänketid*)
  begehren.[206]

Die Überlegungszeit beginnt im Falle des Scheidungsbegehrens von beiden Ehegatten mit 121
der Einreichung des Antrags durch beide Ehegatten. Fordert nur einer die Scheidung,
beginnt diese mit der Zustellung des Antrags an den anderen Ehegatten (ÄktB 5:3).[207] Eine
Güteverhandlung ist nicht zwingend vorgeschrieben. Jedoch kann eine „**Vermittlung**"
(*medling*) auf Antrag eines Ehegatten erfolgen. Die Bestimmungen darüber sind nicht im
Ehegesetzbuch, sondern im Gesetz 1973:650 enthalten. Die Vermittler sind vom *länsstyrelsen* ernannte Personen. Während der Überlegungszeit wird nicht gefordert, dass die Eheleute getrennt leben.[208]

---

200 *Lundén* in: *Lundén/Molin*, Makar, juridiken kring äktenskap, S. 72.
201 1 EUR entspricht ca. 9.3 SEK.
202 *Beckmann* in: *Beckmann/Höglund*, Svensk familjerättspraxis, A III 3.
203 *Håkansson* in: Norstedts Juridiska Handbok, S. 661; *Lundén* in: *Lundén/Molin*, Makar, juridiken kring
    äktenskap, S. 73, ÄktB 14:3.
204 NJA II 1973, S. 623; *Beckmann* in: *Beckmann/Höglund*, Svensk familjerättspraxis, A III 14.
205 *Lundén* in: *Lundén/Molin*, Makar, juridiken kring äktenskap, S. 74.
206 *Agell*, Äktenskap, samboende, partnerskap, S. 41; *Håkansson* in: Norstedts Juridiska Handbok, S. 661.
207 *Lundén* in: *Lundén/Molin*, Makar, juridiken kring äktenskap, S. 74.
208 *Håkansson* in: Norstedts Juridiska Handbok, S. 661; *Beckmann* in: *Beckmann/Höglund*, Svensk famil-
    jerättspraxis, A III 1; hinsichtlich Wiedereinsetzung in den vorigen Stand siehe RÅ 1981:20 (Fehler bei
    der Postverwaltung); *Lundén* in: *Lundén/Molin*, Makar, juridiken kring äktenskap, S. 73.

122 Das Gericht kann auf Antrag eines Ehegatten bestimmen, dass es den Eheleuten **verboten** ist, sich bis zur Rechtskraft des Urteils zu **besuchen** (ÄktB 14:7),[209] und den Verstoß mit Buße oder Gefängnis (höchstens ein Monat) belegen. Andere interimistische Beschlüsse sind möglich über die Frage, wer in der **gemeinsamen Wohnung verbleiben** kann, zu Fragen des **Unterhalts bis zur Scheidung** und bezüglich der **Sorge** und des **Unterhalts für die Kinder**.[210] Mit Genehmigung der Sozialbehörde können die meisten Folgesachen einvernehmlich außergerichtlich gelöst werden. Ein solcher Vertrag ist dann einem gerichtlichen Titel gleich.[211]

123 Eine **sofortige Scheidung** erfolgt bei den auflösenden **Ehehindernissen** jedoch nur auf Antrag eines Ehegatten oder des Staatsanwalts (ÄktB 5:5), so z.B. wenn einer der Ehegatten noch in einer früheren Ehe verheiratet oder ein registrierter Partner ist. Der Staatsanwalt kann in diesen Fällen nur die Scheidung der letzten Ehe oder registrierten Partnerschaft fordern.[212]

124 Nachdem **mindestens sechs Monate** verstrichen sind, soll das **Scheidungsurteil verkündet** werden, wenn einer der Ehegatten dies nach Ablauf der Sechs-Monats-Frist beantragt (ÄktB 5:3). Wird ein solches Scheidungsurteil nicht innerhalb eines Jahres seit Einreichung des Antrags auf Scheidung der Ehe beantragt, gilt der Antrag auf Ehescheidung als verwirkt (ÄktB 14:14).[213] Wenn die Eheleute mindestens zwei Jahre getrennt gelebt haben, kann die Ehe auf Antrag eines Ehegatten ohne Überlegungszeit geschieden werden (ÄktB 5:4).

125 Eine Ehe gilt als aufgelöst, wenn das **Scheidungsurteil rechtskräftig** ist (ÄktB 5:5 und 5:6). Bis zur Rechtskraft kann ein Ehegatte seinen Antrag oder seine Zustimmung zur Ehescheidung zurücknehmen.[214] Stirbt ein Ehegatte, bevor das Urteil Rechtskraft erlangt hat, gilt die Ehe nicht durch Urteil, sondern durch Tod als aufgelöst.[215] D.h., dass in einem solchen Fall das Recht auf Witwenpension und auch das Recht aus einem Lebensversicherungsvertrag erhalten bleibt, es sei denn, laut Versicherungsbedingungen erlischt die Berechtigung mit der Erhebung der Klage (ÄktB 5:6). Das Recht auf *bodelning* bleibt aufgrund der Rechtshängigkeit des Scheidungsantrags bestehen (ÄktB 9:11).[216] Nach Ablauf der Überlegungszeit kann das Scheidungsurteil in aller Regel ohne mündliche Verhandlung ergehen (ÄktB 14:12). Das Gericht kann bestimmen, welcher der Ehegatten in der Ehewohnung verbleiben kann.[217]

209 *Beckmann* in: *Beckmann/Höglund*, Svensk familjerättspraxis, A III 6 f.
210 *Lundén* in: *Lundén/Molin*, Makar, juridiken kring äktenskap, S. 76.
211 Rieck/*Firsching*, S. 23.
212 *Lundén* in: *Lundén/Molin*, Makar, juridiken kring äktenskap, S. 16 f.
213 *Håkansson* in: Norstedts Juridiska Handbok, S. 661; *Lundén* in: *Lundén/Molin*, Makar, juridiken kring äktenskap, S. 75.; *Rother-Schirren*, S. 17.
214 Im Fall RH 1994:29 hatte der Ehemann zunächst dem gemeinsamen Antrag auf Ehescheidung zugestimmt, jedoch nach dem Urteil des Gerichts I. Instanz (*tingsrätt*) seine Zustimmung zurückgezogen und Berufung gegen das Urteil eingelegt. Das Oberlandesgericht hob das Scheidungsurteil auf und ordnete Überlegungszeiten an (*Agell*, Äktenskap, samboende, partnerskap, S. 42). So auch RH 1998:5, bei dem beide Ehegatten ihren gemeinsamen Ehescheidungsantrag ohne Bedenkzeit nach dem Urteil I. Instanz änderten. Auch hier wurde das Urteil aufgehoben und Bedenkzeit vom Oberlandesgericht angeordnet.
215 NJA 1930, S. 648; *Beckmann* in: *Beckmann/Höglund*, Svensk familjerättspraxis, A III 7; NJA 1952, S. 312; NJA 1997 C 67 und C 81.
216 *Beckmann* in: *Beckmann/Höglund*, Svensk familjerättspraxis, A III 8.
217 *Beckmann* in: *Beckmann/Höglund*, Svensk familjerättspraxis, A III 2.

Während mit der Rechtskraft des Scheidungsurteils die Ehe aufgelöst ist, gilt die **wirtschaft-**   126
liche Gemeinschaft der Eheleute schon mit dem Tag der Erhebung der Klage als aufgelöst
(z.B. hinsichtlich der Vertretung).[218]

IV. Verträge zwischen Ehegatten

Eheleute können – wie andere Leute auch – Verträge miteinander schließen. Die schwedi-   127
sche Rechtslehre[219] teilt die Verträge zwischen Eheleuten in solche über familienrechtliche
Verhältnisse und solche mit vermögensrechtlichem Charakter.

Bei den **familienrechtlichen** Verhältnissen ist die Vertragsfreiheit in starkem Maße durch   128
die gesetzlichen – oft zwingenden – Regeln beschränkt. Natürlich können die Eheleute
vereinbaren, dass sie an einem bestimmten Ort gemeinsam oder auch getrennt leben wollen,
auch, dass sie sich scheiden lassen wollen oder dass der eine den Haushalt führen soll, aber
alle diese Vereinbarungen können nicht mit rechtlichen Mitteln erzwungen werden.[220] Auch
Verträge, in denen ein Ehegatte verspricht, keine Ansprüche auf die spätere gemeinsame
Wohnung oder das Sorgerecht für die gemeinsamen Kinder zu erheben, sind nicht bindend.[221]

Bei den **vermögensrechtlichen** Vereinbarungen hat der Gesetzgeber dem Gedanken des   129
Gläubigerschutzes Rechnung getragen und besonders bei unentgeltlichen Verfügungen zu-
gunsten des Ehegatten, insbesondere bei Insolvenz eines Ehegatten, Regeln zum Schutze der
Gläubiger geschaffen. Die Gläubiger haben die Möglichkeit, eine Rechtshandlung zwischen
Ehegatten nach den Regeln der Anfechtung bei Konkursen anzufechten, wenn diese Transaktion zum Schaden der Gläubiger innerhalb einer bestimmten Frist vor der Insolvenzan-
meldung geschehen ist.[222] Die Anfechtungsfristen hängen vom Typ der Rechtshandlung ab.
Sie sind i.d.R. länger bei Rechtshandlungen mit Personen, die dem Schuldner nahe stehen,
also nicht nur Eheleuten.[223] Dies kann z.B. auch ein ehemaliger Ehegatte sein.[224] Die Anfechtungsfrist für Transaktionen mit „Nahestehenden" ist i.d.R. drei Jahre. Bei Rechtshandlungen mit Nahestehenden, die die Rechtswidrigkeit der Transaktion und die Zahlungsunfähig-
keit des Schuldners kannten, gilt überhaupt keine Anfechtungsfrist.[225] Bei entgeltlichen
Verfügungen gelten i.d.R. die allgemeinen Prinzipien des Schuld- und Sachenrechts.[226] Bei
beweglichem Eigentum (*lösören*) gilt der Eigentumsübergang mit der Übergabe als vollzogen. Dies kann bei einem Zusammenleben der Ehegatten oder Lebenspartner zu Beweisschwierigkeiten führen. **Grundstückskaufverträge** werden wie Verträge zwischen fremden
Personen behandelt.

---

218 *Lundén* in: *Lundén/Molin*, Makar, juridiken kring äktenskap, S. 77.
219 Siehe z.B. *Agell*, Äktenskap, samboende, partnerskap, S. 120.
220 *Agell*, Äktenskap, samboende, partnerskap, S. 121; *Lundén* in: *Lundén/Molin*, Makar, juridiken kring
     äktenskap, S. 49.
221 *Lundén* in: *Lundén/Molin*, Makar, juridiken kring äktenskap, S. 49 f.
222 Konkursgesetz 1987:672, 4. Kap.
223 *Agell*, Äktenskap, samboende, partnerskap, S. 122.
224 NJA 1998, S. 673.
225 Konkursgesetz 4. Kap. § 5.
226 *Agell*, Äktenskap, samboende, partnerskap, S. 122.

V. Ehevertrag (äktenskapsförord)

130 In einem Ehevertrag gemäß dem Ehegesetzbuch können die Eheleute bestimmen, ob bestimmtes Vermögen *„giftorättsgods"* oder Sondereigentum eines Ehegatten sein soll (ÄktB 7:3). Jedoch können die Eheleute nicht bestimmen, dass ein bestimmtes Gut, das einem Ehegatten durch Geschenk oder Testament zugefallen ist und in der Schenkungsurkunde oder dem Testament als Sondereigentum vermerkt ist, nunmehr *giftorättsgods* sein soll (ÄktB 10:4). Bedingungen, wann und unter welchen Umständen der Ehevertrag gelten soll, dürfen im Vertrag nicht enthalten sein.[227] Ein durch einen Ehevertrag somit nach ÄktB 10:4 zulässig zum Sondereigentum erklärtes Gut kann durch einen neuen Ehevertrag wieder in *giftorättsgods* umgewandelt werden und vice versa.[228] Im Ehevertrag kann vereinbart werden, dass das gesamte Vermögen *enskild egendom* der Partner sein soll, nicht aber, dass der eine Ehegatte einen größeren Anteil als 50 % am *giftorättsgods* hat und ferner kann auch nicht vereinbart werden, dass ein Ehegatte vom Erfordernis der Zustimmung des anderen Ehegatten, z.B. bei Grundstücksveräußerungen oder -belastungen (siehe Rdn 111), befreit sein soll.[229] Ebenso können die Eheleute im Ehevertrag nicht bestimmen, dass das Eigentum eines Ehegatten Eigentum des anderen sein soll.[230] Nicht zulässig ist es, in einem Ehevertrag zu bestimmen, dass ein Vermögensteil bei Ehescheidung als *enskild egendom*, bei der Teilung aufgrund eines Todes aber *giftorättsgods* sein soll.[231]

131 Der Ehevertrag kann **vor**, aber auch **nach der Eheschließung** geschlossen werden.[232] **Schriftform** ist erforderlich und der von beiden Ehegatten unterschriebene Vertrag muss bei *Skatteverket* eingereicht und dort **registriert** werden.[233] Er ist mit dem Tage der Einreichung bei *Skatteverket* wirksam, aber nur, wenn er anschließend registriert wird. Eine Beglaubigung ist seit dem Inkrafttreten des ÄktB nicht mehr erforderlich.[234] Ein Ehevertrag, der vor der Eheschließung geschlossen worden ist, gilt vom Tage der Eheschließung an, wenn er *Skatteverket* binnen eines Monats nach der Eheschließung eingereicht worden ist; sonst gilt er erst vom Tage der Einreichung an.[235] Der Antrag auf Registrierung soll gemeinsam erfolgen. Es reicht aus, wenn ein Ehegatte ihn einreicht. Dies darf jedoch nicht gegen den Willen des anderen Ehegatten geschehen.[236]

132 Ein **Minderjähriger** oder unter Betreuung Stehender kann einen Ehevertrag schließen, wenn sein Vormund bzw. Betreuer dem schriftlich zustimmt.[237] Die Genehmigung kann auch nachträglich erfolgen.[238]

---

227 *Lundén* in: *Lundén/Molin*, Makar, juridiken kring äktenskap, S. 56.

228 *Håkansson* in: Norstedts Juridiska Handbok, S. 654; *Lundén* in: *Lundén/Molin*, Makar, juridiken kring äktenskap, S. 27, 67 f.

229 *Håkansson* in: Norstedts Juridiska Handbok, S. 654; *Lundén* in: *Lundén/Molin*, Makar, juridiken kring äktenskap, S. 58.

230 *Lundén* in: *Lundén/Molin*, Makar, juridiken kring äktenskap, S. 56.

231 *Nyström*, Familjens Juridik, S. 33.

232 *Håkansson* in: Norstedts Juridiska Handbok, S. 654.

233 *Lundén* in: *Lundén/Molin*, Makar, juridiken kring äktenskap, S. 50, 53, 69; *Nyström*, Familjens Juridik, S. 26, 32.

234 *Lundén* in: *Lundén/Molin*, Makar, juridiken kring äktenskap, S. 53.

235 GB 8:12; Äkt 7:3 Abs. 3; *Håkansson* in: Norstedts Juridiska Handbok, S. 656; *Lundén* in: *Lundén/Molin*, Makar, juridiken kring äktenskap, S. 55.

236 NJA 1949:427; *Lundén* in: *Lundén/Molin*, Makar, juridiken kring äktenskap, S. 54; *Nyström*, Familjens Juridik, S. 32 f.

237 ÄktB 7:3 Abs. 2 im Wortlaut der SFS 1988:1254; *Håkansson* in: Norstedts Juridiska Handbok, S. 655; *Lundén* in: *Lundén/Molin*, Makar, juridiken kring äktenskap, S. 53.

238 NJA 1989, S. 692.

Es ist nicht mehr erforderlich, anders als noch gemäß dem GB, dass zwei unabhängige **Zeugen** die Unterschriften beglaubigen.[239] *Skatteverket* soll nur die formellen Voraussetzungen für die Registrierung prüfen.[240] „Es steht Skatteverket nicht an zu prüfen, welche Wirkung ein Ehevertrag hat; nur die formellen Voraussetzungen sollen geprüft werden." So wurde ein Ehevertrag registriert, in dem verzeichnet war, dass allein das deutsche Recht für das Güterrecht der Ehegatten gelten soll.[241] Das Eherechtsregister beim *Skatteverket* ist öffentlich.[242]

133

Ein Ehevertrag kann durch einen neuen Ehevertrag **geändert** oder auch ganz **aufgehoben** werden.[243] Ein Ehevertrag kann – falls seine Anwendung ein unbilliges (*oskäligt*) Ergebnis ergeben würde – ganz oder teilweise geändert werden.[244] Dies geschieht äußerst selten. Es gibt nur eine – und die ist Klagabweisend der HD (1993 S. 583).

134

Neben dem Ehevertrag können die Eheleute während der Ehe einen **Güteraufteilungsvertrag** (*bodelningsavtal*) abschließen. Er muss aber in zeitlich nahem Zusammenhang mit der Scheidung der Ehe stehen.[245]

135

Surrogate werden wieder Sondereigentum oder *giftorättsgods*. Dies gilt auch bei Zerstörung eines Gutes durch Feuer, Sturm etc., für das erhaltene Versicherungsgeld und die davon gekauften Gegenstände.[246] Wird jedoch ein im Sondereigentum stehender Gegenstand zerstört, ohne dass dafür ein Ersatz von Dritten gezahlt wird, muss hinsichtlich eines Ersatzgegenstands erneut in einem Ehevertrag bestimmt werden, dass das Gut Sondereigentum sein soll.[247] Das Einkommen aus einem Gut, das Sondereigentum ist, ist *giftorättsgods*, soweit dies nicht im Ehevertrag ausdrücklich zu Sondereigentum gemacht wird (Zinsen, Dividenden, Miete etc.).[248] Dagegen kann Einkommen aus *giftorättsgods* nicht zu Sondereigentum gemacht werden.[249]

VI. Behandlung von Geschenken

Die strengeren Formvorschriften des GB für Geschenke finden sich nicht mehr im Ehegesetzbuch. Jedoch muss jetzt ein Geschenk beim *Skatteverket* **registriert** werden (ÄktB 16:2, 1. Abs.),[250] wenn es Wirkung gegenüber Dritten haben soll.[251] Wird um die Registrierung eines Geschenks ersucht, das nicht in Schriftform geschenkt worden ist, muss der Antrag mit Beschreibung des Geschenks unterzeichnet von beiden Ehegatten bei *Skatteverket* eingereicht werden (ÄktB 16:2). Jedoch wird ein Geschenk im Verhältnis der Eheleute untereinander anerkannt, wenn die Partner alles beachtet haben, was auch zwischen Dritten bei einer Schenkung beachtet werden würde, also gemäß dem Gesetz über Geschenke (*gåvelagen*): bei **beweglichem Vermögen** durch Übergabe – soweit dies bei Eheleuten, die

136

---

239 *Agell*, Äktenskap, samboende, partnerskap, S. 124.
240 NJA 1997, S. 37.
241 NJA 1997, S. 37.
242 *Eriksson*, S. 86.
243 *Lundén* in: *Lundén/Molin*, Makar, juridiken kring äktenskap, S. 68.
244 *Rother-Schirren*, S. 26 f.; *Eriksson*, S. 42 und S. 87 f.
245 *Lundén* in: *Lundén/Molin*, Makar, juridiken kring äktenskap, S. 50.; *Eriksson*, S. 86 f.
246 *Lundén* in: *Lundén/Molin*, Makar, juridiken kring äktenskap, S. 58.
247 *Lundén* in: *Lundén/Molin*, Makar, juridiken kring äktenskap, S. 60 f.
248 *Lundén* in: *Lundén/Molin*, Makar, juridiken kring äktenskap, S. 61 f.
249 *Lundén* in: *Lundén/Molin*, Makar, juridiken kring äktenskap, S. 68.
250 *Håkansson* in: Norstedts Juridiska Handbok, S. 656; *Nyström*, Familjens Juridik, S. 40 f.
251 *Agell*, Äktenskap, samboende, partnerskap, S. 128.

zusammenleben – nachweisbar ist.[252] Sicher vor ihren Gläubigern sind die Eheleute nur, wenn sie das Geschenk registrieren lassen (ÄktB 8:1, 2. Abs.).[253] Auch die Schenkung eines **Grundstückes** unter Eheleuten muss – wenn die Schenkung Wirkung gegenüber den Gläubigern des schenkenden Ehegatten haben soll – registriert werden (ÄktB 8:1 Abs. 2). Die Registrierung muss vor der Umschreibung (*lagfart*) erfolgen.[254]

137   Als Geschenk wird nicht nur die Leistung ohne Gegenleistung angesehen, sondern auch eine Leistung, bei der die **Gegenleistung so gering** ist, dass die Leistung einen geschenkartigen Charakter hat.[255] Die Einsetzung eines Ehegatten als Berechtigten in eine **Lebensversicherung** gilt nicht als Geschenk, sondern als Vermächtnis, soweit die Einsetzung widerruflich ist.[256] Ist die Einsetzung unwiderruflich, gilt sie als Geschenk und muss zum Register angemeldet werden, wenn sie Wirkung gegenüber Gläubigern des Einsetzenden haben soll. Die Eintragung wird mit dem Tag des Eingangs des Antrags auf Registrierung beim Gericht wirksam (ÄktB 16:4).

138   Ein Versprechen, etwas dem Ehegatten zu schenken, ist nicht bindend (ÄktB 8:2),[257] selbst wenn das **Geschenkversprechen** registriert worden ist.[258]

139   Das registrierte Geschenk soll entsprechend einem Geschenk durch registrierten Ehevertrag in der *„Post-och Inrikes Tidningar"* und in einer Zeitung **veröffentlicht** werden (ÄktB 16:3 Abs. 2). Sollten die Eheleute an verschiedenen Orten wohnen, soll die Veröffentlichung am Ort des Schenkenden erfolgen (Lag 1991:792). Sollte dies versäumt werden, hat dies keine Auswirkungen auf die Rechtswirksamkeit (ÄktB 8:1 Abs. 2). Enthalten Gesetze besondere Bestimmungen über die Wirksamkeit einer Rechtshandlung gegenüber Gläubigern, so müssen diese – bei Geschenken unter Ehegatten – neben der Registrierung erfüllt werden.[259]

140   **Nicht registriert** werden müssen Geschenke, „die ein persönliches Geschenk sind, dessen Wert nicht unverhältnismäßig zu den wirtschaftlichen Verhältnissen des Gebers steht" (ÄktB 8:1 Abs. 2). Die Beweislast gegenüber Gläubigern obliegt dem empfangenden Ehegatten.[260] Die im GB 8:4 noch vorhandene ausdrückliche Beweisregel ist allerdings nicht mehr im ÄktB vorhanden, so dass die ältere Rspr. nur bedingt herangezogen werden kann.[261] Aber auch bei registrierten Geschenken ist der empfangende Ehegatte nicht ganz sicher gegenüber Gläubigern des anderen Ehegatten. Kann der schenkende Ehegatte eine Schuld gegenüber einem Gläubiger nicht bezahlen, so kann der Gläubiger den Beschenkten bezüglich der Herausgabe des Geschenks in Anspruch nehmen, es sei denn, der beschenkte Ehegatte kann nachweisen, dass im Zeitpunkt der Schenkung der schenkende Ehegatte die Schuld hätte begleichen können (ÄktB 8:3).[262]

---

252 Siehe dazu NJA 1962, S. 669.
253 *Agell*, Äktenskap, samboende, partnerskap, S. 128; *Håkansson* in: Norstedts Juridiska Handbok, S. 655.
254 Prop. 1986/87:1, S. 74 ff. und 302 ff. lagrådet; *Agell*, Äktenskap, samboende, partnerskap, S. 128.; *Eriksson* S. 89.
255 *Håkansson* in: Norstedts Juridiska Handbok, S. 655, *Eriksson*, S. 89.
256 FAL, 102.
257 *Håkansson* in: Norstedts Juridiska Handbok, S. 655, *Eriksson*, S. 89
258 Prop. 1986/87:1, S. 296 ff. und 387.
259 *Agell*, Äktenskap, samboende, partnerskap, S. 129; z.B. § 2 im Gesetz von 1936 lag angående vissa utfästelser av gåva, betreffend die Registrierung von Aktienüberlassungen.
260 *Agell*, Äktenskap, samboende, partnerskap, S. 129 f.
261 Z.B. NJA 1972, S. 347.
262 *Håkansson* in: Norstedts Juridiska Handbok, S. 655; *Lundén* in: *Lundén/Molin*, Makar, juridiken kring äktenskap, S. 85.

VII. Vermögensaufteilung nach der Scheidung

Die Folge der Scheidung ist in aller Regel die **Aufteilung** der Güter. Ist aufgrund eines   141
Ehevertrages alles Vermögen Sondereigentum, so findet eine Aufteilung nicht statt (ÄktB
9:1). In den anderen Fällen wird das *giftorättsgods* zusammengelegt – nach Abzug der
jeweiligen eventuellen persönlichen Schulden – und hälftig geteilt.[263] Übersteigt der Anteil
des *nettogiftorättsgods*, den ein Ehegatte hat, den Anteil des anderen, so muss er den
Unterschied mit Geld oder Sachwerten ausgleichen.[264] Soweit erforderlich, sollen durch die
Eheleute das Vermögen eines jeden Ehegatten und seine Schulden in einem Verzeichnis
aufgenommen werden (*bouppteckning*), und zwar bis zum Zeitpunkt des Antrags auf Scheidung (ÄktB 9:7).[265] Die Eheleute sind verpflichtet, dem jeweils anderen Auskunft über
alle für die Errichtung der Vermögensverzeichnisses relevanten Auskünfte zu geben.[266]
Befürchtet ein Ehegatte, dass der andere, nachdem der Antrag auf Scheidung gestellt wurde,
sein Vermögen vermindert, kann er beim *tingsrätt* beantragen, dass das Vermögen des
anderen unter „besondere Verwaltung" gestellt wird (9:8 ÄktB), bis die Teilung vollzogen
ist. Die Mitwirkung eines Dritten (Person oder Behörde) ist nicht erforderlich. Das **Vermögensverzeichnis** ist von beiden Eheleuten zu unterzeichnen. Das Verzeichnis kann aber
noch nicht beim *Skatteverket* registriert werden. Können sich die Partner nicht über den
Wert eines Vermögensgegenstandes einigen, so ist in der Regel der Marktwert am Tag
der Aufstellung des Vermögensverzeichnisses, festgestellt durch einen Sachverständigen,
zugrunde zu legen. Die Bewertung hat zeitnah von der Gütertrennung zu erfolgen.[267]
Übersteigen die Schulden eines Ehegatten seinen Anteil am *giftorättsgods*, wird sein Anteil
auf Null gesetzt.[268] Hat ein Ehegatte in den letzten drei Jahren vor der Erhebung der
Scheidungsklage ohne Zustimmung des anderen in „nicht unbedeutendem Umfang" sein
giftorättsgods vermindert oder es dazu verwendet, sein Sondereigentum zu vergrößern, so
soll der Anteil bei der Güteraufteilung so berechnet werden, als ob diese Minderung nicht
stattgefunden hätte (ÄktB 11:4). Soweit Verbindlichkeiten bestehen, die mit dem Sondereigentum eines Ehegatten zusammenhängen – auch z.B. aufgrund von Reparaturen am
Sondereigentum (ÄktB 11:2) –, so sind diese aus dem Sondereigentum zu bezahlen. Im
Rahmen der Vermögensteilung können die Eheleute vereinbaren, dass bestimmtes Sondereigentum und auch persönliche Rechte in die Vermögensteilung einbezogen werden. Dies
bezieht sich auf Sondereigentum, das durch Ehevertrag Sondereigentum geworden ist
(ÄktB 10:4).[269] Nicht in das zu verteilende Vermögen fällt das Gut, das nach Einreichung
der Scheidung von einem der Ehegatten erworben wird (ÄktB 9:2).[270] Zu beachten ist, dass
auch **Pensionen, Renten** und Beträge aus Pensionsansparungen (*pensionssparande*) in die
zu teilende Masse fallen.[271] Hiervon gibt es Ausnahmen.[272] Allerdings ist dies nicht mehr
der Fall nach dem 1.1.2006 (Gesetz 2005:107). Bei der Güteraufteilung aufgrund einer
Scheidung sind die **Dauer der Ehe**, die **wirtschaftlichen Verhältnisse** der Eheleute und die
„übrigen Umstände" zu beachten. Ist es als ungerecht anzusehen, dass ein Ehegatte Eigentum an den anderen übergeben soll, so soll der erstgenannte Ehegatte mehr von seinem

---

263 *Håkansson* in: Norstedts Juridiska Handbok, S. 657.
264 *Lundén* in: *Lundén/Molin*, Makar, juridiken kring äktenskap, S. 85.
265 *Lundén* in: *Lundén/Molin*, Makar, juridiken kring äktenskap, S. 84.
266 *Eriksson*, S. 50 und 9:3 ÄktB; *Rother-Schirren*, S. 33; Kap. 13 § 6 ÄktB.
267 *Eriksson*, S. 50; *Rother-Schirren*, S. 38.
268 *Lundén* in: *Lundén/Molin*, Makar, juridiken kring äktenskap, S. 85.
269 *Håkansson* in: Norstedts Juridiska Handbok, S. 657.
270 *Håkansson* in: Norstedts Juridiska Handbok, S. 661.
271 Seit 1.1.1999.
272 Siehe dazu *Håkansson* in: Norstedts Juridiska Handbok, S. 661.

Johansson

giftorättsgods behalten. Ist ein Insolvenzverfahren über das Vermögen eines Ehegatten eröffnet oder gibt es andere besondere Gründe, das *giftorättsgods* nicht zu teilen, soll jeder Ehegatte sein *giftorättsgods* behalten (ÄktB 12:1, Abs. 1).[273] Hinsichtlich der bisherigen Ehewohnung entscheidet – falls die Ehegatten sich nicht einigen können – der *tingsrätt*, wer berechtigt ist in der Ehewohnung zu bleiben (ÄktB 14:5). Der Berechtigte darf auch den Hausrat des anderen weiterverwenden, wenn das Gericht nicht etwas anderes entscheidet.[274] Ist das Verzeichnis erstellt, so sollen die Ehegatten oder einer von Ihnen das Verzeichnis beim *Skatteverket* zur Registrierung einreichen (ÄktB 13:6 u. 16:2). *Skatteverket* vermerkt das Verzeichnis in dem für ganz Schweden geführten Eheregister (*Äktenskapsregistret*). Können sich die Ehegatten bei der Gütertrennung (*bodelning*) nicht einigen, kann jeder von ihnen beim Gericht beantragen, dass ein „*bodelningsförrättare*" bestellt wird (ÄktB 17:1). Dieser hat die Aufgabe, ein Vermögensverzeichnis zu erstellen und eine gütliche Einigung herbeizuführen. Er kann einen Beschluss fassen, wie die Unterteilung sein soll. Gegen diesen Beschluss kann ein damit unzufriedener Ehegatte vor dem *tingsrätt* klagen (ÄktB 17:8).[275] Die Kosten des *bodelningsförrättare* tragen in der Regel die Parteien zur Hälfte.

VIII.   Sambolag (2003:376)

142   „*Sambos*" sind „zwei Personen, die dauerhaft in einem Paarverhältnis zusammenwohnen und einen gemeinsamen Haushalt haben" (SbL § 1 Abs. 1). Der frühere Begriff „eheähnliches Verhältnis" ist in diesem Gesetz[276] nicht mehr verwendet, damit sowohl heterosexuelle als auch homosexuelle Paare vom Gesetz umfasst werden können.[277] Soweit noch in anderen gesetzlichen Bestimmungen von „eheähnlichen Verhältnissen" gesprochen wird, soll für diese die Definition des SbL § 1 Abs. 1 gelten (SbL § 1 Abs. 2). Im Steuer- und Sozialrecht wurde schon seit Jahrzehnten danach gestrebt, *sambos* wie Eheleute zu behandeln.[278] Ein *sambo* kann nur eine Person sein, die nicht verheiratet ist. Das Zusammenleben soll „dauerhaft" sein. Eine Legaldefinition gibt es dazu nicht, jedoch wird in den Gesetzesmaterialien von **mindestens sechs Monaten** gesprochen.[279] Mit einem „Partnerschaftsverhältnis" wird regelmäßig auch eine sexuelle Verbindung anzunehmen sein.[280] Der gemeinsame Haushalt setzt „eine Zusammenarbeit in den täglichen Geschäften (*göromål*) sowie eine in gewisser Weise wirtschaftliche Zusammenarbeit" voraus.[281] Haben zwei Personen gemeinsame Kinder oder sind sie unter der gleichen Anschrift gemeldet (*folkbokföringen*), wird die Sambo-Eigenschaft **vermutet**. Ist einer der Partner unter einer anderen Anschrift gemeldet, muss eine Beurteilung der Gesamtsituation vorgenommen werden, ob ein Sambo-Verhältnis vorliegt. Dabei können für ein Sambo-Verhältnis sprechen: gemeinsames Testament, gemeinsame Bankkonten.[282]

143   Im Gegensatz zu Eheleuten haben *sambos* **keine gegenseitige Unterhaltspflicht**. 1973 wurde durch das Gesetz über das gemeinsame Heim nicht Verheirateter, die zusammenwoh-

---

273 *Lundén* in: *Lundén/Molin*, Makar, juridiken kring äktenskap, S. 52.; *Eriksson* S. 45
274 *Eriksson*, S. 51.
275 *Rother-Schirren*, S. 45; *Eriksson*, S. 51 f.
276 Gesetz 2003:376.
277 So *Agell*, Äktenskap, samboende, partnerskap, S. 227.
278 So *Agell*, Äktenskap, samboende, partnerskap, S. 229 mit Nachweisen aus dem Sozial- und Steuerrecht.
279 *Agell*, Äktenskap, samboende, partnerskap, S. 244; *Rother-Schirren* S. 49.
280 So *Agell*, Äktenskap, samboende, partnerskap, S. 244.
281 Prop. 2002/03–80, S. 28; *Nyström*, Familjens Juridik, S. 55.
282 *Rother-Schirren*, S. 49.

nen,[283] erstmals für einen *sambo* nach Ende des Zusammenlebens das Recht begründet, die Wohnung des Partners zu übernehmen, falls Bedarf besteht, besonders unter Berücksichtigung von Kindern. Dies betraf sowohl Mietverträge als auch *bostadsrätt*, die dem anderen Partner gehörten. Im Gesetz von 1987 über das gemeinsame Heim von Zusammenlebenden[284] wurden diese Rechte erweitert. Ein Recht auf Teilung des Wertes der Wohnung (*bostad*) und des Hausrats (*bohag*) wurde eingeführt, soweit diese für die gemeinsame Anwendung erworben wurden. Im Sambo-Gesetz[285] sind diese Rechte erweitert und verdeutlicht.[286] Ist die Wohnung *enskild egendom*, so verbleibt sie beim Eigentümer. Die Eigenschaft einer Immobilie als *samboegendom* kann auf Antrag im Grundbuch registriert werden. Das Sambo-Gesetz von 2003 gilt auch für **homosexuelle Partnerschaften**.[287] Mit dem unterdessen aufgehobenen Gesetz von 1994 über die eingetragene Partnerschaft wurde die Möglichkeit für gleichgeschlechtliche Paare eröffnet, sich registrieren zu lassen.[288] Eine **registrierte Partnerschaft** führt grundsätzlich dieselben Rechtswirkungen mit sich wie eine Ehe.[289]

Aber für *sambos* gelten **nicht** die Bestimmungen über *giftorätt*, **Unterhaltspflichten**[290] und   144
das **Erbrecht**.[291] Ferner können sie nicht einen gemeinsamen **Nachnamen** wählen. Jedoch können sie beantragen, dass sie den Namen des einen Partners als gemeinsamen Nachnamen tragen dürfen.[292] Die Entscheidung darüber trifft die Patent- und Registerbehörde nach den im Namensgesetz vorgesehenen Bestimmungen über den Namenswechsel. Für einen solchen Namenswechsel werden wichtige Gründe gefordert (Namensgesetz §§ 11, 14 Abs. 2). Als solch wichtiger Grund wurde z.B. angesehen, dass ein verheirateter ausländischer Staatsbürger zwar schon lange in Schweden mit seiner schwedischen Partnerin lebt, aber die Scheidung aus Gründen seines Heimatlandes nicht erhalten kann.

Das Gesetz hat den Begriff „**Sambo-Eigentum**" geschaffen. Dieser wird definiert mit der   145
Wohnung (*bostad*) und dem Hausrat (*bohag*), die bzw. der für die gemeinsame Verwendung bestimmt sind (SLG § 3). Die *Sambos* können in einer von beiden unterzeichneten Erklärung dem Grundbuchamt (*inskrivningsmyndigheten*) mitteilen, dass das Hausgrundstück, das nur einem von ihnen gehört, nunmehr gemeinsame Wohnung ist (§ 5 Abs. 2 SLG) Damit darf der Eigentümer nicht mehr frei verfügen.[293] Trennen sich die *Sambos*, so ist bei der Teilung nur der Wert der gemeinsamen Wohnung, soweit diese während des gemeinsamen Lebens erworben wurde, und der in dieser Zeit erworbene Hausrat zu teilen.[294] Es gelten für das *Sambo*-Eigentum Verfügungsbeschränkungen. Ein *Sambo* kann nicht ohne Zustimmung des anderen die Wohnung vermieten oder bei *Bostadsrätt* belasten. Dies kann dazu führen, dass der Wert des Eigentums – unabhängig davon, wer Eigentümer ist – bei

---

283 Lag 1973:651 om ogifta samboendes gemensama hem.
284 Lag 1987:32 om sambos gemensama hem.
285 Sambolag 2003:376.
286 *Agell*, Äktenskap, samboende, partnerskap, S. 226.
287 *Agell*, Äktenskap, samboende, partnerskap, S. 227.
288 1994:1117 om registrerat partnerskap.
289 So *Agell*, Äktenskap, samboende, partnerskap, S. 227.
290 Soweit nicht aus anderen Gründen eine Unterhaltspflicht vorliegt, wie z.B. nach FB 7:5, nach dem auch eine Unterhaltspflicht für das Kind des *sambo* besteht, wenn das Paar auch gemeinsame Kinder hat.
291 *Nyström*, Familjens Juridik, S. 53 f.
292 *Agell*, Äktenskap, samboende, partnerskap, S. 239.
293 *Eriksson*, S. 55
294 *Eriksson*, S. 56.

Johansson

Beendigung des Zusammenlebens geteilt wird.[295] Aber auch eine Wohnung oder Hausrat, die oder der nicht zum gemeinsamen Gebrauch erworben ist, kann dem anderen Partner, der nicht Eigentümer ist, zugesprochen werden, wenn hierfür ein besonderer Bedarf besteht.

146   Das Gesetz sieht folgende Fälle für das **Beenden des Zusammenlebens** vor:
      – Beide oder einer der Partner heiratet oder geht eine registrierte Partnerschaft ein;
      – sie trennen sich;
      – einer der Partner stirbt.

Als räumliche Trennung wird nicht angesehen, wenn eine Partei länger oder sogar dauerhaft in ein Krankenhaus oder Pflegeheim kommt.[296] Andererseits kann die Trennung auch als vollzogen angesehen werden, wenn ein *sambo* den Antrag bei Gericht stellt, einen Gütertei-lungsmann (*bodelningsförrättare*) gem. SLG § 28 zu ernennen, oder beantragt, in der ge-meinsamen Wohnung bleiben zu dürfen, bis die Teilung erfolgt ist, und schließlich, wenn er Klage auf Übertragung der Wohnung von dem anderen Partner auf sich einreicht (SLG § 2 Abs. 2 und § 22). Der Antrag muss binnen eines Jahres seit Ende des Sambo-Verhältnisses gestellt werden.[297] (§ 8 SLG)

IX. Registrierte Partnerschaft

147   Die registrierte Partnerschaft ist durch das Gesetz 1994:1117 (ÄktP) eingeführt und durch Gesetz vom 1.5.2009 aufgehoben worden.[298] Es gilt aber immer noch für bereits registrierte Partnerschaften. Zwei Personen desselben Geschlechts können ihre **Partnerschaft regist-rieren** lassen (ÄktP 1:1). Eine sexuelle Bindung aneinander – wie beim *sambolagen* – ist nicht erforderlich.[299] Weitgehend gelten dieselben Bestimmungen für die Registrierung der Partnerschaft wie die für die Eingehung der Ehe (ÄktP 1:7),[300] z.B. dürfen die Partner
      – nicht unter 18 Jahren sein;
      – nicht miteinander in auf- oder absteigender Linie verwandt sein;
      – nicht Vollgeschwister sein (ÄktP 1:3);
      – nicht verheiratet oder schon registrierte Partner sein.

148   **Befreiung** von diesen Hindernissen – wie bei der Ehe – ist nicht möglich.[301] Bei Halbge-schwistern kann eine Registrierung nur nach Erlaubnis der Regierung oder einer von ihr bevollmächtigten Behörde erfolgen. Die Hindernisse werden von der örtlichen Steuerbe-hörde **geprüft**, und zwar auf die gleiche Weise wie bei der Eheschließung. Die **Anträge** können bei einer beliebigen Steuerbehörde oder einer Versicherungskasse (*försäkringskas-san*) eingereicht werden.[302] Bei der Registrierung sollen beide Parteien anwesend sein und auf die Frage des Behördenvertreters ihre Zustimmung zur Registrierung erklären. Danach erklärt der die Registrierung Vornehmende die Registrierung. Bei dieser sollen Zeugen anwesend sein (ÄktP 1:6). Zur Registrierung berechtigt sind ein „gesetzeserfahrener Rich-ter" (*lagfaren doman*) am Amtsgericht (*tingsrätt*) oder derjenige, der vom *länsstyrelsen*

---

295 *Agell*, Äktenskap, samboende, partnerskap, S. 242.
296 NJA 1994, S. 61; RH 1997, S. 98.
297 *Nyström*, Familjens Juridik, S. 59; *Rother-Schirren*, S. 50.
298 Lag om registrerat partnerskap, 994:1117.
299 *Lundén* in: *Lundén/Molin*, Makar, juridiken kring äktenskap, S. 10.
300 *Håkansson* in: Norstedts Juridiska Handbok, S. 665.
301 *Håkansson* in: Norstedts Juridiska Handbok, S. 665; *Lundén* in: *Lundén/Molin*, Makar, juridiken kring äktenskap, S. 16, RÅ 1988, Ref. 100.
302 *Håkansson* in: Norstedts Juridiska Handbok, S. 665.

Johansson

dafür bestellt ist. Auch die Regeln für eine endgültige Registrierung entsprechen denen der Eheschließung.[303]

Die **Wirkungen** der registrierten Partnerschaft entsprechen hinsichtlich   149
- des Eigentums,
- der Verbindlichkeiten,
- der Güteraufteilung,
- des Erbrechts,

denen der Ehe. Nach dem Gesetz 2005:447 dürfen die Partner jetzt auch gemeinsam ein Kind adoptieren.[304] Das Gesetz über Insemination (1984:1140) und das Gesetz über Befruchtung außerhalb des Körpers (1988:711) gelten nicht für registrierte Partner. Bestimmungen, die für Eheleute gelten und bei denen eine Sonderbehandlung eines Partners aufgrund seines Geschlechts vorgesehen ist, gelten nicht für registrierte Partner (ÄktP 3:3).[305]

Die **Auflösung** einer registrierten Partnerschaft erfolgt durch   150
- den Tod eines Partners,
- durch Gerichtsbeschluss über die Auflösung der Partnerschaft.

Die Regeln über die Scheidung einer Ehe sind entsprechend anzuwenden.[306] Anzumerken ist, dass ein registrierter Partner, der trotz bestehender Partnerschaft eine Ehe eingeht, wegen „ungesetzlichen Eingehens einer Ehe" zu Geldbußen oder Gefängnis bis zu zwei Jahren verurteilt werden kann (*brottsbalken* 7:1).

Seit dem 1.5.2009 können **gleichgeschlechtliche Paar** die Ehe eingehen und auch ihre   151
registrierte Partnerschaft in eine Ehe umwandeln. Eine Ehehindernisprüfung ist dabei nicht erforderlich. Die Partner können sich trauen lassen, sie können aber auch einen gemeinsamen Antrag auf Anerkennung der Ehe bei der zuständigen Steuerbehörde stellen.[307]

---

303 *Håkansson* in: Norstedts Juridiska Handbok, S. 666.
304 *Lundén* in: *Lundén/Molin*, Makar, juridiken kring äktenskap, S. 11.
305 *Håkansson* in: Norstedts Juridiska Handbok, S. 666.
306 *Håkansson* in: Norstedts Juridiska Handbok, S. 666.
307 *Nyström*, Familjens Juridik, S. 23.

Schweiz

Prof. Dr. iur. Stephan Wolf, Fürsprecher und Notar, Ordinarius für Privatrecht sowie Notariatsrecht an der Universität Bern
MLaw Nathalie Brefin, Wissenschaftliche Assistentin am Zivilistischen Seminar der Universität Bern

Literatur

Aebi-Müller, Die optimale Begünstigung des überlebenden Ehegatten – Güter-, erb-, obligationen- und versicherungsrechtliche Vorkehren, unter Berücksichtigung des Steuerrechts, 2. Aufl., Diss. Bern 2007; *Büchler* (Hrsg.), FamKommentar, Eingetragene Partnerschaft, Bern 2007; *Girsberger/Heini/ Keller/Kren Kostkiewicz/Siehr/Vischer/Volken*, Zürcher Kommentar zum IPRG, 2. Aufl., Zürich, Basel, Genf 2004; *Haussheer/Geiser/Aebi-Müller*, Das Familienrecht des Schweizerischen Zivilgesetzbuches, 5. Aufl., Bern 2014; *Haussheer/Reusser/Geiser*, Berner Kommentar zu Art. 159–180 ZGB, Bd. II, 1. Abteilung, 2. Teilband, 2. Aufl., Bern 1999; *Haussheer/Reusser/Geiser*, Berner Kommentar zu Art. 181–220 ZGB, Bd. II, 1. Abteilung, 3. Teilband, 1. Unterteilband, Bern 1992; *Haussheer/Reusser/ Geiser*, Berner Kommentar zu Art. 221–251 ZGB, Bd. II, 1. Abteilung, 3. Teilband, 2. Unterteilband, 2. Aufl., Bern 1996; *Haussheer/Spycher/Brunner/Gloor/Bähler/Kieser*, Handbuch des Unterhalts- rechts, 2. Aufl., Bern 2010; *Haussheer/Spycher*, Unterhalt nach neuem Scheidungsrecht, Ergänzungs- band zum Handbuch des Unterhaltsrechts, Bern 2001; *Hofer/Henrich/Schwab* (Hrsg.), Scheidung und nacheheliche Unterhalt im europäischen Vergleich, Bielefeld 2003; *Honsell/Vogt/Geiser*, Basler Kommentar zum Schweizerischen Privatrecht, Zivilgesetzbuch I, Art. 1–456 ZGB, 5. Aufl., Basel 2014; *Honsell/Vogt/Schnyder/Berti* (Hrsg.) Basler Kommentar zum Internationalen Privatrecht, 3. Aufl., Basel 2013; *Kren Kostkiewicz/Nobel/Schwander/Wolf* (Hrsg.), ZGB Kommentar, Schweizerisches Zivilgesetzbuch, 2. Aufl., Zürich 2011; *Locher/Gächter*, Grundriss des Sozialversicherungsrechts, 4. Aufl., Bern 2014; *Pulver*, Unverheiratete Paare, aktuelle Rechtslage und Reformvorschläge, Basel, Genf, München 2000; *Schwenzer*, Familienrechtskommentar Scheidung, 2. Aufl., Bern 2011; *Siehr*, Das Internationale Privatrecht der Schweiz, Zürich 2002; *Spühler/Tenchio/Infanger* (Hrsg.), Basler Kommentar zur Schweizerischen Zivilprozessordnung, 2. Aufl., Basel 2013; *Süß* (Hrsg.), Erbrecht in Europa, 3. Aufl., Bonn, Basel 2015; *Sutter-Somm/Hasenböhler/Leuenberger* (Hrsg.), Kommentar zur Schweizerischen Zivilprozessordnung (ZPO), 3. Aufl., Zürich, Basel, Genf 2016; *Wolf* (Hrsg.), Das Bundesgesetz über die eingetragene Partnerschaft gleichgeschlechtlicher Paare, INR Band 3, Bern 2006; *Wolf* (Hrsg.), Gemeinschaftliches Eigentum unter Ehegatten, eingetragenen Partnern und nicht- ehelichen Lebenspartnern – EU-Erbrechtsverordnung, Bern 2015; *Wolf* (Hrsg.), Güter- und erbrecht- liche Fragen zur einfachen Gesellschaft und zum bäuerlichen Bodenrecht, Bern 2005.

Abkürzungsverzeichnis

AB Amtliches Bulletin; abrufbar auf der Website des Schweizerischen Parlaments unter: www. parlament.ch

AHVG Bundesgesetz über die Alters- und Hinterlassenenversicherung (SR 831.10)

AHVV Verordnung über die Alters- und Hinterlassenenversicherung (SR 831.101)

ATSG Bundesgesetz über den Allgemeinen Teil des Sozialversicherungsrechts (SR 830.1)

AuG Bundesgesetz über die Ausländerinnen und Ausländer (Ausländergesetz [SR 142.20])

BBl Bundesblatt der Schweizerischen Eidgenossenschaft

BGE Entscheidungen des Schweizerischen Bundesgerichts, Amtliche Sammlung; www.bger.ch (ab dem Jahr 2000 sind auch die nicht veröffentlichten Urteile durch Eingabe der Dossiernummer [z.B. 5C.296/2001] auf der Website abrufbar)

BGer Schweizerisches Bundesgericht

BGFA Bundesgesetz über die Freizügigkeit der Anwältinnen und Anwälte (SR 935.61)

BSG Bernische Systematische Gesetzessammlung

BüG Bundesgesetz über Erwerb und Verlust des Schweizer Bürgerrechts (SR 141.0)

BV Bundesverfassung der Schweizerischen Eidgenossenschaft (SR 101)

BVG Bundesgesetz über die berufliche Alters-, Hinterlassenen- und Invalidenvorsorge (SR 831.40)

DBG Bundesgesetz über die direkte Bundessteuer (SR 642.11)

FMedG Bundesgesetz über die medizinisch unterstützte Fortpflanzung (SR 810.11)

FZG Bundesgesetz über die Freizügigkeit in der beruflichen Alters-, Hinterlassenen- und Invalidenvorsorge (SR 831.42)

FZV Verordnung über die Freizügigkeit in der beruflichen Alters-, Hinterlassenen- und Invalidenvorsorge (Freizügigkeitsverordnung [SR 831.425])

IPRG Bundesgesetz über das Internationale Privatrecht (SR 291)

MVG Bundesgesetz über die Militärversicherung (SR 833.1)

OR Bundesgesetz betreffend die Ergänzung des Schweizerischen Zivilgesetzbuches (Fünfter Teil: Obligationenrecht [SR 220])

PartG Bundesgesetz über die eingetragene Partnerschaft gleichgeschlechtlicher Paare (Partnerschaftsgesetz [SR 211.231])

SchlT Schlusstitel

SJZ Schweizerische Juristen-Zeitung

STHG Bundesgesetz über die Harmonisierung der direkten Steuern der Kantone und Gemeinden (SR 642.14)

TREX Der Treuhandexperte (Zeitschrift)

UVG Bundesgesetz über die Unfallversicherung (SR 832.20)

UVV Verordnung über die Unfallversicherung (SR 832.202)

ZBGR Schweizerische Zeitschrift für Beurkundungs- und Grundbuchrecht

ZGB Schweizerisches Zivilgesetzbuch (SR 210)

ZPO Schweizerische Zivilprozessordnung (Zivilprozessordnung [SR 272])

ZStV Zivilstandsverordnung (SR 211.112.2)

Rechtsquellen im Internet

Sämtliche Gesetze und Staatsverträge können über die Internetadresse www.admin.ch/ch/d/sr/sr durch Eingabe der SR-Nummer oder der Gesetzesabkürzung im Volltext abgerufen werden. Das Bundesblatt ist ab 1999 über www.admin.ch/ch/d/ff/index abrufbar.

Hinweis

Die an den Vorauflagen beteiligten Autorinnen Dr. Isabelle Berger-Steiner, Rechtsanwältin, und Deborah Schmuki, Rechtsanwältin, haben auf eine Mitwirkung an der 3. Auflage verzichtet.

A. Eheschließung

I. Materielle Voraussetzungen

1. Obligatorische Ziviltrauung

In der Schweiz kann eine zivilrechtlich wirksame Ehe[1] nur vor dem **Standesamt** geschlossen   1
werden. Die Ausschließlichkeit der **Ziviltrauung** steht einer religiösen Eheschließung aber

---

1 Im Jahr 2014 waren bei einem Total von 41.891 Heiraten 15.060 Eheschließungen zwischen einem/r Schweizer/in und einem/r Ausländer/in und 6.437 Eheschließungen zwischen ausländischen Staatsangehörigen zu verzeichnen (Statistisches Lexikon der Schweiz, Tabelle 1.2.2.2.2.2).

nur insofern entgegen, als eine solche nicht vor der Ziviltrauung durchgeführt werden darf (Art. 97 Abs. 3 ZGB).

2. Verlöbnis

2 Der Eheschließung geht das **Verlöbnis** voraus. Die h.L. unterscheidet – in Übereinstimmung mit Wortlaut und Norminhalt von Art. 90 und 91 ZGB – zwischen der Verlobung als dem formfreien, durch das gegenseitige Eheversprechen zustande kommenden Vertrag und dem Verlöbnis als dem dadurch begründeten familienrechtlichen Status.[2] Unter Vorbehalt seiner Auflösung durch Tod besteht das Verlöbnis so lange, als der Konsens der Verlobten, miteinander eine Ehe eingehen zu wollen, aufrecht bleibt. Aus dem Verlöbnis entsteht kein klagbarer Anspruch auf Eingehung der Ehe (Art. 90 Abs. 3 ZGB, Naturalobligation). Die Nichterfüllung der Hauptleistungspflicht begründet aber den gegenseitigen Anspruch auf Rückerstattung der Geschenke (Art. 91 ZGB) sowie unter bestimmten Voraussetzungen den Anspruch des verletzten Partners auf Schadensersatz (Art. 92 ZGB). Eine Genugtuung (Art. 49 OR) ist nur dann geschuldet, wenn die Umstände des Verlöbnisbruches eine schwere Persönlichkeitsverletzung i.S.v. Art. 28 ZGB darstellen. Verlobte sind einander „nahe verbundene Personen" bzw. „Angehörige" i.S.v. diversen Bestimmungen des ZGB und des OR. Wird das Verlöbnis durch Tod aufgelöst, hätte eine Heirat ohne dieses Ereignis aber sehr wahrscheinlich stattgefunden, wird den Verlobten bei gegebenen Voraussetzungen zudem die Versorgereigenschaft gem. Art. 45 Abs. 3 OR zuerkannt.[3]

3. Persönliche Voraussetzungen

a) Ehefähigkeit

3 Die Ehe kann nur eingehen, wer das 18. Lebensjahr vollendet und damit die **Ehevolljährigkeit** erlangt hat (Art. 94 Abs. 1 ZGB). Seit dem 1.1.1996 kennt das ZGB keine behördliche Ehemündigerklärung vor Erreichung des ordentlichen Ehevolljährigkeitsalters mehr. Das Erfordernis der Vollendung des 18. Altersjahrs gilt somit – anders als im deutschen Recht (vgl. § 1303 BGB) – ausnahmslos. Zudem müssen die Brautleute **urteilsfähig** sein. Urteilsfähigkeit i.S.v. Art. 94 Abs. 1 ZGB ist gegeben, „wenn die Verlobten in der Lage sind, das Wesen der Ehe und die den Ehegatten daraus erwachsenden Rechte und Pflichten zu erkennen und sich dieser Einsicht gemäß zu verhalten".[4] Seit dem 1.1.2013 können urteilsfähige Personen unter umfassender Beistandschaft ohne Zustimmung des Beistands heiraten (Abs. 2 des Art. 94 ZGB wurde gestrichen).[5]

---

2 Anders als die deutsche Doktrin folgt die schweizerische Lehre somit der Vertragstheorie. Auf die Verlobung als Vertrag sind die allgemeinen Bestimmungen des Obligationenrechts analog anwendbar (Art. 7 ZGB). Siehe zum Ganzen *Huwiler* in: *Honsell/Vogt/Geiser*, Basler Kommentar zum Schweizerischen Privatrecht, Zivilgesetzbuch I, Art. 1–456 ZGB, Art. 90 ff. ZGB Rn 1 ff.

3 Siehe im Einzelnen und für weitere Wirkungen des Verlöbnisses *Huwiler* in: *Honsell/Vogt/Geiser*, Basler Kommentar zum Schweizerischen Privatrecht, Zivilgesetzbuch I, Art. 1–456 ZGB, Art. 90 ZGB Rn 46 ff.

4 *Montini/Graf-Gaiser* in: *Honsell/Vogt/Geiser*, Basler Kommentar zum Schweizerischen Privatrecht, Zivilgesetzbuch I, Art. 1–456 ZGB, Art. 94 ZGB Rn 6.

5 Botschaft vom 28.6.2006 zur Änderung des Schweizerischen Zivilgesetzbuches (Erwachsenenschutz, Personenrecht und Kindesrecht), BBl 2006, 7001 ff., 7098, Ziff. 2.4.2.

b) Keine Ehehindernisse

Die Eheschließung zwischen **Verwandten** in gerader Linie (vgl. Art. 20 Abs. 2 ZGB) und   4
zwischen Geschwistern oder Halbgeschwistern ist **unzulässig**. Ob die Verwandtschaft auf
Abstammung oder Adoption beruht, spielt keine Rolle (Art. 95 Abs. 1 ZGB). Für Personen,
die vor dem 1.4.1973 adoptiert worden sind, gilt weiterhin das eingeschränkte Eheverbot
von altArt. 100 Ziff. 3 ZGB, sofern die Adoption nicht dem neuen Recht unterstellt worden
ist (Art. 12a und 12b SchlT ZGB).[6] Seit dem 1.1.2006 ist in der Schweiz auch eine Ehe
zwischen Stiefelternteil und Stiefkind zulässig (Ziff. 2 von Abs. 1 des Art. 95 ZGB wurde
gestrichen).[7] **Mehrfachehen** sind dem schweizerischen Recht fremd. Wer eine neue Ehe
eingehen will, hat daher den Nachweis zu erbringen, dass die frühere Ehe für ungültig
erklärt oder aufgelöst worden ist (Art. 96 ZGB). Die Ehe können nur zwei Personen
verschiedenen Geschlechts eingehen.[8] Für **gleichgeschlechtliche Partner** besteht seit dem
1.1.2007 die Möglichkeit, ihre Partnerschaft durch Eintragung beim Zivilstandsamt rechtlich
abzusichern (siehe hierzu Rdn 138 ff.).

4. Rechtsfolgen von Verstößen

a) Matrimonium non existens

Eine **Nichtehe** (*matrimonium non existens*) liegt vor, wenn im Zeitpunkt der Eheschließung   5
ein begriffsnotwendiges Element für den Abschluss der Ehe fehlt. Die Ehe leidet in diesem
Fall an so fundamentalen Mängeln, dass sie **nichtig** ist. Anerkannte Fallgruppen der Nichtehe sind insbesondere die Erklärung des Ehewillens durch zwei Personen gleichen Geschlechts und die nicht durch den Zivilstandsbeamten vorgenommene oder die an anderen
schwerwiegenden Verfahrensfehlern leidende Trauung.[9] Die – regelmäßig zur Umgehung
des Ausländerrechts eingegangene – **Scheinehe** wird demgegenüber als gültige Ehe qualifiziert.[10] Bei gegebenem Feststellungsinteresse kann die rechtliche Inexistenz der Ehe im
Rahmen einer Feststellungsklage geltend gemacht werden. Möglich ist auch die vorfrageweise Anrufung der Nichtigkeit in einem hängigen Eheungültigkeits- oder Scheidungsprozess.[11]

---

6 Gemäß altArt. 100 Ziff. 3 ZGB ist die Eheschließung verboten „zwischen dem angenommenen Kinde
   und dem Annehmenden oder zwischen einem von diesen und dem Ehegatten des andern".
7 Siehe zur alten Rechtslage BGE 128 III, 113 ff.
8 BGE 119 II, 264 ff.
9 Vgl. *Geiser* in: *Honsell/Vogt/Geiser*, Basler Kommentar zum Schweizerischen Privatrecht, Zivilgesetzbuch I, Art. 1–456 ZGB, Art. 104 ZGB Rn 3 ff.
10 Vgl. BGE 121 III, 149 ff. sowie Fn 145. Gemäß Art. 97a Abs. 1 ZGB tritt der Zivilstandsbeamte auf
   das Gesuch um Durchführung des Vorbereitungsverfahrens vor der Eheschließung nicht ein, „wenn
   die Braut oder der Bräutigam offensichtlich keine Lebensgemeinschaft begründen, sondern die Bestimmungen über Zulassung und Aufenthalt von Ausländerinnen und Ausländern umgehen will". Die
   ausländerrechtliche Scheinehe bildet aufgrund des Erlasses des AuG vom 16.12.2005 (SR 142.20, in
   Kraft seit dem 1.1.2008) einen unbefristeten Eheungültigkeitsgrund (Art. 105 Ziff. 4 ZGB).
11 *Geiser* in: *Honsell/Vogt/Geiser*, Basler Kommentar zum Schweizerischen Privatrecht, Zivilgesetzbuch I,
   Art. 1–456 ZGB, Art. 104 ZGB Rn 3.

b) Eheungültigkeit

6 Eine Ehe im Rechtssinne kann einzig aus den im Gesetz abschließend erwähnten Gründen für **ungültig**[12] erklärt werden.[13] Bigamie, die dauernde Urteilsunfähigkeit eines Ehegatten, Verwandtschaft, die ausländerrechtliche **Scheinehe**, die **Zwangsehe** sowie grundsätzlich auch die Minderjährigkeit eines Ehegatten begründen einen unbefristeten Ungültigkeitsgrund (Art. 105 ZGB). In diesen Fällen ist jedermann, insbesondere die zuständige Behörde, zur Ungültigkeitsklage legitimiert und die Klage ist jederzeit zulässig (Art. 106 ZGB). Bei lediglich vorübergehender Urteilsunfähigkeit während der Trauung, Irrtum und absichtlicher Täuschung (Art. 107 ZGB) kann die Ungültigkeitsklage demgegenüber nur innert bestimmter Verwirkungsfristen und einzig von den Ehegatten erhoben werden (Art. 108 ZGB). Die **Rechtsfolgen** der Ungültigerklärung richten sich sinngemäß nach den Bestimmungen über die Scheidung und das Urteil wirkt mit Ausnahme der erbrechtlichen Ansprüche *ex nunc* (Art. 109 Abs. 1 und 2 ZGB sowie Art. 294 Abs. 1 ZPO).

II. Zuständige Behörde und Verfahren

7 Die Eheschließung findet in einem zweistufigen **Verfahren statt**, bei dem auf das Vorbereitungsverfahren (Art. 98–100 ZGB) die Trauung (Art. 101–103 ZGB) folgt. Das Vorbereitungsverfahren ist beim Zivilstandsamt am Wohnsitz eines der Brautleute einzuleiten (Art. 98 Abs. 1 ZGB). Haben beide Brautleute einen ausländischen Wohnsitz, können sie das Verkündgesuch bei demjenigen Zivilstandsamt einreichen, das die Trauung durchführen soll (Art. 73 Abs. 2 ZStV). Die Ehe kann vor einem Zivilstandsamt nach freier Wahl der Verlobten geschlossen werden (Art. 97 und 101 ZGB).

8 Verlobte, die **ausländische Staatsangehörige** sind, haben dem Gesuch um Durchführung des Vorbereitungsverfahrens zusätzlich zu den übrigen Dokumenten[14] ein Dokument zum Nachweis der Rechtmässigkeit ihres Aufenthaltes in der Schweiz bis zum voraussichtlichen Zeitpunkt der Trauung beizulegen (Art. 64 Abs. 2 ZStV). Wohnen beide ausländischen Verlobten im Ausland, sind dem Gesuch neben den übrigen Dokumenten[15] auch die Eheanerkennungserklärung(en) beizulegen (Art. 73 ZStV).[16]

III. Internationales Recht

1. Rechtsquellen

9 Das Recht der Eheschließung ist vom Anwendungsbereich des LugÜ ausgenommen (Art. 1 Abs. 2 lit. a LugÜ). Demnach bestimmen sich die **internationale Zuständigkeit**, das

---

12 Mit lediglich 16 Ungültigerklärungen bei 16.737 Scheidungen im Jahr 2014 ist die praktische Relevanz der Eheungültigkeit gering (Statistisches Lexikon der Schweiz, Tabelle 1.2.2.2.3.1).
13 Es finden weder die Bestimmungen des Obligationenrechts über die Willensmängel (Art. 23 ff. OR) Anwendung noch ist die Anrufung des in Art. 2 Abs. 2 ZGB verankerten Rechtsmissbrauchsverbots möglich; vgl. *Geiser* in: *Honsell/Vogt/Geiser*, Basler Kommentar zum Schweizerischen Privatrecht, Zivilgesetzbuch I, Art. 1–456 ZGB, Art. 104 ZGB Rn 2.
14 Ausweis über Wohnsitz, Geburt, Geschlecht, Namen, Abstammung, Zivilstand, Heimatort, Staatsangehörigkeit der Verlobten sowie über Geburt, Geschlecht, Namen und Abstammung gemeinsamer Kinder, sofern das Kindesverhältnis noch nicht beurkundet worden ist oder die Daten nicht richtig, unvollständig oder nicht auf dem neusten Stand sind (Art. 64 Abs. 1 lit. a – c ZStV).
15 Vgl. Art. 64 ZStV.
16 Der angegangene Zivilstandsbeamte leitet das Gesuch an die Aufsichtsbehörde weiter. Die Aufsichtsbehörde entscheidet nach Art. 73 Abs. 1 ZStV über Gesuche um Bewilligung der Eheschliessung zwischen ausländischen Verlobten, die beide nicht in der Schweiz wohnen (Art. 43 Abs. 2 IPRG).

anwendbare Recht und die **Anerkennung im Ausland geschlossener Ehen** nach dem **IPRG**. Zu beachten sind weiter das Übereinkommen über die Ausstellung von Ehefähigkeitszeugnissen sowie die bilateralen Abkommen mit Deutschland, Italien und Österreich betreffend den Austausch von Eheurkunden und die Beschaffung von Ehefähigkeitszeugnissen.[17] Das IPRG kennt weder Bestimmungen über das Verlöbnis noch solche über die Eheungültigkeit. Mit der Frage, wie diese Lücken zu schließen seien, hatte sich das Bundesgericht bisher nicht zu befassen und in der Doktrin werden dazu verschiedene Auffassungen vertreten.[18]

2. Zuständigkeit

a) Ordentliche Zuständigkeit

Sofern die Braut oder der Bräutigam in der Schweiz **Wohnsitz** oder das **Schweizer Bürgerrecht** hat, sind die schweizerischen Behörden für die Eheschließung zuständig (Art. 43 Abs. 1 IPRG). Gestützt auf Art. 23 Abs. 1 IPRG ist die Eheschließung in der Schweiz demnach sogar dann zulässig, wenn einer der Verlobten schweizerisch-ausländischer Doppelbürger mit Wohnsitz im Ausland ist und hinsichtlich des anderen Verlobten keiner der Anknüpfungspunkte von Art. 43 Abs. 1 IPRG (Wohnsitz/Schweizer Bürgerrecht) greift. | 10

b) Erweiterte Zuständigkeit

Sind beide Brautleute **ausländische Staatsangehörige** und hat weder die Braut noch der Bräutigam einen Wohnsitz in der Schweiz, erweitert Art. 43 Abs. 2 IPRG die schweizerische Eheschließungszuständigkeit unter der Voraussetzung, dass die Ehe im Wohnsitz- oder Heimatstaat beider Brautleute anerkannt wird. Art. 43 Abs. 2 IPRG ist als Kann-Vorschrift ausgestaltet.[19] Die Bestimmung begründet deshalb selbst dann keinen Rechtsanspruch der Brautleute, wenn die erforderliche(n) Anerkennungserklärung(en) vorliegt/en. Die erweiterte schweizerische Eheschließungszuständigkeit wird in der Praxis höchst selten in Anspruch genommen und bleibt i.d.R. **Touristenehen** vorbehalten.[20] Weil Art. 20 Abs. 2 IPRG für Personen, die weder in der Schweiz noch im Ausland einen Wohnsitz haben, den gewöhnlichen Aufenthalt an die Stelle des Wohnsitzes treten lässt, dürften auch die in der Literatur ebenfalls genannten Flüchtlinge ohne festes Lebenszentrum in der Schweiz nur in Ausnahmefällen auf Art. 43 Abs. 2 IPRG angewiesen sein.[21] | 11

---

17 In der Reihenfolge ihrer Nennung: SR 0.211.112.15; SR 0.211.112.413.6; SR 0.211.112.445.4 und SR 0.211.112.416.3.

18 Auf eine Wiedergabe des Meinungsstandes wird angesichts der geringen praktischen Bedeutung verzichtet. Vgl. stattdessen *Volken* in: *Girsberger/Heini/Keller/Kren Kostkiewicz/Siehr/Vischer/Volken*, Zürcher Kommentar zum IPRG, Vor Art. 43–65 IPRG Rn 25 ff.; *Courvoisier* in: *Honsell/Vogt/Schnyder/Berti*, Basler Kommentar zum Internationalen Privatrecht, Vor Art. 43–65d IPRG Rn 14 ff.; *Geiser* in: *Honsell/Vogt/Geiser*, Basler Kommentar zum Schweizerischen Privatrecht, Zivilgesetzbuch I, Art. 1–456 ZGB, Vor Art. 104 ff. ZGB Rn 4 f.

19 *Volken* in: *Girsberger/Heini/Keller/Kren Kostkiewicz/Siehr/Vischer/Volken*, Zürcher Kommentar zum IPRG, Art. 43 IPRG Rn 19.

20 Vgl. *Volken* in: *Girsberger/Heini/Keller/Kren Kostkiewicz/Siehr/Vischer/Volken*, Zürcher Kommentar zum IPRG, Art. 43 IPRG Rn 16 und 18.

21 Zum Begriff des Wohnsitzes und des gewöhnlichen Aufenthalts siehe *Keller/Kren Kostkiewicz* in: *Girsberger/Heini/Keller/Kren Kostkiewicz/Siehr/Vischer/Volken*, Zürcher Kommentar zum IPRG, Art. 20 ff. IPRG Rn 1 ff.

3. Anwendbares Recht

12 Die materiell-rechtlichen Voraussetzungen (siehe hierzu Rdn 3 f.) sowie die Form einer in der Schweiz beabsichtigten Eheschließung unterstehen dem **schweizerischen Recht** (Art. 44 IPRG).[22]

4. Anerkennung im Ausland geschlossener Ehen

a) Vorbemerkung zur Anerkennung nach schweizerischem IPR

13 Eine im Ausland ergangene Entscheidung wird gestützt auf Art. 25 IPRG in der Schweiz **anerkannt,** wenn sie von einer zuständigen Behörde ausgesprochen wurde (lit. a), wenn gegen die Entscheidung kein ordentliches Rechtsmittel mehr geltend gemacht werden kann oder wenn sie endgültig ist (lit. b) und wenn kein Verweigerungsgrund i.S.v. Art. 27 IPRG gegeben ist (lit. c). Ob die Spruchbehörde zum Erlass der Entscheidung zuständig war, bestimmt sich nach Maßgabe von Art. 26 IPRG. Gestützt auf diese Bestimmung ist die Zuständigkeit i.S.v. Art. 25 lit. a IPRG begründet,
- wenn eine Bestimmung des Besonderen Teils des IPRG sie vorsieht (lit. a, erster Satzteil);
- wenn der Beklagte seinen Wohnsitz im Urteilsstaat hatte (lit. a, zweiter Satzteil);
- wenn die Zuständigkeit auf einer gültigen Gerichtsstandsvereinbarung beruht (lit. b);
- wenn sich der Beklagte eingelassen hat (lit. c); oder
- wenn im Falle einer konnexen Widerklage die Zuständigkeit zur Beurteilung der Hauptklage begründet war (lit. d).

14 Sämtliche in diesem Beitrag unter dem Titel der Anerkennung ausländischer Entscheidungen gemachten Ausführungen sind im Zusammenhang mit den erwähnten, in den Art. 25–27 IPRG statuierten generellen **Anerkennungsvoraussetzungen** zu lesen. Die spezifischen Ausführungen zur Anerkennung beziehen sich daher jeweils nur noch auf Art. 25 lit. a i.V.m. Art. 26 lit. a, erster Satzteil IPRG. Sie beschränken sich m.a.W. auf die Darstellung der für das fragliche Rechtsgebiet vom IPRG eigens vorgesehenen Anerkennungszuständigkeiten.

b) Grundsatz der Anerkennungsfreundlichkeit

15 Gemäß Art. 45 Abs. 1 IPRG wird eine im Ausland gültig geschlossene Ehe in der Schweiz anerkannt. Wie der Begriff „im Ausland" zu verstehen ist, bleibt allerdings ungewiss. Da der Gesetzgeber eine **anerkennungsfreundliche Praxis** ermöglichen wollte, ist der Rückgriff auf den seinerzeitigen Expertenentwurf naheliegend,[23] wonach eine Anerkennung immer dann zu erfolgen habe, wenn die Ehe nach dem Recht am Ort der Eheschließung oder nach demjenigen im Wohnsitz-, Aufenthalts- bzw. Heimatstaat eines Ehegatten gültig ist. Ungeklärt ist weiter, ob die Anerkennung einer im Ausland geschlossenen Ehe auch dann in Frage kommt, wenn sie zwar nicht im Eheschließungsstaat, aber im Wohnsitz-, im Aufenthalts- oder im Heimatstaat eines Ehegatten als gültig zustande gekommen qualifiziert wird.[24]

---

22 *Courvoisier* in: *Honsell/Vogt/Schnyder/Berti*, Basler Kommentar zum Internationalen Privatrecht, Art. 44 IPRG Rn 4 ff. und 28 ff.

23 Vgl. *Volken* in: *Girsberger/Heini/Keller/Kren Kostkiewicz/Siehr/Vischer/Volken*, Zürcher Kommentar zum IPRG, Art. 45 IPRG Rn 12 ff.; *Siehr*, Das Internationale Privatrecht der Schweiz, § 2 S. 22 f., je m.w.H.

24 *Volken* in: *Girsberger/Heini/Keller/Kren Kostkiewicz/Siehr/Vischer/Volken*, Zürcher Kommentar zum IPRG, Art. 45 IPRG Rn 16 ff., m.w.H.

c) Vorbehalt der Umgehung schweizerischen Ehegültigkeitsrechts

Sofern beide Brautleute ihren Wohnsitz in der Schweiz haben oder wenigstens ein Partner   16
das Schweizer Bürgerrecht besitzt und der Eheschluss „in der·offenbaren Absicht ins
Ausland verlegt worden ist, die Vorschriften des schweizerischen Rechts über die Ehegültigkeit zu umgehen" (zur Eheungültigkeit siehe Rdn 6), wird der im Ausland geschlossenen
Ehe die **Anerkennung versagt** (Art. 45 Abs. 2 IPRG).[25]

B.   Ehewirkungen

I.   Güterrecht

1. Überblick über die Güterstände

Das ZGB kennt **drei Güterstände:** die Errungenschaftsbeteiligung (Art. 196–220 ZGB), die   17
Gütergemeinschaft (Art. 221–246 ZGB) und die Gütertrennung (Art. 247–251 ZGB).[26]

Gemäß Art. 181 ZGB unterstehen die Ehegatten dem ordentlichen Güterstand der **Errun-**   18
genschaftsbeteiligung, sofern sie nicht mittels Ehevertrages (siehe Rdn 54 ff.) etwas anderes
vereinbart haben und auch der außerordentliche Güterstand der Gütertrennung nicht eingetreten ist.

Die **Gütertrennung** beruht entweder auf vertraglicher Grundlage oder tritt beim Vorliegen   19
außerordentlicher Umstände von Gesetzes wegen (Art. 118 Abs. 1 und Art. 188 ZGB) oder
auf gerichtliche Anordnung hin (Art. 176 Abs. 1 Ziff. 3, Art. 185 und Art. 189 ZGB) ein.[27]
Der materielle Gehalt der Gütertrennung ist dabei immer derselbe, unabhängig von deren
Eigenschaft als vertraglicher oder als außerordentlicher Güterstand. Lediglich die Modalitäten der Aufhebung sind unterschiedlich geregelt.[28]

Die **Gütergemeinschaft** ist demgegenüber ausschließlich vertraglicher Güterstand.   20

Über die vom geltenden ZGB vorgesehenen Güterstände hinaus können übergangsrechtlich   21
auch die Güterstände des ZGB von 1907 anwendbar sein.[29]

2. Errungenschaftsbeteiligung

a) Vermögen und Schulden

Die Errungenschaftsbeteiligung kennt **kein eheliches Vermögen.** Das voreheliche Vermö-   22
gen verbleibt wie das während der Dauer des Güterstandes anfallende Vermögen dem
jeweiligen Ehegatten und wird entweder seiner Errungenschaft (Art. 197 ZGB) oder seinem

---

25 Neben diesem spezifisch eherechtlichen Anerkennungsvorbehalt ist auch der in Art. 27 IPRG statuierte
    allgemeine Vorbehalt des Ordre public zu beachten (siehe Rdn 13).
26 Vgl. zum Güterrecht auch *Wolf/Dorjee-Good* in: *Süß,* Erbrecht in Europa, Länderbericht Schweiz,
    S. 1150 f. Rn 24 ff.
27 Vgl. auch Art. 276 ZPO.
28 *Hausheer/Geiser/Aebi-Müller,* Das Familienrecht des Schweizerischen Zivilgesetzbuches, § 11
    Rn 11.11.
29 Vgl. Art. 9a ff. SchlT ZGB sowie für die altrechtliche Güterverbindung altArt. 194 ff. ZGB und für die
    altrechtliche Gütergemeinschaft altArt. 215 ff. ZGB (die altrechtliche Gütertrennung kommt in der
    Praxis kaum mehr vor). Der Wortlaut der altrechtlichen Bestimmungen ist im ZGB abgedr. und auch
    über das Internet abrufbar.

Eigengut (Art. 198 f. ZGB) zugeordnet. Die ins **Eigengut** fallenden Vermögenswerte ergeben sich aus der abschließenden gesetzlichen Umschreibung in Art. 198 ZGB.[30] Alle anderen Vermögensobjekte sind – vorbehaltlich einer ehevertraglichen Ausweitung des Eigenguts (vgl. Art. 199 ZGB; siehe hierzu Rdn 56) – als **Errungenschaft** zu qualifizieren.[31] Die Errungenschaft erfasst sämtliche, während der Dauer des Güterstandes entgeltlich erworbenen Vermögenswerte; die Aufzählung in Art. 197 Abs. 2 ZGB hat lediglich beispielhaften Charakter.[32] Bleibt zwischen den Ehegatten oder im Verhältnis eines Ehegatten zu einem Dritten unbewiesen, ob ein Vermögensgegenstand zum Mannes- oder zum Frauengut gehört, wird gem. Art. 200 Abs. 2 ZGB **Miteigentum** beider Ehegatten angenommen.[33] Kann lediglich über die Massenzuordnung eines Vermögenswerts innerhalb des Frauen- oder Mannesguts kein rechtsgenüglicher Beweis erbracht werden, statuiert Art. 200 Abs. 3 ZGB eine Vermutung zugunsten der Errungenschaft.[34]

23   Durch die Errungenschaftsbeteiligung werden **keine gemeinschaftlichen Schulden** der Ehegatten begründet. Vielmehr haftet jeder Ehegatte für seine vor oder während der Ehe eingegangenen Verbindlichkeiten alleine und mit seinem gesamten Vermögen (vgl. Art. 202 ZGB).[35] Eine Schuld belastet diejenige Vermögensmasse, mit welcher sie sachlich zusammenhängt, im Zweifel aber die Errungenschaft (Art. 209 Abs. 2 ZGB). Für die Bestimmung des engsten sachlichen Zusammenhangs sind Entstehungsgrund und -zeitpunkt sowie Zweck und Inhalt der Schuld maßgebend.[36]

b) Verwaltung, Nutzung und Verfügung

24   Hinsichtlich der sich in seinen Gütermassen befindlichen Vermögenswerte hat jeder Ehegatte innerhalb der gesetzlichen Schranken die **alleinige Verwaltungs-, Nutzungs- und Verfügungskompetenz** (Art. 201 ZGB). Der Vorbehalt der gesetzlichen Schranken bezieht sich auf die gesamte Rechtsordnung.[37] Zu denken ist etwa an den Schutz der Familienwohnung (Art. 169 ZGB; siehe hierzu Rdn 44 f.), an die gerichtliche Verfügungsbeschränkung auf Antrag eines Ehegatten (Art. 178 ZGB) und an das Zustimmungserfordernis bei der Verfügung über einen Miteigentumsanteil (Art. 201 Abs. 2 ZGB) oder beim Eingehen einer Bürgschaft (Art. 494 OR).

---

30 Es handelt sich um Gegenstände zum ausschließlichen persönlichen Gebrauch eines Ehegatten, Vermögenswerte, die einem Ehegatten schon zu Beginn des Güterstandes gehören oder ihm danach unentgeltlich zufallen, Genugtuungsansprüche sowie Ersatzanschaffungen für Eigengut. Siehe ausführlicher *Hausheer/Geiser/Aebi-Müller*, Das Familienrecht des Schweizerischen Zivilgesetzbuches, § 12 Rn 12.27 ff.

31 *Hausheer/Geiser/Aebi-Müller*, Das Familienrecht des Schweizerischen Zivilgesetzbuches, § 12 Rn 12.09.

32 Eingehend zum Umfang der Gütermassen *Hausheer/Aebi-Müller* in: *Honsell/Vogt/Geiser*, Basler Kommentar zum Schweizerischen Privatrecht, Zivilgesetzbuch I, Art. 1–456 ZGB, Art. 197–199 ZGB.

33 *Hausheer/Aebi-Müller* in: *Honsell/Vogt/Geiser*, Basler Kommentar zum Schweizerischen Privatrecht, Zivilgesetzbuch I, Art. 1–456 ZGB, Art. 200 ZGB Rn 1 und 4.

34 Vgl. in diesem Zusammenhang die Möglichkeit der Erstellung eines Inventars (Art. 195a ZGB) und der ehevertraglichen tatsächlichen Feststellung der Massenzugehörigkeit.

35 Vorzubehalten ist immerhin die in Art. 166 ZGB geregelte Vertretung der ehelichen Gemeinschaft, welche die solidarische Mithaftung des am Rechtsgeschäft nicht beteiligten Ehegatten zur Folge haben kann. Dabei handelt es sich aber um eine allgemeine und damit güterstandsunabhängige Ehewirkung. Siehe hierzu Rdn 46 ff.

36 Vgl. *Hausheer/Aebi-Müller* in: *Honsell/Vogt/Geiser*, Basler Kommentar zum Schweizerischen Privatrecht, Zivilgesetzbuch I, Art. 1–456 ZGB, Art. 209 ZGB Rn 10 ff., m.w.H.

37 Vgl. *Hausheer/Aebi-Müller* in: *Honsell/Vogt/Geiser*, Basler Kommentar zum Schweizerischen Privatrecht, Zivilgesetzbuch I, Art. 1–456 ZGB, Art. 201 ZGB Rn 14.

c) Auflösung des Güterstandes

Die **güterrechtliche Auseinandersetzung** richtet sich grundsätzlich unabhängig vom Grund, der zur Auflösung des Güterstandes geführt hat,[38] nach denselben Regeln, weshalb auf die Ausführungen in Rdn 105 ff. verwiesen werden kann. Der Zeitpunkt der Auflösung, welcher maßgebend ist für die Bestimmung des Werts der Errungenschaft, wird aber je nach Auflösungsgrund unterschiedlich festgesetzt (Art. 204 i.V.m. Art. 214 ZGB). Im Falle der Auflösung der Ehe durch Tod ist sodann zu beachten, dass der Nachlass des verstorbenen Ehegatten vom Ergebnis der güterrechtlichen Auseinandersetzung abhängt. Letztere ist somit vor der erbrechtlichen Auseinandersetzung durchzuführen. Um dem überlebenden Ehegatten die Beibehaltung der bisherigen Lebensweise zu ermöglichen, sieht Art. 219 ZGB schließlich die Zuweisung der ehelichen Wohnung zu Eigentum bzw. zur Nutznießung oder zu einem Wohnrecht vor. Ebenfalls möglich ist die Zuteilung des Eigentums am Hausrat.

3. Gütergemeinschaft

a) Vermögen und Schulden

Bei der Gütergemeinschaft ist zwischen dem **Eigengut** jedes Ehegatten und dem **Gesamtgut** zu unterscheiden. Während das Eigengut – wie bei der Errungenschaftsbeteiligung – Eigentum des jeweiligen Ehegatten bleibt, gehört das Gesamtgut als eheliches Vermögen beiden Ehegatten ungeteilt (Art. 222 Abs. 2 ZGB) und zwar zu Gesamteigentum i.S.v. Art. 652 ff. ZGB. Der Umfang des Gesamtguts hängt davon ab, welches Modell der Gütergemeinschaft die Ehegatten gewählt haben. Mangels anders lautender Regelung umfasst das Eigengut gem. Art. 225 Abs. 2 ZGB lediglich die Gegenstände zum ausschließlichen persönlichen Gebrauch eines Ehegatten und die Genugtuungsansprüche. Hinzu kommen Zuwendungen Dritter in das Eigengut (Art. 225 Abs. 1 ZGB) sowie Ersatzanschaffungen für Eigengut.[39] Bleibt unbewiesen, ob ein Vermögenswert zum Gesamtgut oder zum Eigengut eines Ehegatten gehört, wird Gesamtgut vermutet (Art. 226 ZGB).

Bei der Haftung der Ehegatten gegenüber Dritten ist zwischen **Voll- und Eigenschulden** zu unterscheiden. Vollschulden entstehen in den von Art. 233 ZGB abschließend umschriebenen Tatbeständen; sie führen zur Haftung des Schuldnerehegatten mit seinem Eigengut und dem Gesamtgut. Für alle anderen Schulden haftet ein Ehegatte grundsätzlich nur mit seinem Eigengut und der wertmäßigen Hälfte des Gesamtguts (Art. 234 ZGB).[40] Wie die Schulden bei Auflösung des Güterstandes unter den Ehegatten bzw. zwischen den Eigengütern und dem Gesamtgut aufzuteilen sind, ergibt sich aus Art. 238 Abs. 2 ZGB.[41] Danach belastet eine Schuld diejenige Vermögensmasse, mit welcher sie zusammenhängt, im Zweifel aber das Gesamtgut.

25

26

27

---

38 Siehe dazu die Aufzählung in Art. 204 ZGB. Weiter stellt auch die Verschollenerklärung (Art. 38 Abs. 3 ZGB) einen Auflösungsgrund dar.

39 Vgl. *Hausheer/Aebi-Müller* in: *Honsell/Vogt/Geiser*, Basler Kommentar zum Schweizerischen Privatrecht, Zivilgesetzbuch I, Art. 1–456 ZGB, Art. 222 ZGB Rn 13. Zur ehevertraglichen Umschreibung des Gesamtguts siehe Rdn 56.

40 Bei der Zwangsvollstreckung gegen einen in Gütergemeinschaft lebenden Ehegatten sind – da mit dem Gesamtgut auch Vermögen, an dem der Nichtschuldnerehegatte berechtigt ist, einbezogen wird – verschiedene Besonderheiten zu beachten; vgl. dazu *Hausheer/Geiser/Aebi-Müller*, Das Familienrecht des Schweizerischen Zivilgesetzbuches, § 13 Rn 13.32 ff.

41 *Hausheer/Reusser/Geiser*, Berner Kommentar zu Art. 221–251 ZGB, Bd. II, Art. 233 und 234 ZGB Rn 11.

b) Verwaltung, Nutzung und Verfügung

28   Über das jeweilige Eigengut besteht innerhalb der gesetzlichen Schranken eine **alleinige Verwaltungs-, Nutzungs- und Verfügungskompetenz** jedes Ehegatten (Art. 232 Abs. 1 ZGB; siehe hierzu Rdn 24). Das Gesamtgut dagegen ist im Interesse der ehelichen Gemeinschaft zu verwalten (Art. 227 Abs. 1 ZGB). In den Schranken der ordentlichen Verwaltung kann jeder Ehegatte die Gemeinschaft verpflichten und über das Gesamtgut verfügen. Außerhalb dieser Schranken müssen die Ehegatten entweder gemeinsam oder der eine mit Zustimmung des anderen tätig werden (Art. 227 Abs. 2, Art. 228 ZGB). Zur ordentlichen Verwaltung gehört jede notwendige und zweckmäßige Handlung, sofern sie von untergeordneter Bedeutung ist.[42] Eine weiterreichende Verwaltungsbefugnis sieht Art. 229 ZGB für denjenigen Ehegatten vor, der mit Gesamtgutmitteln einen Beruf ausübt oder ein Gewerbe betreibt. Überschreitet ein Ehegatte seine Verwaltungsbefugnis und wird der Dritte nicht – gestützt auf Art. 228 Abs. 2 ZGB oder aufgrund der sachenrechtlichen Bestimmungen – in seinem guten Glauben geschützt, ist das Verfügungsgeschäft unwirksam oder es entsteht eine Eigenschuld.[43]

c) Auflösung des Güterstandes

29   Die **güterrechtliche Auseinandersetzung** erfolgt grundsätzlich unabhängig vom Grund der Güterstandsauflösung[44] nach denselben Regeln, so dass auf die Ausführungen in Rdn 109 ff. verwiesen werden kann. Der Auflösungsgrund wirkt sich aber wegen der unterschiedlichen Festlegung des Auflösungszeitpunktes (vgl. Art. 236 ZGB) auch auf das zu teilende Substrat aus. Wird die Gütergemeinschaft durch den Tod eines Ehegatten, durch Verschollenerklärung oder die Wahl eines anderen Güterstandes aufgelöst, ist das Gesamtgut hälftig auf die Ehegatten bzw. deren Erben aufzuteilen (Art. 241 Abs. 1 ZGB).[45] Bei Scheidung, Trennung, Ungültigerklärung oder Eintritt der Gütertrennung nimmt demgegenüber jeder Ehegatte vom Gesamtgut zurück, was unter der Errungenschaftsbeteiligung sein Eigengut wäre; lediglich das verbleibende Gesamtgut wird hälftig geteilt (Art. 242 ZGB). In diesen Fällen wird die Gütergemeinschaft somit von Gesetzes wegen zur Errungenschaftsgemeinschaft.[46] Schließlich ergeben sich auch Unterschiede bei der Durchführung der Teilung (siehe im Einzelnen Rdn 109 ff.).

4. Gütertrennung

30   Die **Gütertrennung** hat weder auf die an einem Vermögenswert bestehenden Eigentumsverhältnisse und die diesbezügliche Verwaltungs-, Nutzungs- und Verfügungsbefugnis, noch auf die Haftung der Ehegatten einen Einfluss. Vielmehr werden die Ehegatten bei der Gütertrennung in vermögensrechtlicher Hinsicht, vorbehaltlich der Zuweisungsregel des

---

42 *Hausheer/Aebi-Müller* in: *Honsell/Vogt/Geiser*, Basler Kommentar zum Schweizerischen Privatrecht, Zivilgesetzbuch I, Art. 1–456 ZGB, Art. 227/228 ZGB Rn 8.

43 *Hausheer/Aebi-Müller* in: *Honsell/Vogt/Geiser*, Basler Kommentar zum Schweizerischen Privatrecht, Zivilgesetzbuch I, Art. 1–456 ZGB, Art. 227/228 ZGB Rn 17 ff.

44 Siehe dazu die Aufzählung in Art. 236 ZGB. Weiter stellt auch die Verschollenerklärung (Art. 38 Abs. 3 ZGB) einen Auflösungsgrund dar.

45 *Hausheer/Aebi-Müller* in: *Honsell/Vogt/Geiser*, Basler Kommentar zum Schweizerischen Privatrecht, Zivilgesetzbuch I, Art. 1–456 ZGB, Art. 241 ZGB Rn 1.

46 *Hausheer/Aebi-Müller* in: *Honsell/Vogt/Geiser*, Basler Kommentar zum Schweizerischen Privatrecht, Zivilgesetzbuch I, Art. 1–456 ZGB, Art. 242 ZGB Rn 1.

Art. 251 ZGB, wie nicht verheiratete Personen behandelt.[47] Bei der Auflösung des Güterstandes findet deshalb auch keine güterrechtliche Auseinandersetzung statt.

II. Unterhalt der Familie

1. Allgemeines

Mit der Eheschließung entsteht die Pflicht der Ehegatten, gemeinsam für den **Unterhalt der Familie** zu sorgen. Die Pflicht dauert bis zur Auflösung der Ehe durch Tod oder durch ein rechtskräftiges Scheidungsurteil und ist in Art. 163 f. ZGB verankert. Die angemessene Entschädigung für die Mitarbeit eines Ehegatten im Beruf oder Gewerbe des anderen (Art. 165 ZGB) geht über den Rahmen der eigentlichen Unterhaltspflicht hinaus.[48] Die Unterhaltspflicht zwischen geschiedenen Ehegatten (sog. nachehelicher Unterhalt) richtet sich nach Art. 125 ff. ZGB.

31

Können sich die Ehegatten während des Zusammenlebens nicht über ihren an den Familienunterhalt zu leistenden Anteil einigen, setzt das **Eheschutzgericht** auf Begehren eines Ehegatten die nach Art. 163 f. ZGB geschuldeten **Geldbeiträge** fest (Art. 173 ZGB). Praktisch relevanter ist freilich deren richterliche Festsetzung im Falle der Aufhebung des gemeinsamen Haushalts (Art. 176 Abs. 1 Ziff. 1 ZGB). In beiden Fällen können Geldbeiträge für die Zukunft und rückwirkend für das Jahr vor Einreichung des Begehrens zugesprochen werden.[49] Angesichts des unterschiedlichen rechtlichen Schicksals der Ehegatten- und Kinderrenten ist darauf zu achten, dass die Unterhaltsbeiträge einzeln ausgeschieden werden.[50]

32

2. Unterhalt während des Zusammenlebens

Art. 163 ZGB verpflichtet die Ehegatten, gemeinsam für den gebührenden Unterhalt der Familie zu sorgen. In **persönlicher Hinsicht** erfasst der Unterhalt neben den Ehegatten die gemeinsamen und nicht gemeinsamen Kinder sowie im Haushalt lebende Personen, denen gegenüber einer der Ehegatten zur Unterstützung verpflichtet ist.[51] In **sachlicher Hinsicht** ist der gesamte Lebensbedarf der Familie zu decken. Dessen Umfang wird maßgeblich durch die Leistungsfähigkeit und die Lebensumstände der Ehegatten bestimmt.[52] Der Unterhaltsbeitrag kann gemäß der nicht abschließenden Aufzählung in Art. 163 Abs. 2 ZGB durch Geldzahlungen, Besorgen des Haushalts, Betreuen der Kinder oder durch Mithilfe im Beruf oder Gewerbe[53] des anderen Ehegatten erbracht werden. Der (überwiegend)

33

---

47 Siehe auch *Hausheer/Aebi-Müller* in: *Honsell/Vogt/Geiser*, Basler Kommentar zum Schweizerischen Privatrecht, Zivilgesetzbuch I, Art. 1–456 ZGB, Art. 249 ZGB Rn 1.

48 Vgl. *Hausheer/Brunner* in: *Hausheer/Spycher/Brunner/Gloor/Bähler/Kieser*, Handbuch des Unterhaltsrechts, Rn 03.194 Fn 199.

49 Art. 173 Abs. 3 ZGB; BGE 115 II, 201, 204.

50 Vgl. BGE 129 III, 417, 419 f.

51 Vgl. dazu BGE 115 III, 103, 106; 127 III, 68, 71 f.

52 Dazu eingehend *Hausheer/Brunner* in: *Hausheer/Spycher/Brunner/Gloor/Bähler/Kieser*, Handbuch des Unterhaltsrechts, Rn 03.55 ff.; *Isenring/Kessler* in: *Honsell/Vogt/Geiser*, Basler Kommentar zum Schweizerischen Privatrecht, Zivilgesetzbuch I, Art. 1–456 ZGB, Art. 163 ZGB Rn 7 ff.

53 Zur Abgrenzung der Mithilfe im Beruf oder Gewerbe von der Mitarbeit im Beruf oder Gewerbe gem. Art. 165 ZGB siehe *Hausheer/Brunner* in: *Hausheer/Spycher/Brunner/Gloor/Bähler/Kieser*, Handbuch des Unterhaltsrechts, Rn 03.194 f.

innerhäuslich tätige Ehegatte hat Anspruch auf Ausrichtung eines angemessenen Betrages zur freien Verfügung (Art. 164 ZGB).[54]

3. Unterhalt bei Aufhebung des gemeinsamen Haushalts

34 Die vorhandenen Geldmittel müssen mit der **räumlichen Trennung** der Ehegatten auf **zwei Haushaltungen** verteilt werden. Dabei ist von der bisher gelebten Aufgabenteilung und den bestehenden Vereinbarungen der Ehegatten über die Unterhaltsbeiträge auszugehen, um eine Vorwegnahme der Scheidung mit einer grundlegenden Neuordnung der Verhältnisse so weit als möglich zu vermeiden. Mit der Aufhebung des gemeinsamen Haushalts sind stets finanzielle Mehrbelastungen verbunden. Der **Lebensbedarf** der Familienmitglieder wird in der Praxis regelmäßig unter Zuhilfenahme der Richtlinien der oberen kantonalen Aufsichtsbehörden über die Betreibungsämter für die Berechnung des Existenzminimums in der Einkommenspfändung festgesetzt.[55][56] Zusätzlich zu den in den Richtlinien vorgesehenen Pauschalen für die Grundbedürfnisse können individuelle Aufwendungen (z.B. Wohnung, Kosten für die Benutzung des öffentlichen Verkehrs) in die Bedarfsrechnung eingesetzt werden. Der so errechnete Bedarf beider Haushalte wird dem Gesamteinkommen der Ehegatten (Nettolohn inkl. 13. Monatslohn, Vermögenserträge) gegenübergestellt. Lassen sich die Kosten zweier Haushalte unter Beibehaltung der bisherigen Lebenshaltung mit dem Erwerbseinkommen der Ehegatten bestreiten, bleibt es bei der jetzigen Aufgabenteilung. Ein allfälliger Restbetrag ist vorbehaltlich eines bereits bisher vermögensbildenden Anteils zwischen den Ehegatten hälftig zu teilen. Reicht das bisherige Einkommen demgegenüber für die Führung zweier Haushalte bei gleicher Lebenshaltung nicht aus, sind allen Familienmitgliedern Einschränkungen bei der bisherigen Lebenshaltung und ggf. das Anzehren des Vermögens zumutbar. Bleibt das Existenzminimum aller Familienmitglieder dennoch ungedeckt, muss das in guten Treuen erzielbare Einkommen rechnerisch einbezogen werden. Dabei ist zu beachten, dass die Aufnahme oder Erweiterung der Erwerbstätigkeit durch den bisher nicht oder bloß reduziert erwerbstätigen Ehegatten nur zurückhaltend anzunehmen ist.[57] Eine neue Aufgabenteilung soll mit der Regelung der Aufhebung des gemeinsamen Haushalts gem. Art. 176 Abs. 1 ZGB möglichst nicht präjudiziert werden. Ist allerdings nicht mit einer späteren Zusammenführung der Haushalte zu rechnen, sind für die Frage der Wiederaufnahme oder Ausdehnung der Erwerbstätigkeit eines Ehegatten die für den nachehelichen Unterhalt geltenden Kriterien mit einzubeziehen.[58] Bleiben die

---

54 Vgl. BGE 114 II 301, 306; zur Bemessung siehe *Brunner* in: *Hausheer/Spycher/Brunner/Gloor/Bähler/Kieser*, Handbuch des Unterhaltsrechts, Rn 04 ff.

55 Diese konkrete Methode der familienrechtlichen Existenzminimum- oder Grundbedarfsrechnung mit allfälliger Überschussverteilung steht im Gegensatz zur abstrakten Berechnungsmethode, welche auf der Annahme beruht, dass der Bedarf der Beteiligten einem bestimmten Anteil des zur Verfügung stehenden Einkommens entspricht. Das maßgebende Einkommen wird nach Quoten geteilt. Entsprechend ist die Berechnung einfach, aber auch sehr schematisch. Für den Unterhaltsbeitrag des Ehegatten lässt sich die abstrakte Methode daher bestenfalls als Rückkontrolle verwenden.

56 Vgl. neuerdings BGE 140 III, 337, 339 ff.

57 Vgl. BGE 130 III, 537, 540 ff., wonach eine Pflicht zur Aufnahme oder Ausdehnung der Erwerbstätigkeit nur dann besteht, wenn kumulativ die folgenden Voraussetzungen erfüllt sind: keine Möglichkeit, auf die während des gemeinsamen Haushalts angehäufte Sparquote oder vorübergehend auf das Vermögen zurückzugreifen; ungenügende finanzielle Mittel trotz zumutbarer Einschränkung; Zumutbarkeit der Aufnahme und Ausdehnung der Erwerbstätigkeit unter Berücksichtigung der persönlichen Verhältnisse (Alter, Gesundheit, Ausbildung etc.) und des Arbeitsmarktes.

58 So BGE 128 III, 65 ff. Zu den Voraussetzungen der Anrechnung eines hypothetischen Einkommens siehe auch BGE 128 III, 4 ff. Zur Bemessung des nachehelichen Unterhalts siehe Rdn 114 ff.

Existenzminima selbst unter Berücksichtigung eines hypothetischen Einkommens ungedeckt, wird der nicht oder nur in Teilzeit erwerbstätige Ehegatte hinsichtlich des Mankos
auf die Sozialhilfe verwiesen.[59]

Die Festsetzung des **Unterhalts von (minderjährigen) Kindern** richtet sich nach den   35
Bestimmungen des Kindesrechts (Art. 276 ff. ZGB). Der Unterhaltsbeitrag soll den Bedürfnissen des Kindes sowie der Lebensstellung und der Leistungsfähigkeit der Eltern entsprechen. Stehen dem Unterhaltspflichtigen Kinderzulagen, Renten aus Sozialversicherung und
vergleichbare, für den Unterhalt des Kindes bestimmte Leistungen zu, sind diese grundsätzlich zusätzlich zum Unterhaltsbeitrag zu bezahlen (vgl. Art. 285 ZGB). Für die Unterhaltsbemessung wird in der Praxis häufig auf die sog. **Zürcher Tabelle** abgestellt. Da diese
Tabelle keinen Aufschluss über den Unterhaltsbedarf der Eltern gibt, muss die Existenzmi-
nimumberechnung (siehe Rdn 34) aber gleichwohl durchgeführt werden. Zur Rückkontrolle ist die Zürcher Tabelle aber in jedem Fall hilfreich.[60] Dies gilt auch für die sog.
Drittelsregel, wonach der Unterhaltsbeitrag je nach Kanton für ein Kind 15–17 %, für zwei
Kinder 25–27 % und für drei Kinder 30–35 % vom Einkommen des Unterhaltsschuldners
ausmacht.[61]

Lebt ein Ehegatte im **Ausland**, ist bei der Berechnung des Unterhaltsbeitrags das ggf.   36
tiefere oder höhere Niveau der Lebenskosten zu berücksichtigen. Praxisgemäß wird eine
Umrechnung anhand der statistisch erhobenen Verbrauchergeldparitäten bzw. aufgrund
internationaler Kaufkraftvergleiche oder der Angaben des Bundesamtes für Statistik vorgenommen.[62]

Bei einer wesentlichen und dauerhaften **Veränderung der tatsächlichen Verhältnisse**, z.B.   37
dem Wegzug eines Ehegatten ins Ausland mit entsprechend veränderten Lebenshaltungskosten oder im Falle unzutreffender Berechnungsgrundlagen, sind die Unterhaltsbeiträge
neu festzusetzen (Art. 179 ZGB).[63]

III. Familienname

1. Grundsatz

Im schweizerischen Namensrecht gilt der **Grundsatz der Unwandelbarkeit des (Fami-**   38
lien-)Namens. Gemäß einem Entscheid des Bundesgerichts lässt sich daraus aber **keine**

---

59 Das Bundesgericht hielt in BGE 135 III, 66 ff., 80 fest, dass es sich bei der einseitigen Auferlegung der
    Mankotragung um eine unbefriedigende Situation handelt und es Sache des Gesetzgebers sei, eine
    adäquate und kohärente Lösung zu schaffen. Dieses Anliegen wurde aber dennoch in der Neuregelung
    des Unterhaltsrechts, welches auf den 1.1.2017 in Kraft tritt, nicht berücksichtigt. Vgl. dazu das Dossier
    „Unterhalt des Kindes" auf der Website des Eidgenössischen Justiz- und Polizeidepartements:
    www.ejpd.admin.ch. – Siehe zum Ganzen *Schwander* in: *Honsell/Vogt/Geiser*, Basler Kommentar zum
    Schweizerischen Privatrecht, Zivilgesetzbuch I, Art. 1–456 ZGB, Art. 176 ZGB Rn 2 ff.; *Hausheer/
    Reusser/Geiser*, Berner Kommentar zu Art. 159–180 ZGB, Bd. II, Art. 176 ZGB Rn 17 ff. Zur Existenz-
    minimumberechnung mit allfälliger Überschussverteilung siehe die Berechnungstabelle und den Fach-
    kommentar unter www.berechnungsblaetter.ch (Download Tabellen/Unterhaltsberechnung ohne Steu-
    erberechnung).
60 Die Zürcher Tabelle (Stand 1.1.2016) kann im Internet unter www.ajb.zh.ch abgerufen werden.
61 *Hausheer/Spycher* in: *Hausheer/Spycher/Brunner/Gloor/Bähler/Kieser*, Handbuch des Unterhalts-
    rechts, Rn 02.20 f.
62 BGer vom 11.6.2002, 5C.6/2002, m.w.H.
63 Vgl. *Isenring/Kessler* in: *Honsell/Vogt/Geiser*, Basler Kommentar zum Schweizerischen Privatrecht,
    Zivilgesetzbuch I, Art. 1–456 ZGB, Art. 179 ZGB Rn 3 f.

uneingeschränkte Unveränderlichkeit eines im schweizerischen Zivilstandsregister eingetragenen ausländischen Namens ableiten. Eine Person hat deshalb Anspruch darauf, dass ihr in einer weiblichen oder männlichen Form existierender Familienname in der ihrem Geschlecht entsprechenden Form ins Zivilstandsregister eingetragen wird.[64]

39   Seit dem Inkrafttreten der Namensrechtsrevision am 1.1.2013[65] **behält grundsätzlich jeder Ehegatte** bei der Heirat **seinen Namen** (Art. 160 Abs. 1 ZGB). Weiterhin möglich ist allerdings die **Wahl eines gemeinsamen Familiennamens** durch entsprechende Erklärung der Brautleute gegenüber dem Zivilstandsbeamten (Art. 160 Abs. 2 ZGB). Tragen die Eltern einen Familiennamen, so erhalten auch die Kinder diesen Namen. Sofern die Ehegatten beide ihren Namen behalten, bestimmen sie bei der Eheschließung, welchen ihrer Ledignamen ihre Kinder tragen sollen (Art. 160 Abs. 3 ZGB). Innerhalb eines Jahres seit der Geburt des ersten Kindes können die Eltern verlangen, dass das Kind den Ledignamen des anderen Elternteils trägt (Art. 270 Abs. 2 ZGB).

2. Doppelname

40   Seit dem Inkrafttreten des neuen Namenrechts am 1.1.2013 gibt es keine Doppelnamen mehr.[66]

3. Allianzname

41   Der **Allianzname** wird dadurch gebildet, dass dem Familiennamen mit Bindestrich jener Name angefügt wird, den der andere Ehegatte als ledig hatte. Heiraten Ulrike Müller und Andreas Wagner und wählen sie Müller zum Familiennamen, lautet der Allianzname somit Müller-Wagner. Der Allianzname kann von beiden Ehepartnern im Rechtsverkehr verwendet werden. Es kommt ihm aber **kein amtlicher Charakter** zu, auch wenn grundsätzlich ein Recht der Ehegatten auf Verwendung des Allianznamens durch die Behörden besteht, namentlich in Ausweisen.[67]

4. Familienname bei Auflösung der Ehe

42   Die Auflösung der Ehe durch den **Tod** eines Ehegatten hat keine namensrechtlichen Auswirkungen. Der überlebende Ehegatte behält den bisher getragenen Familiennamen. Die Rückkehr zu einem früher getragenen Namen ist aber über eine Namensänderung gestützt auf Art. 30 Abs. 1 ZGB möglich.[68]

43   Derjenige Ehegatte, der seinen Namen bei der Eheschließung geändert hat, behält diesen Namen nach der **Scheidung**. Er kann aber gegenüber der Zivilstandsbeamtin bzw. dem Zivilstandsbeamten jederzeit erklären, dass er wieder seinen Ledignamen tragen will (Art. 119 ZGB).

---

64 BGE 131 III, 201 ff.
65 Das Revisionsverfahren ist dokumentiert unter: www.parlament.ch unter dem Stichwort „Name und Bürgerrecht der Ehegatten" oder unter: www.ejpd.admin.ch.
66 *Bühler* in: *Honsell/Vogt/Geiser*, Basler Kommentar zum Schweizerischen Privatrecht, Zivilgesetzbuch I, Art. 1–456, Art. 160 ZGB Rn 4.
67 BGE 120 III, 60, 61 (zum amtlichen Charakter); *Bühler* in: *Honsell/Vogt/Geiser*, Basler Kommentar zum Schweizerischen Privatrecht, Zivilgesetzbuch I, Art. 1–456 ZGB, Art. 160 ZGB Rn 8 ff.
68 *Hausheer/Reusser/Geiser*, Berner Kommentar zu Art. 159–180, Bd. II, Art. 160 ZGB Rn 37.

IV. Eheliche Wohnung und Wohnung der Familie

Die Ehegatten bestimmen die **eheliche Wohnung** gemeinsam (Art. 162 ZGB). Darunter fallen sämtliche Räume, in denen die Ehegatten mit einer gewissen Regelmäßigkeit gemeinsam leben, so dass mehrere eheliche Wohnungen denkbar sind. Unabhängig von der dinglichen bzw. obligatorischen Berechtigung an der ehelichen Wohnung sind beide Ehegatten zu deren Benutzung befugt und beiden steht die Hausgewalt zu (Art. 331 ff. ZGB). Die übereinstimmende Wahl der gemeinsamen Wohnung hat aber weder mietvertragliche noch eigentumsrechtliche Auswirkungen. Insbesondere fällt der Abschluss des Mietvertrages weder unter die ordentliche Vertretungsbefugnis (Art. 166 Abs. 1 ZGB) noch darf aus der gemeinsamen Bestimmung der Wohnung auf eine Ermächtigung zur Vertretung der ehelichen Gemeinschaft i.S.v. Art. 166 Abs. 2 Ziff. 1 ZGB geschlossen werden.[69]

44

Die eheliche Wohnung steht nicht zwingend unter dem Schutz der Wohnung der Familie gem. Art. 169 ZGB und Art. 266m f. OR. Die eheliche Wohnung gilt vielmehr nur dann auch als **Familienwohnung**, wenn sie nach dem Willen der Ehegatten dauernd als gemeinsame Unterkunft dient und dort zudem der Mittelpunkt des Ehe- und Familienlebens liegt. Nicht erforderlich ist das Bestehen einer Familie im herkömmlichen Sinn. Auch ein kinderloses Ehepaar kann m.a.W. über eine Familienwohnung im Sinne des Gesetzes verfügen.[70] Art. 169 ZGB will die Familie vor dem Verlust ihrer Wohnung schützen, indem Rechtsgeschäfte eines Ehegatten, welche an der Familienwohnung bestehende Rechte beschneiden oder aufgeben, nur mit der ausdrücklichen Zustimmung des anderen Ehegatten abgeschlossen werden können. Vermag ein Ehegatte die Zustimmung nicht einzuholen oder wird sie ihm ohne triftigen Grund verweigert, kann er das Eheschutzgericht anrufen (Art. 169 Abs. 2 ZGB; siehe hierzu Rdn 50 ff.). Sowohl die Zustimmung des Ehegatten als auch der das Begehren gutheißende Entscheid des Gerichts wirken im Falle eines bereits abgeschlossenen Rechtsgeschäfts *ex tunc*, verhelfen diesem mithin nachträglich zur Wirksamkeit.[71]

45

V. „Vertretung" der ehelichen Gemeinschaft

Die Regelung von Art. 166 ZGB über die **Vertretung der ehelichen Gemeinschaft** steht im Zusammenhang mit Art. 163 ZGB, wonach beide Ehegatten die Verantwortung für den Unterhalt der Familie tragen. Dies setzt voraus, dass beide Ehegatten unabhängig von ihrer individuellen Finanzkraft und der konkreten Aufgabenteilung zum selbstständigen Abschluss der zur Deckung des Unterhalts erforderlichen Rechtsgeschäfte befugt sind.[72] Gemäß Art. 166 Abs. 1 ZGB vertritt während des Zusammenlebens jeder Ehegatte die eheliche Gemeinschaft für die **laufenden Bedürfnisse der Familie**. Diese **ordentliche Vertretungsbefugnis** gilt für im Zusammenhang mit der häuslichen Gemeinschaft stehende Rechtsgeschäfte der alltäglichen Bedarfsdeckung. Dazu gehören etwa typische Haushalts-

46

---

69 *Hausheer/Reusser/Geiser*, Berner Kommentar zu Art. 159–180, Bd. II, Art. 162 ZGB Rn 24 ff.

70 *Hausheer/Reusser/Geiser*, Berner Kommentar zu Art. 159–180, Bd. II, Art. 169 ZGB Rn 13a ff.

71 Vgl. *Hausheer/Reusser/Geiser*, Berner Kommentar zu Art. 159–180, Bd. II, Art. 169 ZGB Rn 64. Die Rechtsnatur der Zustimmung wird kontrovers beurteilt. Die Mehrzahl der Autoren qualifiziert sie als Beschränkung der Handlungsfähigkeit (was bei fehlender Zustimmung bereits ein gültiges Verpflichtungsgeschäft ausschließt), während andere darin lediglich eine Beschränkung der Dispositionsfreiheit sehen. Für einen Überblick über den Meinungsstand siehe *Hausheer/Reusser/Geiser*, Berner Kommentar zu Art. 159–180, Bd. II, Art. 169 ZGB Rn 37 f.; *Schwander* in: *Honsell/Vogt/Geiser*, Basler Kommentar zum Schweizerischen Privatrecht, Zivilgesetzbuch I, Art. 1–456 ZGB, Art. 169 ZGB Rn 15.

72 Zum Verhältnis zwischen Art. 163 und 166 ZGB siehe *Hausheer/Reusser/Geiser*, Berner Kommentar zu Art. 159–180, Bd. II, Art. 166 ZGB Rn 38.

käufe, der Abschluss von Arzt- und Spitalverträgen für übliche Behandlungen oder Rechtsgeschäfte im Zusammenhang mit der Freizeitgestaltung, nicht aber der Abschluss eines
Mietvertrages über eine Wohnung oder der Kauf teurer Möbel. Der Umfang der laufenden
Bedürfnisse kann nicht generell-abstrakt definiert werden, sondern ist immer mit Blick auf
die Verhältnisse der konkreten Familie festzulegen.[73] Für die übrigen Bedürfnisse der Fami-
lie besteht gem. Art. 166 Abs. 2 ZGB eine **außerordentliche Vertretungsbefugnis** unter
der Voraussetzung einer Ermächtigung durch den anderen Ehegatten oder das Gericht.
Ohne eine solche Ermächtigung ist eine Vertretung nur zulässig, wenn kumulativ zeitliche
Dringlichkeit und Unmöglichkeit der Zustimmungseinholung (z.B. infolge Krankheit oder
Abwesenheit des anderen Ehegatten) gegeben sind.

47   Die **Wirkung der Vertretung** besteht nicht etwa darin, dass die eheliche Gemeinschaft
verpflichtet würde – was die Marginalie des Art. 166 ZGB untechnisch zum Ausdruck
bringt, aber angesichts der fehlenden Rechtspersönlichkeit der ehelichen Gemeinschaft[74]
von vornherein außer Betracht fällt –, sondern vielmehr in der **solidarischen Verpflichtung
des anderen Ehegatten** (Art. 166 Abs. 3 ZGB i.V.m. Art. 143 ff. OR). Die **Haftung** jedes
Ehegatten geht aufs Ganze, bis die Schuld vollständig getilgt ist, und es steht dem Gläubiger
frei, ob er nur einen oder beide Ehegatten belangt und ob er im letzteren Fall von jedem
einen Teil oder das Ganze fordert. Die Solidarhaftung tritt unabhängig davon ein, ob der
Ehegatte im Rahmen der ordentlichen oder der außerordentlichen Vertretungsbefugnis
gehandelt hat. Unerheblich ist auch, ob der Dritte überhaupt wusste, dass sein Geschäftspartner verheiratet ist.[75]

48   **Überschreitet** der handelnde Ehegatte seine **Vertretungsbefugnis**, sind die Rechtsfolgen
davon abhängig, ob der Vertragspartner sich auf seinen **guten Glauben** gem. Art. 3 Abs. 2
ZGB berufen kann. Erkannte der Vertragspartner die Überschreitung nicht und hätte er sie
bei der im Geschäftsverkehr gebotenen Aufmerksamkeit auch nicht zu kennen brauchen,
werden beide Ehegatten solidarisch verpflichtet. Vertretungswirkungen können somit trotz
fehlender Vertretungsbefugnis eintreten. Die Frage der Gutgläubigkeit ist in der Praxis in
erster Linie für die Abgrenzung der laufenden von den übrigen Bedürfnissen relevant. Der
Dritte darf dabei auf die von den Ehegatten zur Schau getragene Lebensführung abstellen.[76]
Im internen Verhältnis ist gestützt auf die von den Ehegatten gewählte Aufgabenteilung
(Art. 163 ZGB) zu entscheiden, wer die Schuld letztlich tragen muss.[77]

VI.   Grundnorm des Eherechts

49   Die Ehegatten sind verpflichtet, das Wohl der ehelichen Gemeinschaft in einträchtigem
Zusammenwirken zu wahren und für die Kinder gemeinsam zu sorgen. Sie schulden einander **Treue und Beistand.** Diese in Art. 159 ZGB – der **Grundnorm des Eherechts** –
niedergelegten Grundsätze gelten als generelle Leitlinien für die eheliche Gemeinschaft. Als
solche dienen sie zur **Auslegung** sämtlicher eherechtlicher Bestimmungen und erforderlichenfalls als Auffangnorm für Ansprüche zwischen den Ehegatten, die sich keiner spezifischen Bestimmung zuordnen lassen oder darüber hinausgehen.[78] So leitet das Bundesgericht

---

73   Zum Ganzen *Hausheer/Reusser/Geiser*, Berner Kommentar zu Art. 159–180, Bd. II, Art. 166 ZGB
Rn 49 ff.
74   *Hausheer/Reusser/Geiser*, Berner Kommentar zu Art. 159–180, Bd. II, Art. 159 ZGB Rn 13.
75   *Hausheer/Reusser/Geiser*, Berner Kommentar zu Art. 159–180, Bd. II, Art. 166 ZGB Rn 87.
76   *Hausheer/Reusser/Geiser*, Berner Kommentar zu Art. 159–180, Bd. II, Art. 166 ZGB Rn 91 m.w.H.
77   *Hausheer/Reusser/Geiser*, Berner Kommentar zu Art. 159–180, Bd. II, Art. 166 ZGB Rn 103 ff., m.w.H.
78   Vgl. *Hausheer/Reusser/Geiser*, Berner Kommentar zu Art. 159–180, Bd. II, Art. 159 ZGB Rn 5.

etwa die Pflicht eines Ehegatten, den anderen beim Unterhalt gegenüber einem außerehelichen Kind zu unterstützen, aus der allgemeinen Beistandspflicht ab.[79] Die eheliche Gemeinschaft ist auch Teil der rechtlich geschützten Persönlichkeit jedes Ehegatten. Wer die eheliche Gemeinschaft stört, begeht daher eine **Persönlichkeitsverletzung** i.S.v. Art. 28 ZGB.[80] Inwieweit zu deren Sanktionierung neben Schadenersatz und (praktisch relevanter) Genugtuung in der Praxis auch Unterlassungsbegehren durchsetzbar sind, ist zweifelhaft.[81] Gegenüber dem an der Persönlichkeitsrechtsverletzung teilnehmenden Ehegatten werden die Ansprüche aus Art. 28 ff. ZGB nach wohl überwiegender Auffassung durch die Bestimmungen des **Eheschutzes** (Art. 171 ff. ZGB) konsumiert.[82] Die Bestimmung über den Schutz der Persönlichkeit gegen Gewalt, Drohungen oder Nachstellungen (Art. 28b ZGB) ist allerdings im Eheschutzverfahren sinngemäß anwendbar (Art. 172 Abs. 3 S. 2 ZGB).

VII. Schutz der ehelichen Gemeinschaft

Um die eheliche Gemeinschaft, die Persönlichkeit des einzelnen Ehegatten und das Kindswohl beim Auftreten von Paar- und Familienkonflikten zu schützen, gewährleistet das ZGB in Art. 171 ff. den Zugang zu Beratungsstellen und die Anrufung des Gerichts. Diese sog. **Eheschutzmaßnahmen** zielen nach der Intention des Gesetzgebers auf Aussöhnung und wollen bestehende Schwierigkeiten beheben bzw. künftige vermeiden.[83] In der Praxis dient ein Eheschutzverfahren aber häufig der Vorbereitung der Scheidung.   50

Voraussetzung für das Tätigwerden des **Eheschutzrichters** ist der **Antrag** eines oder beider Ehegatten sowie die Nichterfüllung familiärer Pflichten oder die Uneinigkeit der Ehegatten in einer für die eheliche Gemeinschaft wichtigen Angelegenheit (Art. 172 Abs. 1 ZGB). Dem Zweck des Eheschutzes entsprechend werden Eheschutzmaßnahmen in einem flexiblen und schnellen summarischen Verfahren angeordnet (vgl. Art. 271 ff. ZPO).[84] Der Eheschutzrichter kann die Ehegatten ermahnen, zwischen ihnen vermitteln und mit ihrem Einverständnis Sachverständige beiziehen oder sie an eine Beratungsstelle verweisen (Art. 172 Abs. 2 ZGB). Bleiben diese nicht autoritativen Maßnahmen ohne Ergebnis oder erweisen sie sich von vornherein als ungeeignet, trifft der Eheschutzrichter im Rahmen der gestellten Anträge[85] die vom Gesetz abschließend vorgesehenen, autoritativen Maßnahmen (Art. 172 Abs. 3 S. 1 ZGB), wobei die Bestimmung des Art. 28b ZGB über den Schutz der Persönlichkeit gegen Gewalt, Drohungen oder Nachstellungen sinngemäß anwendbar ist (Art. 172 Abs. 3 S. 2 ZGB).   51

---

79 BGE 127 III, 68, 71 f.
80 BGE 109 II, 4, 5.
81 BGE 78 II, 289, 292 ff.; *Hausheer/Reusser/Geiser*, Berner Kommentar zu Art. 159–180, Bd. II, Art. 159 ZGB Rn 12.
82 BGE 78 II, 289, 296 ff.; *Hausheer/Reusser/Geiser*, Berner Kommentar zu Art. 159–180, Bd. II, Art. 159 ZGB Rn 12.
83 BGE 116 II, 21, 28.
84 *Siehr/Bähler* in: *Spühler/Tenchio/Infanger*, Basler Kommentar zur Schweizerischen Zivilprozessordnung, Art. 271 ZPO Rn 1 ff.
85 Wird der gemeinsame Haushalt aufgehoben (Art. 175 f. ZGB) und sind davon minderjährige Kinder betroffen, trifft das Eheschutzgericht von Amtes wegen die erforderlichen Maßnahmen (Art. 176 Abs. 3 ZGB). Insofern entfällt die Bindung an die Anträge des/der Ehegatten. Vgl. *Schwander* in: *Honsell/ Vogt/Geiser*, Basler Kommentar zum Schweizerischen Privatrecht, Zivilgesetzbuch I, Art. 1–456 ZGB, Art. 176 ZGB Rn 11.

52 Autoritative Eheschutzmaßnahmen sind insbesondere in Art. 173–178 ZGB verankert und sehen Folgendes vor:
- Festsetzung von Geldleistungen während des Zusammenlebens (Art. 173 ZGB);
- Entzug der Vertretungsbefugnis eines Ehegatten (Art. 174 ZGB);
- Regelung des Getrenntlebens bei begründeter Aufhebung des gemeinsamen Haushalts (Art. 175 f. ZGB);
- Anweisungen an die Schuldner eines Ehegatten (Art. 177 ZGB); und
- Beschränkung der Verfügungsbefugnis eines Ehegatten (Art. 178 ZGB).

53 Das Gesetz statuiert aber etwa auch in Art. 166 Abs. 2 Ziff. 1 ZGB (Ermächtigung eines Ehegatten zur Vertretung der ehelichen Gemeinschaft), Art. 169 Abs. 2 ZGB (Ermächtigung eines Ehegatten, über die Familienwohnung zu verfügen) und Art. 170 ZGB (Verpflichtung eines Ehegatten oder Dritter zur Auskunftserteilung gegenüber dem anderen Ehegatten) richterliche Eheschutzmaßnahmen.

VIII. Möglichkeiten vertraglicher Gestaltung

1. Ehevertrag

54 Innerhalb der gesetzlichen Schranken können Brautleute[86] oder Ehegatten ihren **Güterstand** wählen, aufheben oder ändern, indem sie einen öffentlich beurkundeten **Ehevertrag** abschließen (Art. 182–184 ZGB). Zum Inhalt des Ehevertrages kann nur werden, was gesetzlich vorgesehen ist (Art. 182 Abs. 2 ZGB). Damit wird insbesondere der Grundsatz der Typengebundenheit zum Ausdruck gebracht, wonach Kombinationen zwischen verschiedenen Güterständen unzulässig sind. Der Ehevertrag ist i.d.R. Verpflichtungs- und Verfügungsgeschäft zugleich. Bei der Vereinbarung einer Gütergemeinschaft bewirkt deshalb bereits der Abschluss des Ehevertrages den Übergang von Allein- zu Gesamteigentum (vgl. Art. 665 Abs. 3 ZGB). Gegenstand des Ehevertrages bilden **güterrechtliche Anordnungen**, nicht aber Vereinbarungen zum übrigen ehelichen Vermögensrecht. Die diesbezüglichen gesetzlichen Bestimmungen sind teilweise zwingender Natur (z.B. Art. 169 ZGB) und als solche keiner vertraglichen Regelung zugänglich oder sie verlangen formlose, veränderten Verhältnissen leicht anpassbare **Absprachen** (siehe hierzu Rdn 57). Solche Abreden können zwar in den Ehevertrag aufgenommen werden, sie nehmen aber insofern nicht an dessen Gehalt teil, als ihre formlose und selbstständige Abänderung jederzeit möglich bleibt.[87]

2. Wahl und Wechsel des Güterstandes

55 Wollen die Ehegatten ihre güterrechtlichen Verhältnisse nicht dem ordentlichen Güterstand der Errungenschaftsbeteiligung – der mangels anderer Abrede von Gesetzes wegen gilt (vgl. Art. 181 ZGB) – unterstellen, können sie auf den Zeitpunkt der Eheschließung hin die **Gütergemeinschaft** (Art. 221 ff. ZGB) oder die **Gütertrennung** (Art. 247 ff. ZGB) **wählen**. Auch ein **Wechsel des Güterstandes** ist grundsätzlich jederzeit möglich. Eine Ausnahme gilt für Ehegatten, die ursprünglich dem Güterstand der Gütergemeinschaft unterstanden. Ist infolge der Konkurseröffnung über einen Ehegatten die Gütertrennung eingetreten (Art. 188 ZGB) oder wurde die Gütertrennung aufgrund der Pfändung des Gesamtgutan-

---

86 Der von Brautleuten geschlossene Ehevertrag steht unter der Suspensivbedingung des späteren Eheschlusses. Vgl. *Hausheer/Aebi-Müller* in: *Honsell/Vogt/Geiser*, Basler Kommentar zum Schweizerischen Privatrecht, Zivilgesetzbuch I, Art. 1–456 ZGB, Art. 182 ZGB Rn 15.

87 *Hausheer/Geiser/Aebi-Müller*, Das Familienrecht des Schweizerischen Zivilgesetzbuches, § 11 Rn 11.21.

teils eines Ehegatten gerichtlich angeordnet (Art. 189 ZGB), ist ein neuerlicher Wechsel zur Gütergemeinschaft nur nach Befriedigung der Gläubiger auf gerichtliche Anordnung hin möglich (Art. 191 Abs. 1 ZGB). Einem ehevertraglichen Wechsel zur Errungenschaftsbeteiligung steht demgegenüber nichts entgegen, da damit keine Verschlechterung der Gläubigerstellung verbunden ist (Art. 191 Abs. 2 ZGB).

3. Modifikationen des Güterstandes

Das Gesetz sieht verschiedene Möglichkeiten der **Güterstandsmodifikation** vor: Gestützt 56 auf Art. 199 Abs. 1 ZGB kann im Rahmen der **Errungenschaftsbeteiligung** der Umfang des Eigenguts vergrößert werden, indem Vermögenswerte der Errungenschaft, die für die Ausübung eines Berufs oder zum Betrieb eines Geschäfts bestimmt sind, ins Eigengut überführt werden. Die Ehegatten können sodann vereinbaren, dass Erträge aus dem Eigengut nicht in die Errungenschaft fallen (Art. 199 Abs. 2 ZGB). Ehegatten, die ihre güterrechtlichen Verhältnisse der **Gütergemeinschaft** unterstellen, wählen bei der Begründung des Güterstandes eines der drei gesetzlich vorgesehenen Modelle der Gütergemeinschaft. Das einmal gewählte Modell kann später ehevertraglich wieder modifiziert werden. Anstelle der allgemeinen Gütergemeinschaft (Art. 222 Abs. 1 ZGB) können die Ehegatten die Gemeinschaft auf die Errungenschaft beschränken (Art. 223 i.V.m. Art. 197 ZGB) oder bestimmte Vermögenswerte oder Arten von Vermögenswerten von der Gemeinschaft ausschließen (Art. 224 Abs. 1 ZGB). Bei dieser „Ausschlussgemeinschaft" kann dem Eigengut mehr zugeordnet werden als beim ordentlichen Güterstand. Zudem fallen ohne gegenteilige Abrede auch die Erträge der ausgeschlossenen Vermögenswerte nicht in das Gesamtgut (Art. 224 Abs. 2 ZGB). Die weiteren vom Gesetz zugelassenen Modifikationen der Güterstände betreffen die **Modalitäten ihrer Auflösung** (siehe hierzu Rdn 132). Die **Gütertrennung** ist keiner ehevertraglichen Änderung zugänglich.

4. Nicht formbedürftige Vereinbarungen unter den Ehegatten

Das Eherecht sieht zahlreiche **Vereinbarungen** und rechtsgeschäftliche Erklärungen der 57 Ehegatten vor, die **formfrei** wirksam sind. Unabhängig vom anwendbaren Güterstand betrifft dies die Verständigung über den Unterhalt der Familie (Art. 163 ZGB), die Vereinbarung über den Betrag zur freien Verfügung des den Haushalt führenden bzw. im Beruf oder Gewerbe des anderen mithelfenden Ehegatten (Art. 164 ZGB), die Vereinbarung einer Entschädigung für außerordentliche Beiträge eines Ehegatten (Art. 165 ZGB), die Ermächtigung zur Vertretung der ehelichen Gemeinschaft über die laufenden Bedürfnisse hinaus (Art. 166 ZGB), die Zustimmung zu Rechtsgeschäften betreffend die Wohnung der Familie (Art. 169 ZGB) und die Überlassung der Vermögensverwaltung an den anderen Ehegatten (Art. 195 ZGB). Leben die Ehegatten unter dem Güterstand der **Errungenschaftsbeteiligung**, kommen die generelle oder einzelfallbezogene Zustimmung zu Verfügungen über einen Miteigentumsanteil (Art. 201 ZGB) sowie die Vereinbarung eines Zahlungsaufschubes bezüglich zwischen den Ehegatten bestehenden Schulden (Art. 203 ZGB) hinzu. Haben die Ehegatten die **Gütergemeinschaft** gewählt, kommen die außerordentliche Verwaltung des Gesamtguts (Art. 228 ZGB), die Zustimmung zur Ausübung eines Berufs oder Gewerbes mit Mitteln des Gesamtguts (Art. 229 ZGB), die Zustimmung zur Ausschlagung und Annahme bestimmter Erbschaften (Art. 230 ZGB) und die Vereinbarung eines Zahlungsaufschubes bei zwischen den Ehegatten bestehenden Schulden (Art. 235 ZGB) in Betracht.

Kommt die **Gütertrennung** zur Anwendung, ist lediglich die Vereinbarung eines Zahlungsaufschubes für Schulden zwischen den Ehegatten vorgesehen (Art. 250 ZGB).[88]

5. Ehegattengesellschaft

58 Soweit die zwingenden Bestimmungen der allgemeinen Ehewirkungen und des Güterrechts es zulassen, bleibt den Ehegatten die privatautonome Gestaltungsfreiheit untereinander und mit Dritten erhalten (Art. 168 ZGB). Die Ehegatten können somit nach den allgemeinen Regeln des Sachen- und des Obligationenrechts insbesondere gemeinschaftliches Vermögen[89] und gemeinschaftliche Verbindlichkeiten begründen.[90] In verschiedenen Kantonen ist denn auch der Erwerb der Familienwohnung (oder anderer Grundstücke) zu gemeinschaftlichem Eigentum häufig anzutreffen. Der durch eine solche **Ehegattengesellschaft** (vgl. Art. 530 ff. OR) ergänzte Güterstand[91] rückt zwar den Gemeinschaftsgedanken in den Vordergrund, erweist sich aber bei unterschiedlicher wirtschaftlicher Leistungsfähigkeit der Ehegatten oftmals als problematisch, sobald die Gesellschaft aufgelöst wird.[92]

IX. Internationales Recht

1. Zuständigkeit

a) Nach vereinheitlichtem Recht

59 Die Zuständigkeit[93] für die **Kindesbelange** – namentlich für Anordnungen der Kinderzuteilung, für die Regelung des Besuchsrechts und für sämtliche weiteren Kindesschutzmaßnahmen (vgl. Art. 176 Abs. 3 ZGB) – richtet sich zwingend nach den Bestimmungen des Haager Übereinkommens vom 19.10.1996 über die Zuständigkeit der Behörden und das anzuwendende Recht auf dem Gebiet der elterlichen Verantwortung und der Maßnahmen zum Schutz von Kindern (Art. 85 IPRG).[94] Dadurch wird die Zuständigkeit für Kindesbelange einerseits und für andere Folgen der Aufhebung des gemeinsamen Haushalts andererseits u.U. aufgespalten. Im Verhältnis zu den übrigen Konventionsstaaten des LugÜ richtet sich

---

88 Vgl. zum Ganzen *Wissmann*, ZBGR (67) 1986, S. 321 ff., 342 f. Die Einräumung von Fristen für die Bezahlung von Geldschulden oder für die Erstattung geschuldeter Sachen kann indes auch beim Richter beantragt werden (vgl. Art. 203 Abs. 2, Art. 235 Abs. 2 und Art. 250 Abs. 2 ZGB).

89 Entweder Miteigentum (Art. 646–651a ZGB) oder Gesamteigentum (Art. 652–654a ZGB).

90 *Isenring/Kessler* in: Honsell/Vogt/Geiser, Basler Kommentar zum Schweizerischen Privatrecht, Zivilgesetzbuch I, Art. 1–456 ZGB, Art. 168 ZGB Rn 1 ff., m.w.H.

91 Die Ehegattengesellschaft ist ganz überwiegend im Rahmen der Errungenschaftsbeteiligung anzutreffen. Ehegatten unter Gütergemeinschaft benötigen das Institut der Ehegattengesellschaft angesichts der dem Güterstand inhärenten Gesamteigentumsbegründung nicht und den Intentionen von Ehegatten unter Gütertrennung widerspricht die Begründung gemeinschaftlichen Eigentums regelmäßig.

92 Dazu eingehend und mit Berechnungsbeispielen *Hausheer/Lindenmeyer Lieb* in: Wolf, Güter- und erbrechtliche Fragen zur einfachen Gesellschaft und zum bäuerlichen Bodenrecht, S. 1 ff., und neuerdings *Aebi-Müller/Wolf* in: Wolf, Gemeinschaftliches Eigentum unter Ehegatten, eingetragenen Partnern und nichtehelichen Lebenspartnern – EU-Erbrechtsverordnung, S. 1 ff. Vgl. auch *Wolf/Dorjee-Good* in: Süß, Erbrecht in Europa, Länderbericht Schweiz, S. 1183 f. Rn 147 ff.

93 Die kollisionsrechtlichen Folgen der Eheschließung sind derart komplex, dass sie in der hier gebotenen Kürze nur im Sinne eines groben Überblicks dargestellt werden können. Es ist unumgänglich, im konkreten Fall die Spezialliteratur, namentlich den Zürcher Kommentar zum IPRG, den Basler Kommentar zum Internationalen Privatrecht oder den einschlägigen ZGB-Artikel in *Hausheer/Reusser/Geiser*, Berner Kommentar zu Art. 159–180 ZGB, Bd. II, zu konsultieren.

94 SR 0.211.231.011.

die Zuständigkeit für **Unterhaltsstreitigkeiten (Ehegatten- und Kindesunterhalt)** nach dem LugÜ; dies gilt auch dann, wenn die Unterhaltsstreitigkeit nur eine von mehreren Eheschutzmaßnahmen bildet.[95]

b) Nach autonomem IPR

Gemäß Art. 46 IPRG sind für Klagen oder Maßnahmen betreffend die **ehelichen Rechte und Pflichten** die schweizerischen Gerichte oder Behörden am Wohnsitz oder, mangels eines solchen, diejenigen am gewöhnlichen Aufenthalt eines der Ehegatten zuständig. Ist wenigstens einer der Ehegatten Schweizer Bürger und ein Verfahren im Ausland unmöglich oder unzumutbar,[96] sieht Art. 47 IPRG subsidiär eine Heimatzuständigkeit an dessen Heimatort vor. Die Subsidiarität der Heimatzuständigkeit hat zur Folge, dass der im Ausland lebende Ehegatte seinen Heimatrichter nur unter der Voraussetzung anrufen kann, dass der andere Ehegatte nicht selbst über einen Wohnsitz oder Aufenthalt in der Schweiz verfügt. Da das IPRG die aus der Ehe fließenden Rechte und Pflichten grundsätzlich im Zusammenhang mit der sich konkret stellenden Rechtsfrage anknüpft, gilt diese Zuständigkeitsordnung nur für die persönlichen Ehewirkungen im engeren Sinn. Für die übrigen dargestellten Ehefolgen (siehe Rdn 17–53), über die im Streitfall regelmäßig im Rahmen von **Eheschutzmaßnahmen** zu entscheiden ist, bleibt Art. 46 IPRG aber grundsätzlich maßgebend.[97] Folgende Besonderheiten sind allerdings zu beachten: Wird eine Auskunftserteilung (Art. 170 ZGB) in einem anderen Verfahren (z.B. einem Ehescheidungsverfahren) verlangt, richtet sich die Zuständigkeit nach den dafür maßgebenden Bestimmungen. Muss über eine Maßnahme vorfrageweise entschieden werden, folgt die Zuständigkeit der Hauptsache.[98]

60

Für den **(Familien-)Namen** gilt eine Sonderanknüpfung: Er ist den namensrechtlichen Bestimmungen von Art. 37 ff. IPRG unterstellt. Für das Gesuch der Ehegatten um Namensänderung sind die schweizerischen Behörden am Wohnsitz des Gesuchstellers zuständig (Art. 38 Abs. 1 IPRG). Hat eine Person nirgends einen Wohnsitz, ist gem. Art. 20 Abs. 2 IPRG stattdessen ihr gewöhnlicher Aufenthalt entscheidend. Auslandschweizern wird zudem ein Heimatgerichtsstand zur Verfügung gestellt (Art. 38 Abs. 2 IPRG). Für das von den Ehegatten gemeinsam einzureichende Gesuch um Namensänderung genügt es zur Begründung einer schweizerischen Zuständigkeit, wenn nur einer der Ehegatten Wohnsitz bzw. Aufenthalt in der Schweiz hat oder Schweizer Bürger ist.[99]

61

---

95 Der Anspruch auf angemessene Entschädigung gem. Art. 165 ZGB hat keine Unterhaltsfunktion. Die Zuständigkeit für die Beurteilung von Klagen gestützt auf diese Bestimmung richtet sich deshalb nach Art. 46 IPRG. Vgl. dazu oben Rdn 60 und *Hausheer/Reusser/Geiser*, Berner Kommentar zu Art. 159–180, Bd. II, Art. 165 ZGB Rn 58.

96 Zum Erfordernis des fehlenden Rechtsschutzes im Ausland siehe *Volken* in: *Girsberger/Heini/Keller/Kren Kostkiewicz/Siehr/Vischer/Volken*, Zürcher Kommentar zum IPRG, Art. 47 IPRG Rn 16 ff.

97 Vgl. *Volken* in: *Girsberger/Heini/Keller/Kren Kostkiewicz/Siehr/Vischer/Volken*, Zürcher Kommentar zum IPRG, Vor Art. 43–65 IPRG Rn 20 ff., m.w.H. Das gilt insbesondere für die Anordnung der Gütertrennung im Eheschutzverfahren (Art. 51 lit. c IPRG); vgl. *Hausheer/Reusser/Geiser*, Berner Kommentar zu Art. 159–180, Bd. II, Art. 180 ZGB Rn 32.

98 Dies gilt beispielsweise, wenn streitig ist, ob der Vertragspartner ohne Zustimmung des anderen Ehegatten Rechte an der Familienwohnung erwerben konnte. Siehe zum Ganzen *Hausheer/Reusser/Geiser*, Berner Kommentar zu Art. 159–180 ZGB, Bd. II, Art. 180 ZGB Rn 28, m.w.H.

99 *Vischer* in: *Girsberger/Heini/Keller/Kren Kostkiewicz/Siehr/Vischer/Volker*, Zürcher Kommentar zum IPRG, Art. 38 IPRG Rn 3 f.

2. Anwendbares Recht

62 Die Ehegatten können ihre **güterrechtlichen Verhältnisse** mittels **Rechtswahl** dem Recht ihres jetzigen bzw. zukünftigen gemeinsamen Wohnsitzes oder einem ihrer Heimatrechte unterstellen (Art. 52 IPRG). Im letzteren Fall kommt es auf die effektive Staatsangehörigkeit nicht an (vgl. Art. 23 Abs. 2 IPRG). Die Rechtswahl muss die Schriftform wahren und kann jederzeit getroffen oder geändert werden. Erfolgt sie nach Abschluss der Ehe, wirkt sie vorbehaltlich einer anders lautenden Abrede auf den Zeitpunkt der Eheschließung zurück (Art. 53 IPRG).[100] Ohne solche Rechtswahl bestimmt sich das anwendbare Recht gem. Art. 54 IPRG primär nach dem tatsächlichen bzw. letzten gemeinsamen Wohnsitz der Ehegatten. Dabei gilt es, den in Art. 55 IPRG statuierten Grundsatz der Wandelbarkeit des Güterrechtsstatuts zu beachten. Demnach hat die Begründung eines neuen Wohnsitzes rückwirkend auf den Zeitpunkt der Eheschließung einen Statutenwechsel zur Folge. Diesen können die Ehegatten durch schriftliche Vereinbarung ausschließen (Art. 55 IPRG). Hatten die Ehegatten nie einen Wohnsitz im gleichen Staat, ist subsidiär ihr gemeinsames Heimatrecht anwendbar. Kommt keine dieser Anknüpfungen zum Zug, gilt Gütertrennung (Art. 247 ff. ZGB).

63 Für **Unterhaltsansprüche** von Ehegatten und Kindern gilt das Haager Übereinkommen vom 2.10.1973 über das auf die Unterhaltspflichten anzuwendende Recht (Art. 49 und 83 IPRG).[101] Nur im Verhältnis zu Österreich, Belgien und Liechtenstein ist auf das Haager Übereinkommen vom 24.10.1956 über das auf Unterhaltsverpflichtungen gegenüber Kindern anzuwendende Recht abzustellen.[102]

64 Das anwendbare Recht hinsichtlich der **Kindesbelange** richtet sich mit Ausnahme des Unterhalts nach dem Haager Übereinkommen vom 19.10.1996 über die Zuständigkeit der Behörden und das anzuwendende Recht auf dem Gebiet der elterlichen Verantwortung und der Maßnahmen zum Schutz von Kindern (Art. 85 IPRG).[103]

65 Der **(Familien-)Name** wird gem. Art. 37 Abs. 1 IPRG selbstständig angeknüpft. Für Personen mit Wohnsitz in der Schweiz ist schweizerisches Recht, für solche mit Wohnsitz im Ausland dasjenige Recht anwendbar, auf welches das Kollisionsrecht des Wohnsitzstaates verweist. Ein **Renvoi** auf das schweizerische Recht ist demnach zu beachten. Grundsätzlich bestimmt sich das anwendbare Recht zum Zeitpunkt des namensrechtlichen Ereignisses, im vorliegenden Kontext also zum Zeitpunkt der Eheschließung oder Eheauflösung. Steht jedoch aus Anlass der Heirat ein Wohnsitzwechsel unmittelbar bevor, ist das Recht des zukünftigen Wohnsitzes anzuwenden.[104] Art. 37 Abs. 2 IPRG erlaubt sodann Schweizern wie Ausländern eine Rechtswahl zugunsten ihres Heimatrechts. Die Voraussetzungen und Wirkungen einer Namensänderung bestimmen sich nach schweizerischem Recht (Art. 38 Abs. 3 IPRG).[105]

66 Für die **übrigen Rechte und Pflichten** der Ehegatten, die Gegenstand von **Eheschutzmaßnahmen** sein können, bestimmt regelmäßig Art. 48 IPRG das anwendbare Recht. Gemäß der darin vorgesehenen Kaskadenanknüpfung gilt primär das Recht des Staates, in dem die

---

100 Vereinbaren die Ehegatten zugleich einen vertraglichen Güterstand der gewählten Rechtsordnung, müssen sie die Form des Ehevertrages beachten (vgl. Art. 56 IPRG).
101 SR 0.211.213.01.
102 SR 0.211.221.431.
103 SR 0.211.231.011.
104 BGE 116 II, 202 ff.
105 Zum Ganzen BGer vom 24.5.2005, 5A.4/2005 sowie *Hausheer/Reusser/Geiser*, Berner Kommentar zu Art. 159–180 ZGB, Bd. II, Art. 160 ZGB Rn 61 ff., je m.w.H.

Ehegatten ihren Wohnsitz haben (Abs. 1). Liegt dieser in verschiedenen Staaten, ist auf dasjenige Wohnsitzrecht abzustellen, mit dem der Sachverhalt in engerem Zusammenhang steht (Abs. 2). Wenn der angerufene Richter in seiner Funktion als Heimatrichter (Art. 47 IPRG) amtet, kommt immer schweizerisches Recht zur Anwendung (Abs. 3).

3. Anerkennung

Für die **Anerkennung** von in einem Vertragsstaat ergangenen **Unterhaltsentscheidungen** sind das Haager Übereinkommen über die Anerkennung und Vollstreckung von Unterhaltsentscheidungen vom 2.10.1973[106] sowie das LugÜ maßgebend. Die Anerkennung von Unterhaltsentscheidungen aus Nichtvertragsstaaten richtet sich nach Art. 50 i.V.m. Art. 25 ff. IPRG (Ehegattenunterhalt) bzw. nach Art. 84 i.V.m. Art. 25 ff. IPRG (Kindesunterhalt). Die Anerkennung ausländischer Entscheidungen in **Kindesbelangen** richtet sich – mit Ausnahme von Unterhaltsentscheidungen – nach dem Haager Übereinkommen vom 19.10.1996 über die Zuständigkeit der Behörden und das anzuwendende Recht auf dem Gebiet der elterlichen Verantwortung und der Maßnahmen zum Schutz von Kindern (Art. 85 IPRG).[107] Zu beachten sind sodann das Europäische Kindesentführungsabkommen über die Anerkennung und Vollstreckung von Entscheidungen über das Sorgerecht für Kinder vom 20.5.1980,[108] das Haager Übereinkommen über die zivilrechtlichen Aspekte internationaler Kindesentführungen vom 25.10.1980,[109] das Bundesgesetz über internationale Kindesentführung und die Haager Übereinkommen zum Schutz von Kindern und Erwachsenen vom 21.12.2007.[110] Im Übrigen gilt Art. 50 i.V.m. Art. 25 ff. IPRG, wonach ausländische Entscheidungen und Maßnahmen, in denen über eine Rechtsfrage betreffend die **persönlichen Ehewirkungen** entschieden worden ist, in der Schweiz anerkannt werden, sofern sie im Staat des Wohnsitzes oder des gewöhnlichen Aufenthalts eines Ehegatten ergangen sind. Zur Anerkennung ausländischer Entscheidungen vgl. die allgemeinen Ausführungen in Rdn 13 ff.

X. Erbrechtliche Auswirkungen der Ehe

Der überlebende Ehegatte hat die Stellung eines **gesetzlichen Erben**. Seine Erbquote ist davon abhängig, mit wem er die Erbschaft teilen muss. Sind auch Nachkommen zur Erbfolge berufen, umfasst der Erbanteil des überlebenden Ehegatten die Hälfte des Nachlasses. Muss er mit Erben des elterlichen Stammes teilen, erhöht sich die Quote auf Dreiviertel des Nachlasses. Sind weder Erben der ersten noch solche der zweiten Parentel vorhanden, erstreckt sich der Erbanspruch des überlebenden Ehegatten auf den gesamten Nachlass (Art. 462 ZGB). Der gesetzliche Erbanteil des überlebenden Ehegatten ist zudem im Umfang von einem Zweitel pflichtteilsgeschützt (Art. 471 Ziff. 3 ZGB). Diese gebundene Quote ist einer Verfügung des Erblassers entzogen.[111] [112]

---

106 SR 0.211.213.02.

107 SR 0.211.231.011.

108 SR 0.211.230.01.

109 SR 0.211.230.02.

110 SR 211.222.32.

111 Vgl. *Wolf/Dorjee-Good* in: *Süß*, Erbrecht in Europa, Länderbericht Schweiz, S. 1141 ff. Rn 1 ff., insbesondere S. 1158 ff. Rn 60 ff. und S. 1167 ff. Rn 91 ff.

112 Am 4.3.2016 sind ein Vorentwurf und ein erläuternder Bericht des Bundesrates veröffentlicht worden. Dabei wird auch eine Revision des Erbrechts des überlebenden Ehegatten vorgeschlagen. Vgl. dazu das Dossier „Erbrecht" auf der Website des Eidgenössischen Justiz- und Polizeidepartements: www.ejpd.admin.ch.

69   Im Falle einer **Scheidung** erlischt das gegenseitige Erbrecht der Ehegatten im Zeitpunkt
      der Rechtskraft des Scheidungsurteils.[113] Haben die Ehegatten vor der Rechtshängigkeit des
      Scheidungsverfahrens Verfügungen von Todes wegen errichtet, können sie daraus keine
      Ansprüche ableiten (Art. 120 Abs. 2 ZGB). Das Gesetz geht somit von der Vermutung aus,
      dass erbrechtliche Anordnungen zwischen Ehegatten den Bestand der Ehe zur Bedingung
      machen. Im Falle einer anders lautenden Anordnung sind die erbrechtlichen Verfügungen
      aber zu beachten; die fragliche Bestimmung ist m.a.W. nicht zwingender Natur.[114] Indem
      Art. 120 Abs. 2 ZGB seinen Geltungsbereich ausdrücklich auf vor der Anhängigmachung
      des Scheidungsverfahrens errichtete Verfügungen von Todes wegen beschränkt, wird den
      einvernehmlich scheidenden Ehegatten im Rahmen der Scheidungsfolgen ein zusätzliches
      Gestaltungsmittel belassen.[115]

XI. Sozialversicherungsrechtliche Auswirkungen der Ehe

70   Die **Altersvorsorge** in der Schweiz basiert auf dem **Drei-Säulen-Prinzip:** Die AHV/IV
      (1. Säule) dient der Existenzsicherung, die berufliche Vorsorge (2. Säule) soll die Fortführung
      der gewohnten Lebenshaltung ermöglichen und die freiwillige Selbstvorsorge (3. Säule)
      allfällige Vorsorgelücken schließen. Das Drei-Säulen-Prinzip wird durch die **Unfallversi-
      cherung** und die **Militärversicherung** ergänzt. Die dem Berechtigten aus diesen **Sozialver-
      sicherungen**[116] zustehenden, schematisierten Hinterlassenenleistungen sollen den entstan-
      denen Versorgerschaden decken oder mindern.

71   Der Vorsorgeschutz der 1. Säule ist für Personen, die in der Schweiz Wohnsitz haben oder
      einer Erwerbstätigkeit nachgehen, sowie unter bestimmten Voraussetzungen für im Ausland
      tätige Personen obligatorisch (Art. 1a **AHVG**).[117] Zudem besteht die Möglichkeit eines
      Beitritts zur freiwilligen Versicherung (Art. 2 AHVG). Verstirbt der Versicherte, hat der
      überlebende Ehegatte unter der Voraussetzung, dass er im Zeitpunkt der Verwitwung Kin-
      der hat, Anspruch auf eine Witwen- oder Witwerrente. Kinderlose Witwen – nicht aber
      Witwer –, welche im Zeitpunkt der Verwitwung das 45. Altersjahr vollendet haben und
      mindestens fünf Jahre verheiratet gewesen sind, sind ebenfalls anspruchsberechtigt. Der
      Rentenanspruch erlischt mit der Wiederverheiratung[118] und mit dem Tod des Berechtigten,
      für Witwer zudem, sobald das jüngste Kind das 18. Altersjahr vollendet hat (Art. 23 f.
      AHVG).

72   Der 2. Säule unterstehen alle Arbeitnehmer, welche das 17. Lebensjahr überschritten haben
      und einen Jahreslohn von mehr als 21.150 Fr. beziehen (Art. 2 **BVG**), sowie unter bestimm-

---

113 Stirbt ein Ehegatte während hängigem Scheidungsverfahren bzw. vor Rechtskraft des Scheidungsurteils,
     bleibt er Erbe, sofern die Ehegatten nicht vorher einen gegenseitigen Erbverzichtsvertrag (Art. 495
     ZGB) abgeschlossen haben. Je nach den konkreten Umständen kommt auch eine Enterbung (Art. 477
     ZGB) in Betracht. Vgl. zum Ganzen *Steck* in: *Honsell/Vogt/Geiser,* Basler Kommentar zum Schweize-
     rischen Privatrecht, Zivilgesetzbuch I, Art. 1–456 ZGB, Art. 120 ZGB Rn 18.
114 Vgl. BGE 122 III, 308 ff. (zum alten Recht) und *Steck* in: *Honsell/Vogt/Geiser,* Basler Kommentar zum
     Schweizerischen Privatrecht, Zivilgesetzbuch I, Art. 1–456 ZGB, Art. 120 ZGB Rn 20.
115 Vgl. *Steck* in: *Honsell/Vogt/Geiser,* Basler Kommentar zum Schweizerischen Privatrecht, Zivilgesetz-
     buch I, Art. 1–456 ZGB, Art. 120 ZGB Rn 22.
116 Zum Ganzen *Locher/Gächter,* Grundriss des Sozialversicherungsrechts, § 51 Rn 1 ff.; *Aebi-Müller,* Die
     optimale Begünstigung der überlebenden Ehegatten, Rn 02.01 ff., Rn 09.04 ff. Zur Koordination der
     Leistungen vgl. auch das ATSG.
117 Zur Rentenberechtigung insbesondere von Ausländern siehe auch Art. 18 AHVG.
118 Gemäß Art. 23 Abs. 5 AHVG i.V.m. Art. 46 Abs. 3 AHVV lebt die Rente wieder auf, wenn die neue
     Ehe nach weniger als zehnjähriger Dauer geschieden oder ungültig erklärt wird.

ten Voraussetzungen auch selbstständig Erwerbende (Art. 3 BVG). Eine freiwillige Unterstellung unter die Versicherung ist auch im Rahmen der 2. Säule möglich (Art. 4 BVG). War der verstorbene Ehegatte im Zeitpunkt des Todes versichert (vgl. Art. 18 BVG mit weiteren Alternativen), hat der überlebende Ehegatte Anspruch auf eine Witwen- oder Witwerrente, wenn er entweder beim Tod des Ehegatten für den Unterhalt mindestens eines Kindes aufkommen muss oder älter als 45 Jahre ist und die Ehe mindestens fünf Jahre gedauert hat. Andernfalls erhält der überlebende Ehegatte eine einmalige Abfindung in Höhe von drei Jahresrenten (Art. 19 BVG). Gemäß Art. 22 Abs. 2 BVG erlischt der Rentenanspruch mit dem Tod oder der Wiederverheiratung des Berechtigten. Ein Wiederaufleben der Rente ist nicht vorgesehen.[119]

Durch die **Unfallversicherung** sind in der Schweiz beschäftigte Arbeitnehmer obligatorisch   73
gegen Berufs- und Nichtberufsunfälle sowie gegen die Folgen von Berufskrankheiten versichert. Selbstständig Erwerbende können sich freiwillig versichern (vgl. Art. 1a, 4 und 6 UVG). Stirbt der Versicherte an den Folgen eines Unfalls oder einer Berufskrankheit, hat der überlebende Ehegatte Anspruch auf eine Rente oder eine Abfindung. Der Anspruch erlischt insbesondere mit der Wiederverheiratung (vgl. Art. 29 UVG).[120]

Tritt der Tod als Folge einer im Militärdienst eingetretenen Gesundheitsschädigung ein,   74
wird dem überlebenden Ehegatten von der **Militärversicherung** eine Hinterlassenenrente ausgerichtet (Art. 51 f. **MVG**).

XII. Aufenthaltsrecht

Heiratet ein ausländischer Staatsangehöriger einen Schweizer Bürger, hat er Anspruch auf   75
Erteilung und Verlängerung einer **Aufenthaltsbewilligung** (Art. 42 Abs. 1 AuG). Der ab dem Zeitpunkt der Eheschließung gerechnete, ununterbrochene fünfjährige Aufenthalt in der Schweiz berechtigt sodann zu einer **Niederlassungsbewilligung** (Art. 42 Abs. 3 AuG).

Im Gegensatz zur unbefristeten Niederlassungsbewilligung, auf die sich der ausländische   76
Staatsangehörige auch nach der Scheidung berufen kann,[121] ist die **Aufenthaltsbewilligung** stets **befristet** (vgl. Art. 32 Abs. 1 und Art. 33 Abs. 3 AuG). Bei einer Scheidung, einer Ehetrennung oder dem Tod des Schweizer Ehegatten stellt sich daher die Frage, ob die Aufenthaltsbewilligung – die dem ausländischen Staatsangehörigen erteilt wurde, um die eheliche Gemeinschaft zu leben – weiterhin verlängert wird. Die Berufung auf Art. 42 AuG ist in solchen Fällen nicht mehr möglich,[122] so dass die kantonalen Behörden gestützt auf Art. 40 AuG über die Erteilung der Aufenthaltsbewilligung zu befinden haben. Für EU-Bürger gilt das Freizügigkeitsabkommen zwischen der Schweiz und der EU bzw. deren Mitgliedstaaten.[123]

XIII. Staatsangehörigkeit

Durch die **Heirat** mit einer Schweizerin oder einem Schweizer erwirbt der ausländische   77
Staatsangehörige **nicht automatisch** das **Schweizer Bürgerrecht**. Eine erleichterte Einbür-

---

119 Die sich aus dem BVG ergebenden Minimalansprüche werden durch die Reglemente der einzelnen Vorsorgeeinrichtungen oftmals ausgedehnt.

120 Wird die Ehe nach weniger als zehn Jahren geschieden oder ungültig erklärt, lebt die Rente wieder auf (Art. 33 UVG).

121 BGE 128 II, 145, 149.

122 Vgl. zum alten Recht (Art. 7 ANAG) BGE 118 Ib, 145, 151; 120 Ib, 16, 18 ff.

123 Vgl. Art. 2 AuG und das bilaterale Abkommen (SR 0.142.112.681).

gerung ist aber möglich, wenn der Ausländer seit drei Jahren mit einem Schweizer in ehelicher Gemeinschaft[124] lebt und insgesamt fünf Jahre sowie vor Gesuchseinreichung mindestens ein Jahr in der Schweiz wohnhaft war (Art. 27 BüG). Der ausländische Ehegatte eines Auslandschweizers kann sich ab einem ehelichen Zusammenleben von sechs Jahren erleichtert einbürgern lassen, sofern eine enge Verbundenheit mit der Schweiz besteht (Art. 28 BüG). Mit der Einbürgerung ist der Erwerb des Kantons- und Gemeindebürgerrechts des schweizerischen Ehepartners verbunden (Art. 27 Abs. 2, Art. 28 Abs. 2 BüG). Die bisherigen Staatsbürgerrechte gehen nach schweizerischem Recht nicht verloren.[125] Heiratet umgekehrt ein Schweizer Bürger einen Ausländer, ist auch damit kein Verlust des Schweizer Bürgerrechts verbunden.[126]

78   Die **Scheidung** hat grundsätzlich keine Auswirkungen auf das durch Heirat erworbene **Schweizer Bürgerrecht**. Gestützt auf Art. 41 BüG kann die Einbürgerung aber für nichtig erklärt werden, wenn sie durch falsche Angaben oder durch die Verheimlichung erheblicher Tatsachen erschlichen worden ist. Wer das Rechtsinstitut der Ehe zweckwidrig zur Verwirklichung von Interessen verwendet, welche dadurch nicht geschützt werden sollen – was insbesondere im Rahmen eines Scheidungsverfahrens zu Tage treten kann –, riskiert deshalb den Widerruf der Einbürgerung.[127]

XIV. Auswirkungen der Ehe auf die Einkommenssteuer

79   Gemäß Art. 9 DBG werden die Einkommen der rechtlich und tatsächlich ungetrennten Ehegatten ungeachtet des Güterstandes zusammengerechnet (**Faktorenaddition**). Konkubinatspaare werden demgegenüber stets **individuell veranlagt**. Im Bund und in verschiedenen Kantonen führen die Heirat und die dadurch bedingte Addition der Faktoren bei Doppelverdienerehen zu einer Erhöhung der Steuern gegenüber den individualisiert besteuerten Konkubinatspartnern, weshalb man von der sog. **Heiratsstrafe** spricht. Zwar haben einige Kantone diese Ungleichbehandlung durch eine Kombination von verschiedenen Tarifen und Sozialabzügen und durch ausgeklügelte Splitting- und Teilsplitting-Tarife teilweise beseitigt.[128] Und auch der Bund versuchte, die Situation durch Sofortmassnahmen – in Form eines Doppelverdienerabzuges[129] und in der Gewährung eines Verheiratetenabzuges[130] – zu entschärfen (Inkraftsetzung auf den 1.1.2008).[131] Als neueste Maßnahme wurde am 1.1.2011 auf Bundesebene zudem die Familienbesteuerung mit weiteren Abzügen für Eltern in Kraft gesetzt.[132] Die Herstellung einer absoluten Gleichheit ist aber auch mit diesen Maßnahmen nicht gelungen.[133]

---

124 Zum Begriff der ehelichen Gemeinschaft im Sinne des Bürgerrechtsgesetzes siehe BGE 128 II, 97 ff.
125 Vgl. dazu unter dem Stichwort „Bürgerrecht": www.bfm.admin.ch.
126 Eine Entlassung aus dem Schweizer Bürgerrecht muss beantragt werden (Art. 42 BüG).
127 Siehe zum Ganzen BGE 128 II, 97 ff.
128 *Orlando*, TREX, 2011, S. 206 ff., 206.
129 Vgl. Art. 212 Abs. 2 DBG.
130 Vgl. Art. 213 Abs. 1 lit. c DBG.
131 *Cadosch*, DBG Kommentar, Bundesgesetz über die direkte Bundessteuer, 2. Aufl., Zürich 2008, Art. 9 DBG Rn 2.
132 Vgl. Art. 9 Abs. 2, Art. 14 Abs. 3, Art. 33 Abs. 3, Art. 36 Abs. 2, Art. 36 Abs. 2bis, Art. 212 Abs. 2bis, Art. 214 Abs. 2, Art. 214 Abs. 2bis DBG. Vgl. zum Ganzen auch das Kreisschreiben Nr. 30 zur Ehepaar- und Familienbesteuerung vom 21.12.2010 der Eidgenössischen Steuerverwaltung, 2. Aufl., abrufbar unter: www.estv.admin.ch.
133 *Orlando*, TREX, 2011, S. 206 ff., 206.

Solange die Ehegatten in rechtlich und tatsächlich ungetrennter Ehe leben, **haften** sie **solida-** 80
risch für die Gesamtsteuer. Andernfalls entfällt die Solidarhaftung auch für alle noch offenen
Steuerschulden (vgl. Art. 13 DBG). Das Bundesgesetz über die Harmonisierung der direkten Steuern der Kantone und Gemeinden folgt im Bereich der Ehepaar- und Familienbesteuerung grundsätzlich dem DBG (vgl. Art. 3 Abs. 3 StHG). In den Kantonen gelten somit
analoge Regelungen.

Da die **Verhältnisse am Ende der Steuerperiode** maßgebend sind, werden die Ehegatten 81
bei einer Heirat während der Steuerperiode für die ganze Steuerperiode gemeinsam veranlagt. Im Gegenzug erfolgt eine getrennte Veranlagung für die gesamte Dauer der Steuerperiode, wenn sich die Ehegatten während dieser scheiden lassen oder rechtlich bzw. tatsächlich trennen. Stirbt ein Ehegatte, endet die gemeinsame Veranlagung am Todestag. Ab
diesem Zeitpunkt wird der überlebende Ehegatte wiederum individuell besteuert, wobei in
der ersten Periode der Individualbesteuerung eine sog. unterjährige Steuerpflicht besteht.[134]

C. Scheidung und Ehetrennung

I. Scheidungsgründe

1. Allgemeines

Das auf den 1.1.2000 in Kraft getretene, revidierte Scheidungsrecht geht – wie das vormals 82
geltende Scheidungsrecht gemäß dem ZGB von 1907 – vom **Zerrüttungsprinzip** aus. Durch
die Einführung formalisierter Scheidungsgründe wird das Aufrollen der Ehegeschichte aber
weitgehend vermieden. Dem **Verschulden** kommt nur noch eine marginale, insbesondere
auf den Anwendungsbereich des Scheidungsgrundes der Unzumutbarkeit (Art. 115 ZGB)
beschränkte Bedeutung zu.

Das neue Scheidungsrecht sieht **drei Scheidungsgründe** vor: 83
– die Scheidung auf gemeinsames Begehren mit umfassender Einigung oder Teileinigung
  (Art. 111 f. ZGB),
– die Scheidung auf Klage nach zweijährigem Getrenntleben (Art. 114 ZGB) und
– die Scheidung auf Klage wegen Unzumutbarkeit der Fortsetzung der Ehe (Art. 115
  ZGB).

Das System der Scheidungsgründe ist dabei in mehrfacher Hinsicht durchlässig: Wenn sich 84
die im Scheidungspunkt übereinstimmenden Ehegatten im Laufe des Scheidungsverfahrens
auch über sämtliche Nebenfolgen der Scheidung verständigen können, findet ein **Wechsel**
vom Verfahren nach Art. 112 ZGB zu demjenigen nach Art. 111 ZGB statt (Art. 288 Abs. 1
ZPO).[135] Sind die Voraussetzungen für eine Scheidung auf gemeinsames Begehren nicht
erfüllt, ist ein Wechsel von der Scheidung auf gemeinsames Begehren zur Scheidung auf
Klage möglich (Art. 288 Abs. 3 ZPO). Stimmt der Beklagte der Scheidungsklage zu oder

---

134 Vgl. Art. 68 und 71 des Steuergesetzes des Kantons Bern (BSG 661.11), abrufbar auf der Website der
    Bernischen Systematischen Gesetzessammlung: www.sta.be.ch/belex/d/.
135 Dieser Wechsel ist in der Praxis häufig bei nicht anwaltlich vertretenen Ehegatten, welche die Regelung
    der Nebenfolgen oft nur zufolge mangelnder Fachkenntnis der Entscheidung des Gerichts überlassen,
    und erweist sich auch als sinnvoll. Das gilt einerseits wegen der Vereinfachung des Verfahrens, anderer-
    seits mit Blick auf die erfahrungsgemäß höhere Akzeptanz von einvernehmlich getroffenen, im Ver-
    gleich mit gerichtlich angeordneten Regelungen.

erhebt er Widerklage,[136] findet ein Übergang zur Scheidung auf gemeinsames Begehren – in praxi regelmäßig zu Art. 112 ZGB – statt (Art. 292 Abs. 1 lit. b ZPO). Sobald aber der geltend gemachte Scheidungsgrund feststeht, findet kein Wechsel zur Scheidung auf gemeinsames Begehren mehr statt (Art. 292 Abs. 2 ZPO).

85   Im Jahr 2014 sind in der Schweiz 16.737 Ehen geschieden worden. Im Jahr 2010 waren es noch 22.081. Die Scheidungen auf gemeinsames Begehren machten mit einer Gesamtzahl von 20.779 (wovon 19.675 im Verfahren der umfassenden Einigung und 1.104 im Verfahren der Teileinigung) den mit Abstand größten Anteil aus. Von den verbliebenen 1.302 Scheidungen auf Klage beruhte mit einer Anzahl von 1.245 der Großteil auf dem Tatbestand des Getrenntlebens (Art. 114 ZGB). Lediglich 57 Scheidungen waren wegen Unzumutbarkeit gestützt auf Art. 115 ZGB ausgesprochen worden.[137]

2. Scheidung auf gemeinsames Begehren

86   Die **Scheidung auf gemeinsames Begehren** beruht auf dem ernsthaften, übereinstimmenden Scheidungswillen der Ehegatten. Sind sich die Ehegatten zudem über sämtliche Scheidungsfolgen einig, so dass sie dem Gericht eine vollständige Scheidungskonvention mitsamt den zu deren Überprüfung notwendigen Belegen unterbreiten können, gelangt das **Verfahren der umfassenden Einigung** gem. Art. 111 ZGB i.V.m. Art. 285 ZPO zur Anwendung.[138] In der Scheidungsvereinbarung müssen die Kindesbelange (vgl. Art. 133 ZGB), der nacheheliche Unterhalt (vgl. Art. 125 ff. ZGB und Art. 282 ZPO), die Aufteilung der beruflichen Vorsorge (vgl. Art. 122 ff. ZGB und Art. 280 ZPO), die güterrechtliche Auseinandersetzung (vgl. Art. 204 ff. bzw. Art. 236 ff. ZGB) und ggf. das Schicksal der Familienwohnung (vgl. Art. 121 ZGB) geregelt werden (vgl. Art. 285 ZPO). Im Rahmen einer getrennten und gemeinsamen Anhörung der Ehegatten überzeugt sich das Gericht davon, dass das Scheidungsbegehren und die Vereinbarung auf freiem Willen und reiflicher Überlegung beruhen und die Vereinbarung voraussichtlich genehmigt werden kann (Art. 111 Abs. 1 und 2 ZGB i.V.m. Art. 287 ZPO). Die für die Rechtsverbindlichkeit der Eheauflösung konstitutive Genehmigung darf nur erteilt werden, wenn die Scheidungsfolgenregelung vollständig, klar, rechtlich zulässig und nicht offensichtlich unangemessen ist. Die Überprüfung ist mithin insofern von mehr als bloß formeller Natur, als die klar zu Tage tretende Übervorteilung eines Ehegatten verhindert werden soll (Art. 111 Abs. 2 ZGB und Art. 279 Abs. 1 ZPO).[139]

87   Ist demgegenüber eine Verständigung hinsichtlich der Scheidungsnebenfolgen nicht oder nicht in allen Punkten möglich, können die Ehegatten das Gericht um deren Beurteilung ersuchen (Art. 112 ZGB i.V.m. Art. 286 ZPO). Das Verfahren der Scheidung auf gemeinsames Begehren mit **Teileinigung** entspricht mit Ausnahme der streitigen Punkte demjenigen

---

136 Die Zustimmung des Ehegatten kann sich auch – obwohl nicht mehr ausdrücklich im Gesetz erwähnt – aus einer erhobenen Widerklage ergeben. In diesem Fall muss die Widerklage aber auf Scheidung und nicht bloß auf Ehetrennung gerichtet sein; *van de Graaf* in: *Oberhammer* (Hrsg.), Kurzkommentar ZPO, 2. Aufl., Basel 2013, Art. 292 ZPO Rn 4.
137 Angaben aus dem Statistischen Lexikon der Schweiz, Tabelle su-d-1.2.2.2.3.11. Die Statistik über die Scheidungsgründe besteht nur bis 2010.
138 Siehe dazu die Mustervorlagen auf der Website der Justiz des Kantons Bern: www.justice.be.ch/justice/de/index/zivilverfahren/zivilverfahren/formulare_merkblaetter.
139 Vgl. BGE 119 II, 297, 301 (zum bisherigen Recht). Gemäß der bis am 31.1.2010 geltenden Fassung des Art. 111 Abs. 2 ZGB mussten die Ehegatten nach der Anhörung vor dem Scheidungsrichter ihren Scheidungswillen und die Scheidungsvereinbarung nach einer zweimonatigen Bedenkfrist noch einmal schriftlich bestätigen. Nach heute geltendem Recht kann der Richter bei der Anhörung die Scheidung gem. Art. 111 Abs. 2 ZGB sofort aussprechen.

der umfassenden Einigung (vgl. Art. 286 Abs. 3 ZPO). Im Anschluss an das nichtstreitige Verfahren entscheidet das Gericht in einem kontradiktorischen Verfahren über die umstrittenen Nebenfolgen (Art. 288 Abs. 2 ZPO). Im Annexverfahren erhalten die Parteien im Rahmen eines einfachen oder doppelten Schriftenwechsels Gelegenheit zur Antragstellung und Begründung.[140] Das abschließend erlassene Gesamturteil enthält sowohl die ggf. einverständlich geregelten als auch die vom Gericht entschiedenen Scheidungsfolgen.

Mit Blick auf die **Kindesbelange** können die Eltern lediglich **Anträge** stellen. Diese sind, da die Regelung der Kindesbelange von der Untersuchungs- und Offizialmaxime beherrscht wird (vgl. Art. 296 ZPO), für das Gericht nicht verbindlich. Auf einen gemeinsamen Antrag der Eltern und die Meinung des Kindes[141] ist aber, wenn möglich, Rücksicht zu nehmen (Art. 133 Abs. 2 ZGB).   88

3. Scheidung auf Klage nach Getrenntleben

Wehrt sich ein Ehegatte gegen die Scheidung, kann der andere diese unter der Voraussetzung eines **mindestens zweijährigen Getrenntlebens** gleichwohl durchsetzen (Art. 114 ZGB). Dabei genügt eine rein faktische Trennung; die Aufhebung des gemeinsamen Haushalts muss nicht i.S.v. Art. 175 f. ZGB gerichtlich geschützt worden sein. Ein kurzes, erfolgloses Wiederzusammenleben führt im Gegensatz zu einer längerfristigen Wiederaufnahme des gemeinsamen Haushalts nicht zu einer Unterbrechung der Trennungsfrist. Sofern diese aber unterbrochen wird, begründet die neuerliche Trennung einen neuen Fristenlauf; es findet m.a.W. keine Anrechnung der vorherigen Trennungsdauer statt.[142] Die Trennungsfrist muss im Zeitpunkt der Rechtshängigkeit der Klage abgelaufen sein. Die Rechtshängigkeit tritt mit Einreichung der Klage ein (Art. 274 und Art. 62 Abs. 1 ZPO).[143]   89

Das ZGB kennt – im Gegensatz etwa zu Deutschland und Österreich – keine **Härteklausel**, die es ermöglichen würde, die Scheidung im Falle außerordentlicher und übermäßig harter Folgen für einen Ehegatten aufzuschieben.   90

4. Scheidung auf Klage wegen Unzumutbarkeit

Kann einem Ehegatten die Fortsetzung der Ehe aus schwerwiegenden, ihm nicht zuzurechnenden Gründen **nicht zugemutet** werden, ist eine Scheidung auch vor Ablauf des zweijährigen Getrenntlebens (Art. 114 ZGB) möglich (Art. 115 ZGB). Maßgebend ist nicht die „Unzumutbarkeit des Zusammenlebens, sondern die seelisch begründete Unzumutbarkeit der rechtlichen Verbindung".[144] Dabei ist unerheblich, ob die zur Scheidung Anlass gebenden Gründe objektiver Natur sind oder dem anderen Ehegatten zugerechnet werden müssen. Die offene Formulierung von Art. 115 ZGB soll es den Gerichten ermöglichen, den   91

---

140 *Schwander* in: *Kren Kostkiewicz/Nobel/Schwander/Wolf*, ZGB Kommentar, Art. 112 ZGB Rn 4.

141 Soweit nicht Alter oder andere wichtige Gründe dagegen sprechen, findet eine persönliche Anhörung der Kinder statt (Art. 298 Abs. 1 ZPO). Dazu grundlegend BGE 131 III, 553 ff. (zum früheren Recht); vgl. auch *Steck* in: *Spühler/Tenchio/Infanger*, Basler Kommentar zur Schweizerischen Zivilprozessordnung, Art. 298 ZPO Rn 1 ff.

142 *Steck* in: *Honsell/Vogt/Geiser*, Basler Kommentar zum Schweizerischen Privatrecht, Zivilgesetzbuch I, Art. 1–456 ZGB, Art. 114 ZGB Rn 16 f., m.w.H.

143 *Siehr/Bähler* in: *Spühler/Tenchio/Infanger*, Basler Kommentar zur Schweizerischen Zivilprozessordnung, Art. 274 ZPO Rn 3.

144 BGE 127 III, 129, 132.

Umständen des Einzelfalls Rechnung zu tragen und nach Recht und Billigkeit (Art. 4 ZGB) zu entscheiden.[145]

II. Scheidungsverfahren

92 Für die Durchführung der Scheidung ist das Gericht am Wohnsitz des einen oder anderen Ehegatten zwingend **örtlich zuständig** (Art. 23 Abs. 1 ZPO). Die **sachliche Zuständigkeit** richtet sich nach kantonalem Recht (Art. 4 Abs. 1 ZPO).

93 Je nachdem, ob sich die Ehegatten über die Scheidung einig sind oder nicht, stehen ihnen zwei Wege offen: die **Scheidung auf gemeinsames Begehren** (Art. 111 f. ZGB; Art. 285–289 ZPO) oder die **Scheidungsklage** (Art. 114 f. ZGB; Art. 290–293 ZPO). Eingeleitet wird der Scheidungsprozess direkt beim Scheidungsgericht durch gemeinsames Begehren (Art. 285 f. ZPO) oder durch Scheidungsklage (Art. 290 und Art. 274 ZPO). Mit diesen Prozesshandlungen tritt **Rechtshängigkeit** ein (Art. 274 und Art. 62 Abs. 1 ZPO). Weder bei der Scheidung auf gemeinsames Begehren noch bei der Scheidungsklage wird ein vorgängiger **Schlichtungsversuch** bei einer Schlichtungsbehörde durchgeführt (Art. 198 lit. c ZPO). Einigungsverhandlungen finden direkt vor dem Scheidungsgericht statt.[146]

94 Mit Eintritt der Rechtshängigkeit kann das Gericht auf Antrag einer Partei alle nötigen **vorsorglichen Maßnahmen** anordnen (Art. 276 ZPO).[147] Inhaltlich beziehen sich die vorsorglichen Maßnahmen auf die Lebensbedingungen der Ehegatten und Kinder.[148] Einen numerus clausus der Maßnahmen gibt es nicht.[149] Geregelt werden kann alles, was nötig ist (vgl. den Wortlaut von Art. 276 Abs. 1 ZPO). Örtlich zuständig ist das Gericht am Wohnsitz eines Ehegatten (Art. 23 Abs. 1 ZPO). Die sachliche Zuständigkeit richtet sich nach kantonalem Recht (Art. 4 Abs. 1 ZPO). Angeordnet werden die Maßnahmen im summarischen Verfahren (Art. 248 lit. d ZPO).

95 Auch im Scheidungsverfahren gilt der Grundsatz der **freien Beweiswürdigung** (Art. 157 ZPO). Für die güterrechtliche Auseinandersetzung und für den nachehelichen Unterhalt gilt der **Verhandlungsgrundsatz** (Art. 277 Abs. 1 ZPO). Im Übrigen stellt das Gericht den Sachverhalt von Amtes wegen fest (Art. 277 Abs. 3 ZPO). Mit Blick auf die **Kindesbelange** gilt uneingeschränkt die **Untersuchungs- und Offizialmaxime** (Art. 296 Abs. 1 ZPO).[150] Sind Anordnungen über ein Kind zu treffen, so hört das Gericht die Eltern vorher persönlich an (Art. 297 Abs. 1 ZPO). Das Gericht kann die Eltern auffordern, an einem Mediati-

---

145 BGE 127 III, 129, 132 ff., m.w.H. Für einen Überblick über die Kasuistik und weiterführende Hinweise zur Konkretisierung der Generalklausel des Art. 115 ZGB siehe statt vieler: *Steck* in: *Honsell/Vogt/Geiser*, Basler Kommentar zum Schweizerischen Privatrecht, Zivilgesetzbuch I, Art. 1–456 ZGB, Art. 115 ZGB Rn 5 ff. Gemäß BGE 127 III, 347 ff. kann insbesondere die einseitig eingegangene Scheinehe zum Zweck ausländerrechtlicher Vorteile einen schwerwiegenden Grund i.S.v. Art. 115 ZGB bilden.

146 *Siehr/Bähler* in: *Spühler/Tenchio/Infanger*, Basler Kommentar zur Schweizerischen Zivilprozessordnung, Art. 274 ZPO Rn 1 f.

147 Vor Eintritt der Rechtshängigkeit des Scheidungsverfahrens werden die vorsorglichen Maßnahmen vom Eheschutzgericht angeordnet, *Siehr/Bähler* in: *Spühler/Tenchio/Infanger*, Basler Kommentar zur Schweizerischen Zivilprozessordnung, Art. 276 ZPO Rn 1.

148 *Hausheer/Geiser/Aebi-Müller*, Das Familienrecht des Schweizerischen Zivilgesetzbuches, § 10 Rn 10.162.

149 *Siehr/Bähler* in: *Spühler/Tenchio/Infanger*, Basler Kommentar zur Schweizerischen Zivilprozessordnung, Art. 276 ZPO Rn 2.

150 Vgl. zum Ganzen *Hausheer/Geiser/Aebi-Müller*, Das Familienrecht des Schweizerischen Zivilgesetzbuches, § 10 Rn 10.168 f.

onsversuch teilzunehmen (Art. 297 Abs. 2 ZPO). Auch das Kind ist grundsätzlich anzuhören (Art. 298 ZPO). Das Gericht kann eine Vertretung des Kindes anordnen (Art. 299 Abs. 1 und 2 ZPO) bzw. muss dies auf Antrag des urteilsfähigen Kindes tun (Art. 299 Abs. 3 ZPO).

Hinsichtlich der **Kosten** des Scheidungsverfahrens lassen sich keine allgemein gültigen Angaben machen. Begrifflich wird generell zwischen Prozesskosten, Gerichtskosten und der Parteientschädigung unterschieden (Art. 95 ZPO). Für die Festsetzung der Gerichtskosten gilt grundsätzlich ein **Pauschalsystem** (Art. 95 Abs. 2 ZPO).[151] Die Tarife für die Prozesskosten können die Kantone festsetzen (Art. 96 ZPO). Damit soll den unterschiedlichen wirtschaftlichen Situationen in den Kantonen Rechnung getragen werden.[152] Bei den Anwaltskosten erlassen die Kantone ebenfalls Tarife, soweit sie Gegenstand der Parteientschädigungen sind.[153]

96

Die **Verfahrensdauer** variiert mit Blick auf die unterschiedliche Komplexität der Fälle und die unterschiedliche Auslastung der Gerichte, welche mehrmonatige Wartezeiten für die Terminansetzung zur Folge haben kann. Letzteres führt dazu, dass die Verfahrensdauer auch bei Scheidungen gestützt auf Art. 111 ZGB nicht verlässlich angegeben werden kann.

97

In der Schweiz besteht im praktischen Ergebnis – und für die im Zusammenhang mit dem Eherecht interessierenden Verfahren generell – **kein Anwaltszwang** für das Auftreten vor Gericht und Behörden.[154] Jede Partei kann grundsätzlich einen beliebigen, gewillkürten Parteivertreter bestellen (Art. 68 Abs. 1 ZPO).[155] Für die Vertretung vor Gericht besteht folglich kein Anwaltsmonopol.[156] Dagegen ist die berufsmäßige Vertretung bestimmten, qualifizierten Personen vorbehalten (Art. 68 Abs. 2 ZPO). Auch wenn sich die Parteien im Prozess vertreten lassen, so haben sie im Scheidungsverfahren – sofern sie nicht dispensiert werden – **persönlich** zu **erscheinen** (Art. 278 ZPO). Wird die Ehe einvernehmlich geschieden, sind die Parteien persönlich **anzuhören** (Art. 111 Abs. 1 und Art. 112 Abs. 2 ZGB i.V.m. Art. 287 ZPO) und im streitigen Verfahren wird anstelle eines vorangehenden Schlichtungsverfahrens (Art. 198 lit. c ZPO) u.U. direkt im Scheidungsprozess eine Einigungsverhandlung mit den Parteien durchgeführt.[157]

98

Gemäß Art. 21 BGFA können **Anwälte aus den Mitgliedstaaten der EU und der EFTA** im freien Dienstleistungsverkehr in der Schweiz Parteien vor Gerichtsbehörden vertreten, sofern sie zur Ausübung des Anwaltsberufs in ihrem Herkunftsstaat berechtigt sind. Die

99

---

151 *Rüegg* in: *Spühler/Tenchio/Infanger*, Basler Kommentar zur Schweizerischen Zivilprozessordnung, Art. 95 ZPO Rn 6 ff.

152 *Rüegg* in: *Spühler/Tenchio/Infanger*, Basler Kommentar zur Schweizerischen Zivilprozessordnung, Art. 95 ZPO Rn 3. Im Kanton Bern beispielsweise betragen die Gerichtskosten gemäß den Richtlinien des VBR zur Festsetzung der Gerichtsgebühren und Vorschüsse in Zivilverfahren aus dem Jahre 2010 zwischen 600 Fr. und 12.000 Fr. pro Partei. Bei streitigen Scheidungen bewegen sich die Gerichtskosten zwischen 1.200 Fr. bis 12.000 Fr. pro Partei. Die Festsetzung erfolgt in Abhängigkeit vom Gesamtnettoeinkommen der Ehegatten.

153 Vgl. *Rüegg* in: *Spühler/Tenchio/Infanger*, Basler Kommentar zur Schweizerischen Zivilprozessordnung, Art. 95 ZPO Rn 18 und Art. 96 ZPO Rn 4.

154 Vgl. BGer vom 9.8.2004, 2A.536/2003; *Wipf*, SJZ 97 (2001), 89; *Tenchio* in: *Spühler/Tenchio/Infanger*, Basler Kommentar zur Schweizerischen Zivilprozessordnung, Art. 68 ZPO Rn 1a. Zu den Ausnahmefällen, in denen das Gericht einer Partei eine Vertretung bestellen kann, vgl. Art. 69 Abs. 1 ZPO.

155 *Tenchio* in: *Spühler/Tenchio/Infanger*, Basler Kommentar zur Schweizerischen Zivilprozessordnung, Art. 68 ZPO Rn 2.

156 Vgl. *Tenchio* in: *Spühler/Tenchio/Infanger*, Basler Kommentar zur Schweizerischen Zivilprozessordnung, Art. 68 ZPO Rn 1a.

157 Vgl. *Infanger* in: *Spühler/Tenchio/Infanger*, Basler Kommentar zur Schweizerischen Zivilprozessordnung, Art. 198 ZPO Rn 18.

Eintragung in ein kantonales Anwaltsregister ist nicht erforderlich. Will der ausländische Anwalt „ständig" Parteien vor Gerichtsbehörden vertreten, muss er sich bei einer kantonalen Aufsichtsbehörde über die Anwältinnen und Anwälte eintragen lassen (Art. 27 BGFA).[158]

III. Internationales Recht

1. Zuständigkeit der Gerichte

100 Gestützt auf Art. 59 IPRG besteht eine **Scheidungszuständigkeit** der schweizerischen Gerichte am Wohnsitz des Beklagten und am Wohnsitz des Klägers. Der Wohnsitzgerichtsstand zugunsten des Klägers setzt allerdings voraus, dass dieser sich seit einem Jahr in der Schweiz aufhält oder das Schweizer Bürgerrecht besitzt. Haben die Ehegatten keinen Wohnsitz in der Schweiz, ist einer von ihnen aber Schweizer Bürger, sieht Art. 60 IPRG einen subsidiären Heimatgerichtsstand vor, sofern es unmöglich oder unzumutbar ist, die Klage am Wohnsitz eines Ehegatten zu erheben. Sowohl die Unmöglichkeit als auch die Unzumutbarkeit können faktischer oder rechtlicher Natur sein.[159]

101 Das zuständige Gericht ist gem. Art. 62 IPRG auch zum Erlass **vorsorglicher Maßnahmen** (vgl. Art. 276 ZPO) befugt, sofern die Scheidungssache bereits bei ihm hängig ist und seine Unzuständigkeit weder als offensichtlich erscheint, noch rechtskräftig festgestellt wurde. Ist die Scheidungsklage noch nicht eingereicht worden, kann grundsätzlich auf die in Art. 10 IPRG statuierte allgemeine Maßnahmenzuständigkeit zurückgegriffen werden.[160]

2. Auf die Scheidung anwendbares Recht

102 Für das auf die Scheidung **anwendbare Recht** sieht Art. 61 IPRG vier Anknüpfungen vor: Haben beide Ehegatten Wohnsitz in der Schweiz, wendet der Richter schweizerisches Recht an. Dasselbe gilt grundsätzlich auch dann, wenn nur der Kläger (vgl. Art. 59 lit. a IPRG) oder nur der Beklagte (vgl. Art. 59 lit. b IPRG) in der Schweiz wohnhaft ist, es sei denn, die Ehegatten verfügen über eine gemeinsame Staatsangehörigkeit.[161] Im letzteren Fall kommt das gemeinsame Heimatrecht der Ehegatten zur Anwendung (Art. 61 Abs. 2 IPRG), sofern dieses die Scheidung nicht nur unter außerordentlich strengen Bedingungen oder überhaupt nicht zulässt (Art. 61 Abs. 3 IPRG). Solchenfalls wendet der Richter die *lex fori* als Ersatzrecht an. Ist ein schweizerisches Gericht schließlich gestützt auf den subsidiären Heimatgerichtsstand (Art. 60 IPRG) mit der Scheidung befasst, wendet es schweizerisches Recht an (Art. 61 Abs. 4 IPRG).

---

158 Siehe zum Ganzen und insbesondere zur Abgrenzung der gelegentlichen von der ständigen Berufsausübung BGer vom 9.8.2004, 2A.536/2003.
159 *Volken* in: *Girsberger/Heini/Keller/Kren Kostkiewicz/Siehr/Vischer/Volken*, Zürcher Kommentar zum IPRG, Art. 60 IPRG Rn 8 ff., m.w.H.
160 Vgl. *Volken* in: *Girsberger/Heini/Keller/Kren Kostkiewicz/Siehr/Vischer/Volken*, Zürcher Kommentar zum IPRG, Art. 62 IPRG Rn 9 ff., m.w.H.
161 Bei mehrfacher Staatsangehörigkeit ist gem. Art. 23 Abs. 2 IPRG auf die effektive Staatsangehörigkeit (vgl. hierzu Rdn 12) abzustellen.

3. Anerkennung im Ausland erfolgter Scheidungen

Die Schweiz ist Signatarstaat des Haager Übereinkommens vom 1.6.1970 über die Anerkennung von Ehescheidungen und Ehetrennungen.[162] Gemäß dem in Art. 17 dieses Übereinkommens statuierten **Günstigkeitsprinzip** ist es einem Vertragsstaat nicht verwehrt, auf die Anerkennung im Ausland ergangener Ehescheidungen das günstigere, nationale Recht anzuwenden. Gestützt auf Art. 65 Abs. 1 IPRG werden ausländische Entscheidungen über die Scheidung in der Schweiz grundsätzlich anerkannt, wenn sie im Staat des Wohnsitzes bzw. des gewöhnlichen Aufenthalts oder im Heimatstaat eines Ehegatten ergangen sind. Darüber hinaus genügt mit Blick auf die Vermeidung hinkender Familienverhältnisse auch die bloße Anerkennung einer Scheidung durch einen dieser Staaten.[163] Der Begriff „ausländische Entscheidung über die Scheidung" ist weit auszulegen. Es genügt, dass die Scheidung im Rahmen eines irgendwie gearteten Verfahrens, dem im Entscheidstaat offizieller Charakter zukommt, ausgesprochen wurde. Ob es sich dabei um ein richterliches, ein religiöses oder um ein Verwaltungsverfahren handelt, spielt keine Rolle.[164] Ist die Scheidung in einem Staat ergangen, dem kein oder nur ein Ehegatte angehört, gilt dieses liberale Anerkennungsregime allerdings nur unter der Voraussetzung, dass zusätzlich eines der drei in Art. 65 Abs. 2 lit. a–c IPRG alternativ erwähnten Kriterien erfüllt ist.[165]

103

IV. Ehetrennung

Neben der Scheidung kennt das ZGB das Institut der **Ehetrennung**.[166] Die Voraussetzungen und das Verfahren der Ehetrennung richten sich nach den jeweiligen Bestimmungen des Scheidungsrechts (Art. 117 Abs. 1 ZGB und Art. 294 Abs. 1 ZPO).[167] Durch die Ehetrennung wird die tatsächliche Lebensgemeinschaft auf unbestimmte Zeit aufgehoben.[168] Der **Bestand der Ehe** wird davon jedoch nicht berührt, weshalb die Bestimmungen über die Wirkungen der Ehe – soweit sie nicht das Zusammenleben voraussetzen – weiterhin gelten (vgl. Art. 118 Abs. 2 ZGB). Insbesondere bleiben das gesetzliche Erbrecht und das Pflichtteilsrecht sowie die sozialversicherungsrechtlichen Ansprüche der Ehegatten bestehen. Im Übrigen beschränkt sich die Wirkung der Ehetrennung auf den **Eintritt der Gütertrennung** *ex lege* (Art. 118 Abs. 1 ZGB).[169] Der Scheidungsanspruch wird durch das Trennungs-

104

---

162 SR 0.211.212.3. Die älteren bilateralen Vollstreckungsabkommen der Schweiz haben ihre Bedeutung nahezu gänzlich verloren; vgl. *Volken* in: *Girsberger/Heini/Keller/Kren Kostkiewicz/Siehr/Vischer/Volken*, Zürcher Kommentar zum IPRG, Art. 65 IPRG Rn 9; *Bopp* in: *Honsell/Vogt/Schnyder/Berti*, Basler Kommentar zum Internationalen Privatrecht, Art. 65 IPRG Rn 3 f.

163 Vgl. *Volken* in: *Girsberger/Heini/Keller/Kren Kostkiewicz/Siehr/Vischer/Volken*, Zürcher Kommentar zum IPRG, Art. 65 IPRG Rn 25.

164 Einer nach schweizerischem Verständnis unhaltbaren Eheauflösung ist mit dem Vorbehalt des Ordre public (Art. 27 IPRG) zu begegnen. Vgl. zum Ganzen BGE 122 III, 344, 346 ff.; 126 III, 327 ff.

165 Wenigstens ein Ehegatte hatte bei Klageeinleitung Wohnsitz oder gewöhnlichen Aufenthalt im Entscheidstaat, ohne dass der Beklagte seinerseits Wohnsitz in der Schweiz hatte; vorbehaltlose Unterwerfung des Beklagten; Einverständnis des Beklagten mit der Anerkennung.

166 Im Jahr 2010 gab es insgesamt 22.081 Scheidungen, aber nur 102 Trennungen (Statistisches Lexikon der Schweiz, Tabelle 1.2.2.2.3.1).

167 Vgl. *Steck* in: *Honsell/Vogt/Geiser*, Basler Kommentar zum Schweizerischen Privatrecht, Zivilgesetzbuch I, Art. 1–456 ZGB, Art. 117/118 ZGB Rn 4 ff. sowie BGE 129 III, 1, 4 ff., wonach die Trennung der Ehe insbesondere gestützt auf Art. 115 ZGB verlangt werden kann.

168 *Steck* in: *Honsell/Vogt/Geiser*, Basler Kommentar zum Schweizerischen Privatrecht, Zivilgesetzbuch I, Art. 1–456 ZGB, Art. 117/118 ZGB Rn 7.

169 Im Unterschied zur Aufhebung des gemeinsamen Haushalts gem. Art. 175 f. ZGB, welche nur bei entsprechender richterlicher Anordnung die Gütertrennung zur Folge hat.

urteil nicht konsumiert (Art. 117 Abs. 3 ZGB). Die internationalprivatrechtliche bzw. –
zivil-prozessuale Rechtslage entspricht derjenigen bei der Scheidung.[170]

D. Scheidungsfolgen

I. Im Rahmen der Errungenschaftsbeteiligung

1. Trennung des Vermögens von Mann und Frau

105   Die güterrechtliche Auseinandersetzung beginnt mit der Rücknahme von Vermögenswerten, die sich im Besitz des anderen Ehegatten befinden, und der Regelung der zwischen den
Ehegatten bestehenden Schulden (vgl. Art. 205 ZGB). Die **Rücknahme von Vermögens-**
werten setzt lediglich die bessere Berechtigung am fraglichen Vermögenswert, also nicht
zwingend die Stellung eines Eigentümers, voraus.[171] **Miteigentum** der Ehegatten an einem
Vermögenswert ist nach sachenrechtlichen Grundsätzen aufzuheben. Im Streitfall wird das
gemeinschaftliche Objekt nach gerichtlicher Anordnung körperlich geteilt oder versteigert
(Art. 651 Abs. 2 ZGB). Ferner kann derjenige Ehegatte, der ein überwiegendes Interesse am
Vermögenswert nachweist, dessen ungeteilte Zuweisung gegen volle Entschädigung des
anderen Ehegatten verlangen (Art. 205 Abs. 2 ZGB).[172] Von dieser Möglichkeit wird in der
Praxis u.a. bei der Familienwohnung und beim Hausrat Gebrauch gemacht. An einer vor
oder während der Ehe erfolgten Übertragung von Vermögenswerten zu Eigentum oder
einem beschränkten dinglichen Recht bzw. an der Zession von Forderungen ändert die
Scheidung grundsätzlich nichts. Ein **Anspruch auf Rückübertragung bzw. -zession** besteht deshalb nur dann, wenn ein solcher für den Fall der Scheidung besonders vereinbart
worden ist. Zu denken ist vor allem an ein fiduziarisches Rechtsgeschäft. Namentlich
besteht mangels spezifischer eherechtlicher Bestimmungen bzw. mangels entsprechender
richterlicher Rechtsfortbildung nach schweizerischem Recht keine Grundlage, Schenkungen
oder Schenkungsversprechungen über die allgemeinen Regeln von Art. 249 f. OR hinaus zu
widerrufen.[173]

2. Mehrwertbeteiligung

106   Einen speziellen Anwendungsfall von zwischen den Ehegatten bestehenden **Schulden** regelt
Art. 206 ZGB. Hat ein Ehegatte ohne Schenkungsabsicht und ohne Gegenleistung zum
Erwerb, zur Verbesserung oder zur Erhaltung eines Vermögensgegenstandes des anderen
Ehegatten beigetragen und besteht im Zeitpunkt der güterrechtlichen Auseinandersetzung
ein **konjuktureller**[174] **Mehrwert**, erhöht sich der ursprüngliche Nominalwert der Forde-
rung des investierenden Ehegatten im Verhältnis seiner Beteiligung um den eingetretenen

---

170 Dazu oben Rdn 100 ff.
171 *Hausheer/Reusser/Geiser*, Berner Kommentar zu Art. 181–220 ZGB, Bd. II, Art. 205 ZGB Rn 11.
172 Zu den Grundsätzen für die Anwendung dieser Regel siehe BGE 119 II, 197 ff. und BGer vom 4.3.2002,
     5C.325/2001. Nach zutreffender Auffassung ist Art. 205 Abs. 2 ZGB auch auf Gesamteigentum anzu-
     wenden; vgl. *Hausheer/Aebi-Müller* in: *Honsell/Vogt/Geiser*, Basler Kommentar zum Schweizerischen
     Privatrecht, Zivilgesetzbuch I, Art. 1–456 ZGB, Art. 205 ZGB Rn 11.
173 Ein Widerruf ist z.B. bei schwerer Verletzung der gegenüber dem Ehegatten bestehenden familienrecht-
     lichen Pflichten möglich; vgl. dazu BGE 113 II, 252 ff.
174 Konjunkturelle Mehrwerte beruhen auf Angebot und Nachfrage und nicht auf einer persönlichen
     Leistung des Eigentümers; vgl. *Hausheer/Aebi-Müller* in: *Honsell/Vogt/Geiser*, Basler Kommentar zum
     Schweizerischen Privatrecht, Zivilgesetzbuch I, Art. 1–456 ZGB, Art. 206 ZGB Rn 13.

Mehrwert. An einem allfälligen Minderwert partizipiert der investierende Ehegatte demgegenüber nicht; er hat in jedem Fall Anspruch auf Rückerstattung des Nennwerts seines Beitrages (sog. **Nennwertgarantie**).[175] Der Anspruch auf Mehrwertbeteiligung besteht auch in Fällen des gemeinschaftlichen Eigentums unter Ehegatten bei ungleicher Finanzierung.[176]

3. Vorschlagsberechnung

Nach der Trennung von Mannes- und Frauengut sind **Vermögen und Schulden** jedes Ehegatten in Anwendung von Art. 197 ff. und Art. 209 Abs. 2 ZGB entweder seinem Eigengut oder seiner Errungenschaft zuzuweisen.[177] Gestützt auf Art. 207 Abs. 1 i.V.m. Art. 204 Abs. 2 ZGB ist für die Zuordnung der einzelnen Vermögensbestandteile der Zeitpunkt der Rechtshängigkeit des Scheidungsbegehrens bzw. der Scheidungsklage maßgebend. Rechtshängigkeit tritt mit Einreichung des gemeinsamen Scheidungsbegehrens oder der Scheidungsklage ein (Art. 274 i.V.m. Art. 62 Abs. 1 ZPO; vgl. hierzu Rdn 93). Zur Bestimmung des anzurechnenden Werts äußern sich die Art. 211 ff. ZGB. Danach ist grundsätzlich auf den Verkehrswert im Zeitpunkt der güterrechtlichen Auseinandersetzung abzustellen. Ist auch die andere Gütermasse des Eigentümerehegatten am Erwerb, an der Verbesserung oder der Erhaltung eines Vermögensgegenstandes beteiligt, steht ihr eine **Ersatzforderung** zu. Dasselbe gilt für den Fall, dass Schulden einer Masse mit Mitteln der anderen bezahlt worden sind (Art. 209 ZGB).[178] Hat ein Ehegatte während der letzten fünf Jahre vor Auflösung des Güterstandes ohne Zustimmung des anderen das Ausmaß üblicher Gelegenheitsgeschenke übersteigende, unentgeltliche Zuwendungen aus der Errungenschaft ausgerichtet oder Vermögensentäußerungen vorgenommen, um den Beteiligungsanspruch des anderen zu schmälern, erfolgt eine wertmäßige **Hinzurechnung** zur Errungenschaft (Art. 208 ZGB). Die Hinzurechnung führt nicht zur Aufhebung des Verfügungsgeschäfts und wirkt grundsätzlich ausschließlich zwischen den Ehegatten. Nur wenn das Vermögen des veräußernden Ehegatten nicht ausreicht, um die unter Berücksichtigung der Hinzurechnung entstandene – und damit entsprechend höhere – Beteiligungsforderung des anderen Ehegatten zu begleichen, kann dieser den Fehlbetrag beim Zuwendungsempfänger mittels Herabsetzungsklage einfordern (Art. 220 ZGB).

Von Gesetzes wegen[179] steht jedem Ehegatten bzw. im Falle der Auflösung der Ehe durch Tod seinen Erben ein Anspruch auf die **Hälfte des Vorschlags** des anderen zu (Art. 215 ZGB). Der Vorschlag eines Ehegatten wird definiert als der Gesamtwert seiner Errungenschaft einschließlich der Ersatzforderungen (Art. 209 ZGB) und der hinzugerechneten Vermögenswerte (Art. 208 ZGB) unter Abzug der darauf lastenden Schulden (vgl. Art. 210 Abs. 1 ZGB). Weist die Errungenschaft eines Ehegatten einen Negativsaldo (sog. Rückschlag) aus, entfällt die Vorschlagsbeteiligung seines Partners (Art. 210 Abs. 2 ZGB). Jeder Ehegatte muss m.a.W. maximal die Hälfte seines eigenen Vorschlags abgeben; ein darüber hinausgehender Schuldenausgleich findet nicht statt. Gemäß Art. 215 Abs. 2 ZGB werden

107

108

---

175 Für die Berechnung des Mehrwertanteils und dessen Massenzuordnung siehe die anschauliche Darstellung bei *Hausheer/Aebi-Müller* in: *Honsell/Vogt/Geiser*, Basler Kommentar zum Schweizerischen Privatrecht, Zivilgesetzbuch I, Art. 1–456 ZGB, Art. 206 ZGB Rn 16 ff.

176 Vgl. für Miteigentum BGE 141 III, 53 ff.

177 Die Ausführungen zur Vorschlagsberechnung sind hier aus Platzgründen nur sehr rudimentär gehalten. Einen guten Überblick verschafft z.B. die auf das Wesentliche beschränkte Darstellung bei *Hausheer/Geiser/Aebi-Müller*, Das Familienrecht des Schweizerischen Zivilgesetzbuches, § 12 Rn 12.164 ff.

178 Vgl. dazu *Hausheer/Aebi-Müller* in: *Honsell/Vogt/Geiser*, Basler Kommentar zum Schweizerischen Privatrecht, Zivilgesetzbuch I, Art. 1–456 ZGB, Art. 209 ZGB Rn 1 ff.

179 Zur ehevertraglichen Modifikation der Vorschlagsbeteiligung siehe Rdn 132.

die gegenseitigen Vorschlagsforderungen der Ehegatten miteinander verrechnet. Bringt die Bezahlung der sich daraus ergebenden und mit Abschluss der güterrechtlichen Auseinandersetzung fällig werdenden Beteiligungsforderung den verpflichteten Ehegatten in wirtschaftliche Schwierigkeiten, kann er sich **Zahlungsfristen** ausbedingen (Art. 218 ZGB).[180] Dasselbe gilt für die Begleichung des grundsätzlich ebenfalls mit Abschluss der güterrechtlichen Auseinandersetzung fällig werdenden Mehrwertanteils (vgl. Art. 206 ZGB). Durch die Einräumung der Zahlungsfristen werden sowohl die Fälligkeit als auch die ab diesem Zeitpunkt laufende, zehnjährige Verjährungsfrist (vgl. Art. 7 ZGB i.V.m. Art. 127 OR) aufgeschoben. Der Zahlungsaufschub muss vor Abschluss der güterrechtlichen Auseinandersetzung vor dem Richter geltend gemacht werden.[181]

II. Im Rahmen der Gütergemeinschaft

109   Bei der güterrechtlichen Auseinandersetzung von unter dem Güterstand der Gütergemeinschaft lebenden Ehegatten sind die **Eigengüter und das Gesamtgut auszuscheiden**; dabei wird auf den Zeitpunkt der Anhängigmachung des Scheidungsbegehrens bzw. der Scheidungsklage abgestellt (Art. 236 ZGB). Maßgebend ist grundsätzlich der Verkehrswert im Zeitpunkt der Auseinandersetzung (Art. 240 i.V.m. Art. 246 ZGB).[182] Weiter müssen die **Schulden** der jeweiligen Vermögensmasse zugeordnet werden (Art. 238 Abs. 2 ZGB). Ist eine Schuld entgegen ihrer Zuordnung von der anderen Masse des Ehegatten bezahlt worden, wird eine **Ersatzforderung** begründet (Art. 238 Abs. 1 ZGB). Sodann gelten sinngemäß die Bestimmungen über den **Mehrwertanteil** bei der Errungenschaftsbeteiligung (Art. 239 i.V.m. Art. 206 ZGB), wenn eine Masse zum Erwerb, zur Verbesserung oder zur Erhaltung eines sich in einer anderen Masse befindlichen Vermögensgegenstandes beigetragen hat (siehe hierzu Rdn 106).[183]

110   Wird die Ehe durch **Scheidung** aufgelöst, nimmt jeder Ehegatte sein Eigengut und zusätzlich diejenigen sich im Gesamtgut befindlichen Vermögenswerte zurück, die unter der Errungenschaftsbeteiligung seinem Eigengut angehören würden (Art. 242 Abs. 1 i.V.m. Art. 198 ZGB). Damit tritt *ex lege* nachträglich eine **Errungenschaftsgemeinschaft** ein. Das verbleibende Gesamtgut wird nach den Bestimmungen über die Teilung von Miteigentum (Art. 651 ff. ZGB) und die Durchführung der Erbteilung (Art. 610 ff. ZGB) halbiert (Art. 242 Abs. 2 i.V.m. Art. 246 ZGB), sofern nicht die besonderen Teilungsregeln der Art. 243 ff. ZGB zur Anwendung gelangen.

111   Gelingt einem Ehegatten der **Nachweis eines überwiegenden Interesses**, kann er verlangen, dass ihm bestimmte Vermögenswerte – namentlich die Familienwohnung und der Hausrat – auf Anrechnung zugeteilt werden (Art. 244 Abs. 1 ZGB). Möglich ist auch die Einräumung der Nutznießung oder eines Wohnrechts an der Familienwohnung (Art. 244 Abs. 2 ZGB). Wird die Ehe durch **Tod** eines Ehegatten aufgelöst, gelten zusätzliche Besonderheiten (Art. 241 ZGB); insbesondere entfällt bezüglich der Übernahme von Wohnung und Hausrat das Erfordernis eines überwiegenden Interesses (Art. 244 Abs. 3 ZGB).

---

180   Zur Fälligkeit bzw. zum Erfordernis der wirtschaftlichen Schwierigkeiten siehe *Hausheer/Aebi-Müller* in: *Honsell/Vogt/Geiser*, Basler Kommentar zum Schweizerischen Privatrecht, Zivilgesetzbuch I, Art. 1–456 ZGB, Art. 215 ZGB Rn 12 bzw. Art. 218 ZGB Rn 10 ff., m.w.H.

181   Vgl. *Hausheer/Aebi-Müller* in: *Honsell/Vogt/Geiser*, Basler Kommentar zum Schweizerischen Privatrecht, Zivilgesetzbuch I, Art. 1–456 ZGB, Art. 218 ZGB Rn 6.

182   Vgl. *Hausheer/Aebi-Müller* in: *Honsell/Vogt/Geiser*, Basler Kommentar zum Schweizerischen Privatrecht, Zivilgesetzbuch I, Art. 1–456 ZGB, Art. 240 ZGB Rn 1 ff.

183   Vgl. *Hausheer/Aebi-Müller* in: *Honsell/Vogt/Geiser*, Basler Kommentar zum Schweizerischen Privatrecht, Zivilgesetzbuch I, Art. 1–456 ZGB, Art. 239 ZGB Rn 2.

III. Im Rahmen der Gütertrennung

Bei der Gütertrennung findet **keine güterrechtliche Auseinandersetzung** statt. Es sind   112
lediglich die sich im Besitz des anderen Ehegatten befindenden Vermögenswerte zurückzu-
nehmen sowie die gegenseitigen Schulden zu regeln (Art. 250 ZGB). Steht eine Sache im
Miteigentum, kann sie gestützt auf Art. 251 ZGB dem einen Ehegatten gegen Entschädigung
des anderen ungeteilt zugewiesen werden (vgl. Rdn 105).

IV. Nachehelicher Unterhalt

Da die Ehegatten während der Ehe eine wirtschaftliche Gemeinschaft bilden (vgl. Art. 163   113
ZGB), besteht bei einer vorübergehenden Auflösung des gemeinsamen Haushalts i.S.v.
Art. 175 f. ZGB regelmäßig eine volle gegenseitige Unterstützungspflicht (vgl. Rdn 34). Eine
solche rechtfertigt sich mit dem Eintritt der Scheidung nicht mehr. Gemäß den seit der
Scheidungsrechtsrevision geltenden Grundsätzen der **Eigenversorgung** auf der einen und
der **nachehelichen Solidarität** auf der anderen Seite besteht ein Anspruch auf **nacheheli-
chen Unterhalt**[184] nur dann, wenn es einem Ehegatten nicht zuzumuten ist, dass er für den
ihm gebührenden Unterhalt unter Einschluss einer angemessenen Altersvorsorge selbst
aufkommt (Art. 125 Abs. 1 ZGB). Ob und ggf. in welcher Höhe und für wie lange ein
Unterhaltsbeitrag zu leisten ist, bestimmt das Gericht unter Berücksichtigung der folgenden,
in Art. 125 Abs. 2 ZGB nicht abschließend aufgelisteten Gesichtspunkte:
- Aufgabenteilung während der Ehe;
- Dauer der Ehe;
- Lebensstellung während der Ehe;
- Alter und Gesundheit der Ehegatten;
- Einkommen und Vermögen der Ehegatten;
- Betreuungspflichten;
- Ausbildung und Erwerbsaussichten;
- voraussichtliche Altersvorsorge.[185]

In einem ersten Schritt gilt es, den **„gebührenden"** Unterhalt der Ehegatten zu bestimmen.   114
Ist die Ehe **lebensprägend** geworden, durften die Ehegatten auf das Andauern der ehelichen
Versorgungsgemeinschaft vertrauen und es besteht ein Anspruch auf Fortführung der während der Ehe gelebten Lebenshaltung bzw. bei ungenügender Leistungsfähigkeit des Unterhaltsschuldners auf gleichwertige Lebensführung beider Ehegatten. Der nacheheliche Bedarf
bestimmt sich bei einer lebensprägenden Ehe nach dem gebührenden Unterhalt gem.
Art. 163 ZGB und unter Berücksichtigung der durch die Führung zweier Haushalte anfallenden Mehrbelastung.

In einem zweiten Schritt ist zu fragen, ob beide Ehegatten in der Lage sind, ihren Unterhalt   115
selbst zu bestreiten (**Eigenversorgungskapazität**). Sind die vorhandenen und insbesondere
aufgrund künftigen Vermögensanfalls aus der Altersvorsorge und dem Ergebnis der güterrechtlichen Auseinandersetzung zu erwartenden Mittel nicht ausreichend, ist die Zumutbarkeit einer (Wieder-)Aufnahme bzw. Ausdehnung der Erwerbstätigkeit zu prüfen. Die Frage
der Anrechnung eines solchen **hypothetischen Einkommens** stellt sich mit Blick sowohl
auf den Unterhaltsschuldner als auch auf den Unterhaltsberechtigten. Verbleibt bei einem
Ehegatten trotz Ausschöpfung der zumutbaren Eigenversorgungskapazität im Vergleich

---

184 Siehe zum Ganzen *Hausheer/Geiser/Aebi-Müller*, Das Familienrecht des Schweizerischen Zivilgesetzbuches, § 10 Rn 10.61 ff.
185 Vgl. BGE 127 III, 289, 291.

mit dem letzten ehelichen Lebensstandard ein Manko, ist dessen **Unterhaltsbedürftigkeit** erstellt. Erweist sich die Eigenversorgung demgegenüber als genügend oder wurde bereits die Lebensprägung der Ehe verneint, ist mit der Scheidung kein wirtschaftlicher Nachteil verbunden. Der maßgebende Unterhalt bemisst sich solchenfalls nach den Verhältnissen, wie sie beim Nichteingehen der Ehe bestünden. Dies erfordert insbesondere den Ausgleich einer allfälligen Karriereeinbusse.[186]

116 Ob und in welchem Maß das **Versorgungsdefizit** eines Ehegatten durch den anderen auszugleichen ist, hängt von dessen **Leistungsfähigkeit** ab.[187] Wenn die zur Verfügung stehenden Mittel die nun für zwei Haushalte erforderlichen Ausgaben nicht mehr zu decken vermögen, liegt eine Mangellage vor. Diesfalls ist dem unterhaltspflichtigen Ehegatten das Existenzminimum zu belassen.[188] Genügt demgegenüber das vorhandene bzw. erzielbare Einkommen zur Deckung des Gesamtexistenzminimums der Familienmitglieder und verbleibt ein Überschuss, ist dieser grundsätzlich gleichmäßig zu verteilen. Allerdings darf der Unterhaltsbeitrag nicht so hoch ausfallen, dass dem Unterhaltsberechtigten eine höhere als die zuletzt gelebte Lebenshaltung ermöglicht wird. Unterhaltsbeiträge sollen den gebührenden Unterhalt sicherstellen, nicht aber zu einer nachehelichen Vermögensumverteilung führen, indem der berechtigte Ehegatte aus dem Unterhaltsbeitrag über seinen Vorsorgebedarf hinaus Ersparnisse anlegen kann. Verbleibt nach einer großzügigen Bemessung des Grundbedarfs und nach Anrechnung eines erheblichen Überschussanteils für den berechtigten Ehegatten immer noch ein freier Betrag, steht dieser deshalb grundsätzlich dem unterhaltsverpflichteten Ehegatten zu.[189]

117 Für die **Bemessungsmethoden** kann auf die Ausführungen in Rdn 34 f. verwiesen werden.[190]

118 Der Unterhaltsbeitrag wird regelmäßig als in Abhängigkeit von der Teuerung variable **Rente** festgesetzt (Art. 126 Abs. 1 i.V.m. Art. 128 ZGB) und ist angesichts der oftmals möglichen Erlangung genügender Eigenversorgungskapazität des berechtigten Ehegatten häufig **zeitlich abgestuft bzw. befristet**. Der Unterhaltsanspruch **erlischt** mit dem Tod der berechtigten oder verpflichteten Person sowie bei Wiederverheiratung des Unterhaltsberechtigten (Art. 130 ZGB).[191] Rechtfertigen es besondere Umstände, ist statt einer Rente die Zusprechung einer **Kapitalabfindung** möglich (Art. 126 Abs. 2 ZGB).

119 Art. 129 ZGB zählt verschiedene Konstellationen auf, die eine **Abänderung** der festgesetzten Rente rechtfertigen. Die Herabsetzung oder Aufhebung der Rente ist im Fall einer unvorhersehbaren, erheblichen und dauerhaften Verschlechterung der Verhältnisse des Unterhaltspflichtigen sowie bei einer ebensolchen Verbesserung der wirtschaftlichen Verhältnisse des Unterhaltsberechtigten möglich. Letzteres ist allerdings nur dann statthaft, wenn im Scheidungsurteil eine den gebührenden Unterhalt deckende Rente festgesetzt werden konnte. Ergibt sich demgegenüber aus dem Scheidungsurteil, dass keine zur Deckung des gebührenden Unterhalts ausreichende Rente festgesetzt werden konnte, und haben sich die wirtschaftlichen Verhältnisse des Unterhaltspflichtigen unvorhersehbar, erheblich und

---

186 Vgl. BGer vom 4.4.2001, 5C.278/2000.
187 Diesbezüglich zu beachten ist auch die in Art. 125 Abs. 3 ZGB vorgesehene Möglichkeit, einen Unterhaltsbeitrag im Falle offensichtlicher Unbilligkeit zu verneinen oder zu kürzen. Vgl. dazu BGE 127 III, 65 ff.
188 BGE 135 III, 66 ff. und die Erläuterungen in Rdn 34 und Fn 59.
189 Vgl. BGer vom 6.9.2001, 5C.129/2001, E. 3.a.
190 Siehe zu den Berechnungsmethoden auch *Hausheer/Geiser/Aebi-Müller*, Das Familienrecht des Schweizerischen Zivilgesetzbuches, § 10 Rn 10.90 ff.
191 Siehe auch Rdn 150 zu den möglichen Auswirkungen des Konkubinats auf den Unterhaltsbeitrag.

dauerhaft verbessert, kann innert fünf Jahren nach der Scheidung die Festsetzung bzw. Erhöhung der Rente verlangt werden. Eine Rentensistierung ist schließlich möglich, wenn die solcherart qualifizierte Verschlechterung der Verhältnisse, wie etwa im Fall eines einfachen Konkubinats (siehe Rdn 150), noch nicht definitiv ist.[192]

Der häufig schwierigen **Durchsetzung des Unterhaltsbeitrags** tragen Art. 131 f. ZGB Rechnung, indem sie die Inkassohilfe, die Anweisung an den Schuldner sowie die Alimentenbevorschussung vorsehen.

120

V. Altersvorsorge und Hinterbliebenenleistungen

1. Erste Säule

Im Bereich der **1. Säule**[193] (AHV/IV) gilt seit 1997 das Splitting-Modell. Jede versicherte Person[194] hat Anspruch auf eine eigene, individuell berechnete **Altersrente**. Die während der Ehe erzielten Einkommen zuzüglich allfälliger Betreuungs- und Erziehungsgutschriften werden geteilt und je hälftig dem AHV-Konto des Mannes und demjenigen der Frau gutgeschrieben (vgl. Art. 29quinques Abs. 3, Art. 29sexies Abs. 3 und Art. 29septies Abs. 6 AHVG). Geschiedene Personen haben unter den in Art. 24a AHVG genannten Voraussetzungen Anspruch auf eine **Witwen- bzw. Witwerrente**, und zwar selbst dann, wenn sich der Verstorbene wieder verheiratet hatte und eine weitere anspruchsberechtigte Person hinterlässt. Für die Anspruchsbegründung ist u.a. das Erfordernis der mindestens zehnjährigen Ehedauer wesentlich, worauf in der anwaltlichen Beratung im Falle einer bereits annähernd langen Ehedauer hingewiesen werden sollte.[195]

121

2. Zweite Säule

Gehören ein oder beide Ehegatte(n) einer Einrichtung der beruflichen Vorsorge (**2. Säule**) an und ist im Zeitpunkt der Scheidung bei keinem von ihnen ein Vorsorgefall eingetreten, besteht seit dem 1.1.2000 ein gesetzlicher Anspruch auf den **Ausgleich** der den Ehegatten für die Dauer der Ehe zustehenden **Austrittsleistungen** (Art. 122 ZGB). Auf schriftlichen Antrag hin haben deshalb die beteiligten Vorsorgeeinrichtungen in Anwendung insbesondere von Art. 22 ff. FZG für jeden Ehegatten die bei der Scheidung vorhandene Austrittsleistung zu berechnen und davon die im Zeitpunkt der Heirat bereits erworbene Austrittsleistung in Abzug zu bringen. Die Hälfte dieses Saldos steht vorbehaltlich einer offensichtlichen Unbilligkeit (vgl. Art. 123 Abs. 2 ZGB) dem anderen Ehegatten zu; sofern beide Ehegatten Anrecht auf eine Austrittsleistung haben, ist nur der Differenzbetrag zu teilen. Dabei gilt es zu beachten, dass der berechtigte Ehegatte keine Barauszahlung erhält, sondern sich mit der Freizügigkeitsleistung neu in eine Vorsorgeeinrichtung einkaufen bzw. eine Aufstockung des bereits bestehenden Versicherungsschutzes vornehmen muss. Eine Barauszahlung

122

---

192 Für die vor dem 1.1.2000 rechtskräftig gewordenen Scheidungen gilt bezüglich der Abänderung des Scheidungsurteils das alte Recht (Art. 7 Abs. 3 SchlT ZGB); vgl. dazu *Spycher/Gloor* in: *Honsell/Vogt/Geiser*, Basler Kommentar zum Schweizerischen Privatrecht, Zivilgesetzbuch I, Art. 1–456 ZGB, Art. 129 ZGB Rn 5.

193 Zum Drei-Säulen-Prinzip siehe Rdn 70 ff.

194 Nicht erwerbstätige Verheiratete gelten als versichert, sofern der Ehegatte mindestens den doppelten Minimalbeitrag in der Höhe von gegenwärtig 392 Fr. bezahlt (Art. 3 Abs. 3 i.V.m. Art. 10 Abs. 1 AHVG). Wird diese Grenze nicht erreicht, muss der nicht erwerbstätige Ehegatte gestützt auf Art. 10 AHVG selbst Beiträge leisten.

195 Dasselbe gilt im Anwendungsbereich der beruflichen Vorsorge; vgl. Rdn 122 ff. sogleich.

kann die anspruchsberechtigte Person nur unter den Voraussetzungen von Art. 5 FZG verlangen.

123 Der **Ausgleichsanspruch** setzt voraus, dass eine Teilung der Austrittsleistung überhaupt noch möglich ist. Dies ist nicht der Fall, wenn ein Ehegatte bereits das Rentenalter erreicht hat oder (teil-)invalid geworden ist, wenn also bereits ein Vorsorgefall eingetreten ist. Eine Teilung kann aber auch aus anderen Gründen unmöglich werden, so insbesondere wenn bereits eine Barauszahlung der Austrittsleistung stattgefunden hat (Art. 5 FZG).[196] In diesem Fall steht dem Ehegatten eine angemessene **Entschädigung** für die entgangene Beteiligung an der nicht mehr vorhandenen Austrittsleistung des Vorsorgenehmers zu (Art. 124 ZGB).[197]

124 Der geschiedene Ehegatte hat grundsätzlich Anspruch auf eine **Witwen- oder Witwerrente** der Pensionskasse, wenn die Ehe mindestens zehn Jahre gedauert hat und ihm im Scheidungsurteil eine Rente oder eine Kapitalabfindung für eine lebenslängliche Rente zugesprochen wurde (Art. 19 Abs. 3 BVG i.V.m. Art. 20 BVV 2). Dies gilt auch dann, wenn sich der Verstorbene wieder verheiratet hatte und eine weitere anspruchsberechtigte Person hinterlässt.[198]

3. Freiwillige Vorsorge und weitere Versicherungsleistungen

125 Die während der Ehe geäufneten individuellen Ersparnisse fallen unter die **3. Säule** und werden nach den Regeln des für die Ehegatten maßgebenden Güterstandes geteilt.[199] Der geschiedene Ehegatte hat Anspruch auf eine **Rente der Unfallversicherung**, sofern der Verunfallte ihm gegenüber zu Unterhaltsbeiträgen verpflichtet war (Art. 29 Abs. 4 UVG). Unter der gleichen Voraussetzung steht dem geschiedenen Ehegatten zudem eine **Rente der Militärversicherung** zu (Art. 52 Abs. 4 MVG).

VI. Kindesbelange

126 Im Scheidungsfall regelt das Gericht gemäss Art. 133 Abs. 1 Ziff. 1 ZGB die **elterliche Sorge**. In der Regel wird dabei die elterliche Sorge den Eltern gemeinsam belassen (**Grundsatz des gemeinsamen Sorgerechts** gemäß Art. 296 Abs. 2 ZGB). Nach Art. 133 Abs. 2 ZGB hat das Gericht bei seinem Entscheid alle für das Kindeswohl wichtigen Umstände zu beachten; es berücksichtigt einen gemeinsamen Antrag der Eltern und, soweit tunlich, die Meinung des Kindes. Wenn dies zur Wahrung des Kindeswohls nötig ist, überträgt das Gericht im Scheidungsverfahren die elterliche Sorge **einem Elternteil allein** (Art. 298 Abs. 1 ZGB). Gründe für den Entzug der elterlichen Sorge sind namentlich Unerfahrenheit, Ortsabwesenheit, Gewalttätigkeit, Krankheit, Gebrechen sowie ernstliches sich nicht Kümmern

---

196 Vgl. dazu BGE 127 III, 433, 437 ff.

197 Vgl. dazu BGE 129 III, 481 ff.

198 Das geltende Recht wird kritisiert. Bemängelt wird, dass es in einigen Punkten unklar und wenig praktikabel sei. Diese Mängel sollen mit einer Revision des ZGB und weiterer Gesetze beseitigt werden. Am 19.6.2015 wurde die Revision von der Bundesversammlung angenommen. Der Bundesrat hat am 10.6.2016 die Inkraftsetzung auf 1.1.2017 beschlossen. Demnach werden künftig die Vorsorgeansprüche auch dann geteilt, wenn im Zeitpunkt der Einleitung des Scheidungsverfahrens ein Ehegatte wegen Alters oder Invalidität bereits eine Rente bezieht. Vgl. dazu das Dossier „Vorsorgeausgleich bei Scheidung" auf der Website des Bundesamtes für Justiz: www.bj.admin.ch.

199 BGE 129 III, 257, 261. Das gilt nicht nur für die ungebundene Vorsorge, sondern auch für die steuerlich privilegierte gebundene Vorsorge gem. Art. 82 BVG.

oder grobe Pflichtverletzungen gegenüber dem Kind.[200] Üben die Eltern die elterliche Sorge gemeinsam aus und will ein Elternteil den Aufenthaltsort wechseln, so bedarf dies grundsätzlich der Zustimmung des anderen Elternteils. Auf die Zustimmung kann nur verzichtet werden, wenn der Wechsel des Aufenthaltsortes innerhalb der Schweiz erfolgt und keine erheblichen Auswirkungen auf die Ausübung der elterlichen Sorge und den persönlichen Verkehr durch den anderen Elternteil hat (Art. 301a Abs. 2 ZGB). Bei Uneinigkeit der Eltern entscheidet das Gericht oder die Kindesschutzbehörde (Art. 301a Abs. 5 ZGB). Dem Gericht obliegt zudem die Regelung der **Obhut** (Art. 133 Abs. 1 Ziff. 2 ZGB). Somit kann es auch bei gemeinsamer elterlicher Sorge die rechtliche Obhut und damit das Recht, den Aufenthaltsort des Kindes zu bestimmen, einem Elternteil zuteilen.[201]

Gemäss Art. 133 Abs. 1 Ziff. 3 ZGB regelt das Gericht den **persönlichen Verkehr** nach Art. 273 ff. ZGB oder die **Betreuungsanteile**. Der persönliche Verkehr umfasst jegliche Art von Kontakt zwischen dem Kind und dem Elternteil ohne elterliche Sorge bzw. ohne Obhut oder Betreuungsanteil.[202] Dabei steht das **Besuchsrecht** im Fokus. Seit etlicher Zeit wurde dieses in der Praxis stark erweitert. Im französischsprachigen Teil der Schweiz gilt schon lange die Regel, dass schulpflichtige Kinder jedes zweite Wochenende und die Hälfte der Ferien beim Besuchsberechtigten verbringen. In der deutschsprachigen Schweiz gelten in Fällen mit unbestrittenem Besuchsrecht inzwischen ähnliche Prinzipien. In strittigen Fällen erstreckt sich das Besuchsrecht aber üblicherweise nur auf ein bis zwei Wochenenden pro Monat und zwei bis drei Wochen Ferien im Jahr.[203] Die Feiertage werden im Turnus bei dem einen oder anderen Elternteil verbracht. In allen Fällen ist aber auf die konkrete Situation, namentlich das Alter der Kinder, Rücksicht zu nehmen.[204]

127

Für die Bemessung des **Kindesunterhalts** wird vorab auf die Ausführungen in Rdn 35 verwiesen. Insbesondere sind die Unterhaltsbeiträge des Kindes und des Sorgerechtsinhabers auch im Rahmen der Ehescheidung getrennt festzusetzen (Art. 282 Abs. 1 lit. b und Abs. 2 ZPO). Obwohl Volljährige ihren Unterhaltsanspruch grundsätzlich gestützt auf Art. 277 Abs. 2 ZGB im eigenen Namen geltend zu machen haben, kann der Unterhalt im Scheidungsverfahren über die Volljährigkeit hinaus festgelegt werden (vgl. Art. 133 Abs. 3 ZGB). Das gilt auch dann, wenn das Kind im Zeitpunkt der Scheidung noch sehr jung ist.[205] Der **Volljährigenunterhalt** setzt einerseits voraus, dass das Kind noch keine angemessene Ausbildung hat, andererseits steht die Leistungspflicht des Unterhaltsschuldners unter dem Vorbehalt der Zumutbarkeit und wird zeitlich durch die ordentliche Ausbildungsdauer begrenzt (Art. 133 Abs. 3 i.V.m. Art. 277 Abs. 2 ZGB).[206]

128

200　*Schwenzer/Cottier* in: *Honsell/Vogt/Geiser,* Basler Kommentar zum Schweizerischen Privatrecht, Zivilgesetzbuch I, Art. 1–456 ZGB, Art. 298 ZGB Rn 12 f.

201　*Hausheer/Geiser/Aebi-Müller,* Das Familienrecht des Schweizerischen Zivilgesetzbuches, § 17 Rn 17.105.

202　*Hausheer/Geiser/Aebi-Müller,* Das Familienrecht des Schweizerischen Zivilgesetzbuches, § 17 Rn 17.138.

203　*Schwenzer/Cottier* in: *Honsell/Vogt/Geiser,* Basler Kommentar zum Schweizerischen Privatrecht, Zivilgesetzbuch I, Art. 1–456 ZGB, Art. 273 ZGB Rn 15.

204　Vgl. BGE 130 III, 585 ff.; *Hausheer/Geiser/Aebi-Müller,* Das Familienrecht des Schweizerischen Zivilgesetzbuches, § 17 Rn 17.138, je m.w.H.

205　BGE 139 III, 401 ff.

206　Zum Kriterium der Zumutbarkeit siehe BGE 129 III, 375 ff. Dieser Entscheid ist in der Lehre auf Kritik gestoßen; vgl. etwa *Schwander,* AJP 2003, 846 ff., 848 ff.

VII. Familienwohnung

129   Angesichts der sozialen Bedeutung der **Familienwohnung** (Art. 169 ZGB) sieht das ZGB
für den Fall der Scheidung in verschiedenen Bestimmungen Behelfe vor, die es einem
Ehegatten – insbesondere mit Blick auf die Kinder – ermöglichen, in der bisherigen Wohnung zu bleiben. Grundlegend ist Art. 121 Abs. 1 ZGB, wonach einem Ehegatten die Rechte
und Pflichten aus dem Mietvertrag allein übertragen werden können, sofern er darauf wegen
der Kinder oder aus anderen wichtigen Gründen angewiesen ist und dies dem anderen
billigerweise zugemutet werden kann. Der mit dieser gerichtlich angeordneten Vertragsän-
derung verbundene Eingriff in die Rechtsstellung des Vermieters wird durch die in Art. 121
Abs. 2 ZGB geregelte befristete Solidarhaftung des anderen Ehegatten gemildert. Gehört
die Wohnung der Familie einem Ehegatten, ist unter den gleichen Voraussetzungen gegen
angemessene Entschädigung oder unter Anrechnung auf Unterhaltsbeiträge die Einräumung
eines befristeten Wohnrechts (Art. 776 ff. ZGB) möglich (siehe hierzu auch Rdn 105, 111).
Die vom Gericht vorzunehmende **Interessenabwägung** hat maßgeblich mit Blick auf die
allenfalls von der Scheidung betroffenen Kinder zu erfolgen. Diese sollen, wenn möglich,
in der gewohnten Umgebung bleiben können. Aber auch andere Aspekte wie Alter, Gesundheit, Beruf und finanzielle Verhältnisse der Beteiligten sind in die Betrachtung einzubeziehen.[207]

VIII. Weitere Scheidungsfolgen

130   Für die Auswirkungen der Scheidung auf den **Namen** der Ehegatten siehe Rdn 43, für die
erbrechtlichen Folgen siehe Rdn 68 f., für die **steuerrechtlichen Folgen** siehe Rdn 81 und
für die Auswirkungen auf das **Aufenthaltsrecht** und die **Staatsangehörigkeit** siehe
Rdn 75 ff.

IX. Möglichkeiten vertraglicher Gestaltung

131   Hinsichtlich der vertraglichen Regelung der Scheidungsfolgen und deren Grenzen ist vorab
auf die Möglichkeit des Abschlusses einer **Scheidungsvereinbarung** zu verweisen (vgl.
Rdn 86). Die diesbezüglich gem. Art. 279 ZPO notwendige richterliche Genehmigung gilt
auch für allfällige bereits vorgängig, namentlich im Rahmen eines Ehevertrages, geregelte
Nebenfolgen der Scheidung.[208] Zusätzlich zu den bereits erwähnten Inhalten der Scheidungsvereinbarung (siehe Rdn 86) sind drei weitere Abredemöglichkeiten zu beachten:
Gemäß Art. 123 ZGB kann ein Ehegatte ganz oder teilweise auf seinen Anteil an der
beruflichen Vorsorge des anderen Ehegatten verzichten, sofern eine entsprechende Alters-
und Invalidenversicherung auf andere Weise gewährleistet ist.[209] Diese Vereinbarung ist
allerdings nur im Rahmen einer Scheidungsvereinbarung zulässig, sie kann nicht im Voraus

---

207 *Gloor* in: *Honsell/Vogt/Geiser*, Basler Kommentar zum Schweizerischen Privatrecht, Zivilgesetzbuch I,
Art. 1–456 ZGB, Art. 121 ZGB Rn 5 m.w.H.
208 Vgl. BGE 121 III, 393 ff. (noch zum alten Recht); *Siehr/Bähler* in: *Spühler/Tenchio/Infanger*, Basler
Kommentar zur Schweizerischen Zivilprozessordnung, Art. 279 ZPO Rn 1.
209 Vgl. dazu *Walser* in: *Honsell/Vogt/Geiser*, Basler Kommentar zum Schweizerischen Privatrecht, Zivilgesetzbuch I, Art. 1–456 ZGB, Art. 123 ZGB Rn 1 ff. Die Revision des Vorsorgeausgleichs bei Scheidung ist von der Bundesversammlung genehmigt worden, die Inkraftsetzung steht aber noch aus.
Nach dem revidierten Recht werden die Vorsorgeansprüche auch dann geteilt, wenn im Zeitpunkt der
Einleitung des Scheidungsverfahrens ein Ehegatte wegen Alters oder Invalidität bereits eine Rente
bezieht. Vgl. dazu das Dossier „Vorsorgeausgleich bei Scheidung" auf der Website des Eidgenössischen
Justiz- und Polizeidepartements: www.ejpd.admin.ch.

getroffen werden.[210] Dasselbe gilt für die den Ehegatten in Art. 127 ZGB gewährte Möglichkeit, die grundsätzliche Abänderbarkeit der Scheidungsrente (vgl. Art. 128 f. ZGB) ganz oder teilweise auszuschließen bzw. an eingeschränkte Voraussetzungen zu knüpfen. Dieser Ausschluss steht zudem unter den Vorbehalten der aus Art. 2 ZGB abgeleiteten *clausula rebus sic stantibus* und der übermäßigen Bindung (Art. 27 Abs. 2 ZGB).[211] Gestützt auf Art. 130 Abs. 2 ZGB können die Ehegatten schließlich vereinbaren, dass die Rente bei Wiederverheiratung des Gläubigers nicht entfallen soll. Über den Gesetzeswortlaut hinaus steht es den Ehegatten auch frei, die aktive oder passive Vererblichkeit der Rente zu stipulieren.[212]

Daneben bietet auch der Abschluss eines **Ehevertrages** Optionen zur Gestaltung der Scheidungsnebenfolgen, allerdings nur in beschränktem Rahmen. Auf den Ehevertrag im Allgemeinen und seine Bedeutung für die Gestaltung der güterrechtlichen Verhältnisse wurde bereits in Rdn 54 ff. eingegangen. Das ZGB lässt weiterhin Vereinbarungen über die Teilung des Vorschlags bzw. des Gesamtguts zu.[213] Ehegatten, die dem ordentlichen Güterstand der **Errungenschaftsbeteiligung** unterstehen, können für die Vorschlagsbeteiligung einen von der dispositiven Ordnung abweichenden Teilungsschlüssel vorsehen, sofern dadurch die Pflichtteilsansprüche der nichtgemeinsamen Kinder und deren Nachkommen nicht beeinträchtigt werden (Art. 216 Abs. 2 ZGB). Dabei gilt es zu beachten, dass solche Vereinbarungen nur dann auch scheidungsresistent[214] sind, wenn der Ehevertrag dies ausdrücklich vorsieht (Art. 217 ZGB). Haben die Ehegatten ihre güterrechtlichen Verhältnisse der **Gütergemeinschaft** unterstellt, können sie die vom Gesetz für den Fall der Auflösung des Güterstandes vorgesehene hälftige Teilung des Gesamtguts abweichend regeln (Art. 241 Abs. 1 ZGB). Auch diese Vereinbarung steht unter dem Vorbehalt der Verletzung der Pflichtteilsansprüche der Nachkommen; allerdings bezieht sich die Einschränkung im Unterschied zur Parallelbestimmung bei der Errungenschaftsbeteiligung auf sämtliche Nachkommen (Art. 241 Abs. 2 ZGB). Schließlich gilt auch hier die Vermutung, dass die von der dispositiven Ordnung abweichende Teilung des Gesamtguts nur bei Auflösung des Güterstandes durch Tod oder bei Vereinbarung eines anderen Güterstandes Wirkung entfaltet. Wollen die Ehegatten die grundsätzliche oder zumindest partiell darüber hinausgehende Wirksamkeit ihrer Abrede erreichen, müssen sie dies ausdrücklich festhalten (Art. 242 Abs. 3 ZGB).[215]

132

X. Internationales Recht

1. Zuständigkeit

Im Verhältnis zu den Signatarstaaten des LugÜ richtet sich die Zuständigkeit zur Beurteilung des **Ehegatten- und Kindesunterhalts** nach Art. 5 Abs. 2 LugÜ. Diese Bestimmung

133

---

210 BGE 129 III, 481, 486.
211 Vgl. BGE 122 III, 97 ff.
212 Vgl. zum Ganzen und namentlich zu den Formerfordernissen einer solchen Vereinbarung: *Spycher/Gloor* in: *Honsell/Vogt/Geiser*, Basler Kommentar zum Schweizerischen Privatrecht, Zivilgesetzbuch I, Art. 1–456 ZGB, Art. 130 ZGB Rn 12 ff.
213 Vgl. auch Art. 219 Abs. 1 ZGB betreffend den Ausschluss bzw. die Modifikation des Anspruchs auf Einräumung eines dinglichen Nutzungsrechts am Haus oder der Wohnung der Ehegatten und Art. 206 Abs. 3 ZGB über den Ausschluss oder die Abänderung des Mehrwertanteils.
214 Dasselbe gilt für die Trennung und die Ungültigerklärung der Ehe sowie für die gerichtliche Anordnung der Gütertrennung.
215 Vgl. zum Ganzen *Wolf/Dorjee-Good* in: *Süß*, Erbrecht in Europa, Länderbericht Schweiz, S. 1182 ff. Rn 143 ff., m.w.H.

belässt die Zuständigkeit beim schweizerischen Scheidungsrichter, sofern sie nicht bloß auf der Staatsangehörigkeit einer Scheidungspartei beruht. Die Zuständigkeit für die Regelung des **Sorge- und Besuchsrechts** hinsichtlich der Kinder richtet sich nach den Bestimmungen des Haager Übereinkommens vom 19.10.1996 über die Zuständigkeit der Behörden und das anzuwendende Recht auf dem Gebiet der elterlichen Verantwortung und der Maßnahmen zum Schutz von Kindern (Art. 85 IPRG). Im Übrigen beurteilt das mit dem Begehren bzw. mit der Klage auf Scheidung befasste schweizerische Gericht auch die Regelung der **Nebenfolgen der Scheidung** (Art. 63 Abs. 1 IPRG; vgl. auch Art. 51 lit. b IPRG).

2. Anwendbares Recht

134   Das auf die **Scheidung anwendbare Recht** (vgl. Rdn 102) ist insoweit auch für die Nebenfolgen maßgebend, als nicht eines der in Art. 63 Abs. 2 IPRG vorbehaltenen ordentlichen Sachstatute zur Anwendung kommt.

135   Eine solche **Sonderanknüpfung** besteht zunächst für den **Namen**. Die diesbezüglichen Auswirkungen der Scheidung unterstehen in Anwendung von Art. 37 Abs. 1 IPRG für Geschiedene mit Wohnsitz in der Schweiz dem schweizerischen Recht. Für Geschiedene mit Wohnsitz im Ausland ist dasjenige Recht maßgebend, auf welches das Kollisionsrecht des Wohnsitzstaates verweist. In beiden Fällen ist sodann die Unterstellung unter das Heimatrecht möglich (Art. 37 Abs. 2 IPRG). Will eine geschiedene Person ihren vor der Ehe getragenen Namen wieder annehmen, ist schweizerisches Recht anzuwenden (Art. 38 Abs. 3 IPRG). Das für die **güterrechtliche Auseinandersetzung** maßgebende Recht sodann bestimmt sich nach Art. 52–57 IPRG (vgl. Rdn 62). Für **Unterhaltsansprüche von Ehegatten und Kindern** gilt das Haager Übereinkommen vom 2.10.1973 über das auf die **Unterhaltspflichten** anzuwendende Recht (Art. 49 und 83 IPRG).[216] Das anwendbare Recht hinsichtlich der Kindesbelange – mit Ausnahme des Unterhalts – richtet sich nach dem Haager Übereinkommen vom 19.10.1996 über die Zuständigkeit der Behörden und das anzuwendende Recht auf dem Gebiet der elterlichen Verantwortung und der Maßnahmen zum Schutz von Kindern (Art. 85 IPRG).

136   Für den **Vorsorgeausgleich** (Art. 122 ff. ZGB) sieht das IPRG keine spezielle Anknüpfung vor, womit nach der Konzeption von Art. 63 IPRG das Scheidungsstatut zur Anwendung gelangt. Von einem namhaften Teil der Lehre wird jedoch die Auffassung vertreten, der Vorsorgeausgleich sei dem Recht desjenigen Staates zu unterstellen, in dem die fragliche Vorsorgeeinrichtung ihren Sitz hat.[217]

3. Anerkennung ausländischer Entscheidungen

137   Ob Art. 65 IPRG (siehe Rdn 103) nur die Anerkennung des Scheidungspunktes oder auch diejenige der Nebenfolgen betrifft, ist in der Lehre kontrovers und vom Bundesgericht offen gelassen worden.[218]

---

216 Im Verhältnis zu Österreich, Belgien und Liechtenstein ist allerdings auf das Haager Übereinkommen vom 24.10.1956 über das auf Unterhaltsverpflichtungen gegenüber Kindern anzuwendende Recht (SR 0.211.221.431) abzustellen.

217 Vgl. *Volken* in: *Girsberger/Heini/Keller/Kren Kostkiewicz/Siehr/Vischer/Volken*, Zürcher Kommentar zum IPRG, Art. 63 IPRG Rn 29 ff.

218 Vgl. BGE 130 III, 336 ff.; *Volken* in: *Girsberger/Heini/Keller/Kren Kostkiewicz/Siehr/Vischer/Volken*, Zürcher Kommentar zum IPRG, Art. 65 IPRG Rn 19 f., je m.w.H.

E. Eingetragene Partnerschaft

I. Allgemeines und Begründung der Partnerschaft

Seit dem Inkrafttreten des **Partnerschaftsgesetzes** am 1.1.2007 können homosexuelle Paare ihre Beziehung offiziell anerkennen lassen.[219] In diesem Fall lautet ihr Zivilstand „**in einge-tragener Partnerschaft**" (Art. 2 Abs. 3 PartG). Die eingetragene Partnerschaft lehnt sich zwar manchenorts an die Ehe an, in anderen Bereichen sind aber bewusst eigene Lösungen geschaffen worden, so dass sich das neue Rechtsinstitut nicht nur durch die Regelung in einem eigenen Gesetz von der Ehe abgrenzt. Die Voraussetzungen und Hindernisse, das Verfahren sowie die Ungültigkeit der **Eintragung** der Partnerschaft sind im Wesent-lichen übereinstimmend mit den entsprechenden Bestimmungen im Eherecht geregelt (vgl. Art. 3–11 PartG).

138

II. Rechtsfolgen

Mit Ausnahme der Kindesbelange (siehe Rdn 140) und des Vermögensrechts (siehe Rdn 141) orientieren sich auch die **Rechtsfolgen**[220] der eingetragenen Partnerschaft an den Bestim-mungen des Eherechts: Eingetragene Paare sind wie Ehepaare verpflichtet, einander Bei-stand zu leisten und aufeinander Rücksicht zu nehmen (Art. 12 PartG). Sie sorgen gemein-sam für den gebührenden Unterhalt ihrer Gemeinschaft und können bei Uneinigkeit das Gericht um Festsetzung der Geldbeiträge anrufen (vgl. Art. 13 PartG). Auch die Bestim-mungen über die gemeinsame Wohnung (Art. 14 PartG), die Vertretung der Gemeinschaft (Art. 15 PartG) und die Auskunftspflicht (Art. 16 PartG) entsprechen denjenigen des Ehe-rechts. Will ein Partner das Zusammenleben aus wichtigen Gründen aufheben, muss das Gericht die Geldbeiträge festlegen, welche die Partner einander schulden, sowie die Nut-zung von Wohnung und Hausrat regeln (Art. 17 PartG). Die Eintragung der Partnerschaft hat grundsätzlich keinen Einfluss auf den **Namen**. Seit dem Inkrafttreten einer Gesetzesre-vision am 1.1.2013 können die Partner indessen einen der beiden Ledignamen als gemeinsa-men Namen wählen (Art. 12a Abs. 2 PartG). Diejenige Person, die ihren Namen geändert hat, behält diesen auch bei einer Auflösung der Partnerschaft. Sie kann aber gemäss Art. 30a PartG dem Zivilstandsbeamten jederzeit erklären, dass sie wieder ihren Ledignamen tragen will.

139

Gleichgeschlechtliche Paare können nur dann gemeinsame **Kinder** haben, wenn ihnen die Möglichkeit medizinisch unterstützter Fortpflanzung oder die Adoption fremder bzw. leib-licher Kinder des Partners offen steht. Beides ist gem. Art. 28 PartG ausdrücklich ausge-schlossen. Immerhin sieht Art. 27 PartG eine Regelung vor für den Fall, dass ein Partner ein Kind in die Lebensgemeinschaft mitbringt. Danach hat der andere Partner dem Elternteil unter vollumfänglicher Wahrung der Elternrechte in der Erfüllung der Unterhaltspflicht und in der Ausübung der elterlichen Sorge in angemessener Weise beizustehen und ihn zu vertreten, wenn es die Umstände erfordern. Bei Aufhebung des Zusammenlebens oder bei Auflösung der eingetragenen Partnerschaft kann die Kindesschutzbehörde dem kinderlosen

140

---

219 Siehe dazu *Büchler/Michel* in: *Wolf*, Das Bundesgesetz über die eingetragene Partnerschaft gleichge-schlechtlicher Paare, S. 12–27.
220 Siehe dazu *Büchler/Michel* in: *Wolf*, Das Bundesgesetz über die eingetragene Partnerschaft gleichge-schlechtlicher Paare, S. 27 ff.

Partner unter den Voraussetzungen von Art. 274a ZGB einen Anspruch auf persönlichen Verkehr einräumen.[221]

141   Das **Vermögensrecht** des PartG lehnt sich materiell weitgehend an die Regelung der eherechtlichen Gütertrennung (Art. 247–251 ZGB) an. Durch die in Art. 25 PartG vorgesehene Möglichkeit, in einem öffentlich beurkundeten „**Vermögensvertrag**" eine besondere Regelung für den Fall der Auflösung der eingetragenen Partnerschaft zu treffen, schuf das PartG zahlreiche Fragen, die in der Lehre diskutiert werden und durch die Rspr. zu klären sind.[222] Eine zentrale Frage betrifft den zulässigen Gegenstand des Vermögensvertrages. Nach der hier vertretenen Auffassung können die eingetragenen Partner ihre vermögensrechtlichen Verhältnisse nur dem eherechtlichen Güterstand der Errungenschaftsbeteiligung (Art. 196 ff. ZGB) unterstellen.[223] Die Gütergemeinschaft (Art. 221 ff. ZGB) steht ihnen demgegenüber nicht zur Verfügung.[224] Die Partner können aber – außerhalb des Vermögensvertrages i.S.v. Art. 25 PartG – im Rahmen einer einfachen Gesellschaft (Art. 530 ff. OR) Gesamteigentum begründen und insofern jedenfalls sachenrechtlich der Gütergemeinschaft entsprechende Verhältnisse schaffen (vgl. hierzu Rdn 58).

142   Weitere im hier interessierenden Kontext relevante Rechtsfolgen der eingetragenen Partnerschaft sind die folgenden:
- Das gesetzliche Erbrecht und das Pflichtteilsrecht des überlebenden eingetragenen Partners ist mit den entsprechenden Rechten des überlebenden Ehegatten identisch (vgl. Art. 462 und Art. 471 Ziff. 3 ZGB).
- Im Bereich der Einkommens- und Vermögenssteuern (vgl. Art. 9 DBG)[225] sowie im Sozialversicherungsrecht (vgl. Art. 13a ATSG), insbesondere bei der beruflichen Alters-,

---

221 Am 28.11.2014 wurde die Botschaft zur Änderung des Schweizerischen Zivilgesetzbuches (Adoptionsrecht) (BBl 2015, 877 ff.) verabschiedet, wonach Kinder durch diejenige Person adoptiert werden können, die mit der Mutter oder dem Vater des Kindes in einer eingetragenen Partnerschaft, in einer faktischen hetero- oder homosexuellen Lebensgemeinschaft oder, wie bisher, in einer Ehe lebt. Vgl. zum Ganzen das Dossier „Revision des Adoptionsrechts" auf der Website des Bundesamtes für Justiz: www.bj.admin.ch.

222 Zur Vermögensgestaltung in der eingetragenen Partnerschaft vgl. insbesondere *Brändli*, Vermögensgestaltung in der eingetragenen Partnerschaft, Unter Berücksichtigung des Obligationen-, Erb- und Steuerrechts, Diss. Freiburg, Zürich, Basel, Genf 2010.

223 Die gesetzlich vorgesehenen Möglichkeiten der Modifikation dieses Güterstandes stehen auch eingetragenen Partnern zur Verfügung. Siehe dazu Rdn 56.

224 Dazu und zu den weiteren offenen Punkten im Vermögensrecht siehe den (insbesondere ein Vertragsbeispiel beinhaltenden) Beitrag von *Wolf/Steiner* in: *Wolf*, Das Bundesgesetz über die eingetragene Partnerschaft gleichgeschlechtlicher Paare, S. 60 ff.; gl.M. *Brändli*, Vermögensgestaltung in der eingetragenen Partnerschaft, Diss. Zürich, Basel, Genf 2010, § 3 Rn 114 ff., insb. Rn 146 f. *Büchler/Matefi* in: *Büchler*, FamKomm, Eingetragene Partnerschaft, Art. 25 PartG Rn 52–54, sind mit Verweis auf die Botschaft derselben Meinung, halten aber fest, für sie sei nicht ersichtlich, weshalb es nicht möglich sein sollte, diejenigen Bestimmungen der Gütergemeinschaft für maßgeblich zu erklären, welche nur die Auflösung des Vermögensstandes beträfen. *Tuor/Schnyder/Schmid/Jungo*, Das schweizerische Zivilgesetzbuch, 14. Aufl. 2015, § 37 Rn 13, ihrerseits halten es nicht für ausgeschlossen, dass einzelne Bestimmungen der Gütergemeinschaft zur Anwendung gelangen, solange diese nicht zu Wirkungen während der Partnerschaft führen.

225 Nicht aber bei der Erbschafts- und Schenkungssteuer. Insbesondere weil kantonales öffentliches Recht Bundesprivatrecht nicht vereiteln darf, sind die Kantone aber nach der zutreffenden Auffassung des Bundesrates gehalten, eingetragene Partner gleich wie Ehepartner zu behandeln. Auch auf eingetragene Partner dürften m.a.W. die nach der Mehrzahl der kantonalen Steuergesetze für Ehegatten geltende Steuerbefreiung bzw. die in den übrigen Kantonen für diese geltenden privilegierten Steuersätze Anwendung finden. Vgl. BBl 2003, 1288 ff., 1327 f.; *Wolf/Dorjee-Good* in: *Süß*, Erbrecht in Europa, Länderbericht Schweiz, S. 1195 f. Rn 197 ff.

Hinterlassenen- und Invalidenvorsorge (vgl. Art. 19a BVG) und der beruflichen Vorsorge (vgl. Art. 22d FZG), entspricht die Stellung eingetragener Partner grundsätzlich derjenigen von Ehegatten.[226]

– Die Bestimmungen des Familiennachzuges für ausländische Ehegatten gelten für eingetragene Partner sinngemäß (vgl. Art. 52 AuG).

Eine erleichterte **Einbürgerung** ist demgegenüber nicht vorgesehen.[227]   143

III. Auflösung

Die Auflösung der eingetragenen Partnerschaft ist nur gestützt auf ein entsprechendes Gestaltungsurteil möglich. Wie im Scheidungsrecht ist einerseits eine **Auflösung auf gemeinsames Begehren**, begleitet von einer vollständigen oder einer Teilvereinbarung, sowie die **Auflösung auf Klage** – im Unterschied zur Ehe allerdings bereits nach einem Getrenntleben von einem Jahr – vorgesehen (Art. 29 f. PartG). Mit der Auflösung der eingetragenen Partnerschaft entfällt das gesetzliche Erbrecht zwischen den Partnern (Art. 31 PartG) und auch mit Blick auf die gemeinsame Wohnung (Art. 32 PartG) und die berufliche Vorsorge (Art. 33 PartG) gilt eine mit dem Eherecht identische Regelung.   144

Anders gestaltet sich dagegen die Ordnung des **Unterhalts**. Auch bei der Beurteilung der Frage, ob nachehelicher Unterhalt geschuldet sei, steht zwar der Grundsatz der Eigenversorgungskapazität im Vordergrund (vgl. Art. 125 ZGB). Art. 34 PartG geht jedoch noch einen Schritt weiter und konzipiert den Unterhaltsanspruch nach Auflösung der eingetragenen Partnerschaft ausdrücklich als Ausnahme. An die Stelle des acht Ziffern umfassenden Katalogs, den Art. 125 Abs. 2 ZGB für die Beurteilung des nachehelichen Unterhalts zur Verfügung stellt, treten bei der eingetragenen Partnerschaft zwei abschließend erwähnte Fälle: Zum einen hat derjenige Partner, der aufgrund der gelebten Aufgabenteilung seine Erwerbstätigkeit eingeschränkt oder nicht ausgeübt hat, Anrecht auf angemessenen Unterhalt, bis seine Eigenversorgungskapazität (wieder-)hergestellt ist (Abs. 1). Zum anderen besteht ein Anspruch auf Unterhalt für den Fall, dass ein Partner durch die Auflösung der Partnerschaft in Bedürftigkeit gerät und dem anderen die Bezahlung von Unterhaltsbeiträgen nach den gesamten Umständen zugemutet werden kann (Abs. 2).   145

IV. Internationales Recht

Gemäß Art. 65a IPRG sind die **Vorschriften über das Eherecht** grundsätzlich auch auf die eingetragene Partnerschaft sinngemäß anzuwenden. Die Verweisung erfasst die Begründung der eingetragenen Partnerschaft, die allgemeinen Rechte und Pflichten der Partner, das Vermögensrecht und die Auflösung der eingetragenen Partnerschaft.[228] Um zu verhindern, dass infolge der noch beschränkten Verbreitung des Instituts der eingetragenen Partnerschaft in keinem Staat ein Gerichtsstand für die Auflösung der Partnerschaft zur Verfügung steht, sieht Art. 65b IPRG unter bestimmten Voraussetzungen zusätzlich eine Zuständigkeit der schweizerischen Gerichte am Eintragungsort vor.[229] Sodann ist für den Fall, dass das nach den Bestimmungen von Art. 43 ff. IPRG anwendbare Recht keine Regeln über die   146

---

226   Vgl. dazu BBl 2003, 1288 ff., 1365 ff.
227   Immerhin wurde die im Rahmen der ordentlichen Einbürgerung notwendige Wohnsitzdauer für ausländische Partner von Schweizer Bürgern von zwölf auf fünf Jahre reduziert (Art. 15 Abs. 5 BüG).
228   BBl 2003, 1288 ff., 1360.
229   Vgl. BBl 2003, 1288 ff., 1361; allerdings hätte in einem solchen Fall vermutlich auch die Notzuständigkeit von Art. 3 IPRG zur Verfügung gestanden.

eingetragene Partnerschaft kennt, schweizerisches Recht maßgebend, soweit nicht das Haager Übereinkommen vom 2.10.1973[230] über das auf Unterhaltspflichten anzuwendende Recht greift (Art. 65c IPRG). Ist es unmöglich oder unzumutbar, eine Klage oder ein Begehren in einem Staat zu erheben, dessen Zuständigkeit in der Schweiz gem. den im 3. Kapitel statuierten Regeln anerkannt wird, sieht Art. 65d IPRG die Anerkennung auch derjenigen ausländischen Akte vor, die im Eintragungsstaat ergangen sind. Gemäß Art. 45 Abs. 3 IPRG schließlich wird eine im Ausland gültig geschlossene Ehe zwischen Personen gleichen Geschlechts in der Schweiz als eingetragene Partnerschaft anerkannt.

F. Eheähnliche Lebensgemeinschaft

I. Begriff

147 Das ZGB enthält keinen thematischen Abschnitt über die **eheähnliche Lebensgemeinschaft** und auch punktuelle Vorschriften sind nur vereinzelt anzutreffen.[231] Dank der durch **Richterrecht** (vgl. Art. 1 Abs. 2 ZGB) geschaffenen Regeln steht das Zusammenleben von Paaren außerhalb der Ehe aber nicht generell im rechtsfreien Raum. Nach der früheren Rspr. des Bundesgerichts ist unter einem **Konkubinat** eine auf Dauer oder jedenfalls auf längere Zeit ausgerichtete, umfassende Lebensgemeinschaft von zwei Personen unterschiedlichen Geschlechts mit grundsätzlichem Ausschließlichkeitscharakter zu verstehen. Diese Lebensgemeinschaft enthält eine geistig-seelische, eine körperliche sowie eine wirtschaftliche Komponente und wird deshalb auch als **Wohn-, Tisch- und Bettgemeinschaft** umschrieben. Die einzelnen Aspekte des Zusammenlebens haben aber insofern keinen absoluten Charakter, als in jedem Einzelfall eine Würdigung der gesamten Umstände des Zusammenlebens vorzunehmen ist. Leben die Partner in einer festen und ausschließlichen Zweierbeziehung und leisten sie einander Treue und umfassenden Beistand, bejaht das Bundesgericht das Bestehen einer eheähnlichen Lebensgemeinschaft denn auch beim Fehlen der Geschlechtsgemeinschaft oder der wirtschaftlichen Komponente.[232] Aufgrund der gewandelten gesellschaftlichen Verhältnisse in Bezug auf die unterschiedlichen Formen des Zusammenlebens und wegen des in der Bundesverfassung statuierten Diskriminierungsverbots (Art. 8 Abs. 2 BV) wird von der Lehre zunehmend eine Ausweitung des Begriffs des Konkubinats im engeren Sinne auf gleichgeschlechtliche Lebensgemeinschaften postuliert. Dieser Forderung scheint das Bundesgericht in seiner neuesten Rspr. nachzukommen.[233] *De lege lata* sind **gleichgeschlechtliche Paare** denn auch regelmäßig denselben Rechtsregeln unterworfen wie heterosexuelle Konkubinate.[234]

---

230 SR 0.211.213.01.
231 Vgl. BGE 125 V, 205, 207 f. und Art. 298 ZGB. Außerhalb des Bundesprivatrechts siehe Art. 2 Abs. 1 lit. g UVV zum Versicherungsobligatorium von Konkubinatspartnern und dazu BGE 130 V, 553 ff. sowie die auf den 1.1.2005 in Kraft gesetzten Art. 20a Abs. 1 lit. a BVG über die Begünstigung von Konkubinatspartnern im Rahmen der beruflichen Vorsorge und Art. 15 Abs. 1 lit. b FZV betreffend den Vorsorgeschutz bei der beruflichen Alters-, Hinterlassenen- und Invalidenvorsorge.
232 Vgl. BGE 118 II, 235, 238; 109 II, 15, 16; 108 II, 204, 206.
233 BGE 134 V, 369 ff., 374 ff. Zumindest dehnte das Bundesgericht in diesem Entscheid den Begriff der Lebensgemeinschaft i.S.v. Art. 20a Abs. 1 lit. a BVG und Art. 15 Abs. 1 lit. b Ziff. 2 FZV auch auf Personen gleichen Geschlechts aus.
234 Vgl. BGE 134 V, 369 ff. und statt vieler *Hausheer/Geiser/Aebi-Müller*, Das Familienrecht des Schweizerischen Zivilgesetzbuches, § 3 Rn 03.03. Gleichgeschlechtliche Paare können ihre Beziehung auch formalisieren, indem sie ihre Partnerschaft eintragen lassen (vgl. hierzu Rn 138 ff.).

II. Rechtsfolgen

Im Unterschied zur Ehe und auch zur eingetragenen Partnerschaft ist das Konkubinat **jederzeit formlos auflösbar.** Die weiteren Rechtsfolgen ihres Zusammenlebens können die Partner innerhalb der allgemeinen Schranken der Rechtsordnung **vertraglich regeln** und damit die von ihnen gewünschten Rechte und Pflichten verbindlich vorsehen. Zu denken ist u.a. an die arbeitsvertragliche Regelung der Tätigkeit des haushaltführenden Konkubinatspartners, wobei in Ermangelung eines förmlichen Vertrages ggf. auch die Abschlussvermutung von Art. 320 Abs. 2 OR zur Anwendung gelangen kann.[235] Eine analoge Anwendung des Eherechts auf die Beziehung der Konkubinatspartner kommt demgegenüber nicht in Frage.[236] So haben Konkubinatspartner insbesondere weder während noch nach Auflösung ihrer Gemeinschaft einen Unterhaltsanspruch gegeneinander.[237] Seit Inkrafttreten der Gesetzesrevision am 1.7.2014 wird die **gemeinsame elterliche Sorge** unverheirateter Eltern gefördert. Anerkennt der Vater das Kind, so kommt die gemeinsame elterliche Sorge aufgrund einer gemeinsamen Erklärung der Eltern zustande (Art. 298a Abs. 1 ZGB). Bis zum Vorliegen der Erklärung hat die Mutter das alleinige Sorgerecht (Art. 298a Abs. 5 ZGB).[238] Gemäss Art. 270a Abs. 1 Satz 1 ZGB erhält das Kind nicht verheirateter Eltern den Ledignamen des Elternteils, der das Sorgerecht innehat. Bei gemeinsamer elterlicher Sorge bestimmen die Eltern, welchen ihrer Ledignamen ihre Kinder tragen sollen (Art. 270a Abs. 1 Satz 2 ZGB). Sowohl eine gemeinschaftliche Adoption durch Konkubinatspartner als auch die Adoption des Kindes des einen durch den anderen Konkubinatspartner sind ausgeschlossen.[239]

148

Im **Steuerrecht** werden Konkubinatspartner wie alleinstehende Personen behandelt, so dass jeder Partner für sein eigenes Einkommen und Vermögen steuerpflichtig ist.[240] In **sozialversicherungsrechtlicher** Hinsicht kommt dem überlebenden Konkubinatspartner regelmäßig keine Begünstigtenstellung zu.[241]

149

Kann aufgrund der gesamten Umstände erwartet werden, dass das Konkubinat insofern gefestigt ist, als die Partner sich gegenseitig wie Ehegatten unterstützen und beistehen, geht die Rspr. von einem sog. **qualifizierten oder stabilen Konkubinat** (im Gegensatz zum „einfachen" Konkubinat) aus. Bei einem Konkubinat, das länger als fünf Jahre gedauert hat, besteht eine diesbezügliche Tatsachenvermutung, wobei für die Vermutungsbasis voller Beweis zu leisten ist.[242] An diese qualifizierte eheähnliche Lebensgemeinschaft werden im

150

---

235 BGE 130 V, 553, 357 f.
236 Vgl. etwa BGE 108 II, 204, 206.
237 Jedenfalls im Ergebnis wird das zu relativieren sein, wenn in der nichtehelichen Lebensgemeinschaft Kinder vorhanden sind. Am 4.11.2015 entschied nämlich der Bundesrat, die neuen Bestimmungen des Zivilgesetzbuches über das Kindesunterhaltsrecht auf den 1.1.2017 in Kraft zu setzen. Demgemäss sollen aus dem Zivilstand der Eltern für das Kind keine Nachteile entstehen. Das Kind erhält nicht nur Anspruch auf die Deckung seiner tatsächlichen Ausgaben, sondern auch auf einen angemessenen Betreuungsunterhalt (vgl. neuArt. 285 Abs. 2 ZGB). Der Kindesunterhaltsanspruch hat grundsätzlich Vorrang gegenüber allen anderen familienrechtlichen Unterhaltsansprüchen (neuArt. 276a ZGB). Weiter soll die Inkassohilfe schweizweit harmonisiert werden, damit sichergestellt ist, dass das Kind seinen Unterhaltsbeitrag auch regelmässig erhält. Vgl. dazu das Dossier „Unterhalt des Kindes" auf der Website des Eidgenössischen Justiz- und Polizeidepartements: www.ejpd.admin.ch.
238 Vgl. für den Fall der Zuteilung der alleinigen elterlichen Sorge nach der Trennung der nicht verheirateten Eltern BGE 141 III, 472 ff.
239 BGE 129 III, 656 ff. Die Adoption durch einen Konkubinatspartner könnte nur als Einzeladoption i.S.v. Art. 264b Abs. 1 ZGB erfolgen, die das Kindesverhältnis zum leiblichen Elternteil aufhebt.
240 Vgl. BGE 120 Ia, 329 ff.; 123 I, 241 ff. und oben Rdn 79.
241 Vgl. aber Art. 20a Abs. 1 lit. a BVG.
242 BGE 118 II, 235, 237 ff., m.w.H.

Verhältnis zu Dritten teilweise weit reichende Rechtsfolgen geknüpft. So ist eine Scheidungsrente gestützt auf Art. 129 ZGB aufzuheben, herabzusetzen oder jedenfalls zu sistieren, wenn der rentenberechtigte geschiedene Ehegatte eine gefestigte eheähnliche Lebensgemeinschaft mit einem neuen Partner eingeht[243] und bei der Tötung eines Partners besteht grundsätzlich Anspruch auf Ersatz des Versorgerschadens (Art. 45 Abs. 3 OR).[244] Der in nichtehelicher Gemeinschaft mit einem Schweizer lebende ausländische Partner kann sich – sofern er Staatsangehöriger der EU ist – für die Erteilung einer Aufenthaltsbewilligung nur auf das Freizügigkeitsabkommen zwischen der Schweiz und der EU bzw. deren Mitgliedstaaten[245] berufen. Das AuG sieht für diese Konstellation keine günstigeren Bestimmungen vor (vgl. Art. 1 AuG).

III. Auflösung

151   Soweit eine eigentumsmäßige Zuordnung möglich ist, nimmt bei der Auflösung der Gemeinschaft jeder Konkubinatspartner nach den **Regeln des Sachenrechts** seine eigenen Vermögenswerte zurück. Sofern und soweit die konkreten Umstände es erlauben, wendet das Bundesgericht auf die verbleibende vermögensrechtliche Auseinandersetzung die Regeln über die einfache Gesellschaft (Art. 530 ff. OR) an.[246] Dies führt unabhängig von der Höhe der geleisteten Beiträge zur hälftigen Teilung von Gewinn und Verlust (Art. 533 Abs. 1 OR).

IV. Internationales Recht

152   Entsprechend der fehlenden Regelung des Konkubinats im materiellen Bundesrecht verzichtet auch das IPRG auf Bestimmungen zur **kollisionsrechtlichen Behandlung** eheähnlicher Lebensgemeinschaften. Die sinngemäße Anwendung der eherechtlichen Normen ist angesichts der vom Bundesgericht verworfenen analogen Anwendung des materiellen Eherechts mit Blick auf den Entscheidungseinklang abzulehnen.[247]

G. Abstammung und Adoption

I. Abstammung

153   Zwischen der **Mutter** und dem Kind entsteht das Kindesverhältnis mit der Geburt (Art. 252 Abs. 1 ZGB). Das ZGB folgt damit dem Grundsatz *„mater semper certa est"*, welcher

---

243 Vgl. BGE 118 II, 235 ff. Bei einem sog. „einfachen" Konkubinat ist demgegenüber – ggf. bereits von Anbeginn der Scheidung an – lediglich eine Sistierung zulässig; BGer vom 12.3.2002, 5C.296/2001, E. 3.b. Eingehend zum Einfluss nichtehelicher Lebensgemeinschaften auf Unterhaltsansprüche *Hausheer/Spycher*, Unterhalt nach neuem Scheidungsrecht, Ergänzungsband zum Handbuch des Unterhaltsrechts, Rn 10.01 ff.; *Hausheer/Geiser/Aebi-Müller*, Das Familienrecht des Schweizerischen Zivilgesetzbuches, § 3 Rn 03.78 ff.

244 BGE 114 II, 144, 147. Vgl. auch BGE 129 I, 1 ff. sowie BGer vom 12.1.2004, 2P.242/2003, wonach für die Ermittlung des sozialhilferechtlichen Unterstützungsbedarfs einer in einem gefestigten Konkubinat lebenden Person auf die Einkommen beider Partner abgestellt werden darf.

245 SR 0.142.112.681.

246 Vgl. dazu den instruktiven BGE 108 II, 204, 208 ff.

247 Ähnlich *Volken* in: *Girsberger/Heini/Keller/Kren Kostkiewicz/Siehr/Vischer/Volken*, Zürcher Kommentar zum IPRG, Vor Art. 43–65 IPRG f. Rn 31; vgl. zum Ganzen auch *Courvoisier* in: *Honsell/Vogt/Schnyder/Berti*, Basler Kommentar zum Internationalen Privatrecht, Vor Art. 43–65d IPRG Rn 33 ff.

allerdings mit den neuen Techniken der Fortpflanzungsmedizin keine absolute Geltung mehr beanspruchen kann. Die **Ei- und Embryonenspende** sowie alle Arten von **Leihmutterschaft** sind zwar in der Schweiz ausdrücklich verboten (Art. 119 Abs. 2 lit. d BV; Art. 4 FMedG);[248] angesichts ihrer Zulässigkeit in anderen Staaten wird es in der Rechtswirklichkeit aber gleichwohl zu faktisch gespaltenen Mutterschaften kommen. Indem das ZGB am vorerwähnten Grundsatz festhält und zudem keine Anfechtung der Mutterschaft kennt, wird aber auch in solchen Fällen zumindest eine rechtliche Spaltung der Mutterschaft verhindert.[249][250]

Das Kindesverhältnis zum **Vater** wird kraft der Ehe mit der Mutter begründet, sofern die Eltern miteinander verheiratet sind;[251] andernfalls muss das Kind anerkannt oder die Vaterschaft gerichtlich festgestellt werden (Art. 252 Abs. 2 ZGB).   **154**

Die **Vaterschaftsvermutung** mit Blick auf den mit der Mutter verheirateten Mann wird in Art. 255 ZGB in mehrfacher Hinsicht präzisiert. Demnach genügt die Geburt des Kindes während bestehender Ehe; mithin sind weder das Zusammenleben der Ehegatten noch die Zeugung während der Ehe vorausgesetzt.[252] Der vorverstorbene bzw. für verschollen erklärte Ehemann gilt als Vater, wenn das Kind innert 300 Tagen nach seinem Tod oder nach dem Zeitpunkt der Todesgefahr bzw. der letzten Nachricht geboren oder gezeugt wurde. Treffen zwei Vermutungen insofern zusammen, als das Kind nach einer weiteren Eheschließung der Mutter, aber vor Ablauf von 300 Tagen seit der Auflösung der Ehe durch Tod, geboren wurde, gilt der zweite Ehemann als Vater (Art. 257 ZGB).   **155**

Die Vermutung der Vaterschaft kann nur durch **Anfechtung** beseitigt werden (vgl. Art. 256 ff. ZGB). Zur Anfechtung legitimiert sind grundsätzlich der Ehemann[253] sowie unter der Voraussetzung, dass der gemeinsame Haushalt der Eltern während seiner Minderjährigkeit aufgehoben wurde, das Kind (Art. 256 Abs. 1 ZGB). Für den Vater gilt eine einjährige relative Verwirkungsfrist seit Kenntnis der Geburt sowie der Tatsache, dass er nicht der Vater ist bzw. ein Dritter der Mutter um die Zeit der Empfängnis beigewohnt hat. Die absolute Verwirkungsfrist beträgt fünf Jahre seit der Geburt. Die Klage des Kindes muss spätestens ein Jahr nach Eintritt der Volljährigkeit eingereicht werden. Aus wichtigen Gründen ist eine Wiederherstellung sämtlicher Fristen möglich.[254]   **156**

Sofern zu keinem anderen Mann ein Kindesverhältnis besteht, kann der Vater das Kind anerkennen (Art. 260 Abs. 1 ZGB). Die **Anerkennung** ist demnach ausgeschlossen, wenn die Vaterschaftsvermutung zugunsten des Ehemannes greift, eine Anerkennung bereits statt-   **157**

---

248 Daran ändert auch die am 14.6.2015 von Volk und Ständen angenommene Verfassungsrevision zur Präimplantationsdiagnostik (PID) (Art. 119 BV) nichts. Vgl. dazu unter dem Stichwort „laufende Rechtsetzungsarbeiten" (Zulassung und Regelung der Präimplantationsdiagnostik) auf der Website des Bundesamtes für Gesundheit: www.bag.admin.ch.

249 Das Kindesverhältnis zur genetischen Mutter kann in diesem Fall nur durch Adoption hergestellt werden. Vgl. zum Ganzen *Schwenzer/Cottier* in: *Honsell/Vogt/Geiser*, Basler Kommentar zum Schweizerischen Privatrecht, Zivilgesetzbuch I, Art. 1–456 ZGB, Art. 252 ZGB Rn 7 ff.

250 Zur Frage der Anerkennung von durch Leihmutterschaft im Ausland entstandenen Kindesverhältnissen vgl. neuerdings BGE 141 III, 312 ff. sowie BGE 141 III, 328 ff.

251 Für den Fall der Heirat nach erfolgter Geburt siehe Art. 259 ZGB.

252 *Schwenzer/Cottier* in: *Honsell/Vogt/Geiser*, Basler Kommentar zum Schweizerischen Privatrecht, Zivilgesetzbuch I, Art. 1–456 ZGB, Art. 255 ZGB Rn 4.

253 Unter bestimmten Voraussetzungen greift das subsidiäre Anfechtungsrecht dessen Eltern; vgl. Art. 258 ZGB.

254 Vgl. zum Ganzen Art. 256c ZGB sowie *Schwenzer/Cottier* in: *Honsell/Vogt/Geiser*, Basler Kommentar zum Schweizerischen Privatrecht, Zivilgesetzbuch I, Art. 1–456 ZGB, Art. 256c ZGB Rn 1 ff.

gefunden hat oder ein Vaterschaftsurteil ergangen ist. Sie erfolgt durch Erklärung vor dem Zivilstandsbeamten, durch letztwillige Verfügung oder im Falle einer hängigen Vaterschaftsklage vor Gericht (Art. 260 Abs. 3 ZGB) und ist auch vor der Geburt oder nach dem Tod des Kindes möglich.[255] Durch die Anerkennung wird das Kindesverhältnis rückwirkend auf den Zeitpunkt der Geburt begründet.[256] Zur Anfechtung der Anerkennung vgl. Art. 260a ff. ZGB.

158   Die Mutter und das Kind können, gestützt auf Art. 261 ZGB, zusammen oder unabhängig voneinander **Vaterschaftsklage** erheben. Das Klagerecht des Kindes ist höchstpersönlicher Natur und wird daher von ihm selbst ausgeübt, sofern es urteilsfähig ist. Andernfalls wird das Klagerecht vom gesetzlichen Vertreter ausgeübt.[257] Passivlegitimiert ist grundsätzlich der angebliche Vater (vgl. Art. 261 Abs. 2 ZGB). Unter den in Art. 262 Abs. 1 und 2 ZGB verankerten Voraussetzungen wird die Vaterschaft des Beklagten vermutet. Diesem steht gem. Art. 262 Abs. 3 ZGB der Nachweis offen, dass seine Vaterschaft ausgeschlossen oder weniger wahrscheinlich ist als die eines Dritten. Selbstverständlich kann auch durch die Klägerpartei ein direkter Vaterschaftsbeweis mittels naturwissenschaftlicher Gutachten geführt werden. Die Gutheißung der Klage führt rückwirkend auf den Zeitpunkt der Geburt zur Begründung des Kindesverhältnisses.[258]

II. Adoption

1. Voraussetzungen

159   Das ZGB unterscheidet zwischen der Adoption Minderjähriger und der Adoption einer volljährigen Person, wobei die Adoption in beiden Fällen durch Ehegatten oder durch Einzelpersonen erfolgen kann. Neben den Regelfall der Adoption eines fremden Kindes tritt sodann die Stiefkindadoption. Unabhängig davon, welche Art der Adoption im Einzelfall zur Anwendung gelangt, ist das **Kindeswohl** die grundlegende Voraussetzung jeder Kindesannahme (vgl. Art. 264 und Art. 268a ZGB). Die Adoption als **staatlicher Hoheitsakt** wird durch ein Gesuch bei der zuständigen kantonalen Behörde eingeleitet (vgl. Art. 268 ZGB).

160   Der in Art. 264a ZGB geregelte Normalfall der **gemeinschaftlichen Adoption** ist Ehegatten vorbehalten. Diese müssen fünf Jahre verheiratet sein oder beide das Mindestalter von 35 Jahren erreichen, wobei die fünfjährige Ehedauer für die Stiefkindadoption zwingend erfüllt sein muss. Eine **Einzeladoption** steht nur unverheirateten,[259] mindestens 35 Jahre

---

255 Vgl. *Schwenzer/Cottier* in: *Honsell/Vogt/Geiser*, Basler Kommentar zum Schweizerischen Privatrecht, Zivilgesetzbuch I, Art. 1–456 ZGB, Art. 260 ZGB Rn 4.

256 Vgl. *Schwenzer/Cottier* in: *Honsell/Vogt/Geiser*, Basler Kommentar zum Schweizerischen Privatrecht, Zivilgesetzbuch I, Art. 1–456 ZGB, Art. 260 ZGB Rn 21.

257 Steht das Kind unter der elterlichen Sorge der Mutter, ist dies der Beistand (Art. 309 Abs. 1 ZGB); andernfalls der Vormund (Art. 368 Abs. 1 ZGB). Zum Ganzen *Schwenzer/Cottier* in: *Honsell/Vogt/Geiser*, Basler Kommentar zum Schweizerischen Privatrecht, Zivilgesetzbuch I, Art. 1–456 ZGB, Art. 261 ZGB Rn 5.

258 *Schwenzer/Cottier* in: *Honsell/Vogt/Geiser*, Basler Kommentar zum Schweizerischen Privatrecht, Zivilgesetzbuch I, Art. 1–456 ZGB, Art. 261 ZGB Rn 18.

259 Es sei denn, der Ehegatte sei dauernd urteilsunfähig oder seit mehr als zwei Jahren mit unbekanntem Aufenthalt abwesend oder die Ehe sei seit mehr als drei Jahren gerichtlich getrennt (Art. 264b Abs. 2 ZGB).

alten Personen offen (Art. 264b ZGB).[260] Der Altersunterschied zwischen dem Kind und den Adoptiveltern muss wenigstens 16 Jahre betragen (Art. 265 Abs. 1 ZGB). Gesetzlich nicht geregelt, aber aus Gründen des Kindswohls vorgegeben, ist sodann eine maximale Altersdifferenz.[261] Der Adoption **zustimmen** müssen das urteilsfähige Kind (Art. 265 Abs. 2 ZGB), im Falle der Bevormundung zudem die Kindesschutzbehörde (Art. 265 Abs. 3 ZGB) und schließlich die leiblichen Eltern des Kindes (Art. 265a ZGB).[262]

Die **Adoption einer volljährigen Person** ist nur unter den in Art. 266 Abs. 1 Ziff. 1–3   161
ZGB aufgeführten besonderen Umständen zulässig und setzt, sofern der zu Adoptierende verheiratet ist, die Zustimmung dessen Ehegatten voraus (Art. 266 Abs. 2 ZGB). Im Übrigen gelten mit Ausnahme der Regeln über die Zustimmung der Eltern des Anzunehmenden (Art. 265a ff. ZGB) die Vorschriften über die Minderjährigenadoption analog (Art. 266 Abs. 3 ZGB).[263]

2. Wirkungen

Grundsätzlich ist das adoptierte Kind einem leiblichen hinsichtlich sämtlicher Wirkungen   162
des Kindesverhältnisses gleichgestellt und es scheidet rechtlich aus seiner angestammten Familie aus. Dem Kind kann zudem ein neuer Vorname gegeben werden. Dieses in Art. 267 ZGB niedergelegte Prinzip der **Volladoption** wird in drei Fällen durchbrochen: So erlischt das Kindesverhältnis bei der Stiefkindadoption nur gegenüber dem nicht mit dem Adoptierenden verheirateten Elternteil (Art. 267 Abs. 2 ZGB), die Adoption hebt das Ehehindernis der Verwandtschaft zur angestammten Familie nicht auf (Art. 95 Abs. 2 ZGB) und im Gegensatz zur Adoption Minderjähriger bleibt die Adoption einer volljährigen Person ohne Einfluss auf das Bürgerrecht (Art. 267a ZGB e contrario).[264]

III. Internationales Recht

Für die Behandlung von Abstammung und Adoption im **internationalen Kontext** wird   163
auf unsere Ausführungen im Werk „Erbrecht in Europa" verwiesen.[265] Zu berücksichtigen ist, dass für die Schweiz seit dem 1.1.2003 auch das Haager Übereinkommen vom 29.5.1993 über den Schutz von Kindern und die Zusammenarbeit auf dem Gebiet der Internationalen Adoptionen gilt.

---

260 Am 28.11.2014 wurde die Botschaft zur Änderung des Schweizerischen Zivilgesetzbuches (Adoptionsrecht) (BBl 2015, 877 ff.) verabschiedet, wonach das Mindestalter von adoptionswilligen Personen bei der gemeinschaftlichen Adoption und der Einzeladoption von 35 auf 28 Jahre und die Mindestdauer der Paarbeziehung von 5 auf 3 Jahre gesenkt werden sollen. Vgl. zum Ganzen das Dossier „Revision des Adoptionsrechts" auf der Website des Bundesamtes für Justiz: www.bj.admin.ch.

261 Vgl. *Breitschmid* in: *Honsell/Vogt/Geiser*, Basler Kommentar zum Schweizerischen Privatrecht, Zivilgesetzbuch I, Art. 1–456 ZGB, Art. 265 ZGB Rn 4.

262 Zeitpunkt und Widerruf der Zustimmung der Eltern sind in Art. 265b ZGB geregelt. Von ihrer Zustimmung kann unter den Voraussetzungen von Art. 265c f. ZGB ausnahmsweise abgesehen werden.

263 *Breitschmid* in: *Honsell/Vogt/Geiser*, Basler Kommentar zum Schweizerischen Privatrecht, Zivilgesetzbuch I, Art. 1–456 ZGB, Art. 266 ZGB Rn 14.

264 Zu den Wirkungen der Adoption im Einzelnen siehe *Breitschmid* in: *Honsell/Vogt/Geiser*, Basler Kommentar zum Schweizerischen Privatrecht, Zivilgesetzbuch I, Art. 1–456 ZGB, Art. 267 ZGB Rn 1 ff.

265 *Wolf/Dorjee-Good* in: *Süß*, Erbrecht in Europa, Länderbericht Schweiz, S. 1151 Rn 27 ff. Vgl. zudem auch *Urwyler/Hauser* in: *Honsell/Vogt/Schnyder/Berti*, Basler Kommentar zum Internationalen Privatrecht, Vor Art. 75–78 IPRG Rn 1 ff.

Slowakische Republik

JUDr. Zuzana Chudáčková, advokátka, Bratislava

Literatur

Lazar a kolektív, Materielles Zivilrecht, 2014; *Pavelková*, Familiengesetz, Kommentar, 2. Auflage 2013; *Horváth/Varga*, Familiengesetz, Kommentar, 2. Auflage 2014, *Lysina/Štefanková/Ďuriš/ Števček*, Gesetz über das internationale Privat- und Prozessrecht, 2012.

A. Eheschließung

I. Materielle Voraussetzungen der Eheschließung

1. Ehefunktionen; Verlöbnis

1 Die Ehe ist eine Verbindung zwischen Mann und Frau, die aufgrund ihres freiwilligen und freien Entschlusses, die Ehe schließen zu wollen, entsteht. Die Ehe wird seit 2014 auch in dem Grundgesetz definiert, und zwar als eine besondere Verbindung zwischen einem Mann und einer Frau. Die Eheschließung zwischen gleichgeschlechtlichen Paaren ist im slowaki-schen Recht nicht zulässig. Sinn und **Zweck der Ehe** ist es, eine harmonische und dauerhafte Lebensgemeinschaft zu schaffen, um eine ordentliche Kindererziehung zu ermöglichen. Mann und Frau, die die Ehe schließen wollen, sollten ihre Charaktereigenschaften und ihren Gesundheitszustand kennen (§ 1 FamG). Das slowakische Recht kennt das Institut der **Verlobung** nicht. Die Verlobung dient lediglich den traditionellen Zwecken und hat keine Rechtsfolgen.[1]

2. Ehehindernisse

2 Die materiellen Voraussetzungen der Eheschließung sind erfüllt, wenn keine der folgenden die Eheschließung ausschließenden Umstände (Ehehindernisse) vorliegen.

a) Alter

3 Minderjährige unter 16 Jahren sind nicht **ehefähig**. Minderjährige über 16 Jahren haben eine gesetzlich eingeschränkte Ehefähigkeit. Sie können die Ehe erst nach einem Gerichtsurteil schließen, das ihnen die Eheschließung ermöglicht (§ 11 Abs. 1 FamG). Die volle Ehefähig-keit besitzen nur Personen, die volljährig sind (18 Jahre). Mit der Eheschließung erwerben

---

1 Das Familiengesetz verwendet dennoch den Begriff „Verlobte", ohne diesen zu definieren.

Minderjährige volle Geschäftsfähigkeit, die nicht einmal durch eine etwaige Scheidung erlischt (§ 8 Abs. 2 BGB).

b) Verwandtschaftsgrad

Die Ehe kann weder zwischen **Vorfahren und Nachkommen** noch zwischen **Geschwistern** geschlossen werden. Dies bezieht sich auch auf die durch Adoption begründete Verwandtschaft (§ 10 FamG).

4

c) Bestehen einer anderen Ehe

Die Ehe kann nur geschlossen werden, falls keiner der Verlobten bereits verheiratet ist (§ 9 Abs. 1 FamG; sog. **Verbot der Doppelehe**). In diesem Prinzip spiegelt sich der Grundsatz der **monogamischen Ehe** wider.

5

d) Geistige Störung

Eine nicht geschäftsfähige Person kann keine Ehe schließen. Eine Person mit beschränkter Geschäftsfähigkeit kann die Ehe nach Zustimmung des Gerichts eingehen (§ 12 FamG). Das Bestehen einer **geistigen Störung**, welche die Einschränkung bzw. Entziehung der Geschäftsfähigkeit zur Folge hätte, stellt einen die Eheschließung ausschließenden Umstand dar.[2]

6

3. Folgen bei Fehlen einer der Voraussetzungen

Das Familiengesetz unterscheidet zwischen einer nichtigen Ehe (*non matrimonium*) und einer unwirksamen Ehe (*matrimonium nullum*).

7

a) Nichtige Ehe

Unter einer nichtigen Ehe ist eine Ehe zu verstehen, die von Anfang an nicht zustande gekommen ist und **keine Rechtswirkungen** hat. Diese kann weder konvalidiert (geheilt) noch für unwirksam erklärt werden. Das Familiengesetz zählt taxativ die Gründe einer nichtigen Ehe auf. Zu diesen wird die Eheschließung unter Gewalt, durch eine Person unter 16 Jahre, vor einem unzuständigen Matrikelamt (falls die Ehe nicht in Lebensgefahr geschlossen wurde oder das zuständige Matrikelamt die Eheschließung an einem anderen Ort nicht bewilligt hat) bzw. einer nichtregistrierten Kirche, im Ausland vor einer unzuständigen Behörde sowie durch Vertreter ohne wirksame Vollmacht gezählt (§ 17 FamG).

8

b) Unwirksame Ehe

Eine Ehe ist unwirksam, wenn einer der in Rdn 3–6 genannten Umstände vorliegt. Einen weiteren Grund der Unwirksamkeit der Ehe stellt es dar, wenn die Erklärung zur Eheschließung nicht freiwillig, ernsthaft, bestimmt und verständlich abgegeben wurde (§ 14 Abs. 1 FamG). Über die Unwirksamkeit der Ehe entscheidet das Gericht grundsätzlich auf **Antrag** eines der Ehegatten, in manchen schwerwiegenden Fällen entscheidet das Gericht jedoch **von Amts wegen** (z.B. Ehe zwischen Geschwistern, § 10 FamG). Eine **Frist** zur Entscheidung über eine unwirksame Ehe ist nicht festgesetzt. Das Gerichtsurteil hat rückwirkende Wirkung auf den Tag der Eheschließung. Dem Gericht steht in bestimmten Fällen die Möglichkeit offen, die Unwirksamkeit der Ehe zu heilen, beispielsweise wird bei einer

9

---

2 *Lazar a kolektív*, Materielles Zivilrecht, 2006, S. 252.

Chudáčková

bigamischen Ehe die später geschlossene Ehe nicht für unwirksam erklärt, wenn die erste Ehe noch vor dem Gerichtsurteil aufgelöst wird (§ 9 Abs. 2 FamG).

II.   Sachlich zuständige Behörde

1. Formen der Eheschließung

10   Die Verlobten können die Ehe vor einem Matrikelamt (**zivile Form**) oder einem kirchlichen Organ (**kirchliche Form**) öffentlich und auf feierliche Art und Weise in Anwesenheit von zwei Zeugen schließen (§ 2 FamG). Beide Formen sind rechtlich **gleichwertig**.

a) Zivile Form

11   Die Eheschließung hat grundsätzlich vor dem **örtlich zuständigen Matrikelamt** zu erfolgen. Dieses Matrikelamt kann den Verlobten jedoch eine Ausnahmebewilligung erteilen, die Ehe vor einem örtlich unzuständigen Matrikelamt bzw. an einem sonstigen geeigneten Ort zu schließen (§ 4 FamG).

b) Kirchliche Form

12   Die Verlobten können die Eheerklärungen vor einem **Geistlichen einer der registrierten Kirchen** oder einer registrierten religiösen Gemeinschaft abgeben. Die kirchliche Eheschließung findet in der Kirche oder an einem anderen geeigneten Ort statt, der aufgrund der internen Vorschriften der Kirche oder der religiösen Gemeinschaft für religiöse Zeremonien oder Handlungen bestimmt ist (§ 5 FamG). Eine zivile Eheschließung neben der kirchlichen Trauung ist nicht erforderlich.

2. Besondere Umstände der Eheschließung

a) Vertretung eines Ehegatten

13   Das Matrikelamt kann aufgrund eines begründeten schriftlichen Antrags beider Verlobten ermöglichen, dass die Erklärung des Verlobten über die Eheschließung von einem **Vertreter** abgegeben wird. Die Vollmacht bedarf der Schriftform und notarieller Beglaubigung der Unterschrift des Vollmachtgebers. Der Bevollmächtigte muss eine volljährige geschäftsfähige natürliche Person gleichen Geschlechts wie der Vollmachtgeber sein (§ 8 Abs. 1 FamG).

b) Lebensgefahr

14   Ist das Leben eines Verlobten unmittelbar gefährdet, so kann die Ehe vor einem beliebigen Matrikelamt oder an einem beliebigen Ort geschlossen werden. Die Vorlage der gesetzlich vorgesehenen Dokumente ist nicht erforderlich. Die Verlobten müssen lediglich einvernehmlich erklären, dass sie über keine die Eheschließung ausschließenden Umstände Kenntnis haben (§ 7 FamG).

3. Eheschließung eines Ausländers in der Slowakei

Ausländer, die in der Slowakei die Ehe eingehen möchten, haben dem Matrikelamt min-   15
destens 14 Tage vor der Eheschließung folgende **Dokumente** vorzulegen (§ 28 Abs. 1
MatrikelG):
– Geburtsurkunde;
– **Ehefähigkeitszeugnis;**[3]
– Staatsangehörigkeitsbescheinigung;
– Aufenthaltsbescheinigung;
– Bestätigung über den Familienstand;
– Sterbeurkunde des verstorbenen Ehepartners bzw. auch die Heiratsurkunde, wenn es
  sich um einen Witwer oder eine Witwe handelt;
– rechtskräftiges Urteil über die Ehescheidung, wenn es sich um einen geschiedenen Mann
  oder eine geschiedene Frau handelt;
– Identitätsnachweis.

Diese Dokumente dürfen mit Ausnahme der Geburtsurkunde nicht älter als sechs Monate
sein.

4. Eheschließung eines slowakischen Staatsbürgers im Ausland

Slowakische Staatsbürger können im Ausland entweder vor einer dafür bestimmten auslän-   16
dischen Behörde oder vor der Behörde der Slowakischen Republik im Ausland (**Konsular-
trauung**) wirksam die Ehe schließen (§ 3 FamG).

III. Kollisionsrecht der Eheschließung

1. Ehefähigkeit eines Ehegatten

Die **Ehefähigkeit** einer Person sowie die Bedingungen der **Ehewirksamkeit** richten sich   17
nach dem Recht des Staates, dessen Staatsangehöriger diese Person ist (§ 19 IPRG).[4]

2. Form der Eheschließung

Die **Form der Eheschließung** richtet sich nach dem Recht des Staates, in dem die Ehe   18
geschlossen wird (§ 20 IPRG).[5] Im Sinne des § 3 FamG richtet sich die Eheschließung nach
slowakischem Recht, wenn die Ehe vor einer zur Eheschließung geeigneten slowakischen
Behörde im Ausland geschlossen wurde (z.B. slowakische Botschaft).

3. Anerkennung der Eheschließung im Ausland

Eine vom slowakischen Staatsbürger im Ausland vor einer anderen als dafür geeigneten   19
slowakischen Behörde geschlossene Ehe ist in der Slowakei wirksam, wenn sie auch in dem
Staat der Trauung wirksam ist und kein die Ehe ausschließender Umstand im Sinne des

---

3 Ein Beleg oder eine Erklärung, die bestätigt, dass der Ausländer gemäß einheimischem Recht zur
   Eheschließung berechtigt ist. Zu den Anforderungen dieses Belegs gehören: Vorname, Nachname, Geburtsdatum und Geburtsort, Staatsangehörigkeit, Daueraufenthalt, Familienstand und eine Erklärung,
   dass er gemäß dem einheimischen Recht zur Eheschließung berechtigt ist.
4 Grundsatz der *lex patriae*.
5 Grundsatz der *lex loci celebrationis*.

slowakischen materiellen Rechts vorliegt (§ 20a IPRG). Im Sinne der Kollisionsnormen ist zur Anerkennung einer Ehe in der Slowakei die Erfüllung der gesetzlichen Voraussetzungen in beiden Staaten erforderlich.

B. Ehewirkungen

I. Auswirkungen auf das Eigentum – Gütergemeinschaft

20   Die Regelungen über den Eigentumserwerb nach der Eheschließung sind in den §§ 143–151 BGB verankert. Grundsätzlich wird Eigentum nach der Eheschließung in **Gütergemeinschaft** erworben. Gütergemeinschaft der Ehegatten ist ein absolut subjektives Recht, das beiden Ehegatten gemeinsam gehört und bei dem im Zeitpunkt des Erwerbs des ersten Wertes nach der Eheschließung keine Anteile für den jeweiligen Ehegatten entstehen.

1. Gegenstand der Gütergemeinschaft

21   In die Gütergemeinschaft gehören sämtliche **Werte**, die Gegenstand des Eigentumsrechts sein können, die während des Bestehens der Ehe einer der Ehegatten erwirbt (§ 143 BGB). Nicht von der Gütergemeinschaft erfasst werden jedoch
– durch Erbschaft erworbene Vermögenswerte;
– durch Schenkung erworbene Vermögenswerte;
– Vermögenswerte, die aufgrund ihrer Natur für die persönlichen Bedürfnisse bzw. zur Arbeitsausübung eines der Ehegatten bestimmt sind;
– im Rahmen der Restitution herausgegebene Vermögenswerte, die zum Eigentum eines der Ehegatten vor der Eheschließung gehörten oder ihm als Rechtsnachfolger des ursprünglichen Eigentümers herausgegeben wurden.

Die Werte, welche die Ehegatten vor der Eheschließung ausschließlich oder in Miteigentum erworben haben, gehören nicht in die Gütergemeinschaft.

2. Entstehung der Gütergemeinschaft

22   Die Gütergemeinschaft bezüglich einzelner Vermögenswerte **entsteht**, wenn folgende Voraussetzungen erfüllt sind:
– das Bestehen der Ehe (erfasst wird auch eine unwirksame Ehe);
– es handelt sich um einen Vermögenswert, der Gegenstand der Gütergemeinschaft sein kann;
– die Gütergemeinschaft ist weder erloschen noch durch das Gericht aufgelöst worden.

3. Inhalt der Gütergemeinschaft

23   Den Inhalt der Gütergemeinschaft bilden Rechte und Pflichten der Ehegatten, die ihr Verhältnis zu ihrem gemeinsamen Eigentum betreffen. In diesem Zusammenhang gibt es zwei Gruppen von Rechtsverhältnissen:

a) Rechtsverhältnisse zwischen den Ehegatten

24   Das von der Gütergemeinschaft erfasste Vermögen verwenden beide Ehegatten gemeinsam, ebenso tragen sie gemeinsam die Kosten, die mit der Nutzung und Instandhaltung des Vermögens zusammenhängen (§ 144 BGB). Aus Rechtshandlungen bezüglich des gemeinsa-

men Vermögens sind beide Ehegatten **gesamtschuldnerisch** berechtigt und verpflichtet (§ 145 Abs. 2 BGB). Bei etwaigen Unstimmigkeiten über ihre Rechte und Pflichten aus der Gütergemeinschaft entscheidet das Gericht auf Antrag eines Ehegatten (§ 146 Abs. 1 BGB).

Das **Nutzungsrecht** eines der Ehegatten an dem gemeinsamen Vermögen kann durch das Gericht **eingeschränkt** oder ausgeschlossen werden bei körperlicher oder psychischer Gewalt bzw. Gewaltandrohung gegen den anderen Ehegatten oder gegen eine andere mit den Ehegatten in demselben Haushalt lebende Person, die die weitere Lebensgemeinschaft unzumutbar macht (§ 146 Abs. 1 BGB).

b) Rechtsverhältnisse zwischen Ehegatten und Dritten

Jeder Ehegatte kann die **gewöhnlichen Angelegenheiten** bezüglich des gemeinsamen Vermögens (d.h. die allgemeine Haushaltung und Nutzung des Vermögens, wie z.B. Einkauf von Verbrauchsgütern, Zahlung der Miete) selbstständig verwalten. **Sonstige Angelegenheiten** (z.B. Eigentumsveräußerung, Einschränkung des Eigentumsrechts, Schenkung einer Sache vom mehr als geringfügigen Wert, Abschluss eines Mietvertrages, Vermögensverwaltung) bedürfen der Zustimmung beider Ehegatten, anderenfalls ist die Rechtshandlung unwirksam (relative Unwirksamkeit) (§ 145 Abs. 1 BGB). Eine konkludente Zustimmung des anderen Ehegatten ist ausreichend. 25

Eine während der Ehe entstandene Verpflichtung eines der Ehegatten kann auch aus dem gemeinsamen Vermögen befriedigt werden (§ 147 Abs. 1 BGB).

Um das gemeinsame Vermögen zur Ausübung einer **Unternehmenstätigkeit** nutzen zu können, braucht der Ehegatte noch vor dem Beginn der Unternehmenstätigkeit die Zustimmung des anderen Ehegatten (§ 148a Abs. 1 BGB).

4. Abweichende Gestaltung der Gütergemeinschaft durch Vereinbarung

Die gesetzliche Gütergemeinschaft kann durch eine Vereinbarung in Form eines Notariatsprotokolls **abweichend** geregelt werden (§ 143a Abs. 3 BGB). Die Nichteinhaltung der Form der Vereinbarung hat ihre Nichtigkeit zur Folge. 26

a) Umfang der Gütergemeinschaft

Die Ehegatten können in die Gütergemeinschaft auch solche Vermögenswerte einbeziehen, die aufgrund der gesetzlichen Regelung nur einem Ehegatten gehören würden (**Ausweitung der Gütergemeinschaft**), oder von der Gütergemeinschaft solche Vermögenswerte ausschließen, die aufgrund der gesetzlichen Regelung in die Gütergemeinschaft einbezogen wären (**Einschränkung der Gütergemeinschaft**) (§ 143a Abs. 1 BGB). Diese Regelung bezieht sich jedoch nur auf das im Zeitpunkt der Vereinbarung im Eigentum der Ehegatten befindliche Vermögen, nicht jedoch auf die in der Zukunft zu erwerbenden Vermögenswerte. 27

b) Vermögensverwaltung

Die gesetzlichen Regelungen über die **Vermögensverwaltung** können durch eine Vereinbarung abweichend bestimmt werden. Somit kann z.B. das gesamte Vermögen – abweichend zu der in Rn 25 dargestellten Gesetzeslage – lediglich von einem Ehegatten bzw. stets von beiden Ehegatten verwaltet werden (§ 143a Abs. 1 BGB). 28

c) Zeitpunkt der Entstehung der Gütergemeinschaft

29 Die Gütergemeinschaft kann durch Vereinbarung erst zum Zeitpunkt der **Eheauflösung** entstehen. In diesem Fall erwirbt jeder Ehegatte während der Ehe das Vermögen als ausschließliches Eigentum, über das er beliebig verfügen darf. Lediglich solche Vermögenswerte, die im Zeitpunkt der Eheauflösung im Eigentum der Ehegatten sind, werden zum Gegenstand der Auseinandersetzung der Gütergemeinschaft (§ 143a Abs. 2 BGB).

5. Abweichende Gestaltung der Gütergemeinschaft durch Gerichtsbeschluss

a) Auflösung der Gütergemeinschaft während der Ehe infolge Unternehmenstätigkeit

30 Das Gericht wird die Gütergemeinschaft der Ehegatten auf Antrag auflösen, wenn ein Ehepartner die Berechtigung zur Ausübung der unternehmerischen Tätigkeit besitzt. Den Antrag kann der Ehepartner stellen, der keine Berechtigung zur Ausübung der unternehmerischen Tätigkeit erworben hat.

Wenn der Unternehmer seine unternehmerische Tätigkeit nach Auflösung der Gütergemeinschaft zusammen oder mit Hilfe des Ehepartners, der kein Unternehmer ist, ausübt, werden die Einnahmen aus der unternehmerischen Tätigkeit gemäß einer schriftlichen Vereinbarung geteilt; wurde ein solcher Vertrag nicht abgeschlossen, werden die Einnahmen zu gleichen Teilen geteilt (§ 148a Abs. 3 BGB).

b) Auflösung der Gütergemeinschaft während der Ehe infolge Verstoßes gegen die guten Sitten

31 Aus schwerwiegenden Gründen, insbesondere wenn das weitere Bestehen der Gütergemeinschaft gegen die guten Sitten verstoßen würde, kann das Gericht auf Antrag eines der Ehegatten die Gütergemeinschaft auch während der Ehe auflösen (§ 148 Abs. 2 BGB).

II. Ehelicher Unterhalt

32 Jeder der Ehegatten ist verpflichtet, sich je nach seinen Fähigkeiten, Möglichkeiten und Vermögensverhältnissen um die Befriedigung der Bedürfnisse der Familie zu kümmern (§ 19 FamG). Gleichzeitig unterliegen die Ehegatten gegenseitiger **ehelicher Unterhaltspflicht**. Erfüllt ein Ehegatte diese Pflicht nicht, entscheidet das Gericht auf Antrag des anderen Ehegatten über das Ausmaß der Unterhaltspflicht dergestalt, dass das Lebensniveau beider Ehegatten grundsätzlich gleich ist. Bei der Abwägung des Ausmaßes hat das Gericht die Haushaltspflege zu berücksichtigen (§ 71 FamG).

III. Name

33 Die Verlobten müssen noch vor der Eheschließung dem Matrikelamt bzw. der kirchlichen Behörde zum **Nachnamen nach der Eheschließung** Folgendes mitteilen:
- Der Nachname eines der Verlobten wird zum gemeinsamen Nachnamen beider Ehegatten; oder
- jeder Verlobte behält den ursprünglichen Nachnamen; oder
- der Nachname eines der Verlobten wird zum gemeinsamen Nachnamen beider Ehegatten und einer der Ehegatten behält als zweiten Nachnamen seinen ursprünglichen Nachnamen. Hat der Verlobte bereits zwei Nachnamen, so hat er mitzuteilen, welcher der ursprünglichen zwei Nachnamen er/sie während der Ehe benutzen wird.

Chudáčková

Behält jeder Ehegatte den ursprünglichen Nachnamen, müssen sie gleichzeitig einstimmig dem Matrikelamt bzw. der kirchlichen Behörde mitteilen, welcher Nachname zum Nachnamen der gemeinsamen Kinder werden soll (§ 6 Abs. 4 FamG).

IV. Sonstige Ehewirkungen

1. Eheliche Lebensgemeinschaft

Die Ehegatten sind in den Rechten und Pflichten **gleichgestellt**. Sie sind zur **Lebensgemeinschaft**, Treue, Respekt der gegenseitigen Würde, Hilfe, Kinderfürsorge und Schaffung einer gesunden Familienumgebung verpflichtet (§ 18 FamG).   34

2. Volle Geschäftsfähigkeit

Mit der Eheschließung erwerben Minderjährige die **volle Geschäftsfähigkeit**, die nicht einmal durch eine etwaige Scheidung erlischt (§ 8 BGB).   35

3. Erbrecht

Der Ehegatte wird zum **gesetzlichen Erben** des anderen Ehegatten. Das Erbrecht steht dem Ehegatten nur dann zu, wenn die Ehe im Zeitpunkt des Todes des Erblassers bestanden hat. In der ersten Ordnung erben gemeinsam die Kinder und der Ehegatte des Erblassers. Jeder ist zum Erwerb eines gleichen Teils des Nachlasses berechtigt (§ 473 BGB). Wenn die Nachkommen des Erblassers nicht erben, erben in der zweiten Ordnung der Ehegatte, die Eltern des Erblassers und die Personen, die mit dem Erblasser im gemeinsamen Haushalt gelebt und sich um den Haushalt gekümmert haben oder auf den Erblasser im Sinne des Unterhalts angewiesen waren (§ 474 BGB). Die Erben der zweiten Ordnung erben zum gleichen Teil, wobei dem Ehegatten jedoch stets mindestens eine Hälfte des Nachlasses zufällt (§ 474 Abs. 2 BGB).   36

V. Möglichkeiten vertraglicher Gestaltung

Die Gütergemeinschaft entsteht von Gesetzes wegen. Eine etwaige alternative **abweichende Gestaltung der Gütergemeinschaft** bedarf einer Vereinbarung in Form eines Notariatsprotokolls. Die Nichteinhaltung der Form hat die Nichtigkeit der Vereinbarung zur Folge (§ 143a BGB; siehe Rdn 26). Die vertragliche Abweichung von der allgemeinen gesetzlichen Regelung der Gütergemeinschaft stellt jedoch keine Auflösung der Gütergemeinschaft dar.   37

VI. Kollisionsrecht der Ehewirkungen

Im Sinne des § 21 Abs. 1 IPRG richten sich die **persönlichen**[6] und **vermögensrechtlichen**[7] **Verhältnisse** der Ehegatten nach dem Recht des Staates, dessen Angehörigkeit die Ehegatten besitzen. Haben die Ehegatten unterschiedliche Staatsangehörigkeiten, so richten sich diese Verhältnisse nach dem slowakischen Recht.   38

Die vertragliche Gestaltung des Ehegüterrechts wird nach dem Recht des Staates beurteilt, welcher für die vermögensrechtlichen Verhältnisse der Ehegatten im Zeitpunkt des Abschlusses der vertraglichen Gestaltung entscheidend war (§ 21 Abs. 2 IPRG).

---

6 Z.B. Treue, Vertretung in gewöhnlichen Angelegenheiten, Unterhaltspflicht, gegenseitige Hilfe.

7 Z.B. Vereinbarungen über abweichende Regelungen der Gütergemeinschaft.

Darüber hinaus können diese Rechtsverhältnisse in zwischenstaatlichen Verträgen/Abkommen verankert werden.

VII. Auswirkungen der Ehe auf die Altersversorgung

39 Eine Witwe/ein Witwer ist zur **Witwenrente** berechtigt, wenn die Erfordernisse des Gesetzes über die Sozialversicherung erfüllt sind. Die Witwenrente wird grundsätzlich für die Dauer von einem Jahr nach dem Tod des Ehegatten ausgezahlt.[8] Der Anspruch auf die Witwenrente erlischt am Tage der Eheschließung des Witwers/der Witwe mit einer anderen Person oder am Tage der Verurteilung des Witwers/der Witwe wegen einer vorsätzlichen Straftat, die zum Tod des Ehegatten geführt hat (§ 74 SozVersG).

VIII. Ausländerrechtliches Bleiberecht und Staatsangehörigkeit

40 Die EU-Staatsangehörigen bedürfen zum **Aufenthalt** in der Slowakischen Republik keiner Genehmigungen. Dem Staatsangehörigen eines Drittstaates wird ein **Daueraufenthalt** für fünf Jahre erteilt, wenn er einen Ehegatten hat, der ein slowakischer Staatsbürger mit Daueraufenthalt in der Slowakischen Republik ist (§ 43 AufenthaltsG).

Die Erteilung der slowakischen **Staatsangehörigkeit** kann u.a. auch dann beantragt werden, wenn man in der Slowakischen Republik einen erlaubten Aufenthalt hat und die Ehe mit einem slowakischen Staatsangehörigen geschlossen hat. Die Ehegatten müssen mindestens fünf Jahre vor der Antragstellung auf Erteilung der slowakischen Staatsangehörigkeit verheiratet sein und im gemeinsamen Haushalt leben (§ 7 Abs. 2 StaatsangehörigkeitsG).

IX. Steuerliche Auswirkungen der Ehe

41 Hat ein Ehegatte kein oder nur ein geringes Einkommen, so kann der andere mit ihm in einem gemeinsamen Haushalt lebende Ehegatte eine **Steuerbegünstigung** bei der Einkommensteuer geltend machen (§ 11 Abs. 3 EinkomStG).

C. Scheidung

I. Trennung von Tisch und Bett

42 Das Scheidungsgericht ist verpflichtet zu prüfen, ob die Ehe die biologischen Anforderungen, die Unterhalts- und Erziehungsfunktion sowie die Funktion der gegenseitigen Hilfe zwischen den Ehegatten erfüllt. Erst nach der Feststellung, dass diese Funktionen durch die Ehe nicht gewahrt sind, kann die Ehe geschieden werden (siehe Rdn 43). Weder das Gesetz noch die Rechtsprechung verankern jedoch Einzelheiten oder eine angemessene Dauer der **Nichterfüllung der Ehefunktionen**, die zur Rechtfertigung der Ehescheidung führt.

---

8 Das Gesetz über die Sozialversicherung regelt jedoch Ausnahmen, wonach die Witwenrente auch nach Ablauf eines Jahres nach dem Tod des Ehegatten der Witwe/dem Witwer ausgezahlt werden kann; dies ist z.B. dann der Fall, wenn er/sie sich um ein unterhaltsberechtigtes Kind kümmert; behindert ist; mindestens drei Kinder erzogen hat; das Alter von mindestens 52 Jahre erreicht und mindestens zwei Kinder erzogen hat; oder das Rentenalter erreicht hat.

Chudáčková

II. Scheidungsgründe

Die Ehe wird nur in begründeten Fällen geschieden (§ 22 FamG). Der einzige **Scheidungs-** **43** **grund** nach slowakischem Familiengesetz ist eine **schwerwiegende und dauerhafte Zerrüt-tung** der Verhältnisse zwischen den Ehegatten. Diese liegt vor, wenn aufgrund der Dauer und Intensität der Störung der ehelichen Verhältnisse die Ehe nicht mehr ihren Zweck erfüllen kann und von den Ehegatten die Erneuerung des ehelichen Zusammenlebens nicht mehr erwartet werden kann (§ 23 FamG). Eine Scheidung aufgrund der bloßen Vereinba-rung zwischen Ehegatten ist nicht möglich.

III. Scheidungsverfahren

1. Zuständigkeit

Sachlich und örtlich **zuständiges Gericht** ist das Bezirksgericht, in dessen Bezirk die Ehe- **44** gatten ihren letzten gemeinsamen Wohnsitz hatten, sofern in diesem Bezirk zumindest einer der Ehegatten noch immer wohnt. Anderenfalls ist das zuständige Gericht das Bezirksge-richt des Wohnsitzes des Ehegatten, der den Antrag nicht eingereicht hat. Gibt es ein solches Gericht nicht, so ist das Bezirksgericht des Antragstellers zuständig (§ 92 Gesetz über nichtstreitige Gerichtsverfahren).

2. Anwaltszwang

Die Ehegatten brauchen im Scheidungsverfahren **nicht** zwingend von einem **Rechtsanwalt** **45** vertreten zu werden.

3. Verfahrensablauf

Das Scheidungsverfahren wird aufgrund des **Antrags** eines der Ehegatten eingeleitet (§ 23 **46** Abs. 1 FamG). Die Ehe wird nur dann geschieden, wenn das Gericht die **Ursache der** **Zerrüttung** der ehelichen Verhältnisse feststellt. Aufgrund dieser Feststellung muss das Gericht beurteilen, ob ein objektiver Grund zur Scheidung vorliegt. Hat das Ehepaar Kinder, ist das Scheidungsverfahren zwingend mit dem Verfahren über die Regelung des Sorgerechts nach der Scheidung zu verbinden (§ 100 Gesetz über nichtstreitige Gerichtsver-fahren). Bei der Abwägung der Intensität der Störung der ehelichen Verhältnisse muss das Gericht die Interessen der minderjährigen Kinder berücksichtigen (§ 23 Abs. 3 FamG). Die Ehe wird erst mit dem rechtskräftigen Scheidungsurteil aufgelöst. In dem Scheidungsurteil hat das Gericht auch das nacheheliche Sorgerecht für die minderjährigen Kindern zu regeln (§ 24 FamG).

4. Durchschnittliche Kosten und Dauer

Das Scheidungsverfahren dauert in der Slowakei **ca. 5 Monate**.[9] Die durchschnittlichen **47** **Kosten** hängen in erster Linie davon ab, ob sich die Ehegatten anwaltlich vertreten lassen oder nicht. Die Gerichtsgebühr beträgt 66 EUR.[10]

---

9 Angaben des Justizministeriums der Slowakischen Republik aus dem Jahr 2010; http://www. justice.gov.sk/stat/roc/11/6/6_2010.pdf.
10 Gemäß Art. 7 des Tarifs der Gerichtsgebühren (Gesetz Nr. 71/1992 Slg. über die Gerichtsgebühren).

IV. Internationale Zuständigkeit der Gerichte/Behörden

1. Europäische Union

48   In der Europäischen Union[11] gilt die Verordnung (EG) Nr. 2201/2003 des Rates vom 27.11.2003 (sog. **Brüssel II bis-Verordnung**), welche auch die gerichtliche Zuständigkeit in grenzüberschreitenden Scheidungsverfahren regelt. Im Sinne der Verordnung wird die Zuständigkeit des Gerichts nach dem Kriterium des gewöhnlichen Aufenthalts, der Staatsangehörigkeit, des Domizils oder des innerstaatlichen Rechts festgelegt.

2. Drittstaaten

49   Die internationale Zuständigkeit der Gerichte in Scheidungssachen bezüglich Drittstaaten richtet sich grundsätzlich nach den zwischenstaatlichen Verträgen und **Abkommen**. Liegt kein zwischenstaatlicher Vertrag vor, so richtet sich die Zuständigkeit nach dem slowakischen **IPRG**. Dieses regelt, dass in Scheidungssachen die Zuständigkeit der slowakischen Gerichte vorliegt, wenn zumindest ein Ehegatte ein slowakischer Staatsbürger ist (§ 38 Abs. 1 IPRG). Das örtlich zuständige Gericht wird nach dem slowakischen Recht bestimmt. Wäre es nicht möglich, nach slowakischem Recht ein solches Gericht zu bestimmen, so hat das Oberste Gericht der Slowakischen Republik zu entscheiden.[12]

Darüber hinaus ist die Zuständigkeit der slowakischen Gerichte gegeben, wenn zumindest ein Ehegatte in der Slowakei einen Aufenthalt hat und das Urteil in den Heimatstaaten beider Ehegatten anerkannt werden kann oder wenn zumindest ein Ehegatte in der Slowakei für eine längere Zeit lebt (§ 38 Abs. 2 IPRG).

V. Auf die Scheidung anwendbares Recht

50   Das auf die Scheidung anwendbare Recht ist im Rahmen der EU nicht harmonisiert. Da sich die ab dem 21.6.2012 wirksame Verordnung (EU) Nr. 1259/2010 über die verstärkte Zusammenarbeit im Bereich des auf die Ehescheidung und Trennung ohne Auflösung des Ehebandes anzuwendendes Rechts (sog. **Rom III-Verordnung**) auf die Slowakei nicht bezieht, sind die **slowakischen Kollisionsnormen** anzuwenden.

Die Scheidung richtet sich nach dem Recht des Staates, dessen Staatsbürger die Ehegatten im Zeitpunkt der Verfahrenseinleitung sind.[13] Sind die Ehegatten Staatsbürger von verschiedenen Staaten, so richtet sich die Eheauflösung nach dem slowakischen Recht (§ 22 Abs. 1 IPRG). So werden z.B. deutsche Ehegatten, die in der Slowakei leben und beabsichtigen, sich scheiden zu lassen, nach dem deutschen Recht geschieden. Ist jedoch einer der Ehegatten z.B. ein französischer Staatsangehöriger und der andere Ehegatte ein slowakischer (bzw. ein italienischer) Staatsangehöriger und leben beide Ehegatten in der Slowakei, so wird auf die Scheidung das slowakische Recht angewendet.

51   Müsste jedoch aufgrund der oben angeführten allgemeinen Regel eine fremde Rechtsordnung angewendet werden, welche die Eheauflösung durch Scheidung nicht erlauben oder sie nur unter äußerst schwierigen Umständen zulassen würde, und leben die Ehegatten oder

---

11 Ausgenommen Dänemark.
12 *Štefanková, Lysina a kolektív*, Internationales Privatrecht, 2011, S. 428.
13 Grundsatz der *lex patriae*.

zumindest einer der Ehegatten in der Slowakei für eine längere Zeit,[14] wird das slowakische Recht angewendet (§ 22 Abs. 2 IPRG).

VI. Anerkennung im Ausland erfolgter Scheidungen

1. Europäische Union

Nach Art. 21 der **Brüssel II bis-Verordnung** werden die in einem Mitgliedstaat ergangenen Entscheidungen in anderen EU-Mitgliedstaaten automatisch anerkannt, ohne dass es hierfür eines besonderen Verfahrens bedarf.

52

2. Drittstaaten

Die Anerkennung der in Drittstaaten gefällten Scheidungsurteile richtet sich grundsätzlich nach den bilateralen und multilateralen Verträgen und Abkommen. Zu den multilateralen Verträgen gehört insbesondere das Haager Abkommen über die Anerkennung der Scheidungen und über die Aufhebung der ehelichen Lebensgemeinschaft vom 1.6.1970.[15]

53

Liegt kein zwischenstaatlicher Vertrag vor, so richtet sich die Anerkennung nach §§ 63 ff. des slowakischen IPRG. Dieses regelt, dass die Scheidungsurteile in der Slowakei Wirksamkeit erlangen, wenn sie von den slowakischen Behörden **anerkannt** wurden. Ein fremdes Scheidungsurteil, sofern zumindest ein Verfahrensbeteiligter ein slowakischer Staatsbürger ist, wird in der Slowakei anerkannt, wenn keine Hindernisse der Urteilsanerkennung (z.B. das Urteil ist im Ursprungsstaat nicht rechtskräftig oder vollstreckbar; das Urteil stünde im Widerspruch zur slowakischen öffentlichen Ordnung) vorliegen (§ 64 IPRG).

Die zuständige Behörde zur Anerkennung eines fremden Urteils ist das **Landgericht Bratislava** (§ 68a IPRG). Das Anerkennungsverfahren wird auf Antrag eines Verfahrensbeteiligten oder einer Person, die an der Sache ein rechtliches Interesse hat, eingeleitet (§ 68b IPRG). Dem Antrag ist zwingend auch die beglaubigte Kopie der Heiratsurkunde beizulegen. Die Gerichtsgebühr beträgt 66 EUR.[16] Ein in der Slowakei anerkanntes fremdes Urteil hat die gleichen rechtlichen Wirkungen wie ein slowakisches Urteil (§ 63 IPRG).

54

D. Scheidungsfolgen

I. Vermögensteilung

Die Gütergemeinschaft der Ehegatten wird *ex lege* zum Zeitpunkt der Eheauflösung beendet (§ 148 Abs. 1 BGB). Danach ist dieses Vermögen auseinanderzusetzen (§ 149 Abs. 1 BGB).

55

---

14 Nach der Rechtsprechung (Oberstes Gericht der Tschechoslowakischen Republik, Aktennummer: R26/1987) beträgt die längere Zeit zumindest ein Jahr.

15 Das Abkommen wurde von der damaligen Tschechoslowakischen Republik am 6.2.1975 ratifiziert und als Anordnung Nr. 131/1976 Slg. in der Gesetzessammlung veröffentlicht.

16 Gemäß Art. 18d des Tarifs der Gerichtsgebühren (Gesetz Nr. 71/1992 Slg. über die Gerichtsgebühren).

1. Auseinandersetzung durch Vereinbarung

56   Die Ehegatten können über die Auseinandersetzung der Gütergemeinschaft eine **Vereinba-rung** schließen. Auf Ersuchen eines Ehegatten sind sie verpflichtet, einander eine schriftliche Bestätigung über die Auseinandersetzung auszustellen (§ 149 Abs. 2 BGB). Wird zum Ge-genstand der Vereinbarung eine Liegenschaft, so muss die Vereinbarung schriftlich ausgefer-tigt werden und wird mit Eintragung ins Liegenschaftskataster wirksam (§ 149a BGB).

2. Auseinandersetzung durch Gerichtsbeschluss

57   Kommt es zwischen den Ehegatten zu keiner Vereinbarung über die Auseinandersetzung der Gütergemeinschaft, entscheidet darüber das **Gericht** auf Antrag eines der Ehegatten (§ 149 Abs. 3 BGB). Bei der Auseinandersetzung ist davon auszugehen, dass die Anteile der beiden Ehegatten gleich sind. Weiterhin sind insbesondere die Bedürfnisse der minderjähri-gen Kinder, sowie die Tatsache, in welchem Umfang sich der jeweilige Ehegatte um die Familie gekümmert hat und sich an dem Erwerb und Aufrechterhaltung des gemeinsamen Vermögens beteiligt hat, zu berücksichtigen. Dabei ist auch die Kinderversorgung und Haushaltspflege zu berücksichtigen (§ 150 BGB).

3. Auseinandersetzung von Gesetzes wegen

58   Wird innerhalb von drei Jahren nach Auflösung der Ehe die Gütergemeinschaft nicht auseinandergesetzt, so gilt die **unwiderlegbare rechtliche Vermutung**, dass die bewegli-chen Sachen demjenigen Ehegatten gehören, der sie für seinen Bedarf, Bedarf seiner Familie oder des Haushalts ausschließlich als Eigentümer nutzt. Bei sonstigen beweglichen Sachen und bei Liegenschaften gilt, dass sie im Miteigentum der Ehegatten zu gleichen Anteilen sind (§ 149 Abs. 4 BGB).

II. Nachehelicher Unterhalt

59   Falls einer der Ehegatten nach der Scheidung nicht fähig ist, seinen Unterhalt zu bestreiten, kann er von dem ehemaligen Ehegatten verlangen, dass er ihm einen **Unterhalt** gewährt (§ 72 Abs. 1 FamG). Einigen sich die ehemaligen Ehegatten auf der **Höhe** des Unterhalts nicht, so entscheidet über dessen Höhe das Gericht auf Antrag eines Ehegatten (§ 72 Abs. 2 FamG). Voraussetzung für die Zuerkennung des Unterhalts ist, dass der verpflichtete Ehe-gatte die Fähigkeit, Möglichkeit und das Vermögen hat, dem anderen Ehegatten einen Unterhalt zu leisten (Leistungsfähigkeit). Die Höhe des Unterhalts muss angemessen sein; es ist daher nicht erforderlich, dass der berechtigte Ehegatte den gleichen Lebensstandard wie der verpflichtete Ehegatte erreicht.

60   Der Unterhalt kann grundsätzlich für die **Dauer** von bis zu fünf Jahren nach Rechtskraft der Scheidung zuerkannt werden. In besonderen Fällen (z.B. bei Kindern mit dauerhafter Gesundheitsbeeinträchtigung) kann der Unterhalt jedoch auch über fünf Jahre hinaus ge-währt werden (§ 72 Abs. 3 FamG).

Der Unterhaltsanspruch **erlischt**, wenn der Berechtigte eine andere Ehe schließt oder der Verpflichtete stirbt (§ 73 FamG).

Chudáčková

III. Altersversorgung

In der Slowakei erfolgt keine Teilung der Versorgungsanwartschaften. 61

IV. Verteilung der elterlichen Sorge

1. Sorgerecht

Das Scheidungsurteil muss auch die Regelung der Ausübung der Elternrechte und -pflichten 62
zu den minderjährigen Kindern für die Zeit nach der Scheidung beinhalten. Das Gericht
hat zu bestimmen, welcher Elternteil die **Personensorge** erwirbt, welcher die Kinder vertreten und deren Vermögen verwalten wird. Gleichzeitig muss es festlegen, wie der Elternteil
ohne die Personensorge zum Kinderunterhalt beitragen soll (§ 24 Abs. 1 FamG). Bei der
Entscheidung über die elterliche Sorge hat das Gericht zum Schutz der Geschwisterverhält-
nisse den Grundsatz der Zuteilung der Geschwister in die elterliche Sorge eines Elternteils
zu beachten. Haben die Eltern über die elterliche Sorge bereits eine Vereinbarung geschlossen, hat das Gericht diese Vereinbarung zu genehmigen (§ 24 Abs. 3 FamG).

2. Aufteilung der Personensorge auf beide Elternteile

Ab dem 1.7.2010 ermöglicht das Familiengesetz die sog. **geteilte Personensorge**. Diese ist 63
gegeben, wenn die Personensorge für das Kind gleichmäßig auf beide Elternteile verteilt
wird. Die geteilte Personensorge kommt in Betracht, wenn beide Elternteile zur Kindererziehung fähig sind und an dieser Art der Aufteilung der Personensorge interessiert sind.
Das Gericht erteilt den Eltern die geteilte Personensorge, wenn sie im Interesse des Kindes
ist und zur besseren Befriedigung der Kinderbedürfnisse führen wird. Ist nur ein Ehegatte
mit der geteilten Personensorge einverstanden, muss das Gericht prüfen, ob diese Art der
Personensorge im Interesse des Kindes liegt (§ 24 Abs. 2 FamG). Im Falle der geteilten
Personensorge hat das Gericht bei der Feststellung der Unterhaltspflicht die Dauer der
Personensorge eines jeden Elternteils zu berücksichtigen. Es kann jedoch auch so entscheiden, dass während des Bestehens der geteilten Personensorge für das Kind keine Unterhaltspflicht festgesetzt wird (§ 62 Abs. 6 FamG).

Eine etwaige einvernehmliche Entscheidung der Eltern über das Sorgerecht der Kinder
unterliegt der Genehmigung durch das Gericht, ansonsten ist sie unvollstreckbar (§ 24
Abs. 3 FamG).

3. Einschränkung des Sorgerechts

Im Interesse des minderjährigen Kindes kann das Gericht den **Kontakt** eines Elternteils 64
mit dem Kind **einschränken** bzw. **untersagen** (§ 25 Abs. 3 FamG).

Das Gericht kann von Amts wegen die Entscheidung über das elterliche Sorgerecht **ändern**,
wenn ein Elternteil wiederholt unbegründet und absichtlich dem anderen nicht den Kontakt
mit dem minderjährigen Kind ermöglicht (§ 25 Abs. 4 FamG).

V. Sonstige Scheidungsfolgen

1. Nachname

Der Ehegatte, der sich bei der Eheschließung für den Nachnamen des anderen Ehegatten 65
entschieden hat, kann binnen drei Monaten nach der Scheidung beim Matrikelamt die

Wiederaufnahme seines ursprünglichen Nachnamens beantragen. Hat der Ehegatte bei der Eheschließung den Nachnamen des anderen Ehegatten übernommen und seinen ursprünglichen Nachnamen als zweiten Nachnamen behalten, so kann dieser in der oben genannten Frist dem Matrikelamt mitteilen, dass er den übernommenen Nachnamen nicht mehr verwenden wird. Dies hat keine rechtlichen Folgen für den Nachnamen der gemeinsamen Kinder (§ 27 FamG).

2. Ausländerrechtliches Bleiberecht und Staatsangehörigkeit

66   Wer infolge der Ehe die slowakische **Staatsangehörigkeit** erworben hat (siehe Rdn 40), wird diese durch Scheidung nicht verlieren.

Ein Staatsangehöriger des Drittstaates mit **vorübergehendem Aufenthalt** von mindestens drei Jahren zum Zwecke der Familienzusammenführung, dessen Ehe aufgelöst wird, muss binnen 30 Tagen nach der rechtskräftigen Ehescheidung einen Antrag auf Erteilung des vorübergehenden Aufenthalts aus einem anderen Grund einreichen. Während der Beurteilung des Antrags gilt sein Aufenthalt als berechtigt (§ 31 Abs. 7 AufenthaltsG).

3. Steuer

67   Da die Ehe grundsätzlich mit keinen steuerrechtlichen Vorteilen verbunden ist, hat die Scheidung keine negativen Auswirkungen auf die steuerrechtliche Situation der geschiedenen Personen.

4. Altersversorgung

68   Wenn einer der geschiedenen Ehegatten stirbt, hat die Witwe/der Witwer keinen Anspruch auf Witwenrente.

VI.   Möglichkeit vertraglicher Vereinbarungen für die Scheidung

69   Die Ehegatten können eine Vereinbarung über die **Auseinandersetzung der Gütergemeinschaft** treffen (siehe Rdn 56).

Die Ehegatten können vereinbaren, dass der Ehegatte mit besseren Vermögensverhältnissen nach der Scheidung dem anderen Ehegatten einen höheren **nachehelichen Unterhalt** gewähren wird, als gesetzlich vorgesehen ist. Dies hängt jedoch ausschließlich von der Vereinbarung der Ehegatten ab.

Die Ehegatten können das **Sorgerecht** über gemeinsame Kinder vereinbaren. Eine solche Vereinbarung muss zu ihrer Wirksamkeit durch das Gericht genehmigt werden (siehe Rdn 62).

VII.   Kollisionsrecht der Scheidungsfolgen

70   Für die Scheidungsfolgen (insbesondere die persönlichen und vermögensrechtlichen Folgen) im Rahmen der EU sowie bezüglich Drittstaaten gelten grundsätzlich die gleichen Regeln wie für die Scheidung selbst, soweit nachfolgend nichts Abweichendes angeführt ist.

Chudáčková

1. Europäische Union

Auf Unterhaltsansprüche findet in der Europäischen Union seit dem 18.6.2011 die Verordnung (EG) Nr. 4/2009 über die Zuständigkeit, das anwendbare Recht, die Anerkennung und Vollstreckung von Entscheidungen und die Zusammenarbeit in Unterhaltssachen Anwendung. Nach Art. 15 dieser Verordnung bestimmt sich das auf Unterhaltspflichten anwendbare Recht für die EU-Mitgliedstaaten, die durch das Haager Protokoll vom 23.11.2007 über das auf Unterhaltspflichten anzuwendende Recht gebunden sind, nach jenem Protokoll. **71**

2. Drittstaaten

Auf der internationalen Ebene ist das Haager Abkommen über Zuständigkeit, anwendbares Recht, Anerkennung und Vollstreckung und Zusammenarbeit im Bereich der Elternrechte und -pflichten und Maßnahmen zum Kinderschutz vom 19.10.1996[17] zu berücksichtigen. **72**

Nach dem slowakischen IPRG richten sich die Verhältnisse zwischen (auch geschiedenen) Eltern und Kindern einschließlich der Entstehung und Auflösung der elterlichen Rechte und Pflichten nach dem Recht des Staates, in welchem das Kind seinen gewöhnlichen Aufenthalt hat. Wenn es der Schutz des Kindes oder dessen Vermögens erfordert, kann das Gericht bei der Entscheidung in Ausnahmefällen auch das Recht eines anderen Staates, zu dem die Angelegenheit einen engen Zusammenhang hat, berücksichtigen (§ 24 Abs. 1 IPRG).

Die elterlichen Rechte und Pflichten, die in dem Staat des ursprünglichen gewöhnlichen Aufenthalts des Kindes entstanden sind, bleiben auch nach Umsiedlung des Kindes aufrechterhalten. Entstehen einem Elternteil keine elterlichen Rechte und Pflichten, die ihm das slowakische Recht zuteilt, so entstehen diese zu dem Zeitpunkt, in dem die Slowakei zum gewöhnlichen Aufenthalt des Kindes wird (§ 24 Abs. 2 IPRG). **73**

Die Ausübung der elterlichen Rechte und Pflichten richtet sich nach dem Recht des Staates des gewöhnlichen Aufenthalts des Kindes (§ 24 Abs. 3 IPRG).

Nach § 24a des slowakischen IPRG richtet sich die **elterliche Unterhaltspflicht** nach dem Recht des Staates, in dem das Kind seinen gewöhnlichen Aufenthalt hat. Sonstige Unterhaltspflichten richten sich nach dem Recht des Staates, in dem der Berechtigte seinen Wohnsitz hat.

VIII. Verfahren

Für das Verfahren gelten die in Rdn 55–68 angeführten Bestimmungen. **74**

IX. Internationale Zuständigkeit

Für die internationale Zuständigkeit der Scheidungsfolgen im Rahmen der EU sowie bezüglich Drittstaaten gelten grundsätzlich die gleichen Regeln, wie in Rdn 48 ff. angeführt, soweit nachfolgend nicht Abweichendes angeführt ist. **75**

---

17 In der Slowakei wurde das Abkommen erst am 24.8.2001 ratifiziert und als Anordnung Nr. 344/2002 Slg. in der Gesetzessammlung veröffentlicht.

Chudáčková

1. Europäische Union

76   Die Brüssel II bis-Verordnung regelt die internationale gerichtliche Zuständigkeit in grenzüberschreitenden **Verfahren über die elterliche Verantwortung**. Nach der Verordnung wird die Zuständigkeit des Gerichts nach dem Kriterium des gewöhnlichen Aufenthalts des Kindes festgelegt. Die Verordnung beinhaltet jedoch auch abweichende Regelungen der Gerichtszuständigkeit (z.B. im Falle von Kindesentführung).

77   Auf **Unterhaltsansprüche** findet in der Europäischen Union seit 18.6.2011 die Verordnung (EG) Nr. 4/2009 über die Zuständigkeit, das anwendbare Recht, die Anerkennung und Vollstreckung von Entscheidungen und die Zusammenarbeit in Unterhaltssachen Anwendung. In diesen Angelegenheiten ist das Gericht des Ortes zuständig, an dem der Beklagte oder die berechtigte Person seinen/ihren gewöhnlichen Aufenthalt hat, oder das Gericht, das nach seinem Recht für ein Verfahren in Bezug auf den Personenstand bzw. elterliche Verantwortung zuständig ist, wenn in der Nebensache zu diesem Verfahren über eine Unterhaltssache zu entscheiden ist, es sei denn, diese Zuständigkeit begründet sich einzig auf der Staatsangehörigkeit einer der Parteien (Art. 3 EuUnterhaltsVO).

2. Drittstaaten

78   Die internationale Zuständigkeit der Gerichte in den Sachen der elterlichen Sorge bzw. Unterhaltsansprüche bezüglich Drittstaaten richtet sich grundsätzlich nach den zwischenstaatlichen Verträgen und Abkommen. Zu diesen gehört insbesondere das Haager Abkommen über Zuständigkeit, anwendbares Recht, Anerkennung und Vollstreckung und Zusammenarbeit im Bereich der Elternrechte und -pflichten und Maßnahmen zum Kinderschutz vom 19.10.1996.

79   Liegt kein zwischenstaatlicher Vertrag vor, so richtet sich die Zuständigkeit nach dem slowakischen IPRG. Dieses regelt, dass die Zuständigkeit des slowakischen Gerichts bezüglich der Unterhaltspflicht gegeben ist, falls der Berechtigte bzw. der Verpflichtete seinen Wohnsitz oder gewöhnlichen Aufenthalt in der Slowakei hat (§ 38a IPRG).

     Für die elterliche Sorge ist ein slowakisches Gericht zuständig, wenn das minderjährige Kind in der Slowakei seinen gewöhnlichen Aufenthalt hat oder dieser nicht festgestellt werden kann (§ 39 IPRG).

E.   Homo-Ehe/Registrierte Lebenspartnerschaft

80   Die gleichgeschlechtliche Ehe ist in der Slowakischen Republik nicht zulässig. Ebenso wenig ist das Institut der registrierten Lebenspartnerschaft anerkannt.

F.   Nichteheliche Lebensgemeinschaft

81   Die slowakische Rechtsordnung regelt die nichteheliche Lebensgemeinschaft grundsätzlich nicht. Die in einem gemeinsamen Haushalt lebenden Personen verfügen jedoch über bestimmte Rechte.[18]

---

18   Dies bezieht sich auch auf die gleichgeschlechtlichen Paare.

Chudáčková

Nach dem Arbeitsgesetzbuch sind die Personen, die in einem gemeinsamen Haushalt leben, als **Familienangehörige** zu betrachten. Daher sind die Arbeitnehmer zur **Befreiung von der Arbeit** mit Lohnersatz für höchstens einen Tag für die Teilnahme an der Beerdigung einer anderen Person, die zur Zeit des Todes mit ihnen in einem gemeinsamen Haushalt lebte, und für einen weiteren Tag, wenn der Arbeitnehmer für die Beerdigung dieser Personen sorgt, berechtigt (§ 141 Abs. 2 ArbGB).

Die nichteheliche Lebensgemeinschaft ist auch im **Erbrecht** berücksichtigt. Eine Person, die mit dem Erblasser mindestens ein Jahr vor dem Tod in einem gemeinsamen Haushalt gelebt hat und sich aus diesem Grund um den gemeinsamen Haushalt gekümmert hat, gehört zu den Erben zweiter bzw. dritter Ordnung (§§ 474, 475 BGB). **82**

Gemäß § 706 Abs. 1 BGB wird nach dem verstorbenen Mieter auch die Person, die sich um den gemeinsamen Haushalt mit dem gestorbenen Mieter gekümmert hat, zum **Mieter**, wenn er/sie mit ihm/ihr in einem gemeinsamen Haushalt mindestens drei Jahre vor dem Tod des Mieters gelebt hat und über keine eigene Wohnung verfügt.

G. Abstammung und Adoption

Das Rechtsverhältnis zwischen Eltern und Kinder wird durch Abstammung oder Adoption begründet. In der Slowakei gilt der Grundsatz der **Gleichberechtigung** aller Kinder zu den Eltern, d.h. biologische und adoptierte Kinder sind rechtlich gleichgestellt. **83**

I. Abstammung

Die Abstammung wird seitens des Vaters durch die Erzeugung und seitens der Mutter durch die Geburt des Kindes begründet. Die **ehelichen und unehelichen Kinder** sind rechtlich gleichgestellt. **84**

1. Mutterschaftsfeststellung

Die Mutter eines Kindes ist die Frau, die das **Kind geboren** hat (§ 82 Abs. 1 FamG). Gibt es Zweifel darüber, wer die Mutter eines Kindes ist, stellt das Gericht die Mutterschaft aufgrund der Tatsachen über die Geburt fest (§ 83 Abs. 1 FamG). Jegliche Vereinbarungen und Verträge über die Mutterschaft sind nichtig (§ 82 Abs. 2 FamG). **85**

2. Vaterschaftsfeststellung

Die Vaterschaft wird aufgrund der folgenden **Vermutungen** begründet: **86**

a) Vaterschaft des Ehemannes der Mutter

Ist ein Kind während der Ehe oder bis zu 300 Tage nach der Scheidung bzw. nach der Nichtigkeitserklärung der Ehe geboren, so wird der **Ehemann der Mutter** als Vater des Kindes betrachtet (§ 85 Abs. 1 FamG). Ist ein Kind einer Frau geboren, die wieder verheiratet ist, wird als Vater der spätere Ehemann betrachtet. Dies gilt auch dann, wenn das Kind noch vor dem Ablauf von 300 Tagen nach Beendigung bzw. Nichtigkeitserklärung der vorherigen Ehe geboren ist (§ 85 Abs. 2 FamG). **87**

Chudáčková

b) Einvernehmliche Erklärung der Eltern

88   Wird die Vaterschaft nicht durch die erste Vermutung bestimmt, kann diese durch eine **einvernehmliche Vaterschaftserklärung** von beiden Eltern begründet werden (§ 90 FamG). Die Erklärung muss vor dem Matrikelamt oder vor Gericht abgegeben werden (§ 91 Abs. 2 FamG). Die Erklärung der Mutter ist nicht erforderlich, wenn sie wegen einer psychischen Störung nicht imstande ist, die Folgen einer solchen Erklärung zu beurteilen, oder wenn die Erklärung der Mutter mit schwerwiegenden Hindernissen verbunden ist (§ 91 Abs. 4 FamG). Die einvernehmliche Vaterschaftserklärung kann sich auch auf das bereits empfangene, aber noch nicht geborene Kind beziehen (§ 92 FamG).

c) Vaterschaftsfeststellung durch das Gericht

89   Wurde die Vaterschaft nicht durch die einvernehmliche Vaterschaftserklärung begründet, so kann das Kind, die Mutter oder der Mann, welcher behauptet, Vater zu sein, einen Antrag auf **Vaterschaftsfeststellung durch das Gericht** einreichen (§ 94 Abs. 1 FamG). Ist das Kind binnen 180 und 300 Tagen nach dem Geschlechtsverkehr des Mannes mit der Mutter des Kindes geboren und ist die Vaterschaft des Mannes nicht durch schwerwiegende Umstände ausgeschlossen, wird der Mann für den Vater des Kindes gehalten (§ 94 Abs. 2 FamG). Das gerichtliche Vaterschaftsfeststellungsverfahren kann erst nach der Geburt des Kindes auf **Antrag** eingeleitet werden. Es ist insbesondere der Geschlechtsverkehr in der gegenständlichen Zeit zu beweisen.

3. Vaterschaftsanfechtung

a) Anfechtung der Vaterschaft des Ehemannes der Mutter

90   Der Ehemann der Mutter des Kindes kann seine Vaterschaft zu dem Kind binnen drei Jahren, nachdem er über Tatsachen, die seine Vaterschaft anzweifeln, erfahren hat, anfechten (§ 86 Abs. 1 FamG). Die Vaterschaft ihres Ehemannes kann allerdings auch die Mutter des Kindes innerhalb von drei Jahren nach der Geburt anfechten (§ 88 Abs. 2 FamG).[19]

Ist das Kind vor dem 180. Tag nach der Eheschließung geboren, genügt es, die Vaterschaft gerichtlich anzufechten (§ 87 Abs. 3 FamG). Zu einem späteren Zeitpunkt muss bei der Anfechtung nachgewiesen werden, dass die Vaterschaft des Ehemannes ausgeschlossen ist (§ 87 Abs. 1 FamG).

b) Anfechtung der durch einvernehmliche Erklärung der Eltern begründeten Vaterschaft

91   Der Antrag auf Vaterschaftsanfechtung kann sowohl von dem durch einvernehmliche Erklärung bestimmten Vater als auch von der Mutter des Kindes gestellt werden. Die Anfechtungsfrist beträgt drei Jahre und läuft ab dem Tag der einvernehmlichen Erklärung (§ 93 FamG).

c) Anfechtung der Vaterschaft auf Antrag des Kindes

92   Diese Möglichkeit kommt zur Anwendung, wenn die Vaterschaftsanfechtung **im Interesse des Kindes** notwendig und die Anfechtungsfrist der Eltern bereits abgelaufen ist (§ 96 Abs. 1 FamG). Die durch das Gericht festgestellte Vaterschaft kann von dem Kind nicht angefochten werden. Das Verfahren ist zweistufig und besteht aus dem Verfahren über die

---

19 In außerordentlichen Fällen kann auch das Kind die Vaterschaft anfechten (siehe Rdn 92).

Chudáčková

Zulässigkeit der Vaterschaftsanfechtung und dem Verfahren über die Vaterschaftsanfechtung.

II. Adoption

1. Allgemeines

Die bis zum 2005 bestehenden Institute der Adoption und unwiderruflichen Adoption wurden aufgehoben und durch ein einziges Institut der Adoption[20] (sog. **Volladoption**) ersetzt. Über die Adoption entscheidet das **Gericht** auf Antrag der Adoptiveltern (§ 97 Abs. 2 FamG). Eine vertragliche Adoption ist in der slowakischen Rechtsordnung nicht zugelassen.   93

2. Voraussetzungen der Adoption seitens des Adoptivkindes

Nach slowakischem Recht kann nur ein **minderjähriges Kind** adoptiert werden, falls die Adoption in dessen Interesse ist (§ 99 Abs. 2 FamG). Ein *Nasciturus* kann nicht adoptiert werden.   94

Das Kind kann nicht von einer Person adoptiert werden, mit der es in natürlicher enger **Blutsverwandtschaft** steht (z.B. Geschwister, Großeltern und Enkelkinder). Eine etwaige breitere Verwandtschaft (z.B. Onkel und Neffe) stellt kein Adoptionshindernis dar.

Zwischen den Adoptiveltern und dem Adoptivkind muss ein **angemessener Altersunterschied** bestehen (§ 99 Abs. 1 FamG). Die Beurteilung der Angemessenheit hängt von dem Gericht ab.

Der **Gesundheitszustand** des Adoptivkindes muss festgestellt und aus Sicht der Adoption beurteilt werden (§ 98 FamG).

3. Voraussetzungen der Adoption seitens der Adoptiveltern

Die Adoptiveltern müssen **uneingeschränkt geschäftsfähige** natürliche Personen sein (§ 98 FamG).   95

Die Adoptiveltern müssen die angemessenen persönlichen, gesundheitlichen und moralischen **Fähigkeiten** besitzen, um eine gesunde Atmosphäre für die Erziehung des Kindes schaffen zu können (§ 98 FamG).

Die Personen, die Adoptiveltern werden möchten, müssen in der **Liste der Antragsteller** auf Adoption eingetragen werden (§ 98 FamG).

4. Wer kann zu Adoptiveltern werden?

Ein Kind kann von Ehegatten oder von dem Ehegatten eines der Eltern des Kindes (sog. unechte Adoption)[21] oder von dem hinterbliebenen Ehegatten eines der Eltern bzw. Adoptiveltern eines minderjährigen Kindes adoptiert werden. In Ausnahmefällen kann das Kind auch von einer alleinstehenden Person adoptiert werden (§ 100 Abs. 1 FamG).   96

---

20 Lat. *adoptio plena.*
21 In diesem Fall kommt es nämlich nicht zur vollständigen Trennung des Kindes von der leiblichen Familie.

5. Erforderliche Zustimmungen

97   Zu den Voraussetzungen der Adoption gehören auch nachfolgende Zustimmungen, die von den berechtigten Personen persönlich schriftlich dem Gericht oder der Behörde des Jugend- und Sozialamtes zu erteilen sind:

a) Zustimmung beider Eltern

98   **Beide Eltern** müssen der Adoption zustimmen (§ 101 Abs. 1 FamG). Dies bezieht sich auch auf minderjährige Eltern und Eltern mit beschränkter Geschäftsfähigkeit. Eine Zustimmung der Eltern, denen die Geschäftsfähigkeit aberkannt wurde, ist nicht erforderlich (§ 101 Abs. 2 FamG). Die Eltern müssen mit der Adoption durch bestimmte Personen und ohne jegliche Bedingungen einverstanden sein.[22] Die Zustimmung kann nur bis zum Zeitpunkt des Anvertrauens des Kindes in die Sorge der künftigen Adoptiveltern widerrufen werden (§ 101 Abs. 1 FamG).

99   Die Zustimmung der biologischen Eltern ist jedoch dann nicht erforderlich, wenn sie mindestens sechs Monate kein echtes Interesse an dem Kind gezeigt haben, ihre Unterhaltspflicht nicht regelmäßig und freiwillig erfüllt haben und keinen Aufwand getätigt haben, um ihre Familien- und Sozialverhältnisse so anzupassen, damit sie persönlich das Sorgerecht ausüben könnten, falls dies nicht durch ein schwerwiegendes Hindernis verhindert wurde. Gleiches gilt auch, wenn sie mindestens zwei Monate nach der Geburt des Kindes an diesem kein echtes Interesse gezeigt hatten, falls dies nicht durch ein schwerwiegendes Hindernis verhindert wurde, oder wenn sie eine Zustimmung zur Adoption vorab ohne ein Verhältnis zu bestimmten Adoptiveltern erteilt haben (§ 102 Abs. 1 FamG).

b) Zustimmung nur eines Elternteils

100   Die Zustimmung nur eines **Elternteils** ist ausreichend, wenn der andere Elternteil gestorben ist, nicht bekannt ist, ihm die Geschäftsfähigkeit entzogen wurde, er beschränkt geschäftsfähig ist oder ihm die Elternrechte entnommen wurden (§ 101 Abs. 2 FamG).

c) Zustimmung des Vormunds des Kindes

101   Die Zustimmung zur Adoption ist von dem **Vormund des Kindes** zu erteilen, wenn die Eltern des Kindes gestorben sind, nicht bekannt sind, ihnen die Geschäftsfähigkeit entzogen wurde, sie beschränkt geschäftsfähig sind oder ihnen die Elternrechte entzogen wurden (§ 101 Abs. 3 FamG).

d) Zustimmung des ad hoc-Betreuers

102   Wurde dem Kind in einem separaten Verfahren ein **Betreuer** zum Zwecke der Zustimmung zur Adoption zugeteilt, so muss dieser der Adoption statt der Eltern des Kindes zustimmen. Der Betreuer wird vom Gericht bestellt, wenn die Eltern zumindest sechs Monate kein wahres Interesse an dem Kind gezeigt haben oder sie mindestens innerhalb von zwei Monaten nach der Geburt des Kindes kein Interesse an dem Kind gezeigt haben oder sie die allgemeine Zustimmung zu einer Adoption erteilt haben (d.h. nicht in Bezug auf konkrete Adoptiveltern) (§ 102 Abs. 3 FamG).

---

22 *Lazar a kolektív*, Materielles Zivilrecht, 2006, S. 296.

e) Zustimmung des Kindes

Die **Zustimmung des Kindes** ist erforderlich, wenn es imstande ist, die Auswirkungen der Adoption zu bewerten (§ 101 Abs. 4 FamG). Das Familiengesetz setzt keine bestimmte Altersgrenze an, ab welcher das Kind zu dessen Adoption die Zustimmung erteilen muss; dies hängt vom Einzelfall ab.

103

f) Zustimmung des Ministeriums für Arbeit, Soziales und Familie

Eine Adoption des Kindes ins Ausland bedarf der **Zustimmung des Ministeriums** für Arbeit, Soziales und Familie (§ 101 Abs. 5 FamG).

104

6. Adoptionsverfahren

Das Adoptionsverfahren ist zweistufig ausgestaltet:

105

Vor der Gerichtsentscheidung über die Adoption muss das minderjährige Kind mindestens für neun Monate in die Sorge der künftigen Adoptiveltern gegeben werden. Die mit der **voradoptiven Fürsorge** verbundenen Kosten tragen die künftigen Adoptiveltern (§ 103 Abs. 1 FamG). Über die Fürsorge des Kindes in die Sorge der künftigen Adoptiveltern hat das Gericht auf deren Antrag zu entscheiden (§ 103 Abs. 2 FamG). In dem Gerichtsbeschluss muss auch der Umfang der Rechte und Pflichten der künftigen Adoptiveltern gegenüber dem Kind festgesetzt werden (§ 103 Abs. 4 FamG).

Über die Adoption entscheidet das **Gericht** auf Antrag der Personen, die das Kind adoptieren möchten (§ 97 Abs. 2 FamG). Das Gericht hat grundsätzlich innerhalb von sechs Monaten nach der Antragstellung zu entscheiden (§ 145 Gesetz über nichtstreitige Gerichtsverfahren).

7. Wirkungen der Adoption

Durch die Adoption entsteht zwischen den Adoptiveltern und dem Adoptivkind das gleiche Verhältnis wie zwischen Eltern und Kindern. Zwischen dem Adoptivkind und den Verwandten der Adoptiveltern entsteht das Verwandtschaftsverhältnis (§ 97 Abs. 1 FamG). Gleichzeitig werden die Verwandtschaftsverhältnisse zwischen dem Kind und der biologischen Familie aufgelöst (§ 106 Abs. 1 FamG).

106

Das Adoptivkind übernimmt den Nachnamen der Adoptiveltern (§ 105 FamG), der Vorname bleibt jedoch unverändert. Möchten die Adoptiveltern auch den Vornamen des Adoptivkindes ändern, können sie innerhalb von sechs Monaten nach der rechtskräftigen Gerichtsentscheidung über die Adoption beim Matrikelamt einvernehmlich dem Kind einen anderen Namen geben (§ 12 NamensG).

Slowenien

ao. Univ.-Prof. Dr. Claudia Rudolf, Rechtswissenschaftliche Fakultät Wien

Literatur

Deutschsprachige Literatur

Novak, Aktuelle Entwicklungen im slowenischen Recht, FamRZ 2013, 1462; *Novak*, Neueste Entwicklungen des Slowenischen Familienrechts, FamRZ 2012, 1456; *Novak*, Können gleichgeschlechtliche Partner in Slowenien Eltern werden?, FamRZ 2010, 1511; *Novak*, Rechtsregeln für nichteheliches Zusammenleben in Slowenien, in: Kroppenberg u.a. (Hrsg.), Rechtsregeln für nichteheliches Zusammenleben, 2009, S. 265; *Novak*, Neuerungen im slowenischen Namensrecht, FamRZ 2007, 1508; *Novak*, Neue Regelung des Unterhaltsrechts in der Republik Slowenien, FamRZ 2005, 1637; *Rijavec/Kraljić*, Die Rechtsstellung nichtehelicher Lebensgemeinschaften in Slowenien, in: Scherpe/Yassari (Hrsg.), Die Rechtsstellung nichtehelicher Lebensgemeinschaften – The Legal Status of Cohabitants, 2005, S. 375; *Rudolf*, Slowenien: Neues Internationales Privat- und Prozessrecht, IPRax 2003, 158; *Zadravec*, Eheschließung, Personenname und Personenstandsregister in Slowenien, StAZ 2006, 221; *Zupančič/Novak*, in: Bergmann/Ferid/Henrich (Hrsg.), Internationales Ehe- und Kindschaftsrecht mit Staatsangehörigkeitsrecht, Slowenien, Stand: 1.12.2008, 180. Lfg.

Literatur in slowenischer Sprache

Hudej/Ščernjavič, Sporna materialnopravna vprašanja skupnega premoženja s posebnim poudarkom na novejši sodni praksi (Strittige materiell-rechtliche Fragen des Gesamtgutes unter besonderer Betonung der neueren Judikatur), Pravnik 2010, S. 747; *Juhart*, Nastopanje skupnosti v premoženjskem prometu (Das Auftreten der Gemeinschaft im vermögensrechtlichen Verkehr), Podjetje in delo 1996,

S. 1061; *Novak*, Pravna ureditev istospolne partnerske skupnosti – nova slovenska pravna ureditev (Die rechtliche Regelung der gleichgeschlechtlichen Partnerschaft – die neue slowenische rechtliche Regelung), Pravnik 2007, S. 313; *Polajnar-Pavčnik*, Kolizijskopravni problemi izvenzakonske skupnosti (Kollisionsrechtliche Probleme der nichtehelichen Lebensgemeinschaft), Pravnik 1987, S. 543; *Rijavec*, in: Juhart/Tratnik/Vrenčur (Hrsg.), Stvarnopravni Zakonik s komentarjem (Sachenrechtsgesetzbuch mit Kommentar), Ljubljana 2004 (zit.: Rijavec, in: Juhart/Tratnik/Vrenčur); *Rijavec*, in: Ude/Galič (Hrsg.), Pravdni postopek 3. knjiga (Zivilprozeß 3. Buch), Ljubljana 2009 (zit.: Rijavec, in: Ude/Galič); *Zupančič*, Družinsko pravo (Familienrecht), Ljubljana 1999.

Abkürzungsverzeichnis

a.b.F. (letzte) amtlich bereinigte Fassung (betr. Fundstellennachweis Rechtsvorschriften)

U.l. RS Uradni list Republike Slovenije (Amtsblatt der Republik Slowenien)

U.l. SRS Uradni list Socialistične Republike Slovenije (Amtsblatt der Sozialistischen Republik Slowenien)

VS RS Vrhovno sodišče Republike Slovenije (Oberster Gerichtshof der Republik Slowenien)

Nützliche Internetquellen

www.uradni-list.si oder www.pisrs.si (Rechtsvorschriften)

www.sodisce.si (Rechtsprechung).

A. Vorbemerkung

1   Das slowenische Parlament hat 2011 und 2015 eine Reform des Familienrechts beschlossen, die jeweils durch eine Volksabstimmung abgelehnt worden sind. Das seit 1.1.1977 geltende **Gesetz über die Ehe und Familienbeziehungen (EheFamG)**[1] ist daher weiterhin anwendbar.

B. Eheschließung

I. Begriff

2   Die **Ehe** ist eine gesetzlich geregelte Lebensgemeinschaft eines Mannes und einer Frau (Art. 3 Abs. 1[2]). Die Bedeutung der Ehe liegt in der Gründung einer Familie[3] (Art. 3 Abs. 2). Das EheFamG enthält keine Vorschriften über das **Verlöbnis**. Die Vereinbarung, eine Ehe schließen zu wollen, hat keine familienrechtlichen Folgen. Fragen der Rückabwicklung oder des Schadensersatzes sind nach den Vorschriften des Schuldgesetzbuches[4] zu lösen.

II. Materielle Voraussetzungen

3   Das EheFamG differenziert zwischen den **Voraussetzungen für das Eingehen einer Ehe** – zwei Personen verschiedenen Geschlechts erklären vor dem zuständigen staatlichen Organ in der gesetzlich bestimmten Weise ihr Einverständnis zur Eheschließung (Art. 16) – und den **Voraussetzungen für die Gültigkeit der Ehe.**

---

1   Zakon o zakonski zvezi in družinskih razmerjih, U.l. SRS Nr. 15/1976; U.l. RS Nr. 69/2004 a.b.F.
2   Artikel ohne Gesetzesangabe bezeichnen im Folgenden die Vorschriften des EheFamG.
3   Die Familie ist eine Lebensgemeinschaft der Eltern und Kinder, die wegen der Interessen der Kinder einen besonderen Schutz genießt (Art. 2).
4   Obligacijski zakonik, U.l. RS Nr. 83/2001; Nr. 97/2007 a.b.F.

Grundsätzlich ist für das **Eingehen der Ehe** die Anwesenheit der zukünftigen Ehegatten, zweier Zeugen, des Vorstands der Verwaltungseinheit (bzw. einer von ihm ermächtigten Person) sowie des Standesbeamten erforderlich (Art. 29 Abs. 1). In besonders begründeten Fällen kann die zuständige Verwaltungseinheit die Eheschließung durch einen **Vertreter** genehmigen, allerdings kann sich nur einer der zukünftigen Ehegatten vertreten lassen (Art. 30).[5]

4

Als **Eheungültigkeitsgründe** gelten:

5

- Irrtum[6] oder Zwang bei der Erklärung des Einverständnisses zur Eheschließung (Art. 17);
- Minderjährigkeit; d.h. nicht vollendetes 18. Lebensjahr (Art. 18). Bei Vorliegen berechtigter Gründe kann das Zentrum für Sozialarbeit die Eheschließung genehmigen (Art. 23);[7]
- schwere geistige Behinderung oder Urteilsunfähigkeit (Art. 19);
- eine bestehende Ehe (Art. 20);
- Verwandtschaft: Verwandte in gerader Linie und in der Seitenlinie bis zum vierten Grad, wobei dies – mit Ausnahme des Verhältnisses zwischen Annehmenden und Angenommenen – nicht für die durch Volladoption begründeten Verhältnisse gilt (Art. 21). Bei Vorliegen berechtigter Gründe kann das Zentrum für Sozialarbeit die Eheschließung zwischen den Kindern von Geschwistern und Halbgeschwistern genehmigen (Art. 23);
- die Ehe wird nicht zum Zweck der Lebensgemeinschaft geschlossen (Art. 35), sondern ausschließlich[8] zu einem anderen Zweck;
- bei der Eheschließung waren nicht beide Ehegatten bzw. ein zukünftiger Ehegatte und ein Vertreter anwesend (Art. 34).

Nach Art. 22 können ein **Vormund** (Sachwalter) und sein Mündel während der Dauer der Vormundschaft keine Ehe schließen. Gehen sie eine Ehe ein, ist diese jedoch gültig[9] und die Vormundschaft endet.[10] Bei Vorliegen berechtigter Gründe kann das Zentrum für Sozialarbeit die Eheschließung genehmigen (Art. 23); in diesem Fall bleibt die Vormundschaft über eine volljährige Person aufrecht.[11]

6

III. Rechtsfolgen bei Ungültigkeit der Ehe

Wurde eine Ehe entgegen Art. 16–21 (Art. 32) oder nicht zum Zweck der Lebensgemeinschaft geschlossen (Art. 35) oder waren nicht beide Ehegatten bzw. ein zukünftiger Ehegatte und ein Vertreter bei der Eheschließung anwesend (Art. 34), so ist die Ehe **ungültig**. Dies hat zur Folge, dass bestimmte Personen[12] eine **Klage auf Aufhebung der Ehe** einbringen

7

---

5 Die Vollmacht muss in der Form einer öffentlichen Urkunde erteilt werden und ist ab der Erteilung drei Monate wirksam. In der Urkunde muss die Person, mit der der Vollmachtgeber die Ehe zu schließen beabsichtigt, genau bezeichnet sein.

6 Irrtum über die Person oder über wesentliche Eigenschaften des Ehegatten.

7 Z.B. Schwangerschaft; vor der Entscheidung sind der Minderjährige, seine Eltern bzw. sein Vormund und sein potenzieller Ehepartner zu hören (Art. 24).

8 *Zupančič*, Družinsko pravo (Familienrecht), Rn 79.

9 Art. 32, 34 und 35, die die Ungültigkeit einer Ehe normieren, beziehen sich nicht auf Art. 22.

10 *Zupančič/Novak*, in: *Bergmann/Ferid/Henrich*, Internationales Ehe- und Kindschaftsrecht, S. 30.

11 *Zupančič*, Družinsko pravo (Familienrecht), Rn 80: z.B. bei Sachwalterbestellung aufgrund Verschwendungssucht oder Querulantentum.

12 Keine Aufhebung von Amts wegen.

können.[13] Die Aufhebung der Ehe erfolgt mit Rechtskraft des Urteils ex nunc (Art. 42).[14] Hinsichtlich der vermögensrechtlichen Beziehungen zwischen den Ehegatten, der gewährten Geschenke, des Unterhalts und des Eltern-Kind-Verhältnisses sind die Vorschriften, die im Fall der Scheidung gelten, anzuwenden (Art. 43, 80).

8   In den Fällen der Art. 16, 19, 20, 21, 34 und Art. 35 steht das **Klagerecht** den Ehegatten und jedem, der ein unmittelbares rechtliches Interesse an der Aufhebung der Ehe hat, zu (Art. 36 Abs. 1). Der Staatsanwalt ist in den Fällen der Art. 16, 19, 20 und Art. 21 ebenfalls klagelegitimiert (Art. 36 Abs. 2). Nach dem Ende einer schweren geistigen Behinderung oder Urteilsunfähigkeit (Art. 19) kann nur der eine oder andere Ehegatte die Klage einbringen (Art. 36 Abs. 3). Wird eine Ehe im Irrtum oder unter Zwang geschlossen (Art. 17), ist ausschließlich der betroffene Ehepartner klagelegitimiert (Art. 39).[15] Geht eine minderjährige Person ohne Genehmigung des Zentrums für Sozialarbeit eine Ehe ein (Art. 18, 23), sind die Eltern bzw. der Vormund klagelegitimiert (Art. 40).

9   Die **Heilung** einer ungültigen Ehe kommt in folgenden Fällen in Betracht: bei einer Doppelehe, wenn die frühere Ehe beendet oder aufgehoben wird (Art. 37); bei einer Ehe zwischen Verwandten, die diese nur mit Zustimmung des Zentrums für Sozialarbeit schließen dürfen, wenn das Gericht Umstände feststellt, die eine Genehmigung der Eheschließung ermöglichen (Art. 38). Im Fall der Ehe eines Minderjährigen ohne Zustimmung des Zentrums für Sozialarbeit ist eine Konvaleszenz möglich, wenn keine Umstände dagegen sprechen (Art. 40).[16]

IV. Sachlich zuständige Behörde

10   Die Ehe ist vor dem **Leiter der Verwaltungseinheit** oder einer von ihm ermächtigten Person in Anwesenheit des Standesbeamten[17] zu schließen (Art. 28 Abs. 1).[18]

11   Ein ausländischer Staatsangehöriger benötigt folgende Urkunden:[19]
      – einen Auszug aus dem Geburtenbuch;
      – eine Bestätigung, dass er ledig ist;
      – eine Bestätigung des Staates, dessen Staatsbürger er ist, dass keine Hindernisse gegen eine Eheschließung im Ausland bestehen (diese vorgenannten Bestätigungen können in einer Urkunde erfolgen); sowie
      – einen Nachweis über seine Staatsangehörigkeit (Reisepass oder Staatsbürgerschaftsnachweis).

---

13 Das Klagerecht geht nicht auf die Erben über, diese können aber ein bereits eingeleitetes Verfahren fortsetzen (Art. 41).

14 Im Urteilsspruch ist festzustellen, ob einer der Ehegatten den Ungültigkeitsgrund gekannt hatte.

15 Dieses Recht erlischt, wenn die Klage nicht innerhalb eines Jahres ab Wegfall des Zwangs oder des Erkennens des Irrtums eingebracht wird, sofern die Ehegatten in dieser Zeit zusammengelebt haben (Art. 39 Abs. 2).

16 Gemäß Art. 32 ist eine derartige Ehe ungültig; nach Art. 40 „kann" das Gericht nach Prüfung aller Umstände eine Ehe aufheben, die eine Person unter 18 Jahren ohne Genehmigung des Zentrums für Sozialarbeit geschlossen hat. *Zupančič/Novak*, in: *Bergmann/Ferid/Henrich*, Internationales Ehe- und Kindschaftsrecht, S. 31.

17 Die Eheschließung nimmt nicht der Standesbeamte, sondern der Leiter der Verwaltungseinheit bzw. der Bevollmächtigte vor.

18 Ordnung über die Eheschließung (Pravilnik o sklepanju zakonske zveze), U.l. RS Nr. 67/2013; Nr. 32/2015.

19 e-uprava.gov.si; *Zadravec*, StAZ 2006, 221 (222).

Rudolf

Alle Urkunden sind im Einklang mit dem Gesetz über die Beglaubigung von Urkunden im internationalen Verkehr[20] in die slowenische Sprache zu **übersetzen** und zu **beglaubigen**. Eine Beglaubigung ist nicht erforderlich, wenn zwischen der Republik Slowenien und dem Staat, dessen Angehöriger die Person ist, ein bilaterales Abkommen besteht, oder der Staat Vertragsstaat des Haager Übereinkommens vom 5.10.1961 zur Befreiung ausländischer öffentlicher Urkunden von der Legalisation ist;[21] es genügt die Apostille.   12

Staatsangehörige der Republik Slowenien[22] können **im Ausland** vor dem Konsulat der Republik Slowenien die Ehe schließen, wenn der Staat, in dem sich das Konsulat befindet, dem nicht widerspricht, oder dies durch einen internationalen Vertrag geregelt ist (Art. 112 Abs. 1 IPRG[23]).[24]   13

V. Kollisionsrecht

Die **Voraussetzungen** für eine **Eheschließung** sind für jede Person nach dem Recht des Staates, deren Staatsangehörige sie im Zeitpunkt der Eheschließung ist, zu beurteilen (Art. 34 IPRG). Auf die Form der Eheschließung ist das Recht des Ortes der Eheschließung anzuwenden (Art. 35 IPRG).   14

Die **Ungültigkeit der Ehe** ist nach jedem der materiellen Rechte, nach denen sie nach Art. 34 und Art. 35 IPRG geschlossen wurde, zu beurteilen (Art. 36 IPRG). Ist die Ehe ungültig, so ist auf die persönlichen Rechtsverhältnisse und die gesetzlichen Vermögensbeziehungen das gem. Art. 38 IPRG (siehe Rdn 34) bestimmte Recht anzuwenden (Art. 40 Abs. 1 IPRG). Für die vertraglichen Vermögensbeziehungen ist das nach Art. 39 IPRG (siehe Rdn 34) bestimmte Recht maßgeblich (Art. 40 Abs. 2 IPRG).   15

C. Folgen der Eheschließung

I. Vermögensrechtliche Folge

1. Güterrecht

Grundsätzlich ist zwischen dem **gemeinschaftlichen Vermögen** (im Folgenden: **Gesamtgut**) und dem Sondervermögen zu unterscheiden. Das Gesamtgut ist jenes Vermögen, das die Ehegatten während der Ehe durch Arbeit erwerben (Art. 51 Abs. 2). Nach Rechtsprechung[25] und Lehre[26] ist es jedoch für das Entstehen gemeinschaftlichen Vermögens von entscheidender Bedeutung, dass zwischen den Ehegatten tatsächlich eine Lebens- und Wirt-   16

---

20 Zakon o overitvi listin v mednarodnem prometu, U.l. RS Nr. 64/2001.
21 Für Slowenien aufgrund der Staatsnachfolge seit 25.6.1991 in Kraft.
22 Nicht ein slowenischer und ausländischer Staatsbürger.
23 Gesetz über das Internationale Privatrecht und Verfahren (Zakon o mednarodnem zasebnem pravu in postopku), U.l. RS Nr. 56/1999.
24 Der für auswärtige Angelegenheiten zuständige Minister bestimmt, in welchen Vertretungen der Republik Slowenien im Ausland Eheschließungen zwischen Staatsangehörigen der Republik Slowenien vorgenommen werden können (Art. 112 Abs. 2 IPRG). S. auch Art. 82 IPRG.
25 VS RS II Ips 731/2009 v. 5.11.2009; VS RS II Ips 416/2003 v. 16.9.2004; VS RS II Ips 355/2003 v. 3.6.2004.
26 *Zupančič/Novak*, in: *Bergmann/Ferid/Henrich*, Internationales Ehe- und Kindschaftsrecht, S. 35; *Zupančič*, Družinsko pravo (Familienrecht), Rn 103.

schaftsgemeinschaft[27] besteht. Das Gesamtgut kann sowohl obligatorische als auch dingliche Rechte umfassen. Ist das Eigentumsrecht an einer Sache Teil des Gesamtgutes, so gelten dafür die Vorschriften über das Gesamthandseigentum.

17 Das **Sondervermögen** besteht einerseits aus Vermögenswerten, über die ein Ehegatte im Zeitpunkt der Eheschließung bereits verfügt (Art. 51 Abs. 1), und andererseits aus jenem Vermögen, das er nicht durch Arbeit, sondern z.B. durch Geschenke[28] oder Erbschaft während der Ehe erwirbt. Über das Sondervermögen verfügt jeder Ehegatte selbstständig.

18 Für die **Zuordnung** eines während der Ehe erworbenen Vermögenswertes zum Gesamtgut oder zum Sondervermögen ist somit entscheidend, ob der Erwerb „**durch Arbeit**" erfolgt. Das EheFamG enthält keine Legaldefinition. Aus Art. 59 Abs. 2 (Aufteilung des Gesamtgutes durch das Gericht) folgt jedoch, dass zu dem durch Arbeit erworbenen Vermögen nicht nur das Einkommen jedes Ehegatten, sondern u.a. jede Form der Arbeit bei der Verwaltung oder Vermehrung des Gesamtgutes oder die Kindererziehung zählt. Nach der Rechtsprechung[29] sind z.B. auch Vermögensgegenstände, die aus Mitteln des Gesamtgutes erworben werden, oder dessen Früchte[30] als Gesamtgut zu bewerten. Auch ein GmbH-Geschäftsanteil,[31] sofern er aus Mitteln des Gesamtgutes erworben wird, oder ein Miteigentumsanteil an einer Liegenschaft kann zum Gesamtgut zählen. Letzteres ist von einer Grundbucheintragung unabhängig.[32] Von entscheidender Bedeutung ist neben dem zeitlichen Faktor (während der Ehe) die Quelle der Mittel, mit denen der Erwerb eines Vermögenswertes erfolgt,[33] jedoch sind stets die Umstände des Einzelfalles zu berücksichtigen.[34]

19 Der **zwingende gesetzliche Güterstand** während der Ehe ist somit eine beschränkte Gütergemeinschaft in Form einer **Errungenschaftsgemeinschaft**, die künftig „durch Arbeit" erworbene Vermögenswerte umfasst. Für das restliche Vermögen (Sondervermögen) besteht **Gütertrennung**. Nach h.M.[35] können die Ehegatten jene Vermögenswerte, über welche sie im Zeitpunkt der Eheschließung bereits verfügen und die somit Sondervermögen des jeweiligen Ehegatten darstellen (Art. 51 Abs. 1), durch vertragliche Vereinbarung in das Gesamtgut einbeziehen.

20 Ein durch Arbeit erworbener Vermögenswert wird kraft Gesetzes[36] (Art. 51 Abs. 2) im Zeitpunkt seiner Entstehung/seines Erwerbs Teil des Gesamtgutes (originärer Erwerb).[37]

---

27 Ein gemeinsames Wohnen ist nicht erforderlich, sofern gerechtfertigte Gründe für ein getrenntes Wohnen vorliegen. Vgl. VS RS II Ips 731/2009 v. 5.11.2009; VS RS II Ips 121/2008 v. 21.1.2010.

28 VS RS II Ips 1081/2007 v. 21.1.2010; VS RS II Ips 1087/2008 v. 16.12.2009; VS RS II Ips 976/2008 und II Ips 977/2008 v. 20.11.2008.

29 *Zupančič/Novak*, in: *Bergmann/Ferid/Henrich*, Internationales Ehe- und Kindschaftsrecht, S. 35.

30 *Rijavec*, in: *Juhart/Tratnik/Vrenčur*, S. 369.

31 VS RS II Ips 905/2008 v. 22.10.2009.

32 *Rijavec*, in: *Juhart/Tratnik/Vrenčur*, S. 367. Für Dritte gilt die Vermutung des Art. 11 Abs. 1 Sachenrechtsgesetzbuch (Stvarnopravni zakonik, U.l. RS Nr. 87/2002; Nr. 91/2013), dass die im Grundbuch eingetragene Person Eigentümer der Liegenschaft ist.

33 Erfolgt der Kauf einer Liegenschaft mit dem durch den Verkauf des Sondervermögens erlangten Erlös, so zählt die erworbene Liegenschaft nicht zum Gesamtgut; VS RS II Ips 1074/2007 v. 1.7.2009; VS RS II Ips 210/2009 v. 16.7.2009.

34 *Hudej/Ščernjavič*, Pravnik 2010, S. 747 (751).

35 *Zupančič/Novak*, in: *Bergmann/Ferid/Henrich*, Internationales Ehe- und Kindschaftsrecht, S. 37; *Rijavec*, in: *Juhart/Tratnik/Vrenčur*, S. 369; *Zupančič*, Družinsko pravo (Familienrecht), Rn 113.

36 Unabhängig vom Willen oder von einer Vereinbarung der Ehegatten, VS RS II Ips 482/2001 v. 10.4.2002.

37 VS RS II Ips 100/2005 v. 11.5.2006; VS RS II Ips 490/2002 v. 6.10.2003; *Hudej/Ščernjavič*, Pravnik 2010, S. 747 (752); *Rijavec*, in: *Juhart/Tratnik/Vrenčur*, S. 370.

Jeder Ehegatte ist **Gesamthandseigentümer**[38] des Gesamtgutes. Die Anteile der Ehegatten am Gesamtgut sind unbestimmt (Art. 54).[39] Rechte an Liegenschaften, die zum Gesamtgut zählen, sind im Grundbuch auf den Namen beider Ehegatten als Gesamtgut zu unbestimmten Anteilen einzutragen (Art. 55).[40]

2. Verfügung und Verwaltung

Die Ehegatten verfügen **gemeinsam** und einvernehmlich über das Gesamtgut; dies gilt auch für die Verwaltung des Gesamtgutes[41] (Art. 52 Abs. 1). Ein Ehegatte kann über seinen unbestimmten Anteil am Gesamtgut durch ein Rechtsgeschäft **unter Lebenden nicht verfügen**, insbesondere kann er seinen Anteil nicht wirksam veräußern oder belasten (Art. 54). Da es nach dem Tod eines Ehegatten zur Aufteilung des Gesamtgutes kommt, ist eine Verfügung von Todes wegen möglich.   21

Eine **Vereinbarung**, wonach ein Ehegatte das Gesamtgut (oder Teile davon) verwaltet oder verwaltet und darüber auch verfügt, ist zulässig. Die Vereinbarung ist in Form einer notariellen Urkunde zu errichten (Art. 47 Z. 1, 48 NotariatsG[42]). Der Ehegatte, dem diese Befugnis eingeräumt wird, hat bei der Verwaltung bzw. Verfügung über das Gesamtgut die Interessen des anderen Ehegatten zu berücksichtigen (Art. 52 Abs. 2). Außer zur Unzeit können beide Ehegatten jederzeit von einer derartigen Vereinbarung zurücktreten (Art. 52 Abs. 3). Mangels anderslautender Vereinbarung kann der Ehegatte, dem die Verwaltung des Gesamtgutes anvertraut ist, im Rahmen der ordentlichen Verwaltung auch über das Gesamtgut verfügen (Art. 53).   22

Miteinander können die Ehegatten alle Rechtsgeschäfte schließen, die sie auch mit Dritten vereinbaren können (Art. 62), z.B. Schenkungs-,[43] Kauf- oder Kreditvertrag.[44] Aufgrund der zwingenden Natur der güterrechtlichen Vorschriften kann durch derartige Vereinbarungen jedoch nicht die Errungenschaftsgemeinschaft als gesetzlicher Güterstand für das während der Ehe durch Arbeit Erworbene abbedungen werden.[45]   23

3. Verfügung ohne Vollmacht

Verfügt ein Ehegatte ohne Vollmacht und nachträgliche Zustimmung des anderen über einen Vermögenswert aus dem Gesamtgut, so wird von der Lehre[46] unter Berufung auf die Rechtsprechung[47] vertreten, dass das Rechtsgeschäft anfechtbar sei. Das Rechtsgeschäft sei jedoch gültig (und somit nicht anfechtbar), wenn der Dritte weder wusste noch wissen   24

---

38 *Zupančič/Novak*, in: *Bergmann/Ferid/Henrich*, Internationales Ehe- und Kindschaftsrecht, S. 35; *Rijavec*, in *Juhart/Tratnik/Vrenčur*, S. 369.

39 S. Art. 65 Abs. 2 i.V.m. Art. 72 Abs. 1 Sachenrechtsgesetzbuch; *Rijavec*, in: *Juhart/Tratnik/Vrenčur*, S. 364, 370.

40 Gemäß Art. 15 Abs. 3 GrundbuchsG (Zakon o zemljiški knjigi, U.l. RS Nr. 58/2003; Nr. 25/2011; Nr. 14/2015) ist das Gesamthandseigentum zugunsten aller Gesamthandseigentümer einzutragen.

41 Für Angelegenheiten der gewöhnlichen und außergewöhnlichen Verwaltung.

42 Zakon o notariatu, U.l. RS Nr. 13/1994; Nr. 2/2007 a.b.F.; Nr. 91/2013.

43 VS RS II Ips 389/2003 v. 16.9.2004.

44 Rechtsgeschäfte über die vermögensrechtlichen Beziehungen zwischen den Ehegatten sind bei sonstiger Nichtigkeit in Form einer notariellen Urkunde zu errichten (Art. 47 Z. 1, 48 NotariatsG).

45 *Zupančič/Novak*, in: *Bergmann/Ferid/Henrich*, Internationales Ehe- und Kindschaftsrecht, S. 37.

46 *Zupančič/Novak*, in: *Bergmann/Ferid/Henrich*, Internationales Ehe- und Kindschaftsrecht, S. 35 f.; *Zupančič*, Družinsko pravo (Familienrecht), Rn 105; *Juhart*, Podjetje in delo 1996, S. 1061 (1065).

47 VS RS II DoR 222/2010 v. 21.7.2010; VS RS II Ips 604/2007 v. 23.6.2010; VS RS II Ips 497/2006 v. 17.4.2006.

musste, dass die Sache zum Gesamtgut zählt. In diesem Fall könne der andere Ehegatte nur Schadensersatz vom verfügenden Ehepartner verlangen.[48]

25 Art. 72 Abs. 3 Sachenrechtsgesetzbuch regelt den Fall der selbstständigen Verfügung eines Gesamthandseigentümers über eine körperliche Sache im Gesamthandseigentum. Der gute Glaube des Dritten ist nur ausgeschlossen, wenn der Dritte Kenntnis davon hatte, dass sich die Sache im Gesamthandseigentum befindet und die Verfügung ohne Zustimmung des anderen Gesamthandseigentümers erfolgt. Diese Vorschrift ist auch im Rahmen des Art. 64 Sachenrechtsgesetzbuch, der den Gutglaubenserwerb an beweglichen körperlichen Sachen regelt, zu berücksichtigen.[49] Sind Rechte an Liegenschaften, die zum Gesamtgut zählen, entgegen Art. 55 nicht auf den Namen beider Ehegatten als Gesamtgut zu unbestimmten Anteilen im Grundbuch eingetragen, kann sich der gutgläubige Dritte auf die Vermutung des Art. 11 Abs. 1 Sachenrechtsgesetzbuch berufen, wonach der im Grundbuch Eingetragene Eigentümer der Liegenschaft ist.

4. Haftung

26 Die Ehegatten haften **solidarisch** mit dem Gesamtgut und dem jeweiligen Sondervermögen für Verbindlichkeiten, für die nach den allgemeinen Vorschriften[50] beide Ehegatten haften, für Verbindlichkeiten, die im Zusammenhang mit dem Gesamtgut entstehen,[51] sowie für jene Verbindlichkeiten, die ein Ehegatte wegen der laufenden Bedürfnisse der Familie eingeht. Zahlt ein Ehegatte mehr, als es seinem Anteil an der Verbindlichkeit entspricht, kann er sich hinsichtlich des im Innenverhältnis zuviel Bezahlten beim anderen regressieren (Art. 56). Für die Bestimmung des Anteils im Innenverhältnis ist Art. 49 heranzuziehen,[52] wonach die Ehegatten entsprechend ihren Möglichkeiten zum Familienunterhalt beitragen.

27 Für Verbindlichkeiten, die ein Ehegatte vor oder nach der Eheschließung für sich allein eingegangen ist, haftet er mit seinem **Sondervermögen und** seinem **Anteil am Gesamtgut** (Art. 56 Abs. 1). Möchte in diesem Fall ein Gläubiger zur Befriedigung seiner Forderung (auch) auf den Anteil des Ehegatten am Gesamtgut greifen, hat er zunächst auf Grundlage eines rechtskräftigen Urteils den Antrag auf gerichtliche Bestimmung des Anteils seines Schuldners am Gesamtgut zu stellen. Dies hat eine Aufteilung des Gesamtgutes zur Folge und ermöglicht sodann eine Zwangsvollstreckung des Gläubigers auf den Anteil seines Schuldners. Wird im Zwangsvollstreckungsverfahren[53] der Verkauf dieses Anteils am Gesamtgut bewilligt, steht dem anderen Ehegatten ein Vorkaufsrecht zu, wobei der Preis nach den Vorschriften des Zwangsvollstreckungsverfahrens zu bestimmen ist (Art. 57).

---

48 Anders Art. 73 Schuldgesetzbuch (vollmachtloses Handeln): Der unberechtigterweise Vertretene kann das Rechtsgeschäft nachträglich genehmigen. Mangels Genehmigung gilt es als nicht geschlossen; der Dritte kann vom falsus procurator Schadensersatz verlangen, wenn er bei Vertragsschluss weder wusste noch wissen musste, dass dieser keine Vollmacht hatte.

49 *Rijavec*, in: *Juhart/Tratnik/Vrenčur*, S. 367.

50 Das Schuldgesetzbuch regelt die solidarische Haftung in Art. 394–405.

51 Art. 72 Abs. 2 Sachenrechtsgesetzbuch: Für Verbindlichkeiten, die Sachen betreffen, die im Gesamthandseigentum stehen, haften die Gesamthandseigentümer solidarisch.

52 *Zupančič*, Družinsko pravo (Familienrecht), Rn 112.

53 Gesetz über die Vollstreckung und Sicherung (Zakon o izvršbi in zavarovanju, U.l. RS Nr. 51/1998; Nr. 3/2007 a.b.F.; Nr. 76/2015).

5. Aufteilung des Gesamtgutes während der Ehe

Während der Ehe kann das Gesamtgut einvernehmlich in Form einer notariellen Urkunde,[54] auf Antrag eines Ehegatten (Art. 58 Abs. 2) oder auf Antrag des Gläubigers eines Ehegatten (Art. 57) aufgeteilt werden. Eine Aufteilung während der Ehe erfasst ausschließlich das zu diesem Zeitpunkt bestehende Gesamtgut.[55] Die danach durch Arbeit erworbenen Vermögenswerte stellen wiederum Gesamtgut der Ehegatten dar.[56] Zu den Aufteilungsgrundsätzen siehe Rdn 48 ff.   **28**

6. Aufteilung des Gesamtgutes bei Tod eines Ehegatten

Wird die Ehe durch Tod beendet (Art. 58 Abs. 1), erfolgt die Aufteilung des Gesamtgutes (Aufteilungsgrundsätze siehe Rdn 48 ff.).   **29**

II. Ehelicher Unterhalt

Die Ehegatten haben entsprechend ihren Möglichkeiten zum Familienunterhalt beizutragen (Art. 49). Ein mittelloser und unverschuldet erwerbsloser Ehegatte ist unterhaltsberechtigt, soweit sein Ehepartner dazu in der Lage ist (Art. 50). Art. 50 ist zwingend.[57] Eine abweichende Unterhaltsvereinbarung ist unwirksam, sofern sie den Unterhaltsberechtigten für den Fall der Unterhaltsbedürftigkeit schlechter stellt als er gem. Art. 50 stünde (Verzicht auf den gesamten Unterhalt; außerordentlich niedriger Unterhalt unter Berücksichtigung der Leistungsfähigkeit des Verpflichteten).[58] Die Vorschriften über den **Unterhalt nach der Scheidung** gelten **sinngemäß**[59] für den Unterhalt während der Ehe, unabhängig davon, ob die Lebensgemeinschaft der Ehegatten noch besteht (Art. 50a).[60] Siehe Rdn 51 ff.   **30**

III. Name

Die Ehegatten können gem. Art. 15 Abs. 1 PersonennameG[61] bei der Eheschließung vereinbaren, dass der Familienname des einen oder des anderen Ehegatten ihr gemeinsamer Familienname sein wird; sie können ihren eigenen Familiennamen behalten; dem eigenen Familiennamen den Familiennamen des Ehegatten nachstellen oder sie wählen den Familiennamen des Ehegatten und stellen diesem Familiennamen ihren Familiennamen nach.[62] Eine Namensänderung in den letzten beiden Fällen können beide oder nur ein Ehepartner vornehmen.[63]   **31**

---

54 Art. 47 Z. 1 NotariatsG.

55 VS RS II Ips 754/2009 v. 26.11.2009.

56 *Rijavec*, in: *Juhart/Tratnik/Vrenčur*, S. 368, 372.

57 VSM (Höheres Gericht Maribor) III Cp 1108/2010 v. 30.8.2010.

58 *Novak*, FamRZ 2005, 1637 (1638).

59 *Zupančič/Novak*, in: *Bergmann/Ferid/Henrich*, Internationales Ehe- und Kindschaftsrecht, S. 34: Art. 81b gilt nicht aufgrund Art. 50.

60 So gilt auch die Jahresfrist gem. Art. 81a Abs. 1; VS RS II Ips 944/2007 v. 12.12.2007; VS RS II Ips 681/2007 v. 14.11.2007; VS RS II Ips 606/2006 v. 4.10.2007.

61 Zakon o osebnem imenu, U.l. RS Nr. 20/2006.

62 Schließt ein slowenischer Staatsbürger mit ständigem Wohnsitz im Ausland mit einem Ausländer in dessen Heimatstaat eine Ehe, so kann er den gewählten Familiennamen in Slowenien nach den Vorschriften und in der üblichen Form des Staates des Ehepartners verwenden, entsprechend den in Slowenien zur Verfügung stehenden Zeichen und Buchstaben (Art. 16 PersonennameG).

63 *Novak*, FamRZ 2007, 1508.

IV. Sonstige Ehewirkungen

32   Nach Art. 53 Abs. 1 Verfassung der Republik Slowenien[64] und Art. 14 sind die Ehegatten in der Ehe **gleichberechtigt**. Sie sind verpflichtet, sich gegenseitig zu achten, einander zu vertrauen und beizustehen (Art. 44). Über gemeinsame Angelegenheiten entscheiden sie einvernehmlich (Art. 48). Dies gilt auch für die Festlegung des Ortes des **gemeinsamen Wohnsitzes** (Art. 47).[65] Jeder Ehegatte wählt frei den Beruf und die Arbeit (Art. 46). Gegenüber den Kindern haben sie die gleichen Rechte und Pflichten, wobei jeder Ehegatte[66] frei über die Geburt entscheidet (Art. 45). Eine minderjährige Person wird durch Eheschließung **voll geschäftsfähig** (Art. 117 Abs. 2). Stirbt ein Ehegatte, der **Mieter einer Wohnung** war, so hat der Eigentümer mit dem Ehegatten einen Mietvertrag zu denselben Bedingungen zu schließen, wenn dieser im Todeszeitpunkt des Mieters tatsächlich in der Wohnung gewohnt und ebenda seinen ständigen Wohnsitz gemeldet hatte sowie im Mietvertrag angeführt ist (Art. 109 Abs. 1 WohnungsG[67]).

V. Möglichkeiten vertraglicher Gestaltung

33   Sofern Gestaltungsmöglichkeiten bestehen, sind sie in Rdn 16 ff., 30, 31 angeführt.

VI. Kollisionsrecht der Ehefolgen

34   Das anwendbare Recht in Unterhaltssachen zwischen Ehegatten regelt die **UnterhaltsVO** durch Verweis auf das **HUntProt. Autonomes Recht:** Die Namenswirkungen einer Eheschließung bestimmen sich für jeden Ehegatten nach dem Recht seiner Staatsangehörigkeit (Art. 14 IPRG). Auf die persönlichen Beziehungen und die gesetzlichen Vermögensbeziehungen der Ehegatten ist das Recht des Staates anzuwenden, dessen Staatsangehörige sie sind. Bei unterschiedlicher Staatsangehörigkeit gilt das Recht ihres ständigen Wohnsitzstaates. Fehlt es auch an einem ständigen Wohnsitz in demselben Staat, so ist das Recht des letzten gemeinsamen Aufenthaltsstaates maßgeblich. Auf letzter Stufe ist das Recht anzuwenden, das die engste Verbindung mit der Beziehung aufweist (Art. 38 Abs. 1–4 IPRG). Die vertraglichen Vermögensbeziehungen zwischen den Ehegatten sind nach dem Recht zu beurteilen, das im Zeitpunkt des Vertragsabschlusses für ihre persönlichen Beziehungen und gesetzlichen Vermögensbeziehungen maßgebend war (Art. 39 Abs. 1 IPRG). Können die Ehegatten nach dem Recht gem. Art. 39 Abs. 1 IPRG das für ihren Vermögensvertrag anwendbare Recht wählen, so ist die Rechtswahl zu beachten (Art. 39 Abs. 2 IPRG).

VII. Altersversorgung

35   Die detaillierten Voraussetzungen für den Anspruch auf eine **Witwenpension** regeln die Art. 52 ff. Pensions- und InvaliditätsversicherungG.[68] **Krankenpflichtversicherung:** Ein Ehegatte ist als Familienmitglied versichert, sofern er nicht selbst Versicherungsnehmer ist (Art. 21 Abs. 1 Gesundheitsschutz und GesundheitsversicherungG[69]).

---

64 Ustava Republike Slovenije, U.l. RS Nr. 33/1991; Nr. 47/2013.
65 Getrennte Wohnsitze können aus wichtigem Grund vereinbart werden, *Zupančič/Novak*, in: *Bergmann/Ferid/Henrich*, Internationales Ehe- und Kindschaftsrecht, S. 31.
66 S. Art. 55 Abs. 1 Verfassung.
67 Stanovanjski zakon, U.l. RS Nr. 69/2003; Nr. 40/2012.
68 Zakon o pokojninskem in invalidskem zavarovanju, U.l. RS Nr. 96/2012; Nr. 102/2015.
69 Zakon o zdravstvenem varstvu in zdravstvenem zavarovanju, U.l. RS Nr. 9/1992; Nr. 72/2006 a.b.F.; Nr. 47/2015.

VIII. Bleiberecht und Staatsangehörigkeit

Slowenien hat die Richtlinie 2004/38/EG im AusländerG[70] umgesetzt. Ein mit einem slowe-   36
nischen Staatsangehörigen[71] verheirateter **EWR-Bürger**[72] kann nach Ablauf von zwei Jahren, in denen er sich rechtmäßig durchgehend in Slowenien aufgehalten hat, eine ständige
Aufenthaltsbewilligung erlangen (Art. 126 Abs. 3 8. Alinea AusländerG). **Nicht-EWR-
Bürger** können gem. Art. 35 Abs. 1 2. Alinea AusländerG (Familienzusammenführung) eine
vorläufige Aufenthaltsbewilligung für jeweils längstens ein Jahr[73] und nach fünf Jahren eine
ständige Aufenthaltsbewilligung erhalten (Art. 52 AusländerG).

Die Eheschließung als solche hat keinen Einfluss auf die **Staatsangehörigkeit**. Ein ausländi-   37
scher Staatsangehöriger kann aufgrund eines Antrags die slowenische Staatsbürgerschaft
erwerben (Ermessensentscheidung, die dem nationalen Interesse entsprechen muss), wenn
er seit mindestens drei Jahren mit einem slowenischen Staatsangehörigen verheiratet ist,
zumindest ein Jahr vor der Antragstellung durchgehend tatsächlich in Slowenien gelebt
hat,[74] einen geregelten Ausländerstatus hat und die Voraussetzungen nach Art. 10 Abs. 1
Pkt. 1, 2, 4–10 StaatsbürgerschaftsG[75] erfüllt (Art. 12 Abs. 3 leg cit).

IX. Einkommensteuer

Ist ein Ehegatte gegenüber seinem Ehepartner zur Leistung von Unterhalt verpflichtet, so   38
mindert dies seine jährliche **Bemessungsgrundlage** für die Einkommensteuer um (derzeit)
2.066 EUR (Art. 114 Abs. 1 Z. 3 EinkommensteuerG[76]). Ein Ehegatte gilt als unterhaltsberechtigt, wenn er nicht berufs- und erwerbstätig ist und über kein eigenes Einkommen für
den Unterhalt verfügt oder dieses geringer als 2.066 EUR ist (Art. 115 Abs. 1 S. 1 leg cit.). Als
eigenes Einkommen gelten alle Arten von Einkommen i.S.d. EinkommensteuerG (Art. 115
Abs. 1 S. 2 leg cit).

D. Scheidung

I. Scheidungsgründe

Eine Ehe kann aufgrund **Unhaltbarkeit der Ehe**[77] (Art. 65) oder Vereinbarung der Ehegat-   39
ten gerichtlich geschieden werden. Eine **einvernehmliche Scheidung** setzt eine Einigung
über folgende Punkte voraus (Art. 64 Abs. 1): Obhut und Erziehung der Kinder, Kindesunterhalt, Umgang der Eltern mit den Kindern; Aufteilung des Gesamtgutes; nacheheliche
Unterhalt des unverschuldet mittellosen Ehegatten; welcher Ehegatte Mieter der Wohnung
bleibt oder wird.

---

70 Zakon o tujcih, U.l. RS Nr. 50/2011; Nr. 47/2015.
71 Oder mit einem EU-Bürger oder Ausländer, der über eine ständige Aufenthaltsbewilligung verfügt.
72 Gemäß Art. 117 Abs. 3 AusländerG sind die Vorschriften, die für EU-Bürger gelten, auch für EWR-
    Bürger anzuwenden.
73 Eine Verlängerung ist aus demselben Grund möglich (Art. 36 Abs. 1 AusländerG).
74 Diese Voraussetzung gilt auch als erfüllt, wenn ein Grund vorliegt, der nicht als Unterbrechung des
    Aufenthalts gilt. Siehe Art. 2 Verordnung, U.l. RS Nr. 51/2007; Nr. 112/2009.
75 Zakon o državljanstvu Republike Slovenije, U.l. RS Nr. 1/1991; Nr. 24/2007 a.b.F.
76 Zakon o dohodnini, U.l. RS Nr. 117/2006; Nr. 13/2011 a.b.F.; Nr. 55/2015.
77 VS RS II Ips 53/2004 v. 15.4.2004: z.B. Verlassen, Ehebruch.

II. Scheidungsverfahren

40   Für das Verfahren sind insbesondere die Art. 406–421 ZPO[78] sowie einige Vorschriften des EheFamG maßgebend. Sachlich **zuständig** ist das Kreisgericht (Art. 32 Abs. 2 Z. 2 ZPO), örtlich entweder das Gericht, in dessen Sprengel der beklagte Ehegatte seinen ordentlichen Wohnsitz hat, oder das Gericht, in dessen Sprengel sich der letzte gemeinsame ordentliche Wohnsitz der Ehegatten befunden hat (Art. 54 Abs. 1, Art. 68 ZPO). Eine Gerichtsstandsvereinbarung ist zulässig (Art. 69 ZPO). Sofern ein Ehegatte einen Vertreter bestellt, kann dies nur ein Rechtsanwalt oder eine Person mit absolvierter staatlicher Rechtsprüfung sein (Art. 87 Abs. 3 ZPO).

41   Das Scheidungsverfahren wird durch die Einbringung der **Klage**[79] oder des **Antrags auf einvernehmliche Scheidung** eingeleitet (Art. 415 ZPO). Das Gericht übermittelt die Klage[80] bzw. den Antrag an das Zentrum für Sozialarbeit zwecks Durchführung eines Beratungsgesprächs (Art. 416 Abs. 1 ZPO, Art. 68).[81] Im Rahmen des Beratungsgesprächs ist eine Vertretung nicht möglich (Art. 70 Abs. 1).[82] Das Zentrum erstattet dem Gericht einen Bericht über das Gespräch (Art. 70 Abs. 2). Auf Antrag eines Ehegatten kann das Gericht eine **einstweilige Verfügung** (Anordnung) über den Unterhalt eines Ehegatten oder – um Gewalt zu vermeiden – den Auszug des anderen Ehegatten aus der gemeinsamen Wohnung treffen (Art. 411 Abs. 2 ZPO). Bei einer Klage wegen Unhaltbarkeit der Ehe prüft das Gericht, ob die Ehe derart dauerhaft zerrüttet ist, dass eine Lebensgemeinschaft nicht mehr möglich ist und es somit zur Unhaltbarkeit gekommen ist. Unerheblich ist, welcher Ehegatte die Unhaltbarkeit verursacht hat und ob ihn ein **Verschulden** trifft.[83] Die Unhaltbarkeit der Ehe für einen Ehepartner genügt.[84] Stirbt der Kläger nach Einbringung der Klage oder des Antrags auf einvernehmliche Scheidung, können seine Erben innerhalb von sechs Monaten ab dem Tod das Verfahren fortsetzen (Art. 418 ZPO).[85]

42   Die Ehescheidung erfolgt durch ein rechtskräftiges **Urteil**. Wird die Ehe aufgrund einer Klage wegen Unhaltbarkeit der Ehe geschieden, so entscheidet das Gericht im Urteil auch über bestimmte Punkte, welche ihre Kinder (u.a. Unterhalt, Obhut) betreffen (Art. 421 Abs. 2 ZPO, Art. 78; siehe Rdn 69). Eine Feststellung des **Verschuldens** findet nicht statt. Bei einer einvernehmlichen Scheidung wird die Vereinbarung der Ehegatten über die ihre Kinder betreffenden Punkte in das Urteil aufgenommen (Art. 421 Abs. 1 ZPO; siehe Rdn 69). Ist das Gericht der Ansicht, dass diese Vereinbarung nicht dem Wohl des Kindes entspricht, weist es den Antrag auf einvernehmliche Scheidung ab (Art. 421 Abs. 5 ZPO). Die **Verfahrenskosten** werden vom Gericht nach freiem Ermessen bestimmt (Art. 413 ZPO).

43   Eine **Berufung** gegen das Urteil, das auf Grundlage eines Antrags auf einvernehmliche Scheidung ergangen ist, kann nur aus folgenden Gründen erfolgen: wesentliche Verletzung

---

78 Zakon o pravdnem postopku, U.l. RS Nr. 26/1999; Nr. 73/2007 a.b.F.; Nr. 48/2015.
79 S. Art. 189 Abs. 1 ZPO.
80 Vor der Zustellung an den Beklagten.
81 In bestimmten Fällen (Art. 416 ZPO) entfällt das Erfordernis eines Beratungsgesprächs, z.B. wenn ein oder beide Ehegatten im Ausland leben.
82 Erscheinen im Fall eines Antrags die Ehegatten bzw. im Fall einer Klage der Kläger nicht, so gilt der Antrag bzw. die Klage als zurückgezogen (Art. 416 Abs. 2 ZPO, Art. 71 Abs. 1).
83 *Rijavec*, in: *Ude/Galič*, Art. 415 Rn 1, 2.
84 VSM (Höheres Gericht Maribor) III Cp 1924/2006 v. 19.9.2006; VSM III Cp 1792/2008 v. 10.10.2008.
85 Feststellungsurteil, ob die Klage bzw. der Antrag berechtigt war.

der verfahrensrechtlichen Vorschriften; Vorliegen von Irrtum, Zwang oder List bei Einreichen des Antrags; Nichterfüllung der gesetzlichen Voraussetzungen für die einvernehmliche Scheidung (Art. 419 ZPO). In Ehestreitigkeiten ist eine **Revision** gegen das Urteil nicht zulässig (Art. 420 ZPO).

III. Internationale Zuständigkeit

Das Zuständigkeitsregime der **Brüssel IIa-VO** ist grundsätzlich abschließend. Das autonome slowenische Recht kann jedoch gem. Art. 6, 7 Brüssel IIa-VO beachtlich sein. **Autonomes Recht:** Hat der Beklagte zwar keinen ständigen Wohnsitz in Slowenien (Art. 48 Abs. 1 IPRG), so ist ein slowenisches Gericht für Ehestreitigkeiten **auch zuständig**, wenn 1) beide Ehegatten slowenische Staatsangehörige sind, ohne Rücksicht darauf, wo sie ihren ständigen Wohnsitz haben, oder 2) der Kläger slowenischer Staatsangehöriger mit ständigem Wohnsitz in Slowenien ist oder 3) die Ehegatten ihren letzten ständigen Wohnsitz in Slowenien gehabt haben und der Kläger im Zeitpunkt der Klagseinbringung seinen ständigen Wohnsitz oder Aufenthalt in Slowenien hat (Art. 68 Abs. 1 IPRG). Eine **ausschließliche Zuständigkeit** slowenischer Gericht besteht, wenn der beklagte Ehegatte slowenischer Staatsangehöriger mit ständigem Wohnsitz in Slowenien ist (Art. 68 Abs. 2 IPRG). Sind die Ehegatten ausländische Staatsangehörige, die ihren letzten gemeinsamen ständigen Wohnsitz in Slowenien hatten, so ist ein slowenisches Gericht für Ehestreitigkeiten nach Art. 68 IPRG nur zuständig, wenn der Beklagte in eine Entscheidung durch das Gericht der Republik Slowenien einwilligt und die Vorschriften des Staates, dessen Staatsangehörige die Ehegatten sind, diese Zuständigkeit zulassen (Art. 69 IPRG). Eine Zuständigkeit slowenischer Gerichte besteht auch, wenn der Kläger slowenischer Staatsangehöriger ist, aber das Recht des Staates, dessen Gericht zuständig wäre, eine Ehescheidung nicht vorsieht (Art. 70 IPRG).

44

IV. Kollisionsrecht

Für die **Scheidungsgründe** ist das maßgebliche Recht ab 21.6.2012 nach der **Rom III-VO** zu bestimmen.

45

V. Anerkennung im Ausland erfolgter Scheidungen

Für die Anerkennung von Urteilen anderer EU-Mitgliedstaaten in Ehesachen ist die **Brüssel IIa-VO** maßgebend. Nach dem **autonomen Recht** hat eine ausländische Gerichtsentscheidung (bzw. Prozessvergleich) die gleiche Rechtswirkung wie eine inländische, sofern sie von einem slowenischen Gericht anerkannt wird (Art. 94 IPRG). Dem Antrag auf Anerkennung ist die Rechtskraftbestätigung des Ursprungsstaates beizulegen (Art. 95 IPRG).[86] Über die Anerkennung entscheidet ein Einzelrichter des Kreisgerichts, örtlich zuständig ist jedes sachlich zuständige Gericht (Art. 108 Abs. 3, 4 IPRG). Im Verfahren ist das AußerstreitverfahrenG[87] mangels besonderer Verfahrensbestimmungen sinngemäß anzuwenden (Art. 111 IPRG). Stellt das Gericht fest, dass keine Anerkennungshindernisse bestehen, erlässt es den Beschluss über die Anerkennung der ausländischen Entscheidung (Art. 109 Abs. 1, 2 IPRG).

46

---

86 VS RS Cp 14/2003 v. 25.3.2004.
87 Zakon o nepravdnem postopku, U.l. SRS Nr. 30/1986.

Rudolf

47   Die Anerkennung kann aus bestimmten Gründen (Art. 96–101 IPRG) von Amts wegen
      oder auf Antrag einer Partei (insbesondere bei Verletzung des rechtlichen Gehörs) versagt
      werden. Die fehlende Gegenseitigkeit stellt grundsätzlich ein von Amts wegen zu beachten-
      des Anerkennungshindernis dar, wobei das Bestehen von Gegenseitigkeit bis zum Beweis
      des Gegenteils vermutet wird (Art. 101 Abs. 1, 3 IPRG). Die fehlende Gegenseitigkeit ist
      allerdings kein Hindernis für die Anerkennung einer ausländischen Gerichtsentscheidung
      in **Ehestreitigkeiten** (Art. 101 Abs. 2 IPRG).

E.   Scheidungsfolgen

I.   Vermögensteilung

48   Wird eine Ehe durch Scheidung beendet, ist die **Aufteilung des Gesamtgutes** vorzunehmen
      (Art. 58 Abs. 1). Die Ehegatten können eine Vereinbarung über die Höhe der Anteile am
      Gesamtgut treffen oder eine Festsetzung durch das Gericht beantragen (Art. 60 S. 1). Bei
      einer **einvernehmlichen Scheidung** ist die in Form einer vollstreckbaren notariellen Ur-
      kunde getroffene Vereinbarung über die Aufteilung des Gesamtgutes eine Voraussetzung
      derselben (Art. 64 Abs. 1). Gegenstand der Vereinbarung sind der Umfang des Gesamtgutes,
      der Anteil des einzelnen Ehegatten am Gesamtgut sowie die Art der Aufteilung,[88] die
      von den Ehegatten selbst[89] vorgenommen wird. Eine Einigung über die Aufteilung der
      Verbindlichkeiten hat gegenüber den Gläubigern keine Wirkung; die solidarische Haftung
      (Art. 56 Abs. 2) bleibt aufrecht, die Vereinbarung wirkt im Innenverhältnis als Grundlage
      für die Aufteilung der Verbindlichkeiten.[90]

49   Beantragen die Ehegatten eine Aufteilung des Gesamtgutes durch das **Gericht**, hat dieses
      den Grundsatz zu beachten, dass die Anteile der Ehegatten gleich hoch sind. Den Ehegatten
      steht jedoch der Beweis offen, dass sie zu den Vermögenswerten des Gesamtgutes in einem
      anderen Verhältnis beigetragen haben (Art. 59 Abs. 1).[91] Dieser Beweis ist im Rahmen des
      streitigen Verfahrens zu erbringen, da das Außerstreitgericht die Parteien bei Uneinigkeit
      über den Umfang des Gesamtgutes oder die Höhe der Anteile auf den Prozessweg zu
      verweisen hat.[92] Im Streitfall berücksichtigt das Gericht für die Bestimmung der Anteile
      nicht nur das Einkommen[93] jedes Ehegatten, sondern gem. Art. 59 Abs. 2 z.B. auch die
      Kinderbetreuung,[94] gegenseitige Beistandsleistungen, die Haushaltsführung oder Verwal-
      tung des Gesamtgutes. Die Verbindlichkeiten und Forderungen der Ehegatten gegenüber
      dem Gesamtgut sind bei der Anteilsbestimmung zu berücksichtigen (Art. 61 Abs. 1). Die
      Aufteilung des Gesamtgutes erfolgt nach den Vorschriften über die Aufteilung von Mit-

---

88 *Rijavec*, in: *Juhart/Tratnik/Vrenčur*, S. 372.
89 *Zupančič/Novak*, in: *Bergmann/Ferid/Henrich*, Internationales Ehe- und Kindschaftsrecht, S. 36;
    Zupančič, Družinsko pravo (Familienrecht), Rn 108.
90 VS RS II Ips 479/2008 v. 14.10.2009.
91 Die Rechtsprechung verlangt ein offensichtliches Ungleichgewicht hinsichtlich der Beiträge der Ehegat-
    ten; vgl. VS RS II Ips 475/2007 v. 11.2.2012; VS RS II Ips 738/2009 v. 12.11.2009 oder VS RS II Ips
    754/2009 v. 26.11.2009 (nichteheliche Lebensgemeinschaft).
92 Art. 118 Abs. 3 AußerstreitverfahrenG.
93 VS RS II Ips 374/2007 v. 21.1.2010.
94 VS RS II Ips 282/2008 v. 21.1.2010.

eigentum (Art. 60 S. 2).[95] Auf Antrag eines Ehegatten sind ihm unter Anrechnung auf seinen Anteil insbesondere jene Gegenstände zuzuteilen, die für die Erzielung seines Einkommens sowie seinen persönlichen Gebrauch bestimmt sind (Art. 61 Abs. 2).

Gegenseitige übliche **Geschenke** – vor oder während der Ehe – sind nicht zurückzugeben. Geschenke, die in einem Missverhältnis zur Vermögenslage des Geschenkgebers stehen, sind zurückzustellen und zwar in dem Zustand, in dem sie sich bei Entstehung des Scheidungsgrundes befunden haben. An die Stelle veräußerter Geschenke tritt der dafür erhaltene Wert oder die erhaltene Sache (Art. 84, Art. 85 Abs. 2).

50

II. Nachehelicher Unterhalt

Der mittellose und unverschuldet[96] erwerbslose Ehegatte hat einen Unterhaltsanspruch gegenüber seinem Ehegatten (Art. 81).[97] Die Beurteilung der fehlenden Versorgung des Ehegatten umfasst auch eine Prognose der sozialen Sicherheit und somit eine Beurteilung von Umständen, deren Vorliegen in der Zukunft mehr oder weniger gewiss ist.[98] Ein Unterhaltsanspruch besteht nach der Rechtsprechung nicht nur in jenen Fällen, in denen der Ehegatte nicht über die erforderlichen Mittel für die notwendigsten Lebenserhaltungskosten oder über keine Mittel verfügt (und sie nicht selbst erwerben kann), sondern auch dann, wenn sich die sozialen Verhältnisse und die Vermögensverhältnisse eines Ehegatten aufgrund der Scheidung wesentlich ändern (verschlechtern).[99]

51

Der Unterhalt ist zu **versagen**, wenn die Gewährung des Unterhalts unter Berücksichtigung der Gründe, die zur Unhaltbarkeit der Ehe geführt haben,[100] unbillig wäre oder der Berechtigte – vor oder nach der Scheidung – gegen den Unterhaltspflichtigen, dessen Kinder oder Eltern eine Straftat begangen hat (Art. 81a Abs. 3). Die Unterhaltpflicht besteht nicht, wenn der Verpflichtete dadurch seinen eigenen oder den Unterhalt minderjähriger Kinder, denen gegenüber er unterhaltspflichtig[101] ist,[102] gefährden würde (Art. 82c). Das Gericht

52

---

95 Nach Art. 70 Abs. 2 Sachenrechtsgesetzbuch nimmt das Gericht mangels Einigung der Miteigentümer über die Art der Aufteilung diese in der Weise vor, dass die Miteigentümer in natura jenen Teil der Sache erhalten, für den sie ein berechtigtes Interesse nachweisen. Ist eine Aufteilung der Sache in natura selbst durch Zahlung der Differenz des Wertes nicht möglich oder nur durch eine wesentliche Minderung des Wertes der Sache möglich, bestimmt das Gericht den Verkauf der Sache; der erzielte Erlös ist zu verteilen (Zivilteilung, Art. 70 Abs. 4 leg cit). Auf Antrag eines Miteigentümers kann das Gericht eine Sache zur Gänze diesem Miteigentümer zuweisen, sofern er den anderen Miteigentümern den auf sie jeweils entfallenden Teil des Kaufpreises, den das Gericht festsetzt, zahlt. Stellen mehrere Miteigentümer einen derartigen Antrag, obliegt dem Gericht die Bestimmung jenes Miteigentümers, dem die Sache in natura zugewiesen wird, unter Berücksichtigung der Größe der ideellen Anteile, des bisherigen Gebrauchs der Sache sowie der Bedürfnisse der Miteigentümer (Art. 70 Abs. 5 leg cit).

96 Z.B. erfolglose Arbeitssuche, VS RS II Ips 32/2007 v. 7.2.2007.

97 VS RS II Ips 376/2007 v. 12.7.2007: kein Anspruch, da Unterhalt durch Übergabevertrag mit Sohn gesichert ist.

98 VS RS II Ips 299/2004 v. 14.7.2004; VS RS II Ips 61/2001 v. 19.4.2011; VS RS II Ips 357/2006 v. 15.6.2006.

99 Die Situation des Ehegatten soll sich lediglich aufgrund der Scheidung nicht wesentlich verschlechtern. Dies gilt unter der Voraussetzung, dass der andere Ehegatte in der Lage ist, den Unterhalt zu leisten. VS RS Beschluss II Ips 161/2003 v. 19.6.2003; VS RS Beschluss II Ips 358/2011 v. 23.2.2012.

100 VS RS II Ips 327/2006 v. 15.6.2006: Mangels Geltendmachung bleiben die Gründe für die Scheidung bei der Entscheidung über den Unterhalt außer Betracht; VS RS II Ips 226/2006 v. 18.5.2006.

101 VS RS II Ips 697/2008 v. 18.9.2008.

102 Dies entspricht dem durch die Verfassung gewährleisteten Schutz der Kinder, *Novak*, FamRZ 2005, 1637 (1638).

kann den Unterhaltsanspruch auch nur für eine **bestimmte Dauer,** die der andere Ehegatte für die Gestaltung seiner neuen Lebenssituation benötigt, gewähren (Art. 82).[103]

53 **Umfang:**[104] Der Unterhalt ist unter Berücksichtigung der Bedürfnisse des Berechtigten[105] und der Möglichkeiten des Verpflichteten zu bestimmen (Art. 82a).[106] Bei einer Änderung der Bedürfnisse bzw. Möglichkeiten kann das Gericht auf Antrag des Berechtigten bzw. Verpflichteten den durch Vollstreckungstitel bestimmten Unterhalt erhöhen,[107] mindern oder aufheben. Dies gilt auch, wenn der Berechtigte gegen den Unterhaltspflichtigen, dessen Kinder oder Eltern eine Straftat begangen hat (Art. 82č). Der im Vollstreckungstitel bestimmte Unterhalt wird einmal jährlich dem Index der Steigerung der Lebenshaltungskosten in Slowenien **angepasst.**[108] Das Zentrum für Sozialarbeit benachrichtigt schriftlich den Verpflichteten und Berechtigten über die Anpassung und den neuen Unterhaltsbetrag. Diese Benachrichtigung bildet zusammen mit dem rechtskräftigen Gerichtsurteil[109] den Vollstreckungstitel (Art. 82d Abs. 3).

54 Grundsätzlich ist der Unterhalt in Form eines **monatlich** im Voraus zu zahlenden **Geldbetrages** zu gewähren (Art. 82b Abs. 1)[110] und nur bei Bestehen besonderer Gründe[111] als Einmalbetrag oder in einer anderen Art (Art. 82b Abs. 2).

55 Der Unterhaltsanspruch **erlischt** bei Erwerb eigenen Vermögens[112] oder Einkommens, sodass der Berechtigte selbst seinen Unterhalt bestreiten kann, oder bei Eingehen einer neuen Ehe[113] oder nichtehelichen Lebensgemeinschaft[114] (Art. 83).[115]

56 Die Ehegatten können für den Fall der Ehescheidung – bei der Eheschließung oder während der Ehe[116] – eine **Unterhaltsvereinbarung** in Form einer vollstreckbaren notariellen Urkunde[117] treffen. Jedoch darf eine derartige Vereinbarung, insbesondere ein **Unterhaltsverzicht,** das Wohl der Kinder nicht gefährden (Art. 81b). Die Vereinbarung ist nichtig, wenn mit Sicherheit anzunehmen ist, dass ein Ehegatte im Fall der Scheidung unterhaltsberechtigt sein wird und aufgrund des Verzichts Sozialhilfe beantragen müsste.[118]

---

103 VS RS II Ips 226/2006 v. 18.5.2006.

104 Der Zweck eines „symbolischen Unterhalts" besteht nach der Rechtsprechung nicht in der Sicherstellung des Unterhalts des geschiedenen Ehegatten anlässlich der Scheidung, sondern in der Sicherstellung seiner zukünftigen sozialen Sicherheit und damit dauernden Versorgung: VS RS II Ips 299/2004 v. 14.7.2004; VS RS II Ips 617/96 v. 1.4.1998.

105 VS RS II Ips 697/2008 v. 18.9.2008: Berechtigte erhält Sozialhilfe, Wohnungskosten trägt Sohn; VS RS II Ips 784/2006 v. 30.11.2006: Berechtigte kann ihren Unterhalt teilweise selbst bestreiten.

106 VS RS II Ips 85/2005 v. 14.4.2005.

107 VS RS II Ips 952/2008 v. 9.10.2008.

108 Einzelheiten Art. 82d Abs. 1.

109 Oder dem Gerichtsvergleich bzw. der vollstreckbaren notariellen Urkunde, s. Art. 82d Abs. 2.

110 Der Unterhalt kann ab dem Zeitpunkt der Einbringung der Unterhaltsklage begehrt werden.

111 Dies darf weder für den Berechtigten zu einer wesentlichen Verschlechterung noch für den Verpflichteten zu einer allzu großen Belastung im Vergleich zu Art. 82b Abs. 1 führen (Art. 82b Abs. 3).

112 VS RS II Ips 533/2007 v. 30.8.2007: Verkauf eines Hauses.

113 Dies sollte auch für den Fall der Begründung einer registrierten Partnerschaft gelten.

114 VS RS II Ips 57/2001 v. 5.4.2001.

115 VS RS II Ips 262/2008 v. 10.4.2008.

116 *Novak*, FamRZ 2005, 1637 (1638).

117 Dadurch soll eine gesetzeskonforme Vereinbarung gewährleistet werden, *Novak*, FamRZ 2005, 1637 (1638).

118 *Novak*, FamRZ 2005, 1637 (1638).

Eine **einvernehmliche Scheidung** setzt eine Einigung über den nachehelichen Unterhalt des unverschuldet mittellosen Ehegatten in Form einer vollstreckbaren notariellen Urkunde voraus (Art. 64 Abs. 1).

57

III. Regelung der Altersversorgung

Gemäß Art. 4 Pensions- und InvaliditätsversicherungG ist der Pensionsanspruch als persönliches Recht nicht übertragbar. Der geschiedene Ehegatte hat jedoch unter den Voraussetzungen des Art. 54 Abs. 1 2. Alinea leg cit Anspruch auf eine **Witwenpension**, wenn er gegenüber dem Verstorbenen unterhaltsberechtigt war[119] und den Unterhalt bis zum Tod des Versicherten bezogen hat. Hat ein Ehegatte Anspruch auf eine Witwenpension, erwirbt der geschiedene Ehegatte den Anspruch als Mitberechtigter (Art. 54 Abs. 2 leg cit). **Krankenpflichtversicherung:** Ein geschiedener Ehegatte ist als Familienmitglied versichert, sofern er nicht selbst Versicherter ist und einen Unterhaltsanspruch aufgrund gerichtlicher Entscheidung hat (Art. 21 Abs. 2 Gesundheitsschutz und GesundheitsversicherungG[120]).

58

IV. Verteilung der elterlichen Verantwortung

Dem Antrag auf einvernehmliche Scheidung haben die Ehegatten auch eine schriftliche Vereinbarung über die Obhut und Erziehung, den Unterhalt der gemeinsamen Kinder sowie das Umgangsrecht vorzulegen (Art. 64 Abs. 1). Wird die Ehe aufgrund einer Klage wegen Unhaltbarkeit der Ehe geschieden, so entscheidet das Gericht über die vorhin genannten Punkte (Art. 78 Abs. 1; siehe Rdn 69).

59

V. Sonstige Scheidungsfolgen

Grundsätzlich behalten die geschiedenen Ehegatten den bei der Eheschließung gewählten **Namen**. Der Ehegatte, der bei der Eheschließung seinen Namen geändert hat, kann innerhalb von sechs Monaten nach Rechtskraft des Scheidungsurteils erklären, dass er seinen vor der Ehe geführten Familiennamen wieder annehmen möchte (Art. 17 PersonennameG).[121]

60

Gemäß Art. 110 WohnungsG können die Ehegatten vereinbaren, wer von ihnen **Wohnungsmieter** bleibt oder wird. Mangels Einigung[122] entscheidet darüber auf Antrag das Gericht im Außerstreitverfahren. Das Gericht berücksichtigt dabei den Wohnbedarf der geschiedenen Ehegatten, ihrer Kinder und anderer Mitbewohner sowie andere Umstände des Falles.

61

Das **Erbrecht** (und Pflichtteilsrecht, Art. 25 Abs. 3 ErbrechtsG[123]) endet mit der Ehescheidung.[124] Ebenso, wenn der Erblasser eine Scheidungsklage eingereicht hat und festgestellt wird, dass die Klage berechtigt war (Art. 22 ErbrechtsG).

62

---

119 VS RS VIII Ips 145/2007 v. 20.10.2008.
120 Zakon o zdravstvenem varstvu in zdravstvenem zavarovanju, U.l. RS 72/2006; Nr. 47/2015.
121 Dies ist nur möglich, wenn er während der Ehe den Familiennamen nicht erneut geändert hat.
122 Für die einvernehmliche Scheidung s. Art. 64 Abs. 1.
123 Zakon o dedovanju, U.l. SRS Nr. 15/1976; U.l. RS Nr. 31/2013.
124 Dies gilt auch, wenn die Lebensgemeinschaft aus Verschulden des überlebenden Ehegatten oder im Einvernehmen mit dem Verstorbenen auf Dauer aufgehoben war.

Rudolf

63 Ist ein geschiedener Ehegatte gegenüber seinem ehemaligen Ehepartner nach den Vorschriften des EheFamG unterhaltspflichtig,[125] so mindert dies seine jährliche Bemessungsgrundlage für die **Einkommensteuer** (Art. 115 Abs. 1 EinkommensteuerG).

VI. Möglichkeiten vertraglicher Vereinbarung

64 Sofern Gestaltungsmöglichkeiten bestehen, sind sie in Rdn 48, 56 bzw. Rdn 59 angeführt.

VII. Kollisionsrecht

65 Die **UnterhaltsVO** regelt durch Verweis auf das **HUntProt** das anwendbare Recht für den nachehelichen Unterhalt. Das auf die elterliche Verantwortung anzuwendende Recht ist nach dem **KSÜ**[126] zu ermitteln. Folgt man der Ansicht, dass dies nur gilt, wenn ein slowenisches Gericht zumindest fiktiv nach dem KSÜ zuständig wäre und ist dies nicht der Fall, so ist das IPRG anzuwenden. Demnach ist das Rechtsverhältnis zwischen den Eltern und Kindern nach dem Recht des Staates zu beurteilen, dessen Staatsangehörige sie sind (Art. 42 Abs. 1 IPRG). Sind Eltern und Kinder Staatsangehörige verschiedener Staaten, so ist das Recht des gemeinsamen ständigen Wohnsitzstaates anzuwenden (Art. 42 Abs. 2 IPRG). Liegt auch dies nicht vor, ist das Recht des Staates anzuwenden, dessen Staatsangehöriger das Kind ist (Art. 42 Abs. 3 IPRG). Die Namenswirkungen einer Ehescheidung bestimmen sich für jeden Ehegatten nach dem Recht seiner Staatsangehörigkeit (Art. 14 IPRG). Auf die persönlichen Rechtsverhältnisse und die gesetzlichen Vermögensbeziehungen zwischen den geschiedenen Ehegatten ist das in Art. 38 IPRG bestimmte Recht (Art. 40 Abs. 1 IPRG), auf deren vertragliche Vermögensbeziehungen das in Art. 39 IPRG bezeichnete Recht anzuwenden (Art. 40 Abs. 2 IPRG; siehe Rdn 34).

VIII. Verfahren

1. Vermögensteilung

66 Dem Antrag auf **einvernehmliche Scheidung** ist eine Vereinbarung in Form einer vollstreckbaren notariellen Urkunde über die Aufteilung des Gesamtgutes beizulegen (Art. 64 Abs. 1), die vom Gericht in Bezug auf die Aufteilung inhaltlich nicht geprüft[127] wird. Im Fall einer **Scheidungsklage** findet keine Aufteilung durch das Scheidungsurteil statt. Die Ehegatten können eine Einigung in Form einer notariellen Urkunde[128] treffen oder das Gericht anrufen. Grundsätzlich entscheidet das Gericht im Außerstreitverfahren über die Art der Aufteilung. Bei Uneinigkeit der Parteien über den Umfang des Gesamtgutes oder die Höhe der Anteile hat das Außerstreitgericht die Parteien jedoch auf den Prozessweg (streitiges Verfahren) zu verweisen. Nach Rechtskraft der Entscheidung erfolgt die Aufteilung gem. Art. 118, 128–130 AußerstreitverfahrenG.[129] Die Rechtsprechung lässt die Geltendmachung des Anspruchs, der auf eine Zivilteilung des Gesamtgutes abzielt, jedoch

---

125 Der Unterhalt selbst unterliegt nicht der Einkommensteuer (Art. 29 Z. 1 EinkommensteuerG).
126 Für Slowenien seit 1.2.2005 in Kraft.
127 *Rijavec*, in: *Ude/Galič*, Art. 415 Rn 11.
128 Vollstreckbarkeit ist nicht erforderlich.
129 Die Art. 121, 122, 123 Abs. 1, Art. 124 Abs. 2 und 3, Art. 127 AußerstreitverfahrenG sind durch das Sachenrechtsgesetzbuch (s. Art. 273 Abs. 1 2. Alinea Sachenrechtsgesetzbuch) mit 1.1.2003 aufgehoben.

bereits im streitigen Verfahren zu, wenn dies durch besondere Umstände[130] gerechtfertigt ist.[131]

2. Nachehelicher Unterhalt

Dem Antrag auf **einvernehmliche Scheidung** ist eine Vereinbarung in Form einer vollstreckbaren notariellen Urkunde über den nachehelichen Unterhalt des unverschuldet mittellosen Ehegatten beizulegen (Art. 64 Abs. 1). Diese Einigung wird nicht Teil des Scheidungsurteils, da bereits eine vollstreckbare notarielle Urkunde vorliegt.[132] Im Fall einer **Scheidungsklage** kann[133] der unterhaltsberechtigte Ehegatte (Art. 81) seinen Anspruch entweder im Scheidungsverfahren oder binnen eines Jahres nach Rechtskraft des Scheidungsurteils durch eine selbstständige Klage[134] geltend machen. Im zweiten Fall müssen die Unterhaltsvoraussetzungen sowohl im Zeitpunkt der Scheidung als auch der Klagserhebung bestehen (Art. 81a Abs. 1, 2).[135]

67

3. Verteilung der elterlichen Verantwortung

Im Scheidungsverfahren ist das Gericht von Amts wegen verpflichtet, das Wohl des Kindes zu wahren; daher ist es u.a. nicht an die Anträge gebunden (Art. 408, 421 Abs. 2 ZPO). Das Gericht kann von Amts wegen oder auf Antrag eine einstweilige Verfügung über die Obhut, den Kindesunterhalt, die Beschränkung, den Entzug oder die Art des Umgangsrechts beschließen (Art. 411 Abs. 1 ZPO).

68

Dem Antrag auf **einvernehmliche Scheidung** haben die Ehegatten eine schriftliche Vereinbarung über die Obhut und Erziehung, den Unterhalt der gemeinsamen Kinder sowie das Umgangsrecht vorzulegen (Art. 64 Abs. 1). Das Gericht hat zu prüfen, ob die Vereinbarung dem Wohl des Kindes entspricht, und eine Stellungnahme des Zentrums für Sozialarbeit einzuholen. Die Meinung des Kindes ist zu berücksichtigen, wenn es imstande ist, ihre Bedeutung zu erfassen (Art. 64 Abs. 2). Entspricht die Vereinbarung nicht dem Wohl des Kindes und sind die Ehegatten nicht bereit, eine geänderte Vereinbarung zu treffen,[136] weist das Gericht den Antrag auf einvernehmliche Scheidung ab (Art. 421 Abs. 5 ZPO). Andernfalls nimmt das Gericht die Vereinbarung in das Scheidungsurteil auf (Art. 421 Abs. 1 ZPO). Wird die Ehe wegen **Unhaltbarkeit** geschieden, entscheidet das Gericht im Urteil auch über die bereits erwähnten Punkte (Art. 421 Abs. 2 ZPO, Art. 78).[137] Eine Vereinbarung wird berücksichtigt, wenn sie dem Kindeswohl entspricht.[138]

69

---

130 Beispiele: Der Vermögenswert ist seiner Natur oder dem Zweck nach für einen Ehegatten bestimmt; Einverständnis der Ehegatten; unzulässige Verfügung durch einen Ehegatten über das Gesamtgut.
131 VS RS II Ips 603/2007 v. 23.6.2010 (nichteheliche Lebensgemeinschaft); VS RS II Ips 876/2006 v. 11.12.2008; VS RS II Ips 22/98 v. 11.3.1999.
132 *Rijavec*, in: *Ude/Galič*, Art. 415 Rn 11.
133 Über den Unterhaltsanspruch entscheidet das Gericht gem. Art. 421 Abs. 3 ZPO nur bei Antrag.
134 VS RS II Ips 606/2006 v. 4.10.2007.
135 VS RS II Ips 128/2007 v. 8.3.2007.
136 Das Gericht hat die Ehegatten entsprechend zu belehren, *Rijavec*, in: *Ude/Galič*, Art. 415 Rn 10.
137 Eine Stellungnahme des Zentrums für Sozialarbeit ist einzuholen; die Meinung des Kindes ist zu berücksichtigen, wenn es imstande ist, ihre Bedeutung zu erfassen (Art. 78 Abs. 2).
138 *Novak*, FamRZ 2005, 1637 (1640).

Rudolf

IX. Internationale Zuständigkeit

70　Die Brüssel IIa-VO umfasst nicht die Auseinandersetzung des Güterstandes. Für Streitigkeiten über **Vermögensverhältnisse** zwischen Ehegatten, die sich auf in Slowenien befindliches Vermögen beziehen, sind slowenische Gerichte auch dann zuständig, wenn der Beklagte keinen Wohnsitz in Slowenien hat (Art. 67 Abs. 1 IPRG). Befindet sich der überwiegende Teil des Vermögens in Slowenien und der andere Teil im Ausland, so kann ein slowenisches Gericht über das im Ausland befindliche Vermögen nur in einem Streitfall entscheiden, in dem auch über das Vermögen in Slowenien entschieden wird, dies jedoch nur, wenn der Beklagte einwilligt, dass das slowenische Gericht entscheidet (Art. 67 Abs. 2 IPRG). Diese Zuständigkeitsvorschriften gelten unabhängig davon, ob die Ehe aufrecht oder beendet ist oder ob festgestellt worden ist, dass sie nicht besteht (Art. 67 Abs. 3 IPRG).

71　Betreffend den **nachehelichen Unterhalt** sind die Zuständigkeitsregeln der **UnterhaltsVO** abschließend. Die Zuständigkeit für die **elterliche Verantwortung** bestimmt sich bei gewöhnlichem Aufenthalt des Kindes in einem EU-Mitgliedstaat nach der Brüssel IIa-VO, bei gewöhnlichem Aufenthalt in einem KSÜ-Vertragsstaat (der nicht EU-Mitgliedstaat ist) nach dem KSÜ. Befindet sich der gewöhnliche Aufenthalt des Kindes in keinem KSÜ-Vertragsstaat, können slowenische Gerichte allenfalls auf Grundlage der Art. 6, 7, 11 und 12 KSÜ oder Art. 73, 76, 77 IPRG tätig werden.

F. Partnergemeinschaft

I. Definition

72　Das Gesetz über die Partnergemeinschaft (PGemG)[139] regelt die Lebensgemeinschaft zweier Frauen oder zweier Männer und unterscheidet zwischen einer „vereinbarten Partnergemeinschaft" (im Folgenden – wie im PGemG – „Partnergemeinschaft") und einer „nicht vereinbarten Partnergemeinschaft". Das PGemG trat am 24.5.2016 in Kraft und ist **ab dem 24.2.2017 anzuwenden** (Art. 10 PGemG). Für die Begründung einer **Partnergemeinschaft** gelten sinngemäß die Vorschriften des EheFamG über die Eheschließung (Art. 4 Abs. 2, 5 und 6 PGemG).

73　Eine **nicht vereinbarte Partnergemeinschaft** ist eine länger dauernde Lebensgemeinschaft zweier Frauen oder zweier Männer, die keine Partnergemeinschaft vereinbart haben, wobei keine Gründe vorliegen, nach welchen eine Partnergemeinschaft zwischen ihnen ungültig wäre (Art. 3 Abs. 1 PGemG).

II. Rechtsfolgen

1. Partnergemeinschaft

74　Eine Partnergemeinschaft als Lebensgemeinschaft zweier Frauen oder zweier Männer hat auf allen Rechtsgebieten die gleichen Rechtsfolgen wie eine Ehe, es sei denn, das PGemG bestimmt davon Abweichendes (Art. 2 Abs. 2 PGemG). Die Partner einer Partnergemeinschaft können **nicht gemeinsam** ein Kind **adoptieren** und sind nicht berechtigt, eine **Befruchtung durch biomedizinische Hilfe** vorzunehmen (Art. 2 Abs. 3 PGemG).

139　Zakon o partnerski zvezi, U.l. RS Nr. 33/2016.

Art. 4 PGemG ordnet für folgende Bereiche ausdrücklich eine sinngemäße Anwendung   75
der Vorschriften über die Ehe gemäß dem EheFamG für die Partnergemeinschaft an:[140]
Grundlagen der Partnergemeinschaft (Abs. 1), Gleichberechtigung der Partner (Abs. 1),
Voraussetzungen für die Begründung und Gültigkeit einer Partnergemeinschaft (Abs. 2),[141]
Verfahren vor dem Eingehen (Abs. 5) und das Eingehen einer Partnergemeinschaft (Abs. 6),
Ungültigkeit derselben (Abs. 7), Rechte und Pflichten der Partner (Abs. 8), vermögensrechtliche Beziehungen der Partner (Abs. 9), Auflösung (Abs. 10) sowie das Verhältnis der Part-
ner einer aufgelösten Partnergemeinschaft (Abs. 11). Bis zur Anpassung des Gesetzes, das
den Personennamen regelt, werden für die Änderung des Familiennamens der Partner
bei der Begründung, Auflösung oder Aufhebung der Partnergemeinschaft sinngemäß die
Vorschriften des Gesetzes angewendet, das den Personennamen regelt[142] (Art. 7 PGemG).

Bis zur Anpassung des Gesetzes über das Personenstandsregister[143] erfolgt die Eintragung   76
der Angaben über die Begründung, Ungültigkeit und Auflösung der Partnergemeinschaft
in das Personenstandsregister nach dem PGemG und PersonenstandsregisterG, wobei sinngemäß die Vorschriften über die Ehe anzuwenden sind (Art. 6 Abs. 1 und 2 PGemG).
Eine **im Ausland vereinbarte Partnergemeinschaft** wird in das Personenstandsregister
eingetragen, wenn eine derartige Partnergemeinschaft im Staat der Begründung die gleichen
Rechtsfolgen hat wir eine Ehe zwischen einem Mann und einer Frau in der Republik
Slowenien und die Voraussetzungen gemäß Art. 4 Abs. 2, 3 und Abs. 4 PGemG (siehe
Rdn 75) erfüllt sind (Art. 6 Abs. 3 PGemG).

2. Nicht vereinbarte Partnergemeinschaft

Liegen im Fall einer **nicht vereinbarten Partnergemeinschaft** keine Gründe vor, nach   77
welchen eine Partnergemeinschaft zwischen ihnen ungültig wäre, so zeitigt diese Partnergemeinschaft im Verhältnis zwischen den Partnern die **gleichen Rechtsfolgen nach dem
PGemG** als hätten sie eine Partnerschaft vereinbart (Art. 3 Abs. 2 PGemG). Darüber hinaus
erfolgt eine **Gleichstellung mit einer längerdauernden Lebensgemeinschaft einer Frau
und eines Mannes** (Art. 12 Abs. 1 EheFamG, nichteheliche Lebensgemeinschaft) auf jenen
Rechtsgebieten, die Rechtsfolgen für eine längerdauernde Lebensgemeinschaft einer Frau
und eines Mannes vorsehen, es sei denn, das PGemG weicht davon ab (Art. 3 Abs. 2
PGemG). Die Partner einer nicht vereinbarten Partnergemeinschaft können **nicht gemeinsam ein Kind adoptieren** und sind nicht berechtigt, eine **Befruchtung durch biomedizinische Hilfe** vorzunehmen (Art. 3 Abs. 4 PGemG). Ist eine Entscheidung über ein Recht oder
eine Pflicht vom Bestehen einer nicht vereinbarten Partnergemeinschaft abhängig, so ist
darüber im konkreten Verfahren mit ausschließlicher Wirkung für dieses Verfahren als
Vorfrage zu entscheiden (Art. 3 Abs. 3 PGemG).

---

140 Art. 4 PGemG bezieht sich nicht auf die nicht vereinbarte (faktische) Partnergemeinschaft.
141 Im Gegensatz zur Ehe ist die Gleichgeschlechtlichkeit Voraussetzung und kann eine Partnergemein-
     schaft erst vereinbart werden, wenn eine vorangehende Ehe, registrierte gleichgeschlechtliche Partner-
     schaft oder Partnergemeinschaft aufgelöst oder aufgehoben ist (Art. 4 Abs. 3 und 4 PGemG).
142 PersonennamenG (Zakon o osebnem imenu, U.l. RS Nr. 20/2006).
143 Zakon o matičnem registru, U.l. Nr. 11/2011.

III. Übergangsvorschriften

78   Ab dem Anwendungsbeginn des PGemG am 24.2.2017 gilt zwar nicht mehr das Gesetz
über die Registrierung einer gleichgeschlechtlichen Partnerschaft (RgPG),[144] jedoch ist es
noch sechs Monate danach (somit bis zum 24.8.2017) anzuwenden (Art. 5 Abs. 1 PGemG).
Eine registrierte Partnerschaft nach dem RgPG ist eine Gemeinschaft zweier Frauen oder
Männer, die ihre Gemeinschaft vor dem zuständigen Organ (**Verwaltungsbehörde**) in der
gesetzlich vorgeschriebenen Weise registrieren (Art. 2 RgPG).

79   Das PGemG enthält einige Übergangsvorschriften. Im Folgenden werden jene über die
Umwandlung in eine Partnergemeinschaft dargelegt. Eine registrierte gleichgeschlechtliche
Partnerschaft wird in eine Partnergemeinschaft umgewandelt, wenn die Partner einer regist-
rierten Partnerschaft innerhalb von sechs Monaten nach Anwendungsbeginn des PGemG
die Umwandlung vor einem Standesbeamten begehren und die Voraussetzungen des
PGemG für das Vereinbaren einer Partnerschaft erfüllt sind (Art. 5 Abs. 2, 3 PGemG). Die
Umwandlung erfolgt am Tag ihrer Erklärung. Geben sie keine Erklärung ab, kommt es
sechs Monate nach dem Anwendungsbeginn des PGemG zu einer Umwandlung (Art. 5
Abs. 2 PGemG). Erklären die Partner oder erklärt ein Partner innerhalb der genannten
Frist, keine Umwandlung zu wollen, so endet die registrierte Partnerschaft mit dem Tag
der Erklärung (Art. 5 Abs. 4 PGemG). In diesem Fall gelten die Vorschriften des RgPG
über die Rechtsfolgen der Auflösung einer registrierten gleichgeschlechtlichen Partnerschaft
auch nach Ablauf von sechs Monaten ab dem Anwendungsbeginn (24.2.2017) des PGemG
(Art. 5 Abs. 6 PGemG).

IV. Kollisionsrecht

80   Das autonome Kollisionsrecht enthält keine Vorschriften für die Partnergemeinschaft. Gemäß Art. 3 IPRG sind bei einer Gesetzeslücke für die Ermittlung der maßgebenden Rechtsordnung die Bestimmungen des IPRG (Analogie), die Grundsätze der slowenischen Rechtsordnung sowie jene des Internationalen Privatrechts anzuwenden (z.B. Grundsatz der engsten Verbindung; Gleichheit der Rechtsordnungen).

G. Nichteheliche Lebensgemeinschaft

I. Definition

81   Das EheFamG regelt neben der Ehe das Rechtsinstitut der „länger dauernden Lebensgemeinschaft eines Mannes und einer Frau, die keine Ehe geschlossen haben" (Art. 12 Abs. 1).
Gleichgeschlechtliche faktische Lebensgemeinschaften werden nicht erfasst. Das EheFamG
bestimmt weder eine Mindestdauer noch Kriterien für das Vorliegen einer Lebensgemeinschaft. Daher sind stets die Umstände des Einzelfalles zu berücksichtigen.[145] Nach der
Rechtsprechung des Obersten Gerichtshofes besteht die nichteheliche Lebensgemeinschaft

---

144 Zakon o registraciji istospolne partnerske skupnosti, U.l. RS Nr. 65/2005; Nr. 55/2009; Nr. 18/2016).
     In Kraft getreten am 23.7.2005, anwendbar seit 23.7.2006 nach Verabschiedung der Ordnung zur Re-
     gistrierung von gleichgeschlechtlichen Partnerschaften (Pravilnik o registraciji istospolnih partnerskih
     skupnosti), U.l. RS Nr. 55/2006. Eine Registrierung neuer Partnerschaften nach dem RgPG ist somit
     ab dem 24.2.2017 nicht mehr möglich (Art. 5 Abs. 1 PGemG).
145 *Zupančič/Novak*, in: *Bergmann/Ferid/Henrich*, Internationales Ehe- und Kindschaftsrecht, S. 40.

aus verschiedenen Elementen.[146] Sie setzt eine gefühlsmäßige,[147] moralische, geistige und sexuelle Verbundenheit[148] voraus.[149] Von Bedeutung sind ein gemeinsamer Haushalt, das gemeinsame Wohnen,[150] das Bestehen einer Wirtschaftsgemeinschaft,[151] die Wahrnehmung als „Mann und Frau" durch ihre Umgebung[152] sowie die Dauer[153] der Beziehung.[154] Gemeinsame Kinder sind nicht von entscheidender Bedeutung für die Beurteilung des Bestehens einer Lebensgemeinschaft i.S.d. Art. 12.[155] Die rechtliche Anerkennung der nichtehelichen Lebensgemeinschaft kann weder durch eine Erklärung eines Partners noch durch eine Vereinbarung verhindert werden, die Rechtsfolgen treten ipso iure ein, sodass eine Geltendmachung – entgegen der Erklärung bzw. Vereinbarung – möglich ist.[156]

II. Rechtsfolgen

Die nichteheliche Lebensgemeinschaft ist hinsichtlich der Rechtsfolgen einer **Ehe gleichgestellt**, sofern keine Gründe vorliegen, nach welchen eine Ehe zwischen ihnen ungültig wäre. Die Rechtsfolgen treten rückwirkend ab dem Zeitpunkt der Begründung ein.[157] Die Gleichstellung erstreckt sich auf jene Rechtsfolgen, die nach dem EheFamG für die Ehegatten gelten (Art. 12 Abs. 1). Sie betrifft somit die **Beziehung der Partner zueinander**, nicht jedoch gegenüber gemeinsamen Kindern. Ein gemeinsames Kind gilt daher als unehelich.[158] Die Gleichstellung betrifft z.B. den Unterhalt während und nach Auflösung der Lebensgemeinschaft,[159] die Beistandspflicht, das (zwingende) Güterrecht,[160] wobei keine Mindestdauer für die Entstehung des Gesamtgutes erforderlich ist,[161] oder die Haftung für Verbindlichkeiten.[162]

82

Ob eine nichteheliche Lebensgemeinschaft außerhalb des EheFamG mit Rechtsfolgen verbunden ist, bestimmen die jeweiligen **Sondergesetze**.[163] Beispiele: Art. 115 Einkommen-

83

---

146 VS RS II Ips 680/2008 v. 10.5.2010; VS RS II Ips 40/2004 v. 17.3.2005; VS RS II Ips 127/2003 v. 19.2.2004.
147 VS RS II Ips 698/2005 v. 21.12.2006: Das Fehlen einer gefühlsmäßigen Verbundenheit allein reicht nicht, um das Nichtbestehen einer Lebensgemeinschaft i.S.d. Art. 12 zu begründen.
148 VS RS VIII Ips 124/2008 v. 23.2.2010; VS RS II Ips 104/2003 v. 5.2.2004.
149 VS RS II Ips 373/2003 v. 14.7.2004 wendet Art. 35 (Eheschließung, die nicht zum Zweck der Lebensgemeinschaft erfolgt) sinngemäß an.
150 VS RS II Ips 104/2003 v. 5.2.2004.
151 VS RS II Ips 834/2005 v. 29.3.2006; VS RS II Ips 215/2001 v. 13.6.2001.
152 VS RS II Ips 127/2003 v. 19.2.2004.
153 VS RS II Ips 104/2003 v. 5.2.2004.
154 VS RS II Ips 1265/2008 v. 31.3.2011.
155 VS RS II Ips 236/2008 v. 21.1.2010.
156 *Novak*, in: *Kroppenberg u.a.*, Rechtsregeln für nichteheliches Zusammenleben, S. 265 (267).
157 *Novak*, in: *Kroppenberg u.a.*, Rechtsregeln für nichteheliches Zusammenleben, S. 265 (270).
158 *Zupančič/Novak*, in: *Bergmann/Ferid/Henrich*, Internationales Ehe- und Kindschaftsrecht, S. 40.
159 VS RS II Ips 682/2006 v. 19.10.2006 (Art. 82a); VS RS II Ips 488/2001 v. 11.4.2002.
160 VS RS II Ips 1265/2008 v. 31.3.2011; VS RS II Ips 327/2005 v. 26.4.2007; VS RS II Ips 834/2005 v. 29.3.2006.
161 VS RS II Ips 901/2006 v. 19.3.2006.
162 Die Gleichstellung bezieht sich jedoch nicht auf die Erlangung der vollen Geschäftsfähigkeit, wenn ein Minderjähriger eine nichteheliche Lebensgemeinschaft eingeht, *Zupančič/Novak*, in: *Bergmann/Ferid/Henrich*, Internationales Ehe- und Kindschaftsrecht, S. 40.
163 Vgl. auch *Rijavec/Kraljić*, in: *Scherpe/Yassari*, Die Rechtsstellung nichtehelicher Lebensgemeinschaften, S. 375 (392 ff.).

steuerG gilt auch für die Partner einer Lebensgemeinschaft (Art. 16 Abs. 4 leg cit[164]). Gemäß Art. 110 Abs. 5 WohnungsG gelten die Vorschriften über den Abschluss eines Mietvertrages nach Auflösung einer Ehe sinngemäß; ebenso Art. 109 Abs. 1 WohnungsG (siehe Rdn 32). Nach Art. 10 Abs. 2 ErbrechtsG[165] erben auch Partner einer länger dauernder Lebensgemeinschaft, die keine Ehe geschlossen haben, wie Ehegatten, sofern keine Gründe vorliegen, aus welchen eine Eheschließung zwischen ihnen ungültig wäre. Das heißt, sie sind auch pflichtteilsberechtigt.[166] Für die Erbfolge zwischen **gleichgeschlechtlichen Partnern**, die **keine registrierte Partnerschaft** nach dem RgPG geschlossen haben und für welche keine Gründe vorliegen, aus welchen eine Registrierung der Partnerschaft ungültig gewesen wäre, gelten gemäß dem Erkenntnis des Verfassungsgerichts vom 14.3.2013[167] bis zur Behebung der Verfassungswidrigkeit[168] des ErbG[169] dieselben Vorschriften, die nach der geltenden gesetzlichen Regelung für die **Erbfolge zwischen verschiedengeschlechtlichen Partnern einer länger dauernden Lebensgemeinschaft** gelten. Gemäß Art. 54 Abs. 1 3. Alinea Pensions- und InvaliditätsversicherungG haben bei Vorliegen der normierten Voraussetzungen auch die Partner einer Lebensgemeinschaft Anspruch auf eine Witwenpension. Lebensgefährten sind als Familienmitglied krankenpflichtversichert (siehe Rdn 35).[170] Jedoch bestehen z.B. keine Erleichterungen für den Erwerb der slowenischen Staatsbürgerschaft.[171]

84   Ist eine Entscheidung über ein Recht oder eine Pflicht vom Bestehen einer nichtehelichen Lebensgemeinschaft abhängig, so ist darüber im konkreten Verfahren mit ausschließlicher Wirkung für dieses Verfahren als **Vorfrage**[172] zu entscheiden (Art. 12 Abs. 2). Eine selbstständige Feststellungsklage über das Bestehen einer nichtehelichen Lebensgemeinschaft ist unzulässig.[173]

III. Auflösung

85   Im Unterschied zur Ehe erfolgt die Auflösung – ebenso wie die Eingehung – der nichtehelichen Lebensgemeinschaft formlos.[174] Das Gesamtgut der nichtehelichen Partner ist jedoch gem. Art. 58–61 aufzuteilen[175] und für den Unterhaltsanspruch sind die Art. 81 ff.[176] zu beachten.

---

164 Für das EinkommensteuerG beginnt die Lebensgemeinschaft am Tag nach Ablauf von zwölf Monaten nach Aufnahme der Lebensgemeinschaft und endet nach Ablauf von 90 Tagen nach Auflösung derselben.

165 VS RS II Ips 699/2004 v. 15.12.2004.

166 *Novak*, in: *Kroppenberg u.a.*, Rechtsregeln für nichteheliches Zusammenleben, S. 265 (273).

167 U.l. RS Nr. 31/2013.

168 Diese hätte innerhalb von 6 Monaten erfolgen sollen.

169 Die Verfassungswidrigkeit besteht in der Unterlassung des Gesetzgebers, für gleichgeschlechtliche Lebensgemeinschaften hinsichtlich der gesetzlichen Erbfolge dieselben Rechtsfolgen wie für verschiedengeschlechtliche Lebensgemeinschaften vorzusehen; darin liegt ein Verstoß gegen Art. 14 Abs. 1. Verfassung Republik Slowenien.

170 Art. 21 Abs. 3 Gesetz über den Gesundheitsschutz und die Gesundheitsversicherung.

171 *Zupančič/Novak*, in: *Bergmann/Ferid/Henrich*, Internationales Ehe- und Kindschaftsrecht, S. 40.

172 VS RS II Ips 437/2005 v. 8.10.2008; VS RS II Ips 834/2005 v. 29.3.2006.

173 VS RS II Ips 437/2005 v. 8.10.2008.

174 VS RS II Ips 215/2001 v. 13.6.2011.

175 Z.B. VS RS II Ips 754/2009 v. 26.11.2009; VS RS 236/2008 v. 21.1.2010; VS RS II Ips 374/2007 v. 21.1.2010; VS RS II Ips 834/2005 v. 29.3.2006; VS RS II Ips 55/2004 v. 9.6.2005; VS RS II Ips 180/2004 v. 16.12.2004.

176 VS RS II Ips 215/2001 v. 13.6.2001; VS RS II Ips 682/2006 v. 19.10.2006.

IV. Kollisionsrecht

Art. 41 IPRG enthält eine Verweisungsnorm für die **vermögensrechtlichen Verhältnisse**. Primär findet das Recht des Staates Anwendung, dessen Staatsangehörige die Partner der nichtehelichen Lebensgemeinschaft sind. Mangels gemeinsamer Staatsangehörigkeit ist das Recht des gemeinsamen Aufenthaltsstaates berufen. Auf die **vertraglich begründeten vermögensrechtlichen Verhältnisse** ist das Recht anzuwenden, das im Zeitpunkt des Vertragsabschlusses für ihre vermögensrechtlichen Verhältnisse maßgebend war.[177]

86

H. Abstammung und Adoption

I. Abstammung

1. Grundsätzliches

Nach Art. 54 Abs. 2 Verfassung der Republik Slowenien haben **eheliche** und **uneheliche Kinder dieselben Rechte** und Art. 5 EheFamG bestimmt, dass unabhängig davon, ob die Kinder in der Ehe geboren sind, die wechselseitigen Rechte und Pflichten zwischen den Kinder einerseits und den Eltern sowie Verwandten andererseits gleich sind. Fragen der Abstammung regeln die Art. 86–99 sowie Art. 41 und 42 des Gesetzes über die Behandlung der Unfruchtbarkeit und das Verfahren der Befruchtung durch biomedizinische Hilfe.[178] Die Vorschriften des EheFamG über die Feststellung der Vaterschaft gelten sinngemäß für die Feststellung der Mutterschaft (Art. 95).[179]

87

2. Vaterschaft

Eheliches Kind: Der Mann der Mutter des Kindes gilt als Vater eines in der Ehe oder innerhalb von 300 Tagen nach der Beendigung der Ehe geborenen Kindes (Art. 86). Die Vaterschaft kann durch Klage angefochten werden: von der Mutter innerhalb eines Jahres nach der Geburt des Kindes (Art. 97), vom Kind (Art. 98),[180] vom Ehemann der Mutter (Art. 96)[181] sowie vom vermeintlichen Vater innerhalb eines Jahres ab der Eintragung der Vaterschaft in das Personenstandsregister (Art. 99). Eine erfolgreiche Anfechtung wirkt ex tunc.[182]

88

Uneheliches Kind: Als Vater gilt, wer das Kind **anerkennt** oder wessen Vaterschaft durch Gerichtsentscheidung **festgestellt** wird (Art. 87). Der Vater kann das Kind vor dem Zentrum für Sozialarbeit, vor einem Standesbeamten, in einer öffentlichen Urkunde oder im Testament anerkennen (Art. 88). Der Anerkennende muss urteilsfähig und zumindest 15 Jahre

89

---

177 Das IPRG enthält keine Kollisionsnorm für das Bestehen/die Anerkennung einer Lebensgemeinschaft. *Polajnar-Pavčnik*, Pravnik 1987, S. 543 (547), befürwortet bei gleicher Staatsangehörigkeit eine Anknüpfung an das Personalstatut, bei unterschiedlicher an das Recht des gemeinsamen Wohnsitzstaates.

178 Zakon o zdravljenju neplodnosti in postopkih oploditve z biomedicinsko pomočjo, U.l. RS Nr. 70/2000.

179 *Zupančič/Novak*, in: *Bergmann/Ferid/Henrich*, Internationales Ehe- und Kindschaftsrecht, S. 44: irrtümliche Eintragung einer Person als Mutter im Geburtenbuch, Findelkind.

180 Die Frist für die Einbringung der Klage durch das Kind wurde als verfassungswidrig aufgehoben, U.l. RS Nr. 90/2011.

181 Die Fünfjahresfrist ab der Geburt des Kindes für die Einbringung der Klage wurde als verfassungswidrig aufgehoben, U.l. RS Nr. 82/2015.

182 *Zupančič/Novak*, in: *Bergmann/Ferid/Henrich*, Internationales Ehe- und Kindschaftsrecht, S. 43 f.

alt sein (Art. 89). Verweigert die Mutter des Kindes die für die Eintragung in das Personenstandsregister notwendige Zustimmung zum Vaterschaftsanerkenntnis oder gibt sie innerhalb eines Monats, nachdem ihr vom Standesamt die Mitteilung über das Anerkenntnis zugegangen ist, keine Erklärung dazu ab, kann der Anerkennende die Klage auf Feststellung der Vaterschaft einbringen (Art. 90).[183] Das Anerkenntnis wirkt auf den Zeitpunkt der Geburt zurück und kann vom Erklärenden gem. Art. 99 Schuldgesetzbuch analog wegen Irrtums bzw. Zwangs angefochten werden.[184] Das Anerkenntnis kann durch das Kind (Art. 98)[185] und den vermeintlichen Vater (Art. 99) angefochten werden.

90 Die **Klage** auf Feststellung der Vaterschaft zu einem unehelichen Kind können die Mutter (solange sie das Elternrecht ausübt) bzw. der Vormund mit Zustimmung des Zentrums für Sozialarbeit im Namen des Kindes sowie ab Volljährigkeit das Kind selbst[186] einbringen (Art. 92 Abs. 1). Die Klage kann auch nach dem Tod des vermeintlichen Vaters eingebracht werden (Art. 92 Abs. 2).[187]

3. Befruchtung durch biomedizinische Hilfe

91 Art. 41 und 42 des Gesetzes über die Behandlung der Unfruchtbarkeit und das Verfahren der Befruchtung durch biomedizinische Hilfe gelten für homologe und heterologe Befruchtungen. Die Spenderinnen von Eizellen und die Spender von Samenzellen haben gegenüber dem durch medizinisch unterstützte Befruchtung gezeugten Kind keine rechtlichen oder anderen Verpflichtungen und keine Rechte (Art. 27 leg cit).

92 Als **Mutter** des durch biomedizinische Hilfe gezeugten Kindes gilt die Frau, die es geboren hat (Art. 41 Abs. 1 leg cit). Dies gilt unabhängig davon, wessen Eizelle verwendet wird.[188] Liegt die Zustimmung der Mutter zur medizinisch unterstützten Befruchtung vor (Art. 22 leg cit), kann die Mutter ihre Mutterschaft nicht anfechten (Art. 41 Abs. 2 leg cit). Wird eine fremde Eizelle für die Befruchtung verwendet, ist die Feststellung der Mutterschaft der Spenderin der Eizelle unzulässig (Art. 41 Abs. 3 leg cit).

93 Als **Vater** des durch biomedizinische Hilfe gezeugten Kindes gilt der Ehemann oder nichteheliche Partner der Mutter, sofern beide der medizinisch unterstützten Befruchtung zugestimmt haben (Art. 42 Abs. 1 leg cit). Die Anfechtung der Vaterschaft unter analoger Anwendung der Art. 96–99 EheFamG ist nur zulässig, wenn behauptet wird, dass das Kind nicht im Wege der medizinisch unterstützen Fortpflanzung gezeugt worden sei (Art. 42 Abs. 2 leg cit). Wird eine fremde Samenzelle für die medizinisch unterstützte Befruchtung verwendet, ist die Feststellung der Vaterschaft des Spenders der Samenzelle unzulässig (Art. 42 Abs. 3 leg cit).

---

183 Die Klage ist innerhalb eines Jahres nach Zugang der Mitteilung über die Verweigerung der Zustimmung durch die Mutter, jedoch innerhalb von fünf Jahren nach der Geburt des Kindes einzubringen.

184 *Zupančič/Novak*, in: *Bergmann/Ferid/Henrich*, Internationales Ehe- und Kindschaftsrecht, S. 44.

185 Die Frist für die Einbringung der Klage durch das Kind wurde als verfassungswidrig aufgehoben, U.l. RS Nr. 90/2011.

186 Die Frist für die Einbringung der Klage durch das Kind „jedoch spätestens fünf Jahre nach Erreichung der Volljährigkeit" (Art. 92 Abs. 1 letzter Halbsatz) wurde als verfassungswidrig aufgehoben (U.l. RS Nr. 101/2007).

187 Die Frist für die Einbringung der Klage wurde als verfassungswidrig aufgehoben, U.l. RS Nr. 84/2012.

188 Gemäß Art. 8 Abs. 1 leg cit sind grundsätzlich die Eizellen und Samenzellen der Ehegatten und nichtehelichen Partner (keine Beschränkung auf Partner gem. Art. 12 EheFamG) für die medizinisch unterstützte Fortpflanzung zu verwenden. Unter bestimmten Voraussetzungen können entweder gespendete Eizellen oder gespendete Samenzellen verwendet werden (Art. 8 Abs. 2 leg cit). Eine gleichzeitige Verwendung gespendeter Ei- und Samenzellen ist unzulässig (Art. 8 Abs. 3 leg cit).

II. Adoption

1. Grundsätzliches

Das EheFamG sieht ausschließlich eine **Volladoption minderjähriger Personen** vor (Art. 7, 94
134, 142), die mit der rechtskräftigen Entscheidung des Zentrums für Sozialarbeit wirksam
wird. Die Adoption hat dem **Wohl des Kindes** zu dienen (Art. 150). Das Verfahren wird
von Amts wegen oder auf Antrag des Annehmenden eingeleitet (Art. 146). Sind die Eltern
verstorben oder unbekannten Aufenthalts, hat das Zentrum für Sozialarbeit die volljährigen
Geschwister und die Großeltern (sind diese verstorben die Onkel und Tanten) des Kindes
zu vernehmen (Art. 147 Abs. 2). Um festzustellen, ob die Adoption dem Wohl des Kindes
dienen wird, kann das Zentrum bestimmen, dass das Kind vor der Entscheidung über die
Adoption für eine bestimmte Dauer in der Familie des Annehmenden leben soll (Art. 148).

Eine „schwache" Adoption – keine Rechtswirkungen zwischen dem Kind und den Ver- 95
wandten des Angenommenen, Besonderheiten im gesetzlichen Erbrecht – war nach dem
GrundsatzG über die Adoption[189] möglich. Dieses Gesetz ist seit dem Inkrafttreten des
EheFamG (1.1.1977) mit Ausnahme der Vorschriften über die Wirkungen und die Beendigung einer „schwachen" Adoption (Art. 17–26 GrundsatzG über die Adoption) nicht mehr
anzuwenden (Art. 229 Abs. 1, Art. 234 Abs. 1 3. Alinea).

2. Voraussetzungen

Angenommen werden kann nur ein Kind, dessen **Eltern** einer Adoption zustimmen,[190] 96
verstorben oder unbekannt sind oder deren Aufenthalt bereits ein Jahr unbekannt ist
(Art. 141). Bestimmte Personen können nicht adoptiert werden (z.B. Verwandte in gerader
Linie, Geschwister, Art. 136). Ist das **Kind älter als 10 Jahre**, ist dessen **Zustimmung**
erforderlich (Art. 137 Abs. 2).

Eine Adoption durch mehr als eine Person ist unzulässig (Art. 135). Allerdings dürfen 97
Ehegatten nur gemeinsam annehmen, es sei denn, ein Ehegatte adoptiert das Kind seines
Ehegatten (Art. 138). Nach Art. 2 Abs. 3 PGemG können die Partner einer Partnergemeinschaft **nicht gemeinsam** ein Kind **adoptieren**. Dies gilt gemäß Art. 3 Abs. 4 PGemG auch
für die Partner einer nicht geschlossenen Partnergemeinschaft. Sofern es dem Wohl des
Kindes dient, können nach bestehender Praxis[191] ein **heterosexueller Partner einer nichtehelichen Lebensgemeinschaft**, ein **gleichgeschlechtlicher Partner einer registrierten
Partnerschaft** oder einer **tatsächlichen Partnerschaft** jeweils einzeln ein zu beiden Partner
fremdes Kind oder das Kind des jeweils anderen Partners adoptieren. Der Annehmende
muss volljährig und zumindest 18 Jahre älter (Ausnahme möglich) als das anzunehmende
Kind sein (Art. 137 Abs. 1). Eine **Adoption durch einen Ausländer** ist nur möglich, wenn
kein slowenischer Staatsangehöriger zur Adoption bereit ist und der für Familienangelegenheiten und für die Verwaltung zuständige Minister der Adoption zustimmen. Dieses Zustimmungserfordernis entfällt, wenn der Annehmende der Ehegatte des Elternteils des
Kindes ist (Art. 140).

---

189 Amtsblatt Föderative Volksrepublik Jugoslawien Nr. 30/1947, Nr. 24/1952; Amtsblatt Sozialistische
   Föderative Republik Jugoslawien Nr. 10/1965.
190 Das Erfordernis der Zustimmung entfällt beim Entzug des Elternrechts oder dauerhafter Unfähigkeit
   zur Willenserklärung.
191 *Novak*, FamRZ 2012, 1456; *Novak*, FamRZ 2013, 1462 jeweils mit Hinweis auf unveröffentlichte Entscheidungen des Ministeriums für Arbeit, Familie und Soziales sowie des Amtes für Sozialarbeit;
   Novak, FamRZ 2010, 1511; *Novak*, Pravnik 2007, S. 313 (329).

3. Wirkungen

98 Mangels abweichender gesetzlicher Bestimmung entstehen zwischen dem Angenommenen und dessen Nachkommen einerseits und dem Annehmenden und seinen Verwandten andererseits die **gleichen Verhältnisse wie zwischen Verwandten** (Art. 142). Z.B. besteht eine Unterhaltspflicht oder ein wechselseitiges gesetzliches Erbrecht (Art. 21 Abs. 1–3 ErbrechtsG). Die gegenseitigen Rechte und Pflichten im Verhältnis zwischen dem Angenommenen und seinen Eltern sowie anderen Verwandten erlöschen (Art. 143), weshalb u.a. ein gegenseitiges gesetzliches Erbrecht ausgeschlossen ist (Art. 21 Abs. 4 ErbrechtsG). Der bzw. die Annehmenden werden als Eltern des Angenommenen im Geburtenbuch eingetragen (Art. 145). Eine Auflösung der Adoption ist nicht möglich (Art. 144).

4. Aufhebung

99 Das Zentrum für Sozialarbeit kann von Amts wegen oder auf Antrag des Angenommenen, seiner Eltern oder des Annehmenden das Verfahren für die **Aufhebung** der Entscheidung über die Adoption einleiten (Art. 153), wobei Art. 152 die Aufhebungsgründe taxativ aufzählt. Die Entscheidung über die Aufhebung der Adoption beendet dieselbe ex nunc.[192]

---

192 *Zupančič/Novak*, in: *Bergmann/Ferid/Henrich*, Internationales Ehe- und Kindschaftsrecht, S. 47.

Spanien

Prof. Dr. Erhard Huzel, Hochschule des Bundes, Lübeck, Fachkoordinator Rechtswissenschaften

Literatur

Deutschsprachige Literatur

Adam/Perona Feu, Länderbericht Spanien (Stand: Februar 2014), in: *Rieck* (Hrsg.), Ausländisches Familienrecht (Loseblatt); *Adomeit/Frühbeck*, Einführung in das spanische Recht, 3. Aufl. 2007; *Bammel*, Zur Abwicklungsproblematik nichtehelicher Lebensgemeinschaften aus rechtsvergleichender Sicht. Eine konzeptionelle Betrachtung des deutschen und des spanischen Rechts, 2007; *Battes*,

Firstlose Aufkündigung der Ehe ohne wichtigen Grund – Zum Scheidungsrecht in Spanien seit der Reform von 2005, in: Festschrift für Rainer Frank zum 70. Geburtstag, 2008, S. 59–79; *Brenninger,* Scheidung und Scheidungsunterhalt im spanischen Recht, Diss. Regensburg, 2005 (www.opus-bayern.de/uni-regensburg/volltexte/2005/490); *Breuer,* Ehe- und Familiensachen in Europa, Länderteil Spanien, 2008, S. 479–486; *Carro-Werner,* Die nichteheliche Lebensgemeinschaft in der spanischen Rechtsordnung, 2003; *Courage/Dechant/González/Lampreave/Wolf,* Steuerfibel Spanien, 2000; *Daum,* in: *Bergmann/Ferid/Henrich,* Internationales Ehe- und Kindschaftsrecht, Länderbericht Spanien, Stand: 9.1.2012; *Fernández-Nespral/Walcher,* Diccionario de Derecho Procesal Civil (Rechtswörterbuch zum Zivilprozessrecht), zweisprachig, 2002; *Ferrer i Riba,* Familienrechtliche Verträge in spanischen Rechtsordnungen, in: *Hofer/Schwab/Henrich* (Hrsg.), From Status to contract? Die Bedeutung des Vertrages im europäischen Familienrecht, 2005, S. 271 ff.; *Ferrer i Riba,* Neueste Entwicklungen im spanischen Personen- und Familienrecht in den Jahren 2006–2007, FamRZ 2007, 1513–1517; *Ferrer i Riba,* Gemeinsames Sorgerecht, gleichgeschlechtliche Ehe und eheähnliche Gemeinschaften in der spanischen Verfassungsrechtsprechung, FamRZ 2013, 1464 ff.; *Flägel,* Das spanische Recht des Nachnamens, StAZ 1995, 229; *Frankenheim,* Das deutsche Grundbuch und das spanische Eigentumsregister, 1985; *Gonzáles Beilfuss,* Länderbericht Spanien und Portugal, in: *Scherpe/Yassari,* Die Rechtsstellung nichtehelicher Lebensgemeinschaften (The Legal Status of Cohabitants), 2005; *Hellwege,* Die Besteuerung deutsch-spanischer Erb- und Schenkungsfälle, 2002; *Hierneis,* Das besondere Erbrecht der sogenannten Foralrechtsgebiete Spaniens, 1966; *Henrich,* Privatscheidung in Scheidung, FamRZ 2015, 1572; *Huzel,* Zur Bedeutung „wiederholter Rechtsprechung des Tribunal Supremo" für das spanische Zivilrecht, ZfRV 31 (1990), 256–260; *Jayme,* Rechtsspaltung im spanischen Privatrecht und deutsche Praxis (Pluralidad legislativa en el Derecho privado español y práctica jurídica alemana), in: Deutsch-spanische Juristenvereinigung (Hrsg.), Informaciones 1990, S. 46–59 (zweisprachig); *Jayme,* Rechtsspaltung im spanischen Privatrecht und deutsche Praxis, RabelsZ 55, S. 303 ff.; *Jayme,* Spanisches interregionales und deutsches internationales Privatrecht, IPRax 1989, 287; *Kirchmayer,* Das reformierte internationale und interregionale Privatrecht in Spanien, StAZ 1991, 158 f.; *Lamarca Marquès,* Das neue Familiengesetzbuch Kataloniens, ZEuP 2002, 557–579; *Lindner,* Das neue spanische Scheidungsrecht, in: Deutsch-spanische Juristenvereinigung (Hrsg.), Informaciones 2005, S. 194–198; *Löber/Steinmetz/Lozano,* Ausländer in Spanien; Hinweise – Rechte – Möglichkeiten, 6. Aufl. 2008; *Löber/Huzel,* Erben und Vererben in Spanien, 5. Aufl. 2015; *López Pina,* Spanisches Verfassungsrecht, 1993; *Martín-Casals,* Grundzüge der vermögensrechtlichen Situation von Ehegatten und nichtehelichen Lebensgemeinschaften im spanischen und katalanischen Recht, in: *Henrich/Schwab* (Hrsg.), Eheliche Gemeinschaft, Partnerschaft und Vermögen im europäischen Vergleich, 1999, S. 283–298; *Martín-Casals/Ribot,* Neue Entwicklungen im Bereich des Familienrechts in Spanien, FamRZ 2004, 1433–1434; *Martín-Casals/Ribot,* Ehe und Scheidung in Spanien nach den Reformen von 2005, FamRZ 2006, 1331–1336; *Messer,* Spanisches Abstammungsrecht, 2000; *Meyer, Stefan,* Die Anwendung deutschen Rechts im spanischen Zivilprozeß, IPRax 1993, 340–342; *Mittelbach,* Spanien: Änderungen im Namensrecht, StAZ 2000, 183; *Nake,* Der spanische Güterstand der Errungenschaftsgemeinschaft mit vergleichenden Ausführungen zum deutschen Recht, 1996; *Peuster,* Código Civil – Das spanische Zivilgesetzbuch, Spanisch-deutsche Textausgabe, 2002 (dazu Nachtrag von *Löber/Lozano,* 2010); *Peuster,* Das spanische internationale Privatrecht, in: *Löber/Peuster* (Hrsg.), Aktuelles spanisches Handels- und Wirtschaftsrecht, 1991, S. 1–18; *Rau,* Spanisches Internationales Familienrecht, IPRax 1981, 189–192; *Reckhorn-Hengemühle,* Länderbericht Spanien, in: *Kaiser/Schnitzler/Friederici* (Hrsg.), Bürgerliches Gesetzbuch, NomosKommentar, Familienrecht, Band 4, 2. Aufl. 2010; *Rinne,* Das spanische Ehegüterrecht unter besonderer Berücksichtigung der Schuldenhaftung und des Gläubigerschutzes, 1994; *Rothe,* Diccionario júridico – Rechtswörterbuch (spanisch-deutsch/deutsch-spanisch), 1996; *Rudolph,* Grundzüge des spanischen Ehe- und Erbrechts unter Berücksichtigung des internationalen Privatrechts im Verhältnis zur Bundesrepublik Deutschland, MittRhNotK 1990, 93–107; *Samtleben,* Spanien, Portugal und Lateinamerika, in: *Müller,* Die Anwendung ausländischen Rechts im internationalen Privatrecht, 1968, S. 49–65; *Sanchez-Henke,* Das Ehegattenerbrecht im spanischen Erbrecht, 1999.

Literatur in spanischer und anderer Sprache

Albaladejo García, Curso de Derecho Civil, Tomo IV Vol. 1 – Derecho de familia, 7. Aufl., Barcelona 2002; *Barbero/Peña/Gaja y Galán,* La Nueva Ley de Divorcio, Madrid 2005; *Calvo Caravaca/Carracosa González* (Hrsg.), Derecho Internacional Privado – Vol. II, Granada, 2002; *dies.,* Derecho de Familia Internacional, Granada 2004; *dies.,* Textos Legales de Derecho Internacional Privado Español, Granada 2001; *dies.,* La Ley 54/2007 de 28 de diciembre sobre adopcion internacional –

Reflexiones y comentarios, Granada 2008; *Díez-Picazo/Gullón*, Sistema de Derecho civil, Band IV, 9. Aufl., Madrid 2004; *Egea/Ferrer* (Hrsg.), Comtaris als codi de família, a la Llei d'unions de parella i a la Llei de situacions convivencials d'ajuda mútua, Barcelona, 2000; *Gardeazábal del Río/Sánchez González*, La sociedad de ganciales, in: *Delgado de Miguel* (Hrsg.), Instituciones de Derecho privado, Band IV-2, Madrid 2002; *González Beifuss*, Parejas de hecho, parejas registradas y matrimonio del mismo sexo en el derecho internacional privado europeo, in: *Navas Navarro*, Matrimonio homosexual y adopción, Madrid 2006, S. 99–112; *González Campos*, Derecho Internacional Privado, Parte especial II, Oviedo 1984; *Lacruz Berdejo*, Elementos de Dercho civil, Band IV, Barcelona 2002; *Llopis Giner*, Curso Básico de Derecho de Familia y Sucesiones, Sedavi (Valencia) 2003; *Luces Gil*, El nombre de las personas naturales en el ordenamiento jurídico español, Barcelona 1978; *Martín-Casals*, The same-sex partnerships in the legislation of spanisch Communities, in: *Boele-Woelke/Fuchs* (Hrsg.), Legal Recognition of Same-Sex Couples in Europe, 2003, S. 54–67; *Meil Landwelin*, Las uniones de hecho en España, 2003; *O'Callaghan Muñoz*, Compendio de Derecho Civil, Tomo IV – Derecho de Familia, 5. Aufl., Madrid 2001; *Panzio y Romo de Arce*, El Proceso Matrimonial, 2. Aufl., Madrid 2003; *Pozo Vilches*, El reconocimiento de la filiación. Sus requisitos complementarios, Madrid 1993; *Pozo Vilches*, El reconocimiento del hijo no matrimonial de mujer casada, Madrid 1993; *Puig Brutau*, Fundamentos de Derecho Civil, Band 5–2, 3. Aufl., Barcelona 1990; *Román Garciá*, El matrimonio y su economía (Régimen económinco matrimonial y regimenes convencionales), Madrid 2004; *de la Rosa*, Código de adopción internacional, Madrid 2008; *Serrano Alonso*, El nuevo Matrimonio Civil – Estudios de las Leyes 13/2005, de 1 de julio, y 15/2005, de 8 de julio, de Reforma del Código Civil, Madrid 2005; *Vilalta/Méndez*, Divorcio de mutuo acuerdo, 2. Aufl., Barcelona 2000.

A. Vorbemerkung

I. Reformgesetze 2005: Zulassung der gleichgeschlechtlichen Ehe, gesellschaftliche Akzeptanz heute und Reform des Scheidungsrechts

Spanien mit seinem lange vom kanonischen Recht beeinflussten und auch von patriarchalischen Vorstellungen geprägten Familien- und Eherecht ist vielerorts noch bekannt als eines der Länder, in denen die Scheidung bis weit ins 20. Jahrhundert hinein nicht statthaft war. Aufgrund der Verfassung vom 31.10.1978 wurde die rechtliche **Gleichstellung von Mann und Frau** in das Familienrecht aufgenommen, in dessen Folge das Scheidungsverbot wie auch die Pflicht zur Eheschließung in kanonischer Form beseitigt wurde (Gesetze vom 13.5.1981 bzw. 7.7.1981). 1

Wenn diese **Reformwerke** schon eine grundlegende Änderung des spanischen Familien- und Eherechts bedeuteten, so können die Reformgesetze des Jahres 2005 – gegenüber dem Rechtszustand von nicht einmal 25 Jahren zuvor – geradezu als revolutionär bezeichnet werden. Daher seien schon hier das Gesetz Nr. 13/2005 vom 1.7.2005[1] sowie das Gesetz Nr. 15/2005 vom 8.7.2005[2] erwähnt: Mit Ersterem führte Spanien als viertes Land weltweit – nach den Niederlanden (als weltweit erstes Land 2001), Belgien (2003) und Kanada (wie 2

---

1 *Ley 13/2005 de 1 de julio, por la que se modifique el Código civil en materia de derecho a contraer matrimonio* (Boletín Oficial del Estado [BOE] Nr. 157 vom 2.7.2005 – „Gesetz über die Änderung des Código Civil auf dem Gebiet des Rechts der Eheschließung").

2 *Ley 15/2005 de 8 de julio, por la que se modifique el Código Civil y la Ley de Enjuiciamiento Cicil en materia de separación y divorcio* (BOE Nr. 163 vom 9.7.2005 – „Gesetz über die Änderung des Código Civil und des Zivilprozessgesetzes [LEC] auf dem Gebiet der Trennung und der Scheidung").

Spanien ebenfalls 2005) – die **gleichgeschlechtliche Ehe**[3] ein (also mehr als nur die registrierte gleichgeschlechtliche Partnerschaft) mit gleichen Rechten und Pflichten der Ehegatten, seien sie gleichen oder verschiedenen Geschlechts. Dies hat zu Änderungen in zahlreichen Normen des *Código Civil* geführt. Wegen der völligen rechtlichen **Gleichstellung der gleichgeschlechtlichen Ehe mit der klassischen Ehe** beschränken sich die Änderungen in etlichen Vorschriften allerdings schlicht darauf, statt „Mann und Frau" (*el hombre y la mujer*) nunmehr von „Ehegatte(n)" (*cónyuge(s)*) zu sprechen (u.a. Art. 66, Art. 67, Art. 637 Abs. 2, Art. 1323, Art. 1344 CC), statt von „Mutter und Vater" (*el padre y la madre*) von „Eltern" (Elternteil – *progenitor(es)*),[4] u.a. Art. 154 Abs. 1, Art. 160 Abs. 1, Art. 164 Abs. 2, Art. 175 Abs. 4 und Art. 178 Abs. 2 CC.

3   Mit dem weiteren Reformgesetz (Gesetz 15/2005 vom 8.7.2005) wurde ein **neues Scheidungsrecht** eingeführt, wodurch die **Scheidung** erheblich **vereinfacht** wurde. Bei einer einverständlichen Scheidung kann diese nach nur drei Monaten Ehezeit beantragt werden. Konkrete Scheidungsgründe wie Untreue, Alkoholismus oder Misshandlungen müssen im Prozess nicht mehr vorgetragen werden. Im **Sorgerechtsverfahren** muss die Entscheidung nicht mehr zugunsten eines Elternteils erfolgen, vielmehr kann der Richter nunmehr ein gemeinsames Sorgerecht anordnen. Eine weitere „Modernisierung" erfuhr das Scheidungsrecht mit der umfassenden Neuregelung des Rechts der „Freiwilligen Gerichtsbarkeit" durch das Gesetz 15/2015,[5] womit die „Privatscheidung", zumindest für Ehepaare ohne minderjährige Kinder, eingeführt wurde.[6]

4   Beide Gesetzeswerke sind Bestandteil eines umfassenden **Reformpakets** der damaligen spanischen (sozialistischen) Regierung unter Ministerpräsident *Zapatero* nach der Abwahl der (konservativen) Regierung von *Aznar* im Jahre 2004. Begründet werden beide Reformwerke u.a. damit, dass den Veränderungen in der Gesellschaft und den damit verbundenen Anschauungen der letzten Jahrzehnte – gerade was das Zusammenleben gleichgeschlechtlicher Paare zum einen und die Scheidungshäufigkeit zum anderen angeht – schlicht Rechnung getragen wird. Ein weiterer vom Gesetzgeber angeführter – wenn auch in der Konsequenz recht spitzfindig bzw. bizarr erscheinender – Grund für die Reform verdient Erwähnung. Verwiesen wird auf das **Grundrecht der freien Entfaltung der Persönlichkeit** und das **Verbot der Diskriminierung:** Wenn ein Mann im Gegensatz zu einer Frau keinen Mann heiraten könne, sei er ihr gegenüber diskriminiert und entsprechend umgekehrt.[7] Dass solche tief greifende Änderungen des Familienrechts im durchaus (auch oder gerade) in katholischer Tradition stehenden Spanien – teils heftige – Kritik in Gesellschaft und Politik, aber auch in der Lehre und Rechtsprechung hervorgerufen haben, bedarf keiner besonderen Erwähnung. Zu erinnern ist an die **Verfassungsklage gegen die Zulassung der gleichgeschlechtlichen Ehe**, eingereicht 2005 von der damaligen Oppositionspartei, dem

---

3   Seit 2005 haben auch weitere Länder die gleichgeschlechtliche Ehe eingeführt, u.a. Portugal, siehe *Huzel*, Länderbeitrag Portugal, in diesem Werk, sowie Südafrika 2006 – als erstes afrikanisches Land, Norwegen 2009, Schweden 2009, Island 2010, Argentinien 2010, Dänemark 2012 (Grönland 2015), Brasilien 2013, Frankreich 2013, Neuseeland 2013, Finnland 2014, Luxemburg 2015 – im Vereinigten Königreich seit 2014 (England, Wales und Schottland mit Ausnahme Nordirland).

4   *Progenitor* hat auch die Bedeutung „Erzeuger", etwa im Kindschafts-/Abstammungsrecht.

5   *Ley No. 15 /2015 de 2 de julio 2015 de la Jurisdicción Voluntaria'*, BOE vom 3.7.2015, Sec. I S. 54068 Ergänzend trat am 20.8.2015 ein neues internationales Verfahrensrecht in Kraft – mit dem Gesetz Nr. 29/2015 zur Justiziellen Zusammenarbeit in Zivilsachen (*Ley 29/2015 de 30 de julio, de cooperación jurídica internacional en materia civil*), BOE Nr. 182 vom 31.7.2015, Sec. I, s. 65906.

6   Siehe dazu *Henrich*, Privatscheidung in Spanien, FamRZ 2015, S. 1572.

7   So auch *Daum*, Länderbeitrag Spanien, in: *Bergmann/Ferid/Henrich*, Internationales Ehe- und Kindschaftsrecht, S. 27.

Huzel

Partido Popular (PP), mit der Begründung, „die Gleichstellung homosexueller und heterosexueller Ehen entstelle die Natur der Ehe als soziale und juristische Institution". Unterstützt wurde die Klage von der katholischen Kirche Spaniens.[8] Reagiert wurde auf die verfassungsrechtlichen Bedenken zunächst mit einer streng wörtlichen Auslegung des Art. 32 *Constitución Española* (CE),[9] worin verankert ist, dass die Ehe durch Mann und Frau begründet wird, gleichzeitig aber nicht festgelegt ist, dass dies mit ausschließlichem Charakter geschehe, also **nicht mehr ausschließlich auf die Eheschließung miteinander** bezogen werde. So kann bzw. konnte Art. 32 CE unverändert Bestand haben. Aus heutiger Sicht, gut zehn Jahre nach der Reform, lässt sich sagen, die heftige Diskussion scheint vorbei – die (fast) vollkommene Gleichstellung der homosexuellen mit der heterosexuellen Ehe ist (schlicht) geltendes Recht.[10]

Damaligen Umfragen zufolge wurde die „Homo-Ehe" bereits von einer großen Mehrheit der Spanier gebilligt.[11] Bei den Parlamentswahlen von 2011 war die klagende Partei, der *Partido Popular*, als klarer Sieger mit absoluter Mehrheit hervorgegangen. Die damit verbundene Befürchtung, die konservative Volkspartei (PP) werde einige der Reformen der Vorgängerregierung zurückdrehen, hatte sich nicht bestätigt. Die „Homo-Ehe" ist in der Gesellschaft recht populär ist – so haben sich seit Inkrafttreten der Reform allein schon bis Ende 2011 ca. 25.000 homosexuelle Paare in Spanien trauen lassen.[12] Und so ist inzwischen nicht nur eine gesellschaftliche Akzeptanz der „Homo-Ehe" eingetreten. Spanien gilt vielmehr „als das offenste Land gegenüber Homosexuellen".[13]

5

II. Spanien als Mehrrechtsstaat: Interlokales spanisches Recht – Vorrang von Foralrechten

Die Verweisung auf spanisches Recht – bei einem internationalen Eherechts- oder Scheidungsfall mit zumindest einem spanischen Ehegatten oder wegen des Wohnsitzes/gewöhnlichen Aufenthalts in Spanien (Ehe- oder Scheidungsstatut) – führt noch nicht unmittelbar zum konkret anwendbaren Sachrecht.[14] Spanien ist bekanntermaßen ein **Mehrrechtsstaat**. Das spanische Recht des *Código Civil* gilt nicht in allen Teilen Spaniens in gleichem Maße. Das Zivilrecht ist interlokal gespalten. In einigen Regionen beanspruchen besondere Rechte, die sog. **Foralrechte**, Geltung. Besondere Bedeutung haben in Spanien als Mehrrechtsstaat die Sonderrechte auf dem Gebiet des Eherechts, insbesondere des Ehegüterrechts, wie auch des Erbrechts.[15] Dem Zentralstaat steht zwar die ausschließliche Gesetzgebungskompetenz

6

---

8 Siehe auch *Serrano Alonso*, El nuevo Matrimonio Civil – Estudios de las Leyes 13/2005, de 1 de Julio, y de 15/2005, de 8 de Julio, de Reforma del Código Civil, S. 108 ff. zu verfassungsrechtlichen Bedenken gegen das Gesetz Nr. 13/2005.

9 Spanische Verfassung in deutscher Übersetzung bei *López Pina*, Spanisches Verfassungsrecht, 1993, S. 555 ff.

10 Zum Meinungsstand siehe – statt vieler – *Daum*, Länderbeitrag Spanien, in: *Bergmann/Ferid/Henrich*, Internationales Ehe- und Kindschaftsrecht, S. 39 Fn 7 m.w.N.

11 Dies folgt schon aus Meldungen kurz nach Inkrafttreten der Reform: Basler Zeitung vom 30.9.2005, El País div.

12 So diverse Agenturmeldungen nach den Wahlen 2011 (siehe *Huzel*, Länderbeitrag Spanien, Vorauflage Fn 11).

13 Vgl. Deutschlandfunk vom 9.7.2015 (Beitrag von Hans-Günter *Kellner*): „Spanien ist das freieste Land der Welt – Zehn Jahre Homo-Ehe in Spanien".

14 Vgl. *Steinmetz/Huzel/García Alcázar*, in: *Süß* (Hrsg.), Erbrecht in Europa, 3. Aufl. 2015, Länderbericht Spanien, S. 1423 Rn 37.

15 Siehe insbesondere *Hierneis*, Das besondere Erbrecht der sogenannten Foralrechtsgebiete Spaniens, 1966; siehe auch *Rudolph*, MittRhNotK 1990, 103 ff.

auf dem Gebiet des Zivilrechts zu (vgl. Art. 149 Abs. 1 Nr. 8 *Constitución Española*[16]), darunter u.a. für die Form der Eheschließung oder die Regelung der öffentlichen Register und Urkunden, nicht jedoch für die Regelungen des Ehegüterrechts. Soweit auf diesem Gebiet also foralrechtliche Regelungen bestehen, sind diese vor dem allgemeinspanischen Recht des *Código Civil* nach Art. 13 CC vorrangig zu beachten, der in Sonderrechtsgebieten lediglich subsidiär gilt – lückenfüllend als *derecho supletorio* (Art. 13 Abs. 2 CC).

7   Im Einzelnen gibt es in folgenden Gebieten Foralrechte:
   – Aragón,
   – Balearen,
   – Baskenland,
   – Galizien,
   – Katalonien[17] sowie
   – Navarra.[18]

8   Somit gelten in Spanien nebeneinander – einschließlich des *Código Civil* – nicht weniger als sieben verschiedene „Familienrechts- bzw. Ehegüterrechtsordnungen".[19] Auf dem Gebiet des Rechts der nichtehelichen Lebensgemeinschaft ist die Gesetzesvielfalt noch größer (siehe Rdn 102).

9   Welches der verschiedenen Foralrechte im Einzelfall zur **Anwendung** gelangt, bestimmt sich nach der **bürgerlich-rechtlichen Gebietszugehörigkeit** (*Vecindad civil*)[20] der Ehegatten. Nach Art. 14 Abs. 2 CC wird diese originär durch **Abstammung** von den Eltern mit der entsprechenden Gebietszugehörigkeit (*ius sanguinis*) oder durch **Adoption** erworben, wobei der Adoptierte die Gebietszugehörigkeit der Adoptiveltern erwirbt. Bei unterschiedlicher Gebietszugehörigkeit der Eltern erlangt das Kind die Gebietszugehörigkeit desjenigen Elternteils, von dem die Abstammung früher festgestellt wurde. Bei ihrem Fehlen erwirbt der Abkömmling die Gebietszugehörigkeit am Geburtsort (*ius soli*) und erst an letzter Stelle die *Vecindad civil* zum gemeinen Recht (Art. 14 Abs. 3 S. 1 CC).[21]

10   Im Übrigen gilt für **Gesetzeskollisionen**, die etwa daraus entstehen, dass Ehegatten keine übereinstimmende, sondern eine unterschiedliche *Vecindad civil* besitzen, die Sonderregel des Art. 16 Abs. 1 CC. Danach finden die allgemeinen Normen des spanischen IPR Anwendung, d.h. hier Art. 9 CC, jedoch mit der Besonderheit, dass das **Personalstatut** dasjenige Recht ist, das durch die bürgerlich-rechtliche Gebietszugehörigkeit bestimmt ist (Art. 16

---

16 Spanische Verfassung in deutscher Übersetzung bei *López Pina*, Spanisches Verfassungsrecht, 1993, S. 555 ff.

17 Wegen der Bedeutung der eigenen Rechtslage Kataloniens hat diese in diesem Werk eine gesonderte Darstellung durch *Ferrer Riba* „Länderbericht Katalonien" erfahren.

18 Auflistung der Foralrechtsgebiete mit Landkarte bei *Hierneis*, in: *Ferid/Firsching/Dörner/Hausmann*, Internationales Erbrecht (Loseblatt), Länderteil Spanien, S. 2–4.

19 Siehe auch *Löber/Huzel*, Erben und Vererben in Spanien, 5. Aufl. 2015, Rn 46 f.

20 Ausf. zur *Vecindad civil* siehe *Steinmetz/Huzel/García Alcázar*, in: *Süß* (Hrsg.), Erbrecht in Europa, 3. Aufl., 2015, Länderbericht Spanien, S. 1294–1300, Rn 57–74 – auch zu Einzelfragen bei Wechsel der Gebietszugehörigkeit.

21 Im Weiteren sehen die Art. 14 und 15 CC detaillierte Ausnahmetatbestände für Kinder ab dem 14. Lebensjahr, im Fall der Eheschließung sowie für Ausländer vor; s. dazu den Wortlaut der Normen etwa bei *Peuster*, Código Civil – Das spanische Zivilgesetzbuch, S. 24 ff. Zur von der *vecindad civil* zu unterscheidenden bloßen *„vecindad administrativa"* (verwaltungsrechtliche Gebietszugehörigkeit), die etwa das Wahlrecht begründet, siehe ausf. *Jayme*, Rechtsspaltung im spanischen Privatrecht und deutsche Praxis, RabelsZ 55, S. 303 ff.; *ders.*, Spanisches interregionales und deutsches internationales Privatrecht, IPRax 1989, 287; siehe auch *Daum*, Länderbericht Spanien, in: *Bergmann/Ferid/Henrich*, Internationales Ehe- und Kindschaftsrecht, S. 25.

Abs. 1 Nr. 1 CC). Das **Recht der Ehewirkungen** zwischen Spaniern richtet sich interlokal nach dem spanischen (Teil-)Recht, das wiederum nach den allgemeinen Grundsätzen des Art. 9 CC anwendbar ist, und bei dessen Fehlen nach dem *Código Civil* (Art. 16 Abs. 3 CC). Das **Ehegüterrecht** von Eheleuten, die bei Eingehung der Ehe bzw. Begründung des Ehegüterstands eine unterschiedliche Gebietszugehörigkeit besitzen, bestimmt sich demnach in entsprechender Anwendung der allgemeinen Regel des Art. 9.2 CC (betrifft die Bestimmung des Ehegüterstatuts bei unterschiedlicher Staatsangehörigkeit) nach der Gebietszugehörigkeit eines der Ehegatten, sofern dessen *Vecindad civil* in öffentlicher Urkunde durch beide Ehegatten zur gemeinsamen Gebietszugehörigkeit erklärt worden ist.[22] Fehlt eine solche Rechtswahl, untersteht das Ehegüterrecht spanischer Eheleute mit unterschiedlicher bürgerlich-rechtlicher Gebietszugehörigkeit dem Recht des im Anschluss an die Eheschließung gemeinsamen gewöhnlichen Aufenthaltsortes oder dem Recht des Ortes der Eheschließung (Art. 16 Abs. 3 S. 1 i.V.m. Art. 9.2 CC).

B. Eheschließung

I. Allgemeines

Auch der spanische *Código Civil* (CC) enthält in den Vorschriften über die Ehe mit den Art. 42 f. Regelungen über das Eheversprechen (**Verlöbnis**). Dieses begründet indes keine Verpflichtung, die Ehe einzugehen oder das zu erfüllen, was für den Fall ihrer Nichteingehung vereinbart worden ist. Eine Klage auf Erfüllung wird prozessrechtlich nicht zugelassen (Art. 42 Abs. 1 bzw. 2 CC). Allerdings kann auf Entschädigung geklagt werden zum Ersatz der in Erwartung der Eheschließung getätigten Aufwendungen und eingegangenen Verpflichtungen (Art. 43 CC). 11

Das spanische Recht kennt neben der **Zivilehe** (*Ante el Juez, Alcalde o Funcionario* – Vor dem Richter, Bürgermeister oder Amtsträger) weiterhin die Eheschließung nach **kanonischem Recht** oder in bestimmten **anderen religiösen Formen** (siehe Rdn 22). Beide Formen stehen grundsätzlich gleichberechtigt nebeneinander (Art. 49 Abs. 1 und 2 CC), doch ist die Eheschließung nach kanonischem Recht inzwischen eher in den Hintergrund gedrängt.[23] 12

Eigens vorgesehen ist für Spanier zudem die Möglichkeit, **außerhalb Spaniens** die Ehe unter Beachtung der vom Recht am Eheschließungsort (*lex loci*) vorgesehenen Form einzugehen (Art. 49 Abs. 2 CC). Wollen **Ausländer in Spanien** eine Ehe schließen, so kann die Eheschließung entweder unter Beachtung der für Spanier vorgeschriebenen Form oder unter Einhaltung der Form, die nach dem Heimatrecht eines von ihnen festgelegt ist, geschlossen werden (Art. 50 CC). 13

---

22 Zu dem Sonderfall des „Untergehens" der *Vecindad civil* als Folge der Aufgabe der Staatsangehörigkeit, siehe *Steinmetz/Huzel/García Alcázar*, in: *Süß* (Hrsg.), Erbrecht in Europa, 3. Aufl., 2015, Länderbericht Spanien, S. 1298, Rz. 69.

23 So bereits *Rau*, IPRax 1981, 189–192. Diese Entwicklung hat ihren Grund u.a. auch darin, dass etwa staatliche Gerichte auch (konkurrierend) zuständig sind für Entscheidungen über die Nichtigkeit einer nach kanonischem Recht geschlossenen Ehe.

Huzel

II. Eheschließung

1. Voraussetzungen; Statthaftigkeit der gleichgeschlechtlichen Ehe

14   Grundsätzlich haben Mann und Frau das Recht, „gemäß den Bestimmungen dieses Gesetzbuches die Ehe zu schließen" (Art. 44 Abs. 1 CC). Nach dem mit dem Reformgesetz Nr. 13/2005 vom 1.7.2005 eingeführten neuen Abs. 2 der Norm ist die **gleichgeschlechtliche Ehe** ausdrücklich der (klassischen heterosexuellen) Ehe **gleichgestellt**. Damit ist die sog. Homo-Ehe in Spanien mit voller rechtlicher Wirkung und mit allen Rechten und Pflichten für die Ehegatten zugelassen.[24]

15   Unerlässliche Voraussetzung ist das Einverständnis zur Ehe; unzulässig ist eine Ehe gegen den Willen eines Ehepartners (Art. 45 Abs. 1 CC). Bedingungen, Befristungen oder Auflagen bei der **Willensübereinstimmung** gelten als nicht vereinbart; sie haben keine Wirkung (Art. 45 Abs. 2 CC). Fehlende Willensübereinstimmung führt in aller Regel zu einer **Scheinehe** (sog. *matrimonio simulado*) – d.h. häufig Missbrauch des Instituts der Ehe zu aufenthaltsrechtlichen oder auch wirtschaftlichen Zwecken. Mit der „Verwaltungsvorschrift der Generaldirektion für Register und Notariat (DGRN) vom 31.1.2006 über Gefälligkeitsehen"[25] liegt ein wirksames Instrumentarium zur Unterbindung bzw. Eindämmung solcher Scheinehen vor.

2. Ehehindernisse

16   Der *Código Civil* sieht in Art. 46 ein **absolutes Ehehindernis** für diejenigen vor, die bereits verheiratet sind (**Verbot der Doppelehe**), sowie für die „nicht-emanzipierten" **Minderjährigen**, die noch nicht aus der elterlichen Gewalt entlassen sind.[26] Nach Art. 314 CC erfolgt die Emanzipation des Minderjährigen durch Erreichen der Volljährigkeit (d.h. mit Vollendung des 18. Lebensjahres, Art. 315 CC) oder durch Heirat (Art. 316 CC), wenn zudem ein richterlicher Dispens hinsichtlich des Alters vorliegt.[27] Weiterhin tritt die „Emanzipation" des Minderjährigen durch Bewilligung derer, die die elterliche Gewalt (*Patria potestad*) ausüben, sowie durch gerichtliche Bewilligung ein. In diesen beiden Fällen muss der Minderjährige zumindest 16 Jahre alt sein (Art. 317 bzw. 320 CC). Ein weiteres absolutes Ehehindernis sieht Art. 47 CC bei **Bluts- oder Adoptivverwandtschaft** in gerader Linie vor.

17   **Relative Ehehindernisse** bestehen bei Blutsverwandtschaft in der Seitenlinie bis zum dritten Grad sowie bei Verurteilung als Täter oder Gehilfe bei der vorsätzlichen Tötung des eigenen früheren Ehegatten oder des Ehegatten des anderen (Art. 47 Nr. 2 und 3 CC). Von diesen beiden Ehehindernissen ist jeweils Dispens nach Art. 48 CC möglich.

---

24   Zur Akzeptanz der „Homo-Ehe" einerseits und Verfassungsklage gegen die rechtliche Gleichstellung andererseits siehe oben Rn 45 sowie *Huzel*, Länderbeitrag Spanien, in der 1. Aufl. 2006.

25   *Instrucción de la Dirección General de los Registros y del Notariado* (DGRN) vom 31.1.2006 (BOE Nr. 41 vom 17.2.2006); siehe *Daum*, Länderbeitrag Spanien, in: *Bergmann/Ferid/Henrich*, Internationales Ehe- und Kindschaftsrecht, Texte III B 11, S. 109–113 mit inhaltlicher Kurzfassung, auch mit dem Hinweis (S. 109 Fn 2), dass darin die Termini „*matrimonio de complacencia*" (Gefälligkeitsehe) und „*matrimonio simulado*" (Scheinehe) ohne ersichtliche begriffliche Unterscheidung verwendet werden.

26   Der Begriff „*emancipación*" darf also nicht schlicht mit dem deutschen Begriff „Emanzipation", der seine eigene Bedeutung erfahren hat, gleichgesetzt werden, vgl. *Peuster*, Código Civil – Das spanische Zivilgesetzbuch, S. 217 Anm. 1. Gemeint ist vielmehr jeweils die „Entlassung aus der elterlichen Gewalt".

27   Ein solcher Dispens kann ab einem Alter von 14 Jahren erteilt werden, Art. 48 Abs. 2 CC.

III. Zivile Eheschließung

1. Grundlagen

Die Eheschließung in **ziviler Form** kann allgemein vor einem Richter, einem Bürgermeister   18
oder einem vom Zivilgesetzbuch bestimmten Amtsträger erfolgen (Art. 49 Abs. 1 Nr. 1
CC). Im Einzelnen ist zunächst der mit der Führung des Standesregisters betraute Richter
sowie der Bürgermeister der Gemeinde, in der die Ehe geschlossen wird, oder ein von
diesem beauftragtes Mitglied der Gemeindevertretung (Art. 51 Nr. 1 CC) am Wohnsitz
eines der Eheschließenden befugt, die Eheschließung vorzunehmen. Die Anwesenheit von
zwei volljährigen **Zeugen** ist erforderlich (Art. 57 CC). In den Gemeinden, in denen ein
Richter nicht vorhanden ist, ist der Bürgermeister oder der durch Rechtsverordnung[28]
bestimmte Beauftragte zur Vornahme der Eheschließung berechtigt (Art. 51 Nr. 2 CC).
Sollte der Richter, Bürgermeister oder Amtsträger, der die Ehe schließt, unzuständig oder
nicht in gesetzmäßiger Weise ernannt worden sein, so steht dies nach Art. 53 CC der
Gültigkeit der Ehe nicht entgegen, sofern zumindest einer der Ehegatten gutgläubig war
und jene ihre Aufgaben öffentlich ausgeübt haben.

Ab 30.6.2017 wird – infolge der Neuregelung des Rechts der Freiwilligen Gerichtsbarkeit,
die auch zu Änderungen des *Código Civil* geführt hat[29] – auch die Eheschließung vor dem
Notar möglich sein.

2. Stellvertretung und Sonderformen der Eheschließung

Nach spanischem Recht ist die gleichzeitige Anwesenheit beider Ehepartner bei der Vor-   19
nahme der Eheschließung nicht zwingend. Vielmehr kann ein Eheschließender, der nicht
im Bezirk des amtierenden Richters oder Beamten wohnt, die Ehe durch einen Vertreter
schließen (Art. 55 CC), sog. **Handschuhehe**.[30] Dazu benötigt der Vertreter eine spezielle
Vollmacht in öffentlich beglaubigter Form, in der die Person, mit der die Ehe eingegangen
werden soll, genau zu bezeichnen ist. Der andere Ehepartner muss persönlich anwesend
sein. Eine in dieser Form in Spanien geschlossene Ehe ist nach IPR-rechtlichen Grundsätzen
(Art. 11 Abs. 1 EGBGB) auch in Deutschland gültig.

Art. 52 CC sieht eine **Sonderregel** für denjenigen Eheschließenden vor, der sich in Lebens-   20
gefahr befindet (*Matrimonio en peligro inminente de muerte*). Zur Trauung befugt ist dann
u.a. der Kapitän eines Schiffes oder Flugzeuges, auf dem sich der Ehewillige befindet,
bei Soldaten im Felde der unmittelbar höchste Vorgesetzte. In diesem Sonderfall ist bei
nachgewiesener Unmöglichkeit die Anwesenheit der beiden volljährigen Zeugen entbehrlich. Schließlich kann bei Vorliegen eines schwerwiegenden Grundes selbst eine geheime

---

28 Verwaltungsvorschrift der *Dirección General de los Registros y del Notariado* (DGRN) vom 26.1.1995
(BOE Nr. 35/1995 vom 10.2.1995) über die Genehmigung und Anerkennung der vor Bürgermeistern
und Gemeinderatsmitgliedern geschlossenen zivilen Ehe; *Daum*, Länderbericht Spanien, in: *Bergmann/
Ferid/Henrich*, Internationales Ehe- und Kindschaftsrecht, Texte III B 9 mit inhaltlicher Kurzfassung.

29 Ein Teil dieses Gesetzes, betreffend u.a. die Änderungen der Normen über die Ehetrennung und die
Ehescheidung, ist 20 Tage nach Veröffentlichung im BOE in Kraft getreten, die Änderungen des Ehe-
schließungsrechts indes werden erst am 30.6.2017 in Kraft treten, siehe auch den Hinweis bei *Henrich*,
FamRZ 2015, 1572.

30 Zu dieser im Internationalen Privatrecht gängigen Bezeichnung für die Eheschließung durch Stellvertreter, besonders im islamischen Rechtskreis praktiziert, siehe nur *Kegel/Schurig*, Internationales Privatrecht, § 20 IV 2 a (S. 696).

Ehe (*Matrimonio secreto*) gem. Art. 54 CC durch den Justizminister zugelassen werden (Art. 54 CC).[31]

3. Eheschließung spanischer Staatsangehöriger im Ausland

21   Spanier können auch im **Ausland** wirksam eine Ehe schließen. Zunächst besteht die Möglichkeit, die Ehe in der Form einzugehen, die durch das Recht am Ort der Eheschließung vorgeschrieben ist (Art. 49 Abs. 2 CC). Zu beachten ist dabei, dass Ausländer, die in Deutschland die Ehe eingehen wollen, nach § 1309 Abs. 1 BGB grundsätzlich eines **Ehefähigkeitszeugnisses** bedürfen. Dazu sieht die Standesregisterverordnung in Art. 252 vor, dass ein derartiges Zeugnis bereits in Spanien durch den für die Ausfertigung der Urkunde Zuständigen ausgestellt werden kann. Hierzu müssen die Eheschließenden noch in Spanien ihre Absicht kundgetan haben, im Ausland in der dort vorgeschriebenen Form heiraten zu wollen. Die Gültigkeit dieses (in Spanien für den Gebrauch im Ausland) ausgestellten Zeugnisses ist auf **sechs Monate ab Ausstellung** begrenzt. Zum anderen können Spanier im Ausland auch vor der diplomatischen oder konsularischen Vertretung Spaniens, die im Ausland mit dem Personenstandsregister befasst ist, nach spanischem Recht die Ehe schließen (Art. 51 Abs. 3 CC).[32] Nach der Rechtsprechung des spanischen Obersten Gerichtshofes, des *Tribunal Supremo* (TS), stehen wesentliche Mängel, die zur Nichtigkeit der von Spaniern im Ausland geschlossenen zivilen Ehe führen, der zivilrechtlichen Wirksamkeit *inter partes*, d.h. zwischen den Ehegatten einerseits und im Verhältnis zu den aus der Ehe hervorgegangenen Kindern anderseits, nicht entgegen, wenn die Verlobten die Ehe in gutem Glauben eingegangen sind. Dies folge – so der TS – aus der widerlegbaren Vermutung des gefestigten Zusammenlebens der Ehegatten (Art. 69 CC).

IV. Religiöse Eheschließung

22   Für den spanischen Rechtskreis keine Besonderheit ist es, dass die Ehe auch allein in **religiöser Form** geschlossen werden kann. Hierzu schreibt der *Código Civil* lediglich die Einhaltung derjenigen Form vor, die eine eingetragene Religionsgemeinschaft vorsieht (Art. 59 CC). Anerkannt zur Durchführung einer Eheschließung sind damit neben den beiden christlichen Kirchen (des kanonischen Rechts für die katholische Kirche) die Formen des Judentums und des Islam.[33] Eine vorherige oder zusätzliche Ziviltrauung ist nicht vorgeschrieben. Die kirchliche Eheschließung stellt eine **selbstständige Alternative zur reinen Zivilehe** dar und entfaltet die gleichen zivilrechtlichen Wirkungen wie diese (Art. 60 CC). Allerdings bedarf es zur vollen Anerkennung – wie für die Zivilehe auch – der Eintragung der Ehe ins Standesregister (*Registro Civil*), Art. 61 Abs. 2 CC (mit detaillierter Einzelregelung in den Art. 61–65 CC: „Die Eintragung der Eheschließung in das Zivilregister").[34]

---

31   Siehe *Serrano Alonso*, El nuevo Matrimonio Civil – Estudios de las Leyes 13/2005, de 1 de julio, y 15/2005, de 8 de julio, de Reforma del Código Civil, S. 63 f. zu diesen beiden Sonderformen.

32   Die Norm entspricht damit Art. 13 Abs. 3 S. 2 EGBGB.

33   Siehe etwa *Serrano Alonso*, El nuevo Matrimonio Civil – Estudios de las Leyes 13/2005, de 1 de julio, y 15/2005, de 8 de julio, de Reforma del Código Civil, S. 62.

34   Beachtung findet zudem die „Verwaltungsvorschrift der Generaldirektion für Register und Notariate vom 10.2.1993 betreffend die Eintragung bestimmter in religiöser Form vorgenommener Eheschließungen in das Zivilregister" (siehe *Daum*, Länderbericht Spanien, in: *Bergmann/Ferid/Henrich*, Internationales Ehe- und Kindschaftsrecht, Texte III B 8 mit inhaltlicher Kurzfassung).

V. Kollisionsrecht der Eheschließung

Die Regelungen des spanischen IPR finden sich im *Titulo Prelimar* des *Código Civil* (CC),[35] insbesondere in den Art. 8–12 CC.[36] Nach Art. 9.1 CC regelt das Personalstatut die Geschäftsfähigkeit und den Personenstand, die Rechte und Pflichten der Familie und die Erbfolge von Todes wegen; es wird bestimmt durch die Staatsangehörigkeit. Damit richten sich die Voraussetzungen einer Eheschließung für spanische Brautleute nach spanischem Sachrecht als ihrem Heimatrecht.   **23**

C. Ehewirkungen

I. Allgemeine Grundsätze

Art. 66 und 67 CC enthalten die Grundsätze der aus der geschlossenen Ehe resultierenden Wirkungen, wonach die Ehepartner in ihren **Rechten und Pflichten gleichgestellt** sind.[37] Sie sind verpflichtet, einander zu achten, gegenseitig zu helfen und im Interesse der Familie zu handeln.[38] Des Weiteren sind die Ehegatten ausdrücklich zum Zusammenleben und zur Wahrung der gegenseitigen Treue verpflichtet (Art. 68 CC); dabei wird – vorbehaltlich gegenteiligen Beweises – gesetzlich vermutet, dass die Ehegatten auch tatsächlich zusammenleben (Art. 69 CC). Sie bestimmen gemeinsam den ehelichen Wohnsitz; bei Uneinigkeit entscheidet ein angerufenes Gericht unter Berücksichtigung des Familieninteresses (Art. 70 CC).   **24**

II. Ehegüterrecht

1. Vorbemerkung

Die Eigenart Spaniens als interlokal gespalteter **Mehrrechtsstaat** kommt gerade auf dem Gebiet des **Ehegüterrechts** zum Tragen (vgl. Rdn 8–10). Der gewohnten Sichtweise des deutschen Rechtsanwenders folgend wird hier gleichwohl zunächst die Rechtslage nach dem gemeinspanischen *Código Civil* dargestellt und erst dann werden die im konkreten Fall ggf. vorrangig zur Anwendung kommenden besonderen Regelungen der verschiedenen **Foralrechte** aufgezeigt. Zur nicht nur unerheblichen Bedeutung des ehelichen Güterrechts für das Ehegattenerbrecht sei hier nur auf die diesbezügliche Darstellung von *Steinmetz/*   **25**

---

35 Artikel des spanischen *Código Civil*, im Original mit deutscher Übersetzung bei *Peuster*, Código Civil – Das spanische Zivilgesetzbuch, S. 8–23.

36 Zudem enthält Art. 107 CC eine Sonderregel zum spanischen internationalen Trennungs- und Scheidungsrecht. Zur Zulässigkeit der Eheschließungsmöglichkeit gleichgeschlechtlicher Paare, wenn einer der Ehegatten die spanische Staatsangehörigkeit und der andere eine ausländische Staatsangehörigkeit besitzt, enthält der „Runderlass der Generaldirektion für Register und Notariate über Ziviltrauungen zwischen Personen gleichen Geschlechts" vom 29.7.2005 (BOE vom 8.8.2005, S. 27817) eine ausführliche „Handlungsanweisung" zu entsprechenden IPR-Fragen; zum Inhalt des Runderlasses siehe *Daum*, Länderbericht Spanien, in: *Bergmann/Ferid/Henrich*, Internationales Ehe- und Kindschaftsrecht, Texte III B 10, S. 106–109.

37 Ergänzend hierzu bestimmt Art. 71 CC ausdrücklich, dass keiner der Ehegatten „sich der Vertretung für den anderen berühmen kann, ohne dass sie ihm zuvor übertragen worden ist".

38 Beide Artikel sind durch das o.g. Gesetz Nr. 13/2005 (Zulassung der gleichgeschlechtlichen Ehe) im Wortlaut geändert worden: Wo zuvor ausdrücklich von „Ehemann und Ehefrau" und deren Pflichten die Rede war, heißt es nunmehr allgemein und geschlechtneutral „die Ehegatten" (*cónyuges*).

Huzel

Huzel/García Alcázar im Länderbericht Spanien in dem Werk „Erbrecht in Europa", 3. Aufl. 2015, verwiesen.[39]

2. Allgemeinspanisches Recht

a) Gemeinsame Regeln für alle Güterstände

26 Das spanische Recht des *Código Civil* geht von der Vertragsfreiheit im Ehegüterrecht aus. Systematisch ist es i.Ü. als Teil des Buches 4 über Obligationen und Verträge behandelt, hier als Erster der im Einzelnen behandelten Verträge. Dem **Grundsatz der Privatautono-mie** auch im Ehegüterrecht folgend, können die Ehegatten **ehevertraglich** einen bestimmten Güterstand vereinbaren (Art. 1315 CC) und untereinander alle Arten von Verträgen schlie-ßen (Art. 1323 CC). Mangels wirksamer vertraglicher Güterstandsvereinbarung gilt das System der *„Sociedad de Gananciales"* – die **Errungenschaftsgemeinschaft** – als gesetzli-cher Güterstand (Art. 1316 CC). Vertragliche Güterstände sind der **Güterstand der Teil-habe** (*Régimen de Participaçión*– Art. 1411–1434 CC[40]) und die **Gütertrennung** (Art. 1435–1444 CC).

27 **Änderungen** des Güterstands während bestehender Ehe sind möglich, doch beeinträchtigen sie die von Dritten bereits erworbenen Rechte nicht (Art. 1317 CC). Ehegatten, die sich vertraglich für einen Wahlgüterstand entschieden haben, können also auch während der Ehe durch Ehevertrag ihren Güterstand abändern und die Errungenschaftsgemeinschaft oder einen anderen Güterstand vereinbaren (Art. 1435 a.E. CC).

28 Unabhängig vom Güterstand haben beide Ehegatten die Pflicht, mit ihrem jeweiligen Ver-mögen für **Verbindlichkeiten aus der Ehe** einzustehen (Art. 1318 Abs. 1 CC). Bei einem Verstoß gegen diese Pflicht sind auf Antrag des anderen Ehegatten gerichtliche Vorsorge-maßnahmen und Anordnungen möglich (Art. 1318 Abs. 2 CC).

29 Auch das spanische Recht sieht in Art. 1319 Abs. 1 CC das Recht eines jeden Ehegatten vor, die zur **angemessenen Deckung des Lebensbedarfs** erforderlichen Geschäfte vorzu-nehmen. Für die Begleichung der daraus begründeten Verbindlichkeiten ist vorrangig das gemeinschaftliche Vermögen oder das eigene Vermögen des handelnden Ehegatten, nur hilfsweise das des anderen Ehegatten einzusetzen (Art. 1319 Abs. 2 und 3 CC). Über die **Familienwohnung** und über das von der Familie benutzte Mobiliar kann – selbst wenn die Wohnung einem der Ehegatten allein gehört – grundsätzlich nur mit Zustimmung des anderen Ehegatten verfügt werden oder ggf. mit richterlicher Ermächtigung (Art. 1320 CC).

b) Errungenschaftsgemeinschaft als gesetzlicher Güterstand

aa) Grundlagen – Rechtscharakter

30 Die *Sociedad de Gananciales* als gesetzlicher Güterstand stellt ursprüngliches Recht des *Código Civil* dar und geht auf mittelalterliche Vorbilder zurück, basiert also nicht auf der Vorstellung von Gleichberechtigung von Mann und Frau und einer entsprechenden

---

39 *Steinmetz/Huzel/García Alcázar*, in: *Süß*, Erbrecht in Europa, 3. Aufl. 2015, Länderbericht Spanien, S. 1288 f. Rn 37 ff.

40 *Daum*, Länderbericht Spanien, in: *Bergmann/Ferid/Henrich*, Internationales Ehe- und Kindschafts-recht, S. 77 spricht bei *„regimen de participaçión"* durchweg von „Zugewinngemeinschaft" – hier und nachfolgend wird indes, um diesen Wahlgüterstand spanischen Rechts von dem gesetzlichen Güter-stand der Zugewinngemeinschaft deutschen Rechts abzugrenzen, vom (spanischen) Güterstand der Teilhabe gesprochen.

(jüngeren) Familienrechtsreform. Die Errungenschaftsgemeinschaft spanischen Rechts wird häufig mit der deutschen Zugewinngemeinschaft verglichen, doch handelt es sich hier um eine echte Gemeinschaft zur gesamten Hand (*comunidad en mano común* oder *mancomunidad*), um echtes **Gesamthandseigentum** im Sinne von gesamthänderischem Eigentum[41] der Ehegatten (Art. 1344 CC).

bb) Vermögensmassen

In der Errungenschaftsgemeinschaft wird zwischen **drei Vermögensmassen** unterschieden: das Gesamtgut, das beiden Ehegatten zur gesamten Hand zusteht (d.h. das gemeinsame Vermögen oder Errungenschaftsgut), sowie das Sondergut des einen und das des anderen Ehegatten.   31

Gemeinsames Vermögen der Ehegatten ist nach dem Grundsatz in Art. 1344 CC dasjenige, das jeder von ihnen während der Dauer der Ehe als Gewinn oder Ertrag erhält. Nach Auflösung der Gemeinschaft wird ihm davon die Hälfte zugewiesen. Grundsätzlich wird bis zum Beweis des Gegenteils vermutet, dass das Vermögen der Eheleute gemeinsames Vermögen ist (Art. 1361 CC). Zum **Gesamtgut** gehören nach Art. 1347 CC: 32
– der während der Ehe erwirtschaftete Arbeitslohn oder Gewerbeertrag jedes der beiden Ehegatten;
– die Früchte, Renten und Zinsen aus dem Gesamtgut wie aus dem Sondergut;
– die mit Mitteln des gemeinsamen Vermögens entgeltlich erworbenen Vermögensgegenstände unabhängig davon, ob der Erwerb für die Gemeinschaft oder nur für einen der Ehegatten stattfindet;
– während der Ehe gegründete Unternehmen und Gesellschaftsbeteiligungen, soweit sie mit Mitteln des gemeinsamen Vermögens finanziert wurden.

Zudem können bestimmte entgeltlich erworbene Güter durch Vereinbarung der Ehegatten, unabhängig davon, mit welchem Vermögen sie erworben wurden, zu gemeinsamen Gütern bestimmt werden (Art. 1355 CC).

Sondervermögen eines jeden Ehegatten ist demgegenüber nach Art. 1346 CC: 33
– das von den Ehegatten in die Ehe eingebrachte Vermögen;
– das während der Ehe unentgeltlich erworbene Vermögen oder was der Ehegatte als Ersatz für oder auf Kosten seines Sondervermögens erwirbt;
– die Vermögenswerte, die von einem Ehegatten aufgrund eines Vor- oder Rückkaufsrechts erworben wurden;
– während der Ehe erlangte höchstpersönliche, nicht übertragbare Rechte sowie persönliche Schadensersatzleistungen;
– Kleidungsstücke und Gegenstände des persönlichen Gebrauchs, die keinen außergewöhnlichen Wert haben;
– Gegenstände, die nur von einem Ehegatten zur Ausübung seines Berufs benötigt werden.

Beim Erwerb von Gegenständen mittels **Ratenkaufs** entscheidet über die Vermögenszuordnung, ob die erste Rate unabhängig von deren Höhe aus Mitteln des Gesamtguts oder des Eigenguts eines Ehegatten bestritten wurde. Wenn die erste Zahlung Eigencharakter hatte, zählt auch der Erwerbsgegenstand zum Sondergut (Art. 1356 CC). Ausgeschlossen ist indes,   34

---

41 Vgl. etwa *Martín-Casals*, Grundzüge der vermögensrechtlichen Situation von Ehegatten und nichtehelichen Lebensgemeinschaften im spanischen und katalanischen Recht, in: *Henrich/Schwab* (Hrsg.), Eheliche Gemeinschaft, Partnerschaft und Vermögen im europäischen Vergleich, S. 285.

Huzel

einen Gegenstand durch vertragliche Bestimmung zu Sondervermögen (Eigengut) zu machen (vgl. Art. 1355 CC – *argumentum e contrario*).[42]

cc) Lasten der Errungenschaftsgemeinschaft und Verwaltung

35   Das Gesamtgut der Errungenschaftsgemeinschaft ist zunächst naturgemäß für den Unterhalt der Familie, zur Ernährung und Erziehung der gemeinsamen Kinder und für den Lebensstandard der Familie angemessen einzusetzen (Art. 1362 CC). Daneben sind aus Mitteln des Gesamtguts die Kosten zu bestreiten, die mit dem Erwerb, Besitz und Genuss der gemeinsamen Güter sowie mit der **gewöhnlichen Verwaltung des Eigenguts** eines jeden Ehegatten verbunden sind. Auch die Kosten aus dem gewöhnlichen Betrieb eines Handelsgeschäfts eines Ehegatten oder aus anderen beruflichen Verpflichtungen gehen zu Lasten des gemeinsamen Vermögens. Für die **Verwaltung** der Errungenschaftsgemeinschaft gilt auch der **Grundsatz der Parteiautonomie:** Fehlt eine entsprechende Vereinbarung im Ehevertrag, so steht die Verwaltung beiden Eheleuten gemeinschaftlich zu (Art. 1375 CC). Erforderlichenfalls kann die fehlende Zustimmung eines Ehegatten durch richterliche Entscheidung ersetzt werden (Art. 1376 CC). Dem Prinzip der echten Gesamthandsgemeinschaft entsprechend können die Ehegatten sowohl entgeltliche als auch unentgeltliche Verfügungen über Bestandteile des Gesamtguts nur gemeinsam vornehmen (Art. 1377 f. CC). Folgerichtig bestimmt Art. 1378 CC ausdrücklich, dass unentgeltliche Verfügungen, denen nicht beide Ehegatten zugestimmt haben, nichtig sind. Ein Ehegatte allein kann nur dringend erforderliche Ausgaben tätigen, wenn diese den Charakter einer Notmaßnahme haben, auch wenn es sich dabei um außergewöhnliche Ausgaben handelt (Art. 1386 CC). Ebenfalls kann jeder Ehegatte allein, ohne Zustimmung des anderen, entsprechend den Lebensgewohnheiten und dem Lebensstandard der Familie den Teil des gemeinsamen Vermögens im voraus für sich in Anspruch nehmen, den er für die Ausübung seines Berufs und zur Verwaltung seines Vermögens benötigt; gefordert wird aber die Kenntnis des anderen Ehegatten (Art. 1382 CC). Hieraus folgt zudem, dass das jeweilige **Eigengut** von jedem Ehegatten allein verwaltet wird. Schließlich kann jeder Ehegatte **testamentarisch** nur über seine Hälfte der Errungenschaftsgüter verfügen (Art. 1379 CC).

dd) Auflösung und Abwicklung der Sociedad de Gananciales

36   Die Errungenschaftsgemeinschaft **endet** durch Vereinbarung eines anderen Güterstands sowie, wenn die Ehe aufgelöst oder für nichtig erklärt wird oder wenn das Gericht die Trennung der Eheleute ausspricht (Art. 1392 CC). Weitere Auflösungstatbestände – jeweils durch gerichtliche Entscheidung auf Antrag eines Ehegatten – nennt Art. 1393 CC. So kann die Errungenschaftsgemeinschaft gerichtlich aufgelöst werden, wenn der andere Ehegatte für geschäftsunfähig oder für verschollen erklärt worden ist, wenn über sein Vermögen das Konkursverfahren eröffnet oder er wegen Verlassens der Familie verurteilt worden ist; das Gleiche gilt, wenn der (andere) Ehegatte Vermögensrechte des Antragstellers in der Gesellschaft durch einseitige Verfügungen schädigt oder gefährdet sowie wenn er länger als ein Jahr tatsächlich getrennt lebt oder wenn er gröblich die Pflicht verletzt, über den Gang oder die Erträge seiner wirtschaftlichen Betätigung Auskunft zu geben.

37   Ist die Gemeinschaft aufgelöst, erfolgt ihre **Abwicklung** nach den Art. 1396 ff. CC. Nach Erstellung eines Inventars mit den Aktiva (Art. 1397 CC) und den Passiva (Art. 1398 CC)

---

42 Die aufgezeigten Grundsätze zum Gesamtgut werden durch die Art. 1348–1361 CC weiter ausdifferenziert; vgl. dazu den Wortlaut der Normen, etwa bei *Peuster*, Código Civil – Das spanische Zivilgesetzbuch, S. 692–697.

der Errungenschaftsgemeinschaft sind an erster Stelle die Gläubiger der Gemeinschaft zu befriedigen (Art. 1399, 1402 CC). Dabei sind die gezahlten Schulden ggf. vom Anteil desjenigen Ehegatten abzuziehen, der sie verursacht hat.[43] Das dann verbleibende Vermögen bildet das Guthaben der Gemeinschaft, das je zur Hälfte auf die Ehegatten oder ihre jeweiligen Erben aufgeteilt wird (Art. 1404 CC). Der Ehegatte, der im Zeitpunkt der Auflösung der Errungenschaftsgemeinschaft Gläubiger des anderen ist, kann Begleichung seiner Forderungen aus dem gemeinsamen Vermögen verlangen, sofern der andere nicht freiwillig zahlt (Art. 1405 CC). Hervorzuheben ist daneben, dass jeder Ehegatte nach Art. 1406 CC ein Recht zur **bevorrechtigten Aussonderung** folgender Gegenstände hat, d.h. Zuweisung in sein Eigengut:

- Gegenstände des persönlichen Gebrauchs, die nicht bereits Teil des Eigenguts des betreffenden Ehegatten sind;
- der Landwirtschafts-, Handels- oder Gewerbebetrieb (mit den entsprechenden Ausstattungsgegenständen), den er geführt hat;
- die Räumlichkeiten, in denen er seinen Beruf ausgeübt hat;
- im Falle des Todes des anderen Ehegatten die Wohnung, in der er den gewöhnlichen Aufenthalt hat.

Um nicht „zuviel" zu erlangen und zur Erstattung des seinen Anteil übersteigenden Wertes verpflichtet zu sein, kann der Ehegatte hinsichtlich der beiden letztgenannten Fälle des Art. 1406 CC wählen, ob er statt des Eigentums lediglich ein **Nutzungsrecht** an ihnen begründen will. Denn grundsätzlich gilt: Wenn der Wert der ausgesonderten Gegenstände den (hälftigen) Anteil des betreffenden Ehegatten am Auseinandersetzungsguthaben übersteigt, so ist dieser zur Vergütung der Differenz in Geld verpflichtet (Art. 1407 CC). 38

c) Wahlgüterstände und güterrechtliche Vereinbarungen

Als Ehevertrag erfordert auch der **Ehegütervertrag** zu seiner Gültigkeit eine öffentliche Beurkundung (d.h. mittels *escritura pública*, Art. 1327 CC). Eheverträge können generell vor wie nach der Eheschließung abgeschlossen werden (Art. 1326 CC). Spätere Vertragsänderungen sind auf der ursprünglichen Vertragsurkunde zu vermerken (Art. 1332 CC). Eine gerichtliche Genehmigung des Eheguervertrages ist nicht erforderlich. Vorgeschrieben ist indes die Eintragung des Ehevertrages ins **Zivilstandsregister**. Sofern hiervon auch Grundstücke betroffen sind, ist der entsprechende Ehevertrag nach den Bestimmungen des Hypothekengesetzes im Eigentumsregister (das spanische Grundbuch) einzutragen (Art. 1333 CC). Wirksamkeitsvoraussetzung ist die Eintragung damit aber nicht. 39

Als **Wahlgüterstand** nach gemeinspanischem Recht kann der **Güterstand der Teilhabe** (*régimen de participación*; siehe Rdn 26 Fn 40) vereinbart werden. Dieser Güterstand ist der Zugewinngemeinschaft des BGB insofern vergleichbar, als jeder Ehegatte das Recht hat, an den Gewinnen teilzuhaben, die der andere während des Bestehens des Güterstands der Teilhabe erhält und bei Beendigung des Güterstands ein Zugewinnausgleich stattfindet (Art. 1411 CC). Gemeinsames Vermögen kennt dieser Güterstand nicht; jeder Ehegatte verwaltet sein eigenes Vermögen selbst (Art. 1412 CC). Wer den höheren Zugewinn erwirtschaftet hat, ist bei Auflösung des Güterstands schuldrechtlich zum Ausgleich verpflichtet. Wie im deutschen Recht errechnet sich der **Zugewinn** aus der Differenz zwischen Anfangs- und Endvermögen. Dabei wird zum Anfangsvermögen neben dem in den Güterstand eingebrachten Vermögen auch das durch Erbschaft, Schenkungen oder Vermächtnis erworbene Vermögen hinzugerechnet (Art. 1418 CC). Die **Ausgleichsforderung** besteht dann in der 40

---

43 Vgl. den Wortlaut des Art. 1403 CC.

Huzel

Hälfte der Differenz zwischen dem Zugewinn beider Ehegatten (Art. 1427 CC). Eine hiervon abweichende Vereinbarung, d.h. ein anderer als der hälftige Ausgleich, darf nicht vereinbart werden, wenn andere als gemeinschaftliche Abkömmlinge vorhanden sind (Art. 1430 CC). Es handelt sich dabei grundsätzlich um eine Geldforderung, ausnahmsweise kann das Gericht auch einzelne Vermögensgegenstände zuordnen (Art. 1431, 1432 CC).

41   Bei dem weiteren Wahlgüterstand der **Gütertrennung** (*separación de bienes*, Art. 1435 CC) kann jeder Ehegatte selbstständig über sein Vermögen verfügen (Art. 1412 CC). Die Gütertrennung gilt – außer im Fall der ausdrücklichen vertraglichen Vereinbarung – auch dann als Güterstand, wenn die Ehegatten im Ehevertrag vereinbart haben, dass zwischen ihnen nicht der Güterstand der Errungenschaftsgemeinschaft gelten soll ohne gleichzeitige Bestimmung eines anderen Güterstands oder wenn während der Ehe der Güterstand der Errungenschaftsgemeinschaft oder der Teilhabe endet, ohne dass die Eheleute ausdrücklich einen anderen Güterstand bestimmen (Art. 1435 Abs. 2 und 3 CC).

3. Güterstände der Foralrechte

42   In einigen der Partikularrechte der autonomen Gemeinschaften, den Foralrechten, weicht der gesetzliche Güterstand vom gemeinspanischen Recht des *Código Civil* ab und gehen dessen Regelungen, wie erwähnt (siehe Rdn 6 und 25), grundsätzlich vor. Im Übrigen gehen auch die Foralrechte weitgehend von der **freien Gestaltungsmöglichkeit** der ehegüterrechtlichen Verhältnisse aus:
–   In **Aragon** ist die Errungenschaftsgemeinschaft gesetzlicher Güterstand (Art. 28 ff. Gesetz Nr. 2/2003). Als Wahlgüterstand kann die Gütertrennung vereinbart werden (Art. 21 ff.). Zudem können durch notariellen Ehevertrag beliebige einzelne abweichende Vereinbarungen getroffen werden (Art. 13).[44]
–   Auf den **Balearen** dagegen gilt die Gütertrennung als gesetzlicher Güterstand (Mallorca und Menorca: Art. 65 i.V.m. Art. 3 Abs. 1 Zivilrechtskompilation; Ibiza/Formentera: Art. 66 Abs. 1 der Kompilation). Abweichende Vereinbarungen sind zulässig, sie bedürfen der notariellen Beurkundung (Art. 3 Abs. 1, Art. 66 Abs. 1 der Kompilation).[45]
–   Das **Baskenland** stellt kein einheitliches Sonderrechtsgebiet dar: Im Gebiet **Biskaya** gilt eine foralrechtliche Güterverbindung (*comunicación foral de bienes*, Art. 95 ff. Foralrecht), d.h. eine Errungenschaftsgemeinschaft. Dabei richtet sich die Unterscheidung in Eigengut und Gesamtgut nach dem gemeinspanischen Recht (Art. 97 Foralrecht i.V.m. Art. 1346 ff. CC). Verfügungen über das Gesamtgut bedürfen der Mitwirkung beider Ehegatten (Art. 99 Foralrecht). In **Álava** und **Gipuzkoa** (moderne Schreibweise von Guipúzcoa) dagegen gilt das gemeinspanische Güterrecht.[46]

---

44 Gesetz Nr. 2 vom 12.2.2003 zur Regelung des Güterstands und des Ehegattenerbrechts, BOE Nr. 62 vom 13.3.2003 und BO de Aragón Nr. 22 vom 24.2.2003 (m. spät. Änd.); Text bzw. Kurzfassung bei *Daum*, Länderbericht Spanien, in: *Bergmann/Ferid/Henrich*, Internationales Ehe- und Kindschaftsrecht, Texte III C „Aragonien" Nr. 4 (S. 119 f.). Zudem gestattet das Gesetz den Parteien, die Wirksamkeit der Regelungen von Bedingungen und Befristungen abhängig zu machen, ihnen sogar Rückwirkung zuzubilligen, unbeschadet der Rechte Dritter; siehe dazu *Martín Casals/Ribot*, FamRZ 2004, 1436 f. auch zur Kritik (dies sei „übertrieben" – insb. die Rückwirkung).

45 Gesetz Nr. 8 vom 28.6.1990 über die Kompilation des Zivilrechts der Balearen, BO de las Illes Balears Nr. 86 vom 17.7.1990; Text bzw. Kurzfassung bei *Daum*, Länderbericht Spanien, in: *Bergmann/Ferid/Henrich*, Internationales Ehe- und Kindschaftsrecht, Texte III C „Balearen" Nr. 2 (S. 131–133).

46 Gesetz Nr. 3 vom 1.7.1992 über das forale Zivilrecht des Baskenlandes, BO del País Vasco Nr. 153 vom 7.8.1992 (m. spät. Änd.); Text bzw. Kurzfassung bei *Daum*, Länderbericht Spanien, in: *Bergmann/Ferid/Henrich*, Internationales Ehe- und Kindschaftsrecht, Texte III C „Baskenland" Nr. 2 (S. 136–138).

- In **Galizien** gilt – bei Fehlen einer Vereinbarung im Ehevertrag (Art. 173 f. Zivilrechtsgesetz) oder deren Unwirksamkeit – als gesetzlicher Güterstand die Errungenschaftsgemeinschaft (Art. 112 Zivilrechtsgesetz; mangels eigener Regelungen sind mithin die entsprechenden Normen des gemeinspanischen Rechts anwendbar).[47]
- Zur Situation in **Katalonien** – Gütertrennung – siehe den Länderbericht von *Ferrer Riba* in diesem Werk.[48]
- In **Navarra** gilt ebenfalls die Errungenschaftsgemeinschaft als gesetzlicher Güterstand (Art. 82 der Zivilrechtskompilation). Hier sind Wahlgüterstände die allgemeine Gütergemeinschaft und die Gütertrennung (Art. 101 f. bzw. 103 f. Kompilation). Ebenso sind besondere Vereinbarungen in einem Ehevertrag zulässig, der der notariellen Beurkundung bedarf (Art. 78 ff. Kompilation).[49]
- In **Valencia** schließlich gibt es erst seit 2007 mit dem Gesetz Nr. 10 vom 20.3.2007 über den Güterstand von Valencia eine eigene Regelung des ehelichen Güterstands: Als gesetzlicher Güterstand wurde – nach dem Vorbild Kataloniens und der Balearen – die Gütertrennung eingeführt (Art. 44 Gesetz Nr. 10/2007).[50]

III. Ehelicher Unterhalt

Die **Unterhaltspflicht** gegenüber dem anderen Ehegatten (bei intakter Ehe) ergibt sich aus Art. 143 Nr. 1 CC. Nach der ausdrücklichen Begriffsumschreibung in Art. 142 CC ist als **Unterhalt** alles zu verstehen, was zum Lebensbedarf, für Unterkunft (Wohnung), Kleidung und ärztliche Versorgung unabdingbar ist. Zum Unterhalt gehören auch die Kosten der Schwangerschaft und der Geburt, sofern sie nicht anderweitig gedeckt sind (Art. 142 Abs. 3 CC).[51] Vorrangiger Unterhaltsschuldner ist stets der Ehegatte (Art. 144 Nr. 1 CC). Bei seiner Unterhaltsverpflichtung handelt es sich um eine höchstpersönliche Verpflichtung; umgekehrt kann auf den Unterhaltsanspruch weder verzichtet, noch kann er auf einen Dritten übertragen werden. Auch eine Aufrechnung gegen Schulden des Unterhaltsberechtigten, die dieser gegenüber dem Unterhaltspflichtigen hat, ist ausgeschlossen (Art. 151 Abs. 1 CC): Erst ist also der Unterhalt gegenüber dem Ehegatten zu leisten, dann kann – bei bestehender Schuld des Unterhaltsempfängers – die eigene Forderung gestellt werden. Lediglich für die Vergangenheit kann auf rückständige Unterhaltsrenten verzichtet und

43

---

47 Gesetz Nr. 2 vom 14.6.2006 über das Zivilrecht in Galizien, BOE Nr. 191 vom 11.8.2006 und BO de Galícia Nr. 124.1 vom 29.6.2006 (m. spät. Änd.); Text bzw. Kurzfassung bei *Daum*, Länderbericht Spanien, in: *Bergmann/Ferid/Henrich*, Internationales Ehe- und Kindschaftsrecht, Texte III C „Galizien" Nr. 2 (S. 145–150).

48 Regelungen im Gesetz Nr. 9/1998 „Familiengesetzbuch" vom 15.7.1998, BOE vom 19.8.1998 und DO de la Generalitat de Catalunya Nr. 2687 vom 23.7.1998 (m. spät. Änd.); Text bzw. Kurzfassung bei *Daum*, Länderbericht Spanien, in: *Bergmann/Ferid/Henrich*, Internationales Ehe- und Kindschaftsrecht, Texte III C „Katalonien" Nr. 3 (S. 170–188).

49 Gesetz Nr. 1 vom 1.3.1973 über das Zivilrecht von Navarra, BOE Nr. 57 vom 7.3.1973 (m. spät. Änd.); Text bzw. Kurzfassung bei *Daum*, Länderbericht Spanien, in: *Bergmann/Ferid/Henrich*, Internationales Ehe- und Kindschaftsrecht, Texte III C „Navarra" Nr. 2 (S. 197–204).

50 Gesetz Nr. 10 vom 20.3.2007 über den Güterstand von Valencia, BOE Nr. 95 vom 20.4.2007 und DO de la Genaralitat Valenciana Nr. 5475 vom 22.3.2007; Text bzw. Kurzfassung bei *Daum*, Länderbericht Spanien, in: *Bergmann/Ferid/Henrich*, Internationales Ehe- und Kindschaftsrecht, Texte III C „Valencia" Nr. 5 (S. 209–211).

51 Art. 142 Abs. 2 CC erfasst die Kosten für Erziehung und Ausbildung des Unterhaltsberechtigten, solange er minderjährig ist und darüber hinaus, wenn die Ausbildung aus nicht von ihm zu vertretenden Gründen noch nicht beendet werden konnte. Des Weiteren werden auch die Beerdigungskosten erfasst – quasi als letzter Ausfluss der Unterhaltspflicht, was sich indes erst in Art. 1894 Abs. 2 CC findet.

gegen sie aufgerechnet werden; auch können der diesbezügliche Anspruch sowie das Recht, den rückständigen Unterhalt klageweise geltend zu machen, übertragen werden – entgeltlich wie unentgeltlich (Art. 151 Abs. 2 CC).[52]

IV. Namensrecht

44 Das spanische **Namensrecht** scheint für den Außenstehenden auf den ersten Blick wenig durchschaubar. Im Grunde erklärt es sich wie folgt: Jeder Spanier führt zwei Nachnamen (*apellidos*) – jeweils den ersten des Vaters und den ersten der Mutter; nicht selten ist dabei der erste der beiden Nachnamen der Geläufige. So heißt der bekannte spanische Zivilrechtler *Manuel Albaladejo* (Vatername) *García* (Muttername); bekannt ist er indes schlicht als *Albaladejo*.[53] Unter **Nachnamen** wird in den namensrechtlichen Vorschriften des *Código Civil* wie auch in denen der Personenstandsgesetze der bürgerlichrechtliche Familienname verstanden, unter dem eine rechtsfähige Person im Rechtsverkehr und im zivilen und im Rechtsleben auftritt. Im Falle der Heirat ändern sich die Nachnamen der beiden Ehepartner grundsätzlich nicht (Art. 194 RRC – *Reglamento del RegistroCivil*)[54] Das spanische Namensrecht kennt keinen solchen Ehe- und Familiennamen, wie er im deutschen Recht existiert. Insbesondere ist weder im *Código Civil* noch in den Vorschriften des Personenstandsregisterrechts (*Ley del Registro Civil – LRC* bzw. *Reglamento del RegistroCivil – RRC*) ein solcher vorgesehen. Die Verordnung über das Personenstandsregister sieht demzufolge in Art. 137 Nr. RRC vor, dass die verheiratete Frau ihren eigenen Namen weiterführt.[55] Sie ist jedoch befugt, den Namen des Ehepartners (bislang also des Mannes) ihrem eigenen Nachnamen durch das Bindewörtchen „de" gewissermaßen anzuhängen und auch als sog. Gebrauchsnamen im täglichen Leben zu führen:

Beispiel: Heiratet *Maria SANCHEZ PUENTE* den *Emilio GARCIA LOPEZ*, so heißt sie als verheiratete Frau weiterhin *M. SANCHEZ PUENTE*, darf jedoch auch den Namen *SANCHEZ PUENTE de GARCÍA* führen (*de García* steht damit im Gesellschaftsleben erkennbar als Hinweis darauf, dass *Maria Sanchez* verheiratet ist – und zwar mit Señor *GARCÍA*).[56] Allerdings ist die verheiratete Frau gehalten, im Rechtsverkehr und gegenüber der Verwaltung ihren gesetzlichen Namen zu führen.

---

52 Für die Geltendmachung rückständigen Unterhalts ist auf die Verjährung nach Art. 1966 Abs. 1 CC hinzuweisen: Dieser Anspruch verjährt innerhalb von fünf Jahren. Dagegen ist der (gegenwärtige und zukünftige) Unterhaltsanspruch als solcher naturgemäß unverjährbar.

53 Beim ehemaligen Ministerpräsidenten Spaniens verhält es sich allerdings umgekehrt: Er heißt mit vollem Namen *José Luis Rodríguez Zapatero* (so wurde der Name etwa auch bei Gesetzesverkündungen im BOE genannt), zumindest hierzulande wird bzw. wurde er indes allein mit *Zapatero* zitiert und benannt und nicht mit (dem wohl häufigeren Namen) *Rodriguez*.

54 *Luces Gil*, El nombre de las personas naturales en el ordenamiento jurídico español, S. 149.

55 Nach Zulassung der gleichgeschlechtlichen Ehe mit umfänglicher rechtlicher Gleichstellung gilt dies nunmehr auch für die Ehegatten gleichen Geschlechts.

56 Während es früher für verheiratete Frauen eher gebräuchlich war, auch den Namen des Ehemannes zu führen (wohl auch als Ausdruck eines gewissen Stolzes einer verheirateten Frau – Zugehörigkeit zu ihrem Mann) – wobei auch die Verbindung beider Nachnamen statt mit „de" durch „y" (und) nicht unüblich ist (in Katalonien steht immer das „i") –, entspricht es heutzutage eher dem Zeitgeist, (allein) seinen eigenen Namen – auch nach der Heirat – zu führen.

V. Sonstige Ehewirkungen

Weitere Ehewirkungen bzw. eine besondere Behandlung der Person wegen ihres Standes [45] „verheiratet" finden sich auch an bisweilen unvermuteter Stelle. Exemplarisch sei hier das **Insolvenzgesetz** von 2003[57] mit seiner Regelung in Art. 78 genannt: „Bei Erklärung der Insolvenz durch eine verheiratete Person, die im Güterstand der Gütertrennung lebt, wird zugunsten der Insolvenzmasse und vorbehaltlich des Gegenbeweises angenommen, dass die Mittel, die aus dem Vermögen des Schuldners stammen und mit denen dessen Ehepartner bei einem entgeltlichen Gütererwerb an einen Dritten leistet, dem Ehepartner zuvor durch Schenkung übertragen worden waren" (Art. 78.1). Im Rahmen der zwangsweisen Abwicklung der Errungenschaftsgemeinschaft ist nach der Spezialregelung des Art. 78.4 vorgesehen, dass „der Ehepartner des Schuldners das Recht hat, dass die Ehewohnung vorrangig dem eigenen Guthaben zugerechnet wird, soweit dieses reicht oder wenn er, falls der Wert der Wohnung das Guthaben übersteigt, den Unterschied in Geld vergütet". Des Weiteren werden hier „die Güter, die von beiden Ehepartnern mit *pacto de sobrevivencia*[58] erworben wurden, bei der Insolvenz eines Partners als teilbar angesehen", dabei wird dann die dem Schuldner zustehende Hälfte der Insolvenzmasse zugerechnet (Art. 78.2).

VI. Möglichkeiten vertraglicher Gestaltungen

Ausgehend vom Prinzip der **Vertragsfreiheit** und des seit 1975 unbedingt geltenden Gleich- [46] heitsgrundsatzes können die Ehegatten untereinander jede Form von Vertrag schließen und sich gegenseitig Vermögensgegenstände und Rechte übertragen (Art. 1323 CC; siehe Rdn 26). Durch das Reformgesetz 13/2005 wird der Grundsatz insofern bestätigt, als die ursprüngliche Fassung, die von „*el marido y la mujer*" (der [Ehe-]Mann und die [Ehe-]Frau) sprach, durch das allgemeine „*los conyúges*" (die Eheleute) ersetzt wurde. Diese mithin auch und gerade den Ehegatten untereinander gewährte vertragliche Gestaltungsfreiheit wird in weiteren Normen aufgegriffen und bestätigt, so in Art. 1458 und 1541 CC, wonach sich die Ehegatten ausdrücklich wechselseitig Vermögensgegenstände verkaufen bzw. tauschen können. Damit bekennt sich der Gesetzgeber klar zum Prinzip der Vertragsfreiheit auch zwischen den Ehegatten untereinander.[59]

VII. Kollisionsrecht der Ehefolgen

Das auf die **allgemeinen Ehewirkungen** – ohne das Ehegüterrecht (siehe Rdn 49) – anwend- [47] bare Recht bestimmt sich aus Sicht des spanischem Internationalen Privatrechts nach der Kollisionsnorm des Art. 9.2 CC. Danach ist für die Bestimmung des **Ehewirkungsstatuts**
– zunächst auf das gemeinsame Heimatrecht der Eheleute bei Eheschließung abzustellen;
– bei Fehlen dieses Rechts auf das Heimatrecht oder das des gewöhnlichen Aufenthalts eines jeden von ihnen, welches von beiden vor der Eheschließung – und zwar in einer mit öffentlichem Glauben versehenen Urkunde – gewählt worden ist;
– bei Fehlen einer solchen Rechtswahl auf das Recht des gewöhnlichen Aufenthalts unmittelbar nach der Eheschließung und
– letztlich – bei Fehlen eines solchen Aufenthalts – auf das Recht des Ortes der Eheschließung.

---

57 Gesetz Nr. 22/2003 vom 9.7.2003 (BOE Nr. 164 vom 10.7.2003).
58 Siehe *Ferrer Riba*, Länderbericht Katalonien, Rn 7 in diesem Werk.
59 Vgl. *Serrano Alonso*, El nuevo Matrimonio Civil – Estudios de las Leyes 13/2005, de 1 de julio, y 15/2005, de 8 de julio, de Reforma del Código Civil, S. 80.

48 Die Norm enthält damit eine vierstufige Anknüpfungsleiter eigener Art und ist mit der im deutschen IPR sog. Kegel'schen Leiter in Art. 14 EGBGB nur der Struktur nach vergleichbar. Die Wirkungen der Ehe von spanischen Eheleuten richten sich damit nach spanischem Sachrecht, auch wenn sie nach Eheschließung in Spanien im Zuge der in der EU garantierten Freizügigkeit ihren Wohnsitz etwa nach Deutschland verlegen; Gleiches ergibt sich in diesem Fall aus Sicht des deutschen IPR (Art. 14 Abs. 1 Nr. 1 EGBGB) – Verweisung auf spanisches Recht, das die Verweisung in Art. 9.2 CC annimmt. Hervorhebung verdient zudem die **Unwandelbarkeit** des Ehewirkungsstatuts nach spanischem IPR (Art. 9.2 Hs. 1 CC).

49 Die Bestimmung des **Ehegüterstatuts** erfolgt nach der Sonderregel in Art. 9.3. CC. Danach unterliegen Abmachungen und Eheverträge, durch die das eheliche Güterrecht vereinbart, geändert oder ersetzt wird, entweder dem Recht, welches die Ehewirkungen regelt, also ebenfalls dem Ehewirkungsstatut, oder aber dem Heimatrecht oder dem des gewöhnlichen Aufenthalts einer der Parteien zum Zeitpunkt der Abfassung der Güterrechtsvereinbarung. Infolge der Bezugnahme in Art. 9.3 CC auf das Ehewirkungsstatut des Art. 9.2 CC ist damit auch hier eine entsprechende Rechtswahl für das Güterrechtsstatut zulässig. Somit können im Einzelfall die allgemeinen Folgen einer Ehe und ihre vermögensrechtlichen Auswirkungen verschiedenen Rechten unterliegen.[60]

VIII. Bleiberecht und Staatsangehörigkeit

50 Bei ausländischen Ehegatten von Spaniern stellt sich die Frage nach einem **Bleiberecht** nur, wenn nicht etwa auf die Eheschließung folgend die spanische Staatsangehörigkeit erworben wird. Dabei ist zu unterscheiden zwischen den durch EU-Recht privilegierten EU-Bürgern, Ausländern von Drittstaaten, die Schutz als Flüchtling im Sinne der Genfer Flüchtlingskonvention beanspruchen können, sowie zwischen den übrigen Bürgern aus Drittstaaten. Dem EU-Bürger steht zusammen mit seinem (spanischen) Ehepartner und den übrigen Familienangehörigen aufgrund von EU-Bestimmungen ein garantiertes Dauerbleiberecht zu. Die zweite Kategorie fällt zunächst unter die Bestimmungen des spanischen Ausländerrechts. Als Grundsatz gilt insoweit, dass die Ausländer, die Asyl oder den Status als Flüchtling erhalten haben, ein grundsätzlich vorübergehendes Bleiberecht erhalten, das durchweg so lange besteht, wie die Notsituation, die zur Flucht geführt hat, im Herkunftsland andauert. Eine Ausnahme zu dieser Regel gilt jedoch, wenn der Ehepartner des betreffenden Ausländers die spanische Staatszugehörigkeit besitzt.

51 Im Hinblick auf den möglichen Erwerb der spanischen **Staatsangehörigkeit**[61] durch den ausländischen Ehegatten mit oder infolge der Eheschließung gilt Folgendes: Zwar findet unmittelbar mit der Eheschließung mit einem Spanier weder ein Erwerb der spanischen Staatsangehörigkeit noch der jeweiligen Gebietszugehörigkeit (*Vecindad civil*) des anderen

---

60 Zur Bedeutung des Güterrechtsstatuts für das Erbstatut siehe *Hellwege*, Zur Besteuerung deutsch-spanischer Erb- und Schenkungsfälle, S. 44 ff. (Rn 171–175).

61 Das Staatsangehörigkeitsrecht findet sich im *Código Civil*, dort gleich im Ersten Buch („Von den Personen") in Titel I: „Von den Spaniern und Ausländern", Art. 17–28. Die jetzige Fassung geht zurück auf die grundlegende Reform des Staatsangehörigkeitsrechts durch Gesetz Nr. 18/1990 vom 17.12.1990 (BOE Nr. 302 vom 18.12.1990) mit späteren Änderungen; Text in deutscher Übersetzung bei *Daum*, in: *Bergmann/Ferid/Henrich*, Internationales Ehe- und Kindschaftsrecht, Länderteil Spanien, II B 2, S. 8 ff.

statt,[62] doch kann dem ausländischen Ehegatten auf Antrag die Staatsangehörigkeit wegen Aufenthalts verliehen werden. Während grundsätzlich zehn Jahre rechtmäßiger und dauerhafter Aufenthalt gefordert werden – für Ausländer mit Asyl- oder Flüchtlingsstatus fünf Jahre, für Bürger der ibero-amerikanischen Länder wie auch u.a. Portugals[63] zwei Jahre –, reicht im Fall bestehender Ehe mit einem Spanier bereits ein Jahr aus. Im Zeitpunkt des Antrags auf Verleihung der Staatsangehörigkeit muss der Ausländer also ein Jahr lang mit einem Spanier oder einer Spanierin verheiratet und darf nicht gesetzlich oder faktisch getrennt sein (Art. 22 Abs. 2 lit. d CC).[64] Dieses Recht hat selbst noch der Witwer oder die Witwe eines Spaniers bzw. Spanierin, wenn beim Tod des Ehegatten eine intakte Ehe, mithin keine gesetzliche oder tatsächliche Trennung, bestand (Art. 22 Abs. 2 lit. e CC). Auch hier muss der Aufenthalt rechtmäßig und dauerhaft sein.[65] Neben der geforderten **Mindestaufenthaltsdauer** werden weitere Voraussetzungen für den Erwerb der Staatsangehörigkeit wegen Aufenthalts gefordert: Der Ausländer muss einen bürgerlichen Lebenswandel und ein ausreichendes Maß an Einbindung in die spanische Gesellschaft nachweisen (Art. 22 Abs. 4 CC). Zudem muss er Treue gegenüber dem König und Beachtung der Verfassung und der Gesetze schwören bzw. versprechen. Verlangt wird schließlich der Verzicht auf die frühere Staatsangehörigkeit; hiervon ausgenommen sind die Angehörigen der schon oben genannten privilegierten Länder des spanisch- bzw. portugiesischsprachigen Raums (Art. 23 lit. a und b i.V.m. Art. 24 Abs. 1 CC),[66] bei denen es mithin zu **doppelter Staatsangehörigkeit** kommen kann.

Die besondere **Gebietszugehörigkeit** im Fall der Eheschließung zweier Spanier mit unterschiedlicher *Vecindad civil* ändert sich hierdurch nicht, doch können die Ehegatten – wenn sie nicht gesetzlich oder faktisch getrennt sind – jederzeit für die Gebietszugehörigkeit des anderen optieren (Art. 14.4 CC). Dies geschieht durch Erklärung gegenüber dem Registerbeamten des Standesregisters (*Registro civil*). Ein Ausländer, der nach der Eheschließung mit einem Spanier die spanische Staatsangehörigkeit erwirbt (siehe Rdn 50), kann gem. Art. 15 CC zwischen verschiedenen Gebietszugehörigkeiten wählen, darunter auch die seines Ehegatten.

52

---

62 So aber nach früherem Recht, als die Frau durch die Eheschließung die Staatsangehörigkeit wie auch die Gebietszugehörigkeit des Mannes erwarb, unabhängig von ihrem Willen; vgl. *Serrano Alonso*, El nuevo Matrimonio Civil – Estudios de las Leyes 13/2005, de 1 de julio, y 15/2005, de 8 de julio, de Reforma del Código Civil, S. 75.

63 Im Einzelnen gilt dies für Staatsangehörige kraft Herkunft der ibero-amerikanischen Länder, von Andorra, den Philippinen, Äquatorial-Guinea, Portugal sowie für Sepharden (sefardí – Jude spanischer Herkunft), vgl. Wortlaut Art. 22 Abs. 1 CC.

64 Eine Sonderregel gilt für ausländische Ehegatten von spanischen diplomatischen oder konsularischen Amtsträgern: Nach Art. 22 Abs. 3 S. 2 CC gilt als rechtmäßiger Aufenthalt in Spanien dann das Zusammenleben auch im Ausland, wo der spanische Amtsträger akkreditiert ist.

65 Art. 22 Abs. 3 CC, der zudem noch klarstellt, dass der Aufenthalt dem Antrag unmittelbar vorangehen muss.

66 Nach der Nennung in Art. 23 lit. b i.V.m. Art. 24 Abs. 2 CC sind dies die oben (Fn 63) genannten „privilegierten" Länder.

Huzel

IX. Steuerliche Auswirkungen der Ehe

53   Verheiratete Paare können **gemeinsame oder getrennte Veranlagung** wählen. Das spanische Einkommensteuergesetz[67] geht bei Eheleuten wie bei den übrigen *„Unidades familiares"* von getrennter Veranlagung aus; es kann aber für Zusammenveranlagung optiert werden, die allerdings nur in einigen Fällen günstiger ist, da die Einkünfte aller Mitglieder der Familieneinheit addiert werden (ohne Anwendung eines Splittingtarifs).[68] Steuerabzüge werden für Kinder und ältere mit dem Steuerpflichtigen zusammenlebende Verwandte vorgenommen, ebenso wie für diejenigen, deren Einkünfte unter einem bestimmten Niveau liegen, und für diejenigen, die Kinder unter drei Jahren haben, welche eine Krippeneinrichtung besuchen.

D. Trennung und Scheidung

I. Vorbemerkung: Gemeinsame Aspekte

54   Bis zur Einführung der Scheidung im Jahre 1981 war die **gerichtliche Trennung** (*Separación*) für Eheleute die einzige Möglichkeit, auch räumlich „voneinander" Abstand zu nehmen, ohne dass jedoch das Eheband aufgelöst wurde. Auch nach Zulassung der Scheidung der Ehe dem Bande nach wurde die Trennung als eigenständiges – unabhängig von der Scheidung zu sehendes – Rechtsinstitut beibehalten. Daran hat auch das weitreichende Reformgesetz Nr. 15/2005 vom 8.7.2005 nichts geändert, wie bereits sein voller Name deutlich macht: „Gesetz über die Änderung des *Código Civil* und des Zivilprozessgesetzbuchs auf dem Gebiet des Rechts der Trennung und der Scheidung".[69] Schon hier sei erwähnt, dass das gerichtliche Trennungsverfahren nicht notwendige Voraussetzung für ein folgendes Scheidungsverfahren ist. Beide Verfahren haben indes zum Teil gleiche Rechtsgrundlagen, so dass beide Rechtsinstitute in verschiedenen Normen insbesondere des Zivilprozessgesetzes (LEC) gemeinsam behandelt werden. Gerade was das **Verfahren** angeht, sind Differenzen scheinbar kaum vorhanden – die verschiedenen Ziele – einmal „nur" Trennung, zum anderen Scheidung und damit Auflösung des Ehebandes – machen den Unterschied aus.

II. Trennung

55   Die **gerichtliche Trennung** ist geregelt in den Art. 81–84 CC. Nach wie vor ist die Trennung unabhängig von der Form der Eheschließung möglich, also sowohl bei der zivilen Ehe als auch bei der in religiöser Form geschlossenen Ehe (Art. 81 vor Nr. 1 CC). Im Übrigen aber sind die Normen durch das Reformgesetz Nr. 15/2005 vom 8.7.2005 (siehe Rdn 3 f.)

---

67   *Real Decreto 214/1999, de 5 de febrero, aprueba el Reglamento del Impuesto sobre la Renta de las Personas Físicas y otras normas tributarias*, BOE Nr. 34/1999 vom 9.2.1999 (m. spät. Änd.); dazu *Dechant*, Einkommensteuer, in: *Courage/Dechant/González/Lampreave/Wolf*, Steuerfibel Spanien, 2000, S. 27–56 (29).

68   Vgl. *Dechant*, Einkommensteuer, in: *Courage/Dechant/González/Lampreave/Wolf*, Steuerfibel Spanien, 2000, S. 30 f.

69   *Ley 15/2005, de 8 de julio, por la que se modifica el Código Civil y la Ley de Enjuiciamiento Civil en materia de separación y divorcio*, BOE Nr. 163 vom 9.7.2005 (in Kraft getreten damit am 10.7.2005). S. a. die amtliche Begründung zum Reformgesetz (*Exposición de motivos*), BOE a.a.O.: *„… se mantiene la separación judicial como figura autónoma, para aquellos casos en los que los cónyuges, por las razones que les asistan, decidan no optar por la disolución de su matrimonio."*

grundlegend geändert worden. Entscheidend ist seitdem allein ein bestimmter Fristablauf; auf das Vorliegen eines bestimmten materiellen Trennungsgrundes kommt es nicht mehr an (Art. 82 CC a.F. mit der enumerativen Aufzählung der einzelnen Trennungsgründe wurde komplett aufgehoben). Nach Art. 81 CC kann die gerichtliche Trennung **beantragt** werden, sei es von beiden Ehegatten oder von einem von ihnen mit der Zustimmung des anderen, sobald **drei Monate seit der Eheschließung** verstrichen sind (Art. 81 Nr. 1 CC). Der entsprechenden Klage muss der Vorschlag eines **Regelungsabkommens (betreffend die Folgen der Trennung)** gem. Art. 90 CC beigefügt werden (wie es auch für die Scheidung verlangt wird; siehe im Einzelnen Rdn 64). Nach altem Recht mussten zwölf Monate, d.h. das erste Ehejahr, verstrichen sein.

Zur Begründung der drastischen Vereinfachung der **Voraussetzungen** für die gerichtliche Trennung wie auch für die Scheidung führt der Gesetzgeber in der amtlichen Gesetzesbegründung im Wesentlichen an, damit dem hohen Gut der (Willens-)Freiheit Rechnung zu tragen, dass die Bürger ihre Persönlichkeit entfalten können. Demzufolge sei die Reichweite der Freiheit der Ehegatten auch hinsichtlich der Möglichkeit, die Auflösung der ehelichen Verbindung zu beantragen, entsprechend auszudehnen. Wenn es Wille der Ehegatten sei, die eheliche Verbindung aufzugeben, so könne es nicht auf den Beweis eines bestimmten Grundes ankommen, vielmehr liege der bestimmende Grund in dem im (Trennungs- bzw.)Scheidungsantrag zum Ausdruck kommenden Willen. Um dieses Prinzip der persönlichen (Entfaltungs-)Freiheit zu stärken, genüge es, wenn einer der Ehegatten nicht die Fortsetzung der ehelichen Verbindung wünsche, dass er den (Trennungs- bzw.)Scheidungsantrag stelle. Dafür werde (grundsätzlich) nur das Verstreichen von drei Monaten seit der Eheschließung vorausgesetzt und die Vorlage eines Vorschlags über die Folgen der Trennung.[70]

56

Daneben kann die gerichtliche Trennung auch auf **Antrag** eines einzelnen Ehegatten, ebenfalls unter Einhaltung der Drei-Monats-Frist, angeordnet werden (Art. 81 Nr. 2 CC). Der Ablauf dieser Frist ist indes nicht erforderlich, wenn glaubhaft gemacht wird, dass eine Gefahr für das Leben, die körperliche Unversehrtheit, die Freiheit, die moralische Integrität oder die sexuelle Freiheit und Indemnität des klagenden Ehegatten selbst oder der gemeinsamen Kinder besteht. Auch in diesem Fall muss der Klage ein Vorschlag über die Maßnahmen zur Regelung der aus der Trennung resultierenden Wirkungen beigefügt werden.

57

Daneben wurde 2015 die **außergerichtliche Ehetrennung** (und Ehescheidung) eingeführt, zumindest für Ehepaare ohne minderjährige Kinder. Infolge der umfassenden Neuregelung des Rechts der Freiwilligen Gerichtsbarkeit mit Gesetz 15/2015[71] kam es auch zu etlichen Änderungen von Artikeln des *Código Civil*, u.a. der Vorschriften zum Recht der Ehetrennung (und der Ehescheidung). Nach dem neugefassten Art. 82 CC können sich Ehegatten unter der Voraussetzung, dass sie keine minderjährigen Kinder haben (Art. 82 Abs. 2 CC), nach Ablauf von drei Monaten seit der Eheschließung rechtlich trennen, indem sie eine entsprechende Vereinbarung (*Convenio regulador*) erklären. Diese muss vor dem Justizsekretär (*ante el Secretario judicial*), d.h. dem Urkundsbeamten des Gerichts, oder *en escritura pública ante Notario*, also in Form einer öffentlichen Urkunde vor dem Notar erfolgen. Darin müssen die Ehegatten ihren gemeinsamen Trennungswillen erklären sowie ihre Einigung über die in Art. 90 CC enumerativ genannten Trennungsfolgen.

58

---

70 Vgl. *Exposición de Motivos* (wie vorherige Fn).
71 *Ley No. 15 /2015 de 2 de julio 2015 de la Jurisdicción Voluntaria'*, BOE vom 3.7.2015, Sec. I S. 54068. Siehe dazu die Hinweise bei *Henrich*, Privatscheidung in Spanien, FamRZ 2015, 1572.

59 Mit dem stattgebenden Trennungsurteil wie seit 2015 auch mit der vor Gericht oder in öffentlicher Urkunde vor dem Notar erfolgten Trennungsvereinbarung (*Convenio regulador* gem. Art. 82 n.F. CC; siehe zuvor) wird die Aufhebung der Lebensgemeinschaft der Verheirateten bewirkt. Zugleich wird die Möglichkeit, das Vermögen des anderen Ehegatten in Ausübung der „Schlüsselgewalt" (*Potestad doméstica*) zu binden, beendet (Art. 83 CC).

60 Gesetzlich vorgesehen ist die Möglichkeit der **Versöhnung**: Die *Reconciliación*[72] beendet das Trennungsverfahren; das bis dahin schon Entschiedene bleibt ohne Wirkung, setzt aber voraus, dass beide Ehegatten unabhängig voneinander dem Richter des Trennungsverfahrens von der Versöhnung Kenntnis geben (Art. 84 Abs. 1 CC). Davon unberührt bleiben jedoch die hinsichtlich der Kinder getroffenen Maßnahmen, die durch Gerichtsbeschluss aufrechterhalten oder abgeändert werden (Art. 84 Abs. 2 CC).

III. Scheidung

61 Die **Scheidung** (*Divorcio*) ist nach Art. 85 CC einer der Gründe, durch die die Ehe ohne Rücksicht auf die Form und den Zeitpunkt ihrer Eingehung aufgelöst wird – neben Tod oder Todeserklärung eines Ehegatten. Wie das Recht der *Separación* wurde auch das der *Divorcio* durch das Reformgesetz Nr. 15/2005 grundlegend geändert. Auf das Vorliegen besonderer Scheidungsgründe, wie sie in Art. 86 CC a.F. abschließend aufgezählt waren, und auch auf das zusätzliche Erfordernis des Endes des tatsächlichen Zusammenlebens kommt es nun nicht mehr an; Art. 87 CC wurde aufgehoben. Der neugefasste Art. 86 CC nimmt vielmehr auf die neue Regelung zur Trennung (Art. 81 CC) Bezug: Die Scheidung wird auf **Antrag** eines Ehegatten allein, auf Antrag beider Ehegatten oder eines von ihnen mit Zustimmung des anderen gerichtlich angeordnet, „wenn die in Art. 81 dieses Gesetzbuchs geforderten Voraussetzungen und Umstände zusammen vorliegen".

62 Entscheidend ist auch für die Scheidung der Ehe damit allein ein bestimmter Fristablauf und der Antrag beider Eheleute bzw. die Zustimmung des Antragsgegners zur Scheidung; das Vorliegen (und der Nachweis) eines bestimmten materiellen Scheidungsgrundes wird nicht mehr gefordert. Nach Art. 86 i.V.m. Art. 81 CC kann die Scheidung **gerichtlich beantragt** werden, sobald **drei Monate seit der Eheschließung** verstrichen sind (Art. 81 Nr. 1 CC); zu verstehen ist dies als ein **reiner Zeitablauf** – also nicht eine dreimonatige Trennungszeit. Nach altem Recht (bis 2005) waren je nach den verschiedenen Scheidungsgründen unterschiedlich lange Trennungszeiten abzuwarten, bevor ein Scheidungsantrag bei Gericht eingereicht werden konnte.

63 Wie bislang unterscheidet man grundsätzlich **zwei Scheidungsformen:** die einvernehmliche (oder Konventionalscheidung, auf Antrag beider Ehegatten oder eines mit Zustimmung des anderen) und die streitige Ehescheidung (auf „Antrag eines Ehegatten allein").

64 In jedem Fall muss der entsprechenden Scheidungsklage – wie auch beim Antrag auf Trennung – der **Vorschlag eines Regelungsabkommens** (*Convenio regulador*) betreffend die Folgen der Scheidung gem. Art. 90 CC beigefügt werden. Damit muss nach spanischem Recht nicht etwa ein gesonderter Antrag hinsichtlich der (Trennungs- oder) Scheidungsfolgen gestellt bzw. ein eigenständiges Verfahren betrieben werden. Dieses Regelungsabkommen muss nach Art. 90 CC zumindest die folgenden Punkte enthalten:
– die Bestimmung der Obhut und deren Ausübung über die Kinder, die der elterlichen Gewalt beider Ehegatten unterliegen, und erforderlichenfalls die Regelung des Umgangs

---

72 Dazu *Serrano Alonso*, El nuevo Matrimonio Civil – Estudios de las Leyes 13/2005, de 1 de julio, y 15/ 2005, de 8 de julio, de Reforma del Código Civil, S. 115 ff.

und Aufenthaltsrechts der Kinder bei dem Elternteil, der nicht mit ihnen regelmäßig zusammenlebt (Art. 90 Abs. 1 lit. a CC);[73] des Weiteren, sofern erforderlich, eine dem Kindeswohl dienende Regelung des Besuchs- und Umgangsrechts der Kinder (Enkel) durch ihre Großeltern (Art. 90 Abs. 1 lit. b CC);[74]

- die Zuweisung des Gebrauchs der Familienwohnung und des Hausrats (Art. 90 Abs. 1 lit. c CC);
- die Beteiligung an den ehelichen Lasten und dem Unterhalt sowie die Grundlagen ihrer Anpassung und erforderlichenfalls ihre Sicherung (Art. 90 Abs. 1 lit. d CC);
- die Abwicklung des ehelichen Güterstands, wenn sie vorgenommen wird (Art. 90 Abs. 1 lit. e CC);
- die Angabe der Unterhaltsrente, die ggf. von einem der Ehegatten nach Art. 97 CC zu zahlen ist (Art. 90 Abs. 1 lit. f CC).

Eine besondere **Form** verlangt das Gesetz für das Regelungsabkommen nicht; doch ist **65** Schriftform im Hinblick auf die Vorlage bei Gericht praktisch unumgänglich. Eine beglaubigte Fassung oder eine ähnliche öffentliche Form ist dagegen nicht erforderlich.[75]

Die Abkommen der Ehegatten, die zur Regelung der Folgen von Nichtigkeit, Trennung **66** oder Scheidung – so der ausdrückliche Wortlaut des Art. 90 Abs. 2 CC – getroffen worden sind, bedürfen der **richterlichen Genehmigung**. Diese erfolgt, wenn die Abkommen nicht schädlich für die Kinder oder nicht in schwerem Maße nachteilig für einen der Ehegatten sind (Art. 90 Abs. 2 S. 1 CC). Lehnt das Gericht das Regelungsabkommen ab, haben die Ehegatten einen neuen Vorschlag zur Genehmigung des Richters zu unterbreiten. Nach erfolgter richterlicher Genehmigung kann die Vollstreckung des Vereinbarten betrieben werden (Art. 90 Abs. 2 S. 4 CC). Haben die Ehegatten kein Regelungsabkommen unterbreitet oder kommt es sonst nicht zu einem genehmigten Übereinkommen, so trifft das Gericht gem. Art. 103 CC nach Anhörung beider Ehegatten eine das eheliche Übereinkommen ersetzende Entscheidung über die in den Nr. 1–5 der Norm im Einzelnen bezeichneten Maßnahmen.[76]

Wie für die Ehetrennung (siehe oben Rdn 58) wurde 2015 gleichfalls für die Ehescheidung **67** die Möglichkeit der **außergerichtlichen Scheidung**, der sog. **Privatscheidung** eingeführt, auch hier für Ehepaare ohne minderjährige Kinder (Art. 82 CC i.d.F. des Gesetzes 15/2015 über die Neuregelung der Freiwilligen Gerichtbarkeit[77]). Unter den gleichen Voraussetzungen wie für die Ehetrennung, d.h. nach Ablauf von drei Monaten seit der Eheschließung, kann die Ehescheidung dadurch erfolgen, dass die Ehegatten einverständlich ihren Scheidungswillen in einer entsprechender Vereinbarung (*Convenio regulador*) erklären – wie bei der Trennung entweder vor dem Justizsekretär (*ante el Secretario judicial*), d.h. dem Urkundsbeamten des Gerichts, oder *en escritura pública ante Notario*, also in Form einer

---

73 Art. 90 Abs. 1 (Einleitungssatz) und Buchst. a neugefasst durch Scheidungsreformgesetz 15/2005 vom 8.7.2005 (inhaltlich aber keine Änderung gegenüber 1981 bei Einführung der Norm, vgl. *Serrano Gómez*, in: *Serrano Alonso*, El nuevo Matrimonio Civil – Estudios de las Leyes 13/2005, de 1 de julio, y 15/2005, de 8 de julio, de Reforma del Código Civil, S. 125); Wortlaut der Norm mit deutscher Übersetzung bei *Löber/Lozano*, Nachtrag, 2010, S. 24 f. zu *Peuster*, Código Civil – Das spanische Zivilgesetzbuch, Spanisch-deutsche Textausgabe, 2002.

74 Art. 90 Abs. 1 lit. b eingefügt durch Ley (Gesetz) Nr. 42/2003 vom 21.11.2003.

75 Vgl. *Serrano Gómez*, in: *Serrano Alonso*, El nuevo Matrimonio Civil – Estudios de las Leyes 13/2005, de 1 de julio, y 15/2005, de 8 de julio, de Reforma del Código Civil, S. 125.

76 Die Maßnahmen betreffen die wesentlichen Regelungsinhalte, wie sie auch in Art. 90 CC benannt sind.

77 *Ley No. 15 /2015 de 2 de julio 2015 de la Jurisdicción Voluntaria'*, BOE vom 3.7.2015, Sec. I S. 54068. Siehe dazu die Hinweise bei *Henrich*, Privatscheidung in Spanien, FamRZ 2015, 1572.

öffentlichen Urkunde vor dem Notar. Die Erklärung muss auch die Scheidungsfolgenvereinbarung gem. Art. 90 CC mitumfassen.

IV. Scheidungsverfahren

68   Bei den die Scheidung betreffenden **Verfahrensvorschriften** ist im Grunde durchweg von „*(Procedimiento de) Separación o Divorcio*" die Rede,[78] so dass die nachfolgende Darstellung auch für das **Trennungsverfahren** gilt, soweit keine Besonderheiten benannt sind. Vorab sei auch hier schon die eklatante **Verfahrensvereinfachung** durch das Scheidungsreformgesetz Nr. 15/2005 hervorgehoben, so dass schnell der Begriff von der „Scheidung im Eilverfahren" (auch „Express-Scheidung") geprägt war: (einvernehmliche) Scheidung nach nur drei Monaten Ehezeit, ohne dass es auf Scheidungsgründe überhaupt ankommt (weder im Sinne einer Schuldfrage noch sonstige). Mit Einführung der sog. Privatscheidung 2015 ist freilich eine weitere Vereinfachung, die zugleich zu einer Entlastung der Gerichte führen wird, auf den Weg gebracht worden.

1. Zuständigkeiten

69   Nach Art. 769 LEC 2000 ist für Verfahren in Ehesachen (*Procesos matrimoniales*) die sachliche und örtliche **Zuständigkeit** des erstinstanzlichen Gerichts (*Juzgado de Primera Instancia*) am ehelichen Wohnsitz begründet, meist in Form des Familiengerichts (*Juzgado de Familia*).[79] Sind die Eheleute in verschiedenen Gerichtsbezirken wohnhaft, ist – je nach Wahl der den Antrag stellenden oder klagenden Partei oder der Ehegatten bei einvernehmlichem Antrag auf Scheidung oder Trennung – das Gericht am letzten ehelichen Wohnsitz oder am Wohnsitz des Beklagten zuständig (Art. 769 Abs. 1 S. 2 LEC 2000). Besteht kein fester Wohnsitz, so kann die Klage nach Wahl des Klägers am gegenwärtigen Aufenthaltsort oder am Ort des letzten Wohnsitzes des Beklagten eingereicht werden, und falls sich auch so eine Zuständigkeit nicht begründen lässt, ist das Gericht am Wohnsitz des Klägers zuständig (Art. 769 Abs. 1 S. 3 LEC 2000). Für Verfahren der einvernehmlichen Trennung oder Scheidung gem. Art. 777 LEC 2000 ist das Gericht am letzten gemeinsamen Wohnsitz oder am Wohnsitz eines der Antragsteller zuständig (Art. 769 Abs. 2 LEC 2000). Die Zuständigkeit ist von Amts wegen zu prüfen, wie Abs. 4 der Norm klarstellt. Die Bestimmung enthält eine abschließende Regelung der Zuständigkeit; dem Art. 769 CC widersprechende Parteiabsprachen sind nach dessen Abs. 4 S. 2 nichtig.

2. Anwaltszwang – Abogado und Procurador

70   Allgemein besteht auch in Spanien in familienrechtlichen Angelegenheiten **Anwaltszwang**, wenn die Parteiinteressen nicht bereits von der Staatsanwaltschaft als notwendige Verfahrensbeteiligte wahrgenommen werden (Art. 749 LEC 2000). Dabei besteht in Spanien die Besonderheit, dass sich die Parteien sowohl durch einen *Abogado* als auch durch einen

---

78   Vgl. die beides umfassende allgemeine Überschrift des Kapitels IV der *Ley de Enjuiciamiento Civil* „*De los procecos matrimoniales y de menores*".

79   Art. 98 LOPJ sieht seit 1981 hinsichtlich der Gerichtsbezirke, in denen auf ein- und derselben Instanz mehrere Spruchkörper bestehen, die Befugnis zur Einrichtung von speziellen Gerichtszweigen vor (eingeführt durch Real Decreto 1322/1981 vom 3. Juli), ohne bereits Familiengerichte ausdrücklich zu nennen; dies erfolgte durch Art. 46 LEC 2000 – erst infolge dieser Novelle wurde in zahlreichen Gerichtsbezirken Spaniens mit mehreren *juzgado de primera instancia* aus einem von diesen ein *juzgado de familia*. S. *Panizo y Romo de Arce*, El Proceso Matrimonial, S. 60 f. mit Übersicht über die bereits eingerichteten Familiengerichte in ganz Spanien.

Procurador (de los Tribunales)[80] vertreten lassen müssen (Art. 750 LEC 2000). Zunächst wird der *Abogado* (der spanische Rechtsanwalt) für die Parteien tätig; er ist in einem gerichtlichen Verfahren grundsätzlich zuständig für die Ausarbeitung der Antrags- und Klageschriften sowie der (weiteren) Schriftsätze. Diese sind dann vom eigentlichen Prozessbevollmächtigten, dem *Procurador* – einem typischen Phänomen des spanischen Zivilprozessrechts,[81] der die Parteien in der Gerichtsverhandlung vertritt –, bei Gericht einzureichen. Der *Procurador* wird auch beschrieben als eine Art Verbindungsmann zwischen dem *Abogado*, der Prozesspartei und dem Gericht.[82] Die Funktionen von *Abogado* und *Procurador* sind, wie es auch in England zwei Arten von Prozessvertretern gibt, grundsätzlich verschiedene. Kurz: Der *Procurador* vertritt die Partei im Prozess (ohne jedoch plädieren zu dürfen), der *Abogado* ist für die Verteidigung (Interessenswahrung) seines Mandanten zuständig. Beide haben gemeinsam Postulationsfähigkeit, beide machen eigenständige Rechtsberufe und Organe der Rechtspflege aus, wie sie im spanischen „Gerichtsverfassungsgesetz" vorgesehen sind,[83] eine Personenidentität ist daher ausgeschlossen. Demzufolge ist auch die Vertretung im Trennungs- oder Scheidungsverfahren durch nur einen der beiden Rechtsvertreter – etwa aus Kostengründen – grundsätzlich nicht zulässig. Lediglich im Fall **einvernehmlicher Trennung und einvernehmlicher Scheidung** ist die Vertretung durch einen gemeinsamen Rechtsanwalt und Prozessbevollmächtigten ausdrücklich zugelassen (Art. 750 Abs. 2 S. 1 LEC 2000). Dieses gesetzgeberische Entgegenkommen erstreckt sich für die Parteien aber nicht auf die Ausarbeitung des oben genannten Regelungsabkommens (siehe Rdn 64 ff.), wo wegen der ggf. widerstreitenden Interessen beider Parteien hinsichtlich einzelner Regelungsbereiche sich die Beauftragung je eines eigenen Rechtsanwalts geradezu aufdrängt.[84] Die Beauftragung des *Procurador* hat durch eine notariell errichtete Vollmacht mit bestimmtem Wortlaut zu erfolgen. Eine privatschriftliche, kurz gefasste Vollmacht reicht im Gegensatz zur Praxis in anderen europäischen Ländern für das Auftreten vor spanischem Gericht nicht aus.

3. Verfahrensablauf

a) Allgemeines

Als Prozessgrundsatz ist in familienrechtlichen Verfahren nach Art. 754 LEC 2000 der Ausschluss der Öffentlichkeit vorgesehen, was auf Antrag der Verfahrensbeteiligten oder von Amts wegen vom Gericht angeordnet wird.[85] Nach den 2005 neugefassten Bestimmun-   71

---

80 Auch: *„Apoderado procesal"* oder *„Procurador de los Tribunales"*, kurz: *„Procurador"*, vgl. *Fernández-Nespral/Walcher*, Diccionario de Derecho Procesal Civil (Rechtswörterbuch zum Zivilprozeßrecht), zweisprachig, 2002, S. 213 sub „apoderado procesal".

81 Im deutschen Zivilprozessrecht gibt es keine dem *procurador* entsprechende Person, vielmehr ist es bekanntermaßen der Anwalt allein, der in Stellvertretung seines Mandanten in Prozessen mit Anwaltszwang auftritt.

82 Durch Weiterleitung von Unterlagen, Entgegennahme von prozessleitenden Beschlüssen und Urteilen des Gerichts, siehe etwa *Rothe*, Diccionario jurídico – Rechtswörterbuch (spanisch-deutsch/deutsch-spanisch), 1996, S. 244 f. sub „procurador".

83 Ley Orgánica 6/1985, de 1 de julio, del Poder Judicial (genau: Organgesetz über die rechtsprechende Gewalt): Art. 436 – betr. den *Abogado*, Art. 438 – betr. den *Procurador*.

84 *Vilalta/Méndez*, Divorcio de mutuo acuerdo, Rn 13.

85 Dies stellt eine der Ausnahmen dar, die bereits in der spanischen Verfassung in Art. 120 (Grundsatz der Öffentlichkeit der Gerichtsverfahren; Text in: Verfassungen der EU-Mitgliedstaaten, Beck-Texte im dtv Nr. 5554, 6. Aufl. 2005, sowie bei *López Pina*, Spanisches Verfassungsrecht, 1993, S. 555. ff. und *Adomeit/Frühbeck*, Einführung in das spanische Recht, 2. Aufl., S. 185 [in 3. Aufl. 2007 nicht mehr abgedruckt]) prinzipiell zugelassen sind.

Huzel

gen zu Trennung (Art. 81 CC) und Scheidung (Art. 86 i.V.m. Art. 81 CC) ist auch weiterhin zu unterscheiden zwischen den einvernehmlich gestellten Anträgen (siehe Rdn 55 f. und 72 f.) und dem Antrag eines einzelnen der Ehegatten ohne Mitwirkung noch mit Zustimmung des anderen, mithin im streitigen Verfahren (siehe Rdn 57 und 77). Was allerdings die Wirkungen der Klageerhebung, die Möglichkeit vorläufiger sowie endgültiger Maßnahmen zur Regelung der sich aus der Trennung bzw. Scheidung ergebenden Folgen angeht, so wird dies für wiederum beide Verfahren – einvernehmlich wie streitig – zusammenhängend dargestellt (siehe Rdn 78 f.). Im Übrigen gestaltet sich der Verfahrensablauf nicht allein nach den Bestimmungen des spanischen Zivilprozessgesetzes (LEC), sondern vielmehr in einem „Zusammenspiel" eigentlich materiellrechtlicher Normen des *Código Civil* mit den verfahrensrechtlichen der *Ley de Enjuiciamiento Civil.* Zu betonen ist, dass die mit der Reform des Scheidungsrechts beabsichtigte **drastische Verkürzung der (Trennungs- und) Scheidungsverfahren** nicht vorrangig mit einer Änderung des gerichtlichen Verfahrens, sondern vielmehr mit einer grundlegenden Vereinfachung der materiellen (Trennungs- und) Scheidungsvoraussetzungen erreicht werden soll.

b) Einvernehmliche Scheidung

72   Das Verfahren der **einvernehmlichen Scheidung** richtet sich nach der abschließenden Regelung in Art. 777 LEC 2000 i.d.F. des Scheidungsreformgesetzes von 2005. Unverzichtbare Verfahrensvoraussetzung ist hier, dass **Einvernehmen** zwischen den Parteien herrscht und der Inhalt des einvernehmlichen Vorschlags über das **Regelungsabkommen zu den Scheidungsfolgen gesetzeskonform**, also insbesondere nicht schädlich für die Kinder oder in schwerwiegendem Maße nachteilig für einen der Ehegatten, ist (Art. 90 Abs. 2 CC).

73   Eingeleitet wird das Verfahren mit dem auf Auflösung der Ehe im gegenseitigen Einvernehmen abzielendem **Antrag** beim erstinstanzlichen Gericht bzw. Familiengericht. Der einleitende Schriftsatz muss den formalen und inhaltlichen Erfordernissen des Art. 399 LEC 2000 entsprechen. Der Antrag kann unmittelbar von beiden Ehegatten oder von einem mit Zustimmung des anderen gestellt werden (Art. 86 i.V.m. Art. 81 Nr. 1 CC). Dabei steht das Antragsrecht als höchstpersönliches Recht allein den Ehegatten zu, selbst wenn sie noch minderjährig sind. Allerdings ist in einem solchen Fall nach Art. 749 Abs. 2 LEC 2000 die Beteiligung der Staatsanwaltschaft vorgeschrieben, wie auch im Falle geschäftsunfähiger oder verschollener Ehegatten. Mit dem Tod eines von ihnen **endet** das Verfahren, ebenso mit ihrer ausdrücklich erklärten **Versöhnung** (*Reconciliación*), sofern diese nach Klageerhebung, aber vor Verkündung des Endurteils, stattfindet (Art. 88 CC).

74   Zulässig ist die Klageerhebung bei einvernehmlicher Scheidung (oder Trennung), wenn **seit der Eheschließung drei Monate verstrichen** sind (**Fristerfordernis** des Art. 81 Nr. 1 CC). Zudem muss der Klage das Regelungsabkommen nach Art. 90 CC beigefügt werden (zum Inhalt siehe Rdn 64); insoweit stellt das **Regelungsabkommen** eine **Prozessvoraussetzung** dar.[86] Weitere Voraussetzungen sind nicht gefordert. Nach altem Recht galt als Scheidungsgrund[87] u.a. das tatsächliche Ende des ehelichen Zusammenlebens während zumindest eines

---

[86] Vgl. *Serrano Alonso*, El nuevo Matrimonio Civil – Estudios de las Leyes 13/2005, de 1 de julio, y 15/2005, de 8 de julio, de Reforma del Código Civil, S. 124.

[87] *Serrano Alonso*, El nuevo Matrimonio Civil – Estudios de las Leyes 13/2005, de 1 de julio, y 15/2005, de 8 de julio, de Reforma del Código Civil, S. 115 weist auf eine Inkonsequenz des Gesetzgebers hin: Mit Wegfall einzelner Scheidungsgründe fehle auch für den vom Reformgesetz 13/2005 nicht betroffenen Art. 855 CC über Erbunwürdigkeitsgründe zum Teil die Basis (nach Art. 855 Nr. 1 CC darf der Ehegatte enterbt werden, wenn er die ehelichen Pflichten in schwerwiegender Weise oder wiederholt nicht erfüllt hat, also ein Grund, den Art. 82 Nr. 1 CC a.F. auch vorsah).

ununterbrochenen Jahres seit Erhebung der Trennungsklage, sofern bereits bei deren Erhebung ein Jahr seit Eheschließung verstrichen war (Art. 86 Nr. 1 CC a.F.). Selbst im Fall der einvernehmlichen Scheidung war eine Scheidung also frühestens zwei Jahre nach Eheschließung möglich.

Der Klageschrift sind die in Art. 777 Abs. 2 LEC aufgeführten **Urkunden** und **Unterlagen**   75
beizufügen: Bescheinigung über die Eintragung der Eheschließung (Art. 61 f. CC; praktisch wie deutsche Heiratsurkunde), Geburtsurkunden der Kinder sowie der einvernehmliche Vorschlag des Regelungsabkommens nach Art. 90 CC. Dass dieses **Regelungsabkommen** auch hier als ein der Klageschrift beizufügendes Dokument ausdrücklich erwähnt wird, obschon es bereits zu den in Art. 86 i.V.m. Art. 81 CC genannten Scheidungsvoraussetzungen gehört, hebt die besondere Bedeutung dieser Übereinkunft der Ehegatten über die Scheidungsfolgen für das gesamte Verfahren hervor. Es ist gewissermaßen der „Dreh- und Angelpunkt" des Scheidungsverfahrens. Des Weiteren sind der Antragsschrift die zur Begründung des Rechtsanspruchs der Parteien erforderlichen Unterlagen beizufügen und ggf. die Schlussübereinkunft in einem familienrechtlichen **Mediationsverfahren** (*mediación familiar*).[88]

Nach Eingang des (Trennungs- oder) Scheidungsantrags nebst vorerwähnter Unterlagen   76
werden die Ehegatten vom Gericht aufgefordert, innerhalb von drei Tagen die **Antragsschrift** – getrennt voneinander – zu unterschreiben.[89] Bleibt die **fristgerechte Unterzeichnung** durch einen Ehegatten aus, so wird unmittelbar die Einstellung des Verfahrens verfügt; diese Entscheidung ist unanfechtbar; davon unberührt bleibt jedoch das Recht der Ehegatten, die (Trennung oder) Scheidung im streitigen Verfahren gem. Art. 770 LEC 2000 zu betreiben (Art. 777 Abs. 3 LEC 2000). Erst nach Unterzeichnung der Antragsschrift durch beide Ehegatten findet die **Prüfung der eingereichten Prozessunterlagen auf Vollständigkeit** statt; sind sie unzureichend, räumt das Gericht den Parteien mittels gerichtlicher Verfügung eine Frist von zehn Tagen zur Vervollständigung der Unterlagen ein. Innerhalb dieser Frist führt das Gericht – soweit erforderlich – das Beweisverfahren über das Vorliegen der Scheidungsvoraussetzungen durch (Art. 777 Abs. 4 LEC 2000). Bei Vorhandensein von minderjährigen oder geschäftsunfähigen Kindern holt das Gericht eine Stellungnahme der Staatsanwaltschaft zu den die Kinder betreffenden Inhalten des Regelungsabkommens ein und führt eine **Anhörung der Kinder** – soweit diese genügend Urteilsvermögen besitzen – durch, wenn diese von Amts wegen erforderlich erscheint oder von der Staatsanwaltschaft oder dem Minderjährigen selbst beantragt wird; die Anhörung hat innerhalb der Zehn-Tages-Frist nach Art. 777 Abs. 4 LEC 2000 oder, falls eine Frist nicht gesetzt wurde, innerhalb von fünf Tagen stattzufinden (Art. 777 Abs. 5 LEC 2000).[90] Darauf, d.h. wenn die Erfordernisse des vorher Bestimmten erfüllt sind oder, falls diese nicht erforderlich waren

---

88 Die Pflicht zur Beifügung des letztgenannten Dokuments, sofern die Eheleute ein Mediationsverfahren durchgeführt haben, wurde durch das Gesetz Nr. 15/2005 vom 8. Juli (BOE Nr. 163 vom 9.7.2005) in Art. 777 Abs. 2 LEC 2000 aufgenommen (vgl. „Erste Schlussbestimmung – Sechstens" des Änderungsgesetzes). Auch die Autonomen Gemeinschaften haben durchweg eigene Gesetze über Mediation in Familiensachen, vgl. *Daum*, Länderbericht Spanien, in: *Bergmann/Ferid/Henrich*, Internationales Ehe- und Kindschaftsrecht, Texte III C.

89 Ist ein Ehegatte an der Unterschriftsleistung gehindert, kann diese auch vom mittels gesondert erteilter Vollmacht ausgestatteten jeweiligen Prozessbevollmächtigten vorgenommen werden; so *Vilalta/Méndez*, Divorcio de mutuo acuerdo, Rn 14.

90 Abs. 5 der Norm wurde – wie Abs. 2 (siehe Fn 88) – durch das Reformgesetz 15/2005 modifiziert: Eingeführt wurde das Antragsrecht der bezeichneten Personen/Institution zur Anhörung der Kinder. Nach der alten Fassung waren die über zwölf Jahre alten Minderjährigen stets zu hören, die jüngeren je nach Urteilsvermögen.

Huzel

(also Einreichung des Scheidungsantrags mit allen geforderten Unterlagen und ohne Vorhandensein von minderjährigen oder geschäftsunfähigen Kindern), unmittelbar nach der o.g. Unterzeichnung der Klageschrift (gem. Abs. 3 der Norm) durch beide Ehegatten erlässt das Gericht das dem (Trennungs- oder) Scheidungsantrag stattgebende oder ablehnende **Urteil**, indem es ggf. auch über das Regelungsabkommen befindet (Art. 777 Abs. 6 LEC 2000). Im Falle eines **stattgebenden Urteils**, in dem das Gericht das von den Parteien unterbreitete Regelungsabkommen im Ganzen oder zum Teil nicht billigt, wird den Parteien eine quasi „Nachbesserungs-"Frist von zehn Tagen gesetzt, um ein neues Regelungsabkommen, ggf. beschränkt auf die vom Gericht nicht anerkannten Regelungspunkte, vorzulegen. Nach Vorlage des neugefassten Vorschlags oder nach ungenutztem Fristablauf entscheidet das Gericht innerhalb von drei Tagen per Beschluss (Art. 777 Abs. 7 LEC 2000). Für dieses besondere Verfahren der einvernehmlichen Scheidung ist in Art. 777 Abs. 8 LEC 2000 auch eine eigene Regelung über mögliche Rechtsmittel enthalten: Gegen ein den (Trennungs- oder) Scheidungsantrag abweisendes Urteil oder den vom vorgelegten Regelungsabkommen abweichenden Beschluss können die Ehegatten **Berufung** einlegen. Dabei kommt dem allein gegen den Beschluss eingelegten Rechtsmittel keine aufschiebende Wirkung zu; ebenso wenig berührt es die Rechtskraft des Trennungs- oder Scheidungsurteils. Das vollumfänglich stattgebende Urteil oder der ebensolche Beschluss kann nur – im Interesse der minderjährigen oder geschäftsunfähigen Kinder – von der Staatsanwaltschaft angefochten werden (Art. 777 Abs. 8 S. 2 bzw. 3 LEC 2000). Damit wird deutlich, dass es sich beim Verfahren der einvernehmlichen Scheidung **überwiegend** um ein **schriftliches Verfahren** handelt.

c) Streitige Scheidung

77   Beim Verfahren der **streitigen Scheidung** handelt es sich grundsätzlich um ein **mündliches Verfahren** (Art. 753 LEC 2000), das auf Antrag oder von Amts wegen unter Ausschluss der Öffentlichkeit durchgeführt wird (Art. 754 LEC 2000; siehe Rdn 71). Es folgt dem ordentlichen Verfahren des allgemeinen Zivilprozesses nach Art. 404 f. LEC 2000. Weiterhin gilt der für die besonderen Familienprozesse[91] in Art. 751 LEC 2000 bestimmte Grundsatz der Nichtverfügbarkeit des Verfahrensgegenstands, wonach weder ein Verzicht, das Anerkenntnis oder der Abschluss eines Vergleichs zulässig ist; möglich ist indes die Klagerücknahme in Trennungs- und Scheidungsverfahren – hier auch ohne die sonst grundsätzlich erforderliche Zustimmung der Staatsanwaltschaft (Art. 751 Abs. 2 Nr. 4 LEC 2000). Ansonsten richtet sich das Verfahren im Wesentlichen nach den speziellen Regelungen des Art. 777 LEC 2000;[92] es wird eingeleitet mit Einreichung der **Antragsschrift** auf Scheidung (Nr. 1 der Norm). Der Antrag – hier eines Ehegatten allein – richtet sich nach dem neugefassten Art. 86 i.V.m. Art. 81 Nr. 2 CC: Es müssen auch in diesem Fall grundsätzlich **drei Monate seit der Eheschließung verstrichen** sein. Auf das Vorbringen von besonderen **Scheidungsgründen** wie nach altem Recht kommt es **nicht** an. Es wird – neben dem Ablauf der nunmehr sehr kurzen Frist – allein auf den Willen des klagenden Ehegatten abgestellt, dass die Ehe durch Scheidung aufgelöst werde. Auf den Ablauf der Drei-Monats-Frist, um die Klage einzureichen, kommt es indes nicht an, wenn das Bestehen einer Gefahr für Leib oder Leben, die Freiheit, sexuelle Selbstbestimmung des klagenden Ehegatten oder der gemeinsamen Kinder glaubhaft gemacht wird (Art. 86 i.V.m. Art. 81 Nr. 2 S. 2 CC). Nach

---

91 Neben Ehesachen sind dies insbesondere die Abstammungs- und die Kindschaftssachen (vgl. die Überschrift des Titels I im Buch IV der LEC: *„De los procesos sobre capacidad, filiación, matrimonio y menores"*).

92 Die Norm bezieht sich ausdrücklich auch auf Trennungsklagen und solche auf Nichtigkeit der Eheschließung.

Huzel

alter Rechtslage kam es auch bei streitiger Scheidung auf den Nachweis der Beendigung des ehelichen Zusammenlebens während bestimmter ununterbrochener Fristen (vgl. Art. 86 CC a.F.) an, deren Dauer abhängig war vom Vorliegen unterschiedlicher Scheidungsgründe. Im Fall der streitigen Scheidung war die Einreichung eines **Regelungsabkommens** nach Art. 90 CC mit der Klageschrift naturgemäß nicht vorausgesetzt.

4. Wirkung der Zulassung der Scheidungsklage

Sobald die Klage auf Scheidung – im einvernehmlichen wie im streitigen Falle – zugelassen ist, treten nach Art. 102 CC kraft Gesetzes folgende Wirkungen ein: | 78

– Die Ehegatten können getrennt leben, und die Vermutung des ehelichen Zusammenlebens endet.
– Zwischen den Ehegatten erteilte Zustimmungen und Vollmachten gelten als widerrufen.

Zudem endet grundsätzlich die Möglichkeit, Sondervermögen des anderen Ehegatten in Ausübung der häuslichen Gewalt (*Potestad doméstica*) zu binden; abweichende Vereinbarungen sind indes möglich (Art. 102 Abs. 2 CC). Um diesen gesetzlichen Wirkungen **Publizität** zu verleihen, kann jeder der Ehegatten eine entsprechende Eintragung im Zivil- und Personenstandsregister wie ggf. auch im Eigentumsregister (*Registro Civil*)[93] und im Handelsregister betreiben. | 79

5. Vorläufige Maßnahmen

Des Weiteren entscheidet das Gericht nach Zulassung der Klage gem. Art. 773 LEC 2000 über die **vorläufigen Maßnahmen** (*Medidas provisionales*), die bei Einreichung der Klage – wie in Art. 103 CC vorgesehen – beantragt wurden, oder es trifft bei Fehlen eines gerichtlich genehmigten Übereinkommens der Ehegatten die in Art. 103 CC genannten vorläufigen Maßnahmen. Zuvor sind die Parteien und die ggf. am Verfahren zu beteiligende Staatsanwaltschaft (Art. 773 Nr. 3 i.V.m. Art. 771 LEC 2000) anzuhören. Bei den Maßnahmen handelt es sich um **einstweilige Anordnungen**.[94] | 80

Inhaltlich geht es in Art. 103 CC zunächst um vorläufige Maßnahmen **im Interesse der Kinder**: um die Festlegung, bei welchem der Ehegatten die unter der elterlichen Gewalt beider stehenden Kinder vorerst bleiben sollen (Aufenthaltsbestimmungsrecht), sowie um die Konkretisierung der Unterhaltspflicht sowie des Umgangsrechts des Elternteils, der nicht das Sorgerecht für die Kinder ausübt (Art. 103 Nr. 1 Abs. 1 CC[95]). Zudem können bei bestehender Gefahr der Kindesentführung durch einen Elternteil oder durch Dritte geeignete Maßnahmen verhängt werden (Art. 103 Nr. 1 Abs. 3 lit. a–c CC), insbesondere etwa Verbot der Ausreise ins Ausland ohne vorherige richterliche Genehmigung, Verbot zur Ausstellung eines Kinderreisepasses oder Anordnung zu dessen Einziehung, soweit ein Pass bereits ausgestellt war, zudem kann jeglicher Wohnungs- und Aufenthaltswechsel des Kindes unter den Vorbehalt der vorherigen richterlichen Genehmigung gestellt werden. | 81

---

93 Der Begriff wird gewöhnlich mit „Grundbuch" wiedergegeben; zu Gemeinsamkeiten und Unterschieden zwischen beiden siehe *Frankenheim*, Das deutsche Grundbuch und das spanische Eigentumsregister, 1985.

94 Siehe den ausdrücklichen Wortlaut sowohl im *Código Civil* (Kapitelüberschrift zu Art. 102 f.) als auch im Zivilprozessgesetz (Art. 771 ff. LEC 2000): „*Medidades provisionales* (Einstweiligen Anordnungen) *por* (bzw. *derivadas de la admisión de la*) *demanda de nulidad, separación o divorcio*".

95 Geändert durch Art. 2 (Ziff. 1) des Scheidungsreformgesetzes 15/2005 (BOE Nr. 163 vom 9.7.2005); Wortlaut in deutscher Übersetzung bei *Löber/Lozano*, Nachtrag, 2010, S. 32 f. zu *Peuster*, Código Civil – Das spanische Zivilgesetzbuch, Spanisch-deutsche Textausgabe, 2002.

Huzel

82   Des Weiteren ist die alleinige **Nutzung der Familienwohnung** durch einen Ehegatten festzulegen, ferner sind auch – nach vorhergehender Inventarisierung – die **Hausratsgegenstände** zu bestimmen, die in der Wohnung bleiben sollen (Art. 103 Nr. 2 CC).

83   Bei der vorläufigen Maßnahme des Art. 103 Nr. 3 CC geht es um die Bestimmung des **Beitrages** eines jeden Ehegatten an den **Lasten der Ehe** einschließlich – soweit zutreffend – der Prozesskosten, die Bestimmung der Grundlagen für die Aktualisierung der Geldbeträge und Festsetzung der Garantien, Hinterlegungen, Zurückbehaltungsrechte oder andere geeignete Vorsorgemaßnahmen, um die Durchsetzbarkeit dessen sicherzustellen, was insoweit ein Ehegatte dem anderen zu vergüten hat.[96]

84   Sodann sind je nach den Umständen die **Errungenschafts- oder gemeinsamen Güter** zu bezeichnen, welche dem einen oder anderen Ehegatten – nach vorheriger Inventaraufstellung – zu übergeben sind. Hierzu sind die Regeln aufzustellen, die die Ehegatten beachten müssen sowohl bei der Verwaltung und Verfügung wie auch bei der erforderlichen Rechnungslegung über die gemeinsamen Vermögensgegenstände oder über einen Teil hiervon, den sie erhalten oder den sie künftig erwerben (Art. 103 Nr. 4 CC).

85   Als einstweilige Maßnahme erfolgt ggf. auch eine Regelung darüber, wie die Vermögensgegenstände des **Eigenguts** eines jeden Ehegatten, die aufgrund eines Ehevertrages oder in notarieller Urkunde besonders für die Begleichung der Lasten der Ehe einzusetzen sind, verwaltet und wie über sie verfügt werden soll (Art. 103 Nr. 5 CC).

86   Falls die Parteien über die vorgenannten Punkte eine Übereinkunft zur vorläufigen Regelung getroffen haben, können sie diese gerichtlich billigen lassen. Allerdings hat dies keine Bindungswirkung – weder für die Parteien selbst noch für das Gericht – im Hinblick auf die zu obigen Aspekten zu treffenden endgültigen Maßnahmen (Art. 773 Nr. 1 S. 2 und 3 LEC 2000). Die Möglichkeit, die entsprechenden vorläufigen Maßnahmen zu **beantragen**, besteht auch für die beklagte Partei, wenn sie nicht vor Klageerhebung erlassen[97] oder nicht vom Kläger beantragt wurden (Art. 773 Nr. 4 LEC 2000). Der Beklagte hat dies in seiner Klageerwiderung zu beantragen und in der Hauptverhandlung zu substantiieren, wenn innerhalb von zehn Tagen ab Klageerwiderung darauf hingewiesen wird. Über den Antrag entscheidet das Gericht nur dann mit unanfechtbarem Beschluss, wenn nicht das Urteil unmittelbar nach der Hauptverhandlung gefällt werden kann. Die einstweiligen Maßnahmen **verlieren** ihre **Wirkung**, sobald sie durch die im Endurteil festgestellten endgültigen Maßnahmen ersetzt werden oder das Verfahren anderweitig beendet wird (Art. 773 Nr. 4 S. 3 LEC 2000).

6. Endgültige Maßnahmen

87   Wie bereits angedeutet (siehe Rdn 86), kommt es letztlich auf die **endgültigen Maßnahmen** (*Medidas definitivas*) und Regelungen über die Trennungs- und **Scheidungsfolgen** (Folgesachen) an; dies ist in Art. 774 LEC 2000 geregelt. In der Verhandlung können die Parteien, wenn sie nicht zuvor bereits vorläufige Maßnahmen gem. Art. 771 oder 773 LEC 2000 (siehe Rdn 80 bzw. Rdn 86) dem Gericht unterbreitet haben, diesem nunmehr ihre Absprachen bzw. Vereinbarungen über die Trennungs- oder Scheidungsfolgen vorlegen und diesbezüglich Beweisanträge stellen (Art. 774 Nr. 1 LEC 2000). Ist eine Vereinbarung nicht vor-

---

96   Inhaltlich geht es also um eine § 1361 BGB vergleichbare Regelung über den ehelichen Unterhalt bei Getrenntleben, vgl. *Peuster*, Código Civil – Das spanische Zivilgesetzbuch, Art. 103 Anm. 4 (S. 87).

97   Diese Möglichkeit sieht Art. 771 LEC 2000 vor: „*Medidas provisionales previas a la demanda de nulidad, separación o divorcio*" – d.h. die einstweiligen Maßnahmen, die die Art. 102 und insb. Art. 103 CC (siehe Rdn 78, 80 ff.) enthalten, können vor Klageerhebung beantragt werden.

handen, so wird auf Antrag der Eheleute oder der Staatsanwaltschaft der erforderliche Beweis geführt. Dabei werden auch die von Amts wegen über die Tatsachen, die für die Entscheidung über die zu treffenden Maßnahmen erheblich sind, erhobenen Beweise einbezogen (Art. 774 Nr. 3 LEC 2000). Anderenfalls, wenn also eine Vereinbarung der Eheleute fehlt oder nicht genehmigt wird, bestimmt das Gericht im Urteil die Maßnahmen, die die zuvor getroffenen vorläufigen Maßnahmen zu ersetzen haben – und zwar hinsichtlich der Kinder, der Familienwohnung, der ehelichen Lasten, der Abwicklung des ehelichen Güterstands sowie der diesbezüglichen Schutzmaßnahmen oder Sicherstellungen. Zudem legt der Richter die geeigneten Maßnahmen fest, wenn für einen dieser Fälle zuvor keinerlei Maßnahmen getroffen worden sind. Zur Ausfüllung der einzelnen in Art. 774 Nr. 4 LEC 2000 genannten Regelungspunkte sind die Bestimmungen der Art. 90 ff. CC über die „gemeinsamen Wirkungen von Nichtigkeit, Trennung und Scheidung" heranzuziehen, also hinsichtlich der Ausübung der elterlichen Gewalt (hierzu Art. 92 CC[98]), des Kindesunterhalts (Art. 93 CC) und des Umgangs- und Besuchsrechts (Art. 94 CC). Im Hinblick auf das **elterliche Sorgerecht** (Ausübung der *patria potestad*) ist eine durch das Scheidungsreformgesetz Nr. 15/2005 eingeführte bedeutende Neuerung (Art. 92 Nr. 5 CC) hervorzuheben: Die Partner können nunmehr einvernehmlich das Sorgerecht für ihre Kinder teilen oder nur einer Seite zuschreiben, so dass der Richter insoweit nur entscheiden muss, wenn es keine Einigung gibt.

Einen wesentlichen Bestandteil der im Scheidungsurteil zu treffenden Maßnahmen sind diejenigen zur **Beendigung des Güterstands**; denn nach Art. 95 Abs. 1 CC „begründet das rechtskräftige Urteil hinsichtlich des Ehevermögens die Auflösung des Güterstands" (siehe Rdn 36 f.).[99] Es sind also endgültige Maßnahmen zur Abwicklung des ehelichen Güterstands festzusetzen. Des Weiteren müssen das Trennungs- wie das Scheidungsurteil auch die Zuweisung und Nutzung der **Familienwohnung** wie auch der in ihr befindlichen Gegenstände des gewöhnlichen Gebrauchs gem. Art. 96 CC endgültig regeln. Schließlich hat der Richter in seinem Trennungs- oder Scheidungsurteil abschließend über die an den bedürftigen Ehegatten ggf. zu zahlende **Ausgleichsrente** zu befinden wie er auch die Grundlagen für deren (spätere) Anpassung und die Sicherheiten für ihre Durchsetzbarkeit festzulegen hat (Art. 97 CC). Mit dem Scheidungsreformgesetz Nr. 15/2005 ist hier insofern eine deutliche Vereinfachung eingeführt worden, als nunmehr auch die Möglichkeit besteht, den Ex-Partner mit einer einmaligen Zahlung „abzufinden" – damit werden langwierige, nervenaufreibende Konflikte um Anpassungen der Ausgleichsrente im Keim erstickt. **88**

Wird das Scheidungsurteil mit **Rechtsmittel** angefochten, so hat dies keine aufschiebende Wirkung hinsichtlich der für die Scheidungsfolgen im Urteil festgelegten Maßnahmen (Folgesachen); umgekehrt wird im Fall allein der Anfechtung der Maßnahmen die **Rechtskraft** des Trennungs- oder Scheidungsausspruchs festgestellt (Art. 774 Nr. 5 LEC 2000).[100] Von der Rechtskraft nicht erfasst werden indes die Folgesachen.[101] Nach Art. 775 LEC können **89**

---

98 Geändert durch Art. 1 Punkt 8 des Scheidungsreformgesetzes 15/2005 vom 8. Juli (BOE Nr. 163 vom 9.7.2005) mit teilweiser Modifikation bestehender Regeln und Einfügung von vier neuen Absätzen; Wortlaut Art. 92 CC n.F. mit deutscher Übersetzung bei *Löber/Lozano*, Nachtrag, 2010, S. 26 f. zu *Peuster*, Código Civil – Das spanische Zivilgesetzbuch, Spanisch-deutsche Textausgabe, 2002.

99 Nur erwähnt sei hier die Sonderregel in Art. 95 Abs. 2 CC über die güterrechtliche Abwicklung im Fall des Urteils über die Nichtigkeit der Ehe.

100 Im Fall der Trennung kann die Wirkung des Urteils allerdings durch spätere Versöhnung (*Reconciliación*) wieder aufgehoben werden (vgl. Art. 84 CC).

101 Eine Durchsetzung der im Urteil festgelegten Regelungen und Maßnahmen im Wege der Zwangsvollstreckung ist indes vorgesehen gem. Art. 776 LEC 2000 (mit Verweis i.Ü. auf die allgemeinen Vorschriften im III. Buch der LEC 2000).

Huzel

insbesondere die das Eltern-Kind-Verhältnis betreffenden Entscheidungen auf Antrag der Staatsanwaltschaft oder der Eltern selbst und solche vermögensrechtlicher Natur in einem neuen Verfahren erneut verhandelt und modifiziert werden.[102]

7. Dauer und Kosten

90 Nach ersten Erfahrungen seit der Reform des Scheidungsrechts lässt sich zur **Dauer** von Scheidungsverfahren sagen: Unter altem Recht waren langwierige Scheidungsverfahren mit einer Dauer von über zwei Jahren fast der Normalfall. Die gesetzgeberische Intention bei der Neuregelung lag gerade darin, die Verfahrensdauer drastisch zu verkürzen. Allein aufgrund der neuen gesetzlichen Mindest-„Warte-"Zeit scheint sich diese Erwartung zu erfüllen. Hinzu kommt, dass der (Familien-)Richter nunmehr im Grunde nur die zeitlichen Vorgaben und das vorgelegte Regelungsabkommen über die Scheidungsfolgen, ob der Mindestinhalt gem. Art. 90 CC abgedeckt ist, zu prüfen hat. Daher gestalten sich die Verfahren der einvernehmlichen Scheidungen „einfacher" und damit in aller Regel auch deutlich kürzer als vor der Reform 2005. Nach den Erwartungen des spanischen Justizministeriums noch im Zuge der Vorstellung des Gesetzesvorhabens sei von einer Verfahrensdauer bei Gericht von zwei Monaten bei einvernehmlicher und von sechs Monaten bei streitiger Scheidung auszugehen.[103]

Mit Einführung der sog. Privatscheidung 2015 geht – fast zwangsläufig – eine Entlastung der Gerichte einher, wenn nicht mehr jedes Begehren auf einvernehmliche Scheidung nach nur kurzer Ehedauer von drei Monaten vor Gericht behandelt werden muss. Dies dürfte sich freilich positiv auf die Verfahrensdauer bei einvernehmlicher Scheidung auswirken, die weiterhin vor Gericht zu verhandeln sind – insbesondere also bei Scheidung von Ehegatten mit minderjährigen Kindern.

91 Auch hinsichtlich des **Kostenaspekts** sei nur auf Folgendes hingewiesen: Die Möglichkeit, in familienrechtlichen Verfahren mit Anwaltszwang **Prozesskostenhilfe** zu erlangen, richtet sich im Einzelnen nach dem Antragsverfahren der Prozesskostenhilfeverordnung von 2003.[104]

V. Internationale Zuständigkeit der Gerichte

92 Für die internationale Zuständigkeit der Gerichte der Mitgliedstaaten der Europäischen Union ist die Brüssel IIa-VO maßgeblich.[105] Im Verhältnis zu Nicht-EU-Staaten gilt im nationalen Recht mit Art. 22 LOPJ (spanisches Gerichtsverfassungsgesetz) eine Regelung zur internationalen Zuständigkeit spanischer Gericht in Ehesachen mit ausdrücklicher Benennung der Gerichtsstände. Damit ein spanisches Gericht zuständig ist, muss stets ein territorialer Anknüpfungspunkt (siehe Nennung in Art. 769 LEC 2000; siehe Rdn 69) vorliegen; eine Gerichtsstandsvereinbarung zugunsten spanischer Gerichte allein – ohne den geforderten örtlichen Bezug – reicht nicht aus (vgl. Art. 22 Abs. 2 LOPJ).

---

102 Der Verfahrensablauf richtet sich nach Art. 771 LEC 2000.

103 Aussage des (damaligen) spanischen Justizministers *Juan Fernando López Aguilar* (hier zitiert nach Costa Blanca Nachrichten Nr. 1084 vom 24.9.2004, S. 96); die Gesetzesbegründung des Scheidungsreformgesetzes (*Disposición de Motivos*) enthält sich jeglicher Angabe weder zur bisherigen noch zur erwarteten Verfahrensdauer (Ley No. 15/2005, BOE Nr. 163 vom 9.7.2005, S. 24458 f.).

104 *Reglamento de Asistencia Jurídica Gratuita* (RAJG), Real Decreto 996/2003, vom 25.7.2003 (BOE Nr. 188 vom 7.8.2003); siehe dazu die Hinweise bei *Reckhorn-Hengemühle*, Länderbericht Spanien, in: NK-BGB – Familienrecht, Bd. 4, Rn 40–48.

105 Hierzu ausführlich § 1 in diesem Werk.

Huzel

Die spezielle **Kollisionsregel** in Art. 107 Abs. 2 CC a.F., auf die in der IPR-Norm zum Ehewirkungsstatut in Art. 9.2 Abs. 2 CC ausdrücklich Bezug genommen war, ist 2003 mit der Änderung des Art. 107 CC entfallen.[106]   **93**

VI. Auf die Scheidung anwendbares Recht

Vorrangig gilt die Rom III-VO,[107] somit bestimmt sich das auf eine Scheidung wie auch für die Trennung ohne Auflösung des Ehebandes anwendbare Recht seit 21.6.2012 gemäß Art. 5 dieser VO zunächst nach einer Rechtswahl der Parteien, mangels Rechtswahl wird das anwendbare Recht nach der Anknüpfungsleiter des Art. 8 Rom III-VO bestimmt. Abgestellt wird darin auf das Recht des gemeinsamen gewöhnlichen Aufenthalts der Ehegatten im Zeitpunkt der Verfahrenseinleitung (Art. 8 lit. a Rom III-VO). Nachrangig gibt dann das Recht des letzten gemeinsamen gewöhnlichen Aufenthalts Maß, darauf das der gemeinsamen Staatsangehörigkeit und schließlich die lex fori (Art. 8 lit. b-d Rom III-VO). Mit Hinblick auf die Regelung des europäische Rechts wurde die bis dahin einschlägige Norm des autonomen spanischen IPR in Art. 107 CC entsprechend angepasst. In dessen Abs. 2 wird ausdrücklich im Hinblick auf das auf Trennung oder Scheidung anwendbare Recht auf die europäische Rechtsvorschriften abgestellt. Wenn dort alternativ auch (noch) die Normen des spanischen IPR erwähnt sind, dürfte für deren Anwendung wegen der universellen Anwendbarkeit der Rom III-VO (siehe Art. 4 Rom III-VO) kein Raum mehr bleiben.[108]   **94**

Art. 107 a.F. CC gab das im deutschen IPR mit der **Kegel'schen Anknüpfungsleiter** Bekannte wieder. Zunächst war also für die Bestimmung des auf die Scheidung anzuwendenden Rechts abzustellen   **95**
- auf das gemeinsame Heimatrecht der Eheleute im Zeitpunkt der Klageerhebung;
- bei Fehlen eines gemeinsamen Heimatrechts auf das Recht des gewöhnlichen Aufenthalts der Eheleute
- und letztlich, wenn die Ehegatten ihren gewöhnlichen Aufenthalt in verschiedenen Staaten haben, als weitere Stufe der Anknüpfungsleiter, nach spanischem Recht, sofern einer der Ehepartner die spanische Staatsangehörigkeit besitzt oder sich gewöhnlich in Spanien aufhält.

VII. Anerkennung im Ausland erfolgter Scheidungen

Im Verhältnis Deutschland zu Spanien bedarf es weder hier noch dort eines besonderen **Anerkennungsverfahrens**. Dies ergibt sich aus der Verordnung (EG) Nr. 2201/2003 des Rates vom 27.11.2003 (EuEheVO).[109] Im Übrigen, d.h. für die Anerkennung und Voll-   **96**

---

106 *Ley Orgánica* 11/2003 vom 29.9.2003, BOE Nr. 234 vom 30.9.2003. Nach dem entfallenen Absatz war die internationale Zuständigkeit gegeben, sofern die spanischen Gerichte zuständig waren, d.h. nach den allgemeinen Zuständigkeitsregeln insbesondere der LEC 2000. Es handelte sich mithin um eine nicht ausschließliche internationale Zuständigkeit spanischer Gerichte. Wenn die internationale Zuständigkeit unmittelbar aus dem LOPJ und LEC abgeleitet wird, stellt dies im Ergebnis keine Änderung gegenüber dem bisherigen Rechtszustand dar.

107 Hierzu ausführlich § 1 in diesem Werk.

108 Die Regeln des spanischen IPR finden sich i.Ü. in den Art. 8–12 CC, also bereits im Einführungstitel (*Título preliminar*); dazu *Peuster*, Das spanische internationale Privatrecht, in: *Löber/Peuster*, Aktuelles spanisches Handels- und Wirtschaftsrecht, S. 5 ff.

109 ABl EU Nr. L 338 S. 1 vom 23.12.2003; Text u.a. *Jayme/Hausmann*, Internationales Privat- und Verfahrensrecht (Textausgabe), 16. Aufl. 2012, Nr. 162 (S. 637–671). Siehe auch Erstauflage dieses Werks, Eherecht in Europa, 1. Aufl. 2006, *Ring*, Allgemeiner Teil I Rn 1.

streckung von in Nicht-EU-Staaten gefällten Scheidungsurteilen, kommt den von ausländischen Gerichten erlassenen (Trennungs- und) Scheidungsurteilen in der spanischen Rechtsordnung grundsätzlich vom Datum ihrer Anerkennung an Rechtswirkung zu. Art. 523 LEC 2000 sieht vor, dass für die Anerkennung und Vollstreckung rechtskräftiger ausländischer Urteile und sonstiger vollstreckbarer Titel in Spanien die in Internationalen Abkommen enthaltenen Bestimmungen gelten sowie die gesetzlichen Bestimmungen über die internationale rechtliche Zusammenarbeit. Damit wird der Vorrang multi- oder bilateraler internationaler Übereinkommen bekräftigt, hier der EuEheVO von 2003. Im Verhältnis von Nicht-EU-Ländern zu Spanien ist mithin vorrangig auf spezielle Anerkennungs- und Vollstreckungsabkommen, die auch Entscheidungen in Ehesachen erfassen, abzustellen. Ist ein Anerkennungsabkommen nicht vorhanden, erfolgt die Anerkennung nach den Regeln der Art. 954–958 LEC 2000.

E. Scheidungsfolgen

I. Vermögensteilung, Unterhalt und weitere Scheidungsfolgen

97   Unerlässliche Voraussetzung für die Einleitung des Scheidungs- (wie auch des Trennungs-)Verfahrens ist die Vorlage des sog. **Regelungsabkommens** i.S.d. Art. 90 CC (im Sinne einer Prozessvoraussetzung; siehe Rdn 74), dessen gesetzlicher Mindestinhalt gerade die hier angesprochenen Aspekte abdecken muss – nämlich Beteiligung an den ehelichen Lasten und Unterhalt einschließlich der Grundlagen späterer Anpassung, Abwicklung des Güterstands, Zuweisung bzw. Überlassung von Familienwohnung und Hausrat sowie Angabe der Rente, die ggf. von einem der Ehegatten gem. Art. 97 CC zu zahlen ist (siehe im Einzelnen Rdn 87 f.). Ohne Vorschlag zur Regelung dieser (Trennungs- und) Scheidungsfolgen kommt es nach spanischem Recht also nicht zur Scheidung. Mangels Vorlage eines Regelungsabkommens durch die Eheleute trifft der Richter die entsprechende Entscheidung (siehe i.Ü. Rdn 66 und 70). Insbesondere fordert das spanische Recht also nicht unbedingt jeweils eigene Anträge zu den verschiedenen Aspekten der Scheidungs- (und Trennungs-)Folgen. Da die Scheidungsfolgen einschließlich der die Kinder betreffenden Fragen (u.a. Bestimmung der Person, bei der das Kind verbleibt, Ausübung der elterlichen Gewalt, Besuchs- und Umgangsrecht des anderen Elternteils[110]) – wie gezeigt – Teil des eigentlichen (Trennungs- oder) Scheidungsverfahrens selbst sind, kann hier auf die obigen Ausführungen verwiesen werden (siehe Rdn 87 ff.). Insbesondere gelten nicht etwa eigene Zuständigkeitsregeln.

98   Zugleich ist damit auch klargestellt, dass den Parteien die **Möglichkeit vertraglicher Vereinbarungen** für die Scheidung eingeräumt ist – in Form des **Regelungsabkommens** nach Art. 90 CC (siehe Rdn 66), welches gemeinsam mit dem (einvernehmlichen) Antrag auf Trennung oder Scheidung bei Gericht einzureichen ist (siehe Rdn 74). Dabei können über den gesetzlichen Mindestinhalt des Art. 90 CC hinaus weitere Vereinbarungen getroffen werden. Die freie Gestaltungsmöglichkeit der Eheleute – unabhängig vom bevorstehenden Scheidungs- oder Trennungsverfahren – ist dagegen nur theoretischer Natur. **Eheverträge** auf andere Regelungsinhalte als das **Ehegüterrecht** auszudehnen, etwa Fragen des Unterhalts zu einem späteren Zeitpunkt oder der elterlichen Sorge bezüglich der minderjährigen Kinder oder über eine Art Versorgungsausgleich, ist nach spanischem Verständnis nicht „opportun": Der Versuch einer Verrechtlichung der persönlichen Verhältnisse unter Ehegat-

---

110 Vgl. im Einzelnen Art. 90 Abs. 1 lit. b CC.

Huzel

ten sei zum Scheitern verurteilt, da es das im spanischen Recht vorherrschende Konzept sei, dass der wesentliche Inhalt des Eheverhältnisses nicht erzwingbar sei und dass die Bestrebung dessen zwangsweiser Durchsetzung zu seinem Untergang führe. Die ehelichen Pflichten könnten nur freiwillig erfüllt werden und ihre Verletzung könne aus juristischer Sicht nur zur Einreichung einer Klage auf Trennung oder Scheidung führen. Entsprechendes gelte für die Ausübung der elterlichen Pflichten: Deren Einhaltung erfolge nicht so sehr aufgrund ihres verpflichtenden Charakters, vielmehr aufgrund ihrer freiwilligen Befolgung – deren Verletzung werde üblicherweise nur im Zusammenhang mit einem Scheitern der Ehe sichtbar.[111]

Im Hinblick auf **steuerliche Auswirkungen** der Trennung oder Scheidung sei erwähnt, dass die Parteien nach entsprechendem stattgebendem Urteil getrennt veranlagt werden, wenn sie nach Eheschließung für Zusammenveranlagung optiert haben. Ausgleichs- oder Abfindungszahlungen können für den damit Belasteten in Abzug gebracht werden; umgekehrt stellen die Zahlungen für den Empfänger zu versteuerndes Einkommen dar (Art. 16 Abs. 2 LIRPF). Finanzielle Zuwendungen Dritter zu den familiären Lasten führen beim Zahlenden zu keinem Abzug und stellen für den Empfänger ein außergewöhnliches, damit steuerlich nicht zu berücksichtigendes Einkommen dar. Nur aufgrund gerichtlicher Entscheidungen zu leistende Beiträge berühren jeweils die Steuerpflicht, d.h., Ausgleichszahlungen der Ehegatten und Unterhaltszahlungen sind steuerfrei, wenn sie aufgrund eines Gerichtsurteils geleistet werden (Art. 7 LIRPF).[112] | 99

II. Verfahren

Wegen des engen Zusammenhangs der hinsichtlich der Trennungs- und Scheidungsfolgen zu treffenden Maßnahmen – sei es bei einvernehmlicher Scheidung mit der insofern geforderten Einreichung des Regelungsabkommens nach Art. 90 CC, sei es bei streitiger Scheidung letztlich in der mündlichen Verhandlung, die schließlich mit dem Urteil erlassen werden – sind auch die insoweit geltenden Besonderheiten im Verfahrensablauf bereits oben dargestellt (siehe hierzu Rdn 68 ff.). | 100

III. Kollisionsrecht der Scheidungsfolgen, internationale Zuständigkeit

Für die internationale Zuständigkeit der Gerichte der Mitgliedstaaten der Europäischen Union ist die Brüssel IIa-VO maßgeblich,[113] für Scheidungsverfahren gilt Art. 3 dieser Verordnung; dabei wird grundsätzlich auf den gewöhnlichen Aufenthalt der Ehegatten zur Bestimmung der Zuständigkeit abgestellt. Im Verhältnis zu Nicht-EU-Staaten gilt im nationalen Recht mit Art. 22 LOPJ (spanisches Gerichtsverfassungsgesetz) eine Regelung zur internationalen Zuständigkeit spanischer Gericht in Ehesachen mit ausdrücklicher Benennung der Gerichtsstände. Damit ein spanisches Gericht zuständig ist, muss stets ein territorialer Anknüpfungspunkt (siehe Nennung in Art. 769 LEC 2000; siehe Rdn 71) vorliegen; eine Gerichtsstandsvereinbarung zugunsten spanischer Gerichte allein – ohne den geforderten örtlichen Bezug – reicht nicht aus (vgl. Art. 22 Abs. 2 LOPJ). | 101

111 Vgl. *Ferrer Riba*, Familienrechtliche Verträge in den spanischen Rechtsordnungen, in: *Hofer/Schwab/ Henrich* (Hrsg.), From Statut to Contract, S. 271–292 (282 f.); s.a. *ders.*, „Länderbericht Katalonien" Rn 41 f. in diesem Werk zu Parallelen im katalanischen Recht (zur restriktiven Haltung bzgl. Vereinbarungen über das Güterrecht hinaus).

112 *Dechant*, Einkommensteuer, in: *Courage/Dechant/González/Lampreave/Wolf*, Steuerfibel Spanien, 2000, S. 34.

113 Hierzu ausführlich § 1 in diesem Werk.

Die frühere spezielle **Kollisionsregel** zur Bestimmung des auf Scheidungsfolgen anzuwendende Recht in Art. 107 Abs. 2 CC a.F., auf die in der IPR-Norm zum Ehewirkungsstatut in Art. 9.2 Abs. 2 CC ausdrücklich Bezug genommen war, ist bereits 2003 mit der Änderung des Art. 107 CC entfallen.[114]

F. Nichteheliche Lebensgemeinschaft

I. Grundlagen

102 Das Recht der nichtehelichen Lebensgemeinschaft[115] zeigt in Spanien ein uneinheitliches Bild. Eine in ganz Spanien geltende Regelung fehlt. In keinem zentralstaatlichen Recht – weder im *Código Civil* noch in einem eigenen Gesetz – ist dieses „Rechtskonstrukt" positiv geregelt – anders dagegen in den Partikular- bzw. Foralrechten. Die meisten Autonomen Gemeinschaften (*Comunidades Autónomas*) haben positive Regelungen über die nichteheliche – heterosexuelle wie homosexuelle – Lebensgemeinschaft: Den Beginn machte Katalonien 1998 mit Erlass des Gesetzes über stabile Partnerschaften.[116] Ihm folgten (bereits bis 2005) inzwischen weitere elf der insgesamt 17 *Autónomas*:[117]
- Aragón mit Gesetz Nr. 6/1999 (*relativa a las parejas estables no casadas*);[118]
- Navarra mit Gesetz Nr. 6/2000 (*para la igualdad jurídica de las parejas estables*);[119]
- Valencia mit Gesetz Nr. 1/2001 (*reguladora de las uniones de hecho*);[120]
- die Balearen mit Gesetz Nr. 18/2001 (*de parejas estables*);[121]
- Madrid mit Gesetz Nr. 11/2001 (*de uniones de hecho de la Comunidad de Madrid*);[122]
- Asturien mit Gesetz Nr. 4/2002 (*de parejas stables*);[123]
- Andalusien mit Gesetz Nr. 5/2002 (*de parejas de hecho*);[124]
- Kanarische Inseln mit Gesetz Nr. 5/2003 (*sobre parejas de hecho*);[125]
- Extremadura mit Gesetz Nr. 5/2003 (*sobre parejas de hecho*);[126]

---

114 *Ley Orgánica* 11/2003 vom 29.9.2003, BOE Nr. 234 vom 30.9.2003. Nach dem entfallenen Absatz war die internationale Zuständigkeit gegeben, sofern die spanischen Gerichte zuständig waren, d.h. nach den allgemeinen Zuständigkeitsregeln insbesondere der LEC 2000. Es handelte sich mithin um eine nicht ausschließliche internationale Zuständigkeit spanischer Gerichte. Wenn die internationale Zuständigkeit unmittelbar aus dem LOPJ und LEC abgeleitet wird, stellt dies im Ergebnis keine Änderung gegenüber dem bisherigen Rechtszustand dar.

115 Dazu umfassend *González Beilfuss*, in: *Scherpe/Yassari*, Die Rechtsstellung nichtehelicher Lebensgemeinschaften, Länderbericht Spanien und Portugal, S. 249–275; sowie *Serrano Alonso*, El nuevo Matrimonio Civil – Estudios de las Leyes 13/2005, de 1 de julio, y 15/2005, de 8 de julio, de Reforma del Código Civil, S. 33–40 (mit aktuellem Überblick, Stand Oktober 2005).

116 Ley 10/1998, de 15 de julio, de unions estables de parella, DOGC Nr. 2687 vom 23.7.1998 (BOE vom 19.8.1998); siehe dazu *Ferrer Riba*, Länderbericht Katalonien in diesem Werk.

117 Die nachfolgend genannten Gesetze der Autonomen Gemeinschaften sind – jeweils in zusammengefasster Form – wiedergegeben bei *Daum*, Länderbericht Spanien, in: *Bergmann/Ferid/Henrich*, Internationales Ehe- und Kindschaftsrecht, Texte III C.

118 Ley de las Cortes de Aragón 6/1999 vom 26.3.1999 (BOE Nr. 95 vom 21.4.1999).

119 Ley del Parlamento 6/2000 vom 3.7.2000 (BOE Nr. 214 vom 6.9.2000).

120 Ley de la Comunidad Valenciana 1/2001 vom 6.4.2001 (BOE Nr. 112 vom 10.5.2001).

121 Ley del Parlamento 18/2001 vom 19 12.2001 (BOE Nr. 14 vom 16.1.2002).

122 Ley de la Comunidad de Madrid 11/2001 vom 19.12.2001 (BOE Nr. 55 vom 5.3.2002).

123 Ley de la Junta General del Principado de Asturias 4/2002 vom 23.5.2002 (BOE vom 2.7.2002).

124 Ley del Parlamento de Andalucía 5/2002 vom 16.12.2002 (BOE Nr. 11 vom 13.1.2003).

125 Ley del Parlamento de Canarias 5/2003 vom 6.3.2003 (BOE vom 14.4.2003).

126 Ley de la Asamblea de Extremadura 5/2003 vom 20.3.2003 (BOE Nr. 42 vom 8.4.2003).

- Baskenland mit Gesetz Nr. 2/2003 (*reguladora de las parejas de hecho del País Vasco*);[127]
- Kantabrien mit Gesetz Nr. 1/2005 (*de parejas de hecho*).[128]

Darüber hinaus haben die *Autónomas* Castilla-La Mancha und Castilla-León wenn auch **103**
keine eigenen Gesetze erlassen, jedoch eigene Register für unverheiratete Paare errichtet.[129]
Dies gilt darüber hinaus für einige Gemeinden in den *Autónomias* La Rioja bzw. Murcia.[130]
Die Vielzahl der in Spanien zu dieser Materie ergangenen Gesetze erklärt sich aus den
– auch den Autonomen Gemeinschaften auf dem Gebiet des Zivilrechts zustehenden –
Gesetzgebungskompetenzen (vgl. Rdn 6) – allerdings nicht unbegrenzt: nach Art. 149.1.8
der *Constitución Española*[131] nur zur Erhaltung, Veränderung und Fortbildung des vorhandenen Rechts. Daher regeln die einzelnen Gesetze die Materie unterschiedlich intensiv,
enthalten teils eher Bezugnahmen auf Spezialgesetze oder geben Rechtsgrundsätze wieder.[132]
Dagegen sind die Bereiche Eheschließung, Registerwesen und Kollisionsrecht dem gesamtspanischen Gesetzgeber vorbehalten, wie insbesondere mit Erlass des Gesetzes Nr. 13/2005
zur Reform des Eheschließungsrechts (Zulassung der gleichgeschlechtlichen Ehe; siehe
Rdn 2 f.) unter Beweis gestellt.

Aus der gesellschaftlichen Situation in Spanien kann sich das breite Regelungsbedürfnis **104**
nicht ableiten lassen. Die Anzahl nichtehelicher Lebensgemeinschaften ist noch relativ
gering – nur ca. 4 % der 19- bis 49-Jährigen leben unverheiratet mit einem verschiedengeschlechtlichen Partner zusammen (2003). Für gleichgeschlechtliche Partnerschaften dürfte
der Prozentsatz nicht deutlich über dem der erstgenannten „Ehen ohne Trauschein" liegen.
Besonders auf den Kanarischen Inseln und den Balearen sind nichteheliche Lebensgemeinschaften verbreitet, ebenso in Valencia, dem Baskenland und Katalonien. In Aragón, Castilla-La Mancha, Extremadura oder etwa Asturien gibt es sie nur in geringem Maße.[133]
Gleichwohl war Aragón die zweite *Comunidad Autónoma*, die ein Gesetz erließ. Dass mit
Asturien und Extremadura zwei *Autónomas* ohne eigene Gesetzgebungskompetenz zum
Privatrecht jeweils ein Gesetz zu dieser Materie verabschiedet haben, lässt auf andere Moti-
vationen der Gesetzgeber schließen.[134] Einige davon sind sicherlich mit Erlass des bereits
oben erwähnten Gesetzes Nr. 13/2005 mit der Zulassung der gleichgeschlechtlichen Ehe als
Regelung für den Gesamtstaat (durch die damals neue sozialistische Regierung) in Erfüllung
gegangen.

---

127 Ley del Parlamento Vasco 2/2003 vom 7.5.2003 (BOE vom 25.5.2003).
128 Ley de la Comunidad Autónoma de Cantabria vom 16.5.2005 (BOE Nr. 135 vom 7.6.2005).
129 *Castilla-La Mancha* – Dekret vom 11.7.2000, *Castilla León* – Dekret Nr. 117/2002; siehe *Serrano Alonso*, El nuevo Matrimonio Civil – Estudios de las Leyes 13/2005, de 1 de julio, y 15/2005, de 8 de julio, de Reforma del Código Civil, S. 40.
130 Vgl. den Hinweis bei *Daum*, Länderbericht Spanien, in: *Bergmann/Ferid/Henrich*, Internationales Ehe- und Kindschaftsrecht, Texte III C „La Rioja" (S. 192) bzw. „Murcia", wo ein Gesetzentwurf weiter in der Schublade liege (S. 195).
131 *Constitución española* vom 31.10.1978 (BOE vom 29.12.1978); abgedr. etwa bei *Adomeit/Frühbeck*, Einführung in das spanische Recht, S. 165–192.
132 Ausführlich zu verfassungsrechtlichen Bedenken, ob die Gesetzgeber der *Autonomas* ihre Kompeten-zen ggf. überschritten haben, siehe *González Beilfuss*, Länderbericht Spanien und Portugal, in: *Scherpe/Yassari*, Die Rechtsstellung nichtehelicher Lebensgemeinschaften, S. 251–253, auch zur Kritik im spani-schen Schrifttum.
133 Siehe *González Beilfuss*, Länderbericht Spanien und Portugal, in: *Scherpe/Yassari*, Die Rechtsstellung nichtehelicher Lebensgemeinschaften, S. 252 zu Zahlen und Verbreitung der nichtehelichen Lebensge-meinschaften (unter Verweis auf *Meil Landwelin*, Las uniones de hecho en España, 2003, S. 50 ff.).
134 Vgl. *González Beilfuss*, Länderbericht Spanien und Portugal, in: *Scherpe/Yassari*, Die Rechtsstellung nichtehelicher Lebensgemeinschaften, S. 252 f., für die politische Erwägungen der regionalen Gesetzge-ber bedeutender als die soziale Situation waren.

Huzel

105   Allgemein lassen sich zu den genannten Gesetzen folgende Aspekte feststellen: Eine **Modell-funktion** hat das katalanische Gesetz. Die Regelungen sind weitgehend einheitlich.[135] Erfasst werden jeweils **gleichgeschlechtliche wie verschiedengeschlechtliche Paare**, doch nicht immer mit gleichen Wirkungen für beide Paare. So weisen bereits die verschiedenen Begriffe (u.a. *uniones* oder *parejas estables*, *uniones de hecho*) auf Unterschiede auch in den jeweiligen Regelungen hin. Doch zeichnet sich eine Angleichung ab – so haben etwa im Kindschaftsrecht das Baskenland wie auch Navarra ein gemeinsames Adoptionsrecht für alle Lebenspartnerschaften vorgesehen. Im Verhältnis zur Ehe stellen die diversen Rechtsinstitute der nichtehelichen Lebensgemeinschaften eine Art „Mini-Ehen" dar, also mit schwächeren Rechtswirkungen vor allem im vermögensrechtlichen Bereich und im Erbrecht. Eine Besonderheit der spanischen Regelungen – gerade gegenüber der deutschen nach dem Gesetz über die eingetragene Partnerschaft – besteht darin, dass sie nicht nur gleichgeschlechtlichen, vielmehr auch verschiedengeschlechtlichen Partnern offensteht.[136]

II. Eingehung – Voraussetzungen für die Begründung

106   Die nichteheliche Lebensgemeinschaft wird begründet durch **formalen Akt** oder nach anderen der genannten Rechtsordnungen durch das bloße Zusammenleben. Einen formalen Akt fordern die Rechte von Valencia, Madrid, Extremadura, dem Baskenland, der Balearen und von Kantabrien[137] wie auch Katalonien.[138] Anders als Katalonien wurde in den anderen der vorgenannten *Comunidades Autónomas* jeweils ein besonderes Register geschaffen, in welches die nichteheliche Lebensgemeinschaft zu ihrer rechtlichen Begründung einzutragen ist; der **Eintragung** kommt hier also **konstitutive Wirkung** zu.[139] Andernorts reicht das **bloße Zusammenleben**[140] zur Begründung der nichtehelichen Lebensgemeinschaft aus als alternative Möglichkeit zur Begründung durch Registrierung, so in Aragón, Navarra und nach dem Recht der Kanarischen Inseln, wo die Registereintragung also freiwillig erfolgt und deklaratorischen Charakter hat.[141] In Andalusien besteht die Sondersituation, dass die nichteheliche Lebensgemeinschaft begründet wird durch die entsprechende ausdrückliche Erklärung der Partner vor dem Registerbeamten, dem Bürgermeister oder beauftragten Gemeinderatsmitglied nach Prüfung der Personalien und der weiteren Voraussetzungen. Die Erklärung kann auch in öffentlicher Urkunde (*Escritura pública*[142]) vorgenommen

---

135 So *Serrano Alonso*, El nuevo Matrimonio Civil – Estudios de las Leyes 13/2005, de 1 de julio, y 15/2005, de 8 de julio, de Reforma del Código Civil, S. 33: „*El conjunto de leyes ... tienen una regulación bastante uniforme.*"

136 Daher besteht eine gewisse „Nähe" zur französischen Regelung des PACS (dazu *Döbereiner*, „Länderbericht Frankreich" in diesem Werk), so auch *González Beilfuss*, Länderbericht Spanien und Portugal, in: *Scherpe/Yassari*, Die Rechtsstellung nichtehelicher Lebensgemeinschaften, S. 255.

137 Vgl. *Serrano Alonso*, El nuevo Matrimonio Civil – Estudios de las Leyes 13/2005, de 1 de julio, y 15/2005, de 8 de julio, de Reforma del Código Civil, S. 39: „*... la inscripción es ... constitutive ...*".

138 Allerdings mit Unterscheidung zwischen hetero- und homosexuellen Paaren, s. *Ferrer Riba* „Länderbericht Katalonien" in diesem Werk.

139 Vgl. *González Beilfuss*, Länderbericht Spanien und Portugal, in: *Scherpe/Yassari*, Die Rechtsstellung nichtehelicher Lebensgemeinschaften, S. 256 zur Rechtsnatur dieser Register im Hinblick auf die unterschiedlichen Gesetzgebungskompetenzen der *Autónomas*; s.a. *Carro-Werner*, Die nichteheliche Lebensgemeinschaft in der spanischen Rechtsordnung, S. 99–116.

140 Der Nachweis hierüber ist durch jedwedes zugelassene und hinreichende Beweismittel möglich.

141 Vgl. *Serrano Alonso*, El nuevo Matrimonio Civil – Estudios de las Leyes 13/2005, de 1 de julio, y 15/2005, de 8 de julio, de Reforma del Código Civil, S. 38 (für die Kanaren: *registro de carácter administrativo y meramente declarativo y volontario*).

142 Zu diesem – in der Vorstellung vieler Ausländer – „Zauberwort" *Escritura* s. etwa *Löber*, Grundeigentum in Spanien, 6. Aufl. 2000, S. 62 f.

werden. Die Eintragung in das hierfür installierte Register hat Beweisfunktion.[143] Bei Begründung durch bloßes Zusammenleben wird meist der **Ablauf einer bestimmten Frist** – von ein oder zwei Jahren[144] – vorausgesetzt. Einige Ausnahmen bestehen bei Vorhandensein gemeinsamer Kinder; auf die Frist kommt es dann nicht an.[145]

Zudem wird eine *Relación de afecto*, also eine enge gefühlsmäßige Beziehung, gefordert.[146] **107** Des Weiteren sind **personenbezogene Voraussetzungen** vorgesehen: Teils müssen beide Partner volljährig sein (Katalonien, Aragón und Valencia); teils wird der Status *„emancipado"*, also aus der elterlichen Gewalt entlassen (siehe Rdn 16), vorgeschrieben.[147] Ein **Eingehungshindernis** ist nach allen Rechten die Verwandtschaft der Partner in gerader Linie. Beim Grad der verbotenen Verwandtschaft in der Seitenlinie gibt es Unterschiede: Einige Gesetze schließen Verwandtschaft bis zum zweiten Grad der Seitenlinie aus, andere hingegen bis zum dritten Grad der Seitenlinie. **Dispensregelungen** wegen Familienverbundenheit sind nicht vorgesehen – was den Zugang zur nichtehelichen Lebenspartnerschaft in bestimmten Fällen restriktiver gestaltet als den zur Ehe.[148] Ein weiteres Eingehungshindernis liegt bei bestehender Ehe oder Lebenspartnerschaft der Partner vor. Ob eine Lebenspartnerschaft besteht, beurteilt jedes der verschiedenen Rechte nach den eigenen Voraussetzungen (siehe Rdn 10); es kann also zu kollisionsrechtlichen Fragestellungen kommen.[149] Maßgebend ist dann das Personalstatut des Betreffenden.

III. Wirkungen

1. Allgemeines

Die nach den einzelnen Gesetzen für die Partner einer nichtehelichen Lebensgemeinschaft **108** vorgesehenen Wirkungen reichen unterschiedlich weit, abhängig vom Umfang der jeweiligen Gesetzgebungskompetenzen. Die (historischen) *Comunidades Autónomas*, mit eigener Kompetenz auch im Privatrecht, haben demgemäß recht vollständige Gesetze. Die anderen beschränken sich daher eher auf Regelungen im öffentlich-rechtlichen Bereich. Wegen der

---

143 Art. 6 Gesetz Andalusien.
144 Valencia, Madrid, Asturien, Kanarische Inseln, Extremadura und Kantabrien: 1 Jahr; Aragón und Katalonien – 2 Jahre; vgl. *Daum*, Länderbericht Spanien, in: *Bergmann/Ferid/Henrich*, Internationales Ehe- und Kindschaftsrecht, Texte III C zu den jeweiligen *Autónomas*.
145 Navarra, Asturien, Kanarische Inseln und Extremadura wie auch Katalonien; vgl. *Daum*, Länderbericht Spanien, in: *Bergmann/Ferid/Henrich*, Internationales Ehe- und Kindschaftsrecht, Texte III C zu den jeweiligen *Autónomas*.
146 Dazu *González Beilfuss*, Länderbericht Spanien und Portugal, in: *Scherpe/Yassari*, Die Rechtsstellung nichtehelicher Lebensgemeinschaften, S. 257, auch dazu, warum insoweit – abhängig davon, unter welcher jeweiligen Regierung das Gesetz erlassen wurde – der Begriff „eheähnlich" verwendet wird oder aber jeglicher Hinweis auf Eheähnlichkeit fehlt.
147 Im Recht von Navarra, den Balearen, Madrid, Asturien, Andalusien, den Kanarischen Inseln, dem Baskenland, Extremadura und Kantrabrien; vgl. *Daum*, Länderbericht Spanien, in: *Bergmann/Ferid/Henrich*, Internationales Ehe- und Kindschaftsrecht, Texte III C zu den jeweiligen *Autónomas*.
148 Vgl. *González Beilfuss*, Länderbericht Spanien und Portugal, in: *Scherpe/Yassari*, Die Rechtsstellung nichtehelicher Lebensgemeinschaften, S. 257.
149 Vgl. *González Beilfuss*, Länderbericht Spanien und Portugal, in: *Scherpe/Yassari*, Die Rechtsstellung nichtehelicher Lebensgemeinschaften, S. 258 mit dem Beispiel eines Partners, der seit einem Jahr mit einem anderen zusammenlebt – ist nach dem Recht Kataloniens noch keine Lebenspartnerschaft eingegangen; in Navarra wäre dies aber der Fall. Will er in Navarra eine neue Lebenspartnerschaft eingehen, so beurteilt sich, ob ihm ein Eingehungshindernis entgegensteht, nach dem auf diese Vorfrage anwendbaren Recht (Personalstatut – Art. 9.1 CC, also Heimatrecht bzw. das seiner Gebietszugehörigkeit).

Huzel

vorrangigen Zuständigkeit des Gesamtstaates für das Sozialversicherungs-, das Steuer- und das Ausländerrecht haben einige Gesetze dann nur noch einen sehr begrenzten echten Regelungsgehalt. Sie gewähren den Partnern zwar soziale Anerkennung, doch wenig einklagbare Rechte.[150]

109   **Verwandtschaftliche Beziehungen** werden durch eine nichteheliche Lebensgemeinschaft **nicht** begründet, ebenso wenig Schwägerschaft. Teils wird dies ausdrücklich erklärt (Aragón und im Recht der Balearen), teils äußern sich die regionalen Gesetzgeber (wegen nicht bestehender Rechtsetzungsbefugnis) nicht, woraus geschlussfolgert werden darf, dass sich verwandtschaftliche Beziehungen gegenüber Dritten gerade nicht ergeben.[151] In einigen Rechten ist das Recht zur **Adoption** ausdrücklich vorgesehen, wie in Katalonien und in Aragón nur für heterosexuelle nichteheliche Partnerschaften; ein uneingeschränktes Adoptionsrecht enthalten dagegen die Gesetze von Navarra, dem Baskenland und nunmehr Kantabrien – also können hier auch homosexuelle nichteheliche Lebenspartnerschaften adoptieren. Die anderen Gesetze enthalten zur Adoption keine Regelung.[152]

2. Vermögensrechtliche Wirkungen – „Güterstand"

110   In **vermögensrechtlicher Hinsicht** wird allgemein das Prinzip der **Vertragsfreiheit** anerkannt. Vereinbarungen können sowohl während des Bestehens als auch für den Fall der Auflösung der Lebenspartnerschaft getroffen werden, was durchweg ausdrücklichen Niederschlag in den Gesetzen gefunden hat. Die **Formerfordernisse** sind unterschiedlich: Nach den Gesetzen von Aragón, Valencia und Kantabrien muss die Vereinbarung in öffentlicher Urkunde abgefasst sein, die von Navarra und Asturien lassen jeweils sowohl private als auch öffentliche Urkunden zu. In Katalonien wird neben der Privaturkunde sogar die mündliche Vereinbarung erlaubt.

111   **Inhaltlich** müssen die Vereinbarungen bestimmte **Mindesterfordernisse** einhalten; unzulässig ist etwa der Verzicht auf Unterhalts- und Ausgleichsansprüche oder auf erbrechtliche Vergünstigungen. Weiter enthaltene Grundregeln sehen im Grunde nur von der allgemeinen Schuldrechtslehre Bekanntes bzw. Programmsätze vor, wenn es heißt, die Vereinbarungen dürften nicht die Rechte Dritter, die Würde der Partner, zwingendes Recht oder das Kindeswohl beeinträchtigen oder dass die Lebenspartnerschaft weder befristet noch unter einer Bedingung begründet werden darf.

112   Soweit die Vereinbarung eines (Ehe-)**Güterstands** durch die nichtehelichen Lebenspartner von der Rspr. selbst in Form konkludenter Rechtswahl zugelassen wird,[153] können entsprechende Absprachen wohl nur *inter partes* wirken,[154] da das Registerwesen in der Gesetzgebungskompetenz des Gemeinstaates liegt und Güterstandsvereinbarungen in das entsprechende Register einzutragen sind, damit sie Wirkung auch gegenüber Dritten entfalten können (zum allgemeinen Güterrecht siehe Rdn 39 ff.). Allerdings sind güterrechtliche Ver-

---

150   *González Beilfuss*, Länderbericht Spanien und Portugal, in: *Scherpe/Yassari*, Die Rechtsstellung nichtehelicher Lebensgemeinschaften, S. 259 spricht insoweit zutreffend von „Pamphlet- oder Postergesetzen".

151   Vgl. *González Beilfuss*, Länderbericht Spanien und Portugal, in: *Scherpe/Yassari*, Die Rechtsstellung nichtehelicher Lebensgemeinschaften, S. 260.

152   Siehe auch den Überblick bei *Serrano Alonso*, El nuevo Matrimonio Civil – Estudios de las Leyes 13/2005, de 1 de julio, y 15/2005, de 8 de julio, de Reforma del Código Civil, S. 33 ff.

153   TS, Urteile vom 18.5.1992 und 21.10.1992 (*Repertorio Jurisprudencia Aranzadi* [RJ] 1992/4907 bzw. RJ 1992, 5889); s. *Huzel*, ZfRV 1990, 256 f. zur Bedeutung solch wiederholter Rspr. des *Tribunal Supremo*.

154   Vgl. *González Beilfuss*, Länderbericht Spanien und Portugal, in: *Scherpe/Yassari*, Die Rechtsstellung nichtehelicher Lebensgemeinschaften, S. 261.

einbarungen in der Praxis selbst bei Eheleuten eher selten, was zur Geltung des gesetzlichen Güterstands der Errungenschaftsgemeinschaft (*Sociedad de gananciales*) führt. Insoweit aber hat die Rspr. die analoge Anwendung des gesetzlichen Ehegüterrechts abgelehnt; sie legt dann vielmehr das **Prinzip der Gütertrennung** zugrunde.[155] Ohne ausdrückliche Vereinbarung leben Lebenspartner also durchweg im Stand der Gütertrennung.[156]

Weiter in diesem Zusammenhang zu nennen ist die in einigen Gesetzen vorgesehene Verpflichtung der Partner[157] – mangels anders lautender Vereinbarung – durch Hausarbeit oder Einkünfte einen persönlichen angemessenen Beitrag[158] zu den Gemeinschaftsausgaben zu leisten. Es finden sich auch Regelungen zur **Haftung** der Partner gegenüber Dritten für Verbindlichkeiten zur Deckung der Gemeinschaftsausgaben. In Katalonien, Aragón und Navarra ist gesamtschuldnerische Haftung vorgesehen, im Recht der Balearen dagegen, dass jeder Partner für die von ihm eingegangenen Verbindlichkeiten alleine haftet, doch haftet der andere zumindest im Bereich der Gemeinschaftsaufgaben subsidiär.

113

3. Unterhalts- und Ausgleichsansprüche

Als weiterer vermögensrechtlicher Aspekt ist die Frage nach einer **Unterhaltspflicht** zu nennen. Regelungen finden sich in den Gesetzten von Katalonien und dem folgend von Aragón, Navarra, den Balearen und dem Baskenland.[159] Während des Bestehens der nichtehelichen Lebensgemeinschaft haben die Partner eine Unterhaltspflicht. So ist es – außer in dem Recht des „Vorreiters" Katalonien – ausdrücklich vorgesehen im Recht von Aragón, den Balearen und im Baskenland, im Ergebnis ebenso nach dem Recht von Navarra (abzuleiten aus dem Unterhaltsanspruch bei Auflösung der Beziehung – dann ist es nur konsequent, auch während der Partnerschaft vom Bestehen einer Unterhaltspflicht auszugehen).[160] Nach **Beendigung der Partnerschaft** wird ein **Ausgleich** nach einer Art ungerechtfertigter Bereicherung durchgeführt, wie es die Rspr. bei Auflösung der nichtehelichen Lebensgemeinschaft wiederholt praktiziert hat.[161] Dementsprechend sieht das Recht Aragóns – auch hier in Anlehnung an das „Vorbild" des katalanischen Gesetzes[162] – derartige Ausgleichsansprüche vor: Ein Partner kann einen wirtschaftlichen Ausgleich fordern, wenn er durch das

114

---

155 TS, Urteile vom 22.1.2001 und 27.3.2001 (RJ 2001, 1678 bzw. RJ 2001, 4770).

156 So auch *González Beilfuss*, Länderbericht Spanien und Portugal, in: *Scherpe/Yassari*, Die Rechtsstellung nichtehelicher Lebensgemeinschaften, S. 261 ganz lapidar: „Im Ergebnis läuft aber alles weiterhin auf die Gütertrennung hinaus."

157 Im Recht von Katalonien, Aragón, Navarra, den Balearen, des Baskenlands und von Kantabrien; vgl. *Daum*, Länderbericht Spanien, in: *Bergmann/Ferid/Henrich*, Internationales Ehe- und Kindschaftsrecht, Texte III C zu den jeweiligen *Autónomas*.

158 D.h. im Verhältnis zu den jeweiligen eigenen Mitteln (Ressourcen), vgl. *González Beilfuss*, Länderbericht Spanien und Portugal, in: *Scherpe/Yassari*, Die Rechtsstellung nichtehelicher Lebensgemeinschaften, S. 261.

159 Das sind damit alle historischen Gemeinschaften mit einem Spezialgesetz zum Recht der nichtehelichen Gemeinschaft; mangels entsprechender Gesetzgebungskompetenz fehlt eine Regelung zum Unterhalt in den Gesetzen von Valencia, Madrid, Asturien, Andalusien, den Kanarischen Inseln und Extremadura; vgl. *Daum*, Länderbericht Spanien, in: *Bergmann/Ferid/Henrich*, Internationales Ehe- und Kindschaftsrecht, Texte III C zu den jeweiligen *Autónomas*.

160 Vgl. *González Beilfuss*, Länderbericht Spanien und Portugal, in: *Scherpe/Yassari*, Die Rechtsstellung nichtehelicher Lebensgemeinschaften, S. 262.

161 Vgl. *Lopez Azcona*, La ruptura de las parejas de hecho. Análisis legislativo y jurisprudencial, Madrid 2002, S. 67–71 (zit. nach *González Beilfuss*, Länderbericht Spanien und Portugal, in: *Scherpe/Yassari*, Die Rechtsstellung nichtehelicher Lebensgemeinschaften, S. 263 Anm. 57).

162 Siehe dazu *Ferrer Riba* „Länderbericht Katalonien" in diesem Werk.

Zusammenleben dem anderen gegenüber wirtschaftlich schlechter gestellt worden ist und wenn diese Ungleichheit eine ungerechtfertigte Bereicherung des anderen darstellt – etwa bei einem Beitrag zur Anschaffung, Erhaltung oder Verbesserung der Güter des Partners.[163] Im Recht Aragóns ist ein Anspruch zudem vorgesehen, wenn ein Partner Unterhalt benötigt und die Betreuung der gemeinsamen Kinder es ihm ganz oder nahezu unmöglich macht, selbst einer Erwerbstätigkeit nachzugehen. Einen solchen wirtschaftlichen Ausgleichsanspruch aufgrund ungerechtfertigter Bereicherung sehen auch die Rechte von Navarra, den Balearen und des Baskenlands vor. Der davon zu trennende **Unterhaltsanspruch** besteht nach den Gesetzen von Navarra, der Balearen und dem Baskenland – ähnlich großzügig wie im Recht des „Vorreiters" Katalonien – bereits, wenn das Zusammenleben selbst den Grund für die geminderte Erwerbsfähigkeit des bedürftigen Partners darstellt.

115 Für die Gebiete der *Comunidades Autónomas*, die zwar ein Gesetz zur nichtehelichen Lebenspartnerschaft erlassen haben, dabei allerdings wegen nicht vorhandener Gesetzgebungskompetenz für privatrechtliche Rechtsverhältnisse keine Regelungen über einen etwaigen Unterhaltsanspruch vorsehen (Valencia, Madrid, Asturien, Andalusien, Kanarische Inseln und Extremadura), sowie für die *Comunidades* ohne Spezialgesetz gilt Folgendes: Zum einen ist das gesetzliche Unterhaltsrecht unter Verwandten auf nichteheliche Lebenspartnerschaften nicht anwendbar. Vielmehr sieht man in den Unterhaltsleistungen unter Lebenspartnern sog. *obligaciones naturales*. Solche können zwar nicht eingeklagt werden, tatsächlich aufgrund dieser natürlichen Verpflichtung an den Partner erbrachte Leistungen können indes nicht zurückgefordert werden.[164] Bei Auflösung der Partnerschaft wird der Ausgleich nach wiederholter Rspr. des *Tribunal Supremo*[165] seit 2001 inzwischen in analoger Anwendung der *pensión compensatoria* des Art. 97 CC durchgeführt,[166] d.h. dass derjenige Lebenspartner, der nach Auflösung der Gemeinschaft wirtschaftlich schlechter gestellt ist als der andere, einen Anspruch auf Ausgleich/Unterhalt hat, wenn sich seine Situation im Vergleich zur Situation während des Bestehens der Lebenspartnerschaft verschlechtert hat.[167]

4. Weitere Wirkungen

116 Einige Gesetze äußern sich zu **Vertretung und Vollmachten**. So wird die Betreuung bei Erklärung der Geschäftsunfähigkeit des einen Partners vorrangig dem anderen zugespro-

---

163 Beispielhaft sei hier weiter genannt: die alleinige Führung/Bestreitung des Haushalts ohne bzw. nur mit unzureichender Vergütung oder entsprechende Sorge um die Kinder, vgl. *González Beilfuss*, Länderbericht Spanien und Portugal, in: *Scherpe/Yassari*, Die Rechtsstellung nichtehelicher Lebensgemeinschaften, S. 263.

164 Zum Ganzen *González Beilfuss*, Länderbericht Spanien und Portugal, in: *Scherpe/Yassari*, Die Rechtsstellung nichtehelicher Lebensgemeinschaften, S. 264.

165 Solch wiederholt bestätigte Rspr. des *Tribunal Supremo* hat für das spanische Zivilrecht praktisch Gesetzeskraft, vgl. *Huzel*, ZfRV 1990, 256 f.

166 TS, Urteile vom 27.3.2001 (RJ 2001, 4769), vom 5.7.2001 (RJ 2001, 4993) sowie vom 16.7.2002 (RJ 2002, 6246).

167 Kritisch zur Begründung des Rechtsprechungsumschwungs, der auf den Gleichheitsgrundsatz abstellt, der eine Schlechterstellung der nichtehelichen Lebenspartnerschaften je nach anwendbarem – foralem oder gemeinspanischem – Zivilrecht nicht erlaube, *González Beilfuss*, Länderbericht Spanien und Portugal, in: *Scherpe/Yassari*, Die Rechtsstellung nichtehelicher Lebensgemeinschaften, S. 264 Anm. 60: Rechtsverschiedenheit als solche sei nicht schon ein Verstoß gegen den Gleichheitsgrundsatz.

chen (Katalonien und Arágon). Das Recht von Navarra sieht bei Verschollenenvertretung und Pflegschaft die Gleichstellung von Ehepartner und Lebenspartner vor.[168]

Besondere Regelungen über **Ersatzansprüche bei Verletzung bzw. Tötung** des nichtehelichen Lebenspartners finden sich in keinem der Gesetze, insoweit gelten die allgemeinen Regeln. Nach der Grundregel im Schadensersatzrecht kann jeder Geschädigte – unabhängig ob Familienangehöriger, Dritter, Erbe oder Nichterbe – Schadensersatz wegen materieller wie immaterieller Schäden beanspruchen.[169] Um Problemen gerade bei der Geltendmachung eines immateriellen Schadens vorzubeugen, ist in jedem Fall die Registrierung der Partnerschaft empfehlenswert (wenn diese nicht ohnehin bereits zu deren Eingehung gefordert ist). Kommt der Lebenspartner durch einen Verkehrsunfall zu Tode, wird der Schaden nach dem entsprechenden Spezialgesetz bestimmt, welches insofern Ehegatten und Lebenspartner gleichbehandelt.[170]

117

Besonderheiten im Falle von Lebenspartnerschaften sind auch im **Mietrecht**[171] vorgesehen, hier im Gesetz über Raummiete bzw. städtische Mietverträge (*Ley de Arrendamientos Urbanos* – LAU).[172] Einige Gesetze nehmen darauf ausdrücklich Bezug. Der Lebenspartnerbegriff ist dort allerdings ein anderer, er erfasst gleich- wie verschiedengeschlechtliche Partnerschaften und stellt auf das bloße Zusammenleben während zumindest zwei Jahren in der Mietwohnung ab. Die Frist ist stets einzuhalten, unabhängig von den Lebenspartnerschaftsgesetzen. Wurde also eine Lebenspartnerschaft nach regionalem Recht bereits nach sechs bzw. zwölf Monaten wirksam begründet, ist damit der Begriff der Lebenspartnerschaft nach dem LAU noch nicht erfüllt. Art. 12 LAU betrifft solche Mietverhältnisse, in denen nur einer der (Lebens-)Partner Mieter ist. Hier behandelt das Gesetz den zusammenlebenden Ehegatten und den Lebenspartner (i.S.d. LAU) im Falle der Nichtverlängerung oder Kündigung des Mietvertrages durch den Vermieter gleich: Beide haben ein Recht zur Übernahme des Vertrages (**Eintrittsrecht**). Der Vermieter muss den Ehegatten bzw. den Lebenspartner von der Kündigung in Kenntnis setzen. Innerhalb einer Frist von 15 Tagen kann der Ehegatte bzw. der Lebenspartner dann erklären, ob er das Mietverhältnis fortsetzen möchte. Selbst wenn der Mieter ohne Kündigung aus der Wohnung auszieht, steht dem verbleibenden Lebenspartner (wie auch dem Ehegatten) eine einmonatige Frist zu, um ggf. dem Vermieter mitzuteilen, dass er den Mietvertrag übernehmen möchte. Bei Auflösung der Lebenspartnerschaft geht es auch um die Frage der **Wohnungszuweisung**: Nach der Rspr. ist dies – auch insofern unabhängig von den Lebenspartnerschaftsgesetzen – in Analo-

118

---

168 Vgl. Art. 9 Gesetz Navarra – ebenso im Sonderfall der sog. *„Declaración de prodigalidad"* (Verfügungsbeschränkungen aufgrund von Verschwendung), vgl. *González Beilfuss*, Länderbericht Spanien und Portugal, in: *Scherpe/Yassari*, Die Rechtsstellung nichtehelicher Lebensgemeinschaften, S. 262.

169 Dazu *González Beilfuss*, Länderbericht Spanien und Portugal, in: *Scherpe/Yassari*, Die Rechtsstellung nichtehelicher Lebensgemeinschaften, S. 265 – auch mit weiteren Einzelaspekten.

170 *Ley sobre responsabilidad civil y seguro en la circulación de los vehículos a motor*; nach einem Urteil der *Audiencia Provincial* (AP) Sevilla vom 6.9.2004 (zit. nach *González Beilfuss*, Länderbericht Spanien und Portugal, in: *Scherpe/Yassari*, Die Rechtsstellung nichtehelicher Lebensgemeinschaften, S. 265) wird auch die gleichgeschlechtliche Beziehung als Partnerschaft anerkannt – die vorherige gegenteilige Auffassung zu einem restriktiven Lebenspartnerschaftsbegriff verstoße gegen den verfassungsrechtlichen Gleichheitsgrundsatz.

171 Eine besondere Regelung zu Wohnung und Hausrat gibt es im Katalanischen Lebenspartnerschaftsgesetz, Art. 11 und 28; siehe dazu *Ferrer Riba*, Länderbericht Katalonien, in diesem Werk.

172 Ursprünglich aus dem Jahre 1964, neuverabschiedet durch Gesetz Nr. 29/1994 vom 24.11.1994 (BOE Nr. 282 vom 25.11.1994); deutschsprachige Fassung des LAU bei *Schlüter/Ross*, Mieten und Vermieten in Spanien, 2003, Teil E; siehe auch *Löber/Pérez/Huzel*, Wohnungseigentum und Urbanisationen in Spanien, 2005, S. 93.

gie zur Wohnungszuweisung bei Trennung, Scheidung oder Nichtigkeitserklärung der Ehe zu regeln, d.h. (gem. Art. 96.3 CC) sind Kinder vorhanden oder nicht.[173]

IV. Auflösung und Folgen

119 Die Auflösung einer nichtehelichen Lebensgemeinschaft unter Lebenden findet nach den verschiedenen Foralrechten überwiegend nach folgenden – ohne Weiteres plausiblen – Gründen statt:[174] durch übereinstimmende Willenseinigung, durch Trennung, durch Heirat oder nach dem Willen eines Partners, wenn er dies dem anderen ordnungsgemäß mitteilt. Die Vereinbarung von zusätzlichen Auflösungsgründen ist in Navarra und Asturien gestattet.[175] Zudem werden teils bestimmte Trennungszeiten von sechs Monaten (etwa in Asturien) bzw. einem Jahr[176] vorausgesetzt. Teils ist vorgesehen, dass die Auflösung in ein Register eingetragen werden muss.[177] Nach Aufhebung der alten Lebenspartnerschaft kann eine neue erst nach einer sechsmonatigen Frist eingegangen werden (so in Aragón und Katalonien[178]); andere Gesetze haben die Wartefrist fallen gelassen.[179] Die Auflösung der nichtehelichen Lebensgemeinschaft lässt die untereinander erteilten Vollmachten unwirksam werden. Im Übrigen können Ausgleichsansprüche aus ungerechtfertigter Bereicherung und solche auf Unterhalt entstehen.

V. Kollisionsrecht der nichtehelichen Lebensgemeinschaft

120 Die Regelung des **Kollisionsrechts**, auch des interregionalen bei Konflikten darüber, welches der verschiedenen Foralrechte letztlich zur Anwendung kommt, obliegt dem gesamtspanischen Gesetzgeber (siehe Rdn 6 f.). Eine Kollisionsnorm zur nichtehelichen Lebensgemeinschaft – wie im deutschen IPR mit Art. 17b EGBGB – liegt für das spanische IPR indes bislang nicht vor. Soweit die Gesetze der *Comunidades Autónomas* – unabhängig von verfassungsrechtlichen Bedenken – einseitige Abgrenzungsnormen mit Anknüpfung an die Gebietszugehörigkeit enthalten, helfen diese bereits bei Partnern mit unterschiedlicher *Vecindad civil* nicht weiter, noch weniger in Fällen zweier Ausländer. Mangels spezieller Regel im spanischen interregionalen Privatrecht wird allgemein auf das **Ehewirkungsstatut** (Art. 9.2 CC; siehe Rdn 47) zurückgegriffen.[180]

---

173 TS, Urteile vom 16.12.1996 und 10.3.1998 (RJ 1996, 9020 bzw. RJ 1998, 1272); s. *Huzel*, ZfRV 1990, 256 f. zur Bedeutung solch wiederholter Rspr. des *Tribunal Supremo*.

174 Ausf. *Lopez Azcona*, La Ruptura de las Parejas de Hecho, 2002; siehe auch *Carro-Werner*, Die nichteheliche Lebensgemeinschaft in der spanischen Rechtsordnung, S. 128 ff.

175 Art. 4.1.f (Gesetz Navarra) bzw. Art. 4.1.f (Gesetz Asturien).

176 So in Aragón, Navarra, Andalusien, Extremadura, auf den Balearen (vgl. *Daum*, Länderbericht Spanien, in: *Bergmann/Ferid/Henrich*, Internationales Ehe- und Kindschaftsrecht, Texte III C zu den jeweiligen *Autónomas*) wie auch in Katalonien (siehe dazu *Ferrer Riba*, Länderbericht Katalonien in diesem Werk).

177 So nach dem Recht von Valencia, Madrid und dem der Balearen.

178 Siehe *Ferrer Riba*, „Länderbericht Katalonien" in diesem Werk.

179 Navarra, Asturien, Extremadura und die Kanarischen Inseln.

180 Kritisch dazu *González Beilfuss*, Länderbericht Spanien und Portugal, in: *Scherpe/Yassari*, Die Rechtsstellung nichtehelicher Lebensgemeinschaften, S. 273, die den Rückgriff auf das Registerrecht für angebracht hält, was indes einer Gesetzesänderung bedürfe.

Huzel

G. Abstammung und Adoption

I. Abstammung

Das spanische Abstammungsrecht kennt die leibliche Abstammung und die durch Adoption; seit der Vorgabe durch die neue spanische Verfassung von 1978[181] haben die leibliche Abstammung, d.h. die eheliche wie die nichteheliche, und die durch Adoption begründete dieselben Wirkungen (Grundsatz in Art. 108 CC).[182]

121

1. Eheliche Abstammung

Nach Art. 115 CC wird die **eheliche Abstammung** mütterlicher- und väterlicherseits gesetzlich bestimmt durch Eintragung der Geburt sowie zugleich auch der über die Eheschließung der Eltern oder durch rechtskräftiges Urteil. Als **Kinder des Ehemannes** werden aufgrund gesetzlicher **Vermutung** diejenigen angesehen, die nach erfolgter Eheschließung und vor Ablauf von 300 Tagen nach deren Auflösung oder nach der gesetzlichen oder tatsächlichen Trennung der Eheleute geboren worden sind (Art. 116 CC). Die Möglichkeit des Ehemannes, die gesetzliche Vermutung zu widerlegen, ist in Art. 117 CC vorgesehen: Dazu hat er, wenn das Kind innerhalb von 180 Tagen nach Eheschließung geboren ist, eine gegenteilige Erklärung in öffentlich beglaubigter Form abzugeben, spätestens innerhalb von sechs Monaten nach der Geburt des Kindes. Ausgeschlossen ist dies indes im Fall der ausdrücklichen oder stillschweigenden Anerkennung der Vaterschaft oder wenn der Vater vor Eheschließung Kenntnis von der Schwangerschaft hatte (dann verstieße das Vorgehen des Ehemannes gegen das Verbot des *venire contra factum proprium*). In letzterem Fall kann die Vaterschaftsvermutung nur widerlegt werden, wenn die geforderte öffentlich beglaubigte Erklärung in beiderseitigem Einverständnis vor der Eheschließung abgegeben worden ist oder innerhalb von sechs Monaten nach der Geburt des Kindes (Art. 117 S. 2 CC). Möglich ist auch die Eintragung der Abstammung als ehelich, selbst wenn die Vermutung wegen gesetzlicher oder faktischer Trennung der Eheleute nicht besteht; erforderlich ist hierzu das beiderseitige Einverständnis (Art. 118 CC). Umgekehrt bedeutet dies, dass sich das spanische Recht bei **Getrenntleben** eindeutig gegen eine Vaterschaftsvermutung ausgesprochen hat.

122

In Fällen **doppelter Vaterschaftsvermutung** (nach Wiederheirat der Mutter, nach Scheidung oder Tod der Ehemannes) – also Vermutung zugunsten des ersten Ehemannes über die Beendigung der Ehe hinaus und zum anderen zugunsten des zweiten Ehemannes hinsichtlich auch vorehelich empfangener Kinder – soll mangels ausdrücklicher gesetzlicher Regelung flexibel reagiert werden können. Abgestellt werden soll auf die Entscheidung der in Betracht kommenden Männer, an den Statusbesitz oder an die zeitliche Reihenfolge des Antrags auf Eintragung der Vaterschaft mit Vorrang des Erstantragenden.[183] Die Abstam-

123

---

181 *Constitución Española* vom 31.10.1978 (BOE vom 29.12.1978); auszugsweise abgedr. etwa bei *Adomeit/ Frühbeck*, Einführung in das spanische Recht, S. 157–166): Art. 14 – „Die Spanier sind vor dem Gesetz gleich, ohne dass irgendeine Benachteiligung aus Gründen der Geburt, der Rasse, des Geschlechts ... erfolgen darf." (Übersetzung etwa in: Verfassungen der EU-Mitgliedstaaten (Beck-Texte im dtv Nr. 5554, 6. Aufl. 2005).

182 Reform des Abstammungsrechts durch Gesetz Nr. 11/1981 vom 13.5.1981 (BOE Nr. 119 vom 19.5.1981): Neufassung des V. Titels des *Código Civil* (*De la paternidad y la filiación* – Von der Elternschaft und der Kindschaft; Art. 108–141).

183 Dazu *Pozo Vilches*, El reconocimiento de la filición; *ders.*, El reconocimiento del hijo no matrimonial de mujer casada; *Messer*, Spanisches Abstammungsrecht, S. 87 m.w.N.

Huzel

mung des Kindes wird in einem solchen Fall vom Zeitpunkt der Eheschließung der „Erzeuger" (*progenitores*) zu einer ehelichen, wenn die Heirat nach der Geburt des Kindes erfolgt (Art. 119 CC).[184] Nach altem Recht mit längeren Trennungszeiten als Voraussetzung der Ehescheidung waren solche Fälle doppelter Vaterschaftsvermutung eher selten. Nach Einführung der „Scheidung im Eilverfahren" nach nur dreimonatiger Ehezeit und mit Einführung der sog. Privatscheidung (2015, zulässig auch nach nur drei Monaten seit Eheschließung), dürfte sich dies indes ändern.

2. Nichteheliche Abstammung

124 Die Feststellung der nichtehelichen Abstammung **hinsichtlich der Mutter** erfolgt durch fristgerechte Eintragung der mütterlichen Abstammung in das Personenstandsregister (Art. 120 Abs. 1 Nr. 4 CC), d.h. grundsätzlich innerhalb einer Woche nach der Geburt (Art. 42d *Ley del Registro Civil – LRC*).[185]

125 Die nichteheliche Abstammung **väterlicherseits** wird festgestellt durch ein **Anerkenntnis** vor dem für das Personenstandesregister zuständigen (Standes-)Beamten, in einem Testament oder einer anderen öffentlichen Urkunde (Art. 120 Abs. 1 Nr. 1 CC). Das Vaterschaftsanerkenntnis erfolgt also außergerichtlich durch rechtsgeschäftliche Begründung des Statusverhältnisses mit Wirkung für und gegen jedermann. Auch das Anerkenntnis eines Geschäftsunfähigen oder noch nicht heiratsmündigen Mannes ist statthaft, bedarf zu seiner Wirksamkeit allerdings der gerichtlichen Genehmigung nach vorheriger Anhörung der Staatsanwaltschaft (Art. 121 CC). Schon dies macht deutlich, dass genetisch falsche Vaterschaftsbegründungen möglichst ausgeschlossen werden sollen. Dazu werden regelmäßig zur Wahrung des Kindeswohls und der Interessen des Kindes wie auch der Mutter über die bloße Anerkennungserklärung hinaus weitere **Zustimmungserfordernisse** vorzulegen sein und berücksichtigt.

126 Sonderregeln gelten für die Anerkennung eines volljährigen Kindes – hier wird die ausdrückliche oder stillschweigende Zustimmung des Kindes selbst gefordert (Art. 123 CC) –, für die Anerkennung eines minderjährigen oder geschäftsunfähigen Kindes (Art. 124 CC) sowie für die sog. Inzestkinder; für Letztere ist nach Art. 125 CC eine Anerkennung grundsätzlich verboten. Anerkennungsvoraussetzung ist insbesondere die richterliche Genehmigung nach Anhörung der Staatsanwaltschaft, auch im Falle des Art. 124 CC (hier genügt auch die ausdrückliche Zustimmung des gesetzlichen Vertreters des Kindes).[186]

127 Eine Besonderheit enthält das spanische Recht in Art. 126 CC insofern, als selbst die Anerkennung einer **bereits verstorbenen Person** statthaft ist, sofern deren Abkömmlinge dem Anerkenntnis – persönlich oder durch ihre gesetzlichen Vertreter – zustimmen. Des Weiteren ist nach spanischem Recht auch die Anerkennung eines **noch nicht geborenen Kindes**, also pränatale Anerkenntnis des nasciturus, zulässig, wie sich mangels spezieller Norm in den Regelungen des Abstammungsrechts unmittelbar aus der Grundbestimmung

---

184 Art. 119 CC setzt zudem voraus, dass die Abstammung nach den Bestimmungen über die nichteheliche Abstammung nach Art. 120 ff. CC. feststeht.

185 Ausnahme bei Fristversäumnis in Fällen höherer Gewalt sind in der Ausführungsverordnung zum Personenstandsregistergesetz vorgesehen (s. dazu Brüsseler CIEC-Übereinkommen vom 12.9.1962 über die Feststellung der mütterlichen Abstammung nichtehelicher Kinder [Text Art. 1–5 bei *Jayme/Hausmann*, Internationales Privat- und Verfahrensrecht, 15. Aufl. 2010, Nr. 51], für Spanien in Kraft getreten am 16.3.1984).

186 Zu weiteren Ausnahmetatbeständen s. Art. 124 Abs. 2 CC bzw. Art. 125 Abs. 2 CC (Text bei *Peuster*, Código Civil – Das spanische Zivilgesetzbuch, S. 100 f.).

über das Entstehen der Rechtsfähigkeit in Art. 29 CC ergibt. Danach gilt der nasciturus hinsichtlich aller ihm günstigen Rechtsfolgen als geboren, wenn er lebend geboren wird, also sobald die vollständige Abtrennung vom Mutterleib stattgefunden hat (Art. 30 n.F. CC).[187]

3. Anfechtung der eingetragenen (festgestellten) Abstammung

Das Recht zur **Anfechtung** der Vaterschaft bestimmt sich nach Art. 136–141 CC; der **128** Ehemann kann das Anfechtungsrecht innerhalb eines Jahres nach Eintragung der Abstammung bzw. ab Kenntniserlangung von der Geburt ausüben.[188] Das Recht zur Anfechtung ist vererbbar (Art. 136 Abs. 2 CC). Auch für das Anfechtungsrecht des Kindes selbst gilt die Einjahresfrist, gerechnet ab Eintragung der Abstammung bzw. bei minderjährigen Anfechtungswilligen ab Erreichen der Volljährigkeit oder der vollen Geschäftsfähigkeit; ersatzweise steht dieses Recht der Mutter, die die elterliche Gewalt innehat, oder der Staatsanwaltschaft zu (Art. 137 Abs. 1 und 2 CC). Daneben hat die Mutter ein Recht zur Anfechtung ihrer Mutterschaft, wenn sie die Unterschiebung der Geburt oder die Unrichtigkeit der Identität des Kindes belegen kann (Art. 139 CC).

4. Exkurs: Möglichkeit fortpflanzungsmedizinischer Maßnahmen

Insoweit sei lediglich auf folgende Grundsätze hingewiesen: Auf der Grundlage des Geset- **129** zes 14/2006 über die Techniken der künstlichen Reproduktion[189] sind in Spanien als zulässige Maßnahmen anerkannt: insbesondere die heterologe künstliche Befruchtung, die In-Vitro-Fertilisation, der Embryotransfer, die Eizellspende sowie die Spende von Präembryonen (d.h. bis 14 Tage alte befruchtete Eizelle). Insgesamt aber gilt: Mutter des Kindes ist stets diejenige, die das Kind auch geboren hat.[190] Leihmutterschaft sowie diesbezügliche Verträge sind in Spanien grundsätzlich nicht statthaft.[191]

---

187 Dieses Erfordernis gilt i.Ü. auch hinsichtlich der Erbfähigkeit des nasciturus, vgl. *Steinmetz/Huzel/ García Alcázar*, in: *Süß* (Hrsg.), Erbrecht in Europa, 3. Aufl. 2015, Länderbericht Spanien, Rn 84. Art. 30 a.F CC: Mit der „spanischen Besonderheit", wonach die Leibesfrucht menschliche Gestalt aufweisen und wenigstens die ersten 24 Stunden nach der Geburt überlebt haben müsse; anderenfalls bürgerlich-rechtliche Wirkungen nicht einträten, wurde 2011 in den benannten Wortlaut aktualisiert (Wortlaut der Norm bei *Daum*, in *Bergmann/Firsching/Henrich*, Internationales Ehe- und Kindschaftsrecht, Länderteil Spanien, Texte III B 1, S. 41).

188 Nach Urteil des *Tribunal Constitucional* (TC) Nr. 138 vom 26.5.2005 (BOE Nr. 148 Suplemento vom 22.6.2005) ist Absatz 1 des Art. 136 CC für verfassungswidrig (nicht für nichtig) erklärt worden, da die Regelung über die Anfechtungsfrist gegen das Grundrecht auf effektiven Rechtsschutz (Art. 24 Abs. 1 CE) und die Menschenwürde verstoße, da die Norm die Frist für die Ehelichkeitsanfechtungsklage beginnen lässt, wenn der Ehemann nicht weiß, dass er nicht der biologische Vater ist.

189 *Ley 14/2006 de 26 de mayo*, BOE Nr. 125 vom 27.5.2006 m. spät. Änderungen – Text in deutscher Übersetzung bei *Daum*, in: *Bergmann/Ferid/Henrich*, Internationales Ehe- und Kindschaftsrecht, Länderteil Spanien, Texte III B 4, s. 90 ff – auch mit Abdruck der hierzu ergangenen Verwaltungsvorschrift der DGRN vom 5.10.2010 (BOE Nr. 243 vom 7.10.2010, s. 84803 ff.; zum „Vorgänger" Gesetz 35/1988 siehe die Hinweise bei *Adam/Perona Feu*, in: *Rieck* (Hrsg.), Ausländisches Familienrecht, Länderteil Spanien (Stand Febr. 2014), Rn 33.

190 Zur Bestimmung der Mutterschaft bei Kindern lesbischer Paare siehe *Ferrer Riba*, Neueste Entwicklungen im spanischen Personen- und Familienrecht in den Jahren 2006–2007, FamRZ 2007, 1513 ff.

191 Siehe aber zur Eintragbarkeit der Geburt eines Kindes, das im Ausland von einer Leihmutter geboren wurde DGRN, Ziff. 1.1 ff. der Verwaltungsvorschrift vom 5.10.2010 (oben Fn 189; Text bei *Daum*, a.a.O., S. 90 f.).

II. Adoption

1. Grundlagen

130   Nach oben genanntem Grundsatz (siehe Rdn 121) kann die **Abstammung** auch durch **Adoption** begründet werden (Art. 108 CC). Die Adoption[192] erfolgt durch gerichtliche Entscheidung – m.a.W. durch dem öffentlichen Recht zuzuordnenden Hoheitsakt. Dabei hat das Gericht stets das Interesse des zu Adoptierenden wie auch die Eignung des oder der Adoptierenden zur Ausübung der elterlichen Gewalt zu berücksichtigen (Art. 176 Abs. 1 CC). Der Rspr. des *Tribunal Supremo*[193] zufolge handelt es sich bei der Adoption – auch wenn das Adoptivverhältnis stets durch gerichtliche Entscheidung begründet wird – eher um ein dem Familienrecht zuzuordnendes Rechtsgeschäft als einen zum öffentlichen Recht gehörigen Hoheitsakt.[194] Nach Einführung der gleichgeschlechtlichen Ehe mit allen Rechten und Pflichten (siehe Rdn 2 und 14) steht das **Adoptionsrecht** vollumfänglich nunmehr auch Eheleuten gleichen Geschlechts zu.[195]

131   Das spanische Recht lässt grundsätzlich nur die **Minderjährigenadoption** zu. Der Adoptierende muss älter als 25 Jahre sein, bei Adoption durch Ehegatten wenigstens einer von beiden; in jedem Fall aber hat der Adoptierende zumindest 14 Jahre älter als der Adoptierte zu sein (Art. 175 Abs. 1 CC). **Nicht adoptiert** werden können allerdings: (eigene) Abkömmlinge, Blutsverwandte oder Verschwägerte im zweiten Grad der Seitenlinie sowie Mündel durch ihren Vormund, bevor nicht abschließend die Vormundschaft mit Belegen versehen abgerechnet und genehmigt worden ist (Art. 175 Abs. 3 Nr. 1–3 CC). Ausnahmsweise lässt das spanische Recht auch die „**Erwachsenenadoption**" (bzw. die des aus der elterlichen Gewalt entlassenen, des sog. „emanzipierten" Minderjährigen) zu; dann muss jedoch zuvor ein spätestens im 14. Lebensjahr des Kindes begonnenes ununterbrochenes Zusammenleben (etwa mittels Pflegekindschaft) bestanden haben (Art. 175 Abs. 2 CC). Im Übrigen ist die Adoption durch mehr als eine Person – außer im Falle von Eheleuten (nunmehr auch gleichgeschlechtlichen) – unzulässig (**Unilateralprinzip**, Art. 175 Abs. 4 CC). Schließlich ist die Adoption **unwiderruflich** (Grundsatz in Art. 180 Abs. 1 CC).

2. Verfahren und Wirkungen

132   Primäre **Voraussetzung** für die Einleitung des Adoptionsverfahrens ist ein **positives Votum über die Eignung** des oder der Adoptierenden für die Ausübung der elterlichen Gewalt. Dieser Eignungsvorschlag muss von der öffentlichen Einrichtung ausgestellt sein (Art. 176 Abs. 2 CC). Die Adoption selbst erfolgt durch **gerichtliche Entscheidung** unter steter Berücksichtigung des Interesses des zu Adoptierenden wie der Eignung des oder der Adoptierenden (Art. 176 Abs. 1 CC). Ein Vorschlag über die Eignung des Adoptierenden ist in besonders gelagerten Fällen entbehrlich, so u.a. wenn es um die Adoption des Kindes des

---

192 Das spanische Adoptionsrecht wurde 1987 reformiert durch Gesetz Nr. 21/1987 vom 11.11.1987 zur Änderung des *Código Civil* (BOE Nr. 275 vom 17.11.1987), wodurch zudem Maßnahmen zum Schutze Minderjähriger eingeführt wurden.

193 Vgl. TS, Urteile vom 9.7.2001 und zuvor 19.2.1988; zur Bedeutung solch wiederholter Rspr. des TS s. *Huzel*, ZfRV 31 (1990), 256 ff.

194 So Teile der Lehre, etwa *Llopis Giner*, Curso Básico de Derecho de Familia y Sucesiones, S. 152 f.

195 Damit war Spanien neben den Niederlanden weltweit erst das zweite Land mit vollem Adoptionsrecht für gleichgescehlichtliche Paare.

Partners des Adoptierenden geht (vgl. Art. 176 Abs. 2 S. 3 Ziff. 2 n.F. CC),[196] ein voradop-
tives Pflegeverhältnis oder eine Vormundschaft von jeweils über einem Jahr bestanden hat
oder wenn der zu Adoptierende volljährig oder ein aus der elterlichen Gewalt entlassener
Minderjähriger (*menor emancipado*) ist.[197] Als zusätzliche Voraussetzung für die Eignungs-
feststellung wird nach dem 2015 neu eingefügten Abs. 3 des Art. 176 CC[198] eine psychosozi-
ale Begutachtung verlangt, die u.a. die persönliche, familiäre, verwandtschaftliche und soziale Situation der Adoptierenden betrifft wie auch die Fähigkeit, stabile und sichere Bindungen aufzubauen. Eine weitere Neuerung zur Vorbereitung einer Adoption besteht gemäß
des ebenfalls neu eingefügte Art. 177*bis* CC in der Möglichkeit der Behörde, die Sorge über
den schutzlosen Minderjährigen den Personen zu übertragen, die die Voraussetzung der
Geeignetheit zur Adoption erfüllen sowie die Einwilligung zur Adoption erklärt haben.
In diesem Fall kann die Behörde im Interesse des Minderjährigen das Besuchsrecht der
Ursprungsfamilie aussetzen, wenn die Zeitdauer des „voradoptiven" Zusammenlebens beginnt. Der Adoptionsvorschlag an das Gericht soll dann in der kürzestmöglichen Frist
erfolgen, jedenfalls in weniger als drei Monaten seit der Übertragung der Sorge mit dem
Ziel der Adoption.[199]

Der Adoption **zustimmen** müssen – und zwar im Beisein des Richters – der (oder die)   133
Adoptierende(n) sowie der zu Adoptierende, wenn er über 12 Jahre alt ist (Art. 177 Abs. 1
CC). Zudem müssen folgende Personen in die Adoption **einwilligen** (Art. 177 Abs. 2 CC):
der Ehegatte des Adoptierenden – außer bei gesetzlicher oder faktischer Trennung,[200] die
Eltern des nicht emanzipierten zu Adoptierenden – es sei denn, sie haben die elterliche
Gewalt nicht mehr inne.[201] Dabei sind diese beiden Einwilligungen entbehrlich, wenn den
Betroffenen die Erklärung abzugeben unmöglich ist; die entsprechenden Umstände hat das
Gericht in seiner stattgebenden Adoptionsentscheidung zu begründen (Art. 177 Abs. 2 S. 3
CC). Die ebenfalls erforderliche **Einwilligung der Mutter** kann frühestens dreißig Tage

---

196 Art. 176 CC i.d.F. des Gesetzes 15/2015 (vom 2.7.2015 über die Neuregelung des Rechts der Freiwilli-
     gen Gerichtsbarkeit, BOE vom 3.7.2015, Sec. I, S. 54068, welches auch zu Änderungen des *Código
     Civil*, u.a. im Eheschließungs- und Ehetrennungsrecht wie auch im Adoptionsrecht geführt hat – siehe
     Hinweis bei *Henrich*, FamRZ 2015, 1572).
197 Vgl. im Einzelnen den klaren Wortlaut des Art. 176 Abs. 2 S. 3 Nr. 1–4 CC (u.a. bei *Peuster*, Código
     Civil – Das spanische Zivilgesetzbuch, S. 144 f.).
198 Art. 176 CC i.d.F. des Gesetzes 15/2015 (vom 2.7.2015 über die Neuregelung des Rechts der Freiwilli-
     gen Gerichtsbarkeit), womit ein neuer Absatz 3 eingeführt wurde und Absatz 3 a.F. zum neuen Ab-
     satz 4 wurde.
199 Vgl. Wortlaut der Norm.
200 Tatsächliche Trennung aufgrund nachweisbarer gegenseitiger Übereinkunft, vgl. Wortlaut der Norm.
201 Sei es durch rechtskräftiges Urteil, sei es dass sie einem Rechtsgrund für die Entziehung unterliegen,
     was in einem gerichtlichen Verfahren (Art. 781 LEC 2000) festzustellen ist (Art. 177 Abs. 2 Nr. 2 CC).
     Art. 781 LEC 2000 (Verfahren zur Bestimmung der Notwendigkeit der Einwilligung in die Adoption')
     lautet:
     „1. Die Eltern, die beanspruchen, dass die Notwendigkeit ihrer Einwilligung zur Adoption anerkannt
     wird [im Fall des Art. 177 Abs. 2 Nr. 2 CC betrifft das Begehren also das Vorbringen von Gründen für
     die Entziehung der elterlichen Gewalt], können vor Gericht erscheinen, damit dieses den entsprechen-
     den Antrag zur Kenntnis nimmt und ihn so bekundet. Das Gericht beraumt bei Ruhen des Verfahrens
     eine ihm angemessen erscheinende Frist zur Klageeinreichung an, welche nicht 20 Tage unterschreiten
     und 40 Tage überschreiten sollte. Nach Klageeinreichung ist in Übereinstimmung mit dem in Art. 753
     Vorgesehenen zu verfahren.
     2. Wird innerhalb der vom Gericht gesetzten Frist keine Klage eingereicht, so ergeht Beschluss über
     die Verfahrensbeendigung. Wenn diese Entscheidung gefällt ist, wird kein Widerspruch zugelassen,
     der später erhoben als entsprechende Anträge über ein Zustimmungserfordernis zu der betreffenden
     Adoption."

Huzel

nach der Geburt erklärt werden (Art. 177 Abs. 2 vorletzter Satz CC). Bei Adoptionen, die einen vorherigen Vorschlag (der Behörde, vgl. Art. 176 Abs. 2 S. 1 CC) erfordern, ist es unstatthaft, dass sich die Einwilligung der Eltern auf genau bestimmte bzw. bereits feststehende Adoptierende bezieht (Art. 177 Abs. 2 letzter Satz CC).[202] Darüber hinaus müssen bestimmte Personen vom Richter lediglich **angehört** werden (Art. 177 Abs. 3 Nr. 1–4 CC): die Eltern, denen die elterliche Gewalt nicht entzogen worden ist (wenn nicht bereits nach Obigem deren Einwilligung erforderlich ist), der Vormund und ggf. die Aufsichtsperson(en), der zu Adoptierende unter 12 Jahren bei eigenem ausreichenden Urteilsvermögen sowie auch die öffentliche Einrichtung zur Eignung des Adoptierenden, wenn eine Pflegekindschaft des zu Adoptierenden von über einem Jahr bestand.

134   Die grundlegende **Wirkung** der Adoption besteht im Erlöschen der rechtlichen Bindung zwischen dem Adoptierten und seiner früheren Familie (Art. 178 Abs. 1 CC).[203] Dementsprechend werden (neue) verwandtschaftliche Bande zwischen dem Adoptierenden bzw. seiner Familie und dem Adoptierten begründet: Damit ist der Adoptierte nunmehr als Abkömmling des/der Adoptierenden anzusehen und deren natürlichen Abkömmlingen, also den ehelichen wie den nichtehelichen, gleichgestellt in allen Rechten und Pflichten (vgl. Art. 108 Abs. 2 CC). Weiterhin bewirkt die Adoption, dass der Adoptierte fortan der elterlichen Gewalt (*patria potestad*) der Adoptierenden unterliegt (Art. 154 CC). Auch bei Tod der Adoptiveltern lebt nicht etwa die elterliche Gewalt der Ursprungsfamilie (Erzeuger und natürliche Kindeseltern) wieder auf.[204] Deren Bande sind mit erfolgter Adoption mithin endgültig gelöst.[205] Allerdings wird die Feststellung der natürlichen Abstammung des Adoptierten durch die Adoption nicht tangiert (Art. 180 Abs. 4 CC). Insoweit haben die Adoptierten nach Erreichen der Volljährigkeit oder noch während der Minderjährigkeit (dann vertreten durch die Eltern) das Recht, die Daten über ihre biologische Abstammung kennenzulernen (Art. 180 Abs. 6 CC,[206] bisher Art. 180 Abs. 5 a.F. CC). Ergänzend zur Regelung über das zuvor benannte Recht des Adoptierten sind die (Minderjährigenschutz-)Behörden verpflichtet, die Information bzw. die Daten über die Abstammung des Minderjährigen, insbesondere über dessen Erzeuger, mindestens 50 Jahre lang aufzubewahren, gerechnet ab Bestandskraft bzw. Wirksamwerden der Adoption (Art. 180 Abs. 5 n.F. CC).[207] Ist die Adoption begründet, kann das Gericht den Adoptierenden von seinen Schutzaufgaben sowie seinen Rechten[208] ausschließen, wenn Gründe für die Entziehung der elterlichen Gewalt vorliegen. Antragsberechtigt sind in diesem Fall die Staatsanwaltschaft, der Adoptierte oder der gesetzliche Vertreter, nach Erreichen der vollen Geschäftsfähigkeit nur der

---

202 Diese Regelung wurde eingefügt mit dem Gesetz 15/2015.
203 Ausnahmen bestehen nach Maßgabe des Art. 178 Abs. 2 CC i.d.F. des Gesetzes 15/2015 (vom 2.7.2015 über die Neuregelung des Rechts der Freiwilligen Gerichtsbarkeit (BOE vom 3.7.2015, Sec. I, S. 54068), u.a. bei Adoption des Kindes des Ehegatten oder des in entsprechender Beziehung mit dem Adoptierenden verbundenen Partners, selbst wenn dieser verstorben ist..
204 Dann tritt bei Minderjährigen vielmehr ein Fall der Vormundschaft ein (Art. 222 Ziff. 1 CC), wobei die (Adoptiv-)Eltern testamentarisch oder in öffentlicher Urkunde einen Vormund bestimmen können, anderenfalls dieser gerichtlich bestellt wird (Art. 223 CC).
205 Siehe aber den besonderen Ausnahmefall des Art. 178 Abs. 2 Nr. 2 CC bei gemeinsamen Antrag des Adoptierenden, des Adoptierten über 12 Jahre und des „Ursprungs"-Vaters oder der Mutter, zu dem bzw. der die Bindung fortbestehen soll.
206 Art. 180 Abs. 6 CC i.d.F. des Gesetzes 15/2015 (vom 2.7.2015 über die Neuregelung des Rechts der Freiwilligen Gerichtsbarkeit, BOE vom 3.7.2015, Sec. I, S. 54068,
207 Art. 180 Abs. 5 CC i.d.F. des Gesetzes 15/2015 (vom 2.7.2015).
208 Insbesondere hinsichtlich etwaigen Nachlasses des Adoptierten oder der Abkömmlinge (Art. 179 Abs. 1 CC).

Huzel

Adoptierte selbst und dann nur innerhalb von vier Jahren nach der Adoption (Art. 179 Abs. 1 und 2 CC).

Hervorzuheben ist schließlich die besondere Folge der Adoption im **Staatsangehörigkeits-** **135** **recht:** Nach Art. 19 Abs. 1 CC erwirbt der von einem Spanier adoptierte unter 18-jährige Ausländer mit der Adoption die spanische Staatsangehörigkeit kraft Abstammung. Ist der Ausländer bereits über 18 Jahre alt, so kann er für die spanische Staatsangehörigkeit kraft Abstammung optieren – und zwar innerhalb von zwei Jahren seit Begründung der Adoption (Art. 19 Abs. 2 CC).

Auch wenn die Adoption grundsätzlich unwiderruflich ist, so kann der Richter auf Antrag **136** per Gerichtsbeschluss doch das **Erlöschen der Adoption** anordnen. Antragsberechtigt sind der (leibliche) Vater oder die Mutter, wenn sie entgegen dem in Art. 177 CC Bestimmten an der Adoption nicht mitgewirkt haben (Art. 180 Abs. 2 CC). Der Antrag muss innerhalb von zwei Jahren nach der Adoption gestellt werden. Zudem darf das beantragte Erlöschen dem Minderjährigen keinen schweren Nachteil zufügen. Die durch die Adoption hervorgerufenen Wirkungen, insbesondere die vermögensrechtlichen sowie die im Hinblick auf eine etwa erlangte (neue) Staatsangehörigkeit oder Gebietszugehörigkeit (*vecindad civil*), bleiben vom Erlöschen unberührt (Art. 180 Abs. 3 CC).

3. Kollisionsrechtliche Aspekte

Der Inhalt der Adoptivkindschaft unterliegt dem **Heimatrecht** des Kindes; ist dieses nicht **137** feststellbar, dem Recht des gewöhnlichen Aufenthalts des Kindes (Art. 9.4 CC).

Für Adoptionen mit Auslandsbezug gelten gem. Art. 9.5 CC die Bestimmungen des „Geset- **138** zes über die internationale Adoption" vom 28.12.2007 mit detaillierten IPR-Regelungen in seinen Art. 14–31,[209] womit die alte, auch bereits recht dezidierte Regelung in Art. 9.5 Abs. 4 und 5 CC a.F. ersetzt wird. Unter „**Internationaler Adoption**" ist nach der Legaldefinition in Art. 1 Abs. 2 G 54/2007 „das Rechtsverhältnis der Kindschaft zu verstehen, das eine sich aus der Staatsangehörigkeit oder dem gewöhnlichen Aufenthalt der Adoptierenden oder des zu Adoptierenden ergebende Auslandsberührung aufweist". Das Gesetz bezweckt die Regelung der Zuständigkeit der spanischen Gerichts- und Konsularbehörden sowie die Bestimmung des anwendbaren Rechts bei internationalen Adoptionen, ferner der Wirksamkeit der von ausländischen Behörden begründeten Adoptionen (Art. 1 Abs. 1 G 54/2007).

Folgende Einzelaspekte seien hier erwähnt: Für die Begründung der Adoptivkindschaft **139** durch die zuständige spanische Behörde gilt grundsätzlich spanisches Recht (Art. 18 G 54/ 2007: bei bestehendem oder künftigem gewöhnlichen Aufenthalt des zu Adoptierenden in Spanien). Im Hinblick auf die Adoptierbarkeit (Eignung des zu Adoptierenden) und die erforderlichen Zustimmungen ist indes das Heimatrecht der an der Adoption Beteiligten anwendbar, und zwar dann, wenn der zu Adoptierende seinen gewöhnlichen Aufenthalt außerhalb Spaniens hat oder wenn er trotz Ansässigkeit in Spanien durch die Adoption nicht die spanische Staatsangehörigkeit erlangt (Art. 19 G 54/2007; ähnlich bereits Art. 9.5 Nr. 1 und 2 CC a.F.). Das „alte" Heimatrecht des zu Adoptierenden findet indes nur Anwendung, wenn die zuständige spanische Behörde der Auffassung ist, dass damit die

---

209 Gesetz Nr. 54/2007 „*Ley de adopción internacional*", BOE Nr. 312 vom 29.12.2007 (Text in deutscher Übersetzung bei *Daum*, Länderbericht Spanien, in: *Bergmann/Ferid/Henrich*, Internationales Ehe- und Kindschaftsrecht, Texte III B 6; S. 93–100); dazu etwa *de la Rosa*, Código de adopción internacional, 2008; *Calvo Caracaca/Caracosa González*, La Ley 54/2007 de 28 de diciembre sobre adopcion internacional, Reflexiones y comentarios, 2008.

Wirksamkeit der Adoption in dem Staat, dessen Staatsangehörigkeit der zu Adoptierende (noch) besitzt, erleichtert wird.[210]

140 Im Ausland können Adoptionen nach spanischem Recht auch von spanischen Konsuln gem. Art. 17 G 54/2007 begründet werden, wenn der Adoptierende Spanier ist und der zu Adoptierende seinen gewöhnlichen Aufenthalt im Zuständigkeitsbereich des Konsulats hat (vgl. Art. 9.5 Abs. 3 CC a.F.). Ob eine im Ausland vorgenommene Adoption in Spanien anerkannt wird und Wirkung entfalten kann, richtet sich vorrangig nach entsprechenden völkerrechtlichen Verträgen, insbesondere nach Maßgabe des Haager Übereinkommens vom 29.5.1993 über den Schutz von Kindern und die Zusammenarbeit auf dem Gebiet der Internationalen Adoption (Art. 25 G 54/2007). Im Übrigen werden von ausländischen Behörden begründete Adoptionen in Spanien anerkannt, wenn sie von der zuständigen ausländischen Behörde aufgrund des nach dem anzuwendenden Kollisionsrecht berufenen Sachrechts begründet wurden. Zudem müssen die Wirkungen einer im Ausland vorgenommenen Adoption denen einer nach spanischem Recht begründeten gleichkommen (Art. 26 Abs. 1 G 54/2007).

141 Geht es um die Adoption, die ein Spanier mit Wohnsitz in Spanien im Ausland vornehmen will, kommt es für die spätere Anerkennung in Spanien insbesondere darauf an, ob die erforderliche Feststellung über die Eignung des Adoptierenden von der zuständigen spanischen Behörde vor Begründung der Adoption durch die ausländische Behörde vorlag (Art. 26 Abs. 3 G 54/2007). Ebenso ist ausdrücklich die Anerkennung einer im Ausland vorgenommenen Adoption in Spanien möglich, wenn das ausländische Recht zwar die Möglichkeit zum Widerruf der Adoption enthält, durch öffentliche Urkunde oder zu Protokoll des Standesbeamten aber auf dieses Recht verzichtet wird (Art. 26 Abs. 2 G 54/2007; zuvor Art. 9.5 Abs. 6 CC a.F.).

142 Die **internationale Zuständigkeit** der Gerichte bestimmt sich nach Art. 14 G 54/2007. Spanische Gerichte sind demnach für die Begründung von Adoptionen berufen, wenn auch nur einer der Beteiligten, sei es der Adoptierende, sei es der zu Adoptierende, die spanische Staatsangehörigkeit besitzt oder seinen gewöhnlichen Aufenthalt in Spanien hat (so zuvor auch nach dem autonomen Recht in Art. 22 Abs. 3 LOPJ [span. GVG]).[211]

---

210 So werden die sog. hinkenden Adoptionen vermieden – ein früher im internationalen Adoptionsrecht häufiger anzutreffendes Phänomen, wenn im Ausland eine Adoption vorgenommen wurde, die im Heimatstaat (Inland) des Adoptierenden indes nicht anerkannt wurde; siehe dazu nur *Kegel/Schurig*, Internationales Privatrecht, S. 834 f.

211 Eine freiwillige Unterwerfung unter die spanische Gerichtsbarkeit ist indes nicht zulässig (Art. 22 Abs. 3 LOPJ).

Tschechische Republik

Mgr. Martin Říha, Notar, Pilsen
Dr. Claudie Rombach, Notarin, Düsseldorf

Literatur

Deutschsprachige Literatur

Bohata, in: *Bergmann/Ferid/Henrich* (Hrsg.), Internationales Ehe- und Kindschaftsrecht, Landesteil Tschechische Republik, Stand: Juni 2009; *Bohata*, Das neue Familienrecht und das Gesetzgebungsverfahren in der Tschechischen Republik, Jahrbuch für Ostrecht, XL (1999) S. 37 ff.; *Bohata*, Grundzüge des tschechischen Scheidungs- und Scheidungsfolgenrechts, FamRB international 2006, 81 ff.; *Hrušáková*, Scheidung und nachehelicher Unterhalt in der Tschechischen Republik, in: *Hofer/Schwab/Henrich* (Hrsg.), Scheidung und nachehelicher Unterhalt im europäischen Vergleich, 2003, S. 355 ff.; *Hrušáková*, Neuregelung der vermögensrechtlichen Beziehungen der Ehegatten untereinander in der Tschechischen Republik, in: *Henrich/Schwab* (Hrsg.), Eheliche Gemeinschaft, Partnerschaft und Vermögen im europäischen Vergleich, 1999, S. 299 ff.; *Hrušáková*, Unterhaltpflichten im tschechischen Familienrecht, in: *Schwab/Henrich/Walter* (Hrsg.), Familiäre Solidarität – Die Begründung und die Grenzen der Unterhaltspflicht unter Verwandten im europäischen Vergleich, 1997, S. 233 ff.;

Hrušáková, Der Schutz der Familienwohnung im tschechischen Recht, in: *Henrich/Schwab* (Hrsg.), Der Schutz der Familienwohnung in Europäischen Rechtsordnungen, 1995, S. 119 ff.; *Hrušáková*, Neue Regelung der Eheschließung in der Tschechischen Republik, FamRZ 1994, 678 f.; *Hulmák*, in: *Wabnitz/Holländer*, Einführung in das tschechische Recht, 2009, S. 127 ff.; *Rombach*, in: *Rieck* (Hrsg.), Ausländisches Familienrecht, Landesteil Tschechien, Stand: Januar 2011; *Westphalová/Šínová*, Neue Entwicklung des Familienrechts in der Tschechischen Republik: Anfechtung der Vaterschaft, FamRZ 2011, 1469 ff.

Literatur in tschechischer Sprache

Dvořák/Spáčil, Společné jmění manželů v teorii a v judikatuře, 3. Aufl., Praha 2011; *Eliáš a kolektiv* (Hrsg.), Občanský zákoník, komentář, 2. Aufl., Praha 2011; *Francová/Dvořáková/Závodská*, Rozvody, rozchody a zánik partnerství, 2. Aufl., Praha 2010; *Holub/Bičovský/Pokorný*, Společné jmění manželů, 2. Aufl., Praha 2009; *Holub a kolektiv* (Hrsg.), Občanský zákoník, komentář, Band 1 und 2, 2. Aufl., Praha 2003; *Holub/Fiala/Bičovský*, Občanský zákoník, poznámkové vydání s judikaturou a literaturou, 10. Aufl., Praha 2005; *Holub/Nová/Ptáček/Sladká/Hyklová*, Zákon o rodině, s komentářem, judikaturou a předpisy souvisícími, 9. Aufl., Praha 2011; *Hrušáková a kolektiv* (Hrsg.), Zákon o rodině. Zákon o registrovaném partnerství, komentář, 4. Aufl., Praha 2009; *Hrušáková/Králíčková*, České rodinné právo, 3. Aufl., Brno 2006; *Kučera*, Mezinárodní právo soukromé, 7. Aufl., Brno 2009; *Pokorný*, Zákon o mezinárodním právu soukromém a procesním, komentář, 2. Aufl., Praha 2004; *Švestka/Dvořák a kolektiv* (Hrsg.), Občanské právo hmotné, Bd. III, 5. Aufl., Praha 2009; *Švestka/Spáčil/Škárová/Hulmák a kolektiv* (Hrsg.), Občanský zákoník, komentář, I. und II. Band, 2. Aufl., Praha 2009; *Hrušáková/Králíčková/Westphalová a kolektiv* (Hrsg.), Občanský zákoník, komentář, Bd. II, 1. Aufl., Praha 2014; *Dvořák/Fiala/Zuklínová a kolektiv* (Hrsg.), Občanský zákoník, komentář, Bd. II, 1. Aufl., Praha 2014; *Bříza/Břicháče/Fišerová/Horák/Ptáček/Svoboda*, Zákon o mezinárodním právu soukromém, komentář, 1. Aufl., Praha 2014.

A.   Eheschließung

I.   Formen der Eheschließung; Verlöbnis

1   Die Ehe kann in Tschechien **standesamtlich** oder **kirchlich** geschlossen werden. Beide Formen der Eheschließung haben die gleichen Rechtswirkungen. Wurde die Ehe standesamtlich geschlossen, entfaltet eine nachträgliche kirchliche Trauung keine Rechtswirkungen mehr. Umgekehrt ist eine zivilrechtliche Eheschließung nach der kirchlichen Trauung nicht mehr möglich (§ 670 BGB[1]). Die Erforderlichkeit eines **Verlöbnisses** sieht das tschechische Recht nicht vor. Dagegen ist aber das **Vortrauungsverfahren** geregelt, das einen ähnlichen Zweck wie ein Verlöbnis erfüllt. Die Durchführung der Trauung beantragen die Verlobten beim Organ der öffentlichen Gewalt, in dessen Verwaltungsbezirk die Ehe geschlossen werden soll (§ 664 BGB). Die Verlobten müssen vor der Eheschließung **Unterlagen**[2] (z.B. Personalausweis, Geburtsurkunde, Nachweis über die Staatsangehörigkeit, Bestätigung des Einwohnermeldeamts) vorlegen und auf einem Vordruck bestimmte Erklärungen – etwa dass ihnen keine Gründe bekannt sind, die der Eheschließung entgegenstehen – abgeben. Lag eine frühere Ehe vor, muss deren Auflösung nachgewiesen werden.

Eine erleichterte Form der Eheschließung sieht § 664 Abs. 2 BGB für den Fall einer unmittelbaren Lebensgefahr eines Verlobten vor. In diesem Fall kann das Organ der öffentlichen Gewalt auf die Vorlage der festgelegten Unterlagen verzichten, wenn ihre Einholung mit einem schwer überwindbaren Hindernis verbunden ist.

---

1   Bürgerliches Gesetzbuch Nr. 89/2012 GBl.
2   §§ 32 ff. des Gesetzes über Standeswesen, Vor- und Familiennamen sowie über Änderung einiger hiermit zusammenhängender Vorschriften Nr. 301/2000 Slg. in der Fassung späterer Vorschriften.

II. Materielle Voraussetzungen

1. Zwei Personen verschiedenen Geschlechts

Die Ehe können nur ein Mann und eine Frau eingehen. Der Abschluss einer Ehe von gleichgeschlechtlichen Partnern ist in Tschechien nicht möglich. Diese können ihre Partnerschaft registrieren lassen (siehe Rdn 88).

2. Ehefähigkeit

Die Ehe kann nur von einer **volljährigen** und **voll geschäftsfähigen** Person geschlossen werden. Ausnahmsweise kann das Gericht einem Minderjährigen, der das 16. Lebensjahr vollendet hat, die Eheschließung erlauben, wenn triftige Gründe vorliegen. Ohne vorherige Erlaubnis ist die Eingehung der Ehe durch einen Minderjährigen ungültig. Die Ungültigkeit der Ehe wird durch das Gericht auf Antrag jeder Person, die daran ein rechtliches Interesse hat, für ungültig erklärt. Die Ehe wird jedoch nachträglich gültig, wenn der minderjährige Ehegatte volljährig wird oder die Ehefrau nach der Eheschließung schwanger wird und das Kind lebend geboren wird. Die Ungültigkeit kann dann nicht mehr ausgesprochen werden.

Weiterhin kann eine Person, deren Geschäftsfähigkeit in diesem Bereich gerichtlich beschränkt wurde, die Ehe nicht schließen. Wenn die gerichtliche Beschränkung sich nicht ausdrücklich auf die Eheschließung bezieht, liegt kein Hindernis vor. Schließt eine Person die Ehe trotzt eines solchen Hindernisses, ist sie gültig. Die Ehe kann vom Gericht grundsätzlich nicht für ungütig erklärt werden.

Die Rechtsfolgen der Eheschließung bei **Geisteskrankheit**, bei der noch keine gerichtliche Entscheidung über die Beschränkung der Geschäftsfähigkeit für Eheschließung vorliegt, eine solche aber erfolgen könnte, sind nicht mehr gesetzlich geregelt. Bei Nichtvorliegen der gerichtlichen Beschränkung ist eine solche Ehe vermutlich gültig, ohne dass es die Möglichkeit gibt, sie vom Gericht nachträglich für ungültig erklären zu lassen.

3. Vertretung

Die Ehe muss grds. persönlich geschlossen werden. Aus wichtigen Gründen kann einem Verlobten jedoch gestattet werden, sich bei der Erklärung der Eheschließung **vertreten** zu lassen (§ 669 BGB). Die **Vollmacht** muss schriftlich erteilt werden und die gesetzlich vorgeschriebenen Angaben umfassen. Insbesondere muss der andere Verlobte genau bezeichnet werden. Die Unterschrift muss öffentlich beglaubigt sein. Vertreter kann nur eine volljährige, geschäftsfähige Person sein. Er kann auch gleichen Geschlechts wie der nicht anwesende Eheschließende sein. Strittig ist, ob sich beide Verlobte bei der Eheschließung vertreten lassen können.

4. Ehehindernisse

Mit einem verheirateten Mann oder einer verheirateten Frau kann keine Ehe geschlossen werden, sog. **Verbot der Doppelehe** (§ 674 BGB). Gleiches Verbot gilt für eine Person, die eine registrierte Partnerschaft eingegangen ist. Die Ungültigkeit einer solchen Ehe hat das Gericht von Amts wegen auszusprechen. Die weitere Ehe wird jedoch mit Wirkung *ex nunc* gültig, sobald die frühere Ehe oder registrierte Partnerschaft aufgelöst oder für ungültig erklärt worden ist. Die Ungültigkeit der zweiten Ehe kann ab diesem Zeitpunkt nicht mehr ausgesprochen werden.

6   Ferner können **Verwandte** in gerader Linie und Geschwister keine Ehe miteinander eingehen (§ 675 BGB). Das Hindernis gilt auch für Halbgeschwister. Im Falle einer Adoption entsteht eine Verwandtschaft zwischen dem Adoptierenden und dem Adoptierten und seinen Verwandten. Daher gelten die gleichen Grundsätze. Im Verhältnis zur ursprünglichen Familie bleiben die vorgenannten Ehehindernisse auch nach der Adoption bestehen.[3] Die Ungültigkeit einer solchen Ehe hat das Gericht von Amts wegen auszusprechen.

5. Rechtsfolgen von Verstößen

7   Je nach **Schwere des Verstoßes** liegt eine Nichtehe oder eine ungültige Ehe vor. Um eine **Nichtehe** handelt es sich, wenn mindestens bei einer der Personen, die die Eheschließung beabsichtigen, in der Ehewillenserklärung oder bei der Trauung oder im Zusammenhang damit diejenigen Erfordernisse nicht erfüllt sind, auf deren Erfüllung man zum Zwecke der Eingehung der Ehe vorbehaltlos bestehen muss (§ 677 BGB), z.B. wenn die Verlobten gleichen Geschlechts sind, wenn das Trauungserklärung fehlt, wenn einer der Ehegatten das 16. Lebensjahr noch nicht vollendet hat, wenn bestimmte, abschließend aufgezählte Verfahrensvorschriften, insbesondere bei der kirchlichen Trauung und bei einer etwaigen Vertretung, nicht eingehalten worden sind.

Die gerichtliche Feststellung hat lediglich deklaratorischen Charakter mit ex tunc Wirkung. Sie kann auch von Amts wegen erfolgen.

8   Wird die Ehe trotz Fehlens einer der genannten übrigen Voraussetzungen geschlossen, ist sie **ungültig**. Sie wird jedoch solange als gültig betrachtet, bis das Gericht sie für ungültig erklärt. Außer im Falle bestimmter Ehehindernisse (§ 685 BGB: Doppelehe, Ehe zwischen Verwandten) ist die gerichtliche Ungültigkeitserklärung jedoch nicht mehr möglich, wenn die Ehe aufgelöst worden ist. Ist eine Ehe für ungültig erklärt worden, gilt sie als nicht geschlossen. Für die Rechte und Pflichten der Ehegatten bezüglich ihres Vermögens und der gemeinsamen Kinder gelten die Vorschriften für geschiedene Ehegatten sinngemäß (§ 686 BGB). Die Ehe ist ebenfalls ungültig, wenn die Trauungserklärung infolge widerrechtlicher Drohung abgegeben worden ist oder ein Ehegatte einem Irrtum über die Identität des Verlobten oder über die Rechtsnatur der Eheschließung unterlegen ist (§ 684 BGB). Die Ungültigkeit kann auf Antrag eines jeden Ehegatten gerichtlich festgestellt werden. Der Antrag ist nur innerhalb eines Jahres nach Erlangung der Kenntnis von den entscheidenden Tatsachen möglich.

III. Zuständige Behörde und Verfahren

9   Die Ehe entsteht durch eine freie und vollständig übereinstimmende Willenserklärung von Mann und Frau, die die Ehe eingehen wollen („Verlobte") darüber, dass sie miteinander die Ehe eingehen. Die Trauung ist öffentlich und feierlich; sie findet in Anwesenheit von zwei Zeugen statt (§ 656 BGB).

10   Die **standesamtliche Ehe** kann vor dem zuständigen Organ der öffentlichen Gewalt in Anwesenheit des Standesbeamten geschlossen werden (§ 657 BGB). Die Zuständigkeit wird von einer Rechtsvorschrift (§ 11a Abs. 1 G. 301/2000 GBl) festgelegt; es sind vor allem Bürgermeister, sein Vertreter oder betrauter Vertreter der Gemeinde. Hat einer der Verlobten seinen Wohnsitz in einer Gemeinde oder Stadt, in der es kein Standesamt gibt, kann die Ehe vor dem Bürgermeister dieser Gemeinde oder Stadt oder dessen Vertreter geschlossen

---

3 *Králíčková* in: Hrušáková/Králíčková/Westphalová a kolektiv (Hrsg.), Občanský zákoník, komentář, Bd. II, 1. Aufl., Praha 2014, S. 48.

werden. Zuständig sind ferner noch weitere, im Gesetz benannte Personen, wie etwa der Oberbürgermeister der Hauptstadt Prag. Bei jeder Eheschließung muss ein Vertreter des örtlich zuständigen Standesamts anwesend sein.

Die **kirchliche Trauung** kann nur vor einem Vertreter einer Kirchen- oder Religionsge-   11
meinschaft, die hierzu befugt ist,[4] stattfinden. Auch bei der kirchlichen Trauung ist ein **Vortrauungsverfahren** erforderlich. Die Ehe kann ferner erst geschlossen werden, wenn die Verlobten eine Bestätigung des Standesamts über die Erfüllung aller gesetzlichen Voraussetzungen vorlegen. Diese Bestätigung darf nicht älter als sechs Monate sein. Die Religionsgemeinschaft muss die Eheschließung innerhalb von drei Werktagen dem zuständigen Standesamt anzeigen, das anschließend die Heiratsurkunde ausstellt.

Besitzt ein Verlobter eine **ausländische Staatsangehörigkeit**, muss er im Rahmen des   12
Vortrauungsverfahren ein **Zeugnis über seine Ehefähigkeit** vorlegen, das bei Eheschließung nicht älter als sechs Monate sein darf, ferner eine Bestätigung über seinen Aufenthalt und seinen Familienstand, falls sein Heimatstaat eine solche ausstellt. Ist der ausländische Verlobte nicht Bürger der Europäischen Union, muss er außerdem eine von der tschechischen Polizei ausgestellte **Aufenthaltsbescheinigung**, die nicht älter als sieben Arbeitstage sein darf, vorlegen. Sofern dem Standesamt bestimmte Unterlagen durch Intranet zugänglich sind oder sich diese aus dem Personalausweis ergeben, müssen die entsprechenden Unterlagen nicht vorgelegt werden.

IV. Kollisionsrecht der Eheschließung

Die Ehefähigkeit einer Person und die Voraussetzungen für die Wirksamkeit der Eheschlie-   13
ßung richten sich nach der Rechtsordnung des Staates, dessen **Staatsangehörigkeit** diese Person besitzt (§ 48 Abs. 1 IPRG[5]). Haben die künftigen Ehegatten verschiedene Staatsangehörigkeiten, müssen die Voraussetzungen der Vorschriften beider Rechtsordnungen erfüllt sein. Die Form der Eheschließung richtet sich nach der Ortsform (§ 48 Abs. 2 IPRG). Erfolgt die Eheschließung eines tschechischen Staatsangehörigen im **Ausland**, wird diese Eheschließung in Tschechien anerkannt. Sie muss jedoch in das sog. **außerordentliche Standesbuch** eingetragen werden. Dies wird zentral in Brünn geführt.[6] In dieses Standesbuch werden alle Geburten, Eheschließungen und Todesfälle eingetragen, die u.a. im Ausland oder vor einem tschechischen Konsulat erfolgt sind. Der Antrag kann bei jedem Standesamt oder beim Konsulat gestellt werden, das die entsprechenden Unterlagen weiterleitet (§§ 42 ff. des Gesetzes über Standeswesen sowie über Vor- und Familiennamen[7]).

---

4 Dies sind Kirchen und Religionsgemeinschaften, die nach dem Gesetz Nr. 3/2002 GBl über die Religionsfreiheit und die Stellung der Kirche und der Religionsgemeinschaften unter bestimmten gesetzlichen Voraussetzungen registriert sind.
5 Gesetz über Internationales Privat- und Prozessrecht Nr. 97/1963 Slg., in der Fassung späterer Vorschriften.
6 Mehr Informationen hierzu finden sich unter www.stred.brno.cz.
7 Gesetz Nr. 301/2000 GBL.

B. Folgen der Eheschließung

14   Die Folgen und Auswirkungen der Eheschließung sind neuerdings nur im Bürgerlichen Gesetzbuch[8] geregelt.

I. Güterrecht

15   Gesetzlicher Güterstand ist die **Errungenschaftsgemeinschaft** („gemeinschaftliches Vermögen der Ehegatten"), §§ 708 ff. BGB. Zum **gemeinschaftlichen Vermögen** gehört alles, was einer der Ehegatten oder beide Ehegatten gemeinsam während der Ehe erworben haben. Hiervon ausgenommen sind Erbschaften, Schenkungen, Surrogate von Vermögen, das einem Ehegatten bereits allein gehörte, sowie Gegenstände, die dem persönlichen Gebrauch eines Ehegatten dienen, unter bestimmten Voraussetzungen auch Vermögen eines Ehegatten, das aufgrund von Restitutionsvorschriften erworben wurde. Die Eigentumsverhältnisse an Vermögen, das einem Ehegatten bereits vor der Eheschließung gehörte, bleiben durch die Eheschließung unberührt.[9]

Bestimmte **Verbindlichkeiten** gehören ebenfalls zum gemeinschaftlichen Vermögen. Bestandteil des gemeinschaftlichen Vermögens sind während der Ehe (nur noch) übernommene Schulden. Es sei denn, (1) sie betreffen das Vermögen, das ausschließlich einem der Ehegatten gehört, und zwar in einem solchen Umfang, der den Gewinn aus diesem Vermögen überschreitet, oder (2) sie wurden nur von einem der Ehegatten ohne Zustimmung des anderen übernommen, ohne dass es sich dabei um Besorgung der alltäglichen oder laufenden Familienbedürfnisse gehandelt hat (§ 710 BGB). Dies ist nach den konkreten Umständen eines jeden Einzelfalles zu beurteilen. Für Verbindlichkeiten des gemeinschaftlichen Vermögens **haften** die Eheleute gesamtschuldnerisch (§ 713 Abs. 2 BGB).

16   Die frühere Regelung des § 143 Abs. 2 ZGB[10] (Gesetz Nr. 40/1964 GBl) wurde nicht in das neue Bürgerlichen Gesetzbuch übernommen. Gemäß § 709 Abs. 3 gilt nun, dass der Anteil des Ehegatten an einer Handelsgesellschaft oder Genossenschaft auch Bestandteil des gemeinschaftlichen Vermögens ist, wenn der Ehegatte während der Ehe Gesellschafter der Handelsgesellschaft oder Mitglied der Genossenschaft wurde. Die neue Regelung brachte Unklarheit darüber, ob eine **Gesellschaftsbeteiligung** eines Ehegatten, die aus Mitteln des gemeinsamen Vermögens während der Ehe erworben wurde, auch die Beteiligung des zweiten Ehegatten als Gesellschafter mit allen Gesellschaftsrechten und Pflichten begründet. Teilweise wurde vertreten, dass dieser Anteil eine gemeinsame Sache im Sinne des § 32 Abs. 4 BGB ist, und als solcher von deren Verwalter zu bewirtschaften ist. Die Relevanz der bisherigen Rechtsprechung[11] ist nun fraglich.

---

8 Gesetz Nr. 89/2012 GBL., in der Fassung späterer Vorschriften.
9 Zu den etwaigen Auswirkungen auf bestehende Mietverträge siehe Rdn 26.
10 Gemäß § 143 Abs. 2 ZGB wurde ein Ehegatte beim Erwerb einer Gesellschafts- oder Genossenschaftsbeteiligung durch den anderen Ehegatten nicht Mitgesellschafter oder Mitglied der entsprechenden Genossenschaft. Dies galt auch beim Erwerb von Aktien; ausgenommen waren lediglich Beteiligungen an Wohnungsbaugenossenschaften.
11 Nach Entscheidung vom 20.7.2004 ist zwischen Gesellschafterstellung als solcher und dem Vermögenswert der Gesellschaftsbeteiligung zu unterscheiden. Erwirbt ein Ehegatte aus Mitteln des gemeinsamen Vermögens eine Gesellschaftsbeteiligung, wird er zwar Alleingesellschafter, der Vermögenswert der Beteiligung gehört jedoch zum gemeinsamen Vermögen der Ehegatten; in Právní rozhledy 2004, S. 843 f.

Im Hinblick darauf, dass der Umfang des gemeinschaftlichen Vermögens erheblich einge- 17
schränkt werden kann (vgl. Rdn 27), besteht für während der Ehe erworbenes Vermögen
und für während der Ehe übernommene Verbindlichkeiten die widerlegbare **Vermutung**,
dass diese zum gemeinschaftlichen Vermögen der Ehegatten gehören. Diese Vermutung
kann durch Vorlage eines entsprechenden Ehevertrages widerlegt werden. Dritten, insbesondere Gläubigern gegenüber, kann sich ein Ehegatte jedoch nur dann auf den Inhalt eines
Ehevertrages berufen, wenn dieser mit dem Vertrag einverstanden ist; ein solcher, ohne
Zustimmung des Dritten geschlossener Vertrag hat gegenüber dem Dritten keine Rechtswirkungen (§ 719 Abs. 2 BGB). Wenn dies von den Ehegatten im Vertrag vereinbart ist, kann
der Vertrag in das öffentliche Register eingetragen werden. Bei dem öffentlichen Register
handelt es sich um ein **Register der Verträge über Ehegüterrecht**, das von der Notarkammer
der Tschechischen Republik in elektronischer Form geführt wird. Das Register enthält
Verträge und gerichtliche Entscheidungen, durch die der gesetzliche Güterstand der Ehegatten geändert wird. Die Rechtswirkungen gegenüber allen Dritten entstehen ab dem
Zeitpunkt der Eintragung ins Register. Es ist jedem öffentlich zugänglich unter
https://rejstrik.nkcr.cz/.

Jeder Ehegatte ist zur üblichen **Verwaltung** des gemeinschaftlichen Vermögens berechtigt. 18
Sonstige Angelegenheiten bedürfen der gemeinsamen Rechtshandlung beider Ehegatten
oder der Zustimmung des anderen Ehegatten (§ 714 Abs. 1 BGB). Mit Zustimmung des
anderen Ehegatten kann ein Ehegatte ferner den Gegenstand des gemeinschaftlichen Vermögens, dessen Wert die wirtschaftlichen Verhältnisse der Ehegatten überschreitet, oder Teile
davon **betrieblich nutzen**. Hierbei genügt es, wenn die Zustimmung einmalig bei Beginn
der betrieblichen Nutzung erteilt wird (§ 715 BGB). Für die Nutzung der Gegenstände,
deren Wert die wirtschaftlichen Verhältnisse nicht überschreitet, ist die gemeinsame Rechtshandlung oder Zustimmung des anderen Ehegatten nicht nötig.

Die Errungenschaftsgemeinschaft **endet** mit Auflösung der Ehe. Die **Auseinandersetzung** 19
des gemeinschaftlichen Vermögens kann einvernehmlich oder gerichtlich nach den Vorschriften der §§ 736–742 BGB erfolgen (vgl. Rdn 53 ff.). Endet die Ehe durch Tod eines
Ehegatten, muss die Auseinandersetzung bei Durchführung des Nachlassverfahrens erfolgen, damit der Umfang des Nachlasses festgestellt werden kann. Bei einer einvernehmlichen
Auseinandersetzung sind die Beteiligten weitgehend frei; Gegenstände des gemeinschaftlichen Vermögens können je nach Bedarf ganz dem Nachlass oder ganz dem überlebenden
Ehegatten zugeordnet werden.

Verlobte und Ehegatten können von dem gesetzlichen **Umfang des gemeinschaftlichen** 20
Vermögens durch notariellen **Ehevertrag** abweichen (§ 716 BGB). Der vertragliche Güter-
stand kann in (1) einer Gütertrennung, (2) einem den Eintritt der Gütergemeinschaft zum
Tag der Eheauflösung vorbehaltenen Güterstand, sowie auch (3) in einer Regelung zur
Erweiterung oder Einschränkung des gesetzlichen Güterstandes liegen. **Andere Güter-**
stände als die Errungenschaftsgemeinschaft und Gütertrennung sieht das tschechische
Recht jedoch **nicht** vor. Unter bestimmten Voraussetzungen kann das Gericht auf Antrag
eines Ehegatten den Umfang des gemeinschaftlichen Vermögens einschränken oder das
gemeinschaftliche Vermögen aufheben (§ 724 BGB).

II. Ehelicher Unterhalt

Jeder der Ehegatten trägt nach § 690 BGB zu den Bedürfnissen des Familienlebens und der 21
häuslichen Gemeinschaft nach seinen persönlichen und wirtschaftlichen Verhältnissen und
nach seinen Fähigkeiten und Möglichkeiten bei, so dass die Lebensgrundlage aller Familienmitglieder grundsätzlich vergleichbar ist. Die Erbringung der Vermögensleistungen hat

dieselbe Bedeutung wie die persönliche Fürsorge für die Familie und ihre Mitglieder. Daneben trifft die Ehegatten gem. § 697 Abs. 1 BGB eine **wechselseitige Unterhaltspflicht**, die mit Auflösung der Ehe oder Tod eines Ehegatten endet. Die Unterhaltspflicht geht somit nicht auf die Erben des Verpflichteten über. Eine Unterscheidung zwischen Familienunterhalt und Trennungsunterhalt kennt das tschechische Recht nicht. Die **eheliche Unterhaltspflicht** besteht **bis zur Rechtskraft der Scheidung**. Kommt ein Ehegatte seiner Unterhaltspflicht nicht nach, wird auf Antrag des unterhaltsberechtigten Ehegatten der Umfang des zu leistenden Unterhalts vom Gericht bestimmt. Während der geschiedene Ehegatte lediglich einen Anspruch auf einen angemessenen Unterhalt hat, bestimmt sich das Maß des Unterhalts während bestehender Ehe nach den **ehelichen Lebensverhältnissen**, wobei die Versorgung des gemeinsamen Haushalts zu berücksichtigen ist. Obwohl der Unterhalt vom Gericht zugesprochen wird, muss der unterhaltsberechtigte Ehegatte den gewünschten Unterhaltsbetrag in der Klageschrift genau beziffern. Bei der Entscheidung über die **Höhe** des Unterhalts hat das Gericht einerseits die **Bedürfnisse** des Berechtigten, andererseits die **Fähigkeiten**, die Möglichkeiten und die Vermögensverhältnisse des Verpflichteten zu berücksichtigen (§ 697 Abs. 2 BGB). Ferner prüfen die Gerichte i.d.R., ob die Gewährung des Unterhalts nicht gegen die guten Sitten verstößt. Dies ist z.B. dann der Fall, wenn ein Ehegatte den gemeinsamen Haushalt verlässt, um mit einem **neuen Partner** eine neue Lebensgemeinschaft einzugehen.

III. Name

22 Die Ehegatten sind nach § 661 BGB verpflichtet, bei Eheschließung übereinstimmend zu erklären, ob sie den Familiennamen eines von ihnen künftig als gemeinsamen **Ehenamen** führen wollen oder ob jeder von ihnen seinen bisherigen Familiennamen behalten will. Falls sie einen gemeinsamen Namen führen möchten, müssen sie ferner bestimmen, ob der Ehegatte mit bisher anderem Familiennamen dem gemeinsamen Familiennamen seinen bisherigen Familiennamen hinzufügen möchte. Bestand der bisherige Familienname bereits aus zwei Namen, kann nur einer von diesen hinzugefügt werden. Gewählt werden kann nur ein Familienname, der bei Eheschließung auch tatsächlich geführt wird, nicht ein früherer Familien- bzw. Geburtsname.[12] Behalten beide Ehegatten ihren jeweiligen bisherigen Familiennamen, müssen sie den zukünftigen Familiennamen für ihre gemeinsamen Kinder bestimmen. Während bestehender Ehe kann der Familiennamen nur nach den Vorschriften des Gesetzes über Standeswesen sowie über Vor- und Familiennamen[13] geändert werden. Nach § 70 Abs. 2 dieses Gesetzes kann während bestehender Ehe bei einem **Doppelnamen** nur die Nutzung des früheren Familiennamens, nicht jedoch die des gemeinsamen Namens entfallen. Die Erklärung hierüber müssen beide Ehegatten übereinstimmend abgeben. Führen die Ehegatten unterschiedliche Familiennamen, kann auf Antrag eine Änderung in den Familiennamen eines der Ehegatten gestattet werden (§ 73 Abs. 3 des vorgenannten Gesetzes).

23 Der **Familienname einer Frau** muss grds. in Übereinstimmung mit der tschechischen Grammatik gebildet werden, also grds. mit der Endung „-ová" oder „-á". Demnach würde die Ehefrau des Herrn Schmidt Schmidtová und die des Herrn Zelený Zelená heißen. Auf Antrag der Ehefrau kann bei einer Eheschließung die Führung des Familiennamens in **männlicher Form** gestattet werden, wenn die Ehefrau eine fremde Staatsangehörigkeit hat,

---

12 *Hrušáková/Králíčková* in: Hrušáková/Králíčková/Westphalová a kolektiv (Hrsg.), Občanský zákoník, komentář, Bd. II, 1. Aufl., Praha 2014; S. 16.

13 Gesetz Nr. 301/2000 GBl, in der Fassung späterer Vorschriften.

oder wenn sie zwar Tschechin ist, aber ihren dauerhaften Aufenthalt im Ausland hat oder haben wird oder wenn ihr Ehemann Ausländer ist (§ 69 Abs. 1 und 2 des vorgenannten Gesetzes).

IV. Sonstige Ehewirkungen

1. Allgemeine Rechte und Pflichten

Die Ehegatten sind verpflichtet, gemeinsam zu leben, sich die Treue zu halten, gegenseitig   24
ihre Würde zu respektieren, sich zu unterstützen, sich gemeinsam um ihre Kinder zu kümmern und ein gesundes familiäres Umfeld zu schaffen (§ 687 BGB). Über Familienangelegenheiten entscheiden die Ehegatten gemeinsam. Sie sind verpflichtet, die Bedürfnisse ihrer Familie entsprechend ihren Fähigkeiten, Möglichkeiten und ihrem Vermögen durch Geldmittel oder durch Versorgung des gemeinsamen Haushalts und der Kinder zu befriedigen (§ 690 BGB). Ferner sind sie verpflichtet, bei der Wahl ihrer Arbeits-, Studien- und ähnlicher Tätigkeiten das Interesse der Familie, des anderen Ehegatten und der minderjährigen Kinder, die noch nicht voll geschäftsfähig sind und zusammen mit den Ehegatten in der häuslichen Gemeinschaft leben, sowie eventuell das Interesse der anderen Familienmitglieder zu berücksichtigen (§ 689 BGB).

2. Gesetzliche Vertretungsbefugnis

Die Ehegatten sind nach § 696 BGB berechtigt, sich gegenseitig in ihren gewöhnlichen   25
Angelegenheiten zu **vertreten**. Einem Ehegatten steht die Vertretungsbefugnis nicht zu, wenn der zu vertretende Ehegatte dem Vertragspartner im Voraus mitteilt, dass er mit der Vertretung nicht einverstanden ist, oder wenn das Gericht das Vertretungsrecht auf Antrag des Ehegatten aufhebt. Die Vertretungsbefugnis hat der Ehegatte auch dann nicht, wenn die Ehegatten unter den in § 691 Abs. 2 BGB genannten Umständen getrennt leben.

3. Auswirkungen auf den Mietvertrag über die Ehewohnung

War ein Ehegatte bereits vor der Eheschließung alleiniger **Mieter** einer Wohnung oder hat   26
ein Ehegatte bereits vor der Eheschließung das Recht auf die Anmietung einer Genossenschaftswohnung erhalten, entsteht durch die Eheschließung kraft Gesetzes ein gemeinsames Mietverhältnis beider Ehegatten (§ 745 BGB). Wird der Mietvertrag während bestehender Ehe geschlossen, werden beide Ehegatten unabhängig davon, wer den Mietvertrag abgeschlossen hat, gemeinsame Mieter (§ 745 BGB). Das Gleiche gilt, wenn ein Ehegatte während der Ehe ein Recht auf die Anmietung einer Genossenschaftswohnung erhält. Ein gemeinsames Mietverhältnis der Ehegatten entsteht jedoch dann nicht, wenn die Ehegatten getrennt leben. Vorstehende Grundsätze gelten nicht, wenn es sich um die Miete einer Dienstwohnung, einer Wohnung mit besonderer Bestimmung oder einer Wohnung in Häusern mit besonderer Bestimmung handelt, es sein denn, der Mietvertrag wird von beiden Ehegatten abgeschlossen.[14]

---

14 *Hulmák* in: Hrušáková/Králíčková/Westphalová a kolektiv (Hrsg.), Občanský zákoník, komentář, Bd. II, 1. Aufl., Praha 2014; S. 406.

V. Möglichkeiten vertraglicher Gestaltung

1. Eigentumszuordnung

27 Die Ehegatten haben die Möglichkeit, den gesetzlichen Umfang des gemeinschaftlichen Vermögens (siehe Rdn 15 f.) durch notariellen **Ehevertrag** zu ändern. Der vertragliche Güterstand kann in einer Gütertrennung, auch in einer Regelung zur Erweiterung oder Einschränkung des gesetzlichen Güterstandes liegen (§ 717 Abs. 1 BGB; siehe Rdn 20). Dies gilt für künftiges und auch für bereits entstandenes gemeinschaftliches Vermögen. Die Ehegatten sind bei ihren Vereinbarungen weitgehend frei. Die Einschränkung oder Erweiterung kann auch nur einen einzigen Vermögensgegenstand (z.B. eine Immobilie, bestimmte Einkünfte, einen Betrieb) betreffen. Durch Ehevertrag kann ferner vereinbart werden, dass gemeinschaftliches Vermögen erst zum Zeitpunkt der Auflösung der Ehe entstehen soll (§ 717 Abs. 1 BGB). Dadurch können sich Ehegatten weitgehende **Verfügungsfreiheit** während der Ehezeit ausbedingen. Desgleichen kann die **Verwaltung** des gemeinschaftlichen Vermögens abweichend von den gesetzlichen Bestimmungen geregelt werden (§ 722 BGB).

28 Der Ehevertrag bedarf jeweils der **notariellen Beurkundung**. Er kann bereits **vor der Ehe** und jederzeit **nach Eheschließung** abgeschlossen werden. Einer gerichtlichen Genehmigung bedarf es nicht. In Tschechien gibt es ein nicht öffentliches **Ehevertragsregister** und ein öffentliches **Ehevertragsverzeichnis**. Das von der Notarkammer der Tschechischen Republik seit dem 1.7.2009 geführte elektronische **Ehevertragsregister** ist nicht öffentlich. Es dient allein dazu, die Richtigkeit der Feststellungen zum Umfang des Nachlasses im Rahmen eines Nachlassverfahrens zu gewährleisten. Dritten gegenüber ist grds. der Inhalt eines Ehevertrages daher immer nur dann wirksam, wenn er diesem bekannt war. Seit 1.1.2014 wird von der Notarkammer der Tschechischen Republik das **Ehevertragsverzeichnis** geführt. Die Eintragung ins Verzeichnis ist rein fakultativ und kann nur dann vorgenommen werden, wenn es im Vertrag vereinbart wurde oder wenn darum nachträglich beide Ehegatten nachsuchen. Das Verzeichnis ist öffentlich und ist für jeden über das Internet erreichbar. Ab der Eintragung ist der Vertrag gegenüber allen Dritten wirksam, auch wenn der Dritte von der Existenz oder dem Vertragsinhalt keine Kenntnis hatte. Die Verzeichniseintragung bringt eine höhere Sicherheit und Schutz der Ehegatten vor etwaigen Gläubigern.

2. Ehelicher Unterhalt

29 Eine Möglichkeit, Vereinbarungen zum ehelichen Unterhalt zu treffen, insbesondere auf diesen zu verzichten, sieht das tschechische Recht nicht vor. Bei der Regelung der ehelichen Unterhaltspflicht handelt sich um **zwingendes Recht**.[15]

3. Familienname

30 Während bestehender Ehe ist eine Namensführung oder eine Namensänderung stets nur mit Zustimmung des anderen Ehegatten möglich. Vereinbarungen zur Namensführung nach der Scheidung, etwa dahingehend, dass ein Ehegatte wieder seinen ursprünglichen Familiennamen führen muss, sind nicht möglich.[16]

---

15 *Králíčková*, Předmanželská smlouva de lege lata a rekodifikace českého rodinného práva, Právní rozhledy 2003, S. 263, 267.
16 *Hrušáková*, in: Hrušáková/Králíčková/Westphalová a kolektiv (Hrsg.), Občanský zákoník, komentář, Bd. II, 1. Aufl., Praha 2014, S. 461.

4. Sonstige Ehewirkungen

Die **allgemeinen Rechte und Pflichten** der Ehegatten (§ 687 BGB; siehe Rdn 24) sind nicht vertraglich abdingbar.[17] Jeder Ehegatte kann sowohl die gesetzliche **Vertretungsmacht** als auch seine **Mitverpflichtung in alltäglichen familiären Angelegenheiten** für die Zukunft ausschließen. Ein besonderes Formerfordernis sieht das Gesetz nicht vor. Einer dritten Person gegenüber gilt der Ausschluss jedoch nur dann, wenn er ihr bekannt war. Eine Registrierung des Ausschlusses ins Ehevertragsverzeichnis ist möglich nur, wenn dies im Ehevertrag beinhaltet ist (siehe Rdn 28).   **31**

Das Entstehen des **gemeinsamen Mietverhältnisses** bei Eheschließung (siehe Rdn 26) ist nicht mehr zwingendes Recht und daher vertraglich abdingbar (§ 745 Abs. 2 BGB). Über die Abwicklung dieses Mietverhältnisses können sich die geschiedenen Ehegatten für die Zeit nach der Scheidung einvernehmlich einigen. Die Vereinbarung bedarf keiner Form, aber kann sich nach der Form des Rechtsgeschäftes richten, in dem das Mietverhältnis abgeschlossen wurde (§ 564 BGB). Der Abschluss einer solchen Vereinbarung vor Rechtskraft der Scheidung ist grds. möglich.[18] Es ist jedoch zulässig, die Vereinbarung im Vorfeld einer einvernehmlichen Scheidung nach § 757 BGB zu treffen (siehe Rdn 79).   **32**

VI. Kollisionsrecht der Ehefolgen

Die persönlichen Beziehungen der Ehegatten bestimmen sich nach der Rechtsordnung des Staates, dessen **Staatsangehörige** beide Ehegatten sind. Sind sie beide Bürger verschiedener Staaten, so bestimmen sich diese Verhältnisse nach der Rechtsordnung des Staates, in dem beide Ehegatten ihren gewöhnlichen Aufenthalt haben, anderenfalls nach dem tschechischen Recht (§ 49 Abs. 1 IPRG). Dies gilt auch dann, wenn keiner der Ehegatten die tschechische Staatsangehörigkeit besitzt.   **33**

Die Vermögensverhältnisse der Ehegatten bestimmen sich nach der Rechtsordnung des Staates, in dem beide Ehegatten ihren gewöhnlichen Aufenthalt haben; ansonsten nach der Rechtsordnung des Staates, dessen Bürger beide Ehegatten sind; ansonsten nach dem tschechischen Recht (§ 49 Abs. 3). Dies gilt auch dann, wenn keiner der Ehegatten die tschechische Staatsangehörigkeit besitzt.

Ändert sich die gemeinsame Staatsangehörigkeit oder der gewöhnliche Aufenthalt der Ehegatten, ändert sich auch das für ihre Beziehung anwendbare Recht. Dementsprechend beurteilt sich die Wirksamkeit eines Ehevertrages, in dem die Ehegatten ihr güterrechtliches Verhältnis regeln, nach der Rechtsordnung, die im Zeitpunkt des Vertragsschlusses anwendbar war (§ 49 Abs. 4 IPRG). Eine **Rechtswahl** ist zulässig. Die Ehegatten können für die vereinbarte Regelung des Ehegüterrechts auch vereinbaren, dass sich ihre Vermögensverhältnisse entweder nach der Rechtsordnung des Staates richten, dessen Bürger einer der Ehegatten ist oder in dem einer der Ehegatten seinen gewöhnlichen Aufenthalt hat, oder nach der Rechtsordnung des Staates, in dem sich eine unbewegliche Sache befindet, wenn es sich um eine solche handelt, oder nach der tschechischen Rechtsordnung. Die Vereinbarung bedarf einer notariellen Beurkundung oder der Verfassung einer ähnlichen Urkunde, wenn diese Vereinbarung im Ausland geschlossen wird (§ 49 Abs. 4 IPRG).

---

17 *Králíčková*, Předmanželská smlouva de lege lata a rekodifikace českého rodinného práva, Právní rozhledy 2003, S. 266 f.
18 *Hulmák*, in: Hrušáková/Králíčková/Westphalová a kolektiv (Hrsg.), Občanský zákoník, komentář, Bd. II, 1. Aufl., Praha 2014, S. 486.

VII. Auswirkungen der Ehe auf die Altersversorgung

34 Für die meisten Beschäftigten besteht eine **gesetzliche Rentenversicherungspflicht**. So sind nicht nur Arbeitnehmer, sondern auch selbstständig tätige Personen, Richter, Mitglieder des Parlaments und des Senats sowie weitere, im Gesetz genannte Personen versicherungspflichtig (§ 2 Abs. 1 i.V.m. § 5 Abs. 1 Rentenversicherungsgesetz[19]). Des Weiteren können sich bestimmte Personen freiwillig versichern (§ 6 Rentenversicherungsgesetz).

35 Verstirbt der Versicherte, hat dessen Witwe bzw. der Witwer Anspruch auf Zahlung einer **Witwen-/Witwerrente**, falls der Versicherte eine Rente bezogen oder zum Zeitpunkt des Todes die gesetzlichen Voraussetzungen für deren Bezug erfüllt hat. Die Höhe der Rente beträgt monatlich 680 CZK (ca. 27 EUR) als fester Grundbetrag und 50 % aus dem den Verstorbenen zustehenden prozentualen Betrag (§ 51 Rentenversicherungsgesetz). Der Anspruch besteht grds. für ein Jahr ab Tod des Versicherten. Nach Ablauf dieses Zeitraumes besteht der Rentenanspruch fort, wenn bestimmte gesetzliche Voraussetzungen vorliegen. Dies ist insbesondere dann der Fall, wenn die Witwe ein Kind oder kranke Eltern oder Schwiegereltern im eigenen Haushalt pflegt, voll erwerbsunfähig ist oder ein bestimmtes Alter erreicht hat (§ 50 Abs. 2 Rentenversicherungsgesetz). Der Anspruch auf Witwenrente entsteht neu, wenn eine der in § 50 Abs. 2 Rentenversicherungsgesetz genannten Voraussetzungen innerhalb von fünf Jahren nach Erlöschen des Anspruchs eintritt. Der Anspruch auf Witwenrente erlischt mit einer Wiederverheiratung. Wurde die Ehe des Versicherten geschieden, bestehen keine Ansprüche. Einen **Versorgungsausgleich** sieht das tschechische Recht **nicht** vor (siehe Rdn 69).

VIII. Staatsangehörigkeit und Bleiberecht

1. Staatsangehörigkeit

36 Die Heirat eines tschechischen Staatsangehörigen mit einem Ausländer hat grds. keine Auswirkungen auf seine Staatsangehörigkeit. Er verliert diese auch dann nicht, wenn er infolge der Eheschließung die ausländische Staatsangehörigkeit erwirbt.[20]

37 Der ausländische Ehegatte eines tschechischen Staatsbürgers erwirbt nicht automatisch mit der Eheschließung die tschechische Staatsangehörigkeit. Er kann auf Antrag **eingebürgert** werden, wenn er die gesetzlichen Voraussetzungen erfüllt.[21] Für den Ehegatten eines tschechischen Staatsangehörigen gelten insoweit Erleichterungen, als bestimmte Voraussetzungen, wie etwa eine mindestens fünfjährige Aufenthaltsdauer auf dem Gebiet der Tschechischen Republik, nicht nachgewiesen werden müssen.

2. Bleiberecht

38 Das Bleiberecht richtet sich nach dem Gesetz über den Aufenthalt von Ausländern auf dem Gebiet der Tschechischen Republik.[22] Ist der ausländische Ehegatte eines tschechischen Staatsangehörigen Angehöriger eines Mitgliedstaates der EU, darf er mit einem gültigen Personalausweis oder Reisepass jederzeit einreisen und sich ohne eine besondere Erlaubnis

---

19 Gesetz über die Rentenversicherung Nr. 155/1995 Slg., in der Fassung späterer Vorschriften.
20 § 17 Abs. 1 des Gesetzes über den Erwerb und den Verlust der Staatsangehörigkeit Nr. 40/1993 Slg., in der Fassung späterer Vorschriften.
21 §§ 7 ff. des Gesetzes über den Erwerb und den Verlust der Staatsangehörigkeit Nr. 40/1993 Slg., in der Fassung späterer Vorschriften.
22 Gesetz Nr. 326/1999 Slg., in der Fassung späterer Vorschriften.

auf dem Gebiet der Tschechischen Republik aufhalten. Überschreitet die Dauer des Aufenthalts drei Monate, ist der EU-Ausländer berechtigt, aber nicht verpflichtet, beim Erfüllen der gesetzlichen Voraussetzungen eine **Aufenthaltsbescheinigung** für Staatsangehörige der Mitgliedstaaten der EU zu beantragen. Anderen ausländischen Ehegatten wird auf Antrag eine **Aufenthaltsgenehmigung für vorübergehenden Aufenthalt** erteilt. Ferner ist beim Vorliegen der gesetzlichen Voraussetzungen dem ausländischen Ehegatten eines tschechischen Staatsangehörigen ohne Rücksicht auf seine Staatsangehörigkeit und die Dauer seines Aufenthalts eine **Aufenthaltsgenehmigung für dauerhaften Aufenthalt** zu erteilen. Eine solche kann jedoch widerrufen bzw. nicht verlängert werden, wenn es sich bei der Ehe um eine **Scheinehe** handelt oder wenn der Ausländer sich nicht länger als zwei Jahre auf dem Gebiet der Tschechischen Republik aufhält.

IX. Steuerliche Auswirkungen der Ehe

In Tschechien unterliegt das Einkommen jeder Person der selbstständigen Versteuerung   39
(gemeinsame Versteuerung der Ehegatten gibt es nicht. Der Steuertarif ist einheitlich und beträgt derzeit 15 %, wobei Personen mit höheren Verdiensten noch sog. Solidaritätssteuer in Höhe von 7 % abgeben. Möglich ist jedoch nach der gültigen Rechtslage ein sog. **Steuerabzug** für den Ehegatten (§ 35 ba EStG[23]). Nach dieser Vorschrift darf ein Ehegatte neben dem für ihn möglichen Abzug von 24.840 CZK (ca. 994 EUR) auch für seinen Ehegatten 24.840 CZK von der von ihm zu zahlenden Steuer abziehen, wenn die Einkünfte seines Ehegatten 68.000 CZK (ca. 2.720 EUR) nicht überschreiten und die Ehegatten in einem gemeinsamen Haushalt leben.

C. Scheidung

I. Trennung

Eine Unterscheidung zwischen Trennung von Tisch und Bett und Ehescheidung war im   40
tschechischen Recht von1950 bis 2013 nicht vorgesehen. Seit 1.1.2014 ist in § 691 BGB neu geregelt, wie die rechtlichen Auswirkungen sind, wenn die Ehegatten nicht zusammen leben und keine häusliche Gemeinschaft bilden. Auch in dieser Lage gilt die allgemeine Pflicht zwischen Ehegatten, sich gegenseitig beizustehen und sich unterstützen, wobei jeder von ihnen seine Haushaltskosten selbst trägt (§ 691 Abs. 1 BGB). Der Ehegatte, der die häusliche Gemeinschaft ohne wichtigen Grund verlassen hat und sich weigert zurückzukehren, ist nach Erfüllung weiterer Bedingungen (Unterhaltpflicht gegenüber gemeinsamen bzw. minderjährigen Kindern) verpflichtet, auch zu den Kosten der häuslichen Gemeinschaft beizutragen (§ 691 Abs. 2 BGB). Die Trennung der Ehegatten hat weitere rechtliche Auswirkungen, z.B. können sich die Ehegatten nicht mehr gegenseitig vertreten (696 Abs. 3 BGB), der Ehegatte ist durch das Rechtsgeschäft des anderen Ehegatten in Familienangelegenheiten ohne seine Zustimmung weder verpflichtet noch berechtigt (§ 694 Abs. 3).

II. Scheidungsgründe

1. Zerrüttungsprinzip

Als einzigen Grund für die Ehescheidung sieht das tschechische Recht die tiefe, nachhaltige   41
und unheilbare **Zerrüttung** der Ehe vor (§ 755 BGB). Eine solche liegt vor, wenn die

---

23 Gesetz Nr. 586/1992 Slg., in der Fassung späterer Vorschriften.

Wiederherstellung der ehelichen Gemeinschaft nicht erwartet werden kann, das eheliche Zusammenleben also ohne Hoffnung auf Aussöhnung beendet ist. Das eheliche Zusammenleben ist eine Frage der persönlichen und materiellen Gemeinschaft der Ehegatten, d.h. des Teilens von Freuden und Problemen, der gemeinsamen Freizeitgestaltung, der persönlichen Sorge um den anderen Ehegatten, der gemeinsamen Verfügung über Finanzmittel etc.[24] Die Beendigung des ehelichen Zusammenlebens kann daher auch **innerhalb der Ehewohnung** erfolgen. Bei der Feststellung der Zerrüttung hat das Gericht die Zerrüttungsgründe zu berücksichtigen. Deren Feststellung kann für das Vorliegen einer der Härteklauseln nach § 755 Abs. 2 BGB entscheidend sein, da in diesen Fällen besondere Voraussetzungen erforderlich sind. Die häufigsten Zerrüttungsgründe in der Praxis sind unterschiedliche Interessen und unterschiedliche Charaktere der Ehegatten oder Untreue und Alkoholsucht eines Ehegatten.[25]

2. Zerrüttungsvermutung

42   Um den Eheleuten zu ersparen, dem Gericht die Gründe für die Zerrüttung ihrer Ehe darzulegen und nachzuweisen, sieht § 756 BGB die Möglichkeit einer **einvernehmlichen Scheidung** vor. Liegen die gesetzlich vorgeschriebenen Voraussetzungen vor, erfolgt eine Prüfung und Feststellung der Zerrüttungsgründe durch das Gericht nicht. Für eine einvernehmliche Scheidung müssen folgende Voraussetzungen vorliegen:

- die Ehe muss mindestens ein Jahr gedauert haben;
- die Eheleute müssen mindestens sechs Monate getrennt gelebt haben;
- der andere Ehegatte muss dem Scheidungsantrag zustimmen;
- die Ehegatten müssen schriftliche Verträge mit öffentlich beglaubigter Unterschrift vorlegen, die die Vermögensauseinandersetzung ihres gemeinsamen Vermögens für die Zeit nach der Scheidung sowie die sich aus ihrer gemeinsamen Wohnung ergebenden Rechte und Pflichten und eine eventuelle Unterhaltspflicht regeln;
- die Ehegatten müssen eine rechtskräftige gerichtliche Entscheidung über die Genehmigung ihrer Vereinbarung betreffend die Regelung der Rechtsverhältnisse zu ihren minderjährigen Kindern für die Zeit nach der Scheidung vorlegen.

43   Während die Verträge über die Vermögensauseinandersetzung und die Regelung über die Nutzung der Ehewohnung zwingend (siehe Rdn 42) vorgelegt werden müssen, ist die **Vereinbarung über den nachehelichen Unterhalt fakultativ.**[26] Treffen die Ehegatten keine Vereinbarung, kann der Unterhalt auch nach der Scheidung geltend gemacht werden. In der Praxis vereinbaren die Ehegatten häufig eine Abgeltung des Unterhalts durch eine einmalige Abfindung nach § 761 Abs. 1 BGB.

3. Härteklausel

44   Trotz nachgewiesener Zerrüttung der Ehe kann diese nicht geschieden werden, wenn die Scheidung im Widerspruch zum Interesse gemeinschaftlicher minderjähriger Kinder stünde (§ 755 Abs. 2 lit. a BGB). Dies kann z.B. bei behinderten Kindern der Fall sein. Desgleichen kann die Ehe nicht geschieden werden, wenn der Ehegatte, der an der Zerrüttung der Ehe

---

24 *Hrušáková*, in: Hrušáková/Králíčková/Westphalová a kolektiv (Hrsg.), Občanský zákoník, komentář, Bd. II, 1. Aufl., Praha 2014, S. 449.

25 *Hrušáková*, Scheidung und nachehelicher Unterhalt in der Tschechischen Republik, in: *Hofer/Henrich/Schwab* (Hrsg.), Scheidung und nachehelicher Unterhalt im europäischen Vergleich, S. 362.

26 *Hrušáková*, in: Hrušáková/Králíčková/Westphalová a kolektiv (Hrsg.), Občanský zákoník, komentář, Bd. II, 1. Aufl., Praha 2014, S. 459.

keinen überwiegenden Anteil hatte und den die Scheidung besonders hart treffen würde und besondere Umstände für die Erhaltung der Ehe sprechen. Auf diese Härteklausel kann sich ein Ehegatte jedoch nach einer Trennungszeit von mehr als drei Jahren nicht mehr berufen (§ 755 Abs. 2 lit. b BGB). Da die kumulativen Voraussetzungen in der Praxis nur schwer darzulegen und nachzuweisen sind, kommt eine Ablehnung der Scheidung aus diesem Grund nur sehr selten vor.

III. Scheidungsverfahren

Die Ehe kann auf **Antrag** eines Ehegatten durch das Gericht geschieden werden. **Anwalts-** **zwang** besteht **nicht**. Örtlich **zuständig** ist das Amtsgericht, in dessen Bezirk die Ehegatten ihren letzten gemeinsamen Wohnsitz hatten, falls noch mindestens ein Ehegatte hier seinen Wohnsitz hat, hilfsweise das Gericht, in dessen Bezirk der Beklagte seinen Wohnsitz hat, und weiterhin hilfsweise das Gericht, in dessen Bezirk der Kläger seinen Wohnsitz hat (§ 373 Gesetz Nr. 292/2013 GBl). Dem Scheidungsverfahren ist stets zwingend das **Verfahren** **über Kindesangelegenheiten**, insbesondere über das Aufenthaltsrecht und den Kindesun- terhalt für minderjährige Kinder für die Zeit nach der Scheidung, **vorgeschaltet**. Gemäß § 755 Abs. 3 BGB kann die Ehe nicht geschieden werden, solange die Entscheidung über die Regelung der Rechtsverhältnisse der minderjährigen Kinder für die Zeit nach der Schei- dung gem. § 176 ZPO nicht rechtskräftig geworden ist. Die tschechische Regelung sieht keine besonderen Vorschriften für das Scheidungsverfahren vor. Es handelt sich um eine **Klage oder einen gemeinsamen Antrag im Fall der einvernehmlichen Scheidung**, die den allgemeinen Erfordernissen genügen müssen, insbesondere müssen behauptete Tatsachen bewiesen werden (§ 120 Abs. 1 ZPO).

45

Bei einer **streitigen Scheidung** nach § 756 BGB muss die endgültige Beendigung der eheli- chen Gemeinschaft ohne Hoffnung auf Aussöhnung glaubhaft gemacht werden. Regelmäßig genügt der Vortrag bzw. die Anhörung der Ehegatten; das Gericht kann aber auch andere Beweise erheben aber nur im Rahmen von § 390 Gesetz Nr. 292/2013 GBl.

46

Bei einer **einvernehmlichen Scheidung** nach § 757 BGB müssen die oben genannten Vo- raussetzungen (siehe Rdn 42) vorliegen. Die Jahresfrist für die Ehedauer und die Sechs- Monats-Frist für die Trennung müssen im Zeitpunkt der Einreichung der Scheidungsklage erfüllt sein.[27] Eine übereinstimmende Erklärung der Ehegatten über die Dauer ihrer Tren- nung, die auch innerhalb der Ehewohnung möglich ist, genügt i.d.R. als Nachweis. Die Zustimmung des anderen Ehegatten zur Scheidung kann in jedem Verfahrensstadium erfol- gen. Es ist daher auch möglich, dass ein streitiges Scheidungsverfahren durch eine einver- nehmliche Scheidung beendet wird. Da die vorzulegenden Verträge für die Zeit nach der Scheidung abgeschlossen werden, sind sie aufschiebend bedingt auf den Zeitpunkt der Scheidung. Obwohl das Gesetz die Frage nicht regelt, hat es sich in der Praxis eingebürgert, dass das Gericht zwar nicht den Inhalt und die Vollständigkeit der Verträge überprüft, jedoch deren Wirksamkeit. Mit Ausnahme der Rechtsverhältnisse zu minderjährigen Kin- dern werden alle übrigen Scheidungsfolgen nach Rechtskraft des Scheidungsurteils geregelt, sofern die Regelung nicht bereits im Vorfeld einer einvernehmlichen Scheidung als deren Voraussetzung erfolgt ist. Eine Verbindung mit dem Scheidungsverfahren ist nicht möglich.

47

---

27 *Hrušáková*, Scheidung und nachehelicher Unterhalt in der Tschechischen Republik, in: *Hofer/Henrich/* *Schwab* (Hrsg.), Scheidung und nachehelicher Unterhalt im europäischen Vergleich, S. 366.

48 Im Jahre 2014 wurden ca. 26.100 Ehen geschieden, ca. 45 % der Anträge wurden von der Ehefrau eingereicht. Die durchschnittliche Dauer einer Ehe, die geschieden wurde, betrug 13 Jahre.[28]

49 Die **Gerichtskosten** eines Scheidungsverfahrens betragen pauschal 2.000 CZK (ca. 80 EUR). Für eine Klage auf Auseinandersetzung der Errungenschaftsgemeinschaft werden ebenfalls pauschal 2.000 CZK erhoben, wobei sich die Gebühr um 5.000 CZK (ca. 200 EUR) für jede Immobilie und um 15.000 CZK (ca. 600 EUR) für jeden Betrieb erhöht, wenn diese Gegenstand der Auseinandersetzung sind. Bei Unterhaltsklagen zwischen Eltern und Kindern gilt die pauschale Befreiung von Gerichtskosten. Hinzu können **Anwaltsgebühren** von mehreren Tausend Kronen kommen, wenn ein Rechtsanwalt hinzugezogen wird.

IV. Internationale Zuständigkeit

50 Für Tschechien als Mitglied der EU gilt die Brüssel IIa-Verordnung.[29] Im Übrigen sind die tschechischen Gerichte vorbehaltlich etwaiger vorrangiger bilateraler und multilateraler Verträge für die Durchführung des Scheidungsverfahrens unabhängig vom Aufenthaltsort der Ehegatten stets zuständig, wenn mindestens einer der Ehegatten tschechischer Staatsangehöriger ist. Ferner sind die tschechischen Gerichte zuständig, wenn der Beklagte seinen gewöhnlichen Aufenthalt in Tschechien hat (§ 47 Abs. 1 IPRG).

In den übrigen Fällen[30] liegt die Zuständigkeit der tschechischen Gerichte nach § 47 Abs. 2 IPRG vor, wenn:
a) beide Ehegatten in der Tschechischen Republik ihren gewöhnlichen Aufenthalt hatten und der Kläger noch seinen gewöhnlichen Aufenthalt in der Tschechischen Republik hat,
b) der Kläger seinen gewöhnlichen Aufenthalt in der Tschechischen Republik hat und der andere Ehegatte dem Antrag beigetreten ist, oder
c) der Kläger seinen gewöhnlichen Aufenthalt in der Tschechischen Republik hat und diesen gewöhnlichen Aufenthalt mindestens ein Jahr lang unmittelbar vor der Klageerhebung hatte.

Angesichts der Brüssel IIa-Verordnung ist die Zuständigkeit nach § 47 Abs. 2 IPRG fast nie gegeben.[31]

V. Auf die Scheidung anwendbares Recht

51 Das **Scheidungsstatut** richtet sich gem. § 50 Abs. 1 IPRG nach der Rechtsordnung des Staates, nach der sich die Personenverhältnisse der Ehegatten zum Zeitpunkt der Einleitung des Verfahrens richten. Wäre eine ausländische Rechtsordnung anzuwenden, die keine Ehescheidung erlaubt oder diese nur unter besonders belastenden Umständen vorsieht, so findet die tschechische Rechtsordnung Anwendung, wenn mindestens einer der Ehegatten Staatsbürger der Tschechischen Republik ist oder mindestens einer der Ehegatten in der Tschechischen Republik seinen gewöhnlichen Aufenthalt hat (§ 50 Abs. 2 IPRG).

---

28 https://www.czso.cz/csu/czso/cri/pohyb-obyvatelstva-4-ctvrtleti-2015
29 Siehe § 1 „Quellen des Europäischen und Internationalen Familienrechts" in diesem Werk.
30 Beide Ehegatten sind Ausländer, der Beklagte hat seinen gewöhnlichen Aufenthalt außerhalb der Europäischen Union und hat kein Domizil im Vereinigten Königreich von Großbritannien und Nordirland oder in Irland.
31 *Fišerová*, in: Bříza/Břicháček/Fišerová/Horák/Ptáček/Svoboda, S. 250.

VI. Anerkennung im Ausland erfolgter Scheidungen

Für Tschechien als Mitglied der EU gilt die Brüssel IIa-Verordnung.[32] Wird die Ehe eines   52
tschechischen Staatsangehörigen z.B. in Deutschland geschieden, wird die Scheidung in
Tschechien grds. ohne weiteres anerkannt. Im Übrigen richtet sich die Anerkennung, soweit
nicht vorrangige bilaterale und multilaterale Verträge[33] anwendbar sind, nach den §§ 51 ff.
IPRG. Hiernach sind folgende Fälle zu unterscheiden:
– War mindestens ein Ehegatte **tschechischer Staatsangehöriger**, kann die Anerkennung
  eines ausländischen Scheidungsurteils nur durch eine gesonderte Entscheidung des
  Obersten Gerichts der Tschechischen Republik erfolgen (§ 51 Abs. 2 IPRG). Die Anerkennung ist u.a. nur möglich, wenn die Art der Tatsachenermittlung durch das ausländische Gericht im Grundsatz der im tschechischen Recht vorgeschriebenen Ermittlung
  entsprach.
– Waren die beiden Beteiligten hingegen im Zeitpunkt der Scheidung Staatsangehörige des
  Staates, in dem die Scheidung ausgesprochen wurde, kommen dieser Entscheidung ohne
  weiteres Verfahren dieselben Rechtswirkungen wie einer inländischen Scheidung zu.
  (§ 52 IPRG).

D. Scheidungsfolgen

I. Vermögensteilung

1. Güterrechtlicher Ausgleich

Die **Errungenschaftsgemeinschaft** der Ehegatten erlischt u.a. mit Auflösung der Ehe, im   53
Falle der Scheidung mit Rechtskraft des Scheidungsurteils. Das **gemeinsame Vermögen**
der Ehegatten, dessen Umfang sich nach gesetzlichen Bestimmungen oder Vereinbarungen
in einem geschlossenen Ehevertrag (vgl. Rdn 15 f., 27 f.) richtet, muss **auseinandergesetzt**
werden. Für die **Bewertung** des Vermögens im Rahmen der Auseinandersetzung ist zwar
dessen Bestand im Zeitpunkt der Beendigung des Güterstandes maßgebend, der Wert wird
jedoch nach dem Zeitpunkt der Auseinandersetzung bestimmt.[34] Die Auseinandersetzung
kann durch Vertrag zwischen den Ehegatten (vgl. Rdn 77 f.) oder durch gerichtliche Entscheidung erfolgen. Kommt eine Auseinandersetzungsvereinbarung zwischen den Ehegatten nicht zustande, führt das Gericht auf Antrag eines Ehegatten die Auseinandersetzung
nach den Vorschriften des §§ 736–742 BGB durch.

Bei **Durchführung der Auseinandersetzung** geht man zunächst grds. davon aus, dass die   54
Anteile der Ehegatten gleich groß sind. Jeder Ehegatte kann verlangen, dass ihm erstattet
wird, was er aus seinem eigenen Vermögen in die Errungenschaftsgemeinschaft eingebracht
hat, und ist verpflichtet zu erstatten, was aus dem Vermögen der Errungenschaftsgemeinschaft in sein sonstiges Vermögen eingebracht wurde. Im Rahmen der Auseinandersetzung
sind die Bedürfnisse minderjähriger Kinder vor allem bei der Zuordnung konkreter Gegenstände, die der Ehegatte, bei dem sich die Kinder aufhalten, zur Versorgung der Familie
benötigt, zu berücksichtigen. Dies spielt insbesondere bei der **Verteilung des Hausrats**
eine Rolle. Bei der Auseinandersetzung ist ferner die Versorgung der Familie zu berücksich-

---

32 Siehe § 1 „Quellen des Europäischen und Internationalen Familienrechts" in diesem Werk.
33 Wie z.B. das Haager Übereinkommen über die Anerkennung von Ehescheidungen und Ehetrennungen
    vom 1.6.1970, das z.B. im Verhältnis zur Schweiz gilt.
34 Oberstes Gericht der Tschechischen Republik, Právní rozhledy 2005, S. 263.

tigen sowie die Umstände, in welcher Weise jeder Ehegatte zum Erwerb und zur Erhaltung des gemeinsamen Vermögens beigetragen hat. Auch der **Erziehung der Kinder** und der **Führung des gemeinsamen Haushalts** ist Rechnung zu tragen, womit das Gesetz die Haushaltstätigkeit der Erwerbstätigkeit gleichstellt. Die Berücksichtigung aller vorgenannten Umstände kann im Einzelfall dazu führen, dass die Anteile der Ehegatten unterschiedlich groß ausfallen. Da die Form der Auseinandersetzung gesetzlich geregelt ist, ist das Gericht bei der Auseinandersetzung **nicht** an die **Anträge** der Beteiligten **gebunden (§ 153 Abs. 2 ZPO).**

55 Erfolgt innerhalb von drei Jahren nach Eheauflösung keine Auseinandersetzung durch Vereinbarung oder wird innerhalb dieser Frist kein Antrag auf gerichtliche Entscheidung gestellt, greift die **gesetzliche Fiktion** des § 741 BGB. Danach erhält jeder Ehegatte die körperlichen beweglichen Sachen, der diese für den eigenen Bedarf, für den Bedarf seiner Familie oder der häuslichen Gemeinschaft ausschließlich als Eigentümer nutzt. Von anderen beweglichen und unbeweglichen Gegenständen wird angenommen, dass die früheren Ehegatten Miteigentümer je zur Hälfte sind. Das Gleiche gilt für andere Vermögensrechte der Ehegatten sowie für ihre gemeinsamen Forderungen und Verbindlichkeiten.

56 Die Vermögensauseinandersetzung ist **steuerfrei**. Eine Anzeigepflicht oder eine Pflicht zur Abgabe einer Steuererklärung besteht nicht.

2. Ehewohnung

57 Können sich die Ehegatten über die **Nutzung der Ehewohnung** nicht einigen, entscheidet das Gericht auf Antrag eines Ehegatten darüber, welcher Partner die Wohnung als alleiniger Mieter nach der Scheidung nutzen kann. Es hat bei seiner Entscheidung insbesondere die Interessen der minderjährigen Kinder und das Vorbringen des Vermieters zu berücksichtigen. In der Regel erhält derjenige Ehegatte die Ehewohnung, bei dem die minderjährigen Kinder leben. Der Ehegatte, dem die Wohnung nicht zugesprochen wurde, hat einen Anspruch auf eine **Ersatzwohnung**, die der andere Ehepartner besorgen muss (§ 768 Abs. 2 BGB). Der Ehegatte, der die Wohnung verlassen soll, hat das Recht dort zu wohnen, solange ihm der andere Ehegatte nicht eine Ersatzwohnung sicherstellt. Falls ihm keine Ersatzwohnung vom Gericht zugesprochen wurde, hat er das Recht, längstens ein Jahr in der Wohnung zu wohnen. Das Gericht kann in besonders gelagerten Fällen dem Ehegatten, der nicht Mieter wird, auf seinen Antrag hin ein dingliches Wohnrecht zusprechen. Dies kann der Fall sein, wenn diesem Ehegatten die Sorge für ein minderjähriges Kind, das mit ihm lebt, übertragen wurde (§ 768 Abs. 2 BGB).

58 Bei **Genossenschaftswohnungen** gelten vorstehende Ausführungen (siehe Rdn 57) entsprechend.

59 Steht die Ehewohnung im **Eigentum eines oder beider Ehegatten**, muss nach der Art des Eigentums unterschieden werden. Gehört die Wohnung zum gemeinsamen Vermögen der Errungenschaftsgemeinschaft, gelten die Vorschriften über deren Auseinandersetzung (siehe Rdn 53 ff.). Sind die Ehegatten Bruchteilseigentümer, bleibt die Gemeinschaft unabhängig von einer Scheidung bestehen. Sie kann wie jede andere **Miteigentümergemeinschaft** durch Vereinbarung (§§ 1140 ff. BGB) oder auf Antrag eines Miteigentümers durch gerichtliche Entscheidung (§ 1143 BGB) aufgelöst und auseinandergesetzt werden.

Hatten die Ehegatten an der Wohnung, in der sich ihre häusliche Gemeinschaft befunden hat, **ungleiches Wohnrecht** und vereinbaren die Ehegatten kein weiteres, so entscheidet das Gericht auf Antrag des Ehegatten mit stärkerem Recht (z.B. Alleineigentümer) über die Pflicht des anderen Ehegatten, aus dem Haus oder aus der Wohnung auszuziehen. Das

Gericht kann nach § 767 Abs. 2 BGB dem Ehegatten mit dem schwächeren Recht auf seinen Antrag hin ein dingliches Wohnrecht zusprechen.

Hatten die Ehegatten das Wohnrecht mit der Maßgabe, dass ein Recht von dem anderen abgeleitet wurde, hat der Ehegatte nach § 770 BGB das Recht, den Auszug des Ehegatten mit **abgeleitetem Recht** zu fordern.

3. Sonstiges Vermögen

Die Ehegatten können grds. auch Vermögen in **Bruchteilsgemeinschaft** besitzen. Dies kann 60 etwa der Fall sein, wenn sie das Vermögen bereits vor der Eheschließung erworben haben oder wenn es durch notariellen Ehevertrag vom gemeinsamen Vermögen der Errungenschaftsgemeinschaft ausgeschlossen ist. Dieses Vermögen ist nach den allgemeinen Vorschriften der ZPO wie unter Dritten entweder durch Vereinbarung (§ 1141 BGB) oder durch gerichtliche Entscheidung (§ 1143 BGB) auseinanderzusetzen.

II. Nachehelicher Unterhalt

1. Allgemeines

Ist nach § 760 BGB der geschiedene Ehegatte außerstande, sich selbst zu unterhalten, und 61 hat diese Unfähigkeit ihren Ursprung in der Ehe oder im Zusammenhang damit, so hat sein früherer Ehegatte ihm gegenüber in angemessenem Umfang eine Unterhaltspflicht. Dies gilt nur, wenn dies von ihm gerechterweise verlangt werden kann, insbesondere in Bezug auf das Alter oder den Gesundheitszustand des geschiedenen Ehegatten zu der Zeit der Scheidung oder der Beendigung der Sorge für das gemeinschaftliche Kind der geschiedenen Ehegatten.

2. Bedürftigkeit

Der Unterhaltsanspruch besteht nur, wenn der geschiedene Ehegatte **nicht in der Lage** 62 ist, sich selbst zu unterhalten und diese Unfähigkeit ihren Ursprung in der Ehe oder im Zusammenhang mit der Ehe hat. Dies ist insbesondere der Fall bei Pflege minderjähriger Kinder oder bei alters- oder krankheitsbedingter Erwerbsunfähigkeit. Bei Pflege minderjähriger Kinder wird in der Gerichtspraxis die Unfähigkeit, sich selbst zu unterhalten, i.d.R. bis zum dritten Lebensjahr des jüngsten Kindes angenommen, es sei denn, dass dieses aufgrund besonderer Umstände weiterer Pflege bedarf.[35] Die Unfähigkeit muss grds. im Zeitpunkt der Scheidung vorliegen. Wird ein Ehegatte erst nach der Scheidung arbeitslos, besteht i.d.R. kein Unterhaltsanspruch. Ausnahmsweise kann ein Unterhaltsanspruch auch bei später entstandener Unfähigkeit bestehen, wenn die Ursachen in der Ehe wurzeln (z.B. schwere Erkrankung eines gemeinsamen Kindes).[36]

Der Unterhaltsberechtigte ist verpflichtet, alle ihm zur Verfügung stehenden Einkünfte für 63 seinen Unterhalt einzusetzen. Zur **Vermögensverwertung** ist er allerdings nicht verpflichtet, soweit das Vermögen zur Sicherung seines eigenen, angemessenen Lebensstandards dient. Desgleichen ist der geschiedene Ehegatte grds. nicht verpflichtet, Vermögen, das er im Rahmen der Auseinandersetzung der Errungenschaftsgemeinschaft erhalten hat, für

---

35 Beispielsweise weil das Kind krank ist oder keinen Kindergartenplatz erhalten hat.
36 *Hrušáková*, Scheidung und nachehelicher Unterhalt in der Tschechischen Republik, in: *Hofer/Henrich/ Schwab* (Hrsg.), Scheidung und nachehelicher Unterhalt im europäischen Vergleich, S. 378 f.

seinen Unterhalt zu verwerten, wenn der andere Ehegatte nach seinen Fähigkeiten, Möglichkeiten und Vermögensverhältnissen Unterhalt leisten kann.[37]

3. Leistungsfähigkeit

64   Ein Ehegatte muss seinem geschiedenen Ehegatten nur im Rahmen seiner Fähigkeiten, Möglichkeiten und Vermögensverhältnisse Unterhalt leisten. Bei der Bewertung der **Leistungsfähigkeit** hat das Gericht zu prüfen, ob der Verpflichtete ohne wichtigen Grund Vermögen verschwendet hat bzw. mit diesem risikoreich verfahren ist, und ob er grundlos eine lukrativere Anstellung oder Tätigkeit aufgegeben hat (§ 913 BGB). Das Finanzamt erteilt im Unterhaltsverfahren auf Anfrage des Gerichts Auskunft über die Steuerbemessungsgrundlagen, die jedoch nichts über die tatsächlichen Vermögensverhältnisse des Unterhaltsverpflichteten aussagen.

Weist der unterhaltspflichtige Ehegatte dem Gericht seine Unterhaltverhältnisse nicht ordnungsgemäß nach, gilt, dass sein durchschnittliches monatliches Einkommen das Fünfundzwanzigfache des Betrags des Lebensminimums eines Einzelnen nach einer sonstigen Rechtsvorschrift beträgt (3.410 Kč).

4. Höhe des Unterhalts

65   Der geschiedene Ehegatte hat lediglich einen Anspruch auf **angemessenen Unterhalt**. Anders als bei Kindes- und Ehegattenunterhalt während bestehender Ehe besteht kein Anspruch auf Beibehaltung der ehelichen Verhältnisse. Was unter „angemessenem Unterhalt" zu verstehen ist, hängt von der konkreten Beurteilung eines jeden Einzelfalles ab. Nach § 760 Abs. 2 BGB hat das Gericht bei der Entscheidung über den Unterhalt oder über seine Höhe zu berücksichtigten, wie lange die geschiedene Ehe gedauert hat und wie lange sie geschieden ist, sowie ob
a) sich der geschiedene Ehegatte nicht eine angemessene Beschäftigung besorgt hat, obwohl er daran durch kein wichtiges Hindernis gehindert war,
b) sich der Ehegatte den Unterhalt durch ordnungsgemäßes Wirtschaften mit seinem eigenen Vermögen sicherstellen konnte,
c) sich der geschiedene Ehegatte während der Ehe an der Pflege der häuslichen Gemeinschaft beteiligt hat,
d) der geschiedene Ehegatte gegenüber seinem früheren Ehegatten oder einer ihm nahestehenden Person nicht eine Tat begangen hat, die den Charakter einer Straftat hat, oder
e) ein anderer ähnlich schwerwiegender Grund vorliegt.

66   Ausnahmsweise kann einem geschiedenen Ehegatten ein **(erweiterter)** Unterhaltsanspruch zuerkannt werden, dessen Höhe sich nach den ehelichen Verhältnissen richtet. Voraussetzung ist, dass der geschiedene Ehegatte an der Zerrüttung der Ehe durch Verletzung der ehelichen Pflichten keinen überwiegenden Anteil hatte und durch die Scheidung einen schweren Schaden erleidet (§ 762 BGB). In der Praxis wird dieser Unterhaltsanspruch daher als „**Sanktionsunterhalt**" bezeichnet. Er ist in der Praxis eher selten und darf nur für die Dauer von höchstens drei Jahren zuerkannt werden.

---

37 *Hrušáková*, Scheidung und nachehelicher Unterhalt in der Tschechischen Republik, in: *Hofer/Henrich/Schwab* (Hrsg.), Scheidung und nachehelicher Unterhalt im europäischen Vergleich, S. 378.

Říha/Rombach

5. Ausschluss und Dauer des Unterhalts

Der Unterhaltsanspruch besteht ferner nur dann, wenn dies im Einklang mit den **guten** **Sitten** steht (§ 2 Abs. 3 BGB). Dies wird z.B. dann verneint, wenn ein Ehegatte durch sein Verhalten überwiegend die Zerrüttung der Ehe verursacht hat, etwa weil er die Familie verlassen hat und eine neue Partnerschaft eingegangen ist, oder wenn der berechtigte Ehegatte durch eigenes Verschulden aus seinem Arbeitsverhältnis entlassen worden ist oder einer seinen Fähigkeiten entsprechenden Beschäftigung nicht nachgeht.

67

Solange die Voraussetzungen bestehen, ist die Unterhaltspflicht zeitlich unbegrenzt. Sie **endet** kraft Gesetzes, wenn der berechtigte Ehegatte eine neue Ehe eingeht oder der verpflichtete Ehegatte stirbt (§ 763 BGB). Die Unterhaltspflicht erlischt ferner, wenn die Ehegatten durch schriftlichen Vertrag die Zahlung einer einmaligen Abfindung vereinbaren (§ 761 BGB).

68

III. Regelung der Altersversorgung

Ein dem deutschen **Versorgungsausgleich** vergleichbares Institut kennt das tschechische Recht nicht. Die frühere Regelung, nach der die geschiedene Ehefrau mit einem gerichtlich festgelegten Unterhaltsanspruch nach dem Tod des früheren Ehemannes eine Witwenrente erhalten hat, wurde bei der Überarbeitung der Rentenvorschriften durch Gesetz Nr. 155/ 1995 GBl aufgehoben.

69

IV. Elterliche Sorge

Die elterliche Sorge steht beiden Elternteilen gleichermaßen zu, unabhängig davon, ob sie miteinander verheiratet sind (§ 865 BGB). Die **gemeinsame elterliche Sorge** bleibt durch die Scheidung grds. unberührt. Die Eltern müssen jedoch im Vorfeld einer Scheidung eine Vereinbarung über die Ausübung der elterlichen Sorge treffen (siehe Rdn 45) oder eine gerichtliche Entscheidung herbeiführen. Das Gericht entscheidet insbesondere darüber, bei welchem Elternteil das Kind leben wird. Dabei kann es auch anordnen, dass die Pflege und Erziehung des Kindes beiden Ehegatten **gemeinsam** bzw. **abwechselnd** obliegt. Soll gemeinsame Sorge angeordnet werden, so ist die Zustimmung der Eltern erforderlich.

70

Kommt eine gemeinsame oder abwechselnde Pflege nicht in Betracht, hat das Gericht bei seiner Entscheidung zahlreiche Gesichtspunkte zu berücksichtigen, wobei die **Interessen** **des Kindes** stets im Vordergrund stehen (§ 907 Abs. 2 BGB). Das Gericht hat insbesondere das Recht des Kindes auf Erziehung durch beide Elternteile und den **regelmäßigen persönlichen Kontakt zu beiden Eltern** zu beachten. Ferner hat das Gericht bei seiner Entscheidung das Recht des Elternteils, bei dem sich das Kind nicht aufhält, auf regelmäßige Information über das Kind zu berücksichtigen. Soweit erforderlich, kann das Gericht auch das **Besuchs- und Umgangsrecht** des Kindes mit dem anderen Elternteil sowie mit Großeltern und Geschwistern regeln. Wird das Besuchsrecht des Elternteils, bei dem sich das Kind nicht aufhält, wiederholt und grundlos verletzt, ist von einer Veränderung der Verhältnisse auszugehen, die eine neue Entscheidung über den Aufenthalt des Kindes erforderlich machen (§ 909 BGB).

71

V. Sonstige Scheidungsfolgen

1. Kindesunterhalt

72 Die Unterhaltspflicht der Eltern gegenüber ihren Kindern richtet sich nach den §§ 915 ff. BGB und ist unabhängig von einer Heirat der Eltern oder von der Zahlung eines etwaigen Ehegattenunterhalts. Beide Elternteile haben einen Unterhaltsbeitrag entsprechend ihren Fähigkeiten, Möglichkeiten und Vermögensverhältnissen zu leisten. Der Betrag muss in jedem Einzelfall **konkret** ermittelt werden. Dabei ist zu berücksichtigen, dass jedes Kind Anspruch darauf hat, den **Lebensstandard seiner Eltern** zu teilen. Der Unterhalt ist grds. in **monatlichen Geldbeträgen** zu erbringen. Möglich ist jedoch auch das Erbringen durch Naturalleistung. Daher hat das Gericht bei der Festlegung der Höhe des Unterhalts zu berücksichtigen, welcher Elternteil in welchem Umfang **Naturalunterhalt durch persönliche Pflege** des Kindes erbringt. Der Anteil des Naturalunterhalts muss vom Gericht konkret ermittelt werden. In der Regel deckt die Erbringung des Naturalunterhalts im Kleinkindalter die Unterhaltspflicht voll ab. Dieser Anteil nimmt mit zunehmendem Alter des Kindes ab. Vor Durchführung des Scheidungsverfahren muss im Vorfeld neben der Ausübung der elterlichen Sorge (siehe Rdn 45) auch der Kindesunterhalt für die Zeit nach der Scheidung durch Vereinbarung der Eltern oder durch eine gesonderte gerichtliche Entscheidung geklärt werden (§ 755 Abs. 3 BGB).

2. Name

73 Nach der Scheidung kann der geschiedene Ehegatte, der den Familiennamen des anderen Ehegatten angenommen hat, innerhalb von sechs Monaten nach Rechtskraft der Scheidung gegenüber dem Standesamt erklären, dass er seinen **früheren Namen** wieder annimmt bzw. dass er den gemeinsamen Namen nicht mehr seinem früheren Namen voranstellt (§ 759 BGB). Als früherer Name ist der Name zu verstehen, den der Ehegatte im Zeitpunkt der Eheschließung geführt hat.[38]

3. Staatsangehörigkeit und Bleiberecht

74 Die Ehescheidung hat **keine Auswirkungen** auf die **Staatsangehörigkeit**. Diese geht nur durch Aufgabeerklärung oder durch Erwerb einer fremden Staatsangehörigkeit aufgrund ausdrücklicher Willenserklärung verloren. Ist der geschiedene Ehegatte Bürger eines Mitgliedstaates der EU, kann er sich jederzeit in der Tschechischen Republik aufhalten, ohne dass er hierzu einer Genehmigung bedarf. In anderen Fällen wird im Falle der Scheidung die **Aufenthaltsgenehmigung für vorübergehenden Aufenthalt** des Ehegatten eines tschechischen Staatsangehörigen widerrufen bzw. nicht verlängert, es sei denn, dass sich ein gemeinsames Kind bei dem tschechischen Ehegatten aufhält und das Umgangsrecht des ausländischen Ehegatten auf das Gebiet der Tschechischen Republik beschränkt worden ist oder wenn die Ehe länger als drei Jahre gedauert hat und die Aufenthaltsgenehmigung seit mindestens einem Jahr besteht. Auf eine **Aufenthaltsgenehmigung für dauerhaften Aufenthalt** hat die Scheidung grds. keine Auswirkungen. Eine solche kann jedoch widerrufen werden, wenn der Ausländer sich nicht länger als zwei Jahre auf dem Gebiet der Tschechischen Republik aufhält.

---

38 *Hrušáková/Králíčková/Westphalová a kolektiv* (Hrsg.), Občanský zákoník, komentář, Bd. II, 1. Aufl., Praha 2014, S. 461.

4. Erb- und Pflichtteilsrecht

Ehegatten gehören nicht zum Kreis der **pflichtteilsberechtigten** Personen. Sie sind jedoch   75
kraft Gesetzes erbberechtigt (§§ 1635 f. BGB). Das **gesetzliche Erbrecht** erlischt mit
Rechtskraft des Scheidungsurteils. Eine Vorverlagerung auf den Zeitpunkt des Scheidungs-
antrags kennt das tschechische Recht nicht. Dazu gibt es nur eine Ausnahme nach § 1482
BGB: Ist am Tag des Todes des Erblassers ein Ehescheidungsverfahren anhängig, das auf
Antrag des Erblassers eingeleitet wurde, welcher infolgedessen gestellt wurde, dass der
Ehegatte gegenüber dem Erblasser eine Tat begangen hat, die die Merkmale der häuslichen
Gewalt erfüllt, so ist der Ehegatte des Erblassers als gesetzlicher Erbe vom Erbrecht ausge-
schlossen.

Eine Vermutung für die Unwirksamkeit einer letztwilligen Verfügung von Todes wegen[39]
im Falle der Scheidung existiert ebenso wenig.

VI. Möglichkeiten vertraglicher Vereinbarungen für die Scheidung

1. Allgemeines

Vertragliche Vereinbarungen für den Fall der Scheidung sind im Vorfeld einer **konkret**   76
bevorstehenden Scheidung in vielen Bereichen möglich. **Vorsorgende Vereinbarungen**
ohne Bezug zu einer bevorstehenden Scheidung sind nach derzeitigem Recht – mit Ausnahme der Modifizierung der Errungenschaftsgemeinschaft (siehe Rdn 27 f.) – wohl zulässig, werden aber erst mit der rechtskräftigen Scheidung wirksam. Da für Vereinbarungen
im Hinblick auf eine konkrete Scheidung keine notarielle Beurkundung vorgeschrieben und
allenfalls für das Scheidungsverfahren eine öffentliche Beglaubigung der Unterschriften
erforderlich ist, stellt die in Deutschland häufige umfassende notarielle Scheidungsvereinbarung eher eine Ausnahme dar. Üblich sind vielmehr **privatschriftliche Vereinbarungen**,
für deren Abschluss ggf. ein Rechtsanwalt hinzugezogen wird. Eine der jetzigen, deutschen
Praxis vergleichbare gerichtliche **Wirksamkeits- und Ausübungskontrolle**[40] der Verträge
findet **nicht** statt. Dennoch darf die Vereinbarung nach den allgemeinen Vorschriften des
BGB nicht gegen ein gesetzliches Verbot oder gegen die guten Sitten verstoßen.

2. Vermögensteilung

Die Ehegatten können ihr **gemeinsames Vermögen**, dessen Umfang sich nach den gesetzli-   77
chen Vorschriften oder nach dem von ihnen abgeschlossenen Ehevertrag (vgl. Rdn 15 f.,
27 f.) richtet, durch eine schriftliche **Vereinbarung** auseinandersetzen (§ 738 Abs. 1 BGB).
Die Vereinbarung kann auch lediglich einen Teil des gemeinsamen Vermögens umfassen
(§ 738 Abs. 2 BGB). Gehört zum Vermögen eine Immobilie, bedarf die Auseinandersetzung
ferner entsprechend den allgemeinen Grundsätzen der Eintragung in das Immobilienkatas-
ter. Die Unterschriften der Beteiligten müssen öffentlich beglaubigt werden. Die Beglaubigung kann durch die notarielle Beurkundung ersetzt werden, was im Hinblick auf die
Vereinbarung der sofortigen Zwangsvollstreckung[41] sinnvoll sein kann.

Entgegen früherer Ansicht in der Rspr., nach der eine Auseinandersetzungsvereinbarung   78
erst nach Beendigung der Errungenschaftsgemeinschaft, also nach Rechtskraft der Schei-

---

39 Letztwillige Verfügungen können nur in einem Einzeltestament getroffen werden. Gemeinschaftliche
    Testamente oder Erbverträge sind unzulässig.
40 Siehe hierzu Länderbericht „Deutschland" in diesem Werk, Rdn 105 ff.
41 Vgl. §§ 71a–71c NotO i.V.m. § 274 Buchst. e ZPO.

dung, möglich sein sollte, kann der Vertrag seit Einführung der Möglichkeit der einvernehmlichen Scheidung (siehe Rdn 42) nun **auch im Vorfeld der Scheidung** geschlossen werden. Nach h.M. ist ein solcher Vertrag aufschiebend bedingt auf den Zeitpunkt der rechtskräftigen Scheidung.[42] Die Ehegatten sind bei ihrer Vereinbarung nicht an die gesetzlichen Vorschriften über die Auseinandersetzung der Errungenschaftsgemeinschaft gebunden. Es steht ihnen **frei**, wie sie diese vornehmen, insbesondere welche Gegenstände sie welchem Ehegatten zuordnen bzw. in welcher Höhe sie die Anteile am Vermögen festlegen. Eventuelle Gläubigerrechte bleiben durch die Vereinbarung jedoch unberührt (§ 737 Abs. 2 BGB).

3. Ehewohnung

79 Die geschiedenen Ehegatten können die Nutzung der **Ehewohnung** für die Zeit nach der Scheidung einvernehmlich regeln. Wie bei der Auseinandersetzung des gemeinsamen Vermögens (siehe Rdn 78) kann die Vereinbarung seit der Einführung der Möglichkeit der einvernehmlichen Scheidung nunmehr **im Vorfeld der Scheidung** geschlossen werden. Auch hier handelt es sich um einen aufschiebend bedingten Vertrag. Soll sie als Voraussetzung für eine einvernehmliche Scheidung dienen, muss sie jedoch schriftlich geschlossen werden, die Unterschriften müssen öffentlich beglaubigt werden.

4. Nachehelicher Unterhalt

80 Vertragliche Vereinbarungen hinsichtlich der Ausgestaltung der **nachehelichen Unterhaltspflicht** sind **zulässig**. Die Vereinbarung ist wiederum aufschiebend bedingt durch die Scheidung. Ändern sich die Verhältnisse wesentlich, kann die Vereinbarung auf Antrag gerichtlich abgeändert werden (§ 923 Abs. 1 BGB). Die Regelung des Unterhalts ist jedoch keine unabdingbare Voraussetzung für eine einvernehmliche Scheidung, sie kann auch nach der Scheidung erfolgen.[43] Die Vereinbarung ist **formfrei** möglich. Die Ehegatten können jedoch durch schriftlichen Vertrag vereinbaren, dass der berechtigte Ehegatte durch Zahlung eines einmaligen Geldbetrages abgefunden wird. Die Unterhaltspflicht erlischt in diesem Fall durch die Leistung der Abfindung (§ 761 Abs. 1 BGB). Eine solche Vereinbarung kommt in der Praxis häufig bei **einvernehmlichen Scheidungen** vor. Soweit ersichtlich, ist die Frage der Treu- oder Sittenwidrigkeit einer solchen Abfindungsvereinbarung für den Fall, dass der verzichtende Ehegatte später nicht in der Lage ist, sich selbst zu unterhalten, und auf öffentliche Leistungen angewiesen ist, noch nicht diskutiert worden. Ein Anspruch auf Abfindung der Unterhaltspflicht besteht nicht. Wird die Vereinbarung über den Unterhalt oder über die Abfindung des Unterhalts im Rahmen einer einvernehmlichen Scheidung geschlossen, müssen die Unterschriften öffentlich beglaubigt werden.

5. Elterliche Sorge

81 Die gerichtliche Entscheidung über die Rechte und Pflichten der Eltern zu ihren Kindern **im Vorfeld einer Scheidung** kann durch eine Vereinbarung der Ehegatten ersetzt werden. Die Eltern können über die Ausübung der **elterlichen Sorge** sowie über weitere Kindesangelegenheiten (**Umgangsrecht, Kindesunterhalt** u.Ä.) eine einvernehmliche Regelung er-

---

42 *Hrušáková*, in: Hrušáková/Králíčková/Westphalová a kolektiv (Hrsg.), Občanský zákoník, komentář, Bd. II, 1. Aufl., Praha 2014, S. 459.
43 *Hrušáková*, in Hrušáková/Králíčková/Westphalová a kolektiv (Hrsg.), Občanský zákoník, komentář, Bd. II, 1. Aufl., Praha 2014, S. 459.

zielen. Soweit die Vereinbarung die Ausübung der elterlichen Sorge betrifft, bedarf sie zu ihrer Wirksamkeit der gerichtlichen Genehmigung (§ 906 BGB).

6. Sonstige Scheidungsfolgen

a) Kindesunterhalt

Die Ehegatten können die **Höhe** des Kindesunterhalts einvernehmlich regeln. Treffen sie im Vorfeld der Scheidung keine Vereinbarung, muss eine gerichtliche Entscheidung herbeigeführt werden (§ 755 Abs. 3 BGB). Vereinbarungen der Eltern, die einen Elternteil von der Unterhaltspflicht befreien, sind dem Kind gegenüber unwirksam. Die Unterhaltspflicht eines Elternteils kann ebenso wenig zu Lasten des Kindes auf eine andere Person übertragen werden.[44]   82

b) Name

Vereinbarungen zur **Namensführung** nach der Scheidung, etwa dahingehend, dass ein Ehegatte wieder seinen ursprünglichen Familiennamen führen muss, sind nicht möglich.[45]   83

c) Erb- und Pflichtteilsrecht

Der Ehegatte gehört **nicht** zum Kreis der **pflichtteilsberechtigten** Personen. Nach § 1484 BGB ist ein Erbverzicht möglich. Haben sich die Ehegatten testamentarisch bedacht, muss das Einzeltestament[46] jeweils widerrufen werden.   84

VII. Kollisionsrecht der Scheidungsfolgen

Bei den Scheidungsfolgen, soweit sie nur die Ehegatten betreffen (insbesondere also die Vermögensaufteilung und den nachehelichen Unterhalt), handelt es sich um persönliche und vermögensrechtliche Verhältnisse zwischen den Ehegatten, für die § 49 IPRG (vgl. Rdn 33) bzw. Unterhalt zwischen (auch geschiedenen) Ehegatten vorrangig das Haager Unterhaltsprotokoll[47] gilt.   85

Für die Rechtsbeziehungen zwischen Eltern und Kindern einschließlich deren Erziehung und des Kindesunterhalts gilt § 57 IPRG bzw. vorrangig das Haager Unterhaltsprotokoll (für Kindesunterhalt)[48] und das Haager Übereinkommen vom 19.10.1996 (für die elterliche Verantwortung). Hiernach unterliegen die Rechtsbeziehungen bezüglich des Kindesunterhalts der Rechtsordnung des Staates, in dem das Kind seinen üblichen Aufenthalt hat (Art. 3 des Haager Protokolls). Ausnahmsweise kann nach Art. 4 des H. Protokolls das Gericht sein eigenes Recht (lex fori) anwenden, wenn das Kind nach dem Recht seinen gewöhnlichen Aufenthalts vom unterhaltspflichtigen Elternteil den Unterhalt nicht erlagen kann.

Für die Fragen der elterlichen Verantwortung ist nach Art. 15 Haager Übereinkommen das Recht des Gerichtes (lex fori) anzuwenden, was üblicherweise das Recht des gewöhnlichen Aufenthalts des Kindes ist (Art. 5 H. Übereinkommen).

---

44 Hrušáková/Králíčková/Westphalová a kolektiv (Hrsg.), Občanský zákoník, komentář, Bd. II, 1. Aufl., Praha 2014, S. 1036.
45 Vgl. Hrušáková/Králíčková/Westphalová a kolektiv (Hrsg.), Občanský zákoník, komentář, Bd. II, 1. Aufl., Praha 2014, S. 461.
46 Gemeinschaftliche Testamente und Erbverträge sind nicht zulässig.
47 Protokoll über das auf Unterhaltspflichten anzuwendende Recht vom 23.11.2007.
48 Protokoll über das auf Unterhaltspflichten anzuwendende Recht vom 23.11.2007.

VIII. Scheidungsverfahren

86   Die Regelung der Ausübung der **elterlichen Sorge** für die Zeit nach der Scheidung nebst
Kindesunterhalt sowie etwaiger weiterer, hiermit zusammenhängender Fragen, wie z.B.
Umgangs- und Besuchsrecht, ist Gegenstand eines eigenständigen gerichtlichen Verfahrens
nach § 452 Gesetzes Nr. 292/2013 GBl, das dem Scheidungsverfahren vorgeschaltet sein
muss (siehe Rdn 45). Die Ehe kann erst nach Rechtskraft der gerichtlichen Entscheidung,
durch die das Rechtsverhältnis zu den Kindern geregelt bzw. eine Vereinbarung der Eltern
genehmigt wird, geschieden werden (§ 755 Abs. 3 BGB). Alle **übrigen Scheidungsfolgen**
müssen erst nach Rechtskraft des Scheidungsurteils durch Vereinbarung oder gerichtlich
geklärt werden, soweit dies nicht bereits zwingend im Rahmen einer einvernehmlichen
Scheidung erfolgt ist. Hierbei handelt es sich insbesondere um die Auseinandersetzung des
gemeinsamen Vermögens, um die Zuweisung der Ehewohnung und um den nachehelichen
Unterhalt. Eine **Verbindung dieser Klagen** mit dem Scheidungsverfahren ist **nicht** möglich.
Für alle Klagen gelten die allgemeinen Bestimmungen der Zivilprozessordnung (zu den
Kosten siehe Rdn 49).

IX. Internationale Zuständigkeit

87   Die Zuständigkeit der tschechischen Gerichte ergibt sich aus der Brüssel I-Verordnung[49]
nur für Unterhaltsklagen, nicht jedoch für das Güterrecht. Für die elterliche Sorge gilt
vorrangig die Brüssel IIa-Verordnung.[50]

In den übrigen Fällen ist nach tschechischem Recht wie folgt zu unterscheiden: Die Zuständigkeit der tschechischen Gerichte nach § 50 IPRG (siehe Rdn 50) gilt nur für die Scheidung
selbst. Vorbehaltlich vorrangiger bilateraler und multilateraler Verträge und Vorschriften der
Europäischer Union sind für die Scheidungsfolgen, soweit diese nicht die Kinder betreffen,
insbesondere also für die Vermögensteilung und den nachehelichen Unterhalt, tschechische
Gerichte nach der allgemeinen Zuständigkeit für vermögensrechtliche Angelegenheiten
gem. § 84 i.V.m § 6 IPRG zuständig, wenn ihre Zuständigkeit nach den nationalen Vorschriften gegeben ist, sie also nach tschechischem Recht örtlich zuständig sind.

Soweit nicht vorrangige bilaterale oder multilaterale Verträge oder Vorschriften der Europäischen Union anwendbar sind, unterscheidet das Gesetz in § 56 IPRG unabhängig von der
Ehelichkeit des Kindes bei Angelegenheiten, die Minderjährige betreffen, insbesondere
Fragen der elterlichen Sorge und des Kindesunterhalts, nach der gewöhnlichen Aufenthalt
des Minderjährigen.

Besitzt der Minderjährige die tschechische Staatsangehörigkeit, sind die tschechischen Gerichte stets zuständig, auch wenn das Kind im Ausland lebt. Besitzt das Kind eine andere
Staatsangehörigkeit und lebt es im Ausland, sind die tschechischen Gerichte zuständig,
ebenso für Verfahren, in denen ein tschechischer Staatsangehöriger die Abänderung oder
Aufhebung der Entscheidung eines tschechischen Gerichts gegen einen Minderjährigen
begehrt (§ 56 Abs. 3 IPRG).

Wird die Ehe der Eltern eines minderjährigen ausländischen Kindes geschieden, hat das
Gericht auch die Rechte und Pflichten zwischen dem Kind und seinen Eltern für die Zeit
nach der Scheidung zu regeln, wenn sich der Minderjährige im Inland aufhalten wird und
die Behörden seines Heimatlandes keine anderweitigen Entscheidungen treffen (§ 56 Abs. 5
IPRG).

---

49   Vgl. § 1 „Quellen des Europäischen und Internationalen Familienrechts", Rdn 32 ff., in diesem Werk.
50   Vgl. § 1 „Quellen des Europäischen und Internationalen Familienrechts", Rdn 3 ff., in diesem Werk.

E. Eingetragene Lebenspartnerschaft

Gleichgeschlechtliche Partner können seit dem 1.7.2006 ihre Partnerschaft **registrieren** 88
lassen.[51] **Voraussetzung** für die Eintragung der Partnerschaft ist, dass mindestens ein Partner die tschechische Staatsangehörigkeit hat, beide Partner das 18. Lebensjahr vollendet
haben, voll geschäftsfähig sind und keiner von ihnen in einer Ehe oder in einer bereits
registrierten Partnerschaft lebt (§ 4 Abs. 1, 2 und 4 LPG). Eine Partnerschaft ist ferner
unzulässig zwischen Verwandten gerader Linie und zwischen Geschwistern (§ 4 Abs. 3
LPG). **Zuständig** für die Registrierung sind die Standesämter (§ 2 LPG). Über die registrierten Partnerschaften wird ein **Partnerschaftsbuch** geführt (§§ 27 ff. LPG). Die Gleichstellung mit Ehepartnern ist nur in Teilbereichen erfolgt. Nach § 9 LPG gilt ähnlich wie bei
Ehepartnern die gesetzliche Vertretungsbefugnis.[52] Die Partner sind sich gegenseitig zum
Unterhalt verpflichtet, und zwar sowohl während bestehender Partnerschaft als auch nach
ihrer Auflösung (§§ 10 ff. LPG). Der Partner wurde im Erbrecht dem Ehegatten gleichgestellt. Güterrechtliche Regelungen sieht das Gesetz nicht vor, so dass eine Errungenschaftsgemeinschaft wie bei Ehegatten nicht entsteht. Ein Anspruch auf Witwen- bzw. Witwerrente
besteht ebenso wenig. Die Führung eines gemeinsamen Familiennamens ist nicht vorgesehen. Das Adoptionsverbot wurde durch Entscheidung des Verfassungsgerichtes der
Tschechischen Republik[53] aufgehoben.[54]

F. Nichteheliche Lebensgemeinschaft

Das tschechische Recht regelt die **nichteheliche Lebensgemeinschaft** nicht ausdrücklich. 89
Einige gesetzliche Vorschriften sind jedoch anwendbar, weil das Gesetz für die Anwendbar-
keit dieser Normen eine Eheschließung überhaupt nicht voraussetzt oder weil das Gesetz
Begriffe wie etwa „nahe Person", „gemeinsamer Haushalt" oder „Familienangehöriger"
verwendet. Vorschriften über elterliche Rechte und Pflichten finden unabhängig davon
Anwendung, ob die Eltern miteinander verheiratet sind. So steht die **elterliche Sorge** den
Eltern nichtehelicher Kinder in gleichem Umfang zu wie den Eltern ehelicher Kinder. Die
Abgabe einer gemeinsamen Sorgeerklärung ist nicht notwendig. Auch bei der Entscheidung
über Rechtsverhältnisse der Kinder nach einer Trennung der Eltern wird nicht zwischen
ehelichen und nichtehelichen Kindern unterschieden.

Das **Güterrecht** findet auf nichteheliche Lebenspartner keine Anwendung. Nichteheliche 90
Lebenspartner können jedoch ihre Rechtsverhältnisse durch Vertrag nach den allgemeinen,
zivilrechtlichen Vorschriften regeln, insbesondere Vermögen in Bruchteilsgemeinschaft erwerben. Eine unverheiratete Mutter hat jedoch gegen den Kindsvater für die Dauer von
zwei Jahren einen eigenständigen Anspruch auf angemessenen Beitrag zum Lebensunterhalt
(§ 920 BGB). Der Anspruch auf den Erhalt einer **Witwenrente** besteht nur bei Ehegatten.

---

51 Gesetz über registrierte Partnerschaften und über Änderungen einiger hiermit zusammenhängender
    Vorschriften Nr. 115/2006 Slg.
52 Diese Regelung wurde durch neues Bürgerliche Gesetzbuch (G. Nr. 89/2012 GBl) nicht geändert. Des-
    halb ist die Vertretungsbefugnis zwischen Ehegatten und registrierten Partnern nicht identisch geregelt
    wie vor der Novelierung.
53 Nr. 234/2016 GBl
54 Ausführliche Informationen sowie eine Gegenüberstellung aller Rechte und Pflichten bei Ehegatten
    einerseits und registrierten Partnern andererseits finden sich unter www.partnerstvi.cz/tvuj.php.

91 Die nichtehelichen Partner können gemeinsam **Mieter** einer Wohnung sein (§ 2270 BGB). Ist der Lebenspartner, der alleiniger Mieter war, verstorben, genießt der andere Lebenspartner nur begrenzten Schutz. Er kann nur dann Mieter werden, wenn er mit dem Verstorbenen in einem gemeinsamen Haushalt gelebt hat, keine eigene Wohnung hat und der Vermieter mit dem Übergang des Mietverhältnisses einverstanden ist (§ 2279 Abs. 1 BGB).

92 Bei Vorliegen bestimmter Voraussetzungen kann der nichteheliche Partner **gesetzlicher Erbe** des anderen Partners werden.[55] Im Sozialrecht, insbesondere im Hinblick auf die Gewährung von **Sozialhilfe**, werden nichteheliche Partner als eine Einheit betrachtet, wenn sie mindestens seit drei Monaten in einem gemeinsamen Haushalt leben.[56]

G. Abstammung und Adoption

I. Abstammung

93 **Mutter** eines Kindes ist die Frau, die es geboren hat (§ 775 BGB). Bei einem ehelichen Kind wird der Ehemann als **Vater** des Kindes vermutet, wenn das Kind in einem Zeitraum ab Eheschließung bis zum 300. Tag nach der Ehescheidung oder Eheauflösung geboren wird (§ 776 Abs. 1 BGB). Geht die Mutter des Kindes eine neue Ehe ein, wird der neue Ehemann als Vater vermutet, auch wenn die Geburt in den genannten Zeitraum der früheren Ehe fällt (§ 776 Abs. 2 BGB). Bei nichtehelichen Kindern muss die Vaterschaft anerkannt (§ 779 BGB) oder gerichtlich festgestellt (§ 783 BGB) werden. Bei fortpflanzungsmedizinischen Maßnahmen gelten die gleichen Grundsätze. Wenn es sich um eine nichtverheiratete Mutter handelt, wird vermutet, dass Vater des Kindes der Mann ist, der zu der künstlichen Befruchtung seine Zustimmung erteilt hat (§ 778 BGB).

94 Die **gesetzliche Vermutung** der Vaterschaft aufgrund Ehe oder aufgrund übereinstimmender Erklärung der Eltern kann **angefochten** werden (§§ 785 ff. BGB). Die Vaterschaft kann nur der Ehemann anfechten. In § 785 Abs. 1 BGB wird eine **Frist** von sechs Monaten vorgesehen, die mit Kenntnisnahme der die Zweifel begründenden Tatsachen beginnt. Die Anfechtung muss jedoch spätestens bis zur Vollendung des 6. Lebensjahres des Kindes erfolgen (§ 785 Abs. 1 BGB). Je nach dem Verhältnis des Zeitpunktes der Geburt zum Zeitpunkt der Eheschließung oder der Eheauflösung werden bezüglich der **Beweisführung** unterschiedliche Anforderungen gestellt. Im Falle einer **künstlichen Befruchtung**, die mit Zustimmung des Ehemannes erfolgt ist, ist bei einer Geburt zwischen dem 180. und 300. Tag nach Vornahme der künstlichen Befruchtung die Anfechtung ganz ausgeschlossen, es sei denn, es wird nachgewiesen, dass die Schwangerschaft anders als durch künstliche Befruchtung entstanden ist (§ 787 BGB). Nach Anerkennung der Vaterschaft kann diese vom „Vater" oder der Mutter nur angefochten werden, wenn nachgewiesen wird, dass die Vaterschaft des Mannes ausgeschlossen ist. Die Anfechtung ist innerhalb von sechs Monaten nach Anerkennung möglich. Die Frist endet jedoch frühestens sechs Monate nach der Geburt.

Das Gericht kann nach § 792 BGB die Fristversäumung nachsehen, wenn dies das Interesse des Kindes und die öffentliche Ordnung erfordern.

---

55 Vgl. hierzu ausf. *Rombach*, in: *Süß*, Erbrecht in Europa, Tschechien, Rn 25 ff.
56 § 7 Abs. 2 und 7 des Gesetzes über die staatliche Sozialhilfe Nr. 117/1995, in der Fassung späterer Vorschriften, vgl. ausf. zur nichtehelichen Lebensgemeinschaft *Gregorová/Králíčková*, Nesezdané soužití v právním řádu České republiky, právní rozhledy 1998, S. 209 ff.

II. Adoption

1. Allgemeines

Das tschechische Recht gestattet sowohl die **Adoption von Minderjährigen** (§§ 794 ff.   95
GBG) als auch die **Adoption von Volljährigen** (§§ 846 ff. BGB). Die Adoption wird vom
Gericht ausgesprochen. Es handelt sich stets um eine **Volladoption**. Das Gesetz unterscheidet nicht mehr zwischen einer nicht aufhebbaren und einer aufhebbaren **Adoption**
(§ 840 BGB). Jede Adoption entsteht als aufhebbare Adoption, wobei dies nur binnen
dreijähriger Frist möglich ist; später nur, wenn die Adoption gesetzwidrig ist (§ 840 Abs. 2
BGB). Die Verwandlung in die nicht aufhebbare Adoption kommt automatisch nach Ablauf
der gesetzlichen Frist zustande.

Die **Adoption von Volljährigen** ist seit 1.1.2014 nach §§ 846 ff. BGB möglich. Im Unterschied zur Adoption von Minderjährigen entsteht und bleibt diese jedoch für immer unvollständig (z.B. Unterhaltpflicht von ursprünglicher Familie erlischt nicht, Erbrecht des Angenommenen entsteht nur nach Annehmenden). Die Adoption ist z.B. in folgenden Fällen
möglich:
a) der Annehmende wurde nach der Antragstellung volljährig,
b) ein Geschwisterteil des Angenommen soll von demselben Annehmenden adoptiert
    werden,
c) der Annehmende hat für den Angenommenen schon zu der Zeit seiner Minderjährigkeit
    gesorgt, als ob er sein eigenes Kind wäre.

Gemäß § 61 IPRG bedarf die Adoption der Erfüllung der durch die Rechtsordnung des   96
Staates festgelegten Bedingungen, dessen Bürger der Angenommene ist, sowie des Staates,
dessen Bürger der Annehmende ist. Das tschechische Recht kommt nur dann zur Anwendung, wenn das ausländische anzuwendende Recht die Adoption nicht oder nur unter
besonders belastenden Umständen ermöglicht.

Die Adoption ist als **Einzeladoption** durch jede – auch verheiratete – Person möglich.   97
Gemeinschaftliche Adoption ist nur Ehegatten gestattet. Die Adoption wird auf **Antrag**
des Annehmenden ausgesprochen. Eine besondere Form für den Antrag ist nicht vorgeschrieben. Das Gericht hat vor Ausspruch der Annahme den Annehmenden über Ziel,
Inhalt und Rechtsfolgen der Adoption zu belehren.

Der **Annehmende** muss volljährig und voll geschäftsfähig sein. Er muss mit seinen persönli-   98
chen Eigenschaften und seiner Lebensweise sowie mit seinen Beweggründen für die Adoption garantieren, dass er für das anzunehmende Kind ein guter Elternteil wird (§ 799 BGB).
Ein Mindest- oder Höchstalter sieht das Gesetz grds. nicht vor. Zwischen dem Annehmenden und dem Anzunehmenden muss jedoch ein angemessener Altersunterschied bestehen
(§ 803 BGB). Das Kind muss sich vor Ausspruch der Annahme mindestens sechs Monate
in Pflege beim Annehmenden aufgehalten haben. Das Leben in einer registrierten Partnerschaft ist kein gesetzliches Hindernis mehr für eine Adoption.

2. Erforderliche Zustimmungen

Zur Adoption ist die **Zustimmung** des Elternteils des Kindes erforderlich (§ 805 BGB).   99
Seine Zustimmung ist auch dann erforderlich, wenn er selbst noch minderjährig, aber älter
als 16 Jahre ist (wenn einer der Eltern jünger als 16 Jahre ist, ist eine Adoption ausgeschlos-
sen). Steht keinem der Elternteile aus rechtlichen oder tatsächlichen Gründen die elterliche
Sorge zu, so ist der **Vormund** des Kindes für die Erteilung der Zustimmung zuständig. Die
Zustimmung muss persönlich vor Gericht abgegeben werden. Sie muss sich grds. auf die

konkrete Person des bzw. der Annehmenden beziehen. Sofern die Eltern gesetzliche Vertreter des Kindes sind, ist ihre Zustimmung ausnahmsweise **entbehrlich**, wenn dem Elternteil die elterliche Sorge und zugleich das Recht auf Erteilung der Einwilligung zur Annahme entzogen wurden, der Elternteil nicht fähig ist, seinen Willen zu erklären oder die Folgen seines Handelns zu erkennen oder zu beherrschen, oder er sich an einem unbekannten Ort aufhält und das Gericht diesen Ort unter Mitwirkung weiterer Organe der öffentlichen Gewalt trotz Aufwendung der erforderlichen Sorgfalt nicht feststellen kann (§ 818 Abs. 1 BGB) und wenn der Elternteil offensichtlich kein Interesse am Kind hat (§ 819 BGB). Das Vorliegen dieser Bedingungen muss gerichtlich festgestellt werden. Ist die Zustimmung beider Eltern entbehrlich, wird im Rahmen des Adoptionsverfahrens für die Zustimmung ein **Pfleger** bestellt (§ 818 Abs. 2 BGB).

100 Hat das Kind mindestens zwölf Jahre erreicht, so ist nach § 806 BGB immer seine persönliche Einwilligung erforderlich. Es sei denn, dies wäre im wesentlichen Widerspruch zu dem Kindeswohl oder das Kind ist außerstande, die Folgen der Einwilligung zu beurteilen. Ist das Kind jünger als zwölf Jahre, so erteilt sein Pfleger die Einwilligung in seinem Namen (§ 807 BGB).

101 Erfolgt die Adoption nur durch einen Ehegatten, bedarf es der **Zustimmung des anderen Ehegatten**, es sei denn, dass dieser nicht geschäftsfähig ist oder seine Zustimmung nur mit großem Aufwand zu beschaffen wäre (§ 805 BGB).

102 Sofern es um internationale Adoption (ins oder vom Ausland) handelt, muss damit ferner das **Amt für internationalen Schutz der Kinder** zustimmen. Sind das Kind oder die annehmende Person Ausländer, müssen alle gesetzlichen Bedingungen für die Adoption nach den Rechtsordnungen aller betreffenden Staaten (§ 61 Abs. 1, 2 IPRG) erfüllt sein. Eine Ausnahme gilt nur für den Fall, dass die anzuwendende Rechtsordnung keine Annahme als Kind erlaubt oder diese nur unter besonders belastenden Umständen vorsieht. Dann findet die tschechische Rechtsordnung Anwendung, wenn der Annehmende oder mindestens einer der annehmenden Ehegatten oder der Angenommene in der Tschechischen Republik ihren gewöhnlichen Aufenthalt haben (§ 61 Abs. 3 IPRG).

103 Durch die Annahme erlöschen die Rechte und Pflichten zwischen dem Anzunehmenden und seiner ursprünglichen Familie. Bei einer Stiefkindadoption bleiben die Verwandtschaftsverhältnisse zum nicht annehmenden Ehegatten unberührt (§ 833 Abs. 2 BGB). Zwischen dem Annehmenden und dem Anzunehmenden entsteht ein Eltern-Kind-Verhältnis, zwischen dem Anzunehmenden und den Verwandten des Annehmenden ein Verwandtschaftsverhältnis (§ 771 BGB). Die gesetzliche Unterhaltspflicht und das gesetzliche Erbrecht erlöschen im Verhältnis zu den ursprünglichen Eltern und ihren Verwandten und entstehen im Verhältnis zum Annehmenden und seinen Verwandten. Der Angenommene erhält den Familiennamen des Annehmenden, bei gemeinschaftlicher Adoption durch Ehegatten den für sonstige Kinder der Ehegatten festgelegten Familiennamen (§ 835 BGB).

104 Der Angenommene erwirbt mit Rechtskraft der Annahme kraft Gesetzes die tschechische **Staatsangehörigkeit**, falls einer der Annehmenden diese besitzt.[57]

---

57 § 3a des Gesetzes über den Erwerb und Verlust der Staatsangehörigkeit der Tschechischen Republik Nr. 40/1993 GBl, in der Fassung späterer Vorschriften.

Türkei

Av. Memet Kiliç LL.M. (Heidelberg),
Mitglied der Rechtsanwaltskammern Karlsruhe und Ankara/Türkei

Literatur

Deutschsprachige Literatur

Ansay, Zur Scheidung von Türken in der Bundesrepublik Deutschland nach Inkrafttreten des neuen IPR-Gesetzes, StAZ 1983, 29 f.; *Ansay,* Anatomie des neuen türkischen IPR-Gesetzes, RabelsZ, 2010, 393 ff.; *Ansay/Krüger,* Das neue türkische Scheidungsrecht, StAZ 1988, 254 ff.; *Çelikel/Sanli,* Türk Milletlerarasi Özel Hukuk Mevzuati (Gesetzessammlung des türkischen Internationalen Privatrechts), 10. Aufl., Istanbul 2001; *Finger/Turan-Schneiders,* Änderungen im türkischen Familienrecht zum 1.1.2002, FamRB 6, 7, 10/2002 und 1, 2/2003; *Hirsch,* Türkisches Recht vor deutschen Gerichten, Berlin 1981; *Jayme,* Das „Sprachrisiko" im deutschen und internationalen Privatrecht unter besonderer Berücksichtigung der Rechtsprobleme türkischer Arbeitnehmer in der Bundesrepublik Deutschland, in: Extrait des Annales de la Faculté de Droit d'Istanbul, No. 44, 1981; *Jayme,* Türkisches Familienrecht und deutsche Praxis – Tagung in Heidelberg, IPRax 1989, 330 f.; *Jayme/Hausmann,* Internationales Privat- und Verfahrensrecht, 12. Aufl. 2004; *Kiliç*, Anerkennung und Vollstreckung ausländischer Scheidungsurteile durch türkische Gerichte, IPRax 6/1994, 477 ff.; *Kiliç* in: *Süß* (Hrsg.), Erbrecht in Europa, Länderbericht Türkei, 3. Aufl. 2015, S. 1385 ff.; *Kiliç*, Die Reform im türkischen Familienrecht bahnt den Weg zur Gleichberechtigung, FamRZ 1993, 1282 ff.; *Kiliç*, Auswirkungen der deutschen Staatsangehörigkeitsreform, (Deutsch-Türkische Verhältnisse), Hrsg. Deutsch-Türkische Juristenvereinigung e.V., Berlin 2002, S. 33 ff.; *Krüger*, Zur Anerkennung ausländischer Statusurteile in der Türkei, IPRax 2004, 550 f.; *Krüger*, Das türkische IPR-Gesetz von 1982, IPRax 1982, 252 ff.; *Krüger*, Türkei: Internationales Privat- und Zivilverfahrensrecht, StAZ 1983, 49 ff.; *Näf-Hofmann/Näf-Hofmann*, Schweizerisches Ehe- und Erbrecht – Die Wirkungen der Ehe im Allgemeinen, das eheliche Güterrecht und das Erbrecht der Ehegatten, Eine Einführung für den Praktiker, Zürich 1998; *Naumann*, Grundzüge des neuen türkischen Ehegüter- und Erbrechts, RNotZ 2003, 343 ff.; *Malkoc/Han*, Das neue türkische Zivilgesetzbuch – Der gesetzliche Güterstand der Errungenschaftsbeteiligung, FuR 2003, 347 ff.; *Odendahl*, Zum Scheidungs-IPR der in Deutschland lebenden Migranten aus der Türkei, IPRax 2005, 320 ff.; *Odendahl*, Das neue türkische Ehegüterrecht, FamRZ 2003, 648 ff.; *Rumpf*, Die Auflösung des Verlöbnisses im türkischen Recht, ZfRV 1990, 178 ff.; *Rumpf/Odendahl*, Das neue türkische Zivilgesetzbuch, StAZ 2002, 100 ff.; *Rumpf/Odendahl* in: *Bergmann/Ferid/Henrich*, Internationales Ehe- und Kindschaftsrecht, Länderbericht Türkei, 2003, S. 1–115; *Saltas-Özcan*, Die Scheidungsfolgen nach türkischem materiellen Recht, 2002; *Söllner*, Zur Bedarfsbemessung bei Unterhaltsansprüchen türkischer Staatsangehöriger, FuR 2002, 198 ff.; *Tekinalp*, Der türkische „Gesetzesentwurf über internationales Privat- und Zivilverfahrensrecht", RabelsZ 46 (1982), 26 ff.; *Tekinalp*, Gesetz über Internationales Privatrecht und Zivilverfahrensrecht vom 22.5.1982 (Übersetzung des IPRG der Türkei), RabelsZ 47 (1983), 131 ff.; *Ulusan*, Die Neugestaltung des Familienrechts durch das neue türkische Zivilgesetzbuch, NZ 2002, 225 ff.; *Wedekind/Voß/Ceylan*, Die Verfassung der Türkischen Republik vom 7.11.1982, 1. Aufl. 1984.

Literatur in türkischer Sprache

Akintürk/Karaman, Aile Hukuku (Familienrecht), 13. Aufl., Istanbul 2008; *Aybay*, Vatandaslik Hukuku (Staatsangehörigkeitsrecht), Istanbul 2005; *Basöz/Cakmakci*, Türk Medeni Kanunu (Türkisches Zivilgesetzbuch), Istanbul 2003; *Celikel/Nomer*, Devletler Hususi Hukuku (IPR), Istanbul 2001; *Çelikel/Sanli*, Türk Milletlerarasi Özel Hukuk Mevzuati (Gesetzessammlung des türkischen Internationalen Privatrechts), 10. Aufl., Istanbul 2001; *Hatemi*, Aile Hukuku I/Evlilik Hukuku (Familienrecht I/Eherecht), Istanbul 2005; *Kilicoglu*, Edinilmis Mallara Katilma Rejimi (Errungenschaftsbeteiligung als Güterstand), Ankara 2002; *Kuru/Arslan/Yilmaz*, Medeni Usul Hukuku (Die türkische ZPO), 21. Aufl., Ankara 2010; *Nomer*, Devletler Hususi Hukuku (Internationales Privatrecht), 18. Aufl., Istanbul 2010; *Özbakan*, Türk Hukukunda Yabanci Mahkeme Kararlarinin Taninmasi ve Tenfizi (Anerkennung und Vollstreckung von ausländischen Gerichtsurteilen im türkischen Recht), Ankara 1987; *Öztan*, Medeni Hukukun Temel Kavramlari (Grundlegende Begriffe des Zivilrechts), 34. Aufl., Ankara 2011; *Özugur*, Mal Rejimleri (Güterstände), 7. Aufl., Ankara 2013; *Sahin*, Aile Hukuku Davalari (Verfahren in Familiensachen), Ankara 2004.; *Uluc*, Mal Rejimleri ve Tasfiyesi (Güterstände und Auseinandersetzung), Ankara 2014.

Abkürzungsverzeichnis

türkAufenthG Gesetz über die Einreise und den Aufenthalt von Ausländern in der Türkei

türkArbeitserlG Gesetz hinsichtlich der Arbeitserlaubnis von Ausländern

schwZGB Schweizerisches Zivilgesetzbuch

StAG Das türkische Staatsangehörigkeitsgesetz

türkOR Türkisches Obligationengesetzbuch

türkVerf Türkische Verfassung

türkZGB Türkisches Zivilgesetzbuch

YKD Zeitschrift des türkischen Kassationshofes

Nützliche Internetquellen

www.bruecke-istanbul.org (deutschsprachige Seite für deutsche Migranten in der Türkei mit nützlichen Hinweisen und Weiterverweisungen)

www.nvi.gov.tr/11.html (Direktorat des türkischen Innenministeriums für Standes- und Staatsangehörigkeitswesen) www.calisma.gov.tr/mevzuat/mevzuat.htm (Gesetze und Verordnungen über das Arbeitsrecht; vom türkischen Arbeitsministerium)

A. Historische Entwicklung

Die türkische Republik hat seit ihrer Gründung im Jahre 1923 einen steten und bedeutenden Rezeptionsprozess in ihrem Rechtssystem erlebt. Dies begann mit der Abschaffung des islamischen Rechts (*Scharia*), das den neuen Entwicklungen in der Welt nicht Rechnung tragen konnte.[1] Im Bereich des Zivilrechts griff man zurück auf das Bürgerliche Gesetzbuch der Schweiz, das 1912 in Kraft trat und zur damaligen Zeit im Vergleich zu anderen Ländern das modernste war. Der zweite bedeutende Reformprozess im türkischen Familienrecht war angesichts der sozioökonomischen und den damit einhergehenden gesellschaftlichen und rechtlichen Entwicklungen nach dem Zweiten Weltkrieg – insbesondere auf dem Gebiet des Familienrechts – überfällig geworden. Dies wurde noch einmal deutlich, als das türkische Verfassungsgericht im Jahre 1992 den verfassungswidrigen Art. 159 türkZGB aufhob,[2] der die Erlaubnis des Ehemannes für die Arbeitstätigkeit der Ehefrau verlangte.[3] Angesichts der internationalen Verpflichtungen der Türkei waren zahlreiche Vorschriften des türkZGB nicht mehr zeitgemäß und insbesondere im Bereich der Gleichberechtigung zwischen Mann und Frau war eine Reform nötig geworden.[4]

1

Der türkische Gesetzgeber hat am 22.11.2001 ein neues Zivilgesetzbuch verabschiedet, welches das vorher gültige türkZGB reformierte und gleichzeitig die bisherige Systematik mit einigen kleinen Ausnahmen beibehielt.[5] Das alte Gesetzbuch bestand aus 937 Artikeln, das reformierte Gesetzbuch beinhaltet insgesamt 1030 Artikel. Bei der Vorbereitung des neuen Gesetzes hat der Gesetzgeber insbesondere das schweizerische, deutsche und französische BGB mit seinen Entwicklungen und seiner Praxis berücksichtigt. Berücksichtigung fanden im Gesetz auch die „Konvention zur Abschaffung aller Diskriminierungen gegen

2

---

1 Für eine kurze Ausführung zur Geschichte des türkischen ZGB siehe *Hirsch*, Türkisches Recht vor deutschen Gerichten, Berlin 1981, S. 7–9.
2 Anayasa Mahkemesi Karari (Urteil des Verfassungsgerichts) 29.11.1990, E. 1990/30, K. 1990/31; Resmi Gazete (türk. Amtsblatt) Nr. 21272, S. 5–18.
3 *Kiliç*, Die Reform im türkischen Familienrecht bahnt den Weg zur Gleichberechtigung, FamRZ 1993, 1282 ff.
4 Bereits im Jahre 1951 hat das türkische Justizministerium eine Kommission zu diesem Zweck gegründet, die ihren Vorschlag erst im Jahre 1971 vorgelegt hat. In den Jahren 1974, 1976 und 1981 wurden zwei weitere Kommissionen mit der gleichen Aufgabe betraut, deren Vorschläge jedoch keine Chance auf Verwirklichung hatten (siehe dazu das Vorwort des Justizministers der Republik Türkei *Hikmet Sami Türk*, Türk Medeni Kanunu Tasarisi ve TMKnin yürürlügü ve uygulama sekli hakkinda kanun tasarisi, T.C. Adalet Bakanligi, Ankara 1999, S. VI ff.). Der damalige Justizminister der Türkei, *Seyfi Oktay*, hat im Jahre 1994 eine Kommission zur Reform des türkZGB einberufen. Zwei Jahre später kam die islamistisch orientierte „Refahpartei" als größere Koalitionspartei an die Macht und stellte einen Justizminister, der die Arbeit der Kommission weitgehend verhindert hat. Die darauf folgende Regierung hat als Justizminister *Hikmet Sami Türk* gestellt, der die Arbeit der Kommission wieder ermöglicht und beschleunigt hat (vgl. *Kilicoglu*, Edinilmis Mallara Katilma Rejimi, S. 4).
5 Veröffentlicht am 8.12.2001 im türk. Amtsblatt (Resmi Gazete Nr. 24607), Nr. 4721; dieses trat gem. Art. 1029 türkZGB am 1.1.2002 in Kraft. Für die Übersetzung des familienrechtlichen Teils ins Deutsche siehe *Rumpf/Odendahl*, Das neue türkische Zivilgesetzbuch, StAZ, 4/2002, 100 ff.

Frauen"[6] vom 3.9.1981, die seit dem 14.10.1985 als innerstaatliches Recht der Türkei gilt,[7] und das „Haager Übereinkommen über den Schutz von Kindern und die Zusammenarbeit auf dem Gebiet der internationalen Adoption" vom 29.5.1993.[8] Die Verwirklichung der **Gleichberechtigung zwischen Mann und Frau** und der **Schutz der Kinder** bilden die Hauptachse der Gesetzesreform. Darüber hinaus wurde die Sprache des Gesetzes weitgehend vom „Alttürkischen" (Osmanisch)[9] befreit und durch die moderne türkische Sprache ersetzt, mit Ausnahme von Rechtsbegriffen, die Rechtsinstitutionen beschreiben und nicht ohne Weiteres mit türkischen Begriffen zu ersetzen sind.[10]

B. Eheschließung

I. Verlobung

3   Das Verlöbnis wird im türkischen Recht durch das **Eheversprechen** begründet. Im Falle des Bestreitens muss das Verlöbnis glaubhaft gemacht werden.[11] Minderjährige oder Entmündigte werden nur mit Zustimmung ihrer gesetzlichen Vertreter durch die Verlobung verpflichtet.[12] Das Zusammenleben mit einer Minderjährigen wird nicht als Verlobung angesehen, sondern als unerlaubte Handlung qualifiziert.[13] Da das Verlöbnis ein Eheversprechen ist, sind die absoluten Ehehindernisse auch als **absolute Verlöbnishindernisse** zu betrachten (siehe Rdn 17). Das Verlöbnis ist im türkischen Recht genauso wie die Eheschließung ein Persönlichkeitsrecht und setzt stets einen eigenen Willen des Betroffenen voraus. Ist eine der Parteien urteilsunfähig (Art. 13 türkZGB), ist das Verlöbnis ungültig, selbst wenn die Urteilsunfähigkeit vorläufiger Natur ist.[14]

4   Das Verlöbnis hat wichtige **Nebenfolgen:** Das Zeugnisverweigerungsrecht (Art. 245 Nr. 1 türkZPO; Art. 47 türkStPO). Die Verlobte gilt im türkischen Recht als Angehörige (*yakin*) und hat im Falle des Todes ihres Verlobten durch eine unerlaubte Handlung sowohl materielle (Art. 45 Abs. 1 und 2 türkOGB) als auch immaterielle Schadensersatzansprüche (Art. 47 türkOGB).[15]

5   Das Verlöbnis begründet keinen einklagbaren Anspruch auf Eingehung der Ehe. Ein Schadensersatz oder eine Vertragsstrafe, die für das Unterbleiben der Eingehung der Ehe vorgesehen sind, ist nicht einklagbar; dennoch geleistete Zahlungen können nicht zurückgefordert werden.[16]

---

6 „Convention on the Elimination of All Forms of Discrimination against Women" in: General Assembly-Official Records: Thirty-Fourth Session Supplement No. 46 (A/34/46), United Nation, New York, 1980, S. 193–198.

7 Mit der Veröffentlichung im türk. Amtsblatt (Nr. 18898) v. 14.10.1985 trat diese Konvention in der Türkei in Kraft.

8 Vorwort des Justizministers der Republik Türkei *Hikmet Sami Türk*, Türk Medeni Kanunu Tasarisi ve TMKnin yürürlügü ve uygulama sekli hakkinda kanun tasarisi, T.C. Adalet Bakanligi, Ankara 1999, S. VII; Allgemeine Begründung des Gesetzes; *Kilicoglu*, Edinilmis Mallara Katilma Rejimi, S. 4.

9 Diese Sprache nennt man „Osmanisch", eine Mischung aus Persisch, Arabisch und Türkisch.

10 Eine Auflistung dieser Begriffe ist in der allgemeinen Begründung des türkZGB zu finden.

11 Kassationshof 3. Zivilsenat, Urt. v. 12.5.2015, E. 2014/21116, K. 2015/8383.

12 Art. 118 türkZGB; vgl. Art. 90 Abs. 1 und 2 schwZGB.

13 Kassationshof 3. Zivilsenat, Urt. v. 30.9.2013, E. 2013/12717, K. 2013/13508.

14 *Hatemi/Serozan*, Aile Hukuku (Das Familienrecht), S. 41; vgl. *Rumpf/Odendahl* in: *Bergmann/Ferid/Henrich*, Internationales Ehe- und Kindschaftsrecht, Länderbericht Türkei, S. 26.

15 *Hatemi/Serozan*, Aile Hukuku (Das Familienrecht), S. 46 ff.

16 Art. 119 türkZGB; vgl. Art. 90 Abs. 3 schwZGB.

Allerdings können durch die **Auflösung des Verlöbnisses**[17] mögliche Ansprüche auf Ersatz   6
des materiellen und immateriellen Schadens entstehen. Der Verlobte, der den Verlöbnisbruch verschuldet, hat dem anderen einen angemessenen **Schadensersatz** sowohl für die
Aufwendungen der Verlobung als auch für die Ausgaben und finanziellen Opfer zu leisten,
die gutwillig und zum Zwecke der Eheschließung erbracht worden sind. Die genannten
finanziellen Leistungen müssen nicht nur zum Zwecke der Eheschließung, sondern auch
gutwillig bzw. in gutem Glauben geleistet sein. Deshalb müssen diese beiden Voraussetzungen kumulativ vorliegen.[18] Dieser materielle Schadensersatzanspruch steht den Eltern des
Schadensersatzberechtigten oder den Personen, die wie seine Eltern handeln, unter denselben Voraussetzungen ebenfalls zu.

Der Verlobte, dessen Persönlichkeitsrecht durch den Verlöbnisbruch verletzt ist, kann vom   7
anderen, der den Verlöbnisbruch verschuldet hat, eine Geldleistung in angemessener Höhe
als Ersatz für **immateriellen Schaden** fordern.[19] Art. 121 türkZGB wurde dahingehend
formuliert, dass der Ersatz für immaterielle Schäden in einer „angemessenen Geldsumme"
besteht.[20] Auf die Schwere der Verletzung des Persönlichkeitsrechts kommt es dabei nicht
an.

Die **Rückerstattung von Geschenken** wurde im Sinne der bisherigen Rechtsentwicklung   8
in Art. 122 türkZGB konkretisiert.[21] Die Geschenke, die keine gewöhnlichen Gelegenheitsgeschenke darstellen, können sowohl von den Verlobten als auch von den Eltern oder von
den Personen, die wie Eltern handeln, zurückgefordert werden. „Gewöhnliche Gelegenheitsgeschenke" sind solche, die nach den örtlichen Sitten und Gebräuchen als solche gelten
und in ihrem finanziellen Wert nicht im Missverhältnis zu den wirtschaftlichen Verhältnissen
des Schenkenden stehen.[22]

Gemäß Art. 123 türkZGB verjähren die Ansprüche aus dem Verlöbnis mit Ablauf eines   9
Jahres nach der Auflösung. Der Tatbestand der Beendigung der Verlobung umfasst neben
der Auflösung der Verlobung auch andere Gründe, wie z.B. Tod oder Verschollenheit.

Kollisionsrechtliche Behandlung des Verlöbnisses: Für jede Partei ist ihr Heimatrecht für   10
die Voraussetzungen maßgebend (Art. 12 Abs. 1 türkIPRG). Auf die Wirkungen und Folgen

---

17 *Rumpf*, Die Auflösung des Verlöbnisses im türkischen Recht, ZfRV 1990, 178 ff.; Kassationshof
    3. Zivilsenat, Urt. v. 17.3.2015, E. 2014/18045, K. 2015/4348.
18 Materieller Schadensersatz: Art. 120 türkZGB: „Die Partei, die den Verlöbnisbruch verschuldet, hat an
    die andere Partei einen angemessenen Schadensersatz für die Ausgaben und finanziellen Opfer zu
    leisten, die in gutem Glauben und zum Zwecke der Eheschließung erbracht worden sind. Diese Regel
    gilt auch für die Aufwendungen der Verlobung. Eltern des Schadensersatzberechtigten oder Personen,
    die wie seine Eltern handeln, können unter denselben Bedingungen für ihre Ausgaben einen angemesse-
    nen Schadensersatz geltend machen." (Übersetzung des Verfassers).
19 Art. 121 türkZGB: „Die Partei, die aufgrund des Verlöbnisbruches in ihrem Persönlichkeitsrecht ver-
    letzt ist, kann von der anderen Partei, die den Verlöbnisbruch verschuldet, eine Geldleistung in ange-
    messener Höhe als immateriellen Schadensersatz fordern." (Übersetzung des Verfassers).
20 In Art. 85 Abs. 1 türkZGB alt war von einem „angemessenen Ersatz" die Rede.
21 Art. 122 türkZGB; vgl. Art. 91 schwZGB: „Die Geschenke, mit Ausnahme der gewöhnlichen Gelegen-
    heitsgeschenke, die unter den Verlobten oder von den Eltern oder von den Personen, die ähnlich wie
    Eltern handeln, gemacht worden sind, können von den Schenkenden zurückgefordert werden, wenn
    die Verlobung aus einem anderen Grund als durch Eheschließung endet. Kann das Geschenk nicht
    selbst oder bei vertretbaren Sachen in gleicher Art zurückgegeben werden, so richtet sich die Rücker-
    stattung nach den Bestimmungen über die ungerechtfertigte Bereicherung."
22 Urteile des türkischen Kassationshofes: 3. HD., v. 14.12.1992, 2853/20629, YKD 1993, Nr. 5, S. 693;
    3. HD., v. 12.9.1994, 9594/10862, YKD 1995, Nr. 3, S. 386; 3. HD., v. 16.2.1995, 1941/1871, YKD 1995,
    Nr. 8, S. 1202; *Akıntürk/Karaman*, Aile Hukuku (Familienrecht), S. 46.

Kılıç

des Verlöbnisses wird das gemeinsame Heimatrecht und, wenn die Verlobten verschiedene Staatsangehörigkeiten besitzen, das türkische Recht angewandt (Art. 12 Abs. 2 türkIPRG).[23]

II. Trauung

11 Das erforderliche **Mindestalter** für die Eheschließung wurde für die Frau und den Mann gleichermaßen vorgeschrieben und auf die Vollendung des 17. Lebensjahres angehoben.[24] Nach altem Recht musste der Mann das 17. und die Frau das 15. Lebensjahr vollendet haben (Art. 88 Abs. 1 türkZGB alt). In außergewöhnlichen Härtefällen kann der Richter der Heirat stattgeben, wenn die Verlobten das 16. Lebensjahr vollendet haben und die Eltern oder der Vormund „nach Möglichkeit"[25] angehört wurden (Art. 124 Abs. 2 türkZGB). Das alte Recht setzte hier voraus, dass der Mann das 15. und die Frau das 14. Lebensjahr vollendet haben und die Eltern oder der Vormund vom Gericht angehört wurden (Art. 88 Abs. 2 türkZGB alt). Der Richter hat heute somit die Möglichkeit, in außergewöhnlichen Härtefällen die Heirat zu genehmigen, selbst wenn die Eltern bzw. der Vormund nicht mitwirken.

12 **Minderjährige** (Art. 126 türkZGB, Art. 90 türkZGB alt) und **Entmündigte**[26] (Art. 127 türkZGB, Art. 91 türkZGB alt) können nur mit Erlaubnis ihres gesetzlichen Vertreters heiraten. Da es in der Praxis auch vorkam, dass der gesetzliche Vertreter die Erlaubnis ohne triftigen Grund verweigerte, haben diese Bestimmungen zu unbefriedigenden Ergebnissen geführt und zwar insbesondere dann, wenn die minderjährige Frau mit dem selbst gewählten Mann „gegangen" (*kaçmak*) war, um einer Zwangsverheiratung durch die Eltern zu entgehen. Mit Art. 128 türkZGB hat der Gesetzgeber dem Richter die Möglichkeit eingeräumt, eine solche Heirat zu **genehmigen**, nachdem der gesetzliche Vertreter der Verlobten angehört wurde.

13 Diese Genehmigung kann auch durch ein deutsches Gericht erfolgen, falls die Verlobten sich in Deutschland aufhalten und die Heirat dem Wohl des Minderjährigen dient (Haager Minderjährigenschutzabkommen).[27]

14 Nach altem Recht durften Personen, die an einer **Geisteskrankheit** leiden, nicht heiraten (Art. 89 Abs. 2 türkZGB alt). Diese Bestimmung wurde aufgehoben und in Art. 133 türkZGB wie folgt neu geregelt: Wer an einer Geisteskrankheit leidet, darf erst dann heiraten, wenn mit Attest der amtlichen Gesundheitskommission festgestellt wurde, dass hinsichtlich der Heirat keine medizinischen Bedenken bestehen. Damit hat der Gesetzgeber den Weg für die Heirat von Personen eröffnet, die an einer heilbaren und nicht schweren geistigen Krankheit leiden.

15 Die durch den Tod des Ehegatten, Scheidung oder Aufhebung der Ehe verwitwete Ehefrau darf vor Ablauf einer **Wartezeit von 300 Tagen** seit Beendigung ihrer Ehe nicht heiraten (Art. 132 türkZGB, vgl. § 8 deutsches EheG). Die Wartezeit ist im türkischen Recht traditionell vorgesehen, um die Verwandtschaft eines Kindes zutreffend zu bestimmen. Im türki-

---

23 Eine Zwischenstufe der Anknüpfung an einen gemeinsamen Wohnsitz oder Aufenthalt ist nicht vorgesehen. Art. 12 Abs. 1 türkIPRG lautet: „Die Fähigkeit (zur Eingehung) und die Voraussetzungen eines Verlöbnisses unterliegen für jede der Parteien ihrem Heimatrecht im Zeitpunkt der Verlobung." Art. 12 Abs. 2 türkIPRG lautet: „Auf die Wirkungen und Folgen eines Verlöbnisses wird das gemeinsame Heimatrecht und, falls die Parteien verschiedener Staatsangehörigkeit sind, türkisches Recht angewandt.", in: *Ansay*, Anatomie des neuen türkischen IPR-Gesetzes, RabelsZ 2010, 393 ff.

24 Art. 124 Abs. 1 türkZGB.

25 Auf Türkisch „*olanak bulundukca*".

26 Auf Türkisch „*Kisitli*", im alten Gesetz „*Mahcur*".

27 *Finger/Turan-Schneiders*, Änderungen im türkischen Familienrecht zum 1.1.2002, FamRB 2002, 188.

schen Recht gilt der Ehemann als Vater, wenn ein Kind während der Ehe oder vor Ablauf von 300 Tagen nach Beendigung der Ehe geboren ist (Art. 285 Abs. 1 türkZGB). Dementsprechend endet diese Wartezeit für die Frau, wenn sie ein Kind zur Welt bringt oder das Friedensgericht (*Sulh Hukuk Mahkemesi*) diese Wartezeit aufhebt. Die Aufhebung erfolgt, wenn festgestellt wird, dass die Frau aus ihrer früheren Ehe nicht schwanger ist, oder wenn sie sich mit dem geschiedenen Ehemann wiederverheiraten möchte.

Praxishinweis: Es wird empfohlen, dass die betroffene Frau dem Friedensgericht ein ärztliches negatives **Schwangerschaftsattest** vorlegt.[28] 16

Ein **absolutes Ehehindernis** besteht 17
– zwischen Verwandten in auf- und absteigender Linie,
– zwischen engen Verwandten in der Seitenlinie (Geschwister, Tante, Onkel, Neffe und Nichte),
– zwischen einem Ehegatten und Verwandten des anderen Ehegatten in gerader Linie, selbst wenn die die Schwägerschaft schaffende Ehe bereits beendet ist,
– zwischen dem Adoptivkind und dem Adoptierenden oder
– zwischen diesen und dem Nachkommen oder Ehegatten des anderen (Art. 129 türkZGB).

Polygamie ist nicht zulässig.[29] Daher muss die Partei, die bereits einmal verheiratet war, ihre rechtskräftige Scheidung nachweisen.[30]

Im türkischen Recht ist die **zivile Eheschließung zwingend** vorgeschrieben. Beide Verlobte 18
müssen vor dem Standesbeamten (*Nikah Memuru*) und in Anwesenheit der Zeugen ihren freien Heiratswillen zum Ausdruck bringen. Eine religiöse Trauung ohne vorherige Zivilehe ist strafbar.[31] **Religiöse Ehen** (*imam nikahi*) haben keine zivilrechtlichen Wirkungen. Da religiöse Ehen in den ländlichen Regionen der Türkei immer noch verbreitet sind, werden in regelmäßigen Abständen sog. Amnestie-Gesetze erlassen, um diesen Ehen die Eintragung in das Personenstandsregister zu ermöglichen.

Unter dem Vierten Abschnitt des türkZGB werden die **absolute Ungültigkeit** (*mutlak* 19
butlan; Nichtigkeit) und die **befristete Ungültigkeit** (*nisbi butlan*; Teilungültigkeit, schwebende Ungültigkeit, Anfechtbarkeit) der Ehe geregelt.[32]

Während im alten Gesetz das örtlich **zuständige Standesamt** für die Heirat dasjenige am 20
Wohnsitz des Verlobten war (Art. 98 türkZGB alt), haben die Verlobten nach der neuen Regelung die Wahl zwischen dem Standesamt am Wohnort der einen oder dem der anderen Partei (Art. 134 türkZGB). Im **Ausland** sind für Eheschließungen die **türkischen Konsulate** zuständig, wenn beide Verlobte türkische Staatsangehörige sind.[33]

Eine Heirat von türkischen Staatsangehörigen vor dem zuständigen Trauungsorgan im 21
Ausland wird in der Türkei **anerkannt**, wenn diese den türkischen Gesetzen nicht widerspricht. Die Heirat muss anhand der ausländischen Trauungsurkunde innerhalb eines Monats bei dem nächstgelegenen türkischen Konsulat angezeigt oder eine Übersetzung des

---

28 Vgl. *Finger/Turan-Schneiders*, Änderungen im türkischen Familienrecht zum 1.1.2002, FamRB 2002, 188 Fn 11.
29 Polygamie ist verboten: Art. 230 Abs. 1 und 2 türkStGB.
30 Ausführlich *Akintürk/Karaman*, Aile Hukuku (Familienrecht), S. 72 ff.
31 Art. 230 Abs. 6 türkStGB.
32 Art. 145 und 148 türkZGB; Art. 105 und 107 schwZGB.
33 Art. 12 Abs. 1 S. 1 türkIPRG; Art. 10 türkTrauungsrichtlinien (*Evlendirme Yönetmeligi*), Nr. 85/9747 v. 10/07/1985, Resmi Gazete (türk. Amtsblatt) v. 7.11.1985, Nr. 18921.

Ehezeugnisses durch das türkische Außenministerium bestätigt und an das Personenstands-register weitergeleitet werden. Die Übersetzung muss in der Türkei erfolgt sein. Ist das Ehezeugnis gemäß einem internationalen Abkommen, dem die Türkei als Vertragspartei angehört, mehrsprachig angefertigt, wird keine Übersetzung und Bestätigung durch das Außenministerium benötigt.[34] Die Türkei und Deutschland sind Vertragsparteien des **Pari-ser CIEC-Übereinkommens zur Erleichterung der Eheschließung im Ausland**.[35]

22   Ist eine Partei türkische Staatsangehörige, darf in der Türkei nur vor den türkischen Trau-ungsbehörden geheiratet werden. Sind beide Verlobte ausländische Staatsangehörige, kön-nen diese vor ihren konsularischen und diplomatischen Vertretungen in der Türkei heiraten, wenn deren nationale Regelungen dies erlauben. Sie können aber auch vor den türkischen Trauungsbehörden heiraten.

23   Ausländer müssen auch ein **Ehefähigkeitszeugnis** vorlegen, das von den zuständigen Hei-matbehörden oder ihren örtlichen Vertretungen ausgestellt und ordnungsgemäß bestätigt sind.[36] In Deutschland müssen auch türkische Staatsangehörige ein Ehefähigkeitszeugnis vorlegen. Eines Befreiungsverfahrens bedarf es für die Türkei nicht, weil die Behörden des Landes ein Ehefähigkeitszeugnis gem. Art. 1309 Abs. 1 BGB, vgl. Art. 136 ff. türkBGB ausstellen.[37]

24   Die Türkei und Deutschland sind Vertragsparteien des **Haager Übereinkommens zur Befreiung ausländischer öffentlicher Urkunden von der Legalisation**.[38] Eine Legalisation von Ehefähigkeitszeugnissen bei deutsch-türkischen Ehen erübrigt sich, wenn diese mit einer Apostille versehen sind.

25   Die Trauungsbehörden der Türkei nehmen auch die Eheaufgebote von Personen an, die **staatenlos, Asylbewerber** oder mit **ungeklärter Staatsangehörigkeit** sind. Ob diese Perso-nen ehefähig sind, wird nach ihrem türkischen Personenstandsregister recherchiert, soweit in der Türkei eine solche Registrierung vorhanden ist. Falls keine Registrierung besteht, wird die Ehefähigkeit anhand der ausländerpolizeilichen Akten festgestellt.[39]

26   Lehnt das Standesamt die Trauung ab, kann jeder der Verlobten gegen diesen **Ablehnungs-bescheid** das zivile Grundgericht – Familiengericht (*Asliye Hukuk Mahkemesi – Aile Mahkemesi*) anrufen, das seinen Sitz im Bezirk des ablehnenden Standesamtes hat.[40] Über den Widerspruch wird im Schriftverfahren durch rechtskräftiges Urteil[41] entschieden. Diese Klagen müssen sich gegen den Ablehnungsbescheid richten. In diesem sog. „vereinfachten Verfahren" ist es nicht erforderlich, dass das Standesamt als Klagegegner bezeichnet wird.[42]

---

34 Art. 11 türkTrauungsrichtlinien.
35 Abkommen v. 10.9.1964 (BGBl 1969 II, S. 451); abgedr. in *Jayme/Hausmann*, Internationales Privat- und Verfahrensrecht.
36 Art. 12 türkTrauungsrichtlinien.
37 Vgl. Art. 166 Abs. 4 der Dienstanweisung für die Standesbeamten.
38 Abkommen v. 5.10.1961 (BGBl 1965 II, S. 876); abgedr. in *Jayme/Hausmann*, Internationales Privat- und Verfahrensrecht.
39 Art. 13 türkTrauungsrichtlinien.
40 Art. 138 türkZGB.
41 *Kesin karar* gegen dieses Urteil ist die Revision zulässig (Art. 427 türkZPO).
42 Art. 138 türkZGB; *Akintürk/Karaman*, Aile Hukuku (Familienrecht), S. 94.

Kiliç

III. Kollisionsrecht

Formstatut ist das Recht des Ortes (*lex loci celebrationis*), an dem die Eheschließung stattfindet. Art. 13 türkIPRG lautet: „(1) Die Ehefähigkeit und die Voraussetzungen der Eheschließung unterliegen dem Heimatrecht jedes Beteiligen im Zeitpunkt der Eheschließung. (2) Auf die Form der Eheschließung wird das Recht des Landes, in dem sie stattfindet, angewandt." Im Übrigen werden die Ehefähigkeit und die Voraussetzungen der Eheschließung nach dem Heimatrecht des jeweiligen Nupturienten festgestellt (Art. 13 Abs. 1 türkIPRG).

27

Zur **Anerkennung** der im Ausland geschlossenen Ehe müssen die Ehegatten einen schriftlichen Antrag beim zuständigen türkischen Konsulat stellen. Die Ehegatten müssen ihre Pässe und Personalausweise sowie ihre Heiratsurkunde und einen Auszug aus dem Standesregister einreichen und ein **Heiratsmeldeformular** (*Evlenme Ihbariye Formu*)[43] ausfüllen.

28

C. Folgen der Eheschließung

I. Gleichberechtigung im türkischen Familienrecht

Die Gleichberechtigung der Ehegatten hat **Verfassungsrang**. Der türkische Gesetzgeber hat kurz vor dieser ZGB-Reform auch zahlreiche Änderungen in der türkischen Verfassung durchgeführt. Eine dieser Änderungen betrifft die Gleichberechtigung der Ehegatten in der Familie: „Die Familie bildet das Fundament der türkischen Gesellschaft und basiert auf der Gleichberechtigung der Ehegatten" (Art. 41 Abs. 1 türk. Verfassung).[44] Es ist hier festzustellen, dass der türkische Verfassungsgeber die Gleichheit von Mann und Frau nicht wie der deutsche Verfassungsgeber (Art. 3 GG) unter der allgemeinen Gleichheitsklausel explizit und gesondert geregelt hat, sondern unter dem Titel „Schutz der Familie" als Gleichberechtigung der Ehegatten.[45] Dass die Geschlechter vor dem Gesetz gleich sind, war jedoch bereits in dieser allgemeinen Form im Gleichheitsgrundsatz der türkischen Verfassung verankert.[46]

29

Die Reformen in diesem Bereich haben auch das Ziel, die Gleichberechtigung der Ehegatten zu verwirklichen. Es gab im alten Gesetz viele Bestimmungen, die dem Gleichberechtigungsprinzip nicht gerecht wurden. Einige der prägnantesten Beispiele hierfür sind:
– „Der Ehemann ist Oberhaupt der Familie" (Art. 152 Abs. 1 türkZGB alt).
– „Der Ehemann vertritt die Familie" (Art. 154 Abs. 1 S. 1 türkZGB alt).
– Die Ehefrau hatte eine begrenzte Geschäftsfähigkeit. Nach Art. 155 Abs. 1 türkZGB alt konnte die Ehefrau die Familie gegenüber dritten Personen vertreten, soweit die

30

---

43 Dieses Formular ist auf den Internetseiten des türkischen Konsulats in Schweden zu finden: http://turkemb.se/forms/evlen_ihbar.pdf.

44 Die kursiv gedruckten Wörter wurden mit Gesetzt Nr. 4709/17 v. 3.10.2001 in den Absatz eingeführt.

45 Das türkische Verfassungsgericht hat mit Urt. v. 25.10.1963 bereits konstatiert, dass das „Geschlecht kein Grund ist, um die Gleichheit vor dem Gesetz zu verhindern"; Resmi Gazete (türk. Amtsblatt) v. 10.3.1963, E. 1963/148, K. 1963/256 (Übersetzung des Verfassers).

46 Art. 10 Abs. 1 türkVerfassung: „Jedermann ist ohne Rücksicht auf Unterschiede wegen (…) Geschlecht (…) vor dem Gesetz gleich." Für die Übersetzung der türk. Verfassung siehe *Rumpf*, „Die neue türkische Verfassung in deutscher Übersetzung", Beiträge zur Konfliktforschung 1/1983, S. 105–174. Für die Übersetzung und den Kommentar der türk. Verfassung siehe *Wedekind/Voß/Ceylan*, Die Verfassung der Türkischen Republik v. 7.11.1982, 1. Aufl. 1984.

Kılıç

geschäftlichen Handlungen nicht die elementaren Bedürfnisse der Familie überschritten.[47]

31   Die Rechtsprechung hat sich bemüht, die ungerechte Machtverteilung in der Familie zu kompensieren und war auch teilweise erfolgreich:

– „Die Auswahl des Wohnsitzes trifft der Ehemann" (Art. 152 Abs. 2 türkZGB alt);[48] jedoch konnte die Ehefrau die Entscheidung ihres Mannes vor Gericht anfechten, falls ihr Mann dieses Recht zu seinen Gunsten missbrauchte, denn der Missbrauch des Rechts wird nicht vom Gesetz geschützt.[49]

– Darüber hinaus war der Ehemann verpflichtet, seiner Frau eine separate Wohnung – außerhalb der Wohnung der Schwiegereltern – zu stellen.[50]

32   Die Reform hat in diesen Bereichen dafür Sorge getragen, dass die Gleichberechtigung der Ehegatten gesetzlich verankert wird:

– Die Ehegatten bestimmen gemeinsam die **eheliche Wohnung** (Art. 186 Abs. 1 türkZGB). Allerdings steht demjenigen die Hausgewalt zu, der nach Vorschrift des Gesetzes oder nach Vereinbarung oder Herkommen als Familienoberhaupt gilt (Art. 367 Abs. 1 türkZGB).

– Die **Verwaltung der Gemeinschaft** wird von den Ehegatten gemeinsam geführt (Art. 186 Abs. 2).

II. Güterstand

1. Allgemeines

33   Unter dem Vierten Abschnitt des türkZGB wird das Güterrecht der Ehegatten geregelt.[51] Der türkische Gesetzgeber gibt die frühere Gütertrennung als gesetzlichen Güterstand auf und führt die auch in der Schweiz geltende „**Errungenschaftsbeteiligung**" als **gesetzlichen Güterstand** ein.[52] Neben diesem Güterstand kennt das türkZGB weiterhin die vertraglichen Güterstandsregelungen wie „**Gütertrennung**", „**Gütergemeinschaft**" und den vom türkischen Gesetzgeber eigens geschaffenen Güterstand „**Gütertrennung mit Beteiligung**". In der Praxis ist die Wahl eines vom gesetzlichen Güterstand abweichenden Güterstandes äußerst selten.

2. Errungenschaftsbeteiligung

34   Der türkische gesetzliche Güterstand „**Errungenschaftsbeteiligung**" beruht sicherlich auf dem gleichen Grundgedanken wie die Zugewinngemeinschaft als gesetzlicher Güterstand im deutschen Recht. Das heißt, dass das Vermögen der Eheleute während der Dauer der Ehe getrennt bleibt, nach Beendigung des Güterstandes aber ein Ausgleich des unterschiedlichen Zuwachses der Errungenschaften auf obligatorischer Ebene erfolgt. Jedoch sind die Unter-

---

47 Für detailliertere Information zu oben genannten Ausnahmen siehe *Tekinay/Sulhi*, Türk Aile Hukuku, Istanbul 1978, S. 277–312.

48 Dies war bis 1957 in § 1354 des deutschen BGB ähnlich geregelt.

49 Vgl. Urteil des türkischen Kassationshofes, 2. HD., v. 22.10.1973, E. 242, K. 520.

50 Vgl. Urteil des türkischen Kassationshofes, 2. HD., v. 18.3.1964, E. 755, K. 225.

51 Ausführlicher *Näf-Hofmann/Näf-Hofmann*, Schweizerisches Ehe- und Erbrecht, S. 155 ff.

52 Ausführlicher *Finger/Turan-Schneiders*, Änderungen im türkischen Familienrecht zum 1.1.2002, FamRB 1–2/2003, 22 ff. bzw. 52 ff.; *Odendahl*, Das neue türkische Ehegüterrecht, FamRZ 2003, 648 ff.; *Malkoc/Han*, Das neue türkische Zivilgesetzbuch – der gesetzliche Güterstand der Errungenschaftsbeteiligung, FuR 8/2003, 347 ff.

schiede groß, was die Ausgestaltung angeht. Die **Verfügungsfreiheit** der Ehegatten während der Ehe wird im türkischen Recht in folgenden Bereichen **eingeschränkt:**

– Das Gericht kann auf Begehren eines Ehegatten die Verfügung über bestimmte Vermögenswerte, die der Sicherung der wirtschaftlichen Grundlagen der Familie oder der Erfüllung einer vermögensrechtlichen Verpflichtung aus der ehelichen Gemeinschaft dienen, von dessen Zustimmung abhängig machen (Art. 199 türkZGB).
– Über die Vermögenswerte, die im Miteigentum beider Ehegatten stehen, kann ein Ehegatte ohne Zustimmung des anderen nicht verfügen (Art. 223 Abs. 2 türkZGB).[53]
– Ein Ehegatte darf den Mietvertrag der Ehewohnung nicht allein kündigen oder über Gegenstände aus der Ehewohnung verfügen, die im Eigentum des anderen Ehegatten stehen (Art. 194 türkZGB).

Zusammenfassend ist folglich festzuhalten: Innerhalb der gesetzlichen Schranken **verwaltet** und nutzt jeder Ehegatte seine Errungenschaft und sein Eigengut und verfügt darüber. Steht ein Vermögenswert im **Miteigentum** beider Ehegatten, so kann ein Ehegatte ohne die Zustimmung des anderen über seinen Anteil nicht verfügen, sofern nichts anderes vereinbart ist. **35**

Jeder Ehegatte **haftet** für seine Schulden mit seinem gesamten Vermögen.[54] **36**

3. Gütertrennung

Die Gütertrennung wird auf Begehren eines Ehegatten vom Gericht angeordnet, wenn ein **wichtiger Grund** dafür vorliegt. Das Gesetz zählt einige Gründe als wichtig auf: **37**
– Wenn der andere Ehegatte überschuldet ist oder
– sein Anteil am Gesamtgut gepfändet wird oder
– wenn der andere Ehegatte die Interessen des Gesuchstellers oder der Gemeinschaft gefährdet oder
– wenn der andere Ehegatte in ungerechtfertigter Weise die erforderliche Zustimmung zu einer Verfügung über das Gesamtgut verweigert oder
– wenn der andere Ehegatte dem Gesuchsteller die Auskunft über sein Einkommen, sein Vermögen und seine Schulden oder über das Gesamtgut verweigert.

Diese Aufzählung ist nicht abschließend.

Muster: Antrag auf Anordnung der Gütertrennung **38**

Klage

Dem … (Nr. des Gerichts) zivilen Grundgericht/Familiengericht (*Asliye Hukuk Mahkemesi/Aile Mahkemesi*)

Kläger: …

Anschrift: …

Beklagter: …(Ehegatte)

Betreff: Antrag auf Anordnung der Gütertrennung

Begründung:
1. Mit dem Beklagten bin ich seit … verheiratet. Aus dieser Ehe sind zwei Kinder, … (geb. …) und … (geb. …), hervorgegangen.

---

53 Die Parteien können selbstverständlich das Gegenteil vereinbaren.
54 Art. 224 türkZGB; vgl. Art. 202 schwZGB.

2. Der Beklagte ist überschuldet. Daher besteht die Gefahr, dass auch mein Anteil am Gesamtgut gepfändet wird.

Rechtliche Grundlagen: Art. 206 ZGB und andere Bestimmungen.

Beweis: Auszug aus dem Zivilstandsregister, Pfändungsbescheid in beglaubigter Kopie, Zeugen und andere Beweismittel

Ergebnis und Antrag: Aus den oben genannten Gründen wird die Anordnung der Gütertrennung als Güterstand beantragt.

Hochachtungsvoll

Kläger ...(Name und Unterschrift)

Anhang: Auszug aus dem Zivilstandsregister; Pfändungsbescheid in beglaubigter Kopie.

4. Übergangsregelung

39   Das neue türkZGB enthält eine **Übergangsregelung für die Güterstände**.[55] Der bisherige Güterstand zwischen den Eheleuten setzt sich fort. Haben sich die Ehegatten bis 1.1.2003 für keinen anderen Güterstand entschieden, gilt rückwirkend ab dem 1.1.2002 der neue gesetzliche Güterstand als vereinbart. Der Gesetzgeber gewährte den Eheleuten allerdings auch die Möglichkeit, durch einen Güterrechtsvertrag bis 1.1.2003 zu vereinbaren, dass der neue gesetzliche Güterstand vom Zeitpunkt der Eheschließung an gelten soll.

5. Kollisionsrecht

40   Hinsichtlich ihres ehelichen Vermögens können die Ehegatten das Recht ihres Wohnsitzes oder eines ihrer Heimatrechte zur Zeit der Eheschließung wählen (Art. 15 Abs. 1 S. 1 türkIPRG).[56] Wird eine solche Wahl nicht getroffen, kommen subsidiär das gemeinsame

---

55 Das Gesetz über die Anwendungs- und Einführungsbestimmungen des türkischen Zivilgesetzbuches (*Türk Medeni Kanununun Yürürlügü ve Uygulama Sekli Hakkinda Kanun* Gesetz Nr. 4722, verabschiedet am 3.12.2001, veröffentlicht im türk. Amtsblatt (Resmi Gazete) Nr. 24607 v. 8.12.2001, Düstur: T. 5, C. 40). Art. 10. Vgl. auch Art. 9a–f, 10 schAuEZGB: „Zwischen den Eheleuten, die vor dem Inkrafttreten des (neuen) Türkischen Zivilgesetzbuches die Ehe geschlossen haben, setzt sich der bisherige Güterstand fort. Entscheiden sich die Ehegatten innerhalb von einem Jahr seit dem Zeitpunkt des Inkrafttretens des Gesetzes für keinen anderen Güterstand, gilt von jenem Zeitpunkt an der gesetzliche Güterstand als vereinbart. Bis zum Abschluss der vor dem Inkrafttreten des (neuen) Türkischen Zivilgesetzbuches erhobenen Scheidungs- oder Ungültigkeitsklagen gilt der bisherige Güterstand fort. Wird das Verfahren mit der Scheidung oder Ungültigerklärung der Ehe abgeschlossen, werden die für die Beendigung dieses Güterstandes geltenden Vorschriften angewandt. Wird die Klage abgewiesen und haben die Parteien nicht innerhalb von einem Jahr nach Rechtskraft des Urteils einen anderen Güterstand gewählt, gilt vom Zeitpunkt des Inkrafttretens des Gesetzes an der gesetzliche Güterstand als vereinbart. Jedoch können die Eheleute innerhalb der in den vorstehenden Absätzen vorgesehenen Jahresfrist durch Güterrechtsvertrag vereinbaren, dass der gesetzliche Güterstand vom Zeitpunkt der Eheschließung an gelten soll. Wandelt sich nach vorstehenden Vorschriften die Güterverbindung oder Gütergemeinschaft in den gesetzlichen Güterstand, sind die Bestimmungen des alten Türkischen Zivilgesetzbuches für die Beendigung des Güterstandes anzuwenden." (Übersetzung des Verfassers).

56 Art. 15 türkIPRG lautet: „Die Ehegatten können hinsichtlich ihres ehelichen Vermögens ausdrücklich das Recht ihres gewöhnlichen Aufenthalts im Zeitpunkt der Eheschließung oder eines ihrer Heimatrechte im Zeitpunkt der Eheschließung wählen; falls eine solche Wahl nicht getroffen wird, findet hinsichtlich des ehelichen Vermögens das gemeinsame Heimatrecht im Zeitpunkt der Eheschließung Anwendung. Falls ein solches nicht vorhanden ist, findet das Recht des gemeinsamen gewöhnlichen Aufenthalts zur Zeit der Eheschließung Anwendung. Soweit auch dieses fehlt, wird türkisches Recht angewendet."

Kiliç

Heimatrecht im Augenblick der Eheschließung, das Recht des gemeinsamen Wohnsitzes zur Zeit der Eheschließung und bei dessen Fehlen das Recht des Ortes, an dem sich die Güter befinden, zur Anwendung (Art. 15 Abs. 1 S. 2 türkIPRG). Eine **Rechtswahl** nach der Eheschließung hinsichtlich des Ehegüterstandes ist grundsätzlich nicht gestattet. Eine Ausnahme gilt für den Fall, dass die Ehegatten nachträglich eine gemeinsame Staatsangehörigkeit erlangen und durch die Rechtswahl die Rechte von Dritten nicht beeinträchtigt werden (Art. 15 Abs. 1 S. 2 türkIPRG). Folglich können sich türkisch-türkische Ehegatten mit gemeinsamem Wohnsitz in Deutschland oder deutsch-türkische Ehen bei der Eheschließung für den deutschen Güterstand entscheiden. Diese Möglichkeit steht den deutsch-türkischen Ehegatten nachträglich auch dann zu, wenn sie durch Einbürgerung eine gemeinsame Staatsangehörigkeit erlangen.[57]

Aus deutscher Sicht maßgeblich ist allein die Staatsbürgerschaft im Zeitpunkt der Eheschließung (Versteinerungstheorie), Art. 14, 15 EGBGB. Der zwischenzeitliche Erwerb der deutschen Staatsangehörigkeit lässt unberührt, dass die güterrechtlichen Wirkungen der Ehe weiterhin dem türkischen Recht unterliegen.[58]

6. Zuständigkeit

Hinweis: Sind die Parteien bereits geschieden und scheiden auch güterrechtliche Ansprüche aus, ist das Verfahren auf Herausgabe von Hausrat, Schmuck und Kleidungsstücken sowie auf Rückzahlung von Geldgeschenken anlässlich der Hochzeit unter türkischen Ehegatten keine Familiensache mehr. „Für diese ist die Zuständigkeit der allgemeinen Zivilgerichte gegeben."[59]   41

III. Vertretung der Familie

Bei der Vertretung der Familie wurde die Regelung des schweizerischen ZGB (Art. 166 schwZGB) vollständig übernommen. Jeder Ehegatte vertritt während des Zusammenlebens die eheliche Gemeinschaft für die **laufenden Bedürfnisse der Familie.** Für die übrigen Bedürfnisse der Familie kann ein Ehegatte die eheliche Gemeinschaft nur vertreten, wenn er vom anderen oder vom Gericht dazu ermächtigt worden ist, oder wenn das Interesse der ehelichen Gemeinschaft keinen Aufschub des Geschäfts duldet und der andere Ehegatte wegen Krankheit, Abwesenheit oder ähnlicher Gründe nicht zustimmen kann (Art. 188 türkZGB).   42

In den Fällen, in denen von der gemeinsamen Vertretungsbefugnis Gebrauch gemacht wird, verpflichten sich die Ehegatten **gegenüber Dritten gesamtschuldnerisch** (Art. 189 Abs. 1 türkZGB).   43

Jeder Ehegatte verpflichtet sich durch seine Handlungen persönlich für die Handlungen, die ohne Vertretungsbefugnis für die Ehegemeinschaft unternommen worden sind. Jedoch   44

57 Vgl. *Naumann*, Grundzüge des neuen türkischen Ehegüter- und Erbrechts, RNotZ 2003, 345.
58 AG Nürtingen, Beschl. v. 19.9.2013, 21 F 873/12, Rn 12; OLG Hamm, Urt. v. 16.2.2006, 4 UF 224/05, Rn 18; BGH NJW 1963, 1975, 1976 f.; OLG Nürnberg FamRZ 2011, 1509, 1510.
59 OLG Stuttgart (17. ZS – FamS), Beschl. v. 19.3.1996, 17 AR 5/96, FamRZ 1997, 1085 f.; OLG Köln, FamRZ 1994, 1476; OLG Hamm (8. FamS), FamRZ 1993, 211.

verpflichten sich die Ehegatten gesamtschuldnerisch, wenn die Überschreitung der Vertretungsbefugnis für Dritte nicht erkennbar ist (Art. 189 Abs. 2 türkZGB).[60]

45 Überschreitet ein Ehegatte seine Befugnis zur Vertretung der ehelichen Gemeinschaft oder erweist er sich als unfähig, sie auszuüben, so kann ihm das Gericht auf Begehren des anderen die **Vertretungsbefugnis** ganz oder teilweise **entziehen** (Art. 190 türkZGB). Der Ehegatte, der das Begehren stellt, darf Dritten den Entzug nur durch persönliche Mitteilung bekanntgeben (Abs. 1). Gutgläubigen Dritten gegenüber ist die Entziehung nur wirksam, wenn er auf Anordnung des Gerichts veröffentlicht worden ist (Abs. 2).

IV. Beruf und Gewerbe der Ehegatten

46 Keiner der Ehegatten bedarf für die Wahl seines Berufs oder Gewerbes der Erlaubnis des anderen. Jedoch sind bei der Wahl und Ausübung des Berufs oder Gewerbes der Frieden und das Wohl der ehelichen Gemeinschaft zu berücksichtigen. Die Regelung des Art. 192 türkZGB birgt für die Praxis einige Gefahren in sich und ist verglichen mit der gesetzlichen Lage im Jahr 1992 als Rückschritt zu bezeichnen. Nachdem das türkische Verfassungsgericht im Jahre 1992 Art. 159 türkZGB aufgehoben hatte, war die Ehefrau in ihrer Berufs- und Gewerbewahl völlig frei. Jetzt muss sie dabei „auf den Frieden und das Wohl der ehelichen Gemeinschaft Rücksicht nehmen".

V. Wohnung der Familie

47 Ein Ehegatte kann nur mit ausdrücklicher Zustimmung des anderen einen Mietvertrag kündigen, das Haus oder die Wohnung der Familie veräußern oder durch andere Rechtsgeschäfte die Rechte an den Wohnräumen der Familie beschränken. Kann der Ehegatte diese Zustimmung nicht einholen oder wird sie ihm ohne triftigen Grund verweigert, so kann er das Gericht anrufen. Der Ehegatte, der nicht Eigentümer der Immobilie ist, die der **Nutzung als Familienwohnung** gewidmet ist, kann die Eintragung des Vermerks, dass es sich dabei um eine Familienwohnung handelt, ins Grundbuch beantragen.[61] Mit der Regelung des Art. 194 türkZGB wird neben dem Ehegatten auch der gutgläubige Dritte geschützt.[62]

48 Wurde die Familienwohnung von einem der Ehegatten gemietet, so wird der andere Ehegatte, der nicht Partei des Mietvertrages ist, durch eine **Mitteilung an den Vermieter** zur **Vertragspartei** und haftet mit dem anderen Ehegatten gesamtschuldnerisch (Art. 194 Abs. 4 türkZGB). In der Begründung des Art. 194 türkZGB wird neben Art. 169 türkZGB auch auf Art. 121 schwZGB hingewiesen. Jedoch weicht der Inhalt des Art. 194 Abs. 3 und 4 türkZGB von der Regelung des schweizerischen ZGB stark ab. Art. 194 Abs. 4 türkZGB stellt auch eine Ausnahme von der Vertragsautonomie dar. Der Vermieter hat nur zur Kenntnis zu nehmen, dass der Ehegatte seiner Vertragspartei auch Vertragspartei geworden ist. Beweggrund des Gesetzgebers war auch in diesem Punkt der Schutz der Ehefrau.[63]

---

60 Vgl. Art. 166 Abs. 3 schwZGB: „Jeder Ehegatte verpflichtet sich durch seine Handlungen persönlich und, soweit diese nicht für Dritte erkennbar über die Vertretungsbefugnis hinausgehen, solidarisch auch den anderen Ehegatten."

61 Anders im schwZGB: Untersagt das Gericht einem Ehegatten, über ein Grundstück zu verfügen, lässt es dies von Amts wegen im Grundbuch vermerken (Art. 178 Abs. 3 schwZGB).

62 *Ulusan*, Die Neugestaltung des Familienrechts durch das neue türkische Zivilgesetzbuch, NZ 2002, 229.

63 Ausführlich zur Familienwohnung des überlebenden Ehegatten: *Nebioglu Önder*, Aile Konutunun Sag Kalan Ese Özgülenmesi (Zuteilung der Familienwohnung an den überlebenden Ehegatten), Ankara 2014.

Die in Art. 194 Abs. 1 des türkZGB normierte Verfügungsbeschränkung wurde vom OLG Karlsruhe nicht güterrechtlich, sondern als allgemeine Ehewirkung nach Art. 14 EGBGB qualifiziert und ein grundsätzlicher Unterlassungsanspruch zuerkannt.[64]

VI. Schutz der ehelichen Gemeinschaft

1. Im Allgemeinen

Erfüllt ein Ehegatte seine Pflichten gegenüber der Familie nicht oder sind die Ehegatten in einer für die eheliche Gemeinschaft wichtigen Angelegenheit uneinig, so können sie gemeinsam oder einzeln das Gericht um **Vermittlung** anrufen. Das Gericht mahnt die Ehegatten zu ihren Pflichten und versucht, sie zu versöhnen; mit dem Einverständnis beider können Sachverständige zu Hilfe zugezogen werden (Art. 195 türkZGB). Diese Regelung ist zum größten Teil identisch mit dem des schweizerischen ZGB (Art. 172 schwZGB). Nach dem schweizerischen ZGB kann das Gericht das Ehepaar an eine Ehe- oder Familienberatungsstelle verweisen. Da solche Stellen bis heute in der Türkei nicht vorhanden sind, wurde diese Maßnahme nicht in die Formulierung des türkischen ZGB aufgenommen, sondern mit den Worten „Sachverständige zur Hilfe beiziehen" verallgemeinert und zukunftsfähig gestaltet.

2. Geldleistungen während des Zusammenlebens

Auf Begehren eines Ehegatten setzt das Gericht die Geldbeträge für den Unterhalt der Familie fest. Ebenso setzt es den Betrag für den Ehegatten fest, der den Haushalt besorgt, die Kinder betreut oder dem anderen im Beruf oder Gewerbe hilft. Obwohl die Regelung des Art. 173 des schweizerischen ZGB weitgehend mit der türkischen identisch ist, beinhaltet sie einen wichtigen Unterschied: Nach dem schweizerischen Gesetz wird der Betrag für den Ehegatten, der den Haushalt besorgt, die Kinder betreut oder dem anderen im Beruf oder Gewerbe hilft, nur dann festgesetzt, wenn dieses von einem Ehegatten begehrt wird (Abs. 2). Im türkZGB ist es hingegen so geregelt, dass dieser vom Gericht von Amts wegen festzusetzen ist (Art. 196 Abs. 2 türkZGB).

3. Maßnahmen hinsichtlich der Schuldner

Erfüllt ein Ehegatte seine Unterhaltpflicht gegenüber der Familie nicht, so kann das Gericht dessen Schuldner anweisen, ihre Zahlungen ganz oder teilweise an den anderen Ehegatten zu leisten (Art. 198 türkZGB).

4. Beschränkungen der Verfügungsbefugnis

Das Gericht kann auf Begehren eines Ehegatten die Verfügung über bestimmte Vermögenswerte von dessen Zustimmung abhängig machen. Mit Art. 199 türkZGB gibt der Gesetzgeber dem Gericht die Möglichkeit, insbesondere die Ehefrau davor zu schützen, dass der Ehemann, der zur Scheidung entschlossen ist, mit Scheingeschäften das Vermögen der Familie mindert.[65] Falls es dafür zu spät ist und die Ehegatten im gesetzlichen Güterstand der „Errungenschaftsbeteiligung" (siehe Rdn 33 ff.) leben, können die veräußerten Werte

49

50

51

52

---

64 OLG Karlsruhe Senat für Familiensachen, Beschl. v. 16.6.2015, 18 WF 126/15, FamRZ 2015, 1610 f.
65 Vgl. die allgemeine Begründung des Gesetzes.

bei der Auflösung des Güterstandes für die Berechnung der Vermögensanteile der Ehegatten berücksichtigt werden.[66]

VII. Versorgung der Familie

53 Die Ehegatten haben die Pflicht, ein jeder nach seinen Kräften, unter Einsatz von Arbeit und Vermögen für den Unterhalt der Familie zu sorgen (Art. 186 Abs. 3 türkZGB). Mit dieser neuen Regelung wertet der Gesetzgeber (auch) die Hausarbeit auf. Daher kann der Richter die Arbeit von Hausfrauen oder -männern bei einer späteren Scheidung (und im Falle der Gütertrennung) besser bei der Vermögensteilung berücksichtigen.[67]

VIII. Familienname der Ehefrau

54 Die Frau übernimmt den Familiennamen des Ehemannes; jedoch kann sie seit 1997 gegenüber dem Standesbeamten erklären oder später nach einem schriftlichen Antrag bei der Verwaltung des Personenstandsregisters ihren bisherigen Namen dem Namen ihres Ehemannes voranstellen lassen.[68] Trägt sie bereits einen Doppelnamen, so kann sie von diesem Recht nur zugunsten eines Namens Gebrauch machen (Art. 187 türkZGB).[69]

55 In einem revolutionären Urteil hat der türkische Kassationshof die Benutzung des Mädchennamens der Frau auch nach der Heirat genehmigt und dies mit Art. 8 und Art. 14 der Europäischen Menschenrechtskonvention und mit Art. 16 der „Konvention zur Abschaffung aller Diskriminierungen gegen Frauen" begründet.[70]

„Die Regelung des türkischen Rechts, wonach verheiratete Frauen verpflichtet sind, im Namen der Familieneinheit den Namen des Mannes zu führen, und lediglich berechtigt sind, ihren Geburtsnamen dem Ehenamen voranzustellen, verstößt gegen das Diskriminierungsverbot des Art. 14 i.V.m. Art. 8 MRK."[71]

Erhält die Ehefrau nach der Scheidung das Sorgerecht für das Kind, kann sie dem Kind ihren Mädchennamen als Familiennamen vergeben.[72]

IX. Wohnsitz der Ehefrau

56 Art. 21 türkZGB stellt klar, dass der Wohnsitz des Ehemannes nicht automatisch der Wohnsitz der Ehefrau ist.

---

66 Art. 229 türkZGB.

67 *Akintürk/Karaman*, Aile Hukuku (Familienrecht), S. 114.

68 Änderungsgesetz v. 14.5.1997, Gesetzesnummer: 4248/1.

69 Vgl. Art. 160 schwZGB: „Der Name des Ehemannes ist der Familienname der Ehegatten. Die Braut kann jedoch gegenüber dem Zivilstandsbeamten erklären, sie wolle ihren bisherigen Namen dem Familiennamen voranstellen. Trägt sie bereits einen solchen Doppelnamen, so kann sie lediglich den ersten Namen voranstellen." – Die Regelung des türkZGB muss m.E. rechtspolitisch dahingehend interpretiert werden, dass die Frau freie Wahl zwischen dem bisherigen und dem angestammten Namen (Mädchenname) hat. Ein Rechtssystem, das den Namen des Ehemannes zwingend auf die Ehefrau überträgt, muss mindestens solche Kompensationen anbieten. Es wäre für die Zukunft wünschenswert, dass der türkische Gesetzgeber den Brautleuten freie Wahl hinsichtlich des Familiennamens einräumt.

70 Kassationshof, Urt. v. 28.4.2015, E. 2014/20471, K. 2015/8704.

71 Urteil des Europäischen Gerichtshofes für Menschenrechte v. 16.11.2004, 4. Sektion, 29865/96, FamRZ 2005, 427.

72 Urteil des türkischen Verfassungsgerichtes vom 25.6.2015, AntragsNr.: 2013/3434 im Amtsblatt vom 2.10.2015 Nr. 29490.

X. Möglichkeiten vertraglicher Gestaltung

Die Parteien können ihren **Güterstand** wählen, aufheben oder ändern, aber nur innerhalb   57
der gesetzlichen Schranken (Art. 203 Abs. 1 S. 2 türkZGB).[73] Ein Güterrechtsvertrag kann
vor oder nach der Heirat geschlossen werden (Art. 203 Abs. 1 S. 1 türkZGB). Die Parteien
können entweder bei Antragstellung zur Eheschließung durch schriftliche Mitteilung oder
durch notarielle Beurkundung oder Beglaubigung des Güterrechtsvertrages eine Güter-
standswahl treffen (Art. 205 Abs. 1 türkZGB).

XI. Kollisionsrecht der Ehefolgen

Grundsätzlich unterliegen die allgemeinen Wirkungen der Ehe dem Recht des Staates, dem   58
beide Ehegatten angehören. Bei Ehegatten mit unterschiedlicher Staatsangehörigkeit werden
ersatzweise drei Anknüpfungen gestuft angewandt: Primär gilt das Recht des gemeinsamen
Wohnsitzes. Bei Fehlen eines solchen wird das Recht des gemeinsamen gewöhnlichen Aufenthalts und bei Fehlen auch eines solchen das türkische Recht angewandt (Art. 13 Abs. 2
türkIPRG).

Das türkische IPR unterscheidet zwischen dem **Wohnsitz** und dem **gewöhnlichen Aufent-**   59
halt. Nach türkischem Recht befindet sich der Wohnsitz einer Person an dem Ort, an sie
sich mit der Absicht dauerhaften Verbleibens aufhält (Art. 19 Abs. 1 türkZGB).[74] Wenn die
Eltern keinen gemeinsamen Wohnsitz haben, gilt der Wohnsitz des Elternteils, unter dessen
Obhut das Kind steht, als **Wohnsitz des Kindes**. In den übrigen Fällen gilt sein Aufenthaltsort als Wohnsitz (Art. 21 Abs. 1 türkZGB). Ist ein **im Ausland begründeter Wohnsitz**
aufgegeben worden und in der Türkei kein neuer begründet worden, so gilt der Aufenthaltsort als Wohnsitz (Art. 20 Abs. 2 türkZGB).[75] Bevormundete Personen haben ihren
Wohnsitz am Sitz der zuständigen Vormundschaftsbehörde (Art. 21 Abs. 2 türkZGB).[76]

XII. Auswirkungen der Ehe auf die Altersversorgung

Die Türkei hat u.a. drei wichtige soziale Versicherungsinstitutionen.[77] Dies ist zum einen   60
die Versicherungsanstalt für Staatsbeamte und Angestellte (*Emekli Sandigi*), für Freiberufler
(*Bag-Kur*)[78] und drittens die Gruppe der übrigen Beschäftigen und Personen (*Sosyal Sigor-*
talar).[79] Das Sozialversicherungsgesetz (*Sosyal Sigortalar Kanunu*)[80] ist für Ausländer, die
in der Türkei leben, von großer Relevanz. Gemäß Art. 3 Abs. 1g SSK können **Ausländer,**

---

73 Der Grundsatz der Typengebundenheit lässt die Wahl eines anderen als im Gesetz vorgesehenen Güter-
    standes nicht zu. Ebenfalls ist eine Kombination der verschiedenen Güterstände nicht zulässig,
    Akintürk/Karaman, Aile Hukuku (Familienrecht), S. 146.
74 Abgesehen von Handels- und Industrieunternehmen kann niemand an mehreren Orten zugleich seinen
    Wohnsitz haben (Art. 19 Abs. 2 und 3 türkZGB).
75 Vgl. Art. 16 und 20 türkZPO.
76 Der Aufenthalt in Anstalten (Lehr-, Erziehungs-, Versorgungs-, Heil- oder Strafanstalt) begründet
    keinen Wohnsitz (Art. 22 türkZGB).
77 Die türkische Regierung ist gerade dabei, diese drei Versicherungsinstitutionen zu vereinheitlichen.
    Das Gesetz der Sozialen Versicherungsanstalt (*Sosyal Güvenlik Kurumu Kanunu*) Nr. 5487 wurde am
    14.4.2006 verabschiedet. Dieses war bei Veröffentlichung dieses Beitrages aufgrund des Vetos des Präsi-
    denten der Republik noch nicht in Kraft getreten.
78 1479 Sayili Esnaf ve Sanatkarlar ve Diger Bagimsiz Calisanlar Sosyal Sigortalar Kurumu Kanunu.
79 Siehe www.ssk.gov.tr/wps/portal.
80 Gesetz Nr. 506 v. 17.7.1964, RG v. 29, 30, 31/7/1964–1/8/1964, RG Nr. 11766–11779; für die englisch-
    sprachige Fassung siehe www.ssk.gov.tr/sskdownloads/bilgibankasi/mevzuat/506_english.doc.

die nicht bereits in einem anderen Land sozialversichert sind, die **türkischen Sozialversicherungen** nutzen. Folglich haben auch Ausländer das Recht auf **Rentenversicherung**, einschließlich der **Waisen- und Witwenrente**.

61 Die Bundesrepublik Deutschland und die Republik Türkei haben ein **Abkommen über Soziale Sicherheit** abgeschlossen.[81] Das Abkommen vom 30.4.1964 in der Fassung des Zusatzabkommens vom 2.11.1984 regelt auf der Grundlage der Gegenseitigkeit die Beziehungen zwischen der Bundesrepublik Deutschland und der Republik Türkei auf dem Gebiet der sozialen Sicherheit. Das Abkommen ist am 1.11.1965 in Kraft getreten. Es regelt u.a. die Gleichbehandlung der türkischen und deutschen Staatsangehörigen in ihren Rechten und Pflichten in der Sozialversicherung, die Gleichstellung der Staatsgebiete für die Entstehung eines Rentenanspruchs sowie die Rentenzahlung bei Aufenthalt im jeweils anderen Vertragsstaat und schließlich die Zusammenrechnung von türkischen und deutschen Versicherungszeiten für den Erwerb von Leistungsansprüchen.

XIII. Bleiberecht und Staatsangehörigkeit

62 Im türkischen Rechtssystem gibt es bislang keine einheitliche Kodifikation eines Ausländergesetzes. Die Materie des Ausländerrechts, wie z.B. Einreise, Aufenthalt, Erwerbstätigkeit, politische Rechte, werden in verschiedenen Gesetzen, Richtlinien, Reglementen und Verordnungen geregelt.[82] Ausländer, die sich länger als einen Monat in der Türkei aufhalten wollen, sind verpflichtet, eine **Aufenthaltsbescheinigung** (*Ikamet Tezkeresi*) zu beantragen. Der hierfür erforderliche **Antrag** ist bei den örtlich zuständigen Polizeipräsidien einzureichen (Art. 3 Abs. 1 türkAufenthG). Auf diese Aufenthaltsbescheinigung hin wird eine **Aufenthaltsgenehmigung** (*Ikamet Müsadesi*) erteilt. Das türkische Rechtssystem kennt keine Niederlassungsgenehmigung (unbefristete Aufenthaltsgenehmigung). „Die Dauer der Aufenthaltsgenehmigung wird im Rahmen der Vorschriften und internationalen Verträge und nach Möglichkeit unter Berücksichtigung des Wunsches des Antragstellers bestimmt." (Art. 8 türkAufenthG)

63 Ausländer müssen die **Änderungen in ihrem Zivilstand** innerhalb von fünfzehn Tagen bei den örtlich zuständigen Polizeipräsidien schriftlich melden und diese Änderungen in ihre Aufenthaltsbescheinigung eintragen lassen (Art. 12 türkAufenthG). Die **Aufenthaltsbescheinigung** hat eine **Gültigkeit von fünf Jahren** und kann nach Ablauf ihrer Gültigkeit noch vier Mal verlängert werden. Nach Ablauf von 25 Jahren ist also eine neue Aufenthaltsbescheinigung zu beantragen (Art. 9 türkAufenthaltG).

---

81 Abkommen zwischen der Bundesrepublik Deutschland und der Republik Türkei über Soziale Sicherheit. Der Text des Abkommens ist auf der Internetseite der Bundesknappschaft zugänglich: www.bundesknappschaft.de.

82 Die wichtigsten dieser Gesetze sind folgende: *Yabancilarin Türkiye'de Ikamet ve Seyahatleri Hakkinda Kanun* v. 15.7.1950 – Nr. 5683 (Gesetz über die Einreise und den Aufenthalt der Ausländer in der Türkei – türkAufenthG); *Pasaport Kanunu* v. 15.7.1950 – Nr. 5682 (Passgesetz); *Yabanci Sermayeyi Tesvik Kanunu* v. 18.1.1954 – Nr. 6224 (Gesetz zur Förderung ausländischer Kapitalanlagen); *Turizmi Tesvik Kanunu* v. 12.3.1982 – Nr. 2634 (Ausbau des Tourismus); *Petrol Kanunu* v. 7.3.1954 – Nr. 6236 (Öl-Gesetz); *Maden Kanunu* v. 4.6.1985 – Nr. 2313 (Bodenschätze-Gesetz); *Sigorta Sirketlerinin Murakabesi Hakkinda Kanun* v. 21.12.1959 – Nr. 7397 (Gesetz über die Kontrolle der Versicherungsgesellschaften); *Bankalar Kanunu* v. 25.4.1985 – Nr. 3182 (Bank-Gesetz); *Türk Ticaret Kanunu* v. 13.1.2011 – Nr. 6102 (Türkisches Handelsgesetzbuch, wird zum 1.7.2012 in Kraft treten); *Hukuk MuhakemesI Kanunu* v. 12.1.2011- Nr. 6100 (Zivilprozess Gesetzbuch, seit 1.10.2011 in Kraft).

Da die deutschen Staatsangehörigen für touristische Zwecke visumfrei einreisen dürfen, ist 64 es möglich, dass der deutsche Verlobte erst in der Türkei mit dem türkischen Verlobten die Ehe schließt und vor Ablauf eines Monats (nach seiner Einreise) eine Aufenthaltsbescheinigung beantragt. Sollten die Verlobten in Deutschland heiraten, empfiehlt es sich, bereits in Deutschland beim örtlich zuständigen türkischen Konsulat die erforderliche Aufenthaltserlaubnis zum **Zwecke der Familienzusammenführung** zu beantragen.

Ausländische Ehegatten[83] erhalten mit der **Heirat** mit einem türkischen Staatsangehörigen 65 die **türkische Staatsangehörigkeit** nur dann automatisch, wenn sie durch diese Heirat nach dem Recht ihres Heimatstaates ihre bisherige Staatsangehörigkeit verlieren (Art. 5 Abs. 2 türkStAG). Ist dies nicht der Fall, setzt das Gesetz eine **dreijährige Ehezeit** mit einem türkischen Staatsangehörigen und ein tatsächliches und dauerhaftes eheliches Zusammenleben voraus.

Der schriftliche **Einbürgerungsantrag** ist in der Türkei bei der obersten Verwaltungsbe- 66 hörde des Ortes[84] und im Ausland bei den türkischen Konsulaten zu stellen. Nach Prüfung des türkischen Innenministeriums werden diese Personen eingebürgert, wenn auch die sonstigen Voraussetzungen erfüllt sind (Art. 5 Abs. 1 türkStAG). Im Falle der **Aufhebung der Ehe** behalten die Personen, die durch Heirat die türkische Staatsangehörigkeit erworben haben, diese bei, wenn sie bei der Eheschließung gutgläubig waren (Art. 5 Abs. 3 türkStAG). Die Kinder aus dieser Ehe behalten auf jeden Fall die türkische Staatsangehörigkeit, selbst wenn beide Elternteile bei der Eheschließung nicht gutgläubig (**Scheinehe**) waren (Art. 5 Abs. 4 türkStAG).

XIV. Arbeitsrecht der ausländischen Ehegatten

Einerseits definiert die türkische Verfassung das Recht auf Arbeit als Jedermanns-Recht,[85] 67 andererseits räumt sie die Möglichkeit ein, dieses für Ausländer einzuschränken.[86] Der türkische Gesetzgeber macht von dieser Einschränkungsmöglichkeit durch Art. 15 türkAufenthG Gebrauch: „Ausländer dürfen in der Türkei nur in den Bereichen tätig sein, in denen dies nicht durch ein Gesetz verboten ist."

EU-Ausländern oder den Ausländern, die mit einem türkischen Staatsangehörigen verheira- 68 tet sind und die eheliche Gemeinschaft in der Türkei führen oder mindestens für die Dauer von drei Jahren verheiratet waren und bei Beendigung der Ehe in der Türkei wohnhaft

---

83 Nach der neuen Regelung wird beim ausländischen Ehegatten nicht mehr zwischen „Ehefrau" oder „Ehemann" unterschieden.

84 In den Städten beim Gouverneur (*Valilik*), i.Ü. beim Landratsamt (*Kaymakamlik*).

85 Art. 48 Abs. 1 S. 1 türkVerf: „Jedermann genießt die Freiheit, in einem beliebigen Bereich Arbeit aufzunehmen und Verträge zu schließen."; Art. 49 Abs. 1 türkVerf: „Die Arbeit ist jedermanns Recht und Pflicht." (Übersetzung von *Rumpf*, „Die neue türkische Verfassung in deutscher Übersetzung", Beiträge zur Konfliktforschung 1/1983, S. 105 ff.).

86 Art. 16 türkVerf: „Die Grundrechte und -freiheiten können für Ausländer nach Maßgabe des Völkerrechts durch Gesetz eingeschränkt werden." (Übersetzung von *Oehring*, Die Verfassung der Dritten Türkischen Republik, Orient 1983, S. 301 ff.).

waren, kann eine **Arbeitsberechtigung** (unbefristete Arbeitserlaubnis) erteilt werden (für eine unselbstständige oder selbstständige Tätigkeit) (Art. 8 Abs. 1 türkArbeitserlG).[87]

D. Trennung und Scheidung

I. Unterbrechung des Zusammenlebens (Art. 197 türkZGB)

69   Ein Ehegatte ist berechtigt, den gemeinsamen Haushalt so lange aufzuheben, als seine Persönlichkeit, seine wirtschaftliche Sicherheit oder das Wohl der Familie durch das Zusammenleben ernstlich gefährdet ist. In der Praxis kommt es häufig vor, dass ein Ehegatte den anderen hinsichtlich des Familienvermögens vor vollendete Tatsachen stellt, wenn das Zusammenleben nicht mehr funktioniert. Der Schutz der schwächeren Partei als Maxime des (Familien-)Rechts gebietet es, dass der Gesetzgeber mit bestimmten Instrumentarien dieser Entwicklung entgegentritt. Das Gericht hat die Geldbeträge, die ein Ehegatte dem anderen beisteuern muss, festzusetzen, wenn dies von einer der Parteien beantragt wird und die Unterbrechung des Zusammenlebens berechtigt ist. In diesem Falle muss das Gericht außerdem die Benutzung der Wohnung und des Hausrats und, wenn die Umstände es rechtfertigen, den Güterstand regeln.

70   Der schweizerische Gesetzgeber verpflichtet das Gericht in diesem Fall, Gütertrennung anzuordnen (Art. 176 Abs. 1 Nr. 3 schwZGB). Der türkische Gesetzgeber lässt dem Gericht die Freiheit, zwischen anderen Güterstandsformen des Gesetzes eine Wahl zu treffen. Jedoch wird es in der Praxis darauf hinaus laufen, dass die Gerichte die **Gütertrennung** anordnen, weil die anderen Güterstandsformen sowohl für die Betroffenen als auch für die Richterschaft kompliziert sind. Ein Ehegatte kann die Unterbrechung des Zusammenlebens auch begehren, wenn der andere das Zusammenleben grundlos ablehnt oder[88] das Zusammenleben aus einem anderen Grund unmöglich ist.

II. Scheidungsgründe

1. Zerrüttung

71   Im türkischen Scheidungsrecht gilt die **Zerrüttungsvermutung** (Art. 166 türkZGB). Jeder der Ehegatten kann Scheidungsklage erheben, wenn die Ehegemeinschaft so grundlegend zerrüttet ist, dass den Ehegatten die **Fortsetzung der Ehe nicht zugemutet** werden kann (Art. 166 Abs. 1 türkZGB).[89]

---

87 Den übrigen Ausländern kann erstmalig eine Arbeitserlaubnis bis zu einem Jahr erteilt werden. Eine Arbeitserlaubnis kann nach einem Jahr ordnungsgemäßer Beschäftigung bis zu drei Jahren bei gleicher Firma und Beruf und nach drei Jahren ordnungsgemäßer Beschäftigung bis zu sechs Jahren für den gleichen Beruf, jedoch in beliebiger Arbeitsstätte erteilt werden (Art. 5 türkArbeitserlG). Nach achtjährigem gesetzmäßigem Aufenthalt oder sechsjähriger gesetzmäßiger Arbeit in der Türkei kann einem Ausländer eine uneingeschränkte und unbefristete Arbeitsgenehmigung (Arbeitsberechtigung) erteilt werden (Art. 6 türkArbeitserlG). Eine Genehmigung für eine selbstständige Tätigkeit kann nach fünfjährigem gesetzmäßigem und ununterbrochenem Aufenthalt in der Türkei erteilt werden (Art. 7 türkArbeitserlG).

88 Dem Wort wird im schwZGB mit dem Wort „wenn" begegnet, womit dieser Nebensatz konditional zu dem vorherigen Satz steht (Art. 176 Abs. 2 schwZGB). Daraus macht der türkische Gesetzgeber zwei alternative Gründe. Somit hat das Gericht mehr Flexibilität, das Getrenntleben anzuordnen.

89 Vgl. § 1565 Abs. 1 des deutschen BGB.

Auch der schuldige Ehegatte kann auf Scheidung klagen.[90] Jedoch kann in diesem Falle der Beklagte der Klage widersprechen, wenn sein Verschulden das Verschulden des Klägers nicht überwiegt. Der türkische Kassationshof hat in seinem Urteil v. 26.11.2015 entschieden, dass zwar auch der überwiegend schuldige Ehegatte eine Scheidungsklage einreichen kann. Dies dürfe aber nicht zu Lasten des völlig unschuldigen Ehegatten gehen, damit nicht eine Partei sich vorsätzlich „schuldhaft" im Sinne der Vorschrift verhält und die Zerrüttung der Ehe herbeiführt, um dann hieraus ein Scheidungsrecht abzuleiten. Aus dieser Erwägung heraus kann der gänzlich unschuldige Ehegatte der Scheidung widersprechen. Die Scheidung wird nur dann ausgesprochen, wenn der Widerspruch des gänzlich unschuldigen Ehegatten nicht rechtsmissbräuchlich erfolgt ist.[91]

„Für die Scheidung wegen Zerrüttung nach Art. 166 ZGB genügt nicht das Getrenntleben 72
der Eheleute. Der Tatbestand der Zerrüttung ist mit dem deutschen § 1365 BGB nicht identisch. Es gibt auch keine Vermutung der Zerrüttung wie in § 1366 BGB. Vielmehr verlangt die Zerrüttung nach der Rechtsprechung des türkischen Kassationshofes eine objektive, schwerwiegende Störung der ehelichen Verhältnisse. Kleinere alltägliche Streitigkeiten reichen nicht aus, es muss sich um schwere Konflikte von gewisser Dauer handeln, die die positive Einstellung beider Ehegatten oder eines von ihnen und zu seinen ehelichen Verpflichtungen grundsätzlich in Frage stellen. Des Weiteren muss die Störung der ehelichen Verhältnisse zumindest für einen Ehegatten unerträglich geworden sein."[92]

Die Ehe kann trotz des Widerspruchs eines Ehegatten geschieden werden, wenn der **Widerspruch missbräuchlich**[93] ist und an der Fortsetzung der Ehe weder für den Beklagten noch 73
für die Kinder ein schützenswertes Interesse besteht (Art. 166 Abs. 2 türkZGB). In der Lehre wird ein Rechtsmissbrauch angenommen, wenn der schuldlose oder weniger schuldige Ehegatte sich formell gegen die Scheidung wehrt, aber die eheliche Lebensgemeinschaft tatsächlich nicht fortführen will.

„Das Getrenntleben der Ehegatten genügt für die Annahme einer Zerrüttung nicht, solange 74
kein Antrag an das Gericht wegen Verlassens (Art. 164 S. 3 ZGB) gestellt worden ist.[94]
Hinsichtlich der vorgetragenen Rechtsmissbräuchlichkeit des Widerspruchs wird auf die zutreffenden Gründe des Nichtabhilfebeschlusses verwiesen."[95]

Der türkische Gesetzgeber will es unterbinden, dass einer der Ehegatten durch eigenes 75
schuldhaftes Verhalten die Scheidung provozieren und erlangen kann. Diese Regelung hat zwei wesentliche soziale Hintergründe: Erstens geht der Gesetzgeber davon aus, dass die Ehe ein Familienband ist, das im Idealfall lebenslang halten soll. Zweitens hat insbesondere die Ehefrau ohne die eheliche Lebensgemeinschaft eine geringere soziale Absicherung.[96] Die Institution des **Versorgungsausgleichs** kennt das türkische System nicht. Daher werten sowohl die türkischen, aber auch die deutschen Gerichte den **erstmaligen Einspruch** gegen

---

90 *Ulusan*, Die Neugestaltung des Familienrechts durch das neue türkische Zivilgesetzbuch, S. 227.
91 Kassationshof, 2. Zivilsenat, Urt. v. 26.11.2015, E. 2015/8293, K. 2015/22417; Schleswig-Holsteinisches, Oberlandesgericht 3. Senat für Familiensachen, Entscheidung v. 19.11.2003, 12 UF 102/03, Rn. 20.
92 KG Berlin, Beschl. v. 2.6.2005, 16 WF 49/05 (LS); Kassationshof, 2. Zivilsenat, Urt. v. 2.7.2012, E. 2012/819, K. 2012/18343.
93 Art. 2 Abs. 2 türkZGB: „Den offensichtlichen Missbrauch eines Rechts schützt die Rechtsordnung nicht." Vgl. Urteil des türkischen Kassationshofes, 2. HD., v. 22.10.1973, E. 1973/242, K. 1973/520.
94 *Bergmann/Ferid*, Internationales Familienrecht, Länderbericht der Türkei, S. 37 m.w.N.
95 KG Berlin, Beschl. v. 2.6.2005, 16 WF 49/05 (LS).
96 Ein Sozialhilfesystem im deutschen Sinne existiert in der Türkei nicht. Jedoch haben bedürftige Personen die Möglichkeit, mit einer *Yesil Kart* (Grüne Karte) im bescheidenen Maße kostenlose Gesundheitsversorgung zu erhalten.

die vom anderen Ehegatten beantragte Scheidung nur in Ausnahmefällen als rechtsmissbräuchlich.[97]

76   Dieser Einspruch kann sowohl in Deutschland als auch in der Türkei in einigen Fällen
      zudem eine **aufenthaltsrechtliche Bedeutung** haben. Nach § 31 Abs. 1 Nr. 1 des deutschen
      Aufenthaltsgesetzes (AufenthG) wird die Aufenthaltserlaubnis des von auswärts kommen-
      den Ehegatten im Falle der Aufhebung der ehelichen Lebensgemeinschaft nicht verlängert,
      wenn die eheliche Lebensgemeinschaft nicht seit mindestens zwei Jahren rechtmäßig im
      Bundesgebiet bestanden hat. Zwar kommt es bei dieser Regelung nicht auf das Scheidungs-
      urteil, sondern die tatsächliche Fortführung der ehelichen Lebensgemeinschaft an. Jedoch
      muss eine Versöhnungsabsicht auch in einer verwaltungsrechtlichen Auseinandersetzung
      von Bedeutung sein – dies gerade dann, wenn der betroffene Ehegatte andere schützenswerte
      Interessen (z.B. Arbeitsplatz) vorweisen kann.

2. Ehebruch (Art. 161 türkZGB)

77   Das Klagerecht des Klageberechtigten entfällt[98] nach sechs Monaten ab Kenntnis vom
      Scheidungsgrund, spätestens jedoch nach fünf Jahren nach dem Ehebruch. Diejenige Partei
      hat kein Klagerecht, die verziehen hat.

3. Nachstellung nach dem Leben, Misshandlung und Ehrkränkung (Art. 162 türkZGB)

78   Ein Ehegatte kann die Scheidung beantragen, wenn dieser durch den anderen **am Leben
      bedroht, misshandelt oder in schwerwiegender Weise ehrkränkend behandelt wird**
      (Art. 162 türkZGB).[99] Durch **Verzeihen** verliert die betroffene Partei ein späteres Klagerecht
      (Abs. 3). Das **Klagerecht** des Klageberechtigten **entfällt** nach sechs Monaten ab Kenntnis
      vom Scheidungsgrund, spätestens jedoch fünf Jahre nach dessen Eintritt.

4. Straffälligkeit und unehrenhafte Lebensführung (Art. 163 türkZGB)

79   Begeht einer der Ehegatten eine erniedrigende Straftat oder führt er ein unehrenhaftes
      Leben und kann dem anderen die Fortsetzung der Ehe aus diesen Gründen nicht zugemutet
      werden, so kann dieser jederzeit die Scheidungsklage erheben. Das Begehen einer **erniedri-
      genden Straftat** stellt **keinen absoluten Scheidungsgrund** dar, sondern erfordert zusätz-
      lich, dass „aus diesem Grunde ein weiteres Zusammenleben von dem anderen Ehegatten
      nicht erwartet werden kann" (Art. 163 türkZGB).

5. Verlassen der ehelichen Wohnung (Art. 164 türkZGB)

80   Der in der ehelichen Wohnung verbleibende Ehegatte kann die Scheidung wegen Verlassens
      der ehelichen Wohnung beantragen, wenn der andere Ehegatte die Wohnung seit mindestens
      sechs Monaten in der Absicht verlassen hat, um sich den ehelichen Pflichten zu entziehen,
      oder ohne einen triftigen Grund nicht in diese zurückkehrt.

---

97 OLG Karlsruhe FamRZ 1998, 477; OLG Oldenburg FamRZ 1990, 532; OLG Hamm (12. ZS) FamRZ
    1995, 934 m.w.N.; türk. Kassationshof FamRZ 1993, 1210 m. Anm. *Rumpf*; weitere Nachw. *Finger/*
    Turan-Schneiders, Änderungen im türkischen Familienrecht zum 1.1.2002, FamRB 2002, 214 f.
98 Dies ist eine Ausschlussfrist, nicht etwa eine Verjährungsfrist (die Übersetzung von *Rumpf/Odendahl*
    hinsichtlich des Art. 161 türkZGB geht fälschlicherweise von einer Verjährungsfrist aus).
99 „*Onur kirici davranis*".

Außerdem wird angenommen, dass derjenige Ehepartner die ehegemeinschaftliche Wohnung verlassen hat, der den anderen **zum Verlassen** der ehelichen Wohnung **gezwungen** hat oder diesen ohne triftigen Grund nicht in die eheliche Wohnung zurückkehren lässt (Art. 164 Abs. 1 türkZGB). Auf Ersuchen des Ehepartners, der zur Einreichung der Scheidung berechtigt ist, **mahnt** der **Richter** den anderen Ehepartner an, in die eheliche Wohnung zurückzukehren und belehrt ihn über die Folgen des Nichtzurückkehrens. Diese Mahnung erfolgt nötigenfalls durch öffentliche Bekanntmachung. Jedoch kann das für die Scheidung vorausgesetzte Mahnschreiben nicht vor Verstreichen von vier Monaten beantragt und die Scheidung erst nach Ablauf von zwei Monaten nach der Mahnung eingereicht werden (Art. 164 türkZGB).

Hinweis: „Die gerichtliche Rückkehraufforderung nach Art. 164 Abs. 2 türkZGB durch ein deutsches Gericht erfordert – entgegen dem türkischen Verfahrensrecht – eine Sachprüfung zur Berechtigung des Verlangens des den Antrag stellenden Ehegatten, um bei Erfolglosigkeit eine darauf gestützte Scheidungsklage zu begründen." – „Eine ohne jegliche Sachprüfung durch Endurteil ergehende gerichtliche Rückkehraufforderung eines deutschen Gerichts i.S.d. Art. 164 Abs. 2 türkZGB verletzt wesentliche deutsche Verfahrensvorschriften. Die gebotene sachliche Überprüfung ist dann im Scheidungsverfahren nachzuholen. Die Rechtskraft des Rückkehraufforderungsurteils steht dem nicht entgegen."[100]   81

6. Geisteskrankheit (Art. 165 türkZGB)

Ist einer der Ehegatten geisteskrank und kann dem anderen die Fortsetzung der Ehe aus   82
diesem Grund nicht zugemutet werden, kann dieser Scheidungsklage erheben, wenn durch Gutachten der amtlichen Gesundheitskommission die **Nichtheilbarkeit** dieser Krankheit festgestellt worden ist.

III. Scheidungsverfahren

Für Scheidungs- und Trennungsklagen ist das **Familiengericht**[101] am Wohnsitz eines der   83
Ehegatten oder an dem Ort, an dem die Ehegatten zuletzt mindestens sechs Monate zusammen gewohnt haben, zuständig (Art. 168 türkZGB).

Das türkische Recht kennt **keinen Anwaltszwang**. Jede Person, die die Parteifähigkeit in   84
einem Prozess besitzt, kann selbst Klage erheben und prozessieren oder dies durch eine Vertretung[102] verrichten (Art. 59 Abs. 1 türkZPO). Alle Personen, die geschäftsfähig (volljährig und mündig) sind (Art. 9 türkZGB), haben uneingeschränkte Parteifähigkeit (Prozessfähigkeit, Klagebefugnis). Urteilsfähige Minderjährige und Bevormundete sind beschränkt prozessfähig. In den folgenden drei Bereichen können diese selbst Klage erheben oder eine Vertretung beauftragen:
- Wenn es sich um die Rechte handelt, die eng an die Person gebunden sind: Scheidung, Trennung oder Vaterschaftsanerkennung.

---

100 OLG Stuttgart, Urt. v. 28.6.2005, 17 UF 280/04, FamRZ 2005, 1679 (LS).

101 Art. 4 Abs. 1 Nr. 1 Gesetz über die Einrichtung, Zuständigkeit und Verfahrensordnung der Familiengerichte (*Aile Mahkemelerinin Kurulus, Görev ve Yargilama Usullerine Dair Kanun*) v. 9.1.2003, Gesetz Nr. 4787.

102 Dies sind Rechtsanwälte, wenn in dem Bezirk mindestens drei Rechtsanwälte zugelassen sind. Sind in dem Bezirk nicht mindestens drei Rechtsanwälte zugelassen, können auch Rechtsbeistände beauftragt werden (Art. 35 Abs. 1, 61 türkRechtsanwaltsgesetz). Die Ausübung des Anwaltsberufes ohne Zulassung ist verboten (Art. 63 Abs. 1, 2 türkRechtsanwaltsgesetz). Das Umgehen dieses Verbotes durch die Abtretung einer Forderung ist ebenfalls verboten (Art. 63 Abs. 3 türkRechtsanwaltsgesetz).

Kiliç

- Wenn diesen Personen die Ausübung eines Berufs oder Gewerbes gestattet ist, sind sie ebenfalls prozessfähig hinsichtlich der Klagen, die die Ausübung dieses Berufs oder Gewerbes betreffen (Art. 359, 453 und 467 Abs. 7 türkZGB).
- Wenn diese Personen zur Verwaltung bestimmter Vermögen bereits berechtigt worden sind, sind sie bei den Klagen hinsichtlich dieser Vermögensteile prozessfähig (Art. 359 und 455 türkZGB).

85   Der zuständige **Richter kann** nur in zwei Fällen **Anwaltszwang anordnen:**
- Wenn der Betroffene sich vor Gericht nicht vernünftig benimmt, wird nach der ersten fruchtlosen Mahnung Anwaltszwang angeordnet (Art. 70 türkZPO).
- Stellt der zuständige Richter fest, dass der Betroffene nicht in der Lage ist, den Prozess mit der erforderlichen Sorgfalt zu betreiben, ordnet er Anwaltszwang an (Art. 71 türkZPO).

86   Die Türkei beachtet die **Rechtshängigkeit in Deutschland.** Ist in der Türkei hingegen lediglich ein Antrag auf Trennung von Tisch und Bett eingereicht, begründet dies keine anderweitige Rechtshängigkeit, die dem in Deutschland eingereichten Scheidungsantrag des anderen Ehegatten entgegengehalten werden kann.[103]

87   Mit der **Klageerhebung** tritt im türkischen Recht **Rechtshängigkeit** ein (Art. 185 und Art. 187 Abs. 4 türkZPO).[104] Die Klage ist mit Eingang der Klageschrift bei Gericht erhoben (Art. 178 türkZPO).[105] Da die Rechtshängigkeit nach *lex fori* ermittelt wird,[106] entstehen hier praxisrelevante Konstellationen im deutsch-türkischen Rechtsverhältnis: Im türkischen Recht fällt **Anhängigkeit und Rechtshängigkeit** zusammen. Hat die Klageschrift den Eingangsstempel des Gerichtssekretariats erhalten, ist das Verfahren rechtshängig. In Deutschland tritt Rechtshängigkeit erst mit Zustellung der Klage an den Beklagten ein (§ 261 Abs. 1 i.V.m. § 253 Abs. 1 ZPO). In Deutschland kann zwischen Anhängigkeit und Rechtshängigkeit eine gewisse Zeit vergehen. Daher kommt es in der Praxis oft vor, dass der vorinformierte Beklagte eine schnellere Rechtshängigkeit in der Türkei herbeiführt. Ist diese Situation nicht erwünscht, sollte nach Möglichkeit die gegnerische Seite nicht vorgewarnt und von einem eventuellen Prozesskostenhilfeantrag abgesehen werden.

88   Beim **Sorgerecht der Kinder** kann eine solche ausländische **Rechtshängigkeit** unberücksichtigt bleiben, weil das Haager Minderjährigenschutzabkommen den Staat zum Wohle des Kindes verpflichtet, in dem das Kind wohnhaft ist. Kindesentführung begründet freilich keinen rechtmäßigen Wohnsitz im Entführungsland.

89   Die **Verfahrensdauer** variiert je nach Erfordernissen des konkreten Falls und der Arbeitsbelastung des Gerichts. Das streitige Scheidungsverfahren in der Türkei dauert wesentlich länger als in Deutschland. Scheidungsurteile bei einvernehmlichen Scheidungsverfahren werden zügiger ausgesprochen.

90   Es gibt in der Türkei **Gebührentabellen für Anwälte,** die üppige Gebühren vorsehen. Es ist ratsam, mit den Anwälten eine verbindliche Honorarvereinbarung zu treffen.

---

103 FamRZ 2014, 862–863; IPRspr 2013, Nr. 102, 209 f.; OLG München, Beschl. v. 19.12.2013 – 12 UF 1731/13.
104 *Kuru/Arslan/Yilmaz*, Medeni Usul Hukuku (Die türkische ZPO), S. 322.
105 *Kuru/Arslan/Yilmaz*, Medeni Usul Hukuku (Die türkische ZPO), S. 318.
106 BGH NJW 1987, 3083; BGH NJW-RR 1992, 642.

IV. Internationale Zuständigkeit der Gerichte

Nach Art. 18 der türkischen Zivilprozessordnung (türkZPO) waren früher in allen Angelegenheiten des Personalstatuts (aus türkischer Sicht das gesamte Personen- und Familienrecht) für türkische Staatsangehörige die türkischen Gerichte ausschließlich zuständig.[107] Durch Art. 28 des neuen türkischen Gesetzes über das internationale Privatrecht und Zivilverfahrensrecht (türkIPRG) vom 22.5.1982 wurde diese Bestimmung aufgehoben. Das ist eine eindeutige **Anerkennung der internationalen Zuständigkeit**.[108]

91

V. Auf die Scheidung anwendbares Recht

Gemäß Art. 17 i.V.m. Art. 14 (des deutschen) EGBGB unterliegt die Scheidung dem Recht, das im Zeitpunkt des Eintritts der Rechtshängigkeit des Scheidungsantrags für die allgemeinen Wirkungen der Ehe maßgebend ist. Die allgemeinen Wirkungen der Ehe unterliegen dem Recht des Staates, dem beide Ehegatten angehören oder während der Ehe zuletzt angehörten, wenn einer von ihnen diesem Staat noch angehört.

92

Das türkIPRG hat auf den ersten Blick eine ähnliche Regelung getroffen, jedoch ergeben sich im Detail – insbesondere auf dem Gebiet der deutsch-türkischen Rechtsbeziehungen – unterschiedliche Konstellationen. Gemäß Art. 14 türkIPRG (Gesetze über das internationale Privatrecht und Zivilverfahrensrecht – türkIPRG)[109] unterliegen die Gründe und Folgen der Scheidung und Trennung grundsätzlich dem Recht des Staates, dem beide Ehegatten angehören (Art. 14 Abs. 1 türkIPRG).[110] Bei **Ehegatten mit unterschiedlicher Staatsangehörigkeit** werden drei Anknüpfungen subsidiär herangezogen: Primär wird das Recht des gemeinsamen Wohnsitzes[111] angewandt. Mangels eines solchen wird das Recht des gemeinsamen gewöhnlichen Aufenthalts und bei Fehlen auch eines solchen das türkische Recht angewandt (Art. 14 türkIPRG).

93

---

107 Zur damaligen gesetzlichen Lage siehe *Ayiter*, Probleme der Rechtsvergleichung und Rechtsanwendung in Schiedsverfahren im Verhältnis Türkei-Österreich, ZfRV 1980, 243 ff.; *Narlioglu*, Spannungen im Verhältnis des türkischen zum deutschen Familienrecht, München 1965, S. 104–109; *Sakmar*, Devletler Hususi Hukukunda Bosanma (Die Scheidung im internationalen Privatrecht), Istanbul 1976, S. 201–245; *ders.*, Yabanci Ilâmlarin Türkiye'deki Sonuçlari (Die Folgen ausländischer Urteile in der Türkei), Istanbul 1982.

108 Vgl. *Ansay*, Zur Scheidung von Türken in der Bundesrepublik Deutschland nach Inkrafttreten des neuen IPR-Gesetzes, StAZ 1983, 29 f.; *Tekinalp*, Der türkische „Gesetzesentwurf über internationales Privat- und Zivilverfahrensrecht", RabelsZ 1983, 47.

109 Gesetz über das internationale Privatrecht und Zivilverfahrensrecht Nr. 2675 v. 20.5.1982, RG Nr. 17701 v. 22.5.1982. Seit 2007 gilt in der Türkei ein neues „Gesetz über das Internationale Privat- und Prozessrecht", in Resmi Gazete (türk. Amtsblatt) v. 27.11.2007; für die vollständige deutsche Übersetzung siehe *Ansay*, RabelsZ 2010, 394 ff.; für den älteren türkIPRG-Gesetzestext, *Çelikel/Sanli*, Türk Milletlerarasi Özel Hukuk Mevzuati (Gesetzessammlung des türkischen Internationalen Privatrechts), 10. Aufl., Istanbul 2001, S. 3 ff.; für die deutsche Übersetzung des Gesetzes siehe *Krüger*, Das türkische IPR-Gesetz von 1982, IPRax 1982, 254 ff.; *ders.*, Neues internationales Privatrecht in der Türkei, ZfRV 1982, 173 ff.; *ders.*, Türkei: Internationales Privat- und Zivilverfahrensrecht, StAZ 1983, 50 ff.; *Tekinalp*, Der türkische „Gesetzesentwurf über internationales Privat- und Zivilverfahrensrecht", RabelsZ 1983, 131 ff.

110 Art. 14 Abs. 1 türkIPRG lautet: „Die Gründe und Folgen der Scheidung und Trennung unterliegen dem gemeinsamen Heimatrecht der Ehegatten. Falls die Parteien verschiedener Staatsangehörigkeit sind, wird das Recht gemeinsamen gewöhnlichen Aufenthalts, bei Fehlen eines solchen türkisches Recht angewandt."

111 Zur Unterscheidung zwischen dem Wohnsitz und dem gewöhnlichen Aufenthaltsort siehe Rdn 59.

Kiliç

94 Wenn sich zwei türkische Staatsangehörige mit gewöhnlichem Aufenthalt in Deutschland in Deutschland scheiden lassen wollen, ist das türkische materielle Recht anzuwenden (Art. 17 i.V.m Art. 14 EGBGB und Art. 13 türkZGB). Lässt sich einer der Ehegatten während der Ehezeit in Deutschland einbürgern (**Wechsel der Staatsbürgerschaft**), ist nach deutschem Recht weiterhin das Recht des Staates, dem die Ehegatten zuletzt gemeinsam angehörten (Art. 14 Abs. 1 Nr. 1 EGBGB), also das türkische Recht, anzuwenden. Jedoch beinhaltet das türkIPRG eine **Rückverweisung**: Nach Art. 14 Abs. 1 türkIPRG wird bei Fehlen der gemeinsamen Staatsangehörigkeit das Recht des gemeinsamen Wohnsitzes, bei Fehlen eines solchen das Recht des gemeinsamen Wohnsitzes angewandt. Das deutsche IPR nimmt diese Rückverweisung an, womit das deutsche materielle Recht anzuwenden ist.[112]

95 *„Gemäß Art. 17 Abs. 1 S. 1 EGBGB, Art. 14 Abs. 1 Nr. 1 Alt. 2 EGBGB unterliegen die allgemeinen Wirkungen der Ehe zwar, wenn die Ehegatten bei Rechtshängigkeit kein gemeinsames Heimatrecht mehr haben, dem früheren gemeinsamen Heimatrecht. Das wäre hier das türkische Recht. Diese Verweisung nimmt das türkische Recht aber nicht an (Art. 4 Abs. 1 S. 2 EGBGB). Nach Art. 12 Abs. 2 S. 2 (allgemeine Wirkungen der Ehe) und Art. 13 Abs. 2 (Scheidungsfolgen) des türkischen Gesetzes über das internationale Privat- und Zivilverfahrensrecht Nr. 2675 vom 20.5.1982 (IPRG) bestimmt nur eine gemeinsame Staatsangehörigkeit der Parteien (zum Zeitpunkt der Rechtshängigkeit) das anwendbare Recht. Bei unterschiedlicher Staatsangehörigkeit unterliegen Ehescheidung und Folgesachen dem Recht am gemeinsamen Wohnsitz der Parteien. Danach ist, weil beide Parteien ihren Wohnsitz in der Bundesrepublik Deutschland haben, deutsches Recht anwendbar.“*[113]

VI. Anerkennung im Ausland erfolgter Scheidungen

1. Allgemeines

96 Ausländische Gerichtsurteile bedürfen zu ihrer Wirksamkeit in der Türkei der Anerkennung durch die türkischen Gerichte. Obwohl die Voraussetzungen für diese Verfahren in den Art. 54 und 58 türkIPRG definiert werden, treten in der Praxis eine Fülle von Problemen auf.[114] Spannungen entstehen zumeist im Bereich des Scheidungsrechts.

97 Nach Sinn und Wortlaut des Art. 58 Abs. 1 S. 1 türkIPRG bedarf ein ausländisches Scheidungsurteil weder eines Anerkennungs- noch eines Vollstreckungsurteils eines türkischen Gerichts. Es reicht für die Anerkennung aus, wenn von Seiten der jeweils zuständigen Ämter (z.B. *Nüfus Müdürlügü* – Direktorat für Personenstandsregister) festgestellt wird, dass das ausländische Urteil die gesetzlichen Anerkennungsvoraussetzungen erfüllt.[115] Anfechtungsresistent wird es dadurch jedoch nicht. Dazu bedarf es einer Anerkennung durch das türkische Gericht, welches das Urteil zu einem unanfechtbaren Beweismittel werden lässt (Art. 58 Abs. 1 S. 1 türkIPRG). Jedoch wird in der türkischen Rechtspraxis diese Regelung anders ausgelegt und angewandt. So wird i.d.R. die Wirksamkeit der ausländischen Urteile davon abhängig gemacht, dass die Anerkennung durch ein türkisches Gericht erfolgt ist, d.h., die Ausnahme wird zur Regel gemacht.

---

112 Vgl. *Odendahl*, Zum Scheidungs-IPR der in Deutschland lebenden Migranten aus der Türkei, IPRax 2005, 323.

113 KG Berlin, Urt. v. 17.1.2005, 16 UF 89/04; OLG Stuttgart, Beschl. v. 22.11.2004, 17 WF 135/04, FamRZ 2005, 913.

114 Vgl. *Jayme*, Türkisches Familienrecht und deutsche Praxis – Tagung in Heidelberg (Zitierweise: „Tagung"), IPRax 1989, 330 f.

115 *Nomer*, Devletler Hususi Hukuku (Internationales Privatrecht), 2010, S. 502 ff.

Die Frage, ob ein ausländisches Scheidungsurteil von türkischen Gerichten – wenn über-   **98**
haupt – nur anerkannt werden muss oder ob es eines zusätzlichen Vollstreckungsurteils
bedarf, ist von hoher Relevanz, da das Anerkennungsverfahren anderen Voraussetzungen
unterliegt als das Vollstreckungsverfahren. Grundsätzlich bedarf ein Scheidungsurteil keiner
Vollstreckungsentscheidung, sondern nur der Anerkennung, da es ein „Gestaltungsurteil"
(*yenilik doguruçu karar* – *insai karar*) ist.[116] Allerdings ist für die mit dem Scheidungsurteil
verbundenen Unterhalts- oder Schadensersatzfragen nach türkischem Recht eine Vollstreckungsentscheidung notwendig.

Die deutschen Gerichte beschäftigt in Anerkennungsverfahren die Tatsache, dass in den   **99**
Urteilen der türkischen Familiengerichte gleichzeitig die Scheidungsfolgen (materieller
Schadensersatz/Entschädigung gemäß Art. 174 Abs. 1 türkZGB und immaterieller Scha-
densersatz/Genugtuung gemäß Art. 174 Abs. 2 türkZGB) mitgeregelt werden. Da die Verur-
teilungen zum Schadensersatz in der Regel ohne Bezugnahme auf die Bedürftigkeit und
Leistungsfähigkeit der Ehegatten erfolgen, besteht hier die Gefahr, dass die deutschen Gerichte diese nicht als Unterhaltsanspruch qualifizieren und die Anwendung von HUVÜ
verneinen. Hier hilft das Günstigkeitsprinzip des internationalen Zivilverfahrensrechts, wonach zwischenstaatliche Abkommen die Anerkennung ausländischer Entscheidungen erleichtern und nicht erschweren sollen. In diesen Fällen bietet sich das innerstaatliche Voll-
streckbarerklärungsverfahren nach § 110 Abs. 2 S. 1 FamFG als günstiger Weg an, weil eine
Vollstreckbarerklärung der im türkischen Scheidungsurteil titulierten Schadenersatzansprüche nach innerstaatlichem Recht ohne Rücksicht auf deren unterhaltsrechtliche Qualifikation erfolgen kann.[117]

Außerdem ist das Scheidungsurteil im türkischen Recht im Personenstandsregister einzutra-   **100**
gen. Ob diese Eintragung eine Vollstreckungsentscheidung voraussetzt, ist in der türkischen
Rechtsliteratur strittig,[118] wird von der h.M. jedoch verneint,[119] weil sie keine konstitutive
Bedeutung hat.[120]

2. Voraussetzungen der Anerkennung eines ausländischen Scheidungsurteils im türkischen Recht

Für die Anerkennung eines ausländischen Scheidungsurteils durch das türkische Gericht   **101**
müssen die in Art. 54 türkIPRG vorgesehenen Vollstreckungsvoraussetzungen – außer lit. a
und d – erfüllt sein (Art. 58 Abs. 1 türkIPRG). Das bedeutet konkret:

aa) Das Urteil darf keinen Gegenstand betreffen, der in die **ausschließliche Zuständigkeit**   **102**
der türkischen Gerichte fällt (Art. 54 lit. b türkIPRG); Angelegenheiten des Personalstatuts
türkischer Staatsangehöriger gehören seit 1982 nicht mehr zur ausschließlichen Zuständig-

---

116 Vgl. *Özbakan*, Türk Hukukunda Yabanci Mahkeme Kararlarinin Taninmasi ve Tenfizi (Anerkennung
und Vollstreckung von ausländischen Gerichtsurteilen im türkischen Recht), Ankara 1987, S. 115.

117 BGH, Beschluss, 12. Zivilsenat, 2.9.2015, XII ZB 75/13, Rn 15 ff. in FamRZ 2015, 2043–2046; vgl.
Prütting/Helms/*Hau*, FamFG, 3. Aufl., § 110 Rn 16.

118 Dazu ausführlicher: *Özbakan*, Türk Hukukunda Yabanci Mahkeme Kararlarinin Taninmasi ve Tenfizi
(Anerkennung und Vollstreckung von ausländischen Gerichtsurteilen im türkischen Recht), S. 116 ff.;
Yalçinkaya/Kaleli, Bosanma Hukuku II (Scheidungsrecht 2. Bd.), 1987, S. 2014.

119 *Sakmar*, Devletler Hususi Hukukunda Bosanma (Die Scheidung im internationalen Privatrecht),
S. 203 f.

120 *Inal*, Uygulamada Nafaka ve Bosanma Davalari (Unterhalts- und Scheidungsklagen in der Praxis) mit
Anm. HGK 9.12.1939, Istanbul 1971; *Nomer*, Devletler Hususi Hukuku (Internationales Privatrecht),
2010, S. 502 ff.; für die themenrelevante Praxis in Deutschland siehe LG München Beschl. v. 1.7.1993–
16 T9817/93, Mehrsprachige Urkunden türkischer und jugoslawischer Konsulate als Eintragungs-
grundlage für nach § 15a Abs. 2 EheG geschlossene Ehen, StAZ 1983, 319.

keit der türkischen Gerichte (Art. 41 türkIPRG). Die einzige ausschließliche Zuständigkeit türkischer Gerichte ist im Bereich von Verfügungen über Immobilien gegeben (Art. 13 türkZPO).[121] Daher ist dieser Punkt für die Anerkennung und Vollstreckung ausländischer Scheidungsurteile in der Türkei irrelevant.

103   **bb)** Das Urteil darf nicht offensichtlich gegen den **ordre public** verstoßen (Art. 54 lit. c türkIPRG). Da die Grenzen des *ordre public* wie im deutschen auch im türkischen Recht relativ unbestimmt sind und daher großenteils vom Ermessen des jeweiligen Richters abhängen, hat der türkische Gesetzgeber festgelegt, dass dieser **Verstoß „offensichtlich"** sein muss, um eine Anerkennung bzw. Vollstreckung ablehnen zu können. Doch schließt sich an dieses Offensichtlichkeitserfordernis wiederum das Problem an, dass in der türkischen Rechtslehre und -praxis nicht eindeutig geklärt ist, was unter einem „offensichtlichen" Verstoß gegen den türkischen *ordre public* zu verstehen ist. Nach einer Entscheidung des türkischen Revisionsgerichts verstößt ein deutsches Gerichtsurteil gegen den türkischen *ordre public*, wenn der Angeklagte nicht ordnungsgemäß zum Prozess geladen ist.[122] Nach dem Urteil des türkischen Kassationshofes verstößt die **Übertragung der elterlichen Sorge auf beide Elternteile** gegen den türkischen *ordre public* (*kamu düzeni*),[123] weil das türkische Recht die gemeinsame Ausübung der elterlichen Sorge nicht zulässt.[124] Da gem. Art. 56 türkIPRG ein ausländisches Urteil auch nur teilweise anerkannt werden kann, erkennen die Gerichte die Übertragung des Sorgerechts auf beide Elternteile nicht an. Dies kann dazu führen, dass das Sorgerecht wieder zum Streitgegenstand wird, wenn die Eltern ihren Wohnsitz erneut in die Türkei verlagern.[125]

Die Sorgerechtsentscheidungen der türkischen Gerichte werden in Deutschland nicht anerkannt, falls die Entscheidungen ohne jegliche Prüfung des Kindeswohls erlassen wurden.[126] Dass nach dem türkischen Recht keine einjährige Trennungszeit für die Scheidung vorgesehen ist, stellt in Deutschland kein Anerkennungshindernis dar.[127]

104   **Praxishinweis:** Da der türkische Richter mit dem Scheidungsurteil von Amts wegen auch die Sorgerechtsentscheidung trifft, ist ein Scheidungsurteil ohne Ausspruch zur elterlichen Sorge für diese Richterschaft irritierend und führt oft zur Nichtanerkennung dieser Scheidungsurteile. Daher muss der Rechtspfleger dafür Sorge tragen, dass das Scheidungsurteil auch eine Regelung des Sorgerechts beinhaltet.[128]

105   **cc)** Es muss in einem das Personalstatut von Türken betreffenden ausländischen Urteil das **nach den türkischen Kollisionsnormen maßgebende Recht angewandt** worden sein.

---

121 *Nomer* weist darauf hin, dass im Rahmen arbeitsgerichtlicher Streitigkeiten zum Schutze des Arbeitnehmers eine „begrenzte" ausschließliche Zuständigkeit der türkischen Arbeitsgerichte bereits in der türkischen Lehre anerkannt ist, *Nomer*, Türkisches Internationales Privatrecht und doppelte Staatsangehörigkeit, JZ 1993, 1144 Fn 10.

122 Urteil Yargitay 2. HD (türkischer Kassationshof 2. Zivilsenat) v. 19.1.1987 in: *Yalçinkaya/Kaleli*, Bosanma Hukuku II (Scheidungsrecht 2. Bd.), 1987, S. 2017 ff.; *Nomer*, Devletler Hususi Hukuku (Internationales Privatrecht), 2010, S. 502 ff., insb. Fn 214c.

123 Urteil Yargitay 2. HD (türkischer Kassationshof 2. Zivilsenat) v. 20.3.2003, E. 2003/2818, K. 2003/3889, veröffentlicht in: Istanbul Barosu Dergisi (Zeitschrift der Anwaltskammer Istanbul) 2003, 1008 f.; Anm. *Krüger*, IPRax 2004, 550 f.

124 *Akintürk/Karaman*, Aile Hukuku (Familienrecht), S. 408.

125 *Krüger*, IPRax 2004, 551.

126 OLG Köln, Senat für Familiensachen, Beschl. v. 7.7.2014, II-21 UF 99/14, 21 UF 99/14, Rn 5, in FamRZ 2015, 78.

127 IPRspr 2013, Nr. 274, 599–601; FamRZ 2014, 791 f.; OLG Karlsruhe, Beschl. v. 7.11.2013, 3465/13 – 1.

128 *Finger/Turan-Schneiders*, Änderungen im türkischen Familienrecht zum 1.1.2002, FamRB 2002, 216.

Berücksichtigung findet dies jedoch nur, falls der beklagte türkische Staatsangehörige dies rügt (Art. 54 lit. e türkIPRG).[129] Diese Vorschrift kommt mithin zur Geltung, wenn der Antragsgegner türkischer Staatsangehöriger ist und aus dem oben genannten Grunde Einwände gegen die Anerkennung bzw. Vollstreckung erhebt. Das nach den türkischen Kollisionsnormen maßgebende Recht bei Scheidung und Trennung ist das gemeinsame Heimatrecht der Ehegatten (Art. 14 Abs. 1 türkIPRG). „Falls die Ehegatten verschiedene Staatsangehörigkeiten haben, wird das Recht des gemeinsamen Wohnsitzes, bei Fehlen eines solchen das Recht des gemeinsamen gewöhnlichen Aufenthalts und, falls auch ein solcher fehlt, türkisches Recht angewandt" (Art. 14 Abs. 2 türkIPRG). Im Anerkennungs- bzw. Vollstreckungsprozess muss vom türkischen Richter geprüft werden, welches nach den türkischen Kollisionsnormen das maßgebliche materielle Recht ist und ob es auch „tatsächlich" angewandt wurde.[130]

dd) Für die Anerkennung eines ausländischen Gerichtsurteils bedarf es – im Gegensatz zur Vollstreckung – nicht der Voraussetzungen des Art. 54 lit. a türkIPRG (Gegenseitigkeitsvoraussetzung) und des Art. 54 lit. c türkIPRG (Nichtvorhandensein eines Anfechtungsantrags von Seiten des Angeklagten, Art. 58 Abs. 1 S. 2 türkIPRG).[131]

106

3. Anerkennungsverfahren

Das Anerkennungsverfahren ist im türkIPRG nicht eindeutig geregelt. Jedoch besteht kein Zweifel daran, dass es sich um eine Feststellungsklage (*Tesbit Davası*) handelt und wie das Vollstreckungsverfahren (Art. 39 Abs. 1 türkIPRG) gemäß den Vorschriften über das „einfache Prozessverfahren"[132] zu erfolgen hat. In die Klageschrift müssen Name und Anschrift des Beklagten und (falls vorhanden) Name und Anschrift seines Rechtsanwalts aufgenommen werden, weil der Beklagte eventuell einen Einwand gegen die Anerkennung gem. Art. 54 türkIPRG erheben könnte. Dieser Anspruch steht nach dem eindeutigen Wortlaut der Bestimmung aber nur dem türkischen Beklagten zu. Daher ist die Ladung des Beklagten im Anerkennungsverfahren nicht notwendig, falls er nicht die türkische Staatsangehörigkeit besitzt.[133] In der Praxis ist dieses alleinige Anerkennungsverfahren leider weitgehend unbekannt. Die Gerichte behandeln diese Klagen **regelmäßig als Vollstreckungsverfahren. Zuständige Gerichte** sind hierfür die **Familiengerichte**.[134]

107

---

129 Für einen themenrelevanten Fall siehe LG Bonn, Beschl. v. 18.7.1988, 5 T 87/88, StAZ 1988, 354 f.
130 *Nomer*, JZ 1993, 1144.
131 Vgl. *Ansay*, Zur Scheidung von Türken in der Bundesrepublik Deutschland nach Inkrafttreten des neuen IPR-Gesetzes, StAZ 1983, 29, insb. Fn 7.
132 Die Wörter *basit yargilama usulü* (gem. Art. 507–511) werden von *Krüger* als „das summarische Verfahren" übersetzt. Diese Übersetzung ist m.E. nicht zutreffend. Für die bessere Übersetzung der Bestimmung siehe *Tekinalp*, Gesetz über Internationales Privatrecht und Zivilverfahrensrecht v. 22.5.1982, RabelsZ 1983, 139.
133 Vgl. *Nomer*, Devletler Hususi Hukuku (Internationales Privatrecht), 2010, S. 499 ff.; *Özdemir*, Yurt Disinda Alinan Mahkeme Kararlarinin Türkiye'deki Etkisi (Wirkung der ausländischen Gerichtsurteile in der Türkei), YKD 1–2/1986, S. 15; *Postacioglu*, Milletlerarasi Hukuk ve Milletlerarasi Özel Hukuk Bülteni 2/1984, S. 123.
134 Art. 4 Abs. 1 Nr. 2 Gesetz über die Einrichtung, Zuständigkeit und Verfahrensordnung der Familiengerichte (*Aile Mahkemelerinin Kurulus, Görev ve Yargilama Usullerine Dair Kanun*) v. 9.1.2003, Gesetz Nr. 4787.

Kiliç

4. Vollstreckung des ausländischen Scheidungsurteils in der Türkei

108   Für die Nebenurteile (z.B. Unterhalts-, Sorgerechts- und Schadensersatzurteile) ist aufgrund ihrer Natur ein Vollstreckungsverfahren erforderlich (siehe Rdn 96 ff.). Dasselbe Verfahren verlangt ein Teil der Lit. und Rspr. auch für reine Scheidungsurteile. Davon unabhängig kann die klagende Partei dieses Verfahren selbst wählen.[135]

109   Bei dem Vollstreckungsverfahren sollen – im Gegensatz zur Anerkennung (siehe Rdn 96 ff.) – alle in Art. 54 türkIPRG festgelegten Voraussetzungen (also auch lit. a und c) erfüllt sein. Die für die Vollstreckung von deutschen Gerichten erlassene Scheidungsurteile erforderliche Gegenseitigkeitsvoraussetzung (lit. a) ist vorhanden.[136] Des Weiteren darf kein berechtigter Einwand von Seiten des Beklagten gem. Art. 54 lit. c türkIPRG vorliegen. Als solche Einwände stehen ihm zur Verfügung:
  – Er sei nicht formgemäß entsprechend den Gesetzen des betreffenden Staates vor das erkennende Gericht geladen worden;
  – er sei vor dem betreffenden Gericht nicht vertreten gewesen; oder
  – es sei ein Versäumnisurteil unter Verletzung der Gesetze des betreffenden Staates ergangen.

Im Falle einer Rüge muss das türkische Gericht untersuchen, ob der Einwand berechtigt ist; auf eigene Initiative darf es aber nicht tätig werden.[137] Unterbleibt eine derartige Rüge, ist die Voraussetzung des Art. 54 lit. c türkIPRG ohne gerichtliche Prüfung als gegeben anzusehen.

110   Im Antrag auf Vollstreckbarerklärung sollen die Namen, Vornamen und Anschriften der gegnerischen Partei und ggf. der gesetzlichen Vertreter und Bevollmächtigten enthalten sein (Art. 36 Abs. 1 lit. a türkIPRG), damit sie vom Gericht offiziell geladen werden können, um einen eventuellen Einwand geltend zu machen. Sich an dem Prozess nicht zu beteiligen bleibt der gegnerischen Partei vorbehalten, stellt aber auch kein Prozesshindernis dar.

111   Wollen beide geschiedenen Parteien die Anerkennung und die Vollstreckung des Scheidungsurteils in der Türkei betreiben, können sie jeweils einen **anwaltlichen Vertreter in der Türkei** beauftragen. Dies erübrigt sich jedoch, wenn eine der Parteien **notariell erklärt, keine Einwände** gegen die Anerkennung und Vollstreckung des betreffenden Scheidungsurteils geltend zu machen. Folgende Formulierung bietet sich an:

112   *„Anhand dieser notariellen Urkunde erkläre ich, dass ich mit der Anerkennung und Vollstreckung des Scheidungsurteils des Amtsgerichts ... vom ... einverstanden bin und dagegen keinerlei Einwände geltend mache."*

113   Wenn jedoch eine der geschiedenen Parteien bei der Anerkennung und Vollstreckung des Scheidungsurteils nicht mitwirkt, führt dies zu einem langwierigen Prozess, da die Ladung

---

135 Für einen themenrelevanten Fall siehe das Urteil von *Istanbul 1. Asliye Hukuk Mahkemesi* (Grundgericht; zuständig nach Art. 35 türkIPR) v. 16.4.1984, E. 1983/491, K. 1984/204, in: MHB 1/1984, S. 59.

136 Diese Gegenseitigkeit muss nicht unbedingt auf einem bi- oder multilateralen Vertrag beruhen. Eine gesetzliche Bestimmung oder die tatsächliche Ausübung der Vollstreckung von türkischen Gerichtsurteilen in dem betreffenden Land reicht aus. Der Vereinigte Senat des türkischen Kassationshofes (*Yargitay Ictihadi Birlestirme Kurulu* – höchste Revisionsinstanz für Zivil- und Strafrechtsangelegenheiten) hat in seinem Urt. v. 13.6.1990 (E. 1990/13–3, K. 1990/347) entschieden, dass die Gegenseitigkeit im Verhältnis zur Bundesrepublik Deutschland verbürgt ist. Siehe dafür AG Gummersbach IPRax 1986, 235 ff.; *Henrich*, Verbürgung der Gegenseitigkeit im Verhältnis zur Türkei, IPRax 1991, 136.

137 Vgl. Urteil Yargitay 2. HD (2. Zivilkammer des Kassationshofes) v. 25.6.1987 in: Yasa Hukuk Dergisi 10/1988, S. 1457 f.

des im Ausland ansässigen Beklagten viel Zeit in Anspruch nehmen kann. Dies ist i.d.R. der Fall, wenn einer der geschiedenen Parteien gebürtige deutsche Staatsangehörige ist und ihr das lediglich deutsche Scheidungsurteil genügt. Häufig spielen dabei weniger Verzögerungsabsichten der deutschen Partei eine Rolle als die Ungewissheit und das Misstrauen gegenüber der anderen Partei bezüglich der Verwendung der erteilten Vollmacht. In solchen Fällen können zwei Wege empfohlen werden:

– Eine anwaltliche Vertretung in der Türkei wird nur mit der Anerkennung und Vollstreckung eines bestimmten Scheidungsurteils beauftragt (also keine allgemeine Vollmacht).
– Es kann eine notarielle Einverständniserklärung vor einem deutschen Notar abgegeben werden. Diese wird von einem vereidigten Dolmetscher übersetzt, sodann vom örtlich zuständigen türkischen Konsulat beglaubigt.[138]

Zustellung an den türkischen Staatsangehörigen im Ausland: Ist der Zustellungsadressat türkischer Staatsangehöriger, kann ein neuer vereinfachter Zustellungsweg genutzt werden. Nach Art. 25a ist eine Zustellung auch über die türkischen Botschaften oder Konsulate möglich. Der Zustellungsbescheid muss folgende Informationen enthalten: **114**

– den Gegenstand der Zustellung,
– die/das zustellende Stelle/Amt und
– eine Rechtsbelehrung darüber, dass der Brief als zugestellt gilt, falls der Betroffene nicht innerhalb von 30 Tagen bei der Entsendestelle (Konsulat oder Botschaft) vorstellig wird.

Somit richtet sich die Zustellung nach den Gesetzen des Landes, in dem sie tatsächlich erfolgt. Wird der Betroffene nach ordnungsgemäßer Ladung beim türkischen Konsulat oder der Botschaft innerhalb von 30 Tagen nicht vorstellig oder verweigert er nach Erscheinen die Annahme des Briefes, gilt der Brief als zugestellt.

5. Anerkennung und Vollstreckung im Falle von Mehrstaatigkeit

Gemäß Art. 58 Abs. 1 türkIPRG und Art. 54 türkIPRG muss das ausländische Gericht das nach türkischem internationalem Privatrecht maßgebende Recht angewandt haben.[139] Die Anerkennung und Vollstreckung des Urteils eines ausländischen Gerichts ist nicht zulässig, falls es das **Personalstatut** von Türken betrifft, das nach den türkischen Kollisionsnormen maßgebende Recht nicht angewandt worden ist und der beklagte türkische Staatsangehörige aus diesem Grund einen Einwand gegen die Vollstreckbarerklärung erhoben hat. Aus diesem Grunde spielt die **Staatsangehörigkeit** eine große Rolle. Da sowohl in deutschen als auch in türkischen Kollisionsnormen an die Staatsangehörigkeit angeknüpft wird, kann es bei **deutsch-türkischen Doppelstaatern** zu Problemen führen.[140] **115**

Wie zu verfahren ist, wenn deutsche und türkische Behörden sich für das Personenrecht eines deutsch-türkischen Doppelstaaters zuständig oder umgekehrt für unzuständig erklären, ist ungeklärt. Diese Frage taucht auch im Bereich der Scheidungsurteile auf.[141] Wird **116**

---

138 Die Beglaubigung der Übersetzung durch das türkische Konsulat ist deshalb erforderlich, weil die Konsulate dadurch bestätigen, dass die/der Übersetzer/in tatsächlich als Dolmetscher zugelassen ist.
139 Zur Anerkennung und Vollstreckung im Falle von Mehrstaatigkeit siehe ausführlich *Nomer*, JZ 1993, 1142 ff.
140 Zur deutsch-türkischen Doppelstaatsangehörigkeit siehe ausführlicher: *Kılıç*, Deutsch-türkische Doppelstaatsangehörigkeit?, StAZ 1994, 77 f.; *Ansay*, Doppelstaatsangehörigkeit für Türken?, InfAuslR 1981, 84 ff.; *Martiny*, Probleme der Doppelstaatsangehörigkeit im deutschen Internationalen Privatrecht, JZ 1993, 1145 ff.
141 *Ansay*, StAZ 1983, 30.

auf das Recht des Staates verwiesen, dem eine Person angehört, geht bei den Doppelstaatern in Deutschland die deutsche Staatsangehörigkeit vor (Art. 5 Abs. 1 S. 2 EGBGB). Es wird die türkische Staatsangehörigkeit eines deutsch-türkischen Doppelstaaters vor den deutschen Gerichten demnach nicht berücksichtigt. Im türkischen internationalen Privatrecht verhält sich dies nicht anders. Die Türkei hat sich für die Beibehaltung des Staatsangehörigkeitsprinzips im internationalen Personen-, Familien- und Erbrecht entschieden.[142] Art. 4 Abs. 1 lit. b türkIPRG entspricht spiegelbildlich der Regelung des Art. 5 Abs. 1 EGBGB.[143] Art. 4 Abs. 1 lit. b türkIPRG sowie Art. 5 Abs. 1 S. 2 EGBGB werden mit dem Bedürfnis gerichtlicher und standesamtlicher Praxis begründet.[144] Es wird behauptet, das inländische materielle Recht sei viel sicherer anzuwenden als das nicht so bekannte fremde Recht.

117   So werden die Herstellung internationaler Entscheidungsharmonie und der kollisionsrechtliche Grundsatz des Gleichheitsgebots ignoriert. In Wirklichkeit führen diese Regelungen die Rechtspraxis in eine Sackgasse. Wenn z.B. ein in Deutschland lebender deutsch-türkischer Doppelstaater sich vor einem deutschen Gericht scheiden lässt, wird nur seine deutsche Staatsangehörigkeit berücksichtigt und es werden deutsche Sachnormen angewandt. Wenn er sich aber vor einem türkischen Gericht scheiden lässt, so müssen türkische Sachnormen angewandt werden. Dieser Zustand des internationalen Privatrechts beider Länder kann Konflikte im Rahmen von Rechtshängigkeit und Anerkennung verursachen.[145] Hierfür ist die Anerkennung und Vollstreckung der ausländischen Gerichtsurteile ein guter Beweis: Wenn von den deutschen Gerichten bei einem Scheidungsverfahren eines deutsch-türkischen Doppelstaaters deutsche Sachnormen angewandt werden, so wird nicht das nach türkischem internationalen Privatrecht maßgebende Recht angewandt, das sich nach Art. 14 türkIPRG i.V.m. Art. 4 türkIPRG bestimmt (Art. 58 Abs. 1 türkIPRG und Art. 54 türkIPRG).[146] Zur Abweisung des Anerkennungs- und Vollstreckungsantrags reicht aus, dass der Antragsgegner anführt, er sei türkischer Staatsangehöriger und das ausländische Gericht habe bei der Urteilsfindung nicht das gemäß türkischem Kollisionsrecht (gem. Art. 14. türkIPRG) maßgebliche Recht angewandt.[147]

118   **Hinweis:** Angesichts solcher Konflikte sollte m.E. im deutschen und türkischen internationalen Privatrecht bei Mehrstaatern an die effektive Staatsangehörigkeit angeknüpft werden. Um dies zu ermöglichen, sollten die Art. 5 Abs. 1 S. 1 EGBGB und Art. 4 türkIPRG aufgehoben werden.

6. Sprachrisiko

119   Eine gute Übersetzung der Urkunden und Urteile ist entscheidend. Das Sprachrisiko[148] spielt im Rahmen der Anerkennung und Vollstreckung eine große Rolle, weil sich zwei

---

142 Vgl. *Krüger*, Neues internationales Privatrecht in der Türkei, ZfRV 1982, 171.
143 „In den Fällen, in denen aufgrund der Vorschriften dieses Gesetzes das anzuwendende Recht nach dem Staatsangehörigkeitsprinzip zu bestimmen ist, wird, falls in diesem Gesetz nichts Gegenteiliges vorgesehen ist, wie folgt verfahren: Besitzt jemand mehr als eine Staatsangehörigkeit und ist eine davon die türkische, so wird in diesem Fall türkisches Recht angewandt (Art. 4 Abs. 1b türkIPRG).
144 *Nomer*, Devletler Hususi Hukuku (Internationales Privatrecht), 2010, S. 126; *Jayme* in: Festschrift Müller-Freienfels, S. 364; *Mansel*, Personalstatut, Staatsangehörigkeit und Effektivität, 1988, S. 205.
145 *Martiny*, Probleme der Doppelstaatsangehörigkeit im deutschen Internationalen Privatrecht, JZ 1993, 1150.
146 *Ansay*, StAZ 1983, 30.
147 *Nomer*, JZ 1993, 1144.
148 *Jayme*, Das „Sprachrisiko" im deutschen und internationalen Privatrecht unter besonderer Berücksichtigung der Rechtsprobleme türkischer Arbeitnehmer in der Bundesrepublik Deutschland, in: Extrait des Annales de la Faculté de Droit d'Istanbul, No. 44, 1981, S. 365 f.

verschiedene Rechtssysteme und i.d.R. zwei verschiedene Rechtssprachen gegenüberstehen. Bei der Anerkennung und Vollstreckung sind die beglaubigten Übersetzungen des Urteils des ausländischen Gerichts (Art. 37 lit. a türkIPRG) und des Zeugnisses, das die Rechtskraft der Entscheidung bestätigt (Art. 37 lit. b türkIPRG), beizufügen. Bei diesen Übersetzungen und bei der Verwendung fremder Terminologie unterlaufen oft grobe Fehler, die teilweise das Gerechtigkeitsgefühl tief verletzen können. Folgendes Beispiel zeigt in eklatanter Weise, welche Konsequenzen **sprachliche Missverständnisse** nach sich ziehen können:

Beispiel: Ein von einem türkischen Vater abstammendes nichteheliches Kind stellte nach dem Tod seines Vaters einen Vaterschaftsfeststellungsantrag beim zuständigen Amtsgericht in Deutschland. Durch das Urteil dieses Gerichts wurde die Vaterschaft festgestellt. Bei der Übersetzung des Urteils wurde das Wort „Amtsgericht" fehlerhaft als *„Sulh Hukuk Mahkemesi"* (Friedensgericht) übersetzt. Dieses Urteil wurde vom zuständigen türkischen *Asliye Hukuk Mahkemesi* (Grundgericht) durch eine Vollstreckungsentscheidung bestätigt. Jedoch wurde diese Entscheidung vom türkischen Kassationshof (*Yargitay*) mit der Begründung aufgehoben, dass für dieses Verfahren in der Türkei nicht das *Sulh Hukuk Mahkemesi* (Friedensgericht) zuständig sei, sondern das *Asliye Hukuk Mahkemesi* (Grundgericht). Deswegen verstoße das Urteil gegen den türkischen *ordre public* (Art. 5 türkIPRG).[149] Weil der türkische Rechtsanwalt den Unterschied zwischen Amtsgericht und *Sulh Hukuk Mahkemesi* nicht kannte, hat er keine Berichtigungsklage gegen das Urteil des türkischen Revisionsgerichts erhoben und so wurde dieses Urteil rechtskräftig und das Kind zu „lebenslanger Vaterlosigkeit" verurteilt!

Praxishinweis: Daher muss bei den Anerkennungs- oder Vollstreckungsanträgen der Scheidungsurteile darauf geachtet werden, dass die Gerichtsnamen unter besonderer Berücksichtigung des türkischen Gerichtssystems von kompetenten Übersetzern sinngemäß übersetzt werden.[150]

Das Sprachrisiko spielt nicht nur bei Scheidungsurteilen eine wichtige Rolle, sondern auch bei den **Scheidungsfolgen** (Unterhalts-, Sorgerechts- und Schadensersatzurteile). Bei Unterhaltsentscheidungen[151] ist besonders schwierig festzulegen, welche Kriterien bei der Bemessung des Unterhalts durch deutsche bzw. türkische Gerichte zu berücksichtigen sind, da der „Bedürftigkeitsbegriff" in beiden Rechtsordnungen anders ausgelegt wird.[152] Bei der

120

121

122

---

149 Urteil Yargitay (türkischer Kassationshof) v. 12.9.1991, K. 113/173; für eine Kritik dieses Verfahrens siehe *Aksoy*, Çeviri Yanlislari (Übersetzungsfehler), in: Hürriyet (türk. Tageszeitung) v. 4.11.1992.

150 Über das Verfahren im türkischen Gerichtssystem siehe *Rumpf*, Das Rechtsstaatsprinzip in der türkischen Rechtsordnung, 1992, S. 151 ff.; *ders.*, Anmerkung zu dem Urteil des türkischen Kassationshofes, FamRZ 1993, 1210, insb. Fn 3.

151 Die Türkei hat hinsichtlich des Unterhaltsrechts die folgenden Haager Abkommen ratifiziert: 1. Übereinkommen über die Anerkennung und Vollstreckung von Unterhaltsentscheidungen v. 2.10.1973 (ratifiziert mit Erlass des Ministerrats v. 22.11.1982, Resmi Gazete (türk. Amtsblatt) Nr. 17961 v. 16.2.1983); 2. Übereinkommen über das auf Unterhaltspflichten anzuwendende Recht v. 2.10.1973 (ratifiziert mit Erlass des Ministerrats v. 26.11.1982, Resmi Gazete Nr. 17951 v. 6.2.1983). Vgl. *Ansay*, Türkei: Ratifizierung von internationalen Abkommen, StAZ 1983, 231; für die Texte der Übereinkommen siehe *Jayme/ Hausmann*, Internationales Privat- und Verfahrensrecht, 12. Aufl. 2004, S. 321 ff. und 72 ff.

152 Bei der Tagung der Deutsch-Türkischen Juristenvereinigung v. 9/10.12.1988 sollen die Teilnehmer den Bedürftigkeitsbegriff mit folgenden Bezeichnungen diskutiert haben: „Reis mit Zwiebeln" oder „Düsseldorfer Tabelle", vgl. *Jayme*, IPRax 1989, 330 f.

Scheidung türkischer Staatsangehöriger durch deutsche Gerichte muss die Bedürftigkeit nach türkischem Recht (Art. 175, 182 und 364 türkZGB) festgestellt werden.[153]

E. Scheidungsfolgen

I. Vermögensteilung

123   Bei der Auflösung des Güterstandes[154] werden die Unterschiede des deutschen und türkischen gesetzlichen Güterstandes deutlich. Das Gericht trifft nach Eröffnung des Scheidungs- oder Trennungsverfahrens **von Amts wegen** die notwendigen Maßnahmen für die Verwaltung des Vermögens der Ehegatten (Art. 169 türkZGB). Veruntreut einer der Ehegatten das gemeinsame Vermögen, empfiehlt es sich rechtzeitig – also auch während des Scheidungs- oder Trennungsverfahrens – einen Antrag auf Gütertrennung zu stellen (Art. 206 türkZGB).

124   Der gesetzliche Güterstand der Errungenschaftsbeteiligung umfasst die **Errungenschaft** (siehe Rdn 33) und das **Eigengut** (siehe Rdn 136) jedes Ehegatten.[155] Das Vermögen der Ehegatten wird also jeweils in Massen aufgeteilt. Hierin liegt der Unterschied zur Zugewinngemeinschaft, die das Anfangs- und Endvermögen gegenüberstellt.

125   Im türkischen Recht wird zunächst der sog. **Vorschlag** ermittelt: Das Eigengut jedes Ehegatten wird vom jeweiligen Ehegatten zurückbehalten und zählt nicht bei der Ermittlung des Vorschlags. Was von der Errungenschaft nach Berücksichtigung der Hinzurechnungen und Ersatzforderungen sowie nach Abzug der Schulden verbleibt, bildet den Vorschlag, der zwischen den Ehegatten geteilt wird.

126   **Beispiel:** Eine türkische Ehefrau wird Alleineigentümerin der ihr anlässlich der Heirat und Verlobung gemachten persönlichen Geschenke (hier: Schmuck).[156] Die Klägerin hat an dem Schmuck auch Alleineigentum erlangt, weil es sich insbesondere im Falle des Schmucks um Sachen handelt, die sowohl nach der türkischen als auch der deutschen Verkehrsauffassung als persönliche Gebrauchsgegenstände der Frau eingeordnet werden.[157]

Behauptet der Ehemann, dass der Heirats-Schmuck ihm von der Ehefrau auf nicht mehr Zurückverlangen freiwillig zur Verwendung überlassen wurde, muss dies beweisen. Kann er dies nicht beweisen, muss er den Wert des Schmuckes zurückerstatten.[158]

Schenkung in der Ehe muss zweifellos und eindeutig sein. Keine Schenkung stellen Zuwendungen dar, die eine moralische und solidarische Grundlage haben. Auch der Höhe nach unübliche Vermögenswerte gelten nicht ohne weiteres als Schenkung.[159]

---

153 *Jayme*, IPRax 1989, 331; OLG Koblenz IPRax 1986, 40 ff.; AG Gummersbach IPRax 1986, 235 ff.; *Schack*, Anerkennung eines ausländischen trotz widersprechenden deutschen Unterhaltsurteils, IPRax 1986, 219; OLG Köln IPRax 1989, 53.

154 Generell über die Scheidungsfolgen ausführlicher siehe *Saltas-Özcan*, Die Scheidungsfolgen nach türkischem materiellen Recht, S. 23 ff.

155 Art. 218 türkZGB; vgl. Art. 196 schwZGB.

156 Leitsatz der Redaktion der FamRZ LG Berlin (4. ZK), Urt. v. 19.2.1992, 4 O 355/91, FamRZ 1993, 198.

157 LG Berlin (4. ZK), Urt. v. 19.2.1992, 4 O 355/91, FamRZ 1993, 198 f.

158 Kassationshof, 3. Zivilsenat, Urt. v. 8.3.2016, E. 2015/10895, K. 2016/3352.

159 Kassationshof, Urt. v. 11.4.2016, E. 2014/26370, K. 2016/6513.

Bei der **Ermittlung des Vorschlags** werden zwei Rechnungsposten der Errungenschaft hinzugerechnet: 127
- **Unentgeltliche Zuwendungen**, die ein Ehegatte während des letzten Jahres vor der Auflösung des Güterstandes ohne Zustimmung des anderen Ehegatten gemacht hat; ausgenommen hiervon sind die üblichen Gelegenheitsgeschenke.
- **Vermögensentäußerungen**, die ein Ehegatte während der Dauer des Güterstandes vorgenommen hat, um den Beteiligungsanspruch des anderen zu schmälern.[160]

Es bestehen **zwei wesentliche Unterschiede** zur Regelung des § 1375 Abs. 2 und 3 BGB: 128
- Im türkischen gesetzlichen Güterstand wird das Vermögen der Errungenschaft nicht hinzugerechnet, das durch **Verschwendung** verloren gegangen ist.
- Der Betrag der **Vermögensminderung** wird dem Endvermögen (Vorschlag) nicht hinzugerechnet, wenn sie mindestens fünf Jahre[161] vor Beendigung des Güterstandes eingetreten ist.

Spätestens dann, wenn es um **Ersatzforderungen gegen das Eigengut** geht, wird es kompliziert. Hier geht es nämlich nicht um die Forderungen, die ein Ehegatte gegen den anderen Ehegatten bzw. dessen Vermögen stellt, sondern darum, dass das Verhältnis der Errungenschaft und des Eigengutes des jeweiligen Ehegatten ermittelt wird. 129

Beispiel: Beide Ehegatten sind Arbeitnehmer. Die Frau kauft mit ihrem Gehalt (Errungenschaft) für den persönlichen Bedarf ein kleines City-Auto (Eigengut) und der Ehemann mit seinem Gehalt (Errungenschaft) zum persönlichen Gebrauch ein teures Motorrad (Eigengut). In beiden Fällen haben die Ehegatten die Errungenschaft eingesetzt, um Eigengut zu erwerben. 130

Die Beträge, die beide Ehegatten zum Erwerb des Eigenguts aufgewandt haben, müssen der Errungenschaft zugerechnet werden. Ersatzforderungen sind aber variabel.[162] Was tun, wenn bei der Auflösung des Güterstandes das Motorrad zwei Jahre alt und halb so viel wert ist? Bei der Berechnung der Ersatzforderung wird nicht das eingesetzte Mittel berücksichtigt, sondern der **Verkehrswert des Gegenstandes** zum Zeitpunkt der Auflösung des Güterstandes. Die Ersatzforderung erlischt durch Untergang oder Verbrauch des erworbenen Gegenstandes (Eigengut). Geht das Motorrad infolge von Naturgewalt unter (wird also der Schadensfall von der Versicherung nicht beglichen), erlischt auch die Ersatzforderung.

---

160 Art. 229 türkZGB: Der Errungenschaft hinzugerechnet werden: 1. Unentgeltliche Zuwendungen, die ein Ehegatte während des letzten Jahres vor Auflösung des Güterstandes ohne Zustimmung des anderen Ehegatten gemacht hat, ausgenommen die üblichen Gelegenheitsgeschenke; 2. Vermögensentäußerungen, die ein Ehegatte während der Dauer des Güterstandes vorgenommen hat, um den Beteiligungsanspruch des anderen zu schmälern. Bei Streitigkeiten über solche Zuwendungen oder Entäußerungen kann das Urteil dem begünstigten Dritten entgegengehalten werden, wenn ihm der Streit verkündet worden ist. Der künftige Zugewinnausgleichsanspruch ist mittels dinglichen Arrests auch in Deutschland sicherbar. Hanseatisches OLG in Bremen, 4. Senat für Familiensachen, Beschl.v. 7.5.2015, 4 WF 52/15, Rn 6.
161 Im deutschen Recht 10 Jahre.
162 Art. 230 türkZGB; vgl. Art. 209 Abs. 3 schwZGB.

Kılıç

131 **Schulden** werden von der Errungenschaft abgezogen. Nur bei Forderungen der Ehegatten gegeneinander spielt der sog. **Mehrwertanteil** eine besondere Rolle:

„Hat ein Ehegatte zum Erwerb, zur Verbesserung oder zur Erhaltung von Vermögensgegenständen[163] des anderen ohne entsprechende Gegenleistung beigetragen und besteht im Zeitpunkt der Auseinandersetzung ein Mehrwert, so entspricht seine Forderung dem Anteil seines Beitrages und wird nach dem gegenwärtigen Wert der Vermögensgegenstände berechnet; ist dagegen ein Minderwert eingetreten, so entspricht die Forderung dem ursprünglichen Beitrag (Art. 227 Abs. 1, vgl. Art. 206 schwZGB)."

132 Dies wird mit einem **Beispiel** verständlicher: Eine große Autofabrik verlegt ihre Produktionsstätte durch die Osterweiterung der EU von Deutschland nach Polen. Der Arbeitnehmer Ali erhält eine gute Abfindung (Errungenschaft). Damit kauft er eine Autowerkstatt. Weil sein Geld nicht ganz ausreicht, setzt seine Frau Ayse das Geld ein, das sie aufgrund eines Arbeitsunfalls von ihrem Arbeitgeber als Schmerzensgeld (Eigengut und später Ersatzforderung) erhalten hat. Verdoppelt sich der Wert der Autowerkstatt durch die Verkehrsverbesserungsmaßnahmen der Kommune, verdoppelt sich auch die Ersatzforderung von Ayse. Vermindert sich der Wert der Autowerkstatt, weil die Kommune in einem anderen Stadtteil ein neues Industriegebiet geschaffen hat, vermindert sich die Ersatzforderung von Ayse nicht.

133 **Hinweis:** Diese Mehrwertberechnung kann nicht nur aufwändig, sondern durch die eventuelle Einbeziehung eines Sachverständigen (um den Verkehrswert zu ermitteln) auch teuer werden. Nach Möglichkeit sollte man den Parteien empfehlen, von der Möglichkeit des Art. 227 Abs. 3 türkZGB Gebrauch zu machen und über die **Mehrwertanteile** eine **Vereinbarung** treffen.[164]

134 Übersteigt die Ausgleichsforderung das Vermögen oder den Nachlass des verpflichteten Ehegatten, haften die begünstigten Dritten bis zur Höhe des Fehlbetrages für diese Ausgleichsforderung (Art. 241 Abs. 1 türkZGB). Diese Regelung ähnelt der Regelung des § 1390 BGB. Die Verjährungsfristen sind im türkischen Recht jedoch anders geregelt: Das Klagerecht erlischt ein Jahr, nachdem der Ehegatte oder seine Erben von der Verletzung ihrer Rechte Kenntnis erhalten haben, in jedem Fall aber fünf Jahre nach Auflösung des Güterstandes (Art. 241 Abs. 2 türkZGB).

135 **Errungenschaft** sind die **Vermögenswerte**, die ein Ehegatte während der Dauer des Güterstandes entgeltlich erwirbt. Die Errungenschaft eines Ehegatten umfasst insbesondere seinen Arbeitserwerb, die Leistungen von Einrichtungen der sozialen Sicherheit und Fürsorge oder Personalfürsorgeeinrichtungen und dergleichen, die Entschädigungen wegen Arbeitsunfähigkeit, die Erträge seines Eigengutes und Ersatzanschaffungen für die Errungenschaft.[165]

---

163 Die Wörter *„digerine ait bir malin"* müssen in Pluralform als „Vermögensgegenstände des anderen" übersetzt werden, weil hier das türkische Wort *„bir"* nicht „ein", sondern „irgendein" bedeutet. – Anders in der Übersetzung von *Rumpf/Odendahl* in: *Bergmann/Ferid/Henrich,* Internationales Ehe- und Kindschaftsrecht, Länderbericht Türkei, S. 76.

164 Art. 227 Abs. 3 türkZGB: „Die Ehegatten können durch schriftliche Vereinbarung auf den Mehrwertanteil verzichten oder das Anteilsverhältnis ändern."

165 Art. 219 türkZGB; vgl. Art. 229 und 230 Abs. 3 türkZGB. *Akintürk/Karaman,* Aile Hukuku (Familienrecht), S. 155–158; *Kilicoglu,* Edinilmis Mallara Katilma Rejimi, S. 20–22.

Eigengut sind von Gesetzes wegen: 136
– die Gegenstände, die einem Ehegatten ausschließlich zum persönlichen Gebrauch dienen;
– die Vermögenswerte, die einem Ehegatten zu Beginn des Güterstandes gehören oder
– ihm später durch Erbgang oder sonst wie unentgeltlich zufallen;
– immaterielle Schadensersatzansprüche und Ersatzanschaffungen für Eigengut.[166]

Angesichts der komplizierten Natur der Frage, welche Vermögensteile zur Errungenschaft   137
gehören und welche Eigengut sind, hat der Gesetzgeber für eine Beweiserleichterung gesorgt: Das Gesamtvermögen eines Ehegatten gilt **bis zum Beweis des Gegenteils** als **Errungenschaft**. Wer behauptet, ein bestimmter Vermögenswert sei Eigentum des einen oder
anderen Ehegatten, muss dies beweisen. Kann dieser Beweis nicht erbracht werden, so wird
Miteigentum beider Ehegatten angenommen.[167] Diese Beweiserleichterung wurde mit dem
Prinzip „in Guten Treuen" verstärkt.[168]

Anspruch auf Auskunftserteilung: Ein Anspruch auf Auskunftserteilung und Belegvor-   138
lage besteht auch nach türkischem Recht.[169] Dies ergibt sich aus Art. 216 türkZGB, der
einen Anspruch auf Inventarerrichtung normiert.[170]

II. Unterhalt

Das Gericht trifft von Amts wegen nach Eröffnung des Scheidungs- oder Trennungsverfah-   139
rens die **während der Dauer des Verfahrens** notwendigen Maßnahmen, die insbesondere
für Unterkunft, Lebensunterhalt und Verwaltung der Vermögen von Ehegatten und für
Pflege und Schutz der Kinder erforderlich sind (Art. 169 türkZGB).

Dieses Recht auf Unterhalt wird weder im Urteil noch in der Auskunft auf *istirak nafakasi*   140
(**Kindesunterhalt**) beschränkt. Gemäß Art. 182 Abs. 2 türkZGB muss der Richter im Scheidungsurteil eine Entscheidung über den Kindesunterhalt von Amts wegen treffen. Sonst
stellt es einen Anfechtungsgrund dar.[171] Dazu ist weder eine Aufforderung notwendig noch
ist ein Verzicht von Seiten der Eltern gültig.[172] Die Unterhaltspflicht der Eltern dauert bis
zur Volljährigkeit des Kindes (Art. 328 Abs. 1 türkZGB). Bis Abschluss einer Ausbildung
sind die Eltern auch gegenüber ihren volljährigen Kinder unterhaltspflichtig, soweit es
ihnen nach den gesamten Umständen zugemutet werden kann (Art. 328 Abs. 2 türkZGB).

Ansonsten existiert im türkischen Recht eine allgemeine Bestimmung, die die **Unterhalts-**   141
pflicht gegenüber Verwandten in auf- und absteigender Linie sowie Geschwistern definiert
(Art. 364 Abs. 1 türkZGB). Im Unterschied zur schweizerischen Regelung setzt die türkische bei der Unterhaltsverpflichtung gegenüber Verwandten in auf- und absteigender Linie
keinen eigenen Wohlstand des Unterhaltspflichtigen voraus.

---

166 Art. 220 türkZGB; vgl. Art. 198 schwZGB.
167 Art. 222 türkZGB; vgl. Art. 200 schwZGB; *Kilicoglu*, Edinilmis Mallara Katilma Rejimi, S. 14–15.
168 *Kilicoglu*, Edinilmis Mallara Katilma Rejimi, S. 15, 28–30; *Akintürk/Karaman*, Aile Hukuku (Familien-
     recht), S. 159 f.
169 AG Nürtingen, Beschl. v. 19.9.2013, 21 F 873/12, Rn 13 in FamRZ 2014, 1295; *Özugur*, Mal Rejimleri
     (Güterstände), S. 34.
170 OLG Hamm, 4. Senat für Familiensachen, Urteil v. 16.2.2006, 4 UF 224/05, Rn 23 f.
171 Urteile Yargitay 2. HD (türkischer Kassationshof 2. Zivilsenat) v. 8.10.1970, v. 19.11.1970, v. 29.12.1970
     in: *Nihat Inal*, Uygulamada Nafaka Davalari (Unterhaltsklagen in der Praxis), Ankara 1992, S. 227;
     und v. 20.3.1991, v. 24.4.1991, v. 12.12.1991 in: *Esat Sener*, Nafaka (Unterhalt), Ankara 1994, S. 85.
172 Urteile Yargitay 2. HD (türkischer Kassationshof 2. Zivilsenat) v. 21.12.1970, v. 4.6.1973 in: *Nihat Inal*,
     Uygulamada Nafaka Davalari (Unterhaltsklagen in der Praxis), Ankara 1992, S. 227 f.; und v. 22.10.1990
     in: *Esat Sener*, Nafaka (Unterhalt), Ankara 1994, S. 86.

142   Beim Unterhalt des türkischen Kindes werden in Deutschland die Düsseldorfer Tabellensätze angewandt. Lebt das Kind in der Türkei, ist der konkrete Unterhaltsbedarf zu ermitteln.[173]

143   Für den **Bedürftigkeitsunterhalt des geschiedenen Ehegatten** müssen folgende Voraussetzungen erfüllt sein:
– **Anforderung:** Es muss zunächst ein Anspruch auf Unterhalt vorhanden sein. Ein türkischer Richter darf nicht Bedürftigkeitsunterhalt von Amts wegen zusprechen.[174]
– **Der Unterhaltsbegehrende darf nicht Schuldiger sein:** Gemäß Art. 175 türkZGB darf der Unterhaltsberechtigte bei den Ereignissen, die zu einer Scheidung geführt haben, nicht schuldiger sein als der unterhaltspflichtige Ehepartner. Ist die Scheidung wegen vollen oder überwiegenden **Verschuldens** des Unterhaltsberechtigten erfolgt, führt dies zu einem Ausschluss des Bedürftigkeitsunterhalts (Abs. 1); auf ein Verschulden des Unterhaltspflichtigen kommt es nicht an (Abs. 2). Allein die Verteilung der Gerichtskosten kann kein endgültiges Beweismittel sein, um die überwiegende Schuld einer Partei festzustellen. Sind die Parteien am Prozess teilweise schuldig, verteilt der Richter i.d.R. die Verfahrenskosten unter den Parteien proportional zum Schuldanteil.[175] Jedoch kann auch die Partei, die den Prozess gewonnen hat, dazu verpflichtet werden, die gesamten Gerichtskosten zu tragen, wenn diese sich während des Prozesses böswillig verhalten hat, bzw. wenn sie den Prozess absichtlich hinausgezögert, unnötige Prozesskosten verursacht oder die für den Prozess ausschlaggebenden Unterlagen nicht rechtzeitig der anderen Seite überliefert hat, kann sie verpflichtet werden, die Prozesskosten zu tragen oder aber Geldstrafe zu bezahlen.[176] Unter solchen Umständen kann der Richter sogar entscheiden, dass der Prozessgewinner die Anwaltskosten des Verlierers mittragen muss.[177] Ein Scheidungsurteil muss nicht unbedingt Feststellungen über die Schuldanteile der Ehegatten enthalten, um einen Ehegatten zum Unterhalt verpflichten zu können.[178]
– **Der Unterhaltsberechtigte muss durch die Scheidung in Bedürftigkeit geraten sein:** Der Gleichberechtigungsgrundsatz hat sich in diesem Punkt nicht unbedingt zugunsten der Frau ausgewirkt. Ein Ehegatte kann vom anderen nach der Scheidung Unterhalt verlangen, wenn er bedürftig ist und der andere Ehegatte die Scheidung überwiegend verschuldet hat. Ein Ehegatte ist nach türkischem Recht nicht bedürftig, wenn er ein regelmäßiges Einkommen hat und seinen Mindestlebensunterhalt (Existenzminimum) abdecken kann.[179]

---

173 *Finger/Turan-Schneiders*, Änderungen im türkischen Familienrecht zum 1.1.2002, FamRB 2002, 309; FamRZ 2014, 850–852; OLG Stuttgart, Beschl. v. 17.1.2014, 17 WF 229/13.
174 Urteil Yargitay 2. HD (türkischer Kassationshof 2. Zivilsenat) v. 18.6.1991 in: *Esat Sener*, Nafaka (Unterhalt), Ankara 1994, S. 146; Urteil Yargitay 2. HD v. 24.9.1998, 8358/9790 in: YKD 1998, S. 615.
175 Art. 417/I Satz 2; Urteil Yargitay 5. HD (türkischer Kassationshof 5. Zivilsenat) v. 17.3.1976, 1965/3200 in: YKD 2/1977, S. 195 f.
176 Art. 418, 422 türkZPO; *Ergun Önen*, Medeni Yargilama Hukuku (Zivilprozessordnung), S. 133.
177 Art. 421 Abs. 1 türkZPO; *Ergun Önen*, Medeni Yargilama Hukuku (Zivilprozessordnung), S. 133, insb. Fn 47.
178 „Falls bei einem Scheidungsurteil nicht festzustellen ist, dass eine Partei an der Scheidung schuldig ist und diese Partei auch alle anderen Voraussetzungen gem. Art. 144 türkZPO erfüllt, muss ihr ein angemessener Unterhalt zugesprochen werden", siehe Urteil Yargitay 2. HD (türkischer Kassationshof 2. Zivilsenat) v. 28.10.1992, 10311/10425 in: *Esat Sener*, Nafaka (Unterhalt), Ankara 1994, S. 137; Urteil Yargitay 2. HD v. 6.11.1992, 10107/18921 in: *Esat Sener*, Bosanma (Scheidung), Ankara 1994, S. 532.
179 Großer Senat des Kassationshofes, Urt. v. 30.3.2016, E. 2014/2–1250, K. 2016/435.

Bei den Unterhaltsentscheidungen[180] ist besonders schwer festzulegen, welche Kriterien bei   144
der Bemessung des Unterhalts durch deutsche bzw. türkische Gerichte zu berücksichtigen
sind, da der „**Bedürftigkeitsbegriff**" in beiden Rechtsordnungen anders ausgelegt wird.[181]
Bei der Scheidung türkischer Staatsangehöriger durch deutsche Gerichte muss die Bedürftigkeit nach türkischem Recht (Art. 175, 182 und 364 türkZGB) festgestellt werden.[182]

Im türkischen Zivilgesetzbuch wird nicht definiert, was Bedürftigkeit ist. Daher ist die   145
Definition von Bedürftigkeit dem Richter überlassen, der sich an der sozioökonomischen
Struktur des Landes (in dem die betroffene Person ihren Wohnsitz hat) orientiert.[183]

Der Bedürftigkeitsunterhalt muss **während des Scheidungsprozesses verlangt** werden.[184]   146
Wenn eine Partei während des Scheidungsprozesses diesen Unterhaltsanspruch nicht geltend
macht oder verlangt und der Richter in seinem Urteil diesen folglich nicht gewährt, kann
er nach dem Scheidungsurteil durch einen neuen Prozess nicht mehr verlangt werden.[185]
Jedoch gibt es in der Türkei eine neue höchstrichterliche Entwicklung. Der große Senat des
Kassationshofes hat am 22.1.1998 entschieden, dass auf den immateriellen Schadensersatz
doch noch nach dem rechtskräftigen Scheidungsurteil geklagt werden darf. Daher tendieren
immer mehr Rechtsgelehrte dazu, diese Klage auch bei einem nachehelichen Unterhalt zu
bejahen.[186]

Es kann entschieden werden, dass der Unterhalt als **einmalige Leistung** oder angemessen   147
der Situation in Form einer **Geldrente**[187] gewährt wird (Art. 176 Abs. 1 türkZGB). Mit Tod
oder Heirat des Unterhaltsberechtigten erlischt der Anspruch auf **Unterhalt** in Form einer
Geldrente automatisch.

Der Unterhalt ist durch Gerichtsurteil **einzustellen**, wenn der Unterhaltsberechtigte in   148
einer eheähnlichen Lebensgemeinschaft lebt, seine Bedürftigkeit nicht mehr besteht oder er
einen unehrenhaften Lebenswandel führt (Art. 176 Abs. 3 türkZGB). Der Unterhaltsschuldner kann die Unterhaltsleistungen nicht selbst einstellen. Kraft Gesetzes endet die Pflicht

---

180 Die Türkei hat hinsichtlich des Unterhaltsrechts die folgenden Haager Abkommen ratifiziert: 1. Über-
     einkommen über die Anerkennung und Vollstreckung von Unterhaltsentscheidungen v. 2.10.1973 (rati-
     fiziert mit Erlass des Ministerrats v. 22.11.1982, Resmi Gazete (türk. Amtsblatt) Nr. 17961 v. 16.2.1983);
     2. Übereinkommen über das auf Unterhaltspflichten anzuwendende Recht v. 2.10.1973 (ratifiziert mit
     Erlass des Ministerrats v. 26.11.1982, Resmi Gazete Nr. 17951 v. 6.2.1983). Vgl. *Ansay*, Türkei: Ratifizie-
     rung von internationalen Abkommen, StAZ 1983, 231; für die Texte der Übereinkommen siehe *Jayme/
     Hausmann*, Internationales Privat- und Verfahrensrecht, 12. Aufl. 2004, S. 455 und 106.
181 Bei der Tagung der Deutsch-Türkischen Juristenvereinigung v. 9/10.12.1988 sollen die Teilnehmer den
     Bedürftigkeitsbegriff mit folgenden Bezeichnungen diskutiert haben: „Reis mit Zwiebeln" oder „Düs-
     seldorfer Tabelle", vgl. *Jayme*, IPRax 1989, 330 f.
182 *Jayme*, IPRax 1989, 331; OLG Koblenz IPRax 1986, 40 ff.; AG Gummersbach IPRax 1986, 235 ff.;
     Schack, Anerkennung eines ausländischen widersprechenden deutschen Unterhaltsurteils, IPRax 1986,
     219; OLG Köln IPRax 1989, 53.
183 Urteil Yargitay 2. HD (türkischer Kassationshof 2. Zivilsenat) v. 16.4.1992, 4287/4456 in: *Esat Sener*,
     Bosanma (Scheidung), Ankara 1994, S. 536 f.
184 Urteil Yargitay 2. HD (türkischer Kassationshof 2. Zivilsenat) v. 12.4.1977, 2978/3081 in: *Nihat Inal*,
     Uygulamada Nafaka Davalari (Unterhaltsklagen in der Praxis), Ankara 1992, S. 126; Urteile Yargitay
     2. HD v. 13.6.1991, 6787/9305 und v. 17.6.1991, 6867/9429 in: *Esat Sener*, Nafaka (Unterhalt), Ankara
     1994, S. 147.
185 Urteil Yargitay 2. HD (türkischer Kassationshof 2. Zivilsenat) v. 11.12.1992, 12108/12556 in: *Esat Sener*,
     Bosanma (Scheidung), Ankara 1994, S. 531.
186 Ausführlicher zu dieser Diskussion siehe *Akintürk/Karaman*, Aile Hukuku (Familienrecht), S. 305 ff.
187 Auf türkisch „*irat*". Vgl. § 1585 deutsches BGB.

zur Zahlung von Unterhalt nur dann, wenn die unterhaltsberechtigte Partei wieder heiratet oder eine der Parteien stirbt.[188]

149   Die **Bedarfsbemessung** bei Unterhaltsansprüchen türkischer Staatsangehöriger beschäftigt deutsche Gerichte zunehmend. Im türkischen Rechtssystem existieren keine Unterhaltstabellen wie die „Düsseldorfer Tabelle" in Deutschland. Unterhalt wird nach freiem Ermessen des Richters so festgesetzt, dass der Unterhaltsberechtigte sein Leben gestalten kann, ohne in Not zu geraten.[189] Der Unterhaltsanspruch ist weder ein reiner Notunterhaltsanspruch noch eine Lebensstandardgarantie.[190]

150   „Das **örtlich zuständige Gericht** für Klagen wegen Unterhaltsansprüchen nach der Scheidung ist das Gericht am Wohnsitz des Unterhaltsgläubigers."[191] Diese Regelung stellt eine Abweichung von der allgemeinen Zuständigkeitsregelung der türkZPO dar.[192] Der Gesetzgeber möchte damit die schwächere Partei in Schutz nehmen, die i.d.R. die bedürftige Frau ist und wegen der hohen Inflationsrate in der Türkei fast jährlich auf eine Erhöhung des Unterhalts klagen muss.[193]

III. Stellung der geschiedenen Frau

151   Im Falle der Scheidung behält die Frau die durch die Eheschließung erworbene persönliche Rechtstellung; jedoch erhält sie den **Familiennamen** wieder, den sie vor der Ehe geführt hat. War die Frau vor der Ehe verwitwet oder geschieden, kann sie beim Gericht um Erlaubnis zur Führung ihres Mädchennamens nachsuchen.[194] Auf Gesuch kann das Gericht der Frau erlauben, den Familiennamen des geschiedenen Ehemannes fortzuführen, wenn erwiesen ist, dass dies im Interesse der Frau liegt und dadurch kein Schaden für den früheren Ehemann entsteht. Die Frau kann nun weiter den gleichen Namen führen wie ihre Kinder aus der früheren Ehe. Im Falle der Änderung der Verhältnisse kann der Ehemann den Entzug dieser Erlaubnis beantragen.

IV. Schadensersatz

152   Der Ehegatte, der das Scheitern der Ehe weniger verschuldet und dessen gegenwärtigen oder zukünftigen Interessen die Scheidung schadet, kann vom anderen Ehegatten **angemessenen Schadensersatz** verlangen.[195] Schadensersatz kann als einmalige finanzielle Leistung oder in Form einer monatlichen Rente gezahlt werden. Der Schadensersatz wird ab dem Zeitpunkt der Rechtskraft des Scheidungsurteils verzinst – nicht etwa mit Klageerhebung.

---

188 Kassationshof, 3. Zivilsenat, Urt. v. 29.2.2016, E. 2015/17419, K. 2016/2787.

189 OLG München FamRZ 2002, 55, 56.

190 *Söllner*, Zur Bedarfsbemessung bei Unterhaltsansprüchen türkischer Staatsangehöriger, FuR 2002, 198 ff.; *Hochloch*, Internationales Scheidungs- und Scheidungsfolgenrecht, Länderbericht Türkei, Rn 179; *Finger*, FuR 1997, 236 ff., 238.

191 Art. 177 türkZGB. In dem Gesetz auf Türkisch: *nafaka alacaklisinin yerlesim yeri mahkemesi*.

192 Art. 9 Abs. 1 S. 1 türkZPO. Für weitere Informationen über die örtliche Zuständigkeit siehe *Kuru/Arslan/Yilmaz*, Medeni Usul Hukuku (Die türkische ZPO), S. 78 ff.

193 Siehe Begründung des Art. 177 türkZGB.

194 Art. 173 Abs. 1 türkZGB.

195 Art. 174 Abs. 1 türkZGB.

V. Morgengabe

Morgengabe (Mehr = Mehir), „Brautgeld" (Başlık), Mitgift (Ceyiz)   153

Es gibt in der Türkei und im türkischen Recht mehrere Begrifflichkeiten für die Leistungen (ob Geld oder Wertgegenstand), die von der Bräutigamseite an die Brautseite im Hinblick auf die Heirat erbracht werden. Die Begriffe hierfür sind zahlreich:

Mehr: Der Wertgegenstand, den der Mann der Frau nach dem islamischem Recht übergibt oder auszahlt, für die Rechte, die er über die Frau erlangt.

Insgesamt sind vier Arten von Mehr bekannt:
1. *Mehr-i Müsemma*: Der Wert des Mehr ist bestimmt.
2. *Mehr-i Misil*: Ein Mehr ist vereinbart, aber nicht nach der Höhe der Leistung. In diesem Fall wird der Frau eine ihrem sozialen Status entsprechende (unter ihren Familienangehörigen und Verwandten übliche) Leistung gewährt.
3. *Mehr-i Muaccel*: Das Mehr wird vor der Vermählung ausbezahlt/ausgehändigt.
4. *Mehr-i Müeccel*: Das Mehr wird nach der Vermählung oder nach der Scheidung an die Frau ausbezahlt/ausgehändigt.[196]

Daneben existieren folgende Bezeichnungen: *Baslik Parası* (Brautgeld/Morgengabe), *Süt Hakkı* (wörtlich übersetz „Milchersatz" = Ausgleich dafür, dass die Eltern die Braut großgezogen und auf den ländlichen Gebieten auf ihre Arbeitskraft jetzt verzichten müssen). Weitere Begriffe hierfür sind *Ağırlık und Kalın*.[197] In den Entscheidungen der Gerichte beschäftigen sich die Rechtsgelehrten auch mit dem Begriff *Çeyiz*. Dabei handelt es sich um die Mitgift (güterrechtliches Eigentut). Diese Leistungen haben nicht nur einen islamischen, vorislamischen Hintergrund, sondern haben ihre Wurzeln selbst in der Zeit vor Entstehung der monoteistischen Religionen. Rechtlichen Niederschlag haben diese Institutionen beispielsweise in den sog. Hammurapi-Gesetzen (2100 vc.) in den Artikeln 159 bis 161[198] gefunden.   154

In der zivilen Rechtsentwicklung hat der Gesetzgeber auf die bisherigen Traditionen Rücksicht genommen, aber sich auch – zumindest in der westlichen Welt – darum bemüht, in der Tradition der Aufklärung die Gleichberechtigung von Mann und Frau durchzusetzen und die schwächere Partei zu schützen. Nach der Gründung der Republik hat auch die Türkei diesen Weg eingeschlagen und sich bemüht, die Rechte von Frauen und Kindern auszubauen.[199] Art. 41/2 der türkischen Verfassung engt diesen Schutz für Frauen als „Schutz der Mutter" ein, jedoch verstehen die Gerichte und Rechtsgelehrten diesen Auftrag   155

---

196 „Mehr-i müeccel ist ein Schenkungsversprechen für die Zukunft. Auch die Verpflichtung eines Dritten außer dem Bräutigam ist möglich. Jedoch liegt in diesem Fall (falls ein Dritter und nicht der Bräutigam dieses Versprechen abgibt) keine Verschuldung zugunsten eines Dritten im Sinne vom Art. 128 des tOG (110 tOG a.F.) vor, sondern ein Schenkungsversprechen im Sinne von Art. 288 des tOG (Art. 238 tOG a.F.)". 1. Zivilsenat des türkischen Kassationshofes, E. 2014/4841, K. 2014/7106.

197 *Dogan, Murat*, Nişanlanmanın Sona Ermesi Halinde Hediyelerin Geri Verilmesi (Rückgabe von Geschenken nach Beendigung der Verlobung), Erzincan Hukuk Fakültesi Dergisi, 12/1998, S. 202 (Zeitschrift der Juristischen Fakultät von Erzincan).

198 *Ferh, H.*, Hammurapi und salisches Recht, Bonn 1970, S. 76.

199 *Akintürk, Turgut*, Aile Hukuku (Das Familienrecht), Istanbul 2002, S. 10.

als Auftrag zum Schutz der Frau als die in der Regel schwächere Partei.²⁰⁰ Dies basierte auf Art. 169 türkZGB a.F.²⁰¹

156 Von einem „Brautpreis" kann nur dann gesprochen werden, wenn die Braut faktisch verkauft wird. Diese Praktik ist nach türkischem Recht sittenwidrig. Eine „güterrechtliche" Absicherung für die Braut ist aber nicht sittenwidrig.²⁰² Die Vereinbarung eines Brautpreises ist zwar rechtswidrig, aber die Rückforderung des geleisteten Brautpreises ist ebenfalls ausgeschlossen, weil beiden Seiten ein Verstoß gegen die guten Sitten vorzuwerfen ist und diese im Übrigen bereicherungrechtlich vor den deutschen Gerichten an § 817 S. 2 BGB scheitert.²⁰³ Letztendlich ist hervorzuheben, dass nicht die Wortwahl der Parteien, sondern der „gemeinsame und wahre Wille" (*ortak ve gerçek maksatları'*) der Parteien ausschlaggebend ist.²⁰⁴

157 Auch die jüngeren Urteile des türkischen Kassationshofes machen deutlich, dass die Sicherheitsleistungen an die Braut nicht sittenwidrig sind.²⁰⁵ In seinem Urteil nimmt der Erste Zivilsenat des Kassationshofes auf die zurückliegenden Urteile Bezug und stellt fest, dass Vereinbarungen zwischen den Eheleuten während der Eheschließung, dass einer dem anderen eine Wertsache oder Geldbetrag zuwendet oder zuzuwenden verspricht, nicht verboten seien. Daher kann ein *Mehr*, das nach den Bedingungen der alten Gesetze und Regeln zustande gekommen ist, nicht als verbotenes (*yasaklanmış*) Rechtsgeschäft qualifiziert werden.²⁰⁶ Die *Mehr*-Vereinbarungen sind auch heute noch gültig.²⁰⁷

Für die Gültigkeit der *Mehr* wird Schriftform gefordert, weil der türkische Kassationshof dies als Schenkungsversprechen qualifiziert und nach türkischem Obligationsrecht das Schenkenversprechen an die Schriftform gebunden ist.²⁰⁸

VI. Verjährung der Ansprüche

158 Die Ansprüche, die wegen der Beendigung der Ehe durch Scheidung entstehen, verjähren ein Jahr nach Rechtskraft des Scheidungsurteils.²⁰⁹ In der Praxis kommt es vor, dass die Parteien es versäumen, die Folgeansprüche mit dem Scheidungsantrag geltend zu machen oder zumindest darauf hinzuweisen, dass sie sich die Geltendmachung vorbehalten. Auch

---

200 *Hatemi* weist drauf hin, dass der Schutz der Frau in dieser neuen Regelung der Verfassung unnötig auf die Eigenschaft der „Mutter" eingeengt worden ist. *Hatemi*, Aile Hukuku (Das Familienrecht) I, Istanbul 2005§ 1 Rn 25.
201 *Hatemi/Serozan*, Aile Hukuku (Das Familienrecht), Istanbul 1993, S. 17.
202 BGH v. 14.10.1998, XII ZR 66/97, Rn 10.
203 Nach der Entscheidung des BGH vom 9.12.2009 (Az.: XII ZR 107/08) unterliegt der Anspruch auf eine nach iranischem Recht vereinbarte Morgengabe dem von Art. 14 EGBGB berufenen Sachrecht. Ferner hat der Senat zu den nach deutschem Sachrecht bestehenden Möglichkeiten Stellung genommen, einen als Morgengabe in iranischer Währung vereinbarten Betrag an die iranische Geldwertentwicklung anzupassen; Anmerkung zum Urteil des BGH v. 9.12.2009, XII ZR 107/08 von *Bierhenke*, NotBZ 2010 Heft 7, 260–261.
204 *Hatemi/Serozan*, Aile Hukuku (Das Familienrecht), Istanbul 1993, S. 67.
205 6. Zivilsenat des türkischen Kassationshofes, 2010/13554, E. 2011/6261; Kassationshof, 3. Zivilsenat, Urt. v. 26.1.2016, E. 2015/2829, K. 2016/689; FamRZ 2015, 663 f., AG Karlsruhe, Beschl. v. 26.8.2014, 6 F 376/12.
206 Urteil des Großen Senats des Kassationshofes vom 2.12.1959, 14/30.
207 Kassationshof, 2. Zivilsenat, 25.10.1965, 4557/5018.
208 Kassationshof, 4. Zivilsenat, Urt. v. 18.2.1985, E. 1984/9153, K. 1985/1223.
209 Art. 178 türkZGB.

gibt es Fälle, in denen einer Partei ihr Bedürftigkeitsgrad während der Scheidung nicht klar ist. Diese Situation bedeutet für viele, insbesondere für Frauen, ein Rechtsverlust.

VII. Das elterliche Sorgerecht

Die elterliche Sorge wird **während der Ehe** von beiden Elternteilen gleichberechtigt ausgeübt. Bei Trennung oder Scheidung kann das Gericht die alleinige elterliche Sorge auf ein Elternteil übertragen (Art. 336 türkZGB). 159

Das Gericht hört nach Möglichkeit die Eltern und ggf. den Vormund an und regelt mit dem Scheidungs- oder Trennungsurteil die Rechte der Eltern bezüglich des Kindes (Art. 182 Abs. 1 türkZGB). Bei der Regelung des **Umgangsrechts** zwischen dem Kind und dem Ehegatten, dem die Ausübung des Sorgerechts nicht übertragen wurde, wird das **Kindeswohl** zugrunde gelegt (Art. 182 Abs. 2 türkZGB). Das Gericht kann von Amts wegen oder auf Begehren eines Elternteils die notwendigen Schutzmaßnahmen zum Kindeswohl treffen, falls Veränderungen der Verhältnisse dies erfordern (Art. 183 türkZGB). Das türkische Recht kennt im Gegensatz zum deutschen oder schweizerischen Recht **kein gemeinsames elterliches Sorgerecht**. 160

Sollte ein Elternteil den **Umgang** des anderen Elternteils mit dem Kind **verhindern oder das Kind** dem sorgeberechtigten Elternteil **entziehen**, kann der andere Elternteil gem. Art. 25 bzw. 25a türkVollstreckungs- und Insolvenzgesetz[210] einen richterlichen Beschluss erwirken, dessen Vollstreckung jedoch der Rechtskraft bedarf. Der betroffene Elternteil kann aber gem. Art. 101 Abs. 4 türkZPO beim Gericht eine einstweilige Verfügung beantragen. In seinen Urteilen von 1986, 1997 und 2004 hat der türkische Kassationshof entschieden, dass der schuldige Elternteil sich an den Vollstreckungskosten beteiligen muss.[211] 161

Die Türkei hat das „Haager Übereinkommen über die zivilrechtlichen Aspekte internationaler Kindesentführung vom 25.10.1980" bereits am 3.11.1999 ratifiziert.[212] Die für die Anwendung dieses Abkommens zuständige Behörde ist in der Türkei das Justizministerium (Art. 3 Abs. 1 lit. a int. KindesentführungsG), zuständig sind die Familiengerichte (Art. 6 Abs. 1 int. KindesentführungsG). In Deutschland sind der Bundesgeneralanwalt und das Auswärtige Amt zu kontaktieren.[213] 162

Die unverheiratete türkische Mutter kann mit dem Kind ohne Genehmigung des leiblichen Kindesvaters aus der Türkei ausreisen, ohne den Tatbestand der Kindesentführung i.S.d. Art. 3 des Haager Übereinkommens über die zivilrechtlichen Aspekte internationaler Kindesentführung (HKÜ) zu riskieren, weil sie das alleinige Sorgerecht hat. Eine Sorgeerklärung auf der Grundlage von §§ 1626a ff. BGB ersetzt eine Gerichtsentscheidung nicht.[214] Lebt das Kind schon für längere Zeit in der Türkei, verneinen die deutschen Gerichte die Zuständigkeit gemäß Minderjährigenschutzabkommen.[215]

---

210 *Icra ve Iflas Kanunu* v. 9.6.1932, Gesetz Nr. 2004, RG v. 19.6.1932 Nr. 2128.
211 Urteile des 12. Senats v. 12.2.2004, T. 25314/2441; v. 13.5.1997, T. 5114/5521; v. 25.3.1986, T. 49/3211.
212 Uluslararası Cocuk Kacirmanin Hukuki Vecelerine Dair Sözlesmenin Onaylanmasinin Uygun Bulundugu Hakkinda Kanun v. 3.11.1999, Gesetz Nr. 4461, RG v. 11.11.1999 Nr. 23873.
213 Siehe www.bundeszentralregister.de/hkue_esue/hkue_esue_pdf/kindesentfuehrung.pdf.
214 AG Pankow-Weißensee, Beschluss v. 12.3.2015, 15 F 8322/14.
215 FamRZ 2014, 1555–1556, OLG Zweibrücken, Beschl. v. 6.1.2014, 2 UF 100/13.

VIII. Regelung der Altersversorgung

163   Das türkische Rechtssystem kennt **keinen Versorgungsausgleich**. In Deutschland kann auf Antrag eines Ehegatten ein Versorgungsausgleich durchgeführt werden, wenn der andere Ehegatte in der Ehezeit in Deutschland eine Versorgungsanwartschaft erworben hat (Art. 17 Abs. 3 deutsches EGBGB). „Wurde in einem in der Türkei durchgeführten Scheidungsverfahren keine Regelung zum Versorgungsausgleich getroffen, muss die nachträgliche Durchführung des öffentlich-rechtlichen Versorgungsausgleichs nicht rechtsmissbräuchlich sein. Sind Parteien mögliche Versorgungsausgleichsansprüche nicht bekannt, ist es nicht treuwidrig, die Ansprüche geltend zu machen, wenn sie von deren Möglichkeit erfahren."[216]

IX. Erbrecht des geschiedenen Ehegatten

164   Art. 181 Abs. 1 türkZGB lautet: „Geschiedenen Ehegatten steht im Verhältnis zueinander kein gesetzliches Erbrecht zu, sie können aus Verfügungen von Todes wegen, die sie vor der Scheidung errichtet haben, keine Ansprüche ableiten, sofern aus der Verfügung nicht das Gegenteil hervorgeht." Dieser Bestimmung wurde ein zweiter und aus meiner Sicht etwas problematischer Absatz hinzugefügt: „Führt einer der Erben des Klägers, der während des Scheidungsverfahrens verstorben ist, das Scheidungsverfahren fort und wird das Verschulden des Beklagten nachgewiesen, so kommt ebenfalls der vorstehende Absatz zur Anwendung."[217]

165   Es ist ein eigenartiges Rechtsverständnis, das die Erben des Verstorbenen stellvertretend die Scheidungsklage weiterführen lässt. Der Gesetzgeber begründet diese Regelung damit, dass es hier nicht um die Scheidung gehe, sondern um die Feststellung des Verschuldens, damit der Beklagte, der mit Ehebruch, versuchtem Mord, Misshandlung oder unehrenhafter Lebensführung die Ehe zum Scheitern gebracht habe, nicht Erbe des Klägers werde.[218]

166   Der zweite Schwachpunkt dieses Absatzes 2 liegt darin, dass einfach vom „Verschulden" des Beklagten gesprochen wird. Zieht man jedoch Art. 174 tükZGB in Betracht, steht fest, dass der Gesetzgeber mit der Partei, die die Scheidung verschuldet hat (*kusurlu taraf*), die Partei meint, die überwiegend die Scheidung verschuldet hat, weil die andere Partei als Partei, die die Scheidung weniger verschuldet hat' (*daha az kusurlu taraf*), bezeichnet wird. Daher müssen die Erben des Klägers m.E. beweisen, dass der Beklagte überwiegend die Scheidung verschuldet hat, damit sie diesen vom Erbe ausschließen können.

X. Möglichkeit vertraglicher Vereinbarungen für die Scheidung

167   Eine **einvernehmliche Scheidung** ist nach Art. 166 Abs. 3 türkZGB möglich. Dafür müssen folgende Voraussetzungen erfüllt sein:
   – entweder müssen die Parteien gemeinsam die Klage erheben oder der Klage eines Ehegatten muss der andere zustimmen;
   – die Ehe muss mindestens ein Jahr angedauert haben;
   – die Ehegatten müssen eine Vereinbarung hinsichtlich der wirtschaftlichen Folgen der Scheidung und der Situation der Kinder dem Gericht vorlegen und diese muss vom Gericht als angemessen angesehen werden.

---

216 OLG Köln, Beschl. v. 29.3.2005, 4 UF 19/05, FamRZ 2006, 44 (LS).
217 Ausführlicher zum türkischen Erbrecht: *Kılıç* in: *Süß*, Erbrecht in Europa, Länderbericht Türkei, 3. Aufl. 2015, S. 1385–1419; *Schömmer/Kesen*, Internationales Erbrecht, Länderbericht Türkei, München 2004.
218 Vgl. sowohl die allgemeine Begründung des Gesetzes als auch die Begründung des Artikels.

Erfüllt die Klage diese Voraussetzungen, werden die Parteien vom Gericht persönlich **angehört**, um zu der Überzeugung zu gelangen, dass diese ihren Willen frei äußern. Das Gericht kann unter Berücksichtigung der Interessen der Parteien und der Kinder die notwendigen Änderungen an dieser Vereinbarung vornehmen. Sind die Parteien mit diesen Änderungen einverstanden, wird die Ehe geschieden. In diesem Falle binden die Geständnisse der Parteien das Gericht. Daher muss das Gericht das Scheidungsurteil aussprechen. Diese Regelung ermöglicht den Parteien, ihre Scheidung ohne großen Streit vor Gericht geregelt durchzuführen. Immer mehr Paare machen von dieser Möglichkeit Gebrauch.   168

F. Gleichgeschlechtliche Ehe/Registrierte Lebenspartnerschaft und Geschlechtsumwandlung

Die **gleichgeschlechtliche Ehe** ist im türkischen Recht nicht vorgesehen. Das Gesetz spricht auch nicht davon, dass diese unzulässig wäre. Die Literatur geht jedoch einhellig davon aus, dass eine Verlobung und Ehe nur eine heterosexuelle Bindung sein kann.[219] Es wird davon ausgegangen, dass solche Ehen nichtig sind. Sollte eine der Parteien unter einer falschen Geschlechtsidentität verheiratet sein, wird die Nichtigkeit dieser Ehe in einer Register-Korrektur-Klage (*kayit düzeltme davasi*) vor dem Grundgericht (*Asliye Hukuk Mahkemesi*) am Wohnsitz der betroffenen Partei in Anwesenheit der Staatsanwaltschaft und des Personenstandsbeamten behandelt.[220]   169

Für die Erlaubnis einer Geschlechtsumwandlung sind folgende Voraussetzungen zu erfüllen (Art. 40 türkZGB): Der Antragsteller muss das 18. Lebensjahr vollendet haben und die Genehmigung beim zuständigen Gericht[221] persönlich beantragen. Außerdem muss er durch Attest eines Universitätskrankenhauses beweisen, dass er transsexuell veranlagt ist, die Geschlechtsumwandlung für seine seelische Gesundheit zwingend erforderlich ist und er die Fähigkeit der Fortpflanzung dauerhaft nicht besitzt.   170

Was, wenn die betroffene Person, ohne zuvor die gerichtliche Erlaubnis eingeholt zu haben, mit der im Ausland vollzogenen Geschlechtsumwandlung beim zuständigen Gericht die Änderung ihres Personenstandsregisters beantragt? Meines Erachtens gibt Art. 40 Abs. 2 türkZGB dem Gericht keine Möglichkeit, über die Änderung des Personenstandsregisters zu entscheiden, weil die Erlaubnis zwingend vorgeschrieben ist.   171

G. Nichteheliche Lebensgemeinschaft

Das türkische Zivilrecht kennt eine eheähnliche Lebensgemeinschaft nicht. Unverheiratete und zusammenlebende Paare können nicht von einer analogen Anwendung des Eherechts profitieren. Diese Paare haben weder während noch nach der Auflösung ihrer Lebensgemeinschaft einen **Unterhaltsanspruch** gegeneinander. Das türkische ZGB sieht lediglich negative Folgen für eheähnliche Lebensgemeinschaften vor. Der nacheheliche Unterhaltsan-   172

---

219 Öztan, S. 378; *Akintürk/Karaman*, Aile Hukuku (Familienrecht), S. 44; *Velidedeoglu*, Türk Medeni Kanunu, C II Aile Hukuku, B 5, Istanbul 1965, S. 45; *Hatemi/Serozan*, Aile Hukuku (Das Familienrecht), S. 3, 84 ff.

220 Art. 46 Personenstandsregistergesetz v. 5.5.1972 (Nr. 1587), Resmi Gazete (türk. Amtsblatt) v. 16.5.1972, Nr. 14189.

221 Das *Asliye Hukuk Mahkemesi* am Wohnsitz des Antragsstellers.

spruch eines Ehegatten endet auch dann, wenn dieser zwar nicht wieder heiratet, jedoch in einer eheähnlichen Lebensgemeinschaft lebt (Art. 176 Abs. 3 türkZGB).

173 Die **elterliche Sorge** für die Kinder aus einer eheähnlichen Lebensgemeinschaften steht allein der Mutter zu (Art. 337 Abs. 1 türkZGB). Das Sorgerecht kann nur dann dem Vater übertragen werden, wenn die Mutter zur Ausübung des Sorgerechts nicht in der Lage ist (minderjährig, entmündigt, verstorben oder ihr die elterliche Sorge entzogen ist) und dies dem Wohl des Kindes entspricht (Art. 337 Abs. 2 türkZGB). Die Kinder aus eheähnlichen Lebensgemeinschaften tragen den **Familiennamen** der Mutter (Art. 321 türkZGB).

174 Auch **sozialversicherungsrechtlich** werden diese Paare wie ledige Personen behandelt. Der ausländische Partner kann von den Begünstigungen für die Ehegatten türkischer Staatsangehörigen (z.B. Arbeitserlaubnis, Aufenthaltserlaubnis) nicht profitieren, weil diese Rechte nur nach der Zivilehe eingeräumt werden.[222]

175 In der türkischen Literatur wird darauf hingewiesen, dass den eheähnlichen Lebensgemeinschaften (solange sie keine homosexuellen Lebensgemeinschaften sind) die Stellung einer Gesellschaft des ZGB eingeräumt werden müsse, damit im Falle eines Beziehungsendes Güterteilung stattfinden könne. Nach Meinung von *Hatemi* müsse *de lege ferenda* der Frau ein Trennungsunterhalt (*Ayrilma tazminati*) eingeräumt werden.[223]

176 Die rechtliche Stellung der Verlobten kann m.E. analog auf eheähnliche Lebensgemeinschaften angewandt werden, vorausgesetzt, es handelt sich hierbei nicht um auf Vermeidung von Zivilehen hin gebildete rein religiöse Ehen (Imam-Ehe).[224] Ist der Partner durch Dritte getötet worden, hat der andere Partner gegenüber dem Schädiger einen Anspruch auf Ersatz des Versorgungsschadens (Art. 45 Abs. 2 türkOR) und auf Ersatz des immateriellen **Schadens** (Art. 47 türkOR). Ebenfalls steht ihnen ein Zeugnisverweigerungsrecht zu (Art. 245 Abs. 1 Nr. 1 türkZPO; Art. 47 Abs. 1 Nr. 1 türkStPO). Sowohl die Mutter als auch das Kind können auf Feststellung des Kindesverhältnisses zwischen dem Kind und dem Vater klagen (Art. 301 türkZGB).

H. Abstammung und Adoption

I. Abstammung

177 Der türkische Gesetzgeber hat von der Unterscheidung zwischen **ehelichen und unehelichen Kindern** Abstand genommen. Mit der weitgehenden Rezeption des schweizerischen ZGB hat der türkische Gesetzgeber das Kindschaftsrecht den internationalen Verpflichtungen und Anforderungen gerecht gestaltet.

178 Die Interessen des Kindes stehen bei der **Feststellung der Vaterschaft** im Vordergrund. Die Rechte der außerehelichen Väter wurden gestärkt und u.a. mit dem Art. 298 türkZGB wurden die äußerst knapp bemessenen Klagefristen auf eine vernünftige Zeitspanne angehoben.

---

222 Siehe bspw. Art. 8 des „Gesetzes hinsichtlich der Arbeitserlaubnis von Ausländern (türkArbeitserlG)" *Yabancilarin Calisma Izinleri Hakkinda Kanun* v. 27.2.2003, in Kraft getreten am 6.3.2003, RG Nr. 25040.
223 *Hatemi*, Aile Hukuku (Das Familienrecht), S. 45.
224 Vgl. *Rumpf/Odendahl* in: *Bergmann/Ferid/Henrich*, Internationales Ehe- und Kindschaftsrecht, Länderbericht Türkei, S. 25.

Der Großvater kann nach dem Tod des Vaters die **Anerkennung** des Kindes nicht betreiben. Nach dem türkischen Recht der Vater selbst die Möglichkeit, das Kind durch öffentliche Urkunde, letztwillige Verfügung oder mit einer schriftlichen Erklärung gegenüber dem Standesbeamten (*Nüfus Müdürlügü* – Personenstandsregister) oder dem Gericht anzuerkennen (Art. 295 Abs. 1 türkZGB). {179}

Die Zeugung durch einen Dritten wurde im türkZGB mit Rücksicht auf die türkischen Sitten nicht geregelt.[225] Diese Sorge ist pathetisch. Das Zivilgesetzbuch ist kein Moralgesetz, sondern soll das Leben möglichst umfassend regeln. Deshalb wäre es sinnvoll gewesen, wenn der türkische Gesetzgeber die **Anfechtung der Vaterschaft** in den Fällen ausgeschlossen hätte, in denen der Ehemann der Zeugung durch einen Dritten zugestimmt hat.[226] Das heißt nicht, dass der natürliche Vater nicht festgestellt werden darf, da die Statusfragen mit Willenserklärung nicht außer Kraft gesetzt werden dürfen. Hier ist vielmehr die Vaterschaft mit Fürsorge- und finanziellen Verpflichtungen gemeint. {180}

II. Adoption

Haben die Parteien unterschiedliche Staatsangehörigkeiten, müssen sie i.d.R. die Adoptionsvoraussetzungen nach dem jeweiligen nationalen Recht erfüllen. Es müssen also die Voraussetzungen beider Rechtssysteme erfüllt sein. Dies ist in Fällen von deutsch-türkischen Adoptionen relevant. Die Türkei hat bereits im Jahre 2004 das **Haager Adoptionsübereinkommen** ratifiziert. Die Türkei verankert einerseits die **Volladoption**, andererseits wird das Verhältnis des Adoptivkindes zu seinen leiblichen Eltern nicht vollständig abgebrochen. Das Adoptivkind bleibt weiterhin auch Erbe seiner leiblichen Eltern. **Kinderlosigkeit** ist **keine Voraussetzung** für die Adoption. Diese Schlussfolgerung lassen die Regelungen des Art. 305 Abs. 2 und Art. 313 türkZGB zu. {181}

Die **gemeinschaftliche Adoption** durch **Ehegatten** ist vom türkischen Gesetzgeber als Regelfall vorgesehen. Die Ehegatten müssen das 30. Lebensjahr vollendet haben. Anderenfalls müssen sie seit mindestens fünf Jahren miteinander verheiratet sein (Art. 306 Abs. 1 und 2 türkZGB). {182}

Eine **gemeinschaftliche Adoption** durch **nichtverheiratete Paare** ist **nicht** gestattet (Art. 306 Abs. 1 türkZGB). Verheiratete Personen dürfen nur dann alleine adoptieren, wenn sie eine der folgenden Fälle nachweisen können: Der andere Ehegatte ist dauerhaft urteilsunfähig oder seit mehr als zwei Jahren mit unbekanntem Aufenthalt. Oder die Ehegatten leben seit mehr als zwei Jahren mit einer gerichtlichen Entscheidung getrennt (Art. 307 Abs. 2 türkZGB). Nichtverheiratete Personen dürfen alleine adoptieren, wenn sie das 30. Lebensjahr vollendet haben und die übrigen gesetzlichen Voraussetzungen erfüllt sind (Art. 307 Abs. 1 türkZGB). {183}

Die Reform des türkZGB schließt die **Privatadoption** aus und lässt die **Adoptionsvermittlung** nur durch hierfür zugelassene Institutionen zu (Art. 320 türkZGB). {184}

Die Adoption durch einen türkischen Staatsangehörigen hat keinen Einfluss auf die **Staatsangehörigkeit des Adoptierten**. Ein minderjähriger Adoptierter wird nur dann mit der Adoption automatisch die türkische Staatsangehörigkeit erhalten, wenn er staatenlos ist oder seine Eltern entweder nicht auffindbar oder unbekannten Aufenthalts sind (Art. 3 türkStAG).[227] {185}

---

225 *Akintürk/Karaman*, Aile Hukuku (Familienrecht), S. 346 f.
226 So in Art. 256 Abs. 3 schwZGB.
227 Urteil des Staatsverwaltungsgerichts (*Danistay*), 12. Senat, v. 28.11.1967, E. 1967/1644, K. 1967/1978.

186 Die **Adoption von Minderjährigen** wird im türkZGB zum Schutze des Kindes institutionalisiert. Minderjährige dürfen nur dann adoptiert werden, wenn die Adoptiveltern sie vorher mindestens ein Jahr lang gepflegt haben (Art. 305 Abs. 1 türkZGB). Die Adoption darf die Interessen der anderen Kinder des Adoptierenden nicht in unbilliger Weise verletzen (Art. 305 Abs. 2 türkZGB). Die Adoptiveltern müssen mindestens 18 Jahre älter sein als das Adoptivkind, die Zustimmung des urteilsfähigen Kindes muss vorliegen (Art. 308 Abs. 1 und 2 türkZGB) und die Zustimmung der leiblichen Eltern muss beim Gericht am Aufenthaltsort[228] der Eltern oder des Kindes protokolliert sein (Art. 309 türkZGB).

187 Ist ein **Vormund** bestellt, so kann die Adoption ohne Rücksicht auf die Urteilsfähigkeit des Kindes mit Zustimmung der vormundschaftlichen Aufsichtsbehörde erfolgen (Art. 308 Abs. 3 türkZGB). Es ist eindeutig, dass es sich bei dieser Vorschrift um eine Übernahme des Art. 265 Abs. 3 schwZGB handelt: „Ist es [das Kind] bevormundet, so kann, auch wenn es urteilsfähig ist, die Adoption nur mit Zustimmung der vormundschaftlichen Aufsichtsbehörde erfolgen." Jedoch ist diese Übernahme nicht ganz gelungen. Die schweizerische Regelung sieht eine sukzessive Zustimmung durch das urteilsfähige, bevormundete Kind und die Aufsichtsbehörde vor. Die türkische Regelung reduziert dies auf die Zustimmung der Aufsichtsbehörde.

188 Die **Adoption von Volljährigen oder eines Mündels** ist auch für die Adoptiveltern möglich, die selbst Nachkommen haben, soweit das Einverständnis des Nachkommens vorliegt.[229] Art. 313 türkZGB enthält hierfür die folgende Regelung:

> *Art. 313 türkZGB Adoption Volljähriger[230] und von Mündeln*
> *Mit der offenkundigen Zustimmung der Nachkommen des Adoptierenden darf eine volljährige Person oder ein Mündel adoptiert werden,*
> *– wenn sie infolge körperlicher oder geistiger Gebrechen dauerhaft hilfsbedürftig ist und die Adoptiveltern ihr mindestens fünf Jahre lang Pflege erwiesen haben;*
> *– wenn ihnen während ihrer Minderjährigkeit die Adoptiveltern wenigstens fünf Jahre lang Pflege und Erziehung erwiesen haben;*
> *– wenn andere wichtige Gründe vorliegen und die zu adoptierende Person seit mindestens fünf Jahren mit den Adoptiveltern in Hausgemeinschaft gelebt hat.*

189 Eine **verheiratete Person** kann nur mit Zustimmung ihres Ehegatten adoptiert werden. Im Übrigen finden die Bestimmungen über die Adoption Minderjähriger entsprechende Anwendung.[231]

---

228 *Ikametgah* war der alte Begriff und *yerlesim yeri* ist der neue Begriff und darf als Wohnsitz übersetzt werden. Vgl. Art. 19 türkZGB. Der türkische Gesetzgeber hat bewusst die Regelung des Art. 265a schwZGB, die „Wohnsitz *oder* Aufenthaltsort" alternativ erwähnt, nicht übernommen und nur die Wörter *oturduklari yer* (Aufenthaltsort) verwendet. Näheres zum Wohnsitz *ikametgah* siehe *Zevkliler/ Acabey/Gökyayla*, Medeni Hukuk, 5. Aufl., Ankara 1997, S. 371 ff.; *Köprülü*, Medeni Hukuk, Genel Prensipler-Kisinin Hukuku, 2. Aufl., Istanbul 1984, S. 355.

229 Mit dem Gesetz Nr. 5399 v. 3.7.2005 wurde Art. 313 Abs. 1 türkZGB dahingehend geändert, dass auch die Adoptierenden, die eigene Nachkommen haben, einen Volljährigen oder ein Mündel adoptieren können.

230 Den Übersetzern *Rumpf/Odendahl* ist an dieser Stelle ein begrifflicher Fehler unterlaufen, weil die Verfasser die schweizerische Version „Mündiger" unverändert übernommen haben, obwohl sie andererseits in der Übersetzung des Art. 305 und Art. 313 Abs. 3 türkZGB die schweizerische Version „Unmündiger" (Art. 264 und 266 Abs. 3 schwZGB) nicht übernommen haben, sondern richtigerweise den türkischen Gesetzestext als „Minderjähriger" übersetzt haben. In der schweizerischen Rechtssprache bedeutet „Mündiger" eigentlich „Volljähriger". Der türkische Gesetzgeber hat diesen Begriff richtigerweise als *Ergin* (Volljähriger) übernommen.

231 Übersetzung des Verfassers.

Diese Regelungsfülle wird insbesondere die **Auslandsadoptionen** komplizierter gestalten. 190
Die ausländerrechtlichen Regelungen der europäischen Länder erlauben eine Familienzusammenführung i.d.R. erst dann, wenn das Kindesverhältnis feststeht. Um die einjährige
Pflegezeit zu ermöglichen, kann die Erteilung einer zweckgebundenen Aufenthaltsgenehmigung in Betracht kommen. Bilaterale Justizpflege mit der Türkei muss sich auch um ein
optimales Zusammenwirken der jeweiligen Jugendämter und türkischen Vermittlungsbe-
hörden kümmern.[232] Die Türkei hat als Adoptionsvermittlungsstellen für das Ausland die
Sosyal Hizmetler Kurumu und *Cocuk Esirgeme Kurumu* (Anstalt für Soziale Dienste und
Anstalt für Kinderschutz) in Ankara benannt.

Wird in der türkischen Adoptionsentscheidung nicht berücksichtigt, dass die Kinder die
Türkei verlassen werden und die Adoption dem Kindeswohl entspricht, wird sie in
Deutschland regelmäßig nicht anerkannt.[233]

---

232 Hierfür können in Betracht kommen u.a. die Art. 7 und 10 des Haager Übereinkommens über die
     Zuständigkeit der Behörden und das anzuwendende Recht auf dem Gebiet des Schutzes von Minder-
     jährigen v. 5.10.1961 (BGBl 1971 II, S. 219); Haager Übereinkommen über den Schutz von Kindern
     und die Zusammenarbeit auf dem Gebiet der internationalen Adoption v. 29.5.1993 (BGBl 2001 II,
     S. 1034), Ausführungsgesetz (BGBl I, S. 2950); das Abkommen ist seit 1.3.2002 für Deutschland ver-
     bindlich.
233 FamRZ 2015, 1640–1642; OLG Nürnberg, Beschl. v. 8.11.2014, 7 UF 1084/14.

Kiliç

Ukraine

Antje Himmelreich, Institut für Ostrecht München, Regensburg

Literatur

Deutschsprachige Literatur

Daschenko, Länderbericht Ukraine, in: *Bergmann/Ferid/Henrich* (Hrsg.), Internationales Ehe- und Kindschaftsrecht, Loseblattsammlung (Stand: 1.10.2015); *Kampe*, Aufhebbarkeit der in der Ukraine geschlossenen Ehe einer 16-jährigen deutsch-ukrainischen Doppelstaaterin? Fachausschuss-Nr. 3833, verhandelt am 15. und 16. November 2007, StAZ 2008, 348 f.; *Marenkow*, Verfahrens-, Schiedsverfahrens- und Vollstreckungsrecht, in: *Breidenbach* (Hrsg.), Handbuch Wirtschaft und Recht in Osteuropa, Band 4, Länderteil Ukraine, Kap. D. XII, Loseblattsammlung (Stand: 1.6.2013); *Tiede/Herzog*, Zulassung und Genehmigung von internationalen Adoptionsagenturen – Konsequenzen aus der internationalen Praxis für Reformen in der Ukraine, JAmt 2008, 68 ff.; *Wietzorek*, Anerkennung und Vollstreckung von Entscheidungen und Schiedssprüchen in der Ukraine, eastlex 2011, 56 ff.

Literatur in ukrainischer und russischer Sprache

Borysova/Žylinkova (Hrsg.), Simejne pravo Ukraïny (Familienrecht der Ukraine), 4. Aufl., Kiew 2012; *Buleca/Fazykoš* (Hrsg.), Simejne pravo Ukraïny (Familienrecht der Ukraine), Kiew 2015; *Buleca/ Ivanov/Iêvinja u.a.*, Naukovo-praktyčnyj komentar Simejnoho kodeksu Ukraïny (Wissenschaftlich-praktischer Kommentar zum Familiengesetz der Ukraine), Kiew 2015; *Charytonov/Holubêva* (Hrsg.), Simejne pravo Ukraïny (Familienrecht der Ukraine), Kiew 2010; *Červonyj*, Simejne pravo Ukraïny (Familienrecht der Ukraine), Kiew 2004; *ders.* (Hrsg.), Naučno-praktičeskij kommentarij Semejnogo kodeksa Ukrainy (Wissenschaftlich-praktischer Kommentar zum Familiengesetzbuch der Ukraine), Kiew 2004; *ders.* (Hrsg.), Naučno-praktičeskij kommentarij Semejnogo kodeksa Ukrainy (Wissenschaftlich-praktischer Kommentar zum Familiengesetzbuch der Ukraine), Kiew 2008; *Dovhert* (Hrsg.), Mižnarodne pryvatne pravo. Naukovo-praktyčnyj komentar Zakonu (Internationales Privatrecht. Wissenschaftlich-praktischer Kommentar zum Gesetz), Charkow 2008; *Dovhert/Kysil'* (Hrsg.), Mižnarodne pryvatne pravo (Internationales Privatrecht), 2. Aufl., Kiew 2014; *Minenkova/Pečenyj*, Usynovlennja v Ukraïni. Porjadok. Procedura. Sudova praktyka (Adoption in der Ukraine: Verfahren, Prozedur, Gerichtspraxis), Charkow 2012; *Romovs'ka*, Ukraïns'ke simejne pravo (Ukrainisches Familienrecht), Kiew 2009; *Spasibo-Fateeva* (Hrsg.), Char'kovskaja civilističeskaja škola: antologija semejnogo prava (Charkower Schule der Zivilrechtswissenschaft: Anthologie des Familienrechts), Charkow 2013; *Žylinkova* (Hrsg.), Simejnyj kodeks Ukraïny: Naukovo-praktyčnyj komentar (Familiengesetzbuch der Ukraine: Wissenschaftlich-praktischer Kommentar), Charkow 2008.

Wichtige Rechtsquellen

FGB – Familiengesetzbuch der Ukraine (*Simejny kodeks Ukraïny*) vom 10.1.2002 *Vidomosti Verchovnoï Rady Ukraïny* (im Folgenden: VVRU) 2002 Nr. 21–22 Pos. 135, zuletzt geändert durch Gesetz vom 17.5.2016, VVRU 2016 Nr. 25 Pos. 501

IPRG – Gesetz über das internationale Privatrecht (*Zakon pro mižnarodne pryvatne pravo*) vom 23.6.2005, VVRU 2005 Nr. 32 Pos. 422, mit späteren Änderungen

PStG – Gesetz über die staatliche Eintragung von Personenstandsakten (*Zakon pro deržavnu reêstraciju aktiv cyvil'noho stanu*) vom 1.7.2010, VVRU 2010 Nr. 38 Pos. 509, mit späteren Änderungen

PSt-Regeln – Regeln für die staatliche Eintragung von Personenstandsakten in der Ukraine (*Pravila deržavnoï reêstraciï aktiv cyvil'noho stanu v Ukraïni*), verabschiedet durch Erlass des Justizministeriums der Ukraine Nr. 52/5 vom 18.10.2000, OVU 2000 Nr. 42 Pos. 1803, mit späteren Änderungen

ZGB – Zivilgesetzbuch der Ukraine (*Cyvil'nyj kodeks Ukraïny*) vom 16.1.2003, VVRU 2003 Nr. 40–44 Pos. 356, mit späteren Änderungen

ZPO – Zivilprozessordnung der Ukraine (*Cyvil'nyj procesual'nyj kodeks Ukraïny*) vom 18.3.2004, VVRU 2004 Nr. 40–42 Pos. 492, mit späteren Änderungen

A. Eheschließung

I. Materielle Voraussetzungen

1. Ehewille und Ehefähigkeitsalter

1 Materielle Voraussetzungen für die Eheschließung sind die freiwillige Übereinkunft von Mann und Frau und das Erreichen des Ehefähigkeitsalters beider am Tag der Eintragung der Eheschließung (Art. 22 Abs. 2, 23 Abs. 1, 24 Abs. 1 FGB). Am **Ehewillen** mangelt es, wenn einer der Eheschließenden zur Heirat gezwungen wird, für geschäftsunfähig erklärt wurde oder aus anderen Gründen während der standesamtlichen Trauung die Bedeutung seines Handelns nicht verstehen oder dieses nicht steuern kann (Art. 24 Abs. 2 FGB). Die **Ehefähigkeit** tritt für Männer und Frauen seit einer Änderung des Familiengesetzbuchs durch Gesetz vom 15.3.2012[1] einheitlich mit Vollendung des 18. Lebensjahres ein (Art. 22 Abs. 1 FGB). Wenn es den Interessen des Antragstellers entspricht, kann die Eheschließung ab Vollendung des 16. Lebensjahres auf Antrag durch ein Gericht gestattet werden (Art. 23 Abs. 2 FGB).

---

1 VVRU 2012 Nr. 49 Pos. 562.

Himmelreich

2. Eheverbote

Eheverbote (nach ukrainischem Verständnis: Ehehindernisse) sind: 2
- eine bereits bestehende Ehe (Art. 25 FGB);
- die Verwandtschaft in gerader – aufsteigender oder absteigender – Linie (Art. 26 Abs. 1 FGB);
- Geschwister- oder Halbgeschwisterschaft (Art. 26 Abs. 2 FGB);
- das Verwandtschaftsverhältnis von Cousin und Cousine sowie von Onkel und Nichte bzw. Tante und Neffe (Art. 26 Abs. 3 FGB);
- ein Adoptionsverhältnis (Art. 26 Abs. 5 Unterabs. 1 FGB).

Bei Aufhebung der Adoption ist eine Ehe zwischen dem Adoptivelternteil und dem Adoptivkind zulässig (Art. 26 Abs. 5 Unterabs. 2 FGB). Ehen zwischen adoptierten Kindern bzw. zwischen einem Adoptivkind und einem leiblichen Kind eines Adoptivelternteils können vom Gericht genehmigt werden (Art. 26 Abs. 4 FGB).

3. Nichtigkeit der Ehe

Das ukrainische Recht unterscheidet nicht zwischen Aufhebbarkeit und **Nichtigkeit** der   3
Ehe. Vielmehr unterscheidet der Gesetzgeber zwischen der absoluten Nichtigkeit (Art. 39 FGB), der Nichtigkeit, die gerichtlich festgestellt werden muss (Art. 40 FGB), und Fällen, in denen die Nichtigkeit durch ein Gericht festgestellt werden kann (Art. 41 FGB). Von den nichtigen Ehen sind die Ehen zu unterscheiden, die als nicht geschlossen gelten. Eine Ehe gilt als nicht geschlossen, wenn die Eheschließung in Abwesenheit der Braut oder des Bräutigams vorgenommen wurde. Die standesamtliche Eintragung einer solchen Ehe wird aufgrund einer entsprechenden gerichtlichen Entscheidung auf Antrag einer Person, die ein Interesse daran hat, gelöscht (Art. 48 FGB).

Absolut nichtig sind: 4
- Doppelehen;
- Ehen zwischen Verwandten in gerader – aufsteigender oder absteigender – Linie sowie zwischen Geschwistern;
- Ehen mit Personen, die gerichtlich für geschäftsunfähig erklärt worden sind.

In diesen Fällen wird die standesamtliche Eintragung der Ehe auf Antrag einer Person, die ein Interesse daran hat, gelöscht (Art. 39 Abs. 4 FGB). Die vorherige Auflösung der Ehe durch Tod eines der Ehegatten oder Scheidung ist unbeachtlich (Art. 39 Abs. 6 FGB). Eine Doppelehe wird durch Auflösung der vorher geschlossenen Ehe wirksam (Art. 39 Abs. 5 FGB).

Die Ehenichtigkeit **ist** gem. Art. 40 Abs. 1, 2 FGB **gerichtlich festzustellen**, wenn: 5
- einer der Ehegatten die Ehe nicht aus freiem Willen geschlossen hat, z.B. weil er an einer schweren psychischen Störung litt, wegen Alkohol- oder Drogenmissbrauchs oder eines sonstigen toxisch bedingten Rausches die Bedeutung seiner Handlungen nicht völlig verstehen oder diese nicht steuern konnte, oder weil er durch körperliche oder psychische Gewalt zur Eheschließung gezwungen wurde;
- die Ehe von einem oder beiden Ehegatten nur zum **Schein** eingegangen wurde. Eine Ehe gilt als Scheinehe, wenn sie von einem oder beiden Ehegatten ohne die Absicht der Gründung einer Familie und des Erwerbs der Rechte und Pflichten von Ehegatten geschlossen wurde.

Die Nichtigkeitsklage ist abzuweisen, wenn zur Zeit der mündlichen Verhandlung die Umstände entfallen sind, die für eine unfreiwillige Eheschließung oder eine Scheinehe sprechen (Art. 40 Abs. 3 FGB).

6   Ein angerufenes Gericht **kann** die Ehenichtigkeit unter Berücksichtigung der Schwere der Verletzung der Rechte und Interessen eines der Ehegatten, der Dauer des ehelichen Zusammenlebens, der Beziehungen zwischen den Ehegatten und sonstiger Umstände von wesentlicher Bedeutung gem. Art. 41 Abs. 1, 2 FGB in folgenden Fällen **feststellen**:
–   bei Ehen zwischen Adoptivelternteil und Adoptivkind ohne vorherige Aufhebung der Adoption;
–   bei Ehen zwischen Cousin und Cousine oder Tante (Onkel) und Neffe (Nichte);
–   bei Verheimlichung einer schweren Krankheit durch einen der Ehegatten oder einer Krankheit, die für den anderen Ehegatten oder die Nachkommen gefährlich ist;
–   bei nicht genehmigten Ehen von Personen, die das Ehefähigkeitsalter noch nicht erreicht haben.

Die Nichtigkeitsklage ist – außer in den Fällen einer verheimlichten Krankheit – abzuweisen, wenn die Frau schwanger ist oder aus der Verbindung bereits ein Kind hervorgegangen ist. Bei Ehen von Minderjährigen ist sie abzuweisen, wenn im Nachhinein das Ehefähigkeitsalter erreicht oder die gerichtliche Genehmigung erteilt wurde (Art. 41 Abs. 3 FGB). Klageberechtigt sind die Ehegatten selbst, aber auch andere Personen, deren Rechte durch die Eheschließung verletzt worden sind. Sofern die Rechte und Interessen eines Kindes oder eines Geschäftsunfähigen oder nicht voll Geschäftsfähigen betroffen sind, kann die Klage von dessen Vertreter, von der Vormundschafts- und Pflegschaftsbehörde oder von der Staatsanwaltschaft erhoben werden (Art. 42 FGB). Ehenichtigkeitsklagen verjähren wie alle familienrechtlichen Klagen grundsätzlich nicht (Art. 20 Abs. 1 FGB).

7   Aus einer nichtigen Ehe (Art. 39 FGB) sowie einer gerichtlich für nichtig erklärten Ehe (Art. 40, 41 FGB) erwachsen grundsätzlich keine ehelichen Rechte und Pflichten (Art. 45 Abs. 1 FGB). Unter Umständen zeitigt jedoch auch eine nichtige Ehe bestimmte **Rechtsfolgen**. Keine Auswirkungen hat die Ehenichtigkeit z.B. auf die Rechtsstellung eines aus der Verbindung hervorgegangenen Kindes (Art. 47 FGB). Am Vermögen, das während der nichtigen Ehe erworben wurde, besteht gemeinsames Bruchteilseigentum der Parteien, wobei sich die Höhe der Bruchteile jeweils nach dem Beitrag zum Vermögenserwerb durch Arbeit oder sonstige Mittel richtet (Art. 45 Abs. 2 FGB). Ferner regelt Art. 45 FGB in den Absätzen 3 bis 5 Rechtsfolgen, die für die Partei gelten, die von dem Ehehindernis Kenntnis hatte und dies der anderen Partei oder dem Standesamt verschwiegen hat (vgl. Art. 45 Abs. 6 FGB):
–   Zahlungen, die diese Partei während der nichtigen Ehe als Ehegattenunterhalt erhalten hat, können von der anderen Partei für die vergangenen drei Jahre als ungerechtfertigte Bereicherung zurückgefordert werden;
–   ein aufgrund der Eheschließung erworbenes Nutzungsrecht am Wohnraum der anderen Partei ist unwirksam und die Wohnung ist zu räumen;
–   ein angenommener Ehename gilt als nicht rechtmäßig geführt.

8   Die Partei, die das Ehehindernis nicht kannte und nicht kennen konnte, hat nach Art. 46 FGB Anspruch auf einen Vermögensanteil entsprechend dem gesetzlichen Güterstand (Gesamthandseigentum), auf eheliche und nacheheliche Unterhalt, auf weitere Nutzung des ehelichen Wohnraums und Weiterführung des Ehenamens.

II. Zuständige Behörde und Verfahren

In der Ukraine werden grundsätzlich nur vor dem **Standesamt** geschlossene Ehen aner- 9
kannt (Art. 21 Abs. 1 FGB). Es gilt die obligatorische **Zivilehe**. Zuständig ist jedes Standesamt nach Wahl der Parteien (Art. 28 Abs. 1 Unterabs. 1 FGB). **Kirchliche Trauungen**
entfalten keinerlei Rechtswirkung, es sei denn, sie haben vor der Einrichtung bzw. Wiederherstellung der staatlichen Standesämter stattgefunden (Art. 21 Abs. 3 FGB). Auch faktische
Lebensgemeinschaften zwischen Mann und Frau haben keine eherechtlichen Konsequenzen
(Art. 21 Abs. 2 FGB).[2] Im **Ausland** ist für die Eheschließung das ukrainische **Konsulat**
zuständig, wenn zumindest einer der Eheschließenden ukrainischer Staatsangehöriger ist
und seinen ständigen Wohnsitz in diesem Staat hat (Art. 57 Abs. 1 IPRG).

Der gemeinsame schriftliche (Formular-)Antrag auf Vornahme der Trauung (**Anmeldung**) 10
ist von den Eheschließenden beim Standesamt bzw. Konsulat persönlich einzureichen
(Art. 28 Abs. 2 FGB). Der Anmeldung sind die Personaldokumente, ggf. der Nachweis für
die Auflösung einer früheren Ehe und bei Minderjährigkeit einer oder beider Parteien die
gerichtliche Ehegenehmigung beizufügen (Art. 14 Abs. 2 PStG, Abschnitt III Kap. 2 Ziff. 2,
5, 16 PSt-Regeln). Kann einer der Antragsteller aus triftigem Grund nicht vor dem Standesamt erscheinen, kann sein gesonderter und notariell beglaubigter Antrag durch einen **Vertreter** eingereicht werden. Die Vollmacht des Vertreters muss ebenfalls notariell beglaubigt
sein (Art. 28 Abs. 3 FGB). Der Standesbeamte hat die Antragsteller nicht nur über die
Folgen der Eheschließung und des Verschweigens von Ehehindernissen aufzuklären, sondern auch zu prüfen, ob sie gegenseitig über ihren jeweiligen Familienstand und Gesundheitszustand unterrichtet sind (Art. 14 Abs. 3 PStG).

Ausländer müssen bei Anmeldung der Eheschließung den Nachweis der Legalität ihres 11
Aufenthalts in der Ukraine erbringen (Abschnitt III Kap. 2 Ziff. 4 PSt-Regeln). Eine **Familienstandsbescheinigung** muss seit einer Änderung der PSt-Regeln im Jahr 2015[3] nicht mehr
vorgelegt werden. Falls im Ausland der Nachweis des Familienstands nach dem Recht des
Heimatstaates von ukrainischen Staatsangehörigen oder Staatenlosen mit Wohnsitz in der
Ukraine oder von ukrainischen Staatsangehörigen mit Wohnsitz im Ausland zu erbringen
ist, können diese eine vom Notar oder der zuständigen diplomatischen Vertretung oder
konsularischen Einrichtung der Ukraine beglaubigte **Familienstandsbescheinigung** vorlegen. Diese ist entsprechend zu legalisieren, sofern durch einen vom ukrainischen Parlament
bestätigten internationalen Vertrag der Ukraine nichts anderes vorgesehen ist (Abschnitt III
Kap. 2 Ziff. 6 PSt-Regeln). Alle ausländischen Urkunden sind in konsularisch oder notariell
beglaubigter ukrainischer Übersetzung vorzulegen. Ist die Übersetzung von einer ausländischen Behörde beglaubigt, bedarf die Beglaubigung grundsätzlich der **Legalisation** (Abschnitt III Kap. 2 Ziff. 7 Abs. 1, 2 PSt-Regeln). Das Erfordernis der Legalisation ausländischer Urkunden durch eine konsularische Einrichtung der Ukraine (vgl. Art. 13 IPRG)
entfällt für Dokumente aus Vertragsstaaten des Haager Übereinkommens zur Befreiung
ausländischer öffentlicher Urkunden von der Legalisation vom 5.10.1961.[4] Die Ukraine ist
wie die Bundesrepublik Deutschland Vertragsstaat des Übereinkommens. Nachdem die

---

2 Dieses Postulat wird allerdings zum Teil dadurch unterlaufen, dass Art. 91 FGB den Parteien einen
   Unterhaltsanspruch analog zum Ehegattenunterhalt einräumt und Art. 74 FGB den Güterstand analog
   zum ehelichen regelt. Ferner sieht Art. 211 Abs. 4 FGB vor, dass auch in einer faktischen Lebensgemeinschaft lebende Paare nach gerichtlichem Ermessen ein Kind adoptieren können (vgl. im Einzelnen
   Rdn 104 ff., 114).
3 Erlass des Justizministeriums der Ukraine Nr. 247/5 vom 24.2.2015, *Oficijnyj visnyk Ukraïny* (OVU)
   2015 Nr. 18 Pos. 508.
4 BGBl 1965 II, S. 875.

Bundesrepublik ihren Vorbehalt gegen die Anwendung des Übereinkommens im Rechtsverkehr zwischen Deutschland und der Ukraine zurückgezogen hat, müssen Dokumente deutscher Behörden seit dem 22.7.2010 nicht mehr legalisiert werden. Für die Anerkennung von Urkunden im deutsch-ukrainischen Rechtsverkehr reicht seitdem eine **Apostille** aus.[5]

12   Der Antrag auf Trauung **erlischt** mit Ablauf von drei Monaten seit Einreichung, wenn bis dahin die Ehe nicht geschlossen wurde (Art. 28 Abs. 4 FGB). Die Antragstellung verpflichtet die Parteien zur gegenseitigen Aufklärung über ihren Gesundheitszustand (Art. 30 Abs. 1 FGB).

13   Mit Antragstellung gelten die Parteien als **verlobt** (Art. 28 Abs. 1 Unterabs. 2 FGB). Bei Auflösung des Verlöbnisses hat die auflösende Partei der anderen Partei die Aufwendungen zu ersetzen, die diese in Vorbereitung auf die Eheschließung und die Hochzeitsfeier getätigt hat, es sei denn, die Auflösung des Verlöbnisses war Folge eines rechtswidrigen oder unmoralischen Verhaltens der anderen Partei oder der Verheimlichung von Umständen, die für die auflösende Partei von erheblicher Bedeutung sind, wie z.B. das Vorhandensein eines Kindes, eine schwere Krankheit oder eine Vorstrafe (Art. 31 Abs. 3 FGB). Ferner kann die andere Partei auf Auflösung von Schenkungsverträgen klagen, die sie im Hinblick auf die Eheschließung mit der das Verlöbnis auflösenden Partei und zu deren Gunsten geschlossen hat. Wird der Klage stattgegeben, ist die geschenkte Sache zurückzugeben, ggf. ist deren Wert zu ersetzen (Art. 31 Abs. 4 FGB).

14   Die Eheschließung soll **einen Monat nach Antragstellung** erfolgen. In begründeten Fällen kann der Leiter des befassten Standesamts eine **vorfristige** Trauung gestatten (Art. 32 Abs. 1 FGB). Bei Schwangerschaft der Antragstellerin, Geburt eines Kindes oder im Fall unmittelbarer Gefahr für das Leben eines der Verlobten kann die Trauung bereits am Tag der Antragstellung oder an einem anderen von den Verlobten gewählten Tag innerhalb eines Monats vorgenommen werden (Art. 32 Abs. 2 FGB). Bei begründetem Verdacht auf ein Ehehindernis kann die Trauung vom Leiter des Standesamts um höchstens drei Monate verschoben werden. Diese Entscheidung kann gerichtlich angefochten werden (Art. 32 Abs. 3 FGB). Die Ablehnung der Eintragung der Ehe wegen eines bestehenden Ehehindernisses ist schriftlich zu begründen (Abschnitt III Kap. 2 Ziff. 10 Abs. 4 PSt-Regeln). Auf schriftlichen Antrag der Verlobten kann der festgelegte Trauungstermin aus wichtigem Grund verschoben werden, höchstens jedoch um ein Jahr seit Antragstellung (Art. 14 Abs. 7 Unterabs. 2 PStG).

15   Die Trauung findet in den **Räumen des Standesamts** in Anwesenheit der Eheschließenden statt (Art. 33 Abs. 1 Unterabs. 1, 34 Abs. 1 FGB). Eine Eheschließung durch einen **Vertreter** ist unzulässig (Art. 34 Abs. 2 FGB). Auf Antrag der Eheschließenden kann die Trauung an einem anderen Ort mit feierlichem Gepräge erfolgen (Art. 33 Abs. 1 Unterabs. 2 FGB). Sind die Eheschließenden aus triftigem Grund am Erscheinen vor dem Standesamt gehindert, kann die Trauung in ihrer Wohnung, in einer stationären medizinischen Einrichtung oder an einem anderen Ort vorgenommen werden (Art. 33 Abs. 2 FGB). Der Hinderungsgrund muss durch Urkunde nachgewiesen werden (Abschnitt III Kap. 2 Ziff. 14 Abs. 3 PSt-Regeln).

16   Erst mit der Eintragung der Ehe in das **Personenstandsregister** gilt die Ehe als geschlossen und die Ehewirkungen treten ein (Art. 21 Abs. 1 FGB). Die Eintragung erfolgt während der Trauungszeremonie und ist nach traditionellem Verständnis eigentlicher Zweck derselben (Abschnitt III Kap. 2 Ziff. 14 PSt-Regeln). Aufgrund der standesamtlichen Eintragung wer-

---

5 *Marenkow*, in: *Breidenbach* (Hrsg.), Wirtschaft und Recht in Osteuropa, Band 4, UKR Kap. D. XII, Rn 27.

den ebenfalls während der Trauungszeremonie eine **Heiratsurkunde** ausgestellt (Art. 27 Abs. 3 FGB) und die Eheschließung – jeweils unter Angabe der Personalien des Ehegatten (Familien-, Vor- und Vatersname und Geburtsjahr) – sowie der Ort und der Zeitpunkt der Eintragung der Eheschließung in den Personaldokumenten der Eheschließenden vermerkt (Art. 14 Abs. 10 PStG). Im Fall einer Änderung des Familiennamens muss das Personaldokument innerhalb eines Monats neu ausgestellt werden, was ebenfalls durch einen entsprechenden Stempel vermerkt wird (Abschnitt III Kap. 2 Ziff. 24 Abs. 2 PSt-Regeln).

III. Kollisionsrecht der Eheschließung

Das Kollisionsrecht der Eheschließung ist durch die Art. 55–58 IPRG geregelt. Die **Ehefähigkeit** richtet sich nach dem Personalstatut jedes Eheschließenden, d.h. nach dem Recht des Staates, dem die Person angehört, bei einem Staatenlosen nach dem Recht des Staates, in dem er seinen Wohnsitz hat, anderenfalls nach dem Recht des Aufenthaltsorts, und bei Flüchtlingen nach dem Recht des Aufenthaltsstaates (Art. 55, 16 Abs. 1, 3, 4 IPRG). Bei Mehrstaatigkeit ist das Recht des Staates maßgeblich, mit dem die Person die engste Verbindung hat. Das kann der Staat sein, in dem sie ihren Wohnsitz hat oder ihrer Hauptbeschäftigung nachgeht (Art. 55, 16 Abs. 2 IPRG). Allerdings gelten bei einer Eheschließung in der Ukraine auch für Ausländer die nach ukrainischem Familienrecht bestehenden Ehehindernisse als Ausschlussgründe. Sie müssen das vorgesehene Ehefähigkeitsalter erreicht sowie Ehewillen haben (Art. 55 IPRG i.V.m. Art. 38 FGB). — 17

Auf Eheschließungen **ukrainischer Staatsangehöriger** im **Ausland** ist ukrainisches Recht anwendbar, wenn sie die Ehe vor einem ukrainischen Konsulat eingehen (Art. 57 Abs. 1 IPRG). Auf Eheschließungen vor ausländischen Behörden findet das Recht des Vornahmeorts Anwendung. Soll die Ehe jedoch in der Ukraine **anerkannt** werden, müssen ukrainische Staatsangehörige auch hier den Anforderungen des ukrainischen Familiengesetzbuchs an das Ehefähigkeitsalter, den Ehewillen und das Fehlen von Ehehindernissen genügen (Art. 58 Abs. 1 IPRG i.V.m. Art. 38 FGB). — 18

Für die Eheschließung zwischen **Ausländern** in einer diplomatischen Vertretung oder konsularischen Einrichtung eines anderen Staates in der Ukraine ist das Recht des Entsendestaates maßgeblich (Art. 57 Abs. 2 IPRG). Ehen, die im Ausland zwischen Ausländern oder Staatenlosen nach dem am Vornahmeort geltenden Recht geschlossen wurden, werden in der Ukraine ohne Weiteres **anerkannt** (Art. 58 Abs. 2 IPRG). Dies dürfte auch für Ehen von Ausländern gelten, die in der Ukraine vor einer diplomatischen Vertretung oder konsularischen Einrichtung eines anderen Staates geschlossen wurden, wenn zumindest einer der Eheschließenden Angehöriger des Entsendestaates des Botschafters oder Konsuls ist. — 19

Die **Nichtigkeit** einer Ehe mit Auslandsberührung ist nach dem Recht des Staates zu beurteilen, nach dessen Recht die Ehe geschlossen wurde bzw. das für die Ehefähigkeit maßgeblich war (Art. 64 IPRG). — 20

B. Folgen der Eheschließung

I. Auswirkungen auf das Eigentum

1. Errungenschaftsgemeinschaft

Dem **gesetzlichen Güterstand** liegt der Gedanke der **Errungenschaftsgemeinschaft** zugrunde (Art. 60 Abs. 1 FGB). Es wird zwischen dem ehelichen Gemeinschaftsvermögen — 21

Himmelreich

und dem persönlichen Vermögen der Ehegatten unterschieden. An dem während der Ehe erworbenen Vermögen besteht nach Art. 60 Abs. 2 FGB Gemeinschaftseigentum zur gesamten Hand (*spil'na sumisna vlasnist'*). Die allgemeinen Regelungen des Zivilrechts für das Gesamthandseigentum (Art. 368–372 ZGB) finden ergänzend Anwendung.

2. Persönliches Vermögen

22 Vom ehelichen Gesamthandsvermögen ausgeschlossen ist nach Art. 57 und 58 FGB das folgende **persönliche Vermögen**:
- das von jedem Ehegatten vor der Eheschließung Erworbene;
- das von einem der Ehegatten während der Ehe durch Schenkung oder Erbschaft Erworbene;
- das von einem der Ehegatten während der Ehe mit Mitteln aus seinem persönlichen Vermögen Erworbene;
- das von einem der Ehegatten während der Ehe infolge der Privatisierung des staatlichen Wohneigentums erworbene Wohneigentum;
- ein von einem der Ehegatten während der Ehe infolge der Privatisierung erworbenes Grundstück, das sich in seiner Nutzung befand, ein infolge der Privatisierung der staatlichen und kommunalen Landwirtschaftsbetriebe, Institutionen und Organisationen erworbenes Grundstück oder ein infolge der kostenlosen Privatisierung von staatlichen und kommunalen Grundstücken entsprechend dem Bodengesetzbuch[6] erworbenes Grundstück;
- die während der Ehe für einen der Ehegatten angeschafften Gegenstände des persönlichen Gebrauchs, einschließlich von Wertgegenständen, selbst wenn sie aus den gemeinsamen Mitteln erworben wurden;
- die während der Ehe von einem der Ehegatten für persönliche Verdienste erhaltenen Prämien und Auszeichnungen, es sei denn, das Gemeinschaftseigentum daran wird gerichtlich festgestellt, weil der andere Ehegatte durch seine Tätigkeit (Führung des Haushalts, Erziehung der Kinder etc.) zum Erlangen der Auszeichnung beigetragen hat;
- die während der Ehe von einem der Ehegatten erhaltenen Entschädigungen für Schäden an Gegenständen seines persönlichen Vermögens sowie Schmerzensgeld;
- Versicherungsleistungen, die einer der Ehegatten aufgrund einer Pflichtversicherung oder freiwilligen Personenversicherung erhalten hat, sofern die Versicherungsprämien aus Mitteln gezahlt wurden, die zum persönlichen Vermögen des Ehegatten gehören;
- Früchte und Gewinne, einschließlich der Dividenden, aus Gegenständen des persönlichen Vermögens;
- das nach gerichtlicher Feststellung von einem der Ehegatten während der Zeit des Getrenntlebens Erworbene;
- Aufwendungen, die einer der Ehegatten aus seinem persönlichen Vermögen auf Gegenstände des Gemeinschaftsvermögens tätigt.

23 Gegenstände des persönlichen Vermögens können vom Gericht zum **ehelichen Gesamthandsvermögen** erklärt werden, wenn sich der Wert des betreffenden Vermögensgegenstands während der Ehe durch gemeinsame Arbeit oder den Einsatz gemeinsamer Mittel der Ehegatten oder den Einsatz von Mitteln des anderen Ehegatten wesentlich erhöht hat (Art. 62 Abs. 1 FGB). Wenn einer der Ehegatten durch Arbeit oder Unterhaltsleistungen zum persönlichen Vermögen des anderen Ehegatten beigetragen oder dieses verwaltet oder beaufsichtigt hat, kann auch der aus diesem Vermögen erhaltene Gewinn (Früchte, Dividen-

---

6 Bodengesetzbuch der Ukraine vom 25.10.2001, VVRU 2002 Nr. 3–4 Pos. 27, mit späteren Änderungen.

den) im Streitfall vom Gericht zum Gesamthandsvermögen der Ehegatten erklärt werden (Art. 62 Abs. 2 FGB).

Der Besitz des persönlichen Vermögens ist von dem betreffenden Ehegatten mit Rücksicht auf die Interessen der Familie, insbesondere der Kinder, auszuüben (Art. 59 Abs. 1 FGB). Bei Verfügungen hat der Eigentümer des persönlichen Vermögens Rücksicht auf die Interessen der Kinder und anderer Familienmitglieder zu nehmen, die einen gesetzlichen Anspruch auf die Nutzung der Sache (z.B. Wohnraum) haben (Art. 59 Abs. 2 FGB). Die Ehegatten können untereinander beliebige Geschäfte bezüglich ihres persönlichen Vermögens vornehmen (Art. 64 Abs. 1 FGB). 24

3. Eheliches Gesamthandsvermögen

Zum Gesamthandsvermögen gehören Sachen, die während der Ehe für die Familie erworben wurden, und die Einkünfte jedes Ehegatten (Art. 60 Abs. 2, 61 Abs. 2 FGB). Dies gilt unabhängig davon, auf wessen Namen und von welchem Ehegatten das Erwerbsgeschäft getätigt wird bzw. auf wessen Namen das Bankkonto geführt wird, auf dem die Einkünfte gutgeschrieben werden (Art. 61 Abs. 2, 3 FGB). Sachen für die Ausübung des Berufs, die während der Ehe für einen der Ehegatten erworben wurden, sind Gegenstand des ehelichen Gesamthandsvermögens (Art. 61 Abs. 4 FGB). Nicht in den Genuss der Errungenschaftsgemeinschaft kommt ein Ehegatte, der ohne triftigen Grund keine eigenen Einkünfte erwirtschaftet (Umkehrschluss aus Art. 60 Abs. 1 FGB). Ein triftiger Grund liegt z.B. vor, wenn der Ehegatte den Haushalt führt, die Kinder erzieht, eine Ausbildung absolviert oder krank ist. 25

Der **Besitz** und die **Nutzung** des Gesamthandsvermögens sowie **Verfügungen** darüber sind gemeinschaftlich auszuüben, wobei den Ehegatten, wenn sie keine anderweitige vertragliche Vereinbarung getroffen haben, gleiche Rechte zustehen (Art. 65 Abs. 1, 63 FGB). Wird die Nutzung von **Immobilien**, die zum ehelichen Gesamthandsvermögen gehören, zwischen den Ehegatten vertraglich geregelt und der Vertrag notariell beglaubigt, ist die Vereinbarung auch für die Rechtsnachfolger der Ehegatten bindend (Art. 66 Abs. 2 FGB). Die **Zustimmung** des anderen Ehegatten zu Rechtsgeschäften, die ein Ehegatte bezüglich des Gemeinschaftsvermögens vornimmt, wird vermutet (Art. 65 Abs. 2 S. 1 FGB). Dennoch kann jeder Ehegatte ohne seine Zustimmung vorgenommene Rechtsgeschäfte des anderen Ehegatten anfechten, soweit sie über kleine Alltagsgeschäfte hinausgehen (Art. 65 Abs. 2 S. 2 FGB), ohne dass das Gesetz die Kriterien für die Feststellung der Unwirksamkeit des Rechtsgeschäfts festlegt. In der Literatur wird die Ansicht vertreten, dass ein solches Rechtsgeschäft nur dann für unwirksam erklärt werden kann, wenn die anfechtende Partei nachweist, dass der Dritte nicht im guten Glauben bezüglich der Zustimmung des anderen Ehegatten war.[7] Die Zustimmung bedarf der Schriftform, wenn das Rechtsgeschäft wertvolle Vermögensgegenstände betrifft. Für Rechtsgeschäfte eines der Ehegatten, die der notariellen Beglaubigung oder staatlichen Registrierung bedürfen, muss die schriftliche Zustimmung des anderen Ehegatten in notarieller Form erteilt werden (Art. 65 Abs. 3 FGB). Die gesetzliche Vermutung der Zustimmung des anderen Ehegatten gilt nicht für die in Art. 65 Abs. 3 FGB genannten Rechtsgeschäfte.[8] Die Ehegatten können untereinander Rechtsgeschäfte bezüglich des Gesamthandsvermögens sowie ihrer Anteile am Gesamthandsvermögen vor- 26

---

7 Siehe *Červonyj*, in: *ders.* (Hrsg.), Naučno-praktičeskij kommentarij Semejnogo kodeksa Ukrainy (2004), Art. 65, S. 130, mit Bezugnahme auf Art. 35 Abs. 2 russ. FGB.

8 *Červonyj*, in: *ders.* (Hrsg.), Naučno-praktičeskij kommentarij Semejnogo kodeksa Ukrainy (2004), Art. 65, S. 130.

nehmen (Art. 64 Abs. 1 FGB). Auch der gesamte Anteil eines der Ehegatten kann auf den anderen übertragen werden, ohne dass eine Teilung stattgefunden hat (Art. 64 Abs. 2 FGB).

27   Der Anteil eines der Ehegatten am ehelichen Gesamthandsvermögen **haftet** für dessen persönliche Verbindlichkeiten nur, soweit er ihm in natura zugeteilt wurde (Art. 73 Abs. 1 FGB). Der Gläubiger kann außer in den gesetzlich festgelegten Fällen die Teilung in natura des ehelichen Gesamthandsvermögens nur dann fordern, wenn das persönliche Vermögen des Schuldners nicht ausreicht, um die Verbindlichkeit zu befriedigen (Art. 371 Abs. 1 ZGB). Ist eine Teilung in natura nicht möglich (bei unteilbaren Sachen i.S.d. Art. 183 Abs. 2 ZGB) oder stimmt der andere Ehegatte der Teilung nicht zu, muss der Rechtsweg beschritten werden. Der Gläubiger kann den Verkauf des schuldnerischen Anteils am Gesamthandsvermögen an den Ehegatten und Herausgabe des Erlöses an sich fordern (Art. 371 Abs. 2 i.V.m. Art. 366 Abs. 2 ZGB). Verweigert der Schuldner die Veräußerung oder sein Ehegatte den Erwerb des Anteils, kann der Gläubiger die Verwertung durch öffentliche Versteigerung oder die Übertragung des Anteils auf sich selbst fordern (Art. 371 Abs. 2 i.V.m. Art. 366 Abs. 2 ZGB). Das Gesamthandsvermögen haftet für von einem der Ehegatten eingegangene Verbindlichkeiten nur dann, wenn das zugrunde liegende Rechtsgeschäft im Interesse der Familie getätigt und das daraus Erlangte für die Familie verwendet wurde (Art. 73 Abs. 2 FGB). Insoweit sind Rechtsgeschäfte eines der Ehegatten auch für den anderen bindend (Art. 65 Abs. 4 FGB). Das während der Ehe erworbene Vermögen haftet unabhängig von seiner Zugehörigkeit zum persönlichen Vermögen oder Gesamthandsvermögen dann für Verbindlichkeiten eines der Ehegatten wegen Schädigung Dritter durch eine Straftat, wenn die Mittel zum Erwerb des Vermögens durch die Straftat erlangt worden sind (Art. 73 Abs. 3 FGB).

28   Jeder Ehegatte kann seinen Anteil am Gesamthandsvermögen erst veräußern oder verpfänden, wenn die **Teilung** tatsächlich stattgefunden hat (Art. 67 Abs. 1 FGB). Durch **Verfügungen von Todes wegen** können Anteile am Gesamthandsvermögen ungeteilt vermacht werden (Art. 67 Abs. 2 FGB). Die Teilung des gemeinschaftlichen Vermögens kann während oder nach der Ehe erfolgen (Art. 69 Abs. 1 FGB). Die Teilung kann einvernehmlich erfolgen oder vom Gericht vorgenommen werden. Sofern sich Teilungsvereinbarungen auf Immobilien beziehen, bedürfen sie der notariellen Form (Art. 69 Abs. 2 FGB). Für die Vermögensauseinandersetzung beim **Tod eines der Ehegatten** gelten Sonderregelungen, die den anderen Ehegatten begünstigen. Er hat ein Vorrecht auf Herausgabe in natura von Gegenständen des ehelichen Gesamthandsvermögens im Rahmen seines Erbteils, soweit nicht erhebliche Interessen anderer Erben verletzt werden (Art. 1279 Abs. 2 ZGB). Bezüglich des ehelichen Gesamthandsvermögens kann ein gemeinschaftliches Testament der Ehegatten errichtet werden, durch das der Vermögensanteil des Verstorbenen dem hinterbliebenen Ehegatten vermacht wird und erst für den Fall des Todes des hinterbliebenen Ehegatten Dritte bedacht werden (Art. 1243 Abs. 1, 2 ZGB).

II. Ehelicher Unterhalt

1. Anspruchsarten

29   Die Ehegatten sind verpflichtet, sich gegenseitig materielle Unterstützung zu gewähren (Art. 75 Abs. 1 FGB). Daraus ergeben sich **drei selbstständige Anspruchsarten:**
  - der Anspruch auf Ehegattenunterhalt unabhängig vom Vorhandensein gemeinsamer Kinder (Art. 77–83 FGB);
  - der Anspruch auf Ehegattenunterhalt im Zusammenhang mit der Geburt und Erziehung eines gemeinsamen Kindes (Art. 84–88 FGB);

– die Pflicht jedes Ehegatten, sich an den Ausgaben für die medizinische Versorgung des anderen wegen Krankheit oder Verletzungen zu beteiligen (Art. 90 FGB).

2. Ehegattenunterhalt unabhängig von gemeinsamen Kindern

Unterhaltsleistungen können je nach Vereinbarung in Form von Sach- oder Geldleistungen erbracht werden (Art. 77 Abs. 1 FGB). Auch während einer bestehenden Ehe kann auf Unterhalt in Form gerichtlich festzusetzender monatlicher Geldleistungen (Alimente) geklagt werden (Art. 77 Abs. 2, 3 FGB). Hat sich die berechtigte Partei nachweislich bemüht, von der anderen Partei auf gütlichem Wege Unterhaltsleistungen zu erlangen, wurden ihr diese aber verweigert, kann Unterhalt rückwirkend für bis zu einem Jahr vor Klageerhebung zugesprochen werden (Art. 79 Abs. 2 FGB). 30

Voraussetzungen für den Anspruch auf Ehegattenunterhalt sind gem. Art. 75 Abs. 2–4 FGB: 31
– Erwerbsunfähigkeit des Berechtigten, d.h. Erreichen des gesetzlichen Rentenalters[9] oder Anerkennung als Behinderter der Gruppe I, II oder III;[10]
– Bedürftigkeit des Berechtigten, d.h. sein Einkommen sichert ihm nicht das gesetzliche Existenzminimum;[11]
– Leistungsfähigkeit des Verpflichteten.

Keine Auswirkungen auf den Unterhaltsanspruch haben eventuelle zivilrechtliche Schadensersatzansprüche wegen rechtswidrigen Verhaltens des Verpflichteten, das zur Erwerbsunfähigkeit des Berechtigten geführt hat (Art. 75 Abs. 6 FGB).

Ein Unterhaltsanspruch ist nach Art. 75 Abs. 5 und Art. 83 Abs. 1 FGB **ausgeschlossen**, wenn 32
– der Berechtigte sich in der Ehe unwürdig verhalten hat;
– die Erwerbsunfähigkeit Folge einer vorsätzlich begangenen Straftat ist;
– die eheliche Gemeinschaft nur kurze Zeit bestanden hat;
– die Erwerbsunfähigkeit bzw. schwere Krankheit bei Eheschließung verheimlicht wurde;
– der Berechtigte sich wissentlich in eine Lage gebracht hat, in der er materiell bedürftig ist.

Die **Höhe** des Anspruchs wird vom Gericht in Anbetracht aller Umstände bestimmt. Berücksichtigt werden u.a. etwaige Unterhaltsansprüche gegenüber volljährigen Kindern oder den Eltern (Art. 80 Abs. 2 FGB). Der Unterhalt wird als monatlicher Festbetrag oder prozentualer Anteil am Einkommen des Verpflichteten festgelegt (Art. 80 Abs. 1 FGB). 33

Der Unterhaltsanspruch **endet** bei Wiederherstellung der Erwerbsfähigkeit des Berechtigten oder Wegfall einer sonstigen Voraussetzung (Bedürftigkeit des Berechtigten, Leistungsfähigkeit des Verpflichteten) bzw. bei Vorliegen eines Ausschlussgrundes mit entsprechendem Gerichtsurteil (Art. 82 Abs. 1, 2, 83 Abs. 1 FGB). Endet der Unterhaltsanspruch wegen Wegfalls der Erwerbsunfähigkeit des Berechtigten, können alle danach erfolgten Zahlungen 34

---

9 Das gesetzliche Rentenalter beträgt für Frauen und Männer einheitlich 60 Jahre; vgl. Art. 26 Gesetz über die staatliche Rentenpflichtversicherung vom 9.7.2003, VVRU 2003 Nr. 49–51 Pos. 376, in der Fassung des Gesetzes vom 8.7.2011, VVRU 2012 Nr. 12–13 Pos. 82, mit dem das Rentenalter für Frauen von bisher 55 Jahren auf 60 Jahre angehoben wurde.

10 Siehe das Gesetz über die Grundlagen der sozialen Sicherheit von Behinderten in der Ukraine vom 21.3.1991, VVR URSR 1991 Nr. 21 Pos. 252, mit späteren Änderungen.

11 Siehe das Gesetz über die Festlegung des Existenzminimums und des Mindestarbeitslohns vom 20.10.2009, VVRU 2010 Nr. 4 Pos. 19.

als ungerechtfertigte Bereicherung zurückgefordert werden, höchstens jedoch für die letzten drei Jahre nach Wegfall des Grundes (Art. 82 Abs. 2 FGB).

3. Ehegattenunterhalt wegen Versorgung eines gemeinsamen Kindes

35 Voraussetzungen für den Anspruch sind bei Leistungsfähigkeit des Verpflichteten gem. Art. 84–88 FGB alternativ:
    – Schwangerschaft der Ehefrau;
    – Sorge für ein Kind im Alter von bis zu drei Jahren;
    – Sorge für ein Kind mit beeinträchtigter körperlicher oder geistiger Entwicklung im Alter von bis zu sechs Jahren;
    – Sorge für ein behindertes Kind, das der ständigen Betreuung bedarf.

36 Die den Unterhaltsanspruch begründende Sorge für ein Kind setzt voraus, dass das Kind im Haushalt des bzw. der Berechtigten lebt und er (sie) persönlich für das Kind sorgt. Die materiellen Lebensverhältnisse des Berechtigten sind unerheblich. Der Anspruch gegen den Ehemann bzw. die Ehefrau ist ausgeschlossen, wenn seine bzw. ihre standesamtliche Eintragung als Kindesvater bzw. Kindesmutter auf gerichtliche Anordnung hin gelöscht wurde. Der Gesetzgeber hat offen gelassen, inwieweit die allgemeinen Regeln für den Unterhaltsanspruch unabhängig von gemeinsamen Kindern (vgl. Rdn 30 ff.) für den Unterhaltsanspruch wegen Versorgung eines Kindes entsprechend Anwendung finden sollen. Vermutlich ist eine entsprechende Geltung jedoch intendiert. Die Bemessungsregeln des Art. 80 FGB sollen höchstwahrscheinlich auch für den Ehegattenunterhalt im Zusammenhang mit einem gemeinsamen Kind entsprechend gelten, allerdings nur, soweit der Unterhaltsanspruch nicht durch die Sorge für ein behindertes Kind begründet wird. In letzterem Fall ist Unterhalt unabhängig davon zu zahlen, ob der Berechtigte eventuell weitere Unterhaltsansprüche gegen seine volljährigen Kinder oder seine Eltern hat (Art. 88 Abs. 2 FGB).

III. Ehename

37 Die Ehegatten können bei der Eheschließung den Familiennamen eines von ihnen als gemeinsamen **Ehenamen** wählen oder jeweils ihren vorehelichen Familiennamen beibehalten (Art. 35 Abs. 1 FGB). Es ist in der Ukraine üblich, dass der Familienname des Mannes gemeinsamer Ehename wird. Jeder Ehegatte kann unabhängig von dem anderen seinem eigenen Familiennamen den Familiennamen des Ehegatten anfügen. Wollen beide Ehegatten einen Doppelnamen führen, müssen sie sich jedoch auf eine einheitliche Reihenfolge der Namen einigen (Art. 35 Abs. 2 Unterabs. 1 FGB). Führt einer der Ehegatten bereits einen Doppelnamen, kann er einen Teil seines Namens durch den Namen des Ehegatten ersetzen (Art. 35 Abs. 3 FGB). Die Zusammenfügung von mehr als zwei Familiennamen ist nicht zulässig, es sei denn, dies ergibt sich aus einem Brauch einer nationalen Minderheit, welcher der Ehemann oder die Ehefrau angehört (Art. 35 Abs. 2 Unterabs. 2 FGB). Hat einer der Ehegatten bei der Eheschließung seinen vorehelichen Namen beibehalten, kann er nachträglich den Namen des anderen als Ehenamen annehmen oder seinem eigenen Namen hinzufügen, ohne dass ein förmliches Namensänderungsverfahren erforderlich ist. Es genügt ein entsprechender Antrag beim Standesamt, vor dem die Eheschließung erfolgte, oder beim Standesamt am Wohnsitz der Ehegatten (Art. 53 Abs. 1 FGB). Die Heiratsurkunde wird in diesem Fall durch eine neue ersetzt (Art. 53 Abs. 2 FGB).

IV. Sonstige Ehewirkungen

Die Ehe begründet **weitere persönliche Rechte und Pflichten** der Ehegatten, deren fehlende Verwirklichung bzw. Nichterfüllung ein Scheidungsgrund sein kann: 38

– das Recht auf Mutterschaft bzw. Vaterschaft. Wird einem der Ehegatten im Zusammenhang mit der Erfüllung staatsbürgerlicher oder dienstlicher Pflichten oder infolge rechtswidrigen Verhaltens die Möglichkeit zur Fortpflanzung genommen, begründet dies – auch gegenüber Dritten – einen Anspruch auf Schmerzensgeld für den dadurch zugefügten moralischen Schaden (Art. 49, 50 FGB);
– das Recht auf Achtung der eigenen Persönlichkeit, der eigenen Gewohnheiten und Vorlieben (Art. 51 FGB);
– die **Gleichberechtigung** hinsichtlich der körperlichen und geistigen Entwicklung, des Erwerbs von Bildung, der Entfaltung der individuellen Fähigkeiten und der Bedingungen für Arbeit und Erholung (Art. 52 FGB);
– das Recht auf Aufteilung der familiären Pflichten zwischen den Ehegatten unter Achtung jeder Art von Arbeit im Interesse der Familie (Art. 54 Abs. 1 FGB);
– das Recht auf gemeinsame, gleichberechtigte Entscheidung in den wichtigsten Belangen des Familienlebens, wobei sich jeder dagegen wehren kann, in seinen Mitspracherechten übergangen zu werden. Das Einverständnis eines der Ehegatten mit den Handlungen des anderen Ehegatten, die Auswirkungen für die Familie haben, wird vermutet (Art. 54 Abs. 2, 3 FGB);
– die Pflicht zur gemeinsamen Sorge für ein – auf gegenseitiger Liebe, Achtung, Freundschaft und Unterstützung beruhendes – familiäres Miteinander und für das materielle Wohl der Familie (Art. 55 Abs. 1, 2, 4 FGB);
– die Pflicht, als Vater bzw. Mutter für die gemeinsamen Kinder zu sorgen (Art. 55 Abs. 3 FGB).

Die Ehegatten haben das Recht auf freie Wahl ihres Wohnsitzes unabhängig voneinander (Art. 56 Abs. 1 FGB). Jeder hat das Recht, Maßnahmen für den Erhalt der ehelichen Gemeinschaft zu treffen, sofern sie nicht rechts- oder sittenwidrig sind, oder die eheliche Gemeinschaft zu beenden (Art. 56 Abs. 2, 3 FGB). Die Ausübung von Zwang ist weder zwecks Beendigung der ehelichen Gemeinschaft noch zu deren Erhalt zulässig. Unzulässig ist auch das Erzwingen des ehelichen Geschlechtsverkehrs (Art. 56 Abs. 4 FGB). 39

V. Möglichkeiten vertraglicher Gestaltung

Gesetzliche Regelungen zum **Ehevertrag** enthalten die Art. 92–103 FGB. Ein Ehevertrag kann nach Anmeldung der Eheschließung beim Standesamt oder auch nach der Eheschließung abgeschlossen werden (Art. 92 Abs. 1 FGB). Er bedarf der Schriftform und muss notariell beglaubigt werden (Art. 94 FGB). Vor der Eheschließung geschlossene Verträge werden mit der standesamtlichen Eintragung der Ehe **wirksam**, sonstige Eheverträge mit der notariellen Beglaubigung (Art. 95 Abs. 1, 2 FGB). Die **Nichtigkeit** eines Ehevertrags kann auf Antrag gerichtlich festgestellt werden, sofern Nichtigkeitsgründe i.S.d. ZGB (z.B. Art. 203, 215, 220–236 ZGB) gegeben sind (Art. 103 FGB). **Gegenstand** einer vertraglichen Vereinbarung können nur die **vermögensrechtlichen** Beziehungen zwischen den Ehegatten selbst und zwischen den Eltern und ihren Kindern sein (Art. 93 Abs. 1, 2 FGB). Persönliche Beziehungen der Ehegatten untereinander sowie zwischen den Eltern und ihren Kindern können nicht durch einen Ehevertrag geregelt werden (Art. 93 Abs. 3 FGB). 40

Die Ehegatten können die **Geltungsdauer** des Ehevertrags insgesamt oder für einzelne Regelungen, auch über den Bestand der Ehe hinaus, vereinbaren (Art. 96 FGB). **Vertragsän-** 41

derungen sind einvernehmlich unter Einhaltung der notariellen Form, aber auch auf Antrag eines der Ehegatten durch Gerichtsurteil möglich, wenn beachtliche Interessen eines der Ehegatten oder minderjähriger oder erwerbsunfähiger volljähriger Kinder dies erfordern (Art. 100 FGB).

42 Eine **einseitige Vertragsbeendigung** ist unzulässig (Art. 101 Abs. 1 FGB). Die Ehegatten können jedoch **einvernehmlich** den Ehevertrag beenden. Eine einvernehmliche Vertragsbeendigung wird mit Einreichung der entsprechenden Erklärung beim Notar wirksam (Art. 101 Abs. 2 FGB). Eine Partei allein kann die Vertragsauflösung nur auf dem Rechtsweg aus wichtigem Grund erwirken, z.B. wenn die Vertragserfüllung unmöglich ist (Art. 102 FGB).

43 Der Gesetzgeber hat in Art. 93 Abs. 4 und 5 FGB **inhaltliche Schranken** für ehevertragliche Vereinbarungen festgelegt. Danach darf der Ehevertrag die durch das FGB geregelten Rechte des Kindes nicht schmälern und einen Ehegatten materiell nicht außerordentlich benachteiligen. Ferner dürfen durch einen Ehevertrag keine Immobilien oder sonstigen Vermögensgegenstände, deren Übertragung der staatlichen Registrierung bedarf, übertragen werden.

44 Als vertragliche Regelung des **Güterstands** kommt die **Gütertrennung** oder die **Eigentumsgemeinschaft nach Bruchteilen**, aber auch jegliche anderweitige Regelung in Betracht (Art. 97 Abs. 2, 5 FGB). Somit ist die Vereinbarung eines der deutschen Zugewinngemeinschaft gleichkommenden Güterstands im Grunde auch dann möglich, wenn der Ehevertrag ukrainischem Recht unterworfen ist. In diesem Fall müssen die Charakteristika einer Zugewinngemeinschaft im Vertrag mit Hilfe der Institute des ukrainischen Güterrechts – Gütertrennung mit nachehelichem Anspruch auf Ausgleich des Zugewinns – formuliert werden. Anderenfalls bestehen erhebliche Zweifel, dass ein mit der Ehesache befasstes Gericht den Güterstand der Zugewinngemeinschaft anerkennt. Nicht auszuschließen ist, dass es eine entsprechende Klausel mit der formalen Begründung, dass das ukrainische Recht den Güterstand der Zugewinngemeinschaft nicht regelt, für unwirksam erklärt und vom gesetzlichen Güterstand des Gemeinschaftseigentums zur gesamten Hand ausgeht. Im ukrainischen Schrifttum besteht Einigkeit darüber, dass die Anteile der Ehegatten am während der Ehe errungenen Vermögen auch in unterschiedlicher Höhe vereinbart werden können.[12] Strittig ist nur, ob ein Ehegatte auch ganz auf seinen Anteil am ehelichen Gesamthandsvermögen verzichten kann. Dies würde wohl den sittlichen Grundsätzen widersprechen, auf die der Gesetzgeber in Art. 97 Abs. 5 FGB als Schranke für Güterstandsvereinbarungen hinweist. Auch das Oberste Gericht der Ukraine sieht die vollständige Entziehung des Anteils am während der Ehe errungenen Vermögen als eine diskriminierende und daher unzulässige Vereinbarung an.[13]

45 Ferner können die Ehegatten im Vertrag die **Nutzung** bestimmter Vermögensgegenstände, die einem oder beiden Ehegatten gehören, z.B. des Wohnraums, regeln (Art. 97 Abs. 4, 98 FGB).

---

12 *Červonyj*, in: *ders.* (Hrsg.), Naučno-praktičeskij kommentarij Semejnogo kodeksa Ukrainy (2008), Art. 97, S. 157 f.
13 So bisher Ziff. 11 Plenumsbeschluss des Obersten Gerichts der Ukraine Nr. 16 vom 12.6.1998 „Zur Anwendung einiger Vorschriften des Ehe- und Familiengesetzbuchs der Ukraine durch die Gerichte", Visnyk Verchovnoho sudu Ukraïny 7/1998; aufgehoben durch Plenumsbeschluss des Obersten Gerichts der Ukraine Nr. 11 vom 21.12.2007 „Zur Anwendung der Gesetzgebung bei der Verhandlung von Streitigkeiten betreffend das Recht auf Ehe, die Ehescheidung, die Feststellung der Nichtigkeit der Ehe und die Teilung des Gesamthandsvermögens der Ehegatten durch die Gerichte", Visnyk Verchovnoho sudu Ukraïny 1/2008.

Auch gegenseitige **Unterhaltsansprüche** können vertraglich geregelt werden, einschließlich der Möglichkeit einer Abfindung des Berechtigten durch eine Einmalzahlung bzw. Sachleistung (Art. 99 FGB). Ehevertragliche Unterhaltsansprüche sind unmittelbar vollstreckbar (durch notariellen Vollstreckungsvermerk), wenn die Voraussetzungen, die Höhe und die Dauer des Anspruchs sowie die Fälligkeiten hinreichend bestimmt sind.

46

Da vertragliche Regelungen auch für die Zeit nach der Ehe getroffen werden können (Art. 96 Abs. 2, Art. 97 Abs. 3 FGB) und die Bestimmung aufschiebender Bedingungen nicht verboten ist, sind theoretisch auch **Vereinbarungen für den Fall des Todes** eines der Ehegatten denkbar. Jedenfalls schließt das ukrainische Eherecht solche Vereinbarungen nicht aus. Da im Erbrecht die Möglichkeit des Abschlusses von Erbverträgen vorgesehen ist (Art. 1302–1308 ZGB),[14] für die die gleichen Formerfordernisse wie für Eheverträge gelten, empfiehlt es sich, sofern Regelungen für den Todesfall getroffen werden sollen, einen kombinierten **Ehe- und Erbvertrag** abzuschließen.

47

VI. Kollisionsrecht der Ehefolgen

Das Kollisionsrecht der Ehefolgen, einschließlich ihrer vertraglichen Gestaltung, regeln die Art. 60–62 IPRG. **Gesetzliches Ehestatut** ist das gemeinsame Personalstatut der Ehegatten (zum Personalstatut vgl. Rdn 17). Hilfsweise ist das Recht des Staates anwendbar, in dem die Ehegatten ihren letzten gemeinsamen Wohnsitz hatten, sofern zumindest einer der Ehegatten seinen Wohnsitz noch dort hat. Mangels eines gemeinsamen Wohnsitzes kommt das Recht des Staates zur Anwendung, zu dem die Ehegatten die engste gemeinsame Verbindung haben (Art. 60 Abs. 1 IPRG).

48

Die Ehegatten, die kein gemeinsames Personalstatut haben, können das Ehestatut durch besondere schriftliche Vereinbarung oder im Rahmen des Ehevertrags wählen, wenn sie keinen gemeinsamen Wohnsitz haben oder wenn das Personalstatut keines von beiden das am Ort ihres gemeinsamen Wohnsitzes geltende Recht ist (Art. 60 Abs. 2, 62 S. 1 IPRG). Die **Rechtswahlvereinbarung** wird gegenstandslos, wenn die Ehegatten ein gemeinsames Personalstatut erlangen (Art. 60 Abs. 3 S. 2 IPRG). In der Ukraine geschlossene Rechtswahlvereinbarungen bedürfen der notariellen Form (Art. 62 S. 2 IPRG).

49

Für die **vermögensrechtlichen** Ehefolgen kann eine gesonderte Rechtswahl getroffen werden. Dafür kommt das Personalstatut eines der Ehegatten oder das am Ort seines gewöhnlichen Aufenthalts geltende Recht oder – sofern eine Immobilie betroffen ist – das am Belegenheitsort geltende Recht zur Anwendung (Art. 61 Abs. 1 IPRG). Das Vermögensstatut wechselt mit Zustimmung der Ehegatten mangels anderweitiger schriftlicher Vereinbarung rückwirkend ab Eheschließung, wenn sich der Ort, auf den sich die gewählte Anknüpfung bezieht, also das Personalstatut oder der Ort des gewöhnlichen Aufenthalts des betreffenden Ehegatten, ändert (Art. 61 Abs. 2 IPRG).

50

Gesonderte Anknüpfungen regelt das ukrainische IPRG für **Unterhaltsansprüche**, also auch für den Ehegattenunterhalt. Familienrechtliche Unterhaltsansprüche – außer Kindes- und Elternunterhalt – richten sich nach dem Recht des Staates, in dem der Berechtigte seinen Wohnsitz hat (Art. 67 Abs. 1 IPRG). Kann der Berechtigte nach dem Recht dieses Staates keinen Unterhalt erlangen, findet das Recht des gemeinsamen Personalstatuts der Parteien Anwendung (Art. 67 Abs. 2 IPRG). Kann auch nach diesem Recht kein Unterhalt

51

---

14 Zum Erbvertrag siehe *Süß*, Länderbericht Ukraine, in: *Süß* (Hrsg.), Erbrecht in Europa, 3. Aufl. 2015, S. 1423 Rn 12.

Himmelreich

erlangt werden, kommt das am Wohnsitz des Verpflichteten geltende Recht zur Anwendung (Art. 67 Abs. 3 IPRG).

VII.   Auswirkungen der Ehe auf die Altersversorgung

52   Das Rentenrecht der Ukraine wird derzeit noch durch das Gesetz über die Rentenversorgung von 1991[15] (im Folgenden: RentenG) geregelt. Danach wirkt sich die Ehe in zweierlei Hinsicht auf die Altersversorgung aus: Zum einen wird der Ehegatte u.U. als unterhaltsberechtigte Person bei der Bemessung von **Alters- und Behindertenrenten** berücksichtigt. Zum anderen hat ein Ehegatte im Fall des Todes des anderen Ehegatten unter bestimmten Voraussetzungen einen Anspruch auf eine **Hinterbliebenenrente**.

53   Ein verheirateter nicht erwerbstätiger Rentenberechtigter hat Anspruch auf einen **Zuschlag zur Alters- bzw. Behindertenrente**, wenn der Ehegatte erwerbsunfähig und wirtschaftlich vom Rentenberechtigten abhängig ist (Art. 21 lit. a), Art. 33 lit. a) RentenG). Als erwerbsunfähig gilt der Ehegatte in diesem Zusammenhang dann, wenn er das gesetzliche Rentenalter (für Männer und Frauen einheitlich 60 Jahre[16]) erreicht hat, behindert ist oder für ein Kind, Enkelkind oder Geschwisterkind des Berechtigten im Alter von bis zu acht Jahren sorgt und selbst nicht erwerbstätig ist (Art. 37 Abs. 3 lit. b) und c) RentenG). Wirtschaftliche Abhängigkeit des Ehegatten bedeutet, dass sein Lebensunterhalt vollständig vom anderen Ehegatten getragen wird oder er von diesem Zuwendungen erhält, die eine ständige und grundlegende Quelle seines Lebensunterhalts darstellen (Art. 38 Abs. 1 RentenG).

54   Der Ehegatte hat Anspruch auf eine **Hinterbliebenenrente**, wenn er wirtschaftlich vom verstorbenen Ehegatten abhängig war und selbst erwerbsunfähig ist, d.h. das 60. Lebensjahr[17] vollendet hat oder behindert ist, oder wenn er wirtschaftlich abhängig war, nicht erwerbstätig ist und für ein Kind, Enkelkind oder Geschwisterkind des Verstorbenen im Alter von bis zu acht Jahren sorgt (Art. 37 Abs. 3 lit. b) und c) RentenG). Die Kriterien für die wirtschaftliche Abhängigkeit sind die gleichen wie beim Anspruch auf Zuschlag zur Alters- bzw. Behindertenrente. Ferner besteht unabhängig von der Erwerbsfähigkeit und wirtschaftlichen Abhängigkeit des hinterbliebenen Ehegatten ein Rentenanspruch, wenn er nach dem Tod des Ehegatten seine Erwerbsquelle verliert (Art. 37 Abs. 2 RentenG). Eine neue Ehe des Hinterbliebenen berührt diesen Rentenanspruch nicht (Art. 42 RentenG).

VIII.   Bleiberecht und Staatsangehörigkeit

55   Die ukrainischen Einreise- und Aufenthaltsbestimmungen sind derzeit relativ liberal.[18] Staatsangehörige aus der EU, der Schweiz, Liechtenstein und einigen anderen Ländern dürfen seit dem 1.9.2005 als **Touristen** oder zu **Besuchszwecken** ohne Visum in die Ukraine einreisen und sich dort bis zu 90 Tagen innerhalb eines Zeitraums von 180 Tagen aufhalten. Die innerhalb des Zeitraums von 180 Tagen ab Ersteinreise in der Ukraine verbrachten Tage werden zusammengerechnet. Die Zahl der Einreisen ist unbeschränkt. Ein längerer Aufenthalt als Tourist oder zu Besuchszwecken setzt den Erhalt eines Visums voraus, das vor Beginn der Reise bei dem für den Wohnsitz des Antragstellers zuständigen Konsulat der Ukraine eingeholt werden muss. Wer zur **Arbeitsaufnahme** oder zu **sonstigen Zwecken**

---

15   Gesetz vom 5.11.1991, VVRU 1992 Nr. 3 Pos. 10, mit späteren Änderungen.
16   Siehe Fn 9.
17   Siehe Fn 9.
18   Siehe das Gesetz über die Rechtsstellung von Ausländern und Staatenlosen vom 22.9.2011, VVRU 2012 Nr. 19–20 Pos. 179.

in die Ukraine einreist, benötigt ein Visum. Touristen, die ohne touristisches Visum in die Ukraine eingereist sind, können ihren Aufenthalt in der Ukraine nicht verlängern. Ausländische Inhaber eines ukrainischen Visums, die länger als 90 Tage in der Ukraine bleiben möchten, können eine Verlängerung der Aufenthaltsdauer beantragen. Allerdings ist nicht für alle ukrainischen Visaarten eine Verlängerung der Aufenthaltsdauer möglich. Einwanderungsvisa aufgrund einer **Einwanderungsgenehmigung** werden für einen langfristigen Zeitraum erteilt (vgl. Art. 11 Abs. 1 EinwanderungsG[19]).

Ausländern, die mit einem ukrainischen Staatsangehörigen seit mindestens zwei Jahren verheiratet oder Elternteil eines ukrainischen Staatsangehörigen sind, wird die **Einwanderung** außerhalb der jährlichen Einwanderungsquote genehmigt (Art. 4 Abs. 3 Nr. 1 EinwanderungsG). Die **Einwanderungsgenehmigung** ist Grundlage für die Erteilung einer – unbefristeten – Aufenthaltsberechtigung (Art. 11 Abs. 2 EinwanderungsG). Die Nichtigkeit einer Ehe ist Grund für den Widerruf der Einwanderungsgenehmigung. Dies ergibt sich aus Art. 12 Nr. 1 EinwanderungsG. **56**

Ehegatten ukrainischer Staatsangehöriger werden bei der **Einbürgerung** begünstigt. Das Erfordernis eines vorangegangenen ständigen Aufenthalts in der Ukraine innerhalb der letzten fünf Jahre entfällt, sofern die Ehe mit dem ukrainischen Staatsangehörigen länger als zwei Jahre bestanden hat (Art. 9 Abs. 2 Nr. 3 StAngG[20]). Dies gilt ausdrücklich auch dann, wenn die Ehe durch den Tod des ukrainischen Ehegatten aufgelöst wurde. Die Einbürgerung kann vor Ablauf von zwei Ehejahren erfolgen, wenn die Einwanderung bereits deshalb genehmigt wurde, weil der nicht ukrainische Ehegatte Elternteil eines ukrainischen Staatsangehörigen ist. Sonstige Einbürgerungsvoraussetzungen sind die Anerkennung der Verfassung und der Gesetze der Ukraine, die Verpflichtungserklärung zur Aufgabe einer anderen Staatsangehörigkeit, die Einwanderungsgenehmigung, ausreichende Kenntnisse der ukrainischen Sprache und eine legale Existenzgrundlage (Art. 9 Abs. 2 Nr. 1, 2, 4–6 StAngG). **57**

IX. Steuerliche Auswirkungen der Ehe

Eine gemeinsame steuerliche Veranlagung der Ehegatten kennt das ukrainische **Steuerrecht** nicht. Die Ehe hat sehr geringfügige steuerrechtliche Auswirkungen. Zum steuerfreien Einkommen der Ehegatten gehören u.a. (Art. 165 Abs. 1.13–1.15, Art. 174 Abs. 6 i.V.m. Abs. 2.1 lit. a) SteuerGB[21]): **58**
– Unterhaltsleistungen des anderen Ehegatten, außer Zahlungen von Nichtresidenten;
– gerichtlich im Zusammenhang mit der Ehescheidung zugesprochene Vermögensanteile;
– Schenkungen des anderen Ehegatten.

Kosten, die für die medizinische Behandlung des anderen Ehegatten getragen werden, können vom zu versteuernden Einkommen in Abzug gebracht werden (Art. 170 Abs. 7.4 lit. a) SteuerGB).

---

19 Gesetz über die Einwanderung vom 7.6.2001, VVRU 2001 Nr. 41 Pos. 197, mit späteren Änderungen.
20 Gesetz über die Staatsangehörigkeit der Ukraine vom 18.1.2001, VVRU 2001 Nr. 13 Pos. 65, mit späteren Änderungen.
21 Steuergesetzbuch der Ukraine vom 2.12.2010, VVRU 2011 Nr. 13–14, 15–16, 17 Pos. 112, mit späteren Änderungen.

C. Scheidung

I. Trennung

59 Der Status des **Getrenntlebens** kann auf Antrag beider Ehegatten oder aufgrund der Klage eines der Ehegatten gerichtlich festgestellt werden, wenn ein Zusammenleben unmöglich oder von einem oder beiden Ehegatten nicht mehr gewünscht ist (Art. 119 Abs. 1 FGB). Der Status des Getrenntlebens endet mit der Wiederherstellung der häuslichen Gemeinschaft oder aufgrund eines Gerichtsurteils auf Antrag eines der Ehegatten (Art. 119 Abs. 2 FGB). Das Getrenntleben hat grundsätzlich keine Auswirkungen auf die Rechte und Pflichten der Ehegatten (Art. 120 Abs. 1 FGB). Lediglich das weitere Vermögen, das die getrennt lebenden Ehegatten jeweils erwerben, gilt nicht als während der Ehe erworben und wird somit zum persönlichen Vermögen der Ehegatten (Art. 120 Abs. 2 Nr. 1 FGB). Die Vaterschaft für ein Kind, das nach Ablauf von zehn Monaten nach Feststellung des Getrenntlebens geboren wird, wird nicht mehr vermutet (Art. 120 Abs. 2 Nr. 2 FGB).

60 Für eine spätere Ehescheidung hat das Getrenntleben nur insofern Konsequenzen, als es **Indiz** für die **Zerrüttung der Ehe** ist.

II. Scheidungsgründe

61 Ein Scheidungsgrund spielt nur dann eine Rolle, wenn nur einer der Ehegatten die Scheidung beantragt. Andernfalls reicht der gemeinsame Scheidungsantrag beider Ehegatten aus. Im Streitfall ist die Scheidung dann auszusprechen, wenn feststeht, dass das weitere Zusammenleben der Ehegatten und die Aufrechterhaltung der Ehe wesentlichen Interessen eines der Ehegatten oder des Kindes widersprechen würden (Art. 112 Abs. 2 FGB).

62 Praktisch kommt dies dem **Zerrüttungsprinzip** des deutschen Scheidungsrechts sehr nahe. Nur wenn die Ehe zerrüttet ist, läuft ihre Fortsetzung den Interessen eines oder beider Ehegatten zuwider. Hinzu kommen Umstände, die die Unmöglichkeit der Verwirklichung von gesetzlichen Rechten eines der Ehegatten zur Folge haben können (vgl. Rdn 38), wie z.B. die Unfruchtbarkeit eines der Ehegatten oder sein Unwille, ein Kind zu gebären bzw. zu zeugen (Art. 49 Abs. 2, 50 Abs. 2 FGB). Auch die Verletzung anderer persönlicher Rechte oder Vermögensrechte des einen Ehegatten gem. Art. 51–56, 75 FGB (vgl. Rdn 29 ff.) durch den anderen kann ein Scheidungsgrund sein, wenn feststeht, dass sich das diesbezügliche Verhalten nicht ändern wird.

63 Die von der sowjetischen Doktrin entwickelten objektiven und subjektiven Anhaltspunkte für die Zerrüttung der Ehe werden wohl vor ukrainischen Gerichten weiter zum Tragen kommen.[22] Zu den **objektiven Kriterien** gehören neben Kinderlosigkeit und der Unmöglichkeit, gemeinsame Kinder zu haben, dauerhaftes Getrenntleben der Ehegatten, die faktische Gründung einer neuen Familie durch einen der Ehegatten (eheähnliches Zusammenleben mit einem Dritten) sowie die schwere Erkrankung eines der Ehegatten, die ein normales Eheleben unmöglich macht. Als **subjektive Kriterien** für das Scheitern der Ehe gelten Alkoholismus eines der Ehegatten, eheliche Untreue, Verschwendungssucht, Gleichgültigkeit in Bezug auf die Erziehung der Kinder u.Ä.

---

22 Vgl. u.a. *Matveev*, Sovetskoe semejnoe pravo (Sowjetisches Familienrecht), Moskau 1985, S. 92 f. Für eine Anwendung von nur objektiven Kriterien dagegen: *Kalitenko*, in: *Červonyj* (Hrsg.), Naučno-praktičeskij kommentarij Semejnogo kodeksa Ukrainy (2004), Art. 112, S. 206.

Ausnahmsweise kann die Ehe in folgenden Fällen auf **einseitiges Verlangen** eines der   64
Ehegatten geschieden werden, wenn der andere Ehegatte (Art. 107 Abs. 1 FGB):
– gerichtlich für verschollen erklärt wurde;
– gerichtlich für geschäftsunfähig erklärt wurde.

Ein **Klageverbot** besteht gem. Art. 110 Abs. 2 FGB während der Schwangerschaft der   65
Ehefrau und innerhalb eines Jahres nach der Geburt des Kindes, es sei denn,
– einer der Ehegatten hat sich gegenüber dem anderen oder dem Kind in einer Weise
  rechtswidrig verhalten, die die Merkmale einer Straftat aufweist,
– die Vaterschaft für das Kind ist von einem anderen als dem Ehemann anerkannt worden
  (Art. 110 Abs. 3 FGB) oder
– die Eintragung des Ehemanns als Kindesvater wurde auf gerichtliche Anordnung aus
  dem Geburtenregister gelöscht (Art. 110 Abs. 4 FGB).

III. Scheidungsverfahren

1. Scheidung vor dem Standesamt

Sofern die Ehegatten **keine gemeinsamen minderjährigen Kinder** haben, kann die **einver-**   66
nehmliche Scheidung vor dem **Standesamt** erfolgen (Art. 106 Abs. 1 Unterabs. 1 FGB).
Es ist ausreichend, dass Einverständnis lediglich hinsichtlich der Ehescheidung selbst besteht. Zur Entscheidung über eventuelle vermögensrechtliche Streitigkeiten hinsichtlich der
Scheidungsfolgen kann nach der standesamtlichen Eheauflösung das Gericht angerufen
werden (Art. 106 Abs. 3 FGB). **Zuständig** ist das Standesamt am Wohnsitz der Ehegatten
oder eines der Ehegatten (Art. 15 Abs. 2 Unterabs. 1 PStG, Abschnitt III Kap. 3 Ziff. 5 PSt-
Regeln). Standesamtliche Ehescheidungen ukrainischer Staatsangehöriger mit ständigem
Aufenthalt im Ausland werden von den ukrainischen Konsulaten vorgenommen (vgl. Art. 4
Abs. 2 PStG).

Das **Verfahren** ist analog zu dem der Eheschließung geregelt (Abschnitt III Kap. 3 Ziff. 14–   67
18 PSt-Regeln): Die Ehegatten müssen einen gemeinsamen schriftlichen (Formular-)Antrag
auf Ehescheidung stellen und im Beisein des Standesbeamten unterzeichnen. Ist einer der
Ehegatten am Erscheinen vor dem Standesamt aus triftigen Gründen verhindert, kann der
andere Ehegatte den gemeinsamen Antrag einreichen, sofern die Unterschrift des abwesenden Ehegatten notariell oder gleichwertig beglaubigt ist (Art. 106 Abs. 1 Unterabs. 2 FGB).
Die Ehescheidung erfolgt nach Ablauf eines Monats nach Antragstellung durch das Standesamt, sofern der Antrag nicht zurückgenommen wurde (Art. 106 Abs. 2 FGB). Zugleich
wird die Scheidung in das Personenstandsregister eingetragen, die Scheidungsurkunde ausgestellt und die Scheidung in den Personaldokumenten der Ehegatten vermerkt (Art. 115
Abs. 1, 3 FGB). Die Ehe gilt mit dem Tag der Eintragung der Ehescheidung als aufgelöst
(Art. 114 Abs. 1 FGB). Im Fall der gerichtlichen Erklärung eines der Ehegatten für verschollen oder geschäftsunfähig erfolgt die standesamtliche Scheidung unabhängig davon, ob
gemeinsame minderjährige Kinder vorhanden sind, auf Antrag des anderen Ehegatten
(Art. 107 Abs. 1 FGB).

Für die einvernehmliche Ehescheidung vor dem Standesamt, einschließlich der Eintragung   68
in das Personenstandsregister und der Ausstellung der Scheidungsurkunden, wird eine
Gebühr in Höhe des 0,5-fachen bzw. des 0,02-fachen des Mindestarbeitslohns erhoben
(Art. 3 Nr. 5 lit. b) Abs. 1, lit. e) GebührenO[23]). Die standesamtliche Ehescheidung auf An-

---

23 Erlass des Ministerkabinetts der Ukraine über die staatliche Gebühr vom 21.1.1993, VVRU 1993 Nr. 13
    Pos. 113, mit späteren Änderungen.

Himmelreich

trag eines der Ehegatten in den gesetzlich geregelten Fällen kostet das 0,03-fache des Mindestarbeitslohns (Art. 3 Nr. 5 lit. b) Abs. 5 GebührenO).

69   Die standesamtliche einvernehmliche Ehescheidung kann gem. Art. 106 FGB auf Antrag vom Gericht für fiktiv erklärt werden, wenn die Ehegatten nach der Scheidung weiter in ehelicher Gemeinschaft leben und keine Scheidungsabsicht hatten (Art. 108 FGB). Antragsberechtigt für die Feststellung einer fiktiven Scheidung ist jeder, der ein Interesse daran hat.

2. Gerichtliche Scheidung

70   Ein Gericht ist für die Ehescheidung nur dann anzurufen, wenn zumindest ein **gemeinsames minderjähriges Kind** vorhanden ist (mit Ausnahme der Fälle, in denen die Ehe gem. Art. 107 Abs. 1 FGB ungeachtet gemeinsamer Kinder standesamtlich geschieden werden kann: bei Verschollenheit oder Geschäftsunfähigkeit) oder wenn einer der Ehegatten nicht in die Ehescheidung einwilligt (Art. 109, 110 FGB).

71   Das Gericht kann Maßnahmen zur **Versöhnung** der Ehegatten treffen, soweit dies mit den moralischen Grundsätzen der Gesellschaft vereinbar ist (Art. 111 FGB). Bezüglich der Art dieser Maßnahmen lässt der Gesetzgeber dem Richter völlig freie Hand. Praktisch wird es sich dabei meist um die Anordnung einer Versöhnungsfrist gem. Art. 191 Abs. 5 ZPO handeln, nach deren erfolglosem Ablauf die Scheidung ausgesprochen wird.[24]

72   Bei einer **einvernehmlichen Scheidung** hat das Gericht lediglich zu prüfen, ob der Scheidungsantrag dem tatsächlichen Willen der Ehegatten entspricht, und sicherzustellen, dass durch die Scheidung die persönlichen Rechte und die Vermögensrechte der Ehegatten sowie die Rechte der Kinder nicht verletzt werden (Art. 109 Abs. 3 FGB). Sofern die Ehegatten eine schriftliche Vereinbarung über die Scheidungsfolgen vorlegen, prüft das Gericht diese. Das Gericht spricht die Scheidung nach Ablauf eines Monats seit der gemeinsamen Antragstellung aus (Art. 109 Abs. 4 S. 1 FGB). Vor Ablauf dieser Frist können die Ehegatten den Scheidungsantrag jederzeit zurücknehmen (Art. 109 Abs. 4 S. 2 FGB).

73   Bei **streitiger Scheidung** hat das Gericht die tatsächlichen Beziehungen zwischen den Ehegatten und die wirklichen Gründe für die Scheidungsklage aufzuklären. Sind minderjährige Kinder unter vierzehn Jahren (vgl. Art. 6 Abs. 2 Unterabs. 1 FGB) oder ein behindertes Kind vorhanden, sind diese ebenso wie die sonstigen Lebensumstände der Ehegatten in Betracht zu ziehen (Art. 112 Abs. 1 FGB). Die Ehegatten selbst sind nicht verpflichtet, ihre Beweggründe offenzulegen. Wenn das Gericht zu dem Schluss kommt, dass das weitere Zusammenleben der Ehegatten und die Aufrechterhaltung der Ehe wesentlichen Interessen eines der Ehegatten oder des Kindes widersprechen, ist die Ehe zu scheiden (Art. 112 Abs. 2 FGB), aber auch dann, wenn der Versöhnungsversuch fehlgeschlagen ist und zumindest einer der Ehegatten weiterhin die Scheidung begehrt.[25]

74   Der klagende Ehegatte kann ein **Versäumnisurteil** erwirken, wenn der beklagte Ehegatte trotz ordnungsgemäßer Ladung ohne triftigen Grund der Verhandlung fernbleibt. In diesem Fall steht dem beklagten Ehegatten neben der Appellations- bzw. Kassationsbeschwerde als weiteres Rechtsmittel ein Revisionsantrag beim erkennenden Gericht innerhalb von zehn Tagen nach Zugang des Urteils zur Verfügung (Art. 224, 228 ZPO). Die gerichtliche Scheidung wird mit **Rechtskraft des Scheidungsurteils** wirksam (Art. 114 Abs. 2 FGB),

---

24 *Kalitenko*, in: *Červonyj* (Hrsg.), Naučno-praktičeskij kommentarij Semejnogo kodeksa Ukrainy (2004), Art. 111, S. 204.
25 *Kalitenko*, in: *Červonyj* (Hrsg.), Naučno-praktičeskij kommentarij Semejnogo kodeksa Ukrainy (2004), Art. 112, S. 206.

d.h. mit Ablauf der zehntägigen Frist für die Einreichung der Appellationsbeschwerde (Art. 223 Abs. 1, 294 Abs. 1 ZPO). Nach Rechtskraft des Scheidungsurteils hat das Gericht das Urteil an das Standesamt am Ort der Ehescheidung zwecks Eintragung der Angaben im Personenstandsregister und eines Vermerks im Eheregister zu übermitteln (Art. 115 Abs. 2 FGB). Der Erhalt einer Scheidungsurkunde ist bei einer gerichtlichen Ehescheidung nicht mehr erforderlich. Hier reicht die rechtskräftige Gerichtsentscheidung für den Nachweis der Ehescheidung (Art. 115 Abs. 3 Unterabs. 2 FGB). Nach Erhalt des rechtskräftigen Scheidungsurteils sind die geschiedenen Ehegatten berechtigt, eine neue Ehe einzugehen (Art. 116 FGB).

Für Ehescheidungen sind die Kreis-, Stadt- bzw. Stadtbezirksgerichte **zuständig** (Art. 107 ZPO), deren Aufgaben mit denen der Amtsgerichte in Deutschland vergleichbar sind. Die örtliche Zuständigkeit richtet sich grundsätzlich nach dem Wohnsitz des Beklagten (Art. 109 Abs. 1 ZPO). Ist dessen Wohnsitz unbekannt oder hat er keinen Wohnsitz in der Ukraine, kann die Klage beim Gericht am Ort des letzten bekannten Wohnsitzes oder Aufenthaltsorts in der Ukraine erhoben werden (Art. 110 Abs. 10 ZPO). Scheidungsklagen können außerdem beim Wohnsitzgericht des Klägers erhoben werden, wenn dieser für ein minderjähriges Kind sorgt oder ihm die Anreise zum Wohnsitzgericht des Beklagten aus gesundheitlichen oder anderen Gründen wesentlich erschwert ist (Art. 110 Abs. 2 S. 1 ZPO). Die Parteien können einen Gerichtsstand am Wohnsitz eines der Ehegatten frei vereinbaren (Art. 110 Abs. 2 S. 2 ZPO).   75

Vor ukrainischen Gerichten herrscht **kein Anwaltszwang** (Art. 38 ZPO). Jeder kann sich selbst vertreten oder durch eine geschäftsfähige Person vertreten lassen (Art. 40 Abs. 1 ZPO). Die Vollmacht für den Vertreter muss notariell oder anderweitig beglaubigt sein (Art. 42 Abs. 2 Unterabs. 1 ZPO). Die Vertretungsbefugnis eines Rechtsanwalts kann vor Gericht auch durch eine entsprechende Order seiner Anwaltssozietät oder einer zur kostenlosen Rechtshilfe gesetzlich ermächtigten Einrichtung oder durch einen Vertrag mit dem Mandanten nachgewiesen werden (Art. 42 Abs. 4 ZPO).   76

Für das gerichtliche Scheidungsverfahren wird nach der Verabschiedung eines speziellen Gesetzes über die **Gerichtsgebühr** von 2011[26] eine Gebühr in Höhe des 0,4-fachen des Mindestarbeitslohns erhoben (Art. 4 Abs. 2 Nr. 1.3 GerichtsgebührenG). Ist im Rahmen des Verfahrens das Vermögen der Ehegatten zu teilen, beträgt die Gebühr 1 % des Streitwerts, mindestens aber das 0,4-fache und höchstens das 3-fache des Mindestarbeitslohns (Art. 4 Abs. 2 Nr. 1.3 GerichtsgebührenG). Hinzu kommen die gerichtlichen Auslagen gem. Art. 79 Abs. 3 ZPO. Die **Anwaltskosten**, sofern ein Anwalt hinzugezogen wird, sind mangels gesetzlicher Regelung Vereinbarungssache.[27] Das Anwaltshonorar kann als Pauschalbetrag vereinbart werden. Dieses liegt für Ehescheidungen bei 500 bis 700 EUR. Die anwaltlichen Stundenhonorare bewegen sich in Familiensachen zwischen 20 und 30 EUR. Bei einem bedeutenden Streitwert kann auch eine Gebühr in Höhe von 5 bis 10 %, maximal 15 % des Streitwerts, vereinbart werden. Erfolgshonorare sind zulässig, aber eher unüblich.   77

IV. Internationale Zuständigkeit der Gerichte/Standesämter

Die internationale Zuständigkeit eines ukrainischen **Gerichts** für Ehescheidungen ist gegeben, wenn die Parteien einen entsprechenden Gerichtsstand vereinbart haben oder wenn der Beklagte seinen Wohnsitz oder Aufenthaltsort in der Ukraine hat (Art. 76 Abs. 1 Nr. 1,   78

---

26 Gesetz über die Gerichtsgebühr vom 8.7.2011, VVRU 2012 Nr. 14 Pos. 87, mit späteren Änderungen.
27 Siehe Art. 30 Gesetz über die Anwaltschaft und die anwaltliche Tätigkeit vom 5.7.2012, VVRU 2013 Nr. 27 Pos. 282, mit späteren Änderungen.

2 IPRG). Darüber hinaus ist ein ukrainisches Gericht immer dann zuständig, wenn ein ukrainischer Staatsangehöriger mit Wohnsitz im Ausland Scheidungsklage gegen seinen ebenfalls im Ausland wohnenden Ehegatten erhebt, wobei es nicht auf die Staatsangehörigkeit des Beklagten ankommt. Die Zuweisung des Verfahrens an ein ukrainisches Gericht erfolgt in diesem Fall durch das Oberste Gericht der Ukraine (Art. 111 ZPO). Ein ukrainisches Gericht ist unzuständig, wenn dieselbe Scheidungssache bereits bei einem ausländischen Gericht anhängig ist (Art. 75 Abs. 2 IPRG).

79   Die internationale Zuständigkeit ukrainischer **Standesämter** ist nicht geregelt. Sie ist aber in jedem Fall dann gegeben, wenn zumindest einer der Ehegatten die ukrainische Staatsangehörigkeit besitzt und seinen ständigen Wohnsitz in der Ukraine hat oder wenn beide Ehegatten ihren ständigen Wohnsitz in der Ukraine haben. Bei Ehescheidungen im Ausland werden die standesamtlichen Funktionen von den ukrainischen Konsulaten wahrgenommen, wenn zumindest einer der Ehegatten die ukrainische Staatsangehörigkeit besitzt und seinen ständigen Wohnsitz in dem betreffenden Staat hat (vgl. Art. 4 Abs. 2 PStG).

V. Auf die Scheidung anwendbares Recht

80   Für Ehescheidungen ist gem. Art. 63 IPRG das Ehestatut maßgeblich, d.h. gem. Art. 60 IPRG das gemeinsame Personalstatut der Ehegatten und hilfsweise das am letzten gemeinsamen Wohnsitz der Ehegatten geltende Recht (vgl. Rdn 48 ff.). Eine anders lautende Regelung, wonach auf Ehescheidungen in der Ukraine unabhängig von der Staatsangehörigkeit der Ehegatten ukrainisches Recht Anwendung findet, wurde mit der Verabschiedung des IPRG aufgehoben.

VI. Anerkennung im Ausland erfolgter Scheidungen

81   Die **Anerkennung** von im Ausland nach ausländischem Recht vorgenommenen **Ehescheidungen** in der Ukraine richtet sich mangels einer speziellen Regelung nach Art. 81 IPRG, Art. 390–401 ZPO. Nach Art. 399 ZPO können ausländische Urteile, die nicht der Zwangsvollstreckung unterliegen, in der Ukraine anerkannt werden, wenn dies durch einen vom ukrainischen Parlament bestätigten internationalen Vertrag der Ukraine vorgesehen oder durch das Prinzip der Gegenseitigkeit verbürgt ist. Art. 280 FGB a.F. sah demgegenüber eine Anerkennung immer auch dann vor, wenn beide Ehegatten Ausländer waren, bei gemischten Ehen zur Zeit der Ehescheidung zumindest einer der Ehegatten seinen Wohnsitz im Ausland hatte oder bei Ehen zwischen ukrainischen Staatsangehörigen beide ihren Wohnsitz in den betreffenden Staaten hatten. Unklar war jedoch, ob diese Regelung des Familienrechts als *lex specialis* die allgemeinen Bestimmungen der ZPO verdrängte. Wenn Art. 280 FGB a.F. hier nicht zugunsten der Anerkennung ausländischer Scheidungsurteile Vorrang hatte, konnten ausländische Scheidungsurteile – ausgenommen solche von Gerichten anderer GUS-Staaten[28] – mangels entsprechender staatsvertraglicher Vereinbarungen in der Ukraine nicht anerkannt werden.

82   Ein Anerkennungsverfahren wird nur für den Fall geregelt, dass eine mit Wohnsitz in der Ukraine beklagte Partei betroffen ist (Art. 400, 401 i.V.m. Art. 392–394 ZPO). Anträge auf Anerkennung des Urteils eines ausländischen Gerichts sind gem. Art. 392, 107 ZPO beim erstinstanzlichen ordentlichen Gericht am Wohnsitz bzw. Aufenthaltsort des Beklagten,

---

28 Auf GUS-Ebene gilt die Minsker Konvention über die Rechtshilfe und die rechtlichen Beziehungen in Zivil-, Familien- und Strafsachen vom 22.1.1993. Die Nachfolgekonvention von Kishinev vom 7.10.2002 ist für die Ukraine mangels Ratifizierung bisher nicht in Kraft getreten.

Himmelreich

anderenfalls am Belegenheitsort des Schuldnervermögens unter Vorlage einer beglaubigten Kopie des Urteils und des Nachweises seiner Rechtskraft jeweils in beglaubigter ukrainischer Übersetzung zu stellen.[29] Die beklagte Partei hat eine einmonatige Widerspruchsfrist (Art. 401 Abs. 1 ZPO). Das Gericht entscheidet in Anwesenheit der Parteien, kann aber bei ordnungsgemäßer Ladung und unbegründetem Nichterscheinen der Parteien auch in deren Abwesenheit entscheiden (Art. 401 Abs. 6 ZPO).

Gründe für ein **Versagen der Anerkennung** sind nach Art. 396 Abs. 2 ZPO: 83
- fehlende Rechtskraft des Urteils nach dem am Gerichtsort geltenden Recht;
- keine Möglichkeit der Verfahrensteilnahme durch die betroffene Partei, da ihr kein rechtliches Gehör gewährt wurde;
- ausschließliche Zuständigkeit eines ukrainischen Gerichts für die Scheidungssache, in der das Urteil ergangen ist;
- Vorliegen eines rechtskräftigen Urteils eines ukrainischen Gerichts bzw. Rechtshängigkeit eines Verfahrens vor einem ukrainischen Gericht in derselben Scheidungssache;
- Gefährdung der Interessen der Ukraine durch die Anerkennung des Urteils.

Eine Überprüfung des ausländischen Urteils in der Sache ist vom Gesetz her nicht vorgese-   84
hen.[30] Gegen den Beschluss, der auch der Partei zuzustellen ist, die das Urteil im Ausland erwirkt hat, kann innerhalb von fünf Tagen nach Verkündung Appellationsbeschwerde über das erstinstanzliche Gericht erhoben werden (Art. 401 Abs. 9 i.V.m. Art. 294 Abs. 2 ZPO). Die Kostenentscheidung eines ausländischen Scheidungsgerichts kann aufgrund des Art. 19 des Haager Übereinkommens über den Zivilprozess (1954), dem die Ukraine beigetreten ist, in der Ukraine vollstreckt werden.

D. Scheidungsfolgen

I. Vermögensteilung

Die **Teilung des ehelichen Gesamthandsvermögens** kann im gerichtlichen Scheidungsver-   85
fahren oder in einem gesonderten Verfahren erfolgen. Teilungsklagen geschiedener Ehegatten verjähren mit Ablauf von drei Jahren ab dem Tag, an dem der Berechtigte von der Verletzung seines Eigentums erfahren hat oder hätte erfahren können (Art. 72 Abs. 2 FGB). Haben die Ehegatten nichts anderes vereinbart, wird von gleichen Anteilen der Ehegatten ausgegangen (Art. 70 Abs. 1 FGB). Das Gericht kann allerdings von diesem Grundsatz abweichen, wenn wesentliche Umstände dafür sprechen, z.B. wenn einer der Ehegatten nicht zum Unterhalt der Familie beigetragen, Gesamthandsvermögen zerstört, beschädigt, beiseite geschafft oder zum Nachteil der Interessen der Familie verwendet hat (Art. 70 Abs. 2 FGB). Der Vermögensanteil eines der Ehegatten kann erhöht werden, wenn in dessen Haushalt ein minderjähriges oder ein volljähriges, aber erwerbsunfähiges Kind lebt und die Unterhaltszahlungen nicht ausreichen, um den Unterhalt des Kindes zu sichern (Art. 70 Abs. 3 FGB).

---

29 Zur Anerkennung und Vollstreckung ausländischer Gerichtsentscheidungen siehe u.a. *Marenkow*, in: *Breidenbach* (Hrsg.), Handbuch Wirtschaft und Recht in Osteuropa, Band 4, Länderteil Ukraine, Kap. D. XII, Rn 36 ff.; *Wietzorek*, eastlex 2011, 56 ff.

30 Siehe u.a. Ziff. 12 Plenumsbeschluss des Obersten Gerichts der Ukraine Nr. 12 vom 24.12.1999 „Über die Gerichtspraxis zur Behandlung von Anträgen über die Anerkennung und Vollstreckung von Entscheidungen ausländischer Gerichte und Schiedsgerichte und die Aufhebung von Entscheidungen, welche im Wege eines internationalen Schiedsverfahrens auf dem Territorium der Ukraine ergangen sind, durch die Gerichte", zitiert nach *Wietzorek*, eastlex 2011, 56 (60).

86   Die Aufteilung wird im Streitfall in Anbetracht der Interessen der Ehegatten, der Kinder und anderer wichtiger Umstände durch das Gericht in natura vorgenommen (Art. 71 Abs. 1 FGB). Unteilbare Sachen werden einem der Ehegatten zugesprochen, wenn zwischen den Ehegatten nichts anderes vereinbart wurde (Art. 71 Abs. 2 FGB). Wohnhäuser und Eigentumswohnungen gelten als teilbar, wenn getrennte Wohnräume mit separaten Eingängen geschaffen werden können, selbst wenn bestimmte Räumlichkeiten wie Küche oder Flur nach wie vor gemeinsam genutzt werden müssen.[31] Gegenstände, die einer der Ehegatten zur Ausübung seines Berufs benötigt, werden diesem zugesprochen, wobei der andere Ehegatte einen Ausgleichsanspruch hat (Art. 71 Abs. 3 FGB). Die Abfindung eines der Ehegatten für den Verlust seines Eigentumsanteils an einer Immobilie bedarf grundsätzlich seiner Zustimmung (Art. 71 Abs. 4 FGB). Der Abfindungsbetrag ist im Voraus auf einem Depotkonto des Gerichts zu hinterlegen (Art. 71 Abs. 5 FGB).

II. Unterhalt

87   Grundsätzlich ändert die Ehescheidung nichts an den Unterhaltsansprüchen, wie sie in Rdn 30 ff. beschrieben sind (Art. 76 Abs. 1 FGB). Das Familiengesetzbuch trifft lediglich Regelungen für den Fall, dass die **Anspruchsvoraussetzungen** auf Seiten des Berechtigten (Erwerbsunfähigkeit und Bedürftigkeit) während der Ehe noch nicht gegeben waren. In diesem Fall entsteht ein nachehelicher Unterhaltsanspruch unter der Voraussetzung der Leistungsfähigkeit des Verpflichteten, wenn der berechtigte Ehegatte innerhalb eines Jahres nach Ehescheidung erwerbsunfähig wird (Behinderung, Rentenalter) und der materiellen Unterstützung bedarf (Art. 76 Abs. 2 Unterabs. 1 FGB). Ist die Erwerbsunfähigkeit allerdings Folge einer Behinderung des betroffenen Ehegatten, die durch rechtswidriges Verhalten des anderen Ehegatten während der Ehe entstanden ist, ist der Zeitpunkt des Eintritts der Erwerbsunfähigkeit und Bedürftigkeit unerheblich (Art. 76 Abs. 2 Unterabs. 2 FGB). Hat die Ehe mindestens zehn Jahre bestanden, entsteht ein nachehelicher Unterhaltsanspruch auch dann, wenn ein Ehegatte das gesetzliche Rentenalter innerhalb von fünf Jahren nach Ehescheidung erreicht hat (Art. 76 Abs. 3 FGB). Erwerbsunfähigkeit als Anspruchsvoraussetzung muss nicht vorliegen, wenn einer der Ehegatten wegen der Erziehung eines Kindes, der Haushaltsführung oder der Pflege eines kranken Familienmitglieds, wegen eigener Erkrankung oder aus anderen triftigen Gründen während der Ehe keine Möglichkeit zur Ausbildung oder beruflichen Entwicklung hatte. In diesem Fall entsteht ein Anspruch auf nachehelichen Unterhalt für die Dauer von drei Jahren bei Bedürftigkeit des berechtigten und Leistungsfähigkeit des verpflichteten Ehegatten (Art. 76 Abs. 4 FGB).

88   Die Unterhaltsleistungen können durch eine **einmalige Zahlung** im Voraus erfolgen, wenn der Verpflichtete seinen Wohnsitz in einen anderen Staat verlegt, mit dem die Ukraine kein Rechtshilfeabkommen abgeschlossen hat (Art. 77 Abs. 4 FGB). Die **Höhe** der Leistung wird im Streitfall durch das Gericht festgelegt (Art. 80 Abs. 2 FGB). Der berechtigte Ehegatte kann auf Unterhalt **verzichten**, wenn ihm als Gegenleistung eine einmalige Zahlung gewährt oder Eigentum an Immobilienvermögen übertragen wird. Solche Vereinbarungen bedürfen der notariellen Beglaubigung. Das Eigentum an einer Immobilie, die durch eine solche Vereinbarung übertragen wird, entsteht mit der staatlichen Registrierung dieses Rechts entsprechend dem Gesetz (Art. 89 Abs. 1 FGB). Immobilien, die auf diese Weise übertragen wurden, sind von der Zwangsvollstreckung ausgeschlossen (Art. 89 Abs. 3 FGB). Soll der Unterhaltsverzicht mit einem einmaligen Geldbetrag vergütet werden, ist dieser

---

31 *Červonyj*, in: *ders.* (Hrsg.), Naučno-praktičeskij kommentarij Semejnogo kodeksa Ukrainy (2004), Art. 71, S. 141.

vor Vertragsschluss auf einem Depotkonto des Notariats oder privaten Notars zu hinterlegen (Art. 89 Abs. 2 FGB).

III. Regelung der Altersversorgung

Die Auswirkung der Ehescheidung auf die Altersversorgung ist gesetzlich nicht geregelt.   89
Ein dem deutschen Versorgungsausgleich vergleichbares Rechtsinstitut ist dem ukrainischen
Recht nicht bekannt.

IV. Sonstige Scheidungsfolgen

Nach Rechtskraft der Ehescheidung konnte die Ehe nach früherer Rechtslage auf Antrag   90
der geschiedenen Ehegatten vom Gericht wiederhergestellt werden, wenn keiner von ihnen
eine neue Ehe eingegangen ist (Art. 117 FGB a.F.). Aufgrund des **Wiederherstellungsurteils**
wurde die standesamtliche Eintragung der Ehescheidung gelöscht und eine neue Heiratsurkunde ausgestellt. Als Trauungstag konnte nach Wahl der Ehegatten das ursprüngliche
Trauungsdatum oder das Datum der Rechtskraft des Wiederherstellungsurteils eingetragen
werden. Diese Regelung wurde durch Gesetz vom 22.12.2006[32] aufgehoben.

Jeder geschiedene Ehegatte kann den gemeinsamen **Ehenamen** beibehalten oder seinen   91
vorehelichen Namen – dies kann auch der Name aus einer vorangegangenen Ehe sein –
wieder annehmen (Art. 113 FGB).

Der **Status** eines Ausländers nach der Scheidung hängt davon ab, ob die Ehe länger als   92
zwei Jahre bestanden hat und ob während der Ehe eine Einwanderungsgenehmigung erteilt
wurde. Eine einmal erteilte Genehmigung des ständigen Aufenthalts bleibt bestehen. Mangels vorhandener Aufenthaltsgenehmigung bleibt nur die Möglichkeit der **Einwanderung**
im Rahmen der jährlichen Einwanderungsquote (Art. 4 EinwanderungsG). Wenn ein aus
der Ehe hervorgegangenes Kind ukrainischer Staatsangehöriger ist, hat der ausländische
Elternteil Anspruch auf eine Einwanderungsgenehmigung unabhängig von Dauer und Bestand der Ehe (Art. 4 Abs. 3 Nr. 1 EinwanderungsG). Das Recht auf bevorzugte **Einbürge-**
rung entfällt mit der Ehescheidung. Dies bedeutet, dass der geschiedene nicht ukrainische
Ehegatte seine Einbürgerung erst nach fünfjährigem ständigem Aufenthalt in der Ukraine
beantragen kann (Art. 9 Abs. 2 Nr. 3 StAngG).

Etwaige **rentenrechtliche** Ansprüche des Ehegatten (**Hinterbliebenenrente**) entfallen mit   93
Wirksamkeit der Ehescheidung, ebenso Ansprüche auf Schadensersatz wegen Tötung des
Ehegatten und das gesetzliche Erbrecht.

V. Möglichkeit vertraglicher Vereinbarungen für die Scheidung

Die Regelung von Scheidungsfolgen kann im Ehevertrag (Art. 96 Abs. 2, 97 Abs. 3, 99   94
Abs. 1 FGB) oder in einer speziellen Vereinbarung erfolgen, die während oder nach der
Ehe geschlossen wird.[33] Vereinbarungen über den nachehelichen Unterhalt bedürfen der
notariellen Beglaubigung (Art. 78 Abs. 1 FGB). Im Fall der Nichtleistung kann mit einem
notariellen Vollstreckungsvermerk die Zwangsvollstreckung eingeleitet werden (Art. 78
Abs. 2, 99 Abs. 2 FGB). Der Unterhaltsverzicht gegen eine Abfindung in Form von Geld

---

32 VVRU 2007 Nr. 10 Pos. 87.
33 *Červonyj*, in: *ders.* (Hrsg.), Naučno-praktičeskij kommentarij Semejnogo kodeksa Ukrainy (2008),
    Art. 99, S. 159.

Himmelreich

oder Immobilien kann vereinbart werden (vgl. Rdn 88). Sofern in Teilungsverträgen oder Unterhaltsvereinbarungen Rechte an Immobilien geregelt werden, müssen diese notariell beglaubigt werden. Das Eigentum an einer Immobilie, die durch eine solche Vereinbarung übertragen wird, entsteht mit der staatlichen Registrierung dieses Rechts. Die Regelung eines Zugewinnausgleichs bei vertraglich festgelegter Gütertrennung und eines Versorgungsausgleichs schließt das ukrainische Recht nicht aus. Die inhaltlichen Schranken sind die gleichen wie beim Ehevertrag (vgl. Rdn 43).

VI.　Kollisionsrecht der Scheidungsfolgen

95　　Für die **Scheidungsfolgen** ist nach ukrainischem Kollisionsrecht das Recht maßgeblich, das zu diesem Zeitpunkt auch für die Ehefolgen zur Anwendung kommt (Art. 63 IPRG). Diese richten sich gem. Art. 60 Abs. 1 FGB nach dem gemeinsamen Personalstatut der Ehegatten, hilfsweise nach dem Recht des letzten gemeinsamen Wohnsitzes, sofern zumindest einer der Ehegatten seinen Wohnsitz noch dort hat. Mangels eines gemeinsamen Wohnsitzes ist das Recht des Staates maßgeblich, zu dem die Ehegatten die engste Verbindung haben (vgl. Rdn 48).

96　　Für **Unterhaltsansprüche** gilt eine besondere Anknüpfung. Sie richten sich nach dem Recht des Staates, in dem der Berechtigte seinen Wohnsitz hat (Art. 67 Abs. 1 IPRG). Kann der Berechtigte nach dem Recht seines Wohnsitzstaates keinen Unterhalt erlangen, findet das Recht des gemeinsamen Personalstatuts der Parteien Anwendung (Art. 67 Abs. 2 IPRG). Kann auch nach diesem Recht kein Unterhalt erlangt werden, kommt das am Wohnsitz des Verpflichteten geltende Recht zur Anwendung (Art. 67 Abs. 3 IPRG).

97　　Ob bei einer vertraglichen Regelung der vermögensrechtlichen Scheidungsfolgen, ähnlich wie bei Vereinbarungen über vermögensrechtliche Ehefolgen, **Rechtswahlautonomie** besteht, ist nicht eindeutig geregelt. Eine analoge Anwendung des Art. 61 IPRG („Vermögensrechtliche Beziehungen der Ehegatten") kann jedenfalls in Erwägung gezogen werden. In diesem Fall stünden das Personalstatut eines der Ehegatten oder das am Ort seines gewöhnlichen Aufenthalts geltende Recht oder – sofern eine Immobilie betroffen ist – das am Belegenheitsort geltende Recht zur Wahl (Art. 61 Abs. 1 IPRG).

VII.　Verfahren

98　　Für Scheidungsfolgesachen sind die Kreis-, Stadt- bzw. Stadtbezirksgerichte **zuständig** (Art. 107 ZPO), deren Aufgaben mit denen der Amtsgerichte in Deutschland vergleichbar sind. Die örtliche Zuständigkeit richtet sich grundsätzlich nach dem Wohnsitz des Beklagten (Art. 109 Abs. 1 ZPO). Ist dessen Wohnsitz unbekannt oder hat er keinen Wohnsitz in der Ukraine, kann die Klage beim Gericht am Belegenheitsort des Vermögens, am Aufenthaltsort oder am Ort des letzten bekannten Wohnsitzes des Beklagten in der Ukraine erhoben werden (Art. 110 Abs. 9, 10 ZPO). Unterhaltsklagen können wahlweise auch beim zuständigen Wohnsitzgericht des Klägers erhoben werden (Art. 110 Abs. 2 S. 2 ZPO). Sofern die Klage eine Immobilie betrifft, ist ausschließlich das Gericht am Belegenheitsort der Immobilie oder ihres wesentlichen Teils zuständig (Art. 114 Abs. 1 ZPO).

99　　Für die **Prozessvertretung** gilt das zum Scheidungsverfahren Gesagte (vgl. Rdn 76). Die **Gerichtsgebühr** beträgt 1 % des Streitwerts, mindestens aber das 0,4-fache und höchstens das 3-fache des Mindestarbeitslohns (Art. 4 Abs. 2 Nr. 1.3 GerichtsgebührenG). Eventuelle **Anwaltskosten** belaufen sich auf 5 bis 10 % vom Streitwert oder bei einem vereinbarten Stundenhonorar auf 20 bis 30 EUR. Auch Pauschal- oder Erfolgshonorare können vereinbart werden.

VIII. Internationale Zuständigkeit

Die internationale Zuständigkeit eines **ukrainischen Gerichts** ist nach Art. 76 IPRG gege- 100
ben,
- durch Gerichtsstandsvereinbarung der Parteien, sofern keine ausschließliche Zuständigkeit kraft Gesetzes besteht (Nr. 1),
- wenn der Beklagte seinen Wohnsitz oder Aufenthaltsort in der Ukraine hat oder sich
  das Vermögen des Beklagten in der Ukraine befindet (Nr. 2);
- wenn der Kläger in einem Unterhaltsverfahren seinen Wohnsitz in der Ukraine hat
  (Nr. 4).

Ukrainische Gerichte sind bis auf wenige gesetzlich geregelte Ausnahmen international 101
ausschließlich zuständig, wenn der Rechtsstreit eine in der Ukraine belegene Immobilie
betrifft (Art. 77 Nr. 1 IPRG). Ein ukrainisches Gericht ist unzuständig, wenn dieselbe
Streitsache bereits bei einem ausländischen Gericht anhängig ist (Art. 75 Abs. 2 IPRG).

E. Gleichgeschlechtliche Ehe/Eingetragene Lebenspartnerschaft

Unter Ehe wird ausschließlich die heterosexuelle Partnerschaft verstanden, denn eine Ehe 102
setzt ausdrücklich einen Bund von Mann und Frau voraus (vgl. Art. 21 Abs. 1 FGB).
Regelungen, die den Schutz von gleichgeschlechtlichen Partnern zum Gegenstand haben
oder eine gegenüber anderen Personengemeinschaften privilegierte Stellung vorsehen, bestehen nicht. Die **gleichgeschlechtliche Ehe** und die **eingetragene Lebenspartnerschaft** sind
bislang weder anerkannt noch geregelt.

F. Nichteheliche Lebensgemeinschaft

Die nichteheliche Lebensgemeinschaft ist bislang kein voll ausgebildetes Rechtsinstitut des 103
ukrainischen Eherechts. Vielmehr gilt die obligatorische Zivilehe, die rechtliche Wirkungen
grundsätzlich nur entfaltet, wenn sie im Personenstandsregister eingetragen wurde (siehe
Rdn 16). Allerdings werden punktuell Rechtsfolgen auch an die nichteheliche Lebensgemeinschaft geknüpft, die denen einer Ehe nahe kommen.

I. Voraussetzungen für die Begründung

Die Voraussetzungen für das Vorliegen einer nichtehelichen Lebensgemeinschaft sind recht- 104
lich nicht geregelt. Die einschlägigen Bestimmungen sprechen lediglich vom „Zusammenleben als eine Familie" bzw. vom „lang andauernden Zusammenleben als eine Familie".
Die Gleichsetzung faktischer ehelicher Beziehungen mit einer förmlich geschlossenen Ehe
hinsichtlich bestimmter Rechtsfolgen geht auf das sowjetrussische Ehe- und Familiengesetzbuch von 1926[34] zurück. Daher können Anhaltspunkte für die Voraussetzungen einer nichtehelichen Lebensgemeinschaft aus der damaligen Rechtsprechung gewonnen werden.[35] Danach waren die Voraussetzungen einer sog. **faktischen Ehe** die geschlechtliche Partnerschaft,

---

34 Vgl. Art. 11, 12 Ehe- und Familiengesetzbuch der RSFSR, in Kraft gesetzt durch Verordnung des
    Allrussischen Zentralexekutivkomitees vom 19.11.1926, SU RSFSR 1926 Nr. 82 Pos. 612.
35 *Červonyj*, in: *ders.* (Hrsg.), Naučno-praktičeskij kommentarij Semejnogo kodeksa Ukrainy (2004),
    Art. 91, S. 173.

die häusliche Gemeinschaft und das Auftreten als Paar nach außen. Das Gericht hatte zur Feststellung der faktischen Ehe die tatsächlichen Lebensumstände der Parteien zu prüfen. Das Bestehen einer nichtehelichen Lebensgemeinschaft kann auf Antrag vom Gericht festgestellt werden (Art. 256–259 ZPO).

II. Rechtsfolgen

105   Zum einen gelten gem. Art. 74 FGB die gesetzlichen Regelungen für den ehelichen Güterstand für Vermögen, das während der nichtehelichen Lebensgemeinschaft erworben wird, sofern die Parteien nichts anderes vereinbart haben. Zum anderen erwerben die Parteien einen Unterhaltsanspruch, der dem nachehelichen Unterhaltsanspruch von Ehegatten nahe kommt (Art. 91 FGB):
- Wird eine der Parteien während des Bestehens der nichtehelichen Lebensgemeinschaft erwerbsunfähig (z.B. durch eine Behinderung oder das Erreichen des gesetzlichen Rentenalters), hat sie nach Beendigung der Lebensgemeinschaft Anspruch auf Unterhalt gem. Art. 76 FGB (siehe dazu Rdn 87). Im Schrifttum wird die Meinung vertreten, dass eine Lebensgemeinschaft dann als langandauernd angesehen werden kann, wenn diese zumindest zehn Jahre bestanden hat.[36]
- Einen Unterhaltsanspruch hat sowohl während als auch nach Beendigung der nichtehelichen Lebensgemeinschaft die Partei, bei der das gemeinsame Kind lebt (siehe Rdn 35 f.). Der Anspruch wird durch Art. 84 Abs. 2–4, 86 und 88 FGB geregelt. Im Grunde wird die nichteheliche Lebensgemeinschaft in diesem Punkt der Ehe gleichgestellt. Lediglich der Unterhaltsanspruch während der Schwangerschaft besteht nicht.

III. Auflösung und Folgen

106   Die Auflösung der nichtehelichen Lebensgemeinschaft ist nicht gesetzlich geregelt. Rechtsfolge der Auflösung sind die Vermögensteilung nach den Bestimmungen, die auch für das eheliche Gesamthandsvermögen gelten, sowie ggf. Unterhaltsansprüche.

IV. Kollisionsrecht der nichtehelichen Lebensgemeinschaft

107   Das ukrainische Recht regelt keine speziellen kollisionsrechtlichen Anknüpfungen für die nichteheliche Lebensgemeinschaft. Es ist denkbar, dass ein ukrainisches Gericht die Anknüpfungsregeln für die Ehe- und die Scheidungsfolgen entsprechend anwenden würde.

G.   Abstammung und Adoption

I.   Abstammung

1. Gleichstellung ehelicher und unehelicher Kinder

108   Die elterlichen Rechte und Pflichten gegenüber dem Kind werden durch die (standesamtlich eingetragene) **Abstammung** des Kindes begründet (Art. 121 FGB). Die **Gleichstellung ehelicher und unehelicher Kinder** wird durch Art. 142 FGB festgelegt.

---

36 *Červonyj,* in: *ders.* (Hrsg.), Naučno-praktičeskij kommentarij Semejnogo kodeksa Ukrainy (2004), Art. 91, S. 174.

2. Vermutung der Vaterschaft; Leih- oder Ersatzmutterschaft

Die Abstammung des Kindes vom Ehemann der Mutter wird vermutet, wenn das Kind **109** während der Ehe oder vor Ablauf von zehn Monaten nach Auflösung der Ehe oder Feststellung ihrer Nichtigkeit geboren wird (Art. 122 Abs. 2 FGB). Eine Vaterschaft des früheren Ehemanns scheidet aus, wenn die Mutter vor der Geburt des Kindes eine neue Ehe eingegangen ist (Art. 124 Abs. 1 FGB). Ehelich kann auch das von einer **Leih- oder Ersatzmutter** ausgetragene Kind sein. Dieses Kind ist das Kind der Ehegatten, die eine extrakorporale Befruchtung vorgenommen haben (Art. 123 Abs. 2, 3 FGB).

3. Vaterschaftsfeststellung

Die Vaterschaft des Nicht-Ehemanns der Mutter kann außergerichtlich oder gerichtlich **110** festgestellt werden. Die **außergerichtliche Feststellung der Vaterschaft** bei nicht miteinander verheirateten Personen erfolgt aufgrund eines gemeinsamen vor oder nach der Geburt des Kindes persönlich einzureichenden Antrags der Eltern des Kindes beim Standesamt (Art. 126 Abs. 1 FGB). Ausnahmsweise kann der Antrag durch einen Vertreter oder per Post gestellt werden, muss in diesem Fall aber notariell beglaubigt sein (Art. 126 Abs. 3 FGB). Die **gerichtliche Feststellung der Vaterschaft** erfolgt auf Klage der Mutter, des Vormunds oder Pflegers des Kindes, der Person, die für das Kind sorgt, oder des volljährigen Kindes selbst (Art. 128 Abs. 3 FGB). Die **internationale Zuständigkeit** ukrainischer Gerichte ist gegeben, wenn eine Partei in der Ukraine ihren Wohnsitz oder Aufenthaltsort hat (Art. 76 Nr. 2, 4 IPRG). Örtlich zuständig ist wahlweise das Gericht am Wohnsitz des Beklagten oder des Klägers (Art. 109 Abs. 1, 110 Abs. 1 ZPO). Auf Antrag der Mutter des Kindes, des Vormunds oder Pflegers des Kindes, der Person, die für das Kind sorgt, oder des volljährigen Kindes selbst kann die Vaterschaft in einem besonderen (einseitigen) Verfahren gem. Art. 256–259 ZPO festgestellt werden, wenn der vermutliche Vater des Kindes verstorben ist (Art. 130 FGB). Zum Nachweis der Vaterschaft im gerichtlichen Verfahren sind grundsätzlich alle zur Verfügung stehenden **Beweismittel** zulässig. Insbesondere werden die häusliche Lebensgemeinschaft der Eltern vor der Geburt des Kindes, die gemeinsame Sorge für das Kind oder die vor oder nach der Geburt des Kindes anderweitig zum Ausdruck kommende faktische Anerkennung der Vaterschaft von ukrainischen Gerichten traditionsgemäß als Vaterschaftsbeweise angesehen.[37] Blutuntersuchungen oder die ärztlich attestierte Zeugungsunfähigkeit können die Vaterschaft ausschließen. Die Feststellung des „genetischen Fingerabdrucks" gilt als sicherer Beweis für die Vaterschaft. Allerdings kann der Beklagte nicht gezwungen werden, sich einer DNA-Analyse zu unterziehen.[38]

4. Anfechtung der Vaterschaft

Die gerichtliche **Anfechtung der Vaterschaft** ist erst nach der Geburt des Kindes zulässig **111** (Art. 136 Abs. 3 FGB). Klageberechtigt ist die im Geburtenregister als Vater eingetragene Person, seine Erben, wenn er vor der Geburt des Kindes verstorben ist und seine Nichtanerkennung der Vaterschaft bei einem Notar hinterlegt hat, der leibliche Vater des Kindes und die Mutter des Kindes, sofern ihr Ehemann als Kindesvater eingetragen ist (Art. 136 Abs. 1, 137 Abs. 1, 129 Abs. 1, 138 Abs. 1 FGB). Die Anfechtungsklage des eingetragenen Vaters ist nur bis zur Volljährigkeit des Kindes zulässig (Art. 136 Abs. 3 FGB). Die Klage des als

---

37 *Červonyj*, in: *ders.* (Hrsg.), Naučno-praktičeskij kommentarij Semejnogo kodeksa Ukrainy (2004), Art. 128, S. 223.
38 *Červonyj*, in: *ders.* (Hrsg.), Naučno-praktičeskij kommentarij Semejnogo kodeksa Ukrainy (2004), Art. 128, S. 223.

Vater des Kindes Eingetragenen ist unzulässig, wenn er zur Zeit der Eintragung wusste, dass er nicht der leibliche Vater ist (Art. 136 Abs. 5 FGB). **Anfechtungsklagen** des leiblichen Vaters oder der Mutter des Kindes gegen deren Ehemann verjähren innerhalb eines Jahres seit dem Tag, an dem der leibliche Vater von seiner Vaterschaft Kenntnis erlangt hatte oder hätte erlangen können, bzw. seit dem Tag der standesamtlichen Eintragung der Geburt des Kindes (Art. 129 Abs. 2, 138 Abs. 3 FGB).

5. Auslandsberührung

112 In Fällen mit **Auslandsberührung** ist für die Feststellung und Anfechtung der Abstammung das **Personalstatut** des Kindes zur Zeit seiner Geburt maßgeblich (Art. 65 IPRG), d.h. das Recht des Staates, dem es angehört, hilfsweise das Recht des Aufenthaltsorts (Art. 16 Abs. 1, 2 IPRG). Für die gegenseitigen Rechte und Pflichten von Eltern und Kindern, einschließlich von Unterhaltsverpflichtungen, ist ebenfalls das Personalstatut oder – wenn dies für das Kind günstiger ist – die Rechtsordnung maßgeblich, zu der das Kindschaftsverhältnis die engste Verbindung aufweist (Art. 66 IPRG).

II. Adoption

1. Voraussetzungen

113 Die Adoption ist in den Art. 207–242 FGB geregelt. Sie muss den **Interessen des Kindes** insofern dienen, als stabile und harmonische Grundlagen für das Leben des Kindes geschaffen werden (Art. 207 Abs. 2 FGB). In Ausnahmefällen ist auch die Adoption volljähriger Waisen zulässig (Art. 208 Abs. 2 FGB). Die Adoption von Geschwistern durch verschiedene Personen ist nur ausnahmsweise und mit Zustimmung der Vormundschafts- und Pflegschaftsbehörde zulässig (Art. 210 Abs. 1 FGB).

114 Als **Adoptiveltern** kommen geschäftsfähige Personen in Betracht, die mindestens 21 Jahre sind. Diese Altersgrenze gilt nicht, wenn die Adoptiveltern mit dem Kind verwandt sind (Art. 211 Abs. 1 FGB). Der Altersunterschied zwischen dem Adoptierenden und dem Kind muss mindestens 15 Jahre, bei der Adoption eines Volljährigen mindestens 18 Jahre betragen (Art. 211 Abs. 2 FGB). Adoptiveltern können Ehepaare und nach gerichtlichem Ermessen auch nicht verheiratete Personen sein, die in nichtehelicher heterosexueller Lebensgemeinschaft leben. Adoptiveltern dürfen nicht Personen desselben Geschlechts sein (Art. 211 Abs. 3, 4 FGB). Auch Einzelpersonen kommen als Adoptiveltern in Frage, insbesondere der Ehegatte oder – nach gerichtlichem Ermessen – der nichteheliche Lebensgefährte eines Elternteils (Art. 211 Abs. 5, 6 FGB). Vorzugsweise ist die Adoption Personen zu gewähren, in deren Familie das Kind aufwächst, dem Ehegatten des leiblichen Elternteils, Personen, die Geschwisterkinder adoptieren, sowie Verwandten des Kindes (Art. 213 Abs. 1 FGB). Ehepaare werden gegenüber nicht verheirateten Paaren und Einzelpersonen bevorzugt (Art. 213 Abs. 2 FGB).

2. Ausschlussgründe

115 Ausschlussgründe sind gem. Art. 212 Abs. 1 FGB:
- der Entzug des elterlichen Sorgerechts des Adoptierenden (Nr. 3);
- die Aufhebung oder Nichtigkeitserklärung der Stellung des Adoptierenden als Vormund, Pfleger, Pflege- oder Patronatselternteil oder einer früheren Adoption aus von ihm verschuldeten Gründen (Nr. 4);

- die Erfassung oder diesbezügliche Behandlung des Adoptierenden als Patient einer psychoneurologischen oder narkologischen Beratungsstelle (Nr. 5);
- Alkohol- oder Drogenmissbrauch durch den Adoptierenden (Nr. 6);
- das Fehlen eines ständigen Wohnsitzes oder eines festen Einkommens des Adoptierenden (Nr. 7);
- das Vorliegen einer schweren Erkrankung des Adoptierenden entsprechend einem vom Gesundheitsministerium der Ukraine herausgegebenen Verzeichnis (Nr. 8);
- die Verurteilung des Adoptierenden wegen einer Straftat gegen das Leben oder die Gesundheit, gegen die Freiheit, Ehre und Würde der Person, gegen die sexuelle Integrität und sexuelle Freiheit der Person, gegen die öffentliche Sicherheit und Ordnung oder die Sittlichkeit, im Zusammenhang mit Rauschmitteln oder psychotropischen oder ähnlichen Stoffen oder wegen einer Straftat gem. Art. 148, 150, 150[1], 164, 166, 167, 169, 181, 187, 324, 442 des Strafgesetzbuchs der Ukraine[39] oder das Bestehen einer nicht getilgten Vorstrafe wegen einer anderen Straftat (Nr. 10);
- die ständige fremde Pflege des Adoptierenden aus gesundheitlichen Gründen (Nr. 11).

Darüber hinaus können sonstige Interessenkonflikte zwischen dem Adoptierenden und dem Kind einer Adoption entgegenstehen (Art. 212 Abs. 2 FGB). Ausländer, die nicht verheiratet sind, können kein Kind adoptieren, es sei denn, sie sind mit dem Kind verwandt (Art. 212 Abs. 1 Nr. 9 FGB). Auch Staatenlose sind nicht berechtigt, ein Kind zu adoptieren (Art. 212 Abs. 1 Nr. 12). Ferner sind Personen nicht berechtigt, ein Kind zu adoptieren, die mit einer Person verheiratet ist, die aufgrund von Art. 212 Abs. 1 Nr. 3–6, 8, 10 FGB nicht zur Adoption berechtigt ist (Art. 212 Abs. 1 Nr. 13 FGB). **116**

3. Verfahren, Zustimmungserfordernisse und Bewertungskriterien

Die Adoption wird vom Gericht in einem besonderen **Verfahren** ausgesprochen (Art. 251–255 ZPO). Am Verfahren müssen neben den Antragstellern die Vormundschafts- und Pflegschaftsbehörde und das Kind, sofern es sich der Adoption bewusst ist, beteiligt werden (Art. 254 Abs. 1 ZPO). Für die Adoption eines ukrainischen Kindes mit ständigem Aufenthalt im Ausland durch ukrainische Staatsangehörige mit Wohnsitz im Ausland ist das jeweilige Konsulat oder die diplomatische Vertretung der Ukraine zuständig (Art. 282 Abs. 1 FGB). **117**

Voraussetzung für die Adoption ist die **Zustimmung** folgender Personen: **118**
- der leiblichen Eltern (Art. 217 FGB). Die Zustimmung ist schriftlich und bedingungslos zu erteilen sowie notariell zu beglaubigen. Erforderlich ist eine sog. Unterschriftsbeglaubigung gem. Art. 34 Nr. 11 i.V.m. Art. 78 Notariatsgesetz der Ukraine.[40] Sie kann erst nach Vollendung des zweiten Lebensmonats des Kindes erteilt und bis zur gerichtlichen Feststellung der Adoption widerrufen werden. Auf sie kann verzichtet werden, wenn die leiblichen Eltern unbekannt, gerichtlich für verschollen oder geschäftsunfähig erklärt worden sind, ihnen das Sorgerecht entzogen wurde, sie das Kind nicht innerhalb von zwei Monaten zu sich genommen haben und die Eintragung im Geburtenbuch durch Beschluss der Vormundschafts- und Pflegschaftsbehörde gem. Art. 135 FGB erfolgte oder sie ohne triftigen Grund länger als sechs Monate nicht mit dem Kind zusammengelebt und es vernachlässigt haben (Art. 219 FGB);

---

39 Strafgesetzbuch der Ukraine vom 5.4.2001, VVRU 2001 Nr. 25–26 Pos. 131, mit späteren Änderungen.
40 Gesetz der Ukraine vom 2.9.1993, VVRU 1993 Nr. 39 Pos. 383, mit späteren Änderungen.

- ggf. des Vormunds oder Pflegers, der Pflegeeltern oder des Leiters der Einrichtung, in der sich das Kind aufhält (Art. 221, 222 FGB). Das Gericht kann davon im Interesse des Kindes absehen;
- des Kindes selbst, sofern es sich der Adoption in Anbetracht seines Alters und Entwicklungszustands bewusst ist, es sei denn, das Kind lebt bereits in der Familie der künftigen Adoptiveltern und hält sie für seine leiblichen Eltern. Die Zustimmung des Kindes wird in der Form gegeben, die seinem Alter und seinem Gesundheitszustand entspricht (Art. 218 FGB);
- bei einem Einzelantrag ggf. des Ehegatten des Antragstellers, es sei denn, die Ehegatten leben getrennt oder der Ehegatte ist gerichtlich für verschollen oder geschäftsunfähig erklärt worden o.Ä. (Art. 220 FGB).

Die Vormundschafts- und Pflegschaftsbehörde muss, sofern vom Gericht herangezogen, eine gutachterliche Stellungnahme zur beantragten Adoption abgeben (Art. 221 Abs. 1–3 ZPO).

119   Das Adoptionsgericht hat
- die Gesundheit,
- die wirtschaftliche Lage,
- die familiäre Situation,
- die Lebensbedingungen und
- die Einstellung des Adoptierenden zur Kindererziehung sowie die Beweggründe für die Adoption, die persönlichen Eigenschaften und die Gesundheit des Kindes sowie sein Verhältnis zum Adoptierenden in Betracht zu ziehen. Ferner ist zu berücksichtigen, ob der Adoptierende und das Kind zueinander passen und der Adoptierende in der Lage ist, dem Kind stabile und harmonische Lebensbedingungen zu bieten (Art. 224 Abs. 1, 2 FGB).

120   Bei der Adoption durch nur einen der Ehegatten sind außerdem die Beweggründe zu beachten, warum der andere Ehegatte das Kind nicht adoptieren will. Im Fall der Volljährigenadoption hat das Gericht ferner die familiäre Lage des Adoptierenden, insbesondere das Fehlen eigener Kinder, sowie andere Umstände von wesentlicher Bedeutung, wie z.B. die Möglichkeit eines gemeinsamen Zusammenlebens und den Gesundheitszustand, zu berücksichtigen (Art. 224 Abs. 4 FGB).

4. Wirkungen

121   Die Adoption wird mit **Rechtskraft des Adoptionsurteils** wirksam (Art. 225 FGB). Damit ist die rechtliche Beziehung zu den leiblichen Eltern beendet und das Kind wird wie ein leibliches Kind der Adoptiveltern behandelt. Bei der Adoption durch eine Einzelperson kann die rechtliche Verbindung zu dem jeweils andersgeschlechtlichen leiblichen Elternteil auf dessen Wunsch hin aufrechterhalten bleiben (Art. 232 Abs. 1 FGB). Ist ein leiblicher Elternteil des Adoptivkindes verstorben und wünscht der neue Ehegatte des überlebenden Elternteils die Adoption des Kindes, kann die rechtliche Verbindung des Kindes zu den Eltern des Verstorbenen sowie den Geschwistern des Kindes auf deren Antrag hin bestehen bleiben (Art. 232 Abs. 2 FGB). In den gesetzlich vorgesehenen Fällen wird der Familien- und Vatersname des Kindes geändert. Auf Antrag der Adoptiveltern können auch der Vorname des Kindes sowie der Geburtstag und -ort im Geburtenregister geändert werden (Art. 230, 231 FGB). Die Adoptiveltern können als Eltern eingetragen werden (Art. 229 FGB).

5. Aufhebung

Die gerichtliche Aufhebung der Adoption kann (grundsätzlich nur vor Volljährigkeit des   122
Kindes, vgl. Art. 238 Abs. 2 FGB) auf Antrag der leiblichen Eltern, des Adoptierenden, des
Vormunds oder Pflegers, des Kindes nach Vollendung des 14. Lebensjahres, der Vormund-
schafts- und Pflegschaftsbehörde oder der Staatsanwaltschaft erfolgen (Art. 240 FGB).
Gründe für die Aufhebung sind gegeben, wenn (Art. 238 Abs. 1 FGB):
– die Adoption den Interessen des Kindes zuwiderläuft und nicht für eine familiäre Erziehung des Kindes gesorgt wird;
– das Kind an Geistesschwäche, einer psychischen oder einer sonstigen schweren und
  unheilbaren Krankheit leidet, die dem Adoptierenden bei der Adoption nicht bekannt
  war und nicht bekannt sein konnte;
– das Verhältnis zwischen dem Adoptierenden und dem Kind unabhängig vom Willen des
  Adoptierenden sich so gestaltet hat, dass ihr Zusammenleben und die Erfüllung der
  elterlichen Pflichten des Adoptierenden unmöglich sind.

Das Gericht kann den ehemaligen Adoptierenden, sofern er leistungsfähig ist und den   123
Grund für die Aufhebung der Adoption zu vertreten hat, zu Unterhaltszahlungen für das
Kind verpflichten, wenn das Kind nicht an die leiblichen Eltern übergeben wird (Art. 239
Abs. 6 FGB).

6. Auslandsberührung

Bei der Adoption eines Kindes mit **Auslandsbezug** sind zusätzlich die Vorschriften der   124
Art. 282–287 FGB zu beachten. Ausländer, die keinen Wohnsitz in der Ukraine haben,
können ein ukrainisches Kind adoptieren, das seit mindestens einem Jahr im Register der
Regierungsbehörde der staatlichen Verwaltung für Adoption und Schutz der Kinderrechte
erfasst ist und das fünfte Lebensjahr vollendet hat (Art. 283 Abs. 2 Unterabs. 1 FGB). Die
Adoption ist ausnahmsweise bereits zu einem früheren Zeitpunkt möglich, wenn:
– der Adoptierende ein Verwandter des Kindes ist;
– das Kind an einer Krankheit gemäß einem vom Gesundheitsministerium der Ukraine
  bestätigten Verzeichnis leidet;
– bei der Adoption von Geschwistern eines der Kinder bereits das fünfte Lebensjahr
  vollendet hat und seit mindestens einem Jahr im Register der Regierungsbehörde der
  staatlichen Verwaltung für Adoption und Schutz der Kinderrechte erfasst ist;
– der Adoptierende bereits ein Geschwisterkind adoptiert hat (Art. 283 Abs. 2 Unterabs. 2
  FGB).

Die Adoption eines ukrainischen Kindes durch einen Ausländer ist zulässig, wenn sich kein   125
ukrainischer Staatsangehöriger gefunden hat, der das Kind adoptieren oder zur Erziehung
in seine Familie aufnehmen will (Art. 283 Abs. 3 Unterabs. 1 FGB). Der Vorzug vor anderen
ausländischen Bewerbern wird Verwandten des Kindes und Angehörigen von Staaten gegeben, mit denen die Ukraine ein Rechtshilfeübereinkommen geschlossen hat (Art. 283 Abs. 3
Unterabs. 2 FGB).

Die Adoption erfolgt nach den allgemeinen Regeln der Art. 207 ff. FGB. Zusätzlich bedarf   126
sie der Zustimmung der Regierungsbehörde der staatlichen Verwaltung für Adoption und
Schutz der Kinderrechte (Art. 283 Abs. 4 FGB). Dies gilt unabhängig davon, ob die Adoption durch eine konsularische Einrichtung oder diplomatische Vertretung der Ukraine oder
durch eine entsprechende ausländische Behörde erfolgt (vgl. Art. 282 Abs. 1 Unterabs. 2, 3

Himmelreich

FGB).[41] Die Funktion der Regierungsbehörde der staatlichen Verwaltung für Adoption und Schutz der Kinderrechte übt derzeit das Ministerium für Sozialpolitik der Ukraine aus. Das entsprechende Antragsverfahren regeln die Ziff. 83–90 der Adoptionsordnung.[42] Die verfahrensrechtlichen Besonderheiten der Stiefkindadoption von im Ausland lebenden ukrainischen Kindern sind in den Ziff. 93 und 94 der Adoptionsordnung verankert. Ukrainische Kinder, die von Ausländern adoptiert wurden, stehen bei ständigem Aufenthalt im Ausland unter dem Schutz des jeweiligen ukrainischen Konsulats. Dort sind sie auch zu melden (Art. 287 FGB).

7. Kollisionsrecht

127　Für die Adoption und die Aufhebung der Adoption ist nach ukrainischem Kollisionsrecht das **Personalstatut** des Kindes und des Adoptierenden maßgeblich. Sind die Adoptiveltern Ehegatten ohne gemeinsames Personalstatut, ist das Ehestatut gem. Art. 60 IPRG anwendbar (Art. 69 Abs. 1 IPRG). Die persönlichen Voraussetzungen des Adoptierenden richten sich nach seinem Personalstatut (Art. 69 Abs. 2 IPRG). Dessen ungeachtet kommen die oben skizzierten Regeln (siehe Rdn 124 ff.) des ukrainischen Adoptionsrechts bei Adoptionen durch Ausländer im Rahmen der erforderlichen Zustimmung des Ministeriums für Sozialpolitik der Ukraine zur Anwendung. Auch die Adoption eines ausländischen Kindes, das in der Ukraine seinen Wohnsitz hat, ist gem. Art. 284 FGB nach ukrainischem Recht vorzunehmen. Für die Rechtsfolgen der Adoption und deren Aufhebung ist das Personalstatut des Adoptierenden maßgeblich (Art. 69 Abs. 3 FGB).

41　Zu den Unterlagen, die dem schriftlichen Antrag auf Adoption grundsätzlich beizulegen sind, siehe die Angaben der Konsularabteilung der Botschaft der Ukraine in der Bundesrepublik Deutschland unter: http://germany.mfa.gov.ua/de/consular-affairs/adoption (abgerufen am 9.8.2016).
42　Ordnung über das Adoptionsverfahren und die Kontrolle über die Einhaltung der Rechte von Adoptivkindern, bestätigt durch Verordnung des Ministerkabinetts der Ukraine vom 8.10.2008, OVU 2008 Nr. 79 Pos. 2660.

Stichwortverzeichnis